SSC GD

कांस्टेबल 2025

50 सॉल्वड पेपर्स

20 फरवरी से 30 मार्च, 2024

लेखक
गौरव कुमार, सुभाष कुमार,
बनानी विश्वास, श्याम कुमार,
पूजा शर्मा

अरिहन्त पब्लिकेशन्स (इण्डिया) लिमिटेड

卐 रजि. कार्यालय

'रामछाया' 4577/15, अग्रवाल रोड, दरिया गंज, नई दिल्ली- 110002
फोन: 011-47630600, 43518550

卐 मुख्य कार्यालय

कालिन्दी, टी०पी० नगर, मेरठ (यूपी)– 250002
फोन: 0121-7156203, 7156204

卐 शाखा कार्यालय

आगरा, अहमदाबाद, बरेली, बंगलुरु, चेन्नई, दिल्ली, गुवाहाटी, हैदराबाद, जयपुर, झाँसी, कोलकाता, लखनऊ, नागपुर तथा पुणे

卐 मूल्य ₹ 410.00

PO No. : TXT-59-T061204-10-24

PUBLISHED BY ARIHANT PUBLICATIONS (INDIA) LTD.

'अरिहन्त' की पुस्तकों के बारे में अधिक जानकारी के लिए हमारी वेबसाइट **www.arihantbooks.com** पर लॉग इन करें या **info@arihantbooks.com** पर सम्पर्क करें।

Follow us on...  

विषय-सूची

सॉल्वड पेपर 2024

SSC कांस्टेबल (जीडी) सेट 01

भाग-I सामान्य बुद्धिमत्ता एवं तर्कशक्ति

1 एक निश्चित कूटभाषा में, 'FORCE' को '83052' लिखा जाता है। 'GAMES' को '42761' लिखा जाता है और 'FORUM' को '08957' लिखा जाता है। उसी कूटभाषा में 'C' को कैसे लिखा जाएगा?
(a) 2 (b) 8
(c) 5 (d) 3

2 दिए गए विकल्पों में से किन दो संख्याओं को आपस में बदलने पर निम्नलिखित समीकरण सही होगा?
$8 \times 9 \div 4 + 5 - 3 = 2$
(a) 2 और 5 (b) 9 और 2
(c) 8 और 4 (d) 3 और 9

3 निम्नलिखित में से कौन-सा अक्षर-संख्या समूह दी गई श्रृंखला में प्रश्नचिह्न (?) के स्थान पर आएगा?
TJM10, ULP12, VNS14, WPV16, XRY18, ?
(a) YSZ20 (b) YTB20
(c) YTB21 (d) YSZ21

4 दिए गए विकल्पों में से किन दो चिह्नों को आपस में बदलने पर निम्नलिखित समीकरण सही होगा?
$28 + 12 - 21 \div 7 \times 4 = 60$
(a) × और − (b) × और ÷
(c) + और ÷ (d) × और +

5 पाँच मित्र एलेक्स, बेन, क्रिस, डेविड और एमा एक वृत्ताकार मेज के चारों ओर केन्द्र की ओर मुख करके बैठे हैं। एलेक्स, बेन के ठीक दाईं ओर बैठा है। क्रिस या डेविड के बगल में एलेक्स नहीं बैठा है। डेविड, एमा के ठीक दाईं ओर बैठा है। क्रिस के ठीक दाईं ओर कौन बैठा/बैठी हैं?
(a) डेविड (b) एलेक्स
(c) बेन (d) एमा

6 निम्नलिखित विकल्पों में से उस विकल्प का चयन कीजिए, जो तीसरे शब्द से ठीक उसी प्रकार सम्बन्धित है, जिस प्रकार दूसरा शब्द पहले शब्द से सम्बन्धित है।
साइकिल : पैडल :: कार : ?
(a) दरवाजा (b) पहिया
(c) करछा (d) हथौड़ा

7 दी गई विकल्प आकृतियों में से, उस आकृति का चयन कीजिए, जिसमें प्रश्न में दी गई आकृति छिपी हुई/निहित है। (घूर्णन की अनुमति नहीं है)
प्रश्न आकृति

उत्तर आकृतियाँ

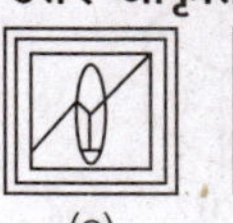  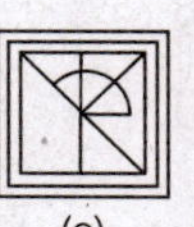 

(a) (b) (c) (d)

8 दिए गए शब्दों को उसी क्रम में व्यवस्थित कीजिए, जिस क्रम में वे अंग्रेजी शब्दकोश मे आते हैं।
1. Dear 2. Dean 3. Deal
4. Dead 5. Death
(a) 43251 (b) 13245
(c) 13254 (d) 43215

9 आठ लड़के $B_1, B_2, B_3, B_4, B_5, B_6, B_7$ और B_8 एक पंक्ति में उत्तर की ओर मुख करके बैठे हैं (परन्तु जरूरी नहीं कि वे इसी क्रम में बैठे हों।) B_6, B_1 के दाईं ओर से पाँचवें स्थान पर बैठा है। B_4, B_5 के दाईं ओर से पाँचवें स्थान पर बैठा है। B_5, B_1 के ठीक दाईं ओर बैठा है। B_8, B_4 के बाईं ओर से तीसरे स्थान पर बैठा है। B_2, B_7 के दाईं ओर से तीसरे स्थान पर बैठा है। B_7, B_1 का निकटतम पड़ोसी है। B_1 के ठीक बाईं ओर कौन बैठा है?
(a) B_7 (b) B_8 (c) B_2 (d) B_6

10 निम्नलिखित प्रश्न में, दिए गए विकल्पों में से श्रृंखला से लुप्त संख्या का चयन कीजिए।
142, 150, 123, 187, 62, ?
(a) 285 (b) 281
(c) 300 (d) 278

11 निम्नलिखित प्रश्न में, विकल्पों में दी गई उस आकृति का चयन कीजिए, जिसे प्रश्नचिह्न (?) के स्थान पर रखा जा सकता है।
प्रश्न आकृतियाँ

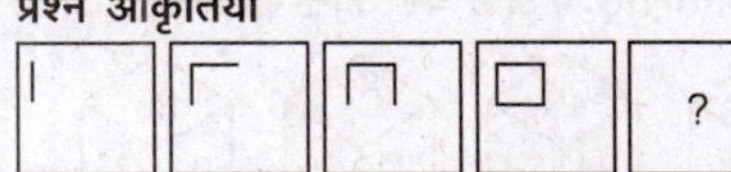

उत्तर आकृतियाँ

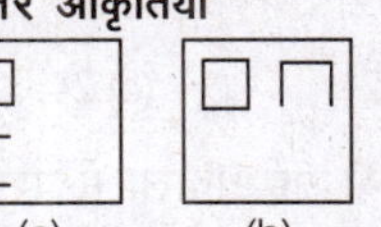 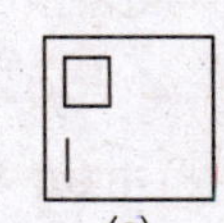 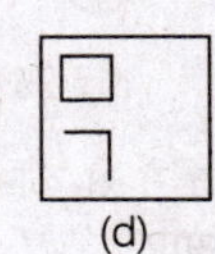

(a) (b) (c) (d)

12 'I × J' का अर्थ है 'I, J की माँ है'
'I + J' का अर्थ है 'I, J का पति है'
'I ÷ J' का अर्थ है 'I, J की बहन है'
'I − J' का अर्थ है 'I, J का भाई है'
व्यंजक 'Q ÷ X + Y × Z' में, 'Q' का 'Z' से क्या सम्बन्ध है?
(a) पत्नी (b) बेटी
(c) पिता की बहन (d) पत्नी की बहन

13 निम्नलिखित विकल्पों में से उस घन का चयन कीजिए, जो दी गई शीट को मोड़ने पर नहीं बन सकता है।

प्रश्न आकृति

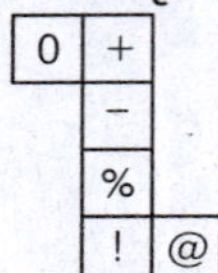

उत्तर आकृतियाँ

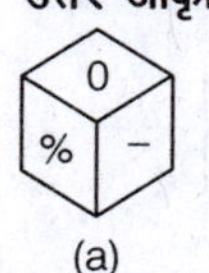
(a)

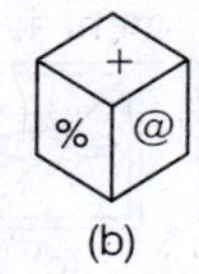
(b)

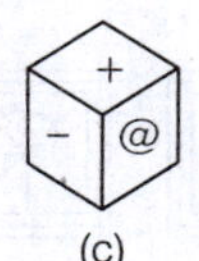
(c)

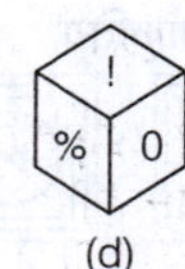
(d)

14 निम्नलिखित प्रश्न में, तीन कथन और उसके बाद I और II क्रमांकित दो निष्कर्ष दिए गए हैं। दिए गए कथनों को सत्य मानते हुए, चाहे वे सामान्यतः ज्ञात तथ्यों से भिन्न प्रतीत होते हो, निश्चय कीजिए कि दिए गए निष्कर्षों में से कौन-सा निष्कर्ष कथनों का तार्किक रूप से अनुसरण करता है।

कथन

सभी बल्ले, गेंद हैं।
सभी गेंद, बैडमिण्टन हैं।
सभी बैडमिण्टन, विकेट हैं।

निष्कर्ष

I. सभी बल्ले, विकेट हैं।
II. कुछ बैडमिण्टन, बल्ले हैं।

(a) न तो निष्कर्ष I और न ही II अनुसरण करता है
(b) केवल निष्कर्ष II अनुसरण करता है
(c) केवल निष्कर्ष I अनुसरण करता है
(d) निष्कर्ष I और II दोनों अनुसरण करते हैं

15 निम्नलिखित अक्षर समूहों में से अक्षरों का कौन-सा समूह क्रमबद्ध रूप से बाईं से दाईं ओर रखे जाने पर नीचे दी गई शृंखला को पूरा करेगा?

jklmnojklmnoj_lmnojk_m_ojklmn_

(a) klno (b) mnol (c) jklm (d) knlo

16 नीचे एक ही पासे की चार अलग-अलग स्थितियाँ दी गई हैं। संख्या 23 वाले फलक के विपरीत फलक पर कौन-सी संख्या आएगी?

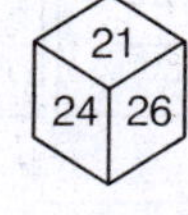

25 / 23 22 ; 21 / 24 26 ; 24 / 21 25 ; 23 / 21 26

(a) 26 (b) 25 (c) 21 (d) 24

17 निम्नलिखित में से कौन-सी संख्या दी गई शृंखला में प्रश्नचिह्न (?) के स्थान पर आएगी?

8, 18, 38, 78, 158, ?

(a) 290 (b) 268
(c) 340 (d) 318

18 एक निश्चित कूटभाषा में, 'LAMP' को 'IWJL' लिखा जाता है। उसी कूटभाषा में 'LOGS' को कैसे लिखा जाएगा?

(a) IJDO (b) IKDP
(c) IKEO (d) IKDO

19 निम्नलिखित प्रश्न में, विकल्पों में दी गई उस आकृति का चयन कीजिए, जिसे प्रश्नचिह्न (?) के स्थान पर रखा जा सकता है।

प्रश्न आकृतियाँ

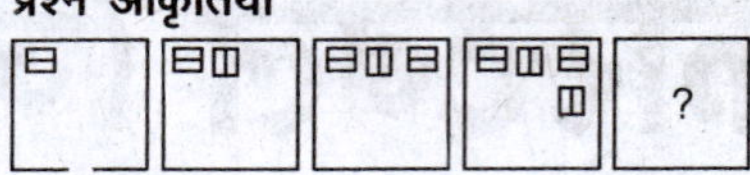

उत्तर आकृतियाँ

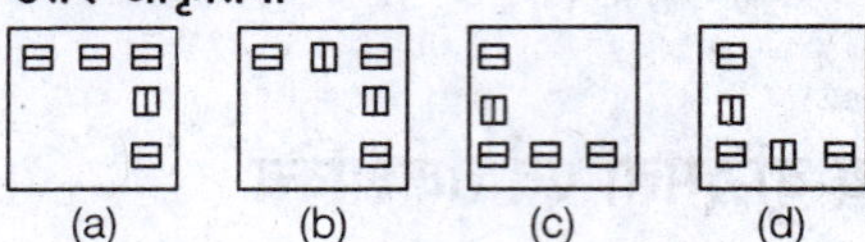

(a) (b) (c) (d)

20 निम्नलिखित प्रश्न में, दिए गए विकल्पों में से सम्बन्धित अक्षर-युग्म का चयन कीजिए।

KW : FR :: ?

(a) BM : WO (b) OC : CP
(c) AB : BM (d) IU : DP

भाग-II सामान्य ज्ञान

21 भारत की पहली आर्थिक जनगणना लक्षद्वीप को छोड़कर सभी राज्यों/केन्द्रशासित प्रदेशों में .... में आयोजित हुई थी।

(a) 1977 (b) 1987
(c) 1997 (d) 1967

22 वर्ष 2015 में, भारत के योजना आयोग के स्थान पर किस संस्था की स्थापना की गई?

(a) नीति आयोग (NITI Aayog) (b) आरबीआई (RBI)
(c) नाबार्ड (NABARD) (d) सेबी (SEBI)

23 ओपन नेटवर्क फॉर डिजिटल कॉमर्स (ONDC) किसकी एक पहल है

(a) नीति आयोग
(b) उद्योग और आन्तरिक व्यापार संवर्धन विभाग
(c) सांख्यिकी और कार्यक्रम कार्यान्वयन मन्त्रालय
(d) सूचना और प्रसारण मन्त्रालय

24 जब मेण्डलीफ ने अपना कार्य आरम्भ, किया उस समय कितने तत्त्व ज्ञात थे?

(a) 36 (b) 29
(c) 63 (d) 47

25 23 मई, 2023 को भारतीय प्रतिस्पर्द्धा आयोग (Competition Commission of India-CCI) में अध्यक्ष के रूप में किसने पद सम्भाला?

(a) रवनीत कौर (b) लीना नायर
(c) नैना लाल किदवई (d) शान्ति एकंबरम

26 एथलेटिक्स में IAAF विश्व चैम्पियनशिप .... से पूरी तरह एक पेशेवर प्रतियोगिता बन गई।

(a) 1997 (b) 1991
(c) 1993 (d) 1995

27 निम्नलिखित में से कौन-सा/कौन-सी भारतीय संगीतकार, सर्वोच्च नागरिक सम्मान, भारत रत्न प्राप्त करने वाला/वाली पहला/पहली गायक/गायिका है?

(a) जाकिर हुसैन (b) ए.आर. रहमान
(c) आर.डी. बर्मन (d) एम. एस. सुब्बुलक्ष्मी

28 मई, 2023 में किस राज्य के मुख्यमन्त्री को भय मुक्त राज्य बनाने के लिए भारत रत्न डॉ. अम्बेडकर पुरस्कार से सम्मानित किया गया?
(a) बिहार के मुख्यमन्त्री (b) केरल के मुख्यमन्त्री
(c) उत्तर प्रदेश के मुख्यमन्त्री (d) झारखण्ड के मुख्यमन्त्री

29 सत्यशोधक समाज के संस्थापक कौन थे?
(a) घासीदास (b) हरिदास ठाकुर
(c) ज्योतिराव फुले (d) ईश्वरचन्द्र विद्यासागर

30 पण्डित बिरजू महाराज एक भारतीय नर्तक, संगीतकार, गायक और भारत में कथक नृत्य के ·········· 'कालका-बिन्दादीन' घराने के प्रतिपादक थे।
(a) लखनऊ (b) आगरा
(c) हैदराबाद (d) ग्वालियर

31 न्यायाधीश को हटाए जाने के सम्बन्ध में नीचे दिए गए कथन को पूरा कीजिए।
भारतीय संविधान
(a) न्यायाधीशों को हटाने के लिए कोई प्रक्रिया निर्धारित नहीं करता है।
(b) न्यायाधीशों को हटाने के लिए बहुत कठिन प्रक्रिया निर्धारित करता है।
(c) यह केवल उच्च न्यायालय के न्यायाधीशों को हटाने की प्रक्रिया निर्धारित करता है।
(d) न्यायाधीशों को हटाने के लिए बहुत लचीली प्रक्रिया निर्धारित करता है।

32 रंगास्वामी कप (Rangaswami Cup) का सम्बन्ध ········ खेल से है।
(a) बैडमिण्टन (b) टेनिस
(c) फुटबॉल (d) हॉकी

33 भारतीय संविधान के भाग-IV (A) के अनुसार, ''यदि माता-पिता या संरक्षक है, ········ वर्ष तक की आयु वाले अपने, यथास्थिति, बालक या प्रतिपाल्य के लिए शिक्षा का अवसर प्रदान करें।
(a) 2 – 6 (b) 6 – 14
(c) 4 – 14 (d) 6 – 12

34 बैडमिण्टन के सम्बन्ध में निम्नलिखित में से कौन-सा कथन सही है?
I. बैडमिण्टन के खेल की शुरुआत में और जब स्कोर बराबरी पर होता है, तो सर्वर (server) बाईं ओर के सर्विस कोर्ट (service court) से सर्व (serves) करता है।
II. सर्वर (server) और रिसीवर (receiver) हमेशा विपरीत सर्विस कोर्ट में, परन्तु एक ही तरफ खड़े होते हैं।
कूट
(a) केवल I (b) I और II दोनों
(c) केवल II (d) न तो I और न ही II

35 ············· धन की सबसे अधिक उपयोग की जाने वाली माप है।
(a) M3 (b) M4
(c) M2 (d) M1

36 महिला आरक्षण विधेयक, 2023 के अनुसार, लोकसभा और राज्य विधानसभाओं में महिलाओं के लिए कितनी सीटें आरक्षित हैं?
(a) आधी (b) एक-तिहाई
(c) एक-चौथाई (d) दो-तिहाई

37 किस भारतीय नृत्य कलाकार ने वर्ष 2018 में ओडिसी नृत्य के लिए संगीत नाटक अकादमी पुरस्कार जीता?
(a) एलम एंदिरा देवी (b) सुरूपा सेन
(c) डॉ. अरुणा मोहंती (d) अखम लक्ष्मी देवी

38 बरांश, हिन्दू त्योहार दिवाली के समान है, जो निम्नलिखित में से किस जनजाति द्वारा मनाया जाता है?
(a) वर्ली और कोंकणा (b) मुण्डा
(c) गोण्ड और भील (d) संथाल

39 ·········· देश के सभी व्यक्तियों या देश के हिस्से से सम्बन्धित जनसांख्यिकीय, आर्थिक और सामाजिक डेटा को संकलित करने, विश्लेषण करने और प्रसारित करने की कुल प्रक्रिया है।
(a) संविधान (b) जनसंख्या जनगणना
(c) जनसंख्या (d) राष्ट्रीय सर्वेक्षण

40 भारतीय उपमहाद्वीप में ज्ञात, लेखन की सबसे प्रारम्भिक शैली का क्या नाम है?
(a) ब्राह्मी लिपि (b) संस्कृत लिपि
(c) पालि लिपि (d) सिन्धु लिपि

भाग-III गणित

41 एक परीक्षा में, उपस्थित होने वाले विद्यार्थियों की कुल संख्या में से 93% विद्यार्थी उत्तीर्ण हुए और 9275 विद्यार्थी अनुत्तीर्ण रहे। परीक्षा में उपस्थित होने वाले विद्यार्थियों की कुल संख्या कितनी है?
(a) 132550 (b) 135550
(c) 132500 (d) 135500

42 [41 × {36 का 4 ÷ (96 का 2 ÷ 24)}] का मान कितना है?
(a) 656 (b) 779 (c) 738 (d) 697

43 किसी धनराशि पर 40 वर्षों तक प्राप्त साधारण ब्याज, उस धनराशि का 2/5 है। वार्षिक ब्याज दर कितनी है?
(a) 1% (b) 1.5% (c) 3% (d) 2%

44 R एक काम को 90 दिनों में पूरा कर सकता है। कुल काम का कितना प्रतिशत काम R द्वारा 45 दिनों में पूरा किया जा सकता है?
(a) 65% (b) 50%
(c) 70% (d) 56%

45 एक विद्यार्थी ने एक परीक्षा में 75% अंक प्राप्त किए और उसे 60% अंक प्राप्त करने वाले दूसरे विद्यार्थी के अंक से 30 अंक अधिक प्राप्त हुए। परीक्षा के अधिकतम अंक कितने हैं?
(a) 150 (b) 200
(c) 120 (d) 100

46 चक्रवृद्धि ब्याज (वार्षिक रूप से संयोजित) पर रखी गई एक धनराशि 10 वर्षों में स्वयं की दोगुनी हो जाती है। वह समय ज्ञात कीजिए, जिसमें धनराशि स्वयं की 4 गुना हो जाएगी।
(a) 20 वर्ष (b) 10 वर्ष
(c) 15 वर्ष (d) 14 वर्ष

47 रोहित ₹ 2320 में एक पुराना बल्ला खरीदता है और उसकी मरम्मत में ₹ 180 खर्च करता है। यदि वह इसे ₹ 2400 में बेचता है, तो हानि प्रतिशत कितना है?
(a) 10% (b) 4%
(c) 8% (d) 5%

48 ₹ 7200 को P, Q और R के बीच में क्रमशः 1/2:4: 3/2 के अनुपात में बाँटा जाता है। R का हिस्सा कितना है?
(a) ₹ 1800 (b) ₹ 2400
(c) ₹ 600 (d) ₹ 4800

49 दो रेलगाड़ियाँ समान चाल से विपरीत दिशा में चल रही है। यदि प्रत्येक रेलगाड़ी की लम्बाई 320 मी है और वे 18 सेकण्ड में एक दूसरे को पार करती है, तो प्रत्येक रेलगाड़ी की चाल कितनी है?
(a) 72 किमी/घण्टा (b) 56 किमी/घण्टा
(c) 48 किमी/घण्टा (d) 64 किमी/घण्टा

50 यदि एक आयत की लम्बाई 14.28% की वृद्धि कर दी जाए, तो क्षेत्रफल को अपरिवर्तित रखने के लिए इसकी चौड़ाई कितने प्रतिशत घटाई जानी चाहिए?
(a) 14.28% (b) 14% (c) 12.5% (d) 16.66%

51 8 दिनों तक काम करने के बाद, राखी को पता चलता है कि अभी तक केवल 10% काम पूरा हुआ है। वह पूनम को काम पर रखती है, जो राखी से 20% अधिक कुशल है। शेष काम को पूरा करने में उन्हें कितने दिन और लगेंगे?
(a) 360/7 दिन (b) 340/7 दिन
(c) 340/11 दिन (d) 360/11 दिन

52 A और B दोनों ₹ 5000 प्रति घड़ी की दर से अपनी घड़ियाँ बेचते हैं। A, 25% का लाभ अर्जित करता है जबकि B को 10% की हानि होती है। A और B के क्रय मूल्यों का अनुपात कितना है?
(a) 9 : 10 (b) 16 : 25
(c) 17 : 20 (d) 18 : 25

53 एक कुर्सी का अंकित मूल्य ₹ 2000 है। 20% और x% की दो क्रमिक छूट देने के बाद वह कुर्सी ₹ 1400 में बेची जाती है। x का मान कितना है?
(a) 10% (b) 25%
(c) 12.5% (d) 20%

54 एक क्रिकेट टीम में 7 पुरुषों की आयु 26, 25, 21, 29, 24, 28 और 22 है। उनकी औसत आयु कितनी है?
(a) 23 (b) 24 (c) 25 (d) 22

55 $(7+33)\times(44\div2)\times(5\times5)$ का मान ज्ञात कीजिए।
(a) 25000 (b) 22500
(c) 21000 (d) 22000

56 एक वर्ष में, सपना का औसत मासिक व्यय वर्ष के प्रथम 3 महीनों के लिए ₹ 1100, अगले 5 महीनों के लिए ₹ 1000 और अन्तिम 4 महीनों के लिए ₹ 1200 था। यदि कुल वार्षिक बचत ₹ 1300 थीं, तो सपना की औसत मासिक आय कितनी थी?
(a) ₹ 1210 (b) ₹ 1200
(c) ₹ 1250 (d) ₹ 1270

57 यदि $M : N = 9 : 6$ है, तो $(M+N):(M-N)$ का मान कितना है?
(a) 1 : 5 (b) 5 : 1 (c) 5 : 2 (d) 5 : 4

58 किसी वस्तु का विक्रय मूल्य ₹ 5175 है और उस पर 25% की छूट दी गई है। वस्तु का अंकित मूल्य कितना है?
(a) ₹ 6900 (b) ₹ 7000
(c) ₹ 6600 (d) ₹ 8500

59 44 आम, 121 केले और 11 सेब हैं, उन्हें कई पंक्तियों में इस प्रकार व्यवस्थित करना है कि प्रत्येक पंक्ति में समान संख्या में फल हो और प्रत्येक पंक्ति में एक प्रकार का फल हो। पंक्तियों की न्यूनतम संख्या कितनी है?
(a) 13 (b) 14 (c) 16 (d) 15

60 मान ज्ञात कीजिए।
$\{(175\times72\div24+5)\times20\}\div2$
(a) 4850 (b) 5300
(c) 5800 (d) 4300

भाग-IV हिन्दी

61 दिए गए वाक्य में रेखांकित शब्द का विलोम शब्द ज्ञात कीजिए।
संसार <u>नश्वर</u> है।
(a) सम्पन्न (b) दानव
(c) सहित (d) अनश्वर

62 निम्नलिखित वाक्य में रेखांकित भाग के लिए एक सार्थक शब्द ज्ञात कीजिए।
पुस्तकालय में <u>हाथ से लिखी एक भी पुस्तक</u> उपलब्ध नहीं है।
(a) पाण्डुलिपि
(b) चित्रपुस्तक
(c) प्रतिलिपि
(d) छायाप्रति

63 दिए गए वाक्य में रेखांकित शब्द का विलोम शब्द ज्ञात कीजिए।
सामान का <u>दुरुपयोग</u> न करें।
(a) सदुपयोग (b) कठोर
(c) निरूपयोग (d) कुरूपयोग

64 निम्नलिखित प्रश्न में, चार विकल्पों में से, उस विकल्प का चयन करें, जो रिक्त स्थान के लिए पुल्लिंग रूप वाला विकल्प हो।
मैं ······ में अपने परिवार के साथ घूमने जाने वाली हूँ।
(a) गाड़ी (b) अपनेपन
(c) कल (d) दिसम्बर

65 निम्नलिखित प्रश्न में चार विकल्पों में से, उस विकल्प का चयन करें जो कोष्ठक में दिए गए शब्द के पर्यायवाची शब्द का सही विकल्प नहीं है।
ईश्वर की शरण में जाना ही (उद्धार) ······ प्राप्ति का एक मात्र मार्ग है।
(a) परित्राण (b) छुटकारा
(c) उद्‌गम (d) विमुक्ति

66 निम्नलिखित प्रश्न में चार विकल्पों में से, उस विकल्प का चयन करें जो रिक्त स्थान के लिए सही शब्द वाला विकल्प हो।
महाभारत में कहा गया है कि जो सब धर्मों को सम्मान नहीं देता, वह धर्म नहीं ······ है।
(a) सधर्म (b) तपस्या
(c) अधर्म (d) आचार

67 दिए गए वाक्य में उचित पर्यायवाची शब्द का चयन करके रिक्त स्थान की पूर्ति करें।
पर्वत ······ (स्थिर) है।
(a) निश्चल (b) गिरावट
(c) सुगम (d) मंगल

68 दिए गए वाक्य में रेखांकित भाग के लिए उचित सार्थक शब्द का चयन कीजिए।
रात होते ही <u>ड़भी</u> बढ़ गई है।
(a) भीड़ (b) भड़ा
(c) भाड़ (d) ड़ाभ

69 निम्नलिखित प्रश्न में, चार विकल्पों में से उस विकल्प का चयन करें, जो दिए गए मुहावरे का सही अर्थ वाला विकल्प है।
अलाद्दीन का चिराग
(a) भाग्य खुलना (b) आमना-सामना होना
(c) आश्चर्यजनक वस्तु (d) पूरी तरह से वश में करना

70 निम्नलिखित प्रश्न में, चार विकल्पों में से, उस विकल्प का चयन करें जो कोष्ठक में दिए गए शब्द के तत्सम रूप का सही विकल्प हैं।
मेरे पड़ोसी का घर बन रहा है। इसलिए बहुत-सी (ईंट) .... मँगवाई गई हैं।
(a) रेट (b) इष्टिका
(c) गण्डक (d) अक्ष

71 दिए गए वाक्य का वह भाग ज्ञात करें, जिसमें कोई त्रुटि है। यदि कोई त्रुटि नहीं है, तो 'कोई त्रुटि नहीं है' चुनें।
'विद्यार्थी' शब्द दो शब्द के योग से बना बना है– विद्या + अर्थी।
(a) कोई त्रुटि नहीं है
(b) शब्द के योग से
(c) बना है– विद्या + अर्थी
(d) 'विद्यार्थी' शब्द दो

72 निम्नलिखित प्रश्न में दिए गए विकल्पों में से उस विकल्प का चयन करें, जो दिए गए मुहावरे के अर्थ को सर्वश्रेष्ठ रूप से व्यक्त करता है।
झाँसा देना
(a) धोखा मिलना (b) धोखा होना
(c) धोखा देना (d) भड़काना

73 दिए गए विकल्पों में से शुद्ध वर्तनी वाले विकल्प का चयन करें।
(a) दिपक रेशनी प्रदान करता है
(b) राम की तूलना कबीर से मत करो।
(c) यह मशिन सब कार्य करती है।
(d) औरत में बहुत शक्ति होती है।

74 निम्नलिखित वाक्य में उस, वाक्यांश को पहचानिए जिसमें अशुद्धियाँ हैं। यदि कोई गलती नहीं है तो 'कोई त्रुटि नहीं है' का चुनाव कीजिए।
हर साल के विश्व पर्यावरण दिवस को कुछ न कुछ विषय के/साथ मनाई जाती है, और यह विषय विशेष रूप से पर्यावरण पर/किसी एक चिन्ता पर ध्यान आकर्षित करने के लिए होता है।
(a) कोई त्रुटि नहीं है
(b) साथ मनाई जाती है, और विषय विशेष रूप से पर्यावरण पर
(c) किसी एक चिन्ता पर ध्यान आकर्षित करने के लिए होता है
(d) हर साल के विश्व पर्यावरण दिवस को कुछ न कुछ विषय के

75 निम्नलिखित वाक्य के रेखांकित भाग के लिए एक सार्थक शब्द ज्ञात कीजिए।
<u>देवताओं का उपवन</u> बहुत सुन्दर होता है।
(a) अशोकवाटिका (b) स्वर्ग
(c) नन्दनकानन (d) राधारणी वन

निर्देश (प्र. सं. 76-80) *नीचे दिए गए गद्यांश में कुछ शब्द दिए गए हैं और प्रत्येक रिक्त स्थान के चार विकल्प दिए गए हैं। इन चारों में से कौन-सा विकल्प रिक्त स्थान की पूर्ति करेगा?*

डॉक्टर्स विदाउट बॉडर्स, जिसे मेडेसिन्स सैन्स फ्रण्टियर्स (एमएसएफ) के नाम से भी जाना जाता है, फ्रांस का एक गैर-सरकारी (1) .... है, जो युद्ध क्षेत्रों और बीमारियों से (2) .... देशों में मानवीय चिकित्सा देखभाल प्रदान करता है। यह संगठन (3) .... बीमारियों जैसे मधुमेह, दवा-प्रतिरोधी संक्रमण, एचआईवी/एड्स हेपेटाइटिस सी के उपचार में मदद करता है। एमएसएफ को कई महाद्वीपों पर उनके (4) .... कार्यों के लिए 1999 में नोबेल शान्ति (5) .... से सम्मानित किया गया था।

76 रिक्त स्थान 1 के लिए सबसे उपयुक्त विकल्प का चयन कीजिए।
(a) हार्डवेयर (b) सायंकाल
(c) सॉफ्टवेयर (d) संगठन

77 रिक्त स्थान 2 के लिए सबसे उपयुक्त विकल्प का चयन कीजिए।
(a) अतिक्रमण (b) परिचय
(c) राजपथ (d) प्रभावित

78 रिक्त स्थान 3 के लिए सबसे उपयुक्त विकल्प का चयन कीजिए।
(a) विभिन्न (b) विनाश
(c) अनुग्रह (d) अत्यंत

79 रिक्त स्थान 4 के लिए सबसे उपयुल्त विकल्प का चयन कीजिए।
(a) अनुभव (b) बेकार
(c) मानवीय (d) अतिशोक्ति

80 रिक्त स्थान 5 के लिए सबसे उपयुक्त विकल्प का चयन कीजिए।
(a) दण्ड (b) भेटो
(c) गेम (d) पुरस्कार

उत्तरमाला

1.	(d)	2.	(d)	3.	(b)	4.	(a)	5.	(c)	6.	(b)	7.	(a)	8.	(d)	9.	(a)	10.	(d)
11.	(c)	12.	(c)	13.	(b)	14.	(d)	15.	(a)	16.	(d)	17.	(d)	18.	(d)	19.	(b)	20.	(d)
21.	(a)	22.	(a)	23.	(b)	24.	(c)	25.	(a)	26.	(a)	27.	(d)	28.	(c)	29.	(c)	30.	(a)
31.	(b)	32.	(d)	33.	(b)	34.	(d)	35.	(a)	36.	(b)	37.	(b)	38.	(a)	39.	(b)	40.	(d)
41.	(c)	42.	(c)	43.	(a)	44.	(b)	45.	(b)	46.	(a)	47.	(b)	48.	(a)	49.	(d)	50.	(c)
51.	(d)	52.	(d)	53.	(c)	54.	(c)	55.	(d)	56.	(b)	57.	(b)	58.	(a)	59.	(c)	60.	(b)
61.	(d)	62.	(a)	63.	(a)	64.	(d)	65.	(d)	66.	(c)	67.	(a)	68.	(a)	69.	(c)	70.	(b)
71.	(b)	72.	(c)	73.	(d)	74.	(b)	75.	(c)	76.	(d)	77.	(d)	78.	(a)	79.	(c)	80.	(d)

संकेत एवं हल

1. *(d)* प्रश्नानुसार,

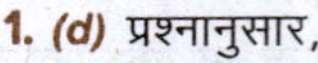

F O R C (E) ⟶ 8 3 0 5 (2)

G A M (E) S ⟶ 4 (2) 7 6 1

F O R U M ⟶ 0 8 9 5 7

अतः उपरोक्त से स्पष्ट है, कि C को 3 लिखा जाएगा।

2. *(d)* दिया है,

$$8 \times 9 \div 4 + 5 - 3 = 2$$

विकल्प (d) से, 3 और 9 को आपस में बदलने पर,

$$8 \times 3 \div 4 + 5 - 9 = 2$$

$$\Rightarrow \quad 8 \times \frac{3}{4} + 5 - 9 = 2$$

$$\Rightarrow \quad 6 + 5 - 9 = 2$$

$$\Rightarrow \quad 11 - 9 = 2$$

$$\therefore \quad 2 = 2$$

3. *(b)* शृंखला का क्रम निम्न प्रकार है

$T \xrightarrow{+1} U \xrightarrow{+1} V \xrightarrow{+1} W \xrightarrow{+1} X \xrightarrow{+1}$ Y

$J \xrightarrow{+2} L \xrightarrow{+2} N \xrightarrow{+2} P \xrightarrow{+2} R \xrightarrow{+2}$ T

$M \xrightarrow{+3} P \xrightarrow{+3} S \xrightarrow{+3} V \xrightarrow{+3} Y \xrightarrow{+3}$ B

$10 \xrightarrow{+2} 12 \xrightarrow{+2} 14 \xrightarrow{+2} 16 \xrightarrow{+2} 18 \xrightarrow{+2}$ 20

$\therefore$? = YTB20

4. *(a)* दिया है,

$$28 + 12 - 21 \div 7 \times 4 = 60$$

विकल्प (a) से, × और − को आपस में बदले पर,

$$28 + 12 \times 21 \div 7 - 4 = 60$$

$$\Rightarrow \quad 28 + 12 \times 3 - 4 = 60$$

$$\Rightarrow \quad 28 + 36 - 4 = 60$$

$$\therefore \quad 60 = 60$$

5. *(c)* प्रश्नानुसार,

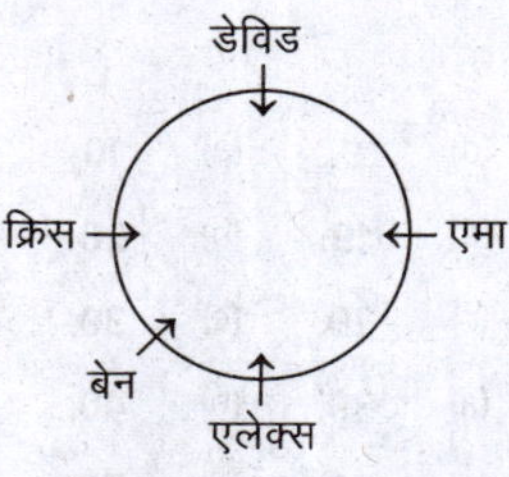

अतः क्रिस के ठीक दाईं ओर बेन बैठा है।

6. *(b)* जिस प्रकार, पैडल द्वारा साइकिल चलती है। उसी प्रकार, पहिया द्वारा कार चलती है।

7. *(a)* प्रश्न आकृति, दी गई उत्तर आकृति (a) में निहित है। अतः विकल्प (a) उत्तर होगा।

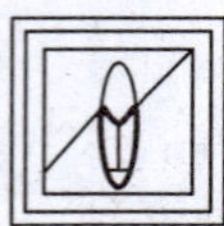

8. *(d)* Dead → Deal → Dean → Dear → Death

(4) (3) (2) (1) (5)

अतः क्रम 43215 होगा।

9. *(a)* दी गई जानकारी के अनुसार,

B_7 B_1 B_5 B_2 B_8 B_3 B_6 B_4 उत्तर

अतः B_1 के ठीक बाईं ओर B_7 बैठा है।

10. *(d)* दी गई संख्या शृंखला निम्न प्रकार है

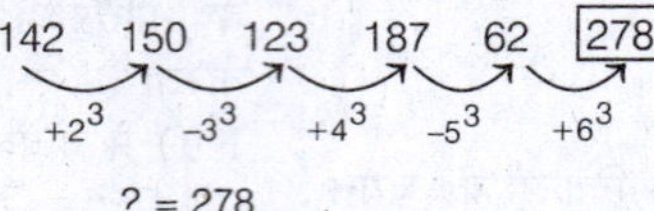

$\therefore$? = 278

11. *(c)* दी गई आकृति शृंखला में घड़ी की दिशा में निरन्तर एक-एक रेखा जुड़ती जा रही है। अतः उत्तर आकृति (c) प्राप्त होगी।

12. *(c)* दी गई जानकारी के अनुसार,

Q^- ←बहन— X^+ ←पति— Y^-

माँ ↑ Z

[+ ⇒ पुरुष, − ⇒ महिला]

अतः Q, Z के पिता की बहन है।

13. *(b)*

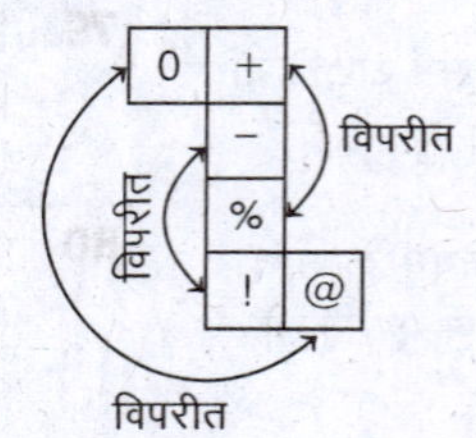

+ का विपरीत %

− का विपरीत !

0 का विपरीत @

अतः किसी भी घन में दो विपरीत फलक एक साथ कभी नहीं हो सकते हैं।

अतः उत्तर आकृति विकल्प (b) होगी।

14. *(d)* कथनानुसार,

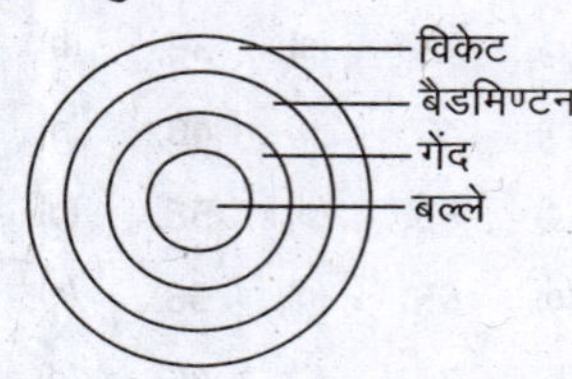

निष्कर्ष I. (✓) II. (✓)

अतः निष्कर्ष I और II दोनों अनुसरण करते हैं।

15. *(a)* दी गई अक्षर समूह शृंखला का क्रम निम्न प्रकार है

jklmno/jklmno/jklmno/jklmno/jklmno

अतः अभीष्ट अक्षर समूह = klno

16. *(d)*

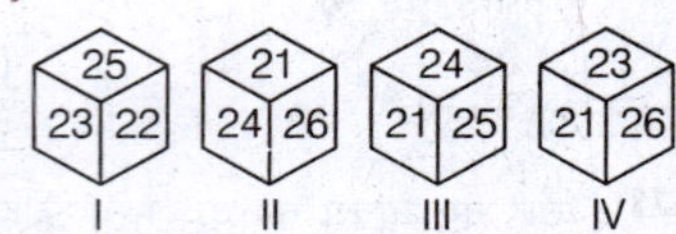

पासा I व III द्वारा, 25 दोनों में समान है अतः घड़ी की दिशा में घुमाने पर,

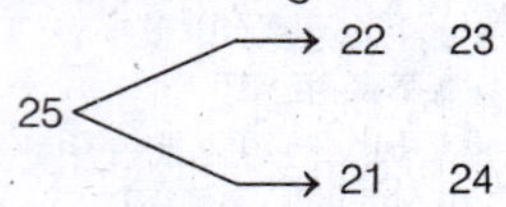

अतः 23 के विपरीत 24 होगा।

17. *(d)* दी गई संख्या शृंखला का क्रम निम्न है,

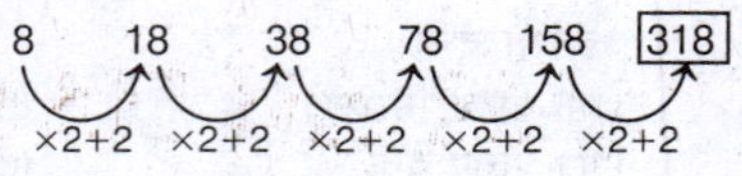

$\therefore$? = 318

18. *(d)* जिस प्रकार,

$L \xrightarrow{-3} I$

$A \xrightarrow{-4} W$

$M \xrightarrow{-3} J$

$P \xrightarrow{-4} L$

उसी प्रकार,

$L \xrightarrow{-3} I$

$O \xrightarrow{-4} K$

$G \xrightarrow{-3} D$

$S \xrightarrow{-4} O$

19. *(b)* दी गई आकृति शृंखला के प्रत्येक चरण में, उपआकृति की संख्या में एकान्तर क्रम में क्षैतिज तथा ऊर्ध्वाधर रूप से घड़ी की सुई की दिशा में 1 की वृद्धि हो रही है।

अतः विकल्प आकृति (b) प्रश्नचिह्न को प्रतिस्थापित करेगी।

20. *(d)* जिस प्रकार,

$K \xrightarrow{-5} F$

$W \xrightarrow{-5} R$

उसी प्रकार,

$I \xrightarrow{-5} D$

$U \xrightarrow{-5} P$

21. (a) भारत सरकार ने अपनी पहली आर्थिक जनगणना वर्ष 1977 में केन्द्रीय सांख्यिकी संगठन के सहयोग से आयोजित की थी। यह जनगणना लक्षद्वीप को छोड़कर पूरे देश में आयोजित की गई थी। अब तक 6 आर्थिक जनगणनाएँ पूरी हो चुकी हैं। देश में सातवीं आर्थिक जनगणना की शुरुआत 13 दिसम्बर, 2019 को दिल्ली से की गई थी, परन्तु, कोरोना महामारी के कारण इसे आगे बढ़ा दिया गया है।

22. (a) 1 जनवरी, 2015 को योजना आयोग के स्थान पर नीति आयोग (नेशनल इन्स्टीट्यूशन फॉर ट्रान्सफॉर्मिंग इण्डिया) की स्थापना की गई। यह एक गैर-संवैधानिक संस्था है, जिसका उद्देश्य सहकारी संघवाद को बढ़ावा देना है। नीति आयोग के अध्यक्ष प्रधानमन्त्री होते हैं। इसके उपाध्यक्ष की नियुक्ति प्रधानमन्त्री द्वारा की जाती है। वर्तमान (2024) में डॉ. सुमन के बेरी इसके उपाध्यक्ष हैं।

23. (b) ओपन नेटवर्क फॉर डिजिटल कॉमर्स (ONDC) को भारत सरकार के उद्योग और आन्तरिक व्यापार संवर्द्धन विभाग (DPIIT) द्वारा ओपन ई-कॉमर्स विकसित करने के लिए स्थापित किया गया है। DPIIT की स्थापना वर्ष 1995 में की गई थी। ONDC वैश्विक स्तर पर अपनी तरह की पहली पहल है, जिसका उद्देश्य डिजिटल कॉमर्स का लोकतन्त्रीकरण करना तथा इसे एक प्लेटफॉर्म-केन्द्रित मॉडल से एक खुले नेटवर्क की ओर ले जाना है। यह छोटे ऑनलाइन खुदरा विक्रेताओं और नए प्रवेशकों को प्रोत्साहित करेगा।

24. (c) मेण्डलीफ के कार्य के दौरान केवल 63 तत्त्व ज्ञात थे। मेण्डलीफ (1871) ने अपने आवर्त नियम के आलोक में तत्त्वों की एक सारणी का निर्माण किया, जिसे मेण्डलीफ की आवर्त सारणी कहते हैं। मेण्डलीफ की आवर्त सारणी में केवल 8 ही वर्ग थे, क्योंकि उस समय तक निष्क्रिय गैसों का आविष्कार नहीं हुआ था। मेण्डलीफ की आवर्त सारणी में तत्त्वों को, परमाणु द्रव्यमान और रासायनिक गुणों के आधार पर व्यवस्थित किया गया था। वर्तमान में हमारी आवर्त सारणी में 118 तत्त्व मौजूद हैं। इन 118 तत्त्वों में 94 तत्त्व प्राकृतिक तत्त्व हैं और 24 तत्त्व कृत्रिम तत्त्व हैं।

25. (a) 23 मई, 2023 में आइएएस रवनीत कौर को भारतीय प्रतिस्पर्धा आयोग (CCI) का नया अध्यक्ष नियुक्त किया गया है। भारतीय प्रतिस्पर्धा आयोग की वे पहली महिला अध्यक्ष हैं। ये वर्ष 1988 की पंजाब कैडर की IAS अधिकारी हैं। भारतीय प्रतिस्पर्धा आयोग एक अर्द्ध-न्यायिक निकाय (Quasi-Judicial Body) है, जिसका गठन प्रतिस्पर्धा अधिनियम, 2002 के तहत मार्च, 2009 में किया गया था। प्रतिस्पर्धा अधिनियम के अनुसार, आयोग में एक अध्यक्ष और छः सदस्य होते हैं, जिन्हें केन्द्र सरकार द्वारा नियुक्त किया जाता है।

26. (a) एथलेटिक्स में IAAF विश्व चैम्पियनशिप 1997 से पूरी तरह एक पेशेवर प्रतियोगिता बन गई। विश्व एथलेटिक्स चैम्पियनशिप इण्टरनेशनल एसोसिएशन ऑफ एथलेटिक्स फेडरेशन (IAAF) द्वारा आयोजित एक द्विवार्षिक एथलेटिक्स प्रतियोगिता है। IAAF के तत्वाधान में एथलेटिक्स में छठी विश्व चैम्पियनशिप 1 अगस्त से 10 अगस्त, 1997 के बीच ओलम्पिक स्टेडियम, एथेन्स, ग्रीस में आयोजित की गई थी। अब इण्टरनेशनल एसोसिएशन ऑफ एथलेटिक फेडरेशन (IAAF) का नाम बदलकर वर्ल्ड एथलेटिक्स फेडरेशन कर दिया गया है।

27. (d) एम.एस. सुब्बुलक्ष्मी भारत रत्न प्राप्त करने वाली पहली महिला संगीतकार हैं। ये एक भारतीय कर्नाटक गायिका थीं। ये वर्ष 1998 में भारत के सर्वोच्च नागरिक सम्मान भारत रत्न से सम्मानित होने वाली पहली संगीतकार थीं। वे वर्ष 1974 में रेमन मैग्सेसे पुरस्कार प्राप्त करने वाली पहली भारतीय संगीतकार भी थीं।

28. (c) मई, 2023 में उत्तर प्रदेश के मुख्यमन्त्री योगी आदित्यनाथ को 'भयमुक्त उत्तर प्रदेश' बनाने के लिए भारत रत्न डॉ. अम्बेडकर पुरस्कार से सम्मानित किया गया। उन्हें यह पुरस्कार भारत के पूर्व राष्ट्रपति रामनाथ कोविन्द द्वारा दिया गया। भारत रत्न डॉ. अम्बेडकर पुरस्कार एक वार्षिक पुरस्कार है। यह पुरस्कार, लोगों या संगठनों को उनके उत्कृष्ट कार्य के लिए डॉ. अम्बेडकर फाउण्डेशन द्वारा प्रदान किया जाता है। इस पुरस्कार की स्थापना वर्ष 1992 में हुई थी।

29. (c) सत्यशोधक समाज की स्थापना ज्योतिराव फुले ने 24 सितम्बर, 1873 में महाराष्ट्र के पुणे में की थी। यह एक सुधारवादी समाज था, जिसने वंचित लोगों की राजनीतिक शक्ति, शिक्षा, सामाजिक अधिकारों और न्याय तक पहुँच का समर्थन किया। महाराष्ट्र में इसका मुख्य लक्ष्य महिलाओं, शूद्रों और दलितों का उत्थान और समर्थन करना था।

30. (a) पण्डित बृजमोहन मिश्र, जिन्हें बिरजू महाराज भी कहा जाता है, प्रसिद्ध भारतीय कथक नर्तक थे। वे शास्त्रीय कथक नृत्य के लखनऊ कालिका-बिन्दादीन घराने के अग्रणी नर्तक थे। पण्डित जी कथक नर्तकों के महाराज परिवार के वंशज थे, जिसमें अन्य प्रमुख विभूतियों में शम्भु महाराज एवं लच्छू महाराज तथा इनके पिता एवं गुरु अच्छन महाराज प्रसिद्ध हैं। बिरजू महाराज जी की मृत्यु 16 जनवरी, 2022 को हुई थी।

31. (b) भारतीय संविधान न्यायाधीशों को हटाने के लिए एक कठिन प्रक्रिया निर्धारित करता है। भारत के सर्वोच्च न्यायालय के न्यायाधीशों को हटाने या महाभियोग चलाने का उल्लेख अनुच्छेद 124(4) और न्यायाधीश (जाँच) अधिनियम 1968 में है। राष्ट्रपति के आदेश से सर्वोच्च न्यायालय के न्यायाधीश को पद से हटाया जा सकता है। राष्ट्रपति उसे हटाने का आदेश तभी जारी करेंगे, जब इस तरह का प्रस्ताव संसद के दोनों सदन के सदस्यों के विशेष बहुमत द्वारा उसी सत्र में पास हो गया हो। इसी तरह उच्च न्यायालय के न्यायाधीशों को संसद के दोनों सदनों द्वारा विशेष बहुमत से पारित प्रस्ताव के आधार पर राष्ट्रपति द्वारा हटाया जा सकता है।

32. (d) रंगास्वामी कप का सम्बन्ध हॉकी खेल से है। इस खेल के आयोजन का प्रमुख लक्ष्य ओलम्पिक राष्ट्रीय टीम के लिए एथलीटों का चयन करना है। यह पहली बार वर्ष 1928 में ओलम्पिक के लिए राष्ट्रीय टीम के खिलाड़ियों का चयन करने के लिए एक अन्तर-प्रान्तीय टूर्नामेण्ट के रूप में आयोजित किया गया था।

33. (b) भारतीय संविधान का भाग-IV (A) मौलिक कर्त्तव्यों से सम्बन्धित है। भारतीय संविधान में 11 मौलिक कर्त्तव्य हैं। 11वाँ मौलिक कर्त्तव्य यह उपबन्ध करता है कि 6-14 वर्ष के बच्चों को प्राथमिक शिक्षा उपलब्ध कराना प्रत्येक अभिभावक का कर्त्तव्य होगा। इसे 86वाँ संविधान संशोधन, 2002 द्वारा जोड़ा गया था।

34. (d) उपर्युक्त दोनों कथन गलत है। बैडमिण्टन रैकेट से खेला जाने वाला एक खेल है, जो दो विरोधी खिलाड़ियों (एकल) या दो विरोधी जोड़ों (युगल) द्वारा नेट से विभाजित एक आयताकार कोर्ट में आमने-सामने खेला जाता है। यह खेल 21 प्वॉइण्ट पर खेला जाता है, जहाँ खिलाड़ी एक रैली जीतकर एक प्वॉइण्ट स्कोर करता है। रैली के आरम्भ में, सर्वर और रिसीवर अपने-अपने सर्विस कोर्ट में एक-दूसरे के तिरछे खड़े होते हैं। अतः इसमें कर्णवत सर्विस की जाती है। इसलिए न तो कथन 1 और न ही कथन 2 सही है।

35. *(a)* M3 धन की सबसे अधिक उपयोग की जाने वाली माप है। इसका उपयोग पारम्परिक रूप से अर्थशास्त्रियों द्वारा एक अर्थव्यवस्था के भीतर सम्पूर्ण धन आपूर्ति का अनुमान लगाने के लिए और मुद्रास्फीति को नियन्त्रित करने के लिए किया जाता था। M3 मुद्रा आपूर्ति की एक माप है, जिसमें M2 के साथ-साथ बड़ी सावधि जमा, संस्थागत मुद्रा बाजार निधि, अल्पकालिक पुर्नखरीद समझौते (रेपो) और बड़ी तरल सम्पत्तियाँ भी शामिल हैं।

36. *(b)* महिला आरक्षण अधिनियम, 2023 (106वाँ संविधान संशोधन) के अनुसार लोकसभा, राज्य विधानसभाओं और राष्ट्रीय राजधानी क्षेत्र दिल्ली की विधानसभा में महिलाओं के लिए एक तिहाई सीटें आरक्षित हैं, जिसमें एससी और एसटी के लिए आरक्षित सीटें भी शामिल हैं। आरक्षित सीटों का आवण्टन भारत के राष्ट्रपति द्वारा निर्धारित प्राधिकरण द्वारा किया जाता है। इस अधिनियम का उद्देश्य महिलाओं को राजनीतिक क्षेत्र में सम्मिलित कर उन्हें सशक्त बनाना है।

37. *(b)* सुरूपा सेन एक ओडिसी नृत्यांगना और कोरियोग्राफर हैं, जो भारत के कर्नाटक के ग्रामीण क्षेत्रों में स्थित एक नृत्य गाँव नृत्यग्राम (बेंगलुरु) की निवासी हैं। उन्हें वर्ष 2018 में ओडिसी नृत्य के लिए संगीत नाटक अकादमी पुरस्कार मिला। इसके अतिरिक्त उन्हें वर्ष 2006 में रजा फाउण्डेशन द्वारा उत्कृष्टता पुरस्कार व वर्ष 2008 में यज्ञ रमण पुरस्कार भी प्रदान किया गया।

38. *(a)* बरांश (बरश) त्योहार मुख्य रूप से वर्ली और कोंकणा जनजातियों द्वारा मनाया जाता है जो कि सबसे बड़े हिन्दू त्योहार दिवाली से काफी मिलता-जुलता है। इस त्योहार के दौरान ये जनजातियाँ अपने देवी-देवताओं की **अत्यन्त** श्रद्धा के साथ पूजा करती हैं। वर्ली एक स्वदेशी जनजाति है। इस जनजाति के लोग महाराष्ट्र और गुजरात के तटीय क्षेत्रों और आस-पास के पहाड़ी क्षेत्र में रहते हैं। वहीं कोंकणा जनजाति मुख्य रूप से भारत के पश्चिमी राज्य महाराष्ट्र और गोआ में पाई जाती है।

39. *(b)* किसी देश अथवा किसी भी क्षेत्र में लोगों के बारे में विधिवत् रूप से सूचना प्राप्त करना एवं उसे रिकॉर्ड करना जनगणना (census) कहलाती है। यह एक निश्चित समयान्तराल के बाद शासकीय आदेश के तहत् की जाती है। भारत में जनगणना का संचालन महारजिस्ट्रार एवं जनगणना के द्वारा गृह मन्त्रालय के अधीनस्थ किया जाता है। उल्लेखनीय है कि भारत में जनगणना की शुरुआत 1872 ई. में हुई थी।

40. *(d)* सिन्धु लिपि भारतीय उप-महाद्वीप में ज्ञात लेखन की सबसे प्रारम्भिक शैली है। सिन्धु लिपि (जिसे हड़प्पा लिपि भी कहा जाता है) सिन्धु घाटी सभ्यता द्वारा हड़प्पा और कोटदीजी में निर्मित प्रतीकों का एक संग्रह है। इसका उपयोग 2700-1900 ईसा पूर्व की समयावधि के दौरान किया जाता था। हालाँकि सिन्धु लिपि को अभी तक पढ़ा नहीं जा सकता है, परन्तु प्रयास जारी है।

41. *(c)* दिया है,

उत्तीर्ण विद्यार्थी = 93%

अनुत्तीर्ण विद्यार्थी = 7%

माना कुल विद्यार्थी = x

प्रश्नानुसार,

$$x \times \frac{7}{100} = 9275$$

$$\Rightarrow \quad x = \frac{9275 \times 100}{7}$$

$$x = 132500$$

42. *(c)* $[41 \times \{36 \text{ का } 4 \div (96 \text{ का } 2 \div 24)\}]$

$$= [41 \times \{144 \div (192 \div 24)\}]$$

$$= [41 \times \{144 \div 8\}]$$

$$= [41 \times 18] = 738$$

43. *(a)* माना मूलधन $(P) = ₹\, x$

तब, साधारण ब्याज $= x \times \frac{2}{5} = ₹\, \frac{2}{5}x$

समय $(t) = 40$ वर्ष

माना दर $(r) = R\%$ वार्षिक

साधारण ब्याज $= \frac{P \times r \times t}{100}$

$$\frac{2}{5}x = \frac{x \times R \times 40}{100}$$

$$R = 1\%$$

44. *(b)* R द्वारा 1 दिन में किया गया काम $= \frac{1}{90}$

R द्वारा 45 दिन में किया गया काम

$$= \frac{1}{90} \times 45 = \frac{1}{2}$$

अभीष्ट प्रतिशत $= \frac{1}{2} \times 100\% = 50\%$

45. *(b)* दिया है,

पहले विद्यार्थी द्वारा प्राप्त अंक = 75%

दूसरे विद्यार्थी द्वारा प्राप्त अंक = 60%

माना अधिकतम अंक = x

प्रश्नानुसार,

$$x \times \frac{75}{100} = x \times \frac{60}{100} + 30$$

$$\Rightarrow \quad 75x - 60x = 3000$$

$$\Rightarrow \quad 15x = 3000$$

$$\Rightarrow \quad x = 200$$

वैकल्पिक विधि

प्रश्नानुसार,

$$75\% = 60\% + 30$$

$$15\% = 30$$

$$1\% = 2$$

$$100\% = 200$$

46. *(a)* माना मूलधन P और ब्याज दर $r\%$ वार्षिक है तथा धन n वर्षों में चार गुना हो जाता है।

$$\therefore \quad 2P = P\left(1 + \frac{r}{100}\right)^{10}$$

$$\Rightarrow \quad (2)^{\frac{1}{10}} = 1 + \frac{r}{100} \quad \ldots(i)$$

तथा $$4P = P\left(1 + \frac{r}{100}\right)^{n}$$

$$\Rightarrow \quad (4)^{\frac{1}{n}} = 1 + \frac{r}{100} \quad \ldots(ii)$$

समी (i) और (ii) से,

$$(4)^{\frac{1}{n}} = (2)^{\frac{1}{10}}$$

$$\Rightarrow \quad (2)^{\frac{2}{n}} = (2)^{\frac{1}{10}}$$

$$\Rightarrow \quad \frac{2}{n} = \frac{1}{10}$$

$$\Rightarrow \quad n = 20 \text{ वर्ष}$$

वैकल्पिक विधि

प्रश्नानुसार,

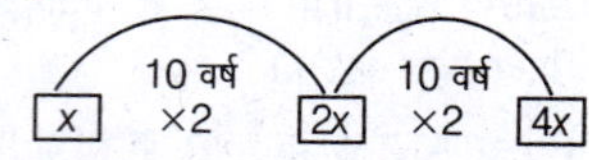

चक्रवृद्धि ब्याज की स्थिति से धनराशि समान समय में समान अनुपात में बढ़ती जाती है, इसलिए धनराशि 20 वर्ष में 4 गुनी हो जाएगी।

47. *(b)* प्रश्नानुसार,

बल्ले की कुल लागत मूल्य

$$= 2320 + 180 = ₹2500$$

विक्रय मूल्य = ₹2400 (दिया है)

$$\therefore \text{ हानि \%} = \frac{\text{लागत मूल्य} - \text{विक्रय मूल्य}}{\text{लागत मूल्य}} \times 100$$

$$= \frac{2500 - 2400}{2500} \times 100$$

$$= \frac{100}{2500} \times 100 = 4\% \text{ हानि}$$

48. *(a)* P, Q और R के हिस्सों का अनुपात

$$= \frac{1}{2} : 4 : \frac{3}{2}$$

$$= 1 : 8 : 3$$

माना P, Q और R के हिस्से क्रमशः $x, 8x$ और $3x$ हैं।

प्रश्नानुसार,

$$x + 8x + 3x = 7200$$

$$\Rightarrow \quad 12x = 7200$$

$$x = 600$$

$\therefore$ R का हिस्सा $= 3x = 3 \times 600 = ₹\,1800$

49. (d) माना पहली रेलगाड़ी की चाल $= x$ किमी/घण्टा

तो दूसरी रेलगाड़ी की चाल $= x$ किमी/घण्टा

दोनों एक-दूसरे को पार करती है, तब

सापेक्ष चाल $= x + x = 2x$ किमी/घण्टा

तय की गई दूरी $(d) = 320 + 320 = 640$ मी

समय $(t) = 18$ सेकण्ड

$$\text{चाल} = \frac{\text{दूरी}}{\text{समय}}$$

$$\Rightarrow \quad 2x \times \frac{5}{18} = \frac{640}{18}$$

$$\left[1 \text{ किमी/घण्टा} = \frac{5}{18} \text{ मी/से}\right]$$

$$\therefore \quad x = 64 \text{ किमी/घण्टा}$$

50. (c) लम्बाई में वृद्धि $= 14.28\% = \frac{1}{7}$

माना पहली लम्बाई $= 7x$

$\therefore$ नई लम्बाई $= 7x + 7x \times \frac{1}{7} = 8x$

प्रश्नानुसार,

$$7x \times b = 8x \times \text{नई चौड़ाई}$$

नई चौड़ाई $= \frac{7b}{8}$

चौड़ाई में प्रतिशत कमी $= \dfrac{b - \frac{7}{8}b}{b} \times 100\%$

$$= \frac{100}{8}\% = 12.5\%$$

वैकल्पिक विधि

आयत की लम्बाई में वृद्धि $= 14.28\% = \frac{1}{7}$

माना पहले लम्बाई $= 7x$

नई लम्बाई $= 7x + 7x \times \frac{1}{7} = 8x$

$A \times B$ नियम के अनुसार, यदि गुणनफल नियत होता है तो प्रश्नानुसार, पहली चौड़ाई $= 8x$, नई चौड़ाई $= 7x$ हो जाएगी।

$\therefore$ चौड़ाई में प्रतिशत कमी $= \dfrac{8x - 7x}{8x} \times 100$

$$= 12.5\%$$

51. (d) माना राखी की कार्यक्षमता $= 100x$

तो पूनम की कार्यक्षमता $= 120x$

सूत्र $\dfrac{M_1 \times D_1}{W_1} = \dfrac{M_2 \times D_2}{W_2}$ से,

$M_1 = 100x, D_1 = 8, W_1 = 10\%$

$M_2 = 100x + 120x = 220x,$

$D_2 = D, W_2 = 90\%$

$$\frac{100x \times 8}{10\%} = \frac{220x \times D}{90\%}$$

$$D = \frac{100 \times 8 \times 9}{220} = \frac{360}{11} \text{ दिन}$$

52. (d) A के लिए,

विक्रय मूल्य $= ₹\,5000$, लाभ $= 25\%$,

माना क्रय मूल्य $= ₹\,x$

तो $\quad x \times \frac{125}{100} = ₹\,5000$

$$x = 4000$$

B के लिए,

विक्रय मूल्य $= ₹\,5000$,

हानि $\% = 10\%$

माना क्रय मूल्य $= ₹\,P$

तो $\quad P \times \frac{90}{100} = ₹\,5000$

$$\Rightarrow \quad P = ₹\,\frac{50000}{9}$$

$\therefore$ दोनों के क्रय मूल्य का अनुपात

$$= 4000 : \frac{50000}{9} = 18 : 25$$

53. (c) दिया है,

कुर्सी का अंकित मूल्य $= ₹\,2000$

कुर्सी का विक्रय मूल्य $= ₹\,1400$

समतुल्य एकल छूट

$$= \frac{\text{अंकित मूल्य} - \text{विक्रय मूल्य}}{\text{अंकित मूल्य}} \times 100$$

$$= \frac{2000 - 1400}{2000} \times 100$$

$$= \frac{600}{2000} \times 100 = 30\%$$

दो क्रमागत छूट '20%' और 'x%' से कुल 30% छूट मिला,

प्रश्नानुसार,

$$-20 - x + \frac{(-20) \times (-x)}{100} = -30$$

$$\Rightarrow \quad -x + \frac{x}{5} = -10$$

$$\Rightarrow \quad \frac{-4x}{5} = -10$$

$$\therefore \quad x = 12.5\%$$

54. (c) अभीष्ट औसत

$$= \frac{26 + 25 + 21 + 29 + 24 + 28 + 22}{7}$$

$$= \frac{175}{7} = 25$$

55. (d) $(7 + 33) \times (44 \div 2) \times (5 \times 5)$

$$= 40 \times 22 \times 25$$

$$= 22000$$

56. (b) कुल व्यय का योग

= औसत व्यय × महीनों की संख्या

प्रथम 3 महीनों के लिए कुल व्यय का योग

$$= 1100 \times 3 = ₹\,3300$$

अगले 5 महीनों में $= 1000 \times 5 = ₹\,5000$

अन्तिम 4 महीनों में $= 1200 \times 4 = ₹\,4800$

कुल व्यय $= 3300 + 5000 + 4800 = ₹\,13100$

कुल बचत $= ₹\,1300$

$\therefore$ कुल आय $= 13100 + 1300 = ₹\,14400$

$\therefore$ औसत मासिक आय $= \frac{14400}{12} = ₹\,1200$

57. (b) माना $M = 9x$, $N = 6x$

प्रश्नानुसार,

$$\frac{M + N}{M - N} = \frac{9x + 6x}{9x - 6x} = \frac{15x}{3x} = \frac{5}{1}$$

$\therefore (M + N) : (M - N) = 5 : 1$

$$\frac{M}{N} = \frac{9}{6}$$

$$\Rightarrow \quad \frac{M - N}{M - N} = \frac{9 + 6}{9 - 6}$$

(योगान्तर अनुपात के नियम से)

$$= \frac{15}{3} = \frac{5}{1} = 5 : 1$$

58. (a) माना अंकित मूल्य $= ₹\,x$

छूट $\% = 25\%$, विक्रय मूल्य $= ₹\,5175$

प्रश्नानुसार,

$$x \times \frac{75}{100} = ₹\,5175$$

$$\therefore \quad x = \frac{5175 \times 100}{75} = ₹\,6900$$

59. (c) पंक्तियों में समान फल और न्यूनतम पंक्ति के लिए एक पंक्ति में फलों की संख्या = महत्तम समापवर्तक

$$(44, 121, 11) = 11$$

$\therefore$ पंक्तियों की कुल संख्या $= \frac{44}{11} + \frac{121}{11} + \frac{11}{11}$

$$= 4 + 11 + 1 = 16$$

60. (b) $\{(175 \times 72 \div 24 + 5) \times 20\} \div 2$

$$= \{(175 \times 3 + 5) \times 20\} \div 2$$

$$= \{530 \times 20\} \div 2 = 5300$$

61. (d) संसार नश्वर है। प्रस्तुत वाक्य में रेखांकित शब्द 'नश्वर' का विलोम शब्द 'अनश्वर' है। 'नश्वर' शब्द का अर्थ है-नाश अथवा नष्ट होने वाला तथा इसका विलोम 'अनश्वर' शब्द है, जिसका अर्थ है-जिसे नष्ट नहीं किया जा सकता। अतः अन्य विकल्प असंगत हैं।

62. (a) दिए गए वाक्य में रेखांकित भाग 'हाथ से लिखी एक भी पुस्तक' वाक्यांश के लिए सार्थक शब्द 'पाण्डुलिपि' है। पाण्डुलिपि उस

दस्तावेज को कहते हैं, जो एक व्यक्ति या अनेक व्यक्तियों द्वारा हाथ से लिखी गई हो, जैसे हस्तलिखित पत्र आदि। अतः अन्य विकल्प असंगत हैं।

63. *(a)* 'सामान का दुरुपयोग न करें।' प्रस्तुत वाक्य में रेखांकित शब्द 'दुरुपयोग' का विलोम शब्द 'सदुपयोग' होगा। 'दुरुपयोग' का अर्थ होता है-अनुचित अथवा बुरा उपयोग तथा इसके विपरीत 'सदुपयोग' शब्द का अर्थ-सत्कार्य अथवा अच्छे कार्य में उपयोग होता है। अतः अन्य विकल्प असंगत हैं।

64. *(d)* दिए गए वाक्य में रिक्त स्थान में सही पुल्लिंग रूप वाला विकल्प 'दिसम्बर' है। अतः पूर्ण वाक्य इस प्रकार है– मैं दिसम्बर में अपने परिवार के साथ घूमने जाने वाली हूँ। अतः अन्य विकल्प असंगत हैं।

65. *(d)* दिए गए वाक्य के कोष्ठक में दिए गए शब्द 'उद्धार' का सही पर्यायवाची शब्द 'विमुक्ति' है। उद्धार या विमुक्ति दोनों ही शब्दों का अर्थ मोक्ष या मुक्त होना है। अतः विमुक्ति शब्द सही विकल्प है। अतः अन्य विकल्प असंगत हैं।

66. *(c)* दिए गए वाक्य में रिक्त स्थान के लिए सही शब्द 'अधर्म' है। अतः पूर्ण वाक्य इस प्रकार है– महाभारत में कहा गया है कि जो सब धर्मों को सम्मान नहीं देता, वह धर्म नहीं अधर्म है।

67. *(a)* दिए गए वाक्य में 'स्थिर' का उचित पर्यायवाची शब्द 'निश्चल' है। 'स्थिर' शब्द के अन्य पर्यायवाची शब्द अचल, अपरिवर्तनशील हैं। अतः अन्य विकल्प असंगत हैं।

68. *(a)* भीड़ शब्द का अर्थ मनुष्य या लोगों का समूह है।

69. *(c)* 'अलाद्दीन का चिराग' मुहावरे का अर्थ है-आश्चर्यजनक वस्तु। यह एक प्रचलित मुहावरा है जिसका अर्थ है कोई ऐसी चीज का हाथ लगना जिससे आपकी सभी मनोकामनाएँ पूर्ण हो जाएँ।

वाक्य प्रयोग काश मेरे पास कोई अलाद्दीन का चिराग होता तो मैं गरीबी को दुनिया से दूर कर देता।

प्रश्न में दिए गए अन्य विकल्प असंगत हैं।

70. *(b)* कोष्ठक में दिए गए शब्द ईंट का सही तत्सम रूप 'इष्टिका' है। यहाँ कोष्ठक में दिया गया शब्द ईंट तद्भव शब्द है। इसका तत्सम रूप इष्टिका होता है। अतः सही वाक्य है मेरे पड़ोसी का घर बन रहा है, इसलिए बहुत-सी (ईंट) इष्टिका मँगवाई गई है। अतः अन्य विकल्प असंगत हैं।

71. *(b)* 'विद्यार्थी' शब्द दो शब्द के योग से बना है–विद्या + अर्थी।

प्रस्तुत वाक्य में 'शब्द के योग से' वाक्यांश में त्रुटि है। सही वाक्य इस प्रकार होगा 'विद्यार्थी' शब्द दो शब्दों के योग से बना है–विद्या + अर्थी,

क्योंकि यहाँ दो शब्दों की बात की जा रही है, इसलिए यहाँ दो शब्द के स्थान पर दो शब्दों होगा। अतः दिए गए अन्य विकल्प असंगत हैं।

72. *(c)* 'झाँसा देना' मुहावरे का सही अर्थ-धोखा देना होगा।

'झाँसा देना' मुहावरे का प्रयोग धोखा देना या चकमा देना के सन्दर्भ में किया जाता है।

वाक्य प्रयोग विदेश में नौकरी दिलवाने वाली कम्पनी के झाँसे में आकर रोहित ने ₹ 5 लाख गवाँ दिए। अतः अन्य विकल्प असंगत हैं।

73. *(d)* दिए गए विकल्पों में से शुद्ध वर्तनी वाला विकल्प है– 'औरत में बहुत शक्ति होती है।' अतः अन्य विकल्प वर्तनी की दृष्टि से अशुद्ध हैं।

74. *(b)* दिए गए वाक्य में 'साथ मनाई जाती है, और यह विषय विशेष रूप से पर्यावरण पर' वाक्यांश में अशुद्धि है। शुद्ध वाक्य इस प्रकार होगा– हर वर्ष के विश्व पर्यावरण दिवस को कुछ-न-कुछ विषय के/साथ मनाया जाता है और यह विषय विशेष रूप से पर्यावरण पर/किसी एक चिन्ता पर ध्यान आकर्षित करने के लिए होता है। अतः मनाई जाती है के स्थान पर मनाया जाता है, का प्रयोग सही है।

75. *(c)* **देवताओं का उपवन** बहुत सुन्दर होता है। प्रस्तुत वाक्य में रेखांकित भाग के लिए सार्थक शब्द 'नन्दनकानन' होगा। नन्दन देवराज इन्द्र के उपवन का नाम था, जो पुराणानुसार स्वर्ग में है और सब स्थानों में सुन्दर माना जाता है। अतः देवताओं का उपवन नन्दनकानन कहलाता है। अतः अन्य विकल्प असंगत हैं।

76. *(d)* दिए गए गद्यांश में रिक्त (1) के लिए सबसे उपयुक्त विकल्प 'संगठन' है। पूर्ण वाक्य इस प्रकार है– डॉक्टर्स विदाउट बॉर्डर्स, जिसे मेडेसिन्स सैन्स फ्रण्टियर्स (एमएसएफ) के नाम से भी जाना जाता है, फ्रांस का एक गैर-सरकारी संगठन है।

77. *(d)* दिए गए गद्यांश में रिक्त (2) के लिए सबसे उपयुक्त विकल्प 'प्रभावित' है। पूर्ण वाक्य इस प्रकार है– जो युद्ध क्षेत्रों और बीमारियों से प्रभावित देशों में मानवीय चिकित्सा देखभाल प्रदान करता है।

78. *(a)* दिए गए गद्यांश में रिक्त (3) के लिए सबसे उपयुक्त विकल्प 'विभिन्न' है। पूर्ण वाक्य इस प्रकार है– यह संगठन विभिन्न बीमारियों जैसे मधुमेह, दवा-प्रतिरोधी संक्रमण, एचआईवी/ एड्स, हेपेटाइटिस-सी के उपचार में मदद करता है।

79. *(c)* दिए गए गद्यांश में रिक्त (4) के लिए सबसे उपयुक्त विकल्प 'मानवीय' है। पूर्ण वाक्य इस प्रकार है– एमएसएफ को कई महाद्वीपों पर उनके मानवीय कार्यों के लिए वर्ष 1999 में नोबेल शान्ति पुरस्कार से सम्मानित किया गया था।

80. *(d)* दिए गए गद्यांश में रिक्त (5) के लिए सबसे उपयुक्त विकल्प 'पुरस्कार' है। पूर्ण वाक्य इस प्रकार है–1999 में नोबेल शान्ति पुरस्कार से सम्मानित किया गया था।

20 फरवरी 2024
(शिफ्ट II)

सॉल्वड पेपर 2024

SSC कांस्टेबल (जीडी) सेट 02

भाग-I सामान्य बुद्धिमत्ता एवं तर्कशक्ति

1 एक निश्चित कूटभाषा में 'TDG' को '1680' लिखा जाता है और 'BHI' को '432' लिखा जाता है। उसी कूटभाषा में 'KCE' को कैसे लिखा जाएगा?

(a) 465 (b) 425
(c) 495 (d) 520

2 दिए गए पासे को मोड़ने पर, अक्षर 'n' के विपरीत कौन-सा अक्षर होगा?

(a) p (b) j
(c) r (d) h

3 A, B का पिता है। B, C का भाई है। C, D का पति है। D, E की बहन है। E, F की माँ है। F, G की पत्नी है।
परिवार में कुल कितने पुरुष हैं?

(a) 1 (b) 4
(c) 2 (d) 3

4 नीचे दी गई विकल्प आकृतियों में से उस आकृति का चयन कीजिए, जिसमें प्रश्न आकृति छिपी/निहित है। (घूर्णन की अनुमति नहीं है)

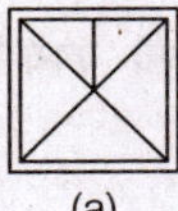 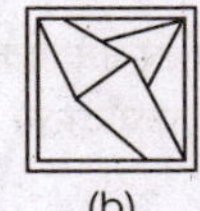 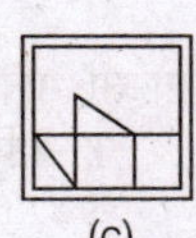 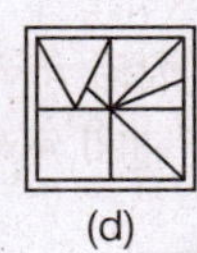

(a) (b) (c) (d)

5 नीचे दिए गए समीकरण में कौन-से दो चिह्नों और दो संख्याओं को आपस में बदलने पर निम्नलिखित समीकरण सही होगा?

$8 \div 4 \times 6 + 3 - 9 = 1$

(a) + और ×, 4 और 6 (b) + और –, 6 और 9
(c) × और ÷, 8 और 9 (d) × और ÷, 4 और 9

6 आठ व्यक्ति रीना, कविता, रमन, उमेश, रोहित, विकास, मोनिका और प्रिया, एक वर्गाकार मेज के चारों ओर इस प्रकार बैठे हैं कि दो व्यक्ति प्रत्येक भुजाओं पर बैठे हैं। सभी व्यक्ति मेज के केन्द्र की ओर मुख करके बैठे हैं। रीना, रोहित के ठीक दाईं ओर बैठी है और वे दोनों एक ही तरफ बैठे है। मोनिका उस व्यक्ति की ओर मुख करके बैठी है, जो कविता के बाईं ओर से दूसरे स्थान पर बैठा/बैठी है। मोनिका, रीना के दाईं ओर से चौथे स्थान पर बैठी हैं। विकास और उमेश के बीच में दो व्यक्ति बैठे हैं (जब केवल एक तरफ से गिना जाता है) और उमेश, रोहित के आसन्न बैठा है। मोनिका और रमन के बीच में केवल एक व्यक्ति बैठा है (जब केवल एक तरफ से गिना जाता है)। रमन के बाईं ओर से दूसरे स्थान पर कौन बैठा/बैठी है?

(a) रोहित (b) मोनिका (c) प्रिया (d) रीना

7 एक निश्चित कूटभाषा में 'TOWARD' को '962147' लिखा जाता है और 'WANTED' को '213957' लिखा जाता है। उसी कूटभाषा में 'WARRANT' को कैसे लिखा जाएगा?

(a) 2144129 (b) 2133129
(c) 2145129 (d) 2144139

8 निम्नलिखित विकल्पों में से उस विकल्प का चयन कीजिए, जो पाँचवें शब्द से ठीक उसी प्रकार सम्बन्धित है, जिस प्रकार चौथा शब्द तीसरे शब्द से सम्बन्धित है और दूसरा शब्द पहले शब्द से सम्बन्धित है।

चींटी : बांबी :: बत्तख : तालाब :: घोड़ा : ?

(a) मांद (b) अस्तबल
(c) छत्ता (d) कुत्ताघर

9 नीचे एक शृंखला दी गई है, जिसमें एक पद लुप्त है। दिए गए विकल्पों में से उस विकल्प का चयन कीजिए, जो शृंखला को पूरा करेगा।

NRT, MQS, LPR, KOQ, ?

(a) JKL (b) JNP (c) KLR (d) MNP

10 निम्नलिखित में से अक्षरों का कौन-सा समूह क्रमबद्ध रूप से बाईं से दाईं ओर रखे जाने पर नीचे दी गई शृंखला को पूरा करेगा?

ghijkg_ijkg_ijk_hijkghij_

(a) kgih (b) ijkg (c) hhgk (d) hghg

11 निम्नलिखित विकल्पों में से उस विकल्प का चयन कीजिए, जो पाँचवें अक्षर-समूह से ठीक उसी प्रकार सम्बन्धित है, जिस प्रकार चौथा अक्षर-समूह, तीसरे अक्षर-समूह से सम्बन्धित है और दूसरा अक्षर-समूह, पहले अक्षर-समूह से सम्बन्धित है।

TEA : ZBDFSU : : SIN : MOHJRT : : RIO : ?

(a) SQJHPN (b) BDSHFK
(c) NPHJQS (d) SUDFZB

12 पाँच सहकर्मी जोई, ऐरोन, बेन, क्लोई और डैनियल एक वृत्ताकार मेज पर केन्द्र की ओर मुख करके बैठे हैं। जोई, ऐरोन के ठीक बाईं ओर बैठी है। क्लोई, जोई के बगल में बैठी है। डैनियल, ऐरोन के ठीक दाईं ओर बैठा है। जोई के ठीक बाईं ओर कौन बैठा/बैठी है?

(a) क्लोई (b) बेन
(c) ऐरोन (d) डैनियल

13 निम्नलिखित प्रश्न में, विकल्पों में दी गई उस आकृति का चयन कीजिए, जिसे प्रश्नचिह्न (?) के स्थान पर रखा जा सकता है।

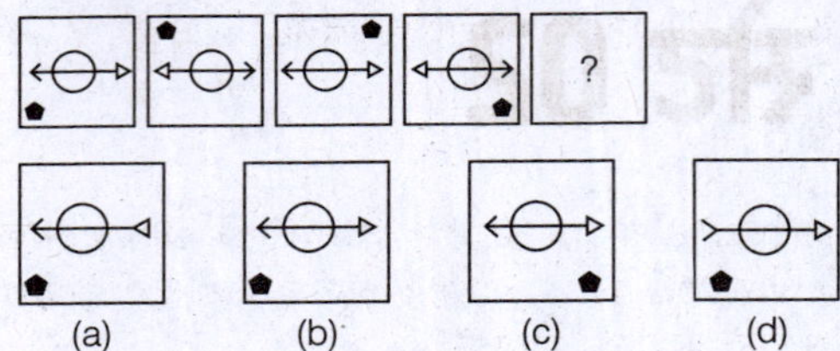

14 निम्नलिखित विकल्पों में से दी गई शृंखला से लुप्त संख्या का चयन कीजिए।
2673, 891, 297, 99, ?, 11
(a) 33 (b) 43 (c) 23 (d) 10

15 यदि 40 A 10 B 8 C 15 = 65 और 15 A 30 B 9 C 20 = 70, तो 7 A 9 B 3 C 8 = ?
(a) 20 (b) 35
(c) 29 (d) 31

16 निम्नलिखित प्रश्न में, कुछ कथन और उन कथनों के आधार पर कुछ निष्कर्ष दिए गए हैं। आपको दिए गए कथनों को सत्य मानना है, चाहे वे सामान्यतः ज्ञात तथ्यों में भिन्न प्रतीत होते हों। सभी निष्कर्षों को ध्यानपूर्वक पढ़िए और निश्चय कीजिए दिए गए निष्कर्षों मे से कौन-सा निष्कर्ष कथनों का तार्किक रूप से अनुसरण करता है?

कथन
कुछ H, R हैं।
कोई P, H नहीं है।

निष्कर्ष
I. कुछ P, H हैं।
II. कुछ R, P नहीं है।
(a) केवल निष्कर्ष I अनुसरण करता है
(b) कोई भी निष्कर्ष अनुसरण नहीं करता है
(c) केवल निष्कर्ष II अनुसरण करता है
(d) निष्कर्ष I और II दोनों अनुसरण करते हैं

17 दिए गए विकल्पों में से निम्नलिखित शृंखला से लुप्त संख्या का चयन कीजिए।
0, 1, 5, 14, 30, ?
(a) 55 (b) 66 (c) 57 (d) 69

18 नीचे दी गई विकल्प आकृतियों में से उस आकृति का चयन कीजिए, जिसमें प्रश्न आकृति छिपी/निहित है। (घूर्णन की अनुमति नही है)

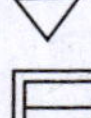

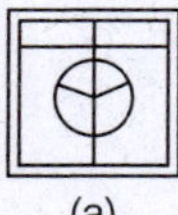
(a)
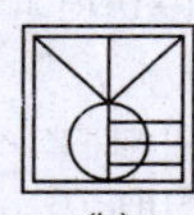
(b)
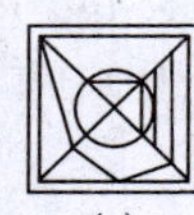
(c)
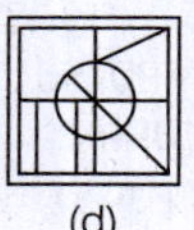
(d)

19 दिए गए विकल्पों में से उस आकृति का चयन कीजिए, जिसे दी गई आकृति शृंखला में प्रश्नचिह्न (?) के स्थान पर रखा जा सकता है।

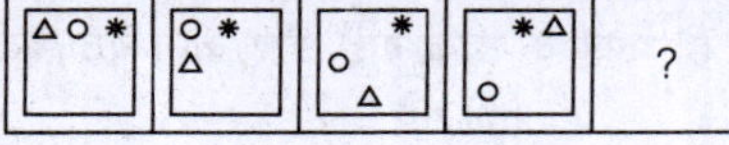

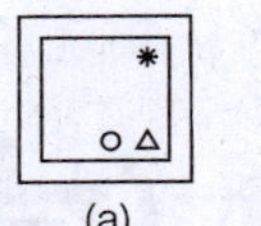
(a)
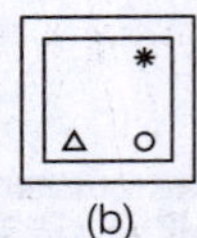
(b)
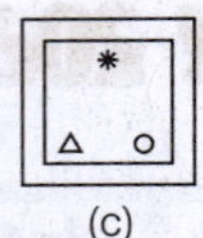
(c)
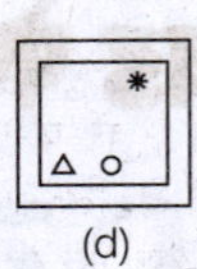
(d)

20 दिए गए शब्दों को उसी क्रम में व्यवस्थित कीजिए, जिस क्रम में वे अंग्रेजी शब्दकोश में आते हैं।
1. Let 2. Lethargy 3. Letter
4. Lethal 5. Lest
(a) 51423 (b) 15324
(c) 51243 (d) 15234

भाग-II सामान्य ज्ञान

21 स्वतन्त्रता के बाद भारत ने प्रथम प्रधानमन्त्री जवाहरलाल नेहरू के ········ प्रभाव में, वर्ष 1951 में अपनी पहली पंचवर्षीय योजना (FYP) लॉन्च की।
(a) अधिनायकवादी पूँजीवाद (b) पूँजीवादी
(c) अराजकतावाद (d) समाजवादी

22 भारत में दूसरे चीफ ऑफ डिफेन्स स्टाफ (CDS) के रूप में निम्नलिखित में से किसे नियुक्त किया गया है?
(a) लेफ्टिनेण्ट जनरल अनिल चौहान
(b) जनरल मनोज मुकुन्द नरवणे
(c) एडमिरल आर हरि कुमार
(d) जनरल मनोज पाण्डे

23 सुप्रीम कोर्ट के किस पूर्व न्यायाधीश को आन्ध्र प्रदेश के राज्यपाल के रूप में नियुक्त किया गया है?
(a) भूषण रामकृष्ण गवई (b) संजीव खन्ना
(c) संजय किशन कौल (d) एस अब्दुल नज़ीर

24 संगीत नाटक अकादमी संगीत, नृत्य और नाटक के लिए भारत की राष्ट्रीय अकादमी है। इसे वर्ष 1952 में (तत्कालीन)·········· भारत सरकार के एक प्रस्ताव द्वारा बनाया गया था, जिसके पहले अध्यक्ष डॉ. पी.वी. राजमन्नार थे।
(a) कला मन्त्रालय (b) शिक्षा मन्त्रालय
(c) नृत्य मन्त्रालय (d) परिवहन मन्त्रालय

25 निम्नलिखित में से कौन-सा भारतीय रिजर्व बैंक का/के कार्य है/हैं?
I. मुद्रा जारी करना II. अन्तिम कर्जदाता
कूट
(a) केवल I (b) केवल II
(c) I और II दोनों (d) न तो I और न ही II

26 पन्नालाल घोष निम्नलिखित में से किस वाद्ययन्त्र के लिए प्रसिद्ध हैं?
(a) शहनाई (b) तबला (c) बाँसुरी (d) सितार

27 संविधान सभा ने ········ को भारत के संविधान को अपनाया।
(a) 26 जनवरी, 1950 (b) 26 नवम्बर, 1949
(c) 15 अगस्त, 1947 (d) 24 जनवरी, 1950

28 ध्वनि की तीव्रता किस इकाई में मापी जाती है?
(a) हर्ट्ज (b) वॉट/मी^{2}
(c) घनत्व (d) डेसीबल

29 यह प्रसिद्ध पुस्तक 'अर्थशास्त्र' हमें बताती है कि मौर्य काल के दौरान उत्तर-पश्चिम कम्बलों और ……… अपने सोने और कीमती पत्थरों के लिए महत्त्वपूर्ण था।
(a) दक्षिण भारत (b) पश्चिम भारत
(c) पूर्वी भारत (d) उत्तर भारत

30 भारत के निम्नलिखित में से किस राज्य में बोनालू पर्व मनाया जाता है?
(a) असम (b) तेलंगाना
(c) पश्चिम बंगाल (d) तमिलनाडु

31 जनगणना-2011 के अनुसार, निम्नलिखित में से किस राज्य में महिला साक्षरता दर सबसे अधिक है?
(a) मिजोरम (b) केरल
(c) त्रिपुरा (d) पश्चिम बंगाल

32 अमृतसर की सन्धि पर कब हस्ताक्षर किए गए थे?
(a) 1809 ई. (b) 1808 ई.
(c) 1811 ई. (d) 1810 ई.

33 प्रत्येक वर्ष अगस्त के दूसरे शनिवार को, अलाप्पुझा (Alappuzha) के पास आयोजित की जाने वाली नेहरू ट्रॉफी प्रतियोगिता, ……… श्रेणी में सबसे अधिक प्रतिस्पर्द्धी और लोकप्रिय है।
(a) घुड़दौड़ (b) नौका दौड़
(c) बास्केटबॉल (d) बैडमिण्टन

34 निम्नलिखित में से किस शब्द का सम्बन्ध क्रिकेट से नहीं है?
I. ईगल II. बास्केट

कूट
(a) केवल I (b) केवल II
(c) I और II दोनों (d) न तो I और न ही II

35 जून, 2023 में ……… ने महिला उद्यमियों को सशक्त बनाने की दिशा में DAY-NULM के साथ साझेदारी की।
(a) UNGA (b) UNDP (c) WHO (d) UNESCO

36 भारत में, अनुच्छेद-333 के उपबन्धों के अधीन रहते हुए प्रत्येक राज्य की विधानसभा अधिकतम ……… सदस्यों से मिलकर बनेगी।
(a) चार सौ (b) पाँच सौ
(c) छः सौ (d) तीन सौ

37 भारतीय खिलाड़ी लिएण्डर पेस कौन-सा खेल खेलते हैं?
(a) बैडमिण्टन (b) क्रिकेट
(c) लॉन टेनिस (d) टेबल टेनिस

38 भारत सरकार द्वारा आयोजित सामाजिक-आर्थिक और जाति जनगणना (SECC) 2011 में अभावों को मापने के लिए निम्नलिखित में से कौन-सा एक मानदण्ड नहीं है?
(a) ऐसे घर, जिनमें केवल एक कमरा है और कोई ठोस दीवार और छत नहीं है
(b) दिव्यांग सदस्यों वाले परिवार
(c) ऐसे परिवार, जिनमें कोई सक्षम सदस्य नहीं है
(d) ऐसे परिवार, जिनमें 15-59 आयु वर्ग की कोई वयस्क महिला नहीं है

39 सरकार को सलाह देने के लिए नीति आयोग नामक एक ……… की स्थापना की गई थी।
(a) सामाजिक विचारक समूह (b) धार्मिक विचारक समूह
(c) नीति विचारक समूह (d) नैतिक विचारक समूह

40 निम्नलिखित में से उत्तर प्रदेश के इण्डो-फ़ारसी नृत्य शैली का नाम बताइए।
(a) गरबा (b) छऊ (c) कथकली (d) कथक

भाग-III गणित

41 एक व्यापारी अपने सामान को क्रय मूल्य से 50% अधिक पर अंकित करता है और 20% की छूट देता है। छूट देने के बाद व्यापारी को कितने प्रतिशत का लाभ होता है?
(a) 20% (b) 18% (c) 12% (d) 10%

42 पाँच संख्याओं का औसत 32 है। यदि एक संख्या हटा दी जाए, तो औसत 28 हो जाता है। हटाई गई संख्या कितनी है?
(a) 48 (b) 49 (c) 47 (d) 52

43 32 से पहले की सभी अभाज्य संख्याओं का औसत कितना है?
(a) 14.54 (b) 13.26
(c) 17.82 (d) 15.60

44 3 नोटबुक और 6 पेन का मूल्य ₹ 3000 है। उतने ही पैसों से एक व्यक्ति 1 नोटबुक और 12 पेन खरीद सकता है। यदि राजू 15 पेन खरीदना चाहता है, तो उसे कितना भुगतान करना होगा?
(a) ₹ 3500 (b) ₹ 2500
(c) ₹ 3000 (d) ₹ 2000

45 विद्यार्थियों की वह अधिकतम संख्या ज्ञात कीजिए, जिनके बीच 1003 चॉकलेट और 2703 कैण्डी इस प्रकार बाँटी जा सकती है कि प्रत्येक विद्यार्थी को प्रत्येक (चॉकलेट और कैण्डी) की समान संख्या मिलें।
(a) 17 (b) 33
(c) 19 (d) 29

46 384 मी लम्बी एक रेलगाड़ी एक बिजली के खम्भे को 12 सेकण्ड में पार करती है और विपरीत दिशा में यात्रा कर रही समान लम्बाई की दूसरी रेलगाड़ी को 12 सेकण्ड में पार करती है। दूसरी रेलगाड़ी की चाल कितनी है?
(a) 25 मी/से (b) 39 मी/से
(c) 45 मी/से (d) 32 मी/से

47 यदि 6 पेन का क्रय मूल्य, 5 पेन के विक्रय मूल्य के समान है, तो लाभ/हानि प्रतिशत ज्ञात कीजिए।
(a) 10% हानि (b) 20% हानि
(c) 20% लाभ (d) 10% लाभ

48 70 सेमी आधार की त्रिज्या और 14 सेमी ऊँचाई वाले बेलन का वक्रपृष्ठीय क्षेत्रफल कितना है?
(a) 6160 सेमी^{2} (b) 5930 सेमी^{2}
(c) 6420 सेमी^{2} (d) 6350 सेमी^{2}

49 एक मेज का विक्रय मूल्य ₹ 6875 है। यदि लाभ ₹ 25% है, तो मेज का क्रय मूल्य कितना है?
(a) ₹ 6400 (b) ₹ 5200
(c) ₹ 5000 (d) ₹ 5500

50 किसी धनराशि पर 5 वर्षों के लिए प्राप्त साधारण ब्याज उस धनराशि का 2/5 है। वार्षिक ब्याज दर क्या है?
(a) 9% (b) 12%
(c) 10% (d) 8%

51 $(0.1)^2 + (0.01)^2$ का मान कितना है?
(a) 0.0101 (b) 0.005
(c) 1.101 (d) 0.111

52 यदि X का 45%, Y के 15% के बराबर है, तो $X : Y$ का मान कितना है?
(a) 3 : 2 (b) 1 : 3 (c) 3 : 1 (d) 1 : 4

53 यदि 72 जिल्दसाज, 720 पुस्तकों की जिल्दबन्दी 22 दिनों में कर सकते हैं, तो 12 दिनों में 660 पुस्तकों की जिल्दबन्दी करने के लिए कितने जिल्दसाजों की आवश्यकता होगी?
(a) 123 (b) 120 (c) 121 (d) 124

54 एक वस्तु का अंकित मूल्य उसके क्रय मूल्य से 60% अधिक है। यदि उस वस्तु पर 20% की छूट दी जाती है, तो लाभ प्रतिशत कितना होगा?
(a) 34% (b) 28% (c) 30% (d) 33%

55 किसी संख्या के 20% का 25%, 250 के बराबर है। उस संख्या का 35% कितना है?
(a) 1650 (b) 1750 (c) 1570 (d) 1560

56 ₹ 9000, 80% की वार्षिक दर से चक्रवृद्धि ब्याज (अर्द्धवार्षिक रूप से संयोजित) पर उधार दिए जाते हैं। 12 महीने का चक्रवृद्धि ब्याज कितना होगा?
(a) ₹ 8640 (b) ₹ 9000
(c) ₹ 8700 (d) ₹ 8760

57 P, Q और R के बीच ₹ 8400 को क्रमशः $\frac{2}{3}:3:\frac{1}{3}$ के अनुपात में बाँटा जाता है। R का हिस्सा कितना है?
(a) ₹ 18000 (b) ₹ 900
(c) ₹ 700 (d) ₹ 1400

58 एक गोले की त्रिज्या में 50% की वृद्धि की जाती है। गोले के आयतन में कितने प्रतिशत की वृद्धि होगी?
(a) 235.5% (b) 237.5%
(c) 150% (d) 225.5%

59 दो संख्याओं का गुणनफल 720 और उनका महत्तम समापवर्तक 4 है। इन संख्याओं का लघुत्तम समापवर्त्य कितना है?
(a) 240 (b) 120
(c) 180 (d) 480

60 स्वप्रिल 16 दिनों में एक सोफा बना सकता है। रेवती के साथ मिलकर कार्य करते हुए, वह कार्य को 128/17 दिनों में पूरा कर सकता है। यदि रेवती अकेले कार्य करती है, तो कार्य पूरा करने में रेवती को कितने दिन लगेंगे?
(a) 128/16 दिन (b) 128/9 दिन
(c) 128/17 दिन (d) 6 दिन

भाग-IV हिन्दी

61 दिए गए वाक्य में रेखांकित शब्द के लिए सही वर्तनी ज्ञात कीजिए।
सड़कें चौढ़ी होनी चाहिए
(a) चौड़ी (b) चौड़ि
(c) चोढ़ी (d) चोड़ी

62 निम्नलिखित प्रश्न में चार विकल्पों में से उस विकल्प का चयन करें, जो रिक्त स्थान के लिए सही पुल्लिंग रूप वाला हो।
मैं किसी काम से बाहर जा रहा हूँ , ……… को वापस आऊँगा।
(a) कल (b) परसों
(c) सोमवार (d) दो दिन बाद

63 दिए गए शब्द का पर्यायवाची शब्द ज्ञात कीजिए।
महिला
(a) सीता (b) स्त्री (c) अचर (d) पूजा

64 निम्नलिखित प्रश्न में चार विकल्पों में से उस विकल्प का चयन करें, जो कोष्ठक में दिए गए शब्दों के विलोम शब्द का सही विकल्प है।
इस प्रकार राम सीता की खोज में (विरल) ……… वन के अन्दर आगे बढ़ते गए।
(a) जटिल (b) दुर्लभ
(c) सघन (d) कठिन

65 निम्नलिखित प्रश्न में चार विकल्पों में से उस विकल्प का चयन करें, जो रिक्त स्थान के लिए सही शब्द वाला विकल्प हो।
योग में मनोरंजन भी किया जा सकता है तथा भटकते मन को ……… भी प्रदान की जा सकती है।
(a) शान्ति (b) प्राप्ति
(c) क्रान्ति (d) भ्रान्ति

66 निम्नलिखित प्रश्न में दिए गए विकल्पों में से उस विकल्प का चयन करें, जो दिए गए मुहावरे के अर्थ को सर्वश्रेष्ठ रूप से व्यक्त करता है।
'उल्लू सीधा करना'
(a) होश ठीक होना (b) स्वाधीन होना
(c) स्वार्थ सिद्ध करना (d) सबसे अलग रहना

67 निम्नलिखित प्रश्न में दिए गए चार विकल्पों में से उस विकल्प का चयन करें, जो दिए गए मुहावरे के अर्थ को सर्वश्रेष्ठ रूप से व्यक्त करता है।
'ठिकाना न रहना'
(a) कहीं जगह न मिलना (b) सैर करना
(c) बेचैन होना (d) दुनिया घूमना

68 निम्नलिखित प्रश्न में चार विकल्पों में से उस विकल्प का चयन करें, जो कोष्ठक में दिए गए शब्द के तद्भव रूप का सही विकल्प है।
हमें हमेशा सबकी अच्छाई देखनी चाहिए उनके (औगुन) ……… नहीं।
(a) शब्द (b) आचरण (c) बात (d) अवगुण

69 निम्नलिखित प्रश्न में चार विकल्पों में से उस सही विकल्प का चयन करें, जो वाक्यांशों के लिए शब्द का विकल्प है।
''जिसके हाथ में चक्र हो''
(a) इन्दीवर (b) चन्द्रमौलि
(c) ईशान (d) चक्रपाणि

70 निम्नलिखित प्रश्न में चार विकल्पों में से उस विकल्प का चयन करें, जो रिक्त स्थान के लिए सही शब्द वाला विकल्प हो।
बाल श्रम को बच्चों द्वारा ……… के लिए किसी भी प्रकार के कार्य को करने के रूप में परिभाषित किया गया है।
(a) रोजगार (b) अनुभव
(c) अध्ययन (d) क्रीड़ा

71 दिए गए वाक्य में रेखांकित शब्द का विलोम शब्द ज्ञात कीजिए।
हमें ढीलेपन से काम करना चाहिए।
(a) स्फूर्ति (b) चौड़ापन
(c) छोटापन (d) अपनापन

72 निम्नलिखित वाक्य में उस वाक्यांश को पहचानिए, जिसमें मात्राओं से सम्बन्धित अशुद्धियाँ हैं। यदि कोई गलती नहीं है, तो 'कोई त्रुटि नहीं है' का चुनाव कीजिए।
लोभी धन इसलिए इकट्‌ठा करता हो जिसमें उससे/किसी समय उसकी कमी ने हो, परन्तु उस उसकी/कमी हमेशा बनी ही रहती है।
(a) लोभी धन इसलिए इकट्‌ठा करता हो जिसमें उससे
(b) किसी समय उसकी कमी न हो, परन्तु उसे उसकी
(c) कमी हमेशा बनी ही रहती है
(d) कोई त्रुटि नहीं है

73 दिए गए वाक्य का भाग ज्ञात करें, जिसमें कोई त्रुटि है।
पुलिस ने चोरी के भ्रम में आशीष को पकड़ लिया।
(a) पकड़ लिया (b) के भ्रम में
(c) आशीष को (d) पुलिस ने चोरी

74 दिए गए वाक्य में निरर्थक शब्द ज्ञात कीजिए।
तुम दोनों कब से खटर-पटर कर रहे हो। अब चुप हो जाओ।
(a) दोनों (b) खटर-पटर
(c) कब (d) चुप

75 दिए गए शब्द का पर्यायवाची शब्द ज्ञात कीजिए।
'उल्लास'
(a) क्रम (b) आनन्द (c) औंधा (d) ग्राम

निर्देश (प्र. सं. 76-80) *नीचे दिए गए गद्यांश को ध्यानपूर्वक पढ़कर नीचे दिए गए प्रश्नों के सही उत्तर दीजिए।*

भारत त्योहारों का देश है इसलिए यहाँ प्रत्येक दिन एक त्योहार के रूप में ········ जाता है। भारत का होली का त्योहार विश्व प्रसिद्ध है। होली का त्योहार हिन्दू धर्म में मनाया जाने वाला दूसरा सबसे बड़ा त्योहार है। इस त्योहार को रंगों के त्योहार के नाम से भी जाना जाता है। होली का त्योहार भारत के साथ-साथ नेपाल, बांग्लादेश, अमेरिका, ऑस्ट्रेलिया, कनाडा जैसे कई देशों में भी ········ है। इस त्योहार को सभी वर्गों के लोग मनाते हैं। वर्तमान में तो अन्य धर्मों को मानने वाले लोग भी इस त्योहार को बड़ी-से मनाने लगे हैं। प्रकृति भी एक तरह से इस त्योहार में सम्मिलित होती है। चारों ओर रंग-बिरंगें फूल बिखेरकर बसन्त ऋतु ········ लुटाती है। यह खुशियाँ बाँटने बाला त्योहार है, इस दिन सभी लोग एक-दूसरे से गले मिलकर खुशी-खुशी इस त्योहार को मनाते हैं। इस त्योहार में ऐसी शक्ति है कि वर्षों पुरानी दुश्मनी भी इस दिन दोस्ती में बदल जाती है। इसलिए होली को ········ का त्योहार भी कहा गया है। ऐसा माना जाता है कि होली का त्योहार हजारों वर्षों से मनाया जा रहा है। होली का त्योहार बुराई पर अच्छाई की जीत के प्रतीक के रूप में मनाया जाता है, साथ ही यह मौज-मस्ती का भी प्रतीक है।

76 भारत त्योहारों का देश है इसलिए यहाँ प्रत्येक दिन एक त्योहार के रूप में········जाता है।
(a) दिखाया (b) बताय
(c) मनाया (d) सुनाया

77 होली का त्योहार भारत के साथ-साथ नेपाल, बांग्लादेश, अमेरिका, ऑस्ट्रेलिया, कनाडा जैसे कई देशों में भी ········ है।
(a) चित्रित (b) विस्तृत
(c) परिवर्तित (d) प्रसिद्ध

78 वर्तमान में तो अन्य धर्मों के मानने वाले लोग भी इस त्योहार को बड़ी ········ से मनाने लगे हैं।
(a) धनवान (b) सुनसान
(c) पहचान (d) धूम्धाम

79 चारों ओर रंग-बिरंगें फूल बिखेरकर बसन्त ऋतु········लुटाती है।
(a) पत्ते (b) धूल
(c) फूल (d) खुशियाँ

80 इसलिए होली को········का त्योहार भी कहा गया है।
(a) पानी बरबादी (b) परमार्थ
(c) सौहार्द (d) स्वार्थ

उत्तरमाला

1.	(c)	2.	(b)	3.	(b)	4.	(d)	5.	(c)	6.	(d)	7.	(d)	8.	(b)	9.	(b)	10.	(c)
11.	(c)	12.	(a)	13.	(b)	14.	(a)	15.	(c)	16.	(c)	17.	(a)	18.	(c)	19.	(d)	20.	(a)
21.	(d)	22.	(a)	23.	(d)	24.	(b)	25.	(c)	26.	(c)	27.	(b)	28.	(d)	29.	(a)	30.	(b)
31.	(b)	32.	(a)	33.	(b)	34.	(c)	35.	(b)	36.	(b)	37.	(c)	38.	(d)	39.	(c)	40.	(d)
41.	(a)	42.	(a)	43.	(a)	44.	(c)	45.	(a)	46.	(d)	47.	(c)	48.	(a)	49.	(d)	50.	(d)
51.	(a)	52.	(b)	53.	(c)	54.	(b)	55.	(b)	56.	(a)	57.	(c)	58.	(b)	59.	(c)	60.	(b)
61.	(a)	62.	(c)	63.	(b)	64.	(c)	65.	(a)	66.	(c)	67.	(a)	68.	(d)	69.	(d)	70.	(a)
71.	(a)	72.	(a)	73.	(b)	74.	(b)	75.	(b)	76.	(c)	77.	(d)	78.	(d)	79.	(d)	80.	(c)

संकेत एवं हल

1. *(c)* जिस प्रकार,

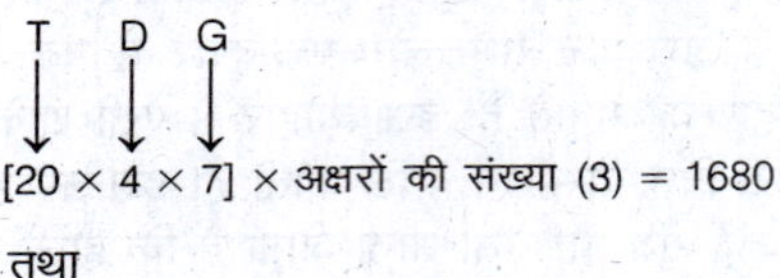

तथा

B H I

[2 × 8 × 9] × 3 = 432

उसी प्रकार,

K C E

[11 × 3 × 5] × 3 = 495

2. *(b)* प्रश्नानुसार,

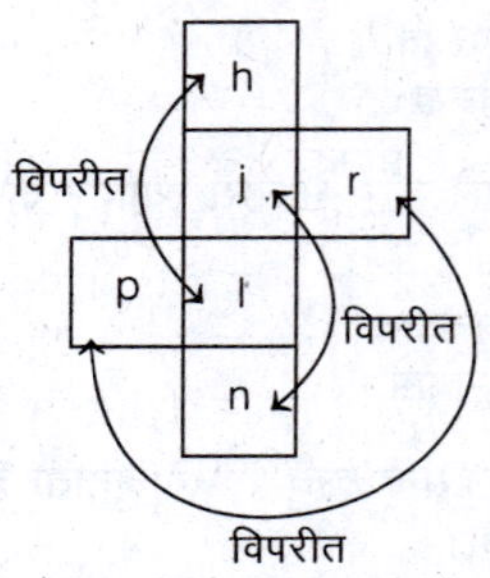

अतः n के विपरीत j होगा।

3. *(b)* दी गई जानकारी के अनुसार,

$A^+ \xleftarrow{\text{पिता}} B^+ \xleftarrow{\text{भाई}} C^+ \xleftarrow{\text{पति}} D^- \xleftarrow{\text{बहन}} E^-$

E^- —माँ— F^-; $G^+ \xrightarrow{\text{पत्नी}} F^-$

[+ ⇒ पुरुष, − ⇒ महिला]

अतः परिवार में कुल 4 पुरुष हैं।

4. *(d)* दी गई प्रश्न आकृति, उत्तर आकृति (d) में अन्तर्निहित है।

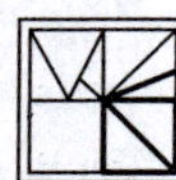

5. *(c)* दिया है,

$$8 \div 4 \times 6 + 3 - 9 = 1$$

विकल्प (c) से, × और ÷, 8 और 9 को आपस में बदलने पर,

$$9 \times 4 \div 6 + 3 - 8 = 1$$

$$\Rightarrow \quad 9 \times \frac{4}{6} + 3 - 8 = 1$$

$$\Rightarrow \quad 6 + 3 - 8 = 1$$

$$1 = 1$$

6. *(d)* प्रश्नानुसार,

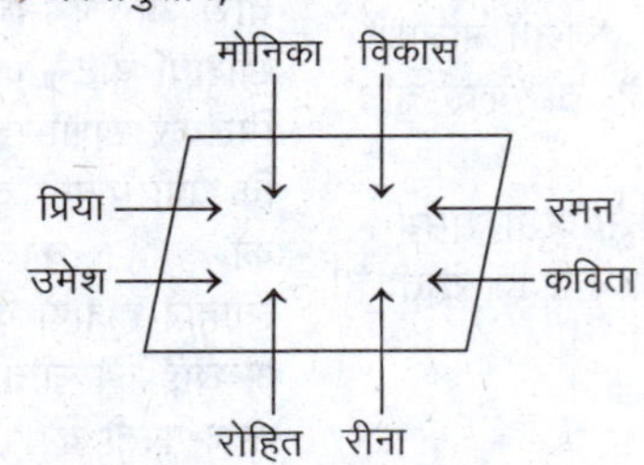

अतः रमन के बाईं ओर दूसरे स्थान पर रीना बैठी है।

7. *(d)* जिस प्रकार,

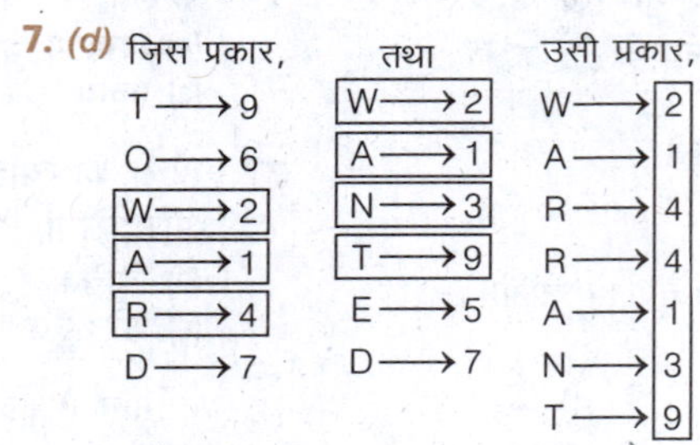

8. *(b)* जिस प्रकार, चींटी, बांबी में, बत्तख, तालाब में रहती है। उसी प्रकार, घोड़ा, अस्तबल में रहता है।

9. *(b)* दी गई शृंखला का क्रम निम्न प्रकार है,

$N \xrightarrow{-1} M \xrightarrow{-1} L \xrightarrow{-1} K \xrightarrow{-1} \boxed{J}$

$R \xrightarrow{-1} Q \xrightarrow{-1} P \xrightarrow{-1} O \xrightarrow{-1} \boxed{N}$

$T \xrightarrow{-1} S \xrightarrow{-1} R \xrightarrow{-1} Q \xrightarrow{-1} \boxed{P}$

10. *(c)* दी गई शृंखला का क्रम निम्न प्रकार है,

ghijk/ghijk/ghijk/ghijk/ghijk

अतः अभीष्ट अक्षर समूह hhgk होगा।

11. *(c)* जिस प्रकार,

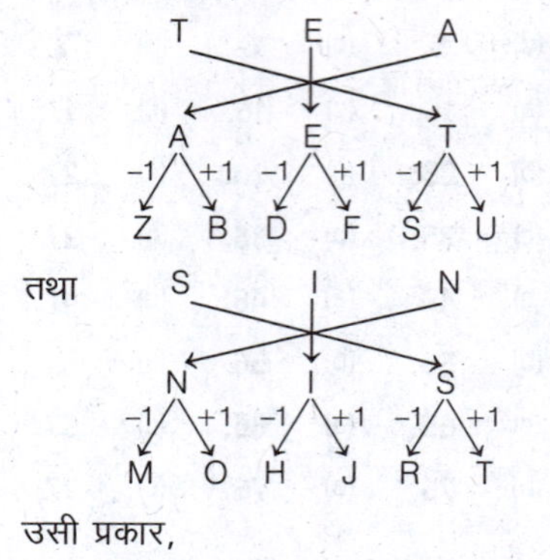

उसी प्रकार,

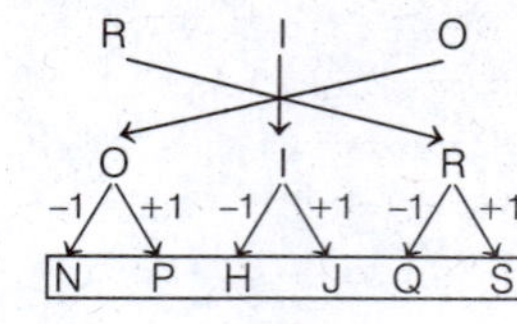

12. *(a)* प्रश्नानुसार,

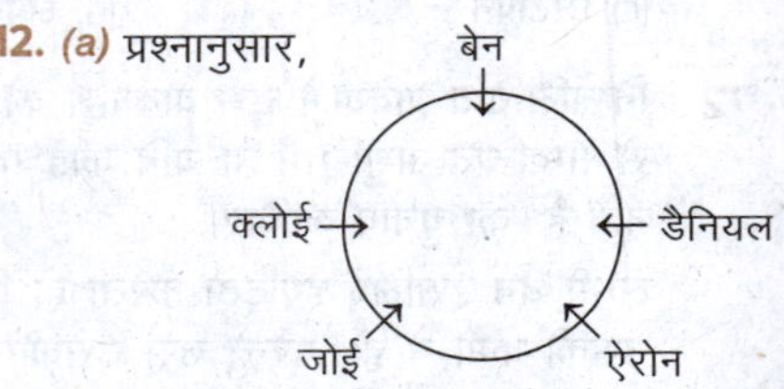

अतः जोई के ठीक बाईं ओर क्लोई बैठी है।

13. *(b)* दी गई आकृति शृंखला में पंचभुज घड़ी की दिशा में निरन्तर एक-एक स्थान आगे बढ़ रही है तथा बीच का चित्र निरन्तर दर्पण प्रतिबिम्ब बन रही है।

अतः प्रश्नचिह्न के स्थान पर विकल्प आकृति (b) आएगी।

14. *(a)* दी गई शृंखला का क्रम निम्न प्रकार है,

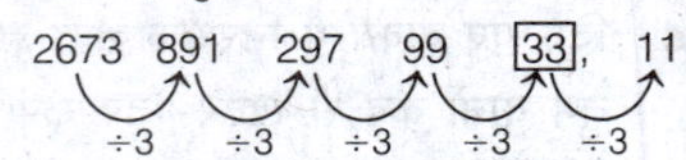

15. *(c)* जिस प्रकार,

40 A 10 B 8 C 15 = 65

$$\Rightarrow \quad 40 \times 10 \div 8 + 15 = 65$$

$$\Rightarrow \quad 40 \times \frac{10}{8} + 15 = 65$$

$$65 = 65$$

तथा 15 A 30 B 9 C 20 = 70

$$\Rightarrow \quad 15 \times 30 \div 9 + 20 = 70$$

$$\Rightarrow \quad 15 \times \frac{30}{9} + 20 = 70$$

$$70 = 70$$

उसी प्रकार, 7 A 9 B 3 C 8

$$\Rightarrow \quad 7 \times 9 \div 3 + 8$$

$$\Rightarrow \quad 7 \times 3 + 8 = \boxed{29}$$

$$29 = 29$$

16. *(c)* कथनानुसार,

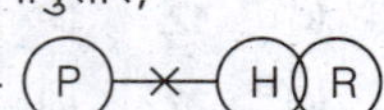

निष्कर्ष I. (✗) II. (✓)

अतः केवल निष्कर्ष II अनुसरण करता है।

17. *(a)* दी गई शृंखला का क्रम निम्न प्रकार है,

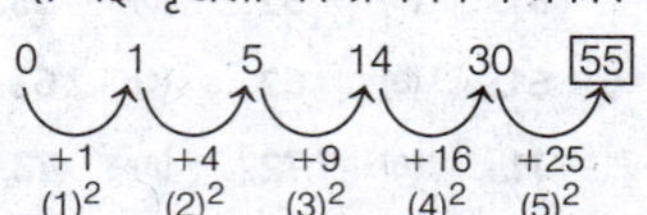

18. *(c)* दी गई प्रश्न आकृति, उत्तर आकृति (c) में अन्तर्निहित है।

19. *(d)* दी गई आकृति शृंखला में 'Δ' घड़ी की विपरीत दिशा में निरन्तर पहले $\frac{1}{2}$ दूरी, फिर 1 पूरी दूरी फिर $1\frac{1}{2}$ दूरी अतः अन्त में इसी प्रकार 2 दूरी चलेगा तथा '*' निरन्तर अगली आकृति में एक बार एक स्थान आगे जा रहा है तथा एक बार एक स्थान पीछे हो रहा है तथा यही क्रम आगे भी जारी रहेगा। तथा वृत्त 'O' घड़ी के विपरीत दिशा में निरन्तर एक-एक स्थान बढ़ रहा है।

20. *(a)* दिए गए शब्दों का अंग्रेजी शब्दकोश निम्न प्रकार है,

Lest → Let → Lethal → Lethargy → Letter
(5) (1) (4) (2) (3)

⇒ 5, 1, 4, 2, 3

21. *(d)* स्वतन्त्रता के बाद भारत के पहले प्रधानमन्त्री जवाहरलाल नेहरू ने समाजवादी आर्थिक मॉडल को ध्यान में रखते हुए वर्ष 1951 में पहली पंचवर्षीय योजना की नींव डाली। यह योजना 'हैरोल्ड-डोमर' मॉडल पर आधारित थी, जिसमें कृषि को उच्च प्राथमिकता दी गई।

इस योजना का मुख्य उद्देश्य अर्थव्यवस्था के सन्तुलित विकास की प्रक्रिया आरम्भ करना था। इस योजना के दौरान राष्ट्रीय आय में 18% व प्रतिव्यक्ति आय में 11% की कुल वृद्धि हुई।

22. *(a)* लेफ्टिनेण्ट जनरल अनिल चौहान को 30 सितम्बर, 2022 को देश के दूसरे चीफ ऑफ डिफेन्स स्टाफ (CDS) के रूप में नियुक्त किया गया है।

रक्षा प्रमुख या चीफ ऑफ डिफेन्स स्टाफ (CDS) भारतीय सशस्त्र सेनाओं के प्रमुख सैन्य अधिकारी है।

चीफ ऑफ डिफेन्स (CDS) के पद का सृजन वर्ष 2019 में हुआ था और जनरल विपिन रावत को 31 दिसम्बर, 2019 को देश का पहला CDS नियुक्त किया गया।

23. *(d)* 12 फरवरी, 2023 को भारत के राष्ट्रपति ने विश्वभूषण हरिचन्दन के स्थान पर सुप्रीम कोर्ट के पूर्व न्यायाधीश एस अब्दुल नजीर को आन्ध्र प्रदेश का 24वाँ राज्यपाल नियुक्त किया। इससे पूर्व वे कर्नाटक उच्च न्यायालय (वर्ष 2017 में) के भी पूर्व न्यायाधीश रह चुके हैं। वे एकमात्र ऐसे मुस्लिम न्यायाधीश थे, जिन्होंने वर्ष 2017 में विवादास्पद 'तीन तलाक' मामले की सुनवाई की थी।

24. *(b)* संगीत नाटक अकादमी भारतीय गणराज्य द्वारा स्थापित कला की पहली राष्ट्रीय अकादमी है। इसकी स्थापना भारत सरकार के शिक्षा मन्त्रालय (तत्कालीन) द्वारा 31 मई, 1952 को हुई थी। इसके पहले अध्यक्ष डॉ. पी.वी. राजमन्नार थे। इस संस्था का मुख्यालय नई दिल्ली में स्थित है। इस अकादमी की स्थापना का उद्देश्य संगीत, नाटक व नृत्य कलाओं को प्रोत्साहन देने व उनके विकास व उन्नति हेतु विविध प्रकार के कार्यक्रमों का संचालन करना है।

25. *(c)* भारतीय रिजर्व बैंक का प्रमुख कार्य मुद्रा जारी करना और अन्तिम कर्जदाता के रूप में कार्य करना है। भारतीय रिजर्व बैंक का दूसरा महत्त्वपूर्ण कार्य भारत सरकार और राज्यों के बैंक, एजेण्ट और सलाहकार के रूप में कार्य करना है। RBI की स्थापना वर्ष 1935 में RBI अधिनियम, 1934 द्वारा की गई थी। 1 जनवरी, 1949 को आरबीआई का राष्ट्रीयकरण कर दिया गया। वर्तमान में इसका मुख्यालय मुम्बई में स्थित है।

26. *(c)* पन्नालाल घोष एक लोकप्रिय बाँसुरीवादक और संगीतकार थे। उन्हें 'भारतीय शास्त्रीय बाँसुरी के पायनियर' के रूप में भी जाना जाता है। वे अलाउद्दीन खान के शिष्य थे। इनके पिता अक्षय कुमार घोष एक प्रसिद्ध सितारवादक थे।

27. *(b)* भारतीय संविधान को संविधान सभा द्वारा 26 नवम्बर, 1949 को अपनाया गया और यह 26 जनवरी, 1950 को प्रभावी हो गया। 26 नवम्बर का दिन संविधान दिवस या राष्ट्रीय कानून दिवस के रूप में मनाया जाता है। उल्लेखनीय है कि संविधान निर्माण के समय इसमें कुल 22 भाग, 395 अनुच्छेद व 8 अनुसूचियाँ (वर्तमान 12 अनुसूचियाँ) थीं।

28. *(d)* ध्वनि की तीव्रता डेसीबल में मापी जाती है। इसका प्रतीक dB है। एक डेसीबल, एक बेल का 10वाँ भाग होता है। बेल ध्वनि की तीव्रता के मापन का सबसे बड़ा मात्रक है। 0-80 डेसीबल (dB) की ध्वनि सुनने योग्य कहलाती है व उससे अधिक ध्वनि प्रदूषण कहलाती है।

29. *(a)* यह प्रसिद्ध पुस्तक 'अर्थशास्त्र' हमें बताती है कि उत्तर-पश्चिम भारत कम्बलों तथा दक्षिण भारत सोने और कीमती पत्थरों के लिए प्रसिद्ध था। अर्थशास्त्र पुस्तक कौटिल्य (चाणक्य/विष्णुगुप्त) द्वारा रचित संस्कृत का ग्रन्थ है। इसमें मौर्यकालीन राजव्यवस्था, कृषि, न्याय एवं राजनीति आदि के विभिन्न पहलुओं पर विचार किया गया है।

30. *(b)* बोनालू तेलंगाना और आन्ध्र प्रदेश में सबसे लोकप्रिय और व्यापक रूप से मनाया जाने वाला वार्षिक पर्व है। यह आषाढ़ महीने अर्थात् जुलाई/अगस्त में मनाया जाता है। इसमें देवी महाकाली की पूजा की जाती है। मन्नत पूर्ति के लिए देवी को धन्यवाद करने के लिए यह उत्सव मनाया जाता है।

31. *(b)* जनगणना 2011 के अनुसार, केरल में महिला साक्षरता दर सर्वाधिक है, जो कि 92.07% है। इसके अतिरिक्त कुल साक्षरता दर में भी केरल शीर्ष पर है। वहीं बिहार में सबसे कम महिल साक्षरता दर (51.5%) है। उल्लेखनीय है कि वर्ष 2011 की जनगणना के अनुसार भारत की साक्षरता दर 64.84% से बढ़कर 74.04% हो गई।

32. *(a)* अमृतसर की सन्धि रणजीत सिंह और ब्रिटिश (ईस्ट इण्डिया कम्पनी) के बीच 25 अप्रैल, 1809 में हुई थी। अमृतसर की सन्धि ने रणजीत सिंह के सतलुज नदी के पूर्वी तट पर विस्तार को सीमित कर दिया और उत्तर में राज्य के विस्तार को अनुमति दी। इस समय लॉर्ड मिण्टो भारत के गवर्नर-जनरल थे। इस सन्धि को 'मिण्टो-मेटकॉफ' सन्धि के रूप में भी जाना जाता है।

33. *(b)* नेहरू ट्रॉफी नौका दौड़ प्रतियोगिता केरल में सबसे लोकप्रिय स्नेक बोट रेस में से एक है। यह प्रतिवर्ष अगस्त के दूसरे शनिवार को केरल में अलाप्पुझा के पास पुन्नमदा झील में आयोजित की जाती है। इस नौका दौड़ का नाम भारत के पहले प्रधानमन्त्री पण्डित जवाहरलाल नेहरू के नाम पर रखा गया है। इन स्नेक बोट की लम्बाई 100 फीट तक होती है।

34. *(c)* ईगल और बास्केट का सम्बन्ध क्रिकेट से नहीं है, 'ईगल' शब्द का सम्बन्ध गोल्फ खेल से है, जबकि 'बास्केट' शब्द का सम्बन्ध बास्केटबॉल खेल से है। क्रिकेट में उपयोग किए जाने वाले शब्द मेडेन ओवर, फॉलो-ऑन, रबर, एशेज, बाउल, ओवरथ्रो, बाय, लेन, कवर आदि हैं।

35. *(b)* जून, 2023 में संयुक्त राष्ट्र विकास कार्यक्रम (UNDP) ने दीनदयाल अन्त्योदय योजना-राष्ट्रीय शहरी आजीविका मिशन (DAY-NULM) के साथ उद्यमिता के क्षेत्र में सुविज्ञ करियर विकल्प बनाते हुए महिलाओं को सशक्त बनाने के उद्देश्य से एक सहयोग साझेदारी की है। उद्यम विकास में तेजी लाने पर केन्द्रित तीन वर्ष की यह परियोजना, जिसे वर्ष 2025 से आगे बढ़ाया जा सकता है, प्रारम्भिक चरण में आठ शहरों को कवर करेगी।

36. *(b)* अनुच्छेद-333 के उपबन्धों के अधीन प्रत्येक राज्य की विधानसभा अधिकतम पाँच सौ तथा न्यूनतम 60 सदस्यों से मिलकर बनती है। ये सदस्य प्रत्यक्ष चुनाव द्वारा चुने जाते हैं। राज्य की विधानसभा में 500 से अधिक, परन्तु संविधान के अनुच्छेद-371(F)

द्वारा सिक्किम के विधानसभा में मात्र 32 सदस्यों की व्यवस्था की गई है। संविधान के अनुच्छेद-170 में विधानसभाओं की संरचना का उल्लेख है।

37. *(c)* लिएण्डर पेस लॉन टेनिस से सम्बन्धित हैं। वे एक प्रोफेशनल टेनिस खिलाड़ी हैं। लिएण्डर पेस का जन्म जून, 1973 को कोलकाता में हुआ। इन्हें खेल जगत का सर्वश्रेष्ठ पुरस्कार खेल रत्न (मेजर ध्यानचन्द) पुरस्कार वर्ष 1996-97 में दिया गया था। इसके अतिरिक्त इन्हें पद्मश्री और पद्मभूषण पुरस्कार से भी सम्मानित किया जा चुका है।

38. *(d)* भारत सरकार द्वारा आयोजित सामाजिक, आर्थिक और जाति जनगणना, 2011 में अभावों को मापने के लिए ऐसे घर, जिसमें केवल एक कमरा है और कोई ठोस दीवार और छत नहीं है, दिव्यांग सदस्य वाले परिवार, ऐसे परिवार, जिनमें कोई सक्षम सदस्य नहीं है तथा ऐसे परिवार जिनमें 15-29 आयु वर्ग का कोई वयस्क पुरुष नहीं है, को शामिल किया गया है।

39. *(c)* सरकार को सलाह देने के लिए नीति आयोग (नेशनल इन्स्टीट्यूशन फॉर ट्रान्सफॉर्मिंग इण्डिया) नामक एक नीति विचारक समूह की स्थापना 1 जनवरी, 2015 को योजना आयोग के स्थान पर की गई। यह एक गैर-संवैधानिक संस्था है; जो समय-समय पर सरकार को सलाह देता है। प्रधानमन्त्री उसके अध्यक्ष होते हैं। नीति आयोग का मुख्य उद्देश्य सशक्त राज्य से सशक्त राष्ट्र के निर्माण व सहयोगपूर्ण संघवाद को बढ़ावा देना है।

40. *(d)* उत्तर प्रदेश के इण्डो-फारसी नृत्य शैली का नाम कथक है। यह फारसी तत्त्वों को प्रदर्शित करने वाला एकमात्र भारतीय शास्त्रीय नृत्य है। मुगल काल के दौरान कथक में फारसी तत्त्वों का समावेश हो गया था। इस नृत्य को ध्रुपद व ठुमरी गायन के माध्यम से प्रस्तुत किया जाता है। इस नृत्य के दौरान पौराणिक कथाओं के साथ ईरानी व उर्दू कविता से ली गई विषय-वस्तुओं का नाटकीय प्रस्तुतीकरण किया जाता है।

41. *(a)* माना क्रय मूल्य $= ₹\ 100x$

तब, अंकित मूल्य $= ₹\ 150x$

20% छूट के बाद विक्रय मूल्य

$$= 150x \times \frac{80}{100} = ₹\ 120x$$

$$\therefore \text{लाभ } \% = \frac{\text{विक्रय मूल्य} - \text{क्रय मूल्य}}{\text{क्रय मूल्य}} \times 100$$

$$= \frac{120x - 100x}{100x} \times 100 = 20\%$$

42. *(a)* पाँच संख्याओं का योग

$= \text{औसत} \times \text{संख्या} = 32 \times 5 = 160$

4 संख्याओं का योग = औसत × संख्या

$= 28 \times 4 = 112$

$\therefore$ हटाई गई संख्या $= 160 - 112 = 48$

43. *(a)* 32 से पहले अभाज्य संख्या = 2, 3, 5, 7, 11, 13, 17, 19, 23, 29, 31

$$\therefore \text{औसत} = \frac{\text{योग}}{\text{संख्या}}$$

$$= \frac{2+3+5+7+11+13+17+19+23+29+31}{11}$$

$$= \frac{160}{11} = 14.54$$

44. *(c)* प्रश्नानुसार,

3 नोटबुक + 6 पेन = ₹ 3000 ...(i)

(1 नोटबुक + 12 पेन = 3000) × 3

नोटबुक की संख्या समान करने पर,

3 नोटबुक + 36 पेन = ₹ 9000 ...(ii)

समी (ii) व (i) से,

30 पेन = ₹ 6000; 15 पेन = ₹ 3000

45. *(a)* अभीष्ट संख्या

= 1003 तथा 2703 महत्तम समापवर्तक

महत्तम समापवर्तक = 17

46. *(d)* पहली रेलगाड़ी की चाल

$$= \frac{\text{दूरी (लम्बाई)}}{\text{समय}} = \frac{384}{12} = 32 \text{ मी/से}$$

माना दूसरी रेलगाड़ी की चाल $= x$ मी/से

विपरीत दिशा में चलने पर सापेक्ष चाल

$= (x + 32)$ मी/से

दूरी $= 384 + 384 = 768$ मी

समय = 12 सेकण्ड; $\text{चाल} = \frac{\text{दूरी}}{\text{समय}}$

$$\Rightarrow x + 32 = \frac{768}{12} \Rightarrow x + 32 = 64$$

$\therefore \quad x = 32$ मी/से

47. *(c)* प्रश्नानुसार,

6 पेन का क्रय मूल्य = 5 पेन का विक्रय मूल्य

$$\frac{\text{1 पेन का क्रय मूल्य}}{\text{1 पेन का विक्रय मूल्य}} = \frac{5}{6}$$

माना क्रय मूल्य $= 5x$, विक्रय मूल्य $= 6x$

$$\therefore \text{लाभ}\% = \frac{6x - 5x}{5x} \times 100$$

$$\Rightarrow \quad \frac{x}{5x} \times 100 = 20\%$$

48. *(a)* दिया है, आधार की त्रिज्या $(r) = 70$ सेमी

ऊँचाई $(h) = 14$ सेमी

$\therefore$ बेलन का वक्रपृष्ठीय क्षेत्रफल $= 2\pi rh$

$$= 2 \times \frac{22}{7} \times 70 \times 14 = 6160 \text{ सेमी}^2$$

49. *(d)* माना क्रय मूल्य $= ₹\ x$,

लाभ % = 25%

दिया है, विक्रय मूल्य = ₹ 6875

प्रश्नानुसार, $x \times \frac{125}{100} = 6875 \Rightarrow x = ₹\ 5500$

50. *(d)* माना मूलधन $(P) = ₹\ x$, समय $(t) = 5$ वर्ष, दर $(r) = R\%$

प्रश्नानुसार, साधारण ब्याज $= ₹\ \frac{2}{5}x$

$$\text{साधारण ब्याज} = \frac{P \times r \times t}{100}$$

$$\frac{2}{5}x = \frac{x \times R \times 5}{100} \Rightarrow R = 8\%$$

51. *(a)* $(0.1)^2 + (0.01)^2 = 0.01 + 0.0001 = 0.0101$

52. *(b)* प्रश्नानुसार,

$$x \times \frac{45}{100} = y \times \frac{15}{100} \Rightarrow \frac{x}{y} = \frac{15}{45} = \frac{1}{3}$$

$$\Rightarrow \quad x : y = 1 : 3$$

53. *(c)* दिया है, $M_1 = 72, D_1 = 22, W_1 = 720$

$M_2 = x, D_2 = 12, W_2 = 660$

सूत्र $\frac{M_1 \times D_1}{W_1} = \frac{M_2 \times D_2}{W_2}$ से,

$$\therefore \quad \frac{72 \times 22}{720} = \frac{x \times 12}{660} \Rightarrow x = \frac{22 \times 66}{12} = 121$$

54. *(b)* माना वस्तु का क्रय मूल्य $= ₹\ 100x$

तब, अंकित मूल्य $= ₹\ 160x$

20% छूट के बाद विक्रय मूल्य

$$= \frac{160x \times 80}{100} = ₹\ 128x$$

$$\therefore \text{लाभ } \% = \frac{128x - 100x}{100x} \times 100 = 28\%$$

55. *(b)* माना संख्या $= x$

प्रश्नानुसार,

$$x \times \frac{20}{100} \times \frac{25}{100} = 250 \Rightarrow x = ₹\ 5000$$

$$\therefore \text{संख्या का } 35\% \Rightarrow 5000 \times \frac{35}{100} = 1750$$

56. *(a)* मूलधन $(P) = ₹\ 9000$, दर $(r) = 80\%$ वार्षिक = 40% अर्द्धवार्षिक

समय $(t) = 12$ माह = 2 अर्द्धवार्षिक

$$\text{12 माह बाद मिश्रधन} = 9000\left(1 + \frac{40}{100}\right)^2$$

$= ₹\ 17640$

$\therefore$ चक्रवृद्धि ब्याज = मिश्रधन − मूलधन

$= 17640 - 9000 = ₹\ 8640$

57. *(c)* P, Q और R के हिस्सों का अनुपात

$$= \left(\frac{2}{3} : 3 : \frac{1}{3}\right) \times 3 = 2 : 9 : 1$$

माना P, Q और R के हिस्से क्रमशः $2x, 9x$ और x हैं।

प्रश्नानुसार, $\quad 2x + 9x + x = 8400$

$\Rightarrow \quad 12x = 8400 \Rightarrow x = 700$

$\therefore$ R का हिस्सा $= x =$ ₹ 700

58. *(b)* माना गोले की त्रिज्या $= r$

गोले का आयतन $= \frac{4}{3}\pi r^3$

नई त्रिज्या $= r \times \frac{150}{100} = 1.5r$

50% वृद्धि के बाद गोले का आयतन

$$= \frac{4}{3}\pi(1.5r)^3 = \frac{4}{3}\pi \times 3.375r^3$$

$\therefore$ अभीष्ट प्रतिशत वृद्धि

$$= \frac{\left(\frac{4}{3}\pi \times 3.375r^3 - \frac{4}{3}\pi r^3\right)}{\frac{4}{3}\pi r^3} \times 100$$

$$= \frac{\frac{4}{3}\pi \times 2.375r^3}{\frac{4}{3}\pi r^3} \times 100 = 2.375 \times 100 = 237.5\%$$

वैकल्पिक विधि

गोले की त्रिज्या में % वृद्धि = 50%

I	II	III
50%	50%	50%

प्रथम दो को लेने पर सकल वृद्धि

$$= 50 + 50 + \frac{50 \times 50}{100} = 125\%$$

इसको तीसरे के साथ लेने पर सकल वृद्धि

$$= 125 + 50 + \frac{125 \times 50}{100} = 175 + 62.5 = 237.5\%$$

59. *(c)* दो संख्याओं का गुणनफल $= 720$,
महत्तम समापवर्तक $= 4$
माना लघुत्तम समापवर्त्य $= x$
दो संख्याओं का गुणनफल = महत्तम समापवर्तक × लघुत्तम समापवर्त्य सूत्र से,

$$720 = 4 \times x \Rightarrow x = 180$$

60. *(b)* प्रश्नानुसार,
माना रेवती को कार्य करने में x दिन लगेगें।
प्रश्नानुसार,

$$\frac{1}{x} + \frac{1}{16} = \frac{17}{128} \Rightarrow \frac{1}{x} = \frac{17}{128} - \frac{1}{16}$$

$$\frac{1}{x} = \frac{17-8}{128} = \frac{9}{128} \Rightarrow x = \frac{128}{9} \text{ दिन}$$

वैकल्पिक विधि

	दिन	कुल कार्य	क्षमता
स्वप्रिल ⟶	16	128	8
रेवती + स्वप्रिल ⟶	$\frac{128}{17}$		17

रेवती की क्षमता $= 17 - 8 = 9$

अतः रेवती को कार्य पूरा करने में लगा समय $= \frac{128}{9}$ दिन

61. *(a)* दिए गए वाक्य में रेखांकित शब्द चौढ़ी के लिए सही वर्तनी 'चौड़ी' है। अतः शुद्ध वाक्य इस प्रकार है—सड़कें चौड़ी होनी चाहिए। जबकि दिए गए अन्य विकल्प वर्तनी की दृष्टि से अशुद्ध हैं।

62. *(c)* दिए गए वाक्य में रिक्त स्थान के लिए सही पुल्लिंग रूप वाला विकल्प 'सोमवार' है। अतः पूर्ण वाक्य इस प्रकार है—मैं किसी काम से बाहर जा रहा हूँ , सोमवार को वापस आऊँगा। अन्य विकल्प असंगत हैं।

63. *(b)* 'महिला' शब्द का पर्यायवाची शब्द 'स्त्री' है। 'महिला' शब्द के अन्य पर्यायवाची शब्द नारी, कामिनी, रमणी, कान्ता आदि हैं। अन्य विकल्प असंगत हैं।

64. *(c)* कोष्ठक में दिए गए शब्द 'विरल' का विलोम शब्द 'सघन' है। 'विरल' शब्द का अर्थ पतला अथवा जो घना न हो तथा इसके विपरीत 'सघन' शब्द का अर्थ घना होता है। अन्य विकल्प असंगत हैं।

65. *(a)* दिए गए वाक्य में रिक्त स्थान के लिए सही शब्द वाला विकल्प 'शान्ति' है। पूर्ण वाक्य इस प्रकार है—योग से मनोरंजन भी किया जा सकता है तथा भटकते मन को शान्ति भी प्रदान की जा सकती है। अन्य विकल्प असंगत हैं।

66. *(c)* 'उल्लू सीधा करना' मुहावरे का अर्थ 'स्वार्थ सिद्ध करना' होता है।

वाक्य प्रयोग आजकल सभी लोग सबसे पहले अपना लाभ देखकर अपना उल्लू सीधा करते हैं अर्थात् अपना स्वार्थ सिद्ध करते हैं। अन्य विकल्प असंगत हैं।

67. *(a)* 'ठिकाना न रहना' मुहावरे का अर्थ 'कहीं जगह न मिलना' होता है।

वाक्य प्रयोग रोहन महीनों नौकरी की खोज में मारा-मारा फिरा, लेकिन उसे कहीं ठिकाना न मिला। अन्य विकल्प असंगत हैं।

68. *(d)* कोष्ठक में दिए शब्द के तद्भव रूप का सही विकल्प 'अवगुण' है। तत्सम शब्द संस्कृत से लिए गए होते हैं, जबकि तद्भव शब्द हिन्दी भाषा के आधार पर बने होते हैं। अतः वाक्य इस प्रकार है— हमें हमेशा अच्छाई देखनी चाहिए, उनके अवगुण नहीं। अन्य विकल्प असंगत हैं।

69. *(d)* ''जिसके हाथ में चक्र हो'' वाक्यांश के लिए सही शब्द 'चक्रपाणि' है। 'चक्रपाणि' भगवान विष्णु का नाम है। अन्य विकल्प असंगत हैं।

70. *(a)* बाल श्रम को बच्चों द्वारा रोजगार किसी भी प्रकार के कार्य को करने के रूप में परिभाषित किया गया है। यहाँ रिक्त स्थान के लिए सही शब्द वाला विकल्प 'रोजगार' है। अन्य विकल्प असंगत हैं।

71. *(a)* दिए गए वाक्य में रेखांकित शब्द 'ढीलेपन' का विलोम शब्द 'स्फूर्ति' है। ढीलेपन का अर्थ शिथिलता, ढीला होने के भाव से है तथा स्फूर्ति शब्द का अर्थ तेजी से है। अन्य विकल्प असंगत हैं।

72. *(a)* दिए गए वाक्य में 'लोभी धन इसलिए इकट्ठा करता हो, जिसमें उससे' वाक्यांश में मात्रा सम्बन्धी अशुद्धियाँ हैं। सही मात्राओं युक्त वर्तनी वाला वाक्य इस प्रकार है—लोभी धन इसलिए इकट्ठा करता है जिससे उसे/किसी समय उसकी कमी न हो, परन्तु उसे उसकी/कमी हमेशा बनी ही रहती है।

73. *(b)* दिए गए वाक्य में 'के भ्रम में' वाक्यांश में त्रुटि है। यहाँ भ्रम के स्थान पर जुर्म का प्रयोग किया जाना चाहिए। अतः सही वाक्य है—पुलिस ने चोरी के जुर्म में आशीष को पकड़ लिया।

74. *(b)* दिए गए वाक्य में 'खटर-पटर' शब्द निरर्थक है। निरर्थक शब्द वे शब्द होते हैं, जिनका कोई अर्थ नहीं होता है। विकल्प में दिए अन्य शब्द सार्थक शब्द हैं अर्थात् उन शब्दों का अर्थ है।

75. *(b)* दिए गए शब्द 'उल्लास' का पर्यायवाची शब्द 'आनन्द' है।
'उल्लास' शब्द के अन्य पर्यायवाची शब्द हर्ष, खुशी, प्रसन्नता, सुख, प्रमोद आदि हैं। अन्य विकल्प असंगत हैं।

76. *(c)* दिए गए विकल्पों में सही विकल्प 'मनाया' है। अतः वाक्य इस प्रकार है—भारत त्योहारों का देश है, इसलिए यहाँ प्रत्येक दिन एक त्योहार के रूप में मनाया जाता है। अन्य विकल्प असंगत हैं।

77. *(d)* दिए गए विकल्पों में से रिक्त स्थान के लिए सही विकल्प 'प्रसिद्ध' है। अतः वाक्य इस प्रकार है—होली का त्योहार भारत के साथ-साथ नेपाल, बांग्लादेश, अमेरिका, ऑस्ट्रेलिया, कनाडा जैसे कई देशों में भी प्रसिद्ध है। अन्य विकल्प असंगत हैं।

78. *(d)* दिए गए विकल्पों में से रिक्त स्थान के लिए सही विकल्प 'धूमधाम' है। अतः वाक्य इस प्रकार है—वर्तमान में तो अन्य धर्मों को मानने वाले लोग भी इस त्योहार को बड़ी धूमधाम से मनाते हैं। अन्य विकल्प असंगत हैं।

79. *(d)* दिए गए विकल्पों में से रिक्त स्थान के लिए स्ही विकल्प 'खुशियाँ' है। अतः वाक्य इस प्रकार है—चारों ओर रंग-बिरंगें फूल बिखेरकर बसन्त ऋतु खुशियाँ लुटाती है। अन्य विकल्प असंगत हैं।

80. *(c)* दिए गए विकल्पों में से सही विकल्प 'सौहर्द' है। अतः वाक्य इस प्रकार हैं—इसलिए होली को 'सौहार्द' का त्योहार भी कहा गया है। अन्य विकल्प असंगत हैं।

20 फरवरी 2024
(शिफ्ट III)

सॉल्वड पेपर 2024

SSC कांस्टेबल (जीडी) सेट 03

भाग-I सामान्य बुद्धिमत्ता एवं तर्कशक्ति

1 निम्नलिखित विकल्पों में से उस विकल्प का चयन कीजिए, जो पाँचवें शब्द से ठीक उसी प्रकार सम्बन्धित है, जिस प्रकार चौथा शब्द तीसरे शब्द से सम्बन्धित है और दूसरा शब्द पहले शब्द से सम्बन्धित है।

पत्तागोभी : सब्जी :: कस्टर्ड : मिठाई :: आडू : ?

(a) सब्जी (b) मिठाई
(c) फल (d) शरबत

2 निम्नलिखित में से कौन-सा अक्षर/संख्या-समूह दी गई श्रृंखला में प्रश्नचिह्न (?) के स्थान पर आएगा?

UDF6, VFI9, ?, XJO15, YLR18, ZNU21

(a) VGK11 (b) WHL12
(c) XGK11 (d) XHL12

3 निम्नलिखित विकल्पों में से, दी गई श्रृंखला से लुप्त संख्या का चयन कीजिए।

55, 165, 495, 1485, ?, 13365

(a) 7055 (b) 4455
(c) 6000 (d) 5055

4 दिए गए विकल्पों में से उस आकृति का चयन कीजिए, जिसे दी गई आकृति श्रृंखला में प्रश्नचिह्न (?) के स्थान पर रखा जा सकता है।

प्रश्न आकृतियाँ

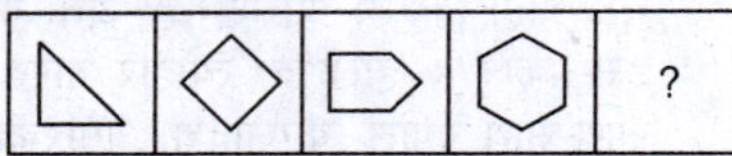

उत्तर आकृतियाँ

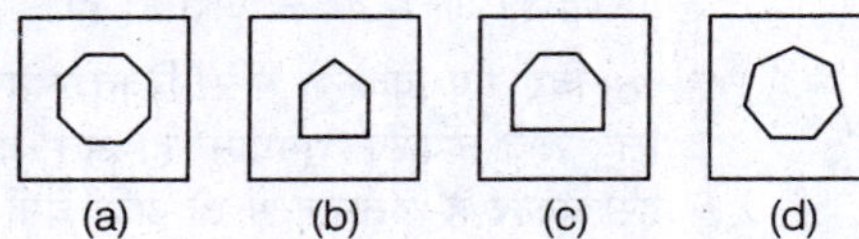

5 पाँच मित्र लन्दन, मैड्रिड, पेरिस, रोम और विएना को एक वृत्त में केन्द्र की ओर मुख करके व्यवस्थित किया गया है। मैड्रिड, पेरिस के ठीक बाईं ओर है। लन्दन और विएना के ठीक बीच में रोम है। विएना, पेरिस के ठीक दाईं ओर है। मैड्रिड के ठीक बाईं ओर कौन-सा मित्र है?

(a) रोम (b) लन्दन
(c) पेरिस (d) विएना

6 नीचे दिए गए शब्दों को अंग्रेजी शब्दकोश के क्रम के अनुसार व्यवस्थित करने के बाद, कौन-सा शब्द 'चौथे' स्थान पर आएगा?

1. Wheel 2. Wheat 3. Whale
4. Whet 5. When

(a) Whet (b) Wheel
(c) When (d) Wheat

7 नीचे दी गई विकल्प आकृतियों में से, उस आकृति का चयन कीजिए, जिसमें प्रश्न आकृति छिपी/निहित है। (घूर्णन की अनुमति नहीं है)

प्रश्न आकृति

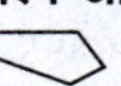

उत्तर आकृतियाँ

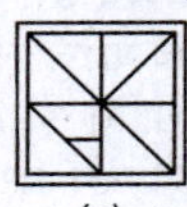
(a)

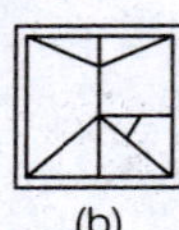
(b)

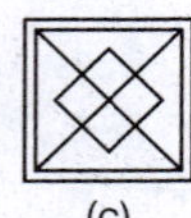
(c)

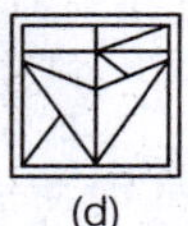
(d)

8 'P × Q' का अर्थ है 'P, Q का पिता है'।
'P + Q' का अर्थ है 'P, Q का भाई है'।
'P ÷ Q' का अर्थ है 'P, Q का बेटा है'।
'P − Q' का अर्थ है 'P, Q का पति है'।
व्यंजक 'O + N ÷ M − L' में, O का L से क्या सम्बन्ध है?

(a) बेटा (b) भाई (c) पति (d) पिता

9 एक निश्चित कूटभाषा में, 'AMRITSAR' को 'MAIRSTRA' लिखा जाता है,' DURGAPUR को 'UDGRPARU' लिखा जाता है। उसी कूटभाषा में 'SHILLONG' को कैसे लिखा जाएगा?

(a) HSLIOLGN (b) NGLOILSH
(c) HSLOILGN (d) GNLIOLSH

10 निम्नलिखित प्रश्न में तीन कथन और उसके बाद I और II क्रमांकित दो निष्कर्ष दिए गए हैं। दिए गए कथनों को सत्य मानते हुए, चाहे वे सामान्यतः ज्ञात तथ्यों से भिन्न प्रतीत होते हों, निश्चय कीजिए कि दिए गए निष्कर्षों में से कौन-सा निष्कर्ष कथनों का तार्किक रूप से अनुसरण करता है?

कथन

सभी पेन, स्टेशनरी वस्तुएँ हैं।
कुछ स्टेशनरी वस्तुएँ, रबर हैं।
सभी मार्कर, पेन हैं।

निष्कर्ष

I. कुछ स्टेशनरी वस्तुएँ, रबर नहीं हैं।
II. कुछ मार्कर, स्टेशनरी वस्तुएँ नहीं हैं।

(a) केवल निष्कर्ष I अनुसरण करता है
(b) निष्कर्ष I और II दोनों अनुसरण करते हैं
(c) न तो निष्कर्ष I और न ही II अनुसरण करता है
(d) केवल निष्कर्ष II अनुसरण करता है

11 दी गई विकल्प आकृतियों में से कौन-सी आकृति प्रश्न आकृति के पैटर्न को पूरा करेगी? (घूर्णन की अनुमति नहीं है)

प्रश्न आकृति

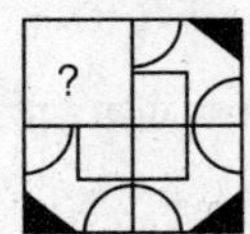

उत्तर आकृतियाँ

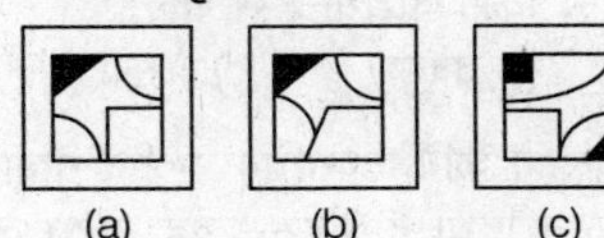

(a) (b) (c) (d)

12 एक निश्चित कूटभाषा में, 'ALLIES' को 'REHLKA' लिखा जाता है, उसी कूटभाषा में, 'BALLET' को कैसे लिखा जाएगा?

(a) SEKLZB
(b) SDKLZB
(c) SEKZLB
(d) SEKLZC

13 दी गई आकृति के उस सही दर्पण प्रतिबिम्ब का चयन कीजिए, जो दर्पण PQ को उस आकृति के दाईं ओर रखने पर बनेगा।

प्रश्न आकृति

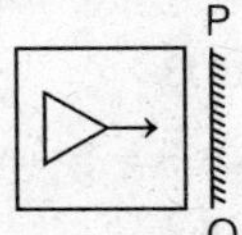

उत्तर आकृतियाँ

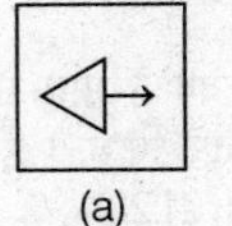
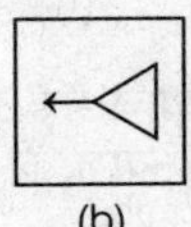
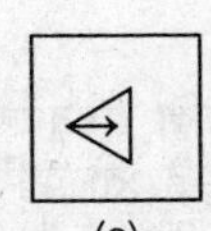
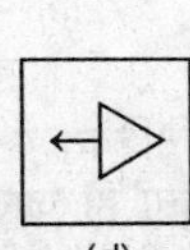

(a) (b) (c) (d)

14 पाँच मित्र पूजा, भावना, चारु, गीता और हेमा एक वृत्ताकार मेज के चारों ओर केन्द्र की ओर मुख करके बैठी हैं। चारु, भावना की निकटतम पड़ोसी नहीं है। भावना, हेमा के बाईं ओर से दूसरे स्थान पर बैठी है। गीता, भावना और हेमा की निकटतम पड़ोसी है। हेमा के ठीक दाईं ओर कौन बैठा है?

(a) गीता (b) चारु
(c) पूजा (d) भावना

15 निम्नलिखित प्रश्न में, दिए गए विकल्पों में से उस आकृति का चयन कीजिए, जिसे प्रश्नचिह्न (?) के स्थान पर रखा जा सकता है।

प्रश्न आकृतियाँ

6, 78 | 12, 72 | 18, 60 | 24, 42 | ?

उत्तर आकृतियाँ

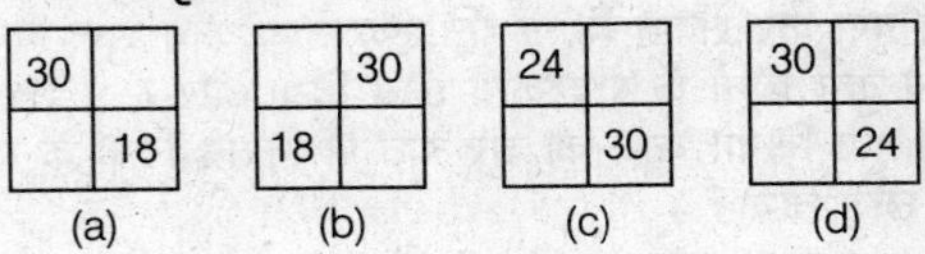

(a) (b) (c) (d)

16 दिए गए दो चिह्नों को आपस में बदलने के बाद समीकरण (I) और (II) का क्रमशः मान कितना होगा?

× और ÷

I. $18 \div 3 - 4 \times 2 + 7$ II. $18 \times 3 \div 6 - 3 + 4$

(a) 40 और 80 (b) 9 और 7
(c) 59 और 32 (d) 16 और 30

17 निम्नलिखित प्रश्न में, दिए गए विकल्पों में से सम्बन्धित अक्षरों का चयन कीजिए।

PTX : RVZ : : CGK : ?

(a) EIM (b) ABC (c) MNL (d) VVW

18 निम्नलिखित प्रश्न में, दिए गए विकल्पों में से श्रृंखला से लुप्त संख्या का चयन कीजिए।

14, 6, 5, 6.5, 12, ?

(a) 25 (b) 20 (c) 29 (d) 17

19 निम्नलिखित अक्षर-समूहों में से अक्षरों का कौन-सा समूह क्रमबद्ध रूप से बाईं से दाईं ओर रखे जाने पर नीचे दी गई श्रृंखला को पूरा करेगा?

opq–stopqrsto_qrstopqrs_opqr_t

(a) rpts (b) qpqr (c) rptp (d) opqr

20 दिए गए विकल्पों में से किन दो संख्याओं को आपस में बदलने पर निम्नलिखित समीकरण सही होगा?

$8 + 7 \times 5 \div 14 - 3 = 6$

(a) 8 और 7 (b) 3 और 5 (c) 14 और 6 (d) 8 और 5

भाग-II सामान्य ज्ञान

21 निम्नलिखित में से किस केन्द्रीय मन्त्रालय ने 'अमेज़न फ्यूचर इंजीनियर प्रोग्राम' प्रारम्भ करने की घोषणा की?

(a) शिक्षा मन्त्रालय
(b) विज्ञान और प्रौद्योगिकी मन्त्रालय
(c) इलेक्ट्रॉनिकी और सूचना प्रौद्योगिकी मन्त्रालय
(d) जनजातीय कार्य मन्त्रालय

22 गौतम बुद्ध के सम्बन्ध में निम्नलिखित में से कौन-सा कथन सही है?

I. बौद्ध धर्म के संस्थापक सिद्धार्थ, जिन्हें गौतम के नाम से भी जाना जाता है, का जन्म लगभग 2500 वर्ष पहले हुआ था।
II. गौतम बुद्ध एक छोटे गण से सम्बन्धित थे, जिसे शाक्य गण के नाम से जाना जाता था।

कूट

(a) केवल I (b) केवल II
(c) I और II दोनों (d) न तो I और न ही II

23 संविधान कई तरह से सरकार की शक्तियों को सीमित करता है। सरकार के शासन को सीमित करने का सबसे सामान्य तरीका कुछ .... को निर्दिष्ट करना है, जो हम सभी के पास नागरिक के रूप में हैं और जिनका उल्लंघन करने की अनुमति किसी भी सरकार को नहीं दी जा सकती है।

(a) आर्थिक कर्त्तव्यों (b) मौलिक अधिकारों
(c) मौलिक कर्त्तव्यों (d) राज्य के नीति-निर्देशक सिद्धान्तों

24 गाँधी-इरविन समझौते पर किस वर्ष हस्ताक्षर किए गए थे?

(a) 1921 (b) 1911 (c) 1941 (d) 1931

25 मूल्यह्रास के सम्बन्ध में निम्नलिखित में से कौन-सा कथन सही है?
I. अचल सम्पत्तियों के उसके उपयोगी जीवन के दौरान घिसावट के कारण उसके मूल्य में होने वाली हानि को मूल्यह्रास कहा जाता है।
II. मूल्यह्रास में अप्रत्याशित या अचानक विनाश को शामिल नहीं किया जाता है।

कूट
(a) केवल I (b) केवल II
(c) I और II दोनों (d) न तो I और न ही II

26 नवम्बर, 2023 तक भारतीय मूल के ……… यूनाइटेड किंगडम के गृह सचिव थे।
(a) कमला हैरिस (b) ऋषि सुनक
(c) अक्षता पूर्ति (d) सुएला ब्रेवरमैन

27 'मैसूर दशहरा' भारत के ……… राज्य में एक भव्य उत्सव है, जिसमें शाही जुलूस, सांस्कृतिक कार्यक्रम और सजाए गए हाथियों का प्रदर्शन होता है।
(a) कर्नाटक (b) तमिलनाडु
(c) ओडिशा (d) केरल

28 भारत की 2011 की जनगणना के अनुसार किस राज्य/केन्द्रशासित प्रदेश में पुरुष साक्षरता दर सबसे अधिक है?
(a) लक्षद्वीप (b) मिजोरम
(c) त्रिपुरा (d) केरल

29 अगस्त, 2023 में भारत के पूर्व मुख्य न्यायाधीश में से किसे सिंगापुर के अन्तर्राष्ट्रीय मध्यस्थ पैनल का सदस्य नियुक्त किया गया था?
(a) शरद अरविन्द बोबडे (b) एन.वी.रमना
(c) रंजन गोगोई (d) यू.यू. ललित

30 मेजबान राज्य के कितने शहरों ने राष्ट्रीय खेल (National Games) 2023 की मेजबानी की?
(a) 10 (b) 8 (c) 2 (d) 5

31 भारत कितने देशों के साथ समुद्री सीमा साझा करता है?
(a) 6 (b) 2 (c) 4 (d) 8

32 हरित क्रान्ति किसके आयात पर भारत की निर्भरता को कम करने में सहायक थी?
(a) मशीनरी (b) अनाज (c) कपड़ा (d) पेट्रोलियम

33 ध्वनि प्रदूषण को किस इकाई में मापा जाता है?
(a) डेसीबल (b) सेण्टीमीटर
(c) ओम (d) हर्ट्ज

34 ओलम्पिक टेबल टेनिस स्पर्द्धा में यदि अंक 10-10 पर बराबर है, तो एक खिलाड़ी को गेम जीतने के लिए ……… अंक की बढ़त के लिए प्रयास करना होगा।
(a) 4 (b) 3 (c) 2 (d) 1

35 लिएण्डर पेस का सम्बन्ध ……… से है।
(a) क्रिकेट (b) बैडमिण्टन
(c) गोल्फ (d) लॉन टेनिस

36 ……… बुन्देलखण्ड क्षेत्र की एक जीवन्त नृत्यशैली है। इसका प्रदर्शन मृदंग की थाप से शुरू होता है और धीरे-धीरे गद्य व काव्यात्मक संवादों के साथ गति पकड़ता है।
(a) गणगौर (b) स्वांग (c) मटकी (d) राय

37 इण्टरनेशनल शूटिंग स्पोर्ट फेडरेशन विश्वकप, 2022 कहाँ आयोजित किया गया था?
(a) सिडनी, ऑस्ट्रेलिया (b) नई दिल्ली, भारत
(c) म्यूनिक, जर्मनी (d) काहिरा, मिस्र

38 भारत की किस पंचवर्षीय योजना के अन्त में देश में पाँच आईआईटी (IIT) स्थापित किए गए?
(a) तीसरी (b) पहली (c) चौथी (d) दूसरी

39 उस्ताद बिन्दा खान का सम्बन्ध किस वाद्ययन्त्र से था?
(a) शहनाई (b) सारंगी (c) तबला (d) बाँसुरी

40 अगस्त, 2023 में केन्द्र सरकार ने कैबिनेट सचिव राजीव गौबा को ……… का अतिरिक्त कार्यकाल दिया है, जिससे वह भारत के इतिहास में सबसे लम्बे समय तक सेवारत् रहने वाले कैबिनेट सचिव बन गए हैं।
(a) चार वर्ष (b) तीन वर्ष (c) एक वर्ष (d) दो वर्ष

भाग-III गणित

41 एक वस्तु का अंकित मूल्य ₹ 28500 है और इसका विक्रय मूल्य ₹ 15675 है। छूट प्रतिशत कितना है?
(a) 52% (b) 45% (c) 42% (d) 48%

42 $\frac{16 \times (9+4) - 13 \times 14}{50 - (12+12)}$ का मान कितना है?
(a) 2 (b) 1 (c) 26 (d) 13

43 यदि 18 व्यक्ति एक कार्य को 13 दिनों में पूरा कर सकते हैं, तो 54 व्यक्ति उसी कार्य को कितने दिनों में पूरा करेंगे?
(a) $\frac{8}{5}$ दिन (b) $\frac{13}{3}$ दिन (c) $\frac{18}{4}$ दिन (d) 9 दिन

44 यदि एक निश्चित धनराशि साधारण ब्याज पर 8 वर्ष 6 माह में स्वयं की तीन गुना हो जाती है, तो वार्षिक ब्याज की दर कितनी होगी?
(a) 24.48% (b) 24.78% (c) 23.52% (d) 21.28%

45 एक गोले की त्रिज्या 4.2 सेमी है। गोले का आयतन कितना है?
(a) 284.62 सेमी^{3} (b) 329.32 सेमी^{3}
(c) 310.46 सेमी^{3} (d) 348.21 सेमी^{3}

46 $880 + 41 \div 14 \times 84 - 26$ का मान कितना है?
(a) 1100 (b) 1150 (c) 1200 (d) 1000

47 यदि किसी संख्या में से 25 घटा दिया जाए, तो वह संख्या स्वयं की 50% हो जाती है। वह संख्या क्या है?
(a) 50 (b) 55 (c) 40 (d) 45

48 एक कुर्सी का अंकित मूल्य ₹ 5000 है। 10% और और x% की दो क्रमागत छूट देने के बाद, कुर्सी ₹ 3150 में बेची जाती है। x का मान क्या है?
(a) 40% (b) 30% (c) 25% (d) 20%

49 A और B अकेले-अकेले तौर पर एक कार्य को क्रमशः 20 दिन और 60 दिन में पूरा कर सकते हैं। उन्होंने एक साथ कार्य शुरू किया, लेकिन A ने कुछ दिनों के बाद कार्य छोड़ दिया और B ने शेष कार्य 12 दिनों में पूरा किया। कार्य की शुरुआत से कितने दिनों के बाद A ने कार्य छोड़ दिया?
(a) 12 दिन (b) 10 दिन (c) 15 दिन (d) 9 दिन

50 छः मित्रों की औसत ऊँचाई 144 सेमी है। 150 सेमी की ऊँचाई वाला एक लड़का समूह छोड़ देता है। समूह की नई औसत ऊँचाई ज्ञात कीजिए।
(a) 108.6 सेमी (b) 142.8 सेमी
(c) 155.5 सेमी (d) 160.5 सेमी

51 पीतल में ताँबे और जस्ते का अनुपात 25 : 12 है। 370 किग्रा पीतल में ताँबे की कितनी मात्रा होगी?
(a) 350 किग्रा (b) 150 किग्रा
(c) 50 किग्रा (d) 250 किग्रा

52 क्रय मूल्य और विक्रय मूल्य के बीच का अन्तर ₹ 264 है। यदि लाभ 33% है, तो विक्रय मूल्य कितना है?
(a) ₹ 1064 (b) ₹ 1084
(c) ₹ 1526 (d) ₹ 1024

53 यदि किसी टेबल का विक्रय मूल्य उसके क्रय मूल्य का 25% है, तो हानि प्रतिशत कितना है?
(a) 55% (b) 75%
(c) 45% (d) 35%

54 दो संख्याएँ 11 : 13 के अनुपात में हैं। यदि उनका महत्तम समापवर्तक 7 है, तो संख्याएँ ज्ञात कीजिए।
(a) 70 और 80 (b) 21 और 28
(c) 63 और 70 (d) 77 और 91

55 यदि ब्याज वार्षिक रूप से संयोजित हो रहा है, तो 30% वार्षिक चक्रवृद्धि ब्याज की दर से कितनी धनराशि 2 वर्ष में ₹ 9464 हो जाएगी?
(a) ₹ 6800 (b) ₹ 5400
(c) ₹ 5600 (d) ₹ 5750

56 4 संख्याओं का औसत 52 है। प्रथम दो संख्याओं का औसत अन्तिम दो संख्याओं के औसत का तीन गुना है। प्रथम दो संख्याओं का योग कितना है?
(a) 147 (b) 174
(c) 156 (d) 148

57 एक व्यक्ति पहले 11 किमी की दूरी 60 मिनट में और अगले 22 किमी की दूरी 30 मिनट में तय करता है। पूरी यात्रा के दौरान उसकी औसत चाल कितनी है?
(a) 22 किमी/घण्टा (b) 27 किमी/घण्टा
(c) 18 किमी/घण्टा (d) 25 किमी/घण्टा

58 एक मूवी टिकट के मूल्य में 18% की वृद्धि की गई। टिकट के मूल्य में वृद्धि होने से दर्शकों की संख्या 25% कम हो गई। आय पर कितना प्रभाव पड़ेगा?
(a) 11.5% की कमी (b) 9.5% की कमी
(c) 10% की वृद्धि (d) 14% की कमी

59 $[19 \times \{24 \div 4$ का $(24 \times 4 \div 16)\}]$ का मान कितना है?
(a) 76 (b) 38
(c) 1 (d) 19

60 यदि $P:Q:R = 9:10:11$ है, तो $(P+Q):(Q+R):(R+P)$ का मान कितना है?
(a) 19 : 21 : 20 (b) 19 : 21 : 22
(c) 19 : 21 : 19 (d) 19 : 21 : 23

भाग-IV हिन्दी

61 दिए गए वाक्य में रेखांकित शब्दों के लिए सही शब्दों वाले विकल्प का चयन करें।
कैदियों को कुत्ते की तरह घसीटा गया।
(a) कैदियों के कुत्तों की तरह घसीटा गया।
(b) परिवर्तन की आवश्यकता नहीं है।
(c) कैदियों के कुत्ता को तरह घसीटा गया।
(d) कैदियों को कुत्तों की तरह घसीटा गया।

62 निम्नलिखित प्रश्न में चार विकल्पों में से उस विकल्प का चयन करें, जो कोष्ठक में दिए गए शब्द के पर्यायवाची शब्द का सही विकल्प नहीं है।
मेरे परिवार में सभी को (आम)....... खाना बहुत पसन्द है।
(a) रसाल (b) फलराज
(c) अंकुसी (d) अतिसौरभ

63 दिए गए वाक्य में उचित देशज-विदेशज शब्द का चयन करके रिक्त स्थान की पूर्ति कीजिए।
वाह! तुम तो बहुत बड़े .... बन गए हो।
(a) थेटर (b) अफसर
(c) नीलाम (d) लालटेन

64 दिए गए वाक्य में तत्सम शब्द का चयन करके रिक्त स्थान की पूर्ति करें।
भिखारी को .... दे दो।
(a) भ्रमर (b) भू
(c) भिक्षा (d) भिक्षुक

65 निम्नलिखित प्रश्न में दिए गए चार विकल्पों में से उस विकल्प का चयन करें, जो दिए गए मुहावरे के अर्थ को सर्वश्रेष्ठ रूप से व्यक्त करता है।
'कहा-सुनी होना'
(a) वंश न चलना (b) प्यार जताना
(c) वाद-विवाद होना (d) दुःखी हो जाना

66 निम्नलिखित प्रश्न में चार विकल्पों में से उस विकल्प का चयन करें, जो कोष्ठक में दिए गए शब्द के विलोम शब्द का सही विकल्प है।
सफर के दौरान हमने देखा कि फलों से (अवनत) .... डालियाँ धरती को चूम रही हैं।
(a) झुकी हुई (b) लदी
(c) भरी (d) उन्नत

67 निम्नलिखित प्रश्न में दिए गए चार विकल्पों में से उस विकल्प का चयन करें, जो दिए गए मुहावरे के अर्थ को सर्वश्रेष्ठ रूप से व्यक्त करता है।
'तंग हाल होना'
(a) बहुत अधिक बीमार होना (b) मानसिक बीमारी होना
(c) आर्थिक तंगी होना (d) युद्ध में फँसना

68 निम्नलिखित प्रश्न में चार विकल्पों में से उस विकल्प का चयन करें, जो कोष्ठक में दिए गए शब्द के पर्यायवाची शब्द का सही विकल्प है।
आज की सभा में सिर्फ कुछ ही लोग (इकट्ठा)....... हुए थे।
(a) आदर (b) स्वीकृत
(c) समवेत (d) संकलित

69 निम्नलिखित प्रश्न में चार विकल्पों में से उस विकल्प का चयन करें, जो रिक्त स्थान के लिए सही भाववाचक संज्ञा वाला विकल्प हो।

किसी ने सच ही कहा है, जिसे ······ आता है, वही माता के दर्शन के लिए जा पाता है।

(a) बुलाना (b) बुलवाया
(c) बुलावा (d) बुला

70 दिए गए वाक्य में रेखांकित शब्द का विलोम शब्द ज्ञात कीजिए।

कृष्ण जी को उनके रंग के कारण श्याम भी कहते हैं।

(a) श्वेत (b) जंगम (c) कान्हा (d) व्यास

71 निम्नलिखित प्रश्न में चार विकल्पों में से उस विकल्प का चयन करें, जो रिक्त स्थान के लिए सही शब्द वाला विकल्प हो।

आज वही देश सबसे ······ है, जिसके पास ज्ञान की अद्भुत शक्ति है।

(a) हारा हुआ (b) दुःखी (c) पिछड़ा (d) कामयाब

72 दिए गए विकल्पों में से शुद्ध वर्तनी वाले विकल्प का चयन करें।

(a) मेरी प्रार्थना स्वीकार करें।
(b) आग लगने का कारण सब नष्ट हो गया।
(c) किसकी तैयारी कर रहे हो?
(d) मृत्यू पर किसी का वश नहीं चलता।

73 निम्नलिखित वाक्य में उस वाक्यांश को पहचानिए, जिसमें मात्राओं से सम्बन्धित अशुद्धियाँ हैं। यदि कोई गलती नहीं है, तो 'कोई त्रुटि नहीं है' का चुनाव कीजिए।

होली पर हमें अप्राकृतिक रंगों के त्योहार को नहीं मनाना/चाहिए, बल्कि प्राकृतिक फूलों के रंग से और/अबीर को होली खेलनी चाहिए।

(a) चाहिए, बल्कि प्राकृतिक फूलों के रंग से और
(b) अबीर को होली खेलनी चाहिए
(c) कोई त्रुटि नहीं है
(d) होली पर हमें अप्राकृतिक रंगों से त्योहार को नहीं मनाना

74 दिए गए वाक्य का वह भाग ज्ञात करें, जिसमें कोई त्रुटि है।

विद्वानों के बीच बोलने का उत्साह भला कौन ही करेगा।

(a) विद्वानों के बीच (b) ही करेगा।
(c) बोलने का (d) उत्साह भला कौन

75 दिए गए वाक्य में रेखांकित शब्दों के लिए सही शब्दों वाले विकल्प का चयन करें।

जो परिश्रम करते हैं, वह सफल होते हैं।

(a) जो परिश्रम करते हैं, जो सफल होते हैं।
(b) जो परिश्रम करते हैं, वह सफल होता है।
(c) जो परिश्रम करते हैं, वैसे सफल होते हैं।
(d) जो परिश्रम करते हैं, वे सफल होते हैं।

निर्देश (प्र. सं.76-80) *नीचे दिए गए गद्य में कुछ शब्द छोड़ दिए गए हैं और प्रत्येक रिक्त स्थान के चार विकल्प दिए गए हैं। इन चारों में से कौन-सा विकल्प रिक्त स्थान की पूर्ति करेगा*

इतिहास साक्षी है कि किसी राष्ट्र का गौरव तभी (1) ······ रहता है, जब वे अपने स्वाभिमान और बलिदान की परम्पराओं को अगली (2) ······ को भी सिखाता है, संस्कारित करता है, उन्हें इसके लिए (3) ······ प्रेरित करता है। किसी राष्ट्र का भविष्य तभी (4) ······ होता है, जब वो अपने अतीत के अनुभवों और विरासत के गर्व से पल-पल जुड़ा रहता है। फिर भारत के पास तो गर्व करने के लिए अथाह भण्डार हैं, समृद्ध इतिहास है, चेतनामय सांस्कृतिक (5) ······ है।

76 रिक्त स्थान (1) के लिए सबसे उपयुक्त विकल्प का चयन कीजिए।

(a) निद्रा (b) प्रतिष्ठा
(c) जाग्रत (d) चेतन

77 रिक्त स्थान (2) के लिए सबसे उपयुक्त विकल्प का चयन कीजिए।

(a) नवीन (b) दुनिया
(c) प्राचीन (d) पीढ़ी

78 रिक्त स्थान (3) के लिए सबसे उपयुक्त विकल्प का चयन कीजिए।

(a) घनिष्ठ (b) अनेक
(c) घोर (d) निरन्तर

79 रिक्त स्थान (4) के लिए सबसे उपयुक्त विकल्प का चयन कीजिए।

(a) मालूम (b) नीचता
(c) उज्ज्वल (d) चिन्ताजनक

80 रिक्त स्थान (5) के लिए सबसे उपयुक्त विकल्प का चयन कीजिए।

(a) कोष्टक (b) विरासत
(c) खानदान (d) विडम्बना

उत्तरमाला

1.	(c)	2.	(b)	3.	(b)	4.	(d)	5.	(b)	6.	(c)	7.	(d)	8.	(a)	9.	(a)	10.	(c)
11.	(a)	12.	(a)	13.	(b)	14.	(b)	15.	(a)	16.	(c)	17.	(a)	18.	(c)	19.	(a)	20.	(d)
21.	(d)	22.	(c)	23.	(b)	24.	(d)	25.	(c)	26.	(d)	27.	(a)	28.	(d)	29.	(b)	30.	(d)
31.	(b)	32.	(b)	33.	(a)	34.	(c)	35.	(d)	36.	(b)	37.	(d)	38.	(b)	39.	(b)	40.	(c)
41.	(b)	42.	(b)	43.	(b)	44.	(c)	45.	(c)	46.	(a)	47.	(a)	48.	(b)	49.	(a)	50.	(b)
51.	(d)	52.	(a)	53.	(b)	54.	(d)	55.	(c)	56.	(c)	57.	(a)	58.	(a)	59.	(d)	60.	(a)
61.	(d)	62.	(c)	63.	(b)	64.	(c)	65.	(c)	66.	(d)	67.	(c)	68.	(c)	69.	(c)	70.	(a)
71.	(d)	72.	(a)	73.	(b)	74.	(d)	75.	(d)	76.	(c)	77.	(d)	78.	(d)	79.	(c)	80.	(b)

संकेत एवं हल

1. *(c)* जिस प्रकार, पत्तागोभी एक सब्जी है तथा कस्टर्ड एक मिठाई है। उसी प्रकार, आडू एक फल है।

2. *(b)* दी गई अक्षर-संख्या शृंखला का क्रम निम्न प्रकार है,

U $\xrightarrow{+1}$ V $\xrightarrow{+1}$ [W] $\xrightarrow{+1}$ X $\xrightarrow{+1}$ Y $\xrightarrow{+1}$ Z

D $\xrightarrow{+2}$ F $\xrightarrow{+2}$ [H] $\xrightarrow{+2}$ J $\xrightarrow{+2}$ L $\xrightarrow{+2}$ N

F $\xrightarrow{+3}$ I $\xrightarrow{+3}$ [L] $\xrightarrow{+3}$ O $\xrightarrow{+3}$ R $\xrightarrow{+3}$ U

6 $\xrightarrow{+3}$ 9 $\xrightarrow{+3}$ [12] $\xrightarrow{+3}$ 15 $\xrightarrow{+3}$ 18 $\xrightarrow{+3}$ 21

3. *(b)* दी गई शृंखला का क्रम निम्न प्रकार है,

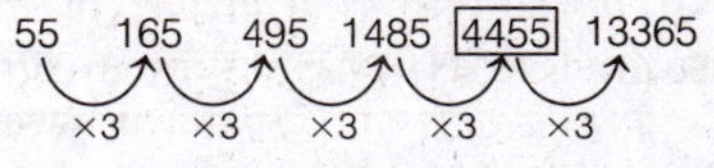

4. *(d)* दी गई आकृति शृंखला में एक-एक रेखा जुड़ते हुए आगे इस प्रकार है कि जैसे त्रिभुज, चतुर्भुज, पंचभुज, षट्भुज तथा उत्तर आकृति (d) सप्तभुज प्राप्त होगी।

5. *(b)* प्रश्नानुसार,

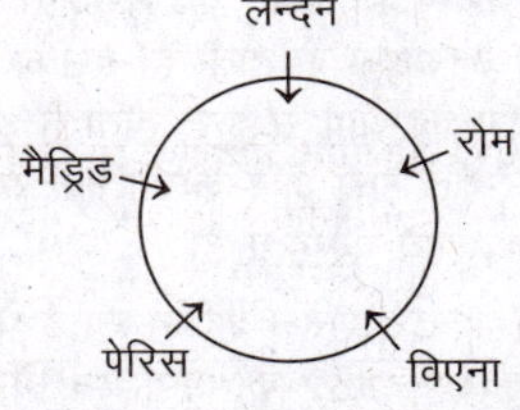

अतः मैड्रिड के ठीक बाईं ओर लन्दन बैठा है।

6. *(c)* दिए गए शब्दों को अंग्रेजी शब्दकोश के अनुसार व्यवस्थित करने पर,

Whale → Wheat → Wheel → [When] → Whet

अतः चौथे स्थान पर When आएगा।

7. *(d)* दी गई प्रश्न आकृति, उत्तर आकृति (d) में निहित है।

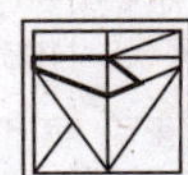

8. *(a)* प्रश्नानुसार,

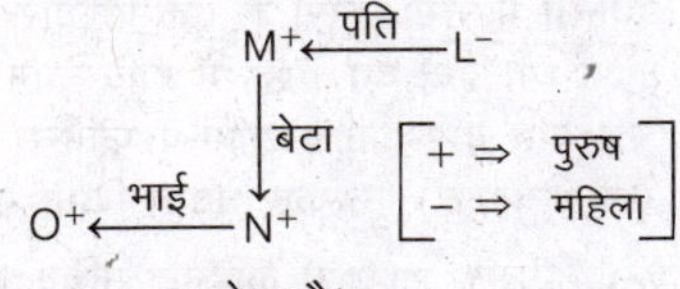

अतः O, L का बेटा है।

9. *(a)* जिस प्रकार,

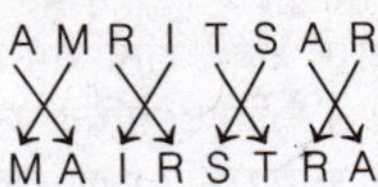

तथा D U R G A P U R → U D G R P A R U

उसी प्रकार,

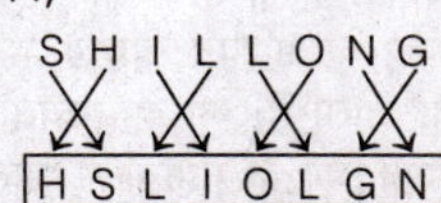

10. *(c)* कथनानुसार,

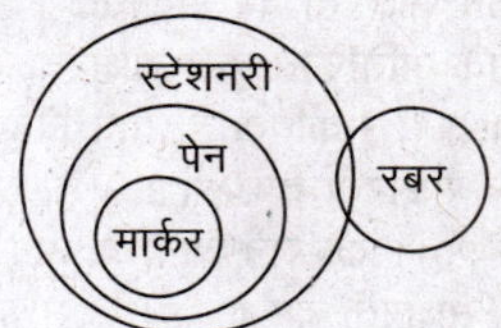

निष्कर्ष I. (✗) II. (✗)

अतः न तो निष्कर्ष I और न ही II अनुसरण करता है।

11. *(a)* उत्तर आकृति (a) दी गई प्रश्न आकृति के पैटर्न को पूरा करेगी।

12. *(a)* जिस प्रकार,

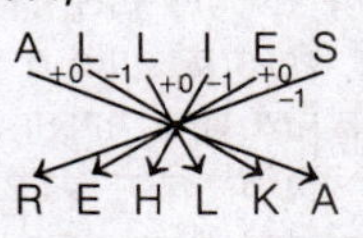

उसी प्रकार, B A L L E T (+0 –1 +0 –1 +0 –1) → [S E K L Z B]

13. *(b)* विकल्प आकृति (b), प्रश्न आकृति का सही दर्पण प्रतिबिम्ब होगी।

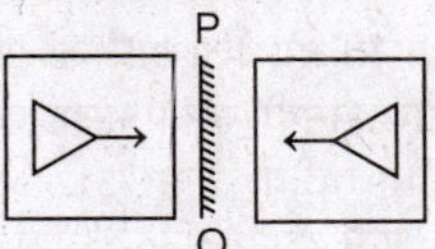

14. *(b)* प्रश्नानुसार,

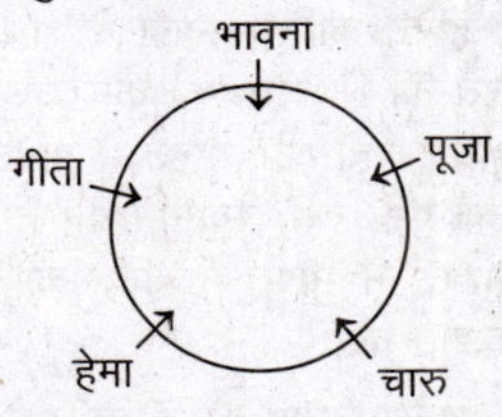

अतः हेमा के ठीक दाईं ओर चारु बैठी है।

15. *(a)* दी गई आकृति शृंखला में ऊपर की संख्या 6-6 निरन्तर बढ़ते हुए एक बार बाएँ तथा एक बार दाएँ हो रही है तथा नीचे की संख्या ऊपर की संख्या के बराबर घटते हुए एक बार बाएँ तथा एक बार दाएँ हो रही है। अतः प्रश्नचिह्न के स्थान पर उत्तर आकृति (a) को रखा जा सकता है।

16. *(c)* दी गई समी में, × और ÷ को आपस में बदलने पर निम्न मान प्राप्त होगा।

I. $18 \div 3 - 4 \times 2 + 7$

प्रश्नानुसार, चिह्नों को आपस में बदलने पर,

$$18 \times 3 - 4 \div 2 + 7$$
$$= 18 \times 3 - 2 + 7$$
$$= 54 + 5 = 59$$

II. $18 \times 3 \div 6 - 8 + 4$

प्रश्नानुसार, चिह्नों को आपस में बदलने पर,

$$18 \div 3 \times 6 - 8 + 4$$
$$= 6 \times 6 - 8 + 4$$
$$= 36 - 4 = 32$$

अतः समी (I) व (II) का मान क्रमशः 59 और 32 होगा।

17. *(a)* जिस प्रकार, P $\xrightarrow{+2}$ R

T $\xrightarrow{+2}$ V

X $\xrightarrow{+2}$ Z

उसी प्रकार, C $\xrightarrow{+2}$ [E]

G $\xrightarrow{+2}$ [I]

K $\xrightarrow{+2}$ [M]

18. *(c)* दी गई संख्या शृंखला का क्रम निम्न प्रकार है,

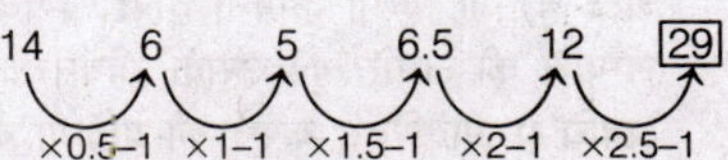

19. *(a)* दी गई अक्षर-समूह शृंखला का क्रम निम्न प्रकार है,

opqrst/opqrst/opqrst/opqrst/opqrst

अतः अभीष्ट अनुक्रम ⇒ rpts

20. *(d)* समी $8 + 7 \times 5 \div 14 - 3 = 6$

विकल्प (d) से, संख्या 5 और 8 को आपस में बदलने पर,

$$5 + 7 \times 8 \div 14 - 3 = 6$$
$$\Rightarrow \quad 5 + 7 \times \frac{8}{14} - 3 = 6$$
$$\Rightarrow \quad 5 + 4 - 3 = 6$$
$$\Rightarrow \quad 6 = 6$$

21. *(d)* सितम्बर, 2023 में जनजातीय कार्य मन्त्रालय ने 'अमेजन फ्यूचर इंजीनियर प्रोग्राम' प्रारम्भ करने की घोषणा की है। इस पहल में जनजातीय समुदायों के बीच

मौजूद शैक्षणिक अन्तर को पाटने, उभरती प्रौद्योगिकियों में उनके सकल करियर को सुनिश्चित करने की क्षमता है। इस प्रोग्राम का उद्देश्य समावेशी व समान गुणवत्ता वाली शिक्षा सुनिश्चित करना व सीखने के अवसरों को बढ़ावा देना है।

22. *(c)* दोनों कथन सही हैं। बौद्ध धर्म के संस्थापक महात्मा सिद्धार्थ, जिन्हें गौतम के नाम से जाना जाता है। इनका जन्म लगभग 2500 वर्ष पहले नेपाल के लुम्बिनी में हुआ था। उनका सम्बन्ध शाक्य गण से है। इनके पिता शुद्धोधन शाक्य गण के मुखिया थे। गौतम बुद्ध के बचपन का नाम सिद्धार्थ था। इनका विवाह 16 वर्ष की अवस्था में यशोधरा के साथ हुआ था। इनके पुत्र का नाम राहुल था।

23. *(b)* संविधान कई तरह से सरकार की शक्तियों पर नियन्त्रण रखता है, जिसमें मौलिक अधिकार सबसे प्रमुख हैं। मौलिक अधिकार जो सभी नागरिकों को दिए गए हैं, इनका उल्लंघन करने की अनुमति किसी भी सरकार को नहीं दी जा सकती। वर्तमान में मौलिक अधिकारों की संख्या 6 है। संविधान के भाग III में मौलिक अधिकारों का प्रावधान है।

24. *(d)* गाँधी-इरविन समझौता 5 मार्च, 1931 को हुआ था। महात्मा गाँधी और लॉर्ड इरविन के मध्य हुए इस समझौते को 'दिल्ली पैक्ट' के नाम से भी जाना जाता है। यह समझौता गोलमेज सम्मेलन में गाँधीजी को आमन्त्रित करने के लिए किया गया था।

25. *(c)* मूल्यह्रास के सम्बन्ध में कथन (I) और (II) दोनों सही हैं। मूल्यह्रास लेखांकन में एक शब्द है, जो किसी कम्पनी द्वारा खरीदी गई सम्पत्ति की लागत को उसके जीवनचक्र की अवधि में आवण्टित करने की प्रक्रिया को सन्दर्भित करता है। मूल्यह्रास किसी अचल सम्पत्ति के प्रयोग के दौरान घिसावट के कारण उसके मूल्य में होने वाली कमी है। मूल्यह्रास में अचानक विनाश को शामिल नहीं किया जाता। मूल्यह्रास दर्शाता है कि किसी निश्चित समय अवधि में परिसम्पत्ति का कितना मूल्य उपयोग किया गया है।

26. *(d)* भारतीय मूल की सुएला ब्रेवरमैन नवम्बर, 2023 तक यूनाइटेड किंगडम की गृह सचिव थीं। ब्रिटिश प्रधानमन्त्री ऋषि सुनक ने सुएला ब्रेवरमैन पर उनके खिलाफ कार्रवाई करने का दबाव बढ़ने के बाद उन्हें बर्खास्त कर दिया है। सुएला ब्रेवरमैन को सितम्बर, 2022 में पूर्व प्रधानमन्त्री लिज ट्रस द्वारा ब्रिटेन के गृह विभाग में राज्य सचिव के रूप में नियुक्त किया गया था।

27. *(a)* 'मैसूर दशहरा' भारत के कर्नाटक राज्य का भव्य उत्सव है, जिसमें शाही जुलूस, सांस्कृतिक कार्यक्रम और सजाए गए हाथियों का प्रदर्शन होता है। यह 10 दिनों तक मनाया जाने वाला त्योहार है, जिसकी शुरुआत नौ रातों से होती है, जिसे नवरात्रि कहा जाता है और उत्सव का समापन विजयादशमी को होता है। यह त्योहार हिन्दू कैलेण्डर के अश्विन माह के दसवें दिन मनाया जाता है, जो सामान्यतः सितम्बर और अक्टूबर के महीनों में आता है।

28. *(d)* जनगणना 2011 के अनुसार, केरल में पुरुष साक्षरता दर सर्वाधिक (96.1%) है। इसके अतिरिक्त कुल साक्षरता दर भी केरल (94%) में सर्वाधिक है। वहीं बिहार में सबसे कम साक्षरता दर (61.8%) है। ध्यातव्य है कि वर्ष 2011 की जनगणना के अनुसार, भारत की साक्षरता दर (64.84%) से बढ़कर (74.04%) हो गई है।

29. *(b)* भारत के पूर्व मुख्य न्यायाधीश एन.वी. रमना को सिंगापुर अन्तर्राष्ट्रीय मध्यस्थता केन्द्र (एसआईएमसी) के अन्तर्राष्ट्रीय मध्यस्थ पैनल के सदस्य के रूप में नियुक्त किया गया है। अन्तर्राष्ट्रीय मध्यस्थता केन्द्र एक प्रमुख संस्था है, जो सिंगापुर से संचालित होती है, यह संस्था मध्यस्थता के माध्यम से विवादों के समाधान के लिए समर्पित है।

30. *(d)* 37वें राष्ट्रपति खेल का आयोजन नवम्बर, 2023 को गोवा में सम्पन्न हुआ। गोवा के पाँच शहर मापुसा, मडगाँव, पणजी, पोण्डा और वॉस्को में इन खेलों की मेजबानी की। इन खेलों में महाराष्ट्र (228 पदकों के साथ) पदक तालिका में शीर्ष पर रहा। इसके बाद सर्विसेज (126 पदक) व हरियाणा (189 पदक) क्रमशः दूसरे व तीसरे स्थान पर रहे। राष्ट्रीय खेल को पहले भारतीय ओलम्पिक खेलों के नाम से जाना जाता था, जिसकी शुरुआत वर्ष 1924 में हुई थी।

31. *(b)* भारत दो देशों श्रीलंका और मालदीव के साथ समुद्री सीमा साझा करता है। भारतीय तटीय सीमा 7517 किमी है, जिसमें मुख्य भूमि के अतिरिक्त अण्डमान-निकोबार और लक्षद्वीप समूह भी शामिल हैं।

32. *(b)* हरित क्रान्ति अनाज के आयात पर भारत की निर्भरता को कम करने में सहायक रही थी। भारत में हरित क्रान्ति के जनक एम. एस. स्वामीनाथन हैं। इन्होंने 1967-68 में भारत में हरित क्रान्ति की शुरुआत की।

33. *(a)* ध्वनि प्रदूषण को डेसीबल में मापा जाता है। 0-80 डेसीबल (dB) तक की ध्वनि सुनने योग्य है व उससे अधिक डेसीबल की ध्वनि को ध्वनि प्रदूषण की श्रेणी में रखा जाता है। सेण्टीमीटर लम्बाई की इकाई है। ओम प्रतिरोध की इकाई है। हर्ट्ज ध्वनि आवृत्ति की इकाई है।

34. *(c)* ओलम्पिक टेबल टेनिस स्पर्द्धा में यदि अंक 10-10 पर बराबर हैं, तो एक खिलाड़ी को जीतने के लिए 2 अंक की बढ़त लेनी होगी। टेबल टेनिस के नियमों के अनुसार, एक खिलाड़ी टेबल टेनिस का खेल 11 अंक हासिल करते हुए जीत सकता है, प्रत्येक उल्लंघन के लिए एक अंक दिया जाता है। एक खिलाड़ी को लगातार दो बार सर्विस मिलती है, जो भी पहले 11 अंक प्राप्त कर लेता है, उसे विजेता घोषित किया जाता है।

35. *(d)* लिएण्डर पेस लॉन टेनिस से सम्बन्धित हैं। इन्हें खेल जगत का सर्वोच्च पुरस्कार राजीव गाँधी खेल रत्न पुरस्कार, 1996-97 दिया गया था। इसके अतिरिक्त इन्हें पद्मश्री और पद्मभूषण पुरस्कार से सम्मानित किया जा चुका है।

36. *(b)* स्वांग बुन्देलखण्ड क्षेत्र की एक जीवन्त नृत्यशैली है। स्वांग की शुरुआत देवी-देवता की आराधना से होती है। इसका प्रदर्शन मृदंग की थाप से शुरू होता है और धीरे-धीरे गद्य और काव्यात्मक संवादों के साथ गति पकड़ता है।

37. *(d)* इण्टरनेशनल शूटिंग स्पोर्ट फेडरेशन विश्वकप, 2022 का आयोजन मिस्र के काहिरा में किया गया। भारत ने काहिरा में आयोजित अन्तर्राष्ट्रीय निशानेबाजी खेल महासंघ, ISSF विश्वकप, 2022 में पदक तालिका में प्रथम स्थान प्राप्त किया है।

38. *(b)* देश में प्रथम पंचवर्षीय योजना के अन्त में पाँच आईआईटी (IIT) की स्थापना की गई थी। सर्वप्रथम आईआईटी खड़गपुर (1950), आईआईटी बॉम्बे (1958), आईआईटी मद्रास (1959), आईआईटी कानपुर (1959) एवं आईआईटी दिल्ली (1961) खोले गए थे।

39. *(b)* उस्ताद बिन्दा खान का सम्बन्ध सारंगी वाद्ययन्त्र से है। उस्ताद बिन्दा खान का जन्म 20वीं शताब्दी के पूर्वार्द्ध के दौरान दिल्ली में संगीतकारों के एक परिवार में हुआ था। इन्हें वर्ष 1985 में पाकिस्तान के राष्ट्रपति द्वारा प्राइड ऑफ परफॉर्मेन्स (मरणोपरान्त) पुरस्कार प्रदान किया गया।

40. *(c)* अगस्त, 2023 में कैबिनेट सचिव राजीव गौबा को एक वर्ष का अतिरिक्त कार्यकाल दिया गया है। इस तरह वह भारत के इतिहास में सबसे लम्बे समय तक सेवारत् रहने वाले कैबिनेट सचिव बन गए हैं। कैबिनेट सचिव भारत का सर्वोच्च कार्यकारी

अधिकारी होता है। यह कैबिनेट सचिव सिविल सेवा बोर्ड, कैबिनेट सचिवालय, भारतीय प्रशासनिक सेवा का पदेन प्रमुख होता है, जो भारत के वरीयता क्रम में ग्यारहवें स्थान पर है।

41. *(b)* दिया है,
वस्तु का अंकित मूल्य = ₹ 28500
विक्रय मूल्य = ₹ 15675

$$\text{छूट\%} = \frac{28500-15675}{28500}\times100$$
$$= \frac{12825}{285} = 45\%$$

42. *(b)* $$\frac{16\times(9+4)-13\times14}{50-(12+12)}$$
$$= \frac{16\times13-13\times14}{50-24} = \frac{13\times2}{26} = 1$$

43. *(b)* दिया है, $M_1 = 18, D_1 = 13, W_1 = 1$
$M_2 = 54, D_2 = x, W_2 = 1$

सूत्र $\frac{M_1\times D_1}{W_1} = \frac{M_2\times D_2}{W_2}$ से,
$$\frac{18\times13}{1} = \frac{54\times x}{1}$$
$$x = \frac{18\times13}{54} = \frac{13}{3} \text{ दिन}$$

44. *(c)* माना मूलधन = ₹ x है, तो मिश्रधन = ₹ $3x$ साधारण ब्याज $= 3x - x =$ ₹ $2x$

समय $(t) = 8$ वर्ष 6 माह $= \left(8+\frac{1}{2}\right)$ वर्ष
$= \frac{17}{2}$ वर्ष

माना दर $(r) = R\%$

$\therefore$ साधारण ब्याज $= \frac{P\times r\times t}{100}$

$$\Rightarrow \quad 2x = \frac{x\times R\times17}{100\times2}$$
$$R = 23.52\%$$

45. *(c)* दिया है,
गोले की त्रिज्या $(r) = 4.2$ सेमी

$\therefore$ गोले का आयतन $= \frac{4}{3}\pi r^3$
$$= \frac{4}{3}\times\frac{22}{7}\times4.2\times4.2\times4.2$$
$= 310.46$ सेमी^{3}

46. *(a)* $880 + 41 \div 14 \times 84 - 26$
$$= 880 + \frac{41}{14}\times84 - 26$$
$$= 880 + 246 - 26 = 1100$$

47. *(a)* माना संख्या 'x' है
प्रश्नानुसार,
$$x - 25 = x\times\frac{50}{100}$$
$$x - \frac{x}{2} = 25 \Rightarrow \frac{x}{2} = 25$$
$$\therefore \quad x = 50$$

48. *(b)* दिया है,
कुर्सी का अंकित मूल्य = ₹ 5000
विक्रय मूल्य = ₹ 3150

$$\text{सकल छूट} = \frac{5000-3150}{5000}\times100$$
$$= \frac{1850}{5000}\times100 = 37\%$$

दो क्रमागत छूट 10% और x% है
प्रश्नानुसार,
$$-10 - x + \frac{(-10)\times(-x)}{100} = -37$$
$$\Rightarrow \quad -x + \frac{x}{10} = -37 + 10$$
$$\Rightarrow \quad \frac{-9x}{10} = -27$$
$$\therefore \quad x = 30\%$$

49. *(a)* A का 1 दिन का कार्य $= \frac{1}{20}$

B का 1 दिन का कार्य $= \frac{1}{60}$

माना A ने x दिनों बाद काम छोड़ दिया।
प्रश्नानुसार,
$$\frac{x}{20} + \frac{x}{60} + \frac{12}{60} = 1$$
$$\Rightarrow \quad \frac{3x+x+12}{60} = 1$$
$$\Rightarrow \quad 4x + 12 = 60$$
$$\Rightarrow \quad 4x = 48$$
$$\therefore \quad x = 12 \text{ दिन}$$

वैकल्पिक विधि
प्रश्नानुसार,

	दिन		क्षमता
$A \rightarrow$	20	कुल कार्य 60	3
$B \rightarrow$	60		1

B का 12 दिन का कार्य $= 12\times1 = 12$
माना A ने x दिनों तक काम किया।
$$\therefore \quad (3+1)x + 12 = 60$$
$$4x = 48$$
$$x = 12 \text{ दिन}$$

50. *(b)* छः मित्रों की ऊँचाई का योग
$= 144\times6 = 864$

150 सेमी ऊँचाई वाले लड़के के जाने के बाद बचे लड़कों की कुल ऊँचाई
$= 864 - 150 = 714$ सेमी

$\therefore$ अभीष्ट औसत $= \frac{714}{5} = 142.8$ सेमी

51. *(d)* माना पीतल में ताँबा $= 25x$,
तथा जस्ता $= 12x$
प्रश्नानुसार,
$$25x + 12x = 370$$
$$\Rightarrow \quad 37x = 370$$
$$\therefore \quad x = 10$$

$\therefore$ पीतल में ताँबे की मात्रा
$= 25x = 25\times10 = 250$ किग्रा

52. *(a)* दिया है,
विक्रय मूल्य − क्रय मूल्य = ₹ 264
लाभ % = 33%

$$\text{लाभ \%} = \frac{\text{विक्रय मूल्य} - \text{क्रय मूल्य}}{\text{क्रय मूल्य}}\times100$$
$$33 = \frac{264}{\text{क्रय मूल्य}}\times100$$

क्रय मूल्य = ₹ 800
तब, विक्रय मूल्य − क्रय मूल्य = ₹ 264
$\therefore$ विक्रय मूल्य $= 264 + 800 =$ ₹ 1064

53. *(b)* माना क्रय मूल्य = ₹ $100x$
तथा विक्रय मूल्य = ₹ $25x$

$$\therefore \text{हानि \%} = \frac{100x - 25x}{100x}\times100 = 75\%$$

54. *(d)* माना पहली संख्या $= 11x$
तथा दूसरी संख्या $= 13x$
जो दोनों में उभयनिष्ठ होता है वही महत्तम समापवर्तक होता है।
अर्थात् $x = 7$
$\therefore$ पहली संख्या $= 11x = 11\times7 = 77$
तथा दूसरी संख्या $= 13x = 13\times7 = 91$

55. *(c)* माना धनराशि = ₹ x
ब्याज दर = 30% वार्षिक
मिश्रधन = ₹ 9464
समय = 2 वर्ष
प्रश्नानुसार,
$$\text{मिश्रधन} = \text{मूलधन}\left(1+\frac{\text{दर}}{100}\right)^{\text{समय}}$$
$$\Rightarrow \quad 9464 = x\left(1+\frac{30}{100}\right)^2$$
$$\Rightarrow \quad x\times\frac{130}{100}\times\frac{130}{100} = 9464$$
$$\Rightarrow \quad x = ₹\ 5600$$
अतः अभीष्ट धनराशि ₹ 5600 है।

56. *(c)* 4 संख्याओं का योग = औसत × संख्या
$= 52\times4 = 208$

माना अन्तिम दो संख्याओं का औसत $= x$
तो योग $= 2\times x = 2x$
तब, प्रथम दो संख्याओं का औसत $= 3x$
तो योग $= 2\times3x = 6x$
प्रश्नानुसार,
$$2x + 6x = 208$$
$$\Rightarrow \quad 8x = 208$$
$$\therefore \quad x = 26$$
$\therefore$ प्रथम दो संख्याओं का योग
$= 6x = 26\times6 = 156$

57. *(a)* व्यक्ति द्वारा तय कुल दूरी
$= 11 + 22 = 33$ किमी

लिया गया कुल समय $= 60 + 30 = 90$ मिनट
$= \frac{90}{60} = \frac{3}{2}$ घण्टा

$$\text{औसत चाल} = \frac{\text{कुल दूरी}}{\text{कुल समय}} = \frac{33}{\frac{3}{2}}$$

$$= 33 \times \frac{2}{3} = 22 \text{ किमी/घण्टा}$$

58. *(a)* माना पहले टिकट का मूल्य = ₹ $100x$
नया मूल्य = ₹$118x$
माना पहले दर्शकों की संख्या $= 100y$
तथा अब दर्शकों की संख्या $= 75y$
पहले की आय
= टिकट का मूल्य × दर्शकों की संख्या
$= 100x \times 100y = 10000xy$
नई आय $= 118x \times 75y = 8850xy$

$$\therefore \text{आय में कमी} = \left(\frac{10000xy - 8850yx}{10000xy}\right) \times 100$$

$$= \frac{1150xy}{100xy} = 11.5\% \text{ कमी}$$

59. *(d)* $[19 \times \{24 \div 4 \text{ का } (24 \times 4 \div 16)\}]$

$$\Rightarrow \left[19 \times \left\{24 \div 4 \text{ का}\left(24 \times \frac{4}{16}\right)\right\}\right]$$

$$\Rightarrow [19 \times \{24 \div 4 \text{ का } 6\} = [19 \times 24 \div 24\}]$$
$$= 19 \times 1 = 19$$

60. *(a)* माना $P = 9x, Q = 10x, R = 11x$
प्रश्नानुसार,

$$(P+Q):(Q+R):(R+P)$$
$$= 19x : 21x : 20x$$
$$= 19 : 21 : 20$$

61. *(d)* दिए गए वाक्य में रेखांकित शब्दों के लिए सही शब्दों वाला विकल्प ''कैदियों को कुत्तों की तरह घसीटा गया'' है। अन्य विकल्प असंगत हैं।

62. *(c)* कोष्ठक में दिए गए शब्द 'आम' के पर्यायवाची शब्द का सही विकल्प 'अंकुसी' नहीं है। जबकि अन्य तीनों विकल्प 'रसाल', 'फलराज' तथा 'अतिसौरभ' आम के पर्यायवाची हैं।

63. *(b)* दिए गए वाक्य में उचित देशज-विदेशज शब्द 'अफसर' है। अतः पूर्ण वाक्य है–वाह! तुम तो बहुत बड़े अफसर बन गए हो। अन्य विकल्प असंगत हैं।

64. *(c)* दिए गए वाक्य में उपयुक्त तत्सम शब्द 'भिक्षा' है। 'भीख' का तत्सम रूप भिक्षा होता है। अतः पूर्ण वाक्य है–भिखारी को भिक्षा दे दो। अन्य विकल्प असंगत हैं।

65. *(c)* 'कहा-सुनी होना' मुहावरे का अर्थ हैं–वाद-विवाद होना।

वाक्य प्रयोग बच्चों में आपस में किसी-न-किसी बात पर प्रायः कहा-सुनी होती रहती है।

66. *(d)* दिए गए वाक्य में कोष्ठक में दिए गए शब्द 'अवनत' शब्द का विलोम शब्द 'उन्नत' है। अन्य विकल्प असंगत हैं।

67. *(c)* 'तंग हाल होना' मुहावरे का सर्वश्रेष्ठ अर्थ है–आर्थिक तंगी होना।

वाक्य प्रयोग रोहन खुद तंग हाल में है, तुम्हारी कहाँ से मदद करेगा।

68. *(c)* कोष्ठक में दिए गए शब्द 'इकट्ठा' के पर्यायवाची शब्द का 'इकट्ठा' का विकल्प 'समवेत' है। अन्य पर्यायवाची शब्द एकत्र, संचित आदि हैं। अन्य विकल्प असंगत हैं।

69. *(c)* दिए गए वाक्य में रिक्त स्थान के लिए सही भाववाचक संज्ञा वाला विकल्प 'बुलावा' है। अतः उपयुक्त पूर्ण वाक्य है–किसी ने सच ही कहा है, जिसे बुलावा आता है, वही माता के दर्शन के लिए जा पाता है।
अन्य विकल्प असंगत हैं।

70. *(a)* दिए गए वाक्य में रेखांकित शब्द 'श्याम' का विलोम शब्द 'श्वेत' है। 'श्याम' शब्द का अर्थ है-काला, साँवला तथा इसका विलोम श्वेत का अर्थ है-गोरा, सफेद।
दिए गए अन्य विकल्प असंगत हैं।

71. *(d)* दिए गए विकल्पों में से रिक्त स्थान के लिए सही विकल्प 'कामयाब' है। उपयुक्त पूर्ण वाक्य इस प्रकार है–आज वही देश सबसे कामयाब है, जिसके पास ज्ञान की अद्भुत शक्ति है।

72. *(a)* दिए गए विकल्पों में से शुद्ध वर्तनी वाला विकल्प है–''मेरी प्रार्थना स्वीकार करें।'' जबकि दिए गए अन्य विकल्पों में वर्तनी की त्रुटियाँ हैं।

73. *(b)* दिए गए वाक्य में 'अबीर को होली खेलनी चाहिए' वाक्यांश में मात्रा सम्बन्धी अशुद्धि है। सही वाक्य इस प्रकार है–
होली पर हमें अप्राकृतिक रंगों से त्योहार को नहीं मनाना चाहिए, बल्कि प्राकृतिक फूलों के रंग से और अबीर की होली खेलनी चाहिए। यहाँ 'अबीर की' उपयुक्त है। अतः 'को' के स्थान पर 'की' का प्रयोग उपयुक्त है।

74. *(d)* दिए गए वाक्य में 'उत्साह भला कौन' वाक्यांश में त्रुटि है। यहाँ 'उत्साह' शब्द का प्रयोग गलत है। 'उत्साह' का अर्थ जोश अथवा खुशी होता है, जबकि वाक्य के अनुसार, यहाँ 'साहस' शब्द का प्रयोग किया जाना चाहिए।

75. *(d)* दिए गए वाक्य में रेखांकित शब्दों के लिए सही शब्दों वाला विकल्प ''जो परिश्रम करते हैं, वे सफल होते हैं।'' यहाँ 'वह' की जगह 'वे' शब्द का प्रयोग होगा। अन्य विकल्प असंगत हैं।

76. *(c)* दिए गए गद्यांश में रिक्त स्थान के लिए सही विकल्प 'जाग्रत' है। पूर्ण वाक्य है–इतिहास साक्षी है कि किसी राष्ट्र का गौरव तभी जाग्रत रहता है।

77. *(d)* दिए गए गद्यांश में रिक्त स्थान के लिए सही विकल्प 'पीढ़ी' है। पूर्ण वाक्य है–जब वे अपने स्वाभिमान और बलिदान की परम्पराओं को अगली पीढ़ी को सिखाता है।

78. *(d)* दिए गए गद्यांश में रिक्त स्थान के लिए सही विकल्प 'निरन्तर' है। पूर्ण वाक्य है–उन्हें इसके लिए निरन्तर प्रेरित करता है।

79. *(c)* रिक्त स्थान के लिए उपयुक्त विकल्प 'उज्ज्वल' है। अतः पूर्ण वाक्य है–किसी राष्ट्र का भविष्य तभी उज्ज्वल होता है।

80. *(b)* रिक्त स्थान के लिए सबसे उपयुक्त विकल्प 'विरासत' है। अतः पूर्ण वाक्य है–चेतनामय सांस्कृतिक 'विरासत' है।

20 फरवरी 2024
(शिफ्ट IV)

सॉल्वड पेपर 2024

SSC कांस्टेबल (जीडी) सेट 04

भाग-I सामान्य बुद्धिमत्ता एवं तर्कशक्ति

1 निम्नलिखित प्रश्न में कुछ कथन और उन कथनों के आधार पर कुछ निष्कर्ष दिए गए हैं। आपको दिए गए कथनों को सत्य मानना है, चाहे वे सामान्यतः ज्ञात तथ्यों से भिन्न प्रतीत होते हों। सभी निष्कर्षों को ध्यानपूर्वक पढ़िए और निश्चय कीजिए कि दिए गए निष्कर्षों में से कौन-सा/कौन-से निष्कर्ष कथनों का तार्किक रूप से अनुसरण करता है/करते हैं?

कथन

कुछ नमकीन, पिज्जा हैं।

कोई पिज्जा, बिस्किट नहीं है।

निष्कर्ष

I. कोई बिस्किट, नमकीन नहीं है।
II. कोई बिस्किट, पिज्जा नहीं है।
III. कुछ पिज्जा, बिस्किट नहीं हैं।

(a) निष्कर्ष I और III दोनों कथनों का अनुसरण करते हैं
(b) निष्कर्ष II और III दोनों कथनों का अनुसरण करते हैं
(c) केवल निष्कर्ष III कथनों का अनुसरण करता है
(d) सभी निष्कर्ष कथनों का अनुसरण करते हैं

2 एक निश्चित कूटभाषा में, 'MATURE' को '82' लिखा जाता है, 'HIGHER' को '59' लिखा जाता है। उसी कूटभाषा में, 'ASIAN' को कैसे लिखा जाएगा?

(a) 46 (b) 48
(c) 42 (d) 50

3 निम्नलिखित प्रश्न में, दिए गए विकल्पों में से सम्बन्धित अक्षरों का चयन कीजिए।

KBZ : HYW : : VIF : ?

(a) HVA (b) NOP
(c) SFC (d) SHM

4 आठ एथलीट सुनील, अभिषेक, मोहित, चीनू, राहुल, तनु, कोयल और अंकित एक वृत्ताकार मेज के चारों ओर केन्द्र से बाहर की ओर मुख करके बैठे हैं (परन्तु जरूरी नहीं कि वे इसी क्रम में बैठे हों) कोयल, राहुल के बाईं ओर से तीसरे स्थान पर बैठी है। तनु, चीनू के दाईं ओर से तीसरे स्थान पर बैठी है। मोहित, सुनील के दाईं ओर से दूसरे स्थान पर बैठा है। अभिषेक, चीनू के बाईं ओर से दूसरे स्थान पर बैठा है। तनु, सुनील के बाईं ओर से दूसरे स्थान पर बैठी है। कोयल के बाईं ओर से दूसरे स्थान पर कौन बैठा/बैठी है?

(a) राहुल (b) तनु
(c) मोहित (d) सुनील

5 दिए गए विकल्पों में से उस आकृति का चयन कीजिए, जिसे दी गई आकृति श्रृंखला में प्रश्नचिह्न (?) के स्थान पर रखा जा सकता है।

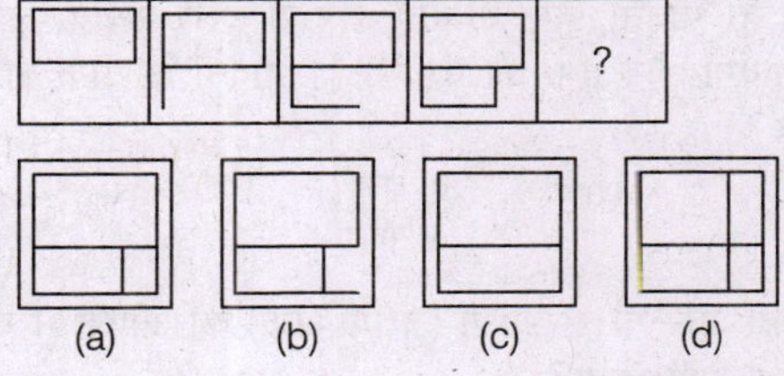

(a) (b) (c) (d)

6 दिए गए विकल्पों में से किन दो संख्याओं को आपस में बदलने पर निम्नलिखित समीकरण सही होगा?

$5-3\times0+1=2$

(a) 5 और 3 (b) 5 और 2
(c) 1 और 3 (d) 2 और 0

7 निम्नलिखित प्रश्न में, दिए गए विकल्पों में से श्रृंखला से लुप्त संख्या का चयन कीजिए।

86, 107, 82, 111, 78, 115, ?

(a) 74 (b) 78 (c) 72 (d) 76

8 निम्न में से कौन-सी उत्तर आकृति, प्रश्न आकृति के पैटर्न को पूरा करेगी? (घूर्णन की अनुमति नहीं है)

(a)

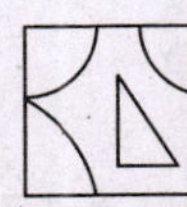
(b)

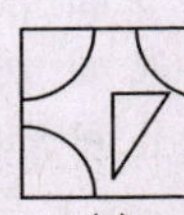
(c)

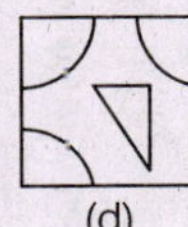
(d)

9 नीचे दर्शाए गए अनुसार एक कागज को मोड़कर काटा जाता है। खोले जाने पर यह कैसा दिखाई देगा?

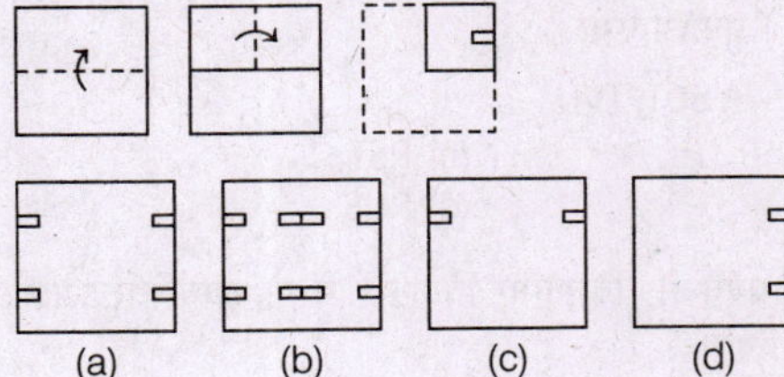

(a) (b) (c) (d)

10 दी गई विकल्प आकृतियों में से उस आकृति का चयन कीजिए, जिसमें प्रश्न आकृति छिपी/निहित है। (घूर्णन की अनुमति नहीं है)

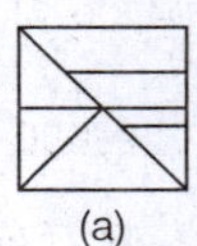
(a)

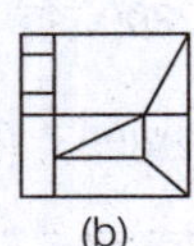
(b)

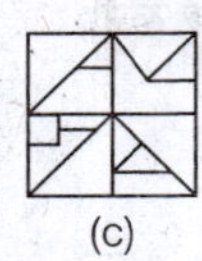
(c)

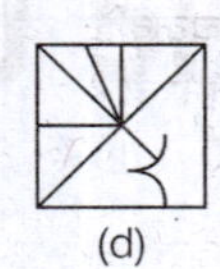
(d)

11 पाँच मित्र पूजा, भावना, चारू, गीता और हेमा एक वृत्ताकार मेज के चारों ओर केन्द्र की ओर मुख करके बैठी हैं। चारु, भावना की पड़ोसी नहीं है। भावना; हेमा के बाईं ओर से दूसरे स्थान पर बैठी है। गीता, भावना और हेमा की पड़ोसी है। भावना के ठीक दाईं ओर कौन बैठा है?

(a) चारु (b) हेमा
(c) पूजा (d) गीता

12 किन दो चिह्नों और दो संख्याओं (न कि अंक) को आपस में बदलने पर समीकरण सही होगा?

$8+6\times4-3\div1=2$

(a) + और −, 6 और 3 (b) + और ÷, 1 और 8
(c) × और ÷, 8 और 3 (d) × और ÷, 6 और 3

13 दिए गए विकल्पों में से निम्नलिखित श्रृंखला से लुप्त संख्या का चयन कीजिए।

6075, 2025, ?, 225, 75

(a) 675 (b) 690
(c) 680 (d) 700

14 नीचे दिए गए शब्दों को अंग्रेजी शब्दकोश के क्रम के अनुसार व्यवस्थित करने के बाद, कौन-सा शब्द 'तीसरे' स्थान पर आएगा?

1. Small 2. Smart 3. Smack
4. Smash 5. Smatter

(a) Smart (b) Smash
(c) Small (d) Smack

15 'Q × R' का अर्थ है, 'Q, R की पत्नी है'
'Q + R' का अर्थ है, 'Q, R का पति है'
'Q ÷ R' का अर्थ है, 'Q, R की बेटी है'
'Q − R' का अर्थ है, 'Q, R का भाई है'
व्यंजक 'S- T÷ U+ V' में, V का T से क्या सम्बन्ध है?

(a) पत्नी (b) माँ
(c) बेटी (d) बहन

16 निम्नलिखित में से कौन-सा अक्षर-समूह दी गई श्रृंखला में रिक्त स्थान (……) पर आएगा?

PRQ, QSR,……, SUT, TVU

(a) RTS (b) RST
(c) QTS (d) RUS

17 निम्नलिखित प्रश्न में, दिए गए विकल्पों में से सम्बन्धित अक्षर-युग्म का चयन कीजिए।

RPD : WUI : : ?

(a) LDK : CFK (b) BAC : OTT
(c) XOL : UPL (d) XYM : CDR

18 दिए गए विकल्पों में से उस आकृति का चयन कीजिए, जिसे दी गई आकृति श्रृंखला में प्रश्नचिह्न (?) के स्थान पर रखा जा सकता है।

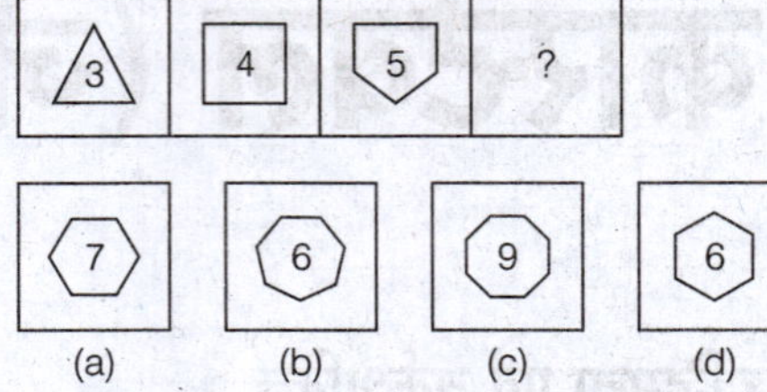

(a) 7 (b) 6 (c) 9 (d) 6

19 एक निश्चित कूटभाषा में, 'BEHALF' को 'DCJYND' लिखा जाता है। उसी कूटभाषा में, 'CLINIC' को कैसे लिखा जाएगा?

(a) EJKLKB (b) EJKLLB (c) EJLLLA (d) EJKLKA

20 नीचे एक श्रृंखला दी गई है, जिसमें एक पद लुप्त है। दिए गए विकल्पों में से उस विकल्प का चयन कीजिए, जो श्रृंखला को पूरा करेगा।

MQ, SO, QU, WS, ?

(a) UY (b) UX (c) XT (d) MH

भाग-II सामान्य ज्ञान

21 जलियाँवाला बाग हत्याकाण्ड, ……. के विरोध के परिणामस्वरूप हुआ।

(a) विनियमन अधिनियम (b) पिट्स इण्डिया एक्ट
(c) रॉलेट एक्ट (d) भारत सरकार अधिनियम

22 जब राज्यसभा के सभापति का पद रिक्त हो, तो उसके कर्त्तव्यों का पालन निम्नलिखित में से किसके द्वारा किया जाएगा?

(a) लोकसभा के अध्यक्ष (b) भारत के राष्ट्रपति
(c) राज्यसभा के उपाध्यक्ष (d) राज्यसभा का वरिष्ठतम सदस्य

23 भारत में ग्यारहवीं पंचवर्षीय योजना की समयावधि क्या थी?

(a) 2008-2013 (b) 2010-2015
(c) 2009-2014 (d) 2007-2012

24 बैंकिंग विनियमन अधिनियम कब पारित किया गया था?

(a) 1949 (b) 1959 (c) 1999 (d) 1967

25 निम्नलिखित में से आगा खान कप का सम्बन्ध किस खेल से है?

(a) कबड्डी (b) क्रिकेट (c) रग्बी (d) हॉकी

26 भारत में किस धर्म की जनसंख्या बहुसंख्यक है?

(a) जैन (b) हिन्दू (c) मुस्लिम (d) ईसाई

27 जून, 2023 में निम्नलिखित में से किसे स्पिनोज़ा पुरस्कार (Spinoza Prize), जिसे कभी-कभी 'डच नोबेल पुरस्कार' भी कहा जाता है, से सम्मानित किया गया है?

(a) एम. गौरवी रेड्डी (b) माधबी पुरी बुच
(c) रेखा शर्मा (d) जोयिता गुप्ता

28 वर्ष 2011 की जनगणना के अनुसार, निम्नलिखित में से कौन-सा भारत का सबसे कम आबादी वाला राज्य है?

(a) गोवा (b) सिक्किम (c) मेघालय (d) असम

29 भारतीय संविधान के निम्नलिखित में से कौन-से भाग का सम्बन्ध राज्य के नीति-निर्देशक सिद्धान्तों से है?

(a) भाग II (b) भाग IV (c) भाग III (d) भाग I

30 किसी भी टेनिस खेल में, यदि दोनों खिलाड़ी एक खेल में तीन-तीन अंक जीतते हैं (अर्थात् स्कोर 40-40 है), तो इसे ······ कहा जाता है।
(a) रैटल (b) ड्यूस (c) इक्वल (d) बैक

31 1866 ई. में एक अंग्रेज वैज्ञानिक जॉन न्यूलैण्ड्स ने तत्कालीन ज्ञात तत्त्वों को ······· के क्रम में व्यवस्थित किया। इसे 'न्यूलैण्ड्स के अष्टक के नियम' के नाम से जाना जाता है।
(a) घटते परमाणु द्रव्यमान (b) घटती परमाणु संख्या
(c) बढ़ते परमाणु द्रव्यमान (d) बढ़ती परमाणु संख्या

32 'हॉर्नबिल उत्सव' में निम्नलिखित में से कौन-सी मूल जनजातियाँ अपनी संस्कृति और परम्पराओं का प्रदर्शन करती हैं?
(a) नागा (b) गोण्ड
(c) भील (d) गोरा

33 'मुण्डारी' नृत्य का सम्बन्ध निम्नलिखित में से किस राज्य से है?
(a) उत्तर प्रदेश (b) तमिलनाडु
(c) झारखण्ड (d) केरल

34 हरित क्रान्ति (Green Revolution) की शुरुआत वर्ष 1965 में हुई और ········ पंचवर्षीय योजना 1961-1966 के बीच थी।
(a) पाँचवीं (b) तृतीय
(c) द्वितीय (d) प्रथम

35 भारत के उत्तर-पश्चिम में निम्नलिखित में से किस देश की सीमा लगती है?
(a) अफगानिस्तान और पाकिस्तान
(b) म्यांमार और नेपाल
(c) बांग्लादेश और म्यांमार
(d) चीन, भूटान और नेपाल

36 निम्नलिखित में से कौन-सा मौर्यकालीन शिलालेख वर्तमान भारत में स्थित नहीं है?
(a) कन्धार (b) कलसी
(c) गिरनार (d) मस्की

37 किस भारतीय नृत्य कलाकार ने छऊ नृत्य के लिए वर्ष 2018 में संगीत नाटक अकादमी पुरस्कार जीता?
(a) गोपिका वर्मा (b) डॉ. अरुणा मोहन्ती
(c) अखम लक्ष्मी देवी (d) तपन कुमार पटनायक

38 वर्ष 2026, एशियाई खेलों की मेजबानी निम्नलिखित में से कौन-सा देश करेगा?
(a) जापान (b) थाइलैण्ड
(c) कतर (d) चीन

39 पं. रविशंकर किस वाद्ययन्त्र के वादक थे?
(a) सारंगी (b) सरोद
(c) बीन (d) सितार

40 वर्ष 2023 में कृषि और किसान कल्याण मन्त्रालय ने एक पीएम-किसान आर्टिफिशियल इण्टेलिजेन्स चैटबॉट ······· लॉन्च किया है, जो किसानों को पीएम-किसान योजना से सम्बन्धित उनकी शिकायतों के लिए एक ही जगह पर समाधान प्रदान करेगा।
(a) किसान ई-योजना (b) किसान ई-सन्देश
(c) किसान ई-समाधान (d) किसान ई-मित्र

भाग-III गणित

41 2 वर्षों के लिए एक निश्चित ब्याज दर पर, मूलधन पर साधारण ब्याज और चक्रवृद्धि ब्याज क्रमशः ₹ 12300 और ₹ 14400 है। मूलधन कितना है?
(a) ₹ 24400 (b) ₹ 25600 (c) ₹ 27800 (d) ₹ 29900

42 यदि किसी ड्रेस का मूल्य ₹ 800 से घटाकर ₹ 720 कर दिया जाता है, तो ड्रेस के मूल्य में हुई प्रतिशत कमी कितनी है?
(a) 6% (b) 9% (c) 10% (d) 8%

43 3 व्यक्तियों की वर्तमान आयु का अनुपात 3 : 5 : 7 है। छः वर्ष पहले, उनकी आयु का योग 87 था। उनकी वर्तमान आयु (वर्षों में) ज्ञात कीजिए।
(a) 18 वर्ष, 30 वर्ष, 42 वर्ष (b) 27 वर्ष, 45 वर्ष, 63 वर्ष
(c) 21 वर्ष, 35 वर्ष, 49 वर्ष (d) 24 वर्ष, 40 वर्ष, 56 वर्ष

44 22 विद्यार्थियों की एक कक्षा का औसत भार 42 किग्रा है। यदि कक्षा में 33 किग्रा और 39 किग्रा भार के 2 नए विद्यार्थी शामिल हो जाते हैं, तो 24 विद्यार्थियों का नया औसत भार कितना होगा?
(a) 41.5 किग्रा (b) 39.5 किग्रा
(c) 43 किग्रा (d) 42 किग्रा

45 पृथ्वी के पास नाशपाती और आड़ू 10 : 13 के अनुपात में हैं। सेलीन के पास नाशपाती और आड़ू 7 : 9 के अनुपात में हैं। विक्रम के पास नाशपाती और आड़ू 5 : 7 के अनुपात में हैं। किसके पास नाशपाती और आड़ू अधिक अनुपात में हैं?
(a) विक्रम (b) पृथ्वी
(c) सेलीन (d) सभी के पास समान अनुपात में हैं

46 $[48-(20-8)]\div(4\times3)$ का मान कितना है?
(a) 2 (b) 3 (c) 1 (d) 4

47 एक कुर्सी का अंकित मूल्य, उसके क्रय मूल्य से 20% अधिक है। यदि ₹ 20 की छूट के बाद कुर्सी ₹ 220 में बेंची जाती है, तो लाभ प्रतिशत कितना होगा?
(a) 10% (b) 20% (c) 15% (d) 30%

48 विक्रम ने एक परीक्षा में 32% अंक प्राप्त किए और 15 अंकों से अनुत्तीर्ण हो गया। यदि वह 57% अंक प्राप्त करता है, तो उसे उत्तीर्ण होने के लिए आवश्यक अंकों से 10 अंक अधिक मिलते हैं। परीक्षा में उत्तीर्ण होने के लिए कितने अंक होने चाहिए?
(a) 52 (b) 49 (c) 47 (d) 57

49 सोनू अकेले एक मेज को 125 दिनों में बना सकता है, जबकि मोनू अकेले इसे 250 दिनों में बना सकता है। मोनू कार्य शुरु करता है और 75 दिनों तक कार्य करता है। सोनू शेष कार्य कितने दिनों मे पूरा कर सकता है?
(a) 135 दिन (b) 100 दिन (c) 120 दिन (d) 87.5 दिन

50 13 विद्यार्थियों के औसत अंक 130 थे। लेकिन बाद में यह पाया गया कि एक विद्यार्थी के अंक गलती से 32 के स्थान पर 23 दर्ज कर लिए गए थे। उनके अंक का सही औसत क्या है?
(a) 130.88 (b) 131.72 (c) 130.69 (d) 132.28

51 $2016\div4+32\times6-26\times3$ का मान कितना है?
(a) 628 (b) 618 (c) 624 (d) 626

52 अंकित एक वस्तु को 10% की हानि पर बेचता है। यदि वह इसे 30% कम मूल्य पर खरीदता है और इसे ₹ 26 कम में बेचता है, तो उसे 10% का लाभ होगा। वस्तु का क्रय मूल्य कितना है?
(a) ₹ 200 (b) ₹ 320
(c) ₹ 300 (d) ₹ 250

53 35^{29} को 10 से भाग देने पर शेषफल कितना होगा?
(a) 6 (b) 0 (c) 5 (d) 4

54 एक बस अपने निर्धारित समय से 60 मिनट देरी से रवाना होती है, लेकिन 300 किमी दूर स्थित गन्तव्य तक समय पर पहुँचने के लिए, उसकी सामान्य चाल में 10 किमी/घण्टा की वृद्धि की जाती है। बस की सामान्य चाल कितनी है?
(a) 60 किमी/घण्टा (b) 40 किमी/घण्टा
(c) 50 किमी/घण्टा (d) 30 किमी/घण्टा

55 एक गोले की त्रिज्या 3.5 सेमी है। गोले का कुल पृष्ठीय क्षेत्रफल कितना है?
(a) 196 सेमी^{2} (b) 154 सेमी^{2}
(c) 128 सेमी^{2} (d) 176 सेमी^{2}

56 x_1, x_2 और x_3 एक कार्य को क्रमशः 90, 45 और 67.5 दिनों में पूरा कर सकते हैं। तीनों ने एकसाथ मिलकर कार्य शुरु किया, लेकिन x_2 ने कार्य पूरा होने से 13.5 दिन पहले ही कार्य छोड़ दिया। कार्य कितने दिनों में पूरा हुआ?
(a) 24 दिन (b) 25 दिन
(c) 18 दिन (d) 27 दिन

57 एक वस्तु का अंकित मूल्य ₹ 11800 और इसका विक्रय मूल्य ₹ 7788 है। वस्तु पर छूट प्रतिशत कितना है?
(a) 30% (b) 35% (c) 34% (d) 32%

58 $443 - 226 \div 2 \times 5$ का मान कितना है?
(a) −119 (b) −122
(c) −127 (d) −121

59 एक व्यक्ति ₹ 1 में 35 आम खरीदता है। ₹ 1 में कितने आम बेचने पर उसे 30% की हानि होगी?
(a) 50 (b) 33 (c) 27 (d) 45

60 एक निश्चित धनराशि साधारण ब्याज की दर पर 10 वर्षों में स्वयं की 7 गुना हो जाती है। 20 वर्षों में समान साधारण ब्याज दर पर स्वंय की कितने गुनी हो जाएगी?
(a) 13 (b) 12 (c) 14 (d) 10

भाग-IV हिन्दी

61 दिए गए वाक्यांश के लिए सार्थक शब्द ज्ञात कीजिए
''जो संविधान के अनुकूल हो''
(a) कानूनी (b) नियमानुकूल
(c) अवैध (d) संवैधानिक

62 दिए गए वाक्य का वह भाग ज्ञात करें जिसमें कोई त्रुटि है। यदि कोई त्रुटि नहीं है, तो 'कोई त्रुटि नहीं है' चुनें।
यह काम चार आदमी का है। इसे अकेले मत करो।
(a) है। इसे अकेले मत करो। (b) यह काम
(c) कोई त्रुटि नहीं है (d) चार आदमी का

63 दिए गए वाक्य में उचित पर्यायवाची शब्द का चयन करके रिक्त स्थान की पूर्ति करें।
सीता माता का नाम .... भी है।
(a) जानकी (b) लौकिक
(c) कोयल (d) मनभावन

64 निम्नलिखित प्रश्न में चार विकल्पों में से उस विकल्प का चयन करें, जो दी गई लोकोक्ति का सही अर्थ वाला विकल्प है।
''अपनी करनी पार उतरनी''
(a) गुणहीन व्यक्तियों में कम गुण वाला व्यक्ति राजा माना जाता है
(b) जहाँ रहो वहाँ के रिवाज़ के अनुसार रहो
(c) मनुष्य को अपने कर्मों के अनुसार ही फल मिलता है
(d) संगठन में शक्ति होती है

65 निम्नलिखित प्रश्न में चार विकल्पों में से उस विकल्प का चयन करें, जो कोष्ठक में दिए गए शब्द के पर्यायवाची शब्द का सही विकल्प है।
गुलाब के फूल में बहुत से (काँटे) .... होते हैं।
(a) कूर्म (b) सूम
(c) सुनक (d) शूल

66 निम्नलिखित प्रश्न में चार विकल्पों में से उस विकल्प का चयन करें, जो दिए गए मुहावरे का सही अर्थ वाला विकल्प है।
''छलनी कर डालना''
(a) रौनक होना (b) मन में वैराग पैदा होना
(c) शोक-विह्वल कर देना (d) बेफिक्र होना

67 दिए गए वाक्य में से गलत वर्तनी ज्ञात कीजिए।
सभी भाइयों के बीच सम्पति के लिए कलह हो रहा है।
(a) कलह (b) सम्पति (c) सभी (d) भाइयों

68 दिए गए वाक्य में रेखांकित शब्द का विलोम शब्द ज्ञात कीजिए।
पश्चिम भारत <u>आधुनिक</u> मन्दिरों से भरा हुआ है।
(a) नवीन (b) पौराणिक
(c) नए (d) अनुद्यमी

69 निम्नलिखित प्रश्न में चार विकल्पों में से उस विकल्प का चयन करें, जो कोष्ठक में दिए गए शब्द के तत्सम रूप का सही विकल्प है।
आप सभी को (यहाँ) .... से जाने के लिए कहा गया है।
(a) अत्र (b) अन्न
(c) अग्र (d) अर्क

70 निम्नलिखित प्रश्न में चार विकल्पों में से उस विकल्प का चयन करें, जो कोष्ठक में दिए गए शब्द के तद्भव रूप का सही विकल्प है।
किले की सुरक्षा के लिए (परिकूट) .... होना चाहिए, हथियारबन्द चौकीदार होने चाहिए।
(a) सैनिक (b) परकोटा
(c) पर्याप्त (d) पन्द्रह

71 दिए गए वाक्य में रेखांकित शब्दों के लिए सही शब्दों वाले विकल्प का चयन करें।
यहाँ <u>शुद्ध गाय का दूध</u> मिलता है।
(a) यहाँ गाय का शुद्ध दूध मिलता है।
(b) परिवर्तन की आवश्यकता नहीं है।
(c) यहाँ शुद्ध दूध का गाय मिलता है।
(d) यहाँ शुद्ध गाय की दूध मिलता है।

72 दिए गए वाक्य में रेखांकित शब्द के लिए सही वर्तनी ज्ञात कीजिए।
<u>शिघ्र</u> ही वैद को ले आओ।
(a) शिर्घ (b) शीघ्र
(c) शीघ्र (d) शिघ्र

73 निम्नलिखित प्रश्न में चार विकल्पों में से उस सही विकल्प का चयन करें, जो वाक्यांश के लिए एक शब्द का विकल्प हो।
''जिसका उदय हाल में हुआ हो''
(a) नवोढ़ा (b) नटराज
(c) नवजात (d) नवोदित

74 दिए गए वाक्य में रेखांकित शब्द का विलोम शब्द ज्ञात कीजिए
सुरेश <u>बेरहमी</u> से सबसे पेश आता है।
(a) रहमदिली (b) बुराई
(c) सब्र (d) कठोर

75 दिए गए विकल्पों में से तीन विकल्प त्रुटियुक्त हैं, जबकि एक सही है। उस सही विकल्प का चयन करें।
(a) मैं तुमसे रविवार को मिलूँगा।
(b) मैं तुमसे रविवार में मिलूँगा।
(c) मैं तुमसे रविवार के दिन को मिलूँगा।
(d) मैं तुमसे रविवार के दिन मिलूँगा।

निर्देश (प्र. सं. 76-80) *नीचे दिए गए गद्यांश में कुछ शब्द छोड़ दिए गए हैं, प्रत्येक अनुच्छेद के सामने चार विकल्प दिए गए हैं। इस गद्यांश को ध्यानपूर्वक पढ़ें और चार विकल्पों में से सर्वोत्तम उत्तर वाला विकल्प चुनें।*

वर्तमान काल में यदि संसार के किसी भी कोने में कोई भी घटना घटित हो, तो उसके अगले दिन हमारे पास उसकी खबर आ जाती है। ऐसा सिर्फ समाचार-पत्रों के कारण ही .... होता है। आज के समय में बिना समाचार-पत्र के जीवन का .... करना भी काफी कठिन है। यह वो पहली और आवश्यक वस्तु है, जिसे सभी हर सुबह सबसे पहले देखते हैं। यह हमें पूरे विश्व में हो रही .... के बारे में जानकारी देकर वर्तमान समय से जुड़े रखने में हमारी मदद करता है। समाचार-पत्र व्यापारियों, राजनीतिज्ञों, सामाजिक मुद्दों, बेरोजगारी, खेल, अन्तर्राष्ट्रीय समाचार, विज्ञान, शिक्षा, दवाइयों, अभिनेताओं, मेलों, त्योहारों, तकनीकें आदि की जानकारी हमें देता है। यह हमारे ज्ञान कौशल और तकनीकों .... को बढ़ाने में भी हमारी सहायता करता है। पहले के समय में समाचार-पत्रों में केवल खबरों का विवरण प्रकाशित होता था। हालाँकि अब इसमें बहुत-से विषयों के बारे में खबरें और विशेषज्ञों के विचार यहाँ तक कि लगभग सभी विषयों की जानकारी भी निहित होती है। बहुत-से समाचार-पत्रों की कीमत बाजार में उनकी खबरों के .... और उस क्षेत्र में प्रसिद्धि के कारण अलग-अलग होती है। समाचार-पत्र या अखबार में दैनिक जीवन की सभी वर्तमान घटनाएँ नियमित रूप से छपती हैं।

76 ऐसा सिर्फ समाचार-पत्रों के कारण ही .... होता है।
(a) सम्भव (b) विफल
(c) मुश्किल (d) देखा

77 आज के समय में बिना समाचार-पत्र के जीवन की .... करना भी काफी कठिन है।
(a) जरूरत (b) आवश्यकता
(c) संरचना (d) कल्पना

78 यह हमें पूरे विश्व में हो रही .... के बारे में जानकारी देकर वर्तमान समय से जुड़े रखने में हमारी मदद करता है।
(a) घटनाओं (b) संकल्पनाओं
(c) खेलों (d) त्योहारों

79 यह हमारे ज्ञान, कौशल और तकनीकी .... को बढ़ाने में भी हमारी सहायता करता है।
(a) माँग (b) जागरूकता
(c) बात (d) संख्या

80 बहुत-से समाचार-पत्रों की कीमत बाजार में उनकी खबरों के .... और उस क्षेत्र में प्रसिद्धि के कारण अलग-अलग होती है।
(a) छपाई (b) बढ़ाई
(c) गलती (d) विवरण

उत्तरमाला

1.	(b)	2.	(b)	3.	(c)	4.	(c)	5.	(b)	6.	(d)	7.	(a)	8.	(a)	9.	(a)	10.	(c)
11.	(d)	12.	(a)	13.	(a)	14.	(a)	15.	(b)	16.	(a)	17.	(d)	18.	(d)	19.	(d)	20.	(a)
21.	(c)	22.	(c)	23.	(d)	24.	(a)	25.	(d)	26.	(b)	27.	(d)	28.	(b)	29.	(b)	30.	(b)
31.	(c)	32.	(a)	33.	(c)	34.	(b)	35.	(a)	36.	(a)	37.	(d)	38.	(a)	39.	(c)	40.	(d)
41.	(b)	42.	(c)	43.	(c)	44.	(a)	45.	(c)	46.	(b)	47.	(a)	48.	(c)	49.	(d)	50.	(c)
51.	(b)	52.	(a)	53.	(c)	54.	(c)	55.	(b)	56.	(d)	57.	(c)	58.	(b)	59.	(a)	60.	(a)
61.	(d)	62.	(d)	63.	(a)	64.	(c)	65.	(d)	66.	(c)	67.	(b)	68.	(b)	69.	(a)	70.	(b)
71.	(a)	72.	(c)	73.	(d)	74.	(a)	75.	(a)	76.	(a)	77.	(d)	78.	(a)	79.	(b)	80.	(d)

संकेत एवं हल

1. (b) कथनानुसार,

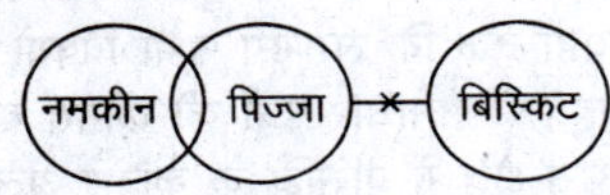

निष्कर्ष I. (✗) II. (✓) III. (✓)

अतः निष्कर्ष II और III दोनों कथनों का अनुसरण करते हैं।

2. (b) जिस प्रकार,

M A T U R E
(13+1+20+21+18+5)+4 = 82

तथा H I G H E R
(8+9+7+8+5+18)+4 = 59

उसी प्रकार, A S I A N
(1+19+9+1+14)+4 = 48

3. (c) जिस प्रकार, K $\xrightarrow{-3}$ H
B $\xrightarrow{-3}$ Y
Z $\xrightarrow{-3}$ W

उसी प्रकार, V $\xrightarrow{-3}$ S
I $\xrightarrow{-3}$ F
F $\xrightarrow{-3}$ C

4. (c) प्रश्नानुसार,

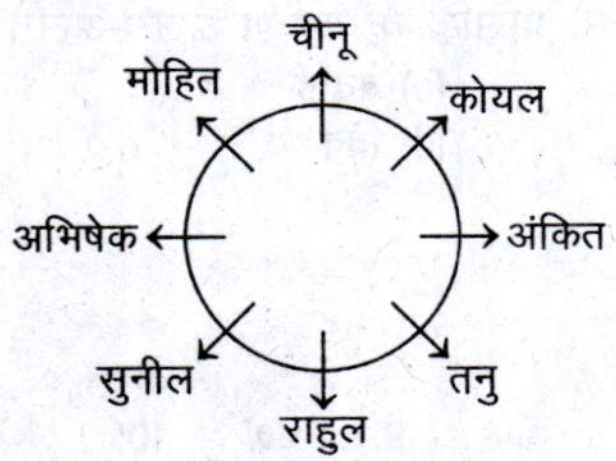

अतः कोयल के बाईं ओर से दूसरे स्थान पर मोहित बैठा है।

5. (b) दी गई शृंखला आकृति में एक रेखा निरन्तर आगे की ओर जुड़ रही है।
अतः प्रश्नचिह्न के स्थान पर विकल्प आकृति (b) होगी।

6. (d) दी गई समीकरण,

$5-3\times0+1=2$

विकल्प (d) से, 2 और 0 को आपस में बदलने पर,

$5-3\times2+1=0$

$5-6+1=0$

$\Rightarrow 0=0$

7. (a) दी गई अक्षर शृंखला का क्रम निम्न प्रकार है,

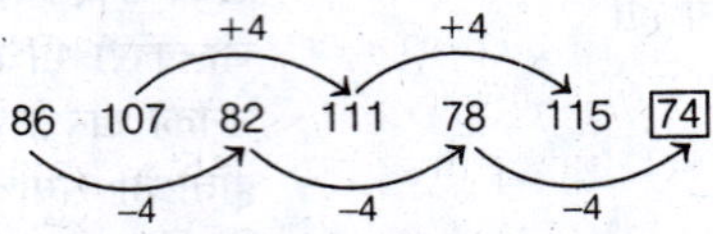

8. (a) दी गई प्रश्न आकृति में प्रश्न चिह्न के स्थान पर विकल्प आकृति (a) रखने पर पैटर्न पूरा होगा।

9. (a) कागज को मोड़कर काटने तथा खोलने के पश्चात् यह विकल्प आकृति (a) जैसा दिखाई देगी।

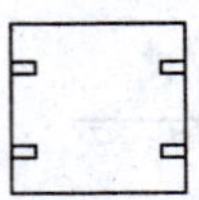

10. (c) प्रश्न आकृति, विकल्प आकृति (c) में निहित है।

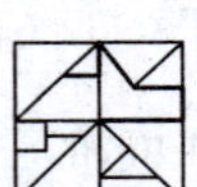

11. (d) प्रश्नानुसार,

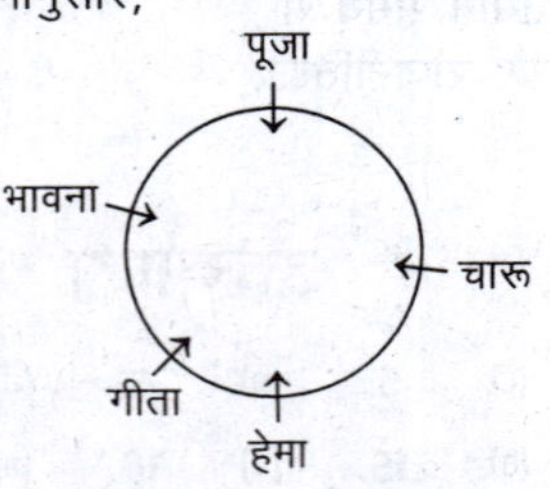

अतः भावना के ठीक दाईं ओर गीता है।

12. (a) $8+6\times4-3\div1=2$

विकल्प (a) से, + और – तथा 6 और 3 को आपस में बदलने पर,

$8-3\times4+6\div1=2$

$8-12+6=2$

$14-12=2$

$2=2$

13. (a) दी गई संख्या-शृंखला का क्रम निम्न प्रकार है,

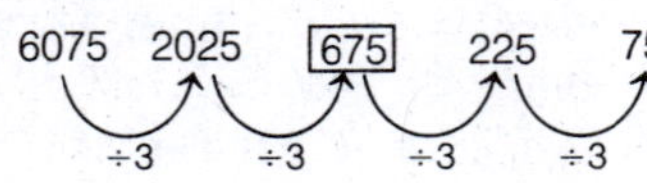

14. (a) दिए गए शब्दों का अंग्रेजी शब्दकोश का क्रम निम्न प्रकार है,

Smack → Small → Smart
→ Smash → Smatter

अतः तीसरे स्थान पर Smart आएगा।

15. (b) प्रश्नानुसार,

$V^- \xrightarrow{\text{पति}} U^+$, $U^+ \xrightarrow{\text{बेटी}} T^-$, $S^+ \xrightarrow{\text{भाई}} T^-$

[+ ⇒ पुरुष, – ⇒ महिला]

अतः V, T की माँ है।

16. (a) दी गई अक्षर शृंखला का क्रम निम्न प्रकार है,

P $\xrightarrow{+1}$ Q $\xrightarrow{+1}$ R $\xrightarrow{+1}$ S $\xrightarrow{+1}$ T
R $\xrightarrow{+1}$ S $\xrightarrow{+1}$ T $\xrightarrow{+1}$ U $\xrightarrow{+1}$ V
Q $\xrightarrow{+1}$ R $\xrightarrow{+1}$ S $\xrightarrow{+1}$ T $\xrightarrow{+1}$ U

17. (d) जिस प्रकार,

R $\xrightarrow{+5}$ W
P $\xrightarrow{+5}$ U
D $\xrightarrow{+5}$ I

उसी प्रकार, X $\xrightarrow{+5}$ C
Y $\xrightarrow{+5}$ D
M $\xrightarrow{+5}$ R

18. (d) दी गई आकृति शृंखला में निरन्तर त्रिभुज, चतुर्भुज, पंचभुज तथा संख्या 3, 4, 5 आगे चल रही है।
अतः सही उत्तर आकृति विकल्प (d) होगी।

19. (d) जिस प्रकार,

B $\xrightarrow{+2}$ D
E $\xrightarrow{-2}$ C
H $\xrightarrow{+2}$ J
A $\xrightarrow{-2}$ Y
L $\xrightarrow{+2}$ N
F $\xrightarrow{-2}$ D

उसी प्रकार, C $\xrightarrow{+2}$ E
L $\xrightarrow{-2}$ J
I $\xrightarrow{+2}$ K
N $\xrightarrow{-2}$ L
I $\xrightarrow{+2}$ K
C $\xrightarrow{-2}$ A

20. *(a)* दी गई अक्षर शृंखला का क्रम निम्न प्रकार है,

$$M \xrightarrow{+6} S \xrightarrow{-2} Q \xrightarrow{+6} W \xrightarrow{-2} \boxed{U}$$
$$Q \xrightarrow{-2} O \xrightarrow{+6} U \xrightarrow{-2} S \xrightarrow{+6} \boxed{Y}$$

21. *(c)* जलियाँवाला बाग हत्याकाण्ड रॉलेट एक्ट के विरोध के परिणामस्वरूप हुआ। रॉलेट एक्ट के खिलाफ देशव्यापी हड़ताल का आह्वान किया गया था, जिसके बाद मार्च के अन्त और अप्रैल की शुरुआत में कई हिस्सों में बड़े पैमाने पर प्रदर्शन हुए और उसका परिणाम 13 अप्रैल, 1919 के नरसंहार के रूप में दिखा। गुरुदेव रवीन्द्रनाथ टैगोर ने इस हत्याकाण्ड के विरोध-स्वरूप अपनी 'नाइटहुड' की उपाधि वापस कर दी।

22. *(c)* जब राज्यसभा के सभापति का पद रिक्त होता है, तो उसके कर्त्तव्यों का पालन राज्यसभा के उपाध्यक्ष के द्वारा किया जाता है। अनुच्छेद-64 के तहत उपराष्ट्रपति राज्यसभा का पदेन अध्यक्ष होगा। वर्तमान में उपराष्ट्रपति जगदीप धनखड़ राज्यसभा के सभापति हैं और भारत के 14वें उपराष्ट्रपति हैं।

23. *(d)* ग्यारहवीं पंचवर्षीय योजना की समयावधि वर्ष 2007 से 2012 तक थी। इसका लक्ष्य भारत के समग्र विकास के लिए समावेशी परिवर्तन लाना था। यह योजना तत्कालीन प्रधानमन्त्री डॉ. मनमोहन सिंह द्वारा शुरू की गई थी। सी. रंगराजन ने ग्यारहवीं पंचवर्षीय योजना तैयार की थी।

24. *(a)* बैंकिंग विनियमन अधिनियम, 1949 में पारित किया गया है। यह भारत में एक कानून है, जो भारत में सभी बैंकिंग फर्म को नियन्त्रित करता है। इसे बैंकिंग कम्पनी अधिनियम, 1949 के रूप में पारित किया गया था। यह 16 मार्च, 1949 से लागू हुआ और 1 मार्च, 1966 से बैंकिंग विनियमन अधिनियम, 1949 में बदल गया था। यह अधिनियम भारतीय रिजर्व बैंक (RBI) को बैंकों की लाइसेन्स देने की शक्ति देता है। शेयर धारकों को शेयरहोल्डिंग और वोटिंग अधिकारों का नियमन करता है।

25. *(d)* आगा खान कप हॉकी के खेल से सम्बन्धित है। आगा खान कप का अन्य नाम बेयटन कप है। सुल्तान अजलान शाह कप, ध्यानचन्द ट्रॉफी, स्टेनली कप आदि हॉकी से सम्बन्धित अन्य प्रमुख कप हैं।

26. *(b)* भारत में हिन्दू जनसंख्या सर्वाधिक है। वर्ष 2011 की जनगणना के अनुसार भारत में लगभग 97 करोड़ हिन्दू रहते हैं, जो भारतीय कुल जनसंख्या का 79.8% है। भारत में मुस्लिम जनसंख्या दूसरे स्थान पर है। इसके बाद तीसरे स्थान पर ईसाई जनसंख्या है। वर्ष 2011 की जनगणना के अनुसार भारत की जनसंख्या 1210.2 मिलियन है।

27. *(d)* एम्स्टर्डम विश्वविद्यालय में ग्लोबल साउथ में पर्यावरण और विकास की प्रोफेसर डॉ. जोयिता गुप्ता को जलवायु परिवर्तन पर उनके काम के लिए प्रतिष्ठित स्पिनोजा पुरस्कार, 2023 से सम्मानित किया गया है, जिसे नीदरलैण्ड में डच नोबेल पुरस्कार के रूप में भी जाना जाता है।

28. *(b)* वर्ष 2011 की जनगणना के अनुसार सिक्किम भारत का सबसे कम आबादी वाला राज्य है। यहाँ की कुल जनसंख्या 6,10,577 दर्ज की गई थी। वर्ष 2011 में हुई जनगणना के अनुसार भारत की जनसंख्या में सिक्किम का कुल हिस्सा 0.05% था।

29. *(b)* राज्य के नीति-निर्देशक तत्त्वों को संविधान के भाग-IV में अनुच्छेद-36 से 51 तक में शामिल किया गया है। राज्य के नीति-निर्देशक तत्त्वों का उद्देश्य नीति-निर्माताओं के सामने कुछ सामाजिक व आर्थिक लक्ष्यों को प्रस्तुत करना था, ताकि वृहत्तर सामाजिक-आर्थिक समानता की दिशा में देश में सामाजिक बदलाव लाए जा सकें। भारतीय संविधान में नीति-निर्देशक सिद्धान्त आयरलैण्ड से लिया गया है।

30. *(b)* ड्यूस, टेनिस में एक विशेष स्कोर है। जब दोनों विरोधियों ने तीन-तीन अंक जीते हों और स्कोर 40-40 हो, तब इसे ड्यूस कहा जाता है। इसे दूसरे शब्दों में, एडवाण्टेज स्कोरिंग के रूप में भी जाना जाता है।

31. *(c)* जॉन न्यूलैण्ड्स नाम के एक ब्रिटिश रसायनज्ञ ने 1866 ई. में उस समय ज्ञात 62 तत्त्वों को संयोजित करने का प्रयास किया। उन्होंने उन्हें उनके परमाणु द्रव्यमान के बढ़ते क्रम में व्यवस्थित किया और पाया कि प्रत्येक आठवें तत्त्व के गुण समान थे। इस खोज के परिणामस्वरूप न्यूलैण्ड के ऑक्टेव्स नियम का जन्म हुआ।

32. *(a)* हॉर्नबिल उत्सव में नागा नामक जनजातियाँ अपनी संस्कृति और परम्पराओं का प्रदर्शन करती हैं। हॉर्नबिल फेस्टिवल, जिसे 'त्योहारों का त्योहार' कहा जाता है, नागालैण्ड का 10 दिवसीय वार्षिक सांस्कृतिक उत्सव है। यह महोत्सव नागालैण्ड में अन्तर-जनजातीय सम्पर्क को प्रोत्साहित करने और नागा विरासत की विशिष्टता और समृद्धि को संरक्षित व पुनर्जीवित करने के लिए मनाया जाता है।

33. *(c)* 'मुण्डारी' नृत्य भारत के झारखण्ड के आदिवासी समुदाय से सम्बन्धित है। यह मुण्डारी जनजाति द्वारा शादियों, त्योहारों और कटाई के मौसम जैसे विभिन्न अवसरों पर किया जाने वाला एक पारम्परिक नृत्य है। इस नृत्य में पुरुष और महिलाएँ दोनों भाग लेते हैं।

34. *(b)* भारत में हरित क्रान्ति की शुरुआत तीसरी पंचवर्षीय योजना के दौरान वर्ष 1965-68 में हुई थी। एम.एस. स्वामीनाथन को भारत में हरित क्रान्ति के जनक के रूप में जाना जाता है। इस क्रान्ति ने विशेष रूप से पंजाब, हरियाणा और उत्तर प्रदेश में खाद्यान्न उत्पादन में वृद्धि की।

35. *(a)* भारत की स्थलीय सीमा 7 देशों से लगती है, जिसमें उत्तर-पश्चिम में दो देश पाकिस्तान और अफगानिस्तान शामिल हैं। पाकिस्तान की सीमा 3323 किमी तथा अफगानिस्तान की सीमा 106 किमी है। जबकि बांग्लादेश के साथ 4096 किमी लम्बी अन्तर्राष्ट्रीय सीमा साझा करते हैं।

36. *(a)* कन्धार शिलालेख वर्तमान में भारत में स्थित नहीं, बल्कि अफगानिस्तान में स्थित है। यह द्विभाषी शिलालेख है, जो ग्रीक और आरमाइक भाषा में लिखा गया है। कन्धार अफगानिस्तान का दूसरा सबसे बड़ा नगर है।

37. *(d)* तपन कुमार पटनायक ने छऊ के लिए संगीत नाटक अकादमी पुरस्कार जीता है। छऊ नृत्य एक पारम्परिक भारतीय नृत्य रूप है, जिसकी उत्पत्ति पूर्वी राज्यों झारखण्ड, पश्चिम बंगाल और ओडिशा में हुई थी।

38. *(a)* वर्ष 2026 एशियाई खेलों का आयोजन जापान के आइची प्रान्त और इसकी राजधानी शहर नागोया में किया जाएगा। जापान इससे पहले दो बार वर्ष 1958 में टोक्यो और वर्ष 1994 में हिरोशिमा में एशियाई खेलों की मेजबानी कर चुका है। एशियाई खेल, 2022 संस्करण चीनी शहर हांग्जो में आयोजित किया गया था।

39. *(d)* पण्डित रविशंकर सितार वाद्ययन्त्र से सम्बन्धित थे। उन्हें भारतीय शास्त्रीय वाद्य सितार को पूरे विश्व में लोकप्रिय बनाने के लिए जाना जाता था। वर्ष 1999 में पण्डित रविशंकर को 'भारत रत्न' से सम्मानित किया गया था।

40. *(d)* किसान ई-मित्र एक आर्टिफिशियल इण्टेलिजेन्स चैटबॉट (PM Kisan AI Chatbot) है। इस चैटबॉट से प्रश्न पूछने पर यह यूजर को जवाब देता है। इसे केन्द्रीय कृषि एवं किसान कल्याण राज्य मन्त्री कैलाश चौधरी ने सितम्बर, 2023 में लॉन्च किया। जो

किसानों को पीएम-किसान योजना से सम्बन्धित उनकी शिकायतों के लिए एक ही जगह पर समाधान प्रदान करेगा।

41. (b) दिया है,

दो वर्ष का साधारण ब्याज = ₹ 12800

एक वर्ष का साधारण ब्याज

$$= \frac{12800}{2} = ₹\ 6400$$

दो वर्ष का चक्रवृद्धि ब्याज = ₹ 14400

दो वर्ष के साधारण और चक्रवृद्धि ब्याज का अन्तर = 14400 − 12800 = ₹ 1600

अभीष्ट वार्षिक दर $= \frac{1600}{6400} \times 100 = 25\%$

तो, मूलधन $= \frac{\text{साधारण ब्याज} \times 100}{\text{दर} \times \text{समय}}$

(2 वर्ष का साधारण ब्याज लेने पर)

मूलधन $= \frac{12800 \times 100}{25 \times 2} = ₹\ 25600$

42. (c) प्रारम्भिक मूल्य = ₹ 800

नया मूल्य = ₹ 720

मूल्य में प्रतिशत कमी

$$= \frac{800 - 720}{800} \times 100 = 10\%$$

43. (c) माना तीनों व्यक्तियों की वर्तमान आयु क्रमशः $3x$, $5x$ और $7x$ हैं।

तो 6 वर्ष पहले तीनों की आयु क्रमशः

$$= 3x - 6, 5x - 6, 7x - 6$$

प्रश्नानुसार,

$3x - 6 + 5x - 6 + 7x - 6 = 87$

$\Rightarrow \quad 15x = 87 + 18$

$\Rightarrow \quad 15x = 105$

$\Rightarrow \quad x = 7$

पहले व्यक्ति की आयु $= 3x = 3 \times 7 = 21$

दूसरे व्यक्ति की आयु $= 5x = 5 \times 7 = 35$

तीसरे व्यक्ति की आयु $= 7x = 7 \times 7 = 49$

44. (a) 22 विद्यार्थियों के कुल भार का योग

= औसत × संख्या

= 42 × 22 = 924 किग्रा

33 किग्रा और 39 किग्रा के दो विद्यार्थी आने पर कुल भार = 924 + 33 + 39 = 996 किग्रा

∴ नया औसत $= \frac{\text{योग}}{\text{संख्या}} = \frac{996}{24} = 41.5$ किग्रा

45. (c) पृथ्वी, सेलीन और विक्रम के पास नाशपाती और आड़ू को भिन्न रूप में रखने पर, क्रमशः $\frac{10}{13}, \frac{7}{9}, \frac{5}{7}$

भिन्नों की तुलना करने पर,

$$\frac{7}{9} > \frac{10}{13} > \frac{5}{7}$$

इसलिए, सेलीन के पास नाशपाती और आड़ू अधिक अनुपात में हैं।

46. (b) $[48 - (20 - 8)] \div (4 \times 3)$

$$= [48 - 12] \div 12 = 36 \div 12 = 3$$

47. (a) माना, कुर्सी का क्रय मूल्य = ₹ $100x$

तो, कुर्सी का अंकित मूल्य = ₹ $120x$

प्रश्नानुसार,

$120x - 20 = 220$

$\Rightarrow \quad 120x = 240$

$\Rightarrow \quad x = 2$

तो, क्रय मूल्य $= 100x = 100 \times 2 =$ ₹ 200

विक्रय मूल्य = ₹ 220

∴ लाभ प्रतिशत $= \frac{220 - 200}{200} \times 100$

$$= \frac{20}{2} = 10\%$$

48. (c) प्रथम स्थिति में उत्तीर्ण अंक = 32% + 15

द्वितीय स्थिति में उत्तीर्ण अंक = 57% − 10

प्रश्नानुसार,

32% + 15 = 57% − 10

25% = 25

1% = 1

32% = 32

∴ उत्तीर्ण अंक = 32% + 15 = 32 + 15 = 47

49. (d) सोनू का 1 दिन का कार्य $= \frac{1}{125}$

मोनू का 1 दिन का कार्य $= \frac{1}{250}$

माना सोनू शेष कार्य को 'x' दिन में पूरा करेगा।

प्रश्नानुसार,

$$x \times \frac{1}{125} + 75 \times \frac{1}{250} = 1$$

$$\frac{x}{125} + \frac{3}{10} = 1$$

$$\Rightarrow \quad \frac{x}{125} = 1 - \frac{3}{10}$$

$$\Rightarrow \quad \frac{x}{125} = \frac{7}{10} \text{ दिन}$$

$$\Rightarrow \quad x = \frac{175}{2} = 87.5 \text{ दिन}$$

वैकल्पिक विधि

प्रश्नानुसार,

	दिन	कुल कार्य	क्षमता
सोनू →	125	250	2
मोनू →	250		1

मोनू का 75 दिन का कार्य = 75 × 1 = 75

शेष कार्य = 250 − 75 − 75 = 175

सोनू को शेष कार्य पूरा करने में लगा समय

$$= \frac{175}{2} = 87.5 \text{ दिन}$$

50. (c) 13 विद्यार्थियों के कुल अंक

= औसत × संख्या

= 130 × 13 = 1690

त्रुटि सही करने पर योग

= 1690 − 23 + 32 = 1699

∴ सही औसत $= \frac{\text{योग}}{\text{संख्या}}$

$$= \frac{1699}{13} = 130.69$$

51. (b) $2016 \div 4 + 32 \times 6 - 26 \times 3$

$$= 504 + 192 - 78 = 618$$

52. (a) माना वस्तु का क्रय मूल्य = ₹ $100x$

10% हानि पर विक्रय मूल्य = ₹ $90x$

30% कम पर क्रय मूल्य = ₹ $70x$

10% लाभ पर बेचने पर नया विक्रय मूल्य

$$= 70x \times \frac{110}{100} = ₹\ 77x$$

प्रश्नानुसार,

नए और पुराने विक्रय मूल्य का अन्तर

$90x - 77x = 26$

$\Rightarrow \quad 13x = 26$

$\Rightarrow \quad x = 2$

∴ वस्तु का क्रय मूल्य

$= 100x = 100 \times 2 =$ ₹ 200

53. (c) $\frac{(35)^{29}}{10} = \frac{(30+5)^{29}}{10} = \frac{5^{29}}{10} = \frac{5 \times 5^{28}}{10}$

∵ जब संख्या का इकाई अंक 5 हो तो सदैव इकाई अंक 5 ही रहता है।

∴ 10 से भाग देने पर अभीष्ट शेषफल = 5

54. (c) माना बस की चाल = x किमी/घण्टा

गन्तव्य पर पहुँचने में लगने वाला समय

$$(t) = \frac{\text{दूरी}}{\text{चाल}} = \frac{300}{x} \quad \text{...(i)}$$

अब, समय $= (t - 1)$ घण्टा,

चाल $= (x + 10)$ किमी/घण्टा

समय $= \frac{\text{दूरी}}{\text{चाल}} \Rightarrow t - 1 = \frac{300}{x + 10}$

$$\Rightarrow \quad \frac{300}{x} - 1 = \frac{300}{x + 10} \quad \text{(समी (i) से)}$$

$$\Rightarrow \quad \frac{300}{x} - \frac{300}{x + 10} = 1$$

$$\Rightarrow \quad \frac{300(x + 10 - x)}{x(x + 10)} = 1$$

$$\Rightarrow \quad 3000 = x(x + 10)$$

$$\Rightarrow \quad x^2 + 10x = 3000$$

$$\Rightarrow \quad x^2 + 10x - 3000 = 0$$

$$(x + 60)(x - 50) = 0$$

$$x = +50, x = -60$$

$x = 50$ किमी/घण्टा

अतः बस की सामान्य चाल 50 किमी/घण्टा है।

55. *(b)* दिया है, गोले की त्रिज्या $(r) = 3.5$ सेमी
गोले का कुल पृष्ठीय क्षेत्रफल $= 4\pi r^2$

$$= 4 \times \frac{22}{7} \times 3.5 \times 3.5$$

$$= 154 \text{ सेमी}^2$$

56. *(d)* x_1, x_2 व x_3 द्वारा 1 दिन में किया गया कार्य क्रमशः $= \frac{1}{90}, \frac{1}{45}, \frac{1}{67.5}$

माना कुल कार्य P दिन में पूरा होगा।

$$P \times \frac{1}{90} + (P - 13.5) \times \frac{1}{45} + P \times \frac{1}{67.15} = 1$$

$$\frac{P}{90} + \frac{P}{45} + \frac{P}{67.5} - \frac{13.5}{45} = 1$$

$$\Rightarrow \quad \frac{13P}{270} = \frac{58.5}{45}$$

$$\Rightarrow \quad P = 27 \text{ दिन}$$

57. *(c)* दिया है,
वस्तु का अंकित मूल्य = ₹11800
विक्रय मूल्य = ₹7788

$$\therefore \quad \text{छूट\%} = \frac{11800 - 7788}{11800} \times 100$$

$$= \frac{4012}{118} = 34\%$$

58. *(b)* $443 - 226 \div 2 \times 5$

$$= 443 - 113 \times 5$$

$$= 443 - 565$$

$$= -122$$

59. *(a)* 35 आम का क्रय मूल्य = ₹1
35 आम को 30% हानि पर बेचने पर विक्रय मूल्य $= 1 \times \frac{70}{100} =$ ₹0.70

अर्थात् 30% हानि के लिए,
₹0.7 में = 35 आम
₹1 में $= \frac{35}{0.7} = 50$ आम

अतः 50 आम बेचने पर ₹1 में 30% की हानि होगी।

60. *(a)* माना मूलधन = ₹ x
10 वर्ष में मिश्रधन = ₹ $7x$
10 वर्ष में साधारण ब्याज $= 7x - x =$ ₹ $6x$
तो, 20 वर्ष में साधारण ब्याज = ₹ $12x$
($\because$ साधारण ब्याज हर वर्ष समान होता है)
20 वर्ष बाद मिश्रधन $= 12x + x = 13x$
20 वर्ष बाद धनराशि स्वयं की 13 गुना हो जाएगी।

61. *(d)* ''जो संविधान के अनुकूल हो'' वाक्यांश के लिए सार्थक शब्द 'संवैधानिक' है। अन्य विकल्प असंगत हैं।

62. *(d)* दिए गए वाक्य में 'चार आदमी का' वाक्यांश में त्रुटि है।
यहाँ चार के साथ आदमियों का प्रयोग होगा। अतः शुद्ध वाक्य इस प्रकार है– यह काम चार आदमियों का है। इसे अकेले मत करो।

63. *(a)* दिए गए वाक्य में 'सीता' शब्द के पर्यायवाची के लिए सर्वाधिक उपयुक्त विकल्प 'जानकी' है। सीता माता को जानकी के नाम से भी सम्बोधित किया जाता है। अन्य विकल्प असंगत हैं।

64. *(c)* ''अपनी करनी पार उतरनी'' लोकोक्ति का सही अर्थ वाला विकल्प है– मनुष्य को अपने कर्मों के अनुसार ही फल मिलता है।
वाक्य प्रयोग बुढ़ापे में सुरेश की स्थिति बहुत खराब हो गई है। वस्तुतः उसने भी तो अपने बूढ़े माता-पिता को घर से बाहर निकाल दिया था, इसलिए मोहल्ले वालों ने उसे ताना दिया ''अपनी करनी पार उतरनी''।

65. *(d)* वाक्य के कोष्ठक में दिए गए शब्द 'काँटे' का पर्यायवाची शब्द 'शूल' है। काँटे के अन्य पर्यायवाची शब्द कंटक, बाधा, खार आदि हैं। अन्य विकल्प असंगत हैं।

66. *(c)* ''छलनी कर डालना'' मुहावरे का सही अर्थ है– शोक विह्वल कर देना।
वाक्य प्रयोग तुम्हारी जली-कटी बातों ने मेरा कलेजा छलनी कर डाला है।

67. *(b)* दिए गए वाक्य में से गलत वर्तनी वाला शब्द 'सम्पति' है। यहाँ सही शब्द 'सम्पत्ति' होगा, जिसका अर्थ धन-दौलत, जायदाद होता है। अन्य विकल्प असंगत हैं।

68. *(b)* दिए गए वाक्य में रेखांकित शब्द का विलोम शब्द पौराणिक होगा। आधुनिक शब्द का अर्थ नया अथवा नवीन से है, जबकि पौराणिक शब्द का अर्थ पुराण आदि में वर्णित अथवा प्राचीन से है।

69. *(a)* कोष्ठक में दिए गए शब्द 'यहाँ' का तत्सम रूप का सही विकल्प 'अत्र' है। 'यहाँ' शब्द तद्भव है तथा 'अत्र' तत्सम शब्द है। अन्य विकल्प असंगत हैं।

70. *(b)* कोष्ठक में दिए गए शब्द 'परिकूट' का तद्भव रूप का सही विकल्प 'परकोटा' है। 'परिकूट' तत्सम शब्द है। पूर्ण वाक्य इस प्रकार है– किले की सुरक्षा के लिए (परिकूट) परकोटा होना चाहिए, हथियारबन्द चौकीदार होने चाहिए।

71. *(a)* दिए गए वाक्य में रेखांकित शब्दों के लिए सही शब्दों वाला विकल्प है– यहाँ गाय का शुद्ध दूध मिलता है। अन्य विकल्प असंगत हैं।

72. *(c)* दिए गए वाक्य में रेखांकित शब्द 'शिघ्र' शब्द की सही वर्तनी 'शीघ्र' है। अन्य विकल्प असंगत हैं।

73. *(d)* ''जिसक उदय हाल में हुआ हो'' वाक्यांश के लिए एक शब्द 'नवोदित' है। अन्य विकल्प असंगत हैं।

74. *(a)* दिए गए वाक्य में रेखांकित शब्द 'बेरहमी' का विलोम शब्द 'रहमदिली' है। 'बेरहमी' का अर्थ है-क्रूरता, अशिष्टता आदि इसके विपरीत 'रहमदिली' का अर्थ है-कोमल ह्रदय होने का भाव, सहानुभूति आदि। अन्य विकल्प असंगत हैं।

75. *(a)* दिए गए विकल्पों में ''मैं तुमसे रविवार को मिलूँगा'' विकल्प सही है। अन्य विकल्प असंगत हैं।

76. *(a)* रिक्त स्थान के लिए उपयुक्त विकल्प 'सम्भव' है। अतः पूर्ण वाक्य है–ऐसा सिर्फ समाचार-पत्रों के कारण ही सम्भव होता है।

77. *(d)* रिक्त स्थान के लिए उपयुक्त विकल्प 'कल्पना' है। अतः पूर्ण वाक्य है–आज के समय में बिना समाचार-पत्र के जीवन की कल्पना करना भी काफी कठिन है।

78. *(a)* रिक्त स्थान के लिए उपयुक्त विकल्प 'घटनाओं' है। अतः पूर्ण वाक्य है–यह हमें पूरे विश्व में हो रही घटनाओं के बारे में जानकारी देकर वर्तमान समय से जुड़े रखने में हमारी मदद करता है।

79. *(b)* रिक्त स्थान के लिए उपयुक्त विकल्प 'जागरुकता' है। अतः पूर्ण वाक्य है–यह हमारे ज्ञान, कौशल और तकनीकी जागरूकता को बढ़ाने में भी हमारी सहायता करता है।

80. *(d)* रिक्त स्थान के लिए उपयुक्त विकल्प 'विवरण' है अतः पूर्ण वाक्य है– बहुत से समाचार-पत्रों की कीमत बाजार में उनकी खबरों के विवरण और उस क्षेत्र में प्रसिद्धि के कारण अलग-अलग होती है।

21 फरवरी 2024
(शिफ्ट I)

सॉल्वड पेपर 2024

SSC कांस्टेबल (जीडी) सेट 05

भाग-I सामान्य बुद्धिमत्ता एवं तर्कशक्ति

1 दिए गए विकल्पों में से किन दो चिह्नों को आपस में बदलने पर निम्नलिखित समीकरण सही होगा?

$28 + 12 - 6 \times 40 \div 8 = 46$

(a) + और ÷
(b) × और +
(c) + और −
(d) × और −

2 P, Q, R, S, T, U और V एक पंक्ति में उत्तर की ओर मुख करके बैठे हैं। U, T के ठीक दाईं ओर बैठा है। T, V के दाईं ओर से चौथे स्थान पर बैठा है। Q और S का पड़ोसी R है, जो व्यक्ति S के बाईं ओर से तीसरे स्थान पर बैठा है, वह किसी एक छोर पर बैठा है। R के ठीक दाईं ओर कौन बैठा है?

(a) S
(b) U
(c) P
(d) T

3 निम्नलिखित अक्षर-समूहों में से अक्षरों का कौन-सा समूह क्रमबद्ध रूप से बाईं से दाईं ओर रखे जाने पर नीचे दी गई शृंखला को पूरा करेगा?

defgh–defghidefg_idefghidef_hidefghide_ghi

(a) ihgf
(b) ehgf
(c) ihhf
(d) defg

4 नीचे एक शृंखला दी गई है, जिसमें एक पद लुप्त है। दिए गए विकल्पों में से उस विकल्प का चयन कीजिए, जो शृंखला को पूरा करेगा।

LMRC, PQVG, TUZK, XYDO, ?

(a) BCHS
(b) RBMN
(c) BMRN
(d) BTSQ

5 निम्नलिखित प्रश्न में विकल्पों में दी गई उस आकृति का चयन कीजिए। जिसे प्रश्नचिह्न (?) के स्थान पर रखा जा सकता है।

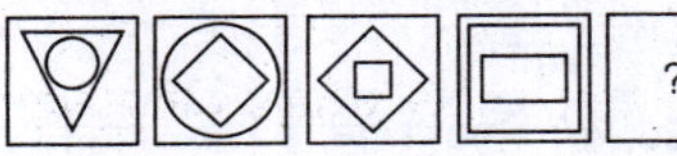

(a)

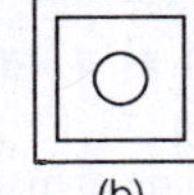
(b)

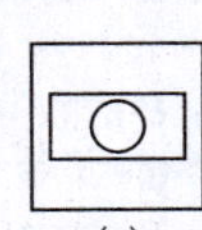
(c)

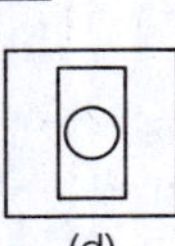
(d)

6 निम्नलिखित प्रश्न में, दिए गए विकल्पों में से सम्बन्धित अक्षर-युग्म का चयन कीजिए।

DGKX : FIMZ :: ?

(a) BLRO : AYWZ
(b) FVKG : HXMI
(c) XCBA : TSBO
(d) WXZB : MLUD

7 नीचे दिए गए शब्दों को अंग्रेजी शब्दकोश के क्रम के अनुसार व्यवस्थित करने के बाद, कौन-सा शब्द 'चौथे' स्थान पर आएगा?

1. Private 2. Prison 3. Privacy 4. Privy 5. Privilege

(a) Privilege
(b) Privacy
(c) Prison
(d) Privy

8 एक निश्चित कूटभाषा में, 'RAINBOW' को 'S19O15X' लिखा जाता है, 'SUNSHINE' को 'T21OT19O5' लिखा जाता है। उसी कूटभाषा में 'MOONLIGHT' को कैसे लिखा जाएगा?

(a) N1515OM9HIU
(b) N1515O9MHIU
(c) N1515ON9HIU
(d) N1515M9OHIU

9 P + Q का अर्थ है, P, Q का भाई है, P × Q का अर्थ है, P, Q की माँ है, P ÷ Q का अर्थ है, P, Q का पिता है, और 'P − Q' का अर्थ है, P,Q की बहन है। यदि A × B ÷ C − D + E − F, तो A का F से क्या सम्बन्ध है?

(a) माँ
(b) पिता की बहन
(c) माँ की बहन
(d) पिता की माँ

10 नीचे दर्शाए गए अनुसार एक कागज को मोड़कर काटा जाता है। खोले जाने पर यह कैसा दिखाई देगा?

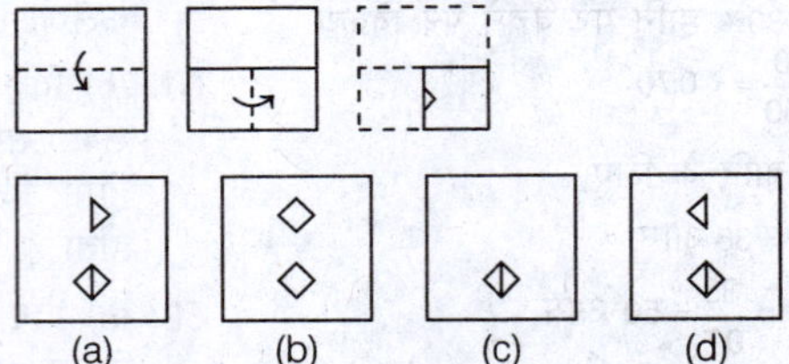

(a) (b) (c) (d)

11 यदि 6 @ 10 # 5 * 7 = 63 और 4 @ 3 # 2 * 5 = 15 है, तो 4 @ 5 # 6 * 7 = ?

(a) 41
(b) 39
(c) 18
(d) 28

12 एक निश्चित कूटभाषा में, 'TEA' को 'RFY' लिखा जाता है, 'COFFEE' को 'APDGCF' लिखा जाता है। उसी कूटभाषा में 'SUGAR' को कैसे लिखा जाएगा?

(a) TVHBS
(b) QSEYP
(c) QVEBP
(d) QTEZP

13 नीचे एक ही पासे की दो स्थितियाँ दी गई हैं '3' वाले फलक के विपरीत फलक पर निम्नलिखित विकल्पों में से क्या आएगा?

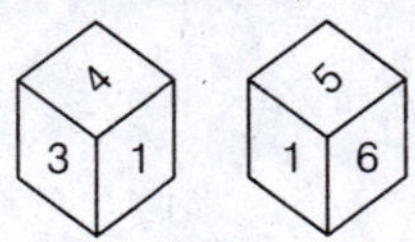

(a) 6
(b) 4
(c) 2
(d) 5

14 निम्नलिखित प्रश्न में कुछ कथन और उन कथनों के आधार पर कुछ निष्कर्ष दिए गए हैं। आपको दिए गए कथनों को सत्य मानना है चाहें वे सामान्यतः ज्ञात तथ्यों से भिन्न प्रतीत होते हों। सभी निष्कर्षों को ध्यानपूर्वक पढ़िए और निश्चय कीजिए कि दिए गए निष्कर्षों में से कौन-सा निष्कर्ष कथनों का तार्किक रूप से अनुसरण करता है।

कथन

कुछ U, C हैं।

कोई L, U नहीं है।

निष्कर्ष

I. कुछ L, U हैं।

II. कोई C, L नहीं है।

(a) निष्कर्ष I और II दोनों अनुसरण करते हैं

(b) केवल निष्कर्ष II अनुसरण करता है

(c) केवल निष्कर्ष I अनुसरण करता है

(d) कोई भी निष्कर्ष अनुसरण नहीं करता है

15 निम्नलिखित प्रश्न में, विकल्पों में से दी गई उस आकृति का चयन कीजिए। जिसे प्रश्नचिह्न (?) के स्थान पर रखा जा सकता है।

$ J	K $	L K	J L	?
K L	L J	J $	$ K	

$ J	$ K	$ J	J $
K L	J L	L K	K L
(a)	(b)	(c)	(d)

16 दिए गए विकल्पों में से निम्नलिखित शृंखला से लुप्त संख्या का चयन कीजिए।

74, 61, 82, 53, 90 ?

(a) 45 (b) 35

(c) 43 (d) 40

17 निम्नलिखित प्रश्न में, दिए गए विकल्पों में से सम्बन्धित अक्षरों का चयन कीजिए।

AEI : ACI :: NRV : ?

(a) RQP (b) UVB

(c) CBA (d) NPV

18 नीचे एक ही पासे की तीन स्थितियाँ दी गई हैं। '7' वाले फलक के विपरीत फलक पर क्या आएगा?

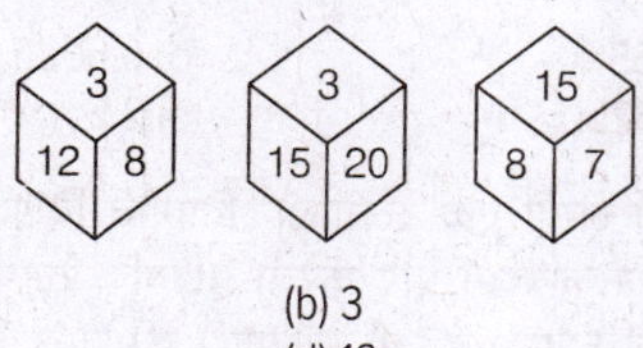

(a) 20 (b) 3

(c) 15 (d) 12

19 सात लड़कियाँ P, Q, R, S, T, U और V एक पंक्ति में दक्षिण की ओर मुख करके बैठी हैं (परन्तु जरूरी नहीं है कि वे इसी क्रम में बैठी हों।) Q और R एक-दूसरे के निकटतम पड़ोसी हैं। Q किसी एक छोर पर बैठी है। P, Q के बाईं ओर से चौथे स्थान पर बैठी है। U न तो P और न ही R की निकटतम पड़ोसी है। S, V के दाईं ओर दूसरे स्थान पर बैठी है। R के ठीक दाईं ओर कौन बैठी है?

(a) V (b) T (c) Q (d) P

20 निम्नलिखित में से कौन-सी संख्या दी गई शृंखला में प्रश्नचिह्न (?) के स्थान पर आएगी?

8, 16, 7, 14, 5, 10, 1, 2, ?

(a) 4 (b) 7 (c) –7 (d) 9

भाग-II सामान्य ज्ञान

21 टेलीफोन सेवाओं, स्टॉक ब्रोकरों, स्वास्थ्य क्लबों, ब्यूटी पार्लरों, ड्राई क्लीनिंग आदि सेवाओं पर लगने वाला एक कर, सेवा कर .... में पेश किया गया था।

(a) 1993-94 (b) ´992-93

(c) 1994-95 (d) 1991-92

22 भारतीय खिलाड़ी अनाका अलंकामोनी कौन-सा खेल खेलती हैं?

(a) बैडमिण्टन (b) टेबल टेनिस

(c) हॉकी (d) स्क्वैश

23 निम्नलिखित में से कौन-से पड़ोसी देश भारत का हिस्सा हुआ करते थे?

(a) पाकिस्तान और बांग्लादेश

(b) नेपाल और चीन

(c) श्रीलंका और मालदीव

(d) इण्डोनेशिया और भूटान

24 दलीप ट्रॉफी का सम्बन्ध .... से है।

(a) क्रिकेट (b) फुटबॉल

(c) बास्केटबॉल (d) बैडमिण्टन

25 भारतीय संविधान का कौन-सा अनुच्छेद भारत के वित्त आयोग से सम्बन्धित है?

(a) अनुच्छेद-290 (b) अनुच्छेद-280

(c) अनुच्छेद-260 (d) अनुच्छेद-270

26 भारत में किसानों पर हरित क्रान्ति के प्रभाव के बारे में निम्नलिखित कथनों को पढ़िए।

A. हरित क्रान्ति की शुरुआत से किसानों को अपनी आय का स्तर बढ़ाने में मदद मिली।

B. कृषि उत्पादकता में सुधार हेतु किसानों द्वारा अपनी अधिशेष आय का पुनः निवेश किया गया।

उपरोक्त में से गलत कथन/कथनों को पहचानिए।

(a) केवल A (b) केवल B

(c) A और B दोनों (d) न तो A और न ही B

27 किस राज्य के मुख्यमन्त्री ने राज्य की महिलाओं को सशक्त बनाने के लक्ष्य के साथ कलैगनार मगलिर उरीमाई थोगई थिट्टम पहल की शुरुआत की?

(a) तमिलनाडु (b) पश्चिम बंगाल

(c) मध्य प्रदेश (d) केरल

28 हर्षवर्द्धन का राजवंश कितने विशिष्ट प्रकार के प्रदेशों में विभाजित था?

(a) दो (b) तीन (c) पाँच (d) चार

29 महाराष्ट्र सरकार द्वारा शुरू किए गए 'उद्योग रत्न' पुरस्कार (2023) से किसे सम्मानित किया गया?

(a) रतन टाटा (b) आनन्द महिन्द्रा

(c) लक्ष्मणराव किर्लोस्कर (d) आदि गोदरेज

30 9 अगस्त, 2023 तक प्रधानमन्त्री जन धन योजना (PMJDY) के अन्तर्गत, मध्य प्रदेश में ……… परिवारों का जन धन खाता खुलवाया गया है।
(a) 75% (b) 100%
(c) 25% (d) 50%

31 किस खेल में प्रतिभागियों को प्यूजलिस्ट कहा जाता है?
(a) मुक्केबाजी (b) टेनिस
(c) हॉकी (d) बैडमिण्टन

32 सापेक्षता के सिद्धान्त के साथ ……… ने भौतिकी के परिदृश्य को बदल दिया। इस सिद्धान्त ने क्वाण्टम यान्त्रिकी के सिद्धान्त को डिजाइन करने में प्रमुख योगदान दिया।
(a) आइजैक न्यूटन (b) गैलीलियो गैलीली
(c) पॉल जी. हेविट (d) अल्बर्ट आइंस्टीन

33 लावणी नृत्यशैली का सम्बन्ध निम्नलिखित में से किस राज्य से है?
(a) महाराष्ट्र (b) असम
(c) तमिलनाडु (d) मध्य प्रदेश

34 भारतीय संविधान के निम्नलिखित में से किस अनुच्छेद में यह उल्लेखित किया गया है कि किसी अपराध के लिए अभियुक्त किसी व्यक्ति को स्वयं अपने विरुद्ध साक्षी होने के लिए बाध्य नहीं किया जाएगा?
(a) अनुच्छेद-16 (b) अनुच्छेद-14
(c) अनुच्छेद-20 (d) अनुच्छेद-18

35 सरोजिनी नायडू ने वर्ष …… में भारतीय राष्ट्रीय कांग्रेस के अध्यक्ष के रूप में कार्य किया।
(a) 1931 (b) 1935
(c) 1921 (d) 1925

36 हरित क्रान्ति को ……… भी कहा जा सकता है।
(a) कृषि क्रान्ति (b) श्वेत क्रान्ति
(c) नीली क्रान्ति (d) विश्व क्रान्ति

37 वर्ष 2011 की जनगणना के अनुसार, किस राज्य में महिला साक्षरता दर सबसे कम है?
(a) राजस्थान (b) उत्तर प्रदेश
(c) झारखण्ड (d) केरल

38 उस्ताद बिस्मिल्लाह खान ……… के प्रसिद्ध प्रतिपादक हैं।
(a) शहनाई (b) हारमोनियम
(c) तबला (d) ढोलक

39 निम्नलिखित में से कौन-सा भारत में नृत्य के लिए दिया जाने वाला सर्वोच्च पुरस्कार है?
(a) कालिदास सम्मान
(b) गुरु देव प्रसाद पुरस्कार
(c) नृत्यशिरोमणि
(d) संगीत नाटक अकादमी पुरस्कार

40 लद्दाख के तिब्बती समुदायों में मनाया जाने वाला 'लोसर (Losar)' त्योहार ……… का प्रतीक है।
(a) शीतकालीन संक्रान्ति महोत्सव
(b) मानसून महोत्सव
(c) फसल कटाई के त्योहार
(d) नए वर्ष के त्योहार

भाग-III गणित

41 $2.\overline{3} + 4.\overline{3}$ का मान क्या है?
(a) $\frac{18}{7}$ (b) $\frac{21}{4}$
(c) $\frac{22}{7}$ (d) $\frac{20}{3}$

42 512 का 64% + 215 का 46% का मान कितना है?
(a) 428.58 (b) 426.58
(c) 424.58 (d) 427.58

43 एक मिश्रण में दूध और पानी का अनुपात 2 : 3 है। मिश्रण में कुछ मात्रा में दूध मिलाया जाता है, जिसके कारण दूध और पानी का अनुपात 10 : 3 हो जाता है। प्रारम्भिक मिश्रण के प्रतिशत के रूप में कितना दूध मिलाया गया?
(a) 120% (b) 100%
(c) 160% (d) 140%

44 $6 + 2 \times (9 - 4) \div 2$ का मान ज्ञात कीजिए।
(a) 16 (b) 12
(c) 11 (d) 14

45 P और Q मिलकर एक काम को 30 दिनों में पूरा कर सकते हैं। Q और R मिलकर उसी काम को 37.5 दिनों में पूरा कर सकते हैं। R और P मिलकर उसी काम को 150 दिनों में पूरा कर सकते हैं। तीनों एकसाथ काम करते हुए उसी काम को कितने दिनों में पूरा कर सकते हैं?
(a) 35 दिन (b) 25 दिन
(c) 20 दिन (d) 30 दिन

46 एक परिवार की आय और व्यय का अनुपात 19 : 13 है। यदि परिवार का व्यय ₹ 29510 है, तो उस परिवार की बचत ज्ञात कीजिए।
(a) ₹ 15550 (b) ₹ 12240
(c) ₹ 14440 (d) ₹ 13620

47 अरविन्द एक काम को 20 दिनों में और बख्शी 22 दिनों में पूरा कर सकता है। यदि वे इस पर 5 दिनों तक एकसाथ मिलकर काम करते हैं, तो शेष काम का अंश ……… है?
(a) 63/20 (b) 17/7
(c) 28/15 (d) 23/44

48 $(0.5)^2 + (0.05)^2$ का मान कितना है?
(a) 0.255 (b) 0.5025
(c) 0.2525 (d) 2.5

49 600 मी लम्बी एक रेलगाड़ी, विपरीत दिशा में चल रहे एक व्यक्ति को 20 सेकण्ड में पार करती है। यदि रेलगाड़ी की चाल, व्यक्ति की चाल की 5 गुना है, तो रेलगाड़ी की चाल कितनी है?
(a) 54 किमी/घण्टा (b) 90 किमी/घण्टा
(c) 108 किमी/घण्टा (d) 72 किमी/घण्टा

50 एक पुस्तक को उसके अंकित मूल्य के 16/25 पर बेचने पर हानि होती है। पुस्तक के अंकित मूल्य और विक्रय मूल्य का अनुपात कितना होगा?
(a) 25 : 16 (b) 3 : 8
(c) 16 : 15 (d) 8 : 3

51 एक वस्तु का विक्रय मूल्य ₹ 1690 है। यदि 35% की छूट दी जाती है, तो वस्तु का अंकित मूल्य कितना था?
(a) ₹ 2600 (b) ₹ 2700
(c) ₹ 2500 (d) ₹ 2800

52 रमेश का वेतन, रमन के वेतन से 20% अधिक है। यदि रमेश ₹ 33750 बचाता है, जो उसके वेतन का 75% है, तो रमन का वेतन कितना है?
(a) ₹ 37500 (b) ₹ 35700
(c) ₹ 30750 (d) ₹ 35500

53 35 कर्मचारियों की औसत आय ₹ K है। यदि प्रबन्धक की आय भी शामिल कर ली जाए, तो औसत आय ₹ 19000 हो जाती है। यदि प्रबन्धक की आय ₹ 54000 है, तो K का मान कितना है?
(a) ₹ 18000 (b) ₹ 17700
(c) ₹ 19200 (d) ₹ 18800

54 एक आदमी ₹ 1 में 35 कलम खरीदता है। 40% का लाभ अर्जित करने के लिए उसे ₹ 1 में कितने कलम बेचने चाहिए?
(a) 27 (b) 25
(c) 37 (d) 34

55 22 शिक्षकों की औसत आयु 64 वर्ष है। उस समूह में एक नए शिक्षक को शामिल करने के बाद औसत में 1 वर्ष की वृद्धि हो जाती है। नए शिक्षक की आयु कितनी है?
(a) 87 वर्ष (b) 93 वर्ष
(c) 91 वर्ष (d) 98 वर्ष

56 $(27 \times 50) \div 25 \times 5\,(15-14) + 800 \div 25$ का मान ज्ञात कीजिए।
(a) 302 (b) 366
(c) 420 (d) 312

57 निश्चित ब्याज दर पर 2 वर्षों के लिए एक मूलधन पर साधारण ब्याज और चक्रवृद्धि ब्याज (वार्षिक रूप से संयोजित) क्रमशः ₹ 12000 और ₹ 14400 हैं। मूलधन कितना है?
(a) ₹ 17000 (b) ₹ 18000
(c) ₹ 15000 (d) ₹ 22000

58 किसी धनराशि पर 20 वर्षों के लिए प्राप्त साधारण ब्याज उस धनराशि का 2/5 है। वार्षिक ब्याज दर कितनी है?
(a) 4% (b) 2%
(c) 3% (d) 2.5%

59 उस त्रिभुज की ऊँचाई ज्ञात कीजिए, जिसका आधार, उसकी ऊँचाई का $\frac{5}{7}$ वाँ भाग है और जिसका क्षेत्रफल 18.207 सेमी^{2} है।
(a) 14.7 सेमी (b) 7.14 सेमी
(c) 2.25 सेमी (d) 8 सेमी

60 यदि कुल वस्तुओं का 70%, 20% के लाभ पर बेचा जाता है और शेष वस्तुओं को 10% की हानि पर बेचा जाता है, तो कुल लाभ प्रतिशत कितना होगा?
(a) 15% (b) 11% (c) 8% (d) 12%

भाग-IV हिन्दी

61 निम्नलिखित प्रश्न में चार विकल्पों में से उस विकल्प का चयन करें, जो रिक्त स्थान के लिए सही भाववाचक संज्ञा वाला विकल्प हो।
परिवार से उस व्यक्ति के चले जाने की ...... सदैव बनी रहेगी।
(a) उभार (b) क्रान्ति
(c) कमी (d) कटुता

62 दिए गए वाक्य में रेखांकित शब्दों के लिए सही शब्दों वाले विकल्प का चयन करें।
काम खत्म होने के बाद हमने सन्तोष की <u>साँस लिया</u>।
(a) काम खत्म होने के बाद हमने सन्तोष की साँस ली।
(b) काम खत्म होने के बाद हमने सन्तोष की साँस लिए।
(c) परिवर्तन की आवश्यकता नहीं है।
(d) काम खत्म होने के बाद हमने सन्तोष की साँस लाओ।

63 निम्नलिखित प्रश्न में चार विकल्पों में से उस सही विकल्प का चयन करें, जो वाक्यांश के लिए एक शब्द का विकल्प हो।
जो बाह्य संसार के ज्ञान से अनभिज्ञ हो
(a) असाध्य (b) अलंघनीय
(c) अलौकिक (d) अलोकज्ञ

64 निम्नलिखित प्रश्न में दिए गए चार विकल्पों में से उस विकल्प का चयन करें, जो दिए गए मुहावरे के अर्थ को सर्वश्रेष्ठ रूप से व्यक्त करता है।
'किताबी कीड़ा'
(a) पढ़ाई से दूर भागने वाला व्यक्ति
(b) ऐसा कीड़ा जो दीमक की भाँति किताबें खा जाता है
(c) उलझन पैदा करने वाला सिद्धान्त
(d) हर समय पढ़ाई में लगे रहने वाला

65 दिए गए वाक्यांश के लिए सार्थक शब्द ज्ञात कीजिए।
'जिसकी कोई उपमा न हो'
(a) अनुपम (b) अलौकिक
(c) अतिशयोक्ति (d) विशेष

66 दिए गए वाक्य में रेखांकित शब्द का विलोम शब्द ज्ञात कीजिए।
मुजरिम को <u>जीवनदान</u> दिया गया।
(a) कटुकरण (b) जीवात्मा
(c) जीवन (d) मृत्युदण्ड

67 निम्नलिखित वाक्य में उस वाक्यांश को पहचानिए, जिसमें मात्राओं से सम्बन्धित अशुद्धियाँ हैं। यदि कोई गलती नहीं है, तो 'कोई त्रुटि नहीं है' का चुनाव कीजिए।
प्रकृति और मनुष्य का सम्बन्ध ऐतिहासिक दृष्टि/से काफी बाद में शुरू हुआ, क्योंकि प्रकृति/ पहले को थी, मनुष्य बाद में आई।
(a) पहले को थी, मनुष्य बाद में आई
(b) से काफी बाद में शुरू हुआ, क्योंकि प्रकृति
(c) प्रकृति और मनुष्य का सम्बन्ध ऐतिहासिक दृष्टि
(d) कोई त्रुटि नहीं है

68 निम्नलिखित प्रश्न में चार विकल्पों में से उस विकल्प का चयन करें, जो दिए गए मुहावरे का उचित अर्थ वाला है।
'पासा पलटना'
(a) कठिन परिश्रम करना (b) स्थिति उलट जाना
(c) जान छुड़ाना (d) समय नष्ट करना

69 दिए गए शब्द का पर्यायवाची ज्ञात कीजिए।
'निशा'
(a) दन्त (b) शुद्ध (c) रात्रि (d) खेद

70 दिए गए शब्द का पर्यायवाची ज्ञात कीजिए।
'अटल'
(a) निरादर (b) अडिग (c) धान्य (d) सहसा

71 दिए गए वाक्य में रेखांकित शब्द के लिए सही वर्तनी वाला शब्द ज्ञात कीजिए।
आपसे मिलना तो मेरा <u>सोभाग्य</u> है।
(a) सौभाग (b) साभाग्य
(c) सौभाग्य (d) सोभाग

72 दिए गए वाक्य में रेखांकित शब्द का तद्‌भव शब्द ज्ञात कीजिए।
<u>गोस्वामी</u> जी को बुला लाओ।
(a) गाहक (b) गागर (c) गुसाईं (d) गुन

73 दिए गए वाक्य में रेखांकित शब्द का विलोम शब्द ज्ञात कीजिए।
यह समूह <u>अलगाव</u> की राह पर है।
(a) अपूर्ण (b) निडर (c) एकीकरण (d) समाज

74 दिए गए वाक्य में उचित देशज-विदेशज शब्द का चयन करके रिक्त स्थान की पूर्ति करें।
क्या .... इतनी दौलत का जब वह अपने माता-पिता को ही नहीं पूछता?
(a) जनाब (b) दावत
(c) फायदा (d) जवाब

75 निम्नलिखित प्रश्न में चार विकल्पों में से उस विकल्प का चयन करें, जो रिक्त स्थान के लिए सही स्त्रीलिंग रूप वाला विकल्प हो।
क्या हुआ है तुम्हें, तुम्हारी वह .... अब नहीं रही।
(a) स्वास्थ्य (b) खबर
(c) होश (d) चमक

निर्देश (प्र. सं. 76-80) *नीचे दिए गए गद्यांश में कुछ शब्द छोड़ दिए गए हैं, प्रत्येक अनुच्छेद के सामने चार विकल्प दिए गए हैं। इस गद्यांश को ध्यानपूर्वक पढ़ें और चार विकल्पों में से सर्वोत्तम उत्तर वाला विकल्प चुनें।*

जोखिम वाले कार्य या रोमांचकारी कार्य किसी उत्साहवर्द्धक.......का अनुभव कराते हैं। यह अप्रत्याशित अनुभव होता है, जो साहस, उत्साह और आनन्द की गतिविधियों से भरा होता है। यह कभी भी परिणाम के बारे में नहीं सोचता। इसका परिणाम सकारात्मक होता है, जो हमें कुछ लाभ देता है और इसके ...... प्रभाव नुकसान और हानि पहुँचाते हैं।

यद्यपि साहसिक लोग कभी भी......के बारे में नहीं सोचते हैं और अपने साहसिक कार्यों को निरन्तर करते रहते हैं। प्रत्येक कार्य में रोमांच निहित होता है। हालाँकि यह लोगों की सोच के अनुसार थोड़ा अलग होता है। रोमांचकारी कार्य अनुभवकारी गतिविधियों का समूह होता है, जो उन्हें कुछ अस्वाभाविक अनुभव देते हैं। इस तरह की गतिविधियाँ उत्साह और ...... से भरी होती हैं, जिनकी प्रकृति साहस और जोखिम वाली होती है। ऐसे बहुत से लोग हैं, जिनका पूरा जीवन साहसिक अनुभवों से भरा होता है। रोमांचकारी कार्य अनुभवकारी गतिविधियों का समूह होता है, जो उन्हें कुछ अस्वाभाविक ...... देते हैं।

76 जोखिम वाले कार्य या रोमांचकारी कार्य किसी उत्साहवर्द्धक .... का अनुभव कराते हैं।
(a) दुविधा (b) प्रमाण
(c) प्रणाली (d) गतिविधि

77 इसका परिणाम सकारात्मक होता है, जो हमें कुछ लाभ देता है और इसके .... प्रभाव नुकसान और हानि पहुँचाते हैं।
(a) नकारात्मक (b) साहसी
(c) रोमांचक (d) कुछ भी

78 यद्यपि साहसिक लोग कभी भी .... के बारे में नहीं सोचते हैं और अपने साहसिक कार्यों को निरन्तर करते रहते हैं।
(a) परिणाम (b) प्रमाण (c) पर्यावरण (d) कार्य

79 इस तरह की गतिविधियाँ .... और साहस से भरी होती हैं, जिनकी प्रकृति साहस और जोखिम वाली होती है।
(a) प्रकृति (b) उत्साह (c) डर (d) नियम

80 रोमांचकारी कार्य अनुभवकारी गतिविधियों का समूह होता है, जो उन्हें कुछ अस्वाभाविक .... देते हैं।
(a) अनुभव (b) बातें (c) समय (d) हिस्सा

उत्तरमाला

1.	(c)	2.	(a)	3.	(a)	4.	(a)	5.	(c)	6.	(b)	7.	(a)	8.	(a)	9.	(d)	10.	(b)
11.	(a)	12.	(c)	13.	(d)	14.	(d)	15.	(a)	16.	(a)	17.	(d)	18.	(b)	19.	(c)	20.	(c)
21.	(c)	22.	(d)	23.	(a)	24.	(a)	25.	(b)	26.	(d)	27.	(a)	28.	(a)	29.	(a)	30.	(b)
31.	(a)	32.	(d)	33.	(a)	34.	(c)	35.	(d)	36.	(a)	37.	(a)	38.	(a)	39.	(d)	40.	(d)
41.	(d)	42.	(b)	43.	(c)	44.	(c)	45.	(d)	46.	(d)	47.	(d)	48.	(c)	49.	(b)	50.	(a)
51.	(a)	52.	(a)	53.	(a)	54.	(b)	55.	(a)	56.	(a)	57.	(c)	58.	(b)	59.	(b)	60.	(b)
61.	(c)	62.	(a)	63.	(d)	64.	(d)	65.	(a)	66.	(d)	67.	(a)	68.	(b)	69.	(c)	70.	(b)
71.	(c)	72.	(c)	73.	(c)	74.	(c)	75.	(d)	76.	(d)	77.	(a)	78.	(a)	79.	(b)	80.	(a)

संकेत एवं हल

1. *(c)* दिया गया व्यंजक,

$28+12-6\times40\div8=46$

विकल्प (c) से, '+' और '–' चिह्नों को परिवर्तित करने पर,

$28-12+6\times40\div8=46$

$\Rightarrow \quad 28-12+6\times5=46$

$\Rightarrow \quad 16+30=46 \Rightarrow 46=46$

2. *(a)* प्रश्नानुसार,

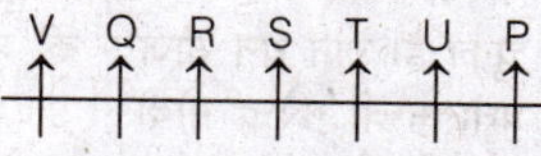

अतः R के ठीक दाईं ओर S बैठा है।

3. *(a)* दी गई अक्षर समूह शृंखला निम्न प्रकार है,

defghi/defghi/defghi/defghi/defghi/defghi/defghi

$\Rightarrow$ ihgf

4. *(a)* दी गई शृंखला का क्रम निम्न प्रकार है,

L $\xrightarrow{+4}$ P $\xrightarrow{+4}$ T $\xrightarrow{+4}$ X $\xrightarrow{+4}$ [B]

M $\xrightarrow{+4}$ Q $\xrightarrow{+4}$ U $\xrightarrow{+4}$ Y $\xrightarrow{+4}$ [C]

R $\xrightarrow{+4}$ V $\xrightarrow{+4}$ Z $\xrightarrow{+4}$ D $\xrightarrow{+4}$ [H]

C $\xrightarrow{+4}$ G $\xrightarrow{+4}$ K $\xrightarrow{+4}$ O $\xrightarrow{+4}$ [S]

5. *(c)* दी गई आकृति शृंखला में मुख्य आकृति में अन्दर वाली आकृति दूसरी आकृति में बाहर, दूसरी आकृति में अन्दर वाली आकृति तीसरी वाली में बाहर तथा तीसरी आकृति के अन्दर वाली आकृति चौथी आकृति में बाहर निरन्तर आगे बढ़ रही है। अतः प्रश्न आकृति के स्थान पर उत्तर आकृति (c) होगी।

6. *(b)* जिस प्रकार, D G K X (+2 प्रत्येक) → F I M Z

उसी प्रकार, F V K G (+2 प्रत्येक) → H X M I

अतः ? = FVKG : HXMI

7. *(a)* दी गई शब्दों का अंग्रेजी शब्दकोश क्रम निम्न प्रकार है

Prison (2) → Privacy (3) → Private (1) → [Privilege] (5) → Privy (4)

अतः चौथे स्थान पर Privilege है।

8. *(a)* जिस प्रकार,

R A I N B O W → S 1 9 O C 15 X (व्यंजन +1)

नोट यहाँ व्यंजन में 1 जोड़कर अगला अक्षर तथा स्वर का स्थानीय मान लिखा गया है।

तथा

S U N S H I N E → T 21 O T I 9 O 5

उसी प्रकार,

M O O N L I G H T → [N 15 15 O M 9 H I U]

9. *(d)* प्रश्नानुसार,

A^- ↑ माँ B^+ ↑ पिता C^- ←बहन— D^+ ←भाई— E^- ←बहन— F

[+ ⇒ पुरुष, – ⇒ महिला]

अतः A, F के पिता की माँ है।

10. *(b)* दी गई प्रश्न आकृति को मोड़कर काटे गये कागज को दाएँ से बाएँ तथा नीचे से ऊपर खोलने पर उत्तर आकृति (b) प्राप्त होगी।

11. *(a)* जिस प्रकार, 6@10#5* 7 = 63

@ ⇒ +, # ⇒ ×, * ⇒ + रखने पर,

$6+10\times5+7=63$

$\Rightarrow \quad 6+50+7=63$

$\Rightarrow \quad 63=63$

तथा 4@3#2 * 5 = 15

@ ⇒ +, # ⇒ ×, * ⇒ + रखने पर,

$4+3\times2+5=15$

$\Rightarrow \quad 4+6+5=15$

$\Rightarrow \quad 15=15$

उसी प्रकार, 4@5#6 * 7

@ ⇒ +, # ⇒ ×, * ⇒ + रखने पर,

$4+5\times6+7$

$\Rightarrow \quad 4+30+7=\boxed{41}$

12. *(c)* जिस प्रकार,

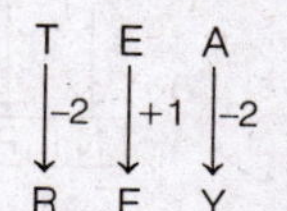

तथा C O F F E E (–2, +1, –2, +1, –2, +1) → A P D G C F

उसी प्रकार,

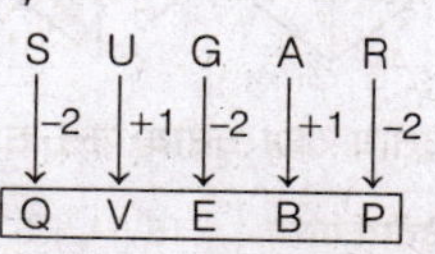

13. *(d)* पासे की दोनों स्थितियों का ध्यानपूर्वक अवलोकन करने पर,

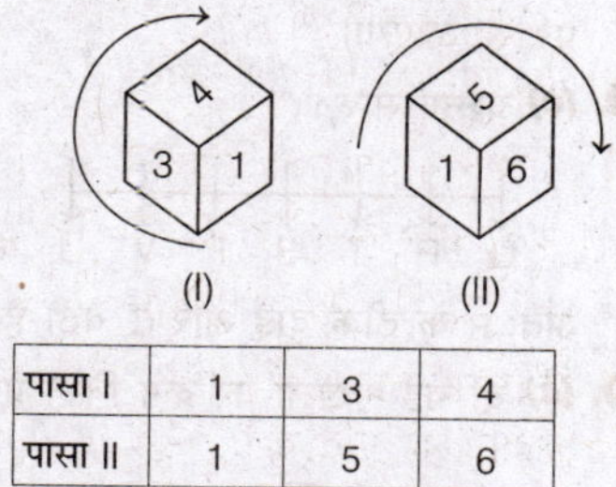

पासा I	1	3	4
पासा II	1	5	6

स्पष्टतय '3' वाले फलक के विपरीत फलक पर '5' आएगा।

14. *(d)* कथनानुसार,

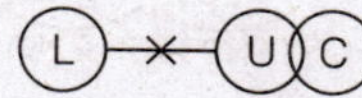

निष्कर्ष I. (✗) II. (✗)

अतः कोई भी निष्कर्ष अनुसरण नहीं करता है।

15. *(a)* दी गई शृंखला आकृति का ध्यानपूर्वक अध्ययन करने पर यहाँ प्रत्येक आकृति में अवयव दक्षिणावर्त दिशा में एक स्थिति आगे प्रतिस्थापित हो रहे हैं। यह क्रम निरन्तर जारी रहता है।

अतः इस प्रकार अगली आकृति विकल्प (a) के समान होगी।

16. *(a)* दी गई संख्या शृंखला निम्न प्रकार है,

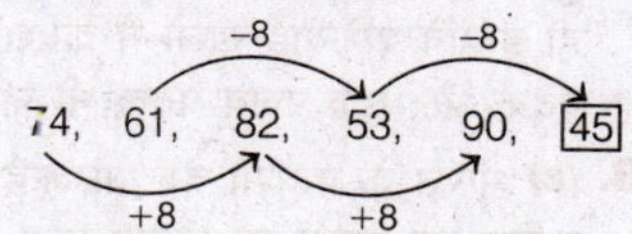

17. *(d)* जिस प्रकार,

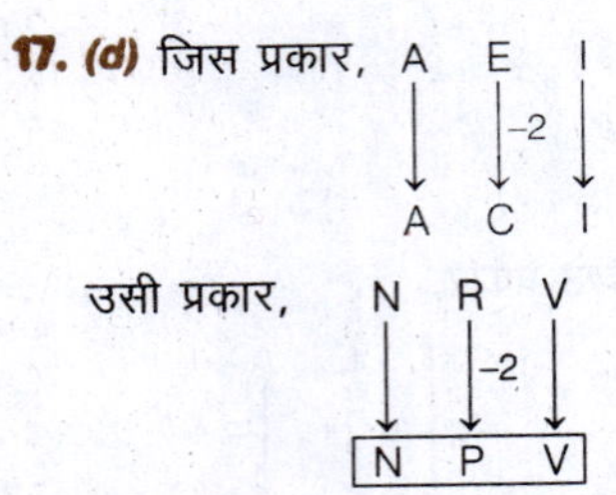

18. *(b)* दिए गए पासों का ध्यानपूर्वक अवलोकन करने पर,

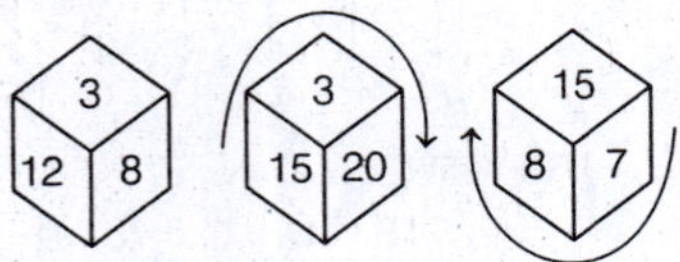

द्वितीय तथा तृतीय पासे से,

द्वितीय पासा	15	3	20
तृतीय पासा	15	7	8

स्पष्टतया '7' वाले फलक के विपरीत फलक पर '3' आएगा।

19. *(c)* प्रश्नानुसार,

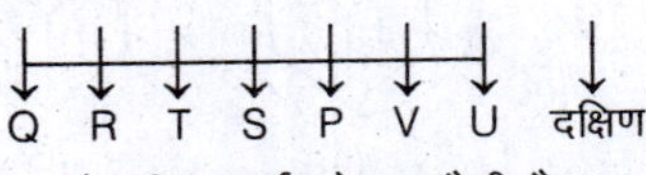

अतः R के ठीक दाईं ओर Q बैठी है।

20. *(c)* दी गई श्रृंखला का क्रम निम्न प्रकार है,

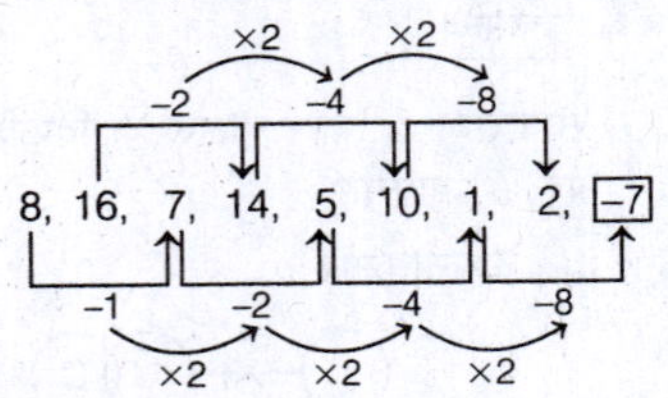

21. *(c)* टेलीफोन सेवाओं, स्टॉक ब्रोकरों, स्वास्थ्य क्लबों, ब्यूटी पार्लरों, ड्राई क्लीनिंग आदि सेवाओं पर लगने वाला एक कर, सेवा कर वर्ष 1994-95 में पेश किया गया था। तत्कालीन केन्द्रीय वित्तमन्त्री डॉ. मनमोहन सिंह ने अपने बजट भाषण में इस सर्विस टैक्स की नई अवधारणा शुरू की थी। इसे वित्त अधिनियम, 2003 के अध्याय V(A) के द्वारा संवैधानिक दर्जा दिया गया था।

22. *(d)* अनाका अलंकामोनी एक भारतीय स्क्वैश खिलाड़ी हैं। इन्हें वर्ष 2024 में अर्जुन पुरस्कार से सम्मानित किया गया है। साथ ही इन्होंने एशियाई खेलों में क्रमशः कांस्य पदक और एक रजत पदक भी जीता है।

23. *(a)* भारत के पड़ोसी देश बांग्लादेश और पाकिस्तान भारत का हिस्सा हुआ करते थे। वर्ष 1947 से पहले ये दोनों भारत में शामिल थे। वर्ष 1947 में पाकिस्तान भारत से पृथक् होकर नया देश बना और वर्ष 1971 में जनरल सैम मानेकशॉ के जनरलशिप के अन्तर्गत पूर्वी पाकिस्तान को नया देश, बांग्लादेश बना दिया गया।

24. *(a)* दलीप ट्रॉफी का सम्बन्ध क्रिकेट से है। दलीप ट्रॉफी का नाम कुमार श्री दलीप सिंह जडेजा के नाम पर रखा गया है। इसकी स्थापना 'BCCI' द्वारा वर्ष 1961-62 में की गई थी। यह एक घरेलू प्रथम श्रेणी क्रिकेट टूर्नामेण्ट है, जो भारत के भौगोलिक क्षेत्रों का प्रतिनिधित्व करने वाली टीमों के बीच खेली जाती है।

25. *(b)* भारतीय संविधान का अनुच्छेद-280 भारत के वित्त आयोग से सम्बन्धित है। वित्त आयोग का गठन राष्ट्रपति द्वारा 5 वर्ष के लिए किया जाता है। वित्त आयोग एक संवैधानिक निकाय है, जो केन्द्र द्वारा प्रतिरोपित करों में राज्यों के हिस्से से सम्बन्धित सुझाव राष्ट्रपति को देता है।

26. *(d)* भारत में किसानों पर हरित क्रान्ति के प्रभाव के बारे में कथन (A) और कथन (B) दोनों गलत नहीं हैं, क्योंकि हरित क्रान्ति फसल उत्पादन बढ़ाने के लिए दुनिया भर में एक आन्दोलन था। इससे स्थानीय अर्थव्यवस्थाएँ भी मजबूत हुईं और निर्धनता में कमी आई। किसानों को अपनी आय का स्तर बढ़ाने में मदद मिली तथा कृषि उत्पादकता में सुधार होने पर किसानों द्वारा अपनी अधिशेष आय का पुनः निवेश किया गया।

भारत में हरित क्रान्ति की शुरुआत वर्ष 1967-68 में एम.एस. स्वामीनाथन ने की थी। इसका सर्वाधिक प्रभाव खाद्यान्न फसलों (विशेषतः गेहूँ एवं चावल) पर पड़ा। हरित क्रान्ति के फलस्वरूप इनकी पैदावार में अभूतपूर्व वृद्धि दर्ज की गई।

27. *(a)* तमिलनाडु राज्य के मुख्यमन्त्री ने राज्य की महिलाओं को सशक्त बनाने के लक्ष्य के साथ 15 सितम्बर, 2023 को 'कलैगनार मगलिर उरीमाई थोगई थिट्टम' पहल की शुरुआत की। इसके तहत राज्य की एक करोड़ महिला लाभार्थियों को प्रति माह ₹ 1000 का भुगतान किया जाएगा। इस योजना का नाम तमिलनाडु के वर्तमान मुख्यमन्त्री एम. के. स्टालिन के पिता, एम. करुणानिधि के नाम पर रखा गया है।

28. *(a)* हर्षवर्द्धन का राजवंश दो विशिष्ट प्रकार के प्रदेशों में विभाजित था। सातवीं शताब्दी में हर्षवर्द्धन भारत के सबसे शक्तिशाली राजाओं में से एक था। 606 से 647 ई. तक राजा हर्षवर्द्धन ने उत्तर भारत में अपना प्रभुत्व स्थापित किया।

29. *(a)* महाराष्ट्र सरकार द्वारा शुरू किए गए 'उद्योग रत्न' पुरस्कार (2023) से प्रसिद्ध उद्योगपति रतन टाटा को सम्मानित किया गया है। महाराष्ट्र के मुख्यमन्त्री एकनाथ शिन्दे ने रतन टाटा के आवास पर पहुँचकर उन्हें यह सम्मान प्रदान किया। इस सम्मान के तहत एक शॉल, प्रशस्ति पत्र एवं स्मृति चिह्न प्रदान किया गया। उल्लेखनीय है कि उद्योग रत्न पुरस्कार महाराष्ट्र औद्योगिक विकास निगम द्वारा प्रदान किया जाता है।

30. *(b)* 9 अगस्त, 2023 तक प्रधानमन्त्री जन धन योजना के अन्तर्गत मध्य प्रदेश में 100% परिवारों का जन धन खाता खुलवाया जा चुका है। जन धन योजना की शुरुआत प्रधानमन्त्री नरेन्द्र मोदी ने 28 अगस्त, 2014 को की थी। यह योजना कमज़ोर एवं आर्थिक रूप से वंचित वर्गों को सस्ती वित्तीय सेवाएँ प्रदान करने के लिए वित्त मन्त्रालय के नेतृत्व में शुरू की गई।

31. *(a)* मुक्केबाजी खेल में प्रतिभागियों को 'प्यूजलिस्ट' कहा जाता है। मुक्केबाजी (इसे 'पश्चिमी मुक्केबाजी' या 'पगिलिज्म' के रूप में भी जाना जाता है) एक युद्ध खेल और मार्शल आर्ट है। इस खेल से सम्बन्धित शब्दावली नॉक आउट, नॉक डाउन, पंच, अपरकट, जैब, ब्रेक एवं बिलो द बेल्ट आदि हैं।

32. *(d)* सापेक्षता अल्बर्ट आइंस्टीन द्वारा तैयार किया गया एक प्रमेय है, जो बताता है कि स्थान और समय सापेक्ष हैं और सभी गति सन्दर्भ के एक फ्रेम के सापेक्ष होनी चाहिए। इस सिद्धान्त ने क्वाण्टम यान्त्रिकी के सिद्धान्त को डिजाइन करने में प्रमुख योगदान दिया।

33. *(a)* लावणी नृत्यशैली का सम्बन्ध महाराष्ट्र राज्य से है। लावणी पारम्परिक गीत और नृत्य का एक संयोजन है, जो विशेष रूप से एक ताल वाद्य ढोलकी की थाप पर किया जाता है।

34. *(c)* भारतीय संविधान के अनुच्छेद 20(3) में यह उल्लेखित किया गया है कि किसी अपराध के लिए अभियुक्त किसी व्यक्ति को स्वयं के विरुद्ध साक्षी होने के लिए बाध्य नहीं किया जाएगा।

जबकि संविधान का अनुच्छेद (14) विधि के समक्ष समानता से, अनुच्छेद (16) लोक नियोजन के विषय में अवसर की समानता से तथा अनुच्छेद (18) उपाधियों के अन्त से सम्बन्धित है।

35. *(d)* सरोजिनी नायडू वर्ष 1925 में कानपुर अधिवेशन में भारतीय राष्ट्रीय कांग्रेस के अध्यक्ष के रूप में कार्य किया था। वह भारतीय राष्ट्रीय कांग्रेस की पहली भारतीय

महिला अध्यक्ष थीं। इन्हें कविता लेखन के क्षेत्र में योगदान देने के लिए 'नाइटिंगेल ऑफ इण्डिया' का खिताब दिया गया था। इन्हें 'भारत कोकिला' भी कहा जाता है।

36. *(a)* हरित क्रान्ति को कृषि क्रान्ति भी कहा जा सकता है, क्योंकि हरित क्रान्ति का उद्देश्य कृषि उत्पादकता को बढ़ाना था तथा कृषकों की आय में वृद्धि कर उनके जीवन स्तर में अपेक्षित सुधार लाना था। भारत में हरित क्रान्ति की शुरुआत एम. एस. स्वामीनाथन ने वर्ष 1967-68 में की थी।

37. *(a)* जनगणना वर्ष 2011 के अनुसार, राजस्थान राज्य में महिला साक्षरता दर सबसे कम है, जबकि भारत के न्यूनतम साक्षर राज्य क्रमशः बिहार (61.8) एवं अरुणाचल प्रदेश (65.4) हैं तथा भारत के सर्वाधिक साक्षरता वाले राज्य क्रमशः केरल (94) एवं मिजोरम (91.3) हैं।

38. *(a)* उस्ताद बिस्मिल्लाह खान प्रसिद्ध शहनाई वादक हैं। इन्हें वर्ष 2001 में सर्वोच्च नागरिक पुरस्कार, भारत रत्न से सम्मानित किया गया था। इस प्रकार एम.एस. सुब्बुलक्ष्मी और रविशंकर के बाद इस पुरस्कार से सम्मानित होने वाले वे तीसरे शास्त्रीय संगीतकार बने।

39. *(d)* संगीत नाटक अकादमी पुरस्कार भारत में नृत्य के लिए दिया जाने वाला सर्वोच्च पुरस्कार है। वर्ष 1953 में स्थापित संगीत नाटक अकादमी भारत में प्रदर्शन कला के क्षेत्र में सर्वोच्च संस्था है। यह संगीत, नृत्य और नाटक के माध्यम से व्यक्त देश की विशाल अमूर्त सांस्कृतिक विरासत के संरक्षण और प्रचार में महत्त्वपूर्ण भूमिका निभाता है।

40. *(d)* लद्दाख के तिब्बती समुदायों में मनाया जाने वाला 'लोसर' त्योहार नए वर्ष के त्योहार का प्रतीक है। यह त्योहार प्रतिवर्ष तिब्बती कैलेण्डर के ग्यारहवें माह के प्रथम दिन मनाया जाता है, जो चन्द्र नव वर्ष की शुरुआत का प्रतीक है। यह बौद्ध धर्म के देवताओं को धन्यवाद देने के संकेतक के रूप में मनाया जाता है।

41. *(d)* दिया गया व्यंजक,

$$2.\bar{3}+4.\bar{3}=2+0.\bar{3}+4+0.\bar{3}$$
$$=6+\frac{3}{9}+\frac{3}{9}=6+\frac{1}{3}+\frac{1}{3}$$
$$=6+\frac{2}{3}=\frac{20}{3}$$

42. *(b)* दिया गया व्यंजक,

$$512\times\frac{64}{100}+215\times\frac{46}{100}$$
$$=\frac{32768+9890}{100}=\frac{42658}{100}=426.58$$

43. *(c)* माना प्रारम्भिक मिश्रण में दूध और पानी की मात्रा क्रमशः $2x$ और $3x$ थी।

तथा मिलाई गई दूध की मात्रा $=k$ लीटर

प्रश्नानुसार, $\frac{2x+k}{3x}=\frac{10}{3}$

$\Rightarrow 6x+3k=30x \Rightarrow 3k=30x-6x$

$\Rightarrow \quad k=\frac{24x}{3}=8x$

$\therefore$ प्रारम्भिक मिश्रण के प्रतिशत के रूप में मिलाया गया दूध $=\frac{8x}{(2x+3x)}\times100$

$$=\frac{8x}{5x}\times100=160\%$$

44. *(c)* दिया गया व्यंजक, $6+2\times(9-4)\div2$

$$=6+2\times5\div2=6+5=11$$

45. *(d)* प्रश्नानुसार,

$(P+Q)$ का एक दिन का कार्य $=\frac{1}{30}$

$(Q+R)$ का एक दिन का कार्य $=\frac{1}{37.5}$

तथा $(P+R)$ का एक दिन का कार्य $=\frac{1}{150}$

$\therefore (P+Q+R)$ का एक दिन का कार्य

$$=\frac{1}{2}\left(\frac{1}{30}+\frac{1}{37.5}+\frac{1}{150}\right)$$
$$=\frac{1}{2}\left(\frac{5+4+1}{150}\right)=\frac{1}{2}\left(\frac{10}{150}\right)=\frac{1}{30}$$

अर्थात् तीनों एक साथ कार्य करते हुए उसी कार्य को 30 दिन में पूरा करेंगें।

46. *(d)* माना परिवार की आय $=₹19x$

तो परिवार का व्यय $=₹13x$

प्रश्नानुसार, $13x=29510$

$x=2270$

$\therefore$ बचत $=19x-13x=6x$

$=6\times2270=₹13620$

47. *(d)* अरविन्द के 1 दिन का काम $=\frac{1}{20}$

तथा बख्शी के 1 दिन का काम $=\frac{1}{22}$

प्रश्नानुसार,

अरविन्द और बख्शी द्वारा 5 दिन में किया गया कुल कार्य

$$=5\times\frac{1}{20}+5\times\frac{1}{22}=\frac{5(11+10)}{220}=\frac{21}{44}$$

$\therefore$ शेष काम का अंश $=1-\frac{21}{44}=\frac{23}{44}$

48. *(c)* दिया गया व्यंजक,

$(0.5)^2+(0.05)^2=0.25+0.0025=0.2525$

49. *(b)* माना व्यक्ति की चाल $=x$ किमी/घण्टा

तो रेलगाड़ी की चाल $=5x$ किमी/घण्टा

सापेक्ष चाल $=5x+x=6x$ किमी/घण्टा

$=6x\times\frac{5}{18}$ मी/से

दिया है, दूरी $=600$ मी

समय $=20$ सेकण्ड

$\therefore$ चाल $=\frac{\text{दूरी}}{\text{समय}}$

प्रश्नानुसार,

$$6x\times\frac{5}{18}=\frac{600}{20}$$

$\Rightarrow \quad x=\frac{600}{20}\times\frac{18}{5}\times\frac{1}{6}$

$\Rightarrow \quad x=18$ किमी/घण्टा

$\therefore$ रेलगाड़ी की चाल $=5x=5\times18$

$=90$ किमी/घण्टा

50. *(a)* माना अंकित मूल्य $=₹x$

तो विक्रय मूल्य $=₹x\times\frac{16}{25}$

$\therefore$ अभीष्ट अनुपात $=x:\frac{16x}{25}=25:16$

51. *(a)* माना अंकित मूल्य $=₹x$

तथा छूट% $=35\%$

प्रश्नानुसार, $x\times\frac{65}{100}=1690$

$\therefore \quad x=₹2600$

52. *(a)* माना रमन का वेतन $=₹100x$

तो रमेश का वेतन $=₹120x$

प्रश्नानुसार, $120x\times\frac{75}{100}=33750$

$\Rightarrow \quad x=\frac{33750\times100}{120\times75}=375$

$\therefore$ रमन का वेतन $=100x$

$=10\times375=₹37500$

53. *(a)* 35 कर्मचारियों के आय का योग

= औसत × संख्या

$=K\times35$

अब, 36 लोगों की आय का योग

$=19000\times36=₹684000$

प्रश्नानुसार, $35K+54000=684000$

$\Rightarrow \quad 35K=684000-54000$

$\Rightarrow \quad 35K=630000$

$\therefore \quad K=₹18000$

54. *(b)* 35 कलम का क्रय मूल्य $=₹1$

35 कलम को ही 40% लाभ पर बेचने पर,

मूल्य $=1\times\frac{140}{100}=₹1.4$

अर्थात् 40% लाभ पर ₹ 1.4 में 35 कलम बेचने पड़ेगें। तो ₹ 1 में बेची गई कलम की संख्या $=\frac{35}{1.4}=\frac{350}{14}=25$ कलम

55. *(a)* प्रश्नानुसार, 22 शिक्षकों की आयु का योग

= औसत × संख्या $=64\times22=1408$

नए शिक्षक के आने के बाद 23 शिक्षकों के आयु का योग $=65\times23=1495$

$\therefore$ नए शिक्षक की आयु $=1495-1408=87$ वर्ष

56. *(a)* दिया गया व्यंजक,

$(27\times50)\div25\times5(15-14)+800\div25$

$=1350\div25\times5\times1+32=54\times5+32$

$=270+32=302$

57. *(c)* दो वर्ष का साधारण ब्याज = ₹12000

एक वर्ष का साधारण ब्याज $=\frac{12000}{2}=$ ₹ 6000

तथा दो वर्ष का चक्रवृद्धि ब्याज = ₹14400

दो वर्ष का चक्रवृद्धि ब्याज और साधारण ब्याज का अन्तर $=14400-12000=2400$

$\therefore$ वार्षिक दर $=\frac{2400}{6000}\times100=40\%$

माना मूलधन = ₹ x

$\because$ साधारण ब्याज $=\frac{\text{मूलधन}\times\text{दर}\times\text{समय}}{100}$

$\Rightarrow 12000=\frac{x\times40\times2}{100}\Rightarrow x=$ ₹ 15000

58. *(b)* माना मूलधन $(P)=$ ₹ x

तो साधारण ब्याज = ₹ $\frac{2}{5}x$

माना दर $(r)=R\%$ वार्षिक,

तथा समय $(t)=20$ वर्ष

$\therefore$ साधारण ब्याज $=\frac{P\times r\times t}{100}$

$\Rightarrow \frac{2}{5}x=\frac{x\times R\times20}{100}\Rightarrow R=\frac{2}{5}\times\frac{100}{20}$

$\therefore \quad R=2\%$

59. *(b)* माना त्रिभुज की ऊँचाई $(h)=x$

तो आधार $(b)=\frac{5}{7}x$

$\therefore$ त्रिभुज का क्षेत्रफल $=\frac{1}{2}\times b\times h$

$\Rightarrow \quad 18.207=\frac{1}{2}\times\frac{5}{7}x\times x$

$\Rightarrow \quad x^2=50.9796$

$\therefore \quad x=\sqrt{50.9796}=7.14$

60. *(b)* माना वस्तुओं की कुल संख्या $=y$

तथा एक वस्तु का मूल्य = ₹ x

कुल वस्तुओं का क्रय मूल्य = ₹ xy

प्रश्नानुसार,

कुल वस्तुओं का विक्रय मूल्य

$=\left(y\times\frac{70}{100}\times x\times\frac{120}{100}\right)+\left(y\times\frac{30}{100}\times x\times\frac{90}{100}\right)$

$=\left(\frac{84xy}{100}+\frac{27xy}{100}\right)=\frac{111xy}{100}$

$\therefore$ लाभ % $=\left(\frac{\text{विक्रय मूल्य}-\text{क्रय मूल्य}}{\text{क्रय मूल्य}}\right)\times100$

$=\left(\frac{\frac{111xy}{100}-xy}{xy}\right)\times100$

$=\left(\frac{111xy-100xy}{100\,xy}\right)\times100=\frac{11xy}{xy}=11\%$

वैकल्पिक विधि

70% $\left(\frac{7}{10}\text{ वाँ हिस्सा}\right)=20\%$ लाभ पर

शेष 30% $\left(\frac{3}{10}\text{ वाँ हिस्सा}\right)=10\%$ हानि पर

तो कुल लाभ % $=\frac{7}{10}\times20+\frac{3}{10}\times(-10)$

$=14-3=11\%$

61. *(c)* दिए गए वाक्य में रिक्त स्थान के लिए सही भाववाचक संज्ञा वाला विकल्प 'कमी' है। सही वाक्य इस प्रकार है– परिवार से उस व्यक्ति के चले जाने की कमी सदैव बनी रहेगी। अन्य विकल्प असंगत हैं।

62. *(a)* दिए गए वाक्य में रेखांकित शब्दों 'साँस लिया' के लिए सही शब्दों वाला विकल्प है– काम खत्म होने के बाद हमने सन्तोष की साँस ली। अन्य विकल्प असंगत हैं।

63. *(d)* दिए गए विकल्पों में से 'जो बाह्य संसार के ज्ञान से अनभिज्ञ हो' वाक्यांश के लिए एक शब्द 'अलोकज्ञ' होगा। अन्य विकल्प असंगत हैं।

64. *(d)* 'किताबी कीड़ा' मुहावरे का अर्थ है– हर समय पढ़ाई में लगे रहने वाला।

वाक्य प्रयोग गोविन्द तो किताबी कीड़ा है, पढ़ाई के अतिरिक्त वह कुछ नहीं करता।

65. *(a)* 'जिसकी कोई उपमा न हो' वाक्यांश के लिए सार्थक शब्द है-अनुपम। अन्य विकल्प असंगत हैं।

66. *(d)* दिए गए वाक्य में रेखांकित शब्द 'जीवनदान' का विलोम शब्द मृत्युदण्ड है। अन्य विकल्प असंगत हैं।

67. *(a)* दिए गए वाक्य में 'पहले को थी, मनुष्य बाद में आई' वाक्यांश में मात्रा सम्बन्धी अशुद्धि है। सही वाक्य इस प्रकार हैं– प्रकृति और मनुष्य का सम्बन्ध ऐतिहासिक दृष्टि से काफी बाद में शुरू हुआ, क्योंकि प्रकृति/पहले की थी, मनुष्य बाद में आया।

68. *(b)* 'पासा पलटना' मुहावरे का उचित अर्थ है–स्थिति उलट जाना।

वाक्य प्रयोग विराट कोहली ने एक ही ओवर में तीस रन बनाकर पूरे मैच का पासा ही पलट दिया।

69. *(c)* दिए गए शब्द 'निशा' का पर्यायवाची शब्द 'रात्रि' है। इसके अतिरिक्त निशा शब्द के अन्य पर्यायवाची शब्द रजनी, यामिनी, निशि, रात आदि हैं। अन्य विकल्प असंगत हैं।

70. *(b)* दिए गए शब्द 'अटल' का पर्यायवाची शब्द 'अडिग' है। अटल के अन्य पर्यायवाची स्थिर, अचल हैं। अन्य विकल्प असंगत हैं।

71. *(c)* दिए गए वाक्य में रेखांकित शब्द 'सोभाग्य' शब्द की सही वर्तनी वाला शब्द 'सौभाग्य' है। अन्य विकल्प असंगत हैं।

72. *(c)* दिए गए वाक्य में रेखांकित शब्द 'गोस्वामी' शब्द का तद्भव शब्द गुसाईं है। अन्य विकल्प असंगत हैं।

73. *(c)* दिए गए वाक्य में रेखांकित शब्द 'अलगाव' का विलोम शब्द 'एकीकरण' है। अलगाव शब्द का अर्थ है– अलग रखने या करने का भाव अथवा दूरी तथा इसके विपरीत एकीकरण शब्द का 'अर्थ मिलाने' से होता है। अन्य विकल्प असंगत हैं।

74. *(c)* दिए गए वाक्य में रिक्त स्थान में उचित देशज-विदेशज शब्द 'फायदा' होगा। अतः पूर्ण वाक्य है– क्या फायदा इतनी दौलत का जब वह अपने माता-पिता को ही नहीं पूछता। अन्य विकल्प असंगत हैं।

75. *(d)* दिए गए वाक्य में रिक्त स्थान के लिए सही स्त्रीलिंग रूप वाला विकल्प 'चमक' है।

सही वाक्य इस प्रकार है– क्या हुआ है तुम्हें, तुम्हारी वह चमक अब नहीं रही। अन्य विकल्प असंगत हैं।

76. *(d)* दिए गए रिक्त स्थान की पूर्ति के लिए सबसे उपयुक्त विकल्प 'गतिविधि' है।

अतः पूर्ण वाक्य है– जोखिम वाले कार्य या रोमांचकारी कार्य किसी उत्साहवर्द्धक गतिविधि का अनुभव कराते हैं। अन्य विकल्प असंगत है।

77. *(a)* दिए गए रिक्त स्थान की पूर्ति के लिए सबसे उपयुक्त विकल्प नकारात्मक है।

अतः पूर्ण वाक्य है– इसका परिणाम सकारात्मक होता है, जो हमें कुछ लाभ देता है और इसके नकारात्मक प्रभाव नुकसान और हानि पहुँचाते हैं। अन्य विकल्प असंगत हैं।

78. *(a)* दिए गए रिक्त स्थान की पूर्ति के लिए सबसे उपयुक्त विकल्प परिणाम हैं

अतः पूर्ण वाक्य है– यद्यपि साहसिक लोग कभी भी परिणाम के बारे में नहीं सोचते और अपने साहसिक कार्यों को निरन्तर करते रहते हैं। अन्य विकल्प असंगत हैं।

79. *(b)* दिए गए रिक्त स्थान की पूर्ति के लिए सबसे उपयुक्त विकल्प 'उत्साह' है। अतः पूर्ण वाक्य है– इस तरह की गतिविधियाँ उत्साह और साहस से भरी होती हैं, जिनकी प्रकृति साहस और जोखिम वाली होती है। अन्य विकल्प असंगत हैं।

80. *(a)* रिक्त स्थान की पूर्ति के लिए सबसे 'उत्साह' उपयुक्त विकल्प 'अनुभव' है। अतः पूर्ण वाक्य है– रोमांचकारी कार्य अनुभवकारी गतिविधियों का समूह होता है, जो उन्हें कुछ अस्वाभाविक अनुभव देते हैं। अन्य विकल्प असंगत हैं।

21 फरवरी 2024
(शिफ्ट II)

सॉल्वड पेपर 2024

SSC कांस्टेबल (जीडी) सेट 06

भाग-I सामान्य बुद्धिमत्ता एवं तर्कशक्ति

1 दिए गए विकल्पों में से उस आकृति का चयन कीजिए। जिसे दी गई आकृति श्रृंखला में प्रश्नचिह्न (?) के स्थान पर रखा जा सकता है।

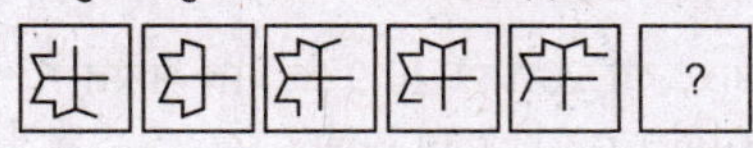

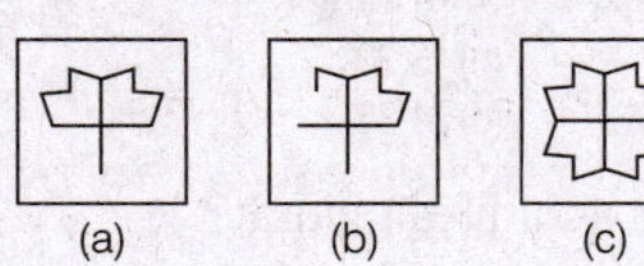

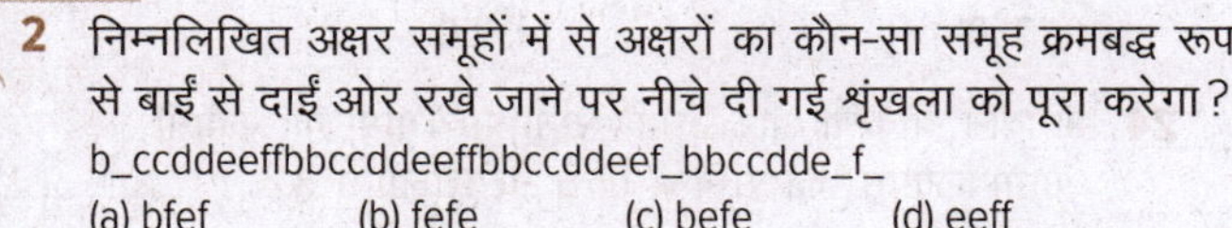

(a) (b) (c) (d)

2 निम्नलिखित अक्षर समूहों में से अक्षरों का कौन-सा समूह क्रमबद्ध रूप से बाईं से दाईं ओर रखे जाने पर नीचे दी गई श्रृंखला को पूरा करेगा?

b_ccddeeffbbccddeeffbbccddeef_bbccdde_f_

(a) bfef (b) fefe (c) befe (d) eeff

3 दी गई विकल्प आकृतियों में से उस आकृति का चयन कीजिए। जिसमें प्रश्न में दी गई आकृति छिपी हुई/निहित है।

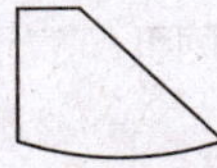

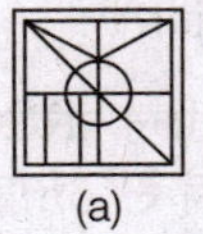
(a)

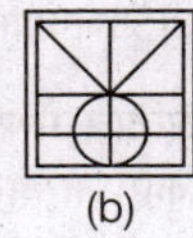
(b)

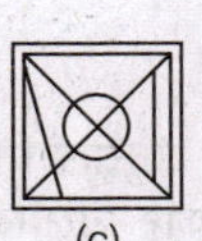
(c)

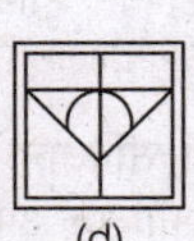
(d)

4 दिए गए शब्दों को उसी क्रम में से व्यवस्थित कीजिए, जिस क्रम में वे अंग्रेजी शब्दकोश में आते हैं।

1. Line 2. Linament
3. Linger 4. Linear
5. Linguist

(a) 2, 1, 3, 4, 5 (b) 2, 1, 4, 3, 5
(c) 1, 2, 4, 3, 5 (d) 1, 2, 3, 4, 5

5 निम्नलिखित प्रश्न में दिए गए विकल्पों में से सम्बन्धित अक्षरों का चयन कीजिए।

FXYI : EWXH :: GLNB : ?

(a) XAPD (b) XAQD
(c) FKMA (d) DMLU

6 पाँच व्यक्ति A, B, C, D और E एक वृत्ताकार मेज के चारों ओर केन्द्र की ओर मुख करके बैठे हैं (परन्तु जरूरी नहीं कि वे इसी क्रम में बैठे हों) C और D के बीच केवल एक व्यक्ति बैठा है (केवल एक ओर से गिनने पर) B, D के बाईं ओर से दूसरे स्थान पर बैठा है। A, B के ठीक दाईं ओर बैठा है। B के ठीक बाईं ओर कौन बैठा है?

(a) C (b) D (c) E (d) A

7 निम्नलिखित विकल्पों में से उस विकल्प का चयन कीजिए जो पाँचवें शब्द से ठीक उसी प्रकार सम्बन्धित है जिस प्रकार चौथा शब्द, तीसरे शब्द से सम्बन्धित है और दूसरा शब्द पहले शब्द से सम्बन्धित है।

बैंगलोर : सिटी ऑफ गार्डन :: श्रीनगर : सिटी ऑफ लेक्स :: कोलकाता : ?

(a) सिटी ऑफ टेम्पल्स (b) सिटी ऑफ फ्लावर्स
(c) सिटी ऑफ जॉय (d) सिटी ऑफ माउण्टेन्स

8 निम्नलिखित प्रश्न में कुछ कथन और उन कथनों के आधार पर कुछ निष्कर्ष दिए गए हैं। आपको दिए गए कथनों को सत्य मानना है, चाहे वे सामान्यतः ज्ञात तथ्यों से भिन्न प्रतीत होते हों। सभी निष्कर्षों को ध्यानपूर्वक पढ़िए और निश्चय कीजिए कि दिए गए निष्कर्षों में से कौन-सा/से निष्कर्ष कथनों का तार्किक रूप से अनुसरण करता है/करते हैं?

कथन सभी L, V हैं।
कोई L, J नही है।

निष्कर्ष
I. सभी V, L हैं।
II. सभी J, V हैं।

(a) निष्कर्ष I और II दोनों अनुसरण करते हैं
(b) कोई भी निष्कर्ष अनुसरण नहीं करता है
(c) केवल निष्कर्ष I अनुसरण करता है
(d) केवल निष्कर्ष II अनुसरण करता है

9 निम्नलिखित प्रश्न में विकल्पों में दी गई उस आकृति का चयन कीजिए, जिसे प्रश्नचिह्न (?) के स्थान पर रखा जा सकता है।

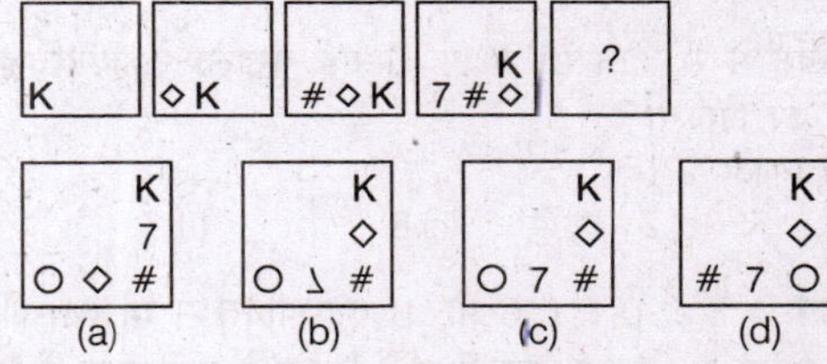

10 दिए गए विकल्पों में से निम्नलिखित श्रृंखला से लुप्त संख्या का चयन कीजिए।

22, 12, 13, 20.5, 42, ?

(a) 118 (b) 106
(c) 111 (d) 110

11 एक निश्चित कूटभाषा में, 'TIME' को 43 लिखा जाता है और 'WHEN' को '46' लिखा जाता है। उसी कूटभाषा में 'TURN' को कैसे लिखा जाएगा?

(a) 64 (b) 73
(c) 69 (d) 67

12 यदि 16 A 13 B 6 C 9 = 85 और 15 A 20 B 7 C 30 = 125, तो 10 A 15 B 6 C 20 = ?
(a) 90 (b) 95 (c) 98 (d) 80

13 यदि एक दर्पण को रेखा AB पर रखा जाए, तो विकल्प आकृतियों में से कौन-सी आकृति प्रश्न आकृति का सही प्रतिबिम्ब होगी?

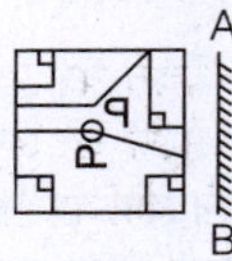

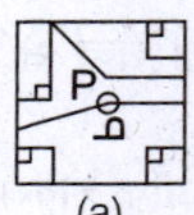
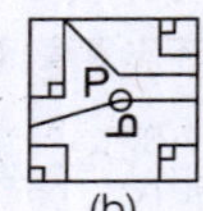
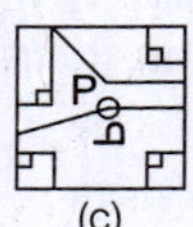
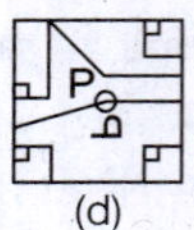

(a) (b) (c) (d)

14 दी गई प्रश्न आकृति के पैटर्न को कौन-सी उत्तर आकृति पूरा करेगी? (घूमने की अनुमति नहीं है।)

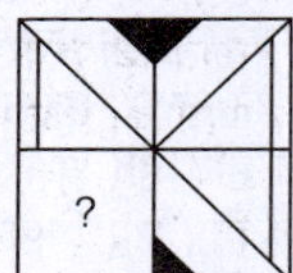

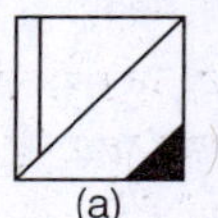
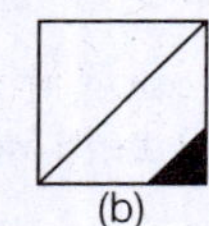
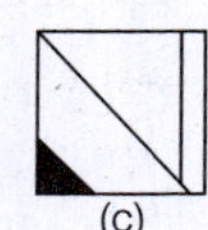
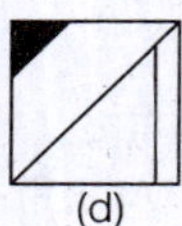

(a) (b) (c) (d)

15 दिए गए विकल्पों में से निम्नलिखित श्रृंखला से लुप्त संख्या का चयन कीजिए।
41, 63, 85, 107, 129, ?
(a) 154 (b) 170 (c) 151 (d) 150

16 एक निश्चित कूटभाषा में 'DEFINITE' को 'FITEDENI' लिखा जाता है, 'BUFFALOW' को 'FFOWBUAL' लिखा जाता है। उसी कूटभाषा में 'ATTACHED' को कैसे लिखा जाएगा?
(a) TAEDATCH (b) TAEADTCH (c) TAEDATHC (d) TEADATCH

17 निम्नलिखित में से कौन-सा अक्षर दी गई श्रृंखला में प्रश्नचिह्न (?) के स्थान पर आएगा?
?, Y, V, S, P, M
(a) C (b) Z (c) B (d) A

18 आठ लड़के A, B, C, D, E, F, G और H एक पंक्ति मे दक्षिण की ओर मुख करके बैठे हैं (परन्तु जरूरी नहीं है कि वे इसी क्रम में बैठे हों) A और H पंक्ति के अन्तिम छोरों पर बैठे हैं। E और F, B के निकटतम पड़ोसी हैं। C, B के बाईं से चौथें स्थान पर बैठा है। F, A के ठीक बाईं ओर बैठा है। D, C का निकटतम पड़ोसी नहीं है। E के ठीक दाईं ओर कौन बैठा है?
(a) G (b) B (c) D (d) F

19 नीचे दी गई दो संख्याओं को आपस में बदलने पर निम्नलिखित में से कौन-सा समीकरण सही नहीं होगा?
3 और 8
(a) $8 \times 2 - 3 \div 1 = -2$ (b) $9 + 8 - 3 \times 1 = 4$
(c) $3 - 8 + 6 = 12$ (d) $8 + 4 \times 3 - 6 = 29$

20 '$Q \times R$ का अर्थ है, 'Q, R की पत्नी है।'
'$Q + R$ का अर्थ है, 'Q, R का पति है।'
'$Q \div R$ का अर्थ है, 'Q, R की बेटी है।'
'$Q - R$ का अर्थ है, 'Q, R की माँ है।'
व्यंजक '$W \div E + F - G$' में, W का G से क्या सम्बन्ध है?
(a) माँ (b) बहन
(c) पत्नी (d) बेटी

भाग-II सामान्य ज्ञान

21 फीफा विश्वकप, 2022 निम्नलिखित में से किस देश ने जीता?
(a) क्रोएशिया (b) जर्मनी
(c) फ्रांस (d) अर्जेण्टीना

22 विश्व बैंक के अनुसार, वर्ष 2011 से 2019 के बीच भारत में अत्यधिक गरीबी में किस दर से कमी आई है?
(a) 12.3% (b) 15.3%
(c) 13.3% (d) 14.3%

23 राज्यसभा की अधिकतम संख्या कितनी होती है?
(a) 350 (b) 450
(c) 250 (d) 150

24 भगवान श्रीकृष्ण और उनकी रानी सत्यभामा की कहानी 'भामाकलापम' का सम्बन्ध किस नृत्यशैली से है?
(a) कुचिपुड़ी (b) ओडिसी
(c) कथक (d) भरतनाट्यम

25 दूसरी पंचवर्षीय योजना में तेजी से औद्योगीकरण और सार्वजनिक क्षेत्रक पर बल दिया गया। इसका प्रारूप और योजना .... के नेतृत्व में बनाई गई थी।
(a) सुब्रह्मण्यम स्वामी (b) के.वी. सुन्दरम
(c) पी.सी महालनोबिस (d) सी.राजगोपालाचारी

26 भारतीय संविधान के अनुसार निम्नलिखित में से किन परिस्थितियों में कुछ मौलिक अधिकार निलम्बित किए जा सकते हैं?
(a) किसी भी आपातकाल के दौरान, चाहे वह राष्ट्रीय हो या स्थानीय
(b) बाहरी आपात स्थितियों के दौरान, जैसे युद्ध या बाहरी आक्रमण
(c) मौलिक अधिकारों को किसी भी परिस्थिति में निलम्बित नहीं किया जा सकता
(d) शान्तिकाल के दौरान

27 बोहाग बिहू को .... के नाम से भी जाना जाता है।
(a) कोंगाली बिहू (b) माघ बिहू
(c) रंगाली बिहू (d) कटि बिहू

28 मौर्य साम्राज्य की राजधानी .... थी।
(a) उज्जयिनी (b) तक्षशिला
(c) सुवर्णगिरि (d) पाटलिपुत्र

29 जुलाई, 2023 तक दीपिका देशवाल .... में तीसरी बार भाषण देने वाली सबसे कम आयु की भारतीय बन गई हैं।
(a) ब्रिक्स (b) शंघाई सहयोग संगठन
(c) विश्व बैंक (d) संयुक्त राष्ट्र

30 बेरियम हाइड्रॉक्साइड का रासायनिक सूत्र क्या है?
(a) $Ba(OH)_2$ (b) Ba_2OH
(c) $Ba(OH)_3$ (d) BaOH

31 रणजीत सिंह गोल्ड कप का सम्बन्ध निम्नलिखित में से किस खेल से है?
(a) क्रिकेट (b) कबड्डी
(c) पोलो (d) हॉकी

32 ……… की पहली और सबसे महत्त्वपूर्ण भूमिका यह है कि यह विनिमय के माध्यम के रूप में कार्य करती/करता है।
(a) मुद्रा (b) उत्पाद
(c) बजट (d) योजना

33 'मेक इन इण्डिया' 25 सितम्बर, ……… को लॉन्च किया गया था।
(a) 2016 (b) 2014 (c) 2015 (d) 2011

34 निम्नलिखित में से किस युद्ध/लड़ाई का सम्बन्ध मंगल पाण्डे की फाँसी से है?
(a) द्वितीय एंग्लो-मराठा युद्ध (b) 1857 का भारतीय विद्रोह
(c) प्लासी का युद्ध (d) प्रथम एंग्लो-बर्मा युद्ध

35 मई, 2023 में भारतीय मूल की पुलिस अधिकारी कैप्टन प्रतिमा भुल्लर माल्डोनाडो ……… पुलिस विभाग में सर्वोच्च रैंकिंग वाली दक्षिण एशियाई महिला बन गई हैं।
(a) न्यूयॉर्क (b) पेरिस
(c) ओटावा (d) बैंकूवर

36 ……… एक क्रिकेट शॉट है, जिसमें बल्लेबाज अपने बल्ले को लम्बवत् घुमाता है और गेंद को जमीन के अनुदिश मारता है। गेंद को कवर ओवर मिड ऑफ के बीच मारा जाता है।
(a) ऑफ ड्राइव (b) फ्रण्ट फुट डिफेन्स
(c) ऑन ड्राइव (d) स्ट्रेट ड्राइव

37 निम्नलिखित में से किसे भरतनाट्यम नृत्यशैली में उनके योगदान के लिए संगीत नाटक अकादमी द्वारा सम्मानित किया गया?
(a) राधा श्रीधर (b) अखम लक्ष्मी देवी
(c) सुरूपा सेन (d) मौलिक शाह

38 फीफा विश्वकप, 2022 की मेजबानी किस देश ने की थी?
(a) जर्मनी (b) ब्राजील
(c) सऊदी अरब (d) कतर

39 अंकिता रैना निम्नलिखित में से कौन-सा खेल खेलती हैं?
(a) क्रिकेट (b) बैडमिण्टन
(c) लॉन टेनिस (d) फुटबॉल

40 जनवरी, 2023 में किस राज्य सरकार ने सरकारी नौकरियों में राज्य की निवासी महिलाओं के लिए 30% क्षैतिज आरक्षण प्रदान करने वाला कानून पारित किया है?
(a) हिमाचल प्रदेश (b) बिहार
(c) उत्तराखण्ड (d) उत्तर प्रदेश

भाग-III गणित

41 30, 120 और 15 का चतुर्थ समानुपाती ज्ञात कीजिए।
(a) 100 (b) 120 (c) 60 (d) 90

42 एक घन की भुजा की लम्बाई 14 सेमी है। घन का पार्श्व पृष्ठीय क्षेत्रफल कितना है?
(a) 856 सेमी^{2} (b) 784 सेमी^{2}
(c) 512 सेमी^{2} (d) 624 सेमी^{2}

43 X, बिन्दु P से 12 किमी/घण्टा की चाल से चलना शुरू करता है और उसकी शुरुआत के 6 घण्टे बाद, Y भी उसी बिन्दु P से उसकी पीछे अपनी साइकिल पर 16 किमी//घण्टा की चाल से चलना शुरु करता है। Y, X को प्रारम्भिक बिन्दु P से कितनी दूरी पर मिलेगा?
(a) 224 किमी (b) 324 किमी
(c) 288 किमी (d) 256 किमी

44 एक पुस्तक को उसके अंकित मूल्य के 5/12 पर बेचने पर 50% की हानि होती है। पुस्तक के अंकित मूल्य और क्रय मूल्य का अनुपात कितना होगा?
(a) 3 : 8 (b) 2 : 5
(c) 5 : 6 (d) 6 : 5

45 $42 + 43 - 6$ का $4 \times (45 \div (7-2))$ का मान कितना है?
(a) −121 (b) −131
(c) −111 (d) −141

46 A और B एक कार्य को 14/3 दिनों में पूरा कर सकते हैं। जबकि B और C उसी कार्य को 12/5 दिनों में पूरा कर सकते हैं तथा C और A उसी कार्य को 16/3 दिनों में पूरा कर सकते हैं। यदि वे तीनों एकसाथ मिलकर कार्य करते हैं, तो वे समान कार्य का कितना हिस्सा 2 दिनों में पूरा कर सकते हैं?
(a) 277/336 (b) 127/336
(c) 275/336 (d) 225/336

47 दो संख्याएँ इस प्रकार दी गई हैं कि पहली संख्या, दूसरी संख्या की आधी है। यदि उनका औसत 15 है, तो पहली संख्या क्या है?
(a) 12 (b) 14 (c) 10 (d) 8

48 यदि U को V से 5% अधिक अंक मिलते हैं, तो V के अंक U के अंकों से कितने प्रतिशत कम हैं?
(a) 2.7% (b) 5.7%
(c) 3.7% (d) 4.7%

49 $4400 - (3200 \div 16) + 32 \times 4$ का मान कितना है?
(a) 4328 (b) 4164
(c) 3924 (d) 4068

50 यदि A का $\frac{4}{5}$वाँ भाग B, के $\frac{2}{5}$वाँ भाग के बराबर है, तो $A : B$ का मान ज्ञात कीजिए।
(a) 2 : 3 (b) 2 : 1
(c) 3 : 4 (d) 1 : 2

51 निम्नलिखित में से कौन-सी संख्या 11 से विभाज्य नहीं है?
(a) 2651 (b) 2563
(c) 2728 (d) 2763

52 4 संख्याओं का औसत 24 है। प्रथम 2 संख्याओं का औसत अन्तिम 2 संख्याओं के औसत से दोगुना है। अन्तिम 2 संख्याओं को योग क्या है?
(a) 32 (b) 56
(c) 48 (d) 72

53 यदि 5 शर्ट का क्रय मूल्य, 3 शर्ट के विक्रय मूल्य के समान है, तो लाभ प्रतिशत ज्ञात कीजिए।
(a) 55.33% लाभ (b) 63.33% लाभ
(c) 33.66% लाभ (d) 66.66% लाभ

54 2 वर्ष के लिए ₹ 22000 पर प्राप्त चक्रवृद्धि ब्याज (अर्द्धवार्षिक रूप से संयोजित) ₹ 10210.2 है। वार्षिक ब्याज दर कितनी है?
(a) 40% (b) 25%
(c) 20% (d) 30%

55 A एक कार्य को 7 घण्टे में पूरा कर सकता है, B और C इसे 21/4 घण्टे में पूरा कर सकते हैं, और C और A इसे 7/2 घण्टे में पूरा कर सकते हैं। B को अकेले इस कार्य को पूरा करने मे कितना समय लगेगा?
(a) 24 घण्टे (b) 20 घण्टे
(c) 21 घण्टे (d) 22 घण्टे

56 एक वस्तु का अंकित मूल्य और विक्रय मूल्य क्रमशः ₹ 6600 और ₹ 4752 है। छूट प्रतिशत कितना है?
(a) 28% (b) 25%
(c) 34% (d) 32%

57 $420 + 64 \div 8 - 3 \times 2$ का मान कितना है?
(a) 416 (b) 424
(c) 422 (d) 420

58 जॉन ने एक बैंक खाते में $ 1000 जमा किए जो 5% वार्षिक की साधारण ब्याज दर प्रदान करता है। 2 वर्षों के बाद उसे कितना ब्याज मिलेगा?
(a) $ 120 (b) $ 115 (c) $ 100 (d) $ 110

59 A में पहले 20% की वृद्धि की जाती है और फिर उसमें 30% की कमी की जाती है। A का अन्तिम मान, A के प्रारम्भिक मान का कितना प्रतिशत है?
(a) 156% (b) 74% (c) 94% (d) 84%

60 एक मेज ₹ 11480 में बेचने पर 18% की हानि होती है। जब वही मेज ₹ 15540 में बेची जाती है। तो हानि या लाभ प्रतिशत की गणना कीजिए।
(a) 10% की हानि (b) 12% की हानि
(c) 12% की लाभ (d) 11% की लाभ

भाग-IV हिन्दी

61 निम्नलिखित प्रश्न में दिए गए चार विकल्पों में से उस सही विकल्प का चयन करें, जो वाक्यांश के लिए शब्द का उचित विकल्प हो।
'माँस रहित भोजन'
(a) मुमुक्षु (b) निशाचर (c) पार्थिव (d) निरामिष

62 दिए गए वाक्य में रेखांकित शब्द का तत्सम शब्द ज्ञात कीजिए।
पेड़ों पर <u>बन्दर</u> बैठे हैं।
(a) वानर (b) बान्दर (c) वन (d) बन्दरी

63 दिए गए विकल्पों में से शुद्ध वर्तनी वाले विकल्प का चयन करें।
(a) वर्तमान युग सूचना क्रान्ति का है।
(b) यहाँ का माहोल अच्छा नहीं है।
(c) उस सम्य की स्थिति ठीक नहीं थी।
(d) उस पर जाने कौन-सी धून सवार है।

64 दिए गए वाक्य में रेखांकित शब्द का विलोम शब्द ज्ञात कीजिए।
बाहर <u>शीत</u> हवा बह रही है।
(a) उष्ण (b) ठण्ड (c) मोटी (d) ठण्डापन

65 दिए गए शब्द का पर्यायवाची ज्ञात कीजिए।
'विष्णु'
(a) प्रणाली (b) लीन (c) कर्ण (d) लक्ष्मीपति

66 दिए गए वाक्य में रेखांकित शब्द का तद्भव शब्द ज्ञात कीजिए।
यह <u>उच्च</u> कोटि के लेखक हैं।
(a) उधर (b) नीचा (c) ऊपर (d) ऊँचा

67 दिए गए शब्द का विलोम शब्द ज्ञात कीजिए
'प्रत्येक'
(a) प्रति (b) सरल (c) अनेक (d) एक

68 निम्नलिखित प्रश्न में चार विकल्पों में से उस विकल्प का चयन करें, जो कोष्ठक में दिए गए शब्द के पर्यायवाची शब्द का सही विकल्प नहीं है।
हमें कभी भी किसी का भी (उपहास)........ करके उसके दिल को ठेस नहीं पहुँचानी चाहिए।
(a) परिहास (b) खिल्ली (c) मजाक (d) शची

69 दिए गए वाक्य का वह भाग ज्ञात करें, जिसमें कोई त्रुटि है।
आज इण्टरनेट घर-घर से जरूरत बन गया है।
(a) घर-घर (b) गया है।
(c) आज इण्टरनेट (d) से जरूरत बन

70 निम्नलिखित वाक्य में उस वाक्यांश को पहचानिए, जिसमें मात्राओं से सम्बन्धित अशुद्धियाँ हैं। यदि कोई गलती नहीं है, तो 'कोई त्रुटि नहीं है' का चुनाव कीजिए।
शिक्षित व्यक्ति सही और गलत में फ़र्क/ को पहचान कर समाज की बेहतरी/को लिया भी कार्य कर सकता है।
(a) कोई त्रुटि नहीं है
(b) को लिया भी कार्य कर सकता है
(c) शिक्षित व्यक्ति सही और गलत में फर्क
(d) को पहचान कर समाज की बेहतरी

71 निम्नलिखित प्रश्न में दिए गए चार विकल्पों में से उस विकल्प का चयन करें, जो दिए गए मुहावरे के अर्थ को सर्वश्रेष्ठ रूप से व्यक्त करता है।
'धाक जमाना'
(a) प्रभाव जमाना (b) रोकर दिखाना
(c) दिखावा करना (d) निडर होना

72 निम्नलिखित प्रश्न में दिए गए चार विकल्पों में से उस विकल्प का चयन करें, जो दिए गए मुहावरे के अर्थ को सर्वश्रेष्ठ रूप से व्यक्त करता है।
'अन्धे के हाथों बटेर लगना'
(a) अचानक से अपार सम्पत्ति मिलना
(b) अचानक समस्या की युक्ति मिलना
(c) संयोग से अयोग्य व्यक्ति को सफलता मिलना
(d) अकेले व्यक्ति द्वारा कोई बड़ा काम करना

73 निम्नलिखित प्रश्न में चार विकल्पों में से उस विकल्प का चयन करें, जो रिक्त स्थान के लिए सही स्त्रीलिंग रूप वाला विकल्प हो।
उसके चेहरे पर ...... लगातार गिर रही हैं।
(a) ताज (b) छप्पर
(c) कूड़ा (d) बूँदें

74 निम्नलिखित प्रश्न में चार विकल्पों में से उस सही विकल्प का चयन करें, जो वाक्यांश के लिए एक शब्द का विकल्प हो।
'किसी वाद का विरोध करने वाला'
(a) परोक्ष (b) प्रवर्तक (c) प्रतिवादी (d) प्रणतपाल

75 निम्नलिखित वाक्य में रेखांकित भाग के लिए एक सार्थक शब्द ज्ञात कीजिए।
केवल भगवान ही चक्र धारण करते हैं।
(a) चक्रधर (b) निनजा (c) अस्त्रधरता (d) विष्णु

निर्देश (प्र. सं. 76-80) *नीचे दिए गए गद्यांश में कुछ शब्द छोड़ दिए गए हैं और प्रत्येक रिक्त स्थान के चार विकल्प दिए गए हैं। इन चारों में से कौन-सा विकल्प रिक्त स्थान की पूर्ति करेगा।*

राजा राममोहन राय एक ऐसे भारतीय समाज का ·····(1)····· देख रहे थे, जिसमें प्रगतिशीलता और ·····(2)····· हो। उनके उदारवादी ·····(3)····· आधुनिक समाज को बुनने के लिए धागे का काम कर रहे थे। उन्हें इस बात का भी भान था कि मनुष्य जीवन में सबसे ·····(4)····· उसकी सजगता है, जिसके कारण उसे अपने मूलभूत ·····(5)····· और अपने उत्तरदायित्वों का पता चलता है।

76 रिक्त स्थान (1) के लिए सबसे उपयुक्त विकल्प का चयन कीजिए।
(a) देश (b) स्वप्न
(c) उत्तर (d) द्वेष

77 रिक्त स्थान (2) के लिए सबसे उपयुक्त विकल्प का चयन कीजिए।
(a) बगैर (b) पिछड़ा
(c) आधुनिकता (d) दुर्जन

78 रिक्त स्थान (3) के लिए सबसे उपयुक्त विकल्प का चयन कीजिए।
(a) समूह (b) परोपकार
(c) विचार (d) कार्यालय

79 रिक्त स्थान (4) के लिए सबसे उपयुक्त विकल्प का चयन कीजिए।
(a) आकांशा (b) महत्त्वपूर्ण
(c) अलगाव (d) कमजोर

80 रिक्त स्थान (5) के लिए सबसे उपयुक्त विकल्प का चयन कीजिए।
(a) अधिकारों (b) अवधि
(c) अन्तरिक्ष (d) अधिकारियों

उत्तरमाला

1.	(d)	2.	(a)	3.	(a)	4.	(b)	5.	(c)	6.	(a)	7.	(c)	8.	(b)	9.	(c)	10.	(b)
11.	(c)	12.	(d)	13.	(a)	14.	(a)	15.	(c)	16.	(a)	17.	(c)	18.	(b)	19.	(c)	20.	(b)
21.	(d)	22.	(a)	23.	(c)	24.	(a)	25.	(c)	26.	(b)	27.	(c)	28.	(d)	29.	(d)	30.	(a)
31.	(d)	32.	(a)	33.	(b)	34.	(b)	35.	(a)	36.	(a)	37.	(a)	38.	(d)	39.	(c)	40.	(c)
41.	(c)	42.	(b)	43.	(c)	44.	(d)	45.	(b)	46.	(c)	47.	(c)	48.	(d)	49.	(a)	50.	(d)
51.	(d)	52.	(a)	53.	(d)	54.	(c)	55.	(c)	56.	(a)	57.	(c)	58.	(c)	59.	(d)	60.	(d)
61.	(d)	62.	(a)	63.	(a)	64.	(a)	65.	(d)	66.	(d)	67.	(c)	68.	(d)	69.	(d)	70.	(b)
71.	(a)	72.	(c)	73.	(d)	74.	(c)	75.	(a)	76.	(b)	77.	(c)	78.	(c)	79.	(b)	80.	(a)

संकेत एवं हल

1. *(d)* दी गई आकृति शृंखला में प्रत्येक अगली आकृति में, मध्य में '+' का चिह्न अपने स्थान पर स्थिर रहता है। तथा बाहर की आकृति के एक छोर से एक छोटी रेखा हट जाती है, व दूसरे छोर पर एक छोटी रेखा दक्षिणावर्त दिशा में 'चरणबद्ध' तरीके से जुड़ जाती है।

इसी प्रकार विकल्प (d) की आकृति, दी गई आकृति शृंखला को पूरा करेगी।

2. *(a)* bbccddeeff/bbccddeeff/bbccddeeff/bbccddeeff

⇒ bfef

अतः विकल्प (a) में दिया गया अक्षर-समूह शृंखला को पूरा करेगा।

3. *(a)* दी गई प्रश्न आकृति विकल्प आकृति (a) में निहित है।

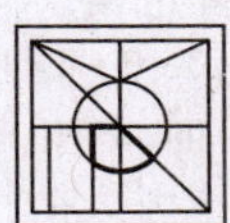

4. *(b)* दिए गए शब्दों को अंग्रेजी शब्दकोश के अनुसार निम्न क्रम में व्यवस्थित किया जा सकता है

2. Linament → 1. Line → 4. Linear → 3. Linger → 5. Linguist

अतः शब्दों का सही क्रम 2, 1, 4, 3, 5 है।

5. *(c)* जिस प्रकार, F X Y I
↓−1 ↓−1 ↓−1 ↓−1
E W X H

उसी प्रकार,

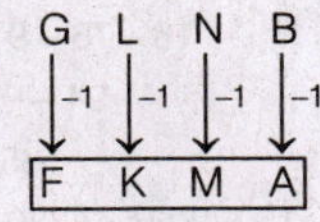

6. *(a)* पाँचों व्यक्तियों के वृत्ताकार मेज पर बैठने का क्रम निम्न है,

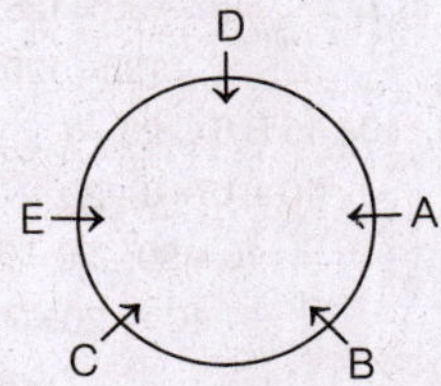

उपरोक्त से स्पष्ट है, कि B के ठीक बाईं ओर C बैठा है।

7. *(c)* जिस प्रकार, बैंगलोर को सिटी ऑफ गार्डन तथा श्रीनगर को सिटी ऑफ लेक्स कहा जाता है। उसी प्रकार, कोलकाता को सिटी ऑफ जॉय कहा जाता है।

8. *(b)* कथनानुसार,

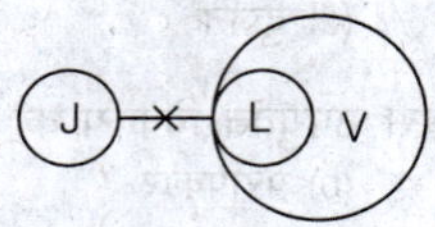

निष्कर्ष I. (✗) II. (✗)

अतः कोई भी निष्कर्ष अनुसरण नहीं करता है।

9. *(c)* दी गई आकृति शृंखला में प्रत्येक तत्व वामावर्त दिशा में 45° घूमते हैं, तथा प्रत्येक अगली आकृति में एक नया तत्व जुड़ जाता है। अतः विकल्प (c) में दी गई आकृति शृंखला की अगली आकृति होगी।

10. *(b)* दी गई आकृति शृंखला का क्रम निम्न प्रकार है,

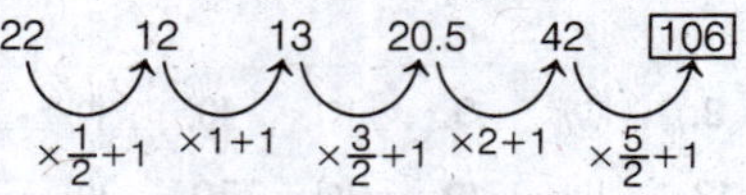

11. *(c)* जिस प्रकार,

$\overset{20\,9\,13\,5}{TIME} \rightarrow (20+9+13+5)-4$

$=47-4=43$

तथा $\overset{23\,8\,5\,14}{WHEN} \rightarrow (23+8+5+14)-4$

$=50-4=46$

उसी प्रकार,

$\overset{20\,21\,18\,14}{TURN} \rightarrow (20+21+18+14)-4$

$=73-4=\boxed{69}$

12. *(d)* $16\text{ A }13\text{ B }6\text{ C }9=85$

उपरोक्त में 'A' को + से, 'B' को × से तथा 'C' को – से बदलने पर,

$16+13\times6-9=85$

$\Rightarrow 16+78-9=85$

$\Rightarrow 94-9=85$

$\Rightarrow 85=85$

तथा $15\text{ A }20\text{ B }7\text{ C }30=125$

$15+20\times7-30=125$

$\Rightarrow 15+140-30=125$

$\Rightarrow 155-30=125$

$\Rightarrow 125=125$

तब, $10\text{A }15\text{ B }6\text{ C }20=?$

$10+15\times6-20=?$

$\Rightarrow 10+90-20=?$

$\Rightarrow 100-20=?$

$\Rightarrow ?=80$

13. *(a)* यदि प्रश्न आकृति को दर्पण रेखा AB पर रखा जाए, तो विकल्प (a) में दी गई आकृति उसका सही प्रतिबिम्ब होगी।

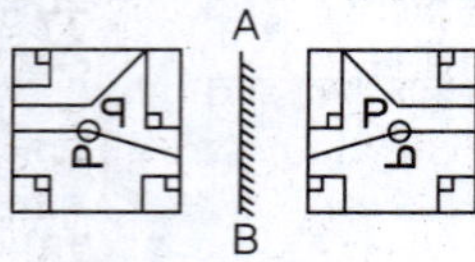

14. *(a)* विकल्प (a) में दी गई आकृति 'प्रश्न में दी गई आकृति को पूर्ण करेगी।

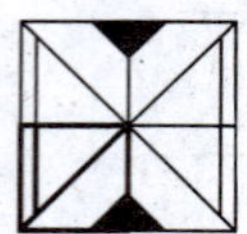

15. *(c)* दी गई शृंखला का क्रम निम्न प्रकार है,

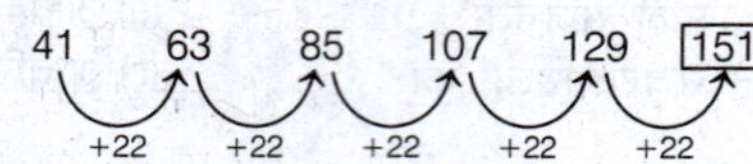

16. *(a)* जिस प्रकार,

$\frac{DE}{1}\,\frac{FI}{2}\,\frac{NI}{3}\,\frac{TE}{4} \Rightarrow \frac{FI}{2}\,\frac{TE}{4}\,\frac{DE}{1}\,\frac{NI}{3}$

तथा

$\frac{BU}{1}\,\frac{FF}{2}\,\frac{AL}{3}\,\frac{OW}{4} \Rightarrow \frac{FF}{2}\,\frac{OW}{4}\,\frac{BU}{1}\,\frac{AL}{3}$

उसी प्रकार,

$\frac{AT}{1}\,\frac{TA}{2}\,\frac{CH}{3}\,\frac{ED}{4} \Rightarrow \boxed{\frac{TA}{2}\,\frac{ED}{4}\,\frac{AT}{1}\,\frac{CH}{3}}$

17. *(c)* दी गई शृंखला का क्रम निम्न प्रकार है,

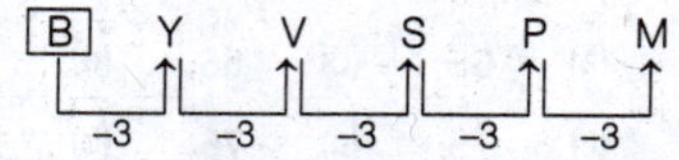

18. *(b)* सभी 8 लड़कों के बैठने का क्रम निम्न है,

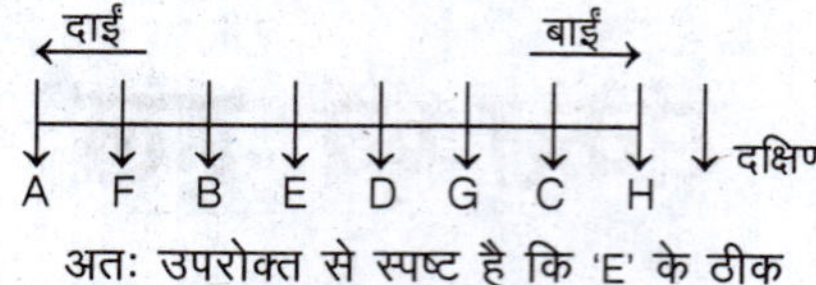

अतः उपरोक्त से स्पष्ट है कि 'E' के ठीक दाईं ओर 'B' बैठा है।

19. *(c)* विकल्प (c) में,

$3-8+6=12$

3 और 8 को आपस में बदलने पर,

$8-3+6=12$

$\Rightarrow 14-3=12$

$\Rightarrow 11\neq12$

अतः विकल्प (c) में दिया गया समीकरण सही नहीं होगा।

20. *(b)* दिया गया व्यंजक

$W \div E + F - G$

प्रश्न में दी गई सूचना के आधार पर आरेख निम्न होगा

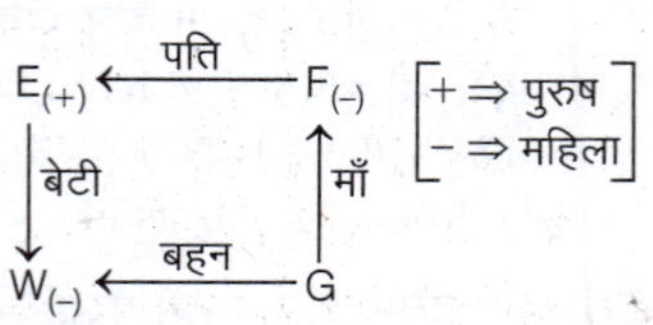

उपरोक्त से स्पष्ट है कि W, G की बहन है।

21. *(d)* फीफा विश्वकप, 2022 अर्जेण्टीना ने जीता। अर्जेण्टीना ने पेनल्टी शूटआउट (4-2) में फ्रांस को हराया। अर्जेण्टीना का यह तीसरा विश्वकप खिताब है। इससे पहले वर्ष 1978 तथा 1986 में अर्जेण्टीना ने वर्ल्ड कप जीता था।

फीफा विश्वकप, 2022 का आयोजन कतर में किया गया था।

22. *(a)* विश्व बैंक के अनुसार, वर्ष 2011 से 2019 के बीच भारत में अत्यधिक गरीबी में 12.3% की दर से कमी आई है। विश्व बैंक अनुसन्धान नीति कार्य-पत्र के अनुसार, भारत में गरीबी दर वर्ष 2011 में 22.5 से घटकर वर्ष 2019 में 10.2% हो गई है।

23. *(c)* राज्यसभा की अधिकतम सदस्य संख्या 250 है, जिनमें 238 सदस्य राज्यों तथा संघ राज्य क्षेत्रों के प्रतिनिधि होंगे तथा 12 सदस्यों को राष्ट्रपति द्वारा नामांकित किया जाएगा। राज्यसभा एक स्थायी निकाय है, इसे भंग नहीं किया जा सकता।

24. *(a)* भगवान श्रीकृष्ण और रानी सत्यभामा की कहानी 'भामाकलापम' का सम्बन्ध कुचिपुड़ी नृत्यशैली से है। कुचिपुड़ी, आन्ध्र प्रदेश राज्य का प्रसिद्ध नृत्य है। यह भारत के सबसे प्राचीन शास्त्रीय नृत्यों में से एक है।

25. *(c)* दूसरी पंचवर्षीय योजना में तेजी से औद्योगीकरण और सार्वजनिक क्षेत्रक पर बल दिया गया। इसका प्रारूप और योजना पी.सी. महालनोबिस के नेतृत्व में बनाई गई। दूसरी पंचवर्षीय योजना की अवधि वर्ष 1956-61 थी। वर्ष 1956 की औद्योगिक नीति ने आर्थिक नीति के लक्ष्य के रूप में समाज के एक समाजवादी प्रतिरूप की स्थापना को स्वीकार किया।

26. *(b)* भारतीय संविधान के अनुसार बाहरी आपात स्थितियों के दौरान, जैसे युद्ध या बाहरी आक्रमण की स्थिति में कुछ मौलिक अधिकार निलम्बित किए जा सकते (केवल अनुच्छेद-20 व 21 को छोड़कर) हैं।

अनुच्छेद-358 के अनुसार, जब राष्ट्रपति के द्वारा आपातकाल की घोषणा की जाती है, तो अनुच्छेद-19 के तहत 6 मौलिक अधिकार स्वतः ही निलम्बित हो जाते हैं।

44वें संविधान संशोधन के अनुसार, अनुच्छेद-19 को केवल तभी निलम्बित किया जा सकता है, जब युद्ध या बाहरी आक्रमण के आधार पर आपातकाल लगाया गया हो।

27. *(c)* बोहाग बिहू को रंगाली बिहू के नाम से भी जाना जाता है। बोहाग बिहू भारत के असम और उत्तर-पूर्वी राज्यों में मनाया जाने वाला एक प्रसिद्ध त्योहार है। यह असमी नववर्ष की शुरुआत का प्रतीक है। भारत में यह बैशाख महीने के विषुवत संक्रान्ति या स्थानीय रूप से बोहाग के सात दिन बाद मनाया जाता है।

28. *(d)* मौर्य साम्राज्य की राजधानी पाटलिपुत्र थी। मौर्य साम्राज्य की स्थापना चन्द्रगुप्त मौर्य ने चाणक्य की सहायता से की थी। 322 ई. पू. में चन्द्रगुप्त ने यूनानी शासक सेल्यूकस निकेटर को पराजित किया था। सेल्यूकस निकेटर का राजदूत मेगस्थनीज चन्द्रगुप्त मौर्य के शासनकाल में भारत आया। इसने 'इण्डिका' नामक पुस्तक लिखी।

29. *(d)* जुलाई, 2023 तक दीपिका देशवाल संयुक्त राष्ट्र में तीसरी बार भाषण देने वाली सबसे कम आयु की भारतीय बन गई हैं। हरियाणा की दीपिका पेशे से लॉ ऑफिसर हैं तथा पंजाब सरकार में अपनी सेवाएँ दे चुकी हैं।

30. *(a)* बेरियम हाइड्रॉक्साइड का रासायनिक सूत्र $Ba(OH)_2$ है। यह एक सफेद पाउडर के रूप में मिलता है, जिसमें कोई गन्ध नहीं होती। इसकी उत्पत्ति पानी में बेरियम ऑक्साइड मिलाने पर होती है। यह जलीय घोल में एक मजबूत कास्टिक क्षार बनाता है। यह तीन रूपों में पाया जाता है, जोकि एनहाइड्रस, मोनो-हाइड्रेट एवं ऑकटल हाइड्रेट हैं। इसका उपयोग उर्वरक, काँच, साबुन आदि बनाने में होता है।

31. *(d)* रणजीत सिंह गोल्ड कप का सम्बन्ध हॉकी खेल से है। इस कप की शुरुआत वर्ष 1978 में की गई थी। इस पुरस्कार को जीतने वाले पहले व्यक्ति परगट सिंह थे। हॉकी खेल से सम्बन्धित अन्य ट्रॉफी नेहरू ट्रॉफी, आगा खाँ ट्रॉफी तथा बीटन ट्रॉफी हैं।

32. *(a)* मुद्रा की पहली और सबसे महत्त्वपूर्ण भूमिका यह है कि यह विनिमय के माध्यम के रूप में कार्य करती है। किसी भी मुद्रा का मूल्य अन्य मुद्राओं की तुलना में लगातार बदलता रहता है। किसी वस्तु को मुद्रा कहलाने के लिए उसकी वैधानिक मान्यता का होना आवश्यक है।

33. *(b)* 'मेक इन इण्डिया' कार्यक्रम 25 सितम्बर, 2014 को लॉन्च किया गया था। यह कार्यक्रम निवेश को सुविधाजनक बनाने, नवाचार को बढ़ावा देने, सर्वोत्तम श्रेणी के विनिर्माण, बुनियादी ढाँचे का निर्माण करने, व्यवसाय करने को आसान बनाने और कौशल को बढ़ावा देने के उद्देश्य से शुरू किया गया था।

34. *(b)* 1857 के भारतीय विद्रोह का सम्बन्ध मंगल पाण्डे की फाँसी से है। मंगल पाण्डे ईस्ट इण्डिया कम्पनी की बैरकपुर, 34वीं इन्फैण्ट्री के सिपाही थे। मार्च, 1857 को चर्बी लगे कारतूस के विरोध में मंगल पाण्डे ने ब्रिटिश सरकार के खिलाफ बगावत कर दी, जिस कारण विद्रोह भड़क गया तथा 8 अप्रैल, 1857 को मंगल पाण्डे को फाँसी दे दी गई।

35. *(a)* मई, 2023 में भारतीय मूल की पुलिस अधिकारी कैप्टन प्रतिमा भुल्लर माल्डोनाडो न्यूयॉर्क पुलिस विभाग में सर्वोच्च रैंकिंग वाली दक्षिण एशियाई महिला बन गई हैं। 45 वर्षीय माल्डोनोडो का जन्म भारत के पंजाब में हुआ था।

36. *(a)* ऑफ ड्राइव एक क्रिकेट शॉट है, जिसमें बल्लेबाज अपने बल्ले को लम्बवत् घुमाता है और गेंद को जमीन के अनुदिश मारता है। गेंद को कवर और मिड ऑफ के बीच मारा जाता है। क्रिकेट खेल से सम्बन्धित कुछ अन्य महत्त्वपूर्ण शॉट हुक शॉट, पुल शॉट, स्टेट ड्राइव तथा ऑन ड्राइव आदि हैं। क्रिकेट इंग्लैण्ड का राष्ट्रीय खेल है। इसकी एक टीम में खिलाड़ियों की संख्या 11 होती है।

37. *(a)* राधा श्रीधर को भरतनाट्यम नृत्यशैली में उनके योगदान के लिए संगीत नाटक अकादमी द्वारा सम्मानित किया गया। यह पुरस्कार उन्हें वर्ष 2018 में दिया गया। राधा श्रीधर का जन्म फरवरी, 1938 में कर्नाटक में हुआ था। इन्होंने वर्ष 1969 में बेंगलुरु में 'वेंकटेश नाट्य मन्दिर' नामक संस्था की स्थापना कर लाखों युवाओं को भरतनाट्यम का प्रशिक्षण दिया है।

उल्लेखनीय है कि भरतनाट्यम दक्षिण भारत की शास्त्रीय नृत्यशैली है। इसे 'सधिरेअट्टम' भी कहा जाता है। यह तमिलनाडु राज्य का शास्त्रीय नृत्य है।

38. *(d)* फीफा विश्वकप, 2022 की मेजबानी कतर देश ने की थी। इस टूर्नामेण्ट में 32 टीमों ने भाग लिया था। अरब क्षेत्र में आयोजित होने वाला यह पहला विश्वकप था।

फीफा अन्तर्राष्ट्रीय फुटबॉल विश्वकप एक ऐसी प्रतियोगिता है, जिसका आयोजन प्रत्येक 5 वर्ष में किया जाता है। फीफा विश्वकप, 2022 का विजेता अर्जेण्टीना था।

वर्ष 2026 में फीफा विश्वकप की मेजबानी संयुक्त राज्य अमेरिका, मैक्सिको तथा कनाडा द्वारा संयुक्त रूप से की जाएगी।

39. *(c)* अंकिता रैना लॉन टेनिस खेल खेलती हैं। वर्ष 1993 में गुजरात के अहमदाबाद में जन्मी अंकिता ने वर्ष 2009 में अपने करियर की शुरुआत की। उन्होंने 11 एकल खिताब जीते हैं।

अंकिता ने अपना पहला ओलम्पिक टोक्यो (जापान) में वर्ष 2020 में खेला था।

40. *(c)* जनवरी, 2023 में उत्तराखण्ड राज्य सरकार ने सरकारी नौकरियों में राज्य की निवासी महिलाओं के लिए 30% क्षैतिज आरक्षण प्रदान करने वाला कानून पारित किया है। उत्तराखण्ड लोक सेवा आयोग ने 14 मार्च, 2024 पी. सी. एस. के विभिन्न पदों (189 पदों) के लिए विज्ञापन जारी किया, जिसमें खण्ड 10 (डी) में उत्तराखण्ड की मूल निवासी महिला उम्मीदवारों को 30% क्षैतिज आरक्षण प्रदान किया गया।

उत्तराखण्ड देश का 27वाँ राज्य है, जिसका गठन 9 नवम्बर, 2000 को उत्तर प्रदेश से पृथक् कर किया गया था।

41. *(c)* माना 30, 120 और 15 का चतुर्थ समानुपाती 'a' है।

$$\Rightarrow \quad \frac{30}{120} = \frac{15}{a}$$

$$a = 60$$

42. *(b)* दिया है,

घन की भुजा की लम्बाई $(a) = 14$ सेमी

$\because$ पार्श्व पृष्ठीय क्षेत्रफल $= 4a^2$

$= 4 \times (14)^2 = 4 \times 196$

$= 784$ सेमी^{2}

43. *(c)* X की चाल $= 12$ किमी/घण्टा

Y की चाल $= 16$ किमी/घण्टा

6 घण्टे में X, द्वारा तय की गई दूरी

$= 12 \times 6 = 72$ किमी

Y और X की सापेक्ष चाल $= 16 - 12$

$= 4$ किमी/घण्टा

Y को X तक पहुँचाने में लगा समय

$= \frac{72}{4} = 18$ घण्टे

Y को X तक पहुँचने में, तय की गई कुल दूरी $= 18 \times 16 = 288$ किमी

44. *(d)* दिया है,

विक्रय मूल्य (SP) = अंकित मूल्य (MP) $\times \frac{5}{12}$

$$\frac{SP}{MP} = \frac{5}{12}$$

माना SP = ₹ $5x$, और MP = ₹ $12x$

यदि 50% हानि पर बेचा गया था तो क्रय मूल्य (CP) $= \frac{5x}{50} \times 100 = ₹ 10x$

$\therefore \quad MP : CP = 12x : 10x = 6:5$

45. *(b)* दिया है,
$42 + 43 - 6$ का $4 \times \{45 \div (7-2)\}$
BODMAS के नियम अनुसार,
$42 + 43 - 6 \times 4 \times (45 \div 5)$
$= 42 + 43 - 24 \times 9$
$= 42 + 43 - 216$
$= 85 - 216 = -131$

अभीष्ट मान $= -131$

46. *(c)* A और B का 1 दिन का कार्य $= \frac{3}{14}$

B और C का 1 दिन का कार्य $= \frac{5}{12}$

C और A का 1 दिन का कार्य $= \frac{3}{16}$

A, B और C का 1 दिन का कार्य

$$= \frac{1}{2}\left(\frac{3}{14} + \frac{5}{12} + \frac{3}{16}\right)$$

$$= \frac{1}{2}\left(\frac{72 + 140 + 63}{336}\right)$$

$$= \frac{1}{2}\left(\frac{275}{336}\right)$$

अतः A, B और C द्वारा 2 दिनों में किया गया कार्य का हिस्सा $= 2 \times \frac{1}{2}\left(\frac{275}{366}\right) = \frac{275}{336}$

वैकल्पिक विधि

प्रश्नानुसार,

$A + B = \frac{14}{3}$ — 72
$B + C = \frac{12}{5}$ — 140 → 336
$C + A = \frac{16}{3}$ — 63

$2(A+B+C)$ की क्षमता
$= 72 + 140 + 63 = 275$

$A+B+C$ की क्षमता $= \frac{275}{2}$

2 दिन में, किया गया कार्य का हिस्सा

$$= 2 \times \frac{\frac{275}{2}}{336} = \frac{275}{336}$$

47. *(c)* माना दोनों संख्याएँ क्रमशः a और b हैं।

प्रश्नानुसार, $a = \frac{b}{2}$

$\Rightarrow \quad b = 2a \quad \ldots(i)$

और, $\frac{a+b}{2} = 15$

$\Rightarrow \quad a + b = 30 \quad \ldots(ii)$

$\Rightarrow \quad a + 2a = 30$ [समी (i) से]

$\Rightarrow \quad 3a = 30$

$\therefore \quad a = 10$

$\therefore$ पहली संख्या 10 है।

48. *(d)* माना V को मिलने वाले अंक $= 100$

तब, U के अंक $= 100 \times \frac{105}{100} = 105$

V के अंकों का U के अंकों से कमी प्रतिशत

$$= \frac{5}{105} \times 100 = 4.7\%$$

49. *(a)* $4400 - (3200 \div 16) + 32 \times 4$

BODMAS के नियम अनुसार,

$4400 - 200 + 128 = 4528 - 200$
$= 4328$

$\therefore$ अभीष्ट मान $= 4328$

50. *(d)* दिया है,

$$A \times \frac{4}{5} = B \times \frac{2}{5}$$

$$\frac{A}{B} = \frac{2}{4} \Rightarrow \frac{A}{B} = \frac{1}{2}$$

अतः $A : B = 1 : 2$

51. *(d)* **11 से विभाज्यता का नियम** संख्या में विषम स्थान वाले अंकों का योग और सम स्थान वाले अंकों के योग का अन्तर 0 या 11 से विभाज्य होना चाहिए।

विकल्प (d) से, 2763

$\Rightarrow (7+3) - (6+2) = 10 - 8 = 2$

अतः संख्या 2763, 11 से विभाज्य नहीं है।

52. *(a)* माना चार संख्याएँ क्रमशः a, b, c और d हैं, तब

$$\frac{a+b+c+d}{4} = 24$$

$a + b + c + d = 24 \times 4 = 96 \quad \ldots(i)$

$$\frac{a+b}{2} = 2 \times \frac{c+d}{2}$$

$a + b = 2(c+d)$

$(a+b)$ का मान समी (i) में रखने पर,

$2(c+d) + (c+d) = 96$

$\Rightarrow \quad 3(c+d) = 96$

$\Rightarrow \quad (c+d) = 32$

$\therefore$ अन्तिम दो संख्याओं का योग $= 32$

53. *(d)* दिया है,

5 शर्ट का क्रय मूल्य (CP)
= 3 शर्ट का विक्रय मूल्य (SP)

$\Rightarrow \quad 5 \times CP = 3 \times SP$

$\Rightarrow \quad \frac{CP}{SP} = \frac{3}{5}$

$\therefore$ लाभ प्रतिशत $= \frac{5-3}{3} \times 100 = 66.66\%$

54. *(c)* समय $(t) = 2$ वर्ष $= 4$ छमाही

चक्रवृद्धि ब्याज (CI) = ₹ 10210.2

मूलधन (P) = ₹ 22000

माना ब्याज दर $= r\%$ प्रति अर्द्धवार्षिक

हम जानते हैं कि,

मिश्रधन $(A) = P\left(1 + \frac{r}{100}\right)^t$

$$22000 + 10210.2 = 22000 \times \left(1 + \frac{r}{100}\right)^4$$

$\Rightarrow \quad 32210.2 = 22000 \times \left[\frac{100+r}{100}\right]^4$

$\Rightarrow \quad \left[\frac{100+r}{100}\right]^4 = 1.4641$

$\Rightarrow \quad [100+r]^4 = 14641 \times (10)^4$

$\Rightarrow \quad (100+r)^4 = (11)^4 \times (10)^4$

$\Rightarrow \quad (100+r) = 11 \times 10$

$\Rightarrow \quad 100 + r = 110$

$\therefore \quad r = 10\%$

$\because$ ब्याज पर अर्द्धवार्षिक संयोजित थी।

तो वार्षिक ब्याज दर $= 2 \times 10 = 20\%$ वार्षिक

55. *(c)* माना A, B और C द्वारा कार्य को पूरा करने में लिया गया समय क्रमशः x दिन, y दिन और z दिन है।

प्रश्नानुसार, $\frac{1}{y} + \frac{1}{z} = \frac{4}{21} \quad \ldots(i)$

$\frac{1}{x} + \frac{1}{z} = \frac{2}{7} \quad \ldots(ii)$

$\frac{1}{x} = \frac{1}{7} \quad \ldots(iii)$

समी (ii) में $\frac{1}{x} = \frac{1}{7}$ रखने पर,

$$\frac{1}{7} + \frac{1}{z} = \frac{2}{7}$$

$$\frac{1}{z} = \frac{1}{7}$$

समी (i) में $\frac{1}{z} = \frac{1}{7}$ रखने पर,

$$\frac{1}{y} + \frac{1}{7} = \frac{4}{21}$$

$$\frac{1}{y} = \frac{4}{21} - \frac{1}{7} = \frac{4-3}{21} = \frac{1}{21}$$

अतः B को अकेले कार्य पूरा करने में 21 घण्टे लगेंगे।

वैकल्पिक विधि

$A = 7$ — 3
$B + C = \frac{21}{4}$ — 4 → 21
$C + A = \frac{7}{2}$ — 6

$\because A$ की क्षमता $= 3$

$\therefore C$ की क्षमता $= 6 - 3 = 3$

B की क्षमता $= 4 - 3 = 1$

$\therefore$ अभीष्ट समय $= \frac{21}{1} = 21$ घण्टे

56. *(a)* अंकित मूल्य (MP) = ₹ 6600

विक्रय मूल्य (SP) = ₹ 4752

छूट प्रतिशत $= \frac{6600 - 4752}{6600} \times 100$

$$= \frac{1848}{66} = 28\%$$

57. *(c)* $420 + 64 \div 8 - 3 \times 2$

BODMAS के नियम अनुसार,

$420 + 8 - 6 = 428 - 6 = 422$

$\therefore$ अभीष्ट मान $= 422$

58. *(c)* मूलधन $(P) = \$1000$, दर $(R) = 5\%$

समय $(T) = 2$ वर्ष

साधारण ब्याज (SI) $= \dfrac{P \times R \times T}{100}$

$= \dfrac{1000 \times 5 \times 2}{100}$

$= \$100$

59. *(d)* माना A का प्रारम्भिक मान $= 100$

20% वृद्धि तथा 30% कमी के बाद,

$A = 100 \times \dfrac{120}{100} \times \dfrac{70}{100} = 84$

A का अन्तिम मान, A के प्रारम्भिक मान का $\dfrac{84}{100} \times 100 = 84\%$ है।

वैकल्पिक विधि

$x = +20\%$, $y = -30\%$

कुल वृद्धि/कमी प्रतिशत $= x + y + \dfrac{xy}{100}$

$= 20 - 30 - \dfrac{600}{100}$

$= -16\%$

अतः A का अन्तिम मान, A के प्रारम्भिक मान का $(100 - 16) = 84\%$ है।

60. *(d)* विक्रय मूल्य $=$ ₹ 11480, हानि $= 18\%$,

तो क्रय मूल्य $= \dfrac{11480}{100 - 18} \times 100$

$= \dfrac{11480}{82} \times 100$

$=$ ₹ 14000

₹ 15540 में बेचने पर लाभ

$= 15540 - 14000$

$=$ ₹ 1540

$\therefore$ लाभ प्रतिशत $= \dfrac{1540}{14000} \times 100 = 11\%$

61. *(d)* 'माँस रहित भोजन' वाक्यांश के लिए एक शब्द 'निरामिष' है। अन्य विकल्प असंगत हैं।

62. *(a)* दिए गए वाक्य में रेखांकित शब्द बन्दर का तत्सम शब्द 'वानर' होता है। 'बन्दर' तद्भव शब्द रूप है। अन्य विकल्प असंगत हैं।

63. *(a)* दिए गए विकल्पों में से शुद्ध वर्तनी वाला विकल्प है–वर्तमान युग सूचना क्रान्ति का है। अन्य विकल्प वर्तनी की दृष्टि से अशुद्ध हैं।

64. *(a)* दिए गए वाक्य में रेखांकित शब्द 'शीत' का विलोम शब्द 'उष्ण' है। 'शीत' का अर्थ ठण्ड है तथा इसके विपरीत 'उष्ण' शब्द का अर्थ 'गर्म' है। अन्य विकल्प असंगत हैं।

65. *(d)* 'विष्णु' शब्द का पर्यायवाची शब्द 'लक्ष्मीपति' है। विष्णु शब्द के अन्य पर्यायवाची शब्द गरुड़ध्वज, दामोदर, चक्रपाणि, केशव, माधव, दामोदर, नारायण हैं। अन्य विकल्प असंगत हैं।

66. *(d)* वाक्य में रेखांकित शब्द 'उच्च' का तद्भव शब्द 'ऊँचा' है। 'उच्च' शब्द तत्सम रूप है तथा 'ऊँचा' शब्द तद्भव रूप है। अन्य विकल्प असंगत हैं।

67. *(c)* 'प्रत्येक' शब्द का विलोम शब्द 'अनेक' है। प्रत्येक शब्द का अर्थ प्रति एक से है तथा इसके विपरीत अनेक शब्द का अर्थ बहुत सारे से है। अन्य विकल्प असंगत हैं।

68. *(d)* कोष्ठक में दिए गए शब्द 'उपहास' का पर्यायवाची शब्द 'शची' नहीं है, जबकि अन्य दोनों विकल्प परिहास, खिल्ली और मजाक, उपहास के पर्यायवाची हैं।

69. *(d)* दिए गए वाक्य में ''से जरूरत बन गया है'' वाक्यांश में त्रुटि है। सही वाक्य इस प्रकार है– 'आज इण्टरनेट घर-घर की जरूरत बन गया है।'

70. *(b)* दिए गए वाक्य में ''को लिया भी कार्य कर सकता है'' वाक्यांश में मात्रा सम्बन्धी अशुद्धि है। अतः शुद्ध वाक्य इस प्रकार है– शिक्षित व्यक्ति सही और गलत में फर्क/को पहचानकर समाज की बेहतरी/के लिए भी कार्य कर सकता है।

71. *(a)* 'धाक जमाना' मुहावरे का अर्थ है-प्रभाव जमाना।

वाक्य प्रयोग विकास जहाँ भी जाता है, वहीं अपनी धाक जमा लेता है।

72. *(c)* ''अन्धे के हाथों में बटेर लगना'' मुहावरे का अर्थ है– संयोग से अयोग्य व्यक्ति को सफलता मिलना।

वाक्य प्रयोग सूरज मात्र आठवीं पास है फिर भी उसकी सरकारी नौकरी लग गई। इसी को कहते हैं- अन्धे के हाथ बटेर लगना।

73. *(d)* प्रश्न में दिए गए रिक्त स्थान के लिए सही स्त्रीलिंग रूप वाला विकल्प 'बूँदें' हैं। अतः पूर्ण वाक्य इस प्रकार है–उसके चेहरे पर बूँदें लगातार गिर रही हैं।

74. *(c)* ''किसी वाद का विरोध करने वाला'' वाक्यांश के लिए शब्द 'प्रतिवादी' है। अन्य विकल्प असंगत हैं।

75. *(a)* दिए गए वाक्य में रेखांकित भाग 'चक्र धारण' के लिए एक सार्थक शब्द 'चक्रधर' होगा। अन्य विकल्प असंगत हैं।

76. *(b)* रिक्त स्थान (1) के लिए सबसे उपयुक्त विकल्प 'स्वप्न' है। अतः पूर्ण वाक्य है–राजा राममोहन राय एक ऐसे भारतीय समाज का स्वप्न देख रहे थे। अन्य विकल्प असंगत हैं।

77. *(c)* रिक्त स्थान (2) के लिए सबसे उपयुक्त विकल्प 'आधुनिकता' है। अतः पूर्ण वाक्य है–जिससे प्रगतिशीलता और आधुनिकता हो।

78. *(c)* रिक्त स्थान (3) के लिए सबसे उपयुक्त विकल्प 'विचार' है। पूर्ण वाक्य है–उनके उदारवादी विचार आधुनिक समाज को बुनने के लिए धागे का काम कर रहे थे। अन्य विकल्प असंगत हैं।

79. *(b)* रिक्त स्थान (4) के लिए सबसे उपयुक्त विकल्प 'महत्त्वपूर्ण' है। अतः पूर्ण वाक्य है–मनुष्य जीवन में सबसे महत्त्वपूर्ण उसकी सजगता है। अन्य विकल्प असंगत हैं।

80. *(a)* रिक्त स्थान (5) के लिए सबसे उपयुक्त विकल्प 'अधिकारों' है। अतः पूर्ण वाक्य है–उसे अपने मूलभूत अधिकारों और अपने उत्तरदायित्वों का पता चलता है। अन्य विकल्प असंगत हैं।

21 फरवरी 2024
(शिफ्ट III)

सॉल्वड पेपर 2024

SSC कांस्टेबल (जीडी) सेट 07

भाग-I सामान्य बुद्धिमत्ता एवं तर्कशक्ति

1 निम्नलिखित में से कौन-सा अक्षर संख्या समूह दी गई श्रृंखला में रिक्त स्थान (.........) पर आएगा?

YTW0, ..., UPS1, SNQ0, QLO1, OJM1

(a) VTU1 (b) WRU1 (c) VRW0 (d) WRU0

2 सात मित्र, A, B, C, D, E, F और G एक वृत्ताकार मेज के चारों ओर केन्द्र से बाहर की ओर मुख करके बैठे हैं। D, G के ठीक दाईं ओर बैठा है। C और E के ठीक बीच में A बैठा है। B, F के ठीक बाईं ओर बैठा है। G और C पड़ोसी नहीं हैं। E, D के आसन्न बैठा है। F के ठीक दाईं ओर कौन बैठा है?

(a) B (b) A (c) E (d) G

3 नीचे एक श्रृंखला दी गई है, जिसमें एक पद लुप्त है। दिए गए विकल्पों में से उस विकल्प का चयन कीजिए, जो श्रृंखला को पूरा करेगा।

RMJE, VQNI, ZURM, DYVQ, ?

(a) HNRM (b) HCZU
(c) HMCZ (d) HMNR

4 दिए गए विकल्पों में से किन दो चिह्नों को आपस में बदलने पर निम्नलिखित समीकरण सही होगा?

$10-3+2\times12\div6=6$

(a) = और + (b) − और =
(c) + और − (d) × और +

5 निम्नलिखित प्रश्न में, दिए गए विकल्पों में से सम्बन्धित अक्षर-युग्म का चयन कीजिए।

XKNS: WJMR :: ?

(a) EADT : DZCS (b) BOEF : DJKI
(c) KUQP : RSHO (d) MZJG : ARZO

6 नीचे एक श्रृंखला दी गई है, जिसमें एक पद लुप्त है। दिए गए विकल्पों में से उस विकल्प का चयन कीजिए, जो श्रृंखला को पूरा करेगा।

PQMN, STPQ, VWST, YZVW, ?

(a) BCYZ (b) BMPQ (c) BTPQ (d) MCTQ

7 निम्नलिखित प्रश्न आकृतियों में दर्शाए गए अनुसार कागज के एक टुकड़े को मोड़कर उसमें छेद किया जाता है। दी गई विकल्प आकृतियों में से बताइए कि खोले जाने पर यह कैसा दिखाई देगा?

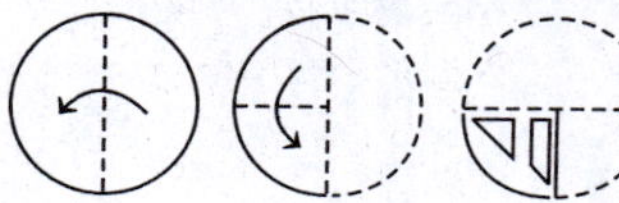

(a) (b) (c) (d)

8 निम्नलिखित में से उस विकल्प का चयन कीजिए जो तीसरे शब्द से ठीक उसी प्रकार सम्बन्धित है, जिस प्रकार दूसरा शब्द पहले शब्द से सम्बन्धित है।

कलाकार : कैनवास : मूर्तिकार : ?

(a) पत्थर (b) रंग (c) कलम (d) कागज

9 नीचे दिए गए शब्दों को अंग्रेजी शब्दकोश क्रम के अनुसार व्यवस्थित करने के बाद, कौन-सा शब्द 'पाँचवें' स्थान पर आएगा?

1. Whip 2. While
3. White 4. Whisk 5. Whiff

(a) Whisk (b) Whip
(c) White (d) While

10 नीचे दर्शाए गए अनुसार एक कागज को मोड़कर काटा जाता है। खोले जाने पर यह कैसा दिखाई देगा?

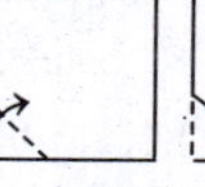 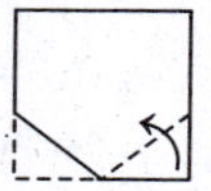 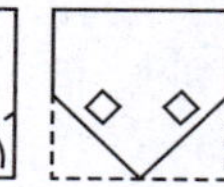

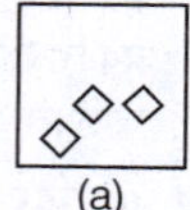 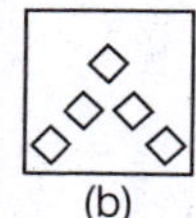 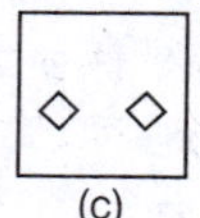 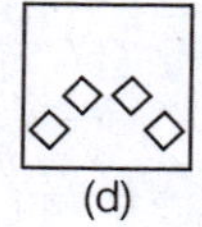

(a) (b) (c) (d)

11 दिए गए पासे को मोड़ने पर, कौन-सा अक्षर 'K' वाले फलक के विपरीत फलक पर होगा?

J	K	O		
		T	M	H

(a) M (b) H (c) T (d) O

12 एक निश्चित कूटभाषा में, 'HOST' को '9724' लिखा जाता है, 'KINDO' को '45310' लिखा जाता है, 'KNOWS' को '37654' लिखा जाता है। उसी कूटभाषा में 'W' को कैसे लिखा जाएगा?

(a) 7 (b) 5 (c) 6 (d) 4

13 दिए गए विकल्पों में से किन दो चिह्नों को आपस में बदलने पर निम्नलिखित समीकरण सही होगा?

$15\div9\times8+12-4=17$

(a) × और ÷ (b) + और ÷
(c) × और − (d) × और +

14 दिए गए विकल्पों में से उस आकृति का चयन कीजिए जिसे दी गई आकृति श्रृंखला में प्रश्नचिह्न (?) के स्थान पर रखा जा सकता है।

?

(a) (b) (c) (d)

15 निम्नलिखित प्रश्न में विकल्पों में दी गई उस आकृति का चयन कीजिए जिसे प्रश्नचिह्न (?) के स्थान पर रखा जा सकता है?

?

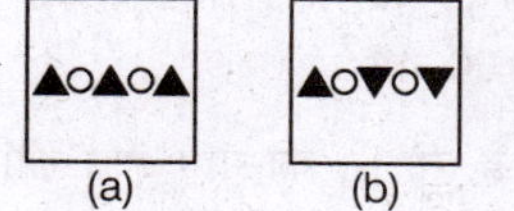

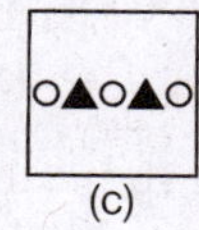

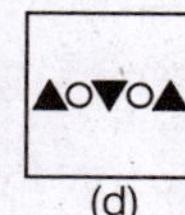

(a) (b) (c) (d)

16 पाँच व्यक्ति अमाण्डा, बेन, कैरोल, डेविड और एमिली एक वृत्ताकार मेज पर केन्द्र की ओर मुख करके बैठे हैं। बेन और डेविड के बीच में कैरोल बैठी है। एमिली, अमाण्डा के बाईं ओर बैठी है। अमाण्डा और डेविड पड़ोसी नही हैं। अमाण्डा के ठीक दाईं ओर कौन बैठा/बैठी है?

(a) कैरोल (b) डेविड (c) बेन (d) एमिली

17 दिए गए विकल्पों में से निम्नलिखित श्रृंखला से लुप्त संख्या का चयन कीजिए।

1, 16, 31, 46, 61, ?

(a) 80 (b) 70 (c) 78 (d) 76

18 एक निश्चित कूट भाषा में, 'ELEVEN' को 'GNGXGP' लिखा जाता है, 'TWENTY को 'VYGPVA' लिखा जाता है, तो उसी कूट भाषा में 'FORTY' को कैसे लिखा जाएगा?

(a) HTQVA (b) HQTUA
(c) HPTVA (d) HQTVA

19 निम्नलिखित प्रश्न में कुछ कथन और उन कथनों के आधार पर कुछ निष्कर्ष दिए गए हैं। आपको दिए गए कथनों को सत्य मानना है, चाहे व सामान्यतः ज्ञात तथ्यों से भिन्न प्रतीत होते हों। सभी निष्कर्षों को ध्यानपूर्वक पढ़िए और निश्चय कीजिए, कि दिए गए निष्कर्षों में से कौन-सा निष्कर्ष कथनों का तार्किक रूप से अनुसरण करता है।

कथन

सभी W, C हैं।

कुछ P, W हैं।

निष्कर्ष

I. कुछ C, P हैं।

II. कोई P, C नहीं है।

III. कुछ C, W हैं।

(a) निष्कर्ष I और II दोनों अनुसरण करते हैं
(b) निष्कर्ष II और III दोनों अनुसरण करते हैं
(c) केवल निष्कर्ष II अनुसरण करता है
(d) निष्कर्ष I और III दोनों अनुसरण करते हैं

20 निम्नलिखित में से कौन-सी संख्या दी गई श्रृंखला में प्रश्नचिह्न (?) के स्थान पर आएगी?

8463, 8384, 8305, 8226, ?, 8068

(a) 8103 (b) 8147
(c) 8184 (d) 8088

भाग-II सामान्य ज्ञान

21 एफआईएच पुरुष हॉकी विश्व कप, 2023 की मेजबानी किस भारतीय राज्य ने की थी?

(a) ओड़िशा (b) कर्नाटक
(c) तमिलनाडु (d) झारखण्ड

22 किसी देश का सकल घरेलू उत्पाद अर्थव्यवस्था के विभिन्न क्षेत्रों अर्थात् .... से प्राप्त होता है।

(a) वाणिज्यिक और व्यापारिक क्षेत्रों
(b) कृषि क्षेत्र, औद्योगिक क्षेत्र और सेवा क्षेत्र
(c) ग्रामीण और शहरी क्षेत्रों
(d) केवल कृषि क्षेत्र और औद्योगिक क्षेत्र

23 प्राचीन भारत के दौरान तमिल क्षेत्र में साधारण हलवाहों को .... के नाम से जाना जाता था।

(a) उझावर (b) अदिमाई
(c) वेल्लालर (d) कदैसियार

24 इन्दिरा गाँधी के नेतृत्व में भारत की कौन-सी पंचवर्षीय योजना शुरू की गई थी?

(a) तीसरी (b) चौथी
(c) पहली (d) दूसरी

25 भारत की वर्ष 2011 की जनगणना के अनुसार, निम्नलिखित में से कौन-सा राज्य/केन्द्रशासित प्रदेश सबसे अधिक साक्षर है?

(a) चण्डीगढ़
(b) अण्डमान और निकोबार द्वीपसमूह
(c) तमिलनाडु
(d) गोवा

26 हरेली, कजरी और मड़ई त्योहार का सम्बन्ध निम्नलिखित में से किस राज्य से है?

(a) उत्तर प्रदेश (b) हरियाणा
(c) पंजाब (d) छत्तीसगढ़

27 भारतीय संविधान के किस अनुच्छेद के तहत स्वतन्त्रता के अधिकार में कोई भी पेशा, व्यवसाय, व्यापार या वाणिज्य करने का अधिकार शामिल है?

(a) अनुच्छेद-23 से 24 (b) अनुच्छेद-14 से 18
(c) अनुच्छेद-25 से 28 (d) अनुच्छेद-19 से 22

28 कार की बैटरियों में किस रासायनिक यौगिक का उपयोग किया जाता है, जिसका सूत्र $PbSO_4$ है?

(a) लेड ऑक्साइड (b) सल्फ्यूरिक अम्ल
(c) लेड सल्फाइड (d) लेड सल्फेट

29 प्रसिद्ध भरतनाट्यम व्याख्याता और कलाक्षेत्र की संस्थापक, रुक्मिणी देवी अरुण्डेल वर्ष 1956 में .... की गौरवान्वित प्राप्तकर्ता थीं।

(a) कालिदास सम्मान (b) भारत रत्न
(c) पद्म भूषण (d) नटराज अकादमी पुरस्कार

30 निम्नलिखित में से कौन संसदीय समिति की रिपोर्ट की अध्यक्षता करता है, जिसने 'कोविड-19 महामारी : वैश्विक प्रतिक्रिया, भारत का योगदान और आगे का रास्ता' रिपोर्ट तैयार की है?
(a) राजस्थान सिंह (b) अरुण जेटली
(c) नरेन्द्र मोदी (d) पी.पी. चौधरी

31 भारत के उपराष्ट्रपति किस विधायी निकाय के पदेन अध्यक्ष के रूप में कार्य करते हैं?
(a) राज्य विधानपरिषद् (b) लोकसभा
(c) राज्यसभा (d) राज्य विधानसभा

32 .... से पहले भारत जनांकिकीय संक्रमण के पहले चरण में था।
(a) वर्ष 1980 (b) वर्ष 1990
(c) वर्ष 1921 (d) वर्ष 1960

33 भारत की .... किमी लम्बी भूमि सीमा और द्वीप प्रदेशों सहित 7,516.6 किमी लम्बी तटरेखा है।
(a) 15,1067 (b) 5,106.7 (c) 9,106.7 (d) 25,106.7

34 एफआईएच पुरुष हॉकी विश्व कप-2023 किस देश ने जीता है?
(a) नीदरलैण्ड्स (b) ऑस्ट्रेलिया
(c) बेल्जियम (d) जर्मनी

35 वर्ष 1919 में गाँधीजी ने रॉलेट एक्ट, जिसने अभिव्यक्ति की स्वतन्त्रता जैसे .... पर अंकुश लगाया था, के विरुद्ध सत्याग्रह का आह्वान किया।
(a) मौलिक कर्त्तव्य (b) केवल नागरिक अधिकार
(c) मौलिक अधिकार (d) अन्तर्राष्ट्रीय अधिकार

36 केन्द्रीय वस्तु एवं सेवा कर (संशोधन) विधेयक, 2023 के सम्बन्ध में निम्नलिखित में से कौन-सा कथन सही है?
I. इसे अगस्त, 2023 में लोकसभा में पेश किया गया था।
II. यह केन्द्रीय वस्तु एवं सेवा कर (CGST) अधिनियम, 2017 का संशोधन करता है।

कूट
(a) केवल I (b) केवल II
(c) I और II दोनों (d) न तो I और न ही II

37 डण्डारी नृत्य शैली का सम्बन्ध भारत के किस राज्य से है?
(a) तेलंगाना (b) महाराष्ट्र (c) केरल (d) हरियाणा

38 1 अक्टूबर, 2022 से भारत के महान्यायवादी के रूप में किसे नियुक्त किया गया है?
(a) मुकुल रोहतगी (b) सोली सोराबजी
(c) के.के वेणुगोपाल (d) आर. वेंकटरमणी

39 निम्नलिखित में से किस गायिका को 19 भाषाओं में फिल्म पार्श्व गायन में उनके योगदान के लिए वर्ष 2023 में पद्म भूषण से सम्मानित किया गया था?
(a) सुलोचना चव्हाण (b) वाणी जयराम
(c) के.एस.चित्रा (d) डी.के. पत्तम्मल

40 वर्ष 1909 में .... के गठन के साथ क्रिकेट एक अन्तर्राष्ट्रीय खेल बन गया।
(a) आईवाईसी (b) आईपीएल
(c) आईसीसी (d) बीसीसी

भाग-III गणित

41 एक विद्यार्थी के 6 विषयों में प्राप्त औसत अंक 75 है यदि उस विद्यार्थी को एक विषय में 80 अंक प्राप्त होते है, तो शेष विषयों में प्राप्त कुल अंक कितने होंगे?
(a) 380 (b) 340
(c) 350 (d) 370

42 एक वस्तु 40% और 50% की दो क्रमिक छूट के बाद ₹ 204 में बेची जाती हैं। वस्तु का अंकित मूल्य कितना है?
(a) ₹ 840 (b) ₹ 680
(c) ₹ 720 (d) ₹ 540

43 यदि समकोण त्रिभुज की सबसे लम्बी भुजा 17 सेमी है और ऊँचाई 15 सेमी है, तो समकोण त्रिभुज का क्षेत्रफल ज्ञात कीजिए।
(a) 58 सेमी^{2} (b) 54 सेमी^{2}
(c) 56 सेमी^{2} (d) 60 सेमी^{2}

44 यदि $p-q=9$ और $p^2+q^2=127$ है, तो pq का मान ज्ञात कीजिए।
(a) 15 (b) 27 (c) 23 (d) 12

45 किसी संख्या का 27% उसी संख्या के 13% से 56 अधिक है। संख्या का मान कितना हैं?
(a) 360 (b) 420
(c) 380 (d) 400

46 $2^3 \times 3^5$ और $2^4 \times 3^6$ का महत्तम समापवर्तक क्या है?
(a) 2×3^2 (b) $2^2 \times 3^2$
(c) $2^3 \times 3^5$ (d) $2^3 \times 3^3$

47 यदि किसी घड़ी का वास्तविक मूल्य ₹ 500 है और इसमें पहले 10% की वृद्धि की जाती है, फिर 15% की कमी की जाती है, तो घड़ी का अन्तिम मूल्य कितना है?
(a) ₹ 405.67 (b) ₹ 456.70
(c) ₹ 467.50 (d) ₹ 476.60

48 सीमा एक काम को 120 दिनों में पूरा कर सकती है, अंजलि उसी काम को 144 दिनों में पूरा कर सकती है। और सोनिया उसी काम को 180 दिनों में पूरा कर सकती है। यदि वे तीनों उस काम को एक साथ मिलकर करते हैं और उन्हें ₹ 3300 का भुगतान किया जाता है, तो भुगतान में से अंजलि का हिस्सा कितना है?
(a) ₹ 1100 (b) ₹ 2500
(c) ₹ 2000 (d) ₹ 1700

49 एक मिश्रण में अम्ल और पानी का अनुपात 7 : 4 है। यदि इसमें 2 लीटर पानी मिला दिया जाए तो अम्ल और पानी का अनुपात 7 : 5 हो जाता है। मिश्रण में अम्ल की मात्रा कितनी है?
(a) 7 लीटर (b) 14 लीटर
(c) 20 लीटर (d) 21 लीटर

50 एक कुर्सी का अंकित मूल्य उसके क्रय मूल्य से 10% अधिक है। यदि ₹ 11 की छूट देने के बाद कुर्सी ₹ 132 में बेची जाती है, तो लाभ प्रतिशत कितना होगा?
(a) 2% (b) 1.78%
(c) 1.21% (d) 1.53%

51 यदि एक पंखे का विक्रय मूल्य ₹ 306 है और हानि 32% है, तो पंखे का क्रय मूल्य कितना है?
(a) ₹ 380 (b) ₹ 350 (c) ` 450 (d) ` 400

52 एक विद्यालय में कुल 560 विद्यार्थी हैं। विद्यालय में लड़के और लड़कियों का अनुपात 13 : 15 है। यदि विद्यालय में 40 और लड़कों का दाखिला हो जाता है, तो लड़के और लड़कियों का नया अनुपात कितना होगा?
(a) 1 : 1 (b) 2 : 3 (c) 3 : 1 (d) 2 : 1

53 S_1 अकेले एक काम को 16 दिनों कर सकता है और S_2 अकेले उसी काम को 80 दिनों में कर सकता है। S_3 की सहायता से वे उसी काम को 6 दिनों में पूरा करते है। S_3 अकेले उसी काम को कितने दिनों मे पूरा कर सकता है?
(a) 7 दिन (b) 12 दिन
(c) 9 दिन (d) 120/11 दिन

54 $[289 \div \{68 \div 4 \times (14 + 2 \times 6 - 9)\}]$ का मान कितना है?
(a) 0 (b) 17 (c) 289 (d) 1

55 एक निश्चित धनराशि पर 13% की वार्षिक दर से, 5 वर्षों में ₹ 2275 साधारण ब्याज प्राप्त होता है। वह धनराशि ज्ञात कीजिए।
(a) ₹ 4200 (b) ₹ 4000
(c) ₹ 3500 (d) ₹ 5600

56 ₹ 1000 पर 2 वर्ष के लिए प्राप्त चक्रवृद्धि ब्याज (अर्द्धवार्षिक रूप से संयोजित) ₹ 464.1 है। वार्षिक ब्याज दर कितनी है?
(a) 35% (b) 20%
(c) 30% (d) 25%

57 T, U और V का औसत भार 42 किग्रा है। यदि T और U का औसत भार 40 किग्रा है, U और V का औसत भार 36 किग्रा है, तो U का भार कितना है?
(a) 22 किग्रा (b) 24 किग्रा
(c) 26 किग्रा (d) 29 किग्रा

58 निम्नलिखित में से कौन-सी संख्यों 11 से विभाज्य है?
(a) 9164 (b) 6589
(c) 4857 (d) 8962

59 दो लड़के एक 900 मी लम्बे पुल के विपरीत छोरों पर खड़े हैं। यदि वे क्रमशः 10 मी/मिनट और 8 मी/मिनट की चाल से एक-दूसरे की ओर चलते है, तो वे एक-दूसरे से कितने समय में मिलेंगे?
(a) 50 मिनट (b) 38 मिनट
(c) 62 मिनट (d) 25 मिनट

60 एक वस्तु के क्रय मूल्य और विक्रय मुल्य के बीच ₹ 120 का अन्तर है। यदि लाभ 10% है, तो विक्रय मूल्य क्या है?
(a) ₹ 1320 (b) ₹ 1440
(c) ₹ 1000 (d) ₹ 1200

भाग-IV हिन्दी

61 निम्नलिखित वाक्य में रेखांकित भाग के लिए एक सार्थक शब्द ज्ञात कीजिए।
हरिद्वार में तीन नदियों का संगम होता है।
(a) समागम (b) संगम (c) त्रिवेणी (d) त्रियामा

62 निम्नलिखित प्रश्न में चार विकल्पों में से उस विकल्प का चयन करें, जो कोष्ठक में दिए गए शब्द के पर्यायवाची शब्द का सही विकल्प है।
आस-पास के लोगों के साथ (पहचान) ……… होना चाहिए।
(a) कपट (b) परिचय
(c) उपहार (d) प्रपंच

63 निम्नलिखित प्रश्न में दिए गए चार विकल्पों में से उस विकल्प का चयन करें, जो दिए गए मुहावरे के अर्थ को सर्वश्रेष्ठ रूप से व्यक्त करता है।
अड्डा जमाना
(a) स्थाई रूप से रहने वाला (b) बहुत फायदा होना
(c) उपहास करना (d) विरोध करना

64 निम्नलिखित प्रश्न में चार विकल्पों में से उस विकल्प का चयन करें, जो कोष्ठक में दिए गए शब्द के तत्सम रूप का सही अर्थ है।
जब हम कठिन कार्यों को चुनौती के रूप में स्वीकार करते हैं और उन्हें खुशी और (उछाह) ……… से निष्पादित करते हैं, तो चमत्कार हो सकते हैं।
(a) उत्साह (b) उपवास
(c) उच्च (d) उत्थान

65 दिए गए वाक्य का वह भाग ज्ञात करें, जिसमें कोई त्रुटि है।
आज माँ आनन्दमयी के निधन पर आशा का अन्धकार छाया हुआ है।
(a) आज माँ आनन्दमयी (b) के निधन पर
(c) छाया हुआ है (d) आशा का अन्धकार

66 दिए गए वाक्यांश के लिए सार्थक शब्द ज्ञात कीजिए।
पीछे चलने वाला
(a) निर्गम (b) आगत
(c) अनुगत (d) पिछलग्गू

67 दिए गए वाक्य में रेखांकित शब्द का विलोम शब्द ज्ञात कीजिए।
हमें हर किसी से दुर्व्यवहार करना चाहिए।
(a) सद्व्यवहार (b) सुव्यवस्था
(c) सद्प्रेरणा (d) सत्कर्म

68 दिए गए वाक्य में रेखांकित शब्द के लिए सही वर्तनी ज्ञात कीजिए
तुम्हारे चिल्लाने से पूरा मुहल्ला बाहर आ गया है।
(a) महल्लो (b) महल्ला
(c) मोहल्ला (d) बाहर

69 निम्नलिखित प्रश्न में चार विकल्पों में से उस विकल्प का चयन करें, जो दी गई लोकोक्ति का सही अर्थ वाला विकल्प है।
आए थे हरिभजन को ओटन लगे कपास
(a) बहुत अनुभवी होना
(b) अच्छा कार्य करके भूल जाना
(c) एक साथ कई कार्य करना
(d) किसी कार्य विशेष की उपेक्षा कर किसी अन्य कार्य में लग जाना

70 निम्नलिखित प्रश्न में चार विकल्पों में से उस विकल्प का चयन करें, जो कोष्ठक में दिए गए शब्द के तद्भव रूप का सही विकल्प है।
आज भी गाँवों में (गोमय) ……… का उपयोग घरों को साफ और स्वच्छ रखने के लिए किया जाता है।
(a) गोबर (b) घरनी
(c) गीध (d) गोसाई

71 निम्नलिखित प्रश्न में चार विकल्पों में से उस विकल्प का चयन करें, जो कोष्ठक में दिए गए शब्द का सही विलोम शब्द है।
सभी को (ईश्वर) ……… पर भरोसा होना चाहिए।
(a) देव (b) देवता
(c) अनीश्वर (d) इष्ट

72 निम्नलिखित प्रश्न में चार विकल्पों में से उस विकल्प का चयन करें, जो कोष्ठक में दिए गए शब्द के पर्यायवाची शब्द का सही विकल्प है।
मेरे घर में हमेशा भगवान जी को (कदली) ……… फल चढ़ाया जाता है।
(a) मन्मथ (b) करकट
(c) कूल (d) गजवसा

73 दिए गए वाक्य का वह भाग ज्ञात करें, जिसमें कोई त्रुटि है। यदि कोई त्रुटि नहीं है, तो 'कोई त्रुटि नहीं हैं, चुनें।
बाघ और बकरी एक ही घाट से पानी पीती हैं।
(a) से पानी पीती हैं (b) एक ही घाट
(c) बाघ और बकरी (d) कोई त्रुटि नहीं है

74 निम्नलिखित वाक्य में रेखांकित भाग के लिए सार्थक शब्द ज्ञात कीजिए
विशाल <u>बहुत बोलता</u> है।
(a) प्रवक्ता (b) अधिवक्ता
(c) मितभाषी (d) वाचाल

75 दिए गए वाक्य में रेखांकित शब्द के लिए सही वर्तनी ज्ञात कीजिए।
अपराधी को <u>पेष</u> किया जाए।
(a) पेक्ष (b) प्रेस (c) पेश (d) पेस

निर्देश (प्र. सं. 76-80) *नीचे दिए गए गद्यांश में कुछ शब्द छोड़ दिए गए हैं, प्रत्येक अनुच्छेद के सामने चार विकल्प दिए गए हैं। इस गद्यांश को ध्यानपूर्वक पढ़ें और चार विकल्पों में से सर्वोत्तम उत्तर वाला विकल्प चुनें।*

भारत देश किसी जमाने में सोने की चिड़िया कहा जाता था, अपने वैभव और ……… के लिए जाना जाता था। लेकिन समय के बदलाव के चलते हमारे देश पर कई बाहरी ताकतों ने ……… किया, जिससे हमारे देश की हालत खराब हो गई। हमारे देश में ……… पर बिल्कुल भी ध्यान नहीं दिया जाता है। आपने देखा होगा कि हमारे देश का कोई बड़ा राज्य हो या शहर हो या फिर गाँव हो या फिर कोई गली या मोहल्ला हो, वहाँ पर भी आपको कूड़ा-करकट मिलेगा। हमारे देश के विकास में बाधा पहुँचाने वाली समस्याओं में एक मुख्य कारण गन्दगी है, क्योंकि इसके कारण लोग हमारे देश में आना पसन्द नहीं करते हैं और जिससे हमारे देश को इतनी ख्याति नहीं मिलती है। हमारा देश भी पूर्णतया स्वच्छ हो, इसके लिए कई ……… ने सपने देखे थे और उन्हें साकार करने की भी कोशिश की थी, लेकिन वह किसी कारण सफल नहीं हो पाए। हमारे देश को स्वच्छ बनाने के लिए भारत सरकार ने एक नई योजना निकाली है, जिसका नाम 'स्वच्छ भारत अभियान रखा गया है। इस अभियान के तहत सभी देशवासियों को इसमें ……… होने के लिए कहा गया है।

76 भारत देश किसी जमाने में सोने की चिड़िया कहा जाता था, अपने वैभव और ……… के लिए जाना जाता था।
(a) संस्कार (b) धन
(c) सोने (d) संस्कृति

77 समय के बदलाव के चलते हमारे देश पर कई बाहरी ताकतों ने ……… किया।
(a) काम (b) प्राप्त
(c) ऐतराज (d) राज

78 हमारे देश में………पर बिल्कुल भी ध्यान नहीं दिया जाता है।
(a) स्वच्छता (b) बच्चों
(c) गाँवों (d) लोगों

79 हमारा देश भी पूर्णतया स्वच्छ हो, इसके लिए कई………ने सपने देखे थे।
(a) योजनाओं (b) महापुरुषों
(c) देशों (d) पड़ोसियों

80 इस अभियान के तहत सभी देशवासियों को इसमें………होने के लिए कहा गया है।
(a) नहीं (b) बातें
(c) दूर (d) शामिल

उत्तरमाला

1.	(b)	2.	(d)	3.	(b)	4.	(d)	5.	(a)	6.	(a)	7.	(c)	8.	(a)	9.	(c)	10.	(d)
11.	(a)	12.	(c)	13.	(b)	14.	(a)	15.	(a)	16.	(c)	17.	(d)	18.	(d)	19.	(d)	20.	(b)
21.	(a)	22.	(b)	23.	(a)	24.	(b)	25.	(d)	26.	(d)	27.	(d)	28.	(d)	29.	(c)	30.	(d)
31.	(c)	32.	(c)	33.	(a)	34.	(d)	35.	(c)	36.	(c)	37.	(a)	38.	(d)	39.	(b)	40.	(c)
41.	(d)	42.	(b)	43.	(d)	44.	(c)	45.	(d)	46.	(c)	47.	(c)	48.	(a)	49.	(b)	50.	(d)
51.	(c)	52.	(a)	53.	(d)	54.	(d)	55.	(c)	56.	(b)	57.	(c)	58.	(b)	59.	(a)	60.	(a)
61.	(c)	62.	(b)	63.	(a)	64.	(a)	65.	(d)	66.	(c)	67.	(a)	68.	(c)	69.	(d)	70.	(a)
71.	(c)	72.	(d)	73.	(a)	74.	(d)	75.	(c)	76.	(d)	77.	(d)	78.	(a)	79.	(b)	80.	(d)

संकेत एवं हल

1. (b) दी गई शृंखला का क्रम निम्न प्रकार है,

Y $\xrightarrow{-2}$ W $\xrightarrow{-2}$ U $\xrightarrow{-2}$ S $\xrightarrow{-2}$ Q $\xrightarrow{-2}$ O
T $\xrightarrow{-2}$ R $\xrightarrow{-2}$ P $\xrightarrow{-2}$ N $\xrightarrow{-2}$ L $\xrightarrow{-2}$ J
W $\xrightarrow{-2}$ U $\xrightarrow{-2}$ S $\xrightarrow{-2}$ Q $\xrightarrow{-2}$ O $\xrightarrow{-2}$ M
0 1 1 0 1 1

∴ ? = WRU1

2. (d) प्रश्नानुसार,

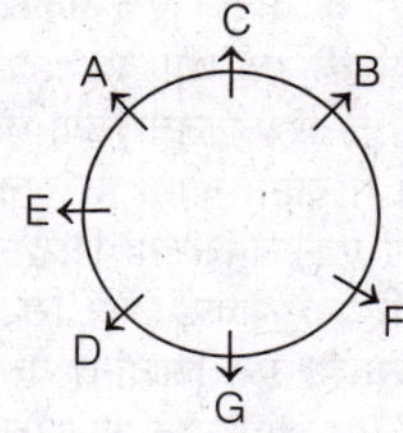

अतः F के ठीक दाईं ओर G बैठा है।

3. (b) दी गई शृंखला निम्न प्रकार है,

R $\xrightarrow{+4}$ V $\xrightarrow{+4}$ Z $\xrightarrow{+4}$ D $\xrightarrow{+4}$ H
M $\xrightarrow{+4}$ Q $\xrightarrow{+4}$ U $\xrightarrow{+4}$ Y $\xrightarrow{+4}$ C
J $\xrightarrow{+4}$ N $\xrightarrow{+4}$ R $\xrightarrow{+4}$ V $\xrightarrow{+4}$ Z
E $\xrightarrow{+4}$ I $\xrightarrow{+4}$ M $\xrightarrow{+4}$ Q $\xrightarrow{+4}$ U

∴ ? = HCZU

4. (d) $10 - 3 + 2 \times 12 \div 6 = 6$

विकल्प (d) के अनुसार चिह्न '×' और '+' को आपस में बदलने पर,

$$10 - 3 \times 2 + 12 \div 6 = 6$$
$$\Rightarrow \quad 10 - 3 \times 2 + 2 = 6$$
$$\Rightarrow \quad 10 - 6 + 2 = 6$$
$$\Rightarrow \quad 6 = 6$$

LHS = RHS

5. (a) जिस प्रकार,

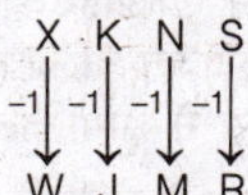

उसी प्रकार,

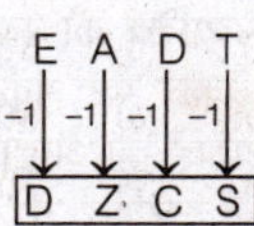

6. (a) दी गई शृंखला का क्रम निम्न प्रकार है,

P $\xrightarrow{+3}$ S $\xrightarrow{+3}$ V $\xrightarrow{+3}$ Y $\xrightarrow{+3}$ B
Q $\xrightarrow{+3}$ T $\xrightarrow{+3}$ W $\xrightarrow{+3}$ Z $\xrightarrow{+3}$ C
M $\xrightarrow{+3}$ P $\xrightarrow{+3}$ S $\xrightarrow{+3}$ V $\xrightarrow{+3}$ Y
N $\xrightarrow{+3}$ Q $\xrightarrow{+3}$ T $\xrightarrow{+3}$ W $\xrightarrow{+3}$ Z

∴ ? = BCYZ

7. (c) कागज को खोलने पर यह विकल्प (c) की आकृति जैसा दिखाई देगा।

8. (a) जिस प्रकार, कलाकार अपने चित्र कैनवास पर बनाते हैं। उसी प्रकार, मूर्तिकार अपने मूर्ति पत्थर से बनाते हैं।

9. (c) शब्दकोश के अनुसार शब्दों के क्रम निम्न है,

Whiff → While → Whip → Whisk → White

अतः शब्द 'White' पाँचवें स्थान पर आएगा।

10. (d) कागज को खोलने पर यह उत्तर आकृति (d) जैसा दिखाई देगा।

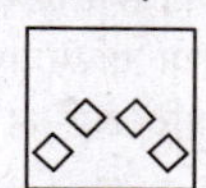

11. (a) दिए गए पासे में,

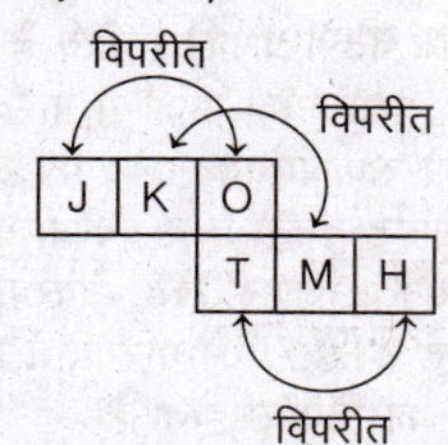

अतः अक्षर 'K' वाले फलक के विपरीत फलक पर अक्षर 'M' होगा।

12. (c) प्रश्नानुसार,

H O S T → 9 7 2 4
K I N D O → 4 5 3 1 0
K N O W S → 3 7 6 5 4

अतः W का कूट = 6

13. (b) दिया गया समीकरण

$$15 \div 9 \times 8 + 12 - 4 = 17$$

विकल्प (b) से '+' और '÷' को आपस में बदलने पर,

$$15 + 9 \times 8 \div 12 - 4 = 17$$
$$\Rightarrow \quad 15 + 9 \times \frac{8}{12} - 4 = 17$$
$$\Rightarrow \quad 15 + 6 - 4 = 17$$
$$\Rightarrow \quad 21 - 4 = 17$$
$$\Rightarrow \quad 17 = 17$$

LHS = RHS

14. (a) दी गई आकृति शृंखला के प्रत्येक अगली आकृति में एक वृत्त को त्रिभुज में बदला जा रहा है। इस प्रकार, प्रश्नचिह्न के स्थान पर विकल्प (a) की आकृति होगी।

15. (a) दी गई आकृति शृंखला के प्रत्येक अगली आकृति में वैकल्पिक रूप से पहले वृत्त फिर काले रंग का त्रिभुज जोड़ा जा रहा है। इस प्रकार, प्रश्नचिह्न के स्थान पर विकल्प (a) की आकृति होगी।

16. (c) प्रश्नानुसार,

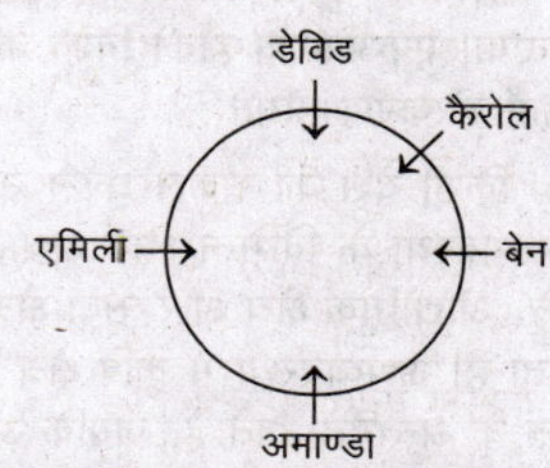

अतः अमाण्डा के ठीक दाईं ओर बेन बैठा है।

17. (d) दी गई शृंखला का क्रम निम्न प्रकार है

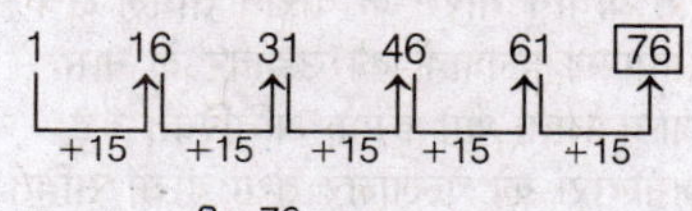

∴ ? = 76

18. (d) जिस प्रकार,

E L E V E N
+2 +2 +2 +2 +2 +2
G N G X G P

और

T W E N T Y
+2 +2 +2 +2 +2 +2
V Y G P V A

उसी प्रकार,

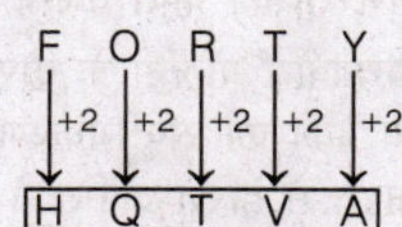

19. (d) कथनानुसार,

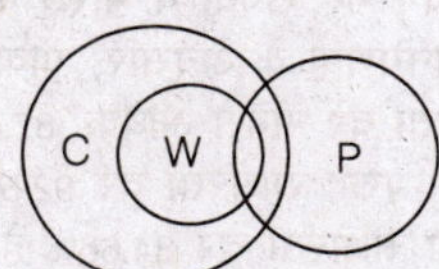

निष्कर्ष I. (✓) II. (✗) III. (✓)

अतः केवल निष्कर्ष I और III अनुसरण करते हैं।

20. *(b)* दी गई शृंखला का क्रम निम्न प्रकार है,

8463 8384 8305 8226 [8147] 8068

−79 −79 −79 −79 −79

∴ ? = 8147

21. *(a)* एफआईएच पुरुष हॉकी विश्व कप की मेजबानी भारत के ओडिशा राज्य ने की थी। यह भुवनेश्वर के कलिंगा स्टेडियम और राउरकेला के बिरसा मुण्डा स्टेडियम में आयोजित किया गया था। इस कप के फाइनल में जर्मनी ने बेल्जियम को (5-4) से हराया। अगला एफआईएच हॉकी विश्व का आयोजन वर्ष 2026 में वेवर बेल्जियम और अम्स्तेलवीन नीदलैण्ड्स में आयोजित किया जाएगा। एफआईएच हॉकी विश्व कप का 16वाँ संस्करण होगा।

22. *(b)* किसी देश का सकल घरेलू उत्पाद अर्थव्यवस्था के विभिन्न क्षेत्रों अर्थात् कृषि क्षेत्र, औद्योगिक क्षेत्र और सेवा क्षेत्र से प्राप्त होता है। अर्थव्यवस्था में कृषि क्षेत्र प्राथमिक क्षेत्र के अन्तर्गत आते हैं, जबकि औद्योगिक और सेवा क्षेत्र क्रमशः द्वितीयक और तृतीयक क्षेत्र के अन्तर्गत आते हैं।

23. *(a)* प्राचीन भारत के दौरान तमिल क्षेत्र में, साधारण हलवाहों को उझावर के नाम से जाना जाता था। इसके अतिरिक्त बड़े जमींदारों को वेल्लालर तथा दासों सहित भूमिहीन मजदूरों को कदैसियार और आदिमई के नाम से जाना जाता था। चूँकि उझावर खाद्यान्न निर्माता थे, इसलिए समाज में इन्हें सम्मानजनक स्थान प्राप्त था।

24. *(b)* चौथी पंचवर्षीय योजना इन्दिरा गाँधी के नेतृत्व में शुरू की गई थी। चौथी पंचवर्षीय योजना का कार्यकाल वर्ष 1969 से 1974 तक था।

इस योजना का मुख्य उद्देश्य स्थिरता के साथ विकास करना और आर्थिक आत्मनिर्भरता को प्राप्त करना था।

चौथी पंचवर्षीय योजना के दौरान 14 प्रमुख भारतीय बैंकों का राष्ट्रीयकरण किया गया और भारत में हरित क्रान्ति ने कृषि को उन्नत किया।

25. *(d)* दिए गए राज्यों में भारत की वर्ष 2011 की जनगणना के अनुसार, गोवा राज्य की साक्षरता दर सबसे अधिक (87.40%) है, जिसमें पुरुष साक्षरता दर 92.55% तथा महिला साक्षरता दर 84.66% है। इसके अतिरिक्त अण्डमान व निकोबार द्वीपसमूह की साक्षरता दर 81.30% तमिलनाडु की साक्षरता 82.9% तथा चण्डीगढ़ की साक्षरता दर 81.9% है। उल्लेखनीय है कि वर्ष 2011 की जनगणना के अनुसार भारत की साक्षरता दर 74.04% है, जिसमें पुरुष 82.14% तथा महिला 65.46% है।

26. *(d)* हरेली, कजरी और मड़ई त्योहार का सम्बन्ध छत्तीसगढ़ राज्य से है। हरेली त्योहार में छत्तीसगढ़ के किसान अपनी धान की बुवाई करके कृषि औजार की पूजा करते हैं, जिससे वर्षभर कृषि की बेहतर उपज हो सके। कजरी त्योहार भी एक मानसून त्योहार है, जो छत्तीसगढ़ के किसानों द्वारा मानसून की विदाई और नई फसलों की तैयारी के समय मनाया जाता है। मड़ई छत्तीसगढ़ के आदिवासियों द्वारा मनाया जाने वाला त्योहार है, जो राज्य की समृद्ध संस्कृति और परम्परा को दर्शाता है।

27. *(d)* भारतीय संविधान में स्वतन्त्रता का अधिकार अनुच्छेद-19 से 22 में है, जो नागरिकों को कुछ मौलिक स्वतन्त्रता की गारण्टी देते हैं। इसमें भाषण और अभिव्यक्ति का अधिकार, व्यक्तिगत स्वतन्त्रता तथा गरिमापूर्ण जीवन जीने की स्वतन्त्रता आदि शामिल हैं।

28. *(d)* कार की बैटरियों में लेड सल्फेट का उपयोग किया जाता है, जिसका सूत्र $PbSO_4$ है। जब बैटरी प्रभारित होती है तब विद्युतीय ऊर्जा रासायनिक ऊर्जा में परिवर्तित होती है जिससे सकारात्मक पलेट पर लेड ऑक्साइड बनता है व नकारात्मक प्लेट पर लेड बनता जिससे लेड ऑक्साइड पुनः लेड सल्फेट ($PbSO_4$) में परिवर्तित होने पर ऊर्जा का निकास होता है।

29. *(c)* प्रसिद्ध भरतनाट्यम व्याख्याता और कलाक्षेत्र की संस्थापक, रुक्मिणी देवी अरुण्डेल को वर्ष 1956 में पद्म भूषण से सम्मानित किया गया। इनका जन्म 29 फरवरी, 1904 को हुआ था। वह भारत की राज्यसभा चुनाव के लिए नामांकित होने वाली पहली महिला थीं। इन्हें भरतनाट्यम के पुनर्जागरण का श्रेय भी दिया जाता है।

30. *(d)* पी.पी. चौधरी ने उस संसदीय समिति रिपोर्ट की अध्यक्षता की थी, जिसने 'कोविड-19 महामारी; वैश्विक प्रतिक्रिया, भारत का योगदान और आगे का रास्ता', रिपोर्ट तैयार की थी। संसदीय समिति सांसदों का एक पैनल है, जिसे सदन द्वारा नियुक्त या निर्वाचित किया जाता है। संसदीय समिति के अध्यक्ष लोकसभा अध्यक्ष के निर्देशन में कार्य करते हैं। इस समिति की उत्पत्ति ब्रिटिश संसद में हुई थी।

31. *(c)* भारत के उपराष्ट्रपति राज्यसभा के पदेन अध्यक्ष के रूप में कार्य करते हैं। संविधान के अनुच्छेद-53 के अनुसार उपराष्ट्रपति राज्यसभा का पदेन अध्यक्ष होता है, जो राज्यसभा के सत्रों की अध्यक्षता करते हैं। उल्लेखनीय है कि उपराष्ट्रपति भारत के राष्ट्रपति के बाद दूसरा सर्वोच्च संवैधानिक पद है। इनका कार्यकाल 5 वर्षों का होता है। उपराष्ट्रपति का पद अमेरिका के संविधान से लिया गया है।

32. *(c)* वर्ष 1921 से पहले भारत जनांकिकीय संक्रमण के पहले चरण में था। इस चरण की विशेषता उच्च जन्म दर और उच्च मृत्यु दर थी। इसलिए वर्ष 1921 से पहले की अवधि में जनसंख्या वृद्धि दर स्थिर रही थी। वर्ष 1911-21 के दौरान एक नकारात्मक विकास दर दर्ज की गई थी। वर्ष 1921-1951 के दशकों को स्थिर जनसंख्या वृद्धि की अवधि के रूप मे जाना जाता है। जनांकिकीय संक्रमण एक जनसंख्या सिद्धान्त है, जो जनसांख्यिक आँकड़े और सिद्धान्त पर आधारित है। इस सिद्धान्त के प्रतिपादक डब्ल्यू. एम. थॉम्पसन और फ्रेंक डब्ल्यू. नोएस्टीन हैं।

33. *(a)* भारत की कुल 15,106.7 किमी लम्बी भूमि सीमा और द्वीप प्रदेशों सहित 7,516.6 किमी लम्बी तटरेखा है। भारत उत्तर से दक्षिण तक 3214 किमी और पूर्व से पश्चिम तक 2933 किमी के क्षेत्र में विस्तृत है। भारत क्षेत्रफल की दृष्टि से दुनिया का सातवाँ सबसे बड़ा देश है।

34. *(d)* एफआईएच पुरुष हॉकी विश्व कप-2023 जर्मनी ने जीता। भारत के ओडिशा में सम्पन्न हुए एफआईएच पुरुष हॉकी विश्व कप के फाइनल मुकाबले में जर्मनी ने पेनल्टी शूटआउट में बेल्जियम को (5-4) गोल से हराया। जर्मनी के प्लेयर निकलास वेलेन को प्रतियोगिता के सर्वश्रेष्ठ खिलाड़ी और सर्वश्रेष्ठ फॉरवर्ड का पुरस्कार भी दिया गया। उल्लेखनीय है कि भारत ने चौथी बार पुरुष हॉकी विश्व कप की मेजबानी की है। वर्ष 2026 में एफआईएच पुरुष हॉकी विश्व कप का आयोजन बेल्जियम और नीदरलैण्ड्स में आयोजित किया जाएगा।

35. *(c)* वर्ष 1919 में गाँधीजी ने रॉलेट एक्ट, जिसने अभिव्यक्ति की स्वतन्त्रता जैसे मौलिक अधिकार पर अंकुश लगाया था, के विरुद्ध सत्याग्रह का आह्वान किया। ब्रिटिश औपनिवेशिक सरकार ने भारत में क्रान्तिकारियों के प्रभाव को समाप्त करने के लिए 'सर सिडनी रॉलेट' की अध्यक्षता में एक समिति नियुक्त की थी।

इस समिति की सिफारिश के आधार पर एक विधेयक लाया गया, जिसे रॉलेट एक्ट के नाम से जाना जाता है। इस विधेयक का उद्देश्य देश में हो रहे राष्ट्रवादी विद्रोह को रोकना था।

36. *(c)* केन्द्रीय वस्तु एवं सेवा कर (संशोधन) विधेयक, 2023 के सम्बन्ध में दिए गए दोनों कथन सत्य हैं। इसे अगस्त, 2023 में लोकसभा में पेश किया गया तथा यह केन्द्रीय वस्तु एवं सेवा कर (CGST) अधिनियम, 2017 का संशोधन करता है। जीएसटी विधेयक, 2023 ने जीएसटी अपीलीय न्यायाधिकरण के अध्यक्ष की ऊपरी सीमा 65 वर्ष से बढ़ाकर 67 वर्ष कर दी।

उल्लेखनीय है कि जीएसटी एक अप्रत्यक्ष कर है, जो वर्ष 2017 से लागू किया गया था। जीएसटी के लिए अलग-अलग टैक्स 0%, 5%, 12%, 18% और 28% शामिल हैं। कुछ वस्तुओं; जैसे-पेट्रोलियम, शराब आदि को जीएसटी के अन्तर्गत छूट भी दी गई है।

37. *(a)* डण्डारी नृत्य शैली का सम्बन्ध भारत के तेलंगाना राज्य से है। डण्डारी नृत्य तेलंगाना के धुरवा जनजाति द्वारा किया जाता है। इस नृत्य में नर्तकों के साथ वादक दल भी होता है। डण्डारी नृत्य में बाँस की खपच्चियों को एक-दूसरे से टकराकर ढोलक और बाँसुरी के साथ जुगलबन्दी का नृत्य किया जाता है।

38. *(d)* 1 अक्टूबर, 2022 में भारत के 16वें महान्यायवादी के रूप में आर. वेंकटरमणी को नियुक्त किया गया। आर. वेंकटरमणी सर्वोच्च न्यायालय के वरिष्ठ वकील हैं तथा इन्हें वर्ष 2010 में विधि आयोग का सदस्य भी बनाया गया था।

भारतीय संविधान के अनुच्छेद-76 में महान्यायवादी के पद का प्रावधान है। महान्यायवादी की नियुक्ति राष्ट्रपति द्वारा सरकार की सलाह पर की जाती है। वह राष्ट्रपति के प्रसादपर्यन्त पद धारण करता है। भारत की प्रथम महान्यायवादी एम.सी थे।

39. *(b)* वाणी जयराम को 19 भाषाओं में फिल्म पार्श्व गायन में उनके योगदान के लिए वर्ष 2023 में पद्म भूषण से सम्मानित किया गया था।

वाणी जयराम का जन्म वर्ष 1945 में तमिलनाडु में हुआ था। इन्हें 'आधुनिक भारत की मीरा' भी कहा जाता है। वाणी जयराम ने हिन्दी के अतिरिक्त अन्य कई भारतीय भाषाओं जैसे तेलुगू, तमिल, मलयालम, कन्नड़ और बंगाली आदि भाषाओं में गाया है।

40. *(c)* वर्ष 1909 में आईसीसी (ICC) के गठन के साथ क्रिकेट एक अन्तर्राष्ट्रीय खेल बन गया। आईसीसी की स्थापना ऑस्ट्रेलिया, इंग्लैण्ड और दक्षिण अफ्रीका के प्रतिनिधियों द्वारा इम्पीरियल क्रिकेट सम्मेलन के रूप में की गई थी। इसका मुख्यालय दुबई में है। आईसीसी के वर्तमान में 104 सदस्य राष्ट्र हैं। वर्तमान में ग्रेग बार्कले आईसीसी के चेयरमैन हैं।

41. *(d)* 6 विषयों के अंकों का औसत $= 75$

6 विषयों में कुल अंक $= 75 \times 6$
$= 450$

$\because$ एक विषय में प्राप्त अंक $= 80$

तो शेष 5 विषयों के अंक $= 450 - 80$
$= 370$

42. *(b)* माना वस्तु का अंकित मूल्य $=$ ₹ x

40% और 50% दो क्रमिक छूट के बाद विक्रय मूल्य,

$$x \times \frac{60}{100} \times \frac{50}{100} = 204$$

$$x = 680$$

अंकित मूल्य $=$ ₹ 680

वैकल्पिक विधि

$x = 40, y = 50$

कुल छूट $= -x - y + \frac{xy}{100}$

$= -40 - 50 + 20$

$= -90 + 20 = -70$

अंकित मूल्य $= \frac{204 \times 100}{100 - 70}$

$= \frac{204 \times 100}{30} =$ ₹ 680

43. *(d)*

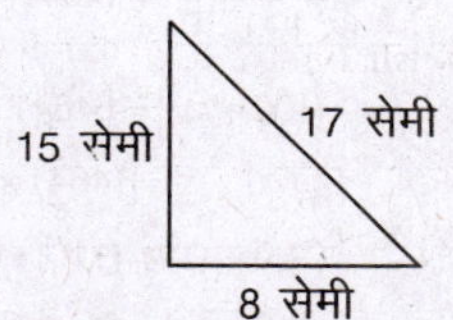

पाइथागोरस त्रिक (8, 15, 17) के अनुसार, आधार की लम्बाई = 8 सेमी

समकोण त्रिभुज का क्षेत्रफल

$= \frac{1}{2} \times$ आधार $\times$ ऊँचाई

$= \frac{1}{2} \times 15 \times 8 = 15 \times 4 = 60$ सेमी^{2}

44. *(c)* दिया है, $(p - q) = 9$ तथा $p^2 + q^2 = 127$

$\because \quad (p - q)^2 = p^2 + q^2 - 2pq$

मान रखने पर,

$(9)^2 = 127 - 2pq$

$\Rightarrow \quad 81 = 127 - 2pq$

$\Rightarrow \quad 2pq = 127 - 81$

$\Rightarrow \quad 2pq = 46$

$\Rightarrow \quad pq = 23$

45. *(d)* माना संख्या $= n$

प्रश्नानुसार,

$$n \times \frac{27}{100} = n \times \frac{13}{100} + 56$$

$\Rightarrow \quad 27n = 13n + 5600$

$\Rightarrow \quad 27n - 13n = 5600$

$\Rightarrow \quad 14n = 5600 \Rightarrow n = 400$

अभीष्ट संख्या $= 400$

46. *(c)* $2^3 \times 3^5$ तथा $2^4 \times 3^6$ का म.स.

$= 2^3 \times 3^5$

47. *(c)* घड़ी का वास्तविक मूल्य $=$ ₹ 500

10% वृद्धि तथ 15% की कमी के बाद, घड़ी का अंतिम मूल्य $= 500 \times \frac{110}{100} \times \frac{85}{100}$

$= 5 \times 11 \times \frac{85}{10}$

$= 55 \times 8.5 =$ ₹ 467.5

48. *(a)* प्रश्नानुसार,

सीना = 120 → 6
अंजलि = 144 → 5 → 720
सोनिया = 180 → 4

तीनों की क्षमता का अनुपात $= 6 : 5 : 4$

कुल भुगतान $=$ ₹ 3300

$(6 + 5 + 4)$ इकाई $= 3300$

15 इकाई $= 3300$

अंजलि का हिस्सा $= \frac{3300}{15} \times 5 =$ ₹ 1100

49. *(b)* माना मिश्रण में अम्ल और पानी क्रमशः $7x$ लीटर और $4x$ लीटर हैं।

प्रश्नानुसार,

$$\frac{7x}{4x + 2} = \frac{7}{5}$$

$5x = 4x + 2 \Rightarrow x = 2$ लीटर

अतः अम्ल की मात्रा $= 7x = 14$ लीटर

50. *(d)* दिया है,

अंकित मूल्य = क्रय मूल्य $\times \frac{110}{100}$

$\because$ विक्रय मूल्य $=$ ₹ 132, छूट $=$ ₹ 11

अंकित मूल्य $= 132 + 11 =$ ₹ 143

$143 =$ क्रय मूल्य $\times \frac{110}{100}$

क्रय मूल्य $= \frac{143}{110} \times 100 =$ ₹ 130

अतः लाभ % $= \frac{132 - 130}{130} \times 100 = 1.53\%$

51. *(c)* दिया है, पंखे का विक्रय मूल्य $=$ ₹ 306

हानि प्रतिशत $= 32\%$

हम जानते हैं कि,

क्रय मूल्य $= \frac{\text{विक्रय मूल्य}}{(100 - 32)} \times 100$

$= \frac{306}{68} \times 100 =$ ₹ 450

52. *(a)* माना विद्यालय में लड़के और लड़कियों की संख्या क्रमशः $13x$ और $15x$ हैं

प्रश्नानुसार,

$$13x + 15x = 560$$
$$\Rightarrow 28x = 560$$
$$\Rightarrow x = 20$$

लड़कों की संख्या $= 13x = 13 \times 20 = 260$

लड़कियों की संख्या $= 15x = 15 \times 20 = 300$

लड़कों की नई संख्या $= 260 + 40 = 300$

अतः लड़कों और लड़कियों की संख्या का नया अनुपात $= \frac{300}{300} = 1:1$

वैकल्पिक विधि

लड़के और लड़कियों का अनुपात $= 13:15$

कुल विद्यार्थी $= 560$

$(13+15)$ इकाई $= 560$

$$28 = 560 \Rightarrow 1 = 20$$

लड़के $= 13 \times 20 = 260$

लड़की $= 15 \times 20 = 300$

40 नए लड़के आने पर अनुपात

$$= \frac{260+40}{300} = \frac{300}{300} = 1:1$$

53. *(d)* माना S_3 अकेले कार्य को पूरा करने में x दिन लेता है।

S_1 का एक दिन का कार्य $= \frac{1}{16}$ इकाई

S_2 का एक दिन का कार्य $= \frac{1}{80}$ इकाई

प्रश्नानुसार,

$$\frac{1}{x} + \frac{1}{16} + \frac{1}{80} = \frac{1}{6}$$
$$\Rightarrow \frac{1}{x} = \frac{1}{6} - \frac{1}{16} - \frac{1}{80}$$
$$\Rightarrow \frac{1}{x} = \frac{40-15-3}{240}$$
$$\Rightarrow \frac{1}{x} = \frac{22}{240}$$
$$x = \frac{240}{22} = \frac{120}{11} \text{ दिन}$$

वैकल्पिक विधि

$S_1 = 16$; $S_2 = 80$

और $S_1 + S_2 + S_3 = 6$

तब, $S_1 = 16$ (15), $S_2 = 80$ (3), $S_1+S_2+S_3 = 6$ (40) → 240

S_3 की क्षमता $= 40 - (15+3) = 22$

$\therefore$ अभीष्ट समय $= \frac{240}{22} = \frac{120}{11}$ दिन

54. *(d)* $[289 \div \{68 \div 4 \times (14 + 2 \times 6 - 9)\}]$

BODMAS के नियम अनुसार,

$$= [289 \div \{17 \times (14 + 12 - 9)\}]$$
$$= [289 \div \{17 \times 17\}]$$
$$= [289 \div 289] = 1$$

$\therefore$ अभीष्ट मान $= 1$

55. *(c)* दर $= 13\%$ प्रतिवर्ष, समय $= 5$ वर्ष

साधारण ब्याज $=$ ₹ 2275

माना मूलधन $=$ ₹ P

साधारण ब्याज $= \frac{\text{मूलधन} \times \text{दर} \times \text{समय}}{100}$

$$\Rightarrow 2275 = \frac{P \times 13 \times 5}{100}$$
$$P = 35 \times 100 = ₹\ 3500$$

56. *(b)* मूलधन $(P) =$ ₹ 1000,

समय $(t) = 2$ वर्ष $= 4$ छमाही

चक्रवृद्धि ब्याज $=$ ₹ 464.1, दर $= r\%$ प्रतिवर्ष

हम जानते हैं,

मिश्रधन $(A) = P\left(1 + \frac{r}{100}\right)^t$

$$\Rightarrow 1000 \times \left(1 + \frac{r}{100}\right)^4 = 1000 + 464.1$$
$$\Rightarrow 1000 \times \left(\frac{100+r}{100}\right)^4 = 1464.1$$
$$\Rightarrow \left[\frac{100+r}{100}\right]^4 = 1.4641$$
$$\Rightarrow (100+r)^4 = 1.4641 \times (100)^4$$
$$\Rightarrow = 14641 \times (10)^4$$
$$\Rightarrow (100+r)^4 = (11)^4 \times (10)^4$$
$$\Rightarrow (100+r) = 11 \times 10$$
$$\Rightarrow r = 110 - 100$$
$$\Rightarrow r = 10\% \text{ (अर्द्धवार्षिक)}$$
$$\because \text{दर} = 20\% \text{ वार्षिक}$$

57. *(c)* माना T, U और V का भार क्रमशः T किग्रा, U किग्रा और V किग्रा हैं।

दिया है,

$$\frac{T+U+V}{3} = 42$$
$$T + U + V = 42 \times 3 = 126 \text{ किग्रा}$$
$$\frac{T+U}{2} = 40$$
$$T + U = 40 \times 2 = 80 \text{ किग्रा} \quad ...(i)$$
$$\frac{U+V}{2} = 36$$
$$U + V = 36 \times 2 = 72 \text{ किग्रा} \quad ...(ii)$$

समी (i) व (ii) को जोड़ने पर,

$$T + U + U + V = 80 + 72$$
$$(T + U + V) + U = 152$$

$(T + U + V)$ का मान रखने पर,

$$126 + U = 152$$
$$U = 152 - 126 = 26 \text{ किग्रा}$$

58. *(b)* **11 का विभाज्यता नियमः** विषम स्थान के अंकों का योग और सम स्थान के अंकों के योग का अन्तर 0 या 11 से विभाज्य होना चाहिए। दी गई संख्याओं में से, 6589 में, $(6+8) - (9+5) = 0$

अतः 6589, 11 से विभाज्य हैं।

59. *(a)* कुल दूरी $= 900$ मी

दोनों लड़कों की चाल क्रमशः 10 मी/मिनट व 8 मी/मिनट है।

$\because$ दोनों एक-दूसरे की तरफ आ रहे हैं।

तो कुल सापेक्ष चाल $= 10 + 8$

$= 18$ मी/मिनट

$\therefore$ अभीष्ट समय $= \frac{900}{18} = 50$ मिनट

60. *(a)* प्रश्नानुसार, चूँकि लाभ हुआ है,

तब विक्रय मूल्य (SP) – क्रय मूल्य (CP) $= 120$

$$CP = SP - 120$$
$$\Rightarrow \text{लाभ}\ \% = \frac{\text{लाभ}}{CP} \times 100 \quad (\because \text{लाभ}\ \% = 10\%)$$
$$\Rightarrow 10 = \frac{120}{SP - 120} \times 100$$
$$\Rightarrow 1200 = SP - 120$$
$$\therefore SP = ₹\ 1320$$

61. *(c)* दिए गए वाक्य में रेखांकित भाग तीन नदियों का संगम वाक्यांश के लिए सार्थक शब्द 'त्रिवेणी' है। अन्य विकल्प असंगत हैं।

62. *(b)* दिए गए वाक्य में कोष्ठक में दिए गए शब्द 'पहचान' का पर्यायवाची शब्द 'परिचय' है। अतः वाक्य इस प्रकार है-आस-पास के लोगों के साथ (पहचान) परिचय होना चाहिए। अन्य विकल्प असंगत हैं।

63. *(a)* 'अड्डा जमाना' मुहावरे का अर्थ है-स्थायी रूप से रहने वाला।

वाक्य प्रयोग यूरोपियों ने भारत में अड्डा जमाकर संस्कृत के शब्दों में अपनी बोलियों के शब्दों की झाँकी पाई।

64. *(a)* दिए गए वाक्य में कोष्ठक में दिए गए शब्द 'उछाह' के तत्सम रूप का सही अर्थ 'उत्साह' है। 'उछाह' तद्भव रूप है।

दिए गए अन्य विकल्प असंगत हैं।

65. *(d)* दिए गए वाक्य में 'आशा का अन्धकार' वाक्यांश में त्रुटि है। दिए गए वाक्य का सही

वाक्य रूप है- आज माँ आनन्दमयी के निधन पर निराशा का अन्धकार छाया हुआ है।

66. *(c)* 'पीछे चलने वाला' वाक्यांश के लिए सार्थक शब्द 'अनुगत' है। अन्य विकल्प असंगत हैं।

67. *(a)* दिए गए वाक्य में रेखांकित शब्द 'दुर्व्यवहार' का विलोम शब्द 'सद्व्यवहार' है। 'दुर्व्यवहार' शब्द का अर्थ है–बुरा व्यवहार तथा 'सद्व्यवहार' शब्द का अर्थ है–अच्छा व्यवहार। अन्य विकल्प असंगत हैं।

68. *(c)* दिए गए वाक्य में रेखांकित शब्द मुहल्ला की सही वर्तनी वाला विकल्प 'मोहल्ला' है। अन्य विकल्प असंगत हैं।

69. *(d)* 'आए थे हरिभजन को ओटन लगे कपास' लोकोक्ति का सही अर्थ वाला विकल्प है–किसी कार्य विशेष की उपेक्षा कर किसी अन्य कार्य में लग जाना।

वाक्य प्रयोग राकेश पाठशाला जा रहा था। रास्ते में उसे सुरेश दिख गया और वह भी सुरेश के साथ खेलने लग गया। तब सुरेश ने उसे कहा ''आए थे हरिभजन को ओटन लगे कपास।''

70. *(a)* दिए गए वाक्य में कोष्ठक में दिए गए शब्द 'गोमय' के तद्भव रूप का सही विकल्प 'गोबर' है। 'गोमय' शब्द तत्सम शब्द है। अन्य विकल्प असंगत हैं।

71. *(c)* दिए गए वाक्य में कोष्ठक में दिए गए शब्द 'ईश्वर' का विलोम शब्द 'अनीश्वर' है। जबकि विकल्प में अन्य शब्द ईश्वर के पर्यायवाची शब्द हैं।

72. *(d)* दिए गए वाक्य में कोष्ठक में दिए गए शब्द 'कदली' का पर्यायवाची शब्द 'गजवसा' है। कदली के अन्य पर्यायवाची हैं- केला, भानुफल, मोचा, रम्भा व कुंजरासरा आदि। अन्य विकल्प असंगत हैं।

73. *(a)* दिए गए वाक्य में 'से पानी पीती हैं' वाक्यांश में त्रुटि है। अतः सही वाक्य इस प्रकार है– बाघ और बकरी एक ही घाट से पानी पीते हैं।

74. *(d)* दिए गए वाक्य में रेखांकित भाग के लिए सार्थक शब्द 'वाचाल' है। अन्य विकल्प असंगत हैं।

75. *(c)* दिए गए वाक्य में 'पेष' शब्द वर्तनी की दृष्टि से अशुद्ध है। शुद्ध वर्तनी वाला शब्द 'पेश' है। अन्य विकल्प असंगत हैं।

76. *(d)* गद्यांश में दिए गए रिक्त स्थान के लिए सबसे उपयुक्त विकल्प 'संस्कृति' है। अतः पूर्ण वाक्य है- ''भारत किसी जमाने में सोने की चिड़िया कहा जाता था। अपने वैभव और संस्कृति के लिए जाना जाता था।'' अन्य विकल्प असंगत हैं।

77. *(d)* दिए गए रिक्त स्थान के लिए सबसे उपयुक्त विकल्प राज है। अतः पूर्ण वाक्य है ''समय के बदलाव के चलते हमारे देश पर कई बाहरी ताकतों ने राज किया''। अन्य विकल्प असंगत हैं।

78. *(a)* दिए गए रिक्त स्थान के लिए सबसे उपयुक्त विकल्प 'स्वच्छता' है। अतः पूर्ण वाक्य है–"हमारे देश में स्वच्छता पर बिल्कुल भी ध्यान नहीं दिया जाता है''। अन्य विकल्प असंगत हैं।

79. *(b)* दिए गए रिक्त स्थान के लिए सबसे उपयुक्त विकल्प 'महापुरुषों' है। अतः पूर्ण वाक्य है– हमारा देश पूर्णतया स्वच्छ हो, इसके लिए कई महापुरुषों ने सपने देखे थे।

80. *(d)* दिए गए रिक्त स्थान के लिए सबसे उपयुक्त विकल्प 'शामिल' है। अतः पूर्ण वाक्य है–''इस अभियान के तहत सभी देशवासियों को इसमें शामिल होने के लिए कहा गया है''। अन्य विकल्प असंगत हैं।

21 फरवरी 2024
(शिफ्ट IV)

सॉल्वड पेपर 2024

SSC कांस्टेबल (जीडी) सेट 08

भाग-I सामान्य बुद्धिमत्ता एवं तर्कशक्ति

1 एक लड़की की तस्वीर की ओर इशारा करते हुए, राखी ने कहा, ''वह मेरे पति की पत्नी की बेटी है''। लड़की का राखी से क्या सम्बन्ध है?

(a) पिता की माँ (b) बहन
(c) माँ (d) बेटी

2 निम्नलिखित प्रश्न में, दिए गए विकल्पों में से सम्बन्धित अक्षर-समूह को चुनिए।

RLDY : SMEZ :: ?

(a) PORU : ZZOU (b) CPSF : DQTG
(c) ODAF : GKLN (d) RUCP : KMOA

3 निम्न में से कौन-सी उत्तर आकृति प्रश्न आकृति के पैटर्न को पूरा करेगी? (घूर्णन की अनुमति नहीं हैं)

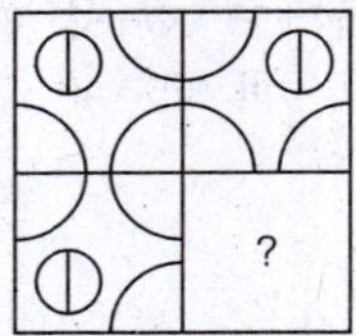

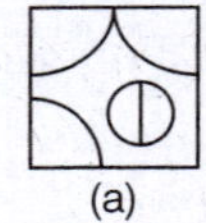
(a)
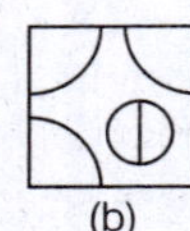
(b)
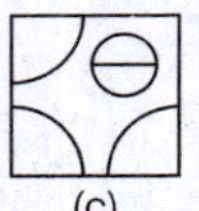
(c)
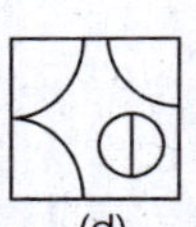
(d)

4 निम्नलिखित प्रश्न में, तीन कथन और उसके बाद I और II क्रमांकित दो निष्कर्ष दिए गए हैं। दिए गए कथनों को सत्य मानते हुए, चाहें वे सामान्यतः ज्ञात तथ्यों से भिन्न प्रतीत होते हों, निश्चय कीजिए कि दिए गए निष्कर्षों में से कौन-सा निष्कर्ष कथनों का तार्किक रूप से अनुसरण करता है।

कथन कोई पहाड़, रेगिस्तान नहीं है।
कुछ रेगिस्तान, रेतीले स्थान हैं।
कुछ रेतीले स्थान, पहाड़ नहीं हैं।

निष्कर्ष
I. कुछ रेगिस्तान, पहाड़ नहीं हैं।
II. कुछ रेतीले स्थान, पहाड़ हैं।

(a) केवल निष्कर्ष I अनुसरण करता है
(b) न तो निष्कर्ष I और न ही II अनुसरण करता है
(c) केवल निष्कर्ष II अनुसरण करता हैं
(d) निष्कर्ष I और II दोनों अनुसरण करते हैं

5 यदि 59 * 60 # 45 @ 5 = 128 और 63 * 50 # 48 @ 12 = 117, तो 79 * 30 # 120 @ 20 = ?

(a) 115 (b) 129 (c) 118 (d) 120

6 नीचे एक शृंखला दी गई है, जिसमें एक पद लुप्त हैं। दिए गए विकल्पों में से उस विकल्प का चयन कीजिए, जो शृंखला को पूरा करेगा।

MR, VA, EJ, NS, ?

(a) NQ (b) WB
(c) PR (d) WX

7 यदि एक दर्पण को रेखा AB पर रखा जाए, तो विकल्प आकृतियों में से कौन-सी आकृति प्रश्न आकृति का सही प्रतिबिम्ब होगी?

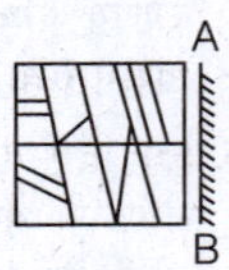

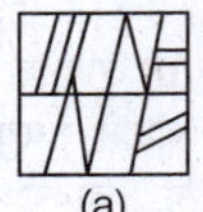
(a)

(b)

(c)

(c)

8 दी गई विकल्प आकृतियों में से, उस आकृति का चयन कीजिए, जिसमें प्रश्न में दी गई आकृति छिपी हुई/निहित है। (घूर्णन की अनुमति नहीं है)

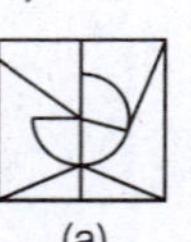
(a)
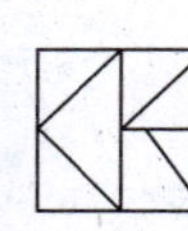
(b)
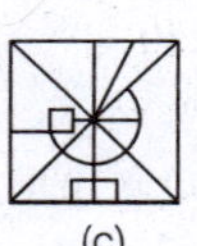
(c)

(c)

9 छः घर नीला, हरा, लाल, पीला, नारंगी और बैंगनी एक घेरे में, केन्द्र की ओर मुख करके व्यवस्थित हैं। नीला घर, हरे घर के दाईं ओर से दूसरे स्थान पर और नारंगी घर के विपरीत स्थित है। पीला घर, लाल घर और नारंगी घर के ठीक बीच में स्थित हैं। बैंगनी घर, पीले घर के विपरीत स्थित हैं। नीले घर के ठीक दाईं ओर कौन-सा घर स्थित है?

(a) पीला (b) हरा
(c) बैंगनी (d) लाल

10 निम्नलिखित विकल्पों में से उस विकल्प का चयन कीजिए, जो पाँचवें अक्षर-समूह से ठीक उसी प्रकार सम्बन्धित है, जिस प्रकार चौथा अक्षर-समूह तीसरे अक्षर-समूह से सम्बन्धित है और दूसरा अक्षर-समूह पहले अक्षर-समूह से सम्बन्धित है।

COMPLETE : COTEMPLE:: POSITION: POONSITI :: TROPICAL : ?

(a) TRALOPIC (b) TRALPOIC
(c) TRALOPCI (d) TRLAOPIC

11 दिए गए शब्दों को अंग्रेज़ी वर्णमाला के क्रम में व्यवस्थित कीजिए।
1. MISSION 2. MISSED 3. MISSING
4. MIST 5. MIGHT
(a) 5, 4, 3, 2, 1 (b) 5, 4, 3, 1, 2
(c) 5, 1, 3, 4, 2 (d) 5, 2, 3, 1, 4

12 निम्नलिखित अक्षर समूहों में से अक्षरों का कौन-सा समूह क्रमबद्ध रूप से बाईं से दाईं ओर रखे जाने पर नीचे दी गई शृंखला को पूरा करेगा?
mnopmnop_nop_nopm_o_
(a) mnmn (b) oonp
(c) nnop (d) mmnp

13 दिए गए विकल्पों में से उस आकृति का चयन कीजिए, जिसे दी गई आकृति शृंखला में प्रश्नचिह्न (?) के स्थान पर रखा जा सकता है।

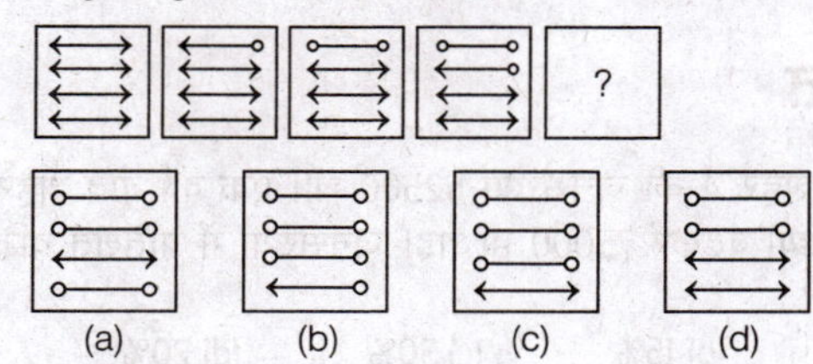

14 निम्नलिखित विकल्पों में से दी गई शृंखला से लुप्त संख्या का चयन कीजिए।
2916, 972, 324, ?, 36, 12
(a) 108 (b) 117
(c) 119 (d) 120

15 नीचे दिए गए दो चिह्नों को आपस में बदलने पर निम्नलिखित में से कौन-सा समीकरण सही होगा?
÷ और ×
(a) $32+3-12\div18\times9=10$
(b) $23-20+35\div2\times10=10$
(c) $9\times3+8\div4-7=30$
(d) $11\div12\times6+8-10=25$

16 निम्नलिखित विकल्पों में से दी गई शृंखला से लुप्त संख्या का चयन कीजिए।
75, 77, 81, 89, 105, ?
(a) 140 (b) 144
(c) 130 (d) 137

17 पाँच व्यक्ति अनुज, भीम, चेतन, धीर और इमरान एक वृत्ताकार मेज के चारों ओर केन्द्र की ओर मुख करके बैठे हैं (परन्तु जरूरी नहीं कि वे इसी क्रम में बैठे हों) चेतन और धीर के बीच में केवल एक व्यक्ति बैठा है। भीम, धीर के बाईं ओर दूसरे स्थान पर बैठा है। अनुज, भीम के ठीक दाईं ओर बैठा है। चेतन के ठीक दाईं ओर कौन बैठा है?
(a) अनुज (b) इमरान
(c) भीम (d) धीर

18 एक निश्चित कूट भाषा में, 'KEPT' को '52' लिखा जाता है, और 'LACK' को '27' लिखा जाता है। उसी कूट भाषा में 'LINE' को कैसे लिखा जाएगा?
(a) 41 (b) 40
(c) 42 (d) 50

19 दिए गए विकल्पों में से उस आकृति का चयन कीजिए, जो आकृति शृंखला में प्रश्नचिह्न (?) के स्थान पर आएगी?

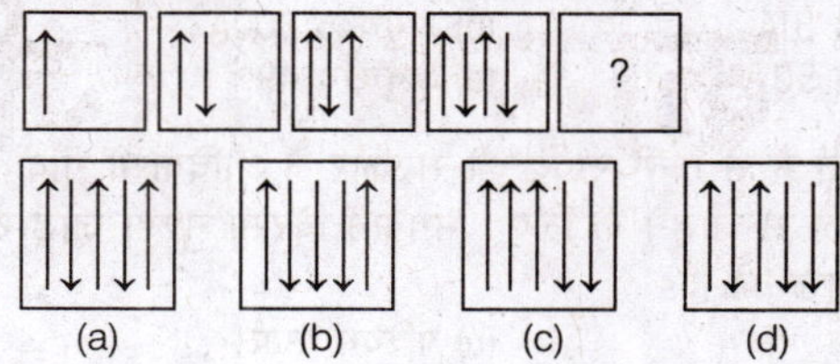

20 एक निश्चित कूटभाषा में 'TOWARD' को '962147' लिखा जाता है और 'WANTED' को '213957' लिखा जाता है। उसी कूटभाषा में 'WARRANT' को कैसे लिखा जाएगा?
(a) 2144129 (b) 2145129 (c) 2144139 (d) 2133129

भाग-II सामान्य ज्ञान

21 भारतीय संविधान के निम्नलिखित में से कौन-से अनुच्छेद का सम्बन्ध भारतीय संसद से है?
(a) अनुच्छेद 79-122 (b) अनुच्छेद 1-12
(c) अनुच्छेद 12-40 (d) अनुच्छेद 40-71

22 भारत के व्यावसायिक बैंकों के बारे में निम्नलिखित कथनों को पढ़िए
A. व्यावसायिक बैंक दूसरे प्रकार के संस्थान हैं, जो द्रव्य निर्माण अर्थव्यवस्था का एक भाग हैं।
B. वे जनता से जमा स्वीकार करते हैं और इस रकम का एक भाग उन लोगों को उधार देते हैं, जो उधार लेना चाहते हैं।
उपरोक्त में से कौन-सा/से कथन असत्य है/हैं?
कूट
(a) केवल A (b) केवल B
(c) A और B दोनों (d) न तो A और न ही B

23 भारत में कृषि उत्पादन बढ़ाने के लिए 'सदाबहार क्रान्ति (Evergreen Revolution)' शब्द किसने प्रतिपादित किया था?
(a) एम.एस.स्वामीनाथन (b) महात्मा गाँधी
(c) राममनोहर लोहिया (d) आर.वी.राव

24 इण्डियन प्रीमियर लीग (IPL) क्रिकेट टूर्नामेण्ट का पहला संस्करण निम्नलिखित में से किस वर्ष आयोजित किया गया था?
(a) 2008 (b) 2003 (c) 2018 (d) 2015

25 द्रवों के विसरण की दर के सम्बन्ध में निम्नलिखित में से कौन-सा/से कथन सही है/हैं?
I. द्रवों के विसरण की दर ठोसों की अपेक्षा अधिक होती है।
II. यह इस तथ्य के कारण है कि द्रव अवस्था में कण स्वतन्त्र रूप से गति करते हैं तथा ठोस अवस्था में कणों की अपेक्षा द्रव के कणों के बीच रिक्त स्थान अधिक होता है।
कूट
(a) केवल I (b) केवल II
(c) I और II दोनों (d) न तो I और न ही II

26 भारत पहली बार क्रिकेट विश्व कप का विजेता कब बना?
(a) वर्ष 1983 (b) वर्ष 1957 (c) वर्ष 1999 (d) वर्ष 1981

27 निम्नलिखित में से कौन यंग बंगाल आन्दोलन से जुड़ा था?
(a) विलियम जॉन्स (b) चार्ल्स वुड
(c) हेनरी थॉमस कोलब्रुक (d) हेनरी डेरोजियो

28 भारतीय संविधान का निम्नलिखित में से कौन-सा अनुच्छेद मौलिक कर्त्तव्यों से सम्बन्धित है?
(a) अनुच्छेद 51A
(b) अनुच्छेद 300A
(c) अनुच्छेद 50
(d) अनुच्छेद 49

29 निम्नलिखित में से किस राज्य की सरकार ने आदिवासी गाँवों को मुख्य सड़कों से जोड़ने के लिए ''भगवान बिरसा मुण्डा जोड़-रास्ते योजना'' शुरू की है?
(a) हरियाणा
(b) पश्चिम बंगाल
(c) बिहार
(d) महाराष्ट्र

30 मेगस्थनीज़ ने पाटलिपुत्र के बारे में लिखा है कि यह एक बड़ा और सुन्दर शहर है, जो एक विशाल दीवार से घिरा हुआ है। इसमें 570 मीनारें (towers) और .... द्वार हैं।
(a) 74
(b) 64
(c) 44
(d) 54

31 अक्टूबर, 2022 में न्यायमूर्ति .... को भारत सरकार द्वारा गैर-कानूनी गतिविधि (रोकथाम) न्यायाधिकरण के पीठासीन अधिकारी के रूप में नियुक्त किया गया है।
(a) संजय कौल
(b) अशोक भूषण
(c) दिनेश कुमार
(d) कृष्ण खन्ना

32 निम्नलिखित विकल्पों में से .... उच्चतम साक्षरता दर (जनगणना 2011) वाला राज्य/केन्द्रशासित प्रदेश है।
(a) बिहार
(b) राजस्थान
(c) गोवा
(d) लक्षद्वीप

33 एक सामान्य फ्रीस्टाइल कुश्ती मुकाबले को तीन-तीन मिनट की .... अवधियों में विभाजित किया जाता है, जिनके बीच में 30 सेकण्ड का एक ब्रेक होता है।
(a) 3
(b) 4
(c) 5
(d) 2

34 .... एक ऐसी अवस्था या स्थिति है, जिसमें किसी व्यक्ति या समुदाय के पास न्यूनतम जीवन स्तर के लिए वित्तीय संसाधनों और आवश्यक वस्तुओं का अभाव होता है।
(a) निर्धनता
(b) अनैतिक
(c) निरक्षरता
(d) बेरोजगारी

35 निम्नलिखित में से कौन संगीत वाद्ययन्त्र कंजिरा (Kanjira) के वादन के लिए प्रसिद्ध हैं?
(a) पन्नालाल घोष
(b) किशन महाराज
(c) पुदुक्कोट्टई दक्षिणामूर्ति पिल्लई
(d) एस.वी.राजाराव

36 मई, 2023 में कर्नाटक में पुलिस महानिदेशक प्रवीण सूद को .... का अगला निदेशक नियुक्त किया गया है।
(a) केन्द्रीय जाँच ब्यूरो
(b) सीआरपीएफ
(c) एफबीआई
(d) विश्व बैंक

37 पूँजीवादी समाज में उत्पादित वस्तुओं को लोगों के बीच .... वितरित किया जाता है।
(a) लोगों की आवश्यकता के आधार पर और क्रय शक्ति के आधार पर
(b) क्रय शक्ति के आधार पर नहीं
(c) लोगों को क्या चाहिए केवल इस आधार पर
(d) लोगों को क्या चाहिए इसके आधार पर नहीं, बल्कि क्रय के आधार पर

38 हॉर्नबिल पर्व (Hornbill Festival) निम्नलिखित में से किस राज्य में मनाया जाता है?
(a) मणिपुर
(b) नागालैण्ड
(c) असम
(d) मिजोरम

39 संरचनात्मक समायोजन नीतियों (Structural adjustment policies) की शुरुआत के बाद आठवीं पंचवर्षीय योजना अन्ततः .... में शुरू की गई थी।
(a) वर्ष 1989
(b) वर्ष 1992
(c) वर्ष 1991
(d) वर्ष 1990

40 मध्य प्रदेश में ढोल की थाप पर विभिन्न अवसरों पर महिलाओं द्वारा निम्नलिखित में से कौन-सा नृत्य किया जाता है?
(a) रउफ़
(b) मटकी नृत्य
(c) भगोरिया
(d) मुण्डारी

भाग-III गणित

41 2022 में, शहर A की जनसंख्या 62500 थी। एक वर्ष बाद शहर A की जनसंख्या बढ़कर 75000 हो गई। जनसंख्या में प्रतिशत वृद्धि कितनी हैं?
(a) 25% (b) 15% (c) 30% (d) 20%

42 Z_1, Z_2 और Z_3 एक काम को क्रमशः 100, 50 और 75 दिनों में पूरा कर सकते हैं। उन तीनों ने एक साथ मिलकर काम शुरु किया लेकिन Z_2 ने काम पूरा होने से 15 दिन पहले काम छोड़ दिया। काम कितने दिनों में पूरा होगा?
(a) 35 दिन
(b) 30 दिन
(c) 45 दिन
(d) 40 दिन

43 $\sqrt{0.000081}$ का मान कितना है?
(a) 0.9 (b) 9.9 (c) 0.009 (d) 0.09

44 यदि $4M = 5N = 20C$ है, तो $M : N : C$ का मान कितना है?
(a) 5 : 4 : 3 (b) 7 : 5 : 4 (c) 5 : 4 : 1 (d) 9 : 3 : 1

45 30% की वार्षिक दर से ऋण पर दी गई एक निश्चित धनराशि पर 1 वर्ष के लिए चक्रवृद्धि ब्याज (अर्द्धवार्षिक रूप से संयोजित) और 1 वर्ष के लिए साधारण ब्याज के बीच का अन्तर ₹ 337.5 है। वह धनराशि कितनी है?
(a) ₹ 18500
(b) ₹ 17000
(c) ₹ 17700
(d) ₹ 15000

46 सुरेश एक कार को 36% की हानि पर बेचता है। क्रय मूल्य और विक्रय मूल्य का अनुपात कितना होगा?
(a) 16 : 25 (b) 15 : 16 (c) 25 : 16 (d) 4 : 5

47 किसी धनराशि पर, 7% की वार्षिक साधारण ब्याज दर से ₹ 350 का मासिक ब्याज अर्जित करने के लिए आवश्यक धनराशि ज्ञात कीजिए।
(a) ₹ 55000 (b) ₹ 50000 (c) ₹ 60000 (d) ₹ 65000

48 यदि ₹ 70000 को A, B और C के बीच इस प्रकार से बाँटा जाता है कि $A : B = 2 : 3$ और $B : C = 4 : 5$ होता है, तो इसमें A का हिस्सा कितना होगा?
(a) ₹ 14500
(b) ₹ 18500
(c) ₹ 15800
(d) ₹ 16000

49 58^{29} को 5 से भाग देने पर शेषफल कितना होगा?
(a) 7 (b) 2 (c) 4 (d) 3

50 प्रथम 31 विषम संख्याओं का औसत कितना है?
(a) 37 (b) 32 (c) 31 (d) 33

51 एक अर्द्धगोले का व्यास 21 सेमी है। अर्द्धगोले का कुल पृष्ठीय क्षेत्रफल कितना है?
(a) 980.5 सेमी^{2} (b) 1238.5 सेमी^{2}
(c) 790.5 सेमी^{2} (d) 1039.5 सेमी^{2}

52 4 घंटियाँ 6, 8, 9 और 10 सेकण्ड के अन्तराल पर बजती हैं। सभी घंटियाँ एक ही समय पर बजती हैं। कितने मिनट के बाद वे पुनः एकसाथ बजेंगी?
(a) 6 मिनट (b) 8 मिनट
(c) 15 मिनट (d) 10 मिनट

53 अमन एक काम 28 दिनों में कर सकता है। वह कुल काम का कितना भाग 8 दिनों में पूरा कर सकता है?
(a) 3/7 (b) 3/8
(c) 4/7 (d) 2/7

54 एक वस्तु का अंकित मूल्य ₹ 640 है। यदि उस वस्तु पर 37.5% की छूट दी जाती है, तो वस्तु का विक्रय मूल्य कितना होगा?
(a) ₹ 600 (b) ₹ 400
(c) ₹ 450 (d) ₹ 550

55 पाँच संख्याओं का औसत 36 है। प्रथम दो संख्याओं का औसत अन्तिम तीन संख्याओं के औसत का 1.5 गुना है। प्रथम दो संख्याओं का योग कितना है?
(a) 90 (b) 79
(c) 78 (d) 85

56 एक निश्चित शहर की जनसंख्या में पहले वर्ष में 5% और दूसरे वर्ष में 8% की वृद्धि होती है। जनसंख्या में कुल प्रतिशत वृद्धि कितनी है?
(a) 15.2% (b) 13.4%
(c) 13.0% (d) 18.3%

57 क्रय मूल्य और विक्रय मूल्य के बीच का अन्तर ₹ 132 है। यदि लाभ प्रतिशत 20% है, तो विक्रय मूल्य कितना है?
(a) ₹ 792 (b) ₹ 760
(c) ₹ 822 (d) ₹ 802

58 $2^4 \times 3^3, 2^5 \times 3^2$ और $2^5 \times 3^6$ का लघुत्तम समापवर्त्य क्या है?
(a) $2^5 \times 3^6$ (b) $2^3 \times 3^5$
(c) $2^5 \times 3^5$ (d) 2^5

59 एक खिलौने का वास्तविक मूल्य $25 है, लेकिन यह 30% की छूट के साथ सेल में बेचा जाता है। खिलौने का विक्रय मूल्य कितना है?
(a) $14.6 (b) $17.5
(c) $13.8 (d) $19.3

60 दो कारे एक ही बिन्दु से चलना शुरु करती हैं, और एक दूसरे से विपरीत दिशाओं में यात्रा करती है। यदि एक कार 40 किमी/घण्टा और दूसरी कार 50 किमी/घण्टा की चाल से चलती है, तो 5 घण्टे बाद, वे दोनों एक-दूसरे से कितनी दूर होंगी?
(a) 460 किमी (b) 450 किमी
(c) 480 किमी (d) 410 किमी

भाग-IV हिन्दी

61 दिए गए विकल्पों में से तीन विकल्प शुद्ध वर्तनी वाले हैं, जबकि एक अशुद्ध वर्तनी वाला है। इस अशुद्ध वर्तनी वाले विकल्प का चयन करें।
(a) इससे आपका क्या तात्पर्य है?
(b) बेमलतब की बात मत करो।
(c) अगर साथ है, तो सब सम्भव है।
(d) छवि कहाँ गई?

62 दिए गए वाक्य में रेखांकित शब्द का विलोम शब्द ज्ञात कीजिए
<u>भोर</u> होते ही सब उठ गए।
(a) सुबह (b) प्रभात
(c) आकाशीय (d) साँझ

63 निम्नलिखित प्रश्न में चार विकल्पों में से उस विकल्प का चयन करें, जो कोष्ठक में दिए गए शब्द के तत्सम रूप का सही विकल्प है।
मेरे मामा के घर में एक बहुत ही सुन्दर (घड़ी)...... टंगी हुई है।
(a) घोटक (b) घटिका
(c) घट (d) घृत

64 निम्नलिखित प्रश्न में चार विकल्पों में से सही विकल्प का चयन करें, जो वाक्यांशों के लिए एक शब्द का विकल्प हो
'अपना मतलब साधने वाला'
(a) परमार्थी (b) व्यापाद
(c) उपही (d) स्वार्थी

65 दिए गए शब्द का विलोम शब्द ज्ञात कीजिए
ज्योति
(a) तम (b) प्रकाश
(c) उजाला (d) शीतलता

66 दिए गए वाक्य में उचित पर्यायवाची शब्द का चयन करके रिक्त स्थान की पूर्ति करें
द्रौपदी का .... (कपड़ा) हरण भरी सभा में हुआ था।
(a) वर्णन (b) गुण
(c) अस्त्र (d) चीर

67 दिए गए वाक्य में उचित पर्यायवाची शब्द का चयन करके रिक्त स्थान की पूर्ति करें
चारों बहनों की प्रॉपर्टी में .... (भागीदारी) है।
(a) वारण (b) हिस्सेदारी
(c) गिरावट (d) अमीरी

68 दिए गए वाक्य में उचित देशज-विदेशज शब्द का चयन करके रिक्त स्थान की पूर्ति कीजिए
कल उमा की ...... में पेशी है।
(a) हाल (b) तारीख
(c) इम्तिहान (d) अदालत

69 निम्नलिखित प्रश्न में चार विकल्पों में से उस विकल्प का चयन करें, जो दी गई लोकोक्ति का सही अर्थ वाला विकल्प है
'बारह बरस पीछे घूरे के भी दिन फिरते हैं'
(a) पिता से दुश्मनी और पुत्र से लगाव
(b) एक न एक दिन अच्छे दिन आ ही जाते हैं
(c) धन ही सबसे बड़ा होता है
(d) जो वस्तु काम आ जाए वही अच्छी

70 निम्नलिखित प्रश्न में दिए गए चार विकल्पों में से उस विकल्प का चयन करें, जो दिए गए मुहावरे के अर्थ को सर्वश्रेष्ठ रूप से व्यक्त करता है
'पानी की तरह बहाना'
(a) कीमती न होना (b) नरम डील होना
(c) अन्धाधुन्ध खर्च करना (d) नदी पार करना

71 दिए गए वाक्य का वह भाग ज्ञात करें, जिसमें कोई त्रुटि है। यदि कोई त्रुटि नहीं है, तो 'कोई त्रुटि नहीं है' चुनें
मैं ऐसा करना पहले से निश्चित कर रखा था।
(a) मैं ऐसा करना (b) पहले से निश्चित
(c) कर रखा था। (d) कोई त्रुटि नहीं है

72 निम्नलिखित प्रश्न में चार विकल्पों में से उस सही विकल्प का चयन करें, जो वाक्यांश के लिए शब्द का विकल्प हो
जिससे किसी प्रकार की हानि नहीं हो
(a) निरापद (b) निराधार
(c) निराहार (d) निरामिष

73 निम्नलिखित प्रश्न में चार विकल्पों में से उस विकल्प का चयन करें, जो रिक्त स्थान के लिए सही पुल्लिंग रूप वाला विकल्प हो।
हमें चावल-दाल के साथ .... खाना चाहिए।
(a) घी (b) मिठाई
(c) लस्सी (d) चटनी

74 निम्नलिखित वाक्य में उस वाक्यांश को पहचानिए, जिसमें मात्राओं से सम्बन्धित अशुद्धियाँ हैं। यदि कोई गलती नहीं है, तो 'कोई त्रुटि नहीं है' का चुनाव कीजिए
जो आदमी दूसरों के भावों का आदर/करना नहीं जानता उससे दुसरे में भी सद्भावना/की आशा नहीं करनी चाहिए।
(a) करना नहीं जानता उससे दुसरे में भी सद्भावना
(b) की आशा नहीं करनी चाहिए।
(c) जो आदमी दूसरों के भावों का आदर
(d) कोई त्रुटि नहीं

75 निम्नलिखित प्रश्न में चार विकल्पों में से उस सही विकल्प का चयन करें, जो वाक्यांशों के लिए एक शब्द का विकल्प हो
'सिर से पाँव तक'
(a) आपादमस्तक (b) आचारपूत
(c) आततायी (d) आद्योपान्त

निर्देश (प्र. सं. 76-80) *नीचे दिए गए गद्यांश में कुछ शब्द छोड़ दिए गए हैं, प्रत्येक अनुच्छेद के सामने चार विकल्प दिए गए हैं। इस गद्यांश को ध्यानपूर्वक पढ़ें और चार विकल्पों में से सर्वोत्तम उत्तर वाला विकल्प चुनें।*

शिक्षा से बढ़कर कोई ताकत नहीं होती है। शिक्षा मनुष्य को शिक्षित और .... इंसान बनाती है। शिक्षा मनुष्य के व्यक्तित्व में सकारात्मक परिवर्तन लाती है। शिक्षित व्यक्ति .... बनता है और परिवार के लिए रोजगार कर सकता है। लड़का और लड़की एक बराबर हैं। ऐसी कोई चीज़ नहीं जो लड़कियाँ नहीं कर सकती हैं। कई जगहों और क्षेत्रों में लड़कियों ने लड़कों की तुलना में अपने आपको .... साबित किया है। देश की सम्पूर्ण उन्नति के लिए जितना लड़कों का शिक्षित होना आवश्यक है, उतना ही लड़कियों का शिक्षित होना जरूरी है। अगर पहली सदी से ही लड़कियों को भी सुविधाएँ और सुअवसर दिए जाते, तो लड़कों की तरह, हर एक लड़की आज शिक्षित होती। लड़कियाँ आजकल शिक्षित हो रही हैं। लड़कियाँ कई सफल पद पर बड़े .... और लगन के साथ काम कर रही हैं। कामकाजी महिलाएँ दफ्तरों में काम कर रही हैं और घर भी सम्भाल रही हैं। लड़कियों से उनके पढ़ने का हक छीनना सरासर गलत है। कुछ परिवार लड़कों को कुल का दीपक समझते हैं, मगर घर की .... तो लड़कियों से भी होती है।

76 शिक्षा मनुष्य को शिक्षित और .... इंसान बनाती है।
(a) सभ्य (b) अधीर
(c) असभ्य (d) अशिक्षित दोनों

77 शिक्षित व्यक्ति .... बनता है और परिवार के लिए रोजगार कर सकता है।
(a) जिम्मेदार (b) गैर-जिम्मेदार
(c) पढ़ाकू (d) बड़ा

78 कई जगहों और क्षेत्रों में लड़कियों ने लड़कों की तुलना में अपने आपको .... साबित किया है।
(a) मज़ेदार (b) बेहतर (c) परिपूर्ण (d) सुन्दर

79 लड़कियाँ कई सफल पद पर बड़े .... और लगन के साथ काम कर रही हैं।
(a) मस्ती (b) काम
(c) लोगों के साथ (d) आत्मविश्वास

80 कुछ परिवार लड़कों को कुल का दीपक समझते हैं, मगर घर की .... तो लड़कियों से भी होती है।
(a) रोशनी (b) दिवाली (c) सफाई (d) कमाई

उत्तरमाला

1.	(d)	2.	(b)	3.	(b)	4.	(a)	5.	(a)	6.	(b)	7.	(b)	8.	(a)	9.	(d)	10.	(a)
11.	(d)	12.	(d)	13.	(d)	14.	(a)	15.	(b)	16.	(d)	17.	(c)	18.	(b)	19.	(a)	20.	(c)
21.	(a)	22.	(d)	23.	(a)	24.	(a)	25.	(c)	26.	(a)	27.	(d)	28.	(a)	29.	(d)	30.	(b)
31.	(c)	32.	(d)	33.	(d)	34.	(a)	35.	(c)	36.	(a)	37.	(d)	38.	(b)	39.	(b)	40.	(b)
41.	(d)	42.	(b)	43.	(c)	44.	(c)	45.	(d)	46.	(c)	47.	(c)	48.	(d)	49.	(d)	50.	(c)
51.	(d)	52.	(a)	53.	(d)	54.	(b)	55.	(a)	56.	(b)	57.	(a)	58.	(a)	59.	(b)	60.	(b)
61.	(b)	62.	(d)	63.	(b)	64.	(d)	65.	(a)	66.	(d)	67.	(b)	68.	(d)	69.	(b)	70.	(c)
71.	(a)	72.	(a)	73.	(a)	74.	(a)	75.	(a)	76.	(a)	77.	(a)	78.	(b)	79.	(d)	80.	(a)

संकेत एवं हल

1. *(d)* प्रश्नानुसार,

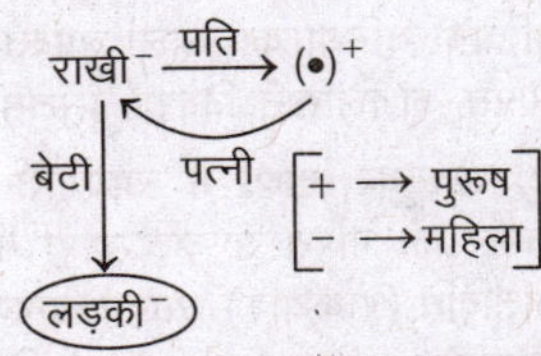

अतः लड़की, राखी की बेटी है।

2. *(b)* जिस प्रकार,

R L D Y
+1 +1 +1 +1
S M E Z

उसी प्रकार, C P S
+1 +1
D Q

∴ ? = CPSF : DQTG

3. *(b)* उत्तर आकृति (b) प्रश्न आकृति के पैटर्न को पूरा करेगी।

4. *(a)* कथनानुसार,

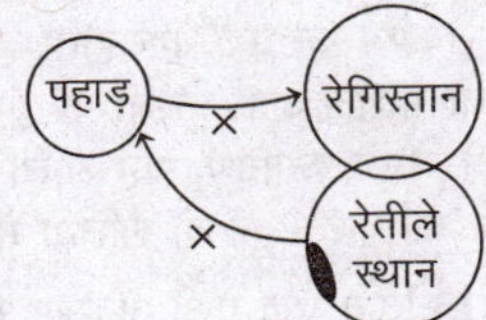

निष्कर्ष I. (✓) II. (✗)

अतः केवल निष्कर्ष I अनुसरण करता है।

5. *(a)* जिस प्रकार,

59 * 60 # 45 @ 5 = 128

* = +, # = + तथा @ = ÷ रखने पर,

$\Rightarrow 59 + 60 + 45 \div 5$

$= 59 + 60 + 9 = 128$

और 63 * 50 # 48 @ 12 = 117

* = +, # = + तथा @ = ÷ रखने पर,

$\Rightarrow 63 + 50 + 48 \div 12$

$= 63 + 50 + 4 = 117$

उसी प्रकार,

79 * 30 # 120 @ 20 = ?

* = +, # = + तथा @ = ÷ रखने पर,

$\Rightarrow ? = 79 + 30 + 120 \div 20$

$\Rightarrow ? = 79 + 30 + 6 = \boxed{115}$

6. *(b)* दी गई श्रृंखला का क्रम निम्न प्रकार है,

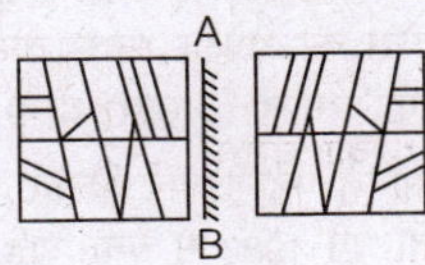

7. *(b)* दी गई प्रश्न आकृति का सही दर्पण प्रतिबिम्ब विकल्प (b) की आकृति होगी।

8. *(a)* प्रश्न में दी गई आकृति उत्तर आकृति (a) में छिपी हुई है।

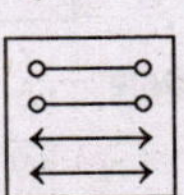

9. *(d)* प्रश्नानुसार,

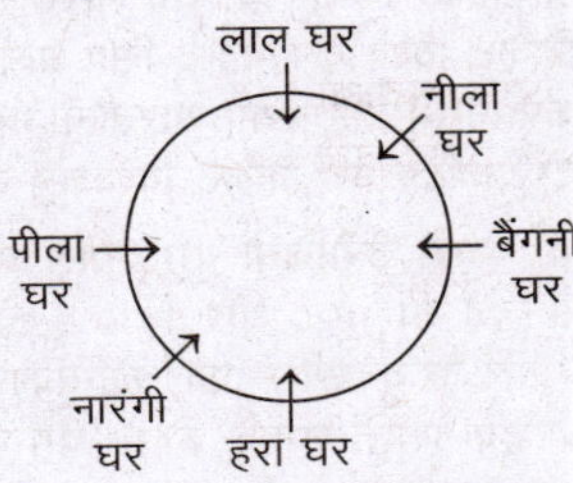

अतः नीला घर के ठीक दाईं ओर लाल घर स्थित है।

10. *(a)* जिस प्रकार,

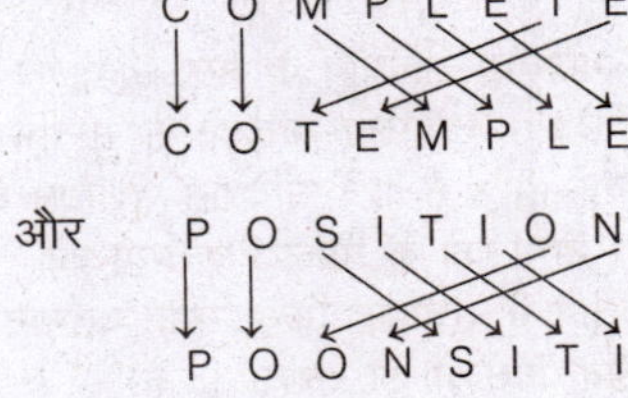

उसी प्रकार,

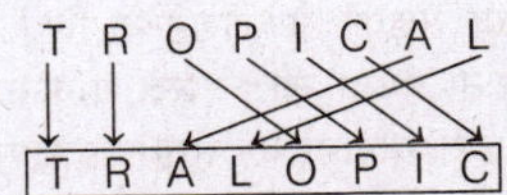

11. *(d)* अंग्रेजी शब्दकोश के अनुसार, शब्दों का क्रम निम्न है

MIGHT → MISSED → MISSING
(5) (2) (3)

→ MISSION → MIST
(1) (4)

अतः अभीष्ट क्रम = 5, 2, 3, 1, 4.

12. *(d)* दी गई श्रृंखला का क्रम निम्न प्रकार है,

mnop/mnop/mnop/mnop/mnop ⇒ mmnp

13. *(d)* दी गई श्रृंखला के प्रत्येक अगली आकृति में एक निश्चित पैटर्न के अनुसार तीर वृत्त में परिवर्तित हो रहा है।

अतः इस प्रकार प्रश्न चिह्न के स्थान पर उत्तर आकृति (d) होगी।

14. *(a)* दी गई श्रृंखला का क्रम निम्न प्रकार है

2916, 972, 324, $\boxed{108}$, 36, 12

÷3 ÷3 ÷3 ÷3 ÷3

15. *(b)* विकल्प (b) से,

$23 - 20 + 35 \div 2 \times 10 = 10$

प्रश्नानुसार,

÷ और × को आपस में बदलने पर,

$23 - 20 + 35 \times 2 \div 10 = 10$

$\Rightarrow 23 - 20 + 35 \times \frac{2}{10} = 10$

$\Rightarrow 23 - 20 + 7 = 10$

$\Rightarrow 30 - 20 = 10$

$\Rightarrow 10 = 10$

16. *(d)* दी गई श्रृंखला का क्रम निम्न प्रकार है

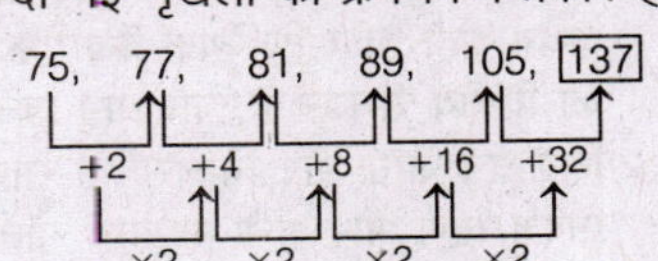

17. *(c)* प्रश्नानुसार,

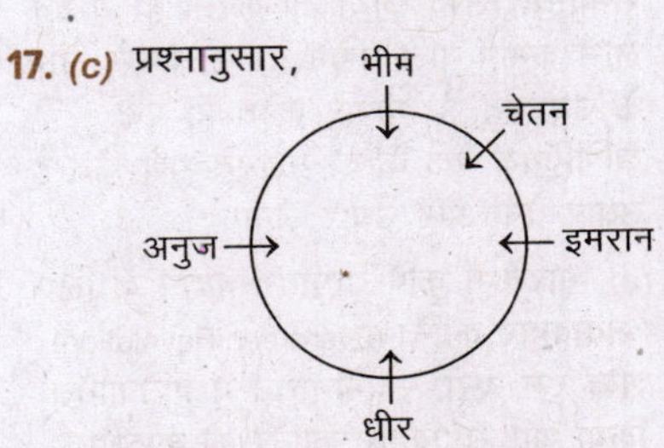

अतः चेतन के ठीक दाईं ओर भीम बैठा है।

18. *(b)* जिस प्रकार,

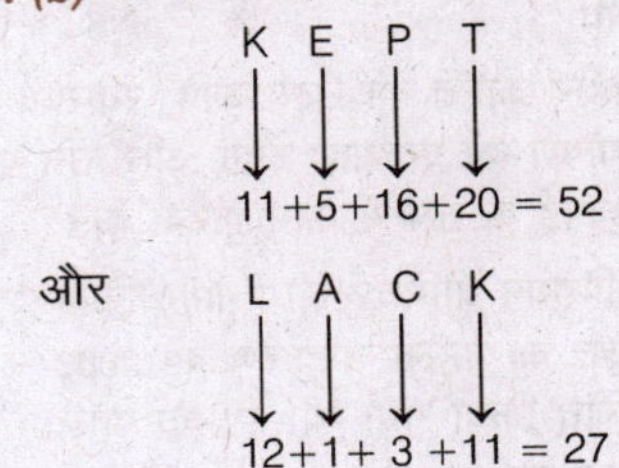

उसी प्रकार,

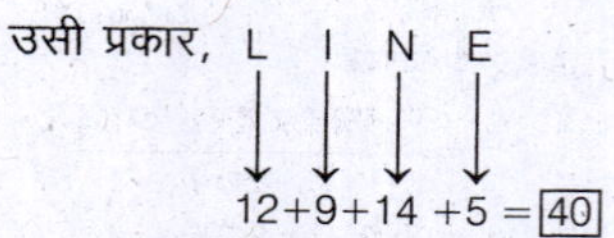

19. *(a)* दी गई शृंखला के प्रत्येक अगली आकृति में पहले से स्थित तीर के ठीक विपरीत एक तीर जोड़ा जाता है इस प्रकार प्रश्न चिह्न के स्थान पर उत्तर आकृति (a) आएगी।

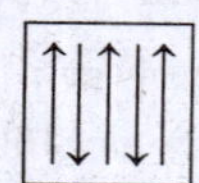

20. *(c)* जिस प्रकार,

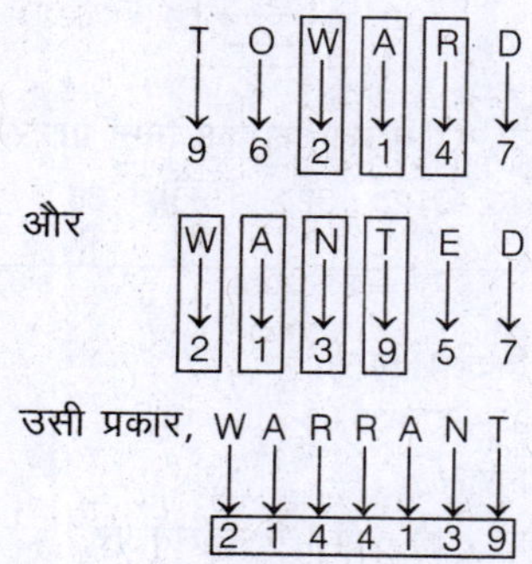

उसी प्रकार, W A R R A N T

2 1 4 4 1 3 9

21. *(a)* भारतीय संविधान के अनुच्छेद 79-122 का सम्बन्ध भारतीय संसद से है। संविधान का भाग-V संसद के संगठन, संरचना, अवधि, अधिकार व शक्तियों से सम्बन्धित है।

22. *(d)* विकल्प (d) सही उत्तर है। भारत के व्यावसायिक बैंकों के बारे में दिए गए दोनों कथन सही हैं। वाणिज्यिक बैंक एक प्रकार का वित्तीय संगठन है, जो आम जनता के लिए धन जमा और निकासी के साथ-साथ निवेश ऋण और अन्य सामान्य गतिविधि से सम्बन्धित सभी कार्यों को करता है। ये बैंक लाभ कमाने वाले उद्यम हैं, जो केवल लाभ के उद्देश्य से व्यापार करते हैं। एक वाणिज्यिक बैंक के दो मूलभूत गुण होते हैं- उधार देना और उधार लेना।

23. *(a)* भारत में कृषि उत्पादन बढ़ाने के लिए 'सदाबहार क्रान्ति'(Evergreen Revolution) शब्द एम. एस. स्वामीनाथन ने प्रतिपादित किया था। सदाबहार क्रान्ति की शुरुआत पारिस्थितिकी को नुकसान पहुँचाए बिना खेती की गुणवत्ता में सुधार के लिए की गई थी।

सदाबहार क्रान्ति का लक्ष्य कृषि, स्वास्थ्य और पोषण को एकसाथ लाना और उन पर एक इकाई के रूप में काम करना है।

24. *(a)* इण्डियन प्रीमियर लीग (IPL) क्रिकेट टूर्नामेण्ट का पहला संस्करण वर्ष 2008 में आयोजित किया गया था। IPL के पहले संस्करण का फाइनल मुकाबला डी.वाई. पाटिल स्टेडियम (नवी मुम्बई) में राजस्थान रॉयल्स ने चेन्नई सुपर किंग्स को हराकर जीता था। यह भारतीय क्रिकेट कण्ट्रोल बोर्ड द्वारा संचालित T-20 प्रतियोगिता है।

25. *(c)* द्रवों के विसरण की दर ठोसों की अपेक्षा अधिक होती है। इसका कारण है कि द्रव अवस्था में कण स्वतन्त्र रूप से गति करते हैं तथा ठोस अवस्था में कणों की अपेक्षा द्रव के कणों के बीच रिक्त स्थान अधिक होता है व द्रव में कणों के बीच गति का ठोस की अपेक्षा सबसे तेज होना इस बात का प्रमाण है। अतः दोनों कथन सही हैं।

26. *(a)* भारत पहली बार क्रिकेट विश्व कप का विजेता वर्ष 1983 में बना। यह विश्व कप भारत ने कपिल देव की कप्तानी में जीता था। क्रिकेट विश्व कप एक दिवसीय अन्तर्राष्ट्रीय क्रिकेट (ODI) की अन्तर्राष्ट्रीय चैम्पियनशिप है। इसका आयोजन अन्तर्राष्ट्रीय क्रिकेट परिषद् (ICC) द्वारा प्रत्येक चार वर्षों में किया जाता है। पहला विश्व कप जून, 1975 में इंग्लैण्ड में आयोजित किया गया था। भारत ने 2011 क्रिकेट विश्व कप महेन्द्र सिंह धोनी की कप्तानी में जीता था। भारत ने अब तक कुल दो एकदिवसीय क्रिकेट विश्वकप जीते हैं।

27. *(d)* हेनरी डेरोजियो यंग बंगाल आन्दोलन से जुड़े थे। 1820 और 1830 ई. के अन्त में, बंगाल के युवाओं में एक क्रान्तिकारी और बौद्धिक प्रवृत्ति उभरी, जिसे 'यंग बंगाल आन्दोलन' के नाम से जाना जाता है। इस प्रगतिशील प्रवृत्ति का नेतृत्व और प्रेरणा एक युवा यूरोपीय, हेनरी विवियन डेरोजियो ने किया था। 1826 ई. में उन्हें हिन्दू कॉलेज का अध्यापक नियुक्त किया गया था।

28. *(a)* भारतीय संविधान के भाग-IV(A) का अनुच्छेद-51A मौलिक कर्त्तव्यों से सम्बन्धित है। वर्ष 1976 में 42वें संविधान संशोधन के द्वारा नागरिकों के मौलिक कर्त्तव्यों को संविधान में सूचीबद्ध किया गया। वर्तमान में मौलिक कर्त्तव्यों की संख्या 11 है।

29. *(d)* महाराष्ट्र सरकार ने आदिवासी गाँवों को मुख्य सड़कों से जोड़ने के लिए ''भगवान बिरसा मुण्डा जोड़-रास्ते योजना'' शुरू की है। इस योजना का मुख्य उद्देश्य राज्य के 17 जिलों के आदिवासी गाँवों को मुख्य सड़कों से जोड़ना है। ₹ 5000 करोड़ की अनुमानित लागत वाली इस परियोजना में लगभग 6,838 किमी सड़कों का निर्माण किया जाएगा।

30. *(b)* मेगस्थनीज ने पाटलिपुत्र के बारे में लिखा है कि यह एक बड़ा और सुन्दर शहर है, जो एक विशाल दीवार से घिरा हुआ है। इसमें 570 मीनारें (towers) और 64 द्वार हैं। मेगस्थनीज, सेल्यूकस निकेटर का राजदूत था। वह एक इतिहासकार राजनयिक था। इन्होंने अपनी पुस्तक 'इण्डिका' में भारत का विशद् रूप से वर्णन किया है। मेगस्थनीज पश्चिमी दुनिया का पहला व्यक्ति था, जिसने भारत का लिखित विवरण प्रस्तुत किया है।

31. *(c)* अक्टूबर, 2022 में न्यायमूर्ति दिनेश कुमार को भारत सरकार द्वारा गैर-कानूनी गतिविधि (रोकथाम) न्यायाधिकरण के पीठासीन अधिकारी के रूप में नियुक्त किया है। इसी वर्ष राज्यसभा में गैर-कानूनी गतिविधियाँ (रोकथाम) संशोधन विधेयक 2019 पारित किया गया है। यह कानून भारत की सम्प्रभुता और एकता को खतरे में डालने वाली गतिविधियों को रोकने के उद्देश्य से बनाया गया था।

32. *(d)* लक्षद्वीप उच्चतम साक्षरता दर (जनगणना 2011) वाला राज्य/केन्द्रशासित प्रदेश है। लक्षद्वीप की साक्षरता दर 91.8% है। वर्ष 2011 की जनगणना के अनुसार, केरल में कुल साक्षरता दर और महिला साक्षरता दर सबसे अधिक है, जबकि लक्षद्वीप में पुरुष साक्षरता दर सबसे अधिक है। बिहार में कुल साक्षरता दर और पुरुष साक्षरता दर सबसे कम है, जबकि राजस्थान में महिला साक्षरता दर सबसे कम है।

33. *(d)* एक सामान्य फ्रीस्टाइल कुश्ती मुकाबले को तीन-तीन मिनट की 2 अवधियों में विभाजित किया जाता है, जिनके बीच में 30 सेकण्ड का एक ब्रेक होता है। फ्रीस्टाइल कुश्ती मार्शल आर्ट कुश्ती की एक शैली है। ग्रीको-रोमन के साथ, यह ओलम्पिक खेलों में लड़ी गई कुश्ती की दो शैलियों में से एक है।

34. *(a)* निर्धनता एक ऐसी अवस्था या स्थिति है, जिसमें किसी व्यक्ति या समुदाय के पास न्यूनतम जीवन स्तर के लिए वित्तीय संसाधनों और आवश्यक वस्तुओं का अभाव होता है। भारत में दो प्रकार की गरीबी है—पूर्ण गरीबी और सापेक्ष गरीबी। इन दोनों प्रकार की गरीबी का सम्बन्ध धन और उपभोग से है।

35. *(c)* पुदुक्कोट्टई दक्षिणामूर्ति पिल्लई वाद्ययन्त्र कंजिरा (Kanjira) के वादन के लिए प्रसिद्ध हैं। दक्षिणामूर्ति पिल्लई एक प्रमुख मृदंगम और कंजिरा (Kanjira) कलाकार थे, जिन्होंने 1875 ई. से वर्ष 1925 तक कर्नाटक संगीत समारोह में संगीतकार के रूप में अपना योगदान दिया।।

36. *(a)* मई, 2023 में कर्नाटक में पुलिस महानिदेशक प्रवीण सूद को केन्द्रीय जाँच ब्यूरो का अगला निदेशक नियुक्त किया गया

है। उन्होंने मौजूदा निदेशक सुबोध कुमार जायसवाल की जगह ली। सीबीआई की स्थापना वर्ष 1963 में गृह मन्त्रालय द्वारा की गई थी। 'सीबीआई' केन्द्र सरकार की एक प्रमुख जाँच एजेन्सी है और यह भ्रष्टाचार की रोकथाम में महत्त्वपूर्ण भूमिका निभाती है।

37. *(d)* पूँजीवादी समाज में उत्पादित वस्तुओं को लोगों के बीच लोगों को क्या चाहिए इसके आधार पर नहीं, बल्कि क्रय शक्ति के आधार पर वितरित किया जाता है। पूँजीवाद निजी सम्पत्ति अधिकारों के प्रवर्तन पर निर्भर करता है, जो पूँजी के निवेश और उत्पादक उपयोग के लिए प्रोत्साहन प्रदान करता है।

38. *(b)* हॉर्नबिल पर्व (Hornbill Festival) नागालैण्ड राज्य में मनाया जाता है। यह त्योहार अन्तर-जनजातीय सम्पर्क को प्रोत्साहित करने और नागा विरासत की विशिष्टता व समृद्धि को संरक्षित और पुनर्जीवित करने के लिए मनाया जाता है। यह राज्य पर्यटन और कला एवं संस्कृति विभागों द्वारा आयोजित किया जाता है। यह केन्द्र सरकार द्वारा समर्थित है।

39. *(b)* संरचनात्मक समायोजन नीतियों (Structural Adjustment Policies) की शुरुआत के बाद आठवीं पंचवर्षीय योजना अन्ततः वर्ष 1992 में शुरू की गई थी। संरचनात्मक समायोजन नीति आर्थिक सुधारों का एक समूह है, जिसका पालन किसी देश को अन्तर्राष्ट्रीय मुद्राकोष/विश्व बैंक से ऋण प्राप्त करने के लिए किया जाता है, जिसमें सरकारी खर्च को कम करना तथा मुक्त व्यापार को खोलना आदि शामिल हैं।

40. *(b)* मध्य प्रदेश में ढोल की थाप पर विभिन्न अवसरों पर महिलाओं द्वारा 'मटकी नृत्य' किया जाता है। यह नृत्य मध्य प्रदेश के मालवा क्षेत्र में प्रसिद्ध है। यह महिलाओं द्वारा विशेष अवसरों; जैसे- विवाह, जन्मदिन या किसी अन्य विशेष अवसर पर किया जाने वाला एकल नृत्य है।

41. *(d)* प्रश्नानुसार, 1 वर्ष में जनसंख्या में वृद्धि

$= 75000 - 62500 = 12500$

$\therefore$ प्रतिशत वृद्धि $= \frac{12500}{62500} \times 100 = 20\%$

42. *(b)* Z_1, Z_2 और Z_3 का एक दिन का कार्य क्रमशः $\frac{1}{100}, \frac{1}{50}$ और $\frac{1}{75}$ इकाई हैं।

माना Z_1, Z_2 और Z_3, x दिन तक साथ कार्य करते हैं, तब

प्रश्नानुसार,

$$\frac{x}{50} + \left(\frac{1}{100} + \frac{1}{75}\right)(x+15) = 1$$

$$\Rightarrow \frac{x}{50} + \left(\frac{3+4}{300}\right)(x+15) = 1$$

$$\Rightarrow \frac{x}{50} + \left(\frac{7}{300}\right)(x+15) = 1$$

$$\Rightarrow \frac{6x}{300} + \frac{7}{300}(x+15) = 1$$

$$\Rightarrow \frac{13x}{300} + \frac{105}{300} = 1$$

$$\Rightarrow \frac{13x}{300} = 1 - \frac{105}{300}$$

$$\Rightarrow \frac{13x}{300} = \frac{195}{300}$$

$$\Rightarrow x = 15$$

$\therefore$ कार्य पूर्ण होने में लगा समय

$= (15 + 15) = 30$ दिन

वैकल्पिक विधि

प्रश्नानुसार, $Z_1 = 100$ (3), $Z_2 = 50$ (6), $Z_3 = 75$ (4) → 300

यदि Z_2 ने 15 दिन और काम किया होता तब,

कुल कार्य $= 300 + 15 \times 6 = 390$

$\therefore$ अभीष्ट समय $= \frac{390}{13} = 30$ दिन

43. *(c)* $\sqrt{0.000081} = ?$

$$\Rightarrow ? = \sqrt{\frac{81}{1000000}} = \frac{9}{1000} = 0.009$$

$\therefore$ अभीष्ट मान $= 0.009$

44. *(c)* दिया है,

$4M = 5N = 20C$

तो, $M : N : C = \frac{1}{4} : \frac{1}{5} : \frac{1}{20} = 5 : 4 : 1$

45. *(d)* माना मूलधन $=$ ₹ P

$$\left[P \times \left(1 + \frac{15}{100}\right)^2 - P\right] - \left[\frac{P \times 30 \times 1}{100}\right] = 337.5$$

$$\Rightarrow P\left[\left(\frac{23}{20}\right)^2 - 1 - \frac{3}{10}\right] = 337.5$$

$$\Rightarrow P\left[\frac{529}{400} - \frac{13}{10}\right] = 337.5$$

$$\Rightarrow P\left[\frac{529 - 520}{400}\right] = 337.5$$

$$\Rightarrow P = \frac{337.5 \times 400}{9}$$

$\therefore$ $P =$ ₹ 15000

46. *(c)* दिया है, हानि $= 36\%$

माना क्रय मूल्य (CP) $=$ ₹ 100

तो विक्रय मूल्य (SP) $= \left[100 \times \frac{64}{100}\right] =$ ₹ 64

$\therefore$ CP : SP $= 100 : 64 = 25 : 16$

47. *(c)* साधारण ब्याज

$= \frac{\text{मूलधन} \times \text{दर} \times \text{समय}}{100}$

$\therefore$ मूलधन $= \frac{350 \times 12 \times 100}{7 \times 1}$

$= 50 \times 12 \times 100 =$ ₹ 60000

अतः आवश्यक धनराशि $=$ ₹ 60000

वैकल्पिक विधि

दर $= 7\%$ वार्षिक

1 माह का ब्याज $=$ ₹ 350

1 वर्ष का ब्याज $= 350 \times 12 =$ ₹ 4200

$7\% = 4200$

तो, $100\% = \frac{4200}{7} \times 100 =$ ₹ 60000

$\therefore$ मूलधन $=$ ₹ 60000

48. *(d)* $A : B = 2 : 3$ तथा $B : C = 4 : 5$

तो $A : B : C = 8 : 12 : 15$

कुल धनराशि $=$ ₹ 70000

$\therefore A$ का हिस्सा $= \frac{70000}{35} \times 8 =$ ₹ 16000

49. *(d)* $(58)^{29} \Rightarrow (55+3)^{29}$

$\because$ 55, 5 से विभाज्य है, तो

$3^{29} = 3^{28} \times 3 = (9)^{14} \times 3$

$= (10-1)^{14} \times 3$

$\because$ 10, 5 से विभाज्य है, तो शेष $= (-1)$

$\therefore (-1)^{14} \Rightarrow (1 \times 3)$ को 5 से विभाजित करने पर शेषफल $= 3$

वैकल्पिक विधि

$(58)^{29} = [(58)^4]^7 \times 58$

$$\Rightarrow R\left[\frac{(58)^{29}}{5}\right] = R\left[\frac{[(58)^4]^7 \times 58}{5}\right]$$

$$= R\left[\frac{6 \times 8}{5}\right] = R\left[\frac{48}{5}\right] = 3$$

50. *(c)* प्रथम n विषम संख्याओं का योग $= n^2$

प्रथम 31 विषम संख्याओं का योग $= (31)^2$

$\therefore$ औसत $= \frac{(31)^2}{31} = 31$

51. *(d)* दिया है, गोले का व्यास $= 21$ सेमी

$\therefore$ त्रिज्या $= \frac{21}{2}$ सेमी

अतः अर्द्धगोले का कुल पृष्ठीय क्षेत्रफल

$= 3\pi r^2 = 3 \times \frac{22}{7} \times \frac{21}{2} \times \frac{21}{2}$

$= \frac{3 \times 11 \times 3 \times 21}{2} = 1039.5$ सेमी^{2}

52. *(a)* 6, 8, 9 और 10 का ल.स. $= 360$ सेकण्ड

360 सेकण्ड $= \frac{360}{60}$ मिनट $= 6$ मिनट

$\therefore$ 4 घण्टियाँ 6 मिनट बाद पुनः एकसाथ बजेगी।

53. *(d)* प्रश्नानुसार,

अमन का 1 दिन का काम $= \frac{1}{28}$

$\therefore$ अमन का 8 दिन का काम $= 8 \times \frac{1}{28} = \frac{2}{7}$

54. *(b)* अंकित मूल्य = ₹ 640

तथा छूट = 37.5%

$\therefore$ विक्रय मूल्य $= \frac{640}{100} \times (100 - 37.5)$

$= \frac{640}{100} \times 62.5 =$ ₹ 400

55. *(a)* माना पाँच संख्या क्रमशः a, b, c, d और e हैं।

$$\frac{a+b+c+d+e}{5} = 36$$

$\Rightarrow \quad a+b+c+d+e = 180 \quad \ldots(i)$

$$\frac{(a+b)}{2} = 1.5 \times \frac{(c+d+e)}{3}$$

$\Rightarrow \quad (a+b) = (c+d+e)$

$(a+b)$ का मान समी (i) में रखने पर,

$(a+b)+(a+b) = 180$

$\Rightarrow \quad 2(a+b) = 180$

$\therefore \quad (a+b) = 90$

56. *(b)* माना प्रारम्भ में कुल जनसंख्या $= x$

प्रथम वर्ष में वृद्धि = 5%

तथा द्वितीय वर्ष में वृद्धि = 8%

$\therefore$ 2 वर्ष बाद कुल जनसंख्या

$$= x \times \left(1 + \frac{5}{100}\right)\left(1 + \frac{8}{100}\right) = x \times \frac{105}{100} \times \frac{108}{100}$$

$\therefore$ जनसंख्या में वृद्धि%

$$= \frac{\left(x \times \frac{105}{100} \times \frac{108}{100}\right) - x}{x} \times 100$$

$$= \left(\frac{11340 - 10000x}{10000x}\right) \times 100$$

$$= \frac{1340x}{100x} = 13.4\%$$

वैकल्पिक विधि

सूत्र, $\quad x + y + \frac{x \times y}{100}$

यहाँ, $x = 5\%, y = 8\%$

$\therefore$ कुल प्रतिशत वृद्धि $= 5 + 8 + \frac{5 \times 8}{100}$

$= 13 + 0.4 = 13.4\%$

57. *(a)* विक्रय मूल्य (SP) – क्रय मूल्य (CP) = ₹ 132

तथा लाभ = 20%

$\because$ लाभ = SP – CP

20% = 132

$\therefore$ CP (100%) $= \frac{132}{20} \times 100$

तो, CP = ₹ 660

$\therefore$ SP $= \frac{660}{100} \times 120 =$ ₹ 792

58. *(a)* $2^4 \times 3^5, 2^5 \times 3^3$ और $2^5 \times 3^6$ का ल.स. $= 2^5 \times 3^6$

59. *(b)* वास्तविक मूल्य = \$25 तथा छूट = 30%

तो, विक्रय मूल्य $= \frac{25}{100} \times 70 = \$17.5$

60. *(b)* $\because$ कारे विपरीत दिशा में जा रही हैं,

$\therefore$ सापेक्ष चाल = 40 + 50 = 90 किमी/घण्टा

तथा समय = 5 घण्टे

अतः कुल दूरी = चाल × समय

= 90 × 5 = 450 किमी

61. *(b)* दिए गए विकल्पों में से 'बेमलतब की बात मत करो' विकल्प अशुद्ध वर्तनी वाला है। इसकी शुद्ध वर्तनी है–बेमतलब की बात मत करो।

62. *(d)* दिए गए वाक्य में रेखांकित शब्द 'भोर' का विलोम शब्द 'साँझ' है। भोर का अर्थ प्रातःकाल से है तथा इसके विपरीत 'साँझ' का अर्थ 'शाम' है। अतः अन्य विकल्प असंगत हैं।

63. *(b)* दिए गए वाक्य में कोष्ठक शब्द 'घड़ी' के तत्सम रूप का सही विकल्प 'घटिका' है। अन्य विकल्प असंगत हैं।

64. *(d)* 'अपना मतलब साधने वाला' वाक्यांश के लिए एक शब्द का विकल्प 'स्वार्थी' है। अन्य विकल्प असंगत हैं।

65. *(a)* दिए गए शब्द 'ज्योति' का विलोम शब्द 'तम' है। ज्योति का अर्थ 'प्रकाश अथवा रोशनी' है तथा इसके विपरीत तम का अर्थ 'अन्धकार' होता है। अन्य विकल्प असंगत हैं।

66. *(d)* दिए गए वाक्य में कोष्ठक शब्द 'कपड़ा' का पर्यायवाची 'चीर' है।

अतः वाक्य इस प्रकार है- द्रौपदी का चीर (कपड़ा) हरण भरी सभा में हुआ था। अन्य विकल्प असंगत हैं।

67. *(b)* दिए गए वाक्य के कोष्ठक में दिए शब्द 'भागीदारी' का पर्यायवाची शब्द 'हिस्सेदारी' है। अतः वाक्य इस प्रकार है-चारों बहनों की प्रॉपर्टी में हिस्सेदारी (भागीदारी) है। अन्य विकल्प असंगत हैं।

68. *(d)* दिए गए वाक्य में रिक्त स्थान में से उचित देशज-विदेशज शब्द 'अदालत' है। अतः सही वाक्य है–कल उमा की अदालत में पेशी है। अन्य विकल्प असंगत हैं।

69. *(b)* 'बारह बरस पीछे घूरे के भी दिन फिरते हैं' लोकोक्ति का सही अर्थ है-एक न एक दिन अच्छे दिन आ ही जाते हैं।

वाक्य प्रयोग बरसों तक गरीबी झेलने के बाद अब उसने सुख की साँस ली। अतः ठीक ही कहा गया है
बारह बरस पीछे घूरे के भी दिन फिरते हैं।

70. *(c)* 'पानी की तरह बहाना' मुहावरे का अर्थ अन्धाधुन्ध खर्च करना है।

वाक्य प्रयोग आजकल रोहन रुपया पानी की तरह बहा रहा है।

71. *(a)* दिए गए वाक्य में 'मैं ऐसा करना' वाक्यांश में त्रुटि है।

सही वाक्य इस प्रकार है-मैंने ऐसा करना पहले से निश्चित कर रखा था।

72. *(a)* 'जिससे किसी प्रकार की हानि नहीं हो' वाक्यांश के लिए एक शब्द 'निरापद' होगा। अन्य विकल्प असंगत हैं।

73. *(a)* दिए गए वाक्य में रिक्त स्थान के लिए सही पुल्लिंग रूप वाला शब्द 'घी' है। अन्य विकल्प स्त्रीलिंग रूप के हैं।

अतः सही वाक्य इस प्रकार है–हमें चावल-दाल के साथ 'घी' खाना चाहिए।

74. *(a)* दिए गए वाक्य में 'करना नहीं जानता उससे दुसरे में भी सद्भावना' वाक्यांश में अशुद्धियाँ हैं। अतः शुद्ध वाक्य इस प्रकार है–जो आदमी दूसरों के भावों का आदर/करना नहीं जानता उसे दूसरों से भी सद्भावना की आशा नहीं करनी चाहिए।

75. *(a)* 'सिर से पाँव तक' वाक्यांश के लिए एक सार्थक शब्द 'आपादमस्तक' होगा। अन्य विकल्प असंगत हैं।

76. *(a)* दिए गए रिक्त स्थान में सर्वोत्तम उत्तर वाला विकल्प 'सभ्य' है।

अतः पूर्ण वाक्य है–शिक्षा मनुष्य को शिक्षित और सभ्य बनाती है।

77. *(a)* दिए गए रिक्त स्थान में सर्वोत्तम विकल्प 'जिम्मेदार' है। अतः पूर्ण वाक्य है–शिक्षित व्यक्ति जिम्मेदार बनता है और परिवार के लिए रोजगार कर सकता है।

अन्य विकल्प असंगत हैं।

78. *(b)* दिए गए रिक्त स्थान में सर्वोत्तम विकल्प 'बेहतर' होगा। अतः पूर्ण वाक्य है–कई जगहों और क्षेत्रों में लड़कियों ने लड़कों की तुलना में अपने आपको 'बेहतर' साबित किया है। अन्य विकल्प असंगत हैं।

79. *(d)* दिए गए रिक्त स्थान में सर्वोत्तम विकल्प 'आत्मविश्वास' है। अतः पूर्ण वाक्य है–लड़कियाँ कई सफल पद पर बड़े आत्मविश्वास और लगन के साथ काम कर रही हैं। अन्य विकल्प असंगत हैं।

80. *(a)* दिए गए रिक्त स्थान में सर्वोत्तम विकल्प 'रोशनी' है। अतः पूर्ण वाक्य है–कुछ परिवार लड़कों को कुल का दीपक समझते हैं, मगर घर की रोशनी तो लड़कियों से भी होती है। अन्य विकल्प असंगत हैं।

22 फरवरी 2024
(शिफ्ट I)

सॉल्वड पेपर 2024

SSC कांस्टेबल (जीडी) सेट 09

भाग-I सामान्य बुद्धिमत्ता एवं तर्कशक्ति

1 निम्नलिखित में से कौन-सा अक्षर-संख्या समूह दी गई श्रृंखला में रिक्त स्थान (........) पर आएगा?
ME18, OG22, QI26, SK30, UM34, ...
(a) VO38 (b) WO36
(c) WO38 (d) VO36

2 निम्नलिखित प्रश्न में कुछ कथन और उन कथनों के आधार पर कुछ निष्कर्ष दिए गए हैं। आपको दिए गए कथनों को सत्य मानना है, चाहे वे सामान्यतः ज्ञात तथ्यों से भिन्न प्रतीत होते हों। सभी निष्कर्षों को ध्यानपूर्वक पढ़िए और निश्चय कीजिए कि दिए गए निष्कर्षों में से कौन-सा/कौन-से निष्कर्ष कथनों का तार्किक रूप से अनुसरण करता है/करते हैं?
कथन
सभी भूमि, रिक्त हैं।
कोई भूमि, लड़की नहीं है।
निष्कर्ष
I. सभी रिक्त, भूमि हैं।
II. सभी लड़कियाँ, रिक्त हैं।
(a) निष्कर्ष I और II दोनों अनुसरण करते हैं।
(b) केवल निष्कर्ष II अनुसरण करता है।
(c) केवल निष्कर्ष I अनुसरण करता है।
(d) कोई भी निष्कर्ष अनुसरण नहीं करता है।

3 यदि 7 * 5 @10#20 = 370 और 4 * 3@5#30 = 90, तो
2 * 3@4#5 = ?
(a) 29 (b) 27
(c) 21 (d) 19

4 निम्नलिखित प्रश्न में दी गई आकृतियों के अनुसार कागज के एक टुकड़े को मोड़कर उसमें छेद किया जाता है। विकल्पों में दी गई आकृतियों में से बताइए कि खोले जाने पर यह कैसा दिखाई देगा।

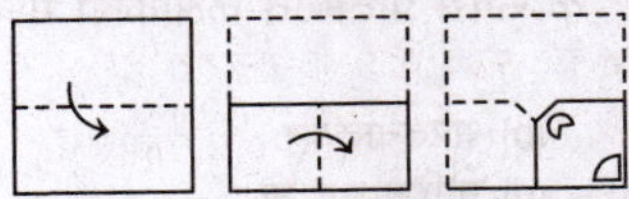

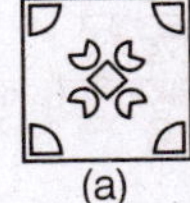
(a)
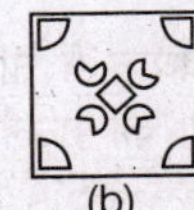
(b)
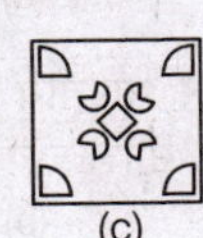
(c)
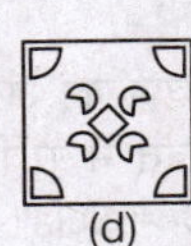
(d)

5 दिए गए विकल्पों में से निम्नलिखित श्रृंखला से लुप्त संख्या का चयन कीजिए।
85, 84, 92, 83, 147, ?
(a) 131 (b) 130 (c) 122 (d) 120

6 निम्नलिखित विकल्पों में से दी गई श्रृंखला से लुप्त संख्या का चयन कीजिए।
8, 27, 46, 65, ?, 103
(a) 80 (b) 84 (c) 81 (d) 88

7 किन दो चिह्नों और दो संख्याओं (न कि अंकों) को आपस में बदलने से समीकरण सही होगा?
$8 - 4 \times 9 + 6 \div 3 = 29$
(a) − और ×, 6 और 9 (b) × और ÷, 8 और 4
(c) − और ×, 9 और 3 (d) − और ×, 4 और 6

8 'E × F' का अर्थ है' E, F की पत्नी है'।
'E + F' का अर्थ है' E, F का भाई है'।
'E ÷ F' का अर्थ है' E, F की बहन है'।
'E − F' का अर्थ है' E, F का बेटा है'।
व्यंजक 'I + J ÷ K − L' में J का L से क्या सम्बन्ध है?
(a) माँ (b) बहन (c) बेटी (d) पत्नी

9 निम्नलिखित विकल्पों में से उस विकल्प का चयन कीजिए, जो पाँचवें अक्षर-समूह से ठीक उसी प्रकार सम्बन्धित है जिस प्रकार चौथा अक्षर-समूह तीसरे अक्षर-समूह से सम्बन्धित है, और दूसरा अक्षर-समूह पहले अक्षर-समूह से सम्बन्धित है।
AWESOME : EWASEMO :: IMPRESS : PMIRSSE :: CONFUSE : ?
(a) NOCFESU (b) NOFCESU
(c) NOCFEUS (d) NOCFSEU

10 दी गई आकृति के उस सही दर्पण प्रतिबिम्ब का चयन कीजिए, जो दर्पण PQ को उस आकृति के दाईं ओर रखने पर बनेगा।

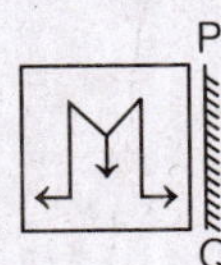

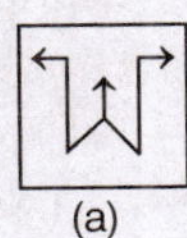
(a)
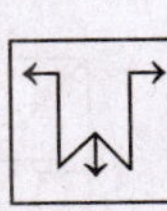
(b)
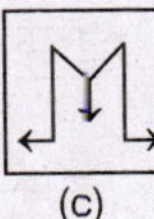
(c)
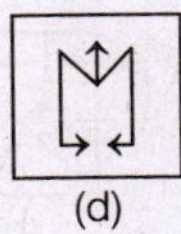
(d)

11 एक निश्चित कूटभाषा में, यदि 'DESK' को 'BCQI1' लिखा जाता है, 'CHAIR' को 'AFYGP2' लिखा जाता है, तो उसी कूटभाषा में 'TABLE' को कैसे लिखा जाएगा?
(a) RYZJC2 (b) RYZJC1
(c) RHAKO2 (d) RHAKO1

12 निम्नलिखित प्रश्न में, दिए गए विकल्पों में से सम्बन्धित अक्षरों का चयन कीजिए।
MICS : LHBR :: JRVP : ?
(a) RDHH (b) MLUK (c) IQUO (d) OCSN

13 नीचे एक शृंखला दी गई है, जिसमें एक पद लुप्त है। दिए गए विकल्पों में से उस विकल्प का चयन कीजिए जो शृंखला को पूरा करेगा।
RT, VT, VX, ZX, ?
(a) RM (b) ZB
(c) ZO (d) ZR

14 छः मित्र P, Q, R, S, T और U एक वृत्ताकार मेज के चारो ओर केन्द्र से बाहर की ओर मुख करके बैठे हैं। U, R और S के ठीक बीच में बैठा है। S, T के ठीक बाईं ओर बैठा है। P, Q के ठीक दाईं ओर बैठा है। T के विपरीत कौन बैठा है?
(a) S (b) R
(c) P (d) U

15 नीचे दिए गए शब्दों को अंग्रेजी शब्दकोश के क्रम के अनुसार व्यवस्थित करने के बाद, कौन-सा शब्द तीसरे स्थान पर आएगा?
1. Recant 2. Receive 3. Recent
4. Recess 5. Recall
(a) Recent (b) Receive
(c) Recant (d) Recess

16 एक निश्चित कूटभाषा में, 'EATING' को 'ELGRYC' लिखा जाता है। उसी कूटभाषा में 'COFFEE' को कैसे लिखा जाएगा?
(a) CCDDNB (b) CCDDMB
(c) CCEEMB (d) CCDDMA

17 आठ लड़के $B_1, B_2, B_3, B_4, B_5, B_6, B_7$ और B_8 एक पंक्ति में उत्तर की ओर मुख करके बैठे हैं (परन्तु जरूरी नहीं कि वे इसी क्रम में बैठे हों)। B_6, B_1 के दाईं ओर से पाँचवें स्थान पर बैठा है। B_4, B_5 के दाईं ओर से पाँचवें स्थान पर बैठा हैं। B_5, B_1 के ठीक दाईं ओर बैठा है। B_8, B_4 के बाईं ओर से तीसरे स्थान पर बैठा है। B_2, B_7 के दाईं ओर से तीसरे स्थान पर बैठा है। B_7, B_1 का निकटतम पड़ोसी है। B_2 के ठीक दाईं ओर कौन बैठा है?
(a) B_8 (b) B_7 (c) B_6 (d) B_5

18 निम्न में से कौन-सी उत्तर आकृति प्रश्न आकृति के पैटर्न को पूरा करेगी। (घूर्णन की अनुमति नहीं है?)

?

(a) (b) (c) (d)

19 निम्नलिखित प्रश्न में, विकल्पों में दी गई उस आकृति का चयन कीजिए, जिसे प्रश्नचिह्न (?) के स्थान पर रखा जा सकता है।

▼ △ ▼ ▽ ?

(a) ▼ (b) ▽ (c) △ (d) ▼

20 निम्नलिखित प्रश्न में, दिए गए विकल्पों में से उस आकृति का चयन कीजिए, जिसे प्रश्नचिन्ह (?) के स्थान पर रखा जा सकता है।

+	– +	H – +	R H – +	?

S R H – +	R S H + –	R S H – +	S R H + –
(a)	(b)	(c)	(d)

भाग-II सामान्य ज्ञान

21 2011 की जनगणना के अनुसार, निम्नलिखित में से किस राज्य का लिंगानुपात सबसे कम है?
(a) तमिलनाडु (b) मध्य प्रदेश
(c) राजस्थान (d) आन्ध्र प्रदेश

22 निम्नलिखित में से कौन एक कृषि वैज्ञानिक हैं, जिन्होंने भारत में हरित क्रान्ति में महत्त्वपूर्ण भूमिका निभाई है?
(a) मोनकोम्बु सम्बासिवन स्वामीनाथन (Monkombu Sambasivan Swaminathan)
(b) सी. सुब्रह्मण्यम (C. Subramaniam)
(c) वर्गीज़ कुरियन (Verghese Kurien)
(d) विक्रम साराभाई (Vikram Sarabhai)

23 पण्डित रविशंकर किस वाद्ययन्त्र के वादक हैं?
(a) सितार (b) तबला (c) गिटार (d) सरोद

24 गैस का द्रव में परिवर्तित हुए बिना सीधे ठोस में परिवर्तित होना ……… कहलाता है।
(a) ऊर्ध्वपातन (b) वाष्पीकरण
(c) निक्षेपण (d) वाष्पन

25 गरीबी रेखा से नीचे की जनसंख्या के अनुपात को गरीबी अनुपात या ……… कहा जाता है।
(a) सामाजिक-आर्थिक लब्धि
(b) व्यक्ति गणना अनुपात
(c) आय असमानता सूचकांक
(d) गिनी सूचकांक

26 गुरुपर्व निम्नलिखित में से किस समुदाय द्वारा मनाया जाता है?
(a) सिख (b) पारसी
(c) हिन्दू (d) ईसाई

27 रुक्मिणी देवी को ……… के सबसे प्रतिष्ठित कलाकारों में से एक माना जाता है।
(a) भोरताल नृत्य (b) भरतनाट्यम
(c) कथकली (d) मोहिनीअट्टम

28 राष्ट्रीय ध्वज का अनादर भारतीय संविधान में उल्लिखित निम्नलिखित में से किस मौलिक कर्त्तव्य का उल्लंघन है?
(a) अनुच्छेद-51A (a) (b) अनुच्छेद-51A (b)
(c) अनुच्छेद-51A (d) (d) अनुच्छेद-51A (c)

29 साइमन कमीशन ……… में भारत आया।
(a) वर्ष 1919 (b) वर्ष 1931
(c) वर्ष 1922 (d) वर्ष 1928

30 2023 में लॉन्च की गई धरती माता की बहाली, जागरुकता, सृजन, पोषण और सुधार के लिए पीएम कार्यक्रम (PM Programme for Restoration, Awareness, Nourishment and Amelioration of Mother Earth- PM-PRANAM) योजना का उद्देश्य ……… है।
(a) वैकल्पिक उर्वरकों को अपनाना और रासायनिक उर्वरकों के सन्तुलित उपयोग को बढ़ावा देना
(b) भारत को ऑटोमोबाइल क्षेत्र में आत्मनिर्भर बनाना
(c) गरीबों को भोजन उपलब्ध कराना
(d) युवा लड़कियों को शिक्षा प्रदान करना

31 फीफा अण्डर-17 विश्व कप (FIFA Under-17 world Cup) 2023 की मेजबानी किस देश ने की थी?
(a) पुर्तगाल (b) जापान
(c) स्पेन (d) इण्डोनेशिया

32 वर्ष 2023 में किस मुख्यमन्त्री ने पुराने मराठा कुनबियों को कुनबी प्रमाण-पत्र जारी करने के सम्बन्ध में घोषणा की है?
(a) जगदीश मुखी (Jagdish Mukhi)
(b) विश्वभूषण हरिचन्दन (Biswabhushan Harichandan)
(c) पेमा खाण्डू (Pema Khandu)
(d) एकनाथ शिन्दे (Eknath Shinde)

33 कथक नृत्य को ……… के संयोजन के रूप में जाना जाता है।
(a) केवल संगीत और नृत्य
(b) केवल संगीत और नाटक
(c) संगीत, नृत्य और कथा
(d) केवल संगीत और कथा

34 एक फुटबॉल मैच दो टीमों के बीच खेला जाता है, जिनमें से प्रत्येक टीम में अधिकतम ……… होते हैं।
(a) दस खिलाड़ी (b) पाँच खिलाड़ी
(c) ग्यारह खिलाड़ी (d) सात खिलाड़ी

35 निम्नलिखित में से कौन-सी भारत के सर्वोच्च न्यायालय द्वारा जारी की गई रिट नहीं है?
(a) बन्दी प्रत्यक्षीकरण (Habeas corpus)
(b) प्रतिषेध (Prohibition)
(c) अधिकार पृच्छा (Quo warranto)
(d) जस सोलि (Jus Soli)

36 प्राचीन हड़प्पा शहर किस नदी के वर्तमान में सूखे मार्ग के तट पर बनाया गया था?
(a) कोसी (b) यमुना
(c) रावी (d) गण्डक

37 भारतीय खिलाड़ी अंजुम चोपड़ा निम्नलिखित में से कौन-सा खेल खेलती हैं?
(a) लॉन टेनिस (b) बैडमिण्टन
(c) फुटबॉल (d) क्रिकेट

38 मुहल्ला/बस्तियों (Group quarters) में रहने वाले लोगों सहित किसी विशेष समूह में प्रत्येक पुरुष, महिला और बच्चे के लिए गणना की गई औसत आय को दर्शाने के लिए किस शब्द का प्रयोग किया जाता है?
(a) पीआरसीएस (b) प्रतिव्यक्ति आय
(c) सकल घरेलू उत्पाद (d) प्रति सौ आय

39 अगस्त, 2023 में महाराष्ट्र सरकार द्वारा शुरू किए गए पहले 'उद्योग रत्न' पुरस्कार से किसे सम्मानित किया गया है?
(a) अदार पूनावाला (b) रतन टाटा
(c) सावित्री जिन्दल (d) आनन्द महिन्द्रा

40 राधा श्रीधर का सम्बन्ध निम्नलिखित में से किस शास्त्रीय नृत्य से है?
(a) कथक (b) सत्रीया
(c) मणिपुरी (d) भरतनाट्यम

भाग-III गणित

41 यदि दो संख्याओं के बीच का अन्तर उन संख्याओं के योग का 30% है, तो बड़ी संख्या और छोटी संख्या का अनुपात क्या है?
(a) 14 : 3 (b) 12 : 5
(c) 13 : 7 (d) 15 : 7

42 एक निश्चित धनराशि पर 6% वार्षिक की ब्याज दर पर, 2 वर्षों के लिए साधारण ब्याज ₹ 960 है। समान अवधि और समान ब्याज दर पर समान धनराशि पर चक्रवृद्धि ब्याज (वार्षिक रूप से संयोजित) कितना होगा?
(a) ₹ 988.8 (b) ₹ 1122.2
(c) ₹ 1025.1 (d) ₹ 985.4

43 किसी वस्तु पर 50% की छूट देने के बाद भी 50% का लाभ होता है। वस्तु पर कोई भी छूट न देने पर लाभ प्रतिशत कितना होगा?
(a) 100% (b) 200%
(c) 150% (d) 300%

44 यदि एक समचतुर्भुज के विकर्ण 48 सेमी और 64 सेमी है, तो समचतुर्भुज का परिमाप कितना है?
(a) 75 सेमी (b) 225 सेमी
(c) 160 सेमी (d) 120 सेमी

45 1 किग्रा गेहूँ के मूल्य में 50% की वृद्धि हुई है और वृद्धि ₹ 25 है। प्रति किलोग्राम गेहूँ का नया मूल्य क्या है?
(a) ₹ 45 (b) ₹ 75
(c) ₹ 60 (d) ₹ 55

46 यदि $M:N:P=3:7:5$ और $P:Q=1:2$ है, तो $M:Q$ का मान कितना है?
(a) 2 : 1 (b) 1 : 3 (c) 3 : 10 (d) 2 : 3

47 यदि $X:Y=11:5$ है, तो $(X-Y):(X+Y)$ का मान कितना है?
(a) 3 : 8 (b) 6 : 15
(c) 5 : 16 (d) 8 : 3

48 यदि कक्षा में 30 छात्रों की औसत आयु 20 वर्ष है। यदि प्रत्येक छात्र की आयु में 5 वर्ष की वृद्धि की जाती है, तो औसत आयु में कितनी वृद्धि होगी?
(a) 5 (b) 6 (c) 7 (d) 8

49 P, Q और R का औसत 40 है। यदि P और Q का औसत 35 है तथा Q और R का औसत 45 है, तो Q का मान कितना है?
(a) 40 (b) 48
(c) 28 (d) 32

50 एक घड़ी ₹ 6000 में खरीदी जाती है और ₹ 5500 में बेची जाती है। हानि प्रतिशत कितना है?
(a) 8.08% (b) 11.11%
(c) 8.33% (d) 7.28%

51 258, 301 और 387 का महत्तम समापवर्तक ज्ञात कीजिए।
(a) 43 (b) 27
(c) 22 (d) 29

52 अमर, सचिन से 10% अधिक कुशल है। यदि सचिन अकेले किसी काम को 44 दिनों में पूरा कर सकता है, तो अमर अकेले उसी काम को कितने दिनों में पूरा करेगा?
(a) 47 दिन (b) 45 दिन
(c) 52 दिन (d) 40 दिन

53 यदि किसी वस्तु का अंकित मूल्य ₹ 4500 और विक्रय मूल्य ₹ 3900 है, तो उस वस्तु पर छूट (₹ में) कितनी है?
(a) 700 (b) 500
(c) 600 (d) 850

54 एक निश्चित धनराशि पर, 3 वर्षों के लिए प्राप्त साधारण ब्याज ₹ 1782 है। उसी धनराशि पर समान ब्याज दर पर 10 वर्ष के लिए प्राप्त साधारण ब्याज कितना होगा?
(a) ₹ 6940 (b) ₹ 6840
(c) ₹ 5940 (d) ₹ 6800

55 0.41 को भिन्न में परिवर्तित कीजिए।
(a) $\frac{3}{7}$ (b) $\frac{37}{90}$
(c) $\frac{4}{9}$ (d) $\frac{5}{9}$

56 ₹ 28000 में एक रेफ्रिजरेटर बेचने पर अनुराग को 30% की हानि होती है। यदि वह 25% का लाभ अर्जित करना चाहता है, तो उसे रेफ्रिजरेटर किस मूल्य पर बेचना चाहिए था?
(a) ₹ 52000 (b) ₹ 52700
(c) ₹ 50000 (d) ₹ 51500

57 यदि एक कार 50 किमी/घण्टा की चाल से 150 किमी की यात्रा करती है, तो उसे यात्रा पूरी करने में कितना समय लगेगा?
(a) 4.5 घण्टे (b) 3 घण्टे
(c) 4 घण्टे (d) 3.5 घण्टे

58 निम्नलिखित में से कौन-सी संख्या 9 से विभाज्य नहीं है?
(a) 3658 (b) 3789
(c) 7857 (d) 1845

59 W और X मिलकर एक काम को 40 दिनों में पूरा कर सकते हैं। X और Y मिलकर उसी काम को 60 दिनों में पूरा कर सकते हैं। यदि W, X और Y सभी एक साथ मिलकर काम करते हैं, तो वहीं काम 30 दिनों में पूरा हो जाता है। W और Y को मिलकर उसी काम को पूरा करने में कितने दिनों का समय लगेगा?
(a) 36 दिन (b) 40 दिन
(c) 45 दिन (d) 50 दिन

60 दो संख्याओं का गुणनफल 1408 है, और उनका लघुत्तम समापवर्त्य 352 है। उनका महत्तम समापवर्तक ज्ञात कीजिए।
(a) 7 (b) 4 (c) 5 (d) 2

भाग-IV हिन्दी

61 दिए गए वाक्यांश के लिए सार्थक शब्द ज्ञात कीजिए।
'जहाँ आसानी से पहुँचा जा सके'
(a) दुर्गम (b) सरल (c) सुगम (d) सूगम

62 निम्नलिखित वाक्य में रेखांकित भाग के लिए एक सार्थक शब्द ज्ञात कीजिए।
तुम्हें तो <u>किसी से लगाव ही नहीं</u> है।
(a) विरक्ति (b) लिप्सु
(c) निर्लिप्त (d) अलगाववादी

63 दिए गए वाक्य में उचित पर्यायवाची शब्द का चयन करके रिक्त स्थान की पूर्ति करें।
यह तो काफी .... (आसान) प्रश्न है।
(a) अंगना (b) सरल (c) शान्त (d) जाहिर

64 दिए गए वाक्य में से गलत वर्तनी ज्ञात कीजिए।
श्रुति की दु:खभरी कहानी सुनकर मेरी आँखों से आंसु बहने लगे।
(a) कहानी (b) दु:खभरी (c) आंसु (d) आँखों

65 दिए गए वाक्य में रेखांकित शब्द का तद्भव शब्द ज्ञात कीजिए।
उसकी <u>ग्रीवा</u> में काफी दर्द है।
(a) पैर (b) गर्दन (c) मुँह (d) गला

66 निम्नलिखित प्रश्न में चार विकल्पों में से उस विकल्प का चयन करें, जो रिक्त स्थान के लिए सही भाववाचक संज्ञा वाला विकल्प हो।
दीपक ने रंजीत के साथ .... का निर्वाह किया।
(a) मित्रता (b) दिखावे
(c) खेल (d) शत्रु

67 निम्नलिखित प्रश्न में चार विकल्पों में से उस विकल्प का चयन करें, जो कोष्ठक में दिए गए शब्द के विलोम शब्द का सही विकल्प है।
हमें लोगों से बात करते समय हमेशा (कर्कश) ...... वाणी का उपयोग करना चाहिए।
(a) मधुर (b) कटु (c) कठोर (d) कम

68 निम्नलिखित प्रश्न में चार विकल्पों में से उस विकल्प का चयन करें, जो दी गई लोकोक्ति का सही अर्थ वाला विकल्प है।
'चार दिन की चाँदनी फिर अँधेरी रात'
(a) अन्य से भिन्न होना
(b) सुख का समय बहुत थोड़े दिनों के लिए आता है
(c) मौका निकल जाने पर सहायता के लिए आना
(d) अनुभवी होना

69 निम्नलिखित वाक्य में उस वाक्यांश को पहचानिए, जिसमें अशुद्धियाँ हैं। यदि कोई गलती नहीं है, तो 'कोई त्रुटि नहीं हैं' का चुनाव कीजिए।
गाँव अब कस्बों के रूप में और कस्बे शहरों के रूप में/ विकसित हो रहे हैं और इस प्रकार से अर्थव्यवस्था/ के क्षेत्रों को भी काफी विकास देखने से मिला हो।
(a) के क्षेत्रों को भी काफी विकास देखने से मिला हो
(b) कोई त्रुटि नहीं है
(c) गाँव अब कस्बों के रूप में और कस्बे शहरों के रूप में
(d) विकसित हो रहे हैं और इस प्रकार से अर्थव्यवस्था

70 दिए गए वाक्य में रेखांकित शब्द का विलोम शब्द ज्ञात कीजिए।
सौभाग्य से किसी को ऐसा घर मिलता है।
(a) दुर्भाग्य (b) भाग्यवान
(c) भाग्यवती (d) भावना

71 निम्नलिखित प्रश्न में दिए गए चार विकल्पों में से उस विकल्प का चयन करें, जो दिए गए मुहावरे के अर्थ को सर्वश्रेष्ठ रूप से व्यक्त करता है।
'अंग-अंग टूटना'
(a) चोट लगना
(b) पैर में दर्द होना
(c) थकावट से शरीर में दर्द होना
(d) शरीर में चोट लगना

72 निम्नलिखित प्रश्न में चार विकल्पों में से उस विकल्प का चयन करें, जो कोष्ठक में दिए गए शब्द के विलोम शब्द का सही विकल्प हो।
हमें (दुर्भावना) को त्यागकर .... को अपनाना चाहिए।
(a) असद्भावना (b) विकृति
(c) दुस्कामना (d) सद्भावना

73 दिए गए वाक्य में रेखांकित शब्द का तद्भव शब्द ज्ञात कीजिए।
त्वम् मेरे भाई हो।
(a) तुझसे (b) मैं
(c) तुम (d) तुझे

74 निम्नलिखित प्रश्न में चार विकल्पों में से उस विकल्प का चयन करें, जो रिक्त स्थान के लिए सही स्त्रीलिंग रूप वाला हो।
कल सभी उस लड़के की .... कर रहे थे।
(a) सभा (b) कुशल
(c) प्रशंसा (d) खुलासा

75 दिए गए वाक्य में उचित पर्यायवाची शब्द का चयन करके रिक्त स्थान की पूर्ति करें।
.... (राजासन) पर बैठते ही वह बदल गया।
(a) भास्कर (b) मनोहर
(c) सिंहासन (d) सुगमता

निर्देश (प्र. सं. 76-80) *नीचे दिए गए गद्यांश में कुछ शब्द छोड़ दिए गए हैं, प्रत्येक अनुच्छेद के सामने चार विकल्प दिए गए हैं। इस गद्यांश को ध्यानपूर्वक पढ़ें और चार विकल्पों में से सर्वोत्तम उत्तर वाला विकल्प चुनें।*

वन प्राणियों के लिए कितने आवश्यक हैं, ये सभी को पता है। कहा भी गया है कि वन ही जीवन है। इतना समझने के बावजूद भी दिन-प्रतिदिन वनों की .... कटाई होती है। यह समस्या दिन-प्रतिदिन .... रूप धारण करती जा रही है। जंगल मूल रूप से भूमि का एक टुकड़ा है, जिसमें बड़ी संख्या में वृक्ष और पौधों की विभिन्न किस्में शामिल हैं। प्रकृति की ये खूबसूरत रचनाएँ .... की विभिन्न प्रजातियों के लिए घर का काम करती हैं। जंगल पृथ्वी के पारिस्थितिक तन्त्र का एक अनिवार्य हिस्सा है। वे ग्रह की .... को बनाए रखने में मदद करते हैं, वातावरण को शुद्ध करते हैं, वाटरशेड की रक्षा करते हैं। वे जानवरों के लिए एक .... आवास और लकड़ी का एक प्रमुख स्रोत है, जोकि हमारे दिन-प्रतिदिन जीवन में उपयोग किए जाने वाले कई उत्पादों के उत्पादन के लिए उपयोग की जाती है।

76 इतना समझने के बावजूद भी दिन-प्रतिदिन वनों की .... कटाई होती है।
(a) मजेदार (b) अन्धाधुन्ध
(c) आवश्यकतानुसार (d) कम-से-कम

77 यह समस्या दिन-प्रतिदिन .... रूप धारण करती जा रही है।
(a) साधारण (b) सामान्य (c) नया (d) विकराल

78 प्रकृति की ये खूबसूरत रचनाएँ .... की विभिन्न प्रजातियों के लिए घर का काम करती हैं।
(a) नदियों (b) जानवरों
(c) पहाड़ों (d) मनुष्यों

79 वे ग्रह की .... को बनाए रखने में मदद करते हैं।
(a) आवश्यकता (b) गहराई
(c) विश्वसनीयता (d) जलवायु

80 वे जानवरों के लिए एक .... आवास और लकड़ी का एक प्रमुख स्रोत है।
(a) कभी-कभी (b) प्राकृतिक
(c) मानव निर्मित (d) शारीरिक

उत्तरमाला

1.	(c)	2.	(d)	3.	(a)	4.	(a)	5.	(c)	6.	(b)	7.	(a)	8.	(c)	9.	(a)	10.	(c)
11.	(a)	12.	(c)	13.	(b)	14.	(b)	15.	(b)	16.	(d)	17.	(a)	18.	(b)	19.	(d)	20.	(a)
21.	(c)	22.	(a)	23.	(a)	24.	(c)	25.	(b)	26.	(a)	27.	(b)	28.	(a)	29.	(d)	30.	(a)
31.	(d)	32.	(d)	33.	(c)	34.	(c)	35.	(d)	36.	(c)	37.	(d)	38.	(b)	39.	(b)	40.	(d)
41.	(c)	42.	(a)	43.	(b)	44.	(c)	45.	(b)	46.	(c)	47.	(a)	48.	(a)	49.	(a)	50.	(c)
51.	(a)	52.	(d)	53.	(c)	54.	(c)	55.	(b)	56.	(c)	57.	(b)	58.	(a)	59.	(b)	60.	(b)
61.	(c)	62.	(c)	63.	(b)	64.	(c)	65.	(b)	66.	(a)	67.	(a)	68.	(b)	69.	(a)	70.	(a)
71.	(c)	72.	(d)	73.	(c)	74.	(c)	75.	(c)	76.	(b)	77.	(d)	78.	(b)	79.	(d)	80.	(b)

संकेत एवं हल

1. *(c)* दी गई श्रृंखला का क्रम निम्न प्रकार है,

M $\xrightarrow{+2}$ O $\xrightarrow{+2}$ Q $\xrightarrow{+2}$ S $\xrightarrow{+2}$ U $\xrightarrow{+2}$ W

E $\xrightarrow{+2}$ G $\xrightarrow{+2}$ I $\xrightarrow{+2}$ K $\xrightarrow{+2}$ M $\xrightarrow{+2}$ O

18 $\xrightarrow{+4}$ 22 $\xrightarrow{+4}$ 26 $\xrightarrow{+4}$ 30 $\xrightarrow{+4}$ 34 $\xrightarrow{+4}$ 38

2. *(d)* कथनानुसार,

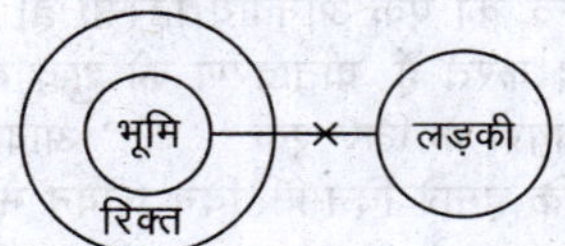

निष्कर्ष I. (✗) II. (✗)

अतः कोई भी निष्कर्ष अनुसरण नहीं करता है।

3. *(a)* जिस प्रकार,

$7 * 5 @ 10 \# 20 = 370$

$* = \times, @ = \times$ तथा $\# = +$ रखने पर,

$\Rightarrow 7 \times 5 \times 10 + 20 = 370$

$350 + 20 = 370$

$370 = 370$

और $4 * 3 @ 5 \# 30 = 90$

$* = \times, @ = \times$ तथा $\# = +$ रखने पर,

$\Rightarrow 4 \times 3 \times 5 + 30 = 90$

$60 + 30 = 90$

$90 = 90$

उसी प्रकार,

$2 * 3 @ 4 \# 5 = ?$

$* = \times, @ = \times$ तथा $\# = +$ रखने पर,

$? = 2 \times 3 \times 4 + 5 = 24 + 5 = \boxed{29}$

4. *(a)* कागज को खोलने पर यह उत्तर आकृति (a) जैसा दिखाई देगा।

5. *(c)* दी गई श्रृंखला का क्रम निम्न प्रकार है,

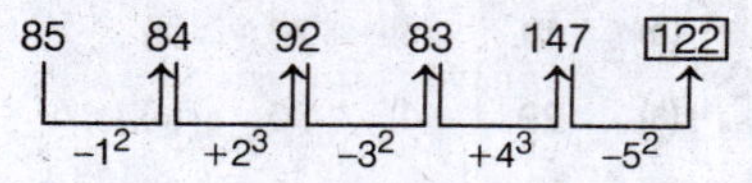

6. *(b)* दी गई श्रृंखला का क्रम निम्न प्रकार है,

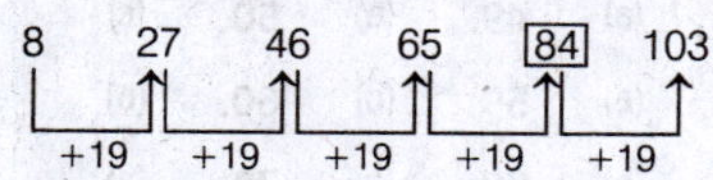

7. *(a)* समीकरण $8 - 4 \times 9 + 6 \div 3 = 29$

विकल्प (a) से,

चिह्न '−' और '×' तथा संख्या 6 और 9 को आपस में बदलने पर,

$8 \times 4 - 6 + 9 \div 3 = 29$

$\Rightarrow 32 - 6 + 3 = 29$

$29 = 29$

8. *(c)* व्यंजक $I + J \div K - L$

प्रश्नानुसार,

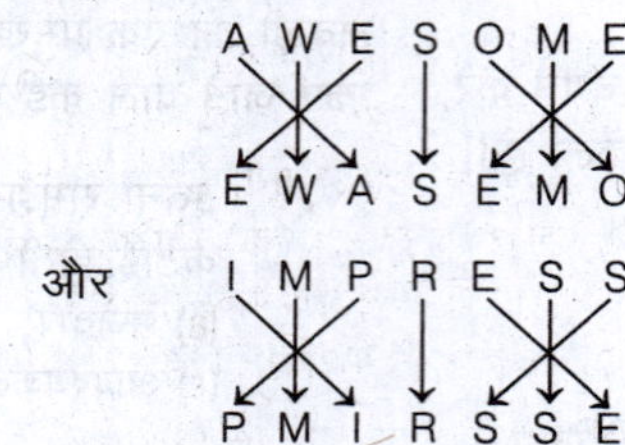

अतः J, L की बेटी है।

9. *(a)* जिस प्रकार,

A W E S O M E → E W A S E M O

और I M P R E S S → P M I R S S E

उसी प्रकार,

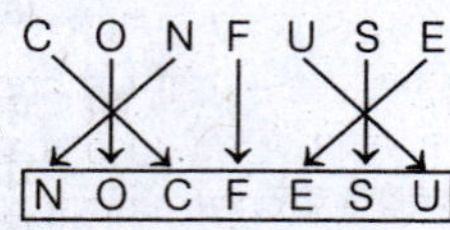

10. *(c)* दी गई आकृति का सही दर्पण प्रतिबिम्ब विकल्प आकृति (c) होगी।

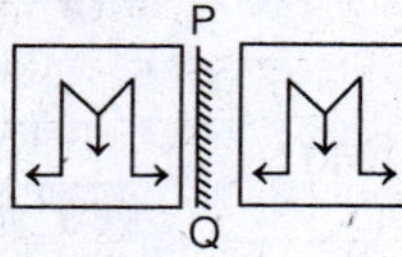

11. *(a)* जिस प्रकार,

D E S K → (−2, −2, −2, −2) → B C Q I ⇒ BCQI1

यहाँ संख्या स्वर की संख्याओं को दर्शाती हैं।

और

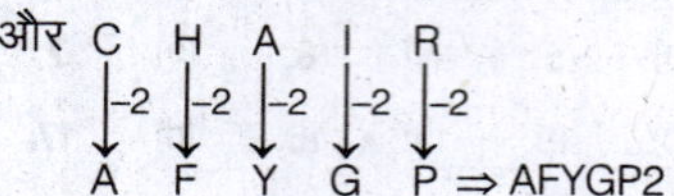

उसी प्रकार,

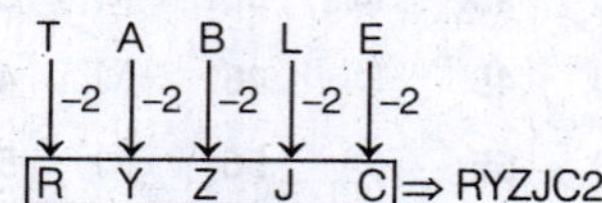

12. *(c)* जिस प्रकार, M I C S → (−1, −1, −1, −1) → L H B R

उसी प्रकार, J R V P → (−1, −1, −1, −1) → I Q U O

13. *(b)* दी गई श्रृंखला का क्रम निम्न प्रकार है,

R $\xrightarrow{+4}$ V $\xrightarrow{+0}$ V $\xrightarrow{+4}$ Z $\xrightarrow{+0}$ Z

T $\xrightarrow{+0}$ T $\xrightarrow{+4}$ X $\xrightarrow{+0}$ X $\xrightarrow{+4}$ B

14. *(b)* प्रश्नानुसार,

P, R, U, S, T, Q (वृत्त में)

अतः T के विपरीत R बैठा है।

15. *(b)* अंग्रेजी शब्दकोश के अनुसार शब्दों का सही क्रम निम्न है,

Recall → Recant → Receive → Recent → Recess
5 1 2 3 4

अतः तीसरे स्थान का शब्द = Receive

16. *(d)* जिस प्रकार,

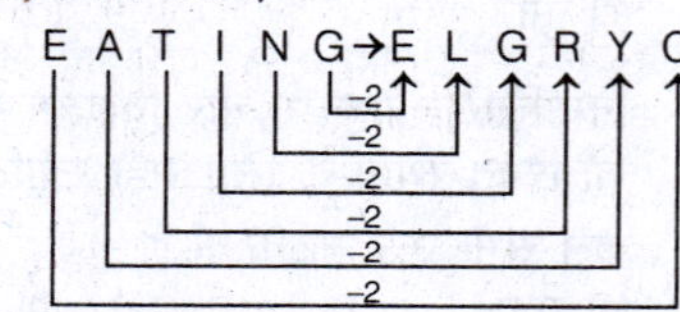

उसी प्रकार,

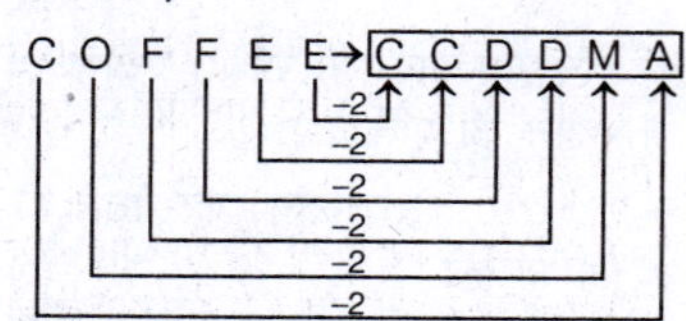

17. *(a)* प्रश्नानुसार,

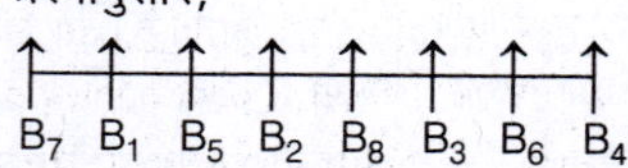

अतः B_2 के ठीक दाईं ओर B_8 बैठा है।

18. *(b)* उत्तर आकृति (b), प्रश्न आकृति के पैटर्न को पूरा करेगी।

19. *(d)* दी गई आकृति श्रृंखला में एकान्तर क्रम में त्रिभुज घड़ी की सूईं की दिशा में 90° तथा 45° घूमता है तथा वैकल्पिक रूप से काला तथा सफेद हो रहा है। अतः अगली आकृति विकल्प (d) के समान होगी।

20. *(a)* दी गई शृंखला के प्रत्येक अगली आकृति में पहले से उपस्थित चिह्न एक स्थान नीचे आ जाते है तथा एक नया चिह्न जोड़ा जाता है। यह क्रम निरन्तर जारी रहता है। अतः अगली आकृति विकल्प (a) के समान होगी।

S
R
H – +

21. *(c)* प्रश्न में दिए गए राज्यों में वर्ष 2011 की जनगणना के अनुसार, राजस्थान राज्य का लिंगानुपात (928) सबसे कम है। वर्ष 2011 की जनगणना के अनुसार, हरियाणा में लिंगानुपात सबसे कम हैं अर्थात् प्रति 1000 पुरुषों पर महिलाओं की संख्या 877 है।

2011 की जनगणना के अनुसार सम्पूर्ण भारत में प्रति 1000 पुरुषों पर 943 महिलाएँ हैं।

22. *(a)* मोनकोम्बु सम्बासिवन स्वामीनाथन एक कृषि वैज्ञानिक हैं, जिन्होंने भारत में हरित क्रान्ति में महत्त्वपूर्ण भूमिका निभाई है। इन्होंने वर्ष 1966 में मैक्सिको के बीजों को पंजाब की घरेलू किस्मों के साथ मिश्रित करके उच्च उत्पाद (HYV) वाले गेहूँ के संकर बीज विकसित किए।

23. *(a)* पण्डित रविशंकर सितार वाद्ययन्त्र के वादक हैं। इन्होंने विश्व के कई महत्त्वपूर्ण संगीत उत्सवों में हिस्सा लिया है। भारतीय संगीत को पश्चिम में लोकप्रिय बनाने में इन्होंने महत्त्वपूर्ण भूमिका निभाई है। पण्डित रविशंकर पाँच बार ग्रैमी अवॉर्ड प्राप्त कर चुके हैं।

24. *(c)* साधारणतया कोई भी गैस पहले तरल उसके बाद ठोस पदार्थ में परिवर्तित होती है, परन्तु जब कोई गैस ऐसा किए बिना ही सीधा ठोस में परिवर्तित हो जाती है, तब उस प्रक्रिया को निक्षेपण (Deposition) कहते हैं। इसका सबसे सामान्य उदाहरण तुषार (Frost) है।

25. *(b)* गरीबी रेखा से नीचे की जनसंख्या के अनुपात को गरीबी अनुपात या व्यक्ति गणना अनुपात कहा जाता है। गरीबी दर उन लोगों का अनुपात है, जिनकी आय गरीबी रेखा से नीचे होती है, जो कुल जनसंख्या की औसत घरेलू आय का आधा होता है। केरल में गरीबी का अनुपात सबसे कम 0.71% है।

26. *(a)* गुरुपर्व सिख समुदाय द्वारा मनाया जाता है। गुरुनानक जयन्ती को गुरुपर्व के नाम से भी जाना जाता है। सिख समुदाय में इसका बहुत महत्त्व है, क्योंकि यह सिख धर्म के संस्थापक गुरुनानक देव की जयन्ती का प्रतीक है। यह पर्व कार्तिक पूर्णिमा को मनाया जाता है।

27. *(b)* रुक्मिणी देवी को भरतनाट्यम के सबसे प्रतिष्ठित कलाकारों में से एक माना जाता है। रुक्मिणी देवी एक समर्पित थियोसोफिस्ट, एक प्रसिद्ध भरतनाट्यम नृत्यांगना और कोरियोग्राफर तथा पशु अधिकारों की प्रबल समर्थक थीं। इन्हें वर्ष 1956 में पद्मभूषण और वर्ष 1967 में संगीत नााटक अकादमी फेलोशिप द्वारा सम्मानित किया गया था।

28. *(a)* राष्ट्रीय ध्वज का अनादर भारतीय संविधान में उल्लिखित अनुच्छेद-51A (a) के अनुसार मौलिक कर्त्तव्य का उल्लंघन है। मौलिक कर्त्तव्य स्वर्ण सिंह समिति की अनुशंसा पर वर्ष 1976 में 42वें संविधान संशोधन के द्वारा जोड़ा गया है। संविधान का भाग-IV का अनुच्छेद-51 (क) मौलिक कर्त्तव्य से सम्बन्धित है। भारतीय संविधान में मौलिक कर्त्तव्यों की संख्या 11 है।

29. *(d)* साइमन कमीशन वर्ष 1928 में भारत आया था। साइमन कमीशन का मूल उद्देश्य वर्ष 1919 के भारत सरकार अधिनियम की जाँच करना था। आयोग ने अपनी रिपोर्ट ब्रिटिश संसद में वर्ष 1930 में प्रस्तुत की। भारतीयों ने साइमन कमीशन अधिनियम को अस्वीकार कर दिया और साइमन कमीशन का जमकर बहिष्कार किया।

30. *(a)* वर्ष 2023 में लॉन्च की गई 'धरती माता की बहाली, जागरुकता, सृजन, पोषण और सुधार के लिए 'पीएम कार्यक्रम योजना' (PM-PRANAM) का उद्देश्य वैकल्पिक उर्वरकों को अपनाना और रासायनिक उर्वरकों के सन्तुलित उपयोग को बढ़ावा देना है। इस योजना का प्रमुख लक्ष्य रासायनिक उर्वरकों पर सब्सिडी के बोझ को कम करना है।

31. *(d)* फीफा अण्डर-17 विश्व कप 2023 की मेजबानी इण्डोनेशिया ने की थी। फीफा अण्डर-17 विश्व कप का यह 19वाँ संस्करण था। इस फीफा अण्डर-17 विश्व कप में जर्मनी ने फ्रांस को हराकर पहली बार खिताब अपने नाम किया।

32. *(d)* वर्ष 2023 में एकनाथ शिन्दे ने पुराने मराठा कुनबियों को कुनबी प्रमाण-पत्र जारी करने के सम्बन्ध में घोषणा की है। कुनबी कृषि से जुड़ा एक समुदाय है, जिसे महाराष्ट्र में अन्य पिछड़ा वर्ग (OBC) श्रेणी के अन्तर्गत वर्गीकृत किया गया है और इन्हें शिक्षा और सरकारी नौकरियों में आरक्षण का लाभ मिलता है।

33. *(c)* कथक नृत्य को संगीत, नृत्य और कथा के संयोजन के रूप में जाना जाता है। कथक आठ भारतीय शास्त्रीय नृत्यों में से एक है, जिसका सम्बन्ध उत्तर प्रदेश से है। कथक शब्द का अर्थ कथा को नृत्य रूप से कथन करना है।

34. *(c)* एक फुटबॉल मैच दो टीमों के बीच खेला जाता है, जिनमें से प्रत्येक टीम में अधिकतम ग्यारह खिलाड़ी होते हैं। फुटबॉल को सामान्यतः एक आयताकार घास या कृत्रिम घास के मैदान पर खेला जाता है, जिसके दोनों छोरों पर एक-एक गोलरक्षक होता है। इस खेल में गोलरक्षक ही एकमात्र ऐसा खिलाड़ी होता है, जिसे गेंद को रोकने के लिए अपना हाथ इस्तेमाल करने की अनुमति होती है।

35. *(d)* 'जस सोलि' भारत के सर्वोच्च न्यायालय द्वारा जारी की गई रिट नहीं है। उच्च न्यायालय तथा सर्वोच्च न्यायालय के पास किसी भी मौलिक अधिकार के प्रवर्तन के लिए निर्देश, आदेश या रिट जारी करने का अधिकार है। सर्वोच्च न्यायालय तथा उच्च न्यायालय द्वारा बन्दी प्रत्यक्षीकरण रिट, परमादेश रिट, उत्प्रेषण रिट और अधिकार पृच्छा रिट जारी की जा सकती हैं।

36. *(c)* प्राचीन हड़प्पा शहर रावी नदी के वर्तमान में सुखे मार्ग के तट पर बनाया गया था। हड़प्पा सभ्यता की खोज दयाराम साहनी ने वर्ष 1921 में की थी। हड़प्पा शहर पाकिस्तान के पंजाब प्रान्त में एक पुरातात्विक स्थल है। सिन्धु घाटी सभ्यता से सम्बन्धित अनेक अवशेष यहाँ से प्राप्त हुए हैं।

37. *(d)* भारतीय खिलाड़ी अंजुम चोपड़ा क्रिकेट खेल से सम्बन्धित हैं। ये भारतीय महिला क्रिकेट टीम की पूर्व कप्तान भी रह चुकी हैं। अंजुम चोपड़ा ने सबसे पहले वर्ष 1995 में न्यूजीलैण्ड के खिलाफ पहली बार अन्तर्राष्ट्रीय मैच खेला था। इन्हें वर्ष 2006 में अर्जुन पुरस्कार और वर्ष 2014 में पद्मश्री से सम्मानित किया गया।

38. *(b)* मुहल्ला/बस्तियों में रहने वाले लोगों सहित किसी विशेष समूह में प्रत्येक पुरुष, महिला और बच्चों के लिए गणना की गई औसत आय को दर्शाने के लिए प्रतिव्यक्ति आय का प्रयोग किया जाता है।

प्रतिव्यक्ति आय जब किसी देश की कुल आय को उस देश की जनसंख्या से भाग दिया जाता है, तो जो राशि प्राप्त होती है, उसे हम प्रतिव्यक्ति आय कहते हैं।

39. *(b)* अगस्त, 2023 में महाराष्ट्र सरकार द्वारा शुरू किए गए पहले 'उद्योग रत्न' पुरस्कार से रतन टाटा को सम्मानित किया गया है। महाराष्ट्र सरकार ने देश के दिग्गज उद्योगपति रतन टाटा को राज्य में उद्योग

के विकास में बड़ी भूमिका निभाने के लिए यह पुरस्कार दिया। राज्य सरकार द्वारा यह पुरस्कार पहली बार दिया गया है।

40. *(d)* राधा श्रीधर का सम्बन्ध भरतनाट्यम शास्त्रीय नृत्य से है।

भरतनाट्यम तमिलनाडु का राज्य नृत्य है। इस नृत्य के जनक 'भरतमुनि' माने जाते हैं। प्राचीन तमिल महाकाव्य 'सिलप्पादिकारम्' में भरतनाट्यम का वर्णन है।

41. *(c)* माना संख्याएँ क्रमशः a और b हैं,

प्रश्नानुसार, $a-b=(a+b)\times\frac{30}{100}$

$\Rightarrow \quad 10(a-b)=3(a+b)$

$\Rightarrow \quad 10a-10b=3a+3b$

$\Rightarrow \quad 7a=13b \Rightarrow \frac{a}{b}=\frac{13}{7}$

$\therefore \quad a:b=13:7$

42. *(a)* दर = 6%, समय = 2 वर्ष,

तथा साधारण ब्याज = ₹ 960

$\left(\because \text{मूलधन}=\frac{\text{साधारण ब्याज}}{\text{दर}\times\text{समय}}\times100\right)$

मूलधन $=\frac{960}{6\times2}\times100=$ ₹ 8000

तथा चक्रवृद्धि ब्याज

$=8000\times\left(1+\frac{6}{100}\right)^2-8000$

$=8000\times\frac{106}{100}\times\frac{106}{100}-8000$

$=8988.8-8000=$ ₹ 988.8

43. *(b)* माना वस्तु का क्रय मूल्य (CP) = ₹ 100

तो विक्रय मूल्य (SP) $=100\times\frac{150}{100}=$ ₹ 150

$\because$ छूट = 50%

अंकित मूल्य (MP) $=\frac{150}{50}\times100=$ ₹ 300

यदि कोई छूट ना दी जाए, तो

लाभ % $=\frac{300-100}{100}\times100=200\%$

44. *(c)* दिया है,

$d_1=48$ सेमी और $d_2=64$ सेमी

तथा भुजा $=a$

$\because \quad 4a^2=d_1^2+d_2^2=48^2+64^2$

$\Rightarrow \quad =2304+4096$

$\Rightarrow \quad 4a^2=6400$

$\Rightarrow \quad a^2=1600 \Rightarrow a=40$ सेमी

$\therefore$ समचतुर्भुज का परिमाप $=4a$

$=4\times40=160$ सेमी

45. *(b)* गेहूँ के मूल्य में वृद्धि = ₹ 25

तथा प्रतिशत वृद्धि = 50%

$\therefore$ पुराना मूल्य $=\frac{25}{50}\times100=$ ₹ 50

अब, नया मूल्य = 50 + 25 = ₹ 75

46. *(c)* $M:N:P=3:7:5$ और $P:Q=1:2$

तो $M:N:P:Q=3:7:5:10$

$M:Q=3:10$

47. *(a)* दिया है,

$X:Y=11:5 \Rightarrow \frac{X}{Y}=\frac{11}{5}$

अब, $\left(\frac{X-Y}{X+Y}\right)$ का मान $=\frac{\left(\frac{X}{Y}-1\right)}{\left(\frac{X}{Y}+1\right)}=\frac{\left(\frac{11}{5}-1\right)}{\left(\frac{11}{5}+1\right)}$

$=\frac{\frac{6}{5}}{\frac{16}{5}}=\frac{3}{8}=3:8$

$\therefore \quad (X-Y):(X+Y)=3:8$

48. *(a)* प्रश्नानुसार,

30 छात्रों की औसत आयु = 20 वर्ष

30 छात्रों की कुल आयु = 30 × 20 = 600

जब प्रत्येक छात्र की आयु मे 5 वर्ष की वृद्धि होती है।

तो 30 छात्रों की कुल आयु में वृद्धि

= 30 × 5 = 150

अब, 30 छात्रों की कुल नयी आयु

= 600 + 150 = 750

$\therefore$ 30 छात्रों की नयी औसत आयु

$=\frac{750}{30}=25$ वर्ष

अतः औसत आयु में वृद्धि = (25 − 20) = 5 वर्ष

वैकल्पिक विधि

यदि किसी समूह के प्रत्येक व्यक्ति की आयु में n जोड़ा जाए तो औसत आयु में भी n की वृद्धि होगी।

$\because$ प्रत्येक छात्र की आयु में वृद्धि = 5 वर्ष

अतः औसत आयु में वृद्धि = 5 वर्ष

49. *(a)* प्रश्नानुसार,

$\frac{P+Q+R}{3}=40 \Rightarrow (P+Q+R)=120$

$\frac{P+Q}{2}=35 \Rightarrow (P+Q)=70 \quad \ldots(i)$

तथा $\frac{Q+R}{2}=45 \Rightarrow (Q+R)=90 \quad \ldots(ii)$

समी (i) व (ii) को जोड़ने पर,

$(P+Q+Q+R)=70+90=160$

$(P+Q+R)$ का मान रखने पर,

$120+Q=160$

$\Rightarrow \quad Q=160-120$

$\therefore \quad Q=40$

50. *(c)* क्रय मूल्य = ₹ 6000

तथा विक्रय मूल्य = ₹ 5500

$\therefore$ हानि प्रतिशत $=\left(\frac{6000-5500}{6000}\right)\times100$

$=\frac{500}{6000}\times100=8.33\%$

51. *(a)* 258, 301 और 387 के गुणनखण्ड करने पर,

$258=43\times6$

$301=43\times7$

तथा $387=43\times9$

$\therefore$ 258, 301 और 387 का म. स. = 43

52. *(d)* प्रश्नानुसार,

सचिन अकेले किसी काम को 44 दिन में पूरा कर सकता है।

सचिन का एक दिन का कार्य $=\frac{1}{44}$

$\therefore$ अमर, सचिन से 10% अधिक कुशल है।

अमर का एक दिन का कार्य

$=\frac{1}{44}\times\frac{110}{100}=\frac{1}{40}$

अर्थात् अमर उस कार्य को 40 दिनों में पूरा करेगा।

वैकल्पिक विधि

अमर और सचिन की क्षमता का अनुपात

= 110 : 100 = 11 : 10

$\because$ सचिन को काम करने में लगा समय

= 44 दिन

कुल कार्य = 44 × 10 = 440

$\therefore$ अमर को लगा अभीष्ट समय

$=\frac{440}{11}=40$ दिन

53. *(c)* अंकित मूल्य = ₹ 4500

विक्रय मूल्य = ₹ 3900

तो छूट = 4500 − 3900 = ₹ 600

54. *(c)* दिया है,

3 वर्ष में प्राप्त साधारण ब्याज = ₹ 1782

$\therefore$ 1 वर्ष में प्राप्त साधारण ब्याज = ₹ 594

तो 10 वर्ष में प्राप्त ब्याज = ₹ 5940

55. *(b)* माना, $x=0.4\bar{1}$

$10x=4.\bar{1} \quad \ldots(i)$

$\Rightarrow \quad 100x=41.\bar{1}$

$\Rightarrow \quad 100x=37+4.\bar{1}$

$\Rightarrow \quad 100x=37+10x$ [समी. (i) से]

$\Rightarrow 100x-10x=37 \Rightarrow 90x=37$

$\therefore \quad x=\frac{37}{90}$

56. *(c)* विक्रय मूल्य = ₹ 28000 तथा हानि = 30%

तो क्रय मूल्य $=\frac{28000}{70}\times100=$ ₹ 40000

अब, 25% के लाभ पर विक्रय मूल्य

$=\frac{40000}{100}\times125=$ ₹ 50000

57. *(b)* दिया है,

दूरी = 150 किमी, चाल = 50 किमी/घण्टा

समय $=\frac{\text{दूरी}}{\text{चाल}}$ से,

$\therefore$ समय $=\frac{150}{50}=3$ घण्टे

58. *(a)* 9 का विभाज्यता नियम : संख्या के सभी अंकों का योग 9 से विभाज्य होना चाहिए।

संख्या = 3658

अंकों का योग = 3 + 6 + 5 + 8 = 22

जोकि 9 से विभाज्य नहीं है।

∴ दी गई संख्याओं में से 3658, 9 से विभाज्य नहीं है।

59. *(b)* प्रश्नानुसार,

W और X का एक दिन का कार्य $= \frac{1}{40}$

X और Y का एक दिन का कार्य $= \frac{1}{60}$

तथा W, X और Y का एक दिन का कार्य $= \frac{1}{30}$

∴ W का एक दिन का कार्य $= \frac{1}{30} - \frac{1}{60} = \frac{1}{60}$

⇒ X का एक दिन का कार्य $= \frac{1}{40} - \frac{1}{60}$

$$= \left(\frac{3-2}{120}\right) = \frac{1}{120}$$

तथा Y का एक दिन का कार्य

$$= \frac{1}{60} - \frac{1}{120} = \left(\frac{2-1}{120}\right) = \frac{1}{120}$$

अतः W और Y का एक दिन का कार्य

$= \frac{1}{60} + \frac{1}{120} = \left(\frac{2+1}{120}\right) = \frac{1}{40}$ अर्थात् 40 दिन

वैकल्पिक विधि

$W+X=40$ — 3

$X+Y=60$ — 2 → 120

$W+X+Y=30$ — 4

W की क्षमता = 4 − 2 = 2

X की क्षमता = 3 − 2 = 1

Y की क्षमता = 2 − 1 = 1

$(W + Y)$ की क्षमता = (2 + 1) = 3

∴ अभीष्ट समय $= \frac{120}{3}$ व 40 दिन

60. *(b)* ∵ दोनों संख्याओं का गुणनफल = ल.स. × म.स.

⇒ 1408 = 352 × म.स.

⇒ म.स. $= \frac{1408}{352} = 4$

∴ म.स. = 4

61. *(c)* दिए गए वाक्यांश 'जहाँ आसानी से पहुँचा जा सके' के लिए सार्थक शब्द 'सुगम' है। अन्य विकल्प असंगत हैं।

62. *(c)* दिए गए वाक्य 'तुम्हें तो किसी से लगाव ही नहीं है'। में रेखांकित भाग के लिए सार्थक शब्द 'निर्लिप्त' है। अन्य विकल्प असंगत हैं।

63. *(b)* दिए गए वाक्य में कोष्ठक में दिए शब्द 'आसान' का पर्यायवाची शब्द 'सरल' है। 'आसान' के अन्य पर्यायवाची सहज, सुस्पष्ट, हल्का आदि हैं। अन्य विकल्प असंगत हैं।

64. *(c)* दिए गए वाक्य में 'आंसु' शब्द में गलत वर्तनी है। इसकी सही वर्तनी 'आँसू' है। सही व शुद्ध वर्तनी युक्त वाक्य इस प्रकार है–श्रुति की दुःखभरी कहानी सुनकर मेरी आँखों से आँसू बहने लगे।

65. *(b)* दिए गए वाक्य में 'ग्रीवा' का तद्भव शब्द 'गर्दन' होता है। 'ग्रीवा' शब्द तत्सम शब्द है। अन्य विकल्प असंगत हैं।

66. *(a)* दिए गए वाक्य में रिक्त स्थान की पूर्ति के लिए सही भाववाचक संज्ञा वाला विकल्प 'मित्रता' है। अतः वाक्य है–दीपक ने रंजीत के साथ मित्रता का निर्वाह किया। अन्य विकल्प असंगत हैं।

67. *(a)* दिए गए वाक्य में कोष्ठक में दिए गए शब्द 'कर्कश' का विलोम शब्द 'मधुर' है। 'कर्कश' का अर्थ कठोर है एवं इसका विपरीत शब्द 'मधुर' अर्थात् मीठा है। अन्य विकल्प असंगत हैं।

68. *(b)* 'चार दिन की चाँदनी फिर अँधेरी रात' प्रस्तुत लोकोक्ति का सही अर्थ है- सुख का समय बहुत थोड़े दिनों के लिए आता है।

वाक्य प्रयोग तुम चुनावों के समय का विकास देखकर प्रसन्न हो रहे हो, ये तो चार दिन की चाँदनी है, इसके बाद फिर अँधेरी रात होगी।

69. *(a)* दिए गए वाक्य में 'के क्षेत्रों को भी काफी विकास देखने से मिला हो' वाक्यांश में भाषा सम्बन्धी अशुद्धि है। शुद्ध वाक्य इस प्रकार है–गाँव अब कस्बों के रूप में और कस्बे शहरों के रूप में विकसित हो रहे हैं और इस प्रकार से अर्थव्यवस्था के क्षेत्रों में भी काफी विकास देखने को मिला है।

70. *(a)* दिए गए वाक्य में रेखांकित शब्द 'सौभाग्य' का विलोम शब्द 'दुर्भाग्य' है। 'सौभाग्य' शब्द का अर्थ है–अच्छा भाग्य तथा 'दुर्भाग्य' शब्द का अर्थ है-बुरा भाग्य। अन्य विकल्प असंगत हैं।

71. *(c)* 'अंग-अंग टूटना' मुहावरे का अर्थ है–थकावट से शरीर में दर्द होना।

वाक्य प्रयोग दिन भर काम करते-करते मजदूर का अंग-अंग टूटने लगा।

72. *(d)* दिए गए वाक्य में कोष्ठक में दिए गए शब्द 'दुर्भावना' का विलोम शब्द 'सद्भावना' है। 'दुर्भावना' शब्द का अर्थ है–बुरी भावना। इसी के विपरीत सद्भावना शब्द का अर्थ है अच्छी भावना। अन्य विकल्प असंगत हैं।

73. *(c)* दिए गए वाक्य में 'त्वम्' रेखांकित शब्द का तद्भव शब्द 'तुम' है। 'त्वम्' शब्द तत्सम शब्द है। अन्य विकल्प असंगत हैं।

74. *(c)* दिए गए वाक्य में रिक्त स्थान के लिए सही स्त्रीलिंग रूप वाला विकल्प 'प्रशंसा' है। अतः पूर्ण वाक्य है–कल सभी उस लड़के की प्रशंसा कर रहे थे। अन्य विकल्प असंगत हैं।

75. *(c)* दिए गए वाक्य में कोष्ठक में दिए गए शब्द 'राजासन' का पर्यायवाची शब्द 'सिंहासन' है। अन्य विकल्प असंगत हैं।

76. *(b)* दिए गए वाक्य में रिक्त स्थान के लिए सर्वोत्तम उत्तर वाला विकल्प 'अन्धाधुन्ध' है। अतः पूर्ण वाक्य है–इतना समझने के बावजूद भी दिन-प्रतिदिन वनों की अन्धाधुन्ध कटाई होती है। अन्य विकल्प असंगत हैं।

77. *(d)* दिए गए रिक्त स्थान के लिए सर्वोत्तम विकल्प 'विकराल' है। अतः पूर्ण वाक्य है-यह समस्या दिन-प्रतिदिन 'विकराल' रूप धारण करती जा रही है। अन्य विकल्प असंगत हैं।

78. *(b)* दिए गए रिक्त स्थान के लिए सर्वोत्तम विकल्प 'जानवरों' है। अतः पूर्ण वाक्य है–प्रकृति की ये खूबसूरत रचनाएँ जानवरों की विभिन्न प्रजातियों के लिए घर का काम करती हैं। अन्य विकल्प असंगत हैं।

79. *(d)* दिए गए रिक्त स्थान के लिए सर्वोत्तम विकल्प 'जलवायु' है। अतः पूर्ण वाक्य है–वे ग्रह की 'जलवायु' को बनाए रखने में मदद करते हैं। अन्य विकल्प असंगत हैं।

80. *(b)* दिए गए रिक्त स्थान के लिए सर्वोत्तम विकल्प 'प्राकृतिक' है। अतः पूर्ण वाक्य है- वे जानवरों के लिए एक 'प्राकृतिक' आवास और लकड़ी का एक प्रमुख स्रोत है। अन्य विकल्प असंगत हैं।

22 फरवरी 2024
(शिफ्ट II)

सॉल्वड पेपर 2024

SSC कांस्टेबल (जीडी) सेट 10

भाग-I सामान्य बुद्धिमत्ता एवं तर्कशक्ति

1 नीचे एक ही पासे की दो स्थितियाँ दी गई हैं। '8' वाले फलक के विपरीत फलक पर क्या आएगा?

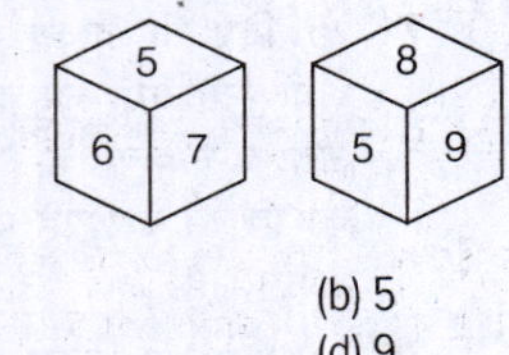

(a) 6
(b) 5
(c) 7
(d) 9

2 निम्नलिखित आकृति शृंखला में प्रश्नचिह्न (?) के स्थान पर दिए गए विकल्पों में से कौन-सी आकृति आएगी?

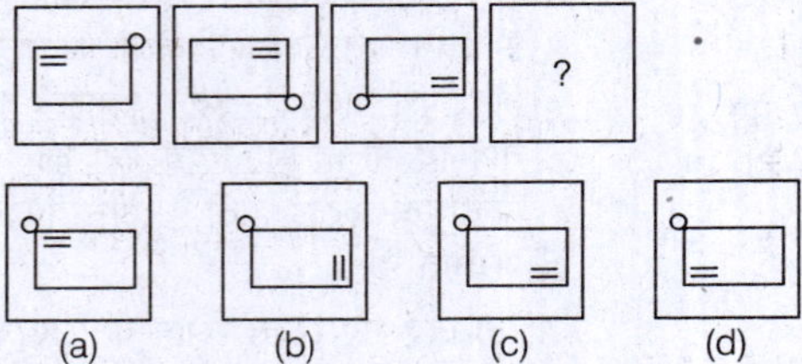

3 निम्नलिखित विकल्पों में दी गई शृंखला से लुप्त संख्या का चयन कीजिए।

10, 28, 46, 64, ?, 100

(a) 85
(b) 80
(c) 90
(d) 82

4 निम्नलिखित प्रश्न में तीन कथन और उसके बाद I और II क्रमांकित दो निष्कर्ष दिए गए हैं। दिए गए कथनों को सत्य मानते हुए, चाहे वे सामान्यतः ज्ञात तथ्यों से भिन्न प्रतीत होते हों, निश्चय कीजिए कि दिए गए निष्कर्षों में से कौन-सा निष्कर्ष कथनों का तार्किक रूप से अनुसरण करता है?

कथन सभी साइकिल, पहिए हैं।
कुछ साइकिल, वाहन हैं।
कुछ वाहन, टायर हैं।

निष्कर्ष I कुछ साइकिल, टायर हैं।
II कुछ पहिए, वाहन नहीं हैं।

(a) निष्कर्ष I और II दोनों अनुसरण करते हैं
(b) केवल निष्कर्ष II अनुसरण करता है
(c) केवल निष्कर्ष I अनुसरण करता है
(d) न तो निष्कर्ष I और न ही II अनुसरण करता है

5 नीचे दर्शाए गए अनुसार एक कागज को मोड़कर काटा जाता है। खोले जाने पर यह कैसा दिखाई देगा?

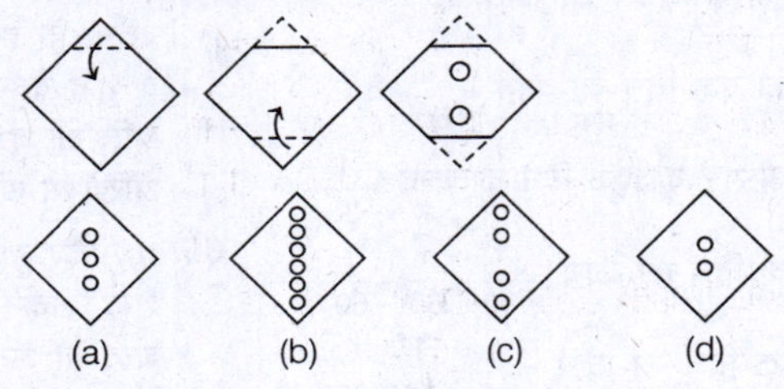

6 पाँच मित्र प्रिया, राहुल, सुरेश, टीना और वरूण एक वृत्ताकार मेज पर केन्द्र की ओर मुख करके बैठे हैं। वरूण, जो राहुल के ठीक बाईं ओर बैठा है, टीना के दाईं ओर से दूसरे स्थान पर भी बैठा है। सुरेश, वरूण के बगल में नहीं बैठा है। राहुल के बाईं ओर से दूसरे स्थान पर कौन बैठा/बैठी है?

(a) प्रिया
(b) टीना
(c) सुरेश
(d) वरूण

7 निम्नलिखित विकल्पों में से उस विकल्प का चयन कीजिए, जो पाँचवें अक्षर-समूह से ठीक उसी प्रकार सम्बन्धित है, जिस प्रकार चौथा अक्षर-समूह तीसरे अक्षर-समूह से सम्बन्धित है और दूसरा अक्षर-समूह पहले अक्षर-समूह से सम्बन्धित है।

ELECTRON : TRONCELE : : FUNCTION : TIONCNUF : : CLUSTERS : ?

(a) TRESSULC
(b) TERSSULC
(c) TERSUSLC
(d) TERSSUCL

8 निम्नलिखित में से कौन-सा अक्षर-समूह दी गई शृंखला में प्रश्नचिह्न (?) के स्थान पर आएगा?

DS, EN, GJ, JG, NE, ?

(a) RE (b) SD (c) RD (d) SC

9 नीचे एक ही पासे की तीन स्थितियाँ दी गई हैं।
'1' वाले फलक के विपरीत फलक पर क्या आएगा?

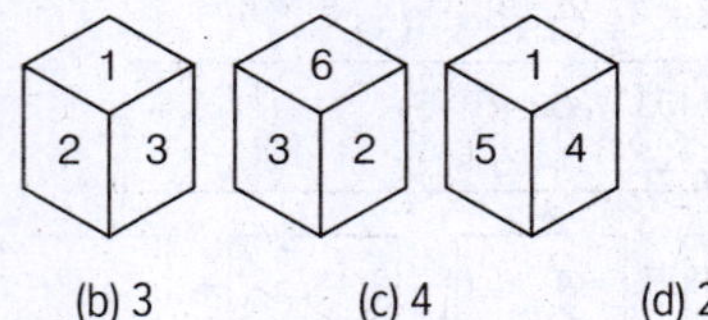

(a) 6 (b) 3 (c) 4 (d) 2

10 एक निश्चित कूटभाषा में, 'LEAVE' को '42' लिखा जाता है। 'TEAM' को '36' लिखा जाता है। उसी कूटभाषा में, 'OFFER' को कैसे लिखा जाएगा?

(a) 48 (b) 47 (c) 46 (d) 50

11 एक निश्चित कूटभाषा में, 'TEACH' को 74 लिखा जाता है, 'STUDY' को 178 लिखा जाता है। उसी कूटभाषा में NEVER को कैसे लिखा जाएगा?
(a) 118 (b) 124 (c) 128 (d) 132

12 $M \times N$ का अर्थ है M, N की माँ है।
$M + N$ का अर्थ है M, N का पिता है।
$M \div N$ का अर्थ है M, N की बहन है।
$M - N$ का अर्थ है 'M, N का भाई है।
व्यंजक $X \div Z - A \times Y$ में, X का Y से क्या सम्बन्ध है?
(a) पिता की बहन (b) बहन
(c) माँ की बहन (d) पति की बहन

13 निम्नलिखित अक्षर-समूहों में से अक्षरों का कौन-सा समूह क्रमबद्ध रूप से बाईं से दाईं ओर रखे जाने पर नीचे दी गई श्रृंखला को पूरा करेगा?
gghhiijjggh_iijjgghh_ _jjgghhiijjgghhiijjgg_hiijj
(a) hiih (b) ghij
(c) hihi (d) gghh

14 दिए गए विकल्पों में से किन दो चिह्नों को आपस में बदलने पर निम्नलिखित समीकरण सही होगा?
$62 + 12 - 42 \div 7 \times 44 = 90$
(a) × और ÷ (b) × और +
(c) × और − (d) + और ÷

15 निम्नलिखित विकल्पों में से उस विकल्प का चयन कीजिए, जो पाँचवे अक्षर-समूह से ठीक उसी प्रकार सम्बन्धित है, जिस प्रकार चौथा अक्षर-समूह तीसरे अक्षर-समूह से सम्बन्धित है, और दूसरा अक्षर-समूह पहले अक्षर-समूह से सम्बन्धित है।
CAUSAL : ACUSLA :: DEBATE : EDBAET :: EFFORT : ?
(a) FEFOTR (b) FFETRO
(c) TROFFE (d) FEOFTR

16 दिए गए शब्दों को उसी क्रम में व्यवस्थित कीजिए, जिस क्रम में वे अंग्रेजी शब्दकोश में आते हैं।
1. Debate 2. Debark 3. Debar 4. Debauch 5. Debenture
कूट
(a) 3, 2, 1, 5, 4 (b) 3, 2, 1, 4, 5
(c) 1, 2, 3, 5, 4 (d) 1, 2, 3, 4, 5

17 उस आकृति का चयन कीजिए, जो निम्नलिखित आकृति श्रृंखला में प्रश्नचिह्न (?) के स्थान पर आएगी।

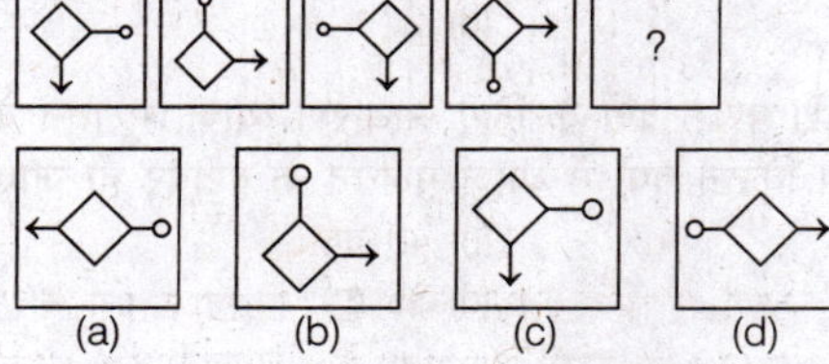

18 यदि 17 M 18 N 55 O 5 = 46 और 68 M 13 N 65 O 13 = 86 हैं, तो 40 M 70 N 85 O 17 = ?
(a) 145 (b) 150
(c) 135 (d) 115

19 निम्नलिखित में से कौन-सी संख्या दी गई श्रृंखला में प्रश्नचिह्न (?) के स्थान पर आएगी?
118, 113, 108, 103, 98, 93, ?
(a) 62 (b) 75 (c) 59 (d) 88

20 छः सहकर्मी पीटर, क्विन, रेचल, सैम, टीना और यूलिसिस एक घेरे में केन्द्र से बाहर की ओर मुख करके बैठे हैं। पीटर, क्विन के ठीक दाईं ओर बैठा है। टीना, पीटर के बगल में नहीं बैठी है। सैम, जो क्विन के ठीक बाईं ओर बैठा है, यूलिसिस के ठीक दाईं ओर भी बैठा है। टीना के ठीक दाईं ओर कौन बैठा है?
(a) क्विन (b) यूलिसिस
(c) पीटर (d) रेचल

भाग-II सामान्य ज्ञान

21 भारत में हरित क्रान्ति के सम्बन्ध में निम्नलिखित में से कौन-सा कथन सही है?
I. हरित क्रान्ति के दौरान, पारम्परिक कृषि से एकल कृषि की ओर बढ़ने से छोटे किसानों पर नकारात्मक प्रभाव पड़ा।
II. हरित क्रान्ति के प्रभावों में से एक कृषि में अत्यधिक पूँजीकरण है।
कूट
(a) केवल I (b) केवल II
(c) I और II दोनों (d) न तो I और न ही II

22 भारतीय नृत्य में ……, भारतीय नृत्य में प्रदर्शन या अनुसन्धान अध्ययन में उत्कृष्टता और उपलब्धि की मान्यता में दिया जाता है।
(a) नृत्य चूड़ामणि पुरस्कार (b) रुक्मिणी देवी पुरस्कार
(c) मनोरमा ठक्कर पुरस्कार (d) उदय शंकर पुरस्कार

23 भारतीय नागरिक सुरक्षा संहिता (BNSS) 2023, जिसका उद्देश्य आपराधिक प्रक्रिया संहिता को प्रतिस्थापित करना था, ……… द्वारा पेश किया गया था।
(a) प्रधानमन्त्री नरेन्द्र मोदी (b) राष्ट्रपति द्रौपदी मुर्मू
(c) गृहमन्त्री अमित शाह (d) विदेशमन्त्री एस. जयशंकर

24 भारत के निम्नलिखित में से किस राज्य में नोंगक्रेम (Nongkrem) त्योहार मनाया जाता है?
(a) मध्य प्रदेश (b) तमिलनाडु
(c) राजस्थान (d) मेघालय

25 निम्नलिखित शख्सियतों का उनके सम्बन्धित संगीत वाद्ययन्त्र से मिलान कीजिए।
A. एस. बालाचन्दर B. अनुष्का शंकर C. किशन महाराज
1. तबला 2. वीणा 3. सितार
कूट
(a) A - 2, B - 3, C - 1 (b) A - 2, B - 1, C - 3
(c) A - 1, B - 2, C - 3 (d) A - 1, B - 3, C - 2

26 समय की मूल इकाई क्या है?
(a) घण्टा (b) मिनट / सेकण्ड
(c) सेकण्ड (d) मिनट

27 निम्नलिखित में से किस नृत्यशैली की उत्पत्ति आन्ध्र प्रदेश में हुई?
(a) सत्रीया (b) भरतनाट्यम
(c) कथक (d) कुचिपुड़ी

28 निम्नलिखित में से किस राज्य के कैबिनेट ने अक्टूबर, 2023 में आवास योजना 'अबुआ आवास योजना' को मंजूरी दे दी है?
(a) झारखण्ड (b) बिहार (c) असम (d) राजस्थान

29 टीपू सुल्तान .... में मैसूर का शासक बना।
(a) वर्ष 1786 (b) वर्ष 1792
(c) वर्ष 1798 (d) वर्ष 1782

30 मुद्रा के सम्बन्ध में निम्नलिखित कथनों को पढ़िए।
A. मुद्रा खाते की एक सुविधाजनक इकाई के रूप में भी कार्य करती है।
B. सभी वस्तुओं और सेवाओं का मूल्य मौद्रिक इकाइयों में व्यक्त किया जा सकता है।
सही कथन/कथनों को पहचानिए।
(a) केवल A (b) केवल B
(c) A और B दोनों (d) न तो A और न ही B

31 वर्ष 2011 में महिलाओं की 59.3 के मुकाबले, पुरुषों की वयस्क साक्षरता दर (15+) .... थी।
(a) 58.8 (b) 78.8
(c) 90 (d) 70.8

32 भारतीय संविधान के किस अनुच्छेद में मौलिक कर्त्तव्य शामिल हैं?
(a) 53(A) (b) 52(A)
(c) 54(A) (d) 51(A)

33 किसी भी टेनिस खेल में कोई भी खेल 0-0 से शुरू होता है और टेनिस में जीरो प्वॉइण्ट को .... कहा जाता है।
(a) बेस (b) लव
(c) स्टार्ट (d) ऑरिजिन

34 भारत में पंचवर्षीय योजना के सम्बन्ध में निम्नलिखित में से कौन-सा कथन सही है?
I. दसवीं पंचवर्षीय योजना के अन्त तक भारत सबसे तेजी से बढ़ती अर्थव्यवस्था में से एक बनकर उभरा था।
II. दसवीं पंचवर्षीय योजना ने विकास के कुछ प्रमुख संकेतकों के लिए निगरानी योग्य लक्ष्य निर्धारित किए थे।
कूट
(a) केवल I (b) केवल II
(c) I और II दोनों (d) न तो I और न ही II

35 राज्यसभा के कितने सदस्य अप्रत्यक्ष रूप से चुने जाते हैं और राज्यों और केन्द्रशासित प्रदेशों के प्रतिनिधि होते हैं?
(a) 238 (b) 236 (c) 239 (d) 237

36 मौर्य साम्राज्य का संस्थापक कौन था?
(a) अशोक (b) चन्द्रगुप्त मौर्य
(c) बिन्दुसार (d) महापद्म नन्द

37 नवम्बर, 2023 में सैयद मुश्ताक अली ट्रॉफी का फाइनल किन दो टीमों के बीच खेला गया?
(a) पंजाब और असम (b) पंजाब और बड़ौदा
(c) बड़ौदा और दिल्ली (d) असम और बड़ौदा

38 अमन्दी और महामन्दी के दौरान होने वाली बेरोजगारी को .... कहा जाता है।
(a) प्रच्छन्न बेरोजगारी (b) चक्रीय बेरोजगारी
(c) घर्षणात्मक बेरोजगारी (d) मौसमी बेरोजगारी

39 निम्नलिखित में से कौन-सा क्लब आई-लीग वर्ष 2023-24 में खेल रहा है?
I. पंजाब एफसी
II. मोहम्मडन स्पोर्टिंग क्लब
कूट
(a) केवल I (b) केवल II
(c) I और II दोनों (d) न तो I और न ही II

40 हाल ही में जून, 2023 में भारतीय रिजर्व बैंक के डिप्टी गवर्नर के रूप में किसे नियुक्त किया गया?
(a) महेश कुमार जैन (b) शक्तिकान्त दास
(c) टी. रबी शंकर (d) स्वामीनाथन जानकीरमन

भाग-III गणित

41 एक व्यक्ति ने ₹ 1 में 20 पेन की दर से कुछ पेन खरीदें और उन्हे ₹ 1 में 15 पेन की दर से बेच दिया। लाभ प्रतिशत कितना है?
(a) 40% (b) 15%
(c) 35% (d) 33.33%

42 तीन संख्याओं का अनुपात 6 : 8 : 9 है। यदि तीनों संख्याओं का योग 460 है, तो तीनों संख्याओं में सबसे बड़ी संख्या कौन-सी है?
(a) 100 (b) 180
(c) 120 (d) 160

43 S_1 और S_2 द्वारा प्राप्त अंकों का औसत, S_2 और S_3 द्वारा प्राप्त अंकों के औसत से 35 अधिक है। यदि S_3 द्वारा प्राप्त अंक 75 है, तो S_1 द्वारा प्राप्त अंक कितने हैं?
(a) 170 (b) 165
(c) 155 (d) 145

44 एक नाव एकसमान चाल से 54 किमी की दूरी तय करती है। यदि नाव की चाल में 3 किमी/घण्टा की वृद्धि कर दी जाए, तो समान दूरी तय करने मे उसे 3 घण्टे कम लगेंगे। नाव की मूल चाल कितनी है?
(a) 6 किमी/घण्टा (b) 3 किमी/घण्टा
(c) 9 किमी/घण्टा (d) 12 किमी/घण्टा

45 किसी वस्तु पर 10% की छूट प्रदान करने के बाद भी 10% का लाभ होता है। यदि कोई छूट न दी जाए, तो लाभ प्रतिशत कितना होगा?
(a) 66.67% (b) 22.22%
(c) 35% (d) 33.33%

46 $42 \times 3 + 25 \times 3 - 14 \div 7 \times 5$ का मान कितना है?
(a) 186 (b) 182
(c) 191 (d) 187

47 किसी धनराशि पर 5 वर्षों के लिए साधारण ब्याज, मूलधन के 20% के बराबर है। कितने वर्षों में ब्याज मूलधन के बराबर हो जाएगा?
(a) 30 वर्ष (b) 40 वर्ष
(c) 25 वर्ष (d) 35 वर्ष

48 एक कक्षा के 14 विद्यार्थियों की औसत आयु 17 वर्ष है। यदि उस कक्षा में 32 वर्ष की आयु का एक नया विद्यार्थी शामिल होता है, तो इन 15 विद्यार्थियों की औसत आयु कितनी होगी?
(a) 21 वर्ष (b) 19 वर्ष
(c) 22 वर्ष (d) 18 वर्ष

49 किसी धनराशि पर 8 वर्षों के लिए 10% वार्षिक की दर से साधारण ब्याज ₹ 8000 है। उसी धनराशि पर 3 वर्षों के लिए 10% वार्षिक की दर (वार्षिक रूप से संयोजित) से चक्रवृद्धि ब्याज कितना होगा?
(a) ₹ 3450 (b) ₹ 3220 (c) ₹ 3750 (d) ₹ 3310

50 मनीष अकेले एक कार्य को 48 दिनों में पूरा कर सकता है और प्रताप अकेले उसी कार्य को मनीष के आधे समय में पूरा कर सकता है। वे दोनों साथ मिलकर कुल कार्य का 1/4 भाग कितने दिनों में पूरा कर सकते हैं?
(a) 4 दिन (b) 5 दिन (c) 6 दिन (d) 4.5 दिन

51 एक व्यक्ति एक वस्तु खरीदता है और उसे 20% की हानि पर बेच देता है। यदि वह उस वस्तु को 30% कम मूल्य पर खरीदता और उसे ₹ 125 अधिक मूल्य पर बेचता, तो वह 50% का लाभ अर्जित करता है। वस्तु का क्रय मूल्य कितना है?
(a) ₹ 620 (b) ₹ 600
(c) ₹ 500 (d) ₹ 450

52 निम्न में से वह न्यूनतम संख्या कौन-सी है, जो 27, 36, 56, 12 और 10 से पूरी तरह विभाज्य हो?
(a) 7560 (b) 5953
(c) 7694 (d) 8584

53 48 सेमी त्रिज्या वाले एक अर्द्धगोले को पिघलाकर 8 सेमी त्रिज्या वाली कितनी गोलाकार गेंदें बनाई जा सकती हैं?
(a) 90 (b) 104
(c) 116 (d) 108

54 M के किस मान के लिए $58524M$, 9 से विभाज्य है?
(a) 7 (b) 2 (c) 8 (d) 3

55 राकेश, महेश और पुनीश मिलकर 20 मिनट में एक कुर्सी बना सकते हैं। राकेश और महेश मिलकर इसे 25 मिनट में बना सकते हैं। पुनीश को अकेले उस कुर्सी को बनाने में कितना समय लगेगा?
(a) 110 मिनट (b) 80 मिनट
(c) 100 मिनट (d) 95 मिनट

56 तीनों संख्याओं का योग 123 है। यदि पहली और दूसरी संख्या के बीच का अनुपात 3 : 4 है और दूसरी और तीसरी संख्या के बीच का अनुपात 3 : 5 है, तो दूसरी संख्या ज्ञात कीजिए।
(a) 36 (b) 42 (c) 46 (d) 33

57 एक वस्तु का अंकित मूल्य और विक्रय मूल्य क्रमशः ₹ 7600 और ₹6688 हैं। छूट प्रतिशत कितनी है?
(a) 10% (b) 8% (c) 16% (d) 12%

58 एक कक्षा में 40% लड़के हैं और लड़कियों की संख्या 54 है। कक्षा में लड़कों की संख्या कितनी है?
(a) 34 (b) 33 (c) 36 (d) 37

59 X, Y और Z तीन छात्र हैं। X को Y से 40% अधिक और Z से 20% कम अंक प्राप्त हुए हैं। यदि Y को 480 अंक प्राप्त हुए, तो Z को कितने अंक प्राप्त हुए हैं?
(a) 820 (b) 840
(c) 800 (d) 850

60 12, 8 और 24 का महत्तम समापवर्तक क्या है?
(a) 4 (b) 12 (c) 6 (d) 8

भाग-IV हिन्दी

61 दिए गए वाक्य में रेखांकित शब्द का विलोम शब्द ज्ञात कीजिए।
पुलिस ने <u>बदमाश</u> को पकड़ लिया।
(a) शरीफ (b) भीरू (c) बेशर्म (d) कंजूस

62 दिए गए वाक्यांश के लिए सार्थक शब्द ज्ञात कीजिए।
पिता या पूर्वजों से प्राप्त सम्पत्ति
(a) पिता - धन (b) पूँजी
(c) लाभ (d) वसीयत

63 दिए गए वाक्यांश के लिए सार्थक शब्द ज्ञात कीजिए।
'जिसका कोई इलाज न हो'
(a) लाइलाज (b) लाईलाज
(c) लाइलाज्ज (d) लाईलाज़

64 दिए गए वाक्य में से गलत वर्तनी ज्ञात कीजिए।
अध्यन जीवन की महत्त्वपूर्ण प्रक्रिया है।
(a) प्रक्रिया (b) जीवन
(c) अध्यन (d) महत्त्वपूर्ण

65 निम्नलिखित प्रश्न में चार विकल्पों में से उस विकल्प का चयन करें, जो रिक्त स्थान के लिए सही भाववाचक संज्ञा वाला विकल्प हो।
आज पुष्पा ने बर्तन ठीक से नहीं धोया है, कढ़ाही में अभी भी ……… है।
(a) चिकनाहट (b) खटाई
(c) चिकना (d) तेल

66 निम्नलिखित प्रश्न में चार विकल्पों में से उस विकल्प का चयन करें, जो कोष्ठक में दिए गए शब्द के विलोम शब्द का सही विकल्प है।
आज मेरे घर में बहुत ही (दूषित) ……… पानी आ रहा है।
(a) कम (b) भद्र (c) सामिष (d) विशुद्ध

67 निम्नलिखित प्रश्न में दिए गए चार विकल्पों में से उस विकल्प का चयन करें, जो दिए गए मुहावरे के अर्थ को सर्वश्रेष्ठ रूप से व्यक्त करता है।
'दूसरे के कन्धे पर रखकर बन्दूक चलाना'
(a) अपना फायदा और दूसरे का नुकसान करना
(b) अपनी गलती की स[illegible] दूसरे को दिलवाना
(c) दूसरे के बहाने अपना काम करना
(d) दूसरे की हानि करवाना

68 दिए गए वाक्य में उचित पर्यायवाची शब्द का चयन करके रिक्त स्थान की पूर्ति करें।
……… (संकेत) मत करो। अच्छी बात नहीं है।
(a) मेल (b) इशारा
(c) उत्तम (d) दुःखी

69 निम्नलिखित वाक्य में उस वाक्यांश को पहचानिए, जिसमें अशुद्धियाँ हैं। यदि कोई गलती नहीं है, तो 'कोई त्रुटि नहीं है', का चुनाव कीजिए।
निबन्ध लिखने में, जो सबसे महत्त्वपूर्ण बात/ध्यान में रखनी होती है, वह यह है कि/ आपको विषय को भटकने में बचना है।
(a) ध्यान में रखनी होती है, वह यह है कि
(b) कोई त्रुटि नहीं है।
(c) आपको विषय को भटकने में बचना है
(d) निबन्ध लिखने में जो सबसे महत्त्वपूर्ण बात

70 निम्नलिखित प्रश्न में दिए गए चार विकल्पों में से उस विकल्प का चयन करें, जो दिए गए मुहावरे के अर्थ को सर्वश्रेष्ठ रूप से व्यक्त करता है।
सब गुड़ गोबर हो गया।
(a) व्यापार में लगातार हानि होना
(b) सारा भोजन कूड़े में फेंक देना
(c) सब किया कराया चौपट कर देना
(d) त्याग करने पर भी कोई लाभ न होना

71 निम्नलिखित प्रश्न में चार विकल्पों में से उस विकल्प का चयन करें, जो कोष्ठक में दिए गए शब्द के तद्भव रूप का सही विकल्प है।
(क्षत्रिय) ……… हिन्दू समाज के चार वर्णों में से एक वर्ण है।
(a) त्रिणी (b) खत्री (c) खार (d) सिपाही

72 दिए गए वाक्य का वह भाग ज्ञात करें, जिसमें कोई त्रुटि है।
शेर को देखकर उसका प्राण सूख गए और वह बेहोश हो गया।
(a) शेर को देखकर (b) गए और वह
(c) उसका प्राण सूख (d) बेहोश हो गया

73 निम्नलिखित वाक्य में रेखांकित भाग के लिए एक सार्थक शब्द ज्ञात कीजिए।
गुरु जी सबके मन की बात जानते हैं।
(a) अन्तर्यामी (b) भगवान (c) जादूगर (d) महापुरुष

74 दिए गए वाक्य में रेखांकित शब्द का तत्सम शब्द ज्ञात कीजिए।
ठण्ड से उसके होंठ कँपकँपा रहे हैं।
(a) ओष्ठ (b) हस्त (c) हस्ति (d) पादु

75 निम्नलिखित प्रश्न में चार विकल्पों में से उस विकल्प का चयन करें, जो कोष्ठक में दिए गए शब्द के पर्यायवाची शब्द का सही विकल्प नहीं है।
अपने से बड़ों की बातों का (खण्डन) ……. करना गलत बात होती है।
(a) निवर्तन (b) नकार (c) प्रत्याख्यान (d) पराकोटि

निर्देश (प्र.सं. 76-80) *नीचे दिए गए गद्य में कुछ शब्द छोड़ दिए गए हैं और प्रत्येक रिक्त स्थान के चार विकल्प दिए गए हैं। इन चारों में से कौन-सा विकल्प रिक्त स्थान की पूर्ति करेगा?*

काले लोगों के न तो जीवन का सम्मान किया जाता है और न ही (1) ……… का। उनकी मौत के बाद भी उनका (2) ……… जारी रहता है। मौत के बाद भी उनकी अस्थियाँ (3) ……… में कैद रहती हैं, ताकि लोग देख सकें। इस पूरे (4) ……… पर एक बहुत ही अच्छी (5) ……… बन सकती है ''लैट द फायर बर्न।''

76 रिक्त स्थान (1) ……… के लिए सबसे उपयुक्त विकल्प का चयन कीजिए।
(a) मृत्यु (b) उदास
(c) उदार (d) प्रचार

77 रिक्त स्थान (2) ……… के लिए सबसे उपयुक्त विकल्प का चयन कीजिए।
(a) शोषण (b) मनोहर
(c) भाग्यवान (d) भाग्य

78 रिक्त स्थान (3) ……… के लिए सबसे उपयुक्त विकल्प का चयन कीजिए।
(a) घर (b) म्यूजियम
(c) स्कूल (d) प्लेयर

79 रिक्त स्थान (4) ……… के लिए सबसे उपयुक्त विकल्प का चयन कीजिए।
(a) विचित्र (b) घटनाक्रम
(c) भयानक (d) मतभेद

80 रिक्त स्थान (5) ……… के लिए सबसे उपयुक्त विकल्प का चयन कीजिए।
(a) अधिकारी (b) डॉक्यूमेण्ट्री
(c) पाठशाला (d) म्युजिक

उत्तरमाला

1.	(c)	2.	(d)	3.	(d)	4.	(d)	5.	(c)	6.	(a)	7.	(b)	8.	(b)	9.	(a)	10.	(b)
11.	(c)	12.	(c)	13.	(a)	14.	(c)	15.	(a)	16.	(b)	17.	(c)	18.	(d)	19.	(d)	20.	(b)
21.	(c)	22.	(c)	23.	(c)	24.	(d)	25.	(a)	26.	(c)	27.	(d)	28.	(a)	29.	(d)	30.	(c)
31.	(b)	32.	(d)	33.	(b)	34.	(c)	35.	(a)	36.	(b)	37.	(b)	38.	(b)	39.	(b)	40.	(d)
41.	(d)	42.	(b)	43.	(d)	44.	(a)	45.	(b)	46.	(c)	47.	(c)	48.	(d)	49.	(d)	50.	(a)
51.	(c)	52.	(a)	53.	(d)	54.	(d)	55.	(c)	56.	(a)	57.	(d)	58.	(c)	59.	(b)	60.	(a)
61.	(a)	62.	(d)	63.	(a)	64.	(c)	65.	(a)	66.	(d)	67.	(c)	68.	(b)	69.	(c)	70.	(c)
71.	(b)	72.	(c)	73.	(a)	74.	(a)	75.	(d)	76.	(a)	77.	(a)	78.	(b)	79.	(b)	80.	(b)

संकेत एवं हल

1. *(c)* दोनों पासों में '5' उभयनिष्ठ फलक है। फलक '5' से दक्षिणावर्त दिशा में फलकों की स्थिति निम्नवत् है

5→7→6

5→8→9

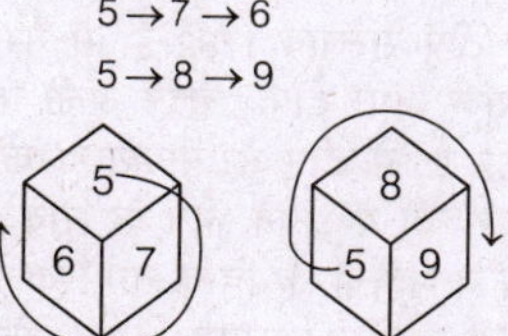

उपरोक्त से स्पष्ट है कि '8' वाले फलक के विपरीत '7' है।

2. *(d)* दी गई शृंखला का सही क्रम निम्न होगा उपरोक्त शृंखला का ध्यानपूर्वक अध्ययन करने पर, आयत के प्रत्येक कोने पर स्थित चिह्न '0' अगली आकृति में दक्षिणावर्त दिशा में एक स्थान आगे अवस्थित हो जाता है। तथा चिह्न '=' भी इसी प्रकार एक स्थान आगे अवस्थित हो जाता है। यह क्रम निरन्तर जारी रहता है। अतः अगली आकृति इसी क्रम में विकल्प (d) के समान होगी।

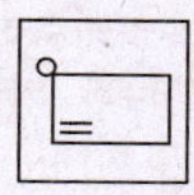

3. *(d)* दी गई शृंखला का क्रम निम्न प्रकार है,

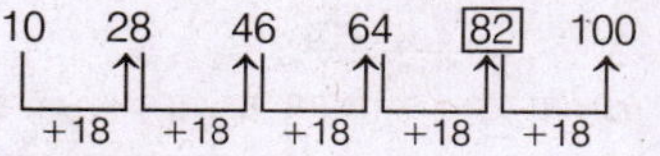

4. *(d)* कथनानुसार,

निष्कर्ष I. (✗) II. (✗)

अतः न तो निष्कर्ष I और न ही II अनुसरण करता है।

5. *(c)* जिस प्रकार से कागज को मोड़कर काटा गया है, पुनः कागज को खोलने पर कागज निम्न प्रकार से दिखाई देगा।

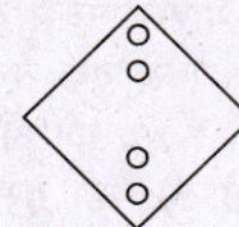

6. *(a)* पाँचों मित्र प्रिया, राहुल, सुरेश, टीना और वरुण के बैठने का क्रम निम्न प्रकार है

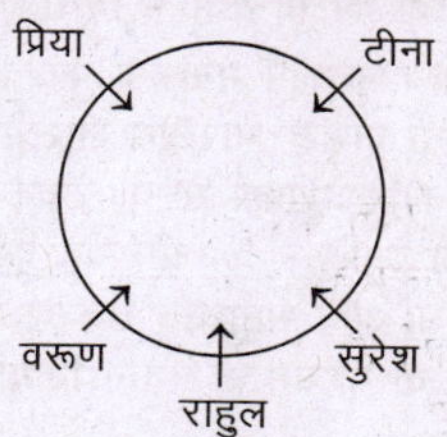

उपरोक्त से स्पष्ट है कि राहुल के बाईं ओर से दूसरे स्थान पर प्रिया बैठी है।

7. *(b)* जिस प्रकार,

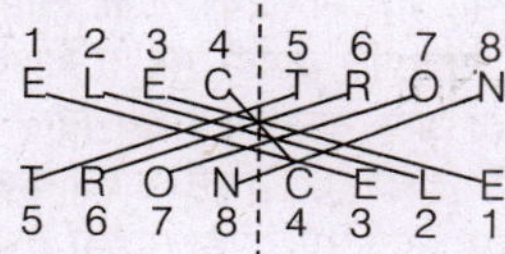

तथा

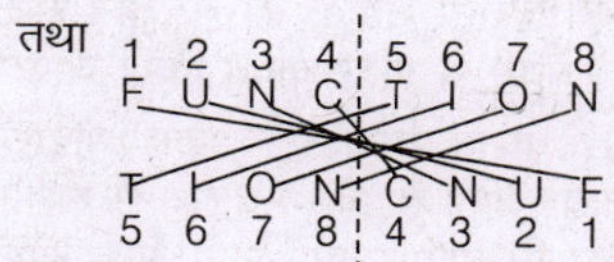

उसी प्रकार,

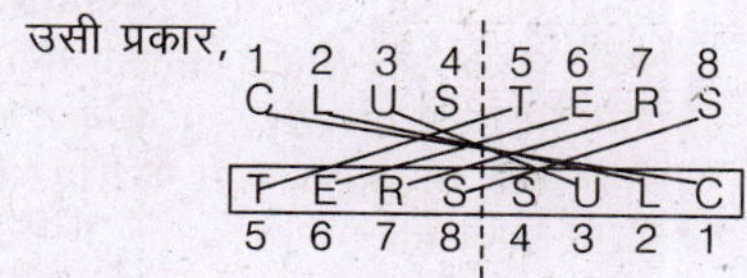

8. *(b)* दी गई अक्षर शृंखला का क्रम निम्न प्रकार है,

$D \xrightarrow{+1} E \xrightarrow{+2} G \xrightarrow{+3} J \xrightarrow{+4} N \xrightarrow{+5} \boxed{S}$

$S \xrightarrow{-5} N \xrightarrow{-4} J \xrightarrow{-3} G \xrightarrow{-2} E \xrightarrow{-1} \boxed{D}$

9. *(a)* पहले और दूसरे पासे में 2 और '3' संख्या वाली दो उभयनिष्ठ फलक हैं, अर्थात् '1' और '6' संख्या वाले फलक एक-दूसरे के विपरीत फलक हैं।

10. *(b)* यहाँ सभी शब्दों के अंग्रेजी वर्णमाला के क्रम संख्या के योग में से 3 को घटाकर शब्दों को कूटित किया गया है।

जिस प्रकार,

L E A V E → (12+5+1+22+5)−3
12 5 1 22 5 = 45 − 3 = 42

तथा

T E A M → (20+5+1+13)−3
20 5 1 13 = 39 − 3 = 36

उसी प्रकार,

O F F E R → (15+6+6+5+18)−3
15 6 6 5 18 = 50 − 3 = $\boxed{47}$

अतः 'OFFER' को कूटभाषा में 47 लिखा जाएगा।

11. *(c)* जिस प्रकार,

20 5 1 3 8
T E A C H → (20+5+1+3+8)×2
= 37 × 2 = 74

तथा

19 20 21 4 25
S T U D Y → (19+20+21+4+25)×2
= 89 × 2 = 178

उसी प्रकार,

14 5 22 5 18
N E V E R → (14+5+22+5+18)×2
= 64 × 2 = $\boxed{128}$

12. *(c)* X ÷ Z − A × Y

उपरोक्त दी गई सूचना को नीचे आरेख में दर्शाया गया है,

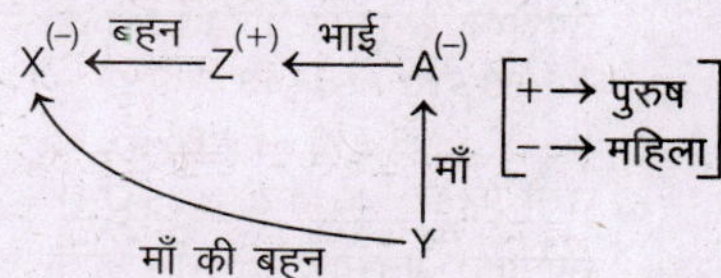

उपरोक्त आरेख से स्पष्ट है कि X, Y की माँ की बहन है।

13. *(a)* दिए गए अक्षरों के समूह का क्रम निम्न प्रकार है,

gghhiijj/gghhiijj/gghhiijj/gghh iijj/gghhiijj/gghhiijj ⇒ hiih

14. *(c)* 62 + 12 − 42 ÷ 7 × 44 = 90

विकल्प (c) से, '×' और '−' चिह्न को आपस में बदलने पर,

$62 + 12 \times 42 \div 7 - 44 = 90$

$\Rightarrow 62 + 12 \times 6 - 44 = 90$

$\Rightarrow 62 + 72 - 44 = 90$

$\Rightarrow 134 - 44 = 90$

$\Rightarrow 90 = 90$

15. *(a)* जिस प्रकार,

C A U S A L → A C U S L A

तथा

D E B A T E → E D B A E T

उसी प्रकार,

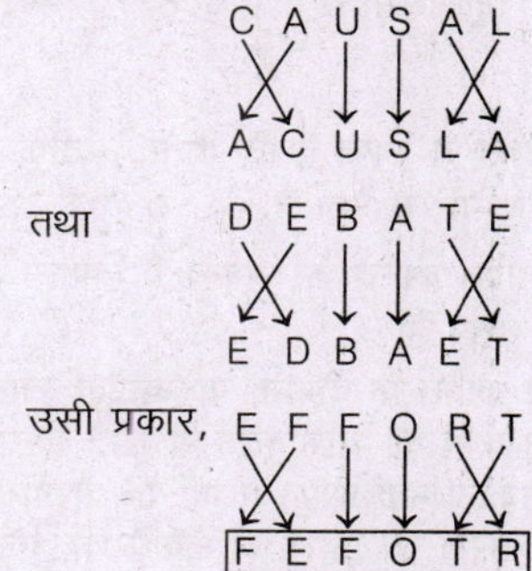

16. *(b)* अंग्रेजी शब्दकोश के अनुसार, शब्दों का सही क्रम निम्न प्रकार है,
3. Debar, 2. Debark, 1. Debate,
4. Debauch, 5. Debenture
अतः सही क्रम 3, 2, 1, 4, 5 है।

17. *(c)* दी गई प्रश्न आकृतियों की शृंखला में, चिह्न '→' वैकल्पिक रूप से हर दूसरी आकृति में वामावर्त दिशा में 90° से परिवर्तित होती है तथा पुनः अपने पहले रूप में आ जाती है तथा चिह्न '⊸' वामावर्त दिशा में 90° घूम रही है। इस प्रकार, विकल्प आकृति (c) में दी गई आकृति प्रश्नचिह्न (?) के स्थान पर आएगी।

18. *(d)* यहाँ 'M' तथा 'N' को '+' से 'O' को ÷ से परिवर्तित किया गया है।
जिस प्रकार, 17 M 18 N 55 05 = 46
उपरोक्त अनुसार परिवर्तन करने पर,
$17 + 18 + 55 \div 5 = 46$
$\Rightarrow 17 + 18 + 11 = 46 \Rightarrow 46 = 46$
तथा, 68 M 13 N 65 O 13 = 86
उपरोक्त अनुसार परिवर्तन करने पर,
$68 + 13 + 65 \div 13 = 86$
$\Rightarrow 68 + 13 + 5 = 86 \Rightarrow 86 = 86$
उसी प्रकार, 40 M 70 N 85 O 17 = ?
उपरोक्त अनुसार परिवर्तन करने पर,
$40 + 70 + 85 \div 17 = ?$
$\Rightarrow ? = 40 + 70 + 5$
$\Rightarrow ? = \boxed{115}$

19. *(d)* दी गई संख्या शृंखला का क्रम निम्न प्रकार है,

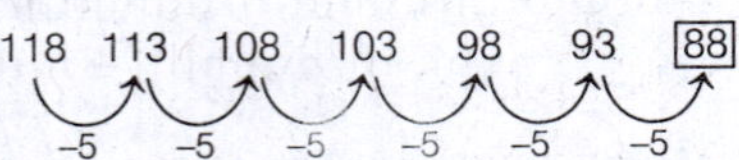

20. *(b)* सहकर्मीः पीटर, क्विन, रेचल, सैम, टीना और यूलिसिस सभी छः सहकर्मी के बैठने का क्रम निम्न है,

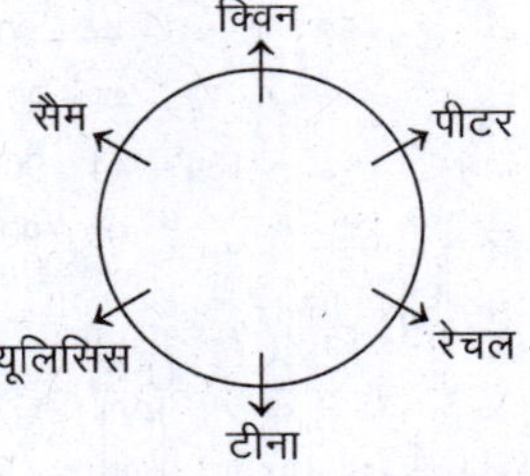

उपरोक्त से स्पष्ट है कि टीना के ठीक दाईं ओर यूलिसिस बैठा है।

21. *(c)* हरित क्रान्ति के सम्बन्ध में विकल्प (c) सही उत्तर है।
हरित क्रान्ति के दौरान, पारम्परिक कृषि से एकल कृषि की ओर बढ़ने से छोटे किसानों पर नकारात्मक प्रभाव पड़ा। यह प्रौद्योगिकी हस्तान्तरण की पहल की अवधि थी, जिसने फसल की पैदावार और कृषि उत्पादन में वृद्धि को देखा। हरित क्रान्ति के प्रभावों में से एक कृषि में अत्यधिक पूँजीकरण है।

22. *(c)* भारतीय नृत्य में 'मनोरमा ठक्कर पुरस्कार' भारतीय नृत्य में प्रदर्शन या अनुसन्धान अध्ययन में उत्कृष्टता और उपलब्धि की मान्यता में दिया जाता है।
भारतीय नृत्य में मनोरमा पुरस्कार की स्थापना प्रसिद्ध भारतीय शास्त्रीय नृत्यांगना और कोरियोग्राफर मेनका ठक्कर ने अपनी माँ की स्मृति में की थी। यह पुरस्कार मनोरमा और भानुचन्द ठक्कर एण्डोमेण्ट फण्ड के माध्यम से प्रदान किया जाता है।

23. *(c)* भारतीय नागरिक सुरक्षा संहिता (BNSS) 2023, जिसका उद्देश्य आपराधिक प्रक्रिया संहिता को प्रतिस्थापित करना था, गृहमन्त्री अमित शाह द्वारा पेश किया गया था। भारतीय नागरिक सुरक्षा संहिता के साथ राष्ट्रपति द्रौपदी मुर्मू ने भारतीय न्याय संहिता और भारतीय साक्ष्य बिल को भी मंजूरी दे दी है, जिसमें भारतीय न्याय संहिता, भारतीय दण्ड संहिता तथा भारतीय साक्ष्य द्वितीय संहिता को भारतीय साक्ष्य अधिनियम से प्रतिस्थापित किया जाएगा।

24. *(d)* मेघालय राज्य में नोंगक्रेम त्योहार मनाया जाता है। यह मेघालय में खासी जनजाति द्वारा मनाया जाने वाला लोकप्रिय फसल त्योहार है, जो नवम्बर महीने में अच्छी फसल और समृद्धि के लिए मनाया जाता है। इसमें पारम्परिक नृत्य किए जाते हैं और देवता को प्रसन्न करने के लिए बलि भी दी जाती है।

25. *(a)* विकल्प a (A-2, B-3, C-1) सही सुमेलन है।
एस. बालाचन्दर, संगीत वाद्ययन्त्र वीणा से सम्बन्धित हैं। वह एक कुशल फिल्म निर्माता भी थे। वर्ष 1982 में इन्हें पद्मभूषण से सम्मानित किया गया।
अनुष्का शंकर का सम्बन्ध वाद्ययन्त्र सितार से है। वह पण्डित रविशंकर (महान सितारवादक) की पुत्री हैं।
किशन महाराज का सम्बन्ध वाद्ययन्त्र तबला से है। यह हिन्दुस्तानी शास्त्रीय संगीत के बनारस घराने से सम्बन्धित हैं।

26. *(c)* समय की मूल इकाई सेकण्ड है।
1 घण्टा = 60 मिनट = 60 × 60 सेकण्ड
1 दिन में 24 घण्टे होते हैं।

27. *(d)* कुचिपुड़ी नृत्यशैली की उत्पत्ति आन्ध्र प्रदेश में हुई। इस नृत्य की परिकल्पना वैष्णव कवि सिद्धेन्द्र योगी ने 17वीं शताब्दी में की थी। इसकी शुरुआत भगवान गणेश के आह्वान से होती है।
यह नृत्य कर्नाटक संगीत पर किया जाता है, जहाँ गायक मृदंगम्, वायलिन, बाँसुरी और तम्बूरा जैसे वाद्ययन्त्रों का प्रयोग करते हैं।

28. *(a)* झारखण्ड सरकार ने 15 अक्टूबर, 2023 को अबुआ आवास योजना की शुरुआत की। इस योजना के तहत गरीब, पिछड़े, दलितों और आदिवासियों को जो बेघर हैं, तीन कमरे का मकान उपलब्ध कराया जाएगा। इस योजना के पहले चरण की शुरुआत कोल्हान क्षेत्र से की गई।

29. *(d)* टीपू सुल्तान 1782 ई. में मैसूर का शासक बना। टीपू , हैदर अली का पुत्र था। 1787 ई. में टीपू ने 'बादशाह' की उपाधि धारण की व अपने नाम के सिक्के चलाए, वर्षों व महीनों के हिन्दू नामों के स्थान पर अरबी नामों का प्रयोग किया। टीपू सुल्तान ने श्रीरंगपट्टम् में स्वतन्त्रता का वृक्ष लगाया और बाद में जैकोबिन क्लब का सदस्य बन गया और खुद को 'नागरिक टीपू' कहा।

30. *(c)* मुद्रा के सम्बन्ध में विकल्प (c) सही उत्तर है। मुद्रा एक ऐसी वस्तु है, जिसे आर्थिक विनिमय के माध्यम के रूप में आम सहमति से स्वीकार किया जाता है। मुद्रा खाते की एक सुविधाजनक इकाई के रूप में भी कार्य करती है। सभी वस्तुओं और सेवाओं का मूल्य मौद्रिक इकाइयों में व्यक्त किया जा सकता है। बाजारीकरण की प्रक्रिया में मुद्रा एक महत्त्वपूर्ण तत्त्व है।

31. *(b)* वर्ष 2011 में महिलाओं की 59.3 के मुकाबले, पुरुषों की वयस्क साक्षरता दर (आयु 15+) 78.8 थी।
भारत की कुल साक्षरता दर 73% है, जिसमें पुरुष साक्षरता दर 80.90% तथा महिला साक्षरता दर 64.60% है।

32. *(d)* भारतीय संविधान के भाग IV(A) के अनुच्छेद- 51(A) में मौलिक कर्त्तव्य शामिल हैं, जिनकी संख्या 11 है। इनमें से 10 मौलिक कर्त्तव्यों को 42वें संविधान संशोधन द्वारा, जबकि 11वें मौलिक कर्त्तव्य को 86वें संविधान संशोधन द्वारा संविधान में शामिल किया गया है। मौलिक कर्त्तव्य का प्रावधान रूस के संविधान से लिया गया है।

33. *(b)* किसी भी टेनिस खेल में कोई भी खेल (मुकाबला) 0-0 से शुरू होता है और टेनिस में जीरो प्वॉइण्ट को 'लव' (Love) कहा जाता है। टेनिस एक रैकेट खेल है, जो या तो एक प्रतिद्वन्द्वी के खिलाफ या दो-दो खिलाड़ियों की दो टीमों के बीच खेला जाता है। टेनिस से सम्बन्धित शब्द ऐस, एपोच शॉट, डबल फॉल्ट, कोर्ट क्रॉस आदि हैं।

34. *(c)* भारत में पंचवर्षीय योजना के सम्बन्ध में दोनों कथन सही हैं। दसवीं पंचवर्षीय योजना के अन्त तक भारत सबसे तेजी से बढ़ती अर्थव्यवस्थाओं में से एक बनकर उभरा था। इस योजना में 7.7% की औसत सालाना वृद्धि दर प्राप्त की गई। इस योजना ने विकास के कुछ प्रमुख संकेतकों के लिए

साक्षरता 75% शिशु मृत्युदर 45 प्रति हजार या इससे कम तथा वनाच्छादन 25% करने का लक्ष्य निर्धारित किया था।

35. *(a)* राज्यसभा के 238 सदस्य अप्रत्यक्ष रूप से चुने जाते हैं, जो राज्यों तथा केन्द्रशासित प्रदेशों के प्रतिनिधि होते हैं। संविधान के अनुच्छेद-80 में राज्यसभा की अधिकतम संख्या 250 बताई गई है, जिनमें से 12 सदस्य राष्ट्रपति द्वारा नामित होते हैं।

36. *(b)* मौर्य साम्राज्य का संस्थापक चन्द्रगुप्त मौर्य था। 322 ई. पू. में चन्द्रगुप्त मौर्य ने 'मौर्य' साम्राज्य की स्थापना कौटिल्य की सहायता से अन्तिम नन्द शासक धनानन्द को गद्दी से हटाकर की तथा कौटिल्य बाद में चन्द्रगुप्त का प्रधानमन्त्री बना।

चन्द्रगुप्त 322 ई. पू. से 185 ई. पू. तक इस वंश का शासक था। इस वंश का महान शासक अशोक था।

37. *(b)* नवम्बर, 2023 में सैयद मुश्ताक अली ट्रॉफी का फाइनल पंजाब और बड़ौदा टीमों के बीच खेला गया, जिसमें पंजाब ने बड़ौदा को 20 रनों से हराकर घरेलू टूर्नामेण्ट की T-20 ट्रॉफी का खिताब जीता। सैयद मुश्ताक अली ट्रॉफी का सम्बन्ध क्रिकेट से है।

38. *(b)* अमन्दी और महामन्दी के दौरान होने वाली बेरोजगारी को चक्रीय बेरोजगारी कहा जाता है। बेरोजगारी को घर्षणात्मक, चक्रीय, संरचनात्मक या संस्थागत के रूप में वर्गीकृत किया जा सकता है।

चक्रीय बेरोजगारी, समग्र बेरोजगारी का एक घटक है, जो आर्थिक मन्दी या विस्तार से प्रभावित होती है।

39. *(b)* मोहम्मडन स्पोर्टिंग क्लब आई-लीग वर्ष 2023/24 में खेल रहा है।

मोहम्मडन स्पोर्टिंग क्लब ने आई-लीग खिताब शिलांग के एस.एस.ए.पोलो ग्राउण्ड में शिलांग लाजोंग को 2-1 से हराकर भारतीय फुटबॉल के टॉप डिवीजन इण्डियन सुपर लीग (एम एस ए) में जीत दर्ज की है।

40. *(d)* जून, 2023 में भारतीय रिजर्व बैंक (RBI) के डिप्टी गवर्नर के रूप में स्वामीनाथन जानकीरमन को नियुक्त किया गया है। इन्हें यह नियुक्ति 3 वर्ष के लिए मिली है। स्वामीनाथन RBI के पूर्व डिप्टी गवर्नर महेश कुमार जैन का स्थान लेंगे। भारतीय रिजर्व बैंक की स्थापना 1 अप्रैल, 1935 को की गई और 1 जनवरी, 1949 को इसका राष्ट्रीयकरण किया गया।

41. *(d)* 100 पैसे में = 20 पेन

1 पेन का क्रय मूल्य $= \frac{100}{20} = 5$ पैसे

तथा 1 पेन का विक्रय मूल्य

$= \frac{100}{15}$ या $\frac{20}{3}$ पैसे

$\therefore$ लाभ प्रतिशत $= \frac{\frac{20}{3}-5}{5} \times 100 = \frac{\frac{5}{3}}{5} \times 100$

$= 33.33\%$

42. *(b)* दिया है, तीन संख्याओं का अनुपात $= 6:8:9$ तथा योग $= 460$

$\therefore$ सबसे बड़ी संख्या $= \frac{460}{23} \times 9 = 180$

43. *(d)* प्रश्नानुसार, $\frac{S_1+S_2}{2} = \frac{S_2+S_3}{2} + 35$

$\Rightarrow S_1 + S_2 = S_2 + S_3 + 70$

$\Rightarrow S_1 = S_3 + 70$

$\therefore S_1 = 75 + 70 = 145 \ (\because S_3 = 75)$

44. *(a)* माना नाव की चाल x किमी/घण्टा थी

तो, $\frac{54}{x} - \frac{54}{x+3} = 3$

$\Rightarrow 54\left[\frac{1}{x} - \frac{1}{x+3}\right] = 3$

$\Rightarrow 54 \times \left[\frac{x+3-x}{x(x+3)}\right] = 3$

$\Rightarrow 54 \times \frac{3}{x(x+3)} = 3 \Rightarrow x(x+3) = 54$

$\Rightarrow x(x+3) = 6 \times (6+3)$

$\therefore$ अभीष्ट चाल $x = 6$ किमी/घण्टा

45. *(b)* माना क्रय मूल्य (CP) = ₹100

तब, विक्रय मूल्य (SP) = ₹110

अंकित मूल्य (MP) $= \frac{110}{90} \times 100 =$ ₹ $\frac{1100}{9}$

यदि वस्तु को अंकित मूल्य पर बेचा जाए

तब, लाभ प्रतिशत $= \frac{\frac{1100}{9} - 100}{100} \times 100$

$= \frac{200}{9} = 22.22\%$

46. *(c)* $42 \times 3 + 25 \times 3 - 14 \div 7 \times 5$

BODMAS के नियम अनुसार,

$= 126 + 75 - 2 \times 5$

$= 201 - 10 = 191$

$\therefore$ अभीष्ट मान $= 191$

47. *(c)* 5 वर्षों में साधारण ब्याज = मूलधन $\times 20\%$

$\Rightarrow$ मूलधन $\times 20\% = 5$ वर्ष

$\Rightarrow$ मूलधन $\times 100\% = 5 \times 5 = 25$ वर्ष

अतः 25 वर्षों में ब्याज मूलधन के बराबर हो जाएगा।

48. *(d)* 14 विद्यार्थियों की औसत आयु = 17 वर्ष

$\Rightarrow$ कुल आयु $= 17 \times 14 = 238$ वर्ष

32 वर्ष का नया विद्यार्थी शामिल होने पर

नया औसत $= \frac{238+32}{14+1} = \frac{270}{15} = 18$ वर्ष

49. *(d)* समय = 8 वर्ष, दर = 10%, तथा साधारण ब्याज = ₹ 8000

$\therefore$ मूलधन $= \frac{8000}{8 \times 10} \times 100 =$ ₹ 10000

3 वर्ष के लिए 10% की दर से चक्रवृद्धि ब्याज

$= 10000 \times \left(1 + \frac{10}{100}\right)^3 - 10000$

$= 10000 \times \left(\frac{11}{10}\right)^3 - 10000$

$= 10 \times 1331 - 10000$

$= 13310 - 10000 =$ ₹ 3310

50. *(a)* प्रश्नानुसार,

मनीष का एक दिन का कार्य $= \frac{1}{48}$

तथा प्रताप का एक दिन का कार्य $= \frac{1}{24}$

$\therefore$ दोनों का एक दिन का कार्य $= \frac{1}{48} + \frac{1}{24}$

$= \left(\frac{1+2}{48}\right) = \frac{3}{48} = \frac{1}{16} = \frac{1}{4 \times 4}$

$\Rightarrow$ 4 दिन में किया गया कार्य $= \frac{1}{4}$

$\therefore \frac{1}{4}$ भाग को पूर्ण करने में लगा समय = 4 दिन

वैकल्पिक विधि

मनीष = 48 ⟩ 1

प्रताप $= \frac{48}{2} = 24$ ⟩ 2 — 48

कुल काम का $\frac{1}{4} = 48 \times \frac{1}{4} = 12$

$\therefore$ अभीष्ट समय $= \frac{12}{2+1} = 4$ दिन

51. *(c)* माना वस्तु का क्रय मूल्य (CP) = ₹ $100x$

तो विक्रय मूल्य (SP) $= \frac{100x}{100} \times 80 =$ ₹ $80x$

प्रश्नानुसार,

यदि CP 30% कम हो और SP ₹ 125 ज्यादा तो लाभ = 50%

नया CP = ₹ $70x$, नया SP = ₹ $(80x + 125)$

$\because$ लाभ = 50%

तो विक्रय मूल्य $= \frac{70x}{100} \times 150 =$ ₹ $(80x + 125)$

$\Rightarrow 105x = 80x + 125$

$\Rightarrow 25x = 125$

$\therefore x = 5$

तो क्रय मूल्य $= 100x =$ ₹ 500

52. *(a)* वह न्यूनतम संख्या जो 27, 36, 56, 12 और 10 से पूर्णतः विभाज्य है।

= 27, 36, 56, 12 और 10 का ल. स. प.

3	27, 36, 56, 12, 10
2	9, 12, 56, 4, 10
2	9, 6, 28, 2, 5
3	9, 3, 14, 1, 5
	3, 1, 14, 1, 5

$= 3 \times 2 \times 2 \times 3 \times 3 \times 14 \times 5 = 7560$

53. *(d)* अर्द्धगोले की त्रिज्या $(R) = 48$ सेमी
तथा गेंद की त्रिज्या $(r) = 8$ सेमी
प्रश्नानुसार, अर्द्धगोले का आयतन $= n \times$ गेंद का आयतन

$\Rightarrow \frac{2}{3}\pi R^3 = n \times \frac{4}{3}\pi r^3$

$\Rightarrow (48)^3 = n \times 2 \times (8)^3$

$\Rightarrow 2n = (6)^3$

$\Rightarrow 2n = 216$

$\therefore n = 108$

54. *(d)* $58524M$, 9 से विभाज्य है तो $(5+8+5+2+4+M)$ भी, 9 से विभाज्य होगा,

$= (24 + M)$

$\therefore M$ का सम्भावित मान $= 3$

55. *(c)* प्रश्नानुसार,
राकेश, महेश और पुनीश का एक मिनट का कार्य $= \frac{1}{20}$

तथा राकेश और महेश का एक मिनट का कार्य $= \frac{1}{25}$

$\therefore$ पुनीश का एक मिनट का कार्य

$= \frac{1}{20} - \frac{1}{25} = \left(\frac{5-4}{100}\right) = \frac{1}{100}$

अतः पुनीश को अकेले उस कुर्सी को बनाने में '100 मिनट' लगेगें।

वैकल्पिक विधि

राकेश + महेश + पुनीश $= 20$ ⟩ 5, 4 ⟩ 100
राकेश + महेश $= 25$

पुनीश की क्षमता $= 5 - 4 = 1$

$\therefore$ अभीष्ट समय $= \frac{100}{1} = 100$ मिनट

56. *(a)* माना तीन संख्या a, b और c हैं।

$a : b = 3 : 4, b : c = 3 : 5$

तो $a : b : c = 9 : 12 : 20$

$\because$ तीनों संख्याओं का योग $= 123$

$\therefore$ दूसरी संख्या $(b) = \frac{123}{41} \times 12 = 36$

57. *(d)* प्रश्नानुसार, अंकित मूल्य = ₹ 7600
तथा विक्रय मूल्य = ₹ 6688

$\therefore$ छूट प्रतिशत $= \frac{7600 - 6688}{7600} \times 100$

$= \frac{912}{7600} \times 100 = 12\%$

58. *(c)* प्रश्नानुसार, लड़कियों की संख्या $= 54$
लड़को का संख्या का % $= 40\%$

$\therefore$ लड़कों की संख्या $= \frac{54}{60} \times 40 = 36$

59. *(b)* प्रश्नानुसार, $x = y \times \frac{140}{100}$ ...(i)

तथा $x = z \times \frac{80}{100}$ ... (ii)

समी (i) व (ii) से,

$y \times \frac{140}{100} = z \times \frac{80}{100}$

$\Rightarrow 480 \times 140 = z \times 80 \quad (\because y = 480)$

$\therefore z = 840$

60. *(a)* 12, 8 और 24 के गुणनखण्ड

$12 = 2 \times 2 \times 3$

$8 = 2 \times 2 \times 2$

तथा $24 = 2 \times 2 \times 2 \times 3$

$\therefore$ 12, 8 और 24 का म.स. $= 2 \times 2 = 4$

61. *(a)* दिए गए वाक्य में रेखांकित शब्द 'बदमाश' का विलोम शब्द 'शरीफ' है। 'बदमाश' का अर्थ 'दुष्ट' होता है तथा इसके विपरीत 'शरीफ' का अर्थ सज्जन होता है। अन्य विकल्प असंगत हैं।

62. *(d)* 'पिता या पूर्वजों से प्राप्त सम्पत्ति' वाक्यांश के लिए सार्थक शब्द 'वसीयत' है। अन्य विकल्प असंगत हैं।

63. *(a)* जिसका कोई इलाज न हो' वाक्यांश के लिए सार्थक शब्द 'लाइलाज' है। अन्य विकल्प असंगत हैं व वर्तनी की दृष्टि से अशुद्ध हैं।

64. *(c)* दिए गए वाक्य में 'अध्यन' शब्द वर्तनी की दृष्टि से गलत है। सही वर्तनी 'अध्ययन' होगी। सही वाक्य इस प्रकार है–अध्ययन जीवन की महत्त्वपूर्ण प्रक्रिया है।

65. *(a)* दिए गए वाक्य में रिक्त स्थान के लिए सही भाववाचक संज्ञा वाला विकल्प 'चिकनाहट' है। अन्य दिए गए विकल्प असंगत हैं। सही वाक्य इस प्रकार है
आज पुष्पा ने बर्तन ठीक से नहीं धोया है, कढ़ाही में अभी भी चिकनाहट है।

66. *(d)* वाक्य के कोष्ठक में दिए गए शब्द 'दूषित' का विलोम शब्द 'विशुद्ध' है। 'दूषित' शब्द के अन्य अर्थ अशुद्ध, गन्दा आदि हैं। इसके विपरीत 'विशुद्ध' शब्द के अन्य अर्थ शुद्ध, खरा आदि हैं।

67. *(c)* 'दूसरे के कन्धे पर रखकर बन्दूक चलाना' मुहावरे का अर्थ है- दूसरे के बहाने अपना काम करना।

वाक्य प्रयोग तुम्हें जो कहना है स्वयं कहो, दूसरे के कन्धे पर बन्दूक रखकर क्यों चलाते हो।

68. *(b)* दिए गए वाक्य में 'संकेत' शब्द का उचित पर्यायवाची शब्द- 'इशारा' है। अन्य विकल्प असंगत हैं।

69. *(c)* दिए गए वाक्य में 'आपको विषय को भटकने में बचना है' वाक्यांश में अशुद्धि है। शुद्ध वर्तनी का वाक्य इस प्रकार है-निबन्ध लिखने में, जो सबसे महत्त्वपूर्ण बात/ध्यान में रखनी होती है, वह यह है कि/आपको विषय से भटकने से बचना है।

70. *(c)* 'सब गुड़ गोबर हो गया' मुहावरे का अर्थ है-सब किया कराया चौपट कर देना।

वाक्य प्रयोग आपकी छोटी-सी गलती के कारण रोहित का सब काम गुड़ गोबर हो गया।

71. *(b)* दिए गए वाक्य के कोष्ठक में दिए शब्द 'क्षत्रिय' का तद्भव रूप 'खत्री' है। 'क्षत्रिय' शब्द तत्सम शब्द है। अन्य दिए गए विकल्प असंगत हैं। पूर्ण वाक्य इस प्रकार है–
(क्षत्रिय) खत्री हिन्दू समाज के चार वर्णों में से एक वर्ण है।

72. *(c)* दिए गए वाक्य में 'उसका प्राण सूख' वाक्यांश में त्रुटि है। अतः सही व शुद्ध वाक्य इस प्रकार है–शेर को देखकर उसके प्राण सूख गए और वह बेहोश हो गया।

73. *(a)* दिए गए वाक्य में रेखांकित भाग 'सबके मन की बात जानिए' वाक्यांश के लिए सार्थक शब्द 'अन्तर्यामी' होगा। अन्य विकल्प असंगत हैं।

74. *(a)* दिए गए वाक्य में रेखांकित शब्द 'होंठ' का तत्सम शब्द 'ओष्ठ' है। अन्य विकल्प असंगत हैं।

75. *(d)* दिए गए वाक्य के कोष्ठक में दिए गए शब्द 'खण्डन' का पर्यायवाची शब्द 'पराकोटि' नहीं है। दिए गए अन्य विकल्प निवर्तन, नकार, प्रत्याख्यान आदि खण्डन शब्द के पर्यायवाची शब्द हैं।

76. *(a)* रिक्त स्थान (1) के लिए सबसे उपयुक्त विकल्प 'मृत्यु' है। अतः पूर्ण वाक्य है - काले लोगों के न तो जीवन का सम्मान किया जाता है और न ही मृत्यु का। अन्य विकल्प असंगत हैं।

77. *(a)* रिक्त स्थान (2) के लिए सबसे उपयुक्त विकल्प 'शोषण' है। अतः पूर्ण वाक्य है- उनका शोषण जारी रहता है। अन्य विकल्प असंगत हैं।

78. *(b)* रिक्त स्थान (3) के लिए सबसे उपयुक्त विकल्प 'म्यूजियम' है। अतः पूर्ण वाक्य है- मौत के बाद भी उनकी अस्थियाँ म्यूजियम में कैद रहती हैं। अन्य विकल्प असंगत हैं।

79. *(b)* रिक्त स्थान (4) के लिए सबसे उपयुक्त विकल्प 'घटनाक्रम' है। अतः पूर्ण वाक्य है– इस पूरे घटनाक्रम पर एक बहुत ही अच्छी डॉक्यूमेण्ट्री। अन्य विकल्प असंगत हैं।

80. *(b)* रिक्त स्थान (5) के लिए सबसे उपयुक्त विकल्प 'डॉक्यूमेण्ट्री' हैं। अतः पूर्ण वाक्य है– इस पूरे घटनाक्रम पर एक बहुत ही अच्छी 'डॉक्यूमेण्ट्री' बन सकती है।

22 फरवरी 2024
(शिफ्ट III)

सॉल्वड पेपर 2024

SSC कांस्टेबल (जीडी) सेट 11

भाग-I सामान्य बुद्धिमत्ता एवं तर्कशक्ति

1 निम्नलिखित विकल्पों में से दी गई शृंखला से लुप्त संख्या का चयन कीजिए।
6, 23, 93, 371, 1485, ?
(a) 5939 (b) 5940 (c) 5999 (d) 5980

2 नीचे एक शृंखला दी गई है जिसमें एक पद लुप्त है। दिए गए विकल्पों में से उस विकल्प का चयन कीजिए, जो शृंखला को पूरा करेगा।
AC, FN, KY, PJ, ?
(a) UW (b) UV (c) UU (d) MR

3 छः लड़के सुमित, गोपाल, हनी, ईशान, जतिन और ललित एक वृत्ताकार मेज के चारों ओर केन्द्र की ओर मुख करके बैठे हैं। ईशान, सुमित के बाईं ओर से तीसरे स्थान पर बैठा है। जतिन और हनी, ईशान के निकटतम पड़ोसी हैं। ललित, जतिन के ठीक दाईं ओर बैठा है। ईशान के ठीक बाईं ओर कौन बैठा है?
(a) ललित (b) जतिन (c) गोपाल (d) हनी

4 एक निश्चित कूटभाषा में 'FACTS' को '40827' लिखा जाता है, 'FOCUS' को '29741' लिखा जाता है, 'FAME' को '5876' लिखा जाता है। उसी कूटभाषा में 'T' को कैसे लिखा जाएगा?
(a) 8 (b) 2 (c) 0 (d) 4

5 नीचे दी गई विकल्प आकृतियों में से उस आकृति का चयन कीजिए, जिसमें प्रश्न आकृति छिपी/निहित है। (घूर्णन की अनुमति नहीं है।)

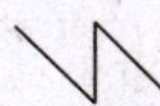

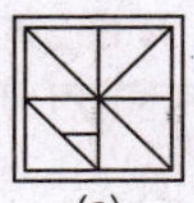
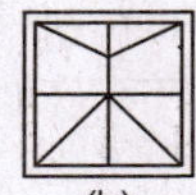

(a) (b) (c) (d)

6 एक आदमी की ओर इशारा करते हुए करिश्मा ने कहा, ''वह मेरे भाई के पिता की इकलौती बेटी का पति है।'' उस आदमी का करिश्मा से क्या सम्बन्ध है?
(a) पत्नी के पिता (b) भाई
(c) बेटा (d) पति

7 निम्नलिखित प्रश्न में कुछ कथन और उन कथनों के आधार पर कुछ निष्कर्ष दिए गए हैं। आपको दिए गए कथनों को सत्य मानना है, चाहे वे सामान्यतः ज्ञात तथ्यों से भिन्न प्रतीत होते हों। सभी निष्कर्षों को ध्यानपूर्वक पढ़िए और निश्चय कीजिए कि दिए गए निष्कर्षों में से कौन-सा/कौन-से निष्कर्ष कथनों का तार्किक रूप से अनुसरण करता है/करते हैं?

कथन
कुछ मेज, सफेद हैं।
कोई सड़क, सफेद नहीं है।

निष्कर्ष
I. कोई सफेद, सड़क नहीं है।
II. कोई सड़क, मेज नहीं है।
III. कोई सफेद, मेज नहीं है।
(a) कोई भी निष्कर्ष अनुसरण नहीं करता है
(b) सभी निष्कर्ष अनुसरण करते हैं
(c) दोनों निष्कर्ष II और III अनुसरण करते हैं
(d) केवल निष्कर्ष I अनुसरण करता है

8 नीचे एक पासे की तीन स्थितियाँ दी गई है। 'F' वाले फलक के विपरीत फलक पर निम्नलिखित विकल्पों में से क्या आएगा?

(a) N (b) I (c) M (d) P

9 दिए गए विकल्पों में से किन दो चिह्नों को आपस में बदलने पर निम्नलिखित समीकरण सही होगा?
$26 + 2 \div 4 - 8 \times 25 = 30$
(a) × और + (b) × और −
(c) × और ÷ (d) + और ÷

10 निम्नलिखित में से कौन-सी संख्या दी गई शृंखला में प्रश्नचिह्न (?) के स्थान पर आएगी?
103, 108, 112, 117, 121, 126, ?
(a) 147 (b) 127
(c) 138 (d) 130

11 निम्नलिखित प्रश्न में, विकल्पों में दी गई उस आकृति का चयन कीजिए जिसे प्रश्नचिह्न (?) के स्थान पर रखा जा सकता है?

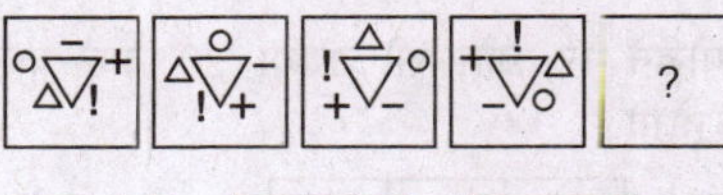

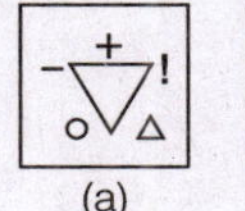
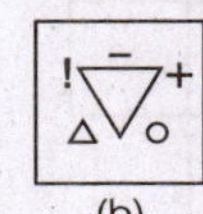
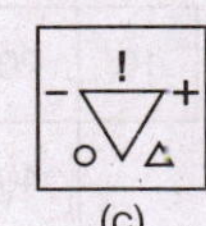
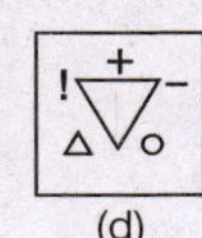

(a) (b) (c) (d)

12 दिए गए शब्दों को उसी क्रम में व्यवस्थित कीजिए, जिस क्रम में वे अंग्रेजी शब्दकोश में आते हैं।
1. Clamber 2. Clam 3. Claim
4. Clag 5. Clad

(a) 5, 4, 3, 1, 2 (b) 1, 2, 3, 5, 4
(c) 5, 4, 3, 2, 1 (d) 1, 2, 3, 4, 5

13 निम्नलिखित विकल्पों में से उस विकल्प का चयन कीजिए, जो पाँचवें शब्द से ठीक उसी प्रकार सम्बन्धित है जिस प्रकार चौथा शब्द तीसरे शब्द से सम्बन्धित है और दूसरा शब्द पहले शब्द से सम्बन्धित है।

व्यक्ति : समूह :: आंशिक : पूर्ण :: रिक्त : ?

(a) खाली (b) उपलब्ध
(c) मुक्त (d) अधिकृत

14 निम्नलिखित अक्षर समूहों में से अक्षरों का कौन-सा समूह क्रमबद्ध रूप से बाईं से दाईं ओर रखे जाने पर नीचे दी गई श्रृंखला को पूरा करेगा?

w_xxyywwx_yywwxxyyww_xyywwxx_y

(a) wwxy (b) wwxx
(c) wxxy (d) wxwx

15 दिए गए शब्दों को उसी क्रम में व्यवस्थित कीजिए, जिस क्रम में वे अंग्रेजी शब्दकोष में आते हैं।

1. Example 2. Examine 3. Examination
4. Exact 5. Exactly

(a) 5, 1, 4, 3, 2 (b) 4, 5, 3, 2, 1
(c) 4, 5, 3, 1, 2 (d) 1, 5, 4, 3, 2

16 दिए गए विकल्पों में से उस आकृति का चयन कीजिए जिसे दी गई आकृति श्रृंखला में प्रश्नचिह्न (?) के स्थान पर रखा जा सकता है।

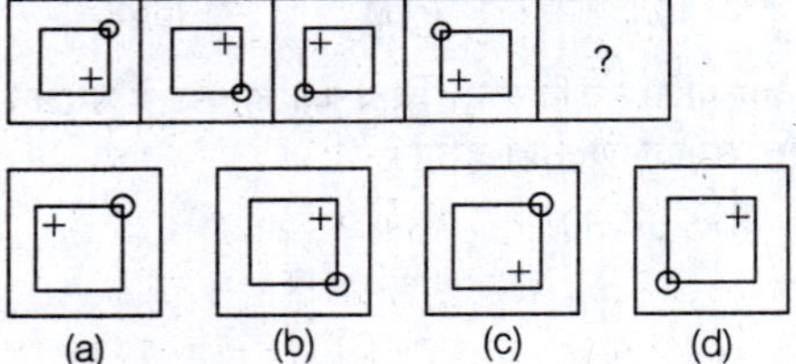

17 छः दोस्त लिसा, मार्क, निकोल, ओवेन, पाम ओर क्विन एक वृत्ताकार मेज के चारों ओर केन्द्र से बाहर की ओर मुख करके बैठे हैं। लिसा, मार्क के ठीक दाईं ओर बैठी है। क्विन, निकोल और ओवेन के ठीक बीच में बैठा है। ओवेन, पाम के ठीक बाईं ओर बैठा है। पाम के ठीक दाईं ओर कौन बैठा/बैठी है?

(a) मार्क (b) लिसा
(c) क्विन (d) ओवेन

18 दिए गए पासे को मोड़ने पर, कौन-सी संख्या '20' वाले फलक के विपरीत फलक पर होगी?

10	20	30
	40	
	50	
	60	

(a) 30 (b) 50 (c) 40 (d) 60

19 एक निश्चित कूटभाषा में 'STAT' को 'PPXP' लिखा जाता है। उसी कूटभाषा में 'VOID' को कैसे लिखा जाएगा?

(a) SKEZ (b) SKFZ (c) SKGY (d) SJFZ

20 यदि 28 A 49 B 77 C 11 = –14 और 30 A 50 B 88C 22 = –16 है, तो 85A 15 B 40 C 8 = ?

(a) 75 (b) 70 (c) 84 (d) 80

भाग-II सामान्य ज्ञान

21 भारतीय संसद में .... शामिल हैं।

(a) केवल राष्ट्रपति और प्रधानमन्त्री
(b) विधायिका, कार्यपालिका और न्यायपालिका
(c) केवल दो सदन
(d) राष्ट्रपति और दोनों सदन

22 जुलाई, 2023 को भारत के विदेश मन्त्री एस. जयशंकर ने किस राज्य से राज्यसभा चुनाव के लिए अपना नामांकन-पत्र दाखिल किया?

(a) हरियाणा (b) गुजरात
(c) उत्तर प्रदेश (d) महाराष्ट्र

23 भारत की 2011 की जनगणना के अनुसार, निम्नलिखित में से किस भारतीय राज्य में लिंगानुपात भारत के संयुक्त लिंगानुपात से कम है?

(a) असम (b) गुजरात
(c) उत्तराखण्ड (d) झारखण्ड

24 पूँजीगत प्राप्तियों के सम्बन्ध में निम्नलिखित कथनों को पढ़िए।

A. सरकार की वे सभी प्राप्तियाँ जो देयता पैदा करती हैं या वित्तीय परिसम्पत्तियों को कम करती हैं, पूँजीगत प्राप्तियाँ कहलाती हैं।

B. पूँजीगत प्राप्तियों की मुख्य मदें सरकार द्वारा जनता से लिए गए ऋण जिन्हें बाजार ऋण ग्रहण कहा जाता है, सरकार द्वारा रिजर्व बैंक, व्यावसायिक बैंकों और अन्य वित्तीय संस्थानों से राजकोष बिलों (Treasury Bills) की बिक्री के माध्यम से लिया गया ऋण, विदेशी सरकारों और अन्तर्राष्ट्रीय संगठनों से प्राप्त ऋण और केन्द्र सरकार द्वारा दिए गए ऋणों की वसूली है।

सही कथन/कथनों को पहचानिए।

(a) केवल A (b) केवल B
(c) A और B दोनों (d) न तो A और न ही B

25 निम्नलिखित में से किसे 'भारतीय पुनर्जागरण के जनक' के रूप में जाना जाता है और जिन्होंने बंगाल पुनर्जागरण आन्दोलन में महत्त्वपूर्ण भूमिका निभाई थी?

(a) राजा राममोहन राय (b) बंकिमचन्द्र चट्टोपाध्याय
(c) ईश्वरचन्द्र विद्यासागर (d) रवीन्द्रनाथ टैगोर

26 निम्नलिखित में से उस प्रसिद्ध हॉकी खिलाड़ी का नाम बताइए, जिसके नाम पर नई दिल्ली में एक स्टेडियम बनाया गया है।

(a) मेजर ध्यानचन्द (b) सरदार सिंह
(c) धनराज पिल्लै (d) बलबीर सिंह

27 निम्नलिखित में से किस प्रतिष्ठित भारतीय शास्त्रीय गायक, जिन्हें प्रायः 'मेवाती मैस्ट्रो' के नाम से भी जाना जाता है, को ख्याल गायन में उनके महारत और रागों के प्रति उनके अभिनव दृष्टिकोण के लिए पहचाना जाता है?

(a) हरिप्रसाद चौरसिया (b) जाकिर हुसैन
(c) बिस्मिल्लाह खान (d) पण्डित जसराज

28 कर्नाटक की किस नृत्यशैली में पुरुषों के गले में बड़े ढोल लटकाए जाते हैं तथा यह अपने धार्मिक और युद्ध उत्साह के लिए जानी जाती है?
(a) कुम्मी (b) डाण्डिया
(c) डोल्लू कुनिठा (d) घोडेमोदनी

29 डॉबेराइनर के त्रिकों में कितने त्रिकों का उल्लेख किया गया था?
(a) दो (b) आठ
(c) चार (d) छः

30 'गिद्दा' नृत्य का सम्बन्ध मुख्य रूप से किस राज्य से है?
(a) गुजरात (b) पश्चिम बंगाल
(c) बिहार (d) पंजाब

31 मौमा दास निम्नलिखित में से कौन-सा खेल खेलती हैं?
(a) हॉकी (b) टेबल टेनिस
(c) बैडमिण्टन (d) क्रिकेट

32 वर्ष 2011 की भारतीय जनगणना के अनुसार, दिए गए विकल्पों में से भारत का सबसे कम साक्षर राज्य कौन-सा है?
(a) अरुणाचल प्रदेश (b) हिमाचल प्रदेश
(c) बिहार (d) असम

33 महिला एवं बाल विकास मन्त्रालय द्वारा आयोजित पोषण पखवाड़ा 2023 का केन्द्रीय विषय क्या है?
(a) मोटे अनाज (Millet) के आयात को बढ़ाना
(b) ग्रामीण क्षेत्रों में महिला सशक्तीकरण
(c) पर्यावरणीय स्थिरता पहल
(d) पोषण सुरक्षा के लिए मोटा अनाज (Millet) आधारित खाद्य पदार्थ

34 'त्रिशूर पूरम' किस भारतीय राज्य में मनाया जाने वाला एक प्रसिद्ध मन्दिर उत्सव है, जो अपने विस्तृत जुलूसों और आतिशबाजी प्रदर्शन के लिए जाना जाता है?
(a) केरल (b) तमिलनाडु
(c) कर्नाटक (d) ओडिशा

35 खिलाड़ी और उनसे सम्बन्धित खेल का निम्नलिखित में से कौन-सा युग्म सही है?
I. स्मृति मन्धाना-हॉकी
II. ज्योति याराजी-क्रिकेट

कूट
(a) केवल I (b) केवल II
(c) I और II दोनों (d) न तो I और न ही II

36 ………… शहर कच्छ के रण में खादिर बेत (जिसे बेट भी कहा जाता है) पर स्थित था, जहाँ ताजा पानी और उपजाऊ मिट्टी थी।
(a) हड़प्पा (b) लोथल
(c) मोहनजोदड़ो (d) धौलावीरा

37 हरित क्रान्ति (Green Revolution) शब्द 1950 और 1960 के दशक के दौरान मैक्सिको में अन्तर्राष्ट्रीय मक्का और गेहूँ सुधार केन्द्र (International Centre for Maize and Wheat Improvement) और ……… में अन्तर्राष्ट्रीय चावल अनुसन्धान संस्थान (International Rice-Research Institute-IRRI) में कृषि विशेषज्ञों की एक टीम द्वारा विकसित की गई नई कृषि तकनीक को कहा जाता है।
(a) फिलिपीन्स (b) मैक्सिको
(c) भारत (d) न्यूयॉर्क

38 निम्नलिखित में से कौन-सा भारत में संवैधानिक निकायों का एक उदाहरण है?
(a) भारतीय खाद्य निगम (b) भारत का विधि आयोग
(c) भारत का निर्वाचन आयोग (d) राष्ट्रीय मानवाधिकार आयोग

39 घाटे में कटौती के बारे में निम्नलिखित कथनों को पढ़िए।
A. करों में वृद्धि अथवा व्यय में कटौती से सरकारी घाटे में कमी की जा सकती है।
B. भारत में सरकार कर राजस्व में वृद्धि करने के लिए प्रत्यक्ष करों पर अधिक भरोसा करती है। (अप्रत्यक्ष कर प्रकृति में प्रतिगामी होते हैं-यह सभी आय समूहों को समान रूप से प्रभावित करते हैं।) सही कथन/कथनों की पहचान कीजिए।

कूट
(a) केवल A (b) केवल B
(c) A और B दोनों (d) न तो A और न ही B

40 जुलाई, 2023 में आधव अर्जुन को भारतीय ……. महासंघ के अध्यक्ष के रूप में चुना गया था।
(a) बेसबॉल (b) बैडमिण्टन
(c) वॉलीबॉल (d) बास्केटबॉल

भाग-III गणित

41 22 पुरुष 2 दिन में एक दीवार बना सकते हैं। उसी काम को आधे दिन में पूरा करने के लिए कितने पुरुषों की आवश्यकता होगी?
(a) 72 (b) 80
(c) 88 (d) 90

42 यदि कोई वस्तु 20% की हानि पर बेची जाती है, तो वस्तु के क्रय मूल्य और विक्रय मूल्य का क्रमशः अनुपात कितना है?
(a) 7 : 4 (b) 5 : 4
(c) 4 : 5 (d) 7 : 8

43 110 लीटर के एक मिश्रण में पानी और दूध का अनुपात क्रमशः 4 : 7 है। पानी और दूध का अनुपात क्रमशः 8 : 7 करने के लिए मिश्रण में कितना पानी मिलाना होगा?
(a) 10 लीटर (b) 20 लीटर
(c) 40 लीटर (d) 30 लीटर

44 एक व्यापारी अपनी वस्तु का मूल्य क्रय मूल्य से 50% अधिक अंकित करता है। यदि वह 20% की छूट देता है, तो लाभ या हानि प्रतिशत कितना होगा?
(a) 30% लाभ (b) 10% हानि
(c) 20% लाभ (d) 40% हानि

45 $4500 \div 9 + 1800 \times 2 - 310 \times 7$ का मान कितना है?
(a) 1930 (b) 1941
(c) 1935 (d) 1825

46 यदि P का 35%, Q के 60% के बराबर है और Q, P का $(z/3)$% है, तो z का मान कितना है?
(a) 185 (b) 155
(c) 175 (d) 165

47 $49 \times 4 \div 28 + 56 \div 7 \times 8 - 784 \div 28 + 14 \times 2$ का मान कितना है?
(a) 89 (b) 127
(c) 71 (d) 101

48 एक कार ने अपने निर्धारित समय से 42 मिनट पहले चलना शुरू किया, लेकिन 210 किमी दूर अपने गन्तव्य तक समय पर पहुँचने के लिए उसे अपनी सामान्य चाल 10 किमी/घण्टा धीमी करनी पड़ी। कार की सामान्य चाल कितनी है?

(a) 40 किमी/घण्टा (b) 60 किमी/घण्टा
(c) 50 किमी/घण्टा (d) 30 किमी/घण्टा

49 उस समबाहु त्रिभुज की भुजाएँ ज्ञात कीजिए, जिसका क्षेत्रफल $16\sqrt{3}$ सेमी^{2} है।

(a) 8 सेमी (b) 4 सेमी
(c) 12 सेमी (d) 6 सेमी

50 ₹ 15000 की धनराशि को 2 वर्षों के लिए 12% की वार्षिक दर से चक्रवृद्धि ब्याज (वार्षिक रूप से संयोजित) पर निवेश किया जाता है। उस धनराशि पर चक्रवृद्धि ब्याज ज्ञात कीजिए।

(a) ₹ 4024 (b) ₹ 3668
(c) ₹ 3816 (d) ₹ 4124

51 $13\times 12+12\times 11-14\times 15-9\times 13+19\times 15$ का मान कितना है?

(a) 246 (b) 146
(c) 346 (d) 546

52 12 संख्याओं का औसत 60 है। यदि प्रथम पाँच संख्याओं में से 12 घटा दिया जाए और अगली सात संख्याओं में 10 जोड़ दिया जाए तो संख्याओं का नया औसत कितना होगा?

(a) 59.25 (b) 60.83
(c) 61.83 (d) 59.75

53 $\dfrac{0.5\div(0.5\times 0.5)}{(0.5\div 0.5)\times 0.5}$ का मान कितना है?

(a) 4 (b) 2
(c) 0.4 (d) 0.2

54 यदि P का P%, 225 है, तो P^2 का मान कितना है?

(a) 20500 (b) 20050
(c) 22500 (d) 22550

55 28% की छूट के बाद एक वस्तु ₹ 1008 में बेची जाती है। वस्तु का अंकित मूल्य कितना है?

(a) ₹ 1350 (b) ₹ 1400
(c) ₹ 1450 (d) ₹ 1305

56 एक निश्चित धनराशि, साधारण ब्याज की किसी दर पर, 14 वर्षों में स्वयं की 3.5 गुना हो जाती है। समान साधारण ब्याज दर पर वह धनराशि 28 वर्षों में स्वयं की कितनी गुनी हो जाएगी?

(a) 4 (b) 8
(c) 6 (d) 10

57 यदि $4T=5U$ है, तो $(T+U)/T$ का मान कितना है?

(a) 5/4 (b) 9/5
(c) 4/9 (d) 7/4

58 एक बैग को ₹ 5688 में बेचने पर, एक व्यक्ति को 10% की हानि हुई। 20% का लाभ कमाने के लिए उसे बैग को किस मूल्य पर बेचना चाहिए था?

(a) ₹ 7216 (b) ₹ 7584
(c) ₹ 6816 (d) ₹ 7554

59 एक कक्षा के 19 विद्यार्थियों की औसत आयु 22 वर्ष है। यदि 42 वर्ष की आयु का एक नया विद्यार्थी कक्षा में शामिल होता है, तो इन 20 विद्यार्थियों की औसत आयु कितनी होगी?

(a) 24 वर्ष (b) 23 वर्ष
(c) 28 वर्ष (d) 26 वर्ष

60 दिनेश अकेले एक काम को 96 घण्टों में पूरा कर सकता है। दिनेश और राहुल मिलकर उसी काम को 48 घण्टे में कर सकते हैं। राहुल और तरुण मिलकर उसी काम को 16 घण्टे में कर सकते हैं। तरुण अकेले उसी काम को कितने घण्टे में कर सकता है?

(a) 30 घण्टे (b) 19.2 घण्टे
(c) 28 घण्टे (d) 20 घण्टे

भाग-IV हिन्दी

61 दिए गए वाक्य में रेखांकित शब्द के लिए सही वर्तनी ज्ञात कीजिए।
आप <u>प्रांतकाल</u> आइए।

(a) प्रात:काल (b) प्रात काल:
(c) प्रांतकाल (d) प्रात:कल

62 दिए गए विकल्पों में से तीन विकल्प त्रुटियुक्त हैं, जबकि एक सही है। उसी सही विकल्प का चयन करें।

(a) अधिकाँश लोग अवकाश पर हैं।
(b) अधिकतर लोग अवकाश पर हैं।
(c) कोई लोग अवकाश पर हैं।
(d) एक लोग अवकाश पर हैं?

63 निम्नलिखित प्रश्न में चार विकल्पों में से उस सही विकल्प का चयन करें, जो वाक्यांशों के लिए एक शब्द का विकल्प हो।
'जो भला-बुरा न समझता हो'

(a) अविवेकी (b) अविभक्त
(c) अविभाज्य (d) अविचारित

64 दिए गए वाक्य का वह भाग ज्ञात करें, जिसमें कोई त्रुटि है।
जिसकी लाठी उसके भैंस वाली कहावत चरितार्थ होती है।

(a) जिसकी लाठी (b) होती है
(c) कहावत चरितार्थ (d) उसके भैंस वाली

65 दिए गए वाक्य में उचित विदेशज शब्द का चयन करके रिक्त स्थान की पूर्ति कीजिए।
.... हमारे देश का राष्ट्रीय फूल है।

(a) गुलाभ (b) बाग (c) गुलाब (d) गुलाम

66 दिए गए वाक्य में उचित देशज-विदेशज शब्द चयन करके रिक्त स्थान की पूर्ति कीजिए।
तुम चिन्ता न करो। तुम्हारी .... माफ हो गई है।

(a) मील (b) समन
(c) फीस (d) लालटेन

67 निम्नलिखित प्रश्न में चार विकल्पों में से उस विकल्प का चयन करें, जो दी गई लोकोक्ति का सही अर्थ वाला विकल्प है।
'अपने मरे बिना स्वर्ग नहीं दिखता'

(a) सब लोगों का अपनी-अपनी धुन में मस्त रहना
(b) दूसरे की वस्तु का निर्भय और उन्मुक्त उपभोग
(c) अपने मुँह से अपनी बड़ाई करने वाला व्यक्ति
(d) अपने किए बिना काम नहीं होता

68 निम्नलिखित वाक्य में उस वाक्यांश को पहचानिए, जिसमें अशुद्धियाँ हैं। यदि कोई गलती नहीं है, तो 'कोई त्रुटि नहीं है' का चुनाव कीजिए।

मनुष्य जीवन ही ऐसा है कि वह किसी भी अवस्था में यह अनुभव नहीं कर सकता कि अब उसके लिए किसी आवश्यकता नहीं ही गई है।

(a) यह अनुभव नहीं कर सकता कि अब उसके
(b) कोई त्रुटि नहीं है
(c) मनुष्य जीवन ही ऐसा है कि वह किसी भी अवस्था में
(d) लिए किसी आवश्यकता नहीं ही गई है।

69 निम्नलिखित प्रश्न में चार विकल्पों में से उस सही विकल्प का चयन करें, जो वाक्यांशों के लिए एक शब्द का विकल्प हो।

'समान दृष्टि से देखने वाला'

(a) समदर्शी (b) क्षणभंगुर
(c) स्तवक (d) सनातन

70 दिए गए वाक्य में रेखांकित शब्द का विलोम शब्द ज्ञात कीजिए।

राक्षस <u>वीभत्स</u> दिखता है।

(a) आकर्षक (b) कायर
(c) घोर (d) आबाद

71 निम्नलिखित प्रश्न में दिए गए चार विकल्पों में से उस विकल्प का चयन करें, जो दिए गए मुहावरों के अर्थ को सर्वश्रेष्ठ रूप से व्यक्त करता है।

'कलई खुलना'

(a) धागा खोलना (b) हाथ टूटना
(c) भेद खुलना (d) हाथ छूटना

72 निम्नलिखित प्रश्न में चार विकल्पों में से उस विकल्प का चयन करें, जो कोष्ठक में दिए गए शब्द के विलोम शब्द का सही विकल्प है।

मैं अपने मित्र की बातों से जरा भी (अनाहत) ………… नहीं हूँ।

(a) आतुर (b) आहत
(c) आश्रित (d) आहृत

73 दिए गए वाक्य में उचित पर्यायवाची शब्द का चयन करके रिक्त स्थान की पूर्ति करें।

………… (वासना) में इतने मत डूबो कि वक्त का पता ही न चले।

(a) खौफ (b) पावन
(c) भोग (d) दुःख

74 निम्नलिखित वाक्य में रेखांकित भाग के लिए एक सार्थक शब्द ज्ञात कीजिए।

रेखा <u>कम बोलती</u> है।

(a) मातृभाषी (b) मितभाषी
(c) मृदुभाषी (d) समभाषी

75 दिए गए शब्द का पर्यायवाची ज्ञात कीजिए।

'उपकार'

(a) अटपटा (b) श्रेष्ठ
(c) कल्याण (d) करतब

निर्देश (प्र. सं. 76-80) *नीचे दिए गए गद्य में कुछ शब्द छोड़ दिए गए हैं और प्रत्येक रिक्त स्थान के चार विकल्प दिए गए हैं। इन चारों में से कौन-सा विकल्प रिक्त स्थान की पूर्ति करेगा?*

भारतीय संविधान में सरकार के अधिकारियों के (1) ……… एवं नागरिकों के (2) ……… के बारे में विस्तार से बताया गया है। विशेष बात यह है कि देश की स्वतन्त्रता के पश्चात् संविधान सभी के सदस्य ही देश की संसद के प्रथम (3) ……… बने थे। देश की संविधान सभा का चुनाव भारतीय (4) ………के निर्माण के लिए ही किया गया था। भारतीय संविधान के अनुसार केन्द्रीय कार्यपालिका का संवैधानिक प्रमुख राष्ट्रपति होता है। भारतीय संविधान का निर्माण करने वाली संविधान सभा का (5) ……… 19 जुलाई, 1946 को किया गया था।

76 रिक्त स्थान (1) के लिए सबसे उपयुक्त विकल्प का चयन कीजिए।

(a) बहुमूल्य (b) कर्त्तव्य
(c) जनजाति (d) वस्त्र

77 रिक्त स्थान (2) के लिए सबसे उपयुक्त विकल्प का चयन कीजिए।

(a) अधिकारों (b) वशीकरण
(c) लोकगीत (c) पोषण

78 रिक्त स्थान (3) के लिए सबसे उपयुक्त विकल्प का चयन कीजिए।

(a) सदस्य (b) सन्त
(c) संविधान (d) प्रभावशाली

79 रिक्त स्थान (4) के लिए सबसे उपयुक्त विकल्प का चयन कीजिए।

(a) स्वदेश (b) प्रमुख
(c) अविश्वसनीय (d) संविधान

80 रिक्त स्थान (5) के लिए सबसे उपयुक्त विकल्प का चयन कीजिए।

(a) समुदाय (b) गठन
(c) समूह (d) संघर्ष

उत्तरमाला

1.	(a)	2.	(c)	3.	(d)	4.	(c)	5.	(a)	6.	(d)	7.	(d)	8.	(c)	9.	(a)	10.	(d)
11.	(a)	12.	(c)	13.	(d)	14.	(c)	15.	(b)	16.	(c)	17.	(a)	18.	(b)	19.	(b)	20.	(a)
21.	(d)	22.	(b)	23.	(b)	24.	(c)	25.	(a)	26.	(a)	27.	(d)	28.	(c)	29.	(c)	30.	(d)
31.	(b)	32.	(c)	33.	(d)	34.	(a)	35.	(d)	36.	(d)	37.	(a)	38.	(c)	39.	(c)	40.	(d)
41.	(c)	42.	(b)	43.	(c)	44.	(c)	45.	(a)	46.	(c)	47.	(c)	48.	(b)	49.	(a)	50.	(c)
51.	(a)	52.	(b)	53.	(a)	54.	(c)	55.	(b)	56.	(c)	57.	(b)	58.	(b)	59.	(b)	60.	(b)
61.	(a)	62.	(b)	63.	(a)	64.	(d)	65.	(c)	66.	(c)	67.	(d)	68.	(d)	69.	(a)	70.	(a)
71.	(c)	72.	(b)	73.	(c)	74.	(b)	75.	(c)	76.	(b)	77.	(a)	78.	(a)	79.	(d)	80.	(b)

संकेत एवं हल

1. (a) दी गई शृंखला का क्रम निम्न प्रकार है,

6 → 23 → 93 → 371 → 1485 → [5939]

×4–1 ×4+1 ×4–1 ×4+1 ×4–1

2. (c) दी गई शृंखला का क्रम निम्न प्रकार है,

A $\xrightarrow{+5}$ F $\xrightarrow{+5}$ K $\xrightarrow{+5}$ P $\xrightarrow{+5}$ [U]

C $\xrightarrow{+11}$ N $\xrightarrow{+11}$ Y $\xrightarrow{+11}$ J $\xrightarrow{+11}$ [U]

3. (d) प्रश्नानुसार, सभी छः लड़कों के बैठने का क्रम निम्न प्रकार है,

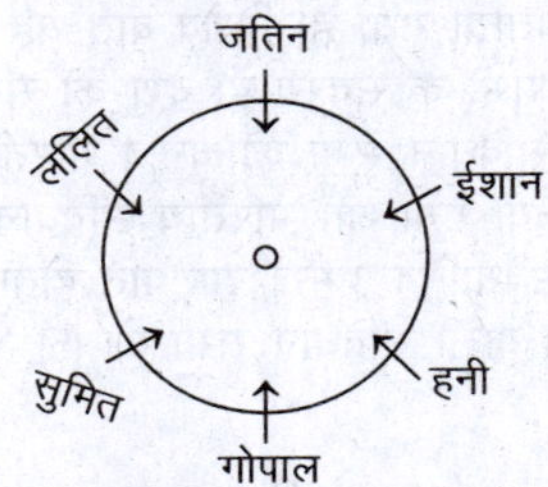

अतः ईशान के ठीक बाईं ओर हनी बैठा है।

4. (c) दिए गए अक्षरों का कोड निम्न रूप से दर्शाया गया है,

F A C T S → 4 0 8 2 7

F O C U S → 2 9 7 4 1

F A M E → 5 8 7 6

यहाँ C व S का कूट 4 या 2 हो सकता है।

अतः T के लिए कोड 0 है।

5. (a) प्रश्न में दी गई आकृति विकल्प (a) की आकृति में निहित है।

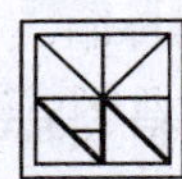

6. (d) प्रश्नानुसार,

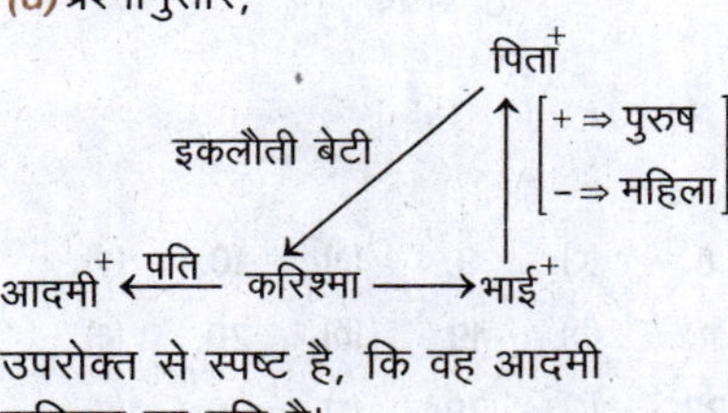

उपरोक्त से स्पष्ट है, कि वह आदमी करिश्मा का पति है।

7. (d) कथनानुसार,

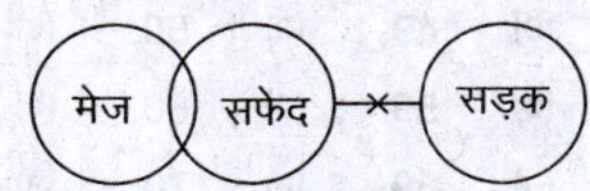

निष्कर्ष I. (✓) II. (✗) III. (✗)

उपरोक्त से स्पष्ट है, कि केवल निष्कर्ष I अनुसरण करता है।

8. (c) दिए गए पासे की दूसरी तथा तीसरी स्थिति में 'P' अक्षर वाला फलक उभयनिष्ठ है। 'P' अक्षर वाले फलक से दक्षिणावर्त दिशा में जाने पर स्थिति निम्न होगी,

पासा II P → F → I

पासा III P → M → N

उपरोक्त से स्पष्ट है कि 'F' वाले फलक के विपरीत 'M' तथा 'I' वाले फलक के विपरीत 'N' है। अतः विकल्प (c) सही है।

9. (a) दिया गया समीकरण,

$26+2\div4-8\times25=30$

विकल्प (a) के अनुसार, × और + को चिह्नों को आपस में बदलने पर,

$26\times2\div4-8+25=30$

$\Rightarrow 26\times\frac{2}{4}-8+25=30$

$\Rightarrow 13-8+25=30$

$\Rightarrow 38-8=30$

$\Rightarrow 30=30$

10. (d) दी गई शृंखला का क्रम निम्न प्रकार है,

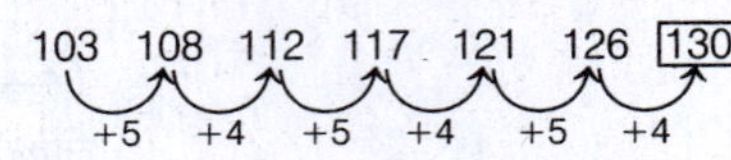

11. (a) दी गयी आकृति शृंखला में प्रत्येक चिह्न दक्षिणावर्त दिशा में घूमता है। अतः विकल्प (a) की आकृति को प्रश्नचिह्न (?) के स्थान पर रखा जा सकता है।

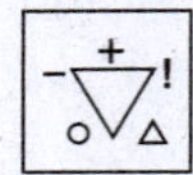

12. (c) दिए गए शब्दों को अंग्रेजी शब्दकोश के अनुसार निम्न क्रम में व्यवस्थित किया जा सकता है,

Clad (5) → Clag (4) → Claim (3) → Clam (2) → Clamber (1)

अतः शब्दों का सही क्रम 5,4,3,2,1 है।

13. (d) जिस प्रकार, व्यक्ति एक इकाई है तथा समूह कई व्यक्तियों के मिलने से बनता है अर्थात् दोनों एक-दूसरे के विपरीत हैं तथा आंशिक का विपरीत पूर्ण है।

उसी प्रकार, रिक्त का विपरीत अधिकृत है।

14. (c) दिया गया अक्षर-समूह का क्रम निम्न है,

ww/x x yyww/xx y y w w/x x y y w w/x x y y w w/x x y y

⇒ w x x y

15. (b) दिए गए शब्दों का अंग्रेजी शब्दकोश के अनुसार क्रम निम्न होगा,

Exact (4) → Exactly (5) → Examination (3) → Examine (2) → Example (1)

अतः दिए गए शब्दों का क्रम 4, 5, 3, 2, 1 है।

16. (c) दी गई आकृति शृंखला में चिह्न, 'o' प्रत्येक कोने में दक्षिणावर्त दिशा में तथा चिह्न '+' प्रत्येक कोने में वामावर्त दिशा में घूमता है। इस प्रकार, प्रश्नचिह्न (?) के स्थान पर विकल्प (c) की आकृति को रखा जा सकता है।

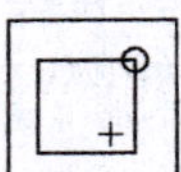

17. (a) प्रश्नानुसार,

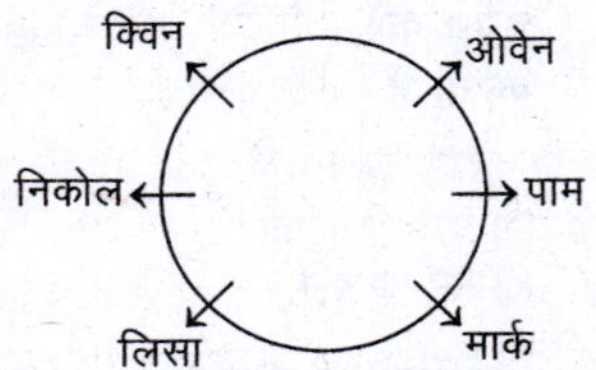

उपरोक्त से स्पष्ट है, कि पाम के ठीक दाईं ओर मार्क बैठा है।

18. (b) दिए गए पासे का विपरीत फलक निम्न प्रकार है,

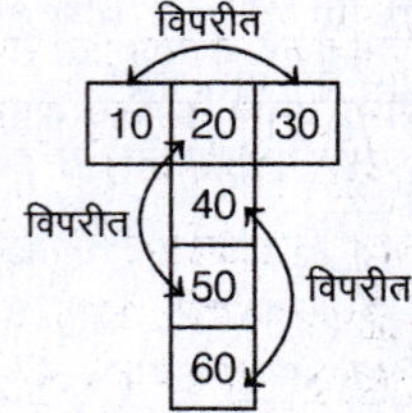

उपरोक्त से स्पष्ट है कि '20' वाले फलक के विपरीत '50' वाला फलक होगा।

19. (b) जिस प्रकार,

S T A T

↓–3 ↓–4 ↓–3 ↓–4

P P X P

उसी प्रकार,

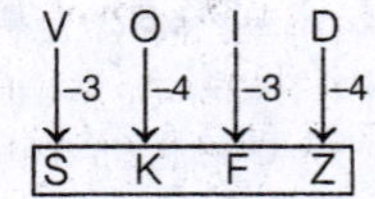

20. *(a)* जिस प्रकार,

28 A 49 B 77 C 11 = – 14

उपरोक्त में A को – से, B को + से तथा C को ÷ से बदलने पर,

$$28-49+77\div11=-14$$
$$\Rightarrow 28-49+7=-14$$
$$\Rightarrow 35-49=-14$$
$$\Rightarrow -14=-14$$

तथा 30 A 50 B 88 C 22 = – 16

उपरोक्त में A को – से, B को + तथा C को ÷ से बदलने पर

$$30-50+88\div22=-16$$
$$\Rightarrow 30-50+4=-16$$
$$\Rightarrow 34-50=-16$$
$$\Rightarrow -16=-16$$

उसी प्रकार,

85 A 15 B 40 C 8 = ?

उपरोक्त में A को – से B को + से तथा C को ÷ बदलने पर,

$$85-15+40\div8=?$$
$$\Rightarrow 85-15+5=?$$
$$\Rightarrow 90-15=?$$
$$\therefore ?=75$$

21. *(d)* भारतीय संसद में राष्ट्रपति और दोनों सदन (लोकसभा + राज्यसभा) शामिल हैं।

संसद, भारत का सर्वोच्च विधायी निकाय है। राष्ट्रपति के पास संसद के दोनों में से किसी भी सदन को बुलाने या स्थगित करने अथवा लोकसभा को भंग करने की शक्ति है।

22. *(b)* जुलाई, 2023 को भारत के विदेश मन्त्री एस. जयशंकर ने गुजरात राज्य से राज्यसभा चुनाव के लिए अपना नामांकन पत्र दाखिल किया।

एस. जयशंकर वर्तमान में भारत के विदेश मन्त्री हैं। वे जनवरी, 2015 से जनवरी, 2018 तक भारत सरकार के विदेश सचिव रह चुके हैं।

23. *(b)* भारत की जनगणना 2011 के अनुसार, गुजरात राज्य में लिंगानुपात भारत के संयुक्त लिंगानुपात से कम है। गुजरात में लिंगानुपात 937 है, जो राष्ट्रीय औसत 943 से नीचे है।

वर्ष 2011 की जनगणना के अनुसार हरियाणा राज्य का लिंगानुपात सबसे कम प्रति 1000 पुरुषों पर 877 महिलाएँ हैं।

24. *(c)* पूँजीगत प्राप्तियों के सम्बन्ध में कथन A और B दोनों सही हैं। पूँजीगत प्राप्तियाँ, सरकार की वे सभी प्राप्तियाँ हैं, जो देयता पैदा करती हैं या वित्तीय परिसम्पत्तियों को कम करती हैं। इनकी मुख्य मदें सरकार द्वारा जनता से लिए गए ऋण जिन्हें 'बाजार ऋण' कहा जाता है, सरकार द्वारा रिजर्व बैंक, व्यावसायिक बैंकों और अन्य वित्तीय संस्थानों से राजकोष बिलों की बिक्री के माध्यम से लिया गया ऋण, विदेशी सरकारों और अन्तर्राष्ट्रीय संगठनों से प्राप्त ऋण तथा केन्द्र सरकार द्वारा दी गई ऋणों की वसूली है।

25. *(a)* राजा राममोहन राय को 'भारतीय पुनर्जागरण के जनक' के रूप में जाना जाता है। इन्होंने बंगाल पुनर्जागरण आन्दोलन में भी महत्त्वपूर्ण भूमिका निभाई थी।

इन्होंने सती प्रथा एवं जाति प्रथा के विरुद्ध आन्दोलन चलाया तथा 1815 ई. में कलकत्ता में 'आत्मीय सभा' तथा 1828 ई. में 'ब्रह्म समाज' की स्थापना की।

26. *(a)* प्रसिद्ध हॉकी खिलाड़ी मेजर ध्यानचन्द के नाम पर नई दिल्ली में एक स्टेडियम बनाया गया है। ध्यानचन्द को 'हॉकी का जादूगर' भी कहा जाता है। वर्ष 1933 में भावनगर के महाराजा की ओर से यह स्टेडियम बनवाया गया था, जिसका नाम 'इरविन इम्फीथिएटर' रखा गया था।

वर्ष 1951 के एशियाई खेलों से पहले इसका नाम बदलकर 'नेशनल स्टेडियम' कर दिया गया, जबकि वर्ष 2022 में इस स्टेडियम का नाम 'मेजर ध्यानचन्द' रखा गया।

27. *(d)* प्रतिष्ठित भारतीय शास्त्रीय गायक पण्डित जसराज, जिन्हें प्रायः 'मेवाती मैस्ट्रो' के नाम से भी जाना जाता है, को ख्याल गायन में उनके महारत और रागों के प्रति उनके अभिनव दृष्टिकोण के लिए पहचाना जाता है। पण्डित जसराज मेवाती घराने से सम्बन्धित हैं। मेवाती घराने की स्थापना इन्दौर के उस्ताद घग्गे नजीर खान और उस्ताद वाहिद खान ने की थी।

28. *(c)* कर्नाटक की डोल्लू कुनिठा नृत्य शैली में पुरुषों के गले में बड़े ढोल लटकाए जाते हैं और यह अपने धार्मिक और युद्ध उत्साह के लिए जानी जाती है।

यह एक समूह नृत्य है, जिसमें 12-16 लोग शामिल होते हैं और इसके माध्यम से बीरेश्वर देवता की पूजा की जाती है।

29. *(c)* डॉबेराइनर के त्रिकों में चार त्रिकों का उल्लेख किया गया था, जोकि (Li, Na, K), (Ca, Sr, Ba), (Cl, Br, I), (S, Se, Te) थे। डॉबेराइनर का मानना था कि यदि तत्त्वों को उनके बढ़ते परमाणु भार के क्रम में लगाया जाए, तो त्रिकों के समूह (triads) मिलेंगे, जिनके रासायनिक गुण समान होंगे। परन्तु यह त्रिकों की अवधारणा असफल रही, क्योंकि डॉबेराइनर कई तत्त्वों के त्रिकों को बनाने में असफल रहे और समस्थानिक तत्त्वों का असमान परमाणु भार होना भी इस अवधारणा के विफल होने का मुख्य कारण रहा।

30. *(d)* गिद्दा नृत्य का सम्बन्ध मुख्य रूप से पंजाब राज्य से है। यह नृत्य पंजाब का लोकप्रिय नृत्य है, जो केवल महिलाओं द्वारा किया जाता है। गिद्दा प्राचीन नृत्यशैली से लिया गया है, जिसे 'रिंग डांस' कहा जाता है। गिद्दा में केवल ढोल वाद्ययन्त्र शामिल होता है।

31. *(b)* मौमा दास, टेबल टेनिस खेल खेलती हैं। मौमा दास, भारत के पश्चिम बंगाल राज्य से सम्बन्धित हैं तथा वर्ष 1997 से अन्तर्राष्ट्रीय प्रतियोगिताओं में देश का प्रतिनिधित्व कर रही हैं।

2018 राष्ट्रमण्डल खेलों, गोल्डकोस्ट ऑस्ट्रेलिया में इन्होंने महिला टीम स्पर्द्धा में स्वर्ण पदक और महिला युगल में रजत पदक जीता।

32. *(c)* वर्ष 2011 की भारतीय जनगणना के अनुसार, भारत का सबसे कम साक्षर राज्य बिहार है। वर्ष 2011 की जनगणना के अनुसार, बिहार की कुल साक्षरता दर 61.80% है। इसमें पुरुष साक्षरता 71.20% है और महिला साक्षरता 51.50% है।

33. *(d)* महिला एवं बाल विकास मन्त्रालय द्वारा आयोजित पोषण पखवाड़ा 2023 का केन्द्रीय विषय पोषण सुरक्षा के लिए मोटा अनाज आधारित खाद्य पदार्थ है।

महिला एवं बाल विकास मन्त्रालय का उद्देश्य पोषण पखवाड़ा के दौरान जन आन्दोलन और जन-भागीदारी के माध्यम से पोषण के महत्त्व में जागरुकता बढ़ाना और खाने की स्वस्थ आदतों को बढ़ावा देना है।

34. *(a)* 'त्रिशूर पूरम' केरल राज्य में मनाया जाने वाला एक प्रसिद्ध उत्सव है, जो अपने विस्तृत जुलूसों और आतिशबाजी प्रदर्शन के लिए जाना जाता है। यह सात दिवसीय त्योहार मलयालम माह 'मेदोम' (अप्रैल-मई) में मनाया जाता है। इस उत्सव में भगवान वडक्कुनाथन की पूजा की जाती है।

35. *(d)* खिलाड़ी और उनसे सम्बन्धित खेल के सम्बन्ध में दोनों युग्म गलत हैं, क्योंकि स्मृति मन्धाना का सम्बन्ध हॉकी खेल से नहीं, बल्कि क्रिकेट से है। मन्धाना भारतीय महिला क्रिकेट टीम में दाएँ हाथ की बल्लेबाज हैं।

ज्योति याराजी क्रिकेटर नहीं हैं, बल्कि ये भारतीय ट्रैक और फील्ड एथलीट हैं, जो महिलाओं की 100 मी हर्डल रेस में प्रतिस्पर्द्धा करती हैं।

36. *(d)* धोलावीरा शहर कच्छ के रण में खादिर बेत (जिसे बेट भी कहा जाता है) पर स्थित था, जहाँ ताजा पानी और उपजाऊ मिट्टी थी।
धोलावीरा, सिन्धु घाटी सभ्यता से सम्बन्धित एक शहर है, जिसकी खोज जगपति जोशी ने (1867-68) गुजरात के कच्छ जिले में की थी। धोलावीरा तीन भागों में विभाजित हड़प्पा नगर है।

37. *(a)* 'हरित क्रान्ति' शब्द 1950 और 1960 के दशक के दौरान मैक्सिको में अन्तर्राष्ट्रीय मक्का और गेहूँ सुधार केन्द्र और फिलिपीन्स में अन्तर्राष्ट्रीय चावल अनुसन्धान केन्द्र में कृषि विशेषज्ञों की टीम द्वारा विकसित की गई नई कृषि तकनीक को कहा जाता है।
हरित क्रान्ति 1960 के दशक में नॉर्मन बोरलॉग द्वारा शुरू की गई थी। इन्हें विश्व में हरित क्रान्ति के जनक के रूप में जाना जाता है।

38. *(c)* भारत निर्वाचन आयोग संवैधानिक निकायों का एक उदाहरण है, जिससे सम्बन्धित प्रावधान भारतीय संविधान के अनुच्छेद (324-329) में किया गया है। इस आयोग के द्वारा राष्ट्रपति, उपराष्ट्रपति, संसद तथा राज्य विधानसभा से सम्बन्धित चुनाव कार्यक्रम पूर्ण कराया जाता है।

39. *(c)* घाटे में कटौती के विषय में कथन A और B दोनों सही हैं। करों में वृद्धि अथवा व्यय में कटौती से सरकारी घाटे में कमी की जा सकती है। भारत में सरकार कर राजस्व में वृद्धि करने के लिए प्रत्यक्ष करों पर अधिक भरोसा करती है, क्योंकि अप्रत्यक्ष कर प्रकृति में प्रतिगामी होते हैं, यह सभी आय समूहों को समान रूप से प्रभावित करते हैं।

40. *(d)* जुलाई, 2023 में आधव अर्जुन को भारतीय बास्केटबॉल महासंघ के अध्यक्ष के रूप में चुना गया था।
इन्होंने पूर्व अध्यक्ष गोविन्दराज का स्थान लिया।
उल्लेखनीय है कि भारतीय बास्केटबॉल संघ की स्थापना वर्ष 1950 में की गई थी।

41. *(c)* दिया है, $M_1 = 22,\ D_1 = 2,\ W_1 = 1$
तथा $M_2 = ?,\ D_2 = \frac{1}{2},\ W_2 = 1$
सूत्र $\frac{M_1 D_1}{W_1} = \frac{M_2 D_2}{W_2}$ से,
$\Rightarrow \frac{22 \times 2}{1} = \frac{M_2 \times \frac{1}{2}}{1}$
$\Rightarrow M_2 = 44 \times 2$
$\therefore M_2 = 88$ पुरुष

42. *(b)* माना वस्तु का क्रय मूल्य = ₹ x
20% हानि पर,
वस्तु का विक्रय मूल्य $= x \times \left(\frac{100-20}{100}\right)$
$= x \times \frac{80}{100} = \frac{80x}{100} = \frac{4x}{5}$
$\therefore$ क्रय मूल्य : विक्रय मूल्य $= x : \frac{4x}{5} = 5 : 4$

43. *(c)* मिश्रण की कुल मात्रा = 110 लीटर
पानी की मात्रा $= \frac{4}{(4+7)} \times 110 = 40$ लीटर
तथा दूध की मात्रा
$= \frac{7}{(4+7)} \times 110 = 70$ लीटर
माना मिश्रण में मिलाए गए पानी की नई मात्रा = x लीटर
$\therefore \frac{40+x}{70} = \frac{8}{7} \Rightarrow 280 + 7x = 560$
$\Rightarrow 7x = 560 - 280 = 280$
$\Rightarrow x = \frac{280}{7} = 40$ लीटर

वैकल्पिक विधि

पानी : दूध
पुरानी मात्रा का अनुपात → 4 : 7 = 110 लीटर
+4
नई मात्रा का अनुपात → 8 : 7
$\therefore$ मिलाई गई पानी की मात्रा
$= \frac{110}{11} \times 4 = 40$ लीटर

44. *(c)* माना, क्रय मूल्य (CP) = ₹ 100
तो, अंकित मूल्य $= 100 \times \frac{150}{100} =$ ₹ 150
यदि 20% छूट हो, तो
विक्रय मूल्य (SP) $= 150 \times \frac{(100-20)}{100}$
$= 150 \times \frac{80}{100}$
$\Rightarrow$ SP = ₹ 120
$\therefore$ लाभ प्रतिशत $= \left(\frac{120-100}{100}\right) \times 100 = 20\%$

45. *(a)* $4500 \div 9 + 1800 \times 2 - 310 \times 7$
BODMAS के अनुसार,
$= 500 + 3600 - 2170 = 4100 - 2170 = 1930$

46. *(c)* दिया है, $P \times 35\% = Q \times 60\%$
$\Rightarrow \frac{P}{Q} = \frac{60}{35} = \frac{12}{7}$
$\Rightarrow P = 12k$ और $Q = 7k$ ...(i)
तथा $Q = P \times \frac{z}{3}\%$
$\therefore 7k = 12k \times \frac{z}{3 \times 100}$ [$\because$ समी (i) से]
$\Rightarrow z = 7 \times 25 \Rightarrow z = 175$

47. *(c)* दिया गया व्यंजक,
$49 \times 4 \div 28 + 56 \div 7 \times 8 - 784 \div 28 + 14 \times 2$
BODMAS के नियम अनुसार,
$= \frac{49 \times 4}{28} + \frac{56 \times 8}{7} - \frac{784}{28} + 14 \times 2$
$= 7 + 8 \times 8 - 28 + 28 = 7 + 64 = 71$

48. *(b)* माना कार की चाल x किमी/घण्टा है।
तब, प्रश्नानुसार,
$\frac{210}{x-10} - \frac{210}{x} = \frac{42}{60}$ घण्टा
$\Rightarrow 210\left[\frac{x-x+10}{x(x-10)}\right] = \frac{42}{60}$
$\Rightarrow \frac{50}{x(x-10)} = \frac{1}{60}$
$\Rightarrow x(x-10) = 50 \times 60$
$\Rightarrow x \times (x-10) = 60 \times (60-10)$
$\therefore x = 60$ किमी/घण्टा
अतः अभीष्ट चाल = 60 किमी/घण्टा

49. *(a)* दिया है,
समबाहु त्रिभुज का क्षेत्रफल $= 16\sqrt{3}$
$\Rightarrow \frac{\sqrt{3}}{4} a^2 = 16\sqrt{3}$
[जहाँ, a = त्रिभुज की भुजा]
$\Rightarrow a^2 = 16 \times 4 \Rightarrow a = 8$

50. *(c)* दिया है, मूलधन = ₹15000, समय = 2 वर्ष,
तथा दर = 12%
सूत्र $x + y + \frac{xy}{100}$ (चक्रवृद्धि ब्याज) से,
कुल दर $= \left(12 + 12 + \frac{12 \times 12}{100}\right)\%$
$= (24 + 1.44)\% = 25.44\%$
$\therefore$ 2 वर्ष में चक्रवृद्धि ब्याज $= 15000 \times \frac{25.44}{100}$
= ₹ 3816

51. *(a)* $13 \times 12 + 12 \times 11 - 14 \times 15 - 9 \times 13 + 19 \times 15$
$= 12(13 + 11) - 9 \times 13 + 19 \times 15 - 14 \times 15$
$= 12 \times 24 - 117 + 15(19 - 14)$
$= 288 - 117 + 15 \times 5 = 171 + 75 = 246$
$\therefore$ अभीष्ट मान = 246

52. *(b)* 12 संख्याओं का औसत = 60
12 संख्याओं का योग $= 60 \times 12 = 720$
प्रथम 5 संख्याओं में से 12 घटा दिया तो
कुल कमी $= 12 \times 5 = 60$
तथा अन्तिम संख्याओं में 10 जोड़ा
तो कुल योग $= 10 \times 7 = 70$
$\therefore$ 12 संख्याओं का नया योग
$= 720 - 60 + 70 = 730$
अतः नया औसत $= \frac{730}{12} = 60.83$

53. *(a)* $\frac{0.5 \div (0.5 \times 0.5)}{(0.5 \div 0.5) \times 0.5} = \frac{\frac{0.5}{0.25}}{1 \times 0.5} = \frac{0.5}{0.5} \times \frac{1}{0.25}$

$= \frac{1}{0.25} = \frac{100}{25} = 4$

अतः अभीष्ट मान $= 4$

54. *(c)* दिया है,

$P \times P\% = 225 \Rightarrow P \times \frac{P}{100} = 225$

$\Rightarrow \quad P^2 = 22500$

अतः अभीष्ट मान $= 22500$

55. *(b)* विक्रय मूल्य (SP) = ₹ 1008, छूट = 28%

$\therefore$ अंकित मूल्य $= \frac{1008}{(100-28)} \times 100$

$= \frac{1008 \times 100}{72} = 14 \times 100 =$ ₹ 1400

56. *(c)* माना मूलधन = ₹ 1, दर $= r\%$

तथा समय = 14 वर्ष

दिया है, साधारण ब्याज = ₹ 2.5

$\Rightarrow \quad 2.5 = \frac{1 \times r \times 14}{100} \Rightarrow r = \frac{125}{7}\%$

यदि समय = 28 वर्ष

तो, साधारण ब्याज $= \frac{1 \times \frac{125}{7} \times 28}{100} =$ ₹ 5

$\therefore$ 28 वर्षों में धनराशि स्वयं की $(5+1) = 6$ गुना हो जायेगी।

57. *(b)* दिया है, $4T = 5U \Rightarrow \frac{T}{U} = \frac{5}{4}$

$\Rightarrow T = 5k$ तथा $U = 4k$ रखने पर,

$\frac{T+U}{T} = \left(\frac{5+4}{5}\right)\frac{k}{k} = \frac{9}{5}$

58. *(b)* विक्रय मूल्य (SP) = ₹ 5688,

हानि = 10%

तो, क्रय मूल्य (CP) $= \frac{5688}{(100-10)} \times 100 =$ ₹ 6320

$\therefore$ 20% लाभ पर बेचने के लिए विक्रय मूल्य

$= \frac{6320}{100} \times 120 =$ ₹ 7584

59. *(b)* 19 विद्यार्थियों की औसत आयु = 22 वर्ष

$\therefore$ 19 विद्यार्थियों की आयु का योग

$= 22 \times 19 = 418$

जब 42 वर्ष का नया विद्यार्थी शामिल हुआ तब योग $= 418 + 42 = 460$

$\therefore$ नया औसत $= \frac{460}{(19+1)} = 23$ वर्ष

60. *(b)* प्रश्नानुसार,

दिनेश द्वारा एक घण्टे में किया गया कार्य $= \frac{1}{96}$

दिनेश और राहुल द्वारा एक घण्टे में किया गया कार्य $= \frac{1}{48}$

तथा राहुल और तरूण द्वारा एक घण्टे में किया गया कार्य $= \frac{1}{16}$

$\Rightarrow$ राहुल द्वारा एक घण्टे में किया गया कार्य $= \frac{1}{48} - \frac{1}{96} = \left(\frac{2-1}{96}\right) = \frac{1}{96}$

$\therefore$ तरूण द्वारा एक घण्टे में किया गया कार्य $= \frac{1}{16} - \frac{1}{96} = \left(\frac{6-1}{96}\right) = \frac{5}{96}$

अतः तरूण को काम पूरा करने में लगा समय $= \frac{96}{5} = 19.2$ घण्टे

वैकल्पिक विधि

प्रश्नानुसार, दिनेश = 96 — 1

दिनेश + राहुल = 48 — 2 → 96

राहुल + तरूण = 16 — 6

$\because$ दिनेश की क्षमता = राहुल की क्षमता = 1

तो तरूण की क्षमता $= 6 - 1 = 5$

$\therefore$ काम को पूरा करने में तरूण द्वारा लिया गया समय $= \frac{96}{5} = 19.2$ घण्टे

61. *(a)* दिए गए वाक्य में रेखांकित शब्द 'प्रांतकाल' के लिए सही वर्तनी 'प्रातःकाल' है। अन्य विकल्प असंगत हैं।

62. *(b)* दिए गए विकल्पों में से सही विकल्प है- 'अधिकतर लोग अवकाश पर हैं।' अन्य विकल्प असंगत हैं।

63. *(a)* दिए गए वाक्य 'जो भला-बुरा न समझता हो' वाक्यांश के लिए उचित शब्द 'अविवेकी' होगा। जो व्यक्ति अपने विवेक या बुद्धि का सही प्रयोग न करे, अविवेकी कहलाएगा। अन्य विकल्प असंगत हैं।

64. *(d)* दिए गए वाक्य में 'उसके भैंस वाली' भाग में त्रुटि है। सही कहावत है-'जिसकी लाठी उसकी भैंस।' अन्य विकल्प असंगत हैं।

65. *(c)* दिए गए रिक्त स्थान की पूर्ति के लिए सबसे उपयुक्त शब्द 'गुलाब' है। पूर्ण वाक्य इस प्रकार है-गुलाब हमारे देश का राष्ट्रीय फूल है। अन्य विकल्प असंगत हैं।

66. *(c)* दिए गए रिक्त स्थान की पूर्ति के लिए 'फीस' शब्द उचित है। फीस अंग्रेजी भाषा का शब्द है। अतः पूर्ण वाक्य है- तुम चिन्ता मत करो। तुम्हारी फीस माफ हो गई है। अन्य विकल्प असंगत हैं।

67. *(d)* 'अपने मरे बिना स्वर्ग नहीं दिखता' लोकोक्ति का अर्थ है- अपने किए बिना काम नहीं होता अर्थात् स्वयं के कार्य किए बिना कोई काम सम्भव ही नहीं। अन्य विकल्प असंगत हैं।

68. *(d)* दिए गए वाक्य में 'लिए किसी आवश्यकता नहीं ही गई है।' वाक्यांश में त्रुटि है। सही वाक्य है- अब उसके लिए किसी वस्तु की आवश्यकता नहीं रह गई है। अन्य विकल्प असंगत हैं।

69. *(a)* 'समान दृष्टि से देखने वाला' वाक्यांश के लिए एक उचित शब्द 'समदर्शी' होगा। समान दृष्टि से देखने वाला समदर्शी कहलाता है। अन्य विकल्प असंगत हैं।

70. *(a)* दिए गए वाक्य में रेखांकित शब्द 'वीभत्स' का विलोम शब्द 'आकर्षक' है। अन्य विकल्प असंगत हैं।

71. *(c)* 'कलई खुलना' का अर्थ है—भेद खुलना।

वाक्य प्रयोग सेठ धनीराम बहुत समय से धोखेबाजी कर रहा था, आज उसकी कलई खुल गई।

72. *(b)* दिए गए वाक्य में कोष्ठक शब्द अनाहत का विलोम शब्द 'आहत होगा।' 'अनाहत' शब्द का अर्थ है-जिसे कोई आघात न लगा हो। अन्य विकल्प असंगत हैं।

73. *(c)* दिए गए वाक्य में कोष्ठक शब्द 'वासना' का पर्यायवाची 'भोग' है। 'वासना' शब्द के अन्य पर्यायवाची शब्द-भोग, लिप्सा, लालसा, कामना आदि हैं। अन्य विकल्प असंगत हैं।

74. *(b)* दिए गए वाक्य में रेखांकित भाग के लिए एक सार्थक शब्द 'मितभाषी' है। कम बोलने वाले व्यक्ति के लिए 'मितभाषी' शब्द का प्रयोग किया जाता है। अन्य विकल्प असंगत हैं।

75. *(c)* दिए गए शब्द 'उपकार' का पर्यायवाची शब्द 'कल्याण' होगा। उपकार के अन्य पर्यायवाची नेकी, लाभ, आभार, परोपकार आदि हैं। अन्य विकल्प असंगत हैं।

76. *(b)* रिक्त स्थान (1) की पूर्ति के लिए उपयुक्त विकल्प 'कर्त्तव्य' है। अतः पूर्ण वाक्य है- भारतीय संविधान में सरकार के अधिकारियों के कर्त्तव्य एवं नागरिकों के अधिकारों के बारे में विस्तार से बताया गया है।

77. *(a)* रिक्त स्थान (2) की पूर्ति के लिए उपयुक्त विकल्प 'अधिकारों' है। अतः वर्ण वाक्य होगा— भारतीय संविधान में सरकार के अधिकारियों के कर्त्तव्य एवं नागरिकों के अधिकारों के बारे में विस्तार से वर्णन किया गया है।

78. *(a)* रिक्त स्थान (3) की पूर्ति के लिए सबसे उपयुक्त विकल्प 'सदस्य' है। अतः पूर्ण वाक्य होगा— संसद के प्रथम सदस्य बने थे।

79. *(d)* रिक्त स्थान (4) की पूर्ति के लिए सबसे उपयुक्त शब्द 'संविधान' है। अतः पूर्ण वाक्य होगा— देश की 'संविधान सभा का चुनाव भारतीय संविधान के निर्माण के लिए ही किया गया था।

80. *(b)* रिक्त स्थान (5) की पूर्ति के लिए सबसे उपयुक्त विकल्प 'गठन' है। अतः पूर्ण वाक्य होगा— भारतीय संविधान का निर्माण करने वाली संविधान सभा का गठन 19 जुलाई, 1946 को किया गया था।

22 फरवरी 2024
(शिफ्ट IV)

सॉल्वड पेपर 2024

SSC कांस्टेबल (जीडी) सेट 12

भाग-I सामान्य बुद्धिमत्ता एवं तर्कशक्ति

1 एक निश्चित कूटभाषा में, 'RHYMES' को PFWKGQ लिखा जाता है, LIME को JKKG लिखा जाता है। उसी कूटभाषा में CHIMES को कैसे लिखा जाएगा?
(a) KFAQGK (b) AFKQGK
(c) AFKKGQ (d) KFAKGQ

2 निम्नलिखित प्रश्न में, दिए गए विकल्पों में से सम्बन्धित अक्षरों का चयन कीजिए।
AEI : CGK :: NRV : ?
(a) SRT (b) PQR (c) PTX (d) UXZ

3 नीचे एक श्रृंखला दी गई है, जिसमें एक पद लुप्त है। दिए गए विकल्पों में से उस विकल्प का चयन कीजिए, जो श्रृंखला को पूरा करेगा।
MNRT, QRVX, UVZB, YZDF, ?
(a) DEMR (b) DEHJ (c) CDHJ (d) DEFG

4 दिए गए विकल्पों में से किन दो चिह्नों को आपस में बदलने पर निम्नलिखित समीकरण सही होगा?
$14 - 21 \times 7 + 3 \div 6 = 29$
(a) × और − (b) × और ÷
(c) + और − (d) = और ×

5 निम्नलिखित में से कौन-सी संख्या दी गई श्रृंखला में प्रश्नचिह्न (?) के स्थान पर आएगी?
33, 34, 38, 47, 63, ?
(a) 72 (b) 88 (c) 96 (d) 79

6 निम्नलिखित प्रश्न में, दिए गए विकल्पों मे से सम्बन्धित अक्षर-युग्म का चयन कीजिए।
YL : UH :: ?
(a) TG : PC (b) OB : GT
(c) PQ : RS (d) UU : VV

7 छः लड़के सुमित, गोपाल, हनी, ईशान, जतिन और ललित एक वृत्ताकार मेज के चारों ओर केन्द्र की ओर मुख करके बैठे हैं। ईशान, सुमित के बाईं ओर से तीसरे स्थान पर बैठा है। जतिन और हनी, ईशान के निकटतम पड़ोसी हैं। ललित, जतिन के ठीक दाईं ओर बैठा है। हनी के ठीक बाईं ओर कौन बैठा है?
(a) सुमित (b) गोपाल
(c) जतिन (d) ईशान

8 निम्नलिखित प्रश्न में, दिए गए विकल्पों में से उस आकृति का चयन कीजिए, जिसे प्रश्नचिह्न (?) के स्थान पर रखा जा सकता है।

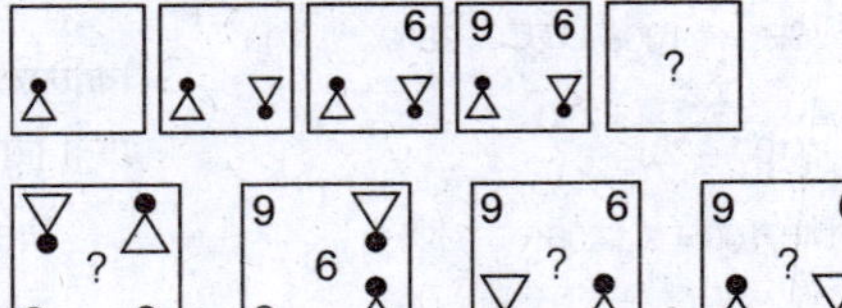

9 निम्नलिखित विकल्पों में से उस पासे का चयन कीजिए, जो दी गई शीट को मोड़ने पर नहीं बनाया जा सकता।

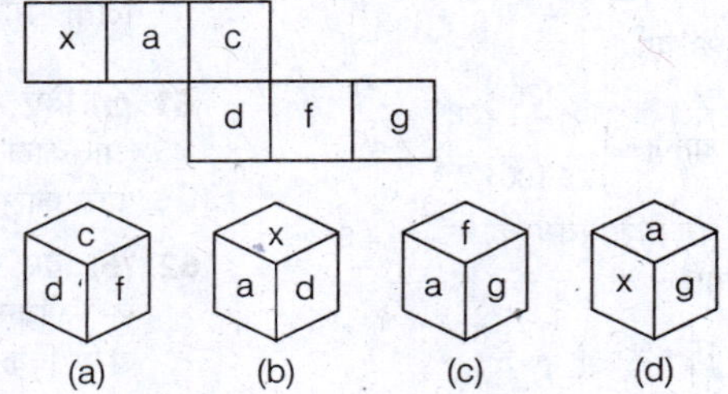

10 दी गई आकृति के उस सही दर्पण प्रतिबिम्ब का चयन कीजिए, जो दर्पण MN को उस आकृति के दाईं ओर रखने पर बनेगा।

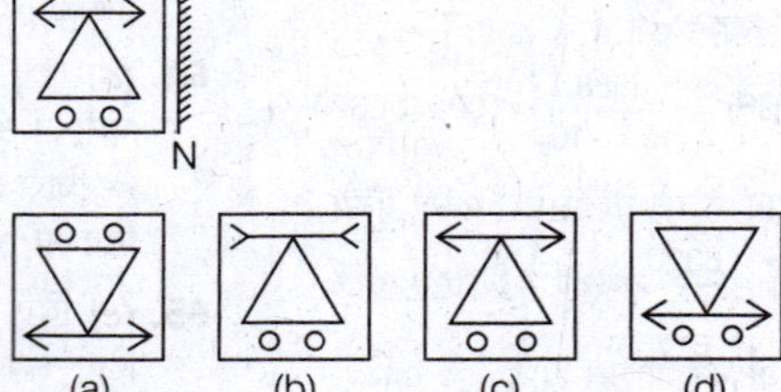

11 दिए गए विकल्पों में से उस आकृति का चयन कीजिए। जिसे दी गई आकृति श्रृंखला मे प्रश्नचिह्न (?) के स्थान पर रखा जा सकता है।

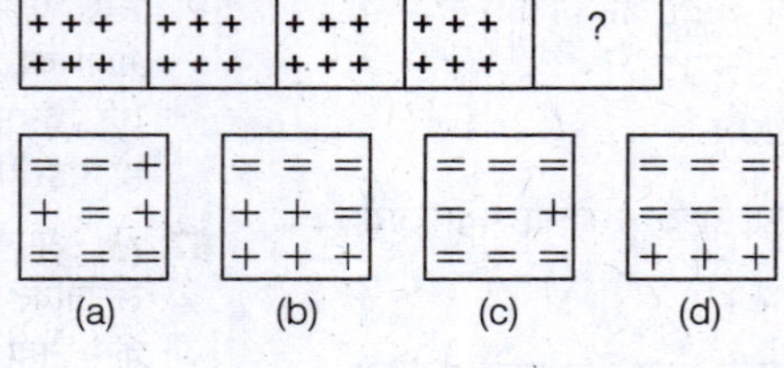

12 निम्नलिखित प्रश्न में, तीन कथन और उसके बाद I और II क्रमांकित दो निष्कर्ष दिए गए हैं। दिए गए कथनों को सत्य मानते हुए, चाहे वे सामान्यतः ज्ञात तथ्यों से भिन्न प्रतीत होते हों, निश्चय कीजिए कि दिए गए निष्कर्षों में से कौन-सा निष्कर्ष कथनों का तार्किक रूप से अनुसरण करता है।

कथन

कुछ इन्जीनियर, डॉक्टर हैं।
सभी डॉक्टर, वकील हैं।
सभी वकील, शिक्षक नहीं हैं।

निष्कर्ष

I. कुछ वकील, शिक्षक हैं।
II. कुछ इन्जीनियर, वकील हैं।

(a) न तो निष्कर्ष I और न ही II अनुसरण करता है
(b) केवल निष्कर्ष II अनुसरण करता है
(c) केवल निष्कर्ष I अनुसरण करता है।
(d) निष्कर्ष I और II दोनों अनुसरण करते हैं

13 दी गईं विकल्प आकृतियों में से कौन-सी आकृति प्रश्न आकृति के पैटर्न को पूरा करेगी? (घूर्णन की अनुमति नहीं है)

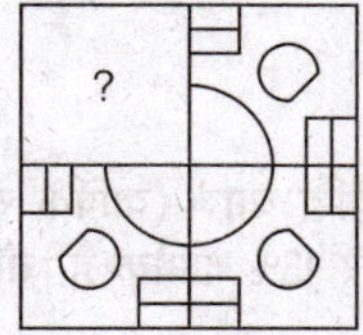

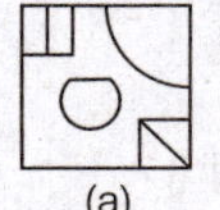
(a)
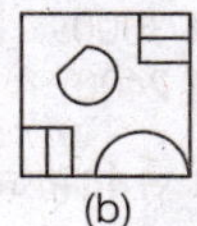
(b)
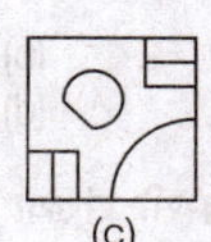
(c)
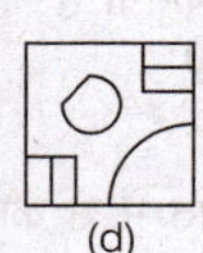
(d)

14 यदि P + Q का अर्थ है, P, Q का भाई है, P × Q का अर्थ है, P, Q की माँ है, P ÷ Q का अर्थ है, P, Q का पिता है और P − Q का अर्थ है, P, Q की बहन है। यदि A × B ÷ C − D + E − F, तो A का E से क्या सम्बन्ध है?

(a) पिता (b) पिता की बहन
(c) माँ (d) पिता की माँ

15 निम्नलिखित अक्षर समूहों में से अक्षरों का कौन-सा समूह क्रमबद्ध रूप से बाईं से दाईं ओर रखे जाने पर नीचे दी गई श्रृंखला को पूरा करेगा?

cd_fc_efcdefcde_cdefcde_cdef

(a) fcde (b) edff
(c) efdf (d) cddf

16 निम्नलिखित शब्दों को अंग्रेजी वर्णमाला के क्रम में व्यवस्थित कीजिए।

1. CONFUSION 2. CONFIDENCE
3. CONFIRM 4. CONFLICT
5. CONDUCTOR

(a) 5, 2, 3, 4, 1 (b) 5, 2, 1, 3, 4
(c) 5, 2, 3, 1, 4 (d) 3, 5, 2, 4, 1

17 निम्नलिखित में से कौन-सी संख्या दी गई श्रृंखला में प्रश्नचिह्न (?) के स्थान पर आएगी?

17, 25, 37, 53, 73, 97, ?

(a) 121 (b) 123
(c) 125 (d) 129

18 एक निश्चित कूटभाषा में, यदि 'PIZZA' को 'BAAJQ' लिखा जाता है। 'BURGER' को 'SFHSVC' लिखा जाता है, तो उसी कूटभाषा में 'NOODLES' को कैसे लिखा जाएगा?

(a) OPPEMFT (b) KSAHTRO
(c) TFMEPPO (d) ORTHASK

19 सात लड़कियाँ A, B, C, X, Y, W और Z एक वृत्ताकार मेज के चारों ओर केन्द्र से बाहर की ओर मुख करके बैठी हैं (परन्तु जरूरी नहीं कि वे इसी क्रम में बैठी हों।) W, X के बाईं ओर से दूसरे स्थान पर बैठी है। B और C दोनों की निकटतम पड़ोसी W है। Z, B के बाईं ओर से चौथे स्थान पर बैठी है। Y, C की निकटतम पड़ोसी नहीं है। X के ठीक बाईं ओर कौन बैठी है?

(a) Z (b) A
(c) B (d) Y

20 यदि 15 A 8 B 9 C 3 = 20 और 18 A 20 B 15 C 5 = 35 हैं, तो 8 A 6 B 4 C 2 = ?

(a) 12 (b) 15
(c) 13 (d) 11

भाग-II सामान्य ज्ञान

21 भारत की निम्नलिखित में से कौन-सी पंचवर्षीय योजना पूर्णतः विफल रही?

(a) तीसरी (b) पहली
(c) सातवीं (d) छठी

22 उस भारतीय-अमेरिकी कैंसर चिकित्सक का क्या नाम है, जो व्हाइट हाउस फेलो के 2023-2024 वर्ग के लिए चुने गए 15 व्यक्तियों में से एक हैं?

(a) अतुल बट्टे
(b) राहुल गुप्ता
(c) कमल मेंघराजानी
(d) कविता भाटिया

23 पी. आर. श्रीजेश एक ········ हैं।

(a) बैडमिण्टन खिलाड़ी (b) हॉकी खिलाड़ी
(c) फुटबाल खिलाड़ी (d) क्रिकेट खिलाड़ी

24 भारतीय संविधान का निम्नलिखित में से कौन-सा भाग संघ और उसके राज्य क्षेत्रों से सम्बन्धित है?

(a) भाग-II (b) भाग-III
(c) भाग-I (d) भाग-IV

25 हिमाचल प्रदेश में प्रधानमन्त्री आवास योजना (ग्रामीण) के तहत, हिमाचल प्रदेश में 19,578 घरों को मंजूरी दी गई है और 9 नवम्बर, 2023 तक ········ घरों का निर्माण कार्य पूरा हो चुका है।

(a) 14,906 (b) 18,502
(c) 9,800 (d) 4,580

26 राष्ट्रीय ग्रामीण रोजगार गारण्टी अधिनियम, 2005 भारत के उन सभी ग्रामीण परिवारों को ……… दिनों की गारण्टीकृत मजदूरी रोजगार का वादा करता है, जो अकुशल शारीरिक काम करने के लिए स्वेच्छा से काम करते हैं।

(a) 365 (b) 180
(c) 100 (d) 90

27 संगीत नाटक अकादमी पुरस्कार पहले ……… के नाम से जाना जाता था।

(a) सांस्कृतिक पुरस्कार (b) प्रतिष्ठित पुरस्कार
(c) राष्ट्रपति पुरस्कार (d) आवासीय पुरस्कार

28 महिलाओं के लिए हेप्टाथलॉन (Heptathlan) में ……… स्पर्द्धाएँ शामिल होती हैं।

(a) 7 (b) 10 (c) 11 (d) 5

29 भारत अपनी भूमि सीमाएँ ……… देशों के साथ साझा करता है।

(a) सात (b) पाँच (c) छः (d) आठ

30 महात्मा गाँधी द्वारा दाण्डी मार्च निम्नलिखित में से किस वर्ष में शुरू किया गया था?

(a) 1920 (b) 1950
(c) 1930 (d) 1940

31 उस्ताद असद अली खान निम्नलिखित में से कौन-से वाद्ययन्त्र का वादन करते थे?

(a) सरोद (b) सन्तूर
(c) सितार (d) रुद्रवीणा

32 राष्ट्रीय खेल, 2023 में निम्नलिखित में से कौन-सी प्रतियोगिताएँ खेली गई थीं?

I. सेपक टकरा
II. मलखम्ब

कूट

(a) केवल I (b) केवल II
(c) I और II दोनों (d) न तो I और न ही II

33 वित्त मन्त्रालय के अन्तर्गत निम्नलिखित में से किस विभाग ने सरकार और सरकारी उपक्रमों के लम्बित संविदात्मक विवादों के प्रभावी ढंग से निपटान के लिए 'विवाद से विश्वास II' - (संविदात्मक विवाद) योजना शुरू की है?

(a) राजस्व विभाग (b) आर्थिक कार्य विभाग
(c) वित्तीय सेवा विभाग (d) व्यय विभाग

34 राज्यपाल के कार्यालय की शर्तों के सम्बन्ध में निम्नलिखित में से कौन-सा कथन सही है?

I. राज्यपाल अन्य कोई लाभ का पद धारण कर सकता है।
II. राज्यपाल, बिना किराया दिए, अपने शासकीय निवासों के उपयोग का हकदार होगा।

कूट

(a) केवल I (b) केवल II
(c) I और II दोनों (d) न तो I और न ही II

35 एक प्रसिद्ध नाटक, 'अभिज्ञानशाकुन्तलम्' निम्नलिखित में से किस शख्सियत द्वारा लिखा गया था?

(a) अश्वघोष (b) विशाखदत्त
(c) कल्हण (d) कालिदास

36 गणगौर त्योहार ऐतिहासिक रूप से निम्नलिखित में से किस राज्य का मूल त्योहार है?

(a) उत्तर प्रदेश (b) हिमाचल प्रदेश
(c) राजस्थान (d) मध्य प्रदेश

37 H_2 निम्नलिखित में से किस तत्त्व का आण्विक सूत्र है?

(a) सीसा (b) हाइड्रोजन
(c) सल्फर (d) प्लेटिना

38 कुचिपुड़ी की उत्पत्ति भारतीय राज्य ……… के कुचिपुड़ी नामक गाँव में हुई है।

(a) तमिलनाडु (b) उत्तर प्रदेश
(c) आन्ध्र प्रदेश (d) केरल

39 निम्नलिखित में से मुद्रा आपूर्ति का कौन-सी माप सबसे अधिक तरल है?

(a) M2 (b) M4 (c) M1 (d) M3

40 भारत में गरीबी हटाओ और आत्मनिर्भरता की प्राप्ति करना ……… का मुख्य उद्देश्य था।

(a) पहली पंचवर्षीय योजना (b) पाँचवीं पंचवर्षीय योजना
(c) तीसरी पंचवर्षीय योजना (d) सातवीं पंचवर्षीय योजना

भाग-III गणित

41 किसी धनराशि पर 2 वर्षों के लिए चक्रवृद्धि ब्याज (वार्षिक रूप से संयोजित) ₹967.5 है। यदि ब्याज की दर 15% वार्षिक है, तो वह धनराशि कितनी है?

(a) ₹ 2700 (b) ₹ 3000
(c) ₹ 2800 (d) ₹ 2400

42 निम्नलिखित में से कौन-सी संख्या 9 से विभाज्य है?

(a) 4131 (b) 1254
(c) 4124 (d) 1474

43 एक वस्तु का क्रय मूल्य ₹ 360 है। यदि लाभ प्रतिशत 8% है, तो लाभ का मूल्य कितना है?

(a) ₹ 28.8 (b) ₹ 30
(c) ₹ 25.6 (d) ₹ 24.5

44 एक व्यक्ति 6 किमी/घण्टा की चाल से चलता है और 4 घण्टे में एक निश्चित दूरी तय करता है। यदि वह व्यक्ति अपनी चाल को बढ़ाकर 8 किमी/घण्टा कर दे, तो उसे समान दूरी तय करने में कितना समय लगेगा?

(a) 4.5 घण्टे (b) 3 घण्टे
(c) 2 घण्टे (d) 5 घण्टे

45 11 पुरुषों के एक समूह की औसत आयु 53 वर्ष है। 2 पुरुष समूह छोड़ देते हैं और समूह की औसत आयु में 1 वर्ष की वृद्धि हो जाती है। समूह छोड़ने वाले 2 पुरुषों की औसत आयु कितनी है?

(a) 49 वर्ष (b) 53 वर्ष
(c) 51 वर्ष (d) 48.5 वर्ष

46 *A* एक काम को 28 दिनों में पूरा कर सकता है। *B*, *A* से 68% अधिक कुशल है। उसी काम को पूरा करने मे *B* द्वारा लिए गए दिनों की संख्या ज्ञात कीजिए।

(a) 28/3 दिन (b) 15 दिन
(c) 50/3 दिन (d) 25/2 दिन

47 $\frac{2}{1\times 3}+\frac{2}{3\times 5}+\frac{2}{5\times 7}+......\frac{2}{99\times 101}$ का मान कितना है?
(a) 101/102 (b) 99/101
(c) 99/100 (d) 100/101

48 अनिल एक काम 80 दिनों में पूरा कर सकता है। अनिल 30 दिनों में कुल काम का कितना प्रतिशत काम पूरा कर सकता है?
(a) 38% (b) 40%
(c) 37.5% (d) 42%

49 यदि किसी वस्तु का विक्रय मूल्य ₹ 2400 और अंकित मूल्य ₹ 3000 है, तो छूट प्रतिशत कितना है?
(a) 30 (b) 25
(c) 15 (d) 20

50 एक वृत्त की परिधि और व्यास के बीच का अन्तर 12 सेमी है। वृत्त का क्षेत्रफल कितना है?
(a) 24.64 सेमी^{2} (b) 25 सेमी^{2}
(c) 32.26 सेमी^{2} (d) 18 सेमी^{2}

51 किसी वस्तु पर लगाए गए कर में 17% की कमी की जाती है और उसकी खपत में 17% की वृद्धि होती है। राजस्व में प्रतिशत परिवर्तन ज्ञात कीजिए।
(a) 17% की वृद्धि
(b) 2.89 % की वृद्धि
(c) 17 % की कमी
(d) 2.89 % की कमी

52 अभिषेक अपने लैपटॉप का मूल्य क्रय मूल्य से 50% अधिक अंकित करता है। वह अपने ग्राहक को अंकित मूल्य पर 30% की छूट देता है। लाभ प्रतिशत कितना है?
(a) 8% (b) 5%
(c) 10% (d) 20%

53 P, Q और R का अनुपात क्रमशः 6 : 5 : 9 है। यदि उनका योग 400 है, तो P और R के बीच में कितना अन्तर है?
(a) 80 (b) 70
(c) 60 (d) 100

54 21.84 के 66.67% के 7.14% का मान कितना है?
(a) 1.04 (b) 1.07
(c) 2.02 (d) 1.09

55 एक बैग का विक्रय मूल्य ₹ 1056 और लाभ प्रतिशत 20% है। यदि विक्रय मूल्य ₹ 800 है, तो हानि प्रतिशत कितना होगा?
(a) 9.09% (b) 4.25%
(c) 8.08% (d) 11.11%

56 स्मूदी की एक रेसिपी में, फल और दही का अनुपात 5 : 2 है, तथा दही और शहद का अनुपात 3 : 1 है। रेसिपी में फल और शहद का अनुपात कितना है?
(a) 15 : 2 (b) 16 : 3
(c) 3 : 14 (d) 2 : 11

57 ऐसी कितनी दो अंकीय संख्याएँ हैं, जो 8 से विभाज्य है?
(a) 12 (b) 13
(c) 11 (d) 10

58 एक व्यक्ति ने 24% की वार्षिक दर पर साधारण ब्याज पर कुछ धनराशि ऋण पर दी। यदि 5 वर्षों में प्राप्त ब्याज, ऋण पर दी गई धनराशि से ₹ 1200 अधिक हों जाता है. तो ऋण पर दी गई धनराशि कितनी है?
(a) ₹ 3600 (b) ₹ 2400
(c) ₹ 3000 (d) ₹ 6000

59 दो अभाज्य संख्याओं x और y, $(x<y)$ का लघुत्तम समापवर्त्य 145 है, तो $(10x - y)$ का मान क्या है?
(a) 21 (b) 27 (c) 18 (d) 11

60 प्रथम 17 प्राकृत संख्याओ के वर्गों का औसत कितना है?
(a) 94 (b) 113 (c) 105 (d) 124

भाग-IV हिन्दी

61 दिए गए वाक्य में रेखांकित शब्द का तद्भव शब्द ज्ञात कीजिए।
वर-वधू मण्डप में बैठ गए हैं।
(a) लोग (b) दुल्हन (c) बेटी (d) दुल्हा

62 दिए गए वाक्य का वह भाग ज्ञात करें, जिसमें कोई त्रुटि है। यदि कोई त्रुटि नहीं है, तो 'कोई त्रुटि नहीं है' चुनें।
जो भी इससे भिड़ेगा जो ही इसे हरा देगा।
(a) इसे हरा देगा। (b) कोई त्रुटि नहीं है
(c) जो भी इससे (d) भिड़ेगा जो ही

63 निम्नलिखित प्रश्न में, चार विकल्पों में से उस विकल्प का चयन करें, जो दी गई लोकोक्ति का सही अर्थ वाला विकल्प है।
'सहज पके सो मीठा होय'
(a) थोड़ा-सा शेष रहना
(b) धीरे-धीरे कार्य में लगे रहने से परिणाम अच्छा मिलता है
(c) तुरन्त मजदूरी मिलने पर कार्य भी अच्छा होता है
(d) अनिश्चय की स्थिति में करने पर सफलता नहीं मिलती

64 निम्नलिखित प्रश्न में चार विकल्पों में से उस विकल्प का चयन करें, जो कोष्ठक में दिए गए शब्द के विलोम शब्द का सही अर्थ है।
बच्चियों से लेकर युवतियों तक को इस विषय का (प्रारम्भिक) .... ज्ञान देना अत्यन्त आवश्यक है।
(a) ज्यादा (b) अन्तिम
(c) मुख्य (d) शुरुआती

65 दिए गए वाक्य में उचित पर्यायवाची शब्द का चयन करके रिक्त स्थान की पूर्ति करें।
यही .... (ठीक) होगा कि उसे घर भेज दिया जाए।
(a) इति (b) नृप
(c) पवित्र (d) उपयुक्त

66 निम्नलिखित प्रश्न में दिए गए चार विकल्पों में से उस विकल्प का चयन करें, जो दिए गए मुहावरे के अर्थ को सर्वश्रेष्ठ रूप से व्यक्त करता है।
'पापड़ बेलना'
(a) चालाकी दिखाकर काम निकालना
(b) काम निकलने के लिए चापलूसी करना
(c) बेवजह व्यर्थ का परिश्रम करना
(d) सफलता प्राप्ति के उद्देश्य से हर प्रयास करना

67 दिए गए वाक्य में रेखांकित शब्दों के लिए सही शब्दों वाले विकल्प का चयन करें।
कई दिनों के पीछे आज धूप आई है।
(a) कई दिनों के आगे आज धूप आई है।
(b) कई दिनों के बदले आज धूप आई है।
(c) कई दिनों के बाद आज धूप आई है।
(d) परिवर्तन की आवश्यकता नहीं है।

68 दिए गए वाक्य का वह भाग ज्ञात करें, जिसमें कोई त्रुटि है।
व्यक्ति को अपने समय का अच्छा सदुपयोग करना चाहिए।
(a) करना चाहिए। (b) व्यक्ति को
(c) अच्छा सदुपयोग (d) अपने समय का

69 दिए गए विकल्पों में से तीन विकल्प शुद्ध वर्तनी वाले हैं, जबकि एक अशुद्ध वर्तनी वाला है। उस अशुद्ध वर्तनी वाले विकल्प का चयन करें।
(a) उसे तो सवदेश ही प्यारा है।
(b) माँ से प्यारा शब्द भला और क्या ही है।
(c) दादा जी के पैरों में दर्द है।
(d) पेट में गैस हो गई है।

70 निम्नलिखित प्रश्न में चार विकल्पों में से उस सही विकल्प का चयन करें, जो वाक्यांशों के लिए एक शब्द का विकल्प हो।
'दूसरों के दोष को खोजने वाला'
(a) हस्तक्षेप (b) छिद्रान्वेषी (c) त्रासदी (d) अनुचर

71 दिए गए वाक्य में उचित पर्यायवाची शब्द का चयन करके रिक्त स्थान की पूर्ति करें।
भारत में ········· (विभिन्न) प्रकार के लोग हैं।
(a) भिन्न-भिन्न (b) आयुध
(c) तन-तन (d) अड़चन

72 दिए गए वाक्य में रेखांकित शब्द के लिए सही वर्तनी ज्ञात कीजिए।
रहिम के दोहे बच्चे आज भी पढ़ते हैं।
(a) रहैम (b) रहीम (c) रिहम (d) रहेम

73 दिए गए वाक्य में रेखांकित शब्द का विलोम शब्द ज्ञात कीजिए।
बेगम अपने सेवकों के साथ आ रही है।
(a) राजकुमार (b) रानी
(c) चाकर (d) बादशाह

74 निम्नलिखित प्रश्न में चार विकल्पों में से उस विकल्प का चयन करें, जो कोष्ठक में दिए गए शब्द के तद्भव रूप का सही विकल्प है।
हम खाने में हमेशा (अम्लिका) ········· का उपयोग करते हैं।
(a) आँवले (b) हल्दी (c) इमली (d) अचार

75 दिए गए वाक्यांश के लिए सार्थक शब्द ज्ञात कीजिए।
दो पहाड़ों के बीच का खाली स्थान
(a) जमीन (b) घाटी (c) ढलान (d) पर्वत

निर्देश (प्र.सं. 76-80) *नीचे दिए गए गद्य में कुछ शब्द छोड़ दिए गए हैं और प्रत्येक रिक्त स्थान के चार विकल्प दिए गए हैं। इन चारों में से कौन-सा विकल्प रिक्त स्थान की पूर्ति करेगा?*

कार्तिक कृष्ण अमावस्या को दीपावली (1)········· है। इस (2) ·········से लोग दिवाली मनाते हैं कि राम का अयोध्या मे (3) ········· हुआ है और (4) ········· में दीप जलाए गए हैं। उनका (5) ········· राज्याभिषेक हुआ और लोग घर-घर में दीप जलाते हैं।

76 रिक्त स्थान (1)·········के लिए सबसे उपयुक्त विकल्प का चयन कीजिए।
(a) पढती (b) उठती
(c) चलती (d) पड़ती

77 रिक्त स्थान (2)·········के लिए सबसे उपयुक्त विकल्प का चयन कीजिए।
(a) भाव (b) मान
(c) भयभीत (d) मालूम

78 रिक्त स्थान (3)········· के लिए सबसे उपयुक्त विकल्प का चयन कीजिए।
(a) बातचीत (b) अनुभव
(c) पाँव (d) राज्याभिषेक

79 रिक्त स्थान (4)········· के लिए सबसे उपयुक्त विकल्प का चयन कीजिए।
(a) कही-कही (b) दूर-पास
(c) घर-घर (d) हर-हर

80 रिक्त स्थान (5)········· के लिए सबसे उपयुक्त विकल्प का चयन कीजिए।
(a) विधिवत् (b) कर्त्तव्य
(c) शब्दहीन (d) लम्बा

उत्तरमाला

1.	(c)	2.	(c)	3.	(c)	4.	(b)	5.	(b)	6.	(a)	7.	(b)	8.	(d)	9.	(c)	10.	(c)
11.	(b)	12.	(b)	13.	(c)	14.	(d)	15.	(b)	16.	(a)	17.	(c)	18.	(c)	19.	(c)	20.	(a)
21.	(a)	22.	(c)	23.	(b)	24.	(c)	25.	(a)	26.	(c)	27.	(c)	28.	(a)	29.	(a)	30.	(c)
31.	(d)	32.	(c)	33.	(d)	34.	(b)	35.	(d)	36.	(c)	37.	(b)	38.	(c)	39.	(c)	40.	(b)
41.	(b)	42.	(a)	43.	(a)	44.	(b)	45.	(d)	46.	(c)	47.	(d)	48.	(c)	49.	(d)	50.	(a)
51.	(d)	52.	(b)	53.	(c)	54.	(a)	55.	(a)	56.	(a)	57.	(c)	58.	(d)	59.	(a)	60.	(c)
61.	(b)	62.	(d)	63.	(b)	64.	(b)	65.	(d)	66.	(d)	67.	(c)	68.	(c)	69.	(a)	70.	(b)
71.	(a)	72.	(b)	73.	(d)	74.	(c)	75.	(b)	76.	(d)	77.	(a)	78.	(d)	79.	(c)	80.	(a)

संकेत एवं हल

1. *(c)* यहाँ, सभी व्यंजनों को '–2' तथा सभी स्वरों को '+2' से बढ़ाकर कूटभाषा में रूपान्तरित किया गया है।

जिस प्रकार, R H Y M E S
–2 –2 –2 –2 +2 –2
P F W K G Q

तथा L I M E
–2 +2 –2 +2
J K K G

उसी प्रकार, C H I M E S
–2 –2 +2 –2 +2 –2
A F K K G Q

2. *(c)* जिस प्रकार, A E I
+2 +2 +2
C G K

उसी प्रकार, N R V
+2 +2 +2
P T X

3. *(c)* दी गई श्रृंखला का क्रम निम्न प्रकार है

M $\xrightarrow{+4}$ Q $\xrightarrow{+4}$ U $\xrightarrow{+4}$ Y $\xrightarrow{+4}$ C
N $\xrightarrow{+4}$ R $\xrightarrow{+4}$ V $\xrightarrow{+4}$ Z $\xrightarrow{+4}$ D
R $\xrightarrow{+4}$ V $\xrightarrow{+4}$ Z $\xrightarrow{+4}$ D $\xrightarrow{+4}$ H
T $\xrightarrow{+4}$ X $\xrightarrow{+4}$ B $\xrightarrow{+4}$ F $\xrightarrow{+4}$ J

4. *(b)* दिया गया समीकरण,

$$14 - 21 \times 7 + 3 \div 6 = 29$$

विकल्प (b) से, '×' और '÷' चिह्नों को आपस में बदलने पर,

$$14 - 21 \div 7 + 3 \times 6 = 29$$

अब, $14 - 3 + 3 \times 6 = 29$

$\Rightarrow$ $14 - 3 + 18 = 29$

$\Rightarrow$ $32 - 3 = 29$

$\Rightarrow$ $29 = 29$

LHS = RHS

5. *(b)* दी गई श्रृंखला का क्रम निम्न प्रकार है

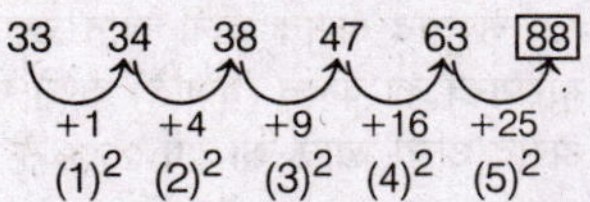

अतः प्रश्नचिह्न (?) के स्थान पर संख्या 88 आएगी।

6. *(a)* जिस प्रकार,

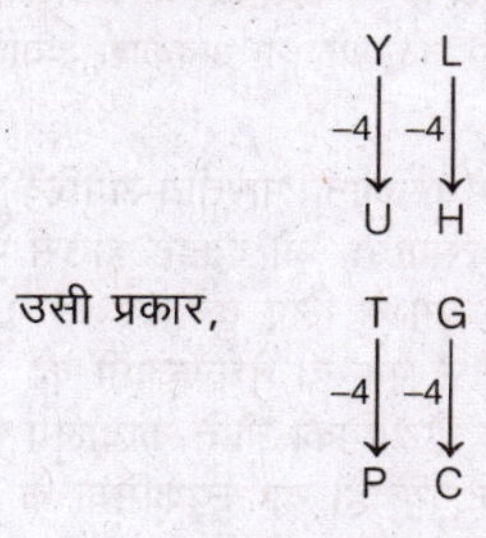

∴ ? = TG : PC

7. *(b)* सभी छः लड़कों का वृत्ताकार मेज पर बैठने का क्रम निम्न प्रकार से है

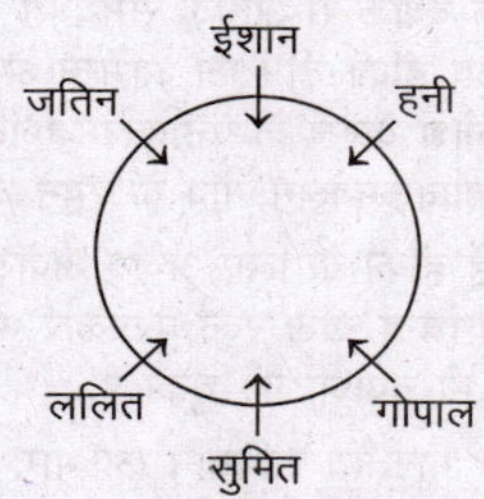

अतः हनी के ठीक बाईं ओर गोपाल बैठा है।

8. *(d)* दी गई आकृति श्रृंखला में, प्रत्येक अगली आकृति में पहली उपआकृति का जल प्रतिबिम्ब जुड़ जाता है, फिर अगली आकृति में एक नया तत्त्व जुड़ता है और उससे अगली आकृति में उसका जल प्रतिबिम्ब जुड़ता है।

इसी प्रकार, श्रृंखला को जारी रखते हुए विकल्प (d) की आकृति श्रृंखला की अगली आकृति है।

9. *(c)* प्रश्नानुसार, विपरीत

x a c
d f g
विपरीत विपरीत

अतः विकल्प (c) में दिए गए पासे को प्रश्न में दी गई सीट को मोड़ने पर नहीं बनाया जा सकता।

10. *(c)* विकल्प आकृति (c), प्रश्न आकृति का सही दर्पण प्रतिबिम्ब है।

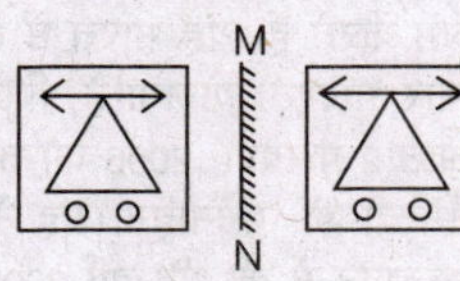

11. *(b)* दी गई आकृति श्रृंखला में प्रत्येक अगले पद में एक '+' चिह्न के स्थान पर '=' चिह्न आता है। अतः विकल्प (b) की आकृति श्रृंखला को पूरा करेगी।

12. *(b)* कथनानुसार,

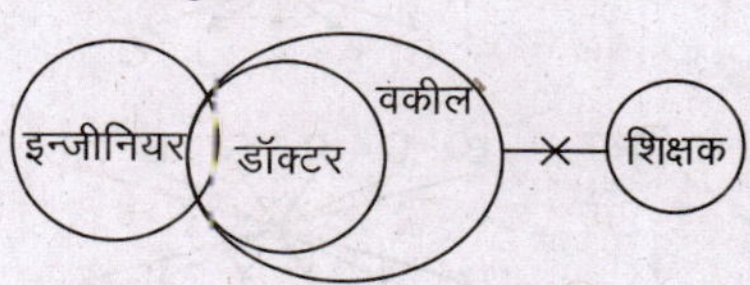

निष्कर्ष I. (✗) II. (✓)

अतः केवल निष्कर्ष II अनुसरण करता है।

13. *(c)* दी गई आकृति का ध्यानपूर्वक अवलोकन करने पर यह स्पष्ट है कि विकल्प (c) में दी गई आकृति प्रश्न आकृति के पैटर्न को पूरा करेगी।

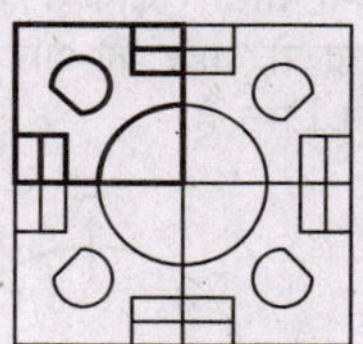

14. *(d)* $A \times B \div C - D + E - F$

प्रश्न में दी गई सूचना के आधार पर नीचे आरेख दर्शाया गया है

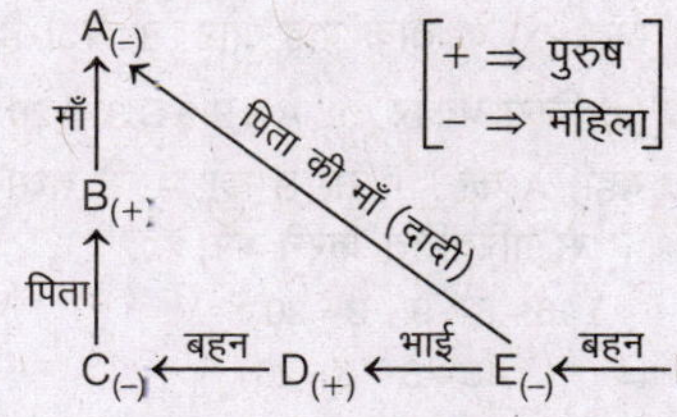

उपरोक्त आरेख से स्पष्ट है कि A, E के पिता की माँ है।

15. *(b)* दी गई अक्षर समूह की श्रृंखला का क्रम निम्न प्रकार है

cdef/cdef/cdef/cdef/cdef/cdef/cdef

अतः edff दी गई अक्षर समूहों की श्रृंखला को पूर्ण करेगी।

16. *(a)* दिए गए शब्दों का अंग्रेजी वर्णमाला में क्रम निम्न प्रकार से होगा

(5) CONDUCTOR→(2) CONFIDENCE→ (3) CONFIRM→(4) CONFLICT,→ (1) CONFUSION

$\Rightarrow$ 5, 2, 3, 4, 1

17. *(c)* दी गई शृंखला का क्रम निम्न प्रकार है,

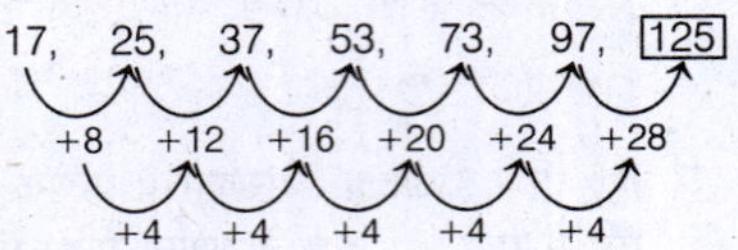

18. *(c)* जिस प्रकार,

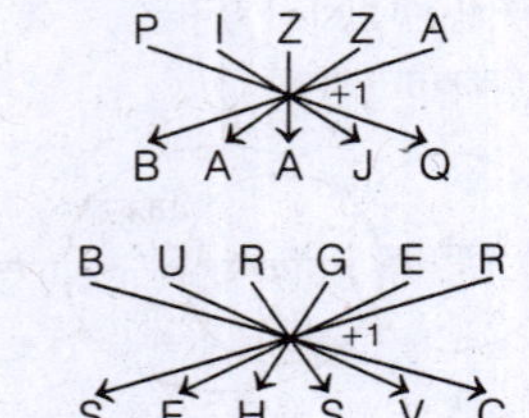

तथा

उसी प्रकार,

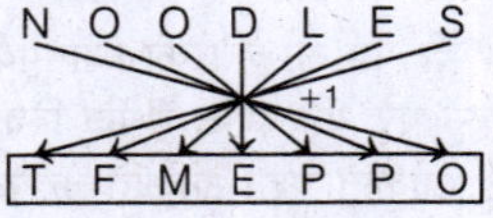

19. *(c)* सभी सातों लड़कियों का वृत्ताकार मेज पर केन्द्र से बाहर की ओर मुख करके बैठने का क्रम निम्न है:

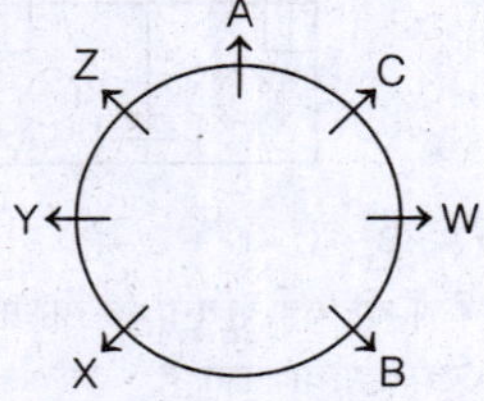

अतः 'X' के ठीक बाईं ओर 'B' बैठी है।

20. *(a)* जिस प्रकार, 15 A 8 B 9 C 3 = 20

यहाँ, A को '+' से, B को '–' से तथा C को '÷' से परिवर्तित करने पर,

$15 + 8 - 9 \div 3 = 20$

$\Rightarrow \quad 15 + 8 - 3 = 20$

$\Rightarrow \quad 23 - 3 = 20$

$\Rightarrow \quad 20 = 20$

पुनः, 18 A 20 B 15 C 5 = 35

$18 + 20 - 15 \div 5 = 35$

$\Rightarrow \quad 18 + 20 - 3 = 35$

$\Rightarrow \quad 38 - 3 = 35$

$\Rightarrow \quad 35 = 35$

उसी प्रकार,

8 A 6 B 4 C 2

$= 8 + 6 - 4 \div 2$

$= 8 + 6 - 2$

$= 14 - 2 = 12$

21. *(a)* भारत की तीसरी पंचवर्षीय योजना पूर्णतः विफल रही। इस योजना की असफलता का मुख्य कारण भारत-चीन युद्ध, भारत-पाकिस्तान युद्ध और वर्ष 1965-66 का सूखा था। तीसरी पंचवर्षीय योजना वर्ष 1961-1966 तक चली। इस योजना का मुख्य उद्देश्य अर्थव्यवस्था को आत्मनिर्भर बनाते हुए स्वतः गतिमान अवस्था में पहुँचना था। इस योजना की असफलता के पश्चात् वर्ष 1966-69 तक योजना अवकाश अवधि रही।

22. *(c)* कमल मेंघराजानी भारतीय-अमेरिकी कैंसर चिकित्सक हैं, जो व्हाइट हाउस फेलो के 2023-24 वर्ग के लिए चुने गए 15 व्यक्तियों में से एक हैं। मेंघराजानी को विज्ञान और प्रौद्योगिकी नीति कार्यालय में तैनात किया गया है। यह ल्यूकेमिया के मरीजों का इलाज करती हैं।

23. *(b)* पी. आर. श्रीजेश एक हॉकी खिलाड़ी हैं। पी.आर. श्रीजेश तीन बार के ओलम्पियन, एक दशक से अधिक समय से भारतीय पुरुष हॉकी टीम का अभिन्न अंग रहे हैं। श्रीजेश केरल के एर्नाकुलम जिले के किझाक्कमबलम गाँव के रहने वाले हैं। इन्हें हॉकी के लिए अर्जुन अवॉर्ड, मेजर ध्यानचन्द खेल रत्न पुरस्कार और पद्मश्री से भी नवाजा जा चुका है।

24. *(c)* भारतीय संविधान का भाग-I संघ और उसके राज्य क्षेत्रों से सम्बन्धित है। भाग-I संघ और उसके क्षेत्र एक देश के रूप में भारत के संविधान और उन राज्यों के संघ से सम्बन्धित कानूनों का संकलन है। भारतीय संविधान के इस भाग में राज्यों या केन्द्रशासित प्रदेशों की स्थापना, नाम परिवर्तन, राज्यों के विलय करने या सीमाओं में परिवर्तन करने आदि कानून शामिल हैं।

25. *(a)* हिमाचल प्रदेश में प्रधानमन्त्री आवास योजना (ग्रामीण) के तहत हिमाचल प्रदेश में 19,578 घरों को मंजूरी दी गई है और 9 नवम्बर, 2023 तक 14,906 घरों का निर्माण हो चुका है। प्रधानमन्त्री आवास योजना की शुरुआत 25 जून, 2015 से की गई थी। इसके अन्तर्गत देश के गरीब और बेघर लोगों को घर बनवाने के लिए ₹ 1.5 लाख की वित्तीय सहायता दी जाती है।

26. *(c)* राष्ट्रीय ग्रामीण रोजगार गारण्टी अधिनियम, 2005 भारत के उन सभी ग्रामीण परिवारों को 100 दिनों की गारण्टीकृत मजदूरी रोजगार का वादा करता है, जो अकुशल शारीरिक काम करने के लिए स्वेच्छा से काम करते हैं। यह भारत में लागू एक रोजगार गारण्टी योजना है, जिसकी शुरुआत 2 फरवरी, 2006 को तत्कालीन प्रधानमन्त्री डॉ. मनमोहन सिंह ने आन्ध्र प्रदेश के अनन्तपुर में की थी। वर्ष 2009 से इसका नाम बदलकर 'मनरेगा' कर दिया गया है।

27. *(c)* संगीत नाटक अकादमी पुरस्कार पहले राष्ट्रपति पुरस्कार के नाम से जाना जाता था। इसकी स्थापना वर्ष 1951 में की गई थी। वर्तमान (2024) में इसके अध्यक्ष डॉ. संध्या पुरेचा है। संगीत नाटक पुरस्कार का उद्देश्य संगीत नृत्य और नाटक के क्षेत्र में कला के विभिन्न रूपों में देश की सर्वोच्च उपलब्धि का प्रतिनिधित्व करने वाले अभ्यासकर्ताओं, गुरुओं एवं विद्वानों को सम्मानित करना है।

28. *(a)* महिलाओं के लिए हेप्टाथलॉन (Heptathlon) में 7 स्पर्द्धाएँ शामिल होती हैं। यह महिलाओं का सर्वांगीण परीक्षण है, जो दो दिवसीय कार्यक्रम में कई कार्यक्रमों को कवर करने वाली प्रतियोगिता है। पहले दिन की प्रतियोगिता में 100 मी बाधा दौड़, ऊँची कूद, गोला फेंक और 200 मी दौड़ तथा दूसरे दिन की प्रतियोगिता में लम्बी कूद, भाला फेंक और 800 मी दौड़ शामिल की जाती है। हेप्टाथलॉन को पहली बार वर्ष 1984 के आलम्पिक में शामिल किया गया।

29. *(a)* भारत अपनी भूमि सीमाएँ सात देशों के साथ साझा करता है। इसकी भूमि सीमा चीन, भूटान, नेपाल, पाकिस्तान, बांग्लादेश, अफगानिस्तान और म्यांमार से लगती हैं। भारत की सबसे लम्बी भूमि सीमा बांग्लादेश (4096.7 किमी) और सबसे छोटी भूमि सीमा अफगानिस्तान (106 किमी) के साथ लगती है। बांग्लादेश, म्यांमार और पाकिस्तान भूमि सीमाओं के साथ-साथ समुद्री सीमाएँ भी भारत के साथ साझा करते हैं, जबकि श्रीलंका रामसेतु के माध्यम से केवल समुद्री सीमा साझा करता है। भारत के अण्डमान और निकोबार द्वीपसमूह थाइलैण्ड, म्यांमार और इण्डोनेशिया के साथ समुद्री सीमा साझा करते हैं।

30. *(c)* महात्मा गाँधी द्वारा दाण्डी मार्च, 1930 में शुरू किया गया था। दाण्डी यात्रा या नमक सत्याग्रह महात्मा गाँधी के नेतृत्व में औपनिवेशिक भारत में अहिंसक सविनय अवज्ञा आन्दोलन था। इस आन्दोलन का आरम्भ 12 मार्च, 1930 (साबरमती आश्रम) से 6 अप्रैल, 1930 (दाण्डी) तक ब्रिटिश नमक एकाधिकार के खिलाफ कर प्रतिरोध और अहिंसक विरोध के प्रत्यक्ष कार्रवाई अभियान के रूप में चला।

31. *(d)* उस्ताद असद अली खान रुद्रवीणा वाद्ययन्त्र का वादन (बजाते) करते थे। उस्ताद असद अली खान को वर्ष 2008 में भारत सरकार द्वारा कला के क्षेत्र में पद्म भूषण से सम्मानित किया गया। ये दिल्ली घराने से सम्बन्धित थे। 14 जून, 2011 (74 वर्ष की आयु में) को इनका निधन दिल्ली में हुआ।

32. *(c)* राष्ट्रीय खेल, 2023 में सेपक टकरा और मलखम्ब नई प्रतियोगिताएँ खेली गई थीं। सेपक टकरा प्रतियोगिता में उत्तराखण्ड की सेपक टीम ने जम्मू-कश्मीर एवं पश्चिम बंगाल को हराया था। 37वें राष्ट्रीय खेलों का आयोजन गोवा में किया गया था। 37वें नेशनल गेम्स के शुभंकर को 'मोगा' नाम दिया गया था। महाराष्ट्र ने 80 स्वर्ण, 69 रजत और 79 कांस्य पदक जीतकर कुल 228 पदकों के साथ नेशनल गेम्स 2023 मेडल टैली में शीर्ष स्थान प्राप्त किया।

33. *(d)* वित्त मंत्रालय के अन्तर्गत व्यय विभाग ने सरकार और सरकारी उपक्रमों के लम्बित संविदात्मक विवादों के प्रभावी ढंग से निपटान के लिए 'विवाद से विश्वास II' (संविदात्मक विवाद) योजना शुरू की है। इस योजना का मुख्य उद्देश्य अनुबन्धात्मक विवादों को कुशलतापूर्वक हल करने के लिए एक मंच प्रदान करना, सरकार के साथ व्यापार करने में सुगमता को बढ़ावा देना तथा देश में नए निवेश को प्रोत्साहित करना है।

34. *(b)* राज्यपाल के कार्यालय की शर्तों के सम्बन्ध में विकल्प (b) सही उत्तर है, क्योंकि राज्यपाल बिना किराया दिए अपने शासकीय निवासों के उपयोग का हकदार होगा, जबकि राज्यपाल अपने कार्यकाल के दौरान कोई भी लाभ का पद धारण नहीं कर सकता। अतः कथन (I) गलत है। संविधान के भाग-6 में राज्य शासन के लिए प्रावधान है तथा संविधान के अनुच्छेद-153 के तहत प्रत्येक राज्य के लिए एक राज्यपाल का प्रावधान किया गया है। केन्द्रशासित प्रदेशों में उप-राज्यपाल की नियुक्ति होती है।

35. *(d)* 'अभिज्ञानशाकुन्तलम्' कालिदास के द्वारा लिखित एक प्रसिद्ध नाटक है। यह राजा दुष्यंत और शकुन्तला की अमर-प्रेम कहानी है, जिसमें राजा दुष्यंत और शकुन्तला के प्रणय, विवाह, विरह तथा पुर्नमिलन का सुन्दर चित्रण किया गया है। कालिदास चन्द्रगुप्त विक्रमादित्य के दरबार के नवरत्नों में से एक थे। इनके द्वारा रचित अन्य रचनाएँ-मालविकाग्निमित्रम्, मेघदूत, कुमारसम्भव (महाकाव्य) तथा रघुवंशम आदि हैं।

36. *(c)* गणगौर त्योहार ऐतिहासिक रूप से राजस्थान राज्य का मूल त्योहार है। गणगौर या गौरी तृतीया एक धार्मिक त्योहार है, जो देवी पार्वती और भगवान शिव के दिव्य प्रेम का उत्सव है। गणगौर होली के बाद मनाया जाने वाला त्योहार है, जो हिन्दू कैलेण्डर के अनुसार चैत्र माह के शुक्ल पक्ष की तृतीया तिथि को मनाया जाता है।

37. *(b)* H_2 हाइड्रोजन तत्त्व का आण्विक सूत्र है। हाइड्रोजन की खोज 1766 ई. में हेनरी केवेण्डिस ने की थी। 1883 ई. में लैवाशिए ने इसका नाम हाइड्रोजन रखा, क्योंकि यह ऑक्सीजन के साथ जलकर बनती है। इन्होंने इसे लोहे पर तनु सल्फ्यूरिक अम्ल की अभिक्रिया से प्राप्त किया था।

38. *(c)* कुचिपुड़ी की उत्पत्ति भारतीय राज्य आन्ध्र प्रदेश के कुचिपुड़ी नामक गाँव से हुई है। यह नृत्य भारत की एक प्राचीन और प्रसिद्ध सांस्कृतिक परम्परा को दर्शाता है। यह भारत के आठ शास्त्रीय नृत्यों में से एक है, जो दक्षिण भारत में बहुत लोकप्रिय है। वेदान्तम् लक्ष्मी नारायण और कृष्णा मूर्ति जैसे गुरुओं ने महिलाओं को इसमें शामिल कर नृत्य को और अधिक समृद्ध बनाया है। कुचिपुड़ी नृत्य के प्रसिद्ध नर्तक-राधा रेड्डी, यामिनी रेड्डी और कौशल्या रेड्डी आदि हैं।

39. *(c)* $M1$ मुद्रा आपूर्ति माप सबसे अधिक तरल है। $M1$ मुद्रा आपूर्ति की एक संकीर्ण (Narrow) माप है, जिसमें मुद्रा, माँग जमा और बचत जमा सहित अन्य तरल जमा शामिल हैं। $M1$ में बॉण्ड जैसी वित्तीय सम्पत्तियाँ शामिल नहीं होती हैं।

40. *(b)* भारत में 'गरीबी हटाओं' और आत्मनिर्भरता की प्राप्ति करना पाँचवीं पंचवर्षीय योजना (कार्यकाल 1974-1979) का मुख्य उद्देश्य था। पाँचवीं पंचवर्षीय योजना वर्ष 1974 से 1978 तक चली, जिसका प्रमुख लक्ष्य गरीबी उन्मूलन, आत्मनिर्भरता एवं शून्य विदेशी सहायता आदि पर केन्द्रित था।

41. *(b)* चक्रवृद्धि ब्याज (CI) = ₹ 967.5

ब्याज दर $(r) = 15\%$ वार्षिक

समय $(t) = 2$ वर्ष

माना धनराशि ₹ P है।

हम जानते हैं कि

$$CI = P\left[\left(1+\frac{r}{100}\right)^t - 1\right]$$

$$\Rightarrow 967.5 = P\left[\left(1+\frac{15}{100}\right)^2 - 1\right]$$

$$\Rightarrow 967.5 = P\left[\left(1+\frac{3}{20}\right)^2 - 1\right]$$

$$\Rightarrow 967.5 = P\left[\left(\frac{23}{20}\right)^2 - 1\right]$$

$$\Rightarrow 967.5 = P\left[\frac{529}{400} - 1\right]$$

$$\Rightarrow 967.5 = P \times \frac{129}{400}$$

$$\therefore \quad P = \frac{967.5 \times 400}{129} = ₹\ 3000$$

वैकल्पिक विधि

दी गई ब्याज दर $= 15\%$, समय $= 2$ वर्ष

कुल ब्याज दर $= 15 + 15 + \frac{15 \times 15}{100}$ $\left[x + y + \frac{x \times y}{100} \text{ से}\right]$

$= 32.25\%$

कुल ब्याज = ₹ 967.5

$\therefore$ मूलधन $= \frac{967.5}{32.25} \times 100 =$ ₹ 3000

42. *(a)* हम जानते हैं, यदि किसी संख्या के अंकों का योग 9 से विभाज्य होता है, तब वह संख्या भी 9 से विभाज्य होती है।

विकल्प (a) से, संख्या 4131

$\Rightarrow 4 + 1 + 3 - 1 = 9$ (9 से विभाज्य है)

अतः 4131 भी 9 से विभाज्य है।

43. *(a)* दिया है.

क्रय मूल्य (CP) = ₹ 360

लाभ $= 8\%$

$\therefore$ अभीष्ट लाभ $= 360 \times \frac{8}{100} =$ ₹ 28.8

44. *(b)* दिया है,

चाल = 6 किमी/घण्टा, समय = 4 घण्टे

तय की गई कुल दूरी = चाल × समय

$= 6 \times 4 = 24$ किमी

यदि, चाल = 8 किमी/घण्टा, तब

अभीष्ट समय $= \frac{24}{8} = 3$ घण्टे

45. *(d)* 11 पुरुषों की औसत आयु = 53 वर्ष

2 पुरुषों के छोड़ने पर,

9 पुरुषों की औसत आयु $= 53 + 1 = 54$ वर्ष

दोनों पुरुषों की कुल आयु $= 53 \times 11 - 54 \times 9$

$= 583 - 486 = 97$

अतः दोनों पुरुषों की औसत आयु

$= \frac{97}{2} = 48.5$ वर्ष

46. *(c)* प्रश्नानुसार,

A और B की क्षमता का अनुपात $= 100 : 168$

$= 25 : 42$

A द्वारा काम को करने में लगा समय

= 28 दिन

कुल कान $= 28 \times 25 = 700$ इकाई

$\therefore B$ द्वारा लिया गया समय $= \frac{700}{42} = \frac{50}{3}$ दिन

47. *(d)* $\frac{2}{1 \times 3} + \frac{2}{3 \times 5} + \ldots + \frac{2}{99 \times 101} = ?$

$\because \frac{2}{1 \times 3} = 1 - \frac{1}{3}$ और $\frac{2}{3 \times 5} = \frac{1}{3} - \frac{1}{5}$

तो $1 - \frac{1}{3} + \frac{1}{3} - \frac{1}{5} + \ldots + \frac{1}{99} - \frac{1}{101}$

$= 1 - \frac{1}{101}$

$= \frac{101-1}{101} = \frac{100}{101}$

∴ अभीष्ट मान $= \frac{100}{101}$

48. *(c)* दिया है,

अनिल को काम को पूरा करने में लगा समय $= 80$ दिन

अनिल का 1 दिन का काम $= \frac{1}{80}$

अनिल का 30 दिन का काम $= 30 \times \frac{1}{80} = \frac{3}{8}$

अतः अभीष्ट प्रतिशत $= \frac{3}{8} \times 100 = 37.5\%$

49. *(d)* दिया है,

विक्रय मूल्य (SP) = ₹ 2400,

अंकित मूल्य (MP) = ₹ 3000

तब, छूट = MP − SP

= 3000 − 2400

= ₹ 600

∴ छूट प्रतिशत $= \frac{600}{3000} \times 100 = 20\%$

50. *(a)* दिया है,

परिधि $(2\pi r)$ − व्यास $(2r) = 12$ सेमी

$\Rightarrow \quad 2r(\pi - 1) = 12$

$\Rightarrow \quad r\left[\frac{22}{7} - 1\right] = 6$

$\Rightarrow \quad r\left[\frac{22-7}{7}\right] = 6$

$\Rightarrow \quad r \times \frac{15}{7} = 6$

$\Rightarrow \quad r = \frac{14}{5}$

∴ वृत्त का क्षेत्रफल $= \pi r^2$

$= \frac{22}{7} \times \frac{14}{5} \times \frac{14}{5}$

$= 24.64$ सेमी^{2}

51. *(d)* कर में कमी $(x) = -17\%$

खपत में वृद्धि $(y) = 17\%$

राजस्व में प्रतिशत परिवर्तन $= x + y + \frac{xy}{100}$

$= -17 + 17 - \frac{17 \times 17}{100}$

$= -2.89\%$

∴ राजस्व में 2.89% की कमी आएगी।

52. *(b)* माना लैपटॉप का क्रय मूल्य (CP) = ₹ 100

तो अंकित मूल्य (MP) $= 100 \times \frac{150}{100}$ = ₹ 150

ग्राहक को MP पर 30% छूट देने पर,

विक्रय मूल्य (SP) $= 150 \times \frac{(100-30)}{100}$

$= 150 \times \frac{70}{100}$

= ₹ 105

∴ लाभ प्रतिशत $= \frac{(105-100)}{100} \times 100 = 5\%$

53. *(c)* माना P, Q और R का मान क्रमशः $6x, 5x$ और $9x$ हैं।

प्रश्नानुसार,

$6x + 5x + 9x = 400$

$\Rightarrow \quad 20x = 400$

$x = \frac{400}{20} = 20$

∴ P और R के बीच अन्तर

$= 9x - 6x = 3x$

$= 3 \times 20 = 60$

वैकल्पिक विधि

दिया है,

P, Q और R का अनुपात $= 6:5:9$

(योग) 20 इकाई = 400

1 इकाई = 20

P और R के बीच अन्तर $(9-6) = 3$ इकाई

3 इकाई $= 20 \times 3 = 60$

54. *(a)* 21.84 का 66.67% का 7.14%

$= 21.84 \times \frac{66.67}{100} \times \frac{7.14}{100}$

$= 1.039 \approx 1.04$

∴ अभीष्ट मान = 1.04

55. *(a)* दिया है,

विक्रय मूल्य (SP) = ₹ 1056, लाभ = 20%

क्रय मूल्य (CP) $= \frac{1056}{120} \times 100$

= ₹ 880

हानि = ₹ (880 − 800) = ₹ 80

यदि विक्रय मूल्य = ₹ 800

तो हानि प्रतिशत $= \frac{80}{880} \times 100 = 9.09\%$

56. *(a)* दिया है,

फल : दही = 5:2

दही : शहद = 3:1

∵ फल : दही : शहद = 15:6:2

अतः फल : शहद = 15:2

57. *(c)* 8 से विभाज्य (दो अंकीय संख्या)

= 16, 24, 32, 40, 48, 56, 64, 72, 80, 88, 96

8 से विभाज्य होने वाली (दो अंकीय) कुल संख्या = 11 है।

58. *(d)* माना ऋण पर दी गई धनराशि ₹ x है।

तब, साधारण ब्याज (SI) = ₹ $(1200 + x)$

समय $(t) = 5$ वर्ष

ब्याज दर $(r) = 24\%$ वार्षिक

हम जानते हैं,

$SI = \frac{x \times 24 \times 5}{100}$

$\Rightarrow \quad 1200 + x = \frac{24}{20}x$

$\Rightarrow \quad 1200 = \frac{24}{20}x - x$

$\Rightarrow \quad 1200 = \frac{4}{20}x$

$\Rightarrow \quad x = 1200 \times 5$

x = ₹ 6000

59. *(a)* दिया है, $(x < y)$ जहाँ, x और y अभाज्य संख्या है,

ल.स. = 145

$\Rightarrow \quad x \times y = 145 = 5 \times 29$

$\therefore \quad x = 5, y = 29$

$= (10x - y) = 10 \times 5 - 29$

$= 50 - 29 = 21$

60. *(c)* ∵ प्रथम n प्राकृत संख्याओं के वर्गों का योग $= \frac{n(n+1)(2n+1)}{6}$

∴ प्रथम 17 संख्याओं के वर्गों का योग

$= \frac{17 \times (17+1) \times (2 \times 17 + 1)}{6}$

$= \frac{17 \times 18 \times 35}{6}$

$= 17 \times 3 \times 35$

अतः प्रथम 17 संख्याओं के वर्गों का औसत

$= \frac{17 \times 3 \times 35}{17} = 3 \times 35 = 105$

61. *(b)* दिए गए वाक्य में रेखांकित शब्द वधू का तद्भव शब्द 'दुल्हन' है। 'वधू' शब्द तत्सम् शब्द है। अन्य तीनों विकल्प असंगत हैं।

62. *(d)* दिए गए वाक्य में 'भिड़ेगा जो ही' वाक्यांश त्रुटिपूर्ण है। सही वाक्य है—जो भी इससे भिड़ेगा वो ही इसे हरा देगा। अन्य विकल्प असंगत हैं।

63. *(b)* ''सहज पके सो मीठा होय'' लोकोक्ति का सही अर्थ है—धीरे-धीरे कार्य में लगे रहने से परिणाम अच्छा निकलता है अर्थात् मनुष्य धीमी गति से ही अपने लक्ष्य की प्राप्ति के लिए अग्रसर रहता है। अन्य विकल्प असंगत हैं।

64. *(b)* दिए गए वाक्य में कोष्ठक शब्द 'प्रारम्भिक' का विलोम शब्द 'अन्तिम' है। अन्य विकल्प असंगत हैं।

65. *(d)* दिए गए वाक्य में कोष्ठक शब्द 'ठीक' का पर्यायवाची शब्द 'उपयुक्त' है। 'ठीक' शब्द के अन्य पर्यायवाची उचित, मुनासिब, योग्य, उपयुक्त आदि हैं।

66. *(d)* 'पापड़ बेलना' मुहावरे का अर्थ है–सफलता प्राप्ति के उद्देश्य से हर प्रयास करना।

वाक्य प्रयोग व्यक्ति (रामू) अपनी सफलता के लिए हर सम्भव प्रयास करता है। रामू ने सफलता पाने के लिए अनेक पापड़ बेले।

67. *(c)* दिए गए वाक्य में रेखांकित शब्दों के पीछे के लिए सही शब्दों वाला विकल्प ''कई दिनों के बाद आज धूप आई है'', है। अन्य विकल्प असंगत हैं।

68. *(c)* दिए गए वाक्य में 'अच्छा सदुपयोग' वाक्यांश में त्रुटि है। सही वाक्य इस प्रकार है–व्यक्ति को अपने समय का सदुपयोग करना चाहिए। अन्य विकल्प असंगत हैं।

69. *(a)* दिए गए विकल्प में से उसे तो सवदेश ही प्यारा है।' विकल्प में अशुद्ध वर्तनी है। अतः शुद्ध वर्तनी युक्त वाक्य है–उसे तो स्वदेश ही प्यारा है। अन्य तीनों विकल्प शुद्ध हैं।

70. *(b)* 'दूसरों के दोष को खोजने वाला' वाक्यांश के लिए एक सबसे उपयुक्त शब्द 'छिद्रान्वेषी' है। अन्य विकल्प असंगत हैं।

71. *(a)* दिए गए वाक्य में कोष्ठक शब्द (विभिन्न) का पर्यायवाची 'भिन्न-भिन्न' है। विभिन्न के अन्य पर्यायवाची-नाना प्रकार, अलग-अलग आदि हैं।

72. *(b)* दिए गए वाक्य में रेखांकित शब्द रहिम के लिए सही वर्तनी 'रहीम' है। अन्य विकल्प असंगत हैं।

73. *(d)* दिए गए वाक्य के रेखांकित शब्द बेगम का विलोम शब्द 'बादशाह' है। अन्य सभी विकल्प असंगत हैं।

74. *(c)* दिए गए वाक्य में कोष्ठक शब्द (अम्लिका) का तद्भव शब्द 'इमली' है। अम्लिका तत्सम् शब्द है। अन्य विकल्प असंगत हैं।

75. *(b)* दिए गए वाक्यांश 'दो पहाड़ों के बीच का खाली स्थान' के लिए सार्थक शब्द 'घाटी' है। अन्य तीनों विकल्प असंगत हैं।

76. *(d)* रिक्त स्थान (1) की पूर्ति के लिए सबसे उपयुक्त विकल्प 'पड़ती' है। अतः पूर्ण वाक्य है–कार्तिक कृष्ण अमावस्या को दीपावली पड़ती है।

77. *(a)* रिक्त स्थान (2) की पूर्ति के लिए सबसे उपयुक्त विकल्प 'भाव' है। अतः पूर्ण वाक्य है–इस भाव से लोग दिवाली मनाते हैं।

78. *(d)* रिक्त स्थान (3) की पूर्ति के लिए सबसे उपयुक्त शब्द 'राज्याभिषेक' है। अतः पूर्ण वाक्य है-कि राम का अयोध्या में राज्याभिषेक हुआ है।

79. *(c)* रिक्त स्थान (4) की पूर्ति करने के लिए सबसे उपयुक्त विकल्प 'घर-घर' है। अतः पूर्ण वाक्य है–और घर-घर में दीप जलाए गए हैं।

80. *(a)* रिक्त स्थान (5) की पूर्ति के लिए सबसे उपयुक्त विकल्प 'विधिवत्' है। अतः पूर्ण वाक्य है–उनका विधिवत् राज्याभिषेक हुआ और लोग घर-घर में दीप जलाते हैं।

23 फरवरी 2024
(शिफ्ट I)

सॉल्वड पेपर 2024

SSC कांस्टेबल (जीडी) सेट 13

भाग-I सामान्य बुद्धिमत्ता एवं तर्कशक्ति

1 नीचे दिए गए दो चिह्नों को आपस में बदलने पर, निम्नलिखित में से कौन-सा समीकरण सही होगा?

× और ÷

I. $5+6\times2-4\div1=10$

II. $9\times3-4\div2+5=4$

(a) न तो I और न ही II (b) I और II दोनों

(c) केवल II (d) केवल I

2 निम्नलिखित प्रश्न में, दिए गए विकल्पों में से उस आकृति का चयन कीजिए, जिसे प्रश्न चिह्न (?) के स्थान पर रखा जा सकता है।

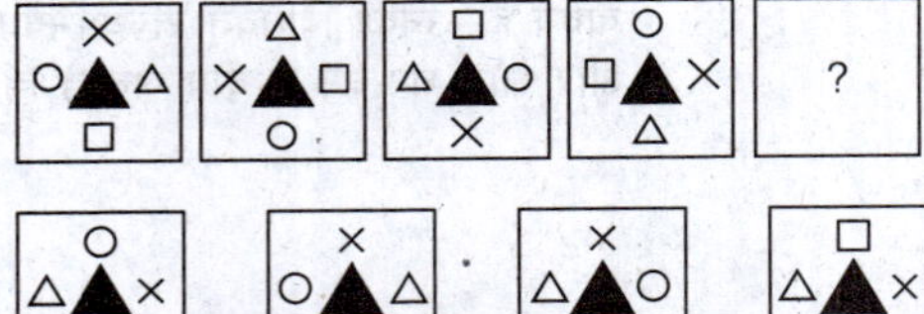

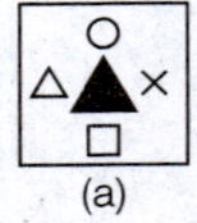
(a)
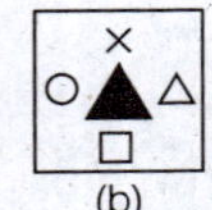
(b)
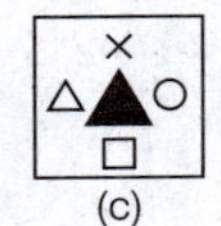
(c)
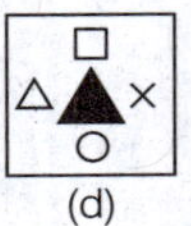
(d)

3 निम्नलिखित विकल्पों में से दी गई श्रृंखला से लुप्त संख्या का चयन कीजिए।

64, 72, 45, 109, -16, ?

(a) 208 (b) 180

(c) 200 (d) 205

4 यदि 'R × S' का अर्थ है 'R, S की बहन है'।
यदि 'R + S' का अर्थ है 'R, S का भाई है'।
यदि 'R ÷ S' का अर्थ है 'R, S की बेटी है'।
यदि 'R – S' का अर्थ है 'R, S का पति है'।
व्यंजक 'H – F × I ÷ J' में, H का J से क्या सम्बन्ध है?

(a) बेटी का पति (b) बहन का पति

(c) पिता (d) बेटा

5 निम्नलिखित प्रश्न में, विकल्पों में दी गई उस आकृति का चयन कीजिए, जिसे प्रश्नचिह्न (?) के स्थान पर रखा जा सकता है।

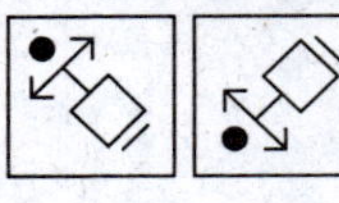
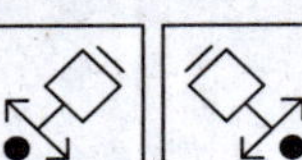
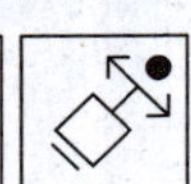

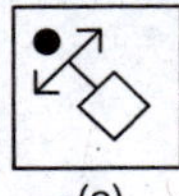
(a)
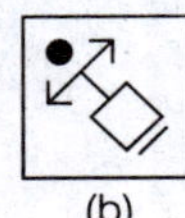
(b)
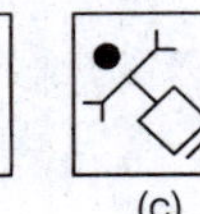
(c)
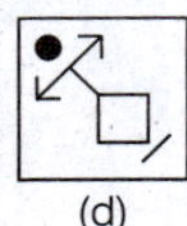
(d)

6 दी गई विकल्प आकृतियों में से कौन-सी आकृति, प्रश्न आकृति के पैटर्न को पूरा करेगी? (घूर्णन की अनुमति नहीं है)

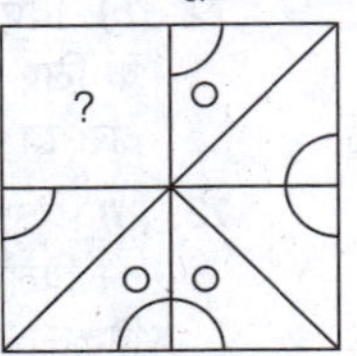

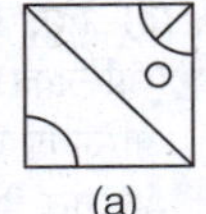
(a)
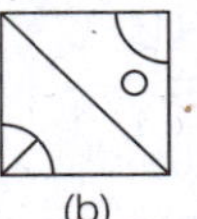
(b)
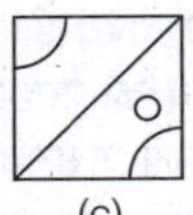
(c)
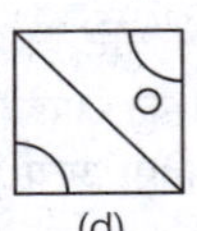
(d)

7 नीचे एक श्रृंखला दी गई है, जिसमें एक पद लुप्त है। दिए गए विकल्पों में से उस विकल्प का चयन कीजिए, जो श्रृंखला को पूरा करेगा।

MQRT, JNOQ, GKLN, DHIK, ?

(a) AEFH (b) AMRQ

(c) ANRS (d) ANTS

8 दिए गए शब्दों को उसी क्रम में व्यवस्थित कीजिए, जिस क्रम में वे अंग्रेजी शब्दकोश में आते हैं।

1. Change 2. Chance 3. Channel
4. Chant 5. Chancellor

(a) 2, 3, 1, 4, 5 (b) 2, 5, 1, 4, 3

(c) 2, 3, 1, 5, 4 (d) 2, 5, 1, 3, 4

9 छः व्यक्ति P_1, P_2, P_3, P_4, P_5 और P_6 एक वृत्ताकार मेज के चारों ओर केन्द्र की ओर मुख करके बैठे हैं (परन्तु जरूरी नहीं कि वे इसी क्रम में बैठे हों)। P_2 और P_6 के बीच मे किसी भी तरफ से केवल दो ही व्यक्ति बैठे हैं। P_2 और P_4 के बीच में केवल एक व्यक्ति बैठा है। P_5, P_3 के ठीक दाईं ओर बैठा है। P_1, P_6 के दाईं ओर से दूसरे स्थान पर बैठा है। P_1 के ठीक दाईं ओर कौन बैठा है?

(a) P_4 (b) P_2 (c) P_5 (d) P_6

10 निम्नलिखित प्रश्न में दिए गए विकल्पों में से सम्बन्धित अक्षर-युग्म का चयन कीजिए।

ER : ET : : ?

(a) EZ : AV (b) WK : GR

(c) SX : SZ (d) OG : KC

11 एक निश्चित कूटभाषा में, 'LAST' को 'PFWY' लिखा जाता है। उसी कूटभाषा में, 'MEAN' को कैसे लिखा जाएगा?

(a) QKES (b) QJFT

(c) QJET (d) QJES

12 आठ व्यक्ति रीना, किरण, राहुल, दीपक, अमित, विकास, प्रीति और प्रिया एक वर्गाकार मेज के चारों ओर इस प्रकार बैठे हैं कि दो व्यक्ति प्रत्येक भुजाओं पर बैठे हैं। सभी व्यक्ति मेज के केन्द्र की ओर मुख करके बैठे हैं। रीना, अमित के ठीक दाईं ओर बैठी है और वे दोनों एक ही तरफ बैठे हैं। प्रीति उस व्यक्ति की तरफ मुख करके बैठी है, जो किरण के बाईं ओर से दूसरे स्थान पर है। प्रीति, रीना के दाईं ओर से चौथे स्थान पर बैठी है। विकास और दीपक के बीच में दो व्यक्ति बैठे हैं (केवल एक तरफ से गिनने पर) और दीपक, अमित के बगल में बैठा है। प्रीति और राहुल के बीच में केवल एक व्यक्ति बैठा है (केवल एक तरफ से गिनने पर)। दीपक के ठीक बाईं ओर कौन बैठा/बैठी है?

(a) विकास (b) प्रिया
(c) किरण (d) राहुल

13 निम्नलिखित विकल्पों में से दी गई शृंखला से लुप्त संख्या का चयन कीजिए।

451, 472, 493, 514, ?, 556

(a) 535 (b) 538
(c) 534 (d) 530

14 निम्नलिखित प्रश्न में, दिए गए विकल्पों में से सम्बन्धित अक्षरों का चयन कीजिए।

BO : AM :: CP : ?

(a) BN (b) AS
(c) HI (d) YX

15 निम्नलिखित प्रश्न में तीन कथन और उसके बाद I और II क्रमांकित दो निष्कर्ष दिए गए हैं। दिए गए कथनों को सत्य मानते हुए, चाहे वे सामान्यतः ज्ञात तथ्यों से भिन्न प्रतीत होते हों, निश्चय कीजिए कि दिए गए निष्कर्षों में से कौन-सा/से निष्कर्ष कथनों का तार्किक रूप से अनुसरण करता है/करते हैं?

कथन

सभी बिल्लियाँ, स्तनधारी हैं।

सभी स्तनधारी, जानवर हैं।

सभी जानवर, जीवित प्राणी हैं।

निष्कर्ष

I. कुछ बिल्लियाँ, जीवित प्राणी हैं।

II. सभी जीवित प्राणी, बिल्लियाँ हैं।

(a) निष्कर्ष I और II दोनों अनुसरण करते हैं
(b) न तो निष्कर्ष I और न ही II अनुसरण करता है
(c) केवल निष्कर्ष I अनुसरण करता है
(d) केवल निष्कर्ष II अनुसरण करता है

16 यदि 67 L 50 M 15 N 6 = 27 और 100 L 50 M 13 N 5 = 85 है, तो 6 L 8 M 4 N 3 = ?

(a) 7 (b) 5
(c) 2 (d) 8

17 निम्नलिखित अक्षर-समूहों में से अक्षरों का कौन-सा समूह क्रमबद्ध रूप से बाईं से दाईं ओर रखे जाने पर नीचे दी गई शृंखला को पूरा करेगा?

ee_fgghheeffgg_heeffgghheeff_ _hh

(a) eeff (b) efgh
(c) fhgg (d) ggfh

18 नीचे दी गई विकल्प आकृतियों में से, उस आकृति का चयन कीजिए, जिसमें प्रश्न आकृति छिपी/निहित है। (घूर्णन की अनुमति नहीं है)

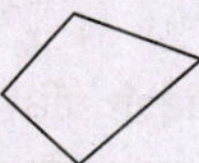

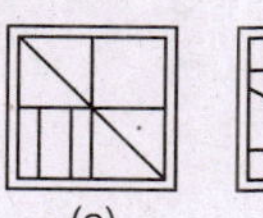
(a)

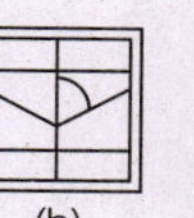
(b)

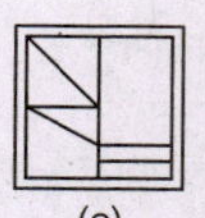
(c)

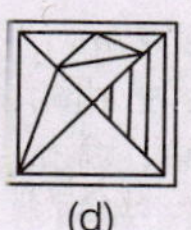
(d)

19 नीचे एक ही पासे की दो अलग-अलग स्थितियाँ दी गई हैं। 'M' वाले फलक के विपरीत फलक पर कौन-सा अक्षर आएगा?

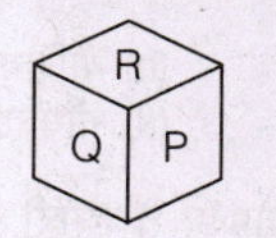

(a) T (b) P (c) R (d) Q

20 एक निश्चित कूटभाषा में, 'PAGES' को 192 लिखा जाता है, 'ABOVE' को 180 लिखा जाता है। उसी कूटभाषा में, 'PRIOR' को कैसे लिखा जाएगा?

(a) 296 (b) 312
(c) 304 (d) 303

भाग-II सामान्य ज्ञान

21 साइखोम मीराबाई चानू एक ...... हैं।

(a) भारतीय भारोत्तोलन (b) भारतीय मुक्केबाज
(c) भारतीय साइकिल चालक (d) भारतीय पहलवान

22 रिकी केज ने अपना तीसरा ग्रैमी पुरस्कार निम्नलिखित में से किस एल्बम के लिए जीता?

(a) मेलोडिस ऑफ द यूनिवर्स
(b) हार्मोनी ऑफ एलिमेण्ट्स
(c) नेचर्स सिम्फनी
(d) डिवाइन टाइड्स

23 .... नृत्यशैली की उत्पत्ति दक्षिणी भारतीय राज्य केरल से हुई है।

(a) कथक
(b) मोहिनीअट्टम
(c) कुचिपुड़ी
(d) कथकली और मोहिनीअट्टम

24 भारतीय संविधान के निम्नलिखित में से किस अनुच्छेद का सम्बन्ध धर्म की स्वतन्त्रता के अधिकार से है?

(a) अनुच्छेद-60 से 65 (b) अनुच्छेद-25 से 28
(c) अनुच्छेद-21 से 24 (d) अनुच्छेद-30 से 35

25 राष्ट्रीय राजधानी क्षेत्र दिल्ली सरकार (संशोधन) विधेयक, 2023 ने राष्ट्रीय राजधानी सिविल सेवा प्राधिकरण की स्थापना की, जिसमें मुख्यमन्त्री, दिल्ली के मुख्य सचिव और ...... शामिल हैं।

(a) दिल्ली के शिक्षा मन्त्री
(b) दिल्ली के प्रधान गृह सचिव
(c) भारत के राजस्व सचिव
(d) भारत के कैबिनेट सचिव

26 किस प्रकार के शूटिंग खेल में एथलीट 10 मी, 25 मी और 50 मी की दूरी से लक्ष्य पर निशाना साधते हैं?
(a) बैथलॉन (b) तीरंदाजी
(c) स्कीट शूटिंग (d) राइफल शूटिंग

27 अन्तर्मुखी व्यापार रणनीति में घेरलू उद्योगों को विदेशी प्रतिस्पर्द्धा से बचाने के लिए उपयोग की जाने वाली सुरक्षा के दो मुख्य रूप क्या हैं?
(a) प्रशुल्क और मूल्य नियन्त्रण
(b) प्रशुल्क और सब्सिडी
(c) प्रशुल्क और कोटा
(d) कोटा और सब्सिडी

28 अनुच्छेद-43 राज्य ग्रामों में वैयक्तिक या सहकारी आधार पर कुटीर उद्योगों को बढ़ावा देने का प्रयास करेगा, यह .... सिद्धान्तों पर आधारित एक निदेशक है।
(a) उदारवादी (b) बौद्धिक
(c) समाजवादी (d) गाँधीवादी

29 अगस्त, 2023 में नीरज चोपड़ा ने हंगरी के बुडापेस्ट में आयोजित विश्व एथलेटिक्स चैम्पियनशिप में पुरुषों की भाला फेंक स्पर्द्धा में .... पदक जीतकर इतिहास रच दिया।
(a) स्वर्ण (b) कांस्य
(c) रजत (d) दो

30 निम्नलिखित में से कौन-सी गैस, ठण्डी और सम्पीडित होने पर गैस से अतिक्रान्तिक तरल अवस्था में बदल सकती है?
(a) भाप (b) ऑक्सीजन (O_2)
(c) कार्बन डाइऑक्साइड (CO_2) (d) हाइड्रोजन (H_2)

31 भारत की निम्नलिखित में से किस देश के साथ खुली सीमा है?
(a) म्यांमार (b) चीन
(c) नेपाल (d) पाकिस्तान

32 कुडनकुलम नाभिकीय ऊर्जा संयन्त्र निम्नलिखित में से किस राज्य में स्थापित किया गया है?
(a) मध्य प्रदेश (b) बिहार
(c) तमिलनाडु (d) केरल

33 वर्ष 2011 की जनगणना के अनुसार, भारत की जनसंख्या 121.1 करोड़ थी, जिसमें ...... महिला जनसंख्या थी।
(a) 44.5% (b) 42.5%
(c) 48.5% (d) 46.5%

34 भारतीय संविधान का अनुच्छेद ...... मौलिक अधिकारों को लागू करने के सम्बन्ध में सर्वोच्च न्यायालय को व्यापक मूल अधिकार क्षेत्र देता है।
(a) 226 (b) 31 (c) 32 (d) 13

35 जन औषधि ट्रेन को केन्द्रीय स्वास्थ्य व परिवार कल्याण और रसायन एवं उर्वरक मन्त्री डॉ. मनसुख मण्डाविया तथा रेल, संचार, इलेक्ट्रॉनिक्स और सूचना प्रौद्योगिकी मन्त्री श्री अश्विनी वैष्णव ने हरी झण्डी कब दिखाई थी?
(a) 2022 में (b) 2023 में
(c) 2020 में (d) 2021 में

36 क्रिप्स मिशन भारत में किस वर्ष आया?
(a) 1952 (b) 1932
(c) 1922 (d) 1942

37 वेदों में सबसे पुराना वेद ऋग्वेद है, जिसकी रचना लगभग .... वर्ष पहले हुई थी।
(a) 2500 (b) 3500
(c) 2000 (d) 5000

38 वर्ष 2011 में एक दिवसीय अन्तर्राष्ट्रीय क्रिकेट विश्व कप की मेजबानी किसने की थी?
(a) भारत, श्रीलंका, बांग्लादेश
(b) श्रीलंका, बांग्लादेश
(c) ऑस्ट्रेलिया
(d) केवल भारत

39 फटोरपा जात्रा और मांडो उत्सव का सम्बन्ध निम्नलिखित में से किस राज्य से है?
(a) गोवा (b) मध्य प्रदेश
(c) कर्नाटक (d) केरल

40 भारत में वित्तीय वर्ष ...... से लिया जाता है।
(a) 1 जनवरी से 31 दिसम्बर तक
(b) 1 जुलाई से 30 जून तक
(c) 1 अक्टूबर से 30 सितम्बर तक
(d) 1 अप्रैल से 31 मार्च तक

भाग-III गणित

41 28 संख्याओं का औसत 110 है। यदि हम प्रत्येक संख्या में एक संख्या 'B' जोड़ते हैं, तो औसत 128 हो जाता है। B का मान कितना है?
(a) 18 (b) 14 (c) 24 (d) 12

42 रिया 25% का लाभ अर्जित करते हुए ₹ 35000 में एक लैपटॉप बेचती है। यदि वह 30% का लाभ अर्जित करना चाहती थी, तो उसे लैपटॉप किस मूल्य पर बेचना चाहिए था?
(a) ₹ 36400 (b) ₹ 34600
(c) ₹ 38400 (d) ₹ 37200

43 15 सेमी त्रिज्या वाले एक ठोस धातु के गोले को पिघलाकर, 15 सेमी आधार व्यास वाले एक शंकु में ढाला जाता है। शंकु की ऊँचाई कितनी है?
(a) 284 सेमी (b) 186 सेमी
(c) 212 सेमी (d) 240 सेमी

44 M_1 अकेले एक कार्य को 14 दिनों में पूरा कर सकता है और M_2 अकेले उसी कार्य को 70 दिनों में पूरा कर सकता है। M_3 की सहायता से वे उसी कार्य को 7 दिनों में पूरा करते हैं। M_3 अकेले उसी कार्य को कितने दिनों में पूरा कर सकता है?
(a) 19 दिन (b) 17.5 दिन
(c) 20 दिन (d) 21 दिन

45 एक वस्तु का अंकित मूल्य उसके क्रय मूल्य से 25% अधिक है। दुकानदार अपनी वस्तु को लाभ पर बेचने के लिए अधिकतम कितने प्रतिशत की छूट दे सकता है?
(a) 20% (b) 16.67%
(c) 25% (d) 12.5%

46 $555 + 44 \times 2 \div 11 - 25 \times 3$ का मान क्या है?
(a) 498 (b) 488
(c) 458 (d) 468

47 70 मी^{2}, 84 मी^{2} और 112 मी^{2} क्षेत्रफल वाले तीन आयताकार मैदानों को समान आयताकार फूलों की क्यारियों में बाँटा जाना है, जिनमें से प्रत्येक की लम्बाई 7 मी है। प्रत्येक फूलों की क्यारी की चौड़ाई ज्ञात कीजिए।

(a) 3 मी (b) 6 मी
(c) 2 मी (d) 4 मी

48 यदि $x=2$ है, तो $4x$, $x+4$, $3x-1$ का चतुर्थ समानुपाती ज्ञात कीजिए।

(a) 11/4 (b) 14/4
(c) 21/4 (d) 15/4

49 जॉन ने एक बैंक खाते में $1200 जमा किए। 4 वर्षों के बाद, उस खाते में कुल धनराशि $1400 है। उस धनराशि पर साधारण ब्याज की वार्षिक दर ज्ञात कीजिए।

(a) 4.17 % (b) 5.13 %
(c) 5.83 % (d) 6.23 %

50 9/4, 21/10, 63/20 का लघुत्तम समापवर्त्य ज्ञात कीजिए।

(a) 85/7 (b) 63/2
(c) 21/2 (d) 2/63

51 दो रेलगाड़ियाँ, एक 390 मी और दूसरी 250 मी लम्बी, समान्तर पटरियों पर क्रमशः 78 किमी/घण्टा और 66 किमी/घण्टा की चाल से विपरीत दिशाओं में चल रही हैं। उन्हें एक-दूसरे को पार करने में कितना समय लगेगा?

(a) 24 सेकण्ड (b) 36 सेकण्ड
(c) 30 सेकण्ड (d) 16 सेकण्ड

52 एक व्यक्ति ने 30% वार्षिक चक्रवृद्धि ब्याज की दर पर ₹ 15000 ऋण पर लिए। यदि ब्याज अर्द्धवार्षिक रूप से संयोजित किया जाता है, तो 1 वर्ष के बाद भुगतान की जाने वाली धनराशि कितनी होगी?

(a) ₹ 18282.5 (b) ₹ 20428.5
(c) ₹ 17482.5 (d) ₹ 19837.5

53 यदि $x:y=7:2$ है, तो $(7x+4y):(7x-4y)$ का मान कितना है?

(a) 57 : 41 (b) 54 : 43
(c) 39 : 29 (d) 40 : 31

54 छात्रों के एक समूह का औसत भार 44 किग्रा है। 40 किग्रा भार वाला एक छात्र समूह छोड़ देता है और उसके स्थान पर 34 किग्रा भार वाला दूसरा छात्र समूह में शामिल हो जाता है। यदि समूह का नया औसत भार 43.4 किग्रा हो जाता है, तो समूह में कितने छात्र हैं?

(a) 10 (b) 13 (c) 14 (d) 12

55 P एक कार्य को 14 दिनों में पूरा कर सकता है। 4 दिनों में P द्वारा कुल कार्य का कितना भाग पूरा किया जा सकता है?

(a) 4/9 (b) 2/7
(c) 3/8 (d) 6/7

56 $[36-(48\times 7\div 16)-(19+3-24)]$ का मान कितना है?

(a) 15 (b) 13 (c) 11 (d) 17

57 एक निश्चित संख्या में से 10% घटाने पर और फिर शेषफल में से 70% घटाने पर 1188 शेष बचता है। वह संख्या कितनी थी?

(a) 3300 (b) 2200
(c) 5500 (d) 4400

58 एक वस्तु का अंकित मूल्य ₹ 9600 है और इसका विक्रय मूल्य ₹ 6336 है। छूट प्रतिशत कितनी है?

(a) 34% (b) 38%
(c) 30% (d) 25%

59 यदि एक संख्या R_1, दूसरी संख्या R_2 से 13% कम है और R_2, 5600 से 50% अधिक है, तो R_1 का मान कितना है?

(a) 7010 (b) 7308
(c) 7510 (d) 7101

60 मोहन ₹ 4000 में एक पुराना मोबाइल खरीदता है और उसकी मरम्मत पर ₹ 500 खर्च करता है। यदि वह मोबाइल को ₹ 5000 में बेचता है, तो उसका लाभ प्रतिशत कितना है?

(a) 11.11% (b) 12.5%
(c) 9.09% (d) 13.5%

भाग-IV हिन्दी

61 निम्नलिखित प्रश्न में चार विकल्पों में से उस विकल्प का चयन करें, जो रिक्त स्थान के लिए सही जातिवाचक संज्ञा वाला विकल्प हो।

सड़क पर बहुत-सी सुन्दर-सुन्दर .... आती-जाती दिखाई दीं।

(a) घर (b) नदी
(c) गाड़ियाँ (d) पेड़

62 निम्नलिखित प्रश्न में चार विकल्पों में से उस विकल्प का चयन करें, जो कोष्ठक में दिए गए शब्द के पर्यायवाची शब्द का सही विकल्प है।

आजकल की पीढ़ी लगातार कुछ न कुछ नया सीखने की (आतुर) .... रहती है।

(a) निवर्तन (b) इच्छुक
(c) संकल्प (d) प्रभृति

63 निम्नलिखित प्रश्न में चार विकल्पों में से उस सही विकल्प का चयन करें, जो वाक्यांशों के लिए एक शब्द का विकल्प हो।

किसी व्यक्ति या सिद्धान्त का समर्थन करने वाला

(a) अधिवक्ता (b) अनुयायी
(c) अभ्यन्तर (d) अनुमोदन

64 निम्नलिखित प्रश्न में चार विकल्पों में से उस विकल्प का चयन करें, जो कोष्ठक में दिए गए शब्द के विलोम शब्द का सही विकल्प है।

बच्चों का मन बहुत ही (एकाग्र) .... होता है।

(a) मलिन (b) कठोर
(c) चंचल (d) कोमल

65 निम्नलिखित प्रश्न में चार विकल्पों में से उस विकल्प का चयन करें, जो रिक्त स्थान के लिए सही शब्द वाला विकल्प हो।

बात करने से बड़े-बड़े मसले, अन्तर्राष्ट्रीय समस्याएँ तक ...... हो जाती हैं।

(a) मुश्किल (b) बड़ी
(c) विफल (d) हल

66 दिए गए वाक्य में से निरर्थक शब्द ज्ञात कीजिए।

इनका तो जन्मों-जनमों का साथ है।

(a) जन्मों (b) साथ
(c) जनमों (d) इनका

67 निम्नलिखित प्रश्न में चार विकल्पों में से उस सही विकल्प का चयन करें, जो वाक्यांशों के लिए एक शब्द का विकल्प हो।
पृथ्वी से निर्मित
(a) पारतीव (b) पार्थिव
(c) पार्थ (d) पार्थीव

68 दिए गए वाक्य में रेखांकित शब्द का विलोम शब्द ज्ञात कीजिए।
यह सारा सामान गरिमा ने अग्नि को अर्पण कर दिया।
(a) कुलटा (b) ग्रहण (c) नकली (d) सुगम

69 दिए गए वाक्य में से गलत वर्तनी ज्ञात कीजिए।
एक छण में तुमने सब तबाह कर दिया।
(a) तबाह (b) छण (c) तुमने (d) कर

70 निम्नलिखित प्रश्न में चार विकल्पों में से उस सही विकल्प का चयन करें, जो वाक्यांश के लिए एक शब्द का विकल्प हो।
जिसकी कोई रक्षा नहीं कर रहा हो
(a) अरक्षित (b) अलभ्य
(c) अयाचित (d) अरसिक

71 निम्नलिखित प्रश्न में दिए गए चार विकल्पों में से उस विकल्प का चयन करें, जो दिए गए मुहावरे के अर्थ को सर्वश्रेष्ठ रूप से व्यक्त करता है।
नाक का बाल होना
(a) समस्या हल न होना (b) सुरक्षा कवच होना
(c) जिसे मजबूरन रखना पड़े (d) बहुत प्रिय होना

72 दिए गए वाक्य में उचित देशज-विदेशज शब्द का चयन करके रिक्त स्थान की पूर्ति कीजिए।
...... से मेरे कपड़े निकाल दो।
(a) अलमारी (b) फीता
(c) आलपीन (d) तम्बाकू

73 निम्नलिखित प्रश्न में चार विकल्पों में से उस विकल्प का चयन करें, जो कोष्ठक में दिए गए शब्द के पर्यायवाची शब्द का सही अर्थ नहीं है।
वहाँ उपस्थित सभी व्यक्ति इस सुन्दर-सी वस्तु को पाने के लिए (आकुल) ...... थे।
(a) कशिश (b) विक्षुब्ध
(c) उद्विग्न (d) अधीर

74 दिए गए वाक्य का वह भाग ज्ञात करें, जिसमें कोई त्रुटि है।
मोरनी को रिझाने के लिए पुरुष मोर-नृत्य करता है।
(a) रिझाने के लिए (b) मोरनी को
(c) करता है (d) पुरुष मोर-नृत्य

75 निम्नलिखित प्रश्न में दिए गए चार विकल्पों में से उस विकल्प का चयन करें, जो दिए गए मुहावरे के अर्थ को सर्वश्रेष्ठ रूप से व्यक्त करता है।
सूखकर काँटा होना
(a) पेड़ के पत्ते झड़ना (b) ईर्ष्या वश सेहत खराब करना
(c) अत्यधिक कमजोर हो जाना (d) गरीबी के दिन काटना

निर्देश (प्र. सं. 76-80) *नीचे दिए गए गद्यांश में कुछ शब्द छोड़ दिए गए हैं और प्रत्येक रिक्त स्थान के चार विकल्प दिए गए हैं। इन चारों में से कौन-सा विकल्प रिक्त स्थान की पूर्ति करेगा?*

दुनियाभर में खुदखुशी की (1) .... तेजी से बढ़ रही हैं, लेकिन भारत में आत्महत्याओं का आँकड़ा (2) .... है। लोगों में अवसाद (3) .... बढ़ रहा है, जिसके चलते कुछ लोग आत्महत्या जैसे हृदय (4) .... कदम उठा रहे हैं। विद्यार्थियों की आत्महत्याओं के आँकड़ों पर नजर डालें, तो स्थिति काफी (5) .... है।

76 रिक्त स्थान (1) के लिए सबसे उपयुक्त विकल्प का चयन कीजिए।
(a) घटनाएँ (b) हालत
(c) सौगात (d) बातें

77 रिक्त स्थान (2) के लिए सबसे उपयुक्त विकल्प का चयन कीजिए।
(a) चिन्तामणि (b) परमात्मा
(c) कृपालु (d) चिन्ताजनक

78 रिक्त स्थान (3) के लिए सबसे उपयुक्त विकल्प का चयन कीजिए।
(a) निरन्तर (b) भयानक
(c) धीमे (d) तेज़

79 रिक्त स्थान (4) के लिए सबसे उपयुक्त विकल्प का चयन कीजिए।
(a) दर्दनाक (b) अपेक्षा
(c) हानिकारक (d) विदारक

80 रिक्त स्थान (5) के लिए सबसे उपयुक्त विकल्प का चयन कीजिए।
(a) खुशहाली (b) दुःखी
(c) मूर्खता (d) चिन्ताजनक

उत्तरमाला

1.	(a)	2.	(b)	3.	(c)	4.	(a)	5.	(b)	6.	(d)	7.	(a)	8.	(d)	9.	(b)	10.	(c)
11.	(d)	12.	(b)	13.	(a)	14.	(a)	15.	(c)	16.	(c)	17.	(c)	18.	(d)	19.	(d)	20.	(c)
21.	(a)	22.	(d)	23.	(d)	24.	(b)	25.	(b)	26.	(d)	27.	(c)	28.	(d)	29.	(a)	30.	(c)
31.	(c)	32.	(c)	33.	(c)	34.	(c)	35.	(b)	36.	(d)	37.	(b)	38.	(a)	39.	(a)	40.	(d)
41.	(a)	42.	(a)	43.	(d)	44.	(b)	45.	(a)	46.	(b)	47.	(c)	48.	(d)	49.	(a)	50.	(b)
51.	(d)	52.	(d)	53.	(a)	54.	(a)	55.	(b)	56.	(d)	57.	(d)	58.	(a)	59.	(b)	60.	(a)
61.	(c)	62.	(b)	63.	(b)	64.	(c)	65.	(d)	66.	(c)	67.	(b)	68.	(b)	69.	(b)	70.	(a)
71.	(d)	72.	(a)	73.	(a)	74.	(d)	75.	(c)	76.	(a)	77.	(d)	78.	(a)	79.	(d)	80.	(d)

संकेत एवं हल

1. (a) I. दिया गया समीकरण

$5+6\times2-4\div1=10$

× और ÷ को परस्पर बदलने पर,

$5+6\div2-4\times1=10$

$\Rightarrow \quad 5+3-4=10$

$\Rightarrow \quad 8-4=10$

$\Rightarrow \quad 4\neq10$

II. दिया गया समीकरण

$9\times3-4\div2+5=4$

× और ÷ को परस्पर बदलने पर,

$9\div3-4\times2+5=4$

$\Rightarrow \quad 3-8+5=4$

$\Rightarrow \quad 8-8=4$

$\Rightarrow \quad 0\neq4$

अतः न तो I और न ही II सत्य है।

2. (b) दी गई आकृति शृंखला में प्रत्येक आकृति में बाहरी उप-आकृतियाँ वामावर्त दिशा में घूर्णन कर रही हैं। अतः (?) के स्थान पर विकल्प (b) की आकृति आएगी।

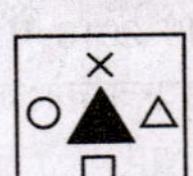

3. (c) दी गई संख्या-शृंखला का क्रम निम्न प्रकार है,

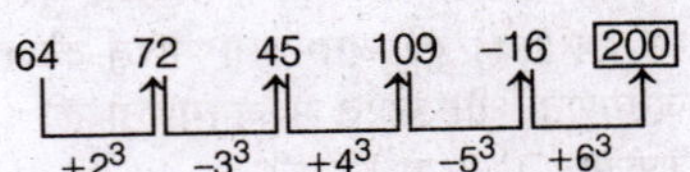

4. (a) दिया है,

व्यंजक H − F × I ÷ J

प्रश्नानुसार,

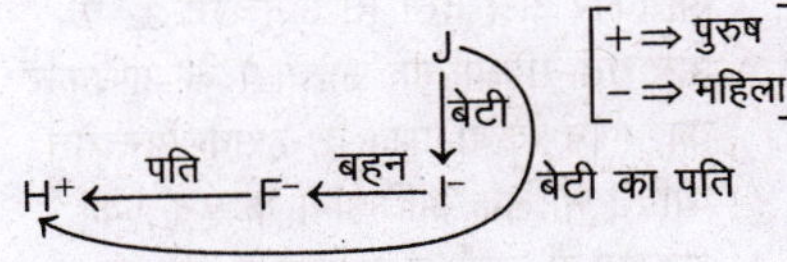

अतः H, J की 'बेटी का पति' है।

5. (b) दी गई आकृति शृंखला में प्रत्येक अगली आकृति 90° वामावर्त दिशा में घूर्णन कर रही है।

अतः (?) के स्थान पर विकल्प (b) की आकृति आएगी।

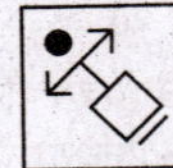

6. (d) दी गई प्रश्न आकृति में, विकल्प (d) की आकृति पैटर्न को पूरा करेगी।

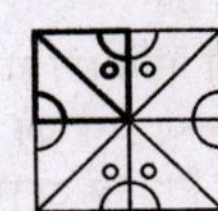

7. (a) दी गई अक्षर शृंखला का क्रम निम्न प्रकार है,

M →(−3) J →(−3) G →(−3) D →(−3) A

Q →(−3) N →(−3) K →(−3) H →(−3) E

R →(−3) O →(−3) L →(−3) I →(−3) F

T →(−3) Q →(−3) N →(−3) K →(−3) H

8. (d) अंग्रेजी शब्दकोश के अनुसार, शब्दों का सही क्रम निम्न होगा

Chance → Chancellor → Change → Channel → Chant

(2) (5) (1) (3) (4)

9. (b) प्रश्नानुसार,

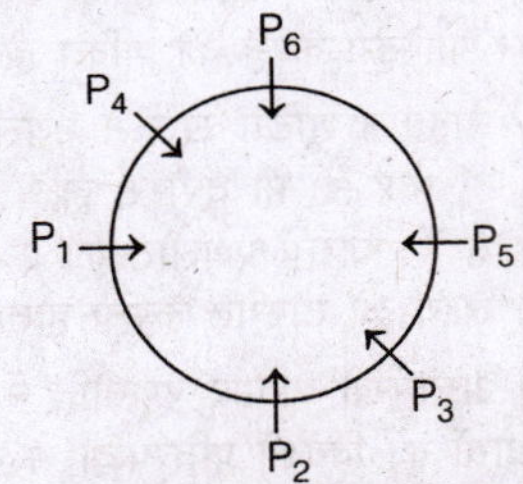

अतः P_1 के ठीक दाईं ओर P_2 बैठा है।

10. (c) जिस प्रकार,

E →(+0) E, R →(+2) T

उसी प्रकार,

S →(+0) S, X →(+2) Z

11. (d) जिस प्रकार,

L →(+4) P, A →(+5) F, S →(+4) W, T →(+5) Y

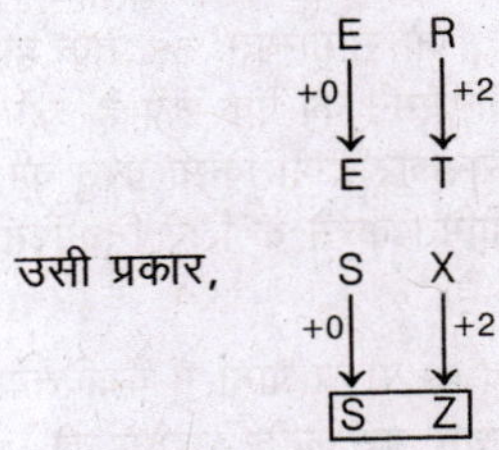

उसी प्रकार,

M →(+4) Q, E →(+5) J, A →(+4) E, N →(+5) S

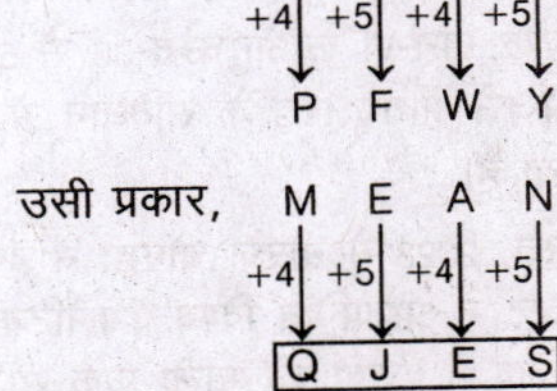

12. (b) दी गई जानकारी के अनुसार,

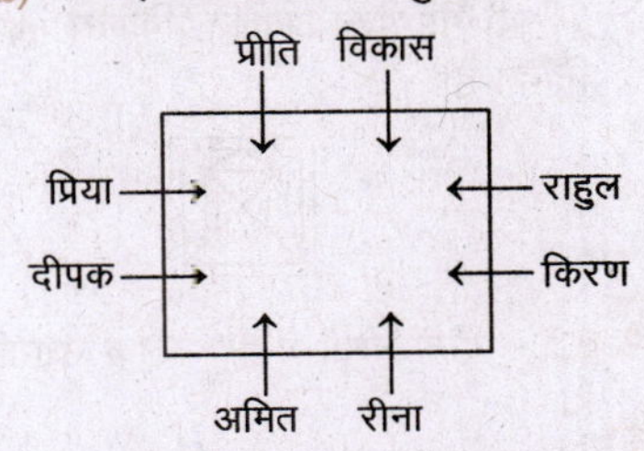

अतः दीपक के ठीक बाईं ओर 'प्रिया' बैठी है।

13. (a) दी गई संख्या-शृंखला का क्रम निम्न प्रकार है,

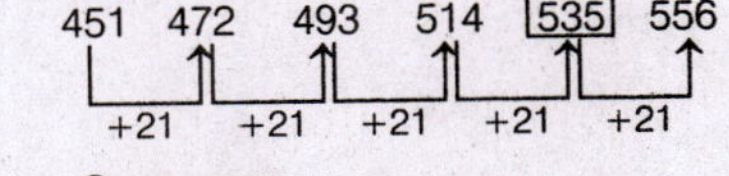

14. (a) जिस प्रकार, B →(−1) A, O →(−2) M

उसी प्रकार, C →(−1) B, P →(−2) N

15. (c) कथनानुसार,

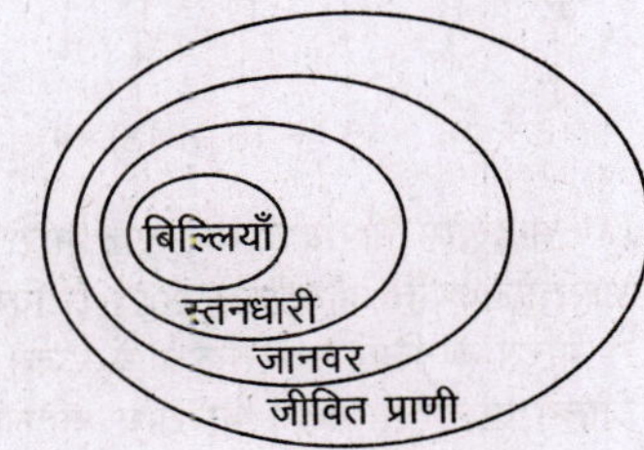

निष्कर्ष I. (✓) II. (✗)

अतः केवल निष्कर्ष I अनुसरण करता है।

16. (c) जिस प्रकार,

67 L 50 M 15 N 6 = 27

L = +, M = −, N = × रखने पर,

$67+50-15\times6=27$

$\Rightarrow \quad 117-90=27$

$\Rightarrow \quad 27=27$

तथा 100 L 50 M 13 N 5 = 85

L = +, M = −, N = × रखने पर,

$100+50-13\times5=85$

$\Rightarrow \quad 150-65=85$

$\Rightarrow \quad 85=85$

उसी प्रकार,

6 L 8 M 4 N 3 = ?

$?=6+8-4\times3$

$=14-12=2$

17. *(c)* दी गई अक्षर शृंखला का सही क्रम निम्न होगा
eeffgghh/eeffgghh/eeffgghh/eeffgghh
अतः 'fhgg' अक्षर शृंखला को पूरा करेंगे।

18. *(d)* दी गई प्रश्न आकृति, विकल्प (d) में निहित है।

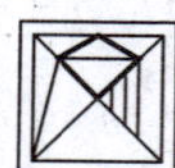

19. *(d)* ∵ दोनों पासों में 'P' फलक उभयनिष्ठ है।

उभयनिष्ठ फलक ⟨ P—Q—R / P—M—T (Q ↕ M, R ↕ T)

अतः फलक 'M' के विपरीत फलक 'Q' होगा।

20. *(c)* जिस प्रकार,

P A G E S
(16 + 1 + 7 + 5 + 19) × 4 = 192

तथा A B O V E
(1 + 2 + 15 + 22 + 5) × 4 = 180

उसी प्रकार,

P R I O R
(16 + 18 + 9 + 15 + 18) × 4 = **304**

21. *(a)* साइखोम मीराबाई चानू एक भारतीय भारोत्तोलक हैं। ओलम्पिक 2021 (टोक्यो में) में भारत के लिए भारोत्तोलन में रजत पदक जीतने वाली वह प्रथम भारतीय महिला हैं।
इसके अतिरिक्त उन्होंने वर्ष 2022 में बर्मिंघम में हुए कॉमनवेल्थ गेम्स में स्वर्ण पदक जीता था। वे मणिपुर की राजधानी इम्फाल की निवासी हैं।

22. *(d)* रिकी केज ने अपना तीसरा ग्रैमी पुरस्कार डिवाइन टाइड्स (Divine Tides) एल्बम के लिए जीता था। रिकी केज ने यह अवॉर्ड प्रसिद्ध ब्रिटिश रॉक बैण्ड 'द पुलिस' के ड्रमर स्टीवर्ट कोपलैण्ड के साथ शेयर किया। रिकी केज ने वर्ष 2015 में पहली बार अपनी एल्बम 'विण्ड्स ऑफ समसारा' के लिए यह अवॉर्ड जीता था। रिकी केज मूल रूप से भारतीय मूल के अमेरिकी निवासी हैं।

23. *(d)* कथकली और मोहिनीअट्टम नृत्य शैली की उत्पत्ति दक्षिण भारतीय राज्य केरल से हुई है। कथकली नृत्य संगीत और अभिनय का मिश्रण है। यह अभिनय के चार पहलू अंगिका, अहार्य, वाचिका और सात्विका का उत्कृष्ट सम्मिश्रण है। मोहिनीअट्टम केरल की महिलाओं द्वारा किया जाने वाला अर्द्ध शास्त्रीय नृत्य है। यह एक एकल नृत्य है, परन्तु वर्तमान समय में इसे समूहों में भी किया जाता है।

24. *(b)* भारतीय संविधान के अनुच्छेद-25 से 28 तक का सम्बन्ध धर्म की स्वतन्त्रता के अधिकार से है। यह अनुच्छेद मूल अधिकार से सम्बन्धित है, जो केवल भारतीय नागरिकों को उपलब्ध है। उल्लेखनीय है कि मूल अधिकारों का वर्णन अनुच्छेद-12 से 35 तक में किया गया है, जिसका उल्लंघन होने पर कोई भी व्यक्ति सीधे उच्चतम न्यायालय और उच्च न्यायालय जा सकता है।

25. *(b)* राष्ट्रीय राजधानी क्षेत्र दिल्ली सरकार (संशोधन) विधेयक, 2023 ने राष्ट्रीय राजधानी सिविल सेवा प्राधिकरण की स्थापना की, जिसमें मुख्यमन्त्री, दिल्ली के मुख्य सचिव और दिल्ली के प्रधान सचिव शामिल हैं। इसके पास दिल्ली में कार्यरत दानिक्स (DANICS) (दिल्ली, अण्डमान-निकोबार, लक्षद्वीप, दमन व द्वीप, दादरा और नगर हवेली सिविल सर्विसेज) और सभी ग्रुप ए अधिकारियों के ट्रान्सफर और पोस्टिंग करने की शक्ति होगी।

26. *(d)* राइफल शूटिंग खेल में एथलीट 10 मी, 25 मी और 50 मी दूरी से लक्ष्य पर निशाना साधते हैं, जिसमें एथलीट को एक कागज से बने लक्ष्य को टारगेट करना होता है।

27. *(c)* अन्तर्मुखी व्यापार रणनीति में घरेलू उद्योगों को विदेशी प्रतिस्पर्द्धा से बचाने के लिए उपयोग की जाने वाली सुरक्षा के दो मुख्य रूप प्रशुल्क और कोटा हैं। प्रशुल्क या टैरिफ, अन्तर्राष्ट्रीय व्यापार में लगाया जाने वाला कर है, जो सामान्यतः 5% तक होते है। कोटा विनियमन का एक रूप है, जो सामान्यतः सरकार द्वारा किसी वस्तु की मात्रा को सीमित करने के लिए निर्धारित किया जाता है।

28. *(d)* अनुच्छेद-43 राज्य ग्रामों में वैयक्तिक या सहकारी आधार पर कुटीर उद्योग को बढ़ावा देने का प्रयास करेगा, यह गाँधीवादी सिद्धान्तों पर आधारित एक निदेशक तत्त्व है। नीति-निदेशक तत्त्व का उल्लेख भारतीय संविधान के भाग-VI के अनुच्छेद-36 से 51 तक है, जिसे आयरलैण्ड के संविधान से लिया गया है।

29. *(a)* अगस्त, 2023 में नीरज चोपड़ा ने हंगरी के बुडापेस्ट में आयोजित विश्व एथलेटिक्स चैम्पियनशिप में पुरुषों की भाला फेंक स्पर्द्धा में स्वर्ण पदक जीतकर इतिहास रच दिया। इसके अतिरिक्त नीरज चोपड़ा ने टोक्यो ओलम्पिक, 2020 में भी गोल्ड मेडल जीता था।

30. *(c)* कार्बन डाइऑक्साइड (CO_2) गैस को ठण्डा और सम्पीडित करने पर, गैस से अतिक्रान्तिक तरल अवस्था में बदला जा सकता है। कार्बन डाइऑक्साइड का क्रिटिकल पाइण्ट 31°C और 74 बार (Bar) होता है। यह परिस्थिति एक बन्द पात्र में आसानी से अर्जित की जा सकती है।
वह खाद्य उत्पाद, दवाई, परफ्यूमरी आदि उद्योगों में उपयोग होता है।

31. *(c)* भारत की नेपाल देश के साथ खुली सीमा है। यह 1751 किमी (1,088.02 मील) लम्बी है, जिसमें हिमालयी भू-भाग एवं सिन्धु-गंगा मैदान सम्मिलित हैं। भारत के पाँच राज्य उत्तराखण्ड, उत्तर प्रदेश, पश्चिम बंगाल, सिक्किम तथा बिहार की सीमा नेपाल से मिलती है।

32. *(c)* कुडनकुलम नाभिकीय ऊर्जा संयन्त्र तमिलनाडु राज्य के कुडन-कुलम में स्थापित किया गया। यह क्षमता के हिसाब से भारत का सबसे बड़ा परमाणु ऊर्जा स्टेशन है। इसका निर्माण कार्य वर्ष 2002 में आरम्भ हुआ तथा वर्ष 2013 में यह चालू हुआ। इस नाभिकीय संयन्त्र को रूस के सहयोग से बनाया गया था।

33. *(c)* वर्ष 2011 की जनगणना के अनुसार, भारत की जनसंख्या 121.1 करोड़ थी, जिसमें 48.5% महिला तथा 51.54% पुरुष थे। वर्ष 2011 की जनगणना भारत की 15वीं जनगणना थी। भारत में जनगणना की शुरुआत 1872 में हुई थी।

34. *(c)* भारतीय संविधान का अनुच्छेद-32 मौलिक अधिकारों को लागू करने के सम्बन्ध में सर्वोच्च न्यायालय को व्यापक मूल अधिकार क्षेत्र देता है। अनुच्छेद-32 के अन्तर्गत संवैधानिक उपचारों के अधिकार का वर्णन किया गया है, इसके अन्तर्गत व्यक्ति मौलिक अधिकारों के हनन की अवस्था में सर्वोच्च न्यायालय की शरण ले सकता है।

35. *(b)* जन औषधि ट्रेन को केन्द्रीय स्वास्थ्य व परिवार कल्याण और रसायन एवं उर्वरक मन्त्री डॉ. मनसुख मण्डाविया तथा रेल, संचार, इलेक्ट्रॉनिक्स व सूचना प्रौद्योगिकी मन्त्री अश्विनी चौबे ने वर्ष 2023 में हरी झण्डी दिखाई थी।
इस ट्रेन का उद्देश्य देश के अलग-अलग क्षेत्रों में जन औषधियों के प्रति जागरुकता पैदा करना है।

36. *(d)* क्रिप्स मिशन वर्ष 1942 में भारत आया था, जिसका उद्देश्य द्वितीय विश्वयुद्ध में भारत का पूर्ण सहयोग प्राप्त करना था। इस मिशन का नेतृत्व स्टैफोर्ड क्रिप्स ने किया था। इसके अन्य दो सदस्य लॉर्ड पैथिक लॉरेन्स और ए. वी. अलेक्जेण्डर थे। भारतीय नेताओं ने क्रिप्स मिशन का विरोध किया, गाँधीजी ने क्रिप्स मिशन को एक उत्तर दिनांकित चेक (Post dated Chaque) कहा था।

37. *(b)* वेदों में सबसे पुराना वेद 'ऋग्वेद' है, जिसकी रचना लगभग 3500 वर्ष पहले हुई थी। वेदों की रचना महर्षि वेदव्यास ने की। इसमें 10 मण्डल, 1028 सुक्त तथा 10,462 ऋचाएँ हैं।

38. *(a)* वर्ष 2011 में एक दिवसीय अन्तर्राष्ट्रीय क्रिकेट विश्व कप की मेजबानी भारत, श्रीलंका तथा बांग्लादेश ने की थी। यह वर्ल्ड कप भारत ने महेन्द्र सिंह धोनी के नेतृत्व में जीता था। वर्ष 2023 के वर्ल्ड कप की मेजबानी भारत ने की, जिसमें ऑस्ट्रेलिया देश ने जीत हासिल की तथा भारत उपविजेता रहा।

39. *(a)* फटोरपा जात्रा और मांडो उत्सव का सम्बन्ध गोवा राज्य से है। फटोरपा जात्रा हिन्दू कैलेण्डर के अनुसार, पौष शुद्ध पंचमी से दशमी तक दिसम्बर या जनवरी के दौरान पाँच दिनों के लिए आयोजित की जाती है। माण्डो एक खूबसूरत नृत्य प्रस्तुति है।

40. *(d)* भारत में वित्तीय वर्ष 1 अप्रैल से 31 मार्च तक लिया जाता है। यह एक वर्ष की अवधि होती है, जिसका उपयोग सरकार एवं कम्पनियाँ वित्तीय योजना एवं बजट बनाने में करती हैं।

41. *(a)* दिया है, 28 संख्याओं का औसत $=110$
प्रत्येक संख्या में B जोड़ने पर औसत $=128$
हम जानते हैं,
प्रत्येक संख्या में यदि x जोड़ा जाए, तो औसत में भी x की वृद्धि होगी।

$\therefore \quad 110+B=128$

$\Rightarrow \quad B=128-110=18$

42. *(a)* दिया है,
लैपटॉप का 25% लाभ पर विक्रय मूल्य $=₹\,35000$

तो लैपटॉप का क्रय मूल्य $=\frac{35000}{125}\times 100$
$=₹\,28000$

अतः अभीष्ट विक्रय मूल्य $=\frac{28000}{100}\times 130$
$=₹\,36400$

43. *(d)* दिया है,
गोले की त्रिज्या $(r)=15$ सेमी
तथा शंकु की त्रिज्या $(R)=\frac{15}{2}$ सेमी
गोले का आयतन = शंकु का आयतन

$\Rightarrow \quad \frac{4}{3}\pi r^3=\frac{1}{3}\pi R^2 h$

$\Rightarrow \quad 4\times(15)^3=\left(\frac{15}{2}\right)^2\times h$

$\Rightarrow \quad 4\times 15=\frac{1}{4}\times h$

$\Rightarrow \quad h=15\times 4\times 4$

$h=240$ सेमी

अतः शंकु की ऊँचाई 240 सेमी है।

44. *(b)* M_1 का 1 दिन का कार्य $=\frac{1}{14}$

M_2 का 1 दिन का कार्य $=\frac{1}{70}$

तथा M_1, M_2 तथा M_3 तीनों का 1 दिन का कार्य $=\frac{1}{7}$

$\therefore$ M_3 का 1 दिन का कार्य $=\frac{1}{7}-\left(\frac{1}{14}+\frac{1}{70}\right)$
$=\frac{1}{7}-\frac{6}{70}=\frac{4}{70}=\frac{2}{35}$

अतः M_3 अकेले उस कार्य को 17.5 दिन में पूरा करेगा।

वैकल्पिक विधि

$M_1=14$ — 5
$M_2=70$ — 1 → 70
$M_1+M_2+M_3=7$ — 10

M_3 की क्षमता $=10-(5+1)=4$

तो, अभीष्ट समय $=\frac{70}{4}=17.5$ दिन

45. *(a)* माना वस्तु का क्रय मूल्य $=₹\,100$
तो वस्तु का अंकित मूल्य $=₹\,125$

$\therefore$ अभीष्ट प्रतिशत $=\frac{25}{125}\times 100=20\%$

46. *(b)* दिया है,
$555+44\times 2\div 11-25\times 3$
BODMAS के नियमानुसार,
$555+\frac{44\times 2}{11}-75$
$=555+8-75$
$=563-75=488$

47. *(c)* प्रत्येक फूलों की क्यारी का क्षेत्रफल
= 70, 84 और 112 का म.स.
$=14$ मी^{2}

दिया है,
क्यारी की लम्बाई $=7$ मी

$\therefore$ क्यारी की चौड़ाई $=\frac{\text{क्षेत्रफल}}{\text{लम्बाई}}$
$=\frac{14}{7}=2$ मी

48. *(d)* माना चतुर्थ समानुपाती $=a$
दिया है, $x=2$

$\frac{4\times 2}{4+2}=\frac{3\times 2-1}{a}$

$\Rightarrow \quad \frac{8}{6}=\frac{6-1}{a}$

$\Rightarrow \quad \frac{4}{3}=\frac{5}{a}$

$\Rightarrow \quad a=\frac{15}{4}$

अतः चतुर्थ समानुपाती $\frac{15}{4}$ है।

49. *(a)* प्रश्नानुसार,
जमा की गई कुल राशि (मूलधन) $=\$1200$
4 वर्ष बाद,
प्राप्त कुल राशि (मिश्रधन) $=\$1400$
कुल प्राप्त ब्याज (4 वर्षों में)
$=(\$1400-1200)=\$200$

1 वर्ष में प्राप्त ब्याज $=\$50$

तो, ब्याज दर $=\frac{50}{1200}\times 100$
$=4.166\%$

अतः अभीष्ट ब्याज दर $=4.17\%$

50. *(b)* $\because$ भिन्न का ल.स. $=\frac{\text{अंश का ल.स.}}{\text{हर का म.स.}}$

$\therefore \quad \frac{9}{4},\frac{21}{10},\frac{63}{20}$ का ल.स.
$=\frac{(9,21,63)\text{ का ल.स.}}{(4,10,20)\text{ का म.स.}}=\frac{63}{2}$

51. *(d)* दिया है,
पहली रेलगाडी की लम्बाई $=390$ मी
दूसरी रेलगाड़ी की लम्बाई $=250$ मी
पहली रेलगाडी की चाल $=78$ किमी/घण्टा
दूसरी रेलगाड़ी की चाल $=66$ किमी/घण्टा
$\because$ रेलगाड़ी विपरीत दिशा में चल रही है

$\therefore$ सापेक्ष चाल $=78+66$
$=144$ किमी/घण्टा
$=144\times\frac{5}{18}$ मी/से
$=40$ मी/से

$\therefore$ कुल दूरी $=390+250$
$=640$ मी

अतः अभीष्ट समय $=\frac{640}{40}=16$ सेकण्ड

52. *(d)* हम जानते हैं,

$$A=P\left(1+\frac{r}{200}\right)^{2n}$$

[जब ब्याज अर्द्धवार्षिक हो]

$= 15000\left(1+\frac{30}{200}\right)^2$

$= \frac{15000 \times 23 \times 23}{20 \times 20} =$ ₹ 19837.5

अतः 1 वर्ष बाद भुगतान की जाने वाली राशि ₹ 19837.5 है।

53. *(a)* दिया है, $x : y = 7 : 2$

$\therefore$ $x = 7, y = 2$ रखने पर,

$\frac{(7x+4y)}{(7x-4y)} = \frac{(7 \times 7 + 4 \times 2)}{(7 \times 7 - 4 \times 2)}$

$= \frac{49+8}{49-8} = \frac{57}{41} = 57 : 41$

54. *(a)* माना समूह में छात्रों की संख्या $= n$

n छात्रों का औसत भार = 44 किग्रा

तथा n छात्रों का कुल भार $= (44 \times n)$ किग्रा

प्रश्नानुसार,

$\therefore$ नया औसत भार $= \frac{44n - 40 + 34}{n}$

$\Rightarrow 44n - 6 = 43.4 \times n$

$\Rightarrow 44n - 43.4n = 6$

$\Rightarrow 0.6n = 6$

$\therefore n = 10$

अतः समूह में 10 छात्र हैं।

55. *(b)* दिया है,

P को किसी कार्य को करने में लगने वाला समय = 14 दिन

P का 1 दिन का कार्य $= \frac{1}{14}$

$\therefore P$ का 4 दिन का कार्य $= 4 \times \frac{1}{14} = \frac{2}{7}$

अतः अभीष्ट मान $= \frac{2}{7}$

56. *(d)* दिया है,

$[36 - (48 \times 7 \div 16) - (19 + 3 - 24)]$

BODMAS के नियम अनुसार,

$[36 - \frac{48 \times 7}{16} - (22 - 24)]$

$= [36 - 21 - (-2)]$

$= [36 - 21 + 2]$

$= [38 - 21] = 17$

57. *(d)* माना संख्या $= x$

प्रश्नानुसार, $x \times \frac{90}{100} \times \frac{30}{100} = 1188$

$\Rightarrow x = \frac{1188 \times 100}{9 \times 3}$

$\Rightarrow x = \frac{1188 \times 100}{27}$

$\Rightarrow x = 44 \times 100$

$\therefore x = 4400$

58. *(a)* दिया है,

वस्तु का अंकित मूल्य = ₹ 9600

वस्तु का विक्रय मूल्य = ₹ 6336

कुल छूट = 9600 − 6336 = ₹ 3264

$\therefore$ छूट प्रतिशत $= \frac{3264}{9600} \times 100 = 34\%$

59. *(b)* प्रश्नानुसार,

$R_2 = \frac{5600 \times 150}{100} = 8400$

तथा $R_1 = \frac{8400 \times 87}{100} = 7308$

60. *(a)* दिया है,

मोबाइल का क्रय मूल्य = ₹ 4000

मरम्मत पर खर्च = ₹ 500

कुल क्रय मूल्य = ₹ 4500

विक्रय मूल्य = ₹ 5000

कुल लाभ = 5000 − 4500 = ₹ 500

लाभ प्रतिशत $= \frac{500}{4500} \times 100 = 11.11\%$

61. *(c)* दिए गए रिक्त स्थान की पूर्ति के लिए सही जातिवाचक संज्ञा वाला विकल्प 'गाड़ियाँ' है। अन्य विकल्प असंगत हैं।

62. *(b)* दिए गए वाक्य में कोष्ठक में दिए शब्द 'आतुर' का सही पर्यायवाची 'इच्छुक' है। अन्य विकल्प असंगत हैं।

63. *(b)* 'किसी व्यक्ति या सिद्धान्त का समर्थन करने वाला' वाक्यांश के लिए एक उचित शब्द 'अनुयायी' है। अन्य विकल्प असंगत हैं।

64. *(c)* दिए गए वाक्य में कोष्ठक शब्द 'एकाग्र' का विलोम शब्द 'चंचल' है। अन्य विकल्प असंगत हैं।

65. *(d)* दिए गए रिक्त स्थान की पूर्ति के लिए उचित शब्द 'हल' है। अतः पूर्ण वाक्य इस प्रकार है– बात करने से बड़े-बड़े मसले, अन्तर्राष्ट्रीय समस्याएँ तक हल हो जाती हैं।

66. *(c)* दिए गए वाक्य 'इनका तो जन्मों-जन्मों का साथ है।' में निरर्थक शब्द 'जनमों' है। सही वाक्य है– इनका तो जन्मों-जन्मों का साथ हैं। अन्य विकल्प असंगत हैं।

67. *(b)* 'पृथ्वी से निर्मित' वाक्यांश के लिए एक उचित विकल्प 'पार्थिव' है। पृथ्वी से निर्मित या पृथ्वी से जुड़ा हुआ अथवा सम्बद्ध होता है, पार्थिव कहलाता है। अन्य विकल्प असंगत हैं।

68. *(b)* दिए गए वाक्य में रेखांकित शब्द अर्पण का विलोम शब्द 'ग्रहण' होता है। अन्य विकल्प असंगत हैं।

69. *(b)* 'एक छण में तुमने सब तबाह कर दिया।' दिए गए वाक्य में 'छण' अशुद्ध वर्तनी का शब्द है। सही वर्तनी 'क्षण' है। अन्य विकल्प असंगत हैं।

70. *(a)* 'जिसकी कोई रक्षा नहीं कर रहा हो' वाक्यांश के लिए सबसे उपयुक्त शब्द 'अरक्षित' होगा। अन्य विकल्प असंगत हैं।

71. *(d)* 'नाक का बाल होना' मुहावरे का अर्थ है–प्रिय व्यक्ति होना।

वाक्य प्रयोग राजकुमारी राजा जयसिंह के लिए नाक का बाल थी।

72. *(a)* रिक्त स्थान की पूर्ति के लिए उचित देशज-विदेशज शब्द वाला विकल्प 'अलमारी' है। अन्य विकल्प असंगत हैं।

73. *(a)* दिए गए वाक्य में कोष्ठक शब्द 'आकुल' का पर्यायवाची 'कशिश' नहीं है। जबकि अन्य सभी विकल्प विक्षुब्ध, उद्विग्न व अधीर 'आकुल' के पर्यायवाची शब्द हैं।

74. *(d)* दिए गए वाक्य में पुरुष मोर-नृत्य वाक्यांश में त्रुटि है। अतः सही वाक्य है– मोरनी को रिझाने के लिए नर मोर नृत्य करता है।

75. *(c)* सूखकर काँटा होना मुहावरे का अर्थ है– अत्यधिक कमजोर हो जाना।

वाक्य प्रयोग राधा श्याम के वियोग में सूखकर काँटा हो गई।

76. *(a)* रिक्त स्थान (1) के लिए सबसे उपयुक्त शब्द 'घटनाएँ' होगा।

अतः पूर्ण वाक्य है–दुनियाभर में खुदखुशी की घटनाएँ तेजी से बढ़ रही हैं।

77. *(d)* रिक्त स्थान (2) की पूर्ति के लिए सबसे उपयुक्त विकल्प 'चिन्ताजनक' है। अतःपूर्ण वाक्य है– भारत में आत्महत्याओं का आँकड़ा चिन्ताजनक है।

78. *(a)* रिक्त स्थान (3) की पूर्ति के लिए सबसे उपयुक्त शब्द 'निरन्तर' है। अतः पूर्ण वाक्य है–लोगों में अवसाद निरन्तर बढ़ रहा है।

79. *(d)* रिक्त स्थान (4) के लिए सबसे उपयुक्त शब्द 'विदारक' है। पूर्ण वाक्य इस प्रकार है– कुछ लोग आत्महत्या जैसे हृदय विदारक कदम उठा रहे हैं।

80. *(d)* रिक्त स्थान (5) की पूर्ति के लिए सबसे उपयुक्त विकल्प 'चिन्ताजनक' है। अतः पूर्ण वाक्य है–विद्यार्थियों की आत्महत्याओं के आँकड़ों पर नजर डालें, तो स्थिति काफी चिन्ताजनक है।

23 फरवरी 2024
(शिफ्ट II)

सॉल्वड पेपर 2024

SSC कांस्टेबल (जीडी) सेट 14

भाग-I सामान्य बुद्धिमत्ता एवं तर्कशक्ति

1 निम्नलिखित प्रश्न में, तीन कथन और उसके बाद दो निष्कर्ष I और II दिए गए हैं। दिए गए कथनों को सत्य मानते हुए, चाहे वे सामान्यतः ज्ञात तथ्यों से भिन्न प्रतीत होते हों, निश्चय कीजिए कि दिए गए निष्कर्षों में से कौन-सा निष्कर्ष कथनों का तार्किक रूप से अनुसरण करता है।

कथन कुछ रेलगाड़ियाँ, कार हैं।
कुछ कार, ट्रक हैं।
कुछ ट्रक, जहाज हैं।

निष्कर्ष
I. कुछ रेलगाड़ियाँ, जहाज हैं।
II. कुछ जहाज, कार नहीं हैं।

(a) केवल निष्कर्ष I अनुसरण करता है
(b) निष्कर्ष I और II दोनों अनुसरण करते हैं
(c) केवल निष्कर्ष II अनुसरण करता है
(d) न तो निष्कर्ष I और न ही II अनुसरण करता है

2 एक निश्चित कूटभाषा में, 'IDC' को '216' लिखा जाता है और 'JBH' को '320' लिखा जाता है। उसी कूटभाषा में 'GOF' को कैसे लिखा जाएगा?

(a) 1290 (b) 1180
(c) 1200 (d) 1260

3 दिए गए विकल्पों में से किन दो चिह्नों को आपस में बदलने पर, निम्नलिखित समीकरण सही होगा?

$5 - 2 \div 4 + 9 \times 3 = 0$

(a) = और × (b) + और −
(c) − और ÷ (d) × और ÷

4 यदि एक दर्पण को रेखा AB पर रखा जाए, तो विकल्प आकृतियों में से कौन-सी आकृति प्रश्न आकृति का सही प्रतिबिम्ब होगी?

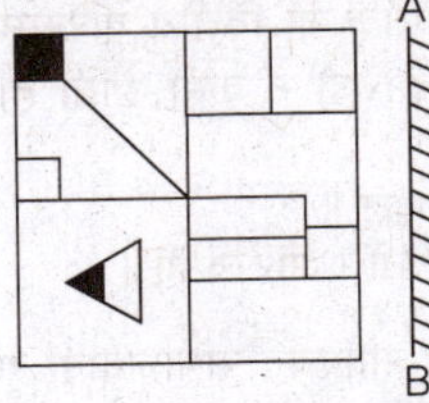

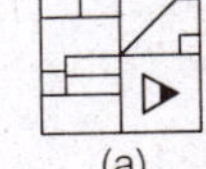
(a)

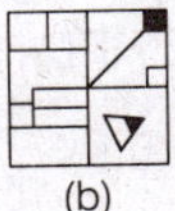
(b)

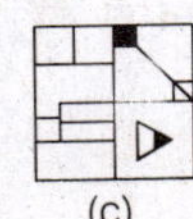
(c)

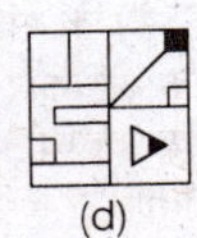
(d)

5 एक लड़के की ओर इशारा करते हुए सुनीता ने कहा, ''वह मेरे पति की बेटी की बहन का बेटा है।'' उस लड़के के पिता का सुनीता से क्या सम्बन्ध है?

(a) बेटी का बेटा
(b) बेटी का पति
(c) बेटा
(d) भाई

6 पाँच मित्र P, B, C, G और H एक वृत्ताकार मेज के चारों ओर केन्द्र की ओर मुख करके बैठे हैं। H, C के ठीक दाईं ओर बैठा है। B, H के बाईं ओर से तीसरे स्थान पर बैठा है। P, C का निकटतम पड़ोसी नहीं है। H के ठीक दाईं ओर कौन बैठा है?

(a) B (b) G
(c) C (d) P

7 निम्नलिखित विकल्पों में से उस विकल्प का चयन कीजिए, जो पाँचवें शब्द से ठीक उसी प्रकार सम्बन्धित है। जिस प्रकार चौथा शब्द, तीसरे शब्द से सम्बन्धित है और दूसरा शब्द, पहले शब्द से सम्बन्धित है।

अन्नानास : फल :: स्प्राइट : पेय :: एवोकाडो : ?

(a) सब्जी (b) अनाज
(c) मिठाई (d) फल

8 निम्नलिखित में से कौन-सी संख्या दी गई श्रृंखला में प्रश्नचिह्न (?) के स्थान पर आएगी?

52, 49, 45, 40, 34, 27, ?

(a) 15 (b) 17
(c) 18 (d) 19

9 दिए गए विकल्पों में से उस आकृति का चयन कीजिए, जो आकृति श्रृंखला में प्रश्नचिह्न (?) के स्थान पर आएगी?

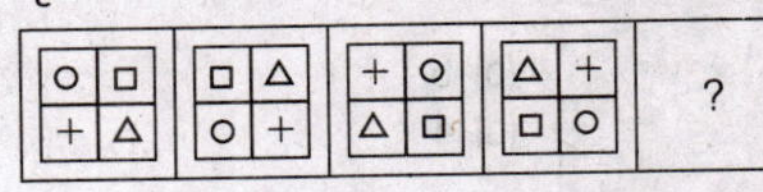

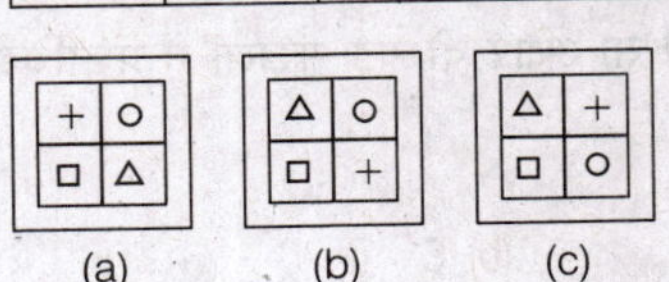

10 एक निश्चित कूटभाषा में, 'POLISH' को 'FSGLMP' लिखा जाता है। उसी कूटभाषा में, 'PRAISE' को कैसे लिखा जाएगा?

(a) CSGPAP (b) CGSAPP
(c) CSGAPO (d) CSGAPP

11 दिए गए विकल्पों में से उस आकृति का चयन कीजिए। जिसे दी गई आकृति श्रृंखला में प्रश्नचिह्न (?) के स्थान पर रखा जा सकता है।

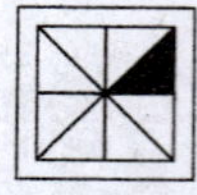
(a)
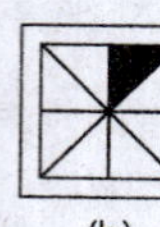
(b)
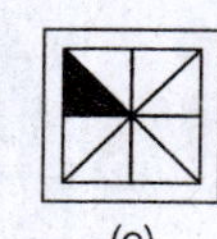
(c)
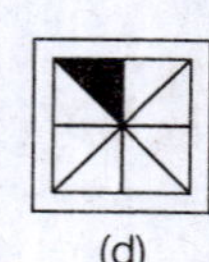
(d)

12 निम्नलिखित में से अक्षरों का कौन-सा समूह क्रमबद्ध रूप से बाईं से दाईं ओर रखे जाने पर नीचे दी गई श्रृंखला को पूरा करेगा?
xy_yzxyyyzxyy_zxyyyz_yyy_
(a) yyxz (b) yxyx
(c) zzyy (d) yzyy

13 निम्नलिखित प्रश्न में, दिए गए विकल्पों में से सम्बन्धित अक्षरों का चयन कीजिए।
TGX : SFW :: BOR : ?
(a) NMN (b) SUY
(c) ZXY (d) ANQ

14 दिए गए शब्दों को अंग्रेजी वर्णमाला के क्रम में व्यवस्थित कीजिए।
1. HEIGHT 2. HINGE 3. HORSE
4. HATE 5. HUSTLE
(a) 4, 5, 3, 2, 1 (b) 4, 1, 2, 5, 3
(c) 4, 3, 2, 1, 5 (d) 4, 1, 2, 3, 5

15 सात लड़कियाँ P, Q, R, S, T, U और V एक वृत्ताकार मेज के चारों ओर केन्द्र से बाहर की ओर मुख करके बैठी हैं (परन्तु जरूरी नहीं कि वे इसी क्रम में बैठी हों)। P, Q और R दोनों की निकटतम पड़ोसी है। S न तो R और न ही T की निकटतम पड़ोसी है। V, T और U दोनों की निकटतम पड़ोसी है। V, S के दाईं ओर से दूसरे स्थान पर बैठी है। S के ठीक बाईं ओर कौन बैठी है?
(a) V (b) Q
(c) U (d) P

16 नीचे एक पासे की दो स्थितियाँ दी गई हैं। '1' वाले फलक के विपरीत फलक पर निम्नलिखित विकल्पों में से क्या आएगा?

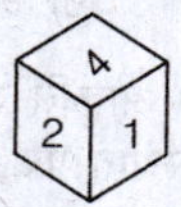

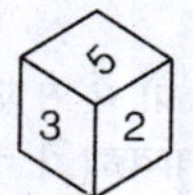

(a) 6 (b) 5
(c) 3 (d) 4

17 निम्नलिखित में से कौन-सा अक्षर दी गई श्रृंखला में प्रश्नचिह्न (?) के स्थान पर आएगा?
H, I, L, Q, X, ?
(a) E (b) C
(c) A (d) G

18 निम्नलिखित प्रश्न में दिए गए विकल्पों में से श्रृंखला से लुप्त संख्या का चयन कीजिए।
104, 126, 148, 170, 192, ?
(a) 218 (b) 213
(c) 214 (d) 210

19 यदि 8 R 4 S 3 T 2 = 31 और 19 R 11 S 30 T 8 = 187, तो 6 R 3 S 8 T 5 = ?
(a) 15 (b) 18
(c) 21 (d) 20

20 नीचे एक ही पासे की तीन स्थितियाँ दी गई हैं। 'D' वाले फलक के विपरीत फलक पर निम्नलिखित विकल्पों में से क्या आएगा?

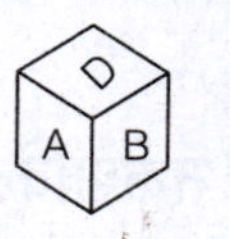

(a) F (b) A (c) B (d) C

भाग-II सामान्य ज्ञान

21 रण उत्सव .... के अद्‌भुत क्षेत्र की प्राकृतिक सुन्दरता और अन्य प्रसिद्ध पर्यटन स्थलों को बढ़ावा देता है। सर्दियों के मौसम में पूर्णिमा की रात के दौरान, सफेद रेत का रेगिस्तान और भी मनमोहक लगता है।
(a) मालाबार (b) ओडिशा
(c) कच्छ (d) अण्डमान

22 द्रव बहते हैं और आकृति बदलते हैं, वे दृढ़ नहीं होते हैं और इसलिए उन्हें .... भी कहा जाता है।
(a) तरलीकृत (b) तरल
(c) मिश्रण (d) विलयन

23 तीव्र आर्थिक विकास के कारण निम्नलिखित में से किस वर्ष से भारत की गरीबी में अत्यधिक कमी आने लगी?
(a) 1991 (b) 1993 (c) 1994 (d) 1992

24 द्वितीय एंग्लो-बर्मी युद्ध किस वर्ष लड़ा गया था?
(a) 1852 (b) 1652 (c) 1552 (d) 1752

25 भारत में वर्ष 2010 के राष्ट्रमण्डल खेल .... में आयोजित किए गए थे।
(a) नई दिल्ली (b) चण्डीगढ़
(c) लखनऊ (d) मुम्बई

26 सरकार के व्यय के वर्गीकरण के सम्बन्ध में निम्नलिखित में से कौन-सा कथन सही है?
I. राजस्व व्यय केन्द्र सरकार की भौतिक या वित्तीय सम्पत्तियों के निर्माण के अतिरिक्त अन्य उद्‌देश्यों के लिए किया गया व्यय है।
II. पूँजीगत व्यय के परिणामस्वरूप भौतिक या वित्तीय परिसम्पत्तियों का निर्माण होता है या वित्तीय देनदारियों में कमी आती है।
कूट
(a) केवल I (b) केवल II
(c) I और II दोनों (d) न तो I और न ही II

27 .... की अवधारणा तत्कालीन सोवियत समाजवादी गणराज्य संघ (USSR) के संविधान से ली गई है।
(a) मौलिक अधिकार
(b) मौलिक कर्त्तव्य
(c) प्रस्तावना
(d) मौलिक कर्त्तव्य और मौलिक अधिकार दोनों

28 भारतीय संविधान के निम्नलिखित में से किस अनुच्छेद में सर्वोच्च न्यायालय को अभिलेख न्यायालय के रूप में वर्णित किया गया है?
(a) अनुच्छेद-127 (b) अनुच्छेद-123
(c) अनुच्छेद-129 (d) अनुच्छेद-125

29 डिजिटल व्यक्तिगत डेटा संरक्षण विधेयक, 2023 के सम्बन्ध में निम्नलिखित में से कौन-सा कथन सही है?
I. यह विधेयक भारत के डिजिटल व्यक्तिगत डेटा के उस प्रसंस्करण पर लागू होगा, जो डेटा को ऑनलाइन या ऑफलाइन एकत्रित करके डिजिटलीकृत करता है।
II. यह भारत के बाहर ऐसे प्रसंस्करण पर भी लागू होगा, जो भारत में वस्तुएँ या सेवाएँ प्रदान करने के लिए हो।

कूट
(a) केवल I (b) केवल II
(c) I और II दोनों (d) न तो I और न ही II

30 बारहवीं पंचवर्षीय योजना के लिए विकास दर लक्ष्य.............था।
(a) 7% (b) 6%
(c) 5% (d) 8%

31 भारतीय खिलाड़ी शैफाली वर्मा निम्नलिखित में से कौन-सा खेल खेलती हैं?
(a) हॉकी (b) वॉलीबॉल
(c) बैडमिण्टन (d) क्रिकेट

32 स्वतन्त्रता के समय देश की लगभग............प्रतिशत जनसंख्या कृषि पर निर्भर थी।
(a) 40 (b) 20
(c) 75 (d) 90

33 निम्नलिखित में से किस देश ने 'सुल्तान ऑफ जोहोर कप, 2023' की मेजबानी की?
(a) सिंगापुर (b) भारत
(c) कम्बोडिया (d) मलेशिया

34 मौर्य साम्राज्य का अन्तिम शासक निम्नलिखित में से कौन था?
(a) बृहद्रथ (b) चन्द्रगुप्त मौर्य
(c) अशोक (d) बिन्दुसार

35 भारत के 50वें मुख्य न्यायाधीश के रूप में किसने शपथ ली?
(a) कपिल सिब्बल (b) किरण रिजिजू
(c) यू.यू ललित (d) डी.वाई. चन्द्रचूड़

36 2011 की जनगणना के अनुसार, निम्नलिखित में किस राज्य की जनसंख्या वृद्धि सबसे अधिक है?
(a) मध्य प्रदेश (b) उत्तर प्रदेश
(c) मेघालय (d) बिहार

37 निम्नलिखित में से कौन-सा नृत्य कर्नाटक के कुरुबा पुरुषों द्वारा किया जाता है?
(a) बागरुम्बा (b) छउ
(c) फुगड़ी (d) डोल्लू कुनिठा

38 निम्नलिखित में से कौन ताल वाद्ययन्त्र तबला बजाने के लिए प्रसिद्ध हैं?
(a) अली अहमद हुसैन (b) अयोध्या प्रसाद
(c) बिस्मिल्लाह खान (d) अल्ला रक्खा

39 बजट 2023-24 में भारत सरकार ने कितनी प्राथमिकताएँ अपनाई हैं?
(a) पाँच (b) छः
(c) सात (d) नौ

40 किस भारतीय नृत्य कलाकार ने स्ट्रिंग कठपुतली के लिए वर्ष 2018 में संगीत नाटक अकादमी पुरस्कार जीता है?
(a) अनुपमा होस्केरे (b) डॉ. अरुणा मोहन्ती
(c) तपन कुमार पटनायक (d) सुरूपा सेन

भाग-III गणित

41 $0.\bar{5} + 0.\bar{3}$ का मान क्या है?
(a) $\frac{3}{4}$ (b) $\frac{8}{9}$
(c) $\frac{2}{3}$ (d) $\frac{7}{9}$

42 एक विक्रेता अपने माल को क्रय मूल्य से 40% अधिक मूल्य पर अंकित करता है। यदि वह 30% की छूट देता है, तो हानि प्रतिशत कितना है?
(a) 2.5% (b) 2%
(c) 1.5% (d) 3%

43 एक परीक्षा में नवीन को 21% अंक प्राप्त हुए और वह 25 अंकों से अनुत्तीर्ण हो गया। यदि उसे 46% अंक मिलते हैं, तो वह 5 अंकों से अनुत्तीर्ण हो जाता है। परीक्षा के अधिकतम अंक कितने है?
(a) 60 (b) 100 (c) 120 (d) 80

44 अंकित मूल्य का $\frac{1}{4}$, विक्रय मूल्य के $\frac{2}{3}$ के बराबर है। छूट प्रतिशत कितना है?
(a) 50% (b) 60% (c) 65% (d) 62.5%

45 $11\frac{1}{2} + 12\frac{1}{2} + 13\frac{1}{2} + 14\frac{1}{2}$ का मान कितना है?
(a) 52 (b) 50 (c) 49 (d) 57

46 निम्नलिखित में से कौन-सी संख्या 8 से विभाज्य नहीं है?
(a) 6032 (b) 5968
(c) 5896 (d) 6044

47 पंकज ने दो बाइक खरीदी, पहली बाइक ₹ 24000 में और दूसरी बाइक ₹ 20000 में, उसने पहली बाइक को 20% के लाभ पर और दूसरी बाइक को 30% की हानि पर बेचा। कुल लाभ या हानि क्या है?
(a) लाभ ₹ 1400 (b) हानि ₹ 1200
(c) हानि ₹ 1400 (d) लाभ ₹ 1200

48 विक्रय मूल्य और क्रय मूल्य का अनुपात 7 : 11 है। हानि प्रतिशत कितना है?
(a) 33.33% (b) 27.58%
(c) 36.36% (d) 35.08%

49 120 लीटर के एक मिश्रण में पानी और दूध का अनुपात क्रमशः 5 : 7 है। मिश्रण में पानी और दूध का अनुपात क्रमशः 1 : 1 करने के लिए मिश्रण में कितना पानी मिलाना होगा?
(a) 15 लीटर (b) 10 लीटर
(c) 20 लीटर (d) 25 लीटर

50 गौरव, शम्भू से चार गुना अधिक कुशल है। गौरव को एक कार्य पूरा करने में शम्भू से 67.5 दिन कम लगते हैं। यदि वे दोनों एकसाथ मिलकर कार्य करते हैं, तो वही कार्य कितने दिनों में पूरा होगा?
(a) 90 दिन (b) 25 दिन
(c) 18 दिन (d) 55 दिन

51 ₹ 17600 को राजा, राम और मोहन के बीच क्रमशः 6 : 7 : 9 के अनुपात में बाँटा जाता है। इसमें मोहन का हिस्सा कितना है?
(a) ₹ 5600 (b) ₹ 7200
(c) ₹ 4800 (d) ₹ 4000

52 एक समचतुर्भुज के विकर्ण क्रमशः 10 सेमी और 30 सेमी हैं। समचतुर्भुज का क्षेत्रफल कितना है?
(a) 150 सेमी^{2} (b) 75 सेमी^{2}
(c) 100 सेमी^{2} (d) 105 सेमी^{2}

53 $14 - 3 \times (5 + 2) \div 4$ का मूल्यांकन कीजिए।
(a) 6.29 (b) 8.75
(c) 5.72 (d) 11.36

54 तीन संख्याओं x, y और z का औसत 54 है। x, y और z के औसत से 10 अधिक है। y, y और z के औसत से 12 अधिक है। x और z के बीच का अन्तर कितना है?
(a) 22 (b) 24
(c) 26 (d) 18

55 यदि P, Q से 15% कम है, तो Q, P से कितने प्रतिशत अधिक है?
(a) 15.46% (b) 18.44%
(c) 16.64% (d) 17.64%

56 अविनाश, बिपिन से ग्यारह गुना तेजी से एक मशीन बना सकता है और मशीन बनाने में उसे बिपिन से 100 दिन कम का समय लगता है। अविनाश और बिपिन अकेले-अकेले तौर पर कितने दिनों में मशीन बना सकते हैं?
(a) 20 और 120 दिन (b) 15 और 105 दिन
(c) 15 और 115 दिन (d) 10 और 110 दिन

57 ₹ 72000 के मूलधन पर 3 वर्षों के लिए 16% वार्षिक की दर से चक्रवृद्धि ब्याज (वार्षिक रूप से संयोजित) कितना होगा?
(a) ₹ 36574.31 (b) ₹ 40384.51
(c) ₹ 38245.22 (d) ₹ 42248.64

58 यदि 24, 28, 27, 23, D और E का औसत 29 है, तो D और E का औसत क्या है?
(a) 37 (b) 36
(c) 35 (d) 38

59 साधारण ब्याज पर एक निश्चित धनराशि 2.5 वर्षों में ₹ 1060 और 1 वर्ष में ₹ 1000 हो जाती है। वार्षिक ब्याज दर कितनी है?
(a) 5.28% (b) 5.45%
(c) 4.17% (d) 6.28%

60 एक निश्चित दूरी, एक निश्चित चाल से तय की जाती है। यदि इस दूरी की दोगुनी दूरी छः गुना समय में तय की जाती है, तो दोनों चालों का अनुपात ज्ञात कीजिए।
(a) 3 : 4 (b) 3 : 1
(c) 2 : 1 (d) 4 : 5

भाग-IV सामान्य हिन्दी

61 दिए गए वाक्य में रेखांकित शब्द का तद्भव शब्द ज्ञात कीजिए।
उलूक रात को ही जागता है।
(a) ऊन (b) चिड़िया
(c) उज्ज्वल (d) उल्लू

62 दिए गए वाक्यांश के लिए सार्थक शब्द ज्ञात कीजिए।
नगर में रहने वाला
(a) नौकर (b) नगरवधू
(c) नागरिक (d) लहरी

63 दिए गए वाक्य में रेखांकित शब्द का विलोम शब्द ज्ञात कीजिए।
सोहन कायर की तरह भाग गया।
(a) विवेक (b) वीर
(c) चतुर (d) पतन

64 दिए गए विकल्पों में से शुद्ध वर्तनी वाले विकल्प का चयन करें।
(a) प्रकृति स्वभाव से प्राणियों की सहचरी रही है
(b) धरती को सुरक्षित रखना जरूरी है
(c) इस समस्या का समाधान निकालना पड़ेगा
(d) प्रदूषण वातावरण को दूषित करता है

65 निम्नलिखित प्रश्न में चार विकल्पों में से उस विकल्प का चयन करें, जो दिए गए मुहावरे का उचित अर्थ है
तिनके का सहारा
(a) थोड़ी-सी मदद (b) प्रभाव जमाना
(c) बहुत थक जाना (d) अड़चन डालना

66 निम्नलिखित प्रश्न में उस विकल्प का चयन करें, जो रिक्त स्थान के लिए सही हो
भारत के सन्तों, फकीरों तथा साहित्यकारों ने सदा साम्प्रदायिक एकता का सन्देश तथा……… दिया है।
(a) उपदेश (b) परदेश
(c) भाषण (d) विदेश

67 निम्नलिखित प्रश्न में चार विकल्पों में से उस विकल्प का चयन करें, जो कोष्ठक में दिए गए शब्द के पर्यायवाची शब्द का सही विकल्प है।
मेरी माताजी का (चेहरा)……… बहुत ही सुन्दर है।
(a) कानन (b) आनन
(c) अंचल (d) वंटन

68 दिए गए वाक्य में रेखांकित शब्दों के लिए सही शब्दों वाले विकल्प का चयन करें
खबर सुनकर मैं विस्मय हो गया।
(a) परिवर्तन की आवश्यकता नहीं है।
(b) खबर सुनकर मैं विस्मित हो गया।
(c) खबर सुनकर तुम विस्मिय हो गया।
(d) खबर सुनकर हम विस्मय हो गया।

69 निम्नलिखित प्रश्न में उस विकल्प का चयन करें, जो कोष्ठक में दिए गए शब्द के तत्सम रूप का सही विकल्प है।
कल से ही मेरे (कान)……………… में तेज दर्द हो रहा है।
(a) कर्म (b) कर्ण
(c) चंचु (d) करण

70 दिए गए वाक्य में रेखांकित शब्द के लिए सही वर्तनी ज्ञात कीजिए।
अध्यापक को यह पाठ <u>लिखत में</u> चाहिए।
(a) लीखित (b) लिखित
(c) लीखीत (d) लिखीत

71 निम्नलिखित प्रश्न में उस विकल्प का चयन करें, जो रिक्त स्थान के लिए सही स्त्रीलिंग रूप वाला हो।
मैंने हाल ही में जो कहानी पढ़ी है, उसकी............बहुत ही अच्छी हैं।
(a) गढ़ाई (b) सजावट
(c) पाठिका (d) लेखिका

72 दिए गए वाक्य में रेखांकित शब्द का विलोम शब्द ज्ञात कीजिए।
कमल एक <u>होशियार</u> व्यक्ति है।
(a) बुद्धिहीन (b) स्वतन्त्र
(c) कर्मठ (d) बुद्धिमान

73 दिए गए वाक्य का वह भाग ज्ञात करें, जिसमें कोई त्रुटि है।
एक गाय दो घोड़ें और एक बकरी मैदान में हरी घास पर चर रहे हैं।
(a) एक गाय दो घोड़े
(b) और एक बकरी
(c) पर चर रहे हैं।
(d) मैदान में हरी घास

74 निम्नलिखित प्रश्न में उस विकल्प का चयन करें, जो कोष्ठक में दिए गए शब्द के पर्यायवाची शब्द का सही विकल्प है।
मेरे परिवार में बहुत-से (पराक्रमी)............लोग रहते हैं।
(a) ओछा (b) ओंकार
(c) ओजस्वी (d) ओझल

75 निम्नलिखित प्रश्न में उस विकल्प का चयन करें, जो दी गई लोकोक्ति का सही अर्थ वाला विकल्प है
बासी बचे न कुत्ता खाए
(a) जरूरत के अनुसार ही सामान बनाना
(b) एक-न-एक दिन अच्छे दिन आ ही जाते हैं
(c) छोटे का बड़े से बढ़ जाना
(d) रक्षक का भक्षक हो जाना

निर्देश (प्र. सं.76-80) *नीचे दिए गए गद्यांश में कुछ शब्द छोड़ दिए गए हैं और प्रत्येक रिक्त स्थान के चार विकल्प दिए गए हैं। इन चारों में से कौन-सा विकल्प रिक्त स्थान की पूर्ति करेगा?*

धार्मिक व्यवस्था में ऐसे अनेक उदाहरण हैं, जहाँ अत्यन्त विषम (1).....में भी मानवता पर आधारित (2)....... लिए गए हैं। भारतीय इतिहास में अनेक (3).....हैं कि युद्ध की स्थिति में भी सेना ने (4).......भावना और (5)...... का उदाहरण प्रस्तुत किया है।

76 रिक्त स्थान (1) के लिए सबसे उपयुक्त विकल्प का चयन कीजिए।
(a) अवस्था (b) संवेदना (c) आलौकिक (d) परिस्थितियों

77 रिक्त स्थान (2) के लिए सबसे उपयुक्त विकल्प का चयन कीजिए।
(a) संघर्ष (b) निर्णय (c) उदाहरण (d) जीव

78 रिक्त स्थान (3) के लिए सबसे उपयुक्त विकल्प का चयन कीजिए।
(a) अवस्था (b) संघर्ष (c) उदाहरण (d) दावत

79 रिक्त स्थान (4) के लिए सबसे उपयुक्त विकल्प का चयन कीजिए।
(a) मानवीय (b) सन्दर्भ
(c) जीवन (d) विकास

80 रिक्त स्थान (5) के लिए सबसे उपयुक्त विकल्प का चयन कीजिए।
(a) नैतिकता (b) उचित (c) मुद्दा (d) प्रारम्भ

उत्तरमाला

1.	(d)	2.	(d)	3.	(d)	4.	(a)	5.	(b)	6.	(d)	7.	(d)	8.	(d)	9.	(c)	10.	(d)
11.	(b)	12.	(a)	13.	(d)	14.	(d)	15.	(b)	16.	(b)	17.	(d)	18.	(c)	19.	(a)	20.	(a)
21.	(c)	22.	(b)	23.	(a)	24.	(a)	25.	(a)	26.	(c)	27.	(b)	28.	(c)	29.	(c)	30.	(d)
31.	(d)	32.	(c)	33.	(d)	34.	(a)	35.	(d)	36.	(c)	37.	(d)	38.	(d)	39.	(c)	40.	(a)
41.	(b)	42.	(b)	43.	(d)	44.	(d)	45.	(a)	46.	(d)	47.	(b)	48.	(c)	49.	(c)	50.	(c)
51.	(b)	52.	(a)	53.	(b)	54.	(a)	55.	(d)	56.	(d)	57.	(b)	58.	(b)	59.	(c)	60.	(b)
61.	(d)	62.	(c)	63.	(b)	64.	(a)	65.	(a)	66.	(a)	67.	(b)	68.	(b)	69.	(b)	70.	(b)
71.	(d)	72.	(a)	73.	(c)	74.	(c)	75.	(a)	76.	(d)	77.	(b)	78.	(c)	79.	(a)	80.	(a)

संकेत एवं हल

1. *(d)* कथनानुसार,

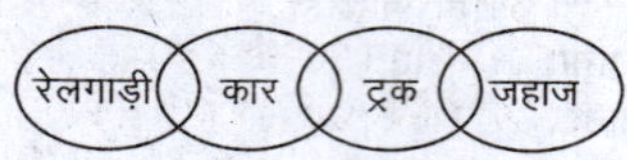

निष्कर्ष I. (✗) II. (✗)

अतः न तो निष्कर्ष I और न ही II अनुसरण करता है।

2. *(d)* जिस प्रकार,

I D C → 9 × 4 × 3 ×2=216

तथा J B H → 10 × 2 × 8 ×2=320

उसी प्रकार,

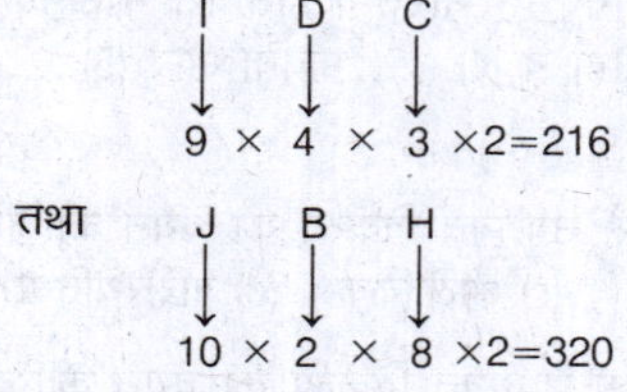

3. *(d)* दिया गया समीकरण,

$$5-2\div4+9\times3=0$$

विकल्प (d) से, × और ÷ को परस्पर बदलने पर,

$\Rightarrow\ 5-2\times4+9\div3=0$

VBODMAS का प्रयोग करने पर,

$\Rightarrow\ 5-8+3=0$

$\Rightarrow\ 8-8=0$

$\Rightarrow\ 0=0$

4. *(a)* जब एक दर्पण को रेखा AB पर रखा जाए, तो विकल्प आकृति (a), प्रश्न आकृति का सही दर्पण प्रतिबिम्ब होगी।

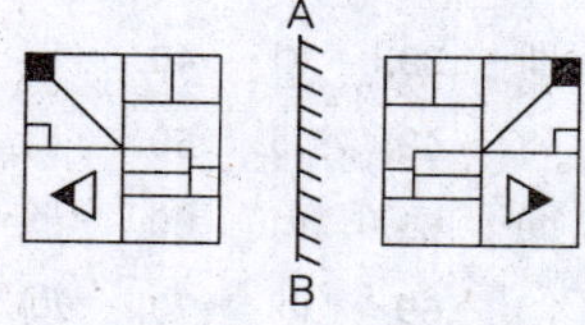

5. *(b)* प्रश्नानुसार, सम्बन्ध आरेख बनाने पर,

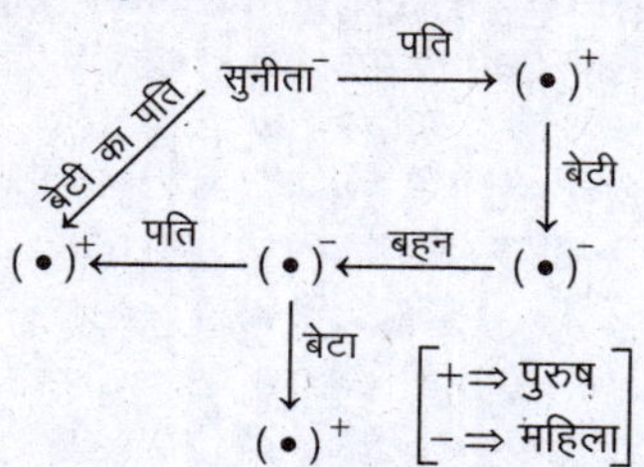

अतः उस लड़के का पिता, सुनीता की 'बेटी का पति' है।

6. *(d)* प्रश्नानुसार,

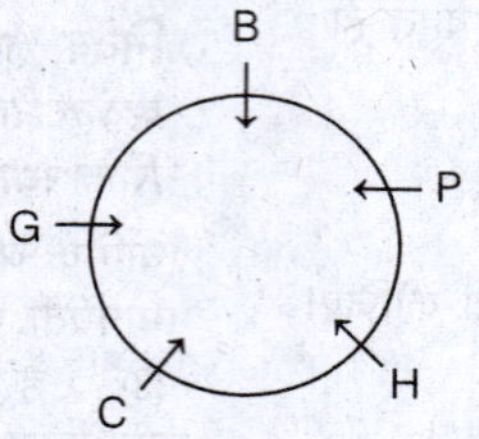

अतः H के ठीक दाईं ओर 'P' बैठा है।

7. *(d)* जिस प्रकार, अन्नानास एक प्रकार का फल होता है तथा स्प्राइट एक प्रकार का पेय होता है।

उसी प्रकार, एवोकाड़ो भी एक प्रकार का फल होता है।

8. *(d)* दी गई शृंखला का क्रम निम्न प्रकार है

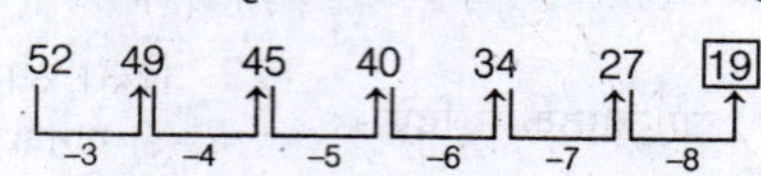

9. *(c)* प्रश्न आकृतियों को एकान्तर क्रम में देखने पर प्रथम तथा तृतीय आकृतियों के अवयव दक्षिणावर्त दिशा में आगें बढ़ रहे हैं। यह क्रम इसी प्रकार जारी रहता है। अतः अगली आकृति विकल्प (c) के समान होगी।

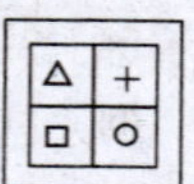

10. *(d)* जिस प्रकार,

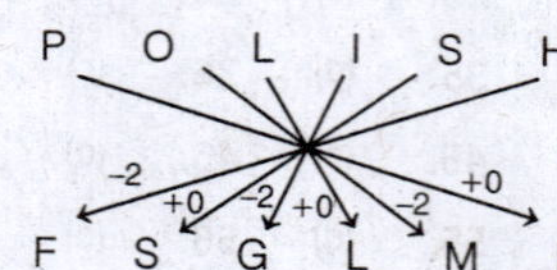

उसी प्रकार,

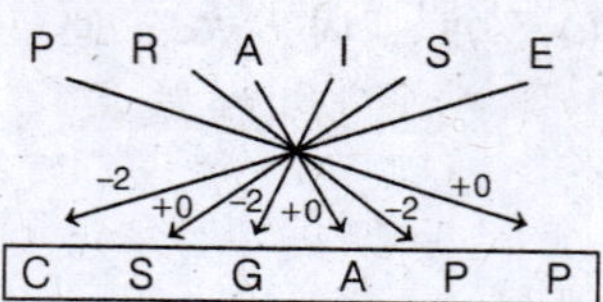

11. *(b)* प्रश्न आकृतियों का ध्यानपूर्वक अवलोकन करने पर यह ज्ञात होता है कि छायांकित आकृति निम्न प्रकार से आगे बढ़ रही है।

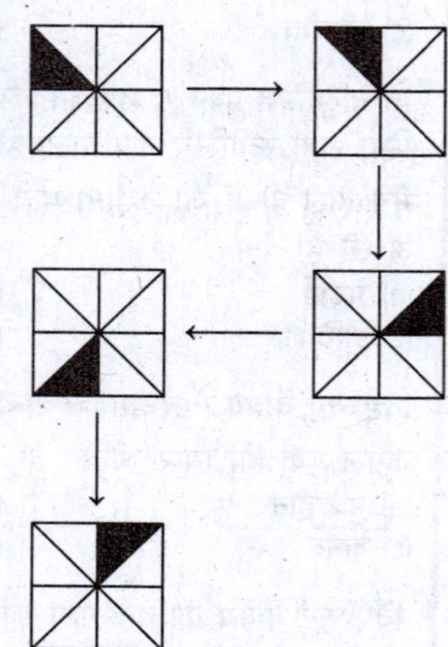

12. *(a)* दी गई अक्षर शृंखला का सही क्रम निम्नवत् है

xyyz/xyyyz/xyyyz/xyyyz/xyyyz

अतः yyxz अक्षर शृंखला को पूरा करेगें।

13. *(d)* जिस प्रकार,

T G X → −1 −1 −1 → S F W

उसी प्रकार, B O R → −1 −1 −1 → A N Q

14. *(d)* अंग्रेजी वर्णमाला क्रम के अनुसार शब्दों का क्रम निम्न होगा।

HATE (4) ⟶ HEIGHT (1) ⟶ HINGE (2) ⟶ HORSE (3) ⟶ HUSTLE (5)

∴ अभीष्ट अनुक्रम = 4, 1, 2, 3, 5

15. *(b)* प्रश्नानुसार,

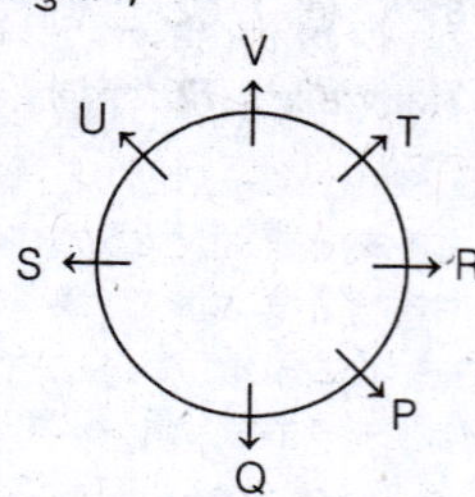

अतः S के ठीक बाईं ओर Q बैठी है।

16. *(b)* ∵ दोनों पासों की एक फलक उभयनिष्ठ है।

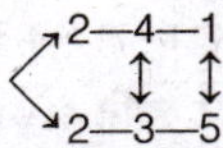

अतः 1 वाले फलक का विपरीत फलक '5' होगा।

17. *(d)* दी गई श्रृंखला का क्रम निम्न प्रकार है

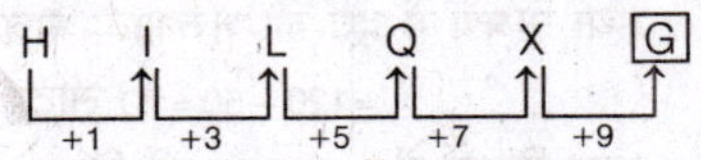

18. *(c)* दी गई श्रृंखला का क्रम निम्न प्रकार है

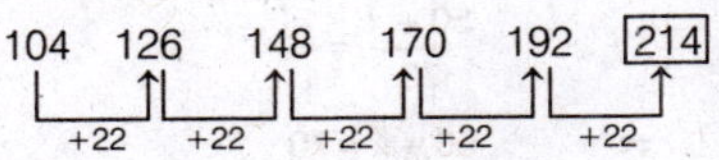

19. *(a)* जिस प्रकार, 8R4S3T2 = 31

R = ×, S = − और T = + रखने पर,

$8 \times 4 - 3 + 2 = 31$

$\Rightarrow \quad 32 + 2 - 3 = 31$

$\Rightarrow \quad 31 = 31$

तथा 19R11S30T8 = 187

$\Rightarrow 19 \times 11 - 30 + 8 = 187$

$\Rightarrow \quad 209 - 30 + 8 = 187$

$\Rightarrow \quad 187 = 187$

उसी प्रकार,

6R3S8T5 = ?

$\Rightarrow \quad ? = 6 \times 3 - 8 + 5$

$\Rightarrow \quad ? = 18 - 8 + 5 = \boxed{15}$

20. *(a)* दूसरे पासे तथा तीसरे पासे को लेने पर,

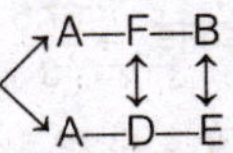

अतः D वाले फलक का विपरीत फलक 'F' होगा।

21. *(c)* रण उत्सव, कच्छ क्षेत्र की प्राकृतिक सुन्दरता और अन्य प्रसिद्ध पर्यटन स्थलों को बढ़ावा देता है। सर्दियों के मौसम में पूर्णिमा की रात के दौरान, सफेद रेत का रेगिस्तान और भी मनमोहक लगता है।

गुजरात के पर्यटन विभाग द्वारा आयोजित रण महोत्सव एक भव्य शीतकालीन मिलन स्थल है।

22. *(b)* द्रव बहते हैं और आकृति बदलते हैं, वे दृढ़ नहीं होते हैं और वे जिस पात्र में जाते हैं उसी आकृति का रूप ले लेते हैं, इसी कारण उन्हें 'तरल' पदार्थ भी कहा जाता है।

23. *(a)* तीव्र आर्थिक विकास के कारण वर्ष 1991 से भारत की गरीबी में अत्यधिक कमी आने लगी। वर्ष 1991 में आर्थिक सुधारों के बाद सकल घरेलू उत्पाद (GDP) में कृषि की हिस्सेदारी में भारी वृद्धि हुई, FDI अन्तर्वाह बढ़ा तथा विदेशी मुद्रा भण्डार में वृद्धि हुई।

24. *(a)* द्वितीय एंग्लो बर्मी युद्ध 1852 ई. में लड़ा गया था। इस युद्ध के दौरान अंग्रेजों ने निचले बर्मा पर कब्जा कर लिया और रंगून को राजधानी बनाया। इस युद्ध के दौरान लॉर्ड डलहौजी भारत का गवर्नर-जनरल था।

25. *(a)* भारत में वर्ष 2010 के राष्ट्रमण्डल खेलों का आयोजन नई दिल्ली में किया गया।

3-4 अक्टूबर, 2010 में आयोजित राष्ट्रमण्डल खेल भारत में आयोजित 19वें राष्ट्रमण्डल खेल थे, जिसका उद्घाटन समारोह जवाहरलाल नेहरू स्टेडियम में हुआ। इस खेल का 'मोटो' आगामी राष्ट्रमण्डल (2026) खेलों का आयोजन ऑस्ट्रेलिया के विक्टोरिया राज्य में होना प्रस्तावित था, लेकिन उसने अपना नाम वापिस ले लिया है।

26. *(c)* सरकार के व्यय वर्गीकरण के सम्बन्ध में दोनों कथन सही हैं। राजस्व व्यय केन्द्र सरकार की भौतिक या वित्तीय सम्पत्तियों के निर्माण के अतिरिक्त अन्य उद्देश्यों में किया गया व्यय है।

पूँजीगत व्यय के परिणामस्वरूप भौतिक या वित्तीय परिसम्पत्तियों का निर्माण होता है या वित्तीय देनदारियों में कमी आती है।

पूँजीगत व्यय वह धनराशि है, जिसका उपयोग किसी कम्पनी द्वारा सम्पत्ति संयन्त्र, भवन जैसी भौतिक सम्पत्तियों को प्राप्त करने, उन्नत करने तथा बनाए रखने के लिए किया जाता है।

सरकार के वे व्यय जिनसे अचल सम्पत्तियों का निर्माण नहीं होता, राजस्व व्यय कहलाता है।

27. *(b)* मौलिक कर्त्तव्य की अवधारणा तत्कालीन सोवियत समाजवादी गणराज्य संघ (USSR) के संविधान से ली गई है।

42वें संविधान संशोधन अधिनियम, 1976 द्वारा स्वर्ण सिंह समिति की सिफारिशों पर संविधान के भाग-IV (A) के अनुच्छेद 51A में शामिल किया गया है। मूल रूप से मूल कर्त्तव्यों की संख्या 10 थी, बाद में 86वें संविधान संशोधन अधिनियम, 2002 के माध्यम से एक और कर्त्तव्य (कुल 11) जोड़ा गया।

28. *(c)* भारतीय संविधान के अनुच्छेद-129 में सर्वोच्च न्यायालय को अभिलेख न्यायालय के रूप में वर्णित किया गया है, जिसमें उसके पास ऐसी अदालत की सभी शक्तियाँ होंगी, जिनमें स्वयं को अवमानना के लिए दण्डित करने की भी शक्ति शामिल होंगी।

29. *(c)* डिजिटल व्यक्तिगत डेटा संरक्षण विधेयक, 2023 के सम्बन्ध में दोनों कथन सही हैं। डिजिटल व्यक्तिगत डेटा संरक्षण विधेयक, भारत में डिजिटल व्यक्तिगत डेटा के उस प्रसंस्करण पर लागू होगा, जो डेटा को ऑनलाइन या ऑफ लाइन एकत्रित करके डिजिटलीकृत करता है। यह भारत के बाहर ऐसे प्रसंस्करण पर भी लागू होगा, जो भारत में वस्तुएँ या सेवाएँ प्रदान करने के लिए हों। इसे डीपीडीपी अधिनियम या डीपीडीपीए 2023 के रूप में भी जाना जाता है।

30. *(d)* बारहवीं पंचवर्षीय योजना के लिए विकास दर लक्ष्य 8% था। यह भारत की अन्तिम पंचवर्षीय योजना (2012-2017) थी। बारहवीं पंचवर्षीय योजना तेज, समावेशी और विकास पर केन्द्रित थी। इस योजना का लक्ष्य गरीबी को 10% तक कम करना था।

31. *(d)* भारतीय खिलाड़ी शैफाली वर्मा क्रिकेट से सम्बन्धित हैं। ये अण्डर-19 महिला टी-20 वर्ल्ड कप में टीम की कप्तान थीं, जिसमें भारत को जीत मिली थी। हरियाणा निवासी शैफाली वर्मा ने 15 वर्ष की आयु में टीम इण्डिया के लिए डेब्यू किया था।

32. *(c)* स्वतन्त्रता के समय देश की लगभग 75% जनसंख्या कृषि पर निर्भर थी। भारत में अधिकांश कृषि पद्धतियों को विशेषता निर्वाह खेती थी, जहाँ किसान मुख्य रूप से अपने परिवारों और स्थानीय समुदायों की आवश्यकताओं को पूरा करने के लिए फसलें उगाते थे।

33. *(d)* मलेशिया ने सुल्तान ऑफ जोहोर कप, 2023 की मेजबानी की। सुल्तान जोहोर कप मलेशिया में आयोजित अन्तर्राष्ट्रीय अण्डर-21 पुरुष फील्ड हॉकी टूर्नामेण्ट है। इस टूर्नामेण्ट की शुरुआत वर्ष 2011 में हुई। वर्ष 2023 में जर्मनी ने ऑस्ट्रेलिया को हराकर यह कप जीता।

34. *(a)* मौर्य साम्राज्य का अन्तिम शासक बृहद्रथ था, जिसने 187-185 ईसा पूर्व तक शासन किया। बृहद्रथ की हत्या उसके सेनापति पुष्यमित्र शुंग ने की।

मौर्य वंश का संस्थापक चन्द्रगुप्त मौर्य (322-298 ईसा पूर्व) था, जिसने चाणक्य की सहायता से नन्द वंश के अन्तिम शासक धनानन्द की हत्या कर मौर्य वंश की स्थापना की थी। इस वंश का सबसे महान शासक अशोक (269-232 ईसा पूर्व) था।

35. *(d)* भारत के 50वें मुख्य न्यायाधीश के रूप में डी. वाई. चन्द्रचूड़ ने शपथ ली। इन्होंने न्यायमूर्ति उमेश ललित का स्थान लिया है। राष्ट्रपति द्रौपदी मुर्मू ने न्यायमूर्ति चन्द्रचूड़ को पद की शपथ दिलाई। इनका कार्यकाल 9 नवम्बर, 2022 से 10 नवम्बर, 2024 तक

रहेगा। भारत के पहले न्यायमूर्ति हरिलाल जे कानिया थे।

36. *(c)* वर्ष 2011 की जनगणना के अनुसार, मेघालय राज्य की जनसंख्या वृद्धि सबसे अधिक है। वर्ष 2001-2011 के दौरान मेघालय ने उच्चतम दशकीय विकास दर अर्थात् 27.80% दर्ज की है। यदि भारत के सभी राज्यों तथा केन्द्रशासित प्रदेशों की तुलना करें, तो सबसे अधिक दशकीय वृद्धि दादरा और नगर हवेली (55.50%) में दर्ज की गई है।

37. *(d)* डोल्लू कुनिठा नृत्य कर्नाटक में कुरुबा पुरुषों द्वारा किया जाता है। यह गायन और सजे हुए ढोल की थाप के साथ किया जाने वाला एक लोकप्रिय नृत्य है। इस नृत्य की विशेषता जोरदार ड्रम बीट्स, त्वरित चाल और समकालिक समूह संरचनाएँ हैं।

38. *(d)* अल्ला रक्खा, वाद्ययन्त्र तबला बजाने के लिए प्रसिद्ध हैं। उस्ताद अल्ला रक्खा कुरैशी को हिन्दुस्तानी शास्त्रीय संगीत में प्रसिद्धि प्राप्त हैं। ये पंजाब घराने से सम्बन्धित हैं। प्रमुख तबला वादक जाकिर हुसैन, अल्ला रक्खा के पुत्र हैं।

39. *(c)* बजट 2023-24 में भारत सरकार ने सात प्राथमिकताएँ अपनाई हैं, जिन्हें भारत सरकार ने 'सप्तऋषि' के रूप में सन्दर्भित किया है।

ये सात प्राथमिकताएँ हैं।

1. स्वास्थ्य और कल्याण
2. भौतिक और वित्तीय पूँजी व बुनियादी ढाँचा।
3. आकांक्षी भारत के लिए समावेशी विकास।
4. मानव पूँजी को पुनर्जीवित करना।
5. नवाचार और इनडिफाइण्ड।
6. न्यूनतम सरकार और अधिकतम शासन।
7. पर्यावरणीय स्थिरता।

40. *(a)* भारतीय नृत्य कलाकार अनुपमा होस्केरे ने स्ट्रिंग कठपुतली के लिए वर्ष 2018 में संगीत नाटक अकादमी पुरस्कार जीता। कला के क्षेत्र में योगदान के लिए वर्ष 2024 के पद्म श्री पुरस्कार से अनुपमा होस्केरे को सम्मानित किया गया है।

41. *(b)* $0.\bar{5}+0.\bar{3}=\frac{5}{9}+\frac{3}{9}=\frac{8}{9}$

42. *(b)* माना वस्तु का क्रय मूल्य (CP) = ₹ 100, तो वस्तु का अंकित मूल्य

$$=\frac{100\times140}{100}=₹140$$

30% की छूट देने पर,

वस्तु का विक्रय मूल्य (SP) $=140\times\frac{(100-30)}{100}$

$$=140\times\frac{70}{100}=₹98$$

हानि $=100-98=₹2$

$\therefore$ हानि प्रतिशत $=\frac{2}{100}\times100=2\%$

43. *(d)* माना परीक्षा में अधिकतम अंक $=x$

प्रश्नानुसार, $x\times\frac{21}{100}+25=x\times\frac{46}{100}+5$

$\therefore\quad x\times\frac{25}{100}=20$

$\Rightarrow\quad x=20\times4=80$

अतः परीक्षा में अधिकतम अंक 80 है।

वैकल्पिक विधि

माना परीक्षा में अधिकतम अंक = 100%

$\because\quad (46-21)\%\rightarrow25-5$

$\therefore\quad 100\%\rightarrow\frac{20}{25}\times100=80$

44. *(d)* दिया है, अंकित मूल्य (MP) $\times\frac{1}{4}$

$=$ विक्रय मूल्य (SP) $\times\frac{2}{3}$

$\Rightarrow\quad \frac{\text{अंकित मूल्य}}{\text{विक्रय मूल्य}}=\frac{8}{3}$

छूट $=(8-3)=5$ इकाई

$\therefore$ छूट प्रतिशत $=\frac{5}{8}\times100=62.5\%$

45. *(a)* $11\frac{1}{2}+12\frac{1}{2}+13\frac{1}{2}+14\frac{1}{2}$

$$=11+\frac{1}{2}+12+\frac{1}{2}+13+\frac{1}{2}+14+\frac{1}{2}$$

$$=(11+12+13+14)+\left(\frac{1}{2}+\frac{1}{2}+\frac{1}{2}+\frac{1}{2}\right)$$

$$=50+\frac{4}{2}=50+2=52$$

46. *(d)* 8 के विभाज्यता नियमानुसार, संख्या के अन्तिम तीन अंक 8 से विभाज्य होने चाहिए।

संख्या 6044 में अन्तिम तीन अंक 8 से पूर्णतः विभाजित नहीं है अतः संख्या 6044, 8 से विभाज्य नहीं है।

47. *(b)* दिया है,

पहली बाइक का क्रय मूल्य = ₹ 24000

दूसरी बाइक का क्रय मूल्य = ₹ 20000

प्रश्नानुसार,

पहली बाइक का विक्रय मूल्य

$$=24000\times\frac{(100+20)}{100}=₹28800$$

दूसरी बाइक का विक्रय मूल्य

$$=20000\times\frac{(100-30)}{100}=₹14000$$

कुल क्रय मूल्य $=24000+20000=₹44000$

कुल विक्रय मूल्य $=28800+14000$

$=₹42800$

$\therefore$ हानि $=44000-42800=₹1200$

48. *(c)* दिया है,

विक्रय मूल्य (SP) : क्रय मूल्य (CP) = 7 : 11

$\therefore$ हानि $=(11-7)=4$ इकाई

अतः अभीष्ट हानि % $=\frac{4}{11}\times100=36.36\%$

49. *(c)* मिश्रण में पानी की शुरुआती मात्रा

$=\frac{5}{12}\times120=50$ लीटर

तथा मिश्रण में दूध की शुरुआती मात्रा

$=120-50=70$ लीटर

माना मिश्रण में x लीटर पानी मिलाया जाता है।

$\frac{50+x}{70}=\frac{1}{1}$

$\Rightarrow\quad 50+x=70$

$\therefore\quad x=20$ लीटर

वैकल्पिक विधि

	पानी	दूध	
शुरुआती मात्रा →	(5	: 7) × 1	= 5 : 7
अन्तिम मात्रा →	(1	: 1) × 7	= 7 : 7

दिया है,

$(5+7)\rightarrow120$ लीटर

$\therefore\quad (7-5)\rightarrow\frac{120}{12}\times2=20$ लीटर

अतः मिश्रण में 20 लीटर पानी मिलाया गया है।

50. *(c)* दिया है,

गौरव और शम्भू की क्षमता का अनुपात = 4 : 1

$\because (4-1)$ इकाई $\rightarrow67.5$

1 इकाई $\rightarrow\frac{67.5}{3}=22.5$

$\therefore$ कुल कार्य $=4\times22.5=90$

यदि दोनों एकसाथ कार्य करें, तो

अभीष्ट समय $=\frac{90}{(4+1)}=18$ दिन

51. *(b)* दिया है, कुल राशि = ₹ 17600

मोहन का हिस्सा $=\frac{17600}{6+7+9}\times9$

$=\frac{17600}{22}\times9=₹7200$

52. *(a)* दिया है, विकर्ण $(d_1)=10$ सेमी

विकर्ण $(d_2)=30$ सेमी

समचतुर्भुज का क्षेत्रफल $=\frac{1}{2}\times d_1\times d_2$

$=\frac{1}{2}\times10\times30=\frac{1}{2}\times300=150$ सेमी^{2}

53. *(b)* $14-3\times(5+2)\div4$

BODMAS के नियमानुसार,

$=14-3\times7\div4$

$=14-3\times1.75$

$=14-5.25=8.75$

54. *(a)* दिया है, X, Y और Z का औसत $= 54$

$$X = \frac{Y+Z}{2} + 10 \quad \ldots(i)$$

$$\Rightarrow \quad Y = \frac{Y+Z}{2} + 12$$

$$\Rightarrow \quad 2Y = Y + Z + 24$$

$$\Rightarrow \quad Y = Z + 24$$

Y का मान समी (i) में रखने पर,

$$X = \frac{Z+24+Z}{2} + 10$$

$$\Rightarrow \quad X = \frac{2Z+24}{2} + 10$$

$$\Rightarrow \quad X = Z + 12 + 10$$

$$\Rightarrow \quad (X - Z) = 22$$

$\therefore$ अभीष्ट मान $= 22$

55. *(d)* दिया है,

$$P = Q \times \frac{(100-15)}{100}$$

$$\Rightarrow \quad \frac{P}{Q} = \frac{85}{100}$$

$\therefore Q, P$ से ज्यादा है (प्रतिशत में)

$$= \frac{15}{85} \times 100 = \frac{3}{17} \times 100 = 17.64\%$$

56. *(d)* दिया है,

अविनाश और बिपिन की क्षमता $= 11 : 1$

$\because \ (11 - 1) \rightarrow 100$ दिन

1 इकाई $\rightarrow 10$ दिन

कुल कार्य $= 10 \times 11 = 110$ इकाई

अविनाश द्वारा लिया गया समय $= \frac{110}{11}$

$= 10$ दिन

बिपिन द्वारा लिया गया समय $= \frac{110}{1}$

$= 110$ दिन

अतः विकल्प (d) सही उत्तर है।

57. *(b)* मूलधन $(P) =$ ₹ 72000, समय $(t) = 3$ वर्ष

दर $(r) = 16\%$ वार्षिक

मिश्रधन $(A) = P\left(1 + \frac{r}{100}\right)^t$

$$A = 72000\left(1 + \frac{16}{100}\right)^3$$

$$= 72000 \times \left(\frac{100+16}{100}\right)^3$$

$$= 72000 \times \left(\frac{116}{100}\right)^3$$

$$= 72000 \times \frac{116}{100} \times \frac{116}{100} \times \frac{116}{100}$$

$$= \frac{72 \times 116 \times 116 \times 116}{100 \times 10}$$

$=$ ₹ 112384.512

$\therefore$ चक्रवृद्धि ब्याज $= 112384.512 - 72000$

$=$ ₹ 40384.51

58. *(b)* दिया है, $\frac{24+28+27+23+D+E}{6} = 29$

$$\Rightarrow \quad 102 + D + E = 29 \times 6$$

$$\Rightarrow \quad D + E + 102 = 174$$

$$\Rightarrow \quad D + E = 174 - 102$$

$$\Rightarrow \quad D + E = 72$$

अतः D और E का औसत $= \frac{72}{2} = 36$

59. *(c)* दिया है,

1 वर्ष में मिश्रधन $=$ ₹ 1000

2.5 वर्ष में मिश्रधन $=$ ₹ 1060

1.5 वर्ष में ब्याज $= 1060 - 1000 =$ ₹ 60

1 वर्ष में ब्याज $= \frac{60}{1.5} \times 1 =$ ₹ 40

$\therefore$ मूलधन $= 1000 - 40 =$ ₹ 960

अतः अभीष्ट ब्याज दर $= \frac{40}{960} \times 100$

$= 4.166 \approx 4.17\%$

60. *(b)* माना, तय की गई दूरी $= d$ और समय $= t$

चाल $= \frac{\text{दूरी}}{\text{समय}} = \frac{d}{t}$

जब, दूरी दोगुना और समय छः गुना हो,

तो चाल $= \frac{2d}{6t}$

$\therefore$ दोनों चालों का अनुपात $= \frac{d}{t} : \frac{2d}{6t}$

$= 1 : \frac{1}{3} = 3 : 1$

61. *(d)* दिए गए वाक्य में रेखांकित शब्द 'उलूक' का तद्भव रूप 'उल्लू' है। 'उलूक' तत्सम् शब्द है। अन्य विकल्प असंगत हैं।

62. *(c)* 'नगर में रहने वाला' वाक्यांश के लिए सार्थक शब्द 'नागरिक' है। अन्य विकल्प असंगत हैं।

63. *(b)* दिए गए वाक्य में 'कायर' शब्द का विलोम 'वीर' है। 'कायर' शब्द का अर्थ 'डरपोक' है। अतः इसका विलोम 'वीर' अर्थात् बहादुर है।

64. *(a)* दिए गए विकल्पों में से शुद्ध वर्तनी वाला विकल्प है- 'प्रकृति स्वभाव से प्राणियों की सहचरी रही है।' अन्य विकल्प असंगत हैं।

65. *(a)* 'तिनके का सहारा' मुहावरे का अर्थ है- थोड़ी-सी मदद। कहा गया है- डूबते को तिनके का सहारा काफी हैं।

66. *(a)* दिए गए विकल्पों में से रिक्त स्थान की पूर्ति के लिए सही विकल्प 'उपदेश' है। भारत के सन्तों, फकीरों तथा साहित्यकारों ने सदा साम्प्रदायिक एकता का सन्देश तथा उपदेश दिया है। अतः उपदेश शब्द सही विकल्प है।

67. *(b)* दिए गए वाक्य में 'चेहरा' का पर्यायवाची शब्द 'आनन' होगा। 'चेहरा' शब्द के अन्य पर्यायवाची शब्द मुखड़ा, मुँह, मुख तथा मुखमण्डल आदि हैं।

68. *(b)* दिए गए वाक्य में रेखांकित शब्दों में विस्मय के लिए सही विकल्प 'खबर सुनकर मैं विस्मित हो गया' है। अन्य विकल्प असंगत हैं।

69. *(b)* दिए गए वाक्य में 'कान' शब्द का तत्सम् रूप 'कर्ण' है। 'कान' तद्भव शब्द है तथा कर्ण तत्सम रूप है।

70. *(b)* दिए गए वाक्य में रेखांकित अशुद्ध वर्तनी लिखत का सही वर्तनी वाला शब्द 'लिखित' है। अन्य विकल्प असंगत हैं।

71. *(d)* दिए गए वाक्य में रिक्त स्थान की पूर्ति के लिए सही स्त्रीलिंग रूप वाला विकल्प लेखिका है। अतः सही वाक्य है- मैंने हाल ही में जो कहानी पढ़ी है, उसकी लेखिका बहुत अच्छी है। अन्य विकल्प असंगत हैं।

72. *(a)* दिए गए वाक्य में रेखांकित शब्द होशियार का विलोम या विपरीतार्थक शब्द 'बुद्धिहीन' है। 'होशियार' का अर्थ 'अक्लमन्द' है तथा 'बुद्धिहीन' का अर्थ 'मूर्ख' है।

73. *(c)* दिए गए वाक्य में 'पर चर रहे हैं' वाक्यांश में त्रुटि है। अतः सही वाक्य है एक गाय दो घोड़े और बकरी मैदान में हरी घास चर रहे हैं।

74. *(c)* दिए गए वाक्य में कोष्ठक में दिए गए 'पराक्रमी' शब्द का पर्यायवाची शब्द 'ओजस्वी' है। पराक्रमी शब्द का अन्य पर्यायवाची शूर वीर शक्तिशाली, प्रतापी है।

75. *(a)* 'बासी बचे न कुत्ता खाए' लोकोक्ति का अर्थ जरूरत के अनुसार ही सामान बनाना है। अन्य विकल्प असंगत हैं।

76. *(d)* दिए गए रिक्त स्थान (1) के लिए सबसे उपयुक्त विकल्प 'परिस्थितियों' है। अतः पूर्ण वाक्य है- जहाँ अत्यन्त विषम परिस्थितियों में भी मानवता पर आधारित .... ।

77. *(b)* दिए गए रिक्त स्थान (2) के लिए सबसे उपयुक्त विकल्प 'निर्णय' है। अतः पूर्ण वाक्य है- जहाँ अत्यन्त विषम परिस्थितियों में भी मानवता पर आधारित निर्णय लिए गए हैं।

78. *(c)* दिए गए रिक्त स्थान (3) के लिए सबसे उपयुक्त विकल्प 'उदाहरण' हैं। अतः पूर्ण वाक्य है- भारतीय इतिहास में अनेक उदाहरण हैं।

79. *(a)* दिए गए रिक्त स्थान (4) के लिए सबसे उपयुक्त विकल्प 'मानवीय' है। अतः पूर्ण वाक्य है- कि युद्ध की स्थिति में भी सेना ने मानवीय भावना .... ।

80. *(a)* दिए गए रिक्त स्थान (5) के लिए सबसे उपयुक्त विकल्प 'नैतिकता' है। अतः पूर्ण वाक्य है-युद्ध की स्थिति में भी सेना ने मानवीय भावना नैतिकता का उदाहरण प्रस्तुत किया है।

23 फरवरी 2024
(शिफ्ट III)

सॉल्वड पेपर 2024

SSC कांस्टेबल (जीडी) सेट 15

भाग-I सामान्य बुद्धिमत्ता एवं तर्कशक्ति

1 एक निश्चित कूटभाषा में, 'BED' को '120' लिखा जाता है और 'FAT' को '360' लिखा जाता है। उसी कूटभाषा में 'DBY' को कैसे लिखा जाएगा?

(a) 450 (b) 600
(c) 400 (d) 500

2 निम्नलिखित प्रश्न में, दिए गए विकल्पों में से उस आकृति का चयन कीजिए, जिसे प्रश्नचिह्न (?) के स्थान पर रखा जा सकता है।

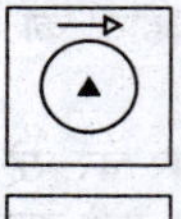

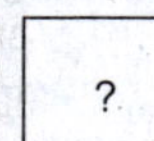

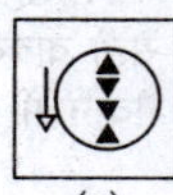
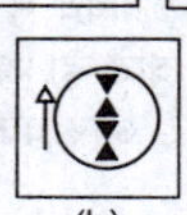
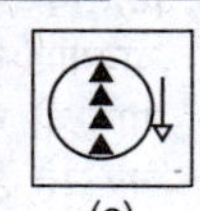
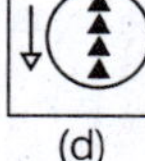

(a) (b) (c) (d)

3 निम्न में से कौन-सी उत्तर आकृति प्रश्न आकृति के पैटर्न को पूरा करेगी? (घूर्णन की अनुमति नहीं है)

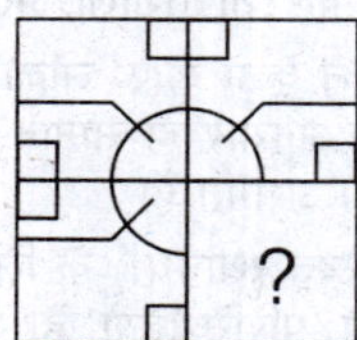

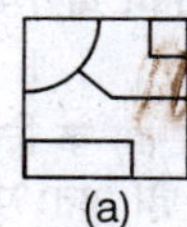
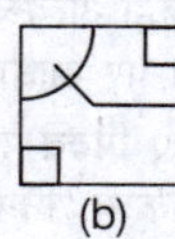
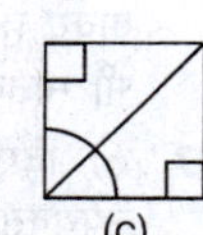
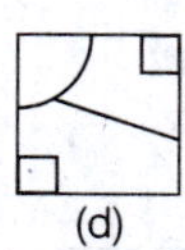

(a) (b) (c) (d)

4 निम्नलिखित विकल्पों में से दी गई श्रृंखला से लुप्त संख्या का चयन कीजिए।

49, 54, 41, 62, 33, 70, ?

(a) 25 (b) 23
(c) 27 (d) 29

5 निम्नलिखित प्रश्न में तीन कथन और उसके बाद I और II क्रमांकित दो निष्कर्ष दिए गए हैं। दिए गए कथनों को सत्य मानते हुए, चाहे वे सामान्यतः ज्ञात तथ्यों से भिन्न प्रतीत होते हों, निश्चय कीजिए कि दिए गए निष्कर्षों में से कौन-सा निष्कर्ष कथनों का तार्किक रूप से अनुसरण करता है।

कथन सभी ड्रम, गिटार हैं।
सभी गिटार, बाँसुरी हैं।
सभी बाँसुरी, सितार हैं।

निष्कर्ष
I. कुछ ड्रम, सितार हैं।
II. सभी सितार, गिटार हैं।

(a) निष्कर्ष I और II दोनों अनुसरण करते हैं
(b) केवल निष्कर्ष I अनुसरण करता है
(c) न तो निष्कर्ष I और न ही II अनुसरण करता है
(d) केवल निष्कर्ष II अनुसरण करता है

6 निम्नलिखित विकल्पों में से उस विकल्प का चयन कीजिए, जो तीसरे शब्द से ठीक उसी प्रकार सम्बन्धित है, जिस प्रकार दूसरा शब्द पहले शब्द से सम्बन्धित है।

कार्डियोलॉजिस्ट : हृदय :: नेफ्रोलॉजिस्ट : ?

(a) फेफड़े (b) हृदय
(c) यकृत (d) गुर्दे

7 एक आदमी की तस्वीर की ओर इशारा करते हुए रिमी ने कहा, 'वह मेरे पिता के बेटे का भाई है'। उस आदमी का रिमी से क्या सम्बन्ध है?

(a) पिता (b) माँ (c) भाई (d) बहन

8 निम्नलिखित में से कौन-सा अक्षर दी गई श्रृंखला में प्रश्नचिह्न (?) के स्थान पर आएगा?

Y, T, P, M, K, ?

(a) L (b) I (c) H (d) J

9 नीचे एक ही पासे की दो स्थितियाँ दी गई है। 'K' वाले फलक के विपरीत फलक पर निम्नलिखित विकल्पों में से क्या आएगा?

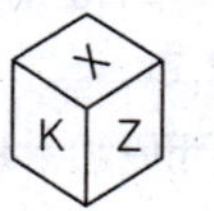

(a) Z (b) M (c) N (d) X

10 निम्नलिखित प्रश्न में, विकल्पों में दी गई उस आकृति का चयन कीजिए, जिसे प्रश्नचिह्न (?) के स्थान पर रखा जा सकता है।

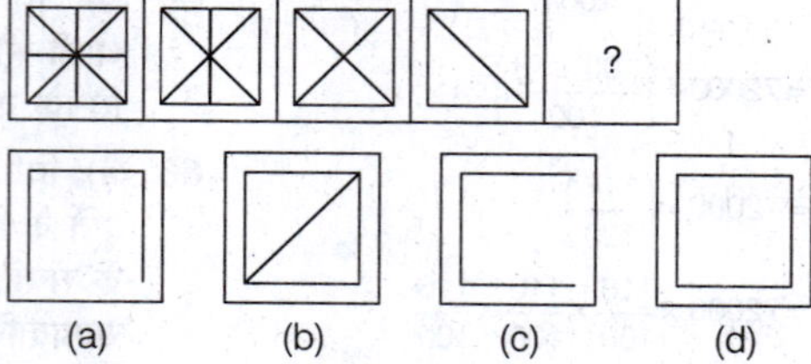

(a) (b) (c) (d)

11 निम्नलिखित विकल्पों में से दी गई श्रृंखला से लुप्त संख्या का चयन कीजिए।

99, 116, 133, 150, 167, ?

(a) 190 (b) 188 (c) 184 (d) 192

12 नीचे दिए गए समीकरण में किन दो चिह्नों और दो संख्याओं (न कि अंकों) को आपस में बदलने से समीकरण सही होगा?

$7 \times 5 \div 6 + 2 - 4 = 16$

(a) × और –, 5 और 6 (b) ÷ और +, 7 और 4
(c) + और –, 6 और 2 (d) × और ÷, 2 और 4

13 पाँच मित्र P, B, C, G और H एक वृत्ताकार मेज के चारों ओर केन्द्र की ओर मुख करके बैठे हैं। B, C के ठीक बाईं ओर बैठा है। G और H, C के निकटतम पड़ोसी नहीं हैं। H, P के दाईं ओर से दूसरे स्थान पर बैठा है। C के ठीक बाईं ओर कौन बैठा है?

(a) P (b) G (c) H (d) B

14 निम्नलिखित में से अक्षरों के कौन-से एक समूह को दी गई अक्षर श्रृंखला के रिक्त स्थानों में क्रमिक रूप से रखने पर श्रृंखला पूरी हो जाएगी?

c_d_o_c_dcod

(a) ocdd (b) ocdo (c) ooco (d) doco

15 यदि एक दर्पण को रेखा AB पर रखा जाए, तो विकल्प आकृतियों में से कौन-सी आकृति प्रश्न आकृति का सही प्रतिबिम्ब होगी?

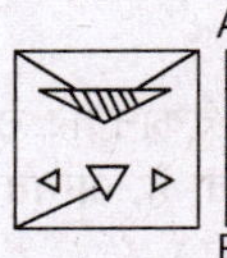

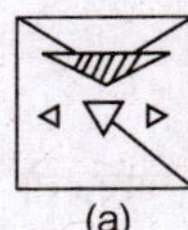
(a)
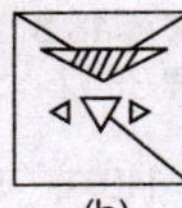
(b)
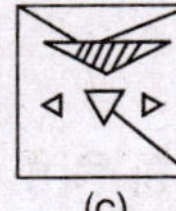
(c)

(d)

16 एक परिवार के छः सदस्य P, Q, R, S, T और U एक वृत्ताकार मेज पर एक-दूसरे की ओर मुख करके बैठे हैं। S, U के ठीक बाईं ओर बैठा है, और Q, S के बाईं ओर से दूसरे स्थान पर बैठा है। P, R के बाईं ओर से दूसरे स्थान पर बैठा है। U और P दोनों का निकटतम पड़ोसी कौन है?

(a) P (b) T (c) S (d) R

17 निम्नलिखित विकल्पों में उस विकल्प का चयन कीजिए, जो पाँचवें अक्षर-समूह से ठीक उसी प्रकार सम्बन्धित है जिस प्रकार चौथा अक्षर-समूह तीसरे अक्षर-समूह से सम्बन्धित है, और दूसरा अक्षर-समूह पहले अक्षर-समूह से सम्बन्धित है।

AFFECT : FAFETC :: BRIGHT : RBIGTH :: EITHER : ?

(a) TEIERH (b) ERHTEI (c) IEHTRE (d) IETHRE

18 दिए गए विकल्पों में से किन दो संख्याओं को आपस में बदलने पर निम्नलिखित समीकरण सही होगा?

$8 + 7 \times 9 \div 14 - 3 = 10$

(a) 14 और 10 (b) 3 और 9
(c) 8 और 9 (d) 8 और 7

19 दिए गए शब्दों को अंग्रेजी वर्णमाला के क्रम में व्यवस्थित कीजिए।

1. TECHNOLOGY 2. TECHNICAL
3. TECHNICIAN 4. TECHNIQUE
5. TECHNOPHOBIA

(a) 2, 1, 4, 3, 5 (b) 2, 4, 1, 3, 5
(c) 2, 3, 1, 5, 4 (d) 2, 3, 4, 1, 5

20 एक निश्चित कूटभाषा में, 'TABLE' को '80' लिखा जाता है, 'CHAIR' को '78' लिखा जाता है, तो उसी कूटभाषा में 'WINDOW' को कैसे लिखा जाएगा?

(a) 176 (b) 210 (c) 112 (d) 88

भाग-II सामान्य ज्ञान

21 किस राज्य की सरकार ने 'मुख्यमन्त्री ग्रामीण आवास न्याय योजना (Mukhyamantri Gramin Awas NYAY Ycjana)' के उद्घाटन चरण के हिस्से के रूप में राज्य के ग्रामीण क्षेत्रों में 47,000 से अधिक गरीब निवासियों को घर उपलब्ध कराने की अपनी योजना का अनावरण किया है?

(a) महाराष्ट्र (b) मध्य प्रदेश
(c) छत्तीसगढ़ (d) तमिलनाडु

22 ……… राष्ट्रीय बाल भवन (NBB) की एक पहल है, जो चार प्रमुख क्षेत्रों में बच्चों की सृजनात्मक क्षमता को पहचान कर उन्हें अपनी सृजनात्मक क्षमता का विकास करने और बेहतर बनाने की दिशा में प्रेरित करती है। इसकी मूल्यांकन, चयन प्रक्रिया और कार्यविधि भिन्न प्रकार की है, जिसमें विभिन्न क्षेत्रों के ख्याति प्राप्त सृजनात्मक कलाकारों और विशेषज्ञों के परामर्श पर निरन्तर सुधार की आवश्यकता बनी रहती है।

(a) राष्ट्रीय बालश्री सम्मान
(b) श्री सम्मान
(c) राष्ट्रीय पद्मश्री सम्मान
(d) राष्ट्रीय मातृश्री सम्मान

23 भारत में राज्यसभा (काउन्सिल ऑफ स्टेट) का पीठासीन अधिकारी निम्नलिखित में से कौन है?

(a) उपराष्ट्रपति (b) वक्ता
(c) राष्ट्रपति (d) प्रधानमन्त्री

24 भारत की सामाजिक-आर्थिक और जाति जनगणना (SECC) 2011 (ग्रामीण)……… अभाव मापदण्डों पर परिवारों की स्थिति के आधार पर 'अन्य' श्रेणी के तहत उनकी रैंकिंग करती है।

(a) सात (b) पाँच
(c) नौ (d) तीन

25 2011 की जनगणना के अनुसार भारत के किस केन्द्रशासित प्रदेश का जनसंख्या घनत्व सबसे अधिक है?

(a) दमन और दीव (b) चण्डीगढ़
(c) लद्दाख (d) राष्ट्रीय राजधानी क्षेत्र-दिल्ली

26 प्रथम राष्ट्रमण्डल खेल कब आयोजित किए गए थे?

(a) वर्ष 1945 (b) वर्ष 1935
(c) वर्ष 1926 (d) वर्ष 1930

27 निम्न में से कौन-सा कथन चुम्बकीय क्षेत्र के सन्दर्भ में सही है?

(a) चुम्बकीय क्षेत्र एक ऐसी मात्रा है जिसके पास न तो दिशा और न ही परिमाण होता है।
(b) दो चुम्बकीय क्षेत्र रेखाएँ एक दूसरे को काटती हैं।
(c) चुम्बकीय क्षेत्र रेखाएँ खुले वक्र के रूप में होती हैं।
(d) चुम्बकीय क्षेत्र रेखाएँ बन्द वक्र के रूप में होती हैं।

28 मौर्य साम्राज्य के सम्राट अशोक ……… के अनुयायी थे।

(a) जैन धर्म (b) इस्लाम धर्म
(c) सिख धर्म (d) बौद्ध धर्म

29 भारत की निम्नलिखित में से किस पंचवर्षीय योजना का उद्देश्य भारत को 'आत्मनिर्भर' और 'स्व-उत्पादक' अर्थव्यवस्था बनाना था?
(a) तृतीय पंचवर्षीय योजना
(b) चतुर्थ पंचवर्षीय योजना
(c) द्वितीय पंचवर्षीय योजना
(d) प्रथम पंचवर्षीय योजना

30 वर्ष 2023 में पंजाब में ट्रैक्टर स्टण्ट (Tractor stunt) पर प्रतिबन्ध किसने लगाया?
(a) सुखजिन्दर सिंह रन्धावा (b) चरणजीत सिंह चन्नी
(c) सुखबीर सिंह बादल (d) भगवन्त मान

31 भारतीय खिलाड़ी जेनेट विधि (Janet Vidhi) कौन-सा खेल खेलती हैं?
(a) क्रिकेट (b) तीरंदाजी
(c) स्क्वैश (d) मुक्केबाजी

32 लम्बी कूद में उत्प्रस्थान (take-off) गड्ढे (pit) से एक मीटर दूर .... सेमी चौड़े बोर्ड से करना होता है।
(a) 24 (b) 15
(c) 12 (d) 20

33 पण्डित भीमसेन जोशी को किस वर्ष सर्वोच्च नागरिक पुरस्कार भारत रत्न प्राप्त हुआ?
(a) 2006 (b) 2004
(c) 2009 (d) 2002

34 मुद्रा और बैंकिंग के सन्दर्भ में SLR क्या दर्शाता है?
(a) स्टेट लिक्विडिटी रेश्यो
(b) स्टेट्यूटरी लीगल रेश्यो
(c) स्टेट्यूटरी लिक्विडिटी रेश्यो
(d) स्टेट लीगल रेश्यो

35 निम्नलिखित में से किस शास्त्रीय नृत्य शैली का सम्बन्ध केरल से है?
(a) मोहिनीअट्टम (b) कथक
(c) ओडिसी (d) सत्रीया

36 भारत में किस धार्मिक आयोजन के दौरान भक्त पवित्र गंगा नदी में यह विश्वास करते हुए डुबकी लगाते हैं कि इससे उनके पाप धुल जाएँगें और नदी के किनारे विभिन्न अनुष्ठान करते हैं?
(a) नवरात्रि (b) ईद-उल-फितर
(c) कुम्भ मेला (d) दीपावली

37 भारत की प्रथम पंचवर्षीय योजना किस मॉडल पर आधारित थी?
(a) हैरोड-डोमर मॉडल
(b) पूँजीवादी मॉडल
(c) महालनोबिस योजना
(d) गॉडगिल फॉर्मूला

38 सरदार वल्लभभाई पटेल ने .... में कांग्रेस के अध्यक्ष के रूप में कार्य किया।
(a) वर्ष 1931 (b) वर्ष 1935
(c) वर्ष 1925 (d) वर्ष 1921

39 .... इण्डिया के अध्यक्ष, अनन्त माहेश्वरी को वर्ष 2023-24 की अवधि के लिए नैसकॉम (Nasscom) का अध्यक्ष नियुक्त किया गया है।
(a) एप्पल (b) गूगल
(c) टीसीएस (d) माइक्रोसॉफ्ट

40 निम्नलिखित में से किसे भारत की संविधान सभा के अध्यक्ष के रूप में चुना गया था?
(a) राजेन्द्र प्रसाद
(b) जवाहरलाल नेहरू
(c) भीमराव अम्बेडकर
(d) सरदार वल्लभभाई पटेल

भाग-III गणित

41 अनिल एक मेज को 20% की हानि पर बेचता है। यदि वह इसे ₹ 160 अधिक में बेचता है, तो वह 20% का लाभ अर्जित करता है। 25% का लाभ अर्जित करने के लिए मेज का विक्रय मूल्य कितना होना चाहिए?
(a) ₹ 700 (b) ₹ 800
(c) ₹ 500 (d) ₹ 750

42 ₹ 30000 का मूलधन 7% वार्षिक की दर से चक्रवृद्धि ब्याज (वार्षिक रूप से संयोजित) पर उधार लिया जाता है। 2 वर्ष के बाद धनराशि कितनी हो जाएगी?
(a) ₹ 31247 (b) ₹ 33248
(c) ₹ 34347 (d) ₹ 35687

43 एक वस्तु पर अंकित मूल्य ₹ 4800 था, लेकिन दुकानदार उस वस्तु पर 18% और 20% की दो छूट की पेशकश करता है, अन्ततः वह वस्तु को किस मूल्य पर बेचता है?
(a) ₹ 3258.8 (b) ₹ 3148.8
(c) ₹ 2976 (d) ₹ 3642

44 वह न्यूनतम मान क्या है, जिसे यदि 140 में जोड़ा जाए, तो यह 5 और 6 दोनों से पूर्णतः विभाज्य होगा?
(a) 12 (b) 15
(c) 20 (d) 10

45 यदि $P:Q=6:5$ और $Q:R=3:4$ है, तो $Q:(P+R)$ का मान कितना है?
(a) 15 : 37 (b) 15 : 38
(c) 14 : 37 (d) 13 : 38

46 रोहित समान दूरियों की चार यात्राएँ करता है। पहली यात्रा में उसकी चाल 400 किमी/घण्टा थी और प्रत्येक अगली यात्रा में उसकी चाल पिछली यात्रा की चाल से आधी थी। इन चार यात्राओं में रोहित की औसत चाल कितनी है?
(a) 400/3 किमी/घण्टा
(b) 440/3 किमी/घण्टा
(c) 320/3 किमी/घण्टा
(d) 100 किमी/घण्टा

47 दो संख्याओं का महत्तम समापवर्तक 14 है और उनका लघुत्तम समापवर्त्य 490 है। यदि पहली संख्या 70 है, तो दूसरी संख्या ज्ञात कीजिए।
(a) 78 (b) 65 (c) 74 (d) 98

48 90 परिणामों का औसत 38 है। यदि प्रत्येक परिणाम से 4 घटा दिया जाए, तो परिणामों का नया औसत कितना होगा?
(a) 37 (b) 36
(c) 32 (d) 34

49 $58-25\div5+\{55+25-(30+20-10+30)\}$ का मान ज्ञात कीजिए।
(a) 66 (b) 56
(c) 63 (d) 68

50 5 विषयों में से पहले 3 विषयों में राकेश के औसत अंक 80 हैं और अन्तिम 3 विषयों में औसत अंक 92 हैं। यदि तीसरे विषय में उसके अंक 51 हैं, तो सभी 5 विषयों में उसके औसत अंक कितने हैं?
(a) 97 (b) 102
(c) 90 (d) 93

51 एक वस्तु का अंकित मूल्य ₹ 1850 है। यदि वस्तु पर 60% की छूट दी जाती है, तो वस्तु का विक्रय मूल्य कितना होगा?
(a) ₹ 740 (b) ₹ 860
(c) ₹ 840 (d) ₹ 750

52 यदि किसी संख्या के 25% में से 75 घटा दिया जाए, तो परिणाम 1225 आता है। उस संख्या का मान क्या है?
(a) 5100 (b) 5200
(c) 5000 (d) 5300

53 यदि 15 आदमी एक घर को 18 दिनों में बना सकते हैं, तो 12 आदमी उसी घर को कितने दिनों में बनाएँगें?
(a) 19 दिन (b) 22.5 दिन
(c) 18 दिन (d) 20 दिन

54 $96\times2\div(88-24)+43\times3$ का मान कितना है?
(a) 132 (b) 135
(c) 130 (d) 139

55 *J*, *K* और *L* मिलकर एक पुस्तक को 20 दिनों में पूरा पढ़ सकते हैं। *J* और *K* मिलकर उसी पुस्तक को 25 दिनों में पूरा पढ़ सकते हैं। *L* अकेले उसी पुस्तक को कितने दिनों में पूरा पढ़ सकता है?
(a) 140 दिन (b) 110 दिन
(c) 100 दिन (d) 125 दिन

56 एक बल्ब के क्रय मूल्य और विक्रय मूल्य का अनुपात 20 : 25 है। लाभ प्रतिशत कितना है?
(a) 15% (b) 20%
(c) 30% (d) 25%

57 मोनिल की मासिक आय में 18% की कमी हो जाती है। उसकी मासिक आय में लगभग कितने प्रतिशत की वृद्धि होनी चाहिए ताकि वह फिर से उसकी वास्तविक मासिक आय के बराबर हो जाए?
(a) 22% (b) 18%
(c) 15% (d) 20%

58 एक शंकु की ऊँचाई 15 सेमी है और इसके आधार की त्रिज्या 14 सेमी है। शंकु का आयतन कितना है?
(a) 3420 सेमी^{3} (b) 3080 सेमी^{3}
(c) 2860 सेमी^{3} (d) 3240 सेमी^{3}

59 एक व्यक्ति ने साधारण ब्याज पर 3% की वार्षिक दर पर एक निश्चित धनराशि उधार दी। 25 वर्षों में प्राप्त ब्याज, उधार दी गई धनराशि से ₹ 600 कम है। उधार दी गई धनराशि कितनी है?
(a) ₹ 1200 (b) ₹ 800
(c) ₹ 1600 (d) ₹ 2400

60 एक मिश्रण में पानी और दूध का अनुपात 8 : 21 है। यदि इसमें दूध, पानी से 26 लीटर अधिक है, तो मिश्रण मे दूध की मात्रा कितनी होगी?
(a) 46 लीटर (b) 26 लीटर
(c) 42 लीटर (d) 16 लीटर

भाग-IV हिन्दी

61 निम्नलिखित प्रश्न में चार विकल्पों में से उस सही विकल्प का चयन करें, जो वाक्यांशों के लिए शब्द का विकल्प हो।
किसी बात पर बार-बार जोर देना
(a) आमरण (b) आश्वस्त
(c) आग्रह (d) अस्मान

62 दिए गए विकल्पों में से तीन विकल्प त्रुटियुक्त हैं, जबकि एक सही है। उस सही विकल्प का चयन करें।
(a) अंकित आया और कहा।
(b) अंकित आए और उसने कहा।
(c) अंकित आया और उसने कहा।
(d) अंकित आए और कहा।

63 निम्नलिखित प्रश्न में दिए गए चार विकल्पों में से उस विकल्प का चयन करें, जो दिए गए मुहावरे के अर्थ को सर्वश्रेष्ठ रूप से व्यक्त करता है।
बृहस्पति के समान पण्डित
(a) अज्ञानी होना (b) गलत ज्ञान होना
(c) श्रेष्ठ पण्डित (d) अँगूठा छाप

64 दिए गए वाक्य में से गलत वर्तनी ज्ञात कीजिए।
कमलेश उत्तम अंकों से उतीर्ण हो गया।
(a) अंकों (b) उतीर्ण
(c) गया (d) उत्तम

65 दिए गए वाक्य में रेखांकित शब्द का विलोम शब्द ज्ञात कीजिए।
<u>दीर्घायु</u> भव!
(a) मलिन (b) लम्बी
(c) अल्पायु (d) कदाचारी

66 निम्नलिखित प्रश्न में चार विकल्पों में से उस विकल्प का चयन करें, जो कोष्ठक में दिए गए शब्द के पर्यायवाची शब्द का सही विकल्प है।
मेरा इकलौता (पुत्र) ……… अपनी आगे की पढ़ाई के लिए अमेरिका गया है।
(a) आत्मज (b) विनीत
(c) नलिन (d) कोपल

67 दिए गए शब्द का पर्यायवाची ज्ञात कीजिए।
कस्तूरी
(a) बाल (b) काक
(c) मदन (d) मृगनाभि

68 दिए गए वाक्य में से गलत वर्तनी ज्ञात कीजिए।
नछत्र शब्द का प्रयोग प्रेमचन्द ने अपनी कहानी में किया है।
(a) नछत्र (b) शब्द
(c) प्रयोग (d) प्रेमचन्द

69 दिए गए शब्द का विलोम शब्द ज्ञात कीजिए।
अति
(a) अन्त (b) आदि
(c) इति (d) अल्प

70 दिए गए वाक्य का वह भाग ज्ञात करें, जिसमें कोई त्रुटि है।
किशोरावस्था बचपन से युवा बनने के बीच की व्यवस्था है, जब बच्चों में काफी परिवर्तन आते हैं।
(a) युवा बनने के बीच की
(b) व्यवस्था है, जब बच्चों
(c) किशोरावस्था बचपन से
(d) में काफी परिवर्तन आते हैं

71 दिए गए वाक्य में उचित शब्द का चयन करके रिक्त स्थान की पूर्ति कीजिए।
राजू की नौकरी ………… से लगी है।
(a) अदालत (b) एतराज
(c) सिफारिश (d) हाल

72 दिए गए वाक्यांश के लिए सार्थक शब्द ज्ञात कीजिए।
शरण में आया हुआ
(a) आश्रित (b) राजाश्रित
(c) गृहस्थ (d) शरणागत

73 निम्नलिखित प्रश्न में चार विकल्पों में से उस विकल्प का चयन करें, जो रिक्त स्थान के लिए सही शब्द वाला विकल्प हो।
सभ्यता के विकास एवं विज्ञान की ……… खोजों के कारण मनोरंजन का क्षेत्र भी अछूता न रह सका।
(a) अवांछित (b) अस्वाभाविक
(c) अनियमित (d) अद्भुत

74 दिए गए वाक्य में रेखांकित शब्द का तद्भव शब्द ज्ञात कीजिए।
इतने अश्रु क्यों बहा रहे हो?
(a) अन्धा (b) अँधेरा
(c) आँसू (d) आँख

75 निम्नलिखित प्रश्न में दिए गए चार विकल्पों में से उस विकल्प का चयन करें, जो दिए गए मुहावरे के अर्थ को सर्वश्रेष्ठ रूप से व्यक्त करता है।
गिरगिट की तरह रंग बदलना
(a) एक बात पर स्थिर न रहना
(b) भलाई के काम करना
(c) मूर्ख बनाकर अपना काम निकालना
(d) लड़ाई के काम करना

निर्देश (प्र.सं. 76-80) *नीचे दिए गए गद्यांश में कुछ शब्द छोड़ दिए गए हैं और प्रत्येक रिक्त स्थान के चार विकल्प दिए गए हैं। इन चारों में से कौन-सा विकल्प रिक्त स्थान की पूर्ति करेगा*

जब लोगों ने पहली बार साफ हवा के लिए ......(1)...... छेड़ी तो सबसे पहले इस ......(2)...... से निपटने के लिए कानूनी रास्तों को ......(3)...... का प्रयास किया गया। यह काम आसान नहीं था, क्योंकि ......(4)...... और भाप इंजनों के मालिक अपनी मशीनों में सुधार के लिए पैसा ......(5)...... करने को कतई तैयार नहीं थे।

76 रिक्त स्थान 1 के लिए सबसे उपयुक्त विकल्प का चयन कीजिए।
(a) मुहिम (b) रास्ता (c) महिला (d) पुरुष

77 रिक्त स्थान 2 के लिए सबसे उपयुक्त विकल्प का चयन कीजिए।
(a) खूबसूरत (b) गरिमा
(c) समस्या (d) लक्षण

78 रिक्त स्थान 3 के लिए सबसे उपयुक्त विकल्प का चयन कीजिए।
(a) कोहरा b) दिशा
(c) बीमारियों (d) आजमाने

79 रिक्त स्थान 4 के लिए सबसे उपयुक्त विकल्प का चयन कीजिए।
(a) गन्दगी (b) कारखानों
(c) कचरे (d) शहर

80 रिक्त स्थान 5 के लिए सबसे उपयुक्त विकल्प का चयन कीजिए।
(a) फुकाने (b) खर्च (c) आसानी (d) मुश्किल

उत्तरमाला

1.	(b)	2.	(b)	3.	(b)	4.	(a)	5.	(b)	6.	(d)	7.	(c)	8.	(d)	9.	(b)	10.	(d)
11.	(c)	12.	(b)	13.	(d)	14.	(b)	15.	(c)	16.	(b)	17.	(d)	18.	(c)	19.	(d)	20.	(a)
21.	(c)	22.	(a)	23.	(a)	24.	(a)	25.	(d)	26.	(d)	27.	(d)	28.	(d)	29.	(a)	30.	(d)
31.	(c)	32.	(d)	33.	(c)	34.	(c)	35.	(a)	36.	(c)	37.	(a)	38.	(a)	39.	(d)	40.	(a)
41.	(c)	42.	(c)	43.	(b)	44.	(d)	45.	(b)	46.	(c)	47.	(d)	48.	(d)	49.	(c)	50.	(d)
51.	(a)	52.	(b)	53.	(b)	54.	(a)	55.	(c)	56.	(d)	57.	(a)	58.	(b)	59.	(d)	60.	(c)
61.	(c)	62.	(c)	63.	(c)	64.	(b)	65.	(c)	66.	(a)	67.	(d)	68.	(a)	69.	(d)	70.	(b)
71.	(c)	72.	(d)	73.	(d)	74.	(c)	75.	(a)	76.	(a)	77.	(c)	78.	(d)	79.	(b)	80.	(b)

संकेत एवं हल

1. *(b)* जिस प्रकार,

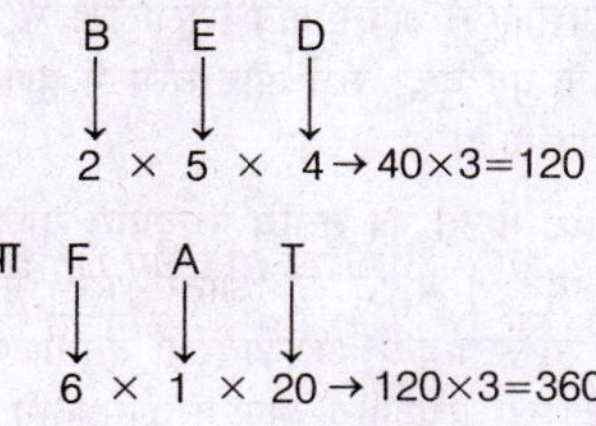

उसी प्रकार,

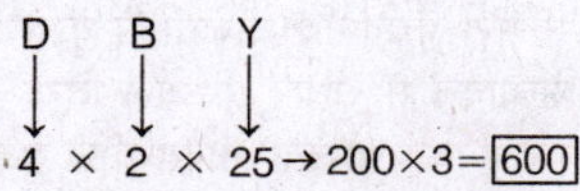

2. *(b)* दी गई आकृति शृंखला में तीर का चिह्न दक्षिणावर्त दिशा में घूर्णन कर रहा है तथा वृत्त के अन्दर की आकृति प्रत्येक अगले चरण में एक वृद्धि कर रही है। यह क्रम इसी प्रकार जारी रहता है। अतः अगली आकृति विकल्प (b) के समान होगी।

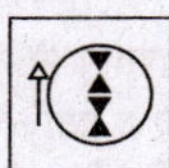

3. *(b)* विकल्प आकृति (b), प्रश्न आकृति के पैटर्न को पूरा करेगी।

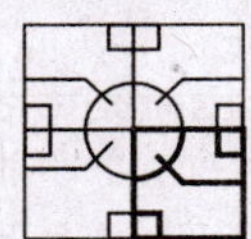

4. *(a)* दी गई शृंखला का क्रम निम्न प्रकार है

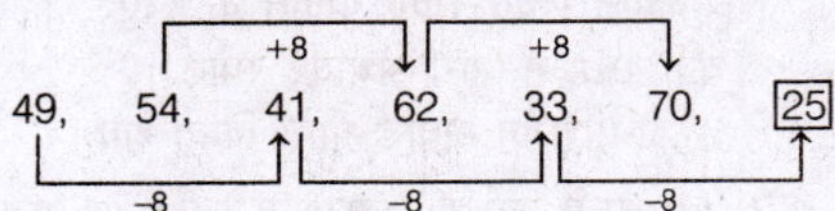

5. *(b)* कथनानुसार,

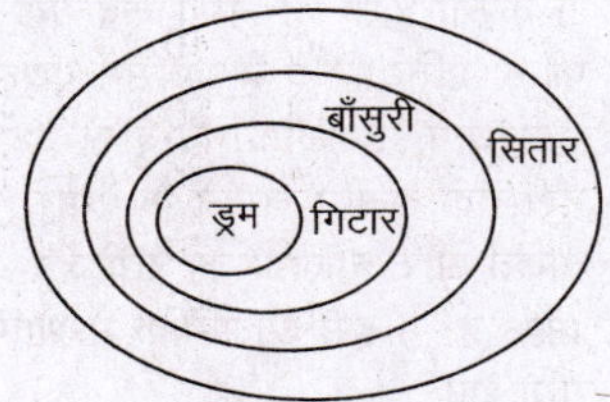

निष्कर्ष I. (✓) II. (✗)

अतः केवल निष्कर्ष I अनुसरण करता है।

6. *(d)* जिस प्रकार, हृदय रोग विशेषज्ञ को कार्डियोलॉजिस्ट कहते हैं।

उसी प्रकार, गुर्दे रोग विशेषज्ञ को नेफ्रोलॉजिस्ट कहते हैं।

7. *(c)* प्रश्नानुसार सम्बन्ध आरेख बनाने पर,

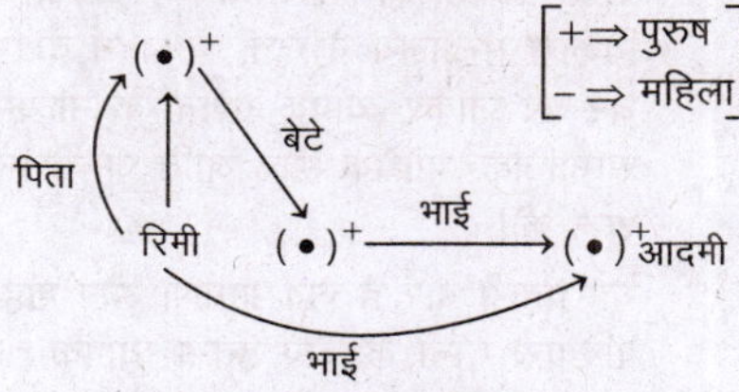

अतः वह आदमी रिमी का 'भाई' है।

8. *(d)* दी गई शृंखला का क्रम निम्न प्रकार है,

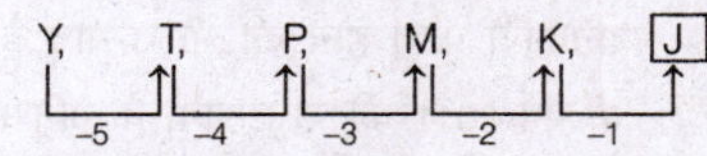

9. *(b)* पासे का ध्यानपूर्वक अवलोकन करने पर दोनों पासों में 'X' और 'Z' उभयनिष्ठ हैं।

∴ 'K' वाले फलक के विपरीत फलक पर 'M' आएगा।

10. *(d)* आकृति शृंखला का ध्यानपूर्वक अवलोकन करने पर हम यह पाते हैं कि प्रत्येक अगली आकृति के चरण में एक रेखा कम हो रही है। इसी प्रकार यह क्रम जारी रहता है। अतः अगली आकृति विकल्प (d) के समान होगी।

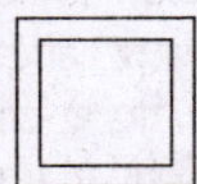

11. *(c)* दी गई शृंखला का क्रम निम्न प्रकार है,

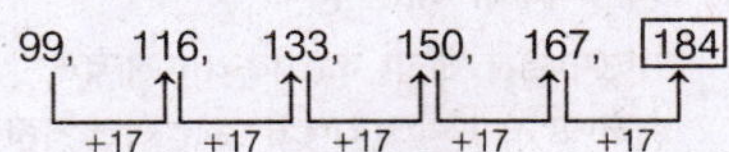

12. *(b)* दी गई समीकरण

$7 \times 5 \div 6 + 2 - 4 = 16$

विकल्प (b) से, ÷ और + तथा 7 और 4 को परस्पर बदलने पर,

$4 \times 5 + 6 \div 2 - 7 = 16$

$\Rightarrow \quad 20 + 3 - 7 = 16 \Rightarrow 16 = 16$

13. *(d)* दी गई जानकारी के अनुसार,

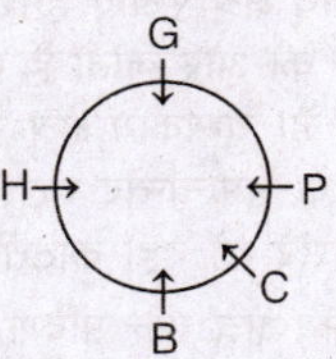

अतः B, C के ठीक बाईं ओर बैठा है।

14. *(b)* दी गई शृंखला का क्रम निम्न प्रकार है,

cod/cod/cod/cod

⇒ ocdo

15. *(c)* दी गई प्रश्न आकृति का दर्पण प्रतिबिम्ब विकल्प आकृति (c) होगा।

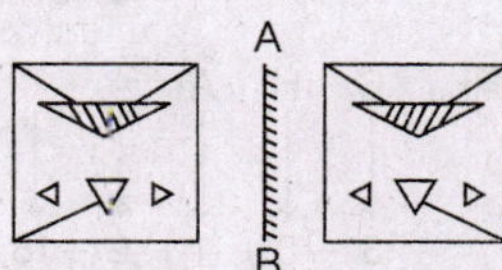

16. *(b)* प्रश्नानुसार,

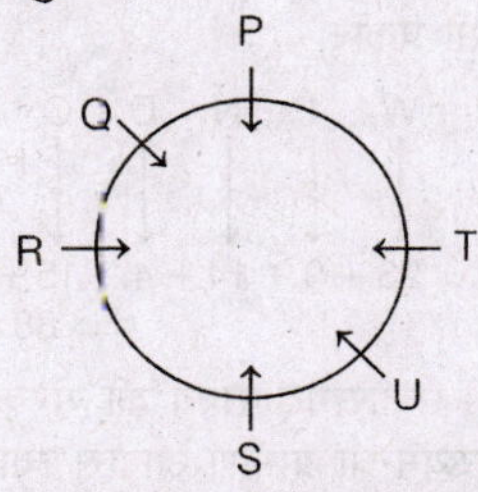

अतः U और P दोनों का निकटतम पड़ोसी 'T' है।

17. *(d)* जिस प्रकार,

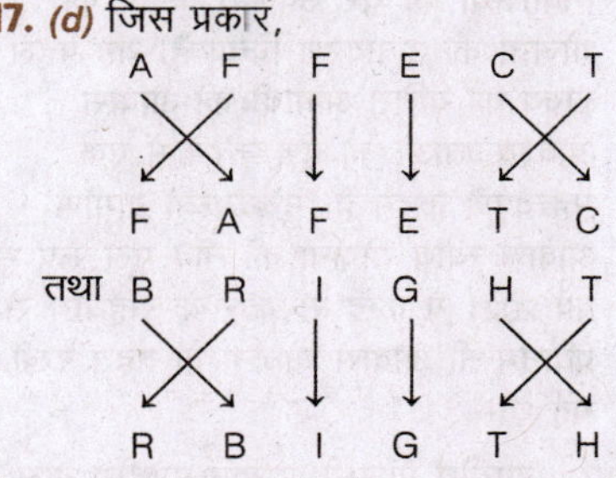

उसी प्रकार,

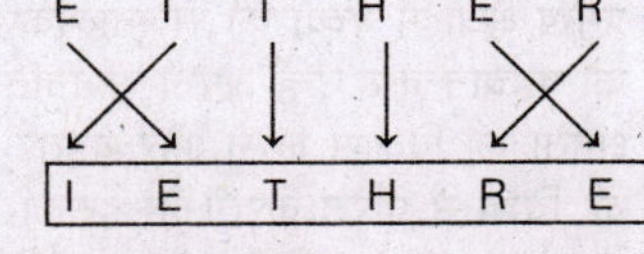

18. *(c)* दी गई समीकरण

$8 + 7 \times 9 \div 14 - 3 = 10$

विकल्प (c) से, 8 और 9 को परस्पर बदलने पर,

$9 + 7 \times 8 \div 14 - 3 = 10$

$\Rightarrow \quad 9 - 4 - 3 = 10$

$\Rightarrow \quad 13 - 3 = 10$

$\Rightarrow \quad 10 = 10$

19. *(d)* अंग्रेजी वर्णमाला के अनुसार शब्दों का सही क्रम निम्न होगा

TECHNICAL (2) → TECHNICIAN (3)

→ TECHNIQUE (4) → TECHNOLOGY (1)

→ TECHNOPHOBIA (5)

⇒ 23415

20. *(a)* जिस प्रकार,

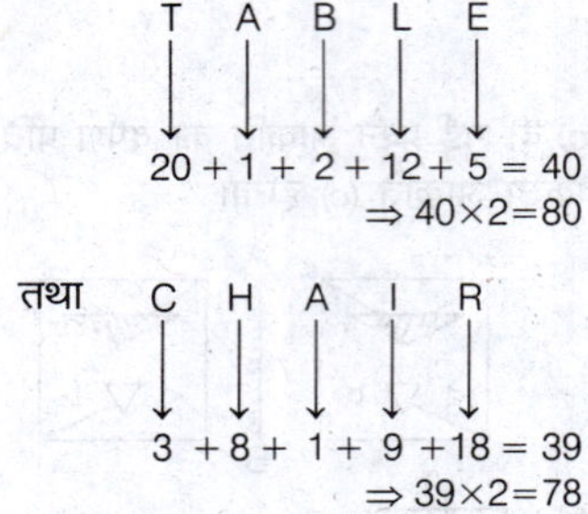

उसी प्रकार,

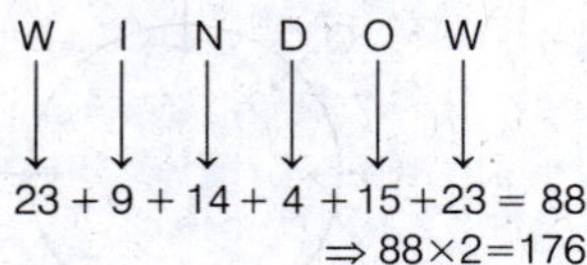

21. *(c)* छत्तीसगढ़ राज्य की सरकार ने 'मुख्यमन्त्री ग्रामीण आवास न्याय योजना' के उद्घाटन चरम के हिस्से के रूप में राज्य के ग्रामीण क्षेत्रों में 47,000 से अधिक गरीब निवासियों को घर उपलब्ध कराने की योजना का अनावरण किया है। यह पहल राज्य की वंचित आबादी की आवास आवश्यकताओं को पूर्ण करने में एक महत्त्वपूर्ण कदम है। मुख्यमन्त्री ग्रामीण आवास न्याय योजना की नींव मूल रूप से वर्ष 2021 में केन्द्र सरकार के सहयोग से प्रधानमन्त्री आवास योजना के तहत रखी गई थी।

22. *(a)* राष्ट्रीय बालश्री सम्मान राष्ट्रीय बाल भवन (NBB) की एक पहल है, जो चार प्रमुख क्षेत्रों में बच्चों की सृजनात्मक क्षमता को पहचान कर उन्हें अपनी सृजनात्मक क्षमता का विकास करने और बेहतर बनाने की दिशा में प्रेरित करती है। इसका मूल्यांकन, चयन प्रक्रिया और कार्यविधि भिन्न प्रकार की हैं, जिनमें विभिन्न क्षेत्रों के ख्याति प्राप्त सृजनात्मक कलाकारों और विशेषज्ञों के परामर्श पर निरन्तर सुधार की आवश्यकता बनी रहती है।

इस सम्मान की शुरुआत वर्ष 1996 में की गई थी। यह 9 से 16 वर्ष के आयु वर्ग के रचनात्मक बच्चों के लिए भारत सरकार द्वारा प्रदत्त सम्मान है।

23. *(a)* भारत में राज्यसभा (काउन्सिल ऑफ स्टेट) का पीठासीन अधिकारी उपराष्ट्रपति होता है। उपराष्ट्रपति संवैधानिक प्रावधानों के अन्तर्गत राज्यसभा के पदेन सभापति के रूप में कार्य करते हैं। भारत के वर्तमान उपराष्ट्रपति श्री जगदीप धनखड़ हैं। इन्होंने 7 अगस्त, 2022 को अपना पदभार सम्भाला। राज्यसभा एक स्थायी सदन है।

24. *(a)* भारत की सामाजिक-आर्थिक और जाति जनगणना (SECC) 2011 (ग्रामीण) सात अभाव मापदण्डों पर परिवारों की स्थिति के आधार पर अन्य श्रेणी के तहत उनकी रैंकिंग करती है। भारत सरकार के ग्रामीण विकास मन्त्रालय ने जून, 2011 में देशभर में घर-घर जाकर व्यापक गणना के माध्यम से सामाजिक-आर्थिक और जाति जनगणना से शुरू की।

यह पहली बार है जब ग्रामीण और शहरी परिवारों दोनों के लिए इतना व्यापक अध्ययन किया गया है। इससे देशभर में परिवारों से सम्बन्धित बड़ी संख्या में सामाजिक और आर्थिक संकेतकों पर जानकारी प्राप्त होने की भी उम्मीद है।

25. *(d)* वर्ष 2011 की जनगणना के अनुसार, भारत के केन्द्रशासित प्रदेश दिल्ली (राष्ट्रीय राजधानी क्षेत्र) का जनसंख्या घनत्व सबसे अधिक है। दिल्ली का जनसंख्या घनत्व 11,297 प्रति वर्ग किमी है। राज्यों में जनसंख्या घनत्व के मामले में सबसे अधिक बिहार (1106) के बाद पश्चिम बंगाल का स्थान है। जनसंख्या घनत्व में केन्द्रशासित प्रदेश में दिल्ली के बाद चण्डीगढ़ और पुदुचेरी का स्थान है।

26. *(d)* प्रथम राष्ट्रमण्डल खेलों का आयोजन वर्ष 1930 में किया गया था। ये खेल पहली बार हेमिल्टन शहर, ओंटारियों, कनाडा में आयोजित किए गए थे और इसमें 11 देशों के 400 खिलाड़ियों ने भाग लिया था। राष्ट्रमण्डल खेलों का आयोजन प्रत्येक चार वर्ष में किया जाता है।

राष्ट्रमण्डल खेलों का प्रबन्धन लन्दन, इंग्लैण्ड में स्थित राष्ट्रमण्डल खेल महासंघ द्वारा किया जाता है। वर्ष 2024 में ओलम्पिक खेलों का आयोजन पेरिस में किया जाएगा।

27. *(d)*

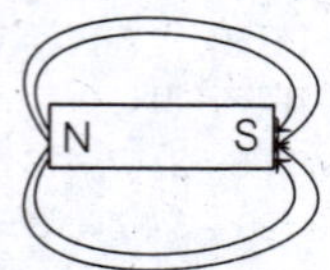

चुम्बकीय क्षेत्र रेखाएँ हमेशा उत्तर से चलकर दक्षिण की ओर जाती हैं एवं एक बन्द वक्र बनाती है। चुम्बकीय क्षेत्र रेखाएँ हमेशा एक दूसरे के समानान्तर चलती हैं और कभी भी एक दूसरे को नहीं काटती।

चुम्बकीय क्षेत्र एक सदिश मात्रा होती है। जिसके पास दिशा और परिमाण दोनों होते हैं। चुम्बक के अन्दर रेखाएँ दक्षिण से उत्तर की ओर चलती हैं।

28. *(d)* मौर्य साम्राज्य के सम्राट अशोक बौद्ध धर्म के अनुयायी थे। बौद्ध भिक्षु उपगुप्त के प्रभाव में अशोक ने बौद्ध धर्म अपनाया। उन्होंने जनता के बीच बौद्ध धर्म का सन्देश फैलाने के लिए शिलालेखों और स्तम्भ शिलालेखों का भी निर्माण करवाया।

अशोक ने अपने भाब्रू शिलालेख में कहा है कि वह बुद्ध, संघ और धम्म में पूर्ण आस्था रखते हैं।

29. *(a)* भारत की तृतीय पंचवर्षीय योजना का उद्देश्य भारत को 'आत्मनिर्भर' और 'स्व-उत्पादक' अर्थव्यवस्था बनाना था। तीसरी पंचवर्षीय योजना की अवधि वर्ष 1961-1966 थी।

तीसरी पंचवर्षीय योजना में कृषि और गेंहूँ के उत्पादन में सुधार पर बल दिया गया था, परन्तु यह योजना भारत-चीन युद्ध, भारत-पाकिस्तान युद्ध और अर्थव्यवस्था में कमजोरियों के कारण असफल रही। इस योजना की लक्ष्य वृद्धि दर 5.6% थी, परन्तु वास्तविक विकास दर 2.4% था।

30. *(d)* वर्ष 2023 में पंजाब में ट्रैक्टर स्टण्ट (Tractor stunt) पर भगवन्त मान ने प्रतिबन्ध लगाया।

पंजाब के गुरदासपुर में ट्रैक्टर से स्टण्ट दिखाते समय एक व्यक्ति की मृत्यु हो जाने के कारण मुख्यमन्त्री भगवन्त मान ने कृषि में उपयोग होने वाले वाहनों और उपकरणों के साथ इस तरह के स्टण्ट दिखाने पर बैन लगा दिया है।

31. *(c)* भारतीय खिलाड़ी जेनेट विधि (Janet Vidhi) स्क्वैश खेल से सम्बन्धित हैं। जेनेट विधि शीर्ष 100 रैंकिंग में प्रवेश पाने वाली 9वीं भारतीय महिला हैं। उन्होंने अपनी सर्वश्रेष्ठ विश्व रैंकिंग प्राप्ति के लिए वर्ष 2018 में 'यंग अचीवर स्पोर्ट' इण्डो-एशियन अवॉर्ड प्राप्त किया था।

32. *(d)* लम्बी कूद में उत्प्रस्थान (take-off) गड्ढे (pit) से एक मीटर दूर 20 सेमी चौड़े बोर्ड से करना होता है। लम्बी कूद एक ट्रैक और फील्ड प्रतियोगिता है, जिसमें एथलीट उत्प्रस्थान (टेकऑफ) बिन्दु से यथासम्भव दूरी तक छलाँग लगाने के प्रयास में गति, ताकत और चपलता का संयोजन करते हैं। 1896 ई. में इसे ओलम्पिक में शामिल किया गया था।

33. *(c)* पण्डित भीमसेन जोशी को वर्ष 2009 का सर्वोच्च नागरिक पुरस्कार भारत रत्न प्राप्त हुआ था। पण्डित भीमसेन गुरुराज जोशी शास्त्रीय संगीत के हिन्दुस्तानी संगीत शैली के प्रमुख गायकों में से एक हैं। भारतीय संगीत के क्षेत्र में इनसे पहले एम. एस. सुब्बुलक्ष्मी, उस्ताद बिस्मिल्ला खान, पण्डित

रविशंकर और लता मंगेशकर को 'भारत रत्न' से सम्मानित किया जा चुका है।

34. *(c)* मुद्रा और बैंकिंग के सम्बन्ध में SLR एक वैधानिक तरलता अनुपात (स्टेट्यूटरी लिक्विडिटी रेश्यो) है। वैधानिक तरलता अनुपात तरलता का प्रबन्धन करने के लिए भारतीय रिजर्व बैंक (RBI) द्वारा नियोजित एक मौद्रिक उपकरण है। इसके अन्तर्गत बैंकों को एक सीमित मुद्रा भण्डार अपने पास रखना होता है।

35. *(a)* मोहिनीअट्टम, शास्त्रीय नृत्य शैली का सम्बन्ध केरल से है। केरल से दो शास्त्रीय नृत्य मोहिनीअट्टम तथा कथकली सम्बन्धित है। मोहिनीअट्टम शब्द मोहिनी से लिया गया है; 'मोहिनी रूप' हिन्दुओं के देवता भगवान विष्णु का स्त्री रूप है।

36. *(c)* भारत में कुम्भ मेले के आयोजन के दौरान भक्त गंगा नदी में यह विश्वास करते हुए पवित्र डुबकी लगाते हैं कि इससे उनके पाप धुल जाएँगे और नदी के किनारे विभिन्न अनुष्ठान करते हैं।

कुम्भ मेला, हिन्दू धर्म का एक महत्त्वपूर्ण पर्व है, जिसमें करोड़ों श्रद्धालु कुम्भ पर्व स्थल प्रयाग, हरिद्वार, उज्जैन और नासिक में एकत्र होते हैं और गंगा नदी में स्नान करते हैं। महाकुम्भ का आयोजन प्रत्येक 12 वें वर्ष तथा अर्द्ध कुम्भ का आयोजन छठे वर्ष में किया जाता है।

37. *(a)* भारत की प्रथम पंचवर्षीय योजना 'हैरोड-डोमर मॉडल' पर आधारित थी। प्रथम पंचवर्षीय योजना वर्ष 1951 में शुरू हुई, जो मुख्य रूप से प्राथमिक क्षेत्र के विकास पर केन्द्रित थी। पहली पंचवर्षीय योजना का आदर्श वाक्य 'कृषि का विकास' था। आजादी के बाद देश का पुनर्निर्माण इस योजना का लक्ष्य था।

इसका लक्ष्य वृद्धि दर 2.1% वार्षिक सकल घरेलू उत्पाद (GDP) थी तथा प्राप्त की गई विकास दर 3.6% थी। इसके बाद शुद्ध घरेलू उत्पाद 15% बढ़ गया।

38. *(a)* सरदार वल्लभभाई पटेल ने वर्ष 1931 में कांग्रेस के अध्यक्ष के रूप में कार्य किया। यह अधिवेशन कराची में सम्पन्न हुआ, जिसमें मौलिक अधिकारों और राष्ट्रीय आर्थिक कार्यक्रम के प्रस्ताव पारित किए गए। इस अधिवेशन में ही 'दिल्ली समझौते' अर्थात् गाँधी-इरविन समझौते को स्वीकृति प्रदान की गई।

39. *(d)* माइक्रोसॉफ्ट इण्डिया के अध्यक्ष अनन्त माहेश्वरी को वर्ष 2023-24 की अवधि के लिए नैसकॉम (Nasscom) का अध्यक्ष नियुक्त किया गया है। ये कृष्णन रामानुजम का स्थान लेंगे। अभी तक माहेश्वरी नैसकॉम के वाइस चेयरपर्सन का दायित्व निभा रहे थे। इसके साथ ही नैसकॉम ने अपनी नई कम्पनी के गठन की भी घोषणा की। नई कम्पनी में एक-तिहाई महिला मण्डल को जगह दी गई है।

40. *(a)* राजेन्द्र प्रसाद को भारत की संविधान सभा के अध्यक्ष के रूप में चुना गया था। डॉ. राजेन्द्र प्रसाद भारत के प्रथम राष्ट्रपति एवं महान भारतीय स्वतन्त्रता सेनानी थे। वे भारतीय स्वाधीनता आन्दोलन के प्रमुख नेताओं में से थे और उन्होंने भारतीय राष्ट्रीय कांग्रेस के अध्यक्ष के रूप में और भारतीय संविधान के निर्माण में महत्त्वपूर्ण योगदान दिया था।

41. *(c)* माना वस्तु का क्रय मूल्य $=100x$

जब वस्तु 20% हानि पर बेची जाए

तब, विक्रय मूल्य $=80x$

जब वस्तु 20% लाभ पर बेची जाए

तब, विक्रय मूल्य $=120x$

दोनों विक्रय मूल्य के बीच अन्तर

$$=120-80=40x$$

प्रश्नानुसार,

$$40x=₹160$$

तो क्रय मूल्य (CP) $=\frac{160}{40x}\times 100x=₹\,400$

25% लाभ पर,

विक्रय मूल्य (SP) $=400\times\frac{125}{100}=₹500$

42. *(c)* मूलधन $=₹\,30000$, दर $=7\%$ प्रति वर्ष,

समय $=2$ वर्ष

चक्रवृद्धि ब्याज पर,

मिश्रधन $(A)=$ मूलधन $\left(1+\frac{\text{दर}}{100}\right)^{\text{समय}}$

$$\Rightarrow A=30000\times\left(1+\frac{7}{100}\right)^2$$

$$=30000\times\left(\frac{107}{100}\right)^2$$

$$=3\times 11449=₹\,34347$$

43. *(b)* अंकित मूल्य $=₹\,4800$

18% और 20% की दो छूट पर

एकल छूट $=-18-20+\frac{18\times 20}{100}$

$$=-38+3.6=-34.4\%$$

$\therefore$ विक्रय मूल्य $=4800\times\frac{(100-34.4)}{100}$

$$=48\times 65.6=₹\,3148.8$$

44. *(d)* 5 और 6 का ल.स. (LCM) $=30$

140 से अगली संख्या जो 30 से पूर्णतः विभाजित हो जाए वह 150 है।

न्यूनतम मान $=10$

$140+10=150$, (5, 6) से पूर्णतः विभाजित होगा।

45. *(b)* दिया है, $P:Q=6:5, Q:R=3:4$,

तो $P:Q:R=18:15:20$

$$Q:(P+R)=15:(18+20)=15:38$$

$\therefore$ अभीष्ट अनुपात $=15:38$

46. *(c)* पहली यात्रा की चाल $=400$ किमी/घण्टा

$\because$ दूरी समान है और प्रत्येक अगली यात्रा में चाल आधी है तो समय दोगुना होगा।

माना दूरी $=400$ किमी

तो समय क्रमशः 1, 2, 4, 8 घण्टे

औसत चाल $=\frac{\text{कुल दूरी}}{\text{कुल समय}}$

$$=\frac{4\times 400}{1+2+4+8}=\frac{4\times 400}{15}$$

$$=\frac{4\times 80}{3}=\frac{320}{3}\text{ किमी/घण्टा}$$

47. *(d)* दिया है,

म.स. $=14$, ल.स. $=490$

प्रथम संख्या $=70$

$\because$ दो संख्याओं का गुणनफल

$=$ ल.स. $\times$ म.स.

$70\times$ दूसरी संख्या $=14\times 490$

दूसरी संख्या $=14\times 7=98$

48. *(d)* हम जानते हैं, यदि प्रत्येक संख्या में से a घटा दिया जाए, तो औसत में भी a की कमी होगी।

दिया है,

90 परिणामों का औसत $=38$

प्रत्येक में से 4 घटाने पर,

नया औसत $=38-4=34$

49. *(c)* $58-25\div 5+\{55+25-(30+20-10+30)\}$

BODMAS के नियमानुसार,

$$58-5+\{80-(80-10)\}$$

$$=58-5+\{80-70\}$$

$$=58-5+10$$

$$=68-5=63$$

$\therefore$ अभीष्ट मान $=63$

50. *(d)* माना पाँच विषय में प्राप्त अंक क्रमशः a, b, c, d, e हैं,

तो $\frac{a+b+c}{3} = 80$

$a+b+c = 80 \times 3 = 240$ ...(i)

$\frac{c+d+e}{3} = 92$

$c+d+e = 92 \times 3 = 276$ ...(ii)

समी (i) तथा (ii) को जोड़ने पर,

$a+b+2c+d+e$

$= 240 + 276 = 516$

[∵ तीसरा विषय में अंक $(c) = 51$]

$\therefore a+b+c+d+e = 516 - 51 = 465$

5 विषयों का औसत $= \frac{465}{5} = 93$

51. *(a)* अंकित मूल्य (MP) = ₹ 1850,

छूट = 60%

∴ विक्रय मूल्य (SP) $= \frac{1850}{100} \times (100-60)$

$= \frac{1850}{100} \times 40 =$ ₹ 740

52. *(b)* माना संख्या n है।

प्रश्नानुसार,

$n \times \frac{25}{100} - 75 = 1225$

$\Rightarrow n \times \frac{1}{4} = 1225 + 75$

$\Rightarrow n \times \frac{1}{4} = 1300$

$\therefore n = 5200$

53. *(b)* दिया है, $M_1 = 15, D_1 = 18$ दिन

$M_2 = 12, D_2 = ?$

$M_1 \times D_1 = M_2 \times D_2$ सूत्र से,

$\Rightarrow 15 \times 18 = 12 \times D_2$

$\therefore D_2 = \frac{15 \times 3}{2} = 22.5$ दिन

54. *(a)* $96 \times 2 \div (88-24) + 43 \times 3$

BODMAS के नियम के अनुसार,

$= \frac{96 \times 2}{64} + 129$

$= \frac{3 \times 2}{2} + 129 = 3 + 129 = 132$

∴ अभीष्ट मान = 132

55. *(c)* माना J, K और L द्वारा कार्य को पूरा करने मे लगा समय क्रमशः x दिन, y दिन और z दिन हैं।

प्रश्नानुसार,

$\frac{1}{x} + \frac{1}{y} + \frac{1}{z} = \frac{1}{20}$ ...(i)

$\frac{1}{x} + \frac{1}{y} = \frac{1}{25}$ ...(ii)

समी (ii) को समी (i) से घटाने पर,

$\frac{1}{z} = \frac{1}{20} - \frac{1}{25}$

$\Rightarrow \frac{1}{z} = \frac{5-4}{100}$

$\Rightarrow \frac{1}{z} = \frac{1}{100}$

$\Rightarrow z = 100$

∴ L अकेले उस कार्य को 100 दिनों में पूरा करेगा।

वैकल्पिक विधि

$J+K+L = 20 \quad 5$
$J+K = 25 \quad 4$ → 100

L की क्षमता $= 5 - 4 = 1$

L को पुस्तक पढ़ने में लगा समय $= \frac{100}{1}$

$= 100$ दिन

56. *(d)* क्रय मूल्य : विक्रय मूल्य = 20 : 25

लाभ प्रतिशत $= \frac{(25-20)}{20} \times 100$

$= \frac{5}{20} \times 100$

$= 25\%$

57. *(a)* माना मोनिल की मासिक आय = ₹ 100

18% की कमी के बाद

मासिक आय $= 100 \times \frac{(100-18)}{100}$

$= 100 \times \frac{82}{100} =$ ₹ 82

वास्तविक मासिक आय के बराबर करने के लिए,

प्रतिशत वृद्धि $= \frac{18}{82} \times 100 = 21.95\%$

∴ अभीष्ट प्रतिशत वृद्धि = 22% लगभग

58. *(b)* दिया है,

ऊँचाई $(h) = 15$ सेमी, त्रिज्या $(r) = 14$ सेमी

शंकु का आयतन $= \frac{1}{3} \pi r^2 h$

$= \frac{1}{3} \times \frac{22}{7} \times 14 \times 14 \times 15$

$= 22 \times 2 \times 14 \times 5 = 22 \times 140$

$= 3080$ सेमी^{3}

59. *(d)* माना उधार दी गई धनराशि ₹ x है।

ब्याज दर $(r) = 3\%$ वार्षिक

समय $(t) = 25$ वर्ष

साधारण ब्याज (SI) $= \frac{x \times r \times t}{100}$

$\Rightarrow x - 600 = \frac{x \times 3 \times 25}{100}$

$\Rightarrow x - 600 = x \times \frac{3}{4}$

$\Rightarrow x - \frac{3}{4}x = 600$

$\Rightarrow \frac{x}{4} = 600$

$\therefore x =$ ₹ 2400

वैकल्पिक विधि

दर = 3% प्रतिवर्ष, समय = 25 वर्ष

ब्याज = मूलधन से ₹ 600 कम

ब्याज प्रतिशत = दर × समय

= 3 × 25 = 75%

∵ मूलधन = 100%

प्रश्नानुसार,

(100 − 75)% = ₹ 600

⇒ 25% = ₹600

$\Rightarrow 1\% = \frac{600}{25}$

$\Rightarrow 100\% = \frac{600}{25} \times 100$

∴ मूलधन $= \frac{600}{25} \times 100 =$ ₹ 2400

60. *(c)* माना मिश्रण में पानी और दूध की मात्रा क्रमशः $8x$ लीटर और $21x$ लीटर हैं।

प्रश्नानुसार,

$21x - 8x = 26$

$\Rightarrow 13x = 26$

$\Rightarrow x = \frac{26}{13} = 2$ लीटर

∴ मिश्रण में दूध की मात्रा $= 21x$

$= 21 \times 2$

$= 42$ लीटर

वैकल्पिक विधि

पानी : दूध = 8 : 21

अन्तर = 21 − 8 = 13 इकाई

प्रश्नानुसार,

13 इकाई = 26 लीटर

1 इकाई = 2 लीटर

दूध की मात्रा = 21 इकाई

= 21 × 2 लीटर

= 42 लीटर

61. *(c)* 'किसी बात पर बार-बार जोर देना' वाक्यांश के लिए सबसे उपयुक्त शब्द 'आग्रह' है। अन्य विकल्प असंगत हैं।

62. *(c)* दिए गए विकल्पों में ''अंकित आया और उसने कहा'' वाक्य में कोई त्रुटि नहीं है। अन्य विकल्प असंगत हैं।

63. *(c)* 'बृहस्पति के समान पण्डित' मुहावरे का अर्थ है–श्रेष्ठ पण्डित।

वाक्य प्रयोग मेरे गुरुजी बृहस्पति के समान पण्डित हैं, क्योंकि गुरु ने अपने ज्ञान से हमें भगवान से मिलने का रास्ता दिखाया है।

64. *(b)* दिए गए वाक्य ''कमलेश उत्तम अंकों से उतीर्ण हो गया'' में 'उतीर्ण' गलत वर्तनी का सही वर्तनी उत्तीर्ण है। अन्य विकल्प असंगत हैं।

65. *(c)* दिए गए रेखांकित शब्द 'दीर्घायु भव' का विलोम 'अल्पायु' होगा। अन्य विकल्प असंगत हैं।

66. *(a)* दिए गए वाक्य में कोष्ठक शब्द (पुत्र) का पर्यायवाची 'आत्मज' होगा। पुत्र के अन्य पर्यायवाची बेटा, सुत, तनय, तनुज आदि शब्द हैं।

67. *(d)* दिए गए शब्द 'कस्तूरी' का पर्यायवाची शब्द 'मृगनाभि' है। कस्तूरी के अन्य पर्यायवाची शब्द सारंग, कुरंग आदि हैं। अन्य विकल्प असंगत हैं।

68. *(a)* दिए गए वाक्य में 'नछत्र' शब्द अशुद्ध वर्तनी का शब्द है। शुद्ध वर्तनी 'नक्षत्र' है। अन्य विकल्प असंगत हैं।

69. *(d)* दिए गए शब्द 'अति' का विलोम शब्द 'अल्प' है। अन्य विकल्प असंगत हैं।

70. *(b)* दिए गए वाक्य में 'व्यवस्था है, जब बच्चों' त्रुटिपूर्ण वाक्यांश है। अतः पूर्ण वाक्य हैं– किशोरावस्था बचपन से युवा बनने के बीच की अवस्था है, जब बच्चों में काफी परिवर्तन आते हैं।

71. *(c)* दिए गए वाक्य में रिक्त स्थान में सबसे उपयुक्त शब्द 'सिफारिश' है। सिफारिश फारसी भाषा का शब्द है। अन्य विकल्प असंगत हैं।

72. *(d)* दिए गए वाक्यांश शरण में आया हुआ के लिए सार्थक शब्द शरणागत है। अन्य विकल्प असंगत है।

73. *(d)* दिए गए वाक्य में रिक्त स्थान की पूर्ति के लिए सही शब्द वाला विकल्प अद्‌भुत है। अतः पूर्ण वाक्य है–सभ्यता के विकास एवं विज्ञान की अद्‌भुत खोजों के कारण मनोरंजन का क्षेत्र भी अछूता न रह सका।

74. *(c)* दिए गए वाक्य में रेखांकित तत्सम शब्द अश्रु का तद्‌भव आँसू शब्द है। अन्य विकल्प असंगत हैं।

75. *(a)* 'गिरगिट की तरह रंग बदलना' मुहावरे का अर्थ है–एक बात पर स्थिर न रहना।

वाक्य प्रयोग रमेश का कोई भरोसा नहीं करता, क्योंकि वह गिरगिट की तरह रंग बदलता है।

76. *(a)* रिक्त (1) के लिए सबसे उपयुक्त विकल्प 'मुहिम' है। अतः पूर्ण वाक्य है– जब लोगों ने पहली बार साफ हवा के लिए मुहिम छेड़ी।

77. *(c)* रिक्त (2) की पूर्ति के लिए सबसे उपयुक्त विकल्प 'समस्या' है। अतः पूर्ण वाक्य है–इस समस्या से निपटने के लिए कानूनी रास्तों को आजमाने का प्रयास किया।

78. *(d)* रिक्त (3) के लिए सबसे उपयुक्त विकल्प 'आजमाने' है।

अतः पूर्ण वाक्य है–कानूनी रास्तों को आजमाने का प्रयास किया।

79. *(b)* रिक्त स्थान (4) की पूर्ति के लिए सबसे उपयुक्त विकल्प 'कारखानों' है।

अतः पूर्ण वाक्य है–यह काम आसान नहीं था, क्योंकि 'कारखानों' और भाप इंजनों के मालिक अपनी मशीनों में सुधार .... ।

80. *(b)* रिक्त (5) की पूर्ति के लिए सबसे उपयुक्त विकल्प 'खर्च' है।

अतः पूर्ण वाक्य है–पैसा खर्च करने को कतई तैयार नहीं थे।

सॉल्वड पेपर 2024

SSC कांस्टेबल (जीडी) सेट 16

23 फरवरी 2024
(शिफ्ट IV)

भाग-I सामान्य बुद्धिमत्ता एवं तर्कशक्ति

1 निम्नलिखित में से कौन-सी संख्या दी गई शृंखला में प्रश्नचिह्न (?) के स्थान पर आएगी?
15, 31, 63, 127, 255, ?
(a) 482 (b) 358 (c) 629 (d) 511

2 निम्नलिखित प्रश्न में. दिए गए विकल्पों में से सम्बन्धित अक्षर-युग्म का चयन कीजिए।
CO: XJ :: ?
(a) EQ : ZL (b) FG : TL (c) HU : IV (d) DQ : ET

3 निम्नलिखित प्रश्न में, दिए गए विकल्पों में से सम्बन्धित अक्षरों का चयन कीजिए।
PSV : QTW :: CGK : ?
(a) XKL (b) ZAC (c) HUV (d) DHL

4 निम्नलिखित प्रश्न में. दिए गए विकल्पों में से उस आकृति का चयन कीजिए, जिसे प्रश्नचिह्न (?) के स्थान पर रखा जा सकता है।

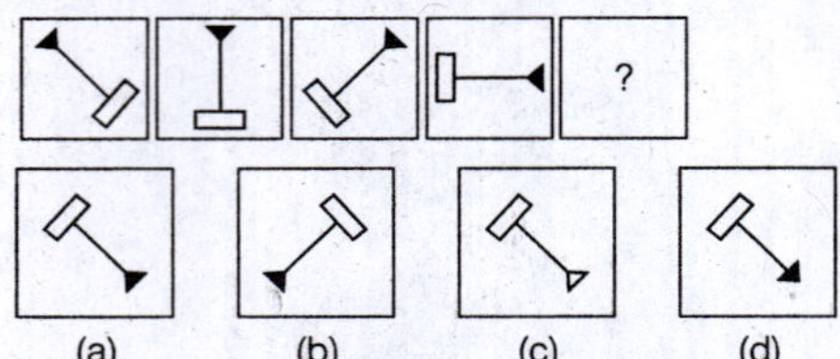

5 नीचे दर्शाए गए अनुसार एक कागज को मोड़कर काटा जाता है। खोले जाने पर यह कैसा दिखाई देगा?

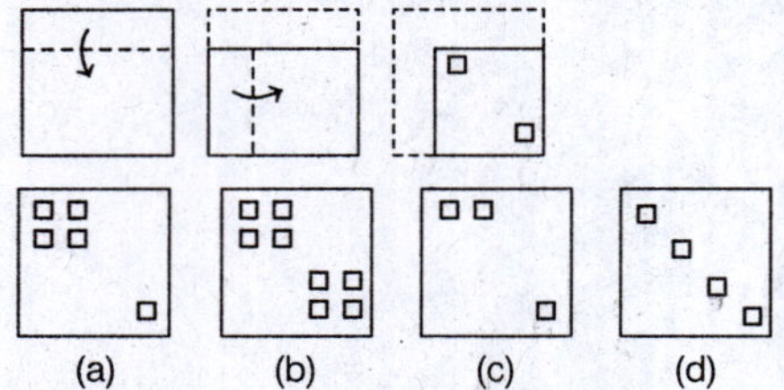

6 निम्नलिखित प्रश्न आकृतियों के अनुसार कागज के एक टुकड़े को मोड़कर उसमें छेद किया जाता है। दी गई विकल्प आकृतियों में से बताइए कि खोले जाने पर यह कैसा दिखाई देगा?

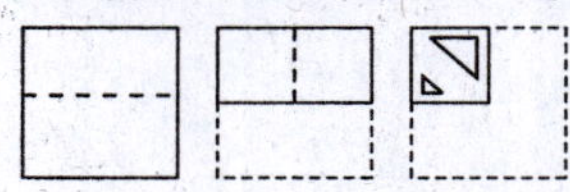

7 नीचे एक शृंखला दी गई है, जिसमें एक पद लुप्त है। दिए गए विकल्पों में से उस विकल्प का चयन कीजिए, जो शृंखला को पूरा करेगा।
MQRT, QUVX, UYZB, YCDF, ?
(a) CGHJ (b) BQMR
(c) CMRQ (d) CMCF

8 पाँच व्यक्ति A, B, C ,D और E एक वृत्ताकार मेज के चारों ओर केन्द्र की ओर मुख करके बैठे हैं (परन्तु जरूरी नहीं कि वे इसी क्रम में बैठे हों) B, D के दाईं ओर से दूसरे स्थान पर बैठा है। A, B के दाईं ओर से दूसरे स्थान पर बैठा है। C, A का निकटतम पड़ोसी नहीं है। D के ठीक दाईं ओर कौन बैठा है?
(a) E (b) B (c) C (d) A

9 दिए गए पासे को मोड़ने पर कौन-सी संख्या 9 वाले फलक के विपरीत फलक पर होगी?

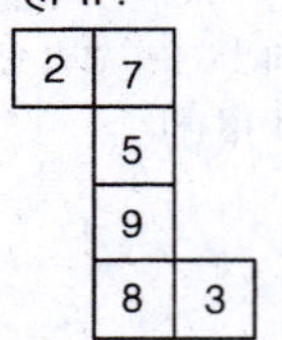

(a) 3 (b) 7 (c) 5 (d) 2

10 निम्नलिखित प्रश्न में कुछ कथन और उन कथनों के आधार पर कुछ निष्कर्ष दिए गए हैं। आपको दिए गए कथनों को सत्य मानना है, चाहे वे सामान्यतः ज्ञात तथ्यों से भिन्न प्रतीत होते हों। सभी निष्कर्षों को ध्यानपूर्वक पढ़िए और निश्चय कीजिए कि दिए गए निष्कर्षों में से कौन-सा निष्कर्ष कथनों का तार्किक रूप से अनुसरण करता है:
कथन कुछ F, T हैं।
सभी F, K हैं।
निष्कर्ष:
I. कुछ K, T हैं। II. सभी T, F हैं।
III. सभी K, F हैं।
(a) केवल निष्कर्ष I अनुसरण करता है
(b) केवल निष्कर्ष II अनुसरण करता है
(c) कोई भी निष्कर्ष अनुसरण नहीं करता है
(d) निष्कर्ष I और II दोनों अनुसरण करते हैं

11 आठ लड़के A, B, C, D, E, F, G और H एक सीधी पंक्ति में, दक्षिण की ओर मुख करके बैठे हैं (परन्तु जरूरी नहीं कि वे इसी क्रम में बैठे हों)। A और H पंक्ति के अन्तिम छोरों पर बैठे हैं। E और F, B के निकटतम पड़ोसी हैं। C, B के बाईं ओर से चौथे स्थान पर बैठा है। F, A के ठीक बाईं ओर बैठा है। D, C का निकटतम पड़ोसी नहीं है। C के ठीक दाईं ओर कौन बैठा है?
(a) D (b) H (c) E (d) G

12 निम्नलिखित में से कौन-सी संख्या दी गई शृंखला में प्रश्नचिह्न (?) के स्थान पर आएगी?

18, 23, 32, 37, 46, ?

(a) 49 (b) 57 (c) 61 (d) 51

13 एक निश्चित कूटभाषा में 'MATHS' को '56012' लिखा जाता है, 'PASTE' को '05769' लिखा जाता है और 'NASAL' को '86356' लिखा जाता है। उसी कूटभाषा में 'N' को कैसे लिखा जाएगा?

(a) 6 (b) 5 (c) 8 (d) 2

14 निम्नलिखित में से अक्षरों के कौन-से एक समूह को दी गई अक्षर शृंखला के रिक्त स्थानों में क्रमिक रूप से रखने पर शृंखला पूरी हो जाएगी?

abbab_b_bb_babb_bb

(a) abbb (b) babb
(c) abab (d) baba

15 P, Q की बहन है। Q, S की माँ है। S, R का भाई है। R, T का पिता है। T, U का पति है। R का U से क्या सम्बन्ध है?

(a) पिता (b) बेटा
(c) माँ (d) पति के पिता

16 दिए गए विकल्पों में से उस आकृति का चयन कीजिए, जिसे दी गई आकृति शृंखला में प्रश्नचिह्न (?) के स्थान पर रखा जा सकता है।

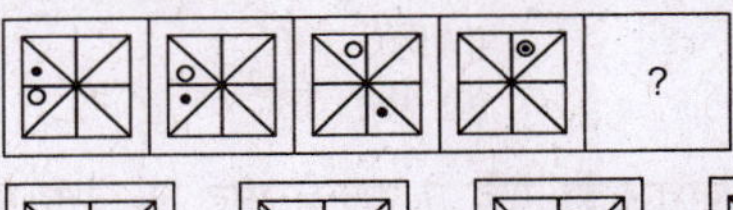

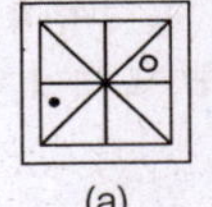
(a)

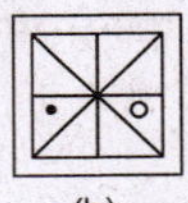
(b)

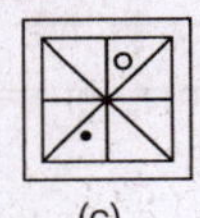
(c)

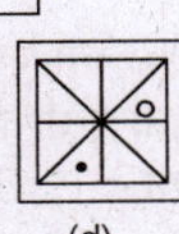
(d)

17 दिए गए विकल्पों में से किन दो चिह्नों को आपस में बदलने पर निम्नलिखित समीकरण सही होगा?

$12 + 6 \times 2 - 24 \div 8 = 3$

(a) ÷ और − (b) × और −
(c) + और − (d) − और =

18 नीचे दिए गए शब्दों को अंग्रेजी शब्दकोश के क्रम के अनुसार व्यवस्थित करने पर कौन-सा शब्द 'पाँचवें' स्थान पर आएगा?

1. Rebind 2. Rebate
3. Rebirth 4. Rebel
5. Rebeck

(a) Rebate (b) Rebirth
(c) Rebel (d) Rebeck

19 एक निश्चित कूट भाषा में 'SATIN' को '35247' लिखा जाता है, 'SCARE' को '26839' लिखा जाता है, और 'SOUT' को '0314' लिखा जाता है उसी कूट भाषा में 'I' को कैसे जाएगा?

(a) 5 (b) 4 (c) 2 (d) 1

20 नीचे दी गई दो संख्याओं (न कि अंकों) को आपस में बदलने से निम्नलिखित में से कौन-सा समीकरण सही नहीं होगा?

2 और 3

(a) $7 \times 3 - 9 \div 2 + 4 = 15$ (b) $5 - 3 \div 1 \times 2 + 7 = 6$
(c) $8 + 7 \times 3 - 6 \div 2 = 22$ (d) $7 + 8 - 6 \div 2 \times 3 = 11$

भाग-II सामान्य ज्ञान

21 निम्नलिखित में से किसे भारतीय तटरक्षक के 25वें महानिदेशक के रूप में नियुक्त किया गया है?

(a) वीरेन्द्र सिंह पठानिया (b) कृष्णास्वामी नटराजन
(c) राजेन्द्र सिंह (d) राकेश पाल

22 कृष्णराव शंकर पण्डित, राजा भैया पूँछवाले का सम्बन्ध किस घराने से है?

(a) लखनऊ घराना (b) जयपुर अतरौली घराना
(c) आगरा घराना (d) ग्वालियर घराना

23 गन्ने से चीनी बनाने की गतिविधि किस क्षेत्रक की आर्थिक गतिविधि के अन्तर्गत आती है?

(a) चतुर्थातुक क्षेत्रक (b) द्वितीयक क्षेत्रक
(c) तृतीयक क्षेत्रक (d) प्राथमिक क्षेत्रक

24 निम्नलिखित में से किसे भारत में हरित क्रान्ति के जनक के रूप में जाना जाता है?

(a) एम.एस. स्वामीनाथन (b) दुर्गेश पटेल
(c) सैम पित्रोदा (d) वर्गीस कुरियन

25 मिष्टी योजना (MISTHI Scheme) का उद्देश्य आस-पास के समुदायों की सामाजिक आर्थिक स्थिति में सुधार करते हुए भारतीय तट पर ……… पारिस्थितिकी तन्त्र की रक्षा और उसे पुनर्जीवित करना है।

(a) प्रत्येक (b) मैंग्रोव
(c) शंकुधारी (d) पर्णपाती

26 ………… के पास संसद के किसी भी सदन का आह्वान या सत्रावसान करने या लोकसभा को भंग करने की शक्ति होती है।

(a) लोकसभा अध्यक्ष (b) राष्ट्रपति
(c) भारत के मुख्य न्यायाधीश (d) प्रधानमन्त्री

27 किस तत्त्व की परमाणु संख्या सबसे अधिक है और यह प्राकृतिक रूप से पाया जाने वाला सबसे भारी तत्त्व है?

(a) यूरेनियम (b) प्लूटोनियम
(c) थोरियम (d) नेपट्यूनियम

28 ………… नृत्य महोत्सव केरल पर्यटन विकास निगम द्वारा आयोजित किया जाता है। यह केरल के त्रिवेन्द्रम या तिरुवनन्तपुरम शहर में कनकुन्नु महल परिसर में वर्ष में दो बार, अक्टूबर-नवम्बर के महीने में और मार्च-अप्रैल के महीने में मनाया जाता है।

(a) नाट्यांजलि (b) हम्पी
(c) निशागन्धी (d) मामल्लापुरम

29 भारतीय संविधान में उल्लिखित मौलिक कर्त्तव्यों के सम्बन्ध में निम्नलिखित में से कौन-सा कथन सही नहीं है?

(a) भारतीय संविधान में मौलिक कर्त्तव्यो का उल्लेख अनुच्छेद-51(A) में किया गया है।
(b) संविधान (86वाँ संशोधन) अधिनियम, 2002 मौलिक कर्त्तव्यों से सम्बन्धित है।
(c) भारतीय संविधान के मौलिक कर्त्तव्यों का उल्लेख भाग-V(A) में किया गया है।
(d) संविधान (42वाँ संशोधन) अधिनियम, 1976 मौलिक कर्त्तव्यों से सम्बन्धित है।

30 निम्नलिखित में से कौन-सा युग्म, स्पर्द्धा और उसके प्रकार के सम्बन्ध में सही है?

I. भाला फेंक (Javelin)-कूदना

II. ऊँची कूद (High Jump)-फेंकना

कूट

(a) केवल I (b) केवल II

(c) I और II दोनों (d) न तो I और न ही II

31 भारतीय खिलाड़ी अंकिता दास निम्नलिखित में से कौन-सा खेल खेलती है?

(a) बैडमिण्टन (b) वॉलीबॉल

(c) स्क्वैश (d) टेबल टेनिस

32 अगस्त, 2023 से निम्नलिखित में से किसने अन्तर्राष्ट्रीय वित्तीय सेवा केन्द्र प्राधिकरण (International Financial Services Centers Authority-IFSCA) के अध्यक्ष के रूप में कार्यभार सम्भाला है?

(a) के. राजारमन (b) विजय सांपला

(c) दिनकर गुप्ता (d) के.एन.व्यास

33 हरित क्रान्ति (Green revolution) के सम्बन्ध में, 'HYV' का पूर्ण रूप क्या है?

(a) हैवी यंग वैरायटीस (b) हैवी यूथ वैरायटीस

(c) हाई यील्डिंग वैरायटीस (d) हाई यंग वैरायटीस

34 निम्नलिखित में से कौन 'नाइटिंगेल ऑफ इण्डिया' (Nightingale of India) के नाम से लोकप्रिय थी?

(a) सरोजिनी नायडू (b) इन्दिरा गाँधी

(c) मार्ग्रेट थैचर (d) बेरिल मार्खम

35 कौन-से खेल में खिलाड़ियों के कौशल स्तर पर आकलन करने के लिए एलो रेटिंग प्रणाली का उपयोग किया जाता है?

(a) बास्केटबॉल (b) बैडमिण्टन

(c) टेनिस (d) शतरंज

36 कौन-सी शास्त्रीय नर्तकी शास्त्रीय नृत्य के क्षेत्र में अपने योगदान के लिए पद्म भूषण (1992) प्राप्त करने वाली सबसे कम आयु की नर्तकियों में से एक थी?

(a) अलार्मेल वल्ली (b) सोनल मानसिंह

(c) मल्लिका साराभाई (d) रुक्मिणी देवी अरुण्डेल

37 छऊ नृत्य शैली का सम्बन्ध निम्नलिखित में से किस राज्य से है?

(a) उत्तराखण्ड (b) तमिलनाडु

(c) पश्चिम बंगाल (d) महाराष्ट्र

38 निम्नलिखित में से कौन-सा देश सार्क (SAARC) का सदस्य नहीं है?

(a) भूटान (b) चीन

(c) बांग्लादेश (d) नेपाल

39 वर्ष 2001 की जनगणना के अनुसार, भारत की कुल साक्षरता दर कितनी है?

(a) 60.83% (b) 68.83%

(c) 70.83% (d) 64.83%

40 दक्षिण भारत में .... एक ग्राम सभा थी, जो उन क्षेत्रों में पाई जाती थी, जहाँ जमींदार ब्राह्मण नहीं थे।

(a) कायस्थ (b) सामन्त

(c) नगरम (d) उर

भाग-III गणित

41 एक कक्षा में, 38% लड़के हैं और लड़कियों की संख्या 31 है। कक्षा में लड़कों की संख्या कितनी है?

(a) 15 (b) 17 (c) 16 (d) 19

42 16.5, 9, 10.5, 12.5 और Y का औसत 12.5 है। Y का मान कितना है?

(a) 11 (b) 14 (c) 16 (d) 17

43 $\frac{144}{33}$ का $\frac{11}{12} - \frac{132}{13}$ का $\frac{52}{12}$ का मान कितना है?

(a) −44 (b) 40

(c) −40 (d) 36

44 दो रेलगाड़ियाँ समान चाल से विपरीत दिशा में चल रही है। यदि प्रत्येक रेलगाड़ी की लम्बाई 160 मी है और वे एक-दूसरे को 32 सेकण्ड में पार करती हैं, तो प्रत्येक रेलगाड़ी की चाल कितनी है?

(a) 72 किमी/घण्टा (b) 36 किमी/घण्टा

(c) 18 किमी/घण्टा (d) 45 किमी/घण्टा

45 एक घन की भुजा की लम्बाई 13 सेमी है। घन का पार्श्व पृष्ठीय क्षेत्रफल कितना है?

(a) 625 सेमी^{2} (b) 576 सेमी^{2}

(c) 676 सेमी^{2} (d) 484 सेमी^{2}

46 A, B से 40% कम कुशल है। यदि B एक हेलमेट 16 दिनों में बना सकता है, तो उसी हेलमेट को बनाने में A को कितने दिनों का समय लगेगा?

(a) 75/4 दिन (b) 90/7 दिन

(c) 80/7 दिन (d) 80/3 दिन

47 $12 \times 5 \times 3 \div [129 - 69]$ का मान ज्ञात कीजिए।

(a) 2 (b) 6 (c) 9 (d) 3

48 एक दुकानदार एक फूलदान को ₹ 3500 में बेचता है। यदि फूलदान का क्रय मूल्य ₹ 2800 है, तो लाभ प्रतिशत ज्ञात कीजिए।

(a) 25% (b) 30%

(c) 20% (d) 15%

49 $1.4 \times 1.4 + 1.2 \times 1.2 + 1.3 \times 1.3$ का मान कितना है?

(a) 8.19 (b) 5.09

(c) 9.29 (d) 2.19

50 अंकित मूल्य, क्रय मूल्य से 28% अधिक है। अंकित मूल्य पर 15% की छूट दी जाती है। लाभ या हानि प्रतिशत कितना है?

(a) 6.5% लाभ (b) 4.4% हानि

(c) 5.2% हानि (d) 8.8% लाभ

51 $24 \div (2 \times 3) + 1$ को सरल कीजिए।

(a) 3 (b) 4 (c) 7 (d) 5

52 एक कार का विक्रय मूल्य ₹ 640 है यदि कार को 60% की छूट पर बेचा जाता है, तो कार का अंकित मूल्य कितना होगा?

(a) ₹1600 (b) ₹1800

(c) ₹2400 (d) ₹2000

53 220 लीटर के मिश्रण में पानी और दूध का अनुपात क्रमशः 6 : 5 है। पानी और दूध का अनुपात क्रमशः 4 : 5 करने के लिए मिश्रण में कितना दूध मिलाना होगा?
(a) 2 लीटर (b) 10 लीटर
(c) 5 लीटर (d) 3 लीटर

54 P, Q को 40% के लाभ पर एक कुर्सी बेचता है, और Q इसे R को 80% के लाभ पर बेचता है। P और R क्रय मूल्यों का अनुपात कितना है?
(a) 25 : 36 (b) 25 : 63
(c) 13 : 12 (d) 12 : 25

55 एक आदमी अपनी आय का 58% खर्च करता है। उसकी आय में 30% की वृद्धि की जाती है और उसके व्यय में भी 25% की वृद्धि की जाती है। उसकी बचत में होने वाली वृद्धि का प्रतिशत ज्ञात कीजिए।
(a) 55.7% (b) 36.9%
(c) 66.2% (d) 42.5%

56 एक कार का प्रारम्भिक मूल्य ₹150000 है। कार के मूल्य में प्रत्येक वर्ष उसके प्रारम्भिक मूल्य से 20% की कमी होती है। 2 वर्ष के बाद इसका मूल्य कितना होगा?
(a) ₹ 84000 (b) ₹ 82000
(c) ₹ 78000 (d) ₹ 96000

57 यदि E का 30%, F के 60% के बराबर है, तो $E : F$ का मान क्या है?
(a) 2 : 1 (b) 5 : 1
(c) 3 : 1 (d) 4 : 1

58 A एक काम को 55 दिनों में पूरा कर सकता है। वह 20 दिनों तक काम करता है और फिर शेष काम को B अकेले 49 दिनों में पूरा करता है। दोनों को एकसाथ मिलकर, उसी काम को पूरा करने में कितने दिन लगेंगे?
(a) $\frac{385}{12}$ दिन (b) $\frac{124}{5}$ दिन
(c) $\frac{445}{14}$ दिन (d) $\frac{514}{55}$ दिन

59 साधारण ब्याज की वह दर कितनी होगी, जिस पर कोई धनराशि 34 वर्षों में स्वयं की तीन गुनी हो जाती है?
(a) 5.68% (b) 5.88%
(c) 5.29% (d) 6.82%

60 11 छात्रों के एक समूह द्वारा प्राप्त औसत अंक 53 हैं और 13 छात्रों के दूसरे समूह द्वारा प्राप्त औसत अंक 48 है। सभी 24 छात्रों द्वारा प्राप्त औसत अंक (लगभग) कितने हैं?
(a) 48.14 (b) 46.32
(c) 52.45 (d) 50.29

भाग-IV हिन्दी

61 निम्नलिखित प्रश्न में चार विकल्पों में से उस विकल्प का चयन करें, जो कोष्ठक में दिए गए शब्द का सही विलोम शब्द है
मेरा मित्र बहुत ही बड़ा (आस्तिक) .... है।
(a) सभ्य (b) नास्तिक
(c) पुजारी (d) सनाथ

62 निम्नलिखित प्रश्न में चार विकल्पों में से उस विकल्प का चयन करें, जो दी गई लोकोक्ति का सही अर्थ वाला विकल्प है
आँखों के आगे पलकों की बुराई
(a) किसी के भाई-बन्धुओं या इष्ट-मित्रों के समक्ष उसकी बुराई करना
(b) नाम और गुण में विरोध होना
(c) दिखावटी होना
(d) जिस काम के लिए गए थे, उसे छोड़कर दूसरे काम में लग गए

63 दिए गए विकल्पों में से तीन विकल्प त्रुटियुक्त हैं, जबकि एक सही है। उस सही विकल्प का चयन करें
(a) उसने कहा वे चार भाई हूँ।
(b) उसने कहा वह चार भाई हूँ।
(c) उसने कहा कि वे चार भाई हैं।
(d) उसने कहा मैं चार भाई हूँ।

64 दिए गए वाक्य में रेखांकित शब्दों के लिए सही शब्दों वाले विकल्प का चयन करें।
मेरे तो <u>केवल मात्र एक</u> ही आधार आप हैं।
(a) मेरे तो केवल मात्र ही आधार आप है।
(b) परिवर्तन की आवश्यकता नहीं है।
(c) मेरे तो केवल ही आधार आप हैं।
(d) मेरे तो केवल एक ही आधार आप हैं।

65 दिए गए वाक्य में रेखांकित शब्दों के लिए सही शब्दों वाले विकल्प का चयन करें।
तुम्हारे व्यवहार से मैं <u>क्षुब्धित हूँ।</u>
(a) तुम्हारे व्यवहार से मैं क्षुब्धता हूँ।
(b) तुम्हारे व्यवहार से मैं क्षुब्धा हूँ।
(c) तुम्हारे व्यवहार से मैं क्षुब्ध हूँ।
(d) परिवर्तन की आवश्यकता नहीं है।

66 दिए गए वाक्य में रेखांकित शब्दों के लिए सही शब्दों वाले विकल्प का चयन करें।
<u>रविवार के दिन</u> तो हर जगह अवकाश होता है।
(a) रविवार में तो दिन तो हर जगह अवकाश होता है।
(b) रविवार पर तो दिन तो हर जगह अवकाश होता है।
(c) परिवर्तन की आवश्यकता नहीं है।
(d) रविवार को तो हर जगह अवकाश होता है।

67 दिए गए वाक्य में उचित पर्यायवाची शब्द का चयन करके रिक्त स्थान की पूर्ति करें।
जल्दी करो।.........(वक्त) निकल रहा है।
(a) भाषा (b) समय
(c) इशारा (d) राशि

68 दिए गए वाक्य में उचित देशज-विदेशज शब्द का चयन करके रिक्त स्थान की पूर्ति कीजिए।
जाओ जाकर मालिक से अपनी.........ले लो।
(a) तनख्वाह (b) तारीख
(c) इम्तिहान (d) अदालत

69 दिए गए शब्द का पर्यायवाची ज्ञात कीजिए।
कपट
(a) फरेब (b) भलाई
(c) आनन्द (d) कमर

70 निम्नलिखित वाक्यों में उस वाक्यांश को पहचानिए, जिसमें मात्राओं से सम्बन्धित अशुद्धियाँ हैं। यदि कोई गलती नही हैं, तो 'कोई त्रुटि नहीं है' का चुनाव कीजिए।

जनसंख्या से मामले को भारत दुनिया में दूसरा/सबसे बड़ा राष्ट्र है और भारत में लड़कियों/ की शिक्षा की दर बहुत कम है।

(a) सबसे बड़ा राष्ट्र है और भारत में लड़कियों
(b) की शिक्षा की दर बहुत कम है।
(c) जनसंख्या से मामले को भारत दुनिया में दूसरा
(d) कोई त्रुटि नहीं है

71 दिए गए वाक्य में रेखांकित शब्द के लिए सही वर्तनी ज्ञात कीजिए।
मैंने यह चित्र कल स्वपन में देखा था।

(a) स्वपिन (b) स्वप्न (c) सव्पन (d) सवप्न

72 दिए गए वाक्य का वह भाग ज्ञात करें, जिसमें कोई त्रुटि है।
इतना आलस्यता करोगे तो जीवन में कुछ नहीं पर पाओगे।

(a) में कुछ नहीं (b) कर पाओगे।
(c) करोगे तो जीवन (d) इतना आलस्यता

73 निम्नलिखित प्रश्न में चार विकल्पों में से उस विकल्प का चयन करें, जो कोष्ठक में दिए गए शब्द के तत्सम रूप का सही विकल्प है।
(आँवला)........ विटामिन 'सी' का बहुत अच्छा स्रोत है।

(a) आमीर (b) आद्रक
(c) आमलक (d) आम्र

74 निम्नलिखित प्रश्न में दिए गए विकल्पों में से उस विकल्प का चयन करें, जो दिए गए मुहावरे के अर्थ को सर्वश्रेष्ठ रूप से व्यक्त करता है।

पानी पीकर जात पूछना

(a) गलती करने वाले पर हावी होना
(b) हर समय बेपरवाह रहना
(c) काम करने के बाद जाँच पड़ताल
(d) अपनी गलती दूसरे से पूछना

75 दिए गए वाक्य में रेखांकित शब्द का विलोम शब्द ज्ञात कीजिए।
मुझे अपना काम पूरा होने की आशा है।

(a) दोष (b) कायर
(c) निराशा (d) अनादर

निर्देश (प्र. सं. 76-80) *नीचे दिए गए गद्यांश में कुछ शब्द छोड़ दिए गए हैं। प्रत्येक अनुच्छेद के सामने चार विकल्प दिए गए हैं। इस गद्यांश को ध्यानपूर्वक पढ़ें तथा चारों विकल्पों में से सर्वोत्तम विकल्प चुनें।*

भारतीय राष्ट्रीय ध्वज हमारी........का प्रतीक है। देश में अपना ध्वज लहराने का मतलब है कि वो देश स्वतन्त्र है। आजादी के बाद पहले प्रधानमन्त्री जवाहरलाल नेहरू ने कहा था 'राष्ट्रीय ध्वज सिर्फ हमारी स्वतन्त्रता नहीं है, बल्कि ये देश की समस्त जनता की स्वतन्त्रता का प्रतीक है।' भारतीय कानून के अनुसार, राष्ट्रीय ध्वज........के कपड़े का होना चाहिए। शुरुआत में राष्ट्रीय ध्वज का इस्तेमाल आम नागरिकों द्वारा सिर्फ राष्ट्रीय दिवस; जैसे स्वतन्त्रता दिवस व गणतन्त्र दिवस को ही होता था, बाकी के दिनों में वे उसको नहीं........सकते थे। हमारा राष्ट्रीय ध्वज हमारे देश की संस्कृति, सभ्यता और........को दर्शाता है। हवा में लहराता हुआ हमारा राष्ट्रीय ध्वज हमारे देश की........को प्रदर्शित करता है। यह हमारा ध्वज हमारे देश के नागरिकों की स्वतन्त्रता के साथ-साथ अंग्रेजों के अत्याचार से मुक्त होने पर अपना एवं अपने देशवासियों का गौरवयुक्त अभिमान है।

76 भारतीय राष्ट्रीय ध्वज हमारी........का प्रतीक है।

(a) संरचना (b) स्वाधीनता
(c) पराधीनता (d) अच्छाई

77 भारतीय कानून के अनुसार, राष्ट्रीय ध्वज........के कपड़े का होना चाहिए।

(a) सूती (b) अच्छे
(c) मलमल (d) खादी

78 बाकी के दिनों में वे उसको नहीं........सकते थे।

(a) उतार (b) फहरा
(c) दिखा (d) ला

79 हमारा राष्ट्रीय ध्वज हमारे देश की संस्कृति, सभ्यता और........को दर्शाता है।

(a) ह्रास (b) इतिहास
(c) गतिविधि (d) जनसंख्या

80 हवा में लहराता हुआ हमारा राष्ट्रीय ध्वज हमारे देश की........को प्रदर्शित करता है।

(a) परतन्त्रता (b) स्वतन्त्रता
(c) लड़ाई (d) शुरुआत

उत्तरमाला

1.	(d)	2.	(a)	3.	(d)	4.	(a)	5.	(a)	6.	(d)	7.	(a)	8.	(c)	9.	(b)	10.	(a)
11.	(d)	12.	(d)	13.	(c)	14.	(b)	15.	(d)	16.	(d)	17.	(c)	18.	(b)	19.	(a)	20.	(c)
21.	(d)	22.	(d)	23.	(b)	24.	(a)	25.	(b)	26.	(b)	27.	(a)	28.	(c)	29.	(c)	30.	(d)
31.	(d)	32.	(a)	33.	(c)	34.	(a)	35.	(d)	36.	(b)	37.	(c)	38.	(b)	39.	(d)	40.	(d)
41.	(d)	42.	(b)	43.	(c)	44.	(c)	45.	(c)	46.	(d)	47.	(d)	48.	(a)	49.	(b)	50.	(d)
51.	(d)	52.	(a)	53.	(c)	54.	(b)	55.	(b)	56.	(d)	57.	(a)	58.	(a)	59.	(b)	60.	(d)
61.	(b)	62.	(a)	63.	(c)	64.	(d)	65.	(c)	66.	(d)	67.	(b)	68.	(a)	69.	(a)	70.	(c)
71.	(b)	72.	(d)	73.	(c)	74.	(c)	75.	(c)	76.	(b)	77.	(d)	78.	(b)	79.	(b)	80.	(b)

संकेत एवं हल

1. *(d)* दी गई संख्या शृंखला का क्रम निम्न प्रकार है,

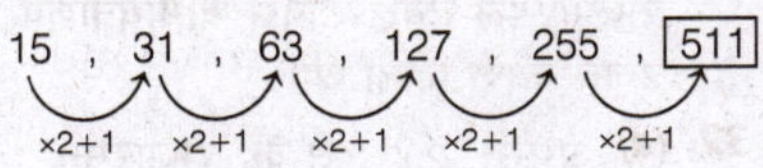

2. *(a)* जिस प्रकार,

C $\xrightarrow{-5}$ X

O $\xrightarrow{-5}$ J

उसी प्रकार, E $\xrightarrow{-5}$ Z

Q $\xrightarrow{-5}$ L

3. *(d)* जिस प्रकार,

P $\xrightarrow{+1}$ Q

S $\xrightarrow{+1}$ T

V $\xrightarrow{+1}$ W

उसी प्रकार,

C $\xrightarrow{+1}$ D

G $\xrightarrow{+1}$ H

K $\xrightarrow{+1}$ L

4. *(a)* दी गई आकृति शृंखला में मुख्य आकृति घड़ी की दिशा में 45° निरन्तर घूम रही है। अत: प्रश्नचिह्न (?) के स्थान पर उत्तर आकृति (a) आएगी।

5. *(a)* कागज को मोड़कर काटकर तथा खोलने के पश्चात् आकृति, उत्तर आकृति (a) जैसी दिखाई देगी।

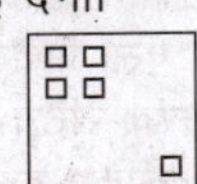

6. *(d)* कागज के टुकड़े मोड़कर, छेदने तथा को खोलने के पश्चात् यह उत्तर आकृति (d) जैसी दिखाई देगी।

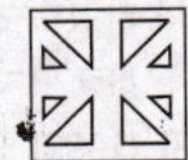

7. *(a)* दी गई शृंखला का क्रम निम्न प्रकार है

M $\xrightarrow{+4}$ Q $\xrightarrow{+4}$ U $\xrightarrow{+4}$ Y $\xrightarrow{+4}$ C

Q $\xrightarrow{+4}$ U $\xrightarrow{+4}$ Y $\xrightarrow{+4}$ C $\xrightarrow{+4}$ G

R $\xrightarrow{+4}$ V $\xrightarrow{+4}$ Z $\xrightarrow{+4}$ D $\xrightarrow{+4}$ H

T $\xrightarrow{+4}$ X $\xrightarrow{+4}$ B $\xrightarrow{+4}$ F $\xrightarrow{+4}$ J

8. *(c)* प्रश्नानुसार,

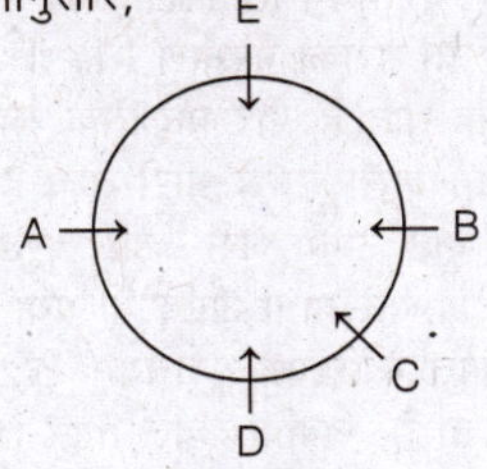

अत: D के ठीक दाईं ओर C बैठा है।

9. *(b)*

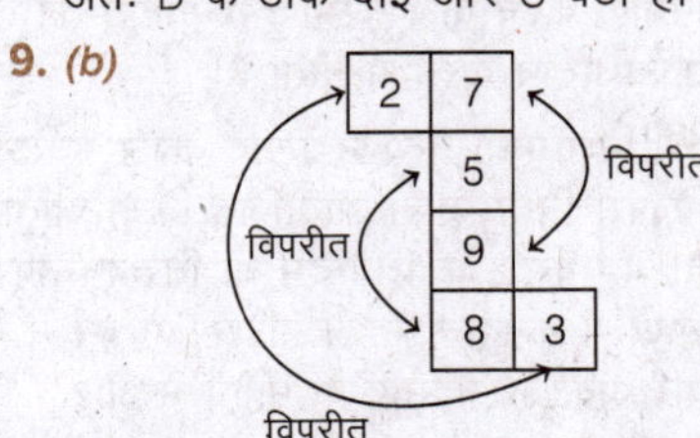

अत: संख्या 9 वाले फलक का विपरीत फलक 7 होगा।

10. *(a)*

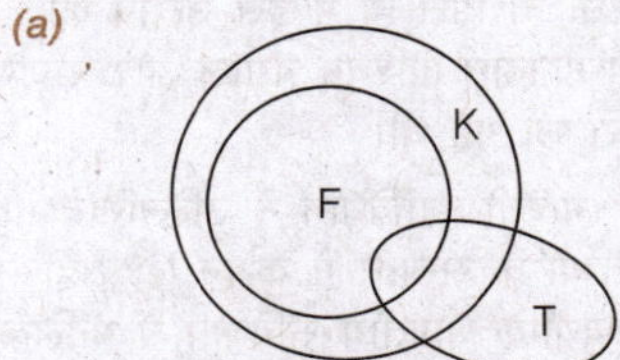

निष्कर्ष I. (✓) II. (✗) III. (✗)

अत: केवल निष्कर्ष I अनुसरण करता है।

11. *(d)* प्रश्नानुसार,

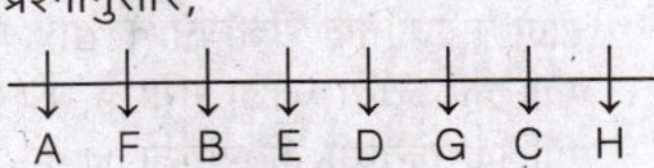

अत: C के ठीक दाईं ओर G बैठा है

12. *(d)* दी गई शृंखला का क्रम निम्न प्रकार है।

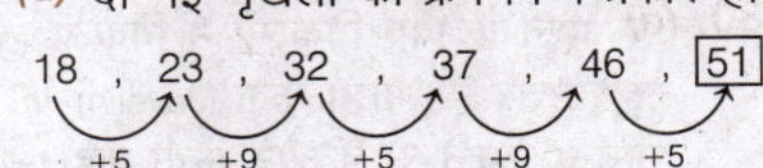

13. *(c)* दी गई कूटभाषा के अनुसार,

M A T H S ⟶ 5 6 0 1 2

P A S T E ⟶ 0 5 7 6 9

तथा N A S A L ⟶ 8 6 3 5 6

⇒ स्पष्टतया 'N' का कूट 8 या 3 होगा। अत: विकल्प के अनुसार 'N' का कूट '8' होगा।

14. *(b)* abb/abbb/abbbb/abbbbb ⇒ babb

अत: babb अक्षर समूह द्वारा शृंखला को पूरा किया जाएगा।

15. *(d)* प्रश्नानुसार,

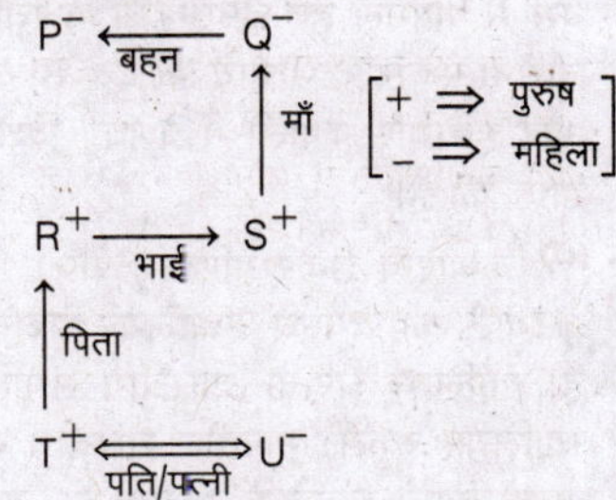

अत: R, U के पति के पिता है।

16. *(d)* दी गई आकृति शृंखला में मुख्य आकृति में वृत्त निरन्तर घड़ी की दिशा में एक-एक स्थान आगे बढ़ रहा है तथा डॉट प्रतीक घड़ी के विपरीत दिशा में निरन्तर एक स्थान, दूसरी बार दो स्थान तथा तीसरी बार तीन स्थान आगे बढ़ रहा है। अत: प्रश्न आकृति के स्थान पर विकल्प आकृति (d) आएगी।

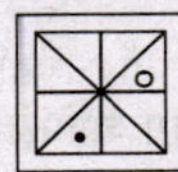

17. *(c)* $12 + 6 \times 2 - 24 \div 8 = 3$

विकल्प (c) से, + और – को आपस में बदलने पर,

$12 - 6 \times 2 + 24 \div 8 = 3$

$\Rightarrow 12 - 6 \times 2 + 3 = 3$

$\Rightarrow 12 - 12 + 3 = 3$

$\therefore 3 = 3$

18. *(b)* दिए गए शब्दों का अंग्रेजी शब्दकोश निम्न प्रकार है

Rebate → Rebeck → Rebel → Rebind → Rebirth

अत: पाँचवे स्थान पर Rebirth होगा।

19. *(a)* प्रश्नानुसार,

(S) [A] △T I N ⟶ ③ 5 [2] △4 7

(S) C [A] R E ⟶ [2] 6 8 ③ 9

(S) O U △T ⟶ ⓪ ③ 1 △4

$\therefore$ I का कूट $= \frac{5}{7}$

अत: विकल्पों के अनुसार I का कूट 5 होगा।

20. *(c)* विकल्प (c) में 2 और 3 को आपस में परस्पर बदलने पर समीकरण सही नहीं होगा

$8 + 7 \times 3 - 6 \div 2 = 22$

2 व 3 को आपस में बदलने पर,

$8 + 7 \times 2 - 6 \div 3 = 22$

$\Rightarrow 8 + 14 - 2 = 22$

$\therefore 20 \neq 22$

21. *(d)* राकेश पाल, भारतीय तटरक्षक के 25वें महानिदेशक के रूप में नियुक्त किए गए हैं। वह भारतीय नौसेना अकादमी के पूर्व छात्र हैं और जनवरी, 1989 में भारतीय तटरक्षक बल में शामिल हुए हैं। इन्होंने भारतीय नौसेना स्कूल द्रोणाचार्य कोच्चि से गनरी और हथियार प्रणाली में पेशेवर विशेषज्ञता प्राप्त की है।

22. *(d)* कृष्णराव शंकर पण्डित, राजा भैया पूँछवाले का सम्बन्ध 'ग्वालियर घराना' से है। ग्वालियर घराना (शास्त्रीय संगीत का ग्वालियर स्कूल) भारतीय शास्त्रीय संगीत के सबसे पुराने घराने में से एक हैं। ग्वालियर घराने का उदय मुगल सम्राट अकबर (1556-1605) के शासनकाल से शुरू हुआ।

23. *(b)* गन्ने से चीनी बनाने की गतिविधि द्वितीयक क्षेत्रक की आर्थिक गतिविधि के अन्तर्गत आती है। कच्चे माल को तैयार माल में बदलने वाले सभी मानवीय कार्यों को द्वितीयक क्षेत्र का हिस्सा माना जाता है। द्वितीयक क्षेत्र के अन्तर्गत विनिर्माण उद्योगों में ऑटोमोबाइल, विद्युत उपकरण, रसायन ऊर्जा, धातुकर्म और निर्माण उद्योग खाद्य और काँच उद्योग शामिल हैं।

24. *(a)* एम. एस. स्वामीनाथन को भारत में हरित क्रान्ति के जनक के रूप में जाना जाता है। स्वामीनाथन ने वर्ष 1949 में आलू, गेहूँ, चावल और जूट के आनुवंशिकी पर शोध करके अपना करियर शुरू किया। उन्होंने धान की अधिक उपज देने वाली किस्मों को विकसित करने में महत्त्वपूर्ण भूमिका निभाई, जिससे भारत में कम आय वाले किसानों को अधिक उपज सुनिश्चित करने में मदद मिली।

25. *(b)* मिष्टी योजना (MISTHI Scheme) का उद्देश्य आस-पास के समुदायों की सामाजिक आर्थिक स्थिति में सुधार करते हुए भारतीय तट पर मैंग्रोव पारिस्थितिकी तन्त्र की रक्षा और उसे पुनर्जीवित करना है। इस योजना का मुख्य लक्ष्य है- भारत के तटीय क्षेत्रों में मैंग्रोव कवरेज बढ़ाना, मैंग्रोव वृक्षारोपण, संरक्षण और प्रबन्धन में सर्वोत्तम प्रथाओं को लागू करना है।

26. *(b)* राष्ट्रपति के पास संसद के किसी भी सदन का आह्वान या सत्रावसान करने या लोकसभा को भंग करने की शक्ति होती है। वह संसद के दोनों सदनों की संयुक्त बैठक भी बुलाता है, जिसकी अध्यक्षता लोकसभा का अध्यक्ष करता है। अनुच्छेद-87 के तहत प्रत्येक आम चुनाव के बाद पहले सत्र और प्रत्येक वर्ष के पहले सत्र की शुरुआत में संसद को सम्बोधित करते हैं। अनुच्छेद-123 के तहत वह अध्यादेश जारी कर सकता है। ये सभी अधिकार राष्ट्रपति के विधायी अधिकार हैं।

27. *(a)* यूरेनियम (Uranium) की परमाणु संख्या 92 है। इसका परमाणु चिह्न 'U' है। यह एक लौह धातु है और प्राकृतिक रूप से पाया जाने वाला सबसे भारी तत्त्व है। यह भारत के कुछ राज्य जैसे– झारखण्ड, आन्ध्र प्रदेश, तेलंगाना आदि में पाया जाता है। भारत में 99.3% यूरेनियम 'U-238' पाया जाता है, जबकि केवल 0.7% 'U-235' पाया जाता है। यूरेनियम का उपयोग अब विद्युत निर्माण करने वाले परमाणु रिएक्टरों को ऊर्जा प्रदान करने में होता है।

28. *(c)* निशागन्धी नृत्य महोत्सव केरल पर्यटन विकास निगम द्वारा आयोजित किया जाता है। यह केरल के त्रिवेन्द्रम या तिरुवनन्तपुरम शहर में कनकुन्नु महल परिसर में वर्ष में दो बार अक्टूबर-नवम्बर के महीने में और मार्च-अप्रैल के महीने में मनाया जाता है। यह उत्सव लगभग एक सप्ताह तक चलता है और देशभर के कारीगरों को आकर्षित करता है। हाल ही में इस उत्सव की सह-मेजबानी पश्चिम बंगाल और राजस्थान द्वारा की गई थी।

29. *(c)* भारतीय संविधान में उल्लिखित मौलिक कर्त्तव्यों के सम्बन्ध में कथन (c) सही नहीं है, क्योंकि भारतीय संविधान में मौलिक कर्त्तव्यों का उल्लेख भाग IV (A) में है। भारतीय संविधान में मौलिक कर्त्तव्य को वर्ष 1976 के 42वें संवैधानिक संशोधन अधिनियम के द्वारा जोड़ा गया है और वर्ष 2002 के 86वें संवैधानिक संशोधन के द्वारा एक अन्य मौलिक कर्त्तव्य जोड़ा गया है, जिससे अब मौलिक कर्त्तव्यों की संख्या 11 हो गई है। मौलिक कर्त्तव्यों की अवधारणा सोवियत संघ के संविधान से ली गई है।

30. *(d)* प्रश्न के दिए विकल्पों में विकल्प (d) सही उत्तर है। भाला फेंक (Javelin) का सम्बन्ध फेंकने से है और ऊँची कूद (High Jump) का सम्बन्ध कूदने से है। भाला फेंक एक ट्रेक और फिल्ड इवेण्ट है, जिसमें भाला (लगभग 2.5 मीटर लम्बा) जहाँ तक सम्भव हो फेंका जाता है, जबकि ऊँची कूद एक ट्रेक और फिल्ड इवेण्ट है, जिसमें प्रतियोगियों को मापी गई ऊँचाई पर रखी क्षैतिज पट्टी को हटाए बिना, बिना सहायता के कूदना होता है।

31. *(d)* भारतीय खिलाड़ी अंकिता दास टेबल टेनिस खेल खेलती हैं। अंकिता दास सिलीगुड़ी, पश्चिम बंगाल की एक भारतीय टेबल टेनिस खिलाड़ी हैं। उन्होंने विश्व चैम्पियनशिप में भाग लिया और क्वार्टर फाइनल तक पहुँची थी।

इन्होंने वर्ष 2012 के ग्रीष्मकालीन ओलम्पिक में महिला एकल की प्रतियोगिता में भारत का प्रतिनिधित्व किया था। वर्ष 2015 की राष्ट्रमण्डल टेबल टेनिस चैम्पियनशिप में रजत पदक जीता था।

32. *(a)* अगस्त, 2023 से के. राजारमन (K.Rajaraman) ने अन्तर्राष्ट्रीय वित्तीय सेवा केन्द्र प्राधिकरण (International Financial Services Centres Authority, IFSCA) के अध्यक्ष के रूप में कार्यभार सम्भाला है। उन्होंने वर्ष 2020 में नियुक्त नियामक प्राधिकरण के पहले अध्यक्ष इन्जेती श्रीनिवास का स्थान लिया।

33. *(c)* हरित क्रान्ति (Green Revolution) से सम्बन्धित 'HYV' का पूर्ण रूप हाई यील्डिंग वैरायटीस (High Yielding Varieties) है।

ये बीज (HYV) सामान्य गुणवत्ता वाले बीज की तुलना में बेहतर गुणवत्ता के बीज होते हैं।

एम. एस. स्वामीनाथन भारत में हरित क्रान्ति के जन्मदाता है।

हरित क्रान्ति की शुरुआत तीसरी पंचवर्षीय योजना के दौरान की गई थी।

34. *(a)* सरोजिनी नायडू 'नाइटिंगेल ऑफ इण्डिया' (Nightingle of India) के नाम से लोकप्रिय थीं। सरोजिनी नायडू एक प्रसिद्ध स्वतन्त्रता सेनानी और राजनीतिज्ञ थी, जिन्होंने भारत के स्वतन्त्रता संग्राम में महत्त्वपूर्ण भूमिका निभाई। वर्ष 1925 में भारतीय राष्ट्रीय कांग्रेस की अध्यक्ष चुनी जाने वाली पहली भारतीय महिला थीं।

35. *(d)* शतरंज खेल में खिलाड़ियों के कौशल स्तर का आकलन करने के लिए एलो रेटिंग प्रणाली (Elo Rating System) का उपयोग किया जाता है। एलो प्रणाली का आविष्कार एक बेहतर शतरंज-रेटिंग प्रणाली के रूप में किया गया था, लेकिन इसका उपयोग फुटबॉल, बेसबॉल, बॉस्केटबॉल, पूल, टेबल टेनिस आदि में रेटिंग सिस्टम के रूप में भी किया जाता है।

36. *(b)* शास्त्रीय नर्तकी सोनल मानसिंह शास्त्रीय नृत्य के क्षेत्र में अपने योगदान के लिए पद्म भूषण (1992) प्राप्त करने वाली सबसे कम आयु की नर्तकियों में से एक थीं। सोनल मानसिंह का सम्बन्ध भरतनाट्यम और ओडिसी नृत्य से है। वर्ष 2003 में सोनल पद्म विभूषण से सम्मानित होने वाली पहली भारतीय महिला नर्तकी बनी थीं।

37. *(c)* छऊ नृत्य शैली का सम्बन्ध पश्चिम बंगाल राज्य से है। छऊ नृत्य मार्शल आर्ट और लोक परम्पराओं वाला एक अर्द्ध शास्त्रीय भारतीय नृत्य है। इसकी तीन अलग-अलग शैलियाँ-सरायकेला, पुरूलिया और मयूरभंज के क्षेत्रों से हैं।

पहले दो में मुखौटे का उपयोग किया जाता है। छऊ नृत्य पूर्वी भारत की एक परम्परा है, जो महाभारत और रामायण सहित महाकाव्यों, स्थानीय लोककथाओं और अमूर्त विषयों को प्रस्तुत करती है।

38. *(b)* चीन, सार्क (SAARC) का सदस्य नहीं है। दक्षिण एशियाई क्षेत्रीय सहयोग संगठन (SAARC) की स्थापना 8 दिसम्बर, 1985 को ढाका में सार्क चार्टर के हस्ताक्षर के साथ की गई थी। SAARC के सदस्य देशों की संख्या 8 (अफगानिस्तान, बांग्लादेश, भूटान, भारत, मालदीव, नेपाल, पाकिस्तान और श्रीलंका) हो गई है। वर्तमान में SAARC के नौ पर्यवेक्षक देश हैं।

39. *(d)* वर्ष 2001 की जनगणना के अनुसार, भारत की कुल साक्षरता दर 64.83% है, जबकि 2011 की जनगणना के अनुसार, भारत की साक्षरता दर 74.04% है, पुरुषों के लिए 82.14 और महिलाओं के लिए 65.46% है।

40. *(d)* दक्षिण भारत में 'उर' एक ग्राम सभा थी, जो उन क्षेत्रों में पाई जाती थी, जहाँ जमींदार ब्राह्मण नहीं थे। उर की कार्यकारिणी समिति को 'उलुंगनाट्टार' कहा जाता था। प्रायः सभी बैठकें मन्दिर के अहाते में होती थी तथा ढोल बजाकर लोगों को एकत्रित किया जाता था।

41. *(d)* कक्षा में लड़के $= 38\%$

तब लड़कियाँ $= 62\%$

माना कुल विद्यार्थी $= x$

प्रश्नानुसार, $x \times \frac{62}{100} = 31$

$\Rightarrow \quad x = 50$

अतः कक्षा में लड़कों की संख्या

$= \frac{50 \times 38}{100} = 19$

वैकल्पिक विधि

कक्षा में लड़कों की संख्या $= \frac{31}{62} \times 38 = 19$

42. *(b)* औसत $= \frac{\text{पदों का योग}}{\text{पदों की कुल संख्या}}$

$\Rightarrow \quad 12.5 = \frac{16.5 + 9 + 10.5 + 12.5 + Y}{5}$

$\Rightarrow \quad 62.5 = 48.5 + Y$

$\because \quad Y = 14$

43. *(c)* $\frac{144}{33}$ का $\frac{11}{12} - \frac{132}{13}$ का $\frac{52}{12}$

$= \frac{144}{33} \times \frac{11}{12} - \frac{132}{13} \times \frac{52}{12}$

$= 4 - 44 = -40$

44. *(c)* माना रेलगाड़ी की चाल $= x$ किमी/घण्टा

सापेक्ष चाल $= x + x = 2x$

तय की गई दूरी (लम्बाई का योग)

$= 160 + 160$

$= 320$ मी

तथा समय $= 32$ सेकण्ड

$\because$ चाल $= \frac{\text{दूरी}}{\text{समय}}$

$\Rightarrow \quad 2x \times \frac{5}{18} = \frac{320}{32}$

$\therefore \quad x = 18$ किमी/घण्टा

45. *(c)* घन की भुजा $(a) = 13$ सेमी

$\because$ पार्श्व पृष्ठीय क्षेत्रफल $= 4a^2$

$= 4 \times 13^2 = 4 \times 169$

$= 676$ सेमी^{2}

46. *(d)* माना B की कार्य क्षमता $= 100x$

तो A की कार्य क्षमता $= 60x$

सूत्र $M_1D_1 = M_2D_2$ से,

$M_1 = 100x, D_1 = 16, M_2 = 60x, D_2 = ?$

$\Rightarrow \quad 100x \times 16 = 60x \times D_2$

$\Rightarrow \quad D_2 = \frac{100 \times 16}{60}$

$= \frac{400}{15} = \frac{80}{3}$ दिन

47. *(d)* $12 \times 5 \times 3 \div [129 - 69]$

$= 12 \times 5 \times 3 \div 60 = 12 \times 5 \times \frac{3}{60} = 3$

48. *(a)* क्रय मूल्य $=$ ₹ 2800

तथा विक्रय मूल्य $=$ ₹ 3500

$\therefore$ लाभ % $= \frac{3500 - 2800}{2800} \times 100$

$= \frac{700}{2800} \times 100 = 25\%$

49. *(b)* $1.4 \times 1.4 + 1.2 \times 1.2 + 1.3 \times 1.3$

$= 1.96 + 1.44 + 1.69 = 5.09$

50. *(d)* माना क्रय मूल्य $=$ ₹$100x$

तो अंकित मूल्य $=$ ₹$128x$

15% की छूट पर बेचने पर विक्रय मूल्य

$= 128x \times \frac{85}{100} = 108.8x$

$\therefore \quad$ लाभ% $= \frac{108.8x - 100x}{100x} \times 100$

$= \frac{8.8x}{100x} \times 100 = 8.8\%$

51. *(d)* $24 \div (2 \times 3) + 1$

$= 24 \div 6 + 1 = 4 + 1 = 5$

52. *(a)* माना अंकित मूल्य $=$ ₹ x, छूट $= 60\%$,

तथा विक्रय मूल्य $=$ ₹ 640

प्रश्नानुसार, $x \times \frac{40}{100} = 640$

$\Rightarrow \quad x = 1600$

अतः कार का अंकित मूल्य ₹ 1600 है।

53. *(c)* माना दूध $= 6x$ लीटर

तथा पानी $= 5x$ लीटर

प्रश्नानुसार,

$6x + 5x = 220$

$\Rightarrow \quad 11x = 220$

$\Rightarrow \quad x = 20$

प्रारम्भ में दूध $= 6 \times 20 = 120$ लीटर

तथा पानी $= 5 \times 20 = 100$ लीटर

माना 'l' लीटर दूध मिलाना पड़ेगा।

प्रश्नानुसार, $\frac{120 + l}{100} = \frac{5}{4}$

$\Rightarrow \quad 120 + l = 125$

$\therefore \quad l = 5$ लीटर

54. *(b)* माना P ने कुर्सी ₹$100x$ में खरीदी।

$\therefore$ Q के लिए कुर्सी का खरीद मूल्य

$= 100x \times \frac{140}{100} =$ ₹$140x$

तथा R के लिए कुर्सी का खरीद मूल्य

$= 140x \times \frac{180}{100} =$ ₹$252x$

अतः P और R के क्रय मूल्य का अनुपात

$= 100x : 252x = 25 : 63$

55. *(b)* माना व्यक्ति की आय $=$ ₹$100x$

$\therefore$ व्यय $=$ ₹$58x$ तथा बचत $=$ ₹$42x$

अब, 30% वृद्धि के बाद आय

$= 100x \times \frac{130}{100} =$ ₹$130x$

तथा व्यय में 25% की वृद्धि करने के बाद

नया व्यय $= 58x \times \frac{125}{100} =$ ₹$72.5x$

$\therefore$ नई बचत $= 130x - 72.5x =$ ₹$57.5x$

अतः बचत में वृद्धि % $= \frac{57.5x - 42x}{42x} \times 100$

$= \frac{15.5x}{42x} \times 100 = 36.9\%$

56. *(d)* कार का प्रारम्भिक मूल्य $=$ ₹150000

प्रश्नानुसार,

$\therefore$ 2 वर्ष बाद कार का मूल्य

$= 150000 \times \frac{80}{100} \times \frac{80}{100} =$ ₹96000

57. *(a)* प्रश्नानुसार,

$E \times \frac{30}{100} = F \times \frac{60}{100}$

$\Rightarrow \quad E \times 1 = F \times 2$

$\Rightarrow \quad \frac{E}{F} = \frac{2}{1}$

$\therefore \quad E : F = 2 : 1$

58. *(a)* माना A की कार्यक्षमता 'A' और B की 'B' है।

$$M_1 \times D_1 = M_2 \times D_2 \text{ से,}$$
$$A \times 55 = A \times 20 + B \times 49$$
$$\Rightarrow \quad 35A = 49B$$
$$\therefore \quad \frac{A}{B} = \frac{49}{35} = \frac{7}{5}$$

A की कार्य क्षमता $= 7x$

तथा B की कार्य क्षमता $= 5x$

$\therefore$ कुल कार्य = कार्य क्षमता × दिन

$$= 7x \times 55 = 385x$$

अब, दोनों के द्वारा काम करने में लगा समय

$$= \frac{\text{कुल कार्य}}{\text{कुल कार्य क्षमता}} = \frac{385x}{7x + 5x}$$
$$= \frac{385x}{12x} = \frac{385}{12}$$

59. *(b)* माना मूलधन $(P) = ₹\, x$,

तो मिश्रधन $= ₹ 3x$

$\therefore$ साधारण ब्याज $= 3x - x = 2x$

समय $(t) = 34$ वर्ष

माना दर $(r) = R\%$ वार्षिक

$$\because \text{ साधारण ब्याज} = \frac{P \times r \times t}{100}$$
$$\Rightarrow \quad \frac{x \times R \times 34}{100} = 2x$$
$$\therefore \quad R = \frac{100}{17}\% = 5.88\%$$

60. *(d)* 11 छात्रों के अंकों का योग

$$= \text{औसत} \times \text{संख्या}$$
$$= 53 \times 11 = 583$$

अन्य 13 छात्रों के अंकों का योग

$$= 48 \times 13 = 624$$

तथा सभी 24 छात्रों के अंकों का योग

$$= 624 + 583 = 1207$$

$$\therefore \text{ अभीष्ट औसत अंक} = \frac{\text{अंकों का योग}}{\text{छात्रों की संख्या}}$$
$$= \frac{1207}{24} = 50.29$$

वैकल्पिक विधि

$$\therefore \text{ अभीष्ट औसत अंक} = \frac{(11 \times 53) + (13 \times 48)}{24}$$
$$= \frac{583 + 624}{24}$$
$$= \frac{1207}{24} = 50.29$$

61. *(b)* दिए गए वाक्य में कोष्ठक शब्द 'आस्तिक' का विलोम 'नास्तिक' है। ईश्वर में विश्वास रखने वाला व्यक्ति आस्तिक कहलाता है तथा ईश्वर में विश्वास न रखने वाला नास्तिक। अन्य विकल्प असंगत हैं।

62. *(a)* 'आँखों के आगे पलकों की बुराई' लोकोक्ति का अर्थ है–किसी के भाई-बन्धुओं या इष्ट-मित्रों के समक्ष उसकी बुराई करना। अन्य विकल्प असंगत हैं।

63. *(c)* दिए गए विकल्प में से सही विकल्प हैं- 'उसने कहा कि वे चार भाई हैं। अन्य विकल्प असंगत हैं।

64. *(d)* दिए गए वाक्य में रेखांकित केवल मात्र एक वाक्यांश के लिए सही शब्दों वाला विकल्प 'मेरे तो केवल एक ही आधार आप हैं/है। दिए गए वाक्य में रेखांकित भाग केवल मात्र में 'एक' ही शब्द का प्रयोग करना उचित है। अन्य विकल्प असंगत हैं।

65. *(c)* दिए गए रेखांकित 'क्षुब्धित हूँ' वाक्यांश के लिए सही शब्दों वाला विकल्प है– ''तुम्हारे व्यवहार से मैं क्षुब्ध हूँ।'' अन्य विकल्प असंगत हैं।

66. *(d)* दिए गए वाक्य में रेखांकित रविवार के दिन वाक्यांश के लिए सही शब्दों वाला विकल्प है–'रविवार को तो हर जगह अवकाश होता है।' अन्य विकल्प असंगत हैं।

67. *(b)* दिए गए वाक्य में कोष्ठक शब्द (वक्त) का पर्यायवाची 'समय' है। वक्त के अन्य पर्यायवाची शब्द-समय, काल, अवसर, जमाना आदि। अन्य विकल्प असंगत हैं।

68. *(a)* दिए गए वाक्य में रिक्त स्थान की पूर्ति के लिए उचित देशज - विदेशज शब्द 'तनख्वाह' है। अतः पूर्ण वाक्य है - जाओ जाकर मालिक से अपनी तनख्वाह ले लो। अन्य विकल्प असंगत हैं।

69. *(a)* दिए गए शब्द 'कपट' का पर्यायवाची 'फरेब' है। कपट शब्द के पर्यायवाची छल, चालाकी, दोहरा व्यवहार, धोखा, फरेब आदि है। अन्य विकल्प असंगत हैं।

70. *(c)* दिए गए वाक्यांश में से 'जनसंख्या से मामले को भारत दुनिया में दूसरा' वाक्यांश अशुद्ध हैं। इसका शुद्ध रूप है – 'जनसंख्या के मामले में भारत दुनिया में दूसरा/सबसे बड़ा राष्ट्र है' और भारत में लड़कियों/की शिक्षा की दर बहुत कम है। दिए गए वाक्यांश में अशुद्धियाँ विकल्प (c) 'जनसंख्या से मामले को भारत दुनिया में दूसरा' में है। अन्य विकल्प असंगत हैं।

71. *(b)* दिए गए वाक्य में रेखांकित शब्द स्वपन के लिए सही वर्तनी 'स्वप्न' है। अतः पूर्ण वाक्य है - मैंने यह चित्र कल स्वप्न में देखा था। अन्य विकल्प असंगत हैं।

72. *(d)* दिए गए वाक्य में 'इतना आलस्यता' वाले भाग में त्रुटि है। सही वाक्य है 'इतना आलस करोगे तो जीवन में कुछ नहीं कर पाओगें। अन्य विकल्प असंगत हैं।

73. *(c)* दिए गए वाक्य में कोष्ठक शब्द (आँवला) का तत्सम 'आमलक' है। आँवला एक तद्भव शब्द है। अन्य विकल्प असंगत हैं।

74. *(c)* पानी पीकर जात पूछना' एक मुहावरा है, जिसका अर्थ होता है-काम करने के बाद जाँच पड़ताल करना।

75. *(c)* दिए गए वाक्य में रेखांकित शब्द आशा का विलोम शब्द 'निराशा' है। अन्य विकल्प असंगत हैं।

76. *(b)* रिक्त स्थान (1) की पूर्ति के लिए सबसे उपयुक्त विकल्प 'स्वाधीनता' है।

अतः पूर्ण वाक्य है– भारतीय राष्ट्रीय ध्वज हमारी स्वाधीनता का प्रतीक है।

77. *(d)* रिक्त स्थान (2) की पूर्ति के लिए सबसे उपयुक्त विकल्प 'खादी' है।

अतः पूर्ण वाक्य है–भारतीय कानून के अनुसार, राष्ट्रीय ध्वज खादी के कपड़े का होना चाहिए।

78. *(b)* रिक्त स्थान (3) की पूर्ति के लिए सबसे उपयुक्त विकल्प 'फहरा' है।

अतः पूर्ण वाक्य है– बाकी के दिनों में वे उसको नहीं फहरा सकते थे।

79. *(b)* रिक्त स्थान (4) की पूर्ति के लिए सबसे उपयुक्त विकल्प 'इतिहास' है।

अतः पूर्ण वाक्य है– हमारा राष्ट्रीय ध्वज हमारे देश की संस्कृति, सभ्यता और इतिहास को दर्शाता है।

80. *(b)* रिक्त स्थान (5) की पूर्ति के लिए सबसे उपयुक्त विकल्प 'स्वतन्त्रता' है।

अतः पूर्ण वाक्य है– हवा में लहराता हुआ हमारा राष्ट्रीय ध्वज हमारे देश की स्वतन्त्रता को प्रदर्शित करता है।

24 फरवरी 2024
(शिफ्ट I)

सॉल्वड पेपर 2024

SSC कांस्टेबल (जीडी) सेट 17

भाग-I सामान्य बुद्धिमत्ता एवं तर्कशक्ति

1 दी गई आकृति के उस सही दर्पण प्रतिबिम्ब का चयन कीजिए, जो दर्पण MN को उस आकृति के दाईं ओर रखने पर बनेगा।

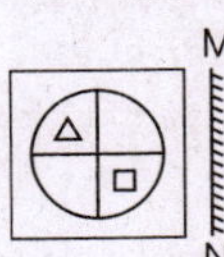

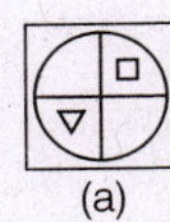
(a)

(b)
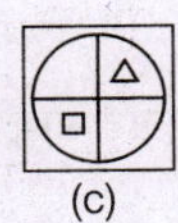
(c)
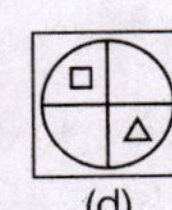
(d)

2 निम्नलिखित विकल्पों में से दी गई शृंखला से लुप्त संख्या का चयन कीजिए।
50, 52, 56, 64, 80, ?
(a) 115 (b) 120 (c) 112 (d) 130

3 निम्नलिखित विकल्पों में से उस विकल्प का चयन कीजिए, जो तीसरे शब्द से ठीक उसी प्रकार सम्बन्धित है, जिस प्रकार दूसरा शब्द, पहले शब्द से सम्बन्धित है।
जासूस : सुराग :: वैज्ञानिक : ?
(a) प्रयोग (b) चित्र (c) गीत (d) नृत्य

4 दिए गए शब्दों को उसी क्रम में व्यवस्थित कीजिए, जिस क्रम में वे अंग्रेजी शब्दकोश में आते हैं।
1. Lens 2. Lenient 3. Length
4. Lend 5. Lent
(a) 3,4,5,2,1 (b) 4,3,2,5,1 (c) 4,3,2,1,5 (d) 3,4,2,5,1

5 दिए गए विकल्पों में से उस आकृति का चयन कीजिए, जिसे दी गई आकृति शृंखला मे प्रश्नचिह्न (?) के स्थान पर रखा जा सकता है।

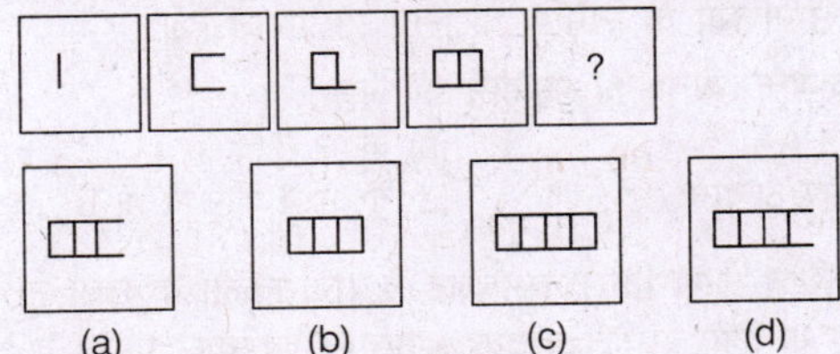

6 निम्नलिखित प्रश्न में कुछ कथन और उन कथनों के आधार पर कुछ निष्कर्ष दिए गए हैं। आपको दिए गए कथनों को सत्य मानना है, चाहे वे सामान्यतः ज्ञात तथ्यों से भिन्न प्रतीत होते हों। सभी निष्कर्षों को ध्यानपूर्वक पढ़िए और निश्चय कीजिए कि दिए गए निष्कर्षों में से कौन-सा/से निष्कर्ष कथनों का तार्किक रूप से अनुसरण करता है/करते हैं?

कथन कोई A, B नहीं है।
कुछ B, P हैं।

निष्कर्ष
I. कुछ B, A नहीं है।
II. कुछ P, A नहीं है।
(a) कोई भी निष्कर्ष कथनों का अनुसरण नहीं करता है
(b) निष्कर्ष I और II दोनों कथनों का अनुसरण करते हैं
(c) केवल निष्कर्ष II कथनों का अनुसरण करता है
(d) केवल निष्कर्ष I कथनों का अनुसरण करता है

7 निम्नलिखित प्रश्न में, विकल्पों में दी गई उस आकृति का चयन कीजिए। जिसे प्रश्नचिह्न (?) के स्थान पर रखा जा सकता है।

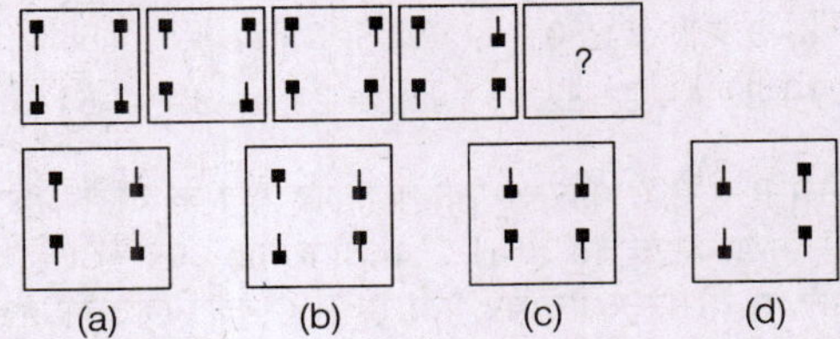

8 यदि 10 A 5 B 6 C 2 = 53 और 6 A 4 B 8 C 2 = 28 है, तो 17 A 5 B 18 C 9 = ?
(a) 87 (b) 91 (c) 90 (d) 95

9 एक निश्चित कूटभाषा में, 'RING' को 'UMQK' लिखा जाता है। उसी कूटभाषा में 'SAFE' को कैसे लिखा जाता है?
(a) VFIT (b) VEIL
(c) VEII (d) VEJJ

10 निम्नलिखित अक्षर समूहों में से अक्षरों का कौन-सा समूह क्रमबद्ध रूप से बाईं से दाईं ओर रखे जाने पर नीचे दी गई शृंखला को पूरा करेगा?
aaaa_bbbbbaaaa_bbbbb_aa_abbbbbaaaaabbbbb
(a) bbbb (b) abab
(c) aaaa (d) bbaa

11 एक परिवार के छः सदस्य X, Y, Z, U, V और W एक वृत्ताकार मेज पर एक-दूसरे की ओर मुख करके बैठे हैं। Z, W के ठीक बाईं ओर बैठा है और Y, Z के बाईं ओर से दूसरे स्थान पर बैठा है। X, U के बाईं ओर से दूसरे स्थान पर बैठा है। W और X दोनों का निकटतम पड़ोसी कौन है?
(a) Z (b) U (c) Y (d) V

12 दिए गए विकल्पों में से निम्नलिखित शृंखला से लुप्त संख्या का चयन कीजिए।
1, 3, 7, 13, ?, 31
(a) 29 (b) 20 (c) 24 (d) 21

13 दी गई विकल्प आकृतियों में से, उस आकृति का चयन कीजिए, जिसमें प्रश्न में दी गई आकृति छिपी हुई / निहित है। (घूर्णन की अनुमति नहीं है)

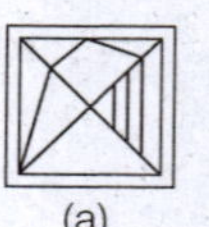
(a)
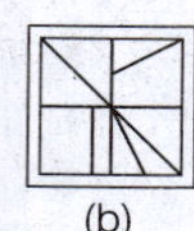
(b)
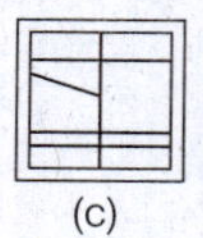
(c)
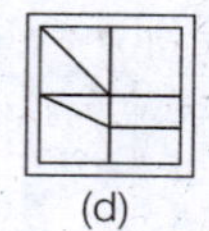
(d)

14 $A \times B$ का अर्थ है, A, B का पति है,
$A + B$ का अर्थ है, A, B का भाई है,
$A \div B$ का अर्थ है, A, B की बहन है,
$A - B$ का अर्थ है, A, B की पत्नी है।
व्यंजक $X + Y \div Z - A$ में X का A से क्या सम्बन्ध है?
(a) बेटा (b) पत्नी का भाई
(c) भाई (d) बहन का पति

15 नीचे दी गई दो संख्याओं (न कि अंकों) को आपस में बदलने से निम्नलिखित में से कौन-सा समीकरण सही नहीं होगा?
7 और 3
(a) $7 \times 8 - 9 + 3 \div 1 = 30$ (b) $7 + 3 \times 8 - 8 \div 2 = 55$
(c) $9 \times 7 + 3 - 4 \div 2 = 32$ (d) $8 \div 2 + 9 \times 3 - 7 = 64$

16 पाँच मित्र P, B, C, G और H एक वृत्ताकार मेज के चारों ओर केन्द्र की ओर मुख करके बैठे हैं। H, C के ठीक दाईं ओर बैठा है। B, H के बाईं ओर से तीसरे स्थान पर बैठा है। P, C का निकटतम पड़ोसी नहीं है। P के ठीक बाईं ओर कौन बैठा है?
(a) C (b) B (c) G (d) H

17 नीचे एक श्रृंखला दी गई है, जिसमें एक पद लुप्त है। दिए गए विकल्पों में से उस विकल्प का चयन कीजिए, जो श्रृंखला को पूरा करेगा।
OP, ON, MN, ML, ?
(a) KL (b) KQ (c) KR (d) KM

18 निम्न में से कौन-सी उत्तर आकृति प्रश्न आकृति के पैटर्न को पूरा करेगी? (घूर्णन की अनुमति नहीं है)

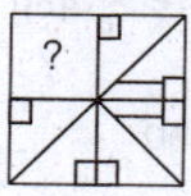

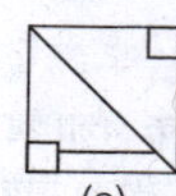
(a)
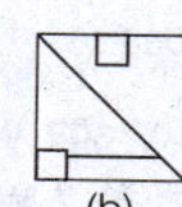
(b)
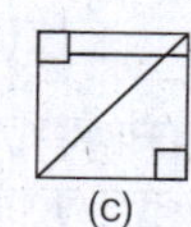
(c)
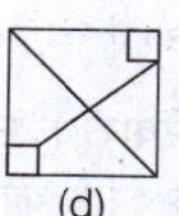
(d)

19 एक निश्चित कूटभाषा में, 'HEIGHT' को 'FCGDEQ' लिखा जाता है। उसी कूटभाषा में 'METHOD' को कैसे लिखा जाएगा?
(a) KCREMA (b) KCRELA
(c) KCRFMB (d) KCRELB

20 निम्नलिखित प्रश्न में, दिए गए विकल्पों में से सम्बन्धित अक्षरों का चयन कीजिए।
CPO : ANM :: JWX : ?
(a) YKA (b) RAA (c) HUV (d) LER

भाग-II सामान्य ज्ञान

21 आठवीं पंचवर्षीय योजना के दौरान भारत 1 जनवरी, ……… को विश्व व्यापार संगठन का सदस्य बन गया।
(a) वर्ष 1995 (b) वर्ष 1978
(c) वर्ष 1948 (d) वर्ष 1998

22 हरित क्रान्ति से सम्बन्धित निम्नलिखित कथनों को पढ़िए।
A. हरित क्रान्ति, 1960 के दशक में नॉर्मन बोरलॉग द्वारा प्रारम्भ किया गया एक प्रयत्न था।
B. उन्हें विश्व में 'हरित क्रान्ति के जनक' के रूप में जाना जाता है।
सही कथन/कथनों को पहचानिए।
(a) केवल A (b) केवल B
(c) A और B दोनों (d) न तो A और न ही B

23 सितम्बर, 2023 से मास्टरकार्ड इण्डिया के अध्यक्ष के रूप में किसे नियुक्त किया गया है?
(a) संजीव मिश्रा (b) रजनीश कुमार
(c) नरेन्द्र सिंह (d) एस. ए. पांसे

24 निम्नलिखित में से किसने राष्ट्रीय खेल, 2023 में सर्वाधिक स्वर्ण पदक जीते?
(a) महाराष्ट्र (b) हरियाणा
(c) मध्य प्रदेश (d) सर्विसेस

25 निम्नलिखित में से किस गायक ने सम्बलपुरी लोकगीत 'रंगबती रंगबती' को लोकप्रिय बनाया?
(a) जोनिता गाँधी (b) सुनिधि चौहान
(c) कृष्णा पटेल (d) वाणी जयराम

26 77वाँ स्वतन्त्रता दिवस किस वर्ष मनाया गया?
(a) 2022 (b) 2020
(c) 2021 (d) 2023

27 राजस्व व्यय के सम्बन्ध में निम्नलिखित कथनों को पढ़िए।
A. राजस्व व्यय केन्द्र सरकार की भौतिक या वित्तीय सम्पत्तियों के निर्माण के अतिरिक्त अन्य उद्देश्यों के लिए किया गया व्यय है।
B. यह सरकारी विभागों और विभिन्न सेवाओं के सामान्य कामकाज, सरकार द्वारा लिए गए ऋण पर ब्याज भुगतान और राज्य सरकारों और अन्य पार्टियों को दिए गए अनुदानों के लिए किए गए खर्चों से सम्बन्धित है (हालाँकि कुछ अनुदान परिसम्पत्तियों के निर्माण के लिए हो सकते हैं)।
गलत कथन/कथनों की पहचान कीजिए।
(a) केवल A (b) केवल B
(c) A और B दोनों (d) न तो A और न ही B

28 निम्नलिखित में से किस कलाकार ने सरायकेला के छऊ नृत्य में योगदान के लिए संगीत नाटक अकादमी पुरस्कार जीता है?
(a) तपन कुमार पटनायक (b) जतिन गोस्वामी
(c) दीवान सिंह बजेली (d) नरेन्द्र सिंह नेगी

29 'धम्म' शब्द एक प्राकृत शब्द है, जिसका सम्बन्ध प्राचीन भारत के किस शासक से है?
(a) रुद्रदामन (b) राजा राज चोल प्रथम
(c) चन्द्रगुप्त द्वितीय (d) अशोक

30 जब एक शटल को हवा में ऊँचा उड़ाया जाता है, तब खिलाड़ी के पास सीधे विरोधी कोर्ट के फर्श पर एक शक्तिशाली ओवरहैण्ड शॉट लगाने का समय होता है। इसे ····· के नाम से जाना जाता है।
(a) लॉन्ग सर्विस (b) रैली
(c) शॉर्ट सर्विस (d) स्मैश

31 प्रधानमन्त्री श्री नरेन्द्र मोदी ने 31 अक्टूबर, 2023 को राष्ट्रीय ········ दिवस के अवसर पर कर्त्तव्य पथ पर देश के युवाओं के लिए ''मेरा युवा भारत (एमवाई भारत)'' प्लेटफॉर्म लॉन्च किया।
(a) युवा (b) एकता
(c) स्वास्थ्य (d) खेल

32 'राज्य की लोक सेवाओं में न्यायपालिका को कार्यपालिका से पृथक् करने के लिए राज्य कदम उठाएगा। इसका उल्लेख भारत के संविधान के ········· के अन्तर्गत किया गया है।
(a) भाग-IV (A) (b) भाग-IV
(c) भाग-III (d) भाग-V

33 ओलम्पिक खेलों में पूल तैराकी आठ लेन में विभाजित .... मी लम्बे स्विमिंग पूल के अन्दर होती है।
(a) 25 (b) 100
(c) 50 (d) 75

34 किसी पदार्थ का ·········· वह तापमान और दाब होता है, जिस पर उस पदार्थ के तीन चरण (गैस, द्रव और ठोस) ऊष्मागतिकीय साम्य में एकसाथ रह सकते हैं।
(a) त्रिक बिन्दु (b) अपररूप
(c) त्रि-अवस्थी (d) द्विधागति

35 भारत सरकार द्वारा आयोजित सामाजिक, आर्थिक और जातिगत जनगणना 2011 ने परिवारों को कितनी श्रेणियों में स्थान दिया?
(a) छः (b) तीन (c) पाँच (d) चार

36 वर्ष 2011 की साक्षरता दर जनगणना के अनुसार भारत में पुरुषों की साक्षरता दर कितनी है?
(a) 65.46 % (b) 39.3 %
(c) 74.04 % (d) 82.14 %

37 समाज सुधारक राजा राममोहन राय भारत में किस सामाजिक-धार्मिक सुधार आन्दोलन से सम्बन्धित है?
(a) स्वामीनारायण आन्दोलन (b) थियोसोफिकल सोसायटी
(c) आर्य समाज (d) ब्रह्म समाज

38 सितम्बर, 2023 में एक वर्ष के कार्यकाल के लिए प्रेस ट्रस्ट ऑफ इण्डिया के निदेशक मण्डल के अध्यक्ष के रूप में किसे चुना गया है?
(a) एम. वी. श्रेयम्स कुमार (b) महेन्द्र मोहन गुप्ता
(c) होर्मुसजी एन. कामा (d) के. एन. शान्ता कुमार

39 भारतीय संविधान में राज्य के नीति-निदेशक सिद्धान्तों का मुख्य उद्देश्य ········ प्राप्त करना है।
(a) सामाजिक एवं आर्थिक न्याय (b) धार्मिक सद्भाव
(c) राजनीतिक स्थिरता (d) आर्थिक असमानता

40 शास्त्रीय नृत्य में निम्नलिखित में से कौन-सा रस 'क्रोध' को दर्शाता है?
(a) शान्त (b) रौद्र
(c) वीर (d) हास्य

भाग-III गणित

41 अनिल और करण मिलकर एक कार्य को 20 दिनों में पूरा कर सकते हैं। करण और हिमांशु मिलकर उसी कार्य को 25 दिनों में पूरा कर सकते हैं। हिमांशु और अनिल मिलकर उसी कार्य को 50 दिनों में पूरा कर सकते हैं। हिमांशु को अकेले उसी कार्य को पूरा करने में कितने दिनों का समय लगेगा?
(a) 200 दिन (b) 240 दिन
(c) 180 दिन (d) 250 दिन

42 40 विद्यार्थियों की एक कक्षा में 30 लड़कियाँ हैं। कक्षा में लड़कों का प्रतिशत कितना है?
(a) 13% (b) 25%
(c) 24% (d) 18%

43 कार का मूल्य 50% की वार्षिक दर से घटता है। यदि इसका वर्तमान मूल्य ₹ 75000 है, तो 3 वर्ष पहले इसका मूल्य क्या था?
(a) ₹ 750000 (b) ₹ 600000
(c) ₹ 300000 (d) ₹ 450000

44 एक वस्तु 30% और 10% की दो क्रमिक छूट के बाद ₹ 4964 में बेची जाती हैं। वस्तु का अंकित मूल्य कितना है?
(a) ₹ 7120.46 (b) ₹ 7200.47
(c) ₹ 6600 (d) ₹ 7879.36

45 निम्नलिखित में से कौन-सी संख्या 4 से विभाज्य है?
(a) 2342 (b) 1570
(c) 1734 (d) 4343

46 ₹9900 को X, Y और Z के बीच क्रमशः 7 : 12 : 14 के अनुपात मे बाँटा जाता है Y का हिस्सा कितना है?
(a) ₹ 2100 (b) ₹ 4200
(c) ₹ 3600 (d) ₹ 900

47 एक साइकिल का अंकित मूल्य ₹2700 है। यदि इस पर 10% की छूट दी जाती है, तो साइकिल का विक्रय मूल्य कितना होगा?
(a) ₹ 2560 (b) ₹ 2500
(c) ₹ 2430 (d) ₹ 2400

48 एक निश्चित धनराशि पर 8 वर्ष और 9 वर्ष के लिए, 11% की वार्षिक दर से साधारण ब्याज के बीच का अन्तर ₹132 है। वह धनराशि कितनी है?
(a) ₹ 1100 (b) ₹ 1200
(c) ₹ 1300 (d) ₹ 1450

49 ₹2200 पर 1.5 वर्ष के लिए प्राप्त चक्रवृद्धि ब्याज (अर्द्धवार्षिक रूप से संयोजित) ₹3836.8 है। वार्षिक ब्याज की दर कितनी है?
(a) 80% (b) 60%
(c) 75% (d) 65%

50 84, 126 और 168 का महत्तम समापवर्तक ज्ञात कीजिए।
(a) 49 (b) 47
(c) 40 (d) 42

51 एक अर्द्धगोले की त्रिज्या 3.5 सेमी है। इसका आयतन कितना होगा?
(a) 79.24 सेमी^{3} (b) 98.89 सेमी^{3}
(c) 62.38 सेमी^{3} (d) 89.83 सेमी^{3}

52 एक व्यक्ति एक वस्तु खरीदता है और उसे 10% की हानि पर बेच देता है। यदि वह उस वस्तु को 30% कम मूल्य पर खरीदता है और उसे ₹20 अधिक मूल्य पर बेचता है, तो वह 40% लाभ अर्जित करता है। वस्तु का क्रय मूल्य कितना है?
(a) ₹200 (b) ₹300
(c) ₹350 (d) ₹250

53 22 पुरुषों के एक समूह में, दो पुरुष, जिनकी औसत आयु 58 वर्ष है, के स्थान पर दो नए पुरुष आ जाते हैं। यदि समूह की औसत आयु 2 वर्ष कम हो जाती है, तो दो नए पुरुषों की औसत आयु कितनी है?
(a) 37 वर्ष (b) 32 वर्ष
(c) 35 वर्ष (d) 36 वर्ष

54 अमन कार से 80 किमी/घण्टा की चाल से अपने कार्यालय जाता है और 10 मिनट पहले पहुँचता है। यदि वह 30 किमी/घण्टा की चाल से जाता है, तो वह 10 मिनट देरी से पहुँचता है। समय पर कार्यालय पहुँचने के लिए कार की चाल कितनी होनी चाहिए?
(a) 480/13 किमी/घण्टा
(b) 240/6 किमी/घण्टा
(c) 450/7 किमी/घण्टा
(d) 480/11 किमी/घण्टा

55 20 लड़कों के एक समूह की औसत आयु 25 वर्ष है। 15 वर्ष की आयु वाला एक लड़का समूह छोड़ देता है। एक नया लड़का समूह में शामिल होता है और समूह की औसत आयु 2 वर्ष बढ़ जाती है। नए लड़के की आयु कितनी है?
(a) 57 वर्ष (b) 52 वर्ष
(c) 50 वर्ष (d) 55 वर्ष

56 एक वस्तु ₹4400 में, 20% की हानि पर बेची जाती है। वस्तु का क्रय मूल्य कितना है?
(a) ₹6200 (b) ₹5500
(c) ₹5000 (d) ₹5200

57 $404 \div 2 - 1008 \div 4 + 5 \times 5$ का मान कितना है?
(a) – 15 (b) – 22
(c) – 25 (d) – 18

58 T अकेले एक कार्य को 90 दिनों में पूरा कर सकता है। उसी कार्य का 20% भाग T कितने दिनों मे पूरा करेगा?
(a) 20 दिन (b) 7 दिन
(c) 18 दिन (d) 21 दिन

59 दो अभाज्य संख्याओं x और $y, (x < y)$ का लघुत्तम समापवर्त्य 141 है, तो $(y - 5x)$ का मान कितना है?
(a) 38 (b) 30
(c) 32 (d) 40

60 किसी हीरे की कीमत उसके भार के वर्ग के अनुक्रमानुपाती है। हीरे की कीमत ₹87880 है। यह दो टुकड़ों मे टूट गया जिनका भार 5 : 8 के अनुपात में है। हीरे के टूटने से कितने की हानि हुई?
(a) ₹41600 (b) ₹52600
(c) ₹32600 (d) ₹36400

भाग-IV हिन्दी

61 दिए गए वाक्य का वह भाग ज्ञात करें, जिसमें कोई त्रुटि है।
स्वामी दयानन्द का देश आभारी रहेगा, क्योंकि उन्होंने देश के लिए बहुत कुछ किया है।
(a) स्वामी दयानन्द का देश (b) उन्होंने देश के लिए
(c) आभारी रहेगा, क्योंकि (d) बहुत कुछ किया है।

62 दिए गए विकल्पों में से सार्थक शब्द ज्ञात कीजिए।
(a) बिस्तर (b) बीचा (c) कजोर (d) रदवाजा

63 निम्नलिखित वाक्य में रेखांकित भाग के लिए एक सार्थक शब्द ज्ञात कीजिए।
<u>वह अचानक ही</u> घर आ गए।
(a) आकस्मिक (b) अतिवृष्टि (c) तुरन्त (d) शीघ्रता

64 निम्नलिखित प्रश्न में चार विकल्पों में से उस विकल्प का चयन करें, जो रिक्त स्थान के लिए सही भाववाचक संज्ञा वाला विकल्प हो।
अब मैं कहीं नहीं जा सकता, मैं ……… से चूर हो चुका हूँ।
(a) थकाना (b) लिख (c) थकावट (d) नाचना

65 दिए गए वाक्य में रेखांकित शब्द का तत्सम शब्द ज्ञात कीजिए।
जल्दी चलो! <u>अँधेरा</u> छाने लगा है।
(a) रोशनी (b) प्रकाश (c) रात (d) अन्धकार

66 निम्नलिखित प्रश्न में चार विकल्पों में से उस विकल्प का चयन करें, जो कोष्ठक में दिए गए शब्द के पर्यायवाची शब्द का सही विकल्प है।
बाजार में हुई दुर्घटना के कारण सब तरफ (आतंक) ……… मच गया।
(a) फरमान (b) अवरोध (c) कोलाहल (d) पाखण्ड

67 दिए गए वाक्य में उचित पर्यायवाची शब्द का चयन करके रिक्त स्थान की पूर्ति करें।
युद्ध के बाद पूरे कौरव ……… (वंश) का नाश हो गया।
(a) लोग (b) धरती (c) आकाश (d) कुल

68 दिए गए वाक्य में से गलत वर्तनी ज्ञात कीजिए।
निसन्देह शरण एक योग्य वर है।
(a) योग्य (b) निसन्देह (c) वर (d) शरण

69 दिए गए वाक्य में रेखांकित शब्दों के लिए सही शब्दों वाले विकल्प का चयन करें।
आपके प्रश्न <u>का समाधान</u> मेरे पास है।
(a) आपके प्रश्न का प्रयास मेरे पास है।
(b) परिवर्तन की आवश्यकता नहीं है।
(c) आपके प्रश्न का प्रयत्न मेरे पास है।
(d) आपके प्रश्न का उत्तर मेरे पास है।

70 निम्नलिखित प्रश्न में चार विकल्पों में से उस विकल्प का चयन करें, जो दिए गए मुहावरे का सही अर्थ वाला विकल्प है।
'हुक्का भरना'
(a) दिखावा करना (b) नौकरी करना
(c) सेवा करना (d) उधार चुकता करना

71 दिए गए वाक्य में से गलत वर्तनी ज्ञात कीजिए।
उपयुक्त सभी बातें पढ़कर ही हस्ताक्षर करें।
(a) बातें (b) पढ़कर
(c) उपयुक्त (d) हस्ताक्षर

72 दिए गए वाक्य में रेखांकित शब्द का विलोम शब्द ज्ञात कीजिए।
यह पहाड़ कितना विशालकाय है।
(a) विपद (b) बड़ा
(c) लघुकाय (d) शासित

73 दिए गए शब्द का विलोम शब्द ज्ञात कीजिए।
तानाशाह
(a) बादशाह (b) राजा (c) लोकशाह (d) शहनशाह

74 निम्नलिखित प्रश्न में चार विकल्पों में से उस सही विकल्प का चयन करें, जो वाक्यांशों के लिए एक शब्द का विकल्प हो।
'जो त्यागने योग्य हों'
(a) दत्तक (b) टकसाल
(c) त्याज्य (d) दुस्तर

75 निम्नलिखित प्रश्न में दिए गए चार विकल्पों में से उस विकल्प का चयन करें, जो दिए गए मुहावरे के अर्थ को सर्वश्रेष्ठ रूप से व्यक्त करता है।
'मजा किरकिरा होना'
(a) मन की न होना (b) अचानक गुस्सा आना
(c) आनन्द में बाधा पड़ना (d) अपनी बुराई सुनना

निर्देश (प्र. सं. 76-80) *नीचे दिए गए गद्यांश में कुछ शब्द छोड़ दिए गए हैं। प्रत्येक रिक्त अनुच्छेद के सामने चार विकल्प दिए गए हैं। इस गद्यांश को ध्यानपूर्वक पढ़ें और चार विकल्पों में से सर्वोत्तम विकल्प चुनें।*

दुर्गा पूजा .... का सबसे पवित्र त्योहार है। कलकत्ता में दुर्गा पूजा का आयोजन नौ दिनों तक भव्य रूप से होता है। हालाँकि दुर्गा पूजा का पर्व भारत के समस्त स्थानों पर भव्य रूप से मनाया जाता है, लेकिन .... में इस त्योहार को कुछ विशेष तौर पर मनाया जाता है। यह त्योहार 10 दिनों तक मनाया जाता है। कलकत्ता में इस पर्व के छठे दिन से नौवें दिन तक मूर्तियों के पण्डाल आगंतुकों के लिए खुले रहते हैं। यहाँ दसवें दिन दशमी मनाई जाती है तथा इसी दिन देवी की मूर्ति को पानी में .... किया जाता है। दुर्गा पूजा भारत का एक विशेष पर्व है। पश्चिम बंगाल में मनाई जाने वाली दुर्गा पूजा पूरे भारत में प्रसिद्ध है। यहाँ मुख्य रूप से राज्य की राजधानी कलकत्ता में सांस्कृतिक कार्यक्रमों को देश के सबसे बड़े और सबसे भव्य में से एक माना जाता है। प्रत्येक वर्ष यह पर्व बहुत ही मस्ती और .... के साथ मनाया जाता है। प्रतिवर्ष कलकत्ता की कलाकृति को देखने के लिए लोग दुनिया भर से यहाँ आते हैं प्रतिवर्ष पण्डाल के आयोजक अपने सभी संसाधनों को इकट्ठा करके पण्डाल की शोभा बढ़ाने के लिए एक नई योजना को तैयार करते हैं। कलकत्ता की दुर्गा पूजा पण्डालों में वर्षों से राजनीति, सामाजिक, आर्थिक विषयों को भी .... किया गया है।

76 दुर्गा पूजा .... का सबसे पवित्र त्योहार है।
(a) सबका (b) कुछ लोगों
(c) हिन्दुओं (d) बड़ों

77 हालाँकि दुर्गा पूजा का पर्व भारत के समस्त स्थानों पर भव्य रूप से मनाया जाता है, लेकिन .... में इस उत्साह को कुछ विशेष तौर पर मनाया जाता है।
(a) बनारस (b) दिल्ली
(c) मुम्बई (d) कलकत्ता

78 यहाँ दसवें दिन दशमी मनाई जाती है तथा इसी दिन देवी की मूर्ति को पानी में .... किया जाता है।
(a) स्थापित (b) उत्पन्न
(c) अवतरित (d) विसर्जित

79 प्रतिवर्ष यह पर्व बहुत ही मस्ती और .... के साथ मनाया जाता है।
(a) उत्साह (b) शोर
(c) झगड़े (d) पटाखों

80 कलकत्ता की दुर्गा पूजा पण्डालों में वर्षों से राजनीतिक, सामाजिक, आर्थिक विषयों को भी .... किया गया है।
(a) कल्पनातीत (b) अनदेखा
(c) चित्रित (d) विस्तृत

उत्तरमाला

1.	(c)	2.	(c)	3.	(a)	4.	(c)	5.	(a)	6.	(b)	7.	(c)	8.	(a)	9.	(c)	10.	(c)
11.	(d)	12.	(d)	13.	(b)	14.	(b)	15.	(a)	16.	(d)	17.	(a)	18.	(a)	19.	(b)	20.	(c)
21.	(a)	22.	(c)	23.	(b)	24.	(a)	25.	(c)	26.	(d)	27.	(c)	28.	(a)	29.	(d)	30.	(d)
31.	(b)	32.	(b)	33.	(c)	34.	(a)	35.	(b)	36.	(d)	37.	(d)	38.	(d)	39.	(a)	40.	(b)
41.	(a)	42.	(b)	43.	(b)	44.	(d)	45.	(d)	46.	(c)	47.	(c)	48.	(b)	49.	(a)	50.	(d)
51.	(d)	52.	(d)	53.	(d)	54.	(d)	55.	(d)	56.	(b)	57.	(c)	58.	(c)	59.	(c)	60.	(a)
61.	(a)	62.	(a)	63.	(a)	64.	(c)	65.	(d)	66.	(c)	67.	(d)	68.	(b)	69.	(d)	70.	(c)
71.	(c)	72.	(c)	73.	(c)	74.	(c)	75.	(c)	76.	(c)	77.	(d)	78.	(d)	79.	(a)	80.	(c)

संकेत एवं हल

1. (c) दी गई प्रश्न आकृति का दर्पण प्रतिबिम्ब उत्तर आकृति (c) होगी।

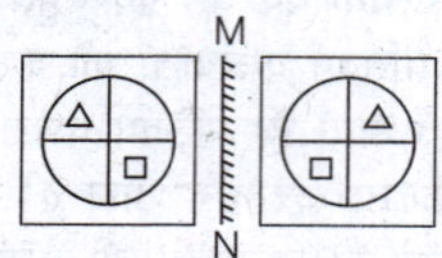

2. (c) दी गई संख्या शृंखला का क्रम निम्नवत् है,

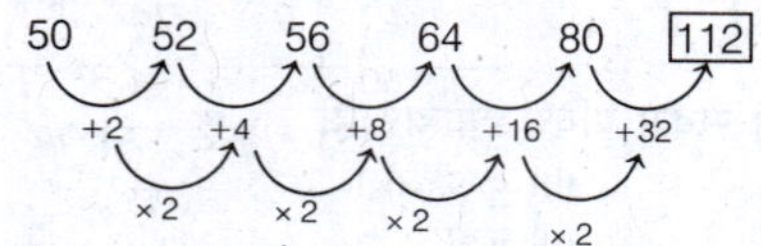

3. (a) जिस प्रकार, सुराग से जासूस किसी घटना का पता लगाते हैं। उसी प्रकार, प्रयोग द्वारा वैज्ञानिक किसी चीज का आविष्कार करते हैं।

4. (c) दिए गए शब्दों का अंग्रेजी शब्दकोश का क्रम निम्न प्रकार है,

Lend → Length → Lenient → Lens → Lent
(4) (3) (2) (1) (5)

अतः अंग्रेजी शब्दकोश का क्रम 4, 3, 2, 1, 5 होगा।

5. (a) दी गई शृंखला आकृति में मुख्य आकृति में दो-दो रेखाएँ निरन्तर आगे की तरफ बढ़ रही हैं।

अतः प्रश्न आकृति के स्थान पर विकल्प (a) की आकृति होगी।

6. (b) कथनानुसार,

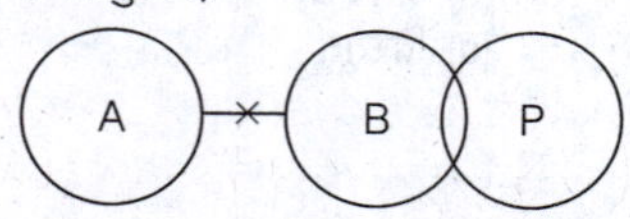

निष्कर्ष I. (✓) II. (✓)

अतः निष्कर्ष I और II दोनों कथनों का अनुसरण करते हैं।

7. (c) दी गई आकृति शृंखला में मुख्य आकृति में घड़ी के विपरीत दिशा में एक-एक प्रतीक निरन्तर विपरीत हो रहे हैं।

अतः प्रश्नचिह्न (?) के स्थान पर विकल्प (c) की आकृति आएगी।

8. (a) यदि A = ×, B = + तथा C = ÷ हो तो,
जिस प्रकार,

10 A 5 B 6 C 2 = 53

$10 \times 5 + 6 \div 2 = 53$

$50 + 3 = 53$

तथा 6A4B8C2 = 28

$6 \times 4 + 8 \div 2 = 28$

$24 + 4 = 28$

उसी प्रकार,

∴ 17A5B18C9 = $17 \times 5 + 18 \div 9$

$= 85 + 2 = 87$

9. (c) जिस प्रकार,

R —(+3)→ U
I —(+4)→ M
N —(+3)→ Q
G —(+4)→ K

उसी प्रकार,

S —(+3)→ V
A —(+4)→ E
F —(+3)→ I
E —(+4)→ I

10. (c) दी गई शृंखला का क्रम निम्नवत् है,

aaaaa/bbbbb/aaaaa/bbbbb/aaaaa/bbbbb/aaaaa/bbbbb ⇒ aaaa

अतः अक्षर aaaa शृंखला को पूरा करेंगे।

11. (d) प्रश्नानुसार,

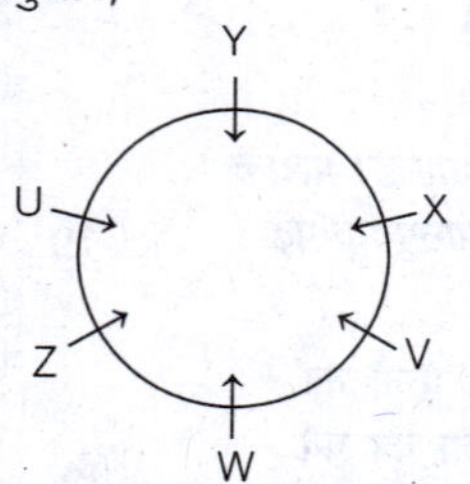

अतः W और X का निकटतम पड़ोसी V है।

12. (d) दी गई संख्या शृंखला का क्रम निम्न प्रकार है,

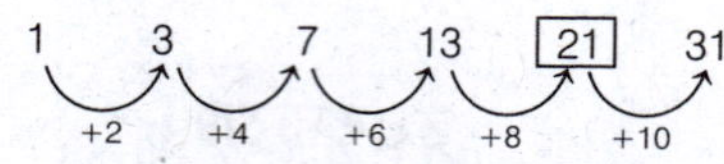

13. (b) दी गई प्रश्न आकृति, उत्तर आकृति (b) में निहित है।

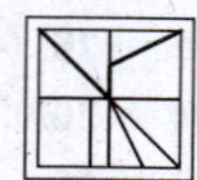

14. (b) प्रश्नानुसार,

[+ ⇒ पुरुष
− ⇒ महिला]

X^+ ←(भाई)— Y^- ←(बहन)— Z^- ⇐(पत्नी)— A^+

अतः X, A की पत्नी का भाई है।

15. (a) $7 \times 8 - 9 + 3 \div 1 = 30$

विकल्प (a) से,

7 और 3 को आपस में बदलने पर,

⇒ $3 \times 8 - 9 + 7 \div 1 = 30$

⇒ $3 \times 8 - 9 + 7 = 30$

⇒ $24 - 9 + 7 = 30$

⇒ $22 \neq 30$

16. (d) प्रश्नानुसार,

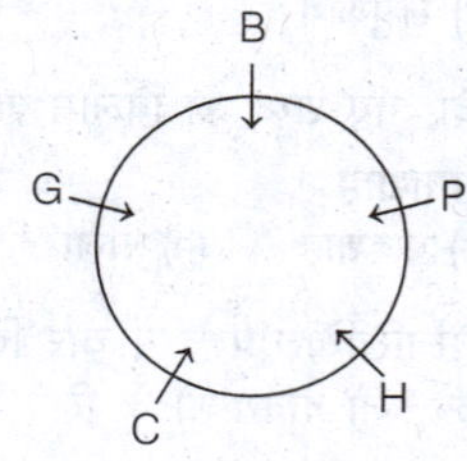

अतः P के ठीक बाईं ओर H है।

17. (a) दी गई अक्षर शृंखला निम्न प्रकार है,

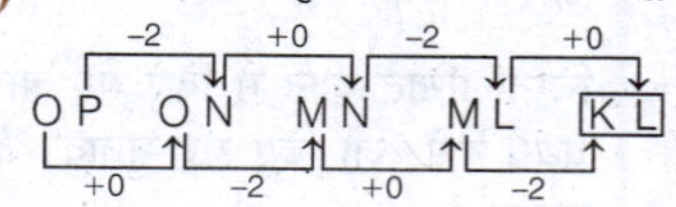

18. (a) दी गई प्रश्न आकृति के पैटर्न को उत्तर आकृति (a) पूरा करेगी।

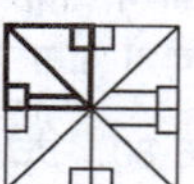

19. (b) जिस प्रकार,

H —(−2)→ F
E —(−2)→ C
I —(−2)→ G
G —(−3)→ D
H —(−3)→ E
T —(−3)→ Q

उसी प्रकार,

M —(−2)→ K
E —(−2)→ C
T —(−2)→ R
H —(−3)→ E
O —(−3)→ L
D —(−3)→ A

20. (c) जिस प्रकार,

C —(−2)→ A
P —(−2)→ N
O —(−2)→ M

उसी प्रकार,

J —(−2)→ H
W —(−2)→ U
X —(−2)→ V

21. (a) आठवीं पंचवर्षीय योजना के दौरान भारत 1 जनवरी, 1995 को विश्व व्यापार संगठन का सदस्य बन गया। विश्व व्यापार

संगठन एक अन्तर सरकारी संगठन है, जो राष्ट्रों के बीच अन्तर्राष्ट्रीय व्यापार के नियमन से सम्बन्धित है। इसका मुख्यालय जेनेवा (स्विट्जरलैण्ड) में है। इसके 164 सदस्य देश हैं।

22. *(c)* हरित क्रान्ति के सम्बन्ध में दिए गए दोनों कथन सत्य हैं।

हरित क्रान्ति 1960 के दशक में नॉर्मन बोरलॉग द्वारा आरम्भ की गई थी। इस क्रान्ति का मुख्य उद्देश्य खाद्य उत्पादन में वृद्धि करके कृषकों की आर्थिक स्थिति में सुधार करना था। इसके लिए अत्याधुनिक पद्धति से खेती तथा उच्च उपज देने वाले बीजों का प्रयोग किया गया था।

हरित क्रान्ति जिसे तीसरी कृषि क्रान्ति के रूप में भी जाना जाता है।

कृषि में ये परिवर्तन द्वितीय विश्व युद्ध के बाद विकसित देशों में शुरू हुआ और 1980 के दशक के अन्त तक विश्व स्तर पर फैल गए।

23. *(b)* रजनीश कुमार को सितम्बर, 2023 से मास्टरकार्ड के अध्यक्ष के रूप में नियुक्त किया गया। मास्टरकार्ड एक अमेरिकन कम्पनी है, जो कई देशों के बैंकों के माध्यम से अपनी सेवाएँ और कार्ड देती है।

उल्लेखनीय है कि रजनीश कुमार इससे पहले भारतीय स्टेट बैंक के अध्यक्ष थे। इन्हें एस.बी.आई. के योनो प्लेटफार्म का नेतृत्व करने का श्रेय भी दिया जाता है।

24. *(a)* महाराष्ट्र ने राष्ट्रीय खेल 2023 में सर्वाधिक स्वर्ण पदक जीते। महाराष्ट्र ने 80 स्वर्ण सहित कुल 228 पदकों से राजा भालिन्द्र ट्रॉफी जीती थी। दूसरे स्थान पर सेना सर्विसेज रही, जिसने 66 स्वर्ण पदकों के साथ कुल 126 पदक जीते। राष्ट्रीय खेल 2023 का आयोजन गोवा में किया गया था, जबकि राष्ट्रीय खेल 2024 का आयोजन उत्तराखण्ड में किया जाएगा।

25. *(c)* कृष्णा पटेल ने सम्बलपुरी लोकगीत 'रंगबती रंगबती' को लोकप्रिय बनाया। इसके लिए कृष्णा पटेल को पद्मश्री पुरस्कार, 2023 से सम्मानित किया गया। यह छः वर्ष की अवधि में तीन 'पद्मश्री' पुरस्कार जीतने वाली पहली भारतीय गीतकार भी हैं।

रंगबती नामक लोकगीत पहली बार 1970 के दशक के मध्य में ऑल इण्डिया रेडियो के लिए रिकॉर्ड किया गया था। सम्बलपुरी गीत मित्र भानु गौतिय द्वारा लिखा गया था और प्रभुदत्त प्रधान द्वारा संगीतबद्ध किया गया था।

26. *(d)* 77वाँ स्वतन्त्रता दिवस वर्ष 2023 में मनाया गया। 15 अगस्त, 1947 को भारत आजाद हुआ था। इस स्वतन्त्रता दिवस की थीम 'नेशन फर्स्ट, ऑलवेज फर्स्ट' अर्थात् 'राष्ट्र पहले, हमेशा पहले' थी। वर्ष 2024 में भारत 15 अगस्त को अपना 78वाँ स्वतन्त्रता दिवस मनाएगा।

27. *(c)* राजस्व व्यय से सम्बन्धित दिए गए दोनों कथन गलत हैं।

राजस्व व्यय से केन्द्र सरकार की भौतिक परिसम्पत्तियों का निर्माण नहीं होता है, बल्कि राजस्व व्यय में व्यवसाय चलाने की परिचालन लागत को पूरा करने के लिए आवश्यक खर्च शामिल होते हैं। इसके अतिरिक्त राजस्व व्यय सरकारी विभागों और विभिन्न सेवाओं के सामान्य कामकाज से सम्बन्धित है तथा सरकार द्वारा लिए गए ऋण पर ब्याज भुगतान और राज्य सरकारों व अन्य पार्टियों को दिए गए अनुदान के लिए किए गए खर्चों से भी सम्बन्धित है।

28. *(a)* तपन कुमार पटनायक ने सरायकेला के छऊ नृत्य में योगदान के लिए साहित्य नाटक अकादमी पुरस्कार जीता। छऊ नृत्य एक पारम्परिक भारतीय नृत्य का रूप है, जिसकी उत्पत्ति झारखण्ड, पश्चिम बंगाल और ओडिशा में हुई थी।

तपन पटनायक झारखण्ड के सरायकेला खरसावाँ जिले के छऊ गुरु सह-राजकीय छऊ कलाकेन्द्र के निदेशक हैं। छऊ नृत्य जिसे छो नाच भी कहा जाता है, मार्शल आर्ट और लोक परम्पराओं वाला एक अर्द्ध-शास्त्रीय भारतीय नृत्य है।

29. *(d)* 'धम्म' शब्द एक प्राकृत शब्द है, जिसका सम्बन्ध प्राचीन भारत के तीसरे मौर्य शासक अशोक से है, जो 269 ई. पू. के आस-पास मौर्य सिंहासन पर बैठा था। नैतिकता और सदाचरण अशोक के धम्म के मूल आधार हैं तथा 11वें अभिलेख में 'धम्म' के विचारों का उल्लेख है।

30. *(d)* जब एक शटल को हवा में ऊँचा उड़ाया जाता है, तब खिलाड़ी के पास सीधे विरोधी कोर्ट के फर्श पर एक शक्तिशाली ओवरहैण्ड शॉट लगाने का समय होता है। इसे 'स्मैश' के नाम से जाना जाता है। यह शब्द लॉन टेनिस खेल से सम्बन्धित है। लॉन टेनिस के एकल मुकाबले में 2 खिलाड़ी तथा युगल मुकाबले में 4 खिलाड़ी होते हैं।

31. *(b)* प्रधानमन्त्री श्री नरेन्द्र मोदी ने 31 अक्टूबर को राष्ट्रीय एकता दिवस के अवसर पर कर्त्तव्य पथ पर देश के युवाओं के लिए ''मेरा युवा भारत'' प्लेटफॉर्म लॉन्च किया। यह पोर्टल देश के युवाओं को राष्ट्र निर्माण में योगदान के लिए एकसाथ लाएगा। यह प्लेटफॉर्म मुख्य रूप से 15 से 29 वर्ष के युवाओं के लिए डिजाइन किया गया है।

'मेरा युवा भारत' भारत सरकार के युवा मामले और खेल मन्त्रालय द्वारा स्थापित किया गया है, जो भारतीय युवाओं के विकास पर ध्यान केन्द्रित करेगा।

32. *(b)* राज्य की लोक सेवाओं में न्यायपालिका को कार्यपालिका से पृथक् करने के लिए राज्य कदम उठाएगा। इसका उल्लेख भारत के संविधान के भाग-IV के अन्तर्गत अनुच्छेद-50 में किया गया है। अनुच्छेद-50 भाग-IV राज्य के नीति-निदेशक तत्त्व का भाग है।

33. *(c)* ओलम्पिक खेलों में पूल तैराकी आठ लेन में विभाजित 50 मी लम्बे स्विमिंग पूल के अन्दर होती है। इसके अतिरिक्त पहली और अन्तिम लेन के बाहर कम-से-कम 2.5 मी चौड़ी दोनों जगहों के साथ सभी लेन कम-से-कम 2.5 मीटर चौड़ी होती हैं।

34. *(a)* किसी पदार्थ का 'त्रिक बिन्दु' वह तापमान और दाब होता है, जिस पर उस पदार्थ के तीन चरण (गैस, द्रव और ठोस) ऊष्मागतिकीय साम्य में एकसाथ रह सकते हैं। यह वह तापमान होता है, जिस पर ऊर्ध्वपातक, विलय व वाष्पीकरण वक्र मिलते हैं। जल का त्रिक बिन्दु 273.16 k या 0.01°C होता है।

35. *(b)* भारत सरकार द्वारा आयोजित सामाजिक, आर्थिक और जातिगत जनगणना 2011 ने परिवार को तीन श्रेणियों में स्थान दिया। यह जनगणना पहली बार वर्ष 1931 में आयोजित की गई थी, जिसका मूल उद्देश्य ग्रामीण और शहरी क्षेत्रों में प्रत्येक भारतीय परिवार की आर्थिक स्थिति का पता लगाना था।

36. *(d)* वर्ष 2011 की जनगणना के अनुसार भारत में पुरुषों की साक्षरता दर 82.14% थी, जबकि नहिला साक्षरता दर 65.46% थी तथा कुल राष्ट्रीय साक्षरता दर 74.04% थी। जनगणना 2011 के अनुसार साक्षरता दर में केरल 93.91% के साथ पहले स्थान पर तथा 63.82% की साक्षरता दर के साथ बिहार अन्तिम स्थान पर था।

37. *(d)* समाज सुधारक राजा राममोहन राय ब्रह्म समाज नामक सामाजिक-धार्मिक सुधार आन्दोलन से सम्बन्धित है। इसकी स्थापना 20 अगस्त, 1828 को कलकत्ता में राजा राममोहन राय ने द्वारकानाथ टैगोर के साथ मिलकर की थी। ब्रह्म समाज की स्थापना का मूल उद्देश्य शाश्वत भगवान की पूजा करना था। इसके अतिरिक्त ब्रह्म समाज ने पुरोहित, कर्मकाण्डों तथा पशुबलि की निन्दा की थी। राजाराम मोहन राय को 'राजा' की उपाधि अकबर-II ने दी थी।

38. *(d)* के. एन. शान्ता कुमार को सितम्बर, 2023 में एक वर्ष के कार्यकाल के लिए प्रेस ट्रस्ट ऑफ इण्डिया के निदेशक मण्डल के अध्यक्ष के रूप में चुना गया था। प्रेस ट्रस्ट ऑफ इण्डिया की स्थापना वर्ष 1947 में की गई थी, जो देश की सबसे बड़ी और सबसे पुरानी गैर-लाभकारी समाचार एजेन्सी है।

39. *(a)* भारतीय संविधान में राज्य के नीति-निदेशक तत्त्व का मुख्य उद्देश्य सामाजिक और आर्थिक न्याय प्राप्त करना है। भारतीय संविधान में नीति-निदेशक तत्त्वों का उल्लेख अनुच्छेद-36 से 51 तक है, जो आयरलैण्ड के संविधान से लिए गए हैं। ये न्यायालय द्वारा प्रवर्तनीय नहीं हैं।

40. *(b)* शास्त्रीय नृत्य में रौद्र रस, क्रोध को दर्शाता है। उल्लेखनीय है कि भारतीय शास्त्रीय नृत्य में नौ रसों का प्रयोग किया गया है। वे हैं- प्रेम, वीरता, करुणा, हास्य, क्रोध, भय, घृणा, आश्चर्य और अशान्ति।

41. *(a)* माना कुल कार्य $= 100$
(20, 25, 50 का ल.स.)

अनिल और करण की कार्य क्षमता
$$= \frac{100}{20} = 5 \text{ इकाई}$$
करण और हिमांशु की कार्य क्षमता
$$= \frac{100}{25} = 4 \text{ इकाई}$$
हिमांशु और अनिल की कार्य क्षमता
$$= \frac{100}{50} = 2 \text{ इकाई}$$
अनिल, हिमांशु और करण तीनों की कार्यक्षमता
$$= \frac{5+4+2}{2} = 5.5 \text{ इकाई}$$
$\therefore$ हिमांशु की कार्य क्षमता
$$= 5.5 - 5 = 0.5 \text{ इकाई}$$
अतः हिमांशु द्वारा कार्य को पूरा करने में लिया गया समय $= \frac{\text{कार्य}}{\text{क्षमता}} = \frac{100}{0.5} = 200$ दिन

42. *(b)* दिया है,
कुल छात्र $= 40$
$\therefore$ लड़कों की संख्या $= 40 - 30 = 10$
अतः अभीष्ट प्रतिशत $= \frac{10}{40} \times 100 = 25\%$

43. *(b)* माना 3 वर्ष पहले कार का मूल्य ₹ x था।
प्रश्नानुसार,
$$x \times \frac{50}{100} \times \frac{50}{100} \times \frac{50}{100} = 75000$$
$$\Rightarrow \quad x = \frac{75000 \times (100)^3}{(50)^3}$$
$$\Rightarrow \quad x = ₹\ 600000$$

44. *(d)* माना वस्तु का अंकित मूल्य $=$ ₹ x
दो क्रमागत छूट $= 30\%$ और 10%
प्रश्नानुसार,
$$x \times \frac{70}{100} \times \frac{90}{100} = 4964$$
$$\Rightarrow \quad x = \frac{4964 \times 100}{63}$$
$$= ₹\ 7879.36$$
अतः वस्तु का अंकित मूल्य ₹ 7829.36 है।

वैकल्पिक विधि
30% और 10% की समतुल्य छूट
$$= 30 + 10 - \frac{30 \times 10}{100} = 37\%$$
अतः वस्तु का अंकित मूल्य
$$= \frac{4964}{(100-37)} \times 100$$
$$= \frac{4964}{63} \times 100$$
$$= ₹\ 7879.36$$

45. *(d)* **4 का विभाज्यता का नियम** - यदि किसी संख्या के अन्तिम दो अंक 4 से विभाज्य हैं तो वह संख्या 4 से विभाजित होगी
$\because$ 48, 4 से विभाज्य है।
$\therefore$ संख्या 4348, 4 से पूर्णतः विभाजित होगी।

46. *(c)* Y का हिस्सा $= \frac{12}{7+12+14} \times 9900$
$$= \frac{12 \times 9900}{33} = ₹\ 3600$$

47. *(c)* दिया है,
साइकिल का अंकित मूल्य $=$ ₹2700
$\therefore$ साइकिल का विक्रय मूल्य
$$= 2700 \times \frac{90}{100} = ₹\ 2430$$

48. *(b)* दिया है, दर $(R) = 11\%$ वार्षिक
$\therefore$ 1 वर्ष का साधारण ब्याज $=$ ₹ 132
माना मूलधन $(P) =$ ₹ x
$$\therefore \quad \text{साधारण ब्याज} = \frac{P \times R \times t}{100}$$
$$\therefore \quad 132 = \frac{x \times 11 \times 1}{100}$$
$$\Rightarrow \quad x = ₹\ 1200$$
अतः अभीष्ट धनराशि ₹ 1200 है।

49. *(a)* मूलधन $(P) =$ ₹ 2200,
$t = 1.5$ वर्ष $= 3$ अर्द्धवार्षिक
माना दर $= R\%$ अर्द्धवार्षिक,
चक्रवृद्धि ब्याज $=$ ₹ 3836.8
चक्रवृद्धि ब्याज = मिश्रधन – मूलधन
$$3836.8 = 2200\left(1 + \frac{R}{100}\right)^3 - 2200$$
$$\Rightarrow \quad 2200\left(1 + \frac{R}{100}\right)^3 = 6036.8$$
$$\Rightarrow \quad \left(1 + \frac{R}{100}\right)^3 = \frac{6036.8}{2200} = \frac{2744}{1000}$$
$$\Rightarrow \quad 1 + \frac{R}{100} = \frac{14}{10}$$
$\Rightarrow R = 40\%$ अर्द्धवार्षिक
$\therefore$ वार्षिक ब्याज की दर $= 80\%$

50. *(d)* $\because 84 = 2 \times 2 \times 3 \times 7$
$126 = 2 \times 3 \times 3 \times 7$
$168 = 2 \times 2 \times 2 \times 3 \times 7$
अतः महत्तम समापवर्तक $= 2 \times 3 \times 7 = 42$

51. *(d)* अर्द्धगोले की त्रिज्या $(r) = 3.5$ सेमी
$\therefore$ अर्द्धगोले का आयतन $= \frac{1}{2} \times \frac{4}{3} \pi r^3$
$$= \frac{1}{2} \times \frac{4}{3} \times \frac{22}{7} \times 3.5 \times 3.5 \times 3.5$$
$$= 89.83 \text{ सेमी}^3$$

52. *(d)* माना वस्तु का क्रय मूल्य $= 100x$
तब, वस्तु का विक्रय मूल्य $= 90x$
वस्तु का नया क्रय मूल्य $= 70x$
$\therefore$ वस्तु का नया विक्रय मूल्य $= 70x \times \frac{140}{100}$
$$= 98x$$
प्रश्नानुसार,
$$\Rightarrow \quad 98x - 90x = 20$$
$$\Rightarrow \quad 8x = 20$$
$$\Rightarrow \quad x = 2.5$$
अतः वस्तु का क्रय मूल्य $= 100x = 100 \times 2.5$
$$= ₹\ 250$$

53. *(d)* माना पहले औसत आयु $= x$ वर्ष
अब औसत आयु $= x - 2$ वर्ष
2 पुराने पुरुषों की आयु का योग
$=$ औसत $\times$ संख्या
$= 58 \times 2 = 116$ वर्ष
22 पुराने लोगों की आयु का योग
$= 22 \times x = 22x$ वर्ष
2 नए पुरुषों के प्रतिस्थापन के बाद आयु का योग $= 22 \times (x - 2) = 22x - 44$
माना 2 नए पुरुषों की आयु का योग y है।
$$22x - 116 + y = 22x - 44$$
$$y = 72$$
अतः 2 नए पुरुषों का औसत $= \frac{72}{2} = 36$ वर्ष

54. *(d)* घर से कार्यालय की दूरी $(D) = \frac{x \times y}{x - y} \times (t)$
$$= \frac{80 \times 30}{50} \times \frac{20}{60} = 16 \text{ किमी}$$
कार्यालय जाने में लगने वाला वास्तविक समय $= \frac{16}{80} \times 60 + 10$
$= 12$ मिनट $+ 10$ मिनट
$= 22$ मिनट $= \frac{22}{60}$ घण्टा

वास्तविक चाल $= \frac{16}{\frac{22}{60}} = 16 \times \frac{60}{22}$

$= \frac{480}{11}$ किमी/घण्टा

55. *(d)* 20 लड़कों की आयु का योग
$=$ औसत $\times$ संख्या
$= 25 \times 20 = 500$ वर्ष
नए लड़के के आने के बाद आयु का योग
$= 27 \times 20 = 540$
प्रश्नानुसार,
माना नए लड़के की आयु $= x$ वर्ष
$500 - 15 + x = 540$
$x = 55$ वर्ष

56. *(b)* दिया है, वस्तु का विक्रय मूल्य $=$ ₹ 4400
हानि $= 20\%$
माना वस्तु का क्रय मूल्य $=$ ₹ x
प्रश्नानुसार, $x \times \frac{80}{100} = 4400$
$\Rightarrow \quad x = \frac{4400 \times 100}{80} =$ ₹ 5500

57. *(c)* $404 \div 2 - 1008 \div 4 + 5 \times 5$
$202 - 252 + 25 = -25$

58. *(c)* T के द्वारा 1 दिन में किया गया कार्य
$= \frac{1}{90}$
माना T, x दिन में 20% $\left(\frac{1}{5}\text{वाँ भाग}\right)$ पूरा करेगा।
प्रश्नानुसार, $x \times \frac{1}{90} = \frac{1}{5}$
$x = 18$ दिन

वैकल्पिक विधि
माना T की क्षमता $= 1$ इकाई/दिन
$\therefore$ कुल कार्य $= 90 \times 1 = 90$ इकाई
अतः अभीष्ट दिनों की संख्या $= \frac{90 \times 20}{100 \times 1}$
$= 18$ दिन

59. *(c)* हम जानते हैं, अभाज्य संख्याओं का लघुत्तम समापवर्तक उनके गुणनफल के बराबर होता है
प्रश्नानुसार, $x \times y = 141$
$x \times y = 3 \times 47 \; (x < y)$
$\therefore x = 3, y = 47$
$= y - 5x = 47 - 5 \times 3 = 32$

60. *(a)* माना हीरे के टुकड़ों का भार $5x$ और $8x$ है।
बिना टूटे हुए हीरे का भार $= 5x + 8x = 13x$
तो हीरे का वास्तविक मूल्य $= (13x)^2 = 169x^2$
टूटने के बाद मूल्य $= (5x)^2 + (8x)^2$
$= 25x^2 + 64x^2 = 89x^2$
प्रश्नानुसार,
$169x^2 = 87880 \Rightarrow x^2 = 520$
$\therefore$ अभीष्ट हानि $= 169x^2 - 89x^2$
$= 80x^2 = 80 \times 520 =$ ₹ 41600

61. *(a)* दिए गए वाक्य में 'स्वामी दयानन्द का देश' वाक्यांश में त्रुटि है। अतः सही वाक्य है– देश स्वामी विवेकानन्द का आभारी रहेगा, क्योंकि उन्होंने देश के लिए बहुत कुछ किया है। अन्य विकल्प असंगत हैं।

62. *(a)* दिए गए विकल्पों में सार्थक शब्द 'बिस्तर' है। अन्य विकल्प असंगत हैं।

63. *(a)* दिए गए वाक्य में रेखांकित भाग के लिए सार्थक शब्द 'आकस्मिक' है। अन्य विकल्प असंगत हैं।

64. *(c)* दिए गए वाक्य में रिक्त स्थान के लिए सही भाववाचक संज्ञा शब्द 'थकावट' है। अन्य विकल्प असंगत हैं।

65. *(d)* दिए गए वाक्य में रेखांकित शब्द 'अँधेरा' तद्भव शब्द है। 'अँधेरा' का तत्सम शब्द 'अन्धकार' है। अन्य विकल्प असंगत हैं।

66. *(c)* दिए गए वाक्य में कोष्ठक शब्द 'आतंक' का पर्यायवाची 'कोलाहल' है। आतंक शब्द के अन्य पर्यायवाची दहशत, हो-हल्ला, उपद्रव, संत्रास आदि शब्द हैं।

67. *(d)* दिए गए वाक्य में कोष्ठक शब्द 'वंश' का पर्यायवाची शब्द 'कुल' होगा। वंश शब्द के अन्य पर्यायवाची, खानदान, नस्ल आदि हैं। अन्य विकल्प असंगत हैं।

68. *(b)* दिए गए वाक्य में 'निसन्देह' अशुद्ध वर्तनी का शब्द है, शुद्ध वर्तनी 'निस्सन्देह' होगी। अन्य विकल्प असंगत हैं।

69. *(d)* दिए गए वाक्य में रेखांकित शब्दों का समाधान के लिए सही शब्दों का विकल्प है- 'आपके प्रश्न का उत्तर मेरे पास है।' अन्य विकल्प असंगत हैं।

70. *(c)* 'हुक्का भरना' मुहावरे का अर्थ -सेवा करना है।
वाक्य प्रयोग मोहन बचपन से बहुत सरल व दयालु स्वभाव का है। वह हमेशा बड़ों का हुक्का भरने के लिए तैयार रहता है।

71. *(c)* दिए गए वाक्य में 'उपय्रुक्त' शब्द गलत वर्तनी वाला शब्द है, सही वर्तनी 'उपयुक्त' होगी। अन्य विकल्प असंगत हैं।

72. *(c)* दिए गए वाक्य में रेखांकित शब्द विशालकाय का विलोम 'लघुकाय' है। अन्य विकल्प असंगत हैं।

73. *(c)* दिए गए शब्द 'तानाशाह' का विलोम शब्द लोकशाह होगा। एक व्यक्ति द्वारा सम्पूर्ण देश की शासन व्यवस्था को अपने नियन्त्रण में करना तानाशाही कहलाती है तथा लोकशाह व्यवस्था लोकतन्त्र से सम्बन्धित है।

74. *(c)* 'जो त्यागने योग्य हो' वाक्यांश के लिए एक सबसे उपयुक्त शब्द 'त्याज्य' होगा। अन्य विकल्प असंगत हैं।

75. *(c)* 'मजा किरकिरा होना मुहावरे का अर्थ आनन्द में बाधा पड़ना है।
वाक्य प्रयोग सीता के जन्मदिन की पार्टी में आकर नेहा ने सारा मजा किरकिरा कर दिया।

76. *(c)* दिए गए वाक्य में रिक्त स्थान की पूर्ति के लिए सबसे उपयुक्त विकल्प 'हिन्दुओं' है। अतः पूर्ण वाक्य दुर्गा पूजा हिन्दुओं का सबसे पवित्र त्योहार है।

77. *(d)* दिए गए वाक्य में रिक्त स्थान की पूर्ति के लिए सबसे उपयुक्त विकल्प 'कलकत्ता' है। अतः पूर्ण वाक्य- हालाँकि दुर्गा पूजा का पर्व भारत के समस्त स्थानों पर भव्य रूप से मनाया जाता है, लेकिन कलकत्ता में इस उत्साह को कुछ विशेष तौर पर मनाया जाता है।

78. *(d)* दिए गए वाक्य में रिक्त स्थान की पूर्ति के लिए सबसे उपयुक्त विकल्प 'विसर्जित' है। अतः पूर्ण वाक्य-यहाँ दसवें दिन दशमी मनाई जाती है तथा इसी दिन देवी की मूर्ति को पानी में विसर्जित किया जाता है।

79. *(a)* दिए गए वाक्य में रिक्त स्थान की पूर्ति के लिए सबसे उपयुक्त विकल्प 'उत्साह' है। अतः पूर्ण वाक्य है। प्रतिवर्ष यह पर्व बहुत ही मस्ती और उत्साह के साथ मनाया जाता है।

80. *(c)* दिए गए वाक्य में रिक्त स्थान के लिए सबसे उपयुक्त विकल्प 'चित्रित' है। अतः पूर्ण वाक्य है। कलकत्ता की दुर्गा पूजा पण्डालों में वर्षों से राजनीतिक, सामाजिक, आर्थिक विषयों को भी चित्रित किया गया है।

24 फरवरी 2024
(शिफ्ट II)

सॉल्वड पेपर 2024

SSC कांस्टेबल (जीडी) सेट 18

भाग-I सामान्य बुद्धिमत्ता एवं तर्कशक्ति

1 दिए गए विकल्पों में से किन दो चिह्नों को आपस में बदलनें पर निम्नलिखित समीकरण सही होगा?
26 + 2 × 8 − 4 ÷ 1 = 14
(a) − और ×
(b) = और ×
(c) = और −
(d) + और −

2 निम्नलिखित में से कौन-सी संख्या दी गई श्रृंखला में प्रश्नचिह्न (?) के स्थान पर आएगी?
31, 32, 36, ?, 61, 86
(a) 39
(b) 58
(c) 49
(d) 45

3 निम्नलिखित विकल्पों में से उस विकल्प का चयन कीजिए, जो तीसरे शब्द से ठीक उसी प्रकार सम्बन्धित है। जिस प्रकार दूसरा शब्द पहले शब्द से सम्बन्धित है।
पेंगुइन : चूजा :: बत्तख : ?
(a) बिलौटा
(b) शावक
(c) कंगारू का बच्चा
(d) बत्तखशाव

4 दी गई विकल्प आकृतियों में से कौन-सी आकृति, प्रश्न आकृति के पैटर्न को पूरा करेगी? (घूर्णन की अनुमति नहीं है)

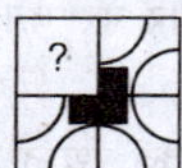

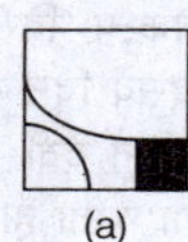
(a)
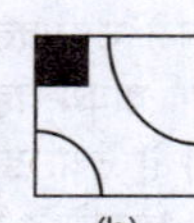
(b)
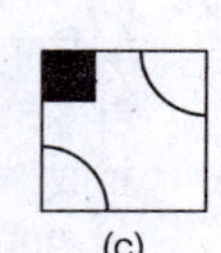
(c)

(d)

5 यदि 13 A 14 B 15 C 20 = 243 और 15 A 10 B 8 C 9 = 104, तो 45 A 10 B 18 C 50 = ?
(a) 280
(b) 145
(c) 265
(d) 275

6 दिए गए विकल्पों में से निम्नलिखित श्रृंखला से लुप्त संख्या का चयन कीजिए।
115, 94, 72, 49, 25, ?
(a) 8
(b) 7
(c) 1
(d) 0

7 नीचे एक श्रृंखला दी गई है, जिनमें एक पद लुप्त है। दिए गए विकल्पों में से उस विकल्प का चयन कीजिए, जो श्रृंखला को पूरा करेगा।
QV, TO, MR, PK, ?
(a) IM
(b) IN
(c) IQ
(d) IR

8 निम्नलिखित प्रश्न में, विकल्पों में दी गई उस आकृति का चयन कीजिए। जिसे प्रश्नचिह्न (?) के स्थान पर रखा जा सकता है।

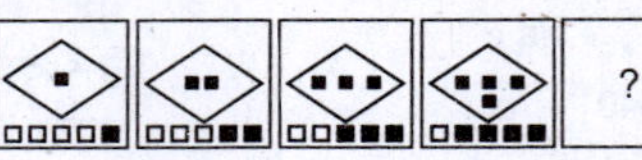

(a)
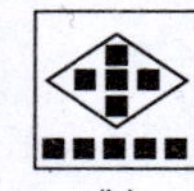
(b)
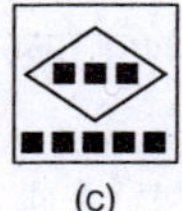
(c)
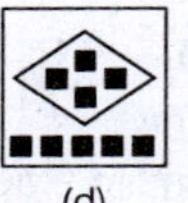
(d)

9 एक आदमी की तस्वीर की ओर इशारा करते हुए, राखी ने कहा, 'वह मेरे बेटे की माँ का भाई है'। उस आदमी का राखी से क्या सम्बन्ध है?
(a) पिता
(b) बेटा
(c) पिता का भाई
(d) भाई

10 दिए गए शब्दों को उसी क्रम में व्यवस्थित कीजिए, जिस क्रम में वे अंग्रेजी शब्दकोश में आते हैं।
1. Light
2. Like
3. Lift
4. Life
5. Lignite
(a) 1,4,3,2,5
(b) 4,3,1,5,2
(c) 1,3,4,5,2
(d) 4,3,1,2,5

11 निम्नलिखित प्रश्न में, दिए गए विकल्पों में से सम्बन्धित अक्षर-युग्म का चयन कीजिए।
JRVP : IQUO :: ?
(a) QJBV : PIAU
(b) WWYR : URUO
(c) NOPX : ZWXV
(d) NDUR : ABOC

12 एक निश्चित कूटभाषा में 'BOTTLE' को 'CNUUMD' लिखा जाता है। 'GLASS' को 'HMZTT' लिखा जाता है, तो उसी कूटभाषा में 'MIRROR' को कैसे लिखा जाएगा?
(a) NHSNSS
(b) NSHSNS
(c) NHSSSN
(d) NHSSNS

13 नीचे दी गई विकल्प आकृतियों में से, उस आकृति का चयन कीजिए, जिसमें प्रश्न आकृति छिपी/निहित है।
(घूर्णन की अनुमति नहीं है।)

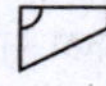

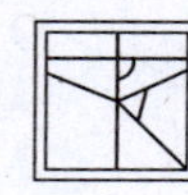
(a)
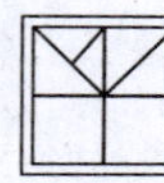
(b)
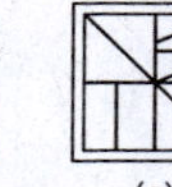
(c)
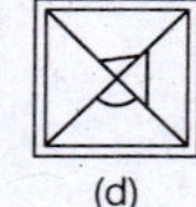
(d)

14 छः लोग ऐलिस, बॉब, कैरोल, डेविड, एमिली और फ्रैंक एक वृत्ताकार मेज पर केन्द्र की ओर मुख करके बैठे हैं। ऐलिस और एमिली के बीच में डेविड बैठा है। कैरोल, बॉब के ठीक दाईं और बैठी है। फ्रैंक और ऐलिस पड़ोसी नहीं हैं। कैरोल, फ्रैंक की निकटतम पड़ोसी है। एमिली के ठीक दाईं ओर कौन बैठा है?

(a) कैरोल (b) डेविड
(c) बॉब (d) फ्रैंक

15 दिए गए विकल्पों में से उस आकृति का चयन कीजिए, जिसे दी गई आकृति शृंखला में प्रश्नचिह्न (?) के स्थान पर रखा जा सकता है।

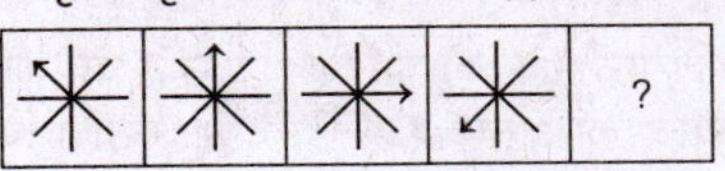

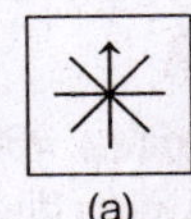
(a)

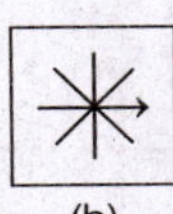
(b)

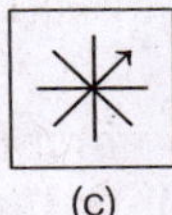
(c)

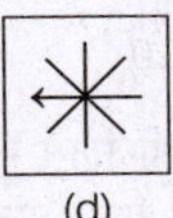
(d)

16 एक निश्चित कूटभाषा में 'FIELD' को '41' लिखा जाता है, और 'WONDER' को '84' लिखा जाता है, तो उसी कूटभाषा में 'SKILL' को कैसे लिखा जाएगा?

(a) 68 (b) 63 (c) 70 (d) 65

17 यदि एक दर्पण को रेखा AB पर रखा जाए, तो विकल्प आकृतियों में से कौन-सी आकृति प्रश्न आकृति का सही प्रतिबिम्ब होगी?

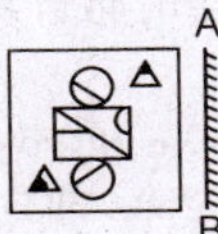

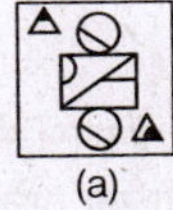
(a)

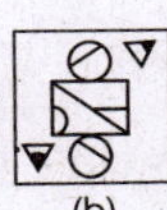
(b)

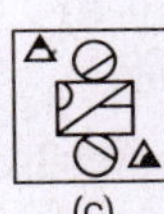
(c)

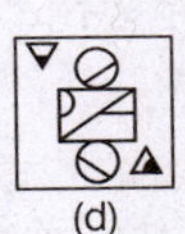
(d)

18 पाँच सहेलियाँ पूजा, भावना, चारु, गीता और हेमा एक वृत्ताकार मेज के चारों ओर केन्द्र की ओर मुख करके बैठी हैं। चारु, भावना की निकटतम पड़ोसी नहीं है। भावना हेमा के बाईं ओर से दूसरे स्थान पर बैठी है। गीता, भावना और हेमा की निकटतम पड़ोसी है। चारु के ठीक बाईं ओर कौन बैठा है?

(a) पूजा (b) गीता (c) भावना (d) हेमा

19 निम्नलिखित में से कौन-सा अक्षर-संख्या समूह दी गई शृंखला में रिक्त स्थान .... पर आएगा?

IDG, ..., EZC, CXA, AVY, YTW

(a) GBE (b) GBF (c) JBE (d) GCF

20 निम्नलिखित प्रश्न में तीन कथन और उसके बाद I और II क्रमांकित दो निष्कर्ष दिए गए हैं दिए गए कथनों को सत्य मानते हुए, चाहें वे सामान्यतः ज्ञात तथ्यों से भिन्न प्रतीत होते हों, निश्चय कीजिए कि दिए गए निष्कर्षों में से कौन-सा निष्कर्ष कथनों का तार्किक रूप से अनुसरण करता है।

कथन सभी पर्दे, बिस्तर हैं।
कुछ बिस्तर, कुर्सियाँ हैं।
कुछ कुर्सियाँ, मेज नहीं हैं।

निष्कर्ष
I. कुछ कुर्सियाँ, मेज हैं।
II. कुछ कुर्सियो के पर्दे होने की सम्भावना हैं।

(a) न तो निष्कर्ष I और न ही II अनुसरण करता है
(b) केवल निष्कर्ष I अनुसरण करता है
(c) निष्कर्ष I और II दोनों अनुसरण करते हैं
(d) केवल निष्कर्ष II अनुसरण करता है

भाग-II सामान्य ज्ञान

21 परिवार नियोजन कार्यक्रमों का कार्यान्वियन निम्नलिखित में से किस भारतीय पंचवर्षीय योजना के प्रमुख लक्ष्यों में से एक था?

(a) चौथी पंचवर्षीय योजना
(b) पाँचवीं पंचवर्षीय योजना
(c) छठी पंचवर्षीय योजना
(d) सातवीं पंचवर्षीय योजना

22 तपन कुमार पटनायक ने निम्नलिखित में से किस नृत्यशैली में संगीत नाटक अकादमी पुरस्कार जीता?

(a) सत्रीया (b) कुचिपुड़ी
(c) छऊ (d) ओडिसी

23 खान मन्त्रालय के आँकड़ों के अनुसार, सोने के अयस्क (प्राथमिक) के सबसे बड़े संसाधन निम्नलिखित में से किस भारतीय राज्य में स्थित हैं?

(a) पश्चिम बंगाल (b) राजस्थान
(c) कर्नाटक (d) बिहार

24 जलीय प्राणियों को पानी के अन्दर साँस लेने के लिए निम्नलिखित में से किसकी आवश्यकता होती हैं?

(a) घुलित H_2S (b) घुलित नाइट्रोजन
(c) घुलित ऑक्सीजन (d) घुलित CO_2

25 निम्नलिखित में से कौन-सा भारत में अर्द्ध-न्यायिक निकायों का एक उदाहरण हैं?

(a) अन्तर-राज्य परिषद्
(b) क्षेत्रीय परिषद्
(c) राज्य उपभोक्ता विवाद निवारण आयोग
(d) सर्वोच्च न्यायालय

26 सिद्धार्थ सुचडे निम्नलिखित में से कौन-सा खेल खेलते हैं?

(a) बैडमिण्टन (b) फुटबॉल
(c) टेनिस (d) स्क्वैश

27 .... ने वर्चुअल माध्यम के द्वारा भारत की G20 अध्यक्षता के लोगो, विषय और वेबसाइट का अनावरण किया (नवम्बर, 2022)।

(a) वित्तमन्त्री निर्मला सीतारमण (b) राष्ट्रपति द्रौपदी मुर्मू
(c) गृहमन्त्री अमित शाह (d) प्रधानमन्त्री श्री नरेन्द्र मोदी

28 बारदोली सत्याग्रह निम्नलिखित में से किस वर्ष हुआ था?

(a) 1928 (b) 1924
(c) 1926 (d) 1922

29 नीति आयोग के नए सीईओ (CEO) के रूप में किसे नियुक्त किया गया है?

(a) बी. वी. आर. सुब्रह्मण्यम (b) पी. सी. सुधाकर
(c) एम. के. तलवार (d) परमेश्वरन अय्यर

30 भारत में कौन-सा नियामक निकाय, नियमों के अनुपालन को सुनिश्चित करने के लिए माइक्रोफाइनेन्स संस्थानों (MFI) की देख-रेख और पर्यवेक्षण करता है?
(a) भारतीय रिजर्व बैंक (RBI)
(b) भारतीय प्रतिस्पर्द्धा आयोग (CCI)
(c) भारतीय प्रतिभूति एवं विनिमय बोर्ड (SEB1)
(d) बीमा नियामक एवं विकास प्राधिकरण (IRDA)

31 एक खेल के दौरान एक मानक आइस हॉकी टीम में कितने खिलाड़ी होते हैं (जब कोई ओवरटाइम या पेनल्टी न हो)?
(a) पाँच (b) छः (c) चार (d) सात

32 'जल्लीकट्टू' निम्नलिखित में से किस त्योहार की एक विशेषता है?
(a) पोंगल (b) विशु (c) बिहु (d) ओणम

33 भारत की 2011 की जनगणना के अनुसार, ……… जनसंख्या के अनुपात में 0.2 % की गिरावट आई है।
(a) मुसलमान (b) हिन्दू
(c) सिख (d) बौद्ध

34 भारत में शुंग वंश के संस्थापक कौन थे?
(a) देवभूति (b) पुष्यमित्र
(c) कनवा (d) वसुमित्र

35 भारतीय संविधान के निम्नलिखित में से किस अनुच्छेद का उल्लेख समानता के अधिकार के अन्तर्गत किया गया है?
(a) उपाधियों का उन्मूलन
(b) धार्मिक मामलों का प्रबन्धन करने की स्वतन्त्रता
(c) जीवन और व्यक्तिगत स्वतन्त्रता की सुरक्षा
(d) शिक्षा का अधिकार

36 निम्नलिखित में से किस खेल में 'ब्रेस्टस्ट्रोक' को एक तकनीक के रूप में पेश किया जाता है?
(a) शूटिंग (b) पूल
(c) तैराकी (d) घुड़सवारी

37 मौलिक कर्त्तव्यों के अन्तर्गत भारतीय संविधान का निम्नलिखित में से कौन-सा अनुच्छेद हमारी समग्र संस्कृति की समृद्ध विरासत के महत्त्व और संरक्षण से सम्बन्धित है?
(a) अनुच्छेद 51 A (f) (b) अनुच्छेद 51 A (c)
(c) अनुच्छेद 51 A (e) (d) अनुच्छेद 51 A (g)

38 निम्नलिखित में से कौन-सा देश पश्चिम में भारत का पड़ोसी है, जो एक महत्त्वपूर्ण सीमा साझा करता है और अक्सर भू-राजनीतिक महत्त्व का विषय बना रहता है?
(a) श्रीलंका (b) भूटान
(c) पाकिस्तान (d) नेपाल

39 लोक नृत्य खोरिया का सम्बन्ध निम्नलिखित में से किस राज्य से है?
(a) असम (b) महाराष्ट्र
(c) पश्चिम बंगाल (d) हरियाणा

40 भारत के प्रधानमन्त्री की अध्यक्षता में केन्द्रीय मन्त्रिमण्डल ने पीपीपी मॉडल पर …… ई-बसों द्वारा सिटी बस के संचालन को बढ़ाने के लिए एक बस योजना 'पीएम-ई-बस' सेवा को मंजूरी दे दी है।
(a) 5000 (b) 11000
(c) 7000 (d) 10000

भाग-III गणित

41 $1100 \div 5 + 420 \div 2 + 550 \div 5$ का मान कितना है?
(a) 500 (b) 540
(c) 460 (d) 510

42 ₹ 9000 की धनराशि पर 2 वर्ष के लिए 32% की वार्षिक दर से चक्रवृद्धि ब्याज (वार्षिक रूप से संयोजित) कितना होगा?
(a) ₹ 6790.7 (b) ₹ 6681.6
(c) ₹ 6908.3 (d) ₹ 6400.4

43 एक निश्चित धनराशि पर 10% की वार्षिक दर से 7 वर्ष और 8 वर्ष के लिए साधारण ब्याज का अन्तर ₹ 57 है। वह धनराशि कितनी है?
(a) ₹ 610 (b) ₹ 550
(c) ₹ 590 (d) ₹ 570

44 एक मुर्गी फार्म में 120 मुर्गियाँ है। फार्म में 140 अतिरिक्त मुर्गियाँ शामिल करने पर, मुर्गी फार्म का व्यय ₹ 4050 बढ़ जाता है। जबकि प्रति मुर्गी औसत व्यय ₹ 3 कम हो जाता है। मुर्गी फार्म का मूल व्यय कितना था?
(a) ₹ 4540 (b) ₹ 4140
(c) ₹ 4350 (d) ₹ 4780

45 उस समकोण त्रिभुज के क्षेत्रफल की गणना कीजिए, जिसका आधार 22 सेमी है और उस आधार के संगत ऊँचाई 15 सेमी है।
(a) 140 सेमी^{2} (b) 180 सेमी^{2}
(c) 150 सेमी^{2} (d) 165 सेमी^{2}

46 अभिषेक अपने लैपटॉप का मूल्य क्रय मूल्य से 80% अधिक अंकित करता है। वह अपने ग्राहक को अंकित मूल्य पर 25% की छूट देता है। लाभ प्रतिशत कितना है?
(a) 25% (b) 55% (c) 35% (d) 40%

47 एक मिश्रण में, दूध और पानी का अनुपात 7 : 9 है। मिश्रण में कुछ दूध मिलाया जाता है। जिसके कारण दूध और पानी का अनुपात 11 : 9 हो जाता है। प्रारम्भिक मिश्रण के प्रतिशत के रूप में, मिश्रण में कितना दूध मिलाया गया?
(a) 30% (b) 25%
(c) 60% (d) 10%

48 $520 \div 10 + 25 \times 7 - 62 \times 3$ का मान कितना है?
(a) 49 (b) 47 (c) 41 (d) 45

49 यदि 25 श्रमिक एक दीवार को 10 दिनों में बना सकते हैं, तो 20 श्रमिकों को उसी दीवार को बनाने में कितने दिन लगेंगे?
(a) 21/2 दिन (b) 25/2 दिन
(c) 23/3 दिन (d) 25/4 दिन

50 यदि A का A प्रतिशत 9604 है, तो A का मान क्या है?
(a) 1020 (b) 980
(c) 880 (d) 920

51 A, B से चार गुना अच्छा कारीगर है और दोनों साथ मिलकर एक कार्य 84/15 दिनों में पूरा करते हैं। A अकेले वह कार्य कितने दिनों में पूरा कर सकता है?
(a) 9 दिन (b) 7 दिन
(c) 10 दिन (d) 15 दिन

52 एक बैग में काली गेंदों और सफेद गेंदों का अनुपात 7 : 4 है। यदि उस बैग में 44 सफेद गेंदे हैं, तो बैग में गेंदों की कुल संख्या ज्ञात कीजिए।
(a) 112 (b) 128
(c) 121 (d) 110

53 एक कूलर का क्रय मूल्य ₹ 6400 है। यदि लाभ प्रतिशत 24% है, तो कूलर का विक्रय मूल्य कितना है?
(a) ₹ 8239 (b) ₹ 7936
(c) ₹ 8456 (d) ₹ 7256

54 निम्नलिखित में से कौन-सी संख्या 4, 7 और 23 से विभाज्य है?
(a) 6490 (b) 6245
(c) 6440 (d) 6457

55 यदि किसी वस्तु के अंकित मूल्य और विक्रय मूल्य का अनुपात 13 : 9 है, तो छूट प्रतिशत कितना है?
(a) 28.76% (b) 30.77%
(c) 25% (d) 32.77%

56 एक वस्तु को ₹ 4550 में बेचने पर अर्जित लाभ, उसी वस्तु को ₹ 3290 में बेचने पर हुई हानि का 5 गुना है। 20% का लाभ अर्जित करने के लिए वस्तु का विक्रय मूल्य कितना होगा?
(a) ₹ 4500 (b) ₹ 4200
(c) ₹ 3900 (d) ₹ 4000

57 17 संख्याओं का औसत 47 है। यदि प्रत्येक संख्या को 6 से गुणा किया जाए, तो नया औसत ज्ञात कीजिए।
(a) 282 (b) 270
(c) 280 (d) 265

58 जब किसी संख्या में क्रमिक रूप से 10%, 15% तथा 56% की कमी की जाती है, तो वह संख्या 20196 हो जाती है। वह संख्या क्या है?
(a) 80000 (b) 60000
(c) 40000 (d) 50000

59 $3[4+2\{42-4(9-1)\}]$ का मान कितना है?
(a) 48 (b) 81
(c) 69 (d) 72

60 एक चोर 2:00 अपराह्न पर एक कार चुराता है और इसे 70 किमी/घण्टा की चाल से चलाता है। चोरी का पता 3 : 00 अपराह्न पर चलता है और कार मालिक 105 किमी/घण्टे की चाल से दूसरी कार में चोर का पीछा करने निकल पड़ता है। मालिक कितने बजे चोर को पकड़ लेगा?
(a) 3:45 अपराह्न (b) 4:30 अपराह्न
(c) 5:00 अपराह्न (d) 3:30 अपराह्न

भाग-IV हिन्दी

61 दिए गए वाक्य में रेखांकित शब्दों के लिए सही शब्दों वाले विकल्प का चयन करें।
जितना गुड़ डालोगे, वैसा मीठा होगा।
(a) जितना गुड़ डालोगे, वैसी मीठी होगा।
(b) जितना गुड़ डालोगे, उतना मीठा होगा।
(c) जितना गुड़ डालोगे, उतना मीठी होगा।
(d) परिवर्तन की आवश्यकता नहीं है।

62 दिए गए वाक्यांश के लिए सार्थक शब्द ज्ञात कीजिए।
'द्रुपद की पुत्री'
(a) द्रोपदी (b) द्रुपद
(c) द्रौपदी (d) निशाचारी

63 निम्नलिखित प्रश्न में, दिए गए चार विकल्पों में से, उस विकल्प का चयन करें, जो दिए गए मुहावरे के अर्थ को सर्वश्रेष्ठ रूप से व्यक्त करता है।
'चिपके रहना'
(a) बीमारी का कारण (b) साथ-साथ रहना
(c) मजबूती से चिपकना (d) प्रिय सन्तान

64 निम्नलिखित प्रश्न में चार विकल्पों में से उस विकल्प का चयन करें, जो कोष्ठक में दिए गए शब्द के तत्सम रूप का सही विकल्प है।
पता नहीं कहाँ से एक (तिनका) ········ आकर आँख में चला गया, जो अब दर्द दे रहा है।
(a) त्वरित (b) तरवारि
(c) तृण (d) तैल

65 दिए गए विकल्पों में से तीन विकल्प त्रुटियुक्त हैं, जबकि एक सही है। उस सही विकल्प का चयन करें।
(a) इस गाँव से घर-घर यही दशा है।
(b) इस गाँव को घर-घर यही दशा है।
(c) इस गाँव के घर-घर में यही दशा है।
(d) इस गाँव के घर-घर यही दशा है।

66 दिए गए वाक्य में रेखांकित शब्द का विलोम शब्द ज्ञात कीजिए।
वह देश में है।
(a) ग्रामीण (b) स्वदेश
(c) विदेश (d) शहर

67 निम्नलिखित प्रश्न में, चार विकल्पों में से उस विकल्प का चयन करें, जो रिक्त स्थान के लिए सही शब्द वाला विकल्प हो।
जब समाचार-पत्रों में ········ के लिए कोई सूचना प्रकाशित की जाती है, तो उसको विज्ञापन कहते हैं।
(a) विशिष्ट व्यक्तित्व (b) सर्वसाधारण
(c) बच्चों (d) कुछ

68 दिए गए वाक्य का वह भाग ज्ञात करें, जिसमें कोई त्रुटि है।
समाचार-पत्र विभिन्न प्रकरणों पर जनमत तैयार करने के लिए एक शक्ति यन्त्र है।
(a) समाचार-पत्र विभिन्न
(b) करने के लिए एक
(c) शक्ति यन्त्र है
(d) प्रकरणों पर जनमत तैयार

69 दिए गए वाक्य में रेखांकित शब्द के लिए सही वर्तनी ज्ञात कीजिए।
हिन्दी हमारी मात्रभाषा है।
(a) मातरभाषा (b) मातरिभाषा
(c) मात्रभाषा (d) मातृभाषा

70 दिए गए वाक्य में रेखांकित भाग के लिए उचित सार्थक शब्द का चयन कीजिए।
रावेस होते ही सब उठ गए।
(a) रेसब (b) बसेरा
(c) बेसब्र (d) सवेरा

71 निम्नलिखित प्रश्न में दिए गए चार विकल्पों में से उस विकल्प का चयन करें, जो दिए गए मुहावरे के अर्थ को सर्वश्रेष्ठ रूप से व्यक्त करता है।

'कलेजे पर पत्थर रखना'

(a) बड़ा बदला लेना (b) अत्यन्त भयभीत होना
(c) धैर्य धारण करना (d) बुद्धि भ्रष्ट होना

72 दिए गए वाक्य में उचित पर्यायवाची शब्द का चयन करके रिक्त स्थान की पूर्ति करें।

देवप्रयाग में दो नदियों का ……… (मेल) होता है।

(a) मन्द (b) उचित (c) अवधि (d) संगम

73 दिए गए वाक्य में से गलत वर्तनी ज्ञात कीजिए।

प्रकृति का सौन्दर्य देखते ही बनता है।

(a) सौन्दर्य (b) प्रकृति
(c) बनता (d) देखते

74 दिए गए वाक्य में रेखांकित शब्द का विलोम शब्द ज्ञात कीजिए।

वायु प्रदूषण से काफी हानि हो रही है।

(a) हारना (b) जीतना
(c) नुकसान (d) लाभ

75 निम्नलिखित प्रश्न में कोष्ठक में दिए गए शब्द के पर्यायवाची शब्द का सही विकल्प का चयन करें।

किसी ने सही ही कहा है कि (एकता) ……… में शक्ति होती है।

(a) अनुग्रह (b) अनुरूप
(c) सुमति (d) ठसक

निर्देश (प्र. सं. 76-80) *नीचे दिए गए गद्यांश में कुछ शब्द छोड़ दिए गए हैं, प्रत्येक अनुच्छेद के सामने चार विकल्प दिए गए हैं। इस गद्यांश को ध्यानपूर्वक पढ़ें और चार विकल्पों में से सर्वोत्तम उत्तर वाला विकल्प चुनें।*

आलस्य एक ऐसा भाव है, जो मनुष्य को कार्य करने की ………… नहीं देता अर्थात् मनुष्य कोई भी काम नहीं करना चाहता। उसे कोई भी कार्य करना अच्छा नहीं लगता सिवाय आराम फरमाने के। आलस्य मनुष्य को ………… मार्ग पर ले जाता है। आलसी मनुष्य को अपनी कुर्सी से उठने में भी कठिनाई होती है। उसे लगता है कि उसका काम कोई दूसरा व्यक्ति कर दे तो उसकी नींद पूरी हो जाए। अब बताइए आलसी मनुष्य अपना ………… खुद ही बन जाता है। उसे परिश्रम का महत्त्व समझ नहीं आता। मनुष्य में कई तरह के दोष हैं, जैसे–लालच, क्रोध, हिंसा, जलन आदि। लेकिन सबसे भयानक आलस का रोग है। आलस्य मनुष्य को असफलता की राह पर ले जाता है। असफलता, अवनति और विनाश आलसी मनुष्य के ………… हैं। शेर भी जंगल में शिकार करके अपनी भूख मिटाता है। शेर जंगल का राजा होता है, लेकिन वह भी परिश्रम करके जानवर का शिकार करता है। कहने का तात्पर्य है बिना कोई काम किए किसी को जीवन में ………… की प्राप्ति नहीं होती।

76 आलस्य एक ऐसा भाव है, जो मनुष्य को कार्य करने की ………… नहीं देता।

(a) अनुभव (b) समय
(c) जरूरत (d) इजाजत

77 आलस्य मनुष्य को ………… मार्ग पर ले जाता है।

(a) अच्छे (b) मनचाहे
(c) सुगम (d) दुर्गम

78 अब बताइए आलसी मनुष्य अपना ………… खुद ही बन जाता है।

(a) दोस्त (b) पसन्दीदा
(c) दुश्मन (d) प्यारा

79 असफलता, अवनति और विनाश आलसी मनुष्य के ………… हैं।

(a) परिणाम (b) अपने
(c) महान (d) प्रणाम

80 कहने का तात्पर्य है बिना कोई काम किए किसी को जीवन में ………… की प्राप्ति नहीं होती।

(a) लक्ष्य (b) आलस
(c) कठिनाई (d) दुःख की

उत्तरमाला

1.	(d)	2.	(d)	3.	(d)	4.	(d)	5.	(d)	6.	(d)	7.	(b)	8.	(b)	9.	(d)	10.	(b)
11.	(a)	12.	(d)	13.	(a)	14.	(b)	15.	(c)	16.	(a)	17.	(c)	18.	(d)	19.	(a)	20.	(d)
21.	(a)	22.	(c)	23.	(d)	24.	(c)	25.	(c)	26.	(d)	27.	(d)	28.	(a)	29.	(a)	30.	(a)
31.	(b)	32.	(a)	33.	(c)	34.	(b)	35.	(a)	36.	(c)	37.	(a)	38.	(c)	39.	(d)	40.	(d)
41.	(b)	42.	(b)	43.	(d)	44.	(b)	45.	(d)	46.	(c)	47.	(b)	48.	(c)	49.	(b)	50.	(b)
51.	(b)	52.	(c)	53.	(b)	54.	(c)	55.	(b)	56.	(b)	57.	(a)	58.	(b)	59.	(d)	60.	(c)
61.	(b)	62.	(c)	63.	(b)	64.	(c)	65.	(c)	66.	(c)	67.	(b)	68.	(c)	69.	(d)	70.	(d)
71.	(c)	72.	(d)	73.	(a)	74.	(d)	75.	(c)	76.	(d)	77.	(d)	78.	(c)	79.	(a)	80.	(a)

संकेत एवं हल

1. (d) $26+2\times 8-4\div 1=14$

विकल्प (d) से, + और − को आपस में बदलने पर,

$$26-2\times 8+4\div 1=14$$
$$26-16+4=14$$
$$10+4=14$$
$$14=14$$

2. (d) दी गई संख्या श्रृंखला का क्रम निम्न प्रकार है,

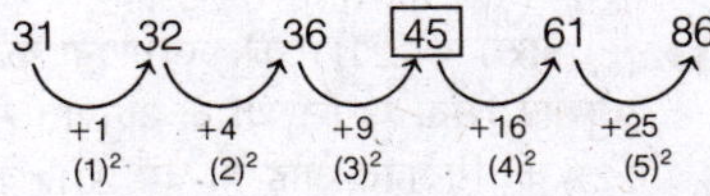

3. (d) जिस प्रकार, पेंगुइन के छोटे बच्चे को चूजा कहा जाता है। उसी प्रकार, बत्तख के छोटे बच्चे को बत्तखशाव कहा जाता है।

4. (d) दी गई प्रश्न आकृति के पैटर्न को पूरा करने के लिए उत्तर आकृति (d) को जोड़ने से आकृति पूरी हो जाएगी।

5. (d) जिस प्रकार,

$$13\text{ A }14\text{ B }15\text{ C }20=243$$
$$13+14\times 15+20=243$$
$$13+210+20=243$$
$$243=243$$

तथा $15\text{ A }10\text{ B }8\text{ C }9=104$
$$15+10\times 8+9=104$$
$$15+80+9=104$$
$$104=104$$

उसी प्रकार, $45\text{ A }10\text{ B }18\text{ C }50$
$$45+10\times 18+50$$
$$45+180+50=\boxed{275}$$

6. (d) दी गई संख्या-श्रृंखला का क्रम निम्न प्रकार है,

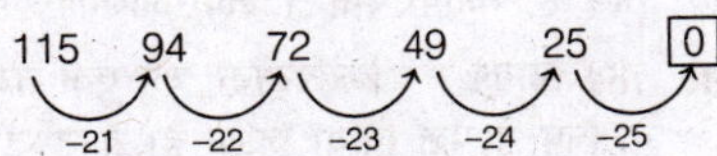

7. (b) दी गई अक्षर-श्रृंखला का क्रम निम्न प्रकार है,

Q $\xrightarrow{+3}$ T $\xrightarrow{-7}$ M $\xrightarrow{+3}$ P $\xrightarrow{-7}$ I

V $\xrightarrow{-7}$ O $\xrightarrow{+3}$ R $\xrightarrow{-7}$ K $\xrightarrow{+3}$ N

8. (b) दी गई आकृति शृंखला में प्रत्येक अगली आकृति में, नीचे दिए गए छोटे वर्ग एक-एक करके छायांकित हो रहे हैं और आकृति के अन्दर छायांकित वर्गों की संख्या एक-एक करके बढ़ रही हैं। अतः विकल्प (b) की आकृति दी गई आकृति शृंखला को पूरा करेगी।

9. (d) प्रश्नानुसार,

(−) राखी $\xrightarrow{\text{भाई}}$ (+) आदमी

बेटा ↓↑ माँ

(+)

+ ⇒ पुरुष

− ⇒ महिला

अतः वह आदमी राखी का भाई है।

10. (b) शब्दों को शब्दकोश के अनुसार व्यवस्थित करने पर,

Life → Lift → Light → Lignite → Like

4 3 1 5 2

अतः क्रम → 4, 3, 1, 5, 2 होगा।

11. (a) जिस प्रकार,

J $\xrightarrow{-1}$ I

R $\xrightarrow{-1}$ Q

V $\xrightarrow{-1}$ U

P $\xrightarrow{-1}$ O

उसी प्रकार,

Q $\xrightarrow{-1}$ P

J $\xrightarrow{-1}$ I

B $\xrightarrow{-1}$ A

V $\xrightarrow{-1}$ U

12. (d) कोडिंग पैटर्न में प्रत्येक व्यंजन को वर्णमाला में उसके अगले वर्ण से व प्रत्येक स्वर को वर्णमाला में उसके पिछले वर्ण से कोड़ित किया गया है।

जिस प्रकार,

B $\xrightarrow{+1}$ C

O $\xrightarrow{-1}$ N

T $\xrightarrow{+1}$ U

T $\xrightarrow{+1}$ U

L $\xrightarrow{+1}$ M

E $\xrightarrow{-1}$ D

तथा

G $\xrightarrow{+1}$ H

L $\xrightarrow{+1}$ M

A $\xrightarrow{-1}$ Z

S $\xrightarrow{+1}$ T

S $\xrightarrow{+1}$ T

उसी प्रकार,

M $\xrightarrow{+1}$ N

I $\xrightarrow{-1}$ H

R $\xrightarrow{+1}$ S

R $\xrightarrow{+1}$ S

O $\xrightarrow{-1}$ N

R $\xrightarrow{+1}$ S

13. (a) दी गई प्रश्न आकृति, उत्तर आकृति (a) में निहित है।

14. (b) प्रश्नानुसार,

डेविड, एमिली, फ्रैंक, कैरोल, बॉब, ऐलिस

अतः एमिली के ठीक दाईं ओर डेविड बैठा है।

15. (c) दी गई आकृति शृंखला में मुख्य आकृति में तीर दक्षिणावर्त दिशा में दिशा में निरन्तर एक स्थान, फिर दो स्थान, पुनः तीन स्थान इसी क्रम में परिवर्तित हो रही है।

अतः प्रश्न आकृति के स्थान पर उत्तर आकृति (c) होगी।

16. (a) जिस प्रकार,

F I E L D

↓ ↓ ↓ ↓ ↓

[6 + 9 + 5 + 12 + 4] + 5 = 41

तथा

W O N D E R

↓ ↓ ↓ ↓ ↓ ↓

[23 + 15 + 14 + 4 + 5 + 18] + 5 = 84

उसी प्रकार,

S K I L L

↓ ↓ ↓ ↓ ↓

[19 + 11 + 9 + 12 + 12] + 5 = $\boxed{68}$

17. (c) दी गई प्रश्न आकृति को एक दर्पण रेखा AB पर रखने पर आकृति का दर्पण प्रतिबिम्ब, उत्तर आकृति (c) जैसी होगी।

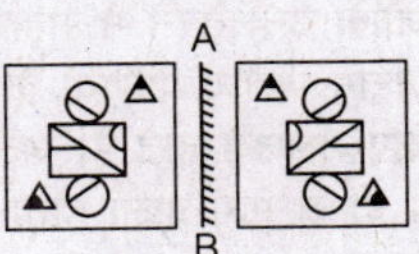

18. (d) प्रश्नानुसार,

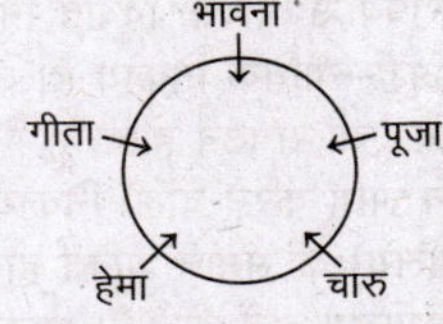

अतः चारु के ठीक बाईं ओर हेमा बैठी है।

19. (a) दी गई अक्षर-शृंखला निम्न प्रकार है,

I $\xrightarrow{-2}$ G $\xrightarrow{-2}$ E $\xrightarrow{-2}$ C $\xrightarrow{-2}$ A $\xrightarrow{-2}$ Y

D $\xrightarrow{-2}$ B $\xrightarrow{-2}$ Z $\xrightarrow{-2}$ X $\xrightarrow{-2}$ V $\xrightarrow{-2}$ T

G $\xrightarrow{-2}$ E $\xrightarrow{-2}$ C $\xrightarrow{-2}$ A $\xrightarrow{-2}$ Y $\xrightarrow{-2}$ W

20. *(d)* कथनानुसार,

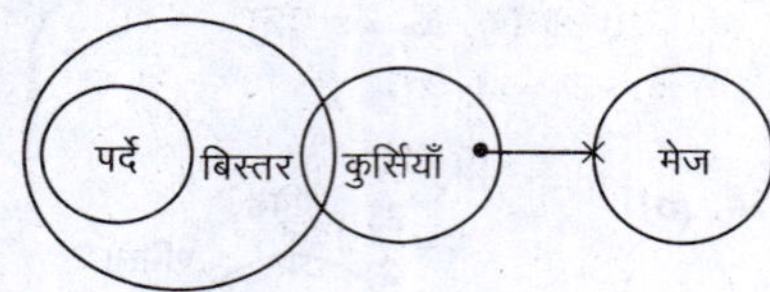

निष्कर्ष I. (✗) II. (✓)

अतः केवल निष्कर्ष II अनुसरण करता है।

21. *(a)* परिवार नियोजन कार्यक्रम चौथी पंचवर्षीय योजनाओं के प्रमुख लक्ष्यों में से एक था। भारत में परिवार नियोजन कार्यक्रम वर्ष 1952 में शुरू किया गया था। परिवार नियोजन कार्यक्रम का मुख्य उद्देश्य भारत में जनसंख्या वृद्धि को नियन्त्रित करना था।

22. *(c)* तपन कुमार पटनायक ने छऊ नृत्यशैली में साहित्य नाटक अकादमी पुरस्कार जीता है। छऊ नृत्य एक पारम्परिक भारतीय नृत्य रूप है, जिसकी उत्पत्ति झारखण्ड, पश्चिम बंगाल और ओडिशा में हुई थी। यह एक जीवन्त और गतिशील नृत्य का रूप है।

23. *(d)* खान मन्त्रालय के आँकड़ों के अनुसार सोने के अयस्क (प्राथमिक) के सबसे बड़े संसाधन 44% बिहार राज्य में स्थित हैं। राष्ट्रीय खनिज सूची डेटा के अनुसार देश में स्वर्ण अयस्क (प्राथमिक) के कुल भण्डार 501.83 मिलियन टन होने का अनुमान लगाया गया है। इसके बाद क्रमशः राजस्थान (25%) तथा कर्नाटक (21%) आते हैं।

24. *(c)* जलीय प्राणियों को पानी के अन्दर साँस लेने के लिए ''घुलित ऑक्सीजन (O_2)'' की आवश्यकता होती है।
जलीय प्राणियों का आकार सुव्यवस्थित होता है, जोकि उन्हें तैरने में सहायता करता है। अधिकतम जलीय प्राणियों के पास साँस लेने के लिए गलफड़े होते हैं। जलीय प्राणियों का हृदय दो सम्भाग वाला होता है, परन्तु मगरमच्छ का हृदय तीन सम्भाग वाला होता है।

25. *(c)* राज्य उपभोक्ता विवाद निवारण आयोग एक अर्द्ध-न्यायिक निकाय है। अर्द्ध-न्यायिक निकाय ऐसा संगठन होता है, जिसके पास कानून लागू करने वाली निकायों (जैसे न्यायालय) के समान शक्ति होती है, किन्तु वे न्यायालय नहीं होते हैं। भारत में अर्द्ध-न्यायिक निकायों के उदाहरण भारतीय प्रतिस्पर्द्धा आयोग (CCI), केन्द्रीय सूचना आयोग (CVC), राष्ट्रीय हरित न्यायाधिकरण (NGT) आदि हैं।

26. *(d)* सिद्धार्थ सुचडे स्क्वैश खेल खेलते हैं। इनका जन्म मुम्बई (भारत) में हुआ है। स्क्वैश एक रैकेट और बॉल के साथ खेला जाने वाला खेल है। जिसमें खिलाड़ी अपने रैकेट और गेंद से चार दीवारों से घिरे 9.75 मीटर ×6.4 मीटर के आयताकार कोर्ट पर खेलते हैं। इसके फर्श को हार्डवुड से बनाया जाता है। इस गेम के सिंगल्स में दो खिलाड़ी या डबल्स में चार खिलाड़ी होते हैं। स्क्वैश खेल का आविष्कार इंग्लैण्ड में हुआ था।

27. *(d)* प्रधानमन्त्री नरेन्द्र मोदी ने वर्चुअल माध्यम के द्वारा भारत की G 20 की अध्यक्षता के लोगो, विषय और वेबसाइट का अनावरण किया। उल्लेखनीय है कि वर्ष 2023 के G 20 बैठक की अध्यक्षता भारत ने की थी। इसकी थीम 'वसुधैव कुटुम्बकम-वन अर्थ, वन फैमिली, वन फ्यूचर' थी। जी20 की अगली बैठक वर्ष 2024 में ब्राजील के शहर रियो-डी जेनेरियो में होगी।

28. *(a)* बारदोली सत्याग्रह वर्ष 1928 में हुआ था। बारदोली सत्याग्रह औपनिवेशिक सरकार द्वारा किसानों पर बढ़ाए गए कराधान के खिलाफ भारत में एक किसान आन्दोलन था। इसमें बॉम्बे प्रेसीडेन्सी में लगाए जा रहे 22% कर वृद्धि को रद्द करने की माँग की गई थी। इसका नेतृत्व वल्लभभाई पटेल ने किया था। इस सत्याग्रह में महात्मा गाँधी ने भी योगदान दिया था।

29. *(a)* नीति आयोग का नया सीईओ (CEO) बी.वी. आर. सुब्रह्मण्यम को नियुक्त किया गया है, जो वर्ष 1987 बैच के भारतीय प्रशासनिक सेवा अधिकारी हैं। 1 जनवरी, 2015 को योजना आयोग के स्थान पर नीति आयोग का गठन किया गया है। यह संस्थान सरकार के 'थिंक टैंक' के रूप में सेवाएँ प्रदान करेगा और उसे निर्देश एवं नीतिगत गतिशीलता प्रदान करेगा।

30. *(a)* भारतीय रिजर्व बैंक नियमों के अनुपालन को सुनिश्चित करने के लिए माइक्रोफाइनेन्स संस्थाओं की देख-रेख और पर्यवेक्षण करता है। सूक्ष्म वित्त संस्थाएँ (MFI) उन कम्पनियों को कहा जाता है, जो निम्न आय वर्ग के लोगों को अपना व्यवसाय शुरू करने के लिए सस्ती ब्याज दरों पर कर्ज उपलब्ध कराते हैं। वर्ष 1974 में स्थापित SEWA बैंक भारत का पहला माइक्रोफाइनेन्स संस्थान है।

31. *(b)* एक खेल के दौरान एक मानक आइस हॉकी टीम में छः खिलाड़ी होते हैं। आइस हॉकी बर्फ पर खेला जाने वाला खेल है, जोकि हॉकी खेल का ही एक प्रारूप है। इसमें विरोधी स्केटरों की मदद से स्टिक द्वारा गोल करने की कोशिश करते हैं। शीतकालीन ओलम्पिक खेलों में आइस हॉकी प्रमुख खेलों में से एक होता है। यह कनाडा का राष्ट्रीय खेल है।

32. *(a)* जल्लीकट्टू पोंगल त्योहार की विशेषता है। यह जनवरी माह में पोंगल की फसल के समय खेला जाने वाला एक लोकप्रिय खेल है। इस प्रतियोगिता में बैल को पकड़ने की कोशिश करनी होती है। जल्लीकट्टू में एण्ट्री गेट से बैलों को छोड़ा जाता है और जो व्यक्ति 15 मी के दायरे में बैल को पकड़ लेता है, वह विजेता हो जाता है।
जल्लीकट्टू को एरु तावुवुअल और मंजुजुविरट्टू के नाम से भी जाना जाता है।

33. *(c)* भारत की 2011 की जनगणना के अनुसार सिख जनसंख्या के अनुपात में 0.2% की गिरावट आई है। वर्ष 2011 के जनसंख्या आँकड़ों के अनुसार देश की कुल आबादी 121.09 करोड़, है जिसमें 0.22% की गिरावट के साथ सिख समुदाय की कुल आबादी 2.08 करोड़ है तथा वे चौथे स्थान पर हैं, जबकि 96.63 करोड़ के साथ हिन्दू पहले स्थान, 17.22 करोड़ के साथ मुसलमान दूसरे स्थान पर तथा 2.78 करोड़ आबादी के साथ ईसाई तीसरे स्थान पर हैं।

34. *(b)* भारत में शुंग वंश के संस्थापक पुष्यमित्र शुंग थे। पुष्यमित्र शुंग ने 185 ईसा पूर्व में मौर्य वंश के अन्तिम शासक वृहद्रथ की हत्या करके शुंग वंश की स्थापना की थी। शुंग उज्जैन प्रदेश के थे, जहाँ इनके पूर्वज मौर्यों के प्रधानमन्त्री और सेनापति थे।

35. *(a)* उपाधियों के उन्मूलन (अनुच्छेद-18) का उल्लेख समानता के अधिकार के अन्तर्गत किया गया है। संविधान का अनुच्छेद-18 राज्य को सैन्य या शैक्षणिक विशिष्टता को छोड़कर अन्य किसी भी प्रकार की उपाधि प्रदान करने से रोकता है तथा भारतीय नागरिकों को किसी विदेशी राज्य से कोई उपाधि प्रदान करने से सम्बन्धित करता है। उल्लेखनीय है कि संविधान का अनुच्छेद-18 समानता का अधिकार अनुच्छेद-14-18 का भाग है, जोकि एक मौलिक अधिकार है।

36. *(c)* तैराकी में 'ब्रेस्टस्ट्रोक' को एक तकनीक के रूप में पेश किया जाता है। ब्रेस्टस्ट्रोक तकनीक में तैराक अपने सीने के बल तैरते हैं और बाकी का धड़ बहुत कम गतिविधि करता है। इसमें सिर लगभग पानी के बाहर ही होता है। फ्रंट क्रॉल, स्प्रिंगबोर्ड, ट्विस्ट, बटर फ्लाई, जेन स्ट्रोक बैंक स्ट्रोक आदि तैराकों से सम्बन्धित अन्य शब्दावलियाँ है।

37. *(a)* मौलिक कर्त्तव्य के अन्तर्गत भारतीय संविधान के अनुच्छेद 51A (f) हमारी समग्र संस्कृति की समृद्ध विरासत के महत्त्व व

संरक्षण से सम्बन्धित है। भारतीय संविधान में मौलिक कर्त्तव्य सोवियत संघ के संविधान से लिए गए हैं। इन्हें 42वें संविधान संशोधन द्वारा स्वर्ण सिंह समिति की सिफारिश पर भाग IV-A में शामिल किया गया था। मूल रूप में 10 मौलिक कर्त्तव्य थे, परन्तु 86वें संविधान संशोधन अधिनियम 2002 के माध्यम से एक और मौलिक कर्त्तव्य जोड़ा गया। वर्तमान समय में 11 मौलिक कर्त्तव्य हैं।

38. *(c)* पाकिस्तान पश्चिम में भारत का पड़ोसी है, जो एक महत्त्वपूर्ण सीमा साझा करता है और प्रायः भू-राजनीतिक महत्त्व का विषय बना रहा है। भारत और पाकिस्तान सीमा की कुल लम्बाई 3323 किमी है। भारतीय राज्य जो पाकिस्तान के साथ सीमा साझा करते हैं, वे हैं, जम्मू-कश्मीर, राजस्थान, गुजरात और पंजाब।

39. *(d)* लोकनृत्य खोरिया का सम्बन्ध हरियाणा राज्य से है। यह नृत्य विवाह के समय केवल महिलाओं द्वारा किया जाता है। इसमें परिवार के दूल्हे पक्ष की महिलाएँ पारम्परिक रूप से तब प्रदर्शन करती हैं, जब घर के सभी पुरुष बारात में शामिल होने जाते हैं।

40. *(d)* भारत के प्रधानमन्त्री की अध्यक्षता में केन्द्रीय मन्त्रिमण्डल ने पीपीपी मॉडल पर 10000 ई-बसों द्वारा सिटी बस के संचालन को बढ़ाने के लिए एक बस योजना 'पीएम ई-बस सेवा' को मंजूरी दे दी है। प्रधानमन्त्री ई-बस सेवा योजना का मुख्य उद्देश्य नागरिकों को इलेक्ट्रिक वाहन प्रयोग के लिए प्रेरित करना तथा इलेक्ट्रिक बसों के संचालन से रोजगार को बढ़ावा देना है।

41. *(b)* $1100 \div 5 + 420 \div 2 + 550 \div 5$ (BODMAS नियम से)

$= 220 + 210 + 110 = 540$

42. *(b)* मूलधन $(P) =$ ₹ 9000, समय $(t) = 2$ वर्ष, दर $(r) = 32\%$ वार्षिक

मिश्रधन $(A) = P\left(1 + \frac{r}{100}\right)^t$

$= 9000\left(1 + \frac{32}{100}\right)^2$

$= 9000 \times \frac{132}{100} \times \frac{132}{100}$

$=$ ₹ 15681.6

चक्रवृद्धि ब्याज = मिश्रधन − मूलधन

$= 15681.6 - 9000 =$ ₹ 6681.6

43. *(d)* दर $(r) = 10\%$ वार्षिक,

माना मूलधन = ₹ P

7वें और 8वें वर्ष के साधारण ब्याज का अन्तर = ₹ 57

∴ 1 वर्ष का साधरण ब्याज = ₹ 57

साधारण ब्याज $= \frac{P \times r \times t}{100}$

$57 = \frac{P \times 10 \times 1}{100}$

⇒ $P =$ ₹ 570

44. *(b)* माना 120 मुर्गियों का औसत व्यय = ₹ x

तब कुल मूल व्यय $= 120 \times x$

अब, मुर्गियों की संख्या $= 120 + 140 = 260$

प्रश्नानुसार,

$120x + 4050 = 260 \times (x - 3)$

⇒ $120x + 4050 = 260x - 780$

⇒ $140x = 4830$

$x = \frac{4830}{140}$

∴ मूल व्यय $= \frac{4830}{140} \times 120 =$ ₹ 4140

45. *(d)* आधार $(b) = 22$ सेमी

ऊँचाई $(h) = 15$ सेमी

समकोण त्रिभुज का क्षेत्रफल $= \frac{1}{2} \times b \times h$

$= \frac{1}{2} \times 22 \times 15$

$= 165$ सेमी^{2}

46. *(c)* माना क्रय मूल्य = ₹ $100x$

तब, अंकित मूल्य $= 100x \times \frac{180}{100} =$ ₹ $180x$

25% छूट पर विक्रय मूल्य

$=$ अंकित मूल्य $\times \frac{100 - \text{छूट }\%}{100}$

$= 180x \times \frac{75}{100} =$ ₹ $135x$

∴ लाभ % $= \frac{135x - 100x}{100x} \times 100 = 35\%$

47. *(b)* माना प्रारम्भ में दूध और पानी की मात्रा क्रमशः $7x$ लीटर व $9x$ लीटर है।

माना 'a' लीटर दूध मिलाया गया,

अब, दूध की मात्रा $= 7x + a$

प्रश्नानुसार,

नया अनुपात $= \frac{7x + a}{9x} = \frac{11}{9}$

⇒ $63x + 9a = 99x$

⇒ $a = 4x$

प्रारम्भिक मिश्रण के रूप में मिलाये गए दूध का प्रतिशत $= \frac{a}{16x} \times 100\%$

$= \frac{4x}{16x} \times 100\% = 25\%$

48. *(c)* $520 \div 10 + 25 \times 7 - 62 \times 3$

$= 52 + 25 \times 7 - 62 \times 3$ (BODMAS नियम से)

$= 52 + 175 - 186$

$= 227 - 186$

$= 41$

49. *(b)* $M_1 = 25$ श्रमिक, $D_1 = 10$ दिन

$M_2 = 20$ श्रमिक, $D_2 = x$ दिन

∵ $M_1 \times D_1 = M_2 \times D_2$

⇒ $25 \times 10 = 20 \times x$

$x = \frac{25}{2}$ दिन

50. *(b)* प्रश्नानुसार, A का $A\% = 9604$

$A \times \frac{A}{100} = 9604$

$A^2 = 9604 \times 100$

$A = \sqrt{9604 \times 100} = 98 \times 10 = 980$

51. *(b)* माना A कार्य पूरा करता है $= x$ दिनों में

∴ B कार्य पूरा करता है $= 4x$ दिनों में

प्रश्नानुसार, $\frac{1}{x} + \frac{1}{4x} = \frac{15}{84}$

∴ $\frac{4 + 1}{4x} = \frac{15}{84}$

⇒ $x = \frac{84 \times 5}{15 \times 4} = 7$ दिन

52. *(c)* माना काली गेंदों की संख्या और सफेद गेंदों की संख्या क्रमशः $7x$ और $4x$ हैं।

प्रश्नानुसार, $4x = 44$

$x = 11$

गेंदों की कुल संख्या $= 7x + 4x = 11x$

$= 11 \times 11 = 121$

53. *(b)* क्रय मूल्य = ₹ 6400, लाभ % = 24%

प्रश्नानुसार, विक्रय मूल्य $= 6400 \times \frac{124}{100}$

$=$ ₹ 7936

54. *(c)* ल.स. $(4, 7, 23) = 4 \times 7 \times 23 = 644$

∴ अभीष्ट संख्या $= n \times$ ल.स. $(4, 7, 23)$;

जहाँ $n = 1, 2, 3 \ldots$

$= 10 \times 644 = 6440$

55. *(b)* माना अंकित मूल्य = ₹ $13x$

विक्रय मूल्य = ₹ $9x$

छूट% $= \frac{\text{छूट}}{\text{अंकित मूल्य}} \times 100$

$= \frac{13x - 9x}{13x} \times 100 = \frac{4x \times 100}{13x}$

$= 30.77\%$

56. *(b)* माना क्रय मूल्य = ₹ x

पहला विक्रय मूल्य = ₹ 4550

लाभ = ₹ $(4550 - x)$

दूसरा विक्रय मूल्य = ₹ 3290

हानि = ₹ $(x - 3290)$

प्रश्नानुसार,

$(4550 - x) = 5(x - 3290)$

$4550 - x = 5x - 16450$

$6x = 21000$

$x =$ ₹ 3500

$\therefore$ 20% लाभ पर विक्रय मूल्य

$$= 3500 \times \frac{120}{100} = ₹\ 4200$$

57. *(a)* 17 संख्याओं का योग $= 17 \times 47 = 799$
प्रत्येक अंक को 6 से गुणा करने पर,
नया योग $= 799 \times 6 = 4794$
अतः नया औसत $= \frac{4794}{17} = 282$

वैकल्पिक विधि

$\because$ यदि सभी संख्याओं में '*a*' की गुणा की जाती है, तो उनके औसत में भी '*a*' की गुणा होगी।
$\therefore$ प्रत्येक संख्या में 6 से गुणा करने पर नया औसत $= 6 \times 47 = 282$

58. *(b)* क्रमागत कमी = 10%, 15%, 56%
नई संख्या = 20196
माना वह संख्या = *x*
प्रश्नानुसार,

$$x \times \left(\frac{100-10}{100}\right) \times \left(\frac{100-15}{100}\right) \times \left(\frac{100-56}{100}\right) = 20196$$

$$x \times \frac{90}{100} \times \frac{85}{100} \times \frac{44}{100} = 20196$$

$$x = \frac{20196 \times 100 \times 100 \times 100}{90 \times 85 \times 44}$$

$$x = 60000$$

59. *(d)* $3[4 + 2\{42 - 4(9-1)\}]$ (BODMAS नियम से)

$$= 3[4 + 2\{42 - 4 \times 8\}]$$
$$= 3[4 + 2 \times 10]$$
$$= 3 \times 24 = 72$$

60. *(c)* चोर के द्वारा 1 घण्टे में तय दूरी = 70 किमी
चोर की चाल = 70 किमी/घण्टा
मालिक की चाल = 105 किमी/घण्टा
$\because$ दोनों समान दिशा में है,
$\therefore$ सापेक्ष चाल = 105 − 70 = 35 किमी/घण्टा
दोनों के बीच की दूरी = 70 किमी
पकड़ने में लिया गया समय

$$= \frac{\text{दूरी}}{\text{सापेक्ष चाल}} = \frac{70}{35} = 2 \text{ घण्टे}$$

अतः पकड़ने का समय = 3 + 2
= 5:00 अपराह्न

61. *(b)* दिए गए वाक्य में रेखांकित शब्द 'वैसा मीठा' के लिए सही शब्दों वाला विकल्प 'उतना मीठा' है। इसलिए शुद्ध वाक्य है-जितना गुड़ डालोगे, उतना मीठा होगा। अन्य विकल्प असंगत हैं।

62. *(c)* दिए गए वाक्यांश 'द्रुपद की पुत्री' के लिए सार्थक शब्द 'द्रौपदी' है'। द्रुपद की पुत्री को 'द्रौपदी' नाम से सम्बोधित किया जाता है। अन्य विकल्प असंगत हैं।

63. *(b)* चिपके रहना मुहावरे का अर्थ होता है-साथ-साथ रहना।
वाक्य प्रयोग इतिहास से जुड़ाव अच्छी बात है, लेकिन पुरानी यादों व चीजों से चिपके रहना ठीक नहीं।

64. *(c)* वाक्य में कोष्ठक में दिया गया शब्द 'तिनका' एक तद्भव शब्द है, जिनका तत्सम रूप 'तृण' है। अन्य विकल्प असंगत हैं।

65. *(c)* दिए गए विकल्पों में से 'इस गाँव के घर-घर में यही दशा है' वाक्य में कोई त्रुटि नहीं है। अन्य विकल्प असंगत हैं।

66. *(c)* दिए गए वाक्य में रेखांकित शब्द 'देश' का विलोम शब्द 'विदेश' है। अन्य विकल्प असंगत हैं।

67. *(b)* दिए गए वाक्य में रिक्त स्थान की पूर्ति के लिए सही शब्द वाला 'सर्वसाधारण' है। पूर्ण वाक्य इस प्रकार है–जब समाचार-पत्रों में सर्वसाधारण के लिए कोई सूचना प्रकाशित की जाती है, तो उसको विज्ञापन कहते हैं।

68. *(c)* दिए गए वाक्य में 'शक्ति यन्त्र' वाक्यांश में त्रुटि है। अतः सही वाक्य है–समाचार पत्र विभिन्न प्रकरणों पर जनमत तैयार करने के लिए एक शक्तिशाली यन्त्र है।
अन्य विकल्प त्रुटिरहित हैं।

69. *(d)* दिए गए वाक्य में रेखांकित शब्द 'मात्र भाषा' अशुद्ध वर्तनी वाला शब्द है। इसकी शुद्ध वर्तनी वाला शब्द 'मातृभाषा' है। अन्य विकल्प असंगत हैं।

70. *(d)* दिए गए, वाक्य में रेखांकित शब्द 'रावेस' के लिए उचित सार्थक शब्द 'सवेरा' है। अतः सही वाक्य है–सवेरा होते ही सब उठ गए।

71. *(c)* 'कलेजे पर पत्थर रखना' मुहावरे का अर्थ है-धैर्य धारण करना।
वाक्य प्रयोग गोपाल ने अपने पिता की मृत्यु होने पर कलेजे पर पत्थर रख लिया।

72. *(d)* दिए गए वाक्य में कोष्ठक शब्द 'मेल' का पर्यायवाची 'संगम' है। मेल के अन्य पर्यायवाची संयोजन, मिलाप, संगम, संयोग आदि हैं। अतः पूर्ण वाक्य इस प्रकार है– देवप्रयाग में दो नदियों का संगम होता है। अन्य विकल्प असंगत हैं।

73. *(a)* दिए गए वाक्य में रेखांकित शब्द' 'सौन्दंय' गलत वर्तनी वाला शब्द है इसकी सही वर्तनी 'सौन्दर्य' है। अन्य विकल्प असंगत हैं।

74. *(d)* दिए गए वाक्य में रेखांकित शब्द 'हानि' का विलोम 'लाभ' है। अन्य विकल्प असंगत हैं।

75. *(c)* दिए गए वाक्य में कोष्ठक शब्द 'एकता' का पर्यायवाची 'सुमति' शब्द है। एकता के अन्य पर्यायवाची शब्द सौहार्द, सहमति, मेल, एका आदि हैं।

76. *(d)* रिक्त स्थान (1) की पूर्ति के लिए सबसे उपयुक्त विकल्प 'इजाजत' है। अतः पूर्ण वाक्य है– आलस्य एक ऐसा भाव है, जो मनुष्य को कार्य करने की इजाजत नहीं देता।

77. *(d)* रिक्त स्थान (2) की पूर्ति के लिए सबसे उपयुक्त विकल्प 'दुर्गम' है। अतः पूर्ण वाक्य है– आलस्य मनुष्य को 'दुर्गम' मार्ग पर ले जाता है।

78. *(c)* रिक्त स्थान (3) की पूर्ति के लिए सबसे उपयुक्त विकल्प 'दुश्मन' है। अतः पूर्ण वाक्य इस प्रकार है– अब बताइए आलसी मनुष्य अपना दुश्मन खुद ही बन जाता है।

79. *(a)* रिक्त स्थान (4) की पूर्ति के लिए सबसे उपयुक्त शब्द 'परिणाम' है। अतः पूर्ण वाक्य होगा– असफलता, अवनति और विनाश आलसी मनुष्य के परिणाम हैं।

80. *(a)* रिक्त स्थान (5) की पूर्ति के लिए सबसे उपयुक्त शब्द 'लक्ष्य' है। अतः वाक्य है– कहने का तात्पर्य है बिना कोई काम किए किसी को जीवन में लक्ष्य की प्राप्त नहीं होती।

सॉल्वड पेपर 2024

24 फरवरी 2024
(शिफ्ट III)

SSC कांस्टेबल (जीडी) सेट 19

भाग-I सामान्य बुद्धिमत्ता एवं तर्कशक्ति

1 दिए गए विकल्पों में से उस आकृति का चयन कीजिए, जिसे दी गई आकृति शृंखला में प्रश्नचिह्न (?) के स्थान पर रखा जा सकता है।

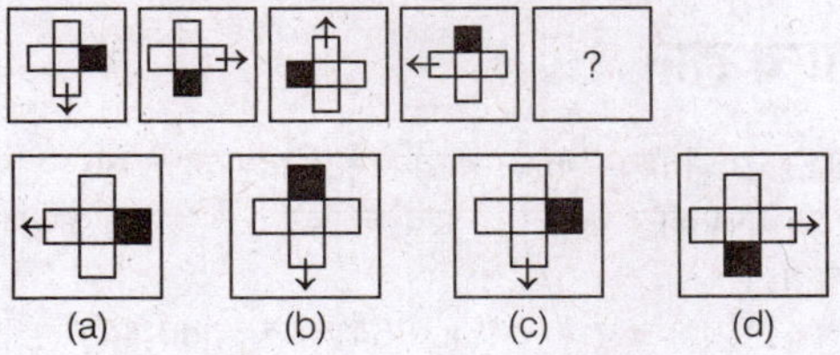

(a) (b) (c) (d)

2 दिए गए शब्दों को अंग्रेजी वर्णमाला के क्रम में व्यवस्थित कीजिए।

1. Tender
2. Thankful
3. Tactful
4. Tablespoon
5. Tasty

(a) 4, 5, 2, 1, 3 (b) 4, 3, 5, 1, 2
(c) 4, 3, 5, 2, 1 (d) 4, 1, 5, 2, 3

3 दी गई आकृति के उस सही दर्पण प्रतिबिम्ब का चयन कीजिए, जो दर्पण MN को उस आकृति के दाईं ओर रखने पर बनेगा।

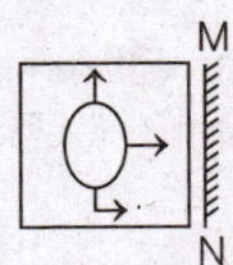

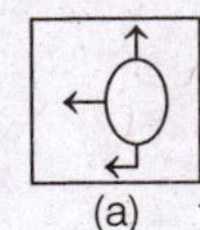
(a)

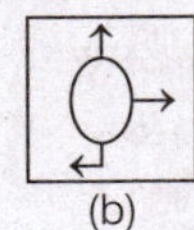
(b)

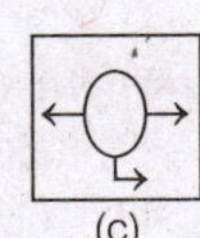
(c)

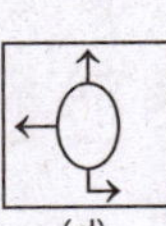
(d)

4 P, Q, R, S, T, U और V एक पंक्ति में उत्तर की ओर मुख करके बैठे हैं। U, T के ठीक दाईं ओर बैठा है। T, V के दाईं ओर से चौथे स्थान पर बैठा है। R, Q और S का पड़ोसी है। जो व्यक्ति S के बाईं ओर से तीसरे स्थान पर है, वह किसी एक छोर पर बैठा है। S के ठीक बाईं ओर कौन बैठा है?

(a) T (b) V
(c) P (d) R

5 'E × F' का अर्थ है, 'E, F की पत्नी है।'
'E + F' का अर्थ है, 'E, F का भाई है।'
'E ÷ F' का अर्थ है, 'E, F का पति है।'
'E − F' का अर्थ है, 'E, F का बेटा है।'
व्यंजक G × H + I − J ÷ K में, J का H से क्या सम्बन्ध है?

(a) पिता के पिता (b) पिता
(c) पति (d) बेटा

6 निम्नलिखित प्रश्न में, तीन कथन और उसके बाद I और II क्रमांकित दो निष्कर्ष दिए गए हैं। दिए गए कथनों को सत्य मानते हुए, चाहे वे सामान्यतः ज्ञात तथ्यों से भिन्न प्रतीत होते हों, निश्चय कीजिए कि दिए गए निष्कर्षों में से कौन-सा/से निष्कर्ष कथनों का तार्किक रूप से अनुसरण करता है/करते हैं?

कथन सभी साइकिल, पहिए हैं।
कुछ पहिए, रबर हैं।
कोई रबर, प्लास्टिक नहीं है।

निष्कर्ष
I. कुछ पहिए, साइकिल हैं।
II. कुछ पहिए, प्लास्टिक हैं।

(a) केवल निष्कर्ष I अनुसरण करता है
(b) निष्कर्ष I और II दोनों अनुसरण करते हैं
(c) न तो निष्कर्ष I और न ही II अनुसरण करता है
(d) केवल निष्कर्ष II अनुसरण करता है

7 निम्नलिखित अक्षर समूहों में से अक्षरों का कौन-सा समूह क्रमबद्ध रूप से बाईं से दाईं ओर रखे जाने पर नीचे दी गई शृंखला को पूरा करेगा?

ghijkgh_jkghijkg_ijkghijk_hi_

(a) kijg (b) ihgj (c) ghgh (d) ihjk

8 यदि 15 A 6 B 2 C 10 = 170 और 8 A 5 B 4 C 50 = 110, तो 4 A 2 B 3 C 5 = ?

(a) 30 (b) 35 (c) 40 (d) 19

9 निम्नलिखित प्रश्न में, दिए गए विकल्पों में से सम्बन्धित अक्षरों का चयन कीजिए।

TWZ : SVY :: GJM : ?

(a) ULM (b) FIL
(c) ZUY (d) XZX

10 एक निश्चित कूटभाषा में, 'PERJURY' को 108 लिखा जाता है, 'DECEPTION' को 86 लिखा जाता है, तो उसी कूटभाषा में, 'WITNESS' को कैसे लिखा जाएगा?

(a) 85 (b) 92 (c) 109 (d) 104

11 निम्नलिखित में से कौन-सा अक्षर दी गई शृंखला में प्रश्नचिह्न (?) के स्थान पर आएगा?

J, E, A, X, V, ?

(a) R (b) U (c) S (d) T

12 निम्नलिखित में से कौन-सी संख्या दी गई शृंखला में से प्रश्नचिह्न (?) के स्थान पर आएगी?

9, 15, 27, 33, 45, ?

(a) 49 (b) 51 (c) 57 (d) 63

13 एक निश्चित कूटभाषा में, 'VOCAL' को '90327' लिखा जाता है, 'WAVES' को '31758' लिखा जाता है, 'VOTED' को '42631' लिखा जाता है। उसी कूटभाषा में, 'E' को कैसे लिखा जाएगा?
(a) 7 (b) 1
(c) 5 (d) 3

14 निम्नलिखित प्रश्न में, विकल्पों में दी गई उस आकृति का चयन कीजिए, जिसे प्रश्नचिह्न (?) के स्थान पर रखा जा सकता है।

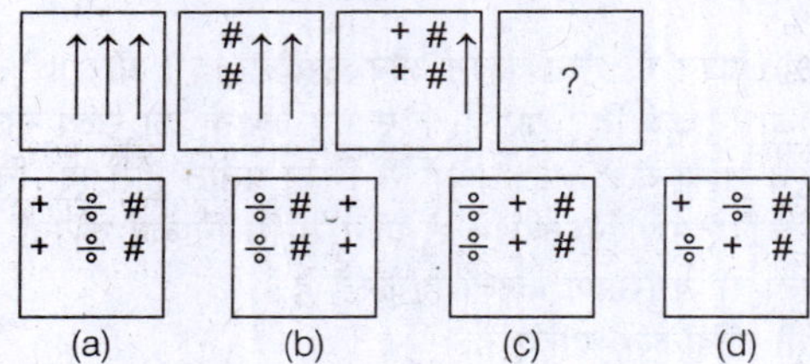

15 दी गईं विकल्प आकृतियों में से कौन-सी आकृति प्रश्न आकृति के पैटर्न को पूरा करेगी? (घूर्णन की अनुमति नहीं है।)

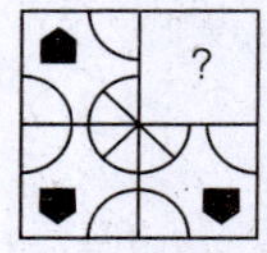

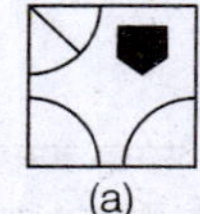 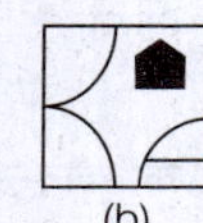 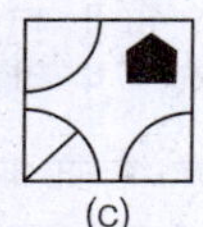 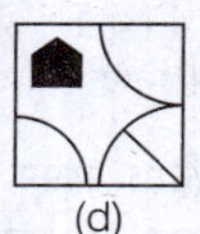

16 नीचे दिए गए समीकरण में किन दो चिह्नों और दो संख्याओं को आपस में बदलने से समीकरण सही होगा?
$8 - 9 \times 4 \div 6 + 7 = 5$
(a) ÷ और +, 8 और 7
(b) × और ÷, 6 और 7
(c) + और –, 9 और 6
(d) + और –, 8 और 7

17 निम्नलिखित विकल्पों में से उस विकल्प का चयन कीजिए, जो पाँचवें शब्द से ठीक उसी प्रकार सम्बन्धित है, जिस प्रकार चौथा शब्द, तीसरे शब्द से सम्बन्धित है और दूसरा शब्द पहले शब्द से सम्बन्धित है।
ताजमहल : आगरा :: इण्डिया गेट : नई दिल्ली :: गेटवे ऑफ इण्डिया : ?
(a) चेन्नई (b) बैंगलोर
(c) मुम्बई (d) अमृतसर

18 नीचे दर्शाए गए अनुसार एक कागज को मोड़कर काटा जाता है। खोले जाने पर यह कैसा दिखाई देगा?

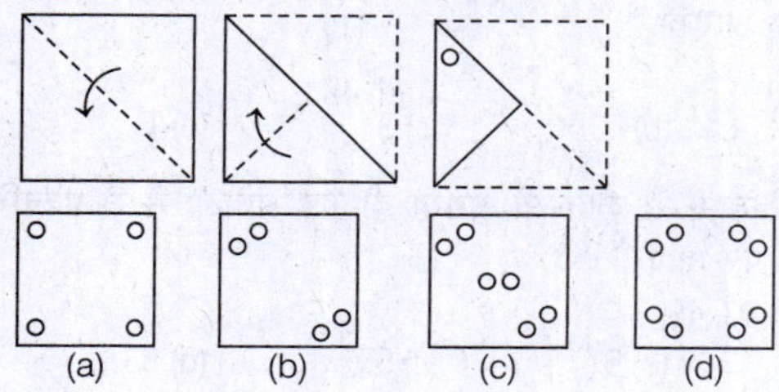

19 निम्नलिखित विकल्पों में से दी गई शृंखला से लुप्त संख्या का चयन कीजिए।
40, 21, 22, 34, 69, ?
(a) 173.5 (b) 180
(c) 173 (d) 145.5

20 छः विद्यार्थी आरव, भव्या, चेतन, दीया, ईशा और फरहान एक घेरे में केन्द्र की ओर मुख करके बैठे हैं। भव्या, आरव के ठीक दाईं ओर बैठी है। दीया, आरव या फरहान के बगल में नहीं बैठी है। ईशा, जो फरहान के ठीक बाईं ओर बैठी है, चेतन के ठीक दाईं ओर भी बैठी है। दीया और ईशा दोनों का निकटतम पड़ोसी कौन है?
(a) फरहान (b) भव्या
(c) चेतन (d) आरव

भाग-II सामान्य ज्ञान

21 जून, 2023 तक विश्व बैंक के कार्यकारी निदेशकों ने अजय बंगा को पाँच वर्ष के कार्यकाल के लिए विश्व बैंक के .... अध्यक्ष के रूप में चुना।
(a) 13वें (b) 16वें (c) 15वें (d) 14वें

22 वर्ष 2018 के एशियाई खेलों की मेजबानी किस शहर द्वारा की गई थी?
(a) जकार्ता और पालेमबांग (b) बैंकॉक
(c) हांगझोऊ (d) टोक्यो

23 भारत में वर्षों तक .... हरित क्रान्ति का मुख्य आधार रहा/रही।
(a) पत्तेदार सब्जियाँ (b) कपास
(c) गेहूँ (d) दालें

24 भारत के किस नृत्य कलाकार ने वर्ष 2018 में लोक और जनजातीय नृत्य के लिए संगीत नाटक अकादमी पुरस्कार जीता?
(a) अर्जुन सिंह धुर्वे (b) डॉ अरुणा मोहन्ती
(c) तपन कुमार पटनायक (d) गोपिका वर्मा

25 पुष्कर ऊँट मेले का सम्बन्ध किस राज्य से है?
(a) महाराष्ट्र (b) राजस्थान
(c) गुजरात (d) पंजाब

26 जलियाँवाला बाग हत्याकाण्ड की जानकारी मिलने पर किसने अपनी नाइटहुड की उपाधि त्याग दी?
(a) रवीन्द्रनाथ टैगोर (b) लाला लाजपत राय
(c) महात्मा गाँधी (d) सुभाषचन्द्र बोस

27 हॉकी इण्डिया .... मन्त्रालय के तहत, भारत में पुरुष और महिला हॉकी से सम्बन्धित सभी गतिविधियों की योजना बनाने और उनके कार्यान्वयन के लिए जिम्मेदार शासित निकाय है।
(a) शिक्षा (b) खेल
(c) युवा कार्यक्रम और खेल (d) बाल विकास

28 जैसा कि भारतीय संविधान के अनुच्छेद-168 में निहित है कि किसी राज्य के विधानमण्डल के दो सदन होते हैं, एक को .... और दूसरे को विधानसभा के रूप में जाना जाता है।
(a) लोकसभा (b) विधानपरिषद्
(c) राज्यसभा (d) राज्यपरिषद्

29 पीपुल्स रिपब्लिक ऑफ चाइना की राजधानी कौन-सी है?
(a) हांगझोऊ (b) शंघाई
(c) गुआंगजौ (d) बीजिंग

30 कपिल देव ने वर्ष 1983 विश्व कप (तब 'प्रूडेन्शियल कप 83' के नाम से जाना जाता था) .... स्टेडियम में जीता था।
(a) लॉर्ड्स (b) होल्कर
(c) ग्रीन पार्क (d) ईडन गार्डन्स

31 हरित क्रान्ति (Green Revalution) ने फसल की पैदावार में उल्लेखनीय वृद्धि की और भारतीय कृषि को बदल दिया। इसकी उल्लेखनीय कमियों में से एक क्या थी?
(a) सरकारी निवेश में कमी
(b) रासायनिक उर्वरकों का सीमित उपयोग
(c) पर्यावरणीय अवनयन
(d) खाद्य उत्पादन में कमी

32 .... आन्ध्र प्रदेश का एक कहानियों का वर्णन करने वाला शास्त्रीय नृत्य है।
(a) सत्रीया (b) कुचिपुड़ी
(c) कथक (d) मणिपुरी

33 आधुनिक आवर्त सारणी में कितनी क्षैतिज पंक्तियाँ होती हैं?
(a) 5 (b) 11
(c) 9 (d) 7

34 भारतीय संविधान के अन्तर्गत सम्पत्ति का अधिकार एक .... है।
(a) निदेशक सिद्धान्त
(b) मौलिक अधिकार
(c) संवैधानिक अधिकार
(d) गैर-संवैधानिक अधिकार

35 अमजद अली खान किस वाद्ययन्त्र के वादक हैं?
(a) गिटार (b) सरोद
(c) सितार (d) सन्तूर

36 हड़प्पावासियों को ताँबा सम्भवतः वर्तमान समय के .... से प्राप्त होता था।
(a) राजस्थान (b) तमिलनाडु
(c) केरल (d) ओडिशा

37 किस प्रकार का व्यय उन व्ययों को सन्दर्भित करता है, जिनसे भौतिक या वित्तीय सम्पत्तियों का सृजन नहीं होता है?
(a) पूँजीगत व्यय (b) राजकोषीय व्यय
(c) विकास सम्बन्धी व्यय (d) राजस्व व्यय

38 जून, 2023 में वार्षिक यूके-इण्डिया पुरस्कार में ग्लोबल इण्डियन आइकन ऑफ द ईयर से किसे सम्मानित किया गया है?
(a) एम. एस. धोनी (b) साक्षी मलिक
(c) सुनील छेत्री (d) मैरीकॉम

39 सरकार ने वर्ष 2023-24 बजट में सामाजिक और आर्थिक रूप से पिछड़े अनुसूचित जनजातियों के लिए लक्षित योजनाओं को लागू करने के लिए प्रधानमन्त्री पीवीटीजी (PVTG) विकास मिशन की घोषणा की है। यहाँ पीवीटीजी का पूर्ण रूप क्या है?
(a) पर्टिक्युलरली वैरिएबल ट्राइबल ग्रुप्स
(b) पर्टिक्युलरली वल्नेरेबल ट्राइबल ग्रुप्स
(c) पीरियोडिकल वल्नेरेबल ट्राइबल ग्रुप्स
(d) पीरियोडिकल वैरिएबल ट्राइबल ग्रुप्स

40 समुद्र पार भारत के दक्षिणी पड़ोसियों में ...... द्वीप देश शामिल हैं।
(a) तीन (b) दो
(c) चार (d) पाँच

भाग-III गणित

41 ₹ 3800 अंकित मूल्य वाली एक पुस्तक को ₹ 2128 में बेचने पर दिया जाने वाला छूट प्रतिशत कितना है?
(a) 56% (b) 44%
(c) 50% (d) 45%

42 एक घनाभ की लम्बाई और चौड़ाई क्रमशः 50% और 20% बढ़ाई जाती है। यदि इसकी ऊँचाई 30% कम कर दी जाए, तो घनाभ के आयतन में कितने प्रतिशत की वृद्धि होगी?
(a) 30% (b) 25%
(c) 26% (d) 20%

43 B_1 और B_2 मिलकर एक कार्य को 20 दिनों में पूरा कर सकते हैं। B_2 अकेले उसी कार्य को 60 दिनों में पूरा कर सकता है। B_1 अकेले उसी कार्य को कितने दिनों में पूरा कर सकता है?
(a) 30 दिन (b) 35 दिन
(c) 25 दिन (d) 10 दिन

44 25 क्रमागत प्राकृत संख्याओं में, अन्तिम 13 संख्याओं का औसत 39 है। सभी 25 संख्याओं का औसत कितना है?
(a) 33 (b) 31
(c) 34 (c) 37

45 18 छात्रों के औसत अंक 190 थे। लेकिन बाद में यह पाया गया, कि एक छात्र के अंक गलती से 64 के स्थान पर 46 दर्ज कर दिए गए थे। उन छात्रों के अंकों का सही औसत कितना है?
(a) 193.4 (b) 191.25
(c) 191 (d) 192.27

46 अनिल और विकास की आय का अनुपात 8 : 5 है। यदि विकास की आय, अनिल की आय से ₹ 3000 कम है, तो अनिल और विकास की कुल आय कितनी है?
(a) ₹ 8000 (b) ₹ 13000
(c) ₹ 14000 (d) ₹ 5000

47 8 दिनों तक कार्य करने के बाद पायल को पता चला कि केवल 10% कार्य पूरा हुआ है। वह पिंकी को कार्य पर रखती है, जो पायल से 50% अधिक कुशल है। शेष कार्य को साथ मिलकर पूरा करने में उन्हें कितने दिन और लगेंगे?
(a) 28.8 दिन (b) 27 दिन
(c) 25 दिन (d) 30 दिन

48 120, 240 और 480 का लघुत्तम समापवर्त्य क्या है?
(a) 960 (b) 240
(c) 1800 (d) 480

49 $\frac{2}{1\times 3}+\frac{2}{3\times 5}+\frac{2}{5\times 7}+\dots\dots+\frac{2}{45\times 47}$ का मान कितना है?
(a) $\frac{45}{46}$ (b) $\frac{47}{48}$
(c) $\frac{49}{50}$ (d) $\frac{46}{47}$

50 वह सबसे बड़ी संख्या ज्ञात कीजिए, जिससे 60 और 90 को भाग देने पर क्रमशः 2 और 3 शेषफल बचे।
(a) 23 (b) 29
(c) 17 (d) 19

51 27/50, 9/20, 6/25 का महत्तम समापवर्तक ज्ञात कीजिए।
(a) $\frac{47}{5}$ (b) $\frac{3}{100}$ (c) $\frac{56}{5}$ (d) $\frac{68}{5}$

52 एक वस्तु का अंकित मूल्य, उसके क्रय मूल्य का 250% है। यदि वस्तु पर 50% छूट दी जाती है, तो लाभ प्रतिशत कितना होगा?
(a) 25% (b) 15% (c) 10% (d) 20%

53 यदि $x : y = 3 : 5$ और $z : w = 2x : 5y$ हैं, तो $xz : yw$ का मान कितना है?
(a) 19 : 75 (b) 18 : 65
(c) 18 : 125 (d) 18 : 75

54 कोई मूलधन चक्रवृद्धि ब्याज की एक निश्चित दर (वार्षिक रूप से संयोजित) पर उधार दिया जाता है। वह धनराशि 3 वर्ष के अन्त में ₹ 13310 और 4 वर्ष के अन्त में ₹ 14641 है। मूलधन कितना है?
(a) ₹ 14500 (b) ₹ 12200
(c) ₹ 10700 (d) ₹ 10000

55 एक बस अपने निर्धारित समय से 60 मिनट देरी से रवाना होती है, लेकिन 150 किमी दूर स्थित अपने गंतव्य तक समय पर पहुँचने के लिए उसकी सामान्य चाल में 5 किमी/घण्टा की वृद्धि की जाती है। बस की सामान्य चाल कितनी है?
(a) 25 किमी/घण्टा (b) 15 किमी/घण्टा
(c) 30 किमी/घण्टा (d) 20 किमी/घण्टा

56 साधारण ब्याज की किस दर पर कोई धनराशि 24 वर्षों में स्वयं की तीन गुनी हो जाएगी?
(a) 10.28% (b) 8.68%
(c) 8.33% (d) 9.28%

57 1 किग्रा टमाटर के मूल्य में 120% की वृद्धि हुई है और वृद्धि ₹ 720 की है। प्रति किलोग्राम टमाटर का नया मूल्य कितना है?
(a) ₹ 590 (b) ₹ 720
(c) ₹ 600 (d) ₹ 1320

58 रमेश एक वस्तु को ₹ 236 मे बेचकर ₹ 46 का लाभ कमाता है। लाभ प्रतिशत कितना है?
(a) 30.03% (b) 24.21%
(c) 27.27% (d) 26.66%

59 एक घड़ी के क्रय मूल्य और विक्रय मूल्य के बीच का अन्तर ₹ 560 है। यदि लाभ 35% है, तो विक्रय मूल्य क्या है?
(a) ₹ 2240 (b) ₹ 2160
(c) ₹ 2340 (d) ₹ 2200

60 एक अर्द्धगोले की त्रिज्या 2.1 सेमी है। इसका आयतन कितना होगा?
(a) 17.5 सेमी^{3} (b) 15.7 सेमी^{3}
(c) 24.6 सेमी^{3} (d) 19.4 सेमी^{3}

भाग-IV हिन्दी

61 निम्नलिखित प्रश्न में चार विकल्पों में से उस विकल्प का चयन करें, जो कोष्ठक में दिए गए शब्द के पर्यायवाची शब्द का सही अर्थ नहीं है।
सरकार की विभिन्न योजनाओं के कारण कोई भी बच्चा शिक्षा के (अधिकार) .... से वंचित नहीं हो सकता है।
(a) पृथक् (b) स्वामित्व
(c) हक (d) आधिपत्य

62 निम्नलिखित प्रश्न में चार विकल्पों में से उस विकल्प का चयन करें, जो दी गई लोकोक्ति का सही अर्थ वाला विकल्प है।
'अस्सी की आमद, चौरासी खर्च'
(a) आमदनी से अधिक खर्च
(b) अपनी इज्जत अपने हाथ होती है
(c) बेसहारे का सहारा
(d) मनुष्य को अपने कर्म के अनुसार ही फल मिलता है

63 दिए गए वाक्य में रेखांकित शब्द के लिए सही वर्तनी ज्ञात कीजिए।
इस कहानी का <u>शीर्क्षक</u> बताओ।
(a) षीर्षक (b) क्षीर्क्षक
(c) क्षीर्षक (d) शीर्षक

64 दिए गए वाक्य में उचित विदेशज शब्द का चयन करके रिक्त स्थान की पूर्ति कीजिए।
राजू की नौकरी .... पर लगी है।
(a) हाल (b) सिफारिश
(c) अदालत (d) एतराज

65 निम्नलिखित प्रश्न में चार विकल्पों में से उस विकल्प का चयन करें, जो कोष्ठक में दिए गए शब्द के विलोम शब्द का सही विकल्प है।
वह बड़ा ही (निस्तेज) .... बालक है। सभी सदैव उसकी तारीफ करते हैं।
(a) धीमा (b) ओजस्वी
(c) कान्तिहीन (d) निष्प्रभ

66 निम्नलिखित प्रश्न में दिए गए चार विकल्पों में से उस विकल्प का चयन करें, जो दिए गए मुहावरे के अर्थ को सर्वश्रेष्ठ रूप से व्यक्त करता है।
'अपनी खिचड़ी अलग पकाना'
(a) स्वार्थ सिद्ध करना
(b) किसी की न मानना
(c) महामूर्ख होना
(d) कुछ समझ न आना

67 दिए गए वाक्य में रेखांकित शब्दों के लिए सही शब्दों वाले विकल्प का चयन करें।
हत्यारे को <u>मृत्युदण्ड की सजा मिल</u> गई।
(a) हत्यारे को मृत्युदण्डित मिल गया।
(b) परिवर्तन की आवश्यकता नहीं है।
(c) हत्यारे को दण्ड की सजा मिल गई।
(d) हत्यारे को मृत्युदण्ड मिल गया।

68 दिए गए वाक्य का वह भाग ज्ञात करें, जिसमें कोई त्रुटि है।
देवता को एक फूलों की माला अर्पित कर वह वहाँ से चला गया।
(a) अर्पित कर वह वहाँ
(b) से चला गया
(c) देवता को
(d) एक फूलों की माला

69 दिए गए वाक्य में रेखांकित शब्द के लिए सही वर्तनी ज्ञात कीजिए।
आज <u>ब्याकरण</u> की परीक्षा है।
(a) व्याकरण (b) व्याकरड़
(c) ब्करण (d) व्याक्रण

70 दिए गए वाक्य का वह भाग ज्ञात करें, जिसमें कोई त्रुटि है।
शोक है कि आपने मेरे पत्र का उत्तर नहीं दिया।
(a) आपने मेरे (b) शोक है कि
(c) उत्तर नहीं दिया (d) पत्र का

71 दिए गए वाक्य में रेखांकित शब्द का विलोम शब्द ज्ञात कीजिए।
18 से कम आयु का व्यक्ति <u>बालिग</u> कहलाता है।
(a) बच्चा
(b) नाबालिग
(c) पुत्री
(d) जवान

72 दिए गए वाक्यांश के लिए सार्थक शब्द ज्ञात कीजिए।
'जिसे व्याकरण का ज्ञान हो'
(a) भाष्य (b) लेखक
(c) वैयाकरण (d) अध्यापक

73 निम्नलिखित प्रश्न में चार विकल्पों में से उस विकल्प का चयन करें, जो रिक्त स्थान के लिए सही शब्द वाला विकल्प हो।
मानव एक विवेकशील और ………… प्राणी है।
(a) चिन्तनशील (b) शील
(c) मननशील (d) मानशील

74 निम्नलिखित प्रश्न में चार विकल्पों में से उस विकल्प का चयन करें, जो रिक्त स्थान के लिए सही शब्द वाला विकल्प हो।
अवकाश साल का वो समय है, जिसकी ………… से पूरे वर्ष प्रतीक्षा की जाती है।
(a) सभी (b) निरुत्साह (c) उत्सुकता (d) प्रोत्साहन

75 दिए गए वाक्य में से निरर्थक शब्द ज्ञात कीजिए।
हमस नहीं हो पाएगा।
(a) हमस (b) नहीं (c) पाएगा (d) हो

निर्देश (प्र. सं. 76-80) *नीचे दिए गए गद्य में कुछ शब्द छोड़ दिए गए हैं और प्रत्येक रिक्त स्थान के चार विकल्प दिए गए हैं। इन चारों में से कौन-सा विकल्प रिक्त स्थान की पूर्ति करेगा।*

जब हम रोग के कारण के (1) ………… में सोचते हैं, तब हमें यह याद रखना चाहिए कि इस कारण के बहुत-से (2) ………… होते हैं। उनमें से एक संक्रमण है जो (3) ………… पानी पीने से आता है। बच्चों के लिए साफ पानी (4) ………… कराना जरूरी है। (5) ………… प्रकार के रोग होने के एक नहीं बल्कि बहुत-से कारण होते हैं।

76 रिक्त स्थान (1) के लिए सबसे उपयुक्त विकल्प का चयन कीजिए।
(a) सहायक (b) पुस्तक (c) भूल (d) विषय

77 रिक्त स्थान (2) के लिए सबसे उपयुक्त विकल्प का चयन कीजिए।
(a) गरीबी (b) तत्काल (c) स्तर (d) विभिन्न

78 रिक्त स्थान (3) के लिए सबसे उपयुक्त विकल्प का चयन कीजिए।
(a) साफ (b) दूषित (c) जीव (d) एसिड

79 रिक्त स्थान (4) के लिए सबसे उपयुक्त विकल्प का चयन कीजिए।
(a) गुनगुनाना (b) पिलाना (c) उपलब्ध (d) वजन

80 रिक्त स्थान (5) के लिए सबसे उपयुक्त विकल्प का चयन कीजिए।
(a) विभिन्न (b) उपचार (c) समुदाय (d) पौष्टिक

उत्तरमाला

1.	(c)	2.	(b)	3.	(a)	4.	(d)	5.	(b)	6.	(a)	7.	(b)	8.	(d)	9.	(b)	10.	(d)
11.	(b)	12.	(b)	13.	(b)	14.	(c)	15.	(c)	16.	(d)	17.	(c)	18.	(b)	19.	(a)	20.	(c)
21.	(d)	22.	(a)	23.	(c)	24.	(a)	25.	(b)	26.	(a)	27.	(c)	28.	(b)	29.	(d)	30.	(a)
31.	(c)	32.	(b)	33.	(d)	34.	(c)	35.	(b)	36.	(a)	37.	(d)	38.	(d)	39.	(b)	40.	(b)
41.	(b)	42.	(c)	43.	(a)	44.	(a)	45.	(c)	46.	(b)	47.	(a)	48.	(d)	49.	(d)	50.	(b)
51.	(b)	52.	(a)	53.	(c)	54.	(d)	55.	(a)	56.	(c)	57.	(d)	58.	(b)	59.	(b)	60.	(d)
61.	(a)	62.	(a)	63.	(d)	64.	(b)	65.	(b)	66.	(b)	67.	(d)	68.	(d)	69.	(a)	70.	(b)
71.	(b)	72.	(c)	73.	(a)	74.	(c)	75.	(a)	76.	(d)	77.	(c)	78.	(b)	79.	(c)	80.	(a)

संकेत एवं हल

1. (c) दी गई आकृति शृंखला में मुख्य आकृति के तीर वामावर्त दिशा तथा गहरा काला भाग दक्षिणावर्त दिशा में निरन्तर आगे बढ़ रहा है। अतः प्रश्नचिह्न (?) आकृति के स्थान पर विकल्प (c) होगा।

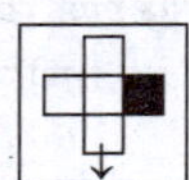

2. (b) दिए गए शब्दों का अंग्रेजी वर्णमाला क्रम निम्न प्रकार है,

Tablespoon → Tactful → Tasty → Tender → Thankful
(4) (3) (5) (1) (2)

अभीष्ट अनुक्रम ⇒ 4, 3, 5, 1, 2

3. (a) दी गई आकृति का सही दर्पण प्रतिबिम्ब उत्तर आकृति (a) होगी।

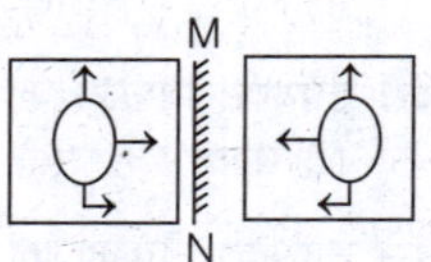

4. (d) प्रश्नानुसार,

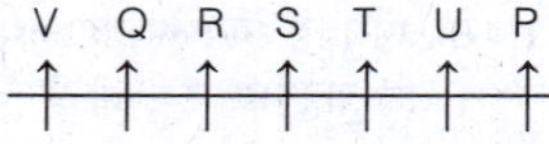

अतः S के ठीक बाईं ओर R बैठा है।

5. (b) दिया गया सम्बन्ध आरेख निम्न प्रकार है,

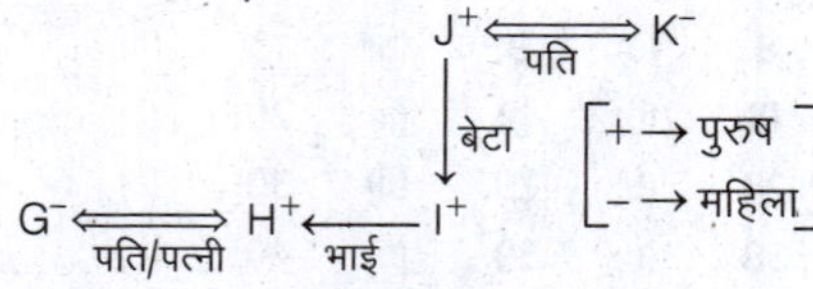

∴ J, H का पिता है।

6. (a) कथनानुसार,

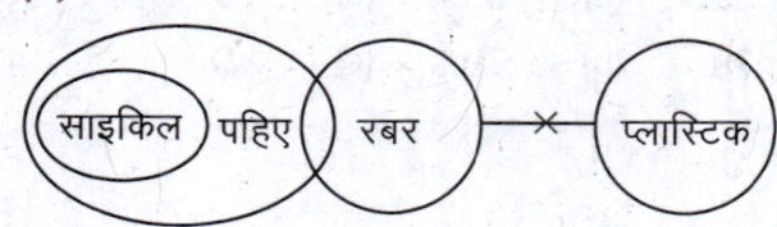

निष्कर्ष I. (✓) II. (✗)

अतः केवल निष्कर्ष I अनुसरण करता है।

7. (b) ghijk/ghijk/ghijk/ghijk/ghijk/ghij

अतः ihgj होगा।

8. (d) जिस प्रकार, 15 A 6 B 2 C 10 = 170

A = ×, B = × तथा C = – रखने पर,

$15 \times 6 \times 2 - 10 = 170$

$\Rightarrow 180 - 10 = 170$

तथा 8 A 5 B 4 C 50 = 110

A = ×, B = × तथा C = – रखने पर,

$8 \times 5 \times 4 - 50 = 160 - 50 = 110$

उसी प्रकार,

4 A 2 B 3 C 5

$\Rightarrow 4 \times 2 \times 3 - 5$

$\Rightarrow 24 - 5 = \boxed{19}$

9. (b) जिस प्रकार,

$T \xrightarrow{-1} S$

$W \xrightarrow{-1} V$

$Z \xrightarrow{-1} Y$

उसी प्रकार,

$G \xrightarrow{-1} \boxed{F}$

$J \xrightarrow{-1} \boxed{I}$

$M \xrightarrow{-1} \boxed{L}$

10. (d) जिस प्रकार,

PERJURY $\xrightarrow{\text{वर्णक्रमों का योग} - 5}$

$(16 + 5 + 18 + 10 + 21 + 18 + 25) - 5 = 108$

तथा DECEPTION $\xrightarrow{\text{वर्णक्रमों का योग} - 5}$

$(4 + 5 + 3 + 5 + 16 + 20 + 9 + 15 + 14) - 5 = 86$

उसी प्रकार, WITNESS

$(23 + 9 + 20 + 14 + 5 + 19 + 19) - 5 = \boxed{104}$

11. (b) दी गई अक्षर शृंखला निम्न प्रकार है,

$J \xrightarrow{-5} E \xrightarrow{-4} A \xrightarrow{-3} X \xrightarrow{-2} V \xrightarrow{-1} \boxed{U}$

12. (b) दी गई संख्या शृंखला निम्न प्रकार है,

9 → 15 → 27 → 33 → 45 → $\boxed{51}$
+6, +12, +6, +12, +6

13. (b) दी गई कूटभाषा के अनुसार,

V O C A L ⟶ 9 0 3 2 7

W A V E S ⟶ 3 1 7 5 8

V O T E D ⟶ 4 2 6 3 1

∴ E का कूट 1 होगा।

14. (c) दी गई आकृति शृंखला में मुख्य आकृति से एक-एक तीर निरन्तर कम (घट) हो रहा है। तथा दो-दो समान वाले चिह्न (#) फिर (+) तथा इसी प्रकार आगे (÷) चिह्न आएगा। अतः प्रश्न आकृति के स्थान पर उत्तर आकृति (c) आएगी।

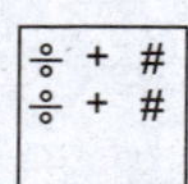

15. (c) दी गई प्रश्न आकृति के पैटर्न को पूरा करने के लिए प्रश्नचिह्न (?) के स्थान पर उत्तर आकृति (c) आएगी।

16. (d) दिया गया समीकरण

$8 - 9 \times 4 \div 6 + 7 = 5$

विकल्प (d) से, + और –, 8 और 7 के स्थान परिवर्तित करने पर,

$7 + 9 \times 4 \div 6 - 8 = 5$

$\Rightarrow 7 + 9 \times \frac{4}{6} - 8 = 5$

$\Rightarrow 7 + 6 - 8 = 5$

$\Rightarrow 13 - 8 = 5$

$\Rightarrow 5 = 5$

17. (c) जिस प्रकार, ताजमहल आगरा में है तथा इण्डिया गेट नई दिल्ली में है। उसी प्रकार, गेटवे ऑफ इण्डिया मुम्बई में है।

18. (b) दी गई कटी हुई आकृति को खोले जाने पर उत्तर आकृति (b) प्राप्त होगी।

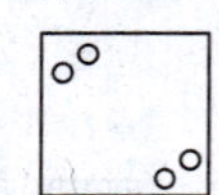

19. (a) दी गई संख्या शृंखला निम्न प्रकार है,

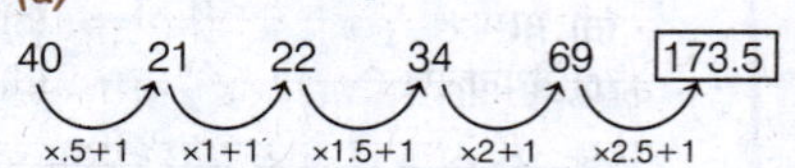

20. (c) प्रश्नानुसार, बैठक व्यवस्था क्रम निम्न प्रकार है,

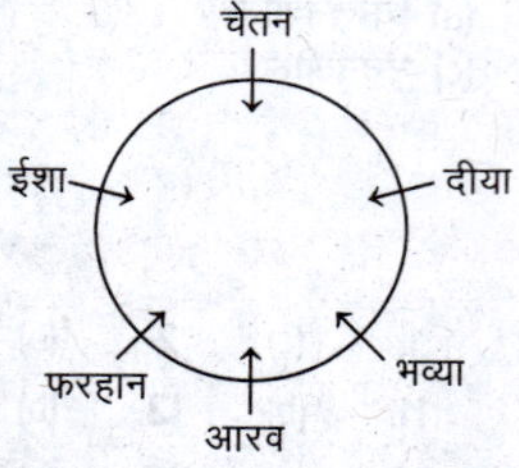

दीया और ईशा का निकटतम पड़ोसी चेतन है।

21. (d) जून, 2023 तक विश्व बैंक के कार्यकारी निदेशकों ने अजय बंगा को पाँच वर्ष के कार्यकाल के लिए विश्व बैंक के 14वें अध्यक्ष के रूप में चुना। अजय बंगा, विश्व बैंक की कमान सम्भालने वाले भारतीय मूल के पहले व्यक्ति हैं। विश्व बैंक की स्थापना वर्ष 1944 में हुई।

22. (a) वर्ष 2018 के एशियाई खेलों की मेजबानी जकार्ता और पालेमबांग शहरों द्वारा की गई थी। यह टूर्नामेण्ट का 18वाँ संस्करण था, जिसकी शुरुआत वर्ष 1951 में नई दिल्ली में हुई थी।

वर्ष 2018 के एशियाई खेलों की पदक तालिका में कुल 69 पदकों के साथ भारत 8वें स्थान पर रहा था। वर्ष 2026 के एशियाई खेलों की मेजबानी जापान द्वारा की जाएगी।

23. (c) भारत में वर्षों तक गेहूँ हरित क्रान्ति का मुख्य आधार बना रहा। हरित क्रान्ति की मुख्य फसलें चावल, ज्वार, बाजरा व मक्का थीं।

हरित क्रान्ति की प्रगति मुख्यतः अधिक उपज देने वाली किस्मों एवं उत्तम सुधरे हुए बीजों पर निर्भर करती है। इसके लिए देश में लगभग 400 कृषि फार्म स्थापित किए गए। भारत में हरित क्रान्ति के जनक एम. एस. स्वामीनाथन हैं।

24. (a) भारत के नृत्य कलाकार अर्जुन सिंह धुर्वे ने वर्ष 2018 में लोक और जनजातीय नृत्य के लिए संगीत नाटक अकादमी पुरस्कार जीता। धुर्वे भारतीय राज्य मध्य प्रदेश के डिण्डोरी जिले के एक लोक नर्तक और सेवानिवृत्त शिक्षक हैं।

यह बैगा लोकगीतों और नृत्य को लोकप्रिय बनाने के लिए प्रसिद्ध हैं।

25. (b) पुष्कर, ऊँट मेले का सम्बन्ध राजस्थान राज्य से है। इस मेले को कार्तिक मेला भी कहते हैं।

पुष्कर मेला अजमेर में आयोजित किया जाता है। इस मेले में विभिन्न सांस्कृतिक कार्यक्रम और प्रतियोगिताएँ; जैसे–मटका फोड़, सबसे लम्बी मूँछें प्रतियोगिता, दुल्हन प्रतियोगिता तथा ऊँट दौड़ आदि का आयोजन होता है।

26. (a) 13 अप्रैल, 1919 को अमृतसर के जलियाँवाला बाग हत्याकाण्ड के विरोध में टैगोर ने अपनी 'नाइटहुड' की उपाधि त्याग दी। रवीन्द्रनाथ टैगोर को वर्ष 1915 में किंग जॉर्ज पंचम् द्वारा साहित्य की सेवाओं के लिए नाइटहुड से सम्मानित किया गया था।

27. (c) हॉकी इण्डिया, युवा कार्यक्रम और खेल मन्त्रालय के तहत, भारत में पुरुष और महिला हॉकी से सम्बन्धित सभी गतिविधियों की योजना बनाने और उनके कार्यान्वयन के लिए जिम्मेदार शासित निकाय है। यह युवा मामले और खेल मन्त्रालय, सरकार द्वारा राष्ट्रीय खेल महासंघ के रूप में मान्यता प्राप्त है।

इसकी स्थापना 20 मई, 2009 में की गई थी। वर्तमान में इसके अध्यक्ष दिलीप तिर्की हैं।

28. (b) जैसा कि भारतीय संविधान के अनुच्छेद-168 में निहित है कि किसी राज्य के विधानमण्डल के दो सदन होते हैं, एक को विधान परिषद् और दूसरे को विधानसभा के रूप में जाना जाता है।

वर्तमान में भारत के छः राज्यों– आन्ध्र प्रदेश, तेलंगाना, उत्तर प्रदेश, बिहार, महाराष्ट्र, कर्नाटक में विधानपरिषद् हैं।

29. (d) पीपुल्स रिपब्लिक ऑफ चाइना की राजधानी 'बीजिंग' है। यह विश्व के सबसे अधिक आबादी वाले शहरों में से एक है।

30. (a) कपिल देव ने वर्ष 1983 का विश्व कप (तब 'प्रूडेन्शियल कप 83' के नाम से जाना जाता था) लॉर्ड्स स्टेडियम में जीता था। वर्ष 1983 का क्रिकेट फाइनल मैच वेस्टइण्डीज और भारत के बीच खेला गया था, जिसमें भारतीय टीम के कप्तान कपिल देव थे।

31. (c) हरित क्रान्ति ने फसल की पैदावार में उल्लेखनीय वृद्धि की और भारतीय कृषि को बदल दिया, किन्तु इसकी कुछ उल्लेखनीय कमियाँ भी थीं, जिनमें से एक प्रमुख कमी पर्यावरणीय अवनयन थी।

हरित क्रान्ति ने मृदा उर्वरता में ह्रास उत्पन्न किया। अत्यधिक और अनुपयुक्त उर्वरकों और कीटनाशकों ने जलमार्गों को प्रदूषित कर दिया, जिसका प्रतिकूल प्रभाव लाभकारी कीड़े और अन्य वन्यजीवों पर पड़ा।

32. (b) कुचिपुड़ी, आन्ध्र प्रदेश का एक कहानियों का वर्णन करने वाला शास्त्रीय नृत्य है। इस नृत्यशैली की विशेषता इसके जटिल फुटवर्क, सुन्दर चाल और सूक्ष्म चेहरे के भाव हैं। कुचिपुड़ी प्रदर्शन सामान्यतः देवताओं के आह्वान के साथ शुरू होता है, इसके बाद शुद्ध नृत्य दृश्यों और नृत्य के माध्यम से कहानी कहने की एक श्रृंखला होती है।

33. (d) आधुनिक आवर्त सारणी में 18 समूह एवं 7 क्षैतिज पंक्तियाँ होती हैं। आधुनिक आवर्त सारणी को 'हेनरी मोस्ले' ने 1913 ई. में प्रस्तुत किया था। इस सारणी के आने से पहले तत्त्वों को उनके बढ़ते परमाणु भार के क्रम में रखा जाता था, जिससे अनेक समस्याएँ आती थीं, परन्तु आधुनिक आवर्त सारणी की प्रस्तुति के बाद तत्त्वों को उनकी बढ़ती परमाणु संख्या के क्रम में रखा जाने लगा।

34. (c) भारतीय संविधान के अन्तर्गत सम्पत्ति का अधिकार एक संवैधानिक अधिकार है। सम्पत्ति के अधिकार को 44वें संशोधन अधिनियम, 1978 द्वारा मौलिक अधिकारों की सूची से हटा दिया गया था।

वर्तमान में यह एक मूल अधिकार नहीं है, इसे विधिक अधिधार भी माना जाता है।

35. (b) अमजद अली खान, वाद्ययन्त्र सरोद के वादक हैं।

अमजद अली खान स्पष्ट और तेज 'इकहरा तान' के लिए जाने जाते हैं। इन्हें वर्ष 2001 में भारत के दूसरे सर्वोच्च नागरिक सम्मान 'पद्म विभूषण' से सम्मानित किया गया था। अमेरिका के मैसाचुसेट्स ने वर्ष 1984 में 20 अप्रैल के दिन को 'अमजद अली खान दिवस' के रूप में घोषित किया है।

36. (a) हड़प्पावासियों को ताँबा सम्भवतः वर्तमान समय के राजस्थान से प्राप्त होता था। हड़प्पा सभ्यता कांस्य युगीन सभ्यता थी। इस सभ्यता के लोगों को लोहे को छोड़कर अन्य धातुओं कांस्य, ताँबा, सोना, चाँदी, सीसा आदि का ज्ञान था। इसमें सोना, दक्षिण भारत से, चाँदी मेसोपोटामिया से, ताँबा राजस्थान के खेतड़ी से तथा लाजवर्त अफगानिस्तान से प्राप्त किया जाता था।

37. (d) राजस्व व्यय, उन व्ययों को सन्दर्भित करता है, जिनसे भौतिक और वित्तीय सम्पत्तियों का सृजन नहीं होता है। इसमें विभिन्न सरकारी विभागों और सेवाओं पर व्यय, ऋण पर ब्याज की अदायगी और सब्सिडियों पर होने वाले खर्चों को शामिल किया जाता है।

38. (d) जून, 2023 में वार्षिक यूके-इण्डिया पुरस्कार में ग्लोबल इण्डियन आइकन ऑफ द ईयर से मैरीकॉम को सम्मानित किया गया। मैरीकॉम, मणिपुर में जन्मी भारतीय ओलम्पिक मुक्केबाज हैं।

मणिपुर सरकार ने इन्हें 'मीथोई लीमा' की उपाधि से सम्मानित किया है। इन्हें पद्म-भूषण, पद्मश्री, अर्जुन पुरस्कार, राजीव गाँधी खेल रत्न पुरस्कार आदि से भी सम्मानित किया गया है।

39. (b) सरकार ने वर्ष 2023-24 के बजट में सामाजिक और आर्थिक रूप से पिछड़े अनुसूचित जनजातियों के लिए लक्षित योजनाओं को लागू करने के लिए प्रधानमन्त्री पीवीटीजी (PVTG) विकास मिशन की घोषणा की है।

पीवीटीजी का पूर्ण रूप पर्टिक्युलरली वल्नेरेबल ट्राइबल ग्रुप्स है। पीवीटीजी को पहले आदिम जनजातीय समूह के रूप में जाना जाता था।

40. (b) समुद्र पार भारत के दक्षिण पड़ोसियों में दो द्वीप देश शामिल हैं, जो हैं–मालदीव (दक्षिण-पश्चिम में) तथा श्रीलंका (दक्षिण-पूर्व में)।

भारत सात देशों के साथ अपनी अन्तर्राष्ट्रीय स्थलीय सीमा साझा करता है, ये देश हैं

उत्तर-पश्चिम में → अफगानिस्तान, पाकिस्तान।
उत्तर में → चीन, नेपाल, भूटान।
पूर्व में → म्यांमार, बांग्लादेश।

41. (b) प्रश्नानुसार, अंकित मूल्य = ₹ 3800,
तथा विक्रय मूल्य = ₹ 2128

$$\text{छूट\%} = \frac{\text{छूट}}{\text{अंकित मूल्य}} \times 100$$

$=\frac{3800-2128}{3800}\times100=\frac{1672}{3800}\times100$

$=44\%$

42. *(c)* माना घनाभ की प्रारम्भिक लम्बाई, चौड़ाई तथा ऊँचाई क्रमशः x, y और z हैं।

प्रश्नानुसार,

आयतन में वृद्धि %

$$=\left[\frac{\left(\frac{3}{2}x\times\frac{6}{5}y\times\frac{7}{10}z\right)-(xyz)}{xyz}\right]\times100$$

$$=\left(\frac{\frac{126\,xyz}{100}-xyz}{xyz}\right)\times100$$

$$=\frac{26}{100}\times100=26\%$$

वैकल्पिक विधि

लम्बाई में वृद्धि $=50\%$

चौड़ाई में वृद्धि $=20\%$

तथा ऊँचाई में कमी $=-30\%$

∴ प्रथम दो पर क्रमिक वृद्धि पर,

$$+50+20+\frac{50\times20}{100}$$

$$=80\%$$

अब, तीसरे के साथ क्रमिक वृद्धि

$$+80-30+\frac{80\times(-30)}{100}$$

$$=50-24=26\%$$

43. *(a)* प्रश्नानुसार,

B_1 और B_2 का एक दिन का कार्य $=\frac{1}{20}$

तथा B_2 का एक दिन का कार्य $=\frac{1}{60}$

∴ B_1 का एक दिन का कार्य

$$=\frac{1}{20}-\frac{1}{60}=\left(\frac{3-1}{60}\right)=\frac{1}{30}$$

अर्थात B_1 अकेले उस कार्य को 30 दिनों में पूर्ण करेगा।

वैकल्पिक विधि

माना कुल कार्य = 60 (लघुत्तम समापवर्त्य 20 और 60 का)

B_1+B_2 की कार्य क्षमता $=\frac{\text{कार्य}}{\text{समय}}$

$$=\frac{60}{20}=3 \quad \ldots(i)$$

B_2 की कार्य क्षमता $=\frac{60}{60}=1 \quad \ldots(ii)$

समी (ii) व (i) से, B_1 की क्षमता $=2$

B_1 के द्वारा लिया गया समय $=\frac{\text{कार्य}}{\text{क्षमता}}$

$$=\frac{60}{2}=30 \text{ दिन}$$

44. *(a)* माना 25 क्रमागत संख्याएँ क्रमशः $(x-12),(x-11),(x-10),(x-9)\ldots.. x, (x+1)\ldots..(x+12)$ हैं।

∴ अन्तिम 13 संख्याओं का औसत $=39$

$$\Rightarrow \frac{x+(x+1)+\ldots+(x+12)}{13}=39$$

$$\Rightarrow \frac{13x+\frac{12\times13}{2}}{13}=39$$

$$\Rightarrow 13x+78=507$$

$$\Rightarrow 13x=429$$

$$\Rightarrow x=\frac{429}{13}=33$$

∴ 25 संख्याओं का औसत

$$=\frac{(x-12)+(x-11)\ldots.+x+\ldots.(x+12)}{25}$$

$$=\frac{25x}{25}=x=33$$

वैकल्पिक विधि

मध्य संख्या = औसत

तो, अन्तिम 13 संख्याओं का औसत

= अन्तिम 13 में से 7वीं संख्या

अर्थात् 25 में से 19वीं संख्या 39 = 19वीं संख्या

तो, औसत = 13वीं संख्या

$=39-6=33$

45. *(c)* 18 छात्रों के अंकों का योग

$=190\times18=3420$

तथा त्रुटि सही करने पर योग

$=3420-46+64$

$=3438$

∴ वास्तविक औसत $=\frac{3438}{18}=191$

46. *(b)* माना अनिल की आय = ₹ $8x$

तथा विकास की आय = ₹ $5x$

प्रश्नानुसार,

$8x-5x=$ ₹ 3000

⇒ $3x=$ ₹ 3000

⇒ $x=$ ₹ 1000

∴ दोनों की कुल आय $=8x+5x=$ ₹ $13x$

$=13\times1000$

= ₹ 13000

47. *(a)* पायल द्वारा 8 दिन में किया गया कार्य

$=10\%=\frac{1}{10}$ भाग

तो, 1 दिन में $=\frac{1}{10\times8}=\frac{1}{80}$ कार्य

पिंकी जो पायल से 50% अधिक कुशल है, का 1 दिन का कार्य $=\frac{1}{80}\times\frac{3}{2}=\frac{3}{160}$

माना x दिन में शेष काम पूर्ण होगा।

प्रश्नानुसार,

$$\frac{x\times1}{80}+x\times\frac{3}{160}=\frac{9}{10}$$

$$\Rightarrow x\left(\frac{2+3}{160}\right)=\frac{9}{10}$$

$$\Rightarrow x\times\frac{5}{160}=\frac{9}{10}$$

∴ $x=28.8$ दिन

48. *(d)* 120, 240, 480 का लघुत्तम समापवर्त्य

2	120, 240, 480
2	60, 120, 240
2	30, 60, 120
2	15, 30, 60
2	15, 15, 30
3	15, 15, 15
5	5, 5, 5
	1, 1, 1

$=2\times2\times2\times2\times2\times3\times5=480$

49. *(d)* $\frac{2}{1\times3}+\frac{2}{3\times5}+\frac{2}{5\times7}+\ldots.\frac{2}{45\times47}$

$$=2\left[\frac{1}{1\times3}+\frac{1}{3\times5}+\frac{1}{5\times7}+\ldots\frac{1}{45\times47}\right]$$

सूत्र $=\frac{1}{\text{अन्तर}}\left[\frac{1}{\text{प्रथम पद}}-\frac{1}{\text{अन्तिम पद}}\right]$

$$=2\times\frac{1}{2}\left[\frac{1}{1}-\frac{1}{47}\right]=\frac{46}{47}$$

50. *(b)* प्रश्नानुसार,

अभीष्ट संख्या $=[(60-2),(90-3)]$ का म.स.

$=[58, 87]$ का म.स. $=29$

51. *(b)* $\frac{27}{50},\frac{9}{20},\frac{6}{25}$ का म.स.

$$=\frac{(27,9,6)\text{ का म.स.}}{(50,20,25)\text{ का ल.स.}}=\frac{3}{100}$$

52. *(a)* माना क्रय मूल्य = ₹ $100x$

तो, अंकित मूल्य $=100x\times\frac{250}{100}=$ ₹ $250x$

50% छूट पर विक्रय मूल्य

$=250x\times\frac{50}{100}=$ ₹ $125x$

∴ लाभ% $=\frac{\text{लाभ}}{\text{क्रय मूल्य}}\times100$

$$=\frac{125x-100x}{100x}\times100=25\%$$

53. *(c)* प्रश्नानुसार,

⇒ $\frac{x}{y}=\frac{3}{5}$ [माना $x=3P$, $y=5P$]

और $\frac{z}{w}=\frac{2x}{5y}$

$\frac{z}{w}=\frac{2\times3P}{5\times5P}=\frac{6}{25}$ [माना $z=6q$, $w=25q$]

प्रश्नानुसार,

$$\Rightarrow \frac{x\times z}{y\times w}=\frac{3P\times6q}{5P\times25q}=\frac{18}{125}$$

54. *(d)* माना मूलधन $= ₹ P$
3 वर्ष में मिश्रधन $= ₹ 13310$
तथा 4 वर्ष में मिश्रधन $= ₹ 14641$

$\therefore$ ब्याज दर $= \frac{14641 - 13310}{13310} \times 100$

$= \frac{1331}{13310} \times 100 = 10\%$

प्रश्नानुसार, 3 वर्ष पर,

$P \times \frac{110}{100} \times \frac{110}{100} \times \frac{110}{100} = ₹ 13310$

$\therefore \quad P = ₹ 10000$

55. *(a)* माना बस की चाल $= x$ किमी/घण्टा

बस द्वारा वास्तविक समय $= \frac{\text{दूरी}}{\text{चाल}}$

$= \frac{150}{x}$ घण्टा

प्रश्नानुसार, अब समय $= \left(\frac{150}{x} + 1\right)$ घण्टा,

व चाल $= (x + 5)$, तो समय $= \frac{\text{दूरी}}{\text{चाल}}$

$\frac{150}{x} + 1 = \frac{150}{x+5}$

$\Rightarrow \quad \frac{150}{x} - \frac{150}{x+5} = 1$

$\Rightarrow \quad 150\left[\frac{1}{x} - \frac{1}{x+5}\right] = 1$

$\Rightarrow \quad 150\left[\frac{5}{x(x+5)}\right] = 1$

$\Rightarrow \quad x^2 + 5x - 750 = 0$

$\Rightarrow \quad x = \frac{-5 \pm \sqrt{25 + 4(750)}}{2}$

$\Rightarrow \quad x = \frac{-5 \pm \sqrt{25 + 3000}}{2}$

$\Rightarrow \quad x = \frac{-5 \pm 55}{2} = 25, -30$ (सम्भव नहीं है।)

$\therefore \quad x = 25$ किमी/घण्टा

56. *(c)* माना मूलधन $(P) = ₹ x$
मिश्रधन $= ₹ 3x$

$\therefore$ साधारण ब्याज $= ₹ 2x$
माना दर $(r) = R\%$ वार्षिक
तथा समय $(t) = 24$ वर्ष

$\therefore$ साधारण ब्याज $= \frac{P \times R \times t}{100}$

$\Rightarrow \quad 2x = \frac{x \times R \times 24}{100}$

$\therefore \quad R = \frac{100}{12} = 8.33\%$

57. *(d)* माना 1 किग्रा टमाटर का मूल्य $= ₹ 100x$
120% वृद्धि करने पर मूल्य

$= 100x \times \frac{220}{100} = 220x$

प्रश्नानुसार, वृद्धि $220x - 100x = 720$

$\Rightarrow \quad 120x = 720$

$\therefore \quad x = 6$

अतः नया मूल्य $= 220x = 220 \times 6 = ₹ 1320$

58. *(b)* प्रश्नानुसार,
विक्रय मूल्य $= ₹ 236$
तथा लाभ $= 46$

$\therefore$ क्रय मूल्य $= 236 - 46 = ₹ 190$

अतः लाभ% $= \frac{\text{लाभ}}{\text{क्रय मूल्य}} \times 100$

$= \frac{46}{190} \times 100 = 24.21\%$

59. *(b)* हम जानते हैं कि,

$\because$ लाभ% $= \frac{\text{विक्रय मूल्य} - \text{क्रय मूल्य}}{\text{क्रय मूल्य}} \times 100$

$\therefore \quad 35 = \frac{560}{\text{क्रय मूल्य}} \times 100$

$\therefore$ क्रय मूल्य $= ₹ 1600$

प्रश्नानुसार,

$\because$ विक्रय मूल्य $-$ क्रय मूल्य $= ₹ 560$

$\Rightarrow$ विक्रय मूल्य $- 1600 = ₹ 560$

$\therefore$ विक्रय मूल्य $= ₹ 2160$

60. *(d)* अर्द्धगोले की त्रिज्या $(r) = 2.1$ सेमी

$\therefore$ आयतन $= \frac{1}{2} \times \frac{4}{3} \pi r^3$

$= \frac{1}{2} \times \frac{4}{3} \times \frac{22}{7} \times 2.1 \times 2.1 \times 2.1$

$= 19.4$ सेमी^{3}

61. *(a)* दिए गए वाक्य में कोष्ठक शब्द 'अधिकार' का पर्यायवाची शब्द 'पृथक्' नहीं है। अन्य विकल्प अधिकार के पर्यायवाची हैं।

62. *(a)* 'अस्सी की आमद, चौरासी खर्च' मुहावरे का अर्थ है–आमदनी से अधिक खर्च करना।

वाक्य प्रयोग सोहन को यह दिखावा शोभा नहीं देता, उसकी अस्सी की आमद, चौरासी खर्च हैं।

63. *(d)* दिए गए वाक्य में रेखांकित शब्द 'शीर्क्षक' का शुद्ध वर्तनी वाला शब्द 'शीर्षक' है। अन्य विकल्प असंगत हैं।

64. *(b)* रिक्त स्थान की पूर्ति के लिए सबसे उपयुक्त विदेशज शब्द 'सिफारिश' है। सिफारिश फारसी भाषा का शब्द है। अतः अन्य विकल्प असंगत हैं। अतः पूर्ण वाक्य है–राजू की नौकरी सिफारिश पर लगी है।

65. *(b)* दिए गए वाक्य में कोष्ठक शब्द 'निस्तेज' का विलोम शब्द 'ओजस्वी' है। अन्य विकल्प असंगत हैं।

66. *(b)* 'अपनी खिचड़ी अलग पकाना' मुहावरे का अर्थ है, किसी की न मानना।

वाक्य प्रयोग राम और प्रिया आजकल बहुत शरारती हो गए हैं, उनकी अपनी अलग ही खिचड़ी पकती रहती है।

67. *(d)* दिए गए वाक्य में रेखांकित वाक्यांश मृत्युदण्ड की सजा मिल गई' त्रुटिपूर्ण वाक्य है। सही वाक्य है–हत्यारे को मृत्युदण्ड मिल गया। अन्य विकल्प असंगत हैं।

68. *(d)* दिए गए वाक्य में 'एक फूलों की माला' वाक्यांश में त्रुटि है। अतः पूर्ण वाक्य है–देवता को फूलों की माला अर्पित कर वह वहाँ से चला गया। अन्य विकल्प असंगत हैं।

69. *(a)* दिए गए वाक्य में रेखांकित शब्द 'ब्याकरण' अशुद्ध वर्तनी है, जबकि शुद्ध वर्तनी 'व्याकरण' है। अन्य विकल्प असंगत हैं।

70. *(b)* दिए गए वाक्य 'शोक है में 'शोक है कि' वाक्यांश त्रुटिपूर्ण है। अतः सही वाक्य है– खेद है कि आपने मेरे पत्र का उत्तर नहीं दिया।

71. *(b)* दिए गए वाक्य में रेखांकित शब्द 'बालिग' का विलोम शब्द 'नाबालिग' है। अन्य विकल्प असंगत हैं।

72. *(c)* 'जिसे व्याकरण का ज्ञान हो' के लिए एक सार्थक शब्द 'वैयाकरण' है। अन्य विकल्प असंगत हैं।

73. *(a)* रिक्त स्थान की पूर्ति के लिए सबसे उपयुक्त शब्द 'चिन्तनशील' है। अतः पूर्ण वाक्य है– मानव एक विवेकशील और चिन्तनशील प्राणी है। अन्य विकल्प असंगत हैं।

74. *(c)* दिए गए वाक्य में रिक्त स्थान की पूर्ति के लिए सबसे उपयुक्त विकल्प 'उत्सुकता' है। अतः पूर्ण वाक्य है– अवकाश साल का वह समय है, जिसकी उत्सुकता से पूरे वर्ष प्रतीक्षा की जाती है।

75. *(a)* दिए गए वाक्य में 'हमस' एक निरर्थक शब्द है। 'हमस' के स्थान पर 'हमसे' सार्थक शब्द होना चाहिए। अतः सही वाक्य है– हमसे नहीं हो पाएगा। अन्य विकल्प असंगत हैं।

76. *(d)* रिक्त स्थान (1) के लिए सबसे उपयुक्त विकल्प 'विषय' है। अतः पूर्ण वाक्य है– जब हम रोग के कारण के विषय में सोचते हैं।

77. *(c)* रिक्त स्थान (2) की पूर्ति के लिए सबसे उपयुक्त विकल्प 'स्तर' है। अतः पूर्ण वाक्य है– इस कारण के बहुत-से स्तर होते हैं।

78. *(b)* रिक्त स्थान (3) के लिए सबसे उपयुक्त शब्द 'दूषित' है। अतः पूर्ण वाक्य है– उनमें से एक संक्रमण है, जो दूषित पानी पीने से आता है।

79. *(c)* रिक्त स्थान (4) की पूर्ति के लिए सबसे उपयुक्त विकल्प 'उपलब्ध' है। अतः पूर्ण वाक्य है– बच्चों के लिए साफ पानी उपलब्ध करना जरूरी है।

80. *(a)* रिक्त स्थान (5) के लिए सबसे उपयुक्त विकल्प 'विभिन्न' है। अतः पूर्ण वाक्य है– विभिन्न प्रकार के रोग होने के एक नहीं, बल्कि बहुत-से कारण होते हैं।

सॉल्वड पेपर 2024

SSC कांस्टेबल (जीडी) सेट 20

भाग-I सामान्य बुद्धिमत्ता एवं तर्कशक्ति

1 निम्नलिखित प्रश्न में विकल्पों में दी गई उस आकृति का चयन कीजिए, जिसे प्रश्नचिह्न (?) के स्थान पर रखा जा सकता है।

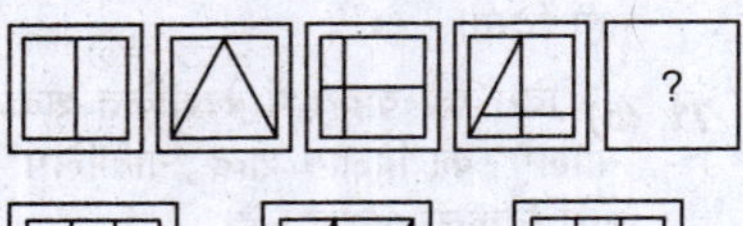

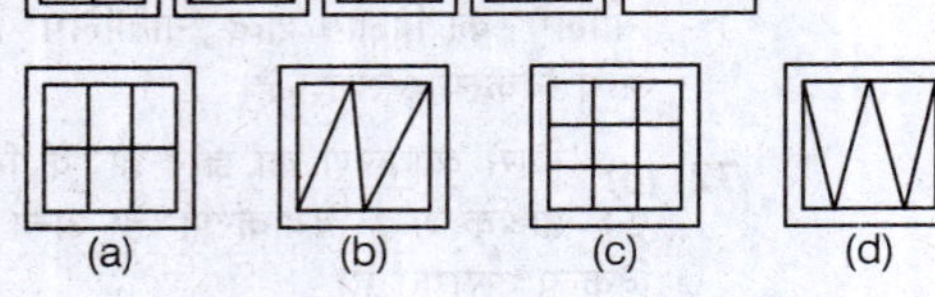

(a) (b) (c) (d)

2 निम्नलिखित प्रश्न में विकल्पों में दी गई उस आकृति का चयन कीजिए, जिसे प्रश्नचिह्न (?) के स्थान पर रखा जा सकता है।

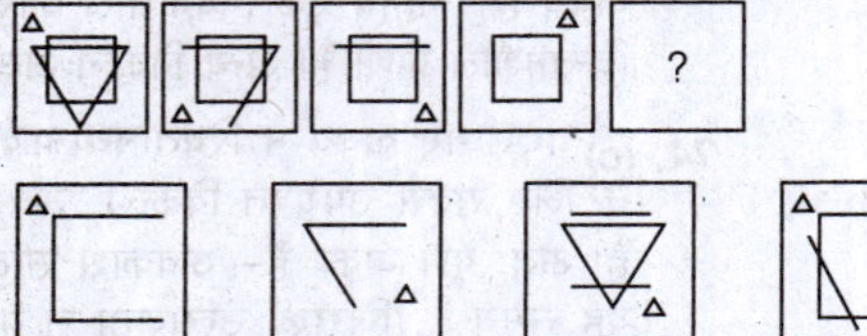

(a) (b) (c) (d)

3 दी गई विकल्प आकृतियों में से, उस आकृति का चयन कीजिए, जिसमें प्रश्न आकृति निहित है। (घूर्णन की अनुमति नहीं है)

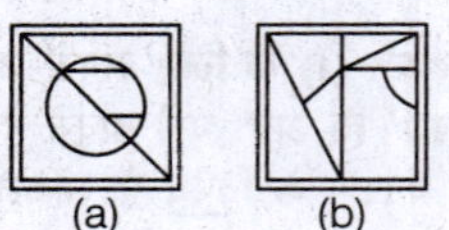

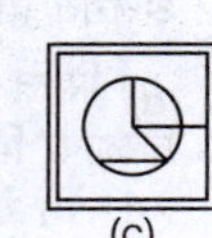

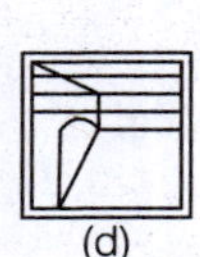

(a) (b) (c) (d)

4 निम्नलिखित में से कौन-सी संख्या दी गई शृंखला में प्रश्नचिह्न (?) के स्थान पर आएगी?

99, 91, ?, 74, 65, 57

(a) 89 (b) 82
(c) 86 (d) 78

5 नीचे एक शृंखला दी गई है, जिसमें एक पद लुप्त है। दिए गए विकल्पों में से उस विकल्प का चयन कीजिए, जो शृंखला को पूरा करेगा।

SW, UQ, OS, QM, ?

(a) KO (b) RS
(c) KR (d) KM

6 यदि एक दर्पण को रेखा AB पर रखा जाए, तो विकल्प आकृतियों में से कौन-सी आकृति प्रश्न आकृति का सही प्रतिबिम्ब होगी?

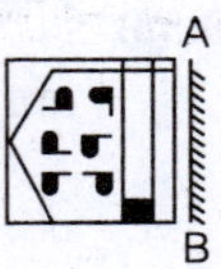

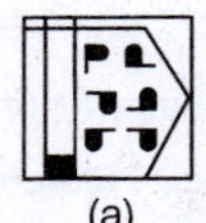

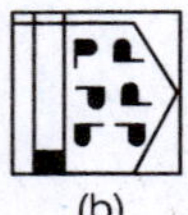

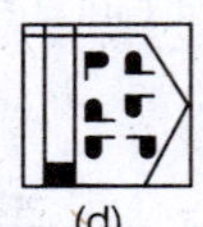

(a) (b) (c) (d)

7 आठ व्यक्ति रीना, किरण, राहुल, दीपक, अमित, विकास, प्रीति और प्रिया एक वर्गाकार मेज के चारों ओर इस प्रकार बैठें हैं कि प्रत्येक भुजा के मध्य में दो व्यक्ति बैठे हैं। सभी व्यक्ति मेज के केन्द्र की ओर मुख करके बैठे हैं। रीना, अमित के ठीक दाईं ओर बैठी है और वे दोनों एक ही तरफ बैठे हैं प्रीति उस व्यक्ति की ओर मुख करके बैठी है, जो किरण के बाईं ओर से दूसरे स्थान पर बैठा है। प्रीति, रीना के दाईं ओर से चौथे स्थान पर बैठी है। विकास और दीपक के बीच में दो व्यक्ति बैठे हैं। (जब केवल एक तरफ से गिना जाता है।) और दीपक, अमित के आसन्न बैठा है। प्रीति और राहुल के बीच में केवल एक व्यक्ति बैठा है (जब केवल एक तरफ से गिना जाता है।) दीपक के ठीक बाईं ओर कौन बैठा/बैठी है?

(a) राहुल (b) प्रिया (c) विकास (d) रीना

8 पाँच मित्र P, B, C, G और H एक वृत्ताकार मेज के चारों ओर केन्द्र की ओर मुख करके बैठे हैं। H, C के ठीक दाईं ओर बैठा है। B, H के बाईं ओर से तीसरे स्थान पर बैठा है। P, C का निकटतम पडोसी नहीं है। G के ठीक दाईं ओर कौन बैठा है?

(a) B (b) P (c) H (d) C

9 दिए गए शब्दों को अंग्रेजी वर्णमाला के क्रम में व्यवस्थित कीजिए।

1. PINK 2. PING 3. PICK
4. PULL 5. PUSH

(a) 3, 4, 1, 2, 5 (b) 3, 2, 1, 4, 5
(c) 3, 5, 4, 2, 1 (d) 3, 1, 2, 4, 5

10 निम्नलिखित में से कौन-सी संख्या दी गई शृंखला में प्रश्नचिह्न (?) के स्थान पर आएगी?

2, 5, 11, 23, 47, ?, 191

(a) 85 (b) 95 (c) 90 (d) 80

11 नीचे दी गई विकल्प आकृतियों में से उस आकृति का चयन कीजिए, जिसमें प्रश्न आकृति छिपी/निहित है। (घूर्णन की अनुमति नहीं है)

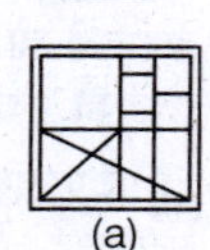

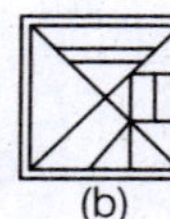

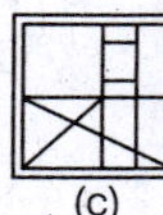

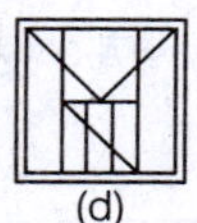

(a) (b) (c) (d)

12 निम्नलिखित प्रश्न में, कुछ कथन और उन कथनों के आधार पर कुछ निष्कर्ष दिए गए हैं। आपको दिए गए कथनों को सत्य मानना है, चाहे वे सामान्यतः ज्ञात तथ्यों से भिन्न प्रतीत होते हों। सभी निष्कर्षों को ध्यानपूर्वक पढ़िए और निश्चय कीजिए कि दिए गए निष्कर्षों में से कौन-सा निष्कर्ष कथनों का तार्किक रूप से अनुसरण करता है।

कथन कोई S, T नहीं है।
कुछ U, S हैं।

निष्कर्ष
I. कुछ U, T नहीं हैं।
II. सभी T, U है।

(a) निष्कर्ष I और II दोनों अनुसरण करते हैं
(b) कोई भी निष्कर्ष अनुसरण नहीं करता है
(c) केवल निष्कर्ष II अनुसरण करता है
(d) केवल निष्कर्ष I अनुसरण करता है

13 यदि P + Q का अर्थ है, P, Q का भाई है, P × Q का अर्थ है, P, Q की माँ है, P ÷ Q का अर्थ है, P, Q का पिता है और P − Q का अर्थ है P, Q की बहन है। यदि A × B ÷ C - D + E - F, तो E का A से क्या सम्बन्ध है?

(a) माँ (b) बेटी
(c) बेटे की बेटी (d) बहन

14 एक निश्चित कूटभाषा में, 'BHUTAN' को 'UHBVCP' लिखा जाता है, 'GREECE' को 'ERGGEG' लिखा जाता है। उसी कूटभाषा में 'FRANCE' को कैसे लिखा जाएगा?

(a) ARFPEG (b) ARFECN
(c) GSBECN (d) GSBODF

15 निम्नलिखित विकल्पों में से, उस विकल्प का चयन कीजिए, जो तीसरे शब्द से ठीक उसी प्रकार सम्बन्धित है, जिस प्रकार दूसरा शब्द पहले शब्द से सम्बन्धित है।

बगीचा : फूल :: पुस्तकालय : ?

(a) हेलमेट (b) पुस्तकें
(c) मेंज (d) गीत

16 निम्नलिखित अक्षर समूहों में से, अक्षरों का कौन-सा समूह क्रमबद्ध रूप से बाईं से दाईं ओर रखे जाने पर नीचे दी गई श्रृंखला को पूरा करेगा?

defghd_fghd_fghdef_hdefgh_efgh

(a) fdgh (b) eegd
(c) eged (d) efgh

17 एक आदमी की तस्वीर की ओर इशारा करते हुए, राम ने कहा, "वह मेरी माँ के पति का पिता है।" उस आदमी का राम से क्या सम्बन्ध है?

(a) पिता के पिता (b) पिता
(c) भाई (d) चाचा

18 यदि 100 R 50 S 18 T 9 = 152 और 84 R 30 S 80 T 4 = 134, तो 75 R 125 S 200 T 40 = ?

(a) 180 (b) 185
(c) 200 (d) 205

19 दिए गए विकल्पों में से, किन दो चिह्नों को आपस में बदलने पर निम्नलिखित समीकरण सही होगा?

$18 + 2 \div 6 - 8 \times 24 = 22$

(a) + और ÷ (b) × और +
(c) × और ÷ (d) × और −

20 निम्नलिखित प्रश्न में, दिए गए विकल्पों में से, सम्बन्धित अक्षर-युग्म का चयन कीजिए।

BHL : YEI :: ?

(a) ABC : DQR (b) OLM : NOP
(c) AMG : XJD (d) LOB : WZA

भाग-II सामान्य ज्ञान

21 मेण्डलीफ की आवर्त सारणी में परिवर्तन किया गया तथा .... को आधुनिक आवर्त सारणी के आधार के रूप में स्वीकार किया गया।

(a) समान गुणधर्म (b) परमाणु द्रव्यमान
(c) मोलर द्रव्यमान (d) परमाणु संख्या

22 अभिनव बिन्द्रा ने किस वर्ष ओलम्पिक खेलों में 10 मी एयर राइफल स्पर्द्धा में व्यक्तिगत स्वर्ण पदक जीतने वाले पहले भारतीय बनकर इतिहास रचा?

(a) 2010 (b) 2000 (c) 2005 (d) 2008

23 8 अप्रैल, 1929 को भगत सिंह और बी.के. दत्त ने .... में बम फेंका था। जैसा कि उनके पत्रक में बताया गया था, घटना का उद्देश्य हत्या करना नहीं था, बल्कि 'बहरों को सुनाना' था।

(a) सेण्ट्रल एग्जीक्यूटिव असेम्बली
(b) सेण्ट्रल लेजिस्लेटिव काउन्सिल
(c) स्टेट लेजिस्लेटिव असेम्बली
(d) सेण्ट्रल लेजिस्लेटिव असेम्बली

24 निम्नलिखित में से किस राज्य की सरकार ने गृहलक्ष्मी योजना 2023 शुरू की?

(a) हरियाणा (b) तमिलनाडु
(c) केरल (d) तेलंगाना

25 लोकनृत्य 'जात्रा' की उत्पत्ति निम्नलिखित में से किस राज्य से हुई है?

(a) तमिलनाडु (b) हरियाणा
(c) पश्चिम बंगाल (d) पंजाब

26 बेरोजगारी दर की गणना ..... के अनुपात के रूप में की जाती है।

(a) कुल जनसंख्या और श्रम बल
(b) कुल जनसंख्या और बेरोजगार श्रमिकों
(c) नियोजित श्रमिकों और श्रम बल
(d) बेरोजगार श्रमिकों और श्रम बल

27 नवम्बर, 2023 तक भारत के संविधान में कितने मौलिक कर्त्तव्य हैं?

(a) 9 (b) 11
(c) 10 (d) 8

28 डूरण्ड कप का सम्बन्ध किस खेल से है?

(a) हॉकी (b) फुटबॉल
(c) बैडमिण्टन (d) क्रिकेट

29 वराहमिहिर की रचना पंचसिद्धान्तिका .... खगोलीय सिद्धान्तों से सम्बन्धित है।
(a) पाँच (b) दो
(c) तीन (d) चार

30 भारत में हरित क्रान्ति के जनक का निधन किस वर्ष में हुआ था?
(a) 2003 (b) 2023
(c) 2013 (d) 1993

31 अक्टूबर, 2023 में भारतीय रिजर्व बैंक के कार्यकारी निदेशक के रूप में किसे नियुक्त किया गया है?
(a) रबी एन. मिश्रा (b) मृदुल कुमार सग्गर
(c) जनक राज (d) मुनीश कपूर

32 भारतीय खिलाड़ी सन्दीप कुमार द्वारा निम्नलिखित में से कौन-सा खेल खेला जाता है?
(a) क्रिकेट (b) कुश्ती
(c) मुक्केबाजी (d) तीरंदाजी

33 .... जिसका सम्बन्ध दक्षिणी भारत के केरल से है, का नाम एक पौराणिक मायाविनी स्त्री मोहिनी से लिया गया है।
(a) मोहिनीअट्टम (b) मणिपुरी नृत्य
(c) भरतनाट्यम (d) बिहु नृत्य

34 शिव कुमार शर्मा का नाम भारतीय शास्त्रीय संगीत वाद्ययन्त्र, ... के लिए प्रसिद्ध है।
(a) सितार (b) सन्तूर
(c) तबला (d) शहनाई

35 राजस्व प्राप्तियों से सम्बन्धित निम्नलिखित कथनों को पढ़िए।
A. राजस्व प्राप्तियाँ वे प्राप्तियाँ हैं, जिनका दावा सरकार से नहीं किया जा सकता।
B. राजस्व प्राप्तियों को कर और गैर-कर राजस्व में विभाजित किया गया है।
सही कथन/कथनों को पहचानिए।
(a) केवल A (b) केवल B
(c) A और B दोनों (d) न तो A और न ही B

36 भारत के महान्यायवादी .... के प्रसादपर्यन्त पद पर बने रहते हैं।
(a) भारत के राष्ट्रपति
(b) प्रधानमन्त्री
(c) भारत के मुख्य न्यायाधीश
(d) भारत के कानून मन्त्री

37 वाणिज्य और उद्योग मन्त्रालय के अनुसार, वित्तीय वर्ष अप्रैल, 2022 व जनवरी, 2023 के दौरान कृषि निर्यात .... बिलियन अमेरिकी डॉलर का हुआ है।
(a) 33.37 (b) 43.37
(c) 23.37 (d) 13.37

38 जून, 2023 में कार्नेगी कॉर्पोरेशन ऑफ न्यूयॉर्क की वार्षिक 'महान आप्रवासी' सूची में किस भारतीय को मान्यता दी गई है?
(a) सैम पित्रोदा (b) विक्रम दोराईस्वामी
(c) अजय बंगा (d) सलमान रुश्दी

39 क्षेत्रफल की दृष्टि से भारत का विश्व के देशों में कौन-सा स्थान है?
(a) 8वाँ (b) 5वाँ
(c) 6वाँ (d) 7वाँ

40 निम्नलिखित में से कौन-सा त्योहार अरुणाचल प्रदेश की खाम्टिस जनजाति द्वारा मनाया जाता है?
(a) मोपिन (b) सांगकेन
(c) रह (d) ताम लाडू

भाग-III गणित

41 यदि A_1, A_2 से 19 गुना अधिक है, तो A_2, A_1 से कितने प्रतिशत कम है?
(a) 105% (b) 85%
(c) 95% (d) 100%

42 ₹ 7400 को A, B और C के बीच में क्रमशः 9 : 12 : 16 के अनुपात में बाँटा जाता है। B का हिस्सा कितना है?
(a) ₹ 2400 (b) ₹ 2600
(c) ₹ 9200 (d) ₹ 1800

43 साधारण ब्याज पर एक धनराशि 2 वर्ष में ₹1320 और 3 वर्ष में ₹ 1380 हो जाती है। वार्षिक ब्याज दर कितनी है?
(a) 10% (b) 5% (c) 8% (d) 4%

44 एक मूलधन चक्रवृद्धि ब्याज की एक निश्चित दर (वार्षिक चक्रवृद्धि) पर ऋण पर दी जाती है। 1 वर्ष के अन्त में धनराशि ₹ 1150 और 2 वर्ष के अन्त में ₹ 1322.5 है। मूलधन कितना है?
(a) ₹ 1600 (b) ₹ 1750
(c) ₹ 1450 (d) ₹ 1000

45 C अकेले एक काम को 50 दिनों में पूरा कर सकता है और D अकेले उसी काम को C द्वारा लिए गए समय के आधे समय में पूरा कर सकता है। वे दोनों साथ मिलकर कुल काम का 3/10 भाग कितने दिनों में पूरा कर सकते हैं?
(a) 4 दिन (b) 6 दिन
(c) 6.5 दिन (d) 5 दिन

46 25 संख्याओं का औसत 150 है। इसमें एक और संख्या जोड़ने पर नया औसत 160 हो जाता है वह नई संख्या क्या है?
(a) 400 (b) 410 (c) 420 (d) 415

47 यदि किसी वस्तु का क्रय मूल्य उसके विक्रय मूल्य का 5/8 है, तो लाभ प्रतिशत कितना है?
(a) 45% (b) 60%
(c) 75% (d) 30%

48 यदि दो संख्याओं का महत्तम समापवर्तक 47 है और उनका योग 188 है, तो वे दोनों संख्याएँ ज्ञात कीजिए।
(a) 47 और 141 (b) 47 और 51
(c) 141 और 138 (d) 215 और 211

49 18, 24 और 36 का लघुत्तम समापवर्त्य ज्ञात कीजिए।
(a) 36 (b) 64
(c) 72 (d) 24

50 L की आय, M की आय से 30% अधिक है और M की आय, N की आय से 20% अधिक है। N की आय, L की आय से (लगभग) कितने प्रतिशत कम है?
(a) 44% (b) 36%
(c) 39% (d) 32%

51 एक व्यापारी अपनी वस्तु का मूल्य, क्रय मूल्य से 40% अधिक अंकित करता है। वह इस पर कुछ छूट देता है और 10% का लाभ अर्जित करता है। छूट प्रतिशत कितना है?
(a) 20% (b) 25%
(c) 21.42% (d) 14.28%

52 28 प्रेक्षणों का औसत 53 है। प्रथम 11 प्रेक्षणों का औसत 54 है। अंतिम 18 प्रेक्षणों का औसत 52.5 है। 11 वें प्रेक्षण का मान कितना है?
(a) 63 (b) 55
(c) 59 (d) 57

53 एक शंकु की ऊँचाई 24 सेमी है और इसके आधार की त्रिज्या 10.5 सेमी है। शंकु का आयतन कितना है?
(a) 2546 सेमी^{3} (b) 2772 सेमी^{3}
(c) 2984 सेमी^{3} (d) 2398 सेमी^{3}

54 दो संख्याओं का अनुपात 3 : 5 है। यदि उनका गुणनफल 3375 है, तो दोनों संख्याओं का योग कितना है?
(a) 75 (b) 135
(c) 120 (d) 90

55 तीन अलग-अलग संख्याओं का लघुत्तम समापवर्त्य 120 हैं। निम्नलिखित में से कौन-सा, उन संख्याओं का महत्तम समापवर्तक नहीं हो सकता है?
(a) 16 (b) 20 (c) 40 (d) 15

56 एक वस्तु का अंकित मूल्य और विक्रय मूल्य क्रमशः ₹ 2450 और ₹ 1960 है। वस्तु पर छूट प्रतिशत कितना है?
(a) 20% (b) 25%
(c) 24% (d) 15%

57 एक आदमी एक निश्चित दूरी का आधा भाग 45 किमी/घण्टा की चाल से तय करता है। वह शेष दूरी का 40% भाग 8 किमी/घण्टा की चाल से तय करता है और अन्त में बाकी दूरी 24 किमी/घण्टा की चाल से तय करता है। पूरी यात्रा के दौरान उसकी औसत चाल कितनी है?
(a) 144/7 किमी/घण्टा (b) 164/7 किमी/घण्टा
(c) 128/7 किमी/घण्टा (d) 156/7 किमी/घण्टा

58 मोहन और रोहन ने ₹ 3300 में एक काम किया। मोहन अकेले उस काम को 10 दिनों मे पूरा कर सकता है और रोहन अकेले उसी काम को 12 दिनों में पूरा कर सकता है। यदि वे दोनों एकसाथ मिलकर काम करते हैं, तो उन्हें प्राप्त होने वाली धनराशि के बीच का अन्तर कितना होगा?
(a) ₹ 370 (b) ₹ 400
(c) ₹ 350 (d) ₹ 300

59 $750 - 350 \div 7 + 43 \times 5$ का मान कितना है?
(a) 915 (b) 935
(c) 795 (d) 812

60 15% और 10% की दो क्रमिक छूटों के समतुल्य एकल छूट ज्ञात कीजिए।
(a) 24.5 % (b) 21.8 %
(c) 22.5 % (d) 23.5 %

भाग-IV हिन्दी

61 निम्नलिखित प्रश्न में चार विकल्पों में से उस विकल्प का चयन करें, जो दिए गए मुहावरे का सही अर्थ वाला विकल्प है।
'आपे से बाहर होना'
(a) बचने का बहाना ढूँढना
(b) सामर्थ्य से अधिक क्रोध प्रकट करना
(c) स्वावलम्बी होना
(d) मूर्खतापूर्ण कार्य करना

62 निम्नलिखित प्रश्न में चार विकल्पों में से उस विकल्प का चयन करें, जो कोष्ठक में दिए गए शब्द के तद्भव रूप का सही विकल्प है।
मेरी माताजी एक (गृहिणी) .... हैं, वह पूरे घर का बहुत अच्छे से ख्याल रखती हैं।
(a) जयेष्ट (b) घरनी
(c) मेहनती (d) सुन्दर महिला

63 दिए गए शब्द का पर्यायवाची ज्ञात कीजिए।
पवन
(a) मंजूरी (b) प्रार्थना (c) अनोखा (d) हवा

64 निम्नलिखित प्रश्न में चार विकल्पों में से उस सही विकल्प का चयन करें, जो वाक्यांशों के लिए एक शब्द का विकल्प हो।
'जिस पर हमला किया गया हो'
(a) आक्रान्त (b) आग्नेय
(c) आत्मघाती (d) आक्रान्ता

65 दिए गए वाक्य का वह भाग ज्ञात करें, जिसमें कोई त्रुटि है।
यद्यपि वह पढ़ा/लिखा है, परन्तु मूर्खता के कार्य करता है।
(a) परन्तु मूर्खता के (b) कार्य करता है।
(c) पढ़ा लिखा है। (d) यद्यपि वह

66 निम्नलिखित प्रश्न में दिए गए चार विकल्पों में से उस विकल्प का चयन करें, जो दिए गए मुहावरे के अर्थ को सर्वश्रेष्ठ रूप से व्यक्त करता है।
'खिल्लियाँ उड़ाना'
(a) कोई राज की बात खोलना (b) उपहास करना
(c) खूब हँसना (d) हर बात मजाक में लेना

67 दिए गए वाक्य का वह भाग ज्ञात करें, जिसमें कोई त्रुटि है।
उसके पास पचास ग्राम सोने है, जिसका हार बनवाना है।
(a) है, जिसका हार (b) पचास ग्राम सोने
(c) बनवाना है (d) उसके पास

68 दिए गए वाक्य में रेखांकित शब्दों के लिए सही शब्दों वाले विकल्प का चयन करें।
तुम्हारी <u>घड़ी में कै</u> बजे हैं।
(a) तुम्हारी घड़ी में कैसा बजा है।
(b) परिवर्तन की आवश्यकता नहीं हैं।
(c) तुम्हारी घड़ी में कितने बजे हैं।
(d) तुम्हारी घड़ी में क्या बजा है।

69 दिए गए वाक्य में रेखांकित शब्दों के लिए सही शब्दों वाले विकल्प का चयन करें।
आपने ही तो <u>मुझको कहा</u> था।
(a) परिवर्तन की आवश्यकता नहीं है।
(b) आपने ही तो मुझ कहा था।
(c) आपने ही तो मुझे कहा था।
(d) आपने ही तो मुझमें कहा था।

70 निम्नलिखित प्रश्न में चार विकल्पों में से उस विकल्प का चयन करें, जो कोष्ठक में दिए गए शब्द के विलोम शब्द का सही विकल्प है।
क्या वह दूसरों से जुड़ी ऐसी (जटिल) .... बात को समझने के काबिल है?
(a) कठिन (b) मुश्किल
(c) सरल (d) कुटिल

71 निम्नलिखित प्रश्न में चार विकल्पों में से उस विकल्प का चयन करें, जो कोष्ठक में दिए गए शब्द के पर्यायवाची शब्द का सही विकल्प है।
मेरी माताजी ने गरमी में पहनने के लिए मेरे लिए बहुत ही सुन्दर (वस्त्र) .... खरीदा है।
(a) कुशेशय (b) कोरक
(c) भुज (d) दुकूल

72 दिए गए वाक्य में रेखांकित शब्द के लिए सही वर्तनी ज्ञात कीजिए।
<u>मैहनत</u> करके जीवन व्यतीत करो।
(a) मैहनात (b) मोहनत
(c) महनत (d) मेहनत

73 दिए गए वाक्य में से गलत वर्तनी ज्ञात कीजिए।
इसके अन्तग्रत भिन्न प्रकार के प्रान्त आते हैं।
(a) प्रान्त (b) अन्तग्रत
(c) भिन्न (d) प्रकार

74 दिए गए शब्द का विलोम शब्द ज्ञात कीजिए।
संगठन
(a) समागम (b) विघटन (c) विद्युत (d) संयुक्त

75 दिए गए वाक्य में से निरर्थक शब्द ज्ञात कीजिए।
ताबकि उठाओ और पढ़ना शुरू करो।
(a) ताबकि (b) शुरू (c) और (d) उठाओ

निर्देश (प्र. सं. 76-80) *नीचे दिए गए गद्यांश में कुछ शब्द छोड़ दिए गए हैं और प्रत्येक रिक्त स्थान के चार विकल्प दिए गए हैं इन चारों में से कौन-सा विकल्प रिक्त स्थान की पूर्ति करेगा?*

मोबाइल फोन टेलीविजन या टैबलेट जैसे (1) .... के स्क्रीन पर बच्चों के ज्यादा समय देने को लेकर हाल के वर्षों में (2) .... अध्ययन हुए हैं। इनके (3) .... इस बात का इशारा करते हैं कि (4) .... स्क्रीन टाइम तन्त्रिका सम्बन्धी विकास और आपसी मेलजोल बढ़ाने में (5) .... बनते हैं।

76 रिक्त (1) के लिए सबसे उपयुक्त विकल्प का चयन कीजिए।
(a) भूमि (b) उपकरणों (c) किताबों (d) कार्यालय

77 रिक्त (2) के लिए सबसे उपयुक्त विकल्प का चयन कीजिए।
(a) गतिविधि (b) व्यापक
(c) दुष्ट (d) कोमल

78 रिक्त (3) के लिए सबसे उपयुक्त विकल्प का चयन कीजिए।
(a) अतिरिक्त (b) स्मार्ट
(c) पैदा (d) निष्कर्ष

79 रिक्त (4) के लिए सबसे उपयुक्त विकल्प का चयन कीजिए।
(a) इशारा (b) बचपन
(c) स्वास्थ्य (d) अत्यधिक

80 रिक्त (5) के लिए सबसे उपयुक्त विकल्प का चयन कीजिए।
(a) बाधक (b) छुटकारा
(c) सलाह (d) हताश

उत्तरमाला

1.	(a)	2.	(a)	3.	(b)	4.	(b)	5.	(a)	6.	(a)	7.	(b)	8.	(d)	9.	(b)	10.	(b)
11.	(b)	12.	(d)	13.	(c)	14.	(a)	15.	(b)	16.	(b)	17.	(a)	18.	(d)	19.	(b)	20.	(c)
21.	(b)	22.	(d)	23.	(d)	24.	(d)	25.	(c)	26.	(d)	27.	(b)	28.	(b)	29.	(a)	30.	(b)
31.	(d)	32.	(d)	33.	(a)	34.	(b)	35.	(c)	36.	(a)	37.	(b)	38.	(c)	39.	(d)	40.	(b)
41.	(c)	42.	(a)	43.	(b)	44.	(d)	45.	(d)	46.	(b)	47.	(b)	48.	(a)	49.	(c)	50.	(b)
51.	(c)	52.	(b)	53.	(b)	54.	(c)	55.	(a)	56.	(a)	57.	(a)	58.	(d)	59.	(a)	60.	(d)
61.	(b)	62.	(b)	63.	(d)	64.	(a)	65.	(a)	66.	(b)	67.	(b)	68.	(c)	69.	(c)	70.	(c)
71.	(d)	72.	(d)	73.	(b)	74.	(b)	75.	(a)	76.	(b)	77.	(b)	78.	(d)	79.	(d)	80.	(a)

संकेत एवं हल

1. *(a)* दी गई आकृति शृंखला में मुख्य आकृति का निरन्तर आगे की ओर विभाजन किया गया है अर्थात् प्रथम के दो हिस्से, द्वितीय के तीन हिस्से, तीसरे के चार हिस्से तथा चौथे के पाँच हिस्से, इसी क्रम में आगे तक बढ़ रहा है।

अतः प्रश्नचिह्न (?) के स्थान पर आकृति (a) की आकृति आएगी।

2. *(a)* दी गई आकृति शृंखला में मुख्य आकृति का त्रिभुज वामावर्त दिशा में निरन्तर एक-एक स्थान बढ़ रहा है तथा बीच की आकृति से एक-एक रेखा वामावर्त दिशा में निरन्तर घट रही है।

अतः प्रश्नचिह्न (?) के स्थान पर विकल्प (a) की आकृति आएगी।

3. *(b)* दी गई प्रश्न आकृति उत्तर आकृति (b) में अन्तर्निहित है।

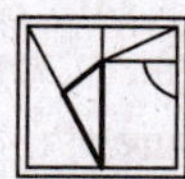

4. *(b)* दी गई संख्या शृंखला का क्रम निम्न प्रकार है,

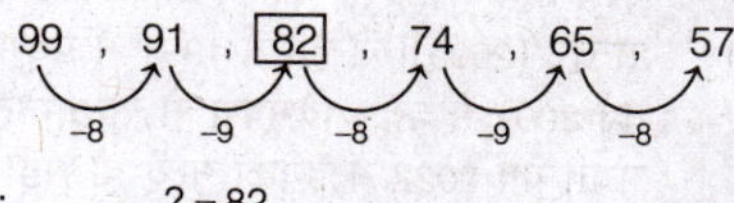

∴ ? = 82

5. *(a)* दी गई अक्षर शृंखला का क्रम निम्न प्रकार है,

S $\xrightarrow{+2}$ U $\xrightarrow{-6}$ O $\xrightarrow{+2}$ Q $\xrightarrow{-6}$ K

W $\xrightarrow{-6}$ Q $\xrightarrow{+2}$ S $\xrightarrow{-6}$ M $\xrightarrow{+2}$ O

∴ ? = KO

6. *(a)* दी गई प्रश्न आकृति का दर्पण प्रतिबिम्ब उत्तर आकृति (a) होगी।

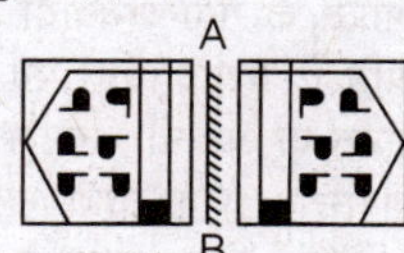

7. *(b)* प्रश्नानुसार,

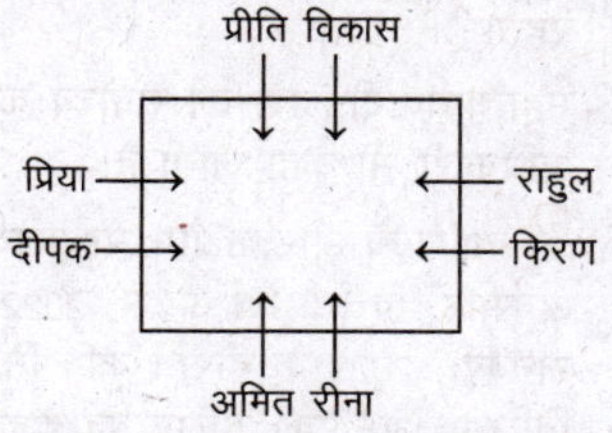

अतः दीपक के ठीक बाईं ओर प्रिया बैठी है।

8. *(d)* प्रश्नानुसार,

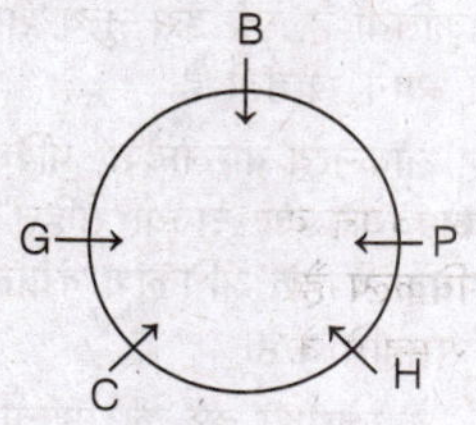

अतः G के ठीक दाईं ओर C बैठा है।

9. *(b)* दिए गए शब्दों का अंग्रेजी वर्णमाला क्रम निम्नवत् है

PICK → PING → PINK → PULL → PUSH
(3) (2) (1) (4) (5)

अभीष्ट अनुक्रम = 3, 2, 1, 4, 5

10. *(b)* दी गई संख्या शृंखला का क्रम निम्न प्रकार है,

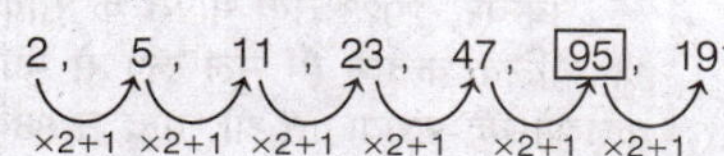

11. *(b)* दी गई प्रश्न आकृति उत्तर आकृति (b) में अन्तर्निहित है।

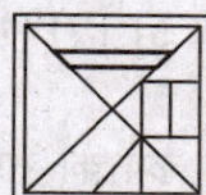

12. *(d)* प्रश्नानुसार,

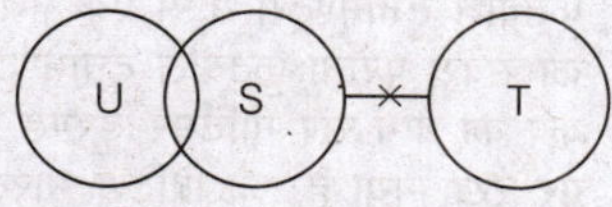

निष्कर्ष I. (✓) II. (✗)

अतः केवल निष्कर्ष I अनुसरण करता है।

13. *(c)* प्रश्नानुसार,

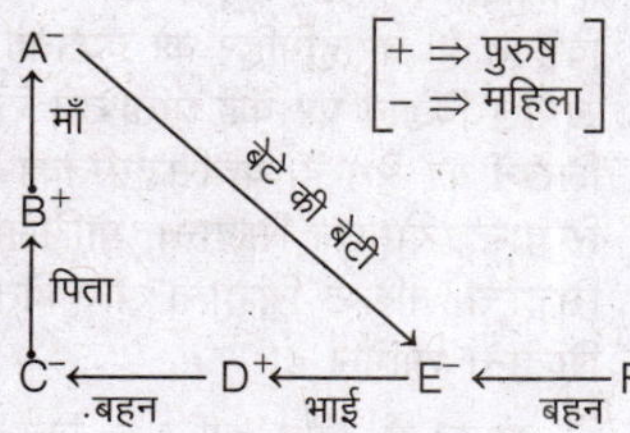

अतः E, A के बेटे की बेटी है।

14. *(a)* जिस प्रकार,

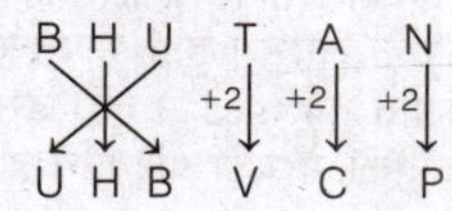

तथा G R E E C E → E R G G E G (+2, +2, +2)

उसी प्रकार, F R A N C E → A R F P E G (+2, +2, +2)

15. *(b)* जिस प्रकार, फूल, बगीचे में होते हैं। उसी प्रकार, पुस्तकें, पुस्तकालय में रखी होती हैं।

16. *(b)* दी गई शृंखला का क्रम निम्न प्रकार है,

defgh/defgh/defgh/defgh/defgh/defgh

अतः अक्षर समूह eegd शृंखला को पूरा करेगा।

17. *(a)* प्रश्नानुसार,

⊕ तस्वीर
↑ पिता
⊖ —पति→ ⊕
↑ माँ
राम

[+ ⇒ पुरुष, – ⇒ महिला]

अतः वह आदमी राम के पिता के पिता है।

18. *(d)* दिया गया समीकरण

100 R 50 S 18T9 = 152

दिए गए समीकरण में,

R = +, S = + तथा T = ÷ रखने पर,

$100 + 50 + 18 \div 9 = 152$

$\Rightarrow \quad 150 + 2 = 152$

$\Rightarrow \quad 152 = 152$

तथा 84 R30 S80 T4 = 134

$\Rightarrow \quad 84 + 30 + 80 \div 4 = 134$

$\Rightarrow \quad 114 + 20 = 134$

$\Rightarrow \quad 134 = 134$

उसी प्रकार,

75 R 125 S200 T40 = ?

$= 75 + 125 + 200 \div 40$

$= 200 + 5 = \boxed{205}$

19. *(b)* दिया गया व्यंजक

$18 + 2 \div 6 - 8 \times 24 = 22$

विकल्प (b) से, × और + को आपस में बदलने पर,

$18 \times 2 \div 6 - 8 + 24 = 22$

$\Rightarrow \quad 18 \times \frac{2}{6} - 8 + 24 = 22$

$\Rightarrow \quad 6 - 8 + 24 = 22$

$\Rightarrow \quad 22 = 22$

20. *(c)* जिस प्रकार, $B \xrightarrow{-3} Y$

$H \xrightarrow{-3} E$

$L \xrightarrow{-3} I$

उसी प्रकार, $A \xrightarrow{-3} X$

$M \xrightarrow{-3} J$

$G \xrightarrow{-3} D$

अतः ? = AMG : XJD

21. *(b)* दमित्री मेण्डेलीव एक रूसी रसायनज्ञ थे, जिन्होंने 1869 ई. में आवर्त सारणी की खोज की थी, जिसके अनुसार तत्त्वों को उनके परमाणु द्रव्यमान के बढ़ते क्रम में समूहों में रखा गया, परन्तु कुछ मुख्य कमियों के कारण यह सारणी असफल रही। इसके पश्चात् हेनरी मौसेले ने वर्ष 1913 में आधुनिक आवर्त सारणी की खोज की और पुरानी सारणी में परिवर्तन करने के पश्चात् तत्त्वों को उनकी बढ़ती परमाणु संख्या के आधार पर रखा जाने लगा।

22. *(d)* अभिनव बिन्द्रा ने वर्ष 2008 में ओलम्पिक (बीजिंग) खेलों में 10 मी एयर राइफल स्पर्द्धा में व्यक्तिगत स्वर्ण पदक जीतने वाले पहले भारतीय बनकर इतिहास रचा। वर्ष 2000 में अभिनव बिन्द्रा को अर्जुन पुरस्कार से सम्मानित किया गया। वर्ष 2001 में 18 वर्ष की आयु में राजीव गाँधी खेल रत्न पुरस्कार पाने वाले सबसे कम आयु के एथलीट बने।

23. *(d)* 8 अप्रैल, 1929 को भगत सिंह और बी. के. दत्त ने सेण्ट्रल लेजिस्लेटिव असेम्बली में बम फेंका था, जैसा कि उनके पत्रक में बताया गया था कि घटना का उद्देश्य हत्या करना नहीं, बल्कि 'बहरों को सुनाना' था। भगत सिंह व बी. के. दत्त (बटुकेश्वर दत्त) हिन्दुस्तान सोशलिस्ट रिपब्लिकन एसोसिएशन के सदस्य थे। भगत सिंह का नाम सॉण्डर्स हत्या मामले से भी जुड़ा था,

अतः उस मामले में भी भगत सिंह पर आरोप लगाए गए। अन्त में 23 मार्च, 1931 को भगत सिंह को सुखदेव तथा राजगुरु के साथ फाँसी दे दी गई।

24. *(d)* तेलंगाना राज्य सरकार ने गृहलक्ष्मी योजना, 2023 शुरू की। यह योजना SC, ST और BC समुदायों की महिलाओं के लिए एक वित्तीय सहायता कार्यक्रम है, ताकि उन्हें घर का निर्माण करने या सुधारने में मदद मिल सके।

इस योजना के तहत प्रत्येक लाभार्थी को एक बार की सहायता के रूप में तीन लाख रुपए तक की सहायता राशि प्रदान की जाएगी।

25. *(c)* लोकनृत्य 'जात्रा' (Jatra) की उत्पत्ति पश्चिम बंगाल राज्य से हुई है। यह बंगाली थिएटर का एक लोकप्रिय लोकनाट्य रूप है। विवेक (विवेक) और नियति (डर) दो आकृतियाँ है, जो इस नृत्य शैली में दर्शकों का ध्यान खींचती है।

यह लोकनृत्य बांग्लादेश, पश्चिम बंगाल, असम, ओडिशा राज्यों सहित भारतीय उपमहाद्वीप के अधिकांश बंगाली भाषी क्षेत्र से सम्बन्धित है।

26. *(d)* बेरोजगारी दर की गणना बेरोजगार श्रमिकों और श्रम बल के अनुपात के रूप में की जाती है। बेरोजगारी को बेरोजगारी दर के रूप में मापा जाता है। बेरोजगारी दर को श्रम बल में व्यक्तियों के बीच बेरोजगार व्यक्तियों के प्रतिशत के रूप में परिभाषित किया गया है।

बेरोजगारी दर की गणना

= (बेरोजगार ÷ श्रमबल) ×100

27. *(b)* नवम्बर, 2023 तक भारत के संविधान में 11 मौलिक कर्त्तव्य हैं। मूल रूप से मौलिक कर्त्तव्यों की संख्या 10 थी, बाद में 86वें संविधान संशोधन, 2002 में एक और कर्त्तव्य (11वाँ) जोड़ा गया

सभी ग्यारह (11) मौलिक कर्त्तव्य संविधान के अनुच्छेद 51 (ए) (भाग-IV-ए) में सूचीबद्ध हैं।

28. *(b)* डूरण्ड कप का सम्बन्ध फुटबॉल खेल से है। इस कप की स्थापना 1888 ई. शिमला में हुई थी। यह कप एशिया के सबसे पुराने फुटबॉल टूर्नामेण्ट्स में से एक तथा दुनिया का सबसे पुराना फुटबॉल टूर्नामेण्ट है। इस कप का नाम सर मोर्टिमर डूरण्ड के नाम पर रखा गया है, जो ब्रिटिश भारत के सचिव थे।

29. *(a)* वराहमिहिर की पुस्तक पंचसिद्धान्तिका पाँच खगोलीय सिद्धान्तों से सम्बन्धित है। पंचसिद्धान्तिका ग्रन्थ कुल 18 अध्यायों में विभक्त है। वराहमिहिर को ज्योतिष और खगोल विज्ञान पर कई प्रतिष्ठित रचनाएँ लिखने का श्रेय है। पंचसिद्धान्तिका में सूर्य सिद्धान्त, रोमाका सिद्धान्त, पॉलिसा सिद्धान्त, वशिष्ठ सिद्धान्त और पितामह सिद्धान्त शामिल हैं।

30. *(b)* भारत में हरित क्रान्ति के जनक का निधन वर्ष 2023 में हुआ था। भारत में हरित क्रान्ति के जनक डॉ. एम. एस. स्वामीनाथन थे। विश्व में हरित क्रान्ति की शुरुआत वर्ष 1950 के लगभग हुई। भारत में इसकी शुरुआत वर्ष 1968 में हुई। इस दौरान, खेती के तरीकों में बड़ा परिवर्तन हुआ।

28 सितम्बर, 2023 को स्वामीनाथन की मृत्यु हो गई।

31. *(d)* अक्टूबर, 2023 में भारतीय रिजर्व बैंक के कार्यकारी निदेशक के रूप में मुनीश कपूर को नियुक्त किया गया है। मुनीश कपूर अब आर्थिक और नीति अनुसन्धान विभाग सम्भालेंगे। मुनीश कपूर पिछले 30 वर्षों से RBI से जुड़े हुए हैं। मुनीश के पास अर्थशास्त्र में मास्टर्स डिग्री है। वह एसोसिएशन ऑफ इण्डियन बैंकर्स के प्रमाणित एसोसिएट हैं।

32. *(d)* भारतीय खिलाड़ी सन्दीप कुमार, तीरंदाजी खेल से सम्बन्धित हैं। सन्दीप कुमार ने वर्ष 2014 में एशियाई खेल (दक्षिण कोरिया) में स्वर्ण पदक जीता। सन्दीप कुमार को वर्ष 2015 में अर्जुन पुरस्कार से सम्मानित किया गया था।

33. *(a)* मोहिनीअट्टम का सम्बन्ध दक्षिण भारत के केरल से है। यह नाम एक पौराणिक मायाविनी स्त्री मोहिनी से लिया गया है। पौराणिक कथा के अनुसार, भगवान विष्णु ने समुद्रमन्थन के समय तथा भस्मासुर के वध की घटना के समय लोगों के मनोरंजन के लिए 'मोहिनी' का वेश धारण किया था।

34. *(b)* शिव कुमार शर्मा का नाम भारतीय शास्त्रीय संगीत वाद्ययन्त्र सन्तूर के लिए प्रसिद्ध है। शर्मा ने हिन्दुस्तानी संगीत के कई एल्बम जारी किए; जैसे द लास्ट वर्ड इन सन्तूर (2009)। उन्हें वर्ष 1991 में पद्मश्री व वर्ष 2001 में पद्म विभूषण से सम्मानित किया गया। वर्ष 2022 में इनकी मृत्यु हो गई।

35. *(c)* राजस्व प्राप्तियों के सन्दर्भ में विकल्प (c) सही उत्तर है। राजस्व प्राप्तियाँ, उन प्राप्तियों को सन्दर्भित करती हैं, जो न तो संगठन की सम्पत्ति को कम करती हैं और न ही सरकार पर कोई देनदारी पैदा करती है। सामान्यतः प्राप्तियाँ आवर्ती प्रकृति की होती हैं और किसी भी व्यवसाय के लाभ और हानि को प्रभावित करती हैं।

36. *(a)* भारत के महान्यायवादी भारत के राष्ट्रपति के प्रसादपर्यन्त पद पर बने रहते हैं। भारत के अटॉर्नी जनरल को संविधान की धारा-76 (1) के तहत भारत के राष्ट्रपति द्वारा नियुक्त किया जाता है और वह राष्ट्रपति के प्रसादपर्यन्त अपने पद पर रहता है।

महान्यायवादी, देश का सर्वोच्च कानूनी अधिकारी भी कहा जाता है।

37. *(b)* वाणिज्य और उद्योग मन्त्रालय के अनुसार, वित्तीय वर्ष अप्रैल, 2022 व जनवरी, 2023 के दौरान कृषि निर्यात 43.37 बिलियन अमेरिकी डॉलर का हुआ है।

वित्तीय वर्ष (2022-2023) के अप्रैल-जनवरी के दौरान भारत का कृषि अनुपात 6.04% है।

पिछले वर्ष इसी अवधि में यह 40.90 अरब डॉलर था।

38. *(c)* जून, 2023 में कार्नेगी कॉर्पोरेशन ऑफ न्यूयॉर्क की वार्षिक 'महान आप्रवासी' सूची में भारतीय नागरिक अजय बंगा को मान्यता दी गई है।

अजय बंगा दक्षिण एशियाई मूल के अमेरिकी बिजनेस एक्जीक्यूटिव हैं, जिनका उपभोक्ता वस्तुओं, वित्त और बैंकिंग तथा प्रौद्योगिक सहित विभिन्न क्षेत्रों में चार दशकों से अधिक का विशिष्ट करियर रहा है।

39. *(d)* क्षेत्रफल की दृष्टि से भारत का विश्व के देशों में 7वाँ स्थान है। भारत का कुल क्षेत्रफल 3.29 मिलियन वर्ग किमी है। क्षेत्रफल की दृष्टि से रूस विश्व का सबसे बड़ा देश है।

2011 की जनगणना के अनुसार, 1.3 अरब से अधिक जनसंख्या वाला देश भारत विश्व का दूसरा सबसे अधिक जनसंख्या वाला देश है।

40. *(b)* सांगकेन त्योहार, अरुणाचल प्रदेश (लोहित जिले) की खाम्टिस जनजाति द्वारा मनाया जाता है।

यह त्योहार एक बौद्ध त्योहार है, जहाँ मानवता के कल्याण के लिए बुद्ध की पूजा की जाती है।

41. *(c)* माना $A_2 = x$

तो $A_1 = 19x + x = 20x$

$\therefore$ अभीष्ट % $= \frac{20x - x}{20x} \times 100 = 95\%$

42. *(a)* माना A, B और C का हिस्सा क्रमशः $9x, 12x$ और $16x$ है।

प्रश्नानुसार,

$9x + 12x + 16x = 7400$

$\Rightarrow 37x = 7400$

$x = \frac{7400}{37} = 200$

$\therefore B$ का हिस्सा $= 12x = 12 \times 200 =$ ₹ 2400

वैकल्पिक विधि

B का हिस्सा $= \frac{12}{9+12+16} \times 7400$

$= \frac{12 \times 7400}{37} =$ ₹ 2400

43. *(b)* प्रश्नानुसार,

1 वर्ष का साधारण ब्याज

$= 1380 - 1320 =$ ₹ 60

$\therefore$ 2 वर्ष में साधारण ब्याज = ₹ 120

$\because$ 2 वर्ष का मिश्रधन = ₹ 1320

$\therefore$ मूलधन $= 1320 - 120 =$ ₹ 1200

माना दर $(r) = R\%$ वार्षिक

साधारण ब्याज $= \frac{\text{मूलधन} \times \text{दर} \times \text{समय}}{100}$

$\Rightarrow 120 = \frac{1200 \times R \times 2}{100}$

$\therefore R = 5\%$ वार्षिक

44. *(d)* 1 वर्ष का मिश्रधन = ₹ 1150

2 वर्ष का मिश्रधन = ₹ 1322.5

दोनों का अन्तर $= 1322.5 - 1150 =$ ₹ 172.5

$\therefore$ ब्याज की दर $= \frac{172.5}{1150} \times 100 = 15\%$

प्रश्नानुसार, माना मूलधन = ₹ x

$\Rightarrow x \times \frac{115}{100} = 1150$

$\therefore x =$ ₹ 1000

45. *(d)* प्रश्नानुसार,

C का 1 दिन का कार्य $= \frac{1}{50}$

D का 1 दिन का कार्य $= \frac{1}{25}$

माना कार्य x दिन में पूरा होगा।

$\frac{x}{50} + \frac{x}{25} = \frac{3}{10}$

$\Rightarrow \frac{3x}{50} = \frac{3}{10}$

$\therefore x = 5$ दिन

वैकल्पिक विधि

माना C की कार्यक्षमता = 1 इकाई/दिन

$\therefore D$ की कार्यक्षमता = 2 इकाई/दिन

कुल कार्य $= 50 \times 1 = 50$ इकाई

अतः दोनों के द्वारा $\frac{3}{10}$ भाग को करने में

लिया गया समय $= \frac{50 \times 3}{(2+1)10} = 5$ दिन

46. *(b)* 25 संख्याओं का योग = औसत × संख्या

$= 150 \times 25$

$= 3750$

26 संख्याओं का योग $= 160 \times 26 = 4160$

$\therefore$ नई संख्या $= 4160 - 3750 = 410$

वैकल्पिक विधि

यहाँ, $x = 160, n = 25, a = 160 - 150 = 10$

अतः नई संख्या $= x + na$

$= 160 + 25 \times 10 = 410$

47. *(b)* माना वस्तु का विक्रय मूल्य = ₹ x

$\therefore$ वस्तु का क्रय मूल्य = ₹ $\frac{5x}{8}$

$\therefore$ लाभ $= x - \frac{5x}{8} =$ ₹ $\frac{3x}{8}$

अतः अभीष्ट लाभ % $= \frac{\text{लाभ}}{\text{क्रय मूल्य}} \times 100$

$= \frac{\frac{3x}{8}}{\frac{5x}{8}} \times 100 = 60\%$

48. *(a)* माना संख्याएँ $47x$ व $47y$ हैं।

$\therefore 47x + 47y = 188$

$x + y = \frac{188}{47} = 4$

x और y का सम्भव मान = 1 और 3

अतः संख्याएँ $= 47, 47 \times 3 = 47, 141$

49. *(c)* 18, 24 और 36 का लघुत्तम समापवर्त्य

2	18, 24, 36
2	9, 12, 18
2	9, 6, 9
3	9, 3, 9
3	3, 1, 3
	1, 1, 1

$= 2 \times 2 \times 2 \times 3 \times 3 = 72$

50. *(b)* माना N की आय = ₹ $100x$

तो M की आय = ₹ $120x$

तथा L की आय $= 120x \times \frac{130}{100} =$ ₹ $156x$

अतः अभीष्ट % $= \frac{156x - 100x}{156x} \times 100$

$= \frac{56x}{156x} \times 100$

= 36% (लगभग)

51. *(c)* माना वस्तु का क्रय मूल्य = ₹ $100x$

तो वस्तु का अंकित मूल्य

$= 100x \times \frac{140}{100} =$ ₹ $140x$

यदि 10% लाभ पर बेचे तो वस्तु का विक्रय मूल्य $= 100x \times \frac{110}{100} =$ ₹ $110x$

छूट $= 140x - 110x =$ ₹ $30x$

छूट % $= \frac{\text{छूट}}{\text{अंकित मूल्य}} \times 100$

$= \frac{30x}{140x} \times 100$

$= \frac{300}{14} = 21.42\%$

52. *(b)* 28 प्रेक्षणों का योग = औसत × संख्या

$= 53 \times 28 = 1484$

प्रथम 11 प्रेक्षणों का योग $= 54 \times 11 = 594$

अन्तिम 18 प्रेक्षणों का योग $= 52.5 \times 18 = 945$

$\therefore$ 11वाँ प्रेक्षण $= 594 + 945 - 1484 = 55$

53. *(b)* शंकु की ऊँचाई $(h) = 24$ सेमी

शंकु की त्रिज्या $(r) = 10.5$ सेमी

$\therefore$ शंकु का आयतन $= \frac{1}{3}\pi r^2 h$

$= \frac{1}{3} \times \frac{22}{7} \times 10.5 \times 10.5 \times 24$

$= 2772$ सेमी^{3}

54. *(c)* माना पहली संख्या $= 3x$

दूसरी संख्या $= 5x$

प्रश्नानुसार,

$3x \times 5x = 3375$

$\Rightarrow \quad x^2 = \frac{3375}{15} = 225$

$\therefore \quad x = 15$

अतः दोनों संख्याओं का योग

$= 3x + 5x = 8x = 8 \times 15 = 120$

55. *(a)* हम जानते हैं कि, ल.स., म.स. से सदैव पूर्णतः विभाजित होता है लेकिन, 120, 16 से पूर्णतः विभाजित नहीं है।
अतः उन संख्याओं का महत्तम समापवर्तक 16 नहीं हो सकता है।

56. *(a)* दिया है,
वस्तु का विक्रय मूल्य = ₹ 1960
तथा अंकित मूल्य = ₹ 2450
छूट = 2450 − 1960 = ₹ 490

$\text{छूट \%} = \frac{\text{छूट}}{\text{अंकित मूल्य}} \times 100$

$= \frac{490}{2450} \times 100 = 20\%$

57. *(a)* माना कुल दूरी = 100 किमी
आधी दूरी तय करने में लगा समय

$= \frac{\text{दूरी}}{\text{चाल}} = \frac{50}{45} = \frac{10}{9}$ घण्टा

शेष दूरी का $40\% = \frac{50 \times 40}{100} = 20$

इस दूरी को तय करने में लगा समय

$= \frac{20}{8} = \frac{5}{2}$ घण्टा

शेष दूरी को तय करने में लगा समय

$= \frac{30}{24} = \frac{5}{4}$

$\text{औसत चाल} = \frac{\text{कुल दूरी}}{\text{कुल समय}}$

$= \frac{100}{\frac{10}{9} + \frac{5}{2} + \frac{5}{4}} = \frac{100}{\frac{175}{36}}$

$= \frac{100 \times 36}{175}$

$= \frac{144}{7}$ किमी/घण्टा

58. *(d)* मोहन के 1 दिन का काम $= \frac{1}{10}$

रोहन के 1 दिन का काम $= \frac{1}{12}$

∴ मोहन और रोहन की क्षमता का अनुपात

$= \left(\frac{1}{10} : \frac{1}{12}\right) = 6 : 5$

अतः अभीष्ट धनराशि अन्तर $= \frac{6-5}{6+5} \times 3300$

$= ₹\,300$

59. *(a)* $750 - 350 \div 7 + 43 \times 5$

$= 750 - 50 + 215 = 915$

60. *(d)* क्रमागत छूट = 15% व 10%

$\therefore \text{समतुल्य छूट} = -15 - 10 + \frac{(-15) \times (-10)}{100}$

$= -25 + 1.5 = -23.5\%$

61. *(b)* 'आपे से बाहर होना' मुहावरे का अर्थ है– अपने सामर्थ्य से अधिक क्रोध प्रकट करना।
वाक्य प्रयोग बच्चों को शोर मचाता देख, शिक्षक स्वयं आपे से बाहर हो गया।

62. *(b)* दिए गए वाक्य में कोष्ठक शब्द 'गृहिणी' का तद्भव शब्द रूप 'घरनी' है। गृहिणी तत्सम शब्द है। अन्य विकल्प असंगत हैं।

63. *(d)* दिए गए शब्द 'पवन' का पर्यायवाची 'हवा' है। पवन के अन्य पर्यायवाची शब्द वायु, समीर, अनिल आदि हैं। जबकि अन्य विकल्प असंगत हैं।

64. *(a)* 'जिस पर हमला किया गया हो' वाक्यांश के लिए एक उचित शब्द 'आक्रान्त' है। अन्य विकल्प असंगत हैं।

65. *(a)* दिए गए वाक्य में 'परन्तु मूर्खता के' वाक्यांश में त्रुटि है। सही वाक्य है यद्यपि वह पढ़ा-लिखा है, परन्तु मूर्खतापूर्ण कार्य करता है।

66. *(b)* 'खिल्लियाँ उड़ाना' मुहावरे का अर्थ है-उपहास करना।
वाक्य प्रयोग राधा के फटे हुए जूते देखकर उसके मित्रों ने उसकी खिल्लियाँ उड़ाई।

67. *(b)* दिए गए वाक्य में 'पचास ग्राम सोने' वाक्यांश में त्रुटि है। अतः वाक्य इस प्रकार है– उसके पास पचास ग्राम सोना है, जिसका हार बनवाना है।

68. *(c)* दिए गए वाक्य में रेखांकित भाग त्रुटिपूर्ण है। सही वाक्य है– तुम्हारी घड़ी में कितने बजे हैं। अन्य विकल्प असंगत हैं।

69. *(c)* दिए गए वाक्य में रेखांकित शब्दों के स्थान पर ''आपने ही तो मुझे कहा था'' सही वाक्य होगा। रेखांकित शब्द त्रुटिपूर्ण है। अन्य विकल्प असंगत हैं।

70. *(c)* दिए गए वाक्य में कोष्ठक शब्द जटिल का विलोम 'सरल' होगा। अन्य विकल्प असंगत हैं।

71. *(d)* दिए गए वाक्य के कोष्ठक शब्द 'वस्त्र' का पर्यायवाची शब्द 'दुकूल' है। वस्त्र के अन्य पर्यायवाची शब्द वसन, कपड़ा, पट, पोशाक, परिधान आदि शब्द हैं। अन्य विकल्प असंगत हैं।

72. *(d)* दिए गए वाक्य में रेखांकित शब्द 'मैहनत' की सही वर्तनी 'मेहनत' है। 'मेहनत करके जीवन व्यतीत करो' शुद्ध वाक्य है।

73. *(b)* दिए गए वाक्य में अन्तग्रत अशुद्ध वर्तनी वाला शब्द है। सही वर्तनी 'अन्तर्गत' है। अन्य विकल्प असंगत हैं।

74. *(b)* दिए गए 'संगठन' शब्द का विलोम 'विघटन' है। अन्य विकल्प असंगत हैं।

75. *(a)* दिए गए वाक्य में 'ताबकि' एक निरर्थक शब्द है, ताबकि के स्थान पर 'किताब' सार्थक शब्द है। अतः सही वाक्य है– 'किताब उठाओ और पढ़ना शुरू करो'।

76. *(b)* रिक्त स्थान (1) की पूर्ति के लिए सबसे उपयुक्त शब्द 'उपकरणों' है। अन्य विकल्प असंगत हैं। अतः पूर्ण वाक्य है– मोबाइल फोन टेलीविजन या टैबलेट जैसे उपकरणों के स्क्रीन पर बच्चों के ज्यादा समय देने को लेकर....।

77. *(b)* रिक्त स्थान (2) के लिए सबसे उपयुक्त शब्द 'व्यापक' है। अतः पूर्ण वाक्य है हाल के वर्षों में व्यापक अध्ययन हुए हैं। अन्य विकल्प असंगत हैं।

78. *(d)* रिक्त स्थान (3) के लिए सबसे उपयुक्त विकल्प 'निष्कर्ष' है। अन्य विकल्प असंगत हैं। अतः पूर्ण वाक्य है– इनके निष्कर्ष इस बात का इशारा करते हैं कि ....।

79. *(d)* रिक्त स्थान (4) के लिए सबसे उपयुक्त विकल्प 'अत्यधिक' है। अन्य विकल्प असंगत हैं। अतः सही वाक्य है–कि अत्यधिक स्क्रीन टाइम तन्त्रिका सम्बन्धी विकास ....।

80. *(a)* रिक्त स्थान (5) की पूर्ति के लिए सबसे उचित विकल्प 'बाधक' होगा। अन्य विकल्प असंगत हैं। अतः वाक्य है–आपसी मेलजोल बढ़ाने में बाधक बनते हैं।

सॉल्वड पेपर 2024

26 फरवरी 2024
(शिफ्ट II)

SSC कांस्टेबल (जीडी) सेट 21

भाग-I सामान्य बुद्धिमत्ता एवं तर्कशक्ति

1 एक निश्चित कूटभाषा में 'MUSCLE' को 'NTTBMD' लिखा जाता है। उसी कूटभाषा में 'PLANET' को कैसे लिखा जाएगा?
(a) QLCMGS (b) QLBMGS
(c) QKBMFS (d) QKBMGS

2 निम्नलिखित में से कौन-सी संख्या दी गई श्रृंखला में प्रश्नचिह्न (?) के स्थान पर आएगी?
62, 67, 74, 83, 94, 107, ?
(a) 120 (b) 122
(c) 112 (d) 121

3 उस आकृति का चयन कीजिए, जो निम्नलिखित आकृति श्रृंखला में प्रश्नचिह्न (?) के स्थान पर आएगी।

   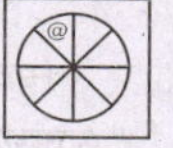 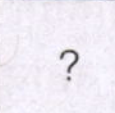

 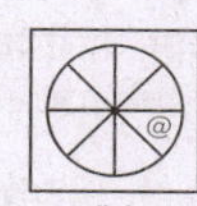  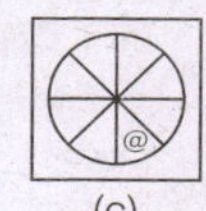 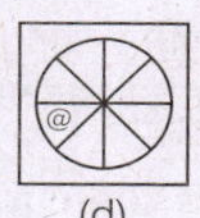
(a) (b) (c) (d)

4 एक निश्चित कूटभाषा में 'TOGETHER' को 'RPEFRICS' लिखा जाता है। 'TOMORROW' को 'RPKPPSMX' लिखा जाता है। उसी कूटभाषा में 'BATHROOM' को कैसे लिखा जाएगा?
(a) RHSPLRWM (b) ZBRIPPMN
(c) NMPPIRBZ (d) WLEPSJAS

5 नीचे एक पासे की दो स्थितियाँ दी गई हैं। 'K' वाले फलक के विपरीत फलक पर क्या आएगा?

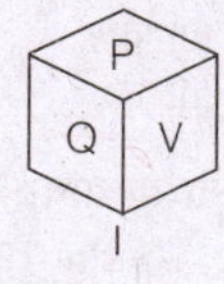

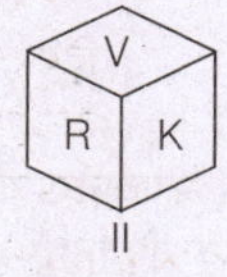

(a) R (b) V (c) Q (d) P

6 दिए गए विकल्पों में से उस आकृति का चयन कीजिए, जिसे दी गई आकृति श्रृंखला में प्रश्नचिह्न (?) के स्थान पर रखा जा सकता है।

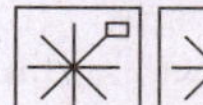     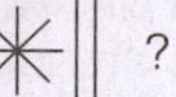

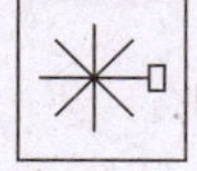  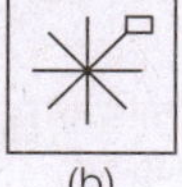 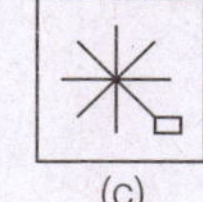 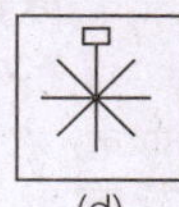
(a) (b) (c) (d)

7 छः मित्र आरव, भव्या, चारुल, देवांश, एकता और फैज़ान एक वृत्ताकार मेज पर एक-दूसरे की ओर मुख करके बैठे हैं। भव्या, फैज़ान के ठीक बाईं ओर बैठी है और आरव, भव्या के बाईं ओर से दूसरे स्थान पर बैठा है। चारुल, देवांश के बाईं ओर दूसरे स्थान पर बैठी है। भव्या और आरव दोनों का निकटतम पड़ोसी कौन है?
(a) देवांश (b) आरव (c) फैज़ान (d) भव्या

8 दिए गए शब्दों को उसी क्रम में व्यवस्थित कीजिए, जिस क्रम में वे अंग्रेजी शब्दकोश में आते हैं।
1. Consume 2. Consumer 3. Consult
4. Contact 5. Contain
(a) 3, 1, 2, 5, 4 (b) 1, 2, 3, 5, 4 (c) 3, 1, 2, 4, 5 (d) 1, 2, 4, 5, 3

9 दी गई आकृति के उस सही दर्पण प्रतिबिम्ब का चयन कीजिए, जो दर्पण MN को उस आकृति के दाईं ओर रखने पर बनेगा।

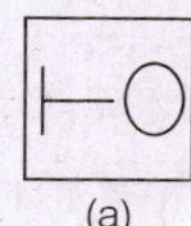 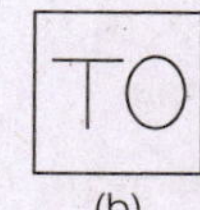 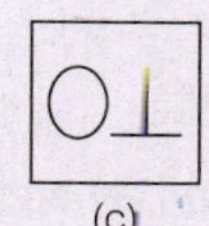 
(a) (b) (c) (d)

10 निम्नलिखित प्रश्न में, दिए गए विकल्पों में से सम्बन्धित अक्षरों का चयन कीजिए।
HXP : CSK :: ANT : ?
(a) DPP (b) ZXX (c) VIO (d) PPO

11 निम्नलिखित प्रश्न में, कुछ कथन और उन कथनों के आधार पर कुछ निष्कर्ष दिए गए हैं। आपको दिए गए कथनों को सत्य मानना है, चाहें वे सामान्यतः ज्ञात तथ्यों से भिन्न प्रतीत होते हों। सभी निष्कर्षों का ध्यानपूर्वक पढ़िए और निश्चय कीजिए, कि दिए गए निष्कर्षों में से कौन-सा/कौन-से निष्कर्ष कथनों का तार्किक रूप से अनुसरण करता है/करते हैं।

कथन कोई भूमि, कप नहीं है।
कुछ चम्मच, भूमि हैं।

निष्कर्ष
I. सभी कप, भूमि हैं।
II. सभी कप, चम्मच हैं।
III. कुछ कप, भूमि नही हैं।
(a) निष्कर्ष I और III दोनों अनुसरण करते हैं
(b) कोई भी निष्कर्ष अनुसरण नहीं करता है
(c) केवल निष्कर्ष II अनुसरण करता है
(d) केवल निष्कर्ष III अनुसरण करता है

12 छः मित्र एडम, बेथ, कार्ल, डायना, एरिक और फियोना एक वृत्ताकार मेज के चारों ओर केन्द्र की ओर मुख करके बैठे हैं। बेथ, कार्ल के ठीक दाईं ओर बैठी है। एडम, बेथ के दाईं ओर से दूसरे स्थान पर बैठा है। फियोना और एडम पड़ोसी हैं। डायना, एरिक या फियोना के बगल में नहीं बैठी है। एरिक के ठीक दाईं ओर कौन बैठा/बैठी है?

(a) कार्ल (b) एडम (c) फियोना (d) बेथ

13 यदि एक दर्पण को रेखा AB पर रखा जाए, तो विकल्प आकृतियों में से कौन-सी आकृति प्रश्न आकृति का सही प्रतिबिम्ब होगी?

(a)
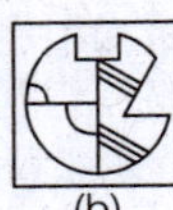
(b)

(c)
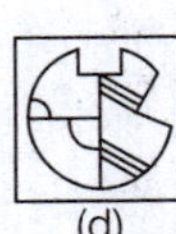
(d)

14 दिए गए विकल्पों में से किन दो संख्याओं को आपस में बदलने पर निम्नलिखित समीकरण सही होगा?

$36 \times 11 \div 3 - 10 + 4 = 49$

(a) 4 और 11 (b) 10 और 4
(c) 49 और 36 (d) 11 और 3

15 एक आदमी की तस्वीर की ओर इशारा करते हुए, राखी ने कहा, "वह मेरे दादा के बेटे का पिता है"। उस आदमी का राखी से क्या सम्बन्ध है?

(a) भाई (b) पति (c) दादा (d) पिता

16 नीचे दिए गए दो चिह्नों को आपस में बदलने पर निम्नलिखित में से कौन-सा समीकरण सही होगा?

× और ÷

(a) $70 \div 3 \times 7 + 50 - 10 = 80$ (b) $9 \times 3 - 4 \div 2 + 5 = 4$
(c) $5 + 6 \times 2 - 4 \div 1 = 10$ (d) $11 \div 12 \times 6 + 8 - 10 = 20$

17 निम्नलिखित में से कौन-सा अक्षर संख्या समूह दी गई श्रृंखला में रिक्त स्थान (.......) पर आएगा?

IAL, JAK, KAJ, LAI, ...

(a) MAJ (b) JAM
(c) HAM (d) MAH

18 निम्नलिखित विकल्पों में से, दी गई श्रृंखला से लुप्त संख्या का चयन कीजिए।

5, 19, 75, 299, 1195, ?

(a) 4781 (b) 4785
(c) 4750 (d) 4779

19 निम्नलिखित प्रश्न में, दिए गए विकल्पों में से सम्बन्धित अक्षर-युग्म का चयन कीजिए।

DHKL : CGJK :: ?

(a) NUWX : RUCN (b) ZUZY : ABOD
(c) FXYI : EWXH (d) TXZW : RULM

20 नीचे एक श्रृंखला दी गई है, जिसमें एक पद लुप्त है। दिए गए विकल्पों में से उस विकल्प का चयन कीजिए, जो श्रृंखला को पूरा करेगा।

PQRT, STUW, VWXZ, YZAC, ?

(a) BCDF (b) BRQC
(c) AMRQ (d) BMTD

भाग-II सामान्य ज्ञान

21 भारत की 2011 की जनगणना के अनुसार, राज्य/केन्द्रशासित प्रदेशों में सबसे अधिक पुरुष और महिला साक्षरता दर .... में है।

(a) गोवा (b) केरल
(c) तमिलनाडु (d) मिजोरम

22 भारतीय संविधान का मूल हस्तलिखित संस्करण किसने लिखा था?

(a) बी. आर. अम्बेडकर
(b) कैलाश नाथ काटजू
(c) बी. एन. राऊ
(d) प्रेम बिहारी नारायण रायजादा

23 भारत में इस्पात मन्त्रालय के अधीन कितने इस्पात-विनिर्माण केन्द्रीय सार्वजनिक क्षेत्र उद्यम (CPSEs) हैं?

(a) पाँच (b) चार (c) दो (d) तीन

24 भारत में आगामी 2024 चुनावों के लिए मतदान के बारे में जागरुकता बढ़ाने और मतदाताओं को शिक्षित करने के लिए राष्ट्रीय आइकन के रूप में किसे चुना गया है?

(a) आमिर खान (b) एम. एस. धोनी
(c) सचिन तेन्दुलकर (d) अमिताभ बच्चन

25 प्रसिद्ध वायलिन वादक .... ने कर्नाटक संगीत के साथ-साथ पश्चिमी शास्त्रीय संगीत में भी प्रशिक्षण प्राप्त किया।

(a) रविशंकर (b) उस्ताद जाकिर हुसैन
(c) लक्ष्मीनारायण सुब्रमण्यम (d) उस्ताद बिस्मिल्लाह खान

26 भारत में प्रथम स्वतन्त्रता संग्राम निम्नलिखित में से किस वर्ष में हुआ था?

(a) 1657 (b) 1557 (c) 1757 (d) 1857

27 प्रौद्योगिकी की दृष्टि से प्रागैतिहासिक काल को कितने युगों में बाँटा गया है?

(a) पाँच (b) चार
(c) तीन (d) छः

28 भारत की पहली पंचवर्षीय योजना के बाद, उसके बाद की दो क्रमागत पंचवर्षीय योजनाएँ .... तक तैयार की गई थीं।

(a) वर्ष 1963 (b) वर्ष 1964
(c) वर्ष 1962 (d) वर्ष 1965

29 सोनल मानसिंह का सम्बन्ध मुख्य रूप से किस नृत्य शैली से है?

(a) भरतनाट्यम और कथक (b) ओडिसी और कथक
(c) भरतनाट्यम और सत्रीय (d) ओडिसी और भरतनाट्यम

30 ब्रह्मोत्सवम पर्व ऐतिहासिक रूप से निम्नलिखित में से किस राज्य का मूल पर्व है?

(a) कर्नाटक (b) तमिलनाडु
(c) आन्ध्र प्रदेश (d) केरल

31 भारतीय खिलाड़ी सानिया मिर्जा निम्नलिखित में से कौन-सा खेल खेलती हैं?
(a) लॉन टेनिस (b) हॉकी (c) टेबल टेनिस (d) बैडमिण्टन

32 निम्नलिखित में से कौन-सी नृत्य शैली देवदासियों द्वारा जीवित रखी गई?
(a) ओडिसी (b) कुचिपुड़ी
(c) कथकली (d) भरतनाट्यम

33 मुद्रा के सम्बन्ध में निम्नलिखित में से कौन-सा कथन सही है?
I. मुद्रा की पूर्ति एक स्टॉक परिवर्त है।
II. एक निश्चित समय में लोगों में संचरण करने वाली कुल मुद्रा को मुद्रा की पूर्ति कहा जाता है।
कूट
(a) केवल I (b) केवल II
(c) I और II दोनों (d) न तो I और न ही II

34 भारत में 'न्यायिक पुनरावलोकन' की अवधारणा न्यायपालिका को उन कानूनों का पुनरावलोकन करने और उन्हें निरस्त करने की अनुमति देती है, जो ········ पाए जाते हैं।
(a) संसद से पारित
(b) राष्ट्रपति द्वारा समर्थित
(c) मौलिक अधिकारों का उल्लंघन करते हुए
(d) राज्य विधानमण्डल में दो-तिहाई बहुमत द्वारा समर्थित

35 निम्नलिखित में से, खेल एवं खेल से जुड़े व्यक्तियों का कौन-सा युग्म सही है?
I. मनु भाकर-निशानेबाजी
II. तजिन्दरपाल सिंह तूर-गोला फेंक
कूट
(a) केवल I (b) केवल II
(c) I और II दोनों (d) न तो I और न ही II

36 अगस्त, 2023 में पूर्व भारतीय क्रिकेटर ······· को चुनावी प्रक्रिया में अधिक मतदाता भागीदारी की आवश्यकता के बारे में जागरुकता फैलाने के लिए, चुनाव आयोग (EC) का 'राष्ट्रीय आइकन' चुना गया था।
(a) सचिन तेन्दुलकर (b) कपिल देव
(c) सुनील गावस्कर (d) एम. एस. धोनी

37 राष्ट्रीय ग्रामीण रोजगार गारण्टी अधिनियम (NREGA) का उद्देश्य भारत में ग्रामीण परिवारों को प्रतिवर्ष कितने दिनों के रोजगार की गारण्टी प्रदान करना है?
(a) 50 (b) 100 (c) 75 (d) 1000

38 फुटबॉल में, यदि कोई खिलाड़ी अपने किसी प्रतिद्वन्द्वी के खिलाफ ऐसा कोई भी आघात करता है, जिसे रेफरी द्वारा लापरवाही भरा, दुस्साहसी या बहुत अधिक बल का इस्तेमाल करके किए गए आघात के रूप में माना जाता है, तो एक डायरेक्ट ·········· प्रदान की जाती है।
(a) कोर्ट किक (b) हैट्रिक (c) हैड किक (d) फ्री किक

39 कम्बाला पारम्परिक भैंस दौड़ किस भारतीय राज्य में कटाई ऋतु का जश्न मनाने के लिए सर्दियों के महीनों के दौरान आयोजित की जाती है?
(a) कर्नाटक (b) तेलंगाना
(c) केरल (d) तमिलनाडु

40 वर्ष 2023 में महिला आरक्षण विधेयक-2023 [128वाँ संविधान संशोधन विधेयक, 2023] किस महीने में लोकसभा में पेश किया गया था?
(a) मई (b) जुलाई
(c) मार्च (d) सितम्बर

भाग-III गणित

41 Y और Z मिलकर एक काम को 20 दिनों में पूरा कर सकते है। Z अकेले उसी काम को 60 दिनों में पूरा कर सकता है। Y अकेले उसी काम को कितने दिनों में पूरा करेगा?
(a) 37 दिन (b) 30 दिन
(c) 42 दिन (d) 35 दिन

42 यदि A और B की आयु का अनुपात 3 : 4 है और उनकी आयु का योग 28 है, तो B की आयु ज्ञात कीजिए।
(a) 14 वर्ष (b) 17 वर्ष
(c) 16 वर्ष (d) 18 वर्ष

43 70 से 144 तक 13 के सभी गुणजों का औसत कितना है?
(a) 105 (b) 110.5 (c) 11.5 (d) 109

44 हितेन अपने पेन का मूल्य ₹ 15625 अंकित करता है और 20% की छूट देने के बाद भी वह 25% का लाभ कमाता है। पेन का क्रय मूल्य कितना है?
(a) ₹ 10500 (b) ₹ 11800
(c) ₹ 10000 (d) ₹ 12500

45 एक टेबल के क्रय मूल्य और विक्रय मूल्य के बीच का अन्तर ₹ 224 है। यदि हानि 40% है, तो विक्रय मूल्य कितना है?
(a) ₹ 406 (b) ₹ 352 (c) ₹ 306 (d) ₹ 336

46 दो रेलगाड़ियाँ 34 किमी/घण्टा और 86 किमी/घण्टा की चाल से एक ही दिशा में चल रही हैं, उनकी लम्बाइयाँ क्रमशः 300 मी और 480 मी है। तेज रेलगाड़ी और धीमी रेलगाड़ी को पार करने में कितना समय लगेगा?
(a) 54 सेकण्ड (b) 60 सेकण्ड
(c) 48 सेकण्ड (d) 36 सेकण्ड

47 उमेश एक वस्तु बेचता है और 75% का लाभ कमाता है। क्रय मूल्य और विक्रय मूल्य का अनुपात कितना होगा?
(a) 5 : 8 (b) 4 : 7 (c) 8 : 5 (d) 7 : 4

48 यदि एक समचतुर्भुज का परिमाप 200 सेमी है और इसका एक विकर्ण 80 सेमी है, तो समचतुर्भुज का क्षेत्रफल कितना है?
(a) 1600 सेमी^{2} (b) 1620 सेमी^{2}
(c) 2400 सेमी^{2} (d) 2250 सेमी^{2}

49 50 प्रेक्षणों का औसत 23 निकाला गया। उन प्रेक्षणों मे से तीन प्रेक्षण 19, 33 और 66 को गलती से 30, 38 और 69 मान लिया गया था। प्रेक्षणों का सही औसत कितना होगा?
(a) 21.78 (b) 22.62
(c) 19.92 (d) 23.42

50 तीन संख्याओं का अनुपात 9 : 8 : 7 है। यदि तीनों संख्याओं का योग 480 है, तो तीनों संख्याओं में से सबसे बड़ी संख्या कौन-सी है?
(a) 180 (b) 170
(c) 160 (d) 140

51 $0.\overline{4}+0.\overline{2}$ का मान क्या है?

(a) $\frac{6}{7}$ (b) $\frac{8}{9}$ (c) $\frac{2}{3}$ (d) $\frac{7}{8}$

52 चेतन अकेले प्रतिदिन 5 घण्टे काम करके, 6 दिनों में एक काम पूरा कर सकता है। रश्मी अकेले उसी काम को प्रतिदिन 10 घण्टे काम करके, 2 दिनों में पूरा कर सकती है। उसी काम को 4 दिनों में पूरा करने के लिए उन्हें एकसाथ मिलकर एक दिन में कितने घण्टे काम करना होगा?

(a) 3 घण्टे (b) 2.5 घण्टे
(c) 5 घण्टे (d) 4 घण्टे

53 1256 का 75% कितना है?

(a) 756 (b) 942
(c) 848 (d) 876

54 छूट की दर ज्ञात कीजिए, जब अंकित मूल्य ₹ 2280 है और विक्रय मूल्य ₹ 1482 है।

(a) 35 % (b) 40 % (c) 25 % (d) 33 %

55 $\frac{0.25\times(0.25\div0.25)}{(0.25\times0.25)\times0.25}$ का मान कितना है?

(a) 2 (b) 1.6 (c) 0.4 (d) 16

56 31 और 73 का महत्तम समापवर्तक ज्ञात कीजिए।

(a) 2 (b) 7 (c) 1 (d) 11

57 $[21+14-7\times(91\div7-12)+42]$ का मान कितना है?

(a) 80 (b) 50 (c) 70 (d) 60

58 किसी धनराशि पर 7 वर्षों के लिए 10% वार्षिक दर से साधारण ब्याज ₹ 21630 है। उसी धनराशि पर 2 वर्षों के लिए 20% की वार्षिक दर (वार्षिक रूप से संयोजित) पर चक्रवृद्धि ब्याज कितना होगा?

(a) ₹ 12788 (b) ₹ 12570
(c) ₹ 13484 (d) ₹ 13596

59 साधारण ब्याज की दर पर एक निश्चित धनराशि 8 वर्षों में स्वयं की 5 गुना हो जाती है। 24 वर्षों में समान साधारण ब्याज दर पर यह स्वयं का कितना गुना हो जाएगा?

(a) 13 (b) 11 (c) 12 (d) 10

60 A_1 का भार, A_2 के भार का छः गुना है और A_2 का भार A_3 के भार की तुलना मे 50% अधिक है। यदि तीनों का औसत भार 299 किग्रा है, तो A_1 का भार कितना है?

(a) 1544 किग्रा (b) 979 किग्रा
(c) 702 किग्रा (d) 897 किग्रा

भाग-IV हिन्दी

61 निम्नलिखित प्रश्न में चार विकल्पों में से उस विकल्प का चयन करें, जो कोष्ठक में दिए गए शब्द के तत्सम रूप का सही विकल्प है।
हमें बिना पाखण्डी और (कायर) .... बनें सब कार्य करना चाहिए।

(a) कज्जल (b) काष्ठ
(c) कुब्ज (d) कातर

62 दिए गए विकल्पों में से सार्थक शब्द ज्ञात कीजिए।

(a) चागीब (b) नथास्
(c) हवाई (d) लटिज

63 दिए गए वाक्य में रेखांकित शब्द का विलोम शब्द ज्ञात कीजिए।
हमें बड़ों का <u>अपमान</u> नहीं करना चाहिए।

(a) सम्मान (b) शोक
(c) साक्षर (d) मुक्ति

64 निम्नलिखित प्रश्न में चार विकल्पों में से उस विकल्प का चयन करें, जो रिक्त स्थान के लिए सही शब्द वाला विकल्प हो।
सपने हर किसी के होते हैं, लेकिन केवल वे जिन्हें सही मायने में संजोया जा सकता है, उन्हें ही .... माना जा सकता है।

(a) अनदेखा (b) आश्चर्य
(c) कभी-कभार (d) वास्तविक

65 निम्नलिखित वाक्य में रेखांकित भाग के लिए एक सार्थक शब्द ज्ञात कीजिए।
मेरी पत्नी के <u>नयन बिल्कुल हिरणी से</u> हैं।

(a) मृगावाती (b) मृगपादुका
(c) मृगोष्ठ (d) मृगनयनी

66 निम्नलिखित प्रश्न में चार विकल्पों में से उस विकल्प का चयन करें, जो दिए गए मुहावरे का सही अर्थ वाला विकल्प है।
'ठीकरा फूटना'

(a) अन्याय करना
(b) मुक्त कर देना
(c) किसी के सर झूठा दोष लगाना
(d) अनिष्ठ की आशंका

67 निम्नलिखित प्रश्न में चार विकल्पों में से उस विकल्प का चयन करें, जो रिक्त स्थान के लिए सही शब्द वाला विकल्प हो। रक्त और रक्त उत्पादों का आदान-प्रदान हर वर्ष लाखों लोगों को .... में सहायता करता है।

(a) व्यस्त (b) आयोजन
(c) जानकारी (d) बचाने

68 दिए गए शब्द का पर्यायवाची ज्ञात कीजिए।
'शीघ्र'

(a) दिव (b) अविलम्ब (c) विलम्ब (d) नाग

69 दिए गए वाक्य में से गलत वर्तनी ज्ञात कीजिए।
''ऐसी बाणी बोलिए जिससे हृदय शीतल रहे।''

(a) बोलिए (b) हृदय (c) शीतल (d) बाणी

70 दिए गए वाक्य का वह भाग ज्ञात करें, जिसमें कोई त्रुटि है।
ईशा ने माँ से कहा कि उसे भारत का भूगोल की एक प्रति खरीदनी है।

(a) भारत का भूगोल (b) की एक प्रति खरीदनी है।
(c) कहा कि उसे (d) ईशा ने माँ से

71 दिए गए वाक्य में रेखांकित शब्द के लिए सही वर्तनी ज्ञात कीजिए।
हमें <u>परसपर</u> सहयोग करना चाहिए।

(a) प्रसपर (b) परस्पर
(c) पर्सपर (d) परसप्र

72 निम्नलिखित प्रश्न में दिए गए चार विकल्पों में से उस विकल्प का चयन करें, जो दिए गए मुहावरे के अर्थ को सर्वश्रेष्ठ रूप से व्यक्त करता है।

''एक आँख से देखना''

(a) आँख मारना
(b) काना होना
(c) किसी को छेड़ना
(d) सबको बराबर समझना

73 दिए गए वाक्य में रेखांकित शब्द का विलोम शब्द ज्ञात कीजिए।
इसके प्रयोग के लिए शुल्क लगेगा।

(a) दौलत
(b) निःशुल्क
(c) धन
(d) भीरू

74 दिए गए वाक्य में उचित पर्यायवाची शब्द का चयन करके रिक्त स्थान की पूर्ति करें।

वह .... (लौकिक) बातों से परे है।

(a) अराधना
(b) भास्कर
(c) चैन
(d) सांसारिक

75 निम्नलिखित प्रश्न में चार विकल्पों में से उस विकल्प का चयन करें, जो रिक्त स्थान के लिए सही स्त्रीलिंग रूप वाला विकल्प हो।

तुम्हारी .... कुछ ठीक नहीं लग रही है।

(a) तबीयत
(b) होश
(c) घाव
(d) स्वास्थ्य

निर्देश (प्र.सं. 76-80) *नीचे दिए गए गद्यांश में कुछ शब्द छोड़ दिए गए हैं, प्रत्येक अनुच्छेद के सामने रिक्त स्थान के चार विकल्प दिए गए हैं। इस गद्यांश को ध्यानपूर्वक पढ़ें और चार विकल्पों में से सर्वोत्तम उत्तर वाला विकल्प चुनें।*

धन जीवन की आधारभूत आवश्यकता है, जिसके बिना कोई भी स्वस्थ और .... जीवन की कल्पना नहीं कर सकता है। हमें अपनी छोटी से छोटी आवश्यकता को पूरा करने के लिए धन की आवश्यकता होती है। आधुनिक समय में, जब सभ्यता का विकास तेजी से हो रहा है और हर कोई पाश्चात्य संस्कृति का .... कर रहा है। ऐसे समय में हमें वस्तुओं के बढ़ते हुए मूल्य के कारण अधिक धन की आवश्यकता होती है। पहले समय में एक प्रथा प्रचलन में थी, जिसे विनिमय प्रणाली कहा जाता था, जिसमें किसी को भी एक वस्तु के .... में दूसरी वस्तु प्राप्त हो जाती थी। हालाँकि, अब इस आधुनिक संसार में प्रत्येक वस्तु या चीज को खरीदने के लिए केवल धन की आवश्यकता होती है। धन का महत्त्व दिन-प्रतिदिन बढ़ता जा रहा है, क्योंकि हमारा रहन-सहन बहुत .... हो गया है। धन के महत्त्व में उत्पादन, उपभोग, विनिमय वितरण, सार्वजनिक राजस्व आदि के क्षेत्र में बड़े स्तर पर वृद्धि हुई है। यह आय, रोजगार, आगम-निर्गम, सामान्य मूल्य स्तर आदि के निर्धारण में बहुत .... भूमिका निभाता है। यदि वर्तमान समय के परिदृश्य को देखा जाए, तो इस बात में कोई सन्देह नहीं है कि जिसके पास धन की अधिकता है, वो ही संसार में अधिक सभ्य माना जाता है।

76 जिसके बिना कोई भी स्वस्थ और .... जीवन की कल्पना नहीं कर सकता है।

(a) अन्जान
(b) शान्तिपूर्ण
(c) अशान्तिपूर्ण
(d) अकेले

77 आधुनिक समय में, जब सभ्यता का विकास तेजी से हो रहा है और हर कोई पाश्चात्य संस्कृति का .... कर रहा है।

(a) प्रयास
(b) अनुसरण
(c) दोहन
(d) अनदेखा

78 जिसमें किसी को भी एक वस्तु के .... में दूसरी वस्तु प्राप्त हो जाती थी।

(a) साथ
(b) पास
(c) खरीदने
(d) बदले

79 धन का महत्त्व दिन-प्रतिदिन बढ़ता जा रहा है, क्योंकि हमारा रहन-सहन बहुत .... हो गया है।

(a) दिखावा
(b) महँगा
(c) बेकार
(d) सस्ता

80 यह आय, रोजगार, आगम-निर्गम, सामान्य मूल्य स्तर आदि के निर्धारण में बहुत .... भूमिका निभाता है।

(a) विफलता
(b) सजगता
(c) महत्त्वपूर्ण
(d) कम

उत्तरमाला

1.	(c)	2.	(b)	3.	(c)	4.	(b)	5.	(c)	6.	(b)	7.	(a)	8.	(c)	9.	(d)	10.	(c)
11.	(d)	12.	(a)	13.	(b)	14.	(a)	15.	(c)	16.	(d)	17.	(d)	18.	(d)	19.	(c)	20.	(a)
21.	(b)	22.	(d)	23.	(c)	24.	(c)	25.	(c)	26.	(d)	27.	(c)	28.	(d)	29.	(d)	30.	(c)
31.	(a)	32.	(d)	33.	(c)	34.	(c)	35.	(c)	36.	(a)	37.	(b)	38.	(d)	39.	(a)	40.	(d)
41.	(b)	42.	(c)	43.	(b)	44.	(c)	45.	(d)	46.	(a)	47.	(b)	48.	(c)	49.	(b)	50.	(a)
51.	(c)	52.	(a)	53.	(b)	54.	(a)	55.	(d)	56.	(c)	57.	(c)	58.	(d)	59.	(a)	60.	(c)
61.	(d)	62.	(c)	63.	(a)	64.	(d)	65.	(d)	66.	(c)	67.	(d)	68.	(b)	69.	(d)	70.	(a)
71.	(b)	72.	(d)	73.	(b)	74.	(d)	75.	(a)	76.	(b)	77.	(b)	78.	(d)	79.	(b)	80.	(c)

संकेत एवं हल

1. (c) जिस प्रकार,

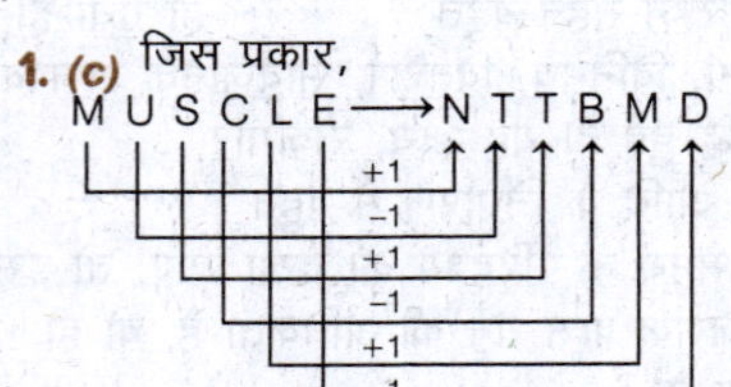

उसी प्रकार,

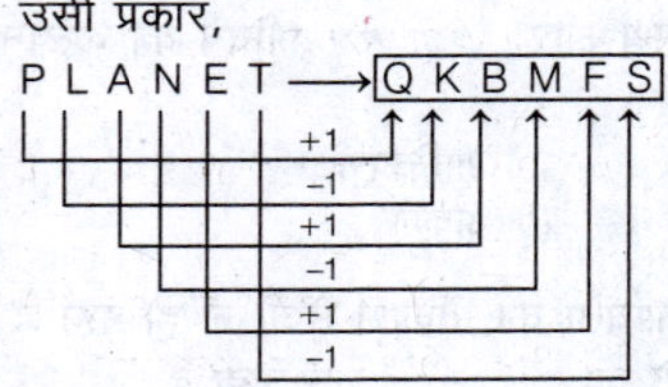

2. (b) दी गई श्रृंखला का क्रम निम्न प्रकार हैं

62 67 74 83 94 107 122
+5 +7 +9 +11 +13 +15

3. (c) दी गई आकृति श्रृंखला में '@' चिह्न वामावर्त दिशा में पहले एक स्थान, फिर दो स्थान और फिर तीन स्थान और आगे इसी क्रम में बढ़ रहा है। अतः श्रृंखला की अगली आकृति विकल्प आकृति (c) होगी।

4. (b) जिस प्रकार,

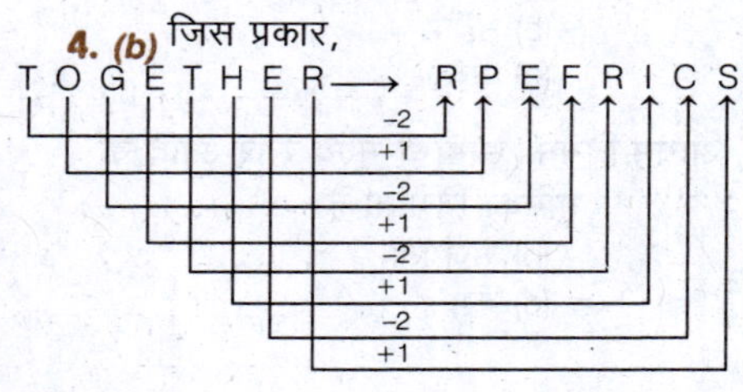

तथा

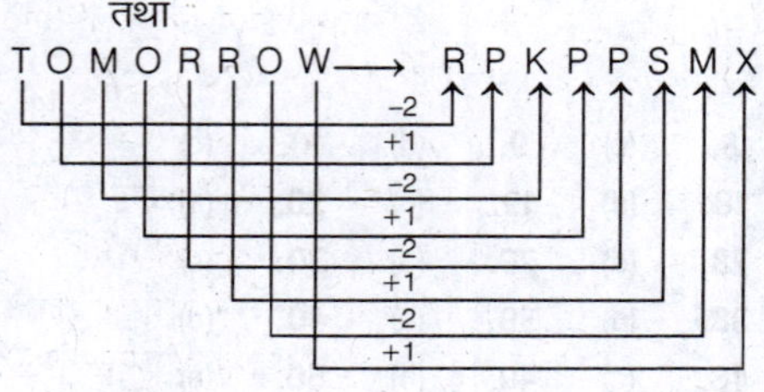

उसी प्रकार,

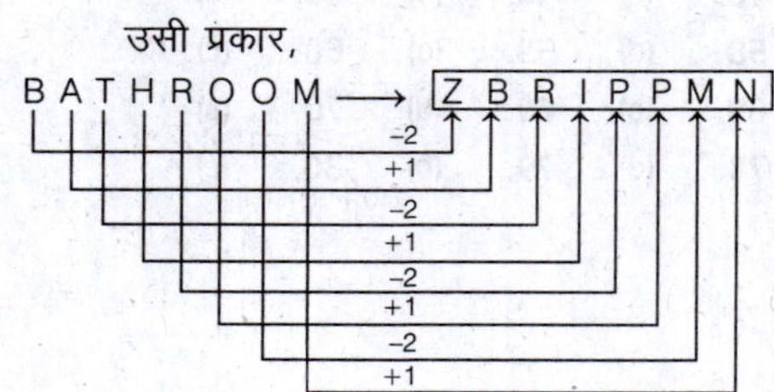

5. (c) पासे की दोनों स्थितियों में 'V' उभयनिष्ठ है। अतः

I. V Q P

II. V K R

अतः 'K' के फलक के विपरीत फलक पर 'Q' है।

6. (b) दी गई आकृति श्रृंखला में '▭' चिह्न पहले दो स्थान फिर एक स्थान और इसी दक्षिणावर्त दिशा में आगे बढ़ रहा है। अतः विकल्प (b) की आकृति, श्रृंखला की अगली आकृति होगी।

7. (a) छः मित्रो के बैठने का क्रम निम्न प्रकार है

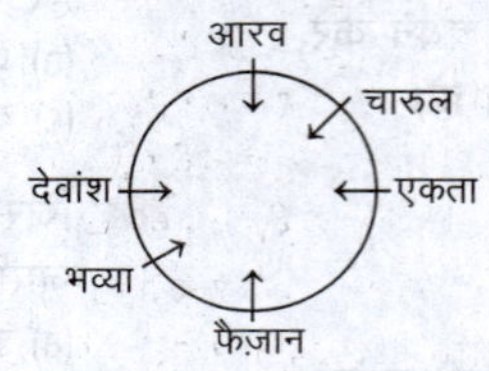

अतः आरव और भव्या का निकटतम पड़ोसी देवांश है।

8. (c) दिए गए शब्दों का अंग्रेजी शब्दकोश के अनुसार क्रम का निम्न प्रकार है

→ Consult (3) → Consume (1) → Consumer (2) → Contact (4) → Contain (5)

⇒ 3, 1, 2, 4, 5

9. (d) विकल्प आकृति (d) प्रश्न आकृति की सही दर्पण प्रतिबिम्ब है।

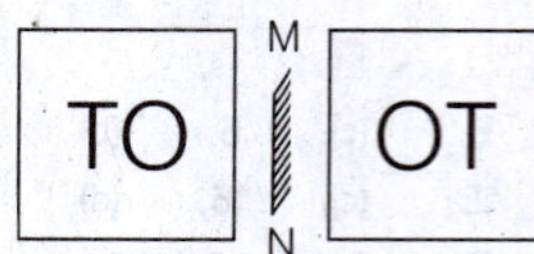

10. (c) जिस प्रकार,

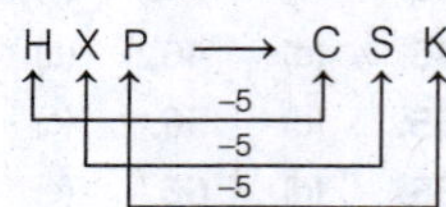

उसी प्रकार,

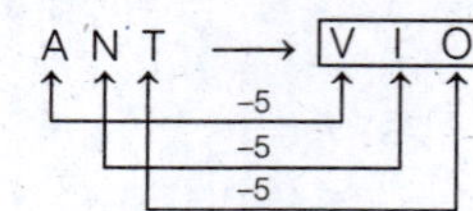

11. (d) कथनानुसार,

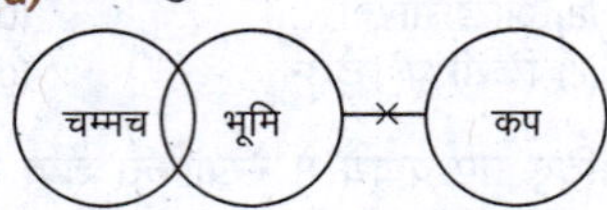

निष्कर्ष I. (✗) II. (✗) III. (✓)

अतः केवल निष्कर्ष (III) अनुसरण करता है।

12. (a) दी गई जानकारी के अनुसार छः मित्रों के बैठने का क्रम है

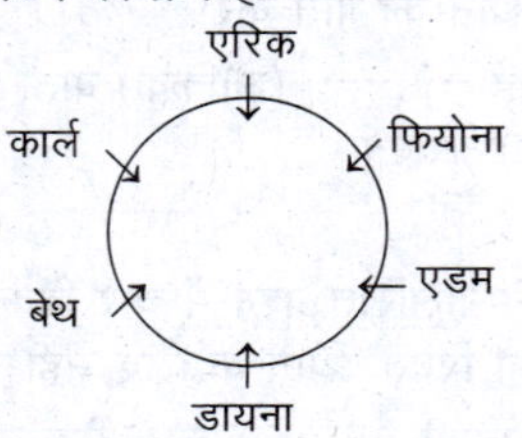

अतः एरिक के ठीक दाईं ओर कार्ल बैठा है।

13. (b) विकल्प (b), प्रश्न आकृति की सही दर्पण प्रतिबिम्ब है।

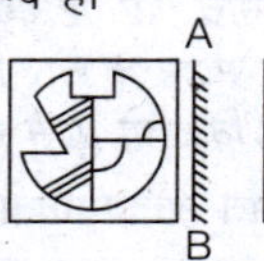

14. (a) $36 \times 11 \div 3 - 10 + 4 = 49$

विकल्प (a) के अनुसार, 4 और 11 को आपस में बदलने पर,

$36 \times 4 \div 3 - 10 + 11 = 49$

$\Rightarrow 36 \times \frac{4}{3} - 10 + 11 = 49$

$\Rightarrow 48 - 10 + 11 = 49$

$\Rightarrow 49 = 49$

LHS = RHS

15. (c) दादा का बेटा, पिता या चाचा हो सकते है और पिता का पिता, दादा होता है। अतः राखी का वह आदमी दादा लगेगा।

16. (d) विकल्प (d) में चिह्न '×' और '÷' को आपस में बदलने पर,

$11 \times 12 \div 6 + 8 - 10 = 20$

$\Rightarrow 11 \times 2 + 8 - 10 = 20$

$\Rightarrow 22 + 8 - 10 = 20$

$\Rightarrow 30 - 10 = 20$

$\Rightarrow 20 = 20$

LHS = RHS

17. *(d)* शृंखला का सही क्रम निम्न है

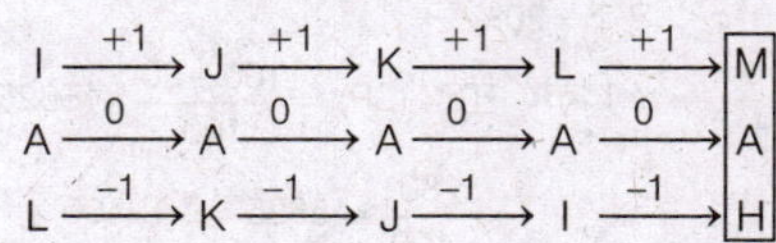

∴ ? = MAH

18. *(d)* दी गई शृंखला का क्रम निम्न प्रकार है,

5 19 75 299 1195 4779

x4–1 x4–1 x4–1 x4–1 x 4–1

19. *(c)* जिस प्रकार,

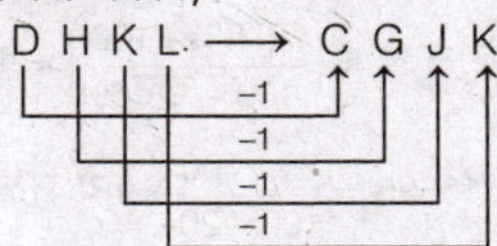

उसी प्रकार,

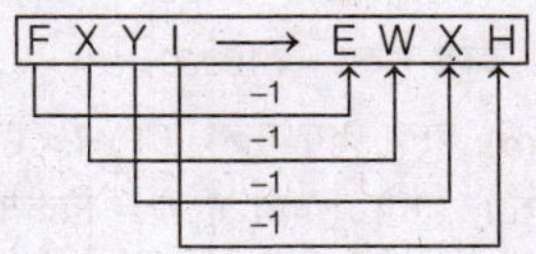

20. *(a)* दी गई शृंखला का क्रम निम्न प्रकार है

P →(+3) S →(+3) V →(+3) Y →(+3) B

Q →(+3) T →(+3) W →(+3) Z →(+3) C

R →(+3) U →(+3) X →(+3) A →(+3) D

T →(+3) W →(+3) Z →(+3) C →(+3) F

21. *(b)* भारत की जनगणना 2011 के अनुसार, राज्य/केन्द्रशासित प्रदेशों में सबसे अधिक पुरुष एवं महिला साक्षरता दर केरल की है। केरल की पुरुष साक्षरता दर 96.1 तथा महिला साक्षरता दर 92.1 है। भारत के सर्वाधिक साक्षरता दर वाले राज्य क्रमशः केरल (94), मिजोरम (91.3) एवं गोवा (88.7) हैं।

22. *(d)* भारतीय संविधान का मूल हस्तलिखित संस्करण प्रेम बिहारी नारायण रायजादा ने लिखा था।

संविधान का निर्माण करने वाली संविधान सभा का गठन वर्ष 1946 में हुआ था। इसके प्रथम अध्यक्ष 'डॉ. राजेन्द्र प्रसाद' थे। संविधान को पूर्ण रूप से तैयार होने में 2 वर्ष, 11 महीने और 18 दिन लगे। 26 नवम्बर, 1949 को संविधान पारित किया गया, जबकि 26 जनवरी, 1950 को यह पूर्ण रूप से लागू हुआ।

23. *(c)* भारत में इस्पात मन्त्रालय के अधीन दो इस्पात-विनिर्माण केन्द्रीय सार्वजनिक क्षेत्र के उद्यम हैं।

इस्पात मन्त्रालय भारत सरकार की एक कार्यकारी एजेन्सी है, जो भारत में इस्पात उत्पादन, वितरण और मूल्य निर्धारण से सम्बन्धित नीतियाँ बनाती है।

24. *(c)* भारत में आगामी वर्ष 2024 के चुनावों के लिए मतदान के बारे में जागरुकता बढ़ाने और मतदाताओं को शिक्षित करने के लिए आइकन के रूप में सचिन तेन्दुलकर को चुना गया है। तीन वर्ष के हुए समझौते के तहत सचिन तेन्दुलकर मतदाताओं के बीच मतदान सम्बन्धित जागरुकता फैलाएँगे तथा देश के सभी मतदाताओं से वोट डालने की अपील करेंगे।

25. *(c)* प्रसिद्ध वायलिन वादक लक्ष्मीनारायण सुब्रमण्यम ने कर्नाटक संगीत के साथ-साथ पश्चिमी शास्त्रीय संगीत में भी प्रशिक्षण प्राप्त किया।

लक्ष्मीनारायण सुब्रमण्यम को वायलिन चक्रवर्ती (वायलिन सम्राट) की उपाधि से सम्मानित किया गया था। उन्हें कई पुरस्कार और सम्मान मिले हैं, जिनमें प्रतिष्ठित पद्म भूषण पुरस्कार और भारत के राष्ट्रपति द्वारा प्रदान किया गया ''द मोस्ट क्रिएटिव आर्टिस्ट'' के लिए संगीत नाटक अकादमी पुरस्कार भी शामिल है।

26. *(d)* भारत में प्रथम स्वतन्त्रता संग्राम 1857 में हुआ था। 1857 का भारतीय विद्रोह ईस्ट इण्डिया कम्पनी के शासन के खिलाफ एक बड़ा विद्रोह था, जो जल्द ही भारत के अन्य हिस्सों में फैल गया। बी.डी. सावरकर ने इसे भारतीय स्वतन्त्रता का प्रथम युद्ध कहा है।

1857 के विद्रोह का तात्कालिक कारण चर्बी युक्त कारतूसों को मुँह से खोलना था।

27. *(c)* प्रौद्योगिकी की दृष्टि से प्रागैतिहासिक काल को तीन भागों में बाँटा गया है– पुरापाषाण काल, आरम्भ से (10,000 ई.पू.), मध्यपाषाण काल (9000-4000 ई.पू.) और नवपाषाण काल (7000-1000 ई.पू.)।

प्रागैतिहासिक काल को मुख्य रूप से पाषाण काल के नाम से जाना जाता है, क्योंकि इस काल में पाषाण उपकरणों की प्रधानता थी।

28. *(d)* भारत की पहली पंचवर्षीय योजना के बाद, की दो क्रमागत पंचवर्षीय योजनाएँ वर्ष 1965 तक तैयार की गई थीं।

प्रथम पंचवर्षीय योजना (1951 से 56 तक) प्राथमिक क्षेत्र विकास

द्वितीय पंचवर्षीय योजना (1956 से 61 तक) भारी उद्योग का विकास

तृतीय पंचवर्षीय योजना (1961 से 66 तक) कृषि एवं गेहूँ उत्पादन पर बल देना तथा अर्थव्यवस्था को आत्मनिर्भर बनाना था।

29. *(d)* सोनल मानसिंह भरतनाट्यम और ओडिसी में विशेषज्ञता रखने वाली एक प्रमुख भारतीय शास्त्रीय नृत्यांगना हैं।

वर्ष 1992 नें उन्हें पद्म भूषण (सबसे कम आयु की प्राप्तकर्ता) से सम्मानित किया गया तथा वर्ष 2003 में, सोनल मानसिंह पद्म विभूषण से सम्मानित होने वाली पहली भारतीय महिला नर्तकी बनी थीं।

30. *(c)* ब्रह्मोत्सवम, एक शुभ हिन्दू पर्व है, जो प्रत्येक वर्ष आन्ध्र प्रदेश के तिरुपति में तिरुमाला वेंकटेश्वर मन्दिर में मनाया जाता है।

इस त्योहार की उत्पत्ति भगवान ब्रह्मा से जुड़ी हुई है।

ब्रह्मोत्सवम पर्व नौ दिनों का त्योहार है, जो हिन्दू माह अश्विन में मनाया जाता है। यह पर्व जुलूसों, मन्दिर के रथों और प्रार्थनाओं सहित अनुष्ठानों की एक शृंखला द्वारा चिह्नित है।

31. *(a)* भारतीय खिलाड़ी सानिया मिर्जा लॉन टेनिस खेल खेलती हैं।

सानिया मिर्जा 6 ग्रैण्ड स्लैम टाइटल की विजेता हैं, जिनमें तीन मिक्स्ड डबल्स ट्रॉफियाँ शामिल हैं।

वर्ष 2006 में इन्हें पद्म श्री से सम्मानित किया गया है।

32. *(d)* भरतनाट्यम नृत्य शैली देवदासियों द्वारा जीवित रखी गई।

यह भारत की सबसे पुरानी शास्त्रीय नृत्य परम्पराओं में से एक है।

इसे 2000 वर्ष से अधिक समय पुराना माना जाता है। यह तमिलनाडु राज्य का प्रमुख नृत्य भी है। पद्मा सुब्रमण्डयम और यामिनी कृष्णमूर्ति भरतनाट्यम की प्रमुख कलाकार हैं।

33. *(c)* मुद्रा के सन्दर्भ में कथन I और II दोनों सही हैं। मुद्रा की पूर्ति स्टॉक परिवर्त है।

एक निश्चित समय में लोगों में संचरण करने वाली कुल मुद्रा को मुद्रापूर्ति कहा जाता है। **मुद्रा** पैसे या धन के उस रूप को कहते हैं, जिससे दैनिक जीवन में क्रय और विक्रय होता है। दूसरे शब्दों में, मुद्रा वस्तुओं और सेवाओं के विनिमय का साधन है। सभी देशों की अपनी मान्य मुद्रा होती है। जैसे भारत की मान्य मुद्रा रुपया (₹) तथा अमेरिका की डॉलर ($) है।

34. *(c)* भारत में 'न्यायिक पुनरावलोकन' की अवधारणा न्यायपालिका को उन कानूनों का पुनरावलोकन करने और उन्हें निरस्त करने की अनुमति देती है, जो मौलिक अधिकारों का उल्लंघन करते हुए पाए जाते हैं।

भारतीय संविधान में न्यायिक पुनरावलोकन की अवधारणा अमेरिकी संविधान से ली गई है।

न्यायिक पुनरावलोकन से तात्पर्य न्यायालय की उस शक्ति से है, जिस शक्ति के बल पर वह विधायिका द्वारा बनाए गए कानूनों, कार्यपालिका द्वारा जारी किए गए आदेशों तथा प्रशासन द्वारा किए गए कार्यों की जाँच करती है कि वह मूल ढाँचे के अनुरूप है या नहीं।

35. *(c)* युग्म I एवं II दोनों सही सुमेलित हैं। मनु भाकर का सम्बन्ध निशानेबाजी से है एवं तजिन्दरपाल सिंह तूर का सम्बन्ध गोला फेंक से है।

मनु भाकर ने ओलम्पिक की एयर पिस्टल प्रतिस्पर्द्धा में भारत का प्रतिनिधित्व किया है। तजिन्दरपाल सिंह तूर तथा दो बार के एशियाई चैम्पियन, एशियाई खेलों के स्वर्ण पदक विजेता तथा चार बार के राष्ट्रीय चैम्पियन हैं।

36. *(a)* अगस्त 2023 में पूर्व भारतीय क्रिकेटर 'सचिन तेन्दुलकर' को चुनावी प्रक्रिया में अधिक मतदाता भागीदारी की आवश्यकता के बारे में जागरुकता फैलाने के लिए चुनाव आयोग (EC) का 'राष्ट्रीय आइकन' चुना गया था। चुनाव आयोग (EC) हर चुनाव में किसी प्रसिद्ध व्यक्ति को (जिसने अपने क्षेत्र में उत्कृष्ट प्रदर्शन कर भारत का नाम सेशन किया हो और लोगों के बीच उच्च स्तर पर ख्याति अर्जित की हो) चुनाव 'आइकन' के रूप में नियुक्त करता है ताकि अधिक से अधिक व्यक्ति चुनाव में हिस्सा लेकर मत प्रतिशत में वृद्धि करें और अपनी सरकार चुनें।

37. *(b)* राष्ट्रीय ग्रामीण रोजगार गारण्टी अधिनियम (NREGA) का उद्देश्य भारत में ग्रामीण परिवारों को प्रतिवर्ष 100 दिन के रोजगार की गारण्टी प्रदान करना है।

भारत में लागू रोजगार गारण्टी योजना को, वर्ष 2005 में एक विधान द्वारा अधिनियमित किया गया था, जबकि 2 फरवरी, 2006 में इसकी शुरुआत आन्ध्र प्रदेश के अनन्तपुर जिले से की गई थी। वर्ष 2009 में इसका नाम बदलकर 'महात्मा गाँधी राष्ट्रीय ग्रामीण रोजगार गारण्टी अधिनियम (MNREGA)' किया गया।

38. *(d)* फुटबॉल में, यदि कोई खिलाड़ी अपने किसी प्रतिद्वन्द्वी के खिलाफ ऐसा कोई भी आघात करता है, जिसे रेफरी द्वारा लापरवाही भरा, दुस्साहसी या बहुत अधिक बल का प्रयोग करके किए गए आघात के रूप में माना जाता है, तो उसे एक डायरेक्ट फ्री किक प्रदान की जाती है।

फ्री किक फुटबॉल में खेल को फिर से शुरू करने का एक तरीका है।

39. *(a)* कम्बाला पारम्परिक भैंस दौड़ भारतीय राज्य कर्नाटक में कटाई ऋतु का जश्न मनाने के लिए सर्दियों के महीनों के दौरान आयोजित की जाती है।

कम्बाला अवधि नवम्बर में शुरू होती है और मार्च में समाप्त हो जाती है। यह परम्परा भगवान मंजूनाथ को समर्पित है।

40. *(d)* वर्ष 2023 में महिला आरक्षण विधेयक, 2023 संविधान संशोधन विधेयक (128वाँ) को 19 सितम्बर, 2023 को लोकसभा में पेश किया गया था।

इस संविधान (106वाँ) संशोधन अधिनियम के तहत महिलाओं के लिए लोकसभा, राज्य विधानसभाओं और दिल्ली विधानसभा में एक-तिहाई सीटें आरक्षित की गई हैं।

41. *(b)* $(Y+Z)$ द्वारा काम को करने में लिया गया समय $=20$ दिन

Z द्वारा अकेले करने में लिया गया समय $=60$ दिन

माना कुल कार्य $=60$ (20 तथा 60 का ल.स.)

$(Y+Z)$ द्वारा एक दिन में किया गया कार्य $=\frac{60}{20}=3$ कार्य

Z द्वारा अकेले एक दिन में किया गया कार्य $=\frac{60}{60}=1$ कार्य

तब, Y द्वारा अकेले एक दिन में किया गया कार्य $=3-1=2$ कार्य

Y द्वारा अकेले पूरा कार्य करने में लिया गया समय $=\frac{60}{2}=30$ दिन

42. *(c)* माना A तथा B की आयु क्रमशः $3x$ वर्ष तथा $4x$ वर्ष हैं।

उनकी आयु का योग $=28$ वर्ष

$$3x+4x=28 \Rightarrow 7x=28$$

$$\Rightarrow x=\frac{28}{7}=4$$

$\therefore$ B की आयु $=4x=4\times7=16$ वर्ष

43. *(b)* 70 से 144 तक 13 के गुणज–78, 91, 104, 117, 130, 143

$$\text{अभीष्ट औसत}=\frac{\text{गुणजों का योग}}{\text{गुणजों की संख्या}}$$

$$=\frac{78+91+104+117+130+143}{6}$$

$$=\frac{663}{6}=110.5$$

44. *(c)* अंकित मूल्य (MP) $=$ ₹ 15625

छूट $=20\%$

$\therefore$ विक्रय मूल्य (SP) $=\frac{100-20}{100}\times15625$

$=\frac{80}{100}\times15625=$ ₹ 12500

लाभ $=25\%$

क्रय मूल्य (CP) $=\frac{12500}{(100+25)}\times100$

$=\frac{12500}{125}\times100=$ ₹ 10000

वैकल्पिक विधि

$$\text{अंकित मूल्य}=\left(\frac{\text{लाभ\%}+100}{100-\text{छूट\%}}\right)\times\text{क्रय मूल्य}$$

$$15625=\frac{25+100}{100-20}\times\text{क्रय मूल्य}$$

$$\text{क्रय मूल्य}=\frac{15625\times80}{125}$$

$\therefore$ क्रय मूल्य $=$ ₹10000

45. *(d)* माना क्रय मूल्य (CP) ₹ x है।

तब, हानि $=$ क्रय मूल्य $-$ विक्रय मूल्य (SP)

हानि $=x-SP$

$\Rightarrow$ $224=x-SP$

हम जानते हैं कि,

$$\text{हानि \%}=\frac{\text{हानि}}{CP}\times100$$

$$\Rightarrow 40=\frac{x-SP}{x}\times100$$

$$\Rightarrow 40=\frac{224}{x}\times100 \Rightarrow x=560$$

$\therefore$ विक्रय मूल्य $=x-224$

$=560-224=$ ₹ 336

वैकल्पिक विधि

माना क्रय मूल्य $=$ ₹$100x$

तब, विक्रय मूल्य $=$ ₹$60x$

क्रय मूल्य $-$ विक्रय मूल्य $=100-60=$ ₹$40x$

प्रश्नानुसार,

$\therefore$ विक्रय मूल्य $=\frac{224}{40}\times60=$ ₹ 336

46. *(a)* $\text{समय}=\frac{\text{दूरी}}{\text{चाल}}$

दिया है, कुल दूरी $=300+480=780$ मी

सापेक्ष चाल $=86-34=52$ किमी/घण्टा

$=\frac{52\times5}{18}$ मी/से

$\therefore$ अभीष्ट समय $=\frac{780\times18}{52\times5}$

$\therefore$ $=54$ सेकण्ड

47. *(b)* माना क्रय मूल्य $=$ ₹100

तब विक्रय मूल्य $=\frac{(100+75)}{100\times100}=$ ₹175

अभीष्ट अनुपात = क्रय मूल्य : विक्रय मूल्य

$= 100:175 = 4:7$

48. *(c)* समचतुर्भुज का परिमाप $= 200$ सेमी

एक भुजा की लम्बाई $= \frac{200}{4} = 50$ सेमी

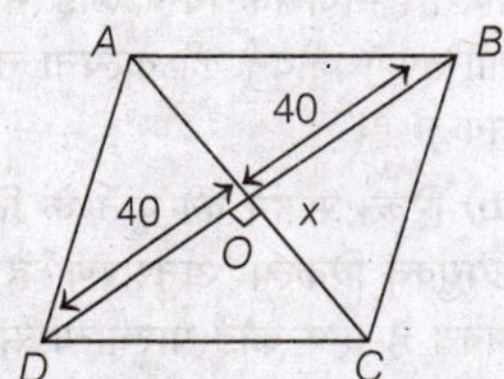

हम जानते हैं कि समचतुर्भुज के विकर्ण, एक-दूसरे को 90° पर प्रतिच्छेदित करती है।

$50^2 = 40^2 + x^2$

$\Rightarrow x^2 = 900$

$\therefore x = 30$

दूसरे विकर्ण की लम्बाई $= 30 \times 2 = 60$ सेमी

समचतुर्भुज का क्षेत्रफल

$= \frac{1}{2} \times$ विकर्णों का गुणनफल

$= \frac{1}{2} \times 80 \times 60 = 2400$ सेमी^{2}

49. *(b)* 50 प्रेक्षणों का योग $= 50 \times 23 = 1150$

प्रश्नानुसार,

नया योग

$= 1150 - (30 + 38 + 69) + (19 + 33 + 66)$

$= 1150 - 137 + 118$

$= 1131$

सही औसत $= \frac{1131}{50} = 22.62$

50. *(a)* माना तीन संख्याएँ क्रमशः $9x, 8x$ तथा $7x$ हैं।

संख्याओं का योग $= 480$

प्रश्नानुसार,

$9x + 8x + 7x = 480$

$\Rightarrow 24x = 480$

$\Rightarrow x = \frac{480}{24} = 20$

$\therefore$ बड़ी संख्या $= 9x$

$= 9 \times 20 = 180$

51. *(c)* माना $x = 0.\bar{4}$ ...(i)

समी (i) को 10 से गुणा करने पर,

$10x = 4.4$ ...(ii)

समी (i) को समी (ii) से घटाने पर,

$9x = 4$

$x = \frac{4}{9}$

उसी प्रकार, $0.\bar{2} = \frac{2}{9}$

$0.\bar{4} + 0.\bar{2} = \frac{4}{9} + \frac{2}{9} = \frac{6}{9} = \frac{2}{3}$

वैकल्पिक विधि

$0.\bar{4} + 0.\bar{2} = \frac{4}{9} + \frac{2}{9} = \frac{6}{9} = \frac{2}{3}$

52. *(a)* चेतन द्वारा कार्य को करने में लिया गया समय $= 5 \times 6 = 30$ घण्टे

तथा रश्मि द्वारा कार्य को करने में लिया गया समय $= 10 \times 2 = 20$ घण्टे

माना दोनों मिलकर प्रतिदिन x घण्टे कार्य करते हैं

प्रश्नानुसार,

$\frac{4x}{30} + \frac{4x}{20} = 1$

$\Rightarrow \frac{8x + 12x}{60} = 1$

$\therefore 20x = 60 \Rightarrow x = \frac{60}{20} = 3$ घण्टे

अतः दोनों मिलकर प्रतिदिन 3 घण्टे कार्य करेंगे।

53. *(b)* $1256 \times \frac{75}{100} = 942$

54. *(a)* अंकित मूल्य = ₹2280

विक्रय मूल्य = ₹1482

छूट $= 2280 - 1482 =$ ₹798

$\therefore$ छूट प्रतिशत $= \frac{798}{2280} \times 100 = 35\%$

55. *(d)* $\frac{0.25 \times (0.25 \div 0.25)}{(0.25 \times 0.25) \times 0.25} = \frac{0.25 \times 1}{0.0625 \times 0.25}$

$= \frac{1 \times 10000}{625} = 16$

56. *(c)* 31 और 73 का म.स. $= 1$

नोट 31 तथा 73 दोनों अभाज्य संख्याएँ हैं तथा अभाज्य संख्याओं का महत्तम समापवर्तक सदैव 1 होता है।

57. *(c)* $[21 + 14 - 7 \times (91 \div 7 - 12) + 42]$

BODMAS नियम के अनुसार,

$[21 + 14 - 7 \times (13 - 12) + 42]$

$= [35 - 7 + 42]$

$= [28 + 42]$

$= 70$

58. *(d)* समय $= 7$ वर्ष,

दर $= 10\%$ वार्षिक,

साधारण ब्याज = ₹21630

मूलधन $= \frac{\text{साधारण ब्याज} \times 100}{\text{दर} \times \text{समय}}$

$= \frac{21630 \times 100}{10 \times 7} =$ ₹30900

प्रश्नानुसार,

मूलधन = ₹30900

दर $= 20\%$

समय $= 2$ वर्ष

$\therefore$ चक्रवृद्धि ब्याज

$= \text{मूलधन}\left(1 + \frac{\text{दर}}{100}\right)^{\text{समय}} - \text{मूलधन}$

$= 30900\left(1 + \frac{20}{100}\right)^2 - 30900$

$= 30900 \times \frac{36}{25} - 30900$

$= 44496 - 30900$

= ₹13596

59. *(a)* माना मूलधन ₹ P है।

समय $= 8$ वर्ष

मिश्रधन = ₹ $5P$

साधारण ब्याज = ₹ $5P - P$ = ₹ $4P$

माना ब्याज दर $r\%$ प्रतिवर्ष है।

हम जानते हैं कि,

साधारण ब्याज

$= \frac{\text{मूलधन} \times \text{ब्याज दर} \times \text{समय}}{100}$

$\Rightarrow 4P = \frac{P \times r \times 8}{100}$

$\Rightarrow r = \frac{100}{2} = 50\%$

24 वर्षों में प्राप्त साधारण ब्याज

$= \frac{P \times 50 \times 24}{100} =$ ₹ $12P$

मिश्रधन = ₹ $(12P + P)$ = ₹ $13P$

$\therefore$ 24 वर्षों में मूलधन 13 गुना हो जाएगा।

60. *(c)* तीनों का कुल भार $= 299 \times 3 = 897$ किग्रा

$A_1 = 6(A_2) \Rightarrow A_1 : A_2 = 6:1$

$A_2 = \left(\frac{100 \times 50}{100}\right) A_3$

$= \frac{150}{100} A_3 = \frac{3}{2} A_3$

$A_2 : A_3 = 3 : 2$

$\therefore A_1 : A_2 : A_3 = 18:3:2$

अतः A_1 का भार $= \frac{897}{23} \times 18 = 702$ किग्रा

61. *(d)* कोष्ठक में दिए गए शब्द 'कायर' के तत्सम रूप का सही विकल्प 'कातर' होगा। 'कायर' शब्द तद्भव है। अन्य विकल्प असंगत हैं।

62. *(c)* दिए गए विकल्पों में से 'हवाई' सार्थक शब्द है। जिन शब्दों का कुछ-न-कुछ अर्थ हो, वे शब्द सार्थक शब्द कहलाते हैं। अतः हवाई शब्द का अर्थ हवाई जहाज, हवा के उड़ने, चलने, रहने या होने वाले से है।

63. *(a)* दिए गए वाक्य में रेखांकित शब्द अपमान का विपरीतार्थक या विलोम शब्द 'सम्मान' है। 'अपमान' का अर्थ निरादर,

तिरस्कार आदि हैं, जबकि 'सम्मान' का अर्थ आदर है। अन्य विकल्प असंगत है।

64. *(d)* दिए गए वाक्य में रिक्त स्थान के लिए सही शब्द वाला विकल्प 'वास्तविक' है। जबकि अन्य तीनों विकल्प असंगत हैं।

65. *(d)* रेखांकित भाग 'नयन बिल्कुल हिरणी' के लिए सार्थक शब्द 'मृगनयनी' है। अर्थात् मृग के समान नयन = मृगनयनी। अन्य विकल्प असंगत हैं।

66. *(c)* 'ठीकरा फूटना' मुहावरे का अर्थ है-किसी के सर झूठा दोष लगाना।

वाक्य प्रयोग राधा ने अपनी गलती का ठीकरा श्यामा पर फोड़ दिया।

67. *(d)* दिए गए विकल्पों में से रिक्त स्थान के लिए सही शब्द वाला विकल्प 'बचाने' है। अतः पूर्ण वाक्य है—रक्त उत्पादों का आदान-प्रदान हर वर्ष लाखों लोगों को बचाने में सहायता करता है। अन्य विकल्प असंगत हैं।

68. *(b)* दिए गए शब्द 'शीघ्र' का पर्यायवाची शब्द 'अविलम्ब' होगा। 'शीघ्र' शब्द का अर्थ है जल्दी तथा 'अविलम्ब' शब्द का अर्थ है बिना विलम्ब (देरी) के अर्थात् जल्दी अथवा शीघ्र। अन्य विकल्प असंगत हैं।

69. *(d)* दिए गए वाक्य में गलत वर्तनी 'बाणी' का शुद्ध वर्तनी 'वाणी' है। अतः शुद्ध वाक्य है—ऐसी वाणी बोलिए, जिससे हृदय शीतल रहे। अन्य विकल्प असंगत हैं।

70. *(a)* प्रस्तुत वाक्य में 'भारत का भूगोल' भाग में त्रुटि है। शुद्ध वाक्य है - ईशा ने माँ से कहा कि उसे भारत के भूगोल की एक प्रति खरीदनी है।

71. *(b)* दिए गए वाक्य में रेखांकित शब्द 'परसपर' का सही वर्तनी रूप 'परस्पर' है। अन्य विकल्प असंगत हैं।

72. *(d)* ''एक आँख से देखना'' मुहावरे का अर्थ है—सबको बराबर समझना।

वाक्य प्रयोग माँ अपने सभी बच्चों को एक आँख से देखती है।

73. *(b)* दिए गए वाक्य में रेखांकित शब्द 'शुल्क' का विलोम शब्द 'निःशुल्क' है। 'शुल्क' का अर्थ 'कर' फीस आदि है, जबकि 'निःशुल्क' शब्द का अर्थ बिना कर के, मुफ्त है। अन्य विकल्प असंगत हैं।

74. *(d)* दिए गए वाक्य में 'लौकिक' शब्द का पर्यायवाची शब्द 'सांसारिक' है। लौकिक अर्थात् लोक सम्बन्धी। अन्य विकल्प असंगत हैं।

75. *(a)* दिए गए वाक्य में रिक्त स्थान के लिए स्त्रीलिंग रूप वाला विकल्प 'तबीयत' है। अन्य विकल्प 'पुल्लिंग' रूप को दर्शाते हैं। अतः पूर्णः वाक्य है- तुम्हारी तबीयत कुछ ठीक नहीं लग रही है।

76. *(b)* रिक्त स्थान की पूर्ति के लिए सबसे उपयुक्त शब्द 'शान्तिपूर्ण' है। अतः पूर्ण वाक्य है—जिसके बिना कोई भी स्वस्थ और शान्तिपूर्ण जीवन की कल्पना नहीं कर सकता है।

77. *(b)* रिक्त स्थान की पूर्ति के लिए सबसे उपयुक्त विकल्प 'अनुसरण' है अतः पूर्ण वाक्य है—हर कोई पाश्चात्य संस्कृति का अनुसरण कर रहा है।

78. *(d)* रिक्त स्थान की पूर्ति के लिए सबसे उपयुक्त विकल्प 'बदले' है। अतः पूर्ण वाक्य है—जिसमें किसी को भी एक वस्तु के बदले में दूसरी वस्तु प्राप्त हो जाती थी।

79. *(b)* रिक्त स्थान की पूर्ति के लिए सबसे उपयुक्त विकल्प 'महँगा' है। अतः पूर्ण वाक्य है—धन का महत्त्व दिन-प्रतिदिन बढ़ता जा रहा है, क्योंकि हमारा रहन-सहन बहुत महँगा हो गया है।

80. *(c)* रिक्त स्थान की पूर्ति के लिए सबसे उपयुक्त विकल्प 'महत्त्वपूर्ण' है। अतः पूर्ण वाक्य है—यह आय, रोजगार, आगम-निर्गम, सामान्य मूल्य स्तर आदि के निर्धारण में बहुत महत्त्वपूर्ण भूमिका निभाता है।

26 फरवरी 2024
(शिफ्ट III)

सॉल्वड पेपर 2024

SSC कांस्टेबल (जीडी) सेट 22

भाग-I सामान्य बुद्धिमत्ता एवं तर्कशक्ति

1 नीचे दी गई दो संख्याओं को आपस में बदलने पर निम्नलिखित में से कौन-सा समीकरण सही नहीं होगा?

3 और 5

(a) $5-3+6=4$ (b) $5\times4+3-2=18$
(c) $5+3\times2-1=12$ (d) $7\times4-5+3=30$

2 आठ एथलीट सुनील, अभिषेक, मोहित, चीनू , राहुल, तनु, कोयल और अंकित एक वृत्ताकार मेज के चारों ओर केन्द्र से बाहर की ओर मुख करके बैठे हैं (परन्तु जरूरी नहीं कि वे इसी क्रम मे बैठे हों)। कोयल, राहुल के बाईं ओर से तीसरे स्थान पर बैठी है। तनु, चीनू के दाईं ओर से तीसरे स्थान पर बैठी है। मोहित, सुनील के दाईं ओर से दूसरे स्थान पर बैठा है। अभिषेक, चीनू के बाईं ओर से दूसरे स्थान पर बैठा है। तनु, सुनील के बाईं ओर से दूसरे स्थान पर बैठी है। राहुल के दाईं ओर से दूसरे स्थान पर कौन बैठा/बैठी है?

(a) अंकित (b) अभिषेक (c) कोयल (d) तनु

3 नीचे एक श्रृंखला दी गई है, जिसमें एक पद लुप्त है। दिए गए विकल्पों में से उस विकल्प का चयन कीजिए, जो श्रृंखला को पूरा करेगा।

RQ, NO, LK, HI, ?

(a) TQ (b) FE (c) FH (d) FX

4 निम्नलिखित विकल्पों में से, दी गई श्रृंखला से लुप्त संख्या का चयन कीजिए।

111, 122, 133, ?, 155, 166

(a) 145 (b) 148 (c) 143 (d) 144

5 निम्नलिखित विकल्पों मे से उस विकल्प का चयन कीजिए, जो पाँचवें अक्षर-समूह से ठीक उसी प्रकार सम्बन्धित है, जिस प्रकार चौथा अक्षर-समूह, तीसरे अक्षर-समूह से सम्बन्धित है और दूसरा अक्षर-समूह, पहले अक्षर-समूह से सम्बन्धित है।

NICE : MOHJBDDF :: KIND : JLHJMOCE :: LAZY : ?

(a) KMZBYAXZ (b) MKBZAYZX
(c) AYZXMKBZ (d) KMZBZXAY

6 निम्नलिखित प्रश्न में दी गई आकृतियों के अनुसार कागज के एक टुकड़े को मोड़कर उसमें छेद किया जाता है। विकल्पों में दी गई आकृतियों में से बताइए कि खोले जाने पर यह कैसा दिखाई देगा?

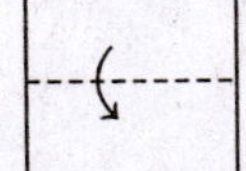
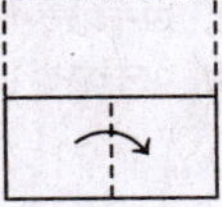
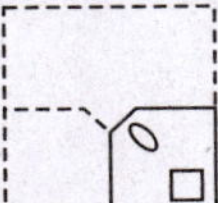

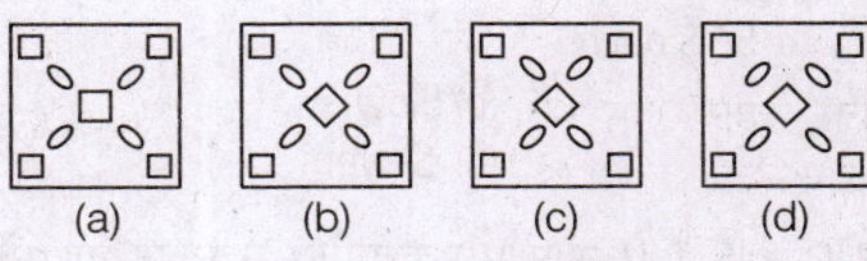

7 निम्नलिखित विकल्पों में से दी गई श्रृंखला से लुप्त संख्या का चयन कीजिए।

44, 46, 54, 86, 214, ?

(a) 719 (b) 716
(c) 726 (d) 720

8 निम्नलिखित प्रश्न में तीन कथन और उसके बाद दो निष्कर्ष I और II दिए गए हैं। दिए गए कथनों को सत्य मानते हुए, चाहें वे सामान्यतः ज्ञात तथ्यों से भिन्न प्रतीत होते हों, निश्चय कीजिए कि दिए गए निष्कर्षों में से कौन-सा निष्कर्ष कथनों का तार्किक रूप से अनुसरण करता है?

कथन

कोई भूमि, जल नहीं है।
कोई जल, वायु नहीं है।
कोई वायु, वन नहीं हैं।

निष्कर्ष

I. कोई भूमि, वन नहीं है।
II. कुछ वायु, जल है।

(a) न तो निष्कर्ष I और न ही II अनुसरण करता है
(b) निष्कर्ष I और II दोनों अनुसरण करते हैं
(c) केवल निष्कर्ष I अनुसरण करता है
(d) केवल निष्कर्ष II अनुसरण करता है

9 दिए गए विकल्पों में से उस आकृति का चयन कीजिए, जिसे दी गई आकृति श्रृंखला में प्रश्नचिह्न (?) के स्थान पर रखा जा सकता है।

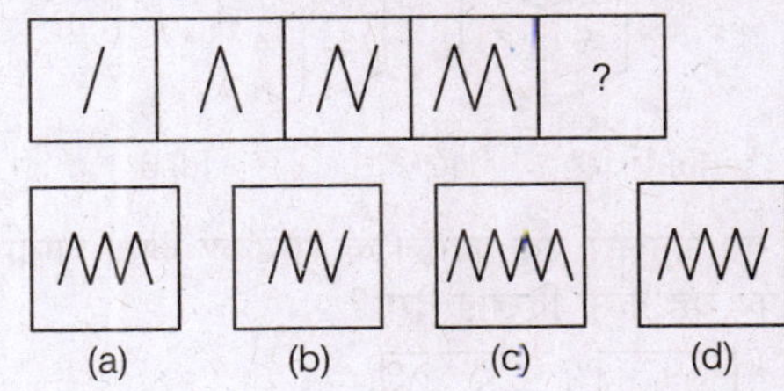

10 निम्नलिखित प्रश्न में, दिए गए विकल्पों में से सम्बन्धित अक्षर-युग्म का चयन कीजिए।

TYC : WBF :: ?

(a) AMV : VMJ
(b) POL : ZXU
(c) CDF : FGI
(d) LSU : MLL

11 एक लड़की की तस्वीर की ओर इशारा करते हुए, रमन ने कहा, 'वह मेरी माँ के पति की बहन है'। उस लड़की का रमन से क्या सम्बन्ध है?
(a) माँ (b) पिता की बहन
(c) पिता की माँ (d) बहन

12 नीचे दिए गए शब्दों को अंग्रेजी शब्दकोश क्रम के अनुसार व्यवस्थित करने पर, कौन-सा शब्द तीसरे स्थान पर आएगा?
1. Sloven 2. Slow 3. Slough
4. Slobber 5. Slouch
(a) Slouch (b) Slow
(c) Slough (d) Sloven

13 सात मित्र P, Q, R, S, T, U और V एक पंक्ति में उत्तर की ओर मुख करके बैठे हैं। S, R के ठीक दाईं ओर बैठा है। T और P, U के पड़ोसी हैं। Q, R के ठीक बाईं ओर बैठा है और बाएँ छोर से दूसरे स्थान पर है। P दाईं छोर पर बैठा है। T के ठीक दाईं ओर कौन बैठा है?
(a) U (b) P (c) R (d) Q

14 निम्नलिखित अक्षर समूहों में से अक्षरों का कौन-सा समूह क्रमबद्ध रूप से बाईं से दाईं ओर रखे जाने पर नीचे दी गई श्रृंखला को पूरा करेगा?
iijjk_iijjkkiijjk_iijjkkiijjkkiijjkkiijjkkiijjkkii_ _ kk
(a) kiji (b) kkjj
(c) jjkk (d) iijk

15 एक निश्चित कूटभाषा में 'FEAR' को 'JJEW' लिखा जाता है। उसी कूटभाषा में 'FLAT' को कैसे लिखा जाएगा?
(a) JQEY (b) JQEZ
(c) JREZ (d) JQDY

16 एक निश्चित कूटभाषा में, 'CASKM' को '69271' लिखा जाता है, 'CHARM' को '13576' लिखा जाता है और 'CIAOS' को '74682' लिखा जाता है। उसी कूटभाषा में 'H' को कैसे लिखा जाएगा?
(a) 1 (b) 6 (c) 7 (d) 3

17 नीचे एक पासे की दो स्थितियाँ दी गई हैं। '3' वाले फलक के विपरीत फलक पर क्या आएगा?

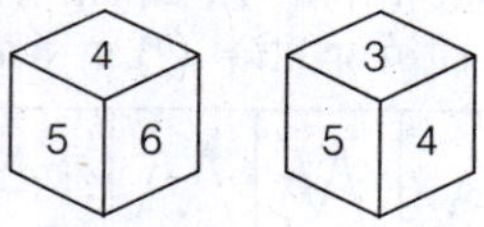

(पासा 1: ऊपर 4, सामने 5, दाएँ 6; पासा 2: ऊपर 3, सामने 5, दाएँ 4)

(a) 4 (b) 1 (c) 2 (d) 6

18 नीचे दर्शाए गए अनुसार एक कागज को मोड़कर काटा जाता है। खोले जाने पर यह कैसा दिखाई देगा?

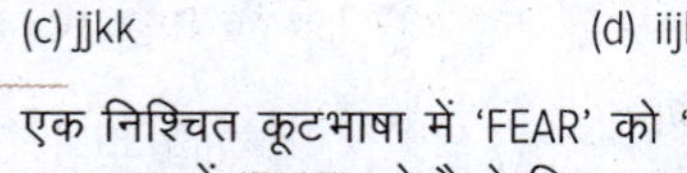

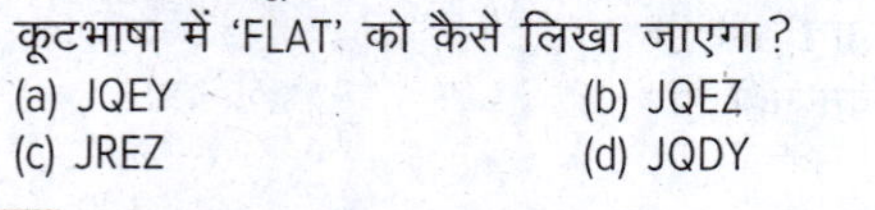

(a) (b) (c) (d)

19 दिए गए विकल्पों में से उस आकृति का चयन कीजिए, जिसे दी गई आकृति श्रृंखला में प्रश्न चिह्न (?) के स्थान पर रखा जा सकता है।

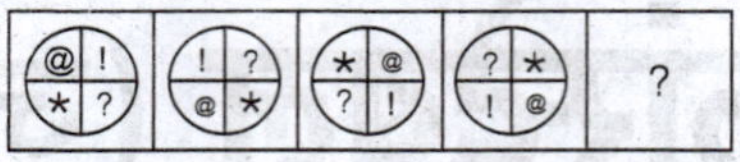

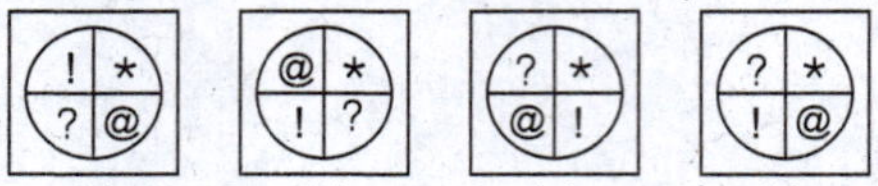

?

(a) (b) (c) (d)

20 दिए गए विकल्पों में से किन दो संख्याओं को आपस में बदलने पर निम्नलिखित समीकरण सही होगा?
$18 \times 3 \div 9 + 5 - 6 = 2$
(a) 2 और 3 (b) 5 और 9
(c) 3 और 5 (d) 18 और 6

भाग-II सामान्य ज्ञान

21 प्रधानमन्त्री नरेन्द्र मोदी ने 20 अक्टूबर, 2023 को उत्तर प्रदेश के साहिबाबाद रैपिडएक्स स्टेशन पर दिल्ली-गाजियाबाद-मेरठ आरआरटीएस कॉरिडोर के प्राथमिक खण्ड का उद्घाटन किया। आर आर टी एस में 'T' का क्या अर्थ है?
(a) ट्रैफिक (b) ट्रांसफॉर्म
(c) ट्रान्जिट (d) टेलिकॉम

22 भारतीय संविधान के अनुसार, जीवन और व्यक्तिगत स्वतन्त्रता का अधिकार, ... है।
(a) राज्य का मौलिक कर्त्तव्य
(b) गैर-प्रवर्तनीय अधिकार
(c) राज्य का नीति-निदेशक सिद्धान्त
(d) एक व्यक्ति का मौलिक अधिकार

23 वाजिद अली शाह के संरक्षण में उन्नीसवीं शताब्दी ने .... का एक स्वर्ण युग देखा।
(a) मणिपुरी (b) कुचिपुड़ी
(c) ओडिसी (d) कथक

24 निम्नलिखित में से कौन-सा तत्त्व एक s- ब्लॉक का तत्त्व है?
(a) स्कैण्डियम (b) रूबीडियम
(c) वैनेडियम (d) टाइटेनियम

25 अक्टूबर, 2023 तक ओडिशा का राज्यपाल निम्नलिखित में से कौन था?
(a) एस. सी. जमीर (b) रघुवर दास
(c) गणेशी लाल (d) हेमन्त सोरेन

26 2011 की जनगणना के अनुसार, भारत में जनसंख्या का औसत घनत्व .... व्यक्ति प्रतिवर्ग किमी है।
(a) 342 (b) 382
(c) 322 (d) 362

27 भारतीय संविधान के निम्नलिखित में से किस अनुच्छेद में राज्यों में विधानपरिषदों के सृजन का उल्लेख है?
(a) अनुच्छेद-169 (b) अनुच्छेद-165
(c) अनुच्छेद-161 (d) अनुच्छेद-173

28 वॉलीबॉल में यदि किसी सेट (पाँचवें सेट को छोड़कर) में खेल .... की बराबरी पर है, तो सेट तब तक जारी रहता है, जब तक कि एक टीम दूसरे पर दो अंकों की बढ़त नहीं बना लेती है।
(a) 14 - 14 (b) 18 - 18
(c) 24 - 24 (d) 11 - 11

29 वर्ष 1969 के एमआरटीपी अधिनियम का उद्देश्य क्या है?
(a) प्रत्यक्ष विदेशी निवेश को प्रोत्साहित करना
(b) प्रमुख उद्योगों में एकाधिकार को बढ़ावा देना
(c) एकाधिकारवादी और प्रतिबन्धात्मक व्यापार प्रथाओं को विनियमित और नियन्त्रित करना
(d) मुक्त व्यापार समझौतों को बढ़ावा देना

30 2011 की जनगणना के अनुसार, भारत में साक्षरता दर .... प्रतिशत है।
(a) 72.99 (b) 94.04
(c) 62.99 (d) 54.04

31 भारतीय खिलाड़ी अरुणा मिश्रा कौन-सा खेल खेलती हैं?
(a) मुक्केबाजी (b) टेबल टेनिस
(c) क्रिकेट (d) हॉकी

32 भारत की पहली पंचवर्षीय योजना .... पर आधारित थी।
(a) महालनोबिस योजना (b) गॉडगिल योजना
(c) नेहरू मॉडल (d) हैरोड-डोमर मॉडल

33 राष्ट्रीय नृत्य शिरोमणि पुरस्कार 2022 .... ने जीता।
(a) राज बिसारिया (b) अनुराधा पाण्डे
(c) अपर्णा सतीसन (d) एन. राजम

34 सरकारी .... सरकार की अपेक्षित प्राप्तियों और अपेक्षित व्यय (आगामी वित्तीय वर्ष के लिए) का एक विवरण है, जो विकास और स्थिरता के दोहरे उद्देश्य को प्राप्त करने के लिए सरकार की बजटीय नीति को प्रकट करता है।
(a) नीति (b) राजस्व
(c) बजट (d) योजना

35 भारत के निम्नलिखित में से किस राज्य में फ्लेमिंगो त्योहार आयोजित किया जाता है?
(a) नागालैण्ड (b) मिजोरम
(c) आन्ध्र प्रदेश (d) सिक्किम

36 .... विधवा पुनर्विवाह संघ (1861) के संस्थापक थे।
(a) देवेन्द्रनाथ टैगोर
(b) डॉ. आत्माराम पाण्डुरंग
(c) केशवचन्द्र सेन
(d) महादेव गोविन्द रानाडे

37 ...., 2023 में भारत के केन्द्रीय मन्त्रिमण्डल ने राष्ट्रीय हरित हाइड्रोजन मिशन को मंजूरी दी।
(a) जनवरी (b) जुलाई
(c) जून (d) मार्च

38 शुंग द्वारा उपयोग की जाने वाली लिपि ब्राह्मी का एक प्रकार थी और इसका उपयोग .... भाषा लिखने के लिए किया जाता था।
(a) संस्कृत (b) अंग्रेजी
(c) हिन्दी (d) उर्दू

39 निम्नलिखित में से कौन-सा प्रतिष्ठित पार्श्व गायक, जो अपनी मन्त्रमुग्ध कर देने वाली आवाज और ''मेरे सपनों की रानी कब आएगी तू'' जैसे क्लासिक हिट के लिए जाना जाता है, एक संगीत निर्देशक और संगीतकार भी थे?
(a) तलत महमूद (b) मोहम्मद रफी
(c) मुकेश (d) किशोर कुमार

40 आईसीसी अण्डर-19 महिला टी-20 विश्व कप 2023 निम्नलिखित में से किस देश ने जीता?
(a) भारत (b) इंग्लैण्ड
(c) ऑस्ट्रेलिया (d) न्यूजीलैण्ड

भाग-III गणित

41 साधारण ब्याज की एक योजना में ₹ 7000 की धनराशि निवेश की जाती है। इस योजना में ब्याज दर 20% वार्षिक है। यदि ब्याज से ₹ 1750 प्राप्त होते हैं, तो धनराशि कितने महीनों के लिए निवेश की गई है?
(a) 24 महीने (b) 21 महीने
(c) 18 महीने (d) 15 महीने

42 एक परीक्षा में सन्दीप को उत्तीर्ण अंकों से 55% कम अंक मिले। उसे 223.2 अंक मिले। यदि उत्तीर्ण प्रतिशत 62% है, तो परीक्षा के अधिकतम अंक कितने हैं?
(a) 200 (b) 400 (c) 600 (d) 800

43 एक साइकिल $ 120 में खरीदी गई और 15% के लाभ पर बेची गई। साइकिल का विक्रय मूल्य ज्ञात कीजिए।
(a) $127 (b) $138 (c) $111 (d) $142

44 $1573 \div 13\{(12-6)+(48-53)\}$ का मान ज्ञात कीजिए।
(a) 155 (b) 130 (c) 153 (d) 121

45 स्नेहा अकेले एक काम को 30 दिनों में पूरा कर सकती है और अंजू अकेले उसी काम को 45 दिनों में पूरा कर सकती है। अंजू ने शुरुआती 15 दिनों तक अकेले काम किया और फिर काम छोड़ दिया। स्नेहा अकेले शेष काम को कितने दिनों में पूरा करेगी?
(a) 28 दिन (b) 20 दिन (c) 27 दिन (d) 21 दिन

46 $810 \div 5 - 25 \times 13 + 2 \times 12$ का मान कितना है?
(a) −139 (b) −47 (c) −147 (d) −39

47 दिनेश ने ₹ 300 प्रति दर्जन की दर से 12 दर्जन सेब खरीदे। वह प्रत्येक सेब को ₹ 30 की दर से बेचता है। दिनेश को कितना लाभ हुआ?
(a) 25% (b) 20% (c) 15% (d) 10%

48 यदि 5 सेब और 8 आम का मूल्य 9 सेब और 4 आम के मूल्य के बराबर है, तो एक आम के मूल्य और एक सेब के मूल्य का अनुपात कितना है?
(a) 1 : 2 (b) 1 : 3 (c) 4 : 1 (d) 1 : 1

49 15% और 12% की दो क्रमिक छूटें .... की एक एकल छूट के समतुल्य है।
(a) 20 % (b) 18.5 %
(c) 25.2 % (d) 27 %

50 ₹ 24000 में एक कैमरा बेचने पर रितु 20% लाभ अर्जित करती है। यदि वह 25% का लाभ अर्जित करना चाहती है, तो उसे कैमरा किस मूल्य पर बेचना चाहिए था?
(a) ₹ 22000 (b) ₹ 25000
(c) ₹ 24000 (d) ₹ 27000

51 यदि X_1 का 70% = X_2 का (6/7) है, तो $X_1 : X_2$ क्या है?
(a) 7 : 30 (b) 60 : 49
(c) 30 : 7 (d) 30 : 49

52 दो रेलगाड़ियाँ 40 किमी/घण्टा और 90 किमी/घण्टा की चाल से एक ही दिशा मे चल रही हैं, उनकी लम्बाई क्रमशः 275 मी और 350 मी है। तेज रेलगाड़ी को धीमी रेलगाड़ी को पार करने में कितना समय लगेगा?
(a) 54 सेकण्ड (b) 36 सेकण्ड
(c) 45 सेकण्ड (d) 60 सेकण्ड

53 41 छात्रों की एक कक्षा में 47 किग्रा भार वाला एक नया छात्र शामिल होता है और कक्षा का औसत भार 1.5 किग्रा कम हो जाता है। कक्षा का नया औसत भार कितना है?
(a) 107.4 किग्रा (b) 108.5 किग्रा
(c) 109 किग्रा (d) 110 किग्रा

54 4.2 सेमी आधार त्रिज्या और 8 सेमी ऊँचाई वाले बेलन का कुल पृष्ठीय क्षेत्रफल कितना होगा?
(a) 346.04 सेमी^{2} (b) 322.08 सेमी^{2}
(c) 246.58 सेमी^{2} (d) 284.92 सेमी^{2}

55 ₹ 20000, 1 वर्ष के लिए 18% की वार्षिक दर से चक्रवृद्धि ब्याज पर (वार्षिक रूप से संयोजित) ऋण पर दिए जाते हैं। यदि ब्याज को अर्द्धवार्षिक रूप से संयोजित किया जाए तो कितना अधिक ब्याज प्राप्त होगा?
(a) ₹ 190 (b) 142 (c) ₹ 162 (d) ₹150

56 यदि $4P = 5Q$ और $3Q = 4R$ है, तो $P : Q : R$ का मान कितना है?
(a) 7 : 6 : 2 (b) 10 : 8 : 3
(c) 25 : 16 : 10 (d) 5 : 4 : 3

57 *A* अकेले किसी काम को 40 दिनों में पूरा कर सकता है और *B* अकेले उसी काम को 60 दिनों में पूरा कर सकता है। वे दोनों मिलकर उसी काम को कितने दिनों में पूरा करेंगे?
(a) 29 दिन (b) 25 दिन
(c) 32 दिन (d) 24 दिन

58 27 लड़कों के एक समूह की औसत आयु 21 वर्ष है। यदि कोई लड़का उस समूह को छोड़ देता है, तो औसत आयु 21.7 वर्ष हो जाती है। समूह छोड़ने वाले लड़के की आयु कितनी है?
(a) 2.8 वर्ष (b) 3.4 वर्ष
(c) 2.5 वर्ष (d) 2 वर्ष

59 $143 \times 13 \div 11 + 156 \div 13 \times 12 - 210 \times 15 \div 14$ का मान कितना है?
(a) 88 (b) 78 (c) 178 (d) 168

60 तीन संख्याएँ 3 : 9 : 11 के अनुपात में है और उनका महत्तम समापवर्तक 29 है। वे तीन संख्याएँ ज्ञात कीजिए।
(a) 58, 88 और 319 (b) 84, 240 और 300
(c) 144, 261 और 320 (d) 87, 261 और 319

भाग-IV हिन्दी

61 निम्नलिखित प्रश्न में चार विकल्पों में से, उस विकल्प का चयन करें, जो कोष्ठक में दिए गए शब्द के तद्भव रूप का सही विकल्प है
मेरे मन की (विधा) .... कोई भी नहीं समझता है।
(a) जलन (b) कड़वाहट
(c) विशेषता (d) व्यथा

62 निम्नलिखित प्रश्न में चार विकल्पों में से, उस सही विकल्प का चयन करें, जो वाक्यांश के लिए एक शब्द का विकल्प हो।
जो किसी भी गुट में नहीं है।
(a) तटवर्ती (b) तस्कर
(c) तल्लीन (d) तटस्थ

63 दिए गए वाक्य में उचित पर्यायवाची शब्द का चयन करके रिक्त स्थान की पूर्ति करें।
यह संसार एक ...... (माया) है।
(a) खून (b) छल
(c) सुरक्षा (d) जड़

64 निम्नलिखित वाक्य में उस वाक्यांश को पहचानिए, जिसमें मात्राओं से सम्बन्धित अशुद्धियाँ हैं। यदि कोई गलती नहीं है, तो 'कोई त्रुटि नहीं है' का चुनाव कीजिए।
हर व्यक्ति का कुछ महत्त्वाकांक्षा पर इच्छा/होती है जैसे जब हम बच्चे थे, तो हम कई/चीजों को देखकर रोमांचित हो उठते थे।
(a) चीजों को देखकर रोमांचित हो उठते थे
(b) होती है जैसे जब हम बच्चे थे, तो हम कई
(c) कोई त्रुटि नहीं है
(d) हर व्यक्ति का कुछ महत्त्वाकांक्षा पर इच्छा

65 दिए गए वाक्य में रेखांकित शब्द का विलोम शब्द ज्ञात कीजिए
वह <u>बेसब्री</u> से आपका इंतजार कर रहा है।
(a) सब्र (b) बेस्वाद
(c) तीव्रता (d) सहज

66 निम्नलिखित प्रश्न में चार विकल्पों में से, उस विकल्प का चयन करें, जो कोष्ठक में दिए गए शब्द के तत्सम् रूप का सही विकल्प है।
जब हम गाँव जाते हैं, तब हम वहाँ (खाट) ...... पर ही सोते हैं।
(a) खण्डगृह (b) खर्जू
(c) खटवा (d) खर्पर

67 दिए गए वाक्य का वह भाग ज्ञात करें, जिसमें कोई त्रुटि है।
मेरे को जब कुछ याद आएगा तभी मैं तुम्हें कुछ बता पाऊँगा।
(a) कुछ बता पाऊँगा। (b) मेरे को जब
(c) कुछ याद आएगा (d) तभी मैं तुम्हें

68 निम्नलिखित प्रश्न में, चार विकल्पों में से, उस विकल्प का चयन करें, जो कोष्ठक में दिए गए शब्द के विलोम शब्द का सही विकल्प है।
कई कवियों ने इस महान भूमि की (निन्दा) ...... के गीत गाए हैं।
(a) बुराई (b) भर्त्सना
(c) प्रशंसा (d) कुत्सा

69 दिए गए वाक्यांश के लिए सार्थक शब्द ज्ञात कीजिए
जिसकी पत्नी मर गई हो
(a) अभागा (b) विधुर
(c) विधवा (d) दुराचारी

70 दिए गए वाक्य में उचित पर्यायवाची शब्द का चयन करके रिक्त स्थान की पूर्ति करें। .... (खाली) स्थान भरिए।
(a) नस (b) सैना
(c) रिक्त (d) सुगम

71 निम्नलिखित प्रश्न में, चार विकल्पों में से उस सही विकल्प का चयन करें, जो वाक्यांश के लिए एक शब्द का विकल्प हो।
जो सबके मन की बात जानता हो।
(a) अन्तर्यामी (b) अनभिज्ञ
(c) अनार्य (d) अनागत

72 दिए गए वाक्य में रेखांकित शब्द के लिए सही वर्तनी ज्ञात कीजिए।
भव्या लाल रँग की शर्ट ढूँढ़ रही है।
(a) रगं (b) रग़
(c) रग (d) रंग

73 निम्नलिखित प्रश्न में चार विकल्पों में से, उस विकल्प का चयन करें जो रिक्त स्थान के लिए सही स्त्रीलिंग रूप वाला विकल्प हो
सभी को, ईश्वर की .... करनी चाहिए।
(a) देख-रेख (b) अग्नि
(c) शक्ति (d) भक्ति

74 निम्नलिखित प्रश्न में, दिए गए चार विकल्पों में से उस विकल्प का चयन करें, जो दिए गए मुहावरे के अर्थ को सर्वश्रेष्ठ रूप से व्यक्त करता है।
छिपा/छुपा रुस्तम होना
(a) चालक आदमी
(b) शर्मिला होना
(c) अपने ही घर में चोरी करना
(d) देखने में साधारण पर वस्तुतः असाधारण

75 निम्नलिखित प्रश्न में, चार विकल्पों में से उस विकल्प का चयन करें, जो दी गई लोकोक्ति का सही अर्थ वाला है।
बीमार की रात पहाड़ बराबर
(a) गन्दी लिखावट
(b) मूर्खतापूर्ण कार्य करना
(c) खराब समय मुश्किल से कटता है
(d) डर खत्म होते ही मौज मनाना

निर्देश (प्र. सं.76-80) *नीचे दिए गए गद्य में कुछ शब्द छोड़ दिए गए हैं और प्रत्येक रिक्त स्थान के चार विकल्प दिए गए हैं। इन चारों में से कौन-सा विकल्प रिक्त स्थान की पूर्ति करेगा?*

साक्षरता तो एक (1) .... है, जिसमें कच्चे आटे को तपा कर ज्ञान का हलवा निकाला जाता है। यह ज्ञान अगर पूर्ण है तो सतत (2) .... और उन्नति का मार्ग खोल देता है। अगर यह अपूर्ण रह जाए तो मनुष्य को (3) .... बना देता है। अपूर्ण ज्ञान कलिंग (4) .... के विष से भी ज्यादा प्राणघातक माना जाता है। ठीक वैसे ही जैसे (5) .... को भेदने के लिए अभिमन्यु उसमें घुस जरूर गया, परन्तु उससे बाहर नहीं आ पाया।

76 रिक्त (1) के लिए सबसे उपयुक्त विकल्प का चयन कीजिए
(a) कड़ाही (b) प्रकोप
(c) शरीर (d) प्रश्न

77 रिक्त (2) के लिए सबसे उपयुक्त विकल्प का चयन कीजिए
(a) दयाहीन (b) विकास
(c) कमजोर (d) बल

78 रिक्त (3) के लिए सबसे उपयुक्त विकल्प का चयन कीजिए
(a) बलवान (b) बलवती
(c) पंगु (d) योग्य

79 रिक्त (4) के लिए सबसे उपयुक्त विकल्प का चयन कीजिए
(a) सगुण (b) गाय (c) सर्प (d) साध्य

80 रिक्त (5) के लिए सबसे उपयुक्त विकल्प का चयन कीजिए
(a) चक्र (b) चक्रवर्ती
(c) चक्रधारी (d) चक्रव्यूह

उत्तरमाला

1.	(b)	2.	(b)	3.	(b)	4.	(d)	5.	(a)	6.	(b)	7.	(c)	8.	(a)	9.	(b)	10.	(c)
11.	(b)	12.	(c)	13.	(a)	14.	(b)	15.	(a)	16.	(d)	17.	(d)	18.	(d)	19.	(d)	20.	(a)
21.	(c)	22.	(d)	23.	(d)	24.	(b)	25.	(b)	26.	(b)	27.	(a)	28.	(c)	29.	(c)	30.	(a)
31.	(a)	32.	(d)	33.	(c)	34.	(c)	35.	(c)	36.	(d)	37.	(a)	38.	(a)	39.	(d)	40.	(a)
41.	(d)	42.	(d)	43.	(b)	44.	(d)	45.	(b)	46.	(a)	47.	(b)	48.	(d)	49.	(c)	50.	(b)
51.	(b)	52.	(c)	53.	(b)	54.	(b)	55.	(c)	56.	(d)	57.	(d)	58.	(a)	59.	(a)	60.	(d)
61.	(d)	62.	(d)	63.	(b)	64.	(d)	65.	(a)	66.	(c)	67.	(b)	68.	(c)	69.	(b)	70.	(c)
71.	(a)	72.	(d)	73.	(d)	74.	(d)	75.	(c)	76.	(a)	77.	(b)	78.	(c)	79.	(c)	80.	(d)

संकेत एवं हल

1. *(b)* विकल्प (b) से 3 और 5 को आपस में बदलने पर,

$3\times4+5-2=18 \Rightarrow 12+5-2=18$

$\Rightarrow \quad 17-2=18 \Rightarrow 15\neq18$

अतः विकल्प (b) का समीकरण संख्या बदलने पर सही नहीं है।

2. *(b)* प्रश्नानुसार,

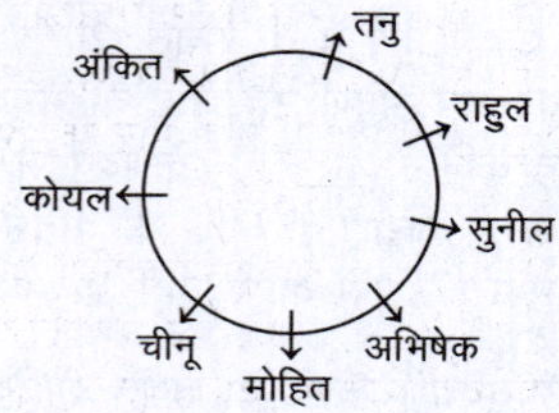

अतः स्पष्ट है कि राहुल के दाईं ओर दूसरे स्थान पर अभिषेक है।

3. *(b)* अक्षर शृंखला का क्रम निम्न प्रकार है,

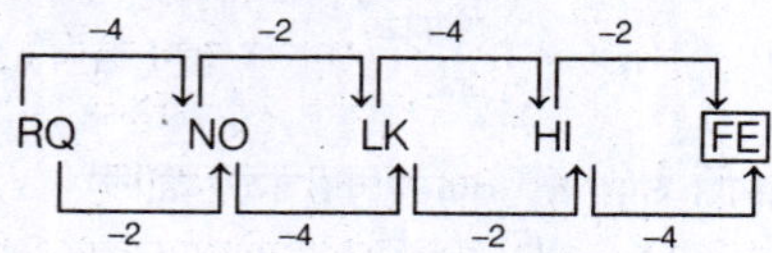

4. *(d)* संख्या शृंखला का क्रम निम्न प्रकार है,

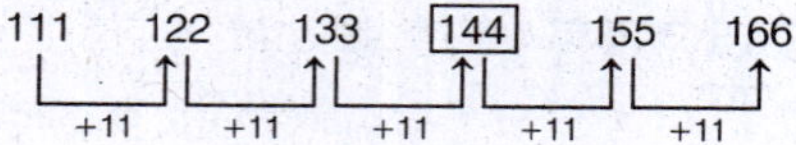

5. *(a)* जिस प्रकार,

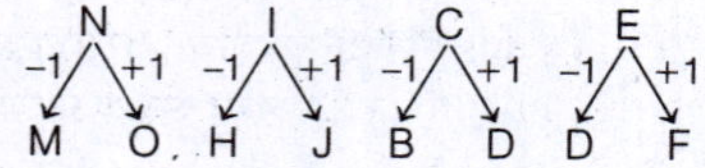

तथा

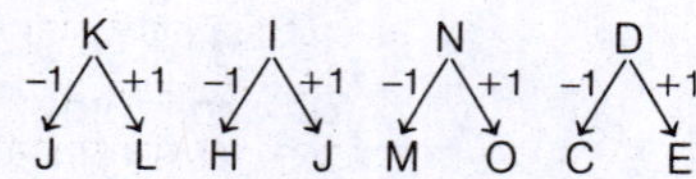

उसी प्रकार,

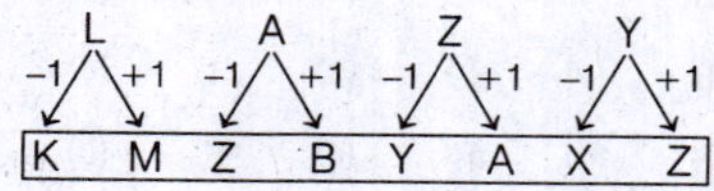

6. *(b)* कागज के टुकड़े को मोड़ने, छेदने तथा खोलने के पश्चात् यह विकल्प आकृति (b) जैसी दिखाई देगी।

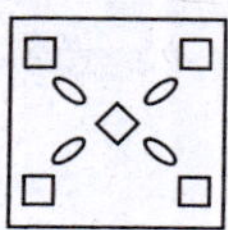

7. *(c)* दी गई संख्या शृंखला का क्रम निम्न प्रकार है

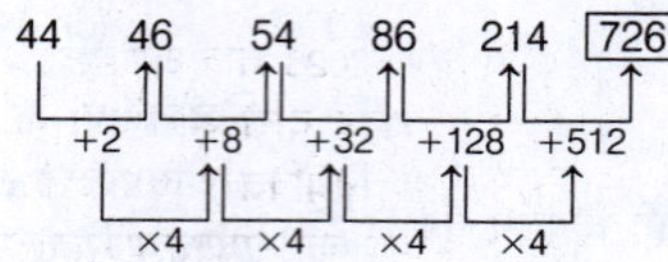

8. *(a)* कथनानुसार,

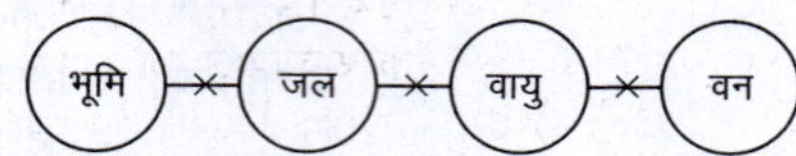

निष्कर्ष I. (✗) II. (✗)

अतः स्पष्ट है कि दोनों निष्कर्ष अनुसरण नहीं करते हैं।

9. *(b)* दी गई आकृति शृंखला में प्रत्येक अगली आकृति में एक लाइन बढ़ रही है

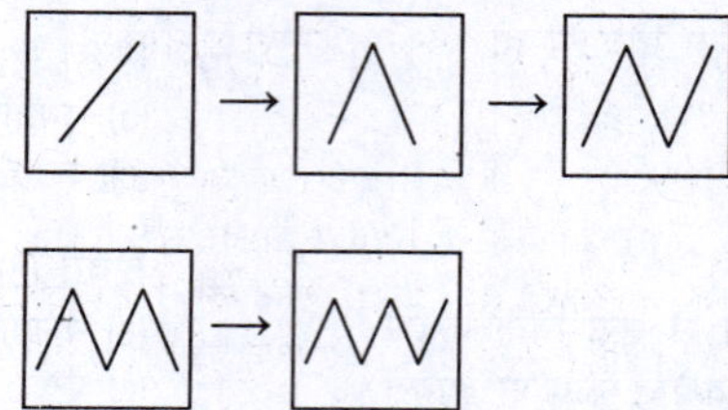

10. *(c)* जिस प्रकार,

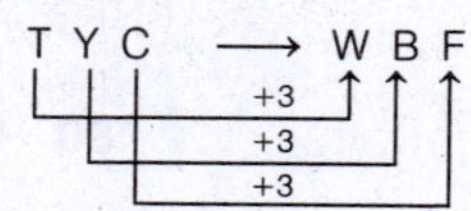

उसी प्रकार,

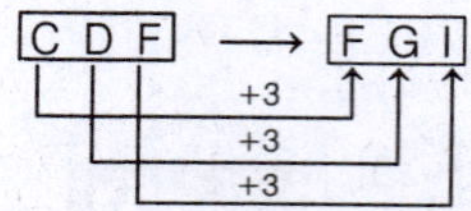

11. *(b)* प्रश्नानुसार,

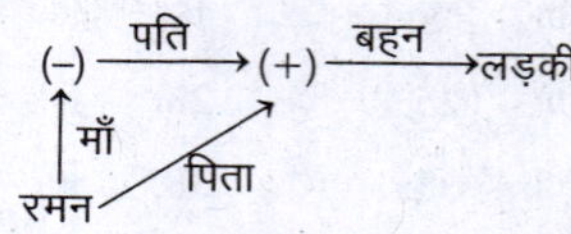

अतः लड़की, रमन के पिता की बहन है।

12. *(c)* दिए गए अंग्रेजी शब्दकोश के अनुसार व्यवस्थित करने पर,

Slobber → Slouch → Slough → Sloven → Slow

अतः अक्षर 'Slough' तीसरे स्थान पर आएगा।

13. *(a)* सात मित्रों का एक पंक्ति में उत्तर की ओर मुख करके बैठने का उचित क्रम निम्न है

↑↑↑↑↑↑↑
V Q R S T U P

अतः स्पष्ट है कि T के ठीक दाईं ओर U बैठा है।

14. *(b)* अक्षर समूहों में अक्षर सही क्रम निम्न है

iijjkk / iijjkk / iijjkk / iijjkk

/iijjkk / iijjkk / iijjkk / iijjkk / iijjkk

अतः अक्षर kkjj शृंखला को पूरा करेंगे।

15. *(a)* जिस प्रकार,

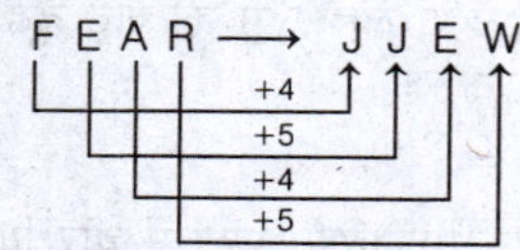

उसी प्रकार,

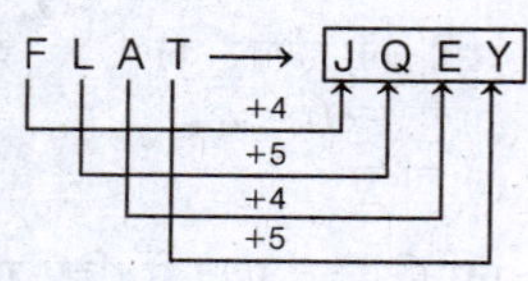

16. *(d)* प्रश्नानुसार,

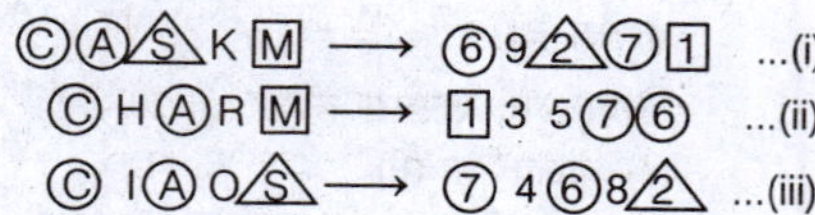

समी (i), (ii) व (iii) से,

$H \Rightarrow 3/5$

विकल्पों के अनुसार,

$H=3$

17. *(d)* पासे की दोनों आकृतियों में 5 तथा 4 उभयनिष्ठ हैं अर्थात तीसरी संख्या एक-दूसरे के विपरीत है।

अतः '3' के विपरीत फलक पर 6 होगा।

18. *(d)* कागज को मोड़ने, काटने तथा खोलने के पश्चात् यह विकल्प आकृति (d) जैसी दिखाई देगी।

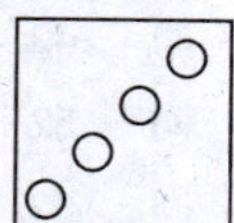

19. *(d)* दी गई आकृति शृंखला में, आकृति के अन्दर दिए गए प्रतीक पहले, दूसरे और तीसरे चरण में क्रमशः 1, 2 और 3 स्थान वामावर्त दिशा में आगे बढ़ रहे हैं।

अतः '?' के स्थान पर विकल्प (d) की आकृति आएगी।

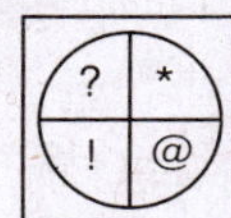

20. *(a)* विकल्प (a) से 2 और 3 को आपस में बदलने पर,

$18 \times 2 \div 9 + 5 - 6 = 3$

$\Rightarrow \quad 18 \times \frac{2}{9} + 5 - 6 = 3$

$\Rightarrow \quad 4 + 5 - 6 = 3$

$\Rightarrow \quad 9 - 6 = 3$

$\Rightarrow \quad 3 = 3$

LHS = RHS

21. *(c)* प्रधानमन्त्री नरेन्द्र मोदी ने 20 अक्टूबर, 2023 को उत्तर प्रदेश के साहिबाबाद रैपिडएक्स (Rapidx) स्टेशन पर दिल्ली-गाजियाबाद मेरठ आरआरटीएस कॉरिडोर के प्राथमिक खण्ड का उद्घाटन किया। आरआरटीएस (RRTS) में 'T' का अर्थ 'ट्रान्जिट' (Transit) है। RRTS का पूर्ण रूप रीजनल रैपिड ट्रान्जिट सिस्टम है। वर्ष 2025 तक दिल्ली-गाजियाबाद-मेरठ कॉरिडोर के सभी स्टेशनों का संचालन शुरू करने का लक्ष्य है।

22. *(d)* भारतीय संविधान के अनुसार जीवन और व्यक्तिगत स्वतन्त्रता का अधिकार एक व्यक्ति का मौलिक अधिकार है। मौलिक अधिकार भारत के संविधान के भाग-3 (अनुच्छेद 12 से 35) में वर्णित भारतीय नागरिकों को प्रदान किए गए वह अधिकार हैं, जो सामान्य स्थिति में, सरकार द्वारा सीमित नहीं किए जा सकते। इनकी सुरक्षा का प्रहरी सर्वोच्च न्यायलय है। भारतीय संविधान में मौलिक अधिकार का प्रावधान अमेरिकी संविधान से लिया गया है।

23. *(d)* वाजिद अली शाह के संरक्षण में उन्नीसवीं शताब्दी ने कथक का एक स्वर्ण युग देखा। कथक भारतीय शास्त्रीय नृत्य के आठ प्रमुख रूपों में से एक है। यह उत्तर प्रदेश का शास्त्रीय नृत्य है। कथक के महत्त्वपूर्ण समर्थक मुगल शासक, उनके कुलीन, राजस्थान और लखनऊ के दरबारी और अवध के अन्तिम नवाब वाजिद अलीशाह थे। पण्डित बिरजू महाराज को कथक नृत्य का प्रतिपादक माना जाता है।

24. *(b)* रूबीडियम की खोज 'गुस्ताव किर्चोफ' और रॉबर्ट बनसन द्वारा 1861 ई. में की गई थी। यह एक क्षारीय धातु है, जिसका प्रतीक 'Rb' है तथा परमाणु संख्या 37 है। यह आवर्त सारणी के समूह 'I' तथा अवधि '5' में स्थित है। रूबीडियम 'S' ब्लॉक का एक तत्त्व है। यह चाँदी जैसा सफेद होता है। इसका उपयोग पटाखों में जामनी-लाल रंग देने व फाइबर ऑप्टिक प्रणाली और रात्रि दृष्टि उपकरणों जैसी अन्य वस्तुओं में किया जाता है।

25. *(b)* अक्टूबर, 2023 तक ओडिशा के राज्यपाल रघुवर दास थे। राज्य में राज्यपाल की नियुक्ति राष्ट्रपति द्वारा की जाती है। राज्य की समस्त कार्यवाही शक्ति इसी में ही निहित होती हैं। भारतीय संविधान के अनुच्छेद-153 के तहत प्रत्येक राज्य के लिए एक राज्यपाल का प्रावधान किया गया है।

26. *(b)* 2011 की जनगणना के अनुसार, भारत में जनसंख्या का औसत घनत्व 382 व्यक्ति प्रतिवर्ग किमी है। जनसंख्या घनत्व का विश्वव्यापी औसत लगभग 15 व्यक्ति प्रतिवर्ग किमी था। जनगणना 2011 भारत की 15वीं जनगणना थी। 2011 की जनगणना का आदर्श वाक्य 'हमारी जनगणना हमारा भविष्य' था।

27. *(a)* भारतीय संविधान के अनुच्छेद-169 में राज्यों में विधानपरिषदों के सृजन का उल्लेख है, ''यदि राज्य की विधानसभा इस आशय का प्रस्ताव पारित करती है।''

प्रस्ताव को विधानसभा की कुल सदस्यों का बहुमत होना चाहिए और विधानसभा में उपस्थित और मतदान करने वाले सदस्यों के कम-से-कम दो तिहाई बहुमत से पास होना चाहिए।

28. *(c)* वॉलीबॉल में यदि किसी सेट (पाँचवें सेट को छोड़कर) में खेल 24-24 की बराबरी पर है, तो सेट तब तक जारी रहता है, जब तक कि एक टीम दूसरे पर दो अंकों की बढ़त नहीं बना लेती। वॉलीबॉल खेल का आविष्कार विलियम जी मार्गन ने 1895 ई. में किया था। यह खेल दो टीमों के द्वारा खेला जाता है। आमतौर पर एक पक्ष में छह खिलाड़ी होते हैं। वॉलीबॉल नेपाल का राष्ट्रीय खेल है।

29. *(c)* वर्ष 1969 के एमआरटीपी अधिनियम (MRTP Act) का उद्देश्य एकाधिकारवादी और प्रतिबन्धात्मक व्यापार प्रथाओं को विनियमित और नियन्त्रित करना है।

इस अधिनियम में आर्थिक शक्ति के सामान्य नुकसान को रोकना, एकाधिकार को नियन्त्रित करना और प्रतिबन्धात्मक व्यापार संघ (एमआरटी पी) और उससे जुड़े मामलों को प्रतिबन्धित करने का प्रावधान किया गया है।

30. *(a)* दिए गए विकल्पों के अनुसार, भारत की 2011 की जनगणना के अनुसार भारत में साक्षरता दर 72.99% है, जबकि 2011 की जनगणना के अनुसार, भारत की वास्तविक साक्षरता दर 74.04% है। भारत के राज्यों में केरल 93.91% साक्षरता दर के साथ शीर्ष पर है। 63.82% साक्षरता दर के साथ बिहार राज्य अन्तिम स्थान पर है।

31. *(a)* भारतीय खिलाड़ी अरुणा मिश्रा मुक्केबाजी से जुड़ी हैं। अरुणा जमशेदपुर (झारखण्ड राज्य) से सम्बन्धित हैं। उनके करियर की मुख्य प्रतियोगिताओं में 2003 एशियाई चैम्पियनशिप, 2004 विश्व कप और 2011 में विश्व पुलिस और फायर गेम्स में स्वर्ण पद शामिल हैं।

32. *(d)* भारत की पहली पंचवर्षीय योजना हैरोड-डोमर मॉडल पर आधारित थी। पहली पंचवर्षीय योजना वर्ष 1951 से 1956 की अवधि के लिए शुरू की गई थी, जो मुख्य रूप से प्राथमिक क्षेत्र के विकास पर केन्द्रित थी। पहली पंचवर्षीय योजना का आदर्श वाक्य 'कृषि का विकास' था और इसका उद्देश्य देश के विभाजन तथा द्वितीय विश्व युद्ध के कारण उत्पन्न हुई विभिन्न समस्याओं का समाधान करना था।

33. *(c)* राष्ट्रीय नृत्य शिरोमणि पुरस्कार 2022 अपर्णा सतीसन ने जीता। राष्ट्रीय नृत्य शिरोमणि पुरस्कार भारत के असाधारण शास्त्रीय नर्तकों और संगीतकारों को कला और संस्कृति में उनके योगदान के लिए दिया जाने वाला एक वार्षिक पुरस्कार है। अपर्णा सतीसन एक कुचिपुड़ी नृत्यांगना हैं। कुचिपुड़ी 8 प्रमुख भारतीय शास्त्रीय नृत्यों में से एक है। इसका सम्बन्ध आन्ध्र प्रदेश से है।

34. *(c)* सरकारी बजट सरकार की अपेक्षित प्राप्तियों और अपेक्षित व्यय (आगामी वित्तीय वर्ष के लिए) का एक विवरण है, जो विकास और स्थिरता के दोहरे उद्देश्य को प्राप्त करने के लिए सरकार की बजटीय नीति को प्रकट करता है। बजट (अनुच्छेद 112) संसद के दोनों सदन के समक्ष रखा जाने वाला 'वार्षिक वित्तीय विवरण' है। इस विवरण में वित्तीय वर्ष हेतु भारत सरकार की अनुमानित प्राप्तियों तथा व्यय का ब्यौरा होता है। भारत में वित्तीय वर्ष हर साल एक अप्रैल को आरम्भ होता है।

35. *(c)* भारत के आन्ध्र प्रदेश राज्य में 'फ्लेमिंगो त्योहार' आयोजित किया जाता है। इस कार्यक्रम में नौका दौड़ और अन्य प्रदर्शनियों जैसे कार्यक्रम शामिल किए जाते हैं। राजहंस (फ्लेमिंगो) पक्षी प्रत्येक साल आन्ध्र प्रदेश के पुलिकट झील में आते हैं। यह महोत्सव

प्रत्येक वर्ष पर्यटन को बढ़ावा देने हेतु आयोजित किया जाता है।

36. *(d)* महादेव गोविन्द रानाडे विधवा पुनर्विवाह संघ (1861) के संस्थापक थे। महादेव गोविन्द रानाडे एक समाज सुधारक, विद्वान् और न्यायविद् थे, जिन्होंने भारत में विधवा पुनर्विवाह आन्दोलन में महत्त्वपूर्ण भूमिका निभाई। उनका मानना था कि विधवाओं के पुनर्विवाह से न केवल उन्हें नया जीवन मिलेगा, बल्कि समाज की समग्र प्रगति में भी मदद मिलेगी। वे भारतीय राष्ट्रीय कांग्रेस के संस्थापक सदस्य थे।

37. *(a)* जनवरी, 2023 में भारत के केन्द्रीय मन्त्रिमण्डल ने राष्ट्रीय हरित हाइड्रोजन मिशन (National Green Hydrogen Mission) को मंजूरी दी। इसका उद्देश्य भारत को हरित हाइड्रोजन के उपयोग, उत्पादन और निर्यात के लिए 'वैश्विक केन्द्र' बनाना है। इस मिशन के तहत वर्ष 2023 तक भारत में लगभग 125GW (गीगावाट) की नवीकरणीय ऊर्जा क्षमता विकसित करने के साथ-साथ प्रतिवर्ष कम-से-कम 5 (MMT) (मिलियन मीट्रिक टन) की हरित हाइड्रोजन उत्पादन क्षमता का विकास करना शामिल है।

38. *(a)* शुंग द्वारा उपयोग की जाने वाली लिपि ब्राह्मी का एक प्रकार थी और इसका उपयोग 'संस्कृत भाषा' लिखने के लिए किया जाता था। ब्राह्मी लिपि भारत की प्राचीनतम लिपियों में से एक है। इसके प्रयोग के प्राचीन उदाहरण अशोक के अभिलेखों में उपलब्ध हैं। यह बाएँ से दाएँ ओर लिखी जाती थी।

39. *(d)* किशोर कुमार प्रतिष्ठित पार्श्व गायक, जो अपनी मन्त्रमुग्ध कर देने वाली आवाज और 'मेरे सपनों की रानी कब आएगी तू' जैसे क्लासिक हिट के लिए जाने जाते हैं, एक संगीत निर्देशक और संगीतकार भी थे। किशोर कुमार भारतीय सिनेमा के मशहूर पार्श्व गायक और एक अभिनेता भी थे। उन्होंने हिन्दी फिल्म उद्योग में बंगाली, हिन्दी, मराठी, असमी, गुजराती, कन्नड़ भोजपुरी, मलयालम, उड़िया और उर्दू सहित कई भारतीय भाषाओं में भी गाने गाए थे।

40. *(a)* आईसीसी अण्डर-19 महिला टी-20 विश्व कप 2023 भारत ने जीता था।

अण्डर-19 महिला टी-20 कप का यह पहला संस्करण था, जिसकी मेजबानी दक्षिण अफ्रीका ने की। इस टूर्नामेण्ट में 16 देशों की टीमों ने भाग लिया था। फाइनल में भारत ने इंग्लैण्ड को 7 विकेट से हराकर खिताब अपने नाम किया।

41. *(d)* दिया है, साधारण ब्याज = ₹1750

मूलधन = ₹7000

दर = 20%

$$\text{समय} = \frac{\text{साधारण ब्याज} \times 100}{\text{मूलधन} \times \text{दर}}$$

$$= \frac{1750 \times 100}{7000 \times 20} = \frac{5}{4} \text{ वर्ष}$$

$$\text{समय} = \frac{5}{4} \times 12 = 15 \text{ महीने}$$

42. *(d)* माना परीक्षा में अधिकतम अंक = x

$$\text{प्रश्नानुसार, } x \times \frac{62}{100} \times \frac{45}{100} = 223.2$$

$$\therefore \quad x = \frac{223.2 \times 100 \times 100}{62 \times 45} = 800$$

अतः परीक्षा में अधिकतम अंक 800 है।

वैकल्पिक विधि

माना परीक्षा में अधिकतम अंक = 100

उत्तीर्ण अंक = 62

$$\text{सन्दीप को प्राप्त अंक} = \frac{62 \times 45}{100} = 27.9$$

$$\therefore \text{ अधिकतम अंक} = \frac{223.2}{27.9} \times 100 = 800$$

43. *(b)* साइकिल का क्रय मूल्य = \$120

बेचने पर लाभ = 15%

∴ साइकिल का विक्रय मूल्य

$$= \frac{120 \times 115}{100} = \$138$$

44. *(d)*
$$1573 \div 13\{(12-6)+(48-53)\}$$
$$= 1573 \div 13\{6+(-5)\}$$
$$= 1573 \div 13 = 121$$

45. *(b)* स्नेहा द्वारा एक काम को पूरा करने में लिया गया समय = 30 दिन

अंजू द्वारा उसी काम को पूरा करने में लिया गया समय = 45 दिन

माना कुल कार्य = 90 इकाई

(30 तथा 45 का ल.स.)

स्नेहा द्वारा 1 दिन में किया गया कार्य

$$= \frac{90}{30} = 3 \text{ इकाई}$$

अंजू द्वारा 1 दिन में किया गया कार्य

$$= \frac{90}{45} = 2 \text{ इकाई}$$

अंजू द्वारा 15 दिन में किया गया कुल कार्य

$15 \times 2 = 30$ इकाई

शेष कार्य = 90 − 30 = 60 इकाई

शेष कार्य पूरा करने मे स्नेहा द्वारा लिया गया समय $= \frac{60}{3} = 20$ दिन

46. *(a)*
$$810 \div 5 - 25 \times 13 + 2 \times 12$$
$$= 162 - 325 + 24$$
$$= 186 - 325 = -139$$

47. *(b)* दिया है,

1 दर्जन सेब का मूल्य = ₹300

$$\therefore \text{ 1 सेब का मूल्य} = \frac{300}{12} = ₹25$$

तथा 1 सेब का विक्रय मूल्य = ₹30

लाभ = 30 − 25 = ₹5

$$\text{लाभ \%} = \frac{\text{लाभ}}{\text{क्रय मूल्य}} \times 100 = \frac{5}{25} \times 100 = 20\%$$

48. *(d)* माना 1 सेब तथा 1 आम का मूल्य क्रमशः x तथा y हैं।

प्रश्नानुसार, $5x + 8y = 9x + 4y$

$\Rightarrow \quad 4x = 4y$

$\Rightarrow \quad \frac{x}{y} = \frac{4}{4}$

$\Rightarrow \quad x : y = 1 : 1$

49. *(c)* 15% तथा 12% की दो क्रमिक छूटों के समतुल्य एकल छूट

$$= \left[\pm a \pm b \pm \frac{ab}{100}\right]$$

$a = -15\%,\ b = -12\%$

$$= -15 - 12 + \frac{15 \times 12}{100}$$

$$= -27 + 1.8 = 25.2\%$$

वैकल्पिक विधि

$$\text{एकल छूट \%} = 100 - \left[100 \times \frac{85}{100} \times \frac{88}{100}\right]$$

$$= 100 - 74.8 = 25.2\%$$

50. *(b)* कैमरे का विक्रय मूल्य = ₹24000

प्रश्नानुसार,

25% लाभ प्राप्त करने हेतु विक्रय मूल्य

$$= \frac{24000}{120} \times 125 = ₹25000$$

51. *(b)* x_1 का 70% = x_2 का $\frac{6}{7}$

$$\Rightarrow \quad x_1 \times \frac{70}{100} = x_2 \times \frac{6}{7}$$

$$\Rightarrow \quad \frac{x_1}{x_2} = \frac{6}{7} \times \frac{10}{7} \Rightarrow \frac{x_1}{x_2} = \frac{60}{49}$$

$$x_1 : x_2 = 60 : 49$$

52. *(c)* कुल दूरी = 275 + 350 = 625 मी

सापेक्ष चाल = 90 किमी/घण्टा − 40 किमी/घण्टा

= 50 किमी/घण्टा

$$\text{अतः अभीष्ट समय} = \frac{\text{दूरी}}{\text{चाल}} = \frac{625 \times 18}{50 \times 5}$$

= 45 सेकण्ड

53. *(b)* माना 41 छात्रों का औसत भार = x किग्रा

$$\text{प्रश्नानुसार, } \frac{41x + 47}{42} = x - 1.5$$

$\Rightarrow \quad 41x + 47 = 42x - 63$

$\Rightarrow \quad x = 110$

अतः नया औसत भार $= x - 1.5$

$= 110 - 1.5 = 108.5$

वैकल्पिक विधि

41 छात्रों का कम हुआ कुल भार

$= 41 \times 1.5 = 61.5$ किग्रा

शामिल हुये नये छात्र का भार $= 47$ किग्रा

$\therefore$ नया औसत भार $= 61.5 + 47 = 108.5$ किग्रा

54. *(b)* बेलन की ऊँचाई $= 8$ सेमी

आधार की त्रिज्या $= 4.2$ सेमी

बेलन का कुल पृष्ठीय क्षेत्रफल $= 2\pi r(r + h)$

$= 2 \times \frac{22}{7} \times 4.2 \times (4.2 + 8)$

$= 322.08$ सेमी^{2}

55. *(c)* मूलधन $=$ ₹ 20000, समय $= 1$ वर्ष

दर $= 18\%$ वार्षिक

1 वर्ष का चक्रवृद्धि ब्याज

$= \frac{20000 \times 18 \times 1}{100} =$ ₹ 3600

यदि ब्याज की गणना अर्द्धवार्षिक हो, तब

समय $= 2$ अर्द्धवार्षिक, दर $= 9\%$

चक्रवृद्धि ब्याज $= 20000\left(1 + \frac{9}{100}\right)^2 - 20000$

$= 23762 - 20000 =$ ₹ 3762

अतः अभीष्ट ब्याज में अन्तर

$= 3762 - 3600 =$ ₹162

56. *(d)* $4P = 5Q$ तथा $3Q = 4R$

$P:Q = 5:4$ तथा $Q:R = 4:3$

$\therefore \quad P:Q:R = 5:4:3$

57. *(d)* माना कुल कार्य $= 120$ इकाई

(40 तथा 60 का ल.स.)

A द्वारा 1 दिन में किया गया कार्य

$= \frac{120}{40} = 3$ इकाई

B द्वारा 1 दिन में किया गया कार्य

$= \frac{120}{60} = 2$ इकाई

A तथा B द्वारा कार्य को पूरा करने में लिया गया समय $= \frac{120}{5} = 24$ दिन

वैकल्पिक विधि

यहाँ, $x = 40$ दिन, $y = 60$ दिन

अतः दोनों के द्वारा कार्य पूरा करने में किया गया समय

$= \frac{xy}{x + y} = \frac{40 \times 60}{40 + 60} = \frac{2400}{100}$

$= 24$ दिन

58. *(a)* 27 लड़कों की कुल आयु

$= 27 \times 21 = 567$ वर्ष

एक लड़के के छोड़ने के पश्चात् शेष लड़कों की कुल आयु

$= 26 \times 21.7 = 564.2$ वर्ष

अतः समूह छोड़ने वाले लड़के की आयु

$= 567 - 564.2 = 2.8$ वर्ष

59. *(a)* $143 \times 13 \div 11 + 156 \div 13 \times 12 - 210 \times 15 \div 14$

$= 169 + 12 \times 12 - 225$

$= 169 + 144 - 225$

$= 313 - 225 = 88$

60. *(d)* संख्याओं का अनुपात $= 3:9:11$

संख्याओं का म.स. $= 29$

[संख्या = (संख्याओं का अनुपात) $\times$ म.स.]

तब, संख्याएँ

$\Rightarrow \quad 3 \times 29 = 87$

$\Rightarrow \quad 9 \times 29 = 261$

$\Rightarrow \quad 11 \times 29 = 319$

अतः संख्याएँ $= 87, 261$ तथा 319 होगी।

61. *(d)* वाक्य में कोष्ठक में दिए गए शब्द 'विधा' के तद्भव रूप का सही विकल्प 'व्यथा' है। व्यथा शब्द 'तत्सम्' रूप है। व्यथा शब्द का अर्थ पीड़ा अथवा कष्ट होता है।

62. *(d)* दिए गए वाक्यांश 'जो किसी भी गुट में नहीं है' के लिए एक शब्द 'तटस्थ' है। अर्थात् जो किसी एक गुट या एक पक्ष में न होकर निष्पक्ष अथवा तटस्थ रहे।

63. *(b)* दिए गए वाक्य में कोष्ठक में दिए गए शब्द (माया) का पर्यायवाची शब्द छल है। 'माया' शब्द के अन्य पर्यायवाची शब्द भ्रम, छल, धोखा आदि हैं।

64. *(d)* दिए गए वाक्य में 'हर व्यक्ति का कुछ महत्त्वाकांक्षा पर इच्छा' वाक्यांश में अशुद्धि है। यहाँ शुद्ध वाक्यांश है-

हर व्यक्ति की कुछ महत्त्वाकांक्षा होती है। अतः सही वाक्य है- हर व्यक्ति की कुछ महत्त्वाकांक्षा होती है जैसे जब हम बच्चे थे तो हम कई/चीजों को देखकर रोमांचित हो उठते थे।

65. *(a)* दिए गए वाक्य में रेखांकित शब्द 'बेसब्री' का विलोम शब्द 'सब्र' है। 'बेसब्री' शब्द का अर्थ असन्तोष, अधैर्य, बेसब्र होने के भाव से है। अतः इसका विपरीतार्थक शब्द सब्र होगा। सब्र के पर्यायवाची शब्द सहन, बर्दाश्त, धैर्य आदि हैं। अन्य विकल्प असंगत हैं।

66. *(c)* दिए गए वाक्य में कोष्ठक में दिए गए शब्द 'खाट' के तत्सम् रूप का सही विकल्प 'खटवा' होगा। अन्य विकल्प असंगत हैं।

67. *(b)* दिए गए वाक्य में 'मेरे को जब' वाक्यांश में त्रुटि है। यहाँ 'मेरे को' शब्द गलत है। इसके स्थान पर सही वाक्यांश 'मुझे जब' होगा। अतः सही वाक्य है- मुझे जब कुछ याद आएगा, तभी मैं तुम्हें कुछ बता पाऊँगा।

68. *(c)* कोष्ठक में दिए गए शब्द 'निन्दा' का विलोम शब्द 'प्रशंसा' होगा। निन्दा का अर्थ बुराई करना होता है तथा इसका विपरीत शब्द प्रशंसा करना अर्थात् स्तुति करना होता है।

69. *(b)* 'जिसकी पत्नी मर गई हो' वाक्यांश के लिए सार्थक शब्द 'विधुर' होगा।

70. *(c)* दिए गए वाक्य में 'खाली' शब्द का पर्यायवाची 'रिक्त' है। अतः सही वाक्य है– 'रिक्त' (खाली) स्थान भरिए।

71. *(a)* दिए गए वाक्यांश 'जो सबके मन की बात जानता हो' के लिए एक शब्द अन्तर्यामी होगा। अन्य विकल्प असंगत हैं।

72. *(d)* दिए गए वाक्य में रेखांकित शब्द 'रंग' के लिए सही वर्तनी 'रंग' है। अतः सही वाक्य है- भव्य लाल रंग की शर्ट ढूँढ़ रही है। अन्य विकल्प असंगत हैं।

73. *(d)* दिए गए वाक्य में रिक्त स्थान के लिए सही स्त्रीलिंग रूप वाला विकल्प 'भक्ति' है। अन्य विकल्प असंगत हैं।

74. *(d)* 'छिपा/छुपा रुस्तम होना' मुहावरे का अर्थ है–देखने में साधारण, पर वस्तुतः असाधारण। अतः ऐसा व्यक्ति जिसके पास कुछ कौशल या प्रतिभा है, किन्तु इस बारे में उसके आस-पास के लोगों को पता न हो, **वाक्य प्रयोग** महेश को सभी बहुत सीधा सादा समझते थे, परन्तु वह तो छुपा रुस्तम निकला।

75. *(c)* 'बीमार की रात पहाड़ बराबर' लोकोक्ति का सही अर्थ है-खराब समय मुश्किल से कटता है। **वाक्य प्रयोग** कोरोनाकाल में घर में समय बिताना ऐसा लग रहा था जैसे, बीमार की रात पहाड़ बराबर।

76. *(a)* रिक्त (1) के लिए उपयुक्त विकल्प 'कड़ाही' है। अतःपूर्ण वाक्य है-साक्षरता तो एक कड़ाही है।

77. *(b)* रिक्त (2) के लिए उपयुक्त विकल्प 'विकास' है। अतः पूर्ण वाक्य है- यह ज्ञान अगर पूर्ण है, तो सतत विकास और उन्नति का मार्ग खोल देता है।

78. *(c)* रिक्त (3) के लिए उपयुक्त विकल्प 'पंगु' है। अतः पूर्ण वाक्य है-अगर यह अपूर्ण रह जाए, तो मनुष्य को पंगु बना देता है।

79. *(c)* रिक्त (4) के लिए उपयुक्त विकल्प 'सर्प' है। अतः पूर्ण वाक्य है- अपूर्ण ज्ञान कलिंग सर्प के विष से भी ज्यादा प्राणघातक माना जाता है।

80. *(d)* रिक्त (5) के लिए उपयुक्त विकल्प 'चक्रव्यूह' है। अतः पूर्ण वाक्य है- ठीक वैसे ही जैसे चक्रव्यूह को भेदने के लिए अभिमन्यु उसमें घुस जरूर गया, परन्तु उससे बाहर नहीं आ पाया।

26 फरवरी 2024
(शिफ्ट IV)

सॉल्वड पेपर 2024

SSC कांस्टेबल (जीडी) सेट 23

भाग-I सामान्य बुद्धिमत्ता एवं तर्कशक्ति

1 निम्नलिखित में से कौन-सी संख्या दी गई श्रृंखला में प्रश्नचिह्न (?) के स्थान पर आएगी?
21, 15, 9, 3, −3, ?
(a) −6 (b) 6 (c) −9 (d) 9

2 नीचे एक श्रृंखला दी गई है, जिसमें एक पद लुप्त है। दिए गए विकल्पों में से उस विकल्प का चयन कीजिए, जो श्रृंखला को पूरा करेगा।
AQM, CSO, EUQ, GWS, ?
(a) IYU (b) JWU
(c) IWV (d) JKU

3 दिए गए विकल्पों में से किन दो संख्याओं को आपस में बदलने पर निम्नलिखित समीकरण सही होगा?
$18\times 3-2\div 4+7=59$
(a) 7 और 3 (b) 2 और 4
(c) 18 और 4 (d) 3 और 2

4 आठ व्यक्ति रीना, कविता, रमन, उमेश, रोहित, विकास, मोनिका और प्रिया, एक वर्गाकार मेज के चारों ओर इस प्रकार बैठे हैं कि दो व्यक्ति प्रत्येक भुजा पर बैठे हैं। सभी व्यक्ति मेज के केन्द्र की ओर मुख करके बैठे हैं। रीना, रोहित के ठीक दाईं ओर बैठी है और वे दोनों एक ही तरफ बैठे हैं। मोनिका का मुख उस व्यक्ति की ओर है, जो कविता के बाईं ओर दूसरे स्थान पर बैठा / बैठी है। मोनिका, रीना के दाईं ओर से चौथे स्थान पर बैठी है। विकास और उमेश के बीच दो व्यक्ति बैठे हैं (जब केवल एक तरफ से गिना जाता है) और उमेश, रोहित के आसन्न बैठा है। मोनिका और रमन के बीच में केवल एक व्यक्ति बैठा है (जब केवल एक तरफ से गिना जाता है।) उमेश के बाईं ओर से दूसरे स्थान पर कौन बैठा / बैठी है?
(a) रमन (b) विकास
(c) रीना (d) मोनिका

5 दिए गए शब्दों को अंग्रेजी वर्णमाला के क्रम मे व्यवस्थित कीजिए।
1. CELEBRATE 2. CELESTIAL
3. CELLO 4. CELEBRITY
5. CELLULOID
(a) 1, 4, 3, 2, 5 (b) 1, 2, 3, 4, 5
(c) 1, 4, 2, 3, 5 (d) 1, 4, 5, 2, 3

6 निम्नलिखित विकल्पों में से उस विकल्प का चयन कीजिए, जो तीसरे शब्द से ठीक उसी प्रकार सम्बन्धित है, जिस प्रकार दूसरा शब्द पहले शब्द से सम्बन्धित है।
बाघ : शावक : हाथी : ?
(a) पिल्ला (b) मेमना
(c) हस्ति शावक (d) बछेड़ा

7 एक निश्चित कूटभाषा में 'JUMPS' को 72196 लिखा जाता है, 'MASKS' को 16315 लिखा जाता है और 'PUTE' को 2849 लिखा जाता है। उसी कूटभाषा में 'K' को कैसे लिखा जाएगा?
(a) 6 (b) 4 (c) 1 (d) 3

8 छः व्यक्ति R, S, T, U, V और W एक वृत्ताकार मेज पर बाहर की ओर मुख करके बैठे हैं। V, T के ठीक बाईं ओर बैठा है। T और R के बीच में केवल एक व्यक्ति बैठा है R, V के बगल में नहीं बैठा है। R और U के बीच में केवल S बैठा है R के ठीक बाईं ओर कौन बैठा है?
(a) W (b) S (c) U (d) V

9 दिए गए विकल्पों में से उस आकृति का चयन कीजिए, जिसे दी गई आकृति श्रृंखला में प्रश्नचिह्न (?) के स्थान पर रखा जा सकता है।

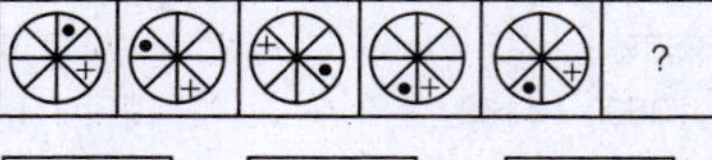

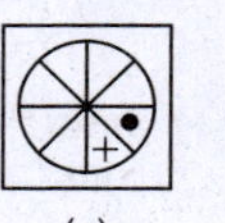
(a)

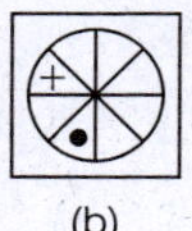
(b)

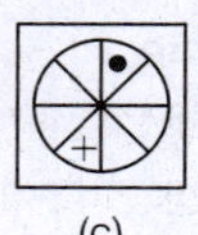
(c)

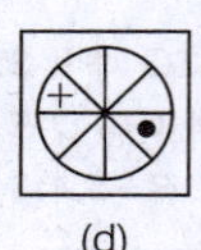
(d)

10 एक निश्चित कूटभाषा में 'STOP' को 'VXRT' लिखा जाता है। उसी कूटभाषा में 'WALK' को कैसे लिखा जाएगा?
(a) ZEOP (b) ZFOO (c) ZEPP (d) ZEOO

11 निम्नलिखित प्रश्न में दी गई आकृतियों के अनुसार कागज के एक टुकड़े को मोड़कर उसमें छेद किया जाता है। विकल्पों में दी गई आकृतियों में से बताइए कि खोले जाने पर यह कैसा दिखाई देगा?

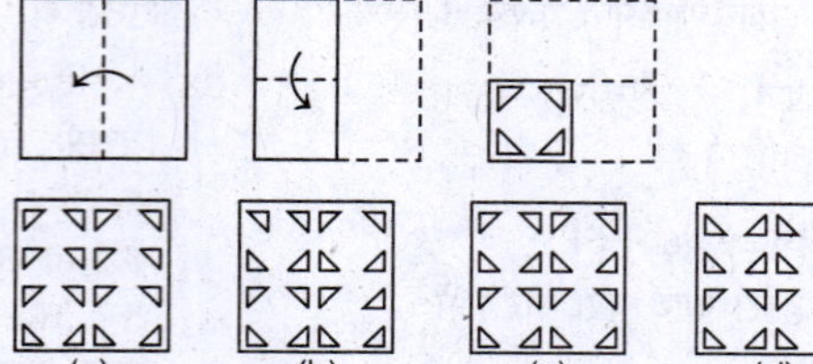

12 निम्नलिखित प्रश्न में दी गई आकृतियों के अनुसार कागज के एक टुकड़े को मोड़कर उसमें छेद किया जाता है। विकल्पों में दी गई आकृतियों में से बताइए कि खोले जाने पर यह कैसा दिखाई देगा?

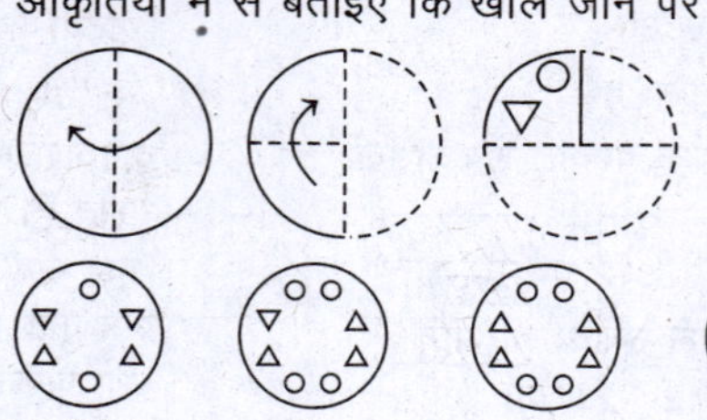

13 निम्नलिखित प्रश्न में तीन कथन और उसके बाद I और II क्रमांकित दो निष्कर्ष दिए गए हैं। दिए गए कथनों को सत्य मानते हुए, चाहे वे सामान्यतः ज्ञात तथ्यों से भिन्न प्रतीत होते हों, निश्चय कीजिए कि दिए गए निष्कर्षों में से कौन-सा निष्कर्ष कथनों का तार्किक रूप से अनुसरण करता है?

कथन सभी सरीसृप, उभयचर हैं।
कुछ उभयचर, मेंढ़क हैं।
कुछ मेंढ़क, कछुए हैं।

निष्कर्ष
I. कुछ उभयचर, सरीसृप नहीं हैं।
II. कुछ कछुए, उभयचर हैं।

(a) न तो निष्कर्ष I और न ही II अनुसरण करता है।
(b) निष्कर्ष I और II दोनों अनुसरण करते हैं।
(c) केवल निष्कर्ष I अनुसरण करता है।
(d) केवल निष्कर्ष II अनुसरण करता है।

14 निम्नलिखित प्रश्न में, दिए गए विकल्पों में से उस आकृति का चयन कीजिए, जिसे प्रश्नचिह्न (?) के स्थान पर रखा जा सकता है।

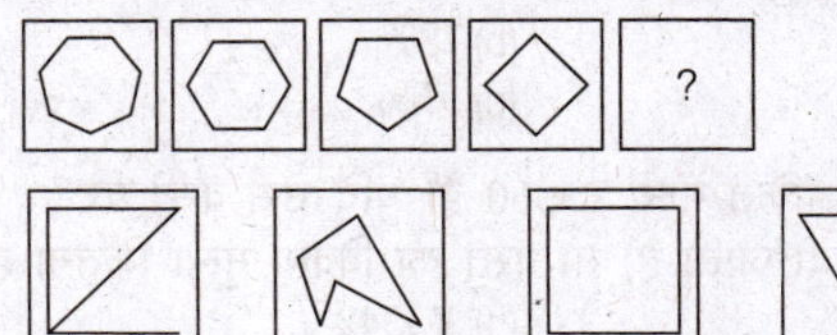

(a) (b) (c) (d)

15 निम्नलिखित में से अक्षरों का कौन-सा एक समूह क्रमिक रूप से रिक्त स्थानों में रखे जाने पर नीचे दी गई अक्षर श्रृंखला को पूरा करेगा?

pq_s_ _ rsp_ rspq

(a) pqrp (b) rprr (c) rrpq (d) rpqq

16 यदि 'K × L' का अर्थ है 'K, L का बेटा है'।
यदि 'K + L' का अर्थ है 'K, L की बेटी है'।
यदि 'K ÷ L' का अर्थ है 'K, L की बहन है'।
यदि 'K - L' का अर्थ है 'K, L की पत्नी है'।

व्यंजक 'M ÷ N × O - P' में P का M से क्या सम्बन्ध है?

(a) पिता (b) बेटा (c) पति (d) भाई

17 निम्नलिखित में से कौन-सी संख्या दी गई श्रृंखला में प्रश्नचिह्न (?) के स्थान पर आएगी?

176, 188, 200, 212, ?, 236

(a) 242 (b) 224
(c) 232 (d) 210

18 यदि एक दर्पण को रेखा AB पर रखा जाए, तो विकल्प आकृतियों में से कौन-सी आकृति, प्रश्न आकृति का सही प्रतिबिम्ब होगी?

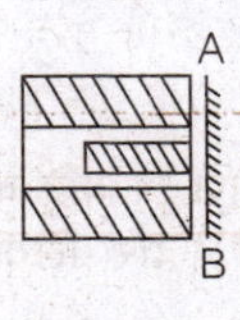

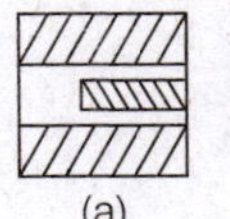
(a)

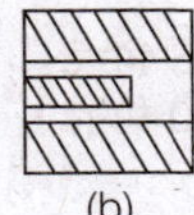
(b)

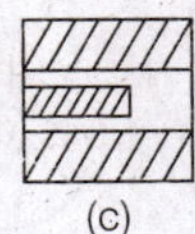
(c)

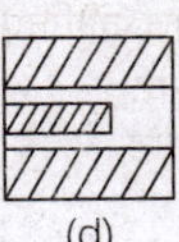
(d)

19 दिए गए विकल्पों में से किन दो चिह्नों को आपस में बदलने पर निम्नलिखित समीकरण सही होगा?

18 × 3 + 15 ÷ 4 − 44 = 22

(a) × और − (b) × और ÷
(c) + और ÷ (d) × और +

20 निम्नलिखित प्रश्न में, दिए गए विकल्पों में से सम्बन्धित अक्षर-युग्म का चयन कीजिए।

BO : DR :: ?

(a) FS : HV (b) AI : DV
(c) OT : OJ (d) CZ : UX

भाग-II सामान्य ज्ञान

21 सक्सेना समिति की सिफारिशों के आधार पर, वर्ष .... में भारत सरकार के तहत ग्रामीण विकास मन्त्रालय ने सामाजिक आर्थिक और जातिगत जनगणना शुरू की।

(a) 2014 (b) 2011
(c) 2005 (d) 2009

22 भरतनाट्यम नृत्य में शरीर की चाल की तकनीक और व्याकरण के अध्ययन के लिए पाठ्य सामग्री का मुख्य स्रोत निम्नलिखित में से कौन-सा है?

(a) नृत्यसौरभ (b) अभिनय दर्पण
(c) नाट्य योग (d) संगीत नाटक

23 जेम्स ऑगस्टस हिक्की को .... का जनक भी माना जाता है।

(a) भारतीय मीडिया (b) फोटोग्राफी
(c) भारतीय टेलीविजन (d) भारतीय पत्रकारिता

24 फसल कटाई उत्सव, लोहड़ी निम्नलिखित में से किस महीने में मनाया जाता है?

(a) दिसम्बर (b) अक्टूबर
(c) मार्च (d) जनवरी

25 .... वर्ष 1980 में ऑल इंग्लैण्ड बैडमिण्टन चैम्पियनशिप जीतने वाले पहले भारतीय थे।

(a) सचिन तेन्दुलकर (b) ध्यानचन्द
(c) प्रकाश पादुकोण (d) किरण बेदी

26 निम्नलिखित में से कौन संगीत वाद्ययन्त्र शहनाई वादन के लिए प्रसिद्ध है?

(a) हरिप्रसाद चौरसिया (b) अली अहमद हुसैन
(c) एन. रमानी (d) राजरतनम पिल्लई

27 धुलाई के लिए (विशेष रूप से वस्त्र) उपयोग किया जाने वाला वाशिंग सोडा, सोडियम कार्बोनेट डेकाहाइड्रेट, एफ्लोरेसेण्ट क्रिस्टल .... का एक यौगिक है।

(a) ऑक्सीजन (b) हाइड्रोजन
(c) कार्बन (d) सोडियम

28 जुलाई, 2023 में कोरिया गणराज्य के बुसान में डोंग-यूई इन्स्टीट्यूट ऑफ टेक्नोलॉजी सेओकडांग कल्चरल सेण्टर में एशियाई कबड्डी चैम्पियनशिप, 2023 के फाइनल में भारत ने .... को हराया।

(a) चीन (b) पाकिस्तान
(c) अफगानिस्तान (d) ईरान

29 वर्ष 2023 तक अनुच्छेद-51(A) में अन्तिम मौलिक कर्त्तव्य कब जोड़ा गया था?
(a) 2002 (b) 2000
(c) 2022 (d) 2012

30 वर्ष 1971 में प्रथम पुरुष हॉकी विश्वकप की विजेता हॉकी टीम कौन-सी थी?
(a) पाकिस्तान (b) भारत
(c) स्पेन (d) इंग्लैण्ड

31 निम्नलिखित में से कौन-सा देश भारत के साथ सबसे लम्बी भूमि सीमा साझा करता है?
(a) पाकिस्तान (b) चीन
(c) बांग्लादेश (d) नेपाल

32 फेमिना मिस इण्डिया वर्ल्ड, 2023 का ताज किसे पहनाया गया है?
(a) थौनाओजम स्ट्रेला लुवांग
(b) शिखा शर्मा
(c) नन्दिनी गुप्ता
(d) जरीन दारूवाला

33 वर्ष 1964 में भारतीय औद्योगिक विकास बैंक की स्थापना निम्नलिखित में से किस उद्देश्य की दिशा में एक महत्त्वपूर्ण कदम था?
(a) कृषि सहकारी समितियों का समर्थन करना
(b) लघु उद्योगों को प्रोत्साहित करना
(c) आवास ऋण उपलब्ध कराना
(d) भारी उद्योगों को बढ़ावा देना

34 राष्ट्रीय दन्त चिकित्सा आयोग विधेयक, 2023 में ………… मन्त्रालय द्वारा पेश किया गया।
(a) स्वास्थ्य एवं परिवार कल्याण
(b) वाणिज्य एवं उद्योग
(c) वित्त
(d) सामाजिक न्याय और अधिकारिता

35 राज्यसभा का सदस्य बनने के लिए न्यूनतम आयु कितनी है?
(a) 35 (b) 40
(c) 25 (d) 30

36 बस्तर दशहरा उत्सव का सम्बन्ध किस राज्य से है?
(a) पश्चिम बंगाल (b) छत्तीसगढ़
(c) पंजाब (d) उत्तर प्रदेश

37 भारत में लोहे की उत्पत्ति पर कितने प्रमुख सिद्धान्त स्थापित किए गए हैं?
(a) तीन (b) चार
(c) पाँच (d) दो

38 निवल राष्ट्रीय उत्पाद(NNP) की गणना करते समय, सकल राष्ट्रीय उत्पाद (GNP) में से क्या घटाया जाता है?
(a) वैयक्तिक आय (b) अप्रत्यक्ष कर
(c) सहायिकी (d) ह्रास

39 निम्नलिखित में से किस पंचवर्षीय योजना का उद्देश्य आत्मनिर्भर एवं स्व-उत्पादक अर्थव्यवस्था की स्थापना है?
(a) पाँचवीं (b) तीसरी
(c) पहली (d) छठी

40 भारतीय खिलाड़ी विकास कृष्ण यादव द्वारा निम्नलिखित में से कौन-सा खेल खेला जाता है?
(a) बॉक्सिंग (b) हॉकी
(c) बैडमिण्टन (d) टेनिस

भाग-III गणित

41 X अकेले एक काम को 20 दिनों में पूरा कर सकता है और Y अकेले उसी काम को 50 दिनों में पूरा कर सकता है। वे दोनों एकसाथ मिलकर काम शुरू करते हैं, लेकिन 5 दिनों के बाद X काम छोड़ देता है। शेष काम को पूरा करने में Y को कितना समय लगेगा?
(a) 35 दिन (b) 37 दिन
(c) 32.5 दिन (d) 36 दिन

42 दो संख्याएँ 8 : 9 के अनुपात में हैं। यदि दोनों संख्याओं का योग 102 है, तो दोनों संख्याओं के बीच का अन्तर कितना है?
(a) 8 (b) 17 (c) 9 (d) 6

43 यदि L, M से 3 गुना अधिक है, तो M, L से कितने प्रतिशत कम है?
(a) 72% (b) 78%
(c) 81% (d) 75%

44 एक वस्तु का अंकित मूल्य ₹ 1960 है। यदि उस वस्तु पर 30% की छूट दी जाती है, तो वस्तु का विक्रय मूल्य कितना होगा?
(a) ₹ 1442 (b) ₹ 1342
(c) ₹ 1522 (d) ₹ 1372

45 यदि एक शर्ट का विक्रय मूल्य उसके क्रय मूल्य का 35% है, तो हानि प्रतिशत क्या है?
(a) 65% (b) 70%
(c) 55% (d) 60%

46 रेन्सन के पास 91 मी, 112 मी और 49 मी लम्बाई के तीन लकड़ी के टुकडे हैं। यदि वह लकड़ी को बराबर तख्तों में काटना चाहता है, तो प्रत्येक तख्ते की अधिकतम सम्भव लम्बाई (मीटर में) कितनी होगी?
(a) 19 (b) 21 (c) 18 (d) 7

47 एक मूलधन राशि 8% वार्षिक की दर पर साधारण ब्याज पर निवेश की जाती है। 2 वर्षों के बाद, अर्जित ब्याज \$320 है। मूलधन राशि ज्ञात कीजिए।
(a) \$2100 (b) \$2000
(c) \$1800 (d) \$2150

48 $15-(2\times 4)+7$ का परिणाम ज्ञात कीजिए।
(a) 17 (b) –10 (c) 14 (d) –6

49 17 क्रमागत विषम संख्याएँ हैं। यदि प्रथम 11 संख्याओं का औसत X है, तो अंतिम 6 संख्याओं का औसत क्या है?
(a) $X+15$ (b) $X+12$
(c) $X+17$ (d) $X+13$

50 A, B से तीन गुना तेज है और B, C से दोगुना तेज है। यदि कोई यात्रा C द्वारा 66 मिनट में तय की जाती है, तो A द्वारा लिया गया समय ज्ञात कीजिए।
(a) 11 मिनट (b) 15 मिनट
(c) 14 मिनट (d) 10 मिनट

51 सीता और गीता की औसत आयु 40 वर्ष है। यदि रीतू , सीता का स्थान लेती है, तो औसत आयु 38 वर्ष हो जाएगी और यदि रीतू , गीता का स्थान लेती है, तो औसत आयु 42 वर्ष हो जाएगी। सीता, गीता और रीतू की क्रमशः आयु वर्ष है?
(a) 36 वर्ष, 42 वर्ष और 38 वर्ष
(b) 42 वर्ष, 36 वर्ष और 38 वर्ष
(c) 39 वर्ष, 42 वर्ष और 45 वर्ष
(d) 44 वर्ष, 36 वर्ष और 40 वर्ष

52 E, F और G मिलकर एक काम को 20 दिनों में पूरा कर सकते हैं। E और F मिलकर उसी काम को 50 दिनों में पूरा कर सकते हैं। G अकेले उसी काम को कितने दिनों में पूरा कर सकता है?
(a) 100/3 दिन
(b) 32 दिन
(c) 35 दिन
(d) 110/3 दिन

53 $\frac{81}{13} \div \left(\frac{176}{16} - \frac{98}{49}\right) \times \frac{2197}{169}$ का मान कितना है?
(a) 9 (b) 117
(c) 13 (d) 81

54 यदि $P : Q = 5 : 3$ और $Q : R = 2 : 5$ हैं, तो $Q : (P + R)$ का मान कितना है?
(a) 6 : 25 (b) 4 : 17
(c) 5 : 21 (d) 2 : 13

55 एक आयताकार मेज के शीर्ष का परिमाप 70 मी है और इसका क्षेत्रफल 300 $मी^2$ है इसके विकर्ण की लम्बाई कितनी है?
(a) 35 मी (b) 20 मी
(c) 25 मी (d) 15 मी

56 $14 \times 8 + 42 \times 9 - 111 \div 3$ का मान कितना है?
(a) 443 (b) 453
(c) 433 (d) 463

57 एक शहर की वर्तमान जनसंख्या 91260 है। यह हर वर्ष 30 % की दर से बढ़ती है 2 वर्ष पहले इस शहर की जनसंख्या कितनी थी?
(a) 70200 (b) 65000
(c) 60000 (d) 54000

58 2 वर्ष के लिए ₹ 24000 पर प्राप्त चक्रवृद्धि ब्याज (अर्द्धवार्षिक रूप से संयोजित) ₹ 25766.4 है। वार्षिक ब्याज दर कितनी है?
(a) 20% (b) 60%
(c) 40% (d) 55%

59 एक वस्तु का अंकित मूल्य, क्रय मूल्य का 160% है, यदि 35% की छूट दी जाती है, तो लाभ प्रतिशत कितना होगा?
(a) 4.5% (b) 5%
(c) 4% (d) 6%

60 एक मोबाइल पर अर्जित लाभ उसके क्रय मूल्य का 250% है। यदि क्रय मूल्य में 50% की वृद्धि कर दी जाती है, लेकिन विक्रय मूल्य अपरिवर्तित रहता है, तो नया लाभ प्रतिशत कितना है?
(a) 150% (b) 133.33%
(c) 120% (d) 100%

भाग-IV हिन्दी

61 दिए गए वाक्य में उचित पर्यायवाची शब्द का चयन करके रिक्त स्थान की पूर्ति करें।
दुख के वक्त में उसे .... (दिलासा) दो।
(a) परिमन्ल (b) निचोड़
(c) मनभावना (d) सांत्वना

62 निम्नलिखित प्रश्न में चार विकल्पों में से उस विकल्प का चयन करें, जो रिक्त स्थान के लिए सही स्त्रीलिंग रूप वाला विकल्प हो।
तुम्हारे ठीक न होने की .... मुझे बहुत देरी से मिली।
(a) स्वास्थ्य (b) खबर
(c) कहानी (d) अवस्था

63 दिए गए विकल्पों में से शुद्ध वर्तनी वाले विकल्प का चयन करें।
(a) बूरे समय को जाते देर नहीं लगती।
(b) मैं आयकर वीभाग में काम करती हूँ।
(c) आवश्यक चीजों पर ही ध्यान दीजिए।
(d) इन्हें यह सूचना दो घण्टे बाद मिलि।

64 दिए गए वाक्य में रेखांकित शब्दों के लिए सही शब्दों वाले विकल्प का चयन करें।
काव्य के क्षेत्र में <u>अनेकों वाद चल चुके हैं</u>।
(a) काव्य के क्षेत्र में अनेक वाद चल चुके हैं।
(b) काव्य के क्षेत्र में अनेके वाद चल चुके हैं।
(c) परिवर्तन की आवश्यकता नहीं है।
(d) काव्य के क्षेत्र में अनेकी वाद चल चुका है।

65 दिए गए वाक्य में रेखांकित शब्द का विलोम शब्द ज्ञात कीजिए।
<u>शिष्य</u> का दर्जा सर्वोपरि होता है।
(a) गृहमन्त्री (b) गुरु
(c) बालिका (d) बालक

66 दिए गए वाक्य में रेखाकिंत शब्द के लिए सही वर्तनी ज्ञात कीजिए।
श्यामा <u>दफतर</u> के लिए निकल गई।
(a) दफ्तर (b) दफ्तर (c) दफतर (d) दफ्तर

67 निम्नलिखित वाक्य में रेखांकित भाग के लिए एक सार्थक शब्द ज्ञात कीजिए।
कातिल का अपराध <u>माफ करने योग्य नहीं</u> है।
(a) अक्षम्य (b) अदम्य
(c) क्षम्य (d) अनैतिक

68 निम्नलिखित प्रश्न में चार विकल्पों में से उस विकल्प का चयन करें, जो कोष्ठक में दिए गए शब्द के तद्भव रूप का सही विकल्प है।
शादी-विवाह के कार्यक्रम में बहुत से लोग (गोत्र) .... जाने बिना आगे का कार्यक्रम नहीं करते हैं।
(a) गृह (b) गौ (c) गोत (d) गर्दभ

69 निम्नलिखित प्रश्न में चार विकल्पों में से उस विकल्प का चयन करें, जो कोष्ठक में दिए गए शब्द के पर्यायवाची शब्द का सही विकल्प है।
जो हमारी (नियति) .... में होगा, वही हमें मिलता है।
(a) प्रारब्ध (b) वनिता
(c) निदाघ (d) योषिता

70 निम्नलिखित प्रश्न में दिए गए चार विकल्पों में से उस विकल्प का चयन करें, जो दिए गए मुहावरें के अर्थ को सर्वश्रेष्ठ रूप से व्यक्त करता है।

'गप्पे लड़ाना'

(a) बड़ी-बड़ी बातें बनाना (b) परेशान करना
(c) अत्यन्त प्रिय होना (d) बेकार की बातें करना

71 निम्नलिखित प्रश्न में चार विकल्पों में से उस विकल्प का चयन करें, जो दी गई लोकोक्ति का सही अर्थ वाला विकल्प है।

अकेला चना भाड़ नहीं फोड़ सकता

(a) अकेला व्यक्ति कुछ नहीं कर सकता
(b) सिर्फ चना नहीं खाना चाहिए
(c) किसी भी चीज का नुकसान होना
(d) किसी भी कार्य को स्वयं ही करना चाहिए

72 निम्नलिखित प्रश्न में चार विकल्पों में से उस विकल्प का चयन करें, जो दिए गए मुहावरें का सही अर्थ वाला विकल्प हो।

चेहरे पर हवाइयाँ उड़ना

(a) खुशामद करना (b) घबरा जाना
(c) चालाकी करना (d) भाग जाना

73 दिए गए विकल्पों में से तीन विकल्प त्रुटियुक्त हैं, जबकि एक सही है। उस सही विकल्प का चयन करें।

(a) उसने मेरा गाना देखा और घर देखा।
(b) उसने मेरा गाना और घर देखा।
(c) उसने मेरा गाना सुना और घर देखा।
(d) उसने मेरा घर सुना और गाना देखा।

74 दिए गए वाक्य में रेखांकित भाग के लिए उचित सार्थक शब्द का चयन कीजिए।

श्यामू टाना है।

(a) नाटा (b) नाटक (c) टाका (d) काटा

75 दिए गए वाक्य में रेखांकित शब्द का विलोम शब्द ज्ञात कीजिए।

नदी कलकल करती हुई बहती है।

(a) शिष्ट (b) शान्त
(c) ढीला (d) सामान्य

निर्देश (प्र.सं. 76-80) *नीचे दिए गए गद्य में कुछ शब्द छोड़ दिए गए हैं और प्रत्येक रिक्त स्थान के चार विकल्प दिए गए हैं। इन चारों में से कौन-सा विकल्प रिक्त स्थान की पूर्ति करेगा?*

फसलों का (1) .... अच्छा हो, यह प्रयास फसलों की (2) .... के चयन पर निर्भर करता हैं। किसानों को अच्छी (3) .... वाले विशेष बीज उपलब्ध होने चाहिए (4) .... बीज उसी किस्म के होने चाहिए, जो (5) .... परिस्थिति में अंकुरित हो सके।

76 रिक्त स्थान (1) के लिए सबसे उपयुक्त विकल्प का चयन कीजिए।

(a) उत्पादन (b) कीमत
(c) गुणगान (d) परिवर्तन

77 रिक्त स्थान (2) के लिए सबसे उपयुक्त विकल्प का चयन कीजिए।

(a) किस्मों (b) विज्ञान
(c) उच्च (d) जलवायु

78 रिक्त स्थान (3) के लिए सबसे उपयुक्त विकल्प का चयन कीजिए।

(a) गुणवत्ता (b) विशेषकर
(c) सुधार (d) महत्त्वपूर्ण

79 रिक्त स्थान (4) के लिए सबसे उपयुक्त विकल्प का चयन कीजिए।

(a) या (b) केवल
(c) अर्थात (d) उल्टा

80 रिक्त स्थान (5) के लिए सबसे उपयुक्त विकल्प का चयन कीजिए।

(a) शताब्दी (b) अनुकूल
(c) प्रतिवर्ष (d) वार्षिक

उत्तरमाला

1.	(c)	2.	(a)	3.	(b)	4.	(d)	5.	(c)	6.	(c)	7.	(d)	8.	(a)	9.	(a)	10.	(d)
11.	(c)	12.	(d)	13.	(a)	14.	(d)	15.	(d)	16.	(a)	17.	(b)	18.	(c)	19.	(b)	20.	(a)
21.	(b)	22.	(b)	23.	(d)	24.	(d)	25.	(c)	26.	(b)	27.	(d)	28.	(d)	29.	(a)	30.	(a)
31.	(c)	32.	(c)	33.	(d)	34.	(a)	35.	(d)	36.	(b)	37.	(d)	38.	(d)	39.	(b)	40.	(a)
41.	(c)	42.	(d)	43.	(d)	44.	(d)	45.	(a)	46.	(d)	47.	(b)	48.	(c)	49.	(c)	50.	(a)
51.	(d)	52.	(a)	53.	(a)	54.	(a)	55.	(c)	56.	(b)	57.	(d)	58.	(c)	59.	(c)	60.	(b)
61.	(d)	62.	(b)	63.	(c)	64.	(a)	65.	(b)	66.	(b)	67.	(a)	68.	(c)	69.	(a)	70.	(d)
71.	(a)	72.	(b)	73.	(c)	74.	(a)	75.	(b)	76.	(a)	77.	(a)	78.	(a)	79.	(c)	80.	(b)

संकेत एवं हल

1. *(c)* दी गई श्रृंखला का क्रम निम्न प्रकार है,

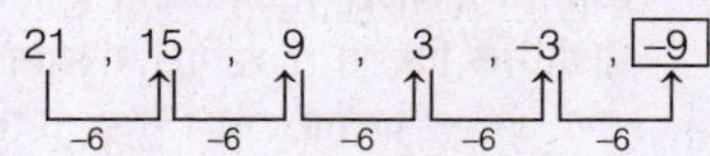

2. *(a)* दी गई श्रृंखला का क्रम निम्न प्रकार है,

A →(+2) C →(+2) E →(+2) G →(+2) I

Q →(+2) S →(+2) U →(+2) W →(+2) Y

M →(+2) O →(+2) Q →(+2) S →(+2) U

3. *(b)* दिया है, $18 \times 3 - 2 \div 4 + 7 = 59$

विकल्प (b) के अनुसार 2 और 4 को आपस में बदलने पर,

$18 \times 3 - 4 \div 2 + 7 = 59$

$\Rightarrow \quad 18 \times 3 - 2 + 7 = 59$

$\Rightarrow \quad 54 - 2 + 7 = 59$

$\Rightarrow \quad 61 - 2 = 59$

$\therefore \quad 59 = 59$

4. *(d)* आठ व्यक्तियों का वर्गाकार मेज़ पर बैठने का क्रम निम्न है,

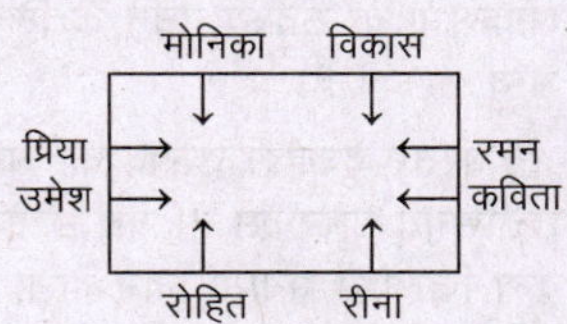

अतः उपरोक्त से स्पष्ट है, कि उमेश के बाईं ओर से दूसरे स्थान पर मोनिका बैठी है।

5. *(c)* दिए गए शब्दों का उचित वर्णानुक्रम निम्नवत् है,

→ CELEBRATE → CELEBRITY →
(1) (4)

CELESTIAL → CELLO → CELLULOID
(2) (3) (5)

अतः अभीष्ट अनुक्रम 1, 4, 2, 3, 5 है।

6. *(c)* जिस प्रकार, शावक, बाघ का बच्चा होता है। उसी प्रकार, हस्ति शावक, हाथी का बच्चा होता है।

7. *(d)*

J Ⓤ △M P S → 7 ② 1 9 △6

△M A S K S → 1 △6 3 1 5

P Ⓤ T E → ② 8 4 9

अतः उपरोक्त से स्पष्ट होता है कि K का कूट 3 अथवा 5 होगा। अतः विकल्प के अनुसार K को कूटभाषा में 3 लिखा जाएगा।

8. *(a)* प्रश्नानुसार,

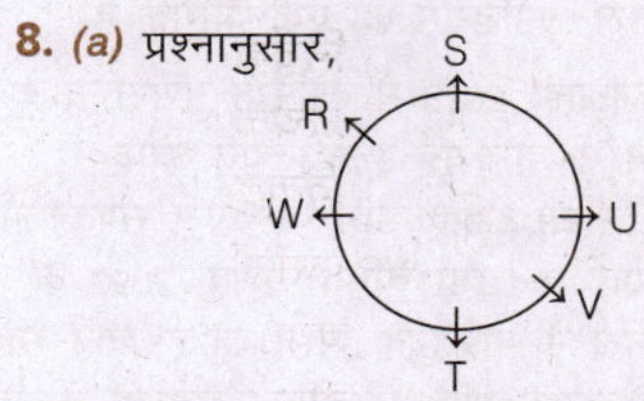

अतः स्पष्ट है कि R के ठीक बाईं ओर W बैठा है।

9. *(a)* दी गई आकृति श्रृंखला में प्रत्येक अगली आकृति में चिह्न (•) वामावर्त दिशा की ओर 2, 4, 6 ...... के क्रमानुसार तथा चिह्न (+) दक्षिणावर्त दिशा में 1, 3, 5 ...... के क्रम में आगे बढ़ रहे है।

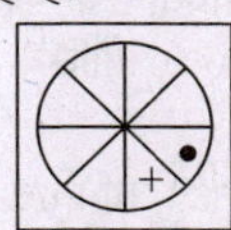

10. *(d)* जिस प्रकार,

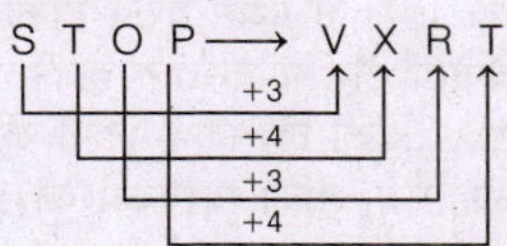

उसी प्रकार,

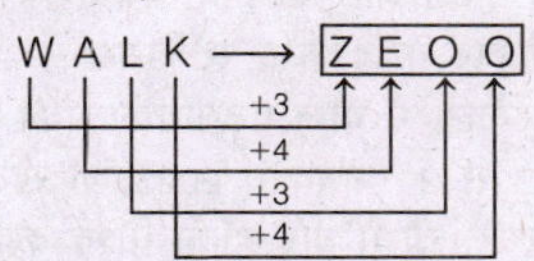

11. *(c)* दिए गए क्रमानुसार कागज को काटकर खोलने पर वह विकल्प (c) की आकृति जैसा दिखाई देगा।

12. *(d)* दिए गए क्रमानुसार कागज को काटकर खोलने पर वह विकल्प (d) की तरह दिखाई देगा।

13. *(a)* कथनानुसार,

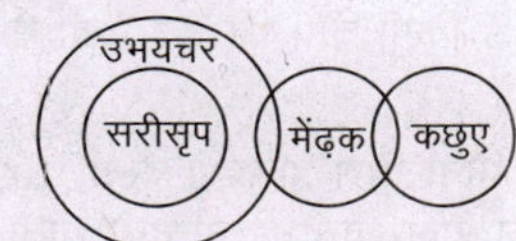

निष्कर्ष I. (✗) II. (✗)

अतः न तो निष्कर्ष I और न ही II अनुसरण करता है।

14. *(d)* दी गइ आकृति श्रृंखला में प्रत्येक अगली आकृति में एक रेखा की कमी होकर एक नई आकृति बन रही है।

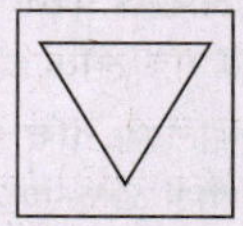

15. *(d)* दी गई श्रृंखला का क्रम निम्नवत् है,

⇒ p q r s / p q r s / p q r s / p q

अतः rpqq अक्षर श्रृंखला को पूरा करेंगे।

16. *(a)* प्रश्नानुसार,

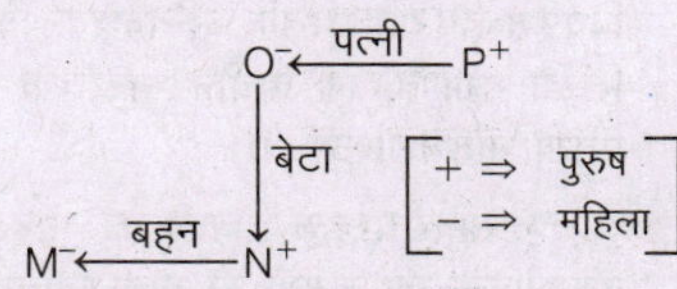

अतः P, M का पिता हैं।

17. *(b)* दी गई श्रृंखला का क्रम निम्न प्रकार है,

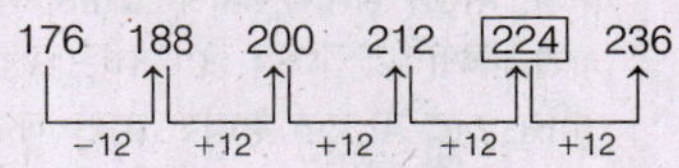

18. *(c)* विकल्प आकृति (c) प्रश्न आकृति सही दर्पण प्रतिबिम्ब हैं

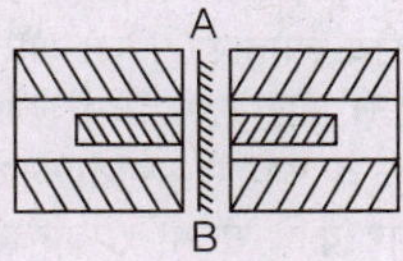

19. *(b)* दिया है, $18 \times 3 + 15 \div 4 - 44 = 22$

विकल्प (b) के अनुसार × और ÷ को आपस में बदलने पर,

$18 \div 3 + 15 \times 4 - 44 = 22$

$\Rightarrow \quad 6 + 60 - 44 = 22$

$\Rightarrow \quad 66 - 44 = 22$

$\therefore \quad 22 = 22$

20. *(a)* जिस प्रकार,

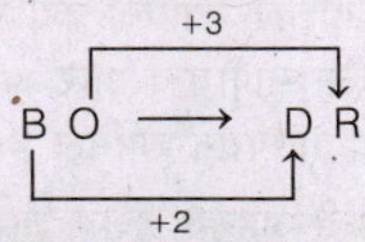

उसी प्रकार,

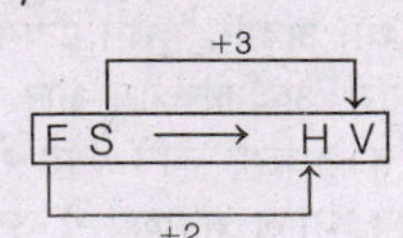

21. *(b)* सक्सेना समिति की सिफारिशों के आधार पर वर्ष 2011 में भारत सरकार के तहत ग्रामीण विकास मन्त्रालय ने सामाजिक आर्थिक और जातिगत जनगणना शुरू की।

एनसी सक्सेना समिति का गठन ग्रामीण विकास मन्त्रालय द्वारा बीपीएल जनगणना के लिए उपयुक्त पद्धति पर सलाह देने के लिए किया गया था।

22. *(b)* भरतनाट्यम नृत्य में शरीर की चाल की तकनीक और व्याकरण के अध्ययन के लिए पाठ्य सामग्री का मुख्य स्रोत अभिनय दर्पण है।

'अभिनय दर्पणम्' भारतीय शास्त्रीय नृत्यों पर एक संस्कृत ग्रन्थ है, जिसमें नृत्य गतिविधियों और अभिव्यक्तियों का विस्तृत विवरण है। यह पुस्तक नन्दिकेश्वर के द्वारा लिखा गया है, जो प्राचीन भारत के एक प्रमुख नाट्यशास्त्री थे।

23. *(d)* जेम्स ऑगस्टस हिक्की को भारतीय पत्रकारिता का जनक भी माना जाता है। इन्हें भारत में आधुनिक पत्रकारिता का जन्मदाता माना जाता है। इन्होंने भारत में पहला मुद्रित समाचार-पत्र 'बंगाल गजट' जारी किया था, जिसे 30 मार्च, 1782 को सुप्रीम कोर्ट के एक आदेश द्वारा जब्त कर बन्द कर दिया गया।

24. *(d)* फसल कटाई उत्सव लोहड़ी जनवरी महीने में मनाया जाता है। लोहड़ी एक उत्तर भारतीय त्योहार है, जो शीतकालीन संक्रान्ति के अन्त और लम्बे दिनों की शुरुआत के प्रतीक के रूप में मनाया जाता है। यह त्योहार कृषि से भी सम्बन्धित है और पंजाब में कटाई के मौसम का प्रतीक है।

25. *(c)* प्रकाश पादुकोण वर्ष 1980 में ऑल इंग्लैण्ड बैडमिण्टन चैम्पियनशिप जीतने वाले पहले भारतीय थे। वर्ष 1989 में उन्होंने प्रतिस्पर्द्धी बैडमिण्टन सर्किट से संन्यास ले लिया और वर्ष 1994 में अपने साथी राष्ट्रीय चैम्पियन विमल कुमार के साथ मिलकर बैंगलोर में प्रकाश पादुकोण बैडमिण्टन अकादमी की स्थापना की। इसके पूर्व छात्रों में पुलेला गोपीचन्द और अपर्णा पोपट जैसे राष्ट्रीय चैम्पियन शामिल हैं।

26. *(b)* अली अहमद हुसैन शहनाई वादन के लिए प्रसिद्ध है। उनका जन्म कोलकाता में हुआ था। अहमद हुसैन अपनी अभिनव शैली, शास्त्रीय, अर्द्धशास्त्रीय और लोक संगीत में महारत के लिए जाने जाते थे। वर्ष 2012 में पश्चिम बंगाल सरकार ने उन्हें 'बंगभूषण अवॉर्ड' से सम्मानित किया था।

27. *(d)* धुलाई के लिए (विशेष रूप से वस्त्र) उपयोग किया जाने वाला वाशिंग सोड़ा, सोडियम कार्बोनेट डेकाहाइड्रेट, एफलोरेसेण्ट क्रिस्टल, सोडियम का एक यौगिक है।

28. *(d)* जुलाई, 2023 में कोरिया गणराज्य के बुसान में डोंग-यूई इन्स्टीट्यूट ऑफ टेक्नोलॉजी सेओकडांग कल्चरल सेण्टर में एशियाई कबड्डी चैम्पियनशिप, 2023 के फाइनल में भारत ने ईरान को हराकर स्वर्ण पदक जीता तथा भारतीय महिलाओं ने चीनी ताइपे को हराकर खिताब हासिल किया।

29. *(a)* वर्ष 2023 तक अनुच्छेद-51(A) में अन्तिम मौलिक कर्त्तव्य, 2002 को जोड़ा गया था। मौलिक कर्त्तव्य मूल संविधान का भाग नहीं थे सरदार स्वर्ण सिंह समिति की सिफारिश के आधार पर वर्ष 1996 में 42वें संविधान संशोधन में संविधान के भाग 4(A) में अनुच्छेद 51(A) 10 मौलिक कर्त्तव्यों को जोड़ा गया।

वर्ष 2002 में 86वें संविधान संशोधन के बाद मूल कर्त्तव्यों की संख्या 11 हो गई।

30. *(a)* वर्ष 1971 में प्रथम पुरुष हॉकी विश्वकप की विजेता टीम पाकिस्तान हॉकी टीम थी। वर्ष 2023 हॉकी विश्वकप पुरुषों की एफ.आई.एच. हॉकी विश्वकप का 15वाँ संस्करण था, जो अन्तर्राष्ट्रीय हॉकी महासंघ द्वारा आयोजित विश्व चैम्पियनशिप है। यह भुवनेश्वर के कलिंगा स्टेडियम में और राउरकेला में बीजू पटनायक हॉकी स्टेडियम में 13 से 29 जनवरी, 2023 को खेला गया। भारत ने चौथी बार हॉकी विश्व कप की मेजबानी की।

इस मैच के फाइनल में जर्मनी ने बेल्जियम को शूटआउट में 5-4 से हराकर खिताब अपने नाम किया।

31. *(c)* बांग्लादेश, भारत के साथ सबसे लम्बी भूमि सीमा साझा करता है। दोनों देशों के मध्य सीमा की लम्बाई 4,096 किमी है, जो दुनिया की पाँचवीं सबसे लम्बी भूमि सीमा है। भारतीय राज्य असम; त्रिपुरा, मिजोरम, मेघालय और पश्चिम बंगाल की सीमा बांग्लादेश से लगती है।

भारत की भू-सीमा 15,106 किमी है और 7;516.6 किमी द्वीप की तट रेखा में शामिल क्षेत्र है।

32. *(c)* फेमिना मिस इण्डिया वर्ल्ड, 2023 का खिताब राजस्थान की नन्दिनी गुप्ता ने जीता है। इस प्रतियोगिता में दिल्ली की श्रेया पूँजा फर्स्ट रनर-अप और मणिपुर की थौना ओजाम स्ट्रेला लुवांग सेकण्ड रनर-अप बनी रही।

33. *(d)* वर्ष 1964 में स्थापित भारतीय औद्योगिक विकास बैंक की स्थापना का उद्देश्य भारी उद्योगों को बढ़ावा देना है। यह एक वित्तीय विकास संस्थान है, जो रिजर्व बैंक की पूर्ण स्वामित्व वाली सहायक कम्पनी है।

औद्योगिक विकास में शामिल संस्थानों को ऋण उपलब्ध कराना इसका मुख्य उद्देश्य है।

34. *(a)* राष्ट्रीय दन्त चिकित्सा आयोग विधेयक, 2023 में स्वास्थ्य एवं परिवार कल्याण मन्त्रालय द्वारा पेश किया गया। इस विधेयक का उद्देश्य दन्त चिकित्सा के पेशे को नियमित कर गुणवत्तापूर्ण और किफायती दन्त शिक्षा प्रदान करना है। यह विधेयक वर्ष 1948 के दन्त चिकित्सा अधिनियम को प्रतिस्थापित करता है।

35. *(d)* राज्यसभा का सदस्य बनने के लिए न्यूनतम आयु 30 वर्ष है। राज्यसभा में सदस्य राज्य विधानसभा के निर्वाचित सदस्यों द्वारा चुने जाते हैं। भारत का उप-राष्ट्रपति राज्यसभा का पदेन सभापति होता है।

राज्यसभा के वर्तमान अध्यक्ष जगदीप धनखड़ है। राज्यसभा एक स्थायी सदन है। लोकसभा के सदस्य बनने के लिए न्यूनतम आयु 25 वर्ष है।

36. *(b)* बस्तर दशहरा उत्सव का सम्बन्ध छत्तीसगढ़ राज्य से है। यह छत्तीसगढ़ के वन्य जिलों में मनाया जाने वाला एक प्रसिद्ध त्योहार है, यह त्योहार 75 दिनों तक मनाया जाता है और अपने अनोखे रीति-रिवाजों और मान्यताओं के लिए जाना जाता है।

इस त्योहार में देवी दन्तेश्वरी की मूर्ति की एक भव्य बारात भी निकाली जाती है, जो एक रथ पर पूरे शहर में घुमाई जाती है।

37. *(d)* भारत में लोहे की उत्पत्ति पर दो सिद्धान्त स्थापित किए गए हैं। लोहा एक रासायनिक तत्त्व है। इसका प्रतीक Fe और परमाणु संख्या 26 है। यह एक धातु है, जो आवर्त सारणी के पहले संक्रमण शृंखला और समूह 8 से सम्बन्धित है। यह पृथ्वी की पर्पटी पर चौथा सबसे आम तत्त्व है।

38. *(d)* निवल राष्ट्रीय उत्पाद (NNP) की गणना करते समय, सकल राष्ट्रीय उत्पाद (GNP) में से ह्रास (Depteciation) घटाया जाता है। सकल राष्ट्रीय उत्पाद किसी भी देश में उत्पादित वस्तुओं और सेवाओं की वह निवल राशि है, जो किसी देश में एक वर्ष में सकल घरेलू उत्पाद (GDP) के साथ-साथ विदेश से प्राप्त आय होती है।

GNP = GDP + विदेश से प्राप्त आय

39. *(b)* तीसरी पंचवर्षीय योजना का उद्देश्य आत्मनिर्भर एवं स्व-उत्पादक अर्थव्यवस्था की स्थापना है। तीसरी पंचवर्षीय योजना (1961-1966) पण्डित जवाहरलाल नेहरू के नेतृत्व में शुरू हुई, जिसे गाडगिल योजना के नाम से भी जाना जाता है। गाडगिल, योजना आयोग के उपाध्यक्ष थे। स्वतन्त्र अर्थव्यवस्था, कृषि और गेहूँ के उत्पादन में सुधार करना इस योजना का मुख्य उद्देश्य था। यह योजना चीन के साथ हुए भारत-चीन युद्ध (1962-65) से प्रभावित रही थी।

40. *(a)* भारतीय खिलाड़ी विकास कृष्ण यादव बॉक्सिंग से सम्बन्धित है। इनका जन्म 10 फरवरी, 1992 को हरियाणा के भिवानी जिले में हुआ था। भिवानी को भारतीय बॉक्सिंग का हब कहा जाता है। विकास 69 किग्रा भार वर्ग में देश का प्रतिनिधित्व करते हैं तथा यह भारत के दूसरे ऐसे बॉक्सर हैं, जिन्होंने तीन बार ओलम्पिक के लिए क्वालीफाई किया है।

41. *(c)* माना कुल काम

$= 100$ (20 तथा 50 का ल.स.)

X द्वारा 1 दिन में किया गया काम

$$= \frac{100}{20} = 5$$

Y द्वारा 1 दिन में किया गया काम

$$= \frac{100}{50} = 2$$

X तथा Y द्वारा 5 दिनों में किया गया कुल काम $= 5 \times 7 = 35$

शेष काम $= 100 - 35 = 65$

शेष काम को Y द्वारा पूरा करने में लगा समय $= \frac{65}{2} = 32.5$ दिन

42. *(d)* माना संख्याएँ क्रमशः $8x$ तथा $9x$ हैं।

प्रश्नानुसार,

$$8x + 9x = 102$$

$$17x = 102$$

$$\therefore \quad x = \frac{102}{17} = 6$$

अतः अभीष्ट अन्तर $= 9x - 8x$

$= x = 6$

43. *(d)* माना $M = x$, तब $L = 4x$

अतः अभीष्ट प्रतिशत कमी $= \frac{3x}{4x} \times 100 = 75\%$

44. *(d)* वस्तु का अंकित मूल्य = ₹ 1960

छूट प्रतिशत $= 30\%$

$\therefore$ वस्तु का विक्रय मूल्य $= \frac{1960 \times 70}{100}$

= ₹ 1372

45. *(a)* माना शर्ट का क्रय मूल्य = ₹ 100

तथा शर्ट का विक्रय मूल्य

$= 100 \times \frac{35}{100} =$ ₹ 35

$\therefore$ हानि $= 100 - 35 =$ ₹ 65

अतः हानि% $= \frac{65}{100} \times 100 = 65\%$

46. *(d)* दिया है, लकड़ी के टुकड़ों की लम्बाई = 91 मी, 112 मी तथा 49 मी

तख्ते की अधिकतम सम्भव लम्बाई

= 91, 112, 49 का म.स. = 7 मी

47. *(b)* दिया है,

साधारण ब्याज = \$ 320

दर = 8%, समय = 2 वर्ष

$$\text{मूलधन} = \frac{\text{साधारण ब्याज} \times 100}{\text{दर} \times \text{समय}}$$

$$= \frac{320 \times 100}{8 \times 2} = \$2000$$

48. *(c)* दिया है, $15 - (2 \times 4) + 7 = 15 - 8 + 7 = 14$

49. *(c)* प्रथम 11 संख्याओं का औसत $= X$ (दिया है)

तब, अन्तिम 6 संख्याएँ क्रमशः

$X + 12, X + 14, X + 16, X + 18$

$X + 20$ तथा $X + 22$ होंगी।

अन्तिम 6 संख्याओं का योग

$= 6X + 102 = 6(X + 17)$

$\therefore$ अन्तिम 6 संख्याओं का औसत

$$= \frac{6(X + 17)}{6} = X + 17$$

50. *(a)* माना C की चाल $= x$

तब, B की चाल $= 2x$

तथा A की चाल $= 6x$

C द्वारा कोई यात्रा 66 मिनट में पूरी की जाती है, तो

उस यात्रा की कुल दूरी = चाल × समय

$= x \times 66$

A द्वारा लिया गया समय

$$= \frac{\text{दूरी}}{\text{चाल}} = \frac{66x}{6x} = 11 \text{ मिनट}$$

51. *(d)* सीता तथा गीता की कुल आयु

$= 40 \times 2 = 80$ वर्ष

रीतू तथा गीता की कुल आयु

$= 38 \times 2 = 76$ वर्ष

रीतू तथा सीता की कुल आयु

$= 42 \times 2 = 84$ वर्ष

2 (सीता + गीता + रीतू) $= 80 + 76 + 84$

$= 240$

सीता, गीता तथा रीतू की कुल आयु

$= \frac{240}{2} = 120$ वर्ष

तब, सीता की आयु $= 120 - 76 = 44$ वर्ष

गीता की आयु $= 120 - 84 = 36$ वर्ष

रीतू की आयु $= 120 - 80 = 40$ वर्ष

अतः तीनों की आयु क्रमशः 44, 36 तथा 40 वर्ष हैं।

52. *(a)* E, F और G का 1 दिन का काम $= \frac{1}{20}$

तथा E और F का 1 दिन का काम $= \frac{1}{50}$

$\therefore G$ का 1 दिन का काम $= \frac{1}{20} - \frac{1}{50}$

$$= \frac{5 - 2}{100} = \frac{3}{100}$$

अतः G काम को पूरा करने में $\frac{100}{3}$ दिन लेगा

वैकल्पिक विधि

माना कुल काम = 100 (20 तथा 50 का ल.स.)

E, F तथा G द्वारा एक दिन में किया गया काम $= \frac{100}{20} = 5$

E तथा F द्वारा एक दिन में किया गया काम

$$= \frac{100}{50} = 2$$

तब, G द्वारा एक दिन में किया गया काम

$= 5 - 2 = 3$

G द्वारा पूरा काम करने में लिया गया समय

$= \frac{100}{3}$ दिन

53. *(a)* दिया है, $\frac{81}{13} \div \left(\frac{176}{16} - \frac{98}{49}\right) \times \frac{2197}{169}$

$$= \frac{81}{13} \div (11 - 2) \times \frac{2197}{169}$$

$$= \frac{81}{13} \times \frac{1}{9} \times \frac{2197}{169} = 9$$

54. *(a)* प्रश्नानुसार,

$P : Q = 5 : 3$

$Q : R = 2 : 5$

$P : Q : R = 5 \times 2 : 3 \times 2 : 3 \times 5$

$= 10 : 6 : 15$

$\therefore \quad Q : (P + R) = 6 : 25$

55. *(c)* माना, आयताकार मेज की लम्बाई व चौड़ाई क्रमशः l व b मी हैं।

मेज का परिमाप = 70 मी

$2(l + b) = 70$

$\therefore \quad l + b = 35$

तथा मेज का क्षेत्रफल $= l \times b$

$\therefore \quad lb = 320$

$\because \quad (l + b)^2 = l^2 + b^2 + 2lb$

$\therefore \quad l^2 + b^2 = 35^2 - 2 \times 300$

$= 1225 - 600 = 625$

अतः मेज के विकर्ण की लम्बाई

$= \sqrt{l^2 + b^2} = \sqrt{625} = 25$ मी

56. *(b)* दिया है, $14 \times 8 + 42 \times 9 - 111 \div 3$

$= 112 + 378 - 37 = 453$

57. *(d)* माना 2 वर्ष पहले शहर की जनसंख्या x थी।

प्रश्नानुसार, $x \times \frac{130}{100} \times \frac{130}{100} = 91260$

$\Rightarrow \quad x = 91260 \times \frac{10}{13} \times \frac{10}{13}$

$\therefore \quad x = 54000$

अतः 2 वर्ष पहले शहर की जनसंख्या 54000 थी।

58. *(c)* मूलधन = ₹24000,

चक्रवृद्धि ब्याज = ₹ 25766.4

समय = 2 वर्ष = 4 अर्द्धवार्षिक

∴ मिश्रधन = 24000 + 25766.4 = ₹ 49766.4

मिश्रधन = मूलधन $\times \left(1 + \frac{\text{दर}}{100}\right)^{\text{समय}}$

$\left(1 + \frac{R}{100}\right)^4 = \frac{497664}{240000}$

$\Rightarrow \quad 1 + \frac{R}{100} = \frac{12}{10}$

$\Rightarrow \quad 100 + R = \frac{12}{10} \times 100 \Rightarrow R = 120 - 100$

∴ $R = 20\%$ अर्द्धवार्षिक

अतः ब्याज की दर = 20% × 2 = 40% वार्षिक

59. *(c)* माना वस्तु का क्रय मूल्य = ₹ 100

अंकित मूल्य $= 100 \times \frac{160}{100} =$ ₹ 160

विक्रय मूल्य $= 160 \times \frac{65}{100} =$ ₹ 104

लाभ = 104 − 100 = ₹ 4

∴ लाभ % $= \frac{4}{100} \times 100 = 4\%$

60. *(b)* माना मोबाइल का क्रय मूल्य = ₹ 100

तथा मोबाइल का विक्रय मूल्य

$= 100 + 100 \times \frac{250}{100} =$ ₹ 350

प्रश्नानुसार,

क्रय मूल्य में 50% वृद्धि के पश्चात्,

क्रय मूल्य = ₹ 150

विक्रय मूल्य = ₹ 350

लाभ = 350 − 150 = ₹200

∴ लाभ % $= \frac{200}{150} \times 100$

$= 133.33\%$

61. *(d)* दिए गए वाक्य में कोष्ठक शब्द (दिलासा) का पर्यायवाची 'सांत्वना' होगा। दिलासा के अन्य पर्यायवाची शब्द-ढाढस, धैर्य, आश्वासन आदि हैं। अन्य विकल्प असंगत हैं।

62. *(b)* 'तुम्हारे ठीक न होने की खबर मुझे बहुत देरी से मिली' वाक्य मे रिक्त स्थान की पूर्ति के लिए 'खबर' सबसे उचित विकल्प है। अन्य विकल्प असंगत हैं।

63. *(c)* दिए गए विकल्पों में से शुद्ध वर्तनी वाला वाक्य है 'आवश्यक चीजों पर ही ध्यान दीजिए'। अन्य विकल्प असंगत हैं।

64. *(a)* दिए गए वाक्य रेखांकित शब्दों अनेकों वाद चल चुके हैं के लिए यही शब्दों वाले विकल्प है 'काव्य के क्षेत्र में अनेक वाद चल चुके हैं।' अन्य विकल्प असंगत हैं।

65. *(b)* दिए गए वाक्य में रेखांकित शब्द शिष्य का विलोम 'गुरु' है। अतः पूर्ण वाक्य है-गुरु का दर्जा सर्वोपरि होता है। अन्य विकल्प असंगत हैं।

66. *(b)* दिए गए वाक्य में रेखांकित शब्द दफतर अशुद्ध वर्तनी वाले शब्द की सही वर्तनी 'दफ्तर' है। अन्य विकल्प असंगत हैं।

67. *(a)* निम्नलिखित वाक्य में रेखांकित भाग के लिए एक सार्थक शब्द 'अक्षम्य' है। अन्य विकल्प असंगत हैं।

68. *(c)* दिए गए वाक्य में कोष्ठक शब्द (गोत्र) का तद्भव रूप 'गोत' है। 'गोत्र' एक तत्सम शब्द है। अन्य विकल्प असंगत हैं।

69. *(a)* दिए गए वाक्य में कोष्ठक शब्द 'नियति' का पर्यायवाची शब्द 'प्रारब्ध' होगा। नियति के अन्य पर्यायवाची शब्द-भाग्य, प्रारब्ध, भावी, विधि आदि हैं।

70. *(d)* 'गप्पे लड़ाना' मुहावरे का अर्थ है–बेकार की बातें करना।

वाक्य प्रयोग जब देखों सीता और गीता गप्पे लड़ाती रहती हैं।

71. *(a)* 'अकेला चना भाड़ नहीं फोड़ सकता' लोकोक्ति का सही अर्थ है कि अकेला व्यक्ति कुछ नहीं कर सकता। समय पड़ने पर प्रत्येक व्यक्ति को सहयोग की आवश्यकता होती है। अन्य विकल्प असंगत हैं।

72. *(b)* 'चेहरे की हवाइयाँ उड़ना' मुहावरे का अर्थ है–घबरा जाना

वाक्य प्रयोग पुलिस को देखकर चोरों के चेहरे की हवाइयाँ उड़ गई।

73. *(c)* दिए गए विकल्पों में से 'उसने मेरा गाना सुना और घर देखा' में कोई त्रुटि नहीं। अन्य विकल्प असंगत हैं।

74. *(a)* दिए गए वाक्य में रेखांकित भाग टाना के लिए उचित सार्थक शब्द सार्थक शब्द 'नाटा' है। अन्य विकल्प असंगत हैं।

75. *(b)* दिए गए वाक्य में रेखांकित शब्द कलकल का विलोम शब्द 'शान्त' है। अन्य विकल्प असंगत हैं।

76. *(a)* रिक्त स्थान (1) के लिए सबसे उपयुक्त विकल्प 'उत्पादन' है।

अतः पूर्ण वाक्य है–फसलों का उत्पादन अच्छा हो

77. *(a)* रिक्त स्थान (2) की पूर्ति के लिए सबसे उपयुक्त विकल्प 'किस्मों' है।

अतः पूर्ण वाक्य इस प्रकार है–फसलों की किस्मों के चयन पर निर्भर करता है।

78. *(a)* रिक्त स्थान (3) की पूर्ति के लिए सबसे उपयुक्त शब्द 'गुणवत्ता' है। अतः पूर्ण वाक्य है– किसानों को अच्छी गुणवत्ता वाले विशेष बीज उपलब्ध होने चाहिए।

79. *(c)* रिक्त स्थान (4) की पूर्ति के लिए सबसे उपयुक्त विकल्प 'अर्थात्' है। अतः पूर्ण वाक्य विशेष बीज उपलब्ध होने चाहिए अर्थात् बीज उसी किस्म के होने चाहिए।

80. *(b)* रिक्त स्थान (5) की पूर्ति के लिए सबसे उपयुक्त विकल्प अनुकूल है। अतः पूर्ण वाक्य है–जो अनुकूल परिस्थिति में अंकुरित हो सके।

27 फरवरी 2024
(शिफ्ट I)

सॉल्वड पेपर 2024

SSC कांस्टेबल (जीडी) सेट 24

भाग-I सामान्य बुद्धिमत्ता एवं तर्कशक्ति

1 A, B का पिता है। B, C का भाई है। C, D का पति है। D, E की बहन हैं। E, F की माँ है। F, G की बेटी है। D का F से क्या सम्बन्ध है?

(a) बहन
(b) माँ की बहन
(c) माँ
(d) पिता

2 एक निश्चित कूटभाषा में, 'YOUNG' को '25796' लिखा जाता है, 'WOULD' को '80532' लिखा जाता है, 'CANDY' को '49163' लिखा जाता है। उसी कूटभाषा में 'Y' को कैसे लिखा जाएगा?

(a) 7 (b) 9 (c) 5 (d) 2

3 निम्नलिखित में से कौन-सा अक्षर दी गई श्रृंखला में प्रश्नचिह्न (?) के स्थान पर आएगा?

M, G, L, H, K, I, J, J, ?

(a) K (b) I (c) O (d) L

4 नीचे दी गई विकल्प आकृतियों में से उस आकृति का चयन कीजिए, जिसमें प्रश्न आकृति छिपी या निहित है। (घूर्णन की अनुमति नहीं है।)

(X)

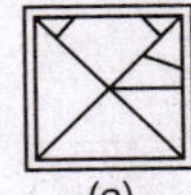
(a)

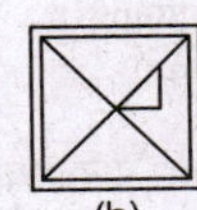
(b)

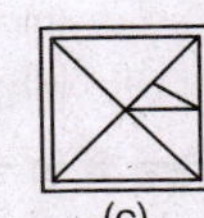
(c)

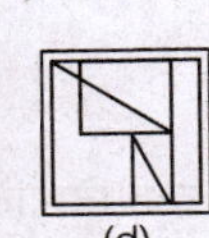
(d)

5 एक निश्चित कूटभाषा में 'HOST' को '9724' लिखा जाता है। 'KINDO' को '45310' लिखा जाता है और 'KNOWS' को '37654' लिखा जाता है। उसी कूटभाषा में 'W' को कैसे लिखा जाएगा?

(a) 7 (b) 4 (c) 6 (d) 5

6 नीचे दी गई दो संख्याओं को आपस में बदलने पर. निम्नलिखित में से कौन-सा समीकरण सही होगा?

5 और 9

(a) $5+3\times2-9=12$
(b) $5+9\times2-3=18$
(c) $5-9+6=10$
(d) $5-3+9=4$

7 नीचे एक ही पासे की दो अलग - अलग स्थितियाँ दी गई हैं। अक्षर 's' वाले फलक के विपरीत फलक पर क्या आएगा?

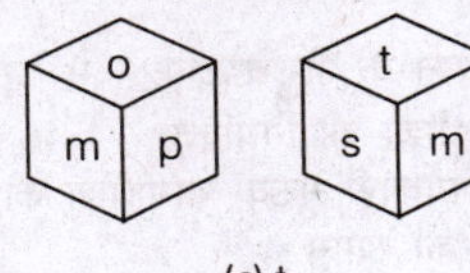

(a) o (b) p (c) t (d) m

8 निम्नलिखित प्रश्न में, विकल्पों में दी गई उस आकृति का चयन कीजिए, जिसे प्रश्नचिह्न (?) के स्थान पर रखा जा सकता है।

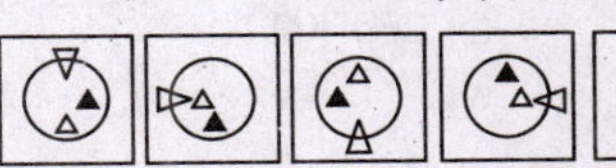

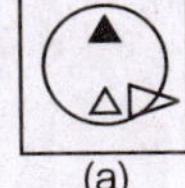
(a)

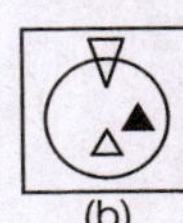
(b)

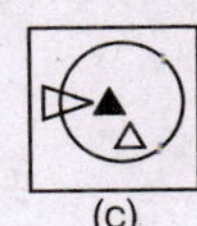
(c)

(d)

9 P, Q, R, S, T, U और V सात मित्र है, जो एक पंक्ति में उत्तर की ओर मुख करके बैठे हैं। S, R के ठीक दाईं ओर बैठा है। T और P, U के पड़ोसी हैं। Q, R के ठीक बाईं ओर बैठा है और बाएँ छोर से दूसरे स्थान पर बैठा है। P दाएँ छोर पर बैठा है, S के ठीक बाईं ओर कौन बैठा है?

(a) T
(b) U
(c) R
(d) P

10 निम्नलिखित विकल्पों में से उस विकल्प का चयन कीजिए, जो तीसरे शब्द से ठीक उसी प्रकार सम्बन्धित है, जिस प्रकार दूसरा शब्द पहले शब्द से सम्बन्धित है।

न्यूयॉर्क : यूनाइटेड स्टेट्स : सिडनी : ?

(a) कनाडा
(b) ऑस्ट्रेलिया
(c) जापान
(d) इंग्लैंड

11 दिए गए शब्दों को अंग्रेजी वर्णमाला के क्रम में व्यवस्थित कीजिए।

1. Response
2. Reporter
3. Reaction
4. Registration
5. Relevant

(a) 2 5 1 3 4
(b) 4 5 1 2 3
(c) 3 4 5 2 1
(d) 5 1 4 2 3

12 यदि 60 @ 35 # 15 * 6 = –65 और 40 @ 30 # 6 * 7 = –32 हैं, तो 90 @ 10 # 6 * 5 = ?

(a) 60
(b) 50
(c) 65
(d) 70

13 नीचे एक ही पासे की चार अलग-अलग स्थितियाँ दी गई हैं। '51' वाले फलक के विपरीत फलक पर क्या आएगा?

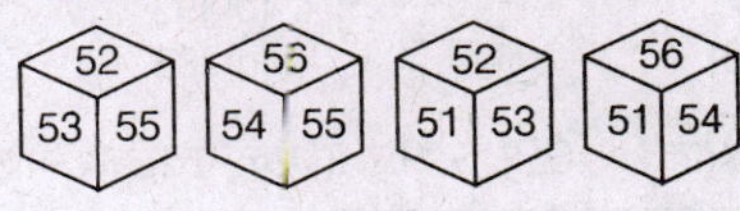

(a) 55
(b) 54
(c) 53
(d) 52

14 निम्नलिखित अक्षर समूहों में से अक्षरों का कौन-सा समूह क्रमबद्ध रूप से बाईं से दाईं ओर रखे जाने पर नीचे दी गई शृंखला को पूरा करेगा?

st_vwst_vwstuv_stuvwstuvwstu_w

(a) uuwv (b) wuvu
(c) uuuv (d) uwuv

15 निम्नलिखित विकल्पों में से उस विकल्प का चयन कीजिए, जो पाँचवें अक्षर-समूह से ठीक उसी प्रकार सम्बन्धित है जिस प्रकार चौथा अक्षर-समूह तीसरे से सम्बन्धित है, और दूसरा अक्षर-समूह पहले अक्षर-समूह से सम्बन्धित है।

PIG : OQHJFH : : KIN : JLHJMO : : LED : ?

(a) ECFDMK (b) CEDFKM
(c) KMDFCE (d) MKFDEC

16 निम्नलिखित विकल्पों में से दी गई शृंखला से लुप्त संख्या का चयन कीजिए।

5, 34, 1, 38, –3, ?

(a) 40 (b) 45 (c) 47 (d) 42

17 निम्नलिखित प्रश्न में कुछ कथन और उन कथनों के आधार पर कुछ निष्कर्ष दिए गए हैं। आपको दिए गए कथनों को सत्य मानना है, चाहे वे सामान्यतः ज्ञात तथ्यों से भिन्न प्रतीत होते हों। सभी निष्कर्षों को ध्यानपूर्वक पढ़िए और निश्चय कीजिए कि दिए गए निष्कर्षों में से कौन-सा निष्कर्ष कथनों का तार्किक रूप से अनुसरण करता है।

कथन सभी लाल, हरे हैं।
कुछ गुलाबी, हरे हैं।

निष्कर्ष

I. कुछ गुलाबी, लाल नहीं हैं
II. सभी हरे, लाल हैं।
III. कुछ हरे, लाल हैं।

(a) कोई भी निष्कर्ष अनुसरण नहीं करता है
(b) केवल निष्कर्ष III अनुसरण करता है
(c) सभी निष्कर्ष अनुसरण करते हैं
(d) निष्कर्ष I और II दोनों अनुसरण करते हैं

18 दिए गए विकल्पों में से उस आकृति का चयन कीजिए, जिसे दी गई आकृति शृंखला में प्रश्नचिह्न (?) के स्थान पर रखा जा सकता है।

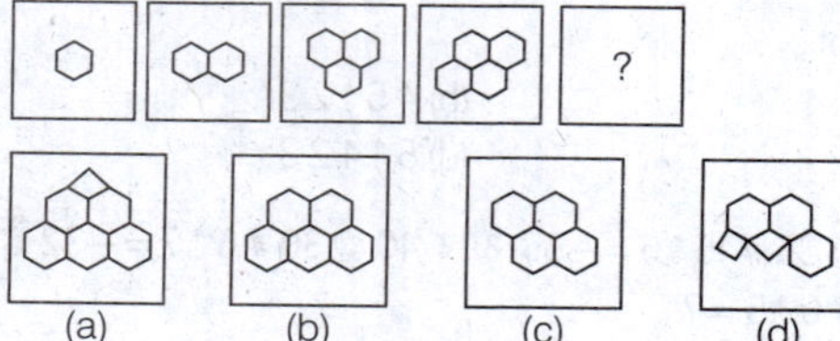

(a) (b) (c) (d)

19 निम्नलिखित में से कौन-सी संख्या दी गई शृंखला में प्रश्नचिह्न (?) के स्थान पर आएगी?

165, ?, 195, 210, 225, 240

(a) 172 (b) 192
(c) 180 (d) 185

20 पाँच व्यक्ति P, Q, R, S और T एक वृत्ताकार मेज पर एक-दूसरे के विपरीत मुख करके बैठे हैं। R, P के ठीक बाईं ओर बैठा है। S, Q और R के बीच में बैठा है। Q के ठीक बाईं ओर कौन बैठा है?

(a) P (b) R (c) T (d) S

भाग-II सामान्य ज्ञान

21 विश्व चैम्पियनशिप या ओलम्पिक खेलों में भाग लेने के लिए पहलवान की आयु कम-से-कम .... वर्ष होनी चाहिए और उसे राष्ट्रीय महासंघ द्वारा प्रायोजित किया जाना चाहिए।

(a) 21 (b) 17 (c) 23 (d) 25

22 निम्नलिखित विकल्पों में से कौन-सा बेरोजगारी का कारण है?

(a) किसी विशेष क्षेत्र में बड़े पैमाने पर प्रवासन
(b) तीव्र आर्थिक विकास
(c) अच्छी शिक्षा व्यवस्था
(d) धीमी जनसंख्या वृद्धि

23 निम्नलिखित में से किस वर्ष NABARD ने MYRADA को एक्शन रिसर्च प्रोजेक्ट के लिए मंजूरी दी थी?

(a) 1985 (b) 1981 (c) 1987 (d) 1983

24 निम्नलिखित में से कौन कुडियाट्टम के पुनर्जागरण दिग्गजों में से एक था?

(a) अमुबी सिंह (b) पी. के. कुन्जू कुरुप
(c) मकरध्वज दारोगा (d) अम्मनूर माधव चाक्यार

25 भारत के तत्कालीन वायसराय (1876-80 में शासित) लॉर्ड लिटन द्वारा प्रस्तावित इस अधिनियम का उद्देश्य स्थानीय प्रेस को ब्रिटिश नीतियों की आलोचना व्यक्त करने से रोकना था। विशेष रूप से उस विरोध को, जो दूसरे .... (1878-80) की शुरुआत के साथ बढ़ गया था।

(a) आंग्ल-मैसूर युद्ध (b) आंग्ल-फ्रांसीसी युद्ध
(c) पुर्तगाली-अफगान युद्ध (d) आंग्ल-अफगान युद्ध

26 फीफा अण्डर-17 महिला विश्वकप, 2022 की मेजबानी किस देश ने की?

(a) स्पेन (b) नाइजीरिया
(c) भारत (d) जर्मनी

27 मई, 2022 तक निम्नलिखित में से क्या भारतीय संविधान के अनुच्छेद-19 का एक हिस्सा नहीं है?

(a) भारत के राज्य क्षेत्र में सर्वत्र अबाध संचरण की स्वतन्त्रता
(b) संगम या संघ बनाना
(c) सम्पत्ति का अधिकार
(d) शान्तिपूर्वक और निरायुद्ध सम्मिलित होना

28 'ओरुनोदोई 2.0' निम्नलिखित में से किस राज्य द्वारा लॉन्च किया गया है?

(a) राजस्थान (b) मणिपुर
(c) असम (d) झारखण्ड

29 निम्नलिखित में से कौन-सा व्हाइट गुड्स का उदाहरण है?

(a) कृषि उपकरण
(b) एयर कण्डीशनर और एलईडी लाइटें
(c) आयातित वस्तुएँ
(d) फार्मेसी उत्पाद

30 भारतीय संविधान के अनुच्छेद-126 में .... का उल्लेख है।

(a) तदर्थ न्यायाधीशों की नियुक्ति
(b) भारत के कार्यकारी मुख्य न्यायाधीश की नियुक्ति
(c) सुप्रीम कोर्ट का स्थान
(d) उच्चतम न्यायालय अभिलेख के न्यायालय होने

31 हिमाचल प्रदेश में, निम्नलिखित में से कौन-सा एक पुष्प उत्सव है?
(a) फुलाइच उत्सव (b) चैत्रुअल उत्सव
(c) बैसाखी उत्सव (d) डूंगरी उत्सव

32 त्रिपुरा के निम्नलिखित में से किस दिवंगत दिग्गज आदिवासी नेता को वर्ष 2023 में मरणोपरान्त पद्मश्री प्राप्त हुआ?
(a) भाभा रंजन रियांग (b) सिन्धु चन्द्र जमातिया
(c) नरेन्द्र चन्द्र देववर्मा (d) अरबर रहमान

33 निम्नलिखित में से किसे प्राय: 'आधुनिक भरतनाट्यम की जननी' कहा जाता है?
(a) संयुक्ता पाणिग्राही (b) मृणालिनी साराभाई
(c) मल्लिका साराभाई (d) रुक्मिणी देवी अरुण्डेल

34 निम्नलिखित में से कौन-सा तापमान का S1 मात्रक है?
(a) फॉरेनहाइट (b) पास्कल
(c) सेल्सियस (d) केल्विन

35 भारत की 2011 की जनगणना के अनुसार, अखिल भारतीय स्तर पर, वयस्क (15 + वर्ष) साक्षरता दर .... है।
(a) 65.3% (b) 69.3% (c) 63.3% (d) 73.3%

36 अगस्त, 2023 में ग्रीस के राष्ट्रपति द्वारा 'द ग्रैण्ड क्रॉस ऑफ द ऑर्डर ऑफ ऑनर' से निम्नलिखित में से किसे सम्मानित किया गया है?
(a) नरेन्द्र मोदी (b) पीयूष गोयल
(c) ओम बिड़ला (d) जगदीप धनखड़

37 दिए गए कथन को पूरा कीजिए अशोक के अधिकांश शिलालेख .... ।
(a) प्राकृत में थे और ब्राह्मी लिपि में लिखे गए थे
(b) ब्राह्मी में थे और प्राकृत लिपि में लिखे गए थे
(c) संस्कृत में थे और ब्राह्मी लिपि में लिखे गए थे
(d) प्राकृत में थे और देवनागरी लिपि में लिखे गए थे

38 दीपिका पल्लीकल कार्तिक निम्नलिखित में से कौन-सा खेल खेलती हैं?
(a) टेबल टेनिस (b) मुक्केबाजी (c) क्रिकेट (d) स्क्वैश

39 भारत में हरित क्रान्ति के दौरान शुरू किए गए 'गहन कृषि जिला कार्यक्रम' का प्राथमिक उद्देश्य क्या था?
(a) विशिष्ट जिलों में कृषि उत्पादकता बढ़ाना
(b) भूमि सुधार लागू करना
(c) व्यापारिक फसलों की कृषि को बढ़ावा देना
(d) जैविक कृषि को बढ़ावा देना

40 उस्ताद जाकिर हुसैन .... बजाते हैं।
(a) गिटार (b) सन्तूर (c) सितार (d) तबला

भाग-III गणित

41 एक आदमी एक कप को ₹ 1792 में बेचकर 12% का लाभ कमाता है। यदि वह इसी कप को ₹ 1472 में बेचता है, तो हानि प्रतिशत कितना होगा?
(a) 15% (b) 6% (c) 8% (d) 12%

42 D अकेले किसी कार्य का आधा भाग 100 दिनों में पूरा कर सकता है। 47 दिनों में D द्वारा कितने प्रतिशत कार्य पूरा किया जाएगा?
(a) 23.5% (b) 21% (c) 20.5% (d) 26.5%

43 5 क्रमागत संख्याओं का औसत 19 है। इन 5 संख्याओं में से सबसे बड़ी संख्या ज्ञात कीजिए।
(a) 21 (b) 23
(c) 29 (d) 17

44 किसी धनराशि पर प्राप्त साधारण ब्याज, उस धनराशि का 81/100 है। वर्षों की संख्या वार्षिक ब्याज दर के बराबर है। वार्षिक ब्याज दर कितने प्रतिशत है?
(a) 11% (b) 9%
(c) 10.5% (d) 12.5%

45 दोनों भाइयों की वर्तमान आयु का अनुपात 11 : 13 है तथा 6 वर्ष पहले उनकी आयु का अनुपात 4 : 5 था। 5 वर्ष बाद उनकी आयु का अनुपात कितना होगा?
(a) 22 : 29 (b) 17 : 19
(c) 31 : 34 (d) 27 : 31

46 $8500 \div 5 + 24 \times 6 - 122 \times 3$ का मान कितना है?
(a) 1178 (b) 1532
(c) 1478 (d) 1214

47 $897 \div 13 + 15 \times 15 - 27$ का मान कितना है?
(a) 267 (b) 271
(c) 272 (d) 275

48 किसी संख्या में, क्रमिक रूप से 40% की और 60% की वृद्धि के स्थान पर 44% की कमी कर दी जाती है। तो प्राप्त किए गए परिणाम का मान, सही अभीष्ट मान का कितना प्रतिशत है?
(a) 20% (b) 28%
(c) 25% (d) 50%

49 2 वर्षों के लिए ₹1000000 की एक धनराशि पर चक्रवृद्धि ब्याज (वार्षिक रूप से संयोजित) और साधारण ब्याज के बीच का अन्तर ₹ 2401 है। वार्षिक ब्याज दर ज्ञात कीजिए।
(a) 4.9 % (b) 6.1 %
(c) 5.2 % (d) 5.0 %

50 मानव A से प्रारम्भ करता हैं और 29 घण्टे में B पर पहुँचता है। वह 2/9 दूरी 9 किमी/घण्टा की चाल से और शेष दूरी 12 किमी/घण्टा की चाल से तय करता हैं। A और B के बीच की दूरी कितनी है?
(a) 208 किमी (b) 324 किमी
(c) 264 किमी (d) 376 किमी

51 एक शर्ट का मूल्य ₹ 1200 अंकित किया जाता है और उस पर 15% की छूट दी जाती है। शर्ट का विक्रय मूल्य ज्ञात कीजिए।
(a) ₹ 1020 (b) ₹ 1270
(c) ₹ 1290 (d) ₹ 1200

52 यदि p का p % 729 हैं, तो p का मान कितना है?
(a) 230 (b) 270
(c) 330 (d) 170

53 एक आदमी ₹ 1 में 15 आम खरीदता है। ₹ 1 में कितने आम बेचने पर उसे 25 % की हानि होगी?
(a) 28 (b) 20
(c) 38 (d) 17

54 $22 \div (9 - 1 + 7 \times 2) + 24$ का 9 का मान कितना है?
(a) 216 (b) 218
(c) 215 (d) 217

55 $100 \times 10 - 100 + 3000 \div (100 \times 10)$ का मान कितना है?
(a) 1030 (b) 903
(c) 970 (d) 1003

56 17 छात्रों के औसत अंक 180 थे। लेकिन बाद में यह पाया गया कि एक छात्र के अंक गलती से 27 के स्थान पर 72 दर्ज कर दिए गए थे। छात्रों के अंकों का सही औसत कितना है?
(a) 177.35 (b) 183.36
(c) 178.98 (d) 180.25

57 एक समलम्ब की समानान्तर भुजाएँ 15 सेमी और 16 सेमी है और इसका क्षेत्रफल 961 सेमी^{2} है। समलम्ब की समानान्तर भुजाओं के बीच की दूरी कितनी है?
(a) 15.5 सेमी (b) 62 सेमी
(c) 31 सेमी (d) 93 सेमी

58 अमित, विनीत से तीन गुना अच्छा कारीगर हैं और इसलिए वह एक कार्य को विनीत से 32 दिन कम में पूरा कर सकता है। यदि वे दोनों एकसाथ मिलकर कार्य करते हैं, तो उसी कार्य को पूरा करने में उन्हें कितने दिन का समय लगेगा?
(a) 12 दिन (b) 36 दिन
(c) 24 दिन (d) 48 दिन

59 यदि $G : H = 3 : 7$ हैं, तो $G : (G + H)$ का मान कितना है?
(a) 6 : 7 (b) 3 : 7
(c) 3 : 10 (d) 10 : 3

60 अंकित मूल्य के 3/10 पर एक घड़ी को बेचने पर 16% की हानि होती हैं। घड़ी के अंकित मूल्य और क्रय मूल्य का अनुपात कितना होगा?
(a) 7 : 4 (b) 19 : 8
(c) 14 : 5 (d) 8 : 5

भाग-IV हिन्दी

61 निम्नलिखित वाक्य में रेखांकित भाग के लिए एक सार्थक शब्द ज्ञात कीजिए
अफशा बहुत अधिक खर्चा करती है।
(a) वाचाल (b) अपव्ययी
(c) मितव्ययी (d) कंजूस

62 निम्नलिखित वाक्य में उस वाक्यांश को पहचानिए, जिसमें अशुद्धियाँ हैं। यदि कोई गलती नहीं है, तो 'कोई त्रुटि नहीं है' का चुनाव कीजिए
बालश्रम जोकि बच्चों और बचपन के लिए अभिशाप बन / गया है, उसे सिर्फ और सिर्फ तभी तोड़ा जा सकता है जब / समाज के जागरूक लोग एकसाथ मिलकर आगे आएँ।
(a) गया है उसे सिर्फ और सिर्फ तभी तोड़ा जा सकता है जब
(b) बालश्रम जोकि बच्चों और बचपन के लिए अभिशाप बन
(c) समाज के जागरूक लोग एकसाथ मिलकर आगे आएँ
(d) कोई त्रुटि नहीं है

63 निम्नलिखित वाक्य में रेखांकित भाग के लिए एक सार्थक शब्द ज्ञात कीजिए
चमगादड़ रात में घूमने वाले जीवों में से ही एक है।
(a) स्थलचर (b) निशाचर
(c) उभयचर (d) नभचर

64 निम्नलिखित प्रश्न में दिए गए चार विकल्पों में से उस विकल्प का चयन करें, जो दिए गए मुहावरे के अर्थ को सर्वश्रेष्ठ रूप से व्यक्त करता है।
'जहर उगलना'
(a) मरते-मरते बचना
(b) कष्टदायक बातें कहना
(c) उल्टा जवाब देना
(d) पुरानी बातें याद करना

65 निम्नलिखित प्रश्न में चार विकल्पों में से उस विकल्प का चयन करें, जो कोष्ठक में दिए गए शब्द के तद्भव रूप का सही विकल्प है।
लगता है बगल के तालाब से एक (कच्छप) ...... बाहर आ गया है।
(a) किवाड़ (b) गेंद
(c) कछुआ (d) उल्लू

66 निम्नलिखित वाक्य में उस वाक्यांश को पहचानिए, जिसमें मात्राओं से सम्बन्धित अशुद्धियाँ हैं। यदि कोई गलती नहीं है, तो 'कोई त्रुटि नहीं' है का चुनाव कीजिए।
रक्त संचार से पीड़ित रोगियों को जीवन की / खतरनाक बीमारियों से लड़ने और गुणवत्ता वाले जीवन को / जीने के लिए प्रोत्साहन मिलता है।
(a) रक्त संचार से पीड़ित रोगियों को जीवन की
(b) खतरनाक बीमारियों से लड़ने और गुणवत्ता वाले जीवन को
(c) जीने के लिए प्रोत्साहन मिलता है
(d) कोई त्रुटि नहीं है

67 निम्नलिखित प्रश्न में चार विकल्पों में से उस विकल्प का चयन करें, जो कोष्ठक में दिए गए शब्द के पर्यायवाची शब्द का सही विकल्प नहीं है।
हमें हमेशा (बदमाश) .... प्रवृत्ति के लोगों से दूरी बनाकर रखनी चाहिए।
(a) दुर्जन (b) पामर
(c) आखु (d) खल

68 निम्नलिखित प्रश्न में, दिए गए चार विकल्पों में से उस विकल्प का चयन करें, जो दिए गए मुहावरे के अर्थ को सर्वश्रेष्ठ रूप से व्यक्त करता है।
'अपना घर समझना'
(a) कुछ काम न करना
(b) सारा दिन सोते रहना
(c) कुछ भी कहना
(d) संकोच न करना

69 दिए गए वाक्य में रेखांकित शब्द का विलोम शब्द ज्ञात कीजिए
शहरी व्यक्ति को अनेक लाभ मिलते हैं।
(a) ग्रामीण (b) गैरतदार
(c) गम्भीर (d) गुण्डा

70 निम्नलिखित प्रश्न में चार विकल्पों में से उस विकल्प का चयन करें, जो कोष्ठक में दिए गए शब्द के तत्सम रूप का सही विकल्प है।
मैंने और मेरे परिवार के लोगों ने मिलकर मन्दिर में आज रात की (आरती) .... की।
(a) आमलक (b) आच्शारी
(c) आदित्यवार (d) आरात्रिका

71 दिए गए वाक्यांश के लिए सार्थक शब्द ज्ञात कीजिए
'जिसकी चार भुजाएँ हों'
(a) शंकु (b) चतुर्भुज
(c) वृत (d) त्रिभुज

72 दिए गए वाक्य का वह भाग ज्ञात करें, जिसमें कोई त्रुटि है।
राम कुछ देर पहले ही वापिस लौटकर आया है।
(a) पहले ही
(b) राम कुछ देर
(c) आया है
(d) वापिस लौटकर

73 दिए गए वाक्य में रेखांकित शब्द का विलोम शब्द ज्ञात कीजिए।
दिसम्बर में आपकी <u>हाजिरी</u> जरूरी है।
(a) प्रकटन (b) वाजिब
(c) गैर-हाजिरी (d) मौजूदगी

74 दिए गए वाक्य का वह भाग ज्ञात करें, जिसमें कोई त्रुटि है।
कल उनका बहुत भारी सम्मान हुआ और उन्हें पुरस्कार भी मिला।
(a) भारी सम्मान हुआ
(b) कल उनका बहुत
(c) पुरस्कार भी मिला
(d) और उन्हें

75 निम्नलिखित प्रश्न में चार विकल्पों में से उस विकल्प का चयन करें, जो कोष्ठक में दिए गए शब्द के पर्यायवाची शब्द का सही विकल्प नहीं है।
मेरे घर की (खिड़की) .... से ठण्डी-ठण्डी हवा आती है।
(a) गवाक्ष (b) डोण्डी
(c) वातायान (d) झरोखा

निर्देश (प्र.सं. 76-80) *नीचे दिए गए गद्यांश में कुछ शब्द छोड़ दिए गए हैं और प्रत्येक रिक्त स्थान के चार विकल्प दिए गए हैं। इन चारों में से कौन-सा विकल्प रिक्त स्थान की पूर्ति करेगा?*

लोक आस्था के (1) .... छठ बिहार व दिल्ली सहित देश के (2) .... हिस्सों में श्रद्धा और (3) .... के साथ मनाया जा रहा है। पटना में पर्व तीसरे दिन (4) .... सूर्य को अर्ध्य देने के लिए घाटों पर आस्था का (5) .... उमड़ पड़ा।

76 रिक्त स्थान (1) के लिए सबसे उपयुक्त विकल्प का चयन कीजिए।
(a) महाराज (b) महारानी (c) महाषय (d) महापर्व

77 रिक्त स्थान (2) के लिए सबसे उपयुक्त विकल्प का चयन कीजिए।
(a) विभिन्न (b) सेनापति (c) संकट (d) स्वदेश

78 रिक्त स्थान (3) के लिए सबसे उपयुक्त विकल्प का चयन कीजिए।
(a) सहायता (b) उल्लास
(c) शोक (d) कण्ठ

79 रिक्त स्थान (4) के लिए सबसे उपयुक्त विकल्प का चयन कीजिए।
(a) सप्तमी (b) द्वादशी
(c) अष्टमी (d) अस्ताचलगामी

80 रिक्त स्थान (5) के लिए सबसे उपयुक्त विकल्प का चयन कीजिए
(a) मनोवृत्ति (b) कल-परसों
(c) सगे-सम्बन्धी (d) जन-सैलाब

उत्तरमाला

1.	(b)	2.	(b)	3.	(b)	4.	(d)	5.	(c)	6.	(c)	7.	(a)	8.	(b)	9.	(c)	10.	(b)
11.	(c)	12.	(b)	13.	(a)	14.	(a)	15.	(c)	16.	(d)	17.	(b)	18.	(b)	19.	(c)	20.	(c)
21.	(b)	22.	(a)	23.	(c)	24.	(d)	25.	(d)	26.	(c)	27.	(c)	28.	(c)	29.	(b)	30.	(b)
31.	(a)	32.	(c)	33.	(d)	34.	(d)	35.	(b)	36.	(a)	37.	(a)	38.	(d)	39.	(a)	40.	(d)
41.	(c)	42.	(a)	43.	(a)	44.	(b)	45.	(d)	46.	(c)	47.	(a)	48.	(c)	49.	(a)	50.	(b)
51.	(a)	52.	(b)	53.	(b)	54.	(d)	55.	(b)	56.	(a)	57.	(b)	58.	(a)	59.	(c)	60.	(c)
61.	(b)	62.	(d)	63.	(b)	64.	(b)	65.	(c)	66.	(d)	67.	(c)	68.	(d)	69.	(a)	70.	(d)
71.	(b)	72.	(d)	73.	(c)	74.	(a)	75.	(b)	76.	(d)	77.	(a)	78.	(b)	79.	(d)	80.	(d)

संकेत एवं हल

1. *(b)* दी गई जानकारी के आधार पर,

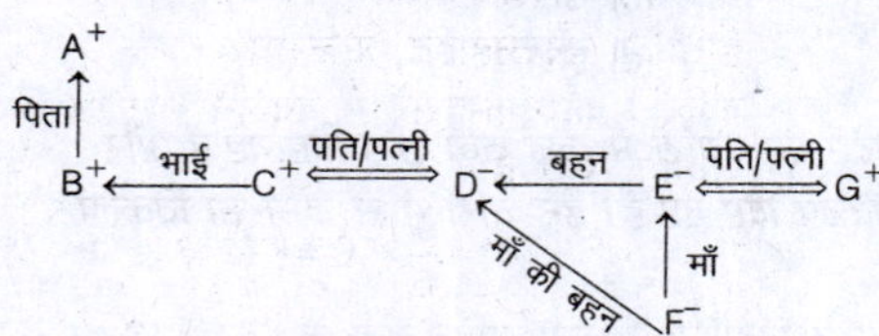

अतः D, F की 'माँ की बहन' है।

2. *(b)* दी गई कूटभाषा के अनुसार,

$\overline{Y}\ \underline{O}\ \underline{U}\ \overline{N}\ G \longrightarrow \underline{2}\ \underline{5}\ \overline{7}\ \overline{9}\ \overline{6}$

W $\underline{O}$ $\underline{U}$ L Ⓓ ⟶ 8 0 $\underline{5}$ ③ 2

C A $\overline{N}$ Ⓓ $\overline{Y}$ ⟶ 4 $\overline{9}$ 1 $\overline{6}$ ③

∴ Y का कूट = 6 या 9

अतः विकल्पों के अनुसार Y का कूट 9 होगा।

3. *(b)* दी गई श्रृंखला का क्रम प्रकार निम्न है

$M \xrightarrow{-6} G \xrightarrow{+5} L \xrightarrow{-4} H \xrightarrow{+3} K \xrightarrow{-2} I \xrightarrow{+1} J \xrightarrow{-0} J \xrightarrow{-1} \boxed{I}$

4. *(d)* विकल्पों से स्पष्ट है, कि विकल्प (d) की आकृति में X से चिह्नित आकृति निहित है।

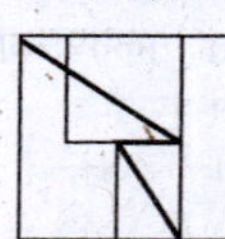

5. *(c)* दी गई कूटभाषा के अनुसार,

H Ⓞ $\overline{S}$ T ⟶ 9 $\overline{7}$ 2 ④

$\underline{K}$ I $\underline{N}$ D Ⓞ ⟶ ④ $\underline{5}$ $\underline{3}$ 1 0

$\underline{K}$ $\underline{N}$ Ⓞ W $\overline{S}$ ⟶ $\underline{3}$ $\overline{7}$ 6 $\underline{5}$ ④

∴ W का कूट = 6 होगा।

6. *(c)* विकल्प (c) से, 5 − 9 + 6 = 10

प्रश्नानुसार, 5 और 9 को आपस में बदलने पर,

9 − 5 + 6 = 10

⇒ 15 − 5 = 10

10 = 10

7. *(a)* अक्षर m दोनों पासों में उभयनिष्ठ है। दोनों पासों के उभयनिष्ठ को लेकर दक्षिणावर्त वर्ग दिशा में घुमाने पर,

m → o → p

m → s → t

अतः स्पष्ट है, कि s वाले फलक के विपरीत o होगा।

8. *(b)* दी गई आकृति श्रृंखला में ▽ आकृति वामावर्त दिशा में 90° घूर्णन कर रही है। और एक स्थान आगे प्रतिस्थापित हो रही है। इस प्रकार Δ, दोनों आकृति दक्षिणावर्त दिशा में एक स्थान आगे प्रतिस्थापित हो रही है। इसी प्रकार यह क्रम जारी रहता है। अतः अगली आकृति विकल्प (b) के समान होगी।

9. *(c)* सात मित्रों का एक पंक्ति में बैठने का क्रम निम्न है,

N Q R S T U P (↑)

अतः स्पष्ट है, कि S के ठीक बाईं ओर R बैठा है।

10. *(b)* जिस प्रकार, न्यूयॉर्क, यूनाइटेड स्टेट्स का एक शहर है। उसी प्रकार, सिडनी, ऑस्ट्रेलिया का एक शहर है।

11. *(c)* दिए गए अंग्रेजी वर्णमाला में शब्दों का सार्थक क्रम निम्न है,

Reaction → Registration → Relevent → Reporter → Respons
3 4 5 2 1

⇒ 34521

12. *(b)* जिस प्रकार,

60 @ 35 # 15 * 6 = − 65

@ = −, # = − तथा * = × रखने पर,

60 − 35 − 15 × 6 = − 125 + 60 = − 65

तथा 40 @ 30 # 6 * 7 = − 32

@ = −, # = − तथा * = × रखने पर,

40 − 30 − 6 × 7 = 40 − 30 − 42 = − 32

उसी प्रकार,

90 @ 10 # 6 * 5 = 90 − 10 − 6 × 5

= 90 − 10 − 30 = $\boxed{50}$

13. *(a)* दिए गए पासों की स्थितियों में पासा I और III में 52 तथा 53 उभयनिष्ठ होने के कारण हट जाएँगें तथा शेष 55,51 का विपरीत फलक होगा।

14. *(a)* दिए गए अक्षर समूह की श्रृंखला का क्रम निम्न प्रकार है,

⇒ s t $\underline{u}$ v w / s t $\underline{u}$ v w / s t u v $\underline{w}$ / s t u v w / s t u v w / s t u $\underline{v}$ w

⇒ u u w v

15. *(c)* जिस प्रकार,

P: −1 → O, +1 → Q; I: −1 → H, +1 → J; G: −1 → F, +1 → H

तथा

K: −1 → J, +1 → L; I: −1 → H, +1 → J; N: −1 → M, +1 → O

उसी प्रकार,

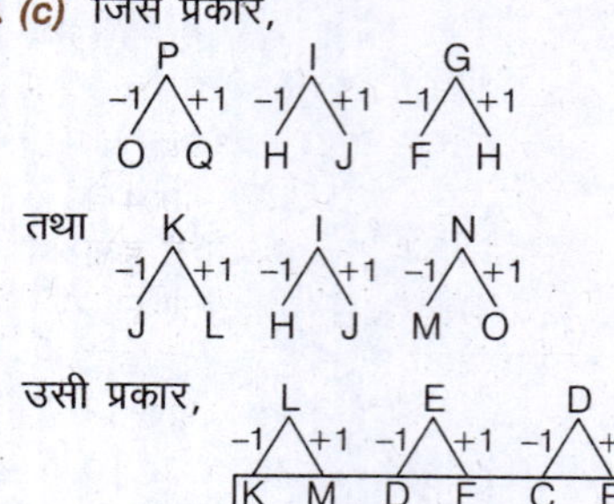

16. *(d)* दी गई श्रृंखला का क्रम निम्न प्रकार है

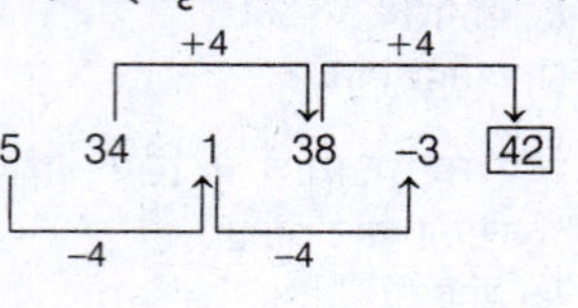

∴ ? = 42

17. *(b)* कथनानुसार,

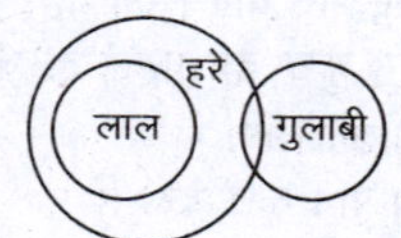

निष्कर्ष I. (✗) II. (✗) III. (✓)

अतः केवल निष्कर्ष III अनुसरण करता है।

18. *(b)* दी गई आकृति श्रृंखला समूह में अगली आकृति में एक अधिक षट्कोणिक आकृति जुड़ रही है। इस प्रकार यह क्रम जारी रहता है। अतः प्रश्नचिह्न के स्थान पर विकल्प आकृति (b) आएगी।

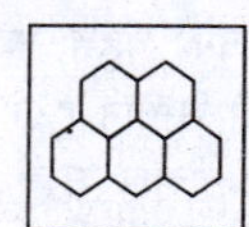

19. *(c)* दी गई संख्या श्रृंखला का क्रम निम्न प्रकार है,

$165 \xrightarrow{+15} \boxed{180} \xrightarrow{+15} 195 \xrightarrow{+15} 210 \xrightarrow{+15} 225 \xrightarrow{+15} 240$

20. *(c)* पाँच व्यक्तियों का वृत्ताकार मेज पर बैठने का क्रम निम्न है,

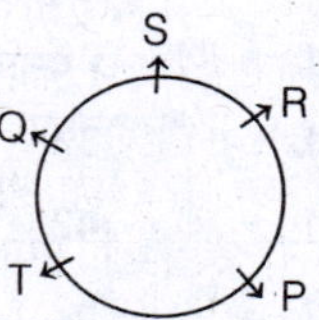

अतः स्पष्ट है, Q के बाईं ओर T बैठा है।

21. *(b)* विश्व चैम्पियनशिप या ओलम्पिक खेलों में भाग लेने वाले पहलवान की न्यूनतम आयु कम-से-कम 17 वर्ष होनी चाहिए और उसे राष्ट्रीय महासंघ द्वारा प्रायोजित किया जाना चाहिए।

ओलम्पिक एक अन्तर्राष्ट्रीय खेल प्रतियोगिता है, जिसका आयोजन प्रत्येक चार वर्षों के अन्तराल पर होता है। ओलम्पिक खेल, 2024 का आयोजन पेरिस (फ्रांस) में होगा।

22. *(a)* किसी विशेष क्षेत्र में बड़े पैमाने पर प्रवासन का होना बेरोजगारी का कारण होता है, क्योंकि लोग एक स्थान से दूसरे स्थान पर अच्छी शिक्षा, स्वास्थ्य एवं रोजगार आदि के लिए प्रवासन करते हैं। यह सामान्यतः गाँवों से शहरों की ओर होती है, जहाँ आधारभूत सुविधाओं का अभाव होता है।

23. *(c)* वर्ष 1987 में NABARD ने MYRADA को एक्शन रिसर्च प्रोजेक्ट के लिए मंजूरी दी थी। नाबार्ड द्वारा MYRADA के साथ एक एक्शन रिसर्च प्रोग्राम शुरू किया गया था, जिसके आधार पर 500 स्वयं सहायता समूहों को बैंकों से जोड़ने के लिए एक पायलट प्रोजेक्ट लॉन्च किया गया। मैसूर पुनर्वास एवं विकास एजेंसी (MYRADA) एक गैर-सरकारी संगठन है, जो गरीबी उन्मूलन और ग्रामीण विकास पर ध्यान केन्द्रित करती है।

24. *(d)* अम्मनूर माधव चाक्यार कुडियाट्टम के पुनर्जागरण दिग्गजों में से एक थे। इन्हें कालिदास सम्मान संगीत नाटक अकादमी पुरस्कार से भी सम्मानित किया गया था। कुडियाट्टम केरल की एक पारम्परिक प्रदर्शन कला है। यह संगम युग की एक प्राचीन प्रदर्शन कला कूथु के तत्त्वों के साथ प्राचीन संस्कृत थिएटर का एक संयोजन है। इसे आधिकारिक रूप से यूनेस्को द्वारा मानवता की मौखिक और अमूर्त विरासत की उत्कृष्ट कृति के रूप में मान्यता दी गई है।

25. *(d)* भारत के तत्कालीन वायसराय लॉर्ड लिटन द्वारा प्रस्तावित इस अधिनियम का उद्देश्य स्थानीय प्रेस को ब्रिटिश नीतियों की आलोचना करने से रोकना था। विशेष रूप से उस विरोध को, जो दूसरे आंग्ला-अफगान युद्ध (1878-80) की शुरुआत के साथ बढ़ गया था। भारतीय प्रेस पर वास्तविक प्रतिबन्ध वर्नाक्यूलर प्रेस एक्ट (1878 ई.) लाया गया। विदित है कि इस अधिनियम में अंग्रेजी भाषा के प्रकाशनों को शामिल नहीं किया गया था।

26. *(c)* फीफा अण्डर-17 महिला विश्वकप, 2022 की मेजबानी भारत ने की थी। यह प्रतियोगिता भारत के तीन स्थानों भुवनेश्वर मझगाँव और महाराष्ट्र में 11 अक्टूबर से 30 अक्टूबर तक खेली गई। फाइनल में स्पेन ने कोलम्बिया को हराकर फीफा अण्डर-17 महिला विश्वकप, 2022 जीता।

27. *(c)* मई, 2022 तक 'सम्पत्ति का अधिकार' भारतीय संविधान के अनुच्छेद-19 का हिस्सा नहीं है। सम्पत्ति के अधिकार को शुरू में अनुच्छेद-19 (1) (f) और अनुच्छेद-31 के तहत एक मूल अधिकार के रूप में मान्यता दी गई थी, लेकिन 20 जून, 1978 को अनुच्छेद-19 (1) (f) और अनुच्छेद-31 को हटा दिया गया तथा 44वें संविधान संशोधन द्वारा इसे संविधान के भाग-XII में अनुच्छेद-300(A) के तहत 'कानूनी अधिकार' बना दिया गया है।

28. *(c)* 'ओरुनोदोई 2.0' योजना असम राज्य द्वारा लॉन्च किया गया है। इस योजना का उद्देश्य राज्य में 17 लाख महिलाओं की मदद करना है। इस योजना के तहत महिलाओं को हर महीने उनके बैंक खाते में ₹ 1250 मिलेंगे। इस योजना का लाभ उन्हीं महिलाओं को प्राप्त होगा, जो असम राज्य की मूल निवासी हैं।

29. *(b)* एयर कण्डीशनर और एलईडी लाइटें व्हाइट गुड्स के उदाहरण हैं।

व्हाइट गुड्स के अन्तर्गत ऐसे साधन उपयोग में लाए जाते हैं, जो जीवन को आरामदायक बनाने में सहायता प्रदान करते हैं। इन वस्तुओं का उपयोग भौतिकता के अन्तर्गत किया जाता है।

30. *(b)* भारतीय संविधान के अनुच्छेद-126 में भारत के कार्यकारी मुख्य न्यायाधीश की नियुक्ति का उल्लेख है। अनुच्छेद-126 के अनुसार, जब भारत के मुख्य न्यायाधीश का पद रिक्त हो या जब मुख्य न्यायाधीश अनुपस्थित हो या अपने पद के कर्त्तव्यों का पालन करने में असमर्थ हो, तो न्यायालय के अन्य न्यायाधीश में से ऐसा न्यायाधीश, जिसे राष्ट्रपति इस पद के लिए नियुक्त करें, उस पद के कर्त्तव्यों का पालन करेगा।

31. *(a)* हिमाचल प्रदेश में फुलाइच उत्सव एक पुष्प उत्सव है। यह सितम्बर के महीने में मनाया जाता है। इस त्योहार में ग्रामीण ढोल बजाते हैं और लर्दा नाम के फूल लेने के लिए पहाड़ों पर जाते हैं। यह त्योहार उन लोगों की याद में मनाया जाता है, जिनका निधन हो चुका है।

32. *(c)* त्रिपुरा के नरेन्द्र चन्द्र देववर्मा दिवंगत दिग्गज आदिवासी नेता को वर्ष 2023 में मरणोपरान्त पद्मश्री प्राप्त हुआ। वे त्रिपुरा के पूर्व राजस्व मन्त्री थे तथा 'इडिजिनस पीपुल्स फ्रण्ट ऑफ त्रिपुरा' के संस्थापक सदस्य थे। देववर्मा पाँच दशकों से त्रिपुरा के आदिवासी राजनीति से जुड़े हुए थे।

33. *(d)* रुक्मिणी देवी अरुण्डेल को 'आधुनिक भरतनाट्यम की जननी' कहा जाता है। इनका जन्म 29 फरवरी, 1904 को तमिलनाडु के मदुरै जिले में हुआ था। इन्हें नृत्य की एक नई विधा 'साधिर' के लिए भी जाना जाता है। वह भारतीय इतिहास की पहली महिला थीं, जिसे भारत की संसद के ऊपरी सदन राज्यसभा के सदस्य के रूप में नामित किया गया था।

34. *(d)* तापमान का SI मात्रक 'केल्विन' (K) है। केल्विन पैमाना तापमान को मापने वाला एक स्कैल है, जिसे विलियम थॉमसन केल्विन' ने प्रस्तुत किया था। इस पैमाने में न्यूनतम तापमान की संख्या ok जोकि –273.15° C होती है। फॉरेनहाइट, सेल्सियस तथा केल्विन को एक-दूसरे में बदलने के लिए सामान्य सूत्र है

$$F - 32° = \frac{9}{5} \times °C = k - 273.15$$

35. *(b)* भारत की जनगणना 2011 के अनुसार, अखिल भारतीय स्तर पर वयस्क (15+वर्ष) साक्षरता दर 69.3% है। वर्ष 2011 की जनगणना के अनुसार, भारत की कुल साक्षरता दर 74.04% है, जिसमें 82.14% पुरुष तथा 65.56% महिला साक्षर है। भारत के राज्यों में केरल राज्य 94% के साथ प्रथम स्थान पर है। समुदायों में जैन समुदाय सबसे ज्यादा साक्षर है।

36. *(a)* नरेन्द्र मोदी को ग्रीस के राष्ट्रपति द्वारा 'द ग्रैण्ड क्रॉस ऑफ द ऑर्डर ऑफ ऑनर' से अगस्त, 2023 में सम्मानित किया गया है। यह पुरस्कार ग्रीस के राष्ट्राध्यक्ष द्वारा उन प्रधानमन्त्री और हस्तियों को दिया जाता है, जिन्होंने विशिष्ट पदों पर रहते हुए ग्रीस की संवृद्धि में अपना योगदान दिया। द ऑर्डर ऑफ ऑनर की स्थापना वर्ष 1975 में की गई थी।

37. *(a)* अशोक के अधिकांश शिलालेख प्राकृत भाषा और ब्राह्मी लिपि में लिखे गए थे। अशोक के शिलालेखों में प्रमुख शिलालेख लघु शिलालेख तथा स्तम्भ शिलालेख शामिल हैं। सबसे व्यापक रूप में उपयोग की जाने वाली ब्राह्मी लिपि थी।

38. *(d)* दीपिका पल्लीकल कार्तिक स्क्वैश खेल से सम्बन्धित हैं। वह पेशेवर स्क्वैश एसोसिएशन महिला रैंकिंग में शीर्ष 10 में पहुँचने वाली पहली भारतीय महिला हैं। इनका जन्म 21 सितम्बर, 1991 को चेन्नई भारत में हुआ है। स्क्वैश एक रैकेट खेल है, जो चार दीवारों वाले कोर्ट में एक छोटी खोखली रबर की गेंद से दो खिलाड़ियों द्वारा खेला जाता है।

39. *(a)* भारत में हरित क्रान्ति के दौरान शुरू किए गए 'गहन कृषि जिला कार्यक्रम' का प्राथमिक उद्देश्य विशिष्ट जिलों में कृषि उत्पादकता को बढ़ाना है। इस योजना का मुख्य उद्देश्य किसानों को बीज और खाद के लिए ऋण उपलब्ध कराना है।

40. *(a)* उस्ताद जाकिर हुसैन तबला बजाते हैं। वह तबला वादक अल्ला रक्खा के सबसे बड़े बेटे हैं। उन्हें सर्वकालिक महान तबला

वादकों में से एक माना जाता है। इनका जन्म 9 मार्च; 1951 को मुम्बई में हुआ था।

41. (c) कप का विक्रय मूल्य $= ₹1792$

तथा लाभ $= 12\%$

$\therefore$ क्रय मूल्य $= \frac{1792}{112} \times 100 = ₹1600$

प्रश्नानुसार,

कप का विक्रय मूल्य $= ₹1472$

तथा हानि $= 1600 - 1472 = ₹128$

$\therefore$ हानि % $= \frac{128}{1600} \times 100 = 8\%$

42. (a) D द्वारा आधे कार्य को पूरा करने में लगा समय $= 100$ दिन

D द्वारा पूरे कार्य करने में लगा समय $= 200$ दिन

D का 1 दिन का कार्य $= \frac{1}{200}$

D द्वारा 47 दिन में किया गया कार्य $= \frac{47}{200}$

D द्वारा 47 दिन में किये गये कार्य का प्रतिशत $= \frac{47}{200} \times 100 = 23.5\%$

43. (a) माना पाँच क्रमागत संख्याएँ क्रमशः $x-2, x-1, x, x+1$ तथा $x+2$ हैं।

$\because$ 5 क्रमागत संख्याओं का औसत $= 19$

$\Rightarrow (x-2)+(x-1)+x+(x+1)+(x+2) = (19 \times 5)$

$\Rightarrow 5x = 19 \times 5$

$\Rightarrow x = 19$

$\therefore$ सबसे बड़ी संख्या $= x+2 = 19+2 = 21$

वैकल्पिक विधि

हम यह जानते हैं कि क्रमागत संख्याएँ अगर विषम बार हों तो मध्य संख्या ही औसत होती है,

तो मध्य संख्या = औसत

तीसरी संख्या $= 19$

$\therefore$ पाँचवीं संख्या $= 19+2 = 21$

44. (b) माना मूलधन $= ₹100$

साधारण ब्याज $= ₹81$

$T = R$ (समय = दर)

$\because R = \frac{SI \times 100}{P \times T}$

$\Rightarrow R = \frac{81 \times 100}{100 \times R} \quad (\because T = R)$

$\Rightarrow R^2 = 81$

$\therefore R = 9\%$

45. (d) माना 6 वर्ष पहले उनकी आयु 4x तथा 5x थी।

तब, $\frac{4x+6}{5x+6} = \frac{11}{13}$

$\Rightarrow 52x + 78 = 55x + 66$

$\Rightarrow 3x = 12 \therefore x = 4$

6 वर्ष पहले आयु क्रमशः 16 तथा 20 थी तथा 5 वर्ष बाद आयु क्रमशः 27 तथा 31 होगी।

$\therefore$ अभीष्ट अनुपात $= (16+11):(20+11) = 27:31$

46. (c) $8500 \div 5 + 24 \times 6 - 122 \times 3$
$= 1700 + 144 - 366 = 1478$

47. (a) $897 \div 13 + 15 \times 15 - 27$
$= 69 + 225 - 27 = 267$

48. (c) माना संख्या $= 100$

40% तथा 60% की एकल वृद्धि

$= \left(40 + 60 + \frac{40 \times 60}{100}\right)\%$

$= (100+24)\% = 124\%$

40% तथा 60% की क्रमिक वृद्धि के बाद संख्या $= 224$

तथा 44% की कमी के बाद संख्या $= 56$

$\therefore$ अभीष्ट प्रतिशत $= \frac{56}{224} \times 100 = 25\%$

49. (a) $A = P\left(1 + \frac{r}{100}\right)^T$

$= 1000000 \times \left(1 + \frac{r}{100}\right)^2$

$= 100 \times (100 + r)^2$

$= 100 \times (10000 + r^2 + 200r)$

$A = 1000000 + 100r^2 + 20000r$

$\because CI = A - P$

$= 1000000 + 100r^2 + 20000r - 1000000$

$\Rightarrow CI = 100r^2 + 20000r$

अब, $SI = \frac{1000000 \times 2r}{100} = 20000\,r$

$\therefore$ अभीष्ट अन्तर

$\Rightarrow 100r^2 + 20000r - 20000r = 2401$

$\Rightarrow 100r^2 = 2401$

$\Rightarrow r^2 = 24.01$

$\therefore r = 4.9\%$

वैकल्पिक विधि

यह ज्ञात है कि,

2 साल के साधारण व चक्रवृद्धि ब्याज का अन्तर,

$CI - SI\ (2\ \text{वर्ष}) = \frac{PR^2}{(100)^2}$

$\Rightarrow 2401 = \frac{1000000 \times R^2}{10000}$

$\Rightarrow R^2 = \frac{2401}{100}$

$\Rightarrow R = \frac{49}{10}$

$\Rightarrow R = 4.9\%$

50. (b) प्रश्नानुसार,

A ———— B (x किमी)

$T_1 = \frac{D}{S} = \frac{2x}{9 \times 9} = \frac{2x}{81}$ घण्टे

तथा $T_2 = \frac{7x}{9 \times 12} = \frac{7x}{108}$ घण्टे

$\therefore$ कुल समय $= T_1 + T_2$

$29 = \frac{2x}{81} + \frac{7x}{108}$

$\Rightarrow 29 = \frac{8x + 21x}{324}$

$\Rightarrow 29x = 324 \times 29$

$x = 324$ किमी

51. (a) शर्ट का अंकित मूल्य $= ₹1200$

तथा छूट $= 15\%$

$\therefore$ विक्रय मूल्य $= \frac{1200 \times 85}{100} = ₹1020$

52. (b) प्रश्नानुसार,

$p \times \frac{p}{100} = 729$

$p^2 = 729 \times 100$

$\Rightarrow p = 27 \times 10$

$\therefore p = 270$

53. (b) 15 आम का क्रय मूल्य $= ₹1$

1 आम का मूल्य $= ₹\frac{1}{15}$

$\therefore$ 25% हानि में बेचने पर मूल्य

$= \frac{1}{15} \times \frac{75}{100} = ₹\frac{1}{20}$

अतः उसे 25% हानि के लिए ₹ 1 में 20 आम बेचने होंगे।

54. (d) दिया गया व्यंजक

$22 \div (9 - 1 + 7 \times 2) + 24$ का 9

$= 22 \div (22) + 216$

$= 1 + 216 = 217$

55. (b) $100 \times 10 - 100 + 3000 \div (100 \times 10)$
$= 1000 - 100 + 3 = 903$

56. (a) प्रश्नानुसार,

17 छात्रों के कुल अंक $= 180 \times 17 = 3060$

सही कुल अंक $= 3060 - 72 + 27 = 3015$

सही औसत $= \frac{3015}{17} = 177.35$

वैकल्पिक विधि

$\therefore$ सही औसत $= \frac{17 \times 180 - 72 + 27}{17}$

$= 177.35$

57. (b) समलम्ब चतुर्भुज का क्षेत्रफल

$= \frac{1}{2} \times$ (समान्तर भुजाओं का योग) $\times$ ऊँचाई

$\Rightarrow \quad 961 = \frac{1}{2}(15+16) \times$ ऊँचाई

$\therefore \quad$ ऊँचाई $= \frac{961 \times 2}{31} = 62$ सेमी

58. *(a)* माना अमित का एक दिन का कार्य $= \frac{1}{x}$

विनीत का एक दिन का कार्य $= \frac{1}{x+32}$

प्रश्नानुसार,

$$\left(\frac{1}{x}\right) = 3 \times \left(\frac{1}{x+32}\right)$$

$\Rightarrow \quad 3x = x + 32$

$\Rightarrow \quad 2x = 32$

$\Rightarrow \quad x = 16$

जब वे एकसाथ मिलकर कार्य करते हैं, तब कार्य पूरा होने में लगा समय

$$= \frac{1}{16} + \frac{1}{48} = \left(\frac{3+1}{48}\right) = \frac{1}{12}$$

$= 12$ दिन

59. *(c)* दिया है,

$G : H = 3 : 7$

$G : (G+H) = 3 : 10$

60. *(c)* माना घड़ी का अंकित मूल्य $=$ ₹ $10x$

विक्रय मूल्य $=$ ₹ $3x$

तथा हानि $= 16\%$

$\therefore$ क्रय मूल्य $= \frac{3x}{84} \times 100 =$ ₹ $\frac{300}{84}$

अतः अंकित मूल्य : क्रय मूल्य $= 10x : \frac{300x}{84}$

$= 840 : 300$

$= 14 : 5$

61. *(b)* वाक्य में रेखांकित भाग 'बहुत अधिक खर्चा करती' के लिए एक उचित सार्थक शब्द 'अपव्ययी' है। अन्य विकल्प असंगत हैं।

62. *(d)* निम्नलिखित वाक्यांशों में कोई त्रुटि नहीं है। मात्राओं व व्याकरण की दृष्टि से सभी विकल्प त्रुटि रहित हैं।

63. *(b)* दिए गए वाक्य में रेखांकित भाग 'रात में घूमने वाले' वाक्यांश के लिए एक सार्थक शब्द 'निशाचर' है। अर्थात् रात में घूमने वाले जीवों को निशाचर कहा जाता है। अन्य विकल्प असंगत हैं।

64. *(b)* 'जहर उगलना' मुहावरे का अर्थ है- कष्टदायक बातें कहना।

वाक्य प्रयोग रमेश की चाची कभी-कभी उसे जहर उगलने वाली बातें कहती हैं।

65. *(c)* दिए गए वाक्य में कोष्ठक शब्द 'कच्छप' एक तत्सम शब्द है, जिसका तद्भव रूप 'कछुआ' है। अन्य विकल्प असंगत हैं।

66. *(d)* निम्नलिखित वाक्यांशों में मात्राओं से सम्बन्धित कोई अशुद्धियाँ नहीं हैं, इसलिए 'कोई त्रुटि नहीं है' विकल्प सही है। अन्य विकल्प असंगत हैं।

67. *(c)* दिए गए वाक्य में कोष्ठक शब्द 'बदमाश' का पर्यायवाची शब्द 'आखु' नहीं है। बदमाश के अन्य पर्यायवाची शब्द गुण्डा, खल, दुर्जन, डाकू, पामर आदि हैं।

68. *(d)* 'अपना घर समझना' मुहावरे का अर्थ है- संकोच न करना।

वाक्य प्रयोग श्याम की माता ने राजू से कहा इसे अपना ही घर समझो।

69. *(a)* दिए गए वाक्य में रेखांकित शब्द 'शहरी' का विलोम 'ग्रामीण' होता है। अन्य विकल्प असंगत हैं।

70. *(d)* दिए गए वाक्य में कोष्ठक शब्द आरती का तत्सम रूप 'आरात्रिका' होता है। आरात्रिका का अर्थ है-अन्धकार को दूर करने वाला अनुष्ठान अर्थात् आरती। आरती तद्भव शब्द है।

71. *(b)* ''जिसकी चार भुजाएँ हों'' वाक्यांश के लिए सार्थक शब्द 'चतुर्भुज' है। चार भुजाएँ धारण करने वाले को चतुर्भुज कहा जाता है। अन्य विकल्प असंगत हैं।

72. *(d)* दिए गए वाक्य में 'वापिस लौटकर' विकल्प में त्रुटि हैं। शुद्ध वाक्य हैं–राम कुछ देर पहले ही अतः वापस लौटकर आया है।

73. *(c)* दिए गए वाक्य में रेखांकित शब्द 'हाजिरी' का विलोम शब्द गैर-हाजिरी है। अन्य विकल्प असंगत हैं।

74. *(a)* दिए गए वाक्य में 'भारी सम्मान हुआ' वाक्यांश त्रुटिपूर्ण है।

सही वाक्य है–कल उनका बहुत सम्मान हुआ और उन्हें पुरस्कार भी मिला। अन्य विकल्प असंगत हैं।

75. *(b)* दिए गए वाक्य में कोष्ठक शब्द 'खिड़की' का पर्यायवाची 'डोण्डी' नहीं है। गवाज, वातायन, झरोखा अन्य सभी विकल्प 'खिड़की' के पर्यायवाची हैं।

76. *(d)* रिक्त स्थान (1) के लिए सबसे उपयुक्त विकल्प 'महापर्व' है।

अतः पूर्ण वाक्य है–लोक आस्था के महापर्व छठ बिहार व दिल्ली सहित ....।

77. *(a)* रिक्त स्थान (2) की पूर्ति के लिए सबसे उपयुक्त शब्द 'विभिन्न' है।

अतः पूर्ण वाक्य है- देश के विभिन्न हिस्सों में श्रद्धा और ....।

78. *(b)* रिक्त स्थान (3) की पूर्ति के लिए सबसे उपयुक्त विकल्प 'उल्लास' है।

अतः पूर्ण वाक्य है–श्रद्धा और उल्लास के साथ ननाया जाता रहा है।

79. *(d)* रिक्त स्थान (4) की पूर्ति के लिए सबसे उपयुक्त विकल्प 'अस्ताचलगामी' है।

अतः पूर्ण वाक्य है–पटना में पर्व के तीसरे दिन अस्ताचलगामी सूर्य को अर्घ्य देने के लिए ....।

80. *(d)* रिक्त स्थान (5) की पूर्ति के लिए सबसे उपयुक्त शब्द 'जन-सैलाब' है।

अतः पूर्ण वाक्य इस प्रकार है–सूर्य को अर्घ्य देने के लिए घाटों पर आस्था का जन-सैलाब उमड़ पड़ा।

सॉल्वड पेपर 2024

SSC कांस्टेबल (जीडी) सेट 25

27 फरवरी 2024
(शिफ्ट II)

भाग-I सामान्य बुद्धिमत्ता एवं तर्कशक्ति

1 $T \times U$ का अर्थ है 'T, U की माँ है'
$T + U$ का अर्थ है 'T, U की बहन है'
$T \div U$ का अर्थ है 'T, U की बेटी है'
$T - U$ का अर्थ है 'T, U की पत्नी है'
व्यंजक '$A \times B + C \div D$' में, D का A से क्या सम्बन्ध है?
(a) पति (b) बेटा (c) पिता (d) भाई

2 निम्नलिखित में से अक्षरों का कौन-सा समूह क्रमबद्ध रूप से बाईं से दाईं ओर रखे जाने पर नीचे दी गई शृंखला को पूरा करेगा?
dddeeeff_dddeeeff_dddeeefffdddee_ff_
(a) ffef (b) fdef (c) edfd (d) fded

3 निम्नलिखित प्रश्न में, दिए गए विकल्पों में से उस आकृति का चयन कीजिए, जिसे प्रश्नचिह्न (?) के स्थान पर रखा जा सकता है।

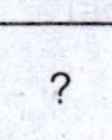

(a)

(b)

(c)
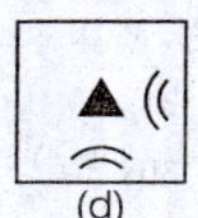
(d)

4 एक निश्चित कूटभाषा में, 'AMBER' को '36' लिखा जाता है, 'MAGENTA' को '57' लिखा जाता है, तो उसी कूटभाषा में 'PURPLE' को कैसे लिखा जाएगा?
(a) 76 (b) 67 (c) 89 (d) 84

5 निम्नलिखित प्रश्न में, दिए गए विकल्पों में से सम्बन्धित अक्षर-युग्म का चयन कीजिए।
BP : BO : : ?
(a) OG : KB (b) NB : JX (c) LY : LX (d) EZ : BV

6 दिए गए शब्दों को अंग्रेजी वर्णमाला के क्रम में व्यवस्थित कीजिए।
1. FRAGRANCE 2. FRUITFUL
3. FRUGAL 4. FRIGHTEN 5. FROSTY
(a) 1, 4, 3, 5, 2 (b) 1, 5, 4, 3, 2
(c) 1, 4, 5, 3, 2 (d) 1, 4, 5, 2, 3

7 नीचे एक पासे की दो स्थितियाँ दी गई हैं। 'L' वाले फलक के विपरीत फलक पर क्या आएगा?

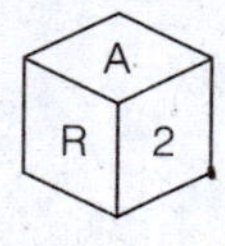

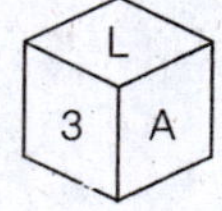

(a) 2 (b) R (c) A (d) 3

8 निम्नलिखित प्रश्न में, तीन कथन और उसके बाद I और II क्रमांकित दो निष्कर्ष दिए गए हैं। दिए गए कथनों को सत्य मानते हुए, चाहे वे सामान्यतः ज्ञात तथ्यों से भिन्न प्रतीत होते हों, निश्चय कीजिए कि दिए गए निष्कर्षों में से कौन-सा निष्कर्ष कथनों का तार्किक रूप से अनुसरण करता है।

कथन
कुछ शर्ट, सूती हैं।
सभी सूती, कपड़े हैं।
कुछ कपड़े, पतलून नहीं हैं।

निष्कर्ष
I. कुछ शर्ट, पतलून हैं।
II. कुछ सूती, शर्ट नहीं है।
(a) केवल निष्कर्ष I अनुसरण करता है।
(b) केवल निष्कर्ष II अनुसरण करता है।
(c) न तो निष्कर्ष I और न ही II अनुसरण करता है।
(d) निष्कर्ष I और II दोनों अनुसरण करते हैं।

9 आठ लड़के A, B, C, D, E, F, G और H एक वृत्ताकार मेज के चारों ओर केन्द्र से बाहर की ओर मुख करके बैठे हैं (परन्तु जरूरी नहीं कि वे इसी क्रम में बैठे हों।) B, H के बाईं ओर से चौथे स्थान पर बैठा है। F और B के बीच में केवल दो लड़के बैठे हैं E, D के बाईं ओर से दूसरे स्थान पर बैठा है। F, C के बाईं ओर से दूसरे स्थान पर बैठा है। C, G का निकटतम पड़ोसी है। C, B का निकटतम पड़ोसी नहीं है। E के ठीक बाईं ओर कौन बैठा है?
(a) G (b) B
(c) H (d) A

10 निम्नलिखित प्रश्न में, दिए गए विकल्पों में से सम्बन्धित अक्षरों का चयन कीजिए।
OTYJ : QVAL :: DGKX : ?
(a) JKMP (b) SUTL
(c) FIMZ (d) JJDK

11 पाँच मित्र P, Q, R, S और T एक वृत्ताकार मेज के चारों ओर केन्द्र से बाहर की ओर मुख करके बैठे हैं। S, R के ठीक दाईं ओर बैठा है। Q और T के ठीक बीच में P बैठा है। Q, R के ठीक बाईं ओर बैठा है। P के ठीक दाईं ओर कौन बैठा है?
(a) R (b) S
(c) Q (d) T

12 नीचे दी गई दो संख्याओं (न कि अंक) को आपस में बदलने पर, निम्नलिखित में से कौन-सा समीकरण सही नहीं होगा?
5 और 8
(a) $5 + 8 \times 3 - 9 = 14$ (b) $5 \times 7 + 8 - 3 = 58$
(c) $5 - 8 + 7 = 10$ (d) $8 - 5 \times 2 + 6 = -3$

13 निम्न में से कौन-सी उत्तर आकृति प्रश्न आकृति के पैटर्न को पूरा करेगी? (घूर्णन की अनुमति नहीं है।)

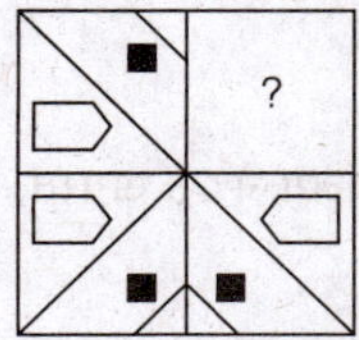

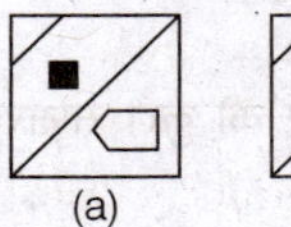
(a)

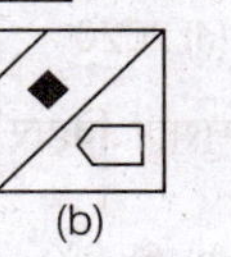
(b)

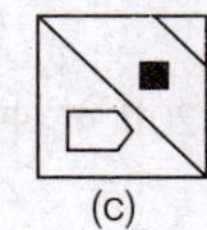
(c)

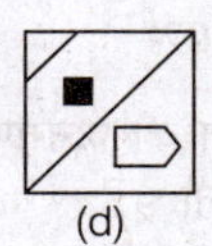
(d)

14 दिए गए पासे को मोड़ने पर कौन-सा अक्षर 'c' वाले फलक के विपरीत फलक पर होगा?

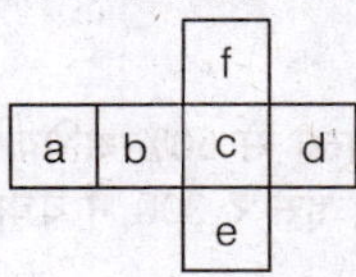

(a) b (b) e (c) d (d) a

15 निम्नलिखित में से कौन-सी संख्या दी गई श्रृंखला में प्रश्नचिह्न (?) के स्थान पर आएगी?

45, 54, 63, ?, 81, 90

(a) 70 (b) 68 (c) 58 (d) 72

16 दिए गए विकल्पों में से निम्नलिखित श्रृंखला से लुप्त संख्या का चयन कीजिए।

344, 348, 357, ?, 398, 434

(a) 370 (b) 371
(c) 380 (d) 373

17 एक निश्चित कूटभाषा में 'MBTSA' को '26095' लिखा जाता है। 'TDAN' को '5328' लिखा जाता है। और 'YZBN' को '0713' लिखा जाता है। उसी कूटभाषा में M को कैसे लिखा जाएगा?

(a) 5 (b) 0
(c) 2 (d) 6

18 दिए गए विकल्पों में से किन दो संख्याओ को आपस में बदलने पर निम्नलिखित समीकरण सही होगा?

$8 \times 4 - 18 \div 2 + 16 = 63$

(a) 16 और 8 (b) 16 और 18
(c) 8 और 4 (d) 2 और 4

19 दिए गए विकल्पों में से उस आकृति का चयन कीजिए, जो आकृति श्रृंखला में प्रश्नचिह्न (?) के स्थान पर आएगी?

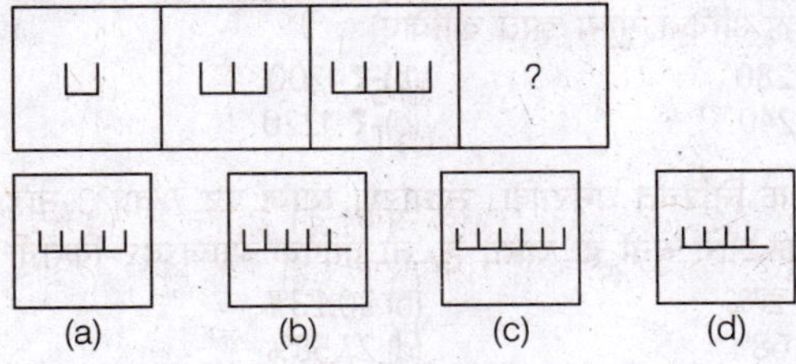

20 निम्नलिखित में से कौन-सा अक्षर दी गई श्रृंखला में प्रश्नचिह्न (?) के स्थान पर आएगा?

H, J, L, N, P, ?

(a) Q (b) O (c) T (d) R

भाग-II सामान्य ज्ञान

21 .... ने फिल्म देवदास के प्रसिद्ध गीत 'काहे छेड़ मोहे' और बाजीराव मस्तानी के गीत 'मोहे रंग दो लाल' को कोरियोग्राफ किया है।

(a) पण्डित बिरजू महाराज (b) केलुचरण महापात्र
(c) उदय शंकर (d) रुक्मिणी देवी

22 मिताली राज निम्नलिखित में से कौन-सा खेल खेलती हैं?

(a) वॉलीबॉल (b) बैडमिण्टन
(c) हॉकी (d) क्रिकेट

23 टेबल टेनिस में प्रत्येक खेल में कितने अंक होते हैं?

(a) 11 (b) 14
(c) 21 (d) 12

24 देनदारियों के बारे में निम्नलिखित कथनों को पढ़िए

A. किसी भी फर्म के लिए देनदारियाँ उसके ऋण या उस पर दूसरों का बकाया है।

B. एक बैंक के लिए मुख्य देनदारियाँ वह जमाराशि है, जो लोग बैंक के पास रखते हैं।

सही कथन/कथनों की पहचान कीजिए

(a) केवल A
(b) केवल B
(c) A और B दोनों
(d) न तो A और न ही B

25 भारतीय खिलाड़ी जसप्रीत बुमराह निम्नलिखित में से कौन-सा खेल खेलते हैं?

(a) फुटबॉल (b) हॉकी
(c) क्रिकेट (d) वॉलीबॉल

26 निम्नलिखित में से कौन-सा राज्य **डाण्डिया-रास नृत्य** के लिए प्रसिद्ध है?

(a) बिहार (b) **केरल**
(c) ओडिशा (d) **गुजरात**

27 भारत की संविधान सभा का चुनाव .... **में हुआ था।**

(a) मार्च, 1946 (b) मई, 1946
(c) अप्रैल, 1946 (d) जुलाई, 1946

28 निम्नलिखित में से किस भारतीय पंचवर्षीय योजना का उद्देश्य भोजन, कार्य और उत्पादकता पर ध्यान केन्द्रित करते हुए खाद्यान्न उत्पादन में तेजी लाना, रोजगार के अवसर बढ़ाना और उत्पादकता बढ़ाना था?

(a) छठी पंचवर्षीय योजना
(b) आठवीं पंचवर्षीय योजना
(c) नौवीं पंचवर्षीय योजना
(d) सातवीं पंचवर्षीय योजना

29 किस भारतीय ने एक ही वर्ष में दो ऑस्कर जीते हैं?
(a) एम. एस. कीरवानी (b) ए. आर. रहमान
(c) गुलजार (d) रेसुल पुकुट्टी

30 वर्ष 1919 के रॉलेट एक्ट ने ब्रिटिश औपनिवेशिक सरकार को भारतीयों को बिना मुकदमा चलाए गिरफ्तार करने और हिरासत में लेने की शक्ति प्रदान की। उस समय भारत का ब्रिटिश वायसराय निम्नलिखित में से कौन था?
(a) लॉर्ड इरविन (b) लॉर्ड डलहौजी
(c) लॉर्ड कर्जन (d) लॉर्ड चेम्सफोर्ड

31 भारत में गरीबी रेखा आमतौर पर कैसे निर्धारित की जाती है?
(a) धार्मिक विचारधारा
(b) आय और उपभोग का स्तर
(c) स्वास्थ्य सुविधाओं तक पहुँच
(d) शिक्षा की गुणवत्ता

32 निम्नलिखित में से कौन-सी जनजाति रंगकेर उत्सव मनाती है?
(a) डिमसा (b) करबी
(c) तिवा (d) खासी

33 पुरापाषाण काल का विस्तार 2 मिलियन वर्ष पूर्व से लेकर लगभग 12,000 वर्ष पूर्व तक है। समय की इस लम्बी अवधि को आरम्भिक, मध्य और उत्तर पुरापाषाण काल में विभाजित किया गया है। समय की यह लम्बी अवधि मानव इतिहास का .... प्रतिशत कवर करती है।
(a) 89 (b) 99
(c) 79 (d) 59

34 दीनदयाल उपाध्याय ग्रामीण कौशल योजना के तहत छत्तीसगढ़ में 01 अगस्त, 2023 तक कितने उम्मीदवारों को प्रशिक्षित किया गया है?
(a) 61,199 (b) 85,208
(c) 30,502 (d) 45,825

35 वर्ष 2023 में निम्नलिखित में से किस भारतीय मूल के वैज्ञानिक ने स्पिनोजा पुरस्कार जीता, जिसे डच नोबेल पुरस्कार भी कहा जाता है?
(a) जोइता गुप्ता (b) डी. शिवानन्द पाई
(c) पार्थ प्रतिम मजूमदार (d) उषा बरवाले जहर

36 भारतीय संविधान के निम्नलिखित में से किस अनुच्छेद में राज्यपाल द्वारा शपथ अथवा प्रतिज्ञान का उल्लेख है?
(a) अनुच्छेद-155 (b) अनुच्छेद-157
(c) अनुच्छेद-159 (d) अनुच्छेद-161

37 भारत में हरित क्रान्ति के बारे में निम्नलिखित कथनों को पढ़िए
A. यह क्रान्ति दूसरी पंचवर्षीय योजना के दौरान भारत के भुखमरी संकट को दूर करने के लिए शुरू की गई थी।
B. इसके दीर्घकालिक उद्‌देश्यों में ग्रामीण विकास, औद्योगिक विकास, अवसंरचना, कच्चे माल आदि पर आधारित समग्र कृषि आधुनिकीकरण शामिल था।

सही कथन/कथनों को पहचानिए
(a) केवल A (b) केवल B
(c) A और B दोनों (d) न तो A और न ही B

38 मनुष्यों में ध्वनि वाक्यन्त्र द्वारा उत्पन्न होती है। वाक्यन्त्र का दूसरा नाम क्या है?
(a) लसीका ग्रन्थियाँ (b) ग्रसनी
(c) श्वासनली (d) कण्ठ

39 भारत सरकार के श्रम एवं रोजगार मन्त्रालय ने 26 अगस्त, ... को ई-श्रम पोर्टल लॉन्च किया।
(a) 2023 (b) 2022
(c) 2021 (d) 2020

40 भारत की जनगणना 2011 के अनुसार बिहार की कुल साक्षरता दर कितनी है?
(a) 63.8% (b) 65.8%
(c) 61.8% (d) 66.8%

भाग-III गणित

41 एक वस्तु का अंकित मूल्य, उसके क्रय मूल्य से 60% अधिक है। यदि वस्तु पर ₹ 20 की छूट देने के बाद इसे ₹ 300 में बेचा जाता है, तो लाभ प्रतिशत कितना है?
(a) 50% (b) 40% (c) 45% (d) 60%

42 पाँच संख्याओं का औसत 75 है। प्रथम दो संख्याओं का औसत अन्तिम तीन संख्याओं के औसत का 6 गुना है। प्रथम दो संख्याओं का योग क्या होगा?
(a) 300 (b) 340
(c) 260 (d) 315

43 यदि मूल्य में 24% की कमी की जाती है, तो उपभोग में कितने प्रतिशत की वृद्धि की जानी चाहिए, ताकि व्यय अपरिवर्तित रहे?
(a) 28.5% (b) 26.5%
(c) 25.5% (d) 31.5%

44 45 किमी/घण्टा की चाल से चल रही एक बाइक 4 घण्टे में एक निश्चित दूरी तय करती है। यदि इसकी चाल में 20 किमी/घण्टा की कमी कर दी जाए, तो समान दूरी तय करने में इसे कितना समय लगेगा?
(a) 446 मिनट (b) 432 मिनट
(c) 478 मिनट (d) 460 मिनट

45 M और N मिलकर एक काम को 40 दिनों में पूरा कर सकते हैं। M, N से 50% अधिक कुशल है। M अकेले उसी काम को कितने दिनों में पूरा कर सकता है?
(a) 210/11 दिन (b) 100/9 दिन
(c) 100/7 दिन (d) 200/3 दिन

46 25% की छूट के बाद, जूतों की एक जोड़ी ₹ 960 में बेची जाती है। जूतों का अंकित मूल्य ज्ञात कीजिए।
(a) ₹ 1280 (b) ₹ 1200
(c) ₹ 1240 (d) ₹ 1220

47 यदि एक निश्चित धनराशि, साधारण ब्याज पर 7 वर्ष 3 माह में स्वयं की तीन गुनी हो जाती है, तो वार्षिक ब्याज दर कितनी है?
(a) 29.27% (b) 30.23%
(c) 25.68% (d) 27.58%

48 9 का 21×(3+4) का मान कितना है?
(a) 1323 (b) 1763
(c) 1423 (d) 1533

49 तीन संख्याएँ A, B और C क्रमशः 5 : 4 : 3 के अनुपात में है। यदि C, A और B के योग से 18 कम है, तो B का मान कितना है?
(a) 9 (b) 18
(c) 15 (d) 12

50 एक बाइक के मूल्य में पहले 25% की कमी की गई और फिर 50% की वृद्धि की गई। बाइक के मूल्य में कितने प्रतिशत की वृद्धि हुई?
(a) 12.5% (b) 10%
(c) 25% (d) 20%

51 तीन संख्याएँ 3 : 5 : 8 के अनुपात में हैं। यदि सबसे बड़ी और सबसे छोटी संख्या का योग 8800 है, तो सबसे बड़ी और सबसे छोटी संख्या का अन्तर कितना है?
(a) 4000 (b) 1600
(c) 800 (d) 2400

52 1.2, 1.8, 2, 2.5 का लघुत्तम समापवर्त्य ज्ञात कीजिए।
(a) 25 (b) 120
(c) 30 (d) 90

53 कितनी वार्षिक दर से ₹ 33000 पर 2 वर्षों में ₹ 31680 का वार्षिक रूप से संयोजित चक्रवृद्धि ब्याज प्राप्त होगा?
(a) 55% (b) 30%
(c) 40% (d) 50%

54 36 संख्याओं का औसत 50 है। यदि हम प्रत्येक संख्या में से एक संख्या T घटा दें, तो औसत 27 हो जाता है। T का मान कितना है?
(a) 23 (b) 22
(c) 27 (d) 24

55 प्रिंस, रमन से तीन गुना अच्छा कारीगर है और इसलिए वह एक काम को रमन से 28 दिन कम मे पूरा कर सकता है। वे दोनों मिलकर उसी काम को कितने दिनों में पूरा कर सकते हैं?
(a) 42 दिन (b) 35 दिन
(c) 10.5 दिन (d) 30 दिन

56 $444 \div 2 + 41 \times 8 - 26 \times 3$ का मान कितना है?
(a) 452 (b) 462
(c) 482 (d) 472

57 एक समबाहु त्रिभुज का क्षेत्रफल ज्ञात कीजिए, जिसकी भुजा की लम्बाई 10 सेमी है।
(a) $22\sqrt{3}$ सेमी^{2} (b) $28\sqrt{3}$ सेमी^{2}
(c) $25\sqrt{3}$ सेमी^{2} (d) $18\sqrt{3}$ सेमी^{2}

58 यदि संख्या 34564A, 11 से विभाज्य है, तो A का मान क्या है?
(a) 7 (b) 6
(c) 2 (d) 3

59 एक व्यक्ति को ₹ 2860 में एक पुस्तक बेचने पर 35% की हानि होती है। 20% का लाभ अर्जित करने के लिए उसे पुस्तक को किस मूल्य पर बेचना चाहिए?
(a) ₹ 5540 (b) ₹ 6460
(c) ₹ 5460 (d) ₹ 5280

60 एक शर्ट $ 40 मे 20% की हानि पर बेची गई। शर्ट का क्रय मूल्य ज्ञात कीजिए।
(a) $55 (b) $ 50
(c) $ 35 (d) $ 30

भाग-IV हिन्दी

61 दिए गए वाक्य में से निरर्थक शब्द ज्ञात कीजिए।
तुम रुको । मैं घूमते-घामते सामान ले आऊँगा ।
(a) घूमते-घामते (b) आऊँगा
(c) सामान (d) रुको

62 निम्नलिखित प्रश्न में चार विकल्पों में से उस विकल्प का चयन करें, जो रिक्त स्थान के लिए सही पुल्लिंग रूप वाला विकल्प हो।
मैंने आज ही एक बहुत सुन्दर .... देखा।
(a) किताब (b) कुर्सी
(c) मंजिल (d) नक्शा

63 निम्नलिखित वाक्य में उस वाक्यांश को पहचानिए, जिसमें मात्राओं से सम्बन्धित अशुद्धियाँ हैं। यदि कोई गलती नहीं है, तो 'कोई त्रुटि नहीं है' का चुनाव कीजिए।
विश्व जनसंख्या दिवस मनाने का मुख्य उद्देश्य वर्तमान में/बढ़ती आबादी के कारण होने वाले दुष्प्रभावों और इससे जुड़े/अन्य मुद्दों और इसके महत्त्व पर ध्यान केन्द्रित करना है।
(a) बढ़ती आबादी के कारण होने वाले दुष्प्रभावों और इससे जुड़े
(b) कोई त्रुटि नहीं है
(c) विश्व जनसंख्या दिवस मनाने का मुख्य उद्देश्य वर्तमान में
(d) अन्य मुद्दे और इसके महत्त्व पर ध्यान केन्द्रित करना है

64 दिए गए वाक्य में रेखांकित शब्द का विलोम शब्द ज्ञात कीजिए।
आपको उनसे <u>औपचारिकता</u> से मिलना चाहिए था।
(a) अनौद्योगिक (b) अनौपचारिकता
(c) मर्यादा (d) अनौचित्य

65 निम्नलिखित प्रश्न में चार विकल्पों में से उस विकल्प का चयन करें, जो रिक्त स्थान के लिए सही शब्द वाला विकल्प हो।
पिछले कुछ वर्षों में विज्ञान और टेक्नोलॉजी के कारण कृषि क्षेत्र में नवीन .... का इस्तेमाल होने लगा है।
(a) उपकरणों (b) प्रकरणों
(c) मवेशियों (d) व्यक्तियों

66 दिए गए वाक्यांश के लिए सार्थक शब्द ज्ञात कीजिए
'ऊपर कहा गया'
(a) उपर्युक्त (b) निम्नलिखित
(c) खण्ड (d) ऊपरोक्त

67 दिए गए वाक्य में उचित पर्यायवाची शब्द का चयन करके रिक्त स्थान की पूर्ति करें।
इस पाठ का ..... (सारांश) निकालें।
(a) निश्चित (b) दिवाकर
(c) मनोज (d) निचोड़

68 दिए गए वाक्य में रेखांकित शब्द के लिए सही वर्तनी ज्ञात कीजिए
भारत के बहुत-से <u>वैग्यानिक</u> विदेश गए हैं।
(a) वेज्ञानिक (b) वैज्ञानीक
(c) वेज्ञानीक (d) वैज्ञानिक

69 निम्नलिखित प्रश्न में दिए गए चार विकल्पों में से उस विकल्प का चयन करें, जो दिए गए मुहावरे के अर्थ को सर्वश्रेष्ठ रूप से व्यक्त करता है।
'सीधे मुँह बात न करना'
(a) अभिमान से बात करना (b) मुद्दे की बात न करना
(c) अत्यन्त बीमार होना (d) हर समय मजाक करना

70 निम्नलिखित वाक्य में रेखांकित भाग के लिए एक शब्द ज्ञात कीजिए
उस साधु का <u>कोई शत्रु नहीं</u> था।
(a) अशत्रु (b) सर्वप्रिय (c) अजातशत्रु (d) सर्वमित्र

71 दिए गए वाक्य में रेखांकित शब्द का तत्सम शब्द ज्ञात कीजिए
ढाई <u>आखर</u> प्रेम के मानव को बदल सकते हैं।
(a) अगर (b) अजगर (c) अक्षर (d) सक्षम

72 निम्नलिखित प्रश्न में चार विकल्पों में से उस विकल्प का चयन करें जो रिक्त स्थान के लिए सही भाववाचक संज्ञा वाला विकल्प हो।
मेरा भाई इतना ······· है कि सामान कहीं भी रखकर भूल जाता है।
(a) लुटेरा (b) बुद्धू
(c) भुलक्कड़ (d) बेकार

73 दिए गए वाक्य में रेखांकित शब्द का विलोम शब्द ज्ञात कीजिए
<u>पक्षपात</u> करना अच्छी बात नहीं है।
(a) विग्रय (b) अलग
(c) खण्ड (d) निष्पक्षता

74 निम्नलिखित प्रश्न में दिए गए चार विकल्पों में से उस विकल्प का चयन करें, जो दिए गए मुहावरे के अर्थ को सर्वश्रेष्ठ रूप से व्यक्त करता है।
'उड़ती चिड़िया पहचानना'
(a) प्रकृति प्रेमी होना (b) बहुत अनुभवी होना
(c) बड़ी-बड़ी बातें करना (d) बिलकुल धूर्त होना

75 निम्नलिखित प्रश्न में दिए गए चार विकल्पों में से उस विकल्प का चयन करें, जो कोष्ठक में दिए गए शब्द के पर्यायवाची शब्द का सही विकल्प नहीं है।
कुछ ही दिनों में, ईश्वर की कृपा से मेरा शरीर तुम लोगों की दृष्टि से (ओझल) ·········· हो जाएगा।
(a) बिनौरा (b) विलुप्त (c) अन्तर्धान (d) अदृश्य

निर्देश (प्र. सं. 76-80) *नीचे दिए गए गद्य में कुछ शब्द छोड़ दिए गए हैं और प्रत्येक रिक्त स्थान के चार विकल्प दिए गए हैं। इन चारों में से कौन-सा विकल्प रिक्त स्थान की पूर्ति करेगा ?*

वित्त मन्त्रालय ने देश के सभी सरकारी बैंकों को अपनी साइबर (1) ·········· की समीक्षा और उसे (2) ·········· करने की जो सलाह दी, उस पर अमल भी (3) ·········· किया जाना चाहिए। यह इसलिए आवश्यक है, क्योंकि बैंकों की साइबर सुरक्षा में (4) ·········· लगती ही रहती है। साइबर हमलों में भारत के भी विभिन्न (5) ·········· हैं।

76 रिक्त स्थान (1) ·········· के लिए सबसे उपयुक्त विकल्प का चयन कीजिए।
(a) वसूली (b) निराशा
(c) सुरक्षा (d) आरक्षण

77 रिक्त स्थान (2) ········· के लिए सबसे उपयुक्त विकल्प का चयन कीजिए।
(a) छोटी (b) लम्बी
(c) ढीली (d) मजबूत

78 रिक्त स्थान (3) ········· के लिए सबसे उपयुक्त विकल्प का चयन कीजिए।
(a) दुर्गम (b) अनर्थ
(c) सुनिश्चित (d) दुर्जन

79 रिक्त स्थान (4) ········· के लिए सबसे उपयुक्त विकल्प का चयन कीजिए।
(a) सेंध (b) चमचम
(c) चमकीला (d) प्रार्थना

80 रिक्त स्थान (5) ········· के लिए सबसे उपयुक्त विकल्प का चयन कीजिए।
(a) संस्थान (b) विदेश
(c) प्रदेश (d) स्वदेश

उत्तरमाला

1.	(a)	2.	(a)	3.	(d)	4.	(d)	5.	(c)	6.	(c)	7.	(b)	8.	(c)	9.	(a)	10.	(c)
11.	(c)	12.	(d)	13.	(a)	14.	(d)	15.	(d)	16.	(d)	17.	(d)	18.	(a)	19.	(a)	20.	(d)
21.	(a)	22.	(d)	23.	(a)	24.	(c)	25.	(c)	26.	(d)	27.	(d)	28.	(d)	29.	(b)	30.	(d)
31.	(b)	32.	(b)	33.	(b)	34.	(a)	35.	(a)	36.	(c)	37.	(c)	38.	(d)	39.	(c)	40.	(c)
41.	(a)	42.	(a)	43.	(d)	44.	(b)	45.	(d)	46.	(a)	47.	(d)	48.	(a)	49.	(d)	50.	(a)
51.	(a)	52.	(d)	53.	(c)	54.	(a)	55.	(c)	56.	(d)	57.	(c)	58.	(c)	59.	(d)	60.	(b)
61.	(a)	62.	(d)	63.	(b)	64.	(b)	65.	(a)	66.	(a)	67.	(d)	68.	(d)	69.	(a)	70.	(c)
71.	(c)	72.	(c)	73.	(d)	74.	(b)	75.	(a)	76.	(c)	77.	(d)	78.	(c)	79.	(a)	80.	(a)

संकेत एवं हल

1. (a) प्रश्नानुसार,
सम्बन्ध आरेख बनाने पर,

$A \times B + C \div D \Rightarrow$

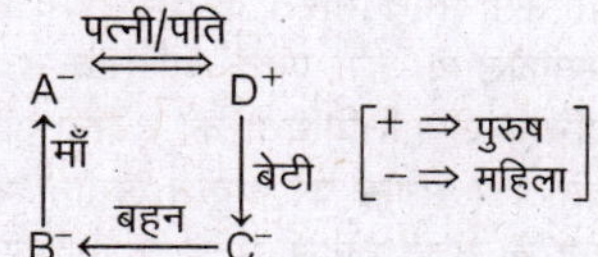

अतः D, A का पति है।

2. (a) अक्षर समूह शृंखला का सही सार्थक क्रम निम्न है,

d d d e e e f f f/d d d e e e f f f/d d d e e e f f f/d d d e e e f f f ⇒ f f e f

3. (d) दी गई आकृति शृंखला में, अगली आकृति में समान दो अर्द्ध वृत्त लुप्त हो रहे हैं। इस प्रकार यह क्रम जारी रहता है। अतः अगली आकृति विकल्प (d) के समान होगी।

4. (d) जिस प्रकार,

A M B E R

$1 + 13 + 2 + 5 + 18 = 39 - 3 = 36$

(वर्णक्रम का योग-व्यंजनों की संख्या)

तथा M A G E N T A

$13 + 1 + 7 + 5 + 14 + 20 + 1 = 61 - 4 = 57$

(वर्णक्रम का योग-व्यंजनों की संख्या)

उसी प्रकार,

P U R P L E

$16 + 21 + 18 + 16 + 12 + 5 = 88 - 4 = \boxed{84}$

5. (c) जिस प्रकार,

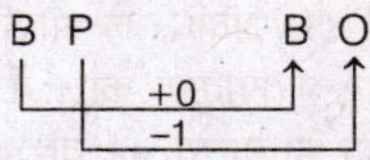

उसी प्रकार,

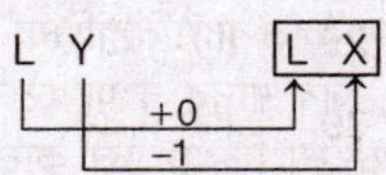

6. (c) दिए गए अंग्रेजी वर्णमाला में शब्दकोश के अनुसार सार्थक क्रम निम्न है,

Fragrance ⟶ Frighten ⟶ Frosty ⟶
(1) (4) (5)

Frugal ⟶ Fruitful
(3) (2)

⇒ 1, 4, 5, 3, 2

7. (b) दिए गए पासों की स्थितियों में दोनों पासों में से A उभयनिष्ठ लेकर दक्षिणावर्त दिशा में घूमाने पर

(i) $A \rightarrow 2 \rightarrow R$
(ii) $A \rightarrow 3 \rightarrow L$

अतः L का विपरीत R होगा।

8. (c) कथनानुसार,

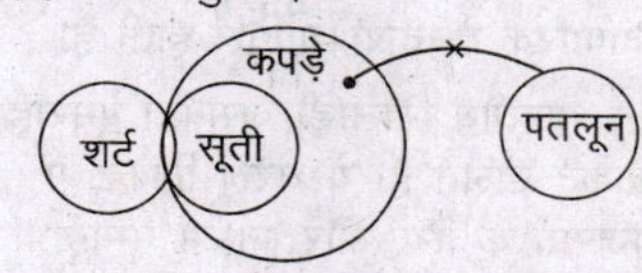

निष्कर्ष I. (✗) II. (✗)

अतः कोई भी निष्कर्ष अनुसरण नहीं करता है।

9. (a) आठ लड़कों का वृत्ताकार मेज पर बैठने का क्रम निम्न प्रकार है, (मुख केन्द्र से बाहर ओर)

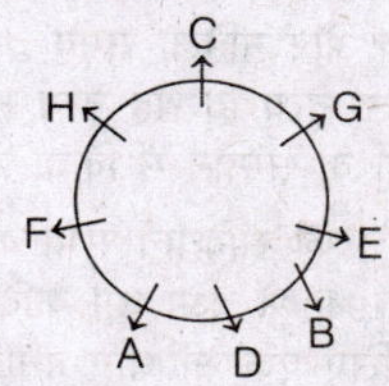

अतः स्पष्ट है कि E के ठीक बाईं ओर G बैठा है।

10. (c) जिस प्रकार,

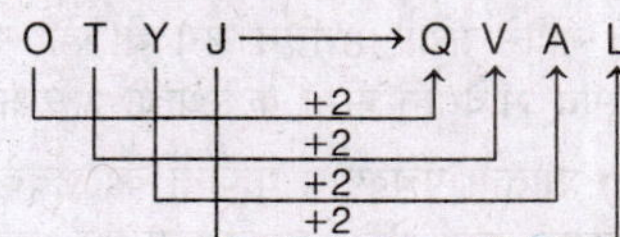

उसी प्रकार,

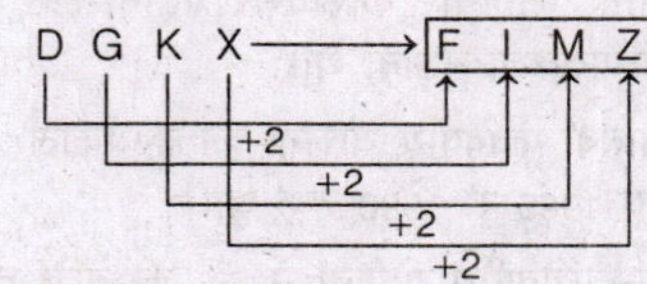

11. (c) पाँच मित्रों का वृत्ताकार मेज पर बैठने का क्रम निम्न है (मुख केन्द्र से बाहर की ओर)

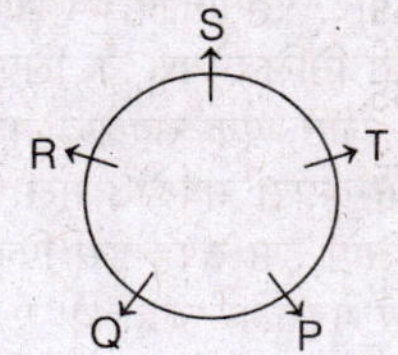

अतः स्पष्ट है कि P के ठीक दाईं ओर Q है

12. (d) विकल्प (d) से, $8 - 5 \times 2 + 6 = -3$

संख्या 5 और 8 को आपस में बदलने पर,

$5 - 8 \times 2 + 6 = -3$

$\Rightarrow 5 - 16 + 6 = -3$

$\Rightarrow 11 - 16 = -3$

$-5 \neq -3$

अतः विकल्प (d) संख्या बदलने पर सही नहीं होगा।

13. (a) दी गई विकल्प आकृति (a) प्रश्न आकृति के पैटर्न को पूरा करेगी

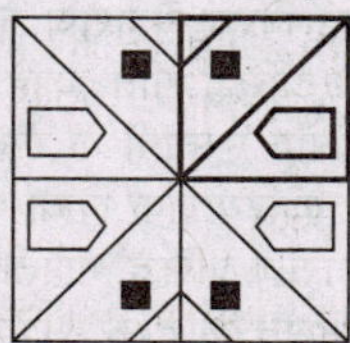

14. (d) प्रश्नानुसार,

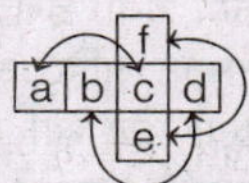

अतः स्पष्ट है कि c के विपरीत फलक पर a होगा।

15. (d) दी गई शृंखला का क्रम निम्न प्रकार है,

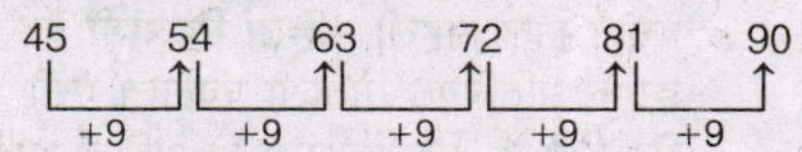

16. (d) दी गई शृंखला का क्रम निम्न प्रकार है,

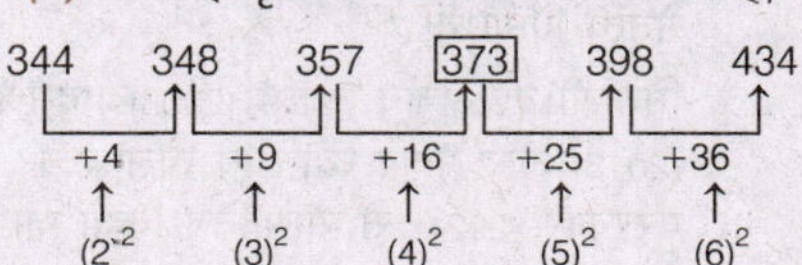

17. (d) दी गई जानकारी के अनुसार,

M B T S A ⟶ 2 6 0 9 5

T D A N ⟶ 5 3 2 8

तथा Y Z B N ⟶ 0 7 1 3

∴ M का कूट '6' या '9' होगा।

अतः विकल्प के अनुसार M का कूट '6' होगा।

18. (a) $8 \times 4 - 18 \div 2 + 16 = 63$

विकल्प (a) के अनुसार 16 और 8 को आपस में बदलने पर,

$16 \times 4 - 18 \div 2 + 8 = 63$

$\Rightarrow$ $64 - 9 + 8 = 63$

$\Rightarrow$ $72 - 9 = 63$

$63 = 63$

19. *(a)* ∴ दी गई आकृति शृंखला में प्रत्येक अगली आकृति में समान आकृति की वृद्धि हो रही है।

अतः अगली आकृति विकल्प (a) होगी।

$\Rightarrow$

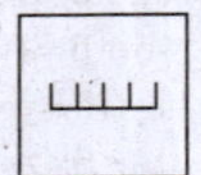

20. *(d)* दी गई अक्षर श्रृंखला का सही क्रम निम्न है,

$H \xrightarrow{+2} J \xrightarrow{+2} L \xrightarrow{+2} N \xrightarrow{+2} P \xrightarrow{+2} \boxed{R}$

21. *(a)* पण्डित बिरजू महाराज ने फिल्म देवदास के प्रसिद्ध गीत 'काहे छेड़ मोहे' और बाजीराव मस्तानी के गीत 'मोहे रंग दो लाल' को कोरियोग्राफ किया था। पण्डित बिरजू महाराज प्रसिद्ध भारतीय कथक नर्तक थे। उन्हें भारत के दूसरे सर्वोच्च नागरिक सम्मान पद्म विभूषण से वर्ष 1986 में सम्मानित किया गया। इसके अतिरिक्त इन्हें कालीदास सम्मान सहित अनेक पुरस्कारों से सम्मानित किया गया था। ये लखनऊ 'कालका-बिन्दादीन' घराने से सम्बन्धित है।

22. *(d)* मिताली राज क्रिकेट खेल खेलती हैं। वे अपने पहले ही मैच में शतक बनाने वाली तथा टेस्ट क्रिकेट मैच में दोहरा शतक बनाने वाली पहली महिला खिलाड़ी हैं। इसके अतिरिक्त मिताली एकमात्र ऐसी खिलाड़ी हैं, जिन्होंने एक से अधिक आई सी सी ओडीआई के फाइनल में भारत का नेतृत्व किया है।

मिताली को अर्जुन अवॉर्ड (2003) पद्मश्री (2015) और मेजर ध्यानचंद खेल रत्न पुरस्कार (2021) से सम्मानित किया जा चुका है।

23. *(a)* टेबल टेनिस के प्रत्येक खेल में 11 अंक होते हैं। इस खेल में प्रत्येक खिलाड़ी को लगातार दो बार सर्विस मिलती है और जो भी पहले 11 अंक प्राप्त कर लेता है, वह विजेता घोषित किया जाता है। यदि अंक 10-10 से बराबरी पर है, तो एक खिलाड़ी को खेल को जीतने के लिए दो अंकों की बढ़त लेनी होती है। टेबल टेनिस चीन का राष्ट्रीय खेल है। टेबल टेनिस से सम्बन्धित कुछ महत्त्वपूर्ण शब्दावलियाँ एण्टीस्पिन, बैकस्पिन, चनैप, डयूसं, फ्लिप इत्यादि।

24. *(c)* देनदारियों के बारे में दोनों कथन सत्य हैं।

किसी भी फर्म के लिए देनदारियाँ उसके ऋण या उस पर बकाया है, क्योंकि कोई भी ऋण तब तक देनदारी मानी जाती है, जब तक पैसा न चुकाया जाए। एक बैंक की मुख्य देनदारियाँ वह जमाराशि है, जो लोग बैंक के पास रखते हैं।

इसके अतिरिक्त बैंकों की आम देनदारियों में केन्द्रीय बैंक से लिया गया ऋण तथा व्यापारिक देनदारी शामिल होती है।

25. *(c)* भारतीय खिलाड़ी जसप्रीत बुमराह क्रिकेट खेलते हैं। ये घरेलू क्रिकेट में गुजरात के लिए और IPL में मुम्बई इण्डियन्स के लिए खेलते हैं। इनका जन्म गुजरात के अहमदाबाद में हुआ था। जसप्रीत बुमराह को बी. सी. सी. आई. द्वारा वर्ष 2018-19 और 2021-22 के लिए पॉली उमरीगर अवॉर्ड से सम्मानित किया गया है।

26. *(d)* गुजरात राज्य डाण्डिया-रास नृत्य के लिए प्रसिद्ध है। यह प्रायः नवरात्रि के उत्सव पर पुरुष और महिला समूह द्वारा किया जाने वाला नृत्य है। यह नृत्य मूल रूप से देवी दुर्गा के सम्मान में किया जाता है।

27. *(d)* भारत की संविधान सभा का चुनाव जुलाई, 1946 में हुआ था। कैबिनेट मिशन ने देश के लिए एक संविधान बनाने हेतु संविधान सभा की स्थापना की परिकल्पना की थी। संविधान सभा के सदस्य प्रान्तीय विधानसभाओं द्वारा चुने गए थे। संविधान सभा को संविधान का निर्माण करने में 2 वर्ष 11 महीने तथा 18 दिन लगे थे। डॉ. राजेन्द्र प्रसाद संविधान सभा के स्थायी अध्यक्ष थे।

28. *(d)* सातवीं पंचवर्षीय योजना का उद्देश्य भोजन, कार्य और उत्पादकता पर ध्यान केन्द्रित करते हुए खाद्यान उत्पादन में तेजी लाना, रोजगार के अवसर बढ़ाना और उत्पादकता बढ़ाना था।

सातवीं पंचवर्षीय योजना का कार्यकाल वर्ष 1985 से 1990 तक था।

इस पंचवर्षीय योजना में 5% की वृद्धि दर रखी गई थी, लेकिन वास्तविक वृद्धि दर 6.01 रही ।

29. *(b)* ए. आर. रहमान ने वर्ष 2009 में फिल्म 'स्लमडॉग मिलियनेयर' के लिए दो ऑस्कर पुरस्कार जीते; एक सर्वश्रेष्ठ मूल संगीत के लिए तथा दूसरा सर्वश्रेष्ठ मूल गीत 'जय हो' के लिए। इस तरह इस फिल्म ने कुल 8 ऑस्कर पुरस्कार जीते थे। ए.आर. रहमान को पद्मश्री (2000) और पद्म भुषण (2010) से भी सम्मानित किया जा चुका है।

30. *(d)* वर्ष 1919 के रॉलेट एक्ट ने ब्रिटिश औपनिवेशिक सरकार को भारतीयों पर बिना मुकदमा चलाए गिरफ्तार करने और हिरासत में लेने की शक्ति प्रदान की गई थी। उस समय भारत के वायसराय लॉर्ड चेम्सफोर्ड थे। इस एक्ट का मुख्य उद्देश्य क्रान्तिकारी गतिविधियों को दबाना और स्वतन्त्रता संग्राम पर अंकुश लगाना था। इस एक्ट के तहत केवल संदेह के आधार पर लोगों को हिरासत में लेने की शक्तियाँ दी गई थीं। इस एक्ट को बिना दलील, बिना अपील, बिना वकील का एक्ट कहा जाता था।

31. *(b)* भारत में गरीबी रेखा का निर्धारण आय और उपभोग के स्तर पर निर्धारित किया जाता है। इसका तात्पर्य एक ऐसे न्यूनतम उपभोग स्तर से है, जो मूल मानवीय आवश्यकताओं की पूर्ति के लिए प्रत्येक व्यक्ति या परिवार को उपलब्ध होना चाहिए। भारत में गरीबी रेखा का आकलन नीति आयोग की टास्क फोर्स द्वारा सांख्यिकी और कार्यक्रम कार्यान्वयन मन्त्रालय (MOSPI) के तहत राष्ट्रीय नमूना सर्वेक्षण डेटा के आधार पर किया जाता है।

32. *(b)* करबी जनजाति द्वारा रंगकेर उत्सव मनाया जाता है। रंगकेर को प्रतिवर्ष 5 जनवरी या 5 फरवरी को ग्रामीणों की सुविधा के अनुसार भगवान को धन्यवाद देने और पूरे गाँव को किसी बुरे नुकसान से बचाने तथा रक्षा का आश्वासन माँगने के रूप में मनाया जाता है। करबी जनजाति असम राज्य से सम्बन्धित है।

33. *(b)* पुरापाषाण काल का विस्तार 2 मिलियन वर्ष पूर्व से लेकर 12000 वर्ष पूर्व तक है। समय की इस अवधि को आरम्भिक मध्य और उत्तर पुरापाषाण काल में विभाजित किया गया है। समय की यह लम्बी अवधि मानव इतिहास का 99% कवर करती है। पुरापाषाण काल प्रागैतिहासिक युग का वह समय है, जब मानव ने पत्थर के औजार बनाना आरम्भ किया। इस काल में मानव शिकार करता था तथा घुमन्तु जीवन व्यतीत करता था।

34. *(a)* दीनदयाल उपाध्याय ग्रामीण कौशल योजना के तहत छत्तीसगढ़ में 1 अगस्त, 2023 तक 61,199 उम्मीदवारों को प्रशिक्षित किया गया।

दीनदयाल उपाध्याय ग्रामीण कौशल योजना गरीब ग्रामीण युवाओं को नौकरियों में नियमित रूप से न्यूनतम मजदूरी के बराबर या उससे ऊपर मासिक मजदूरी प्रदान करने का लक्ष्य रखती है। यह ग्रामीण विकास मन्त्रालय भारत सरकार के द्वारा ग्रामीण आजीविका को बढ़ावा देने के लिए की गई एक पहल है। इसकी शुरुआत 25 सितम्बर, 2014 को की गई थी।

35. *(a)* वर्ष 2023 में भारतीय मूल की जोइता गुप्ता ने स्पिनोजा पुरस्कार जीता, जिसे डच नोबेल पुरस्कार भी कहा जाता है। इस पुरस्कार के तहत इन्हें 1.5 मिलियन यूरो की राशि दी गई। जोइता गुप्ता भारतीय मूल की डच पर्यावरण वैज्ञानिक हैं तथा एमस्टर्डम विश्वविद्यालय में प्रोफेसर हैं। उल्लेखनीय है कि स्पिनोजा पुरस्कार नीदरलैण्ड्स का सर्वोच्च वैज्ञानिक पुरस्कार है।

36. *(c)* भारतीय संविधान के अनुच्छेद-159 के तहत राज्यपाल द्वारा शपथ या प्रतिज्ञान का उल्लेख है। उच्च न्यायालय के मुख्य न्यायाधीश राज्यपाल को शपथ ग्रहण करवाते हैं। राज्यपाल राज्य में केन्द्र सरकार का प्रतिनिधि होता है तथा वह मुख्यमन्त्री तथा अन्य मन्त्रियों को शपथ दिलाता है।

37. *(c)* हरित क्रान्ति के सम्बन्ध में दोनों कथन सत्य हैं। यह क्रान्ति द्वितीय पंचवर्षीय योजना के दौरान भारत में भुखमरी का संकट दूर करने के लिए की गई थी। इसके लिए उच्च किस्मों के बीज, ट्रैक्टर आदि उच्च प्रौद्योगिकी का प्रयोग किया गया, जिससे भारत खाद्यान्न की कमी वाले देश से निकलकर विश्व के अग्रणी कृषि देशों में शामिल हो गया। इसके दीर्घकालिक उद्देश्यों में ग्रामीण विकास, औद्योगिक विकास अवसंरचना तथा कच्चे माल आदि पर आधारित समग्र कृषि आधुनिकीकरण शामिल था। भारत में हरित क्रान्ति का नेतृत्व मुख्य रूप से एम. एस. स्वामीनाथन द्वारा किया गया।

नोट भारत में हरित क्रान्ति की शुरुआत तीसरी पंचवर्षीय योजना में हुई थी।

38. *(d)* मनुष्यों में ध्वनि वाक्यन्त्र द्वारा उत्पन्न होती है, जिसे कण्ठ (larynx) कहा जाता है। यह मनुष्य के गले में स्थित होता है। जब हवा मनुष्य के स्वररज्जुओं से होकर निकलती है, तब यह इनमें कम्पन प्रदान करती है, जिससे अन्तर-ध्वनि तरंगें उत्पन्न होती हैं, जो ध्वनि के रूप में सुनाई देती हैं। कण्ठ के कुछ अन्य उपयोग भी हैं; जैसे खाने को निगलना, साँस लेना एवं खाने को श्वसन तन्त्र में प्रवेश करने से रोकना आदि।

39. *(c)* भारत सरकार के श्रम एवं रोजगार मन्त्रालय ने 26 अगस्त, 2021 को ई-श्रम पोर्टल लॉन्च किया। इसका मुख्य उद्देश्य देश में कुल 38 करोड़ असंगठित श्रमिकों को पंजीकृत करना है। इसके तहत श्रमिकों को ई-श्रम कार्ड दिया जाएगा, ई-श्रम पोर्टल के तहत पंजीकृत कर्मचारियों को मृत्यु या स्थायी विकलांगता की स्थिति में ₹ 2 लाख तथा आंशिक विकलांगता की स्थिति में ₹ 1 लाख दिए जाएँगे।

40. *(c)* भारत की जनगणना 2011 के अनुसार, बिहार की कुल साक्षरता दर 61.8% है, जिसमें पुरुष और महिला साक्षरता दर क्रमशः 71.2% और 51.5% है।

भारत का सर्वाधिक साक्षर राज्य क्रमशः केरल (94), मिजोरम (91.3%) तथा गोवा (88.7%) हैं। बिहार की साक्षरता दर देशभर में न्यूनतम है।

41. *(a)* माना वस्तु का क्रय मूल्य $= ₹100x$

अंकित मूल्य $= ₹160x$

प्रश्नानुसार,

अंकित मूल्य $= 300 + 20 = ₹320$

तब,

क्रय मूल्य $= \frac{320}{160x} \times 100x = ₹200$

विक्रय मूल्य $= ₹300$

अब लाभ $= 300 - 200 = ₹100$

$\therefore$ लाभ % $= \frac{100}{200} \times 100$

$= 50\%$

42. *(a)* माना पाँच संख्याएँ x_1, x_2, x_3, x_4 तथा x_5 है, तब

$$x_1 + x_2 + x_3 + x_4 + x_5 = 5 \times 75 = 375$$

$$\left(\frac{x_1 + x_2}{2}\right) = \left(\frac{x_3 + x_4 + x_5}{3}\right) \times 6$$

$\Rightarrow \quad x_1 + x_2 = 4(x_3 + x_4 + x_5)$

$\Rightarrow \quad x_1 + x_2 = 4[375 - (x_1 + x_2)]$

$\Rightarrow \quad 5(x_1 + x_2) = 1500$

$\therefore \quad x_1 + x_2 = 300$

43. *(d)* माना मूल्य $= ₹100$

तथा 24% कमी के पश्चात् मूल्य $= ₹76$

अतः उपभोग में 24 की वृद्धि करनी पड़ेगी।

$\therefore$ वृद्धि प्रतिशत $= \frac{24}{76} \times 100 = 31.5\%$

44. *(b)* बाइक की चाल = 45 किमी/घण्टा

तथा समय = 4 घण्टे

$\therefore$ कुल दूरी $= 45 \times 4$

= 180 किमी

$\because$ 20 किमी/घण्टा की कमी के पश्चात् चाल

= 25 किमी/घण्टा

तब,

लिया गया समय $= \frac{180}{25} = 7.2$ घण्टे

या $7.2 \times 60 = 432$ मिनट

अर्थात् लिया गया समय = 432 मिनट

45. *(d)* माना N का एक दिन का कार्य $= \frac{1}{x}$

$\Rightarrow M$ का एक दिन का कार्य

$$= \frac{1}{x} \times \left(\frac{100 + 50}{100}\right) = \frac{3}{2x}$$

प्रश्नानुसार, $\frac{1}{x} + \frac{3}{2x} = \frac{1}{40}$

$\Rightarrow \quad \frac{5}{2x} = \frac{1}{40} \Rightarrow x = 100$

$\therefore M$ द्वारा लिया गया समय

$$= \frac{2x}{3} = \frac{2 \times 100}{3} = \frac{200}{3} \text{ दिन}$$

वैकल्पिक विधि

माना N एक दिन में 2 इकाई काम करता है,

तब,

M एक दिन में 3 इकाई काम करेगा।

दोनों मिलकर 1 दिन में 5 इकाई काम करते हैं, तथा 40 दिनों में काम पूरा करते हैं।

तब,

कुल कार्य $= 5 \times 40 = 200$ इकाई

M द्वारा अकेले इस कार्य को करने में लगा समय $= \frac{200}{3}$ दिन

46. *(a)* माना जूतों का अंकित मूल्य $= ₹100x$

तब, विक्रय मूल्य $= ₹75x$

प्रश्नानुसार,

$\therefore$ अंकित मूल्य $= \frac{960}{75x} \times 100x$

$= ₹\ 1280$

47. *(d)* माना मूलधन $(P) = ₹1$, मिश्रधन $= ₹3$

$\therefore$ साधारण ब्याज (SI) $= 3 - 1 = ₹2$

तथा समय $(T) = 7\frac{1}{4} = \frac{29}{4}$ वर्ष

$$\therefore \text{ दर\%} = \frac{SI \times 100}{P \times T} = \frac{2 \times 100}{1 \times \frac{29}{4}}$$

$$= \frac{2 \times 100 \times 4}{29}$$

$= 27.58\%$

वैकल्पिक विधि

मान वह राशि $(P) = ₹x$,

साधारण ब्याज (SI) $= 3x - x = ₹2x$

$$\therefore \text{ दर \%} = \frac{100 \times SI}{P \times T} = \frac{100 \times 2x}{x \times \left(7\frac{1}{4}\right)} = \frac{200}{\frac{29}{4}}$$

$$= \frac{800}{29} = 27.58\%$$

48. *(a)* 9 का $21\times(3+4)$

$=9\times21\times7=1323$

49. *(d)* माना A, B तथा C क्रमशः 5x, 4x तथा 3x हैं

प्रश्नानुसार,

$(5x+4x)=3x+18$

$6x=18$

$x=3$

अतः B का मान $=4\times3=12$

50. *(a)* माना बाइक का आरम्भिक मूल्य $=₹\,100x$

प्रश्नानुसार,

$100x\times\frac{(100-25)}{100}\times\frac{(100+50)}{100}$

$=100x\times\frac{75}{100}\times\frac{150}{100}$

$=112.50x$

$\therefore$ प्रतिशत वृद्धि $=\left(\frac{112.50x-100x}{100x}\right)\times100$

$=12.50\,\%$

वैकल्पिक विधि

सूत्र $\pm a\pm b\pm\frac{ab}{100}$ से,

$a=-25$ तथा $b=+50$

$\therefore$ वृद्धि प्रतिशत $=-25+50-\frac{25\times50}{100}$

$=25-12.5$

$\therefore$ प्रतिशत वृद्धि $=12.5\%$

51. *(a)* माना तीन संख्याऐं क्रमशः 3x, 5x तथा 8x हैं

प्रश्नानुसार,

सबसे बड़ी संख्या + सबसे छोटी संख्या $=8800$

$8x+3x=8800$

$x=800$

अतः अभीष्ट अन्तर $=8x-3x$

$=5x=5\times800$

$=4000$

52. *(d)* 1.2, 1.8, 2 तथा 2.5 का लघुत्तम समापवर्त्य

$=\left(\frac{12}{10},\frac{18}{10},\frac{2}{1},\frac{25}{10}\right)$ का ल.स.

$=\left(\frac{6}{5},\frac{9}{5},\frac{2}{1},\frac{5}{2}\right)$ का ल.स.

$=\frac{6,9,2,5 \text{ का ल.स.}}{5,5,1,2 \text{ का म.स.}}=90$

53. *(c)* मूलधन (P) = ₹33000, समय (T) = 2 वर्ष

$\therefore$ CI = ₹ 31680

$\because$ $CI=P\left(1+\frac{R}{100}\right)^T-P$

$=P\left[\left(1+\frac{R}{100}\right)^T-1\right]$

$\Rightarrow\quad 31680=33000\left[\left(1+\frac{R}{100}\right)^2-1\right]$

$\Rightarrow\quad \frac{31680}{33000}=\left(1+\frac{R}{100}\right)^2-1$

$\Rightarrow\quad \frac{31680}{33000}+1=\left(1+\frac{R}{100}\right)^2$

$\Rightarrow\quad \frac{196}{100}=\left(1+\frac{R}{100}\right)^2$

$\Rightarrow\quad \frac{14}{10}-1=\frac{R}{100}\Rightarrow\frac{R}{100}=\frac{4}{10}$

$\therefore\quad R=40\%$

54. *(a)* 36 संख्याओं का औसत = 50

प्रत्येक संख्या में T घटाने के पश्चात् औसत = 27

$\therefore\quad T=50-27=23$

नोट यदि प्रत्येक संख्या में T घटाया जाता है, तो औसत में T के बराबर ही कमी होगी।

55. *(c)* माना रमन का एक दिन का कार्य $=\frac{1}{x}$

$\Rightarrow$ प्रिंस का एक दिन का कार्य $=\frac{3}{x}$

प्रश्नानुसार,

$\frac{1}{x-28}=\frac{3}{x}\Rightarrow x=3(x-28)$

$\Rightarrow\quad 2x=84\Rightarrow x=42$

$\therefore$ दोनों का एक दिन का कार्य

$=\frac{1}{42}+\frac{1}{14}=\left(\frac{1+3}{42}\right)=\frac{1}{10.5}$

अर्थात् 10.5 दिन

वैकल्पिक विधि

कार्यक्षमता $\times\frac{1}{\text{समय}}$

	प्रिंस	:	रमन
कार्यक्षमता	3	:	1
समय	1	:	3

$\because\quad (13-1)\rightarrow28$

$1\rightarrow14$

$\therefore$ प्रिंस द्वारा लिया गया समय = 14 दिन

कुल कार्य $=14\times3=42$

अतः अभीष्ट समय $=\frac{42}{3+1}=10.5$ दिन

56. *(d)* $444\div2+41\times8-26\times3$

$=222+328-78=472$

57. *(c)* समबाहु त्रिभुज का क्षेत्रफल

$=\frac{\sqrt{3}}{4}a^2$ (a = भुजा)

तथा भुजा = 10 सेमी

तब, क्षेत्रफल $=\frac{\sqrt{3}}{4}\times10\times10$

$=25\sqrt{3}$ सेमी^{2}

58. *(c)* 34564A, 11 से विभाज्य है, तब विभाज्यता के नियम से, विषम तथा सम स्थान के अंकों का योग का अन्तर 0 अथवा 11 से विभाज्य होगा।

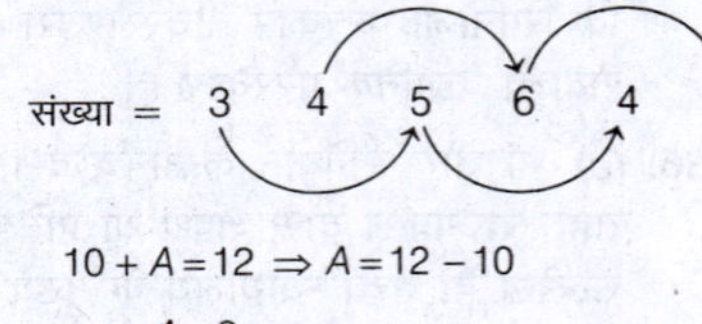

$10+A=12\Rightarrow A=12-10$

$\therefore\quad A=2$

59. *(d)* माना पुस्तक का क्रय मूल्य = ₹100x

तथा विक्रय मूल्य = ₹ 65x

20% लाभ हेतु, विक्रय मूल्य = ₹120x

तब प्रश्नानुसार,

$\therefore$ विक्रय मूल्य $=\frac{2860}{65x}\times120x$

= ₹ 5280

60. *(b)* माना शर्ट का क्रय मूल्य = $100x

20% हानि पर, विक्रय मूल्य = $80x

तब प्रश्नानुसार,

$\therefore$ शर्ट का क्रय मूल्य $=\frac{40}{80x}\times100x=\$\,50$

61. *(a)* दिए गए वाक्य में निरर्थक शब्द 'घूमते-घामते' है। अन्य विकल्प सार्थक हैं।

62. *(d)* दिए गए वाक्य में रिक्त स्थान की पूर्ति के लिए सही पुल्लिंग वाला विकल्प 'नक्शा' है। अन्य तीनों विकल्प स्त्रीलिंग हैं।

63. *(b)* वाक्य में दिए गए सभी वाक्यांशों में मात्राओं से सम्बन्धित किसी भी प्रकार की कोई त्रुटि नहीं है।
अतः विकल्प (b) कोई त्रुटि नहीं है, संगत है।

64. *(b)* दिए गए वाक्य में रेखांकित शब्द <u>औपचारिकता</u> का विलोम शब्द 'अनौपचारिकता' है। अतः अन्य विकल्प असंगत हैं।

65. *(a)* वाक्य में रिक्त स्थान की पूर्ति के लिए सबसे उपयुक्त विकल्प 'उपकरणों' है।
अतः पूर्ण वाक्य है--पिछले कुछ वर्षों में विज्ञान और टेक्नोलॉजी के कारण कृषि क्षेत्र में नवीन उपकरणों का उपयोग होने लगा।

66. *(a)* दिए गए वाक्यांश 'ऊपर कहा गया' के लिए एक सार्थक शब्द 'उपर्युक्त' है। अतः अन्य विकल्प असंगत हैं।

67. *(d)* दिए गए वाक्य में कोष्ठक शब्द (सारांश) का पर्यायवाची 'निचोड़' है। सारांश के अन्य पर्यायवाची शब्द संक्षिप्त, सारगर्भित आदि हैं। अतः अन्य विकल्प असंगत हैं।

68. *(d)* दिए गए वाक्य में रेखांकित शब्द वैग्यानिक अशुद्ध वर्तनी का शुद्ध रूप 'वैज्ञानिक' होगा। अतः अन्य विकल्प असंगत हैं।

69. *(a)* 'सीधे मुँह बात न करना' मुहावरे का अर्थ है-अभिमान से बात करना।
वाक्य प्रयोग मुझे देखते ही सीमा सीधे मुँह बात नहीं करती।

70. *(c)* वाक्य में रेखांकित भाग कोई शत्रु नहीं के लिए एक सार्थक शब्द 'अजातशत्रु' है। जिसका कोई शत्रु न हो 'अजातशत्रु' कहलाता है। अतः अन्य विकल्प असंगत हैं।

71. *(c)* दिए गए वाक्य में रेखांकित शब्द आखर का तत्सम रूप 'अक्षर' है।
आखर-शब्द तद्भव है। अतः अन्य विकल्प असंगत हैं।

72. *(c)* वाक्य में रिक्त स्थान की पूर्ति के लिए सबसे उपयुक्त विकल्प 'भुलक्कड़' है। पूर्ण वाक्य इस प्रकार है–
मेरा भाई इतना भुलक्कड़ है कि सामान कहीं भी रखकर भूल जाता है।

73. *(d)* दिए गए वाक्य में रेखांकित शब्द पक्षपात का विलोम 'निष्पक्षता' होगा।
अन्य विकल्प तर्क संगत नहीं हैं।

74. *(b)* 'उड़ती चिड़िया पहचानना' मुहावरे का अर्थ है- बहुत अनुभवी होना।
वाक्य प्रयोग मेरे दादा जी की उम्र अस्सी वर्ष हो गई है, वह आज भी उड़ती चिड़िया को पहचान लेते हैं।

75. *(a)* दिए गए वाक्य में कोष्ठक शब्द 'ओझल' का पर्यायवाची 'बिनौरा' नहीं है। अन्य सभी विकल्प विलुप्त, अन्तर्धान, अदृश्य आदि ओझल के पर्यायवाची हैं।

76. *(c)* रिक्त स्थान (1) की पूर्ति के लिए सबसे उपयुक्त शब्द 'सुरक्षा' है। अतः पूर्ण वाक्य है–वित्त मन्त्रालय ने देश के सभी सरकारी बैंकों को अपनी साइबर सुरक्षा की समीक्षा।

77. *(d)* रिक्त स्थान (2) की पूर्ति के लिए सबसे उपयुक्त विकल्प 'मजबूत' है। अतः पूर्ण वाक्य है-उसे मजबूत करने की सलाह दी।

78. *(c)* रिक्त स्थान (3) के लिए सबसे उपयुक्त विकल्प 'सुनिश्चित' है। अतः पूर्ण वाक्य है-उस पर अमल भी सुनिश्चत किया जाना चाहिए।

79. *(a)* रिक्त स्थान (4) के लिए सबसे उपयुक्त विकल्प 'सेंध' है। अतः पूर्ण वाक्य है-क्योंकि बैंकों की साइबर सुरक्षा में सेंध लगती ही रहती है।

80. *(a)* रिक्त स्थान (5) के लिए सबसे उपयुक्त विकल्प 'संस्थान' है। अतः सही वाक्य है-साइबर हमलों में भारत के सभी विभिन्न संगठन हैं।

सॉल्वड पेपर 2024

SSC कांस्टेबल (जीडी) सेट 26

भाग-I सामान्य बुद्धिमत्ता एवं तर्कशक्ति

1 यदि 40 * 30 # 20 @ 10 = 1230 और 70 * 6 # 10 @ 3 = 433 हैं, तो 8 * 4 # 5 @ 9 = ?

(a) 46 (b) 50 (c) 40 (d) 60

2 निम्नलिखित प्रश्न में, दो कथन और उसके बाद I और II क्रमांकित दो निष्कर्ष दिए गए हैं। दिए गए कथनों को सत्य मानते हुए, चाहे वे सामान्यतः ज्ञात तथ्यों से भिन्न प्रतीत होते हों, सभी निष्कर्षों को ध्यानपूर्वक पढ़िए और निश्चय कीजिए कि दिए गए निष्कर्षों में से कौन-सा/से निष्कर्ष कथनों का तार्किक रूप से अनुसरण करता है/करते हैं?

कथन
कुछ मोबाइल, घड़ी हैं।
कोई घड़ी, लैपटॉप नहीं हैं।

निष्कर्ष
I. कोई लैपटॉप, मोबाइल नहीं हैं।
II. कुछ लैपटॉप, घड़ी नहीं हैं।

(a) कोई भी निष्कर्ष अनुसरण नहीं करता है
(b) केवल निष्कर्ष I अनुसरण करता है
(c) केवल निष्कर्ष II अनुसरण करता है
(d) निष्कर्ष I और II दोनों अनुसरण करते हैं

3 एक निश्चित कूटभाषा में, 'MORAL' को '57638' लिखा जाता है, 'RIAL' को '3859' लिखा जाता है, 'METRE' को '52172' लिखा जाता है, तो उसी कूटभाषा में 'L' को कैसे लिखा जाएगा?

(a) 3 (b) 5 (c) 6 (d) 7

4 निम्नलिखित प्रश्न में, दिए गए विकल्पों में से उस आकृति का चयन कीजिए, जिसे प्रश्नचिह्न (?) के स्थान पर रखा जा सकता हैं।

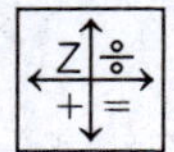
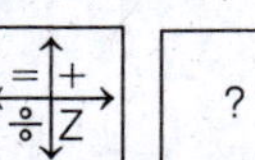

(a) (b) (c) (d)

5 नीचे दिए गए दो चिह्नों को आपस में बदलने पर, निम्नलिखित में से कौन-सा समीकरण सही होगा?

× और +

I. $4 \times 3 + 6 - 7 \div 1 = 15$
II. $7 + 5 \times 2 - 8 \div 4 = 33$

(a) केवल I (b) केवल II
(c) न तो I और न ही II (d) I और II दोनों

6 निम्नलिखित में से कौन-सा अक्षर/संख्या-समूह दी गई शृंखला में प्रश्न चिह्नों (?) के स्थान पर आएगा?
POL15, ?, RSR19, SUU21, TWX23, UYA25

(a) QPM17 (b) QPM16
(c) QQO16 (d) QQO17

7 एक महिला की तस्वीर की ओर इशारा करते हुए, राम ने कहा, ''वह मेरी माँ की बेटी की बहन है।'' वह महिला राम से किस प्रकार सम्बन्धित है?

(a) पत्नी (b) बेटी (c) माँ (d) बहन

8 निम्नलिखित अक्षर समूहों में से अक्षरों का कौन-सा समूह क्रमबद्ध रूप से बाईं से दाईं ओर रखे जाने पर नीचे दी गई शृंखला को पूरा करेगा?
efgefge_ge_gef_ef_efg

(a) ffgg (b) gefe
(c) efeg (d) fege

9 यदि एक दर्पण को रेखा AB पर रखा जाए, तो विकल्प आकृतियों में से कौन-सी आकृति प्रश्न आकृति का सही प्रतिबिम्ब होगी?

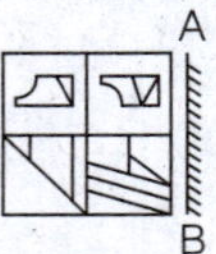

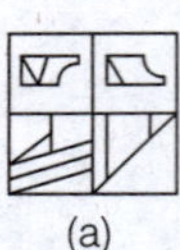
(a)
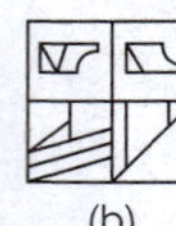
(b)

(c)
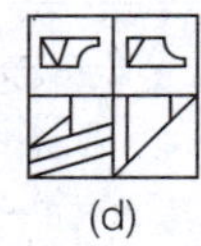
(d)

10 पाँच मित्र P, B, C, G और H एक वृत्ताकार मेज के केन्द्र की ओर मुख करके बैठे हैं। H, C के ठीक दाईं ओर बैठा है। B, H के बाईं ओर से तीसरे स्थान पर बैठा है। P, C का निकटतम पड़ोसी नहीं है। C के ठीक बाईं ओर कौन बैठा है?

(a) H (b) G
(c) B (d) P

11 निम्नलिखित प्रश्न आकृतियों में दर्शाए गए अनुसार कागज के एक टुकड़े को मोड़कर उसमें छेद किया जाता है। दी गई विकल्प आकृतियों में से बताइए कि खोले जाने पर यह कैसा दिखाई देगा?

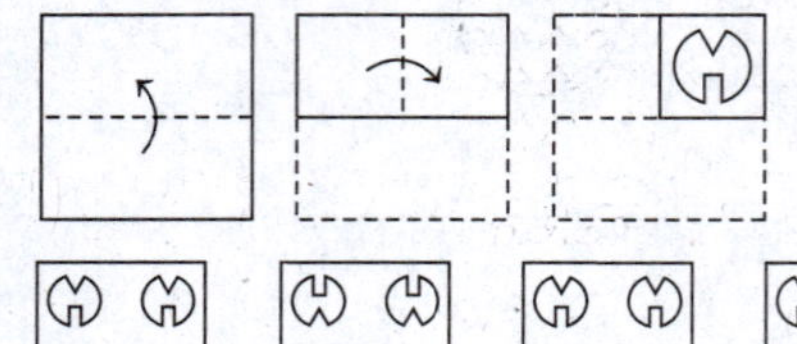

(a) (b) (c) (d)

12 निम्नलिखित में से कौन-सी संख्या, दी गई श्रृंखला में प्रश्नचिह्न (?) के स्थान पर आएगी?

?, 36, 54, 72, 90, 108

(a) 12 (b) 16 (c) 18 (d) 24

13 निम्नलिखित प्रश्न में, दिए गए विकल्पों में से उस आकृति का चयन कीजिए, जिसे प्रश्नचिह्न (?) के स्थान पर रखा जा सकता है।

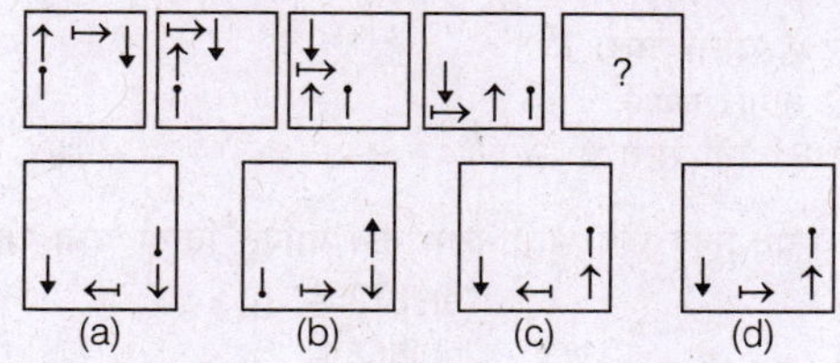

14 निम्नलिखित प्रश्न में, दिए गए विकल्पों में से सम्बन्धित अक्षरों का चयन कीजिए।

GHL : LMQ :: YXM : ?

(a) MJY (b) XVU (c) DCR (d) PON

15 निम्नलिखित प्रश्न में, दिए गए विकल्पों में से सम्बन्धित अक्षर-युग्म का चयन कीजिए।

IGTW : JHUX :: ?

(a) NTUV : DXKU (b) RSHP : NDLM
(c) ULDX : RUXT (d) FXQN : GYRO

16 सात लड़के P, Q, R, S, T, U और V एक वृत्ताकार मेज के चारों ओर केन्द्र की ओर मुख करके बैठे हैं (परन्तु जरूरी नहीं कि वे इसी क्रम में बैठे हों)। V, R के दाईं ओर से दूसरे स्थान पर बैठा है। U, R के ठीक बाईं ओर बैठा है। P, T के दाईं ओर से तीसरे स्थान पर बैठा है। S और T, Q के निकटतम पड़ोसी हैं। R के ठीक दाईं ओर कौन बैठा है?

(a) Q (b) P (c) U (d) T

17 नीचे दिए गए शब्दों को अंग्रेजी शब्दकोश के क्रम के अनुसार व्यवस्थित करने पर, कौन-सा शब्द तीसरे स्थान पर आएगा?

1. Principal 2. Prince 3. Principle
4. Princess 5. Princely

(a) Princely (b) Principal
(c) Princess (d) Principle

18 निम्नलिखित प्रश्न में दी गई आकृतियों के अनुसार, कागज के एक टुकड़े को मोड़कर उसमें छेद किया जाता है। विकल्पों में दी गई आकृतियों में से बताइए कि खोले जाने पर यह कैसा दिखाई देगा?

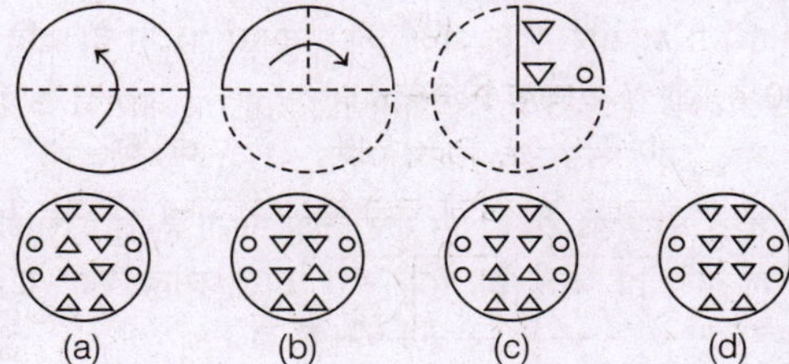

19 दिए गए विकल्पों में से निम्नलिखित श्रृंखला से लुप्त संख्या का चयन कीजिए।

44, 13, 50, 9, 52, ?

(a) 5 (b) 7 (c) 4 (d) 6

20 एक निश्चित कूटभाषा में 'LATEST' को 'RQCRYJ' लिखा जाता है। उसी कूटभाषा में 'GOLDEN' को कैसे लिखा जाएगा?

(a) LCBIME (b) LCAJME
(c) LCBJME (d) LCBJNE

भाग-II सामान्य ज्ञान

21 ....सरकार द्वारा निर्गमित बन्ध-पत्र की खरीद और बिक्री कहलाती है।

(a) नैतिक दबाव (b) बन्द बाजार की क्रियाएँ
(c) खुले बाजार की क्रियाएँ (d) सीमान्त आवश्यकता

22 भारतीय राजनीतिक व्यवस्था को अक्सर एक मजबूत एकात्मक पूर्वाग्रह वाली संघीय व्यवस्था के रूप में वर्णित किया जाता है। कौन-सी विशेषता इसे यह एकात्मक पूर्वाग्रह प्रदान करती है?

(a) राज्यों की सूची (b) समवर्ती सूची
(c) एकल नागरिकता (d) दोहरी नागरिकता

23 किस सरकार ने राष्ट्रीय मजदूर दिवस समारोह के भाग के रूप में मुख्यमन्त्री श्रमिक कल्याण योजना (MMSKY) शुरू करने की घोषणा की है?

(a) पश्चिम बंगाल (b) अरुणाचल प्रदेश
(c) असम (d) मध्य प्रदेश

24 द्वितीयक क्षेत्रक में सामान्यतः किस प्रकार की गतिविधियाँ की जाती हैं?

(a) कच्चे माल से परिष्कृत उत्पाद तैयार करना
(b) उद्योगों को सहायता सेवाएँ प्रदान करना
(c) प्राकृतिक संसाधनों का निष्कर्षण
(d) फसलें उगाना और पशुधन पालना

25 निम्नलिखित में से किस त्योहार का सम्बन्ध पारम्परिक रूप से जल्लीकट्टू से है?

(a) ओणम (b) शिवरात्रि
(c) पोंगल (d) दीपावली

26 दशकीय जनगणना का संचालन किस मन्त्रालय से सम्बन्धित महापंजीयक एवं जनगणना आयुक्त के कार्यालय द्वारा किया जाता है?

(a) सांख्यिकी और कार्यक्रम कार्यान्वयन मन्त्रालय
(b) वित्त मन्त्रालय
(c) ग्रामीण विकास मन्त्रालय
(d) गृह मन्त्रालय

27 निम्नलिखित में से कौन मौर्य साम्राज्य का दूसरा शासक था?

(a) चन्द्रगुप्त मौर्य (b) बिन्दुसार
(c) बृहद्रथ (d) अशोक

28 बांग्लादेश का राष्ट्रीय गान 'आमार सोनार बांग्ला' निम्नलिखित में से किसने लिखा था?

(a) स्वामी योगानन्द परमहंस (b) श्यामलाल गुप्ता
(c) रवीन्द्रनाथ टैगोर (d) हसरत मोहानी

29 अगस्त, 2023 में, फार्मेसी (संशोधन) विधेयक - 2023 लोकसभा में पारित किया गया था। यह फार्मेसी अधिनियम........में संशोधन करता है।

(a) वर्ष 1965 (b) वर्ष 1948
(c) वर्ष 1983 (d) वर्ष 1955

30 बास्केटबॉल के खेल में, खेल क्षेत्र को निम्नलिखित में से क्या कहा जाता है?
(a) कोर्ट (b) पिच (c) रिंक (d) फील्ड

31 अक्टूबर 2023 में, एयर मार्शल की सम्मानित रैंक हासिल करने वाली भारतीय वायु सेना (IAF) की चिकित्सा शाखा से दूसरी महिला अधिकारी बनकर किसने ऐतिहासिक उपलब्धि हासिल की है?
(a) विंग कमान्डर दीपिका मिश्रा
(b) शालिजा धामी
(c) एयर मार्शल पद्मा
(d) एयर मार्शल साधना एस. नायर

32 बैडमिण्टन में, कलाई और अग्रबाहु के अचानक से तेजी से घुमाव, जो एक धीमे दिखाई पड़ने वाले शॉट को एक तेज पासिंग शॉट में बदलकर प्रतिद्वन्दी को आश्चर्यचकित कर देता है, जिसका प्रयोग मुख्य रूप से सर्व (sarve) और नेट (net) पर किया जाता है……… कहलाता है।
(a) किल (b) ड्रॉप
(c) फ्लिक (d) फाल्ट

33 ……… क्रान्ति के कारण भारत खाद्यान्न के मामले में आत्मनिर्भर बन गया और इसके केन्द्रीय भण्डार में पर्याप्त भण्डार मौजूद था, यहाँ तक कि एक समय पर, भारत खाद्यान्न निर्यात करने की स्थिति में भी था।
(a) श्वेत (b) औद्योगिक
(c) हरित (d) तेल

34 भारत के तमिलनाडु राज्य में कलाकारों को उनकी उपलब्धियों के लिए सम्मानित करने वाला सर्वोच्च नागरिक पुरस्कार निम्नलिखित में से कौन-सा है?
(a) कलाश्री
(b) संगीत नाटक अकादमी पुरस्कार
(c) बालासरस्वती
(d) कलैमामणि

35 भारत की 2011 की जनगणना के अनुसार, भारत के निम्नलिखित में से किस केन्द्रशासित प्रदेश में लिंगानुपात सबसे अधिक है?
(a) अण्डमान और निकोबार द्वीप समूह
(b) पुदुचेरी
(c) दादरा एवं नगर हवेली
(d) चण्डीगढ़

36 केरल की कौन-सी शास्त्रीय नृत्य-नाटिका अपने जीवन्त श्रृंगार, विस्तृत वेशभूषा और अतिरंजित चेहरे के भावों के लिए प्रसिद्ध है, जो अक्सर रामायण की कहानियों को चित्रित करते हैं?
(a) मणिपुरी (b) कथक
(c) कथकली (d) भरतनाट्यम

37 भारतीय संविधान के निम्नलिखित में से किस भाग का सम्बन्ध संविधान के संशोधन से है?
(a) भाग-XIX (b) भाग-XXII
(c) भाग-XX (d) भाग-XXI

38 निम्नलिखित में से किस मैदान में रणजी ट्रॉफी 2022/23 के फाइनल की मेजबानी की गई?
(a) वानखेड़े स्टेडियम (b) अरुण जेटली स्टेडियम
(c) ईडन गार्डन (d) एम. ए. चिदम्बरम स्टेडियम

39 चार्ल्स के नियम में……… ।
A. दाब स्थिर रखा जाता है।
B. गैस के मोल की संख्या स्थिर है।
C आयतन तापमान के अनुक्रमानुपाती होता है।
कूट
(a) B और C दोनों सत्य हैं
(b) A और C दोनों सत्य हैं
(c) A, B, C तीनों सत्य हैं
(d) A और B दोनों सत्य हैं

40 भारत में वर्नाक्यूलर प्रेस अधिनियम कब पारित किया गया था?
(a) 1862 ई. (b) 1872 ई.
(c) 1878 ई. (d) 1868 ई.

भाग-III गणित

41 यदि ₹ 8000 की धनराशि पर पहले और दूसरे वर्ष के लिए चक्रवृद्धि ब्याज (वार्षिक रूप से संयोजित) क्रमशः ₹ 800 और ₹ 880 है, तो वार्षिक ब्याज दर ज्ञात कीजिए।
(a) 8% (b) 12% (c) 15% (d) 10%

42 निम्नलिखित में से कौन-सी संख्या 11 से विभाज्य है?
(a) 8487 (b) 4320
(c) 1442 (d) 9196

43 दो रेलगाड़ियाँ समान चाल से विपरीत दिशा में चल रही है। यदि प्रत्येक रेलगाड़ी की लम्बाई 255 मी है और वे एक-दूसरे को 17 सेकण्ड में पार करती है, तो प्रत्येक रेलगाड़ी की चाल कितनी है?
(a) 12 मी/से (b) 18 मी/से
(c) 15 मी/से (d) 21 मी/से

44 अरुण को वरुण से 20% कम अंक प्राप्त हुए। राजू को वरुण से 30% कम अंक प्राप्त हुए। यदि राजू को 140 अंक प्राप्त हुए, तो अरुण को कितने अंक प्राप्त हुए?
(a) 180 (b) 160
(c) 150 (d) 200

45 एक मिश्रण में अम्ल और पानी का अनुपात 5 : 3 है, यदि इसमें 12 लीटर पानी मिला दिया जाए, तो अम्ल और पानी का अनुपात 5 : 6 हो जाता है, इस मिश्रण में अम्ल की मात्रा कितनी है?
(a) 4 लीटर (b) 20 लीटर
(c) 8 लीटर (d) 16 लीटर

46 दो परीक्षार्थियों M और N के अंकों का अनुपात 10 : 11 है। यदि M के अंक 200 है, तो N के अंक कितने हैं?
(a) 200 (b) 220 (c) 240 (d) 260

47 जब एक वस्तु का मूल्य 40% कम कर दिया जाता है, तो उसकी ब्रिकी में 60% की वृद्धि हो जाती है। बिक्री पर निवल प्रभाव क्या था?
(a) 4% की कमी (b) 6% की वृद्धि
(c) 7% की कमी (d) 4% की वृद्धि

48 $12 \div 3$ का $4 - 88 + 75 + 6 \times 2$ का 15 का मान कितना है?
(a) 198 (b) 168
(c) 228 (d) 118

49 8 मित्रों के एक समूह का औसत भार 70 किग्रा है। यदि 70 किग्रा भार वाला एक मित्र समूह में शामिल होता है, तो समूह का नया औसत भार कितना है?
(a) 54 किग्रा (b) 68 किग्रा (c) 70 किग्रा (d) 73 किग्रा

50 साधारण ब्याज पर एक निश्चित धनराशि 2 वर्षों में ₹ 900 और 4 वर्षों में ₹1080 हो जाती है। वार्षिक ब्याज दर कितनी है?
(a) 15% (b) 12.5%
(c) 14% (d) 14.28%

51 एक कार का विक्रय मूल्य ₹3675 है। यदि कार को 65% की छूट पर बेचा जाता है, तो कार का अंकित मूल्य कितना है?
(a) ₹10800 (b) ₹9800
(c) ₹11200 (d) ₹10500

52 $0.4\overline{27}$ को भिन्न में परिवर्तित कीजिए।
(a) $\frac{420}{999}$ (b) $\frac{423}{999}$ (c) $\frac{400}{999}$ (d) $\frac{423}{990}$

53 एक परिवार में 9 पुत्रों की औसत आयु 13 वर्ष है। माँ, पिता और पुत्रों की कुल औसत आयु 20 वर्ष है। यदि माँ, पिता से 9 वर्ष छोटी हैं, तो पिता की आयु कितनी है?
(a) 63 वर्ष (b) 56 वर्ष
(c) 62 वर्ष (d) 61 वर्ष

54 रमन और राजू ने ₹5500 में एक कार्य किया। रमन अकेले उस कार्य को 5 दिनों में पूरा कर सकता है और राजू अकेले उसी कार्य को 6 दिनों में पूरा कर सकता है। यदि वे एकसाथ मिलकर कार्य करते हैं, तो उन्हें मिलने वाली धनराशि में कितना अन्तर होगा?
(a) ₹500 (b) ₹550
(c) ₹600 (d) ₹700

55 उस त्रिभुज का क्षेत्रफल ज्ञात कीजिए, जिसका आधार 12 सेमी और उस आधार की संगत ऊँचाई, आधार की 1/3 है।
(a) 16 सेमी^{2} (b) 20 सेमी^{2}
(c) 24 सेमी^{2} (d) 18 सेमी^{2}

56 एक दुकानदार ने अपने सामान का विक्रय मूल्य इस प्रकार अंकित किया कि 20% की छूट देने के बाद उसे 28% का लाभ हुआ। अंकित मूल्य, क्रय मूल्य से कितने प्रतिशत अधिक है?
(a) 55% (b) 44% (c) 66% (d) 60%

57 यदि एक शर्ट का विक्रय मूल्य और क्रय मूल्य क्रमशः ₹ 1050 और ₹ 900 हैं, तो लाभ प्रतिशत क्या है?
(a) 16.66% (b) 18.5%
(c) 25% (d) 20%

58 $31 \times 32 \times 33$ को 5 से भाग देने पर शेषफल कितना होगा?
(a) 1 (b) 0 (c) 3 (d) 2

59 अमर, अकरम और वैभव मिलकर एक कार्य को 20 दिनों में पूरा कर सकते हैं। यदि अमर, अकरम से तीन गुना तेजी से कार्य कर सकता है और अकरम, वैभव से दोगुना तेजी से कार्य कर सकता है, तो वैभव अकेले उसी कार्य को कितने दिनों में पूरा कर सकता है?
(a) 200 दिन (b) 190 दिन
(c) 180 दिन (d) 210 दिन

60 यदि कुल वस्तुओं का 80%, 20% के लाभ पर बेचा जाता है और शेष वस्तुओं को 30% की हानि पर बेचा जाता है, तो कुल लाभ प्रतिशत कितना होगा?
(a) 14% (b) 15% (c) 12% (d) 10%

भाग-IV हिन्दी

61 निम्नलिखित प्रश्न में चार विकल्पों में से उस विकल्प का चयन करें, जो कोष्ठक में दिए गए शब्द के पर्यायवाची शब्द का सही विकल्प है।
मेरे विद्यालय में विभिन्न प्रकार के (खेल) .... सिखाए जाते हैं।
(a) धूसर (b) बारी (c) सूम (d) केलि

62 दिए गए शब्द का पर्यायवाची ज्ञात कीजिए
किरण
(a) रश्मि (b) बाल (c) कृश (d) यत्न

63 निम्नलिखित प्रश्न में, चार विकल्पों में से उस विकल्प का चयन करें, जो कोष्ठक में दिए गए शब्द के विलोम शब्द का सही विकल्प है।
हमारे गाँव का तालाब बहुत ही (गहरा) .... है।
(a) अपार (b) दुर्बोध
(c) असीम (d) छिछला

64 निम्नलिखित प्रश्न में, चार विकल्पों में से उस विकल्प का चयन करें, जो रिक्त स्थान के लिए सही पुल्लिंग रूप वाला विकल्प है।
.... करना हमारे स्वास्थ्य के लिए हानिकारक है।
(a) बातें (b) क्रोध
(c) खेल (d) हँसी-मजाक

65 दिए गए वाक्य में रेखांकित शब्द का विलोम शब्द ज्ञात कीजिए।
तुम कितने <u>तुच्छ</u> व्यक्ति हो।
(a) महान (b) नालायक
(c) छोटे (d) लघु

66 निम्नलिखित प्रश्न में, चार विकल्पों में से उस विकल्प का चयन करें, जो कोष्ठक में दिए गए शब्द के तद्भव रूप का सही विकल्प है।
बहुत-से ऐसे पौधे हैं, जिनसे प्राकृतिक रूप से (खर्जू) .... दूर की जा सकती है।
(a) खाँसी (b) बीमारी
(c) बुखार (c) खुजली

67 निम्नलिखित प्रश्न में, चार विकल्पों में से उस विकल्प का चयन करें, जो दी गई लोकोक्ति का सही अर्थ वाला विकल्प है।
'खरी मजूरी, चौखा काम'
(a) लाभ के स्थान पर हानि होना
(b) अस्थिरता के कारण कहीं का न रहना
(c) तुरन्त मजदूरी मिलने पर कार्य भी अच्छा होता है
(d) दुष्ट व्यक्ति का प्रेम अस्थिर होता है

68 निम्नलिखित प्रश्न में, चार विकल्पों में से उस विकल्प का चयन करें, जो रिक्त स्थान के लिए सही शब्द वाला विकल्प हो।
सकारात्मक सोच के जरिए आप अपने जीवन में आसानी से कुछ भी .... कर सकते हैं।
(a) हासिल (b) कोशिश
(c) प्रोत्साहन (d) मतलब

69 निम्नलिखित प्रश्न में चार विकल्पों में से उस विकल्प का चयन करें, जो दिए गए मुहावरे के अर्थ को सर्वश्रेष्ठ रूप से व्यक्त करता है।
वकालत करना
(a) समर्थन करना (b) आरोप लगाना
(c) सहायता करना (d) विरोध करना

70 दिए गए वाक्य का वह भाग ज्ञात करें, जिसमें कोई त्रुटि है।
लगभग 200 वर्षों तक भारत के गले में गुलामी की बेड़ियाँ पड़ी रहीं।
(a) लगभग 200 वर्षों (b) में गुलामी की
(c) बेड़ियाँ पड़ी रहीं। (d) तक भारत के गले

71 दिए गए वाक्य में रेखांकित शब्द के लिए सही वर्तनी ज्ञात कीजिए।
तुझे <u>समज</u> नहीं आया, है न?
(a) समस (b) समछ
(c) समज (d) समझ

72 दिए गए वाक्य में रेखांकित शब्दों के लिए सही शब्दों वाले विकल्प का चयन करें।
<u>कई रेलवे</u> कर्मचारियों की गिरफ्तारी हुई।
(a) परिवर्तन की आवश्यकता नहीं हैं
(b) कई रेलवे कर्मचारियों की गिरफ्तारी हुई
(c) रेलवे के कई कर्मचारियों की गिरफ्तारी हुई
(d) कहीं रेलवे कर्मचारियों की गिरफ्तारी हुई

73 दिए गए विकल्पों में से सार्थक शब्द ज्ञात कीजिए।
(a) रंजाबा (b) साविन
(c) जबिली (d) मोबाइल

74 दिए गए विकल्पों मे से अशुद्ध वर्तनी वाले विकल्प का चयन करें।
(a) तुम मेरी बात सुनो।
(b) क्या तुमने संखयां याद कर ली?
(c) कैसे शिष्य हो तुम जो अपने गुरु की बात नहीं मानते?
(d) माफ कीजिए, मुझसे गलती हो गई

75 निम्नलिखित वाक्य में रेखांकित भाग के लिए एक सार्थक शब्द ज्ञात कीजिए
कुएँ की गहराई <u>मापी नहीं जा सकती</u>।
(a) मापक (b) अपरिमेय
(c) अतुल्य (d) अपरिग्रह

निर्देश (प्र. सं. 76-80) *नीचे दिए गए गद्य में कुछ शब्द छोड़ दिए गए हैं और प्रत्येक रिक्त स्थान के चार विकल्प दिए गए हैं। इन चारों में से कौन-सा विकल्प रिक्त स्थान की पूर्ति करेगा?*

गोदान प्रेमचन्द की सबसे मशहूर (1) .... है। यह भारतीय किसानों पर लिखा गया महान (2) .... है। इस उपन्यास में किसान होरी और उसकी बीवी धनिया की (3) .... है। समाज में (4) .... के मालिक लोग उन्हें अपने दमन के (5) .... में ऐसा फाँसते हैं कि वे भूमिहीन मजदूर बन जाते हैं।

76 रिक्त स्थान (1) के लिए सबसे उपयुक्त विकल्प का चयन कीजिए।
(a) परिकर (b) धात्री
(c) निष्कर्ष (d) कृति

77 रिक्त स्थान (2) के लिए सबसे उपयुक्त विकल्प का चयन कीजिए।
(a) कार्यकर (b) भेंट
(c) पक्ष (d) उपन्यास

78 रिक्त स्थान (3) के लिए सबसे उपयुक्त विकल्प का चयन कीजिए।
(a) कहानी (b) चरित्र
(c) रंगरूप (d) प्रेम

79 रिक्त स्थान (4) के लिए सबसे उपयुक्त विकल्प का चयन कीजिए।
(a) पर्यटक (b) विज्ञापन
(c) सत्ता (d) युग

80 रिक्त स्थान (5) के लिए सबसे उपयुक्त विकल्प का चयन कीजिए।
(a) प्रभावशाली (b) दुष्चक्र
(c) कृतियाँ (d) पहलवानी

उत्तरमाला

1.	(a)	2.	(c)	3.	(a)	4.	(b)	5.	(a)	6.	(d)	7.	(d)	8.	(a)	9.	(a)	10.	(b)
11.	(c)	12.	(c)	13.	(d)	14.	(c)	15.	(d)	16.	(b)	17.	(c)	18.	(c)	19.	(a)	20.	(c)
21.	(c)	22.	(c)	23.	(b)	24.	(a)	25.	(c)	26.	(d)	27.	(b)	28.	(c)	29.	(b)	30.	(a)
31.	(d)	32.	(c)	33.	(c)	34.	(d)	35.	(b)	36.	(c)	37.	(c)	38.	(c)	39.	(c)	40.	(c)
41.	(d)	42.	(d)	43.	(c)	44.	(b)	45.	(b)	46.	(b)	47.	(a)	48.	(b)	49.	(c)	50.	(b)
51.	(d)	52.	(d)	53.	(b)	54.	(a)	55.	(c)	56.	(d)	57.	(a)	58.	(a)	59.	(c)	60.	(d)
61.	(d)	62.	(a)	63.	(d)	64.	(b)	65.	(a)	66.	(d)	67.	(c)	68.	(a)	69.	(a)	70.	(d)
71.	(d)	72.	(c)	73.	(d)	74.	(b)	75.	(b)	76.	(d)	77.	(d)	78.	(a)	79.	(c)	80.	(b)

संकेत एवं हल

1. (a) यदि * = ×, # = + और @ = + रखा जाए तब,

जिस प्रकार, 40 * 30#20@10 = 1230

⇒ $40 \times 30 + 20 + 10 = 1230$

⇒ $1200 + 30 = 1230$

और 70 * 6#10@3 = 433

⇒ $70 \times 6 + 10 + 3 = 433$

⇒ $420 + 13 = 433$

⇒ $433 = 433$

उसी प्रकार, 8 * 4#5@9

$= 8 \times 4 + 5 + 9$

$= 32 + 14 = 46$

2. (c) कथनानुसार,

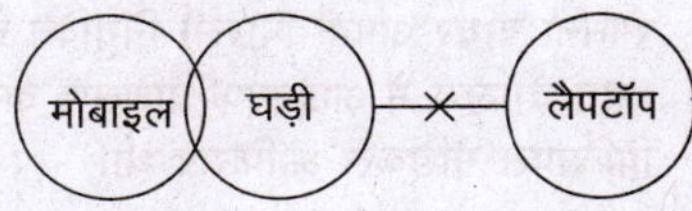

निष्कर्ष I. (✗) II. (✓)

अतः केवल निष्कर्ष II अनुसरण करता है।

3. (a)

M O R A L ⟶ 5 7 6 3 8 ...(i)

R I A L ⟶ 3 8 5 9 ...(ii)

M E T R E ⟶ 5 2 1 7 2 ...(iii)

समी (i), (ii) और (iii) से,

A/L ⇒ 3/8

लेकिन विकल्प में केवल 3 है।

∴ L का कूट 3 है।

4. (b) दी गई आकृति श्रृंखला में प्रत्येक चिह्न वामावर्त दिशा में एक समान घूम रहे हैं। अतः उत्तर आकृति (b) श्रृंखला की अगली आकृति होगी।

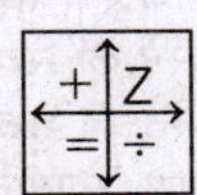

5. (a) दी गई समी (I) और समी (II) में × और + को आपस में बदलने पर,

(I) $4 \times 3 + 6 - 7 \div 1 = 15$

चिह्नों को आपस में बदलने पर,

$4 + 3 \times 6 - 7 \div 1 = 15$

⇒ $4 + 18 - 7 = 15$

⇒ $22 - 7 = 15$

⇒ $15 = 15$

II. $7 + 5 \times 2 - 8 \div 4 = 33$

चिह्नों को आपस में बदलने पर,

$7 \times 5 + 2 - 8 \div 4 = 33$

⇒ $35 + 2 - 2 = 33$

⇒ $35 \neq 33$

अतः समीकरण (I) सही होगा।

6. (d) दी गई श्रृंखला का क्रम निम्न प्रकार है,

P $\xrightarrow{+1}$ Q $\xrightarrow{+1}$ R $\xrightarrow{+1}$ S $\xrightarrow{+1}$ T $\xrightarrow{+1}$ U

O $\xrightarrow{+2}$ Q $\xrightarrow{+2}$ S $\xrightarrow{+2}$ U $\xrightarrow{+2}$ W $\xrightarrow{+2}$ Y

L $\xrightarrow{+3}$ O $\xrightarrow{+3}$ R $\xrightarrow{+3}$ U $\xrightarrow{+3}$ X $\xrightarrow{+3}$ A

15 $\xrightarrow{+2}$ 17 $\xrightarrow{+2}$ 19 $\xrightarrow{+2}$ 21 $\xrightarrow{+2}$ 23 $\xrightarrow{+2}$ 25

7. (d) प्रश्नानुसार,

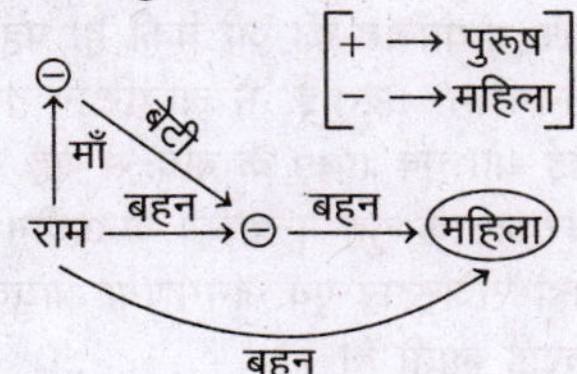

अतः वह महिला राम की बहन है।

8. (a) दी गई अक्षर समूह निम्न प्रकार है,

efg/efg/e f g/e f g/ef g/e f g/efg

⇒ ffgg

9. (a) उत्तर आकृति (a), दी गई प्रश्न आकृति का सही दर्पण प्रतिबिम्ब है

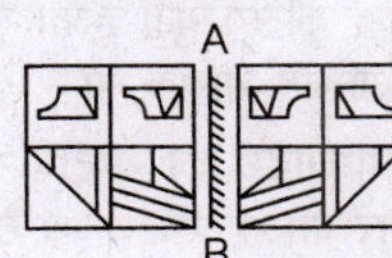

10. (b) प्रश्नानुसार,

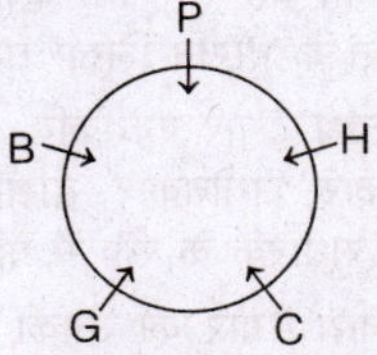

अतः C के ठीक बाईं ओर G है।

11. (c) कागज के टुकड़े को मोड़ने, छेदने तथा खोलने के पश्चात् यह उत्तर आकृति (c) जैसी दिखेगी।

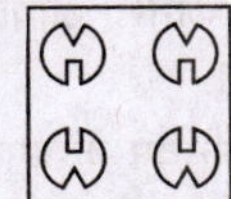

12. (c) दी गई श्रृंखला का क्रम निम्न प्रकार है,

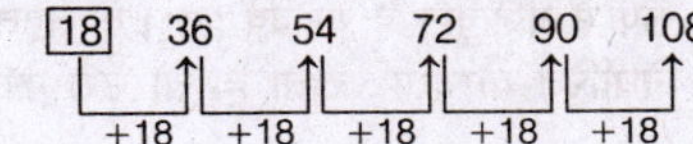

13. (d) दी गई आकृति श्रृंखला में आकृति के अन्दर के सभी चिह्न प्रत्येक चरण के साथ 45° वामावर्त दिशा में घूम रहे हैं। अतः विकल्प (d), श्रृंखला की अगली आकृति होगी।

14. (c) जिस प्रकार,

G $\xrightarrow{+5}$ L

H $\xrightarrow{+5}$ M

L $\xrightarrow{+5}$ Q

उसी प्रकार,

Y $\xrightarrow{+5}$ D

X $\xrightarrow{+5}$ C

M $\xrightarrow{+5}$ R

15. (d) जिस प्रकार,

I $\xrightarrow{+1}$ J

G $\xrightarrow{+1}$ H

T $\xrightarrow{+1}$ U

W $\xrightarrow{+1}$ X

उसी प्रकार,

F $\xrightarrow{+1}$ G

X $\xrightarrow{+1}$ Y

Q $\xrightarrow{+1}$ R

N $\xrightarrow{+1}$ O

∴ ? = FXQN : GYRO

16. (b) प्रश्नानुसार,

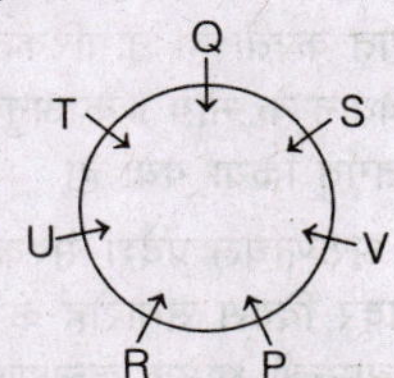

अतः R, के ठीक दाईं ओर P बैठा है।

17. (c) शब्दों को शब्दकोश के अनुसार व्यवस्थित करने पर,

Prince → Princely → Princess → Principal → Principle

अतः तीसरे स्थान पर Princess होगा।

18. (c) कागज के टुकड़े को मोड़ने, छेदने तथा खोलने के पश्चात् यह उत्तर आकृति (c) जैसी दिखेगी।

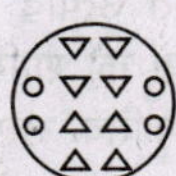

19. (a) दी गई श्रृंखला का क्रम निम्न प्रकार है,

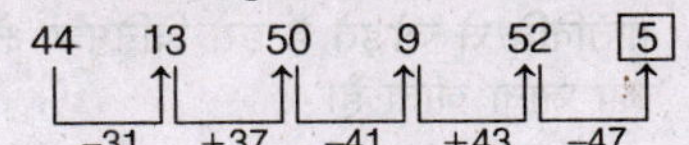

श्रृंखला में 31 से शुरू करते हुए क्रमागत अभाज्य संख्याएँ जोड़ी और घटाई जा रही है।

20. *(c)* जिस प्रकार,

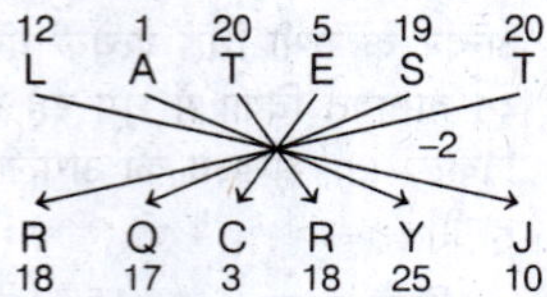

उसी प्रकार,

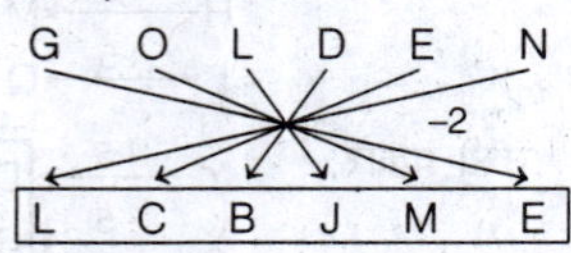

21. *(c)* खुले बाजार की क्रियाएँ सरकार द्वारा निर्गमित बन्ध-पत्र की खरीद और बिक्री कहलाती हैं।

खुले बाजार की क्रियाओं के अन्तर्गत अगर मार्केट में तरलता ज्यादा है, तो रिजर्व बैंक अपने बॉण्ड्स बेचता है और जब तरलता कम है, तो रिजर्व बैंक बाण्ड्स खरीदता है, इसी प्रक्रिया को खुले बाजार की कार्यवाही या फिर ओपन मार्केट ऑपरेशन कहा जाता है।

22. *(c)* एकल नागरिकता भारतीय राजनीतिक व्यवस्था को प्रायः एक मजबूत एकात्मक पूर्वाग्रह वाली संघीय व्यवस्था के रूप में वर्णित करती है। नागरिकता का उल्लेख संविधान के भाग II के अनुच्छेद 5-11 के अन्तर्गत किया गया है।

23. *(b)* अरुणाचल प्रदेश सरकार ने राष्ट्रीय मजदूर दिवस समारोह के रूप में 'मुख्यमन्त्री श्रमिक कल्याण योजना (MMSKY) शुरू की है।

श्रमिक कल्याण योजना का उद्देश्य श्रमिक वर्ग को आर्थिक सहायता प्रदान करना; जैसे-मातृत्व लाभ- ₹ 1000 से बढ़ाकर ₹ 6000 तथा प्राकृतिक मृत्यु मुआवजा ₹ 2 लाख करना, साथ ही इस योजना में श्रमिक वर्ग के बच्चों के लिए विभिन्न खेल प्रतिस्पर्धाएँ भी शामिल होंगी।

24. *(a)* द्वितीयक क्षेत्रक में सामान्यतः कच्चे माल से परिष्कृत उत्पाद तैयार करना जैसी गतिविधियों को शामिल किया जाता है, जिनमें प्राकृतिक उत्पादों को विनिर्माण के तरीकों के माध्यम से अन्य रूपों में बदल दिया जाता है, जिन्हें हम औद्योगिक गतिविधि से जोड़ते हैं इसे विनिर्माण क्षेत्र के रूप जाना जाता है।

25. *(c)* पोंगल त्योहार का सम्बन्ध पारम्परिक रूप से 'जल्लीकट्टू' से है।

जल्लीकट्टू, पोंगल के दिन आयोजित किया जाने वाला एक परम्परागत खेल है, जिसमें बैलों को व्यक्तियों द्वारा नियन्त्रित करने का प्रयास किया जाता है। पोंगल, तमिलनाडु में चार दिन तक चलने वाला त्योहार है, जो पोंगल (मट्टू पोंगल) के तीसरे दिन मनाया जाता है।

26. *(d)* दशकीय जनगणना का संचालन गृह मन्त्रालय से सम्बन्धित महापंजीयक एवं जनगणना आयुक्त कार्यालय द्वारा किया जाता है।

भारत में दशकीय जनगणना, 2011 तक 15 बार आयोजित की जा चुकी है। पहली पूर्ण जनगणना 1881 ई. में लार्डरिपन द्वारा की गई थी। वर्ष 1949 के बाद से यह भारत सरकार के गृह मन्त्रालय के अधीन भारत के महा रजिस्ट्रार एवं जनगणना आयुक्त द्वारा कराई जाती है।

27. *(b)* मौर्य साम्राज्य का दूसरा शासक बिन्दुसार था।

मौर्य साम्राज्य की स्थापना चन्द्रगुप्त मौर्य ने 322 ईसा पूर्व में की थी। यह पहला अखिल भारतीय साम्राज्य था। मौर्यवंश का महानतम शासक अशोक था। अशोक के शासनकाल में प्रसिद्ध कलिंग युद्ध हुआ। बृहद्रथ इस वंश का अन्तिम शासक था

28. *(c)* बांग्लादेश का राष्ट्रीय गान 'आमार सोनार बांग्ला' रवीन्द्रनाथ टैगोर ने लिखा था।

इसकी रचना रवीन्द्रनाथ टैगोर ने वर्ष 1905 में की थी। यह राष्ट्रगान बंगाल के पहले विभाजन के दौरान लिखा गया था।

रवीन्द्रनाथ टैगोर एक कवि, लेखक, नाटककार, संगीतकार, दार्शनिक और समाज सुधारक के रूप में प्रसिद्ध हैं।

रवीन्द्रनाथ टैगोर को उनकी पुस्तक 'गीतांजलि' के लिए साहित्य का नोबेल पुरस्कार प्रदान किया गया था।

29. *(b)* अगस्त, 2023 में फॉर्मेसी (संशोधन) विधेयक 2023 लोकसभा में पारित किया गया था। यह फार्मेसी अधिनियम 1948 में संशोधन करता है।

इस अधिनियम के प्रमुख प्रावधानों के अन्तर्गत अगर कोई व्यक्ति जम्मू-कश्मीर फार्मेसी एक्ट, 2011 के तहत फार्मासिस्ट के रूप में पंजीकृत है या वर्ष 2011 के तहत निर्धारित योग्यता रखता है, तो उसे फॉर्मेसी एक्ट, 1948 के तहत फार्मासिस्ट के रूप में पंजीकृत माना जाएगा।

30. *(a)* बास्केटबॉल के खेल में, खेल क्षेत्र को कोर्ट कहते हैं। कोर्ट बास्केटबॉल खेल की सतह होती है, जिसमें आयताकार फर्श होता है, जिसके प्रत्येक छोर पर टोकरियाँ होती हैं। बास्केटबॉल कोर्ट क्षेत्र 91.8 फीट लम्बा और 49.21 फीट चौड़ा होता है और कोर्ट की ऊँचाई 22.96 फीट होती है।

31. *(d)* अक्टूबर, 2023 में, एयर मार्शल की सम्मानित रैंक हासिल करने वाली भारतीय वायु सेना की चिकित्सा शाखा से दूसरी महिला अधिकारी बनकर एयर मार्शल साधना एस नायर ने ऐतिहासिक उपलब्धि हासिल की है।

पहली एयर मार्शल पद्म बन्दोपाध्याय थी। साधना नायर अपनी पिछली नियुक्ति के तहत बेंगलुरु में आईएएफ प्रशिक्षण कमान में प्रिन्सिपल मेडिकल ऑफिसर थी।

32. *(c)* बैडमिण्टन में कलाई और अग्रबाहु के अचानक से तेजी से घुमाव जो धीमे दिखाई पड़ने वाले शॉट को तेज पासिंग शॉट में बदलकर प्रतिद्वन्दी को आश्चर्यचकित कर देता है, जिसका प्रयोग मुख्य रूप से सर्व (Sarve) और नेट (Net) पर किया जाता है, 'फ्लिक' कहलाता है।

बैडमिण्टन में फ्लिक सर्व तब होता है, जब सर्व ऊपर की ओर जाता है और निर्दिष्ट सर्विस बॉक्स के पीछे गिरता है। इसका उपयोग विरोधियों को पीछे की ओर ले जाने और कोर्ट पर जगह खाली करने के लिए हमलावर शॉट के रूप में किया जाता है।

33. *(c)* हरित क्रान्ति के कारण भारत खाद्यान के मामले में आत्मनिर्भर बन गया और इसके केन्द्रीय भण्डार में पर्याप्त भण्डार मौजूद था, यहाँ तक कि एक समय पर, भारत खाद्य निर्यात करने की स्थिति में भी था। भारत में हरित क्रान्ति की शुरुआत वर्ष 1968 में हुई। डॉ. एस.एस. स्वामीनाथन को भारत में हरित क्रान्ति का जनक माना जाता है।

34. *(d)* भारत के तमिलनाडु राज्य के कलाकारों को उनकी उपलब्धियों के लिए सम्मानित करने वाला सर्वोच्च पुरस्कार कलैमामणि है।

यह पुरस्कार राज्य के कलाकारों को प्रत्येक वर्ष प्रदर्शन, कला और साहित्य में उनकी उपलब्धियों के लिए प्रदान किया जाता है। अब तक 1500 से अधिक कलाकारों को यह पुरस्कार प्रदान किया जा चुका है।

35. *(b)* भारत की जनगणना 2011 के अनुसार, पुदुचेरी केन्द्रशासित प्रदेश का लिंगानुपात सबसे अधिक है। पुदुचेरी में लिंगानुपात प्रति हजार पुरुषों पर 1031 महिलाओं का है एवं केरल की साक्षरता दर 86.13% है।

भारत में साक्षरता दर 74.04% है तथा लिंगानुपात 934 महिलाएँ/ 1000 पुरुष है।

36. *(c)* केरल की कथकली शास्त्रीय नृत्य नाटिका अपने जीवन्त शृंगार, विस्तृत वेशभूषा और अतिरंजित चेहरे के भावों के लिए प्रसिद्ध है, जो अक्सर रामायण की कहानियों को चित्रित करते हैं।

कथकली का इतिहास केरल के राजाओं के इतिहास के साथ जुड़ा है। आज जो कथकली का रूप मिलता है वह प्राचीनतम रूप का परिष्कृत रूप है। कथकली की शैली में जो छोटे-छोटे भेद हुए हैं। उन्हें **चिट्टकल** कहते हैं

37. *(c)* भारतीय संविधान में भाग XX का सम्बन्ध संविधान संशोधन से है। संविधान के भाग 20 में अनुच्छेद-368 संसद को संविधान तथा इसकी प्रक्रियाओं को संशोधित करने की शक्तियाँ प्रदान करता है।

38. *(c)* ईडन गार्डन मैदान में रणजी ट्रॉफी (2022/23) के फाइनल की मेजबानी की गई थी। वर्ष 2023 में सौराष्ट्र ने इस ट्रॉफी को अपने नाम किया था। 2024 रणजी ट्रॉफी का फाइनल मुम्बई के वानखेड़े स्टेडियम में हुआ, जिसमें मुम्बई ने विदर्भ को हराकर ट्रॉफी प्राप्त की। रणजी ट्रॉफी भारत की महत्त्वपूर्ण क्रिकेट प्रतियोगिताओं में से एक है।

39. *(c)* चार्ल्स के नियम में दाब स्थिर रखा जाता है, गैस की मोल संख्या स्थिर तथा आयतन तापमान के अनुक्रमानुपाती होता है। चार्ल्स का नियम एक भौतिकी सिद्धान्त है, जो बताता है कि गैस का आयतन केल्विन पैमाने (डिग्री सेल्सियस) पर मापा गया, जो गैस के तापमान से गुणा किए गए स्थिर मान के बराबर होता है (शून्य केल्विन -273.15 डिग्री सेल्सियस के समतुल्य है)।

40. *(c)* भारत में वर्नाक्यूलर प्रेस अधिनियम वर्ष 1878 में पारित किया गया था। यह अधिनियम भारत के तत्कालीन वायसराय लार्ड लिटन द्वारा पारित किया गया था। इस अधिनियम का उद्देश्य स्थानीय भाषा के प्रेस को ब्रिटिश नीति की आलोचना व्यक्त करने से रोकना था।

41. *(d)* मूलधन $(P) = ₹\,8000$

माना दर $= r\%$ वार्षिक

दो वर्ष का कुल चक्रवृद्धि ब्याज

$= 800 + 880 = ₹1680$

दो वर्ष का कुल साधारण ब्याज

$= 800 + 800 = ₹1600$

प्रश्नानुसार,

दो वर्ष के चक्रवृद्धि ब्याज और साधारण ब्याज का अन्तर $= P\left(\frac{r}{100}\right)^2$

$1680 - 1600 = 8000\left(\frac{r}{100}\right)^2$

$\Rightarrow \quad 80 = 8000 \times \frac{r}{100} \times \frac{r}{100}$

$\Rightarrow \quad r^2 = 100$

$r = 10\%$ वार्षिक

वैकल्पिक विधि

ब्याज दर प्रतिशत

$= \frac{(880 - 800)}{800} \times 100 = \frac{80}{800} \times 100$

$= 10\%$

42. *(d)* हम जानते हैं, कि यदि किसी संख्या के सम स्थान के अंकों का योग और विषम स्थान के अंकों का योग शून्य या 11 से विभाज्य है, तब वह संख्या 11 से विभाज्य होगी।

9 1 9 6 → (9+9)−(1+6)⇒18−7⇒11

∴ 9196, 11 से विभाज्य है।

43 *(c)* माना प्रत्येक रेलगाड़ी की चाल

$= x$ मी/से

समय $= 17$ सेकण्ड

दूरी $= 255 + 255 = 510$ मी

सापेक्ष चाल

$= (x + x) = 2x$ मी/से (विपरीत चाल)

चाल $= \frac{\text{दूरी}}{\text{समय}} \Rightarrow \quad 2x = \frac{510}{17}$

$x = 15$ मी/से

44. *(b)* माना वरुण को अंक प्राप्त $= 100x$

तो अरुण को प्राप्त अंक $= 100x \times \frac{80}{100} = 80x$

राजू को प्राप्त अंक $= 100x \times \frac{70}{100} = 70x$

प्रश्नानुसार, $\quad 70x = 140$

$x = 2$

∴ अरुण को प्राप्त अंक

$= 80x = 80 \times 2 = 160$

45. *(b)* माना मिश्रण में अम्ल की मात्रा 5x लीटर और पानी की मात्रा 3x लीटर है।

प्रश्नानुसार, $\frac{5x}{3x + 12} = \frac{5}{6}$

$\Rightarrow \quad 30x = 15x + 60$

$\Rightarrow \quad 15x = 60$

$x = \frac{60}{15} = 4$

∴ मिश्रण में अम्ल की मात्रा $= 5x$

$= 5 \times 4 = 20$ लीटर

46. *(b)* माना M और N के अंक क्रमशः $10x$ और $11x$ है।

प्रश्नानुसार, $10x = 200$

$x = 20$

∴ N के अंक $= 11x = 11 \times 20 = 220$

47. *(a)* क्रय मूल्य में कमी $(x) = -\,40\%$

बिक्री में वृद्धि $(y) = +\,60\%$

बिक्री पर निवल प्रभाव $= \left(\pm x \pm y \pm \frac{xy}{100}\right)$

$= -\,40 + 60 + \frac{(-\,40) \times (+60)}{100}$

$= +20 - 24$

$\Rightarrow \quad -4\%$

अर्थात् 4% की कमी।

48. *(b)* 12 ÷ 3 का 4 − 88 + 75 + 6 × 2 का 15

BODMAS नियम के अनुसार,

$12 \div 12 - 88 + 75 + 6 \times 30$

$= 1 - 13 + 180 = 168$

49. *(c)* प्रश्नानुसार,

समूह के 8 मित्रों के वजन का योग

= औसत वजन × संख्या

$= 8 \times 70 = 560$

अब, 9 मित्रों का कुल वजन

$= 560 + 70 = 630$ किग्रा

नया औसत $= \frac{630}{9} = 70$ किग्रा

50. *(b)* 2 वर्ष में मिश्रधन $= ₹\,900$,

4 वर्ष में मिश्रधन $= ₹1080$

2 वर्ष का साधारण ब्याज

$= 1080 - 900 = ₹\,180$

तो मूलधन $(P) = 900 - 180 = ₹\,720$

प्रश्नानुसार,

साधारण ब्याज $= \frac{\text{मूलधन} \times \text{दर} \times \text{समय}}{100}$

$\Rightarrow \quad 180 = \frac{720 \times \text{दर} \times 2}{100}$

∴ दर $= 12.5\%$ वार्षिक

51. *(d)* कार का विक्रय मूल्य $= ₹\,3675$

छूट % = 65%

माना अंकित मूल्य ₹ x हैं।

प्रश्नानुसार, $x \times \frac{35}{100} = 3675$

$\Rightarrow \quad x = \frac{3675 \times 100}{35}$

$\therefore \quad x = ₹ 10500$

52. *(d)* माना $x = 0.4\overline{27}$

या $\quad x = 0.42727 ...$

10 और 1000 से क्रमशः गुणा करने पर,

$10x = 4.2727 \quad ...(i)$

$1000x = 427.2727 \quad ...(ii)$

अब, समी (i) को समी (ii) से घटाने पर,

$990x = 423$

$x = \frac{423}{990}$

वैकल्पिक विधि

$0.4\overline{27} = \frac{427 - 4}{990} = \frac{423}{990}$

53. *(b)* माना पिता की वर्तमान आयु $= x$ वर्ष

तब माँ की वर्तमान आयु $= x - 9$ वर्ष

सभी 9 पुत्रों की आयु का योग

= औसत × संख्या $= 13 \times 9 = 117$ वर्ष

माँ, पिता और 9 पुत्रों की आयु का योग

= औसत × संख्या $= 20 \times 11 = 220$ वर्ष

माँ की आयु + पिता की आयु

+ 9 पुत्रों की आयु = 220

$x - 9 + x + 117 = 220$

$\Rightarrow \quad 2x = 112$

$\therefore \quad x = 56$ वर्ष

54. *(a)* रमन का 1 दिन का कार्य $= \frac{1}{5}$

राजू का 1 दिन का कार्य $= \frac{1}{6}$

धनराशि कार्य क्षमता के अनुपात में बंटेगी।

रमन : राजू $= \frac{1}{5} : \frac{1}{6} = 6 : 5$

प्रश्नानुसार, $6x + 5x = 5500$

$x = 500$

रमन को मिली धनराशि $= 6 \times 500 = ₹ 3000$

राजू को मिली धनराशि $= 5 \times 500 = ₹ 2500$

∴ दोनों धनराशियों का अन्तर

$= 3000 - 2500 = ₹ 500$

55. *(c)* आधार = 12 सेमी

ऊँचाई $= \frac{1}{3} \times 12 = 4$ सेमी

त्रिभुज का क्षेत्रफल $= \frac{1}{2} \times$ आधार × ऊँचाई

$= \frac{1}{2} \times 12 \times 4 = 24$ सेमी^{2}

56. *(d)* माना अंकित मूल्य ₹ 100 है।

छूट = 20%

∴ विक्रय मूल्य $= \frac{100 - 20}{100} \times 100 = ₹ 80$

लाभ = 28%

क्रय मूल्य $= \frac{80}{(100 + 28)} \times 100 = \frac{8000}{128} = ₹ 62.5$

∴ अभीष्ट प्रतिशत $= \frac{100 - 62.5}{62.5} \times 100 = 60\%$

वैकल्पिक विधि

$\frac{\text{क्रय मूल्य}}{\text{अंकित मूल्य}} = \frac{100 - \text{छूट}\%}{100 + \text{लाभ}\%}$

$\frac{\text{क्रय मूल्य}}{\text{अंकित मूल्य}} = \frac{100 - 20}{100 + 28} = \frac{80}{128} = \frac{5}{8}$

माना क्रय मूल्य = ₹ $5x$

और अंकित मूल्य = ₹ $8x$

∴ अभीष्ट प्रतिशत $= \frac{8x - 5x}{5x} \times 100$

$= \frac{3x}{5x} \times 100 = 60\%$

57. *(a)* विक्रय मूल्य = ₹ 1050

क्रय मूल्य = ₹ 900

लाभ % $= \frac{\text{विक्रय मूल्य} - \text{क्रय मूल्य}}{\text{क्रय मूल्य}} \times 100$

$= \frac{1050 - 900}{900} \times 100 = 16.66\%$

58. *(a)* $\frac{31 \times 32 \times 33}{5} = \frac{(+1) \times (+2) \times (+3)}{6} = \frac{+6}{5}$

∴ अभीष्ट शेषफल = 1

(भागफल नियम के अनुसार अलग-अलग में भाग देकर शेषफल ज्ञात करके उसके अनुसार शेषफल निकाला गया है)

59. *(c)* माना वैभव की कार्य क्षमता $= x$

प्रश्नानुसार, अकरम की कार्य क्षमता $= 2x$

अमर की कार्य क्षमता $= 6x$

तीनों ने मिलकर कार्य को 20 दिनों में पूरा किया।

∴ कुल कार्य = समय × कुल कार्य क्षमता

$= 20 \times 9x = 180x$

अतः वैभव द्वारा लिया गया समय

$= \frac{\text{कुल कार्य}}{\text{क्षमता}} = \frac{180x}{x} = 180$ दिन

60. *(d)* माना कुल वस्तुएँ 100 हैं और प्रत्येक वस्तु का मूल्य ₹ 1 है।

तब कुल वस्तुओं का मूल्य $= 1 \times 100 = ₹ 100$

80% वस्तुओं का क्रय मूल्य = ₹ 80

लाभ % = 20%

∴ 80% वस्तुओं का विक्रय मूल्य

$= \frac{120}{100} \times 80 = ₹ 96$

शेष वस्तुओं का क्रय मूल्य

$= (100 - 80) = ₹ 20$

हानि % = 30%

शेष वस्तुओं का विक्रय मूल्य

$= \frac{100 - 30}{100} \times 20 = ₹ 14$

कुल विक्रय मूल्य $= (96 + 14) = ₹ 110$

∴ लाभ % $= \frac{110 - 100}{100} \times 100 = 10\%$

61. *(d)* कोष्ठक में दिए गए शब्द 'खेल' का पर्यायवाची शब्द 'केलि' है। खेल के अन्य पर्यायवाची शब्द-कूद, क्रीड़ा, बहलाव आदि हैं।

62. *(a)* प्रश्न में दिए गए शब्द 'किरण' का पर्यायवाची 'रश्मि' होगा। किरण के अन्य पर्यायवाची- प्रभा, मयूख, ज्योति आदि हैं। अन्य विकल्प असंगत हैं।

63. *(d)* कोष्ठक में दिए गए शब्द 'गहरा' का विलोम शब्द 'छिछला' है। अन्य विकल्प असंगत हैं।

64. *(b)* निम्नलिखित वाक्य में रिक्त स्थान की पूर्ति के लिए सबसे उपयुक्त पुल्लिंग शब्द 'क्रोध' है। अतः पूर्ण वाक्य है–क्रोध करना हमारे स्वास्थ्य के लिए हानिकारक है।

65. *(a)* दिए गए वाक्य में रेखांकित शब्द 'तुच्छ' का विलोम शब्द 'महान' होता है। अन्य विकल्प असंगत हैं।

66. *(d)* वाक्य में, दिए गए कोष्ठक शब्द 'खर्जू' का तद्भव रूप 'खुजली' है।' खर्जू' तत्सम शब्द है। अन्य विकल्प असंगत हैं।

67. *(c)* 'खरी मजूरी, चौखा काम' एक लोकोक्ति है, जिसका अर्थ है-तुरन्त मजदूरी मिलने पर कार्य भी अच्छा होता है।

उदाहरण-मनरेगा के तहत सरकार द्वारा मजदूरों को खरी मजूरी, चौखा काम मुहैया कराया गया।

68. *(a)* दिए गए विकल्पों में से रिक्त स्थान की पूर्ति के लिए सबसे उपयुक्त विकल्प 'हासिल' है। अतः पूर्ण वाक्य है- सकारात्मक सोच के जरिए आप अपने जीवन में आसानी से कुछ भी 'हासिल' कर सकते हैं।

69. *(a)* 'वकालत करना' मुहावरे का अर्थ है-समर्थन करना।

वाक्य प्रयोग सोहन को चोरी करते हुए पकड़े जाने पर मोहन ने उसकी बहुत वकालत की।

70. *(d)* दिए गए वाक्य में 'तक भारत के गले' वाक्यांश में त्रुटि है। सही वाक्य है 'लगभग 200 वर्षों तक भारत के पैरों में गुलामी की बेडियाँ पड़ी रहीं। अन्य विकल्प असंगत हैं।

71. *(d)* दिए गए वाक्य में रेखांकित शब्द 'समज' अशुद्ध वर्तनी है, जबकि शुद्ध वर्तनी 'समझ' है। अन्य विकल्प असंगत हैं।

72. *(c)* दिए गए वाक्य में रेखांकित शब्दों 'कई रेलवे' वाक्यांश के लिए सही शब्दों वाला विकल्प 'रेलवे के कई कर्मचारियों की गिरफ्तारी हुई,' है। अन्य विकल्प असंगत हैं।

73. *(d)* दिए गए विकल्पों में से मोबाइल एकमात्र सार्थक शब्द है। अन्य विकल्प असंगत हैं।

74. *(b)* दिए गए विकल्पों में से अशुद्ध वर्तनी वाला विकल्प क्या तुमने संखया याद कर ली? है।

75. *(b)* दिए गए वाक्य में रेखांकित भाग मापी नहीं जा सकती के लिए एक सार्थक शब्द 'अपरिमेय' है। अन्य विकल्प असंगत हैं।

76. *(d)* रिक्त स्थान (1) के लिए सबसे उपयुक्त विकल्प 'कृति' होगा। अतःपूर्ण वाक्य है- गोदान प्रेमचन्द की सबसे मशहूर कृति है।

77. *(d)* रिक्त स्थान (2) के लिए सबसे उपयुक्त शब्द 'उपन्यास' होगा। अतःपूर्ण वाक्य है- यह भारतीय किसानों पर लिखा गया महान् 'उपन्यास' है।

78. *(a)* रिक्त स्थान (3) के लिए सबसे उपयुक्त विकल्प 'कहानी' होगा। अतःपूर्ण वाक्य है- इस उपन्यास में किसान होरी और उसकी बीवी धनिया की कहानी है।

79. *(c)* रिक्त स्थान (4) की पूर्ति के लिए सबसे उपयुक्त विकल्प 'सत्ता' होगा। अतःपूर्ण वाक्य है- समाज में सत्ता के मालिक लोग उन्हें अपने दमन के.........।

80. *(b)* रिक्त स्थान (5) की पूर्ति के लिए सबसे उपयुक्त शब्द 'दुष्चक्र' होगा। अतःपूर्ण वाक्य है- समाज नें सत्ता के मालिक लोग उन्हें अपने दमन के दुष्चक्र में ऐसा फँसते हैं कि ये भूमिहीन मजदूर बन जाते हैं।

सॉल्वड पेपर 2024
SSC कांस्टेबल (जीडी) सेट 27

भाग-I सामान्य बुद्धिमत्ता एवं तर्कशक्ति

1 एक निश्चित कूटभाषा में 'TOGETHER' को '95' लिखा जाता है, 'FUTURE' को '88' लिखा जाता है, तो उसी कूटभाषा में 'FOREVER' को कैसे लिखा जाएगा?
(a) 89 (b) 102 (c) 96 (d) 86

2 निम्नलिखित में से कौन-सा अक्षर-समूह दी गई शृंखला में रिक्त स्थान (–) को पूरा करेगा।
QLM, —, SPQ, TRS, UTU, V V W
(a) ONO (b) MNO
(c) RNO (d) RMQ

3 दिए गए विकल्पों में से उस आकृति का चयन कीजिए, जो आकृति शृंखला में प्रश्नचिह्न (?) के स्थान पर आएगी?

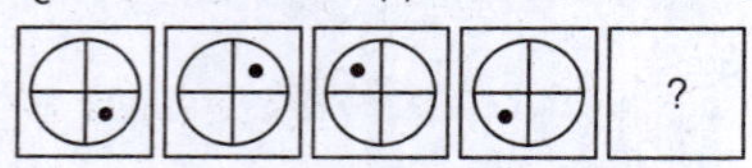

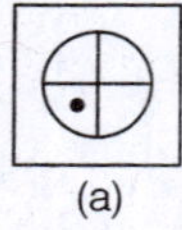
(a)
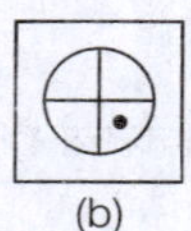
(b)
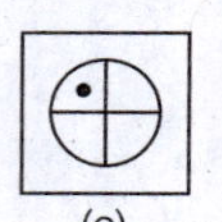
(c)
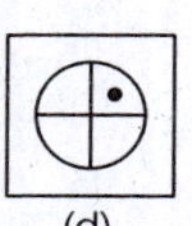
(d)

4 नीचे एक पासे की तीन स्थितियाँ दी गई हैं। B वाले फलक के विपरीत फलक पर निम्नलिखित विकल्पों में से क्या आएगा?

(a) A (b) F (c) D (d) E

5 A, B का पति है। B, C की बहन है। C, D की माँ है। D, E का भाई है। E, F की पत्नी है। F, G का पिता है। D का F से क्या सम्बन्ध है?
(a) पिता (b) भाई
(c) पत्नी का भाई (d) माँ

6 निम्नलिखित प्रश्न में दी गई आकृतियों के अनुसार कागज के एक टुकड़े को मोड़कर उसमें छेद किया जाता है। विकल्पों में दी गई आकृतियों में से बताइए, कि खोले जाने पर यह कैसा दिखाई देगा?

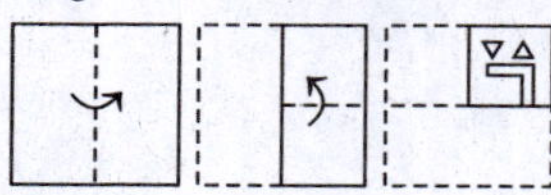

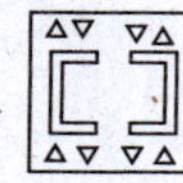
(a)
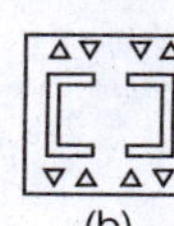
(b)
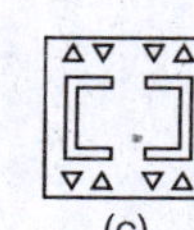
(c)
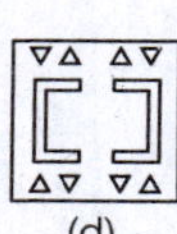
(d)

7 नीचे दिए गए शब्दों को अंग्रेजी शब्दकोश के क्रम के अनुसार व्यवस्थित करने के बाद, कौन-सा शब्द 'तीसरे' स्थान पर आएगा?
1. Shrink 2. Shrug 3. Shriek
4. Shrimp 5. Shred
(a) Shrink (b) Shriek
(c) Shrug (d) Shrimp

8 निम्नलिखित प्रश्न में दिए गए विकल्पों में से सम्बन्धित अक्षरों का चयन कीजिए।
HSQ : FQO : : ZDF : ?
(a) ALE (b) XBD (c) IAK (d) SON

9 नीचे एक शृंखला दी गई है, जिसमें एक पद लुप्त है। दिए गए विकल्पों में से उस विकल्प का चयन कीजिए, जो शृंखला को पूरा करेगा।
AB, DC, EF, HG, ?
(a) IT (b) IJ (c) IM (d) IQ

10 नीचे दी गई दो संख्याओं को आपस में बदलने पर, निम्नलिखित में से कौन-सा समीकरण सही नहीं होगा?
3 और 7
(a) $7+3\times4-6=25$ (b) $7\times2+3-4=11$
(c) $8+7-3=4$ (d) $7\times8-3+2=19$

11 निम्नलिखित में से कौन-सी संख्या दी गई शृंखला में प्रश्नचिह्न (?) के स्थान पर आएगी?
24, 12, 36, 18, ?, 27
(a) 48 (b) 54
(c) 42 (d) 68

12 निम्नलिखित प्रश्न में, दो कथन और उसके बाद I और II क्रमांकित दो निष्कर्ष दिए गए हैं। दिए गए कथनों को सत्य मानते हुए, चाहे वे सामान्यतः ज्ञात तथ्यों से भिन्न प्रतीत होते हों, निश्चिय कीजिए कि दिए गए निष्कर्षों में से कौन-सा निष्कर्ष कथनों का तार्किक रूप से अनुसरण करता है।

कथन
कोई G, M नहीं है।
कुछ A, M हैं।

निष्कर्ष
I. कुछ M, A हैं।
II. कुछ M, G हैं।
(a) निष्कर्ष I और II दोनों अनुसरण करते हैं
(b) केवल निष्कर्ष I अनुसरण करता है
(c) न तो निष्कर्ष I और न ही II अनुसरण करता है
(d) केवल निष्कर्ष II अनुसरण करता है

13 एक निश्चित कूटभाषा में 'TUMOR' को '27564' लिखा जाता है, 'VAPOR' को '12345' लिखा जाता है, और 'VOTER' को '86215' लिखा जाता है। उसी कूटभाषा में 'O' को कैसे लिखा जाएगा?
(a) 2 (b) 4
(c) 3 (d) 1

14 नीचे दी गई विकल्प आकृतियों में से, उस आकृति का चयन कीजिए, जिसमें प्रश्न आकृति छिपी/निहित है। (घूर्णन की अनुमति नहीं है)

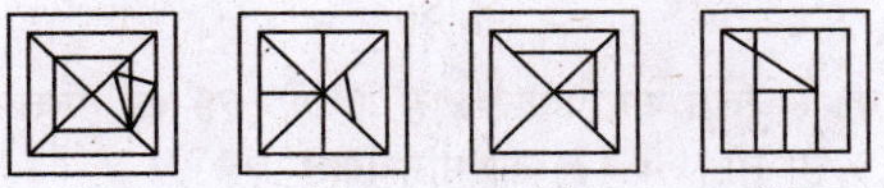

(a) (b) (c) (d)

15 निम्नलिखित प्रश्न में, दिए गए विकल्पों में से उस आकृति का चयन कीजिए, जिसे प्रश्नचिह्न (?) के स्थान पर रखा जा सकता है?

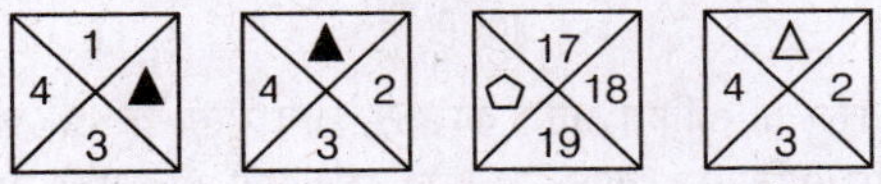

(a) (b) (c) (d)

16 आठ लड़के A, B, C, D, E, F, G और H एक पंक्ति में दक्षिण की ओर मुख करके बैठे हैं (परन्तु जरूरी नहीं है, कि वे इसी क्रम में बैठे हों)। A और H पंक्ति के छोरों पर बैठे हैं। E और F, B के निकटतम पड़ोसी हैं। C, B के बाईं ओर से चौथे स्थान पर बैठा है।
F, A के ठीक बाईं ओर बैठा है। D, C का निकटम पड़ोसी नहीं है। F के ठीक बाईं ओर कौन बैठा है?
(a) C (b) E
(c) B (d) A

17 निम्नलिखित विकल्पों में से उस विकल्प का चयन कीजिए, जो पाँचवें शब्द से ठीक उसी प्रकार सम्बन्धित है, जिस प्रकार चौथा शब्द, तीसरे शब्द से सम्बन्धित है और दूसरा शब्द पहले शब्द से सम्बन्धित है।
ओमान : रियाल :: भारत : भारतीय रुपया :: अमेरिका : ?
(a) पाउण्ड (b) डॉलर
(c) यूरो (d) दिरहम

18 निम्नलिखित में से कौन-सी संख्या दी गई शृंखला में प्रश्नचिह्न (?) के स्थान पर आएगी?
85, 95, ?, 96, 83, 97
(a) 84 (b) 86
(c) 94 (d) 93

19 यदि 49 R 15 S 18 T 8 = −80 और 99 R 80 S 17 T 5 = 94 है, तो 85 R 30 S 15 T 4 = ?
(a) 58 (b) 64
(c) 70 (d) 55

20 सात मित्र, P, Q, R, S, T, U और V एक घेरे में केन्द्र की ओर मुख करके बैठे हैं। R, S के दाईं ओर से तीसरे स्थान पर और U और T के बीच में बैठा है। S, P का पड़ोसी नहीं है। Q और T पड़ोसी हैं। Q के ठीक बाईं ओर कौन बैठा है?
(a) P (b) S (c) U (d) R

भाग-II सामान्य ज्ञान

21 वर्ष ………… में, प्रधानमन्त्री की अध्यक्षता में योजना आयोग की स्थापना की गई थी।
(a) 1970 (b) 1350
(c) 1950 (d) 1390

22 एक ………… सरकार संवैधानिक क़ानून और नागरिक अधिकारों द्वारा स्थापित सीमाओं के भीतर शासन करती है।
(a) लोकतान्त्रिक (b) राजशाही
(c) तानाशाही (d) एकतान्त्रिक

23 पशुमूर्ति रामालिंगा शास्त्री का सम्बन्ध निम्नलिखित में से किस नृत्य-शैली से है?
(a) कुचिपुड़ी (b) सत्रीया
(c) कथक (d) भरतनाट्यम

24 नमो शेतकारी महासम्मान योजना……… राज्य द्वारा शुरू की गई थी।
(a) महाराष्ट्र (b) गुजरात
(c) झारखण्ड (d) मध्य प्रदेश

25 'बथुकम्मा' का सम्बन्ध निम्नलिखित में से किस राज्य से है?
(a) पंजाब (b) तेलंगाना
(c) असम (d) बिहार

26 जवारा नृत्य……… का एक लोकप्रिय लोकनृत्य है।
(a) हिमाचल प्रदेश (b) गुजरात
(c) मध्य प्रदेश (d) केरल

27 नवम्बर, 2023 में निम्नलिखित में से किस भारतीय स्काईडाइवर ने विश्व की सबसे ऊँची चोटी माउण्ट एवरेस्ट के सामने 21,500 फीट की ऊँचाई से हेलीकॉप्टर से छलांग लगाई?
(a) अनामिका शर्मा (b) लांस नायक मंजू
(c) शीतल महाजन (d) श्वेता परमार

28 निम्नलिखित में से किस उपकरण का उपयोग वाहन द्वारा तय की गई दूरी को मापने के लिए किया जाता है?
(a) टैकोमीटर (b) फ्यूल गेज
(c) स्पीडोमीटर (d) ओडोमीटर

29 क्रिकेट में 'मेडन ओवर' क्या है?
(a) छः गेंदों वाला एक ओवर
(b) स्पिन गेंदबाज द्वारा फेंका गया एक ओवर
(c) वह ओवर, जिसमें बल्लेबाज कोई रन नहीं बनाता है
(d) वह ओवर, जिसमें गेंदबाज विकेट लेता है

30 भारतीय फुटबॉल टीम ने किस देश को हराकर इण्टरकॉण्टिनेण्टल कप, 2023 जीता?
(a) मालदीव (b) लेबनान
(c) मंगोलिया (d) वानुअतु

31 झारखण्ड और मध्य भारत के कुछ हिस्सों में बोली जाने वाली भाषाओं का सम्बन्ध मुख्य रूप से निम्नलिखित में से किस भाषा परिवार से है?
(a) इण्डो-यूरोपीय परिवार
(b) तिब्बती-बर्मन परिवार
(c) द्रविड़ परिवार
(d) ऑस्ट्रो-एशियाई परिवार

32 तीसरी योजना की विफलता अर्थात् रुपये के अवमूल्यन (निर्यात को बढ़ावा देने के लिए) के साथ-साथ मुद्रास्फीति की मन्दी के कारण चौथी FYP को स्थगित कर दिया गया और इसलिए इसके स्थान पर........ वार्षिक योजनाएँ पेश की गईं।
(a) दो (b) चार
(c) तीन (d) एक

33 राष्ट्रीय नमूना सर्वेक्षण कार्यालय के अनुसार, शहरी क्षेत्रों में 15 वर्ष और उससे अधिक आयु के लोगों की बेरोजगारी दर जनवरी-मार्च, 2023 के दौरान घटकर........% हो गई, जो एक वर्ष पहले 8.2 प्रतिशत थी।
(a) 2.4% (b) 6.8%
(c) 9.2% (d) 5.1%

34 ऑल इण्डिया कबड्डी फेडरेशन वर्ष........... में अस्तित्व में आया और इसने मानक नियमों का संकलन किया।
(a) 1952 (b) 1950
(c) 1953 (d) 1951

35 राजस्थान के नागौर में स्वर्गीय नाथूराम मिर्धा की मूर्ति का अनावरण किसने किया?
(a) उपराष्ट्रपति (b) राष्ट्रपति
(c) प्रधानमन्त्री (d) राजस्थान के राज्यपाल

36 भारतीय बैंकिंग के सन्दर्भ में पद 'CRR' का पूर्ण रूप क्या है?
(a) कैश रिजर्व रेशियो
(b) क्रेडिट रेटिंग रेग्युलेशन
(c) कंज्यूमर राइट्स एण्ड रिस्पॉन्सिबिलिटीज़
(d) कैपिटल रिकवरी रेट

37 आगरा घराने के संस्थापक कौन थे?
(a) हद्दू खाँ (b) खुदाबख्श
(c) हस्सु खाँ (d) नाथन पीरबख्श

38 वाक् स्वातन्त्र्य और अभिव्यक्ति स्वातन्त्र्य का अधिकार भारतीय संविधान के निम्नलिखित में से किस अनुच्छेद के अन्तर्गत दिया गया है?
(a) अनुच्छेद-20 (b) अनुच्छेद-32
(c) अनुच्छेद-30 (d) अनुच्छेद-19

39 'द फिलोसफी ऑफ द बम पुस्तक निम्नलिखित में से किसने लिखी है?
(a) भगत सिंह (b) अल्पना दत्त
(c) भगवती चरण वोहरा (d) सूर्य सेन

40 वर्ष 2011 की जनगणना के अनुसार......की आबादी के साथ हिन्दू 79.80% हैं।
(a) 80 करोड़ से कम
(b) 110 करोड़ से अधिक
(c) 90 करोड़ से अधिक
(d) 100 करोड़ से अधिक

भाग-III गणित

41 यदि एक शर्ट का विक्रय मूल्य और क्रय मूल्य क्रमशः ₹ 1430 और ₹ 1000 है, तो लाभ प्रतिशत कितना है?
(a) 43% (b) 37%
(c) 44% (d) 40%

42 चार संख्याओं में से, प्रथम तीन संख्याओं का औसत 24 है और अन्तिम तीन संख्याओं का औसत 29 है। यदि अन्तिम संख्या 33 है, तो प्रथम संख्या ज्ञात कीजिए।
(a) 15 (b) 17
(c) 16 (d) 18

43 6 और 29 का लघुत्तम समापवर्त्य x है, 6 और 29 का महत्तम समापवर्तक y है। तो $(x+4y)$ का मान कितना है?
(a) 190 (b) 244
(c) 178 (d) 180

44 तीन मित्र एक दीवार को 5 दिनों में बना सकते हैं। यदि दो और मित्र उनके साथ शामिल हों जाते हैं, तो उसी दीवार को पूरा करने में कितने दिन लगेंगे?
(a) 4.5 दिन (b) 3.5 दिन
(c) 3 दिन (d) 4 दिन

45 यदि किसी वस्तु के अंकित मूल्य का 35%, क्रय मूल्य के 45% के बराबर है और यदि उस वस्तु पर कोई छूट नहीं दी जाती है, तो लाभ प्रतिशत ज्ञात कीजिए।
(a) 33.5% (b) 27.56%
(c) 22.5% (d) 28.57%

46 दो संख्याएँ 49 : 64 के अनुपात में हैं। यदि दोनों संख्याओं में 10 की वृद्धि की जाती है, तो उनका अनुपात 54 : 69 हो जाता है। दोनों संख्याओं के बीच का अन्तर कितना है?
(a) 60 (b) 30
(c) 15 (d) 95

47 साधारण ब्याज की वह दर क्या है, जिस पर कोई धनराशि 36 वर्षों में स्वयं की तीन गुना हो जाएगी?
(a) 6.28% (b) 5.20%
(c) 5.55% (d) 5.80%

48 दो संख्याओं का गुणनफल 3375 है और उनका महत्तम समापवर्तक 15 है। उनका लघुत्तम समापवर्त्य ज्ञात कीजिए।
(a) 220 (b) 250
(c) 215 (d) 225

49 $18 \div (3+5) - 2$ को सरल कीजिए।
(a) 4 (b) 0.25
(c) 1.9 (d) 3.5

50 R और S एक कार्य कों क्रमशः 15 दिन और 60 दिन में पूरा कर सकते हैं। वे दोनों बारी-बारी से एक दिन छोड़कर कार्य करते हैं और R पहले दिन कार्य शुरू करता है। सम्पूर्ण कार्य कितने दिनों में पूरा हो जाएगा?
(a) 47 दिन (b) 25 दिन
(c) 48 दिन (d) 24 दिन

51 उस शंकु का कुल पृष्ठीय क्षेत्रफल कितना है। जिसकी त्रिज्या 15 सेमी और ऊँचाई 8 सेमी है?
(a) 1413.27 सेमी^{2} (b) 1624.37 सेमी^{2}
(c) 1396.71 सेमी^{2} (d) 1508.57 सेमी^{2}

52 यदि A और B का औसत 30 है तथा B और C का औसत 60 है, तो C और A के बीच का अन्तर कितना है?
(a) 50 (b) 62 (c) 60 (d) 48

53 एक वस्तु का अंकित मूल्य ₹ 2280 है। यदि 40% की छूट दी जाती है, तो वस्तु का विक्रय मूल्य कितना होगा?
(a) ₹ 1368 (b) ₹ 1342
(c) ₹ 1248 (d) ₹ 1272

54 राजू ने रमन से 30 अंक अधिक प्राप्त किए और राजू के अंक उन दोनों के अंकों के योग के 60% के बराबर हैं। राजू और रमन द्वारा प्राप्त अंक क्रमशः कितने हैं?
(a) 90,60 (b) 100,70
(c) 60, 30 (d) 50, 20

55 $14 \div (2 \times 2) + 5$ का मान ज्ञात कीजिए।
(a) 5.8 (b) 8.5
(c) 6.3 (d) 7.4

56 एक निश्चित यात्रा का एक-तिहाई भाग 22 किमी/घण्टा की चाल से, एक-चौथाई भाग 33 किमी/घण्टा की चाल से और शेष भाग 55 किमी/घण्टा की चाल से तय किया जाता है। पूरी यात्रा के लिए औसत चाल कितनी है?
(a) 36 किमी/घण्टा (b) 27 किमी/घण्टा
(c) 33 किमी/घण्टा (d) 39 किमी/घण्टा

57 यदि $A : B = 7 : 4$ है, तो $(A+B):(A-B)$ का मान कितना है?
(a) 11 : 6 (b) 11 : 5
(c) 11 : 4 (d) 11 :3

58 चक्रवृद्धि ब्याज (वार्षिक रूप से संयोजित) पर निवेश करने पर कोई धनराशि 2 वर्षों में स्वयं की 3.24 गुना हो जाती है। वार्षिक ब्याज दर कितनी है?
(a) 80% (b) 60%
(c) 75% (d) 90%

59 यदि किसी संख्या में से 60 घटा दिए जाए, तो वह संख्या स्वयं की 85% हो जाती है। वह संख्या क्या है?
(a) 300 (b) 500
(c) 200 (d) 400

60 यदि 60 मेज ₹ 14800 में खरीदी जाती हैं, तो 20% का लाभ प्राप्त करने के लिए ₹ 14800 में कितनी मेज बेची जानी चाहिए?
(a) 50 (b) 40 (c) 54 (d) 48

भाग-IV हिन्दी

61 निम्नलिखित प्रश्न में चार विकल्पों में से उस सही विकल्प का चयन करें, जो वाक्यांशों के लिए एक शब्द का विकल्प हो।
'जो सहनशील न हो'
(a) अशक्य (b) अशोक्य
(c) असहिष्णु (d) सहिष्णु

62 निम्नलिखित प्रश्न में दिए गए चार विकल्पों में से उस विकल्प का चयन करें, जो दिए गए मुहावरे के अर्थ को सर्वश्रेष्ठ रूप से व्यक्त करता है।
'हाथ-पाँव मारना'
(a) लालच दिखाना (b) असन्तुष्ट होना
(c) प्रयत्न करना (d) लड़ाई करना

63 दिए गए वाक्य में रेखांकित शब्द के लिए सही वर्तनी ज्ञात कीजिए।
म्रतक के घर वाले वहीं मौजूद थे।
(a) मरतक (b) म्त्रक
(c) मरितक (d) मृतक

64 निम्नलिखित प्रश्न में चार विकल्पों में से उस विकल्प का चयन करें, जो रिक्त स्थान के लिए सही स्त्रीलिंग रूप वाला विकल्प हो।
हमें किसी भी अधिकारी को .... नहीं देनी चाहिए।
(a) तीर (b) क्रोध (c) आईना (d) घूस

65 निम्नलिखित प्रश्न में चार विकल्पों में से उस विकल्प का चयन करें, जो कोष्ठक में दिए गए शब्द को विलोम शब्द का सही विकल्प है।
मैंने कल ही एक (उपन्यास) .... पढ़ी।
(a) रचना (b) काव्य
(c) जानकारी (d) एकांकी

66 दिए गए वाक्य में से निरर्थक शब्द ज्ञात कीजिए।
लाइब्रेरी से फिताब लाकर दीजिए।
(a) लाइब्रेरी (b) किताब
(c) फिताब (d) दीजिए

67 दिए गए वाक्यांश के लिए सार्थक शब्द ज्ञात कीजिए।
स्त्री जो कविता लिखती है
(a) कवियीत्री (b) कवियित्री
(c) कवयित्री (d) कवियत्री

68 दिए गए वाक्य में रेखांकित शब्द का विलोम शब्द ज्ञात कीजिए।
भारी वस्तु पानी में तैरती है।
(a) चलना (b) दौड़ना
(c) डूबती (d) ऊपरी

69 निम्नलिखित वाक्य में उस वाक्यांश को पहचानिए, जिसमें मात्राओं या व्याकरण से सम्बन्धित अशुद्धियाँ हैं। यदि कोई गलती नहीं है, तो 'कोई त्रुटि नहीं है' का चुनाव कीजिए।
लोगों को गन्दगी के गम्भीर परिणामों के बारे में/बताना होगा, जिससे कि उनको पता चले कि उनके गन्दगी फैलाने से/ उनके साथ-साथ पूरे वातावरण ही पर कितना नुकसान होता है।
(a) लोगों को गन्दगी के गम्भीर परिणामों के बारे में
(b) बताना होगा, जिससे की उनको पता चले कि उनके गन्दगी फैलाने से
(c) कोई त्रुटि नहीं है
(d) उनके साथ-साथ पूरे वातावरण ही पर कितना नुकसान होता है

70 दिए गए वाक्य में रेखांकित शब्दों के लिए सही शब्दों वाले विकल्प का चयन करें।
हमारा सम्पर्क अनेकों व्यक्तियों से नित्य होता है।
(a) हमारा सम्पर्क अनेकों व्यक्ति से नित्य होता है।
(b) परिवर्तन की आवश्यकता नहीं है।
(c) हमारा सम्पर्क अनेक व्यक्ति से नित्य होता है।
(d) हमारा सम्पर्क अनेक व्यक्तियों से नित्य होता है।

71 दिए गए शब्द का पर्यायवाची ज्ञात कीजिए।
हिम
(a) बर्फ (b) पहाड़ (c) पर्वत (d) शैलेन्द्र

72 निम्नलिखित प्रश्न में चार विकल्पों में से उस विकल्प का चयन करें, जो कोष्ठक में दिए गए शब्द के पर्यायवाची शब्द का सही विकल्प है।
मेरे घर में सिर्फ एक ही (देवता) ………… की पूजा की जाती है।
(a) लक्ष्य (b) याज्ञसेनी (c) कार्मुक (d) विबुध

73 निम्नलिखित प्रश्न में दिए गए चार विकल्पों में से उस विकल्प का चयन करें, जो दिए गए मुहावरे के अर्थ को सर्वश्रेष्ठ रूप से व्यक्त करता है।
'आटा गीला होना'
(a) बुरा सोचना (b) स्वार्थ सिद्ध करना
(c) बहकाना (d) संकट में और संकट का आ जाना

74 दिए गए वाक्य का वह भाग ज्ञात करें, जिसमें कोई त्रुटि है।
दोनों चोटियों में से जो चोटी उच्चतम होगी, मैं उसी की चढ़ाई करूँगा।
(a) जो चोटी उच्चतम (b) की चढ़ाई करूँगा।
(c) होगी मैं उसी (d) दोनों चोटियों में से

75 दिए गए वाक्य में रेखांकित शब्द का तत्सम शब्द ज्ञात कीजिए।
भगवान को <u>फूल</u> अर्पित करो।
(a) प्रिय (b) पक्ष (c) पुष्प (d) पक्षु

निर्देश (प्र. सं. 76-80) *नीचे दिए गए गद्य में कुछ शब्द छोड़ दिए गए हैं और प्रत्येक रिक्त स्थान के चार विकल्प दिए गए हैं। इन चारों में से कौन-सा विकल्प रिक्त स्थान की पूर्ति करेगा?*

शहरी इलाकों में आबादी का अधिक (1)…………, वाहनों की ज्यादा संख्या और अधिक आवाजाही के (2)………… सड़क हादसों का सबसे अधिक (3)………… ग्रामीण इलाकों में है। एक रिपोर्ट के अनुसार, वर्ष 2022 में शहरी क्षेत्रों में 54000 लोगों को (4)………… में जान (5)………… पड़ी।

76 रिक्त (1) के लिए सबसे उपयुक्त विकल्प का चयन कीजिए।
(a) घटना (b) घोर
(c) घनत्व (d) घना

77 रिक्त (2) के लिए सबसे उपयुक्त विकल्प का चयन कीजिए।
(a) लिए (b) परस्पर
(c) बावजूद (d) वजह

78 रिक्त (3) के लिए सबसे उपयुक्त विकल्प का चयन कीजिए।
(a) परिणाम (b) कारोबार
(c) इज्जत (d) जोखिम

79 रिक्त (4) के लिए सबसे उपयुक्त विकल्प का चयन कीजिए।
(a) दुर्घटनाओं (b) मन्त्रालय
(c) सुविधा (d) सुविचार

80 रिक्त (5) के लिए सबसे उपयुक्त विकल्प का चयन कीजिए।
(a) चालाकी (b) गँवानी
(c) हालात (d) बचानी

उत्तरमाला

1.	(d)	2.	(c)	3.	(b)	4.	(b)	5.	(c)	6.	(b)	7.	(d)	8.	(b)	9.	(b)	10.	(b)
11.	(b)	12.	(b)	13.	(a)	14.	(a)	15.	(b)	16.	(c)	17.	(b)	18.	(a)	19.	(d)	20.	(b)
21.	(c)	22.	(a)	23.	(a)	24.	(a)	25.	(b)	26.	(c)	27.	(c)	28.	(d)	29.	(c)	30.	(b)
31.	(d)	32.	(c)	33.	(b)	34.	(b)	35.	(a)	36.	(a)	37.	(b)	38.	(d)	39.	(c)	40.	(c)
41.	(a)	42.	(d)	43.	(c)	44.	(c)	45.	(d)	46.	(b)	47.	(c)	48.	(d)	49.	(b)	50.	(d)
51.	(d)	52.	(c)	53.	(a)	54.	(a)	55.	(b)	56.	(c)	57.	(d)	58.	(a)	59.	(d)	60.	(a)
61.	(c)	62.	(c)	63.	(d)	64.	(d)	65.	(d)	66.	(c)	67.	(c)	68.	(c)	69.	(d)	70.	(d)
71.	(a)	72.	(d)	73.	(d)	74.	(a)	75.	(c)	76.	(c)	77.	(c)	78.	(d)	79.	(a)	80.	(b)

संकेत एवं हल

1. (d) जिस प्रकार,

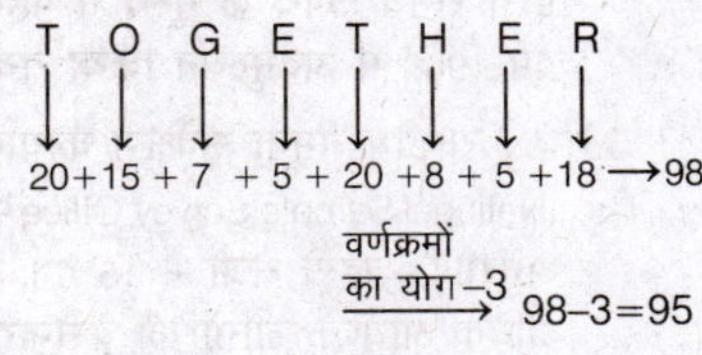

तथा

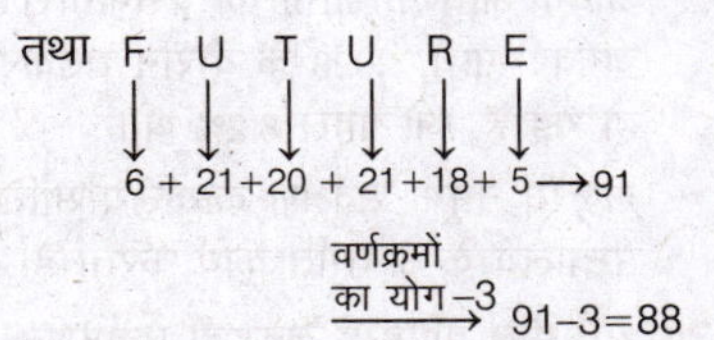

उसी प्रकार,

F O R E V E R

6 + 15 + 18 + 5 + 22 + 5 + 18 → 89

वर्णक्रमों का योग −3 → 89−3 = 86

2. (c) दी गई श्रृंखला का क्रम निम्न प्रकार है,

Q →(+1) R →(+1) S →(+1) T →(+1) U →(+1) V

L →(+2) N →(+2) P →(+2) R →(+2) T →(+2) V

M →(+2) O →(+2) Q →(+2) S →(+2) U →(+2) W

3. (b) दी गई आकृति श्रृंखला में बिन्दु (•) आकृति घड़ी के विपरीत दिशा में एक-एक स्थान आगे बढ़ रहा है। इस प्रकार, यह क्रम जारी रहता है। अतः अगली आकृति विकल्प (b) होगी।

4. (b) दिए गए चित्र में सभी पासों की स्थितियों का ध्यानपूर्वक अवलोकन करने पर हम देखते हैं, कि पासे 2 व 3 में फलक A तथा E उभयनिष्ठ है। इसलिए B के विपरीत फलक पर 'F' होगा।

5. (c) प्रश्नानुसार,

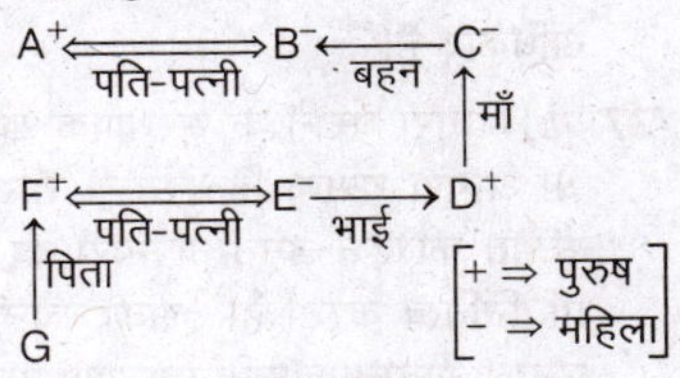

D, F की पत्नी का भाई (साला) है।

6. (b) दी गई प्रश्न आकृति में मुड़े हुए कागज को पहले ऊपर से नीचे तथा दाएँ से बाएँ खोलने पर विकल्प आकृति (b) प्राप्त होगी।

7. (d) अंग्रेजी शब्दकोश के अनुसार शब्दों का क्रम निम्न हैं,

Shred (5) → Shriek (3) → Shrimp (4) → Shrink (1) → Shrug (2)

अतः अंग्रेजी शब्दकोश के क्रमानुसार तीसरे स्थान पर Shrimp आएगा।

8. (b) जिस प्रकार, H →(−2) F

S →(−2) Q

Q →(−2) O

उसी प्रकार, Z →(−2) X

D →(−2) B

F →(−2) D

9. (b) दी गई श्रृंखला का क्रम निम्न प्रकार है,

A →(+3) D →(+1) E →(+3) H →(+1) I

B →(+1) C →(+3) F →(+1) G →(+3) J

10. (b) विकल्प (b) से,

$7 \times 2 + 3 - 4 = 11$

3 और 7 को परस्पर आपस में बदलने पर सही समीकरण प्राप्त नहीं होगा।

$3 \times 2 + 7 - 4 = 11$

$\Rightarrow \quad 6 + 7 - 4 = 11$

$9 \neq 11$

11. (b) दी गई संख्या श्रृंखला का क्रम निम्न प्रकार है,

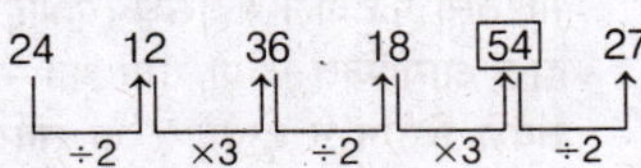

12. (b) कथनानुसार,

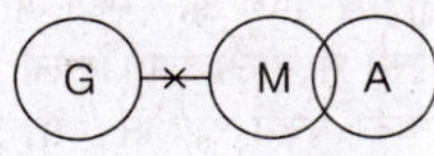

निष्कर्ष I. (✓) II. (✗)

अतः केवल निष्कर्ष I अनुसरण करता है।

13. (a) दी गई कूटभाषा के अनुसार,

T U M O R → 2 7 5 6 4

V A P O R → 1 2 3 4 5

V O T E R → 8 6 2 1 5

∴ O का कूट 2 या 5 होगा।

अतः विकल्प के अनुसार O का कूट '2' होगा।

14. (a) दी गई प्रश्न आकृति, विकल्प आकृति (a) में निहित है।

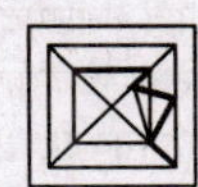

15. (b) दी गई प्रश्न आकृति में त्रिभुज आकृति घड़ी की विपरीत दिशा में एक-एक स्थान बढ़ रहा है तथा एकान्तर क्रम में छायांकित और अछायांकित हो रही है।

इस प्रकार, यह क्रम जारी रहता है।

अतः अगली आकृति विकल्प (b) होगी।

16. (c) प्रश्नानुसार,

बैठक व्यवस्था का क्रम निम्न प्रकार है,

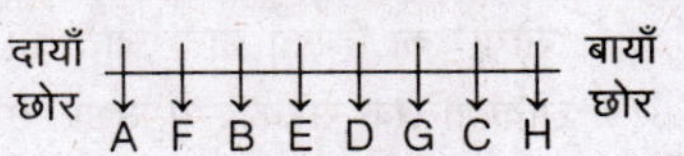

अतः F के ठीक बाईं ओर B बैठा है।

17. (b) जिस प्रकार, ओमान की मुद्रा रियाल है, तथा भारत की मुद्रा भारतीय रुपया है। उसी प्रकार, अमेरिका की मुद्रा डॉलर है।

18. (a) दी गई संख्या श्रृंखला का क्रम निम्न प्रकार है,

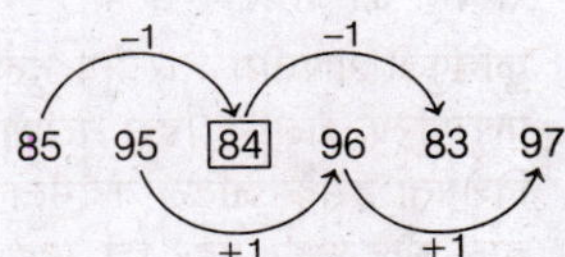

19. (d) जिस प्रकार,

49 R 15 S 18 T 8 = −80

R = +, S = − तथा T = × रखने पर,

$49 + 15 - 18 \times 8 = 64 - 144 = -80$

तथा 99 R 80 S 17 T S = 94

R = +, S = − तथा T = × रखने पर,

$99 + 80 - 17 \times 5 = 179 - 85 = 94$

उसी प्रकार,

85 R 30 S 15 T 4 = ?

R = +, S = − तथा T = × रखने पर,

$85 + 30 - 15 \times 4 = ?$

$\Rightarrow \quad ? = 115 - 60 = 55$

20. (b) प्रश्नानुसार,

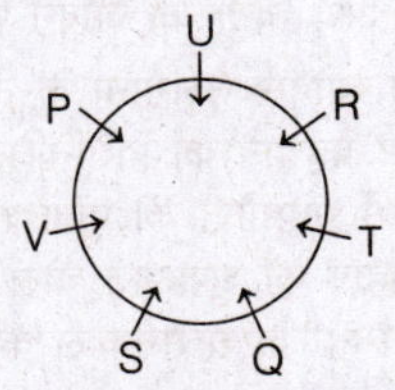

अतः Q के ठीक बाईं ओर S बैठा है।

21. *(c)* प्रधानमन्त्री जवाहरलाल नेहरू की अध्यक्षता में योजना आयोग की स्थापना 15 मार्च, 1950 में की गई थी।

योजना आयोग का उद्‌देश्य देश के संसाधनों के कुशल प्रबन्धन द्वारा जीवन स्तर में तेजी से वृद्धि, उत्पादन में वृद्धि कर समुदाय के लिए रोजगार के अवसर प्रदान करना था। 1 जनवरी, 2015 में योजना आयोग के स्थान पर नीति आयोग का गठन किया गया था।

22. *(a)* एक लोकतान्त्रिक सरकार संवैधानिक कानून और नागरिकों के अधिकारों द्वारा स्थापित सीमाओं के अन्तर्गत शासन करती हैं। लोकतन्त्र सरकार का वह रूप है, जिसमें लोगों को कानून बनाने और निर्णय लेने का अधिकार है या ऐसा करने के लिए शासी अधिकारियों को चुनने का अधिकार है, जिन्हें 'लोगों' का हिस्सा माना जाता है।

लोकतान्त्रिक सरकार में सभा, संघ और भाषण की स्वतन्त्रता मतदान के अधिकार और निष्पक्ष चुनाव, प्रत्येक नागरिक के लिए समानता और स्वतन्त्रता की गारण्टी की आवश्यकता होती है।

23. *(a)* पशुमूर्ति रामालिंगा शास्त्री का सम्बन्ध कुचिपुड़ी नृत्यशैली से है। कुचिपुड़ी नृत्य का सम्बन्ध आन्ध्र प्रदेश से हैं।

कुचिपुड़ी भारतीय शास्त्रीय नृत्य की एक पारम्परिक शैली है। इस नृत्यशैली की विशेषता इसके जटिल कदमताल, सुन्दर चाल और सूक्ष्म चेहरे का भाव है। भारत में कुल आठ शास्त्रीय नृत्य हैं।

24. *(a)* नमो शेतकारी महासम्मान योजना महाराष्ट्र राज्य द्वारा शुरू की गई थी।

केन्द्र सरकार द्वारा किसानों को पी.एम. किसान सम्मान निधि ₹ 6000 सालाना दी जाती है। उसी आधार पर महाराष्ट्र सरकार ने निर्णय किया है कि राज्य सरकार की ओर से किसानों को ₹ 6000 किसानों के खाते में दिए जाएँगे। इस योजना की शुरुआत 30 मई, 2023 को शुरू की गई।

25. *(b)* बथुकम्मा का सम्बन्ध तेलंगाना राज्य से है। दुर्गा नवरात्री के दौरान नौ दिनों तक बथुकम्मा उत्सव मनाया जाता है। बथुकम्मा का अर्थ 'देवी का जीवन में आना'।

यह त्योहार तेलंगाना के लोगों की संस्कृति और पहचान का प्रतिनिधित्व करता है और इसमें महागौरी की पूजा शामिल है। इस त्योहार की शुरुआत चोल राजवंश के राजा धर्मांगदा के शासनकाल के दौरान हुई थी।

26. *(c)* जवारा नृत्य मध्य प्रदेश का एक लोकप्रिय नृत्य है। यह लोकनृत्य मध्य प्रदेश के बुन्देलखण्ड क्षेत्र में किसान समुदाय के बीच किया जाता है। इसे 'हार्वेस्ट डांस' के नाम से भी जाना जाता है।

जवारा नृत्य होली के अवसर पर (बुन्देलखण्ड में) गरसिया जाति के पुरुषों और महिलाओं के द्वारा संयुक्त रूप से किया जाता है।

27. *(c)* नवम्बर, 2023 में शीतल महाजन ने विश्व की सबसे ऊँची चोटी माउण्ट एवरेस्ट के सामने 21500 फीट की ऊँचाई से हेलीकॉप्टर से छलांग लगाई। ये उत्तरी और दक्षिणी दोनों ध्रुवों पर छलांग लगाने वाली सबसे कम उम्र की महिला हैं। इन्हें भारत सरकार ने 2011 में पद्मश्री से सम्मानित किया था।

28. *(d)* वाहन द्वारा तय की गई दूरी को मापने के लिए ओडोमीटर उपकरण का उपयोग किया जाता है।

यह उपकरण गणना को स्थापित करने के लिए पहिए के चक्करों का निरीक्षण करता है। दूरी मापने के लिए फिर यह उपकरण पूरे चक्करों की संख्या को पहिए की परिधि अर्थात् पाई (3.14) से गुणा करता है जिसके परिणामस्वरूप वाहन द्वारा तय दूरी का माप ज्ञात होता है।

29. *(c)* क्रिकेट में 'मेडन ओवर' वह ओवर होता है, जिसमें बल्लेबाज कोई रन नहीं बनाता है। इसे गेंदबाज के लिए एक महत्त्वपूर्ण उपलब्धि माना जाता है, जोकि गेंदबाजी में नियन्त्रण और सटीकता को दर्शाता है।

30. *(b)* भारतीय फुटबॉल टीम ने लेबनान को 2-0 से हराकर इण्टरकाण्टिनेण्टल कप, 2023 जीता। इस टूर्नामेण्ट का आयोजन अखिल भारतीय फुटबॉल महासंघ (एआईएफएफ) द्वारा आयोजित किया गया था। भारत के **संदेश सिंगन** ने टूर्नामेण्ट के सर्वश्रेष्ठ खिलाड़ी का पुरस्कार जीता।

31. *(d)* झारखण्ड और मध्य भारत के कुछ हिस्सों में बोली जाने वाली भाषाओं का सम्बन्ध मुख्य रूप से 'ऑस्ट्रो-एशियाई परिवार' (भाषा) से है।

ऑस्ट्रो-एशियाई भाषाएँ एक भाषा परिवार है, जिसकी सदस्य भाषाएँ दक्षिण-पूर्वी एशिया और प्रशान्त महासागर के बहुत से द्वीपों पर फैली हैं।

32. *(c)* तीसरी योजना की विफलता अर्थात् रुपये के अवमूल्यन (निर्यात को बढ़ावा देने के लिए) के साथ-साथ मुद्रास्फीति की मन्दी के कारण चौथी पंचवर्षीय योजना को स्थगित कर दिया गया और इसके स्थान पर **तीन वार्षिक** (1966-69) योजनाएँ प्रस्तुत की गईं।

तीसरी पंचवर्षीय योजना की विफलता के लिए जिम्मेदार मुख्य कारण इस दौरान भारत-चीन का युद्ध है भारत-पाकिस्तान का युद्ध और अभुतपूर्व सूखा था।

इसी समय रुपये के मूल्य में पहली बार वर्ष 1966 में अवमूल्यन किया गया था।

33. *(b)* राष्ट्रीय नमूना सर्वेक्षण कार्यालय (National Sample Survey Office - NSSO) के अनुसार, शहरी क्षेत्रों में 15 वर्ष और उससे अधिक आयु के लोगों की बेरोजगारी दर जनवरी-मार्च, 2023 के दौरान घटकर 6.8% हो गई है, जो पहले 8.2% थी।

राष्ट्रीय नमूना सर्वेक्षण कार्यालय-सांख्यिकी मन्त्रालय के अन्तर्गत कार्य करता है।

34. *(b)* ऑल इण्डिया कबड्डी फेडरेशन वर्ष 1950 में अस्तित्व में आया और इसने मानक नियमों का संकलन किया।

ऑल इण्डिया कबड्डी फेडरेशन ऑफ इण्डिया का मुख्यालय जयपुर राजस्थान में स्थित है। भारत ने कबड्डी के 9 एशियाई खेलों में भाग लिया है और उनमें 8 में स्वर्ण पदक जीता है।

35. *(a)* राजस्थान के नागौर में स्वर्गीय नाथूराम मिर्धा की मूर्ति का अनावरण उपराष्ट्रपति जगदीप धनखड़ ने मेड़ता में किया। नाथूराम मिर्धा एक राजनीतिज्ञ, स्वतन्त्रता सेनानी, समाज सुधारक और राजस्थान के मारवाड़ क्षेत्र के लोकप्रिय किसान नेता थे।

36. *(a)* भारतीय बैंकिंग के सन्दर्भ में 'CRR' का पूर्ण रूप कैश रिजर्व रेशियो (Cash Reserve Ratio) है।

नकद आरक्षी अनुपात रिजर्व बैंक का बैंकिंग क्षेत्र में जोखिम कम करने का एक उपाय है। यह किसी बैंक की कुल जमाओं का वह अनुपात है, जिसे बैंक को नकदी के रूप में RBI (केन्द्रीय बैंक) के पास रखना होता है। आरबीआई के पास नकद आरक्षित अनुपात को 3% से 15% के बीच निर्धारित करने का अधिकार है।

37. *(b)* आगरा घराने के संस्थापक खुदाबख्श थे। आगरा घराना हिन्दुस्तानी शास्त्रीय संगीत की एक अनूठी परम्परा का प्रतिनिधित्व करता है। इसकी रचनाओं को उनकी गीतात्मक सुन्दरता और संगीत क्षमता के लिए उल्लेखनीय माना जाता है। आगरा घराना मुख्यतः ध्रुपद परंपरा से सम्बन्धित है, जहाँ ख्याल गायकी बाद में पेश की गई।

38. *(d)* वाक् और अभिव्यक्ति स्वातन्त्र्य का अधिकार भारतीय संविधान के अनुच्छेद-19 के अन्तर्गत दिया गया है।

संविधान का अनुच्छेद-19 भाषण की स्वतन्त्रता प्रदान करता है, जो मौखिक/लिखित/इलेक्ट्रॉनिक/प्रसारण/प्रेस के माध्यम से बिना किसी डर के स्वतन्त्र रूप से अपनी राय व्यक्त करने का अधिकार है। अभिव्यक्ति की स्वतन्त्रता में प्रेस की स्वतन्त्रता भी शामिल है।

39. *(c)* 'द फिलोसफी ऑफ द बम' पुस्तक के लेखक भगवती चरण वोहरा हैं। भगवती चरण वोहरा हिन्दुस्तान सोशलिस्ट रिपब्लिकन एसोसिएशन से जुड़े एक भारतीय क्रान्तिकारी थे। उन्होंने भगत सिंह और सुखदेव के साथ रूसी समाजवादी क्रान्ति के मॉडल का अध्ययन किया। भगवती चरण वोहरा द्वारा लिखित तीन महत्त्वपूर्ण राजनीतिक दस्तावेज हैं।

– फिलोसफी ऑफ द बम
– नौजवान सभा का घोषणा-पत्र
– HSRA का घोषणा-पत्र।

40. *(c)* वर्ष 2011 की जनगणना के अनुसार, 90 करोड़ से अधिक की आबादी के साथ हिन्दू 79.80% है।

मुस्लिम 17.22 करोड़ (14.2%)
ईसाई 2.78 करोड़ (2.3%)
सिख 2.08 करोड़ (1.7%)
बौद्ध 0.84 करोड़ (0.7%)
जैन 0.45 करोड़ (0.4%)

41. *(a)* $\because$ लाभ% $= \dfrac{\text{विक्रय मूल्य} - \text{क्रय मूल्य}}{\text{क्रय मूल्य}} \times 100$

$= \dfrac{1430 - 1000}{1000} \times 100$

$= 43\%$

42. *(d)* माना 4 संख्या क्रमश a, b, c व d हैं।

तो प्रथम तीन संख्या (a, b, c) का योग

= औसत × संख्या

$\Rightarrow \quad a + b + c = 24 \times 3 = 72 \quad \ldots(i)$

तथा अन्तिम तीन संख्या (b, c, d) का योग

$= 29 \times 3$

$\Rightarrow \quad b + c + d = 87 \quad \ldots(ii)$

समी (ii) में से समी (i) को घटाने पर,

$d - a = 15$

$\Rightarrow \quad 33 - a = 15$

(अन्तिम संख्या $(d) = 33$)

$\Rightarrow \quad a = 33 - 15 = 18$

$\therefore$ प्रथम संख्या $a = 18$

43. *(c)* 6 और 29 का लघुत्तम समापवर्त्य

$= x = 174$

तथा 6 और 29 का महत्तम समापवर्तक $= y = 1$

प्रश्नानुसार,

$x + 4y = 174 + 4 \times 1 = 178$

44. *(c)* सूत्र $\dfrac{M_1 \times D_1 \times H_1}{W_1} = \dfrac{M_2 \times D_2 \times H_2}{W_2}$

$\begin{Bmatrix} M_1 = 3 \\ D_1 = 5 \end{Bmatrix} \quad \begin{Bmatrix} M_2 = 3 + 2 = 5 \\ D_2 = x \end{Bmatrix}$

$\Rightarrow \quad 3 \times 5 = 5 \times x$

$\therefore \quad x = 3$ दिन

45. *(d)* माना अंकित मूल्य = ₹ x

तथा क्रय मूल्य = ₹ y

प्रश्नानुसार, $x \times \dfrac{35}{100} = y \times \dfrac{45}{100}$

$\Rightarrow \quad \dfrac{x}{y} = \dfrac{9}{7}$

अब माना क्रय मूल्य $= 7P$ तथा

अंकित मूल्य $= 9P$

यदि वह छूट ना दे, तो

लाभ % $= \dfrac{9P - 7P}{7P} \times 100$

$= \dfrac{2P}{7P} \times 100 = 28.57\%$

46. *(b)* माना पहली संख्या $49x$ तथा दूसरी संख्या $64x$ है।

प्रश्नानुसार, $\dfrac{49x + 10}{64x + 10} = \dfrac{54}{69}$

$\Rightarrow \quad 3381x + 690 = 3456x + 540$

$\Rightarrow \quad 75x = 150$

$\therefore \quad x = 2$

पहली संख्या $= 49 \times 2 = 98$

तथा दूसरी संख्या $= 64 \times 2 = 128$

अत: अभीष्ट अन्तर $= 128 - 98 = 30$

वैकल्पिक विधि

49 : 64) 5 —×2→ 10
54 : 69
15

$\therefore$ 15 का मान $= 15 \times 2 = 30$

अतः दोनों संख्याओं के मध्य अन्तर = 30

47. *(c)* माना मूलधन = ₹ x तो मिश्रधन = ₹ $3x$

$\Rightarrow$ ब्याज = मिश्रधन – मूलधन

$= 3x - x =$ ₹ $2x$

तथा समय = 36 वर्ष

माना दर $= R\%$ वार्षिक

$\because$ साधारण ब्याज $= \dfrac{\text{मूलधन} \times \text{दर} \times \text{समय}}{100}$

$\Rightarrow \quad 2x = \dfrac{x \times R \times 36}{100}$

$\therefore \quad R = \dfrac{100 \times 2}{36} = 5.55\%$ वार्षिक

48. *(d)* सूत्र → दो संख्या का गुणनफल

= लघुत्तम समापवर्त्य × महत्तम समापवर्तक

माना लघुत्तम समापवर्त्य $= x$

प्रश्नानुसार, $3375 = x \times 15$

$x = 225$

49. *(b)* $18 \div (3 + 5) - 2$

VBODMAS के अनुसार,

$= 18 \div 8 - 2 = 2.25 - 2 = 0.25$

50. *(d)* प्रश्नानुसार,

R के द्वारा एक दिन में किया गया कार्य $= \dfrac{1}{15}$

तथा S के द्वारा एक दिन में किया गया कार्य $= \dfrac{1}{60}$

$\because$ बारी-बारी से करने पर 2 दिन में कार्य

$= \dfrac{1}{15} + \dfrac{1}{60} = \dfrac{1}{12}$

$\Rightarrow$ 2 दिन नें $= \dfrac{1}{12}$ कार्य

$\therefore$ कुल कार्य करने में लगे दिन = 24 दिन

वैकल्पिक विधि

	समय		कार्य की दर (प्रति इकाई)
R	15	60	4
S	60		1

2 दिन का कार्य = 5 इकाई

$\Rightarrow$ (12×2) अर्थात् 24 दिन का कार्य

= 60 इकाई

$\therefore$ कार्य पूरा होने में लगा समय = 24 दिन

51. *(d)* प्रश्नानुसार,

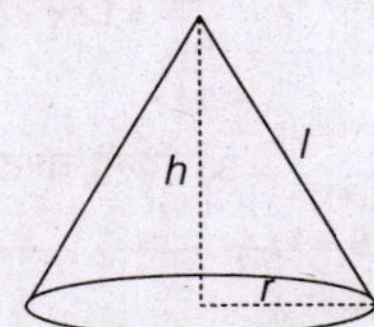

शंकु की त्रिज्या $(r) = 15$ सेमी

तथा ऊँचाई $(h) = 8$ सेमी

$\because$ तिर्यक ऊँचाई $(l) = \sqrt{h^2 + r^2} = \sqrt{15^2 + 8^2}$

$= \sqrt{289}$

$l = 17$

$\because$ कुल पृष्ठीय क्षेत्रफल $= \pi r(l + r)$

$= \dfrac{22}{7} \times 15(15 + 17)$

$= \dfrac{22 \times 15 \times 32}{7} = 1508.57$ सेमी^{2}

52. *(c)* A और B का योग = औसत × संख्या

$A + B = 30 \times 2 = 60 \quad \ldots(i)$

तथा E और C का योग $= 60 \times 2 = 120$

$B + C = 120 \quad \ldots(ii)$

समी (ii) में से समी (i) को घटाने पर,

$C - A = 60$

53. *(a)* अंकित मूल्य = ₹ 2280

तथा छूट = 40%

$\because$ छूट $= 2280 \times \dfrac{40}{100} =$ ₹ 912

$\therefore$ विक्रय मूल्य $= 2280 - 912 =$ ₹ 1368

54. *(a)* माना रमन के अंक $= x$

तो राजू के अंक $= x + 30$

प्रश्नानुसार,

$(x+30) = (x+x+30) \times \frac{60}{100}$

$\Rightarrow \quad 5x + 150 = 6x + 90$

$\Rightarrow \quad x = 60$

रमन के अंक $= 60$

तथा राजू के अंक $= 60 + 30 = 90$

55. *(b)* $14 \div (2 \times 2) + 5$ (BODMAS के अनुसार)

$\Rightarrow \quad 14 \div 4 + 5$

$\Rightarrow \quad 3.5 + 5 = 8.5$

56. *(c)* माना कुल दूरी $= 12x$ किमी

एक-तिहाई ($4x$ किमी) तय करने में लगा

समय $= \frac{\text{दूरी}}{\text{चाल}} = \frac{4x}{22} = \frac{2x}{11}$

तथा एक-चौथाई ($3x$) किमी तय करने में लगा समय $= \frac{3x}{33} = \frac{x}{11}$

अब, शेष ($5x$) किमी तय करने में लगा समय $= \frac{5x}{55} = \frac{x}{11}$

$\because$ औसत चाल $= \frac{\text{कुल दूरी}}{\text{कुल संख्या}} = \frac{12x}{\frac{2x}{11} + \frac{x}{11} + \frac{x}{11}}$

$= \frac{12x}{\frac{4x}{11}} = 12x \times \frac{11}{4x}$

$= 33$ किमी/घण्टा

57. *(d)* $A : B = 7 : 4$

माना $A = 7x$

तथा $B = 4x$

$\because \frac{A+B}{A-B} = \frac{7x+4x}{7x-4x} = \frac{11x}{3x} = \frac{11}{3} = 11 : 3$

58. *(a)* माना मूलधन $(P) = x$

मिश्रधन $(A) = 3.24x$

तथा समय $(t) = 2$ वर्ष

माना दर $(r) = R\%$ वार्षिक

$\Rightarrow \quad A = P\left(1 + \frac{r}{100}\right)^t$

$\Rightarrow \quad 3.24x = x\left(1 + \frac{r}{100}\right)^2$

$\Rightarrow \quad \left(1 + \frac{r}{100}\right)^2 = \frac{3.24x}{x}$

$\Rightarrow \quad \left(1 + \frac{r}{100}\right)^2 = \frac{324}{100}$

$\Rightarrow \quad 1 + \frac{r}{100} = \frac{18}{10}$

$\Rightarrow \quad \frac{r}{100} = \frac{18}{10} - 1$

$\Rightarrow \quad r = \frac{8}{10} \times 100$

$\therefore \quad r = 80\%$

वैकल्पिक विधि

यदि ब्याज चक्रवृद्धि हो तो,

$a^n = x$, जहाँ, $n \rightarrow$ समय $x =$ कितने गुना

तो, $\quad a^2 = 3.24$

$a^2 = \frac{324}{100}$

$a = \frac{9}{5}$

ब्याज दर $\% = \frac{9-5}{5} \times 100 = 80\%$

59. *(d)* माना संख्या $= x$

प्रश्नानुसार, $(x - 60) = x \times \frac{85}{100}$

$\Rightarrow \quad x - 60 = \frac{85x}{100}$

$\Rightarrow \quad \frac{15x}{100} = 60 \Rightarrow x = \frac{60 \times 100}{15}$

$\therefore \quad x = 400$

60. *(a)* प्रश्नानुसार,

60 मेज का क्रय मूल्य = ₹ 14800

60 मेज को 20% लाभ पर बेचने पर विक्रय मूल्य $= 14800 + 14800 \times \frac{20}{100} =$ ₹ 17760

$\because$ 20% लाभ पाने के लिए ₹ 17760 में बेचनी है $= 60$ मेज

₹ 1 में बेचनी है $= \frac{60}{17760}$ मेज

$\therefore$ ₹ 14800 में $= \frac{60}{17760} \times 14800 = 50$ मेज

61. *(c)* 'जो सहनशील न हो' वाक्यांश के लिए एक उचित शब्द 'असहिष्णु' है। अन्य विकल्प असंगत हैं।

62. *(c)* 'हाथ-पाँव मारना' मुहावरे का अर्थ है–प्रयत्न करना।

वाक्य प्रयोग रमेश ने सरकारी नौकरी के लिए बहुत हाथ-पाँव मारे।

63. *(d)* दिए गए वाक्य में रेखांकित शब्द <u>म्रतक</u> अशुद्ध वर्तनी की शुद्ध वर्तनी 'मृतक' है। अन्य विकल्प असंगत हैं।

64. *(d)* दिए गए वाक्य में रिक्त स्थान की पूर्ति के लिए सबसे उपयुक्त स्त्रीलिंग रूप वाला विकल्प 'घूस' है। अतः अन्य विकल्प असंगत हैं।

65. *(d)* दिए गए वाक्य में कोष्ठक शब्द (उपन्यास) का विलोम शब्द 'एकांकी' है। अतः अन्य विकल्प असंगत हैं।

66. *(c)* दिए गए वाक्य में 'फिताब' एक निरर्थक शब्द है। अन्य विकल्प असंगत हैं। अतः सही वाक्य है– लाइब्रेरी से किताब लाकर दीजिए।

67. *(c)* 'स्त्री जो कविता लिखती है' वाक्यांश के लिए एक सार्थक शब्द 'कवयित्री' है। अन्य विकल्प असंगत हैं।

68. *(c)* दिए गए वाक्य में रेखांकित शब्द <u>तैरती</u> का विलोम शब्द 'डूबती' है। अन्य विकल्प असंगत हैं।

69. *(d)* दिए गए वाक्य में 'उनके साथ-साथ पूरे वातावरण ही पर कितना नुकसान होता है।' वाक्यांश में अशुद्धियाँ हैं। अतः शुद्ध वाक्य है–उनके साथ-साथ पूरे वातावरण पर भी कितना नुकसान होता है।

70. *(d)* दिए गए वाक्य में रेखांकित शब्दों के स्थान <u>अनेकों व्यक्तियों</u> के स्थान पर सही शब्दों वाला विकल्प 'अनेक व्यक्तियों' का प्रयोग है। अतः सही वाक्य होगा-हमारा सम्पर्क अनेक व्यक्तियों से नित्य होता है।

71. *(a)* दिए गए शब्द हिम का पर्यायवाची 'बर्फ' है। हिम के अन्य पर्यायवाची शब्द-बरफ (बर्फ), तुषार, ठण्डा आदि हैं। अन्य विकल्प असंगत हैं।

72. *(d)* दिए गए वाक्य में कोष्ठक शब्द (देवता) का पर्यायवाची 'विबुध' है। देवता के अन्य पर्यायवाची हैं–सुर, अमर, देव, ईश्वर, अमर्त्य आदि है।

73. *(d)* 'आटा गीला होना' मुहावरे का अर्थ है–संकट में और संकट का आ जाना।

वाक्य प्रयोग मौसम की मार से परेशान किसानों का जीवन ऐसा है, जैसे–कंगाली में आटा गीला।

74. *(a)* दिए गए वाक्य में वाक्यांश 'जो चोटी उच्चतम' त्रुटिपूर्ण है। सही वाक्य हैं–दोनों चोटियों में से, जो चोटी ऊँची होगी मैं उसी की चढ़ाई करूँगा। अन्य विकल्प असंगत हैं।

75. *(c)* दिए गए वाक्य में रेखांकित शब्द <u>फूल</u> का तत्सम शब्द 'पुष्प' है। 'फूल' तद्भव शब्द है। अन्य विकल्प असंगत हैं।

76. *(c)* रिक्त स्थान (1) के लिए सबसे उपयुक्त विकल्प 'घनत्व' है। अतः पूर्ण वाक्य है–शहरी इलाकों में आबादी का अधिक <u>घनत्व</u> वाहनों की ज्यादा संख्या।

77. *(c)* रिक्त स्थान (2) के लिए सबसे उपयुक्त शब्द 'बावजूद' है। अतः पूर्ण वाक्य है– अधिक आवाजाही के 'बावजूद' सड़क हादसों का ......।

78. *(d)* रिक्त स्थान (3) के लिए सबसे उपयुक्त विकल्प 'जोखिम' है। अतः पूर्ण वाक्य है–सबसे अधिक जोखिम ग्रामीण इलाकों में है।

79. *(a)* रिक्त स्थान (4) के लिए सबसे उपयुक्त विकल्प 'दुर्घटनाओं' है। अतः पूर्ण वाक्य है-एक रिपोर्ट के अनुसार, 2022 में शहरी क्षेत्रों में 54000 लोगों को <u>दुर्घटनाओं</u> में जान गँवानी पड़ी।

80. *(b)* रिक्त स्थान (5) के लिए सबसे उपयुक्त विकल्प 'गँवानी' होगा। अतः पूर्ण वाक्य है–शहरी क्षेत्रों में 54000 लोगों को दुर्घटनाओं में जान गँवानी पड़ी।

28 फरवरी 2024
(शिफ्ट I)

सॉल्वड पेपर 2024

SSC कांस्टेबल (जीडी) सेट 28

भाग-I सामान्य बुद्धिमत्ता एवं तर्कशक्ति

1 पाँच सहकर्मी आलोक, भावना, चेतन, दिव्या और एकता एक वृत्ताकार मेज पर केन्द्र की ओर मुख करके बैठे हैं। चेतन, जो एकता के ठीक बाईं ओर बैठा है, दिव्या के दाईं ओर से दूसरे स्थान पर बैठा है। भावना, चेतन के बगल में नहीं बैठी है। भावना के दाईं ओर से दूसरे स्थान पर कौन बैठा/बैठी है?

(a) एकता (b) चेतन
(c) आलोक (d) दिव्या

2 यदि 'R × S' का अर्थ है 'R, S की माँ है'।
यदि 'R + S' का अर्थ है 'R, S का बेटा है'।
यदि 'R ÷ S' का अर्थ है 'R, S की बेटी है'।
यदि 'R − S' का अर्थ है 'R, S का पति है'।
व्यंजक 'A + D − C × B' में A का B से क्या सम्बन्ध है?

(a) बेटा (b) भाई (c) पिता (d) पति

3 निम्नलिखित में से कौन-सा अक्षर समूह दी गई शृंखला में प्रश्नचिह्न (?) के स्थान पर आएगा?

YT, ?, AR, BQ, CP, DO

(a) ZU (b) XU (c) XS (d) ZS

4 निम्नलिखित प्रश्न में, दिए गए विकल्पों में से उस आकृति का चयन कीजिए, जिसे प्रश्नचिह्न (?) के स्थान पर रखा जा सकता है।

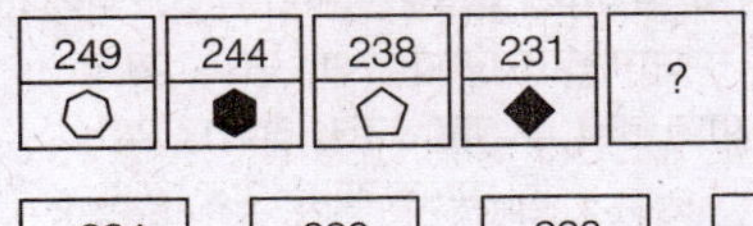

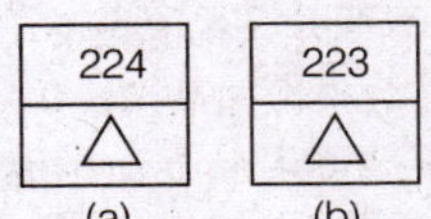

(a)

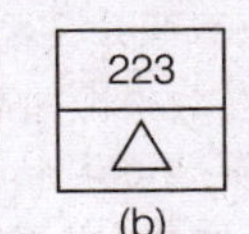

(b)

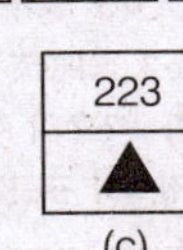

(c)

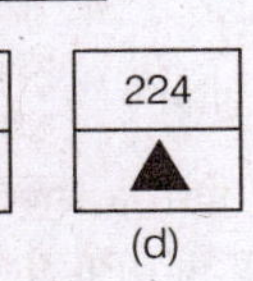

(d)

5 एक निश्चित कूटभाषा में, यदि 'PANTRY' को '274365' लिखा जाता है, 'STEADY' को '931785' लिखा जाता है, तो उसी कूटभाषा में 'DATES' को कैसे लिखा जाएगा?

(a) 87319 (b) 23915
(c) 83974 (d) 03847

6 निम्नलिखित प्रश्न में, तीन कथन और उसके बाद I और II क्रमांकित दो निष्कर्ष दिए गए हैं। दिए गए कथनों को सत्य मानते हुए, चाहे वे सामान्यतः ज्ञात तथ्यों से भिन्न प्रतीत होते हों, निश्चय कीजिए कि दिए गए निष्कर्षों में से कौन-सा निष्कर्ष कथनों का तार्किक रूप से अनुसरण करता है।

कथन

कुछ फोन, लैपटॉप हैं।
कुछ लैपटॉप, टैबलेट है।
कुछ टैबलेट, डेस्कटॉप हैं।

निष्कर्ष

I. कुछ फ़ोन, डेस्कटॉप हैं।
II. सभी टैबलेट, फोन हैं।

(a) केवल निष्कर्ष I अनुसरण करता है
(b) निष्कर्ष I और II दोनों अनुसरण करते हैं
(c) न तो निष्कर्ष I और न ही II अनुसरण करता है
(d) केवल निष्कर्ष II अनुसरण करता है

7 दिए गए विकल्पों में से निम्नलिखित शृंखला से लुप्त संख्या का चयन कीजिए।

625, 600, 575, 550, 525, ?

(a) 500 (b) 510
(c) 490 (d) 518

8 निम्न में से कौन-सी उत्तर आकृति प्रश्न आकृति के पैटर्न को पूरा करेगी? (घूर्णन की अनुमति नहीं है)

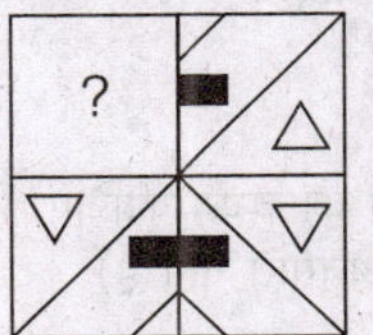

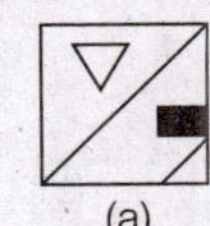
(a)

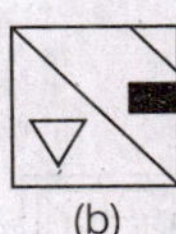
(b)

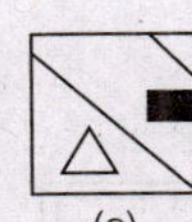
(c)

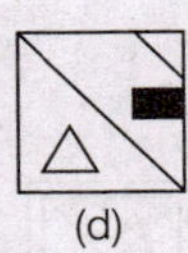
(d)

9 निम्नलिखित प्रश्न में, दी गई आकृतियों के अनुसार कागज के एक टुकड़े को मोड़कर उसमें छेद किया जाता है। विकल्पों में दी गई आकृतियों में से बताइए कि खोले जाने पर यह कैसा दिखाई देगा?

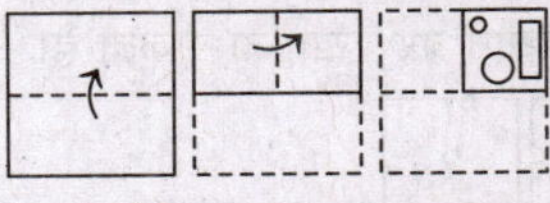

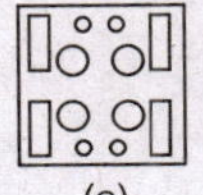
(a)

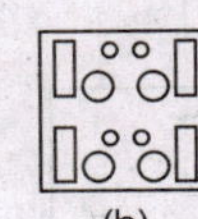
(b)

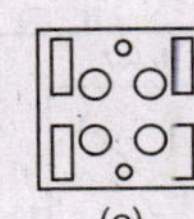
(c)

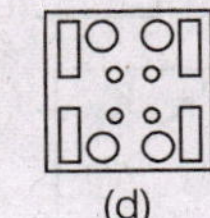
(d)

10 पाँच व्यक्ति A, B, C, D और E एक वृत्ताकार मेज के चारों ओर केन्द्र की ओर मुख करके बैठे हैं (परन्तु जरूरी नहीं कि वे इसी क्रम में बैठे हों)। C और D के बीच में केवल एक व्यक्ति बैठा है (जब केवल एक तरफ से गिना जाता है)। B, D के बाईं ओर से दूसरे स्थान पर बैठा है। A, B के ठीक दाईं ओर बैठा है। C के ठीक दाईं ओर कौन बैठा है?
(a) A (b) D
(c) E (d) B

11 दिए गए शब्दों को उसी क्रम में व्यवस्थित कीजिए, जिस क्रम में अंग्रेजी शब्दकोश में आते हैं।
1. Award 2. Await 3. Away
4. Awake 5. Aware
(a) 3, 2, 1, 5, 4 (b) 2, 4, 1, 3, 5
(c) 2, 4, 1, 5, 3 (d) 3, 2, 1, 4, 5

12 दिए गए विकल्पों में से किन दो चिह्नों को आपस में बदलने पर निम्नलिखित समीकरण सही होगा?
$12 \times 3 + 11 \div 4 - 32 = 16$
(a) + और ÷ (b) × और −
(c) × और ÷ (d) × और +

13 निम्नलिखित प्रश्न में, दिए गए विकल्पों में से सम्बन्धित अक्षर-युग्म का चयन कीजिए।
KX : LZ :: ?
(a) MO : AZ (b) CB : A A
(c) PS : QU (d) TU : AA

14 एक निश्चित कूटभाषा में, 'SLOT' को 'PHLP' लिखा जाता है। उसी कूटभाषा में 'YOGA' को कैसे लिखा जाएगा?
(a) VKDW (b) VKCW
(c) VKDV (d) VKEW

15 नीचे दी गई आकृतियों में से, उस आकृति का चयन कीजिए, जिसमें प्रश्न आकृति छिपी/निहित है। (घूर्णन की अनुमति नही है)

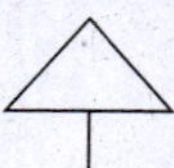

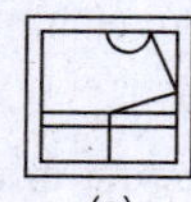
(a)
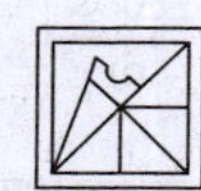
(b)
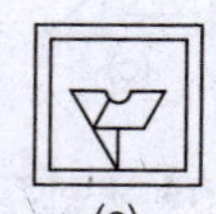
(c)
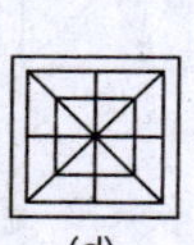
(d)

16 निम्नलिखित प्रश्न में, विकल्पों में दी गई उस आकृति का चयन कीजिए, जिसे प्रश्नचिह्न (?) के स्थान पर रखा जा सकता है।

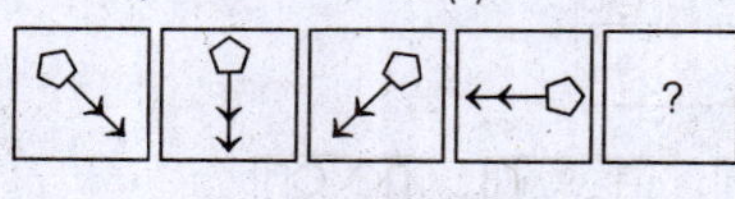

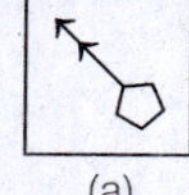
(a)
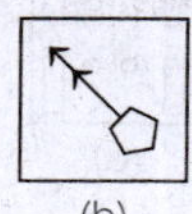
(b)
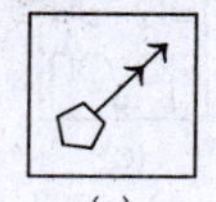
(c)
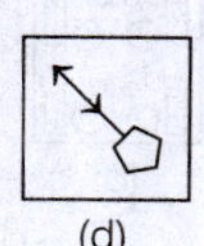
(d)

17 निम्नलिखित प्रश्न में, दिए गए विकल्पों में से सम्बन्धित अक्षरों का चयन कीजिए।
AZC : VUX : : SUS : ?
(a) DCQ (b) CKM
(c) NPN (d) BAX

18 निम्नलिखित में से कौन-सी संख्या दी गई शृंखला में प्रश्नचिह्न (?) के स्थान पर आएगी?
83, 79, 74, 68, 61, 53, ?
(a) 42 (b) 44
(c) 48 (d) 46

19 निम्नलिखित में से कौन-सा अक्षर-समूह दी गई शृंखला में रिक्त स्थान (......) पर आएगा?
BMM, DOO, ..., HSS, JUU
(a) EQQ (b) ERR
(c) FQQ (d) FPP

20 दिए गए विकल्पों में से किन दो संख्याओं को आपस में बदलने पर निम्नलिखित समीकरण सही होगा?
$25 - 28 + 21 \times 10 \div 5 = 43$
(a) 21 और 28 (b) 10 और 43
(c) 21 और 25 (d) 5 और 28

भाग-II सामान्य ज्ञान

21 निम्नलिखित में से कौन-सा अधिनियम राजनीतिक कैदियों को बिना मुकद्मा चलाए दो वर्ष तक हिरासत में रखने की अनुमति देता है?
(a) वर्नाक्यूलर प्रेस एक्ट
(b) रॉलेट एक्ट
(c) भारत सरकार अधिनियम, 1935
(d) आर्म्स एक्ट

22 .... को भारत के गणतन्त्र दिवस समारोह, 2023 के लिए मुख्य अतिथि के रूप में आमन्त्रित किया गया, मिस्र देश के राष्ट्रपति को सम्मान प्राप्त होने का यह पहला अवसर था।
(a) सी जिनपिंग (b) अब्देल फतह अल-सिसी
(c) व्लादिमीर पुतिन (d) एन्जेला मार्केल

23 गौतम बुद्ध ने बोध के लिए अपना रास्ता खोजने का फैसला किया और बिहार के बोधगया में .... के पेड़ के नीचे कई दिनों तक ध्यान किया।
(a) पीपल (b) साल
(c) टीक (d) नीम

24 न्यूटन के किस नियम के अनुसार प्रकृति में प्रत्येक क्रिया (बल) के लिए एक समान और विपरीत प्रतिक्रिया होती है?
(a) पहले (b) चौथे
(c) दूसरे (d) तीसरे

25 निम्नलिखित में से कौन एक प्रसिद्ध भारतीय कर्नाटक गायक/गायिका थे/थीं और भारत रत्न व रेमन मैग्सेसे पुरस्कार दोनों प्राप्त करने वाले/वाली प्रथम कलाकार थे/थीं?
(a) एम.एस. सुब्बुलक्ष्मी (b) एम. बालमुरलीकृष्ण
(c) आशा भोंसले (d) लता मंगेशकर

26 वर्ष 1947 में स्वतन्त्रता के समय भारत की साक्षरता दर कितनी थी?
(a) 12% (b) 34% (c) 23% (d) 25%

27 भारत की संविधान सभा की स्थापना किस वर्ष की गई थी?
(a) 1945 (b) 1948
(c) 1947 (d) 1946

28 प्रत्येक हर वर्ष फ्लेमिंगो महोत्सव (Flamingo festival) ………… में स्थित नेलापट्टू पक्षी अभयारण्य (Nallapattu Bird Sanctuary) के पास पुलिकट झील पर मनाया जाता है।
(a) आन्ध्र प्रदेश (b) केरल
(c) महाराष्ट्र (d) गोवा

29 जुलाई, 2023 तक निम्नलिखित में से कौन किसी भारतीय राज्य के दूसरे सबसे लम्बे समय तक पद पर रहने वाले मुख्यमन्त्री बन गए हैं?
(a) योगी आदित्यनाथ (b) पवन कुमार चामलिंग
(c) शिवराज सिंह चौहान (d) नवीन पटनायक

30 ………… पहली ट्रान्सजेण्डर भारतीय नर्तकी हैं, जिन्हें पद्मश्री से सम्मानित किया गया है।
(a) अलार्मेल वल्ली (b) यामिनी कृष्णमूर्ति
(c) प्रोतिमा बेदी (d) नर्तकी नटराज

31 भारतीय संविधान का अनुच्छेद-163 निम्नलिखित में से किससे सम्बन्धित है?
(a) किसी राज्य की सरकार के कामकाज का संचालन
(b) राज्यों में विधानमंडलों का गठन
(c) राज्यपाल को सहायता और सलाह देने के लिए मन्त्रिपरिषद्
(d) राज्य के महाधिवक्ता

32 विम्बलडन ट्रॉफी (Wimbledon trophy) का सम्बन्ध निम्नलिखित में से किस खेल से है?
(a) हॉकी (b) लॉन टेनिस
(c) क्रिकेट (d) पोलो

33 भारत की छठी आर्थिक जनगणना निम्नलिखित में से किस वर्ष में आयोजित की गई थी?
(a) 2013 (b) 2019
(c) 2009 (d) 2017

34 टेबल टेनिस में एक सर्व (Serve) जो नेट से टकराता है, परन्तु फिर भी आगे निकल जाता है। प्रतिद्वन्द्वी के सर्विस क्षेत्र (Service area) में गिरता है, वह क्या कहलाता है?
(a) स्ट्रोक (b) नेट बॉल
(c) लेट (d) फॉल्ट

35 होली का बसन्त त्योहार ………… राज्य में मैतेई जनजाति द्वारा याओशांग (Yaoshang) के रूप में मनाया जाता है, जो लगभग छः दिनों तक चलता है।
(a) मणिपुर (b) गोवा
(c) पश्चिम बंगाल (d) महाराष्ट्र

36 निम्नलिखित में से कौन-सा उपाय ऋण-ग्रहण को छोड़कर, सरकार के कुल व्यय और कुल प्राप्तियों के बीच अन्तर को दर्शाता है?
(a) सकल राजकोषीय घाटा (b) प्राथमिक घाटा
(c) राजकोषीय घाटा (d) राजस्व घाटा

37 भारत में 'APEDA' का सम्बन्ध निम्नलिखित में से किससे है?
(a) हथियार और गोला-बारूद (b) सूचना प्रौद्योगिकी सेवाएँ
(c) कृषि (d) राजमार्ग

38 घूमर नृत्य का सम्बन्ध निम्नलिखित में से किस राज्य से है?
(a) राजस्थान (b) पंजाब
(c) महाराष्ट्र (d) मध्य प्रदेश

39 भारत में हरित क्रान्ति के प्रभाव के बारे में निम्नलिखित कथनों को पढ़िए।
A. भारत खाद्यान्न के मामले में आत्मनिर्भर हो गया और केन्द्रीय पूल में भी पर्याप्त भण्डार था, यहाँ तक कि एक समय पर, भारत खाद्यान्न निर्यात करने की स्थिति में भी था।
B. प्रति व्यक्ति खाद्यान्न की निवल उपलब्धता में भी वृद्धि हुई है।
उपरोक्त में से कौन-सा/से कथन सही है/हैं?
(a) केवल A (b) केवल B
(c) A और B दोनों (d) न तो A और न ही B

40 निम्नलिखित में से किसने राष्ट्रीय खेल (National Games) 2023 में कुल पदकों में से अधिकतम संख्या में पदक जीते?
(a) केरल (b) सर्विसेस
(c) दिल्ली (d) महाराष्ट्र

भाग-III गणित

41 *M*, *N* से दोगुना कुशल है। *M* किसी कार्य को *N* से 66 दिन कम में पूरा कर सकता है। यदि दोनों एकसाथ मिलकर कार्य करते हैं, तो वही कार्य कितने दिनों में पूरा होगा?
(a) 123 दिन (b) 44 दिन
(c) 46 दिन (d) 132 दिन

42 यदि मनीष किसी कार्य का 3/5 भाग 48 दिनों में पूरा कर सकता है, तो मनीष उसी कार्य का 1/5 भाग कितनें दिनों में पूरा करेगा?
(a) 14 दिन (b) 16 दिन
(c) 20 दिन (d) 12 दिन

43 12, 46, 11 और 43 में से प्रत्येक में कौन-सी संख्या जोड़ी जानी चाहिए, ताकि परिणामी संख्याएँ अनुपात में हों?
(a) 3 (b) 5 (c) 2 (d) 4

44 किसी धनराशि पर पहले वर्ष के लिए चक्रवृद्धि ब्याज (वार्षिक रूप से संयोजित) ₹ 600 है और दूसरे वर्ष के लिए यह ₹ 660 है। वार्षिक ब्याज दर ज्ञात कीजिए।
(a) 11% (b) 12%
(c) 8% (d) 10%

45 एक निश्चित यात्रा का एक-तिहाई भाग 24 किमी/घण्टा की चाल से, एक-चौथाई भाग 36 किमी/घण्टा की चाल से और शेष भाग 60 किमी/घण्टा की चाल से तय किया जाता है। पूरी यात्रा के लिए औसत चाल क्या होगी?
(a) 38 किमी/घण्टा (b) 28 किमी/घण्टा
(c) 42 किमी/घण्टा (d) 36 किमी/घण्टा

46 $13[45 + 4\{257 - 3(29 + 33)\}]$ का मान ज्ञात कीजिए।
(a) 5244 (b) 4277
(c) 6288 (d) 3266

47 9 के प्रथम पाँच विषम गुणजों का औसत ज्ञात कीजिए।
(a) 45 (b) 35 (c) 55 (d) 50

48 एक शर्ट $30 में खरीदी जाती है और $40 में बेची जाती है। लाभ प्रतिशत ज्ञात कीजिए।
(a) 30% (b) 25%
(c) 33.33% (d) 11.11%

49 $20-3\times(4+1)\div2$ का मान ज्ञात कीजिए।
(a) 12.5 (b) 13.5 (c) 14.5 (d) 17.5

50 उस त्रिभुज का क्षेत्रफल ज्ञात कीजिए, जिसकी ऊँचाई 35.7 सेमी है और आधार, ऊँचाई का 1/7वाँ हिस्सा है।
(a) 91.035 सेमी^{2} (b) 80.055 सेमी^{2}
(c) 85.35 सेमी^{2} (d) 81.05 सेमी^{2}

51 $6.5\times6.5-2.5\times2.5$ का मान कितना है?
(a) 36 (b) 35 (c) 24 (d) 25

52 साधारण ब्याज पर निवेश करने पर एक धनराशि $\frac{19}{5}$ वर्षों में स्वयं की 69/50 हो जाती है। वार्षिक ब्याज दर क्या है?
(a) 20% (b) 10% (c) 5% (d) 15%

53 एक क्रॉकरी का अंकित मूल्य ₹ 15400 था और उस पर 12% की छूट दी जा रही थी। हर्ष ने दूसरी छूट पाने के लिए दुकानदार से मोलभाव किया और उसने क्रॉकरी को ₹ 10164 में खरीदा, दुकानदार द्वारा दी गई दूसरी छूट कितनी थी?
(a) 10% (b) 30% (c) 25% (d) 15%

54 सनी की आय, सोनू की आय से 15% अधिक है और सोनू की आय, मोनू की आय से 30% अधिक है। सनी की आय, मोनू की आय से कितने प्रतिशत अधिक है?
(a) 50% (b) 60% (c) 49.5% (d) 59.5%

55 $42\div3\times[7+(42\div6)]\div2$ का 7 का मान कितना है?
(a) 56 (b) 196 (c) 28 (d) 14

56 9 सदस्यों के एक समूह की औसत आयु 42 वर्ष है। सबसे बड़े सदस्य की आयु 58 वर्ष है। यदि हम उस सबसे बड़े सदस्य को समूह से बाहर कर दें, तो शेष सदस्यों की औसत आयु कितनी होगी?
(a) 40 वर्ष (b) 47 वर्ष
(c) 43 वर्ष (d) 49 वर्ष

57 किसी वस्तु के क्रय मूल्य का 40% उसके विक्रय मूल्य के 30% के बराबर है। वस्तु पर लाभ प्रतिशत कितना है?
(a) 30% (b) 50%
(c) 33.33% (d) 66.66%

58 यदि $(5m+n):(5m-n)=5:2$ है, तो $m:n$ का मान कितना है?
(a) 9 : 17 (b) 5 : 9
(c) 7 : 15 (d) 8 : 9

59 एक वृत्त की त्रिज्या में 35% की वृद्धि की जाती है। इसके क्षेत्रफल में कितने प्रतिशत की वृद्धि होगी?
(a) 75% (b) 92.5%
(c) 70% (d) 82.25%

60 एक इलेक्ट्रॉनिक गैजेट को 15% की छूट पर ₹ 25500 में बेचा जाता है। इसका अंकित मूल्य कितना है?
(a) ₹ 28000 (b) ₹ 30000
(c) ₹ 33000 (d) ₹ 29000

भाग-IV हिन्दी

61 निम्नलिखित प्रश्न में चार विकल्पों में से उस विकल्प का चयन करें, जो कोष्ठक में दिए गए शब्द के पर्यायवाची शब्द का सही विकल्प है।
मेरे पड़ोसी की हरकतें ऐसी हैं कि मुझे उससे (घृणा)………होने लगी है।
(a) तृण (b) आज्य
(c) जुगुप्सा (d) कुट

62 निम्नलिखित प्रश्न में चार विकल्पों में से उस विकल्प का चयन करें, जो दिए गए मुहावरे का सही अर्थ वाला विकल्प है।
'तौबा करना'
(a) निरर्थक व्यक्ति
(b) भविष्य में किसी काम को न करने की प्रतिज्ञा करना
(c) नुकसान पहुँचाना
(d) सन्देह होना

63 दिए गए शब्द का पर्यायवाची ज्ञात कीजिए।
बहुत
(a) क्षय (b) अति
(c) बन्धु (d) रुकावट

64 निम्नलिखित वाक्य में चार विकल्पों में से कोष्ठक में दिए गए शब्द का सही तद्भव वाला विकल्प चुनें।
(श्यामल) सा आदमी था, जिसके चेहरे पर भद्दे दाग थे।
(a) साँवला (b) कालिमा
(c) अँधेरा (d) काला

65 दिए गए वाक्य में रेखांकित शब्द का विलोम शब्द ज्ञात कीजिए।
बच्चे ग्रीष्मावकाश में घूमने जाएँगे।
(a) फाल्गुन (b) शीतावकाश
(c) वर्षावकाश (d) गर्मी

66 दिए गए वाक्यांश के लिए सार्थक शब्द ज्ञात कीजिए।
जिस पर आक्रमण किया गया हो।
(a) आत्मघाती (b) आक्रमण
(c) आक्रान्त (d) आक्रामक

67 निम्नलिखित प्रश्न में चार विकल्पों में से उस विकल्प का चयन करें, जो रिक्त स्थान के लिए सही शब्द वाला विकल्प हो।
श्रम के उपरान्त थकान होना…………है।
(a) गलत (b) कैसे
(c) स्वाभाविक (d) निष्ठा

68 दिए गए विकल्पों में से अशुद्ध वर्तनी वाले विकल्प का चयन करें।
(a) साहसी मनुष्य ही सेना में भर्ती होते हैं।
(b) अपनी प्रतिभा से ही तुम आगे जा सकते हो।
(c) हमारे लिए सवप्रथमच हमारे माता-पिता आते है।
(d) किशोर तो गुरुकुल में पढ़ता है।

69 निम्नलिखित प्रश्न में दिए गए विकल्पों में से उस विकल्प का चयन करें, जो दिए गए मुहावरे के अर्थ को सर्वश्रेष्ठ रूप से व्यक्त करता है।
'नाम कमाना'
(a) यश प्राप्त करना (b) बहुत अमीर हो जाना
(c) बहुत कुख्यात होना (d) वंश चलाना

70 दिए गए विकल्पों में से तीन विकल्प त्रुटियुक्त हैं, जबकि एक सही है। उस सही विकल्प का चयन करें।
(a) वह तो खाना खाकर और दूध पीके सो गया।
(b) वह तो खाना खाके और दूध पीकर सो गया।
(c) वह तो खाना खाकर और दूध पीकर सो गया।
(d) वह वो खाना खाके और दूध पीकर सो गया।

71 दिए गए वाक्य में रेखांकित शब्द का तत्सम शब्द ज्ञात कीजिए।
पेड़ से पत्ते गिर रहे हैं।
(a) पुत्र (b) पत्र
(c) पौत्र (d) प्राण

72 दिए गए वाक्य में रेखांकित शब्दों के लिए सही शब्दों वाले विकल्प का चयन करें।
अमन अपनो स्वेच्छा से सेवानिवृत्त हो रहा है।
(a) अमन अपना स्वेच्छा से सेवानिवृत्त हो रहा है।
(b) परिवर्तन की आवश्यकता नहीं है।
(c) अमन अपने स्वेच्छा से सेवानिवृत्त हो रहा है।
(d) अमन स्वेच्छा से सेवानिवृत्त हो रहा है।

73 निम्नलिखित प्रश्न में चार विकल्पों में से उस विकल्प का चयन करें, जो रिक्त स्थान के लिए सही भाववाचक संज्ञा वाला विकल्प हो।
..........में इंसान एकदम बच्चा बन जाता है।
(a) दिन (b) घर
(c) बुढ़ापे (d) परिवार

74 दिए गए वाक्य में रेखांकित शब्द का तद्भव शब्द ज्ञात कीजिए।
डॉक्टर ने उसे जिह्वा दिखाने को कहा।
(a) दाँत (b) मुँह
(c) हाथ (d) जीभ

75 निम्नलिखित प्रश्न में चार विकल्पों में से उस विकल्प का चयन करें, जो कोष्ठक में दिए गए शब्द के विलोम शब्द का सही विकल्प है।
मेरे मकान का जो कार्य (आगामी)..........समय में चल रहा है, वह सही नहीं लग रहा है।
(a) आगत (b) द्रुतगामी
(c) विगत (d) विगामी

निर्देश (प्र. सं. 76-80) *नीचे दिए गए गद्यांश में कुछ शब्द छोड़ दिए गए हैं और प्रत्येक रिक्त स्थान के चार विकल्प दिए गए हैं। इन चारों में से कौन-सा विकल्प रिक्त स्थान की पूर्ति करेगा?*

निःसन्देह भारत के लोग विराट (1).......... वाले हैं, वे सबको अपना लेते हैं। (2).......... संस्कृतियों के पश्चात् भी सब आपस में (3)..........सहयोग भाव बनाए रखते हैं। एक दूसरे के साथ (4)..........कर रहते हैं। यही हमारी भारतीय संस्कृति की (5)..........है।

76 रिक्त स्थान (1) की पूर्ति के लिए सबसे उपयुक्त विकल्प का चयन कीजिए।
(a) ग्रीवा (b) पादुका (c) हर्ष (d) हृदय

77 रिक्त स्थान (2) की पूर्ति के लिए सबसे उपयुक्त विकल्प का चयन कीजिए।
(a) बेकार (b) अध्ययन (c) विभिन्न (d) अजीबो-गरीब

78 रिक्त स्थान (3) की पूर्ति के लिए सबसे उपयुक्त विकल्प का चयन कीजिए।
(a) हीन (b) सम्मान
(c) परस्पर (d) भेदभाव

79 रिक्त स्थान (4) की पूर्ति के लिए सबसे उपयुक्त विकल्प का चयन कीजिए।
(a) तू-तड़ाक (b) मारपीट
(c) बड़बोले (d) मिलजुल

80 रिक्त स्थान (5) की पूर्ति के लिए सबसे उपयुक्त विकल्प का चयन कीजिए।
(a) महानता (b) उदासी
(c) बढ़ोतरी (d) दुःख दर्दनाक

उत्तरमाला

1.	(c)	2.	(b)	3.	(d)	4.	(b)	5.	(a)	6.	(c)	7.	(a)	8.	(d)	9.	(a)	10.	(d)
11.	(c)	12.	(c)	13.	(c)	14.	(a)	15.	(d)	16.	(b)	17.	(c)	18.	(b)	19.	(c)	20.	(c)
21.	(b)	22.	(b)	23.	(a)	24.	(d)	25.	(a)	26.	(a)	27.	(d)	28.	(a)	29.	(d)	30.	(d)
31.	(c)	32.	(b)	33.	(a)	34.	(c)	35.	(a)	36.	(c)	37.	(c)	38.	(a)	39.	(c)	40.	(d)
41.	(b)	42.	(b)	43.	(b)	44.	(d)	45.	(d)	46.	(b)	47.	(a)	48.	(c)	49.	(a)	50.	(a)
51.	(a)	52.	(b)	53.	(c)	54.	(c)	55.	(d)	56.	(a)	57.	(c)	58.	(c)	59.	(d)	60.	(b)
61.	(c)	62.	(b)	63.	(b)	64.	(a)	65.	(b)	66.	(c)	67.	(c)	68.	(c)	69.	(a)	70.	(c)
71.	(b)	72.	(d)	73.	(c)	74.	(d)	75.	(c)	76.	(d)	77.	(c)	78.	(c)	79.	(d)	80.	(a)

संकेत एवं हल

1. *(c)* प्रश्नानुसार,

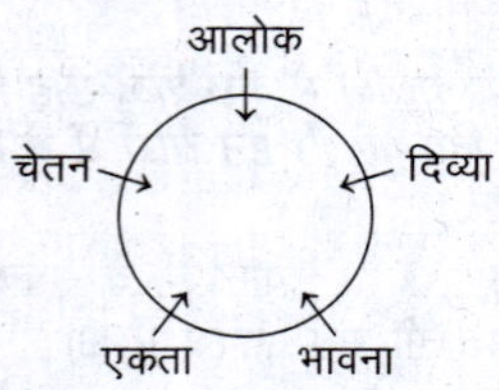

∴ भावना के दाएँ दूसरे स्थान पर आलोक बैठा है।

2. *(b)* व्यंजक $A + D - C \times B$

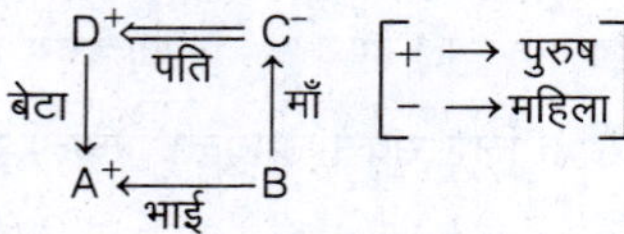

अतः A, B का भाई है।

3. *(d)* दी गई अक्षर श्रृंखला का क्रम निम्न प्रकार है,

Y →(+1) Z →(+1) A →(+1) B →(+1) C →(+1) D

T →(−1) S →(−1) R →(−1) Q →(−1) P →(−1) O

4. *(b)* आकृतियों के ऊपर वाले भाग में संख्याओं का क्रम निम्न प्रकार है,

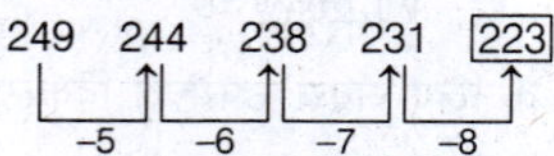

आकृतियों के नीचे भाग में दी गई उपआकृतियों की भुजा प्रत्येक चरण के साथ एक-एक घट रही है तथा एकान्तर क्रम में छायांकित तथा अछायांकित हो रही हैं।

∴ विकल्प आकृति (b) श्रृंखला की अगली आकृति होगी।

5. *(a)* जिस प्रकार,

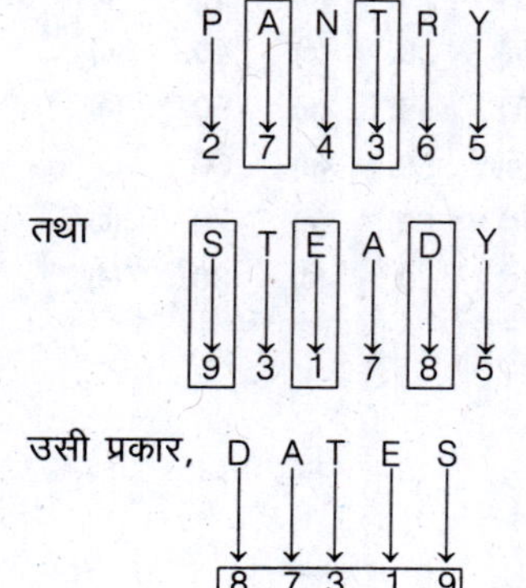

6. *(c)* कथनानुसार,

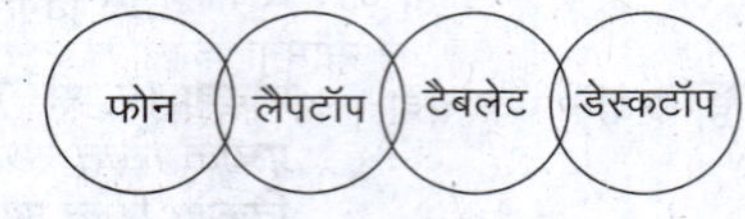

निष्कर्ष I. (✗) II. (✗)

अतः न तो निष्कर्ष I और न ही II अनुसरण करता है।

7. *(a)* दी गई श्रृंखला का क्रम निम्न प्रकार है,

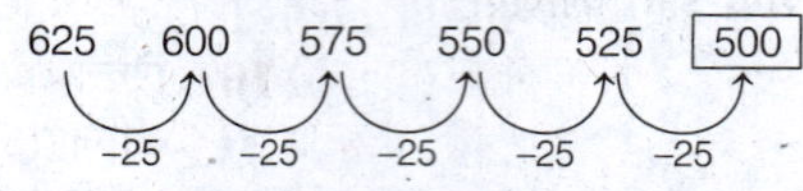

8. *(d)* विकल्प आकृति (d) प्रश्न आकृति के पैटर्न को पूरा करेगी।

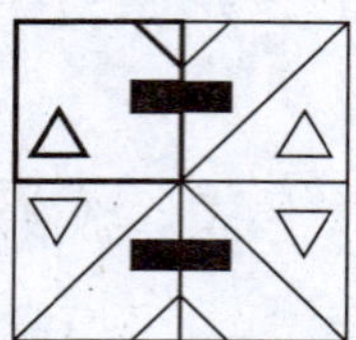

9. *(a)* प्रश्न में, दिए गए कागज को खोलने पर, यह विकल्प आकृति (a) जैसी दिखाई देगी।

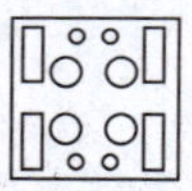

10. *(d)* प्रश्नानुसार,

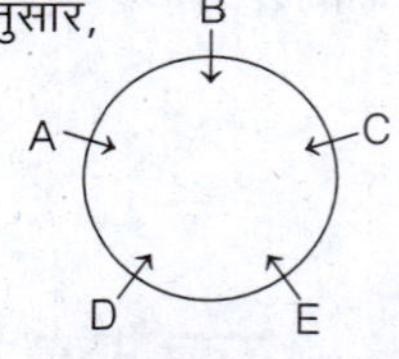

अतः C के ठीक दाएँ ओर B बैठा है।

11. *(c)* अंग्रेजी शब्दकोश के अनुसार शब्दों का क्रम निम्न प्रकार से है,

Await → Awake → Award → Aware → Away
(2) (4) (1) (5) (3)

अभीष्ट अनुक्रम = 2,4,1,5,3

12. *(c)* दिया गया समीकरण,

$$12 \times 3 + 11 \div 4 - 32 = 16$$

विकल्प (c) से, × और ÷ को आपस में बदलने पर,

$$12 \div 3 + 11 \times 4 - 32 = 16$$
$$4 + 44 - 32 = 16$$
$$48 - 32 = 16$$
$$16 = 16$$

बायाँ पक्ष = दायाँ पक्ष

13. *(c)* जिस प्रकार,

K →(+1) L

X →(+2) Z

उसी प्रकार,

P →(+1) Q

S →(+2) U

∴ ? = PS : QU

14. *(a)* जिस प्रकार,

S →(−3) P

L →(−4) H

O →(−3) L

T →(−4) P

उसी प्रकार,

Y →(−3) V

O →(−4) K

G →(−3) D

A →(−4) W

15. *(d)* दी गई प्रश्न आकृति, उत्तर आकृति (d) में छिपी है।

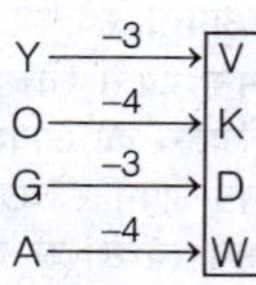

16. *(b)* दी गई आकृति श्रृंखला में प्रत्येक अगली आकृति में 45° दक्षिणावर्त दिशा में घूम रही है। अतः विकल्प आकृति (b) प्रश्नचिह्न के स्थान पर आएगी।

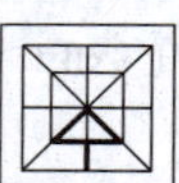

17. *(c)* जिस प्रकार,

A →(−5) V

Z →(−5) U

C →(−5) X

उसी प्रकार,

S →(−5) N

U →(−5) P

S →(−5) N

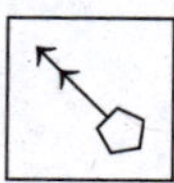

18. *(b)* दी गई संख्या श्रृंखला का क्रम निम्न प्रकार है,

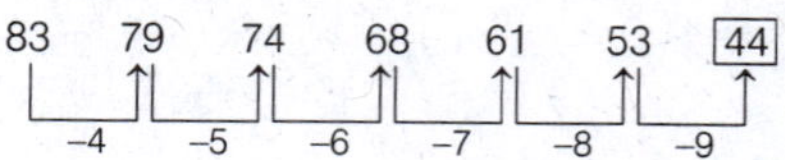

19. *(c)* दी गई अक्षर श्रृंखला का क्रम निम्न प्रकार है,

$$B \xrightarrow{+2} D \xrightarrow{+2} \boxed{F} \xrightarrow{+2} H \xrightarrow{+2} J$$
$$M \xrightarrow{+2} O \xrightarrow{+2} \boxed{Q} \xrightarrow{+2} S \xrightarrow{+2} U$$
$$M \xrightarrow{+2} O \xrightarrow{+2} \boxed{Q} \xrightarrow{+2} S \xrightarrow{+2} U$$

20. *(c)* समी $25-28+21\times10\div5=43$

विकल्प (c) से, 21 और 25 को आपस में बदलने पर,

$21-28+25\times10\div5=43$

$\Rightarrow \quad 21-28+25\times2=43$

$\Rightarrow \quad 21-28+50=43$

$\therefore \quad 43=43$

21. *(b)* रॉलेट एक्ट अधिनियम राजनीतिक कैदियों को बिना मुकदमा चलाए दो वर्ष तक हिरासत में रखने की अनुमति देता है। रॉलेट एक्ट ब्रिटिश शासन द्वारा वर्ष 1919 में पारित किया गया था। रॉलेट एक्ट को बिना अपील, बिना वकील, बिना दलील कानून कहा जाता था।

22. *(b)* अब्देल फतह अल-सिसी को भारत के गणतन्त्र दिवस समारोह, 2023 के लिए मुख्य अतिथि के रूप में आमन्त्रित किया गया। मिस्र के राष्ट्रपति को सम्मान प्राप्त होने का यह पहला अवसर था। वर्ष 2024 गणतन्त्र दिवस समारोह के मुख्य अतिथि फ्रांस के राष्ट्रपति इमैनुएल मैक्रो थे।

23. *(a)* गौतम बुद्ध ने बोध के लिए अपना रास्ता खोजने का फैसला किया और बिहार के बोधगया में पीपल के पेड़ के नीचे कई दिनों तक ध्यान किया तथा ज्ञान प्राप्त किया। ज्ञान प्राप्ति के बाद वे बुद्ध कहलाए। बुद्ध ने अपना प्रथम उपदेश सारनाथ (ऋषिपत्तनम्) में दिया। जिसे धर्मचक्र-प्रर्वतन कहा जाता है।

24. *(d)* न्यूटन के तीसरे नियम के अनुसार प्रत्येक क्रिया के लिए एक समान और विपरीत क्रिया होती है।

जब दो निकाय परस्पर क्रिया करते हैं, तो वे एक-दूसरे पर बल लगाते हैं, जो परिणाम में बराबर और दिशा में विपरीत होते हैं। तीसरे नियम को क्रिया और प्रतिक्रिया के नियम के रूप में भी जाना जाता है।

25. *(a)* एम. एस. सुब्बुलक्ष्मी प्रसिद्ध भारतीय कर्नाटक गायिका थीं और भारत रत्न (1998) तथा रेमन मैग्ससे पुरस्कार (1974) प्राप्त करने वाली पहली कलाकर थीं। सुब्बुलक्ष्मी का जन्म मन्दिरों के शहर मदुरै, मद्रास प्रेसीडेन्सी में 16 सितम्बर, 1916 को हुआ था।

26. *(a)* वर्ष 1947 में स्वतन्त्रता के समय भारत की साक्षरता दर 12% थी और जीवन-प्रत्याशा 32 वर्ष के आस-पास थी। स्वतन्त्र भारत की सरकारों को देश में स्वास्थ्य सेवा और शिक्षा प्रणाली में सुधार की चुनौती का सामना करना पड़ा। जनगणना 2011 के अनुसार, भारत की साक्षरता दर 74.04% और जीवन प्रत्याशा 63.5 वर्ष है।

27. *(d)* भारत की संविधान सभा की स्थापना वर्ष 1946 में की गई थी।

क्रिप्स मिशन की असफलता के बाद वर्ष 1946 में तीन सदस्यीय (लार्ड पैथिक लारेंस सर स्टेफर्ड क्रिप्स और ए.वी. अलेकजेण्डर) कैबिनेट मिशन भारत भेजा गया। कैबिनेट मिशन के एक प्रस्ताव के द्वारा अन्ततः संविधान सभा का निर्माण हुआ। संविधान सभा आंशिक रूप से चुनी हुई आंशिक रूप से नामांकित निकाय थी।

28. *(a)* फ्लेमिंगो महोत्सव, (राजहंस महोत्सव) आन्ध्र प्रदेश में नेल्लोर जिले की झील जल्लुरुपेटा में स्थित नेलापट्टू पक्षी अभयारण्य के पास पुलिकट झील पर मनाया जाता है। फ्लेमिंगो महोत्सव प्रत्येक वर्ष पर्यटन को बढ़ावा देने के लिए आयोजित किया जाता है। इस उत्सव का मुख्य आकर्षण साइबेरियन रंगीन पक्षी है।

29. *(d)* जुलाई, 2023 तक भारतीय राज्य के दूसरे सबसे लम्बे समय तक पद पर रहने वाले मुख्यमन्त्री नवीन पटनायक हैं। नीवन पटनायक ओडिशा के वर्तमान और 14वें मुख्यमन्त्री हैं। वह वीजू जनता दल के अध्यक्ष और लेखक भी हैं। सर्वाधिक समय तक मुख्यमन्त्री रहने वाले प्रथम व्यक्ति पवन कुमार चामलिंग हैं।

30. *(d)* नर्तकी नटराज पहली ट्रान्सजेण्डर भारतीय नर्तकी हैं, जिन्हें पद्मश्री (2019) से सम्मानित किया गया है। वह तंजौर के नायकी भव परम्परा में विशेषज्ञ हैं। इन्हें वर्ष 2011 में संगीत नाटक अकादमी पुरस्कार से सम्मानित किया गया था।

31. *(c)* भारतीय संविधान का अनुच्छेद-163 राज्यपाल और मन्त्रिपरिषद् के बीच सम्बन्धों को परिभाषित करने में महत्त्वपूर्ण भूमिका निभाता है। यह सुनिश्चित करता है कि राज्यपाल को अपने कार्यों के निष्पादन में मन्त्रिपरिषद् का समर्थन और मार्गदर्शन प्राप्त है, साथ ही कुछ असाधारण मामलों में राज्यपाल को स्वतन्त्र विवेक की भी अनुमति हैं।

32. *(b)* विम्बल्डन ट्रॉफी का सम्बन्ध लॉन टेनिस खेल से है। टेनिस से सम्बन्धित अन्य गैण्डस्लैम, अमेरिकी ओपन, आस्ट्रेलियन ओपन तथा फ्रेंच ओपन है।

33. *(a)* भारत की छठी आर्थिक जनगणना वर्ष 2013 में आयोजित की गई थी। आर्थिक जनगणना 2012-13 में भारत सरकार द्वारा निर्गत दिशा-निर्देशों के अनुरूप देश के समस्त राज्यों/केन्द्रशासित प्रदेशों में राज्य स्तरीय सांख्यिकी विभाग को नोडल विभाग बनाकर आर्थिक गणना सुचारू रूप से सम्पन्न कराने का दायित्व सौंपा गया। प्रथम आर्थिक जनगणना 1977 में आरम्भ हुई थी।

34. *(c)* टेबल टेनिस में, एक सर्व जो नेट से टकराता है, परन्तु फिर भी आगे निकल जाता है और प्रतिद्वन्द्वी के सर्विस क्षेत्र में गिरता है, वह लेट कहलाता है (लेट का अर्थ है–गेंद को उछाल कर गिराना) और सर्व पुनः ले लिया जाता है। यदि यह नेट से टकराता है और आगे नहीं बढ़ता है, तो अंक दूसरे टीम के पास चला जाता है और सर्व पुनः नहीं होता। टेबल टेनिस दो (एकल) या चार (युगल) खिलाड़ियों के बीच खेली जाती है।

35. *(a)* होली का बसन्त त्योहार मणिपुर में मैतेई जनजाति द्वारा याओशांग के रूप में मनाया जाता है, जो लगभग छः दिनों तक चलता है। याओशांग मैतेई लोगों की स्वदेशी परम्परा है। यह मणिपुर का सबसे महत्त्वपूर्ण त्योहार माना जाता है।

36. *(c)* राजकोषीय घाटा सरकार के कुल व्यय और कुल प्राप्तियों के बीच अन्तर को दर्शाता है।

राजकोषीय घाटा = कुल व्यय – कुल प्राप्तियाँ (उधार को छोड़कर)। यह एक संकेतक है, जो दर्शाता है कि सरकार को अपने कार्यों को वित्तपोषित करने के लिए किस सीमा तक उधार लेना चाहिए। इसे देश के सकल घरेलू उत्पाद के प्रतिशत के रूप में व्यक्त किया जाता है।

37. *(c)* भारत में 'APEDA' का सम्बन्ध कृषि से है।

एपीडा (कृषि और प्रसंस्करण खाद्य उत्पाद निर्यात विकास प्राधिकरण) ने भारत में लगभग सभी कृषि सम्भावित राज्यों में अपनी उपस्थिति दर्ज की है। यह अपने प्रधान कार्यालय तथा 16 क्षेत्रीय कार्यालयों के मध्यम से कृषि निर्यात समुदाय को सेवाएँ प्रदान कर रहा है। इसकी स्थापना 13 फरवरी, 1986 को की गई थी।

38. *(a)* घूमर नृत्य राजस्थान राज्य से सम्बन्धित है। घूमर, राजस्थान का एक परम्परागत लोकनृत्य है। इसका विकास भील जनजाति ने माँ सरस्वती की आराधना करने के लिए किया था। घूमर प्रायः विशेष अवसरों जैसे कि विवाह समारोह, त्योहारों और धार्मिक आयोजनों पर किया जाता है।

39. *(c)* कथन A और B दोनों सही हैं। भारत हरित क्रान्ति से खाद्यान्न के मामले में आत्मनिर्भर हो गया और केन्द्रीय पूल में भी पर्याप्त भण्डार एकत्रित हो गया

यहाँ तक कि भारत खाद्यान्न निर्यात की स्थिति में भी आ गया। इससे प्रति व्यक्ति खाद्यान्न की निवल उपलब्धता में भी वृद्धि हुई है। भारत में हरित क्रान्ति की शुरुआत तीसरी पंचवर्षीय योजना के अन्तर्गत की गई है। भारत में हरित क्रान्ति के जनक एम.एस. स्वामीनाथन थे। इसका मुख्य उद्देश्य बीजों की गुणवत्ता को सुधारना था। अपनी उच्च गुणवत्ता के कारण बीजों को उच्च उत्पादकता किस्में (High Yielding Varieties-HYV) कहा गया।

40. *(d)* महाराष्ट्र ने राष्ट्रीय खेल में कुल पदकों में से अधिकतम संख्या में पदक जीते। महाराष्ट्र ने राजा भलिन्द्र सिंह ट्रॉफी जीतकर कुल 228 पदक जीते, जिनमें 80 गोल्ड, 69 सिल्वर, 79 ब्रांज थे। वर्ष 2024 में राष्ट्रीय खेल का आयोजन उत्तराखण्ड राज्य में किया जाएगा।

41. *(b)* M और N की कार्यक्षमता का अनुपात $= 2:1$

तब, समय का अनुपात $= 1:2$

माना M का समय $= x$ दिन

तो N का समय $= 2x$ दिन

प्रश्नानुसार,

$$2x - x = 66$$

$$\boxed{x = 66}$$

कुल कार्य = समय × कार्य क्षमता

$$= 66 \times 2 = 132$$

'$M + N$' द्वारा लिया गया समय

$$= \frac{\text{कार्य}}{\text{कार्य क्षमता}}$$

$$= \frac{132}{1+2} = \frac{132}{3} = \boxed{44 \text{ दिन}}$$

वैकल्पिक विधि

यह ज्ञात है,

क्षमता $\propto 1/$समय

तो

	M	N
क्षमता	2	1
दिन	1	2

$\therefore$ $1 \rightarrow 66$

$2 \rightarrow 132$

कुल कार्य $= 132$

अतः दोनों को एकसाथ कार्य करने पर लगने वाला समय $= \frac{132}{3} = 44$ दिन

42. *(b)* मनीष के द्वारा $\frac{3}{5}$ कार्य करने में लगा समय $= 48$ दिन

अतः पूरा कार्य करने में लगा समय

$$= 48 \times \frac{5}{3} = 80 \text{ दिन}$$

$\therefore$ $\frac{1}{5}$ कार्य करने में लगा समय $= 80 \times \frac{1}{5}$

$$= 16 \text{ दिन}$$

43. *(b)* विकल्प (b) से,

$$\frac{12+5}{46+5} = \frac{11+5}{43+5}$$

$$\Rightarrow \quad \frac{17}{51} = \frac{16}{48}$$

$$\Rightarrow \quad \frac{1}{3} = \frac{1}{3}$$

44. *(d)* प्रथम वर्ष ब्याज $=$ ₹ 600

तथा दूसरे वर्ष ब्याज $=$ ₹ 660

दूसरे वर्ष, से अधिक मिला ब्याज

$$= 660 - 600 = ₹\,60$$

यह ब्याज पिछले वर्ष के ब्याज पर मिला है।

$\therefore$ माना ब्याज की दर $= R\%$ प्रति वर्ष

प्रश्नानुसार,

$$600 \times \frac{R}{100} = 60$$

$$R = 10\%$$

45. *(d)* माना कुल दूरी $= 12x$ किमी

एक-तिहाई ($4x$ किमी) चलने में लगा समय

$$= \frac{\text{दूरी}}{\text{चाल}} = \frac{4x}{24} = \frac{x}{6} \text{ घण्टे}$$

एक -चौथाई ($3x$ किमी) चलने में लगा समय

$$= \frac{3x}{36} = \frac{x}{12} \text{ घण्टे}$$

शेष ($5x$ किमी) में लगा समय

$$= \frac{5x}{60} = \frac{x}{12} \text{ घण्टे}$$

$$\text{औसत चाल} = \frac{\text{कुल दूरी}}{\text{कुल समय}} = \frac{12x}{\frac{x}{6} + \frac{x}{12} + \frac{x}{12}}$$

$$= \frac{12x}{\frac{2x + x + x}{12}}$$

$$= 12x \times \frac{12}{4x} = 36 \text{ किमी/घण्टा}$$

46. *(b)* $13[45 + 4\{257 - 3(29 + 33)\}]$

(BODMAS का उपयोग करने पर,)

$$= 13[45 + 4\{257 - 3 \times 62\}]$$

$$= 13[45 + 4 \times 71]$$

$$= 13[45 + 284]$$

$$= 13 \times 329 = 4277$$

47. *(a)* 9 के प्रथम 5 विषम गुणज

$$= 9, 27, 45, 63, 81$$

$$\text{औसत} = \frac{\text{गुणजों का योग}}{\text{गुणजों की संख्या}}$$

$$= \frac{9 + 27 + 45 + 63 + 81}{5} = \frac{225}{5} = 45$$

48. *(c)* प्रतिशत लाभ

$$= \frac{\text{विक्रय मूल्य–क्रय मूल्य}}{\text{क्रय मूल्य}} \times 100$$

$$= \frac{40 - 30}{30} \times 100$$

$$= \frac{10}{30} \times 100 = 33.33\%$$

49. *(a)* $20 - 3 \times (4 + 1) \div 2$

(BODMAS का उपयोग करने पर,)

$$20 - 3 \times 5 \div 2 = 20 - 7.5 = 12.5$$

50. *(a)* ऊँचाई $= 35.7$ सेमी

आधार $= 35.7 \times \frac{1}{7} = 5.1$ सेमी

त्रिभुज का क्षेत्रफल $= \frac{1}{2} \times$ आधार $\times$ ऊँचाई

$$= \frac{1}{2} \times 5.1 \times 35.7$$

$$= 91.035 \text{ सेमी}^2$$

51. *(a)* $6.5 \times 6.5 - 2.5 \times 2.5 = (6.5)^2 - (2.5)^2$

$$= (6.5 + 2.5)(6.5 - 2.5)$$

$$= 9 \times 4 \; [\because a^2 - b^2 = (a + b)(a - b)]$$

$$= 36$$

52. *(b)* माना मूलधन $(P) =$ ₹ x

मिश्रधन $(A) =$ ₹ $\frac{69x}{50}$

साधारण ब्याज, (SI) $= \frac{69x}{50} - x =$ ₹ $\frac{19x}{50}$

समय $(t) = \frac{19}{5}$ वर्ष

माना दर $(r) = R\%$ वार्षिक

$$SI = \frac{P \times R \times t}{100} \text{ से,}$$

$\Rightarrow \quad \frac{19x}{50} = \frac{x \times R \times \frac{19}{5}}{100}$

$\therefore \quad R = 10\%$

वैकल्पिक विधि

+19/5 वर्ष

P → A

$\frac{69}{50}$

1

−19/50

ब्याज दर $(r\%) = \frac{\frac{19}{50}}{\frac{19}{5}} \times 100\%$

$= \frac{19 \times 5}{50 \times 19} \times 100\% = 10\%$

53. *(c)* दिया है, अंकित मूल्य = ₹15400,

विक्रय मूल्य = ₹10164

कुल छूट $= \frac{\text{अंकित मूल्य} - \text{विक्रय मूल्य}}{\text{अंकित मूल्य}} \times 100$

$= \frac{15400 - 10164}{15400} \times 100$

$= \frac{5236}{154} = 34\%$

प्रथम छूट = −12%

माना दूसरी छूट = x%

कुल छूट = −34%

$\Rightarrow \quad -12 - x + \frac{(-12) \times (-x)}{100} = -34$

$-x + \frac{12x}{100} = -34 + 12$

$\frac{-88x}{100} = -22$

$\therefore \quad x = 25\%$

54. *(c)* माना मोनू की आय = ₹100x

तब, सोनू की आय

$= 100x + 100x \times \frac{30}{100} = ₹130x$

तथा सनी की आय

$= 130x + 130x \times \frac{15}{100} = ₹149.5x$

∴अभीष्ट प्रतिशत वृद्धि

$= \frac{149.5x - 100x}{100x} \times 100 = 49.5\%$

वैकल्पिक विधि

माना मोनू की आय = ₹ 100

तब, सनी 149.5, सोनू 130, मोनू 100

+15% +30%

सनी की आय मोनू की आय से अधिक

$= \frac{149.5 - 100}{100} \times 100 = 49.5\%$

55. *(d)* $42 \div 3 \times [7 + (42 \div 6)] \div 2$ का 7

(BODMAS का उपयोग करने पर)

$= 42 \div 3 \times [7 + 7] \div 2$ का 7

$= 14 \times 14 \div 14 = 14$

56. *(a)* 9 सदस्यों की कुल आयु का योग

= औसत × संख्या

= 42 × 9 = 378 वर्ष

सबसे बड़े 58 वर्ष वाले व्यक्ति को निकालने पर बचे लोगों की आयु का योग

= 378 − 58 = 320 वर्ष

शेष बचे व्यक्तियों की औसत आयु

$= \frac{\text{योग}}{\text{संख्या}} = \frac{320}{8} = 40$ वर्ष

वैकल्पिक विधि

शेष सदस्यों की औसत आयु

$= \frac{9 \times 42 - 58}{8}$

$= \frac{378 - 58}{8} = 40$ वर्ष

57. *(c)* प्रश्नानुसार,

क्रय मूल्य $\times \frac{40}{100} =$ विक्रय मूल्य $\times \frac{30}{100}$

$\frac{\text{क्रय मूल्य}}{\text{विक्रय मूल्य}} = \frac{3}{4}$

माना क्रय मूल्य = ₹ 3x,

विक्रय मूल्य = ₹ 4x

∴ लाभ प्रतिशत

$= \frac{\text{विक्रय मूल्य} - \text{क्रय मूल्य}}{\text{क्रय मूल्य}} \times 100$

$= \frac{4x - 3x}{3x} \times 100 = 33.33\%$

58. *(c)* दिया है, $\frac{5m + n}{5m - n} = \frac{5}{2}$

$\Rightarrow 10m + 2n = 25m - 5n$

$\Rightarrow 25m - 10m = 2n + 5n$

$\Rightarrow \quad 15m = 7n$

$\Rightarrow \quad \frac{m}{n} = \frac{7}{15}$

$\therefore \quad m : n = 7 : 15$

वैकल्पिक विधि

$\frac{5m + n}{5m - n} = \frac{5}{2}$

कोमपोनेन्डों और डिविडेन्डों के द्वारा,

$\frac{5m}{n} = \frac{5 + 2}{5 - 2} \quad \left[\frac{a + b}{a - b} = \frac{a}{b}\right]$

$\frac{m}{n} = \frac{7}{15}$

$\therefore \quad m : n = 7 : 15$

59. *(d)* माना वृत्त की त्रिज्या r सेमी है।

वृत्त की नई त्रिज्या $= r + \frac{35}{100} r$

$= \frac{135}{100} r = 1.35r$ सेमी

हम जानते हैं,

वृत्त का क्षेत्रफल $= \pi r^2$

∴ क्षेत्रफल में प्रतिशत वृद्धि

$= \frac{\pi (1.35r)^2 - \pi r^2}{\pi r^2} \times 100$

$= \frac{1.8225r^2 - r^2}{r^2} \times 100$

$= 0.8225 \times 100 = 82.25\%$

वैकल्पिक विधि

वृत्त का क्षेत्रफल $= \pi r^2$

त्रिज्या में वृद्धि = 35%

तो क्षेत्रफल में अभीष्ट % वृद्धि

$= 35 + 35 + \frac{35 \times 35}{100}$

$= 70 + \frac{1225}{100} = 70 + 12.25$

$= 82.25\%$

60. *(b)* माना अंकित मूल्य = ₹ x

छूट $= x \times \frac{15}{100} = ₹ \frac{15x}{100}$

प्रश्नानुसार,

विक्रय मूल्य $= x - \frac{15x}{100}$

$\Rightarrow \quad \frac{85x}{100} = 25500$

$x = ₹ 30000$

61. *(c)* दिए गए वाक्य में कोष्ठक में दिए गए शब्द (घृणा) का पर्यायवाची शब्द 'जुगुप्सा' है। 'घृणा' के अन्य पर्यायवाची शब्द हैं– नफरत, घिन, विमुखता आदि। अतः अन्य विकल्प असंगत हैं।

62. *(b)* 'तौबा करना' मुहावरे का अर्थ है– भविष्य में किसी काम को न करने की प्रतिज्ञा करना।

वाक्य प्रयोग सुधांशु ने अब नकल से तौबा कर ली।

63. *(b)* दिए गए शब्द 'बहुत' का पर्यायवाची 'अति' है। 'बहुत' के अन्य पर्यायवाची शब्द- प्रचुर, बहु, असंख्य आदि हैं। अतः अन्य विकल्प असंगत हैं।

64. *(a)* दिए गए वाक्य में कोष्ठक में दिया गया शब्द (श्यामल) का तद्भव रूप 'साँवला' है। श्यामल शब्द तत्सम है। अतः अन्य विकल्प असंगत हैं।

65. *(b)* वाक्य में रेखांकित शब्द ग्रीष्मावकाश का विलोम 'शीतावकाश' है। अतः अन्य विकल्प असंगत हैं।

66. *(c)* दिए गए वाक्यांश 'जिस पर आक्रमण किया गया हो' के लिए सार्थक शब्द 'आक्रान्त' है। अतः अन्य विकल्प असंगत हैं।

67. *(c)* दिए गए विकल्पों में से रिक्त स्थान के लिए उचित शब्द वाला विकल्प 'स्वाभाविक' है। अतः अन्य विकल्प असंगत हैं।

68. *(c)* दिए गए विकल्प में 'हमारे लिए, सव्रप्रथमच हमारे माता-पिता आते हैं। अशुद्ध वर्तनी वाला वाक्य है। इसका शुद्ध रूप है–हमारे लिए सर्वप्रथम हमारे माता-पिता आते हैं।

69. *(a)* 'नाम कमाना' मुहावरे का अर्थ है–यश प्राप्त करना।

वाक्य प्रयोग सुरेश ने सिविल परीक्षा उत्तीर्ण कर बहुत नाम कमाया।

70. *(c)* दिए गए विकल्पों में से 'वह तो खाना खाकर और दूध पीकर सो गया' त्रुटि रहित वाक्य है। अन्य सभी विकल्प त्रुटियुक्त हैं।

71. *(b)* दिए गए वाक्य में रेखांकित शब्द पत्ते तद्भव शब्द का तत्सम् शब्द 'पत्र' है। अन्य विकल्प असंगत हैं।

72. *(d)* दिए गए वाक्य में रेखांकित शब्द 'अपनों स्वेच्छा' के लिए सही शब्दों वाला विकल्प है अमन स्वेच्छा से सेनानिवृत्त हो रहा है। अन्य विकल्प असंगत हैं।

73. *(c)* दिए गए वाक्य में रिक्त स्थान की पूर्ति के लिए सबसे उपयुक्त भाववाचक संज्ञा शब्द 'बुढ़ापे' है। अतः पूर्ण वाक्य है–बुढ़ापे में इंसान एकदम बच्चा बन जाता है।

74. *(d)* दिए गए वाक्य में रेखांकित शब्द जिह्वा तत्सम शब्द का तद्भव शब्द 'जीभ' होता है। अन्य विकल्प असंगत हैं।

75. *(c)* दिए गए वाक्य में कोष्ठक में दिए गए शब्द (आगामी) का विलोम शब्द 'विगत' है। अन्य विकल्प असंगत हैं।

76. *(d)* रिक्त स्थान (1) की पूर्ति के लिए सबसे उपयुक्त विकल्प 'हृदय' है। अतः पूर्ण वाक्य है- निःसन्देह भारत के लोग विराट हृदय वाले हैं।

77. *(c)* रिक्त स्थान (2) की पूर्ति के लिए सबसे उपयुक्त विकल्प 'विभिन्न' होगा। अतः पूर्ण वाक्य है– विभिन्न संस्कृतियों के पश्चात् भी सब आपस में परस्पर सहयोग भाव बनाए रखते हैं।

78. *(c)* रिक्त स्थान (3) की पूर्ति के लिए सबसे उपयुक्त विकल्प 'परस्पर' होगा। अतः पूर्ण वाक्य है- विभिन्न संस्कृतियों के पश्चात् भी सब आपस में परस्पर सहयोग भाव बनाए रखते हैं।

79. *(d)* रिक्त स्थान (4) की पूर्ति के लिए सबसे उपयुक्त विकल्प 'मिलजुल' होगा। अतः पूर्ण वाक्य है– एक-दूसरे के साथ मिल-जुलकर रहते हैं।

80. *(a)* रिक्त स्थान (5) की पूर्ति के लिए सबसे उपयुक्त विकल्प 'महानता' होगा। अतः पूर्ण वाक्य क्या है– यही हमारी भारतीय संस्कृति की महानता है।

सॉल्वड पेपर 2024

SSC कांस्टेबल (जीडी) सेट 29

28 फरवरी 2024
(शिफ्ट II)

भाग-I सामान्य बुद्धिमत्ता एवं तर्कशक्ति

1 आठ एथलीट सुनील, अभिषेक, मोहित, चीनू, राहुल, तनु, कोयल और अंकित एक वृत्ताकार मेज के चारों ओर केन्द्र से बाहर की ओर मुख करके बैठे हैं। (परन्तु जरूरी नहीं, कि वे इसी क्रम में बैठे हों)। कोयल, राहुल के बाईं ओर से तीसरे स्थान पर बैठी है। तनु, चीनू के दाईं ओर से तीसरे स्थान पर बैठी है। मोहित, सुनील के दाईं ओर से दूसरे स्थान पर बैठा है। अभिषेक, चीनू के बाईं ओर से दूसरे स्थान पर बैठा है। तनु, सुनील के बाईं ओर से दूसरे स्थान पर बैठी है। अंकित के दाईं ओर से दूसरे स्थान पर कौन बैठा है?

(a) मोहित (b) सुनील
(c) चीनू (d) राहुल

2 नीचे दी गई दो संख्याओं (न कि अंकों) को आपस में बदलने पर निम्नलिखित में से कौन-सा समीकरण सही नहीं होगा?

9 और 2

(a) $9 \div 3 + 2 - 4 = 6$
(b) $9 - 2 + 7 = 0$
(c) $2 + 9 \times 3 - 4 = 11$
(d) $9 + 4 \times 2 - 6 = 32$

3 यदि 30 A 10 B 30 C 10 = 37 और 45 A 15 B 18 C 9 = 58, तो 64 A 34 B 50 C 5 = ?

(a) 88 (b) 87
(c) 90 (d) 80

4 एक निश्चित कूटभाषा में 'WHOM' को 'SCKH' लिखा जाता है। उसी कूटभाषा में, 'BAKE' को कैसे लिखा जाएगा?

(a) XVHZ (b) XVHA
(c) XVGZ (d) XVGA

5 निम्नलिखित में से कौन-सा अक्षर दी गई शृंखला में प्रश्नचिह्न (?) के स्थान पर आएगा?

U, X, A, D, G, J, M, ?

(a) S (b) P
(c) Q (d) R

6 निम्नलिखित प्रश्न में, दिए गए विकल्पों में से उस आकृति का चयन कीजिए, जिसे प्रश्नचिह्न (?) के स्थान पर रखा जा सकता है।

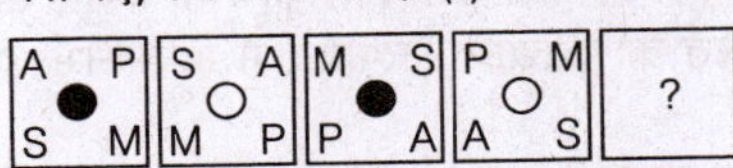

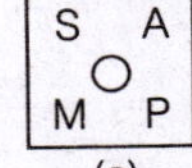

(a)

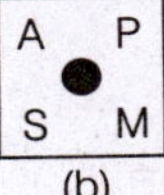

(b)

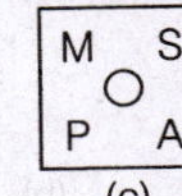

(c)

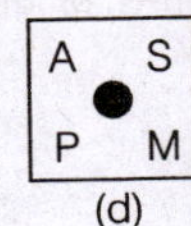

(d)

7 दिए गए विकल्पों में से निम्नलिखित शृंखला से लुप्त संख्या का चयन कीजिए।

5, 37, 70, 104, ?, 175

(a) 140 (b) 148 (c) 144 (d) 139

8 दी गई विकल्प आकृतियों में से, उस आकृति का चयन कीजिए, जिसमें प्रश्न में दी गई आकृति छिपी हुई/निहित है। (घूर्णन की अनुमति नहीं है)

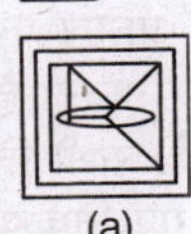
(a)

(b)

(c)

(d)

9 निम्नलिखित प्रश्न में, दिए गए विकल्पों में से सम्बन्धित अक्षरों का चयन कीजिए।

GE : HH : : BA : ?

(a) CD (b) IM (c) KL (d) RJ

10 निम्नलिखित प्रश्न में, दिए गए विकल्पों में से सम्बन्धित अक्षर-युग्म का चयन कीजिए।

QRN : UVR : : ?

(a) SWL : WAP (b) KJH : ZOW
(c) XUN : LOD (d) NUP : BBO

11 निम्नलिखित प्रश्न में दिए गए विकल्पों में से उस आकृति का चयन कीजिए, जिसे प्रश्नचिह्न (?) के स्थान पर रखा जा सकता है।

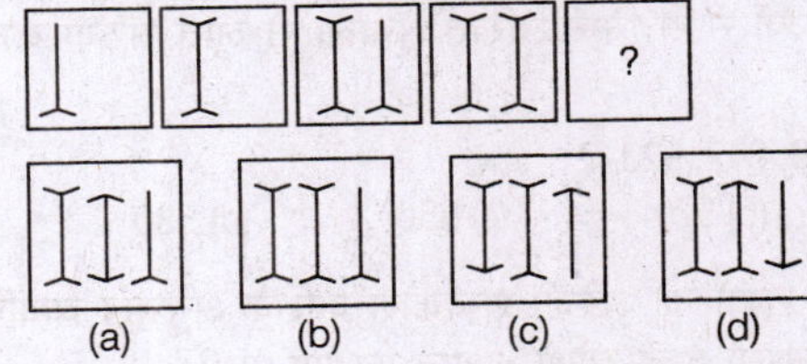

12 निम्नलिखित में से अक्षरों के कौन-से एक समूह को दी गई अक्षर शृंखला के रिक्त स्थानों में क्रमिक रूप से रखने पर शृंखला पूरी हो जाएगी?

cddfcd_ _c_df_ddfcd

(a) dfcd (b) ddfc (c) ddcd (d) dfdc

13 एक निश्चित कूटभाषा में, 'DRAGON' को 'CQZEML' लिखा जाता है। उसी कूटभाषा में 'WHEELS' को कैसे लिखा जाएगा?

(a) VGDDKR (b) VGDCJR
(c) VGDCJQ (d) VGDDJQ

14 E × F' का अर्थ है 'E, F की पत्नी है'
E + F' का अर्थ है 'E, F का भाई है'
E ÷ F' का अर्थ है 'E, F का पति है'
E – F' का अर्थ है 'E, F का बेटा है'
व्यंजक 'P × Q + I – R ÷ S' में, P का R से क्या सम्बन्ध है?
(a) पत्नी (b) पत्नी की बहन
(c) बेटे की पत्नी (d) बहन

15 नीचे दर्शाए गए अनुसार एक कागज को मोड़कर काटा जाता है। खोले जाने पर यह कैसा दिखाई देगा?

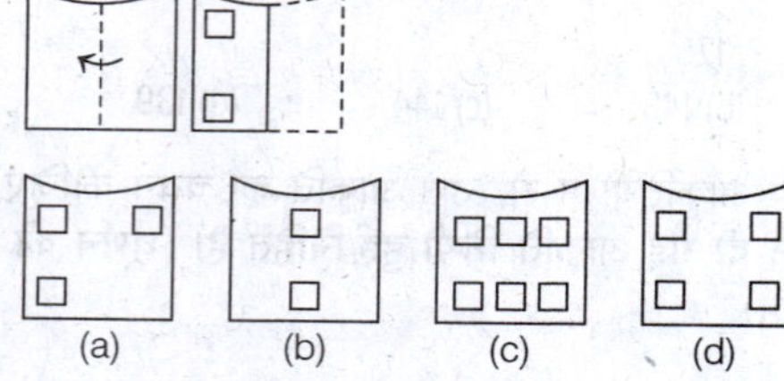

(a) (b) (c) (d)

16 निम्नलिखित प्रश्न में कुछ कथन और उन कथनों के आधार पर कुछ निष्कर्ष दिए गए हैं। आपको दिए गए कथनों को सत्य मानना है, चाहे वे सामान्यतः ज्ञात तथ्यों से भिन्न प्रतीत होते हों। सभी निष्कर्षों को ध्यानपूर्वक पढ़िए और निश्चय कीजिए, कि दिए गए निष्कर्षों में से कौन-सा निष्कर्ष कथनों का तार्किक रूप से अनुसरण करता है?
कथन
कुछ T, S हैं।
कोई R, S नहीं है।
निष्कर्ष
I. कोई S, R नहीं है।
II. कोई R, T नहीं है।
III. कोई S, T नहीं है।
(a) कोई भी निष्कर्ष अनुसरण नहीं करता है
(b) केवल निष्कर्ष I अनुसरण करता है
(c) निष्कर्ष II और III दोनों अनुसरण करते हैं
(d) सभी निष्कर्ष अनुसरण करते हैं

17 दिए गए विकल्पों में से निम्नलिखित श्रृंखला से लुप्त संख्या का चयन कीजिए।
863, 860, 869, 842, 923, ?
(a) 680 (b) 570 (c) 550 (d) 580

18 नीचे दिए गए शब्दों को अंग्रेजी शब्दकोश क्रम के अनुसार व्यवस्थित करने पर, कौन-सा शब्द 'चौथे' स्थान पर आएगा?
1. Slur 2. Suit 3. Slug
4. Slung 5. Slump
(a) Slur (b) Suit
(c) Slung (d) Slug

19 पाँच व्यक्ति A, B, C, D और E एक वृत्ताकार मेज के चारों ओर केन्द्र की ओर मुख करके बैठे हैं (परन्तु जरूरी नहीं, कि वे इसी क्रम में बैठे हों)। D और A का निकटतम पड़ोसी C नहीं है। B, E के बाईं ओर दूसरे स्थान पर बैठा है। A, E के दाईं ओर दूसरे स्थान पर बैठा है। D के ठीक दाईं ओर कौन बैठा है?
(a) C (b) A (c) B (d) E

20 दिए गए विकल्पों में से उस पासे का चयन कीजिए, जो नीचे दी गई शीट को मोड़ने पर बन सकता है।

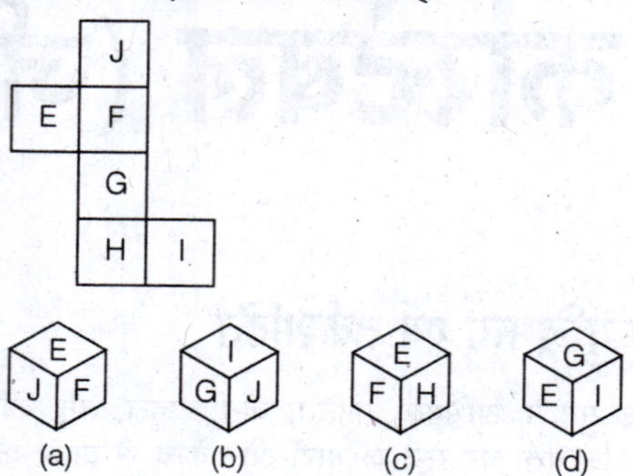

(a) (b) (c) (d)

भाग-II सामान्य ज्ञान

21 वर्ष 2023 में किस राज्य सरकार ने स्वतन्त्रता दिवस के अवसर पर मुख्यमन्त्री निःशुल्क अन्नपूर्णा खाद्य पैकेट योजना की शुरुआत की?
(a) उत्तर प्रदेश (b) राजस्थान
(c) केरल (d) महाराष्ट्र

22 निम्नलिखित में से किसे 30 जनवरी, 2023 को भारतीय वायुसेना (Indian Air Force) का नया उप-प्रमुख (Vice Chief) नियुक्त किया गया है?
(a) विवेक राम चौधरी (b) हरजीत सिंह अरोड़ा
(c) सन्दीप सिंह (d) अमरप्रीत सिंह

23 आधुनिक आवर्त सारणी में तत्त्वों को .... ऊर्ध्व स्तम्भों में व्यवस्थित किया जाता है, जिन्हें समूह कहा जाता है और .... क्षैतिज पंक्तियों में व्यवस्थित किया जाता है, जिन्हें आवर्त कहा जाता है।
(a) 18, 9 (b) 18, 7
(c) 16, 7 (d) 16, 9

24 एम.के.सरोजा, जिनका जून, 2022 में निधन हो गया, किस नृत्यशैली के लिए प्रसिद्ध थीं?
(a) सत्रीया (b) कुचिपुड़ी
(c) भरतनाट्यम (d) कथक

25 प्रसिद्ध संगीत शख्सियत पं. शिव कुमार शर्मा कौन-से वाद्ययन्त्र का वादन करते हैं?
(a) गिटार (b) पियानो
(c) सन्तूर (d) सितार

26 फीफा अण्डर-17 महिला विश्वकप, 2022 किस देश ने जीता?
(a) यूएसए (b) कोलम्बिया
(c) जापान (d) स्पेन

27 हरित क्रान्ति के सम्बन्ध में निम्नलिखित में से कौन-सा कथन सही है?
I. हरित क्रान्ति ने भारत को खाद्यान्न उत्पादन में आत्मनिर्भर बना दिया।
II. हरित क्रान्ति के बाद रासायनिक उर्वरकों के प्रयोग में कमी आई है।
कूट
(a) केवल I (b) केवल II
(c) I और II दोनों (d) न तो I और न ही II

28 भारत की 2011 की जनगणना के अनुसार प्रारम्भिक बाल्यावस्था (0-6 वर्ष) का लिंगानुपात क्या है (प्रति हजार पुरुषों पर महिलाएँ)?
(a) 928 (b) 908
(c) 938 (d) 918

29 अशोक के धम्म में भगवान की पूजा या बलिदान का प्रदर्शन..........।
(a) शामिल नहीं था
(b) मुख्य रूप से शामिल है
(c) जैसे एक निश्चित रूप का समर्थन किया जाता है
(d) के एक भाग के रूप में शामिल है

30 निम्नलिखित समाज सुधारकों में से किसने आत्मसम्मान आन्दोलन शुरू किया?
(a) पेरियार (b) नारायण गुरु
(c) ज्योतिराव फुले (d) घासीदास

31 भारतीय संविधान के अनुसार, भारत सरकार के कितने अंग हैं?
(a) दो (b) चार
(c) तीन (d) पाँच

32 डेकाथलॉन (Decathlon), जो पुरुषों के लिए आयोजित किया जाता है, में .... स्पर्द्धाएँ शामिल होती हैं।
(a) 12 (b) 15 (c) 8 (d) 10

33 'टिप्पणी नृत्य' का सम्बन्ध किस राज्य से है?
(a) उत्तर प्रदेश (b) कर्नाटक
(c) आन्ध्र प्रदेश (d) गुजरात

34 कौन-से वर्ष की जनगणना भारत की 14वीं जनगणना है?
(a) 2011 (b) 1991
(c) 2001 (d) 2021

35 औद्योगिक नीति संकल्प (Industrial Policy Resolution), 1956 के अन्तर्गत भारत में उद्योगों को कितनी श्रेणियों में वर्गीकृत किया गया है?
(a) तीन (b) दो (c) पाँच (d) चार

36 एटीएम बूथ, आर्थिक गतिविधि के किस क्षेत्रक के अन्तर्गत आते हैं?
(a) तृतीयक क्षेत्रक (b) द्वितीयक क्षेत्रक
(c) प्राथमिक क्षेत्रक (d) चतुर्थक क्षेत्रक

37 भारत सरकार ने राजीव गाँधी खेल रत्न पुरस्कार का नाम बदलकर .... खेल रत्न पुरस्कार कर दिया है।
(a) इन्दिरा गाँधी (b) गावस्कर
(c) मेजर ध्यानचन्द (d) मैरी कॉम

38 राष्ट्रीय स्तर पर स्वतन्त्रता दिवस दिल्ली के ....पर मनाया जाता है।
(a) लालकिले (b) गेटवे ऑफ इण्डिया
(c) इण्डिया गेट (d) ताजमहल

39 वर्ष 2023 में क्रिकेट कण्ट्रोल बोर्ड (BCCI) ने .... को सीनियर पुरुष क्रिकेट चयन समिति का अध्यक्ष नियुक्त किया है।
(a) सचिन तेन्दुलकर (b) अजीत अगरकर
(c) एम.एस. धोनी (d) कपिल देव

40 हरित क्रान्ति (Green revolution) वर्ष 1965 में शुरू हुई और भारत की .... पंचवर्षीय योजना वर्ष 1961-66 के बीच थी।
(a) चौथी (b) तीसरी
(c) पहली (d) दूसरी

भाग-III गणित

41 $0.51\overline{6}$ को भिन्न में परिवर्तित कीजिए।
(a) $\frac{31}{60}$ (b) $\frac{30}{61}$ (c) $\frac{31}{63}$ (d) $\frac{31}{70}$

42 एक वस्तु, जिसका क्रय मूल्य ₹ 500 है, 17% की हानि पर बेची जाती है। यदि उस वस्तु के मूल्य में 20% की और कमी की जाती है, तो विक्रय मूल्य ज्ञात कीजिए।
(a) ₹ 302 (b) ₹ 290
(c) ₹ 452 (d) ₹ 332

43 24 सेमी त्रिज्या और 10 सेमी ऊँचाई वाले शंकु का कुल पृष्ठीय क्षेत्रफल कितना है?
(a) 3924.61 सेमी^{2} (b) 3249.76 सेमी^{2}
(c) 4261.23 सेमी^{2} (d) 3771.43 सेमी^{2}

44 एक 442 मी लम्बी रेलगाड़ी एक बिजली के खम्भे को 13 सेकण्ड में पार करती है और विपरीत दिशा में यात्रा कर रही समान लम्बाई की दूसरी रेलगाड़ी को 17 सेकण्ड में पार करती है। दूसरी रेलगाड़ी की चाल कितनी है?
(a) 32 मी/से (b) 18 मी/से
(c) 24 मी/से (d) 12 मी/से

45 30 और 50 के बीच की सभी अभाज्य संख्याओं को योग कितना है?
(a) 187 (b) 173
(c) 199 (d) 202

46 एक व्यक्ति साधारण ब्याज की एक निश्चित दर पर 5 वर्षों के लिए कुछ धनराशि ऋण पर लेता है। यदि मूलधन और कुल ब्याज का अनुपात: 5 : 1 है, तो वार्षिक ब्याज दर कितनी है?
(a) 3.5% (b) 2%
(c) 4% (d) 7%

47 ₹ 80000 की धनराशि पर 2 वर्षों के लिए चक्रवृद्धि ब्याज (वार्षिक रूप से संयोजित) और साधारण ब्याज के बीच का अन्तर ₹ 288 है। ब्याज की वार्षिक दर ज्ञात कीजिए।
(a) 6% (b) 4%
(c) 5.5% (d) 8%

48 $13[216 \div 3$ का $\{48 \div 24 \times (42 - 38)\}]$ का मान कितना है?
(a) 117 (b) 143
(c) 130 (d) 91

49 8 संख्याओं का औसत 47 है प्रथम तीन संख्याओं का औसत 53 है और अगली दो संख्याओं का औसत 55 है। यदि छठी संख्या, सातवीं और आठवीं संख्या से क्रमश: 7 और 10 कम हो, तो आठवीं संख्या का मान क्या है?
(a) 42 (b) 52 (c) 47 (d) 40

50 T एक काम को 20 दिनों मे पूरा कर सकता है और U उसी काम को 10 दिनों में पूरा कर सकता है। यदि वे दोनों एकसाथ मिलकर काम करते हैं, तो 4 दिनों में कुल काम का कितना प्रतिशत कान पूरा हो जाएगा?
(a) 60% (b) 75%
(c) 65% (d) 80%

51 एक विद्यार्थी ने एक परीक्षा में 60% अंक प्राप्त किए और उसे 80% अंक प्राप्त करने वाले एक दूसरे विद्यार्थी से 24 अंक कम प्राप्त हुए। परीक्षा में अधिकतम अंक कितने हैं?

(a) 120 (b) 140
(c) 150 (d) 130

52 A, B को 30% के लाभ पर एक बोतल बेचता है, और B उसे C को 20% की हानि पर बेचता है। यदि C बोतल के लिए ₹ 3744 का भुगतान करता है, तो A के लिए बोतल का क्रय मूल्य कितना है?

(a) ₹ 3200 (b) ₹ 3000
(c) ₹ 3600 (d) ₹ 3500

53 निम्नलिखित में से वह सबसे छोटी संख्या कौन-सी है, जो 5,8 और 15 की गुणज हो?

(a) 230 (b) 60
(c) 120 (d) 10

54 एक अँगूठी 10%, 20% और 30% की तीन क्रमिक छूट पर बेची जाती है। यदि अँगूठी का अंकित मूल्य ₹ 20000 है, तो इसका निवल विक्रय मूल्य ज्ञात कीजिए।

(a) ₹ 10080 (b) ₹ 10020
(c) ₹ 10000 (d) ₹ 9000

55 एक कक्षा के 17 विद्यार्थियों की औसत आयु 20 वर्ष है। यदि 38 वर्ष की आयु वाला एक नया विद्यार्थी कक्षा में शामिल होता है, तो इन 18 विद्यार्थियों की औसत आयु कितनी होगी?

(a) 24 वर्ष (b) 26 वर्ष
(c) 21 वर्ष (d) 23 वर्ष

56 दीपक अपनी मेज का मूल्य, क्रय मूल्य से 50% अधिक अंकित करता है। वह इस पर कुछ छूट देता है और 10% का लाभ कमाता है। छूट प्रतिशत कितना है?

(a) 20% (b) 26.67%
(c) 16.67% (d) 33.33%

57 यदि $A:B:C = 2:3:5$ है, तो $(A+B):(B+C):(C+A)$ का मान कितना है?

(a) 7 : 6 : 5 (b) 5 : 8 : 8
(c) 7 : 8 : 7 (d) 5 : 8 : 7

58 एक कम्पनी की आय में, पहली तिमाही में 10% की वृद्धि होती है, और दूसरी तिमाही में 5% की कमी आती है। इन दो तिमाहियों में आय में निवल प्रतिशत वृद्धि या कमी कितनी है?

(a) 3.5% की कमी (b) 4.5% की कमी
(c) 3.5% की वृद्धि (d) 4.5% की वृद्धि

59 मोहन, अमन और सोहन मिलकर एक काम को 18 दिनों में पूरा कर सकते है। यदि मोहन, अमन से तीन गुना तेजी से काम कर सकता है और अमन, सोहन से दोगुना तेजी से काम कर सकता है, तो सोहन अकेले उसी काम को कितने दिनों में पूरा कर सकता है?

(a) 180 दिन (b) 172 दिन
(c) 162 दिन (d) 195 दिन

60 दो संख्याएँ 6 : 5 के अनुपात में है। यदि उनका योग 22 है, तो दोनों संख्याओं के वर्गों का योग कितना है?

(a) 244 (b) 234
(c) 196 (d) 256

भाग-IV हिन्दी

61 दिए गए वाक्य में उचित पर्यायवाची शब्द का चयन करके रिक्त स्थान की पूर्ति करें।

..........(नेक) व्यक्ति के साथ ही रहना चाहिए।

(a) सज्जन (b) जंगल
(c) दीठ (d) दुर्जन

62 निम्नलिखित वाक्य में रेखांकित भाग के लिए सार्थक शब्द ज्ञात कीजिए।

इन सारी बातों का <u>कोई अर्थ नहीं</u> है।

(a) सार्थक (b) व्यर्थ
(c) निरर्थक (d) बेकार

63 दिए गए शब्द का विलोम शब्द ज्ञात कीजिए।

सपूत

(a) कुटीर (b) कुमार (c) कुपित (d) कपूत

64 दिए गए वाक्य में रेखांकित शब्दों के संही शब्दों वाले विकल्प का चयन करें।

यह <u>आँखों से देखी</u> घटना है।

(a) परिवर्तन की आवश्यकता नहीं है।
(b) यह आँख से देखी घटना है।
(c) यह आँखों देखी घटना है।
(d) यह आँखों घटना है।

65 दिए गए विकल्पों में से तीन विकल्प त्रुटियुक्त हैं, जबकि एक सही है। उस सही विकल्प का चयन करें।

(a) उनकी पत्नी भी उनके साथ आई है।
(b) उनकी मात्र भी उनके साथ आई है।
(c) उनकी महिला भी उनके साथ आए है।
(d) उनकी भ्राता भी उनके साथ आया है।

66 निम्नलिखित प्रश्न में चार विकल्पों में से उस विकल्प का चयन करें, जो वाक्यांश के लिए एक शब्द का विकल्प हो।

''खाने से बचा हुआ जूठा भोजन''

(a) खाद्य (b) उच्छिष्ठ
(c) बुभुक्षा (d) बारानी

67 दिए गए शब्द का पर्यायवाची ज्ञात कीजिए।

'कृष्ण'

(a) रजत (b) स्वर्ण
(c) गिरिधर (d) ममता

68 निम्नलिखित प्रश्न में दिए गए चार विकल्पों में से उस विकल्प का चयन करें, जो दिए गए मुहावरे के अर्थ का सर्वश्रेष्ठ रूप से व्यक्त करता है।

'घर की खेती'

(a) मुसीबत का एहसास होना (b) बहुत कष्ट झेलना
(c) अपनी चीज़ (d) ज़ोरों की भूख लगना

69 दिए गए वाक्य का वह भाग ज्ञात करें, जिसमें कोई त्रुटि है। यदि कोई त्रुटि नहीं है, तो 'कोई त्रुटि नहीं है, चुनें।

राम, लक्ष्मण और सीता वन को चली गई।

(a) सीता वन को (b) चली गई।
(c) राम, लक्ष्मण और (d) कोई त्रुटि नहीं है

70 निम्नलिखित प्रश्न में चार विकल्पों में से उस विकल्प का चयन करें, जो कोष्ठक में दिए गए शब्द का सही विलोम शब्द है।
मेरे इलाके में मेरे पड़ोसी से ज्यादा (अधम)......... कोई नहीं है।
(a) सूक्ष्म (b) उत्तम
(c) असली (d) अथ

71 दिए गए वाक्य में उचित विदेशज शब्द का चयन करके रिक्त स्थान की पूर्ति कीजिए।
स्कूल को टाटा फाउण्डेशन से .... मिला है।
(a) टिकट (b) फण्ड
(c) कोम्तल (d) पादरी

72 निम्नलिखित प्रश्न में चार विकल्पों में से उस विकल्प का चयन करें, जो दिए गए मुहावरे का सही अर्थ वाला विकल्प है।
''अक्ल चरने जाना''
(a) बहुत शोर करना (b) बुद्धि भ्रष्ट हो जाना
(c) संकोच न करना (d) किसी बात की जानकारी देना

73 दिए गए वाक्य में से गलत वर्तनी ज्ञात कीजिए।
इस बात पर टिप्पड़ी करना क्षमा योग्य नहीं होगा
(a) बात (b) टिप्पड़ी
(c) क्षमा (d) योग्य

74 निम्नलिखित वाक्य में उस वाक्यांश को पहचानिए, जिसमें मात्राओं से सम्बन्धित अशुद्धियाँ हैं। यदि कोई गलती नहीं हैं तो 'कोई त्रुटि नहीं है' का चुनाव कीजिए।
राष्ट्र के महानतम व्यक्ति से देश का/लघुतम व्यक्ती समभाव को मील सकता था तो/यह इनके हृदय की विशालता थी।
(a) राष्ट्र के महानतम व्यक्ति से देश का
(b) यह इनके हृदय की विशालता थी
(c) लघुतम व्यक्ती समभाव को मील सकता था तो
(d) कोई त्रुटि नहीं है

75 दिए गए वाक्य में उचित देशज-विदेशज शब्द का चयन करके रिक्त स्थान की पूर्ति कीजिए।
कम्पनीबाग में .... आज धूल खा रही है।
(a) तोप (b) नीलम
(c) चकमक (d) कमरा

निर्देश (प्र. सं. 76-80) *नीचे दिए गए गद्यांश में कुछ शब्द छोड़ दिए गए हैं और प्रत्येक रिक्त स्थान के चार विकल्प दिए गए हैं। इन चारों में से कौन-सा विकल्प रिक्त स्थान की पूर्ति करेगा।*

हर युग का अपना-अपना प्रिय (1)......... होता है। इन दिनों यह उद्योग बना है, देश की नई (2)......... को विदेश का रास्ता दिखाने का (3)......... यह रास्ता खुल रहा है, त्यों-त्यों लगता है मुम्बई का विरार का इलाका और दूसरे महानगरों के पीछे या भूख से सूखती हुई अँधेरी विदेश (4)......... का रास्ता तलाश रही हैं। गाँव (5)......... हो रहे हैं।

76 रिक्त स्थान (1) के लिए सबसे उपयुक्त विकल्प का चयन कीजिए।
(a) गारण्टी (b) नवीन
(c) उद्योग (d) दाव

77 रिक्त स्थान (2) के लिए सबसे उपयुक्त विकल्प का चयन कीजिए।
(a) विषय (b) पीढ़ी
(c) लोग (d) रास्ता

78 रिक्त स्थान (3) के लिए सबसे उपयुक्त विकल्प का चयन कीजिए।
(a) ज्यों-ज्यों (b) जिन्हें
(c) जो (d) जब

79 रिक्त स्थान (4) के लिए सबसे उपयुक्त विकल्प का चयन कीजिए।
(a) प्राणी (b) युवक
(c) प्रवास (d) प्राण

80 रिक्त स्थान (5) के लिए सबसे उपयुक्त विकल्प का चयन कीजिए।
(a) भारी (b) भ्रमित
(c) भर (d) खाली

उत्तरमाला

1.	(d)	2.	(a)	3.	(a)	4.	(c)	5.	(b)	6.	(b)	7.	(d)	8.	(a)	9.	(a)	10.	(a)
11.	(b)	12.	(d)	13.	(c)	14.	(c)	15.	(d)	16.	(b)	17.	(a)	18.	(a)	19.	(b)	20.	(a)
21.	(b)	22.	(d)	23.	(b)	24.	(c)	25.	(c)	26.	(d)	27.	(a)	28.	(d)	29.	(a)	30.	(a)
31.	(c)	32.	(d)	33.	(d)	34.	(c)	35.	(a)	36.	(a)	37.	(c)	38.	(a)	39.	(b)	40.	(b)
41.	(a)	42.	(d)	43.	(d)	44.	(b)	45.	(c)	46.	(c)	47.	(a)	48.	(a)	49.	(d)	50.	(a)
51.	(a)	52.	(c)	53.	(c)	54.	(a)	55.	(c)	56.	(b)	57.	(d)	58.	(d)	59.	(c)	60.	(a)
61.	(a)	62.	(c)	63.	(d)	64.	(c)	65.	(a)	66.	(b)	67.	(c)	68.	(c)	69.	(b)	70.	(b)
71.	(b)	72.	(b)	73.	(b)	74.	(c)	75.	(a)	76.	(c)	77.	(b)	78.	(a)	79.	(c)	80.	(d)

संकेत एवं हल

1. *(d)* प्रश्नानुसार,

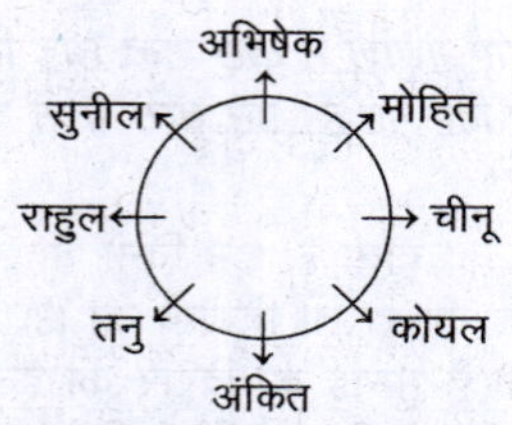

अतः राहुल, अंकित की दाईं ओर से दूसरे स्थान पर बैठा है।

2. *(a)* विकल्प (a) से, $9 \div 3 + 2 - 4 = 6$

प्रश्नानुसार,

9 और 2 को आपस में बदलने पर,

$$2 \div 3 + 9 - 4 = 6$$

$$\Rightarrow \quad \frac{2}{3} + 5 = 6$$

$$\Rightarrow \quad \frac{17}{3} = 6$$

L.H.S. ≠ R.H.S.

अतः विकल्प (a) समीकरण सही नहीं है।

3. *(a)* समीकरण 30 A 10 B 30 C 10 = 37 में A = +, B = −, C = ÷ रखने पर,

$$30 + 10 - 30 \div 10 = 37$$

$$40 - 3 = 37 \Rightarrow 37 = 37$$

तथा 45A15B18C9 = 58

$$\Rightarrow \quad 45 + 15 - 18 \div 9 = 58$$

$$\Rightarrow \quad 45 + 15 - 2 = 58$$

$$\Rightarrow \quad 58 = 58$$

उसी प्रकार, 64A34B50C5 = ?

$$\Rightarrow \quad 64 + 34 - 50 \div 5$$

$$\Rightarrow \quad 64 + 34 - 10 = \boxed{88}$$

4. *(c)* जिस प्रकार,

$W \xrightarrow{-4} S$
$H \xrightarrow{-5} C$
$O \xrightarrow{-4} K$
$M \xrightarrow{-5} H$

उसी प्रकार,

$B \xrightarrow{-4} X$
$A \xrightarrow{-5} V$
$K \xrightarrow{-4} G$
$E \xrightarrow{-5} Z$

5. *(b)* दी गई शृंखला का क्रम निम्न प्रकार है,

U X A D G J M [P]

+3 +3 +3 +3 +3 +3 +3

6. *(b)* दी गई आकृति शृंखला में प्रत्येक अक्षर घड़ी की सुई की दिशा में एक स्थान आगे बढ़ रहा है तथा वृत्त एक बार छायांकित व एक बार अछायांकित हो रहा है। उसी प्रकार प्रश्नचिह्न के स्थान पर आकृति (b) होगी।

7. *(d)* दी गई शृंखला का क्रम निम्न प्रकार है,

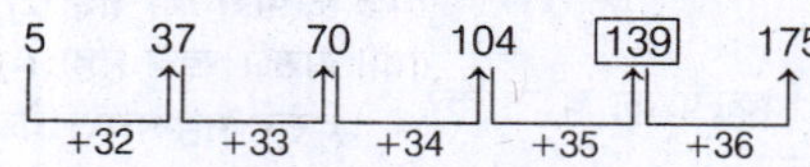

8. *(a)* दी गई प्रश्न आकृति, विकल्प आकृति (a) में अन्तर्निहित है।

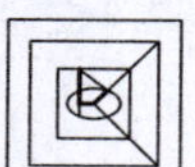

9. *(a)* जिस प्रकार,

$G \xrightarrow{+1} H$
$E \xrightarrow{+3} H$

उसी प्रकार,

$B \xrightarrow{+1} C$
$A \xrightarrow{+3} D$

10. *(a)* जिस प्रकार,

$Q \xrightarrow{+4} U$
$R \xrightarrow{+4} V$
$N \xrightarrow{+4} R$

उसी प्रकार,

$S \xrightarrow{+4} W$
$W \xrightarrow{+4} A$
$L \xrightarrow{+4} P$

11. *(b)* दी गई आकृति शृंखला में मुख्य आकृति से दूसरी आकृति में एक '∨' जोड़ा गया है, फिर दूसरे से तीसरे में पहले और दूसरे को एकसाथ रखा गया है। तीसरी आकृति से चौथे में फिर से '∨' चिह्न ऊपर जोड़ दिया गया तथा फिर पहली और चौथी को एकसाथ रखा गया है। इस प्रकार, प्रश्नचिह्न के स्थान पर उत्तर आकृति (b) आएगी।

12. *(d)* दी गई शृंखला का क्रम निम्न प्रकार है,

cddf/cdd f/cddf/cddf/cd

अतः अभीष्ट अक्षर समूह dfdc है

13. *(c)* जिस प्रकार,

$D \xrightarrow{-1} C$
$R \xrightarrow{-1} Q$
$A \xrightarrow{-1} Z$
$G \xrightarrow{-2} E$
$O \xrightarrow{-2} M$
$N \xrightarrow{-2} L$

उसी प्रकार,

$W \xrightarrow{-1} V$
$H \xrightarrow{-1} G$
$E \xrightarrow{-1} D$
$E \xrightarrow{-2} C$
$L \xrightarrow{-2} J$
$S \xrightarrow{-2} Q$

14. *(c)* दिया गया व्यंजक $P \times Q + I - R \div S$

प्रश्नानुसार,

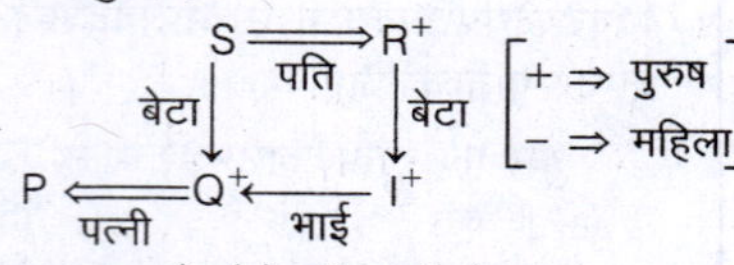

अतः P, R के बेटे की पत्नी है।

15. *(d)* कागज को मोड़ने, काटने तथा खोलने के पश्चात् यह विकल्प आकृति (d) जैसी दिखाई देगी।

अतः विकल्प (d) सही उत्तर आकृति है।

16. *(b)* कथनानुसार,

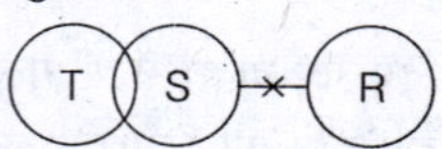

निष्कर्ष I. (✓) II. (✗) III. (✗)

अतः केवल निष्कर्ष I अनुसरण करता है।

17. *(a)* दी गई शृंखला का क्रम निम्न प्रकार है,

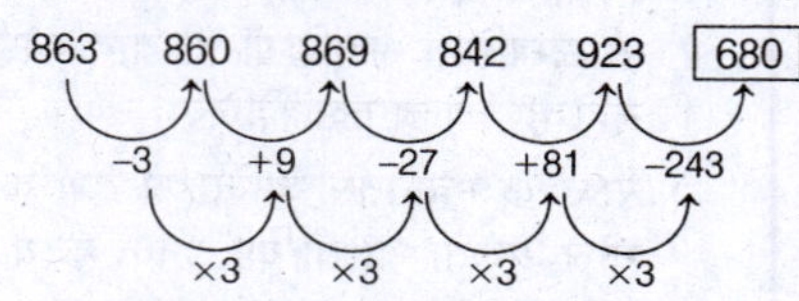

18. *(a)* अंग्रेजी शब्दकोश के अनुसार शब्दों को व्यवस्थित करने पर,

Slug → Slump → Slung → [Slur] → Suit

अतः चौथे स्थान पर Slur आएगा।

19. *(b)* प्रश्नानुसार,

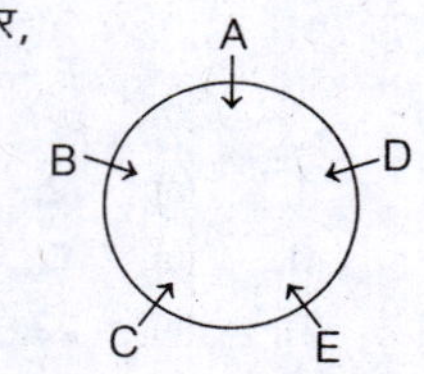

अतः D के ठीक दाईं ओर A है।

20. *(a)* दिए गए पासे को मोड़ने पर कोई भी दो विपरीत फलक एकसाथ संलग्न नहीं हो सकते हैं।

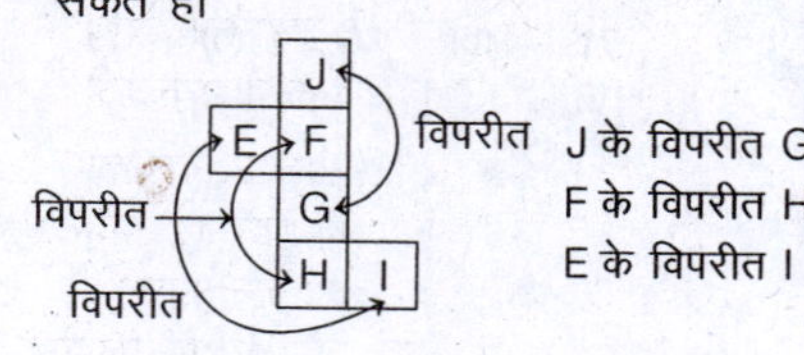

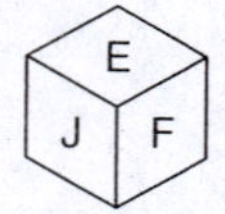

अतः उत्तर (a) होगा।

21. *(b)* वर्ष 2023 में राजस्थान राज्य सरकार ने स्वतन्त्रता दिवस के अवसर पर मुख्यमन्त्री निःशुल्क अन्नपूर्णा खाद्य पैकेट योजना शुरू की। 15 अगस्त, 2023 को राजस्थान के मुख्यमन्त्री अशोक गहलोत ने जयपुर स्थित बिड़ला सभागार में आयोजित स्वतन्त्रता दिवस के अवसर पर इस योजना का शुभारम्भ किया।

इस योजना के तहत राज्य में 1.04 करोड़ से अधिक परिवारों को हर माह निःशुल्क अन्नपूर्णा फूड पैकेट का वितरण किया जाएगा।

22. *(d)* अमरप्रीत सिंह को 30 जनवरी, 2023 में भारतीय वायुसेना का नया उप-प्रमुख नियुक्त किया गया है। इन्होंने एयर मार्शल सन्दीप सिंह की जगह ली। एयर मार्शल अमरप्रीत सिंह को वर्ष 1984 में भारतीय वेटरन के लड़ाकू विमानों में शामिल किया गया था।

23. *(b)* पहले आवर्त सारणी के तत्त्वों को उनके बढ़ते परमाणु भार के क्रम में लगाया जाता था, परन्तु हेनरी मोसले के द्वारा आधुनिक आवर्त सारणी की खोज की गई, जिसके बाद आवर्त सारणी को 18 ऊर्ध्व स्तम्भों में व्यवस्थित किया गया जिन्हें समूह कहा जाता है तथा 7 पंक्तियों में व्यवस्थित किया गया, जिन्हें आवर्त कहा जाता है। इस खोज के बाद तत्त्वों को उनके बढ़ते परमाणु क्रमांक (Atomic Number) के क्रम में आवर्त सारणी में रखा जाने लगा।

24. *(c)* एम के. सरोजा, जिनका जून, 2022 में निधन हो गया, भरतनाट्यम नृत्यशैली के लिए प्रसिद्ध थीं। कला और संस्कृति के क्षेत्र में उनकी सेवाओं के लिए भारत सरकार ने उन्हें वर्ष 2011 में देश के चौथे सर्वोच्च नागरिक पुरस्कार 'पद्मश्री' से सम्मानित किया।

भरतनाट्यम, भारतीय शास्त्रीय नृत्य का एक प्रमुख रूप है, जिसकी उत्पत्ति तमिलनाडु राज्य में हुई।

25. *(c)* प्रसिद्ध संगीत शख्सियत पं. शिव कुमार शर्मा सन्तूर वाद्ययन्त्र का वादन करते हैं। पं. शिव कुमार शर्मा का जन्म जनवरी, 1938 में जम्मू में हुआ। पं. शिव कुमार के पिता उमा दत्त शर्मा एक प्रसिद्ध सन्तूर वादक तथा गायक थे। वह बनारस घराने से सम्बन्धित थे। सन्तूर, कश्मीरी लोक वाद्ययन्त्र है।

26. *(d)* फीफा अण्डर-17 महिला विश्वकप, 2022 स्पेन ने जीता। फीफा अण्डर-17 महिला विश्वकप 2022 का आयोजन भारत में 11-30 अक्टूबर तक किया गया। फाइनल में स्पेन ने कोलम्बिया को हराकर दूसरी बार यह खिताब जीता। इस प्रतियोगिता में 16 देशों की टीमों ने भाग लिया था।
वर्ष 2024 में फीफा अण्डर-17 महिला विश्वकप की मेजबानी डोमिनियन रिपब्लिक करेगा।

27. *(a)* हरित क्रान्ति के सम्बन्ध में केवल कथन (I) सही है। हरित क्रान्ति ने भारत को खाद्यान्न उत्पादन में आत्मनिर्भर बना दिया। हरित क्रान्ति ने अनुकूलित उपायों के माध्यम से फसलों की उच्च उत्पादकता को जन्म दिया। दोहरी फसल उगाना, जिसमें सालाना एक की अपेक्षा दो फसलें लगाना शामिल है।

हरित क्रान्ति के बाद रासायनिक उर्वरकों के प्रयोग में कमी नहीं आई है। इस क्रान्ति के अन्तर्गत रासायनिक उर्वरकों का उपयोग कर अधिक-से-अधिक उत्पादकता को प्रोत्साहन दिया गया। अतः कथन II गलत है।

28. *(d)* भारत की जनगणना 2011 के अनुसार, प्रारम्भिक बाल्यावस्था (0-6 वर्ष) का लिंगानुपात (प्रति हजार पुरुषों पर महिलाएँ) 918 है। वर्ष 2001 की जनगणना के अनुसार, भारत का प्रारम्भिक बाल्यावस्था लिंगानुपात 927 था, जो वर्ष 2011 की जनगणना में घटकर 918 हो गया है।

वर्ष 2011 की जनगणना के अनुसार, भारतीय राज्यों में बाल लिंगानुपात अरुणाचल प्रदेश में सबसे अधिक 972 तथा हरियाणा राज्य में सबसे कम 834 है।

29. *(a)* अशोक के धम्म में भगवान की पूजा या बलिदान का प्रदर्शन शामिल नहीं था।

अशोक के धम्म सिद्धान्त में जानवरों का कल्याण, बलि पर प्रतिबन्ध, महिलाओं को झूठे अनुष्ठानों में विश्वास न करना आदि शामिल थे। अशोक के धम्म को बौद्ध धर्म के प्रचार-प्रसार का श्रेय दिया जाता है।

30. *(a)* समाज सुधारकों में पेरियार ने आत्मसम्मान आन्दोलन चलाया। आत्मसम्मान आन्दोलन एक गतिशील सामाजिक आन्दोलन था, जिसका उद्देश्य समकालीन हिन्दू सामाजिक व्यवस्था को धर्म, जाति ईश्वरीय आस्था के बिना एक नए समग्र तर्कसंगत समाज में परिवर्तित करना था। वर्ष 1925 में तमिलनाडु में इस आन्दोलन की शुरुआत हुई।

31. *(c)* भारतीय संविधान के अनुसार, भारत सरकार के कुल 3 अंग हैं। विधायिका, कार्यपालिका, न्यायपालिका ये तीनों भारत सरकार के अंग हैं। विधायिका, निर्वाचन प्रतिनिधि, कार्यपालिका कानून को लागू करने और सरकार चलाने के लिए जिम्मेदार तथा न्यायपालिका देश में न्यायालयों की व्यवस्था है।

32. *(d)* डेकाथलॉन, जो पुरुषों के लिए आयोजित किया जाता है, में 10 स्पर्द्धाएँ शामिल होती हैं। यह प्रतियोगिता लगातार दो दिन आयोजित की जाती है।

पहला दिन

1. 100 मीटर दौड़ 2. लम्बी छलांग
3. गोला फेंक 4. उछाल
5. 400 मीटर दौड़

दूसरा दिन

1. 110 बाधा दौड़ 2. डिस्कस,
3. पौल बॉल्ट 4. जैवलिन,
5. 1500 मीटर दौड़

डेकाथलॉन में 4 ट्रैक इवेण्ट और 6 फिल्ड इवेण्ट होते हैं।

33. *(d)* 'टिप्पणी नृत्य' का सम्बन्ध गुजराज राज्य से है। यह भारत के गुजरात राज्य के चोखाड़ क्षेत्र से प्रारम्भ हुआ एक लोकनृत्य है। यह नृत्य केवल महिलाओं द्वारा किया जाता है। टिप्पणी को थामे महिलाएँ दो विपरीत पंक्तियों में नृत्य करती हैं तथा साथ ही लोकगीत गाती हैं।

34. *(c)* वर्ष 2001 की जनगणना भारत की 14वीं जनगणना है। भारत की 15वीं जनगणना वर्ष 2011 में हुई। वर्ष 2001 से 2011 में भारत की जनसंख्या 17.6% की वृद्धि दर से 18 करोड बढ़ गई है।

जनसंख्या के आधार पर उत्तर प्रदेश, भारत का सबसे बड़ा राज्य है। जहाँ कुल जनसंख्या के 16% लोग निवास करते हैं।

35. *(a)* औद्योगिक नीति संकल्प, 1956 के अन्तर्गत, भारत में उद्योगों को तीन श्रेणियों में वर्गीकृत किया गया है। वर्ष 1956 औद्योगिक नीति संकल्प, योजना आयोग की वैकल्पिक पंचवर्षीय योजना (1956-1961) का आधार बनाया गया। इसके अन्तर्गत परिश्रम को तीन आदेशों में वर्गीकृत किया गया, जिन्हें मुख्य रूप से IPR 1956 के शीर्ष मूल सिद्धान्त के रूप में जाना जाता है।

उद्योगों का त्रिस्तरीय वर्गीकरण निम्न है

(i) अनुसूची 'ए' (ii) अनुसूची 'बी'
(iii) अनुसूची 'सी'

36. *(a)* एटीएम बूथ, आर्थिक गतिविधियों के तृतीयक क्षेत्रक के अन्तर्गत आते हैं।

तृतीयक क्षेत्रक का सम्बन्ध परिवहन, संचार, शिक्षा, स्वास्थ्य की देखभाल जैसी सेवा के प्रावधान से है।

इण्टरनेट, कैफे, एटीएम बूथ, काल सेण्टर, सभी सेवाएँ प्रदान करने वाले व्यवसाय तृतीयक क्षेत्र के अन्तर्गत आते हैं।

तृतीयक क्षेत्र, सेवाएँ प्रदान करता है।

37. *(c)* भारत सरकार ने अगस्त, 2021 में राजीव गाँधी खेल रत्न पुरस्कार का नाम बदलकर मेजर ध्यानचन्द खेल रत्न पुरस्कार कर दिया है। मेजर ध्यानचन्द प्रसिद्ध हॉकी खिलाड़ी हैं, जो वर्ष 1928, 1932, 1936 में

ओलम्पिक में स्वर्ण पदक जीतने वाली भारतीय हॉकी टीम का हिस्सा थे। इनकी स्मृति में इस पुरस्कार का नाम रखा गया है। इस पुरस्कार के अन्तर्गत एक प्रमाण-पत्र, एक पदक तथा ₹ 25 लाख की नकद राशि पुरस्कार स्वरूप प्रदान की जाती है।

38. *(a)* राष्ट्रीय स्तर पर स्वतन्त्रता दिवस दिल्ली के लालकिले पर मनाया जाता है। प्रधानमन्त्री स्वतन्त्रता दिवस के अवसर पर लालकिले पर राष्ट्रीय ध्वज फहराते हैं। 15 अगस्त, 1947 को भारत स्वतन्त्र हुआ और उस दिन लालकिले पर फहराते हुए ब्रिटिश झण्डे को हटाकर भारतीय राष्ट्रीय ध्वज फहराया गया।
वर्तमान राष्ट्रीय ध्वज का डिजाइन पिंगली वेंकैया द्वारा तैयार किया गया था।

39. *(b)* वर्ष 2023 में क्रिकेट कण्ट्रोल बोर्ड (BCCI) ने अजीत अगरकर को सीनियर पुरुष क्रिकेट चयन समिति का अध्यक्ष नियुक्त किया है। पूर्व भारतीय क्रिकेटर अजीत अगरकर को चेतन शर्मा के स्थान पर चीफ सेलेक्टर पद दिया गया है। अजीत अगरकर द्वारा चुनी गई भारतीय टीम ने वर्ल्ड कप 2023 में भारत का प्रतिनिधित्व किया।

40. *(b)* हरित क्रान्ति वर्ष 1965 में शुरू हुई और भारत की तीसरी पंचवर्षीय योजना वर्ष 1961-66 के बीच थी। हरित क्रान्ति खाद्य एवं कृषि मन्त्री सी सुब्रह्मण्यम के अधीन शुरू हुई। भारत में हरित क्रान्ति के जनक डॉ. एम. एस. स्वामीनाथन थे।
तीसरी पंचवर्षीय योजना के मॉडल 'जॉन सैण्डी' और 'चक्रवर्ती' का उद्देश्य भारत को 'आत्मनिर्भर' व 'स्व-उत्पादक' अर्थव्यवस्था बनाना था।

41. *(a)* माना $x = 0.5\overline{16}$ या $x = 0.51666$
100 और 1000 से क्रमशः गुणा करने पर,

$100x = 51.666$ ...(i)

$1000x = 516.666$ ...(ii)

समी (ii) में से समी (i) को घटाने पर,

$900x = 465$

$x = \frac{465}{900} = \frac{31}{60}$

वैकल्पिक विधि

$0.5\overline{16} = \frac{516 - 51}{900} = \frac{465}{900} = \frac{31}{60}$

42. *(d)* दिया है, वस्तु का क्रय मूल्य = ₹ 500
17% हानि पर बेचने पर विक्रय मूल्य

$= 500 \times \frac{(100-17)}{100} =$ ₹ 415

मूल्य में 20% की और कमी करने के बाद विक्रय मूल्य $= 415 \times \frac{80}{100} =$ ₹ 332

43. *(d)* दिया है,
शंकु की त्रिज्या $(r) = 24$ सेमी
तथा शंकु की ऊँचाई $(h) = 10$ सेमी

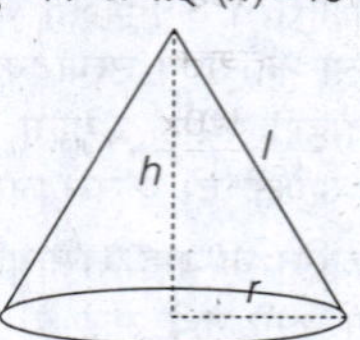

शंकु की तिर्यक ऊँचाई $(l) = \sqrt{h^2 + r^2}$

$= \sqrt{24^2 + 10^2}$

$l = \sqrt{676} = 26$

∴ कुल पृष्ठीय क्षेत्रफल $= \pi r(l + r)$

$= \frac{22}{7} \times 24(24 + 26)$

$= 3771.43$ सेमी^{2}

44. *(b)* दिया है,
पहली रेलगाड़ी की लम्बाई = 442 मी
खम्भा पार करने में लगा समय = 13 सेकण्ड
पहली रेलगाड़ी की चाल $= \frac{\text{दूरी}}{\text{समय}} = \frac{442}{13}$

= 34 मी/से

माना दूसरी रेलगाड़ी की चाल = x मी/से
दोनों रेलगाड़ियों की लम्बाई समान है, तो
कुल दूरी = 442 + 442 = 884 मी
लिया गया समय = 17 सेकण्ड
सापेक्ष चाल = $(34 + x)$ मी/से
(दोनों ट्रेन विपरीत दिशा में चल रही है।)
प्रश्नानुसार,

$34 + x = \frac{884}{17}$ [∵ चाल = दूरी/समय]

⇒ $34 + x = 52$

∴ $x = 18$ मी/से

45. *(c)* 30 और 50 के बीच अभाज्य संख्याएँ
= 31, 37, 41, 43, 47
अभीष्ट योग = 31 + 37 + 41 + 43 + 47 = 199

46. *(c)* माना मूलधन $(P) =$ ₹5x
तो ब्याज (SI) = ₹ x
माना दर $(r) = R\%$ वार्षिक
समय $(t) = 5$ वर्ष (दिया है)

∴ साधारण ब्याज (SI) $= \frac{P \times r \times t}{100}$

$x = \frac{5x \times R \times 5}{100}$

$R = 4\%$

47. *(a)* दिया है, मूलधन $(P) =$ ₹ 80000,
समय $(t) = 2$ वर्ष
माना दर $(r) = R\%$ वार्षिक
दो वर्ष के चक्रवृद्धि और साधारण ब्याज का अन्तर $= P\left(\frac{r}{100}\right)^2$

⇒ $288 = 80000 \times \frac{r}{100} \times \frac{r}{100}$

⇒ $r^2 = 36 \Rightarrow r = 6\%$

48. *(a)* 13[216 ÷ 3 का {48 ÷ 24 × (42 − 38)}]
= 13[(216 ÷ 3 का {2 × 4}]
= 13[216 ÷ 3 का 8]
= 13[216 ÷ 24] ⇒ 13 × 9 = 117

49. *(d)* माना छठी संख्या = x
तो सातवीं संख्या = $x + 7$
आठवीं संख्या = $x + 10$
8 संख्या का कुल योग = औसत × संख्या
= 47 × 8 = 376
प्रथम 3 संख्या का योग = 3 × 53 = 159
अगली 2 संख्या का योग = 2 × 55 = 110
प्रश्नानुसार,
$159 + 110 + x + x + 7 + x + 10 = 376$
⇒ $3x + 286 = 376$
⇒ $3x = 90 \Rightarrow x = 30$
∴ आठवीं संख्या = $x + 10 = 30 + 10 = 40$

50. *(a)* प्रश्नानुसार,
T द्वारा 1 दिन में किया गया काम $= \frac{1}{20}$

U द्वारा 1 दिन में किया गया काम $= \frac{1}{10}$

दोनों के द्वारा 1 दिन में किया गया काम

$= \frac{1}{20} + \frac{1}{10} = \frac{3}{20}$

दोनों द्वारा 4 दिन में किया गया काम

$= 4 \times \frac{3}{20} = \frac{12}{20}$

अतः 4 दिनों में किए गए काम %

$= \frac{12}{20} \times 100 = 60\%$

वैकल्पिक विधि
प्रश्नानुसार,

	दिन	कुल काम	क्षमता
T ⟶	20	20	1
U ⟶	10		2

T और U द्वारा 4 दिनों में किया गया काम
= 3 × 4 = 12

∴ अभीष्ट प्रतिशत $= \frac{12}{20} \times 100 = 60\%$

51. *(a)* दिया है, पहले विद्यार्थी द्वारा प्राप्त अंक का प्रतिशत = 60%
दूसरे विद्यार्थी द्वारा प्राप्त अंक का प्रतिशत
= 80%
माना परीक्षा में अधिकतम अंक = 100%
प्रश्नानुसार,

80% − 60% = 24

⇒ 20% = 24

⇒ 100% = 120

52. *(c)* माना A के लिए क्रय मूल्य = ₹ x

A के लिए विक्रय मूल्य $= ₹\, x \times \frac{130}{100}$

B के लिए क्रय मूल्य $= ₹\, x \times \frac{130}{100}$

B के लिए विक्रय मूल्य $= ₹\, x \times \frac{130}{100} \times \frac{80}{100}$

C के लिए क्रय मूल्य $= ₹\, x \times \frac{130}{100} \times \frac{80}{100}$

प्रश्नानुसार,

$x \times \frac{130}{100} \times \frac{80}{100} = 3744$

$\Rightarrow \quad x = \frac{3744 \times 100 \times 100}{130 \times 80}$

$\Rightarrow \quad x = ₹\, 3600$

अतः A के लिए बोतल का क्रय मूल्य

= ₹ 3600

वैकल्पिक विधि

माना A बोतल को ₹ 100 में खरीदता है, तब

A 100 → (+30%) → B 130 → (−20%) → C 104

यदि 104 = 3744 (दिया है)

तो 'A' के लिए क्रय मूल्य $= \frac{3744}{104} \times 100$

= ₹ 3600

53. *(c)* 5, 8, 15 का सबसे छोटा गुणज

= ल.स. (5,8,15) = 120

54. *(a)* तीन क्रमिक छूट = 10%, 20% तथा 30%

पहले दो पर सकल छूट

$= -10 - 20 + \frac{(-10) \times (-20)}{100}$

$= -30 + 2 = -28\%$

तीनों पर कुल छूट

$= -28 - 30 + \frac{(-28) \times (-30)}{100}$

$= -58 + 8.4 = -49.6\%$

$\therefore$ कुल छूट $= 20000 \times \frac{49.6}{100} = ₹\, 9920$

अतः निवल विक्रय मूल्य = 20000 − 9920

= ₹ 10080

55. *(c)* 17 विद्यार्थियों की आयु का योग

= औसत × संख्या

= 20 × 17 = 340

38 वर्ष वाले विद्यार्थी के शामिल होने पर सभी विद्यार्थियों की आयु का योग

= 340 + 38 = 378

$\therefore$ नई औसत आयु $= \frac{\text{योग}}{\text{संख्या}} = \frac{378}{18} = 21$ वर्ष

56. *(b)* माना क्रय मूल्य = ₹ 100x

अंकित मूल्य $= 100x + 100x \times \frac{50}{100} = ₹\, 150x$

10% लाभ पर बेचने पर विक्रय मूल्य

$= 100x \times \frac{110}{100} = ₹\, 110x$

अतः छूट प्रतिशत

$= \frac{150x - 110x}{150x} \times 100$

$= \frac{40x}{150x} \times 100 = 26.67\%$

57. *(d)* A : B : C = 2 : 3 : 5

माना $A = 2x;\ B = 3x;\ C = 5x$

प्रश्नानुसार, $(A+B):(B+C):(C+A)$

$= 5x : 8x : 7x = 5 : 8 : 7$

58. *(d)* पहली तिमाही में वृद्धि $(x) = +10\%$

दूसरी तिमाही में कमी $(y) = -5\%$

निवल प्रतिशत परिवर्तन $= \pm x \pm y \pm \frac{xy}{100}$

$= +10 - 5 + \frac{10 \times (-5)}{100}$

$= 5 - 0.5\% = 4.5\%$ वृद्धि

59. *(c)* प्रश्नानुसार,

माना सोहन की कार्यक्षमता = x

तो अमन की कार्यक्षमता = $2x$

और मोहन की कार्यक्षमता = $6x$

तीनों मिलकर 18 दिन में काम पूरा करते है।

तो कुल काम = समय × कार्यक्षमता

$= 18 \times (x + 2x + 6x)$

कुल काम $= 18 \times 9x = 162x$

$\therefore$ अभीष्ट समय $= \frac{162x}{x} = 162$ दिन

60. *(a)* माना पहली संख्या = $6x$

तथा दूसरी संख्या = $5x$

प्रश्नानुसार, $6x + 5x = 22$

$\Rightarrow \quad 11x = 22$

$\Rightarrow \quad x = 2$

$\therefore$ पहली संख्या $= 6 \times 2 = 12$

दूसरी संख्या $= 5 \times 2 = 10$

अतः दोनों संख्याओं के वर्गों का योग

$= 12^2 + 10^2 = 144 + 100 = 244$

61. *(a)* दिए गए वाक्य के कोष्ठक में दिए गए शब्द 'नेक' का पर्यायवाची 'सज्जन' है। नेक शब्द के अन्य पर्यायवाची-उत्तम, श्रेष्ठ, सदाचारी, सहृदय आदि हैं।

62. *(c)* दिए गए वाक्य में रेखांकित भाग 'कोई अर्थ नहीं' के लिए एक सार्थक शब्द, 'निरर्थक' है। अन्य विकल्प असंगत हैं।

63. *(d)* दिए गए शब्द 'सपूत' का विलोम शब्द 'कपूत' है। अन्य विकल्प असंगत हैं।

64. *(c)* वाक्य में रेखांकित शब्दों 'आँखों से देखी' के लिए सही शब्दों वाला विकल्प 'आँखों देखी घटना' है। अतः सही वाक्य है–यह आँखों देखी घटना है।

65. *(a)* दिए गए विकल्पों में विकल्प 'उनकी पत्नी भी उनके साथ आई है' सही वाक्य है। अन्य विकल्प असंगत हैं।

66. *(b)* ''खाने से बचा हुआ जूठा भोजन'' वाक्यांश के लिए एक उचित सार्थक शब्द 'उच्छिष्ठ' है। अन्य विकल्प असंगत हैं।

67. *(c)* दिए गए शब्द 'कृष्ण' का पर्यायवाची शब्द 'गिरिधर' है। कृष्ण के अन्य पर्यायवाची शब्द-श्याम, मुरलीधर, वासुदेव, हरि आदि हैं।

68. *(c)* 'घर की खेती' मुहावरे का अर्थ है-अपनी चीज़।

69. *(b)* दिए गए वाक्य में 'चली गई' वाक्यांश त्रुटिपूर्ण है। सही वाक्य है– राम, लक्ष्मण और सीता वन को चले गए।

70. *(b)* दिए गए वाक्य के कोष्ठक में दिए गए शब्द 'अधम' का विलोम शब्द 'उत्तम' है। अन्य विकल्प असंगत हैं।

71. *(b)* दिए गए वाक्य में रिक्त स्थान की पूर्ति के लिए उचित विदेशज शब्द 'फण्ड' है।

72. *(b)* ''अक्ल चरने जाना'' मुहावरे का अर्थ है-बुद्धि भ्रष्ट हो जाना।

वाक्य प्रयोग शिक्षक ने राजू को डाँटते हुए कहा तुम्हारी अक्ल क्या भैंस चरने गई थी।

73. *(b)* दिए गए वाक्य में 'टिप्पड़ी' शब्द अशुद्ध वर्तनी की शुद्ध वर्तनी 'टिप्पणी' है। अन्य विकल्प असंगत हैं।

74. *(c)* दिए गए वाक्य में विकल्प 'लघुतम व्यक्ती समभाव को मील सकता था तो' वाक्यांश त्रुटिपूर्ण है। अन्य विकल्प असंगत हैं।

75. *(a)* दिए गए वाक्य में रिक्त स्थान की पूर्ति के लिए उचित विदेशज शब्द 'तोप' है। अतः पूर्ण वाक्य है–कम्पनीबाग में <u>तोप</u> आज धूल खा रही है।

76. *(c)* रिक्त स्थान (1) के लिए सबसे उपयुक्त विकल्प 'उद्योग' है। अतः पूर्ण वाक्य है–हर युग का अपना-अपना प्रिय <u>उद्योग</u> होता है।

77. *(b)* रिक्त स्थान (2) के लिए सबसे उपयुक्त विकल्प 'पीढ़ी' है। अतः पूर्ण वाक्य इस प्रकार है–देश की नई <u>पीढ़ी</u> को विदेश का रास्ता दिखाने का।

78. *(a)* रिक्त स्थान (3) के लिए उपयुक्त विकल्प 'ज्यों-ज्यों' है। अतः पूर्ण वाक्य है–<u>ज्यों-ज्यों</u> रास्ता खुल रहा है, त्यों-त्यों लगता है।

79. *(c)* रिक्त स्थान (4) के लिए उपयुक्त शब्द 'प्रवास' है। अतः पूर्ण वाक्य है–अन्धेरी गलियाँ विदेश <u>प्रवास</u> का रास्ता तलाश रही हैं।

80. *(d)* रिक्त स्थान (5) के लिए सबसे उपयुक्त शब्द 'खोज़ी' है। अतः पूर्ण वाक्य है–गाँव <u>खाली</u> हो रहे हैं।

28 फरवरी 2024
(शिफ्ट III)

सॉल्वड पेपर 2024

SSC कांस्टेबल (जीडी) सेट 30

भाग-I सामान्य बुद्धिमत्ता एवं तर्कशक्ति

1 निम्नलिखित प्रश्न में दिए गए विकल्पों में से सम्बन्धित अक्षरों का चयन कीजिए।

ISF : DNA : MMT : ?

(a) RQR (b) CBP (c) STU (d) HHO

2 निम्नलिखित में से कौन-सी संख्या दी गई शृंखला में प्रश्नचिह्न (?) के स्थान पर आएगी?

7, 9, 13, 21, 37, ?

(a) 67 (b) 42 (c) 55 (d) 69

3 आठ मित्र A, B, C, D, E, F, G और H एक सीधी पंक्ति में बैठे हैं और उन सभी का मुख उत्तर की ओर हैं, (परन्तु जरूरी नहीं है कि वे इसी क्रम बैठे हों)। B, F के दाईं ओर से दूसरे स्थान पर बैठा है। F पंक्ति के किसी एक छोर पर बैठा है। B और E के बीच में केवल तीन व्यक्ति बैठे हैं। C, D के बाईं ओर से तीसरे स्थान पर बैठा है। D और A के बीच में केवल दो व्यक्ति बैठे हैं। G, E का निकटतम पड़ोसी नहीं है। H के ठीक बाईं ओर कौन बैठा है?

(a) F (b) A (c) D (d) E

4 पाँच व्यक्ति अनुज, भीम, चेतन, धीर और इमरान एक वृत्ताकार मेज के चारों ओर केन्द्र की ओर मुख करके बैठे है, परन्तु जरूरी नहीं, कि वे इसी क्रम में बैठे हों। चेतन और धीर के बीच के केवल एक व्यक्ति बैठा है। भीम, धीर के बाईं ओर से दूसरे स्थान पर बैठा है। अनुज, भीम के ठीक दाईं ओर बैठा है। अनुज के ठीक बाईं ओर कौन बैठा है?

(a) इमरान (b) भीम (c) चेतन (d) धीर

5 निम्नलिखित प्रश्न में, तीन कथन और उसके बाद I और II क्रमांकित दो निष्कर्ष दिए गए हैं। दिए गए कथनों को सत्य मानते हुए, चाहे वे सामान्यतः ज्ञात तथ्यों से भिन्न प्रतीत होते हों, निश्चय कीजिए कि दिए गए निष्कर्षों में से कौन-सा निष्कर्ष कथनों का तार्किक रूप से अनुसरण करता है।

कथन कुछ किताबें, कलमें हैं।

सभी कलमें, पेंसिलें हैं।

कोई पेंसिल, मार्कर नहीं है।

निष्कर्ष I कुछ किताबें, कलमें नहीं हैं।

II कोई कलम, मार्कर नहीं है।

कूट

(a) न तो निष्कर्ष I और न ही II अनुसरण करता है
(b) निष्कर्ष I और II दोनों अनुसरण करते हैं
(c) केवल निष्कर्ष II अनुसरण करता है
(d) केवल निष्कर्ष I अनुसरण करता है

6 A, B का भाई है। B, C की बहन है। C, D की माँ है। D, E की पत्नी है। E, F का पिता है। F, G का भाई है। C का E से क्या सम्बन्ध है?

(a) पत्नी के पिता (b) माँ
(c) भाई (d) पत्नी की माँ

7 यदि 8 * 4 @ 6 # 3 = 195 और 6 * 3 @ 5 # 10 = 100, तो 7 * 3 @ 4 # 15 = ?

(a) 180 (b) 100 (c) 110 (d) 99

8 निम्नलिखित अक्षर समूहों में से अक्षरों का कौन-सा समूह क्रमबद्ध रूप से बाईं से दाईं ओर रखे जाने पर, नीचे दी गई शृंखला को पूरा करेगा?

p_qqrrssppq_rrssppqqrrssppqqr_s_

(a) pqrs (b) prpr (c) srqp (d) qprs

9 दिए गए शब्दों को अंग्रेजी वर्णमाला के क्रम में व्यवस्थित कीजिए।

1. DAISY 2. DART 3. DAFFODIL
4. DANDY 5. DAHLIA

कूट

(a) 3, 5, 1, 2, 4 (b) 3, 2, 1, 5, 4
(c) 3, 5, 1, 4, 2 (d) 3, 1, 2, 5, 4

10 दिए गए विकल्पों में से निम्नलिखित शृंखला से लुप्त संख्या का चयन कीजिए।

71, 82, 93, 104, 115, ?

(a) 126 (b) 128
(c) 125 (d) 130

11 निम्नलिखित प्रश्न में दी गई आकृतियों के अनुसार, कागज के एक टुकड़े को मोड़कर उसमें छेद किया जाता है। विकल्पों में दी गई आकृतियों में से बताइए, कि खोले जाने पर यह कैसा दिखाई देगा?

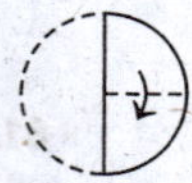
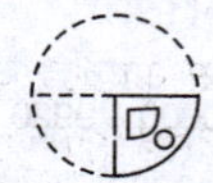

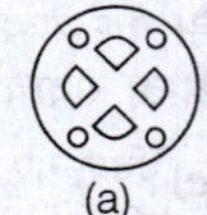
(a)
(b)
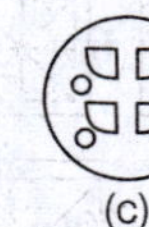
(c)
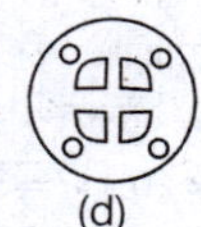
(d)

12 नीचे एक पासे की तीन स्थितियाँ दी गई हैं। '6' वाले फलक के विपरीत फलक पर निम्नलिखित विकल्पों में से क्या आएगा?

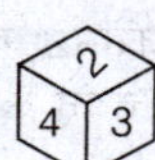

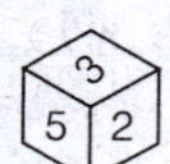

(a) 1 (b) 4 (c) 3 (d) 2

13 दिए गए दो चिह्नों को आपस में बदलने पर समीकरण (I) और (II) का क्रमशः मान कितना होगा?

× और ÷

I. $16 \times 4 - 8 \div 2 + 20$

II. $35 \div 7 \times 5 + 15 - 18$

(a) 10 और 46 (b) 8 और 46
(c) 15 और 20 (d) 17 और 41

14 दी गई विकल्प आकृतियों में से उस आकृति का चयन कीजिए, जिसमें प्रश्न आकृति छिपी हुई/निहित है (घूर्णन की अनुमति नहीं है)

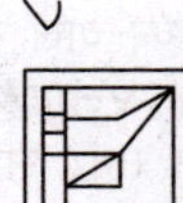
(a)

(b)
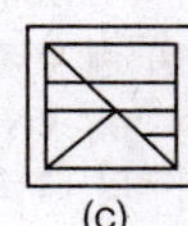
(c)
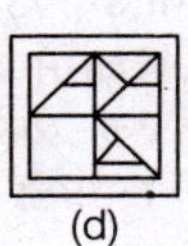
(d)

15 निम्नलिखित विकल्पों में से उस विकल्प का चयन कीजिए, जो पाँचवें शब्द से ठीक उसी प्रकार सम्बन्धित है। जिस प्रकार चौथा शब्द तीसरे शब्द से सम्बन्धित है और दूसरा शब्द पहले शब्द से सम्बन्धित है।

हवा महल : राजस्थान :: चारमीनार : तेलंगाना :: स्टैच्यू ऑफ़ यूनिटी : ?

(a) महाराष्ट्र (b) बिहार (c) गुजरात (d) कर्नाटक

16 एक निश्चित कूटभाषा में, 'GERMAN' को 'HDSLBM' लिखा जाता है उसी कूटभाषा में 'EXPAND' को कैसे लिखा जाएगा?

(a) FWQZOC (b) FWQZOB
(c) FWQZPD (d) FWQZPB

17 निम्नलिखित प्रश्न में, विकल्पों में दी गई उस आकृति का चयन कीजिए, जिसे प्रश्नचिह्न (?) के स्थान पर रखा जा सकता है।

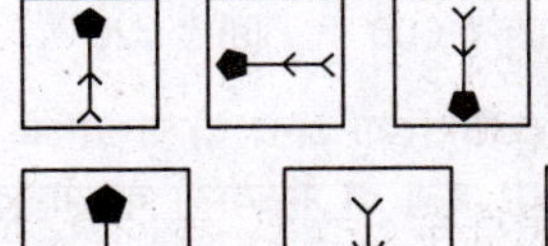

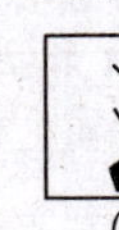
(a)
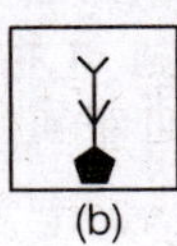
(b)

(c)
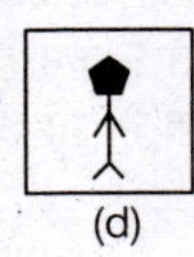
(d)

18 दिए गए विकल्पों में से उस आकृति का चयन कीजिए, जिसे दी गई आकृति शृंखला में प्रश्नचिह्न (?) के स्थान पर रखा जा सकता है।

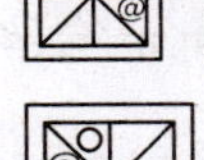
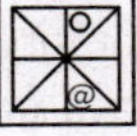
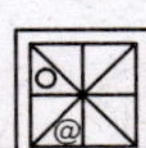
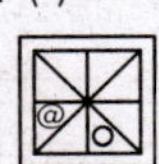

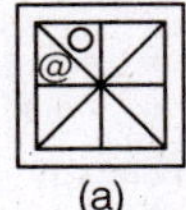
(a)

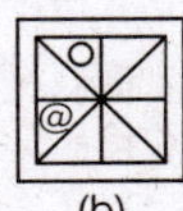
(b)
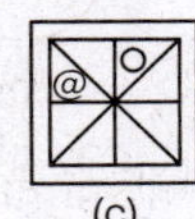
(c)
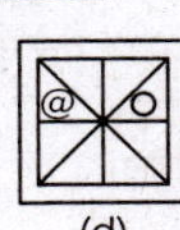
(d)

19 नीचे एक शृंखला दी गई है, जिसमें एक पद लुप्त है। दिए गए विकल्पों में से उस विकल्प का चयन कीजिए, जो शृंखला को पूरा करेगा?

NRTS, JNPO, FJLK, BFHG, ?

(a) XMRF (b) XBDC (c) XTRS (d) YMRF

20 एक निश्चित कूट भाषा में 'SUNSET' को 'TTOTDU' लिखा जाता है और 'MOONRISE' को 'NNNOSHTD' लिखा जाता है। उसी कूट भाषा में 'STARS' को कैसे लिखा जाएगा?

(a) TZUST (b) TUSTZ (c) TUZST (d) TUZTS

भाग-II सामान्य ज्ञान

21 1 फरवरी, 2021 को पेश किए गए केन्द्रीय बजट, 2021-22 में भारत की वित्तमन्त्री ने .... प्रमुख क्षेत्रों के लिए उत्पादन से जुड़ी प्रोत्साहन (Production-Linked Incentive-PLI) योजनाओं के लिए ₹ 1.97 लाख करोड़ के परिव्यय की घोषणा की।

(a) 12 (b) 13 (c) 11 (d) 10

22 शतरंज में अंकों के सन्दर्भ में किस मोहरे का मूल्य सबसे कम होता है?

(a) घोड़ा (b) हाथी (c) वजीर (d) राजा

23 एएफसी चैलेन्ज कप (AFC Challenge Cup) का सम्बन्ध निम्नलिखित में से किस खेल से है?

(a) क्रिकेट (b) टेनिस (c) फुटबॉल (d) हॉकी

24 नन्दिनी कृषक समृद्धि योजना, 2023 निम्नलिखित में से किससे सम्बन्धित है?

(a) गन्ना (b) चावल
(c) गेहूँ (d) दूध

25 अगस्त, 2023 में किस भारतीय क्रिकेटर को भारत पेट्रोलियम कॉर्पोरेशन लिमिटेड (Bharat Petroleum Corporation Ltd, BPCL) का ब्राण्ड एम्बेसडर घोषित किया गया है?

(a) एम.एस. धोनी (b) राहुल द्रविड़
(c) सचिन तेन्दुलकर (c) विराट कोहली

26 निम्नलिखित में से कौन-सा कलाकार मणिपुरी नृत्य शैली के एक विशेषज्ञ हैं?

(a) पं. गोपाल प्रसाद दुबे (b) टी. बालासरस्वती
(c) राजकुमार सिंघजीत सिंह (d) गोपी कृष्णन

27 बैशाखी का त्योहार भारत के निम्नलिखित में से किस राज्य में मनाया जाता है?

(a) तमिलनाडु (b) पश्चिम बंगाल
(c) असम (d) पंजाब

28 निम्नलिखित में से किसने मोहन वीणा का आविष्कार किया और उसे लोकप्रिय बनाया?

(a) अन्नपूर्णा देवी (b) पं. रविशंकर
(c) पं. राम नारायण (d) पं. विश्वमोहन भट्ट

29 पूँजीगत व्यय के सम्बन्ध में निम्नलिखित में से कौन-सा कथन सही है?

I. पूँजीगत व्यय के परिणामस्वरूप भौतिक या वित्तीय परिसम्पत्तियों का सृजन होता है या वित्तीय देनदारियों में कमी आती है।

II. गैर-योजनागत पूँजीगत व्यय में सरकार द्वारा प्रदान की जाने वाली विभिन्न सामान्य, सामाजिक और आर्थिक सेवाएँ शामिल होती हैं।

कूट

(a) केवल I (b) केवल II
(c) I और II दोनों (d) न तो I और न ही II

30 भारत में .... शासन की विधायी शाखा है। यह कानून बनाने का प्रभारी है।
(a) गृहमन्त्री (b) राष्ट्रपति
(c) सर्वोच्च न्यायालय (d) संसद

31 भारत के मौर्य साम्राज्य की स्थापना 322 ई. पू. में हुई थी और इसकी राजधानी पाटलिपुत्र थी, जिसे अब ...... के नाम से जाना जाता है।
(a) दिल्ली (b) पटियाला
(c) पणजी (d) पटना

32 वर्ष 1951 की जनगणना के अनुसार, भारत की कुल ग्रामीण साक्षरता दर कितनी है?
(a) 14.1% (b) 12.1% (c) 16.1% (d) 18.1%

33 भारत में रॉलेट एक्ट (Rowlatt Act) किस वर्ष पारित किया गया था?
(a) वर्ष 1923 (b) वर्ष 1909
(c) वर्ष 1913 (d) वर्ष 1919

34 NEIA का पूर्ण रूप है
(a) नेशनल एक्सपोर्ट इन्स्योरेन्स अथॉरिटी
(b) नेशनल इमरजेन्सी इन्स्योरेन्स अकाउण्ट
(c) नेशनल एक्सपोर्ट इशूएन्स अकाउण्ट
(d) नेशनल एक्सपोर्ट इन्स्योरेन्स अकाउण्ट

35 भारतीय संविधान के निम्नलिखित में से किस अनुच्छेद में उल्लेख है कि राज्य राष्ट्रों के बीच न्यायपूर्ण और सम्मानजनक सम्बन्ध बनाए रखेगा?
(a) अनुच्छेद- 47 (b) अनुच्छेद- 48
(c) अनुच्छेद- 51 (d) अनुच्छेद- 49

36 निम्नलिखित में से कौन-सी हिमाचल प्रदेश की एक अनूठी नृत्य परम्परा है?
(a) बिहू (b) नाटी
(c) डण्डारी (d) चेरॉव

37 एक कबड्डी मैच की अवधि कितने मिनट की होती है (ब्रेक टाइम को छोड़कर)?
(a) 50 मिनट (b) 30 मिनट
(c) 45 मिनट (d) 40 मिनट

38 .... पदार्थ का एक रूप है, जिसमें अनेक इलेक्ट्रॉन परमाणुओं के नाभिक के बीच स्वतन्त्र रूप से घूमते हैं।
(a) ठोस (b) प्लाज्मा
(c) द्रव (d) गैस

39 वित्तमन्त्री निर्मला सीतारमण अब तक चार केन्द्रीय बजट पेश कर चुकी हैं। वह यह उपलब्धि प्राप्त करने वाली अब तक .... महिला बन गई है (जनवरी 2023)।
(a) दूसरी (b) तीसरी
(c) चौथी (d) पहली

40 जब कोई व्यक्ति काम करता हुआ प्रतीत होता है, लेकिन उसका काम उत्पादन (output) में योगदान नहीं दे रहा है, तो इसे .... के रूप में जाना जाता है।
(a) प्रच्छन्न बेरोजगारी (b) घर्षण बेरोजगारी
(c) चक्रीय बेरोजगारी (d) मौसमी बेरोजगारी

भाग-III गणित

41 मैरी ने एक मित्र से 6% वार्षिक साधारण ब्याज दर पर \$3000 ऋण पर लिए। यदि वह 1.5 वर्ष के बाद ऋण चुकाती है, तो भुगतान किया गया कुल ब्याज ज्ञात कीजिए।
(a) \$ 250 (b) \$ 290 (c) \$ 270 (d) \$ 280

42 L की आय, M की आय का 125% है और L का व्यय, M के व्यय का 120% है। यदि L की आय, M के व्यय का 180% है, तो L की बचत और M की बचत का क्रमशः अनुपात कितना है?
(a) 15 : 11 (b) 5 : 9 (c) 17 : 23 (d) 12 : 5

43 दो रेलगाड़ियाँ 73 किमी/घण्टा और 123 घण्टा/किमी की चाल से एक ही दिशा में चल रही हैं। तेज रेलगाड़ी द्वारा धीमी रेलगाड़ी में बैठे हुए एक व्यक्ति को पार करने में 27 सेकण्ड का समय लगता है। तेज रेलगाड़ी की लम्बाई कितनी है?
(a) 430 मी (b) 320 मी
(c) 485 मी (d) 375 मी

44 पंकज ने ₹ 800 में एक घड़ी खरीदी। वह घड़ी को 20% की छूट पर बेचता है और 20% का लाभ कमाता है। घड़ी का अंकित मूल्य कितना है?
(a) ₹ 900 (b) ₹ 840 (c) ₹ 1000 (d) ₹ 1200

45 $52 + 4$ का $(28 + 2) - 17 \times 4$ का मान कितना है?
(a) 104 (b) 100 (c) 112 (d) 110

46 एक वस्तु का विक्रय मूल्य ₹ 3410 है। यदि उस वस्तु पर 45% की छूट दी जाती है, तो उस वस्तु का अंकित मूल्य कितना होगा?
(a) ₹ 6500 (b) ₹ 6000
(c) ₹ 6200 (d) ₹ 6400

47 यदि एक बोतल का विक्रय मूल्य ₹ 408 है और हानि 32% है, तो बोतल का क्रय मूल्य कितना है?
(a) ₹ 650 (b) ₹ 700 (c) ₹ 600 (d) ₹ 720

48 3 संख्याओं का औसत 23 है। पहली संख्या अन्य दो संख्याओं के औसत से 5 कम है। तीसरी संख्या अन्य दो संख्याओं के औसत से 13 अधिक है। पहली और तीसरी संख्या के बीच का अन्तर कितना है?
(a) 18 (b) 17 (c) 12 (d) 21

49 $755 - [250 + \{33 - (100 - 70)\}]$ का मान ज्ञात कीजिए।
(a) 500 (b) 510 (c) 502 (d) 506

50 C, D से तीन गुना अच्छा कारीगर है और वे दोनों मिलकर एक काम को 31 दिनों में पूरा कर सकते हैं। D अकेले उसी काम को कितने दिनों में पूरा करेगा?
(a) 130 दिन (b) 124 दिन
(c) 144 दिन (d) 136 दिन

51 किसी धनराशि पर 2 वर्षों के लिए चक्रवृद्धि ब्याज (वार्षिक रूप से संयोजित) ₹ 6681.6 है। यदि ब्याज की दर 32% वार्षिक है, तो वह धनराशि कितनी है?
(a) ₹ 8700 (b) ₹ 8400
(c) ₹ 9000 (d) ₹ 8800

52 यदि B किसी काम का 20% भाग 7 दिनो में पूरा कर सकता है, तो B सम्पूर्ण काम कितने दिनों में पूरा कर सकता है?
(a) 37 दिन (b) 42 दिन
(c) 35 दिन (d) 45 दिन

53 यदि $x:y=1:5$ है, तो $x:(x+y)$ का मान कितना है?
(a) 6 : 1 (b) 1 : 5 (c) 1 : 6 (d) 5 : 6

54 विकास ₹ 504 प्रति मेज की दर से 2 मेज बेचता है। वह पहली मेज पर 40% का लाभ अर्जित करता है और दूसरी मेज पर 40% की हानि उठाता है। दोनों मेज का कुल क्रय मूल्य कितना है?
(a) ₹ 1000 (b) ₹ 1400 (c) ₹ 1500 (d) ₹ 1200

55 यदि दो संख्याओं का गुणनफल 108 है और उनके बीच का महत्तम समापवर्तक 3 है, तो दोनों संख्याओं का लघुत्तम समापवर्त्य कितना है?
(a) 25 (b) 42 (c) 36 (d) 32

56 21 और 189 का मध्यानुपाती ज्ञात कीजिए।
(a) 66 (b) 68 (c) 62 (d) 63

57 किसी खाद्य तेल की कीमत में 45% की वृद्धि हुई। बजट को सन्तुलित बनाए रखने के लिए, रेखा इस तेल की खपत में 20% की कमी कर देती है। इस खाद्य तेल के कारण व्यय में होनी वाली वृद्धि ज्ञात कीजिए।
(a) 17% (b) 16% (c) 15% (d) 18%

58 $5\frac{1}{4}+6\frac{1}{2}+7\frac{3}{4}-8\frac{1}{2}$ का मान कितना है?
(a) 9 (b) 11
(c) 10 (d) 8

59 यदि एक समबाहु त्रिभुज की एक भुजा 1/3 सेमी है, तो त्रिभुज का क्षेत्रफल ज्ञात कीजिए।
(a) $4/\sqrt{3}$ सेमी^{2} (b) $4/3$ सेमी^{2}
(c) $1/(12\sqrt{3})$ सेमी^{2} (d) $\sqrt{3}/4$ सेमी^{2}

60 5 व्यक्तियों की औसत आय ₹ 550 है और अन्य 15 व्यक्तियों की औसत आय ₹ 450 हैं। पूरे समूह की औसत आय ज्ञात कीजिए।
(a) ₹ 675 (b) ₹ 475 (c) ₹ 325 (d) ₹ 525

भाग-IV हिन्दी

61 निम्नलिखित वाक्य में उस वाक्यांश को पहचानिए, जिसमें मात्राओं से सम्बन्धित अशुद्धियाँ हैं। यदि कोई गलती नहीं है, तो 'कोई त्रुटि नहीं है' का चुनाव कीजिए।
किसी के द्वारा लिखा गया भाषण अगर आप देते हैं/तो वह उतना आकर्षित नहीं होगा, जितना अगर आप अपने स्वयं के/विचार अपने श्रोताओं को साझा कराके उससे बना सकते हैं।
(a) विचार अपने श्रोताओं को साझा कराके उससे बना सकते हैं
(b) तो वह उतना आकर्षित नहीं होगा, जितना अगर आप अपने स्वयं के
(c) किसी के द्वारा लिखा गया भाषण अगर आप देते हैं
(d) कोई त्रुटि नहीं है

62 निम्नलिखित वाक्य में उस वाक्यांश को पहचानिए, जिसमें कोई गलती है। यदि कोई गलती नहीं है, तो 'कोई त्रुटि नहीं है' का चुनाव कीजिए।
नारियों का स्थान वैदिक काल से ही देव/तुल्य है, इसलिए नारियों की तुलना देवी/देवताओं और भगवानों को की जाती हैं।
(a) नारियों का स्थान वैदिक काल से ही देव
(b) तुल्य है, इसलिए नारियों की तुलना देवी
(c) देवताओं और भगवानों को की जाती है
(d) कोई त्रुटि नहीं है

63 दिए गए शब्द का विलोम शब्द ज्ञात कीजिए।
जुल्मी
(a) अजीर्ण (b) अजेय (c) रहमदिल (d) प्रशंसा

64 दिए गए वाक्य का वह भाग ज्ञात करें, जिसमें कोई त्रुटि है।
बच्चों पर अधिक सख्ती मत करो, क्योंकि इस आयु में वे अनेकों गलतियाँ करते हैं।
(a) इस आयु में वे अनेकों (b) बच्चों पर इतनी सख्ती
(c) मत करो, क्योंकि (d) गलतियाँ करते हैं।

65 दिए गए वाक्य में रेखांकित शब्द का तत्सम शब्द ज्ञात कीजिए।
जब तक लक्ष्मण नहीं आए, तब तक उर्मिला नींद में ही थी।
(a) निद्रा (b) निम्ब (c) नकुल (d) नव

66 निम्नलिखित प्रश्न में चार विकल्पों में से उस विकल्प का चयन करें, जो कोष्ठक में दिए गए शब्द के पर्यायवाची शब्द का सही विकल्प नहीं है।
मुझे पढ़ाई के अतिरिक्त विभिन्न (खेल)....... खेलना बहुत पसन्द है।
(a) केलि (b) दृष्टान्त (c) तमाशा (d) क्रीड़ा

67 दिए गए वाक्यांश के लिए सार्थक शब्द ज्ञात कीजिए।
जो मोक्ष की इच्छा रखता हो
(a) वैरागी (b) आदियोगी
(c) मुमुक्षु (d) संन्यासी

68 दिए गए वाक्य में रेखांकित शब्द का विलोम शब्द ज्ञात कीजिए।
क्या वजह है, जो सुरेश इतना प्रफुल्लित है?
(a) प्रसन्न (b) अप्रसन्न
(c) खुशी (d) प्रसन्नता

69 दिए गए वाक्यांश के लिए सार्थक शब्द ज्ञात कीजिए।
किसी कार्य में निपुण
(a) बुद्धिमान (b) कारीगर (c) होशियार (d) पारंगत

70 दिए गए वाक्य में उचित पर्यायवाची शब्द का चयन करके रिक्त स्थान की पूर्ति करें।
जल्दी आओ घर में........(भुजँग) घुस आया है।
(a) साँप (b) वीणा (c) ज्ञान (d) काल

71 निम्नलिखित प्रश्न में चार विकल्पों में से उस विकल्प का चयन करें, जो रिक्त स्थान के लिए सही भाववाचक संज्ञा वाला विकल्प हो।
मैंने अपने महाविद्यालय में बहुत से........का अध्ययन किया है।
(a) किताब (b) साहित्यिक (c) साहित्य (d) पाठ

72 निम्नलिखित प्रश्न में दिए गए चार विकल्पों में से उस विकल्प का चयन करें, जो दिए गए मुहावरे के अर्थ को सर्वश्रेष्ठ रूप से व्यक्त करता है।
गरदन झुकना
(a) नफरत मिलना (b) लज्जित होना
(c) अचम्भे में पड़ जाना (d) बहुत कष्ट उठाना

73 निम्नलिखित प्रश्न में दिए गए चार विकल्पों में से उस विकल्प का चयन करें, जो दिए गए मुहावरे के अर्थ को सर्वश्रेष्ठ रूप से व्यक्त करता है।

किस्मत खुल जाना

(a) शादी होना (b) खोया हुआ धन वापस मिलना
(c) कोई बड़ी जंग जीतना (d) भाग्योदय होना

74 निम्नलिखित वाक्य में रेखांकित भाग के लिए एक सार्थक शब्द ज्ञात कीजिए।

उसने मुलाकात के लिए <u>दोपहर का समय</u> रखा है।

(a) पूर्वाह्न (b) अपराह्न
(c) मध्याह्न (d) उत्तरायण

75 निम्नलिखित प्रश्न में चार विकल्पों में से उस विकल्प का चयन करें, जो कोष्ठक में दिए गए शब्द के तत्सम रूप का सही विकल्प है।

शाम होते ही सबके रसोईघरों से (अँगीठी)......... जलाने का धुआँ उठ रहा है।

(a) घास (b) अन्त्र
(c) कोयला (d) अग्निष्ठिका

निर्देश (प्र. सं. 76-80) *नीचे दिए गए गद्यांश में कुछ शब्द छोड़ दिए गए हैं। प्रत्येक अनुच्छेद के सामने चार विकल्प दिए गए हैं। इस गद्यांश को ध्यानपूर्वक पढ़ें और चार विकल्पों में से सर्वोत्तम उत्तर वाला विकल्प चुनें।*

भारत त्योहारों का देश है। यहाँ हर वर्ष, हर माह, हर राज्य में......... अनुसार कई तरह के त्योहार मनाए जाते हैं। भारत में मनाए जाने वाले हर त्योहार के पीछे कोई ना कोई......... कहानी होती है, जिसमें झलक होती है, हमारे देश की सांस्कृतिक विरासत की, जो पीढ़ियों से हमारे देश में मनाए जा रहे हैं। हर त्योहार की अपनी एक खासियत है और एक......... महत्त्व है। हमारे देश में विभिन्न धर्मों और जातियों के लोग रहते हैं और उनके विविध कर्म संस्कार होते हैं। वह अपने कर्म और संस्कारों को समय-समय पर......... रूप से प्रकट करते रहते हैं, इन रूपों को हम आए दिन बड़े आयोजनों के रूप में देखा करते हैं। इस प्रकार हर धर्म में कोई ना कोई उत्सव मनाए जाने की परम्परा है, जिन्हें हम बरसों से मनाते आ रहे हैं, क्योंकि ये त्योहार, हमारे देश की संस्कृति, रीति-रिवाज और परम्पराओं के प्रतीक हैं।......... में सबसे ज्यादा त्योहार हमारे देश में ही मनाए जाते हैं।

76 यहाँ हर वर्ष, हर माह, हर राज्य में......... अनुसार कई तरह के त्योहार मनाए जाते हैं।

(a) मन (b) लोगों
(c) तिथि (d) ज़रूरत

77 भारत में मनाए जाने वाले हर त्योहार के पीछे कोई ना कोई......... कहानी होती है।

(a) काल्पनिक (b) ऐतिहासिक
(c) नवीन (d) मनगढ़न्त

78 हर त्योहार की अपनी एक खासियत है और एक......... महत्त्व है।

(a) धार्मिक (b) मानविक
(c) मनमाना (d) मानसिक

79 वह अपने कर्म और संस्कारों को समय-समय पर......... रूप से प्रकट करते रहते हैं।

(a) जैसे-तैसे (b) अनजाने
(c) विशेष (d) छोटे-मोटे

80 .... में सबसे ज्यादा त्योहार हमारे देश में ही मनाए जाते हैं।

(a) त्योहारों (b) विश्व
(c) अड़ोस-पड़ोस (d) खेल-खेल

उत्तरमाला

1.	(d)	2.	(d)	3.	(c)	4.	(b)	5.	(c)	6.	(d)	7.	(d)	8.	(a)	9.	(c)	10.	(a)
11.	(d)	12.	(d)	13.	(b)	14.	(b)	15.	(c)	16.	(a)	17.	(d)	18.	(a)	19.	(b)	20.	(c)
21.	(b)	22.	(d)	23.	(c)	24.	(d)	25.	(b)	26.	(c)	27.	(d)	28.	(d)	29.	(c)	30.	(d)
31.	(d)	32.	(b)	33.	(d)	34.	(d)	35.	(c)	36.	(b)	37.	(d)	38.	(b)	39.	(d)	40.	(a)
41.	(c)	42.	(a)	43.	(d)	44.	(d)	45.	(a)	46.	(c)	47.	(c)	48.	(c)	49.	(c)	50.	(b)
51.	(c)	52.	(c)	53.	(c)	54.	(d)	55.	(c)	56.	(d)	57.	(b)	58.	(b)	59.	(c)	60.	(b)
61.	(a)	62.	(c)	63.	(c)	64.	(a)	65.	(a)	66.	(b)	67.	(c)	68.	(b)	69.	(d)	70.	(a)
71.	(c)	72.	(b)	73.	(d)	74.	(c)	75.	(d)	76.	(c)	77.	(b)	78.	(a)	79.	(c)	80.	(b)

संकेत एवं हल

1. *(d)* जिस प्रकार,

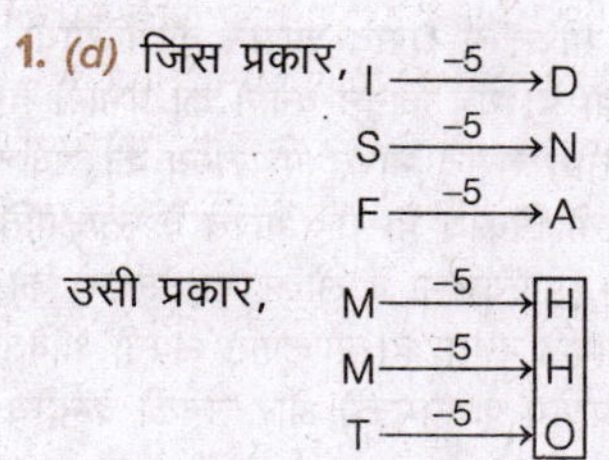

2. *(d)* दी गई शृंखला का क्रम निम्न प्रकार है,

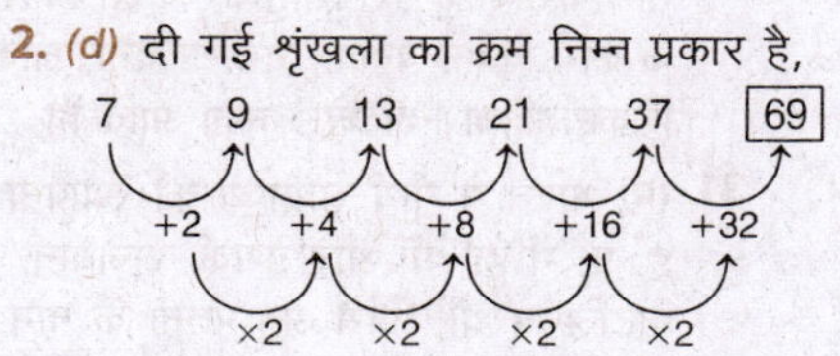

3. *(c)* प्रश्नानुसार,

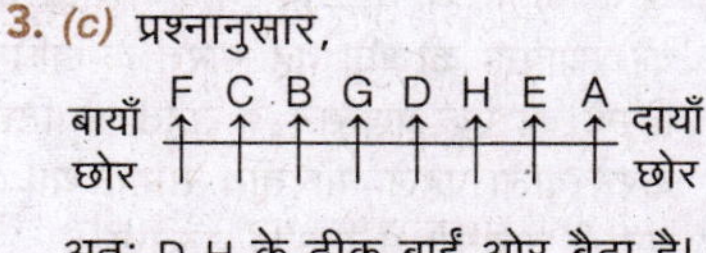

अतः D, H के ठीक बाईं ओर बैठा है।

4. *(b)* प्रश्नानुसार,

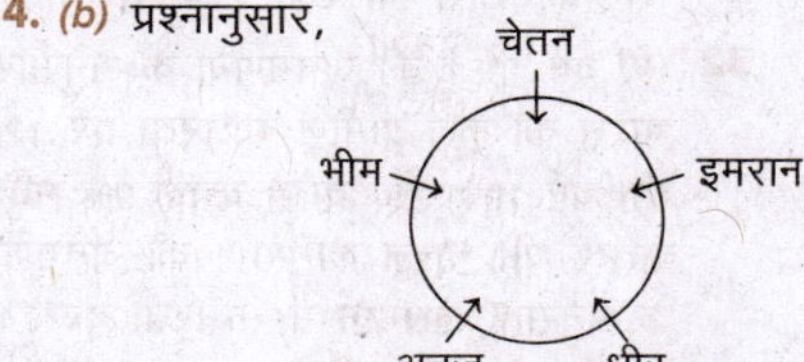

अतः अनुज के ठीक बाईं ओर भीम बैठा है।

5. *(c)* कथनानुसार,

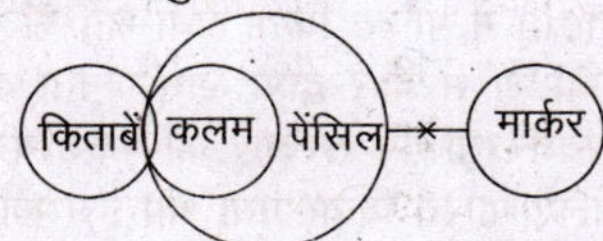

निष्कर्ष I. (✗) II. (✓)

अतः केवल निष्कर्ष II अनुसरण करता है।

6. *(d)* प्रश्नानुसार,

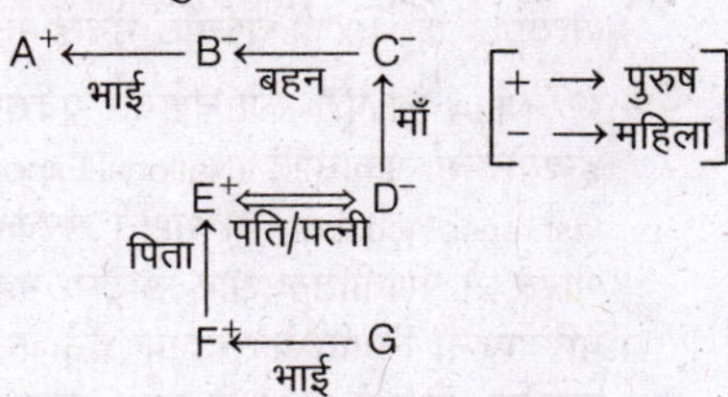

अतः C, E की पत्नी की माँ है।

7. *(d)* जिस प्रकार,

$8 * 4 @ 6 \# 3 = 195$

$* \Rightarrow \times, @ \Rightarrow \times, \# \Rightarrow +$ रखने पर,

$8 \times 4 \times 6 + 3 = 195$

$\Rightarrow \quad 195 = 195$

तथा $6 * 3 @ 5 \# 10 = 100$

$* \Rightarrow \times, @ \Rightarrow \times, \# \Rightarrow +$ रखने पर,

$6 \times 3 \times 5 + 10 = 100$

$\Rightarrow \quad 90 + 10 = 100$

उसी प्रकार,

$7 * 3 @ 4 \# 15 = ?$

$* \Rightarrow \times, @ = \times, \# \Rightarrow +$ रखने पर,

$\Rightarrow \ ? = 7 \times 3 \times 4 + 15$

$\Rightarrow \ ? = 84 + 15 = \boxed{99}$

8. *(a)* दी गई अक्षर समूह शृंखला निम्न प्रकार है,

p p q q r r s s / p p q q r r s s / p p q q r r s s / p p q q r r s s

⇒ p q r s

9. *(c)* दिए गए शब्द का अंग्रेजी वर्णमाला क्रम निम्न प्रकार है

DAFFODIL → DAHLIA → DAISY → DANDY → DART
(3) (5) (1) (4) (2)

⇒ 3, 5, 1, 4, 2

10. *(a)* दी गई शृंखला का सही क्रम निम्न प्रकार है,

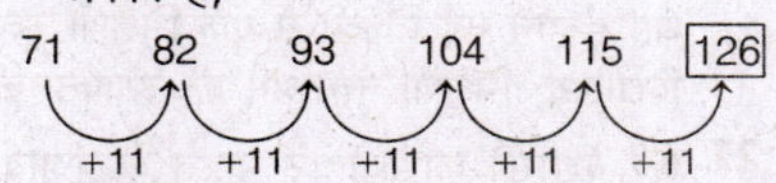

11. *(d)* कागज के टुकड़े को मोड़ने, छेदने तथा खोलने के पश्चात् यह विकल्प आकृति (d) जैसी दिखाई देगी।

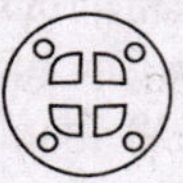

12. *(d)* प्रश्नानुसार,

पहले और तीसरे पासे को समान अंक (5) से घड़ी की दिशा में घूमने पर,

पासा I	5	1	6
		↕	↕
पासा III	5	3	2

अतः 6 वाले फलक के विपरीत फलक पर अंक 2 आएगा।

13. *(b)* I. $16 \times 4 - 8 \div 2 + 20$

× और ÷ को परस्पर बदलने पर,

$16 \div 4 - 8 \times 2 + 20$

$= 4 - 16 + 20 = 8$

II. $35 \div 7 \times 5 + 15 - 18$

× और ÷ को परस्पर बदलने पर,

$35 \times 7 \div 5 + 15 - 18$

$= 35 \times \frac{7}{5} - 3 = 49 - 3 = 46$

अतः विकल्प (b) सही उत्तर होगा।

14. *(b)* दी गई आकृति विकल्प आकृति (b) में अन्तर्निहित है।

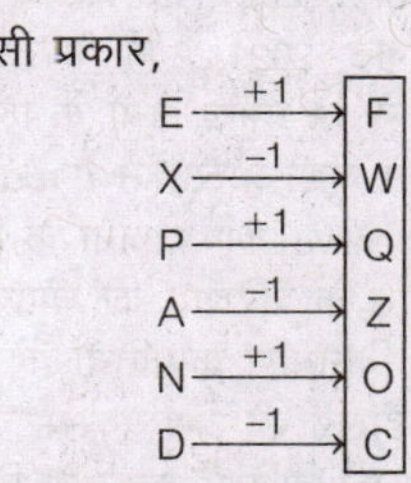

15. *(c)* जिस प्रकार, हवा महल राजस्थान में है, तथा चारमीनार तेलंगाना में है, उसी प्रकार, स्टैच्यू ऑफ यूनिटी गुजरात राज्य में है।

16. *(a)* जिस प्रकार,

G → +1 → H
E → −1 → D
R → +1 → S
M → −1 → L
A → +1 → B
N → −1 → M

उसी प्रकार,

E → +1 → F
X → −1 → W
P → +1 → Q
A → −1 → Z
N → +1 → O
D → −1 → C

17. *(d)* दी गई शृंखला आकृति मे प्रत्येक अगली आकृति घड़ी के वामावर्त दिशा में 90° घूर्णन कर रही है। इस प्रकार यह क्रम जारी रहता है। अतः अगली आकृति विकल्प (d) के समान होगी।

18. *(a)* दी गई शृंखला आकृति में, प्रत्येक अगली आकृति मे वृत्त का चिह्न वामावर्त दिशा में क्रमशः एक स्थान, दो स्थान, तीन स्थान .... आगे बढ़ता है तथा @ चिह्न प्रत्येक अगली आकृति में दक्षिणावर्त दिशा में एक स्थान आगे प्रतिस्थापित हो जाता है। इसी प्रकार यह क्रम जारी रहता है। अतः अगली आकृति विकल्प (a) के समान होगी।

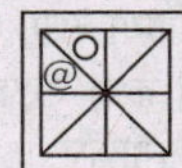

19. *(b)* दी गई शृंखला का क्रम निम्न प्रकार है

N $\xrightarrow{-4}$ J $\xrightarrow{-4}$ F $\xrightarrow{-4}$ B $\xrightarrow{-4}$ X

R $\xrightarrow{-4}$ N $\xrightarrow{-4}$ J $\xrightarrow{-4}$ F $\xrightarrow{-4}$ B

T $\xrightarrow{-4}$ P $\xrightarrow{-4}$ L $\xrightarrow{-4}$ H $\xrightarrow{-4}$ D

S $\xrightarrow{-4}$ O $\xrightarrow{-4}$ K $\xrightarrow{-4}$ G $\xrightarrow{-4}$ C

20. *(c)* जिस प्रकार,

S	U	N	S	E	T
+1	−1	+1	+1	−1	+1
T	T	O	T	D	U

तथा,

M	O	O	N	R	I	S	E
+1	−1	−1	+1	+1	−1	+1	−1
N	N	N	O	S	H	T	D

यहाँ स्वर अक्षर तथा व्यंजन अक्षर में क्रमशः एक वर्ण क्रम कम तथा एक वर्ण क्रम बढ़ाया गया है,

उसी प्रकार,

S	T	A	R	S
+1	+1	−1	+1	+1
T	U	Z	S	T

21. *(b)* 1 फरवरी, 2021 को पेश किए गए केन्द्रीय बजट, 2021-22 में भारत की वित्तमन्त्री ने 13 प्रमुख क्षेत्रों के लिए उत्पादन से जुड़ी प्रोत्साहन (Production Linked Incentive-PLI) योजना के लिए ₹1.97 लाख करोड़ के परिव्यय की घोषणा की। भारत की विनिर्माण कम्पनियों को 5 ट्रिलियन डॉलर की अर्थव्यवस्था बनाने के लिए लक्ष्य को हासिल करने के लिए तथा भारत विनिर्माण में वैश्विक चैम्पियन बनाने के लिए प्रोत्साहन (PLI) योजना की घोषणा की गई है।

22. *(d)* शतरंज में अंकों के सन्दर्भ में राजा (king) मोहरे का मूल्य सबसे कम होता है। शतरंज खेलते समय शतरंज के मोहरे शतरंज की बिसात पर चलते हैं। शतरंज खेल 16 मोहरों से शुरू होता है, जिसमें आठ प्यादे, दो विशप, दो नाइट, दो हाथी, एक रानी और एक राजा होता है।

23. *(c)* एएफसी चैलेन्ज कप (AFC Challenge Cup) का सम्बन्ध फुटबॉल से है। एएफसी चैलेन्ज कप एशियाई फुटबॉल परिसंघ (AFC) के सदस्य देशों के लिए एक अन्तर्राष्ट्रीय फुटबॉल प्रतियोगिता थी, जिसे 'विजन एशिया' कार्यक्रम में 'उभरते देश' के रूप में वर्गीकृत किया गया है। वर्ष 2024 एएफसी अण्डर-23 कप, एएफसी का 6वाँ संस्करण है, जिसका आयोजन 15 अप्रैल से 3 मई, 2024 तक कतर में किया गया। इसमें सऊदी अरब ने कतर को पराजित कर जीत हासिल की।

24. *(d)* नन्दिनी कृषक समृद्धि योजना, 2023 दूध से सम्बन्धित है। उत्तर प्रदेश के मुख्यमन्त्री श्री योगी आदित्यनाथ ने नन्दिनी कृषक बीमा योजना आरम्भ की है। इस योजना के माध्यम से नन्द बाबा दुग्ध मिशन के तहत राज्य में श्वेत क्रान्ति लाई जाएगी। इस योजना को कृषक समृद्धि योजना के नाम से भी जाना जाता है।

25. *(b)* अगस्त, 2023 में भारतीय क्रिकेटर राहुल द्रविड़ को भारत पेट्रोलियम कॉर्पोरेशन लिमिटेड (Bharat Petroleum Corporation Ltd, BPCL) का ब्राण्ड एम्बेसडर घोषित किया गया था। राहुल द्रविड़ बीपीसीएल की प्योर फॉर श्योर फर्स्ट और मेक लुब्रिकेण्टस की सीरीज का समर्थन करेंगे। भारत सरकार ने राहुल द्रविड़ को भारत के चौथे और तीसरे सर्वोच्च नागरिक पुरस्कार पद्म श्री एवं पद्म भूषण से भी सम्मानित किया है। वर्तमान में वे भारतीय क्रिकेट टीम के मुख्य कोच हैं।

26. *(c)* राजकुमार सिंघजीत सिंह मणिपुरी नृत्य शैली के एक विशेषज्ञ है। इनके योगदान के लिए इन्हें वर्ष 1984 में संगीत नाटक अकादमी पुरस्कार और वर्ष 1986 में पद्मश्री से सम्मानित किया गया था। वर्ष 2014 में इन्हें टैगोर पुरस्कार से भी सम्मानित किया गया था। इन्होंने नई दिल्ली में एक भिक्षुणी नृत्य विद्यालय, भिक्षुणी नृत्याश्रम की स्थापना की है।

27. *(d)* बैशाखी का त्योहार भारत के पंजाब राज्य में मनाया जाता है। बैशाखी के पर्व की शुरुआत भारत के पंजाब प्रान्त से हुई है और इसे रबी की फसल की कटाई के शुरू होने के अवसर पर मनाया जाता है। इस पर्व को पंजाब और हरियाणा के अलावा उत्तर प्रदेश में भी मनाया जाता है।

28. *(d)* पं. विश्वमोहन भट्ट ने मोहन वीणा का आविष्कार किया और उसे लोकप्रिय बनाया। वर्ष 1949 में ऑल इण्डिया रेडियो के प्रमुख निर्माता ठाकुर जयदेव सिंह ने इनके सम्मान में इसे 'मोहन वीणा' नाम दिया। इस वीणा का प्रयोग शास्त्रीय रागों के लिए किया जाता है। पं. विश्वमोहन भट्ट को ग्रेमी पुरस्कार से भी नवाजा गया है।

29. *(c)* पूँजीगत व्यय से सम्बन्धित दोनों कथन सही हैं। पूँजीगत व्यय के परिणामस्वरूप भौतिक या वित्तीय परिसम्पत्तियों का सृजन होता है और वित्तीय देनदारियों में कमी आती है। गैर-योजनागत पूँजीगत व्यय में सरकार द्वारा प्रदान की जाने वाली विभिन्न सामान्य, सामाजिक और आर्थिक सेवाएँ शामिल होती हैं। इसे व्यवसाय के संचालन के लिए अचल सम्पत्ति का अधिग्रहण करने के लिए खर्च किया जाता है।

30. *(d)* भारत में संसद शासन की विधायी शाखा है। यह कानून बनाने का प्रभारी है। भारतीय संसद भारत गणराज्य का सर्वोच्च विधायी निकाय है। यह भारत के राष्ट्रपति और दोनों (राज्यसभा व लोकसभा) सदनों को मिलाकर बनता है। राष्ट्रपति अपनी शक्तियों का प्रयोग प्रधानमन्त्री और उनकी केन्द्रीय मन्त्रिपरिषद् के परामर्शानुसार करते हैं। संसद के कार्य विधान बनाना, मन्त्रणा देना, लोक शिकायतों का निपटारा करना आदि हैं।

31. *(d)* भारत में मौर्य साम्राज्य की स्थापना 322 ई. पू. में हुई थी और इसकी राजधानी पाटलिपुत्र थी, जिसे अब पटना के नाम से जाना जाता है। चन्द्रगुप्त मौर्य ने मौर्य वंश की स्थापना की थी। वह भारत के अधिकांश हिस्से को एक प्रशासन के तहत संगठित करने वाला पहला भारतीय सम्राट था। यूनानी वृत्तान्तों में उसका उल्लेख 'सेड्रोकोट्टोस' के रूप में किया गया है।

32. *(b)* वर्ष 1951 की जनगणना के अनुसार, भारत की कुल ग्रामीण साक्षरता दर 12.1% थी। वर्ष 1951 में देश में केवल 9% महिलाएँ साक्षर थीं। भारत की 2011 की जनगणना के अनुसार, वर्तमान में साक्षरता दर 74.04% है। जिसमें पुरुषों की साक्षरता दर 82.14% और महिलाओं की साक्षरता दर 65.46% है।

33. *(d)* भारत में रॉलेट एक्ट (Rowlatt Act) वर्ष 1919 में पारित किया गया था। रॉलेट एक्ट ब्रिटिश सरकार द्वारा आम जनता की स्वतन्त्रता पर सरकार की पकड़ बनाने के लिए पारित किया गया था। इस कानून के तहत किसी व्यक्ति पर मुकदमा चलाए बिना उसे गिरफ्तार करने की शक्ति मिल गई थी। राष्ट्रवादी नेताओं ने इस कानून को 'काला कानून' कहा। अप्रैल; 2019 में रॉलेट सत्याग्रह की 100वीं वर्षगाँठ मनाई गई।

34. *(d)* NEIA का पूर्ण रूप नेशनल एक्सपोर्ट इन्श्योरेन्स अकाउण्ट (National Export Insurance Account) है। भारत सरकार ने भारत से रणनीतिक और राष्ट्रीय महत्त्व के परियोजना निर्यात को बढ़ावा देने के उद्देश्य से वर्ष 2006 में NEIA ट्रस्ट की स्थापना की थी। सरकार ने वर्ष 2021-22 से 2025-26 के दौरान NEIA ट्रस्ट को ₹ 1,650 करोड़ की अनुदान सहायता को मंजूरी दे दी है।

35. *(c)* भारतीय संविधान के अनुच्छेद- 51 में उल्लिखित है कि राज्य राष्ट्रों के बीच न्यायपूर्ण और सम्मानजनक सम्बन्ध बनाएगा।

भारतीय संविधान का अनुच्छेद-51 एक प्रकाश स्तम्भ के रूप में कार्य करता है, जो सम्पूर्ण मानव जाति को विवादों और युद्धों से बचाकर विश्व शान्ति और सुरक्षा को बनाए रखने की प्रतिबद्धता को दर्शाता है।

इस प्रकार अनुच्छेद-51 अन्तर्राष्ट्रीय शान्ति एवं सुरक्षा को बढ़ावा देने की बात करता है।

36. *(b)* 'नाटी' हिमाचल प्रदेश की एक अनूठी नृत्य परम्परा है। यह नृत्य मेलों तथा त्योहारों पर किया जाने वाला सबसे लोकप्रिय व मशहूर नृत्य है। यह नृत्य हिमाचल प्रदेश के कुल्लू, सिरमौर, शिमला इत्यादि जनपदों में किया जाता है। यह नृत्य रासलीला के समान है। इस नृत्य को गिनीज वर्ल्ड रिकॉर्ड में सबसे बड़े लोकनृत्य के रूप में सूचीबद्ध किया गया है।

37. *(d)* एक कबड्डी मैच की अवधि 40 मिनट की होती है (ब्रेक टाइम को छोड़कर)। कबड्डी खेल भारतीय उप-महाद्वीप में खेला जाता है। यह खेल सात खिलाड़ियों की दो टीमों के बीच खेला जाता है। यह 20वीं सदी में एक प्रतिस्पर्द्धी खेल के रूप में लोकप्रिय हुआ। यह क्रिकेट के बाद भारत में दूसरा सबसे लोकप्रिय और देखा जाने वाला खेल है। यह भारत के लगभग सभी राज्यों में खेला जाता है।

38. *(b)* प्लाज्मा, पदार्थ का रूप है, जिसमें अनेक इलेक्ट्रॉन परमाणुओं के नाभिक के बीच स्वतन्त्र रूप से घूमते हैं। प्लाज्मा को पदार्थ (matter) की चौथी अवस्था माना जाता है। इसके गुण ठोस, द्रव व गैस के गुण से विपरीत होते हैं। प्लाज्मा अवस्था का उपयोग प्रतिदीप्त ट्यूब व नियॉन संकेत वाले बल्बों के निर्माण में किया जाता है।

39. *(d)* वित्तमन्त्री निर्मला सीतारमण अब तक चार केन्द्रीय बजट पेश कर चुकी हैं। वह यह उपलब्धि प्राप्त करने वाली अब तक की पहली महिला बन गई हैं (जनवरी 2023)। सीतारमण भारत की पहली पूर्णकालिक महिला वित्तमन्त्री हैं, हालाँकि इन्दिरा गाँधी ने प्रधानमन्त्री के पद पर रहते हुए, अतिरिक्त कार्यभार के रूप में यह मन्त्रालय सम्भाला था।

40. *(a)* जब कोई व्यक्ति काम करता हुआ प्रतीत होता है, लेकिन उसका काम उत्पादन (Output) में योगदान नहीं दे रहा है, तो उसे 'प्रच्छन्न बेरोजगारी' के रूप में जाना जाता है। प्रच्छन्न बेरोजगारी किसी देश के कुल आर्थिक उत्पादन को प्रभावित नहीं करती है। ऐसा तब होता है, जब उत्पादन में कमी होती है और श्रमिकों की संख्या अधिक होती है। यह प्रायः बड़ी आबादी वाले विकासशील देशों में पाया जाता है।

41. *(c)* मूलधन $(P) = \$3000$; दर $(r) = 6\%$ वार्षिक तथा समय $(t) = 1.5$ वर्ष

$\because$ साधारण ब्याज $= \frac{P \times r \times t}{100} = \frac{3000 \times 6 \times 1.5}{100}$

$= \$270$

42. *(a)* माना M की आय $= 100x$

तो L की आय $= 125x$

माना M का व्यय $= 100y$

तो L का व्यय $= 120y$

प्रश्नानुसार, L की आय $= M$ के व्यय का $\frac{180}{100}$

$\Rightarrow \quad 125x = 100y \times \frac{180}{100}$

$\Rightarrow \quad \frac{x}{y} = \frac{100 \times 180}{100 \times 125} \Rightarrow \frac{x}{y} = \frac{36}{25}$

माना $x = 36P,\ y = 25P$

M की आय $= 100x = 100 \times 36P = 3600P$

L की आय $= 125x = 125 \times 36P = 4500P$

M का व्यय $= 100y = 100 \times 25P = 2500P$

L का व्यय $= 120y = 120 \times 25P = 3000P$

M की बचत $= 3600P - 2500P = 1100P$

L की बचत $= 4500P - 3000P = 1500P$

प्रश्नानुसार,

L की बचतः M की बचत $= 1500P : 1100P$

$= 15 : 11$

43. *(d)* दोनों रेलगाड़ी एक ही दिशा में जा रही हैं, तो सापेक्ष चाल $= (123 - 73)$

$= 50$ किमी/घण्टा $= \frac{50 \times 5}{18} = \frac{250}{18}$ मी/से

तथा आदमी को पार करने में लगा समय

$= 27$ सेकण्ड

तेज रेलगाड़ी जब आदमी को पार करेगी तो अपनी लम्बाई के बराबर दूरी चलेगी

दूरी = चाल × समय $= \frac{250}{18} \times 27 = 375$ मी

44. *(d)* क्रय मूल्य $=$ ₹ 800, छूट $= 20\%$

तथा लाभ $\% = 20\%$

माना अंकित मूल्य $=$ ₹ x

सूत्र $\frac{\text{क्रय मूल्य}}{\text{अंकित मूल्य}} = \frac{100 - \text{छूट}\%}{100 + \text{लाभ}\%}$

$\Rightarrow \quad \frac{800}{x} = \frac{100 - 20}{100 + 20} \Rightarrow \frac{800}{x} = \frac{80}{120}$

$\Rightarrow \quad x = \frac{800 \times 120}{80} \Rightarrow x =$ ₹ 1200

वैकल्पिक विधि

घड़ी का अंकित मूल्य

$= 800 \times \frac{(100 + 20)}{100} \times \frac{100}{(100 - 20)}$

$= 800 \times \frac{120}{100} \times \frac{100}{80} =$ ₹ 1200

45. *(a)* $52 + 4$ का $(28 + 2) - 17 \times 4$

$= 52 + 4 \times 30 - 68 = 52 + 120 - 68 = 104$

46. *(c)* विक्रय मूल्य $=$ ₹ 3410, छूट $= 45\%$

माना अंकित मूल्य $=$ ₹ x

तो छूट $= x \times \frac{45}{100} = \frac{45x}{100}$

विक्रय मूल्य $= x - \frac{45x}{100} = 3410$

$\Rightarrow \quad \frac{55x}{100} = 3410 \Rightarrow x = \frac{3410 \times 100}{55}$

$\therefore \quad x =$ ₹ 6200

वैकल्पिक विधि

वस्तु का अंकित मूल्य $= 3410 \times \frac{100}{(100 - 45)}$

$= 3410 \times \frac{100}{55} =$ ₹ 600

47. *(c)* माना बोतल का क्रय मूल्य $=$ ₹ x

तथा हानि $\% = 32$

हानि $= x \times \frac{32}{100} = \frac{32x}{100}$

$\therefore$ विक्रय मूल्य $= x - \frac{32x}{100} \Rightarrow \frac{68x}{100} = 408$

$\therefore \quad x =$ ₹ 600

वैकल्पिक विधि

बोतल का क्रय मूल्य $= 408 \times \frac{100}{(100 - 32)}$

$= 408 \times \frac{100}{68} =$ ₹ 600

48. *(c)* माना 3 संख्याएँ a, b, c हैं।

$a + b + c = 23 \times 3 = 69 \quad \ldots \text{(i)}$

प्रश्नानुसार,

स्थिति I $\quad a = \frac{b + c}{2} - 5$

$a = \frac{b + c - 10}{2}$ (समी (i) से, $b + c$ का मान रखने पर)

$\Rightarrow \quad 2a = b + c - 10 \Rightarrow 2a = 69 - a - 10$

$\Rightarrow \quad 3a = 59 \quad \ldots \text{(ii)}$

स्थिति II $\quad c = \frac{a + b}{2} + 13$

$\Rightarrow \quad c = \frac{a + b + 26}{2} \Rightarrow 2c = a + b + 26$

(समी (i) से, $a + b$ का मान रखने पर)

$\Rightarrow \quad 2c = 69 - c + 26$

$3c = 95 \quad \ldots \text{(iii)}$

समी (iii) − (ii) से,

$3c - 3a = 95 - 59 \Rightarrow 3(c - a) = 36$

$\Rightarrow \quad (c - a) = \frac{36}{3} \Rightarrow c - a = 12$

49. *(c)* $755 - [250 + \{33 - (100 - 70)\}]$

$= 755 - [250 + \{33 - 30\}]$

$= 755 - [250 + 3] = 755 - 253 = 502$

50. *(b)* माना D की कार्य क्षमता $= x$

तो C की कार्य क्षमता $= 3x$

दोनों ने 31 दिन में काम पूरा किया।

$\therefore$ कुल काम = दिन $\times$ कुल कार्य क्षमता

$= 31 \times (x + 3x)$

$\Rightarrow$ कुल काम $= 31 \times 4x = 124x$

$\therefore$ D को अकेला कार्य करने में लगा समय

$= \frac{\text{कुल काम}}{\text{क्षमता}} = \frac{124x}{x} = 124$ दिन

51. *(c)* समय $(t) = 2$ वर्ष तथा दर $= 32\%$ वार्षिक

तो 2 वर्ष में कुल % ब्याज

$= 32 + 32 + \frac{32 \times 32}{100} = 64 + 10.24 = 74.24\%$

माना मूलधन ₹ 'P' है

तो चक्रवृद्धि ब्याज $= P \times \frac{74.24}{100} = 6681.6$

$\Rightarrow \quad P = \frac{6681.6 \times 100}{74.24} \Rightarrow P =$ ₹ 9000

52. *(c)* B का एक दिन का कार्य $= \frac{1}{7} \times \frac{20}{100} = \frac{1}{35}$

$\therefore$ B सम्पूर्ण काम को 35 दिनों में पूर्ण करेगा।

वैकल्पिक विधि

B, 20% काम करने में समय लेगा = 7 दिन

तो 1% काम करने में समय लेगा $= \frac{7}{20}$

$\therefore$ कुल 100% काम करने में लगा समय

$= \frac{7}{20} \times 100 = 35$ दिन

53. *(c)* $x : y = 1 : 5$

माना $x = m$ तब, $y = 5m$

$\therefore x : (x + y) = m : (5m + m) = m : 6m = 1 : 6$

54. *(d)* ₹ 504 प्रति मेज की दर से '2' मेज का कुल विक्रय मूल्य = ₹1008

पहला $(x) = 40\%$ लाभ, दूसरा $(x) = 40\%$ हानि

दोनों का विक्रय मूल्य समान है, इस परिस्थिति में हमेशा हानि होती है,

हानि % $= \frac{x^2}{100} = \frac{40 \times 40}{100} = 16\%$ हानि

अर्थात् उसे 16% हानि हुई है

माना दोनों मेज का कुल क्रय मूल्य = ₹ a

प्रश्नानुसार, $a \times \frac{84}{100} = 1008 \Rightarrow a =$ ₹ 1200

55. *(c)* दो संख्याओं का गुणनफल = 108

महत्तम समापवर्तक = 3

माना लघुत्तम समापवर्त्य = x

दो संख्या का गुणनफल

= लघुत्तम समापवर्त्य $\times$ महत्तम समापवर्तक (सूत्र से)

$108 = x \times 3 \Rightarrow x = 36$

56. *(d)* 21 और 189 का मध्यानुपाती

$= \sqrt{21 \times 189}$

$= \sqrt{3969} = 63$

57. *(b)* व्यय = कीमत $\times$ खपत

कीमत में वृद्धि $(x) = +45\%$

तथा खपत में कमी $(y) = -20\%$

$\therefore$ व्यय पर सकल प्रभाव $\Rightarrow \pm x \pm y \pm \frac{xy}{100}$

$\Rightarrow +45 - 20 + \frac{45 \times (-20)}{100} = 25 - 9$

$= +16\%$ वृद्धि

58. *(b)* $5\frac{1}{4} + 6\frac{1}{2} + 7\frac{3}{4} - 8\frac{1}{2}$

$= \frac{21}{4} + \frac{13}{2} + \frac{31}{4} - \frac{17}{2} = \frac{21 + 26 + 31 - 34}{4}$

$= \frac{44}{4} = 11$

59. *(c)* समबाहु त्रिभुज की भुजा $= \frac{1}{3}$ सेमी

$\because$ समबाहु त्रिभुज का क्षेत्रफल $= \frac{\sqrt{3}}{4} \times (\text{भुजा})^2$

$\Rightarrow \frac{\sqrt{3}}{4} \times \left(\frac{1}{3}\right)^2 = \frac{\sqrt{3}}{4} \times \frac{1}{3} \times \frac{1}{3} = \frac{1}{12\sqrt{3}}$ सेमी^{2}

60. *(b)* 5 व्यक्तियों की कुल आय का योग

= औसत $\times$ संख्या $= 550 \times 5 =$ ₹2750

तथा अन्य 15 व्यक्तियों की कुल आय का योग

$= 450 \times 15 =$ ₹ 6750

$\therefore$ सभी 20 व्यक्तियों की आय का योग

$= 2750 + 6750 =$ ₹ 9500

अतः सभी 20 व्यक्तियों की औसत आय

$= \frac{\text{कुल आय का योग}}{\text{संख्या}} = \frac{9500}{20} =$ ₹ 475

61. *(a)* दिए गए वाक्य में वाक्यांश 'विचार अपने श्रोताओं को साझा कराके उससे बना सकते है' में अशुद्धि है। अतः अन्य विकल्प असंगत हैं।

62. *(c)* दिए गए वाक्य में वाक्यांश 'देवताओं और भगवानों को की जाती है' में अशुद्धि है। अतः अन्य विकल्प असंगत हैं।

63. *(c)* दिए गए शब्द 'जुल्मी' का विलोम शब्द 'रहमदिल' है। अतः अन्य विकल्प असंगत हैं।

64. *(a)* दिए गए वाक्य में 'इस आयु में वे अनेकों वाक्यांश में त्रुटि है। इसका सही वाक्य है-बच्चों पर अधिक सख्ती मत करो, क्योंकि इस आयु में वे अनेक गलतियाँ करते हैं।

65. *(a)* दिए गए वाक्य में रेखांकित शब्द 'नींद' का तत्सम शब्द 'निद्रा' है। अतः अन्य विकल्प असंगत हैं।

66. *(b)* दिए गए वाक्य के कोष्ठक में दिए गए शब्द 'खेल' का पर्यायवाची 'दृष्टान्त' नहीं है। जबकि अन्य तीनों विकल्प केलि, तमाशा और क्रीड़ा इसके पर्याय हैं।

67. *(c)* दिए गए वाक्यांश 'जो मोक्ष की इच्छा रखता हो, के लिए एक सार्थक शब्द 'मुमुक्ष' है। अतः अन्य विकल्प असंगत हैं।

68. *(b)* दिए गए वाक्य में रेखांकित शब्द प्रफुल्लित का विलोम 'अप्रसन्न' है। अतः अन्य विकल्प असंगत हैं।

69. *(d)* 'किसी कार्य में निपुण' वाक्यांश के लिए एक सार्थक शब्द 'पारंगत' है। अतः अन्य विकल्प असंगत हैं।

70. *(a)* दिए गए वाक्य में कोष्ठक शब्द 'भुजँग' का पर्यायवाची 'साँप' है। अतः अन्य विकल्प असंगत हैं।

71. *(c)* दिए गए वाक्य में रिक्त स्थान की पूर्ति के लिए सबसे उपयुक्त भाववाचक संज्ञा वाला विकल्प 'साहित्य' है।

अतः पूर्ण वाक्य है—मैंने अपने महाविद्यालय में बहुत से साहित्य का अध्ययन किया है।

72. *(b)* 'गरदन झुकना' मुहावरे का अर्थ है—लज्जित होना।

वाक्य प्रयोग द्रौपदी के अपमान से सम्पूर्ण सभा ने अपनी गरदन झुका ली।

73. *(d)* 'किस्मत खुल जाना' मुहावरे का अर्थ है—भाग्योदय होना।

वाक्य प्रयोग रमेश की लॉटरी लग जाने पर उसकी किस्मत खुल गई।

74. *(c)* दिए गए वाक्य में रेखांकित भाग दोपहर का समय के लिए एक उचित सार्थक शब्द 'मध्याह्न' है। अतः अन्य विकल्प असंगत हैं।

75. *(d)* दिए गए कोष्ठक शब्द 'अँगीठी' तत्सम शब्द 'अग्निष्ठिका' है। अतः अन्य विकल्प असंगत हैं।

76. *(c)* रिक्त स्थान (1) की पूर्ति के लिए सबसे उपयुक्त विकल्प 'तिथि' है।

अतः पूर्ण वाक्य होगा—यहाँ हर वर्ष, हर माह, हर राज्य में तिथि अनुसार कई तरह के त्योहार मनाए जाते हैं।

77. *(b)* दिए गए रिक्त स्थान (2) के लिए सबसे उपयुक्त विकल्प 'ऐतिहासिक' है।

अतः पूर्ण वाक्य है—भारत में मनाए जाने वाले हर त्योहार के पीछे कोई न कोई ऐतिहासिक कहानी होती है।

78. *(a)* रिक्त स्थान (3) के लिए उपयुक्त विकल्प 'धार्मिक' है।

अतः पूर्ण वाक्य है—हर त्योहार की अपनी खासियत है और एक धार्मिक महत्त्व है।

79. *(c)* रिक्त स्थान (4) के लिए सबसे उपयुक्त विकल्प 'विशेष' है।

अतः पूर्ण वाक्य है—वह अपने कर्म और संस्कारों को समय-समय पर विशेष रूप से प्रकट करते रहते हैं।

80. *(b)* रिक्त स्थान (5) के लिए उपयुक्त विकल्प 'विश्व' है।

अतः पूर्ण वाक्य है—विश्व में सबसे ज्यादा त्योहार हमारे देश में ही मनाए जाते हैं।

28 फरवरी 2024
(शिफ्ट IV)

सॉल्वड पेपर 2024

SSC कांस्टेबल (जीडी) सेट 31

भाग-I सामान्य बुद्धिमत्ता एवं तर्कशक्ति

1 एक निश्चित कूटभाषा में, 'TOWNS' को '60329' लिखा जाता है, 'SWORD' को '21968' लिखा जाता है और 'TRIPS' को '48732' लिखा जाता है। उसी कूटभाषा में 'R' को कैसे लिखा जाएगा?

(a) 8 (b) 9
(c) 2 (d) 1

2 पाँच व्यक्ति ऐलिस, बॉब, कैरोल, डेव और एमा एक वृत्ताकार मेज पर केन्द्र की ओर मुख करके बैठे हैं। बॉब और कैरोल के बीच में डेव बैठा है। एमा, ऐलिस के बाईं ओर बैठी है। ऐलिस और कैरोल पड़ोसी नहीं हैं। कैरोल के ठीक दाईं ओर कौन बैठा/बैठी है?

(a) एमा (b) ऐलिस
(c) बॉब (d) डेव

3 दिए गए विकल्पों में से निम्नलिखित शृंखला से लुप्त संख्या का चयन कीजिए।

203, 235, 268, 302, 337, ?

(a) 373 (b) 360
(c) 370 (d) 364

4 यदि 10 A 5 B 6 C 30 = 270 और 4 A 6 B 7 C 8 = 160 है, तो 8 A 5 B 6 C 10 = ?

(a) 290 (b) 300
(c) 240 (d) 230

5 नीचे दर्शाई गई आकृति अनुसार एक कागज को मोड़कर काटा जाता है। खोले जाने पर यह कैसा दिखाई देगा?

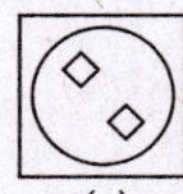 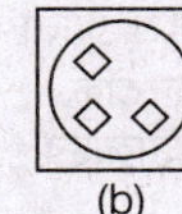 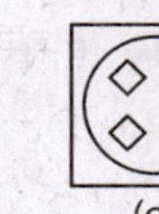 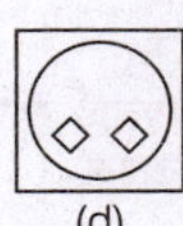

(a) (b) (c) (d)

6 एक निश्चित कूटभाषा में, 'ZNHD' को '7519' लिखा जाता है, 'HMDE' को '2167' लिखा जाता है और 'NEAO' को '3852' लिखा जाता है। उसी कूटभाषा में 'Z' को कैसे लिखा जाएगा?

(a) 5 (b) 7 (c) 9 (d) 1

7 छः व्यक्ति A, B, C, D, E और F एक घेरा बनाकर केन्द्र से बाहर की ओर मुख करके बैठे हैं। A और C एक-दूसरे के ठीक विपरीत बैठे हैं। B, जो A के ठीक बाईं ओर बैठा है, वह भी D के ठीक विपरीत बैठा है। F, A के बगल में नहीं बैठा है। E के विपरीत कौन बैठा है?

(a) F (b) A
(c) C (d) D

8 निम्नलिखित प्रश्न में, दिए गए विकल्पों में से उस आकृति का चयन कीजिए, जिसे प्रश्नचिह्न (?) के स्थान पर रखा जा सकता है।

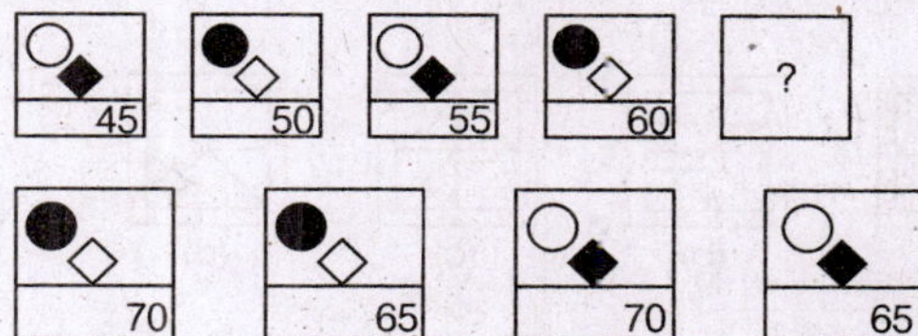

(a) (b) (c) (d)

9 निम्नलिखित में से अक्षरों का कौन-सा समूह क्रमबद्ध रूप से बाईं से दाईं ओर रखे जाने पर नीचे दी गई शृंखला को पूरा करेगा?

eeefff_gghhheeefffggg_hheeefff_gghh_

(a) hghg (b) gghh
(c) ghgh (c) fegh

10 निम्नलिखित प्रश्न में, दिए गए विकल्पों में से सम्बन्धित अक्षर-युग्म का चयन कीजिए।

TG : YL :: ?

(a) NA : KU (b) WJ : BO
(c) ZM : VW (d) TG : QD

11 निम्नलिखित में से कौन-सी संख्या दी गई शृंखला में प्रश्नचिह्न (?) के स्थान पर आएगी?

27, 28, 32, ?, 57, 82

(a) 41 (b) 50 (c) 54 (d) 36

12 नीचे एक शृंखला दी गई है, जिसमें एक पद लुप्त है। दिए गए विकल्पों में से उस विकल्प का चयन कीजिए, जो शृंखला को पूरा करेगा।

LCT, QIB, VOJ, AUR, ?

(a) BAE (b) FAQ (c) FAZ (d) YAB

13 निम्नलिखित प्रश्न में, दिए गए विकल्पों में से सम्बन्धित अक्षरों का चयन कीजिए।

FJN : GKO :: WZC : ?

(a) BZY (b) KMN (c) XAD (d) IHC

14 निम्नलिखित प्रश्न में, विकल्पों में से दी गई उस आकृति का चयन कीजिए, जिसे प्रश्नचिह्न (?) के स्थान पर रखा जा सकता है।

 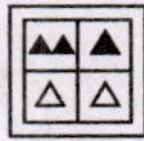 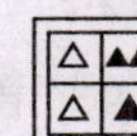 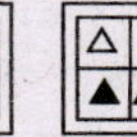 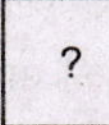

 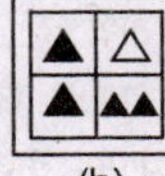 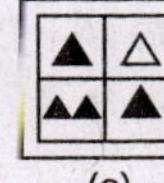 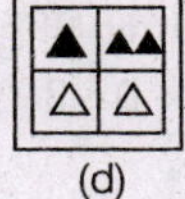

(a) (b) (c) (d)

15 दिए गए शब्दों को अंग्रेजी वर्णमाला के क्रम में व्यवस्थित कीजिए।

1. Notch
2. Noise
3. Noble
4. Noisy
5. Nosey

(a) 3, 2, 4, 5, 1 (b) 3, 5, 4, 1, 2
(c) 3, 1, 4, 5, 2 (d) 3, 2, 5, 4, 1

16 नीचे दी गई आकृतियों में से, उस आकृति का चयन कीजिए, जिसमें प्रश्न आकृति छिपी/निहित हैं (घूर्णन की अनुमति नहीं है)

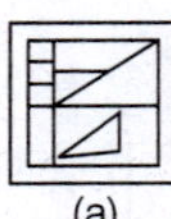
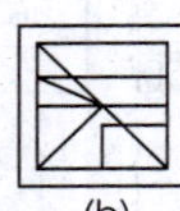
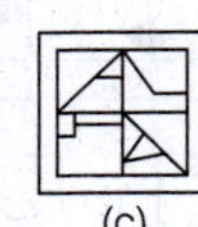
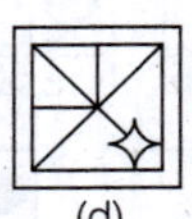

(a). (b) (c) (d)

17 निम्नलिखित प्रश्न में कुछ कथन और उन कथनों के आधार पर कुछ निष्कर्ष दिए गए हैं। आपको दिए गए कथनों को सत्य मानना है, चाहें वे सामान्यतः ज्ञात तथ्यों से भिन्न प्रतीत होते हों। सभी निष्कर्षों को ध्यानपूर्वक पढ़िए और निश्चय कीजिए कि दिए गए निष्कर्षों में से कौन-सा निष्कर्ष कथनों का तार्किक रूप से अनुसरण करता है।

कथन

सभी P, G हैं।
कुछ B, G हैं।

निष्कर्ष

I. कुछ B, P नहीं हैं।
II. सभी G, P हैं।
III. कुछ G, P हैं।

(a) सभी निष्कर्ष अनुसरण करते हैं
(b) केवल निष्कर्ष III अनुसरण करता है
(c) कोई भी निष्कर्ष अनुसरण नहीं करता है
(d) निष्कर्ष I और II दोनों अनुसरण करते हैं

18 दिए गए विकल्पों में से किन दो चिह्नों को आपस में बदलने पर निम्नलिखित समीकरण सही होगा?

$20 + 2 \div 4 - 8 \times 28 = 30$

(a) + और ÷ (b) × और −
(c) × और + (d) × और ÷

19 नीचे एक ही पासे की दो स्थितियाँ दी गई हैं। '8' वाले फलक के विपरीत फलक पर निम्नलिखित विकल्पों में से क्या आएगा?

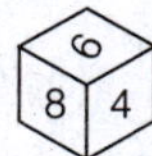

(a) 7 (b) 6
(c) 5 (d) 2

20 यदि 'A + B' का अर्थ है, 'A, B की पत्नी है', 'A × B' का अर्थ है, 'A, B का पिता है', 'A ÷ B' का अर्थ है, 'A, B की माँ है', 'A $ B' का अर्थ है, 'A, B का भाई है' और 'A − B' का अर्थ है, 'A, B की बहन है'। यदि P ÷ D $ B + H × T − M है, तो D का H से क्या सम्बन्ध है?

(a) भाई (b) पति का भाई
(c) बहन (d) पत्नी का भाई

भाग-II सामान्य ज्ञान

21 भारत सरकार ने ………… में एक नई आर्थिक नीति पेश की।

(a) वर्ष 1947 (b) वर्ष 1991
(c) वर्ष 1995 (d) वर्ष 1980

22 वर्ष 1930 में महात्मा गाँधी के नेतृत्व में हुआ दाण्डी मार्च, किस ब्रिटिश नीति के खिलाफ एक महत्त्वपूर्ण विरोध था?

(a) नील की खेती (b) भू-राजस्व
(c) नमक कर (d) कपड़ा व्यापार अधिनियम

23 भारत में विधानपरिषद् वाले राज्य की विधान परिषद् के सदस्यों की कुल संख्या उस राज्य की विधानसभा के सदस्यों की कुल संख्या के ………… से अधिक नहीं होगी।

(a) एक-तिहाई (b) दो-तिहाई
(c) एक-चौथाई (d) एक-पाँचवें भाग

24 2011 की जनगणना के अनुसार भारत में लिंगानुपात (प्रति हजार पुरुषों पर महिलाएँ) कितना है?

(a) 943 (b) 923
(c) 903 (d) 963

25 निम्नलिखित में से खिलाड़ी और उनसे सम्बन्धित खेल का कौन-सा युग्म सही है?

I. पूजा वस्त्राकर–निशानेबाजी
II. कुलदीप यादव–क्रिकेट

कूट

(a) केवल I (b) केवल II
(c) I और II दोनों (d) न तो I और न ही II

26 निम्नलिखित में से किसे रेलवे बोर्ड की प्रथम महिला अध्यक्ष के रूप में नियुक्त किया गया है?

(a) कल्याणी चड्ढा (b) एम.कलावती
(c) मंजू गुप्ता (d) जया वर्मा सिन्हा

27 जुलाई, 2023 में प्रतिष्ठित 'एनी अवॉर्ड' (Eni Award)', जिसे ऊर्जा और पर्यावरण में वैज्ञानिक अनुसन्धान के लिए शीर्ष वैश्विक सम्मानों में से एक माना जाता है, किसने जीता है?

(a) इकबाल सिंह लालपुरा (b) थलप्पिल प्रदीप
(c) सुबोध जायसवाल (d) पी.डी.वाघेला

28 तैराकी में ………… में पीठ के बल तैरा जाता है।

(a) बटरफ्लाई स्ट्रोक (b) बैकस्ट्रोक
(c) फ्रीस्टाइल (d) स्ट्रीमलाइन

29 ………… घर के अन्दर (indoors) या बाहर (outdoors) खेला जा सकता है।

(a) क्रिकेट (b) वॉलीबॉल
(c) टेबल टेनिस (d) गोल्फ

30 ………… भावी बौद्धिक विकास और समाज के आर्थिक-सामाजिक-सांस्कृतिक विकास में योगदान की क्षमता का प्रतिनिधित्व करती है।

(a) अर्थव्यवस्था (b) जनगणना
(c) राजनीति (d) साक्षरता

31 वर्द्धमान महावीर जैन धर्म के अन्तिम और ………… तीर्थंकर थे।

(a) 21वें (b) 22वें
(c) 23वें (d) 24वें

32 भारत की अन्तिम पंचवर्षीय योजना निम्नलिखित में से कौन-सी है?
(a) बारहवीं (b) दसवीं
(c) नौवीं (d) ग्यारहवीं

33 टी. बालासरस्वती का सम्बन्ध निम्नलिखित में से किस नृत्य से है?
(a) भरतनाट्यम (b) ओडिसी
(c) कथक (d) कथकली

34 कृषि उपज का वह अंश जो किसानों द्वारा बाजार में बेचा जाता है, ………… कहलाता है।
(a) उत्पादित अधिशेष (b) विपणित अधिशेष
(c) उत्पादित घाटा (d) विपणित घाटा

35 निम्नलिखित में से किसे 'आधुनिक अर्थशास्त्र का जनक' माना जाता है?
(a) कार्ल मार्क्स (b) डैनियल कन्नमन
(c) एडम स्मिथ (d) अल्फ्रेड मार्शल

36 अनियमित जमा योजना प्रतिबन्ध अधिनियम (Unregulated Deposit Schemes Act) किस वर्ष पारित किया गया?
(a) 2018 (b) 2019
(c) 2015 (d) 2016

37 भारतीय संविधान के अनुच्छेद-14 से 18 में निम्नलिखित में से किस अधिकार से सम्बन्धित प्रावधानों का उल्लेख है?
(a) समानता का अधिकार (b) धार्मिक स्वतन्त्रता का अधिकार
(c) शोषण के विरुद्ध अधिकार (d) स्वतन्त्रता का अधिकार

38 पश्चिम बंगाल की कौन-सी नृत्यशैली शास्त्रीय नृत्य के तत्त्वों को मार्शल आर्ट के साथ जोड़ती है और इसकी मुद्राएँ प्रायः भारतीय पौराणिक कथाओं की कहानियों को दर्शाती हैं?
(a) छऊ (b) कुचिपुड़ी
(c) ओडिसी (d) मोहिनीअट्टम

39 तबला वाद्ययन्त्र के निम्नलिखित में से किस वादक को विश्व के सबसे महान संगीतकारों में से एक माना जाता है और जिन्होंने कई अन्तर्राष्ट्रीय कलाकारों के साथ काम किया है?
(a) हरिप्रसाद चौरसिया (b) जाकिर हुसैन
(c) एल.सुब्रह्मण्यम (d) शिव कुमार शर्मा

40 दार्शनिकों ने पदार्थ को कितने मूल तत्त्वों में वर्गीकृत किया है?
(a) 4 (b) 8
(c) 6 (d) 5

भाग-III गणित

41 एक शहर की जनसंख्या में 35% वार्षिक की दर से वृद्धि होती है। यदि 2 वर्ष बाद शहर की जनसंख्या 91125 हो जाएगी, तो शहर की वर्तमान जनसंख्या कितनी है?
(a) 55000 (b) 57000
(c) 50000 (d) 51000

42 एक वस्तु को 25% की हानि पर ₹ 5000 में बेचा जाता है। वस्तु का क्रय मूल्य कितना है?
(a) ₹ 6666.66 (b) ₹ 7500
(c) ₹ 6000 (d) ₹ 6500

43 निम्नलिखित में से कौन-सी संख्या 36 से विभाज्य नहीं है?
(a) 3816 (b) 3636
(c) 3708 (d) 3400

44 पीतल में ताँबे और जस्ते का अनुपात 17 : 13 है। 240 किग्रा पीतल में ताँबे की कितनी मात्रा होगी?
(a) 102 किग्रा (b) 119 किग्रा
(c) 163 किग्रा (d) 136 किग्रा

45 यदि 8 सेब और 9 आम की कीमत 10 सेब और 6 आम की कीमत के बराबर है, तो एक आम की कीमत और एक सेब की कीमत का अनुपात कितना है?
(a) 3 : 2 (b) 2 : 5
(c) 2 : 3 (d) 1 : 2

46 0.025, 0.5 का कितना प्रतिशत है?
(a) 8% (b) 10%
(c) 5% (d) 7%

47 उस त्रिभुज का क्षेत्रफल ज्ञात कीजिए, जिसका परिमाप 110 सेमी है और जिसकी भुजाएँ 2 : 4 : 5 के अनुपात में है।
(a) $24\sqrt{231}$ सेमी^{2} (b) $25\sqrt{222}$ सेमी^{2}
(c) $25\sqrt{231}$ सेमी^{2} (d) $24\sqrt{222}$ सेमी^{2}

48 45% की छूट के बाद एक साइकिल ₹ 5060 में बेची जाती है। साइकिल का अंकित मूल्य कितना है?
(a) ₹ 8000 (b) ₹ 8500
(c) ₹ 9200 (d) ₹ 9600

49 यदि 50% और 10% की दो क्रमिक छूटें दी जाती हैं, तो अंकित मूल्य और विक्रय मूल्य का अनुपात कितना होगा?
(a) $\frac{11}{20}$ (b) $\frac{20}{11}$
(c) $\frac{20}{9}$ (c) $\frac{9}{20}$

50 $428 + 108 \div 4 - 32 \times 3$ का मान कितना है?
(a) 351 (b) 359
(c) 342 (d) 345

51 d, e, f और g का औसत 40 है। यदि d और e का औसत 14 है, तो f और g का औसत कितना होगा?
(a) 66 (b) 69
(c) 72 (d) 67

52 एक शर्ट ₹ 1200 में बेचने पर एक व्यक्ति को 25% की हानि हुई। 35% का लाभ कमाने के लिए उसे शर्ट को किस मूल्य पर बेचना चाहिए था?
(a) ₹ 2160 (b) ₹ 2240
(c) ₹ 2340 (d) ₹ 2200

53 सारा $ 5000 की धनराशि 10% वार्षिक साधारण ब्याज की दर पर निवेश करती है। वह धनराशि ज्ञात कीजिए, जो उसे 3 वर्ष के अन्त में प्राप्त होगी?
(a) $ 6300 (b) $ 6200
(c) $ 6800 (d) $ 6500

54 A एक कार्य को 27/2 दिनों में पूरा कर सकता है और B उसी कार्य को A द्वारा लिए गए समय के आधे समय में पूरा कर सकता है। एक साथ मिलकर कार्य करने पर वे उसी कार्य का कितना हिस्सा एक दिन में पूरा का सकते हैं?

(a) $\frac{2}{7}$ (b) $\frac{2}{9}$
(c) $\frac{2}{5}$ (d) $\frac{3}{5}$

55 यदि शहद की कीमत में 15% की वृद्धि हो जाती है, तो एक गृहिणी को शहद की खपत में कितने प्रतिशत की कमी करनी चाहिए। ताकि खर्च में वृद्धि न हो?

(a) 9% (b) 11%
(c) 13% (d) 15%

56 निम्नलिखित में से कौन-सी संख्या 24 से विभाज्य नहीं है?

(a) 4128 (b) 4148 (c) 4080 (d) 4032

57 तीन संख्याओं x, y और z का योग 100 है। x और y का औसत 40 तथा y और z का औसत 50 हैं। y का मान कितना है?

(a) 60 (b) 75 (c) 80 (d) 90

58 $1615 \div 17 + 22 \times 18 \div 9$ का मान कितना है?

(a) 149 (b) 141
(c) 147 (d) 139

59 रमेश स्कूटर से 45 किमी/घण्टे की चाल से अपने कार्यालय जाता है और 10 मिनट पहले पहुँचता है। यदि वह 30 किमी/घण्टे की चाल से जाता है, तो वह 10 मिनट देरी से पहुँचता है। सामान्य समय पर कार्यालय पहुँचने के लिए स्कूटर की चाल कितनी होनी चाहिए?

(a) 45 किमी/घण्टे (b) 36 किमी/घण्टे
(c) 20 किमी/घण्टे (d) 30 किमी/घण्टे

60 सुनील और प्रदीप एक काम को क्रमशः 5 दिन और 15 दिन में पूरा कर सकते हैं। वे दोनों एक दिन कार्य करते हैं और फिर सुनील कार्य छोड़ देता है। प्रदीप शेष कार्य को कितने दिनों में पूरा करेगा?

(a) 12 दिन (b) 9 दिन
(c) 7 दिन (d) 11 दिन

भाग-IV हिन्दी

61 दिए गए वाक्य में रेखांकित शब्द के लिए सही वर्तनी ज्ञात कीजिए
बीमारी के बाद उसे बहुत <u>कमजोरि</u> है।

(a) कमजोरी (b) कामजोर
(c) कमजोरि (d) कमजेर

62 दिए गए वाक्य में रेखांकित शब्द के लिए सही वर्तनी ज्ञात कीजिए
महाभारत के <u>युध</u> में पाण्डवों की विजय हुई थी।

(a) यूद्ध (b) यूध
(c) युद (d) युद्ध

63 दिए गए वाक्य में उचित पर्यायवाची शब्द का चयन करके रिक्त स्थान की पूर्ति करें।
अकेले चलते समय हमेशा ………… (सजग) रहना चाहिए।

(a) वार (b) सारा
(c) वीणा (d) सावधान

64 प्रश्न में चार विकल्पों में से उस विकल्प का चयन करें, जो रिक्त स्थान के लिए सही भाववाचक संज्ञा वाला विकल्प हो।
माँ लक्ष्मी की कृपा से सभी को ………… प्राप्त होती है।

(a) आराम (b) फल-फूल
(c) सम्पन्नता (d) विपन्नता

65 प्रश्न में चार विकल्पों में से उस विकल्प का चयन करें, जो कोष्ठक में दिए गए शब्द के विलोम शब्द का सही विकल्प है।
मेरा भाई बड़ा ही (आलसी) ………… प्रवृत्ति का है।

(a) कामचोर (b) कर्मठ
(c) काहिल (d) अकर्मण्य

66 प्रश्न में चार विकल्पों में से उस विकल्प का चयन करें, जो कोष्ठक में दिए गए शब्द के विलोम शब्द का सही अर्थ है।
जब तक लड़की की शादी नहीं हो जाती है, तब तक माँ-बाप (निश्चिंत) ………… नहीं होते।

(a) बेशक (b) निःसन्देह
(c) अवश्य (d) चिन्तित

67 प्रश्न में चार विकल्पों में से उस सही विकल्प का चयन करें, जो वाक्यांश के लिए एक शब्द का सही विकल्प हो।
'जो धन को व्यर्थ ही खर्च करता हो'

(a) परोक्ष (b) मितव्ययी
(c) अपव्ययी (d) अपूर्व

68 दिए गए वाक्य में रेखांकित शब्द का तत्सम शब्द ज्ञात कीजिए।
<u>बनारस</u> की तो बात ही कुछ और है।

(a) वाराण (b) वाराणसी
(c) वाराणास (d) वाराणी

69 प्रश्न में चार विकल्पों में से उस सही विकल्प का चयन करें, जो वाक्यांशों के लिए एक शब्द का सही विकल्प हो।
'जानने का इच्छुक'

(a) जिजीविषा (b) जिज्ञासु
(c) जिगीषु (d) जिज्ञासा

70 दिए गए शब्द का पर्यायवाची ज्ञात कीजिए।
झोंपड़ी

(a) धक्का (b) पताका
(c) पर्णकुटी (d) रीति

71 दिए गए वाक्य का वह भाग ज्ञात करें, जिसमें कोई त्रुटि है।
प्रिया की बातें सुनकर रमेश की आँख से आँसू निकल पड़े।

(a) आँसू निकल पड़े। (b) सुनकर रमेश की
(c) प्रिया की बातें (d) आँख से

72 दिए गए वाक्यांश के लिए सार्थक शब्द ज्ञात कीजिए।
'जो पढ़ा न जा सके'

(a) अपठनीय (b) अपथित
(c) अलिखित (d) अपठित

73 प्रश्न में चार विकल्पों में से उस विकल्प का चयन करें, जो कोष्ठक में दिए गए शब्द के तद्भव रूप का सही विकल्प है।
मेरे पैर में एक (कण्टक) ………… चुभ गया।

(a) पत्थर (b) काँटा
(c) कील (d) कीड़ा

74 प्रश्न में से दिए गए चार विकल्पों में से उस विकल्प का चयन करें, जो दिए गए मुहावरे के अर्थ को सर्वश्रेष्ठ रूप से व्यक्त करता है।
'गोलमाल करना'
(a) बहका देना (b) मूर्ख बनाना
(c) बेईमानी करना (d) खूब हँसना

75 प्रश्न में दिए गए चार विकल्पों में से उस विकल्प का चयन करें, जो दिए गए मुहावरे के अर्थ को सर्वश्रेष्ठ रूप से व्यक्त करता है।
'खिचड़ी पकाना'
(a) बहुत सारा खाना बनाना
(b) छुपकर बातें करना
(c) षड्यन्त्र रचना
(d) खाना बनाना

निर्देश (प्र. सं. 76-80) *नीचे दिए गए गद्यांश में कुछ शब्द छोड़ दिए गए हैं और प्रत्येक अनुच्छेद के सामने चार विकल्प दिए गए हैं। इस गद्यांश को ध्यानपूर्वक पढ़ें और चार विकल्पों में से सर्वोत्तम उत्तर वाला विकल्प चुनें।*

हमारे भारत देश की उन्नति हम पर ही ………… करती है। हमें हमारे देश की उन्नति को महत्त्व देते हुए सबसे पहले हमारे क्या कर्त्तव्य हैं यह समझना जरूरी है। एक व्यक्ति की ………… उसके राष्ट्र व उसके स्वयं की उन्नति है।

इसके लिए सबसे पहले तो हमारे क्या कर्त्तव्य हैं ये समझना होगा। आर्थिक विकास में वृद्धि, अनुशासन, अच्छी शिक्षा, हमारे देश की गरीबी को मिटाने, सभी राजनीतिक और सामाजिक मुद्दों को मिटाना ………… है। सभी से आदर की भावना रखकर वोट डालने जाना, सभी वह कार्य जो देश की उन्नति में बाँधा पहुँचाते हैं, उन्हें खत्म करना, जब यह बाधाएँ खत्म होंगी, तभी देश और हमारी उन्नति सम्भव है। हमारे देश भारत की उन्नति का एक महत्त्वपूर्ण तत्त्व ………… में एकता की भावना है। हमारे देश में विभिन्न जाति और धर्म के लोग हैं, जो आपस में मिलकर रहते हैं, जो हमारे उन्नति का एक अति आवश्यक तत्त्व है। भारत देश में हर एक हजार किलोमीटर पर ………… बदलती जाती हैं। तरह-तरह की बोलियाँ, संस्कृति है, जो हमारे देश को एक धागे में बाँधे रखती हैं और यही कारण है कि इस एकता की वजह से ही हमारा देश भारत नित्य नए आयाम कायम कर रहा है और उन्नति प्राप्त कर रहा है।

76 हमारे भारत देश की उन्नति हम पर ही ………… करती है।
(a) दबाव (b) कार्य
(c) दिखावा (d) निर्भर

77 एक व्यक्ति की ………… उसके राष्ट्र व उसके स्वयं की उन्नति है।
(a) सिद्धि (b) समृद्धि
(c) अवनति (d) उन्नति

78 आर्थिक विकास में वृद्धि, अनुशासन, अच्छी शिक्षा, हमारे देश की गरीबी को मिटाने, सभी राजनीतिक और सामाजिक मुद्दों को मिटाना ………… है।
(a) आवश्यक (b) जरूरी
(c) अकारण (d) क्यों

79 हमारे देश भारत के उन्नति का एक महत्त्वपूर्ण तत्व………… में एकता की भावना है।
(a) अनेकता (b) पड़ोसियों
(c) कार्यों (d) देशों

80 भारत देश में हर एक हजार किलोमीटर पर ………… बदलती जाती हैं।
(a) बोलियाँ (b) पदार्थ
(c) पानी (d) रिश्ते

उत्तरमाला

1.	(a)	2.	(a)	3.	(a)	4.	(d)	5.	(c)	6.	(c)	7.	(a)	8.	(d)	9.	(c)	10.	(b)
11.	(a)	12.	(c)	13.	(c)	14.	(a)	15.	(a)	16.	(b)	17.	(b)	18.	(c)	19.	(a)	20.	(d)
21.	(b)	22.	(c)	23.	(a)	24.	(a)	25.	(b)	26.	(d)	27.	(b)	28.	(b)	29.	(b)	30.	(d)
31.	(d)	32.	(a)	33.	(a)	34.	(b)	35.	(c)	36.	(b)	37.	(a)	38.	(a)	39.	(b)	40.	(d)
41.	(c)	42.	(a)	43.	(d)	44.	(d)	45.	(c)	46.	(c)	47.	(c)	48.	(c)	49.	(c)	50.	(b)
51.	(a)	52.	(a)	53.	(d)	54.	(b)	55.	(c)	56.	(b)	57.	(c)	58.	(d)	59.	(b)	60.	(d)
61.	(a)	62.	(d)	63.	(d)	64.	(c)	65.	(b)	66.	(d)	67.	(c)	68.	(b)	69.	(b)	70.	(c)
71.	(d)	72.	(a)	73.	(b)	74.	(c)	75.	(c)	76.	(d)	77.	(d)	78.	(b)	79.	(a)	80.	(a)

संकेत एवं हल

1. *(a)* प्रश्नानुसार,

T O W N [S] → 6 0 3 [2] 9

[S] W O (R) D → [2] 1 9 6 (8)

T (R) I P [S] → 4 (8) 7 3 [2]

अतः उपर्युक्त से स्पष्ट होता है कि 'R' का कूट '8' होगा।

2. *(a)* प्रश्नानुसार,

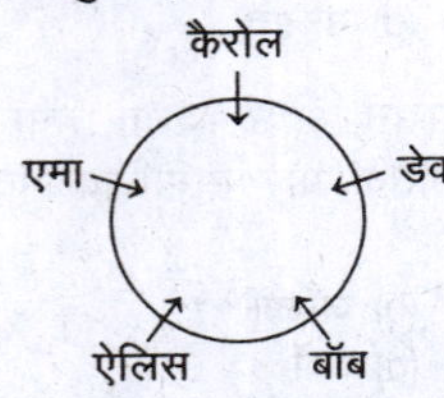

अतः 'कैरोल' के ठीक दाईं ओर 'एमा' बैठी है।

3. *(a)* दी गई संख्या श्रृंखला का क्रम निम्न प्रकार है,

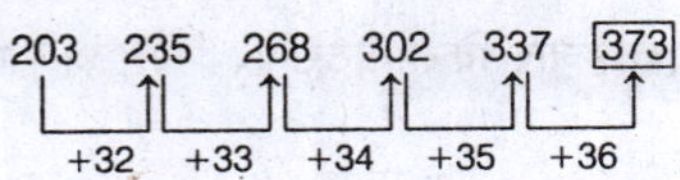

4. *(d)* जिस प्रकार,

10 A 5 B 6 C 30 = 270

$\Rightarrow$ $10 \times 5 \times 6 - 30 = 270$

$\Rightarrow$ $300 - 30 = 270$

$\therefore$ $270 = 270$

और 4 A 6 B 7 C 8 = 160

$\Rightarrow$ $4 \times 6 \times 7 - 8 = 160$

$\Rightarrow$ $168 - 8 = 160$

$\therefore$ $160 = 160$

उसी प्रकार,

8 A 5 B 6 C 10 = ?

$\Rightarrow$ $? = 8 \times 5 \times 6 - 10$

$= 240 - 10$

$? = \boxed{230}$

5. *(c)* कागज को खोलने पर यह विकल्प आकृति (c) जैसा दिखाई देगा।

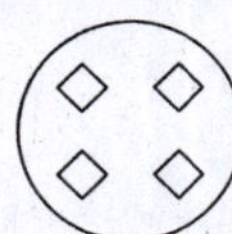

6. *(c)* प्रश्नानुसार,

Z (N) H D → 7 (5) 1 9

H M D [E] → [2] 1 6 7

(N) [E] A O → 3 8 (5) [2]

अतः 'Z' का कूट '9' होगा।

7. *(a)* प्रश्नानुसार,

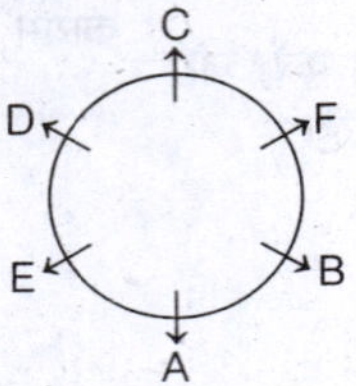

अतः 'E' के विपरीत 'F' बैठा है।

8. *(d)* दी गई आकृति श्रृंखला में प्रत्येक अगली आकृति में वृत्त और वर्ग वैकल्पिक रूप से काला हो रहा है तथा संख्या में '5' की वृद्धि हो रही है। अतः प्रश्नचिह्न (?) के स्थान पर विकल्प (d) की आकृति आयेगी।

9. *(c)* दी गई श्रृंखला का क्रम निम्न प्रकार है,

eeefffgg<u>g</u>hhh / eeefffggg<u>h</u>hh / eeefffggg hh<u>h</u>

अतः ghgh अक्षर श्रृंखला को पूरा करेंगें।

10. *(b)* जिस प्रकार, T $\xrightarrow{+5}$ Y, G $\xrightarrow{+5}$ L

उसी प्रकार, W $\xrightarrow{+5}$ B, J $\xrightarrow{+5}$ O

11. *(a)* दी गई संख्या श्रृंखला का क्रम निम्न प्रकार है,

27 28 32 [41] 57 82

$+1^2$ $+2^2$ $+3^2$ $+4^2$ $+5^2$

12. *(c)* दी गई अक्षर श्रृंखला का क्रम निम्नवत् है,

L $\xrightarrow{+5}$ Q $\xrightarrow{+5}$ V $\xrightarrow{+5}$ A $\xrightarrow{+5}$ [F]

C $\xrightarrow{+6}$ I $\xrightarrow{+6}$ O $\xrightarrow{+6}$ U $\xrightarrow{+6}$ [A]

T $\xrightarrow{+8}$ B $\xrightarrow{+8}$ J $\xrightarrow{+8}$ R $\xrightarrow{+8}$ [Z]

13. *(c)* जिस प्रकार,

F $\xrightarrow{+1}$ G, J $\xrightarrow{+1}$ K, N $\xrightarrow{+1}$ O

उसी प्रकार,

W $\xrightarrow{+1}$ X, Z $\xrightarrow{+1}$ A, C $\xrightarrow{+1}$ D

14. *(a)* दी गई आकृति श्रृंखला में प्रत्येक अगली आकृति में वर्ग के अन्दर दिए गए सभी त्रिभुज दक्षिणावर्त दिशा में आगे बढ़ रहे हैं। अतः प्रश्नचिह्न (?) के स्थान पर विकल्प (a) की आकृति आयेगी।

15. *(a)* अंग्रेजी वर्णमाला के अनुसार शब्दों का क्रम निम्न है

3. Noble → 2. Noise → 4. Noisy → 5. Nosey → 1. Notch

अभीष्ट अनुक्रम ⇒ 3, 2, 4, 5, 1

16. *(b)* प्रश्न आकृति विकल्प आकृति (b) की आकृति में छिपी है।

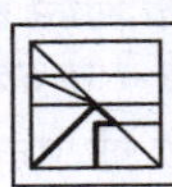

17. *(b)* कथनानुसार,

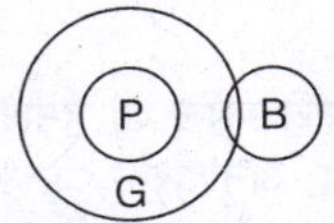

निष्कर्ष I. (✗) II. (✗) III. (✓)

अतः केवल निष्कर्ष III अनुसरण करता है।

18. *(c)* दी गई समीकरण,

$20 + 2 \div 4 - 8 \times 28 = 30$

विकल्प (c) से, '×' और '+' को आपस में बदलने पर,

$\Rightarrow$ $20 \times 2 \div 4 - 8 + 28 = 30$

$\Rightarrow$ $20 \times \frac{2}{4} - 8 + 28 = 30$

$\Rightarrow$ $10 - 8 + 28 = 30$

$\Rightarrow$ $38 - 8 = 30$

$\Rightarrow$ $30 = 30$

अतः विकल्प (c) सही उत्तर है।

19. *(a)* दिए गए पासे की दो स्थितियों में अंक '4' उभयनिष्ठ है।

$\therefore$ **स्थिति** I ⟶ 4 8 6

स्थिति II ⟶ 4 7 2

अतः 8 वाले फलक के विपरीत फलक पर '7' होगा।

20. *(d)* प्रश्नानुसार,

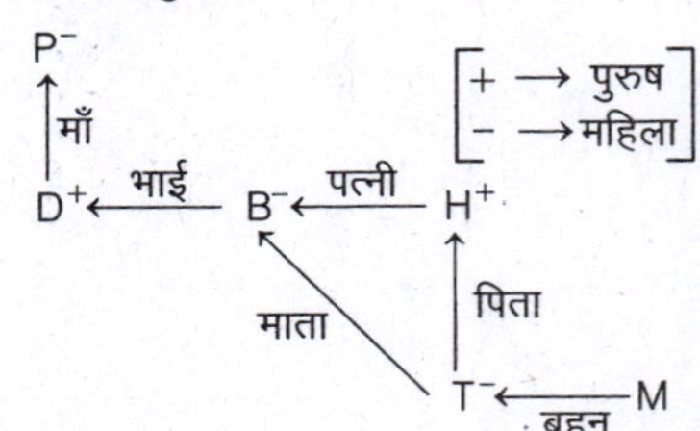

अतः D, H की पत्नी का भाई है।

21. *(b)* भारत सरकार ने जून, 1991 में नई आर्थिक नीति पेश की। यह आर्थिक नीति उस समय के प्रधानमन्त्री पी.वी. नरसिंह राव द्वारा पेश की गई थी। इसके अन्तर्गत उदारीकरण, वैश्वीकरण तथा निजीकरण को पूरे देश में लागू किया गया था। इस नई आर्थिक नीति का मुख्य उद्देश्य विदेशी निवेश को आकर्षित करना तथा अर्थव्यवस्था की विकास दर को बढ़ाना था।

22. *(c)* वर्ष 1930 में महात्मा गाँधी के नेतृत्व में हुआ 'दाण्डी मार्च' नमक कर के खिलाफ एक महत्त्वपूर्ण विरोध था। गाँधीजी ने अपने 79 अनुयायियों के साथ 12 मार्च को अपनी यात्रा साबरमती आश्रम से प्रारम्भ की तथा 24 दिन बाद 6 अप्रैल, 1930 को दाण्डी में एक मुठ्ठी नमक बनाकर नमक कानून तोड़ा।

23. *(a)* भारत में विधानपरिषद् वाले राज्य की विधानपरिषद् के सदस्यों की कुल संख्या उस राज्य की विधानसभा की कुल सदस्य संख्या के एक तिहाई से अधिक नहीं होगी। इसका वर्णन संविधान के अनुच्छेद-171 में किया गया है। किन्तु यह सदस्य संख्या 40 से कम नहीं होनी चाहिए। संविधान के अनुच्छेद-169 के अन्तर्गत विधानपरिषद् का प्रावधान किया गया है। वर्तमान समय में छ: राज्यों में विधानपरिषद् अस्तित्व में है।

24. *(a)* वर्ष 2011 की जनगणना के अनुसार, भारत में लिंगानुपात 943 है अर्थात् यहाँ प्रति 1000 पुरुषों पर 943 महिलाएँ हैं।

वर्ष 2011 की जनगणना के अनुसार, भारत के केरल राज्य का लिंगानुपात सर्वाधिक (1084) तथा हरियाणा राज्य का लिंगानुपात सबसे कम (879) है।

25. *(b)* विकल्प (b) सही उत्तर है। कुलदीप यादव, क्रिकेट से सम्बन्धित हैं। कुलदीप यादव एक भारतीय स्पिनर गेंदबाज हैं तथा घरेलू क्रिकेट में उत्तर प्रदेश की ओर से खेलते हैं। इसके अतिरिक्त पूजा वस्त्राकर एक भारतीय महिला क्रिकेट खिलाड़ी हैं। ये घरेलू क्रिकेट में मध्य प्रदेश की ओर से खेलती हैं।

26. *(d)* जया वर्मा सिन्हा को रेलवे बोर्ड की प्रथम महिला अध्यक्ष के रूप में नियुक्त किया गया है। इन्होंने 1 सितम्बर, 2023 को अपना पदभार ग्रहण किया। श्रीमती सिन्हा भारतीय रेलवे यातायात सेवा में वर्ष 1988 से कार्यरत् हैं।

27. *(b)* थलप्पिल प्रदीप को जुलाई, 2023 में प्रतिष्ठित एनी अवॉर्ड मिला, जिसे ऊर्जा और पर्यावरण में वैज्ञानिक अनुसन्धान के लिए प्रदान किया जाता है। थलप्पिल प्रदीप भारतीय प्रौद्योगिकी संस्थान मद्रास में रसायन विज्ञान विभाग के प्रोफेसर हैं। एनी अवॉर्ड को 'एनर्जी फ्रण्टियर' पुरस्कार भी कहा जाता है।

28. *(b)* तैराकी में बैकस्ट्रोक में पीठ के बल तैरा जाता है। बैकस्ट्रोक तकनीक को बैक-क्रॉल भी कहा जाता है। तैराकी से सम्बन्धित प्रमुख शब्दावलियाँ फ्री स्टाइल बैक-स्ट्रोक, ब्रेस्ट-स्ट्रोक बटर फलाई स्ट्रोक इत्यादि।

29. *(b)* वॉलीबॉल घर के अन्दर या बाहर खेला जा सकता है। यह एक टीम खेल है, जिसमें छः खिलाड़ियों की दो टीमें होती हैं। वॉलीबॉल से सम्बन्धित प्रमुख शब्दावलियाँ डबल ब्लॉकिंग, स्मैश, प्वांइट, सर्व वॉली इत्यादि। वॉलीबॉल श्रीलंका का राष्ट्रीय खेल है।

30. *(d)* साक्षरता भावी बौद्धिक विकास और समाज के आर्थिक-सामाजिक, सांस्कृतिक विकास के योगदान की क्षमता का प्रतिनिधित्व करती है। साक्षरता का लक्ष्य यह सुनिश्चित करना है कि समाज के प्रत्येक व्यक्ति के पास पढ़ने, लिखने और समझने की क्षमता हो। वर्तमान समय में भारत में साक्षरता दर 74.04% है। वर्ष 1947 में यह मात्र 18% थी। भारत का सबसे ज्यादा साक्षर राज्य केरल है, जहाँ की साक्षरता दर 94% है।

31. *(d)* वर्द्धमान महावीर जैन धर्म के अन्तिम और 24वें तीर्थंकर थे। वे 23वें तीर्थंकर पार्श्वनाथ के उत्तराधिकारी थे। वर्द्धमान महावीर का जन्म 599 ई.पू. में बिहार के वैशाली जिले के कुण्डग्राम में हुआ था। जैन धर्म के संस्थापक ऋषभ देव हैं।

32. *(a)* भारत में अन्तिम पंचवर्षीय योजना बारहवीं पंचवर्षीय योजना थी। इसका कार्यकाल वर्ष 2012 से 2017 तक था। इस पंचवर्षीय योजना में 8% की आर्थिक विकास दर प्राप्त करने का लक्ष्य रखा गया था। 12वीं पंचवर्षीय योजना का उद्देश्य तेज, टिकाऊ और अधिक समावेशी विकास प्राप्त करना था।

33. *(a)* टी. बालासरस्वती का सम्बन्ध भरतनाट्यम नृत्य से है। वह दक्षिण भारत के बाहर भरतनाट्यम नृत्य प्रस्तुत करने वाली पहली कलाकार थीं। इनका जन्म 13 मई, 1918 को तमिलनाडु के चेन्नई शहर में हुआ था। टी. बालासरस्वती को वर्ष 1955 में संगीत नाटक अकादमी पुरस्कार, वर्ष 1973 में मद्रास संगीत अकादमी से कलानिधि पुरस्कार तथा वर्ष 1977 में पद्म विभूषण से सम्मानित किया गया था। भरत नाट्यम नृत्य का सम्बन्ध केरल राज्य से है।

34. *(b)* विपणित अधिशेष कृषि उपज का वह अंश है, जो किसानों द्वारा बाजार में बेचा जाता है। यह एक किसान द्वारा उत्पादित कुल उत्पादन और उसके कृषि खपत के बीच का अन्तर है।

विपणन योग्य अधिशेष = किसान द्वारा उत्पादित कुल कृषि उत्पादन – कृषि उत्पादन की अपनी खपत।

35. *(c)* एडम स्मिथ को आधुनिक अर्थशास्त्र का जनक माना जाता है। एडम स्मिथ को पूँजीवाद मुक्त बाजार, आपूर्ति और माँग पर अपने सिद्धान्तों के कारण अर्थशास्त्र का जनक कहा जाता है। एडम स्मिथ एक ब्रिटिश नीतिवेत्ता, दार्शनिक और राजनैतिक अर्थशास्त्री थे। 'द वेल्थ ऑफ नेशन्स' एडम स्मिथ की प्रमुख पुस्तक है।

36. *(b)* अनियमित जमा योजना प्रतिबन्ध अधिनियम, वर्ष 2019 में पारित किया गया था। इस अधिनियम का उद्देश्य देश में अवैध रूप से धनराशि जमा कराने वाली योजनाओं पर नियन्त्रण करना है। इस कानून के द्वारा पूँजी कम्पनियों पर प्रतिबन्ध लगाने की प्रभावी व्यवस्था की गई है तथा इसके उल्लंघन करने वालों पर दण्ड का प्रावधान है।

37. *(a)* भारतीय संविधान के अनुच्छेद-14 से 18 में समानता के अधिकार से सम्बन्धित प्रावधानों का उल्लेख है। समानता का अधिकार छः मौलिक अधिकारों में से एक है, जो भारत के संविधान द्वारा नागरिकों के लिए **गारण्टीकृत** है। समानता का अधिकार यह सिद्धान्त है कि सभी व्यक्ति कानून के समक्ष समान हैं और उनके लिंग, नस्ल, जातीयता, मूल धर्म या अन्य विशेषताओं की परवाह किए बिना समान अधिकार और अवसर प्राप्त हैं।

38. *(a)* पश्चिम बंगाल की छऊ नृत्यशैली शास्त्रीय संगीत के तत्त्वों को मार्शल आर्ट के साथ जोड़ती है और इसकी मुद्राएँ प्रायः भारतीय पौराणिक कथाओं की कहानियों को दर्शाती हैं। छऊ नृत्य पूर्वी भारत के पुरुषों द्वारा किया जाने वाला एक पारम्परिक नृत्य है, जो रामायण और महाभारत सहित महाकाव्यों के प्रकरण का अभिनय करता है। छऊ नृत्य मुख्यतः पश्चिम बंगाल, झारखण्ड और ओडिशा में किया जाता है।

39. *(b)* तबला वादक डॉ. जाकिर हुसैन को विश्व के सबसे महान संगीतकारों में एक माना जाता है, जिन्होंने कई अन्तर्राष्ट्रीय कलाकारों के साथ काम किया है। जाकिर हुसैन का जन्म 9 मार्च, 1951 को हुआ था। भारत सरकार द्वारा इन्हें पद्म विभूषण, (2023) पद्म भूषण (2022) तथा पद्मश्री (1988-1998) से सम्मानित किया गया।

40. *(d)* भारत के प्राचीन दार्शनिकों ने पदार्थ को 5 मूल तत्त्वों में वर्गीकृत किया था। वे पाँच मूल तत्त्व हैं–जल, वायु, पृथ्वी, अग्नि और आकाश। उनके अनुसार सब कुछ जीवित या निर्जीव इन पाँच मूल तत्त्वों से बना है। इस ब्रह्माण्ड में सब कुछ जिस सामग्री से बना है, उसे वैज्ञानिकों ने पदार्थ का नाम दिया है। पदार्थ में आयतन और द्रव्यमान दोनों होते हैं।

41. *(c)* माना शहर की वर्तमान जनसंख्या $= x$

प्रश्नानुसार,

$$x\left(1+\frac{35}{100}\right)\left(1+\frac{35}{100}\right) = 91125$$

$$\Rightarrow \quad x \times \frac{135}{100} \times \frac{135}{100} = 91125$$

$$\therefore \quad x = \frac{91125 \times 100 \times 100}{135 \times 135} = 50000$$

42. *(a)* वस्तु का विक्रय मूल्य $= ₹\, 5000$

हानि $\% = 25\%$

$\therefore$ वस्तु का क्रय मूल्य $= 5000 \times \frac{100}{(100-25)}$

$= 5000 \times \frac{100}{75}$

$= ₹\, 6666.66$

43. *(d)* 9 और 4 से विभाज्य संख्या 36 से विभाज्य होगी।

4 की विभाज्यता : यदि संख्या के अन्तिम दो अंक 4 से विभाज्य होंगे तो संख्या 4 से विभाज्य होगी।

9 की विभाज्यता : संख्या के अंकों का योग 9 से विभाज्य होना चाहिए।

विकल्प (d) से, संख्या $= 3400$

$3400 \rightarrow$ यह 4 से विभाज्य है

संख्या के अंकों का योग $= 3+4+0+0$

$=7$, यह 9 से विभाज्य नहीं है।

संख्या 3400, 9 से विभाज्य नहीं होगी।

अतः संख्या 3400, 36 से विभाज्य नहीं है।

44. *(d)* दिया है,

ताँबे और जस्ते का अनुपात $= 17:13$

तथा पीतल की कुल मात्रा $= 240$ किग्रा

$\therefore$ पीतल में ताँबे की मात्रा $= 240 \times \frac{17}{(17+13)}$

$= 240 \times \frac{17}{30}$

$= 136$ किग्रा

45. *(c)* माना एक आम तथा एक सेब की कीमत क्रमशः ₹ x तथा ₹ y हैं।

प्रश्नानुसार, $8y + 9x = 10y + 6x$

$\Rightarrow \quad 3x = 2y \Rightarrow \frac{x}{y} = \frac{2}{3}$

$\therefore \quad x : y = 2 : 3$

अतः अभीष्ट अनुपात $= 2 : 3$

46. *(c)* अभीष्ट प्रतिशत $= \frac{0.025}{0.5} \times 100$

$= \frac{25}{500} \times 100 = 5\%$

47. *(c)* माना त्रिभुज की भुजा क्रमशः $2x$, $4x$ तथा $5x$ हैं।

प्रश्नानुसार, $2x + 4x + 5x = 110$

$\Rightarrow \quad 11x = 110$

$\therefore \quad x = \frac{110}{11} = 10$

त्रिभुज की भुजाएँ

$a = 2x = 2 \times 10 = 20$ सेमी

$b = 4x = 4 \times 10 = 40$ सेमी

$c = 5x = 5 \times 10 = 50$ सेमी

$s = \frac{a+b+c}{2}$

$= \frac{20+40+50}{2} = \frac{110}{2} = 55$

$\therefore$ त्रिभुज का क्षेत्रफल

$= \sqrt{s(s-a)(s-b)(s-c)}$

$= \sqrt{55(55-20)(55-40)(55-50)}$

$= \sqrt{55 \times 35 \times 15 \times 5}$

$= \sqrt{5 \times 11 \times 7 \times 5 \times 5 \times 3 \times 5}$

$= 25\sqrt{231}$ सेमी^{2}

48. *(c)* दिया है,

साइकिल का विक्रय मूल्य $= ₹\, 5060$

छूट $\% = 45\%$

$\therefore$ साइकिल का अंकित मूल्य

$= 5060 \times \frac{100}{(100-45)}$

$= 5060 \times \frac{100}{55} = ₹\, 9200$

49. *(c)* समतुल्य छूट $\% = 50 + 10 - \frac{50 \times 10}{100}$

$= 60 - 5 = 55\%$

माना, अंकित मूल्य $= ₹\, 100$

$\therefore$ विक्रय मूल्य $= 100 \times \frac{(100-55)}{100}$

$= 100 \times \frac{45}{100} = ₹\, 45$

$\therefore$ अभीष्ट अनुपात $= \frac{100}{45} = \frac{20}{9}$

50. *(b)* $428 + 108 \div 4 - 32 \times 3$

$= 428 + 27 - 32 \times 3$

$= 428 + 27 - 96$

$= 455 - 96 = 359$

51. *(a)* $(d+e+f+g)$ का कुल योग

$= 40 \times 4 = 160$

$(d+e)$ का कुल योग $= 14 \times 2 = 28$

$\therefore (f+g)$ का कुल योग $= (160-28)$

$= 132$

$\therefore f$ और g का औसत $= \frac{132}{2} = 66$

52. *(a)* दिया है, शर्ट का विक्रय मूल्य $= ₹\, 1200$

हानि $\% = 25\%$

$\therefore$ शर्ट का क्रय मूल्य $= 1200 \times \frac{100}{(100-25)}$

$= 1200 \times \frac{100}{75} = ₹\, 1600$

पुनः लाभ $= 35\%$

$\therefore$ शर्ट का नया विक्रय मूल्य

$= 1600 \times \frac{(100+35)}{100}$

$= 1600 \times \frac{135}{100} = ₹\, 2160$

53. *(d)* दिया है, मूलधन $= \$\, 5000$

दर $= 10\%$

समय $= 3$ वर्ष

$\therefore$ साधारण ब्याज $= \frac{\text{मूलधन} \times \text{दर} \times \text{समय}}{100}$

$= \frac{5000 \times 10 \times 3}{100} = \$\, 1500$

$\therefore$ 3 वर्ष के अन्त में प्राप्त धनराशि

$= \$\, (5000 + 1500) = \$\, 6500$

54. *(b)* A का एक दिन का कार्य $= \frac{2}{27}$

B द्वारा पूरा कार्य करने में लगा समय

$= \frac{1}{2} \times \frac{27}{2} = \frac{27}{4}$ दिन

$\therefore B$ का 1 दिन का कार्य $= \frac{4}{27}$

$\therefore (A+B)$ का 1 दिन का कार्य

$= \frac{2}{27} + \frac{4}{27} = \frac{6}{27} = \frac{2}{9}$

अतः A और B एकसाथ मिलकर कार्य का $\frac{2}{9}$ हिस्सा 1 दिन में पूरा करेंगे।

55. *(c)* अभीष्ट प्रतिशत कमी

$= \left(\frac{R}{100+R}\right) \times 100$

$= \frac{15}{(100+15)} \times 100$

$= \frac{15}{115} \times 100 \approx 13\%$

56. *(b)* यदि कोई संख्या 24 से विभाज्य है तो वह संख्या 8 और 3 दोनों से विभाज्य होगी

$\because$ 148, 8 से विभाज्य नही है, इसलिए संख्या 4148 भी 8 से विभाज्य नहीं होगी।

अतः 4148 संख्या, 24 से विभाज्य नहीं होगी।

57. *(c)* प्रश्नानुसार,

$x + y + z = 100 \quad \ldots(i)$

$\frac{x+y}{2} = 40$

$\Rightarrow \quad x + y = 80 \quad \ldots(ii)$

$\frac{y+z}{2} = 50$

$\Rightarrow \quad y+z=100 \quad \ldots(iii)$

समी (ii) + (iii) से,

$x+2y+z=180 \quad \ldots(iv)$

पुनः समी (iv) – (i) से,

$x+2y+z-x-y-z=180-100$

$\therefore \quad y=80$

58. *(d)* $1615 \div 17 + 22 \times 18 \div 9$

$= 95 + 22 \times 2$

$= 95 + 44 = 139$

59. *(b)* माना कार्यालय की दूरी x किमी है।

प्रश्नानुसार, $\frac{x}{45}+\frac{10}{60}=\frac{x}{30}-\frac{10}{60}$

$\Rightarrow \quad \frac{x}{30}-\frac{x}{45}=\frac{20}{60}$

$\Rightarrow \quad \frac{3x-2x}{90}=\frac{1}{3}$

$\therefore \quad x=30$ किमी

$\therefore$ सामान्य समय $=\frac{30}{45}+\frac{10}{60}=\frac{2}{3}+\frac{1}{6}$

$=\frac{4+1}{6}=\frac{5}{6}$ घण्टा

$\therefore$ सामान्य चाल $=\frac{30}{\frac{5}{6}}$

$=\frac{30\times 6}{5}=36$ किमी/घण्टा

वैकल्पिक विधि

$D=\frac{S_1 \times S_2}{S_1 \sim S_2}\times(T_1+T_2)$ सूत्र से,

$D=\frac{45\times 30}{45-30}\times\frac{20}{60}$

$=\frac{45\times 30}{15}\times\frac{1}{3}=30$ किमी

$\therefore$ सामान्य समय $=\frac{30}{45}+\frac{10}{60}=\frac{5}{6}$ घण्टा

अतः अभीष्ट चाल $=\frac{30\times 6}{5}=36$ किमी/घण्टा

60. *(d)* सुनील का 1 दिन का कार्य $=\frac{1}{5}$

प्रदीप का 1 दिन का कार्य $=\frac{1}{15}$

(सुनील + प्रदीप) का 1 दिन का कार्य

$=\frac{1}{5}+\frac{1}{15}=\frac{3+1}{15}=\frac{4}{15}$

शेष कार्य $=1-\frac{4}{15}=\frac{15-4}{13}=\frac{11}{15}$

$\therefore$ प्रदीप द्वारा शेष कार्य को पूरा करने में लगा समय $=\frac{11}{15}\times\frac{15}{1}=11$ दिन

61. *(a)* दिए गए वाक्य में रेखांकित शब्द 'कमजोरि' अशुद्ध वर्तनी की शुद्ध वर्तनी 'कमजोरी' है। अन्य विकल्प असंगत हैं।

62. *(d)* दिए गए वाक्य में रेखांकित शब्द 'युध' गलत वर्तनी की सही शुद्ध वर्तनी 'युद्ध' है। अन्य विकल्प असंगत हैं।

63. *(d)* वाक्य में दिए कोष्ठक शब्द 'सजग' का उचित पर्यायवाची 'सावधान' होगा। सजग के अन्य पर्यायवाची शब्द हैं—सचेतन, समझदार, सचेत, सावधान आदि। अन्य विकल्प असंगत हैं।

64. *(c)* दिए गए वाक्य में रिक्त स्थान की पूर्ति के लिए सही भाववाचक संज्ञा सम्पन्नता है। पूर्ण वाक्य इस प्रकार है-माँ लक्ष्मी की कृपा से सभी को सम्पन्नता प्राप्त होती है। अन्य विकल्प असंगत हैं।

65. *(b)* दिए गए वाक्य में कोष्ठक शब्द 'आलसी' का विलोम 'कर्मठ' है। जो व्यक्ति अपने कार्य के प्रति लापरवाह होता है, आलसी कहलाता है। ठीक इसके विपरीत कोई भी व्यक्ति जो अपने कार्य के प्रति सजग व जुझारू है, वह कर्मठ कहलाता है। अन्य विकल्प असंगत हैं।

66. *(d)* दिए गए वाक्य में कोष्ठक में शब्द 'निश्चिंत' का विलोम शब्द 'चिन्तित' है, जबकि अन्य विकल्प असंगत हैं।

67. *(c)* दिए गए वाक्यांश 'जो धन को व्यर्थ ही खर्च करता हो' के लिए एक शब्द का सही विकल्प 'अपव्ययी' है। अन्य विकल्प असंगत हैं।

68. *(b)* दिए गए वाक्य में रेखांकित शब्द 'बनारस' का तत्सम शब्द 'वाराणसी' है। बनारस का पूर्व नाम वाराणसी था। अन्य विकल्प असंगत हैं।

69. *(b)* दिए गए विकल्पों में से 'जानने का इच्छुक' वाक्यांश के लिए एक शब्द 'जिज्ञासु' है। अन्य विकल्प असंगत हैं।

70. *(c)* दिए गए शब्द 'झोंपड़ी' का पर्यायवाची 'पर्णकुटी' है। झोंपड़ी के अन्य पर्यायवाची शब्द-कुटिया, मड़ई, कच्चा आश्रय, फूस का छोटा घर आदि हैं।

71. *(d)* दिए गए वाक्य में 'आँख से' वाक्यांश में त्रुटि है। अतः सही वाक्य है–'प्रिया की बातें सुनकर रमेश की आँखों से आँसू निकल पड़े।' अन्य विकल्प असंगत हैं।

72. *(a)* 'जो पढ़ा न जा सके' वाक्यांश के लिए एक सार्थक शब्द 'अपठनीय' होगा। अन्य विकल्प असंगत हैं।

73. *(b)* निम्नलिखित वाक्य में दिए गए कोष्ठक शब्द 'कण्टक' एक तत्सम शब्द है, कण्टक का तद्भव रूप 'काँटा' होता है। अन्य विकल्प असंगत हैं।

74. *(c)* 'गोलमाल करना' मुहावरे का अर्थ है–'बेईमानी करना'।

वाक्य प्रयोग कई दिनों से बैंक मैनेजर हिसाब-किताब में गोलमाल कर रहा है।

75. *(c)* 'खिचड़ी पकाना' मुहावरे का अर्थ है–षड्यन्त्र रचना या गड़बड़ करना।

वाक्य प्रयोग कम्पनी में कुछ लोगों के बीच, कई दिनों से खिचड़ी पक रही है।

76. *(d)* रिक्त स्थान के लिए उपयुक्त शब्द 'निर्भर' है। अतः पूर्ण वाक्य है–हमारे देश की उन्नति हम पर ही निर्भर करती है।

77. *(d)* रिक्त स्थान के लिए उपयुक्त शब्द 'उन्नति' सबसे उपयुक्त है। अतः पूर्ण वाक्य होगा–एक व्यक्ति की उन्नति उसके राष्ट्र व उसके स्वयं की उन्नति है।

78. *(b)* रिक्त स्थान की पूर्ति के लिए सबसे उपयुक्त विकल्प 'जरूरी' है। अतः पूर्ण वाक्य है–आर्थिक विकास में वृद्धि, अनुशासन, अच्छी शिक्षा, हमारे देश की गरीबी को मिटाने तथा सभी राजनीतिक और सामाजिक मुद्दों को मिटाना जरूरी है।

79. *(a)* रिक्त स्थान की पूर्ति के लिए सबसे उपयुक्त विकल्प 'अनेकता' है। अतः पूर्ण वाक्य है–हमारे देश भारत की उन्नति का एक महत्त्वपूर्ण तत्त्व अनेकता में एकता की भावना है।

80. *(a)* रिक्त स्थान की पूर्ति के लिए सबसे उपयुक्त विकल्प 'बोलियाँ' है। अतः पूर्ण वाक्य होगा–भारत देश में हर एक हजार किलोमीटर पर बोलियाँ बदलती जाती हैं।

29 फरवरी 2024
(शिफ्ट I)

सॉल्वड पेपर 2024

SSC कांस्टेबल (जीडी) सेट 32

भाग-I सामान्य बुद्धिमत्ता एवं तर्कशक्ति

1 नीचे दी गई दो संख्याओं को आपस में बदलने पर निम्नलिखित में से कौन-सा समीकरण सही नहीं होगा?

1 और 9

(a) $9 \times 2 - 1 + 8 = 1$
(b) $1 + 9 \times 3 - 4 = 8$
(c) $9 \times 2 + 1 - 4 = 7$
(d) $9 - 1 + 7 = -3$

2 निम्नलिखित प्रश्न में, दिए गए विकल्पों में से उस आकृति का चयन कीजिए, जिसे प्रश्नचिह्न (?) के स्थान पर रखा जा सकता है?

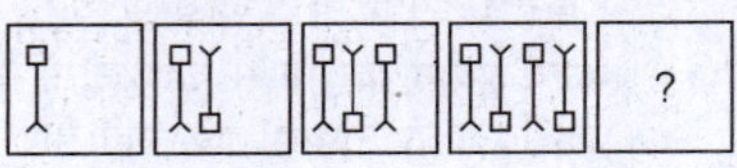

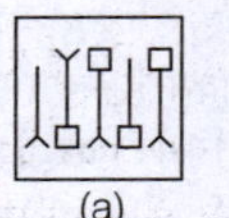
(a)
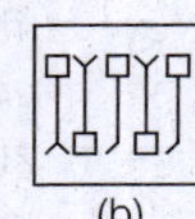
(b)
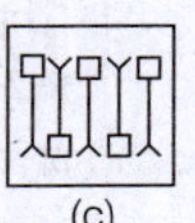
(c)

(d)

3 नीचे दर्शाए गए अनुसार एक कागज को मोड़कर काटा जाता है। खोले जाने पर यह कैसा दिखाई देगा?

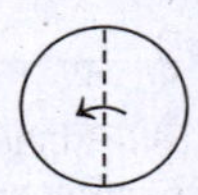
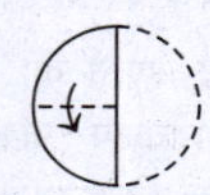
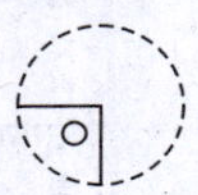

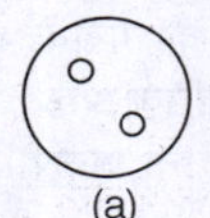
(a)
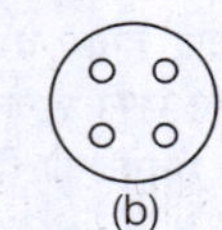
(b)

(c)
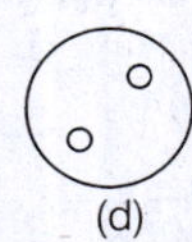
(d)

4 निम्नलिखित विकल्पों में से दी गई श्रृंखला से लुप्त संख्या का चयन कीजिए।

68, 69, 77, 104, 168, ?

(a) 280
(b) 308
(c) 300
(d) 293

5 P, Q की माँ है। Q, R की बहन है। R, S का भाई है। S, T का पति है। T, U की बहन है। U, V की पत्नी है। परिवार में कुल कितनी महिला सदस्य हैं?

(a) 1 (b) 2 (c) 3 (d) 4

6 सात मित्र, M, N ,O, P, Q, R और S एक वृत्ताकार मेज के चारों ओर केन्द्र की ओर मुख करके बैठे हैं। S और O एक-दूसरे के बगल में नहीं बैठे हैं। R, M के ठीक बाईं ओर बैठा है। M, S के बाईं ओर से दूसरे स्थान पर बैठा है। N और O के बीच में Q बैठा है। N, S का पड़ोसी है। N के ठीक बाईं ओर कौन बैठा है?

(a) O (b) S (c) M (d) Q

7 निम्नलिखित प्रश्न में, विकल्पों में दी गई उस आकृति का चयन कीजिए, जिसे प्रश्नचिह्न (?) के स्थान पर रखा जा सकता है।

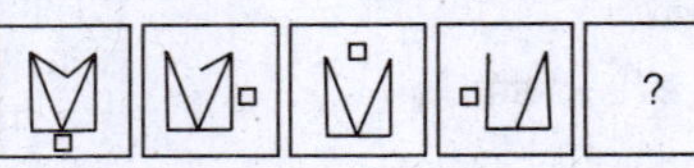

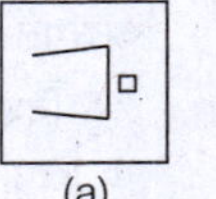
(a)
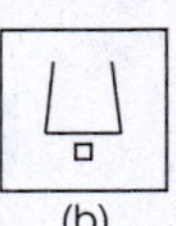
(b)
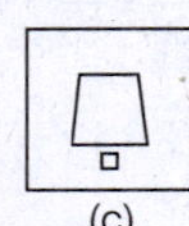
(c)
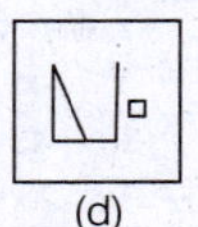
(d)

8 आठ लड़के A, B, C, D, E, F, G और H एक वृत्ताकार मेज के चारों ओर केन्द्र से बाहर की ओर मुख करके बैठे हैं (परन्तु जरूरी नहीं कि वे इसी क्रम के बैठे हों)। H, A के ठीक दाईं ओर बैठा है। H न तो E और न ही D का निकटतम पड़ोसी है। F, B के ठीक बाईं ओर बैठा है। G, E का निकटतम पड़ोसी है। E और F दोनों का निकटतम पड़ोसी C है। C के ठीक दाईं ओर कौन बैठा है?

(a) G (b) H (c) F (d) E

9 दी गई आकृति के उस सही दर्पण प्रतिबिम्ब का चयन कीजिए, जो दर्पण PQ को उस आकृति के दाईं ओर रखने पर बनेगा।

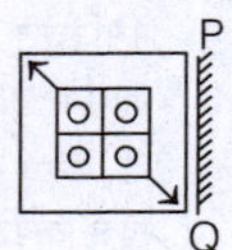

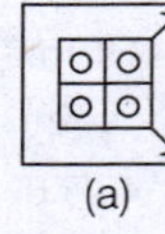
(a)
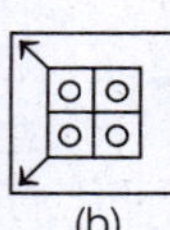
(b)
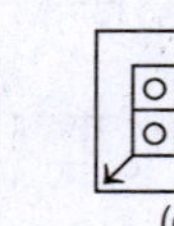
(c)
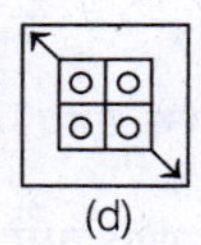
(d)

10 एक निश्चित कूटभाषा में, 'AHEM' को 'XDBI' लिखा जाता है। उसी कूटभाषा में 'BETS' को कैसे लिखा जाएगा?

(a) YAPO (b) YBQP (c) YBQO (d) YAQO

11 निम्नलिखित प्रश्न में तीन कथन और उसके बाद I और II क्रमांकित दो निष्कर्ष दिए गए हैं। दिए गए कथनों को सत्य मानते हुए, चाहें वे सामान्यतः ज्ञात तथ्यों से भिन्न प्रतीत होते हों, निर्धारित कीजिए कि दिए गए निष्कर्षों में से कौन-सा निष्कर्ष कथनों का तार्किक रूप से अनुसरण करता है।

कथन

कोई पुल, पहाड़ नहीं है।
कुछ पहाड़, स्मारक हैं।
सभी स्मारक, बन्दरगाह हैं।

निष्कर्ष

I. कुछ बन्दरगाह, पहाड़ हैं।
II. कोई पुल, स्मारक नहीं है।

(a) केवल निष्कर्ष II अनुसरण करता है
(b) न तो निष्कर्ष I और न ही II अनुसरण करता है
(c) केवल निष्कर्ष I अनुसरण करता है
(d) निष्कर्ष I और II दोनों अनुसरण करते हैं

12 नीचे एक शृंखला दी गई है, जिसमें एक पद लुप्त है। दिए गए विकल्पों में से उस विकल्प का चयन कीजिए, जो शृंखला को पूरा करेगा।
HMP, JOR, LQT, NSV, ?
(a) PXV (b) WPX
(c) PWY (d) PUX

13 दी गई आकृति के उस सही दर्पण प्रतिबिम्ब का चयन कीजिए, जो दर्पण PQ को उस आकृति के दाईं ओर रखने पर बनेगा।

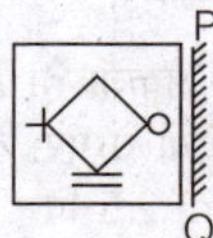

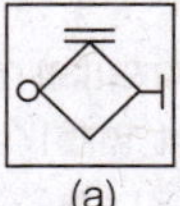
(a)
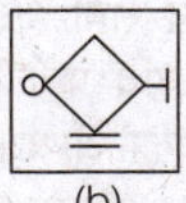
(b)
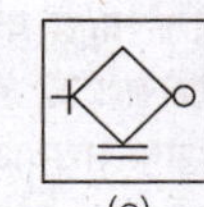
(c)
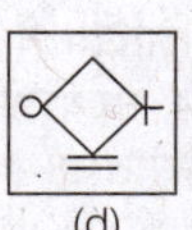
(d)

14 दिए गए शब्दों को अंग्रेज़ी वर्णमाला के क्रम में व्यवस्थित कीजिए।
1. MYSTERY 2. MYSTICAL
3. MYTHOLOGY 4. MYSTERIOUS
5. MYTHICAL
(a) 4, 1, 5, 3, 2 (b) 4, 1, 2, 3, 5
(c) 4, 1, 2, 5, 3 (d) 4, 2, 5, 3, 1

15 निम्नलिखित विकल्पों में से उस विकल्प का चयन कीजिए, जो पाँचवें शब्द से ठीक उसी प्रकार सम्बन्धित है, जिस प्रकार चौथा शब्द, तीसरे शब्द से सम्बन्धित है और दूसरा शब्द, पहले शब्द से सम्बन्धित है।
सूर्य मन्दिर : गुजरात :: गोल गुम्बज : कर्नाटक :: अजन्ता गुफाएँ : ?
(a) तेलंगाना (b) तमिलनाडु
(c) महाराष्ट्र (d) बिहार

16 यदि 37 D 18 E 84 F 21 = 51 और 57 D 28 E 90 F 15 = 79, तो 14 D 17 E 8 F 4 = ?
(a) 15 (b) 29
(c) 31 (d) 24

17 निम्नलिखित प्रश्न में, दिए गए विकल्पों में से सम्बन्धित अक्षरों का चयन कीजिए।
BD : WY :: FH : ?
(a) WA (b) VX
(c) AC (d) ZB

18 निम्नलिखित अक्षर समूहों में से अक्षरों का कौन-सा समूह क्रमबद्ध रूप से बाईं से दाईं ओर रखे जाने पर नीचे दी गई शृंखला को पूरा करेगा?
wwxxyyzzwwx_yyzzww_xyyzz_wxxyy_z
(a) wxyx (b) xxwz
(c) yyxz (d) zxyw

19 एक निश्चित कूटभाषा में 'QUITE' को '216' लिखा जाता है, 'PROVE' को '228' लिखा जाता है। उसी कूटभाषा में 'EXIST' को कैसे लिखा जाएगा?
(a) 252 (b) 258 (c) 256 (d) 231

20 निम्नलिखित विकल्पों में से दी गई शृंखला से लुप्त संख्या का चयन कीजिए।
1095, 1072, 1049, 1026, 1003, ?
(a) 990 (b) 995 (c) 970 (d) 980

भाग-II सामान्य ज्ञान

21 ओसूअरी पर्व (Ossuary Feast) निम्नलिखित में किस राज्य/केन्द्रशासित प्रदेश में मनाया जाता है?
(a) कर्नाटक
(b) मध्य प्रदेश
(c) अण्डमान और निकोबार द्वीप समूह
(d) महाराष्ट्र

22 निम्नलिखित में से कौन-सा देश भारत का पड़ोसी देश नहीं है?
(a) नेपाल (b) भूटान (c) जापान (d) म्यांमार

23 सिकन्दर ने किस वर्ष भारत पर आक्रमण किया?
(a) 400 ई.पू. (b) 126 ई.पू. (c) 326 ई.पू. (d) 550 ई.पू.

24 अपनी ओडिसी नृत्यशैली के लिए प्रसिद्ध, ………… एक प्रख्यात भारतीय शास्त्रीय नृत्यांगना हैं। इन्होंने नई दिल्ली में भारतीय शास्त्रीय नृत्य केन्द्र की स्थापना की और वर्ष 1992 में इन्हें पद्मभूषण से सम्मानित किया गया।
(a) रुक्मिणी देवी अरुण्डेल (b) हेमा मालिनी
(c) सोनल मानसिंह (d) मल्लिका साराभाई

25 भारतीय वाणिज्य एवं उद्योग महासंघ (Federation of the Indian Chamber of Commerce and Industries-FICCI) का गठन वर्ष ………… में किया गया था।
(a) 1920 (b) 1927 (c) 1923 (d) 1917

26 परिवहन और भण्डारण, आर्थिक गतिविधि के किस क्षेत्रक के अन्तर्गत आते हैं?
(a) प्राथमिक क्षेत्रक (b) द्वितीयक क्षेत्रक
(c) सेवा क्षेत्रक (d) तृतीयक क्षेत्रक

27 2011 की जनगणना के अनुसार, निम्नलिखित में से किस उत्तर-पूर्वी राज्य में साक्षरता दर सबसे अधिक है?
(a) नागालैण्ड (b) मिजोरम (c) मणिपुर (d) असम

28 भारतीय खिलाड़ी नवजोत कौर निम्नलिखित में से कौन-सा खेल खेलती हैं?
(a) बैडमिण्टन (b) हॉकी
(c) टेबल टेनिस (d) लॉन टेनिस

29 निम्नलिखित में से कौन-सा भारत के आठ प्रमुख उद्योगों में से एक नहीं है?
I. कोयला II. कच्चा तेल
कूट
(a) केवल I (b) केवल II
(c) I और II दोनों (d) न तो I और न ही II

30 ………… राज्य ने सितम्बर, 2023 के महीने में 'चावथ-ई-बाज़ार (Chavath-e-Bazaar)' पहल की शुरुआत की है।
(a) मध्य प्रदेश (b) झारखण्ड
(c) बिहार (d) गोवा

31 भारत के निम्नलिखित में से किस पूर्व प्रधानमन्त्री को ब्रिटेन में लाइफटाइम अचीवमेण्ट सम्मान से सम्मानित किया गया है?
(a) इन्द्र कुमार गुजराल (b) हरदनहल्ली डोडेगौड़ा देवगौड़ा
(c) अटल बिहारी वाजपेयी (d) डॉ. मनमोहन सिंह

32 शतरंज के खेल में, 'स्टेलमेट (Stalemate)' क्या है?
(a) किसी एक खिलाड़ी के लिए विजयी स्थिति
(b) किसी एक खिलाड़ी के राजा के पास कोई वैध चाल नहीं होती, जिसके परिणामस्वरूप ड्रॉ (draw) हो जाता है
(c) शतरंज के खेल की सबसे पहली चाल
(d) एक ऐसी स्थिति जब खिलाड़ी के राजा पर चेक (check) होता है

33 निम्नलिखित में से कौन भारत रत्न पुरस्कार के प्राप्तकर्ता थे/थी?
I. लता मंगेशकर II. भूपेन हजारिका

कूट
(a) न तो I और न ही II (b) केवल I
(c) केवल II (d) I और II दोनों

34 जनवरी, 2023 में, भारतीय वायु सेना के उप-प्रमुख के रूप में किसे नियुक्त किया गया है?
(a) अनिल खोसला (b) अमरप्रीत सिंह
(c) सन्दीप सिंह (d) हरजीत सिंह अरोड़ा

35 भारतीय संविधान का अनुच्छेद- 19(1)(b) निम्नलिखित में से किससे सम्बन्धित है?
(a) वाक् एवं अभिव्यक्ति की स्वतन्त्रता
(b) संगम या संघ बनाना
(c) शान्तिपूर्वक और निरायुद्ध सम्मिलित होना
(d) भारत के राज्यक्षेत्र में सर्वत्र अबाध संचरण की स्वतन्त्रता

36 आयात को घरेलू उत्पादन से बदलने या प्रतिस्थापित करने की नीति को क्या कहते हैं?
(a) अन्तर्राष्ट्रीय व्यापार (b) आयात उदारीकरण
(c) निर्यात आधारित विकास (d) आयात प्रतिस्थापन

37 जयदेव के गीत गोविन्द की अष्टपदी का गायन और नृत्य निम्नलिखित में से किस नृत्यशैली में किया जाता है?
(a) यक्षगान (b) मणिपुरी
(c) कथक (d) भरतनाट्यम

38 अधातुएँ विद्युत ऋणात्मक होती हैं। वे ………… आबन्ध बनाती हैं।
(a) दो इलेक्ट्रॉनों को घटाकर
(b) इलेक्ट्रॉनों को ग्रहण करके
(c) इलेक्ट्रॉनों को त्यागकर
(d) इलेक्ट्रॉनों को प्रतिस्थापित करके

39 ………… के अन्तर्गत भारत के सर्वोच्च न्यायालय में रिट याचिका (Writ petition) दायर की जा सकती है।
(a) अनुच्छेद- 32 (b) अनुच्छेद- 270
(c) अनुच्छेद- 226 (d) अनुच्छेद- 40

40 निम्न में से किस खेल शब्द का सम्बन्ध क्रिकेट से नहीं है?
(a) फॉलो थ्रू (b) हैट्रिक
(c) क्रीज़ (d) स्प्रिण्ट

भाग-III गणित

41 एक मोबाइल फोन के मूल्य में 15% की वृद्धि होती है और नया मूल्य ₹ 11500 हो जाता है। वास्तविक मूल्य कितना था?
(a) ₹ 10700 (b) ₹ 11300
(c) ₹ 12000 (d) ₹ 10000

42 48 संख्याओं का औसत 78 है। यदि हम प्रत्येक संख्या में से एक संख्या 'x' घटा दें, तो औसत 57 हो जाता है। x का मान कितना है?
(a) 24 (b) 22 (c) 21 (d) 26

43 A किसी कार्य का 4/5 भाग 10 दिनों में पूरा कर सकता है। B, A से 5 गुना कुशल है। B अकेले उसी कार्य को कितने दिनों में पूरा करेगा?
(a) 2 दिन (b) 3 दिन (c) 1.5 दिन (d) 2.5 दिन

44 निम्नलिखित में से कौन-सा/से कथन सही है/हैं?
I. 24 संख्याओं का औसत 22 है। यदि पहली 9 संख्याओं का औसत 18 है, तो शेष संख्याओं का औसत 24.4 होगा।
II. 149, 223, 520, 287 और 251 का औसत 286 है।
(a) I और II दोनों (b) केवल I
(c) केवल II (d) न तो I और न ही II

45 480 के 95% में क्या जोड़ा जाए, ताकि प्राप्त संख्या 810 के 70% के बराबर हो जाए?
(a) 108 (b) 111 (c) 113 (d) 117

46 $144 \times 2 + 130 \times 5 - 10 \times 2$ का मान कितना है?
(a) 814 (b) 918 (c) 1206 (d) 1015

47 एक मेज का विक्रय मूल्य ₹ 7686 है, यदि लाभ 22% है, तो मेज का क्रय मूल्य कितना है?
(a) ₹ 6000 (b) ₹ 6300
(c) ₹ 6400 (d) ₹ 6500

48 ₹ 50000 का मूलधन 8 वर्षों के लिए साधारण ब्याज पर निवेश किया जाता है। यदि वार्षिक ब्याज दर 12% है, तो 8 वर्ष बाद धनराशि कितनी होगी?
(a) ₹ 90000 (b) ₹ 98000 (c) ₹ 85000 (d) ₹ 95000

49 दो संख्याओं का अनुपात 5 : 6 है। यदि उनका गुणनफल 1920 है, तो दोनों संख्याओं का योग कितना है?
(a) 99 (b) 77 (c) 84 (d) 88

50 25% और 10% की दो क्रमिक छूटों के समतुल्य एकल छूट ज्ञात कीजिए।
(a) 31.9% (b) 32.5% (c) 35.5% (d) 38.4%

51 एक वस्तु का अंकित मूल्य ₹ 9900 है। यदि वस्तु पर 25% की छूट दी जाती है, तो वस्तु का विक्रय मूल्य कितना होगा?
(a) ₹ 7215 (b) ₹ 7555
(c) ₹ 7425 (d) ₹ 7825

52 रमेश स्थान *J* से चलना शुरु करता है और 28 घण्टे में स्थान *K* पर पहुँचता है। वह कुल दूरी का 2/5 भाग 10 किमी/घण्टा की चाल से और शेष दूरी 20 किमी/घण्टा की चाल से तय करता है। *J* और *K* के बीच की दूरी कितनी है?
(a) 400 किमी (b) 320 किमी
(c) 480 किमी (d) 600 किमी

53 *B* अकेले किसी कार्य का 1/2 भाग 150 दिनों में पूरा कर सकता है। 30 दिनों में *B* द्वारा उसी कार्य का कितना प्रतिशत भाग पूरा किया जा सकता है?
(a) 11% (b) 10%
(c) 15% (d) 12.5%

54 $24-[8-\{6-(10-(8+5))\}]$ का मान क्या है?
(a) 10 (b) 20
(c) 25 (d) 12

55 एक व्यक्ति एक पेंसिल को 30% लाभ पर बेचता है। यदि वह इसके विक्रय मूल्य में ₹ 200 की कमी कर देता है, तो उसे 10% की हानि होती है। पेन्सिल का प्रारम्भिक विक्रय मूल्य कितना था?
(a) ₹ 550 (b) ₹ 650
(c) ₹ 700 (d) ₹ 600

56 *A* के किस मान के लिए 2545*A*, 8 से विभाज्य है?
(a) 6 (b) 5
(c) 4 (d) 2

57 40% की वार्षिक दर पर ऋण पर दी गई एक निश्चित धनराशि पर 1 वर्ष के लिए चक्रवृद्धि ब्याज (अर्द्धवार्षिक चक्रवृद्धि) और 1 वर्ष के लिए साधारण ब्याज के बीच का अन्तर ₹ 360 है। वह धनराशि कितनी है?
(a) ₹ 12200 (b) ₹ 9500
(c) ₹ 10000 (d) ₹ 9000

58 एक आयत का परिमाप 22 सेमी और लम्बाई 1 सेमी है। आयत का क्षेत्रफल कितना है?
(a) 11 सेमी^{2} (b) 20 सेमी^{2}
(c) 10 सेमी^{2} (d) 5 सेमी^{2}

59 $\frac{88}{3}$ का $\frac{63}{56} \div \frac{102}{33}$ का $\frac{11}{34}$ का मान कितना है?
(a) 3 (b) 33
(c) 11 (d) 44

60 यदि $a:b=7:4$ है, तो $(6a+b):(6a-b)$ का मान कितना है?
(a) 25 : 19 (b) 23 : 19
(c) 17 : 13 (d) 33 : 28

भाग-IV हिन्दी

61 दिए गए वाक्य का वह भाग ज्ञात करें, जिसमें कोई त्रुटि है।
इस कार्य के करने में यदि आपको कष्ट होगा, तो पहले बता दीजिए।
(a) आपको कष्ट होगा (b) तो पहले बता दीजिए
(c) इस कार्य के (d) करने में अगर

62 दिए गए शब्द का पर्यायवाची ज्ञात कीजिए।
फूल
(a) जन (b) वानर (c) प्रकाश (d) पुष्प

63 निम्नलिखित प्रश्न में चार विकल्पों में से उस विकल्प का चयन करें, जो दी गई लोकोक्ति का सही अर्थ वाला विकल्प है।
'मखमली' जूते मारना
(a) लाभ के चक्कर में नुकसान कर लेना
(b) बहुत अधिक चिन्ता करना
(c) ऊपरी दिखावा करना
(d) मीठी बातों से लज्जित करना

64 निम्नलिखित वाक्य में, उस वाक्यांश को पहचानिए, जिसमें मात्राओं या व्याकरण से सम्बन्धित अशुद्धियाँ हैं। यदि कोई गलती नहीं है, तो 'कोई त्रुटि नहीं है' का चुनाव कीजिए।
आलोचकों का मानना है कि यदि कोई वस्तु यथार्थ रूप में अच्छी है, तो वह बिना विज्ञापन के ही लोगों में बीच लोकप्रिय हो जाएगी।
(a) आलोचकों का मानना है कि यदि कोई वस्तु यथार्थ रूप में
(b) अच्छी है, तो वह बिना किसी विज्ञापन के ही
(c) कोई त्रुटि नहीं है
(d) लोगों में बीच लोकप्रिय हो जाएगी

65 निम्नलिखित प्रश्न में, दिए गए चार विकल्पों में से उस विकल्प का चयन करें, जो दिए गए मुहावरे के अर्थ को सर्वश्रेष्ठ रूप से व्यक्त करता है।
'नजरबन्द करना'
(a) कैद करना (b) मर जाना
(c) दुःख छुपाना (d) प्रेन करना

66 निम्नलिखित प्रश्न में चार विकल्पों में से उस सही विकल्प का चयन करें, जो वाक्यांश के लिए एक शब्द का विकल्प हो।
'वह व्यक्ति जो छुटकारा दिलाता है'
(a) त्राता (b) त्रिकुटी
(c) त्रिवेणी (d) त्रिगुण

67 दिए गए वाक्य का वह भाग ज्ञात करें, जिसमें कोई त्रुटि है। यदि कोई त्रुटि नहीं है, तो 'कोई त्रुटि नहीं है' चुनें।
लोग सफलता पाने पर साहस छोड़ देते हैं और दोबारा साहस नहीं करते।
(a) कोई त्रुटि नहीं है (b) साहस छोड़ देते हैं
(c) और दोबारा साहस नहीं करते (d) लोग सफलता पाने पर

68 दिए गए वाक्य में रेखांकित शब्द का तत्सम् शब्द ज्ञात कीजिए।
क्या आज <u>दूध</u> वाला नहीं आया?
(a) दूधि (b) दुग्ध
(c) द्रुत (d) दूधी

69 दिए गए वाक्य में रेखांकित शब्दों के लिए सही शब्दों वाले विकल्प का चयन करें।
<u>कोई भी आदमी</u> की हालत ठीक नहीं है।
(a) परिवर्तन की आवश्यकता नहीं है।
(b) किसी भी आदमी की हालत ठीक नहीं है।
(c) किसने भी आदमी की हालत ठीक नहीं है।
(d) कैसी भी आदमी की हालत ठीक नहीं है।

70 दिए गए वाक्य में रेखांकित शब्द का विलोम शब्द ज्ञात कीजिए।
तुम तो बहुत बेशर्म हो?
(a) शर्मीला (b) सब्र
(c) हुनरमन्द (d) बेमान

71 निम्नलिखित प्रश्न में चार विकल्पों में से उस विकल्प का चयन करें, जो कोष्ठक में दिए गए शब्द के विलोम शब्द का सही विकल्प है।
हाल ही में आपके बारे में एक (निर्विवाद) ………… घटना का पता चला है।
(a) विवादास्पद (b) अविश्वास
(c) प्रतिवाद (d) अलिप्त

72 दिए गए वाक्य में रेखांकित शब्द के लिए सही वर्तनी ज्ञात कीजिए।
वर्षा रितु की तो बात ही कुछ और है।
(a) रीतु (b) रितू
(c) ऋतू (d) ऋतु

73 निम्नलिखित वाक्य में रेखांकित भाग के लिए एक सार्थक शब्द ज्ञात कीजिए।
यह कम्पनी विदेश में सामान बेचने का काम करती है।
(a) व्यापार (b) मालवाही
(c) निर्यात (d) आयात

74 निम्नलिखित प्रश्न में चार विकल्पों में से उस विकल्प का चयन करें, जो कोष्ठक में दिए गए शब्द के पर्यायवाची शब्द का सही विकल्प है।
पहले के समय में राजा लोगों के विभिन्न (परोक्ष) ………… सैनिक हुआ करते थे।
(a) गिरिक (b) रासभ
(c) गुप्त (d) वैनतेय

75 दिए गए वाक्य में उचित देशज-विदेशज शब्द का चयन करके रिक्त स्थान की पूर्ति कीजिए।
तुम्हारे कपड़ों पर ………… लगा है।
(a) मोजा
(b) चश्मा
(c) दाग
(d) बाग

निर्देश (प्र. सं. 76-80) *नीचे दिए गए गद्यांश में कुछ शब्द छोड़ दिए गए हैं, प्रत्येक अनुच्छेद के सामने चार विकल्प दिए गए हैं। इस गद्यांश को ध्यानपूर्वक पढ़ें और चार विकल्पों में से सर्वोत्तम उत्तर वाला विकल्प चुनें।*

जब किसी क्षेत्र के औसत मौसम में परिवर्तन आता है, तो उसे ...(1)... परिवर्तन कहते हैं अर्थात् दशकों, सदियों या उससे अधिक के समय अन्तराल में जलवायु में होने वाले दीर्घकालीन परिवर्तन को जलवायु परिवर्तन कहते हैं।

ग्लेशियरों का पिघलना, अतिवृष्टि, सूखा पड़ना, सुनामी आदि जलवायु परिवर्तन का ही ...(2)... है। जलवायु परिवर्तन को किसी एक स्थान विशेष में भी महसूस किया जा सकता है एवं सम्पूर्ण विश्व में भी। यदि वर्तमान सन्दर्भ में बात करें तो इसका प्रभाव लगभग ...(3)... में देखने को मिल रहा है। पृथ्वी के समग्र इतिहास में यहाँ की जलवायु कई बार परिवर्तित हुई है एवं जलवायु परिवर्तन की अनेक घटनाएँ सामने आई हैं। पृथ्वी का अध्ययन करने वाले ...(4)... बताते हैं कि पृथ्वी का तापमान लगातार बढ़ता जा रहा है। पृथ्वी का तापमान बीते 100 वर्षों में 1 डिग्री फॉरेनहाइट तक बढ़ गया है। पृथ्वी के तापमान में यह परिवर्तन संख्या की दृष्टि से काफी कम हो सकता है, परन्तु इस प्रकार के किसी भी परिवर्तन का ...(5)... जाति पर बड़ा असर हो सकता है।

76 रिक्त स्थान (1) के लिए सही उत्तर है
(a) समय (b) जलवायु (c) मौसम (d) क्षेत्र का

77 रिक्त स्थान (2) के लिए सही उत्तर है
(a) परिणाम (b) हाल
(c) परिवार (d) बात

78 रिक्त स्थान (3) के लिए सही उत्तर है
(a) कही पर भी नहीं (b) सबके घर
(c) हमारे राज्य में ही (d) सम्पूर्ण विश्व

79 रिक्त स्थान (4) के लिए सही उत्तर है
(a) कार्यकारी (b) मुसाफिर
(c) अधिकारी (d) वैज्ञानिक

80 रिक्त स्थान (5) के लिए सही उत्तर है
(a) मानव (b) जानवरों
(c) किसी (d) कुछ

उत्तरमाला

1.	(d)	2.	(c)	3.	(b)	4.	(d)	5.	(d)	6.	(b)	7.	(b)	8.	(c)	9.	(c)	10.	(d)
11.	(c)	12.	(d)	13.	(d)	14.	(c)	15.	(c)	16.	(b)	17.	(c)	18.	(b)	19.	(d)	20.	(d)
21.	(c)	22.	(c)	23.	(c)	24.	(c)	25.	(b)	26.	(d)	27.	(b)	28.	(b)	29.	(c)	30.	(d)
31.	(d)	32.	(b)	33.	(d)	34.	(b)	35.	(c)	36.	(d)	37.	(b)	38.	(b)	39.	(a)	40.	(d)
41.	(d)	42.	(c)	43.	(d)	44.	(a)	45.	(b)	46.	(b)	47.	(b)	48.	(b)	49.	(d)	50.	(b)
51.	(c)	52.	(a)	53.	(b)	54.	(c)	55.	(b)	56.	(a)	57.	(d)	58.	(c)	59.	(b)	60.	(b)
61.	(c)	62.	(d)	63.	(d)	64.	(d)	65.	(a)	66.	(a)	67.	(d)	68.	(b)	69.	(b)	70.	(a)
71.	(a)	72.	(d)	73.	(c)	74.	(c)	75.	(c)	76.	(b)	77.	(a)	78.	(d)	79.	(d)	80.	(a)

संकेत एवं हल

1. (d) विकल्प (d) में, 1 और 9 को आपस में बदलने पर समीकरण सही नहीं होगा।
विकल्प (d), $9-1+7=-3$
1 और 9 को आपस में बदलने पर,
$1-9+7=-3$
$\Rightarrow \quad 8-9=-3 \Rightarrow -1 \neq -3$
$\Rightarrow$ LHS $\neq$ RHS

2. (c) दी गई शृंखला की प्रत्येक अगली आकृति में पहले से उपस्थित डिजाइन के विपरीत समान 1 डिजाइन जोड़ा जा रहा है। इस प्रकार, यह क्रम लगातार जारी रहता है। तब, अगली आकृति विकल्प (c) होगी।

3. (b) कागज को खोलने पर यह विकल्प आकृति (b) जैसा दिखाई देगा।

4. (d) दी गई शृंखला में क्रम निम्न प्रकार है,
68 69 77 104 168 [293]
$+1^3=1$ $+2^3=8$ $+3^3=27$ $+4^3=64$ $+5^3=125$

5. (d) प्रश्नानुसार,

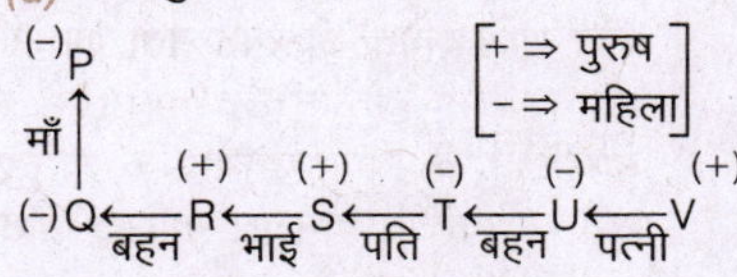

अत: परिवार में कुल 4 महिलाएँ हैं।

6. (b) प्रश्नानुसार,

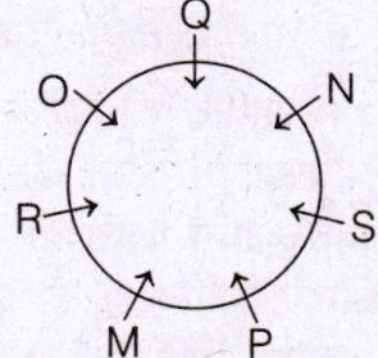

अत: N के ठीक बाईं ओर S बैठा है।

7. (b) दी गई आकृति शृंखला में प्रत्येक अगली आकृति में चिह्न (□) वैकल्पिक रूप से 90° वामावर्त दिशा में घूम रहा है तथा मुख्य आकृति में से एक भुजा की कमी हो रही है। इस प्रकार, प्रश्नचिह्न के स्थान पर विकल्प (b) की आकृति होगी।

8. (c) प्रश्नानुसार,

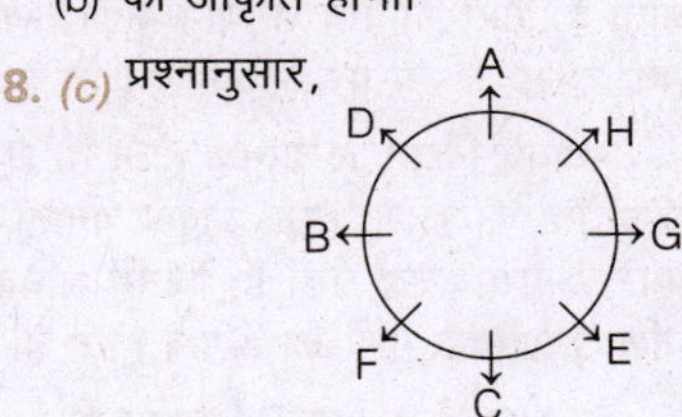

अत: C के ठीक दाईं ओर F है।

9. (c) दी गई प्रश्न आकृति का सही दर्पण प्रतिबिम्ब विकल्प आकृति (c) होगी।

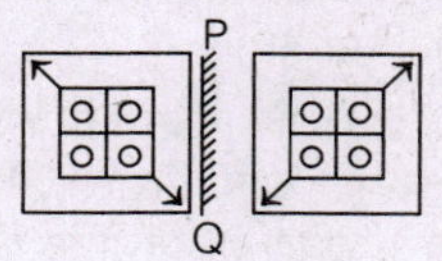

10. (d) जिस प्रकार,

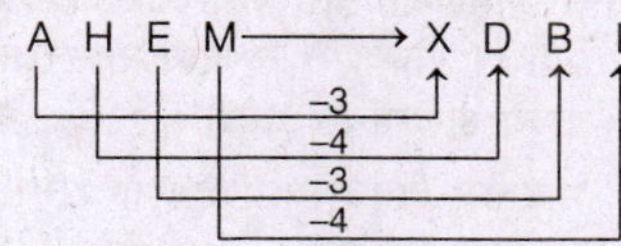

उसी प्रकार,

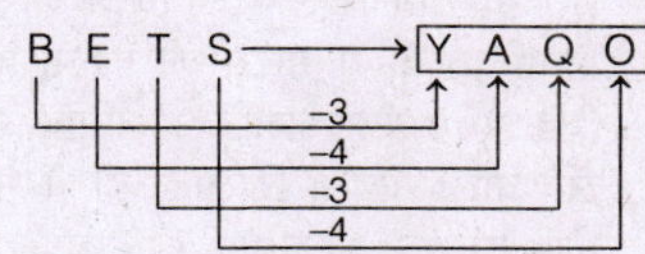

11. (c) कथनानुसार,

पुल ✕ पहाड़ स्मारक बन्दरगाह

निष्कर्ष I. (✓) II. (✗)
अत: केवल निष्कर्ष I अनुसरण करता है।

12. (d) प्रश्नानुसार,

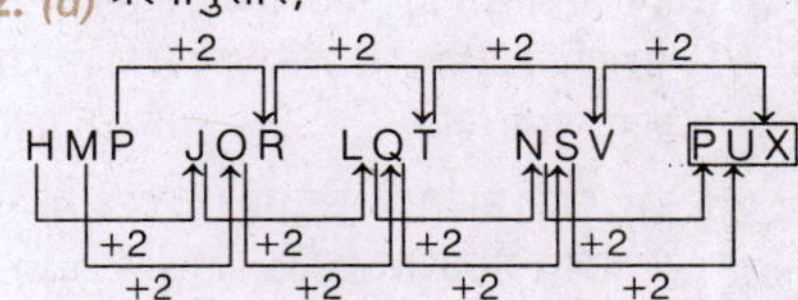

13. (d) दी गई प्रश्न आकृति का सही दर्पण प्रतिबिम्ब विकल्प आकृति (d) होगी।

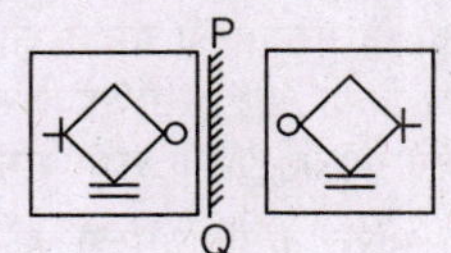

14. (c) अंग्रेजी शब्दकोश के अनुसार शब्दों का क्रम निम्नवत् है
MYSTERIOUS → MYSTERY → MYSTICAL
(4) (1) (2)
→ MYTHICAL → MYTHOLOGY
(5) (3)
⇒ 4, 1, 2, 5, 3

15. (c) जिस प्रकार, 'सूर्य मन्दिर', 'गुजरात' में है और 'गोल गुम्बज', 'कर्नाटक' में है। उसी प्रकार, 'अजन्ता गुफाएँ', 'महाराष्ट्र' में है।

16. (b) जिस प्रकार,
37 D 18 E 84 F 21 = 51
D = +, E = − तथा F = ÷ रखने पर,
$37+18-84 \div 21=51$
$\Rightarrow 37+18-4=51$
$\Rightarrow 55-4=51 \Rightarrow 51=51$
और 57 D 28 E 90 F 15 = 79
D = +, E = − तथा F = ÷ रखने पर,
$57+28-90 \div 15=79$
$\Rightarrow 57+28-6=79$
$\Rightarrow 85-6=79$
$\Rightarrow 79=79$
उसी प्रकार,
14 D 17 E 8 F 4 = ?
$? = 14+17-8 \div 4$
$= 14+17-2$
$= 31-2 =$ [29]

17. (c) जिस प्रकार, B D → W Y (−5, −5)

उसी प्रकार, F H → [A C] (−5, −5)

18. (b) दी गई शृंखला का क्रम निम्न प्रकार है
wwxxyyzz/wwxxyyzz/wwxxyyzz/wwxxyyzz
⇒ xxwz

19. (d) जिस प्रकार,

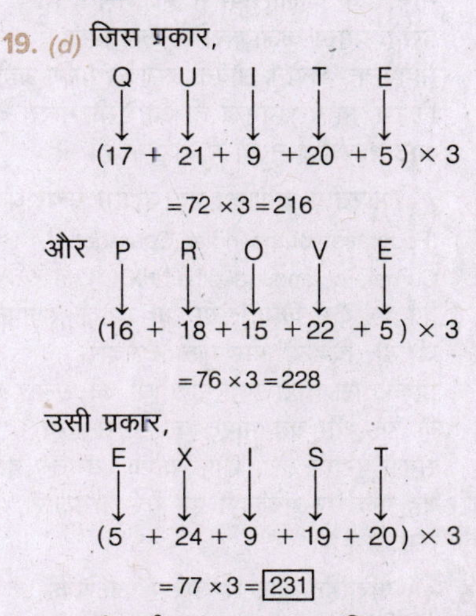

Q U I T E
(17 + 21 + 9 + 20 + 5) × 3
= 72 × 3 = 216
और P R O V E
(16 + 18 + 15 + 22 + 5) × 3
= 76 × 3 = 228
उसी प्रकार,
E X I S T
(5 + 24 + 9 + 19 + 20) × 3
= 77 × 3 = [231]

20. (d) दी गई शृंखला का क्रम निम्न प्रकार है,
1095 1072 1049 1026 1003 [980]
−23 −23 −23 −23 −23

21. *(c)* ओसूअरी पर्व (Ossuary Feast) अण्डमान और निकोबार द्वीप समूह में मनाया जाता है। इस पर्व के अन्तर्गत किया जाने वाला नृत्य घर के मृतक मुखिया को समर्पित होता है। यह नृत्य पारम्परिक गीतों के साथ, नारियल के पंखों में सज्जित कलाकारों के द्वारा शुरू किया जाता है। यह नृत्य घर के आस-पास ही आयोजित किया जाता है।

22. *(c)* जापान, भारत का पड़ोसी देश नहीं है। जापान एशिया महाद्वीप के पूर्व में स्थित एक द्वीप देश है। यह एशिया के पूर्वी समुद्र तट अर्थात् उत्तर-पश्चिम प्रशान्त महासागर में स्थित है। यह पश्चिम में जापान सागर से घिरा है और उत्तर में ओखोटस्क सागर से लेकर दक्षिण में चीन सागर और ताइवान तक फैला हुआ है।

23. *(c)* सिकन्दर ने 326 ई.पू. में भारत पर आक्रमण किया था। सिकन्दर महान मैसेडोनिया के प्राचीन यूनानी साम्राज्य का एक राजा था। इसने फारसी साम्राज्य को उखाड़ फेंका। हाइडेस्पीज की लड़ाई 326 ई.पू. में सिकन्दर महान और राजा पोरस के बीच पंजाब क्षेत्र में झेलम नदी के तट पर लड़ी गई थी, इसमें पोरस की पराजय हुई थी।

24. *(c)* अपनी ओडिसी नृत्यशैली के लिए प्रसिद्ध सोनल मानसिंह एक प्रख्यात भारतीय शास्त्रीय नृत्यांगना हैं। इन्होंने नई दिल्ली में भारतीय शास्त्रीय नृत्य केन्द्र की स्थापना की और वर्ष 1992 में उन्हें पद्मभूषण से सम्मानित किया गया। ओडिशी नृत्य प्राचीन नृत्य शैली है, जिसका उल्लेख ब्रह्मेश्वर मन्दिर के शिलालेखों में भी मिलता है। इसके प्रमुख कलाकारों में केलुचरण महापात्रा, शेरोन लोवेन, संयुक्त पाणि ग्रही, किरण सहगल प्रमुख हैं। ओडिसी भारत के आठ शास्त्रीय नृत्यों में से एक है।

25. *(b)* भारतीय वाणिज्य एवं उद्योग महासंघ (Federation of the Indian Chamber of Commerce and Industries-FICCI) का गठन वर्ष 1927 में किया गया था। इसकी स्थापना जी.डी. बिड़ला और पुरुषोत्तमदास ठाकुरदास द्वारा महात्मा गाँधी की सलाह पर की गई थी। यह भारत का सबसे बड़ा, सबसे पुराना तथा शीर्ष व्यापार संगठन है। यह एक गैर-सरकारी एवं गैर-लाभकारी संगठन है।

26. *(d)* परिवहन और भण्डारण, आर्थिक गतिविधि के तृतीयक क्षेत्रक के अन्तर्गत आते हैं। यह क्षेत्र एक विकसित अर्थव्यवस्था का प्रमुख लक्षण माना जाता है। अर्थव्यवस्था में तीन क्षेत्रक होते हैं, जिसमें प्राथमिक क्षेत्रक में कृषि तथा सम्बन्धित गतिविधियाँ शामिल होती हैं; जैसे–पशुपालन, खनन आदि, यह द्वितीयक क्षेत्रक को कच्चे माल उपलब्ध कराता है। द्वितीय क्षेत्रक विनिर्माण से सम्बन्धित है, जबकि तृतीयक क्षेत्रक सेवा क्षेत्र (शिक्षा, चिकित्सा, विधि आदि) से सम्बन्धित है।

27. *(b)* 2011 की जनगणना के अनुसार, उत्तर-पूर्वी राज्य मिजोरम में साक्षरता दर सबसे अधिक है। मिजोरम की साक्षरता दर 91.33% है। इसमें से पुरुष साक्षरता 93.35% है, जबकि महिला साक्षरता 89.27% है। पूर्वोत्तर राज्यों में न्यूनतम साक्षरता दर वाला राज्य अरुणाचल प्रदेश (66.95%) है।

भारतीय जनगणना 2011 के अनुसार, केरल की साक्षरता दर 94.00% है।

28. *(b)* भारतीय खिलाड़ी नवजोत कौर हॉकी से सम्बन्धित हैं। ये भारत की फील्ड हॉकी में (वर्ष 2016 ग्रीष्मकालीन ओलम्पिक में) हिस्सा लेने वाली महिला खिलाड़ी हैं। ये भारत के लिए दो बार ओलम्पिक खेल चुकी हैं।

29. *(c)* सही उत्तर विकल्प (c) है, क्योंकि (i) और (ii) दोनों गलत हैं। कच्चा तेल तथा कोयला भारत के आठ प्रमुख उद्योगों में से एक है। भारत के आठ मुख्य उद्योग हैं–कोयला, कच्चा तेल, प्राकृतिक गैस, पेट्रोलियम रिफाइनरी उत्पाद, उर्वरक, सीमेण्ट, इस्पात तथा बिजली उत्पादन। सामान्य आर्थिक गतिविधि के साथ-साथ इनको औद्योगिक गतिविधि पर इनके सम्भावित प्रभाव के कारण इन्हें कोर उद्योग कहा जाता है।

30. *(d)* गोवा राज्य ने सितम्बर, 2023 के महीने में चावथ-ई-बाजार (Chavath-e-Bazaar) पहल की शुरुआत की है। इसकी शुरुआत स्थानीय उद्यमियों को सशक्त बनाने के लिए की गई है। गणेश चतुर्थी के त्योहार से पहले गोवा के मुख्यमन्त्री प्रमोद सावन्त ने इसे शुरू किया था। इसमें गोवा सरकार तथा स्विगी (Swiggy) के साथ समझौता हुआ था।

31. *(d)* भारत के प्रधानमन्त्री डॉ. मनमोहन सिंह को ब्रिटेन में लाइफटाइम अचीवमेण्ट सम्मान से सम्मानित किया गया है। यह सम्मान उनको आर्थिक और राजनीतिक क्षेत्र में उनके विशिष्ट योगदान के लिए दिया गया है। इसे 'नेशनल इण्डियन स्टूडेण्ट्स एण्ड एल्यूमनो यूनियन यूनाइटेड किंगडम' (NISAU.UK) की ओर से दिया गया है।

32. *(b)* शतरंज के खेल में 'स्टेलमेट' (Stalemate) उस स्थिति को कहते हैं, जब किसी एक खिलाड़ी के राजा के पास कोई वैध चाल नहीं होती, जिसके परिणामस्वरूप मैच ड्रॉ (Draw) हो जाता है। शतरंज में शामिल अन्य शब्दावलियों में बिशप, चेकमेट, फिडे, एलोरेटिंग, पीसेज, कैशल आदि प्रमुख हैं। इस खेल में प्रयुक्त बोर्ड को चेकर बोर्ड कहा जाता है, जिसमें 64 वर्ग होते हैं (8 ऊर्ध्वाधर तथा 8 क्षैतिज)।

33. *(d)* सही उत्तर विकल्प (d) है, क्योंकि (i) और (ii) दोनों सही हैं। लता मंगेशकर (2001) तथा भूपेन हजारिका (2019) दोनों भारत रत्न पुरस्कार के प्राप्तकर्ता थे। भारत रत्न भारत का सर्वोच्च नागरिक सम्मान है। यह सम्मान राष्ट्रीय सेवा के लिए दिया जाता है। इन सेवाओं में कला, साहित्य, विज्ञान, सार्वजनिक सेवा तथा खेल शामिल हैं। इस सम्मान की स्थापना 2 जनवरी, 1954 में भारत के तत्कालीन राष्ट्रपति श्री राजेन्द्र प्रसाद द्वारा की गई थी।

34. *(b)* जनवरी, 2023 में, भारतीय वायु सेना के उप-प्रमुख अमरप्रीत सिंह को नियुक्त किया गया था। वायु सेना उपप्रमुख का पद दूसरा सर्वोच्च पद है। वर्तमान (2023) वायु सेना उप-प्रमुख आशुतोष दीक्षित तथा वर्तमान वायु सेना प्रमुख वी आर चौधरी हैं।

35. *(c)* भारतीय संविधान का अनुच्छेद-19(1) (b) शान्तिपूर्वक और निरायुद्ध सम्मिलित होने से सम्बन्धित है। यह सभी नागरिकों को भाषण और अभिव्यक्ति की स्वतन्त्रता का अधिकार प्रदान करता है। अनुच्छेद-19(1)b में सभी नागरिकों को बिना हथियार के शान्तिपूर्ण रूप से एकत्रित होने का मौलिक अधिकार प्रदान किया गया है। भारतीय संविधान में मौलिक अधिकार का प्रावधान अमेरिकी संविधान से लिया गया है।

36. *(d)* आयात को घरेलू उत्पादन से बदलने या प्रतिस्थापन करने की नीति को आयात प्रतिस्थापन कहते हैं। आयात प्रतिस्थापन औद्योगिकीकरण की एक व्यापार और आर्थिक नीति है, जो घरेलू उत्पादन के साथ विदेशी आयात को बदलने की वकालत करती है।

37. *(b)* जयदेव के गीत गोविन्द की अष्टपदी का गायन और नृत्य मणिपुरी नृत्यशैली में किया जाता है। इसके अतिरिक्त जयदेव के गीत गोविंद गायन ओडिसी नृत्यशैली में भी किया जाता है। गीत गोविन्द भगवान कृष्ण तथा राधा के मधुर रस पर आधारित कृति है।

38. *(b)* अधातुएँ विद्युत ऋणात्मक होती हैं। ये इलेक्ट्रॉनों को ग्रहण करके आबन्ध बनाती हैं। अधातुएँ रासायनिक तत्त्व हैं, जिनमें अधिकतर विशिष्ट धात्विक गुणों का अभाव होता है।

39. *(a)* अनुच्छेद-32 के अन्तर्गत भारत के सर्वोच्च न्यायालय में रिट याचिका

(Writ Petition) दायर की जा सकती है, जबकि संविधान का अनुच्छेद-226 उच्च न्यायालय को मूल अधिकारों तथा अन्य अधिकारों के हनन पर रिट जारी करने की शक्ति देता है। यद्यपि सर्वोच्च न्यायालय मात्र मूल अधिकारों के हनन पर ही रिट जारी कर सकता है। भारतीय संविधान के जनक डॉ. भीमराव अम्बेडकर ने अनुच्छेद-32 को भारतीय संविधान का हृदय और आत्मा कहा है।

40. *(d)* 'स्प्रिण्ट' शब्द का सम्बन्ध क्रिकेट से नहीं है। एथलेटिक्स ट्रैक और फील्ड में स्प्रिण्ट या डैश कम दूरी की दौड़ होती है। ये ओलम्पिक खेलों में दर्ज होने वाली सबसे प्राचीन प्रतियोगिताओं में से एक है। शेष सभी शब्द फोलो थ्रू, हैट्रिक तथा क्रीज शब्दों का सम्बन्ध क्रिकेट से है।

41. *(d)* माना मोबाइल का वास्तविक मूल्य = ₹ x

प्रश्नानुसार,

x का $\frac{(100+15)}{100} = 11500$

$\Rightarrow x \times \frac{115}{100} = 11500$

$\Rightarrow \frac{115x}{100} = 11500$

$\therefore x = \frac{11500 \times 100}{115} =$ ₹ 10000

42. *(c)* 48 संख्याओं का कुल योग

$= 78 \times 48 = 3744$

प्रश्नानुसार,

$\frac{3744 - 48x}{48} = 57$

$\Rightarrow 3744 - 48x = 57 \times 48$

$\Rightarrow 48x = 3744 - 2736 = 1008$

$\therefore x = \frac{1008}{48} = 21$

अतः x का मान 21 है।

43. *(d)* A द्वारा पूरा कार्य करने में लगा समय

$= \frac{10 \times 5}{4} = \frac{50}{4}$ दिन

माना A की क्षमता $= x$

तथा B की क्षमता $= 5x$

$\therefore$ पूरा कार्य = दिन × क्षमता

$\Rightarrow \frac{50}{4} \times x = \frac{50x}{4}$

$\therefore B$ को पूरा कार्य करने में लगा समय

$= \frac{50x}{4 \times 5x} = \frac{10}{4} = 2.5$ दिन

44. *(a)* कथन I से,

24 संख्याओं का कुल योग $= 22 \times 24 = 528$

पहली 9 संख्याओं का कुल योग

$= 18 \times 9 = 162$

$\therefore$ शेष संख्याओं का औसत $= \frac{528 - 162}{24 - 9}$

$= \frac{366}{15} = 24.4$

अतः कथन I सही है।

कथन II से,

$\therefore$ अभीष्ट औसत

$= \frac{149 + 223 + 520 + 287 + 251}{5}$

$= \frac{1430}{5} = 286$

अतः कथन II सही है।

45. *(b)* माना जोड़े जाने वाली संख्या $= x$

प्रश्नानुसार,

$480 \times \frac{95}{100} + x = 810 \times \frac{70}{100}$

$\Rightarrow 456 + x = 567$

$\therefore x = 567 - 456 = 111$

46. *(b)* $144 \times 2 + 130 \times 5 - 10 \times 2$

$= 288 + 650 - 20$

$= 938 - 20 = 918$

47. *(b)* मेज का विक्रय मूल्य = ₹ 7686

तथा लाभ = 22%

$\therefore$ मेज का क्रय मूल्य $= 7686 \times \frac{100}{(100+22)}$

$= 7686 \times \frac{100}{122} =$ ₹ 6300

48. *(b)* $\because$ साधारण ब्याज $= \frac{P \times R \times T}{100}$

$= \frac{50000 \times 12 \times 8}{100}$

= ₹ 48000

$\therefore$ 8 वर्ष बाद धनराशि $= (50000 + 48000)$

= ₹ 98000

49. *(d)* माना दो संख्याएँ क्रमशः $5x$ तथा $6x$ हैं।

प्रश्नानुसार,

$5x \times 6x = 1920$

$\Rightarrow 30x^2 = 1920$

$\Rightarrow x^2 = 64$

$\therefore x = \sqrt{64} = 8$

अतः दोनों संख्याओं का योग $= 5x + 6x$

$= 11x = 11 \times 8 = 88$

50. *(b)* माना वस्तु का अंकित मूल्य = ₹ 100

प्रश्नानुसार, वस्तु का विक्रय मूल्य

$= 100 \times \left(\frac{100-25}{100}\right) \times \left(\frac{100-10}{100}\right)$

$= 100 \times \frac{75}{100} \times \frac{90}{100} =$ ₹ 67.50

$\therefore$ छूट $= (100 - 67.50) =$ ₹ 32.50

अतः छूट % $= \frac{32.50}{100} \times 100 = 32.5\%$

वैकल्पिक विधि

समतुल्य एकल छूट $= x + y - \frac{x \times y}{100}$

$= 25 + 10 - \frac{25 \times 10}{100}$

$= 35 - 2.5 = 32.5\%$

51. *(c)* दिया है, वस्तु का अंकित मूल्य = ₹ 9900

तथा छूट = 25%

$\therefore$ वस्तु का विक्रय मूल्य $= 9900 \times \frac{75}{100}$

= ₹ 7425

52. *(a)* माना J और K के बीच की दूरी

$= x$ किमी

प्रश्नानुसार,

$\frac{x \times \frac{2}{5}}{10} + \frac{x\left(1 - \frac{2}{5}\right)}{20} = 28$

$\Rightarrow \frac{2x}{50} + \frac{3x}{100} = 28 \Rightarrow \frac{4x + 3x}{100} = 28$

$\Rightarrow 7x = 2800$

$\therefore x = 400$ किमी

53. *(b)* $\because B$, 150 दिनों में कार्य का $\frac{1}{2}$ भाग करता है

$\therefore B$ द्वारा 1 दिन में किया गया कार्य

$= \frac{1}{2 \times 150}$ भाग

$\therefore B$ द्वारा 30 दिनों में किए गए कार्य का भाग $= \frac{1}{2 \times 150} \times 30 = \frac{1}{10}$ भाग

$\therefore$ अभीष्ट प्रतिशत $= \frac{\frac{1}{10}}{1} \times 100$

$= \frac{1}{10} \times 100 = 10\%$

54. *(c)* $24 - [8 - \{6 - (10 - (8 + 5))\}]$

$= 24 - [8 - \{6 - (10 - 13)\}]$

$= 24 - [8 - \{6 + 3\}]$

$= 24 - [8 - 9] = 24 + 1 = 25$

55. *(b)* माना पेंसिल का प्रारम्भिक विक्रय मूल्य

= ₹ x

तथा लाभ प्रतिशत = 30%

$\therefore$ पेंसिल का क्रय मूल्य $= x \times \frac{100}{130} =$ ₹ $\frac{10x}{13}$

पुनः पेंसिल का नया विक्रय मूल्य

= ₹ $(x - 200)$

प्रश्नानुसार,

$\frac{10x}{13} - (x - 200) = \frac{10x}{13} \times \frac{10}{100}$

$\Rightarrow \quad \frac{10x-13x+2600}{13}=\frac{x}{13}$

$\Rightarrow \quad 2600=4x$

$\therefore \quad x=\frac{2600}{4}=₹\,650$

56. *(a)* संख्या $=2545A$

8 का विभाज्यता नियम

कोई संख्या 8 से तब विभाज्य होती है, जब उस संख्या के अन्तिम तीन अंक से बनी संख्या 8 से विभाज्य हो।

$\therefore \quad \frac{45A}{8}$

विकल्प (a) से,

$A=6$ रखने पर,

$\frac{456}{8}=57$, 8 से विभाज्य है।

$\therefore$ A का मान $=6$

57. *(d)* माना वह धनराशि $=₹\,x$, दर $=40\%$ तथा समय $=1$ वर्ष

प्रश्नानुसार,

एक वर्ष के लिए चक्रवृद्धि ब्याज (अर्द्धवार्षिक) – 1 वर्ष का साधारण ब्याज $=₹\,360$

$x\left[\left(1+\frac{20}{100}\right)^2-1\right]-\left(\frac{x\times40\times1}{100}\right)=₹\,360$

$\Rightarrow \quad x\left[\left(\frac{6}{5}\right)^2-1\right]-\left(\frac{x\times2}{5}\right)=₹\,360$

$\Rightarrow \quad x\left[\frac{36}{25}-1-\frac{2}{5}\right]=₹\,360$

$\Rightarrow \quad x\left[\frac{36-25-10}{25}\right]=₹\,360$

$\Rightarrow \quad x\left[\frac{1}{25}\right]=₹\,360$

$\Rightarrow \quad x=25\times360=₹\,9000$

वैकल्पिक विधि

दिया है, दर $=\frac{40}{2}=20\%$ (अर्द्धवार्षिक)

तथा समय $=1\times2=2$ (अर्द्धवार्षिक)

2 वर्ष के लिए, चक्रवृद्धि तथा साधारण ब्याज में अन्तर $=P\left(\frac{R}{100}\right)^2$

$\Rightarrow \quad 360=\frac{P\times20\times20}{100\times100}$

$\therefore \quad P=\frac{360\times100\times100}{20\times20}=₹\,9000$

58. *(c)* माना आयत की चौड़ाई $=x$ सेमी

हम जानते हैं कि,

आयत का परिमाप $=2$ (लम्बाई + चौड़ाई)

$2(1+x)=22$

$\Rightarrow \quad 2+2x=22$

$\Rightarrow \quad 2x=20$

$\therefore \quad x=\frac{20}{2}=10$ सेमी

अतः आयत का क्षेत्रफल $=$ लम्बाई $\times$ चौड़ाई

$=1\times10=10$ सेमी^{2}

59. *(b)* $\frac{88}{3}$ का $\frac{63}{56}\div\frac{102}{33}$ का $\frac{11}{34}$

$=\frac{88}{3}\times\frac{63}{56}\div\frac{102}{33}\times\frac{11}{34}=33\div1=33$

60. *(b)* माना a तथा b का मान क्रमशः $7x$ तथा $4x$ हैं।

$\therefore \quad \frac{6a+b}{6a-b}=\frac{6\times7x+4x}{6\times7x-4x}$

$=\frac{42x+4x}{42x-4x}=\frac{46x}{38x}=\frac{23}{19}=23:19$

61. *(c)* दिए गए वाक्य में विकल्प (c) में इस कार्य के वाक्यांश में त्रुटि है। अतः सही वाक्य है– इस कार्य को करने में यदि आपको कष्ट होगा तो पहले बता दीजिए।

62. *(d)* दिए गए शब्द 'फूल' का पर्यायवाची 'पुष्प' है। फूल शब्द का पर्यायवाची – पुष्प, सुमन, कुसम आदि हैं। अन्य विकल्प असंगत हैं।

63. *(d)* 'मखमली जूते मारना' मुहावरे का अर्थ है – मीठी बातों से लज्जित करना।

वाक्य प्रयोग ऋषभ तुम भी खूब हो, शेखर को मखमली जूते मार दिए और अपना काम भी निकाल लिया।

64. *(d)* दिए गए वाक्य में 'लोगों में बीच लोकप्रिय हो जाएगी' वाक्यांश में त्रुटि है। सही वाक्य है – लोगों के बीच लोकप्रिय हो जाएगी, अर्थात् आलोचकों का मानना है कि यदि कोई वस्तु यथार्थ रूप में अच्छी है, तो वह बिना किसी विज्ञापन के ही लोगों के बीच लोकप्रिय हो जाएगी।

65. *(a)* नजरबन्द करना मुहावरे का अर्थ है– कैद करना।

वाक्य प्रयोग चुनावी माहौल के कारण असामाजिक तत्त्वों व कुछ नेताओं को नजरबन्द किया गया।

66. *(a)* 'वह व्यक्ति जो छुटकारा दिलाता है' वाक्यांश के लिए एक शब्द 'त्राता' है। अन्य विकल्प असंगत हैं।

67. *(d)* निम्नलिखित वाक्य में विकल्प 'लोग सफलता पाने पर' में त्रुटि है। अतः सफलता शब्द के स्थान पर 'असफलता' शब्द का प्रयोग होगा।

68. *(b)* दिए गए वाक्य में रेखांकित शब्द 'दूध' का तत्सम् शब्द 'दुग्ध' होगा। दूध तद्भव शब्द है।

69. *(b)* दिए गए वाक्यों में रेखांकित शब्दों 'कोई भी आदमी' वाक्यांश का सही शब्दों वाला विकल्प है। किसी भी आदमी की हालत ठीक नहीं है। शुद्ध वाक्य है – किसी भी आदमी की हालत ठीक नहीं है। अन्य विकल्प असंगत हैं।

70. *(a)* दिए गए वाक्य में रेखांकित शब्द 'बेशर्म' का विलोम शब्द 'शर्मीला' है। अन्य विकल्प असंगत हैं।

71. *(a)* कोष्ठक में दिए गए शब्द 'निर्विवाद' का विलोम शब्द 'विवादास्पद' है। निर्विवाद का अर्थ है-बिना किसी विवाद के तथा विवादास्पद शब्द का अर्थ असहमति या तर्क से उत्पन्न वाला मुद्दा है-अन्य विकल्प असंगत हैं।

72. *(d)* दिए गए वाक्य में रेखांकित 'रितु' अशुद्ध वर्तनी है, जबकि सही वर्तनी 'ऋतु' है। इस प्रकार सही वाक्य है–वर्षा ऋतु की तो बात ही कुछ और है। अन्य विकल्प असंगत हैं।

73. *(c)* दिए गए वाक्य में रेखांकित भाग, विदेश में सामान बेचने वाक्यांश के लिए एक सार्थक शब्द 'निर्यात' है। अन्य विकल्प असंगत हैं।

74. *(c)* वाक्य में दिए गए कोष्ठक शब्द 'परोक्ष' का पर्यायवाची शब्द 'गुप्त' है। परोक्ष के अन्य पर्यायवाची शब्द–अगोचर, अप्रत्यक्ष, ओझल तथा गुप्त हैं।

75. *(c)* दिए गए वाक्य में रिक्त स्थान की पूर्ति के लिए सही देशज-विदेशज शब्द 'दाग' है। अन्य विकल्प असंगत हैं।

76. *(b)* रिक्त स्थान (1) के लिए उपयुक्त विकल्प 'जलवायु' है। अतः पूर्ण वाक्य है–जब किसी क्षेत्र के औसत मौसम में परिवर्तन आता है, तो उसे जलवायु परिवर्तन कहते हैं।

77. *(a)* रिक्त स्थान (2) के लिए उपयुक्त विकल्प 'परिणाम' है। अतः पूर्ण वाक्य है–ग्लेशियरों का पिघलना, अतिवृष्टि सूखा पड़ना, सुनामी आदि जलवायु परिवर्तन के ही परिणाम हैं।

78. *(d)* रिक्त स्थान (3) के लिए उपयुक्त विकल्प 'सम्पूर्ण विश्व' है। अतः पूर्ण वाक्य है– यदि वर्तमान सन्दर्भ में बात करें तो इसका प्रभाव लगभग सम्पूर्ण विश्व में देखने को मिल रहा है।

79. *(d)* रिक्त स्थान (4) के लिए उपयुक्त विकल्प 'वैज्ञानिक' है। अतः पूर्ण वाक्य है– पृथ्वी का अध्ययन करने वाले वैज्ञानिक बताते हैं।

80. *(a)* रिक्त स्थान (5) के लिए उपयुक्त विकल्प 'मानव' है। अतः पूर्ण वाक्य है–परन्तु इस प्रकार के किसी भी परिवर्तन का मानव जाति पर बड़ा असर हो सकता है।

29 फरवरी 2024
(शिफ्ट II)

सॉल्वड पेपर 2024

SSC कांस्टेबल (जीडी) सेट 33

भाग-I सामान्य बुद्धिमत्ता एवं तर्कशक्ति

1 दी गई विकल्प आकृतियों में से कौन-सी आकृति प्रश्न आकृति के पैटर्न को पूरा करेगी? (घूर्णन की अनुमति नहीं है)

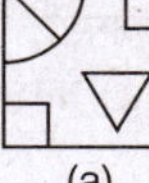
(a)

(b)

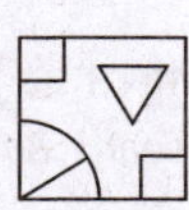
(c)

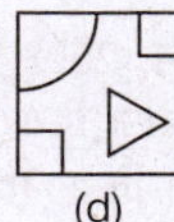
(d)

2 पाँच व्यक्ति A, B C, D और E एक वृत्ताकार मेज के चारों ओर केन्द्र की ओर मुख करके बैठे हैं (परन्तु जरूरी नहीं कि वे इसी क्रम में बैठे हों)। D और A का निकटतम पड़ोसी C नहीं है। B, E के दाईं ओर से दूसरे स्थान पर बैठा है। A, E के बाईं ओर से दूसरे स्थान पर बैठा है। C के ठीक दाईं ओर कौन बैठा है?

(a) A (b) D
(c) E (d) B

3 निम्नलिखित प्रश्न में, दिए गए विकल्पों में से सम्बन्धित अक्षर-युग्म का चयन कीजिए।

WZC : XAD :: ?

(a) ABB : BZU (b) PPV : VUL
(c) HAV : BUX (d) CGK : DHL

4 एक निश्चित कूटभाषा में, यदि 'France' को 'Italy' कहा जाता है, 'Italy' को 'Spain' कहा जाता है, 'Spain' को 'Greece' कहा जाता है, 'Greece' को 'Germany' कहा जाता है, तो 'Eiffel Tower' कहाँ स्थित है?

(a) Greece (b) Germany
(c) Italy (d) France

5 दिए गए विकल्पों में से किन दो चिह्नों को आपस में बदलने पर निम्नलिखित समीकरण सही होगा?

$29 + 12 - 4 \times 40 \div 5 = 49$

(a) × और − (b) + और −
(c) + और ÷ (d) × और +

6 निम्नलिखित प्रश्न में, दिए गए विकल्पों में से सम्बन्धित अक्षरों का चयन कीजिए।

QTW : MPS :: DGJ : ?

(a) WXX (b) ZCF
(c) RUV (d) XTM

7 निम्नलिखित में से कौन-सी संख्या दी गई श्रृंखला मे प्रश्नचिह्न (?) के स्थान पर आएगी?

126, 147, ?, 189, 210, 231

(a) 168 (b) 176 (c) 152 (d) 160

8 निम्नलिखित प्रश्न में कुछ कथन और उन कथनों के आधार पर कुछ निष्कर्ष दिए गए हैं। आपको दिए गए कथनों को सत्य मानना है, चाहे वे सामान्यतः ज्ञात तथ्यों से भिन्न प्रतीत होते हों। सभी निष्कर्षों को ध्यानपूर्वक पढ़िए और निश्चय कीजिए कि दिए गए निष्कर्षों में से कौन-सा/कौन-से निष्कर्ष कथनों का तार्किक रूप से अनुसरण करता है/करते हैं।

कथन

कोई M, N नहीं है।

कुछ O, N हैं।

निष्कर्ष

I. सभी O, M हैं।

II. कोई N, M नहीं है।

(a) निष्कर्ष I और II दोनों कथनों का अनुसरण करते हैं
(b) कोई भी निष्कर्ष कथनों का अनुसरण नहीं करता है
(c) केवल निष्कर्ष I कथनों का अनुसरण करता है
(d) केवल निष्कर्ष II कथनों का अनुसरण करता है

9 नीचे एक श्रृंखला दी गई है, जिसमें एक पद लुप्त है। दिए गए विकल्पों में से उस विकल्प का चयन कीजिए, जो श्रृंखला को पूरा करेगा।

NRHD, RVLH, VZPL, ZDTP, ?

(a) DTNR (b) DQPT
(c) DTCM (d) CHXT

10 दिए गए शब्दों को उसी क्रम में व्यवस्थित कीजिए, जिस क्रम में वे अंग्रेजी शब्दकोश में आते हैं।

1. Lid 2. Lick 3. Lien
4. Lie 5. Lieu

(a) 1, 2, 4, 3, 5 (b) 2, 1, 4, 3, 5
(c) 2, 4, 1, 3, 5 (d) 1, 2, 3, 4, 5

11 एक आदमी की तस्वीर की ओर इशारा करते हुए राम ने कहा, ''वह मेरे बेटे के दादा का भाई है''। वह आदमी राम से किस प्रकार सम्बन्धित है?

(a) भाई (b) पिता का भाई
(c) पिता (d) बेटा

12 निम्नलिखित में से कौन-सी संख्या दी गई श्रृंखला में प्रश्नचिह्न (?) के स्थान पर आएगी?

14, 13, 15, 12, 16, 11, ?

(a) 15 (b) 18 (c) 17 (d) 16

13 निम्नलिखित प्रश्न में, दिए गए विकल्पों में से उस आकृति का चयन कीजिए, जिसे प्रश्नचिह्न (?) के स्थान पर रखा जा सकता है।

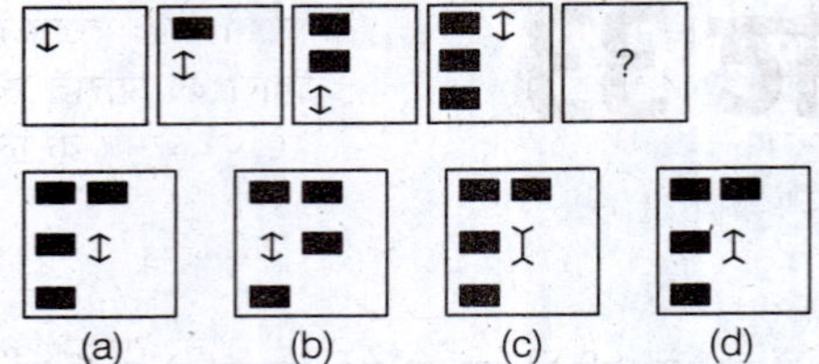

(a) (b) (c) (d)

14 आठ मित्र, A, B, C, D, E, F, G और H एक सीधी पंक्ति में उत्तर की ओर मुख करके बैठे हैं (परन्तु जरूरी नहीं कि, वे इसी क्रम में बैठे हों)। B, F के दाईं ओर से दूसरे स्थान पर बैठा है। F पंक्ति के किसी एक अन्तिम छोर पर बैठा है। B और E के बीच में केवल तीन व्यक्ति बैठे हैं। C, D के बाईं ओर से तीसरे स्थान पर बैठा है। D और A के बीच में केवल दो व्यक्ति बैठे हैं। G, E का निकटतम पड़ोसी नहीं है। B के ठीक बाईं ओर कौन बैठा है?

(a) C (b) F
(c) G (d) A

15 नीचे एक पासे की दो स्थितियाँ दी गई हैं। '5' वाले फलक के विपरीत फलक पर निम्नलिखित विकल्पों में से क्या आएगा?

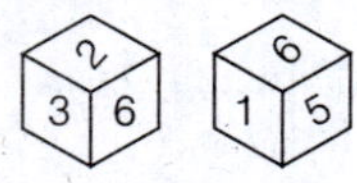

(a) 1 (b) 2
(c) 3 (d) 4

16 उस आकृति का चयन कीजिए, जो निम्नलिखित आकृति शृंखला में प्रश्नचिह्न (?) के स्थान पर आएगी।

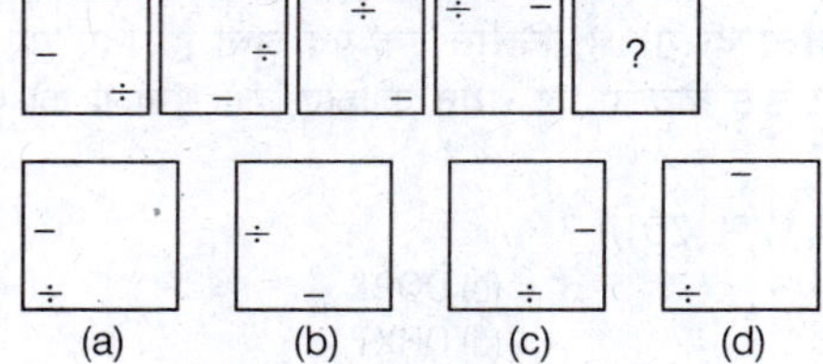

(a) (b) (c) (d)

17 यदि 105 @ 100 * 6 # 7 = 712 और 108 @ 80 * 15 # 60 = 1368 है, तो 60 @ 45 * 16 # 25 = ?

(a) 870 (b) 450
(c) 805 (d) 900

18 एक निश्चित कूटभाषा में, 'DAILY' को '50739' लिखा जाता है, 'EARLY' को '75834' लिखा जाता है, 'EVENT' को '42641' लिखा जाता है। उसी कूटभाषा में 'D' को कैसे लिखा जाएगा?

(a) 6 (b) 9
(c) 5 (d) 7

19 निम्नलिखित अक्षर समूहों में से अक्षरों का कौन-सा समूह क्रमबद्ध रूप से बाईं से दाईं ओर रखे जाने पर नीचे दी गई शृंखला को पूरा करेगा?

r_tuvrstuvr_tuvrstuvrstuvr_tuvrstuvrst_v

(a) suvt (b) utvu
(c) tust (d) sssu

20 नीचे एक ही पासे की दो अलग-अलग स्थितियाँ दी गई हैं। 'y' वाले फलक के विपरीत फलक पर क्या आएगा?

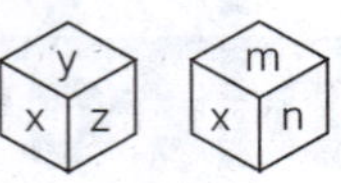

(a) z (b) m (c) p (d) x

भाग-II सामान्य ज्ञान

21 भारतीय संविधान के निम्नलिखित में से किस अनुच्छेद में 'राज्यपाल द्वारा राज्य के विधानमण्डल को विशेष सम्बोधन' का उल्लेख है?

(a) अनुच्छेद-173 (b) अनुच्छेद-171
(c) अनुच्छेद-175 (d) अनुच्छेद-176

22 ICC पुरुष T20 विश्व कप, 2022 की मेजबानी निम्नलिखित में से किस देश द्वारा की गई थी?

(a) भारत (b) संयुक्त अरब अमीरात
(c) ऑस्ट्रेलिया (d) इंग्लैण्ड

23 .... को जून, 2023 में भारत की बाहरी खुफिया एजेन्सी, रिसर्च एण्ड एनालिसिस विंग (Research & Analysis Wing-RAW) का नया प्रमुख नियुक्त किया गया है।

(a) अनिल धस्माना (b) रवि सिन्हा
(c) सामन्त गोयल (d) आलोक जोशी

24 तैराकी में 'नियमविरुद्ध प्रारम्भ (false start)' के लिए कितनी चेतावनियाँ होती हैं?

(a) 4 (b) 2 (c) 0 (d) 6

25 प्रथम पंचवर्षीय योजना की समयावधि निम्नलिखित में से कौन-सी है?

(a) 1956-1961 (b) 1966-1969
(c) 1951-1956 (d) 1961-1966

26 भारत की वर्ष 2011 की जनगणना के अनुसार, देश में ईसाई जनसंख्या का कुल प्रतिशत कितना है?

(a) 3.3% (b) 2.3%
(c) 0.3% (d) 1.3%

27 नई विदेश व्यापार नीति 31 मार्च, 2023 को लॉन्च की गई थी और ...., 2023 से लागू हुई।

(a) 1 अप्रैल (b) 1 मई
(c) 1 जुलाई (d) 1 जून

28 अपर्णा पोपट निम्नलिखित में से कौन-सा खेल खेलती हैं?

(a) बैडमिण्टन (b) क्रिकेट
(c) वॉलीबॉल (d) टेबल टेनिस

29 संयुक्त राष्ट्र ने .... को 'अन्तर्राष्ट्रीय सूक्ष्म-ऋण वर्ष (International Year of Micro Credit)' के रूप में नामित किया है।

(a) वर्ष 2001 (b) वर्ष 2003
(c) वर्ष 2005 (d) वर्ष 2007

30 निम्नलिखित में से किस भारतीय संगीतकार को उनके फिल्म और मंच के लिए किए गए व्यापक काम से 'मोजार्ट ऑफ मद्रास' का उपनाम मिला?

(a) जाकिर हुसैन (b) रविशंकर
(c) ए.आर.रहमान (d) सोनू निगम

31 वर्ष 2023 में स्वास्थ्य और परिवार कल्याण मन्त्रालय द्वारा निम्न में से कौन-सी योजना शुरू नहीं की गई है?
(a) समग्र मिशन इन्द्रधनुष 3.0
(b) आयुष्मान भारत प्रधानमन्त्री जन आरोग्य योजना
(c) राष्ट्रीय डिजिटल स्वास्थ्य मिशन
(d) मध्याह्न भोजन

32 भारतीय मुसलमानों ने ………… के नेतृत्व में खिलाफ़त आन्दोलन शुरू किया, जो अली बन्धुओं के नाम से लोकप्रिय थे।
(a) मोहम्मद अली और सैय्यद अली
(b) फ़िरोज़ अली और शौकत अली
(c) मोहम्मद अली और शौकत अली
(d) मोहम्मद अली और अहमद अली

33 भारत की वर्ष 2011 की जनगणना के अनुसार शहरी जनसंख्या कुल जनसंख्या का कितना प्रतिशत है?
(a) 37.2% (b) 39.2%
(c) 35.2% (d) 31.2%

34 निम्नलिखित में से कौन मोहिनीअट्टम के/की दिग्गज थे/थीं, जिनकी फरवरी, 2023 में मृत्यु हो गई?
(a) शोभा नायडू
(b) गद्दाम पद्मजा
(c) केलुचरण महापात्र
(d) कनक रेले

35 'यक्षगान' का सम्बन्ध निम्नलिखित में से किस राज्य से है?
(a) ओडिशा (b) कर्नाटक
(c) महाराष्ट्र (d) तमिलनाडु

36 निम्नलिखित में से कौन-सा प्राचीन ग्रन्थ, जिसकी रचना का श्रेय ऋषि व्यास को जाता है, प्राचीन भारत का प्रमुख महाकाव्य है और इसमें 18 पर्वों (पुस्तकों) में 100,000 छन्द हैं?
(a) ऋग्वेद (b) रामायण
(c) अर्थशास्त्र (d) महाभारत

37 बैशाखी…… राज्य का त्योहार है।
(a) महाराष्ट्र (b) मणिपुर
(c) हरियाणा (d) गुजरात

38 मौलिक अधिकारों का उल्लेख भारतीय संविधान के किस भाग में किया गया है?
(a) भाग-IV (b) भाग-III
(c) भाग-II (d) भाग-I

39 ठोस कार्बन डाइऑक्साइड का दूसरा नाम क्या है?
(a) शुष्क बर्फ
(b) जमी हुई बर्फ
(c) सामान्य ताप पर बर्फ
(d) सफेद बर्फ

40 जून, 2023 में जनार्दन प्रसाद को ……… का नया महानिदेशक नियुक्त किया गया है।
(a) भारतीय भू-वैज्ञानिक सर्वेक्षण (GSI)
(b) स्टील अथॉरिटी ऑफ इण्डिया लिमिटेड (SAIL)
(c) भारत हेवी इलेक्ट्रिकल्स लिमिटेड (BHEL)
(d) तेल एवं प्राकृतिक गैस निगम लिमिटेड (ONGC)

भाग-III गणित

41 60 विद्यार्थियों के एक समूह में, 50% इतिहास में रुचि रखते हैं, और शेष भूगोल में रुचि रखते हैं। यदि इतिहास का औसत स्कोर 85 है और भूगोल का औसत स्कोर 75 है, तो पूरे समूह के लिए औसत स्कोर कितना है?
(a) 80 (b) 89 (c) 77 (d) 64

42 यदि X = 50 और Y = 25 है, तो X, Y से कितने प्रतिशत अधिक है?
(a) 110% (b) 90% (c) 100% (d) 105%

43 दो संख्याओं के बीच का अनुपात 7 : 8 है। यदि प्रत्येक संख्या में 4 की वृद्धि की जाती है, तो अनुपात 9 : 10 हो जाता है, तो संख्याओं के बीच का अन्तर ज्ञात कीजिए।
(a) 10 (b) 4 (c) 8 (d) 2

44 वह न्यूनतम संख्या कौन-सी है, जिसे 15, 80, 20 और 75 से भाग देने पर प्रत्येक स्थिति में 14 शेषफल बचता है?
(a) 1214 (b) 1244 (c) 1455 (d) 1245

45 25% की छूट देने के बाद एक वस्तु ₹ 5550 में बेची जाती है। वस्तु का अंकित मूल्य कितना है?
(a) ₹ 7200 (b) ₹ 7400
(c) ₹ 7500 (d) ₹ 7000

46 ₹ 20000 का मूलधन 9% वार्षिक की दर से चक्रवृद्धि ब्याज (वार्षिक रूप से संयोजित) पर ऋण पर लिया जाता है। 2 वर्ष बाद धनराशि कितनी होगी?
(a) ₹ 23789 (b) ₹ 24840
(c) ₹ 25500 (d) ₹ 23762

47 एक मिश्रण में पानी और वाइन का अनुपात 7 : 19 है। यदि मिश्रण में पानी की तुलना में 12 लीटर अधिक वाइन है, तो मिश्रण में वाइन की मात्रा कितनी होगी?
(a) 7 लीटर (b) 12 लीटर
(c) 19 लीटर (d) 16 लीटर

48 *W*, *X* और *Y* की औसत ऊँचाई 185 सेमी है। यदि *W* और *X* की औसत ऊँचाई 153 सेमी है तथा *X* और *Y* की औसत ऊँचाई 152 सेमी है, तो *X* की ऊँचाई कितनी है?
(a) 57 सेमी (b) 60 सेमी
(c) 61 सेमी (d) 55 सेमी

49 $415 \div 5 - 44 \times 2 \div 8 + 53$ का मान कितना है?
(a) 132 (b) 125 (c) 138 (d) 128

50 यदि *D* किसी काम का 10% भाग 3 दिन में पूरा कर सकता है, तो *D* सम्पूर्ण काम कितने दिनों में पूरा कर सकता है?
(a) 30 दिन (b) 42 दिन
(c) 31 दिन (d) 36 दिन

51 सौरभ अंकित मूल्य से 26% कम पर एक अँगूठी खरीदता है और उसे अंकित मूल्य से 10% अधिक पर बेच देता है। उसके द्वारा अर्जित अनुमानित लाभ ज्ञात कीजिए।
(a) 45.2% (b) 49.9%
(c) 46.7% (d) 48.6%

52 $\frac{98}{56}$ का $\left(\frac{63}{7}+\frac{35}{5}\right)\div\frac{7}{49}$ का मान कितना है?
(a) 49 (b) 196
(c) 63 (d) 98

53 P_1, P_2 और P_3 तीन विद्यार्थी हैं। P_1 को P_2 से 62.5% कम अंक और P_3 से 70% अधिक अंक प्राप्त हुए यदि P_2 को 8160 अंक प्राप्त हुए, तो P_3 को कितने अंक प्राप्त हुए?
(a) 1780 (b) 1700
(c) 1800 (d) 1880

54 दो लोगों को ₹ 600 की धनराशि उधार दी गई है, एक को 5% की वार्षिक दर से और दूसरे को 13% की वार्षिक दर से, यदि एक वर्ष के बाद साधारण ब्याज ₹ 62 है, तो प्रत्येक दर पर उधार दी गई धनराशि ज्ञात कीजिए।
(a) ₹ 200 और ₹ 400
(b) ₹ 250 और ₹ 350
(c) ₹ 100 और ₹ 500
(d) ₹ 150 और ₹ 450

55 एक त्रिभुज का क्षेत्रफल 1470 सेमी^{2} है। यदि इस त्रिभुज का आधार, उस आधार के संगत ऊँचाई का (3/5)वाँ भाग है, तो त्रिभुज की ऊँचाई कितनी होगी?
(a) 70 सेमी (b) 72 सेमी
(c) 69 सेमी (d) 63 सेमी

56 एक वस्तु का क्रय मूल्य ₹ 440 है। यदि लाभ प्रतिशत 18% है, तो लाभ का मूल्य कितना है?
(a) ₹ 78.2 (b) ₹ 82.5
(c) ₹ 79.2 (d) ₹ 75.6

57 एक वस्तु का क्रय मूल्य, अंकित मूल्य का 60% है। अंकित मूल्य पर 4% की छूट देने के बाद लाभ प्रतिशत कितना होगा?
(a) 50% (b) 30%
(c) 40% (d) 60%

58 $8400 \div 2 - 2100 + 15 \times 8$ का मान कितना है?
(a) 2220 (b) 2120
(c) 2280 (d) 2060

59 तीन मित्र एक पहेली को 4 घण्टे में पूरा कर सकते हैं। यदि वे मदद के लिए दो और मित्रों को बुलाते हैं, तो उन्हें उसी पहेली को पूरा करने में कितना समय लगेगा?
(a) 130 मिनट (b) 120 मिनट
(c) 132 मिनट (d) 144 मिनट

60 यदि कोई रेलगाड़ी अपनी मूल चाल की 6/7वीं चाल से चलती है, तो वह स्टेशन पर 20 मिनट देरी से पहुँचती है। दूरी तय करने में रेलगाड़ी द्वारा लिया गया सामान्य समय ज्ञात कीजिए।
(a) 140 मिनट (b) 100 मिनट
(c) 144 मिनट (d) 120 मिनट

भाग-IV हिन्दी

61 दिए गए शब्द का विलोम शब्द ज्ञात कीजिए।
इनकार
(a) इकरार (b) हैवान
(c) हुक्म (d) मना

62 दिए गए वाक्य में से निरर्थक शब्द ज्ञात कीजिए।
मुझे वहाँ से पेन-वेन दे दो।
(a) पेन-वेन (b) दो (c) मुझे (d) वहाँ

63 दिए गए वाक्य में रेखांकित शब्द का विलोम शब्द ज्ञात कीजिए।
<u>रिक्त</u> स्थानों की पूर्ति कीजिए।
(a) विनाश (b) पूर्ण
(c) सन्देह (d) खाली

64 दिए गए वाक्य में से गलत वर्तनी ज्ञात कीजिए।
युधिष्ठिर का राजाभिषेक होते ही चारों तरफ उल्लास छा गया।
(a) राजाभिषेक (b) चारों
(c) उल्लास (d) युधिष्ठिर

65 दिए गए वाक्य का वह भाग ज्ञात करें, जिसमें कोई त्रुटि है।
प्रत्येक प्राणी को स्वयं आत्म-निर्भर होना चाहिए, ताकि आगे चलकर उसे कोई परेशानी न हो।
(a) ताकि आगे चलकर उसे (b) स्वयं आत्म-निर्भर होना चाहिए
(c) प्रत्येक प्राणी को (d) कोई परेशानी न हो।

66 निम्नलिखित वाक्य में रेखांकित भाग के लिए एक शब्द ज्ञात कीजिए।
हमारे देश ने दाल <u>विदेश से खरीदी</u> है।
(a) मालवाही (b) व्यापार
(c) निर्यात (d) आयात

67 निम्नलिखित प्रश्न में चार विकल्पों में से उस विकल्प का चयन करें, जो कोष्ठक में दिए गए शब्द के तद्भव रूप का सही विकल्प है।
मेरी माताजी (कण्टफल) .... की बहुत ही स्वादिष्ट सब्जी बनाती हैं।
(a) आलू (b) करेला
(c) खीरा (d) कटहल

68 निम्नलिखित वाक्य में रेखांकित भाग के लिए एक सार्थक शब्द ज्ञात कीजिए।
इस बात को <u>गुप्त ही रखना</u>।
(a) जानकारी (b) गोपनीय
(c) वाचाल (d) समदर्शी

69 दिए गए वाक्य में रेखांकित शब्द के लिए सही वर्तनी ज्ञात कीजिए।
<u>धेर्य</u> से काम लो।
(a) धेग्र (b) धैग्र (c) धैर्य (d) धार्य

70 दिए गए वाक्यांश के लिए सार्थक शब्द ज्ञात कीजिए।
'किसी बात को जानने की इच्छा'
(a) आशावादी (b) कल्पनाशील
(c) टकसाल (d) जिज्ञासा

71 दिए गए वाक्य का वह भाग ज्ञात करें, जिसमें कोई त्रुटि है। यदि कोई त्रुटि नहीं है, तो 'कोई त्रुटि नहीं है' चुनें।
इस कार्य के विघ्न बनकर तुम आए हो।
(a) कोई त्रुटि नहीं है (b) इस कार्य
(c) तुम आए हो (d) के विघ्न बनकर

72 निम्नलिखित प्रश्न में दिए गए चार विकल्पों में से उस विकल्प का चयन करें, जो दिए गए मुहावरे के अर्थ को सर्वश्रेष्ठ रूप से व्यक्त करता है।
'ग्रह उल्टे हो जाना'
(a) आश्चर्यचकित होना
(b) काम बिगाड़ना
(c) स्थिर न रहना
(d) बुरा समय आना

73 दिए गए शब्द का पर्यायवाची ज्ञात कीजिए।
विलोम
(a) उल्टा (b) भोग
(c) उदास (d) निष्फल

74 निम्नलिखित प्रश्न में दिए गए चार विकल्पों में से उस विकल्प का चयन करें, जो दिए गए मुहावरे के अर्थ को सर्वश्रेष्ठ रूप से व्यक्त करता है।
'अपने पैरों पर खड़ा होना'
(a) स्वावलम्बी होना
(b) खूब फायदा होना
(c) प्रशंसा करना
(d) सिद्धान्तहीन व्यक्ति

75 दिए गए शब्द का पर्यायवाची ज्ञात कीजिए।
पत्थर
(a) समीप (b) पति (c) प्रारम्भ (d) पाषाण

निर्देश (प्र. सं. 76-80) *नीचे दिए गए गद्यांश में कुछ शब्द छोड़ दिए गए हैं और प्रत्येक रिक्त स्थान के चार विकल्प दिए गए हैं। इन चारों में से कौन-सा विकल्प रिक्त स्थान की पूर्ति करेगा?*

मोटे अनाज का (1)............बढ़ने से जनसामान्य सहित किसानों को लाभ मिलने की बड़ी (2).............. है। एक ओर इससे कुपोषण की समस्या से निपटने का नया और सरल मार्ग मिलेगा। वहीं दूसरी ओर इससे किसानों की (3).............. दोगुनी होने का मार्ग भी प्रशस्त होगा। यही करण है कि मोटा अनाज वर्ष में एक ओर किसानों को इन अनाजों की खेती करने के लिए (4)...........किया जाएगा तथा दूसरी ओर लोगों को मोटे अनाज के महत्त्व से (5)..........कराया जाएगा, जिससे इनकी खपत बढ़े और किसान इनकी खेती में रुचि दिखाएँ।

76 रिक्त स्थान (1) के लिए सबसे उपयुक्त विकल्प का चयन कीजिए।
(a) ईंधन (b) प्रभाव (c) प्रचलन (d) कीमत

77 रिक्त स्थान (2) के लिए सबसे उपयुक्त विकल्प का चयन कीजिए।
(a) समस्या (b) व्यंजन
(c) परिणाम (d) सम्भावना

78 रिक्त स्थान (3) के लिए सबसे उपयुक्त विकल्प का चयन कीजिए।
(a) पीढ़ी (b) मात्रा
(c) महत्त्व (d) आय

79 रिक्त स्थान (4) के लिए सबसे उपयुक्त विकल्प का चयन कीजिए।
(a) स्वीकार (b) जागरूक
(c) मोटापन (d) अन्धापन

80 रिक्त स्थान (5) के लिए सबसे उपयुक्त विकल्प का चयन कीजिए।
(a) स्वीकृत (b) अवगत
(c) परिपूर्ण (d) अधिकतर

उत्तरमाला

1.	(a)	2.	(d)	3.	(d)	4.	(c)	5.	(b)	6.	(b)	7.	(a)	8.	(d)	9.	(d)	10.	(b)
11.	(b)	12.	(c)	13.	(a)	14.	(a)	15.	(c)	16.	(d)	17.	(c)	18.	(b)	19.	(d)	20.	(b)
21.	(d)	22.	(c)	23.	(b)	24.	(c)	25.	(c)	26.	(b)	27.	(a)	28.	(a)	29.	(c)	30.	(c)
31.	(d)	32.	(c)	33.	(d)	34.	(d)	35.	(b)	36.	(d)	37.	(c)	38.	(b)	39.	(a)	40.	(a)
41.	(a)	42.	(c)	43.	(d)	44.	(a)	45.	(b)	46.	(d)	47.	(c)	48.	(d)	49.	(b)	50.	(a)
51.	(d)	52.	(b)	53.	(c)	54.	(a)	55.	(a)	56.	(c)	57.	(d)	58.	(a)	59.	(d)	60.	(d)
61.	(a)	62.	(a)	63.	(b)	64.	(a)	65.	(b)	66.	(d)	67.	(d)	68.	(b)	69.	(c)	70.	(d)
71.	(d)	72.	(d)	73.	(a)	74.	(a)	75.	(d)	76.	(c)	77.	(d)	78.	(d)	79.	(b)	80.	(b)

संकेत एवं हल

1. *(a)* विकल्प आकृति (a) प्रश्न आकृति के पैटर्न को पूरा करेगी।

2. *(d)* प्रश्नानुसार,

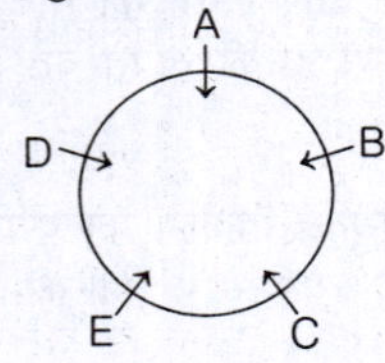

अतः C के ठीक दाईं ओर B है।

3. *(d)* जिस प्रकार,

W Z C
↓+1 ↓+1 ↓+1
X A D

उसी प्रकार, C G K
↓+1 ↓+1 ↓+1
D H L

∴ ? = CGK : DHL

4. *(c)* जैसा कि हम जानते हैं कि Eiffel Tower, France में स्थित है, लेकिन प्रश्न में France को Italy कहा गया है। इसलिए इसका सही उत्तर Italy होगा।

5. *(b)* $29 + 12 - 4 \times 40 \div 5 = 49$

विकल्प (b) से, '+' और '−' को आपस में बदलने पर,

$29 - 12 + 4 \times 40 \div 5 = 49$

$\Rightarrow 29 - 12 + 4 \times 8 = 49$

$\Rightarrow 29 - 12 + 32 = 49$

$\Rightarrow 61 - 12 = 49$

$\therefore 49 = 49$

$\Rightarrow$ LHS = RHS

6. *(b)* जिस प्रकार,

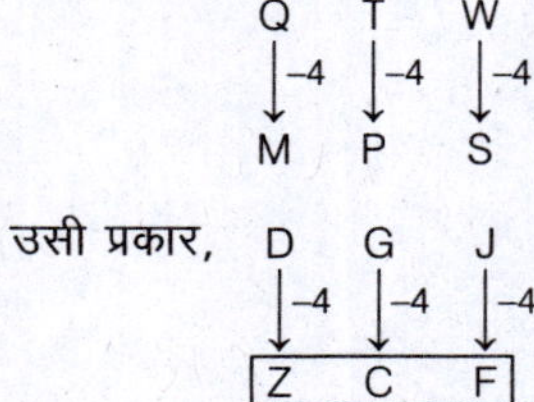

7. *(a)* दी गई शृंखला का क्रम निम्न प्रकार है,

126 147 [168] 189 210 231
+21 +21 +21 +21 +21

8. *(d)* कथनानुसार,

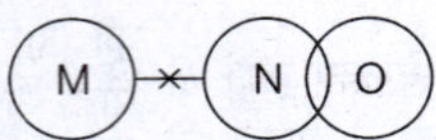

निष्कर्ष I. (✗) II. (✓)

अतः केवल निष्कर्ष II कथनों का अनुसरण करता है।

9. *(d)* दी गई शृंखला का क्रम निम्न प्रकार है,

N →(+4) R →(+4) V →(+4) Z →(+4) [D]
R →(+4) V →(+4) Z →(+4) D →(+4) [H]
H →(+4) L →(+4) P →(+4) T →(+4) [X]
D →(+4) H →(+4) L →(+4) P →(+4) [T]

10. *(b)* अंग्रेजी शब्दकोश के अनुसार शब्दों का क्रम निम्न है,

2. Lick → 1. Lid → 4. Lie → 3. Lien → 5. Lieu

⇒ 2, 1, 4, 3, 5

11. *(b)* प्रश्नानुसार,

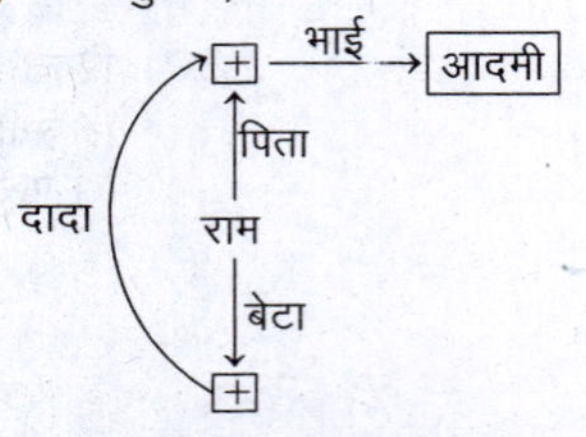

अतः वह आदमी राम के पिता का भाई है।

12. *(c)* दी गई शृंखला का क्रम निम्न प्रकार है,

14 13 15 12 16 11 [17]
−1 +2 −3 +4 −5 +6

13. *(a)* दी गई आकृति शृंखला में प्रत्येक अगली आकृति में '↕' के चिह्न के स्थान पर एक काला आयत जुड़ जाता है तथा '↕' चिह्न आयत के नीचे आ जाता है। इस प्रकार प्रश्नचिह्न के स्थान पर विकल्प आकृति (a) होगी।

14. *(a)* प्रश्नानुसार,

F C B G D H E A
↑ ↑ ↑ ↑ ↑ ↑ ↑ ↑

अतः B के ठीक बाईं ओर C बैठा है।

15. *(c)* दिए गए पासे की स्थितियों में अंक 6 उभयनिष्ठ है।

∴ स्थिति I → 6, 3, 2

स्थिति II → 6, 5, 1

अतः अंक '5' वाले विपरीत फलक पर अंक '3' होगा।

16. *(d)* निम्नलिखित शृंखला की प्रत्येक अगली आकृति में चिह्न ÷ वैकल्पिक रूप से पहले 45° फिर 90° आगे बढ़ता है तथा चिह्न − वैकल्पिक रूप से पहले 90° फिर 45° आगे बढ़ता है। इस प्रकार, प्रश्नचिह्न के स्थान पर विकल्प (d) की आकृति होगी।

17. *(c)* जिस प्रकार,

105 @ 100 * 6 # 7 = 712

$\Rightarrow 105 + 100 \times 6 + 7 = 712$

$\Rightarrow 105 + 600 + 7 = 712$

$\Rightarrow 712 = 712$

और 108 @ 80 * 15 # 60 = 1368

$\Rightarrow 108 + 80 \times 15 + 60 = 1368$

$\Rightarrow 108 + 1200 + 60 = 1368$

$\Rightarrow 1368 = 1368$

उसी प्रकार,

60 @ 45 * 16 # 25 = ?

$? = 60 + 45 \times 16 + 25$

$= 60 + 720 + 25$

? = [805]

18. *(b)* प्रश्नानुसार,

D [A] I [L] [Y] ⟶ [5] 0 [7] [3] 9

Ⓔ [A] R [L] [Y] ⟶ [7] [5] 8 [3] ④

Ⓔ V Ⓔ N T ⟶ ④ 2 6 ④ 1

∴ D = 0 या 9

लेकिन विकल्प में '0' नहीं है। इसलिए D को 9 लिखा जाएगा।

19. *(d)* दी गई शृंखला का क्रम निम्न प्रकार है

rstuv/rstuv/rstuv/rstuv/rstuv/rstuv/rstuv/rstuv

∴ अभीष्ट अक्षर समूह ⇒ sssu

20. *(b)* दिए गए पासे की दो स्थितियाँ जिनमें अक्षर 'x' उभयनिष्ठ है।

∴ स्थिति I → x y z

स्थिति II → x m n

अतः 'y' वाले फलक के विपरीत फलक पर 'm' होगा।

21. *(d)* भारतीय संविधान के अनुच्छेद-176 में 'राज्यपाल द्वारा राज्य के विधानमण्डल को विशेष सम्बोधन' का उल्लेख है।

22. *(c)* ICC पुरुष T20 विश्वकप, 2022 की मेजबानी ऑस्ट्रेलिया द्वारा की गई थी।

यह ICC पुरुष T20 विश्वकप का आठवाँ संस्करण था, जिसमें इंग्लैण्ड ने पाकिस्तान को हराकर खिताब जीता। ICC पुरुष T20 विश्वकप 2024 का आयोजन संयुक्त राज्य अमेरिका में किया जाएगा।

ICC पुरुष T20 विश्वकप का आयोजन प्रत्येक 2 वर्ष में किया जाता है।

23. *(b)* रवि सिन्हा को जून, 2023 में भारत की बाहरी खुफिया एजेन्सी, रिसर्च एण्ड एनालिसिस विंग का नया प्रमुख नियुक्त किया गया है। अनुसन्धान और विश्लेषण विंग, भारत की अन्तर्राष्ट्रीय गुप्तचर संस्था है। इसका गठन सितम्बर, 1968 में किया गया था।

24. *(c)* तैराकी में नियमविरुद्ध प्रारम्भ के लिए शून्य चेतावनियाँ होती हैं।

तैराकी प्रतियोगिता के नियम

- तैरते समय प्रतियोगी को बाधा डालने वाला व्यक्ति अयोग्य घोषित किया जाएगा।
- तैरते समय यदि प्रतियोगी तल पर खड़ा हो जाए, तो उसे अयोग्य नहीं घोषित किया जाएगा, परन्तु वह चलेगा नहीं।
- प्रतियोगिता के समय किसी प्रतियोगी को कोई ऐसी वस्तु प्रयोग में लाने अथवा पहनने की आज्ञा नहीं होगी, जो उसकी तैरने की गति तथा सहिष्णुता बढ़ाने में सहायता प्रदान करें।
- जल मार्ग की सारी दूरी पार करने वाला प्रतियोगी ही विजेता घोषित किया जाएगा।

25. *(c)* प्रथम पंचवर्षीय योजना की समयावधि वर्ष 1951-1956 थी। यह योजना हैरोड-डोमर मॉडल पर आधारित थी। पहली पंचवर्षीय योजना की शुरुआत में देश को शरणार्थियों की गम्भीर समस्या, भोजन की कमी और बढ़ती मुद्रास्फीति का सामना करना पड़ा।

26. *(b)* भारत की वर्ष 2011 की जनगणना के अनुसार, देश में ईसाई जनसंख्या का कुल प्रतिशत 2.3% है। वर्ष 2011 की जनगणना देश की 15वीं जनगणना थी, जिसके जनगणना आयुक्त सी. चन्द्रमौलि थे। जनगणना 2011 के अनुसार सबसे ज्यादा प्रतिशत हिन्दू आबादी (79.8%) का है।

27. *(a)* नई विदेश व्यापार नीति 31 मार्च, 2023 को लॉन्च की गई थी और 1 अप्रैल, 2023 से लागू हुई।

विदेश व्यापार नीति, 2023 एक नीति दस्तावेज है, जो निर्यात को सुगम बनाने वाली समय-परीक्षणित (Time-Tested) योजनाओं की निरन्तरता पर आधारित है। साथ ही यह एक ऐसा दस्तावेज है, जो त्वरित व्यापार आवश्यकताओं के लिए उत्तरदायी है।

28. *(a)* अपर्णा पोपट पूर्व भारतीय बैडमिण्टन खिलाड़ी हैं। वह वर्ष 1997 से 2006 के बीच सभी सीनियर राष्ट्रीय चैम्पियनशिप जीतने के साथ नौ बार भारत की राष्ट्रीय चैम्पियन रही।

29. *(c)* संयुक्त राष्ट्र ने वर्ष 2005 को अन्तर्राष्ट्रीय सूक्ष्म-ऋण वर्ष के रूप में नामित किया है।

संयुक्त राष्ट्र के अन्य महत्त्वपूर्ण अन्तर्राष्ट्रीय वर्ष

2023 — बाजरा का अन्तर्राष्ट्रीय वर्ष

2024 — कैमलिड्स का अन्तर्राष्ट्रीय वर्ष

2025 — ग्लेशियरों के संरक्षण का अन्तर्राष्ट्रीय वर्ष

2026 — रेंजलैण्ड्स और चरवाहों का अन्तर्राष्ट्रीय वर्ष

30. *(c)* ए.आर. रहमान को उनके फिल्म और मंच के लिए किए गए व्यापक काम से 'मोजार्ट ऑफ मद्रास' का उपनाम मिला। रहमान तमिल और हिन्दी फिल्म उद्योग से सम्बन्धित हैं और उन्होंने भारत के लिए दो ऑस्कर पुरस्कार जीते हैं।

31. *(d)* वर्ष 2023 में स्वास्थ्य और परिवार कल्याण मन्त्रालय द्वारा मध्याह्न भोजन योजना शुरू नहीं की गई है। मध्याह्न भोजन योजना एक केन्द्र प्रायोजित योजना है, जिसे वर्ष 1995 में शुरू किया गया था। इसके अन्तर्गत केन्द्र सरकार, राज्यों को मुफ्त खाद्यान्न उपलब्ध कराती है तथा शेष अन्य लागतें (जैसे–परिवहन, खाना पकाने आदि) राज्यों के साथ साझा की जाती हैं।

32. *(c)* भारतीय मुसलमानों ने मोहम्मद अली और शौकत अली के नेतृत्व में खिलाफत आन्दोलन लखनऊ से शुरू किया, जो अली बन्धुओं के नाम से लोकप्रिय थे।

प्रथम विश्वयुद्ध के दौरान अंग्रेजों ने मुसलमानों से तुर्की विभाजन न करने का वादा किया था, परन्तु युद्ध के पश्चात् तुर्की का विभाजन कर दिया गया। भारत ने इसी विभाजन के विरोध में वर्ष 1919 में खिलाफत आन्दोलन शुरू किया। खिलाफत का उद्देश्य तुर्की में खलीफा पद की पुनः स्थापना को समर्थन देना था।

33. *(d)* भारत की वर्ष 2011 की जनगणना के अनुसार, शहरी जनसंख्या कुल जनसंख्या का 31.2% है। गोवा सबसे अधिक शहरीकृत राज्य है, जहाँ 62.17% आबादी शहरी क्षेत्रों में रहती है, भारत में सबसे अधिक ग्रामीण जनसंख्या हिमाचल प्रदेश में है।

34. *(d)* कनक रेले मोहिनीअट्टम दिग्गज थीं, जिनकी फरवरी, 2023 में मृत्यु हो गई।

कनक रेले (11 जून, 1937-22 फरवरी, 2023) को मोहिनीअट्टम के प्रतिपादक के रूप में जाना जाता है। वह मुम्बई में नालन्दा नृत्य अनुसन्धान केन्द्र की संस्थापक, निदेशक और नालन्दा नृत्य कला महाविद्यालय की संस्थापक प्रिन्सिपल थीं। मोहिनीअट्टम नृत्य का सम्बन्ध केरल राज्य से है।

35. *(b)* यक्षगान कर्नाटक का लोकनृत्य है। यक्षगान कर्नाटक का पारम्परिक नृत्य नाट्य रूप है, जो एक प्रशंसनीय शास्त्रीय पृष्ठभूमि के साथ किया जाने वाला एक अनोखा नृत्य रूप है। लगभग 5 शताब्दियों की सशक्त नींव के साथ यक्षगान लोक कला के रूप में एक मजबूत स्थिति रखता है। यह कलाआट या बलघाट के नाम से जानी जाती है।

36. *(d)* महाभारत प्राचीन ग्रन्थ है, जिसकी रचना का श्रेय ऋषि व्यास को जाता है। महाभारत प्राचीन भारत का एक प्रमुख महाकाव्य है और इसमें 18 पर्वों (पुस्तकों) में 100,000 छन्द हैं।

महाभारत भारत का अनुपम, धार्मिक, पौराणिक, ऐतिहासिक और दार्शनिक ग्रन्थ है। यह हिन्दू धर्म के मुख्यतम ग्रन्थों में से एक है। यह विश्व का सबसे लम्बा साहित्यिक ग्रन्थ है, जिसका प्राचीन नाम जयसंहिता है।

37. *(c)* बैशाखी हरियाणा (पंजाब) राज्य का त्योहार है। प्रत्येक वर्ष बैशाखी का त्योहार 13 या 14 अप्रैल को मनाया जाता है। यह त्योहार हिन्दुओं, बौद्ध और सिखों के लिए महत्त्वपूर्ण है। यह एक फसली त्योहार है।

38. *(b)* मौलिक अधिकारों का उल्लेख भारतीय संविधान के भाग-III में किया गया है, जो संविधान के अनुच्छेद-12 से 35 तक हैं। पहले मूल अधिकारों की संख्या 7 थी, परन्तु 44वें संविधान संशोधन, 1978 द्वारा सम्पत्ति के अधिकार को मौलिक अधिकार की सूची से हटा दिया गया। वर्तमान में मूल अधिकारों की संख्या 6 है। भारतीय संविधान में मूल अधिकारों का प्रावधान अमेरिकी संविधान से लिया गया है।

39. *(a)* ठोस कार्बन डाइऑक्साइड का दूसरा नाम शुष्क बर्फ है। गर्म होने पर ठोस कार्बन डाइऑक्साइड कभी भी ठोस से तरल में नहीं बदलती, बल्कि यह सीधे गैस में बदल जाती है।

सूखी बर्फ सामान्यतः उच्च दबाव में तरल कार्बन डाइऑक्साइड का उत्पादन करने के लिए गैसीय कार्बन डाइऑक्साइड को

सिकोड़ने और ठण्डा करने से बनाई जाती है।

40. *(a)* जून, 2023 में जनार्दन प्रसाद को भारतीय भू-वैज्ञानिक सर्वेक्षण (GSI) का नया महानिदेशक नियुक्त किया गया है। जनार्दन प्रसाद ने GSI के पूर्व महानिदेशक डॉ. एस. राजू का स्थान लिया।
भारतीय भू-वैज्ञानिक सर्वेक्षण भारत सरकार के खान मन्त्रालय के अधीन कार्यरत् एक संगठन है। इसकी स्थापना 1851 ई. में हुई थी। इसका कार्य भू-वैज्ञानिक सर्वेक्षण और अध्ययन करना है।

41. *(a)* कुल विद्यार्थियों की संख्या $= 60$
इतिहास में विद्यार्थियों की संख्या
$$= 60 \times \frac{50}{100} = 30$$
भूगोल में विद्यार्थियों की संख्या
$$= 60 - 30 = 30$$
इतिहास में विद्यार्थियों का कुल स्कोर
$$= 85 \times 30 = 2550$$
भूगोल में विद्यार्थियों का कुल स्कोर
$$= 75 \times 30 = 2250$$
$\therefore$ अभीष्ट औसत $= \frac{2550 + 2250}{60} = \frac{4800}{60} = 80$

42. *(c)* दिया है,
$X = 50$ तथा $Y = 25$
$\therefore$ अभीष्ट प्रतिशत $= \frac{50 - 25}{25} \times 100$
$$= \frac{25}{25} \times 100 = 100\%$$

43. *(d)* माना दो संख्याएँ क्रमशः $7x$ और $8x$ हैं।
प्रश्नानुसार,
$$\frac{7x + 4}{8x + 4} = \frac{9}{10}$$
$\Rightarrow \quad 70x + 40 = 72x + 36$
$\Rightarrow \quad 40 - 36 = 72x - 70x$
$\Rightarrow \quad 4 = 2x$
$\therefore \quad x = \frac{4}{2} = 2$
$\therefore$ संख्याओं के बीच का अन्तर
$$= 8x - 7x = x = 2$$

44. *(a)* 15, 18, 20 और 75 का ल.स.

2	15, 80, 20, 75
2	15, 40. 10, 75
3	15, 20, 5, 75
5	5, 20, 5, 25
	1, 4, 1, 5

$\therefore$ ल.स. $= 2 \times 2 \times 3 \times 5 \times 4 \times 5 = 1200$
$\therefore$ अभीष्ट संख्या $= 1200 + 14 = 1214$

45. *(b)* दिया है, वस्तु का विक्रय मूल्य = ₹ 5550
तथा छूट प्रतिशत $= 25\%$
$\therefore$ वस्तु का अंकित मूल्य $= \frac{5550 \times 100}{100 - 25}$
$$= \frac{5550 \times 100}{75}$$
$$= ₹\, 7400$$

46. *(d)* हम जानते हैं कि
$$A = P\left(1 + \frac{r}{100}\right)^n$$
$\Rightarrow \quad A = 20000\left(1 + \frac{9}{100}\right)^2$
$\Rightarrow \quad A = 20000\left(\frac{100 + 9}{100}\right)^2$
$\Rightarrow \quad A = 20000 \times \frac{109}{100} \times \frac{109}{100}$
$\Rightarrow \quad A = 2 \times 109 \times 109$
$\Rightarrow \quad A = ₹\, 23762$

47. *(c)* माना मिश्रण में पानी तथा वाइन की मात्रा क्रमशः $7x$ तथा $19x$ है।
प्रश्नानुसार,
$$19x - 7x = 12$$
$\Rightarrow \quad 12x = 12$
$\therefore \quad x = \frac{12}{12} = 1$
$\therefore$ मिश्रण में वाइन की मात्रा $= 19x = 19 \times 1$
$= 19$ लीटर

48. *(d)* W, X और Y की कुल ऊँचाई
$= 3 \times 185 = 555$ सेमी ...(i)
W और X की कुल ऊँचाई
$= 2 \times 153 = 306$ सेमी ...(i)
तथा X और Y की कुल ऊँचाई
$= 2 \times 152 = 304$ सेमी ...(ii)
समी (ii) तथा (iii) को जोड़ने पर,
$W + 2X + Y$ की कुल ऊँचाई
$= 306 + 304 = 610$
समी (i) से,
$\therefore X$ की ऊँचाई $= 610 - 555 = 55$ सेमी

49. *(b)* $415 \div 5 - 44 \times 2 \div 8 + 53$
$$= 83 - 44 \times \frac{2}{8} + 53$$
$$= 83 - 11 + 53$$
$$= 136 - 11$$
$$= 125$$

50. *(a)* $\because D$ किसी काम का 10% भाग 3 दिन में करता है।
$\therefore D$ को सम्पूर्ण काम करने में लगा समय
$= \frac{3}{10} \times 100 = 30$ दिन

51. *(d)* माना अँगूठी का अंकित मूल्य = ₹ 100
छूट $= 26\%$
तथा सौरभ के लिए अँगूठी का क्रय मूल्य
$$= 100 \times \left(\frac{100 - 26}{100}\right)$$
$$= 100 \times \frac{74}{100} = ₹74$$
$\therefore$ वस्तु का विक्रय मूल्य $= 100 \times \frac{110}{100} = ₹110$
$\therefore$ अभीष्ट लाभ % $= \frac{110 - 74}{74} \times 100$
$\Rightarrow \quad = \frac{36}{74} \times 100 = 48.6\%$

52. *(b)* $\frac{98}{56}$ का $\left(\frac{63}{7} + \frac{35}{5}\right) \div \frac{7}{49}$
$= \frac{98}{56}$ का $\left(\frac{315 + 245}{35}\right) \div \frac{7}{49}$
$= \frac{98}{56}$ का $\left(\frac{560}{35}\right) \div \frac{7}{49}$
$$= \frac{98}{56} \times \frac{560}{35} \times \frac{49}{7} = 196$$

53. *(c)* दिया है,
P_2 द्वारा प्राप्त किए गए अंक $= 8160$
$\therefore P_1$ को प्राप्त अंक $= 8160 \times \left(\frac{100 - 62.5}{100}\right)$
$$= 8160 \times \frac{37.5}{100} = 3060$$
$\therefore P_3$ को प्राप्त अंक $= 3060 \times \frac{100}{100 + 70}$
$$= 3060 \times \frac{100}{170} = 1800$$

54. *(a)* माना एक को दी गई धनराशि = ₹ x
तथा दूसरे को दी गई धनराशि = ₹ $(600 - x)$
प्रश्नानुसार,
$$\frac{x \times 5 \times 1}{100} + \frac{(600 - x) \times 13 \times 1}{100} = 62$$
$\Rightarrow \quad \frac{5x}{100} + \frac{600 \times 13 - 13x}{100} = 62$
$\Rightarrow \quad 5x + 7800 - 13x = 6200$
$\Rightarrow \quad 7800 - 6200 = 8x$
$\Rightarrow \quad 8x = 1600$
$\therefore \quad x = \frac{1600}{8} = 200$
पहले को दी गई धनराशि = ₹ 200
$\therefore$ दूसरे को दी गई धनराशि $= (600 - x)$
$= (600 - 200) =$ ₹ 400

55. *(a)* माना त्रिभुज की ऊँचाई $= 5x$
$\therefore$ त्रिभुज का आधार $= 5x \times \frac{3}{5} = 3x$
प्रश्नानुसार,
त्रिभुज का क्षेत्रफल $= 1470$ सेमी^{2}
$\Rightarrow \quad \frac{1}{2} \times 5x \times 3x = 1470$

$\Rightarrow \quad \frac{1}{2} \times 15x^2 = 1470$

$\Rightarrow \quad x^2 = \frac{1470 \times 2}{15} = 196$

$\therefore \quad x = \sqrt{196} = 14$

$\because$ त्रिभुज की ऊँचाई $= 5x = 14 \times 5 = 70$ सेमी

56. (c) दिया है, वस्तु का क्रय मूल्य = ₹ 440
तथा लाभ प्रतिशत = 18%

$\therefore$ लाभ $= 440 \times \frac{18}{100} =$ ₹ 79.2

57. (d) माना वस्तु का अंकित मूल्य = ₹ 100

$\therefore$ वस्तु का क्रय मूल्य $= 100 \times \frac{60}{100} =$ ₹60

तथा छूट = 4%

$\therefore$ वस्तु का विक्रय मूल्य $= 100 \times \frac{96}{100} =$ ₹ 96

$\therefore$ लाभ % $= \frac{(96-60)}{60} \times 100$

$= \frac{36}{60} \times 100 = 60\%$

58. (a) $8400 \div 2 - 2100 + 15 \times 8$
$= 4200 - 2100 + 15 \times 8$
$= 4200 - 2100 + 120$
$= 4320 - 2100 = 2220$

59. (d) सूत्र, $M_1 \times H_1 = M_2 \times H_2$ से,
यहाँ $M_1 = 3$,
$H_1 = 4$
तथा $M_2 = 3 + 2 = 5, H_2 = ?$
तब, $3 \times 4 = 5 \times H_2$

$\therefore \quad H_2 = \frac{3 \times 4}{5} \times 60 = 144$ मिनट

60. (d) माना रेलगाड़ी की सामान्य चाल $= x$

$\therefore$ रेलगाड़ी की नई चाल $= x \times \frac{6}{7} = \frac{6x}{7}$

$\therefore$ रेलगाड़ी के सामान्य चाल और नई चाल का अनुपात $= \frac{x}{6x/7} = 7:6$

$\because$ चाल $\alpha \frac{1}{\text{समय}}$

$\therefore$ रेलगाड़ी के सामान्य समय तथा नए समय का अनुपात $= 6:7$

प्रश्नानुसार,

$(7-6)$ इकाई $= 20$

$\Rightarrow$ 1 इकाई $= 20$

$\therefore$ 6 इकाई $= 20 \times 6 = 120$ मिनट

अतः रेलगाड़ी द्वारा लिया गया सामान्य समय = 120 मिनट

61. (a) दिए गए शब्द 'इनकार' का विलोम शब्द इकरार है। 'इनकार' शब्द का अर्थ अस्वीकार करना है, जबकि 'इकरार' शब्द का अर्थ स्वीकार करना है। दिए गए अन्य विकल्प असंगत हैं।

62. (a) दिए गए वाक्य में पेन-वेन निरर्थक शब्द है। निरर्थक ऐसे शब्दों को कहा जाता है, जिनका कोई उचित अर्थ न हो। दो, मुझे, वहाँ आदि सभी विकल्प सार्थक शब्द हैं।

63. (b) दिए गए वाक्य में रेखांकित शब्द रिक्त का विलोम शब्द 'पूर्ण' है। अन्य विकल्प असंगत हैं।

64. (a) दिए गए वाक्य में गलत वर्तनी वाला शब्द 'राजाभिषेक' है। इसकी सही वर्तनी 'राज्याभिषेक' है। अतः सही वाक्य है– युधिष्ठिर का राज्याभिषेक होते ही चारों तरफ उल्लास छा गया। अन्य विकल्प असंगत हैं।

65. (b) दिए गए वाक्य में 'स्वयं आत्म-निर्भर होना चाहिए' वाक्यांश त्रुटिपूर्ण हैं। सही वाक्य है– प्रत्येक प्राणी को आत्मनिर्भर होना चाहिए, ताकि आगे चलकर उसे कोई परेशानी न हो।

66. (d) दिए गए वाक्य के रेखांकित भाग विदेश से खरीदी के लिए एक उपयुक्त शब्द 'आयात' है। अन्य विकल्प असंगत हैं।

67. (d) कोष्ठक में दिए गए तत्सम शब्द 'कण्टफल' का तद्भव रूप 'कटहल' है। अन्य विकल्प असंगत हैं।

68. (b) दिए गए वाक्य में रेखांकित भाग 'गुप्त ही रखना' के लिए एक सार्थक शब्द 'गोपनीय' होता है। जो गुप्त या छिपा हो गोपनीय कहलाता है।
अन्य विकल्प असंगत हैं।

69. (c) दिए गए वाक्य में रेखांकित शब्द धेर्य अशुद्ध वर्तनी की शुद्ध वर्तनी 'धैर्य' है। अन्य विकल्प असंगत हैं।

70. (d) दिए गए वाक्यांश 'किसी बात को जानने की इच्छा' के लिए सार्थक शब्द 'जिज्ञासा' है। अन्य विकल्प असंगत हैं।

71. (d) दिए गए वाक्य में 'के विघ्न बनकर' वाक्यांश में त्रुटि है। अतः सही वाक्य है– इस कार्य में विघ्न बनकर तुम आए हो। अन्य विकल्प त्रुटि रहित हैं।

72. (d) दिए गए विकल्पों में से 'ग्रह उल्टे हो जाना' मुहावरे का अर्थ– 'बुरा समय आना' है।

वाक्य प्रयोग रमेश के तो ग्रह ही उल्टे चल रहे हैं, वरना वह ऐसा कार्य कभी न करता।

73. (a) दिए गए शब्द 'विलोम' का पर्यायवाची 'उल्टा' है। इसके अन्य पर्यायवाची शब्द विपरीत, प्रतिकूल आदि हैं। अन्य विकल्प असंगत हैं।

74. (a) 'अपने पैरों पर खड़ा होना' मुहावरे का अर्थ है- स्वावलम्बी होना या आत्मनिर्भर होना।

वाक्य प्रयोग प्रत्येक मनुष्य को अपने पैरों पर खड़ा होना चाहिए, तभी देश आत्मनिर्भर बन सकेगा।

75. (d) दिए गए शब्द 'पत्थर' का पर्यायवाची 'पाषाण' है। पाहन, प्रस्तर, शिला आदि पत्थर के अन्य पर्यायवाची शब्द हैं।

76. (c) दिए गए रिक्त स्थान (1) की पूर्ति के लिए सबसे उपयुक्त विकल्प 'प्रचलन' है। अतः पूर्ण वाक्य है– मोटे अनाज का प्रचलन बढ़ने से जनसामान्य सहित किसानों को लाभ मिलने की बड़ी सम्भावना है।

77. (d) रिक्त स्थान (2) की पूर्ति के लिए सबसे उपयुक्त विकल्प 'सम्भावना' है। अतः पूर्ण वाक्य है– किसानों को लाभ मिलने की बड़ी सम्भावना है।

78. (d) रिक्त स्थान (3) की पूर्ति के लिए सबसे उपयुक्त विकल्प 'आय' है। अतः पूर्ण वाक्य है-इससे किसानों की आय दोगुनी होने का मार्ग प्रशस्त होगा।

79. (b) रिक्त स्थान (4) की पूर्ति के लिए सबसे उपयुक्त विकल्प 'जागरूक' है। अतः पूर्ण वाक्य है– इन अनाजों की खेती करने के लिए जागरूक किया जाएगा।

80. (b) दिए गए रिक्त स्थान (5) के लिए सबसे उपयुक्त विकल्प 'अवगत' है। अतः पूर्ण वाक्य है– मोटे अनाज के महत्त्व से अवगत कराया जाएगा।

29 फरवरी 2024
(शिफ्ट III)

सॉल्वड पेपर 2024

SSC कांस्टेबल (जीडी) सेट 34

भाग-I सामान्य बुद्धिमत्ता एवं तर्कशक्ति

1 दिए गए शब्दों को उसी क्रम में व्यवस्थित कीजिए, जिस क्रम में वे अंग्रेजी शब्दकोश में आते हैं।

1. Liberal 2. Libra 3. Library
4. Libel 5. Liability

(a) 5, 4, 1, 2, 3 (b) 4, 5, 2, 1, 3
(c) 5, 4, 1, 3, 2 (d) 4, 5, 1, 2, 3

2 निम्नलिखित विकल्पों में से दी गई श्रृंखला से लुप्त संख्या का चयन कीजिए।

5, 48, 7, 44, 13, ?

(a) 48 (b) 36
(c) 52 (d) 41

3 नीचे एक श्रृंखला दी गई है, जिसमें एक पद लुप्त है। दिए गए विकल्पों में से उस विकल्प का चयन कीजिए, जो श्रृंखला को पूरा करेगा।

NRT, OSU, PTV, QUW, ?

(a) RVX (b) MHD
(c) RXM (d) PQR

4 निम्नलिखित प्रश्न में, दिए गए विकल्पों में से सम्बन्धित अक्षरों का चयन कीजिए।

DQMZ : FSOB :: AGHL : ?

(a) ZOPB (b) CIJN
(c) PUSX (d) NSMT

5 निम्नलिखित विकल्पों में से उस विकल्प का चयन कीजिए, जो पाँचवें शब्द से ठीक उसी प्रकार सम्बन्धित है जिस प्रकार चौथा शब्द तीसरे शब्द से सम्बन्धित है और दूसरा शब्द पहले शब्द से सम्बन्धित है।

भारत : नई दिल्ली :: बांग्लादेश : ढाका :: फ्रांस : ?

(a) न्यूयॉर्क (b) बुडापेस्ट
(c) यूनाइटेड किंगडम (d) पेरिस

6 दिए गए विकल्पों में से उस आकृति का चयन कीजिए, जिसे दी गई आकृति श्रृंखला में प्रश्नचिह्न (?) के स्थान पर रखा जा सकता है।

?

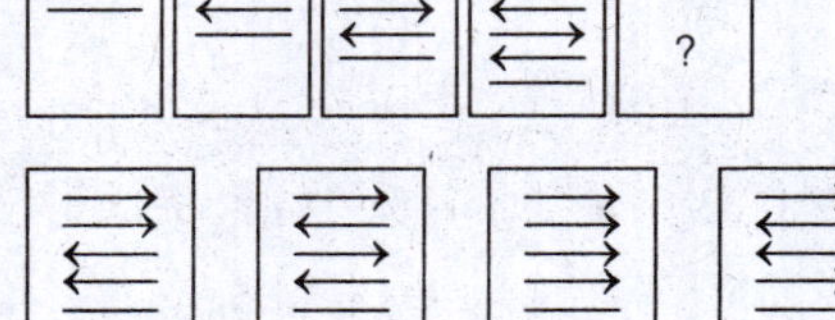

(a) (b) (c) (d)

7 दिए गए विकल्पों में से किन दो चिह्नों को आपस में बदलने पर निम्नलिखित समीकरण सही होगा?

$10 - 2 \div 4 + 6 \times 3 = 19$

(a) + और − (b) = और ×
(c) × और ÷ (d) − और ÷

8 दिए गए विकल्पों में से किन दो संख्याओं को आपस में बदलने पर निम्नलिखित समीकरण सही होगा?

$9 \div 3 + 1 \times 7 - 4 = 0$

(a) 4 और 7 (b) 9 और 7
(c) 1 और 0 (d) 3 और 4

9 एक निश्चित कूटभाषा में, 'LAPTOP' को 'MZQSPO' लिखा जाता है। उसी कूटभाषा में 'KILLED' को कैसे लिखा जाएगा?

(a) LHMKFC (b) LHMLFC
(c) LHMKFD (d) LHNKFC

10 निम्नलिखित प्रश्न में दिए गए विकल्पों में से श्रृंखला से लुप्त संख्या का चयन कीजिए।

750, 715, 680, 645, 610, ?

(a) 573 (b) 570 (c) 574 (d) 575

11 नीचे एक ही पासे की तीन अलग-अलग स्थितियाँ दी गई हैं। संख्या '2' वाले फलक के विपरीत फलक पर क्या आएगा?

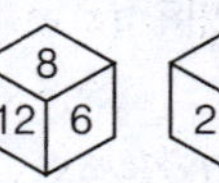

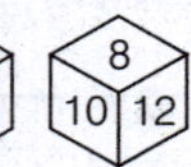

(a) 10 (b) 6 (c) 8 (d) 12

12 पाँच सहेलियाँ पूजा, भावना, चारू, गीता और हेमा एक वृत्ताकार मेज के चारों ओर केन्द्र की ओर मुख करके बैठीं हैं। चारू, भावना की पड़ोसी नहीं है। भावना, हेमा के बाईं ओर से दूसरे स्थान पर बैठी है। गीता, भावना और हेमा की पड़ोसी है। पूजा के ठीक बाईं ओर कौन बैठा है?

(a) भावना (b) चारू
(c) गीता (d) हेमा

13 दिए गए विकल्पों में से उस आकृति का चयन कीजिए, जिसे दी गई आकृति श्रृंखला में प्रश्नचिह्न (?) के स्थान पर रखा जा सकता है।

?

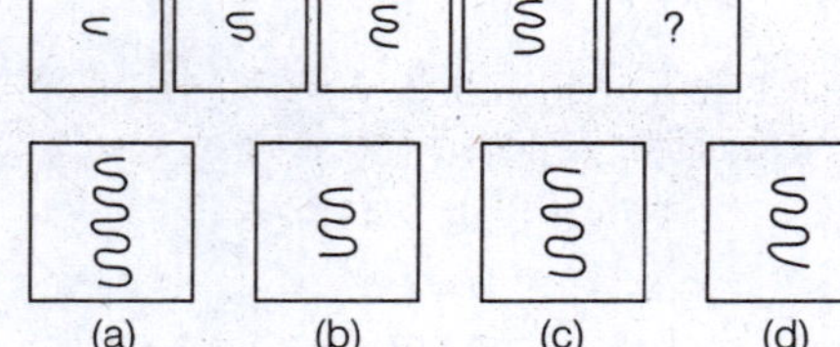

(a) (b) (c) (d)

14 एक निश्चित कूटभाषा में 'MOUSE' को 'M1521S5' लिखा जाता है, 'ELEPHANT' को '5L5PH1NT' लिखा जाता है, तो उसी कूटभाषा में 'TIGER' को कैसे लिखा जाएगा?

(a) T995R (b) TI9518 (c) T9G5R (d) TGG5R

15 नीचे दर्शाए गए अनुसार एक कागज को मोड़कर काटा जाता है। खोले जाने पर यह कैसा दिखाई देगा?

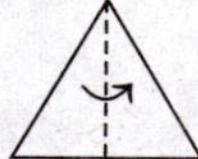 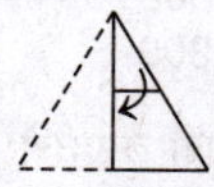 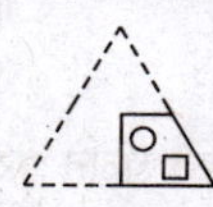

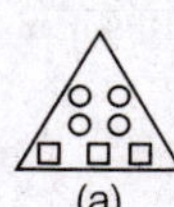 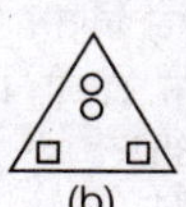 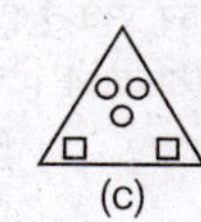 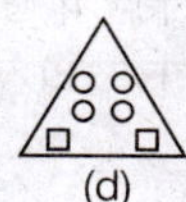

(a) (b) (c) (d)

16 निम्नलिखित प्रश्न में तीन कथन और उसके बाद I और II क्रमांकित दो निष्कर्ष दिए गए हैं। दिए गए कथनों को सत्य मानते हुए चाहें वे सामान्यतः ज्ञात तथ्यों से भिन्न प्रतीत होते हों, निश्चय कीजिए कि दिए गए निष्कर्षों में से कौन-सा निष्कर्ष कथनों का तार्किक रूप से अनुसरण करता है।

कथन सभी गणितज्ञ, तार्किक विचारक हैं।
कुछ तार्किक विचारक, वैज्ञानिक हैं।
कुछ वैज्ञानिक, मूर्ख हैं।

निष्कर्ष I. कुछ वैज्ञानिक, मूर्ख नहीं हैं।
II. कुछ तार्किक विचारक, वैज्ञानिक नहीं हैं।

(a) न तो निष्कर्ष I और न ही II अनुसरण करता है
(b) केवल निष्कर्ष II अनुसरण करता है
(c) केवल निष्कर्ष I अनुसरण करता है
(d) निष्कर्ष I और II दोनों अनुसरण करते हैं

17 निम्नलिखित अक्षर समूहों में से अक्षरों का कौन-सा समूह क्रमबद्ध रूप से बाईं से दाईं ओर रखे जाने पर नीचे दी गई श्रृंखला को पूरा करेगा?

xx_yyyyzzzzxxxyyy_zzzzzxx_yyyyzzzz_

(a) xyzy (b) xyxz (c) xxyy (d) yzzy

18 दी गई आकृति के उस सही दर्पण प्रतिबिम्ब का चयन कीजिए, जो दर्पण PQ को उस आकृति के दाईं ओर रखने पर बनेगा।

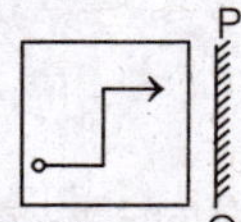

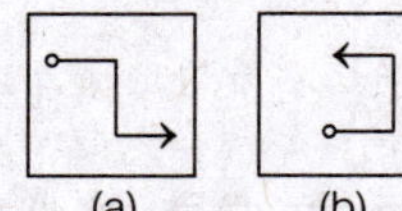 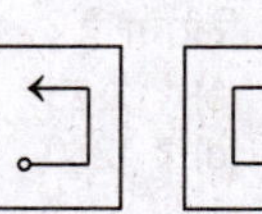 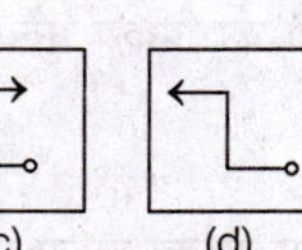

(a) (b) (c) (d)

19 यदि A + B का अर्थ है, A,B की पत्नी है, A × B का अर्थ है, A,B का पिता है, A ÷ B का अर्थ है, A, B की माँ है, A$B का अर्थ है, A,B का भाई है और A – B का अर्थ है, A, B की बहन है।

यदि P ÷ D$B + H × T – M है, तो H का D से क्या सम्बन्ध है?

(a) भाई (b) बहन का पति
(c) बहन (d) पिता

20 आठ शिक्षक जतिन, अभि, गोपाल, हीना, ईशा, रोहित, काजल और लीला एक वृत्ताकार मेंज के चारों ओर केन्द्र से बाहर की ओर मुख करके बैठे हैं (परन्तु जरूरी नहीं कि वे इसी क्रम में बैठे हों)। अभि, हीना के बाईं ओर से दूसरे स्थान पर बैठा है। रोहित, हीना के दाईं ओर से तीसरे स्थान पर बैठा है। गोपाल, जतिन के दाईं ओर से दूसरे स्थान पर बैठा है। रोहित, जतिन के बाईं ओर से दूसरे स्थान पर बैठा है। काजल, ईशा के बाईं ओर से तीसरे स्थान पर बैठी है। गोपाल के ठीक बाईं ओर कौन बैठा/बैठी है?

(a) रोहित (b) हीना
(c) अभि (d) काजल

भाग-II सामान्य ज्ञान

21 क्रॉसओवर ड्रिबल (Crossover Dribble) का सम्बन्ध मुख्य रूप से................से है।

(a) बास्केटबॉल (b) हॉकी
(c) बैडमिण्टन (d) फुटबॉल

22 भारत में विधायी शाखा के अन्तर्गत संसद के .... सदन हैं?

(a) तीन (b) एक (c) पाँच (d) दो

23 भारत में हरित क्रान्ति (Green Revolution) निम्नलिखित में से किस वर्ष के आस-पास शुरू हुई?

(a) 1966 (b) 1948 (c) 1978 (d) 1955

24 2011 की जनगणना के अनुसार भारत में महिलाओं की साक्षरता दर कितनी है?

(a) 39.3% (b) 82.8% (c) 74.04% (d) 65.46%

25 .... गैर-सरकारी संगठनों (NGEs) को राष्ट्रीय एवं अन्तर्राष्ट्रीय अन्तरिक्ष-आधारित संचार सेवाएँ प्रदान करने की आज्ञा देता है।

(a) इण्टरनेट शासन और विनिमय अधिनियम, 2019
(b) भारतीय दूरसंचार विधेयक, 2023
(c) भारतीय अन्तरिक्ष नीति, 2023
(d) सूचना प्रौद्योगिकी अधिनियम, 2000

26 वर्ष 1993-94 तक भारत में गरीबी रेखा का आकलन 'यूआरपी' (URP) डेटा पर आधारित था। 'यूआरपी' (URP) का पूर्ण रूप क्या है?

(a) यूजुअल रिफ्रेन्स पीरियड (b) यूनिफ़ॉर्म रिसर्च पीरियड
(c) यूनिफॉर्म रिफ्रेन्स पीरियड (d) यूजुअल रिसर्च पीरियड

27 .... एक प्रसिद्ध भारतीय लोकनृत्य है, जो असम में बिहू उत्सव के दौरान आयोजित किया जाता है।

(a) बार्डो छम (b) बगुरुम्बा नृत्य
(c) बिहू नृत्य (d) भोरताल नृत्य

28 निम्नलिखित में से कौन-सा व्यक्तियों और उनसे सम्बन्धित संगीत वाद्ययन्त्रों से सही ढंग से मेल खाता है?

I. यू. श्रीनिवास-मैण्डोलिन
II. बिस्मिल्लाह खान-शहनाई

कूट

(a) केवल I (b) केवल II
(c) I और II दोनों (d) न तो I और न ही II

29 जून, 2023 में .... मन्त्रालय ने घोषणा की कि वर्ष 2021 का 'गाँधी शान्ति पुरस्कार' गीता प्रेस, गोरखपुर को प्रदान किया जाएगा।

(a) शिक्षा (b) पर्यटन (c) वित्त (d) संस्कृति

30 अमृत दीवान कप (Amrit diwan cup) का सम्बन्ध .... से है।
(a) नौका दौड़ (b) हॉकी
(c) बास्केटबॉल (d) बैडमिण्टन

31 एक हैण्डबॉल मैच कुल .... मिनट तक चलता है।
(a) 70 (b) 60 (c) 40 (d) 50

32 निम्न दिए गए त्योहारों में से कौन-सा त्योहार गुजरात से सम्बन्धित है?
(a) मोढेरा नृत्य महोत्सव (b) मडई उत्सव
(c) बस्तर दशहरा (d) माण्डो महोत्सव

33 ....ने (सितम्बर, 2022) अपनी नई राजनीतिक पार्टी 'डेमोक्रेटिक आज़ाद पार्टी (Democratic Azad Party)' की घोषणा की है और अपनी पार्टी का झण्डा भी जारी किया है।
(a) राहुल गाँधी (b) अधीर रंजन चौधरी
(c) मल्लिकार्जुन खड़गे (d) गुलाम नबी आज़ाद

34 प्रथम सात पंचवर्षीय योजनाओं में भारत में व्यापार की विशेषता को सामान्यतः एक .... रणनीति कहा जाता है।
(a) बाह्यमुखी व्यापार (b) अन्तर्मुखी व्यापार
(c) ग्रन्थन व्यापार (d) अन्तर्मुखी और बाह्यमुखी व्यापार

35 आधुनिक आवर्त सारणी में कितने ऊर्ध्वाधर स्तम्भ उपस्थित हैं?
(a) 18 (b) 16 (c) 20 (d) 14

36 भारत में आर्म्स एक्ट (Arms Act) किस वर्ष पारित किया गया था?
(a) 1872 (b) 1862 (c) 1878 (d) 1868

37 सितम्बर, 2023 में .... ने नई दिल्ली में गाँधी दर्शन में राष्ट्रपिता महात्मा गाँधी की 12 फीट ऊँची प्रतिमा और 'गाँधी वाटिका' का अनावरण किया।
(a) भारत के रक्षामन्त्री (b) भारत के गृहमन्त्री
(c) भारत के राष्ट्रपति (d) भारत के प्रधानमन्त्री

38 अखम लक्ष्मी देवी को .... नृत्य में उनके योगदान के लिए संगीत नाटक अकादमी अवॉर्ड प्राप्त हुआ।
(a) मणिपुरी (b) ओडिसी
(c) सत्रीया (d) कथक

39 सुल्तान अजलान शाह कप की मेजबानी कौन-सा देश करता है?
(a) सिंगापुर (b) म्यांमार
(c) थाइलैण्ड (d) मलेशिया

40 संविधान की, समाज की बदलती आवश्यकताओं को पूरा करने के लिए समय के साथ अनुकूलित होने और बढ़ने की क्षमता का वर्णन किस शब्द से किया जाता है?
(a) अडिग (b) अर्द्ध-संघीय
(c) कठोर (d) लचीलापन

भाग-III गणित

41 $48 - 12 \div 6 \times 3 + 26$ का मान कितना है?
(a) 60 (b) 52 (c) 68 (d) 64

42 एक भिन्न के अंश में 88% की वृद्धि होती है और हर में 55% की वृद्धि होती है। भिन्न का मान $\frac{1504}{775}$ हो जाता है। मूल भिन्न क्या है?
(a) 8/5 (b) 2/7 (c) 5/8 (d) 7/2

43 एक खिलाड़ी के 6 मैचों में औसत रन 37 हैं। उसे अपना औसत 40 करने के लिए अगले मैच में कितने रन बनाने होंगे?
(a) 55 (b) 69
(c) 54 (d) 58

44 जब किसी संख्या का 32% 476 में जोड़ा जाता है, तो परिणाम में वही संख्या प्राप्त होती है। संख्या का मान कितना है?
(a) 750 (b) 500
(c) 700 (d) 800

45 14 पम्प प्रतिदिन 8 घण्टे चलने पर पूरी तरह से भरे हुए एक जलाशय को 18 दिन में खाली कर सकते हैं। ऐसे कितने पम्प प्रतिदिन 12 घण्टे चलने पर उसी जलाशय को 4 दिनों में खाली करेंगे?
(a) 38 (b) 35
(c) 42 (d) 24

46 A अकेले किसी काम को 20/3 दिनों में पूरा कर सकता है। A और B मिलकर उसी काम को 5 दिनों में पूरा कर सकते हैं। B को अकेले काम पूरा करने में कितना समय लगेगा?
(a) 22 दिन (b) 20 दिन
(c) 15 दिन (d) 18 दिन

47 10% की वार्षिक दर पर उधार दी गई एक निश्चित धनराशि पर 1 वर्ष के लिए चक्रवृद्धि ब्याज (अर्द्धवार्षिक रूप से संयोजित) और 1 वर्ष के लिए साधारण ब्याज के बीच का अन्तर ₹ 305 है। उधार दी गई धनराशि कितनी है?
(a) ₹ 14700 (b) ₹ 12500
(c) ₹ 12000 (d) ₹ 122000

48 $4200 \div 5 - 210 \times 7 + 21 \times 5$ का मान कितना है?
(a) −635 (b) −1281
(c) −525 (d) −645

49 यदि एक व्यापारी किसी वस्तु के मूल्य को क्रय मूल्य से 50% ज्यादा अंकित करता है और उस वस्तु पर 30% की छूट प्रदान करता है, तो उस वस्तु पर हुआ लाभ प्रतिशत कितना होगा?
(a) 15% (b) 5% (c) 8% (d) 10%

50 एक व्यक्ति ने 15% वार्षिक की दर पर साधारण ब्याज पर एक निश्चित धनराशि ऋण पर दी और उस धनराशि पर 6 वर्षों में प्राप्त ब्याज, ऋण पर दी गई धनराशि से ₹ 800 कम है। ऋण पर दी गई धनराशि कितनी है?
(a) ₹ 7200 (b) ₹ 8000
(c) ₹ 4800 (d) ₹ 6000

51 एक कुर्सी 1500 में खरीदी जाती है, और 25% की हानि पर बेची जाती है। कुर्सी का विक्रय मूल्य कितना है?
(a) ₹ 1175 (b) ₹ 1225
(c) ₹ 1125 (d) ₹ 1250

52 निम्नलिखित में से वह सबसे छोटी संख्या कौन-सी है, जो 13, 15, 4, 21 और 2 की गुणज हो?
(a) 5460 (b) 1580
(c) 3340 (d) 2378

53 $256 \div 16 - 34 + 124 \div (6 + 12 \div 3 - 6)$ का मान ज्ञात कीजिए।
(a) 19 (b) 13
(c) 11 (d) 17

54 यदि एक अर्द्धगोले का व्यास 63 सेमी है, तो अर्द्धगोले का आयतन कितना है?
(a) 72654.5 सेमी^{3} (b) 69246.5 सेमी^{3}
(c) 65488.5 सेमी^{3} (d) 61324.5 सेमी^{3}

55 यदि $D:E=3:2$ और $D-E=9$ है, तो $D+E$ का मान ज्ञात कीजिए।
(a) 48 (b) 47
(c) 45 (d) 40

56 P एक लैपटॉप को 50% के लाभ पर Q को विक्रय करता है और Q उसी लैपटॉप को 60% के लाभ पर R को विक्रय करता है। P और R के क्रय मूल्य का अनुपात क्या होगा?
(a) 12 : 13 (b) 12 : 17
(c) 13 : 5 (d) 5 : 12

57 तीन संख्याओं का अनुपात 5 : 6 : 7 हैं। यदि तीनों संख्याओं का योग 540 है, तो तीनों संख्याओं में से सबसे छोटी संख्या कौन-सी है?
(a) 180 (b) 150 (c) 540 (d) 210

58 17 छात्रों का औसत भार 53 किग्रा है। उस समूह में एक नए छात्र को शामिल करने के बाद औसत भार 2 किग्रा बढ़ जाता है। नए छात्र का भार कितना है?
(a) 90 किग्रा (b) 89 किग्रा
(c) 93 किग्रा (d) 92 किग्रा

59 अमन 5 किमी/घण्टा की चाल से चलता है और 28 मिनट की देरी से स्कूल पहुँचता है। यदि वह 8 किमी/घण्टा की चाल से चलता है, तो वह निर्धारित समय से 35 मिनट पहले पहुँच जाता है। उसके स्कूल से उसके घर की दूरी कितनी है?
(a) 12 किमी (b) 10 किमी (c) 16 किमी (d) 14 किमी

60 एक दुकानदार एक वस्तु के अंकित मूल्य पर 18% की छूट इस प्रकार देता है, कि विक्रय मूल्य ₹ 574 हो जाता है। वस्तु का अंकित मूल्य ज्ञात कीजिए।
(a) ₹ 850 (b) ₹ 780 (c) ₹ 700 (d) ₹ 840

भाग-IV हिन्दी

61 दिए गए वाक्य में उचित पर्यायवाची शब्द का चयन करके रिक्त स्थान की पूर्ति करें।
.... (संकट) आते ही कमजोर सबसे पहले भागता है।
(a) शर्म (b) विपत्ति
(c) तन (d) विधि

62 दिए गए वाक्य में रेखांकित भाग के लिए उचित सार्थक शब्द का चयन कीजिए।
वे <u>मसूह</u> में चलते हैं।
(a) सूहम (b) हमूस (c) मायुज (d) समूह

63 निम्नलिखित प्रश्न में दिए गए चार विकल्पों में से उस विकल्प का चयन करें, जो दिए गए मुहावरे के अर्थ को सर्वश्रेष्ठ रूप से व्यक्त करता है।
'तू-तू मैं-मैं होना'
(a) मन भारी होना (b) बहस हो जाना
(c) अपनी बात ऊपर रखना (d) दूसरे व्यक्ति की न सुनना

64 दिए गए वाक्य में रेखांकित शब्दों के लिए सही शब्दों वाले विकल्प का चयन करें।
तुम <u>बीस तारीख के दिन</u> कहाँ रहोगे?
(a) तुम बीस तारीख में कहाँ रहोगे?
(b) तुम बीस तारीख को कहाँ रहोगे?
(c) तुम बीस तारीख ने कहाँ रहोगे?
(d) परिवर्तन की आवश्यकता नहीं है।

65 दिए गए वाक्य में उचित पर्यायवाची शब्द का चयन करके रिक्त स्थान की पूर्ति करें।
बारिश होते ही .... (फूल) खिल उठे।
(a) पुष्प (b) ध्वज
(c) वर्षा (d) बगीचा

66 दिए गए वाक्य में रेखांकित शब्द के लिए सही वर्तनी ज्ञात कीजिए।
उनके <u>सासन</u> में दंगे हुए थे।
(a) साशन (b) शाशन
(c) सापन (d) शासन

67 दिए गए वाक्य का वह भाग ज्ञात करें, जिसमें कोई त्रुटि है।
यह एक गहरी समस्या है, जिसका उपाय निकालना ही होगा, वरना अनर्थ हो जाएगा।
(a) निकालना ही होगा (b) वरना अनर्थ हो जाएगा।
(c) समस्या है जिसका उपाय (d) यह एक गहरी

68 निम्नलिखित प्रश्न में दिए गए चार विकल्पों में से उस विकल्प का चयन करें, जो दिए गए मुहावरे के अर्थ को सर्वश्रेष्ठ रूप से व्यक्त करता है।
'डाँवाडोल होना'
(a) कमजोर हो जाना (b) अस्थिर होना
(c) बुरी तरह हारना (d) बात खुलना

69 निम्नलिखित वाक्य में उस वाक्यांश को पहचानिए, जिसमें मात्राओं से सम्बन्धित अशुद्धियाँ हैं। यदि कोई गलती नहीं है, तो 'कोई त्रुटि नहीं है' का चुनाव कीजिए।
बढ़ती हुई जनसंख्या की उदरपूर्ति के लिए/कृषि हेतु अधिक भूमि उपलब्ध कराने का लिए/वनों को काटा जाना बहुत ही साधारण बात है।
(a) बढ़ती हुई जनसंख्या की उदरपूर्ति के लिए
(b) कृषि हेतु अधिक भूमि उपलब्ध कराने का लिए
(c) कोई त्रुटि नहीं है
(d) वनों का काटा जाना बहुत ही साधारण बात है

70 निम्नलिखित प्रश्न में चार विकल्पों में से उस विकल्प का चयन करें, जो रिक्त स्थान के लिए सही पुल्लिंग रूप वाला विकल्प हो।
मुझे .... की सब्जी खाना बहुत पसन्द है।
(a) पालक (b) भिण्डी
(c) मेथी (d) चने

71 दिए गए वाक्य में रेखांकित शब्दों के लिए सही शब्दों वाले विकल्प का चयन करें।
बालक और बालिका एक <u>साथ खेल रही है।</u>
(a) बालक और बालिका एक साथ खेल रहा है।
(b) बालक और बालिका एक साथ खेल रहे हो।
(c) बालक और बालिका एक साथ खेल रहे हैं।
(d) परिवर्तन की आवश्यकता नहीं है।

72 निम्नलिखित प्रश्न में चार विकल्पों में से उस विकल्प का चयन करें, जो कोष्ठक में दिए गए शब्द के विलोम शब्द का सही विकल्प है।

संग्रह तथा इसके नमूनों को पूरी तरह से जानने में एक (कनिष्ठ)............. संग्रहपाल को कई वर्षों का समय लग सकता है।

(a) कनीय (b) ज्येष्ठ
(c) निम्नस्थ (d) अवर

73 दिए गए वाक्य में रेखांकित शब्द का विलोम शब्द ज्ञात कीजिए।

भारत में ज्यादातर लोग शाकाहारी हैं।

(a) सामान्य (b) शिक्षक
(c) माँसाहारी (d) क्रान्ति

74 निम्नलिखित प्रश्न में चार विकल्पों में से उस विकल्प का चयन करें, जो कोष्ठक में दिए गए शब्द के तत्सम रूप का सही विकल्प है।

पंचामृत में गंगाजल को (अमी) .... माना गया है।

(a) अद्भुत (b) आसान
(c) अमृत (d) मुख्य

75 निम्नलिखित वाक्य में रेखांकित भाग के लिए एक सार्थक शब्द ज्ञात कीजिए।

खुदा सब जगह है।

(a) अलौकिक (b) निराकार
(c) लौकिक (d) सर्वव्यापी

निर्देश (प्र. सं. 76-80) *नीचे दिए गए गद्यांश में कुछ शब्द छोड़ दिए गए हैं। प्रत्येक अनुच्छेद के सामने चार विकल्प दिए गए हैं। इस गद्यांश को ध्यानपूर्वक पढ़ें और चारों विकल्पों में से सर्वोत्तम विकल्प चुनें।*

मनुष्य एक सामाजिक प्राणी है और साथ ही उसमें विचारों को व्यक्त करने एवं .... को महसूस करने की शक्ति होती है। इसी कारण मनुष्य अकेला नहीं रह सकता। एक मनुष्य दूसरे मनुष्य अथवा किसी अन्य प्राणी की तरफ .... होता है। उसे भावनात्मक रूप से अपना समझता है, बिना किसी रक्त सम्बन्ध के अपने दुःख-सुख उससे बाँटता है और सदैव उसकी मदद करता है। ऐसे ही सम्बन्ध को दोस्ती अथवा मित्रता का .... कहा जाता है। मित्रता का महत्त्व बहुत बड़ा है। जब भी व्यक्ति किसी अन्य के साथ स्वयं को परिपूर्ण समझे, उसके साथ उसकी तकलीफों को अपना समझे, अपने गम उससे कह सके, भले ही दोनों में न रक्त सम्बन्ध हो, न जातीय सम्बन्ध और न ही इंसानी सजीवता का सम्बन्ध, लेकिन फिर भी वह भावनात्मक दृष्टि से उससे जुड़ा हुआ हो, यही मित्रता का अर्थ है। मनुष्य एक ऐसा प्राणी है, जो .... नहीं रह सकता। उसे अपने दिल की बात कहने के लिए किसी न किसी साथी की .... होती है, फिर चाहे वो कोई इंसान हो, जानवर हो या कोई निर्जीव-सी वस्तु या फिर भगवान।

76 मनुष्य एक सामाजिक प्राणी है और साथ ही उसमें विचारों को व्यक्त करने एवं .... को महसूस करने की शक्ति होती है।

(a) जानकारी (b) आविष्कार
(c) भावनाओं (d) अनुशासित

77 एक मनुष्य दूसरे मनुष्य अथवा किसी अन्य प्राणी की तरफ .... होता है।

(a) उपलब्ध (b) जाता
(c) प्रकाशित (d) आकर्षित

78 ऐसे ही सम्बन्ध को दोस्ती अथवा मित्रता का .... कहा जाता है।

(a) भरमार (b) मज़ाक
(c) कमाई (d) सम्बन्ध

79 मनुष्य एक ऐसा प्राणी है, जो .... नहीं रह सकता।

(a) सम्बन्धित (b) सरकारी
(c) अकेला (d) सामाजिक

80 अपने दिल की बात कहने के लिए किसी-न-किसी साथी की .... होती है।

(a) प्रमुख (b) माध्यम
(c) जरूरत (d) उपयोग

उत्तरमाला

1.	(a)	2.	(b)	3.	(a)	4.	(b)	5.	(d)	6.	(b)	7.	(d)	8.	(a)	9.	(a)	10.	(d)
11.	(d)	12.	(b)	13.	(d)	14.	(c)	15.	(d)	16.	(a)	17.	(b)	18.	(d)	19.	(b)	20.	(c)
21.	(a)	22.	(d)	23.	(a)	24.	(d)	25.	(c)	26.	(c)	27.	(c)	28.	(c)	29.	(d)	30.	(d)
31.	(b)	32.	(a)	33.	(d)	34.	(b)	35.	(a)	36.	(c)	37.	(c)	38.	(a)	39.	(d)	40.	(d)
41.	(c)	42.	(a)	43.	(d)	44.	(c)	45.	(c)	46.	(b)	47.	(d)	48.	(c)	49.	(b)	50.	(b)
51.	(c)	52.	(a)	53.	(b)	54.	(c)	55.	(c)	56.	(d)	57.	(b)	58.	(b)	59.	(d)	60.	(c)
61.	(b)	62.	(d)	63.	(b)	64.	(b)	65.	(a)	66.	(d)	67.	(d)	68.	(b)	69.	(b)	70.	(d)
71.	(c)	72.	(b)	73.	(c)	74.	(c)	75.	(d)	76.	(c)	77.	(d)	78.	(d)	79.	(c)	80.	(c)

संकेत एवं हल

1. *(a)* अंग्रेजी शब्दकोश के अनुसार शब्दों का क्रम निम्न प्रकार है

Liability → Libel → Liberal → Libra → Library
(5) (4) (1) (2) (3)

2. *(b)* दी गई शृंखला का क्रम निम्न प्रकार है

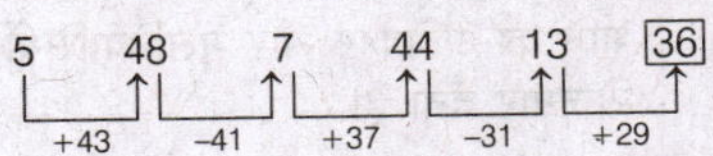

(क्रमागत अभाज्य संख्याएँ)

3. *(a)* दी गई शृंखला का क्रम निम्न प्रकार है

N →(+1) O →(+1) P →(+1) Q →(+1) R

R →(+1) S →(+1) T →(+1) U →(+1) V

T →(+1) U →(+1) V →(+1) W →(+1) X

4. *(b)* जिस प्रकार,

D Q M Z
+2 +2 +2 +2
F S O B

उसी प्रकार,

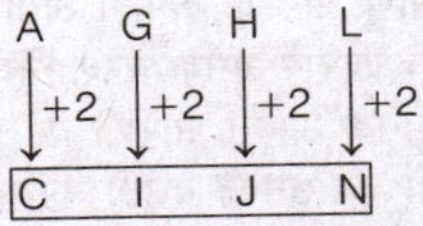

5. *(d)* जिस प्रकार, भारत की राजधानी नई दिल्ली है तथा बांग्लादेश की राजधानी ढाका है। उसी प्रकार, फ्रांस की राजधानी पेरिस है।

6. *(b)* दी गई आकृति शृंखला में प्रत्येक अगली आकृति में चरणबद्ध तरीके से एक-एक तीर जोड़ा जा रहा है तथा सभी तीर अपनी पहली वाली स्थिति के ठीक विपरीत होते जा रहे हैं।

अतः प्रश्नचिह्न के स्थान पर विकल्प आकृति (b) आएगी।

7. *(d)* दिया गया व्यंजक

$$10-2\div4+6\times3=19$$

विकल्प (d) से, '−' और '÷' को आपस में बदलने पर,

$$10\div2-4+6\times3=19$$

BODMAS नियम का उपयोग करने पर,

$$5-4+6\times3=19$$

$$\Rightarrow 5-4+18=19$$

$$\Rightarrow 23-4=19$$

$$\Rightarrow 19=19$$

$$LHS=RHS$$

8. *(a)* दिया गया व्यंजक,

$$9\div3+1\times7-4=0$$

विकल्प (a) के अनुसार, 4 और 7 को आपस में बदलने पर,

$$9\div3+1\times4-7=0$$

$$\Rightarrow 3+1\times4-7=0$$

$$\Rightarrow 3+4-7=0$$

$$\Rightarrow 0=0$$

$$LHS=RHS$$

9. *(a)* जिस प्रकार,

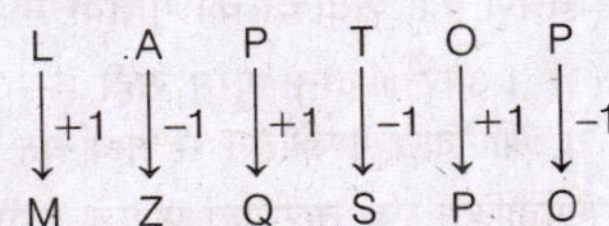

उसी प्रकार,

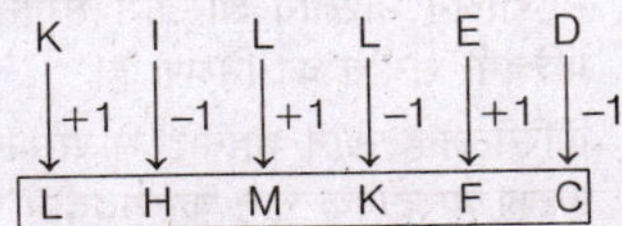

10. *(d)* दी गई शृंखला का क्रम निम्न प्रकार है

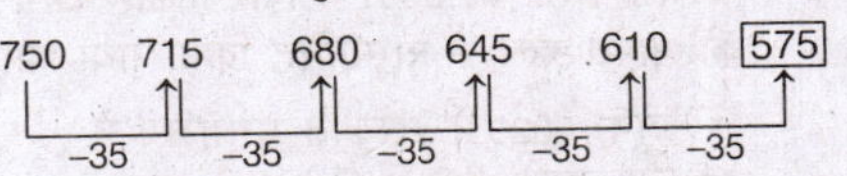

11. *(d)* दिए गए पासे की स्थिति I तथा II में संख्या 6 और 8 उभयनिष्ठ है इसलिए तीसरी संख्या एक-दूसरे के विपरीत होगी।

अतः संख्या 2 वाले फलक के विपरीत फलक पर संख्या '12' होगी।

12. *(b)* प्रश्नानुसार,

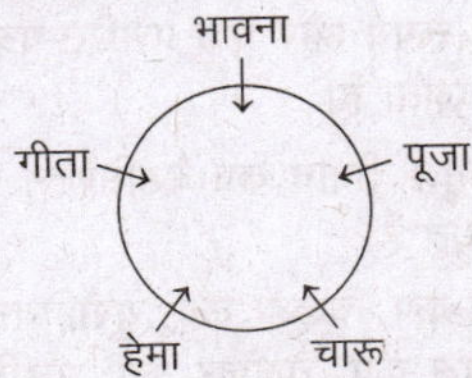

अतः पूजा के ठीक बाईं ओर चारु बैठी है।

13. *(d)* दी गई शृंखला की प्रत्येक अगली आकृति में दिया गया समान चित्र विपरीत दिशा में जोड़ा जा रहा है। इस प्रकार प्रश्न चिह्न के स्थान पर विकल्प (d) की आकृति होगी।

14. *(c)* जिस प्रकार,

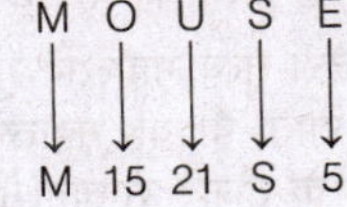

और

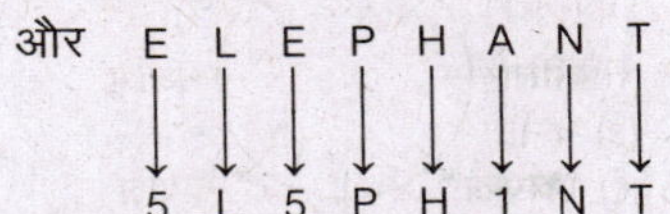

उसी प्रकार,

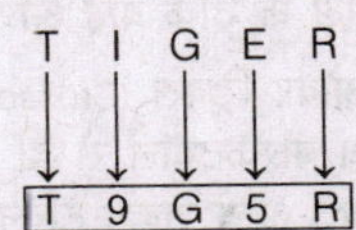

नोट - स्वर अक्षर को उसके वर्णमाला क्रम से कोड किया गया है और व्यंजनों को समान रखा गया है।

15. *(d)* कागज को खोलने पर यह विकल्प आकृति (d) जैसा दिखाई देगा।

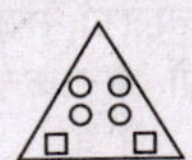

16. *(a)* कथनानुसार,

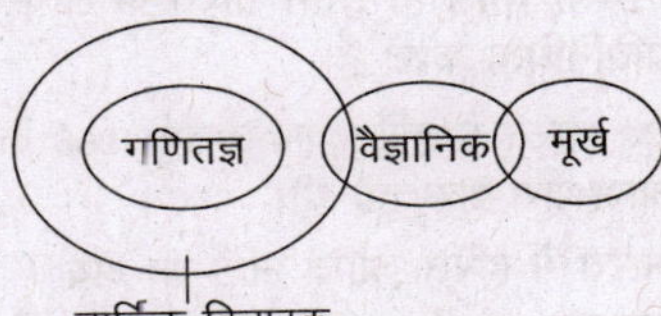

निष्कर्ष I. (✗) II. (✗)

अतः न तो निष्कर्ष I और न ही II अनुसरण करता है।

17. *(b)* दी गई शृंखला में निम्न क्रम है

xxx yyyy zzzzz / xxx yyyy zzzzz /xxx yyyy zzzzz

⇒ xyxz

18. *(d)* दी गई प्रश्न आकृति का सही दर्पण प्रतिबिम्ब विकल्प (d) की आकृति होगी।

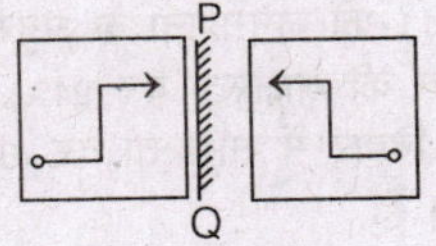

19. *(b)* प्रश्नानुसार,

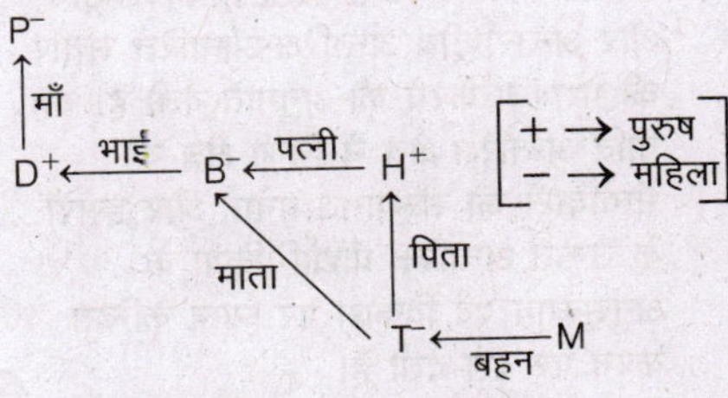

अतः H, D की बहन का पति है।

20. (c) प्रश्नानुसार,

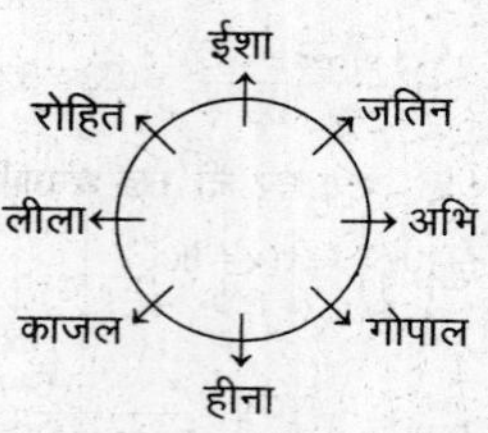

अतः गोपाल के ठीक बाईं ओर अभि बैठा है।

21. (a) क्रॉसओवर ड्रिबल (Crossover Dribble) का सम्बन्ध बास्केटबॉल से है। बास्केटबॉल से सम्बन्धित अन्य शब्द, टेक्निकल फाउल, कॉमन फाउल ओवरहेड, फ्री थ्रो, अण्डर हेड आदि हैं।

22. (d) भारत में विधायी शाखा के अन्तर्गत संसद के दो सदन हैं, राज्यसभा तथा लोकसभा। राज्यसभा संसद का ऊपरी सदन है। इसमें राज्यों और केन्द्रशासित प्रदेशों के प्रतिनिधि भाग लेते हैं।

लोकसभा (लोगों का सदन) संसद का निचला सदन है। इसमें भारत के लोग प्रतिनिधित्व करते हैं।

23. (a) भारत में हरित क्रान्ति वर्ष 1966 के आस-पास शुरू हुई थी।

भारत में हरित क्रान्ति लाने का श्रेय एम.एस. स्वामीनाथन को दिया जाता है।

विश्व हरित क्रान्ति के जनक नॉर्मन बोरलॉग हैं। हरित क्रान्ति के परिणामस्वरूप भारत में खाद्यान्न (विशेषकर गेहूँ और चावल) के उत्पादन में भारी वृद्धि हुई।

24. (d) वर्ष 2011 की जनगणना के अनुसार, भारत में महिलाओं की साक्षरता दर 65.46% है।

देश में साक्षरता दर वर्ष 2011 की जनगणना के अनुसार 74.04% है, जिसमें पुरुषों की साक्षरता दर 82.14% है।

वर्ष 2011 की जनगणना के अनुसार, भारत में केरल की साक्षरता दर (94%) सर्वाधिक है, जबकि बिहार में साक्षरता दर (61.8%) न्यूनतम है।

25. (c) भारतीय अन्तरिक्ष नीति, 2023 गैर-सरकारी संगठनों (NGEs) को राष्ट्रीय और अन्तर्राष्ट्रीय अन्तरिक्ष-आधारित संचार की पेशकश करने की अनुमति देती है। यह नीति अन्तरिक्ष क्षेत्र में निजी क्षेत्र की भागीदारी को संस्थागत बनाने और इसरो के उन्नत अन्तरिक्ष प्रौद्योगिकियों के अनुसन्धान एवं विकास पर ध्यान केन्द्रित करने पर बल देती है।

26. (c) वर्ष 1993-94 तक भारत में गरीबी रेखा का आकलन यूआरपी (URP) डेटा पर आधारित था। यूआरपी (URP) का पूरा नाम-यूनिफॉर्म रिफ्रेन्स पीरियड है।

अब भारत में गरीबी रेखा का आकलन सांख्यिकी और कार्यक्रम कार्यान्वयन मन्त्रालय (MOPSI) के तहत राष्ट्रीय नमूना सर्वेक्षण कार्यालय द्वारा एकत्र किए गए डेटा के आधार पर नीति आयोग के टास्क फोर्स द्वारा किया जाता है।

27. (c) बिहू नृत्य एक प्रसिद्ध भारतीय लोकनृत्य है, जो असम में बिहू उत्सव के दौरान आयोजित किया जाता है।

बिहू, असम का सबसे लोकप्रिय नृत्य है।

इस नृत्य में युवा पुरुष और महिलाएँ दोनों भाग लेते हैं। बिहू नृत्य का सबसे पहला चित्रण 9वीं शताब्दी की मूर्तियों में मिलता है।

28. (c) I और II दोनों युग्म सही हैं यू. श्रीनिवास मैण्डोलिन से सम्बन्धित हैं।

मैण्डोलिन एक तारयुक्त प्रसिद्ध संगीत वाद्ययन्त्र है, जो ल्यूट परिवार से सम्बन्धित है।

मैण्डोलिन भारतीय शास्त्रीय संगीत तथा पश्चिमी संगीत का मिश्रण है।

बिस्मिल्लाह खान शहनाई से सम्बन्धित हैं। इनका वास्तविक नाम कमरुद्दीन खान है। शहनाई एक संगीत वाद्ययन्त्र है, जो ओबो के समान है। वर्ष 2001 में बिस्मिल्लाह खान को भारत रत्न से सम्मानित किया गया था।

29. (d) जून, 2023 में संस्कृति मन्त्रालय ने वर्ष 2021 का 'गाँधी शान्ति पुरस्कार' गीता प्रेस, गोरखपुर को प्रदान करने की घोषणा की। गाँधी शान्ति पुरस्कार भारत सरकार द्वारा स्थापित एक वार्षिक पुरस्कार है। इसकी स्थापना वर्ष 1995 में महात्मा गाँधी की 125वीं जयन्ती पर की गई थी।

इस पुरस्कार के तहत विजेता को एक करोड़ रूपये और एक प्रशस्ति-पत्र प्रदान किया जाता है।

30. (d) अमृत दीवान कप बैडमिण्टन से सम्बन्धित है।

एशिया कप, चड्डा कप, यूरोपियन कप, हीरालाल कप, चैलेंजर कप, मलेशियाई ओपेन, थॉमस कप (पुरुष), उबेर कप (महिलाओं), सोफिया कप आदि सभी बैडमिण्टन से सम्बन्धित अन्य कप हैं।

31. (b) एक हैण्डबॉल मैच कुल 60 मिनट तक चलता है। इसमें सात खिलाड़ियों की दो टीमें होती हैं। यह खेल वर्ष 1972 में ओलम्पिक खेलों का हिस्सा बना।

32. (a) मोढेरा नृत्य महोत्सव गुजरात राज्य में मनाया जाता है। यह महोत्सव प्रत्येक वर्ष जनवरी के तीसरे सप्ताह में उत्तरायण के बाद आयोजित किया जाता है। यह तीन दिवसीय उत्सव है। इसमें सूर्य भगवान को समर्पित मोढेरा मन्दिर में सूर्य के चारों ओर पृथ्वी के घूर्णन चक्र की पूजा की जाती है।

33. (d) गुलाम नबी आजाद ने (सितम्बर, 2022) जम्मू-कश्मीर में अपनी नई राजनीतिक पार्टी 'डेमोक्रेटिक आजाद पार्टी' की घोषणा की और अपनी पार्टी का झण्डा भी जारी किया है। जम्मू और कश्मीर में पार्टी के शीर्ष तीन एजेण्डे हैं। पूर्ण राज्य का दर्जा बहाल करना, भूमि का अधिकार और मूलनिवासियों को रोजगार देना है।

34. (b) प्रथम सात पंचवर्षीय योजनाओं में भारत में व्यापार की विशेषता को सामान्यतः एक अन्तर्मुखी व्यापार रणनीति कहा जाता है। प्रथम पंचवर्षीय योजना 1951 में शुरू की गई थी। अब तक कुल 12 पंचवर्षीय योजनाएँ पूरी हुई हैं व 12वीं पंचवर्षीय योजना के पश्चात् पंचवर्षीय योजनाओं (2012-2017) को समाप्त कर दिया गया है।

35. (a) आधुनिक आवर्त सारणी में '18' ऊर्ध्वाधर स्तम्भ हैं, जिन्हें समूह कहा जाता है एवं 7 समतल स्तम्भ हैं, जिन्हें अवधि कहा जाता है। आधुनिक आवर्त सारणी को हैनरी मोस्ले ने वर्ष 1913 में प्रस्तुत किया था। इसमें पहले तत्त्वों को उनके बढ़ते परमाणु भार के क्रम में लगाया जाता था, जिस कारण अनेक परेशानियाँ सामने आई। आधुनिक आवर्त सारणी की प्रस्तुति के बाद तत्त्वों को उनकी बढ़ती परमाणु संख्या के क्रम में लगाया जाता है।

36. (c) भारत में आर्म्स एक्ट वर्ष 1878 ई. में पारित किया गया था। लॉर्ड लिटन ने 1878 ई. में भारतीय शस्त्र अधिनियम पारित किया, जिसके अनुसार भारतीयों के लिए बिना लाइसेन्स के हथियार रखना एक अपराध था। यह अधिनियम ब्रिटिश नागरिकों पर लागू नहीं था।

37. (c) सितम्बर, 2023 में भारत के राष्ट्रपति ने नई दिल्ली में गाँधी दर्शन में राष्ट्रपिता महात्मा गाँधी की 12 फीट ऊँची प्रतिमा और गाँधी वाटिका का अनावरण किया। आगंतुकों के लिए गाँधी वाटिका के भीतर एक सेल्फी प्वॉइण्ट स्थापित किया गया है, जिसमें विभिन्न मुद्राओं में महात्मा गाँधी की कई प्रतिमाएँ स्थापित हैं।

38. (a) अखम लक्ष्मी देवी को वर्ष 2018 में मणिपुरी नृत्य में उनके योगदान के लिए संगीत नाटक अकादमी अवॉर्ड प्राप्त हुआ। अखम लक्ष्मी देवी का जन्म 1 मई, 1952 को इम्फाल, मणिपुर में हुआ था। इन्होंने इम्फाल में जवाहरलाल नेहरू मणिपुर नृत्य अकादमी में मणिपुरी नृत्य में विशेषता प्राप्त की थी।

39. *(d)* सुल्तान अजलान शाह कप की मेजबानी मलेशिया करता है। यह एक वार्षिक अन्तर्राष्ट्रीय पुरुष हॉकी प्रतियोगिता है। वर्ष 2024 का खिताब जापान ने पाकिस्तान को हराकर जीता। ऑस्ट्रेलिया ने अब तक सबसे अधिक (10 बार) यह प्रतियोगिता जीती है।

40. *(d)* संविधान की, समाज की बदलती आवश्यकताओं को पूरा करने के लिए समय के साथ अनुकूलित होने और बढ़ने की क्षमता का वर्णन लचीलापन शब्द से किया जाता है। भारतीय संविधान को कठोर व लचीले संविधान में विभाजित किया जाता है। लचीला संविधान वह संविधान होता है, जिसमें संशोधन सामान्य विधायी विधि से किया जा सकता हो।

41. *(c)* $48-12\div 6\times 3+26$

BODMAS का उपयोग करने पर,

$48-2\times 3+26$

$=48-6+26$

$=74-6$

$=68$

42. *(a)* माना मूल भिन्न $=\frac{x}{y}$

प्रश्नानुसार,

$$\frac{x\times\frac{188}{100}}{y\times\frac{155}{100}}=\frac{1504}{775}$$

$$\Rightarrow \frac{188x}{155y}=\frac{1504}{775}$$

$$\Rightarrow \frac{x}{y}=\frac{8}{5}$$

43. *(d)* 6 मैचों में खिलाड़ी के कुल रन

$=37\times 6=222$

7 मैचों में खिलाड़ी के कुल रन

$=40\times 7=280$

$\therefore$ अगले मैच में बनाए गए कुल रन

$=(280-222)=58$

44. *(c)* माना संख्या $=x$

प्रश्नानुसार,

$$x\times\frac{32}{100}+476=x$$

$$\Rightarrow x-\frac{32x}{100}=476$$

$$\Rightarrow \frac{100x-32x}{100}=476$$

$$\Rightarrow \frac{68x}{100}=476$$

$$\therefore x=\frac{476\times 100}{68}=700$$

45. *(c)* यहाँ, $M_1=14, H_1=8, D_1=18$

$M_2=?, H_2=12, D_2=4$

$M_1H_1D_1=M_2H_2D_2$ से,

$\Rightarrow 14\times 8\times 18=M_2\times 12\times 4$

$$\therefore M_2=\frac{14\times 8\times 18}{12\times 4}=42$$

अतः अभीष्ट पम्पों की संख्या $=42$

46. *(b)* A का 1 दिन का काम $=\frac{3}{20}$

$(A+B)$ का 1 दिन का काम $=\frac{1}{5}$

$\therefore B$ का 1 दिन का काम $=\frac{1}{5}-\frac{3}{20}$

$=\frac{4-3}{20}=\frac{1}{20}$

$\therefore B$ को अकेले पूरा कार्य करने में लगा समय $=20$ दिन

वैकल्पिक विधि

प्रश्नानुसार,

	दिन	कुल काम	क्षमता
A	$\frac{20}{3}$	20	3
$A+B$	5		4

B की क्षमता $=4-3=1$

अतः B को अकेले काम पूरा करने मे लगा समय $=\frac{20}{1}=20$ दिन

47. *(d)* दर (अर्द्धवार्षिक) $=\frac{10}{2}=5\%$

समय $=1\times 2=2$ (अर्द्धवार्षिक)

(माना उधार दी गई धनराशि ₹ P है।)

2 वर्ष के लिए,

चक्रवृद्धि ब्याज तथा साधारण ब्याज में अन्तर

$$=\frac{PR^2}{(100)^2}$$

$$\Rightarrow 305=\frac{P\times 5\times 5}{100\times 100}$$

$$\therefore P=\frac{305\times 100\times 100}{5\times 5}=₹\ 122000$$

अतः उधार दी गई धनराशि $=$ ₹ 122000

48. *(c)* $4200\div 5-210\times 7+21\times 5$

BODMAS नियम के अनुसार,

$840-210\times 7+21\times 5$

$=840-1470+105$

$=945-1470$

$=-525$

49. *(b)* माना वस्तु का क्रय मूल्य $=$ ₹ 100

$\therefore$ वस्तु का अंकित मूल्य $=100\times\frac{150}{100}=$ ₹ 150

छूट $=30\%$

$\therefore$ वस्तु का विक्रय मूल्य $=150\times\frac{70}{100}=$ ₹105

$\therefore$ लाभ % $=\frac{(105-100)}{100}\times 100=5\%$

50. *(b)* माना ऋण पर दी गई धनराशि $=$ ₹x

$\therefore$ प्राप्त ब्याज $=$ ₹$(x-800)$

प्रश्नानुसार,

साधारण ब्याज $=\frac{x\times 15\times 6}{100}$

$$\Rightarrow x-800=\frac{9x}{10}$$

$$\Rightarrow 10x-8000=9x$$

$$\Rightarrow x=₹\ 8000$$

51. *(c)* कुर्सी का क्रय मूल्य $=$ ₹ 1500

हानि $=25\%$

$\therefore$ कुर्सी का विक्रय मूल्य $=1500\times\frac{(100-25)}{100}$

$=1500\times\frac{75}{100}$

$=$ ₹ 1125

52. *(a)*

2	13, 15, 4, 21, 2
3	13, 15, 2, 21, 1
	13, 5, 2, 7, 1

संख्या (13, 5, 4, 21, 2) का ल.स.

$=2\times 3\times 13\times 5\times 2\times 7=5460$

अतः अभीष्ट छोटी संख्या $=5460$

53. *(b)* $256\div 16-34+124\div(6+12\div 3-6)$

BODMAS नियम के अनुसार,

$256\div 16-34+124\div(6+4-6)$

$=256\div 16-34+124\div 4$

$=16-34+31$

$=47-34=13$

54. *(c)* अर्द्धगोले का व्यास $=63$ सेमी

अर्द्धगोले की त्रिज्या $(r)=\frac{63}{2}$ सेमी

$\therefore$ अर्द्धगोले का आयतन $=\frac{2}{3}\pi r^3$

$=\frac{2}{3}\times\frac{22}{7}\times\frac{63}{2}\times\frac{63}{2}\times\frac{63}{2}$

$=65488.5$ सेमी^{3}

55. *(c)* माना D तथा E का मान क्रमशः $3x$ तथा $2x$ हैं।

प्रश्नानुसार,

$D-E=9$

$\Rightarrow 3x-2x=9$

$\therefore x=9$

$\therefore D+E=3x+2x$

$=5x=5\times 9=45$

56. *(d)* माना P द्वारा बेचे गए लैपटॉप का क्रय मूल्य = ₹ 100

प्रश्नानुसार,

$\therefore Q$ द्वारा खरीदे गए लैपटॉप का क्रय मूल्य

$= 100 \times \frac{150}{100} =$ ₹ 150

$\therefore R$ द्वारा खरीदे गए लैपटॉप का क्रय मूल्य

$= 150 \times \frac{160}{100} =$ ₹ 240

$\therefore$ अभीष्ट अनुपात $= \frac{100}{240} = \frac{5}{12} = 5:12$

57. *(b)* माना तीनों संख्याएँ क्रमशः $5x, 6x$ तथा $7x$ हैं।

प्रश्नानुसार,

तीनों संख्याओं का योग = 540

$\Rightarrow \quad 5x + 6x + 7x = 540$

$\Rightarrow \quad 18x = 540$

$\therefore \quad x = \frac{540}{18} = 30$

$\therefore$ सबसे छोटी संख्या $= 5x$

$= 5 \times 30 = 150$

58. *(b)* 17 छात्रों का कुल भार

$= 53 \times 17 = 901$ किग्रा

अब, छात्रों की कुल संख्या $= 17 + 1 = 18$

तथा, नया औसत $= 53 + 2 = 55$ किग्रा

$\therefore$ 18 छात्रों का कुल भार $= 55 \times 18$

$= 990$ किग्रा

$\therefore$ नए छात्र का भार $= (990 - 901) = 89$ किग्रा

वैकल्पिक विधि

माना नए छात्र का भार x किग्रा है।

प्रश्नानुसार,

$$\frac{17 \times 53 + x}{18} = 53 + 2$$

$\Rightarrow \quad 901 + x = 990$

$\Rightarrow \quad x = 990 - 901 = 89$ किग्रा

59. *(d)* माना अमन के घर से उसके स्कूल की दूरी $= x$ किमी

प्रश्नानुसार,

$$\frac{x}{5} - \frac{28}{60} = \frac{x}{8} + \frac{35}{60}$$

$\Rightarrow \quad \frac{x}{5} - \frac{x}{8} = \frac{35}{60} + \frac{28}{60}$

$\Rightarrow \quad \frac{8x - 5x}{40} = \frac{63}{60}$

$\therefore \quad x = \frac{63 \times 40}{60 \times 3} = 14$ किमी

60. *(c)* वस्तु का विक्रय मूल्य = ₹ 574

छूट = 18%

$\therefore$ वस्तु का अंकित मूल्य $= 574 \times \frac{100}{(100 - 18)}$

$= 574 \times \frac{100}{82} =$ ₹ 700

61. *(b)* वाक्य में कोष्ठक में दिए गए शब्द 'संकट' का पर्यायवाची विपत्ति है। संकट के अन्य पर्यायवाची शब्द-पीड़ा, परेशानी, समस्या, आदि हैं। अन्य विकल्प असंगत हैं।

62. *(d)* वाक्य में रेखांकित भाग 'मसूह' का उचित सार्थक शब्द 'समूह' है। वाक्य इस प्रकार है– वे समूह में चलते हैं। अन्य विकल्प असंगत हैं।

63. *(b)* 'तू-तू मैं-मैं होना' मुहावरे का अर्थ है–बहस हो जाना।

वाक्य प्रयोग मोहन और सोहन में आज फुटबॉल को लेकर तू-तू मैं-मैं हो गई।

64. *(b)* दिए गए वाक्य में रेखांकित शब्दों 'बीस तारीख के दिन' के स्थान पर उचित विकल्प 'बीस तारीख को' है। अतः पूर्ण वाक्य है– तुम बीस तारीख को कहाँ रहोगे? अन्य विकल्प असंगत हैं।

65. *(a)* दिए गए वाक्य में कोष्ठक शब्द 'फूल' का पर्यायवाची 'पुष्प' है। 'फूल' के अन्य पर्यायवाची शब्द हैं-कानन, कुसुम, सुमन आदि।

66. *(d)* दिए गए वाक्य में रेखांकित शब्द 'सासन' अशुद्ध वर्तनी का सही वर्तनी वाला शब्द 'शासन' है। अन्य विकल्प असंगत हैं।

67. *(d)* दिए गए वाक्य में 'यह एक गहरी' वाक्यांश त्रूटिपूर्ण है। सही वाक्य होगा-यह एक गम्भीर समस्या है, जिसका उपाय निकालना ही होगा, वरना अनर्थ हो जाएगा।

68. *(b)* 'डाँवाडोल होना' मुहावरे का अर्थ है–अस्थिर होना।

वाक्य प्रयोग मन्दी के दौरान भारतीय अर्थव्यवस्था डाँवाडोल हो गई थी।

69. *(b)* निम्नलिखित वाक्य में विकल्प 'कृषि हेतु अधिक भूमि उपलब्ध कराने का लिए', वाक्यांश त्रुटिपूर्ण है। सही वाक्य है– ''बढ़ती हुई जनसंख्या की उदरपूर्ति के लिए कृषि हेतु अधिक भूमि उपलब्ध कराने के लिए वनों का काटा जाना बहुत-ही साधारण बात है।''

70. *(d)* रिक्त स्थान की पूर्ति के लिए सही पुल्लिंग 'चने' है। अतः पूर्ण वाक्य है– 'मुझे चने की सब्जी खाना बहुत पसन्द है। अन्य विकल्प असंगत हैं।

71. *(c)* दिए गए वाक्य में रेखांकित शब्दों 'साथ खेल रही है,' के लिए सही शब्दों वाला विकल्प' साथ खेल रहे' हैं, अतः सही वाक्य है–बालक और बालिका एक साथ खेल रहे हैं।

72. *(b)* निम्नलिखित वाक्य में दिए गए कोष्ठक शब्द 'कनिष्ठ' का विलोम शब्द 'ज्येष्ठ' है, कनिष्ठ का अर्थ छोटा तथा ज्येष्ठ का अर्थ बड़ा भाई होता है। अन्य विकल्प असंगत हैं।

73. *(c)* दिए गए वाक्य में रेखांकित शब्द शाकाहारी है, का विलोम माँसाहारी होता है। अन्य विकल्प असंगत हैं।

74. *(c)* कोष्ठक में दिए गए शब्द 'अमी' का तत्सम रूप 'अमृत' है। 'अमी' तदभव शब्द है। अन्य विकल्प असंगत हैं।

75. *(d)* वाक्य में रेखांकित भाग 'सब जगह' के लिए एक सार्थक शब्द 'सर्वव्यापी' है। अन्य विकल्प असंगत हैं।

76. *(c)* रिक्त स्थान की पूर्ति के लिए सबसे उपयुक्त विकल्प भावनाओं है। अतः पूर्ण वाक्य है– मनुष्य एक सामाजिक प्राणी है और साथ ही उसमें विचारों को व्यक्त करने एवं भावनाओं को महसूस करने की शक्ति होती है।

77. *(d)* रिक्त स्थान की पूर्ति के लिए सबसे उपयुक्त विकल्प 'आकर्षित' है। अतः पूर्ण वाक्य है– एक मनुष्य दूसरे मनुष्य अथवा किसी अन्य प्राणी की तरफ आकर्षित होता है।

78. *(d)* रिक्त स्थान की पूर्ति के लिए सबसे उपयुक्त विकल्प 'सम्बन्ध' है। अतः पूर्ण वाक्य इस प्रकार है– ऐसे ही सम्बन्ध को दोस्ती अथवा मित्रता का सम्बन्ध कहा जाता है।

79. *(c)* रिक्त स्थान की पूर्ति के लिए सबसे उपयुक्त विकल्प 'अकेला' है। पूर्ण वाक्य इस प्रकार है– मनुष्य एक ऐसा प्राणी है जो अकेला नहीं रह सकता।

80. *(c)* दिए गए रिक्त स्थान, के लिए सबसे उपयुक्त विकल्प 'जरूरत' है। अतः पूर्ण वाक्य है– उसे अपने दिल की बात कहने के लिए किसी-न-किसी साथी की जरूरत होती है।

29 फरवरी 2024
(शिफ्ट IV)

सॉल्वड पेपर 2024

SSC कांस्टेबल (जीडी) सेट 35

भाग-I सामान्य बुद्धिमत्ता एवं तर्कशक्ति

1 नीचे दी गई संख्याओं को आपस में बदलने पर निम्नलिखित में से कौन-सी समीकरण सही नहीं होगी?

4 और 7

(a) $7+2-4\times3=-15$ (b) $4\div2+3+7=6$
(c) $7-4+9=6$ (d) $4\times2+7-3=15$

2 निम्नलिखित विकल्पों में से उस विकल्प का चयन कीजिए, जो तीसरे शब्द से ठीक उसी प्रकार सम्बन्धित है। जिस प्रकार, दूसरा शब्द पहले शब्द से सम्बन्धित है।

सिडनी : ऑस्ट्रेलिया :: टोरंटो : ?

(a) यूनाइटेड स्टेट्स (b) कनाडा
(c) यूनाइटेड किंगडम (d) न्यूजीलैण्ड

3 निम्नलिखित प्रश्न में, दिए गए विकल्पों में से सम्बन्धित अक्षरों का चयन कीजिए।

XY : WW :: JM : ?

(a) MZ (b) IK (c) RU (d) GZ

4 निम्नलिखित में से कौन-सा अक्षर दी गई शृंखला में प्रश्नचिह्न (?) के स्थान पर आएगा?

?, N, K, H, E, B

(a) P (b) Q (c) O (d) R

5 दिए गए विकल्पों में से किन दो संख्याओं को आपस में बदलने पर निम्नलिखित समीकरण सही होगा।

$10-26+12\times20\div5=18$

(a) 18 और 10 (b) 12 और 18
(c) 10 और 20 (d) 12 और 26

6 निम्नलिखित प्रश्न में दी गई आकृतियों के अनुसार, कागज के एक टुकड़े को मोड़कर उसमें छेद किया जाता है। विकल्पों में दी गई आकृतियों में से बताइए, कि खोले जाने पर यह कैसा दिखाई देगा?

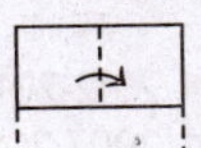
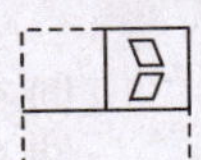

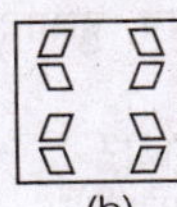
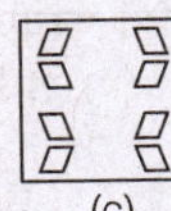
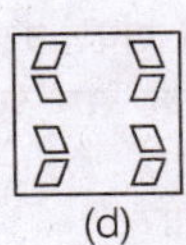

(a) (b) (c) (d)

7 एक निश्चित कूटभाषा में, यदि 'SIXTEEN' को '10' लिखा जाता है, 'NINE' को '7' लिखा जाता है, तो उसी कूटभाषा में 'EIGHT' को कैसे लिखा जाएगा?

(a) 9 (b) 6 (c) 7 (d) 8

8 निम्नलिखित में से कौन-सी संख्या दी गई शृंखला में प्रश्नचिह्न (?) के स्थान पर आएगी?

6, 12, 24, 48, ?, 192

(a) 72 (b) 81 (c) 64 (d) 96

9 निम्नलिखित प्रश्न में दिए गए विकल्पों में से उस आकृति का चयन कीजिए, जिसे प्रश्नचिह्न (?) के स्थान पर रखा जा सकता है।

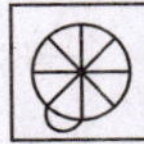
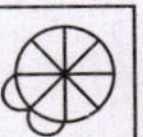

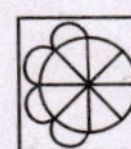
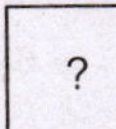

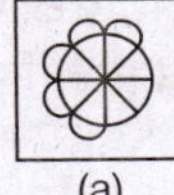
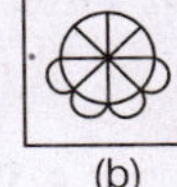
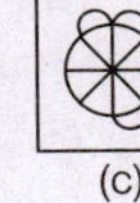
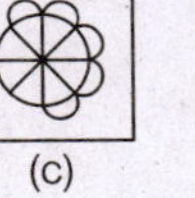
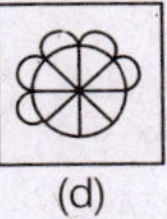

(a) (b) (c) (d)

10 निम्नलिखित प्रश्न में, तीन कथन और उसके बाद I और II क्रमांकित दो निष्कर्ष दिए गए हैं। दिए गए कथनों को सत्य मानते हुए, चाहे वे सामान्यतः ज्ञात तथ्यों से भिन्न प्रतीत होते हों, निश्चय कीजिए, कि दिए गए निष्कर्षों में से कौन-सा निष्कर्ष कथनों का तार्किक रूप से अनुसरण करता है।

कथन कुछ A, B हैं।
कुछ B, K हैं।
सभी K, J हैं।

निष्कर्ष
I. कुछ B, J हैं।
II. कुछ A, J हैं।

(a) निष्कर्ष I और II दोनों अनुसरण करते हैं
(b) न तो निष्कर्ष I और न ही II अनुसरण करता है
(c) केवल निष्कर्ष II अनुसरण करता है
(d) केवल निष्कर्ष I अनुसरण करता है

11 यदि A + B का अर्थ है, A, B की पत्नी है, A × B का अर्थ है, A, B का पिता है, A ÷ B का अर्थ है कि, A, B की माँ है, A$B का अर्थ है कि, A, B का भाई है और A − B का अर्थ है A, B की बहन है।
यदि P ÷ D$B + H × T − M है, तो P का H से क्या सम्बन्ध है?

(a) बहन (b) माँ
(c) पत्नी की माँ (d) पत्नी कि बहन

12 निम्नलिखित प्रश्न में, दिए गए विकल्पों में से उस आकृति का चयन कीजिए, जिसे प्रश्नचिह्न (?) के स्थान पर रखा जा सकता है।

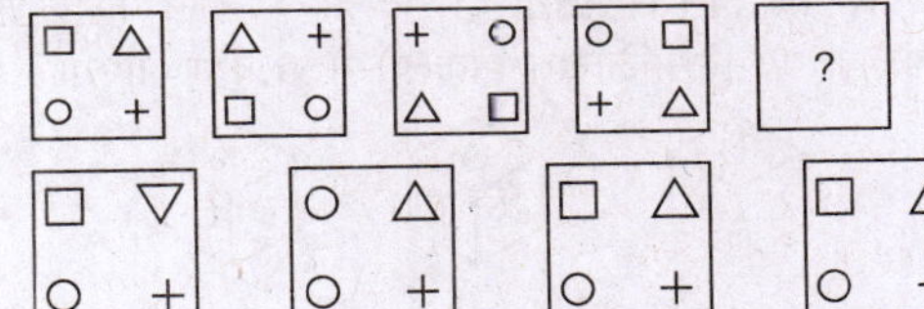

(a) (b) (c) (d)

13 पाँच मित्र ओलिवर, पेनी, क्विन, रयान और सोफी एक वृत्ताकार मेज पर केन्द्र की ओर मुख करके बैठे हैं ओलिवर, पेनी के ठीक दाईं ओर बैठा है। क्विन और सोफी के ठीक बीच में रयान बैठा है। सोफी, पेनी की पड़ोसी नहीं है। क्विन के ठीक दाईं ओर कौन बैठा/बैठी है?

(a) सोफी (b) रयान
(c) पेनी (d) ओलिवर

14 एक निश्चित कूटभाषा में, 'CHARGE' को 'GHTBJD' लिखा जाता है। उसी कूटभाषा में 'CIRCLE' को कैसे लिखा जाएगा?

(a) GMESKD (b) GEMSKD
(c) GMESKE (d) GMSEKD

15 निम्नलिखित में से कौन-सा अक्षर-समूह दी गई शृंखला में रिक्त स्थान (.......) पर आएगा?

SNTO, UNVO, WNXO,.........., ANBO

(a) UNZO (b) YNZO
(c) DUNO (d) DUNZ

16 दिए गए शब्दों को अंग्रेजी वर्णमाला के क्रम में व्यवस्थित कीजिए।

1. PARALLEL 2. PARADISE 3. PARAGRAPH
4. PARALLELISM 5. PARASITE

(a) 3, 1, 4, 2, 5 (b) 2, 3, 4, 5, 1
(c) 2, 3, 1, 4, 5 (d) 2, 1, 4, 3, 5

17 निम्नलिखित विकल्पों में से दी गई शृंखला से लुप्त संख्या का चयन कीजिए।

3, 14, ?, 16, – 1, 18, – 3

(a) 3 (b) 0 (c) 1 (d) 2

18 दी गई विकल्प आकृतियों में से, उस आकृति का चयन कीजिए, जिसमें प्रश्न आकृति छिपी हुई/निहित है। (घूर्णन की अनुमति नहीं है)

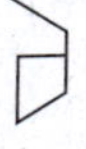

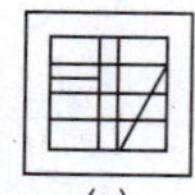
(a)

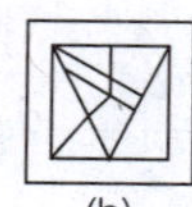
(b)

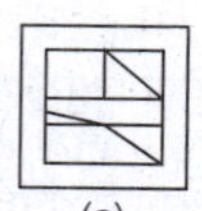
(c)

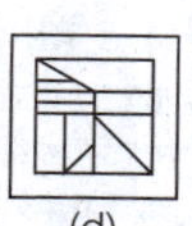
(d)

19 एक परिवार के छः सदस्य लिला, मैक्स, नोरा, ओलिवर, पेनी और क्विन एक वृत्ताकार मेज पर एक-दूसरे की ओर मुख करके बैठे हैं। मैक्स, क्विन के ठीक बाईं ओर बैठा है और लिला, मैक्स के बाईं ओर से दूसरे स्थान पर बैठी है। नोरा, पेनी के बाईं ओर से दूसरे स्थान पर बैठी है। क्विन ओर नोरा के ठीक बीच में कौन बैठा/बैठी है?

(a) मैक्स (b) पेनी
(c) लिला (d) ओलिवर

20 नीचे एक पासे की तीन स्थितियाँ दी गई हैं। 'X' वाले फलक के विपरीत फलक पर निम्नलिखित विकल्पों में से क्या आएगा?

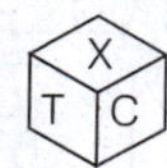

(a) Y (b) A (c) C (d) U

भाग-II सामान्य ज्ञान

21 प्रसिद्ध कुचिपुड़ी नर्तक डॉ. राजा रेड्डी ने निम्नलिखित में से किसे 'कलियुग सत्यभामा' कहा था?

(a) मयंक राव (b) गीता महालिक
(c) शोभा नायडू (d) कनक रेले

22 एक हैण्डबॉल टीम में ………… खिलाड़ी होते हैं।

(a) 4 (b) 5 (c) 6 (d) 7

23 महापंजीयक एवं जनगणना आयुक्त का कार्यालय भारत सरकार के निम्नलिखित में से किस मन्त्रालय के अन्तर्गत आता है?

(a) सांख्यिकी और कार्यक्रम कार्यान्वयन मन्त्रालय
(b) वाणिज्य एवं उद्योग मन्त्रालय
(c) श्रम और रोजगार मन्त्रालय
(d) गृह मन्त्रालय

24 किस शहर ने वर्ष 2022 में राष्ट्रमण्डल खेलों की मेजबानी की थी?

(a) डरबन (b) गोल्ड कोस्ट
(c) नई दिल्ली (d) बर्मिंघम

25 ………, भारतीय दण्ड संहिता (IPC), 1860 को निरस्त करता है।

(a) भारतीय न्याय संहिता विधेयक
(b) आपराधिक संहिता उन्मूलन विधेयक
(c) भारतीय न्यायपालिका अधिनियम
(d) कानूनी सुधार संशोधन अधिनियम

26 एक वर्ष के दौरान एक फर्म की ………… = वर्ष के दौरान फर्म का उत्पादन-वर्ष के दौरान फर्म ब्रिकी।

(a) अन्तिम स्टॉक
(b) माल-सूची में परिवर्तन
(c) माल-सूची और कार्यशील पूँजी में परिवर्तन
(d) प्रारम्भिक स्टॉक

27 निम्नलिखित में से कौन-सा तत्त्व आवर्त सारणी के P-ब्लॉक का हिस्सा है?

(a) ऑक्सीजन (b) सोडियम
(c) हाइड्रोजन (d) सिल्वर

28 भारत के प्रथम कन्या विद्यालय की स्थापना निम्नलिखित में से किसने की थी?

(a) ऊषा मेहता (b) सावित्रीबाई फुले
(c) विजयलक्ष्मी पण्डित (d) सरोजिनी नायडू

29 दसवीं पंचवर्षीय योजना की समयावधि निम्नलिखित में से कौन-सी है?

(a) वर्ष 1997-2002 (b) वर्ष 2012-2017
(c) वर्ष 2002-2007 (d) वर्ष 2007-2012

30 पण्डित रविशंकर, शाहिद परवेज़ खान, बुधादित्य मुखर्जी, अनुष्का शंकर का सम्बन्ध ………… से है।

(a) सरोद (b) गिटार
(c) सितार (d) बाँसुरी

31 निम्नलिखित में से किस प्रसिद्ध कथक नर्तक को, नृत्यशैली में उनके नवीन और आधुनिक दृष्टिकोण के लिए जाना जाता है, जिन्हें प्रायः 'कथक सम्राट' कहा जाता है?

(a) उदय शंकर (b) केलुचरण महापात्र
(c) बिरजू महाराज (d) बालासरस्वती

32 इण्डिया अर्थात् भारत ……… है।
(a) राज्यों का संघीय
(b) विश्व का संघ
(c) राज्यों का एक संघ
(d) देश का संघ

33 1881 की जनगणना, जो 17 फरवरी, 1881 को ……… द्वारा की गई थी।
(a) एच.बेवर्ली
(b) जे.ए.बैन्स
(c) जेम्स प्रिन्सेप
(d) डब्ल्यू. सी प्लोडेन

34 भारत में हरित क्रान्ति (Green Revolution) की अगुवाई मुख्य रूप से ……… ने की थी।
(a) एम.एस.स्वामीनाथन
(b) राधाकृष्णन
(c) एम.डी. स्वामी
(d) जॉन नॉर्मन

35 'अन्तर्राष्ट्रीय लूसोफोन महोत्सव' का आयोजन किस भारतीय राज्य में किया जाता है?
(a) केरल
(b) गोवा
(c) महाराष्ट्र
(d) राजस्थान

36 अक्टूबर, 2023 तक भारत में केन्द्रीय सतर्कता आयुक्त कौन हैं?
(a) प्रदीप कुमार
(b) प्रवीण कुमार श्रीवास्तव
(c) एच.जे.डोरा
(d) सुरेश एन.पटेल

37 भारतीय संविधान अपने सभी ……… के लिए सार्वभौमिक वयस्क मताधिकार की गारण्टी देता है।
(a) करदाताओं
(b) शिक्षित व्यक्तियों
(c) नागरिकों और गैर-नागरिकों
(d) नागरिकों

38 प्रधानमन्त्री नरेन्द्र मोदी ने ……… (जुलाई, 2023) के लालपुर गाँव में राष्ट्रीय सिकल सेल एनीमिया उन्मूलन मिशन, 2047 का उद्घाटन किया।
(a) उत्तर प्रदेश
(b) मध्य प्रदेश
(c) बिहार
(d) हिमाचल प्रदेश

39 सुल्तान जोहोर कप, 2023 किस टीम ने जीता?
(a) भारत
(b) ऑस्ट्रेलिया
(c) पाकिस्तान
(d) जर्मनी

40 भारत में प्राचीनकाल के दौरान, 'सन्धि-विग्रहिका' शब्द का प्रयोग निम्नलिखित में से किसके लिए किया जाता था?
(a) युद्ध तथा शान्ति मन्त्री
(b) मुख्य न्यायिक अधिकारी
(c) मुख्य शिल्पकार
(d) सर्वोच्च सज़ा

भाग-III गणित

41 किसी धनराशि पर 2 वर्ष के लिए 50% वार्षिक की दर से चक्रवृद्धि ब्याज (वार्षिक रूप से संयोजित) और साधारण ब्याज के बीच अन्तर ₹ 7200 है। वह धनराशि कितनी है?
(a) ₹ 28500
(b) ₹ 28800
(c) ₹ 25700
(d) ₹ 24900

42 $\left(\frac{133}{7}+\frac{91}{13}-\frac{216}{36}\right)+\left(\frac{209}{11}-\frac{96}{16}+\frac{45}{5}\right)$ का मान कितना है?
(a) 72 (b) 32 (c) 52 (d) 42

43 राज, राहुल से 20% कम कुशल है, यदि राहुल एक कम्प्यूटर को 20 दिनों में बना सकता है, तो राज उसी कम्प्यूटर को कितने दिनों में बना सकता है?
(a) 25 दिन
(b) 35 दिन
(c) 27 दिन
(d) 30 दिन

44 चार संख्याएँ 7 : 8 : 9 : 10 के अनुपात में है। इन संख्याओं का योग 68 है। पहली और चौथी संख्या का योग कितना होगा?
(a) 34 (b) 38 (c) 68 (d) 36

45 वह सबसे छोटा पूर्ण वर्ग कौन-सा है, जो 12 और 5 दोनों से विभाज्य है?
(a) 4900 (b) 2500 (c) 900 (d) 3600

46 एक टेप रिकॉर्डर की निर्माण लागत ₹ 3500 है। निर्माता टेप रिकॉर्डर को क्रय मूल्य से 30% अधिक पर अंकित करता है और 5% का लाभ प्राप्त करने के लिए छूट देता है। छूट प्रतिशत ज्ञात कीजिए।
(a) 21.15%
(b) 15.14%
(c) 17.5%
(d) 19.23%

47 यदि v का 63% = 238 का 36%, तो v का मान कितना है?
(a) 136
(b) 146
(c) 126
(d) 116

48 यदि दो मात्राओं का योग उनके बीच के अन्तर के छः गुना के बराबर है, तो दोनों मात्राओं का अनुपात ज्ञात कीजिए।
(a) 7 : 5 (b) 5 : 2 (c) 3 : 7 (d) 4 : 9

49 ₹24 प्रति किग्रा मूल्य वाली 32 किग्रा चीनी को ₹ 31 प्रति किग्रा मूल्य वाली 24 किग्रा चीनी के साथ मिलाया जाता है। मिश्रण का मूल्य कितना है?
(a) ₹ 27 प्रति किग्रा
(b) ₹ 31 प्रति किग्रा
(c) ₹ 26 प्रति किग्रा
(d) ₹ 29 प्रति किग्रा

50 यदि एक वस्तु के अंकित मूल्य और विक्रय मूल्य का अनुपात 3 : 2 है, तो छूट प्रतिशत कितना है?
(a) 33.33%
(b) 50%
(c) 75%
(d) 100%

51 किसी धनराशि पर 5 वर्षों के लिए साधारण ब्याज, मूलधन के 25% के बराबर है। कितने वर्षों में ब्याज, मूलधन के बराबर हो जाएगा?
(a) 16 वर्ष
(b) 20 वर्ष
(c) 25 वर्ष
(d) 18 वर्ष

52 एक घनाकार कमरे में रखी जा सकने वाली सबसे लम्बी छड़ की लम्बाई $50\sqrt{3}$ सेमी है। घन का आयतन कितना है?
(a) 300000 सेमी^{3}
(b) 175000 सेमी^{3}
(c) 125000 सेमी^{3}
(d) 250000 सेमी^{3}

53 एक आदमी ने क्रमशः 8 किमी/घण्टा, 16 किमी/घण्टा, 24 किमी/घण्टा और 32 किमी/घण्टा की चाल से 7 किमी की चार समान दूरियाँ तय की। उसकी औसत चाल कितनी है?
(a) 352/25 किमी/घण्टा
(b) 374/25 किमी/घण्टा
(c) 396/25 किमी/घण्टा
(d) 384/25 किमी/घण्टा

54 यदि पपीते के मूल्य में 40% की वृद्धि होती है, तो पपीते की खपत में कितने प्रतिशत की कमी की जानी चाहिए ताकि पपीते पर होने वाला व्यय 10% कम हो जाए?
(a) 35.7% (b) 36.7%
(c) 38.7% (d) 32.7%

55 $\frac{512}{8} \times \left(\frac{2401}{49} - \frac{88}{11}\right) + \frac{2197}{169}$ का मान कितना है?
(a) 2637 (b) 2537
(c) 2647 (d) 2547

56 C और D मिलकर एक काम को 40 दिनों में पूरा कर सकते हैं। C, D से 40% अधिक कुशल है। C अकेले उसी काम को कितने दिनों में पूरा कर सकता है?
(a) 480/11 दिन (b) 470/7 दिन
(c) 460/9 दिन (d) 480/7 दिन

57 दो संख्याओं का गुणनफल 4107 है। यदि इन संख्याओं का महत्तम समापवर्तक 37 है, तो बड़ी संख्या ज्ञात कीजिए।
(a) 94 (b) 74
(c) 111 (d) 80

58 एक वस्तु को ₹ 2352 में बेचने पर एक व्यक्ति को ₹ 752 का लाभ होता है। लाभ प्रतिशत कितना है?
(a) 41% (b) 47%
(c) 33% (d) 34%

59 9 क्रमागत प्राकृत संख्याओं का औसत 51 है। इन संख्याओं में सबसे छोटी संख्या कौन-सी है?
(a) 49 (b) 67
(c) 47 (d) 53

60 अंकित एक कुर्सी 25% की हानि पर बेचता है। यदि वह इसे ₹ 900 अधिक में बेचता है, तो उसे 5% का लाभ होता है। 40% का लाभ प्राप्त करने के लिए कुर्सी का विक्रय मूल्य क्या होना चाहिए।
(a) ₹ 4800 (b) ₹ 4000
(c) ₹ 4200 (d) ₹ 4500

भाग-IV हिन्दी

61 निम्नलिखित प्रश्न में चार विकल्पों में से उस विकल्प का चयन करें, जो कोष्ठक में दिए गए शब्द के तत्सम रूप का सही विकल्प है।
रोज सुबह-सवेरे जल्दी (उठ).......... जाना सेहत के लिए लाभदायक होता है।
(a) उच्च (b) उच्छवास
(c) उत्तिष्ठ (d) उत्पघते

62 निम्नलिखित प्रश्न में चार विकल्पों में से उस विकल्प का चयन करें, जो कोष्ठक में दिए गए शब्द के तद्भव रूप का सही विकल्प है।
मैंने उस चीज़ को (अर्द्ध).............. प्राप्त करने की सोची थी, लेकिन नहीं मिली।
(a) कम (b) आधा (c) थोड़ा (d) पूरा

63 निम्नलिखित प्रश्न में चार विकल्पों में से उस विकल्प का चयन करें, जो दिए गए मुहावरे का सही अर्थ वाला विकल्प है।
'अँगारे बरसना'
(a) अत्यधिक गर्मी पड़ना
(b) जलाना
(c) आग उगलना
(d) बेकार में गुस्सा होना

64 दिए गए वाक्य में रेखांकित शब्दों के लिए सही शब्दों वाले विकल्प का चयन करें।
उसने <u>एक मोती का हार</u> खरीदा।
(a) उसने मोतियों का एक हार खरीदा।
(b) उसने एक मोती का एक हार खरीदी।
(c) उसने एक मोतियों का एक हार खरीदी।
(d) परिवर्तन की आवश्यकता नहीं है।

65 दिए गए वाक्य का वह भाग ज्ञात करें, जिसमें कोई त्रुटि है।
मुझे बताओ कि विश्वनाथ और आनन्द में सबसे तेज कौन है?
(a) विश्वनाथ और आनन्द (b) में सबसे
(c) मुझे बताओ कि (d) तेज कौन है

66 दिए गए वाक्य में रेखांकित शब्द का विलोम शब्द ज्ञात कीजिए।
सूर्य <u>अस्त</u> होते ही पक्षी चहचहाने लगते हैं।
(a) सहित (b) ढ़ल
(c) उदय (d) सन्तोष

67 दिए गए वाक्य में रेखांकित शब्द के लिए सही वर्तनी ज्ञात कीजिए।
तुम्हारी बात का <u>मलतब</u> मैं समझा नहीं।
(a) मतलब (b) मलतुब
(c) मलबत (d) मबतल

68 निम्नलिखित प्रश्न में दिए गए विकल्पों में से उस विकल्प का चयन करें, जो दिए गए मुहावरे के अर्थ को सर्वश्रेष्ठ रूप से व्यक्त करता।
''लक्ष्मण की भ्रातृ-भक्ति''
(a) अत्यन्त प्रिय होना
(b) अच्छा होने का दिखावा करना
(c) भाई की निःस्वार्थ सेवा
(d) भाई की र्‌ ग़ामद करना

69 दिए गए वाक्य में रेखांकित शब्द के लिए सही वर्तनी ज्ञात कीजिए।
वह आपकी बात <u>आवश्यक</u> सुनेंगे।
(a) अवशाय (b) अवश्य
(c) अवशाय (d) अवाश्य

70 निम्नलिखित प्रश्न में चार विकल्पों में से उस विकल्प का चयन करें, जो कोष्ठक में दिए गए शब्द के विलोम शब्द का सही विकल्प है।
ठण्ड का मौसम सभी के (अनुकूल)........... नहीं होता।
(a) अनुसार
(b) आसान
(c) प्रतिकूल
(d) अपेक्षित

71 निम्नलिखित प्रश्न में चार विकल्पों में से उस विकल्प का चयन करें, जो कोष्ठक में दिए गए शब्द के पर्यायवाची शब्द का सही विकल्प है।

आज भी गाँवों में लोगों के घरों में (खूँटी).......... बनी हुई दिखाई देती है।

(a) नीरव (b) मेख (c) रंज (d) छूछा

72 निम्नलिखित प्रश्न में चार विकल्पों में से उस सही विकल्प का चयन करें, जो वाक्यांश के लिए एक शब्द का विकल्प हो।

''जो बहुत क्रूर व्यवहार करता हो''

(a) आचारपूत (b) आततायी (c) आश्वस्त (d) आक्रान्त

73 निम्नलिखित प्रश्न में चार विकल्पों में से उस विकल्प का चयन करें, जो वाक्यांशों के लिए एक शब्द का विकल्प हो।

''दूसरे के अन्दर की गहराई ताड़ने वाला''

(a) अपसव्य (b) उपदिशा
(c) अन्तर्दर्शी (d) अन्तर्यामी

74 दिए गए वाक्य का वह भाग ज्ञात करें, जिसमें कोई त्रुटि है। यदि कोई त्रुटि नहीं है, तो 'कोई त्रुटि नहीं है' चुनें।

समाज की जितनी दुर्गति पहले कभी नहीं हुई।

(a) कोई त्रुटि नहीं है (b) जितनी दुर्गति पहले
(c) कभी नहीं हुई (d) समाज की

75 दिए गए शब्द का पर्यायवाची ज्ञात कीजिए।

गजानन

(a) इन्द्र (b) गणेश (c) शिव (d) विष्णु

निर्देश (प्र. सं. 76-80) *नीचे दिए गए गद्यांश में कुछ शब्द छोड़ दिए गए हैं, प्रत्येक अनुच्छेद के सामने चार विकल्प दिए गए हैं। इस गद्यांश को ध्यानपूर्वक पढ़ें और चार विकल्पों में से सर्वोत्तम उत्तर वाला विकल्प चुनें।*

हमारे देश की यही........है कि यहाँ त्योहारों पर भरपूर आनन्द मिलता है तथा त्योहारों के अवसर पर मेले को देखने से भी मनोरंजन प्राप्त होता हैं। मेलों में ज्यादा-से-ज्यादा-लोग मेला देखने के लिए जाते हैं। मेला हमारे जीवन में बहुत खुशी और........लेकर आता है। मेलों की........बच्चे हों या बड़े सभी के चेहरे पर देखने को मिलती है। हमारे यहाँ पर सभी लोग अपने परिवार जनों के साथ जब मेला देखने जाते हैं, तो बहुत ही खुशी का अनुभव करते हैं, क्योंकि मेलों में विभिन्न तरह के खेलों का ...... किया जाता है। मेलों में विभिन्न तरह के कार्यक्रम भी आयोजित किए जाते हैं। मेलों में मन को लुभाने वाले बहुत-से मनोरंजन वाले दृश्य देखने को मिलते हैं। आज हर मनुष्य अपने कार्यों में व्यस्त रहता है। इन सभी के लिए तथा मनुष्य की थकान को दूर करने के लिए मनुष्य मेलों में जाकर अपनी........को दूर कर सकता है।

76 हमारे देश की यही..............है कि यहाँ त्योहारों पर भरपूर आनन्द मिलता है।

(a) विशेषता (b) आयोजन
(c) दिखावा (d) प्रशंसा

77 मेला हमारे जीवन में बहुत खुशी और..........लेकर आता है।

(a) स्वार्थ (b) उपहास
(c) दुःख (d) आनन्द

78 मेलों की .... बच्चे हों या बड़े, सभी के चेहरे पर देखने को मिलती है।

(a) रौनक (b) भागदौड़
(c) आपाधापी (d) व्यवस्थाएँ

79 मेलों में विभिन्न तरह के खेलों का.........किया जता है।

(a) उपयोग
(b) आयोजन
(c) प्रयोग
(d) आसान

80 मनुष्य मेलों में जाकर अपनी..........को दूर कर सकता है।

(a) पहचान (b) परिवार
(c) थकान (d) पैसों

उत्तरमाला

1.	(b)	2.	(b)	3.	(b)	4.	(b)	5.	(c)	6.	(b)	7.	(d)	8.	(d)	9.	(a)	10.	(d)
11.	(c)	12.	(c)	13.	(c)	14.	(a)	15.	(b)	16.	(c)	17.	(c)	18.	(d)	19.	(d)	20.	(a)
21.	(c)	22.	(d)	23.	(d)	24.	(d)	25.	(a)	26.	(b)	27.	(a)	28.	(b)	29.	(c)	30.	(c)
31.	(c)	32.	(c)	33.	(d)	34.	(a)	35.	(b)	36.	(b)	37.	(d)	38.	(b)	39.	(d)	40.	(a)
41.	(b)	42.	(d)	43.	(a)	44.	(a)	45.	(c)	46.	(d)	47.	(a)	48.	(a)	49.	(a)	50.	(a)
51.	(b)	52.	(c)	53.	(d)	54.	(a)	55.	(a)	56.	(d)	57.	(c)	58.	(b)	59.	(c)	60.	(c)
61.	(c)	62.	(b)	63.	(a)	64.	(a)	65.	(b)	66.	(c)	67.	(a)	68.	(c)	69.	(b)	70.	(c)
71.	(b)	72.	(b)	73.	(c)	74.	(b)	75.	(b)	76.	(a)	77.	(d)	78.	(a)	79.	(b)	80.	(c)

संकेत एवं हल

1. (b) विकल्प (b) से,

$4 \div 2 + 3 + 7 = 6$

4 और 7 को आपस में बदलने पर,

$7 \div 2 + 3 + 4 = 6$

$\Rightarrow 7 \times \frac{1}{2} + 3 + 4 = 6$

$\Rightarrow \frac{7}{2} + 3 + 4 = 6$

$\Rightarrow \frac{7+6+8}{2} = 6 \Rightarrow \frac{21}{2} = 6$

$\Rightarrow 10.5 \neq 6$

अतः विकल्प (b) में दी गई समीकरण सही नहीं होगी।

2. (b) जिस प्रकार, 'सिडनी', 'ऑस्ट्रेलिया' का एक शहर है। उसी प्रकार, 'टोरंटो', 'कनाडा' का एक शहर है।

3. (b) जिस प्रकार,

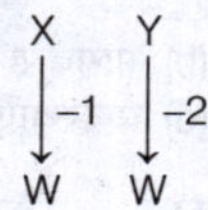

उसी प्रकार,

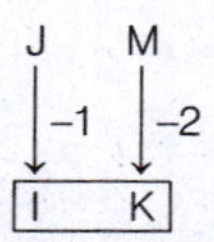

4. (b) दी गई शृंखला का क्रम निम्न प्रकार है,

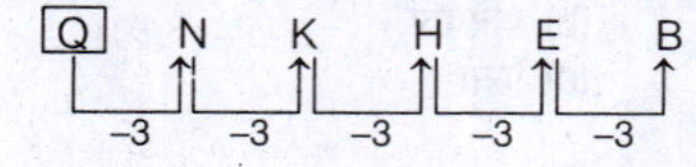

5. (c) $10 - 26 + 12 \times 20 \div 5 = 18$

विकल्प (c) से, 10 और 20 को आपस में बदलने पर,

$20 - 26 + 12 \times 10 \div 5 = 18$

$\Rightarrow 20 - 26 + 12 \times 2 = 18$

$\Rightarrow 20 - 26 + 24 = 18$

$\Rightarrow 44 - 26 = 18$

$\Rightarrow 18 = 18$

LHS = RHS

6. (b) कागज को मोड़ने, काटने तथा खोलने पश्चात् यह विकल्प आकृति (b) जैसा दिखाई देगा।

7. (d) जिस प्रकार,

SIXTEEN ⟶ 7+3=10
(शब्द में अक्षरों की कुल संख्या + 3)

और NINE ⟶ 4+3=7
(शब्द में अक्षरों की कुल संख्या + 3)

उसी प्रकार,

EIGHT ⟶ 5+3=8
(शब्द में अक्षरों की कुल संख्या + 3)

8. (d) दी गई शृंखला का क्रम निम्न प्रकार है,

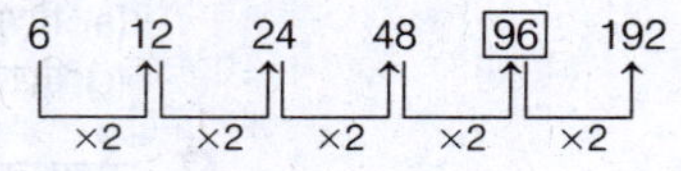

9. (a) दी गई आकृति शृंखला में प्रत्येक अगली आकृति में घड़ी की दिशा में एक अर्द्धवृत्तनुमा आकृति को जोड़ा जाता है। इस प्रकार प्रश्न चिह्न के स्थान पर विकल्प आकृति (a) होगी।

10. (d) कथनानुसार,

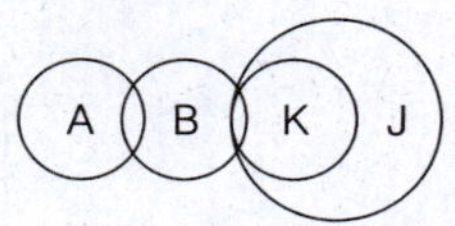

निष्कर्ष I. (✓) II. (✗)

अतः केवल निष्कर्ष I अनुसरण करता है।

11. (c) प्रश्नानुसार,

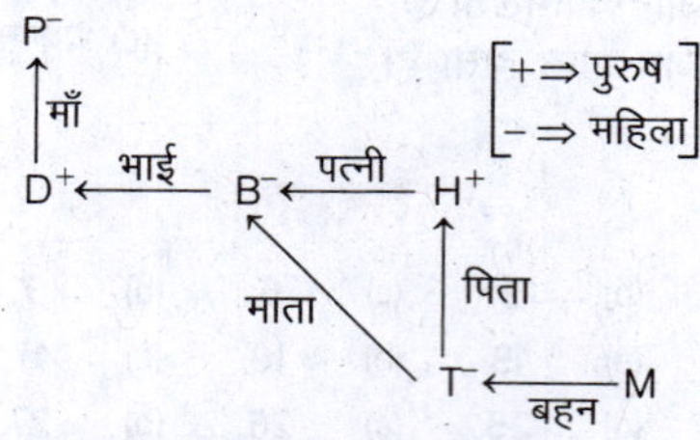

अतः P, H की पत्नी (B) की माँ है।

12. (c) दी गई आकृति शृंखला में प्रत्येक अगली आकृति में दिए गए सभी चिह्न घड़ी की सूई की विपरीत दिशा में 90° आगे बढ़ रहे है। इस प्रकार, प्रश्नचिह्न के स्थान पर विकल्प आकृति (c) होगी।

13. (c) प्रश्नानुसार,

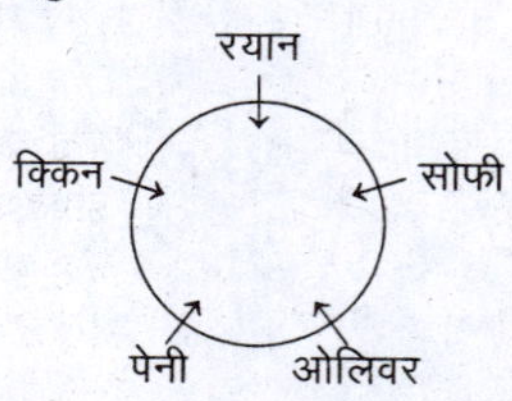

अतः क्विन के ठीक दाईं ओर पेनी बैठा है।

14. (a) जिस प्रकार,

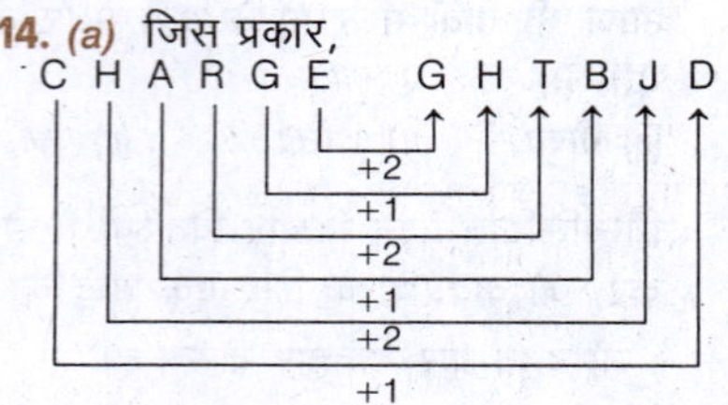

उसी प्रकार,

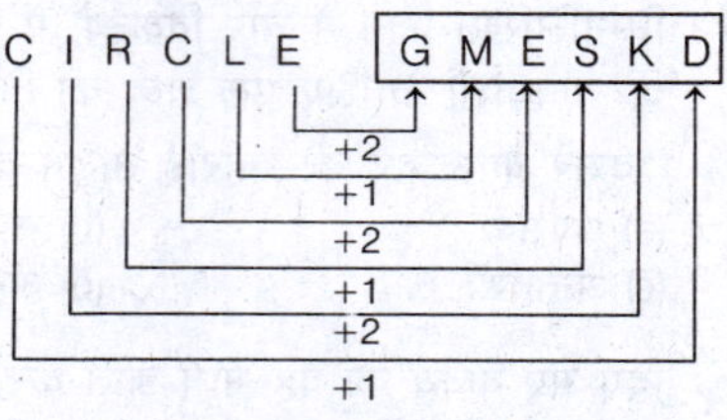

15. (b) दी गई शृंखला का क्रम निम्न प्रकार है,

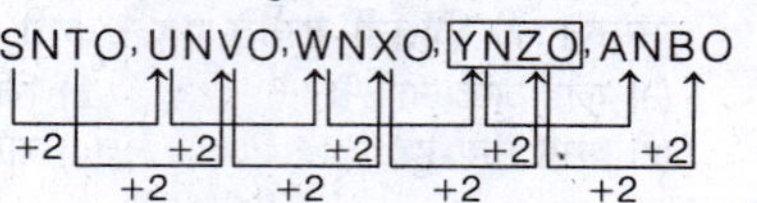

16. (c) अंग्रेजी वर्णमाला के अनुसार शब्दों का क्रम निम्न है,

2. PARADISE → 3. PARAGRAPH → 1. PARALLEL → 4. PARALLELISM → 5. PARASITE

⇒ 2, 3, 1, 4, 5

17. (c) दी गई शृंखला में क्रम निम्न प्रकार है,

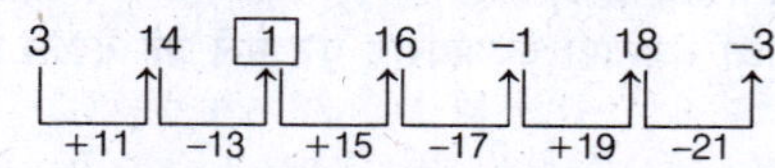

18. (d) दी गई प्रश्न आकृति, उत्तर आकृति (d) में सन्निहित है।

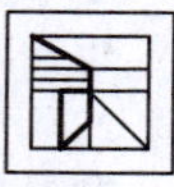

19. (d) प्रश्नानुसार,

लिला
पेनी नोरा
मैक्स ओलिवर
क्विन

अतः क्विन और नोरा के ठीक बीच में ओलिवर बैठा है।

20. (a) ∵ पहले और तीसरे पासे में एक फलक 'X' उभयनिष्ठ है

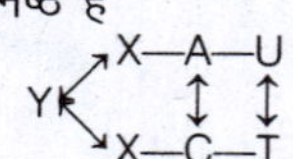

अतः पासे में 'X' के विपरीत फलक पर 'Y' है।

21. *(c)* प्रसिद्ध कुचिपुड़ी नर्तक डॉ. राजा रेड्डी ने 'शोभा नायडू' को 'कलियुग सत्यभामा' कहा था। राजा रेड्डी को कला के क्षेत्र में उनकी सेवाओं के लिए भारत सरकार ने 'पद्मश्री' और 'पद्मभूषण' पुरस्कार से सम्मानित किया है। शोभा नायडू भारत की प्रमुख कुचिपुड़ी नर्तकियों में से एक हैं। ये स्वामी वम्पति चिन्ना सत्यम की शिष्या हैं। कुचिपुड़ी, आन्ध्र प्रदेश की शास्त्रीय नृत्यशैली है।

22. *(d)* एक हैण्डबॉल टीम में 7 खिलाड़ी होते हैं। यह खेल 60 मिनट का होता है। वॉलीबॉल खेल में एक टीम में 5 खिलाड़ी, बास्केट बॉल खेल में एक टीम में 5 खिलाड़ी, तथा फुटबॉल खेल में एक टीम में खिलाड़ियों की संख्या 11 होती है।

23. *(d)* महापंजीयक एवं जनगणना आयुक्त का कार्यालय भारत सरकार के गृह मन्त्रालय के अन्तर्गत आता है। गृह मन्त्रालय, भारत सरकार का एक मन्त्रालय है। यह राज्यों के संवैधानिक अधिकारों में दखल दिए बिना सुरक्षा, शान्ति एवं सौहार्द बनाए रखने के लिए राज्य सरकारों को जन शक्ति एवं वित्तीय सहायता, मार्गदर्शन एवं विशेषज्ञता प्रदान करता है। गृहमन्त्री की अध्यक्षता में ही 'क्षेत्रीय परिषद्' की बैठक होती है।

24. *(d)* वर्ष 2022 में राष्ट्रमण्डल खेलों की मेजबानी बर्मिंघम (लन्दन) शहर ने की थी। राष्ट्रमण्डल खेलों की शुरुआत वर्ष 1930 में हुई। इनका आयोजन प्रत्येक चार वर्ष में होता है। पहला राष्ट्रमण्डल खेल हैमिल्टन, ओण्टारियो कनाडा में हुआ था। वर्ष 2026 में इस खेल का आयोजन ऑस्ट्रेलिया के विक्टोरिया शहर में होगा। भारत में इसका आयोजन वर्ष 2010 में नई दिल्ली में हुआ था।

25. *(a)* भारतीय न्याय संहिता विधेयक, भारतीय दण्ड संहिता (IPC), 1860 को निरस्त करता है। भारतीय दण्ड संहिता भारत की सीमा के अन्तर्गत किसी भी नागरिक द्वारा किए गए किसी अपराध की परिभाषा व दण्ड का प्रावधान करती है, परन्तु यह संहिता भारत की सेना पर लागू नहीं होती है।

26. *(b)* एक वर्ष के दौरान एक फर्म की माल-सूची में परिवर्तन = वर्ष के दौरान फर्म का उत्पादन-वर्ष के दौरान फर्म बिक्री।

यदि वर्ष के आरम्भ में इसका मूल्य कम हो तथा वर्ष के अन्त में अधिक हो, तो इस स्थिति को माल-सूची में वृद्धि कहेंगे।

27. *(a)* आधुनिक आवर्त सारणी में 'ऑक्सीजन' P-ब्लॉक का हिस्सा है, क्योंकि इसके अन्तिम इलेक्ट्रॉन P-ब्लॉक में समायोजित होते हैं। ऑक्सीजन पृथ्वी की सबसे महत्त्वपूर्ण गैसों में से एक है, इसकी पृथ्वी के वातावरण में 21% की भागीदारी है। यह सभी पेड़-पौधों, एल्गी आदि द्वारा सूर्य के प्रकाश एवं कार्बन डाइऑक्साइड (CO_2) की उपस्थिति में प्रकाश संश्लेषण की क्रिया के द्वारा उत्पन्न होती है, जो सभी मनुष्य एवं जीवों का मुख्य स्रोत है।

28. *(b)* भारत के प्रथम कन्या विद्यालय की स्थापना सावित्रीबाई फुले ने की थी। सावित्रीबाई फुले का जन्म 3 जनवरी, 1831 को महाराष्ट्र राज्य में हुआ था। यह भारत के पहले बालिका विद्यालय की पहली प्रधानाचार्या और पहले किसान स्कूल की संस्थापिका थीं। इनका विवाह 1840 ई. में ज्योतिबा फुले से हुआ था।

29. *(c)* दसवीं पंचवर्षीय योजना की समयावधि वर्ष 2002-07 है। पंचवर्षीय योजना आर्थिक नियोजन की वह प्रक्रिया है, जिसके अन्तर्गत पूर्व निर्धारित उद्देश्यों की पूर्ति हेतु सीमित प्राकृतिक संसाधनों का कुशलतम उपयोग किया जाता है। दसवीं पंचवर्षीय योजना का उद्देश्य देश में गरीबी और बेरोजगारी समाप्त करना तथा अगले 10 वर्षों में प्रतिव्यक्ति आय दोगुनी करना प्रस्तावित किया गया था।

वर्तमान में पंचवर्षीय योजना को समाप्त कर दिया गया है। उसके स्थान पर 1 जनवरी, 2015 को नीति आयोग की स्थापना की गई है।

30. *(c)* पण्डित रविशंकर, शाहिद परवेज़ खान, बुधादित्य मुखर्जी, अनुष्का शंकर का सम्बन्ध सितार से है। सितार एक प्रकार का वाद्ययन्त्र है, जिसे भारत का 'राष्ट्रीय वाद्ययन्त्र' होने का गौरव प्राप्त है। सितार का जनक अमीर खुसरो को माना जाता है।

31. *(c)* प्रसिद्ध कथक नर्तक बिरजू महाराज को, नृत्यशैली में उनके नवीन और आधुनिक दृष्टिकोण के लिए जाना जाता है, जिन्हें प्रायः 'कथक सम्राट' कहा जाता है। बिरजू महाराज का जन्म 4 फरवरी, 1938 को लखनऊ, उत्तर प्रदेश के 'कालका बिन्दादीन घराने' में हुआ था। इन्हें वर्ष 1986 में पद्म विभूषण से सम्मानित किया गया था। वर्ष 2022 में उनकी मृत्यु 83 वर्ष की आयु में हो गई।

32. *(c)* इण्डिया अर्थात् भारत राज्यों का एक संघ है। भारतीय संविधान के अनुच्छेद-1 में 'इण्डिया' और 'भारत' दोनों का परस्पर उपयोग किया गया है। ''इण्डिया अर्थात् भारत है, जो राज्यों का एक संघ होगा।'' भारत संसदीय प्रणाली की सरकार वाला एक स्वतन्त्र प्रभुसत्तासम्पन्न समाजवादी लोकतन्त्रात्मक गणराज्य है।

33. *(d)* 1881 की जनगणना, जो 17 फरवरी, 1881 को डब्ल्यू. सी प्लोडेन द्वारा की गई थी। 1881 ई. की जनगणना, भारत की पहली जनगणना थी। इस जनगणना में मुख्य जोर न केवल पूर्ण कवरेज पर रखा गया था, बल्कि ब्रिटिश भारत के पूरे महाद्वीप में जनसांख्यिकीय, आर्थिक और सामाजिक विशेषताओं का वर्गीकरण भी किया गया था। भारत में जनगणना की शुरुआत लार्ड मेयो द्वारा 1872 ई. में कराई गई थी। 1881 ई. से नियमित जनगणना लॉर्ड रियन ने प्रारम्भ करायी।

34. *(a)* भारत में हरित क्रान्ति (Green Revolution) की अगुवाई मुख्य रूप से एम.एस. स्वामीनाथन ने की थी। भारत में हरित क्रान्ति की शुरुआत 1965-68 के दशक में प्रारम्भ हुई थी।

हरित क्रान्ति के परिणामस्वरूप खाद्यान्न (विशेषकर गेहूँ और चावल) के उत्पादन में भारी वृद्धि हुई। एम.एस. स्वामीनाथन को भारत में हरित क्रान्ति के जनक के रूप में माना जाता है। भारत सरकार ने इनके योगदान के लिए इन्हें वर्ष 2024 के 'भारत रत्न' से सम्मानित किया है।

35. *(b)* 'अन्तर्राष्ट्रीय लूसोफोन महोत्सव' (International Lusophons Festival) का आयोजन भारतीय राज्य गोवा में किया जाता है। यह महोत्सव दुनिया के साथ भारत के जुड़ाव को आगे बढ़ाने का प्रयास करता है। गोवा का लेसोफोन दुनिया के साथ ऐतिहासिक सम्बन्ध बना रहा है, जिसे ओरिएण्ट फाउण्डेशन और कैमोज इन्स्टीट्यूट जैसे पुर्तगाली सांस्कृतिक संस्थानों की उपस्थिति के माध्यम से पोषित किया गया है, जो भारत में पुर्तगाली भाषा और संस्कृति को बढ़ावा देते हैं।

36. *(b)* अक्टूबर, 2023 तक भारत में केन्द्रीय सतर्कता आयुक्त प्रवीण कुमार श्रीवास्तव थे। केन्द्रीय सतर्कता आयोग एक शीर्षस्थ सतर्कता संस्थान है, जो किसी भी कार्यकारी प्राधिकारी के नियन्त्रण से मुक्त है। इसकी स्थापना वर्ष 1964 में 'संथानम समिति' की सिफारिश द्वारा की गई थी। यह एक सांविधिक दर्जा प्राप्त एक बहुसदस्यीय संस्था है।

37. *(d)* भारतीय संविधान अपने सभी नागरिकों के लिए सार्वभौमिक वयस्क मताधिकार की गारण्टी देता है। सार्वभौमिक वयस्क मताधिकार का अर्थ यह है कि देश के सभी वयस्क नागरिकों को वोट देने का अधिकार है। अनुच्छेद-326 के तहत वयस्क मताधिकार के आधार पर लोगों की सभा और राज्यों की विधानसभाओं का चुनाव शामिल हैं।

38. *(b)* प्रधानमन्त्री नरेन्द्र मोदी ने मध्य प्रदेश (जुलाई, 2023) के लालपुर गाँव में राष्ट्रीय सिकल सेल एनीमिया उन्मूलन मिशन (National Sickle Cell Anemia Elemination Missions), 2047 का उद्घाटन किया। यह मिशन भारत के सभी जनजातीय राज्यों/केन्द्रशासित प्रदेशों में सिकल सेल एनीमिया की जाँच, रोकथाम और प्रबन्धन के लिए चलाया जा रहा है। सरकार वर्ष 2047 में भारत के 'अमृत काल' का जश्न मनाने से पहले इस बीमारी को खत्म करने के लिए प्रतिबद्ध है।

39. *(d)* सुल्तान जोहोर कप, 2023 जर्मनी ने जीता है। जोहोर कप, हॉकी खेल से सम्बन्धित है, जो मलेशिया में आयोजित होता है। इस टूर्नामेण्ट का आयोजन वर्ष 2011 से किया जा रहा है। भारत और इंग्लैण्ड इस टूर्नामेण्ट की सबसे सफल टीमें हैं, जिन्होंने जो तीन-तीन बार यह कप जीता है।

40. *(a)* भारत में प्राचीनकाल के दौरान, 'सन्धि-विग्रहिका' शब्द का प्रयोग युद्ध तथा शान्ति मन्त्री के लिए किया जाता था। सन्धि-विग्रहिका नामक एक उच्च अधिकारी का उल्लेख गुप्त शिलालेखों में किया गया है। सन्धि-विग्रहक, गुप्त साम्राज्य का सबसे बड़ा अधिकारी होता था।

41. *(b)* 2 वर्ष के लिए,
चक्रवृद्धि तथा साधारण ब्याज का अन्तर
$$= \frac{PR^2}{(100)^2}$$
$$\Rightarrow 7200 = \frac{P \times 50 \times 50}{100 \times 100}$$
[$\because P =$ ₹ 7200 तथा दर $(R) = 50\%$]
$$\therefore \quad P = 7200 \times 4 = ₹28800$$
अतः अभीष्ट धनराशि = ₹28800

42. *(d)* $\left(\frac{133}{7}+\frac{91}{13}-\frac{216}{36}\right)+\left(\frac{209}{11}-\frac{96}{16}+\frac{45}{5}\right)$
$$= (19+7-6)+(19-6+9)$$
$$= (26-6)+(28-6)$$
$$= 20+22 = 42$$

43. *(a)* माना राहुल की कुशलता = 100
$\therefore$ राज की कुशलता $= 100 \times \frac{80}{100} = 80$
$\therefore$ राहुल और राज की कुशलता का अनुपात
$= 100:80 = 5:4$
राहुल द्वारा कम्प्यूटर को बनाने में लगा समय = 20 दिन
कुल कार्य = समय × क्षमता $= 20 \times 5 = 100$
$\therefore$ राज द्वारा कम्प्यूटर बनाने में लगा समय
$= \frac{100}{4} = 25$ दिन

44. *(a)* माना पहली, दूसरी, तीसरी तथा चौथी संख्या क्रमशः $7x, 8x, 9x$ तथा $10x$ हैं।
प्रश्नानुसार,
$$7x+8x+9x+10x = 68$$
$$\Rightarrow \quad 34x = 68$$
$$\therefore \quad x = \frac{68}{34} = 2$$
$\therefore$ पहली और चौथी संख्या का योग
$= 7x + 10x = 17 \times 2 = 34$

45. *(c)* $12 = 2 \times 2 \times 3$
तथा $5 = 1 \times 5$
ल.स. $= 2 \times 2 \times 3 \times 5 = 60$
$\therefore$ अभीष्ट पूर्ण वर्ग संख्या $= 60 \times 3 \times 5 = 900$

46. *(d)* दिया है, एक टेप रिकॉर्डर की निर्माण लागत = ₹ 3500
टेप रिकॉर्डर का अंकित मूल्य
$= 3500 \times \frac{130}{100} = ₹4550$
$\therefore$ टेप रिकॉर्डर के विक्रय मूल्य
$= 3500 \times \frac{105}{100} = ₹3675$
अतः छूट प्रतिशत $= \frac{4550-3675}{4550} \times 100$
$= \frac{875}{4550} \times 100 = 19.23\%$

47. *(a)* प्रश्नानुसार,
v का 63% = 238 का 36%
$\Rightarrow v$ का 63% $= 238 \times \frac{36}{100}$
$\Rightarrow v$ का 63% $= 85.68$
$$\Rightarrow \quad v \times \frac{63}{100} = 85.68$$
$$\Rightarrow \quad 63v = 85.68 \times 100$$
$$\therefore \quad v = \frac{8568}{63} = 136$$

48. *(a)* माना दोनों मात्राएँ क्रमशः x और y हैं।
प्रश्नानुसार,
$$x + y = 6(x-y)$$
$$\Rightarrow \quad x+y = 6x-6y$$
$$\Rightarrow \quad y+6y = 6x - x \Rightarrow 7y = 5x$$
$$\Rightarrow \quad \frac{x}{y} = \frac{7}{5}$$
$$\therefore \quad x:y = 7:5$$

49. *(a)* ₹ 24 प्रति किग्रा मूल्य वाली 32 किग्रा चीनी का मूल्य $= 32 \times 24 = ₹768$
₹31 प्रति किग्रा मूल्य वाली 24 किग्रा चीनी का मूल्य $= 24 \times 31 = ₹744$
$\therefore$ मिश्रण का मूल्य $= \frac{768+744}{32+24}$
$= \frac{1512}{56} = ₹27$ प्रति किग्रा

50. *(a)* माना वस्तु का अंकित मूल्य = ₹ $3x$
तथा विक्रय मूल्य = ₹ $2x$
$\therefore$ छूट प्रतिशत $= \frac{3x-2x}{3x} \times 100$
$= \frac{x}{3x} \times 100 = \frac{100x}{3x} = 33.33\%$

51. *(b)* माना मूलधन = ₹ x
ब्याज = x का 25% $= x \times \frac{25}{100} = ₹\frac{x}{4}$
$\therefore$ दर $= \frac{\text{ब्याज} \times 100}{\text{मूलधन} \times \text{समय}} = \frac{\frac{x}{4} \times 100}{x \times 5} = 5\%$
पुनः ब्याज = ₹ x
$\therefore$ समय $= \frac{\text{ब्याज} \times 100}{\text{मूलधन} \times \text{ दर}} = \frac{x \times 100}{x \times 5} = 20$ वर्ष
अतः 20 वर्षों में ब्याज, मूलधन के बराबर हो जाएगा।

52. *(c)* माना घन का भुजा = a सेमी
$\therefore$ घन का विकर्ण $= a\sqrt{3}$
$\Rightarrow a\sqrt{3} = 50\sqrt{3}$
$\therefore \quad a = 50$
$\therefore$ घन का आयतन $= a^3 = 50^3$
$= 125000$ सेमी^{3}

53. *(d)* $\therefore$ औसत चाल $= \frac{\text{कुल दूरी}}{\text{कुल समय}}$
$$= \frac{4 \times 7}{\frac{7}{8}+\frac{7}{16}+\frac{7}{24}+\frac{7}{32}}$$
$$= \frac{4 \times 7}{\frac{84+42+28+21}{96}} = \frac{4 \times 7}{\frac{175}{96}}$$
$= \frac{384}{25}$ किमी/घण्टा

54. *(a)* माना, पपीते की आरम्भिक कीमत ₹100 तथा खपत ₹x है।
कुल मूल्य = ₹$100x$
40% की वृद्धि के बाद,
नई कीमत = ₹140 तथा खपत ₹y है।
$\therefore$ कुल खर्च $= 140y$
व्यय में 10% की कमी होती है।
कमी के बाद मूल्य = 100 − 10 = ₹ 90
प्रश्नानुसार,
$$\frac{100x}{140y} = \frac{100}{90} \Rightarrow \frac{x}{y} = \frac{140}{90} = \frac{14}{9}$$
$$\Rightarrow \quad \frac{y}{x} = \frac{9}{14} \Rightarrow 1 - \frac{y}{x} = 1 - \frac{9}{14}$$
$$\Rightarrow \quad \frac{x-y}{x} = \frac{5}{14}$$
$\therefore$ अभीष्ट % $= \frac{5}{14} \times 100$
$= \frac{500}{14} = 35.7\%$

वैकल्पिक विधि

माना पपीते का मूल्य व व्यय 100 है।

तब,	मूल्य	व्यय
प्रारम्भिक	100	100
अन्तिम	140	90

$\therefore$ खपत में कमी % $= \frac{140-90}{140} \times 100\%$

$= \frac{50}{14} \times 10\% = 35.7\%$

55. *(a)* $\frac{512}{8} \times \left(\frac{2401}{49} - \frac{88}{11}\right) + \frac{2197}{169}$

$= 64 \times (49-8) + 13 = 64 \times 41 + 13$

$= 2624 + 13 = 2637$

56. *(d)* दिया है, C और D को कार्य पूरा करने में लगा समय $= 40$ दिन

माना D की कार्य करने की कुशलता $= 100$

C की कार्य करने की कुशलता

$= 100 \times \frac{140}{100} = 140$

C और D की कार्य करने की कुशलता का अनुपात $= 140:100 = 7:5$

कुल कार्य = समय $\times$ क्षमता

$= 40 \times (7+5) = 40 \times 12 = 480$

$\therefore$ C को अकेले कार्य करने में लगा समय

$= \frac{480}{7}$ दिन

57. *(c)* माना संख्याएँ $37x$ तथा $37y$ हैं।

प्रश्नानुसार, $(37x)(37y) = 4107$

$\Rightarrow \quad xy = \frac{4107}{37 \times 37} = 3$

$\therefore \quad xy = 1 \times 3$

$\therefore$ अभीष्ट संख्याएँ $= (37 \times 1, 37 \times 3)$ अर्थात् (37, 111) है।

अतः बड़ी संख्या $= 111$

58. *(b)* दिया है,

वस्तु का विक्रय मूल्य $=$ ₹2352

तथा लाभ $=$ ₹752

क्रय मूल्य $= (2352 - 752) =$ ₹1600

$\therefore$ लाभ % $= \frac{752 \times 100}{1600} = \frac{752}{16} = 47\%$

59. *(c)* माना 9 क्रमागत प्राकृत संख्याएँ $x, x+1, x+2, \ldots\ldots x+8$ हैं।

9 संख्याओं का औसत $= 51$

प्रश्नानुसार,

$\frac{x+(x+1)+(x+2)+\ldots\ldots+(x+8)}{9} = 51$

$\Rightarrow 9x + 36 = 51 \times 9 = 459$

$\Rightarrow \quad 9x = 459 - 36 = 423$

$\therefore \quad x = \frac{423}{9} = 47$

अतः सबसे छोटी प्राकृत संख्या 47 है।

वैकल्पिक विधि

यह ज्ञात है कि यदि क्रमागत संख्याएँ विषम बार हों तो बीच की संख्या ही औसत होती है, तब, 9 क्रमागत संख्याओं में 5वीं

संख्या = औसत

$= 51$

अतः सबसे छोटी प्राकृत संख्या $= 51 - 4 = 47$

60. *(c)* माना, कुर्सी का क्रय मूल्य $=$ ₹ $100x$

कुर्सी का विक्रय मूल्य $= 100x \times \frac{75}{100} =$ ₹ $75x$

प्रश्नानुसार,

$75x + 900 = 100x \times \frac{105}{100}$

$\Rightarrow \quad 900 = 30x$

$\Rightarrow \quad x = 30$

$\therefore$ क्रय मूल्य $= 30 \times 100 =$ ₹ 3000

अतः 40% लाभ पर कुर्सी का विक्रय मूल्य

$= 3000 \times \frac{140}{100} =$ ₹ 4200

61. *(c)* दिए गए वाक्य में कोष्ठक शब्द (उठ) का तत्सम रूप 'उत्तिष्ठ' है। 'उत्तिष्ठ' एक तत्सम शब्द है। ऐसे शब्द जिन्हें संस्कृत से बिना किसी परिवर्तन के ही प्रयोग में लाया जाता है, तत्सम शब्द कहलाते हैं।

अन्य विकल्प असंगत हैं।

62. *(b)* दिए गए वाक्य में कोष्ठक शब्द 'अर्द्ध' का तद्भव रूप 'आधा' है।

अन्य विकल्प असंगत हैं।

63. *(a)* दिए गए विकल्पों में से 'अँगारे बरसना' मुहावरे का सही अर्थ होता है– अत्यधिक गर्मी पड़ना।

वाक्य प्रयोग जून के महीने में दिन में अँगारे बरसते हैं।

64. *(a)* दिए गए वाक्य में रेखांकित शब्द <u>एक मोती का हार</u> के स्थान पर सही शब्दों वाला विकल्प है– उसने मोतियों का एक हार खरीदा। अन्य विकल्प असंगत हैं।

65. *(b)* दिए गए वाक्य में विकल्प 'में सबसे' त्रुटिपूर्ण वाक्यांश है। यहाँ 'से' कारक विलुप्त है। शुद्ध वाक्य इस प्रकार है– 'मुझे बताओ कि विश्वनाथ और आनन्द में से सबसे तेज कौन है?' अन्य विकल्प असंगत हैं।

66. *(c)* दिए गए वाक्य में रेखांकित शब्द <u>अस्त</u> का विलोम शब्द 'उदय' होता है। सूर्य का उगना या निकलना सूर्योदय कहलाता है, तथा सूर्य का छिपना या डूबना सूर्यास्त कहलाता है। अन्य विकल्प असंगत हैं।

67. *(a)* वाक्य में रेखांकित शब्द <u>मलतब</u> अशुद्ध वर्तनी की सही वर्तनी 'मतलब' है।

वाक्य प्रयोग 'तुम्हारी बात का मतलब मैं समझा नहीं।' अन्य विकल्प असंगत हैं।

68. *(c)* ''लक्ष्मण की भ्रातृ-भक्ति'' मुहावरे का अर्थ है–भाई की निःस्वार्थ सेवा करना।

वाक्य प्रयोग राम के प्रति लक्ष्मण की भ्रातृ-भक्ति जगजाहिर है।

69. *(b)* दिए गए वाक्य में रेखांकित शब्द 'आवश्यक' गलत वर्तनी वाले शब्द की सही वर्तनी 'अवश्य' है। अन्य विकल्प असंगत हैं।

70. *(c)* दिए गए वाक्य में कोष्ठक शब्द (अनुकूल) का विलोम शब्द 'प्रतिकूल' होता है। अन्य विकल्प असंगत हैं।

71. *(b)* दिए गए वाक्य में कोष्ठक शब्द (खूँटी) का पर्यायवाची 'मेख' है। खूँटी के अन्य पर्यायवाची- टंगनी, कील आदि हैं।

72. *(b)* ''जो बहुत क्रूर व्यवहार करता हो'' वाक्यांश के लिए एक शब्द का विकल्प 'आततायी' होता है। अन्य विकल्प असंगत हैं।

73. *(c)* ''दूसरे के अन्दर की गहराई ताड़ने वाला'' वाक्यांश के लिए एक शब्द 'अन्तर्दर्शी' है।

अन्य विकल्प असंगत हैं।

74. *(b)* दिए गए वाक्य 'जितनी दुर्गति पहले' वाक्यांश त्रुटिपूर्ण है।

शुद्ध वाक्य इस प्रकार है– 'समाज की इतनी दुर्गति पहले कभी नहीं हुई।' अन्य विकल्प असंगत हैं।

75. *(b)* दिए गए शब्द 'गजानन' का पर्यायवाची गणेश है। गजानन के अन्य पर्यायवाची शब्द एकदन्त, गणेश, विनायक, गणपति आदि हैं। अन्य विकल्प असंगत हैं।

76. *(a)* रिक्त स्थान की पूर्ति के लिए सबसे उपयुक्त विकल्प 'विशेषता' है। अतः पूर्ण वाक्य है–हमारे देश की यही विशेषता है कि यहाँ त्योहारों पर भरपूर आनन्द मिलता है।

77. *(d)* रिक्त स्थान की पूर्ति के लिए सबसे उपयुक्त विकल्प 'आनन्द' है। अतः पूर्ण वाक्य है– मेला हमारे जीवन में बहुत खुशी और आनन्द लेकर आता है।

78. *(a)* रिक्त स्थान की पूर्ति के लिए सबसे उपयुक्त विकल्प 'रौनक' है। अतः पूर्ण वाक्य इस प्रकार है– मेलों की रौनक बच्चे हों या बड़े सभी के चेहरे पर देखने को मिलती है।

79. *(b)* रिक्त स्थान की पूर्ति के लिए सबसे उपयुक्त विकल्प 'आयोजन' है। अतः पूर्ण वाक्य है– मेलों में विभिन्न तरह के खेलों का आयोजन किया जाता है।

80. *(c)* रिक्त स्थान की पूर्ति के लिए सबसे उपयुक्त विकल्प 'थकान' है। अतः पूर्ण वाक्य इस प्रकार है– मनुष्य मेलों में जाकर अपनी थकान को दूर कर सकता है।

सॉल्वड पेपर 2024

SSC कांस्टेबल (जीडी) सेट 36

01 मार्च 2024
(शिफ्ट I)

भाग-I सामान्य बुद्धिमत्ता एवं तर्कशक्ति

1 निम्नलिखित में से कौन-सी संख्या दी गई शृंखला में प्रश्नचिह्न (?) के स्थान पर आएगी?

1076, ?, 882, 785, 688, 591

(a) 898 (b) 1001 (c) 989 (d) 979

2 निम्नलिखित में से कौन-सी संख्या दी गई शृंखला में प्रश्नचिह्न (?) के स्थान पर आएगी?

242, 264, ?, 308, 330, 352

(a) 272 (b) 286 (c) 292 (d) 300

3 नीचे दिए गए समीकरण में कौन-से दो चिह्नों और दो संख्याओं (न कि अंकों) को आपस में बदलने पर निम्नलिखित समीकरण सही होगा?

$5 - 7 \times 4 + 8 \div 2 = 17$

(a) + और −, 2 और 5 (b) ÷ और −, 7 और 8
(c) − और ÷, 5 और 4 (d) × और +, 4 और 5

4 निम्नलिखित प्रश्न में, दिए गए विकल्पों में से सम्बन्धित अक्षरों का चयन कीजिए।

SWA : UYC : : FJN : ?

(a) WXK (b) HLP (c) ZUV (d) XUV

5 निम्नलिखित में से कौन-सा अक्षर-समूह दी गई शृंखला में रिक्त स्थान (.....) पर आएगा?

CADI, EAFI, GAHI, ..., KALI

(a) HAII (b) IAJI (c) AAII (d) JAKI

6 यदि एक दर्पण को रेखा AB पर रखा जाए, तो विकल्प आकृतियों में से कौन-सी आकृति प्रश्न आकृति का सही प्रतिबिम्ब होगी?

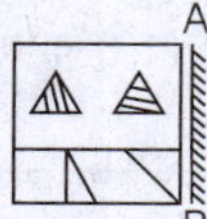

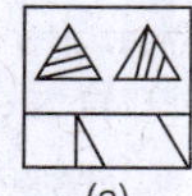
(a)

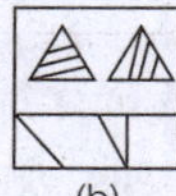
(b)

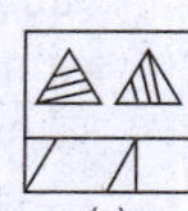
(c)

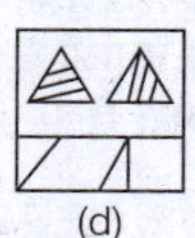
(d)

7 नीचे दी गई विकल्प आकृतियों में से, उस आकृति का चयन कीजिए, जिसमें प्रश्न आकृति छिपी/निहित है।
(घूर्णन की अनुमति नहीं है।)

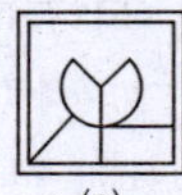
(a)

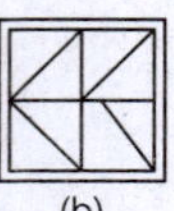
(b)

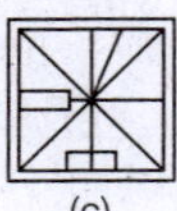
(c)

(d)

8 सात लड़कियाँ P, Q, R, S, T, U और V एक वृत्ताकार मेज के चारों ओर केन्द्र से बाहर की ओर मुख करके बैठी हैं (परन्तु जरूरी नहीं है, कि वे इसी क्रम में बैठी हों)। Q और R दोनों की निकटतम पड़ोसी P है। S न तो R और न ही T की निकटतम पड़ोसी है। T और U दोनों की निकटतम पड़ोसी V है। V, S के दाईं ओर से दूसरे स्थान पर बैठी है। S, U की निकटतम पड़ोसी है। R के ठीक बाईं ओर कौन बैठी है?

(a) T (b) P (c) Q (d) S

9 एक निश्चित कूटभाषा में, 'GIVES' को '124' लिखा जाता है, 'STEPS' को '158' लिखा जाता है। उसीकूट भाषा में 'VIEWS' को कैसे लिखा जाएगा?

(a) 164 (b) 152 (c) 144 (d) 156

10 दिए गए विकल्पों में से किन दो संख्याओं (न की अंकों) को आपस में बदलने पर निम्नलिखित समीकरण सही होगा?

$12 \times 3 - 4 \div 2 + 41 = 7$

(a) 7 और 4 (b) 3 और 2 (c) 7 और 41 (d) 12 और 41

11 दी गई आकृति के उस सही दर्पण प्रतिबिम्ब का चयन कीजिए, जो दर्पण MN को उस आकृति के दाईं ओर रखने पर बनेगा।

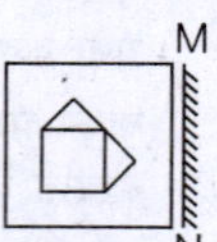

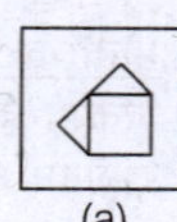
(a)

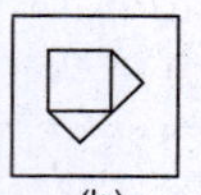
(b)

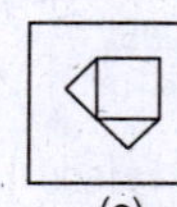
(c)

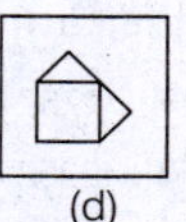
(d)

12 निम्नलिखित प्रश्न में, कुछ कथन और उन कथनों के आधार पर कुछ निष्कर्ष दिए गए हैं। आपको दिए गए कथनों को सत्य मानना है, चाहे वे सामान्यतः ज्ञात तथ्यों से भिन्न प्रतीत होते हों। सभी निष्कर्षों को ध्यानपूर्वक पढ़िए और निश्चय कीजिए कि दिए गए निष्कर्षों में से कौन-सा/कौन-से निष्कर्ष कथनों का तार्किक रूप से अनुसरण करता है/करते हैं।

कथन

सभी पहिए, साइकिल हैं।
कुछ साइकिल, टब हैं।

निष्कर्ष
I. सभी टब, पहिए हैं।
II. सभी साइकिल, टब हैं।
III. सभी साइकिल, पहिए हैं।
(a) सभी निष्कर्ष अनुसरण करते हैं
(b) कोई भी निष्कर्ष अनुसरण नहीं करता है
(c) केवल निष्कर्ष II अनुसरण करता है
(d) निष्कर्ष I और II दोनों अनुसरण करते हैं

13 दिए गए शब्दों को अंग्रेजी शब्दकोश में आने के क्रम में व्यवस्थित कीजिए।
1. Decant 2. Decamp 3. Decade
4. Decagon 5. Decay
(a) 43215 (b) 34215
(c) 43251 (d) 34251

14 निम्नलिखित प्रश्न में, दिए गए विकल्पों में से उस आकृति का चयन कीजिए, जिसे प्रश्नचिह्न (?) के स्थान पर रखा जा सकता है।

    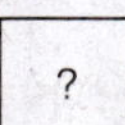

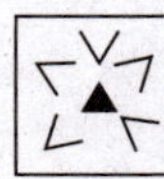 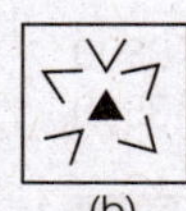 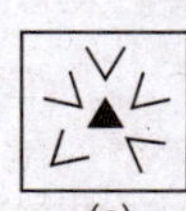 
(a) (b) (c) (d)

15 निम्नलिखित प्रश्न में, दिए गए विकल्पों में से सम्बन्धित अक्षर-युग्म का चयन कीजिए।
CP : ES : : ?
(a) KX : FS (b) AN : CQ
(c) JR : EM (d) BN : WL

16 नीचे एक शृंखला दी गई है, जिसमें एक पद लुप्त है। दिए गए विकल्पों में से उस विकल्प का चयन कीजिए जो शृंखला को पूरा करेगा।
RVNL, OSKI, LPHF, IMEC, ?
(a) FJBZ (b) MNRQ
(c) FRNC (d) FJAQ

17 निम्नलिखित प्रश्न में, विकल्पों में दी गई उस आकृति का चयन कीजिए, जिसे प्रश्नचिह्न (?) के स्थान पर रखा जा सकता है।

    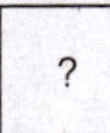

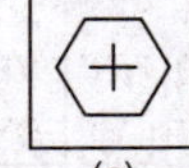 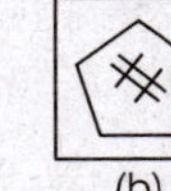 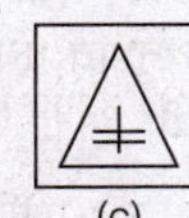 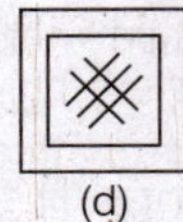
(a) (b) (c) (d)

18 एक निश्चित कूटभाषा में 'DESK' को 'CEDFRTJL' लिखा जाता है और 'CHAIR' को 'BDGIZBHJQS' लिखा जाता है। उसी कूटभाषा में 'TABLE' को कैसे लिखा जाएगा?
(a) SUZBCAKMDF
(b) SUZBAMCKDF
(c) SUZBACKMDF
(d) SUZBACMKDF

19 छः मित्र P, Q, R, S, T और U एक वृत्ताकार मेज के चारों ओर केन्द्र से बाहर की ओर मुख करके बैठे हैं। P, Q के ठीक दाईं ओर बैठा है। R और S के ठीक बीच में U बैठा है। S, T के ठीक बाईं ओर बैठा है। T के विपरीत कौन बैठा है?
(a) S (b) Q (c) P (d) R

20 '$A \times B$' का अर्थ है 'A, B का पति है'
'$A + B$' का अर्थ है 'A, B का भाई है'
'$A \div B$' का अर्थ है 'A, B का बेटा है'
'$A - B$' का अर्थ है 'A, B का पिता है'
व्यंजक '$T \div R + S - M$' में, T का S से क्या सम्बन्ध है?
(a) पति (b) भाई का बेटा
(c) पिता (d) बेटा

भाग-II सामान्य ज्ञान

21 15 नवम्बर, 2023 को .... में प्रधानमन्त्री श्री नरेन्द्र मोदी द्वारा 'विकसित भारत संकल्प यात्रा' अभियान को हरी झण्डी दिखाई गई।
(a) हिसार, हरियाणा (b) खूँटी, झारखण्ड
(c) दौसा, राजस्थान (d) अलीगढ़, उत्तर प्रदेश

22 निम्नलिखित में से वेग का SI मात्रक क्या है?
(a) किग्रा/मी (b) मी/से
(c) किग्रा/से (d) से/मी

23 केन्द्र में तेजी से बदलती राजनीतिक स्थिति के कारण वर्ष 1990 में भारत की .... पंचवर्षीय योजना शुरू नहीं हो सकी।
(a) नौवीं (b) आठवीं (c) छठी (d) सातवीं

24 निम्नलिखित में से कौन-सा खेल पाकिस्तान का राष्ट्रीय खेल है?
(a) क्रिकेट (b) फुटबॉल
(c) फील्ड हॉकी (d) पोलो

25 निम्नलिखित में से कौन-सा भारतीय संविधान में उल्लेखित राज्य नीति का निदेशक सिद्धान्त नहीं है?
(a) अन्तर्राष्ट्रीय शान्ति और सुरक्षा को बढ़ावा देना
(b) नागरिकों के लिए समान नागरिक संहिता
(c) कृषि एवं पशुपालन का गठन
(d) विधायिका को कार्यपालिका से अलग करना

26 वर्ष 1951 में प्रथम एशियाई खेल कहाँ आयोजित किए गए थे?
(a) टोक्यो, जापान (b) मनीला, फिलीपीन्स
(c) नई दिल्ली, भारत (d) बैंकॉक, थाईलैण्ड

27 खुदाई खिदमतगार (Khudai Khidmatgars) के संस्थापक कौन थे?
(a) मौलाना आजाद (b) मोहम्मद अली जिन्ना
(c) खान अब्दुल गफ्फार खान (d) सैयद अहमद खान

28 गीता महलिक (Geeta Mahlik) किस नृत्यशैली के लिए प्रसिद्ध हैं?
(a) कथक (b) ओडिसी
(c) कुचिपुड़ी (d) भरतनाट्यम

29 भारतीय संविधान की निम्नलिखित में से किस अनुसूची में 'समवर्ती सूची' दी गई है?
(a) पाँचवीं (b) सातवीं
(c) छठी (d) आठवीं

30 केन्द्रीय मन्त्री ...... ने (सितम्बर, 2022) सर्वाइकल कैंसर की रोकथाम के लिए भारत के पहले स्वदेशी रूप से विकसित टीके, 'CERVAVAC' की घोषणा की।
(a) डॉ. जितेन्द्र सिंह (b) श्री राजनाथ सिंह
(c) श्री मनसुख एल. मण्डाविया (d) डॉ. भारती प्रवीण पवार

31 'कथक' शब्द का क्या अर्थ है?
(a) कथावाचक (b) साहित्य से प्रेम
(c) कथा अनुवादक (d) प्रेम और संगीत

32 निम्नलिखित में से कौन-सा युग्म व्यक्ति और उनसे सम्बन्धित संगीत वाद्ययन्त्र के सन्दर्भ में सही ढंग से मेल खाता है?
1. तोताराम शर्मा - पखावज
2. जाकिर हुसैन - बाँसुरी
कूट
(a) केवल 2 (b) केवल 1
(c) 1 और 2 दोनों (d) न तो 1 और न ही 2

33 निम्नलिखित में से किस नृत्यशैली को एकहार्य (Ekaharya) के रूप में वर्गीकृत किया गया है?
(a) सत्रीया नृत्य (b) भरतनाट्यम
(c) कथक (d) ओडिसी

34 बास्केटबॉल में दो टीमें होती हैं और जिसमें प्रत्येक टीम में .... खिलाड़ी होते हैं।
(a) सात (b) पाँच (c) ग्यारह (d) नौ

35 भारतीय जनगणना के सन्दर्भ में साक्षरता प्रतिशत की परिभाषा क्या है?
(a) कॉलेज डिग्री धारकों का प्रतिशत
(b) उन लोगों का प्रतिशत जो अंग्रेजी पढ़ और लिख सकते हैं
(c) सात वर्ष और उससे अधिक आयु के लोगों का प्रतिशत, जो किसी भाषा को पढ़ और लिख सकते हैं
(d) उन लोगों का प्रतिशत जो बुनियादी अंकगणितीय गणनाएँ कर सकते हैं

36 भारत में आर्थिक नियोजन के सम्बन्ध में बॉम्बे प्लान (Bombay Plan) कितने भागों में प्रकाशित किया गया था?
(a) तीन (b) चार (c) दो (d) पाँच

37 निम्नलिखित में से कौन-सा मौर्य शासक चन्द्रगुप्त मौर्य का पोता (grandson) था?
(a) बृहद्रथ (b) अशोक
(c) पुष्यमित्र शुंग (d) बिन्दुसार

38 वैभव (VAIBHAV) फेलोशिप योजना को लागू करने का उत्तरदायित्व किस सरकारी विभाग के पास है?
(a) विज्ञान और प्रौद्योगिकी मन्त्रालय
(b) कृषि एवं किसान कल्याण मन्त्रालय
(c) गृह मन्त्रालय
(d) शिक्षा मन्त्रालय

39 हॉर्नबिल पर्व (Hornbill Festival) निम्नलिखित में से किस राज्य में मनाया जाता है?
(a) असम (b) नागालैण्ड (c) मणिपुर (d) मध्य प्रदेश

40 2011-12 के आँकड़ों के अनुसार, निम्नलिखित में से बिहार की गरीबी दर कौन-सी है? (लगभग)
(a) 43.7% (b) 63.7%
(c) 33.7% (d) 53.7%

भाग-III गणित

41 साधारण ब्याज की योजना में निवेश करने पर ₹ 1000 की एक धनराशि ₹ 2210 हो जाती है। यदि वार्षिक ब्याज दर और जितने वर्षों के लिए धनराशि का निवेश किया गया था, दोनों समान हैं, तो वार्षिक ब्याज दर कितनी है?
(a) 11% (b) 20%
(c) 8% (d) 15%

42 यदि कुल मोबाइलों के 75% मोबाइल 20% हानि पर बेचे जाते हैं और शेष मोबाइल 30% लाभ पर बेचे जाते हैं, तो कुल हानि प्रतिशत कितना होगा?
(a) 8% (b) 7.5%
(c) 9.09% (d) 8.5%

43 40 का 2 – (44 + 2 – 96) का मान कितना है?
(a) 100 (b) 50
(c) 130 (d) 30

44 33% की छूट के बाद एक वस्तु ₹ 2546 में बेची जाती है। वस्तु का अंकित मूल्य कितना है?
(a) ₹ 4000 (b) ₹ 3800
(c) ₹ 3600 (d) ₹ 3500

45 एक मिश्रण में अम्ल और पानी का अनुपात 4 : 7 है। यदि इसमें 10 लीटर पानी मिलाया जाए, तो अम्ल और पानी का अनुपात 8 : 19 हो जाता है। मिश्रण में अम्ल की मात्रा कितनी है?
(a) 8 लीटर (b) 4 लीटर
(c) 12 लीटर (d) 16 लीटर

46 अमित, सुमित और विनीत मिलकर एक काम पूरा करते हैं। अमित और सुमित मिलकर काम का 70% भाग पूरा करते हैं तथा सुमित और विनीत मिलकर उस काम का 50% भाग पूरा करते हैं। तीनों में से कौन सर्वाधिक कुशल है?
(a) विनीत (b) सभी समान रूप से कुशल हैं
(c) सुमित (d) अमित

47 15 लड़कों के एक समूह की औसत आयु 24 वर्ष है। 13 वर्ष की आयु वाला एक लड़का समूह छोड़ देता है। एक नया लड़का समूह में शामिल होता है और उस समूह की औसत आयु 1 वर्ष बढ़ जाती है। नए लड़के की आयु कितनी है?
(a) 28 वर्ष (b) 20 वर्ष
(c) 22 वर्ष (d) 25 वर्ष

48 एक वस्तु 20% की छूट पर बेची जाती है। वस्तु के अंकित मूल्य और विक्रय मूल्य का अनुपात क्या होगा?
(a) 4 : 3 (b) 5 : 3 (c) 5 : 4 (d) 4 : 1

49 उस त्रिभुज की ऊँचाई ज्ञात कीजिए, जहाँ उस ऊँचाई के संगत आधार, ऊँचाई का आधा है और क्षेत्रफल 144 सेमी^{2} है।
(a) 27 सेमी (b) 29.4 सेमी
(c) 24 सेमी (d) 23.8 सेमी

50 यदि गोले की त्रिज्या 80% कम कर दी जाए, तो गोले का आयतन कितने प्रतिशत कम हो जाएगा?
(a) 95.2% (b) 94.2%
(c) 99.2% (d) 98.2%

51 एक ट्रक ने अपने निर्धारित समय से 30 मिनट पहले चलना शुरू किया, लेकिन 270 किमी दूर, अपने गन्तव्य तक समय पर पहुँचने के लिए उसे अपनी सामान्य चाल 6 किमी/घण्टा धीमी करनी पड़ी। ट्रक की सामान्य चाल कितनी है?

(a) 60 किमी/घण्टा (b) 64 किमी/घण्टा
(c) 50 किमी/घण्टा (d) 56 किमी/घण्टा

52 $1495 \div 23 + 44 \times 9 - 21 \div 3$ का मान कितना है?

(a) 484 (b) 464
(c) 454 (d) 474

53 X और Y साथ मिलकर एक काम को 20 दिनों में पूरा कर सकते हैं। Y अकेले उसी काम को 25 दिनों में पूरा कर सकता है। X अकेले उसी काम को कितने दिनों में पूरा करेगा?

(a) 110 दिन (b) 100 दिन
(c) 150 दिन (d) 120 दिन

54 $5400 \div 2 - 55 \times 11 + 44 \times 3$ का मान कितना है?

(a) 2178 (b) 1928
(c) 1119 (d) 2227

55 यदि $m = 1500$ और $n = 2000$, तो m, n से कितने प्रतिशत कम है?

(a) 50% (b) 25%
(c) 12.5% (d) 10%

56 यदि $3T = 10U$ और $5U = 7V$ है, तो $T : U : V$ का मान कितना है?

(a) 70 : 21 : 15 (b) 70 : 31 : 14
(c) 10 : 3 : 2 (d) 21 : 15 : 70

57 एक वस्तु का क्रय मूल्य ₹ 4600 है। यदि हानि प्रतिशत 12% है, तो वस्तु का विक्रय मूल्य कितना है?

(a) ₹ 3888 (b) ₹ 3562
(c) ₹ 4048 (d) ₹ 3962

58 12 खिलाड़ियों और उनके कोच की औसत आयु 32 वर्ष है। प्रथम 5 खिलाड़ियों की औसत आयु 28 वर्ष है और शेष 7 खिलाड़ियों की औसत आयु 26 वर्ष है। कोच की आयु कितनी है?

(a) 93 वर्ष (b) 91 वर्ष
(c) 94 वर्ष (d) 99 वर्ष

59 ₹ 10000, 3 वर्षों के लिए 20% वार्षिक की दर पर ऋण पर दिए जाते हैं। निम्नलिखित में से कौन-सा/कौन-से कथन सही है/हैं?

(i) इस धनराशि पर प्राप्त होने वाला साधारण ब्याज ₹ 6000 होगा।
(ii) इस धनराशि पर प्राप्त होने वाला चक्रवृद्धि ब्याज (वार्षिक रूप से संयोजित) ₹ 7200 होगा।

(a) केवल (i) (b) (i) और (ii) दोनों
(c) न तो (i) और न ही (ii) (d) केवल (ii)

60 N के किस मान के लिए $28537N$, 8 से विभाज्य है?

(a) 2 (b) 4 (c) 6 (d) 8

भाग-IV हिन्दी

61 दिए गए शब्द का पर्यायवाची ज्ञात कीजिए।
'सेना'

(a) सिन्धु (b) ललित
(c) मन्द (d) दल

62 निम्नलिखित प्रश्न में चार विकल्पों मे से उस विकल्प का चयन करें, जो कोष्ठक में दिए गए शब्द के तद्भव रूप का सही विकल्प है।
नेता जी ने अपनी सुरक्षा के लिए कई (अंगरखा)······रखे हैं।

(a) अगम (b) अहेर
(c) अगुवा (d) अंगरक्षक

63 निम्नलिखित प्रश्न में चार विकल्पों में से उस विकल्प का चयन करें, जो रिक्त स्थान के लिए सही भाववाचक संज्ञा वाला विकल्प हो।
सीमा ने रोहिणी से कहा कि ······ के नाते तुम्हें उसकी मदद करनी चाहिए।

(a) थकान (b) बचपन
(c) इंसानियत (d) गुस्सा

64 निम्नलिखित वाक्य में रेखांकित भाग के लिए एक सार्थक शब्द ज्ञात कीजिए।
उसने <u>दूर से फेंककर ही हथियार</u> चलाया।

(a) तलवार (b) चाकू
(c) शस्त्र (d) अस्त्र

65 निम्नलिखित प्रश्न में चार विकल्पों में से उस विकल्प का चयन करें, जो कोष्ठक में दिए गए शब्द के विलोम शब्द का सही विकल्प है।
जो कुछ वे जानते हैं, उसे दूसरे तक पहुँचाने में वे स्वभाव से ही (कृपण)········ हैं।

(a) कंजूस (b) उदार
(c) कर्मठ (d) कठोर

66 निम्नलिखित प्रश्न में चार विकल्पों में से उस विकल्प का चयन करें, जो दिए गए मुहावरे का सही अर्थ वाला विकल्प है।
आसमान से गिरा खजूर में अटका

(a) बुरे काम करने का बुरा फल ही मिलता है
(b) एक विपत्ति से छूटकर दूसरी में उलझ जाना
(c) किसी के साथ साझा करना अच्छा नहीं होता
(d) अकेला व्यक्ति बड़ा काम नहीं कर सकता

67 निम्नलिखित प्रश्न में चार विकल्पों में से उस विकल्प का चयन करें, जो कोष्ठक में दिए गए शब्द के तत्सम का सही विकल्प है।
उसके मन में न जाने कितनी वेदना थी कि वह जोर-जोर से (उसास)····· ले रहा था।

(a) उतिष्ठ (b) उच्छवास
(c) उपरि (d) इयत

68 दिए गए शब्द का विलोम शब्द ज्ञात कीजिए।
जलमार्ग

(a) थलमार्ग (b) सुमार्ग
(c) गुलमर्ग (d) कुमार्ग

69 दिए गए वाक्य में से गलत वर्तनी ज्ञात कीजिए।
मानव का कल्यान ही मनुष्य का धर्म है।

(a) मनुष्य (b) धर्म
(c) कल्यान (d) मानव

70 निम्नलिखित वाक्य में उस वाक्यांश को पहचानिए, जिसमें मात्राओं से सम्बन्धित अशुद्धियाँ हैं। यदि कोई गलती नहीं है, तो 'कोई त्रुटि नहीं है' का चुनाव कीजिए।

हर माता-पिता चाहते हैं कि उनका बच्चा/एक आदर्श छात्र बना जो दूसरों से लिए/प्रेरणा स्रोत बन सके।
(a) प्रेरणा स्रोत बन सके
(b) कोई त्रुटि नहीं है
(c) एक आदर्श छात्र बना जो दूसरों से लिए
(d) हर माता-पिता चाहते हैं कि उनका बच्चा

71 दिए गए वाक्य में उचित पर्यायवाची शब्द का चयन करके रिक्त स्थान की पूर्ति करें।
.... (पतिहीन) होते ही उसे घर से निकाल दिया गया।
(a) खग (b) आजाद
(c) विधवा (d) ब्रह्म

72 दिए गए वाक्य में रेखांकित शब्दों के लिए सही शब्दों वाले विकल्प का चयन करें।
उसे परीक्षा में अनुत्तीर्ण होने की आशा है।
(a) उसे परीक्षा में अनुत्तीर्ण होने की सफलता है
(b) उसे परीक्षा में अनुत्तीर्ण होने की कोमलता है
(c) परिवर्तन की आवश्यकता नहीं है
(d) उसे परीक्षा में अनुत्तीर्ण होने की आशंका है

73 निम्नलिखित प्रश्न में दिए गए चार विकल्पों में से उस विकल्प का चयन करें, जो दिए गए मुहावरे के अर्थ को सर्वश्रेष्ठ रूप से व्यक्त करता है।
'युग युगान्तर से'
(a) प्राचीनकाल से (b) दादी के काल से
(c) तकनीकी जमाने से (d) आधुनिक काल से

74 निम्नलिखित वाक्य में रेखांकित भाग के लिए एक सार्थक शब्द ज्ञात कीजिए।
ये कभी न निष्फल होने वाला काम है।
(a) सटीक (b) निश्चित
(c) अमोघ (d) विफल

75 निम्नलिखित प्रश्न में चार विकल्पों में से उस विकल्प का चयन करें, जो रिक्त स्थान के लिए सही पुल्लिंग रूप वाला विकल्प हो।
आज लगता है पूरे घर की सफाई हुई है, क्योंकि .... भी साफ नजर आ रहा है।
(a) आईना (b) किताब
(c) दीवारें (d) घड़ी

निर्देश (प्र.सं.76-80) *नीचे दिए गए गद्यांश में कुछ शब्द छोड़ दिए गए हैं और प्रत्येक रिक्त स्थान के चार विकल्प दिए गए हैं। इन चारों में से कौन-सा विकल्प रिक्त स्थान की पूर्ति करेगा?*

प्रतियोगिता परीक्षाओं में गड़बड़ी और (1) .... नई बात नहीं है। कई परीक्षा देने वाले (2) .... का कहना है कि (3) .... के सील टूटे हुए थे। वे इनके विरोध में (4) .... भी कर रहे हैं। यही कारण है कि परीक्षा (5) .... कर दी गई है।

76 रिक्त स्थान (1) के लिए सबसे उपयुक्त विकल्प का चयन कीजिए।
(a) विवाद (b) रहस्यमय
(c) समूह (d) मूर्ख

77 रिक्त स्थान (2) के लिए सबसे उपयुक्त विकल्प का चयन कीजिए।
(a) थानेदार (b) अभ्यर्थियों
(c) कर्मचारी (d) दुकानदार

78 रिक्त स्थान (3) के लिए सबसे उपयुक्त विकल्प का चयन कीजिए।
(a) प्रश्नपत्रों (b) बन्दूक
(c) कारतूस (d) विचार

79 रिक्त स्थान (4) के लिए सबसे उपयुक्त विकल्प का चयन कीजिए।
(a) प्रतिशोध (b) शोध
(c) उत्साह (d) प्रदर्शन

80 रिक्त स्थान (5) के लिए सबसे उपयुक्त विकल्प का चयन कीजिए।
(a) धैर्य (b) खटास
(c) मिठास (d) रद्द

उत्तरमाला

1.	(d)	2.	(b)	3.	(d)	4.	(b)	5.	(b)	6.	(d)	7.	(d)	8.	(a)	9.	(d)	10.	(c)
11.	(a)	12.	(b)	13.	(b)	14.	(c)	15.	(b)	16.	(a)	17.	(d)	18.	(c)	19.	(d)	20.	(b)
21.	(b)	22.	(b)	23.	(b)	24.	(c)	25.	(d)	26.	(c)	27.	(c)	28.	(b)	29.	(b)	30.	(a)
31.	(a)	32.	(b)	33.	(b)	34.	(b)	35.	(c)	36.	(c)	37.	(b)	38.	(a)	39.	(b)	40.	(c)
41.	(a)	42.	(b)	43.	(c)	44.	(b)	45.	(d)	46.	(d)	47.	(a)	48.	(c)	49.	(c)	50.	(c)
51.	(a)	52.	(c)	53.	(b)	54.	(d)	55.	(b)	56.	(a)	57.	(c)	58.	(c)	59.	(a)	60.	(c)
61.	(d)	62.	(d)	63.	(c)	64.	(d)	65.	(b)	66.	(b)	67.	(b)	68.	(a)	69.	(c)	70.	(c)
71.	(c)	72.	(d)	73.	(a)	74.	(c)	75.	(a)	76.	(a)	77.	(b)	78.	(a)	79.	(d)	80.	(d)

संकेत एवं हल

1. (d) दी गई संख्या श्रृंखला का क्रम निम्न प्रकार है,

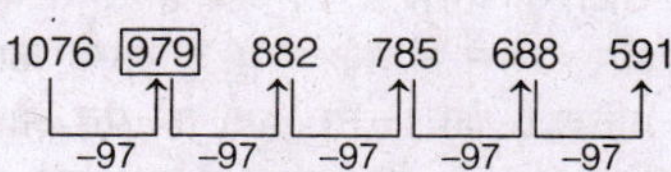

2. (b) दी गई संख्या श्रृंखला का क्रम निम्न प्रकार है,

242 264 [286] 308 330 352

+22 +22 +22 +22 +22

3. (d) दिया गया व्यंजक, $5-7\times4+8\div2=17$

विकल्प (d) से,

'×' तथा '+' और 4 तथा 5 को आपस में बदलने पर,

$\Rightarrow\ 4-7+5\times8\div2=17$

$\Rightarrow\ 4-7+5\times4=17 \Rightarrow 4-7+20=17$

4. (b) जिस प्रकार, S → (+2) → U, W → (+2) → Y, A → (+2) → C

उसी प्रकार,

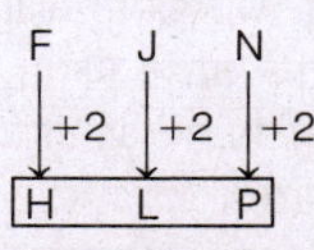

5. (b) दी गई अक्षर श्रृंखला का क्रम निम्न प्रकार है,

C —(+2)→ E —(+2)→ G —(+2)→ [I] —(+2)→ K

A —(+0)→ A —(+0)→ A —(+0)→ [A] —(+0)→ A

D —(+2)→ F —(+2)→ H —(+2)→ [J] —(+2)→ L

I —(+0)→ I —(+0)→ I —(+0)→ [I] —(+0)→ I

6. (d) दी गई आकृति का दर्पण प्रतिबिम्ब विकल्प (d) की आकृति होगी।

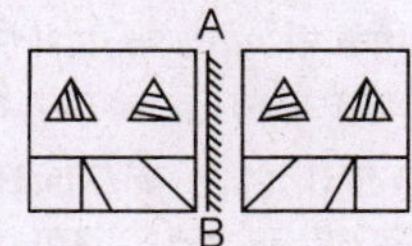

7. (d) दी गई प्रश्न आकृति, विकल्प (d) की आकृति में अन्तर्निहित है।

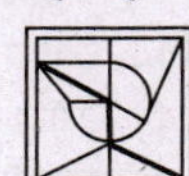

8. (a) प्रश्नानुसार,

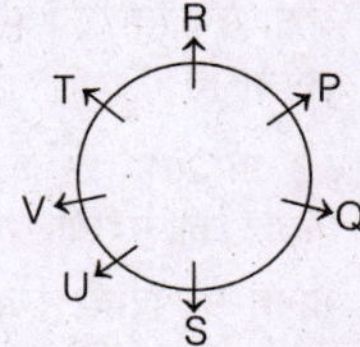

अतः 'R' के ठीक बाईं ओर 'T' बैठा है।

9. (d) जिस प्रकार,

G I V E S

$(7 + 9 + 22 + 5 + 19)\times2=124$

तथा

S T E P S

$(19 + 20 + 5 + 16 + 19)\times2=158$

उसी प्रकार,

V I E W S

$(22 + 9 + 5 + 23 + 19)\times2=$ [156]

10. (c) दिया है, $12\times3-4\div2+41=7$

7 और 41 को आपस में बदलने पर,

विकल्प (c) से,

$12\times3-4\div2+7=41$

$\Rightarrow\ 36-2+7=41$

$\Rightarrow\ 41=41$

11. (a) दी गई आकृति का सही दर्पण प्रतिबिम्ब विकल्प (a) की आकृति होगी।

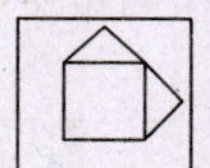

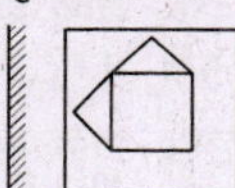

12. (b) कथनानुसार,

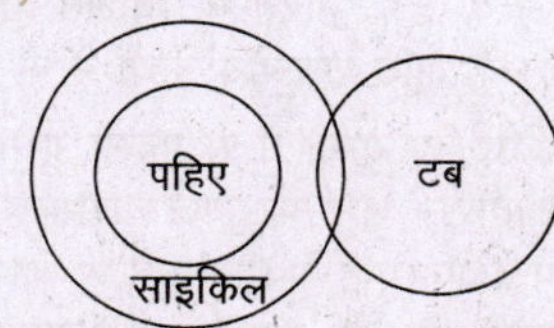

निष्कर्ष I. (✗) II. (✗) III. (✗)

अतः कोई भी निष्कर्ष अनुसरण नहीं करता है।

13. (b) अंग्रेजी शब्दकोश के अनुसार, शब्दों को व्यवस्थित करने पर,

Decade (3) → Decagon (4) → Decamp (2) → Decant (1) → Decay (5)

अतः सही क्रम 3, 4, 2, 1, 5 है।

14. (c) दी गई आकृति श्रृंखला में सर्वप्रथम ऊपर वाला चिह्न पलटता है। फिर एक बार दक्षिणावर्त दिशा वाला चिह्न पलटता है तथा फिर एक बार वामावर्त दिशा वाला चिह्न पलटता है। इसी प्रकार आगे भी यह क्रम जारी रहता है। अतः प्रश्न चिह्न के स्थान पर विकल्प आकृति (c) आएगी।

15. (b) जिस प्रकार, C → (+2) → E, P → (+3) → S

उसी प्रकार, A → (+2) → C, N → (+3) → Q

16. (a) दी गई अक्षर श्रृंखला का क्रम निम्नवत् है,

R —(−3)→ O —(−3)→ L —(−3)→ I —(−3)→ [F]

V —(−3)→ S —(−3)→ P —(−3)→ M —(−3)→ [J]

N —(−3)→ K —(−3)→ H —(−3)→ E —(−3)→ [B]

L —(−3)→ I —(−3)→ F —(−3)→ C —(−3)→ [Z]

17. (d) दी गई आकृति श्रृंखला में अगले पद में बाहरी आकृति में एक रेखा कम होती है तथा अन्दर एक रेखा बढ़ती जा रही है। अतः इस प्रकार आकृति श्रृंखला में (?) के स्थान पर विकल्प (d) की आकृति आएगी।

18. (c) जिस प्रकार,

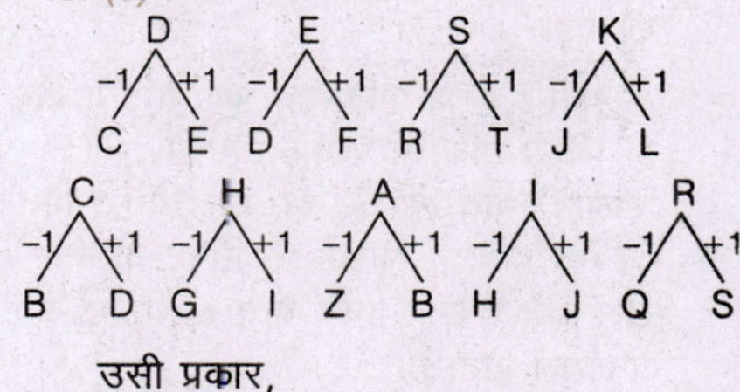

19. (d) प्रश्नानुसार,

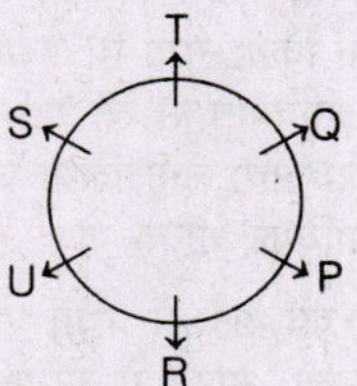

अतः T के विपरीत R बैठा है।

20. (b) प्रश्नानुसार,

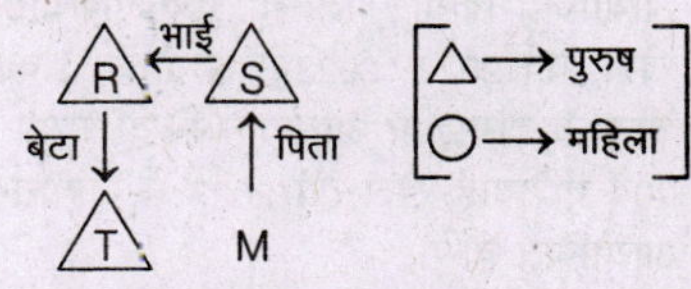

अतः T, S के भाई का बेटा है।

21. *(b)* 15 नवम्बर, 2023 को खूँटी, झारखण्ड में प्रधानमन्त्री श्री नरेन्द्र मोदी द्वारा 'विकसित भारत संकल्प यात्रा' अभियान को हरी झण्डी दिखाई गई। यह सरकार की योजनाओं की संतृप्ति प्राप्त करने के लिए विस्तारित गतिविधियों के माध्यम से जागरुकता बढ़ाने का एक राष्ट्रव्यापी अभियान है। इसके अन्तर्गत भारत की सभी ग्राम पंचायतें, नगर पंचायतें और शहरी स्थानीय निकाय शामिल हैं।

22. *(b)* वेग का मात्रक मी/से $\left(\frac{M}{S}\right)$ है। किसी वस्तु के विस्थापन की दर को एक निश्चित दिशा में प्रति सेकण्ड वस्तु द्वारा तय की गई दूरी को वेग कहते हैं। यह एक सदिश राशि है।

23. *(b)* केन्द्र में तेजी से बदलती राजनीतिक स्थिति के कारण वर्ष 1990 में भारत की आठवीं पंचवर्षीय योजना शुरू नहीं हो सकी। आठवीं पंचवर्षीय योजना की अवधि वर्ष 1992-97 थी। इस योजना में सबसे अधिक प्राथमिकता 'मानव संसाधन का विकास' अर्थात् रोजगार, शिक्षा व जनस्वास्थ्य को दी गई। इसी योजना के तहत राष्ट्रीय महिला कोष की स्थापना की गई।

24. *(c)* फील्ड हॉकी पाकिस्तान का राष्ट्रीय खेल है। फील्ड हॉकी में प्रत्येक टीम में 11-11 खिलाड़ी भाग लेते हैं, इस खेल में 60 मिनट का मैच होता हैं जिसमें 20 मिनट के तीन खेल होते हैं और इनके बीच 15 मिनट का अन्तराल होता है।

25. *(d)* विधायिका को कार्यपालिका से अलग करना भारतीय संविधान में उल्लेखित राज्य नीति के निदेशक सिद्धान्तों में नहीं है। राज्य के नीति-निदेशक सिद्धान्त का वर्णन भारतीय संविधान के भाग-4 में अनुच्छेद-36 से 51 तक किया गया है। इसकी प्रेरणा आयरलैण्ड के संविधान से ली गई है। इसे न्यायालय द्वारा लागू नहीं किया जा सकता अर्थात् इसे वैधायिका शक्ति प्राप्त नहीं है।

26. *(c)* वर्ष 1951 में प्रथम एशियाई खेल नई दिल्ली, भारत में आयोजित किए गए थे। एशियाई खेल को एशियाड के नाम से भी जाना जाता है। इन्हें प्रत्येक चार वर्ष में आयोजित किया जाता है। 19वें एशियाई खेल, वर्ष 2022 (2023 में आयोजित) का चीन के हांगझू में आयोजन किया गया। 20वें एशियाई खेल वर्ष 2027 में जापान में आयोजित होंगे।

27. *(c)* खुदाई खिदमतगार के संस्थापक खान अब्दुल गफ्फार खान थे। इनका जन्म 6 फरवरी, 1890 को पेशावर, पाकिस्तान में हुआ था। इन्होंने वर्ष 1924 में कांग्रेस पार्टी की एक सभा में शामिल होने के बाद खुदाई खिदमतगार की स्थापना की और पख्तूनों के बीच लाल कुर्ती आन्दोलन का आह्वान किया। इन्हें सीमान्त गाँधी भी कहा जाता है।

28. *(b)* गीता महलिक (Geeta Mahlik) ओडिसी नृत्यशैली के लिए प्रसिद्ध हैं। ओडिसी नृत्यशैली आठ भारतीय शास्त्रीय नृत्यों में से एक प्राचीन भारतीय शास्त्रीय नृत्यशैली है, जिसकी शुरुआत ओडिशा के मन्दिरों से मानी जाती है।

29. *(b)* भारतीय संविधान की सातवीं अनुसूची में 'समवर्ती सूची' दी गई है। समवर्ती सूची के अन्तर्गत दिए गए विषय पर केन्द्र एवं राज्य दोनों सरकारें कानून बनाती हैं, किन्तु कानून के विषय समान होने पर केन्द्र सरकार द्वारा बनाया गया कानून ही मान्य होता है। वर्तमान में समवर्ती सूची में कुल 52 विषय हैं।

30. *(a)* केन्द्रीय मन्त्री डॉ. जितेन्द्र सिंह ने (सितम्बर, 2022) सर्वाइकल कैंसर की रोकथाम के लिए भारत के पहले स्वदेशी रूप से विकसित टीके, 'CERVAVAC' की घोषणा की। यह टीका वर्ष 2022 में सीरम इन्स्टीट्यूट ऑफ इण्डिया द्वारा विकसित किया गया है।

31. *(a)* 'कथक' शब्द का अर्थ 'कथावाचक' है। कथक शब्द का उद्‌भव 'कथा' शब्द से हुआ है, जिसका शाब्दिक अर्थ है–कथा कहना। यह नृत्य उत्तर भारत में प्रचलित है। यह भारत के आठ शास्त्रीय नृत्यों में से एक है।

32. *(b)* दिए गए युग्मों में से पहला युग्म सही है। तोताराम शर्मा पखावज वाद्ययन्त्र वादक हैं। पखावज एक पीपे के आकार का दोतरफा ढोल है, यह भारतीय शास्त्रीय संगीत की ध्रुपद शैली में सबसे अधिक प्रयोग किया जाने वाला वाद्ययन्त्र है, जबकि दूसरा युग्म गलत है, क्योंकि जाकिर हुसैन भारत के सबसे प्रसिद्ध तबलावादक हैं।

33. *(b)* भरतनाट्यम नृत्यशैली को एकहार्य (Ekaharya) के रूप में वर्गीकृत किया गया है। भरतनाट्यम एक प्रसिद्ध शास्त्रीय नृत्य है। इस नृत्य का सम्बन्ध दक्षिण भारत के तमिलनाडु राज्य से है। भरतनाट्यम में जीवन के तीन मूल तत्त्व दर्शन शास्त्र, धर्म व विज्ञान समाहित हैं। इसकी प्रसिद्ध कलाकार यामिनी कृष्णमूर्ति हैं।

34. *(b)* बास्केटबॉल में दो टीमें होती हैं और इसकी प्रत्येक टीम में पाँच खिलाड़ी होते हैं। बास्केटबॉल के जनक जेम्स स्मिथ थे। भारत में प्रथम बॉस्केटबॉल खेल वर्ष 1930 में खेला गया था। बास्केटबॉल से सम्बन्धित प्रमुख शब्दावलियाँ ड्रिबलिंग, पासिंग, रिबाउण्डिंग शूटिंग और डिफेन्स हैं।

35. *(c)* भारतीय जनगणना के सन्दर्भ में साक्षरता प्रतिशत का अर्थ है–सात वर्ष और उससे अधिक आयु के लोगों का प्रतिशत, जो किसी भाषा को पढ़ और लिख सकते हैं। भारत की साक्षरता दर **74.04%** है। भारतीय जनगणना एक दशकीय जनगणना प्रक्रिया है, जो नियमित रूप से 1881 ई. में प्रथम बार शुरू हुई थी तथा वर्ष 2011 की जनगणना भारत की 15वीं जनगणना है।

36. *(c)* भारत में आर्थिक नियोजन के सम्बन्ध में बॉम्बे प्लान को दो भागों में प्रकाशित किया गया था। बॉम्बे प्लान वर्ष 1944 और 1945 में जारी किए गए थे। इनका मुख्य लक्ष्य 15 वर्षों में प्रतिव्यक्ति आय को दोगुना कर अधिकांश जनसंख्या के आर्थिक स्तर को ऊँचा करते हुए उनके जीवन स्तर में सुधार लाना था।

37. *(b)* अशोक मौर्य शासक चन्द्रगुप्त मौर्य का पोता था। सम्राट अशोक ने 269 से 232 ई. पू. तक शासन किया। 261 ई. पू. में अशोक ने कलिंग पर अधिकार किया। भारत में शिलालेखों का प्रचलन सर्वप्रथम अशोक ने किया था। अशोक के अभिलेखों को पढ़ने में सबसे पहली सफलता 1837 ई. में जेम्स प्रिंसेप को प्राप्त हुई।

38. *(a)* वैभव फेलोशिप योजना को लागू करने का उत्तरदायित्व विज्ञान और प्रौद्योगिकी मन्त्रालय के पास है।
इस योजना के तहत चयनित अध्येताओं को भारतीय उच्च शिक्षा संस्थानों, विश्वविद्यालयों और सार्वजनिक वित्तपोषित वैज्ञानिक संस्थानों के साथ मिलकर शोधकार्य करने का अवसर दिया जाता है।
28 फरवरी, 2023 को राष्ट्रीय विज्ञान दिवस के अवसर पर इस योजना की शुरुआत की गई।

39. *(b)* हॉर्नबिल पर्व नागालैण्ड में मनाया जाता है। यह वार्षिक त्योहार है। इसका उद्देश्य नागालैण्ड की समृद्ध संस्कृति को पुनर्जीवित एवं संरक्षित करना और इसकी असाधारणता एवं परम्पराओं को प्रदर्शित करना है।

40. *(c)* वर्ष 2011-12 के आँकड़ों के अनुसार, बिहार की गरीबी दर 33.7% (लगभग) है। भारत में गरीबी रेखा का निर्धारण नीति आयोग द्वारा किया जाता है।

41. *(a)* दिया है, मूलधन $(P) = ₹1000$

मिश्रधन $(A) = ₹2210$

$\therefore$ साधारण ब्याज (SI) = मिश्रधन — मूलधन

$= 2210 - 1000 = ₹1210$

माना कि ब्याज दर $(r) = x\%$

एवं समय $(t) = x$

$\because \quad SI = \frac{P \times r \times t}{100}$

$\Rightarrow \quad 1210 = \frac{1000 \times x \times x}{100} \Rightarrow x^2 = 121$

$\therefore \quad x = 11$

अतः ब्याज दर $= 11\%$

42. *(b)* माना, कुल मोबाइलों की संख्या $= 100$
तथा प्रत्येक मोबाइल की कीमत $= ₹1$

$\therefore$ सभी मोबाइलों का कुल क्रय मूल्य

$= 100 \times 1 = ₹100$

$\therefore$ 75 मोबाइलों का विक्रय मूल्य $= \frac{75 \times 80}{100}$

$= ₹60$

25 मोबाइलों का विक्रय मूल्य $= \frac{25 \times 130}{100}$

$= ₹32.5$

कुल विक्रय मूल्य $= 60 + 32.5 = ₹92.5$

अतः अभीष्ट हानि % $= \frac{100 - 92.5}{100} \times 100$

$= 7.5\%$

43. *(c)* 40 का $2 - (44 + 2 - 96)$

$= 40$ का $2 - (46 - 96)$

$= 40$ का $2 - (-50)$

$= 40$ का $2 + 50 = 80 + 50 = 130$

44. *(b)* हम जानते हैं,

वस्तु का अंकित मूल्य

$= \frac{\text{विक्रय मूल्य} \times 100}{100 - \text{छूट \%}}$

$= \frac{2546 \times 100}{100 - 33} = ₹3800$

45. *(d)* माना मिश्रण में अम्ल एवं पानी की मात्रा क्रमशः $4x$ व $7x$ है

प्रश्नानुसार, $\frac{4x}{7x + 10} = \frac{8}{19}$

$\Rightarrow \quad 76x = 8(7x + 10)$

$\Rightarrow \quad 76x = 56x + 80$

$\Rightarrow \quad 76x - 56x = 80$

$\Rightarrow \quad 20x = 80$

$\therefore \quad x = 4$

अतः अम्ल की मात्रा

$= 4x = 4 \times 4 = 16$ लीटर

वैकल्पिक विधि

अम्ल पानी

शुरुआती मात्रा $\rightarrow (4 : 7) \times 2 = 8 : 14$

अन्तिम मात्रा $\rightarrow (8 : 19) \times 1 = 8 : 19$

$\because (19 - 14) \rightarrow 10$

$\therefore 8 \rightarrow \frac{10}{5} \times 8 = 16$ लीटर

46. *(d)* माना कुल कार्य $= 100\%$

$\therefore$ अमित, सुमित और विनीत का कार्य $= 100\%$

तथा अमित और सुमित का कार्य $= 70\%$

$\therefore$ विनीत का कार्य $= 100 - 70 = 30\%$

$\because$ सुमित और विनीत का कार्य $= 50\%$

$\therefore$ सुमित का कार्य $= 50 - 30 = 20\%$

$\therefore$ अमित का कार्य $= 100 - 50 = 50\%$

अतः अमित सर्वाधिक कुशल है।

47. *(a)* दिया हैं, लड़कों की संख्या $= 15$

तथा औसत आयु $= 24$ वर्ष

$\therefore$ कुल आयु $= 15 \times 24 = 360$ वर्ष

13 वर्ष के एक लड़के के छोड़ देने के बाद कुल आयु $= 360 - 13 = 347$ वर्ष

नया लड़का शामिल होने के बाद

औसत आयु $= 24 + 1 = 25$ वर्ष

कुल नई आयु $= 15 \times 25 = 375$ वर्ष

अतः नए लड़के की आयु

= कुल नई आयु − 13 लड़कों की कुल आयु

$= 375 - 347 = 28$ वर्ष

वैकल्पिक विधि

एक नए लड़के के समूह में आने से औसत 1 बढ़ जाता है

$\therefore$ नए लड़के की आयु $= (15 \times 1) +$ समूह छोड़कर जाने वाले की आयु

$= 15 + 13 = 28$ वर्ष

48. *(c)* माना वस्तु का अंकित मूल्य $= ₹100$

20% छूट देने के बाद,

विक्रय मूल्य $= 100 - 100$ का 20%

$= 100 - 100 \times \frac{20}{100} = ₹80$

अतः अभीष्ट अनुपात $= 100 : 80 = 5 : 4$

वैकल्पिक विधि

$20\% = \frac{20}{100} = \frac{1}{5}$

अंकित मूल्य $= 5$ तथा

विक्रय मूल्य $= 4$

अतः अभीष्ट अनुपात $= 5 : 4$

49. *(c)* माना त्रिभुज की ऊँचाई $= x$

त्रिभुज का आधार $= x/2$

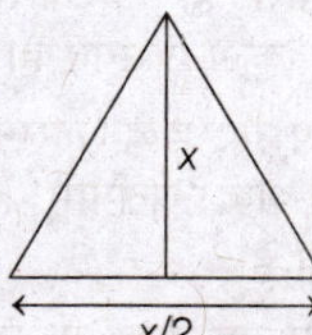

प्रश्नानुसार,

त्रिभुज का क्षेत्रफल $= \frac{1}{2} \times$ आधार $\times$ ऊँचाई

$\Rightarrow \quad 144 = \frac{1}{2} \times \frac{x}{2} \times x$

$\Rightarrow \quad 144 \times 4 = x^2$

$\Rightarrow \quad x = \sqrt{144 \times 4}$

$\therefore \quad x = 12 \times 2 = 24$ सेमी

अतः त्रिभुज की ऊँचाई $= 24$ सेमी

50. *(c)* माना गोले की त्रिज्या $= r$

तो गोले का आयतन $= \frac{4}{3}\pi r^3$

80% त्रिज्या कम करने पर

नई त्रिज्या $= r - r$ का 80%

$= r - r \times \frac{80}{100} = \frac{r}{5}$

गोले का नया आयतन $= \frac{4}{3}\pi r^3$

$= \frac{4}{3}\pi\left(\frac{r}{5}\right)^3 = \frac{4}{3}\pi\frac{r^3}{125}$

आयतन में कमी % $= \frac{\text{कमी}}{\text{कुल}} \times 100$

$= \frac{\frac{4}{3}\pi r^3 - \frac{4}{3}\pi\frac{r^3}{125}}{\frac{4}{3}\pi r^3} \times 100$

$= \frac{\frac{4}{3}\pi r^3\left(1 - \frac{1}{125}\right)}{\frac{4}{3}\pi r^3} \times 100$

$= \frac{125 - 1}{125} = \frac{124}{125} \times 100 = 99.2\%$

वैकल्पिक विधि

$80\% = \frac{4}{5}$

गोले की पुरानी त्रिज्या $= 5$

तथा गोले की नई त्रिज्या $= 1$

पुराना आयतन : नया आयतन

$= \frac{4}{3}\pi(5)^3 : \frac{4}{3}\pi(1)^3 = 125 : 1$

$\therefore$ अभीष्ट कमी % $= \frac{125 - 1}{125} \times 100$

$= \frac{124}{125} \times 100 = 99.2\%$

51. *(a)* माना, ट्रक की सामान्य चाल

$= x$ किमी/घण्टा

हम जानते हैं,

$D = \frac{S_1 \times S_2}{S_1 - S_2} \times T$

$\therefore \quad 270 = \frac{x(x - 6)}{6} \times \frac{30}{60}$

$x^2 - 6x - 3240 = 0$

$x^2 - 60x + 54x - 3240 = 0$

$x(x - 60) + 54(x - 60) = 0$

$(x - 60)(x + 54) = 0$

$\therefore x = 60$ किमी/घण्टा

अतः ट्रक की सामान्य चाल 60 किमी/घण्टा होगी।

52. *(c)* $1495 \div 23 + 44 \times 9 - 21 \div 3$

$= 65 + 44 \times 9 - 7$

$= 65 + 396 - 7 = 454$

53. *(b)* X और Y द्वारा 1 दिन में किया गया काम $= \frac{1}{20}$

Y द्वारा 1 दिन में किया गया काम $= \frac{1}{25}$

$\therefore$ X द्वारा 1 दिन में किया गया काम

$$= \frac{1}{20} - \frac{1}{25} = \frac{5-4}{100} = \frac{1}{100}$$

अतः X अकेले काम को 100 दिन में समाप्त करेगा।

54. *(d)* $5400 \div 2 - 55 \times 11 + 44 \times 3$

$$= 2700 - 605 + 132$$
$$= 2227$$

55. *(b)* दिया है,

$m = 1500, n = 2000$

अतः अभीष्ट% $= \frac{2000 - 1500}{2000} \times 100$

$$= \frac{500}{2000} \times 100 = 25\%$$

56. *(a)* $3T = 10U$

$$\frac{T}{U} = \frac{10}{3} \Rightarrow T : U = 10 : 3$$

तथा $5U = 7V$

$$\frac{U}{V} = \frac{7}{5} \Rightarrow U : V = 7 : 5$$

$$\therefore T : U : V = 10 \times 7 : 3 \times 7 : 3 \times 5$$
$$= 70 : 21 : 15$$

57. *(c)* दिया है,

क्रय मूल्य = ₹ 4600

$\therefore$ विक्रय मूल्य $= \frac{4600 \times (100 - 12)}{100}$

$= 46 \times 88 =$ ₹ 4048

58. *(c)* 12 खिलाड़ियों और कोच की कुल आयु

$= 32 \times 13 = 416$ वर्ष

5 खिलाड़ियों की कुल आयु

$= 5 \times 28 = 140$ वर्ष

तथा शेष 7 खिलाड़ियों की कुल आयु

$= 26 \times 7 = 182$ वर्ष

अतः कोच की आयु

$= 416 - (140 + 182)$

$= 416 - 322 = 94$ वर्ष

59. *(a)* दिया है, मूलधन $(P) =$ ₹ 10000

वर्ष $(T) = 3$ वर्ष

दर $= 20\%$

$\therefore$ साधारण ब्याज $= \frac{10000 \times 3 \times 20}{100}$

$=$ ₹ 6000

तथा चक्रवृद्धि ब्याज

$$= 10000\left[\left(1 + \frac{20}{100}\right)^3 - 1\right]$$

$$= 10000\left[\frac{216}{125} - 1\right]$$

$= \frac{10000 \times 91}{125} =$ ₹ 7280

अतः केवल कथन (I) सत्य है।

60. *(c)* 8 का विभाज्यता नियम; जब संख्या के अंतिम तीन अंक 8 से पूर्णतः विभाजित होते हैं तो वह संख्या 8 से विभाज्य होती है।

$\because$ 376, 8 से पूर्णतः विभाज्य है

अतः N का मान 6 है।

61. *(d)* दिए गए शब्द 'सेना' का पर्यायवाची शब्द 'दल' है। 'सेना' शब्द के अन्य पर्यायवाची फौज, दल, पलटन आदि हैं। अन्य विकल्प असंगत हैं।

62. *(d)* वाक्य में कोष्ठक में दिए गए शब्द 'अंगरखा' का तत्सम शब्द 'अंगरक्षक' है। अन्य विकल्प असंगत हैं।

63. *(c)* रिक्त स्थान के लिए सही भाववाचक संज्ञा वाला विकल्प 'इंसानियत' है। अतः सही वाक्य रूप है–सीमा ने रोहिणी से कहा कि इंसानियत के नाते तुम्हें उसकी मदद करनी चाहिए।

64. *(d)* दिए गए वाक्य में रेखांकित भाग 'दूर से फेंककर ही हथियार चलाया'। वाक्यांश के लिए सार्थक शब्द 'अस्त्र' है। अन्य विकल्प असंगत हैं।

65. *(b)* कोष्ठक में दिए गए शब्द 'कृपण' का विलोम 'उदार' है। कृपण का अर्थ कंजूस, लोभी आदि हैं तथा उदार का अर्थ दयालु ईमानदार, शिष्ट आदि हैं। अन्य विकल्प असंगत हैं।

66. *(b)* 'आसमान से गिरा खजूर में अटका' मुहावरे का अर्थ है-एक विपत्ति से छूटकर दूसरी में उलझ जाना।'

वाक्य प्रयोग रमेश को पिछले महीने पुलिस ने कालाबाजारी के जुर्म में पकड़ा था। अभी वह उस झंझट से मुक्त भी नहीं हुआ था कि कल उसके यहाँ इनकम टैक्स की रेड पड़ गई। उसकी हालत तो अब आसमान से गिरे खजूर में अटके वाली है।

67. *(b)* प्रस्तुत वाक्य में कोष्ठक में दिए गए शब्द 'उसास' (तद्‌भव) का सही विकल्प 'उच्छवास' है। 'उच्छवास' तत्सम शब्द है। अन्य विकल्प असंगत हैं।

68. *(a)* दिए गए शब्द 'जलमार्ग' शब्द का विलोम शब्द 'थलमार्ग' है। अन्य विकल्प असंगत हैं।

69. *(c)* दिए गए वाक्य में 'कल्यान' शब्द में गलत वर्तनी है। अतः सही वाक्य है-मानव का कल्याण ही मनुष्य का धर्म है। अन्य विकल्प असंगत हैं।

70. *(c)* दिए गए वाक्य में 'एक आदर्श छात्र बना जो दूसरों से लिए' वाक्यांश में अशुद्धियाँ हैं। सही वाक्य होगा-हर माता-पिता चाहते हैं कि उनका बच्चा एक आदर्श छात्र बने, जो दूसरों के लिए प्रेरणा स्रोत बन सके।

71. *(c)* वाक्य में कोष्ठक में दिए गए शब्द 'पतिहीन' का पर्यायवाची शब्द 'विधवा' है। अतः पूर्ण वाक्य है–विधवा (पतिहीन) होते ही उसे घर से निकाल दिया गया। अन्य विकल्प असंगत हैं।

72. *(d)* दिए गए वाक्य में रेखांकित शब्द 'आशा' के लिए सही शब्द 'आकांशा' है।

अतः सही वाक्य है–उसे परीक्षा में अनुत्तीर्ण होने की आशंका है।

अन्य विकल्प असंगत हैं।

73. *(a)* 'युग-युगान्तर से' मुहावरे का सही अर्थ है-प्राचीनकाल से।

वाक्य प्रयोग युग-युगान्तर से भारतीय सभ्यता विकास की ओर अग्रसर है।

अन्य विकल्प असंगत हैं।

74. *(c)* दिए गए वाक्य में रेखांकित भाग 'न निष्फल होने वाला' के लिए सार्थक शब्द 'अमोघ' है। 'अमोघ' शब्द का अर्थ है-कभी असफल नहीं होना। अन्य विकल्प असंगत हैं।

75. *(a)* दिए गए वाक्य में रिक्त स्थान के लिए सही पुल्लिंग रूप वाला विकल्प 'आईना' है। अन्य विकल्प असंगत हैं।

76. *(a)* प्रस्तुत वाक्य में रिक्त स्थान (1) के लिए सबसे उपयुक्त विकल्प 'विवाद' शब्द है। अतःपूर्ण वाक्य है- प्रतियोगिता परीक्षाओं में गड़बड़ी और विवाद नई बात नहीं है। अन्य विकल्प असंगत हैं।

77. *(b)* दिए गए रिक्त स्थान (2) के लिए उपयुक्त विकल्प 'अभ्यर्थियों' है। अतः पूर्ण वाक्य है–कई परीक्षा देने वाले अभ्यर्थियों का कहना है कि प्रश्नपत्रों के सील टूटे हुए थे। अन्य विकल्प असंगत हैं।

78. *(a)* दिए गए रिक्त स्थान (3) के लिए उपयुक्त विकल्प 'प्रश्नप्रत्रों' है। अतः पूर्ण वाक्य है–कई परीक्षा देने वाले अभ्यर्थियों का कहना है कि प्रश्नपत्रों के सील टूटे हुए हैं। अन्य विकल्प असंगत हैं।

79. *(d)* दिए गए वाक्य में रिक्त (4) के लिए 'प्रदर्शन' विकल्प उपयुक्त है। अतः पूर्ण वाक्य है–वे इनके विरोध में प्रदर्शन भी कर रहे हैं। अन्य विकल्प असंगत हैं।

80. *(d)* दिए गए वाक्य में रिक्त स्थान (5) के लिए उपयुक्त विकल्प 'रद्द' है।

अतः पूर्ण वाक्य है–यही कारण है कि परीक्षा रद्द कर दी गई है। अन्य विकल्प असंगत हैं।

सॉल्वड पेपर 2024

SSC कांस्टेबल (जीडी) सेट 37

भाग-I सामान्य बुद्धिमत्ता एवं तर्कशक्ति

1 निम्नलिखित प्रश्न में, दिए गए विकल्पों में से उस आकृति का चयन कीजिए, जिसे प्रश्नचिह्न (?) के स्थान पर रखा जा सकता है।

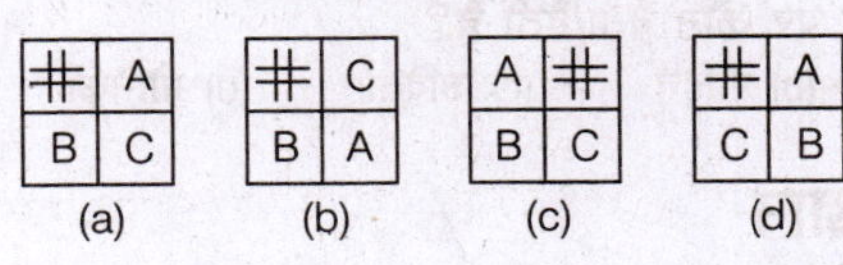

(a) (b) (c) (d)

2 दिए गए विकल्पों में से निम्नलिखित शृंखला से लुप्त संख्या का चयन कीजिए।

113, 115, 119, ?, 133, 143

(a) 130 (b) 125
(c) 128 (d) 126

3 यदि एक दर्पण को रेखा AB पर रखा जाए, तो विकल्प आकृतियों में से कौन-सी आकृति प्रश्न आकृति का सही प्रतिबिम्ब होगी?

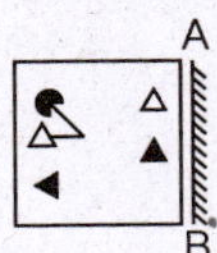

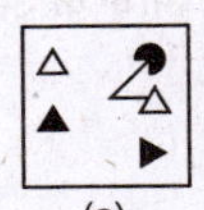
(a)
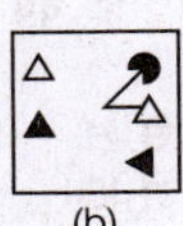
(b)
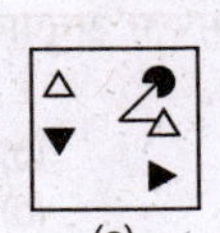
(c)
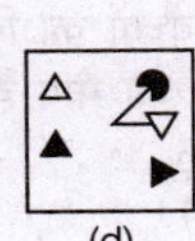
(d)

4 निम्नलिखित विकल्पों में से उस विकल्प का चयन कीजिए, जो पाँचवें अक्षर-समूह से ठीक उसी प्रकार सम्बन्धित है, जिस प्रकार चौथा अक्षर-समूह तीसरे अक्षर-समूह से सम्बन्धित है और दूसरा अक्षर-समूह पहले अक्षर-समूह से सम्बन्धित है।

FAMILY : EBLJKZ :: GATHER : FBSIDS : DINNER : ?

(a) CJMDSO (b) CJODMS
(c) CJMODS (d) CMJODS

5 एक निश्चित कूटभाषा में, 'PERJURY' को '113' लिखा जाता है और 'DECEPTION' को '91' लिखा जाता है। उसी कूटभाषा में 'WITNESS' को कैसे लिखा जाएगा?

(a) 85 (b) 91 (c) 109 (d) 96

6 यदि 20 A 25 B 70 C 7 = 5 और 30 A 40 B 75 C 15 = –5, तो 4A 10 B8 C 2 = ?

(a) 0 (b) 1 (c) (d) –2

7 नीचे एक शृंखला दी गई है, जिसमें एक पद लुप्त है। दिए गए विकल्पों में से उस विकल्प का चयन कीजिए, जो शृंखला को पूरा करेगा।

AQM, ZPL, YOK, XNJ, ?

(a) WRQ (b) WMI (c) NRQ (d) MNR

8 दिए गए शब्दों को उसी क्रम में व्यवस्थित कीजिए, जिस क्रम में वे अंग्रेजी शब्दकोश में आते हैं।

1. Biter 2. Bit
3. Bitcoin 4. Bite
5. Birth

(a) 32415 (b) 52341 (c) 52314 (d) 32451

9 दिए गए विकल्पों में से निम्नलिखित शृंखला से लुप्त संख्या का चयन कीजिए।

21, 66, 204, 621, 1875, ?

(a) 5700 (b) 5640 (c) 6005 (d) 6008

10 निम्नलिखित प्रश्न में, विकल्पों में दी गई उस आकृति का चयन कीजिए, जिसे प्रश्नचिह्न (?) के स्थान पर रखा जा सकता है।

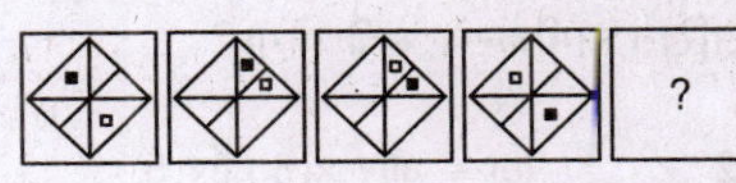

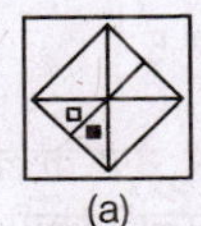
(a)
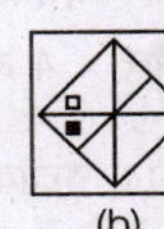
(b)
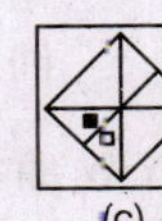
(c)
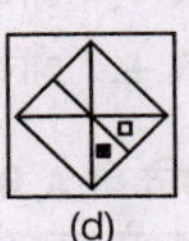
(d)

11 एक निश्चित कूटभाषा में, 'FBI' को '324' लिखा जाता है। 'HFG' को '1008' लिखा जाता है। उसी कूटभाषा में 'TBD' को कैसे लिखा जाएगा?

(a) 510 (b) 440 (c) 420 (d) 480

12 निम्नलिखित अक्षर-समूहों में से अक्षरों का कौन-सा समूह क्रमबद्ध रूप से बाईं से दाईं ओर रखे जाने पर नीचे दी गई शृंखला को पूरा करेगा?

abb_dabbc_abb_dab_cd_bbcd

(a) ddbca (b) cbcda (c) cdcba (d) abcda

13 निम्नलिखित विकल्पों में से, उस विकल्प का चयन कीजिए, जो पाँचवें शब्द से ठीक उसी प्रकार सम्बन्धित है, जिस प्रकार चौथा शब्द तीसरे शब्द से सम्बन्धित है और दूसरा शब्द पहले शब्द से सम्बन्धित है।

वड़ोदरा : बरगद का शहर :: कटक : सिल्वर सिटी :: धनबाद : ?

(a) पर्ल सिटी (b) रूबी सिटी
(c) डायमण्ड सिटी (d) कोल सिटी

14 दिए गए पासे को मोड़ने पर कौन-सी संख्या '12' वाले फलक के विपरीत फलक पर होगी?

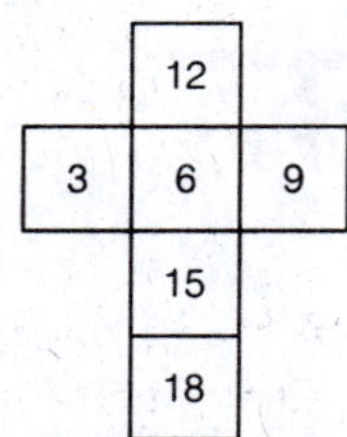

(a) 6 (b) 18 (c) 15 (d) 9

15 एक आदमी की तस्वीर की ओर इशारा करते हुए रमन कहता है, ''वह मेरे इकलौते बेटे के पिता की इकलौती बहू का इकलौता बेटा है''। उस आदमी का रमन से क्या सम्बन्ध है?

(a) पिता का पिता (b) पिता
(c) बेटे का बेटा (d) बेटा

16 निम्नलिखित प्रश्न में दी गई आकृतियों के अनुसार, कागज के एक टुकड़े को मोड़कर उसमें छेद किया जाता है। विकल्पों में दी गई आकृतियों में से बताइए कि खोले जाने पर यह कैसा दिखाई देगा?

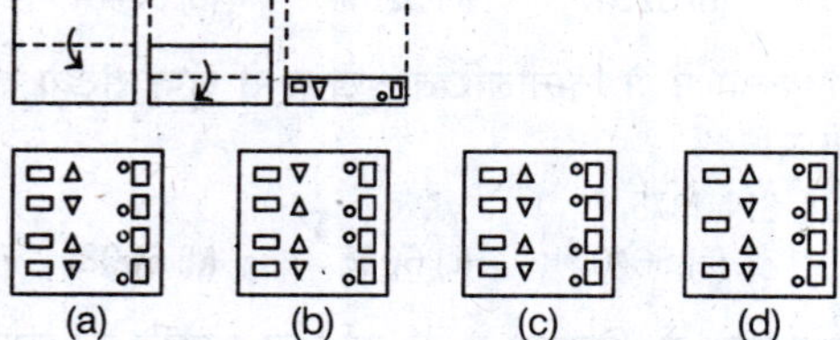

(a) (b) (c) (d)

17 दिए गए विकल्पों में से किन दो चिह्नों और दो संख्याओं को आपस में बदलने पर निम्नलिखित समीकरण सही होगा?

$7-6\div4\times2+5=3$

(a) $-$ और $\div$, 4 और 2 (b) $\div$ और $\times$, 6 और 5
(c) $-$ और $+$, 7 और 5 (d) $+$ और $\times$, 4 और 5

18 सात लड़कियाँ A, B, C, X, Y, W और Z एक वृत्ताकार मेज के चारों ओर केन्द्र से बाहर की ओर मुख करके बैठी हैं (परन्तु जरूरी नहीं कि वे इसी क्रम में बैठी हो।) W, X के बाईं ओर से दूसरे स्थान पर बैठी है, W, B और C दोनों की निकटतम पड़ोसी है। Z, B के बाईं ओर से चौथे स्थान पर बैठी है। Y, C की निकटतम पड़ोसी नहीं है। B के ठीक दाईं ओर कौन बैठी है?

(a) Y (b) W (c) X (d) A

19 निम्नलिखित प्रश्न में कुछ कथन और उन कथनों के आधार पर कुछ निष्कर्ष दिए गए हैं। आपको दिए गए कथनों को सत्य मानना है, चाहे वे सामान्यतः ज्ञात तथ्यों से भिन्न प्रतीत होते हों। सभी निष्कर्षों को ध्यानपूर्वक पढ़िए और निर्धारित कीजिए कि दिए गए निष्कर्षों में से कौन-सा/कौन-से निष्कर्ष कथनों का तार्किक रूप से अनुसरण करता है/करते हैं?

कथन सभी F, S हैं।
कुछ S, R हैं।

निष्कर्ष
I. कुछ R, F नहीं हैं।
II. कोई S, F नहीं हैं।
III. कुछ S, R नहीं हैं।

कूट
(a) सभी निष्कर्ष अनुसरण करते हैं
(b) निष्कर्ष I और III दोनों अनुसरण करते हैं
(c) कोई भी निष्कर्ष अनुसरण नहीं करता है
(d) केवल निष्कर्ष II अनुसरण करता है

20 आठ व्यक्ति, रीना, कविता, रमन, उमेश, रोहित, विकास, मोनिका और प्रिया वर्गाकार मेज के चारों ओर इस प्रकार बैठे है, कि दो व्यक्ति प्रत्येक भुजा में बैठे हैं। सभी व्यक्ति मेज के केन्द्र की ओर मुख करके बैठे हैं। रीना, रोहित के ठीक दाईं ओर बैठी है और वे दोनों एक ही तरफ बैठे हैं। मोनिका उस व्यक्ति की ओर मुख करके बैठे है, जो कविता के बाईं ओर दूसरे स्थान पर है। मोनिका, रीना के दाईं ओर से चौथे स्थान पर बैठी है। विकास और उमेश के बीच में दो व्यक्ति बैठे हैं (केवल एक तरफ से गिनने पर) और उमेश रोहित के आसन्न बैठा है। मोनिका और रमन के बीच में केवल एक व्यक्ति बैठा है (केवल एक तरफ से गिनने पर)। उमेश के दाईं ओर से दूसरे स्थान पर कौन बैठा/बैठी है?

(a) रीना (b) रोहित (c) कविता (d) मोनिका

भाग-II सामान्य ज्ञान

21 'संविधान का पालन करें और उसके आदर्शों, संस्थाओं, राष्ट्रध्वज और राष्ट्रगान का आदर करें' यह भारतीय संविधान में उल्लिखित एक ········ है।

(a) मौलिक कर्त्तव्य (b) निर्देशक सिद्धान्त
(c) आर्थिक कर्त्तव्य (d) मौलिक अधिकार

22 नोबेल पुरस्कार विजेता डॉ. नॉर्मन बोरलॉग को ········ में उनके योगदान के लिए जाना जाता है।

(a) अन्तरिक्ष अन्वेषण
(b) पर्यावरण संरक्षण
(c) कृषि एवं खाद्य उत्पादन
(d) नवीकरणीय ऊर्जा

23 भारत में बच्चों का निर्भरता अनुपात ······· वर्ष की आयु के आश्रितों की संख्या का माप है।

(a) 0 से 16 (b) 0 से 21
(c) 0 से 14 (d) 0 से 18

24 'आगा खान कप' का सम्बन्ध ··········· खेल से है।

(a) घुड़दौड़ (b) फुटबॉल
(c) हॉकी (d) मोटर रेस

25 अर्थव्यवस्था का कौन-सा क्षेत्र बौद्धिक गतिविधियों और नवाचार पर केन्द्रित है?

(a) चतुर्धातुक क्षेत्र (b) असंगठित क्षेत्र
(c) प्राथमिक क्षेत्र (d) द्वितीयक क्षेत्र

26 2011 की जनगणना के अनुसार, निम्नलिखित में से कौन-सा राज्य भारत का सबसे कम जनसंख्या वाला राज्य है?

(a) सिक्किम (b) केरल
(c) मध्य प्रदेश (d) हिमाचल प्रदेश

27 निम्नलिखित में से किस गुप्त शासक ने पश्चिमी क्षेत्रों में शकों को पराजित करके 'विक्रमादित्य' की उपाधि धारण की थी?

(a) कुमारगुप्त प्रथम (b) समुद्रगुप्त
(c) चन्द्रगुप्त द्वितीय (d) चन्द्रगुप्त प्रथम

28 मई, 2023 में विश्व बैंक के नए अध्यक्ष के रूप में किसे चुना गया है?
(a) मिगुएल डियाज कैनेल (b) अजय बंगा
(c) डेविड माल्पास (d) रॉबर्ट ई. लुकास

29 24 सितम्बर, 2023 को प्रधानमन्त्री नरेन्द्र मोदी ने वीडियो कॉन्फ्रेंसिंग के माध्यम से कितनी वन्दे भारत ट्रेनों को हरी झण्डी दिखाई?
(a) पाँच (b) तीन (c) नौ (d) सात

30 क्रिकेट में गली (Gully) की ······· स्थिति होती है।
(a) स्लिप की स्थिति के समान
(b) प्वॉइण्ट की स्थिति के समान
(c) प्वॉइण्ट और स्लिप के बीच की
(d) कवर के पीछे की

31 विलय नीति (Doctrine of Lapse) गवर्नर-जनरल ··············· द्वारा तैयार की गई थी।
(a) लॉर्ड हेस्टिंग्स (b) लॉर्ड वेलेजली
(c) लॉर्ड डलहौजी (d) लॉर्ड क्लाइव

32 पण्डित हरिप्रसाद चौरसिया, ················ के विश्व-प्रसिद्ध व्याख्याता हैं।
(a) गिटार (b) तबला (c) बाँसुरी (d) सितार

33 प्रति सेकण्ड दोलनों की संख्या को दोलन का/की ·············· कहा जाता है।
(a) आवृत्ति (b) आयाम (c) हर्ट्ज (d) तारत्व

34 ··················· एक सम्पत्ति है, जिसका मालिक कर्जदार है (जैसे-भूमि, भवन, वाहन, पशुधन, बैंकों में जमा राशि) और इसका उपयोग वह ऋणदाता को गारण्टी देने के रूप में करता है, जब तक कि ऋण का भुगतान नहीं हो जाता।
(a) समर्थक ऋणाधार (b) देनदारियाँ
(c) ऋण (d) स्थायी परिसम्पत्तियाँ

35 ·················· जोकि भारत का संवैधानिक प्रमुख होता है, को सलाह देने के लिए एक मन्त्रिपरिषद् होती है, जिसका प्रमुख प्रधानमन्त्री होता है।
(a) राजा (b) राष्ट्रपति
(c) गृहमन्त्री (d) न्यायाधीश

36 किस नृत्यशैली में ताण्डव और लास्य दोनों का समावेश है?
(a) मणिपुरी (b) भरतनाट्यम
(c) कथक (d) ओडिसी

37 जतिन गोस्वामी को किस नृत्य शैली में उनके योगदान के लिए कई पुरस्कार प्राप्त हुए?
(a) कथकली (b) सत्रिया
(c) भरतनाट्यम (d) कथक

38 निम्नलिखित में से किस तैराकी शैली में तैराक पुल की दीवार की ओर मुँह करके पानी में उतरना शुरू करते हैं?
(a) बेकस्ट्रोक (b) फ्री स्टाइल
(c) ब्रेस्टस्ट्रोक (d) बटरफ्लाई

39 ट्यूलिप उत्सव का सम्बन्ध निम्नलिखित में से किस राज्य/केन्द्रशासित प्रदेश से है?
(a) तमिलनाडु (b) त्रिपुरा
(c) केरल (d) जम्मू-कश्मीर

40 वित्त मन्त्रालय ने महिला सम्मान बचत प्रमाण-पत्र, ·················· लॉन्च किया है।
(a) वर्ष 2023 (b) वर्ष 2021
(c) वर्ष 2020 (d) वर्ष 2022

भाग-III गणित

41 *A*, *B* और *C* अकेले-अकेले तौर पर एक काम को क्रमशः 10,12 और 15 दिनों में कर सकते हैं। उन तीनों ने एक साथ काम शुरू किया, लेकिन *B* ने काम पूरा होने से 3 दिन पहले काम छोड़ दिया। काम कितने दिनों में पूरा हुआ?
(a) 2 (b) 3 (c) 5 (d) 4

42 वह सबसे बड़ी संख्या ज्ञात कीजिए, जिससे 68, 102 और 136 को भाग देने पर, प्रत्येक स्थिति में समान शेषफल बचता है।
(a) 17 (b) 34 (c) 33 (d) 51

43 एक गोले की त्रिज्या 4.2 सेमी है। गोले का कुल पृष्ठीय क्षेत्रफल कितना है?
(a) 248.36 सेमी^{2} (b) 176.98 सेमी^{2}
(c) 196.52 सेमी^{2} (d) 221.76 सेमी^{2}

44 एक परीक्षा में रमेश को कुछ विषयों में 85, 123, 54, 98, 63 और 45 अंक मिले। उन विषयों में रमेश के औसत अंक कितने हैं?
(a) 76 (b) 68 (c) 82 (d) 78

45 दो संख्याओं का अनुपात 3:1 है। उन संख्याओं के वर्गों का योग 810 है। संख्याओं का योग कितना होगा?
(a) 36 (b) 60 (c) 24 (d) 27

46 980 में से क्या घटाया जाए कि प्राप्त संख्या 1350 के 40% के बराबर हो जाए?
(a) 450 (b) 460 (c) 430 (d) 440

47 एक आदमी एक निश्चित मूल्य पर मोबाइल बेचकर 10% का लाभ अर्जित करता है। यदि वह उस मोबाइल को दोगुने मूल्य पर बेचता है, तो लाभ प्रतिशत कितना होगा?
(a) 140% (b) 130% (c) 120% (d) 100%

48 एक कार का विक्रय मूल्य ₹ 11440 है। यदि कार को 45% की छूट पर बेचा जाता है, तो कार का अंकित मूल्य कितना था?
(a) ₹ 20300 (b) ₹ 19850
(c) ₹ 21050 (d) ₹ 20800

49 यदि सुन्दर, जेठालाल से 8% वार्षिक साधारण ब्याज दर पर ₹ 45000 ऋण पर लेता है, तो पाँच वर्ष के अन्त में, सुन्दर को कितना ब्याज देना होगा?
(a) ₹ 21000 (b) ₹ 15000
(c) ₹ 18000 (d) ₹ 24000

50 $540 - 270 \div 5 + 34 \times 2$ का मान कितना है?
(a) 496 (b) 532
(c) 518 (d) 554

51 110, 11 और 220 के लघुत्तम समापवर्त्य और महत्तम समापवर्तक का अनुपात कितना होगा?
(a) 80 : 1 (b) 6 : 1 (c) 40 : 1 (d) 20 : 1

52 सोहन अकेले एक काम को 18 दिनों में पूरा कर सकता है और मोहन अकेले उसी काम को 36 दिनों में पूरा कर सकता है। वे दोनों मिलकर उसी काम को कितने दिनों में पूरा करेंगे?
(a) 11 दिन (b) 15 दिन
(c) 14 दिन (d) 12 दिन

53 640 मी लम्बी एक रेलगाड़ी 920 मी लम्बी दूसरी रेलगाड़ी को 24 सेकण्ड में पार करती हैं। दोनों रेलगाड़ियाँ विपरीत दिशा में चल रही हैं। यदि दोनों रेलगाड़ियों की चाल समान है, तो रेलगाड़ियों की चाल कितनी हैं?
(a) 136 किमी/घण्टा (b) 117 किमी/घण्टा
(c) 129 किमी/घण्टा (d) 105 किमी/घण्टा

54 A की आय B की आय से 20% अधिक है और B की आय C की आय से 30% अधिक है। C की आय A की आय से (लगभग) कितने प्रतिशत कम हैं?
(a) 36% (b) 40%
(c) 32% (d) 30%

55 एक वस्तु को ₹ 1600 में बेचने पर एक व्यापारी को 20% की हानि होती है। 25% का लाभ अर्जित करने के लिए उसे उस वस्तु को किस मूल्य पर बेचना चाहिए?
(a) ₹ 2000 (b) ₹ 3000
(c) ₹ 2500 (d) ₹ 2400

56 15 संख्याओं का औसत 33 है और 33 संख्याओं का औसत 15 है। सभी संख्याओं का औसत ज्ञात कीजिए।
(a) 22.55 (b) 20.625
(c) 27.25 (d) 15.55

57 ₹ 7000 की धनराशि पर 36% वार्षिक की दर से अर्द्धवार्षिक रूप से संयोजित दर पर 1 वर्ष के लिए चक्रवृद्धि ब्याज कितना होगा?
(a) ₹ 2928.8 (b) ₹ 2746.8
(c) ₹ 3088.8 (d) ₹ 2878.8

58 यदि $4T = 3V = 12S$ है, तो $T : V : S$ का मान कितना है?
(a) 4 : 3 : 1 (b) 5 : 3 : 1
(c) 3 : 1 : 4 (d) 3 : 4 : 1

59 निम्नलिखित में से कौन-सी संख्या 9 से विभाज्य है?
(a) 2254 (b) 4248
(c) 4848 (d) 5848

60 हितेन अपनी कलम का मूल्य ₹ 28875 अंकित करता है और कलम पर 20% की छूट देने के बाद भी वह 40% का लाभ अर्जित करता है। कलम का क्रय मूल्य कितना है?
(a) ₹ 17000 (b) ₹ 16800
(c) ₹ 16500 (d) ₹ 1600

भाग-IV हिन्दी

61 निम्नलिखित प्रश्न में चार विकल्पों में से उस सही विकल्प का चयन करें, जो वाक्यांश के लिए एक शब्द का विकल्प हो।
'जो बीत गया हो'
(a) अद्‌यतन (b) अतिक्रमण
(c) अतीत (d) अथाह

62 निम्नलिखित प्रश्न में चार विकल्पों में से उस विकल्प का चयन करें, जो रिक्त स्थान के लिए सही भाववाचक संज्ञा वाला विकल्प हो।
सुरेश की बात की .... को समझना बहुत जरूरी है।
(a) गम्भीरता (b) चपल
(c) गड़गड़ाहट (d) कटु

63 दिए गए वाक्य का वह भाग ज्ञात करें, जिसमें कोई त्रुटि है।
जब मैं जाऊँ तब तीन लड़कियाँ और दो बालकों का ध्यान रखना।
(a) तब तीन लड़कियाँ (b) का ध्यान रखना
(c) और दो बालकों (d) जब मैं जाऊँ

64 दिए गए वाक्य में उचित पर्यायवाची शब्द का चयन करके रिक्त स्थान की पूर्ति करें।
हर कोई अपने .... (भाग्य) का खाता है।
(a) नसीब (b) विदूषक
(c) कुरूप (d) वजन

65 दिए गए वाक्य में रेखांकित शब्द का विलोम शब्द ज्ञात कीजिए।
<u>मित्रता</u> ही तुम्हें आगे ले जाएगी।
(a) बन्धन (b) निर्मलता
(c) रंजिश (d) शत्रुता

66 निम्नलिखित प्रश्न में चार विकल्पों में से उस विकल्प का चयन करें, जो रिक्त स्थान के लिए सही शब्द वाला विकल्प हो।
किसी बीमारी में पड़कर फिर उसके इलाज के लिए इधर-उधर भागना और बहुत खर्चा करना, इससे .... है, आज से ही योग के लिए वक्त निकालना।
(a) हिसाब (b) विकास
(c) मुताबिक (d) बेहतर

67 दिए गए शब्द का पर्यायवाची ज्ञात कीजिए
तालाब
(a) सुर (b) सर
(c) सिर (d) सूर

68 दिए गए वाक्य में उचित देशज-विदेशज शब्द का चयन करके रिक्त स्थान की पूर्ति कीजिए।
कितने .... हो तुम, जो इसका दर्द भी नहीं समझ पाए।
(a) पेशा (b) मलीदा
(c) बेरहम (d) जागीर

69 दिए गए वाक्य में उचित देशज-विदेशज शब्द का चयन करके रिक्त स्थान की पूर्ति कीजिए।
कोमल के .... काफी सुन्दर हैं।
(a) इयरिंग (b) इण्टर
(c) कमीशन (d) कम्पनी

70 निम्नलिखित प्रश्न में दिए गए चार विकल्पों में से उस विकल्प का चयन करें, जो दिए गए मुहावरे के अर्थ को सर्वश्रेष्ठ रूप से व्यक्त करता है।
गीदड़ भभकी
(a) चालाकी दिखाना
(b) निश्चिन्त रहना
(c) महामूर्ख
(d) कमजोर द्वारा धमकाना

71 दिए गए वाक्य में रेखांकित शब्दों के लिए सही शब्दों वाले विकल्प का चयन करें।

उसे शक मत करो

(a) उस पर शक मत करो
(b) परिवर्तन की आवश्यकता नहीं है
(c) उसमें पर शक मत करो
(d) उससे शक मत करो

72 निम्नलिखित प्रश्न में चार विकल्पों में से उस विकल्प का चयन करें, जो कोष्ठक में दिए गए शब्द के विलोम शब्द का सही विकल्प है।

किसी-किसी को देखकर ही समझ में आ जाता है कि वह कितना (सादगी) .... से भरा हुआ है।

(a) आडम्बर (b) अवज्ञा
(c) सिधाई (d) अनार्य

73 निम्नलिखित प्रश्न में दिए गए चार विकल्पों में से उस विकल्प का चयन करें, जो दिए गए मुहावरे के अर्थ को सर्वश्रेष्ठ रूप से व्यक्त करता है।

ऐसी-तैसी करना

(a) अपना नुकसान स्वयं ही करना
(b) अपने-आप में सन्तुष्ट रहना
(c) बुरी दुर्दशा करना
(d) भेद खुल जाना

74 निम्नलिखित वाक्य में उस वाक्यांश को पहचानिए, जिसमें मात्राओं से सम्बन्धित अशुद्धियाँ हैं। यदि कोई गलती नहीं है तो 'कोई त्रुटि नहीं है,' का चुनाव कीजिए।

राष्ट्र केवल जमीन का टुकड़ा ही नहीं, बल्कि हमारी/सांस्कृतिक विरासत होती है, जो हमें अपने/पूर्वजों से परम्परा के रूप में प्राप्त होती है।

(a) कोई त्रुटि नहीं है
(b) राष्ट्र केवल जमीन का टुकड़ा ही नहीं, बल्कि हमारी
(c) पूर्वजों से परम्परा के रूप में प्राप्त होती है
(d) सांस्कृतिक विरासत होती है, जो हमें अपने

75 दिए गए वाक्य में रेखांकित शब्द के लिए सही वर्तनी ज्ञात कीजिए।

यह परम्परा तो रितिकाल से चली आ रही है।

(a) रीतीकाल (b) रतीकाल
(c) रितीकाल (d) रीतिकाल

निर्देश (प्र. सं. 76-80) *नीचे दिए गए गद्य में कुछ शब्द छोड़ दिए गए हैं और प्रत्येक रिक्त स्थान के चार विकल्प दिए गए हैं। इन चारों में से कौन-सा विकल्प रिक्त स्थान की पूर्ति करेगा?*

एक्सप्रेस-वे के जरिए प्रदेश की (1)..... को बेहतर बनाने के साथ ही अब इनके (2)..... औद्योगिक केन्द्रों की (3)..... के लिए औद्योगिक गलियारे विकसित किए जाने की (4)..... पर (5)..... शुरू किया गया है। इस बारे में आज ही मुख्यमन्त्री जी के साथ चर्चा होगी।

76 रिक्त स्थान (1) के लिए सबसे उपयुक्त विकल्प का चयन कीजिए।

(a) ऑफिस
(b) कनेक्टिविटी
(c) टैंक
(d) समन

77 रिक्त स्थान (2) के लिए सबसे उपयुक्त विकल्प का चयन कीजिए।

(a) बाएँ
(b) सीधे
(c) किनारे
(d) गोलाकार

78 रिक्त स्थान (3) के लिए सबसे उपयुक्त विकल्प का चयन कीजिए।

(a) बन्द (b) स्थापना
(c) प्रभाव (d) नाटक

79 रिक्त स्थान (4) के लिए सबसे उपयुक्त विकल्प का चयन कीजिए।

(a) वर्तमान (b) योजना
(c) षड्यन्त्र (d) दान

80 रिक्त स्थान (5) के लिए सबसे उपयुक्त विकल्प का चयन कीजिए।

(a) प्रेम (b) दुःख
(c) अमल (d) पीड़ा

उत्तरमाला

1.	(a)	2.	(b)	3.	(a)	4.	(c)	5.	(c)	6.	(d)	7.	(b)	8.	(b)	9.	(b)	10.	(a)
11.	(d)	12.	(c)	13.	(d)	14.	(c)	15.	(c)	16.	(a)	17.	(b)	18.	(c)	19.	(c)	20.	(a)
21.	(a)	22.	(c)	23.	(c)	24.	(c)	25.	(a)	26.	(a)	27.	(c)	28.	(b)	29.	(c)	30.	(c)
31.	(c)	32.	(c)	33.	(a)	34.	(a)	35.	(b)	36.	(a)	37.	(b)	38.	(a)	39.	(d)	40.	(a)
41.	(c)	42.	(b)	43.	(d)	44.	(d)	45.	(a)	46.	(d)	47.	(c)	48.	(d)	49.	(c)	50.	(d)
51.	(d)	52.	(d)	53.	(b)	54.	(a)	55.	(c)	56.	(b)	57.	(b)	58.	(d)	59.	(b)	60.	(c)
61.	(c)	62.	(a)	63.	(a)	64.	(a)	65.	(d)	66.	(d)	67.	(b)	68.	(c)	69.	(a)	70.	(d)
71.	(a)	72.	(a)	73.	(c)	74.	(a)	75.	(d)	76.	(b)	77.	(c)	78.	(b)	79.	(b)	80.	(c)

संकेत एवं हल

1. *(a)* दी गई आकृति श्रृंखला में प्रत्येक चिह्न दक्षिणावर्त 90° घूम रहा है। अतः विकल्प आकृति (a) को प्रश्नचिह्न के स्थान पर रखा जा सकता है।

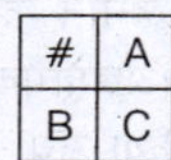

2. *(b)* दी गई आकृति श्रृंखला का क्रम निम्न प्रकार है,

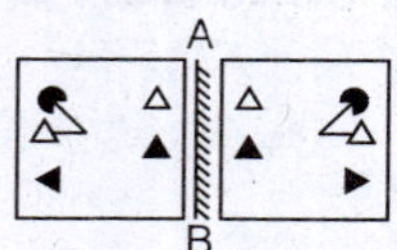

3. *(a)* विकल्प आकृति (a), प्रश्न आकृति का सही दर्पण प्रतिबिम्ब है।

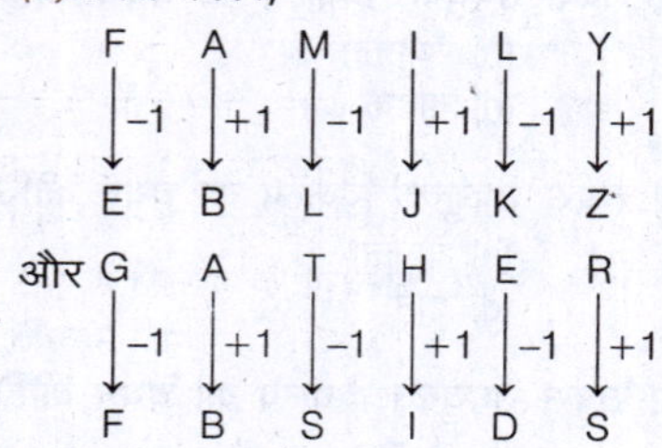

4. *(c)* जिस प्रकार,

F A M I L Y
−1 +1 −1 +1 −1 +1
E B L J K Z

और G A T H E R
−1 +1 −1 +1 −1 +1
F B S I D S

उसी प्रकार,

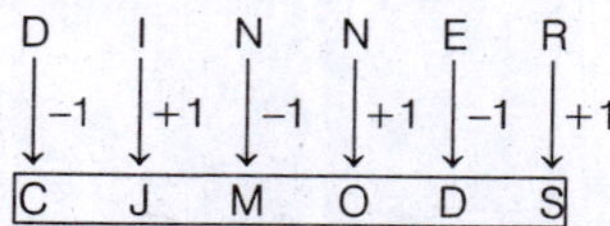

5. *(c)* जिस प्रकार,

16 5 18 10 21 18 25
P E R J U R Y

16 + 5 + 18 + 10 + 21 + 18 + 25 = 113

और

D E C E P T I O N

4 + 5 + 3 + 5 + 16 + 20 + 9 + 15 + 14 = 91

उसी प्रकार,

W I T N E S S

23 + 9 + 20 + 14 + 5 + 19 + 19 = **109**

6. *(d)* 20 A 25 B 70 C 7 = 5

A = − ; B = +

C = ÷ रखने पर,

$\Rightarrow$ 20 − 25 + 70 ÷ 7 = 20 − 25 + 10 = 5

5 = 5

और 30 A 40 B 75 C 15

30 − 40 + 75 ÷ 15 = 30 − 40 + 5 = −5

5 = −5

उसी प्रकार,

4 A 10 B 8 C 2

4 − 10 + 8 ÷ 2 = 4 − 10 + 4 = −2

−2 = −2

7. *(b)* दी गई श्रृंखला का क्रम निम्न प्रकार है,

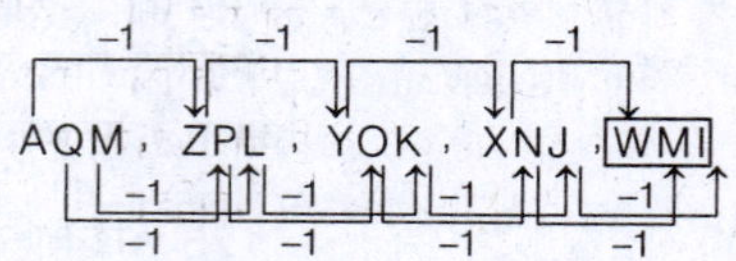

8. *(b)* अंग्रेजी शब्दकोश के क्रम में व्यवस्थित करने पर,

Birth → Bit → Bitcoin → Bite → Biter
(5) (2) (3) (4) (1)

अतः सही शब्द क्रम = 5, 2, 3, 4, 1

9. *(b)* दी गई श्रृंखला का क्रम निम्न प्रकार है,

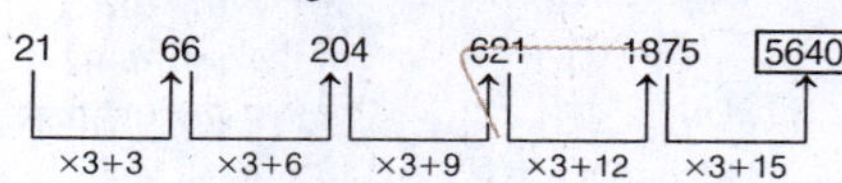

10. *(a)* दी गई आकृति श्रृंखला में आकृति एक स्थान दक्षिणावर्त दिशा में बढ़ रही है तथा आकृति□ एक स्थान वामावर्त दिशा में एक स्थान बढ़ रही है। इसी क्रम को जारी रखते हुए प्रश्नवाचक चिह्न के स्थान पर विकल्प आकृति (a) आएगी।

11. *(d)* जिस प्रकार,

F B I

6 × 2 × 9 = 108 × 3 = 324

और

H F G

8 × 6 × 7 = 336 × 3 = 1008

उसी प्रकार,

T B D

20 × 2 × 4 = 160 × 3 = **480**

12. *(c)* दी गई श्रृंखला का क्रम निम्न प्रकार है,

abbcd/abbcd/abbcd/abbcd/abbcd

अभीष्ट अक्षर समूह $\Rightarrow$ cdcba

13. *(d)* जिस प्रकार,

बड़ोदरा को 'बरगद का शहर' कहा जाता है। तथा कटक को 'सिल्वर सिटी' कहा जाता है। उसी प्रकार, धनबाद को 'कोल सिटी' कहा जाता है।

14. *(c)*

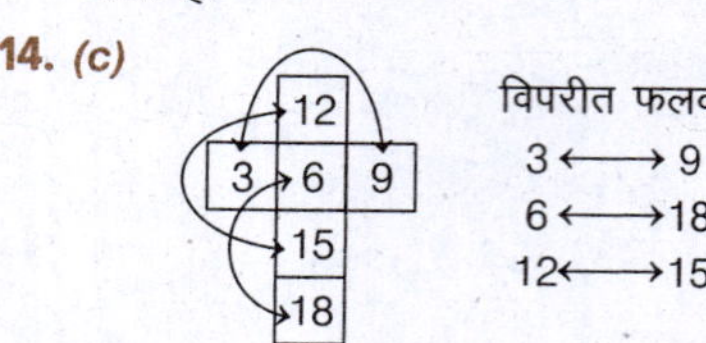

अतः 12 के विपरीत फलक पर 15 होगा।

15. *(c)*

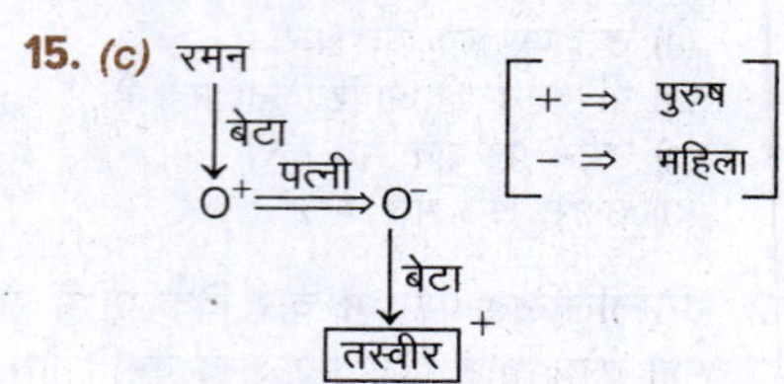

अतः तस्वीर वाला आदमी रमन के बेटे का बेटा है।

16. *(a)* कागज के टुकड़े को मोड़ने, छेदने तथा खोलने करने के पश्चात् यह विकल्प आकृति (a) जैसा दिखाई देगा।

17. *(b)* 7 − 6 ÷ 4 × 2 + 5 = 3

विकल्प (b) से, ÷ और ×, 6 और 5 को आपस में बदलने पर,

7 − 5 × 4 ÷ 2 + 6 = 3

$\Rightarrow$ 7 − 5 × 2 + 6 = 3

$\Rightarrow$ 7 − 10 + 6 = 3

$\Rightarrow$ 3 = 3

18. *(c)* प्रश्नानुसार,

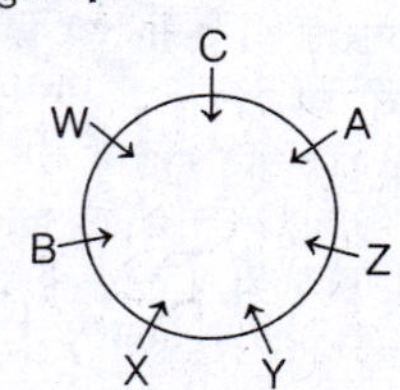

अतः B के ठीक दाएँ कोने पर X है।

19. *(c)* कथनानुसार,

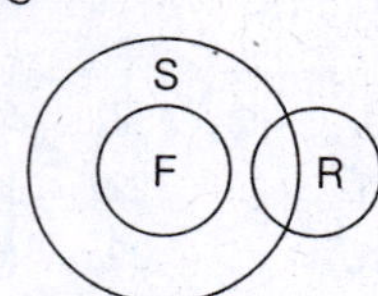

निष्कर्ष I. (✗) II. (✗) III. (✗)

अतः कोई भी निष्कर्ष अनुसरण नहीं करता है।

20. *(a)* प्रश्नानुसार,

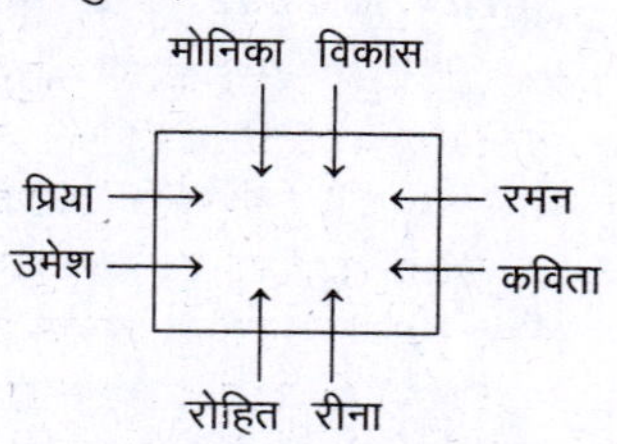

अतः उमेश के दाईं ओर से दूसरे स्थान पर 'रीना' बैठी है।

21. *(a)* 'संविधान का पालन करें और उसके आदर्शों, संस्थाओं, राष्ट्रध्वज और राष्ट्रगान का आदर करें' इसका उल्लेख मौलिक कर्त्तव्यों में किया गया है। वर्तमान में अनुच्छेद-51(A) के तहत वर्णित 11 मौलिक कर्त्तव्य हैं। जिनमें से 10 को 42वें संशोधन के माध्यम से जोड़ा गया था, जबकि 11वें मौलिक कर्त्तव्यों को वर्ष 2002 में 86वें सविधान संशोधन के द्वारा संविधान में शामिल किया गया था।

22. *(c)* नोबेल पुरस्कार विजेता डॉ. नॉर्मन बोरलॉग को कृषि एवं खाद्य उत्पादन में उनके योगदान के लिए जाना जाता है।
नॉर्मन अर्नेस्ट बोरलॉग अमेरिकी कृषि वैज्ञानिक थे। इन्हें वर्ष 1970 में नोबेल शान्ति पुरस्कार से सम्मानित किया गया।
बोरलॉग पुरस्कार की शुरुआत वर्ष 1972 में की गई, जो कृषि और पर्यावरण के क्षेत्र में दिया जाता है।

23. *(c)* भारत में बच्चों का निर्भरता अनुपात 0 से 14 वर्ष की आयु के आश्रितों की संख्या का माप है।
इसमें 65 वर्ष से अधिक आयु वर्ग को भी शामिल किया जाता है। यह अनुपात जनसांख्यिकीय संकेतक गैर-कामकाजी उम्र के लागों की संख्या के साथ-साथ कामकाजी उम्र के लोगों की संख्या के साथ अन्तदृष्टि देता है।

24. *(c)* आगा खान कप का सम्बन्ध हॉकी खेल से है, जबकि आगा खान गोल्ड कप फुटबॉल से सम्बन्धित है।
हॉकी से सम्बन्धित अन्य प्रमुख ट्रॉफियाँ सुलतान अजलान शाह, ध्यानचन्द ट्रॉफी तथा स्टेनली कप हैं।

25. *(a)* अर्थव्यवस्था का चतुर्धातुक क्षेत्र बौद्धिक गतिविधियों और नवाचार पर केन्द्रित है।
चतुर्धातुक क्षेत्र उद्योग के विकास को सुनिश्चित करने के लिए बड़ी कम्पनियाँ प्रायः भारी व्यय करती हैं।
जैसे-जैसे अधिक व्यवसाय स्वचालित होते जा रहे हैं, चतुर्धातुक क्षेत्र के संचालन का महत्त्व बढ़ रहा है।

26. *(a)* 2011 की जनगणना के अनुसार, सिक्किम भारत का सबसे कम जनसंख्या वाला राज्य है तथा सबसे अधिक जनसंख्या वाला राज्य उत्तर प्रदेश है। 2011 की जनगणना के अन्तिम आँकड़ों के अनुसार, देश की कुल जनसंख्या 1210.19 मिलियन हैं, जिसमें पुरुष 51.54% और महिलाएँ 48.46% हैं।
वर्ष 2011 की जनगणना 15वीं जनगणना थी, जिसका नारा ''हमारी जनगणना, हमारा भविष्य'' था।

27. *(c)* गुप्त शासक चन्द्रगुप्त द्वितीय ने पश्चिमी क्षेत्रों में शकों को पराजित करके 'विक्रमादित्य' की उपाधि धारण की थी।
चन्द्रगुप्त द्वितीय का शासनकाल 375 से 415 ई. तक रहा। चन्द्रगुप्त द्वितीय, समुद्रगुप्त और रानी दत्तादेवी का पुत्र था। उसने अपने राज्य का विस्तार करने के लिए वैवाहिक सम्बन्धों को बढ़ावा दिया। उसने नागाओं और वाकाटकों के साथ भी वैवाहिक सम्बन्ध स्थापित किए।

28. *(b)* मई, 2023 में विश्व बैंक के नए अध्यक्ष के रूप में अजय बंगा को चुना गया है।
विश्व बैंक (अन्तर्राष्ट्रीय पुनर्निर्माण और विकास बैंक (IBRD)) की स्थापना जुलाई, 1944 में हुई। इसने आधिकारिक तौर पर जून, 1946 में परिचालन शुरू किया। इसका मुख्यालय वाशिंगटन डी.सी. (USA) में है।

29. *(c)* 24 सितम्बर, 2023 को प्रधानमन्त्री नरेन्द्र मोदी ने वीडियो कॉन्फ्रेंसिंग के माध्यम से नौ वन्दे भारत ट्रेनों को हरी झण्डी दिखाई।
वन्दे भारत भारतीय रेलवे द्वारा संचालित एक मध्यम दूरी की सुपरफास्ट एक्सप्रेस सेवा है। यह आरक्षित, वातानुकूलित चेयरकार सेवा है, जो 800 किमी (500 मील) से कम दूरी वाले शहरों को जोड़ती है
यह ट्रेन 100 फीसदी स्वदेशी है। इसकी रफ्तार कम समय में 160 किमी प्रति घण्टा से 200 किमी प्रति घण्टे निर्धारित है।

30. *(c)* क्रिकेट में गली की प्वॉइण्ट और स्लिप के बीच की स्थिति होती है।
यह क्रिकेट मैदान का एक हिस्सा है, जहाँ एक स्लिप फील्डर खड़ा होता है। यह क्रिकेट के वर्ग के ठीक पीछे ऑफसाइड पर स्थित है।

31. *(c)* विलय नीति (Doctrine of Lapes) लॉर्ड डलहौजी द्वारा तैयार की गई थी। लॉर्ड डलहौजी 1848 से 1856 ई. तक भारत के गवर्नर-जनरल थे। जिन राज्यों को व्यपगत के सिद्धान्त से जोड़ा गया था, उनमें सतारा (1848) जयपुर (1849) सवलपुर (1849) बहत (1850) उदयपुर (1852) झाँसी (1853), नागपुर (1854) शामिल हैं।

32. *(c)* पण्डित हरिप्रसाद चौरसिया बाँसुरी वादन के विश्व-प्रसिद्ध व्याख्याता हैं। ये सेनिया सेराना से सम्बन्धित है। सेनिया शब्द भारतीय शास्त्रीय संगीत के जनक तानसेन से सम्बन्धित है।
पण्डित हरिप्रसाद चौरसिया को संगीत नाटक अकादमी पुरस्कार (1984), पद्म भूषण (1992), कालिदास सम्मान (1999), पद्म विभूषण (2000), संगीत नाटक अकादमी फेलोशिप पुरस्कार (2012) आदि पुरस्कारों से सम्मानित किया गया।

33. *(a)* प्रति सेकण्ड दोलनों की संख्या को दोलन की 'आवृत्ति' कहा जाता है। इसका सूत्र $f = \frac{1}{2}\pi\sqrt{\frac{g}{l}}$ होता है। दोलन की आवृत्ति उसकी लम्बाई (l) एवं गुरुत्वाकर्षण के कारण होने वाले त्वरण (g) पर निर्भर करती है।

34. *(a)* समर्थक ऋणाधार एक ऐसी सम्पत्ति है, जिसका मालिक कर्जदार है (जैसे-भूमि, भवन, वाहन, पशुधन, बैंकों में जमा राशि) और इसका उपयोग वह ऋणदाता को गारण्टी देने के रूप में करता है जब तक ऋण का भुगतान नहीं हो जाता। यह एक आधार के रूप में कार्य करता है, जो कर्जदाता को गारण्टी का आश्वासन दिलाता है।

35. *(b)* राष्ट्रपति भारत का संवैधानिक प्रमुख होता है। राष्ट्रपति को सलाह देने के लिए एक मन्त्रिपरिषद् होती है, जिसका प्रमुख प्रधानमन्त्री होता है।
हमारे संविधान के अनुच्छेद-74 में मन्त्रिपरिषद् के गठन के बारे में उल्लेख किया गया है। अनुच्छेद-75 मन्त्रियों की नियुक्ति, उनके कार्यकाल, शपथ, योग्यता, जिम्मेदारी, मन्त्रियों के वेतन एवं भत्ते से सम्बन्धित है। अनुच्छेद-78 में राष्ट्रपति को जानकारी देने आदि से सम्बन्धित प्रधानमन्त्री के कर्त्तव्यों का वर्णन है।

36. *(a)* मणिपुरी नृत्य शैली में ताण्डव और लास्य दोनों का समावेशन है। ताण्डव नृत्य में सम्पूर्ण खगोलीय रचना एवं विनाश की एक लयबद्ध कथा को नृत्य के रूप में दर्शाया गया है। लास्य नृत्य का आरम्भ देवी पार्वती से माना जाता है।

37. *(b)* जतिन गोस्वामी को सत्रिया नृत्य शैली में उनके योगदान के लिए कई पुरस्कार प्राप्त हुए। सत्रिया नृत्य में जतिन गोस्वामी के योगदान के लिए भारत सरकार ने वर्ष 2008 में इन्हें पदम् श्री से सम्मानित किया। सत्रिया नृत्य एक शास्त्रीय नृत्य शैली है, जिसकी उत्पत्ति भारतीय राज्य असम में हुई थी।

38. *(a)* बेकस्ट्रोक तैराकी शैली में तैराक पुल की दीवार की ओर मुँह करके पानी में उतरना शुरू करते हैं। FINA द्वारा शासित प्रतिस्पर्द्धी प्रतियोगिताओं में उपयोग किए जाने वाले चार तैराकी स्ट्रोक में से एक बेकस्ट्रोक या बैक क्रॉल है, जो पीठ की तरफ से तैरता है। पीठ की तरफ से तैरते समय वह देखने में

असमर्थ होते हैं कि वह किस तरफ जा रहे है, लेकिन तैराकी के समय साँस लेने का लाभ मिलता है।

39. *(d)* ट्यूलिप उत्सव का सम्बन्ध जम्मू-कश्मीर से है। ट्यूलिप उत्सव एक वार्षिक उत्सव है, जिसका उद्देश्य जम्मू-कश्मीर सरकार के पर्यटन प्रयासों के एक बाग में फूलों की शृंखला का प्रदर्शन करना है। यह वसन्त ऋतु की शुरुआत के दौरान आयोजित किया जाता है।

40. *(a)* वित्त मन्त्रालय ने वर्ष 2023 में महिला सम्मान बचत प्रमाण-पत्र लॉन्च किया है। इसके माध्यम से सार्वजनिक क्षेत्र के बैंकों और पात्र निजी क्षेत्र के बैंकों को महिला सम्मान बचत प्रमाण-पत्र योजना को संचालित करने के लिए प्राधिकार प्रदान किया जाता है।

इस योजना के द्वारा महिलाओं के 2 वर्ष पूरे होने पर मूलधन के राशिफल पर 7.5% का ब्याज दिया जाएगा। इस योजना के अन्तर्गत देश की लड़कियों और महिलाओं का ही खाता खोला जाएगा।

41. *(c)* A के द्वारा 1 दिन में किया गया कार्य $= \frac{1}{10}$

B के द्वारा 1 दिन में किया गया कार्य $= \frac{1}{12}$

C के द्वारा 1 दिन में किया गया कार्य $= \frac{1}{15}$

माना तीनों साथ मिलकर कार्य को x दिनों में करते हैं।

प्रश्नानुसार,

$$\frac{x}{10} + \frac{(x-3)}{12} + \frac{x}{15} = 1$$

$$\Rightarrow \frac{6x + 5x - 15 + 4x}{60} = 1$$

$$\Rightarrow \frac{15x - 15}{60} = 1 \Rightarrow \frac{x-1}{4} = 1$$

$$\Rightarrow x = 5$$

अतः काम 5 दिनों में पूरा हुआ।

42. *(b)* अभीष्ट संख्या = संख्या 68, 102,136 का म.स. = 34

43. *(d)* दिया है,

गोले की त्रिज्या $(r) = 4.2$ सेमी

गोले का पृष्ठीय क्षेत्रफल $= 4\pi r^2$

$$= 4 \times \frac{22}{7} \times 4.2 \times 4.2 = 221.76 \text{ सेमी}^2$$

44. *(d)* औसत अंक

$$= \frac{85 + 123 + 54 + 98 + 63 + 45}{6}$$

$$= \frac{468}{6} = 78$$

45. *(a)* माना एक संख्या $= 3x$

तथा दूसरी संख्या $= x$

$$\Rightarrow (3x)^2 + (x)^2 = 810$$

$$\Rightarrow 9x^2 + x^2 = 810$$

$$\Rightarrow 10x^2 = 810$$

$$\Rightarrow x^2 = \frac{810}{10} = 81$$

$$\Rightarrow x = \sqrt{81} = 9$$

$\therefore$ संख्याओं का योग $= 3x + x = 4x$

$$= 4 \times 9 = 36$$

46. *(d)* माना 980 में x घटाया गया है।

प्रश्नानुसार,

$$980 - x = 1350 \times \frac{40}{100}$$

$$980 - x = 540$$

$$\Rightarrow x = 980 - 540 = 440$$

47. *(c)* माना मोबाइल का क्रय मूल्य = ₹100

10% लाभ पर बेचने पर,

विक्रय मूल्य = 100 + 100 का 10%

$= 100 + 100 \times \frac{10}{100} =$ ₹110

विक्रय मूल्य दोगुना करने पर,

नया विक्रय मूल्य = 110 × 2 = ₹220

$\therefore$ लाभ % $= \frac{\text{लाभ}}{\text{विक्रय मूल्य}} \times 100$

$$= \frac{220 - 100}{100} \times 100 = 120\%$$

48. *(d)* माना कार का अंकित मूल्य = ₹ x

45% छूट देने पर,

विक्रय मूल्य $= x - x$ का 45%

$= x - \frac{x \times 45}{110} =$ ₹ $\frac{55x}{100}$

प्रश्नानुसार, $\frac{55x}{100} = 11440$

$x = \frac{11440 \times 100}{55} =$ ₹20800

49. *(c)* दिया है,

मूलधन (P) = ₹ 45000

दर $(r) = 8\%$

समय $(t) = 5$ वर्ष

$$SI = \frac{P \times r \times t}{100} = \frac{45000 \times 8 \times 5}{100}$$

= ₹18000

50. *(d)*

$$540 - 270 \div 5 + 34 \times 2$$
$$= 540 - 54 + 34 \times 2$$
$$= 540 - 54 + 68 = 554$$

51. *(d)* 110, 11 और 220 का ल.स. = 220

110, 11 और 220 का म.स. = 11

$\therefore$ अभीष्ट अनुपात = 220 : 11 = 20:1

52. *(d)* सोहन का 1 दिन का कार्य $= \frac{1}{18}$

तथा मोहन का 1 दिन का कार्य $= \frac{1}{36}$

सोहन और मोहन द्वारा एकसाथ मिलकर किया गया 1 दिन का कार्य

$$= \frac{1}{18} + \frac{1}{36} = \frac{2+1}{36} = \frac{1}{12}$$

अतः दोनों मिलकर उसी काम को 12 दिनों में पूरा करेंगे।

वैकल्पिक विधि

प्रश्नानुसार,

	दिन	कुल कार्य	
सोहन ⟶	18	36	2
मोहन ⟶	36		1

अतः दोनों को मिलकर पूरे कार्य को करने में लगा समय $= \frac{36}{3} = 12$ दिन

53. *(b)* माना दोनों रेलगाड़ी की चाल

$= x$ किमी/घण्टा

विपरीत दिशा में चलने के कारण दोनों की सापेक्ष चाल $= (x + x) = 2x$ किमी/घण्टा

दोनों को एक-दूसरे को पार करने में लगा समय = 24 सेकण्ड

$$\text{समय} = \frac{\text{दूरी}}{\text{चाल}} = \frac{640 + 920}{2x}$$

$$\Rightarrow 24 \text{ सेकण्ड} = \frac{1560}{2x}$$

$$\Rightarrow x = \frac{1560}{2 \times 24} \text{ मी/से}$$

$$x = \frac{1560}{48} \times \frac{18}{5} \text{ किमी/घण्टा}$$

$$= 117 \text{ किमी/घण्टा}$$

54. *(a)* माना B की आय = ₹ 100

तब, A की आय = ₹ 120

तथा C की आय = ₹ $\frac{100 \times 100}{130}$ = ₹ $\frac{10000}{130}$

अतः अभीष्ट प्रतिशत कमी

$$= \frac{120 - \frac{10000}{130}}{120} \times 100$$

$$= \frac{5600}{130 \times 120} \times 100 = 35.89\% \approx 36\%$$

वैकल्पिक विधि

A	:	B	:	C
6 × 13		5 × 13		10 × 5
78		65		50

C की आय A की आय से

$$= \frac{78 - 50}{78} \times 100$$

$$= \frac{28}{78} \times 100 = 35.89\% \approx 36\% \text{ कम है}$$

55. *(c)* माना वस्तु का क्रय मूल्य = ₹ x

20% हानि पर बेचने पर,

विक्रय मूल्य = $x - x$ का 20%

$$= x - x \times \frac{20}{100} = \frac{80x}{100} = \frac{4x}{5}$$

प्रश्नानुसार, $\frac{4x}{5} = 1600$

$$x = \frac{1600 \times 5}{4} = ₹2000$$

अतः क्रय मूल्य = ₹2000

25% लाभ पर बेचने पर,

वस्तु का विक्रय मूल्य

= 2000 + 2000 का 25%

$$= 2000 + 2000 \times \frac{25}{100} = ₹2500$$

56. *(b)* 15 संख्याओं का औसत = 33

15 संख्याओं का योग = 33 × 15 = 495

तथा 33 संख्याओं का औसत = 15

33 संख्याओं का योग = 33 × 15 = 495

कुल औसत $= \frac{495 + 495}{15 + 33} = 20.625$

57. *(b)* अर्द्धवार्षिक रूप से संयोजित करने पर,

दर $(r) = \frac{36}{2} = 18\%$

समय $(t) = 1 \times 2 = 2$

धनराशि $(P) = ₹7000$

तो, मिश्रधन $= P \times \left[1 + \frac{r}{100}\right]^t$

$$= 7000\left[1 + \frac{18}{100}\right]^2$$

$$= 7000 \times \frac{118}{100} \times \frac{118}{100}$$

$$= ₹9746.8$$

अतः चक्रवृद्धि ब्याज = 9746.8 − 7000

= ₹2746.8

58. *(d)* दिया है, $4T = 3V = 12S$

$4T = 3V \;\Big|\; 3V = 12S$

$\frac{T}{V} = \frac{3}{4} \;\Big|\; \frac{V}{S} = \frac{12}{3} = \frac{4}{1}$

$\therefore\ T : V : S$

$3 : 4 : 1$

59. *(b)* 9 से विभाज्य के नियम

सभी संख्याओं का योग 9 से विभाज्य हो।

संख्या 4248 के अंकों का योग 9 से विभाज्य है।

∴ 4248, 9 से विभाज्य है।

60. *(c)* दिया है, कलम का अंकित मूल्य

= ₹ 28875

20% छूट देने के बाद

विक्रय मूल्य $= 28875 \times \frac{80}{100} = ₹\ 23100$

अतः कलम का क्रय मूल्य

$$= 23100 \times \frac{100}{140} = ₹\ 16500$$

वैकल्पिक विधि

$\frac{CP}{100 - D} : \frac{MP}{100 + P}$ [$D \rightarrow$ छूट, $P \rightarrow$ लाभ]

100 − 20 : 100 + 40

80 : 140

8 14

↓ ↓

16500 28875

14 यूनिट = 28875

8 यूनिट $= \frac{28875}{14} \times 8 = ₹16500$

61. *(c)* 'जो बीत गया हो' वाक्यांश के लिए एक शब्द वाला सही विकल्प 'अतीत' है। अन्य विकल्प असंगत है।

62. *(a)* दिए गए वाक्य में रिक्त स्थान के लिए सही भाववाचक संज्ञा वाला विकल्प 'गम्भीरता' है।

63. *(a)* दिए गए वाक्य में 'तब तीन लड़कियाँ' वाक्यांश में त्रुटि है। यहाँ लड़कियाँ के स्थान पर लड़कियों आना चाहिए। अतः सही वाक्य है–'जब मैं जाऊँ तब तीन लड़कियों और दो बालकों का ध्यान रखना'।

64. *(a)* दिए गए वाक्य में 'भाग्य' शब्द का पर्यायवाची शब्द 'नसीब' है। अन्य विकल्प असंगत हैं।

65. *(d)* दिए गए वाक्य में रेखांकित शब्द 'मित्रता' का विलोम शब्द 'शत्रुता' है। अन्य विकल्प असंगत हैं।

66. *(d)* वाक्य में दिए गए रिक्त स्थान के लिए सही विकल्प 'बेहतर' है। अतः पूर्ण वाक्य है–'किसी बीमारी में पड़कर फिर उसके इलाज के लिए इधर-उधर भागना और बहुत खर्चा करना, इससे बेहतर है आज से ही योग के लिए वक्त निकालना।' अन्य विकल्प असंगत हैं।

67. *(b)* दिए गए शब्द 'तालाब' का पर्यायवाची शब्द 'सर' है। इसके अतिरिक्त 'तालाब' शब्द के अन्य पर्यायवाची शब्द सरोवर, पुष्कर, पोखरा, जलवान आदि हैं। अन्य विकल्प असंगत हैं।

68. *(c)* दिए गए वाक्य में उचित देशज-विदेशज शब्द 'बेरहम' है। अतः सही वाक्य है-कितने बेरहम हो तुम, जो इसका दर्द भी नहीं समझ पाए। अन्य विकल्प असंगत हैं।

69. *(a)* दिए गए वाक्य में उचित देशज-विदेशज शब्द 'इयरिंग' है। जबकि अन्य विकल्प है।

70. *(d)* 'गीदड़ भभकी' मुहावरे का अर्थ है- कमजोर द्वारा धमकाना।

वाक्य प्रयोग हम सब तुम्हारी असलियत जानते हैं, इसलिए तुम्हारी गीदड़ भभकियों से डरने वाले नहीं हैं।

71. *(a)* दिए गए वाक्य में रेखांकित शब्दों 'उसे शक के लिए सही शब्दों वाला विकल्प है– उस पर शक मत करो। अन्य विकल्प असंगत हैं।

72. *(a)* कोष्ठक में दिए गए शब्द सादगी का विलोम शब्द 'आडम्बर' है। 'सादगी' से तात्पर्य सरलता तथा सादापन से है, जबकि इसके विलोम शब्द आडम्बर से तात्पर्य दिखावा तथा ढोंग से है।

73. *(c)* 'ऐसी-तैसी करना' मुहावरे का अर्थ है- बुरी दुर्दशा करना।

वाक्य प्रयोग रोहन से झगड़ा करके कुनाल ने अच्छा नहीं किया। रोहन ने बदला लेने के लिए कुनाल को मार-मार कर उसकी ऐसी-तैसी कर दी।

74. *(a)* 'राष्ट्र केवल जमीन का टुकड़ा ही नहीं, बल्कि हमारी सांस्कृतिक विरासत होती है, जो हमें अपने/पूर्वजों से परम्परा के रूप में प्राप्त होती है।' प्रस्तुत वाक्य में कोई त्रुटि नहीं है।

75. *(d)* 'यह परम्परा तो <u>रितिकाल</u> से चली आ रही है।' दिए गए वाक्य में रेखांकित शब्द 'रितिकाल' के लिए सही वर्तनी वाला शब्द 'रीतिकाल' है। अन्य विकल्प असंगत है।

76. *(b)* रिक्त स्थान (1) के लिए सबसे उपयुक्त विकल्प 'क्नेक्टिविटी' है। अन्य विकल्प असंगत हैं।

77. *(c)* रिक्त स्थान (2) के लिए सबसे उपयुक्त विकल्प 'किनारे' है। अन्य विकल्प असंगत हैं।

78. *(b)* रिक्त स्थान (3) के लिए सबसे उपयुक्त विकल्प 'स्थापना' है। अन्य विकल्प असंगत हैं।

79. *(b)* रिक्त स्थान (4) के लिए सबसे उपयुक्त विकल्प 'योजना' है। अन्य विकल्प असंगत हैं।

80. *(c)* रिक्त स्थान (5) के लिए सबसे उपयुक्त विकल्प 'अमल' है। अन्य विकल्प असंगत हैं।

1 मार्च 2024
(शिफ्ट III)

सॉल्वड पेपर 2024

SSC कांस्टेबल (जीडी) सेट 38

भाग-I सामान्य बुद्धिमत्ता एवं तर्कशक्ति

1 छः व्यक्ति मिया, अलेक्जेण्डर, सोफिया, लियाम, ओलिविया और एथन एक वृत्ताकार मेज पर केन्द्र की ओर मुख करके बैठे हैं। मिया, एथन के ठीक दाईं ओर बैठी है। सोफिया, एथन के विपरीत बैठी है। अलेक्जेण्डर और ओलिविया एक-दूसरे के विपरीत बैठे हैं और अलेक्जेण्डर लियाम का पड़ोसी नहीं है। ओलिविया के ठीक दाईं ओर कौन बैठा/बैठी है?

(a) एथन (b) अलेक्जेण्डर
(c) सोफिया (d) लियाम

2 निम्नलिखित प्रश्न में कुछ कथन और उन कथनों के आधार पर कुछ निष्कर्ष दिए गए हैं। आपको दिए गए कथनों को सत्य मानना है, चाहे वे सामान्यतः ज्ञात तथ्यों से भिन्न प्रतीत होते हो। सभी निष्कर्षों को ध्यानपूर्वक पढ़िए और निश्चय कीजिए कि दिए गए निष्कर्षों में से कौन-सा/कौन-से निष्कर्ष कथनों का तार्किक रूप से अनुसरण करता है/करते हैं?

कथन

कुछ L, S हैं।
सभी T, S हैं।

निष्कर्ष

I. कोई T, L नहीं है।
II. कोई S, T नहीं है।

कूट

(a) केवल निष्कर्ष II कथनों का अनुसरण करता है
(b) केवल निष्कर्ष I कथनों का अनुसरण करता है
(c) निष्कर्ष I और II दोनों कथनों का अनुसरण करते हैं
(d) कोई भी निष्कर्ष कथनों का अनुसरण नहीं करता है

3 निम्न में से कौन-सी उत्तर आकृति प्रश्न आकृति के पैटर्न को पूरा करेगी? (घूर्णन की अनुमति नहीं है)

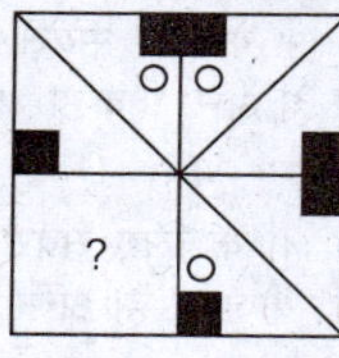

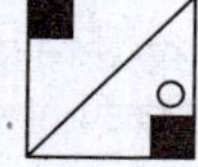
(a)
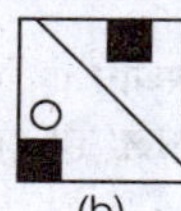
(b)
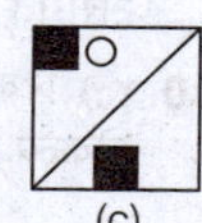
(c)
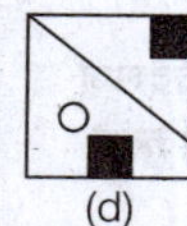
(d)

4 निम्नलिखित विकल्पों में से उस विकल्प का चयन कीजिए, जो तीसरे शब्द से ठीक उसी प्रकार सम्बन्धित है, जिस प्रकार दूसरा शब्द पहले शब्द से सम्बन्धित है।

रोम : इटली :: मैड्रिड : ?

(a) जर्मनी (b) स्पेन (c) फ्रांस (d) पुर्तगाल

5 निम्न में से कौन-सी उत्तर आकृति प्रश्न आकृति के पैटर्न को पूरा करेगी? (घूर्णन की अनुमति नहीं है)

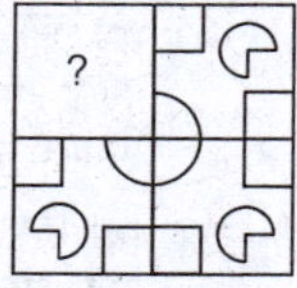

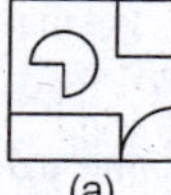
(a)
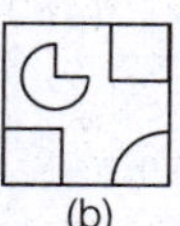
(b)
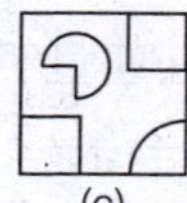
(c)
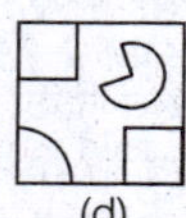
(d)

6 दिए गए विकल्पों में से उस आकृति का चयन कीजिए, जिसे दी गई आकृति शृंखला में प्रश्नचिह्न (?) के स्थान पर रखा जा सकता है।

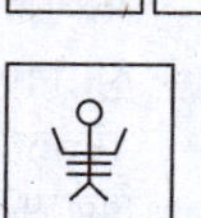
(a)
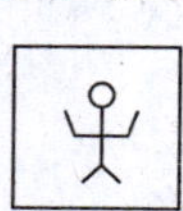
(b)
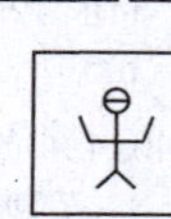
(c)
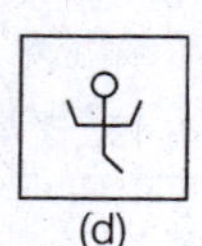
(d)

7 छः सहकर्मी ऑस्कर, पॉल, क्विन, रेचल, सोफी और टायलर एक घेरे में केन्द्र से बाहर की ओर मुख करके बैठे हैं। ऑस्कर, पॉल के ठीक दाईं ओर बैठा है। रेचल, ऑस्कर के बग़ल में नहीं बैठी है। सोफी, जो पॉल के ठीक बाईं ओर बैठी है, टायलर के ठीक दाईं ओर बैठी है। ऑस्कर के ठीक विपरीत कौन बैठा/बैठी है?

(a) पॉल (b) क्विन (c) रेचल (d) टायलर

8 दिए गए दो चिह्नों को आपस में बदलने के बाद व्यंजक (I) और (II) का क्रमशः मान कितना होगा?

$\times$ और $\div$

I. $8 + 4 - 6 \times 3 \div 5$
II. $20 + 15 \times 30 \div 10$

(a) 2 और 25 (b) 2 और 30
(c) 18 और 14 (d) 6 और 17

9 यदि एक दर्पण को रेखा AB पर रखा जाए, तो दी गई विकल्प आकृतियों में से कौन-सी आकृति प्रश्न आकृति का सही प्रतिबिम्ब होगी?

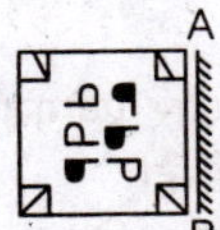

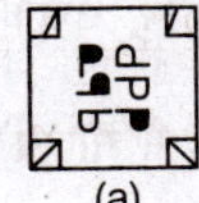
(a)

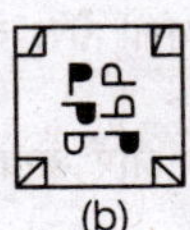
(b)

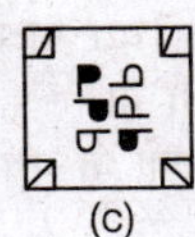
(c)

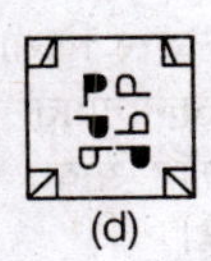
(d)

10 यदि 30 A 30 B 7 C 40 = 280 और 38 A 40 B 20 C 100 = 938, तो 6 A 8 B 4 C 5 = ?
(a) 45
(b) 49
(c) 51
(d) 43

11 एक निश्चित कूटभाषा में, 'BRINJAL' को 'ZPKLHCJ' लिखा जाता है, 'TOMATO' को 'RQKCRQ' लिखा जाता है। उसी कूटभाषा में 'STRAWBERRY' को कैसे लिखा जाएगा?
(a) KOIURYETWQ
(b) WPPGZUCPRQ
(c) QRPCUZGPPW
(d) QWTEYRUIOK

12 निम्नलिखित विकल्पों में से उस विकल्प का चयन कीजिए, जो पाँचवे शब्द से ठीक उसी प्रकार सम्बन्धित है, जिस प्रकार चौथा शब्द तीसरे शब्द से सम्बन्धित है और दूसरा शब्द पहले शब्द से सम्बन्धित है।
आदेश : हुक्म :: सलाह : मार्गदर्शन :: अफवाह : ?
(a) भाषण
(b) बकवाद
(c) घोषणा
(d) कड़वा सत्य

13 निम्नलिखित प्रश्न में, दिए गए विकल्पों में से शृंखला से लुप्त संख्या का चयन कीजिए।
500, 512, 498, ?, 496, 516, 494, 518
(a) 515
(b) 500
(c) 520
(d) 514

14 दिए गए शब्दों को उसी क्रम में व्यवस्थित कीजिए, जिस क्रम में वे अंग्रेजी शब्दकोश में आते हैं।
1. Cigar 2. Cinema 3. Cipher
4. Cider 5. Cinnabar
(a) 41253
(b) 41235
(c) 21354
(d) 21345

15 निम्नलिखित में से कौन-सा अक्षर-समूह दी गई शृंखला में रिक्त स्थान (__________) पर आएगा?
UHI, __________, WLM, XNO, YPQ, ZRS
(a) VHI
(b) WHI
(c) VJK
(d) WJK

16 निम्नलिखित शृंखला में प्रश्नचिह्न (?) के स्थान पर कौन-सा अक्षर होना चाहिए?
H, E, ?, F, N, G, Q, H
(a) J
(b) I
(c) K
(d) H

17 'A × B' का अर्थ है 'A, B की पत्नी है'
'A + B' का अर्थ है 'A, B का भाई है'
'A ÷ B' का अर्थ है 'A, B की बहन है'
'A – B' का अर्थ है 'A, B का बेटा है'
व्यंजक 'T × S + P – R' में, T का R से क्या सम्बन्ध है?
(a) बेटी
(b) बहन
(c) पत्नी
(d) बेटे की पत्नी

18 एक निश्चित कूटभाषा में, 'PARTY' को '81' लिखा जाता है, 'PLACE' को '38' लिखा जाता है। उसी कूटभाषा में 'PRIME' को कैसे लिखा जाएगा?
(a) 64 (b) 65 (c) 62 (d) 63

19 दिए गए विकल्पों में से उस आकृति का चयन कीजिए, जिसे दी गई आकृति शृंखला में प्रश्नचिह्न (?) के स्थान पर रखा जा सकता है।

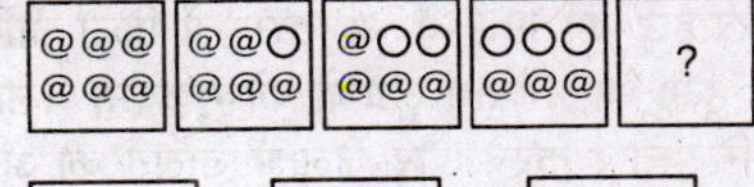

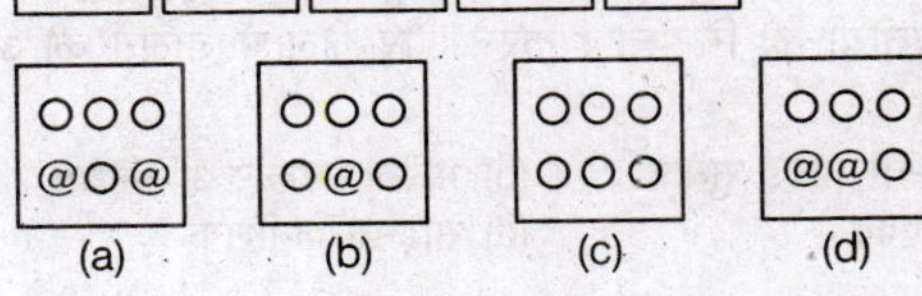

20 निम्नलिखित प्रश्न में दिए गए विकल्पों में से शृंखला से लुप्त संख्या का चयन कीजिए।
211, 179, 146, 112, 77, ?
(a) 43
(b) 41
(c) 40
(c) 44

भाग-II सामान्य ज्ञान

21 निम्नलिखित में से किसे सत्रिया नृत्य में उनके योगदान के लिए संगीत नाटक अकादमी पुरस्कार से सम्मानित किया गया?
(a) अखम लक्ष्मी देवी
(b) टंकेश्वर हजारिका बोरबयान
(c) राधा श्रीधर
(d) मौलिक शाह

22 तीरंदाजी लक्ष्य पर एक्स-रिंग (X-ring) .... आन्तरिक रिंग होती है।
(a) 7वीं
(b) 9वीं
(c) 10वीं
(d) 5वीं

23 उस्ताद बिन्दा खान का सम्बन्ध किस वाद्ययन्त्र से है?
(a) सितार
(b) सारंगी
(c) सरोद
(d) बीन

24 किसी देश की अर्थव्यवस्था में सरकारी बजट का प्राथमिक उद्देश्य निम्नलिखित में से क्या है?
(a) संसाधनों का कुशलतापूर्वक आवण्टन करना
(b) मुद्रास्फीति दर ज्ञात करना
(c) सकल घरेलू उत्पाद ज्ञात करना
(d) अन्तर्राष्ट्रीय व्यापार को बढ़ावा देना

25 'माथो नागरांग' का सम्बन्ध निम्नलिखित में से किस राज्य/केन्द्रशासित प्रदेश से है?
(a) सिक्किम
(b) चण्डीगढ़
(c) नागालैण्ड
(d) लद्दाख

26 भारत में लौह युग .... काल से जुड़ा है, जो लगभग 1500 ईसा पूर्व से 500 ईसा पूर्व तक चला।
(a) मौर्य (b) मुगल
(c) ब्रिटिश (d) वैदिक

27 बैडमिण्टन में एक तेज और निचला शॉट, जो नेट पर क्षैतिज उड़ान भरता है। उसे .... के रूप में जाना जाता है।
(a) फ्लिक (b) एरे (c) ड्राइव (d) ड्रॉप

28 व्यापक आधार और संकीर्ण शीर्ष वाला भारत का जनसंख्या पिरामिड किस प्रकार की जनसंख्या संरचना को दर्शाता है?
(a) स्थिर (b) विस्तृत
(c) संकीर्णकारी (d) अचल

29 मौलिक अधिकार भारतीय संविधान के .... में निहित हैं।
(a) भाग III (b) भाग IX (c) भाग X (d) भाग XI

30 जलियाँवाला बाग नरसंहार वर्ष 1919 में, अमृतसर में किस नीति या अधिनियम के दौरान हुआ था, जिसमें अंग्रेजों को मुकदमा चलाए बिना, भारतीयों को गिरफ्तार करने और जेल में डालने की अनुमति दी गई थी?
(a) मांटेग्यू-चेम्सफोर्ड सुधार (b) भारत सरकार अधिनियम
(c) रौलेट एक्ट (d) साइमन कमीशन

31 सितम्बर, 2023 में जम्मू-कश्मीर में कचरे के खिलाफ जंग के लिए एम्बेसेडर (Ambassador) के रूप में निम्नलिखित में से किसे नामित किया गया है?
(a) नरेन्द्र मोदी (b) विद्या बालन
(c) बाना सिंह (d) अमित शाह

32 अनुसन्धान नेशनल रिसर्च फाउण्डेशन विधेयक, 2023 के सम्बन्ध में, अनुसन्धान नेशनल रिसर्च फाउण्डेशन के खातों का वार्षिक ऑडिट किसके द्वारा किया जाएगा?
(a) कैग (b) केन्द्रीय सतर्कता आयुक्त
(c) वित्त आयुक्त (d) विदेश मन्त्री

33 राज्यसभा में केन्द्रशासित प्रदेशों (Union Territories) के प्रतिनिधि कैसे चुने जाते हैं?
(a) राष्ट्रपति के मनोनयन से
(b) प्रत्यक्ष चुनाव द्वारा
(c) निर्वाचक मण्डल के सदस्यों द्वारा अप्रत्यक्ष रूप से निर्वाचित
(d) राज्य विधानसभाओं के सदस्यों द्वारा

34 निम्नलिखित में से कौन-सा भारतीय स्टेडियम हॉकी मैचों के लिए एक प्रमुख स्थल के रूप में प्रसिद्ध है?
(a) चिन्नास्वामी स्टेडियम (b) एम. ए. चिदम्बरम स्टेडियम
(c) कलिंगा स्टेडियम (d) वानखेड़े स्टेडियम

35 भारत में हरित क्रान्ति के सम्बन्ध में निम्नलिखित कथनों पर विचार कीजिए।
1. भारत में हरित क्रान्ति काफी हद तक गेहूँ क्रान्ति है, क्योंकि वर्ष 1967-68 और वर्ष 2003-04 के बीच गेहूँ के उत्पादन में तीन गुना से अधिक की वृद्धि हुई है, जबकि कुल अनाज के उत्पादन में दोगुनी वृद्धि हुई है।
2. इसके परिणामस्वरूप वर्ष 1978-79 में 131 मिलियन टन अनाज का उत्पादन हुआ और भारत दुनिया के सबसे बड़े कृषि उत्पादकों में से एक बन गया।

कूट
(a) केवल 1 (b) केवल 2
(c) 1 और 2 दोनों (d) न तो 1 और न ही 2

36 निम्नलिखित कथनों पर विचार कीजिए
1. वह गैस जो बॉयल के नियम, चार्ल्स के नियम और एवोगेड्रो नियम का पालन करती है, आदर्श गैस कहलाती है।
2. गे लुसाक के नियम (Gay Lussac's law) के अनुसार, स्थिर आयतन पर किसी निश्चित मात्रा वाली गैस का दाब, उसके ताप के व्युत्क्रमानुपाती होता है।
3. सिलिकॉन आवर्त सारणी के वर्ग 14 और आवर्त 3 में मौजूद होता है।

कूट
(a) 1, 2, 3 तीनों सत्य हैं
(b) 1 और 2 दोनों सत्य हैं
(c) 1 और 3 दोनों सत्य हैं
(d) 2 और 3 सत्य हैं

37 हरित क्रान्ति (Green Revolution) के पहले चरण में, HYV बीजों के उपयोग से मुख्य रूप से किन राज्यों को लाभ हुआ?
(a) पंजाब, उत्तर प्रदेश और बिहार
(b) तमिलनाडु, केरल और कर्नाटक
(c) पंजाब, आन्ध्र प्रदेश और तमिलनाडु
(d) राजस्थान, गुजरात और महाराष्ट्र

38 भारत में .... किसी भी केन्द्रशासित प्रदेश, जिसकी शक्तियाँ राज्यों की तुलना में अधिक सीमित हो, का निर्माण और उसे भंग (Dissolve) कर सकता/सकती हैं।
(a) भारत का मुख्य न्यायाधीश (b) राज्य सरकार
(c) केन्द्र सरकार (d) राष्ट्रपति

39 किस राज्य ने अपनी गरीबी उन्मूलन योजना का उन्नत संस्करण ओरुनोदोई 2.0 (Orunodoi 2.0) पेश किया है?
(a) केरल (b) असम
(c) पश्चिम बंगाल (d) मध्य प्रदेश

40 लिंग अनुपात का उपयोग प्रति .... पुरुषों पर महिलाओं की संख्या का वर्णन करने के लिए किया जाता है।
(a) 10 (b) 1000
(c) 100 (d) 10000

भाग-III गणित

41 2 वर्ष के लिए 35% वार्षिक चक्रवृद्धि ब्याज की दर से, ₹ 21500 के मूलधन पर कितनी धनराशि प्राप्त होगी?
(a) ₹ 40187.50 (b) ₹ 41878.50
(c) ₹ 42823.75 (d) ₹ 39183.75

42 दीपक ने एक वस्तु A खरीदी और उसे क्रय मूल्य से 22% अधिक मूल्य पर अंकित किया। अन्ततः उसने वस्तु को 15% की छूट पर बेच दिया। लाभ या हानि प्रतिशत क्या होगा?
(a) 3.7% लाभ (b) 3.7% हानि
(c) 5.8% हानि (d) 5.7% लाभ

43 पाँच क्रमागत विषम संख्याओं का औसत 19 है। इन पाँच संख्याओं में से सबसे बड़ी संख्या कौन-सी है?
(a) 27 (b) 23 (c) 25 (d) 21

44 X और Y मिलकर एक काम को 60 दिनों में पूरा कर सकते हैं। दोनों ने एकसाथ मिलकर काम शुरू किया, लेकिन 30 दिनों के बाद X ने काम छोड़ दिया। यदि शेष काम को पूरा करने में Y को 75 दिन और लगते हैं, तो X अकेले सम्पूर्ण काम को कितने दिनों में पूरा कर सकता है?
(a) 70 दिन (b) 80 दिन
(c) 90 दिन (d) 100 दिन

45 आधार की त्रिज्या 63 सेमी और ऊँचाई 20 सेमी वाले बेलन का वक्र पृष्ठीय क्षेत्रफल कितना होगा?
(a) 8620 सेमी^{2} (b) 7640 सेमी^{2}
(c) 8340 सेमी^{2} (d) 7920 सेमी^{2}

46 दो संख्याएँ 3 : 4 के अनुपात में हैं और उनका महत्तम समापवर्तक 5 है। उन संख्याओं का लघुत्तम समापवर्त्य ज्ञात कीजिए।
(a) 62 (b) 48 (c) 58 (d) 60

47 एक मैच में 4 बल्लेबाजों द्वारा बनाए गए औसत रन 61 हैं। यदि 3 बल्लेबाजों द्वारा बनाए गए रन क्रमशः 68, 31 और 27 हैं, तो चौथे खिलाड़ी ने कितने रन बनाए?
(a) 118 (b) 121
(c) 112 (d) 130

48 एक वस्तु का विक्रय मूल्य ₹ 1482 है। यदि 22% की छूट दी जाती है, तो वस्तु का अंकित मूल्य कितना होगा?
(a) ₹ 1800 (b) ₹ 2000
(c) ₹ 2100 (d) ₹ 1900

49 यदि $a:b:c = 2:5:3$ और $c:d = 5:2$ है, तो $a:b:c:d$ का मान कितना है?
(a) 10 : 25 : 15 : 6 (b) 10 : 25 : 5 : 2
(c) 9 : 25 : 15 : 4 (d) 10 : 25 : 5 : 3

50 एक आदमी ने क्रमशः 7 किमी/घण्टे, 14 किमी/घण्टे, 21 किमी/घण्टे और 28 किमी/घण्टे की चाल से 10 किमी की चार समान दूरियाँ तय कीं। उसकी औसत चाल कितनी है?
(a) 348/25 किमी/घण्टे (b) 336/25 किमी/घण्टे
(c) 392/25 किमी/घण्टे (d) 296/25 किमी/घण्टे

51 $96 \div 8 \times (4 \text{ का } (14 + 2 \times 7) - 10 \times 10)$ का मान कितना है?
(a) 144 (b) 1 (c) 72 (d) 16

52 90 मेजों का क्रय मूल्य x मेजों के विक्रय मूल्य के समान है। यदि 50% का लाभ होता है, तो x का मान कितना है?
(a) 60 (b) 50 (c) 75 (d) 65

53 किसी धनराशि पर 4% वार्षिक की दर से प्राप्त साधारण ब्याज उस धनराशि का 3/5 है। समयावधि क्या है?
(a) 12 वर्ष (b) 15 वर्ष (c) 10 वर्ष (d) 20 वर्ष

54 एक संख्या में 25% की वृद्धि की जाती है और उसमें फिर 25% की वृद्धि की जाती है। मूल संख्या वापस प्राप्त करने के लिए वृद्धि की गई संख्या में कितने प्रतिशत की कमी की जानी चाहिए?
(a) 44% (b) 55% (c) 36% (d) 24%

55 $15 \text{ का } 15 - 6 \text{ का } 11 \times 12 + 25 \times 25 + 21 \times 4$ का मान कितना है?
(a) 132 (b) 142 (c) 152 (d) 162

56 जॉन एक काम को 6 घण्टे में पूरा कर सकता है और मार्क उसी काम को 8 घण्टे में पूरा कर सकता है। दोनों को एकसाथ मिलकर उसी काम को पूरा करने में कितना समय लगेगा?
(a) 40/7 घण्टे (b) 3 1/5 घण्टे
(c) 21/11 घण्टे (d) 24/7 घण्टे

57 P, Q और R का अनुपात क्रमशः 3 : 5 : 8 है। यदि उनका योग 400 है, तो P और R के बीच कितना अन्तर है?
(a) 100 (b) 75 (c) 125 (d) 50

58 1 से 19 तक कितनी भाज्य संख्या हैं?
(a) 10 (b) 9 (c) 13 (d) 11

59 यदि 750 का 50%, M से 25% अधिक है, तो M का मान कितना है?
(a) 305 (b) 300 (c) 395 (d) 310

60 एक व्यक्ति 10% की हानि पर एक घड़ी $450 में बेचता है। क्रय मूल्य ज्ञात कीजिए।
(a) $595 (b) $520 (c) $565 (d) $500

भाग-IV हिन्दी

61 दिए गए वाक्यांश के लिए सार्थक शब्द ज्ञात कीजिए।
जिसका दमन न किया जा सके
(a) दमित (b) पिछड़ा (c) अदम्य (d) निदम्य

62 निम्नलिखित प्रश्न में, चार विकल्पों में से उस विकल्प का चयन करें, जो रिक्त स्थान के लिए सही शब्द वाला विकल्प हो।
किसी अच्छी वस्तु की वास्तविकता से परिचय पाना आज के ………………… संसार में विज्ञापन के बिना नितान्त असम्भव है।
(a) विशाल (b) संकुचित (c) छोटे से (d) बेरोजगार

63 निम्नलिखित प्रश्न में, चार विकल्पों में से, उस विकल्प का चयन करें, जो रिक्त स्थान के लिए सही पुल्लिंग रूप वाला विकल्प हो।
कभी-कभी सबके साथ ज्यादा ………… भारी पड़ जाता है।
(a) जमाव (b) लगाव (c) चुनाव (d) रुकाव

64 दिए गए वाक्यांश के लिए सार्थक शब्द ज्ञात कीजिए।
जिसके आने की तिथि निश्चित न हो
(a) अतिथि (b) रिश्तेदार
(c) देवता (d) अनादि

65 निम्नलिखित प्रश्न में, चार विकल्पों में से उस विकल्प का चयन करें, जो कोष्ठक में दिए गए शब्द के विलोम शब्द का सही विकल्प है।
उसने बड़े ही (आग्रह) …………… से मेरे साथ बातचीत की।
(a) अवरोहण (b) अनाहत (c) दुराग्रह (d) विकीर्ण

66 दिए गए वाक्य में रेखांकित शब्द का विलोम शब्द ज्ञात कीजिए।
हिमालय <u>बर्फ</u> से ढका हुआ है।
(a) पानी (b) नेकी (c) पत्थर (d) भाप

67 दिए गए वाक्य में तत्सम शब्द का चयन करके रिक्त स्थान की पूर्ति करें।
…………… न जाने कब से भिनभिना रही है।
(a) मकर (b) मातुल (c) मशक (d) मक्षिका

68 दिए गए वाक्य में उचित पर्यायवाची शब्द का चयन करके रिक्त स्थान की पूर्ति करें।
गर्मी से मनोज .... (बेसुध) हो गया।
(a) जानकार (b) ज्ञान (c) भाग्यवान (d) मूर्च्छित

69 निम्नलिखित वाक्य में, उस वाक्यांश को पहचानिए जिसमें मात्राओं या व्याकरण से सम्बन्धित अशुद्धियाँ हैं। यदि कोई गलती नहीं है, तो 'कोई त्रुटि नहीं है' का चुनाव कीजिए।
भारत दुनिया के सबसे तेजी में बढ़ते/देशों में से एक है और यह सब वर्ष 1991 में किए गए सुधारों के कारण है।
(a) किए गए सुधारों के कारण है
(b) देशों में से एक है और यह सब वर्ष 1991 में
(c) कोई त्रुटि नहीं है
(d) भारत दुनिया के सबसे तेजी में बढ़ते

70 दिए गए वाक्य में उचित देशज-विदेशज शब्द का चयन करके रिक्त स्थान की पूर्ति कीजिए।
आपसे यही .... है कि आप हमारी बात सुनें।
(a) फण्ड (b) मील (c) डिगरी (d) अपील

71 दिए गए वाक्य में उचित पर्यायवाची शब्द का चयन करके रिक्त स्थान की पूर्ति करें।
तुम अपनी .... (सुविधा) के अनुसार काम करो।
(a) सहूलियत (b) मजा (c) मर्यादा (d) केशरी

72 निम्नलिखित प्रश्न में, दिए गए चार विकल्पों में से उस विकल्प का चयन करें, जो दिए गए मुहावरे के अर्थ को सर्वश्रेष्ठ रूप से व्यक्त करता है।
दबे पैर
(a) चोरी करना (b) असफल होना
(c) बहुत तेज चलना (d) अहिस्ता काम करना

73 निम्नलिखित प्रश्न में, दिए गए चार विकल्पों में से उस विकल्प का चयन करें, जो दिए गए मुहावरे के अर्थ को सर्वश्रेष्ठ रूप से व्यक्त करता है।
गाढ़े का साथी
(a) बुराई करने वाले वाला व्यक्ति
(b) बिना काम इधर-उधर घूमने वाला व्यक्ति
(c) बुरे समय में सहायता करने वाला
(d) धनी व्यक्ति

74 निम्नलिखित वाक्य में, उस वाक्यांश को पहचानिए जिसमें मात्राओं से सम्बन्धित अशुद्धियाँ हैं। यदि कोई गलती नहीं है, तो 'कोई त्रुटि नहीं है' का चुनाव कीजिए।
अब महिलाएँ जीवन के सभी क्षेत्रों में पुरुषों के / साथ प्रतिस्पर्द्धा कर रही हैं, लेकिन फिर भी / कुछ ऐसे लोग पर जो लड़कियों का शिक्षा को विरोध करते हैं।
(a) कोई त्रुटि नहीं है
(b) अब महिलाएँ जीवन के सभी क्षेत्रों में पुरुषों के
(c) साथ प्रतिस्पर्धा कर रही हैं लेकिन फिर भी
(d) कुछ ऐसे लोग पर जो लड़कियों का शिक्षा को विरोध करते हैं

75 दिए गए वाक्य का वह भाग ज्ञात करें, जिसमें कोई त्रुटि है।
मैंने एक लोहे की एक बाल्टी खरीदी और उसे पानी से भर दिया।
(a) की एक बाल्टी खरीदी (b) और उसे पानी
(c) से भर दिया। (d) मैंने एक लोहे

निर्देश (प्र. सं. 76-80) *नीचे दिए गए गद्यांश में कुछ शब्द छोड़ दिए गए हैं और प्रत्येक रिक्त स्थान के चार विकल्प दिए गए हैं। इन चारों में से कौन-सा विकल्प रिक्त स्थान की पूर्ति करेगा।*

इस पर कोई दो राय नहीं हो सकती कि अंग्रेजों के बनाए हुए आपराधिक (1)...... अब एक बड़ी हद तक (2)........... हो चुके हैं और वे (3)........... बदलाव की माँग कर रहे हैं। इन कानूनों में (4)......... पर थोड़े बहुत परिवर्तन किए गए, परन्तु वर्तमान में वे भी (5).......... सिद्ध हो रहे हैं।

76 रिक्त स्थान (1) के लिए सबसे उपयुक्त विकल्प का चयन कीजिए।
(a) वाक्य (b) कानून (c) योजना (d) सन्देह

77 रिक्त स्थान (2) के लिए सबसे उपयुक्त विकल्प का चयन कीजिए।
(a) अँधेरा (b) प्रधान (c) अप्रासंगिक (d) नीच

78 रिक्त स्थान (3) के लिए सबसे उपयुक्त विकल्प का चयन कीजिए।
(a) व्यक्ति (b) व्यापक (c) अर्थ (d) व्यक्त

79 रिक्त स्थान (4) के लिए सबसे उपयुक्त विकल्प का चयन कीजिए।
(a) घर-घर (b) समय-समय
(c) इधर-उधर (d) नगर-नगर

80 रिक्त स्थान (5) के लिए सबसे उपयुक्त विकल्प का चयन कीजिए।
(a) असमंजस (b) हताश
(c) अपर्याप्त (d) प्रकाश

उत्तरमाला

1.	(a)	2.	(d)	3.	(a)	4.	(b)	5.	(c)	6.	(b)	7.	(d)	8.	(a)	9.	(b)	10.	(d)
11.	(c)	12.	(b)	13.	(d)	14.	(a)	15.	(c)	16.	(c)	17.	(d)	18.	(c)	19.	(d)	20.	(b)
21.	(b)	22.	(c)	23.	(b)	24.	(a)	25.	(d)	26.	(d)	27.	(c)	28.	(b)	29.	(a)	30.	(c)
31.	(c)	32.	(a)	33.	(c)	34.	(c)	35.	(c)	36.	(a)	37.	(c)	38.	(c)	39.	(b)	40.	(b)
41.	(d)	42.	(a)	43.	(b)	44.	(d)	45.	(d)	46.	(d)	47.	(a)	48.	(d)	49.	(a)	50.	(b)
51.	(a)	52.	(a)	53.	(b)	54.	(c)	55.	(b)	56.	(d)	57.	(c)	58.	(a)	59.	(b)	60.	(d)
61.	(c)	62.	(a)	63.	(b)	64.	(a)	65.	(c)	66.	(a)	67.	(d)	68.	(d)	69.	(d)	70.	(d)
71.	(a)	72.	(d)	73.	(c)	74.	(d)	75.	(d)	76.	(b)	77.	(c)	78.	(b)	79.	(b)	80.	(c)

संकेत एवं हल

1. (a) प्रश्नानुसार,

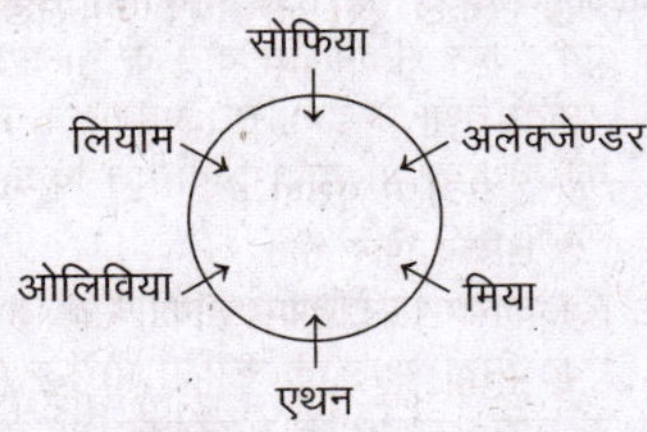

अतः ओलिविया के दाईं ओर एथन है।

2. (d) कथनानुसार,

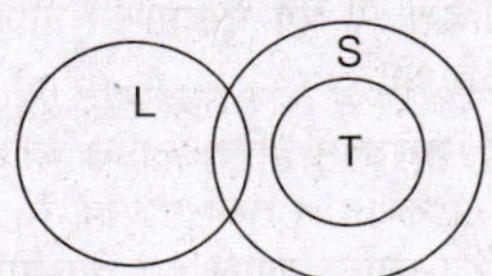

निष्कर्ष I. (✗) II. (✗)

अतः कोई भी निष्कर्ष अनुसरण नहीं करता है।

3. (a) विकल्प आकृति (a) प्रश्न आकृति के पैटर्न को पूरा करती है।

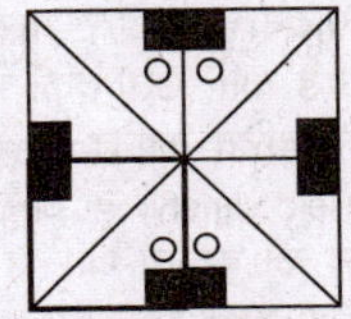

4. (b) जिस प्रकार, रोम, इटली की राजधानी है उसी प्रकार, मैड्रिड, स्पेन की राजधानी है।

5. (c) विकल्प आकृति (c) प्रश्न आकृति के पैटर्न को पूरा करती है।

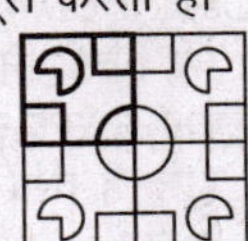

6. (b) दी गई आकृति शृंखला की अगली आकृति विकल्प आकृति (b) होगी, क्योंकि प्रत्येक अगली आकृति में एक रेखा बढ़ रही है।

7. (d) प्रश्नानुसार,

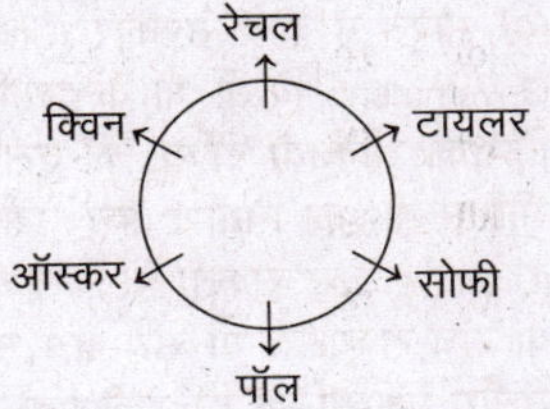

अतः ऑस्कर के विपरीत 'टायलर' बैठा है।

8. (a) I. $8+4-6\times3\div5$

$\times$ और $\div$ के चिह्न को आपस में बदलने पर,

$8+4-6\div3\times5=8+4-2\times5$

$=8+4-10=12-10=2$

II. $20+15\times30\div10$

$\times$ और $\div$ के चिह्न को आपस में बदलने पर,

$20+15\div30\times10$

$20+\frac{15}{30}\times10=25$

अतः 2 और 25 उत्तर होगा।

9. (b) दी गई आकृति का सही दर्पण प्रतिबिम्ब विकल्प (b) की आकृति होगी।

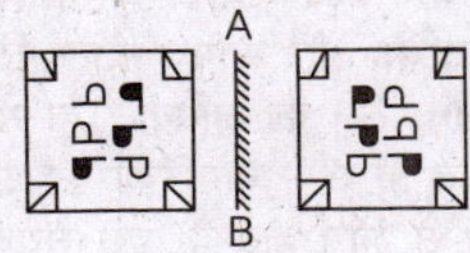

10. (d) प्रश्नानुसार,

30 A 30 B 7 C 40 = 280

तथा A = +, B = ×, C = + रखने पर,

$30+30\times7+40=280$

$280=280$

तथा $38+40\times20+100=938$

$938=938$

उसी प्रकार, 6A8B4C5

$=6+8\times4+5$

$=6+32+5=43$

$43=43$

11. (c) जिस प्रकार,

B R I N J A L
−2 −2 +2 −2 −2 +2 −2
Z P K L H C J

तथा

T O M A T O
−2 +2 −2 +2 −2 +2
R Q K C R Q

उसी प्रकार,

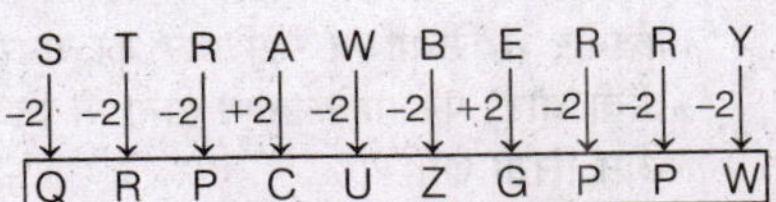

नोट व्यंजन में −2 की कमी हो रही है। स्वर में +2 की वृद्धि हो रही है।

12. (b) जिस प्रकार, 'आदेश' का समानार्थी शब्द 'हुक्म' है तथा सलाह का समानार्थी शब्द मार्गदर्शन है।

उसी प्रकार, 'अफवाह' का समानार्थी शब्द 'बकवाद' होगा।

13. (d) दी गई शृंखला का क्रम निम्न प्रकार है,

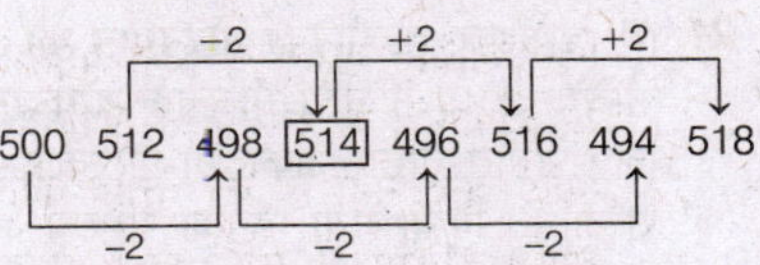

14. (a) अंग्रेजी शब्दकोश के अनुसार शब्दों को व्यवस्थित करने पर,

4. Cider → 1 Cigar → 2 Cinema → 5. Cinnabar → 3. Cipher

अतः सही क्रम 4 1 2 5 3 है।

15. (c) दी गई शृंखला का क्रम निम्न प्रकार है,

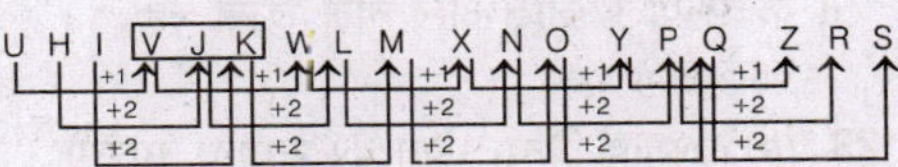

16. (c) दी गई शृंखला का क्रम निम्न प्रकार है,

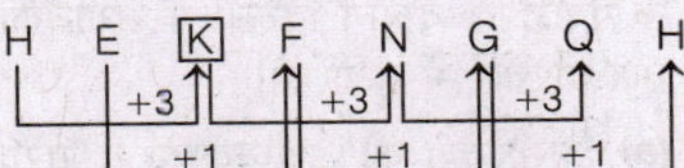

17. (d) प्रश्नानुसार,

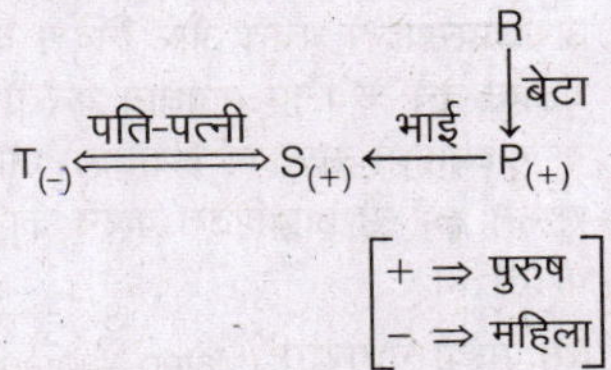

अतः T, R के बेटे की पत्नी है।

18. (c) जिस प्रकार,

P A R T Y
↓ ↓ ↓ ↓ ↓
16 + 1 + 18 + 20 + 25 = 80 + 1 = 81

P L A C E
↓ ↓ ↓ ↓ ↓
16 + 12 + 1 + 3 + 5 = 37 + 1 = 38

उसी प्रकार,

P R I M E
↓ ↓ ↓ ↓ ↓
16 + 18 + 9 + 13 + 5 = 61 + 1 = 62

19. (d) दी गई आकृति में अगली आकृति शृंखला विकल्प आकृति (d) होगी। क्योंकि हर एक अगली शृंखला में एक-एक वृत्त बढ़ता जाता है।

20. *(b)* दी गई श्रृंखला का क्रम निम्न प्रकार है,

211 179 146 112 77 41

–32 –33 –34 –35 –36

21. *(b)* टंकेश्वर हाजारिका बोरबयान को सत्रिया 2018 में नृत्य में उनके योगदान के लिए संगीत नाटक अकादमी पुरस्कार से सम्मानित किया गया। इनका सम्बन्ध असम से है। सत्रिया भारत का शास्त्रीय नृत्य है।

22. *(c)* तीरंदाजी लक्ष्य पर एक्स-रिंग 10वीं आन्तरिक रिंग होती है। कम्पाउण्ड तीरंदाज 80 सेमी व्यास वाले लक्ष्य पर 50 मीटर की दूरी से निशाना साधते हैं। इसमें 10 रिंग का व्यास 8 सेमी होता है। लक्ष्य चेहरे के बाहरी चार छल्ले सामान्यतः हटा दिए जाते हैं, केवल पीले, लाल और नीले छल्ले रह जाते हैं।

23. *(b)* उस्ताद बिन्दा खान का सम्बन्ध सारंगी वाद्यन्त्र से है। सारंगी एक धनुर्वाद्य यन्त्र है। उस्ताद बिन्दा खान का जन्म 20वीं शताब्दी के पूर्वार्द्ध के दौरान दिल्ली में संगीतकारों के एक परिवार में हुआ था।

24. *(a)* किसी देश की अर्थव्यवस्था में सरकारी बजट का प्राथमिक उद्देश्य संसाधनों का कुशलतापूर्वक आवण्टन करना है। सरकार अर्थव्यवस्था में बचत और निवेश की दर को बढ़ावा देने के लिए प्रावधान करती है। बजट के माध्यम से सरकार संसाधनों और धन को समान रूप से आवण्टित करने का प्रयास करती है।

25. *(d)* माथो नागरांग (Matho Nagrang) का सम्बन्ध लद्दाख राज्य से है। यह एक त्योहार है, जो तिब्बती कैलेण्डर के पहले महीने के 15वें दिन मनाया जाता है। लद्दाख में यह त्योहार माथोमठ में मनाया जाता है, क्योंकि यह तिब्बती बौद्ध धर्म के शाक्य स्कूल का एकमात्र मठ है।

26. *(d)* भारत में लौह युग **वैदिककाल** से जुड़ा है, जो लगभग 1500 ईसा पूर्व से 500 ईसा पूर्व तक चला है। लौहयुग एक परिवर्तनकारी काल था, जिसमें औजारों और हथियारों के लिए प्राथमिक सामग्री के रूप में लोहे का आगमन हुआ। यह काँस्य युग के बाद आया तथा मानव तकनीकों, क्षमताओं और सामाजिक संरचनाओं में एक महत्त्वपूर्ण बदलाव आया।

27. *(c)* बैडमिण्टन में एक तेज और निचला शॉट, जो नेट पर क्षैतिज उड़ान भरता है। उसे ड्राइव के रूप में जाना जाता है। ड्राइव को **मिड-कोर्ट** से **मिड-कोर्ट** तक खेला जाता है तथा यह एक त्वरित, सपाट, शक्तिशाली जवाबी हमला करने वाला शॉट है। यह बैक हैंड और फोर हैंड शॉट दोनों हो सकते हैं।

28. *(b)* व्यापक आधार और संकीर्ण शीर्ष वाला भारत का जनसंख्या पिरामिड विस्तृत जनसंख्या पिरामिड को दर्शाता है। एक समूह के अन्तर्गत लोगों की विस्तृत व्यक्तिगत विशेषताएँ जैसे-लिंग, आयु, वैवाहिक स्थिति, शिक्षा, व्यवसाय और घर के मुखिया के साथ रिश्ते आदि के आधार पर किए गए वितरण को जनसंख्या संरचना कहा जाता है।

29. *(a)* मौलिक अधिकार भारतीय संविधान के भाग-III (अनुच्छेद 12-35) में निहित है। मौलिक अधिकारों को बुनियादी मानवीय स्वतन्त्रता के रूप में परिभाषित किया गया है, जहाँ प्रत्येक भारतीय नागरिक को जीवन के उचित और सामंजस्यपूर्ण विकास का आनन्द लेने का अधिकार है। ये अधिकार भारत के सभी नागरिकों पर सार्वभौमिक रूप से लागू होते हैं। इसे संयुक्त राज्य अमेरिका के संविधान से लिया गया है।

30. *(c)* जलियाँवाला बाग नरसंहार वर्ष 1919 में अमृतसर में रौलेट एक्ट अधिनियम के दौरान हुआ था, जिससे अंग्रेजों को मुकदमा चलाए बिना, भारतीयों को गिरफ्तार करने और जेल में डालने की अनुमति दी गई थी। 13 अप्रैल, 1919 को जनरल डायर ने जलियाँवाला बाग में रौलेट एक्ट का विरोध कर रहे लोगों पर गोलियाँ चलवा दी, जिसमें लगभग 1000 से अधिक लोग मारे गए।

जलियाँवाला बाग हत्याकांड के विरोध में महात्मा गाँधी ने 'कैसर'-ए-हिन्द' की उपाधि जमना लाल बजाज ने 'राय बहादुर' की उपाधि एवं रविन्द्रनाथ टैगोर ने 'सर' की उपाधि वापिस कर दी।

31. *(c)* सितम्बर, 2023 में, जम्मू-कश्मीर में कचरे के खिलाफ जंग के लिए एम्बेसेडर (Ambassador) के रूप में बाना सिंह को नामित किया गया है। बाना सिंह ने ऑपरेशन राजीव के हिस्से के रूप में कश्मीर में सियाचिन ग्लेशियर की सबसे ऊँची चोटी पर पाकिस्तानी सेना से नियन्त्रण छीन लिया था।

32. *(a)* अनुसन्धान नेशनल रिसर्च फाउण्डेशन विधेयक, 2023 के सम्बन्ध में, अनुसन्धान नेशनल रिसर्च फाउण्डेशन के खातों का वार्षिक ऑडिट कैग (नियन्त्रक एवं महालेखा परीक्षक) द्वारा किया जाता है। भारतीय संविधान के अनुच्छेद-148 में कैग का वर्णन है। श्री. गिरिशचन्द्र मुर्मू 14वें कैग के अध्यक्ष हैं।

33. *(c)* राज्यसभा में केन्द्रशासित प्रदेशों के प्रतिनिधि निर्वाचक मण्डल (Electoral college) के सदस्यों द्वारा अप्रत्यक्ष रूप से निर्वाचित होते हैं। भारतीय संविधान के अनुच्छेद-84 के तहत आनुपातिक प्रतिनिधित्व एवं एकल संक्रमणीय वोट के माध्यम से राज्यों तथा केन्द्रशासित प्रदेशों के प्रतिनिधि को विधानसभा द्वारा निर्वाचित किया जाता है।

34. *(c)* कलिंगा स्टेडियम हॉकी मैचों के लिए एक प्रमुख स्थल के रूप में प्रसिद्ध है। यह स्टेडियम भारत के भुवनेश्वर, ओडिशा में एक बहुउद्देश्यीय अन्तर्राष्ट्रीय खेल परिसर है। इसकी आधारशिला वर्ष 1978 में ओडिशा के पूर्व मुख्यमन्त्री बीजू पटनायक ने रखी थी।

35. *(c)* भारत में हरित क्रान्ति के सम्बन्ध में दोनों कथन *A* तथा *B* सही हैं। भारत में हरित क्रान्ति काफी हद तक गेहूँ क्रान्ति है, क्योंकि वर्ष 1967-68 और 2003-04 के बीच गेहूँ के उत्पादन में तीन गुना से अधिक वृद्धि हुई है, जबकि कुल अनाज के उत्पादन में दोगुनी वृद्धि हुई हैं। इसके परिणामस्वरूप वर्ष 1978-79 में 131 मिलियन टन अनाज का उत्पादन हुआ और भारत दुनिया के सबसे बड़े कृषि उत्पादकों में से एक बना। भारत में हरित क्रान्ति का मुख्य उद्देश्य (High Yield Variety) के अन्तर्गत खाद्यान्न उत्पादन को बढ़ाना था।

36. *(a)* दिए गए तीनों कथन सत्य हैं।

वह गैस जो बॉयल के नियम, चार्ल्स के नियम और एवोगेड्रो नियम का पालन करती है, आदर्श गैस कहलाती है। गे लुसाक के नियम (Gay Lussac's Law) के अनुसार, स्थिर आयतन पर किसी निश्चित मात्रा वाली गैस का दाब, उसके ताप के व्युत्क्रमानुपाती होता है तथा सिलिकॉन आवर्त सारणी के वर्ग 14 और आवर्त 3 में मौजूद होता है।

37. *(c)* हरित क्रान्ति के पहले चरण में HYV बीजों के उपयोग से मुख्य रूप से पंजाब, आन्ध्र प्रदेश और तमिलनाडु राज्य को लाभ हुआ। भारत में हरित क्रान्ति के जनक एम.एस.स्वामीनाथन हैं। हरित क्रान्ति को तीसरी कृषि क्रान्ति के रूप में जाना जाता है।

38. *(c)* भारत में केन्द्र सरकार (Union Government) किसी भी केन्द्रशासित प्रदेश, जिसकी शक्तियाँ राज्यों की तुलना में अधिक सीमित हो, का निर्माण और उसे भंग (Dissolve) कर सकती हैं। केन्द्रशासित प्रदेश या संघ-राज्यक्षेत्र या संघ क्षेत्र भारत के संघीय प्रशासनिक ढाँचे की एक उपराष्ट्रीय प्रशासनिक इकाई है।

39. *(b)* असम राज्य ने अपनी गरीबी उन्मूलन योजना का उन्नत संस्करण ओरुनोदोई 2.0 पेश किया है। इस योजना के तहत राज्य की 16 से 59 वर्ष की आयु की प्रत्येक महिला को ₹ 830 से ₹ 1000 तक मासिक भुगतान मिलेगा। यह योजना महिलाओं को सशक्त बनाने के लिए असम के तत्कालीन मुख्यमन्त्री हिमन्त बिस्वा सरमा ने 2 अक्टूबर, 2020 को शुरू की थी।

40. *(b)* लिंग अनुपात का उपयोग प्रति 1000 पुरुषों पर महिलाओं की संख्या का वर्णन करने के लिए किया जाता है। वर्ष 2011 की जनगणनानुसार भारत में लिंगानुपात 943 है। राष्ट्रीय परिवार स्वास्थ्य सर्वेक्षण 2020-21 के अनुसार वर्ष 2022 में भारत का लिंगानुपात प्रति 1000 पुरुषों पर 1020 महिलाएँ हैं।

41. *(d)* दिया है,

मूलधन $(P) = ₹ 21500$

दर $(r) = 35\%$

समय $(t) = 2$ वर्ष

$\therefore$ मिश्रधन $= P\left(1 + \frac{r}{100}\right)^t$

$= 21500\left(1 + \frac{35}{100}\right)^2$

$= 21500\left(1 + \frac{7}{20}\right)^2$

$= 21500 \times \frac{27}{20} \times \frac{27}{20}$

$= ₹ 39183.75$

42. *(a)* माना वस्तु का क्रय मूल्य $= ₹ 100$

अंकित मूल्य $= 100 + 100$ का 22%

$= 100 + 100 \times \frac{22}{100} = ₹ 122$

विक्रय मूल्य $= 122 - 122$ का 15%

$= 122 - 122 \times \frac{15}{100}$

$= 122 - 18.3 = ₹ 103.7$

$\therefore$ लाभ % $= \frac{\text{लाभ}}{\text{क्रय मूल्य}} \times 100$

$= \frac{\text{विक्रय मूल्य} - \text{क्रय मूल्य}}{\text{क्रय मूल्य}} \times 100$

$= \frac{103.7 - 100}{100} \times 100$

$= \frac{3.7}{100} \times 100 = 3.7\%$

वैकल्पिक विधि

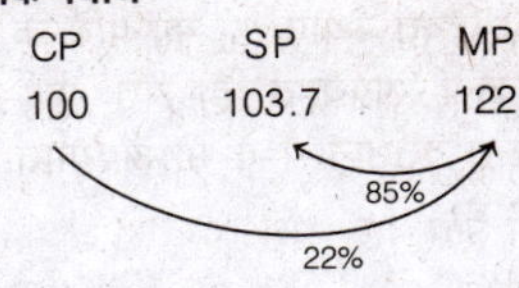

$\therefore$ लाभ $= 3.7\%$

43. *(b)* माना पाँच क्रमागत विषम संख्याएँ $a, a+2, a+4, a+6$ तथा $a+8$ हैं

प्रश्नानुसार,

$a + a + 2 + a + 4 + a + 6 + a + 8 = 19 \times 5$

$\Rightarrow \quad 5a + 20 = 95$

$\Rightarrow \quad 5a = 75$

$\Rightarrow \quad a = \frac{75}{5} = 15$

अतः सबसे बड़ी संख्या $= 15 + 8 = 23$

44. *(d)* X और Y का 1 दिन का कार्य $= \frac{1}{60}$

$\therefore X$ और Y का 30 दिन का कार्य $= \frac{30}{60} = \frac{1}{2}$

शेष कार्य $= 1 - \frac{1}{2} = \frac{1}{2}$

$\because \frac{1}{2}$ कार्य को Y करता है $= 75$ दिनों

$\therefore Y$ द्वारा पूरा कार्य करने में लिया गया समय $= 75 \times 2 = 150$ दिन

Y का 1 दिन कार्य $= \frac{1}{150}$

$\therefore X$ का 1 दिन का कार्य $= \frac{1}{60} - \frac{1}{150}$

$= \frac{5-2}{300} = \frac{3}{300} = \frac{1}{100}$

अतः X द्वारा सम्पूर्ण कार्य को पूरा करने में 100 दिन लगेंगे।

45. *(d)* दिया है,

बेलन का त्रिज्या $(r) = 63$ सेमी

बेलन की ऊँचाई $(h) = 20$ सेमी

अतः बेलन का वक्रपृष्ठीय क्षेत्रफल

$= 2\pi rh = 2 \times \frac{22}{7} \times 63 \times 20 = 7920$ सेमी^{2}

46. *(d)* माना पहली संख्या $= 3x$

दूसरी संख्या $= 4x$

म.स. $= x = 5$

अतः ल.स. $= 12x = 12 \times 5 = 60$

47. *(a)* दिया है,

4 बल्लेबाजों के औसत रन $= 61$

4 बल्लेबाजों के कुल रन $= 4 \times 61 = 244$

3 बल्लेबाजों के कुल रन $= 68 + 31 + 27$

$= 126$

$\therefore$ चौथे बल्लेबाज के कुल रन $= 244 - 126$

$= 118$

48. *(d)* माना वस्तु का अंकित मूल्य $= 100$ इकाई

$\therefore$ विक्रय मूल्य $= 100 - 100$ का 22%

$= 100 - 100 \times \frac{22}{100} = 78$ इकाई

$\because 78$ इकाई $= 1482$

$\therefore 100$ इकाई $= \frac{1482}{78} \times 100 = 1900$

अतः वस्तु का अंकित मूल्य ₹ 1900 है।

49. *(a)* $a : b : c : d$

$2 : 5 : 3 : 3$

$\underline{5 \;\; 5 \;\; 5 : 2}$

$10 : 25 : 15 : 6$

50. *(b)* प्रश्नानुसार,

औसत चाल $= \frac{\text{कुल दूरी}}{\text{समय}}$

$= \frac{4 \times 10}{\frac{10}{7} + \frac{10}{14} + \frac{10}{21} + \frac{10}{28}}$

$= \frac{40}{\frac{120 + 60 + 40 + 30}{84}}$

$= \frac{40 \times 84}{250} = \frac{336}{25}$ किमी/घण्टा

51. *(a)* $96 \div 8 \times (4$ का $(14 + 2 \times 7) - 10 \times 10)$

$= 96 \div 8 \times (4$ का $(14 + 14) - 100)$

$= 96 \div 8 \times (4 \times 28 - 100)$

$= 96 \div 8 \times (112 - 100)$

$= 96 \div 8 \times 12$

$= 12 \times 12 = 144$

52. *(a)* 90 मेजों का क्रय मूल्य

$= x$ मेजों का विक्रय मूल्य

$\frac{\text{क्रय मूल्य}}{\text{विक्रय मूल्य}} = \frac{x}{90}$

लाभ % $= 50\%$

$x + x$ का $50\% = 90$

$\Rightarrow \quad x + x \times \frac{50}{100} = 90$

$\Rightarrow \quad x + \frac{x}{2} = 90$

$\Rightarrow \quad \frac{3x}{2} = 90$

$\therefore \quad x = \frac{90 \times 2}{3} = 60$

53. *(b)* माना धन $(P) = ₹ 5x$

साधारण ब्याज $(SI) = ₹ 3x$

दर $(r) = 4\%$

$SI = \frac{P \times r \times t}{100}$

$\Rightarrow \quad 3x = \frac{5x \times t \times 4}{100}$

$\Rightarrow \quad t = \frac{3x \times 100}{5x \times 4} = 15$ वर्ष

54. *(c)* माना मूल संख्या $= 100$

25% वृद्धि करने पर,

$= 100 + 100$ का 25%

$= 100 + 100 \times \frac{25}{100} = 125$

फिर 25% वृद्धि करने पर,

$= 125 + 125$ का 25%

$$= 125 + 125 \times \frac{25}{100}$$

$$= 125 + 31.25 = 156.25$$

मूल संख्या प्राप्त करने के लिए

$$\text{कमी } \% = \frac{156.25 - 100}{156.25}$$

$$= \frac{56.25}{156.25} = 36\%$$

वैकल्पिक विधि

माना संख्या $= x$

x में दो लगातार बार 25% वृद्धि करने पर,

$$= x \times \frac{5}{4} \times \frac{5}{4} = \frac{25x}{16}$$

मूल संख्या पुनः प्राप्त करने के लिए कमी %

$$= \frac{\frac{25x}{16} - x}{\frac{25x}{16}} \times 100 = \frac{\frac{9x}{16}}{\frac{25x}{16}} \times 100 = 36\%$$

55. *(b)* 15 का 15 – 6 का 11 $\times 12 + 25 \times 25 + 21 \times 4$

$$= 225 - 66 \times 12 + 25 \times 25 + 21 \times 4$$

$$= 225 - 792 + 625 + 84$$

$$= 934 - 792 = 142$$

56. *(d)* जॉन का 1 दिन का कार्य $= \frac{1}{6}$

मार्क का 1 दिन का कार्य $= \frac{1}{8}$

दोनों का एकसाथ मिलकर 1 दिन का कार्य

$$= \frac{1}{6} + \frac{1}{8} = \frac{4+3}{24} = \frac{7}{24}$$

अतः दोनों द्वारा मिलकर पूरे कार्य को पूरा करने में लगा समय $= \frac{24}{7}$ घण्टे

57. *(c)* दिया है,

$$P : Q : R = 3 : 5 : 8$$

माना $P = 3x$

$Q = 5x$

$R = 8x$

प्रश्नानुसार,

$$3x + 5x + 8x = 400$$

$$\Rightarrow \quad 16x = 400$$

$$\Rightarrow \quad x = \frac{400}{16} = 25$$

$$\therefore \quad R - P = 8x - 3x$$

$$= 5x = 5 \times 25 = 125$$

58. *(a)* 1 से 19 तक कुल भाज्य संख्याएँ

$= 4, 6, 8, 9, 10, 12, 14, 15, 16, 18$

अतः कुल संख्याएँ $= 10$

59. *(b)* प्रश्नानुसार,

$$750 \text{ का } 50\% = 750 \times \frac{50}{100} = 375$$

$$M + M \times \frac{25}{100} = 375$$

$$\Rightarrow \quad M + \frac{M}{4} = 375$$

$$\Rightarrow \quad \frac{5M}{4} = 375$$

$$\therefore \quad M = \frac{375 \times 4}{5} = 300$$

60. *(d)* दिया है, विक्रय मूल्य = \$450

हानि % = 10%

$\therefore$ घड़ी का क्रय मूल्य $= 450 \times \frac{100}{90} = \$500$

61. *(c)* दिए गए वाक्यांश 'जिसका दमन न किया जा सके' के लिए एक सार्थक शब्द 'अदम्य' होगा। अन्य विकल्प असंगत हैं।

62. *(a)* रिक्त स्थान की पूर्ति के लिए सबसे उचित विकल्प 'विशाल' है। अतः पूर्ण वाक्य है– किसी अच्छी वस्तु की वास्तविकता से परिचय पाना आज के विशाल संसार में विज्ञापन के बिना नितान्त असम्भव है। अन्य विकल्प असंगत हैं।

63. *(b)* रिक्त स्थान के लिए सही पुल्लिंग रूप 'लगाव' है। अतः पूर्ण वाक्य है– कभी-कभी सबके साथ ज्यादा लगाव भारी पड़ जाता है।

64. *(a)* 'जिसके आने की तिथि निश्चित न हो' वाक्यांश के लिए एक उचित शब्द 'अतिथि' है। अन्य विकल्प असंगत हैं।

65. *(c)* दिए गए वाक्य में कोष्ठक शब्द (आग्रह) का विलोम शब्द 'दुराग्रह' है। अन्य विकल्प असंगत हैं।

66. *(a)* हिमालय <u>बर्फ</u> से ढका हुआ है। दिए गए वाक्य मे रेखांकित शब्द बर्फ का विलोम 'पानी' है। अन्य विकल्प असंगत हैं।

67. *(d)* दिए गए वाक्य में रिक्त स्थान की पूर्ति के लिए सही तत्सम शब्द 'मक्षिका' है। अतः पूर्ण वाक्य है- मक्षिका न जाने कब से भिनभिना रही है।

68. *(d)* दिए गए वाक्य में कोष्ठक शब्द 'बेसुध' का पर्यायवाची शब्द 'मूर्छित' है। बेसुध के अन्य पर्यायवाची– अचेत, बेहोश, बेखबर, बदहवास, अचेतन आदि शब्द हैं।

69. *(d)* दिए गए वाक्य में भारत दुनिया के सबसे तेजी में बढ़ते वाक्यांश में मात्राओं या व्याकरण से सम्बन्धित अशुद्धियाँ है। अतः पूर्ण वाक्य है-भारत दुनिया के सबसे तेजी से बढ़ते देशों में से एक है और यह सब वर्ष 1991 में किए गए सुधारों के कारण है। अन्य विकल्प असंगत हैं।

70. *(d)* दिए गए वाक्य के रिक्त स्थान के लिए उचित देशज-विदेशज शब्द 'अपील' है। अतः पूर्ण वाक्य है– 'आपसे यही अपील है कि आप हमारी बात सुनें'।

71. *(a)* दिए गए वाक्य में कोष्ठक शब्द (सुविधा) का पर्यायवाची शब्द 'सहूलियत' है। सुविधा से सम्बन्धित अन्य पर्यायवाची शब्द– आराम, रियायत, छूट आदि हैं। अन्य विकल्प असंगत हैं।

72. *(d)* 'दबे पैर' का अर्थ होता है– अहिस्ता काम करना।

वाक्य प्रयोग चूहे को इधर-उधर दौड़ते देख, बिल्ली दबे पैर घर में घुस आई।

73. *(c)* 'गाढ़े का साथी' मुहावरे का अर्थ है– बुरे समय में सहायता करने वाला।

वाक्य प्रयोग राम मोहन का गाढ़े का साथी है।

74. *(d)* दिए गए वाक्य में कुछ ऐसे लोग पर जो लड़कियों का शिक्षा को विरोध करते हैं। वाक्यांश त्रुटिपुर्ण है।

इसका शुद्ध वाक्य है– अब महिलाएँ जीवन के सभी क्षेत्रों में पुरुषों के साथ प्रतिस्पर्द्धा कर रही हैं, लेकिन फिर भी कुछ ऐसे लोग भी हैं, जो लड़कियों की शिक्षा का विरोध करते हैं। अन्य विकल्प असंगत हैं।

75. *(d)* दिए गए वाक्य में 'मैंने एक लोहे' वाक्यांश में त्रुटि है। अतः शुद्ध वाक्य है– मैंने लोहे की एक बाल्टी खरीदी और उसे पानी से भर दिया।

76. *(b)* रिक्त स्थान (1) की पूर्ति के लिए सबसे उपयुक्त शब्द 'कानून' है। अतः पूर्ण वाक्य है– इस पर कोई दो राय नहीं हो सकती कि अंग्रेजों के बनाए हुए आपराधिक कानून अब एक बड़ी हद तक।

77. *(c)* रिक्त स्थान (2) की पूर्ति के लिए सबसे उपयुक्त शब्द 'अप्रासंगिक' है। अतः पूर्ण वाक्य है– एक बड़ी हद तक अप्रासंगिक हो चुके हैं। अन्य विकल्प असंगत हैं।

78. *(b)* रिक्त स्थान (3) की पूर्ति के लिए सबसे उपयुक्त विकल्प 'व्यापक' है। अतः पूर्ण वाक्य है– वे व्यापक बदलाव की माँग कर रहे हैं। अन्य विकल्प असंगत हैं।

79. *(b)* रिक्त स्थान (4) की पूर्ति के लिए उचित विकल्प 'समय-समय' का प्रयोग है। अतः पूर्ण वाक्य है। इन कानूनों में 'समय-समय' पर थोड़े बहुत परिवर्तन किए गए।

80. *(c)* रिक्त स्थान (5) की पूर्ति के लिए उचित विकल्प 'अपर्याप्त' है। अतः पूर्ण वाक्य है– परन्तु वर्तमान में वे भी अपर्याप्त सिद्ध हो रहे हैं।

01 मार्च 2024
(शिफ्ट IV)

सॉल्वड पेपर 2024

SSC कांस्टेबल (जीडी) सेट 39

भाग-I सामान्य बुद्धिमत्ता एवं तर्कशक्ति

1 दिए गए विकल्पों में से आकृति का चयन कीजिए, जिसे दी गई आकृति शृंखला में प्रश्नचिह्न (?) के स्थान पर रखा जा सकता है।

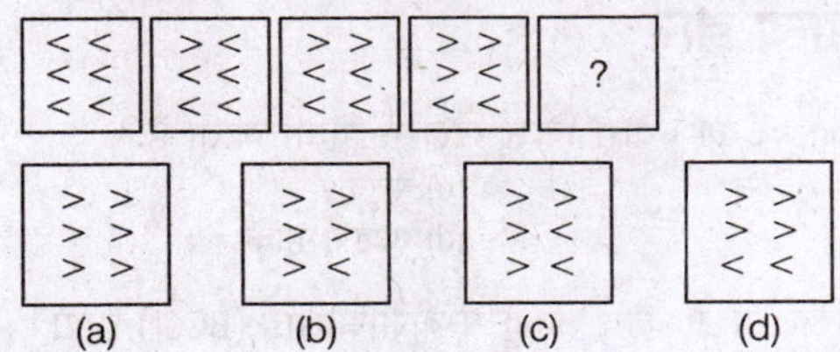

2 यदि एक दर्पण को रेखा AB पर रखा जाए, तो विकल्प आकृतियों में से कौन-सी आकृति प्रश्न आकृति का सही प्रतिबिम्ब होगी?

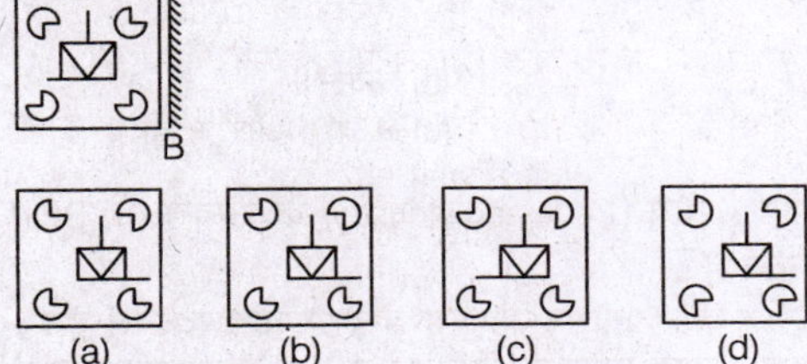

3 A + B का अर्थ है A, B की पत्नी है, A × B का अर्थ है, A, B का पिता है, A ÷ B का अर्थ है, A, B की माँ है, A $ B का अर्थ है, A, B का भाई है और A − B का अर्थ है, A, B की बहन है।

यदि Z − T ÷ S × Y + H $ B, तो H का S से क्या सम्बन्ध हैं?

(a) बेटा (b) बेटी की बेटी
(c) बेटे की पत्नी (d) बेटी का पति

4 छः मित्र एलेक्स, ब्रैड, चार्ली, डेविड, एरिक और फ्रैंक एक वृत्ताकार मेज के चारों ओर केन्द्र से बाहर की ओर मुख करके बैठे हैं। एलेक्स, ब्रैड के ठीक दाईं ओर बैठा है। चार्ली और डेविड के ठीक बीच में फ्रैंक बैठा है। चार्ली, एरिक के ठीक दाईं ओर बैठा है। डेविड के ठीक दाईं ओर कौन बैठा है?

(a) फ्रैंक (b) एलेक्स
(c) एरिक (d) ब्रैड

5 नीचे एक पासे की दो स्थितियाँ दी गई हैं। '1' वाले फलक के विपरीत फलक पर क्या आएगा?

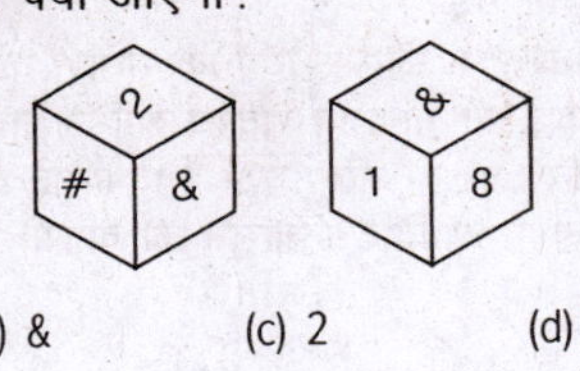

(a) # (b) & (c) 2 (d) 8

6 निम्नलिखित में से अक्षरों के कौन-से एक समूह को दी गई अक्षर शृंखला के रिक्त स्थानों में क्रमिक रूप से रखने पर शृंखला पूरी हो जाएगी।

_n_mn_m_wmnw

(a) mnwn (b) wmnw
(c) mwwn (d) mmwn

7 निम्नलिखित प्रश्न में, दिए गए विकल्पों में से सम्बन्धित अक्षर-युग्म का चयन कीजिए।

WTPF : YVRH :: ?

(a) CIRT : IKMD (b) QJAN : SLCP
(c) ANON : MOUM (d) WYUZ : TSKD

8 यदि 8 G 4 H 9 I 3 = 15 और 17 G 13 H 27 I 9 = 38 है, तो 7 G 8 H 10 I 2 = ?

(a) 21 (b) 18
(c) 20 (d) 24

9 नीचे एक पासे की दो स्थितियाँ दी गई हैं। '4' वाले फलक के विपरीत फलक पर निम्नलिखित विकल्पों में से क्या आएगा?

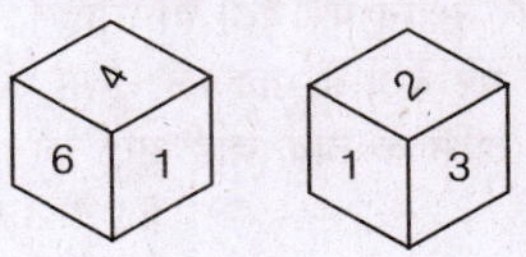

(a) 3 (b) 6
(c) 2 (d) 5

10 निम्नलिखित विकल्पों में से उस विकल्प का चयन कीजिए, जो पाँचवें अक्षर-समूह के ठीक उसी प्रकार सम्बन्धित है, जिस प्रकार चौथा अक्षर-समूह तीसरे अक्षर-समूह से सम्बन्धित है और दूसरा अक्षर-समूह पहले अक्षर-समूह से सम्बन्धित है।

CLEAN : CNLAE :: CHART : CTHRA :: RIGHT : ?

(a) RGTIH (b) GHITR
(c) HITRG (d) RTIHG

11 दिए गए विकल्पों में से निम्नलिखित शृंखला से लुप्त संख्या का चयन कीजिए।

13, −11, −35, −59, −83, ?

(a) −125 (b) −120
(c) −107 (d) −115

12 एक निश्चित कूटभाषा में, 'TDF' को '1440' लिखा जाता है, 'LTB' को '1440' लिखा जाता है। उसी कूटभाषा में 'IHG' को कैसे लिखा जाएगा?

(a) 1275 (b) 1575
(c) 1512 (d) 1465

13 एक निश्चित कूटभाषा में 'BIB' को '36' लिखा जाता है और 'BOG' को '210' लिखा जाता है। उसी कूटभाषा में 'EBB' को कैसे लिखा जाएगा?
(a) 20 (b) 30
(c) 10 (d) 40

14 निम्नलिखित में से कौन-सा अक्षर दी गई श्रृंखला में प्रश्नचिह्न (?) के स्थान पर आएगा?
P, K, G, D, B, ?
(a) A (b) X
(c) Z (d) Y

15 दिए गए विकल्पों में से किन दो संख्याओं को आपस में बदलने पर निम्नलिखित समीकरण सही होगा?
$17 - 8 \times 2 + 6 \div 4 = 7$
(a) 4 और 7 (b) 17 और 7
(c) 2 और 4 (d) 6 और 8

16 दिए गए विकल्पों में से निम्नलिखित श्रृंखला से लुप्त संख्या का चयन कीजिए।
35, 4, 41, 0, 43, ?
(a) 0 (b) –2
(c) –3 (d) –4

17 आठ शिक्षक, जतिन, अभि, गोपाल, हीना, ईशा, रोहित, काजल और लीला एक वृत्ताकार मेज के चारों ओर केन्द्र से बाहर की ओर मुख करके बैठे हैं (परन्तु जरूरी नहीं कि वे इसी क्रम में बैठे हों)। अभि, हीना के बाईं ओर से दूसरे स्थान पर बैठा है। रोहित, हीना के दाईं ओर से तीसरे स्थान पर बैठा है। गोपाल, जतिन के दाईं ओर से दूसरे स्थान पर बैठा है। रोहित, जतिन के बाईं ओर से दूसरे स्थान पर बैठा है। काजल, ईशा के बाईं ओर से तीसरे स्थान पर बैठी है। अभि के ठीक दाईं ओर कौन बैठा/बैठी है?
(a) जतिन (b) गोपाल
(c) हीना (d) लीला

18 दिए गए विकल्पों में से उस आकृति का चयन कीजिए, जिसे दी गई आकृति श्रृंखला में प्रश्नचिह्न (?) के स्थान पर रखा जा सकता है।

?

(a) (b) (c) (d)

19 निम्नलिखित प्रश्न में कुछ कथन और उन कथनों के आधार पर कुछ निष्कर्ष दिए गए हैं। आपको दिए गए कथनों को सत्य मानना है, चाहे वे सामान्यतः ज्ञात तथ्यों से भिन्न प्रतीत होते हों। सभी निष्कर्षों को ध्यानपूर्वक पढ़िए और निर्धारित कीजिए, कि दिए गए निष्कर्षों में से कौन-सा/से निष्कर्ष कथनों का तार्किक रूप से अनुसरण करता है/करते हैं?

कथन कोई फूल, पौधा नहीं है।
कुछ जानवर, फूल हैं।

निष्कर्ष
I. कुछ जानवर, पौधे नहीं हैं।
II. सभी पौधे, जानवर हैं।
(a) केवल निष्कर्ष I अनुसरण करता है
(b) निष्कर्ष I और II दोनों अनुसरण करते हैं
(c) कोई निष्कर्ष अनुसरण नहीं करता है
(d) केवल निष्कर्ष II अनुसरण करता है

20 नीचे दिए गए शब्दों को अंग्रेजी शब्दकोश के क्रम के अनुसार व्यवस्थित करने के बाद, कौन-सा शब्द 'चौथे' स्थान पर आएगा?
1. Weep 2. Ween 3. Weed
4. Weight 5. Week
(a) Week (b) Weed (c) Weep (d) Weight

भाग-II सामान्य ज्ञान

21 'पक' (puck) का प्रयोग किस खेल में किया जाता है?
(a) टेबल टेनिस (b) स्नूकर
(c) सॉकर (d) आइस हॉकी

22 निम्नलिखित में से कौन-सा युग्म बीसीसीआई (BCCI) द्वारा संचालित क्रिकेट टूर्नामेण्ट और उसमें खेले जाने वाले क्रिकेट के प्रकार के सही युग्म हैं?
I. विजय हजारे ट्रॉफी - सूची ए मैच
II. सैयद मुश्ताक अली ट्रॉफी - टी-20 मैच
कूट
(a) केवल I (b) केवल II
(c) I और II दोनों (d) न तो I और न ही II

23 व्यापार और उद्योग (trade and industry) के सम्बन्ध में 'DPIIT' का पूर्ण रूप क्या है?
(a) डिपार्टमेण्ट फॉर प्रमोशन ऑफ इण्डस्ट्री एण्ड इण्टरनल ट्रेड
(b) डेवलपमेण्ट एण्ड प्रमोशन ऑफ इण्डस्ट्री एण्ड इण्टरनेशनल ट्रेड
(c) डेवलपमेण्ट एण्ड प्रमोशन ऑफ इण्डस्ट्री एण्ड इण्टरनल ट्रेड
(d) डिपार्टमेण्ट फॉर प्रमोशन ऑफ इण्डस्ट्री एण्ड इण्टरनेशनल ट्रेड

24 अमजद अली खान ………… के संगीत व्याख्याता हैं।
(a) सरोद (b) बाँसुरी (c) सितार (d) तबला

25 भारत में जनसंख्या जनगणना ………… की अवधि के अन्तर्गत आयोजित की जाती है।
(a) 20 वर्ष (b) 15 वर्ष (c) 10 वर्ष (d) 7 वर्ष

26 निम्नलिखित में से कौन-सा विकल्प भारत की विदेश व्यापार नीति, 2023 के प्रमुख दृष्टिकोण में से एक नहीं है?
(a) गठबन्धनों के माध्यम से निर्यात संवर्द्धन
(b) प्रोत्साहनों से छूट की ओर बढ़ना
(c) आयात पर प्रतिबन्ध
(d) व्यवसाय करने की सुगमता, लेन-देन की लागत को घटाना और ई-पहल

27 भारत में वर्ष 1927 में नियुक्त साइमन कमीशन की आलोचना किस कारण से की गई?
(a) इसने भारत के लिए संवैधानिक सुधारों की सिफारिश की
(b) इसमें कोई भी भारतीय सदस्य शामिल नहीं था
(c) इसमें भारत को दो अलग देशों में विभाजित करने का प्रस्ताव रखा गया था
(d) इसने भारत से ब्रिटिश शासन की वापसी की सिफारिश की

28 भारतीय संविधान के किस अनुच्छेद के अनुसार, लोकसभा संसद का निचला सदन है?
(a) 82 (b) 80 (c) 79 (d) 81

29 सितम्बर, 2023 से के.एन. शान्थ कुमार (K. N. Shanth Kumar) को किस संस्था का अध्यक्ष चुना गया?
(a) नाबार्ड (b) बीसीसीआई
(c) सेबी (d) पीटीआई

30 लौह युग का सबसे सामान्य उपकरण ………… था, जिसका उपयोग पेड़ों को काटने, लकड़ी काटने और एक हथियार के रूप में किया जाता था
(a) कुल्हाड़ी (b) आरा मशीन
(c) छेदक (d) तलवार

31 विद्युत आवेशों की गति से विद्युत धारा उत्पन्न होती है, जिससे विद्युत चुम्बकीय बल उत्पन्न होता है, जिसके परिणामस्वरूप ………… उत्पन्न होता/होती है।
(a) बिजली (b) गुरुत्वाकर्षण
(c) चुम्बकत्व (d) प्रकाशिकी

32 वस्तु एवं सेवा कर (GST) के सम्बन्ध में निम्नलिखित कथनों को पढ़िए।
A. 1 जुलाई, 2017 से लागू किया गया, वस्तु एवं सेवा कर (GST), निर्माता/सेवा प्रदायकों से उपभोक्ताओं को सीधे ही वस्तुओं एवं सेवाओं की पूर्ति करने पर लगाया गया एकल व्यापक अप्रत्यक्ष कर (Single comprehensive indirect tax) है।
B. यह गन्तव्य आधारित उपभोग कर (destination based consumption tax) है, जिसमें पूर्ति शृंखला में आगत कर जमा (input tax credit) की सुविधा है।
सही कथन/कथनों को पहचानिए।
(a) केवल A (b) केवल B
(c) A और B दोनों (d) न तो A और न ही B

33 भारतीय संविधान में राज्य के नीति-निदेशक सिद्धान्तों का उद्देश्य एक……… का निर्माण करना है।
(a) पूँजीवादी राज्य (b) कल्याणकारी राज्य
(c) साम्यवादी राज्य (d) सर्वसत्तात्मक राज्य

34 किस शहर ने इण्टरकॉन्टिनेण्टल कप (Intercontinental cup), 2023 की मेजबानी की जिसे भारतीय फुटबॉल टीम ने जीता?
(a) भुवनेश्वर (b) राँची (c) दिल्ली (d) राउरकेला

35 वर्ष 2023 में, भारतीय नागरिक सुरक्षा संहिता विधेयक, 2023 ………. मन्त्रालय द्वारा पेश किया गया।
(a) स्वास्थ्य (b) कानून और न्याय
(c) वित्त (d) गृह

36 1 अगस्त, 2023 को 41वें लोकमान्य तिलक पुरस्कार के प्राप्तकर्ता के रूप में किसे चुना गया?
(a) नरेन्द्र मोदी (b) डॉ. के. सिवन
(c) कमला हैरिस (d) योगी आदित्यनाथ

37 श्रीलंका, भारत के समुद्र के संकीर्ण चैनल द्वारा अलग होता है, जो ………. और मन्नार की खाड़ी द्वारा निर्मित होता है।
(a) जिब्राल्टर जलडमरूमध्य (b) मलक्का जलडमरूमध्य
(c) बेरिंग जलडमरूमध्य (d) पाक जलडमरूमध्य

38 निम्नलिखित में से किस कलाकार के मोहिनीअट्टम में उनके योगदान के लिए संगीत नाटक अकादमी पुरस्कार से सम्मानित किया गया?
(a) माया कृष्ण राव (b) गोपिका वर्मा
(c) तपन कुमार (d) चुरूपा सेन

39 कर्नाटक सरकार प्रतिवर्ष ………. का आयोजन करती है, जिसमें नृत्य, नाटक और संगीत का शानदार प्रदर्शन होता है। यह विजयनगर के पास स्थित गाँव में सैकड़ों वर्ष पुरानी चट्टानों और खण्डहरों के बीच आयोजित किया जाता है।
(a) नाट्यांजलि उत्सव (b) निशागाँधी उत्सव
(c) हम्पी नृत्य उत्सव (d) मामल्लापुरम उत्सव

40 पाम्परिक नृत्यशैली सत्रीया के लिए कौन-सा भारतीय राज्य जाना जाता है?
(a) पश्चिम बंगाल (b) सिक्किम
(c) असम (d) ओडिशा

भाग-III गणित

41 जॉन एक कार्य को 12 दिनों में और अंजू उसी कार्य को 20 दिनों में पूरा कर सकती हैं। यदि वे इस पर 6 दिनों तक एकसाथ मिलकर कार्य करते हैं, तो शेष कार्य का अंश ………. है।
(a) $\frac{2}{3}$ (b) $\frac{1}{4}$ (c) $\frac{1}{6}$ (d) $\frac{1}{5}$

42 यदि $x:y:z=3:6:7$ और $5y-x+2z=123$ है, तो y का मान कितना है?
(a) 9 (b) 21 (c) 18 (d) 48

43 एक व्यापारी ₹ 4500 प्रति शर्ट की दर से दो शर्ट बेचता है। यदि वह एक पर 20% का लाभ अर्जित करता है और दूसरे पर उसे 40% की हानि होती है, तो उसका कुल हानि प्रतिशत कितना होगा?
(a) 8% (b) 10%
(c) 20% (d) 15%

44 निम्नलिखित में से कौन-सी संख्या 4 से विभाज्य है?
(a) 1582 (b) 7348
(c) 7846 (d) 4370

45 दो रेलगाड़ियाँ समान चाल से विपरीत दिशा में चल रही हैं। यदि प्रत्येक रेलगाड़ी की लम्बाई 540 मी है और वे एक-दूसरे को 54 सेकण्ड में पार करती हैं, तो प्रत्येक रेलगाड़ी की चाल कितनी है?
(a) 20 मी/से (b) 5 मी/से
(c) 15 मी/से (d) 10 मी/से

46 यदि 36 वस्तुएँ बेचने पर एक दुकानदार को 9 वस्तुओं के विक्रय मूल्य के बराबर लाभ होता है, तो लाभ प्रतिशत ज्ञात कीजिए।
(a) 31.66% (b) 37.66%
(c) 33.33% (d) 30.33%

47 17 लड़कों के एक समूह की औसत आयु 28 वर्ष है। 22 वर्ष और 28 वर्ष की आयु वाले दो लड़के समूह छोड़ देते हैं, उनके स्थान पर 34 वर्ष की आयु वाला एक लड़का समूह में शामिल हो जाता है। समूह की नई औसत आयु कितनी है?
(a) 28.40 वर्ष (b) 28.60 वर्ष
(c) 28.75 वर्ष (d) 27.20 वर्ष

48 यदि $p:q:r=5:3:2$ है, तो $2p:4q:3r$ का मान कितना है?
(a) 3 : 2 : 4 (b) 5 : 6 : 3
(c) 5 : 6 : 4 (d) 6 : 2 : 1

49 एक निश्चित धनराशि साधारण ब्याज पर 12 वर्षों में स्वयं की तीन गुनी हो जाती है। कितने वर्षों में यह स्वयं की पाँच गुना हो जाएगी?
(a) 24 वर्ष (b) 22 वर्ष
(c) 26 वर्ष (d) 30 वर्ष

50 $117+51-14\div 7+251$ का मान क्या है?
(a) 427 (b) 467 (c) 437 (d) 417

51 x_1, x_2 से 11% अधिक और x_3 से 67% कम है। यदि x_2 का मान ₹ 1331 है, तो x_3 का मान कितना है?
(a) ₹ 4447 (b) ₹ 4777
(c) ₹ 4477 (d) ₹ 4747

52 एक कम्प्यूटर का अंकित मूल्य ₹ 25000 और छूट प्रतिशत 15% है। यदि कम्प्यूटर का विक्रय मूल्य ₹ 12750 है, तो अतिरिक्त छूट प्रतिशत कितना है?
(a) 25% (b) 30% (c) 40% (d) 35%

53 निम्नलिखित में से कौन-सी संख्या 25 से विभाज्य नहीं है?
(a) 6400 (b) 8565
(c) 5625 (d) 7875

54 यदि किसी संख्या का 15%, 120 है, तो संख्या का 180% कितना होगा?
(a) 1410 (b) 1440 (c) 1420 (d) 1430

55 *M*, *N* और *O* अकेले-अकेले तौर पर एक काम को क्रमशः 10, 12 और 15 दिनों में पूरा कर सकते हैं। *M*, *N* और *O* मिलकर उसी कार्य का 1/6 भाग कितने दिनों में पूरा कर सकते हैं?
(a) $\frac{5}{3}$ दिन (b) $\frac{4}{3}$ दिन (c) $\frac{1}{3}$ दिन (d) $\frac{2}{3}$ दिन

56 6% चक्रवृद्धि ब्याज पर 2 वर्षों में एक धनराशि ₹ 16854 हो जाती है। वह धनराशि ज्ञात कीजिए।
(a) ₹ 16000 (b) ₹ 14000
(c) ₹ 11000 (d) ₹ 15000

57 5 संख्याओं का औसत 48 है। प्रथम दो संख्याओं का औसत अन्य तीन संख्याओं के औसत का तीन गुना है। प्रथम दो संख्याओं का योग कितना है?
(a) 210 (b) 150 (c) 160 (d) 200

58 एक आयत के परिमाप का आधा 20 सेमी है। यदि आयत की लम्बाई उसकी चौड़ाई से 8 सेमी अधिक है, तो आयत का क्षेत्रफल कितना है?
(a) 90 सेमी^{2} (b) 84 सेमी^{2}
(c) 64 सेमी^{2} (d) 70 सेमी^{2}

59 एक मेज 45% की छूट पर बेची जाती है। यदि मेज का अंकित मूल्य ₹ 8800 है, तो मेज का विक्रय मूल्य क्या है?
(a) ₹4860 (b) ₹4840
(c) ₹5040 (d) ₹5060

60 $80-[25+\{20-(7+2)\}]$ का मान क्या है?
(a) 36 (b) 44 (c) 54 (d) 46

भाग-IV हिन्दी

61 निम्नलिखित प्रश्न में दिए गए चार विकल्पों में से उस विकल्प का चयन करें, जो दिए गए मुहावरे के अर्थ को सर्वश्रेष्ठ रूप से व्यक्त करता है।
'एक अनार सौ बीमार'
(a) किसी एक वस्तु की प्राप्ति के लिए अनेक लोगों द्वारा प्रयत्न करना
(b) आवश्यकता से बहुत कम साधन प्राप्त होना
(c) कई रोगियों की सेवा करने वाला एक नौकर
(d) समस्या को हल करने वाली एक युक्ति न सूझना

62 दिए गए वाक्य में रेखांकित शब्द का विलोम शब्द ज्ञात कीजिए।
'उन्हें आध्यात्मिक ज्ञान है।'
(a) सौम्य (b) गमन (c) अपकार (d) भौतिक

63 दिए गए वाक्य का वह भाग ज्ञात करें, जिसमें कोई त्रुटि है।
छात्रों ने मुख्य अतिथि को एक फूलों की माला पहनाई।
(a) पहनाई (b) मुख्य अतिथि को
(c) छात्रों ने (d) एक फूलों की माला

64 दिए गए वाक्य में उचित पर्यायवाची शब्द का चयन करके रिक्त स्थान की पूर्ति करें।
.... (बादल) के बरसते ही मोर नाचने लगे।
(a) मेघ (b) मयूर (c) कन्या (d) छल

65 निम्नलिखित प्रश्न में चार विकल्पों में से उस विकल्प का चयन करें, जो रिक्त स्थान के लिए सही शब्द वाला विकल्प हो।
हमारे जीवन को चलाने के लिए भोजन एक .... की भाँति काम करता है।
(a) ईंधन (b) पेय (c) ट्रेन (d) गाड़ी

66 निम्नलिखित प्रश्न में चार विकल्पों में से उस विकल्प का चयन करें, जो दिए गए मुहावरे का सही अर्थ वाला विकल्प है।
'आधा तीतर आधा बटेर'
(a) कभी भी दिखाई न देना (b) कोई असर न होना
(c) दरिद्रता में भी आनन्द मनाना (d) बेमेल तथा बेढंगा होना

67 निम्नलिखित वाक्य में उस वाक्यांश को पहचानिए, जिसमें मात्राओं से सम्बन्धित अशुद्धियाँ हैं। यदि कोई गलती नहीं है, तो 'कोई त्रुटि नहीं है' का चुनाव कीजिए।
बोलने वाले के हाव-भाव और उसका सलीका/उसकी प्रकृति और सांस्कृतिक सामाजिक पृष्ठभूमि/को पलभर में बता देते हैं।
(a) को पलभर में बता देते हैं।
(b) बोलने वाले के हाव-भाव और उसका सलीका
(c) उसकी प्रकृति और सांस्कृतिक सामाजिक पृष्ठभूमि
(d) कोई त्रुटि नहीं है

68 निम्नलिखित वाक्य में उस वाक्यांश को पहचानिए, जिसमें मात्राओं से सम्बन्धित अशुद्धियाँ हैं। यदि कोई गलती नहीं है, तो 'कोई त्रुटि नहीं है' का चुनाव कीजिए।
प्राचीनकाल से ही नारियाँ हमारे देश में पुरुषों के/बराबर बैठती रहा हैं और समाज से निर्माण कार्यों को/अपना योगदान देती रही हैं।
(a) अपना योगदान देती रही हैं
(b) बराबर बैठती रहा हैं और समाज के निर्माण कार्यों को
(c) प्राचीनकाल से ही नारियाँ हमारे देश में पुरुषों के
(d) कोई त्रुटि नहीं है

69 दिए गए वाक्यांश के लिए सार्थक शब्द ज्ञात कीजिए।
जिसका मन कहीं अन्यत्र लगा हो
(a) अंमनस्क (b) अन्यमनस्क
(c) अयमनस्क (d) अन्यमनसक

70 निम्नलिखित प्रश्न में चार विकल्पों में से उस विकल्प का चयन करें, जो रिक्त स्थान के लिए सही भाववाचक संज्ञा वाला विकल्प हो।
आज के समय में तकनीक की ………… बहुत ज्यादा है।
(a) बातें (b) उपयोग
(c) समस्या (d) उपयोगिता

71 दिए गए शब्द का पर्यायवाची ज्ञात कीजिए।
दिन
(a) आशय (b) गज (c) राक्षस (d) दिवस

72 निम्नलिखित प्रश्न में चार विकल्पों में से उस विकल्प का चयन करें, जो कोष्ठक में दिए गए शब्द के तद्भव रूप का सही विकल्प है
हमारे बाग में माली ने फूलों की बहुत ही सुन्दर (केदारिका) …………… बना रखी है।
(a) कलम (b) प्रकार
(c) क्यारी (d) खेती

73 निम्नलिखित प्रश्न में चार विकल्पों में से उस विकल्प का चयन करें, जो कोष्ठक में दिए गए शब्द के विलोम शब्द का सही विकल्प है।
यदि आप (सकारात्मक) ……………… सोच रखते हैं, तो यह आपके जीवन में काफी बुरा प्रभाव डालता है।
(a) नकारात्मक (b) वर्तमान
(c) सही (d) खुश

74 दिए गए वाक्य में से निरर्थक शब्द ज्ञात कीजिए।
जाकर थोड़ी चाय-वाय बना लाओ।
(a) बना (b) जाकर
(c) थोड़ी (d) चाय-वाय

75 दिए गए वाक्य में रेखांकित शब्दों के लिए सही शब्दों वाले विकल्प का चयन करें
<u>मैं मेरी</u> कलम से लिखता हूँ।
(a) हम मेरी कलम से लिखता हूँ।
(b) मैं हमारी कलम से लिखता हूँ।
(c) परिवर्तन की आवश्यकता नहीं है।
(d) मैं अपनी कलम से लिखता हूँ।

निर्देश (प्र. सं. 76-80) *नीचे दिए गए गद्यांश में कुछ शब्द छोड़ दिए गए हैं। प्रत्येक अनुच्छेद के सामने चार विकल्प दिए गए हैं। इस गद्यांश को ध्यानपूर्वक पढ़ें और चारों विकल्पों में से सर्वोत्तम विकल्प चुनें।*

जल ही जीवन है और इससे ही हमारा जीवन चलता है पर क्या इसे कोई मानता है, नहीं। आज का जो समय है, उस समय में पानी की एक-एक बूँद 76………… आवश्यक है। यह भी सत्य है कि अगर आप पानी नहीं बचाएँगे, तो आने वाली पीढ़ी एक-एक बूँद को 77……………। जितनी तेजी से धरती पर जल स्तर घट रहा है, उससे तो ऐसा ही लग रहा है। शुरुआत में, जहाँ पृथ्वी पर काफी गहराई में पानी था, तो आज ऐसी स्थिति है कि आज यहाँ 90 से 100 फुट पानी नीचे जा चुका है। जिस प्रकार से पानी की 78…………… होती है, उससे यह सीख जरूर मिलती है कि पानी को आने वाले कल के लिए बचाना चाहिए। आज की पानी की बचत आने वाले समय के लिए जरूरी है। आज देखा जाए तो पानी ही जीवन का आधार है और अगर पानी को बचाना है, तो इसका 79…………… जरूरी है। पानी की उपलब्धता भी काफी तेजी से घट रही है और महामारी भी बढ़ रही है। पानी को बचाना हमारी राष्ट्रीय जिम्मेदारी है एवं यह मुद्दा अन्तर्राष्ट्रीय स्तर पर भी काफी तेजी से फैल रहा है। पानी के स्रोतों में कमी आ रही है। पानी को सुरक्षित रखना व इसे बचाना हमारी 80…………… जिम्मेदारी है।

76 आज का जो समय है, उस समय में पानी की एक-एक बूँद ………… आवश्यक है।
(a) गिराना (b) गँवाना (c) घटाना (d) बचाना

77 यह भी सत्य है कि अगर आप पानी नहीं बचाएँगे, तो आने वाली पीढ़ी एक-एक बूँद को ………… ।
(a) मेहनत (b) अभाव
(c) तरसेगी (d) पीएगी

78 जिस प्रकार से पानी की ………… होती है, उससे यह सीख जरूर मिलती है कि पानी को आने वाले कल के लिए बचाना चाहिए।
(a) आसानी (b) बर्बादी
(c) इन्तज़ार (d) आभास

79 आज देखा जाए, तो पानी ही जीवन का आधार है और अगर पानी को बचाना है, तो इसका ………… जरूरी है।
(a) संरक्षण (b) प्रतीक्षा (c) समझ (d) फायदा

80 पानी को सुरक्षित रखना व इसे बचाना हमारी ………… ज़िम्मेदारी है।
(a) आर्थिक (b) जैविक
(c) नैतिक (d) भारतीय

उत्तरमाला

1.	(d)	2.	(b)	3.	(d)	4.	(d)	5.	(c)	6.	(c)	7.	(b)	8.	(c)	9.	(a)	10.	(d)
11.	(c)	12.	(c)	13.	(a)	14.	(a)	15.	(d)	16.	(d)	17.	(b)	18.	(d)	19.	(a)	20.	(c)
21.	(d)	22.	(c)	23.	(a)	24.	(a)	25.	(c)	26.	(c)	27.	(b)	28.	(c)	29.	(d)	30.	(a)
31.	(c)	32.	(c)	33.	(b)	34.	(a)	35.	(d)	36.	(a)	37.	(d)	38.	(b)	39.	(c)	40.	(c)
41.	(d)	42.	(c)	43.	(c)	44.	(b)	45.	(d)	46.	(c)	47.	(c)	48.	(b)	49.	(a)	50.	(d)
51.	(c)	52.	(c)	53.	(b)	54.	(b)	55.	(d)	56.	(d)	57.	(c)	58.	(b)	59.	(b)	60.	(b)
61.	(a)	62.	(d)	63.	(d)	64.	(a)	65.	(a)	66.	(d)	67.	(c)	68.	(b)	69.	(b)	70.	(d)
71.	(d)	72.	(c)	73.	(a)	74.	(d)	75.	(d)	76.	(d)	77.	(c)	78.	(b)	79.	(a)	80.	(c)

संकेत एवं हल

1. (d) दी गई आकृति शृंखला में, < चिह्न एक-एक ऊपर की ओर से एक-एक करके 180° घूम रहा है। अतः प्रश्नचिह्न के स्थान पर विकल्प आकृति (d) आएगी।

> >
> >
< <

2. (b) विकल्प आकृति (b), प्रश्न आकृति का सही दर्पण प्रतिबिम्ब होगी।

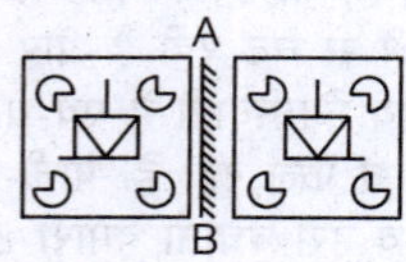

3. (d) दी गई जानकारी के अनुसार,

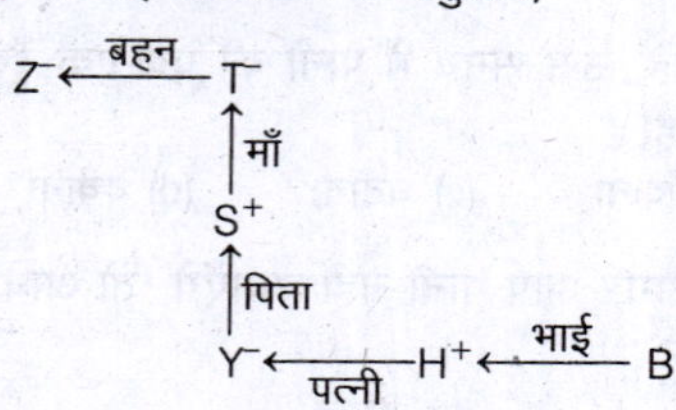

अतः H, S की बेटी का पति है।

4. (d) प्रश्नानुसार,

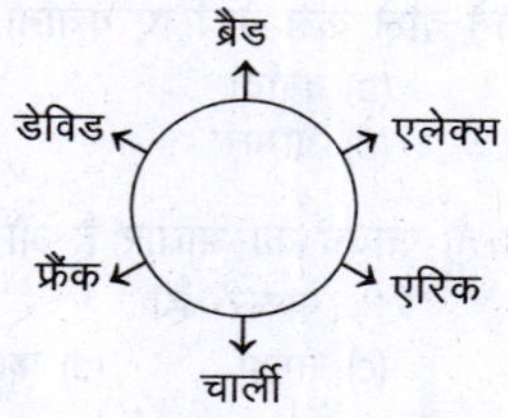

अतः डेविड के ठीक दाईं ओर ब्रेड बैठा है।

5. (c) दोनों पासों में उभयनिष्ठ & है।
पासा I & # 2
पासा II & 8 1
अतः 1 वाले फलक के विपरीत फलक पर 2 आएगा।

6. (c) दी गई शृंखला का क्रम निम्न प्रकार है,
mnw/mnw/mnw/mnw
अतः अभीष्ट अक्षर समूह = mwwn

7. (b) जिस प्रकार, W T P F
+2 +2 +2 +2
Y V R H
उसी प्रकार, Q J A N
+2 +2 +2 +2
S L C P

8. (c) जिस प्रकार, 8 G 4 H 9 I 3 = 15
G = +, H = +, I = ÷ रखने पर,
∴ 8 + 4 + 9 ÷ 3 = 12 + 3 = 15
और 17 G 18 H 27 I 9
= 17 + 18 + 27 ÷ 9
= 35 + 3 = 38
उसी प्रकार, 7 G 8 H 10 I 2
7 + 8 + 10 ÷ 2 = 20

9. (a) दोनों पासों में उभयनिष्ठ अंक 1 है।
पासा I 1 6 4
पासा II 1 2 3
अतः 4 वाले फलक के विपरीत फलक पर 3 आएगा।

10. (d) जिस प्रकार,

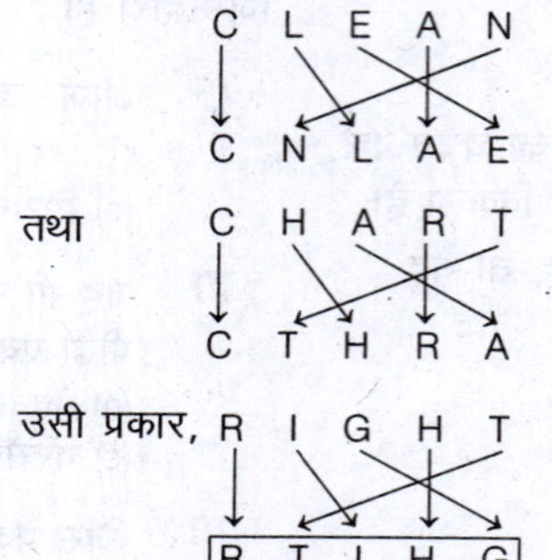

उसी प्रकार, R I G H T
R T I H G

11. (c) दी गई शृंखला का क्रम निम्न प्रकार है,
13 −11 −35 −59 −83 [−107]
−24 −24 −24 −24 −24

12. (c) जिस प्रकार,
T D F
20 × 4 × 6 = 480 × 3 = 1440
तथा
L T B
12 × 20 × 2 = 480 × 3 = 1440
उसी प्रकार,
I H G
9 × 8 × 7 = 504 × 3 = [1512]

13. (a) जिस प्रकार, B I B
2 × 9 × 2 = 36
तथा B O G
2 × 15 × 7 = 210
उसी प्रकार, E B B
5 × 2 × 2 = [20]

14. (a) दी गई शृंखला का क्रम निम्न प्रकार है,

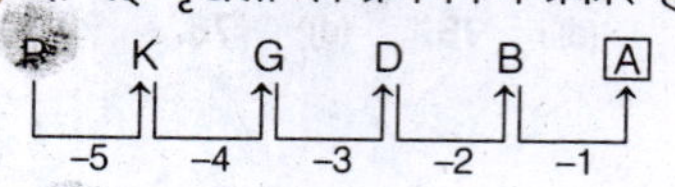

15. (d) 17 − 8 × 2 + 6 ÷ 4 = 7
विकल्प (d) से,
6 और 8 को आपस में बदलने पर,
17 − 6 × 2 + 8 ÷ 4
= 17 − 12 + 2 = 7

16. (d) दी गई शृंखला का क्रम निम्न प्रकार है,

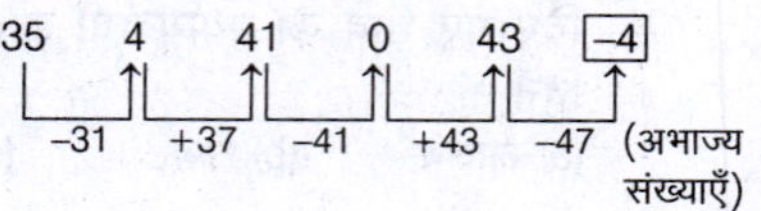

17. (b) प्रश्नानुसार,

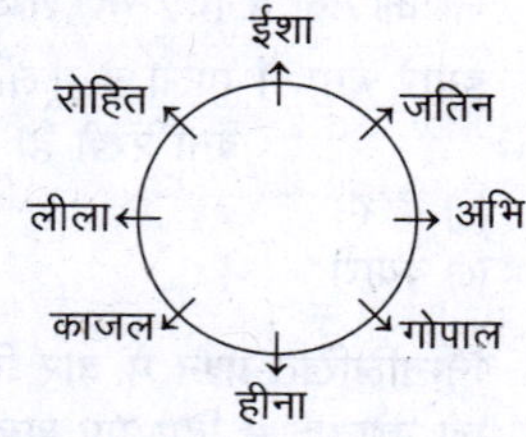

अतः अभि के ठीक दाईं ओर गोपाल बैठा है।

18. (d) दी गई आकृति शृंखला में एक □ बढ़ रहा है तथा I नीचे हो जाता है।
अतः प्रश्नचिह्न के स्थान पर विकल्प आकृति (d) होगी।

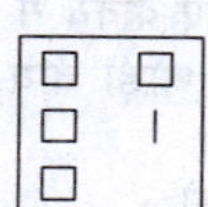

19. (a) कथनानुसार,

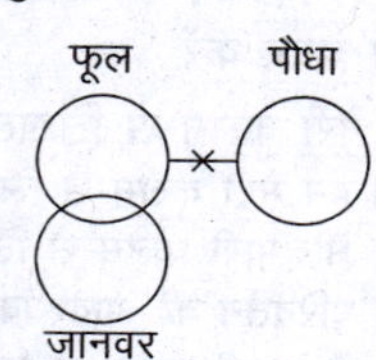

निष्कर्ष I. (✓) II. (✗)
अतः केवल निष्कर्ष I अनुसरण करता है।

20. (c) शब्दों को अंग्रेजी शब्दकोश के क्रम में व्यवस्थित करने पर,
Weed → Week → Ween → [Weep] → Weight
अतः चौथे स्थान पर Weep होगा।

21. (d) 'पक' (Puck) का प्रयोग आइस हॉकी में किया जाता है। वलकेनाइज्ड रबर से बने छोटे सिलेण्डर के आकार वाली एक बन्द डिस्क को हॉकी कहते हैं। हॉकी पक को बर्फ की सतह, सूखे फर्श या पानी के नीचे उपयोग के लिए डिजाइन किया जाता है।

22. *(c)* प्रश्न के दिए विकल्पों में विकल्प (c) (I और II दोनों) सही उत्तर है। बीसीसीआई (BCCI) द्वारा संचालित क्रिकेट टूर्नामेण्ट और उसमें खेले जाने वाले क्रिकेट के प्रकार के सही युग्म विजय हजारे ट्रॉफी - सूची ए मैच तथा सैयद मुश्ताक अली ट्रॉफी - टी20 मैच है। विजय हजारे ट्रॉफी को रणजी वनडे ट्रॉफी के रूप में जाना जाता है। यह प्रसिद्ध भारतीय क्रिकेटर विजय हजारे के नाम पर है। तमिलनाडु अब तक सबसे सफल टीम रही है, जो 5 बार इस ट्रॉफी को जीती है। सैयद मुश्ताक अली ट्रॉफी एक घरेलू टी-20 क्रिकेट चैम्पियनशिप है। इसका नाम पूर्व टेस्ट क्रिकेट सैयद मुश्ताक अली के नाम पर रखा गया है।

23. *(a)* व्यापार और उद्योग के सम्बन्ध में 'DPIIT' का पूर्ण रूप 'डिपार्टमेण्ट फॉर प्रमोशन ऑफ इण्डस्ट्री एण्ड इण्टरनल ट्रेड (Department for promotion of Industry and Internal Trade) है।

DPIIT को पहले DIPP [डिपार्टमेण्ट ऑफ इण्डस्ट्रीयल पॉलिसी एण्ड प्रमोशन] के नाम से जाना जाता था। औद्योगिक नीति और संवर्धन विभाग (डीआईपीपी) राष्ट्रीय प्राथमिकताओं और समाजिक आर्थिक उद्देश्यों को ध्यान में रखते हुए, औद्योगिक क्षेत्र के विकास के लिए प्रचार और विकासात्मक उपायों के निर्माण और कार्यान्वयन के लिए जिम्मेदार है।

24. *(a)* अमजद अली खान सरोद के संगीत व्याख्याता हैं, जो अपने स्पष्ट और तेज अखाड़ा तान के लिए जाने जाते हैं। उन्होंने 1960 के दशक से अन्तर्राष्ट्रीय स्तर पर प्रदर्शन किया। उन्हें वर्ष 2001 में भारत के दूसरे सर्वोच्च नागरिक पुरस्कार 'पद्म विभूषण' से सम्मानित किया गया था।

25. *(c)* भारत में जनसंख्या जनगणना 10 वर्ष की अवधि के अन्तर्गत आयोजित की जाती है।

भारत में जनगणना 1872 ई. में प्रारम्भ हुई और 1881 से नियमित रूप से 10 वर्ष के अन्तराल में आयोजित की जा रही है। वर्ष 2011 में पहली बार बायोमेट्रिक जानकारी एकत्र की गई थी। 31 मार्च, 2011 को अन्तिम रिपोर्ट जारी की गई थी।

26. *(c)* आयात पर प्रतिबन्ध भारत की विदेश व्यापार नीति, 2023 के प्रमुख दृष्टिकोण में से एक नहीं है। भारत विदेश व्यापार नीति के चार स्तम्भ निम्न हैं

(i) प्रोत्साहनों से छूट की ओर बढ़ना
(ii) गठबन्धनों के माध्यम से निर्यात संवर्द्धन
(iii) व्यवसाय करने की सुगमता
(iv) उभरते क्षेत्र

27. *(b)* भारत में वर्ष 1927 में नियुक्त साइमन कमीशन की आलोचना का कारण, इसमें किसी भी भारतीय सदस्य का शामिल न होना था। साइमन कमीशन सात ब्रिटिश सदस्यों का समूह था, जो 3 फरवरी, 1928 को भारत पहुँचा और इसका प्रमुख उद्देश्य वर्ष 1919 के भारत सरकार अधिनियम की जाँच करना था। भारतीय आन्दोलनकारियों ने 'साइमन कमीशन वापस जाओ' के नारे लगाए और जमकर विरोध किया।

28. *(c)* भारतीय संविधान के अनुच्छेद-79 के अनुसार, लोकसभा संसद का निचला सदन है। भारत के संविधान के अनुच्छेद-79 के अनुसार, संसद भारत के राष्ट्रपति और संसद के दोनों सदनों राज्यसभा तथा लोकसभा से मिलकर बनती है। लोकसभा का कार्यकाल पाँच वर्ष होता है। यह स्थायी संस्था नहीं है अर्थात् इसे भंग किया जा सकता है। लोकसभा के सदस्यों की अधिकतम संख्या 550 है।

29. *(d)* सितम्बर, 2023 से के.एन. शान्थ कुमार को पीटीआई (PTI) का अध्यक्ष चुना गया है। PTI की स्थापना वर्ष 1947 में की गई थी। PTI का पूर्ण रूप प्रेस ट्रस्ट ऑफ इण्डिया है। यह एक गैर-लाभकारी संस्था है।

30. *(a)* लौह युग का सबसे सामान्य उपकरण कुल्हाड़ी था, जिसका उपयोग पेड़ों को काटने, लकड़ी काटने और एक हथियार के रूप में किया जाता था। लौह युग के अन्य उपकरण तलवार, कटार, त्रिशूल, चिपटी, फावड़े, हँसिया, छेनी, बसूली आदि थे। लौह युग के प्रमुख स्थल, अहिच्छत, हस्तिनापुर, अन्तरजीखेड़ा, आलमगीरपुर आदि हैं।

31. *(c)* विद्युत आवेशों की गति से विद्युत धारा उत्पन्न होती है, जिससे विद्युत चुम्बकीय बल उत्पन्न होता है, जिसके परिणामस्वरूप 'चुम्बकत्व' उत्पन्न होता है। चुम्बकीय रेखाएँ एक बन्द वक्र बनाती हैं तथा एक-दूसरे के समानान्तर चलती हैं।

32. *(c)* वस्तु एवं सेवा कर (GST) के सम्बन्ध में कथन A और B दोनों सही हैं। GST को 1 जुलाई, 2017 से लागू किया गया, वस्तु एवं सेवा कर GST, निर्माता/सेवा प्रदायकों से उपभोक्ताओं को सीधे ही वस्तुओं एवं सेवाओं की पूर्ति करने पर लगाया गया एकल व्यापक अप्रत्यक्ष कर है। GST का उद्देश्य 'एक राष्ट्र, एक कर' की विचारधारा को प्राप्त करना है।

यह गन्तव्य आधारित उपभोग कर है, जिसमें पूर्ति शृंखला में आगत कर जमा की सुविधा है। यह वस्तुओं और सेवाओं की खपत पर आधारित होता है।

33. *(b)* भारतीय संविधान में राज्य के नीति-निदेशक सिद्धान्तों का उद्देश्य 'एक कल्याणकारी राज्य' का निर्माण करना है। भारतीय संविधान के भाग-IV, अनुच्छेद-(36-51) में राज्य के नीति-निदेशक तत्त्व शामिल हैं। राज्य के नीति-निदेशक तत्त्वों को आयरलैण्ड के संविधान से लिया गया है। निदेशक सिद्धान्त संविधान के जीवनदायी प्रावधान है। ये भारत के संविधान में शामिल सामाजिक न्याय के दर्शन का प्रतिनिधित्व करते हैं।

34. *(a)* भुवनेश्वर ने इण्टरकॉण्टिनेण्टल कप की मेजबानी की, जिसे भारतीय फुटबॉल टीम ने जीता। भुवनेश्वर के कलिंगा स्टेडियम में भारत ने लेबनान को 2-0 से हराकर इण्टरकॉण्टिनेण्टल कप, 2023 जीत लिया। इस मैच में भारतीय टीम के कप्तान सुनील छेत्री थे। यह इण्टरकॉण्टिनेण्टल का तीसरा संस्करण था।

35. *(d)* वर्ष 2023 में भारतीय नागरिक सुरक्षा संहिता विधेयक, 2023 गृह मन्त्रालय द्वारा पेश किया गया। भारतीय नागरिक सुरक्षा संहिता विधेयक, 2023 को मौजूदा आपराधिक प्रक्रिया संहिता, 1973 को निरस्त करने के प्राथमिक उद्देश्य के साथ पेश किया गया। नए प्रस्तावित विधेयक में 9 नए परिवर्धनों के साथ 533 धाराएँ हैं। यह जमानत के प्रावधानों में संशोधन करता है, सम्पत्ति जब्ती का दायरा बढ़ाता है और पुलिस व मजिस्ट्रेट की शक्तियों में बदलाव करता है।

36. *(a)* 1 अगस्त, 2023 को 41वें लोकमान्य तिलक पुरस्कार के प्राप्तकर्ता के रूप में नरेन्द्र मोदी को चुना गया। 1 अगस्त, 2023 को लोकमान्य तिलक की 103वीं पुण्यतिथि पर तिलक स्मारक मन्दिर ट्रस्ट (हिन्द स्वराज संघ) ने प्रधानमन्त्री मोदी को यह प्रतिष्ठित पुरस्कार प्रदान किया। राष्ट्र की प्रगति एवं विकास के लिए वर्ष 1983 से इस पुरस्कार का प्रारम्भ किया गया।

37. *(d)* श्रीलंका, भारत से समुद्र के एक संकीर्ण चैनल द्वारा अलग होता है, जो पाक जलडमरूमध्य और मन्नार की खाड़ी द्वारा निर्मित होता है। पाक जलडमरूमध्य भारत (तमिलनाडु) को श्रीलंका (जाफना) से जोड़ता है। मन्नार की खाड़ी श्रीलंका में मन्नार द्वीप के पास स्थित है। मन्नार की खाड़ी, हिन्द महासागर में एक उथले पानी की खाड़ी है। भारत, पवनद्वीप और श्रीलंका के मन्नार द्वीप को रामसेतु के द्वारा जोड़ा जाता है।

38. *(b)* गोपिका वर्मा को मोहिनीअट्टम में उनके योगदान के लिए संगीत नाटक अकादमी पुरस्कार (2018) से सम्मानित किया गया। गोपिका वर्मा, केरल में जन्मी मोहिनीअट्टम

नृत्यांगना और नृत्य शिक्षिका हैं। इन्हें केरल संगीत नाटक अकादमी पुरस्कार और कलाईममानी सहित कई पुरस्कार प्रदान किए गए हैं।

मोहिनीअट्टम नृत्य की उत्पत्ति केरल राज्य से हुई है। इस नृत्य का नाम भगवान विष्णु के स्त्री रूप 'मोहिनी' से लिया गया है।

39. (c) कर्नाटक सरकार प्रतिवर्ष हम्पी नृत्य उत्सव का आयोजन करती है, जिसमें नृत्य, नाटक और संगीत का शानदार प्रदर्शन होता है, यह विजयनगर के पास स्थित गाँव में सैकड़ों वर्ष पुरानी चट्टानों और खण्डहरों के बीच आयोजित किया जाता है। इस उत्सव का आयोजन अक्टूबर-नवम्बर महीने में 2-3 दिनों के लिए किया जाता है। एक मान्यता के अनुसार, इस उत्सव का आयोजन विजयनगर साम्राज्य के समय से किया जा रहा है, जिस कारण यह भारत के सबसे पुराने उत्सवों में से एक है।

40. (c) पारम्परिक नृत्यशैली 'सत्रीया' के लिए भारतीय राज्य असम जाना जाता है। यह नृत्य 15वीं शताब्दी में वैष्णव सन्त और असम के सुधारक, महापुरुष शंकर देव द्वारा प्रस्तुत किया गया था। यह नृत्य सत्रिया संस्कृति का प्रतिनिधित्व करता है। यह एक नृत्य-नाटक प्रदर्शन कला है, जिसकी उत्पत्ति असम के कृष्ण केन्द्रित वैष्णव मठों में हुई। सत्रिया को संगीत नाटक अकादमी द्वारा वर्ष 2000 में शास्त्रीय नृत्य का दर्जा दिया गया।

41. (d) जॉन का 1 दिन का कार्य $= \frac{1}{12}$

अंजू का 1 दिन का कार्य $= \frac{1}{20}$

जॉन और अंजू का 6 दिन का कार्य

$$= 6 \times \left(\frac{1}{12} + \frac{1}{20}\right) = 6 \times \left(\frac{5+3}{60}\right) = \frac{8}{10}$$

अतः शेष कार्य $= 1 - \frac{8}{10} = \frac{2}{10} = \frac{1}{5}$

वैकल्पिक विधि

प्रश्नानुसार, दिन कुल कार्य क्षमता

जॉन → 12 > 60 < 5

अंजू → 20 > 60 < 3

जॉन और अंजू का 6 दिन का कार्य

$$= (5+3) \times 6 = 48$$

अतः शेष कार्य $= \frac{(60-48)}{60} = \frac{12}{60} = \frac{1}{5}$

42. (c) दिया है, $x : y : z = 3 : 6 : 7$

माना $x = 3a \Rightarrow y = 6a \Rightarrow z = 7a$

$5y - x + 2z = 123$

$\Rightarrow 5 \times 6a - 3a + 2 \times 7a = 123$

$\Rightarrow 30a - 3a + 14a = 123 \Rightarrow 41a = 123$

$\because a = \frac{123}{41} = 3$

$\therefore y = 6a = 6 \times 3 = 18$

43. (c) दिया है, प्रति शर्ट का विक्रय मूल्य $= ₹ 4500$

कुल विक्रय मूल्य $= 4500 + 4500 = ₹ 9000$

प्रश्नानुसार,

पहली शर्ट का क्रय मूल्य $= 4500 \times \frac{100}{120} = ₹ 3750$

दूसरी शर्ट का क्रय मूल्य $= 4500 \times \frac{100}{60} = ₹ 7500$

$\therefore$ कुल क्रय मूल्य $= 3750 + 7500 = ₹ 11250$

अतः अभीष्ट हानि % $= \frac{(11250 - 9000)}{11250} \times 100 = 20\%$

44. (b) **4 से विभाज्यता के नियम** संख्या के अन्त के दो अंक 4 से विभाज्य होने चाहिए।

$\because$ 7348 के अन्त के दो अंक 4 से विभाज्य हैं।

अतः संख्या 7348, 4 से विभाज्य है।

45. (d) माना प्रत्येक रेलगाड़ी की चाल $= x$ मी/से

विपरीत दिशा में चलने के कारण सापेक्ष चाल $= x + x = 2x$ मी/से

प्रश्नानुसार,

चाल $= \frac{\text{दूरी}}{\text{समय}} = \frac{(540+540)}{54}$ मी/से

$\Rightarrow 2x = \frac{2 \times 540}{54} \Rightarrow x = 10$ मी/से

46. (c) प्रश्नानुसार,

लाभ = SP − CP

$\Rightarrow$ 9 SP = 36 SP − 36 CP

$\Rightarrow$ 36 CP = 36 SP − 9 SP

$\Rightarrow$ 36 CP = 27 SP

$\Rightarrow \frac{CP}{SP} = \frac{27}{36} = \frac{3}{4}$

$\therefore$ लाभ% $= \frac{\text{लाभ}}{CP} \times 100 = \frac{4-3}{3} \times 100 = \frac{1}{3} \times 100 = 33.33\%$

47. (c) दिया है,

17 लड़कों की औसत आयु = 28 वर्ष

17 लड़कों की कुल आयु $= 28 \times 17$ वर्ष = 476 वर्ष

22 वर्ष और 28 वर्ष की आयु के दो लड़कों के समूह छोड़ने पर कुल आयु

$= 476 - [22 + 28]$

$= 476 - 50 = 426$ वर्ष

34 वर्ष के आयु के लड़के के शामिल होने पर कुल आय $= 426 + 34 = 460$ वर्ष

अब, कुल लड़कों की संख्या = 16

$\therefore$ औसत आयु $= \frac{460}{16} = 28.75$ वर्ष

48 (b) दिया है, $p : q : r = 5 : 3 : 2$

$\therefore 2p : 4q : 3r$

$= 2 \times 5 : 4 \times 3 : 3 \times 2$

$= 10 : 12 : 6 = 5 : 6 : 3$

49. (a) माना धनराशि $(P) = ₹ x$

12 वर्ष बाद मिश्रधन $= ₹ 3x$

$\therefore$ साधारण ब्याज (SI) $= 3x - x = ₹ 2x$

$SI = \frac{P \times r \times t}{100} \Rightarrow 2x = \frac{x \times r \times 12}{100}$

$\therefore r = \frac{2x \times 100}{x \times 12} = \frac{200}{12}\%$

धनराशि के पाँच गुना होने पर SI $= 5x - x = 4x$

$$4x = \frac{x \times \frac{200}{12} \times t}{100}$$

$$t = \frac{4x \times 100 \times 12}{x \times 200} = 24 \text{ वर्ष}$$

अतः यह 24 वर्षों में स्वयं का 5 गुना हो जाएगी।

50. (d) $117 + 51 - 14 \div 7 + 251$

BODMAS नियम से,

$= 117 + 51 - 2 + 251 = 417$

51. (c) माना $x_2 = 100$ इकाई

अतः $x_1 = 100 + 100 \times 11\%$

$= 100 + 100 \times \frac{11}{100} = 111$ इकाई

फिर से माना $x_3 = x$

$x_1 = x - x$ का 67%

$= x - \frac{67x}{100} = \frac{33x}{100}$

$\Rightarrow \frac{33x}{100} = 111$ इकाई

$\Rightarrow x = \frac{111 \times 100}{33}$

100 इकाई = 1331

1 इकाई $= \frac{1331}{100}$

$\Rightarrow \frac{111 \times 100}{33}$ इकाई $= \frac{1331}{100} \times \frac{111 \times 100}{33} = ₹ 4477$

52. (c) दिया है,

कम्प्यूटर का अंकित मूल्य $= ₹ 25000$

15% छूट देने पर,

विक्रय मूल्य $= 25000 - 25000$ का 15%

$= 25000 - 25000 \times \frac{15}{100} = ₹ 21250$

नया विक्रय मूल्य $= ₹ 12750$

$\therefore$ अतिरिक्त छूट% $= \frac{21250 - 12750}{21250} \times 100$

$= \frac{8500}{21250} \times 100 = 40\%$

53. (b) 25 से विभाज्यता का नियम

यदि अन्तिम दो अंक 25 से विभाज्य हैं या शून्य है।

$\because$ संख्या 8565 के अन्तिम 2 अंक 25 से विभाज्य नहीं है।

$\therefore$ संख्या 8565, 25 से विभाज्य नहीं है।

54. *(b)* माना संख्या $= x$

प्रश्नानुसार, $x \times \frac{15}{100} = 120 \Rightarrow x = 800$

अतः संख्या का 180% $= 800 \times \frac{180}{100} = 1440$

55. *(d)* M का 1 दिन का कार्य $= \frac{1}{10}$

N का 1 दिन का कार्य $= \frac{1}{12}$

तथा O का 1 दिन का कार्य $= \frac{1}{15}$

M, N तथा O का 1 दिन का कार्य

$= \frac{1}{10} + \frac{1}{12} + \frac{1}{15}$

$= \frac{6+5+4}{60} = \frac{15}{60} = \frac{1}{4}$

अतः M, N तथा O को $\frac{1}{6}$ कार्य पूरा करने में

लगा समय $= \frac{\frac{1}{6}}{\frac{1}{4}} = \frac{4}{6} = \frac{2}{3}$ दिन

वैकल्पिक विधि

प्रश्नानुसार,

	दिन	कुल कार्य	क्षमता
$M \longrightarrow$	10		6
$N \longrightarrow$	12	60	5
$O \longrightarrow$	15		4

कुल कार्य का $\frac{1}{6}$ कार्य $= 60 \times \frac{1}{6} = 10$

अतः M, N तथा O को $\frac{1}{6}$ कार्य करने में लगा

समय $= \frac{10}{(6+5+4)} = \frac{10}{15} = \frac{2}{3}$ दिन

56. *(d)* माना धनराशि $(P) =$ ₹ x

समय $(t) = 2$ वर्ष, दर $(r) = 6\%$

मिश्रधन $= P\left(1 + \frac{r}{100}\right)^t$

$\Rightarrow \quad 16854 = x\left(1 + \frac{6}{100}\right)^2$

$\Rightarrow \quad 16854 = x \times \frac{106}{100} \times \frac{106}{100}$

$\Rightarrow \quad x = \frac{16854 \times 100 \times 100}{106 \times 106} =$ ₹ 15000

57. *(c)* दिया है,

5 संख्याओं का औसत $= 48$

5 संख्याओं का कुल योग $= 48 \times 5 = 240$

माना अन्य तीन संख्याओं का औसत $= x$

अन्य तीन संख्याओं का कुल योग $= 3x$

2 संख्याओं का औसत $= 3x$

2 संख्याओं का कुल योग $= 3x \times 2 = 6x$

प्रश्नानुसार, $6x + 3x = 240$

$\Rightarrow \quad 9x = 240 \Rightarrow x = \frac{240}{9}$

$\therefore \quad 6x = \frac{240}{9} \times 6 = 160$

58. *(b)* दिया है,

आयत का परिमाप का आधा $= 20$ सेमी

आयत का परिमाप $= 20 \times 2 = 40$ सेमी

माना आयत की चौड़ाई $= x$ सेमी

आयत की लम्बाई $= (x + 8)$ सेमी

प्रश्नानुसार, $2(x + x + 8) = 40$ सेमी

$\Rightarrow \quad 4x + 16 = 40 \Rightarrow 4x = 24$

$\Rightarrow \quad x = \frac{24}{4} = 6$ सेमी

$\therefore$ चौड़ाई $= 6$ सेमी

लम्बाई $= 8 + 6 = 14$ सेमी

अतः आयत का क्षेत्रफल $=$ लम्बाई $\times$ चौड़ाई

$= 14 \times 6 = 84$ सेमी^{2}

59. *(b)* दिया है, मेज का अंकित मूल्य $=$ ₹ 8800

45% छूट देने पर,

विक्रय मूल्य $= 8800 - 8800$ का 45%

$= 8800 - 8800 \times \frac{45}{100}$

$= 8800 - 3960 =$ ₹ 4840

60. *(b)* $80 - [25 + \{20 - (7 + 2)\}]$

$= 80 - [25 + \{20 - 9\}]$

$= 80 - [25 + 11]$

$= 80 - 36 = 44$

61. *(a)* 'एक अनार सौ बीमार' मुहावरे का अर्थ है– किसी एक वस्तु की प्राप्ति के लिए अनेक लोगों द्वारा प्रयत्न करना।

वाक्य प्रयोग एक सरकारी नौकरी के लिए इतने अधिक आवेदन आ जाते हैं, मानो एक अनार सौ बीमार।

62. *(d)* दिए गए वाक्य में रेखांकित शब्द आध्यात्मिक का विलोम शब्द भौतिक हैं। अन्य विकल्प असंगत हैं।

63. *(d)* दिए गए वाक्य में वाक्यांश 'एक फूलों की माला' त्रुटिपूर्ण है अर्थात् सही वाक्य यह है– छात्रों ने मुख्य अतिथि को फूलों की माला पहनाई। अन्य विकल्प असंगत हैं।

64. *(a)* दिए गए वाक्य में कोष्ठक शब्द (बादल) का पर्यायवाची शब्द 'मेघ' है। 'बादल' के अन्य पर्यायवाची जलद, जलधर, अभ्र आदि हैं।

65. *(a)* रिक्त स्थान की पूर्ति के लिए 'ईंधन' शब्द का प्रयोग हुआ है। अतः पूर्ण वाक्य है– 'हमारे जीवन को चलाने के लिए भोजन एक ईंधन की भाँति काम करता है।

66. *(d)* 'आधा तीतर आधा बटेर' मुहावरे का अर्थ है– बेमेल तथा बेढंगा होना अर्थात् कोई पूर्ण मेल नहीं।

वाक्य प्रयोग राजू के रंग-बिरंगे कपड़े देखकर श्याम ने उसे आधा तीतर आधा बटेर कहा।

67. *(c)* दिए गए वाक्य में 'उसकी प्रकृति और सांस्कृतिक सामाजिक पृष्ठभूमि' वाक्यांश त्रुटियुक्त है। अतः अन्य विकल्प असंगत हैं।

68. *(b)* दिए गए वाक्य में 'बराबर बैठती रहा हैं और समाज के निर्माण कार्यों को' वाक्यांश त्रुटियुक्त है। अतः सही वाक्य है– प्राचीनकाल से ही नारियाँ हमारे देश में पुरुषों के बराबर बैठती रही है और समाज के निर्माण कार्यों में अपना योगदान देती रही हैं।

69. *(b)* 'जिसका मन कहीं अन्यत्र लगा हो' के लिए एक सार्थक शब्द 'अन्यमनस्क' है। अन्य विकल्प असंगत हैं।

70. *(d)* दिए गए वाक्य में रिक्त स्थान की पूर्ति के लिए सबसे उपयुक्त भाववाचक संज्ञा 'उपयोगिता' है। अतः पूर्ण वाक्य है। आज के समय में तकनीक की उपयोगिता बहुत ज्यादा है।

71. *(d)* दिए गए शब्द 'दिन' का पर्यायवाची 'दिवस' है। दिन के अन्य पर्यायवाची– दिन, रोज, दिवस, पहर आदि हैं।

72. *(c)* दिए गए वाक्य में कोष्ठक शब्द (केदारिका) का तद्भव रूप 'क्यारी' है। 'केदारिका' तत्सम शब्द है। अन्य विकल्प असंगत हैं।

73. *(a)* दिए गए वाक्य में कोष्ठक शब्द (सकारात्मक) शब्द का विलोम 'नकारात्मक' शब्द है। अन्य विकल्प असंगत हैं।

74. *(d)* दिए गए वाक्य 'जाकर थोड़ी चाय-वाय बना लाओ'। 'चाय-वाय' वाक्य निरर्थक शब्द है। अन्य विकल्प असंगत हैं।

75. *(d)* वाक्य में रेखांकित शब्द मैं मेरी के स्थान पर मैं अपनी शब्द सही वाक्य है। मैं अपनी कलम से लिखता हूँ। अन्य विकल्प असंगत हैं।

76. *(d)* रिक्त स्थान की पूर्ति के लिए सबसे उपयुक्त शब्द 'बचाना' है। अतः पूर्ण वाक्य है- आज का जो समय है, उस समय में पानी की एक-एक बूँद बचाना आवश्यक है।

77. *(c)* रिक्त स्थान की पूर्ति के लिए सबसे उपयुक्त विकल्प 'तरसेगी' है। अतः पूर्ण वाक्य है–यह भी सत्य है कि अगर आप पानी नहीं बचाएँगे, तो आने वाली पीढ़ी एक-एक बूँद को तरसेगी।

78. *(b)* रिक्त स्थान की पूर्ति के लिए सबसे उपयुक्त विकल्प 'बर्बादी' है। अतः पूर्ण वाक्य है- जिस प्रकार से पानी की बर्बादी होती है, उससे यह सीख जरूर मिलती हैं कि पानी को आने वाले कल के लिए बचाना चाहिए।

79. *(a)* रिक्त स्थान की पूर्ति के लिए सबसे उपयुक्त विकल्प 'संरक्षण' है। अतः पूर्ण वाक्य है- आज देखा जाए तो पानी ही जीवन का आधार है और अगर पानी को बचाना है, तो इसका संरक्षण जरूरी है।

80. *(c)* रिक्त स्थान की पूर्ति के लिए सबसे उपयुक्त विकल्प 'नैतिक' है। अतः पूर्ण वाक्य है- पानी को सुरक्षित रखना व इसे बचाना हमारी नैतिक जिम्मेदारी है।

05 मार्च 2024
(शिफ्ट I)

सॉल्वड पेपर 2024

SSC कांस्टेबल (जीडी) सेट 40

भाग-I सामान्य बुद्धिमत्ता एवं तर्कशक्ति

1 दी गई विकल्प आकृतियों में से कौन-सी आकृति प्रश्न आकृति के पैटर्न को पूरा करेगी? (घूर्णन की अनुमति नहीं है)

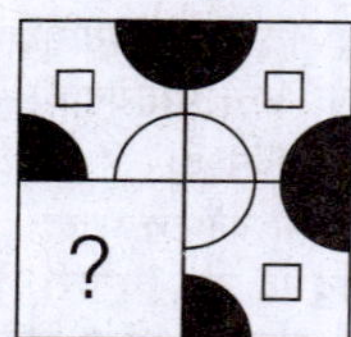

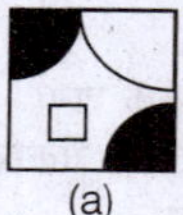
(a)

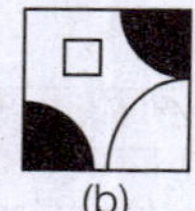
(b)

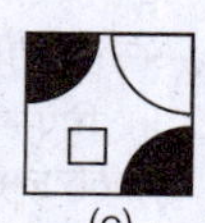
(c)

(d)

2 निम्नलिखित विकल्पों में से दी गई शृंखला से लुप्त संख्या का चयन कीजिए।

8, 24, 40, 56, ?, 88

(a) 72 (b) 77
(c) 74 (d) 70

3 एक निश्चित कूटभाषा में 'PANTRY' को '715297' लिखा जाता है और 'STEADY' को '125147' लिखा जाता है। उसी कूटभाषा में 'DATES' को कैसे लिखा जाएगा?

(a) 42151 (b) 41241
(c) 41215 (d) 41251

4 आठ लड़कियाँ A, B, C, D, E, F, G और H एक वृत्ताकार मेज के चारों ओर केन्द्र की ओर मुख करके बैठी हैं (परन्तु जरूरी नहीं कि वे इसी क्रम में बैठी हों)। A, D के बाईं ओर से दूसरे स्थान पर बैठी है। D, E के बाईं ओर से तीसरे स्थान पर बैठी है। C, G के दाईं ओर से तीसरे स्थान पर बैठी है। G, E की निकटतम पड़ोसी नहीं है। H, B के दाईं ओर से तीसरे स्थान पर बैठी है। B, G के दाईं ओर से दूसरे स्थान पर बैठी है। G के ठीक बाईं ओर कौन बैठी है?

(a) F (b) C (c) A (d) E

5 निम्नलिखित अक्षर समूहों में से अक्षरों का कौन-सा समूह क्रमबद्ध रूप से बाईं से दाईं ओर रखे जाने पर नीचे दी गई शृंखला को पूरा करेगा?

uuvvwwuuv_wwuu_vww_ _vvww

(a) uvwv (b) wvwv
(c) vvuu (d) vvww

6 दिए गए दो चिह्नों को आपस में बदलने के बाद समीकरण (I) और (II) का क्रमशः मान कितना होगा?

$\times$ और $\div$

I. $7+8\div 2\times 4-6$

II. $16\times 4+13\div 2-3$

(a) 5 और 6 (b) 5 और 27
(c) 8 और 9 (d) 6 और 15

7 छः व्यक्ति P_1, P_2, P_3, P_4, P_5 और P_6 एक वृत्ताकार मेज के चारों ओर केन्द्र की ओर मुख करके बैठे हैं (परन्तु जरूरी नहीं है, कि वे इसी क्रम में बैठे हों)। P_2 और P_6 के बीच में केवल दो व्यक्ति बैठे हैं। P_2 और P_4 के बीच में केवल एक व्यक्ति बैठा है। P_5, P_6 के ठीक दाईं ओर बैठा है। P_1, P_6 के दाईं ओर से दूसरे स्थान पर बैठा है। P_4 के ठीक बाईं ओर बैठा है?

(a) P_2 (b) P_5
(c) P_1 (d) P_6

8 निम्नलिखित प्रश्न में कुछ कथन और उन कथनों के आधार पर कुछ निष्कर्ष दिए गए हैं। आपको दिए गए कथनों को सत्य मानना है, चाहें वे सामान्यतः ज्ञात तथ्यों से भिन्न प्रतीत होते हों। सभी निष्कर्षों को ध्यानपूर्वक पढ़िए और निर्धारित कीजिए कि दिए गए निष्कर्षों में से कौन-सा निष्कर्ष कथनों का तार्किक रूप से अनुसरण करता है।

कथन सभी R, T है।
कुछ X, R हैं।

निष्कर्ष
I. कोई T, R नहीं है।
II. कुछ R, X हैं।
III. कोई X, T नहीं है।

(a) सभी निष्कर्ष अनुसरण करते हैं
(b) केवल निष्कर्ष II अनुसरण करता है
(c) निष्कर्ष I और III दोनों अनुसरण करते हैं
(d) निष्कर्ष II और III दोनों अनुसरण करते हैं

9 दिए गए शब्दों को उसी क्रम में व्यवस्थित कीजिए, जिस क्रम में वे अंग्रेजी शब्दकोश में आते हैं।

1. Clamp 2. Clan
3. Clank 4. Clang 5. Clap

(a) 1, 2, 4, 3, 5 (b) 1, 2, 3, 4, 5
(c) 1, 2, 4, 5, 3 (d) 1, 2, 3, 5, 4

10 निम्नलिखित प्रश्न में विकल्पों में दी गई उस आकृति का चयन कीजिए, जिसे प्रश्नचिह्न (?) के स्थान पर रखा जा सकता है।

(a) (b) (c) (d)

11 दिए गए विकल्पों में से किन दो चिह्नों को आपस में बदलने पर निम्नलिखित समीकरण सही होगा?

$14 \div 2 - 15 + 3 \times 6 = 4$

(a) = और + (b) × और +
(c) − और + (d) ÷ और ×

12 निम्नलिखित प्रश्न में, विकल्पों में दी गई उस आकृति का चयन कीजिए, जिसे प्रश्नचिह्न (?) के स्थान पर रखा जा सकता है।

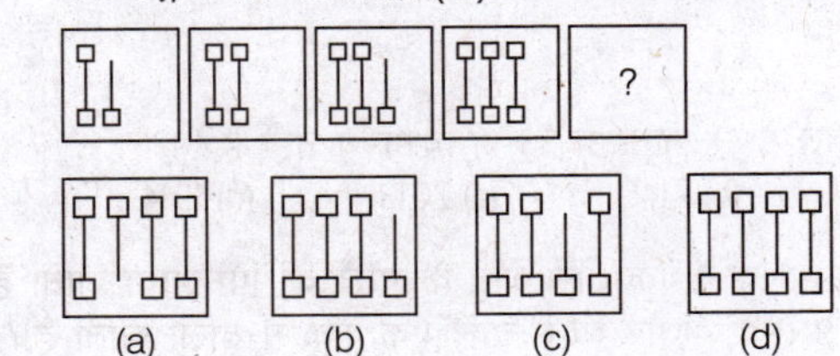

13 निम्नलिखित में से कौन-सी संख्या दी गई शृंखला में प्रश्नचिह्न (?) के स्थान पर आएगी?

16, 8, 24, ?, 36, 18

(a) 10 (b) 12
(c) 14 (d) 6

14 A, B की पिता है। B, C का भाई है। C, D की बहन है। D, E की पत्नी है। F, E की माँ है। G, F का पति है। E का A से क्या सम्बन्ध है?

(a) माँ (b) बेटी का पति
(c) बहन (d) पिता

15 निम्नलिखित में से कौन-सा अक्षर दी गई शृंखला में प्रश्नचिह्न (?) के स्थान पर आएगा?

B, W, S, ?, N, M

(a) S (b) R
(c) O (d) P

16 यदि एक दर्पण को रेखा AB पर रखा जाए, तो विकल्प आकृतियों में से कौन-सी आकृति प्रश्न आकृति का सही प्रतिबिम्ब होगी?

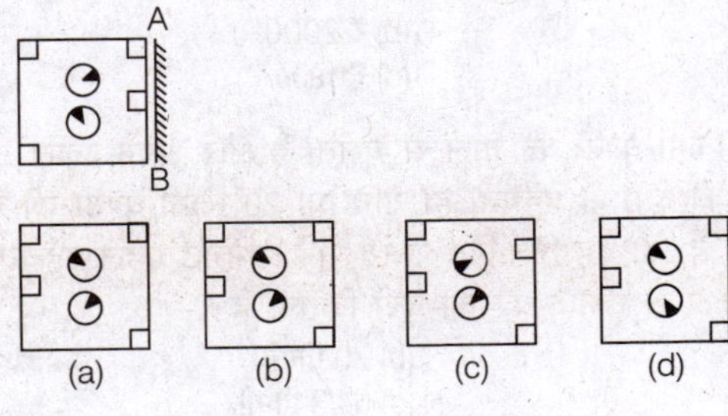

17 निम्नलिखित विकल्पों में से उस विकल्प का चयन कीजिए, जो पाँचवें शब्द से ठीक उसी प्रकार सम्बन्धित है जिस प्रकार चौथा शब्द तीसरे शब्द से सम्बन्धित है और दूसरा शब्द पहले शब्द से सम्बन्धित है।

मधुमक्खी : छत्ता ::कुत्ता : कुत्ता घर : चमगादड़ : ?

(a) मछलीघर (b) घोंसला (c) पत्ता (d) गुफा

18 एक निश्चित कूटभाषा में 'WINTER' को '595259' लिखा जाता है, 'AUTUMN' को '132345' लिखा जाता है, तो उसी कूटभाषा में 'SPRING' को कैसे लिखा जाएगा?

(a) 179957 (b) 179955 (c) 188757 (d) 154995

19 निम्नलिखित प्रश्न में, दिए गए विकल्पों में से सम्बन्धित अक्षरों का चयन कीजिए।

AM : VH :: YK : ?

(a) TU (b) PQ (c) RS (d) TF

20 दी गई विकल्प आकृतियों में से कौन-सी आकृति प्रश्न आकृति के पैटर्न को पूरा करेगी? (घूर्णन की अनुमति नहीं है)

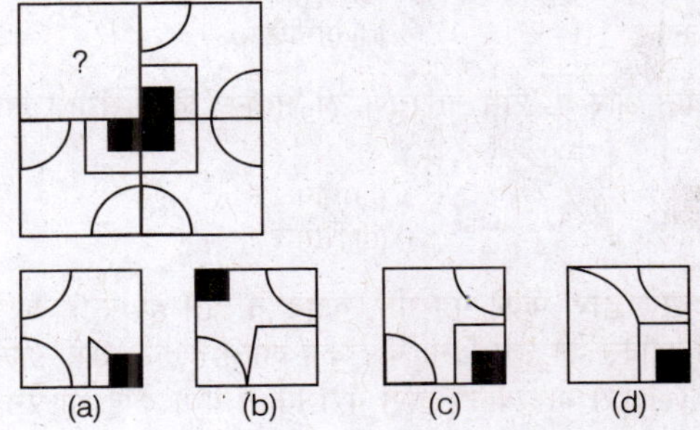

भाग-II सामान्य ज्ञान

21 जनवरी, 2023 में नए DGCA प्रमुख के रूप में किसे नियुक्त किया गया है?

(a) रविकृष्ण (b) बीर सिंह राय
(c) विक्रम देवदत्त (d) डी. सी. शर्मा

22 राष्ट्रीय बचत (मासिक आय खाता) योजना, 2019 को .... के माध्यम से संशोधित किया गया है

(a) राष्ट्रीय बचत (मासिक आय खाता) (संशोधन) योजना, 2023
(b) राष्ट्रीय बचत (मासिक आय खाता) (संशोधन) योजना, 2019
(c) राष्ट्रीय बचत (मासिक आय खाता) (संशोधन) योजना, 2020
(d) राष्ट्रीय बचत (मासिक आय खाता) (संशोधन) योजना, 2021

23 किस तिथि को, मेजर ध्यानचन्द का जन्मदिन भारत में राष्ट्रीय खेल दिवस के रूप में मनाया जाता है?

(a) 29 अगस्त (b) 30 नवम्बर (c) 2 अक्टूबर (d) 1 मार्च

24 निम्नलिखित में से खेल एवं खेल से जुड़ी शख्सियत का कौन-सा युग्म सही है?

I. शेफाली वर्मा-क्रिकेट
II. सुशील कुमार-कुश्ती

कूट

(a) केवल II (b) केवल I
(c) I और II दोनों (d) न तो I और न ही II

25 निम्नलिखित में से कौन-सा आवर्त सारणी के p- ब्लॉक का एक तत्त्व नहीं है?
(a) आयोडीन (b) सिलिकॉन
(c) फॉस्फोरस (d) मैग्नीशियम

26 निम्नलिखित में से छठी पंचवर्षीय योजना की समयावधि कौन-सी है?
(a) 1980-1985 (b) 1974-1979
(c) 1992-1997 (d) 1985-1990

27 भारत के वित्त आयोग में 1 अध्यक्ष और .... होते हैं।
(a) 6 सदस्य (b) 3 सदस्य
(c) 10 सदस्य (d) 4 सदस्य

28 भारत और श्रीलंका के बीच कौन-सा द्वीप स्थित है?
(a) लातूर (b) कच्छतीवु
(c) जांगन (d) दिवर

29 अम्बुबाची मेला का सम्बन्ध निम्नलिखित में से किस राज्य से है?
(a) केरल (b) असम
(c) तमिलनाडु (d) नागालैण्ड

30 शकूर खान और पं. राम नारायण का सम्बन्ध किस संगीत वाद्ययन्त्र से है?
(a) सरोद (b) बीन
(c) सारंगी (d) सितार

31 यदि गेंदबाज द्वारा फेंकी गई गेंद, वाइड न होते हुए स्ट्राइकर के बल्ले या व्यक्ति को छुए बिना पार कर जाती है, जो उस डाली गई गेंद (delivery) से बल्लेबाजों द्वारा पूरा किया गया कोई भी रन, या बाउण्ड्री लगना .... के रूप में जमा किया (Credited) जाएगा।
(a) लेग बिफोर विकेट (b) बाई
(c) लेग रन्स (d) नो बॉल

32 भारतीय संविधान का अनुच्छेद 39A निम्नलिखित में से किससे सम्बन्धित है?
(a) स्वतन्त्रता का अधिकार (b) पंचायती राज
(c) जीवन का अधिकार (d) निःशुल्क कानूनी सहायता

33 2011 की जनगणना के अनुसार, निम्नलिखित में से किस धर्म की जनसंख्या सबसे कम है?
(a) बौद्ध धर्म (b) जैन धर्म
(c) सिख धर्म (d) ईसाई धर्म

34 भारत में हरित क्रान्ति के जनक कौन थे?
(a) सी. सुब्रह्मण्यम (b) पाण्डुरंगा हेगड़े
(c) एम. एस. स्वामीनाथन (d) सुन्दरलाल बहुगुणा

35 स्वामी दयानन्द सरस्वती निम्नलिखित में से किस सुधार संघ के संस्थापक थे?
(a) आर्य समाज (b) ब्रह्म समाज
(c) प्रार्थना समाज (d) वेद समाज

36 .... नाटकों में अभिनेता/पात्रों का प्रदर्शन पूरी तरह से अवाक् होता है, कहानी को चेहरे के भाव और हाथ के इशारों की शब्दावली का उपयोग करके अभिनीत किया जाता है।
(a) ओडिसी नृत्य (b) कथकली
(c) मणिपुरी नृत्य (d) भरतनाट्यम

37 निम्नलिखित में से किस भारतीय शहर का सम्बन्ध संगम साहित्य से है?
(a) उज्जैन (b) सारनाथ (c) बोधगया (d) मदुरै

38 निम्नलिखित में से, 2023 के पद्म विभूषण पुरस्कार के विजेता का नाम बताइए, जिन्होंने विदेश मन्त्री और कर्नाटक के मुख्यमन्त्री के रूप में भी कार्य किया है।
(a) दिलीप महालनोबिस (b) सोमनाहल्ली मल्लैया कृष्णा
(c) मुलायम सिंह यादव (d) कुमार मंगलम बिड़ला

39 .... बजट से, भारत में बजट घाटा दिखाने की प्रथा बन्द कर दी गई है।
(a) 1996-97 (b) 1995-96 (c) 1997-98 (d) 1992-93

40 निम्नलिखित में से किसे आदिवासी नृत्य बैगा में उनके योगदान के लिए संगीत नाटक अकादमी पुरस्कार मिला?
(a) सोम दत्त बट्टू (b) टंकेश्वर हजारिका बोरबयान
(c) हेमचन्द्र गोस्वामी (d) अर्जुन सिंह धुर्वे

भाग-III गणित

41 निम्नलिखित में से कौन-सा 33 से विभाज्य नहीं है?
(a) 2156 (b) 2145 (c) 2013 (d) 1914

42 9 सेमी त्रिज्या वाले एक ठोस धातु के गोले को पिघलाया जाता है और उसे 9 सेमी आधार व्यास वाले एक शंकु में ढाला जाता है। शंकु की ऊँचाई कितनी है?
(a) 100 सेमी (b) 144 सेमी
(c) 196 सेमी (d) 121 सेमी

43 एक कम्प्यूटर का अंकित मूल्य ₹ 28000 और छूट 5% है। यदि कम्प्यूटर का विक्रय मूल्य ₹ 26068 है, तो अतिरिक्त छूट प्रतिशत कितना है?
(a) 5% (b) 2% (c) 3% (d) 1%

44 यदि वार्षिक रूप से संयोजित चक्रवृद्धि ब्याज की 44% दर, अर्द्धवार्षिक रूप से संयोजित चक्रवृद्धि ब्याज की x% दर के समतुल्य है, तो x का मान कितना है?
(a) 20% (b) 18%
(c) 24% (d) 22%

45 250 में 40% की वृद्धि करने पर प्राप्त संख्या का मान कितना है?
(a) 300 (b) 275
(c) 350 (d) 250

46 किसी वस्तु का क्रय मूल्य ₹ 2500 है। यदि हानि 24% है, तो वस्तु का विक्रय मूल्य कितना है?
(a) ₹ 2200 (b) ₹ 2000
(c) ₹ 1900 (d) ₹ 1800

47 रमेश 16 किमी/घण्टा की चाल से चलता है और अपने स्कूल 4 मिनट की देरी से पहुँचता है। यदि वह 20 किमी/घण्टा की चाल से चलता है, तो वह निर्धारित समय से 12 मिनट पहले पहुँचता है। उसके स्कूल से उसके घर की दूरी कितनी है?
(a) 12 किमी (b) 20 किमी
(c) 8 किमी (d) 64/3 किमी

48 एक व्यापारी ने एक सोफा सेट 39% के लाभ पर बेचा। यदि उसने इसे ₹1565 कम में बेचा होता, तो उसे 29% का लाभ होता। 27% लाभ प्राप्त करने के लिए उसे इसे किस मूल्य पर बेचना चाहिए?
(a) ₹16526.4 (b) ₹ 20140.5
(c) ₹19875.5 (d) ₹11576.4

49 $2.5 \times 0.7 + 3.5 \times 0.6 + 4.5 \times 0.8$ का मान कितना है?
(a) 7.45 (b) 9.25
(c) 5.35 (d) 6.55

50 *E* अकेले एक काम को 15 दिनों में पूरा कर सकता है। *F* और *G* मिलकर उसी काम को 10 दिनों में पूरा कर सकते हैं। *E*, *F* और *G* मिलकर उसी काम को कितने दिनों में पूरा करेंगे?
(a) 12 दिन (b) 10 दिन
(c) 8 दिन (d) 6 दिन

51 चार संख्याएँ 7 : 5 : 3 : 2 के अनुपात में है। इन संख्याओं का योग 68 है। पहली और चौथी संख्या का योग कितना होगा?
(a) 36 (b) 48
(c) 24 (d) 32

52 एक डाइनिंग टेबल का अंकित मूल्य ₹ 1500 है, जिसे एक थोक विक्रेता द्वारा 18% और 15% की क्रमिक छूट पर एक खुदरा विक्रेता को बेचा जाता है। खुदरा विक्रेता के लिए डाइनिंग टेबल का क्रय मूल्य क्या है?
(a) ₹ 1384.1 (b) ₹ 1156.6
(c) ₹ 1045.5 (d) ₹ 1256.7

53 तीन संख्याओं का अनुपात 6 : 7 : 8 है। यदि तीनों संख्याओं का योग 420 है, तो तीनों संख्याओं में सबसे छोटी संख्या कौन-सी है?
(a) 120 (b) 180
(c) 140 (d) 190

54 एक कम्पनी में 42 कर्मचारी हैं। 27 कर्मचारियों का औसत वेतन ₹ 4100 प्रति माह और 13 कर्मचारियों का औसत वेतन ₹ 6100 प्रति माह है। यदि सभी कर्मचारियों का औसत वेतन ₹ 7200 प्रति माह है, तो शेष 2 कर्मचारियों का प्रति माह औसत वेतन कितना है?
(a) ₹ 54000 (b) ₹ 44800
(c) ₹ 57800 (d) ₹ 56200

55 36 मी लम्बे एक तार को बराबर टुकड़ों में काटा जाता है, जिनमें से प्रत्येक का माप 4 मी है। टुकड़ों की संख्या ज्ञात कीजिए।
(a) 8 (b) 5 (c) 9 (d) 7

56 यदि आशा, लक्ष्मी से चार वर्ष की अवधि के लिए ₹ 52000 उधार लेती है। यदि आशा को चार वर्ष के अन्त में ₹ 20800 का ब्याज देना है, तो वार्षिक साधारण ब्याज की दर क्या होगी?
(a) 14% (b) 12% (c) 10% (d) 16%

57 $95 - 111 \times 21 \div 3 + 44 \times 6$ का मान कितना है?
(a) – 424 (b) – 418
(c) – 412 (d) – 416

58 एक पंक्ति में खड़े कुछ विद्यार्थियों का भार 85 किग्रा, 86 किग्रा, 53 किग्रा, 65 किग्रा, 78 किग्रा, 93 किग्रा, 75 किग्रा, 73 किग्रा है। उन विद्यार्थियों का औसत भार कितना है?
(a) 68 किग्रा (b) 82 किग्रा
(c) 78 किग्रा (d) 76 किग्रा

59 *A*, *B* और *C* तीन छात्र हैं। *A* को *B* से 25% अधिक अंक और *C* से 10% कम अंक मिले है। यदि *B* को 324 अंक मिले हैं, तो *C* को कितने अंक मिले हैं?
(a) 450 (b) 360 (c) 420 (d) 480

60 पंकज, राहुल से 40% कम कुशल है। यदि राहुल एक कम्प्यूटर को 16 दिनों में बना सकता है, तो पंकज उसी कम्प्यूटर को कितने दिनों में बना सकता है?
(a) 80/7 दिन (b) 80/9 दिन
(c) 80/3 दिन (d) 40/7 दिन

भाग-IV हिन्दी

61 निम्नलिखित प्रश्न में दिए गए चार विकल्पों का चयन करें, जो दिए गए मुहावरे के अर्थ को सर्वश्रेष्ठ रूप से व्यक्त करता है।
''मुट्ठी गरम होना''
(a) सुख का अनुभव (b) पिटाई करना
(c) धन की प्राप्ति (d) ठण्ड से बचना

62 निम्नलिखित प्रश्न में चार विकल्पों में से उस विकल्प का चयन करें, जो कोष्ठक में दिए गए शब्द के तत्सम रूप का सही विकल्प है।
पूजा पाठ से सम्बन्धित कार्य को (नेम) .... से करना चाहिए।
(a) प्रतिदिन (b) मन (c) नियम (d) हमेशा

63 निम्नलिखित प्रश्न में चार विकल्पों में से उस विकल्प का चयन करें, जो रिक्त स्थान के लिए सही भाववचक संज्ञा वाला विकल्प हो।
वह बड़ा ही शान्त लड़का है, ... से उसका दूर-दूर से कोई नाता नहीं।
(a) लड़ाई (b) खेलना (c) थकना (d) लड़ना

64 निम्नलिखित वाक्य में उस वाक्यांश को पहचानिए, जिसमें मात्राओं से सम्बन्धित अशुद्धियाँ हैं। यदि कोई गलती नहीं है, तो 'कोई त्रुटि नहीं है' का चुनाव कीजिए।
मोबाइल फोन हमारे जीवन का अभिन्न अंग/हो गया हो, इसके अभाव को हमारे/अनेकों महत्त्वपूर्ण काम रुक जाते हैं
(a) मोबाइल फोन हमारे जीवन का अभिन्न अंग
(b) अनेकों महत्त्वपूर्ण काम रुक जाते है।
(c) हो गया हो, इसके अभाव को हमारे
(d) कोई त्रुटि नहीं है

65 दिए गए वाक्य में उचित पर्यायवाची शब्द का चयन करके रिक्त स्थान की पूर्ति करें।
.... (सौम्य) व्यवहार ही मनुष्य को आगे लेकर जाता है।
(a) अर्चना (b) सुरभि (c) व्यक्त (d) नम्र

66 निम्नलिखित वाक्य में उस वाक्यांश को पहचानिए जिसमें मात्राओं से सम्बन्धित अशुद्धियाँ हैं। यदि कोई गलती नहीं है, तो 'कोई त्रुटि नहीं है' का चुनाव कीजिए।
प्रदूषण और ग्लोबल वार्मिंग से युन्त वातावरण में / सकारात्मक बदलावों को लाने के लिए विद्यार्थियों के रूप में/ किसी पर देश से युवा सबसे बड़ी उम्मीद है।
(a) किसी पर देश से युवा सबसे बड़ी उम्मीद है।
(b) कोई त्रुटि नहीं है
(c) प्रदूषण और ग्लोबल वार्मिंग से युक्त वातावरण में
(d) सकारात्मक बदलावों को लाने के लिए विद्यार्थियों के रूप में

67 दिए गए वाक्यांश के लिए सार्थक शब्द ज्ञात कीजिए।
वह सूचना जो सरकार की तरफ से जारी हो
(a) अधिकृत (b) अधिसूचना
(c) अध्यादेश (d) अधिनियम

68 निम्नलिखित प्रश्न में चार विकल्पों में से उस विकल्प का चयन करें, जो दी गई लोकोक्ति का सही अर्थ वाला विकल्प है।
''छप्पर पर फूंस नहीं, ड्योढ़ी पर नाच''
(a) खुली आँखों से सपने देखकर खुशी व्यक्त करना
(b) धनी व्यक्ति के सब मित्र होते हैं
(c) अयोग्य के पास योग्य वस्तु का होना
(d) दिखावटी ठाट-बाट, परन्तु वास्तविकता में कुछ भी नहीं

69 निम्नलिखित प्रश्न में चार विकल्पों में से उस विकल्प का चयन करें, जो कोष्ठक में दिए गए शब्द के विलोम शब्द का सही विकल्प है।
मेरे पड़ोसी बड़े ही (दुर्जन) .... व्यक्ति हैं।
(a) असफल (b) खल (c) कुराज (d) सज्जन

70 दिए गए शब्द का विलोम शब्द ज्ञात कीजिए।
'विद्वान'
(a) परम (b) मर्मज्ञ (c) महात्मा (d) मूर्ख

71 दिए गए वाक्य में उचित देशज-विदेशज शब्द का चयन करके रिक्त स्थान की पूर्ति कीजिए।
तुम्हारा .... कल आ जाएगा।
(a) इंच (b) मिल (c) ऑर्डर (d) अपील

72 दिए गए वाक्य का वह भाग ज्ञात करें, जिसमें कोई त्रुटि है।
चाहे तुम अब कुछ भी कहो पर मेरे को यह काम नहीं करना।
(a) कहो अब (b) काम नहीं करना
(c) चाहे तुम कुछ (d) मेरे को यह

73 दिए गए वाक्य में रेखांकित शब्दों के लिए सही शब्दों वाले विकल्प का चयन करें।
<u>उचार्ण शुद्ध</u> रखना भाषा की पहली आवश्यकता है।
(a) उच्चारण शुद्ध रखना भाषा की पहली आवश्यकता है
(b) उच्चर्ण शुद्ध रखना भाषा की पहली आवश्यकता है
(c) परिवर्तन की आवश्यकता नहीं है
(d) उच्चार्ण शुद्ध रखना भाषा की पहली आवश्यकता है

74 दिए गए वाक्य में उचित पर्यायवाची शब्द का चयन करके रिक्त स्थान की पूर्ति करें।
.... (शुभ) काम करने में देरी कैसी।
(a) महाराजा (b) ज्ञान
(c) उजला (d) मंगल

75 दिए गए वाक्य में रेखांकित शब्दों के लिए सही शब्दों वाले विकल्प का चयन करें।
खेती का आधुनिकीकरण <u>करना जरूरी</u> है।
(a) खेती का आधुनिकीकरण करनी जरूरी है।
(b) खेती का आधुनिकीकरण करने जरूरी है।
(c) परिवर्तन की आवश्यकता नहीं है।
(d) खेती का आधुनिकीकरण जरूरी है।

निर्देश (प्र. सं.76-80) *नीचे दिए गए गद्यांश में कुछ शब्द छोड़ दिए गए हैं और प्रत्येक रिक्त स्थान के चार विकल्प दिए गए हैं। इन चारों में से कौन-सा विकल्प रिक्त स्थान की पूर्ति करेगा।*

जैसे ही हम (1) .... के आगरा शहर का नाम सुनते हैं, सबसे पहले हमारे (2) .... में ताजमहल ही आता है। सफेद (3) .... से बना यह महल, (4) .... प्रेम की निशानी है। ताजमहल का निर्माण मुगल (5) .... शाहजहाँ ने करवाया था। यह दुनिया के सात अजूबों में से एक है।

76 रिक्त स्थान (1) के लिए सबसे उपयुक्त विकल्प का चयन कीजिए।
(a) अनोखा (b) भारत
(c) दुनिया (d) विश्राम

77 रिक्त स्थान (2) के लिए सबसे उपयुक्त विकल्प का चयन कीजिए।
(a) जहन (b) अंकुश
(c) परीक्षा (d) गर्दन

78 रिक्त स्थान (3) के लिए सबसे उपयुक्त विकल्प का चयन कीजिए।
(a) प्रकाश (b) संगमरमर
(c) आकाश (d) कुमकुम

79 रिक्त स्थान (4) के लिए सबसे उपयुक्त विकल्प का चयन कीजिए।
(a) असीम (b) कम
(c) कवल (d) अनेक

80 रिक्त स्थान (5) के लिए सबसे उपयुक्त विकल्प का चयन कीजिए।
(a) सजा (b) शासक
(c) शासन (d) शासित

उत्तरमाला

1.	(c)	2.	(a)	3.	(d)	4.	(c)	5.	(c)	6.	(b)	7.	(d)	8.	(b)	9.	(a)	10.	(b)
11.	(c)	12.	(b)	13.	(b)	14.	(b)	15.	(d)	16.	(a)	17.	(d)	18.	(a)	19.	(d)	20.	(c)
21.	(c)	22.	(a)	23.	(a)	24.	(c)	25.	(d)	26.	(a)	27.	(d)	28.	(b)	29.	(b)	30.	(c)
31.	(b)	32.	(d)	33.	(b)	34.	(c)	35.	(a)	36.	(b)	37.	(d)	38.	(b)	39.	(c)	40.	(d)
41.	(a)	42.	(b)	43.	(b)	44.	(a)	45.	(c)	46.	(c)	47.	(d)	48.	(c)	49.	(a)	50.	(d)
51.	(a)	52.	(c)	53.	(a)	54.	(d)	55.	(c)	56.	(c)	57.	(b)	58.	(d)	59.	(a)	60.	(c)
61.	(c)	62.	(c)	63.	(a)	64.	(c)	65.	(d)	66.	(a)	67.	(b)	68.	(d)	69.	(d)	70.	(d)
71.	(c)	72.	(d)	73.	(a)	74.	(d)	75.	(d)	76.	(b)	77.	(a)	78.	(b)	79.	(a)	80.	(b)

संकेत एवं हल

1. *(c)* विकल्प आकृति (c) प्रश्न आकृति के पैटर्न को पूरा करेगी।

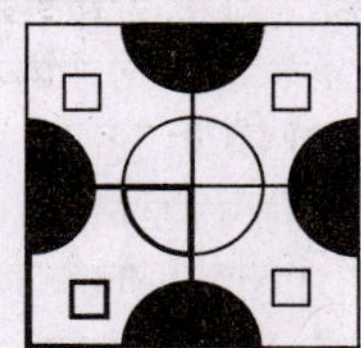

2. (a) दी गई श्रृंखला का क्रम निम्न प्रकार है

8, 24, 40, 56, [72], 88
+16 +16 +16 +16 +16

3. *(d)* जिस प्रकार,

P A N T R Y
16 1 14 20 18 25
1+6, 1+4, 2+0, 1+8, 2+5
7 1 5 2 9 7

और

S T E A D Y
19 20 5 1 4 25
1+9 =10 (1+0), (2+0), 2+5
1 2 5 1 4 7

उसी प्रकार,

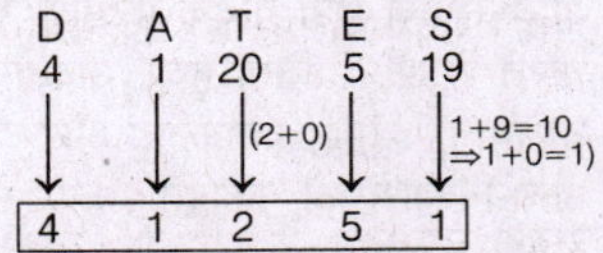

D A T E S
4 1 20 5 19
(2+0), 1+9=10 ⇒1+0=1)
[4 1 2 5 1]

4. *(c)* प्रश्नानुसार,

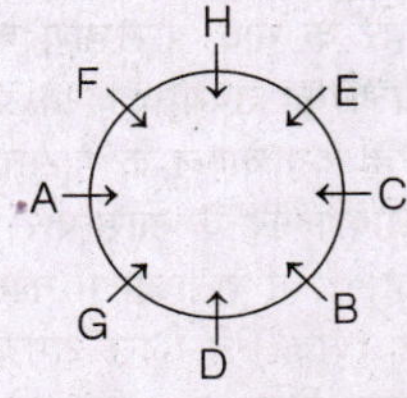

अत: G के ठीक बाईं ओर A बैठी है।

5. *(c)* दी गई श्रृंखला का क्रम निम्न प्रकार है
UU VV WW/UU V V WW/UU V VWW/U U V V WW

अत: अभीष्ट अक्षर समूह = V V UU

6. *(b)* I. $7+8\div2\times4-6$

चिह्न × और ÷ को आपस में बदलने पर,

$7+8\times2\div4-6$

$=7+8\times\frac{2}{4}-6=7+4-6=5$

II. $16\times4+13\div2-3$

चिह्न × और ÷ को आपस में बदलने पर,

$16\div4+13\times2-3=4+26-3=27$

7. *(d)* प्रश्नानुसार,

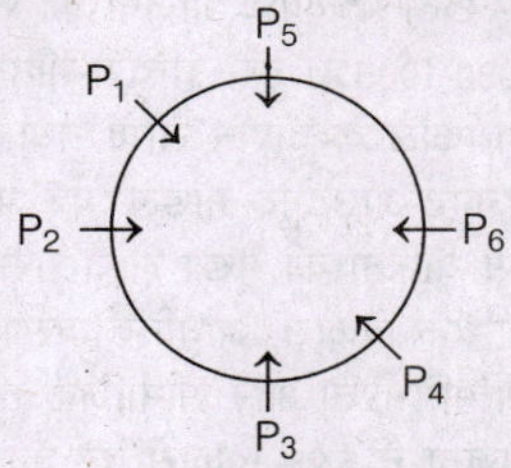

अत: P_4 के ठीक बाईं ओर P_6 होगा।

8. *(b)* कथनानुसार,

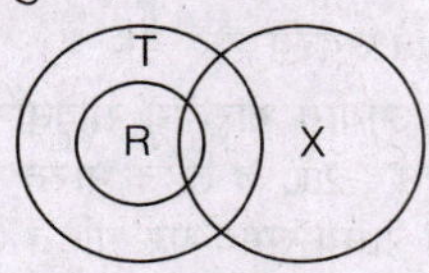

I. (✗) II. (✓) III. (7)

अत: केवल निष्कर्ष II अनुसरण करता है।

9. *(a)* अंग्रेजी शब्दकोश के अनुसार शब्दों को व्यवस्थित करने पर,

1. Clamp → 2. Clan → 4. Clang → 3. Clank → 5. Clap

अत: सही क्रम 1, 2, 4, 3, 5 है।

10. *(b)* दी गई आकृति श्रृंखला में तीन घटनाएँ हो रही हैं।

(i) भुजा की संख्या अगले पद में एक घट रही है।

(ii) दो बिन्दु की संख्या में से एक घट रही है।

(iii) एक केवल बिन्दु का स्थान बदल रहा है।

अत: विकल्प आकृति (b) को प्रश्नचिह्न के स्थान पर रखा जा सकता है।

11. *(c)* $14\div2-15+3\times6=4$

विकल्प (c) से, − और + के चिह्न बदलने पर,

$14\div2+15-3\times6=4$

$\Rightarrow 7+15-18=4$

$\Rightarrow 4=4$

12. *(b)* दिए गए पैटर्न में दो घटनाएँ हो रही हैं

(i) पहले □ आकृति जुड़ रही है।

(ii) फिर अगली आकृति में □ जुड़ रही है।

अत: प्रश्नचिह्न के स्थान पर विकल्प आकृति (b) आएगी।

13. *(b)* दी गई श्रृंखला का क्रम निम्न प्रकार है

16, 8, 24, [12], 36, 18
×1/2 ×3 ×1/2 ×3 ×1/2

14. *(b)* प्रश्नानुसार,

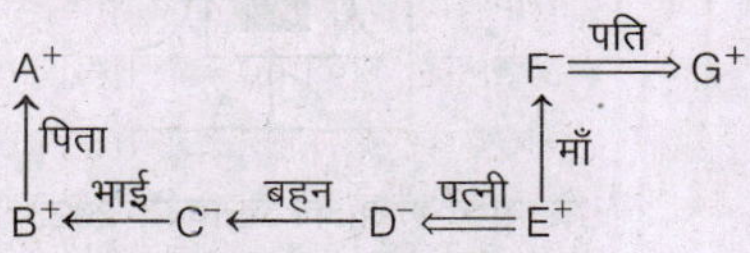

अत: E, A की 'बेटी का पति' है।

15. *(d)* दी गई श्रृंखला का क्रम निम्न प्रकार है

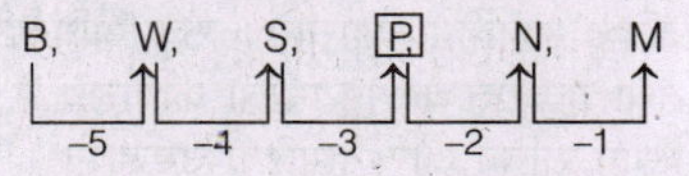

16. *(a)* दी गई आकृति का सही दर्पण प्रतिबिम्ब विकल्प आकृति (a) होगी।

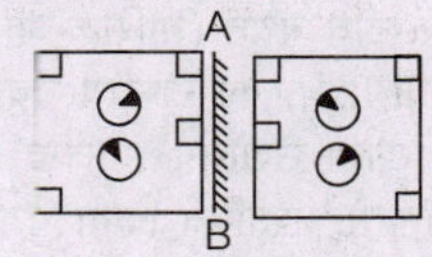

17. *(d)* जिस प्रकार, मधुमक्खी छत्ते में रहती है तथा कुत्ता, कुत्ता घर में रहता है।
उसी प्रकार, चमगादड़, गुफा में रहती है

18. *(a)* जिस प्रकार,

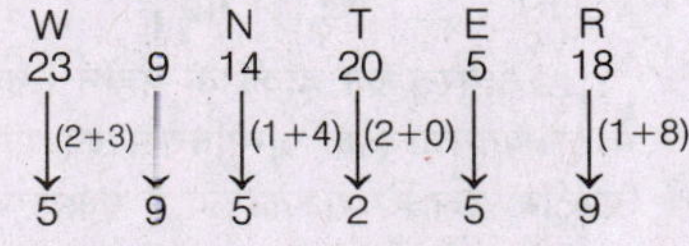

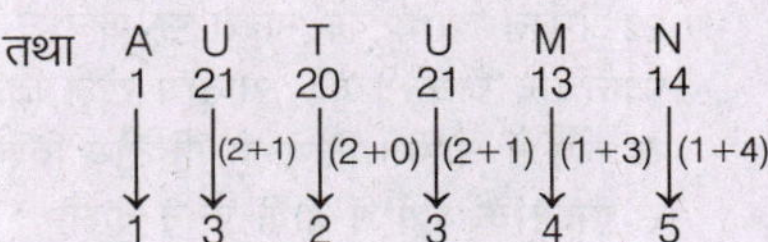

उसी प्रकार,

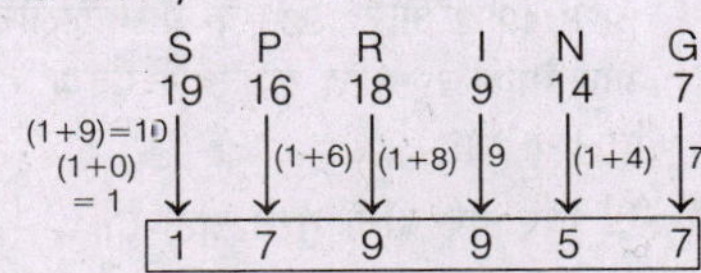

19. *(d)* जिस प्रकार,

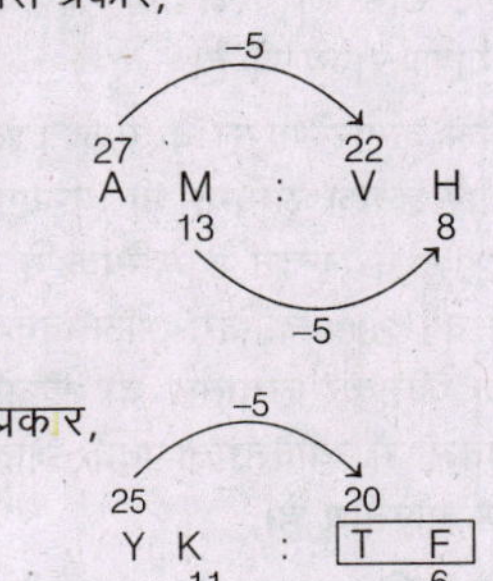

20. *(c)* विकल्प आकृति (c) प्रश्न आकृति के पैटर्न को पूरा करेगी।

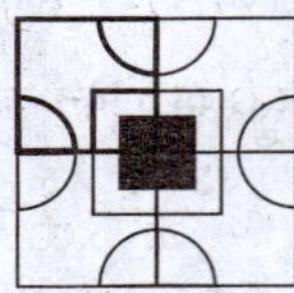

21. *(c)* विक्रम देवदत्त को जनवरी, 2023 में नागरिक उड्डयन महानिदेशालय (DGCA) में अगला महानिदेशक नियुक्त किया गया। यह गुजरात कैडर के वर्ष 1991 बैच के एक वरिष्ठ भारतीय प्रशासनिक सेवा अधिकारी हैं तथा गुजरात के मुख्यमन्त्री कार्यालय में प्रधान सचिव और नागरिक उड्डयन मन्त्रालय में संयुक्त सचिव के रूप में कार्य कर चुके हैं।

22. *(a)* राष्ट्रीय बचत (मासिक आय खाता) योजना, 2019 को राष्ट्रीय बचत (मासिक आय खाता संशोधन) योजना, 2023 के माध्यम से संशोधित किया गया है। इसके अन्तर्गत 1 अप्रैल, 2023 से एक खाते के लिए अधिकतम निवेश सीमा 4.5 लाख से बढ़ाकर ₹ 9 लाख और संयुक्त खाते के लिए ₹ 9 लाख से बढ़ाकर ₹ 15 लाख कर दी गई है। अधिकतम निवेश की सीमा ₹ 15 लाख से बढ़ाकर ₹ 30 लाख की गई है।

23. *(a)* 29 अगस्त को हॉकी के महान खिलाड़ी मेजर ध्यानचन्द के जन्मदिवस को भारत में 'राष्ट्रीय खेल दिवस' के रूप में मनाया जाता है। 29 अगस्त, 2012 को भारत सरकार ने मेजर ध्यानचन्द जयन्ती को 'राष्ट्रीय खेल दिवस' के रूप में घोषित किया है। द्वितीय विश्वयुद्ध से पहले के वर्षों में हावी रहने वाली भारतीय हॉकी टीम ने ध्यानचन्द के नेतृत्व में 1928, 1932 और 1936 के ग्रीष्मकालीन ओलम्पिक में भारत को स्वर्ण पदक दिलाया था।

24. *(c)* दिए गए दोनों युग्म सही हैं।

शेफाली वर्मा भारतीय महिला अन्तर्राष्ट्रीय क्रिकेट टीम की बल्लेबाज हैं। इनका सम्बन्ध हरियाणा राज्य से है।

सुशील कुमार भारत के एक कुश्ती पहलवान हैं और इनका सम्बन्ध भी हरियाणा से है। वर्ष 2012 में लन्दन ओलम्पिक में रजत पदक तथा वर्ष 2008 बीजिंग ओलम्पिक में कांस्य पदक जीतकर लगातार दो ओलम्पिक मुकाबलों में व्यक्तिगत पदक जीतने वाले पहले भारतीय हैं।

25. *(d)* मैग्नीशियम आवर्त सारणी के S-ब्लॉक का एक तत्त्व है। यह कैल्शियम और बेरियम की तरह एक एल्केलाइन अर्थ धातु है एवं पृथ्वी पर आठवाँ बहुत उपलब्ध तत्त्व है। इसकी परमाणु संख्या 12 तथा प्रतीक Mg होता है। इनकी खोज सर हम्फ्री डेवी ने 1808 ई. में की थी।

26. *(a)* छठी पंचवर्षीय योजना की समयावधि 1980-1985 है। इसे इन्दिरा-गाँधी के कार्यकाल के दौरान लाया गया तथा यह 'इनपुट-आउटपुट मॉडल' पर आधारित थी। इस योजना का मुख्य लक्ष्य गरीबी निवारण, आर्थिक विकास, आधुनिकीकरण, आत्मनिर्भरता और सामाजिक न्याय था। इस योजना ने 5.2% विकास दर के लक्ष्य के विपरीत 5.4% का लक्ष्य प्राप्त किया था।

27. *(d)* भारत के वित्त आयोग में एक अध्यक्ष और 4 सदस्य होते हैं।

वित्त आयोग भारतीय संविधान के अनुच्छेद-280 के तहत भारत के राष्ट्रपति द्वारा समय-समय पर गठित आयोग है।

इसका गठन भारत की केन्द्र सरकार और व्यक्तिगत राज्य सरकारों के बीच वित्तीय सम्बन्धों को परिभाषित करने के लिए किया गया है।

28. *(b)* भारत और श्रीलंका के बीच कच्छतीवु द्वीप स्थित है। कच्छतीवु रामेश्वरम के उत्तर पूर्व और श्रीलंका के डेलफर द्वीप के दक्षिण-पश्चिम में स्थित एक छोटा द्वीप है, जो श्रीलंका द्वारा प्रशासित है।

29. *(b)* अम्बुबाची मेला असम का एक प्रसिद्ध मेला है। यह मेला कामाख्या मन्दिर में जून के महीने में मनाया जाता है। यह पूर्वी भारत के सबसे बड़े धार्मिक मेलों में से एक है। अम्बुबाची का अर्थ स्पोकन विध वाटर है।

30. *(c)* शकूर खान और पं. रामनारायण का सम्बन्ध सारंगी वाद्ययन्त्र से है।

पण्डित राम नारायण ने हिन्दुस्तानी शास्त्रीय संगीत में एकल प्रदर्शन वाद्य के रूप में सारंगी को लोकप्रिय बनाया। सारंगी एक मुड़ा हुआ तार वाला वाद्ययन्त्र है। सारंगी वाद्ययन्त्र का प्राचीन नाम सारिंदा है।

31. *(b)* यदि गेंदबाज द्वारा फेंकी गई गेंद वाइड न होते हुए स्ट्राइकर के बल्ले या व्यक्ति को छुए बिना पार कर जाती है, जो उस डाली गई गेंद से बल्लेबाजों द्वारा पूरा किया गया, को भी रन या बाउण्ड्री लगना बाई के रूप में जमा किया जाएगा। क्रिकेट में बाई एक प्रकार का अतिरिक्त रन होता है। यह बल्लेबाजी करने वाली टीम द्वारा बनाया गया रन होता है, जब गेंद बल्लेबाज द्वारा हिट नहीं की गई हो और गेंद बल्लेबाज के शरीर से नहीं टकराई हो।

32. *(d)* भारतीय संविधान का अनुच्छेद-39A 'समान न्याय और निःशुल्क कानूनी सहायता' राज्य के नीति-निदेशक सिद्धान्तों से सम्बन्धित है।

भारतीय संविधान के भाग-IV में अनुच्छेद-36 से 51 तक राज्य के नीति-निर्देशक सिद्धान्तों का उल्लेख है। नीति निर्देशक के विचार को वर्ष 1937 के आयरिश संविधान से भारतीय संविधान में लिया गया है।

33. *(b)* 2011 की जनगणना के अनुसार, जैन धर्म की जनसंख्या सबसे कम (45 लाख) है।

भारत की कुल जनसंख्या (121.09 करोड़) में जैनों की जनसंख्या केवल (0.4)% है।

भारत में सर्वाधिक जनसंख्या हिन्दुओं (79.8 करोड़) की, फिर मुस्लिम (17.22 करोड़) तथा ईसाई व सिखों की है।

34. *(c)* भारत में हरित क्रान्ति के जनक डॉ. एम. एस. स्वामीनाथन थे। हरित क्रान्ति की शुरुआत वर्ष 1950 से 1970 के बीच हुई। हरित क्रान्ति का सम्बन्ध खाद्यान्न विशेषकर चावल और गेहूँ के उत्पादन में वृद्धि से है। नॉर्मन बोरलॉग को विश्व में हरित क्रान्ति के जनक के रूप में जाना जाता है।

35. *(a)* स्वामी दयानन्द सरस्वती आर्य समाज के संस्थापक थे। दयानन्द सरस्वती ने 1875 ई. में बम्बई में मथुरा के स्वामी विरजानन्द से आर्य समाज को प्रेरित किया था।

आर्य समाज शुद्ध वैदिक परम्परा में विश्वास करते थे और प्रतिमा पूजा, अवतार, बलिदान, ईसाई, कर्मकाण्ड और अन्ध-विश्वास को नकारते थे।

36. *(b)* कथकली नाटकों में अभिनेता/पात्रों का प्रदर्शन पूरी तरह से अवाक् होता है, कहानी को चेहरे के भाव और हाथ के इशारों की शब्दावली का उपयोग करके अभिनीत किया जाता है। यह केरल के मालाबार, कोचीन और त्रावणकोर के आस-पास प्रचलित नृत्य शैली है। 17वीं शताब्दी में कोट्टारक्कारा तपुंरान (राजा) ने जिस रामनाट्टम का आविष्कार किया था, उसी का विकसित रूप कथकली है।

37. *(d)* मदुरै का सम्बन्ध संगम साहित्य से है। संगम साहित्य तमिल साहित्य का एक संग्रह है, जिसकी रचना 300 ईसा पूर्व से 300 ई. के बीच हुई थी। संगम साहित्य को दो श्रेणियों में बाँटा गया है

एट्टुथोगई आठ संकलन

पट्टुपट्टू दस संकलन

38. *(b)* सोमनाहल्ली मल्लैया कृष्णा को वर्ष 2023 में पद्म विभूषण पुरस्कार से सम्मानित किया गया है। ये भारतीय राजनीतिज्ञ हैं। ये वर्ष 2009 से अक्टूबर, 2012 तक भारत के विदेश मन्त्री तथा वर्ष 1999 से 2004 तक

कर्नाटक के 10वें मुख्यमन्त्री रहे हैं। ये वर्ष 2004 से 2008 तक महाराष्ट्र के 19वें राज्यपाल रहे हैं। भारत रत्न के बाद पद्म विभूषण भारत का दूसरा सर्वोच्च नागरिक सम्मान है। पद्म विभूषण 2024 में पाँच विशिष्ट व्यक्तियों को श्रीमति विजयामाल, श्री कोनिडेला चिरंजीवी, श्री एम. वेंकैया नायडू, श्री सन्धेश्वर पाठक और श्रीमति पद्मा सुब्रह्मण्यम को प्रदान किया गया है।

39. *(c)* भारत में बजट घाटे को दिखाने की प्रथा (तदर्थ ट्रेजरी बिल प्रणाली)/बजट 1997-98 (31 मार्च, 1997) से बन्द कर दी गई। यदि किस अवधि में व्यय, प्राप्ति से अधिक हो तो इसे खाते के वित्त व्यवस्था या घाटे का बजट कहते हैं तथा व्यय और प्राप्ति के अन्तर को घाटा या बजट घाटा कहते हैं।

40. *(d)* मध्य प्रदेश के डिण्डोरी जिले के सेवानिवृत्त शिक्षक अर्जुन सिंह धुर्वे को आदिवासी नृत्य बैगा में उनके योगदान के लिए संगीत नाटक अकादमी पुरस्कार 2022 मिला है। वह बैगा लोकगीत और नृत्य को लोकप्रिय बनाने के लिए प्रसिद्ध है।

41. *(a)* 33 से विभाज्य का नियम

$33 \rightarrow 11 \times 3$ (मुख्य गुणक)

जो संख्या 11 एवं 3 से विभाज्य है वह 33 से भी विभाज्य होगी।

अतः दिए गए विकल्पों में केवल संख्या 2156 '3' से विभाज्य नहीं है।

42. *(b)* दिया है, गोले की त्रिज्या $(r) = 9$ सेमी

गोले का आयतन $= \frac{4}{3} \times \pi \times r^3$

$= \frac{4}{3} \times \pi \times (9)^3$

एवं शंकु की त्रिज्या $(R) = \frac{\text{व्यास}}{2} = \frac{9}{2}$ सेमी

अतः गोले का आयतन = शंकु का आयतन

$$\frac{4}{3} \times \pi \times (9)^3 = \frac{1}{3} \times \pi \times R^2 \times h$$

$$\Rightarrow \frac{4}{3} \times \pi \times (9)^3 = \frac{1}{3} \times \pi \times \left(\frac{9}{2}\right)^2 \times h$$

$$\Rightarrow h = \frac{\frac{4}{3} \times \pi \times (9)^3}{\frac{1}{3} \times \pi \times \left(\frac{9}{2}\right)^2}$$

$\therefore h = 144$

अतः शंकु की ऊँचाई $(h) = 144$ सेमी

43. *(b)* दिया है, कम्प्यूटर का अंकित मूल्य $= ₹28000$

5% छूट देने पर विक्रय मूल्य

$= 28000 - 28000$ का 5%

$= 28000 - 28000 \times \frac{5}{100} = ₹26600$

कम्प्यूटर का नया विक्रय मूल्य $= ₹26068$

$\therefore$ अतिरिक्त छूट % $= \frac{\text{छूट}}{\text{विक्रय मूल्य}} \times 100$

$= \frac{(26600 - 26068)}{26000} \times 100$

$= \frac{532}{26000} \times 100 = 2.04\% \approx 2\%$

44. *(a)* वार्षिक ब्याज दर $= 44\%$

$a + b + \frac{a \times b}{100}$ सूत्र से,

प्रश्नानुसार, $x + x + \frac{x \times x}{100} = 44$

$\Rightarrow 2x + \frac{x^2}{100} = 44$

$\Rightarrow x^2 + 200x - 4400 = 0$

$\Rightarrow x^2 + 220x - 20x - 440 = 0$

$\Rightarrow x(x + 220) - 20(x + 220) = 0$

$\Rightarrow (x - 20)(x + 220) = 0$

अतः $x = 20$ $[\because x \neq -220]$

45. *(c)* $250 + 250$ का 40%

$= 250 + 250 \times \frac{40}{100} = 350$

46. *(c)* दिया है वस्तु का क्रय मूल्य $= ₹2500$

24% हानि होने पर,

विक्रय मूल्य $= 2500 - 2500$ का 24%

$= 2500 - 2500 \times \frac{24}{100}$

$= ₹1900$

47. *(d)* दूरी $= \frac{S_1 \times S_2}{S_1 - S_2} \times \Delta T$ सूत्र से

[यहाँ $\Delta T = 12 - (-4) = 16$ मिनट $= \frac{16}{60}$ घण्टा]

$= \frac{16 \times 20}{20 - 16} \times \frac{16}{60} = \frac{16 \times 20}{4} \times \frac{16}{60} = \frac{64}{3}$ किमी

48. *(c)* माना सोफा सेट का क्रय मूल्य $= ₹100x$

प्रश्नानुसार,

$100x \times \frac{139}{100} - 1565 = 100x \times \frac{129}{100}$

$\Rightarrow 139x - 1565 = 129x$

$\Rightarrow 10x = 1565$

$\Rightarrow x = 156.5$

$\therefore$ क्रय मूल्य $= ₹156.5 \times 100 = ₹15650$

अतः 27% लाभ पर सोफा सेट का विक्रय मूल्य $= 15650 \times \frac{127}{100} = ₹19875.5$

वैकल्पिक विधि

प्रश्नानुसार,

$\because (39–29) \rightarrow 10\% = 1565$

$\therefore 127\% = \frac{1565}{10} \times 127 = 19875.5$

49. *(a)* $2.5 \times 0.7 + 3.5 \times 0.6 + 4.5 \times 0.8$

$= 1.75 + 2.1 + 3.6 = 7.45$

50. *(d)* E का 1 दिन का कार्य $= \frac{1}{15}$

F और G का 1 दिन का कार्य $= \frac{1}{10}$

F, F और G का 1 दिन का कार्य $= \frac{1}{15} + \frac{1}{10}$

$= \frac{2+3}{30} = \frac{5}{30} = \frac{1}{6}$

अतः E, F और G को मिलकर उसी काम को करने में लगा समय = 6 दिन

वैकल्पिक विधि

प्रश्नानुसार,

	दिन	कुल कार्य	क्षमता
$E \longrightarrow$	15	30	2
$F+G \longrightarrow$	10		3

अतः E, F और G को मिलकर कुल कार्य को पूरा करने में लगा समय $= \frac{30}{2+3} = 6$ दिन

51. *(a)* दिया है, चार संख्याओं का अनुपात

$= 7 : 5 : 3 : 2$

$7 + 5 + 3 + 2 = 17$ इकाई

17 इकाई = 68

9 इकाई $= \frac{68}{17} \times 9 = 36$

अतः पहली और चौथी संख्या का योग = 36

52. *(c)* दिया है,

डाइनिंग टेबल का अंकित मूल्य $= ₹1500$

18% एवं 15% की क्रमिक छूट देने पर, खुदरा विक्रेता के लिए डाइनिंग टेबल का क्रय मूल्य $= 1500 \times \frac{(100-18)}{100} \times \frac{(100-15)}{100}$

$= 1500 \times \frac{82}{100} \times \frac{85}{100} = ₹1045.5$

53. *(a)* $6 : 7 : 8$

$6 + 7 + 8 = 21$ **इकाई**

$\because$ 21 **इकाई** = 420

$\therefore$ 6 **इकाई** $= \frac{420}{21} \times 6 = 120$

अतः सबसे **छोटी संख्या 120 है।**

54. *(d)* दिया है, **कुल कर्मचारी** = 42

औसत वेतन = 7200

कुल वेतन $= 7200 \times 42 = ₹302400$

27 कर्मचारियों का औसत वेतन $= ₹4100$

अतः इनका कुल वेतन $= 4100 \times 27$

$= ₹110700$

और 13 कर्मचारी का औसत वेतन $= ₹6100$

अतः इनका कुल वेतन $= 6100 \times 13 = ₹79300$

शेष 2 कर्मचारियों का कुल वेतन

$= 302400 - (110700 + 79300)$

$= 112400$

अतः शेष दो कर्मचारियों का औसत वेतन

$= \frac{112400}{2} = ₹56200$

55. *(c)* तार की कुल लम्बाई = 36 मी

प्रत्येक टुकड़ों की लम्बाई = 4 मी

$\therefore$ टुकड़ों की संख्या $= \frac{\text{कुल लम्बाई}}{\text{प्रत्येक लम्बाई}}$

$= \frac{36}{4} = 9$

56. *(c)* दिया है, मूलधन (P) = ₹ 52000

समय (t) = 4 वर्ष

SI = ₹20800

$\therefore \quad SI = \frac{P \times r \times t}{100}$

$\Rightarrow \quad 20800 = \frac{52000 \times r \times 4}{100}$

$\Rightarrow \quad r = \frac{20800 \times 100}{52000 \times 4}$

$\therefore \quad r = 10\%$

57. *(b)* $95 - 111 \times 21 \div 3 + 44 \times 6$

$= 95 - 111 \times 7 + 44 \times 6$

$= 95 - 777 + 264 = -418$

58. *(d)* औसत भार $= \frac{\text{कुल भार}}{\text{कुल संख्या}}$

$= \frac{(85+86+53+65+78+93+75+73)}{8}$

= 76 किग्रा

59. *(a)* माना B के कुल अंक = 100 इकाई

A के कुल अंक = 100 + 100 का 25%

$= 100 + 100 \times \frac{25}{100} = 125$ इकाई

माना C के कुल अंक $= x$

अत: A के अंक

$x - x \times 10\% = 125$ इकाई

$\Rightarrow \quad x - \frac{x}{10} = 125$ इकाई

$\Rightarrow \quad \frac{9x}{10} = 125$ इकाई

$\Rightarrow \quad x = \frac{125 \times 10}{9}$ इकाई

$\because$ 100 इकाई = 324

$\therefore \quad \frac{125 \times 10}{9}$ इकाई $= \frac{324}{100} \times \frac{125 \times 10}{9}$

= 450

वैकल्पिक विधि

A	:	B	:	C
$5_{\times 9}$		$4_{\times 9}$		
$9_{\times 5}$				$10_{\times 5}$
45	:	36	:	50
		$\downarrow \times 9$		$\downarrow \times 9$
		324		450

60. *(c)*

	पंकज	:	राहुल
	60		100
कार्यक्षमता	3	:	5

राहुल के द्वारा किया गया कुल काम

= समय × क्षमता = 16 × 5 = 80

अत: पंकज के द्वारा कम्प्यूटर बनाने में लगा

समय $= \frac{\text{कुल काम}}{\text{कुल कार्यक्षमता}} = \frac{80}{3}$ दिन

61. *(c)* ''मुट्ठी गरम होना'' मुहावरे का अर्थ है-धन की प्राप्ति।

वाक्य प्रयोग आज तो सेठ बाँकेलाल ने भी श्यामू की मुट्ठी गरम कर दी।

62. *(c)* वाक्य में दिया गया कोष्ठक शब्द 'नेम' का तत्सम शब्द 'नियम' है। 'नेम' तद्भव शब्द है। अन्य विकल्प असंगत हैं।

63. *(a)* रिक्त स्थान की पूर्ति के लिए सबसे उपयुक्त भाववाचक संज्ञा शब्द 'लड़ाई' है।

अत: पूर्ण वाक्य है–वह बड़ा ही शान्त लड़का है, लड़ाई से उसका दूर-दूर तक कोई नाता नहीं है।

64. *(c)* दिए गए वाक्य में से 'हो गया हो, इसके 'अभाव को हमारे' वाक्यांश में त्रुटि है। अतः शुद्ध वाक्य है–मोबाइल फोन हमारे जीवन का अभिन्न अंग हो गया है, इसके अभाव से हमारे अनेकों महत्त्वपूर्ण काम रुक जाते हैं।

65. *(d)* वाक्य में दिए गए कोष्ठक शब्द 'सौम्य' का पर्यायवाची 'नम्र' है। अन्य विकल्प असंगत हैं।

66. *(a)* दिए गए वाक्य में 'किसी पर देश से युवा सबसे बड़ी उम्मीद है' वाक्यांश त्रुटिपूर्ण है। शुद्ध वाक्य है–प्रदूषण और ग्लोबल वार्मिंग से युक्त वातावरण में सकारात्मक बदलावों को लाने के लिए विद्यार्थियों के रूप में किसी भी देश के युवा सबसे बड़ी उम्मीद हैं।

67. *(b)* ''वह सूचना जो सरकार की तरफ'' से जारी हो वाक्यांश के लिए उचित शब्द 'अधिसूचना' है। अन्य विकल्प असंगत हैं।

68. *(d)* ''छप्पर पर फूंस नहीं, ड्योढी पर नाच'' दी गई लोकोक्ति का सही अर्थ है- दिखावटी ठाठ-बाट परन्तु वास्तविकता में कुछ भी नहीं अर्थात् कोई ऐसा व्यक्ति जोकि निर्धन है, परन्तु अमीर होने का दिखावा करता है। अन्य विकल्प असंगत हैं।

69. *(d)* वाक्य में दिए गए कोष्ठक शब्द 'दुर्जन' का विलोम शब्द 'सज्जन' है। अन्य विकल्प असंगत हैं।

70. *(d)* दिए गए शब्द 'विद्वान' विलोम शब्द 'मूर्ख' है। अन्य विकल्प संगत नहीं हैं।

71. *(c)* दिए गए वाक्य में रिक्त स्थान की पूर्ति के लिए उचित देशज-विदेशज शब्द 'ऑर्डर' है। अन्य विकल्प संगत नहीं हैं।

72. *(d)* दिए गए वाक्य में विकल्प 'मेरे को यह' वाक्यांश में त्रुटि है। शुद्ध वाक्य इस प्रकार है- चाहे तुम अब कुछ भी कहो पर मुझे यह काम नहीं करना। अन्य विकल्प असंगत हैं।

73. *(a)* दिए गए वाक्य में रेखांकित शब्दों 'उचार्ण' के लिए सही शब्दों वाला विकल्प 'उच्चारण' शुद्ध रखना भाषा की पहली आवश्यकता है। अन्य विकल्प असंगत हैं।

74. *(d)* .... वाक्य में दिए गए कोष्ठक शब्द 'शुभ' का पर्यायवाची 'मंगल' है। शुभ के अन्य पर्यायवाची शब्द –आशाजनक, मंगलमय, लाभप्रद आदि हैं। अन्य विकल्प असंगत हैं।

75. *(d)* दिए गए वाक्य में रेखांकित 'करना जरूरी' के लिए सही शब्दों वाला विकल्प है–खेती का आधुनिकीकरण जरूरी है। अन्य विकल्प असंगत हैं।

76. *(b)* रिक्त स्थान (1) की पूर्ति के लिए सबसे उपयुक्त विकल्प 'भारत' है। अत: पूर्ण वाक्य है–जैसे ही हम भारत के आगरा शहर का नाम सुनते हैं।

77. *(a)* रिक्त स्थान (2) की पूर्ति के लिए सबसे उपयुक्त विकल्प 'जहन' है।

अत: पूर्ण वाक्य है–सबसे पहले हमारे जहन में ताजमहल ही आता है।

78. *(b)* रिक्त स्थान (3) की पूर्ति के लिए सबसे उपयुक्त विकल्प 'संगमरमर' है। अत: पूर्ण वाक्य है–सफेद संगमरमर से बना यह महल, असीम प्रेम की निशानी है।

79. *(a)* रिक्त स्थान (4) की पूर्ति के लिए सबसे उपयुक्त विकल्प 'असीम' होगा। अत: पूर्ण वाक्य है–यह महल असीम प्रेम की निशानी है।

80. *(b)* रिक्त स्थान (5) की पूर्ति के लिए सबसे उपयुक्त विकल्प 'शासक' है। अत: पूर्ण वाक्य है–ताजमहल का निर्माण मुगल शासक शाहजहाँ ने करवाया था।

05 मार्च, 2024
(शिफ्ट II)

सॉल्वड पेपर 2024

SSC कांस्टेबल (जीडी) सेट 41

भाग-I सामान्य बुद्धिमत्ता एवं तर्कशक्ति

1 निम्नलिखित प्रश्न में, कुछ कथन और उन कथनों के आधार पर कुछ निष्कर्ष दिए गए हैं। आपको दिए गए कथनों को सत्य मानना है, चाहें वे सामान्यतः ज्ञात तथ्यों से भिन्न प्रतीत होते हों। सभी निष्कर्षों को ध्यानपूर्वक पढ़िए और निश्चय कीजिए कि दिए गए निष्कर्षों में से कौन-सा/से निष्कर्ष कथनों का तार्किक रूप से अनुसरण करता है/करते हैं।

कथन

कुछ T, Y हैं।

सभी Y, Z हैं।

निष्कर्ष

I. कोई Z, Y नहीं है। II. कुछ Z, T हैं।

(a) निष्कर्ष I और II दोनों अनुसरण करते हैं
(b) केवल निष्कर्ष II अनुसरण करता है
(c) केवल निष्कर्ष I अनुसरण करता है
(d) कोई भी निष्कर्ष अनुसरण नहीं करता है

2 नीचे एक श्रृंखला दी गई है, जिसमें एक पद लुप्त है। दिए गए विकल्पों में से उस विकल्प का चयन कीजिए, जो श्रृंखला को पूरा करेगा।

AQM, DTP, GWS, JZV, ?

(a) MDW (b) NCX
(c) NCW (d) MCY

3 नीचे दर्शाए गए अनुसार एक कागज को मोड़कर काटा जाता है। खोले जाने पर यह कैसा दिखाई देगा?

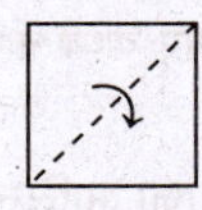
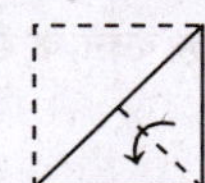
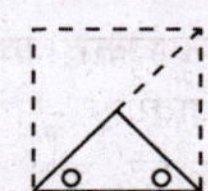

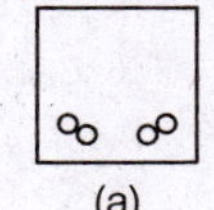
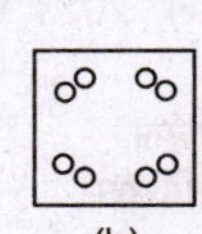
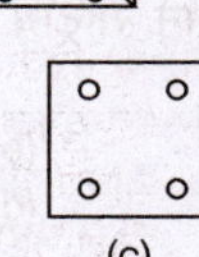
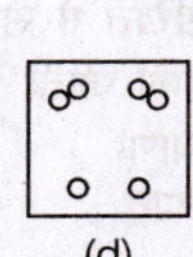

(a) (b) (c) (d)

4 दिए गए शब्दों को उसी क्रम में व्यवस्थित कीजिए, जिस क्रम में वे अंग्रेजी शब्दकोश में आते हैं।

1. Context 2. Content
3. Contest 4. Contend
5. Contempt

(a) 5 4 3 1 2 (b) 5 4 2 3 1
(c) 5 4 3 2 1 (d) 5 4 2 1 3

5 उस विकल्प का चयन करें, जो पाँचवें शब्द से उसी प्रकार सम्बन्धित है। जिस प्रकार चौथा शब्द तीसरे शब्द से सम्बन्धित है और दूसरा शब्द पहले शब्द से सम्बन्धित है।

कश्मीर : पृथ्वी का स्वर्ग :: कुल्लू : देवताओं की घाटी :: दार्जिलिंग : ?

(a) झीलों का शहर
(b) मन्दिरों का शहर
(c) समुद्र तटों का शहर
(d) पहाड़ियों का शहर

6 निम्नलिखित प्रश्न में, दिए गए विकल्पों में से उस आकृति का चयन करें, जो प्रश्नचिह्न (?) के स्थान पर रखी जा सकती है।

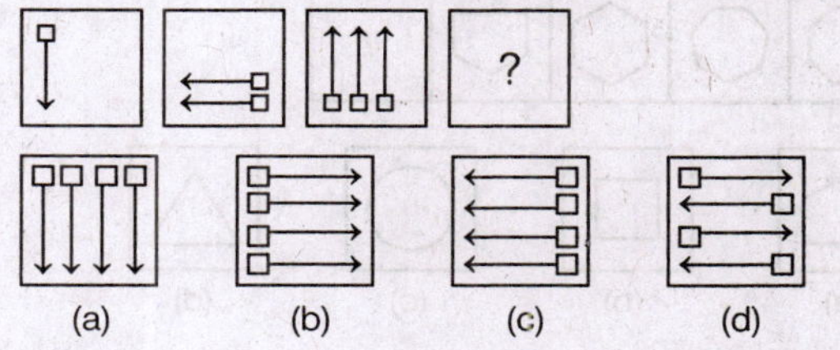

7 दिए गए विकल्पों मे से निम्नलिखित श्रृंखला से लुप्त संख्या का चयन कीजिए।

84, 55, 86, 49, 90, ?

(a) 47 (b) 54
(c) 13 (d) 50

8 निम्नलिखित विकल्पों मे से दी गई श्रृंखला से लुप्त संख्या का चयन कीजिए।

483, 498, ?, 528, 543, 558

(a) 510 (b) 513
(c) 520 (d) 508

9 यदि 'A × B' का अर्थ है, A, B का भाई है 'A + B' का अर्थ है, A, B का पिता है, 'A − B' का अर्थ है, A, B की बहन है और 'A ÷ B' का अर्थ है, A, B की पत्नी है।

यदि P × Q ÷ H + D − B + M, तो B का P से क्या सम्बन्ध है?

(a) भाई का बेटा (b) बेटी
(c) बेटा (d) बहन का बेटा

10 निम्नलिखित प्रश्न में, दिए गए विकल्पों में से सम्बन्धित अक्षर-युग्म का चयन कीजिए।

RE : WJ :: ?

(a) MZ : IT (b) RE : NB
(c) QD : VI (d) VI : RF

11 दी गई आकृति के उस सही दर्पण प्रतिबिम्ब का चयन कीजिए, जो दर्पण MN को उस आकृति के दाईं ओर रखने पर बनेगा।

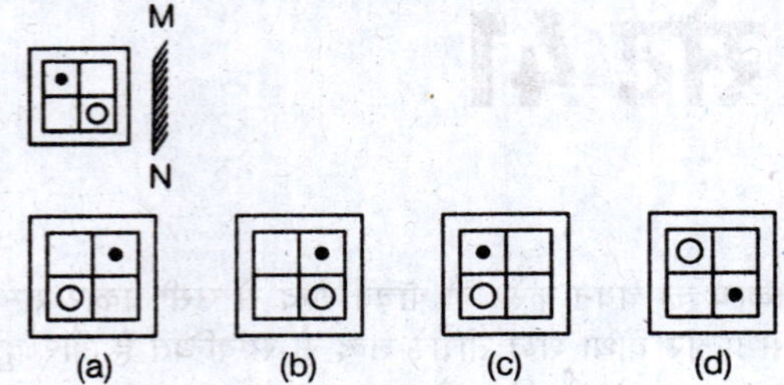

12 दिए गए विकल्पों में से किन दो संख्याओं को आपस में बदलने पर निम्नलिखित समीकरण सही होगा?

$7-8\times0+9=2$

(a) 2 और 0 (b) 8 और 9
(c) 8 और 7 (d) 7 और 2

13 दिए गए विकल्पों में से उस आकृति का चयन कीजिए, जिसे दी गई आकृति शृंखला में प्रश्नचिह्न (?) के स्थान पर रखा जा सकता है।

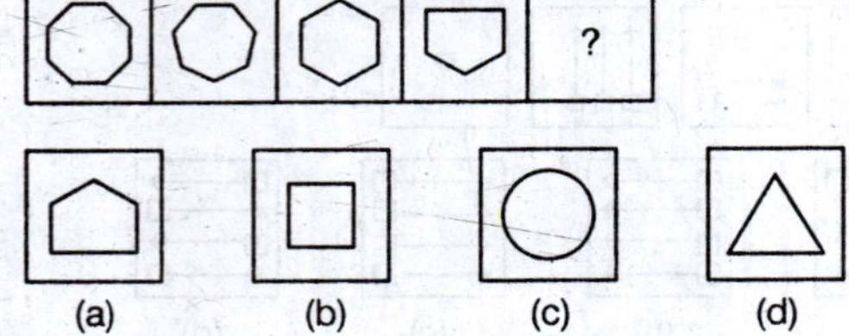

14 नीचे एक पासे की दो स्थितियाँ दी गई हैं। '6' वाले फलक के विपरीत फलक पर निम्नलिखित विकल्पों में से क्या आएगा?

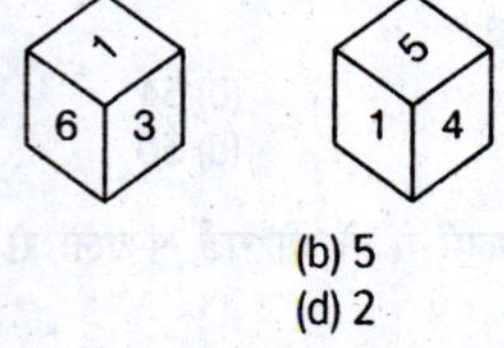

(a) 4 (b) 5
(c) 1 (d) 2

15 पाँच मित्र P, B, C, G और H एक वृत्ताकार मेज के चारों ओर केन्द्र की ओर मुख करके बैठे हैं। H, C के ठीक दाईं ओर बैठा है। B, H के बाईं ओर से तीसरे स्थान पर बैठा है। P, C का निकटतम पड़ोसी नहीं है। G के ठीक बाईं ओर कौन बैठा है?

(a) B (b) P
(c) C (d) H

16 दिए गए विकल्पों में से किन दो संख्याओं को आपस में बदलने पर निम्नलिखित समीकरण सही होगा?

$20-5\times2+10\div4=14$

(a) 4 और 5 (b) 4 और 2
(c) 10 और 5 (d) 20 और 14

17 एक निश्चित कूटभाषा में 'HOTELS' को 'INUDMR' लिखा जाता है। उसी कूटभाषा में 'INVEST' को कैसे लिखा जाएगा?

(a) JMWDTS (b) JMWDSR
(c) JNXDSR (d) JMWETR

18 एक निश्चित कूटभाषा में 'SOLD' को 'OJHY' लिखा जाता है। उसी कूटभाषा में 'TEST' को कैसे लिखा जाएगा?

(a) PZPP (b) PZOP
(c) PZOO (d) PZNO

19 आठ एथलीट सुनील, अभिषेक, मोहित, चीनू, राहुल, तनु, कोयल और अंकित एक वृत्ताकार मेज के चारों ओर केन्द्र से बाहर की ओर मुख करके बैठे हैं (परन्तु जरूरी नहीं कि वे इसी क्रम में बैठे हों)। कोयल, राहुल के बाईं ओर से तीसरे स्थान पर बैठी है। तनु, चीनू के दाईं ओर से तीसरे स्थान पर बैठी है। मोहित, सुनील के दाईं ओर से दूसरे स्थान पर बैठा है। अभिषेक, चीनू के बाईं ओर से दूसरे स्थान पर बैठा है। तनु, सुनील के बाईं ओर से दूसरे स्थान पर बैठी है। चीनू के दाईं ओर से दूसरे स्थान पर कौन बैठा/बैठी है?

(a) सुनील (b) अभिषेक
(c) तनु (d) अंकित

20 निम्नलिखित में से कौन-सा अक्षर-समूह दी गई शृंखला मे रिक्त स्थान (......) पर आएगा?

BMM, DOO, ... , HSS, JUU

(a) EQM (b) EQQ
(c) FQQ (d) FQP

भाग-II सामान्य ज्ञान

21 असद अली खान का सम्बन्ध निम्नलिखित में से किस संगीत वाद्ययन्त्र से है?

(a) रुद्र वीणा (b) मोहन वीणा
(c) वीणा (d) सितार

22 आत्म-दोषारोपण के विरुद्ध मौलिक अधिकार यह सुनिश्चित करता है कि .... ।

(a) किसी भी व्यक्ति को न्यायालय में साक्ष्य देने के लिए बाध्य नहीं किया जा सकता
(b) किसी भी व्यक्ति को किसी दूसरे के खिलाफ गवाही देने के लिए बाध्य नहीं किया जा सकता
(c) किसी भी व्यक्ति को अपराध स्वीकार करने के लिए बाध्य नहीं किया जा सकता
(d) किसी भी व्यक्ति को अपने विरुद्ध गवाह बनने के लिए बाध्य नहीं किया जा सकता

23 निम्नलिखित में से किसने राष्ट्रीय खेल, 2023 में राजा भालिन्दर सिंह ट्रॉफी जीती?

(a) हरियाणा (b) केरल
(c) महाराष्ट्र (d) सर्विसेस

24 निम्नलिखित में से वह समाज सुधारक और राजनीतिक नेता कौन थे, जिन्होंने महिलाओं के अधिकारों की वकालत की और 1856 ई. के 'विधवा पुनर्विवाह अधिनियम' में महत्त्वपूर्ण भूमिका निभाई?

(a) ईश्वरचन्द्र विद्यासागर (b) दयानन्द सरस्वती
(c) भगत सिंह (d) स्वामी विवेकानन्द

25 पोंगल चार दिनों तक चलने वाला एक फसल कटाई उत्सव है, जो गन्ने और .... जैसी फसलों की कटाई पर मनाया जाता है।

(a) चना (b) चावल
(c) सरसों (d) गेहूँ

26 प्रदर्शन कला 'ओट्टमथुल्लल' का सम्बन्ध किस राज्य से है?
(a) केरल (b) झारखण्ड
(c) बिहार (d) असम

27 1770 ई. में भारत में स्थापित होने वाला पहला बैंक कौन-सा था?
(a) बैंक ऑफ हिन्दुस्तान (b) अवध कॉमर्शियल बैंक
(c) पंजाब नेशनल बैंक (d) भारतीय स्टेट बैंक

28 भारत की वर्ष 2011 की जनगणना के अनुसार, हिन्दुओं की जनसंख्या की वृद्धि दर ………… थी।
(a) 16.8% (b) 11.8%
(c) 22.8% (d) 19.8%

29 निम्नलिखित में से कौन, भारतीय वायुसेना की चिकित्सा शाखा से, एयर मार्शल की सम्मानित रैंक प्राप्त करने वाली दूसरी महिला अधिकारी हैं?
(a) एयर मार्शल साधना एस. नायर
(b) एयर मार्शल पद्मावती बन्दोपाध्याय
(c) एयर वाइस मार्शल पुनिता अरोड़ा
(d) एयर चीफ मार्शल रानी मिश्रा

30 न्यूलैण्ड्स का अष्टक सिद्धान्त (Law of Octaves) केवल किस तत्त्व तक लागू होता है?
(a) Ca (b) Mg
(c) K (d) Na

31 तीव्र औद्योगीकरण भारत की निम्नलिखित में से किस पंचवर्षीय योजना का मुख्य उद्देश्य था?
(a) तीसरी पंचवर्षीय योजना (b) दूसरी पंचवर्षीय योजना
(c) चौथी पंचवर्षीय योजना (d) पहली पंचवर्षीय योजना

32 निम्नलिखित में से किस भारतीय राज्य ने वर्ष 2023 में LAccMI योजना की शुरुआत की है?
(a) गुजरात (b) उत्तराखण्ड
(c) मध्य प्रदेश (d) ओडिशा

33 निम्नलिखित में से कौन जनवरी, 2023 में नियुक्त किए गए उप-राष्ट्रीय सुरक्षा सलाहकार हैं?
(a) अजित डोभाल (b) नेहचल सन्धू
(c) राजीव गौबा (d) पंकज कुमार सिंह

34 एशियाई खेल, 2018 के उद्घाटन समारोह के ध्वजवाहक निम्नलिखित में से कौन थे?
(a) रानी रामपाल (b) नीरज चोपड़ा
(c) दीपक कुमार (d) संजीव राजपूत

35 फ्रीस्टाइल कुश्ती में निम्नलिखित में से किस स्थिति में एक पहलवान को तीन अंक प्रदान किए जाते हैं?
(a) अधिक ऊँचाई से थ्रो करने पर दूसरे प्रतिद्वन्द्वी का जमीन से सम्पर्क टूट जाना
(b) प्रतिद्वन्द्वी को जमीन पर दबाकर रखना
(c) प्रतिद्वन्द्वी को खतरे में डालना
(d) प्रतिद्वन्द्वी को तत्काल खतरे में लाना

36 भारत का चुनाव आयोग एक ………… है।
(a) न्यायिक निकाय (b) संवैधानिक निकाय
(c) कार्यपालिका निकाय (d) सांविधिक निकाय

37 ………… साम्राज्य की स्थापना 322/321 ई. पू. में महान सम्राट चन्द्रगुप्त मौर्य द्वारा की गई थी।
(a) नन्द (b) मौर्य
(c) पाल (d) मुगल

38 निम्नलिखित में से कौन-सी भारतीय शास्त्रीय नर्तकी पद्मभूषण प्राप्त करने वाली सबसे कम आयु की प्राप्तकर्ता थीं?
(a) सोनल मानसिंह (b) मल्लिका साराभाई
(c) रुक्मिणी देवी अरुण्डेल (d) मृणालिनी साराभाई

39 भारत में प्रथम पंचवर्षीय योजना का लक्ष्य कितनी वृद्धि दर का था?
(a) 3.1% (b) 4.1%
(c) 2.1% (d) 1.1%

40 सामान्यतः लिंगानुपात की गणना ………… पुरुषों पर महिलाओं के अनुपात के रूप में की जाती है।
(a) 1000 (b) 100 (c) 200 (d) 500

भाग-III गणित

41 एक आयताकार मेज के शीर्ष का परिमाप 84 मी है और इसका क्षेत्रफल 432 मी^{2} है। इसके विकर्ण की लम्बाई कितनी है?
(a) 35 मी (b) 18 मी
(c) 30 मी (d) 24 मी

42 यदि A के पास 155 पेन्सिलें हैं, B के पास 195 पेन्सिलें हैं और C के पास 175 पेन्सिलें हैं, तो A, B और C के पास पेन्सिलों की औसत संख्या ज्ञात कीजिए।
(a) 160 (b) 175 (c) 145 (d) 150

43 एक संख्या में 18% की कमी की जाती है और परिणामी संख्या में फिर से 50% की कमी की जाती है। संख्या में होने वाली कुल कमी का प्रतिशत कितना है?
(a) 66% (b) 62% (c) 55% (d) 59%

44 आकाश ने ₹ 15000 में एक मोबाइल खरीदा और उसे 20% के लाभ पर नेहा को बेच दिया। फिर नेहा ने वही मोबाइल रोहित को 15% के लाभ पर बेच दिया। रोहित ने वह मोबाइल तोड़ दिया और फिर उसे 25% की हानि पर करन को बेच दिया। करन द्वारा भुगतान की गई धनराशि ज्ञात कीजिए
(a) ₹ 15025 (b) ₹ 15525
(c) ₹ 15255 (d) ₹ 15055

45 दीपक अकेले एक काम को 64 घण्टे में पूरा कर सकता है। दीपक और राहुल मिलकर उसी काम को 32 घण्टे में पूरा कर सकते हैं। राहुल और करन मिलकर उसी काम को 4 घण्टे में पूरा कर सकते हैं। करन अकेले उसी काम को कितने घण्टों में पूरा कर सकता है?
(a) 64/17 घण्टे (b) 64/15 घण्टे
(c) 3.5 घण्टे (d) 63/8 घण्टे

46 Y एक कार्य को 20 दिनों में पूरा कर सकता है और Z उसी कार्य को 10 दिनों में पूरा कर सकता है। यदि वे दोनों एकसाथ मिलकर कार्य करें, तो 2 दिनों में कुल कार्य का कितना प्रतिशत कार्य पूरा हो जाएगा?
(a) 35% (b) 30% (c) 45% (d) 33.3%

47 एक मेज 35% की छूट पर बेची जाती है। यदि मेज का अंकित मूल्य ₹ 2400 है, तो मेज का विक्रय मूल्य कितना है?
(a) ₹ 1560 (b) ₹ 1250
(c) ₹ 840 (d) ₹ 1420

48 $1440 \div 4 - 1555 \div 5 + 21 \times 3$ का मान कितना है?
(a) 112 (b) 78
(c) 84 (d) 92

49 यदि संख्या 4563A8, 11 से विभाज्य है, तो A का मान क्या है?
(a) 7 (b) 5 (c) 6 (d) 4

50 हीरे का मूल्य उसके भार के वर्ग के अनुक्रमानुपाती है। हीरे का मूल्य ₹ 69660 है। यह दो टुकड़ों में टूट गया जिनके भार का अनुपात 4 : 5 है। हीरे के टूटने से होने वाली हानि कितनी है?
(a) ₹ 24600 (b) ₹ 40000
(c) ₹ 34400 (d) ₹ 32200

51 $5852 \div 11 - 41 \times 3 + 57$ का मान कितना है?
(a) 452 (b) 458
(c) 462 (d) 466

52 साधारण ब्याज की एक निश्चित दर पर एक निश्चित धनराशि 2 वर्षों में ₹ 2700 और 3 वर्षों में ₹ 3150 हो जाती हैं। वार्षिक ब्याज दर ज्ञात कीजिए।
(a) 35% (b) 22%
(c) 25% (d) 30%

53 मनोज और पारस की आय का अनुपात 12 : 7 है। यदि पारस की आय, मनोज की आय से ₹ 4000 कम है, तो मनोज और पारस की कुल आय कितनी है?
(a) ₹ 4000 (b) ₹ 5600
(c) ₹ 15200 (d) ₹ 9600

54 रजत द्वारा एक शर्ट पर 20% और 30% की दो क्रमिक छूट दी जाती हैं। यदि शर्ट का अंकित मूल्य ₹ 800 है, तो छूट का मूल्य कितना है?
(a) ₹ 360 (b) ₹ 366
(c) ₹ 352 (d) ₹ 358

55 31 परिणामों का औसत 204 है। यदि प्रथम 16 परिणामों का औसत 219 है और अन्तिम 16 परिणामों का औसत 185 है, तो 16वाँ परिणाम कितना होगा?
(a) 138 (b) 135
(c) 142 (d) 140

56 810 मी लम्बी एक रेलगाड़ी, 1220 मी लम्बी एक दूसरी रेलगाड़ी को 29 सेकण्ड में पार करती है। दोनों रेलगाड़ियाँ एक-दूसरे से विपरीत दिशा मे चल रही है। यदि दोनों रेलगाड़ियों की चाल समान है, तो रेलगाड़ियों की चाल कितनी है?
(a) 145 किमी/घण्टा (b) 137 किमी/घण्टा
(c) 118 किमी/घण्टा (d) 126 किमी/घण्टा

57 $\left(\frac{143}{11}+\frac{225}{15}-\frac{39}{13}\right)\times\left(\frac{784}{56}+\frac{96}{24}-\frac{81}{27}\right)$ का मान कितना है?
(a) 475 (b) 375
(c) 725 (d) 625

58 44 जारों का क्रय मूल्य 24 जारों के विक्रय मूल्य के बराबर है। इस लेन-देन में कुल लाभ प्रतिशत कितना है?
(a) 83.3 % (b) 85.6 %
(c) 75.4 % (d) 47.5 %

59 चक्रवृद्धि ब्याज की समान दर (वार्षिक रूप से संयोजित) पर निवेश की गई एक धनराशि 4 वर्षों में ₹ 10800 और 8 वर्षों में ₹ 32400 हो जाती है। वह धनराशि कितनी है?
(a) ₹ 3600 (b) ₹ 4100
(c) ₹ 4200 (d) ₹ 3800

60 उमेश ने एक परीक्षा में 15% अंक प्राप्त किए और 30 अंकों से अनुत्तीर्ण हो गया। यदि वह 60% अंक प्राप्त करता है, तो उसे उत्तीर्ण अंकों से 15 अंक अधिक प्राप्त होते हैं। परीक्षा में उत्तीर्ण होने के लिए कितने अंक होने चाहिए?
(a) 50 (b) 60 (c) 40 (d) 45

भाग-IV हिन्दी

61 दिए गए शब्द का पर्यायवाची ज्ञात कीजिए।
चपला
(a) शिखर (b) प्रेम
(c) बिजली (d) शशि

62 निम्नलिखित वाक्य में रेखांकित भाग के लिए एक शब्द ज्ञात कीजिए।
शिव घोर तप करते हैं।
(a) ताप (b) तपस्वी
(c) योगी (d) वैरागी

63 निम्नलिखित प्रश्न में चार विकल्पों में से उस विकल्प का चयन करें, जो दी गई लोकोक्ति का सही अर्थ वाला है।
''बिन्ध गया सो मोती, रह गया सो सीप''
(a) मूर्खतापूर्ण कार्य करना
(b) जरूरत के अनुसार ही सामान बनाना
(c) जो वस्तु काम आ जाए वही अच्छी
(d) छोटे का बड़े से बढ़ जाना

64 निम्नलिखित वाक्य में उस वाक्यांश को पहचानिए, जिसमें मात्राओं या व्याकरण से सम्बन्धित अशुद्धियाँ हैं। यदि कोई गलती नहीं है, तो 'कोई त्रुटि नहीं है' का चुनाव कीजिए।
हमारी सांस्कृतिक और ऐतिहासिक धरोहर आज भी/सबसे कुलीन या पवित्र हैं और शायद यही वजह है पर आज भी/हमारे देश में अतिथियों को देवताओं की तरह पूजा जाता है।
(a) कोई त्रुटि नहीं है
(b) हमारे देश में अतिथियों को देवताओं की तरह पूजा जाता है
(c) हमारी सांस्कृतिक और ऐतिहासिक धरोहर आज भी
(d) सबसे कुलीन या पवित्र है और शायद यही कारण है पर आज भी

65 निम्नलिखित वाक्य में रेखांकित भाग के लिए एक सार्थक शब्द ज्ञात कीजिए।
योगी महाराज ने मृत्यु को जीत लिया है।
(a) मृत्युंजय (b) शक्तिशाली
(c) अजर (d) अविनाशी

66 दिए गए वाक्य में रेखांकित शब्द का विलोम शब्द ज्ञात कीजिए।
बैठिए! आज हम मेजबान हैं।
(a) मेहमान (b) ग्रामीण
(c) मन्दबुद्धि (d) शहरी

67 निम्नलिखित प्रश्न में चार विकल्पों में से उस विकल्प का चयन करें, जो कोष्ठक में दिए गए शब्द के तद्भव रूप का सही विकल्प है।
मुझे (इक्षु) .... का रस पीना बहुत पसन्द है।
(a) सन्तरा (b) कोकम
(c) ईंख (d) सेब

68 निम्नलिखित प्रश्न में चार विकल्पों में से उस विकल्प का चयन करें, जो रिक्त स्थान के लिए सही संज्ञा वाला विकल्प हो।
राम के वियोग में सीता अत्यन्त .... थीं।
(a) आनन्दित (b) हर्षित
(c) दुःखी (d) सन्तुष्ट

69 निम्नलिखित प्रश्न में चार विकल्पों में से उस सही विकल्प का चयन करें, जो वाक्यांश के लिए एक शब्द का उचित विकल्प हो।
''जिसकी आशा न की गई हो''
(a) अगोचर (b) अनिर्वचनीय
(c) अल्पज्ञ (d) अप्रत्याशित

70 दिए गए शब्द का पर्यायवाची ज्ञात कीजिए।
घर
(a) सदन (b) ईश्वर (c) गौ (d) वानर

71 निम्नलिखित प्रश्न में चार विकल्पों में से उस विकल्प का चयन करें, जो दिए गए मुहावरे का सही अर्थ वाला विकल्प है।
''घाट-घाट का पानी पीना''
(a) हर प्रकार का अनुभव होना
(b) बुरा-भला कहना
(c) थोड़े में बहुत कहना
(d) अधिक परिश्रम करना

72 दिए गए वाक्य में रेखांकित शब्द के लिए सही वर्तनी ज्ञात कीजिए।
तुम जबरदसती रुपये नहीं ले सकते।
(a) जर्बदस्ती (b) जबरदस्ती
(c) जबरदसती (d) जब्रदस्ती

73 दिए गए वाक्य में से निरर्थक शब्द ज्ञात कीजिए।
मुझे तमार से काम है।
(a) काम (b) तमार
(c) कुछ (d) मुझे

74 दिए गए वाक्य में रेखांकित शब्द का विलोम शब्द ज्ञात कीजिए।
मोहिनी अपने पितृदेश गई है।
(a) स्वदेश (b) मातृदेश
(c) भगिनीदेश (d) भ्रातृदेश

75 दिए गए वाक्य का वह भाग ज्ञात करें, जिसमें कोई त्रुटि है। यदि कोई त्रुटि नहीं है, तो 'कोई त्रुटि नहीं है' चुनें।
अभ्यास के बिना जीवन में असफलता नहीं मिल सकती।
(a) जीवन में (b) कोई त्रुटि नहीं है
(c) असफलता नहीं मिल सकती (d) अभ्यास के बिना

निर्देश (प्र. सं. 76-80) *नीचे दिए गए गद्य में कुछ शब्द छोड़ दिए गए हैं और प्रत्येक रिक्त स्थान के चार विकल्प दिए गए हैं। इन चारों में से कौन-सा विकल्प रिक्त स्थान की पूर्ति करेगा?*

भला कौन होगा, जो बम्बई का जिक्र करे पर उसके फिल्म (1) .... की चर्चा न करे। यहाँ की (2) .... भीड़ और कठिन (3) .... के बावजूद बहुतों के लिए बम्बई 'मायानगरी' हो है। रूपहले (4) .... का शहर। वहाँ की बहुत सारी फिल्में शहर में आने वाले (5) .... और उनके दैनिक जीवन में आने वाली मुश्किलों के बारे में ही हैं।

76 रिक्त (1) .... के लिए सबसे उपयुक्त विकल्प का चयन कीजिए।
(a) शहर (b) ड्राइव
(c) मशहूर (d) उद्योग

77 रिक्त (2) .... के लिए सबसे उपयुक्त विकल्प का चयन कीजिए।
(a) प्यारी (b) लुभावनी
(c) बेहिसाब (d) कश्मकश

78 रिक्त (3) .... के लिए सबसे उपयुक्त विकल्प का चयन कीजिए।
(a) परिस्थितियों (b) विकास
(c) इस्तेमाल (d) टुकड़े

79 रिक्त (4) .... के लिए सबसे उपयुक्त विकल्प का चयन कीजिए।
(a) जूतों (b) कपड़ों
(c) सूखी (d) सपनों

80 रिक्त (5) .... के लिए सबसे उपयुक्त विकल्प का चयन कीजिए।
(a) मिट्टी (b) योजना
(c) अप्रवासियों (d) कभी

उत्तरमाला

1.	(b)	2.	(d)	3.	(b)	4.	(b)	5.	(d)	6.	(b)	7.	(a)	8.	(b)	9.	(d)	10.	(c)
11.	(a)	12.	(a)	13.	(b)	14.	(a)	15.	(a)	16.	(a)	17.	(a)	18.	(c)	19.	(d)	20.	(c)
21.	(a)	22.	(d)	23.	(c)	24.	(a)	25.	(b)	26.	(a)	27.	(a)	28.	(a)	29.	(a)	30.	(a)
31.	(b)	32.	(d)	33.	(d)	34.	(b)	35.	(d)	36.	(b)	37.	(b)	38.	(a)	39.	(c)	40.	(a)
41.	(c)	42.	(b)	43.	(d)	44.	(b)	45.	(b)	46.	(b)	47.	(a)	48.	(a)	49.	(c)	50.	(c)
51.	(d)	52.	(c)	53.	(c)	54.	(c)	55.	(d)	56.	(d)	57.	(b)	58.	(a)	59.	(a)	60.	(d)
61.	(c)	62.	(b)	63.	(c)	64.	(d)	65.	(a)	66.	(a)	67.	(c)	68.	(c)	69.	(d)	70.	(a)
71.	(a)	72.	(b)	73.	(b)	74.	(b)	75.	(c)	76.	(d)	77.	(c)	78.	(a)	79.	(d)	80.	(c)

संकेत एवं हल

1. *(b)* कथनानुसार,

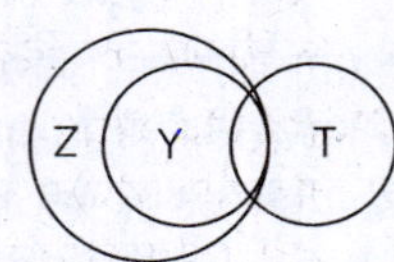

निष्कर्ष I. (✗) II. (✓)

अतः केवल निष्कर्ष II अनुसरण करता है।

2. *(d)* दी गई अक्षर शृंखला का क्रम निम्न प्रकार है

A →(+3) D →(+3) G →(+3) J →(+3) M
Q →(+3) T →(+3) W →(+3) Z →(+3) C
M →(+3) P →(+3) S →(+3) V →(+3) Y

3. *(b)* प्रश्न में दिए गए कागज को मोड़कर काटने के बाद खोलने पर वह विकल्प आकृति (b) की तरह दिखाई देगा।

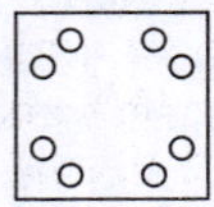

4. *(b)* अंग्रेजी शब्दकोश के अनुसार शब्दों का क्रम निम्नवत् हैं

5. Contempt → 4. Contend → 2. Content → 3. Contest → 1. Context

अतः अभीष्ट क्रम – 5, 4, 2, 3, 1

5. *(d)* जिस प्रकार, कश्मीर को पृथ्वी का स्वर्ग कहा जाता है, तथा कुल्लू को देवताओं की घाटी कहा जाता है। उसी प्रकार, दार्जिलिंग को पहाड़ियों का शहर कहा जाता है।

6. *(b)* दी गई आकृति शृंखला में तीर 90° दक्षिणावर्त दिशा में घूम रहे हैं। तथा प्रत्येक अगली आकृति में एक तीर बढ़ रहा है। अतः '?' के स्थान पर विकल्प (b) की आकृति आएगी।

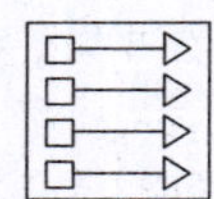

7. *(a)* दी गई संख्या शृंखला का क्रम निम्न प्रकार है,

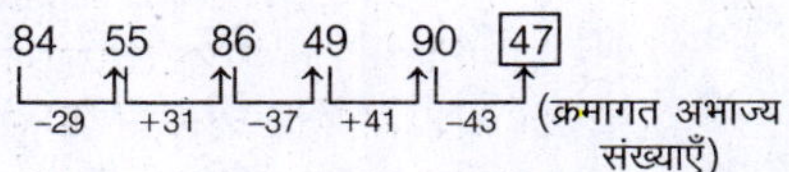

8. *(b)* दी गई संख्या शृंखला का क्रम निम्न प्रकार है,

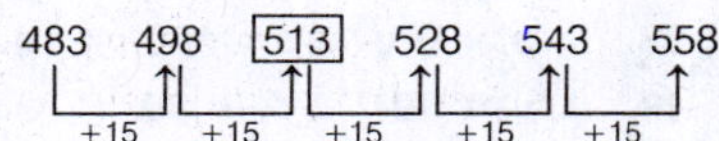

9. *(d)* प्रश्नानुसार,

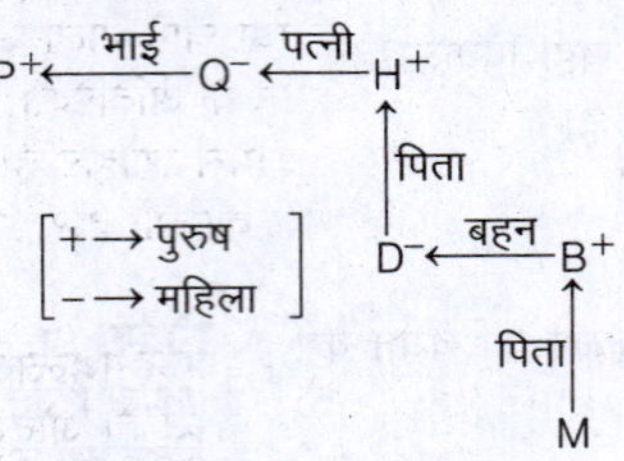

अतः B, P की बहन Q का बेटा है।

10. *(c)* जिस प्रकार,

R →(+5) W, E →(+5) J

उसी प्रकार,

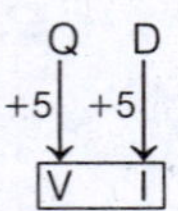

11. *(a)* विकल्प आकृति (a) दिए गए प्रश्न आकृति का दर्पण प्रतिबिम्ब है।

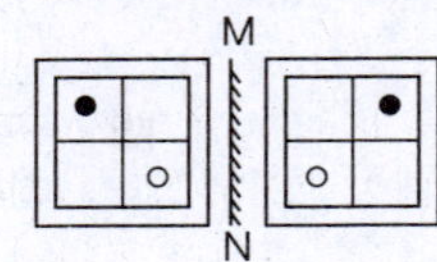

12. *(a)* दिया गया समीकरण, $7 - 8 \times 0 + 9 = 2$

विकल्प (a) से, संख्या 2 और 0 को आपस में बदलने पर,

$$7 - 8 \times 2 + 9 = 0$$

$$\Rightarrow 7 - 16 + 9 = 0$$

$$\Rightarrow 16 - 16 = 0$$

$$0 = 0$$

13. *(b)* प्रत्येक अगली आकृति में दिए गए ज्यामितीय आकृति में एक भुजा कम हो जाती है। अतः '?' के स्थान पर आने वाली आकृति में चार भुजा होगीं।

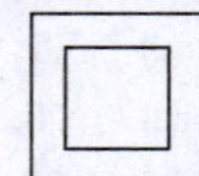

14. *(a)* दोनों पासों में '1' उभयनिष्ठ है

पासा I → 1, 3, 6

पासा II → 1, 5, 4

अतः 6 वाले फलक के विपरीत फलक पर '4' आएगा।

15. *(a)* प्रश्नानुसार,

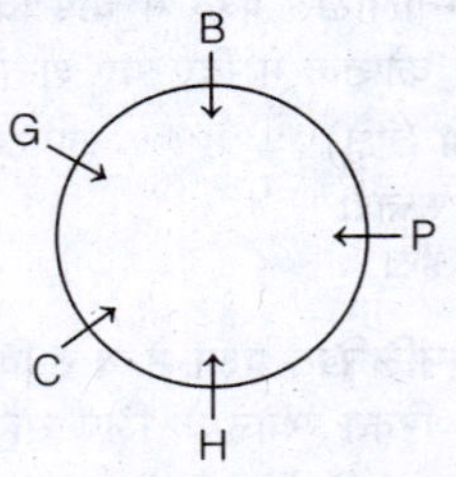

अतः G के ठीक बाईं ओर B बैठा है।

16. *(a)* दिया गया समीकरण,

$$20 - 5 \times 2 + 10 \div 4 = 14$$

विकल्प (a) से, 4 और 5 को आपस में बदलने पर,

$$20 - 4 \times 2 + 10 \div 5 = 14$$

$$\Rightarrow 20 - 8 + 2 = 14$$

$$\Rightarrow 22 - 8 = 14$$

$$\Rightarrow 14 = 14$$

17. *(a)* जिस प्रकार,

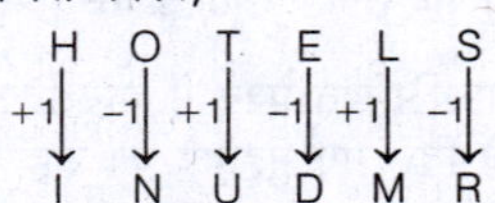

उसी प्रकार,

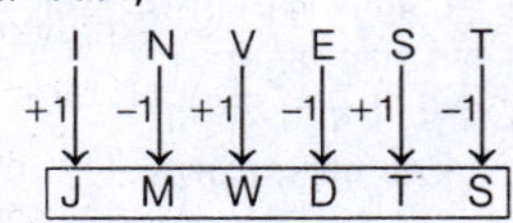

18. *(c)* जिस प्रकार,

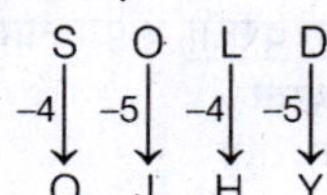

उसी प्रकार,

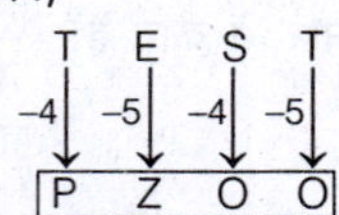

19. *(d)* प्रश्नानुसार,

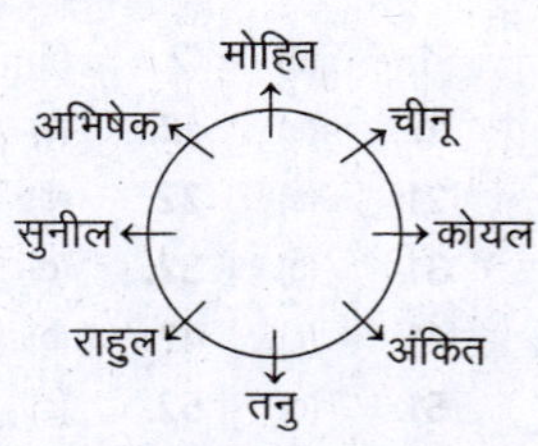

अतः चीनू के दाईं ओर दूसरे स्थान पर अंकित बैठा है।

20. *(c)* दी गई श्रृंखला निम्न प्रकार हैं,

$B \xrightarrow{+2} D \xrightarrow{+2} F \xrightarrow{+2} H \xrightarrow{+2} J$

$M \xrightarrow{+2} O \xrightarrow{+2} Q \xrightarrow{+2} S \xrightarrow{+2} U$

$M \xrightarrow{+2} O \xrightarrow{+2} Q \xrightarrow{+2} S \xrightarrow{+2} U$

21. *(a)* असद अली खान का सम्बन्ध रुद्र वीणा संगीत वाद्ययन्त्र से है। रुद्र वीणा एक तारयुक्त वाद्ययन्त्र है, जिसकी उत्पत्ति प्राचीन भारत में हुई थी, जो अपनी गहरी और गूँजती ध्वनि के लिए जाना जाता है। असद अली, अलवर में जन्मे एक संगीतकार हैं, जिन्हें रुद्र वीणा में उनकी कुशलता के कारण वर्ष 1994 में तानसेन सम्मान तथा वर्ष 2008 में पद्मभूषण से सम्मानित किया गया।

22. *(d)* आत्म-दोषारोपण के विरुद्ध मौलिक अधिकार यह सुनिश्चित करता है कि किसी भी व्यक्ति को अपने विरुद्ध गवाह बनने के लिए बाध्य नहीं किया जा सकता है। इसका वर्णन भारतीय संविधान के अनुच्छेद-20 में किया गया है। अनुच्छेद-20 अपराधों के लिए दोषसिद्धि के सम्बन्ध में संरक्षण से है, भारतीय संविधान के भाग-3 (अनुच्छेद-12 से 35 तक) मौलिक अधिकारों का वर्णन है, जो कि अमेरिका संविधान से लिया गया है।

23. *(c)* महाराष्ट्र ने राष्ट्रीय खेल, 2023 में राजा भालिन्दर सिंह ट्रॉफी जीती थी। यह ट्रॉफी नेशनल गेम्स में सबसे अधिक स्वर्ण पदक जीतने वाली टीम को दिया जाता है। महाराष्ट्र राष्ट्रीय खेल, 2023 में 80 स्वर्ण, 69 रजत तथा 79 कांस्य पदक के साथ शीर्ष स्थान पर रहा। यह पुरस्कार महाराष्ट्र ने पहली बार वर्ष 1994 में जीता था। राष्ट्रीय खेल, 2023 का आयोजन गोवा में किया गया था।

24. *(a)* ईश्वरचन्द्र विद्यासागर वह समाज सुधारक और राजनीतिक नेता थे, जिन्होंने महिलाओं के अधिकारों की वकालत की और 1856 ई. के 'विधवा पुनर्विवाह अधिनियम' में महत्त्वपूर्ण भूमिका निभाई। ईश्वरचन्द्र विद्यासागर ने महिला शिक्षा के लिए 1849 ई. में प्रथम स्कूल की स्थापना की। इसके अतिरिक्त, उन्हीं के प्रयास से विधवा पुनर्विवाह कानून 1856 पारित हुआ। उनका जन्म 26 सितम्बर, 1820 को कलकत्ता में हुआ था। वे बंगाल के पुनर्जागरण के स्तम्भों में से एक थे। उनकी मृत्यु 29 जुलाई, 1891 को हुई थी।

25. *(b)* पोंगल चार दिनों तक चलने वाला एक फसल कटाई उत्सव है, जो गन्ने और चावल जैसी फसलों की कटाई पर मनाया जाता है। इस त्योहार में पारम्परिक रूप से सूर्यदेव, भगवान इन्द्र और जानवरों को कृषि में उनके महत्त्वपूर्ण योगदान के लिए धन्यवाद दिया जाता है। पोंगल तमिलनाडु और दक्षिण भारत के अन्य हिस्सों में तमिल लोगों द्वारा मनाया जाने वाला सबसे बड़ा त्योहार है। भारत के अतिरिक्त श्रीलंका का भी एक प्रमुख तमिल त्योहार है। यह सम्पूर्ण विश्व में तमिल प्रवासियों द्वारा मनाया जाता है।

26. *(a)* प्रदर्शन कला 'ओट्टमथुल्लल' का सम्बन्ध केरल राज्य से है। ओट्टमथुल्लल का अर्थ गरीब आदमी की कथकली है। कुंचन नाम्बियार ने इस नृत्य रूप का निर्माण किया। समाज की प्रचलित सामाजिक-राजनीतिक संरचना और पूर्वधारणा के विरोध में कुंचन नाम्बियार ने इसे एक माध्यम के रूप में प्रयोग किया। अब यह केरल के मन्दिरों में प्रस्तुत की जाने वाली एक प्रसिद्ध लोककला है।

27. *(a)* 1770 ई. में भारत में स्थापित होने वाला पहला बैंक ऑफ हिन्दुतान है। इसकी स्थापना 'अलेक्जेण्डर एण्ड कम्पनी एजेन्सी हाउस' द्वारा की गई थी। यह बैंक वर्तमान में अस्तित्व में नहीं है। वर्तमान में भारत के कुल राष्ट्रीयकृत बैंको की संख्या है।

28. *(a)* भारत की वर्ष 2011 की जनगणना के अनुसार, हिन्दुओं की जनसंख्या वृद्धि दर 16.8% थी, जबकि मुस्लिमों की जनसंख्या वृद्धि दर वर्ष 2011 के अनुसार, 24.60%, ईसाई की जनसंख्या वृद्धि दर 15.5%, सिख, की जनसंख्या वृद्धि दर 8.4% तथा जैनियों की जनसंख्या वृद्धि दर 5.4% थी। भारत की कुल जनसंख्या वृद्धि दर 17.72% थी।

29. *(a)* एयर मार्शल साधना एस. नायर भारतीय वायुसेना की चिकित्सा शाखा से, एयर मार्शल की सम्मानित रैंक प्राप्त करने वाली दूसरी महिला अधिकारी हैं। एयर मार्शल साधना एस. नायर पुणे के सशक्त बल मेडिकल कॉलेज से स्नातक हैं और उन्हें दिसम्बर, 1985 में भारतीय वायुसेना में नियुक्त किया गया। एयर मार्शल पद्मावती बन्दोपाध्याय भारतीय वायुसेना की पहली एयर मार्शल हैं।

30. *(a)* न्यूलैण्ड्स का अष्टक का सिद्धान्त (Law of Octaves) केवल 'Ca' (कैल्शियम) तत्त्व तक लागू होता है। इस सिद्धान्त को 'जे.ए. आर. न्यूलैण्ड्स' ने 1865 ई. में प्रस्तुत किया था। इनके अनुसार, अगर तत्त्वों को उनके बढ़ते परमाण्विक भार के क्रम में लगाया जाए, तो प्रत्येक आठवें तत्त्व के भौतिक और रासायनिक गुण पहले तत्त्व के समान पाए जाएँगे, परन्तु इस सिद्धान्त में कुछ कमियाँ; जैसे–हाइड्रोजन, फ्लोरीन, क्लोरीन आदि के स्थान का औचित्य न होना तथा अन्य कारणों की वजह से इसको अस्वीकार कर दिया गया।

31. *(b)* तीव्र औद्योगीकरण भारत की दूसरी पंचवर्षीय योजना का मुख्य उद्देश्य था। दूसरी पंचवर्षीय योजना का कार्यकाल वर्ष 1956-1961 तक था। यह पंचवर्षीय योजना 'महालनोबिस मॉडल' पर आधारित थी। इस योजना में सोवियत संघ, ब्रिटेन और पश्चिम जर्मनी की सहायता से भिलाई, दुर्गापुर और राउरकेला में इस्पात संयन्त्र का निर्माण किया गया था।

32. *(d)* ओडिशा राज्य ने वर्ष 2023 में LAccMI योजना की शुरुआत की है। LAccMI (लोकेशन एक्सेसिबल मल्टी मॉडल इनिसिएटिव) योजना है, जिसके तहत ग्रामीण क्षेत्रों में लोगों को सस्ती बस सेवाएँ प्रदान की जाती हैं। इस योजना को सबसे पहले ओडिशा के मलकानगिरी जिले से शुरू किया गया। वर्तमान समय में यह योजना राज्य के सभी 30 जिलों में लागू है।

33. *(d)* पंकज कुमार सिंह जनवरी, 2023 में नियुक्त किए गए उप-राष्ट्रीय सुरक्षा सलाहकार हैं। पंकज कुमार 29वें बी.एस.एफ. के महासचिव तथा वर्ष 1988 बैंच के भारतीय पुलिस सेवा अधिकारी हैं। वर्तमान समय में श्री अजीत डोभाल भारत के मुख्य सुरक्षा सलाहकार हैं।

34. *(b)* नीरज चोपड़ा एशियाई खेल, 2018 के उद्घाटन समारोह के ध्वजवाहक थे। नीरज चोपड़ा ट्रैक और फील्ड एथलीट स्पर्द्धा में भाला फेंकने वाले खिलाड़ी हैं। नीरज ने 87.58 मी भाला फेंककर टोक्यो ओलम्पिक, 2020 में गोल्ड मेडल जीता था। एशियाई गेम, 2018 का आयोजन इण्डोनेशिया की राजधानी जकार्ता में किया गया था। एशिया गेम्स, 2024 में चीन में खेला जाएगा।

35. *(d)* फ्रीस्टाइल कुश्ती में प्रतिद्वन्द्वी को तत्काल खतरे में डालने की स्थिति में पहलवान को तीन अंक दिए जाते हैं। फ्रीस्टाइल कुश्ती में एक पहलवान प्रहार करने और डिफेन्स करने के लिए अपने प्रतिद्वन्द्वी के पैर को पकड़ता है। इसमें प्रतिद्वन्द्वी को मैट पर पलटकर या चित कर अंक अर्जित किए जाते हैं। भारत के सुशील कुमार फ्रीस्टाइल कुश्ती के प्रमुख खिलाड़ी हैं।

36. *(b)* भारत का चुनाव आयोग एक संवैधानिक निकाय है। इसकी स्थापना 25 जनवरी, 1950 को की गई थी। भारतीय संविधान के भाग-15 में अनुच्छेद-324 से लेकर

अनुच्छेद-329 तक निर्वाचन की व्याख्या की गई है। संविधान ने अनुच्छेद-324 के अन्तर्गत निर्वाचन आयोग को चुनाव सम्पन्न करने की जिम्मेदारी दी गई है। निर्वाचन आयोग के एक अध्यक्ष और दो सदस्य होते हैं। वर्तमान समय में राजीव कुमार मुख्य निर्वाचन आयुक्त हैं।

37. *(b)* मौर्य साम्राज्य की स्थापना 322/321 ई. पू. में महान सम्राट चन्द्रगुप्त मौर्य द्वारा की गई थी। चन्द्रगुप्त मौर्य ने अपने मन्त्री चाणक्य की मदद से अन्तिम नन्द शासक घनानन्द को हराकर मौर्य वंश की नींव डाली। मौर्य राजवंश ने कुल 137 वर्ष तक भारत पर राज किया। भारत के महान सम्राट अशोक इसी वंश के राजा थे।

38. *(a)* सोनल मानसिंह भारतीय शास्त्रीय नर्तकी पद्मभूषण प्राप्त करने वाली सबसे कम आयु की प्राप्तकर्ता थीं। उन्हें यह पुरस्कार कला के क्षेत्र में उल्लेखनीय योगदान के लिए वर्ष 1992 में दिया गया।

इसके अतिरिक्त, इन्हें वर्ष 2003 में भारत के दूसरे सबसे बड़े सर्वोच्च सम्मान पद्मविभूषण से भी सम्मानित किया गया। सोनल मानसिंह एक भारतीय शास्त्रीय नर्तकी, भरतनाट्यम तथा ओडिसी नृत्यशैली की गुरु हैं। इनका जन्म 30 अप्रैल, 1944 को मुम्बई में हुआ था।

39. *(c)* भारत में प्रथम पंचवर्षीय योजना का लक्ष्य 2.1% वृद्धि दर का था, लेकिन वास्तविक वृद्धि दर 3.6% थी। यह योजना 'हैरोल्ड डोमर' पद्धति पर आधारित थी। इस योजना का कार्यकाल वर्ष 1951-1956 तक था। इसका प्राथमिक उद्देश्य भारत के लोगों के जीवन स्तर में सुधार करना था। इय योजना के अन्तर्गत कृषि को प्राथमिकता दी गई थी।

40. *(a)* सामान्यतः लिंगानुपात की गणना 1000 पुरुषों पर महिलाओं के अनुपात के रूप में की जाती है।

लिंगानुपात का सूत्र

$$=\frac{\text{पुरुषों की संख्या}}{\text{महिलाओं की संख्या}}\times 1000$$

वर्ष 2011 की जनगणना के अनुसार, भारत का लिंगानुपात 943 है अर्थात् यहाँ प्रति 1000 पुरुषों पर 943 महिलाएँ हैं।

41. *(c)* दिया है,

मेज के शीर्ष का परिमाप = 84 मी

और क्षेत्रफल = 432 मी^{2}

हम जानते हैं,

आयत का परिमाप $= 2\,(l+b)$

तथा क्षेत्रफल $= l \times b$

तो, $2\,(l+b) = 84$

$\therefore \quad l+b = 42 \quad \ldots(i)$

तथा $\quad l \times b = 432 \quad \ldots(ii)$

समी (i) का वर्ग करने पर,

$$(l+b)^2 = (42)^2$$

$$\Rightarrow l^2+b^2+2lb = 1764$$

$$\Rightarrow l^2+b^2 = 1764 - 2\times 432$$

$$\Rightarrow l^2+b^2 = 900$$

$\therefore$ आयत का विकर्ण $= \sqrt{l^2+b^2}$

अतः मेज के शीर्ष का विकर्ण

$$= \sqrt{900} = 30 \text{ मी}$$

42. *(b)* दिया है,

A के पास, पेन्सिलों की संख्या = 155

B के पास, पेन्सिलों की संख्या = 195

C के पास, पेन्सिलों की संख्या = 175

हम जानते है,

$$\text{औसत} = \frac{\text{सभी संख्याओं का योग}}{\text{संख्याएँ}}$$

$$\text{अतः अभीष्ट औसत} = \frac{155+195+175}{3}$$

$$= \frac{525}{3} = 175$$

43. *(d)* माना संख्या = 100

18% कमी के बाद, संख्या

$$= 100 \times \frac{(100-18)}{100}$$

$$= 100 \times \frac{82}{100} = 82$$

अब, 50% कमी के बाद संख्या

$$= 82 \times \frac{50}{100} = 41$$

संख्या में कुल कमी $= 100 - 41 = 59$

अतः कुल कमी प्रतिशत $= 59 \times \frac{100}{100} = 59\%$

वैकल्पिक विधि

माना संख्या = 100

प्रश्नानुसार,

संख्या में कमी का अभीष्ट %

$$= 100 - 100 \times \frac{82}{100} \times \frac{50}{100}$$

$$= 100 - 41 = 59\%$$

44. *(b)* दिया है,

आकाश द्वारा भुगतान की गई राशि = ₹ 15000

प्रश्नानुसार,

करन द्वारा भुगतान की गई धनराशि

$$= 15000 \times \frac{120}{100} \times \frac{115}{100} \times \frac{75}{100}$$

= ₹ 15525

45. *(b)* दीपक का 1 घण्टे का काम $= \frac{1}{64}$

दीपक और राहुल का 1 घण्टे का काम $= \frac{1}{32}$

तो राहुल का 1 घण्टे का काम

$$= \frac{1}{32} - \frac{1}{64}$$

$$= \frac{2-1}{64} = \frac{1}{64}$$

राहुल और करन का 1 घण्टे का काम $= \frac{1}{4}$

तो करन का 1 घण्टे का काम $= \frac{1}{4} - \frac{1}{64}$

$$= \frac{16-1}{64} = \frac{15}{64}$$

अतः करन द्वारा अकेले उसी काम को करने में लगा समय $= \frac{64}{15}$ घण्टे

46. *(b)* Y का 1 दिन का कार्य $= \frac{1}{20}$

Z का 1 दिन का कार्य $= \frac{1}{10}$

दोनों का 1 दिन का कार्य $= \frac{1}{10} + \frac{1}{20} = \frac{3}{20}$

दोनों का 2 दिन का कार्य $= \frac{3}{20} \times 2 = \frac{3}{10}$

अतः अभीष्ट प्रतिशत $= \frac{3}{10} \times 100 = 30\%$

वैकल्पिक विधि

Y ⟶ 20 (1)

X ⟶ 10 (2)

→ 20

दो दिन में हुआ कार्य % $= \frac{(3\times 2)}{20} \times 100\%$

$= 30\%$

47. *(a)* दिया है,

मेज का अंकित मूल्य = ₹ 2400

तब, 35% छूट के बाद मेज का विक्रय मूल्य

$$= 2400 \times \frac{(100-35)}{100}$$

$$= 2400 \times \frac{65}{100} = ₹\ 1560$$

48. *(a)* दिया है,

$$1440 \div 4 - 1555 \div 5 + 21 \times 3$$

$$= 360 - 311 + 21 \times 3$$

$$= 360 - 311 + 63$$

$$= 423 - 311$$

$$= 112$$

49. *(c)* दी गई संख्या $= 4563A8$

11 के विभाज्यता नियमानुसार, संख्या के विषम स्थानीय अंकों के योग तथा सम स्थानीय अंकों के योग का अन्तर 0 या 11 से विभाज्य होगा।

$(4+6+A)-(5+3+8)$

$10+A-16$

$\therefore$ A के स्थान पर 6 रखने पर अन्तर '0' होगा

अतः $A=6$

50. *(c)* माना, हीरे के टुकड़ों का भार क्रमशः $4x$ और $5x$ हैं।

$\therefore$ हीरे का कुल भार $=4x+5x=9x$

तथा मूल हीरे का मूल्य $=81x^2$

$\Rightarrow \quad 81x^2=69660$

$\Rightarrow \quad x^2=\frac{69660}{81}=860$

हीरे के टुकड़ों का मूल्य $=16x^2+25x^2$

$=41x^2$

$=41\times 860$

$=₹\,35260$

अतः हीरे के टूटने से होने वाली हानि

$=69660-35260$

$=₹\,34400$

51. *(d)* $5852\div 11-41\times 3+57$

$=532-41\times 3+57$

$=532-123+57$

$=589-123=466$

52. *(c)* दिया है,

2 वर्षों में प्राप्त धनराशि = ₹ 2700

तथा 3 वर्षों में प्राप्त धनराशि = ₹ 3150

$\therefore$ 1 वर्ष का ब्याज = ₹(3150 − 2700) = ₹ 450

2 वर्ष का ब्याज = 450 × 2 = ₹ 900

$\therefore$ मूलधन = ₹(2700 − 900) = ₹ 1800

हम जानते है,

$$\text{ब्याज दर}=\frac{\text{ब्याज}\times 100}{\text{मूलधन}\times\text{समय}}$$

$$\therefore \quad \text{ब्याज दर}=\frac{450\times 100}{1800}=25\%$$

53. *(c)* माना मनोज और पारस की आय क्रमशः ₹ $12x$ तथा ₹ $7x$ हैं।

प्रश्नानुसार,

$12x-7x=₹\,4000$

$\Rightarrow \quad 5x=₹\,4000$

$x=\frac{4000}{5}=₹\,800$

मनोज और पारस की कुल आय

$=12x+7x=19x$

$=19\times 800$

$=₹\,15200$

54. *(c)* दिया है,

शर्ट का अंकित मूल्य = ₹ 800

20% और 30% की दो क्रमिक छूट के बाद शर्ट का मूल्य $=800\times\frac{80}{100}\times\frac{70}{100}$

$=₹\,448$

छूट का मूल्य = ₹(800 − 448) = ₹ 352

55. *(d)* प्रश्नानुसार,

31 परिणामों का योग $=204\times 31=6324$

प्रथम 16 परिणामों का योग

$=219\times 16=3504$

अन्तिम 16 परिणामों का योग

$=185\times 16=2960$

16वाँ परिणाम $=3504+2960-6324$

$=140$

56. *(d)* माना दोनों रेलगाड़ी की चाल क्रमशः x मी/से तथा x मी/से हैं।

दिया है,

पहली रेलगाड़ी की लम्बाई = 810 मी

दूसरी रेलगाड़ी की लम्बाई = 1220 मी

प्रश्नानुसार,

$\frac{810+1220}{x+x}=29$

$\Rightarrow \quad \frac{2030}{2x}=29$

$\Rightarrow \quad x=\frac{1015}{29}=35$ मी/से

$=35\times\frac{18}{5}=126$ किमी/घण्टा

अतः रेलगाड़ी की चाल = 126 किमी/घण्टा

57. *(b)* $\left(\frac{143}{11}+\frac{225}{15}-\frac{39}{13}\right)\times\left(\frac{784}{56}+\frac{96}{24}-\frac{81}{27}\right)$

$=(13+15-3)\times(14+4-3)$

$=(28-3)\times(18-3)$

$=25\times 15=375$

58. *(a)* 44CP = 24 SP

$\frac{CP}{SP}=\frac{24}{44}$

अतः अभीष्ट लाभ % $=\frac{44-24}{24}\times 100$

$=\frac{20\times 100}{24}=83.33\%$

59. *(a)* दिया है,

4 वर्षों में प्राप्त धनराशि = ₹ 10800

8 वर्षों में प्राप्त धनराशि = ₹ 32400

यानि ₹ 10800, 4 वर्षों में ₹ 32400 हो जाते हैं।

हम जानते हैं,

$$\text{मिश्रधन}=\text{मूलधन}\times\left(100+\frac{\text{दर}}{100}\right)^{\text{समय}}$$

$\therefore \quad 32400=10800\left(100+\frac{r}{100}\right)^4$

$\left(100+\frac{r}{100}\right)^4=\frac{32400}{10800}=3 \quad \ldots(i)$

माना मूलधन = ₹ x

तो पहले 4 वर्षों में,

$10800=x\left(100+\frac{r}{100}\right)^4$

$\Rightarrow \quad 3x=10800$ [समी (i) से]

$x=\frac{10800}{3}=₹\,3600$

वैकल्पिक विधि

$\because \quad \frac{\text{8 वर्ष की धनराशि}}{\text{4 वर्ष की धनराशि}}=\frac{32400}{10800}=3$

हर '4' वर्ष में धनराशि '3' गुना हो रही है,

तो प्रथम वर्ष की धनराशि $=\frac{10800}{3}$

$=₹\,3600$

60. *(d)* माना परीक्षा में अधिकतम अंक $=x$

प्रश्नानुसार,

$x\times\frac{15}{100}+30=x\times\frac{60}{100}-15$

$\Rightarrow \quad \frac{15x}{100}+30=\frac{60x}{100}-15$

$\Rightarrow \quad \frac{60x}{100}-\frac{15x}{100}=45$

$\Rightarrow \quad \frac{45x}{100}=45$

$\Rightarrow \quad x=100$

परीक्षा में उत्तीर्ण होने के लिए आवश्यक अंक

$=100\times\frac{15}{100}+30=45$

वैकल्पिक विधि

% (प्राप्त) अनुत्तीर्ण/उत्तीर्ण (अंकों से)

− (15% ⟶ 30) +

60% ⟶ 15

45% ⟶ 45

तो, 1% → 1 (अंक)

उत्तीर्ण होने के लिए अंक $=(15\times 1)+30$ या

= 45 अंक

61. *(c)* दिए गए शब्द 'चपला' का पर्यायवाची 'बिजली' है। चपला के अन्य पर्यायवाची शब्द विद्युत, चंचला, तड़ित आदि हैं। अन्य विकल्प असंगत हैं।

62. *(b)* वाक्य में रेखांकित भाग घोर तप करते के लिए सबसे उपयुक्त शब्द 'तपस्वी' है अन्य विकल्प असंगत हैं।

63. *(c)* ''बिन्ध गया सो मोती, रह गया सो सीप'' लोकोक्ति का सही अर्थ होगा–जो वस्तु काम आ जाए वही अच्छी। समय पड़ने पर जिस वस्तु से बिगड़ता कार्य बन पड़े, वही मूल्यवान और अच्छी बन जाती है। अन्य विकल्प असंगत हैं।

64. *(d)* दिए गए वाक्य में विकल्प 'सबसे कुलीन या पवित्र है और शायद यही कारण है पर आज भी'। वाक्यांश में मात्राओं और व्याकरण की अशुद्धियाँ हैं।

सही वाक्य है– हमारी सांस्कृतिक और ऐतिहासिक धरोहर आज भी सबसे कुलीन और पवित्र है। शायद यही कारण है कि आज भी हमारे देश में अतिथियों को देवताओं की तरह पूजा जाता है।

65. *(a)* दिए गए वाक्य में रेखांकित भाग मृत्यु को जीत लिया के लिए एक उचित सार्थक शब्द 'मृत्युंजय' है अर्थात् मृत्यु पर विजय प्राप्त करने वाला मृत्युंजय कहलाता है। अन्य विकल्प असंगत हैं।

66. *(a)* दिए गए वाक्य में रेखांकित शब्द मेजबान का विलोम शब्द 'मेहमान' है। अन्य विकल्प असंगत हैं।

67. *(c)* दिए गए वाक्य में कोष्ठक शब्द (इक्षु) तत्सम शब्द का तद्भव रूप 'ईंख' अर्थात् 'गन्ना' है। अन्य विकल्प असंगत हैं।

68. *(c)* दिए गए वाक्य में रिक्त स्थान की पूर्ति के लिए सही भाववाचक संज्ञा वाला विकल्प दु:खी शब्द है। अन्य विकल्प असंगत हैं।

69. *(d)* ''जिसकी आशा न की गई हो'' वाक्यांश के लिए एक शब्द का उचित विकल्प 'अप्रत्याशित' है। अन्य विकल्प असंगत हैं।

70. *(a)* दिए गए शब्द 'घर' का पर्यायवाची 'सदन' है। अन्य विकल्प असंगत हैं। 'घर' के अन्य पर्यायवाची – निकेतन, भवन, आलय, निवास, सदन, धाम आदि हैं।

71. *(a)* ''घाट-घाट का पानी पीना'' मुहावरे का अर्थ होता है– हर प्रकार का अनुभव होना। **वाक्य प्रयोग** मि. मेहता बहुत ही घुमक्कड़ प्रवृत्ति के इंसान हैं, उन्होंने घाट-घाट का पानी पिया है।

72. *(b)* दिए गए वाक्य में रेखांकित शब्द जबरदसती अशुद्ध वर्तनी वाला शब्द है, इसकी शुद्ध वर्तनी जबरदस्ती है। अन्य विकल्प असंगत हैं।

73. *(b)* दिए गए वाक्य में निरर्थक शब्द 'तमार' है। निरर्थक ऐसे शब्दों के लिए प्रयोग होता है, जिनका कोई अर्थ नहीं होता।

74. *(b)* दिए गए वाक्य में रेखांकित शब्द पितृदेश का विलोम शब्द 'मातृदेश' होगा। मातृदेश अर्थात् माता की भूमि या देश। अन्य विकल्प असंगत हैं।

75. *(c)* दिए गए वाक्य में विकल्प 'असफलता नहीं मिल सकती' त्रुटिपूर्ण है। सही वाक्य है– अभ्यास के बिना जीवन में सफलता नहीं मिल सकती। अन्य विकल्पों में कोई त्रुटि नहीं है।

76. *(d)* रिक्त स्थान (1) की पूर्ति के लिए सबसे उपयुक्त विकल्प 'उद्योग' है। अतः पूर्ण वाक्य होगा– भला कौन होगा, जो बम्बई का जिक्र करे पर उसके फिल्म 'उद्योग' की चर्चा न करें।

77. *(c)* रिक्त स्थान (2) की पूर्ति के लिए सबसे उपयुक्त विकल्प 'बेहिसाब' होगा। अतः पूर्ण वाक्य है– यहाँ की 'बेहिसाब भीड़ और कठिन परिस्थितियों के बावजूद बहुतों के लिए बम्बई 'मायानगरी' ही है।

78. *(a)* रिक्त स्थान (3) की पूर्ति के लिए सबसे उपयुक्त विकल्प 'परिस्थितियों' है। अतः पूर्ण वाक्य है– कठिन परिस्थितियों के बावजूद बहुतों के लिए बम्बई मायानगरी ही है।

79. *(d)* रिक्त स्थान (4) की पूर्ति के लिए सबसे उपयुक्त विकल्प 'सपनों' है। अतः पूर्ण वाक्य है– रूपहले 'सपनों' का शहर।

80. *(c)* रिक्त स्थान (5) की पूर्ति के लिए सबसे उपयुक्त शब्द 'अप्रवासियों' है। अतः पूर्ण वाक्य है– वहाँ की बहुत सारी फिल्में शहर में आने वाले अप्रवासियों और उनके दैनिक जीवन में आने वाली मुश्किलों के बारे में ही हैं।

05 मार्च 2024
(शिफ्ट III)

सॉल्वड पेपर 2024

SSC कांस्टेबल (जीडी) सेट 42

भाग-I सामान्य बुद्धिमत्ता एवं तर्कशक्ति

1 एक निश्चित कूट भाषा में, 'COMPUTER' को 'DPNQVUFS' लिखा जाता है। 'KEYBOARD' को 'LFZCPBSE' लिखा जाता है। उसी कूटभाषा में 'MOUSE' को कैसे लिखा जाएगा?

(a) NPVTF (b) NPTFV (c) NVTPF (d) NPTVF

2 दी गई आकृति के उस सही दर्पण प्रतिबिम्ब का चयन कीजिए, जो दर्पण MN को उस आकृति के दाईं ओर रखने पर बनेगा।

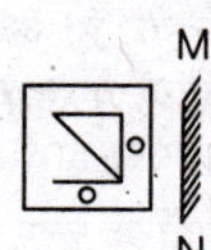

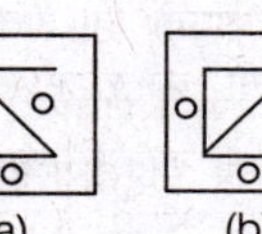
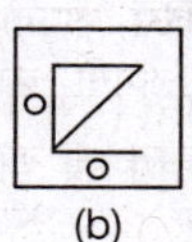
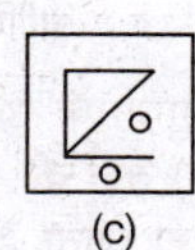
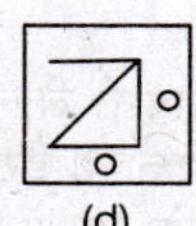

(a) (b) (c) (d)

3 A × B का अर्थ है, A, B का भाई है, A + B का अर्थ है, A, B का पिता है, A − B का अर्थ है, A, B की बहन है और A ÷ B का अर्थ है, A, B की पत्नी है।

यदि P × Q ÷ H + D − B + M, तो Q का M से क्या सम्बन्ध है?

(a) पिता की माँ (b) पिता की बहन
(c) माँ की माँ (d) बहन

4 दी गई उत्तर आकृतियों में से कौन-सी आकृति प्रश्न आकृति के पैटर्न को पूरा करेगी? (घूर्णन की अनुमति नहीं है।)

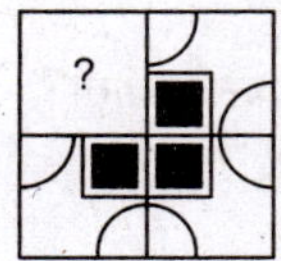

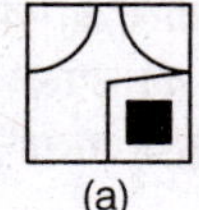

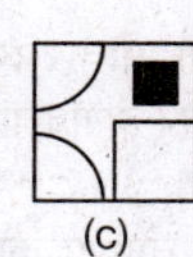
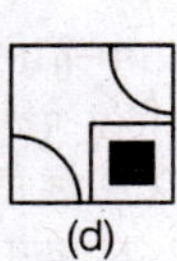

(a) (b) (c) (d)

5 निम्नलिखित प्रश्न में, दिए गए विकल्पों में से उस आकृति का चयन कीजिए, जिसे प्रश्नचिह्न (?) के स्थान पर रखा जा सकता है।

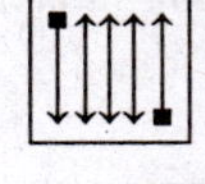
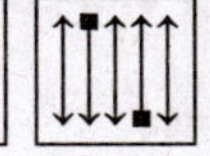
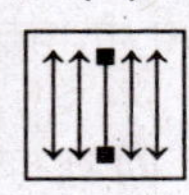
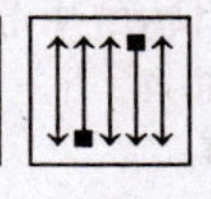

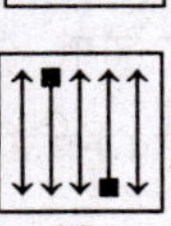
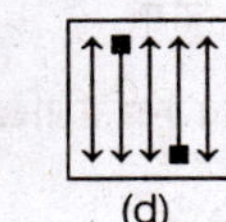

(a) (b) (c) (d)

6 उस आकृति का चयन कीजिए, जो निम्नलिखित आकृति शृंखला में प्रश्नचिह्न (?) के स्थान पर आएगी।

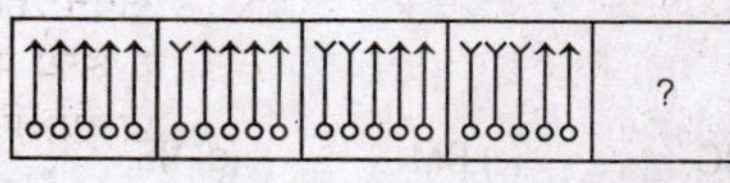

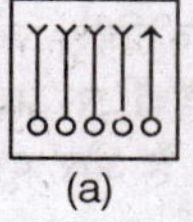
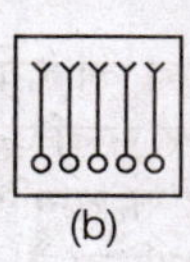
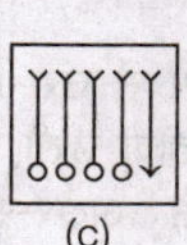
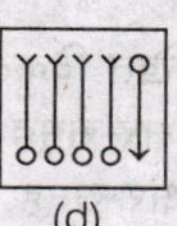

(a) (b) (c) (d)

7 निम्नलिखित प्रश्न में कुछ कथन और उन कथनों के आधार पर कुछ निष्कर्ष दिए गए हैं। आपको दिए गए कथनों को सत्य मानना है, चाहें वे सामान्यतः ज्ञात तथ्यों से भिन्न प्रतीत होते हों। सभी निष्कर्षों को ध्यानपूर्वक पढ़िए और निश्चय कीजिए, कि दिए गए निष्कर्षों में से कौन-सा निष्कर्ष कथनों का तार्किक रूप से अनुसरण करता है।

कथन कोई ब्रश, बेड नहीं है।
कुछ टेबल, ब्रश हैं।

निष्कर्ष

I. कुछ टेबल, बेड नहीं हैं।
II. सभी बेड, टेबल हैं।

(a) केवल निष्कर्ष I अनुसरण करता है
(b) निष्कर्ष I और II दोनों अनुसरण करते हैं
(c) केवल निष्कर्ष II अनुसरण करता है
(d) कोई भी निष्कर्ष अनुसरण नहीं करता है

8 निम्नलिखित विकल्पों में से, दी गई शृंखला से लुप्त संख्या का चयन कीजिए।

177, 145, 113, 81, 49, ?

(a) 17 (b) 20 (c) 24 (d) 30

9 नीचे दी गई दो संख्याओं को आपस में बदलने पर निम्नलिखित में से कौन-सा समीकरण सही नहीं होगा?

4 और 9

(a) $9-4\div 3+1=2$ (b) $9\times 1-4+6=1$
(c) $8+4\times 3-9=31$ (d) $4-9+8=15$

10 दिए गए विकल्पों में से किन दो संख्याओं को आपस में बदलने पर निम्नलिखित समीकरण सही होगा?

$14\times 4\div 6+5-8=3$

(a) 3 और 5 (b) 14 और 6
(c) 8 और 4 (d) 3 और 4

11 निम्नलिखित प्रश्न में, दिए गए विकल्पों में से सम्बन्धित अक्षर-युग्म का चयन कीजिए।

YL : XI :: ?

(a) FQ : AB (b) ZK : IT (c) EI : DF (d) EC : RI

12 नीचे एक पासे की दो स्थितियाँ दी गई हैं। '5' वाले फलक के विपरीत फलक पर निम्नलिखित विकल्पों में से क्या आएगा?

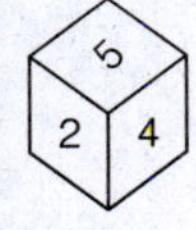

(a) 3 (b) 1 (c) 2 (d) 6

13 नीचे एक शृंखला दी गई है, जिसमें एक पद लुप्त है। दिए गए विकल्पों में से उस विकल्प का चयन कीजिए, जो शृंखला को पूरा करेगा।

NS , PK, HM, JE, ?

(a) BC (b) BG (c) BM (d) BS

14 निम्नलिखित विकल्पों में से उस विकल्प का चयन कीजिए, जो पाँचवें अक्षर-समूह से ठीक उसी प्रकार सम्बन्धित है, जिस प्रकार चौथा अक्षर-समूह, तीसरे अक्षर-समूह से सम्बन्धित है और दूसरा अक्षर-समूह, पहले अक्षर-समूह से सम्बन्धित है।

PIRATE : PEITRA :: SYSTEM : SMYEST : PHYSIQUE : ?

(a) UEIQPHYS (b) SYHPQIEU
(c) YSPHUEIQ (d) PEHUYQSI

15 दिए गए शब्दों को अंग्रेजी वर्णमाला के क्रम में व्यवस्थित कीजिए।

1. READ
2. RIDE
3. RINSE
4. REAL
5. RIGHT

(a) 1, 3, 2, 4, 5 (b) 1, 4, 2, 5, 3
(c) 1, 3, 2, 5, 4 (d) 3, 2, 1, 4, 5

16 एक निश्चित कूटभाषा में, 'LOSS' को 'OSVW' लिखा जाता है। उसी कूटभाषा में, 'MANY' को कैसे लिखा जाएगा?

(a) PEQC (b) PEQD (c) PERC (d) PFQC

17 पाँच मित्र P, B, C, G और H एक वृत्ताकार मेज के चारों ओर केन्द्र की ओर मुख करके बैठे हैं। B, C के ठीक बाईं ओर बैठा है। G और H, C के निकटतम पड़ोसी नहीं हैं। H, P के दाईं ओर से दूसरे स्थान पर बैठा है। G के ठीक दाईं ओर कौन बैठा है?

(a) P (b) H (c) B (d) C

18 आठ शिक्षक जतिन, अभि, गोपाल, हीना, ईशा, रोहित काजल और लीला एक वृत्ताकार मेज के चारों ओर केन्द्र से बाहर की ओर मुख करके बैठे हैं। (परन्तु जरूरी नहीं कि, वे इसी क्रम में बैठे हों)। अभि, हीना के बाईं ओर से दूसरे स्थान पर बैठा है। रोहित, हीना के दाईं ओर से तीसरे स्थान पर बैठा है। गोपाल, जतिन के दाईं ओर से दूसरे स्थान पर बैठा है। रोहित, जतिन के बाईं ओर से दूसरे स्थान पर बैठा है। काजल, ईशा के बाईं ओर से तीसरे स्थान पर बैठी है। गोपाल के ठीक दाईं ओर कौन बैठा/बैठी है?

(a) जतिन (b) अभि (c) काजल (d) हीना

19 निम्नलिखित में से अक्षरों का कौन-सा समूह क्रमबद्ध रूप से बाईं ओर से दाईं ओर रखे जाने पर नीचे दी गई शृंखला को पूरा करेगा?

abb_abbcabbcabbca_bcabbca_bc_bbc

(a) abcd (b) aabb
(c) cdba (d) cbba

20 निम्नलिखित में से कौन-सी संख्या दी गई शृंखला में प्रश्नचिह्न (?) के स्थान पर आएगी?

71, ?, 80, 85, 89, 94

(a) 74 (b) 79
(c) 78 (d) 76

भाग-II सामान्य ज्ञान

21 जनवरी, 2023 में नागरिक उड्डयन महानिदेशालय (Directorate of General of Civil Aviation, DGCA) में महानिदेशक के रूप में किसे नियुक्त किया गया है?

(a) प्रमोद कुमार मिश्रा (b) विक्रम देव दत्त
(c) अजय कुमार भल्ला (d) अजय कुमार सूद

22 आजाद भारत की पहली जनगणना वर्ष 1951 में की गई थी, जो अपनी निरन्तर शृंखला में .... जनगणना थी।

(a) छठी (b) पाँचवीं
(c) आठवीं (d) सातवीं

23 शतरंज के खेल के आविष्कार का श्रेय निम्नलिखित में से किसे जाता है?

(a) ईरान (b) जापान
(c) इंग्लैण्ड (d) भारत

24 मौर्यों के पतन से लेकर गुप्तों के उत्थान (दूसरी शताब्दी ईसा पूर्व से तीसरी शताब्दी ईसवी) तक की अवधि को भारतीय इतिहास में .... के रूप में जाना जाता है।

(a) उत्तर-मौर्य काल (b) पूर्व ब्रिटिश काल
(c) पूर्व-मौर्य काल (d) औद्योगीकरण

25 निम्नलिखित में से कौन-सी असम की एक नृत्य शैली है?

(a) कथकली (b) बिहू
(c) घूमर (d) गरबा

26 भारत में पंचवर्षीय योजना के दौरान रोलिंग योजना की समयावधि क्या थी?

(a) वर्ष 1971-73 (b) वर्ष 1978-80
(c) वर्ष 1968-70 (d) वर्ष 1975-78

27 आईसीसी वनडे इण्टरनेशनल विश्वकप 2011 किसने जीता?

(a) ऑस्ट्रेलिया (b) श्रीलंका
(c) इंग्लैण्ड (d) भारत

28 केन्द्रीय वित्तमन्त्री निर्मला सीतारमण ने उच्च मूल्य वाली बागवानी फसलों के लिए मुक्त और गुणवत्तापूर्ण पौध सामग्री की उपलब्धता को बढ़ावा देने के लिए .... के परिव्यय के साथ आत्मनिर्भर स्वच्छ पौध कार्यक्रम की घोषणा की।

(a) ₹ 100 करोड़ (b) ₹ 500 करोड़
(c) ₹ 2200 करोड़ (d) ₹ 1000 करोड़

29 निम्नलिखित में से किसने संगीत वाद्ययन्त्र बाम्हूम और टिकजिक का आविष्कार किया था?

(a) लिली एडोरिलीन (b) लू माजाव
(c) मोआ सुबोंग (d) टाकर नबाम

30 विशु उत्सव निम्नलिखित में से किस राज्य में मनाया जाता है?

(a) बिहार (b) केरल
(c) मध्य प्रदेश (d) पश्चिम बंगाल

31 भारतीय संविधान के अनुसार, एक राज्यपाल को ………… नियुक्त किया जा सकता है।
(a) केवल एक केन्द्रशासित प्रदेश के लिए
(b) 2 से अधिक राज्यों के लिए नहीं
(c) दो या दो से अधिक राज्यों के लिए
(d) एक समय पर एक ही राज्य के लिए

32 क्रिकेट में 'LBW' का पूर्ण रूप क्या है?
(a) लेग बिफोर विकेट (b) लेग ब्रेक रिस्ट
(c) लास्ट बॉल विकेट (d) लॉन्ग बाउण्ड्री विकेट

33 निम्नलिखित में से कौन-सा क्षेत्रक अर्थव्यवस्था में श्रम का सबसे अधिक अवशोषण करने वाला क्षेत्र है?
(a) उद्योग (b) बैंकिंग (c) कृषि (d) सेवा

34 निम्नलिखित में से कौन-सा भारतीय संविधान में उल्लिखित मौलिक अधिकारों में से एक नहीं है?
(a) धार्मिक स्वतन्त्रता का अधिकार
(b) संवैधानिक उपचारों का अधिकार
(c) शोषण का अधिकार
(d) समानता का अधिकार

35 भारतीय वित्त वर्ष किस तारीख से शुरू होता है?
(a) 1 मार्च (b) 31 मार्च
(c) 1 अप्रैल (d) 1 जनवरी

36 अशोक के अधिकांश शिलालेख ………… भाषा में थे और ………… लिपि में लिखे गए थे।
(a) संस्कृत, खरोष्ठी (b) प्राकृत, ब्राह्मी
(c) पाली, खरोष्ठी (d) संस्कृत, ब्राह्मी

37 जुलाई, 2023 में किसे तीन वर्ष की आयु के बच्चों के लिए धन जुटाने सहित कई सम्पोषणीय पहलों में स्वेच्छा से योगदान देने के लिए ब्रिटिश प्रधानमन्त्री के 'प्वॉइण्ट ऑफ लाइट' पुरस्कार से सम्मानित किया गया है?
(a) हनाया निसार (b) अनुष्का जॉली
(c) आदित्य सुरेश (d) मोक्षा रॉय

38 निम्नलिखित में से किस भारतीय नृत्य कलाकार ने वर्ष 2018 में मणिपुरी नृत्य के लिए संगीत नाटक अकादमी पुरस्कार जीता?
(a) अखम लक्ष्मी देवी (b) गोपिका वर्मा
(c) डॉ. अरुणा मोहन्ती (d) सुरूपा सेन

39 भारत की किस पंचवर्षीय योजना को 'महालनोबिस योजना' के नाम से जाना जाता था?
(a) तीसरी पंचवर्षीय योजना
(b) पहली पंचवर्षीय योजना
(c) दूसरी पंचवर्षीय योजना
(d) चौथी पंचवर्षीय योजना

40 निम्नलिखित में से कौन-सा कथन 'डॉबेराइनर के त्रिकों' के लिए सत्य है?
I. त्रिक परमाणु द्रव्यमानों के क्रम में थे।
II. मध्य तत्त्व का परमाणु द्रव्यमान अन्य दो तत्त्वों के परमाणु द्रव्यमानों का लगभग औसत था।

कूट
(a) केवल I (b) केवल II
(c) I और II दोनों (d) न तो I और न ही II

भाग-III गणित

41 एलेक्स ने 6% वार्षिक की साधारण ब्याज दर पर एक बचत बॉण्ड (Bond) में $1500 का निवेश किया। 4 वर्ष बाद उसे कितना ब्याज मिलेगा?
(a) $360 (b) $313
(c) $326 (d) $382

42 $18-(3/2)\times(4+1)$ को सरल कीजिए।
(a) 11.5 (b) 12.4
(c) 10.5 (d) 16.4

43 एक नृत्य प्रतियोगिता में 40% विद्यार्थी लड़के थे और शेष लड़कियाँ थीं। यदि लड़कों की औसत आयु 18 वर्ष और लड़कियों की औसत आयु 15 वर्ष थी। प्रतियोगिता में भाग लेने वाले विद्यार्थियों की औसत आयु ज्ञात कीजिए।
(a) 14.8 वर्ष (b) 16.2 वर्ष
(c) 13.5 वर्ष (d) 15 वर्ष

44 22, 11 और 44 के लघुत्तम समापवर्त्य और महत्तम समापवर्तक का अनुपात कितना होगा?
(a) 8 : 1 (b) 2 : 1
(c) 6 : 1 (d) 4 : 1

45 A, B और C एक काम को क्रमशः 16 दिन, 24 दिन और 32 दिन में पूरा कर सकते हैं। यदि वे तीनों एकसाथ मिलकर काम करते हैं, तो उन्हें उस काम को पूरा करने में कितने दिन लगेंगे?
(a) 35/8 दिन (b) 17/3 दिन
(c) 96/13 दिन (d) 93/4 दिन

46 यदि किसी व्यक्ति का मूल वेतन ₹ 15000 था और उसके वेतन में 12% की वृद्धि होती है, तो नया वेतन कितना होगा?
(a) ₹ 16800 (b) ₹ 16200
(c) ₹ 16700 (d) ₹ 16500

47 ₹ 12000 की मूलधन राशि पर, 2 वर्ष के लिए चक्रवृद्धि ब्याज (वार्षिक रूप से संयोजित) उसी अवधि के लिए साधारण ब्याज से ₹ 4320 अधिक है। वार्षिक ब्याज दर ज्ञात कीजिए।
(a) 68% (b) 72% (c) 50% (d) 55%

48 एक वस्तु के मूल्य में पहले 32% की कमी की गई और फिर 44% की वृद्धि की गई। यदि परिणामी मूल्य ₹ 489.6 है, तो वस्तु का वास्तविक मूल्य ज्ञात कीजिए।
(a) ₹ 500 (b) ₹ 600
(c) ₹ 450 (d) ₹ 750

49 मिण्टो अकेले एक मेज 75 दिनों में बना सकता है, जबकि पिण्टो अकेले इसे 150 दिनों में बना सकता है। पिण्टो ने काम शुरू किया और 30 दिनों तक काम किया। मिण्टो शेष काम कितने दिनों में पूरा कर सकता है?
(a) 60 दिन (b) 70 दिन
(c) 75 दिन (d) 85 दिन

50 b, c, d और e का औसत 25 है। यदि b और c का औसत 11 है, तो d और e का औसत कितना होगा?
(a) 38 (b) 36
(c) 39 (d) 35

51 यदि किसी वस्तु को बेचने पर होने वाली हानि 38% है, तो उसके क्रय मूल्य और विक्रय मूल्य का अनुपात कितना होगा?
(a) 31 : 50 (b) 31 : 40 (c) 50 : 31 (d) 40 : 31

52 एक वस्तु का क्रय मूल्य ₹ 650 है। वस्तु पर 45% की छूट देने के बाद, 10% का लाभ होता है। वस्तु का अंकित मूल्य ज्ञात कीजिए।
(a) ₹ 1500 (b) ₹ 2400 (c) ₹ 2000 (d) ₹ 1300

53 यदि कोई वस्तु 20% की छूट के बाद 10% की हानि पर बेची जाती है, तो क्रय मूल्य के प्रतिशत के रूप में वास्तविक अंकित मूल्य कितना है?
(a) 110% (b) 112.5% (c) 118.5% (d) 125.5%

54 $91\times 7+49\times 13-42\div 7\times 5$ का मान कितना है?
(a) 1252 (b) 1248 (c) 1244 (d) 1242

55 $1008-40\times 20\div 10+2$ का मान कितना है?
(a) 930 (b) 940 (c) 926 (d) 936

56 सिराज विक्रय मूल्य पर 32% का लाभ कमाता है। क्रय मूल्य पर अनुमानित लाभ प्रतिशत ज्ञात कीजिए।
(a) 45% (b) 51% (c) 49% (d) 47%

57 यदि $p:q=1:3$ और $r:s=2p:3q$ है, तो $pr:qs$ का मान कितना है?
(a) 2 : 25 (b) 2 : 27
(c) 27 : 2 (d) 2 : 29

58 यदि एक घन का कुल पृष्ठीय क्षेत्रफल 726 सेमी^{2} है, तो घन का आयतन कितना है?
(a) 1000 सेमी^{3} (b) 1331 सेमी^{3}
(c) 729 सेमी^{3} (d) 1728 सेमी^{3}

59 यदि $g:h:j=5:2:1$ है, तो $g:2h:j$ का मान कितना है?
(a) 5 : 4 : 2 (b) 3 : 5 : 2
(c) 5 : 4 : 1 (d) 5 : 1 : 3

60 एक व्यक्ति Q से S तक 45 किमी/घण्टा की चाल से जाता है और एक निश्चित चाल से S से Q तक वापस आता है। यदि उसकी औसत चाल 36 किमी/घण्टा है, तो S से Q की ओर वापस जाते समय उसकी चाल कितनी थी?
(a) 45 किमी/घण्टा (b) 24 किमी/घण्टा
(c) 36 किमी/घण्टा (d) 30 किमी/घण्टा

भाग-IV हिन्दी

61 दिए गए शब्द का पर्यायवाची ज्ञात कीजिए।
स्वतन्त्रता
(a) सर्प (b) आजादी
(c) रिक्त (d) विपदा

62 निम्नलिखित प्रश्न में चार विकल्पों में से उस विकल्प का चयन करें, जो दी गई लोकोक्ति का सही अर्थ वाला विकल्प है।
बिन्ध गया सो मोती, रह गया सो सीप
(a) एक न एक दिन अच्छे दिन आ ही जाते हैं
(b) रक्षक का भक्षक हो जाना
(c) जो वस्तु काम आ जाए वही अच्छी
(d) जरूरत के अनुसार ही सामान बनाना

63 निम्नलिखित प्रश्न में चार विकल्पों में से उस विकल्प का चयन करें, जो दिए गए मुहावरे का सही अर्थ वाला विकल्प है।
उड़ती चिड़िया पहचानना
(a) बहुत क्रुद्ध होना (b) बहुत अनुभवी होना
(c) विपरीत कार्य करना (d) भीतर ही भीतर रोना

64 निम्नलिखित प्रश्न में चार विकल्पों में से उस विकल्प का चयन करें, जो रिक्त स्थान के लिए सही पुल्लिंग रूप वाला विकल्प हो।
मैंने जो अपना .... तुम्हें कल दिया था वह मुझे वापस चाहिए।
(a) रुमाल (b) टोपी (c) किताब (d) मिठाई

65 दिए गए वाक्य में से निरर्थक शब्द ज्ञात कीजिए।
बाजार से टटमार ले आओ
(a) लाओ (b) आओ (c) बाजार (d) टटमार

66 दिए गए वाक्य का वह भाग ज्ञात करें, जिसमें कोई त्रुटि है। यदि कोई त्रुटि नहीं है, तो 'कोई त्रुटि नहीं है' चुनें।
कुमारी विजयलक्ष्मी कल अपने पति के साथ नैनीताल जाएगी।
(a) कुमारी विजयलक्ष्मी (b) के साथ नैनीताल जाएगी।
(c) कल अपने पति (d) कोई त्रुटि नहीं है

67 दिए गए वाक्यांश के लिए सार्थक शब्द ज्ञात कीजिए।
जो आदेश एक निश्चित अवधि तक लागू हो
(a) अधिसूचना (b) अध्यादेश
(c) अनिकेत (d) अधिनियम

68 निम्नलिखित प्रश्न में चार विकल्पों में से उस विकल्प का चयन करें, जो कोष्ठक में दिए गए शब्द के विलोम शब्द का सही विकल्प हो।
प्रकृति (चेतन) है, ... नहीं।
(a) जड़ (b) सावधान
(c) होशियार (d) सचेत

69 दिए गए वाक्य में रेखांकित शब्द का विलोम शब्द ज्ञात कीजिए।
आजकल हर कोई <u>अमृत</u> पीकर अमर होना चाहता है।
(a) पानी (b) विष (c) आय (d) भोजन

70 दिए गए वाक्य में उचित पर्यायवाची शब्द का चयन करके रिक्त स्थान की पूर्ति करें।
इन फूलों से कितनी अच्छी .... (महक) आ रही है।
(a) सुगन्ध (b) बदबू (c) शान्त (d) भूमि

71 दिए गए वाक्य में रेखांकित शब्द के लिए सही वर्तनी ज्ञात कीजिए।
कर्ण एक वीर <u>योधा</u> था
(a) योद्धा (b) योधदा
(c) योदधा (d) योधा

72 निम्नलिखित वाक्य में उस वाक्यांश को पहचानिए, जिसमें मात्राओं से सम्बन्धित अशुद्धियाँ हैं। यदि कोई गलती नहीं है, तो 'कोई त्रुटि नहीं है' का चुनाव कीजिए।
प्रत्येक कार्य को रोमांच निहित होते हैं/हालाँकि, यह लोगों की सोच के/अनुसार थोड़ा अलग होता है।
(a) कोई त्रुटि नहीं है
(b) अनुसार थोड़ा अलग होता है
(c) प्रत्येक कार्य को रोमांच निहित होते हैं
(d) हालाँकि, यह लोगों की सोच के

73 दिए गए वाक्य में रेखांकित शब्दों के लिए सही शब्दों वाले विकल्प का चयन करें।

एक आवश्यकीय कार्य से मुझे जयपुर जाना है।

(a) एक आवश्यकता कार्य से मुझे जयपुर जाना है।
(b) परिवर्तन की आवश्यकता नहीं है।
(c) एक आवश्यकपूर्वक कार्य से मुझे जयपुर जाना है।
(d) एक आवश्यक कार्य से मुझे जयपुर जाना है।

74 दिए गए वाक्य में उचित देशज-विदेशज शब्द का चयन करके रिक्त स्थान की पूर्ति कीजिए।

नहीं! मुझे तुमसे कोई ………. नहीं चाहिए।

(a) उम्र (b) इमारत (c) कुर्सी (d) एहसान

75 निम्नलिखित वाक्य में रेखांकित भाग के लिए एक सार्थक शब्द ज्ञात कीजिए।

सारी धातुएँ पृथ्वी से जुड़ी हैं।

(a) भूगोल (b) पार्थिव
(c) भू (d) भोमिक

निर्देश (प्र. सं. 76-80) *नीचे दिए गए गद्यांश में कुछ शब्द छोड़ दिए गए हैं, प्रत्येक अनुच्छेद के सामने चार विकल्प दिए गए हैं। इस गद्यांश को ध्यानपूर्वक पढ़ें और चार विकल्पों में से सर्वोत्तम उत्तर वाला विकल्प चुनें।*

मौसम को छः ऋतुओं में विभाजित किया जाता है–ग्रीष्म ऋतु, शीत ऋतु, वर्षा ऋतु, बसन्त ऋतु, शरद ऋतु तथा शिशिर ऋतु। इन सबमें बसन्त ऋतु को ऋतुओं का ………. कहा जाता है। सभी ऋतुओं में सबसे महत्त्वपूर्ण मानी जाती हैं। इस ऋतु के आते ही धरती अपना ………. करती है और हरियाली की चादर ओढ़ लेती है। पूरी धरती हरी-भरी हो जाती है। इस मौसम में हवा में एक अलग ही ………. आ जाती है। खेतों में लहराती फसल और बगीचों में फूलों की सुगन्ध, वातावरण को खुशनुमा बना देती है। इस ऋतु के आगमन के साथ ही प्रकृति में कई ………. होते हैं। पतझड़ के कारण झड़ चुके पेड़ों में नई कोपलें आ जाती हैं और फूल आने लगते हैं। मैदानों में हरी-हरी घास उग आती है। वृक्षों पर पक्षी घोंसला बनाते हैं और सुबह सवेरे उनकी चहचहाहट पूरे वातावरण में गुँजायमान रहती है। पूरी धरती दुल्हन की तरह शृंगार कर लेती है। सरसों के खेत ………. की तरह चमकने लगते हैं, इसी मौसम में किसान फसल काटने की तैयारी में जुट जाते हैं।

76 इन सबमें बसन्त ऋतु को ऋतुओं का ………. कहा जाता है।

(a) प्रजा
(b) राजा
(c) सरपंच
(d) प्रेरणास्रोत

77 इस ऋतु के आते ही धरती अपना ………. करती है और हरियाली की चादर ओढ़ लेती है।

(a) आगमन (b) अल्पाहार
(c) शृंगार (d) बदलाव

78 इस मौसम में हवा में एक अलग ही ………. आ जाती है।

(a) पहचान (b) ताजगी
(c) अरमान (d) खुशी

79 इस ऋतु के आगमन के साथ ही प्रकृति में कई ………. होते हैं।

(a) द्वेष (b) निहाल
(c) बदलाव (d) अपनापन

80 सरसों के खेत ………. की तरह चमकने लगते हैं।

(a) रंगों (b) सोने
(c) बादलों (d) ताँबे

उत्तरमाला

1.	(a)	2.	(b)	3.	(a)	4.	(d)	5.	(b)	6.	(a)	7.	(a)	8.	(a)	9.	(d)	10.	(d)
11.	(c)	12.	(a)	13.	(b)	14.	(d)	15.	(b)	16.	(a)	17.	(b)	18.	(d)	19.	(d)	20.	(d)
21.	(b)	22.	(d)	23.	(d)	24.	(a)	25.	(b)	26.	(b)	27.	(d)	28.	(c)	29.	(c)	30.	(b)
31.	(c)	32.	(a)	33.	(c)	34.	(c)	35.	(c)	36.	(b)	37.	(d)	38.	(a)	39.	(c)	40.	(c)
41.	(a)	42.	(c)	43.	(b)	44.	(d)	45.	(c)	46.	(a)	47.	(c)	48.	(a)	49.	(a)	50.	(c)
51.	(c)	52.	(d)	53.	(b)	54.	(c)	55.	(a)	56.	(d)	57.	(b)	58.	(b)	59.	(c)	60.	(d)
61.	(b)	62.	(c)	63.	(b)	64.	(a)	65.	(d)	66.	(a)	67.	(b)	68.	(a)	69.	(b)	70.	(a)
71.	(a)	72.	(c)	73.	(d)	74.	(d)	75.	(b)	76.	(b)	77.	(c)	78.	(b)	79.	(c)	80.	(b)

संकेत एवं हल

1. (a) जिस प्रकार,

C O M P U T E R
+1 +1 +1 +1 +1 +1 +1 +1
D P N Q V U F S

तथा

K E Y B O A R D
+1 +1 +1 +1 +1 +1 +1 +1
L F Z C P B S E

उसी प्रकार,

M O U S E
+1 +1 +1 +1 +1
N P V T F

2. (b) विकल्प आकृति (b) प्रश्न में दी गई आकृति का सही दर्पण प्रतिबिम्ब है।

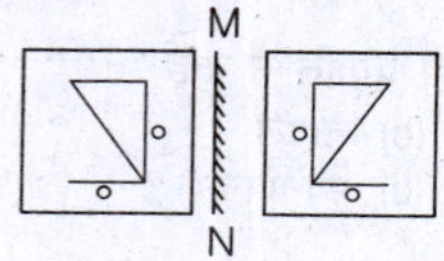

3. (a) प्रश्नानुसार,

P⁺ ←भाई— Q⁻ ←पत्नी— H⁺ [+ → पुरुष, – → महिला]
H⁺ ↑ पिता — D⁻ ←बहन— B⁺
B⁺ ↑ पिता — M

अतः Q, M के पिता B की माँ है।

4. (d) विकल्प आकृति (d) प्रश्न आकृति के पैटर्न को पूरा करेगी।

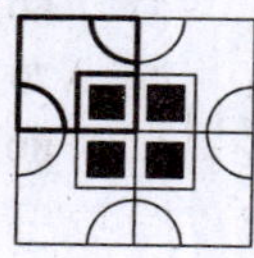

5. (b) प्रत्येक अगली आकृति में '↓' एक चिह्न एक स्थान दाईं ओर बढ़ रही है और '↑' एक स्थान बाएँ ओर बढ़ रही है।

अतः विकल्प आकृति (b) शृंखला में '?' के स्थान पर आएगी।

6. (a) प्रत्येक अगली आकृति में बाएँ ओर से '♁' को '⚲' से बदल दिया जाता है।

अतः विकल्प आकृति (a) शृंखला में प्रश्नचिह्न के स्थान पर आएगी।

7. (a) कथनानुसार,

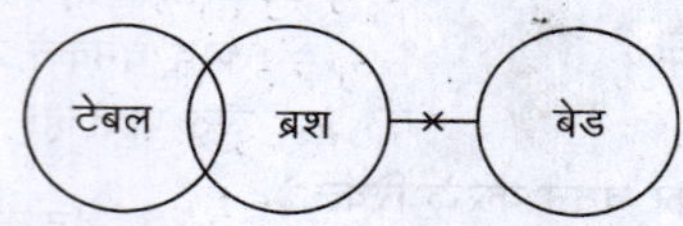

निष्कर्ष

I. (✓) II. (✗)

अतः केवल निष्कर्ष I अनुसरण करता है।

8. (a) दी गई संख्या शृंखला का क्रम निम्नवत् है,

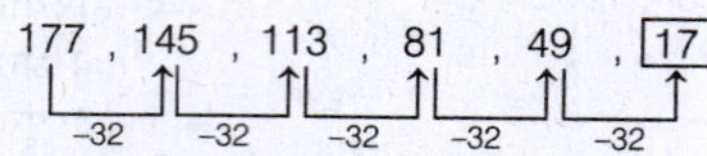

9. (d) विकल्प (d) से,

$$4 - 9 + 8 = 15$$

संख्या 4 और 9 को आपस में बदलने पर,

$$9 - 4 + 8 = 15$$
$$\Rightarrow \quad 17 - 4 = 15$$
$$\Rightarrow \quad 13 \neq 15$$

अतः विकल्प (d) का समीकरण सही नहीं होगा।

10. (d) समीकरण, $14 \times 4 \div 6 + 5 - 8 = 3$

विकल्प (d) से, संख्या 3 और 4 को आपस में बदलने पर,

$$14 \times 3 \div 6 + 5 - 8 = 4$$
$$\Rightarrow \quad 14 \times \frac{3}{6} + 5 - 8 = 4$$
$$\Rightarrow \quad 7 + 5 - 8 = 4$$
$$\Rightarrow \quad 12 - 8 = 4$$
$$\Rightarrow \quad 4 = 4$$
$$LHS = RHS$$

11. (c) जिस प्रकार,

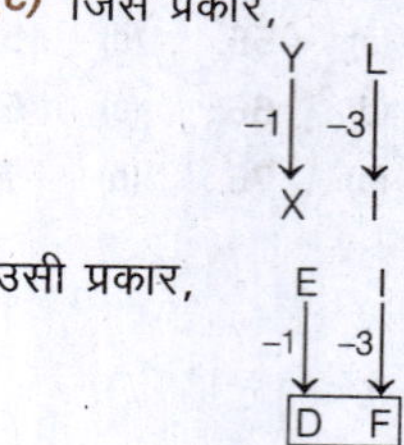

उसी प्रकार,

$\therefore$? = EI : DF

12. (a) दोनों पासे में 4 तथा 2 उभयनिष्ठ है। दोनों पासे के फलक पर बची शेष संख्या एक-दूसरे के विपरीत होगी।

अतः '5' वाले फलक के विपरीत फलक पर '3' होगा।

13. (b) दी गई अक्षर शृंखला का क्रम निम्न प्रकार है,

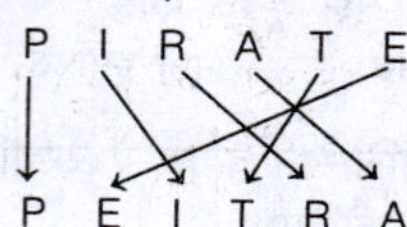

14. (d) जिस प्रकार,

P I R A T E
P E I T R A

तथा

S Y S T E M
S M Y E S T

उसी प्रकार,

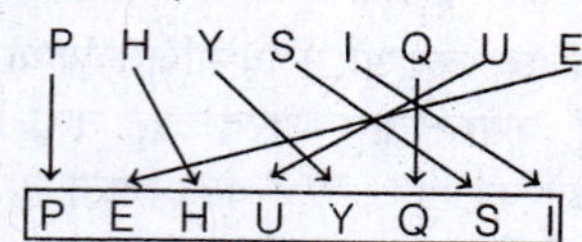

15. (b) अंग्रेजी वर्णमाला के अनुसार शब्दों का क्रम निम्न प्रकार है,

1. Read → 4. Real → 2. Ride → 5. Right → 3. Rinse

⇒ 1, 4, 2, 5, 3

16. (a) जिस प्रकार,

L O S S
+3 +4 +3 +4
O S V W

उसी प्रकार,

M A N Y
+3 +4 +3 +4
P E Q C

17. (b) प्रश्नानुसार,

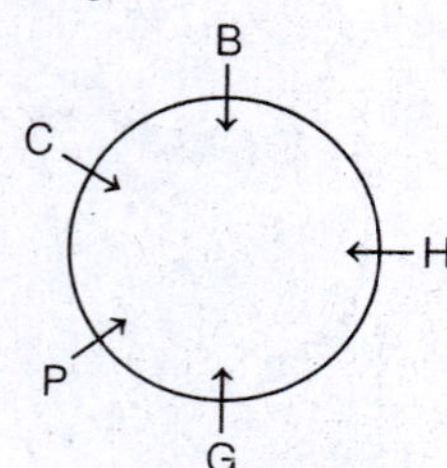

अतः G के ठीक दाईं ओर H बैठा है।

18. *(d)* प्रश्नानुसार,

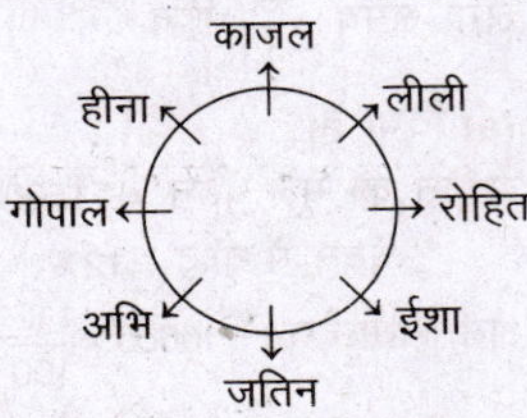

अतः गोपाल के ठीक दाईं ओर 'हीना' बैठी है।

19. *(d)* दी गई शृंखला का क्रम निम्न प्रकार है,

abb c/abbc/abbc/abbc/abbc/abbc/ab bc/abbc

अभीष्ट समूह = cbba

20. *(d)* दी गई अक्षर शृंखला का क्रम निम्नवत् है,

71 , [76] , 80 , 85 , 89 , 94

+5 +4 +5 +4 +5

21. *(b)* जनवरी, 2023 में नागरिक उड्डयन महानिदेशालय (DGCA) में महानिदेशक के रूप में विक्रम देव दत्त को नियुक्त किया गया है। इन्होंने जनरल अरुण कुमार का स्थान लिया है। विक्रम देव दत्त गुजरात कैडर के 1991 बैच के एक वरिष्ठ भारतीय प्रशासनिक सेवा (IAS) अधिकारी हैं। DGCA की स्थापना जनवरी, 1978 में की गई थी। इसका मुख्यालय नई दिल्ली में है।

22. *(d)* आजाद भारत की पहली जनगणना वर्ष 1951 में की गई थी, जो अपनी निरन्तर शृंखला में सातवीं जनगणना थी, जिसकी अवधि 9 फरवरी से 28 फरवरी, 1951 तक थी। भारत में पहली जनगणना 1872 ई. में जबकि पहली पूर्ण जनगणना 1881 ई. में लॉर्ड मेयो के कार्यकाल में हुई। वर्ष 1949 के बाद इसका आयोजन भारत सरकार के गृह मन्त्रालय के अधीन भारत के रजिस्ट्रार जनरल और जनगणना आयुक्त द्वारा किया जाता है। जनगणना प्रत्येक दस वर्षों में आयोजित की जाती है।

23. *(d)* शतरंज खेल के आविष्कार का श्रेय भारत को दिया जाता है। यह खेल भारत में छठी शताब्दी में शुरू हुआ। आधुनिक खेल की तरह यह पूर्ववर्ती, जिसे चतुरंगा (या कैटुर) कहा जाता है, 8 × 8 गिड पर खेला जाता था और इसमें सामान्यतः शतरंज के समान ब्लॉक होते थे।

24. *(a)* मौर्यों के पतन से लेकर गुप्तों के उत्थान (दूसरी शताब्दी ईसा पूर्व से तीसरी शताब्दी ईस्वी) तक की अवधि को भारतीय इतिहास में उत्तर-मौर्य काल के रूप में जाना जाता है। इस काल में अनेक छोटे-छोटे राज्यों में संघर्ष होने के साथ इनका उत्थान व पतन शुरू हुआ। शुंग, सातवाहन, कण्व, प्रतिहार आदि देशी राजवंशों का पूर्वी, मध्य और दक्कन क्षेत्र में शासन था।

25. *(b)* बिहू, असम राज्य की एक प्रसिद्ध नृत्य शैली है। असम में बिहू महोत्सव तीन बार मनाया जाता है। युवा पुरुष तथा युवा महिलाएँ समूहों में बिहू नृत्य करते हैं। इस नृत्य शैली की विशेषता तेज कदम और तेजी से हाथ हिलाना है। बिहू नृत्य की उत्पत्ति असम के बोड़ो कछारी आदिवासी समुदाय द्वारा की गई थी।

26. *(b)* भारत में पंचवर्षीय योजना के दौरान रोलिंग योजना की कार्यावधि (1978-80) थी। रोलिंग योजना की अवधारणा गुन्नार मिर्डाल द्वारा प्रस्तुत की गई थी। रोलिंग प्लान एक ऐसी योजना थी, जिसमें प्रत्येक वर्ष योजना के प्रदर्शन का आकलन किया जाता था और उसी आधार पर अगले वर्ष की योजना तैयार की जाती थी, परन्तु वर्ष 1980 में सत्ता में आने के बाद इन्दिरा गाँधी सरकार ने इस योजना को खारिज कर इसके स्थान पर छठी पंचवर्षीय योजना (1980-85) शुरू की।

27. *(d)* आईसीसी वनडे इण्टरनेशनल विश्वकप 2011 भारत ने जीता। वर्ष 2011 आईसीसी विश्वकप का आयोजन भारत, श्रीलंका तथा बांग्लादेश द्वारा किया गया था। वर्ष 2011 विश्वकप का फाइनल मुम्बई के वानखेड़े स्टेडियम में हुआ, जिसमें भारत ने श्रीलंका को हराया। भारतीय टीम के कप्तान महेन्द्र सिंह धोनी थे। जबकि वर्ष 2023 में भारत में आयोजित हुए आईसीसी वनडे इण्टरनेशनल विश्वकप का खिताब ऑस्ट्रेलिया ने भारत को पराजित कर जीता।

28. *(c)* केन्द्रीय वित्तमन्त्री निर्मला सीतारमण ने उच्च मूल्य वाली बागवानी फसलों के लिए रोग मुक्त और गुणवत्तापूर्ण पौध सामग्री की उपलब्धता को बढ़ावा देने के लिए ₹ 2200 करोड़ के परिव्यय के साथ आत्मनिर्भर स्वच्छ पौधे कार्यक्रम की घोषणा की। अपने बजट भाषण में वित्तमन्त्री ने कहा कि ''ग्रामीण क्षेत्रों में युवा उद्यमियों के कृषि स्टार्टअप्स को बढ़ावा देने के लिए एक 'कृषि त्वरित कोष' बनाया जाएगा।''

29. *(c)* मोआ सुबोंग ने संगीत वाद्ययन्त्र बाम्हूम और टिकजिक का आविष्कार किया था। बाम्हूम एक मध्यम आकार का बाँस वाद्ययन्त्र है, जो वाद्य गुंजन द्वारा छेद में गुनगुनाने पर काम करता है। माओ सुबोंग ने बाम्हूम के बाद टिकजिक नामक एक नए बाँस ताल वाद्ययन्त्र का भी आविष्कार किया। टिकजिक को एक हाथ से प्रतिबन्धित कर दूसरे हाथ से उस पर प्रहार करके बजाया जाता है।

30. *(b)* विशु उत्सव केरल राज्य में मनाया जाता है। विशु केरल के लोगों के लिए नववर्ष की शुरुआत का प्रतीक है। यह त्योहार मलयालम कैलेण्डर के मेदम महीने में बहुत धूमधाम और खुशी से मनाया जाता है। इस त्योहार का सबसे महत्त्वपूर्ण हिस्सा विषुकानी है।

31. *(c)* भारतीय संविधान के अनुसार, एक राज्यपाल को दो या दो से अधिक राज्यों के लिए नियुक्त किया जा सकता है। भारत के संविधान के अनुच्छेद-155 के अनुसार, राज्यपाल की नियुक्ति भारत के राष्ट्रपति द्वारा की जाती है। राज्यपाल, राष्ट्रपति के प्रसादपर्यन्त पद धारण करता है तथा राष्ट्रपति को सम्बोधित कर अपने हस्ताक्षर सहित लेख द्वारा अपना त्याग-पत्र दे सकता है।

32. *(a)* क्रिकेट में 'LBW' का पूर्ण रूप लेग बिफोर विकेट (Leg Before Wicket) है। यह क्रिकेट के खेल में बल्लेबाज को आउट करने का एक तरीका है। क्षेत्ररक्षण पक्ष की अपील के बाद एम्पायर किसी बल्लेबाज को LBW आउट करार दे सकता है, यदि गेंद विकेट से टकराती है, लेकिन बल्लेबाज के शरीर के किसी भी हिस्से (बल्ले को पकड़ने वाले हाथ को छोड़कर) द्वारा रोकी गई थी।

33. *(c)* कृषि, अर्थव्यवस्था में श्रम का सबसे अधिक अवशोषण करने वाला क्षेत्र है। भारत की लगभग 55% जनसंख्या प्रत्यक्ष व अप्रत्यक्ष रूप से कृषि कार्यों में संलग्न है। इस प्रकार कृषि क्षेत्र देश में सर्वाधिक रोजगार देने वाला क्षेत्र है। सामान्यतः कृषि क्षेत्र में कार्यरत लोग प्रच्छन्न बेरोजगारी में हैं।

34. *(c)* शोषण का अधिकार, भारतीय संविधान में उल्लिखित मौलिक अधिकारों में से एक नहीं है।

भारतीय संविधान के भाग III (अनुच्छेद 12 से 35) में छः मौलिक अधिकार निहित हैं।

- समानता का अधिकार (अनुच्छेद 14-18)
- स्वतन्त्रता का अधिकार (अनुच्छेद 19-22)
- शोषण के विरुद्ध अधिकार (अनुच्छेद 23-24)
- धर्म की स्वतन्त्रता का अधिकार (अनुच्छेद 25-28)
- सांस्कृतिक और शैक्षिक अधिकार (अनुच्छेद 29-30)
- संवैधानिक उपचार का अधिकार (अनुच्छेद 32)

35. *(c)* भारतीय वित्त वर्ष 1 अप्रैल से शुरू होता है। वित्तीय वर्ष एक पूर्व-परिभाषित अवधि (एक वर्ष) है, जिसका उपयोग वित्तीय रिपोर्टिंग और बजट तैयार करने के लिए

कम्पनियों और सरकारों द्वारा किया जाता है। भारत में वित्तीय वर्ष 1 अप्रैल से 31 मार्च के बीच माना जाता है। 1867 ई. से पहले यह 1 मई से 30 अप्रैल के बीच माना जाता था।

36. *(b)* अशोक के अधिकांश शिलालेख प्राकृत भाषा तथा ब्राह्मी लिपि में लिखे गए थे। अशोक के शिलालेखों में प्रमुख शिलालेख, लघु शिलालेख तथा स्तम्भ शिलालेख, शामिल हैं, जिनमें सबसे अधिक प्रयोग की जाने वाली लिपि ब्राह्मी थी। आधुनिक पाकिस्तान से प्राप्त शिलालेखों में खरोष्ठी तथा अफगानिस्तान से प्राप्त शिलालेखों में ग्रीक व अरमाइक लिपि का प्रयोग हुआ है। अशोक के शिलालेखों को ब्रिटिश पुरातत्वविद् जेम्स प्रिंसेप ने पढ़ा था।

37. *(d)* जुलाई, 2023 में मोक्षा रॉय को तीन वर्ष की आयु के बच्चों के लिए धन जुटाने सहित कई सम्पोषणीय पहलों में स्वेच्छा से योगदान देने के लिए ब्रिटिश प्रधानमन्त्री के 'प्वॉइण्ट ऑफ लाइट पुरस्कार' से सम्मानित किया गया है। इस पुरस्कार की शुरुआत वर्ष 2010 में प्रधानमन्त्री डेविड कैमरुन द्वारा की गई थी।

38. *(a)* भारतीय नृत्य कलाकार अखम लक्ष्मी देवी ने वर्ष 2018 में मणिपुरी नृत्य के लिए संगीत नाटक अकादमी पुरस्कार जीता। श्रीमती अखम का जन्म मई, 1952 में इम्फाल, मणिपुर में हुआ। इन्होंने भाग्यचन्द्र राष्ट्रीय नृत्य महोत्सव, मणिपुर राज्य कला अकादमी और संगीत नाटक अकादमी द्वारा आयोजित विभिन्न प्रतिष्ठित नृत्य समारोहों में प्रदर्शन किया। इन्होंने वर्ष 2010 में मणिपुर राज्य कला अकादमी पुरस्कार और वर्ष 2014 में नृत्य भूषण सहित कई सम्मान प्राप्त किए हैं।

39. *(c)* भारत की दूसरी पंचवर्षीय योजना (1956-61) को 'महालनोबिस योजना' के नाम से जाना जाता है। इस योजना के अन्तर्गत निवेश उत्पादकों को प्राथमिकता दी गई तथा इसका मुख्य लक्ष्य देश के औद्योगिक विकास को बढ़ावा देना था।

40. *(c)* दिए गए दोनों कथन सत्य हैं। डॉबेराइनर त्रिकों का परिचय 'जौहान वौल्फगेंग डॉबेराइनर' ने 1829 ई. में दिया था। डॉबेराइनर के अनुसार त्रिक परमाणु द्रव्यमानों के क्रम में थे, जिनके मध्य तत्त्व का परमाणु द्रव्यमान अन्य दो तत्त्वों के परमाणु द्रव्यमानों का लगभग औसत था। यह त्रिक आगे चलकर विफल हुए, जिसका कारण समस्थानिक परमाणुओं का असमान परमाणु भार होना रहा। आगे चलकर 'हैनरी मोसेले' द्वारा आधुनिक आवर्त सारणी का परिचय दिया गया, जिसके पश्चात् तत्त्वों को उनकी बढ़ती प्रमाणु संख्या के क्रम में रखा जाने लगा।

41. *(a)* दिया है, मूलधन $(P) = \$1500$

ब्याज दर $(r) = 6\%$ वार्षिक

समय $(t) = 4$ वर्ष

हम जानते है, साधारण ब्याज $= \frac{P \times r \times t}{100}$

$\therefore$ अभीष्ट ब्याज $= \frac{1500 \times 6 \times 4}{100} = \$360$

42. *(c)* दिया है, $18 - \left(\frac{3}{2}\right) \times (4+1)$

$= 18 - \left(\frac{3}{2}\right) \times 5$

$= 18 - 1.5 \times 5 = 18 - 7.5 = 10.5$

43. *(b)* माना प्रतियोगिता में भाग लेने वाले विद्यार्थियों की संख्या $= x$

तब, प्रतियोगिता में भाग लेने वाले लड़कों की संख्या $= x \times \frac{40}{100} = \frac{2x}{5}$

और प्रतियोगिता में भाग लेने वाली लड़कियों की संख्या $= x - \frac{2x}{5} = \frac{3x}{5}$

प्रतियोगिता में भाग लेने वाले विद्यार्थियों की कुल आयु $= \frac{2x}{5} \times 18 + \frac{3x}{5} \times 15$

$= \frac{36x}{5} + 9x = \frac{81x}{5}$ वर्ष

अतः अभीष्ट औसत $= \frac{81x}{5x} = 16.2$ वर्ष

वैकल्पिक विधि

माना प्रतियोगिता में भाग लेने वाले विद्यार्थियों की संख्या $= 10$

$\therefore$ लड़कों की संख्या $= \frac{10 \times 40}{100} = 4$

तथा लड़कियों की संख्या $= 10 - 4 = 6$

अतः अभीष्ट औसत $= \frac{18 \times 4 + 15 \times 6}{10}$

$= \frac{162}{10} = 16.2$ वर्ष

44. *(d)* अभाज्य गुणनखण्ड करने पर,

$22 = 2 \times 11$

$11 = 11 \times 1$

$44 = 2 \times 2 \times 11$

तो 22, 11, 44 का ल.स. $= 2 \times 2 \times 11 = 44$

तथा 22, 11, 44 का म.स. $= 11$

$\therefore$ अभीष्ट अनुपात $= 44 : 11 = 4 : 1$

45. *(c)* A का एक दिन का काम $= \frac{1}{16}$

B का एक दिन का काम $= \frac{1}{24}$

C का एक दिन का काम $= \frac{1}{32}$

तीनों का एकसाथ एक दिन का काम

$= \frac{1}{16} + \frac{1}{24} + \frac{1}{32} = \frac{6+4+3}{96} = \frac{13}{96}$

अतः तीनों को एकसाथ काम पूरा करने में लगा समय $= \frac{96}{13}$ दिन

46. *(a)* दिया है,

व्यक्ति का मूल वेतन $=$ ₹ 15000

वेतन में वृद्धि $= 12\%$

अतः नया वेतन $= 15000 \times \frac{112}{100} =$ ₹ 16800

47. *(c)* दिया है, मूलधन $(P) =$ ₹ 12000

2 वर्ष का चक्रवृद्धि और साधारण ब्याज का अन्तर $=$ ₹ 4320

हम जानते हैं,

2 वर्ष में, $CI - SI = P\left(\frac{R}{100}\right)^2$ [$R =$ दर]

माना वार्षिक ब्याज दर $= r\%$

प्रश्नानुसार, $12000\left(\frac{r}{100}\right)^2 = 4320$

$\Rightarrow \quad r^2 = \frac{4320 \times 100 \times 100}{12000} = 3600$

$\Rightarrow \quad r = \sqrt{3600} = 60$

$\therefore$ अभीष्ट ब्याज दर $= 60\%$

48. *(a)* माना वास्तविक मूल्य $=$ ₹x

प्रश्नानुसार,

$x \times \frac{(100-32)}{100} \times \frac{(100+44)}{100} = 489.6$

$\Rightarrow \quad x \times \frac{68}{100} \times \frac{144}{100} = 489.6$

$\Rightarrow \quad x = \frac{489.6 \times 100 \times 100}{68 \times 144} =$ ₹ 500

अतः वस्तु का वास्तविक मूल्य $=$ ₹500

49. *(a)* पिण्टो का 1 दिन का कार्य $= \frac{1}{150}$

पिण्टो का 30 दिन का कार्य $= \frac{1}{150} \times 30 = \frac{1}{5}$

शेष कार्य $= 1 - \frac{1}{5} = \frac{4}{5}$

अतः मिण्टो द्वारा शेष कार्य करने में लगा समय $= \frac{4}{5} \times 75 = 60$ दिन

50. *(c)* दिया है, b, c, d और e का औसत $= 25$

तथा b और c का औसत $= 11$

$\therefore \quad \frac{b+c+d+e}{4} = 25$

$b + c + d + e = 100 \quad \ldots(i)$

तथा $\quad \frac{b+c}{2} = 11$

$b + c = 22 \quad \ldots(ii)$

समी (i) में से समी (ii) घटाने पर,

$d + e = 100 - 22 = 78$

अतः d और e का औसत $= \frac{78}{2} = 39$

51. *(c)* माना क्रय मूल्य $=$ ₹ 100

तब, विक्रय मूल्य $= 100 \times \frac{(100-38)}{100}$

$= 100 \times \frac{62}{100} =$ ₹ 62

अभीष्ट अनुपात $= 100 : 62 = 50 : 31$

52. (d) दिया है,

वस्तु का मूल्य = ₹ 650

छूट = 45%

तथा लाभ = 10%

∴ वस्तु का विक्रय मूल्य $= 650 \times \frac{110}{100} =$ ₹ 715

अतः वस्तु का अंकित मूल्य $= 715 \times \frac{100}{(100-45)}$

$= 715 \times \frac{100}{55} =$ ₹ 1300

53. (b) माना वस्तु का क्रय मूल्य = ₹ 100

तो 10% हानि पर वस्तु का विक्रय मूल्य

$= 100 \times \frac{90}{100} =$ ₹ 90

तथा वस्तु का अंकित मूल्य $= 90 \times \frac{100}{(100-20)}$

$= 90 \times \frac{100}{80} =$ ₹ 112.5

∴ अभीष्ट प्रतिशत $= \frac{112.5}{100} \times 100 = 112.5\%$

54. (c) $91 \times 7 + 49 \times 13 - 42 \div 7 \times 5$

BODMAS के नियम अनुसार,

$91 \times 7 + 49 \times 13 - 6 \times 5$

$= 637 + 637 - 30$

$= 1274 - 30 = 1244$

55. (a) $1008 - 40 \times 20 \div 10 + 2$

BODMAS के नियम अनुसार,

$1008 - 40 \times 2 + 2$

$= 1008 - 80 + 2$

$= 1010 - 80 = 930$

56. (d) माना विक्रय मूल्य = ₹ 100

∴ लाभ $= 100 \times \frac{32}{100} =$ ₹ 32

तब, क्रय मूल्य = (100 − 32) = ₹ 68

अतः अभीष्ट लाभ % $= \frac{32}{68} \times 100$

= 47% (लगभग)

57. (b) दिया है, $p:q = 1:3$

और $r:s = 2p:3q$

माना $\frac{p}{q} = \frac{1k}{3k}$

तो $\frac{r}{s} = \frac{2k}{3 \times 3k} = \frac{2k}{9k}$

∴ $\frac{pr}{qs} = \frac{k \times 2k}{3k \times 9k} = \frac{2k^2}{27k^2} = \frac{2}{27}$

अतः $pr:qs = 2:27$

58. (b) दिया है,

घन का कुल पृष्ठीय क्षेत्रफल = 726 सेमी^{2}

हम जानते हैं,

घन का कुल पृष्ठीय क्षेत्रफल = 6 × (भुजा)^2

प्रश्नानुसार, 6 × (भुजा)^2 = 726

भुजा $= \sqrt{\frac{726}{6}} = \sqrt{121} = 11$ सेमी

∴ घन का आयतन = $(11)^3 = 1331$ सेमी^{3}

59. (c) दिया है, $g:h:j = 5:2:1$

माना $g = 5k, h = 2k, j = k$

तब $g:2h:j = 5k:4k:k$

$= 5:4:1$

60. (d) दिया है, $x = 45$ किमी/घण्टा

तथा औसत चाल = 36 किमी/घण्टा

हम जानते हैं, औसत चाल $= \frac{2xy}{x+y}$

∴ $\frac{2 \times 45 \times y}{(45+y)} = 36$

⇒ $90y = 36(45+y)$

⇒ $90y = 1620 + 36y$

⇒ $54y = 1620$

⇒ $y = 30$

अतः S से Q की ओर वापस आते समय व्यक्ति की चाल = 30 किमी/घण्टा

61. (b) 'स्वतन्त्रता' शब्द का पर्यायवाची 'आजादी' है। स्वतन्त्रता के अन्य पर्यायवाची शब्द स्वतन्त्र, स्वायत्त, स्वाधीनता आदि हैं। अन्य विकल्प असंगत हैं।

62. (c) ''बिन्ध गया सो मोती रह गया सो सीप'' लोकोक्ति का सही अर्थ होगा-जो वस्तु काम आ जाए वही अच्छी। समयानुसार जिस वस्तु या व्यक्ति की सहायता से कार्य उचित ढंग से पूर्ण हो जाए वही अच्छी होती है। अन्य विकल्प असंगत हैं।

63. (b) ''उड़ती चिड़िया पहचानना'' मुहावरे का अर्थ है- बहुत अनुभवी होना।

वाक्य प्रयोग कमलेश इतना गुणी व्यक्ति है कि समय पड़ने पर वह उड़ती चिड़िया को पहचान लेता है।

64. (a) दिए गए वाक्य में रिक्त स्थान की पूर्ति के लिए सही पुल्लिंग शब्द 'रुमाल' है। अन्य विकल्प असंगत हैं।

65. (d) दिए गए वाक्य ''बाजार से टटमार ले आओं'' में टटमार एक निरर्थक शब्द है, सार्थक शब्द टमाटर है। अन्य विकल्प असंगत हैं।

66. (a) दिए गए वाक्य में कुमारी विजयलक्ष्मी वाक्यांश में त्रुटि है। अतः सही वाक्य है– कुमारी विजयालक्ष्मी कल अपने पति के साथ नैनीताल जाएगी''। अन्य विकल्प असंगत हैं।

67. (b) ''जो आदेश एक निश्चित अवधि तक लागू हो'' वाक्यांश के लिए एक सार्थक शब्द 'अध्यादेश' होगा। अन्य विकल्प असंगत हैं।

68. (a) दिए गए वाक्य में कोष्ठक शब्द (चेतन) का विलोम शब्द जड़ है। अतः सही वाक्य है– प्रकृति चेतन है, जड़ नहीं। अन्य विकल्प असंगत हैं।

69. (b) दिए गए वाक्य में रेखांकित शब्द अमृत का विलोम शब्द विष है। अन्य विकल्प तर्कसंगत नहीं हैं।

70. (a) दिए गए वाक्य में कोष्ठक शब्द (महक) का पर्यायवाची 'सुगन्ध' है। महक के अन्य पर्यायवाची शब्द खुशबू, गन्ध, गमक, सुगन्धि आदि हैं।

71. (a) दिए गए वाक्य में रेखांकित शब्द योधा अशुद्ध वर्तनी शब्द की शुद्ध वर्तनी 'योद्धा' है। अन्य विकल्प असंगत हैं।

72. (c) निम्नलिखित वाक्य में विकल्प 'प्रत्येक कार्य को रोमांच निहित होते हैं' वाक्यांश में अशुद्धियाँ हैं। शुद्ध वाक्य इस प्रकार है। 'प्रत्येक कार्य में रोमांच निहित होते हैं' हालाँकि यह लोगों की सोच के अनुसार थोड़ा अलग होता है।

73. (d) दिए गए वाक्य में रेखांकित शब्द आवश्यकीय कार्य शब्दों के लिए सही शब्दों वाला विकल्प एक आवश्यक कार्य से मुझे जयपुर जाना है। अन्य विकल्प असंगत हैं।

74. (d) दिए गए वाक्य में उचित देशज-विदेशज शब्द वाला विकल्प 'एहसान' है। अतः सही वाक्य है- नहीं। मुझे तुमसे कोई एहसान नहीं चाहिए। अन्य विकल्प असंगत हैं।

75. (b) वाक्य में 'पृथ्वी से जुड़ी' रेखांकित भाग के लिए एक सार्थक शब्द 'पार्थिव' है। अन्य विकल्प असंगत हैं।

76. (b) रिक्त स्थान की पूर्ति के लिए सबसे उपयुक्त विकल्प 'राजा' है। अतः पूर्ण वाक्य है-इन सब में बसन्त ऋतु को ऋतुओं का राजा कहा जाता है।

77. (c) रिक्त स्थान की पूर्ति के लिए सबसे उपयुक्त शब्द 'शृंगार' होगा। अतः पूर्ण वाक्य है-इस ऋतु के आते ही धरती अपना शृंगार करती है और हरियाली की चादर ओढ़ लेती है।

78. (b) रिक्त स्थान की पूर्ति के लिए सबसे उपयुक्त शब्द 'ताजगी' है। अतः पूर्ण वाक्य होगा–इस मौसम में हवा में एक अलग ही ताजगी आ जाती है।

79. (c) रिक्त स्थान की पूर्ति के लिए सबसे उपयुक्त शब्द 'बदलाव' होगा। अतः पूर्ण वाक्य है–इस ऋतु के आगमन के साथ ही प्रकृति में कई बदलाव होते हैं।

80. (b) रिक्त स्थान की पूर्ति के लिए सबसे उपयुक्त विकल्प 'सोने' है। अतः पूर्ण वाक्य है–सरसों के खेत सोने की तरह चमकने लगते हैं।

05 मार्च 2024
(शिफ्ट IV)

सॉल्वड पेपर 2024

SSC कांस्टेबल (जीडी) सेट 43

भाग-I सामान्य बुद्धिमत्ता एवं तर्कशक्ति

1 निम्नलिखित प्रश्न में, दी गई आकृतियों के अनुसार कागज के एक टुकड़े को मोड़कर उसमें छेद किया जाता है। विकल्पों में दी गई आकृतियों में से बताइए, कि खोले जाने पर यह कैसा दिखाई देगा?

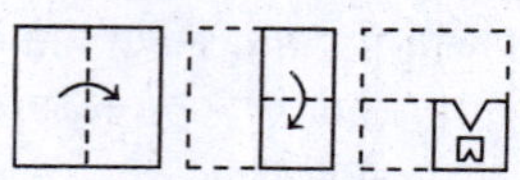

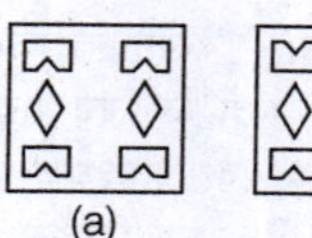 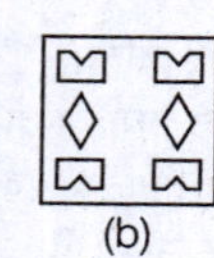 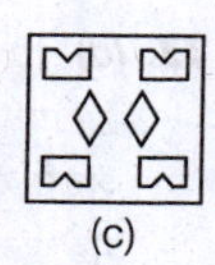 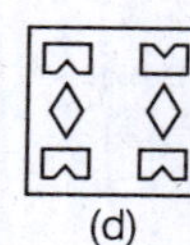

(a) (b) (c) (d)

2 नीचे एक शृंखला दी गई है, जिसमें एक पद लुप्त है। दिए गए विकल्पों में से उस विकल्प का चयन कीजिए, जो शृंखला को पूरा करेगा।

TRS, UST, VTU, WUV, ?

(a) XVW (b) NRC
(c) XYN (d) XMR

3 यदि 10 A 8 B 4 C 3 = 23 और 20 A 4 B 10 C 5 = 13, तो 8 A 12 B 6 C 4 = ?

(a) 20 (b) 30
(c) 23 (d) 24

4 निम्नलिखित विकल्पों में से, दी गई शृंखला से लुप्त संख्या का चयन कीजिए।

1067, 1068, 1072, 1088, ?, 1408

(a) 491 (b) 1100
(c) 1152 (d) 1089

5 एक निश्चित कूटभाषा में, 'TOGETHER' को 'TOERGETH' लिखा जाता है और 'TOMORROW' को 'TOOWMORR' लिखा जाता है। उसी कूटभाषा में 'BATHROOM' को कैसे लिखा जाएगा?

(a) BAOTHROM
(b) BAOMTRHO
(c) BAOMTHRO
(d) BAMOTHRO

6 निम्नलिखित अक्षर समूहों में से अक्षरों का कौन-सा समूह क्रमबद्ध रूप से बाईं से दाईं ओर रखे जाने पर नीचे दी गई शृंखला को पूरा करेगा?

wwxxyywwx_yywwxxy_ww_xyywwxx_y

(a) xyxy (b) xwxw
(c) ywyy (d) wxxy

7 दी गई आकृति के उस सही दर्पण प्रतिबिम्ब का चयन कीजिए, जो दर्पण MN को उस आकृति के दाईं ओर रखने पर बनेगा।

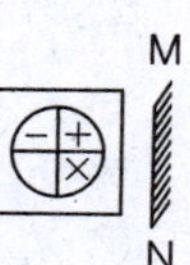

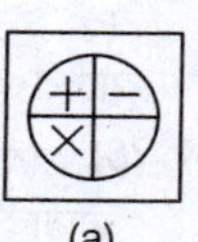 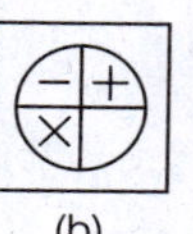 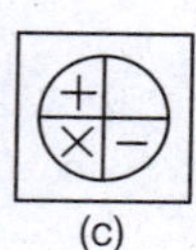 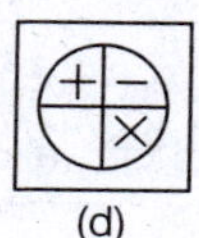

(a) (b) (c) (d)

8 निम्नलिखित प्रश्न में, कुछ कथन और उन कथनों के आधार पर कुछ निष्कर्ष दिए गए हैं। आपको दिए गए कथनों को सत्य मानना हैं, चाहें वे सामान्यतः ज्ञात तथ्यों से भिन्न प्रतीत होते हों। सभी निष्कर्षों को ध्यानपूर्वक पढ़िए और निर्धारित कीजिए, कि दिए गए निष्कर्षों में से कौन-सा/कौन-से निष्कर्ष कथनों का तार्किक रूप से अनुसरण करता है/करते हैं।

कथन कोई X, W नहीं है।
कुछ Y, X हैं।

निष्कर्ष

I. कुछ Y, W नहीं है।
II. सभी W, Y हैं।

(a) कोई निष्कर्ष अनुसरण नहीं करता है
(b) केवल निष्कर्ष I अनुसरण करता है
(c) निष्कर्ष I और II दोनों अनुसरण करते हैं
(d) केवल निष्कर्ष II अनुसरण करता है

9 एक निश्चित कूटभाषा में 'DEFINITE' को 'EUJOJGFD' लिखा जाता है, 'DRIZZLING' को 'GOJMAAJSD' लिखा जाता है। उसी कूटभाषा में 'ATTACHED' को कैसे लिखा जाएगा?

(a) AUUBDIFD (b) BUUBDIFE
(c) EFIDBUUB (d) DFIDBUUA

10 दिए गए शब्दों को उसी क्रम में व्यवस्थित कीजिए, जिस क्रम में वे अंग्रेजी शब्दकोश में आते हैं।

1. Construction 2. Constitution 3. Constant
4. Constable 5. Constrain

(a) 1, 3, 5, 2, 4 (b) 4, 3, 2, 1, 5
(c) 1, 3, 2, 5, 4 (d) 4, 3, 2, 5, 1

11 दिए गए विकल्पों में से किन दो चिह्नों और दो संख्याओं (न कि अंक) को आपस में बदलने पर निम्नलिखित समीकरण सही होगी?

$5 \times 4 + 8 \div 2 - 7 = 35$

(a) + और ÷, 5 और 7 (b) + और −, 4 और 7
(c) + और −, 4 और 2 (d) × और −, 4 और 2

12 छः व्यक्ति X, Y, Z, P, Q और R एक घेरा बनाकर केन्द्र की ओर मुख करके बैठे हैं। X और Z एक -दूसरे के ठीक विपरीत बैठे हैं। Y, जो X के ठीक बाईं ओर बैठा है, वह भी P के ठीक विपरीत बैठा है। R, X के बगल में नहीं बैठा है। Y और Z दोनों का निकटतम पड़ोसी कौन है?

(a) R (b) X (c) Y (d) P

13 निम्नलिखित प्रश्न में, दिए गए विकल्पों में से उस आकृति का चयन कीजिए, जिसे प्रश्नचिह्न (?) के स्थान पर रखा जा सकता है।

?

(a) (b) (c) (d)

14 निम्नलिखित प्रश्न में, दिए गए विकल्पों में से उस आकृति का चयन कीजिए, जिसे प्रश्नचिह्न (?) के स्थान पर रखा जा सकता है।

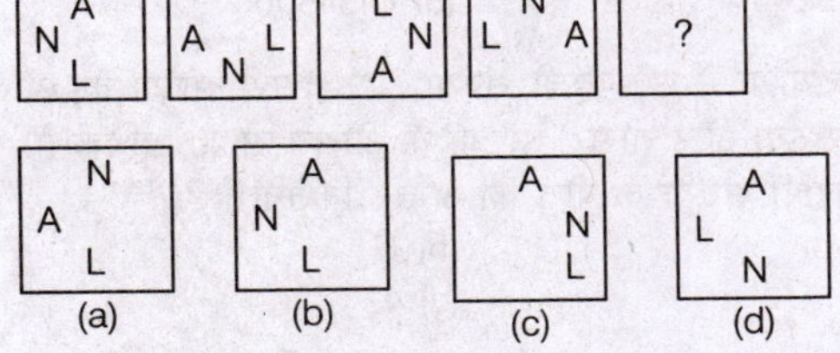

(a) (b) (c) (d)

15 यदि एक दर्पण को रेखा AB पर रखा जाए, तो विकल्प आकृतियों में से कौन-सी आकृति, प्रश्न आकृति का सही प्रतिबिम्ब होगी?

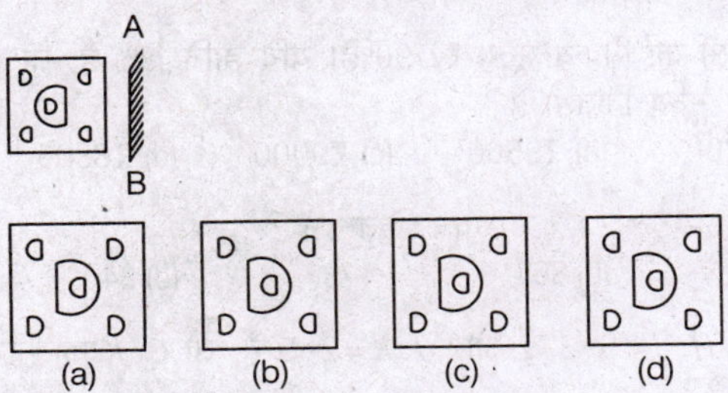

(a) (b) (c) (d)

16 निम्नलिखित में से कौन-सी संख्या दी गई शृंखला में प्रश्नचिह्न (?) के स्थान पर आएगी?

?, 37, 35, 27, 25, 17

(a) 42 (b) 38 (c) 45 (d) 40

17 निम्नलिखित प्रश्न में, दिए गए विकल्पों में से सम्बन्धित अक्षरों का चयन कीजिए।

BHL : DJN :: OSW : ?

(a) ZUX (b) NOP (c) AOB (d) QUY

18 यदि 'M × N' का अर्थ है 'M, N' का पिता है'।
यदि 'M + N' का अर्थ है 'M, N' की पत्नी है'।,
यदि 'M ÷ N' का अर्थ है 'M, N' का बेटा है'।
यदि 'M − N' का अर्थ है 'M, N' का पति है'।
व्यंजक 'T ÷ V + W × U में, W का T से क्या सम्बन्ध है?

(a) पिता के पिता (b) पति
(c) बेटी का पति (d) पिता

19 छः व्यक्ति P_1, P_2, P_3, P_4, P_5 और P_6 एक वृत्ताकार मेज के चारों ओर केन्द्र की ओर मुख करके बैठे हैं (परन्तु जरूरी नहीं, कि वे इसी क्रम में बैठे हों)। P_2 और P_6 के बीच में केवल दो व्यक्ति बैठे हैं। P_2 और P_4, P_1 के निकटतम पड़ोसी हैं। P_5, P_3 के ठीक दाईं ओर बैठा है। P_1, P_6 की दाईं ओर से दूसरे स्थान पर बैठा है। P_3 के ठीक दाईं ओर कौन बैठा है?

(a) P_3 (b) P_4
(c) P_5 (d) P_2

20 निम्नलिखित प्रश्न में, दिए गए विकल्पों में से सम्बन्धित अक्षर-युग्म का चयन कीजिए।

ML : NO : : ?

(a) GE : HH (b) OT : JO
(c) BN : WI (d) KX : SS

भाग-II सामान्य ज्ञान

21 2011 की जनसंख्या जनगणना में, भारत में लिंग अनुपात प्रति 1000 पुरुषों पर.........महिलाएँ हैं।

(a) 943 (b) 890
(c) 1020 (d) 899

22 क्रिकेट में कुछ ओवरों के दौरान कुछ क्षेत्ररक्षण (fielding) प्रतिबन्धों ....के रूप में जाना जाता है।

(a) पावर बैटिंग (b) पावर प्ले
(c) पावर पिच (d) पावर ओवर

23 भारतीय उपमहाद्वीप में मेहरगढ़ में बसावट की शुरुआत लगभग.........वर्ष पूर्व हुई थी।

(a) 2000 (b) 4000
(c) 6000 (d) 8000

24 भारत की नौवीं पंचवर्षीय योजना के सम्बन्ध में निम्नलिखित में से कौन-सा कथन सही है?

I. यह योजना सामाजिक न्याय और समानता के साथ विकास पर केन्द्रित थी।
II. नौवीं पंचवर्षीय योजना की समयावधि 1997-2002 थी।

कूट

(a) केवल I (b) केवल II
(c) I और II दोनों (d) न तो I और न ही II

25 मई, 2023 में प्रवीण कुमार श्रीवास्तव ने...........के रूप में शपथ ली।

(a) केन्द्रीय सतर्कता आयुक्त (b) भारत के उप-प्रधानमन्त्री
(c) भारत के मुख्य-न्यायाधीश (d) भारत के महान्यायवादी

26 बांग्लादेश निम्नलिखित में से किसके साथ सीमा साझा नहीं करता है?

(a) सिक्किम (b) मेघालय
(c) त्रिपुरा (d) मिजोरम

27 वर्ष 1944 में विभिन्न उद्योगपति एकसाथ आए और भारत में एक नियोजित अर्थव्यवस्था स्थापित करने के लिए एक संयुक्त प्रस्ताव का मसौदा तैयार किया। इसे.........प्लान के नाम से जाना जाता है।

(a) बॉम्बे (b) आगरा
(c) पुणे (d) नई दिल्ली

28 किस भौतिक नियम के अनुसार, यदि किसी गैस के अणुओं की मात्रा और संख्या स्थिर रहे, तो गैस का दाब और ताप व्युत्क्रमानुपाती होते हैं?
(a) चार्ल्स का नियम (b) बॉयल का नियम
(c) आवोगाद्रो का नियम (d) गै-लुसैक का नियम

29 ICC पुरुष T20 विश्वकप, 2022 निम्नलिखित में से किस देश ने जीता?
(a) पाकिस्तान (b) इंग्लैण्ड
(c) ऑस्ट्रेलिया (d) भारत

30 भारतीय खिलाड़ी भक्ति शर्मा का सम्बन्ध निम्नलिखित में से किस खेल से है?
(a) स्क्वैश (b) तैराकी
(c) हॉकी (d) क्रिकेट

31 ....कर्नाटक का मुख्य त्योहार है, जो कन्नड़, नववर्ष का प्रतीक है।
(a) हम्पी (b) उगादि
(c) श्री विटप्पा (d) बसव जयंती

32 मुद्रा की पूर्ति के बारे में निम्नलिखित कथनों को पढ़िए।
A आधुनिक अर्थव्यवस्था में, मुद्रा के अन्तर्गत नकदी और बैंक जमाएँ आती हैं।
B. ये दो प्रकार की संस्थाओं द्वारा निर्मित किए जाते हैं–अर्थव्यवस्था की केन्द्रीय बैंक तथा व्यावसायिक बैंकिंग व्यवस्था।
सही कथन/कथनों की पहचान कीजिए।
कूट
(a) केवल A (b) केवल B
(c) A और B दोनों (d) न तो A और न ही B

33 हद्दू खान और हस्सू खान को किस शैली का महान ज्ञाता माना जाता था?
(a) ख्याल (b) ध्रुपद (c) ठुमरी (d) टप्पा

34 अक्टूबर, 2023 तक महाराष्ट्र के दूसरे उपमुख्यमन्त्री कौन हैं?
(a) अजित पवार (b) आदित्य ठाकरे
(c) एकनाथ शिन्दे (d) शरद पवार

35 ब्रह्म समाज के संस्थापक कौन थे?
(a) स्वामी विवेकानन्द (b) राजा राममोहन राय
(c) ईश्वरचन्द्र विद्यासागर (d) स्वामी दयानन्द सरस्वती

36 2011 की जनगणना के अनुसार भारत के किस राज्य में जनसंख्या घनत्व सबसे अधिक है?
(a) बिहार (b) ओडिशा
(c) महाराष्ट्र (d) तमिलनाडु

37 भारत को अपना केन्द्रीय बैंक किस वर्ष मिला?
(a) 1933 (b) 1935
(c) 1937 (d) 1931

38 निम्नलिखित में से किस भारतीय राज्य ने अबुआ आवास योजना 2023 शुरू की है?
(a) मध्य प्रदेश (b) झारखण्ड
(c) आन्ध्र प्रदेश (d) उत्तर प्रदेश

39 भारत के बॉम्बे उच्च न्यायालय (Bombay High Court) की स्थापना निम्नलिखित में से किस वर्ष में की गई थी?
(a) 1864 (b) 1862
(c) 1861 (d) 1863

40 'कुचिपुड़ी' शास्त्रीय नृत्य शैली का सम्बन्ध निम्नलिखित में से किस राज्य से है?
(a) आन्ध्र प्रदेश (b) असम
(c) तमिलनाडु (d) उत्तर प्रदेश

भाग-III गणित

41 यदि किसी राशि का 60%, 120 है, तो वह राशि कितनी है?
(a) 250 (b) 200
(c) 240 (d) 220

42 एक कार का प्रारम्भिक मूल्य ₹500000 है। कार के मूल्य में प्रत्येक वर्ष उसके प्रारम्भिक मूल्य से 10% की कमी होती है। 3 वर्ष बाद इसका मूल्य कितना होगा?
(a) ₹364500 (b) ₹354500
(c) ₹378200 (d) ₹454500

43 तीन संख्याओं में से, पहली संख्या और दूसरी संख्या का औसत, दूसरी संख्या और तीसरी संख्या के औसत से 20 अधिक है। पहली और तीसरी संख्या के बीच का अन्तर कितना है?
(a) 38 (b) 37
(c) 40 (d) 42

44 110 के 15% + 125 के 50% का मान कितना है?
(a) 78 (b) 75
(c) 76 (d) 79

45 एक कुर्सी का विक्रय मूल्य ₹7790 है। यदि हानि 18% है, तो कुर्सी का क्रय मूल्य कितना है?
(a) ₹9200 (b) ₹9500 (c) ₹9000 (d) ₹8800

46 $100-40\div5\times2+2$ का मान कितना है?
(a) 82 (b) 86 (c) 78 (d) 84

47 यदि $G:H:J=5:3:2$ और $J:K=2:5$ हैं, तो $G:K$ का मान कितना है?
(a) 1 : 1 (b) 2 : 1 (c) 3 : 1 (d) 1 : 2

48 एक व्यक्ति को ₹70 में 54 कुर्सियाँ बेचने पर 30% की हानि होती है। 15% का लाभ अर्जित करने के लिए 54 कुर्सियों का विक्रय मूल्य कितना होना चाहिए?
(a) ₹135 (b) ₹140 (c) ₹120 (d) ₹115

49 यदि एक आयत की लम्बाई में 11.11% की वृद्धि कर दी जाए, तो क्षेत्रफल को अपरिवर्तित रखने के लिए इसकी चौड़ाई कितने प्रतिशत घटाई जानी चाहिए?
(a) 10% (b) 9.09%
(c) 11.11% (d) 20%

50 निम्नलिखित में से कौन-सी संख्या 25 से विभाज्य नहीं है?
(a) 1625 (b) 6275
(c) 5675 (d) 1885

51 $\frac{46}{7}$ का $\frac{21}{2}-\frac{92}{14}\div\frac{23}{56}$ का मान कितना है?
(a) 13 (b) 53 (c) 43 (d) 23

52 एक रेलगाड़ी अपने निर्धारित समय से 4 घण्टे पहले चलना शुरू करती है और 960 किमी दूर स्थित अपने गन्तव्य तक समय पर पहुँचने के लिए रेलगाड़ी की सामान्य चाल 40 किमी/घण्टा कम करनी पड़ती है। रेलगाड़ी की सामान्य चाल कितनी है?
(a) 120 किमी/घण्टा (b) 100 किमी/घण्टा
(c) 150 किमी/घण्टा (d) 80 किमी/घण्टा

53 यदि 27 आदमी 225 हेक्टेयर घास काटने में 15 दिन लगाते हैं, तो 33 आदमी 165 हेक्टेयर घास काटने में कितना समय लेंगे?
(a) 11 दिन (b) 14 दिन
(c) 12 दिन (d) 9 दिन

54 $1.5\times0.6+2.4\times0.5+7.5\times0.4$ का मान कितना है?
(a) 7.1 (b) 5.1 (c) 6.1 (d) 4.1

55 निम्नलिखित में से कौन-सा अनुपात सबसे छोटा है?
(A) 8 : 9 (B) 2 : 5 (C) 7 : 11
(a) B (b) A और C दोनों
(c) C (d) A

56 यदि किसी वस्तु का अंकित मूल्य ₹3000 और विक्रय मूल्य ₹2400 है। छूट प्रतिशत कितना है?
(a) 10 (b) 20 (c) 30 (d) 15

57 यदि एक निश्चित धनराशि साधारण ब्याज पर 11 वर्ष 6 माह में दोगुनी हो जाती है, तो वार्षिक ब्याज दर क्या होगी?
(a) 8.69% (b) 8.44%
(c) 9.68% (d) 12.72%

58 56 संख्याओं का औसत 72 है। यदि हम प्रत्येक संख्या में एक संख्या 'B' जोड़ दें, तो औसत 144 हो जाता है। B का मान कितना है?
(a) 81 (b) 72 (c) 79 (d) 76

59 यदि Y किसी काम का $\frac{3}{5}$ भाग 60 दिनों में पूरा कर सकता है, तो उसी काम का $\frac{1}{10}$ भाग पूरा करने में Y को कितने दिनों का समय लगेगा?
(a) 10 दिन (b) 15 दिन (c) 11 दिन (d) 12 दिन

60 एक वस्तु 30% और 50% की दो क्रमिक छूट के बाद ₹2240 में बेची जाती हैं। वस्तु का अंकित मूल्य कितना है?
(a) ₹ 6400 (b) ₹ 6500 (c) ₹ 6600 (d) ₹ 6000

भाग-IV हिन्दी

61 निम्नलिखित प्रश्न में दिए गए चार विकल्पों में से उस विकल्प का चयन करें, जो दिए गए मुहावरे के अर्थ को सर्वश्रेष्ठ रूप से व्यक्त करता है।
नेकी और पूछ-पूछ
(a) भलाई करने में क्या पूछना
(b) काम करने के लिए स्वयं समर्थ न होना
(c) गलत काम करके सफाई देना
(d) पूछ कर ही कोई काम करना

62 निम्नलिखित प्रश्न में चार विकल्पों में उस विकल्प का चयन करें, जो कोष्ठक में दिए गए शब्द के विलोम शब्द का सही विकल्प है।
मेरे (अग्रज)............ बहुत की जानकार व्यक्ति हैं।
(a) अनुज (b) भाई
(c) संकेत (d) अनजान

63 निम्नलिखित प्रश्न में चार विकल्पों में से उस विकल्प का चयन करें, जो रिक्त स्थान के लिए सही भाववाचक संज्ञा वाला विकल्प हो।
विकास की आवाज में बहुत............ है।
(a) प्यास (b) मिठास
(c) खटास (d) दर्दनाक

64 निम्नलिखित प्रश्न में चार विकल्पों में से उस विकल्प का चयन करें, जो कोष्ठक में दिए गए शब्द के तद्भव रूप का सही विकल्प है।
आज बहुत दिनों बाद बाहर (अर्द्ध)............ चाँद दिखाई दे रहा है।
(a) आधा (b) गोत
(c) गीध (d) अक्षवाट

65 निम्नलिखित प्रश्न में चार विकल्पों में से उस सही विकल्प का चयन करें, जो वाक्यांश के लिए एक शब्द का विकल्प हो।
पत्थर को गढ़ने वाला औजार
(a) छावनी (b) छेनी
(c) चम्पू (d) जंगम

66 दिए गए शब्द का विलोम शब्द ज्ञात कीजिए
कटु
(a) शब्दहीन (b) सुख
(c) नरम (d) मृदु

67 दिए गए शब्द का पर्यायवाची ज्ञात कीजिए
अनाथ
(a) नाथहीन (b) आज्ञा
(c) सम्मान (d) समान

68 निम्नलिखित वाक्य में उस वाक्यांश को पहचानिए, जिसमें मात्राओं से सम्बन्धित अशुद्धियाँ हैं। यदि कोई गलती नहीं है, तो 'कोई त्रुटि नहीं है' का चुनाव कीजिए।
पर्यावरण के प्रति लोगों को उसका महत्त्व समझाने/और जागरुकता लाने के लिए हर वर्ष 5 जून का दिन/'विश्व पर्यावरण दिवस' के रूप में मनाया जाता है।
(a) कोई त्रुटि नहीं है
(b) 'विश्व पर्यावरण दिवस' के रूप में मनाया जाता है
(c) और जागरुकता लाने के लिए हर साल 5 जून का दिन
(d) पर्यावरण के प्रति लोगों को उसका महत्त्व समझाने

69 दिए गए वाक्य में से निरर्थक शब्द ज्ञात कीजिए।
तूफान की वजह से अनेक पेड़-वेड़ गिर गए हैं।
(a) तूफान (b) वजह
(c) -वेड़ (d) अनेक

70 दिए गए वाक्य में उचित पर्यायवाची शब्द का चयन करके रिक्त स्थान की पूर्ति करें।
............(बुद्धिमान) वही है, जो दूसरों को माफ कर दे।
(a) ज्ञानी (b) दोषी
(c) कुल (d) घर

71 निम्नलिखित वाक्य में रेखांकित भाग के लिए एक सार्थक शब्द ज्ञात कीजिए।
यहाँ आकाश को चूमने वाली कई इमारतें हैं।
(a) विशाल (b) ऊँची
(c) गगनचुम्बी (d) बेमिसाल

72 दिए गए वाक्यांश के लिए सार्थक शब्द ज्ञात कीजिए।
समुद्र में लगने वाली आग
(a) समिधा
(b) बड़वाग्नि
(c) जठराग्नि
(d) दावाग्नि

73 दिए गए वाक्य का वह भाग ज्ञात करें, जिसमें कोई त्रुटि है।
आज नई शिक्षा नीति के ऊपर चर्चा होगी और फैसला लिया जाएगा।
(a) आज नई शिक्षा
(b) नीति के ऊपर
(c) चर्चा होगी और
(d) फैसला लिया जाएगा।

74 निम्नलिखित वाक्य में उस वाक्यांश को पहचानिए, जिसमें मात्राओं से सम्बन्धित अशुद्धियाँ हैं। यदि कोई गलती नहीं है, तो 'कोई त्रुटि नहीं है' का चुनाव कीजिए।
राष्ट्रीय ध्वज ही किसी भी देश का प्रतीक होता है, जिससे यह पता लगा जा पाता है कि उस देश का अतीत क्यों है?
उस देश का वर्तमान क्या है और देश का भविष्य क्या है.
(a) राष्ट्रीय ध्वज ही किसी भी देश का प्रतीक होता है
(b) जिससे यह पता लगा जा पाता है कि उसे देश का अतीत क्यों है
(c) कोई त्रुटि नहीं है
(d) उस देश का वर्तमान क्या है और देश का भविष्य क्या है

75 निम्नलिखित प्रश्न में चार विकल्पों में से उस विकल्प का चयन करें, जो दिए गए मुहावरे का सही अर्थ वाला विकल्प है।
दाम लगाना
(a) कुछ पैसे देना (b) मूल्य आँकना
(c) पैसे देने में आनाकानी करना (d) मोलभाव करना

निर्देश (प्र.सं. 76-80) *नीचे दिए गए गद्य में कुछ शब्द छोड़ दिए गए हैं और प्रत्येक रिक्त स्थान के चार विकल्प दिए गए हैं। इन चारों में से कौन-सा विकल्प रिक्त स्थान की पूर्ति करेगा।*

तकनीक के (1)................ को लेकर प्रधानमन्त्री नरेन्द्र मोदी ने जो (2)..........जताई वह यह बताती है कि उसके गलत (3)...............की प्रवृत्ति बढ़ती जा रही है। दिल्ली में मुख्यालय में दीपावली मिलन (4)...............को सम्बोधित करते हुए प्रधानमन्त्री ने यह (5)............दी कि उनका भी डीपफेक वीडियो सामने आया है।

76 रिक्त स्थान (1) के लिए सबसे उपयुक्त विकल्प का चयन कीजिए
(a) उपयोग (b) इच्छा
(c) दुरुपयोग (d) पकड़

77 रिक्त स्थान (2) के लिए सबसे उपयुक्त विकल्प का चयन कीजिए
(a) चिन्ता (b) आवश्यकता
(c) गलत (d) बधाई

78 रिक्त स्थान (3) के लिए सबसे उपयुक्त विकल्प का चयन कीजिए
(a) सुशील (b) प्रकाश (c) इस्तेमाल (d) अधिकारी

79 रिक्त स्थान (4) के लिए सबसे उपयुक्त विकल्प का चयन कीजिए
(a) समारोह (b) कार्यालय
(c) शोक (d) घटना

80 रिक्त स्थान (5) के लिए सबसे उपयुक्त विकल्प का चयन कीजिए
(a) जानकारी (b) समझाया (c) बताया (d) उत्साह

उत्तरमाला

1.	(b)	2.	(a)	3.	(a)	4.	(c)	5.	(c)	6.	(a)	7.	(a)	8.	(b)	9.	(d)	10.	(d)
11.	(b)	12.	(a)	13.	(a)	14.	(b)	15.	(c)	16.	(c)	17.	(d)	18.	(d)	19.	(c)	20.	(a)
21.	(a)	22.	(b)	23.	(d)	24.	(c)	25.	(a)	26.	(a)	27.	(a)	28.	(b)	29.	(b)	30.	(b)
31.	(b)	32.	(c)	33.	(a)	34.	(a)	35.	(b)	36.	(a)	37.	(b)	38.	(b)	39.	(b)	40.	(a)
41.	(b)	42.	(a)	43.	(c)	44.	(d)	45.	(b)	46.	(b)	47.	(a)	48.	(d)	49.	(a)	50.	(d)
51.	(b)	52.	(a)	53.	(d)	54.	(b)	55.	(a)	56.	(b)	57.	(a)	58.	(b)	59.	(a)	60.	(a)
61.	(a)	62.	(a)	63.	(b)	64.	(a)	65.	(b)	66.	(d)	67.	(a)	68.	(a)	69.	(c)	70.	(a)
71.	(c)	72.	(b)	73.	(b)	74.	(b)	75.	(b)	76.	(c)	77.	(a)	78.	(c)	79.	(a)	80.	(a)

संकेत एवं हल

1. *(b)* प्रश्न आकृति में दिए गए कागज के टुकड़े को खोलने पर वह विकल्प आकृति (b) की तरह दिखाई देगा।

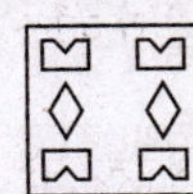

2. *(a)* प्रश्न में दी गई शृंखला निम्न प्रकार है,

$T \xrightarrow{+1} U \xrightarrow{+1} V \xrightarrow{+1} W \xrightarrow{+1} X$

$R \xrightarrow{+1} S \xrightarrow{+1} T \xrightarrow{+1} U \xrightarrow{+1} V$

$S \xrightarrow{+1} T \xrightarrow{+1} U \xrightarrow{+1} V \xrightarrow{+1} W$

3. *(a)* A = ×, B = ÷ तथा C = + रखने पर,

जिस प्रकार,

$10\ A\ 8\ B\ 4\ C\ 3 = 23$

$10 \times 8 \div 4 + 3 = 23$

$\Rightarrow 10 \times 2 + 3 = 23$

$\Rightarrow 20 + 3 = 23$

$\Rightarrow 23 = 23$

तथा $20\ A\ 4\ B\ 10\ C\ 5 = 13$

$20 \times 4 \div 10 + 5 = 13$

$\Rightarrow 20 \times \frac{4}{10} + 5 = 13$

$\Rightarrow 8 + 5 = 13 \Rightarrow 13 = 13$

उसी प्रकार,

$8\ A\ 12\ B\ 6\ C\ 4 = ?$

$? = 8 \times 12 \div 6 + 4$

$? = 8 \times 2 + 4$

$? = 16 + 4 = 20$

4. *(c)* प्रश्न में दी गई शृंखला निम्न प्रकार है,

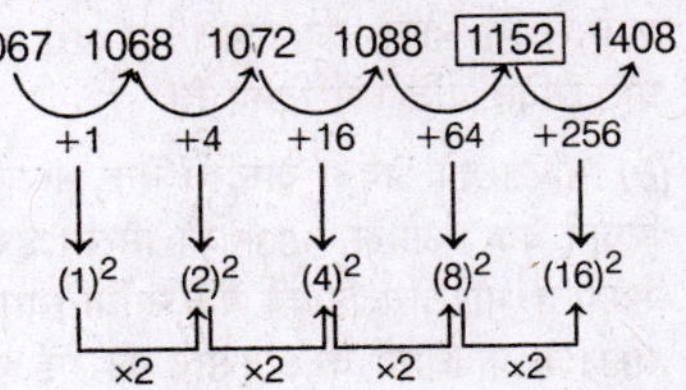

5. *(c)* जिस प्रकार,

TOGETHER (1 2 3 4 5 6 7 8) ⟶ T_OERGETH (1 2 7 8 3 4 5 6)

तथा

TOMORROW (1 2 3 4 5 6 7 8) ⟶ TOOWMORR (1 2 7 8 3 4 5 6)

उसी प्रकार,

BATHROOM (1 2 3 4 5 6 7 8) ⟶ BAOMTHRO (1 2 7 8 3 4 5 6)

6. *(a)* दी गई शृंखला का क्रम निम्न प्रकार है
wwxx yy / ww **x** x yy / wwxxy**y** / ww **x** x yy / wwxx**y**y

⇒ xyxy

7. *(a)* विकल्प आकृति (a) प्रश्न आकृति का सही दर्पण प्रतिबिम्ब है।

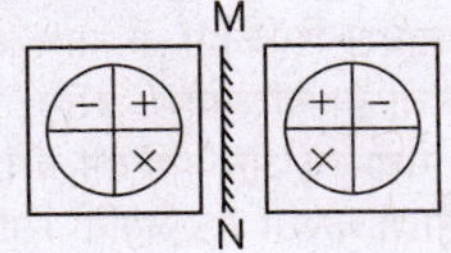

8. *(b)* कथनानुसार,

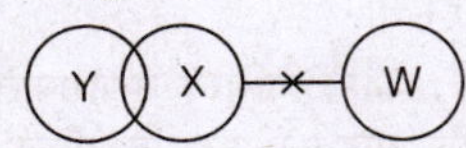

निष्कर्ष I. (✓) II. (✗)

अत: केवल निष्कर्ष I अनुसरण करता है।

9. *(d)* जिस प्रकार,

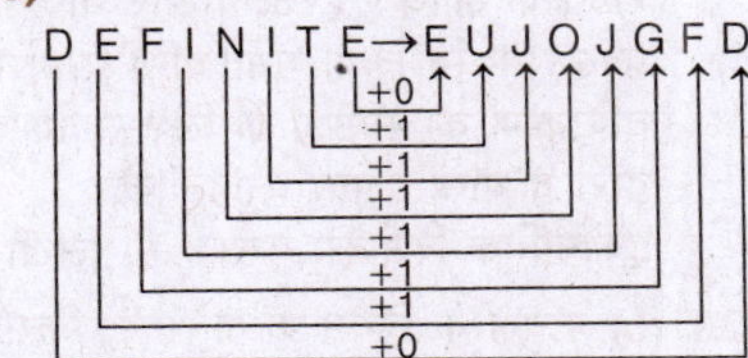

तथा

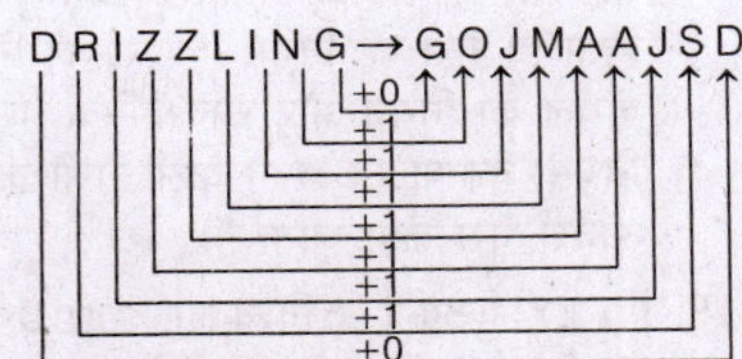

उसी प्रकार,

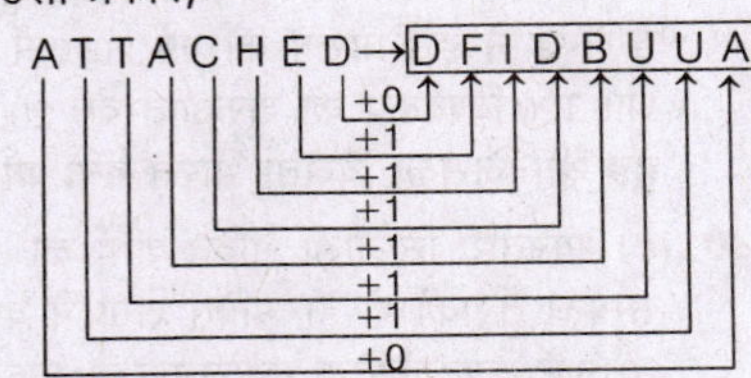

10. *(d)* अंग्रेजी शब्दकोश के अनुसार शब्दों का क्रम

Constable (4) → Constant (3) → Constitution (2)

Constrain (5) → Construction (1)

अत: अभीष्ट क्रम = 4, 3, 2, 5, 1

11. *(b)* दिया गया समीकरण

$= 5 \times 4 + 8 \div 2 - 7 = 35$

विकल्प (b) से, चिह्नों और संख्याओं को आपस में बदलने पर,

$5 \times 7 - 8 \div 2 + 4 = 35$

$\Rightarrow 5 \times 7 - 4 + 4 = 35$

$\Rightarrow 35 - 4 + 4 = 35$

$\Rightarrow 35 = 35$

12. *(a)* प्रश्नानुसार,

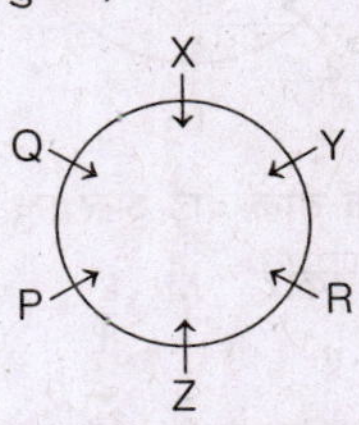

अत: R, Y और Z दोनों का निकटतम पड़ोसी है।

13. *(a)* दी गई शृंखला प्रत्येक अगली आकृति में वैकल्पिक रूप से एक चिह्न (♁) लम्बवत् और क्षैतिज रूप से जुड़ रहा है। अत: विकल्प आकृति (a) शृंखला की अगली आकृति है।

14. *(b)* प्रत्येक अगली आकृति में सभी अक्षर 90° वामावर्त दिशा में आगे बढ़ रहा है। अत: विकल्प आकृति (b) शृंखला की अगली आकृति है।

15. *(c)* विकल्प आकृति (c) प्रश्न आकृति का सही दर्पण प्रतिबिम्ब है।

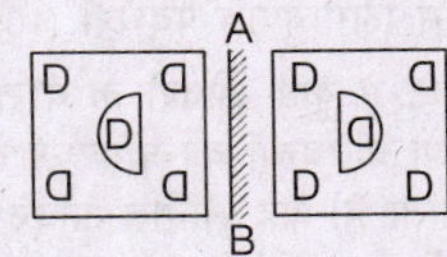

16. *(c)* प्रश्न में दी गई शृंखला का क्रम निम्न प्रकार है।

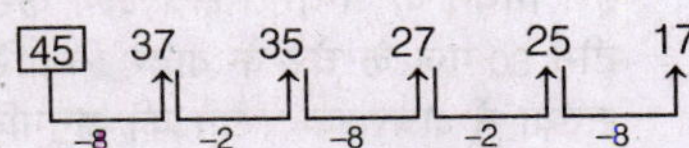

17. *(d)* जिस प्रकार, B H L (+2 +2 +2) → D J N

उसी प्रकार, O S W (+2 +2 +2) → Q U Y

18. *(d)* प्रश्नानुसार,

$T^+ \div V^- + W^+ \times U$

बेटा पत्नी पिता [+ ⇒ पुरुष, – ⇒ महिला]

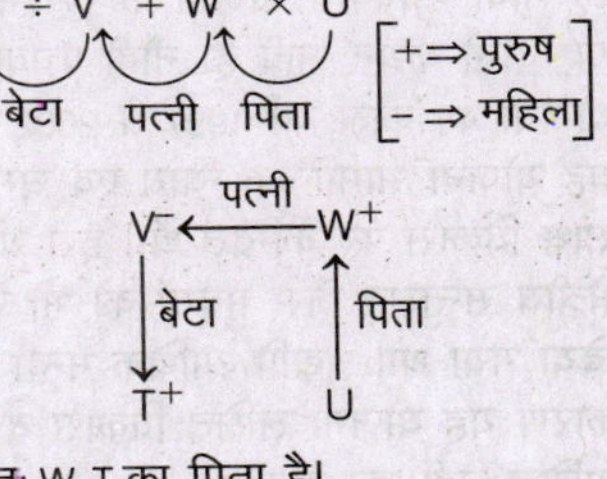

अत: W, T का पिता है।

19. *(c)* प्रश्नानुसार,

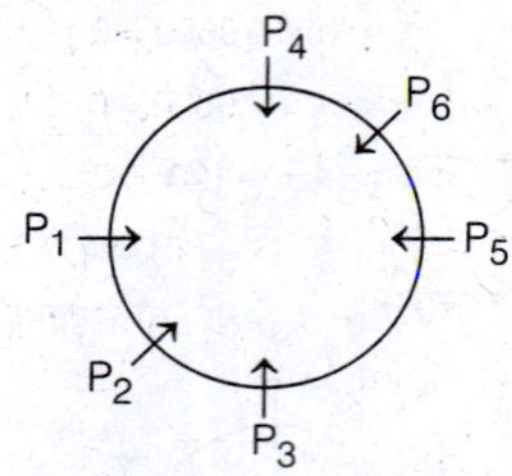

अत: P_3 के ठीक दाईं ओर P_5 बैठा है।

20. *(a)* जिस प्रकार, M → (+1) N, L → (+3) O

उसी प्रकार, G → (+1) H, E → (+3) H

21. *(a)* 2011 की जनगणना के अनुसार, भारत में लिंग अनुपात प्रति 1000 पुरुषों पर 943 है। जबकि बाल लिंगानुपात 919 है। लिंगानुपात के मामले में केरल का लिंगानुपात सर्वाधिक (1084) जबकि न्यूनतम लिंगानुपात के मामले में हरियाणा (877) का स्थान है। केन्द्र शासित प्रदेश में न्यूनतम लिंगानुपात दमन-दीव (618) का है तथा अधिकतम लिंगानुपात पुदुचेरी (1037) का है।

22. *(b)* क्रिकेट में कुछ ओवरों के दौरान कुछ क्षेत्र रक्षण प्रतिबन्धों को पावरप्ले के रूप में जाना जाता है। यह सीमित ओवर के क्रिकेट प्रारूपों में (वन डे, T-20) रन बनने से रोकने के लिए क्षेत्र रक्षण रणनीति है।

इस नियम के अन्तर्गत क्षेत्ररक्षण करने वाली टीम 30 गज के घेरे के बाहर निर्धारित संख्या में क्षेत्ररक्षक रखने की अनुमति रहती है।

23. *(d)* भारतीय उपमहाद्वीप में, मेहरगढ़ में बसावट की शुरुआत लगभग 8000 वर्ष पूर्व हुई थी। मेहरगढ़ पाकिस्तान के ब्लूचिस्तान में स्थित नवपाषाण युगीन स्थल है। यह स्थल दक्षिण एशिया में खेती और चरवाहों के प्रमाण के साथ प्रारम्भिक स्थलों में शामिल है। 7000 ई. पू. के लगभग यहाँ गेहूँ उगाने के प्रारम्भिक साक्ष्य मिले हैं।

24. *(c)* नौवीं पंचवर्षीय योजना के सन्दर्भ में दिए गए दोनों कथन सही हैं। नौवीं पंचवर्षीय योजना का काल वर्ष 1997 से 2002 तक है। यह योजना सामाजिक न्याय एवं समानता के साथ विकास पर केन्द्रित थी। इस योजना में क्षेत्रीय सन्तुलन जैसे मुद्दों को भी स्थान दिया गया था। यद्यपि आर्थिक मन्दी के कारण यह योजना लक्षित विकास दर को हासिल नहीं कर सकी।

25. *(a)* मई, 2023 में प्रवीण कुमार श्रीवास्तव ने केन्द्रीय सतर्कता आयुक्त के रूप में शपथ ली।

केन्द्रीय सतर्कता आयोग भारत में एक शीर्ष सरकारी निकाय है, जो देश के सार्वजनिक प्रशासन में अखण्डता, पारदर्शिता और जवाबदेही को बढ़ावा देती है। इसकी स्थापना वर्ष 1964 में सन्थानम समिति की सिफारिशों के आधार पर हुई।

26. *(a)* बांग्लादेश सिक्किम के साथ सीमा साझा नहीं करता है। बांग्लादेश असम, मिजोरम, त्रिपुरा, मेघालय और पश्चिम बंगाल के साथ सीमा साझा करता है, जबकि सिक्किम नेपाल, चीन व भूटान के साथ सीमा साझा करता है।

27. *(a)* वर्ष 1944 में विभिन्न उद्योगपति एकसाथ आए और भारत में एक नियोजित अर्थव्यवस्था करने के लिए एक संयुक्त प्रस्ताव का मसौदा तैयार किया, जिसे बॉम्बे प्लान के नाम से जाना जाता है, जिसमें राज्य के आर्थिक हस्तक्षेप और योजना का प्रबल समर्थन किया गया। बॉम्बे प्लान के दृष्टिकोण की समीक्षा के लिए संजय बारू द्वारा द बॉम्बे प्लानः ब्लूप्रिंट फॉर इकोनॉमिक रिसर्जेस पुस्तक भी लिखी गई।

28. *(b)* बॉयल के नियम के अनुसार, किसी गैस के अणुओं की मात्रा और संख्या स्थिर रहे, तो गैस का दाब और ताप व्युत्क्रमानुपाती होता है। गैस का नियम (चार्ल्स का नियम, बॉयल का नियम और सार्वभौमिक गैस नियम) का पालन करने वाली गैसों को आदर्श गैस कहा जाता है।

29. *(b)* ICC पुरुष T 20 विश्वकप, 2022 इंग्लैण्ड ने जीता। इंग्लैण्ड ने यह विश्वकप पाकिस्तान को हराकर जीता। इससे पूर्व इंग्लैण्ड ने इस प्रारूप को वर्ष 2010 में जीता था। T20 विश्वकप की शुरुआत वर्ष 2007 से हुई थी। जिसका विजेता भारत बना था।

30. *(b)* भारतीय खिलाड़ी भक्ति शर्मा का सम्बन्ध तैराकी से है। भक्ति शर्मा ने वर्ष 2015 में अण्टार्कटिक महासागर में एक डिग्री सेल्सियस तापमान में 1.4 मील की दूरी 52 मिनट में तय कर विश्व रिकॉर्ड बनाया। यह रिकॉर्ड बनाने वाली वह सबसे युवा तथा प्रथम एशियाई महिला हैं।

31. *(b)* उगादि कर्नाटक का मुख्य त्योहार है। यह दक्षिण भारत में नव वर्ष तथा बसन्त आगमन के रूप में मनाया जाता है। यह त्योहार हिन्दू पंचांग के अनुसार, चैत्र माह के प्रथम दिन मनाया जाता है। यह कर्नाटक के अतिरिक्त आन्ध्र प्रदेश तथा तेलंगाना में भी मनाया जाता है।

32. *(c)* मुद्रा की पूर्ति के सन्दर्भ में दिए गए दोनों कथन सत्य हैं। आधुनिक अर्थव्यवस्था में मुद्रा के अन्तर्गत नकदी तथा बैंक जमाएँ, डाकघर जमाएँ आदि को शामिल किया जाता है। मुद्रा आधुनिक अर्थव्यवस्था में विनिमय तथा देयता की पूर्ति का माध्यम है, जिसका निर्माण रिजर्व बैंक (केन्द्रीय बैंक) तथा व्यावसायिक बैंकिंग व्यवस्था द्वारा किया जाता है।

33. *(a)* हद्दू खान तथा हस्सू खान ख्याल शैली के ज्ञाता थे। इनका सम्बन्ध ग्वालियर घराने से है। ध्रुपद तथा ख्याल दोनों गायन शैली ग्वालियर घराने से सम्बन्धित हैं। हद्दू खान तथा हस्सू खान ग्वालियर घराने के ही नाथन पीर बख्श के पुत्र थे।

34. *(a)* 2 जुलाई, 2023 से वर्तमान तक महाराष्ट्र के उपमुख्यमन्त्री अजित पवार हैं। महाराष्ट्र में कुल दो उपमुख्यमन्त्री हैं, दूसरे उपमुख्यमन्त्री देवेन्द्र फड़नवीस हैं। अजित पवार राष्ट्रवादी कांग्रेस पार्टी के नेता हैं।

35. *(b)* ब्रह्म समाज के संस्थापक राजा राममोहन राय थे। राजा राममोहन राय प्रमुख आधुनिक सुधारवादी थे, जिन्होंने 1828 ई. में ब्रह्म समाज की स्थापना की थी। इससे पूर्व इन्होंने 1815-16 ई. में आत्मीय सभा की भी स्थापना की थी। इन्हें भारतीय पुनर्जागरण का पिता भी कहा जाता है।

36. *(a)* वर्ष 2011 की जनगणना के अनुसार भारत के बिहार राज्य का जनघनत्व सर्वाधिक (1106) है, इसके पश्चात् पश्चिम बंगाल (1028), केरल (860), उत्तर प्रदेश (829) तथा हरियाणा (573) हैं, जबकि न्यूनतम जनघनत्व वाले राज्यों में अरुणाचल प्रदेश (17), मिजोरम (52), सिक्किम (86) शामिल हैं। भारत का जनघनत्व 382 प्रतिव्यक्ति प्रति वर्ग किमी है।

37. *(b)* भारत को अपना केन्द्रीय बैंक भारतीय रिजर्व बैंक 1 अप्रैल, 1935 को मिला। इसकी स्थापना भारतीय रिजर्व बैंक अधिनियम, 1934 के प्रावधानों के अनुसार की गई थी। वर्ष 1949 में इसका राष्ट्रीयकरण किया गया था। प्रारम्भ में यह निजी स्वामित्व वाला बैंक था।

38. *(b)* अबुआ आवास योजना, 2023 की शुरुआत झारखण्ड राज्य में की गई थी। यह योजना झारखण्ड सरकार द्वारा गरीबों को पक्का मकान उपलब्ध कराने के लिए ₹ 2 लाख के आर्थिक प्रोत्साहन का प्रावधान करती है। यह प्रधानमन्त्री आवास योजना के लाभ से वंचित लोगों के लिए है।

39. *(b)* बॉम्बे उच्च न्यायालय की स्थापना 14 अगस्त, 1862 को हुई थी। इसकी स्थापना भारतीय उच्च न्यायालय अधिनियम, 1861 के

अन्तर्गत की गई थी। इस अधिनियम द्वारा कलकत्ता तथा मद्रास उच्च न्यायालय की भी स्थापना की गई थी। इस अधिनियम द्वारा स्थापित पहला उच्च न्यायालय कलकत्ता उच्च न्यायालय था।

40. *(a)* कुचिपुड़ी शास्त्रीय नृत्य शैली का सम्बन्ध आन्ध्र प्रदेश राज्य से है। इसका नाम आन्ध्र प्रदेश के कृष्णा जिले के कुचिपुड़ी नामक गाँव के नाम पर पड़ा है। यह भारतीय नृत्य की पारम्परिक शैली है, जो तीसरे-चौथे दशक में नृत्य-नाटक की लम्बी तथा समृद्ध परम्परा से विकसित हुई है। भारत में कुल आठ शास्त्रीय नृत्य हैं।

41. *(b)* माना राशि $= x$

प्रश्नानुसार,

$$x \times \frac{60}{100} = 120$$

$$x = \frac{120 \times 100}{60} = ₹\,200$$

42. *(a)* दिया है,

कार का प्रारम्भिक मूल्य $=$ ₹ 500000

$\because$ प्रति वर्ष 10% की कमी होती है।

$\therefore$ 3 वर्ष बाद कार का मूल्य

$$= 500000 \times \frac{90}{100} \times \frac{90}{100} \times \frac{90}{100}$$

$=$ ₹ 364500

43. *(c)* माना पहली संख्या $= a$

दूसरी संख्या $= b$

और तीसरी संख्या $= c$

प्रश्नानुसार,

$$\frac{a+b}{2} - \frac{(b+c)}{2} = 20$$

$$\Rightarrow \frac{a+b-b-c}{2} = 20$$

$$\Rightarrow a - c = 40$$

$\therefore$ पहली और तीसरी संख्या का अन्तर $= 40$

44. *(d)* 110 का 15% + 125 का 50%

$$= 110 \times \frac{15}{100} + 125 \times \frac{50}{100}$$

$$= 16.5 + 62.5 = 79$$

45. *(b)* दिया है,

कुर्सी का विक्रय मूल्य $=$ ₹ 7790

हानि $= 18\%$

कुर्सी का क्रय मूल्य $= 7790 \times \frac{100}{(100-18)}$

$$= 7790 \times \frac{100}{82} = ₹\,9500$$

46. *(b)* $100 - 40 \div 5 \times 2 + 2$

BODMAS के नियम अनुसार,

$= 100 - 8 \times 2 + 2 = 100 - 16 + 2$

$= 102 - 16 = 86$

47. *(a)* दिया है, $G : H : J = 5 : 3 : 2$

माना $G = 5K, H = 3K$ और $J = 2K$

और $J : K = 2 : 5$

माना $J = 2K, K = 6K$

$\therefore$ $G : K = 5K : 5K$

$= 1 : 1$

48. *(d)* दिया है, ₹ 70 में 54 कुर्सियाँ बेचने पर 30% हानि होती है।

54 कुर्सियों का क्रय मूल्य $= 70 \times \frac{100}{100-30}$

$$= 70 \times \frac{100}{70} = ₹\,100$$

15% लाभ पर,

54 कुर्सियों का क्रय मूल्य

$$= 100 \times \left(\frac{100+15}{100}\right)$$

$$= 100 \times \frac{115}{100} = ₹\,115$$

49. *(a)* माना आयत की लम्बाई $= l$ इकाई

तथा चौड़ाई $= b$ इकाई

आयत का क्षेत्रफल $= lb$ वर्ग इकाई

माना चौड़ाई को $x\%$ घटाया जाता है, तो

$$l \times \frac{111.11}{100} \times \frac{b(100-x)}{100} = lb$$

$\Rightarrow 111.11 \times (100 - x) = 10000$

$\Rightarrow 11111 - 111.11x = 10000$

$\Rightarrow 111.11x = 11111 - 10000$

$\Rightarrow 111.11x = 1111$

$\Rightarrow x = \frac{1111}{111.11} = 10\%$ (लगभग)

50. *(d)* 25 से विभाज्यता नियम के अनुसार, यदि किसी संख्या के अन्तिम दो अंक शून्य हो या 25 से विभाजित हो, तब वह संख्या भी 25 से विभाज्य होगी।

अतः विकल्प (d) में दी गई संख्या, 1885, 25 से विभाज्य नहीं है।

51. *(b)* $\frac{46}{7}$ का $\frac{21}{2} - \frac{92}{14} \div \frac{23}{56}$

BODMAS के नियम अनुसार

$$= 69 - \frac{92}{14} \times \frac{56}{23} = 69 - 16 = 53$$

52. *(a)* दिया है, दूरी $= 960$ किमी

माना रेलगाड़ी की सामान्य चाल

$= x$ किमी/घण्टा

प्रश्नानुसार,

$$\frac{960}{x-40} - \frac{960}{x} = 4$$

$$\Rightarrow \frac{960x - 960(x-40)}{x^2 - 40x} = 4$$

$$\Rightarrow 960x - 960x + 38400 = 4(x^2 - 40x)$$

$$\Rightarrow x^2 - 40x = 9600$$

$$\Rightarrow x^2 - 40x - 9600 = 0$$

$$\Rightarrow x^2 - 120x + 80x - 9600 = 0$$

$$\Rightarrow x(x-120) + 80(x-120) = 0$$

$$\Rightarrow (x-120)(x+80) = 0$$

$\Rightarrow x = 120$ (क्योंकि x का मान ऋणात्मक नहीं हो सकता।)

अतः रेलगाड़ी की सामान्य चाल

$= 120$ किमी/घण्टा

53. *(d)* हम जानते हैं,

$$\frac{M_1D_1T_1}{W_1} = \frac{M_2D_2T_2}{W_2}$$

प्रश्नानुसार,

$$\frac{27 \times 15}{225} = \frac{33 \times D_2}{165}$$

$$D_2 = \frac{165 \times 27 \times 15}{33 \times 225} = 9$$

अतः 33 आदमी 9 दिन में 165 हेक्टेयर घास काट सकते हैं।

54. *(b)* $1.5 \times 0.6 + 2.4 \times 0.5 + 7.5 \times 0.4$

$$= \frac{15 \times 6}{10 \times 10} + \frac{24 \times 5}{100} + \frac{75 \times 4}{100}$$

$$= \frac{90}{100} + \frac{120}{100} + \frac{300}{100} = \frac{510}{100} = 5.1$$

55. *(a)* $A = \frac{8}{9} = 0.88$

$$B = \frac{2}{5} = 0.4$$

$$C = \frac{7}{11} = 0.63$$

अतः B सबसे छोटा अनुपात है।

56. *(b)* दिया है,

वस्तु का अंकित मूल्य $=$ ₹ 3000

और वस्तु का विक्रय मूल्य $=$ ₹ 2400

छूट $=$ अंकित मूल्य $-$ विक्रय मूल्य

$=$ ₹(3000 − 2400) $=$ ₹ 600

छूट% $= \frac{600}{3000} \times 100 = 20\%$

57. *(a)* माना धनराशि $=$ ₹ x

तो मिश्रधन $=$ ₹ $2x$

ब्याज $=$ ₹$(2x - x) =$ ₹ x

समय $= 11$ वर्ष 6 माह $= 11\frac{1}{2}$ वर्ष $= \frac{23}{2}$ वर्ष

माना ब्याज दर $= r\%$ प्रति वर्ष

प्रश्नानुसार,

$$x \times \frac{23}{2} \times r \times \frac{1}{100} = x$$

$$\Rightarrow r = \frac{200}{23} = 8.69\%$$

58. *(b)* प्रश्नानुसार,
56 संख्याओं का योग $56 \times 72 = 4032$
प्रत्येक संख्या में B जोड़ने पर

$$\frac{4032 + 56B}{56} = 144$$

$$\Rightarrow \frac{56(72 + B)}{56} = 144$$

$$\Rightarrow B = 144 - 72 = 72$$

59. *(a)* दिया है, Y किसी काम का $\frac{3}{5}$ भाग 60 दिन में पूरा करता है, तब
Y द्वारा पूरा कार्य करने में लगा समय

$$= \frac{5}{3} \times 60 = 100 \text{ दिन}$$

Y द्वारा उसी काम का $\frac{1}{10}$ भाग को पूरा करने में लगा समय $= \frac{1}{10} \times 100 = 10$ दिन

60. *(a)* दिया है, वस्तु का विक्रय मूल्य = ₹ 2240
दो क्रमिक छूट क्रमशः 30% तथा 50% हैं।
अतः वस्तु का अंकित मूल्य

$$= 2240 \times \frac{100}{(100 - 30)} \times \frac{100}{(100 - 50)}$$

$$= 2240 \times \frac{100}{70} \times \frac{100}{50} = ₹\ 6400$$

वैकल्पिक विधि

$$x = -30\%$$

$$y = -50\%$$

कुल छूट $= x + y + \frac{xy}{100}$

$$= -30 - 50 + \frac{50 \times 30}{100}$$

$$= -80 + 15 = -65\%$$

$$\therefore \text{ अंकित मूल्य} = \frac{2240 \times 100}{(100 - 65)}$$

$$= \frac{2240 \times 100}{35} = ₹\ 6400$$

61. *(a)* 'नेकी और पूछ-पूछ' मुहावरे का अर्थ है–भलाई करने में क्या पूछना।
वाक्य प्रयोग यदि तुम्हें गरीब बच्चियों की मदद करनी है तो करें, क्योंकि ऐसे कार्य में नेकी और पूछ-पूछ नहीं होती।

62. *(a)* दिए गए वाक्य में कोष्ठक शब्द (अग्रज) का विलोम शब्द 'अनुज' होगा। 'अग्रज' बड़ा भाई के लिए तथा 'अनुज' छोटे भाई के लिए प्रयोग किया जाने वाला शब्द है।

63. *(b)* दिए गए वाक्य में रिक्त स्थान की पूर्ति के लिए भाववाचक संज्ञा शब्द 'मिठास' है। अतः पूर्ण वाक्य विकास की आवाज में वह मिठास है। अन्य विकल्प असंगत हैं।

64. *(a)* दिए गए वाक्य में कोष्ठक शब्द (अर्द्ध) तत्सम शब्द का तद्भव रूप 'आधा' है। अन्य विकल्प असंगत हैं।

65. *(b)* पत्थर को गढ़ने वाला औजार वाक्यांश के लिए एक उचित शब्द 'छेनी' है। अन्य विकल्प असंगत हैं।

66. *(d)* दिए गए शब्द 'कटु' का विलोम शब्द 'मृदु' है। कटु का अर्थ कड़वा तथा मृदु का अर्थ मीठा होता है। अन्य विकल्प असंगत हैं।

67. *(a)* दिए गए शब्द 'अनाथ' का पर्यायवाची शब्द 'नाथहीन' है अर्थात् जिसका कोई न हो अनाथ या नाथहीन होता है। अनाथ के अन्य पर्यायवाची शब्द यतीम, बेसहारा, लाचार व निराश्रित होते हैं।

68. *(a)* दिए गए वाक्य में मात्राओं से सम्बन्धित कोई अशुद्धियाँ व त्रुटियाँ नहीं हैं अर्थात् विकल्प (a) कोई त्रुटि नहीं है, सही उत्तर होगा।

69. *(c)* दिए गए वाक्य में (वेड़) निरर्थक शब्द है, जिसका कोई अर्थ नहीं है।

70. *(a)* दिए गए वाक्य में कोष्ठक शब्द (बुद्धिमान) के लिए उचित पर्यायवाची शब्द 'ज्ञानी' है। अन्य विकल्प असंगत हैं।

71. *(c)* वाक्य के रेखांकित भाग आकाश को चूमने वाली वाक्यांश के लिए एक सार्थक शब्द 'गगनचुम्बी' है। गगन को चूमने वाला अर्थात् गगनचुम्बी है।

72. *(b)* समुद्र में लगने वाली आग के लिए सार्थक शब्द 'बड़वाग्नि' होगा। 'जठर' अर्थात् पेट में लगने वाली आग 'जठराग्नि' कहलाती है।

73. *(b)* दिए गए वाक्य में से 'नीति के ऊपर' वाक्यांश त्रुटिपूर्ण है। अतः सही वाक्य है- आज नई शिक्षा नीति पर चर्चा होगी और फैसला लिया जाएगा।

74. *(b)* दिए गए वाक्य में 'जिससे यह पता लगा जा पाता है कि उस देश का अतीत क्यों है' विकल्प त्रुटिपूर्ण है। सही वाक्य- राष्ट्रीय ध्वज ही किसी भी देश का प्रतीक होता है, जिससे यह पता लगाया जा सकता है कि उस देश का अतीत क्या है? उस देश का वर्तमान क्या है और देश का भविष्य क्या है?

75. *(b)* 'दाम लगाना' मुहावरे का अर्थ है- मूल्य आँकना।
वाक्य प्रयोग राहुल ने कम्प्यूटर खरीदने के दौरान उसके सही-सही दाम लगाए।

76. *(c)* रिक्त स्थान (1) के लिए सबसे उपयुक्त विकल्प 'दुरुपयोग' है। अतः पूर्ण वाक्य है–तकनीक के दुरुपयोग को लेकर प्रधानमन्त्री ने ही चिन्ता जताई।

77. *(a)* रिक्त स्थान (2) के लिए सबसे उपयुक्त शब्द 'चिन्ता' है। अतः पूर्ण वाक्य है–तकनीक के दुरुपयोग को लेकर प्रधानमन्त्री ने ही चिन्ता जताई।

78. *(c)* रिक्त स्थान (3) के लिए सबसे उपयुक्त विकल्प 'इस्तेमाल' होगा। अतः पूर्ण वाक्य है- यह बताती है कि किस तरह उसके गलत इस्तेमाल की प्रवृत्ति बढ़ती जा रही है।

79. *(a)* रिक्त स्थान (4) के लिए सबसे उपयुक्त विकल्प 'समारोह' होगा। अतः पूर्ण वाक्य है–दिल्ली में मुख्यालय में दीपावली मिलन समारोह का सम्बोधित करते हुए।

80. *(a)* रिक्त स्थान (5) के लिए सबसे उपयुक्त विकल्प 'जानकारी' होगी। अतः पूर्ण वाक्य है-यह जानकारी दी कि उनका भी डीपफेक वीडियो सामने आया है।

06 मार्च 2024
(शिफ्ट I)

सॉल्वड पेपर 2024

SSC कांस्टेबल (जीडी) सेट 44

भाग-I सामान्य बुद्धिमत्ता एवं तर्कशक्ति

1 दिए गए शब्दों को अंग्रेजी वर्णमाला के क्रम में व्यवस्थित कीजिए।
1. EXOTIC 2. EXEMPLIFY
3. EXERCISE 4. EXHAUST
5. EXCHANGE
(a) 5, 4, 2, 3, 1 (b) 5, 2, 4, 1, 3
(c) 5, 3, 2, 4, 1 (d) 5, 2, 3, 4, 1

2 निम्नलिखित विकल्पों में से उस विकल्प का चयन कीजिए, जो तीसरे शब्द से ठीक उसी प्रकार सम्बन्धित है, जिस प्रकार दूसरा शब्द पहले शब्द से सम्बन्धित है।
अग्निशमक : पाइप :: माली : ?
(a) तौलिया (b) जाली (c) कलम (d) खुरपा

3 निम्न में से कौन-सी उत्तर आकृति प्रश्न आकृति के पैटर्न को पूरा करेगी? (घूर्णन की अनुमति नहीं है)

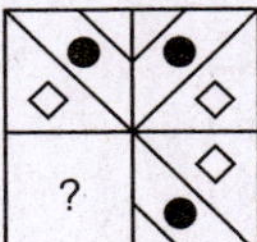

(a)
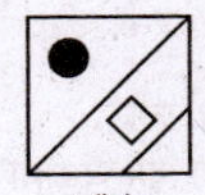
(b)
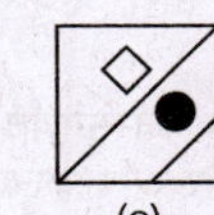
(c)
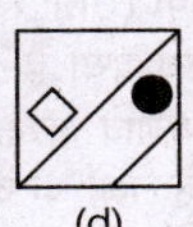
(d)

4 निम्नलिखित अक्षर-समूहों में से अक्षरों का कौन-सा समूह क्रमबद्ध रूप से बाईं से दाईं ओर रखे जाने पर नीचे दी गई श्रृंखला को पूरा करेगा?
ccdde_ffggcc_deeffggccdd_eff_g
(a) efgh (b) edeg (c) efcg (d) cdeg

5 निम्नलिखित विकल्पों में से दी गई श्रृंखला से लुप्त संख्या का चयन कीजिए।
64, 32, 16, 8, 4, ?, 1
(a) 2 (b) 6 (c) 4 (d)

6 नीचे दी गई विकल्प आकृतियों में से उस आकृति का चयन कीजिए, जिसमें प्रश्न आकृति छिपी/निहित है। (घूर्णन की अनुमति नहीं है)

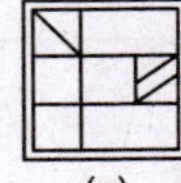
(a)
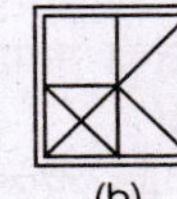
(b)
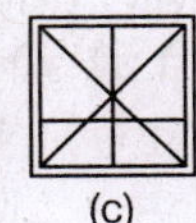
(c)
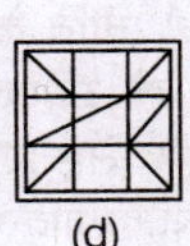
(d)

7 यदि 10 * 14 @ 2 # 8 = 8 और 19 * 16 @ 4 # 5 = 15 है, तो 30 * 19 @ 11 # 12 = ?
(a) –10 (b) –30
(c) –83 (d) 0

8 नीचे दर्शाए गए अनुसार एक कागज को मोड़कर काटा जाता है। खोले जाने पर यह कैसा दिखाई देगा?

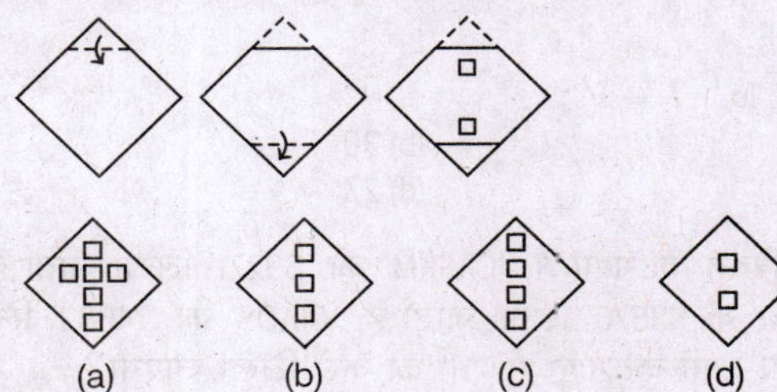

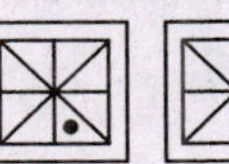
(a)
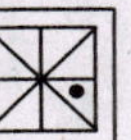
(b)
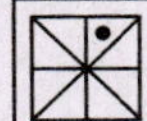
(c)
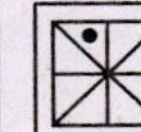
(d)

9 दिए गए विकल्पों में से उस आकृति का चयन कीजिए, जिसे दी गई आकृति श्रृंखला में प्रश्नचिह्न (?) के स्थान पर रखा जा सकता है।

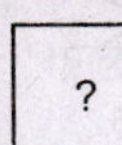

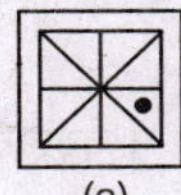
(a)
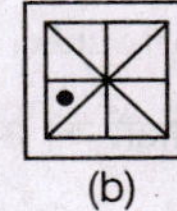
(b)
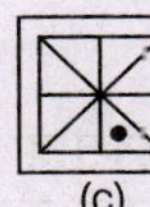
(c)
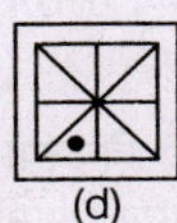
(d)

10 दिए गए विकल्पों में से उस आकृति का चयन कीजिए, जिसे दी गई आकृति श्रृंखला में प्रश्नचिह्न (?) के स्थान पर रखा जा सकता है।

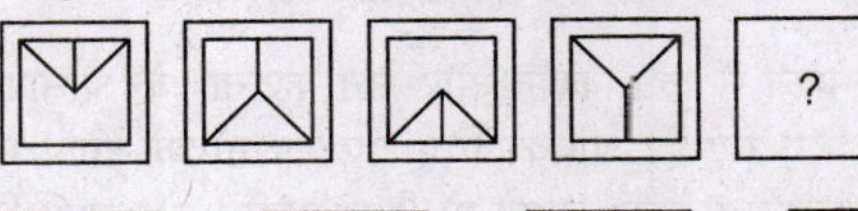

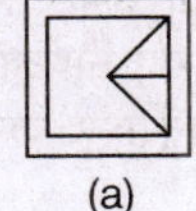
(a)
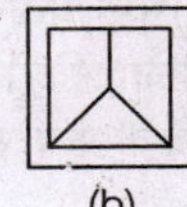
(b)
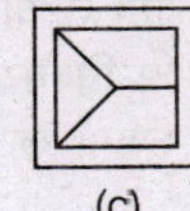
(c)
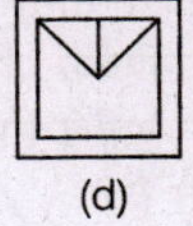
(d)

11 आठ लड़कियाँ A, B, C, D, E, F, G और H एक वृत्ताकार मेज के चारों ओर केन्द्र की ओर मुख करके बेठी हैं (परन्तु जरूरी नहीं कि वे इसी क्रम में बैठी हों)। A, D के बाईं ओर से दूसरे स्थान पर है। D, E के बाईं ओर से तीसरे स्थान पर है। C, G के दाईं ओर से तीसरे स्थान पर है। G, E की निकटतम पड़ोसी नहीं है। H, B के दाईं ओर से तीसरे स्थान पर है। B, G के दाईं ओर से दूसरे स्थान पर है। E के ठीक बाईं ओर कौन बैठी है?
(a) B (b) H
(c) A (d) C

12 एक निश्चित कूटभाषा में, 'ABROAD' को 'RBAQCF' लिखा जाता है, 'COUPLE' को 'UOCRNG' लिखा जाता है। उसी कूटभाषा में, 'DECADE' को कैसे लिखा जाएगा?
(a) DECGFC (b) GFCDEC
(c) GFCCED (d) CEDCFG

13 'E × F' का अर्थ है, 'E, F की पत्नी है।
'E + F' का अर्थ है, 'E, F का भाई है।
'E ÷ F' का अर्थ है, 'E, F की बहन है।
'E − F' का अर्थ है, 'E, F का बेटा है।
व्यंजक 'S + H × I + J' में S का I से क्या सम्बन्ध है?
(a) बहन का पति (b) भाई
(c) पिता (d) पत्नी का भाई

14 निम्नलिखित विकल्पों में से दी गई श्रृंखला से लुप्त संख्या का चयन कीजिए।
1, 14, –3, 16, – 7, ?
(a) 20 (b) 30
(c) 22 (d) 27

15 एक निश्चित कूटभाषा में, 'CASKM' को '69271' लिखा जाता है, 'CHARM' को '13576' लिखा जाता है, 'CIAOS' को '74682' लिखा जाता है। उसी कूटभाषा में, 'H' को कैसे लिखा जाएगा?
(a) 7 (b) 1
(c) 6 (d) 3

16 निम्नलिखित प्रश्न में, दिए गए विकल्पों में से सम्बन्धित अक्षर-युग्म का चयन कीजिए।
UYP : TXO :: ?
(a) UXT : BFU (b) COX : ZUZ
(c) ACD : AEX (d) FSH : ERG

17 दिए गए विकल्पों में से किन दो संख्याओं को आपस में बदलने पर निम्नलिखित समीकरण सही होगा?
$10 \times 2 + 8 \div 5 - 4 = 14$
(a) 2 और 5 (b) 10 और 14
(c) 2 और 4 (d) 8 और 10

18 निम्नलिखित प्रश्न में कुछ कथन और उन कथनों के आधार पर कुछ निष्कर्ष दिए गए हैं। आपको दिए गए कथनों को सत्य मानना है, चाहे वे सामान्यतः ज्ञात तथ्यों से भिन्न प्रतीत हों। सभी निष्कर्षों को ध्यानपूर्वक पढ़िए और निश्चय कीजिए कि दिए गए निष्कर्षों में से कौन-सा/से निष्कर्ष कथनों का तार्किक रूप से अनुसरण करता है/करते हैं?

कथन
सभी C, V हैं।
कोई C, B नहीं है।

निष्कर्ष
I. सभी V, C हैं।
II. सभी B, V हैं।
(a) कोई भी निष्कर्ष कथनों का अनुसरण नहीं करता है
(b) केवल निष्कर्ष I कथनों का अनुसरण करता है
(c) निष्कर्ष I और II दोनों कथनों का अनुसरण करते हैं
(d) केवल निष्कर्ष II कथनों का अनुसरण करता है

19 नीचे एक श्रृंखला दी गई है, जिसमें एक पद लुप्त है। दिए गए विकल्पों में से उस विकल्प का चयन कीजिए, जो श्रृंखला को पूरा करेगा।
NMR, SSZ, XYH, CEP, ?
(a) HKX (b) RQM (c) HXE (d) YMR

20 सात लड़के ललित, पवन, नितिन, रोहन, तरुण, वरुण और अमन एक वृत्ताकार मेज के चारों ओर केन्द्र की ओर मुख करके बैठे हैं (परन्तु जरूरी नहीं कि वे इसी स्थान क्रम में बैठे हों)। पवन, अमन के बाईं ओर से दूसरे स्थान पर बैठा है। वरुण, पवन के दाईं ओर से तीसरे स्थान पर बैठा है। नितिन, पवन या वरुण का निकटतम पड़ोसी नहीं है। ललित, तरुण के दाईं ओर से तीसरे स्थान पर बैठा है। पवन के बाईं ओर से दूसरे स्थान पर कौन बैठा है?
(a) नितिन (b) तरुण (c) ललित (d) अमन

भाग-II सामान्य ज्ञान

21 निम्नलिखित में से किसे 'देशभक्तों के राजकुमार' के रूप में जाना जाता है?
(a) वल्लभभाई पटेल (b) राजेन्द्र प्रसाद
(c) भगत सिंह (d) सुभाषचन्द्र बोस

22 डॉ. मनमोहन सिंह को आर्थिक और राजनीतिक जीवन में उनके योगदान के लिए किस संगठन द्वारा लाइफटाइम अचीवमेण्ट सम्मान से सम्मानित किया गया?
(a) ऑक्सफोर्ड यूनिवर्सिटी
(b) यूके का अन्तर्राष्ट्रीय व्यापार विभाग
(c) संयुक्त राष्ट्र
(d) इण्डिया-यूके अचीवर्स ऑनर्स

23 यूनिसेफ (UNICEF) के साथ आयुष्मान खुराना के सहयोग का मुख्य उद्देश्य क्या है?
(a) वन्यजीव संरक्षण का पक्ष-समर्थन करना
(b) महिलाओं के अधिकार और कल्याण को बढ़ावा देना
(c) लैंगिक समानता का पक्ष-समर्थन करना
(d) बाल अधिकारों और कल्याण का समर्थन करना

24 दीपिका पल्लीकल (Dipika Pallikal) एक ………… हैं।
(a) टेबल टेनिस खिलाड़ी (b) बैडमिण्टन खिलाड़ी
(c) टेनिस खिलाड़ी (d) स्क्वैश खिलाड़ी

25 भारत की वर्ष 2011 की जनगणना के अनुसार, निम्नलिखित में से किस राज्य की कुल साक्षरता दर 91.3% है?
(a) मिजोरम (b) केरल (c) मणिपुर (d) सिक्किम

26 निम्नलिखित में से किस लोकनृत्य का सम्बन्ध महाराष्ट्र राज्य से है?
(a) लेझीम (b) छऊ (c) मुनारी (d) पैनका

27 रणजी ट्रॉफी वर्ष 2022/23 किस टीम ने जीती?
(a) हिमाचल प्रदेश (b) सौराष्ट्र
(c) मुम्बई (d) बंगाल

28 …………नीति के अनुसार, उद्योगों को किसी विदेशी देश में बने वाहनों को आयात करने की अपेक्षा उनका उत्पादन भारत में ही करने के लिए प्रोत्साहित किया जाएगा।
(a) भारतीय प्रतिस्थापन (b) निर्यात प्रतिस्थापन
(c) ग्रामीणीकरण (d) आयात प्रतिस्थापन

29 चौथी पंचवर्षीय योजना के दौरान पेश किए गए 'गॉडगिल फॉर्मूला' का उद्देश्य राज्यों को उनके ………… के आधार पर योजना सहायता आवण्टित करना था।
(a) औद्योगिक उत्पादन एवं व्यापार सन्तुलन
(b) जनसंख्या एवं प्रतिव्यक्ति आय
(c) क्षेत्र एवं साक्षरता दर
(d) कृषि उत्पादन एवं निर्यात

30 राष्ट्रीय भू-स्थानिक नीति (National Geospatial Policy-NGP), 2022 के अनुसार, भू-स्थानिक विज्ञान और प्रौद्योगिकी क्षेत्रों में ऑनलाइन पाठ्यक्रम iGoT …………… प्लेटफॉर्म के माध्यम से उपलब्ध कराए जाने हैं।
(a) शिक्षा (b) विज्ञान
(c) साक्षरता (d) कर्मयोगी

31 निम्नलिखित में से किस भारतीय शख्सियत को मोजार्ट ऑफ मद्रास (Mozart of Madras) कहा जाता है?
(a) कविता कृष्णमूर्ति (b) के.जे. येसुदास
(c) ए.आर. रहमान (d) लता मंगेशकर

32 भारत सरकार का कौन-सा कार्यक्रम आजीविका सुरक्षा सुनिश्चित करने के लिए ग्रामीण क्षेत्रों में परिवारों को 100 दिनों का वेतन रोजगार प्रदान करता है?
(a) प्रधानमन्त्री ग्रामोदय योजना
(b) स्वर्ण जयन्ती ग्राम स्वरोजगार योजना
(c) महात्मा गाँधी राष्ट्रीय ग्रामीण रोजगार गारण्टी योजना
(d) प्रधानमन्त्री रोजगार योजना

33 निम्नलिखित में से कौन अपने कथकली नृत्य के लिए प्रसिद्ध था?
(a) पं. गोपाल प्रसाद (b) बिनो देवी
(c) सी.वी. चन्द्रशेखर (d) मदावूर वासुदेवन नायर

34 एक मैच के दौरान एक मानक खो-खो टीम में कितने खिलाड़ी होते हैं?
(a) 15 (b) 11 (c) 9 (d) 10

35 कौन-सा मौर्य भारतीय सम्राट अपने शिलालेखों और स्तम्भों के लिए प्रसिद्ध है?
(a) समुद्रगुप्त (b) कनिष्क
(c) हर्ष (d) अशोक

36 ''आय की असमानताओं को कम करने के प्रयास'' का उल्लेख भारतीय संविधान के ………… के अन्तर्गत किया गया है।
(a) संविधान में इसका उल्लेख नहीं किया गया है
(b) मौलिक कर्त्तव्य
(c) निदेशक सिद्धान्त
(d) मौलिक अधिकार

37 भारतीय राज्य की कार्यकारी शक्ति ………… में निहित होती है।
(a) मन्त्रिपरिषद् (b) राज्यपाल
(c) प्रधानमन्त्री (d) मुख्यमन्त्री

38 परम शून्य ताप (absolute zero-0 K या -273.15°) पर पदार्थ के कण …………।
(a) विखण्डित होते हैं
(b) प्रकाश की चाल से गति करते हैं
(c) निश्चित स्थितियों में कम्पन करते हैं
(d) गति करना बन्द कर देते हैं

39 किसी फर्म की पूँजी के स्टॉक में वृद्धि को ………… के रूप में जाना जाता है।
(a) निवेश (b) संचय
(c) पूँजी लाभ (d) पूँजी हानि

40 'अमोंगमोंग पर्व' का सम्बन्ध निम्नलिखित में से किस राज्य/केन्द्रशासित प्रदेश से है?
(a) हिमाचल प्रदेश (b) उत्तराखण्ड
(c) पंजाब (d) नागालैण्ड

भाग-III गणित

41 24 व्यक्तियों के एक समूह का औसत भार 34 किग्रा हैं। 48 व्यक्तियों के दूसरे समूह का औसत भार k किग्रा है। यदि सभी 72 व्यक्तियों का औसत भार 56 किग्रा है, तो k का मान कितना है?
(a) 64 किग्रा (b) 68 किग्रा
(c) 67 किग्रा (d) 70 किग्रा

42 वह सबसे छोटा पूर्ण वर्ग कौन-सा है, जो 4 और 3 दोनों से विभाज्य है?
(a) 16 (b) 36 (c) 25 (d) 49

43 $\frac{42}{23} \times \frac{46}{7}$ का $\frac{28}{92} \div \frac{21}{69}$ का मान कितना है?
(a) 52 (b) 12
(c) 32 (d) 62

44 एक दुकानदार किसी वस्तु के अंकित मूल्य पर 25% की छूट देता है और उसे 10% की हानि होती है। यदि वस्तु को अंकित मूल्य पर बेचा जाता है, तो लाभ प्रतिशत ज्ञात कीजिए।
(a) 10% (b) 15%
(c) 30% (d) 20%

45 x और y मिलकर एक कार्य को 10 दिनों में पूरा कर सकते हैं। y और z मिलकर उसी कार्य को 12.5 दिनों मे पूरा कर सकते हैं। z और x मिलकर उसी कार्य को 50 दिनों में पूरा कर सकते हैं। तीनों एकसाथ कार्य करते हुए उसी कार्य को कितने दिनों में पूरा कर सकते हैं?
(a) 20 दिन (b) 12.5 दिन
(c) 15 दिन (d) 10 दिन

46 P और Q मिलकर एक कार्य को 30 दिनों में पूरा कर सकते हैं। उन्होंने एकसाथ मिलकर कार्य शुरू किया, लेकिन 20 दिनों के बाद P ने कार्य छोड़ दिया। यदि शेष कार्य को पूरा करने में Q को 50 दिन और लगते हैं, तो P अकेले सम्पूर्ण कार्य को कितने दिनों में पूरा कर सकता है?
(a) 170 दिन (b) 37.5 दिन
(c) 100/3 दिन (d) 150 दिन

47 21 सेमी त्रिज्या वाले अर्द्धगोले का वक्रपृष्ठीय क्षेत्रफल कितना है?
(a) 2542 सेमी^{2} (b) 2984 सेमी^{2}
(c) 3296 सेमी^{2} (d) 2772 सेमी^{2}

48 यदि किसी संख्या के 65% में से 55 घटा दिया जाए, तो परिणाम 400 आता है। उस संख्या का मान कितना है?
(a) 600 (b) 500
(c) 800 (d) 700

49 साधारण ब्याज की एक योजना में निवेश करने पर ₹ 2000 की एक धनराशि ₹5920 हो जाती है। यदि वार्षिक ब्याज दर और उन वर्षों की संख्या जिनके लिए धनराशि का निवेश किया गया था, दोनों समान हैं, तो वार्षिक ब्याज दर कितनी है?
(a) 16% (b) 17%
(c) 15% (d) 14%

50 यदि $m-n=11$, और $m^2+n^2=141$, तो mn का मान ज्ञात कीजिए।
(a) 10 (b) 15
(c) 27 (d) 23

51 एक व्यक्ति ने ₹ 1 में 14 कलम की दर से कुछ कलम खरीदीं और उन्हें ₹ 1 में 12 कलम की दर से बेच दिया। लाभ प्रतिशत कितना है?
(a) 20% (b) 25%
(c) 10% (d) 16.66%

52 दो परीक्षार्थियों, J और K के अंक 15 : 17 के अनुपात में हैं। यदि J के अंक 300 हैं, तो K के अंक कितने होंगे?
(a) 320 (b) 340 (c) 300 (d) 310

53 ₹9000, 2 वर्षों के लिए 20% वार्षिक की दर पर ऋण पर दिए जाते हैं। निम्नलिखित में से कौन-सा/से कथन सही है/हैं?
I. इस धनराशि पर प्राप्त होने वाला साधारण ब्याज ₹ 3500 होगा।
II. इस धनराशि पर प्राप्त होने वाला चक्रवृद्धि ब्याज (वार्षिक रूप से संयोजित) ₹ 3960 होगा।
(a) कथन I और II दोनों सही हैं (b) न तो कथन I और न ही II सही हैं
(c) केवल कथन II सही है (d) केवल कथन I सही है

54 $8400 \div 21 + 42 \times 5 - 410$ का मान कितना है?
(a) 200 (b) 300 (c) 440 (d) 100

55 ₹ 3160 में बेची जा रही ₹ 3950 अंकित मूल्य वाली एक पुस्तक पर दिया जाने वाला छूट प्रतिशत कितना है?
(a) 30% (b) 15% (c) 25% (d) 20%

56 दो रेलगाड़ियाँ एक ही समय पर स्टेशन C और D से चलना शुरू करती हैं। दोनों रेलगाड़ियाँ क्रमशः 32 किमी/घण्टा और 96 किमी/घण्टा की चाल से एक-दूसरे की ओर चल रही हैं। जब वे एक-दूसरे से मिलती हैं, तो दूसरी रेलगाड़ी पहली रेलगाड़ी से 160 किमी अधिक यात्रा कर चुकी होती है। C और D के बीच की दूरी कितनी है?
(a) 280 किमी (b) 450 किमी
(c) 360 किमी (d) 320 किमी

57 एक व्यापारी ₹10000 प्रति लैपटॉप की दर से दो लैपटॉप बेचता है। एक पर वह 40% का लाभ अर्जित करता है और दूसरे पर उसे 40% की हानि होती है। पूरे लेन-देन में उसका लाभ/हानि प्रतिशत कितना है?
(a) 20% हानि (b) 16% हानि
(c) 20% लाभ (d) 16% लाभ

58 रमन की आय और व्यय का क्रमशः अनुपात 9 : 7 है। यदि उसकी आय में 20% की वृद्धि होती है और व्यय में 70% की कमी होती है, तो उसकी आय और व्यय का नया क्रमशः अनुपात क्या होगा?
(a) 7 : 35 (b) 7 : 36
(c) 36 : 7 (d) 35 : 7

59 एक परिवार के चार सदस्यों की औसत आयु 25 वर्ष है। यदि परिवार के तीन सदस्यों की आयु 20, 22 और 28 वर्ष हैं, तो परिवार के चौथे सदस्य की आयु कितनी है?
(a) 33 वर्ष (b) 27 वर्ष (c) 25 वर्ष (d) 30 वर्ष

60 रमेश और सुरेश की आय का अनुपात 3 : 4 है। रमेश और सुरेश के व्यय का अनुपात 2 : 3 है और प्रत्येक ₹ 200 बचाता है। रमेश और सुरेश की आय ज्ञात कीजिए।
(a) ₹800 और ₹500 (b) ₹750 और ₹ 400
(c) ₹700 और ₹800 (d) ₹600 और ₹800

भाग-IV हिन्दी

61 निम्नलिखित प्रश्न में चार विकल्पों में से उस विकल्प का चयन करें, जो कोष्ठक में दिए गए शब्द के विलोम शब्द का सही विकल्प है।
तुमने जो कार्य किया, वह तुमसे (अपेक्षित) ……… था।
(a) पेक्षित (b) उपेक्षा
(c) अस्वीकार (d) अनपेक्षित

62 निम्नलिखित प्रश्न में चार विकल्पों में से उस विकल्प का चयन करें, जो दी गई लोकोक्ति का सही अर्थ वाला विकल्प है।
'आँखों के आगे पलकों की बुराई'
(a) दिखावटी रोना
(b) दोनों तरफ विपत्ति होना
(c) गुणहीन को बहुत गुणी कहना
(d) किसी के भाई-बन्धुओं या इष्ट-मित्रों के सामने उसकी बुराई करना।

63 निम्नलिखित प्रश्न में चार विकल्पों में से उस विकल्प का चयन करें, जो कोष्ठक में दिए गए शब्द के विलोम शब्द का सही विकल्प है।
हमें दूसरों से ज्यादा (उपेक्षा)……… नहीं करनी चाहिए।
(a) अधम (b) अल्प (c) अपेक्षा (d) अपकार

64 दिए गए वाक्य में रेखांकित शब्दों के लिए सही शब्दों वाले विकल्प का चयन करें।
अनूप सर अखबार <u>पढ़कर</u> के जाएँगे।
(a) परिवर्तन की आवश्यकता नहीं है।
(b) अनूप सर अखबार पढ़को जाएँगे।
(c) अनूप सर अखबार पढ़कर जाएँगे।
(d) अनूप सर अखबार पढ़ने के जाएँगे।

65 निम्नलिखित प्रश्न में चार विकल्पों में से उस विकल्प का चयन करें, जो वाक्यांश के लिए शब्द का उचित विकल्प हो।
'जैसे पहले कभी न हुआ हो'
(a) अधिसूचना (b) अपव्ययी
(c) अभूतपूर्व (d) अद्वितीय

66 निम्नलिखित प्रश्न में चार विकल्पों में से उस विकल्प का चयन करें, जो दिए गए मुहावरे का सही अर्थ वाला विकल्प है।
'टिप्पस लगाना'
(a) चुप रहना (b) निकम्मा होना
(c) सिफारिश करना (d) चुगली करना

67 दिए गए विकल्पों में से तीन विकल्प त्रुटियुक्त हैं, जबकि एक सही है। उस सही विकल्प का चयन करें।
(a) यह लोग कहाँ जा रहे हैं? (b) यो लोग कहाँ जा रहे हैं?
(c) वह लोग कहाँ जा रहे हैं? (d) ये लोग कहाँ जा रहे हैं?

68 दिए गए वाक्य का वह भाग ज्ञात करें, जिसमें कोई त्रुटि है।
इस विद्वान महिला का सम्मान इसे पुरस्कार देकर किया गया।
(a) इस विद्वान (b) देकर किया गया
(c) इसे पुरस्कार (d) महिला का सम्मान

69 दिए गए वाक्य में रेखांकित भाग के लिए उचित सार्थक शब्द का चयन कीजिए।
बच्चे <u>तपंग</u> उड़ा रहे हैं।
(a) गंपत (b) लंपत (c) पलंग (d) पतंग

70 दिए गए वाक्य में से गलत वर्तनी ज्ञात कीजिए।
अपने बड़ों का तिरसकार करना पाप है।
(a) बड़ों (b) तिरसकार
(c) पाप (d) अपने

71 निम्नलिखित प्रश्न में चार विकल्पों में से उस विकल्प का चयन करें, जो कोष्ठक में दिए गए शब्द के पर्यायवाची शब्द का सही विकल्प है।
मुझे सफेद रंग के (शशक) .... बहुत पसन्द हैं।
(a) शेर (b) गिरगिट (c) खरहा (d) कुत्ता

72 दिए गए वाक्यांश के लिए सार्थक शब्द ज्ञात कीजिए।
'जो चीज़ इस संसार की न हो'
(a) अन्तःपुर (b) अलौकिक
(c) विशेष (d) अद्भुत

73 निम्नलिखित प्रश्न में चार विकल्पों में से उस विकल्प का चयन करें, जो कोष्ठक में दिए गए शब्द के तद्भव रूप का सही विकल्प है।
सूखे मेवे में मुझे (अक्षोट) .... खाना बहुत पसन्द है।
(a) बादाम (b) अखरोट (c) काजू (d) किशमिश

74 निम्नलिखित वाक्य में उस वाक्यांश को पहचानिए, जिसमें मात्राओं से सम्बन्धित अशुद्धियाँ हैं। यदि कोई गलती नहीं है, तो 'कोई त्रुटि नहीं है' का चुनाव कीजिए।
पुस्तक हमारे जीवन में बहुत ही/महत्त्वपूर्ण भूमिका निभाता हैं ओर/हमारे सच्चे मार्गदर्शक कहलाते हैं।
(a) हमारे सच्चे मार्गदर्शक कहलाते हैं
(b) कोई त्रुटि नहीं है
(c) पुस्तक हमारे जीवन में बहुत ही
(d) महत्त्वपूर्ण भूमिका निभाता हैं ओर

75 दिए गए वाक्य में उचित पर्यायवाची शब्द का चयन करके रिक्त स्थान की पूर्ति करें।
हर व्यक्ति को .... (बराबर) समझो।
(a) उज्ज्वल (b) समान (c) नग (d) शहंशाह

निर्देश (76-80) *नीचे दिए गए गद्यांश में कुछ शब्द छोड़ दिए गए हैं। प्रत्येक अनुच्छेद के सामने चार विकल्प दिए गए हैं। इस गद्यांश को ध्यानपूर्वक पढ़ें और चार विकल्पों में से सर्वोत्तम उत्तर वाला विकल्प चुनें।*

हमारे भारत में जहाँ स्वच्छता होती है, वहाँ पर ईश्वर .... करते हैं, इस प्रथा को माना जाता है, इसलिए हमें भी स्वच्छता को अपनाना चाहिए। इसकी शुरुआत हमें और आपको मिलकर करनी होगी, जिससे कि हमारा पूरा देश साफ-सुथरा हो जाए। स्वच्छ भारत अभियान भारत को .... करने के लिए कड़ी का काम कर रहा है। लोग इसके उद्देश्य से उत्साहित होकर स्वच्छता के प्रति सचेत हो रहे हैं। यह भारत सरकार द्वारा उठाया गया एक .... कदम है। स्वच्छ भारत अभियान में आप भी भागीदार बनें। लोगों को स्वच्छता के प्रति .... बनाएँ। स्वच्छ भारत अभियान से हमारा आने वाला कल बहुत ही सुन्दर एवं अकल्पनीय होगा। यदि हम मिलकर स्वच्छ भारत अभियान के लक्ष्य को पूरा करने में लग जाएँ, तो वह दिन दूर नहीं जब हमारा पूरा देश, विदेशों की तरह पूरी तरह से साफ-सुथरा दिखाई देगा। एक स्वस्थ देश और स्वस्थ समाज की जरूरत है कि उसके नागरिक स्वस्थ रहें तथा हर व्यवसाय में स्वच्छता हो और इस नेक काम के लिए हम सबको .... आगे आना होगा और साथ-साथ काम करके इस मिशन को पूरा करना होगा।

76 हमारे भारत में जहाँ स्वच्छता होती है, वहाँ पर ईश्वर .... करते हैं।
(a) निवास (b) देखते (c) पूजते (d) प्रयास

77 स्वच्छ भारत अभियान भारत को .... करने के लिए एक कड़ी का काम कर रहा है।
(a) स्वच्छ (b) प्रसिद्ध (c) सही (d) अस्वच्छ

78 यह भारत सरकार द्वारा उठाया गया एक .... कदम है।
(a) कठिन (b) महँगा
(c) सराहनीय (d) कल्पनीय

79 लोगों को स्वच्छता के प्रति .... बनाएँ।
(a) पूरा (b) दिशा (c) जागरूक (d) एक

80 इस नेक काम के लिए हम सबकों .... आगे आना होगा और साथ-साथ काम करके इस मिशन को पूरा करना होगा।
(a) जीतकर (b) पताकर (c) देखकर (d) मिलकर

उत्तरमाला

1.	(d)	2.	(d)	3.	(c)	4.	(b)	5.	(a)	6.	(d)	7.	(c)	8.	(c)	9.	(b)	10.	(d)
11.	(d)	12.	(d)	13.	(d)	14.	(c)	15.	(d)	16.	(d)	17.	(d)	18.	(a)	19.	(a)	20.	(a)
21.	(d)	22.	(d)	23.	(d)	24.	(d)	25.	(a)	26.	(a)	27.	(b)	28.	(d)	29.	(b)	30.	(d)
31.	(c)	32.	(c)	33.	(d)	34.	(c)	35.	(d)	36.	(c)	37.	(b)	38.	(d)	39.	(a)	40.	(d)
41.	(c)	42.	(b)	43.	(b)	44.	(d)	45.	(d)	46.	(b)	47.	(d)	48.	(d)	49.	(d)	50.	(a)
51.	(d)	52.	(b)	53.	(c)	54.	(a)	55.	(d)	56.	(d)	57.	(b)	58.	(c)	59.	(d)	60.	(d)
61.	(d)	62.	(d)	63.	(c)	64.	(c)	65.	(c)	66.	(c)	67.	(d)	68.	(a)	69.	(d)	70.	(b)
71.	(c)	72.	(b)	73.	(b)	74.	(d)	75.	(b)	76.	(a)	77.	(a)	78.	(c)	79.	(c)	80.	(d)

संकेत एवं हल

1. *(d)* अंग्रेजी शब्दकोश के अनुसार शब्दों का क्रम निम्न है,

5. EXCHANGE → 2. EXEMPLIFY →

3. EXERCISE → 4. EXHAUST → 1. EXOTIC

⇒ 5, 2, 3, 4, 1

2. *(d)* जिस प्रकार, अग्निशमक आग बुझाने के लिए पानी के पाइप का इस्तेमाल करते हैं, उसी प्रकार, माली खुरपे से मिट्टी खोदता या पौधे लगाता है।

3. *(c)* विकल्प आकृति (c), प्रश्न आकृति को पूरा करेगी।

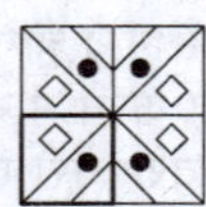

4. *(b)* दी गई श्रृंखला का क्रम निम्न प्रकार है,

ccdde e ffgg/cc ddeeffgg/ccdd eeffgg

∴ अभीष्ट अक्षर समूह ⇒ edeg

5. *(a)* दी गई श्रृंखला का क्रम निम्न प्रकार है,

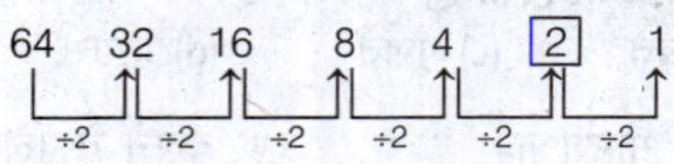

∴ ? = 2

6. *(d)* प्रश्न आकृति, विकल्प आकृति (d) में निहित है।

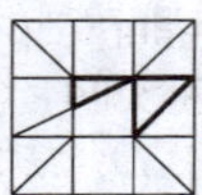

7. *(c)* जिस प्रकार,

10 * 14 @ 2 # 8 = 8

* = +, # = × तथा @ = − रखने पर,

$10 + 14 - 2 \times 8 = 8$

$\Rightarrow 10 + 14 - 16 = 8$

$\Rightarrow 24 - 16 = 8$

$\Rightarrow 8 = 8$

तथा 19 * 16 @ 4 # 5 = 15

$19 + 16 - 4 \times 5 = 15$

$\Rightarrow 19 + 16 - 20 = 15$

$\Rightarrow 35 - 20 = 15$

$\Rightarrow 15 = 15$

उसी प्रकार, ? = 30 * 19 @ 11 # 12

$= 30 + 19 - 11 \times 12$

$= 30 + 19 - 132$

$= 49 - 132$

? = $\boxed{-83}$

8. *(c)* प्रश्न में दिए गए कागज के टुकड़े को खोलने पर वह विकल्प आकृति (c) की तरह दिखाई देगी।

9. *(b)* दी गई आकृति श्रृंखला में, प्रत्येक अगली आकृति में काला, वृत्त (•) बिन्दु वैकल्पिक रूप से एक स्थान फिर दो स्थान वामावर्त दिशा में आगे बढ़ रही है।

अतः विकल्प आकृति (b) श्रृंखला की अगली आकृति है।

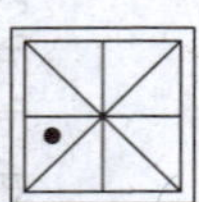

10. *(d)* दो आकृति श्रृंखला दी गई है

पहली आकृति श्रृंखला

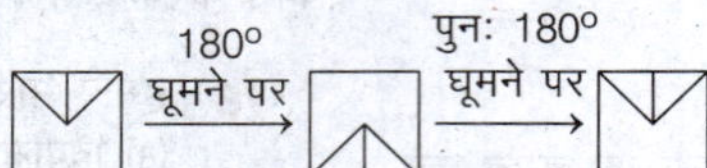

दूसरी आकृति श्रृंखला

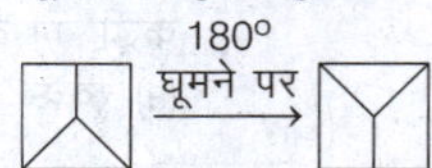

अतः प्रश्नचिह्न के स्थान पर विकल्प आकृति (d) आएगी।

11. *(d)* प्रश्नानुसार,

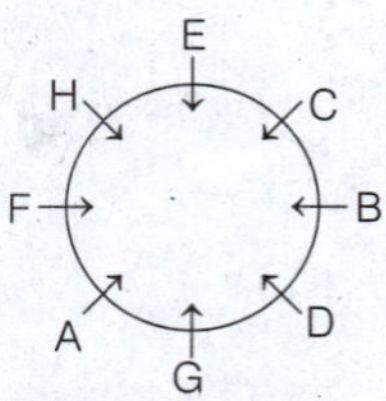

अतः E के ठीक बाईं ओर C बैठी है।

12. *(d)* जिस प्रकार,

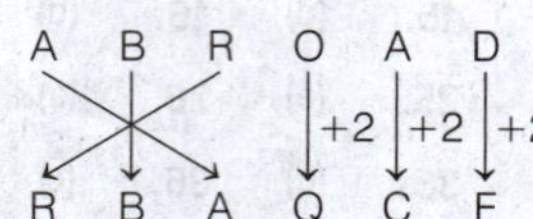

तथा

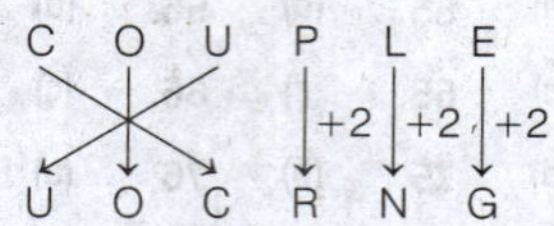

उसी प्रकार,

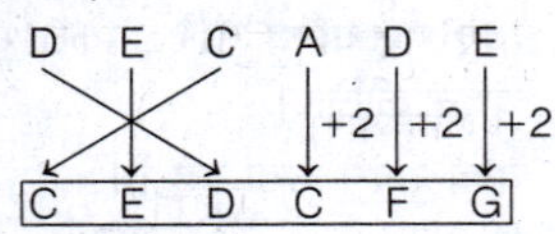

13. *(d)* प्रश्नानुसार,

[+ ⇒ पुरुष
− ⇒ महिला]

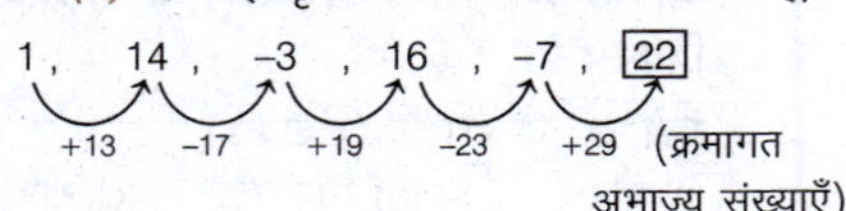

अतः S, I की पत्नी का भाई है।

14. *(c)* दी गई श्रृंखला का क्रम निम्न प्रकार है,

1, 14, −3, 16, −7, $\boxed{22}$

+13 −17 +19 −23 +29 (क्रमागत अभाज्य संख्याएँ)

∴ ? = 22

15. *(d)* प्रश्न में दिए गए कूटभाषा के अनुसार,

C A Ⓢ K Ⓜ → 6 9 ② 7 ①

C H A R Ⓜ → ① 3 5 7 6

C I A O Ⓢ → 7 4 6 8 ②

अतः H ⇒ 3 या 5

∵ विकल्प में 5 नहीं दिया गया है।

∴ H = 3

16. *(d)* जिस प्रकार,

U Y P

−1 −1 −1

T X O

उसी प्रकार,

F S H

−1 −1 −1

E R G

17. *(d)* दिया है,

$10 \times 2 + 8 \div 5 - 4 = 14$

विकल्प (d) से, संख्या 8 और 10 को आपस में बदलने पर,

$8 \times 2 + 10 \div 5 - 4 = 14$

$\Rightarrow 8 \times 2 + 2 - 4 = 14$

$\Rightarrow 16 + 2 - 4 = 14$

$\Rightarrow 18 - 4 = 14 \Rightarrow 14 = 14$

18. *(a)* कथनानुसार,

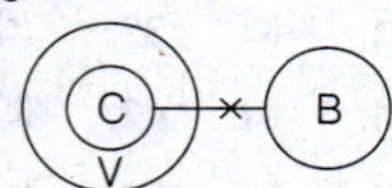

निष्कर्ष I. (✗) II. (✗)

अतः कोई भी निष्कर्ष कथनों का अनुसरण नहीं करता है।

19. *(a)* दी गई शृंखला का क्रम निम्न प्रकार है,

$N \xrightarrow{+5} S \xrightarrow{+5} X \xrightarrow{+5} C \xrightarrow{+5} H$

$M \xrightarrow{+6} S \xrightarrow{+6} Y \xrightarrow{+6} E \xrightarrow{+6} K$

$R \xrightarrow{+8} Z \xrightarrow{+8} H \xrightarrow{+8} P \xrightarrow{+8} X$

20. *(a)* प्रश्नानुसार,

नितिन, ललित, वरूण, अमन, तरूण, पवन, रोहन

अत: पवन के बाईं ओर से दूसरे स्थान पर नितिन बैठा है।

21. *(d)* सुभाषचन्द्र बोस को 'देशभक्तों के राजकुमार' के रूप में जाना जाता है। इनका जन्म 23 जनवरी, 1897 को ओडिशा के कटक में हुआ था। इनके जन्मदिन को पराक्रम दिवस के रूप में मनाया जाता है। बोस भारत के स्वतन्त्रता संग्राम के अग्रणी नेता थे। इन्होंने द्वितीय विश्व युद्ध के दौरान अंग्रेजों के खिलाफ लड़ाई के लिए जापान के सहयोग से 'आजाद हिन्द फौज' का गठन किया। बोस ने 'जय हिन्द' और 'दिल्ली चलो' का नारा दिया, जो राष्ट्रीय नारा बन गया।

महात्मा गाँधी ने बोस को 'देशभक्तों का देशभक्त' की संज्ञा दी।

22. *(d)* डॉ. मनमोहन सिंह को आर्थिक और राजनीतिक जीवन में उनके योगदान के लिए 'इण्डिया-यूकै अचीवर्स ऑनर्स' द्वारा लाइफटाइम अचीवमेण्ट सम्मान से सम्मानित किया गया।

भारत में ब्रिटिश काउन्सिल और यूके के अन्तर्राष्ट्रीय व्यापार विभाग (डी.आई.टी.) के साथ साझेदारी में राष्ट्रीय भारतीय छात्र और पूर्व छात्र संघ यूके द्वारा 'इण्डिया-यूके अचीवर्स-ऑनर्स' का आयोजन किया जाता है।

23. *(d)* यूनिसेफ के साथ आयुष्मान खुराना के सहयोग का मुख्य उद्देश्य बाल अधिकारों और कल्याण का समर्थन करना है। यूनिसेफ की स्थापना वर्ष 1946 में हुई थी तथा इसका मुख्यालय न्यूयॉर्क (अमेरिका) में स्थित है।

संयुक्त राष्ट्र महासभा द्वारा यूनिसेफ बच्चों के अधिकारों की सुरक्षा के मामले से जुड़ा हुआ है।

24. *(d)* दीपिका पल्लीकल एक स्क्वैश खिलाड़ी हैं। दीपिका का जन्म सितम्बर, 1991 में हुआ। दीपिका प्रोफेशनल स्क्वैश एसोसिएशन महिला रैंकिंग में शीर्ष 10 में जगह बनाने वाली पहली भारतीय हैं। वर्ष 2012 में इन्हें अर्जुन अवॉर्ड तथा 2014 में 'पद्मश्री' से सम्मानित किया जा चुका है।

25. *(a)* भारत की जनगणना 2011 के अनुसार, मिजोरम राज्य की कुल साक्षरता दर 91.3% है, जो राष्ट्रीय औसत 74.04% से अधिक है। मिजोरम में पुरुष साक्षरता दर 93.35%, जबकि महिला साक्षरता दर 89.27% है। मिजोरम भारत का दूसरा सबसे अधिक साक्षरता वाला राज्य है। जबकि सर्वाधिक साक्षरता दर (94%) केरल राज्य की है।

26. *(a)* लेझीम (लेजिम) लोकनृत्य का सम्बन्ध महाराष्ट्र राज्य से है। लेजिम को 'लेजियम' भी कहा जाता है, जिसमें नर्तक लेजिम या लेजियम नामक छोटे वाद्ययन्त्र बजाते हैं। इस वाद्ययन्त्र को गणेश उत्सव पर प्रमुख रूप से बजाया जाता है।

महाराष्ट्र के अन्य महत्त्वपूर्ण नृत्य लावणी, कोली, गाफा, दहीकला तथा नकटा हैं।

27. *(b)* सौराष्ट्र ने कोलकाता के ईडन गार्डन्स में बंगाल को 9 विकेट से हराकर 2022/23 की रणजी ट्रॉफी जीती। फाइनल मैच में सौराष्ट्र के कप्तान जयदेव उनादकट को 'मैन ऑफ द मैच' चुना गया। इस टूर्नामेण्ट का सर्वश्रेष्ठ खिलाड़ी पुरस्कार 'अर्पित वसावदा' को दिया गया। सर्वाधिक (42) बार रणजी ट्रॉफी जीतने का रिकॉर्ड मुम्बई के नाम है।

28. *(d)* आयात प्रतिस्थापन नीति के अनुसार, उद्योगों को किसी विदेशी देश में बने वाहनों को आयात करने की अपेक्षा उनका उत्पादन भारत में ही करने के लिए प्रोत्साहित किया जाएगा। आयात-प्रतिस्थापन औद्योगिकीकरण के द्वारा औद्योगिक उत्पादों के स्थानीय उत्पादन के माध्यम से अपनी विदेशी निर्भरता को कम करने का प्रयास किया जाएगा।

29. *(b)* चौथी पंचवर्षीय योजना के दौरान पेश किए गए 'गॉडगिल फॉर्मूला' का उद्देश्य राज्यों को उनकी जनसंख्या एवं प्रतिव्यक्ति आय के आधार पर योजना सहायता आवण्टित करना था। यह योजना वर्ष 1969-74 में लागू की गई थी। इस योजना में 'समाजवादी' समाज की स्थापना' को भी विशेष रूप से लक्षित किया गया था।

30. *(d)* राष्ट्रीय भू-स्थानिक नीति, (NGP) 2022 के अनुसार, भू-स्थानिक विज्ञान और प्रौद्योगिकी क्षेत्रों में ऑनलाइन पाठ्यक्रम iGOT कर्मयोगी प्लेटफॉर्म के माध्यम से उपलब्ध कराए जाने हैं। इस नीति का लक्ष्य वर्ष 2030 तक उच्च सटीकता वाले डिजिटल एलिवेशन मॉडल (DEM) के साथ उच्च रिज़ॉल्यूशन स्थलाकृति सर्वेक्षण और मानचित्रण सुनिश्चित करना है।

31. *(c)* ए.आर. रहमान को 'मोजार्ट ऑफ मद्रास' कहा जाता है। ए.आर. रहमान एक पार्श्व गायक, संगीत निर्देशक तथा निर्माता हैं। रहमान तमिल तथा हिन्दी दोनों फिल्म उद्योगों में काम करते हैं तथा इनके संगीत के लिए इन्हें दो ऑस्कर पुरस्कार (2009 में) से भी सम्मानित किया गया है।

32. *(c)* भारत सरकार की महात्मा गाँधी राष्ट्रीय ग्रामीण रोजगार गारण्टी योजना (NREGA) आजीविका सुरक्षा सुनिश्चित करने के लिए ग्रामीण क्षेत्रों में परिवारों को 100 दिनों का वेतन रोजगार प्रदान करती है। मनरेगा जिसका आरम्भिक नाम नरेगा था, जिसकी शुरुआत 2 फरवरी, 2006 को आन्ध्र प्रदेश के अगंतपुर गाँव से की गई थी, जिसे वर्ष 2009 में महात्मा गाँधी राष्ट्रीय ग्रामीण रोजगार गारण्टी (MNREGA) नाम दिया गया था।

33. *(d)* मदावूर वासुदेवन नायर, अपने कथकली नृत्य के लिए प्रसिद्ध थे। नायर, कथकली के क्षेत्र में एक अनुभवी और दक्षिण केरल की प्राचीन शैली कपलिंगट्टू स्कूल के अनुयायी हैं।

वर्ष 2011 में भारत सरकार ने इन्हें तीसरे सर्वोच्च नागरिक पुरस्कार 'पद्मभूषण' से सम्मानित किया है। कथकली नृत्य का सम्बन्ध केरल राज्य से है।

34. *(c)* एक मैच के दौरान एक मानक खो-खो टीम में 9 खिलाड़ी होते हैं। खो-खो खेल की शुरुआत महाराष्ट्र राज्य से हुई।

खो-खो मैच में दो पारियाँ होती हैं। एक पारी में प्रत्येक टीम को पीछा करने के लिए 7 मिनट और बचाव के लिए 7 मिनट मिलते हैं।

35. *(d)* मौर्य सम्राट अशोक अपने शिलालेखों और स्तम्भों के लिए प्रसिद्ध हैं। बिन्दुसार का पुत्र अशोक 269 ईसा पूर्व मगध की गद्दी पर बैठा। भारत में शिलालेख का प्रचलन सर्वप्रथम अशोक ने किया। अशोक के शिलालेखों में ब्राह्मी, खरोष्ठी, ग्रीक तथा अरमाइक लिपि का प्रयोग हुआ। अशोक के अभिलेखों को तीन भागों-शिलालेख, स्तम्भलेख, गुहालेख में बाँटा जाता है।

36. *(c)* ''आय की असमानताओं को कम करने के प्रयास'' का उल्लेख भारतीय संविधान के 'निदेशक सिद्धान्त' के अन्तर्गत किया गया है। किसी भी राष्ट्र के निर्माण में मौलिक अधिकार तथा नीति-निदेशक तत्त्व महत्त्वपूर्ण भूमिका निभाते हैं। राज्य के नीति-निदेशक तत्त्व जनतान्त्रिक संवैधानिक विकास के

नवीनतम तत्त्व हैं। भारतीय संविधान के भाग-4 के अनुच्छेद 36 से 51 तक में राज्य के नीति-निदेशक तत्त्व शामिल हैं।

37. *(b)* भारतीय राज्य की कार्यकारी शक्ति राज्यपाल में निहित होती है। संविधान के अनुच्छेद-153 के तहत प्रत्येक राज्य के लिए एक राज्यपाल का प्रावधान किया गया है। राज्यपाल, राज्य का प्रमुख होता है। मन्त्रिपरिषद् राज्यपाल के सलाहकारों का एक निकाय है, जो कार्यकारी शक्तियों के प्रयोग में सहायता करता है। राज्यपाल की नियुक्ति भारत के राष्ट्रपति द्वारा की जाती है और यह राष्ट्रपति के प्रसादपर्यन्त पाँच वर्ष की अवधि के लिए पद पर आसीन होता है, जब तक कि उसे हटाया न जाए।

38. *(d)* जब कोई पदार्थ परम शून्य ताप (0° या–273.15° C) पर पहुँच जाता है, जोकि न्यूनतम ताप है, तब वह जम जाता है व ठोस और अति ठण्डा हो जाता है। उसके कण स्थिरता प्राप्त कर लेते हैं और गति करना बन्द कर देते हैं।

39. *(a)* किसी फर्म की पूँजी के स्टॉक में वृद्धि को निवेश के रूप में जाना जाता है।

शुद्ध निवेश = सकल निवेश-मूल्यह्रास

सकल निवेश को उस कुल व्यय के रूप में जाना जाता है, जो मूल्यह्रास को ध्यान में रखे बिना, एक समयावधि में पूँजीगत सामान खरीदने के लिए किया जाता है।

40. *(d)* 'अमोंगमोंग पर्व' का सम्बन्ध नागालैण्ड राज्य से है। नागालैण्ड में यह त्योहार संगतम लोगों द्वारा मनाया जाता है, जो प्रत्येक वर्ष सितम्बर के पहले सप्ताह में पड़ता है। इस त्योहार को फसल के मौसम में मनाया जाता है और भरपूर फसल, समृद्धि और दीर्घायु के लिए सर्वोच्च प्राणी **लिजाबा** का आह्वान किया जाता है।

41. *(c)* 24 व्यक्तियों के एक समूह का कुल भार

$= 24 \times 34 = 816$ किग्रा

48 व्यक्तियों के दूसरे समूह का कुल भार

$= 48 \times k = 48k$ किग्रा

सभी 72 व्यक्तियों का कुल भार

$= 72 \times 56 = 4032$ किग्रा

प्रश्नानुसार,

$816 + 48k = 4032$

$\Rightarrow \quad 48k = 4032 - 816$

$\Rightarrow \quad 48k = 3216$

$\Rightarrow \quad k = \frac{3216}{48} = 67$ किग्रा

42. *(b)* 4 और 3 का ल.स. = 12

$12 \times 1 = 12$

$12 \times 2 = 24$

$12 \times 3 = 36$ (पूर्ण वर्ग है)

अत: 36 सबसे छोटा पूर्ण वर्ग है, जो 4 और 3 दोनों से विभाज्य है।

43. *(b)* $\frac{42}{23} \times \frac{46}{7}$ का $\frac{28}{92} \div \frac{21}{69}$

$= \frac{42}{23} \times \frac{46}{7} \times \frac{28}{92} \times \frac{69}{21} = 12$

44. *(d)* माना वस्तु का अंकित मूल्य = ₹ 100

तो वस्तु का विक्रय मूल्य $= 100 \times \frac{75}{100} =$ ₹ 75

$\therefore$ वस्तु का क्रय मूल्य $= 75 \times \frac{100}{(100-10)}$

$= 75 \times \frac{100}{90} =$ ₹ $\frac{250}{3}$

जब विक्रय मूल्य = अंकित मूल्य होगा।

तब, लाभ $= 100 - \frac{250}{3} =$ ₹ $\frac{50}{3}$

अत: लाभ% $= \frac{50}{3} \times \frac{3}{250} \times 100 = 20\%$

वैकल्पिक विधि

माना अंकित मूल्य (MP) = ₹100

तब,

CP	SP	MP
$\frac{750}{9}$	75	100

यदि वस्तु को अंकित मूल्य पर बेचा जाए

तो, लाभ % $= \frac{100 - \frac{750}{9}}{\frac{750}{9}} \times 100\%$

$= \frac{900 - 750}{750} \times 100\% = 20\%$

45. *(d)* दिया है,

x और y द्वारा एक कार्य को पूरा करने में लगा समय = 10 दिन

y और z द्वारा एक कार्य को पूरा करने में लगा समय = 12.5 दिन

z और x द्वारा एक कार्य को पूरा करने में लगा समय = 50 दिन

x और y का एक दिन का कार्य $= \frac{1}{10}$

y और z का एक दिन का कार्य $= \frac{1}{12.5}$

z और x का एक दिन का कार्य $= \frac{1}{50}$

x, y और z का एक दिन का कार्य

$= \frac{\frac{1}{10} + \frac{1}{12.5} + \frac{1}{50}}{2} = \frac{\frac{5+4+1}{50}}{2} = \frac{\frac{1}{5}}{2} = \frac{1}{10}$

$\therefore$ x, y और z द्वारा पूरे कार्य को करने में लगा समय = 10 दिन

वैकल्पिक विधि

प्रश्नानुसार,

	दिन	कुल कार्य	क्षमता
$x+y \rightarrow$	10	50	5
$y+z \rightarrow$	12.5		4
$z+x \rightarrow$	50		1

$(x+y+z)$ की क्षमता $= \frac{5+4+1}{2} = \frac{10}{2} = 5$

अतः तीनों को एक-साथ कार्य करने में लगा समय $= \frac{50}{5} = 10$ दिन

46. *(b)* दिया है,

P और Q द्वारा एक कार्य को पूरा करने में लगा समय = 30 दिन

तो P और Q का 1 दिन का कार्य $= \frac{1}{30}$

P और Q का 20 दिन का कार्य

$= \frac{1}{30} \times 20 = \frac{2}{3}$

शेष कार्य $= 1 - \frac{2}{3} = \frac{1}{3}$

Q द्वारा $\frac{1}{3}$ कार्य करने में 50 दिन लगते हैं।

तो, Q द्वारा अकेले पूरा कार्य करने में लगा समय $= 50 \times 3 = 150$ दिन

$\therefore P$ का 1 दिन का कार्य $= \frac{1}{30} - \frac{1}{150}$

$= \frac{5-1}{150} = \frac{4}{150}$

अतः P द्वारा अकेले कार्य पूरा करने में लगा समय $= \frac{150}{4} = 37.5$ दिन

वैकल्पिक विधि

माना पूर्ण कार्य = 150 इकाई

$P+Q$ की क्षमता $= \frac{150}{30} = 5$

$P+Q$ के 20 दिन का कार्य

$= 5 \times 20 = 100$ इकाई

शेष कार्य $= 150 - 100 = 50$ इकाई

दिया है,

Q को शेष कार्य को करने में लगा समय = 50 दिन

तब, $\frac{50}{Q\text{ (क्षमता)}} = 50$

Q (क्षमता) = 1

तो $P_{(\text{क्षमता})} = 5 - 1 = 4$

P को पूर्ण कार्य को करने में लगा समय

$= \frac{150}{4} = 37.5$ दिन

47. (d) दिया है, अर्द्धगोले की त्रिज्या = 21 सेमी

अर्द्धगोले का वक्रपृष्ठीय क्षेत्रफल

$= 2\pi r^2 = 2 \times \frac{22}{7} \times 21 \times 21$

$= 2772$ सेमी^{2}

48. (d) माना संख्या = x

प्रश्नानुसार,

$x \times \frac{65}{100} - 55 = 400$

$\Rightarrow \frac{13x}{20} = 400 + 55$

$\Rightarrow 13x = 455 \times 20$

$\Rightarrow x = \frac{455 \times 20}{13} = 700$

$\therefore$ अभीष्ट संख्या = 700

49. (d) दिया है,

मूलधन = ₹ 2000

मिश्रधन = ₹ 5920

ब्याज दर = समय = x (माना)

प्रश्नानुसार,

$\frac{2000 \times x \times x}{100} + 2000 = 5920$

$\left[\because A = \frac{Prt}{100} + P\right]$

$\Rightarrow 20x^2 = 5920 - 2000$

$\Rightarrow 20x^2 = 3920$

$\Rightarrow x^2 = 196$

$\Rightarrow x = \sqrt{196} = 14$

अत: ब्याज दर = 14%

50. (a) दिया है, $m - n = 11$

तथा $m^2 + n^2 = 141$

हम जानते हैं,

$[\because (a-b)^2 = a^2 + b^2 - 2ab]$

$\therefore (m-n)^2 = m^2 + n^2 - 2mn$

$\Rightarrow (11)^2 = 141 - 2mn$

$\Rightarrow 2mn = 141 - 121$

$\Rightarrow 2mn = 20$

$\therefore mn = 10$

51. (d) 1 कलम का क्रय मूल्य = ₹ $\frac{1}{14}$

1 कलम का विक्रय मूल्य = ₹$\frac{1}{12}$

लाभ $= \frac{1}{12} - \frac{1}{14} = \frac{7-6}{84} =$ ₹$\frac{1}{84}$

लाभ % $= \frac{\frac{1}{84}}{\frac{1}{14}} \times 100$

$= \frac{1}{84} \times 14 \times 100 = 16.66\%$

52. (b) माना J को प्राप्त अंक = $15x$

और K को प्राप्त अंक = $17x$

प्रश्नानुसार, $15x = 300$

$x = 20$

$\therefore K$ को प्राप्त अंक = $17 \times 20 = 340$

53. (c) दिया है, मूलधन = ₹9000

समय = 2 वर्ष

दर = 20%

कथन I से,

साधारण ब्याज $= \frac{9000 \times 2 \times 20}{100} =$ ₹ 3600

अत: कथन I सही नहीं है।

कथन II से,

चक्रवृद्धि ब्याज $= 9000\left(1 + \frac{20}{100}\right)^2 - 9000$

$= 9000 \times \frac{6}{5} \times \frac{6}{5} - 9000$

$= 12960 - 9000$

= ₹ 3960

अत: कथन II सही है।

54. (a) $8400 \div 21 + 42 \times 5 - 410$

BODMAS के नियम अनुसार,

$400 + 42 \times 5 - 410$

$= 400 + 210 - 410 = 610 - 410 = 200$

55. (d) दिया है,

पुस्तक का अंकित मूल्य = ₹ 3950

पुस्तक का विक्रय मूल्य = ₹ 3160

छूट = ₹(3950 − 3160) = ₹ 790

छूट% $= \frac{790}{3950} \times 100 = 20\%$

56. (d) दिया है,

पहली रेलगाड़ी की चाल = 32 किमी/घण्टा

दूसरी रेलगाड़ी की चाल = 96 किमी/घण्टा

माना 32 किमी/घण्टा की चाल से चल रही रेलगाड़ी द्वारा तय दूरी (मिलने के समय तक) = x किमी

तो 96 किमी/घण्टा की चाल से चल रही रेलगाड़ी द्वारा तय दूरी (मिलने के समय तक) = $(x + 160)$ किमी

प्रश्नानुसार,

$\frac{x}{32} = \frac{x+160}{96}$

$\Rightarrow 3x = x + 160 \Rightarrow 2x = 160$

$\Rightarrow x = 80$ किमी

अत: C और D के बीच की दूरी

$= (x + x + 160)$ किमी

$= (80 + 80 + 160)$ किमी

= 320 किमी

57. (b) दिया है,

प्रत्येक लैपटॉप का विक्रय मूल्य = ₹ 10000

तो, 40% लाभ पर बेचे गए लैपटॉप का क्रय मूल्य $= 10000 \times \frac{100}{140} =$ ₹$\frac{50000}{7}$

40% हानि पर बेचे गए लैपटॉप का क्रय मूल्य $= 10000 \times \frac{100}{60} =$ ₹$\frac{50000}{3}$

कुल क्रय मूल्य $= \left(\frac{50000}{7} + \frac{50000}{3}\right)$

$= \left(\frac{150000 + 350000}{21}\right)$

= ₹$\frac{500000}{21}$

कुल विक्रय मूल्य = ₹ 20000

$\therefore$ हानि $= \left(\frac{500000}{21} - 20000\right)$

$= \left(\frac{500000 - 420000}{21}\right)$

= ₹ $\frac{80000}{21}$

$\therefore$ हानि % $= \frac{80000}{21} \times \frac{21}{500000} \times 100 = 16\%$

वैकल्पिक विधि

यदि दो वस्तुओं का विक्रय मूल्य समान हो और एक वस्तु को a% लाभ तथा दूसरी वस्तु को a% हानि पर बेचा जाता है, तो उसको हमेशा $\frac{a^2}{100}$% की हानि होती है।

$\therefore a = 40$

हानि % $= \frac{(40)^2}{100}\% = 16\%$

58. (c) माना रमन की आय = ₹ $9x$

तथा रमन का व्यय = ₹$7x$

20% वृद्धि के बाद रमन की आय

$= 9x \times \frac{120}{100} =$ ₹ $10.8x$

70% कमी के बाद रमन का व्यय

$= 7x \times \frac{30}{100} =$ ₹ $2.1x$

$\therefore$ अभीष्ट अनुपात = 10.8 : 2.1

= 108 : 21

= 36 : 7

59. (d) परिवार के चारों सदस्यों की कुल आयु

$= 4 \times 25 = 100$ वर्ष

माना चौथे सदस्य की आयु = x वर्ष

प्रश्नानुसार,

$20 + 22 + 28 + x = 100$

$\Rightarrow 70 + x = 100$

$\Rightarrow x = 30$

अत: चौथे सदस्य की आयु = 30 वर्ष

60. *(d)* माना रमेश की आय = ₹ $3x$
और सुरेश की आय = ₹ $4x$
माना रमेश का व्यय = ₹ $2y$
और सुरेश का व्यय = ₹ $3y$
प्रश्नानुसार,

$$3x - 2y = 200 \quad \ldots(i)$$
$$4x - 3y = 200 \quad \ldots(ii)$$

समी (i) $\times 3$ − समी (ii) $\times 2$,

$$9x - 6y - 8x + 6y = 600 - 400$$
$$\Rightarrow \quad x = 200$$

अतः रमेश की आय $= 3 \times 200 =$ ₹ 600 तथा सुरेश की आय $= 4 \times 200 =$ ₹ 800

61. *(d)* कोष्ठक में दिए गए शब्द 'अपेक्षित' का विलोम शब्द 'अनपेक्षित' है। अपेक्षित का अर्थ होता है–जिसकी चाह या आशा हो, जबकि अनपेक्षित का अर्थ होता है–जिसकी चाह या परवाह न हो।

62. *(d)* आँखों के सामने 'पलकों की बुराई' लोकोक्ति का सही अर्थ है–किसी के भाई-बन्धुओं या इष्ट-मित्रों के सामने उसकी बुराई करना।

63. *(c)* कोष्ठक में दिए शब्द 'उपेक्षा' का विलोम शब्द 'अपेक्षा' है। अन्य विकल्प असंगत हैं।

64. *(c)* दिए गए वाक्य में रेखांकित शब्दों 'पढ़कर के' वाक्यांश के लिए सही शब्दों वाला विकल्प 'अनूप सर अखबार पढ़कर जाएँगे', है। अन्य विकल्प असंगत हैं।

65. *(c)* 'जैसे पहले कभी न हुआ हो' दिए गए वाक्यांश के लिए एक शब्द 'अभूतपूर्व' होगा, जिसका अर्थ होता है–जो पहले न हुआ हो या अनोखा। अन्य विकल्प असंगत हैं।

66. *(c)* 'टिप्पस लगाना' मुहावरे का अर्थ है-'सिफारिश करना' अर्थात् खुशामद करना या चापलूसी करना।
वाक्य प्रयोग आजकल मामूली काम के लिए भी मन्त्रियों से टिप्पस लगवाए जाते हैं।

67. *(d)* दिए गए विकल्पों में से सही विकल्प है–'ये लोग कहाँ जा रहे हैं' क्योंकि यह अर्थ तथा व्याकरण की दृष्टि से उचित विकल्प है। जबकि अन्य तीनों विकल्प त्रुटियुक्त हैं।

68. *(a)* दिए गए वाक्य में 'इस विद्वान' वाक्यांश में त्रुटि है, क्योंकि महिला के लिए 'विदुषी' शब्द उपयुक्त है। अतः विकल्प (a) सही उत्तर होगा।

69. *(d)* दिए गए रेखांकित भाग 'तपंग' के लिए उचित सार्थक शब्द 'पतंग' है। अतः पूर्ण वाक्य है-बच्चे पतंग उड़ा रहे हैं। अन्य विकल्प असंगत हैं।

70. *(b)* दिए गए वाक्य में 'तिरसकार' गलत वर्तनी वाले शब्द का सही रूप 'तिरस्कार' है। अन्य सभी वर्तनी सही हैं।

71. *(c)* कोष्ठक में दिए गए शब्द 'शशक' का पर्यायवाची 'खरहा' है। 'शशक' शब्द के अन्य पर्यायवाची गर्दभ, रासभ, वैशाखनन्दन आदि हैं।

72. *(b)* दिए गए वाक्य 'जो चीज इस संसार की न हो' में वाक्यांश के लिए सही सार्थक शब्द 'अलौकिक' होगा। अलौकिक शब्द का अर्थ होता है–जो लोक में न मिलता हो।

73. *(b)* कोष्ठक में दिए गए शब्द 'अक्षोट' का तद्भव रूप 'अखरोट' है। अक्षोट तत्सम शब्द है। अन्य विकल्प असंगत हैं।

74. *(d)* दिए गए वाक्य में भाग 'महत्त्वपूर्ण भूमिका निभाता हैं ओर' त्रुटियुक्त है। सही रूप–'महत्त्वपूर्ण भूमिका निभाती है और' होगा। अन्य विकल्प असंगत हैं।

75. *(b)* कोष्ठक में दिए 'बराबर' शब्द के लिए सही पर्यायवाची 'समान' होगा। बराबर के अन्य पर्यायवाची तुल्य, यकसाँ, सदृश, मिस्ल आदि हैं।

76. *(a)* रिक्त स्थान के लिए उचित विकल्प 'निवास' है। अतः पूर्ण वाक्य है- हमारे भारत में जहाँ स्वच्छता होती है, वहाँ पर ईश्वर निवास करते हैं।

77. *(a)* रिक्त स्थान के लिए सही विकल्प 'स्वच्छ होगा'। अतः पूर्ण वाक्य है- स्वच्छ भारत अभियान भारत को स्वच्छ करने के लिए एक कड़ी का काम कर रहा है।

78. *(c)* रिक्त स्थान के लिए उचित विकल्प 'सराहनीय' होगा। अतः पूर्ण वाक्य है- यह भारत सरकार द्वारा उठाया गया एक सराहनीय कदम है?

79. *(c)* रिक्त स्थान के लिए उचित विकल्प 'जागरूक' होगा। अतः पूर्ण वाक्य है- लोगों को स्वच्छता के प्रति जागरूक बनाएँ।

80. *(d)* रिक्त स्थान के लिए सही विकल्प 'मिलकर' होगा। अतः पूर्ण वाक्य है- इस नेक काम के लिए हम सबको मिलकर आगे आना होगा।

06 मार्च 2024
(शिफ्ट II)

सॉल्वड पेपर 2024

SSC कांस्टेबल (जीडी) सेट 45

भाग-I सामान्य बुद्धिमत्ता एवं तर्कशक्ति

1 एक निश्चित कूटभाषा में, 'COULD' को '67095' लिखा जाता है, 'CROWN' को '85317' लिखा जाता है, 'DOUBT' को '26450' लिखा जाता है। उसी कूटभाषा में 'D' को कैसे लिखा जाएगा?
(a) 4 (b) 2
(c) 5 (d) 6

2 दिए गए शब्दों को अंग्रेजी वर्णमाला के क्रम में व्यवस्थित कीजिए।
1. CARROT 2. CUCUMBER
3. CELERY 4. CABBAGE
5. CAULIFLOWER
(a) 4, 5, 1, 3, 2 (b) 4, 1, 5, 2, 3
(c) 4, 1, 3, 5, 2 (d) 4, 1, 5, 3, 2

3 निम्नलिखित प्रश्न में कुछ कथन और उन कथनों के आधार पर कुछ निष्कर्ष दिए गए हैं। आपको दिए गए कथनों को सत्य मानना है, चाहें वे सामान्यतः ज्ञात तथ्यों से भिन्न प्रतीत होते हों। सभी निष्कर्षों को ध्यानपूर्वक पढ़िए और निर्धारित कीजिए, कि दिए गए निष्कर्षों में से कौन-सा/कौन-से निष्कर्ष कथनों का तार्किक रूप से अनुसरण करता है/करते हैं?

कथन
कुछ L, G हैं।
सभी T, G हैं।

निष्कर्ष
I. कोई T, L नहीं है।
II. कोई G, T नहीं है।
(a) केवल निष्कर्ष II कथनों का अनुसरण करता है
(b) केवल निष्कर्ष I कथनों का अनुसरण करता है
(c) निष्कर्ष I और II दोनों कथनों का अनुसरण करते हैं
(d) कोई भी निष्कर्ष कथनों का अनुसरण नहीं करता है

4 निम्नलिखित प्रश्न में दी गई आकृतियों के अनुसार कागज के एक टुकड़े को मोड़कर उसमें छेद किया जाता है। विकल्पों में दी गई आकृतियों में से बताइए कि खोले जाने पर यह कैसा दिखाई देगा?

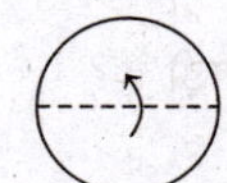  

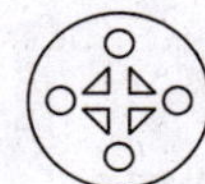 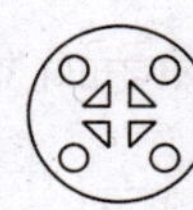 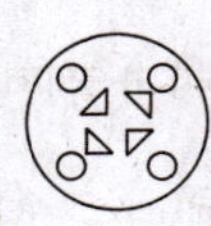 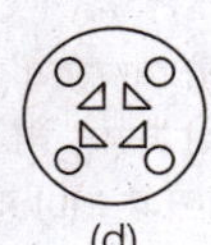
(a) (b) (c) (d)

5 आठ शिक्षक जतिन, अभि, गोपाल, हीना, ईशा, रोहित, काजल और लीला एक वृत्ताकार मेज के चारों ओर केन्द्र से बाहर की ओर मुख करके बैठे हैं (परन्तु जरूरी नहीं है कि वे इसी क्रम में बैठे हों)। अभि, हीना के बाईं ओर से दूसरे स्थान पर बैठा है। रोहित, हीना के दाईं ओर से तीसरे स्थान पर बैठा है।
गोपाल, जतिन के दाईं ओर से दूसरे स्थान पर बैठा है। रोहित, जतिन के बाईं ओर से दूसरे स्थान पर बैठा है। काजल, ईशा के बाईं ओर से तीसरे स्थान पर बैठी है। अभि के ठीक बाईं ओर कौन बैठा/बैठी है?
(a) गोपाल (b) ईशा
(c) लीला (d) जतिन

6 यदि एक दर्पण को रेखा AB पर रखा जाए, तो विकल्प आकृतियों में से कौन-सी आकृति प्रश्न आकृति का सही प्रतिबिम्ब होगी?

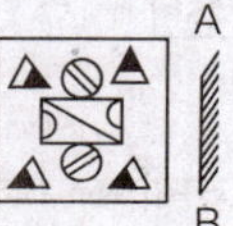

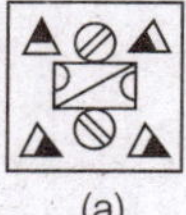  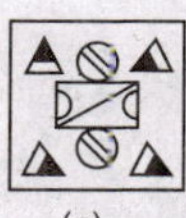 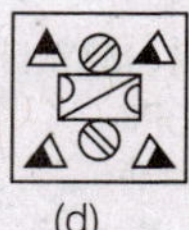
(a) (b) (c) (d)

7 नीचे दिए गए दो चिह्नों को आपस में बदलने पर निम्नलिखित में से कौन-सा समीकरण सही होगा?
÷ और +
(a) $9 \times 18 + 27 \div 36 - 45 = -4$
(b) $76 \div 4 \times 2 - 90 + 3 = 54$
(c) $8 \div 4 \times 5 + 4 - 6 = 8$
(d) $8 + 4 \times 5 \div 2 - 6 = 18$

8 पाँच मित्र P, B, C, G और H एक वृत्ताकार मेज के चारों ओर केन्द्र की ओर मुख करके बैठे हैं। B, C के ठीक बाईं ओर बैठा है। G और H, C के निकटतम पड़ोसी नहीं है। H, P के दाईं ओर से दूसरे स्थान पर बैठा है। P के ठीक बाईं ओर कौन बैठा है?
(a) B (b) H (c) G (d) C

9 दिए गए विकल्पों में से निम्नलिखित शृंखला से लुप्त संख्या का चयन कीजिए।
4000, 2000, 1000, 500, ?, 125
(a) 250 (b) 100
(c) 300 (d) 275

10 निम्नलिखित प्रश्न में, दिए गए विकल्पों में से सम्बन्धित अक्षर-युग्म का चयन कीजिए।

GT : HV :: ?

(a) FF : AB
(b) LL : NA
(c) YK : TT
(d) DQ : ES

11 दिए गए विकल्पों में से निम्नलिखित शृंखला से लुप्त संख्या का चयन कीजिए।

376, 373, 382, 355, 436, ?

(a) 193
(b) 190
(c) 200
(d) 195

12 यदि 100 @ 55 # 65 * 13 = 160 और 145 @ 90 # 180 * 30 = 295 है, तो 58 @ 63 # 90 * 15 = ?

(a) 130
(b) 143
(c) 127
(d) 135

13 निम्नलिखित प्रश्न में विकल्पों में दी गई उस आकृति का चयन कीजिए, जिसे प्रश्नचिह्न (?) के स्थान पर रखा जा सकता है।

    ?

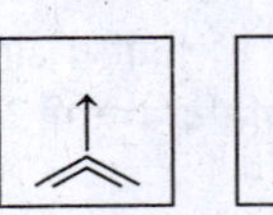 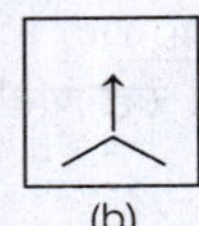 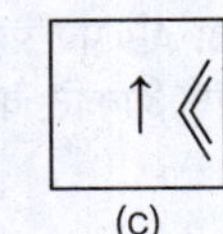 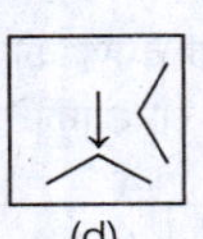

(a) (b) (c) (d)

14 निम्नलिखित प्रश्न में, दिए गए विकल्पों में से सम्बन्धित अक्षरों का चयन कीजिए।

YZM : MZY :: FKU : ?

(a) OPK
(b) UKF
(c) KMF
(d) MNO

15 निम्नलिखित प्रश्न में, दिए गए विकल्पों में से उस आकृति का चयन कीजिए, जिसे प्रश्नचिह्न (?) के स्थान पर रखा जा सकता है।

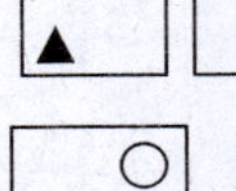 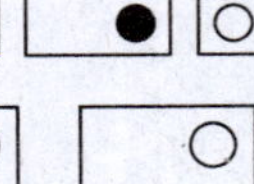 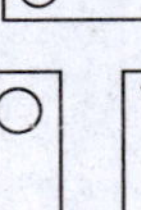 ?

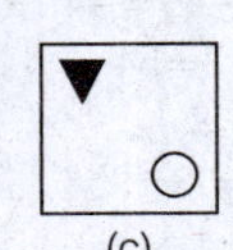 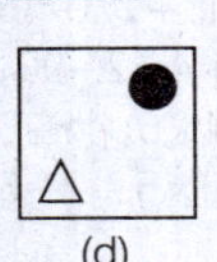

(a) (b) (c) (d)

16 एक निश्चित कूटभाषा में, 'DOMKE' को '96702' लिखा जाता है। 'KAOBF' को '73849' लिखा जाता है, 'FAMD' को '4063' लिखा जाता है। उसी कूटभाषा में 'M' को कैसे लिखा जाएगा?

(a) 9
(b) 6
(c) 7
(d) 2

17 A, B की माँ है। B, C की बहन है। C, D का पिता है। D, E का भाई है। E, F का पति है। F, G की बहन है। C का F से क्या सम्बन्ध है?

(a) पति के पिता
(b) बहन
(c) पिता
(d) माँ

18 दी गईं विकल्प आकृतियों में से उस आकृति का चयन कीजिए, जिसमें प्रश्न में दी गई आकृति छिपी हुई/निहित है। (घूर्णन की अनुमति नहीं है)

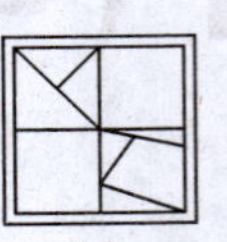 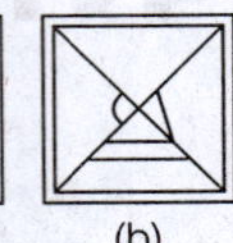 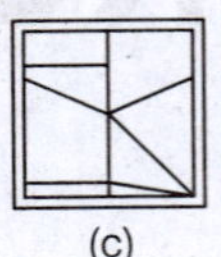 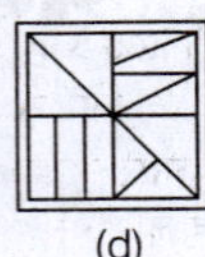

(a) (b) (c) (d)

19 निम्नलिखित में से कौन-सा अक्षर दी गई शृंखला में प्रश्नचिह्न (?) के स्थान पर आएगा?

R, O, L, I, F, ?

(a) E
(b) C
(c) B
(d) D

20 निम्नलिखित अक्षर समूहों में से अक्षरों का कौन-सा समूह क्रमबद्ध रूप से बाईं से दाईं ओर रखे जाने पर नीचे दी गई शृंखला को पूरा करेगा।

sstttt_usstt_uusstttu_sstttuusstt_uussttttuu

(a) uusu
(b) stst
(c) ttut
(d) utut

भाग-II सामान्य ज्ञान

21 फुटबॉल की विशिष्टताओं में से एक है कि उसकी परिधि .... के बीच होनी चाहिए।

(a) 90 सेमी और 125 सेमी
(b) 125 सेमी और 225 सेमी
(c) 68 सेमी और 70 सेमी
(d) 10 सेमी और 25 सेमी

22 राज्यसभा की अधिकतम सदस्य संख्या कितनी होती है तथा राष्ट्रपति द्वारा कितने सदस्यों को मनोनीत किया जाता है?

(a) अधिकतम संख्या 545 है और राष्ट्रपति द्वारा 25 सदस्य मनोनीत किए जाते हैं
(b) अधिकतम संख्या 550 है और राष्ट्रपति द्वारा 238 सदस्य मनोनीत किए जाते हैं
(c) अधिकतम संख्या 250 है और राष्ट्रपति द्वारा 12 सदस्य मनोनीत किए जाते हैं
(d) अधिकतम संख्या 245 है और राष्ट्रपति द्वारा 12 सदस्य मनोनीत किए जाते हैं

23 गौतम बुद्ध ने अपनी शिक्षा सामान्य लोगों को .... भाषा में दी।

(a) प्राकृत
(b) तमिल
(c) हिन्दी
(d) उड़िया

24 लक्ष्य सेन निम्नलिखित में से किस खेल के खिलाड़ी हैं?

(a) क्रिकेट
(b) कबड्डी
(c) बैडमिण्टन
(d) टेबल टेनिस

25 अर्थशास्त्री भारतीय कृषि में व्याप्त बेरोजगारी को .... बेरोजगारी कहते हैं।

(a) घर्षणात्मक (b) खुली (c) प्रच्छन्न (d) बन्द

26 बंगाल का विभाजन ………… में हुआ था।
(a) वर्ष 1901
(b) वर्ष 1911
(c) वर्ष 1915
(d) वर्ष 1905

27 जून, 2023 में वियना में बाह्य अन्तरिक्ष मामलों में संयुक्त राष्ट्र कार्यालय (United Nations Office for Outer Space Affairs-UNOOSA) के निदेशक के रूप में किसे नियुक्त किया गया है?
(a) अशोक कुमार मुखर्जी
(b) रुचिरा काम्बोज
(c) आरती होला-मैनी
(d) सैयद अकबरुद्दीन

28 चौथी पंचवर्षीय योजना के लिए विकास लक्ष्य ………… के सम्बन्ध में निर्धारित किए गए थे।
(a) निवल घरेलू उत्पाद
(b) राष्ट्रीय आय
(c) सकल घरेलू उत्पाद
(d) सकल राष्ट्रीय उत्पाद

29 गोगा नवमी मुख्य रूप से निम्नलिखित में से किस राज्य में मनाया जाता है?
(a) तमिलनाडु
(b) हरियाणा
(c) आन्ध्र प्रदेश
(d) मध्य प्रदेश

30 शॉटपुट में पुरुष एथलीटों के लिए धातु की गेंद का भार………किग्रा होता है।
(a) 9.12
(b) 7.26
(c) 6.16
(d) 8.16

31 सरकारी बजट के सम्बन्ध में शब्द 'राजकोषीय घाटा' (Fiscal deficit) क्या दर्शाता है?
(a) कुल सरकारी ऋण
(b) बजट का वह हिस्सा जो रक्षा व्यय के लिए आवण्टित किया गया है
(c) सार्वजनिक व्यय के लिए उपलब्ध अधिशेष निधि
(d) सरकारी राजस्व और सरकारी व्यय के बीच का अन्तर

32 कथक में खड़े होने की मुद्रा के लिए निम्नलिखित में से किस शब्द का प्रयोग किया जाता है?
(a) पिरूएट (Pirouette)
(b) पद-चालन (Foot work)
(c) समा (Sama)
(d) ठाट (That)

33 निम्नलिखित में से वह प्रसिद्ध भारतीय शास्त्रीय बाँसुरीवादक कौन हैं, जिन्हें बाँसुरी (बाँस की बाँसुरी) की महारत और अपने मन्त्रमुग्ध कर देने वाले प्रदर्शन के लिए जाना जाता है?
(a) रविशंकर
(b) शिव कुमार शर्मा
(c) जाकिर हुसैन
(d) हरिप्रसाद चौरसिया

34 हरित क्रान्ति (Green Revolution) के सम्बन्ध में HYVS का पूर्ण रूप क्या है?
(a) हाई यील्डिंग वेराइटी सीड्स
(b) हाई यील्डिंग विचर सॉइल
(c) हाईयेस्ट यील्ड वेरिंग सॉइल
(d) हाई यील्ड वेरी सीड्स

35 निम्नलिखित में से कौन-सा/से कथन प्रधानमन्त्री विश्वकर्मा योजना के सम्बन्ध में सही है/हैं?
I. प्रधानमन्त्री विश्वकर्मा योजना एक केन्द्रीय क्षेत्र की योजना है।
II. इस योजना में 18 व्यवसायों में लगे कारीगरों और शिल्पकारों को शामिल किया गया है।

कूट
(a) केवल I
(b) केवल II
(c) I और II दोनों
(d) न तो I और न ही II

36 निम्नलिखित में से कौन-सी नृत्यशैली कुमुदिनी लाखिया की सबसे प्रसिद्ध नृत्यशैली है?
(a) सत्रिया
(b) भरतनाट्यम
(c) कुचिपुड़ी
(d) कथक

37 भारतीय संविधान की कौन-सी विशेषता इस विचार को दर्शाती है कि शक्ति-संकेन्द्रण को रोकने के लिए सरकार की शक्तियों को कार्यपालिका, विधायिका और न्यायपालिका शाखाओं में विभाजित किया गया है?
(a) सम्प्रभुता
(b) संघवाद
(c) संसदीय प्रणाली
(d) शक्ति का पृथक्करण

38 चन्द्रगुप्त मौर्य के गुरु कौन थे?
(a) मेगस्थनीज
(b) कौटिल्य
(c) कनिष्क
(d) हर्षवर्द्धन

39 मुम्बई के भायखला (Byculla) रेलवे स्टेशन को सोमवार अर्थात् 24 जुलाई को यूनेस्को का एशिया पैसिफिक ………… पुरस्कार मिला, यह पुरस्कार नवम्बर, 2022 में घोषित किया गया था।
(a) गोल्ड
(b) कल्चरल हेरिटेज
(c) ग्रीन
(d) ब्रोंज

40 जब कोई वस्तु एक वृत्ताकार पथ में त्वरित होती है, तो ………… के कारण वस्तु उस वृत्ताकार पथ में गतिशील रहती है।
(a) प्रत्यास्थ बल
(b) वेग
(c) अभिकेन्द्र बल
(d) घर्षण

भाग-III गणित

41 निम्नलिखित में से वह भिन्न ज्ञात कीजिए जो 1/64 से उसी अनुपात में है, जिस अनुपात में 4/7, 5/16 से अनुपात में है।
(a) 1/40
(b) 1/35
(c) 1/20
(d) 1/25

42 यदि दो वर्गों के क्षेत्रफलों का अनुपात 4 : 9 है, तो उनकी संगत भुजाओं का अनुपात कितना है?
(a) 4 : 3
(b) 3 : 2
(c) 2 : 3
(d) 1 :3

43 विकास दो साइकिलें, पहली ₹ 15000 में और दूसरी ₹ 14000 में खरीदता है। वह दोनों साइकिलें, पहली 10% के लाभ पर दूसरी 20% की हानि पर बेच देता है। कुल लाभ या हानि कितनी है?
(a) हानि = ₹ 1300
(b) लाभ = ₹ 1200
(c) हानि = ₹ 1400
(d) लाभ = ₹ 1000

44 एक वस्तु का विक्रय मूल्य ₹ 8175 और उस पर दी जाने वाली छूट 25% है। वस्तु का अंकित मूल्य क्या है?
(a) ₹ 10900
(b) ₹ 15720
(c) ₹ 11700
(d) ₹ 12250

45 रमेश, विक्रम से चार वर्षों के लिए 7.5% वार्षिक साधारण ब्याज की दर पर एक निश्चित धनराशि उधार लेता है। यदि रमेश को ₹ 18600 का कुल ब्याज चुकाना है, तो मूलधन राशि कितनी है?
(a) ₹ 45000
(b) ₹ 68000
(c) ₹ 56000
(d) ₹ 62000

46 एक वस्तु को 30% की छूट पर बेचने पर लाभ प्रतिशत कितना होगा, जिसे पहले 45% लाभ पर बेचा जा रहा था?
(a) 2.5% (b) 1.3% (c) 1.1% (d) 1.5%

47 $96 \times 3 + 48 \div 4 - 3 \times 4$ का मान कितना है?
(a) 322 (b) 364
(c) 288 (d) 314

48 21 क्रमागत विषम संख्याएँ हैं। यदि प्रथम 19 संख्याओं का औसत x है, तो अन्तिम 2 संख्याओं का औसत कितना होगा?
(a) $x+27$ (b) $x+21$
(c) $x+25$ (d) $x+19$

49 1.5 वर्ष के लिए ₹10000 पर प्राप्त चक्रवृद्धि ब्याज (अर्द्धवार्षिक रूप से संयोजित) ₹ 3676.31 है। वार्षिक ब्याज दर क्या है?
(a) 28% (b) 22%
(c) 25% (d) 14%

50 शरमन विवेक से 20% कम कुशल है। यदि विवेक एक हेलमेट 20 दिनों में बना सकता है, तो शरमन उसी हेलमेट को कितने दिनों में बना सकता है?
(a) 27 दिन (b) 23 दिन
(c) 25 दिन (d) 30 दिन

51 अमन 16 घण्टे में एक निश्चित दूरी तय कर सकता है। अपनी चाल में 5 किमी/घण्टा की वृद्धि करके वह समान दूरी 14 घण्टे में तय कर सकता है दूरी ज्ञात कीजिए।
(a) 560 किमी (b) 540 किमी
(c) 580 किमी (d) 600 किमी

52 यदि मूल्य में 5% की कमी की जाती है, तो उपभोग में कितने प्रतिशत की वृद्धि की जानी चाहिए, ताकि व्यय अपरिवर्तित रहे?
(a) 20.3% (b) 5.2%
(c) 26.3% (d) 10.5%

53 अंकित मूल्य का 50%, क्रय मूल्य के 70% के बराबर है। यदि कोई छूट नही दी जाती है, तो लाभ प्रतिशत क्या होगा?
(a) 50% (b) 20%
(c) 60% (d) 40%

54 अमन दो परीक्षाओं में शामिल हुआ। उसने पहली परीक्षा में 600 अंकों में से 420 अंक प्राप्त किए। यदि उसे कुल मिलाकर 70% अंक प्राप्त हुए, तो दूसरी परीक्षा में उसने 500 में से कितने प्रतिशत अंक प्राप्त किए थे?
(a) 70 (b) 65 (c) 60 (d) 80

55 R और S मिलकर एक कार्य को 60 दिनों में पूरा कर सकते हैं। S और T मिलकर उसी कार्य को 90 दिनों में पूरा कर सकते हैं। यदि R, S और T सभी एकसाथ मिलकर कार्य करते हैं, तो वही कार्य 45 दिनों में पूरा हो जाता है। R और T को मिलकर समान कार्य को पूरा करने में कितने दिन का समय लगेगा?
(a) 50 दिन (b) 60 दिन
(c) 75 दिन (d) 80 दिन

56 एक गोले की त्रिज्या 4.9 सेमी है। गोले का आयतन कितना है (लगभग)?
(a) 493 सेमी^{3} (b) 479 सेमी^{3}
(c) 514 सेमी^{3} (d) 463 सेमी^{3}

57 निम्नलिखित में से कौन-सी संख्या 36 से विभाज्य नहीं है?
(a) 3096 (b) 3168
(c) 3376 (d) 5724

58 दो संख्याओं का लघुत्तम समापवर्त्य 147 है और उन संख्याओं का महत्तम समापवर्तक 7 है। यदि एक संख्या 21 है, तो दूसरी संख्या ज्ञात कीजिए।
(a) 49 (b) 21 (c) 28 (d) 7

59 10 व्यक्तियों के औसत भार में तब 3.5 किग्रा की वृद्धि हो जाती है, जब उनमें से 85 किग्रा भार वाले एक व्यक्ति के स्थान पर एक नया व्यक्ति आ जाता है। नए व्यक्ति का भार कितना हो सकता है?
(a) 100 किग्रा (b) 130 किग्रा
(c) 120 किग्रा (d) 110 किग्रा

60 वह न्यूनतम संख्या कौन-सी है, जो 125, 75, 150 तथा 70 से पूरी तरह विभाज्य हो?
(a) 5250 (b) 2494
(c) 5383 (d) 5480

भाग-IV हिन्दी

61 निम्नलिखित प्रश्न में चार विकल्पों में से उस विकल्प का चयन करें, जो कोष्ठक में दिए गए शब्द के विलोम शब्द का सही विकल्प है।
मेरे जो पड़ोसी हैं, वे बड़े ही (कुटिल) ………… प्रवृत्ति के हैं।
(a) गुस्सैल (b) ऋजु
(c) चालाक (d) छली

62 दिए गए शब्द का पर्यायवाची ज्ञात कीजिए।
'लौ'
(a) भाषा (b) ज्वाला
(c) धन्धा (d) लता

63 दिए गए विकल्पों में से तीन विकल्प त्रुटियुक्त हैं, जबकि एक सही है। उस सही विकल्प का चयन करें।
(a) कमल कोमल होता है। (b) कमल नम्रता होता है।
(c) कमल सुकोमल होता है। (d) कमल कठोरता होता है।

64 दिए गए वाक्य में रेखांकित शब्द का विलोम शब्द ज्ञात कीजिए।
राजस्थान में <u>बाढ़</u> आ गई।
(a) बेजाप्ता (b) सूखा
(c) सीटी (d) भूकम्प

65 निम्नलिखित प्रश्न में चार विकल्पों में से उस विकल्प का चयन करें, जो कोष्ठक में दिए गए शब्द के तद्भव रूप का सही विकल्प है।
मेरी दादी जी हम सभी बच्चों को हर रात एक नई (कथानिका) ………… सुनाती हैं।
(a) घटना (b) पाठ
(c) करतब (d) कहानी

66 निम्नलिखित प्रश्न में चार विकल्पों में से उस विकल्प का चयन करें, जो कोष्ठक में दिए गए शब्द के पर्यायवाची शब्द का सही विकल्प है।
अचानक से हमारे रास्ते में जानवरों का एक (गण) ……… आ गया।
(a) जत्था (b) बलवा
(c) चल (d) गूढ़

67 दिए गए वाक्य में रेखांकित शब्द का तत्सम शब्द ज्ञात कीजिए।
बाहर कब से कुत्ता भौंक रहा है।
(a) काक (b) कायर
(c) कुक्कुर (d) कोकिल

68 निम्नलिखित प्रश्न में दिए गए विकल्पों में से उस विकल्प का चयन करें, जो दिए गए मुहावरे के अर्थ को सर्वश्रेष्ठ रूप से व्यक्त करता है।
'पानी-पानी होना'
(a) बहुत लज्जित होना (b) कीचड़ हो जाना
(c) खूब मजे करना (d) बहुत बारिश होना

69 दिए गए वाक्य में रेखांकित शब्दों के लिए सही शब्दों वाले विकल्प का चयन करें।
वह सायंकाल के समय आया था, जब मैं नहीं था।
(a) वह सायंकाल आया था, जब मैं नहीं था।
(b) वह सायंकाल को आया था, जब मैं नहीं था।
(c) परिवर्तन की आवश्यकता नहीं है।
(d) वह सायंकाल में आया था, जब मैं नहीं था।

70 निम्नलिखित वाक्य में रेखांकित भाग के लिए एक सार्थक शब्द ज्ञात कीजिए।
उसकी तुलना किसी से नहीं की जा सकती।
(a) तुल्य (b) तुली
(c) अतुलनीय (d) तुलनीय

71 निम्नलिखित प्रश्न में दिए गए विकल्पों में से उस विकल्प का चयन करें, जो दिए गए मुहावरे के अर्थ को सर्वश्रेष्ठ रूप से व्यक्त करता है।
'जी का जंजाल होना'
(a) एकसाथ कई सारी मुसीबतों में फँसना
(b) मुसीबत होना
(c) बहुत सारे विचार दिमाग में आना
(d) व्यर्थ की परेशानी

72 निम्नलिखित वाक्य में रेखांकित भाग के लिए एक शब्द ज्ञात कीजिए।
वह शिव भक्त है।
(a) भक्त (b) शैव
(c) वैष्णव (d) शाक्त

73 दिए गए वाक्य में रेखांकित शब्द के लिए सही वर्तनी ज्ञात कीजिए।
गौतम बुद्ध ने पालि भाषा में ऊपदेश दिए।
(a) ऊपदश (b) उपदेश
(c) ओपदेश (d) उपदश

74 निम्नलिखित प्रश्न में चार विकल्पों में से उस विकल्प का चयन करें, जो रिक्त स्थान के लिए सही पुल्लिंग रूप वाला विकल्प हो।
हमारे पड़ोस में एक बड़े ही .... व्यक्ति रहते हैं।
(a) कवयित्री (b) विदूषी (c) विद्वान (d) कवि

75 दिए गए वाक्य में रेखांकित शब्द के लिए सही वर्तनी ज्ञात कीजिए।
सैनिक हमारे रक्छक हैं।
(a) रशक (b) रक्षक (c) रछक्क (d) रषक

निर्देश (प्र. सं.76-80) *नीचे दिए गए गद्य में कुछ शब्द छोड़ दिए गए हैं। प्रत्येक रिक्त स्थान के चार विकल्प दिए गए हैं। इन चारों में से कौन-सा विकल्प रिक्त स्थान की पूर्ति करेगा?*

आइआइटी कानपुर ने दावा किया है कि उसके पास दिल्ली में क्लाउड सीडिंग के द्वारा (1) .... बारिश कराने की (2) .... है। कृत्रिम बारिश कराना एक वैज्ञानिक (3) .... है। इसकी (4) .... मौसम के खास हालात पर (5) .... करती है।

76 रिक्त स्थान (1) के लिए सबसे उपयुक्त विकल्प का चयन कीजिए।
(a) कृत्रिम (b) अनुपयोग
(c) बादल (d) राहत

77 रिक्त स्थान (2) के लिए सबसे उपयुक्त विकल्प का चयन कीजिए।
(a) क्षमता (b) अनुकूल
(c) सहाय (d) उपयोग

78 रिक्त स्थान (3) के लिए सबसे उपयुक्त विकल्प का चयन कीजिए।
(a) प्रचण्ड (b) परिवार
(c) प्रक्रिया (d) परतन्त्र

79 रिक्त स्थान (4) के लिए सबसे उपयुक्त विकल्प का चयन कीजिए।
(a) असफल (b) उपयोग
(c) सफलता (d) प्रयोग

80 रिक्त स्थान (5) के लिए सबसे उपयुक्त विकल्प का चयन कीजिए।
(a) दायित्व (b) निडर
(c) निर्भर (d) सफल

उत्तरमाला

1.	(d)	2.	(d)	3.	(d)	4.	(b)	5.	(d)	6.	(a)	7.	(b)	8.	(d)	9.	(a)	10.	(d)
11.	(a)	12.	(c)	13.	(a)	14.	(b)	15.	(a)	16.	(b)	17.	(a)	18.	(b)	19.	(b)	20.	(d)
21.	(c)	22.	(c)	23.	(a)	24.	(c)	25.	(c)	26.	(d)	27.	(c)	28.	(a)	29.	(b)	30.	(b)
31.	(d)	32.	(d)	33.	(d)	34.	(a)	35.	(c)	36.	(d)	37.	(d)	38.	(b)	39.	(b)	40.	(c)
41.	(b)	42.	(c)	43.	(a)	44.	(a)	45.	(d)	46.	(d)	47.	(c)	48.	(b)	49.	(b)	50.	(c)
51.	(a)	52.	(b)	53.	(d)	54.	(a)	55.	(b)	56.	(a)	57.	(c)	58.	(a)	59.	(c)	60.	(a)
61.	(b)	62.	(b)	63.	(a)	64.	(b)	65.	(d)	66.	(a)	67.	(c)	68.	(a)	69.	(a)	70.	(c)
71.	(d)	72.	(b)	73.	(b)	74.	(c)	75.	(b)	76.	(a)	77.	(a)	78.	(c)	79.	(c)	80.	(c)

संकेत एवं हल

1. *(d)* प्रश्न में दिए गए कूटभाषा के अनुसार,

C [O] (U) L (D) → (6) 7 (0) 9 [5]

C R [O] W N → 8 [5] 3 1 7

(D) [O] (U) B T → 2 (6) 4 [5] (0)

∴ D = 6 या 0

लेकिन विकल्प में 6 दिया गया है।

अत: D = 6

2. *(d)* अंग्रेजी शब्दकोश के अनुसार शब्दों का क्रम,

CABBAGE→ CARROT→ CAULIFLOWER→
(4) (1) (5)

CELERY → CUCUMBER
(3) (2)

⇒ 4, 1, 5, 3, 2

3. *(d)* कथनानुसार,

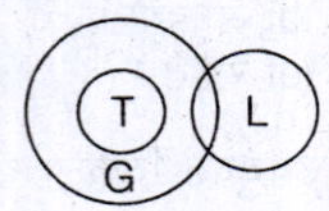

निष्कर्ष I. (✗) II. (✗)

अतः कोई भी निष्कर्ष कथनों का अनुसरण नहीं करता है।

4. *(b)* प्रश्न आकृति में कागज के टुकड़े को खोलने पर वह विकल्प आकृति (b) की तरह दिखाई देगा।

5. *(d)* प्रश्नानुसार,

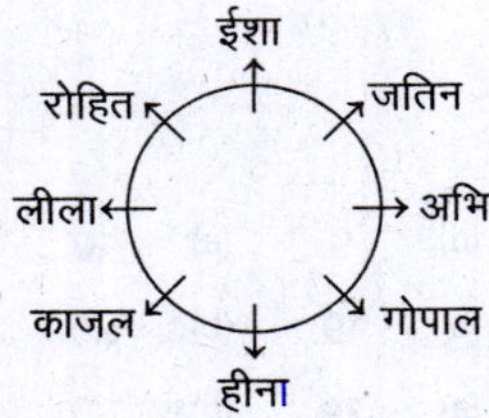

अतः अभि के ठीक बाईं ओर जतिन बैठा है।

6. *(a)* विकल्प आकृति (a) प्रश्न आकृति का सही दर्पण प्रतिबिम्ब है।

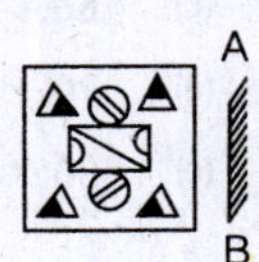
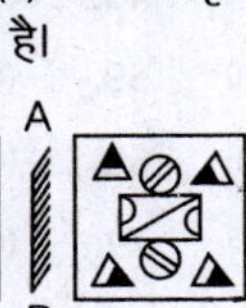

7. *(b)* विकल्प (b) से,

$76 \div 4 \times 2 - 90 + 3 = 54$

÷ और + चिह्न को आपस में बदलने पर,

$76 + 4 \times 2 - 90 \div 3 = 54$

$\Rightarrow 76 + 4 \times 2 - 90 \div 3 = 54$

$\Rightarrow 76 + 4 \times 2 - 30 = 54$

$\Rightarrow 76 + 8 - 30 = 54$

$\Rightarrow 84 - 30 = 54$

$\Rightarrow 54 = 54$

8. *(d)* प्रश्नानुसार,

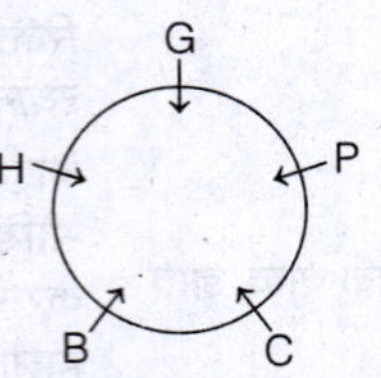

अत: P के ठीक बाईं ओर 'C' बैठा है।

9. *(a)* दी गई श्रृंखला का क्रम निम्न प्रकार है,

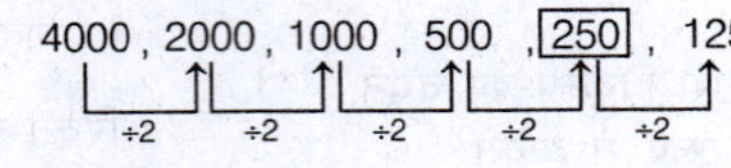

10. *(d)* जिस प्रकार, G T → (+1, +2) → H V

उसी प्रकार, विकल्प (d) से, D Q → (+1, +2) → E S

11. *(a)* प्रश्न में दी गई श्रृंखला निम्न प्रकार है,

376 →(−3) 373 →(+9) 382 →(−27) 355 →(+81) 436 →(−243) [193]

×(−3) ×(−3) ×(−3) ×(−3)

12. *(c)* जिस प्रकार,

100 @ 55 # 65 * 13 = 160

@ = +, # = + तथा * = ÷ रखने पर,

$\Rightarrow 100 + 55 + 65 \div 13 = 160$

$\Rightarrow 100 + 55 + 5 = 160$

$\Rightarrow 160 = 160$

तथा 145 @ 90 # 180 * 3 = 295

$\Rightarrow 145 + 90 + 180 \div 3 = 295$

$\Rightarrow 145 + 90 + 60 = 295$

$\Rightarrow 295 = 295$

उसी प्रकार,

? = 58 @ 63 # 90 * 15

$= 58 + 63 + 90 \div 15$

$= 58 + 63 + 6 = 127$

13. *(a)* प्रत्येक अगली आकृति में एक क्षैतिज वक्र रेखा तथा एक ऊर्ध्वाधर वक्र रेखा घट रही है। अत: विकल्प आकृति (a) श्रृंखला की अगली आकृति है।

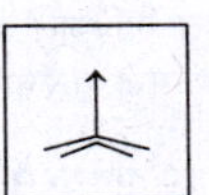

14. *(b)* जिस प्रकार, Y Z M → M Z Y

उसी प्रकार, F K U → U K F

15. *(a)* प्रत्येक अगली आकृति में वृत्त और त्रिभुज 90° दक्षिणावर्त दिशा में आगे बढ़ रहे हैं तथा वैकल्पिक रूप से छायाँकित हो रहे हैं। अत: विकल्प आकृति (a) श्रृंखला की अगली आकृति है।

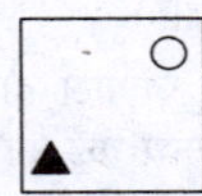

16. *(b)* प्रश्न में दिए गए कूटभाषा के अनुसार,

D [O] M (K) E → [9] 6 (7) 0 2

(K) (A) [O] B (F) → (7) (3) 8 (4) [9]

(F) (A) M D → (4) 0 6 (3)

अतः M = 0 या 6

विकल्प से, M = 6

17. *(a)* प्रश्नानुसार,

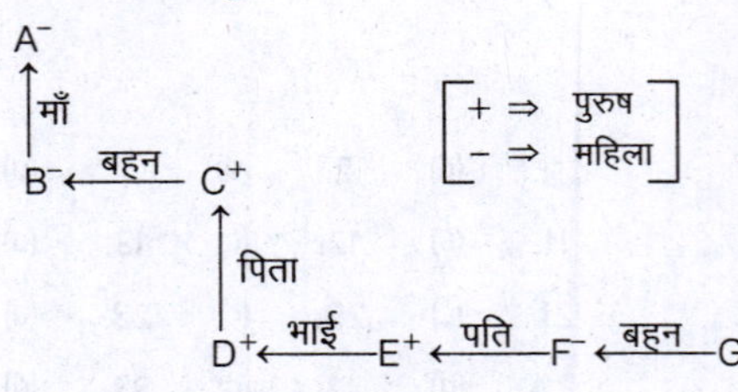

C, F के पति का पिता है।

18. *(b)* प्रश्न आकृति विकल्प आकृति (b) में निहित है।

19. (b) प्रश्न में दी गई शृंखला निम्न प्रकार है,

R O L I F C
−3 −3 −3 −3 −3

20. (d) प्रश्न में दी गई शृंखला निम्न प्रकार है,
sstttuu /sstttuu /sstttuu /sstttuu /sstttuu /
sstttuu
अभीष्ट अक्षर-समूह = utut

21. (c) फुटबॉल की विशिष्टताओं में से एक है कि उसकी परिधि 68 सेमी और 70 सेमी के बीच होनी चाहिए। इसे ग्यारह खिलाड़ियों के दो दलों के बीच खेला जाता है। फुटबॉल सबसे पहले 19वीं सदी के मध्य में इंग्लैण्ड में खेला गया था। फुटबॉल से सम्बन्धित प्रमुख शब्दावली ड्रिबल, ऑफ-साइड, पेनल्टी, थ्रो-इन, हैट-ट्रिक, फाउट, टच, डाउन, ड्रॉप, किक स्टॉपर।

22. (c) राज्यसभा के सदस्यों की अधिकतम संख्या 250 है और राष्ट्रपति द्वारा 12 सदस्य मनोनीत किए जाते हैं। राज्यसभा एक स्थायी सदन है और इसे भंग नहीं किया जा सकता है। प्रत्येक दो वर्षों में राज्यसभा के लगभग एक-तिहाई सदस्य सेवानिवृत्त हो जाते हैं। उपराष्ट्रपति राज्यसभा का पदेन अध्यक्ष होता है।

23. (a) गौतम बुद्ध ने सामान्य लोगों को अपनी शिक्षा 'प्राकृत' भाषा में दी। यद्यपि महात्मा बुद्ध के उपदेश तथा व्याख्यान पालि भाषा में संकलित हैं। पालि उस समय शिक्षितों की भाषा थी। बौद्ध साहित्य 'त्रिपिटक' की भाषा भी पालि है। गौतम बुद्ध बौद्ध धर्म के संस्थापक थे। इन्हें एशिया का ज्योति पुंज (Light of Asia) कहा जाता है। गौतम बुद्ध का जन्म 563 ई. पू. में कपिलवस्तु के लुम्बिनी नामक स्थान पर हुआ था।

24. (c) लक्ष्य सेन बैडमिण्टन खेल से सम्बन्धित खिलाड़ी हैं। लक्ष्य सेन ने वर्ष 2018 के एशिया जूनियर गेम्स में गोल्ड मेडल जीता था तथा वर्ष 2022 के राष्ट्रमण्डल खेलों में भी स्वर्ण पदक जीता था। लक्ष्य सेन वर्ष 2022 थॉमस कप जीतने वाली भारतीय टीम का भी हिस्सा थे।

25. (c) अर्थशास्त्री भारतीय कृषि में व्याप्त बेरोजगारी को प्रच्छन्न बेरोजगारी कहते हैं। प्रच्छन्न बेरोजगारी से तात्पर्य उन लोगों से है, जो कार्यरत् हैं, लेकिन अपने कौशल का इष्टतम उपयोग नहीं कर रहे हैं या कम उत्पादकता वाले पदों पर कार्य कर रहे हैं।

26. (d) बंगाल का विभाजन 16 अक्टूबर, 1905 को भारत के तत्कालीन वायसराय लॉर्ड कर्जन द्वारा किया गया था। विभाजन के कारण उत्पन्न उच्च स्तरीय राजनीतिक अशान्ति के कारण वर्ष 1911 में बंगाल विभाजन को रद्द करना पड़ा।

27. (c) जून, 2023 में वियना में बाह्य अन्तरिक्ष मामलों के लिए संयुक्त राष्ट्र कार्यालय (UNOOSA) के निदेशक के रूप में आरती होला-मैनी को नियुक्त किया गया है। आरती होला-मैनी एक ब्रिटिश वकील, अर्थशास्त्री और अन्तरिक्ष विशेषज्ञ हैं। UNOOSA बाह्य अन्तरिक्ष में शान्तिपूर्ण अन्तर्राष्ट्रीय सहयोग को बढ़ावा देता है।

28. (a) चौथी पंचवर्षीय योजना (1969-74) के लिए विकास लक्ष्य निवल घरेलू उत्पाद के सम्बन्ध में निर्धारित किए गए थे। यह पंचवर्षीय योजना डी.आर. गाडगिल मॉडल पर आधारित थी। इस योजना के मुख्य उद्देश्य स्थायित्व के साथ विकास तथा आर्थिक आत्मनिर्भरता की प्राप्ति थे।

29. (b) 'गोगा नवमी', मुख्य रूप से हरियाणा राज्य में मनाया जाता है। गोगा नवमी का व्रत मुख्यतः सन्तान की लम्बी आयु और सुख-समृद्धि के लिए किया जाता है। जिन दम्पत्तियों के सन्तान नहीं हैं, वे इस दिन सन्तान प्राप्ति की कामना से गोगा देव का पूजन करते हैं।

30. (b) शॉटपुट में पुरुष एथलीटों के लिए धातु की गेंद का भार 7.26 किग्रा होता है। शॉटपुट एक ट्रैक एण्ड फील्ड प्रतियोगिता है, जिसमें एथलीट एक भारी गेंद को जितना सम्भव हो, उतना फेंकने का प्रयास करते हैं। 1896 में इसे ओलंपिक खेलों में शामिल किया गया।

31. (d) सरकारी बजट के सम्बन्ध में शब्द 'राजकोषीय घाटा' (Fiscal Deficit) सरकारी राजस्व और सरकारी व्यय के बीच का अन्तर दर्शाता है। राजकोषीय घाटे के अन्तर्गत राज्य की कुल आय में केवल कर और अन्य राजस्व शामिल होते हैं। राजकोषीय घाटा तब होता है, जब सरकारी व्यय एक वित्तीय वर्ष में उत्पन्न राजस्व से अधिक होता है।

32. (d) कथक में खड़े होने की मुद्रा को ठाट (That) कहा जाता है। कथक शब्द का उद्भव कथा शब्द से हुआ है, जिसका शाब्दिक अर्थ है- कथा कहना। कथक उत्तर प्रदेश का एक शास्त्रीय नृत्य है। पण्डित बिंदादीन महाराज, लच्छू महाराज, अच्छन महाराज, बिरजू महाराज प्रमुख कथक कलाकार हैं।

33. (d) हरिप्रसाद चौरसिया भारतीय शास्त्रीय बाँसुरीवादक हैं, जिन्हें बाँसुरी (बाँस की बाँसुरी) की महारत और अपने मन्त्रमुग्ध कर देने वाले प्रदर्शन के लिए जाना जाता है। इन्हें इनके योगदान के कारण भारत सरकार द्वारा वर्ष 1992 में 'पद्म भूषण' तथा वर्ष 2000 में 'पद्म विभूषण' से सम्मानित किया गया था।

34. (a) हरित क्रान्ति (Green Revolution) के सम्बन्ध में HYVS का पूर्ण रूप-हाई यील्डिंग वेराइटी सीड्स (High Yielding Variety Seeds) है। एम.एस. स्वामीनाथन को भारत में हरित क्रान्ति का जनक माना जाता है। HYV बीज प्रोफेसर नॉर्मन बोरलॉग द्वारा विकसित किए गए थे। HYVS के कारण वर्ष 1965 में विशेष रूप से पंजाब, हरियाणा और उत्तर प्रदेश में खाद्यान्न उत्पादन में वृद्धि हुई।

35. (c) प्रधानमन्त्री विश्वकर्मा योजना के सम्बन्ध में दिए गए दोनों कथन सही हैं। पी.एम. विश्वकर्मा, एक केन्द्रीय क्षेत्र योजना है, जिसे 17 सितम्बर, 2023 को प्रधानमन्त्री द्वारा आरम्भ किया गया था। इसके अन्तर्गत सरकार द्वारा शिल्पकारों तथा कारीगरों को सस्ती दरों पर ऋण सहायता का प्रावधान किया गया है। इस योजना में 18 व्यवसायों में लगे कारीगरों और शिल्पकारों को शामिल किया गया है।

36. (d) कथक नृत्यशैली कुमुदिनी लाखिया की सबसे प्रसिद्ध नृत्यशैली है। कुमुदिनी लाखिया अहमदाबाद, गुजरात की एक प्रसिद्ध भारतीय कथक नर्तकी और कोरियोग्राफर हैं। कथक, भारतीय शास्त्रीय नृत्य के आठ प्रमुख रूपों में से एक है। यह उत्तर प्रदेश का एक शास्त्रीय नृत्य है।

37. (d) भारतीय संविधान में 'शक्ति का पृथक्करण' विचार दर्शाता है कि शक्ति-संकेन्द्रण (Concentration of Power) को रोकने के लिए सरकार की शक्तियों को कार्यपालिका, विधायिका और न्यायपालिका शाखाओं में विभाजित किया गया है। भारतीय संविधान देश का सर्वोच्च कानून है और यह समाज में अखण्डता बनाए रखने एवं एक महान राष्ट्र बनाने के लिए नागरिकों के बीच एकता को बढ़ावा देने में मदद करता है। अतः इस उद्देश्य को प्राप्त करने में शक्ति का पृथक्करण सिद्धान्त सहायक है।

38. (b) मौर्य साम्राज्य के संस्थापक चन्द्रगुप्त मौर्य के गुरु कौटिल्य थे। चाणक्य (कौटिल्य) ने धनानन्द को हराने के लिए चन्द्रगुप्त मौर्य की सहायता ली थी, जो बाद में चन्द्रगुप्त का प्रधानमन्त्री बना। इसके द्वारा लिखित पुस्तक 'अर्थशास्त्र' है, जिसका सम्बन्ध राजनीति से है। मौर्य वंश की स्थापना चन्द्रगुप्त मौर्य ने 322 ई. पू. में की थी।

39. (b) मुम्बई में भायखला (Byculla) रेलवे स्टेशन को 24 जुलाई को यूनेस्को का एशिया पैसिफिक कल्चरल हेरिटेज पुरस्कार मिला, यह पुरस्कार नवम्बर, 2022 में घोषित किया गया था। 'यूनेस्को एशिया प्रशान्त विरासत पुरस्कार' एशिया प्रशान्त क्षेत्र में यूनेस्को के रणनीतिक उद्देश्य के रूप में दिया जाता है।

40. *(c)* जब कोई वस्तु एक वृत्ताकार पथ में त्वरित होती है, तो 'अभिकेन्द्र बल' के कारण वस्तु उस वृत्ताकार पथ में गतिशील रहती है। ऐसा इसलिए होता है, क्योंकि अभिकेन्द्र बल उसे केन्द्र की ओर खींचता है एवं उसी समय वस्तु की जड़ता के कारण उसका भार उसे बाहर की ओर धकेलता है, अन्दर और बाहर की ओर लगने वाले बल आपस में साझा कर वस्तु को वृत्ताकार पथ में त्वरित रखते हैं।

41. *(b)* $\frac{4}{7}$ तथा $\frac{5}{16}$ का अनुपात $= \frac{4}{7} : \frac{5}{16}$

$= 4 \times 16 : 5 \times 7 = 64 : 35$

माना अभीष्ट भिन्न $= x$

$$\frac{\frac{x}{1}}{64} = \frac{64}{35} \Rightarrow 64x = \frac{64}{35}$$

$\therefore \quad x = \frac{1}{35}$

42. *(c)* दिया है,

वर्गों के क्षेत्रफलों का अनुपात $= 4 : 9$

हम जानते हैं,

भुजाओं का अनुपात = क्षेत्रफलों का अनुपात

$\therefore$ भुजाओं का अनुपात $= \sqrt{\frac{4}{9}} = \frac{2}{3} = 2 : 3$

43. *(a)* दिया है,

पहली साइकिल का क्रय मूल्य = ₹ 15000

दूसरी साइकिल का क्रय मूल्य = ₹ 14000

पहली साइकिल का विक्रय मूल्य

$= 15000 \times \frac{110}{100} =$ ₹ 16500

दूसरी साइकिल का विक्रय मूल्य

$= 14000 \times \frac{80}{100} =$ ₹ 11200

कुल विक्रय मूल्य $= (16500 + 11200)$

= ₹ 27700

कुल क्रय मूल्य $= (15000 + 14000)$

= ₹ 29000

अतः हानि $= (29000 - 27700) =$ ₹ 1300

44. *(a)* दिया है,

वस्तु का विक्रय मूल्य = ₹ 8175

छूट = 25%

अतः अंकित मूल्य $= 8175 \times \frac{100}{75} =$ ₹ 10900

45. *(d)* दिया है, ब्याज दर = 7.5% प्रतिवर्ष

समय = 4 वर्ष

ब्याज = ₹ 18600

हम जानते हैं,

$$\text{मूलधन} = \frac{\text{ब्याज} \times 100}{\text{दर} \times \text{समय}}$$

$$= \frac{18600 \times 100}{7.5 \times 4} = ₹\,62000$$

अतः मूलधन = ₹ 62000

46. *(d)* माना अंकित मूल्य = ₹ 100

लाभ = 45% और छूट नहीं दी गई है, तो

क्रय मूल्य $= 100 \times \frac{100}{145} = ₹\,\frac{2000}{29}$

30% छूट पर,

विक्रय मूल्य $= 100 \times \frac{70}{100} =$ ₹ 70

लाभ $= 70 - \frac{2000}{29} = \frac{2030 - 2000}{29} = \frac{30}{29}$

लाभ % $= \frac{30}{29} \times \frac{29}{2000} \times 100 = 1.5\%$

47. *(c)* $96 \times 3 + 48 \div 4 - 3 \times 4$

VBODMAS के नियम अनुसार,

$96 \times 3 + 12 - 3 \times 4$

$= 288 + 12 - 12 = 288$

48. *(b)* हम जानते हैं, प्रथम *(n)* क्रमागत विषम संख्याओं का योग $= n^2$

21 क्रमागत विषम संख्याओं का योग

$= (21)^2 = 441$

प्रथम 19 क्रमागत विषम संख्याओं का योग

$= (19)^2 = 361$

अन्तिम दो संख्या का योग $= 441 - 361 = 80$

प्रश्नानुसार, $\frac{361}{19} = x$

$\Rightarrow \quad x = 19$

$\therefore$ अन्तिम दो संख्याओं का औसत

$= \frac{80}{2} = 40 = 19 + 21 = x + 21$

वैकल्पिक विधि

यह ज्ञात है कि क्रमागत संख्याएँ यदि विषम बार हो तो मध्य संख्या ही औसत होती है।

तो, यदि 19 क्रमागत विषम संख्याओं का औसत $= x$

10वीं संख्या $= x$

अंतिम 2 संख्याओं का औसत

$= \frac{x + 20 + x + 22}{2} = x + 21$

49. *(b)* दिया है, मूलधन (P) = ₹ 10000

ब्याज (CI) = ₹ 3676.31

समय $(t) = 1\frac{1}{2}$ वर्ष = 3 अर्द्धवार्षिक

माना ब्याज दर = x% अर्द्धवार्षिक

प्रश्नानुसार,

$$10000\left(1 + \frac{r}{100}\right)^3 = 10000 + 3676.31$$

$$\Rightarrow \left(1 + \frac{r}{100}\right)^3 = \frac{1367631}{1000000}$$

$$\Rightarrow \left(1 + \frac{r}{100}\right)^3 = \left(\frac{111}{100}\right)^3$$

$$\Rightarrow \frac{100 + r}{100} = \frac{111}{100}$$

$$\Rightarrow \quad r = 111 - 100 = 11$$

अतः वार्षिक ब्याज दर $= 2 \times r$

$= 2 \times 11 = 22\%$

50. *(c)* माना विवेक की कार्यक्षमता = 100

तो शरमन की कार्यक्षमता $= 100 \times \frac{80}{100} = 80$

कार्यक्षमता का अनुपात $= 100 : 80 = 5 : 4$

कुल कार्य $= 5 \times 20 = 100$

तो शरमन को हेलमेट को बनाने में लगा समय $= \frac{100}{4} = 25$ दिन

वैकल्पिक विधि

हैलमेट बनाने के लिए विवेक की प्रतिदिन दक्षता $= \frac{1}{20}$

$\therefore$ हैलमेट बनाने के लिए शरमन की प्रतिदिन दक्षता $= \frac{80}{100} \times \frac{1}{20} = \frac{1}{25}$

$\therefore$ शरमन 25 दिनों में हैलमेट बना सकता है।

51. *(a)* माना दूरी = x किमी

प्रश्नानुसार,

$$\frac{x}{14} - \frac{x}{16} = 5 \quad \left(\because \text{चाल} = \frac{\text{दूरी}}{\text{समय}}\right)$$

$$\Rightarrow \frac{8x - 7x}{112} = 5$$

$\Rightarrow \quad x = 5 \times 112 = 560$ किमी

52. *(b)* प्रारम्भिक मूल्य = ₹ 100

प्रतिशत कमी (मूल्य) = 5%

नया मूल्य = ₹ 95

हम जानते हैं कि,

मूल्य $\propto \frac{1}{\text{उपभोग}}$

$\because$ मूल्य 100 95

$\therefore$ उपभोग 95 100 (+5)

अभीष्ट प्रतिशत वृद्धि $= \frac{5}{95} \times 100$

$= \frac{500}{95} = 5.2\%$

53. *(d)* दिया है,

अंकित मूल्य $\times \frac{50}{100} =$ क्रय मूल्य $\times \frac{70}{100}$

$$\frac{\text{अंकित मूल्य}}{\text{क्रय मूल्य}} = \frac{7}{5}$$

यदि कोई छूट नहीं दी जाती तब अंकित मूल्य = विक्रय मूल्य

$$\text{लाभ}\ \% = \frac{\text{विक्रय मूल्य} - \text{क्रय मूल्य}}{\text{क्रय मूल्य}} \times 100$$

तो लाभ % $= \frac{7 - 5}{5} \times 100$

$= \frac{2}{5} \times 100 = 40\%$

54. *(a)* दिया है,

अमन को पहली परीक्षा में प्राप्त अंक = 420

दोनों परीक्षा के कुल अंक

$= 600 + 500 = 1100$

1100 का 70% $= 1100 \times \frac{70}{100} = 770$

अमन को दूसरी परीक्षा में प्राप्त अंक

$= 770 - 420 = 350$

∴ दूसरी परीक्षा में प्राप्त अंक का प्रतिशत

$= \frac{350}{500} \times 100 = 70\%$

55. *(b)* दिया है,

R और S का एक दिन का कार्य $= \frac{1}{60}$

S और T का एक दिन का कार्य $= \frac{1}{90}$

R, S और T का एक दिन का कार्य $= \frac{1}{45}$

माना R और T का एक दिन का कार्य $= \frac{1}{x}$

प्रश्नानुसार, $\left(\frac{1}{60} + \frac{1}{90} + \frac{1}{x}\right) = \frac{1}{45} \times 2$

$\Rightarrow \frac{1}{x} = \frac{2}{45} - \frac{1}{60} - \frac{1}{90}$

$\Rightarrow \frac{1}{x} = \frac{8-3-2}{180}$

$\Rightarrow \frac{1}{x} = \frac{3}{180} = \frac{1}{60}$

अतः R और T द्वारा कार्य पूरा करने में लगा समय = 60 दिन

56. *(a)* दिया है, गोले की त्रिज्या $(r) = 4.9$ सेमी

हम जानते हैं, गोले का आयतन $= \frac{4}{3}\pi r^3$

अभीष्ट आयतन $= \frac{4}{3} \times \frac{22}{7} \times 4.9 \times 4.9 \times 4.9$

$= 493$ सेमी^{3} (लगभग)

57. *(c)* 36 के विभाज्यता के नियम अनुसार, संख्या 2, 3 तथा 6 से विभाज्य होगी।

2 के विभाज्यता के नियम अनुसार, संख्या सम संख्या होगी।

3 के विभाज्यता के नियम अनुसार, संख्या के अंकों का योग 3 से विभाज्य होगा।

विकल्प (c) से,

संख्या = 3376

अंकों का योग $= 3 + 3 + 7 + 6 = 19$, 3 से विभाज्य नहीं है।

अतः संख्या '3376' 36 से विभाज्य नहीं है।

58. *(a)* दिया है,

दो संख्याओं का ल.स. = 147

और दो संख्याओं का म.स. = 7

एक संख्या = 21

हम जानते हैं,

ल.स. × म.स.

= पहली संख्या × दूसरी संख्या

$\Rightarrow 147 \times 7 = 21 \times$ दूसरी संख्या

∴ दूसरी संख्या $= 147 \times \frac{7}{21} = 49$

59. *(c)* माना शुरूआत में व्यक्तियों का कुल भार x किग्रा है।

माना नए व्यक्ति का भार y किग्रा है।

प्रश्नानुसार, $\frac{x - 85 + y}{10} = \frac{x}{10} + 3.5$

$\Rightarrow \frac{x}{10} - 8.5 + \frac{y}{10} = \frac{x}{10} + 3.5$

$\Rightarrow -8.5 + \frac{y}{10} = 3.5$

$\Rightarrow \frac{y}{10} = 3.5 + 8.5 \Rightarrow \frac{y}{10} = 12$

∴ $y = 120$ किग्रा

अतः नए व्यक्ति का भार 120 किग्रा होगा।

वैकल्पिक विधि

माना नए व्यक्ति का भार = x किग्रा

प्रश्नानुसार, नए व्यक्ति (x) का भार

$= (85 + 10 \times 3.5)$ किग्रा

$= (85 + 35)$ किग्रा = 120 किग्रा

60. *(a)* $125 = 5 \times 5 \times 5$

$75 = 3 \times 5 \times 5$

$150 = 2 \times 3 \times 5 \times 5$

$70 = 2 \times 5 \times 7$

ल.स. $= 2 \times 3 \times 5^3 \times 7$

$= 2 \times 3 \times 125 \times 7 = 5250$

अभीष्ट न्यूनतम संख्या = 5250

61. *(b)* दिए गए वाक्य के कोष्ठक शब्द (कुटिल) का विलोम 'ऋजु' है। कुटिल शब्द का अर्थ उलझा हुआ, कठिन या जो आसानी से ना सुलझ सके तथा 'ऋजु' का अर्थ सीधा, सरल आदि है।

62. *(b)* दिए गए शब्द 'लौ' का पर्यायवाची शब्द 'ज्वाला' है। 'लौ' के कुछ अन्य पर्यायवाची प्रकाश, चिंगारी, दीपशिखा आदि हैं। अन्य विकल्प असंगत हैं।

63. *(a)* दिए गए विकल्पों में सही विकल्प वाला वाक्य 'कमल कोमल होता है' है। अन्य विकल्प असंगत हैं।

64. *(b)* दिए गए वाक्य में रेखांकित शब्द बाढ़ का विलोम शब्द 'सूखा' है। बाढ़ का अर्थ है—नदी आदि के जल का फैलना या सैलाब, जबकि 'सूखा' का अर्थ निर्जल या जल रहित होता है।

65. *(d)* दिए गए वाक्य में कोष्ठक तत्सम शब्द (कथानिका) का तद्भव रूप 'कहानी' है। अन्य विकल्प असंगत हैं।

66. *(a)* वाक्य में दिए गए कोष्ठक शब्द (गण) का पर्यायवाची 'जत्था' है। गण का अर्थ 'समूह' होता है। गण शब्द के अन्य पर्यायवाची दल, संघ, समूह आदि हैं।

67. *(c)* दिए गए वाक्य में रेखांकित शब्द कुत्ता का तत्सम शब्द 'कुक्कुर' है। कुत्ता तद्भव शब्द है। अन्य विकल्प असंगत हैं।

68. *(a)* 'पानी-पानी होना' मुहावरे का अर्थ 'बहुत लज्जित होना' है अर्थात् शर्म महसूस करना।

वाक्य प्रयोग सच्चाई खुल जाने के बाद अधिकारी के सामने पहुँचते ही किशन पानी-पानी हो गया।

69. *(a)* दिए गए वाक्य में रेखांकित शब्दों सायंकाल के समय के लिए सही शब्दों वाला विकल्प 'वह सायंकाल आया था, जब मैं नहीं था' है। अन्य विकल्प असंगत हैं।

70. *(c)* दिए गए वाक्य में रेखांकित भाग तुलना किसी से नहीं की जा सकती के लिए सार्थक शब्द 'अतुलनीय' है। अन्य विकल्प असंगत हैं।

71. *(d)* मुहावरे 'जी का जंजाल होना' का सही अर्थ 'व्यर्थ की परेशानी' है अर्थात् अत्यन्त कष्टप्रद बात या वस्तु।

वाक्य प्रयोग उस व्यक्ति की परेशानी व्यर्थ ही मेरे जी क जंजाल बन गई है।

72. *(b)* दिए गए वाक्य के रेखांकित भाग शिव भक्त के लिए 'शैव' सार्थक शब्द है। भगवान शिव तथा उनके अवतारों को मानने वालों और भगवान शिव की आराधना करने वाले लोगों को शैव कहते हैं। अन्य विकल्प असंगत हैं।

73. *(b)* वाक्य में दिए गए रेखांकित शब्द ऊपदेश के लिए सही वर्तनी 'उपदेश' है। अन्य विकल्प असंगत हैं।

74. *(c)* वाक्य में दिए गए रिक्त स्थान के लिए सही पुल्लिंग रूप वाला विकल्प 'विद्वान' है। अन्य विकल्प असंगत हैं।

75. *(b)* वाक्य में दिए गए रेखांकित शब्द रक्छक के लिए सही वर्तनी वाला शब्द 'रक्षक' है, क्योंकि यह शब्द अर्थ तथा व्याकरण की दृष्टि से उचित है।

76. *(a)* रिक्त स्थान (1) के लिए सही विकल्प 'कृत्रिम' है। अतः पूर्ण वाक्य है– आइआइटी कानपुर ने दावा किया है कि उसके पास दिल्ली में क्लाउड सीडिंग के द्वारा कृत्रिम बारिश कराने की क्षमता है।

77. *(a)* रिक्त स्थान (2) के लिए सबसे उपयुक्त विकल्प 'क्षमता' है, अन्य सभी विकल्प असंगत हैं। अतः पूर्ण वाक्य है– सीडिंग के द्वारा कृत्रिम बारिश कराने की क्षमता है।

78. *(c)* रिक्त स्थान (3) के लिए उपयुक्त विकल्प 'प्रक्रिया' है। अतः पूर्ण वाक्य है– कृत्रिम बारिश कराना एक वैज्ञानिक प्रक्रिया है।

79. *(c)* रिक्त स्थान (4) के लिए उपयुक्त विकल्प 'सफलता' है। अतः पूर्ण वाक्य है–इसकी सफलता मौसम के खास हालात पर निर्भर करती है।

80. *(c)* रिक्त स्थान (5) के लिए उचित विकल्प 'निर्भर' होगा। अन्य विकल्प असंगत हैं।

06 मार्च 2024
(शिफ्ट III)

सॉल्वड पेपर 2024

SSC कांस्टेबल (जीडी) सेट 46

भाग-I सामान्य बुद्धिमत्ता एवं तर्कशक्ति

1 एक निश्चित कूटभाषा में 'FORCE' को '83052' लिखा जाता है, 'GAMES' को '42761' लिखा जाता है, और 'FORUM' को '08957' लिखा जाता है। उसी कूटभाषा में 'C' को कैसे लिखा जाएगा?
(a) 2 (b) 8 (c) 3 (d) 5

2 निम्नलिखित में से कौन-सी संख्या दी गई शृंखला में प्रश्नचिह्न (?) के स्थान पर आएगी?
7, 17, 37, 77, 157, ?
(a) 382 (b) 485 (c) 284 (d) 317

3 दिए गए विकल्पों में से किन दो संख्याओं को आपस में बदलने पर निम्नलिखित समीकरण सही होगा?
$15-26+13\times 22\div 5=35$
(a) 15 और 22 (b) 22 और 26
(c) 35 और 5 (d) 15 और 13

4 दी गई विकल्प आकृतियों में से, उस आकृति का चयन कीजिए। जिसमें प्रश्न में दी गई आकृति छिपी हुई/निहित है (घूर्णन की अनुमति नहीं है)

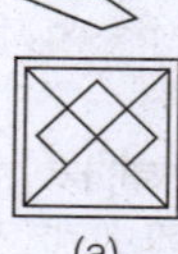
(a)
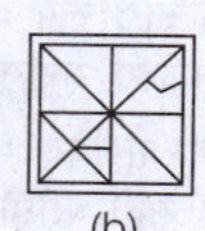
(b)
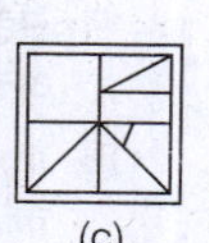
(c)
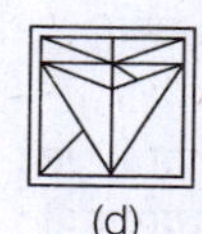
(d)

5 निम्नलिखित प्रश्न में, दिए गए विकल्पों में से उस आकृति का चयन कीजिए, जिसे प्रश्नचिह्न (?) के स्थान पर रखा जा सकता है।

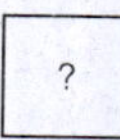

(a)

(b)

(c)

(d)

6 निम्नलिखित प्रश्न में, दिए गए विकल्पों में से सम्बन्धित अक्षरों का चयन कीजिए।
BKO : ENR : TYC : ?
(a) SUV (b) WBF (c) IND (d) LXJ

7 A, B का पिता है। B, C की बहन है। C, D का भाई है। D, E का पिता है। E, F की पत्नी है। D का F से क्या सम्बन्ध है?
(a) पत्नी का पिता (b) माँ
(c) भाई (d) पिता

8 निम्नलिखित विकल्पों में से उस विकल्प का चयन कीजिए, जो पाँचवें शब्द से ठीक उसी प्रकार सम्बन्धित है, जिस प्रकार चौथा शब्द तीसरे शब्द से सम्बन्धित है और दूसरा शब्द पहले शब्द से सम्बन्धित है।
बांग्लादेश : टका :: अर्जेण्टीना : पेसो :: जापान : ?
(a) यूरो (b) येन
(c) रियाल (d) दीनार

9 निम्नलिखित प्रश्न में दी गई आकृतियों के अनुसार, कागज के एक टुकड़े को मोड़कर उसमें छेद किया जाता है। विकल्पों में दी गई आकृतियों में से बताइए कि खोले जाने पर यह कैसा दिखाई देगा?

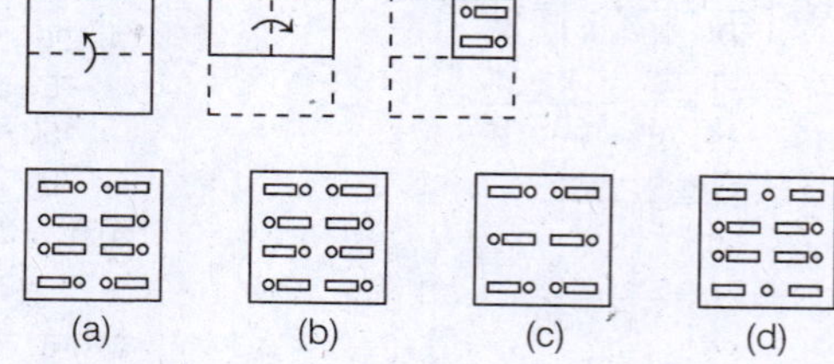

10 पाँच मित्र P, B, C, G और H एक वृत्ताकार मेज के चारों ओर केन्द्र की ओर मुख करके बैठे हैं। B, C के ठीक बाईं ओर बैठा है। G और H, C के निकटतम पड़ोसी नहीं हैं। H, P के दाईं ओर से दूसरे स्थान पर बैठा है। C के ठीक दाईं ओर कौन बैठा है?
(a) G (b) H
(c) B (d) P

11 निम्नलिखित अक्षर समूहों में से अक्षरों का कौन-सा समूह क्रमबद्ध रूप से बाईं से दाईं ओर रखे जाने पर नीचे दी गई शृंखला को पूरा करेगा?
hiijhi_jhi_jhi_jhiijhiijh_ij
(a) hiij (b) hiih
(c) iiii (d) hjji

12 एक निश्चित कूटभाषा में, 'ADVISE' को 'YBTGQC' लिखा जाता है। उसी कूटभाषा में 'BUILDS' को कैसे लिखा जाएगा?
(a) ZSGJCR (b) ZSGJBQ
(c) ZSGKBQ (d) ZSGJCQ

13 निम्नलिखित प्रश्न में, तीन कथन और उसके बाद I और II क्रमांकित दो निष्कर्ष दिए गए हैं। दिए गए कथनों को सत्य मानते हुए, चाहे वे सामान्यतः ज्ञात तथ्यों से भिन्न प्रतीत होते हैं, निर्धारित कीजिए कि दिए गए निष्कर्षों में से कौन-सा निष्कर्ष कथनों का तार्किक रूप से अनुसरण करता है।
कथन कोई पाउडर, लिपस्टिक नहीं है।
सभी लिपस्टिक, क्रीम है।
कोई क्रीम, लोशन नहीं है।

निष्कर्ष I कोई लिपस्टिक, लोशन नहीं है।

II कोई पाउडर, क्रीम नहीं है।

(a) निष्कर्ष I और II दोनों अनुसरण करते हैं
(b) केवल निष्कर्ष II अनुसरण करता है
(c) केवल निष्कर्ष I अनुसरण करता है
(d) न तो निष्कर्ष I और न ही II अनुसरण करता है

14 नीचे एक शृंखला दी गई है, जिसमें एक पद लुप्त है। दिए गए विकल्पों में से उस विकल्प का चयन कीजिए, जो शृंखला को पूरा करेगा।

MR, TO, QV, XS, ?

(a) UR (b) UY (c) UQ (d) UZ

15 दिए गए शब्दों को उसी क्रम में व्यवस्थित कीजिए, जिस क्रम में वे अंग्रेजी शब्दकोश में आते हैं।

1. Consign 2. Consider
3. Consist 4. Consonant 5. Consolation

(a) 1, 2, 4, 5, 3 (b) 2, 1, 3, 5, 4
(c) 1, 2, 4, 3, 5 (d) 2, 1, 3, 4, 5

16 आठ लड़के A, B, C, D, E, F, G और H एक सीधी पंक्ति में दक्षिण की ओर मुख करके बैठे हैं (परन्तु जरूरी नही कि वे इसी क्रम में बैठे हों)। A और H पंक्ति के अन्तिम छोरों पर बैठे हैं। E और F, B के निकटतम पड़ोसी है। C, B के बाईं ओर से चौथे स्थान पर है। F, A के ठीक बाईं ओर बैठा है। D, C का निकटतम पड़ोसी नहीं है। B के ठीक बाईं ओर कौन बैठा है?

(a) E (b) F (c) D (d) G

17 निम्नलिखित प्रश्न में दिए गए विकल्पों में से उस आकृति का चयन कीजिए, जिसे प्रश्नचिह्न (?) के स्थान पर रखा जा सकता है।

    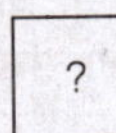

(a)

(b)

(c)
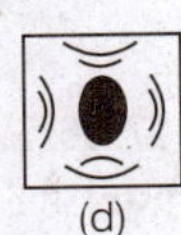
(d)

18 यदि एक दर्पण को रेखा AB पर रखा जाए, तो विकल्प आकृतियों में से कौन-सी आकृति प्रश्न आकृति का सही प्रतिबिम्ब होगी?

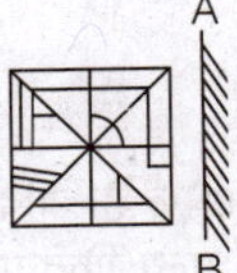

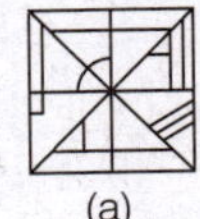
(a)
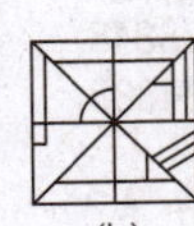
(b)
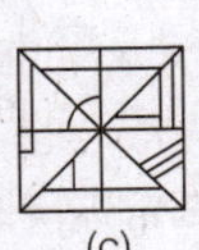
(c)
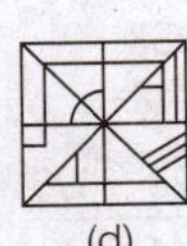
(d)

19 दिए गए विकल्पों में से किन दो संख्याओं को आपस में बदलने पर निम्नलिखित समीकरण सही होगा?

$14 \times 5 + 36 - 27 \div 3 = 85$

(a) 36 और 85 (b) 27 और 36
(c) 5 और 3 (d) 14 और 36

20 निम्नलिखित विकल्पों में से दी गई शृंखला से लुप्त संख्या का चयन कीजिए।

54, 55, ?, 90, 154, 279

(a) 63 (b) 70
(c) 58 (d) 60

भाग-II सामान्य ज्ञान

21 सन्तुलित बजट से सम्बन्धित कथनों को पढ़िए

A. सरकार जमा आय के बराबर राशि खर्च कर सकती है। इसे सन्तुलित बजट कहा जाता है।
B. यदि इससे ज्यादा खर्च करने की जरूरत पड़ती है, तो बजट को सन्तुलित रखने के लिए करों के माध्यम से राशि प्राप्त करनी पड़ेगी।

सही कथन/कथनों को पहचानिए।

कूट

(a) केवल B (b) A और B दोनों
(c) केवल A (d) न तो A और न ही B

22 20वीं सदी के मध्य में भारत में 'लाइसेन्स राज' .... की एक प्रणाली को सन्दर्भित करता है।

(a) औद्योगिक लाइसेन्सिंग (b) आयात प्रतिबन्ध
(c) निर्यात प्रोत्साहन (d) व्यापार संघों

23 भूटान भारत का पड़ोसी देश है। भारत के किस राज्य की सीमा भूटान से लगती है?

(a) पंजाब (b) हरियाणा
(c) पश्चिम बंगाल (d) जम्मू-कश्मीर

24 वर्ष 2023 में अन्तर्राष्ट्रीय खगोलीय संघ (International Astronomical Union) ने निम्नलिखित में से किस भारतीय उल्का खगोलशास्त्री के नाम पर एक छोटे ग्रह का नाम रखा?

(a) अश्विन शेखर (b) सोमनाथ भारद्वाज
(c) जे.सी. भट्टाचार्य (d) विनोद जौहरी

25 भारतीय संविधान के निम्नलिखित में से किस अनुच्छेद में राज्यपाल की क्षमादान शक्ति और कुछ मामलों में सजा को निलम्बित करने, माफ करने या कम करने की शक्ति का उल्लेख है?

(a) अनुच्छेद-161 (b) अनुच्छेद-163
(c) अनुच्छेद-162 (d) अनुच्छेद-164

26 निम्नलिखित में से किस देश की सरकार ने मल्लिका साराभाई को पाल्म डी' ओर (Palme D'or) से सम्मानित किया?

(a) भारत (b) जापान
(c) यूएसए (d) फ्रांस

27 निम्नलिखित में से किस प्रसिद्ध व्यक्तित्व को प्रतिष्ठित जर्मन शान्ति पुरस्कार से सम्मानित किया गया?

(a) सौरभ शुक्ला (b) लालजी मुखर्जी
(c) सलमान रुश्दी (d) अमित शाह

28 भारतीय संविधान का अनुच्छेद-12 .... का प्रावधान करता है।

(a) राज्य की परिभाषा
(b) मौलिक कर्त्तव्यों की परिभाषा
(c) राज्य के नीति-निर्देशक सिद्धान्तों की परिभाषा
(d) मौलिक अधिकारों की परिभाषा

29 निम्नलिखित में से कौन-सा स्थल घोड़ (Ghod) नदी पर स्थित है, जोकि भीमा (Bhima) की एक सहायक नदी है?
(a) बनावली (b) इनामगाँव
(c) चन्हूदड़ो (d) कोटदीजी

30 भारत कितने राष्ट्रीय त्योहार मनाता है?
(a) पाँच (b) दो (c) तीन (d) एक

31 जाकिर हुसैन निम्नलिखित में से किसके लिए प्रसिद्ध है?
(a) हारमोनियम (b) बाँसुरी
(c) वीणा (d) तबला

32 भारतीय खिलाड़ी पौलोमी घटक (Poulomi Ghatak) कौन-सा खेल खेलती है?
(a) टेबल टेनिस (b) स्क्वैश
(c) बैडमिण्टन (d) क्रिकेट

33 केन्द्र में अन्तरिम सरकार का गठन निम्नलिखित में से किस वर्ष में हुआ था?
(a) 1936 (b) 1926 (c) 1946 (d) 1916

34 कुम्मी नृत्य (Kummi dance) का सम्बन्ध किस राज्य से है?
(a) तमिलनाडु (b) उत्तर प्रदेश
(c) बिहार (d) छत्तीसगढ़

35 औद्योगिक क्षेत्र द्वारा सकल घरेलू उत्पाद (GDP) में किए जाने वाले योगदान का अनुपात वर्ष 1950-51 में 11.8% से बढ़कर वर्ष 1990-91 में ………… प्रतिशत हो गया।
(a) 24.6 (b) 20.6 (c) 26.6 (d) 22.6

36 निश्चित आकार, स्पष्ट सीमाएँ पदार्थ की किस अवस्था की विशेषताएँ हैं?
(a) अर्द्ध ठोस (b) गैस
(c) द्रव (d) ठोस

37 2011 की जनगणना के अनुसार, भारत में हिन्दुओं की कुल जनसंख्या कितनी है?
(a) 91.63 करोड़ (b) 96.63 करोड़
(c) 86.63 करोड़ (d) 81.63 करोड़

38 विजेन्द्र सिंह (Vijendra Singh) निम्नलिखित में से कौन-सा खेल खेलते हैं?
(a) फुटबॉल (b) बैडमिण्टन
(c) क्रिकेट (d) मुक्केबाजी

39 एकीकृत वस्तु एवं सेवा कर (संशोधन) विधेयक, 2023 एकीकृत वस्तु एवं सेवा कर (IGST) अधिनियम, ………… में संशोधन करता है।
(a) 2013 (b) 2019 (c) 2015 (d) 2017

40 भारतीय खिलाड़ी गौरव घई (Gaurav Ghei) कौन-सा खेल खेलते हैं?
(a) हॉकी (b) फुटबॉल
(c) गोल्फ (d) क्रिकेट

भाग-III गणित

41 एक कूलर का क्रय मूल्य ₹ 4500 है। यदि लाभ प्रतिशत 18% है, तो कूलर का विक्रय मूल्य कितना है?
(a) ₹ 5270 (b) ₹ 5420
(c) ₹ 5310 (d) ₹ 5530

42 यदि एक संख्या U, एक दूसरी संख्या V से 90% कम है और V, 5400 से 13% अधिक है, तो U का मान कितना है?
(a) 602.2 (b) 610.2
(c) 61.2 (d) 6102

43 एक दुकानदार अपने सामान पर 25% अधिक मूल्य अंकित करने के बाद उसे 5% लाभ पर बेचता है। दुकानदार द्वारा दी जाने वाली छूट का प्रतिशत कितना है?
(a) 16% (b) 15.4%
(c) 17.5% (d) 18%

44 दो रेलगाड़ियाँ, एक 380 मी और दूसरी 160 मी लम्बी, समान्तर पटरियों पर क्रमशः 70 किमी/घण्टा और 38 किमी/घण्टा की चाल से विपरीत दिशाओं में चल रही है। उन्हे एक-दूसरे को पार करने में कितना समय लगेगा?
(a) 22 सेकण्ड (b) 26 सेकण्ड
(c) 14 सेकण्ड (d) 18 सेकण्ड

45 करन की दक्षता विनोद की दक्षता का 240% है। यदि करन एक कार्य को 34 दिनों में पूरा कर सकता है, तो वे दोनों मिलकर उसी कार्य को कितने दिनों में पूरा करेंगे?
(a) 27 दिन (b) 30 दिन
(c) 25 दिन (d) 24 दिन

46 $\frac{4}{5}, \frac{3}{10}$ और $\frac{7}{15}$ का महत्तम समापवर्तक कितना है?
(a) $\frac{1}{3}$ (b) $\frac{10}{3}$
(c) 30 (d) $\frac{1}{30}$

47 दो संख्याएँ 6 : 17 के अनुपात में है। यदि दोनों संख्याओं का योग 92 है, तो दोनो संख्याओं के बीच का अन्तर कितना है?
(a) 66 (b) 55
(c) 44 (d) 77

48 यदि 23, 27, 36, 22, C और D का औसत 28 है, तो C और D का औसत कितना है?
(a) 33 (b) 21 (c) 32 (d) 35

49 16 वस्तुओं का क्रय मूल्य, 18 वस्तुओं के विक्रय मूल्य के बराबर है। लेन-देन में हानि प्रतिशत ज्ञात कीजिए।
(a) 14.2% (b) 13.5%
(c) 12% (d) 11.11%

50 25 कुर्सियों का मूल्य 20 मेजों के मूल्य से 80% अधिक है। यदि 22 मेजों का मूल्य ₹ 10648 है, तो 50 कुर्सियों का मूल्य कितना है?
(a) ₹ 34488 (b) ₹ 38848
(c) ₹ 34848 (d) ₹ 34888

51 $\frac{132}{69}$ का $\frac{23}{44} - \frac{196}{28} \times \frac{14}{49}$ का मान कितना है?
(a) −2 (b) 0 (c) 1 (d) −1

52 एक त्रिभुज की भुजाओं की लम्बाई 5 सेमी, 4 सेमी और 7 सेमी है। त्रिभुज का क्षेत्रफल ज्ञात कीजिए।
(a) $6\sqrt{3}$ सेमी^{2} (b) $7\sqrt{2}$ सेमी^{2}
(c) $5\sqrt{6}$ सेमी^{2} (d) $4\sqrt{6}$ सेमी^{2}

53 मफिन की एक रेसिपी में आटे और चीनी का अनुपात 3 : 2 है तथा चीनी और मक्खन का अनुपात 4 : 3 है। रेसिपी में आटे और मक्खन का अनुपात कितना है?
(a) 2 : 1 (b) 1 : 3 (c) 3 : 1 (d) 1 : 2

54 $10 + 2 \times (7 - 4) \div 4$ को सरल कीजिए।
(a) 10 (b) 13
(c) 6 (d) 12

55 एक गेंदबाज शुरुआती 14 मैचों में प्रति मैच औसतन 12 विकेट लेता है। उसने सभी 28 मैचों में प्रति मैच औसतन 12 विकेट लिए। अन्तिम 14 मैचों में गेंदबाज द्वारा प्रति मैच लिए गए औसत विकेट कितने हैं?
(a) 11 (b) 10.5
(c) 12 (d) 10.7

56 एक वस्तु का अंकित मूल्य ₹1020 और विक्रय मूल्य ₹ 703.8 है, तो छूट का प्रतिशत कितना है?
(a) 69% (b) 23%
(c) 31% (d) 27%

57 किसी धनराशि पर प्राप्त साधारण ब्याज, उस धनराशि का 64/81 है। वर्षों की संख्या वार्षिक ब्याज दर के बराबर है। वार्षिक ब्याज दर कितनी है?
(a) 6.24% (b) 8.88%
(c) 9.28% (d) 7.42%

58 एक निश्चित धनराशि पर 8% वार्षिक की ब्याज दर पर 2 वर्षों के लिए साधारण ब्याज ₹ 1120 है। समान अवधि और समान ब्याज दर पर समान धनराशि पर चक्रवृद्धि ब्याज वार्षिक रूप से संयोजित क्या होगा?
(a) ₹ 1215.3 (b) ₹ 1489.8
(c) ₹ 1164.8 (d) ₹ 1331.2

59 निम्नलिखित में से M के किस मान के लिए $7547M$,9 से विभाज्य है?
(a) 4 (b) 7
(c) 2 (d) 8

60 प्रीति अकेले एक कार्य को 30 दिनों में पूरा कर सकती है और पायल अकेले उसी कार्य को 90 दिनों में पूरा कर सकती है। पायल ने अकेले शुरुआती 18 दिनों तक कार्य किया और फिर कार्य छोड़ दिया। प्रीति अकेले शेष कार्य को कितने दिनों में पूरा करेगी?
(a) 24 दिन (b) 27 दिन
(c) 25 दिन (d) 29 दिन

भाग-IV हिन्दी

61 दिए गए शब्द का विलोम शब्द ज्ञात कीजिए
तरल
(a) झाड़ी (b) बंजर
(c) ठोस (d) सूखा

62 दिए गए विकल्पों में से तीन विकल्प त्रुटियुक्त हैं, जबकि एक ही सही है, उस सही विकल्प का चयन करें
(a) सबसे नमस्ते! (b) सब ने नमस्ते!
(c) सबमें नमस्ते! (d) सबकों नमस्ते!

63 दिए गए वाक्य में रेखांकित शब्दों के लिए सही शब्दों वाले विकल्प का चयन करें
<u>हमारे को</u> यह विचार छोड़ने चाहिए
(a) हमें यह विचार छोड़ने चाहिए
(b) हमसे को यह विचार छोड़ने चाहिए
(c) हमने को यह विचार छोड़ने चाहिए
(d) परिवर्तन की आवश्यकता नहीं है

64 निम्नलिखित वाक्य में रेखांकित भाग के लिए एक सार्थक शब्द ज्ञात कीजिए
<u>रजोगुण वाले व्यक्ति</u> को झुकाना आसान नहीं
(a) राजसिक (b) सात्विक (c) वाचिक (d) रसिक

65 निम्नलिखित प्रश्न में दिए गए चार विकल्पों में से उस विकल्प का चयन करें, जो दिए गए मुहावरे के अर्थ को सर्वश्रेष्ठ रूप से व्यक्त करता है
'तलवे चाटना'
(a) दीन-हीन बनकर खुशामद करना
(b) सेवा-भाव से सेवा करना
(c) किसी की बुराई तो किसी की खुशामद करना
(d) जल्दबाजी का काम मनवाना

66 निम्नलिखित वाक्य में रेखांकित भाग के लिए एक सार्थक शब्द ज्ञात कीजिए
इतना <u>प्रिय बोलने वाली</u> वह स्त्री कौन है?
(a) प्रियंवदा (b) पत्नी (c) प्रेयसी (d) द्रौपदी

67 दिए गए विकल्पों में से शुद्ध वर्तनी वाले विकल्प का चयन करें
(a) लाला की दुकान पर तो बहुत ब्रिकी होती है
(b) तुम कौन-से जमाने की बात कह रहे हो?
(c) समय का सदुपयोग करो
(d) जैसा बोला है वैसा ही करो

68 दिए गए वाक्य में रेखांकित शब्द का विलोम शब्द ज्ञात कीजिए
'अभी बहुत कार्य <u>शेष</u> है।'
(a) पूर्ण (b) बाकी (c) अपूर्ण (d) आधार

69 दिए गए वाक्य में रेखांकित शब्द का तद्भव शब्द ज्ञात कीजिए
'मुझे उसकी बातों से <u>घात</u> पहुँची'
(a) घात (b) घेवर (c) घाव (d) घाम

70 दिए गए वाक्य में उचित पर्यायवाची शब्द का चयन करके रिक्त स्थान की पूर्ति करें
तुम्हें तो .... (शर्म) के मारे डूब मरना चाहिए।
(a) बुराई (b) न्यून (c) समीर (d) हया

71 दिए गए वाक्य का वह भाग ज्ञात करें, जिसमें कोई त्रुटि है।
जहाँ तुम्हारी बिस्तर लगा है, अपना सामान भी उधर ही रखो।
(a) बिस्तर लगा है (b) अपना सामान भी
(c) उधर ही रखो (d) जहाँ तुम्हारी

72 निम्नलिखित प्रश्न में उस विकल्प का चयन करें, जो कोष्ठक में दिए गए शब्द के पर्यायवाची शब्द का सही विकल्प है
प्रत्येक व्यक्ति किसी-न-किसी को अपना (प्रतिरूप) .... मानकर अपनी दिशा निर्धारित करता है।
(a) समावेश (b) बुनियाद (c) आदर्श (d) अवरोधक

73 निम्नलिखित प्रश्न में उस विकल्प का चयन करें, जो दिए गए मुहावरे का सही अर्थ वाला विकल्प है

'कुएँ में भाँग पड़ना'

(a) निरन्तर कार्य करते रहना
(b) अलग होना
(c) अस्थायी वस्तु होना
(d) सभी की बुद्धि भ्रष्ट होना

74 दिए गए वाक्य में उचित देशज-विदेशज शब्द का चयन करके रिक्त स्थान की पूर्ति कीजिए

मेरे लिए पानी का एक ………… ले आओ।

(a) कमेटी (b) कोट
(c) गिलास (d) टिकट

75 दिए गए विकल्पों में से शुद्ध वर्तनी वाले विकल्प का चयन करें

(a) मुझे आमन्त्रड़ मत भेजना
(b) हर कार्य को ध्यानपूर्वक करो
(c) अपनी शत्रे मुझे मत बताना
(d) कंचन की बात को दील पर मत लेना

निर्देश (प्र.सं. 76-80) *नीचे दिए गए गद्यांश में कुछ शब्द छोड़ दिए गए हैं, प्रत्येक अनुच्छेद के सामने चार विकल्प दिए गए हैं। इस गद्यांश को ध्यानपूर्वक पढ़ें और चार विकल्पों में से सर्वोत्तम उत्तर वाला विकल्प चुनें*

विज्ञान की प्रगति ने जीवन को और अधिक ………… और आसान बना दिया है। यदि हम इसका सही उपयोग करें तो विज्ञान का उपयोग हमें स्वस्थ और आसान जीवन जीने में मदद कर सकता है। इण्टरनेट की खोज से स्मार्टफोन का उदय आधुनिक दुनिया के लिए एक ………………… है। आज हमारी अँगुलियों पर सभी सुविधाएँ उपलब्ध हैं। आर्टिफिशियल इण्टेलिजेन्स और इण्टरनेट ऑफ थिंग्स जैसी नई तकनीक चीजों को भी संवाद करने की अनुमति देती है। आज विज्ञान ने न सिर्फ इंसान को स्मार्ट बनाया है, बल्कि चीजें भी स्मार्ट होती जा रही हैं। विज्ञान के अजूबे अनन्त हैं और यह कितनी दूर तक जा सकता है। इसकी कोई ……………… नहीं है, लेकिन अपने अच्छे गुणों के बावजूद विज्ञान बुरा भी साबित हो सकता है। यदि इंसान इसे …………… से प्रयोग न करे तो। हम सबके लिए यह ध्यान रखना बहुत ही महत्त्वपूर्ण है कि किसी भी चीज की अधिकता जहर होती है और यही बात विज्ञान पर भी लागू होती है। मानव जाति पर विज्ञान के सकारात्मक प्रभाव के लिए किसी भी संसाधन का ……………… उपयोग करना बहुत ही ज्यादा महत्त्वपूर्ण है।

76 विज्ञान की प्रगति ने जीवन को और अधिक ………… और आसान बना दिया है।

(a) परेशानदायक (b) आरामदायक
(c) दर्दनाक (d) सहारा

77 इण्टरनेट की खोज से स्मार्टफोन का उदय आधुनिक दुनिया के लिए एक ………………… है।

(a) वरदान (b) आम
(c) अधिकता (d) परिणाम

78 विज्ञान के अजूबे अनन्त हैं और यह कितनी दूर तक जा सकता है। इसकी कोई …………… नहीं है।

(a) सीमा
(b) साझेदारी
(c) प्रतिमा
(d) जिम्मेदारी

79 लेकिन अपने अच्छे गुणों के बावजूद विज्ञान बुरा भी साबित हो सकता है। यदि इंसान इसे …………… से प्रयोग न करे तो।

(a) कम (b) गुणों
(c) समझदारी (d) हमेशा

80 मानव जाति पर विज्ञान के सकारात्मक प्रभाव के लिए, किसी भी संसाधन का ………… उपयोग करना बहुत ही ज्यादा महत्त्वपूर्ण है।

(a) अतिशय
(b) अनिश्चित
(c) बेमतलब
(d) उचित

उत्तरमाला

1.	(c)	2.	(d)	3.	(a)	4.	(d)	5.	(d)	6.	(b)	7.	(a)	8.	(b)	9.	(a)	10.	(d)
11.	(c)	12.	(b)	13.	(c)	14.	(d)	15.	(b)	16.	(a)	17.	(a)	18.	(d)	19.	(b)	20.	(a)
21.	(b)	22.	(a)	23.	(c)	24.	(a)	25.	(a)	26.	(d)	27.	(c)	28.	(a)	29.	(b)	30.	(c)
31.	(d)	32.	(a)	33.	(c)	34.	(a)	35.	(a)	36.	(d)	37.	(b)	38.	(d)	39.	(d)	40.	(c)
41.	(c)	42.	(b)	43.	(a)	44.	(d)	45.	(d)	46.	(d)	47.	(c)	48.	(d)	49.	(d)	50.	(c)
51.	(d)	52.	(d)	53.	(a)	54.	(b)	55.	(c)	56.	(c)	57.	(b)	58.	(c)	59.	(a)	60.	(a)
61.	(c)	62.	(d)	63.	(a)	64.	(a)	65.	(a)	66.	(a)	67.	(a)	68.	(a)	69.	(c)	70.	(d)
71.	(d)	72.	(c)	73.	(d)	74.	(c)	75.	(b)	76.	(b)	77.	(a)	78.	(a)	79.	(c)	80.	(d)

संकेत एवं हल

1. (c) प्रश्न में दी गई कूटभाषा के अनुसार,

F O R C E → 8 3 0 5 2

G A M E S → 4 2 7 6 1

F O R U M → 0 8 9 5 7

अतः C को कूटभाषा में 3 लिखा जाएगा।

2. (d) प्रश्न में दी गई श्रृंखला निम्न प्रकार है,

7 17 37 77 157 317

+10 +20 +40 +80 +160

×2 ×2 ×2 ×2

3. (a) $15-26+13\times22\div5=35$

विकल्प (a) से, संख्या 15 और 22 को आपस में बदलने पर,

$22-26+13\times15\div5=35$

$\Rightarrow 22-26+13\times3=35$

$\Rightarrow 22-26+39=35$

$\Rightarrow 61-26=35$

$\therefore 35=35$

4. (d) प्रश्न में दी गई आकृति विकल्प आकृति (d) में निहित है।

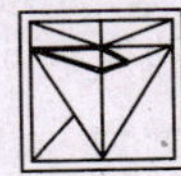

5. (d) दी गई आकृति श्रृंखला में प्रत्येक अगली आकृति में तीन वक्र रेखाओं वाले समूह में से एक वक्र रेखा कम हो रही है (छोटी वक्र रेखा से बड़ी वक्र रेखा की ओर)। अतः विकल्प आकृति (d) '?' के स्थान पर आयेगी।

6. (b) जिस प्रकार, B K O → (+3) → E N R

उसी प्रकार, T Y C → (+3) → W B F

7. (a) प्रश्नानुसार,

A^+ —पिता— B^- ←बहन— C^+ ←भाई— D^+; D^+ —पिता— E^- ←पत्नी— F^+

अतः D, F की पत्नी E का पिता है।

8. (b) जिस प्रकार, बांग्लादेश की मुद्रा टका है तथा अर्जेण्टीना की मुद्रा पेसो है। उसी प्रकार, जापान की मुद्रा येन है।

9. (a) कागज को खोलने पर वह विकल्प आकृति (a) की तरह दिखाई देगा।

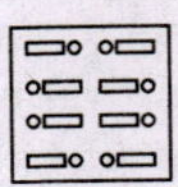

10. (d) प्रश्नानुसार,

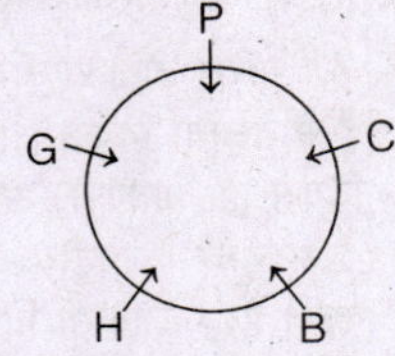

अतः C के ठीक दाईं ओर P बैठा है।

11. (c) दी गई अक्षर श्रृंखला का क्रम निम्नवत् है,

hiij/hiij/hiij/hiij/hiij/hiij

अतः iiii अक्षर श्रृंखला को पूरा करेंगे।

12. (b) जिस प्रकार,

A D V I S E → (−2) → Y B T G Q C

उसी प्रकार,

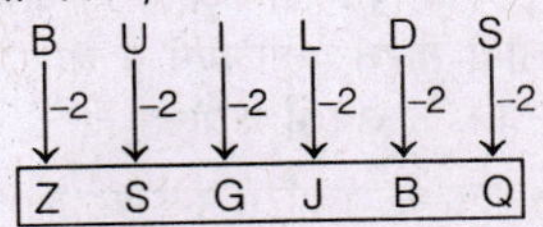

13. (c) कथनानुसार,

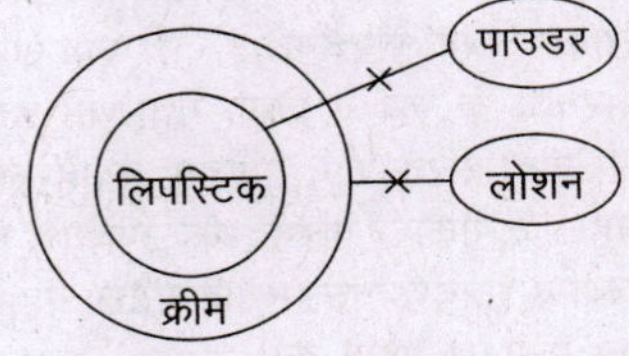

निष्कर्ष I. (✓) II. (✗)

अतः केवल निष्कर्ष I अनुसरण करता है।

14. (d) प्रश्न में दी गई श्रृंखला निम्न प्रकार है,

M →(+7) T →(−3) Q →(+7) X →(−3) U

R →(−3) O →(+7) V →(−3) S →(+7) Z

15. (b) अंग्रेजी शब्दकोश के अनुसार शब्दों का क्रम निम्नवत् है,

2. Consider → 1. Consign → 3. Consist → 5. Consolation → 4. Consonant

⇒ 2, 1, 3, 5, 4

16. (a) प्रश्नानुसार,

सभी आठ लड़कों की बैठने की स्थिति निम्न है,

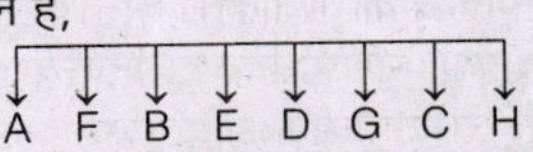

अतः B के ठीक बाईं ओर E बैठा है।

17. (a) पहली आकृति से दूसरी आकृति में ऊपर की एक वक्र रेखा पलट जाती है। दूसरी आकृति से तीसरी आकृति में बाएँ तरफ की दोनों वक्र रेखा पलट जाती हैं। तीसरी आकृति से चौथी आकृति में ऊपर की दूसरी वक्र रेखा पलट जाती है, तो चौथी आकृति से पाँचवीं आकृति में दाएँ तरफ की दोनों वक्र रेखा पलट जाएगी।

अतः '?' के स्थान पर विकल्प (a) की आकृति आयेगी।

18. (d) विकल्प आकृति (d) प्रश्न आकृति का सही दर्पण प्रतिबिम्ब है

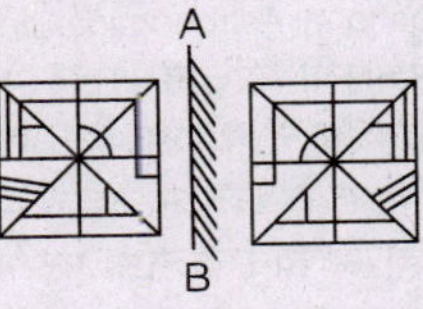

19. (b) दिया गया व्यंजक,

$14\times5+36-27\div3=85$

विकल्प (b) से संख्या 27 और 36 को आपस में बदलने पर,

$14\times5+27-36\div3=85$

$\Rightarrow 14\times5+27-12=85$

$\Rightarrow 70+27-12=85$

$\Rightarrow 97-12=85$

$\Rightarrow 85=85$

20. (a) दी गई संख्या श्रृंखला का क्रम निम्नवत् है,

54 55 63 90 154 279

+1 +8 +27 +64 +125

1^3 2^3 3^3 4^3 5^3

21. (b) सन्तुलित बजट से सम्बन्धित दोनों कथन सही हैं। सरकार जमा आय के बराबर राशि खर्च कर सकती है। इसे सन्तुलित बजट कहा जाता है और यदि इससे ज्यादा खर्च करने की जरूरत पड़ती है, तो बजट को सन्तुलित रखने के लिए करों के माध्यम से राशि प्राप्त करनी पड़ेगी। सन्तुलित बजट वित्तीय नियोजन प्रक्रिया है, यह कुल अपेक्षित राजस्व एवं कुल नियोजित व्यय के बराबर होता है।

22. *(a)* 20वीं सदी के मध्य में भारत में 'लाइसेन्स राज' औद्योगिक लाइसेन्सिंग की एक प्रणाली को सन्दर्भित करता है। भारत में लाइसेन्स राज शब्द का प्रयोग वर्ष 1951-1990 के दौरान सरकार द्वारा कम्पनियों को पंजीकृत करने के लिए किया गया था। उद्योग विकास नियन्त्रण प्रणाली और संगठनात्मक अधिनियम, 1951 के लिए सरकार ने लाइसेन्स का सहारा लिया था। भारत की नई आर्थिक नीति की घोषणा 24 जुलाई, 1991 को हुई थी। इस नीति द्वारा लाइसेन्सिंग राज को समाप्त कर दिया गया।

23. *(c)* भारत के पड़ोसी देश भूटान की सीमा पश्चिम बंगाल राज्य से लगती है। भूटान भारत के साथ कुल 699 किमी की सीमा साझा करता है। भारत के कुल 4 राज्य सिक्किम, पश्चिम बंगाल, असम और अरुणाचल प्रदेश अपनी सीमा भूटान के साथ साझा करते हैं।

24. *(a)* वर्ष 2023 में अन्तर्राष्ट्रीय खगोलीय संघ (International Astronomical Union) ने उल्का खगोलशास्त्री अश्विन शेखर के नाम पर एक छोटे ग्रह का नाम रखा है। अश्विन शेखर ने उल्कापिण्ड के क्षेत्र में महत्त्वपूर्ण योगदान दिया है। अश्विन के नाम पर रखे छोटे ग्रह को अब अश्विन शेखर-2000 एलजे-27 के नाम से जाना जाएगा। इस तरह का सम्मान पाने वाले वे पाँचवें भारतीय हैं।

25. *(a)* भारतीय संविधान के अनुच्छेद-161 में राज्यपाल की क्षमादान शक्ति और कुछ मामलों में सजा को निलम्बित करने, माफ करने या कम करने की शक्ति का उल्लेख है। अनुच्छेद-72 के अन्तर्गत इस प्रकार की शक्ति राष्ट्रपति को भी प्राप्त है।

26. *(d)* फ्रांस की सरकार ने मल्लिका साराभाई को पाल्म डी' ओर (Plame D' or) पुरस्कार से सम्मानित किया। यह पुरस्कार उन्हें वर्ष 1977 में प्रदान किया गया था। यह फ्रांस का सर्वोच्च नागरिक पुरस्कार है। मल्लिका साराभाई एक कुशल कुचिपुड़ी और भरतनाट्यम नृत्यांगना हैं।

27. *(c)* लेखक सलमान रुश्दी को उनके साहित्यिक एवं सामाजिक कार्यों के लिए प्रतिष्ठित जर्मन शान्ति पुरस्कार से सम्मानित किया गया है। उन्हें 22 अक्टूबर, 2023 को फ्रैंकफर्ट में यह पुरस्कार प्रदान किया गया था। वर्ष 1950 से प्रारम्भ किया गया यह पुरस्कार, अपने उत्कृष्ट कार्यों के माध्यम से राष्ट्रों और संस्कृतियों के बीच अन्तर्राष्ट्रीय समझ एवं सौहार्द्र बनाए रखने हेतु प्रतिबद्ध व्यक्ति को दिया जाता है।

28. *(a)* भारतीय संविधान का अनुच्छेद-12 राज्य की परिभाषा का प्रावधान करता है। इसमें राज्य की परिभाषा, भारत की सरकार व संसद, राज्यों की सरकारें व विधानमण्डल, सभी स्थानीय एवं अन्य प्राधिकरणों का उल्लेख है।

29. *(b)* इनामगाँव स्थल घोड (Ghod) नदी पर स्थित है, जो कि भीमा (Bhima) की एक सहायक नदी है। इनामगाँव पश्चिम भारत के महाराष्ट्र में स्थित एक उत्तर-हड़प्पा पुरातात्विक स्थल है। इनामगाँव से गेहूँ, जौ, मसूर, बाजरा और तिल के अवशेष मिले हैं।

30. *(c)* भारत तीन राष्ट्रीय त्योहार मनाता है। ये हैं-स्वतन्त्रता दिवस (15 अगस्त), गणतन्त्र दिवस (26 जनवरी) और गाँधी जयन्ती (2 अक्टूबर)। राष्ट्रीय त्योहार उस पर्व को कहते हैं, जो किसी विशेष जाति या धर्म का नहीं, बल्कि सम्पूर्ण राष्ट्र का त्योहार होता है।

31. *(d)* जाकिर हुसैन तबला वादन के लिए प्रसिद्ध हैं। इन्हें भारत सरकार द्वारा वर्ष 1988 में पद्मश्री 2002 में पद्म भूषण और वर्ष 2023 में पद्म विभूषण से सम्मानित किया गया था। 8 फरवरी, 2009 को इन्हें 51वें ग्रैमी अवॉर्ड्स से सम्मानित किया था।

32. *(a)* भारतीय खिलाड़ी पौलोमी घटक टेबल टेनिस से सम्बन्धित हैं। उन्होंने तीन जूनियर राष्ट्रीय चैम्पियनशिप (1996, 1998, 1999) एवं वर्ष 1998 और 2016 के बीच सात वरिष्ठ राष्ट्रीय चैम्पियनशिप जीती हैं। वर्तमान में पौलोमी भारत पेट्रोलियम में सहायक प्रबन्धक के रूप में कार्यरत् हैं।

33. *(c)* केन्द्र में अन्तरिम सरकार का गठन वर्ष 1946 में हुआ था। अन्तरिम सरकार का गठन एक शाही संरचना और एक लोकतान्त्रिक संरचना के बीच एक अस्थायी सरकार के रूप में किया गया था। इस अन्तिरम सरकार में पण्डित जवाहरलाल नेहरू कार्यकारी परिषद् के उपाध्यक्ष थे, जबकि सरदार वल्लभभाई पटेल गृह, सूचना एवं प्रसारण मन्त्री बने।

34. *(a)* कुम्मी नृत्य (Kummi dance) का सम्बन्ध तमिलनाडु से है। कुम्मी नृत्य का प्रदर्शन महिलाओं द्वारा किया जाता है। इस नृत्य की विशेषता यह है कि यह बिना संगीत के केवल लयबद्ध ताली बजाकर किया जाता है।

35. *(a)* औद्योगिक क्षेत्र द्वारा सकल घरेलू उत्पाद (GDP) में किए जाने वाले योगदान का अनुपात 1950-51 में 11.8% से बढ़कर 1990-91 में 24.6% हो गया। वर्तमान में औद्योगिक क्षेत्र भारतीय जीडीपी में लगभग 31% का योगदान करता है। आर्थिक समीक्षा के अनुसार वित्त वर्ष 2023 में उद्योग क्षेत्र में 4.1% की वृद्धि दर्ज की गई है।

36. *(d)* निश्चित आकार, स्पष्ट सीमाएँ पदार्थ में ठोस होने की विशेषताएँ हैं। ऐसा इसलिए होता है, क्योंकि ठोस पदार्थों में कणों के बीच की दूरी न्यूनतम होती है।

37. *(b)* 2011 की जनगणना के अनुसार, भारत में हिन्दुओं की कुल जनसंख्या 96.63 करोड़ है। जबकि मुस्लिम 17.22 करोड़, ईसाई 2.78 करोड़, सिख 2.08 करोड़, बौद्ध 0.84 करोड़ तथा जैन 0.45 करोड़ हैं। वर्ष 2011 में कुल जनसंख्या में हिन्दू जनसंख्या के अनुपात में 0.7% अंक (पीपी) की गिरावट आई है।

38. *(d)* विजेन्द्र सिंह (Vijendra Singh) मुक्केबाजी से सम्बन्धित हैं। इन्होंने वर्ष 2008 के बीजिंग ओलम्पिक में कांस्य पदक जीता था। ये वर्ष 2015 में पेशेवर मुक्केबाजी में शामिल हो गए और इसके बाद लगातार 12 मैचों में विजयी रहे।

39. *(d)* एकीकृत वस्तु एवं सेवा कर (संशोधन) विधेयक, 2023 द्वारा एकीकृत वस्तु एवं सेवा कर (IGST) अधिनियम, 2017 में संशोधन किया गया। जी एस टी श्रेणी अन्तर्राज्यीय खरीद या कर योग्य सेवाओं और वस्तुओं की आपूर्ति एवं सेवाओं तथा वस्तुओं के आयात पर लगाए गए करों पर लागू होती है।

40. *(c)* भारतीय खिलाड़ी गौरव घई (Gaurav Ghei) गोल्फ से सम्बन्धित हैं। ये वर्ष 1997 में चैम्पियनशिप के लिए क्वालीफाई करने वाले पहले भारतीय गोल्फर बने। इन्होंने तीन एशियाई टूर खिताब वर्ष 1995 गॉडगिल वेस्टर्न मास्टर्स, वर्ष 2006 में ताइवान मास्टर्स और वर्ष 2007 में बीजिंग ओपन में जीत दर्ज की।

41. *(c)* दिया है,

कूलर का क्रय मूल्य = ₹ 4500

लाभ = 18%

तब, कूलर का विक्रय मूल्य

$$= 4500 \times \frac{(100+18)}{100}$$

$$= 4500 \times \frac{118}{100} = ₹\ 5310$$

42. *(b)* प्रश्नानुसार,

$$V = 5400 \times \frac{(100+13)}{100}$$

$$= 54 \times 113 = 6102$$

तब, $U = 6102$ का $(100-90)\%$

$= 6102$ का 10%

$$= 6102 \times \frac{10}{100} = 610.2$$

43. (a) माना वस्तु का क्रय मूल्य = ₹ 100

तब, वस्तु का अंकित मूल्य $= 100 \times \frac{125}{100}$

= ₹ 125

वस्तु का विक्रय मूल्य $= 100 \times \frac{105}{100}$

= ₹ 105

छूट = अंकित मूल्य – विक्रय मूल्य

छूट = ₹ (125 – 105) = ₹ 20

छूट प्रतिशत $= \frac{20}{125} \times 100 = 16\%$

44. (d) दिया है,

पहली रेलगाड़ी की लम्बाई = 380 मी

तथा चाल = 70 किमी/घण्टा

दूसरी रेलगाड़ी की लम्बाई = 160 मी

तथा चाल = 38 किमी/घण्टा

सापेक्ष चाल = (70 + 38) किमी/घण्टा

= 108 किमी/घण्टा

$= 108 \times \frac{5}{18} = 30$ मी/से

दोनों रेलगाडियों को एक-दूसरे को पार करने में लगा समय

$= \frac{\text{कुल दूरी}}{\text{सापेक्ष चाल}} = \frac{380 + 160}{30}$

$= \frac{540}{30} = 18$ सेकण्ड

45. (d) माना विनोद की दक्षता = 100

तब, करन की दक्षता $= 100 \times \frac{240}{100} = 240$

दक्षता का अनुपात = 240 : 100 = 12 : 5

∵ करन द्वारा कार्य पूरा करने में लगा समय = 34 दिन

∴ कुल कार्य = 34 × 12

अतः दोनों के द्वारा कार्य पूरा करने में लगा समय $= \frac{34 \times 12}{12 + 5} = \frac{34 \times 12}{17} = 24$ दिन

46. (d) हम जानते हैं,

भिन्न का महत्तम समापवर्तक

$= \frac{\text{अंशों का म.स.}}{\text{हर का ल.स.}}$

∴ $\frac{4}{5}, \frac{3}{10}$ और $\frac{7}{15}$ का म.स.

$= \frac{\text{4, 3 और 7 का म.स.}}{\text{5, 10 और 15 का ल.स.}} = \frac{1}{30}$

अतः महत्तम समापवर्तक $= \frac{1}{30}$

47. (c) माना संख्याएँ क्रमशः 6x और 17x हैं।

प्रश्नानुसार,

$6x + 17x = 92$

$\Rightarrow \quad 23x = 92$

$\Rightarrow \quad x = 4$

अतः दोनों संख्याओं का अन्तर $= 17x - 6x$

$= 11x$

$= 11 \times 4 = 44$

48. (d) प्रश्नानुसार,

$\frac{23 + 27 + 26 + 22 + C + D}{6} = 28$

$\Rightarrow \quad \frac{98 + C + D}{6} = 28$

$\Rightarrow \quad C + D = 168 - 98 = 70$

∴ C और D का औसत $= \frac{70}{2} = 35$

49. (d) 16 वस्तुओं का क्रय मूल्य

= 18 वस्तुओं का विक्रय मूल्य

16 CP = 18 SP

$\frac{CP}{SP} = \frac{18}{16}$

हानि प्रतिशत $= \frac{18 - 16}{18} \times 100$

$= \frac{100 \times 2}{18} = 11.11\%$

50. (c) दिया है,

22 मेजों का मूल्य = ₹ 10648

1 मेज का मूल्य = ₹ $\frac{10648}{22}$ = ₹ 484

20 मेजों का मूल्य = ₹ (484 × 20) = ₹ 9680

25 कुर्सियों का मूल्य $= 9680 \times \frac{(100 + 80)}{100}$

$= 9680 \times \frac{180}{100}$ = ₹17424

∴ 50 कुर्सियों का मूल्य = 2 × 17424

= ₹ 34848

51. (d) $\frac{132}{69}$ का $\frac{23}{44} - \frac{196}{28} \times \frac{14}{49}$

VBODMAS के नियम अनुसार,

$= 1 - \frac{196}{28} \times \frac{14}{49} = 1 - 2 = -1$

52. (d) दिया है,

त्रिभुज की भुजाओं की लम्बाई $(a) = 5$ सेमी

$b = 4$ सेमी

$c = 7$ सेमी

हम जानते हैं,

हीरोन सूत्र $= \sqrt{s(s-a)(s-b)(s-c)}$

जहाँ, $s = \frac{a + b + c}{2}$

तो, $s = \frac{5 + 4 + 7}{2} = \frac{16}{2} = 8$

त्रिभुज का क्षेत्रफल

$= \sqrt{8(8-5)(8-4)(8-7)}$

$= \sqrt{8 \times 3 \times 4 \times 1}$

$= \sqrt{2 \times 2 \times 2 \times 3 \times 2 \times 2}$

$= 4\sqrt{6}$ सेमी^{2}

53. (a) दिया है,

आटा : चीनी = 3 : 2

तथा चीनी : मक्खन = 4 : 3

∴ आटा : चीनी : मक्खन

= 3 × 4 : 2 × 4 : 2 × 3

= 6 : 4 : 3

अतः रेसिपी ने आटे और मक्खन का अनुपात = 6 : 3 = 2 : 1

54. (b) $10 + 2 \times (7 - 4) \div 2$

VBODMAS के नियम अनुसार,

$10 + 2 \times 3 \div 2$

$= 10 + 2 \times \frac{3}{2} = 10 + 3 = 13$

55. (c) प्रश्नानुसार,

शुरुआती 14 मैचों में लिए गए कुल विकेट

= 14 × 12 = 168

सभी 28 मैचों में लिए गए कुल विकेट

= 28 × 12 = 336

अन्तिम 14 मैचों में लिए गए कुल विकेट

= 336 – 168 = 168

अभीष्ट औसत $= \frac{168}{14} = 12$

56. (c) दिया गया है,

वस्तु का अंकित मूल्य = ₹ 1020

वस्तु का विक्रय मूल्य = ₹ 703.8

छूट = ₹ (1020 – 703.8)

= ₹ 316.2

सूत्र $\left[\text{छूट}\% = \frac{\text{छूट}}{\text{अंकित मूल्य}} \times 100\right]$ से,

∴ छूट % $= \frac{316.2}{1020} \times 100 = 31\%$

57. (b) माना, धनराशि = ₹ x

साधारण ब्याज = ₹ $\frac{64x}{81}$

दिया है,

ब्याज दर = समय = r (माना)

प्रश्नानुसार,

$\frac{x \times r \times r}{100} = \frac{64x}{81}$ $\quad \left[SI = \frac{P \times r \times t}{100}\right]$

$\Rightarrow \quad r^2 = \frac{64x \times 100}{81x}$

$\Rightarrow \quad r^2 = \frac{6400}{81}$

$\Rightarrow \quad r = \frac{80}{9} = 8.88\ \%$

अतः अभीष्ट ब्याज दर = 8.88%

58. (c) दिया है, ब्याज दर = 8%

समय = 2 वर्ष

ब्याज = ₹ 1120

मूलधन $= \frac{1120 \times 100}{8 \times 2}$ $\left[\because P = \frac{SI \times 100}{r \times t}\right]$

$= ₹ 7000$

दो वर्ष का चक्रवृद्धि ब्याज

$= 7000\left(1 + \frac{8}{100}\right)^2 - 7000$

$= 7000 \times \frac{27}{25} \times \frac{27}{25} - 7000$

$= 8164.8 - 7000 = ₹ 1164.8$

अतः अभीष्ट ब्याज = ₹ 1164.8

59. *(a)* 9 के विभाज्यता नियम के अनुसार, संख्या के सभी अंकों का योग 9 से विभाज्य होना चाहिए।

संख्या $= 7547M$

अभीष्ट योग $= 7 + 5 + 4 + 7 + M = 23 + M$

M के स्थान पर 4 रखने पर,

योग $= 27$ जो कि 9 से विभाज्य है।

अतः M का मान $= 4$

60. *(a)* प्रीति का एक दिन का काम $= \frac{1}{30}$

पायल का एक दिन का काम $= \frac{1}{90}$

पायल का 18 दिनों का काम $= \frac{1}{90} \times 18 = \frac{1}{5}$

शेष काम $= 1 - \frac{1}{5} = \frac{4}{5}$

प्रीति द्वारा शेष काम करने में लगा समय

$= 30 \times \frac{4}{5} = 24$ दिन

61. *(c)* शब्द 'तरल' का विलोम 'ठोस' है। तरल का अर्थ बहने वाला पदार्थ होता है, जबकि ठोस का अर्थ पक्का होता है। अन्य विकल्प असंगत हैं।

62. *(d)* दिए गए विकल्पों में से 'सबको नमस्ते' विकल्प में कोई त्रुटि नहीं है। अन्य विकल्प असंगत हैं।

63. *(a)* दिए गए वाक्य में रेखांकित शब्दों हमारे को के लिए सही शब्दों वाला विकल्प 'हमें यह विचार छोड़ने चाहिए' है अन्य विकल्प असंगत हैं।

64. *(a)* दिए वाक्य में रेखांकित भाग रजोगुण वाले व्यक्ति के लिए एक सार्थक शब्द 'राजसिक' है। अन्य विकल्प असंगत हैं।

65. *(a)* 'तलवे चाटना' मुहावरे का अर्थ 'दीन-हीन बनकर खुशामद करना' होता है।

वाक्य प्रयोग रोहन अपने फायदे के लिए बोस के तलवे चाटता है।

66. *(a)* दिए गए रेखांकित भाग 'प्रिय बोलने वाली स्त्री' के लिए सार्थक शब्द वाला विकल्प 'प्रियंवदा' है। अन्य सभी विकल्प असंगत हैं।

67. *(a)* दिए गए विकल्पों में 'लाला की दुकान पर तो बहुत बिक्री होती है' शुद्ध वर्तनी वाला विकल्प है। अन्य विकल्प असंगत हैं।

68. *(a)* दिए गए वाक्य में रेखांकित शब्द शेष शब्द का विलोम 'पूर्ण' है। शेष का अर्थ बचा हुआ होता है, जबकि पूर्ण का अर्थ पूरी तरह से युक्त होता है। अन्य विकल्प असंगत हैं।

69. *(c)* दिए गए वाक्य में रेखांकित शब्द 'घात' का तद्भव शब्द 'घाव' है। 'घात' तत्सम शब्द है। अन्य विकल्प असंगत हैं।

70. *(d)* दिए गए वाक्य में कोष्ठक में दिए गए शब्द 'शर्म' का पर्यायवाची 'हया' है। शर्म के कुछ अन्य पर्यायवाची लाज, संकोच, लज्जा आदि हैं।

71. *(d)* दिए गए वाक्य में 'जहाँ तुम्हारी' में त्रुटि है। यह वाक्य सही अर्थ बताने में असमर्थ है।

72. *(c)* कोष्ठक में दिए गए 'प्रतिरूप' शब्द का पर्यायवाची 'आदर्श' होता है। प्रतिरूप के अन्य पर्यायवाची नमूना, आदर्श, मानक, प्रतिमान आदि हैं।

73. *(d)* 'कुएँ में भाँग पड़ना' मुहावरे का अर्थ होता है–सभी की बुद्धि भ्रष्ट होना या अक्ल का काम करना बन्द कर देना।

वाक्य प्रयोग सब-के-सब अनुचित आचरण करने लगे, लगता है कुए में भाँग पड़ गई है।

74. *(c)* दिए गए वाक्य में रिक्त स्थान की पूर्ति के लिए उचित देशज-विदेशज शब्द 'गिलास' है।

75. *(b)* दिए गए विकल्पों में से 'हर कार्य को ध्यानपूर्वक करो' शुद्ध वर्तनी वाला विकल्प है। अन्य सभी विकल्प असंगत हैं।

76. *(b)* रिक्त स्थान के लिए सही विकल्प 'आरामदायक' है।

अतः पूर्ण वाक्य है-विज्ञान की प्रगति ने जीवन को और अधिक आरामदायक और आसान बना दिया है।

77. *(a)* रिक्त स्थान के लिए सही विकल्प 'वरदान' है।

अतः पूर्ण वाक्य है-इण्टरनेट की खोज से स्मार्टफोन का उदय आधुनिक दुनिया के लिए एक वरदान है।

78. *(a)* रिक्त स्थान के लिए सही विकल्प 'सीमा' है।

अतः पूर्ण वाक्य है–विज्ञान के अजूबे अनन्त हैं और यह कितनी दूर तक जा सकता है। इसकी कोई सीमा नहीं है।

79. *(c)* रिक्त स्थान के लिए सही विकल्प 'समझदारी' है।

अतः पूर्ण वाक्य है-लेकिन अपने अच्छे गुणों के बावजूद विज्ञान बुरा भी साबित हो सकता है। यदि इंसान इसे समझदारी से प्रयोग न करे तो।

80. *(d)* रिक्त स्थान के लिए सही विकल्प 'उचित' है।

अतः पूर्ण वाक्य है–मानव जाति पर विज्ञान के सकारात्मक प्रभाव के लिए, किसी भी संसाधन का उचित उपयोग करना बहुत ही ज्यादा महत्त्वपूर्ण है।

07 मार्च 2024
(शिफ्ट I)

सॉल्वड पेपर 2024

SSC कांस्टेबल (जीडी) सेट 47

भाग-I सामान्य बुद्धिमत्ता एवं तर्कशक्ति

1 छः सहकर्मी विक्टर, वेण्डी, जेण्डर, यारा, जोई और आरोन एक घेरा बनाकर, केन्द्र से बाहर की ओर मुख करके बैठे हैं। विक्टर, वेण्डी के ठीक दाईं ओर बैठा है। यारा, विक्टर के बगल में नहीं बैठी है। जोई, जो वेण्डी के ठीक बाईं ओर बैठी है, आरोन के ठीक दाईं ओर बैठी है। जेण्डर और वेण्डी दोनों का निकटतम पड़ोसी कौन है?

(a) यारा
(b) विक्टर
(c) जोई
(d) आरोन

2 नीचे दर्शाए गए अनुसार एक कागज को मोड़कर काटा जाता है। खोले जाने पर यह कैसा दिखाई देगा?

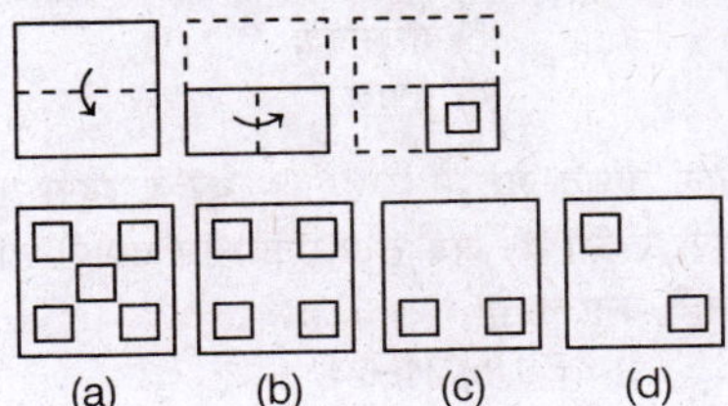

3 नीचे एक ही पासे की दो स्थितियाँ दी गई हैं। '2' वाले फलक के विपरीत फलक पर क्या आएगा?

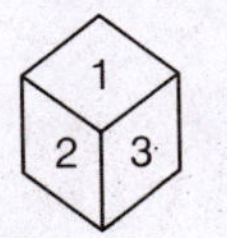

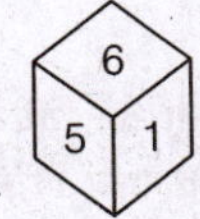

(a) 6
(b) 3
(c) 1
(d) 5

4 दिए गए दो चिह्नों को आपस में बदलने के बाद समीकरण (I) और (II) का क्रमशः मान कितना होगा?

× और ÷

I. $16 \div 4 - 8 \times 2 + 7$

II. $8 \div 4 - 9 \times 3 + 8$

(a) 67 और 37
(b) 40 और 50
(c) 8 और 9
(d) 16 और 18

5 एक निश्चित कूटभाषा में 'NATURE' को 'MASUQE' लिखा जाता है, 'CIRCLE' को 'BIQCKE' लिखा जाता है। उसी कूटभाषा में 'DANGER' को कैसे लिखा जाएगा?

(a) DBNHES
(b) CAMGDR
(c) BALGCR
(d) HSDGKA

6 एक निश्चित कूटभाषा में 'TOPIC' को 'WRSLF' लिखा जाता है। उसी कूटभाषा में 'VIDEO' को कैसे लिखा जाएगा?

(a) YLGHS
(b) YLGHR
(c) YLGIR
(d) YLGIS

7 निम्नलिखित प्रश्न में, दिए गए विकल्पों में से उस आकृति का चयन कीजिए, जिसे प्रश्नचिह्न (?) के स्थान पर रखा जा सकता है।

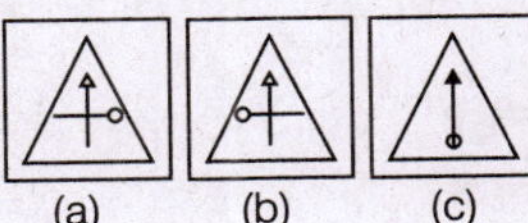
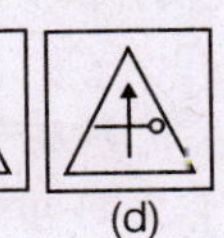

(a) (b) (c) (d)

8 निम्नलिखित प्रश्न में, दो कथन और उसके बाद I और II क्रमांकित दो निष्कर्ष दिए गए हैं। दिए गए कथनों को सत्य मानते हुए, चाहे वे सामान्यतः ज्ञात तथ्यों से भिन्न प्रतीत होते हों, निर्धारित कीजिए कि दिए गए निष्कर्षों में से कौन-सा निष्कर्ष कथनों का तार्किक रूप से अनुसरण करता है।

कथन

कुछ संगीतकार, गिटारवादक हैं।

सभी गिटारवादक, कलाकार हैं।

निष्कर्ष

I. कुछ कलाकार, गिटारवादक हैं।

II. कुछ संगीतकार, कलाकार नहीं हैं।

(a) निष्कर्ष I और II दोनों अनुसरण करते हैं
(b) न तो निष्कर्ष I और न ही II अनुसरण करता है
(c) केवल निष्कर्ष I अनुसरण करता है
(d) केवल निष्कर्ष II अनुसरण करता है

9 निम्नलिखित अक्षर समूहों में से कौन-सा समूह क्रमबद्ध रूप से बाईं से दाईं ओर रखे जाने पर नीचे दी गई शृंखला को पूरा करेगा?

d_eeffggddeeffggdde_ffggddeeffggddeef_g_

(a) deff
(b) degf
(c) ddee
(d) defg

10 दिए गए शब्दों को उसी क्रम में व्यवस्थित कीजिए, जिस क्रम में वे अंग्रेजी शब्दकोश में आते हैं।

1. Bandit
2. Banana
3. Bangle
4. Band
5. Bank

(a) 5, 4, 3, 1, 2
(b) 2, 4, 1, 5, 3
(c) 2, 4, 1, 3, 5
(d) 5, 4, 3, 2, 1

11 निम्नलिखित में से कौन-सा अक्षर समूह दी गई श्रृंखला में प्रश्नचिह्न (?) के स्थान पर आएगा?

VD, TF, RH, PJ, ?

(a) NO (b) MK (c) MN (d) NL

12 दिए गए विकल्पों में से निम्नलिखित श्रृंखला से लुप्त संख्या का चयन कीजिए।

712, 726, 740, 754, 768, ?

(a) 785 (b) 788 (c) 790 (d) 782

13 निम्नलिखित प्रश्न में, विकल्पों में दी गई उस आकृति का चयन कीजिए, जिसे प्रश्नचिह्न (?) के स्थान पर रखा जा सकता है।

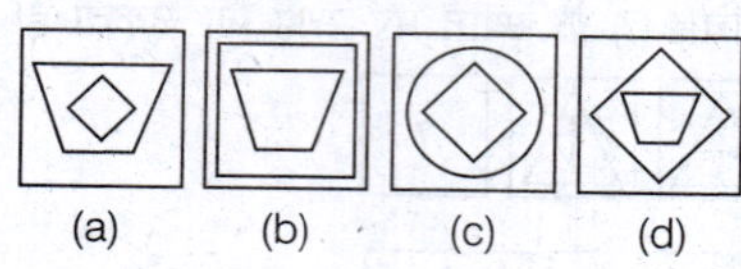

(a) (b) (c) (d)

14 'I × J' का अर्थ है 'I, J की पत्नी है'
'I + J' का अर्थ है 'I, J का पति है'
'I ÷ J' का अर्थ है 'I, J की बहन है'
'I – J' का अर्थ है 'I, J का भाई है'
व्यंजक 'K – L ÷ M + N' में K का M से क्या सम्बन्ध है?

(a) पिता (b) भाई
(c) पति (d) बेटा

15 दी गई विकल्प आकृतियों में से, उस आकृति का चयन कीजिए, जिसमें प्रश्न में दी गई आकृति छिपी हुई/निहित है। (घूर्णन की अनुमति नहीं है)

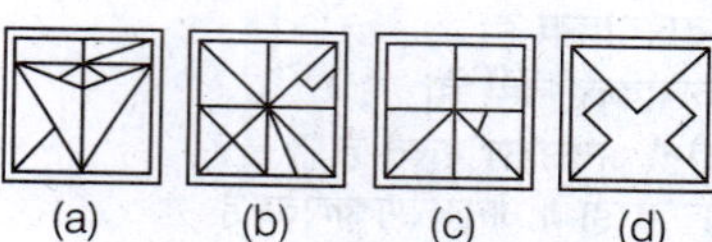

(a) (b) (c) (d)

16 निम्नलिखित प्रश्न में, दिए गए विकल्पों में से सम्बन्धित अक्षर-युग्म का चयन कीजिए।

BF : BG :: ?

(a) AB : NC (b) BQ : QS
(c) UW : UX (d) AC : NO

17 निम्नलिखित प्रश्न में, दिए गए विकल्पों में से सम्बन्धित अक्षरों का चयन कीजिए।

PTY : TYP :: CGK : ?

(a) ZAB (b) LMN
(c) GKC (d) BCD

18 छः मित्र ओलिविया, पीटर, रेचल, सैम, टोबी और विक्टोरिया एक वृत्ताकार मेज के चारों ओर केन्द्र की ओर मुख करके बैठे हैं। ओलिविया, पीटर के ठीक दाईं ओर बैठी है। पीटर और टोबी पड़ोसी हैं। सैम, रेचल या टोबी के बगल में नहीं बैठा है। विक्टोरिया, सैम के ठीक दाईं ओर बैठी है। सैम और रेचल दोनों का निकटतम पड़ोसी कौन है?

(a) विक्टोरिया (b) ओलिविया
(c) पीटर (d) टोबी

19 निम्नलिखित में से कौन-सी संख्या दी गई श्रृंखला में प्रश्नचिह्न (?) के स्थान पर आएगी?

15, 17, 21, 29, 45, ?

(a) 58 (b) 77 (c) 64 (d) 84

20 यदि 10 @ 5 # 15 * 5 = 2 और 25 @ 6 # 4 * 2 हैं, तो 30 @ 10 # 20 * 4 = ?

(a) 40 (b) 25
(c) 15 (d) 30

भाग-II सामान्य ज्ञान

21 भारतीय संविधान के निम्नलिखित में से किस भाग का सम्बन्ध राजभाषा से है?

(a) भाग-XVIII (b) भाग-XVI
(c) भाग-XVII (d) भाग-XIX

22 भारत.........के साथ सबसे लम्बी सीमा साझा करता है।

(a) श्रीलंका (b) बांग्लादेश
(c) पाकिस्तान (d) नेपाल

23 वॉलीबॉल में यदि खेल पाँचवें सेट में.........पर बराबरी पर है, तो सेट तब तक जारी रहता है, जब तक एक टीम दूसरी टीम पर दो अंकों की बढ़त नहीं बना लेती।

(a) 11 – 11 (b) 24–24
(c) 14–14 (d) 20–20

24 भारत की 2011 की जनगणना में कितने प्रश्न पूछे गए थे?

(a) 21 (b) 29
(c) 33 (d) 25

25 भारत की बारहवीं पंचवर्षीय योजना का विषय.........था।

(a) सामाजिक न्याय और समानता के साथ विकास
(b) आर्थिक उदारीकरण
(c) तेज, सतत् और अधिक समावेशी विकास
(d) तेज और अधिक समावेशी विकास की ओर

26 निम्नलिखित में से किस संगीतकार ने दादा साहेब फाल्के पुरस्कार जीता है?

(a) गुलजार (b) मोहम्मद रफी
(c) किशोर कुमार (d) ए. आर.रहमान

27 आवर्त सारणी में किस वर्ग में उत्कृष्ट गैसों के रूप में कहे जाने वाले तत्त्व शामिल होते हैं?

(a) वर्ग 17 (b) वर्ग 18
(c) वर्ग 1 (d) वर्ग 7

28 वर्ष 2022 में भारत में जन्मे उद्यमी.........को जर्मनी में भारतीय समुदाय के पहले प्रतिनिधि के रूप में चुना गया है।

(a) राजवीर सिंह रन्धावा
(b) रुचिरा कम्बोज
(c) गुरदीप सिंह रन्धावा
(d) टी.एस. तिरुमूर्ति

29 'पोंगल' त्योहार का सम्बन्ध निम्नलिखित में से किस राज्य से है?
(a) तमिलनाडु (b) असम
(c) बिहार (d) हरियाणा

30 नीचे दी गई जानकारी के आधार पर प्राचीन स्थल की पहचान कीजिए
यह गुफाओं और चट्टानी आश्रयों वाला एक पुराना स्थल है। लोगों ने इन प्राकृतिक गुफाओं को इसलिए चुना, क्योंकि ये बारिश, गर्मी और हवा से आश्रय प्रदान करती थीं। ये शैलाश्रय नर्मदा घाटी के नजदीक स्थित हैं।
(a) ब्रह्मगिरि (b) मेहरगढ़
(c) भीमबेटका (d) इनामगाँव

31 निम्नलिखित में से कौन-सी नृत्यशैली हिन्दुस्तानी संगीत शैली से सम्बन्धित है?
(a) कथकली (b) कथक
(c) सत्रिया नृत्य (d) भरतनाट्यम

32 प्रथम एशियाई खेल, वर्ष............में नई दिल्ली, भारत में आयोजित किए गए थे।
(a) 1951 (b) 1970
(c) 1999 (d) 1982

33 भारत में कौन-सा निकाय उपभोक्ताओं के अधिकारों की सुरक्षा और प्रचार-प्रसार करने तथा उपभोक्ता संरक्षण सुनिश्चित करने के लिए उत्तरदायी है?
(a) राष्ट्रीय महिला आयोग (NCW)
(b) राष्ट्रीय उपभोक्ता विवाद निवारण आयोग (NCDRC)
(c) राष्ट्रीय मानवाधिकार आयोग (NHRC)
(d) केन्द्रीय जाँच ब्यूरो (CBI)

34 अगस्त, 2023 में ग्रैण्ड क्रॉस ऑफ द ऑर्डर ऑफ ऑनर .... को प्रदान किया गया था।
(a) प्रधानमन्त्री नरेन्द्र मोदी
(b) गृहमन्त्री अमित शाह
(c) विदेश मन्त्री एस.जयशंकर
(d) राष्ट्रपति द्रौपदी मुर्मू

35 भारत में नियोजित आर्थिक विकास निम्नलिखित में से किस वर्ष में शुरू किया हुआ?
(a) 1991 (b) 1961
(c) 1951 (d) 1978

36 वेद समाज की स्थापना............में हुई थी।
(a) मद्रास (b) पंजाब
(c) बम्बई (d) कलकत्ता

37 24 वर्षीय भारतीय ग्रैण्डमास्टर कार्तिकेयन मुरली ने अक्टूबर, 2023 में निम्नलिखित में से किसे शतरंज मैच में हराया?
(a) मैग्नस कार्लसन
(b) व्लादिमीर क्रैमनिक
(c) विश्वनाथन आनन्द
(d) लेवोन अरोनियन

38 निम्नलिखित में से किस टीम ने सर्वाधिक बार रणजी ट्रॉफी जीती है?
(a) मुम्बई (बॉम्बे) (b) दिल्ली
(c) कर्नाटक (d) तमिलनाडु

39 मुद्रा आपूर्ति की माप के सम्बन्ध में निम्नलिखित में से कौन-सा कथन सही है?
I. M1 और M2 को संकुचित मुद्रा कहा जाता है।
II. M3 और M4 को व्यापक मुद्रा कहा जाता है।
कूट
(a) I और II दोनों (b) केवल I
(c) न तो I और न ही II (d) केवल II

40 भारत के निम्नलिखित में से किस राज्य द्वारा मुख्यमन्त्री ग्रामीण गाड़ी योजना शुरू की गई थी?
(a) दिल्ली (b) ओडिशा
(c) पश्चिम बंगाल (d) झारखण्ड

भाग-III गणित

41 C, D से चार गुना कुशल है। C को एक कार्य को पूरा करने में D से 63 दिन कम लगते हैं। यदि वे दोनों एकसाथ मिलकर कार्य करते हैं, तो वही कार्य कितने दिनों में पूरा होगा?
(a) 16.8 दिन (b) 50.8 दिन
(c) 75.5 दिन (d) 80 दिन

42 M एक कार्य को $\frac{39}{2}$ दिन में और N उसी कार्य को $\frac{13}{2}$ दिन में पूरा कर सकता है। दोनों को एकसाथ मिलकर, उसी कार्य को पूरा करने में कितने दिन लगेंगे?
(a) $\frac{20}{3}$ दिन (b) $\frac{39}{8}$ दिन
(c) $\frac{47}{5}$ दिन (d) 22 दिन

43 दो कारें एक ही बिन्दु से चलना शुरू करती हैं और एक ही दिशा में यात्रा करती हैं। यदि एक कार 55 किमी/घण्टा और दूसरी कार 75 किमी/घण्टा की चाल से चलती है, तो 3 घण्टे बाद वे एक-दूसरे से कितनी दूरी पर होंगी?
(a) 55 किमी (b) 65 किमी
(c) 60 किमी (d) 70 किमी

44 यदि एक निश्चित धनराशि साधारण ब्याज पर 8 वर्ष 6 माह में स्वयं की दोगुनी हो जाती है, तो ब्याज की वार्षिक दर कितनी है?
(a) 12.84% (b) 14.28%
(c) 11.76% (d) 13.92%

45 उस तख्ते की लम्बाई ज्ञात कीजिए, जिसका उपयोग कम-से-कम समय में 6 मी 50 सेमी, 3 मी 50 सेमी और 7 मी 50 सेमी की लम्बाई सटीक रूप से मापने के लिए किया जा सकता है।
(a) 15 सेमी (b) 25 सेमी
(c) 100 सेमी (d) 50 सेमी

46 यदि किसी वर्ग की भुजा में 5% की वृद्धि की जाती है, तो उसके परिमाप में कितने प्रतिशत की वृद्धि होगी?
(a) 20% (b) 10%
(c) 5% (d) 40%

47 तीन अलग-अलग क्रॉसिंगों पर ट्रैफिक लाइटें क्रमशः 30 सेकण्ड, 40 सेकण्ड और 60 सेकण्ड के बाद बदलती हैं। 30 मिनट में वे कितनी बार एकसाथ बदलेंगी?
(a) 15 (b) 13 (c) 18 (d) 19

48 एक खुदरा विक्रेता अपने उत्पादों पर क्रय मूल्य से 25% अधिक मूल्य अंकित करता है। यदि किसी ग्राहक को 20% की छूट मिलती है, तो खुदरा विक्रेता के लिए लाभ प्रतिशत कितना है?
(a) 0% (b) 3%
(c) 5% (d) 1%

49 8 और 28 के बीच की सभी विषम संख्याओं का औसत कितना होगा?
(a) 18 (b) 19
(c) 17 (d) 21

50 4/11 और 16/33 का महत्तम समापवर्तक क्या है?
(a) 2/33 (b) 4/77
(c) 2/11 (d) 4/33

51 राहुल को किसी धनराशि पर तीसरे वर्ष के लिए ₹ 2996 और दूसरे वर्ष के लिए ₹ 1400 का ब्याज मिलता है। यदि यह धनराशि चक्रवृद्धि ब्याज (वार्षिक रूप से संयोजित) पर उधार दी गई है, तो ब्याज की वार्षिक दर ज्ञात कीजिए।
(a) 110% (b) 112%
(c) 114% (d) 113%

52 240 ग्राम की एक मिश्रधातु में ताँबें और लोहे का अनुपात 7 : 5 है। मिश्रधातु में लोहे की कितनी मात्रा मिलानी चाहिए, ताकि ताँबे और लोहे का अनुपात 7 : 13 हो जाए?
(a) 120 ग्राम (b) 200 ग्राम
(c) 160 ग्राम (d) 180 ग्राम

53 उस समबाहु त्रिभुज का क्षेत्रफल कितना है, जिसकी भुजाएँ 0.2 सेमी के बराबर हैं?
(a) $\sqrt{3}/200$ सेमी^{2}
(b) $7\sqrt{3}/100$ सेमी^{2}
(c) $4\sqrt{3}/100$ सेमी^{2}
(d) $\sqrt{3}/100$ सेमी^{2}

54 P को Q से 20% कम अंक मिले। R को Q से 20% कम अंक मिले। यदि R को 160 अंक मिले, तो P के अंक कितने हैं?
(a) 150 (b) 160
(c) 120 (d) 180

55 18 छात्रों का औसत भार 54 किग्रा है। उस समूह में एक नया छात्र शामिल करने के बाद औसत भार 1 किग्रा बढ़ जाता है। नए छात्र का भार कितना है?
(a) 70 किग्रा (b) 73 किग्रा
(c) 75 किग्रा (d) 76 किग्रा

56 यदि $a:b=4:5$ और $b:c=3:8$ है, तो $a:b:c$ ज्ञात कीजिए।
(a) 12 : 15 : 28 (b) 10 : 15 : 22
(c) 12 : 10 : 25 (d) 12 : 15 : 40

57 $413 \div 7(20+8\times5-59)$ का मान ज्ञात कीजिए।
(a) 55 (b) 66
(c) 44 (d) 59

58 साहिल ने एक रुपये में 12 टॉफी खरीदी। 20% का लाभ प्राप्त करने के लिए उसे एक रुपये में कितनी टॉफी बेचनी चाहिए?
(a) 15 (b) 14
(c) 18 (d) 10

59 यदि किसी वस्तु का विक्रय मूल्य ₹ 2800 और अंकित मूल्य ₹ 4000 है। छूट प्रतिशत कितना है?
(a) 25 (b) 30
(c) 20 (d) 15

60 एक टेबल का विक्रय मूल्य ₹ 1972 तथा हानि प्रतिशत 32% है। यदि विक्रय मूल्य ₹ 3000 है, तो लाभ प्रतिशत कितना होगा?
(a) 6.66% (b) 5.66%
(c) 4.25% (d) 3.44%

भाग-IV हिन्दी

61 निम्नलिखित प्रश्न में चार विकल्पों में से उस विकल्प का चयन करें, जो वाक्यांश के लिए एक शब्द का विकल्प हो।
'सर्वाधिक अधिकार प्राप्त शासक'
(a) अधिनियम (b) अध्यूढ़ा
(c) अधित्यका (d) अधिनायक

62 दिए गए वाक्यांश के लिए सार्थक शब्द ज्ञात कीजिए।
'विरह से उत्पन्न अग्नि'
(a) जठराग्नि (b) दावाग्नि
(c) विरहाग्नि (d) बड़वाग्नि

63 निम्नलिखित प्रश्न में दिए गए चार विकल्पों में से उस विकल्प का चयन करें, जो दिए गए मुहावरे के अर्थ को सर्वश्रेष्ठ रूप से व्यक्त करता है।
'उन्नीस-बीस होना'
(a) रुपया-पैसा न होना (b) समय बदल जाना
(c) बहुत फर्क होना (d) करीब-करीब एक समान होना

64 निम्नलिखित प्रश्न में चार विकल्पों में से उस सही विकल्प का चयन करें, जो वाक्यांशों के लिए एक शब्द का विकल्प हो।
'इन्द्रियों को जीतने वाला'
(a) वैजयन्त (b) जितेन्द्रिय
(c) अतीन्द्रिय (d) इन्द्रियाविग्रह

65 निम्नलिखित प्रश्न में उस विकल्प का चयन करें, जो कोष्ठक में दिए गए शब्द के तत्सम रूप का सही विकल्प है।
हमारे यहाँ का (बनिया)............हमेशा शुद्ध वस्तुएँ ही बेचता है।
(a) चैतन्य (b) ऐन्द्री (c) दर्प (d) वणिक

66 दिए गए वाक्य में से गलत वर्तनी ज्ञात कीजिए
दोनों भाइयों में घनिष्ट सम्बन्ध है।
(a) घनिष्ट (b) भाइयों
(c) दोनों (d) सम्बन्ध

67 दिए गए वाक्य में रेखांकित शब्द के लिए सही वर्तनी ज्ञात कीजिए।
मैंने यह काम <u>स्वंय</u> किया है।
(a) सत्यं (b) सवयं (c) स्वय (d) स्वयं

68 निम्नलिखित प्रश्न में उस विकल्प का चयन करें, जो कोष्ठक में दिए गए शब्द के पर्यायवाची शब्द का सही विकल्प है।
साँप के काटने पर उनका (जहर)..........फैलने में बहुत कम समय लगता है।
(a) घातक (b) कालकूट
(c) कृपण (d) घट

69 निम्नलिखित प्रश्न में उस विकल्प का चयन करें, जो दिए गए मुहावरे के अर्थ को सर्वश्रेष्ठ रूप से व्यक्त करता है।

विष उगलना

(a) अत्याचार करना (b) अच्छाई करना
(c) हानि पहुँचाना (d) बुरे वचन कहना

70 दिए गए वाक्य में रेखांकित शब्द का विलोम शब्द ज्ञात कीजिए।

पहाड़ों का रास्ता <u>दुर्गम</u> है।

(a) सुगम (b) अगम (c) दुर्गम (d) सुचक्र

71 दिए गए वाक्य का वह भाग ज्ञात करें, जिसमें कोई त्रुटि है।

सर टॉमस रो ने जहाँगीर को उपहार भेंट दिया, जो उनके पास आज भी है।

(a) दिया जो उनके (b) पास आज भी है।
(c) जहाँगीर को उपहार भेंट (d) सर टॉमस रो ने

72 दिए गए वाक्य में रेखांकित शब्द का तद्भव रूप ज्ञात कीजिए।

आज सोनू का <u>ब्याह</u> है।

(a) वंश (b) वृश्चिक (c) विवाह (d) वाणी

73 निम्नलिखित प्रश्न में उस विकल्प का चयन करें, जो कोष्ठक में दिए गए शब्द के पर्यायवाची शब्द का सही विकल्प नहीं है।

मुझे ऊँचे स्थान पर जाने का बहुत ही (खौफ)........है।

(a) त्रास (b) भीति
(c) भय (d) पामर

74 निम्नलिखित प्रश्न में उस विकल्प का चयन करें, जो कोष्ठक में दिए गए शब्द के विलोम शब्द का सही विकल्प है।

वास्तविक महानता की (उत्पत्ति)........स्वयं पर खामोश विजय से होती है।

(a) जन्म (b) उत्थान (c) विनाश (d) उत्कर्ष

75 दिए गए वाक्य का वह भाग ज्ञात करें, जिसमें कोई त्रुटि है। यदि कोई त्रुटि नहीं है, तो 'कोई त्रुटि नहीं है' चुनें।

यह मेरा मित्र है, वह मेरे साथ रहता है।

(a) कोई त्रुटि नहीं है (b) मित्र है, वह
(c) यह मेरा (d) मेरे साथ रहता है

निर्देश (प्र. सं. 76-80) *नीचे दिए गए गद्य में कुछ शब्द छोड़ दिए गए हैं और प्रत्येक रिक्त स्थान के चार विकल्प दिए गए हैं। इन चारों में से कौन-सा विकल्प रिक्त स्थान की पूर्ति करेगा?*

जब कोई समस्या बढ़कर (1)............में बदलने वाली हो, तो उसका सामना करने और उसे रोकने के लिए सरकार और (2)............को हर स्तर (3)............हो जाना चाहिए। प्रदूषण एक (4)..............संकट के रूप में (5)............ हो गया है।

76 रिक्त स्थान (1) के लिए सबसे उपयुक्त विकल्प का चयन कीजिए।

(a) संकट (b) हर्ष
(c) उल्लास (d) उत्साह

77 रिक्त स्थान (2) के लिए सबसे उपयुक्त विकल्प का चयन कीजिए।

(a) पशु (b) राक्षस
(c) देवगण (d) समाज

78 रिक्त स्थान (3) के लिए सबसे उपयुक्त विकल्प का चयन कीजिए।

(a) गुणवती (b) सम्भालना
(c) तस्वीर (d) सक्रिय

79 रिक्त स्थान (4) के लिए सबसे उपयुक्त विकल्प का चयन कीजिए।

(a) गम्भीर (b) मानवता
(c) आसान (d) गौतमी

80 रिक्त स्थान (5) के लिए सबसे उपयुक्त विकल्प का चयन कीजिए।

(a) निडर (b) उपस्थित
(c) अनादर (d) अनुपस्थित

उत्तरमाला

1.	(b)	2.	(b)	3.	(a)	4.	(a)	5.	(b)	6.	(b)	7.	(a)	8.	(c)	9.	(d)	10.	(c)
11.	(d)	12.	(d)	13.	(a)	14.	(b)	15.	(a)	16.	(c)	17.	(c)	18.	(a)	19.	(b)	20.	(c)
21.	(c)	22.	(b)	23.	(c)	24.	(b)	25.	(c)	26.	(a)	27.	(b)	28.	(c)	29.	(a)	30.	(c)
31.	(b)	32.	(a)	33.	(b)	34.	(a)	35.	(c)	36.	(a)	37.	(a)	38.	(a)	39.	(a)	40.	(d)
41.	(a)	42.	(b)	43.	(c)	44.	(c)	45.	(d)	46.	(c)	47.	(a)	48.	(a)	49.	(a)	50.	(d)
51.	(c)	52.	(c)	53.	(d)	54.	(b)	55.	(b)	56.	(d)	57.	(d)	58.	(d)	59.	(b)	60.	(d)
61.	(d)	62.	(c)	63.	(d)	64.	(b)	65.	(d)	66.	(a)	67.	(d)	68.	(b)	69.	(d)	70.	(a)
71.	(c)	72.	(c)	73.	(d)	74.	(c)	75.	(b)	76.	(a)	77.	(d)	78.	(d)	79.	(a)	80.	(b)

संकेत एवं हल

1. *(b)* प्रश्नानुसार,

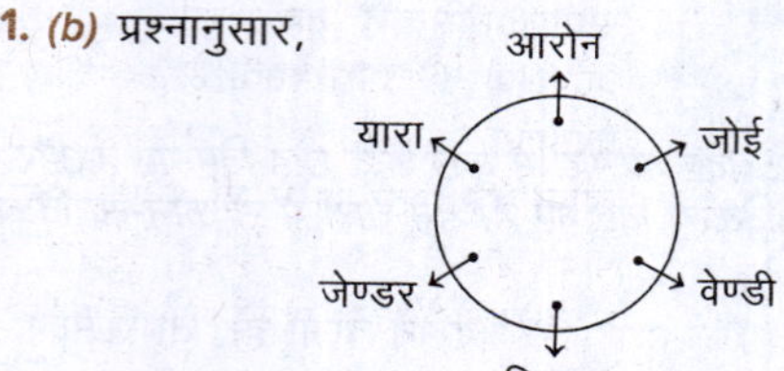

अतः विक्टर, जेण्डर और वेण्डी दोनों का निकटतम पड़ोसी है।

2. *(b)* प्रश्न में दी गई आकृति को खोलने पर, वह विकल्प आकृति (b) की तरह दिखाई देगी।

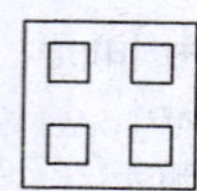

3. *(a)* प्रश्न में दिए गए दोनों पासे में 1 उभयनिष्ठ है।

पासा I → 1 3 [2]

पासा II → 1 5 [6]

अतः '2' वाले फलक के विपरीत फलक पर '6' होगा।

4. *(a)* समी (I) से,

$16 \div 4 - 8 \times 2 + 7$

चिह्न × और ÷ को आपस में बदलने पर,

$= 16 \times 4 - 8 \div 2 + 7$

$= 16 \times 4 - 4 + 7 = 64 - 4 + 7 = 67$

समी (II) से,

$8 \div 4 - 9 \times 3 + 8$

चिह्न × और ÷ को आपस में बदलने पर,

$8 \times 4 - 9 \div 3 + 8$

$= 8 \times 4 - 3 + 8 = 32 - 3 + 8$

$= 40 - 3 = 37$

5. *(b)* जिस प्रकार,

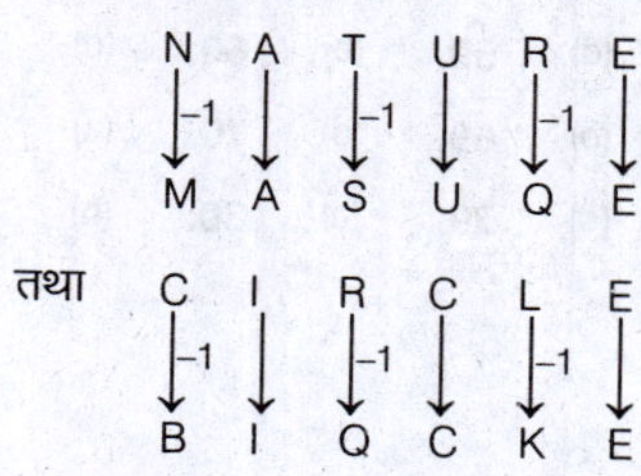

उसी प्रकार,

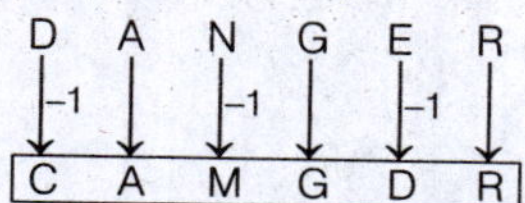

6. *(b)* जिस प्रकार,

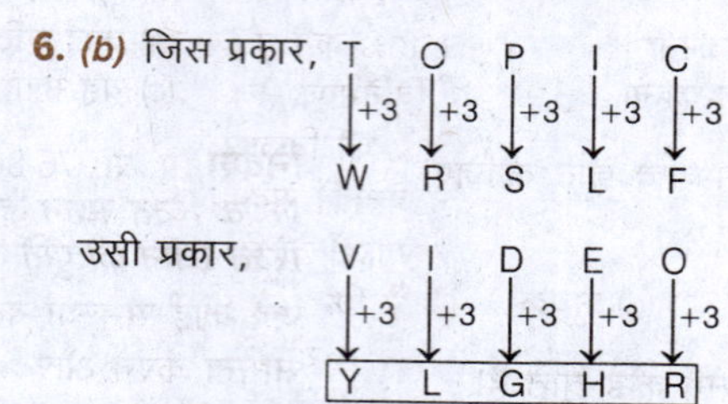

7. *(a)* शृंखला में, बाहरी आकृति (त्रिभुज) सभी में समान है तथा आन्तरिक आकृति में आकृति (3), आकृति (1) का दर्पण प्रतिबिम्ब है। उसी प्रकार, आकृति (4) का जल प्रतिबिम्ब आकृति (2) है और आकृति (3) का दर्पण प्रतिबिम्ब आकृति (5) है।

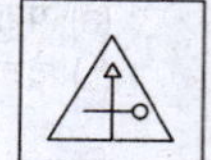
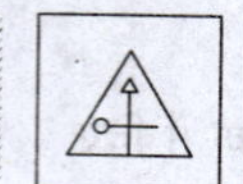
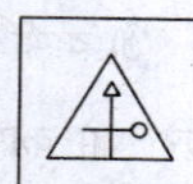

अतः विकल्प आकृति (a), शृंखला की अगली आकृति होगी।

8. *(c)* कथनानुसार,

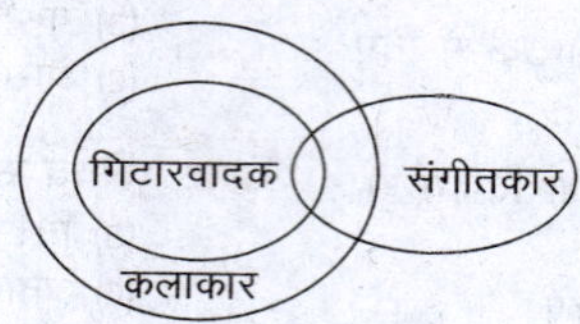

निष्कर्ष I. (✓) II. (✗)

अतः केवल निष्कर्ष I अनुसरण करता है।

9. *(d)* प्रश्न में दी गई शृंखला निम्न प्रकार है,

ddeeffgg/ddeeffgg/ddeeffgg/ddeeffgg/ddeeffgg

अक्षर समूह 'ddeeffgg' पुनरावृत्त हो रही है।

अभीष्ट अक्षर समूह = defg

10. *(c)* अंग्रेजी शब्दकोश के अनुसार शब्दों का क्रम निम्न प्रकार है,

2. Banana → 4. Band → 1. Bandit → 3. Bangle → 5. Bank

अभीष्ट क्रम ⇒ 2, 4, 1, 3, 5

11. *(d)* प्रश्न में दी गई शृंखला निम्न प्रकार है,

$V \xrightarrow{-2} T \xrightarrow{-2} R \xrightarrow{-2} P \xrightarrow{-2} N$

$D \xrightarrow{+2} F \xrightarrow{+2} H \xrightarrow{+2} J \xrightarrow{+2} L$

12. *(d)* प्रश्न में दी गई शृंखला निम्न प्रकार है,

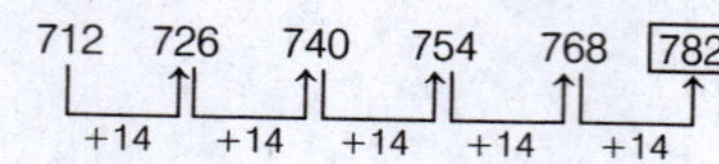

13. *(a)* प्रत्येक अगली आकृति में पिछली आकृति के अन्दर की आकृति बड़ी आकृति में परिवर्तित होकर बाहर आ जाती है। अतः विकल्प आकृति (a) शृंखला की अगली आकृति है।

14. *(b)* प्रश्नानुसार,

$K^+ - L^- \div M^+ + N^-$ [+ ⇒ पुरुष, – ⇒ महिला]

भाई, बहन, पति

$K^+ \xleftarrow{\text{भाई}} L^- \xleftarrow{\text{बहन}} M^+ \xleftarrow{\text{पति}} N^-$

अतः K, M का भाई है।

15. *(a)* प्रश्न आकृति, विकल्प आकृति (a) में निहित है।

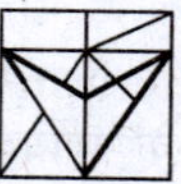

16. *(c)* जिस प्रकार,

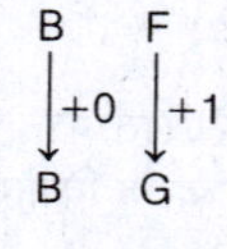

उसी प्रकार,

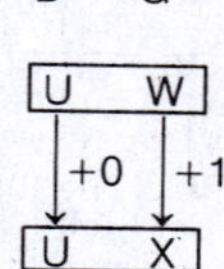

17. *(c)* जिस प्रकार,

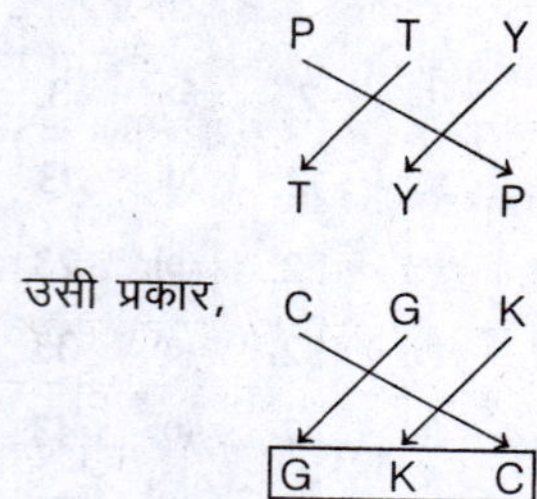

18. *(a)* प्रश्नानुसार,

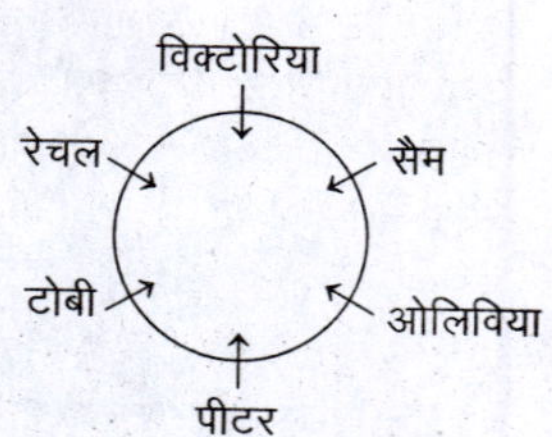

अतः विक्टोरिया, सैम और रेचल दोनों का निकटतम पड़ोसी है।

19. *(b)* प्रश्न में दी गई श्रृंखला निम्न प्रकार है,

$15 \xrightarrow{+2} 17 \xrightarrow{+4} 21 \xrightarrow{+8} 29 \xrightarrow{+16} 45 \xrightarrow{+32} \boxed{77}$

×2 ×2 ×2 ×2

20. *(c)* जिस प्रकार,

10 @ 5 # 15 * 5 = 2

@ = –, # = – तथा * = ÷ रखने पर,

10 – 5 – 15 ÷ 5 = 2

⇒ 10 – 5 – 3 = 2

⇒ 10 – 8 = 2 ⇒ 2 = 2

तथा 25 @ 6 # 4 * 2 = 17

⇒ 25 – 6 – 4 ÷ 2 = 17

⇒ 25 – 6 – 2 = 17

⇒ 25 – 8 = 17 ⇒ 17 = 17

उसी प्रकार, 30 @ 10 # 20 * 4 = ?

⇒ ? = 30 – 10 – 20 ÷ 4

⇒ ? = 30 – 10 – 5

⇒ ? = 30 – 15 ∴ ? = 15

21. *(c)* भारतीय संविधान के भाग-XVII का सम्बन्ध राजभाषा से है। भारतीय संविधान के भाग-17 में अनुच्छेद-343 से 351 तक भारत की राजभाषा का उल्लेख है। संविधान के अनुच्छेद 343 के अनुसार संघ की राजभाषा के रूप में हिन्दी (देवनागरी लिपि) को स्वीकार किया गया है। भारतीय संविधान की 8वीं अनुसूची के अनुसार, भारत की 22 आधिकारिक भाषाएँ हैं।

22. *(b)* भारत-बांग्लादेश के साथ सबसे लम्बी अन्तर्राष्ट्रीय सीमा साझा करता है। बांग्लादेश-भारत सीमा दुनिया की पाँचवीं सबसे लम्बी सीमा है। भारत के पाँच राज्य असम, मिजोरम, मेघालय, पश्चिम बंगाल तथा त्रिपुरा, बांग्लादेश के साथ अपनी सीमा साझा करते हैं।

23. *(c)* वॉलीबॉल में यदि खेल पाँचवें सेट में 14-14 पर बराबरी पर है, तो सेट तब तक जारी रहता है, जब तक एक टीम दूसरी टीम पर दो अंकों की बढ़त नहीं बना लेती है। प्रत्येक रैली टूटने के बाद एक अंक मिलता है और जिसके खाते में अंक जाता है, वही टीम सर्व करती है। वॉलीबॉल में अंक प्राप्त करने का सबसे सामान्य तरीका स्पाइक द्वारा होता है। वॉलीबॉल से सम्बन्धित कुछ प्रमुख शब्दावलियाँ ब्लॉकिंग, डबल, स्मैश, पॉइण्ट, सर्व वॉली आदि हैं।

24. *(b)* भारत की 2011 की जनगणना में 29 प्रश्न पूछे गए थे। स्वतन्त्र भारत की पहली जनगणना वर्ष 1951 में हुई थी। वर्ष 2011 की जनगणना स्वतन्त्र भारत की 7वीं जनगणना थी।

25. *(c)* भारत की बारहवीं पंचवर्षीय योजना का विषय तेज, सतत् और अधिक समावेशी विकास था। 12वीं पंचवर्षीय योजना का लक्ष्य गरीबी को 10% कम करना तथा कृषि क्षेत्र में 4% एवं विनिर्माण क्षेत्र में 10% की वृद्धि करते हुए 8% की विकास दर प्राप्त करना था। इस योजना में सर्वाधिक धनराशि सामाजिक सेवाओं के लिए रखी गई थी। उल्लेखनीय है कि 1 जनवरी, 2015 को भारत सरकार ने योजना आयोग के स्थान पर नीति आयोग का गठन किया।

26. *(a)* संगीतकार गुलजार को वर्ष 2013 में दादा साहेब फाल्के अवॉर्ड से सम्मानित कियां गया था। दादा साहेब फाल्के पुरस्कार सिनेमा के क्षेत्र में दिया जाने वाला सर्वोच्च पुरस्कार है। वर्ष 2023 में दादा साहेब फाल्के अवॉर्ड वहीदा रहमान को दिया गया। यह पुरस्कार पहली बार वर्ष 1969 में भारतीय सिनेमा में दारा साहेब फाल्के के योगदान को मनाने के लिए भारत सरकार द्वारा शुरू किया गया।

27. *(b)* आवर्त सारणी में वर्ग 18 में उत्कृष्ट गैसों के रूप में कहे जाने वाले तत्त्व शामिल होते हैं। उत्कृष्ट गैसों के वर्ग 18 में होने का कारण उनके रासायनिक संयोजन शेल का पूरी तरह से भरा होना है। यह गैसें बहुत ही कम तत्त्वों के साथ प्रतिक्रिया करती हैं, वह भी निश्चित स्थितियों में।

इसी कारण इन्हें उत्कृष्ट (noble) गैसें कहा जाता है। हीलियम (He), नियोन (Ne), ऑर्गन (Ar), क्रिप्टॉन (Kr), जीनॉन (Xe), रेडॉन (Rn) आदि उत्कृष्ट गैसें हैं। यह गैसें गन्धरहित, बेरंग, मोनोएटोमिक तथा बहुत कम रासायनिक सक्रियता वाली होती हैं और इनका क्वथनांक बहुत कम (–90° C) होता है।

28. *(c)* वर्ष 2022 में भारत में जन्मे उद्यमी गुरदीप सिंह रन्धावा को जर्मनी में भारतीय समुदाय के पहले प्रतिनिधि के रूप में चुना गया है। रन्धावा जर्मनी के क्रिश्चियन डेमोक्रेटिक यूनियन (सीडीयू) थुरिंगिया के पहले भारतीय प्रतिनिधि हैं।

29. *(a)* 'पोंगल' त्योहार का सम्बन्ध तमिलनाडु राज्य से है। यह प्रतिवर्ष 14-15 जनवरी को मनाया जाता है और यह फसल की कटाई का उत्सव है। इस पर्व का इतिहास 1000 वर्षों से भी अधिक पुराना है तथा इसे तमिलनाडु के अतिरिक्त श्रीलंका, मलेशिया, मॉरिशस आदि अन्य देशों में भी तमिल समुदाय के लोगों के द्वारा मनाया जाता है।

30. *(c)* भीमबेटका गुफाओं और शैल आश्रयों वाला एक प्राचीन स्थल है। लोगों ने इन प्राकृतिक गुफाओं को इसलिए चुना, क्योंकि ये बारिश, गर्मी और हवा से आश्रय प्रदान करती थीं। ये शैलाश्रय नर्मदा घाटी के समीप स्थित हैं। भीमबेटका भारत के मध्य प्रदेश राज्य के रायसेन जिले में स्थित एक पुरापाषाणिक आवासीय पुरास्थल है। इसकी खोज वर्ष 1957-58 में डॉ. विष्णु श्रीधर वाकणकर द्वारा की गई थी। जुलाई, 2003 में यूनेस्को ने इसे विश्व धरोहर स्थल घोषित किया।

31. *(b)* कथक नृत्यशैली हिन्दुस्तानी संगीत शैली से सम्बन्धित है। कथक उत्तर प्रदेश का एक शास्त्रीय नृत्य है, जिसका प्रदर्शन मुख्य रूप से मन्दिर या गाँव में किया जाता था। इसमें नर्तक प्राचीन ग्रन्थों की कहानियाँ सुनाते हैं। इस शैली के प्रमुख नर्तकों में बिरजू महाराज तथा सितारा देवी शामिल हैं।

32. *(a)* प्रथम एशियाई खेल वर्ष 1951 में नई दिल्ली भारत में आयोजित किए गए थे, जबकि 19वें एशियाई खेल, 2022 (वर्ष 2023 में आयोजित) चीन के हांगझू ओलम्पिक स्पोर्ट्स स्टेडियम में सम्पन्न हुए। हॉकी खिलाड़ी पी.आर. श्रीजेश एथलीटों की परेड में भारत के ध्वजवाहक थे। भारत 107 पदकों (28 स्वर्ण, 38 रजत और 41 कांस्य) की अभूतपूर्व उपलब्धि प्राप्त कर पदक तालिका में चौथे स्थान पर रहा। 20वें एशियाई खेल वर्ष 2027 में जापान में आयोजित किए जाएँगे।

33. *(b)* भारत में राष्ट्रीय उपभोक्ता विवाद निवारण आयोग (NCDRC) उपभोक्ताओं के अधिकारों की सुरक्षा और प्रचार-प्रसार करने तथा उपभोक्ता संरक्षण सुनिश्चित करने के लिए उत्तरदायी है, जिसे वर्ष 1988 में उपभोक्ता संरक्षण अधिनियम, 1986 के तहत स्थापित किया गया था।

आयोग का नेतृत्व भारत के सर्वोच्च न्यायालय के वर्तमान या सेवानिवृत्त न्यायाधीशों द्वारा किया जाता है। इसका मुख्यालय नई दिल्ली में है। इसके वर्तमान अध्यक्ष अमेश्वर प्रताप साही हैं। इनका कार्यकाल 2 अगस्त, 2023 से 1 अगस्त, 2027 तक है।

34. *(a)* अगस्त, 2023 में 'ग्रैण्ड क्रॉस ऑफ द ऑर्डर ऑफ ऑनर' प्रधानमन्त्री नरेन्द्र मोदी को प्रदान किया गया था। 'द ग्रैण्ड क्रॉस ऑफ द ऑर्डर ऑफ ऑनर की शुरुआत 18 अगस्त, 1975 को की गई थी। इस पुरस्कार से प्रधानमन्त्री और प्रतिष्ठित गणमान्यों को सम्मानित किया जाता है, जिन्होंने ग्रीस को किसी विशिष्ट स्थितियों में आगे बढ़ाने में सहायता की है।

35. *(c)* भारत में नियोजित आर्थिक विकास की शुरुआत वर्ष 1951 में की गई थी। आर्थिक नियोजन वह प्रकिया है, जिसके अन्तर्गत पूर्व निर्धारित उद्देश्यों की पूर्ति हेतु सीमित प्राकृतिक संसाधनों का कुशल उपयोग किया जाता है। स्वतन्त्रता के पश्चात् वर्ष 1947 में पण्डित नेहरू की अध्यक्षता में आर्थिक नियोजन समिति गठित की गई थी।

36. *(a)* वेद समाज की स्थापना 1864 ई. में, केशवचन्द्र सेन एवं के. श्रीधरलु नायडू ने मद्रास (चेन्नई) में की थी। यह ब्रह्म समाज से प्रेरित था। इसके उद्देश्य द्वारा जातिगत भेदभाव समाप्त करना, विधवा पुनर्विवाह और महिला शिक्षा को प्रोत्साहित करना था।

37. *(a)* 24 वर्षीय भारतीय ग्रैण्डमास्टर कार्तिकेयन मुरली ने अक्टूबर, 2023 में मैग्नस कार्लसन को शतरंज मैच में हराया। शतरंज खिलाड़ी कार्तिकेयन मुरली भारत के तीसरे ऐसे खिलाड़ी हैं, जिन्होंने विश्व के शीर्ष रैंकिंग के खिलाड़ी को हराया। इससे पहले हरिकृष्णा और विश्वनाथन आनन्द भी कार्लसन को हरा चुके हैं। इन्हें वर्ष 2015 में फिडे द्वारा ग्रैण्ड मास्टर घोषित किया गया था।

38. *(a)* दिए गए विकल्पों में से मुम्बई (बॉम्बे) की टीम ने सर्वाधिक (42) बार रणजी ट्रॉफी जीती है। रणजी ट्रॉफी भारत में खेली जाने वाली एक प्रमुख घरेलू प्रथम श्रेणी क्रिकेट चैम्पियनशिप है। इसे प्रतिवर्ष भारतीय क्रिकेट कण्ट्रोल बोर्ड (बीसीसीआई) द्वारा आयोजित किया जाता है।

39. *(a)* मुद्रा आपूर्ति की माप के सम्बन्ध में कूट (A) सही है। M_1 और M_2 को संकुचित मुद्रा कहा जाता है, वहीं M_3 और M_4 को व्यापक मुद्रा के रूप में जाना जाता है। इसकी माप अर्थव्यवस्था में प्रयोग हो रही मुद्रा और बैंकों में जमा पैसों का जोड़ होता है।

40. *(d)* भारत के झारखण्ड राज्य के मुख्यमन्त्री हेमन्त सोरेन ने ग्रामीण गाड़ी योजना शुरू की थी। इस योजना के तहत 7 से 42 सीट वाले वाहनों को चलाने पर रोड टैक्स पर 100% की छूट मिलेगी। इस योजना के अन्तर्गत यदि कोई व्यक्ति चार पहिए या इससे ज्यादा पहिए वाले वाहन खरीदना चाहते हैं, तो उन्हें लोन लेने पर 5% अतिरिक्त ब्याज दर की छूट मिलेगी।

41. *(a)* माना D की कार्यक्षमता $= x$,
तो C की कार्यक्षमता $= 4x$

$\therefore D$ द्वारा कार्य पूरा करने में लगा समय $= 4x$ दिन

C द्वारा कार्य पूरा करने में लगा समय $= x$ दिन

प्रश्नानुसार, $4x - x = 63$

$\Rightarrow 3x = 63 \Rightarrow x = 21$

दोनों का 1 दिन का कार्य $= \frac{1}{21} + \frac{1}{4 \times 21}$

$= \frac{1}{21} + \frac{1}{84} = \frac{4+1}{84} = \frac{5}{84}$

अभीष्ट समय $= \frac{84}{5} = 16.8$ दिन

42. *(b)* M का एक दिन का कार्य $= \frac{1}{\frac{39}{2}} = \frac{2}{39}$

N का एक दिन का कार्य $= \frac{1}{\frac{13}{2}} = \frac{2}{13}$

दोनों का एक दिन का कार्य $= \frac{2}{39} + \frac{2}{13}$

$= \frac{2+6}{39} = \frac{8}{39}$

अभीष्ट समय $= \frac{39}{8}$ दिन

43. *(c)* दोनों कार एक ही दिशा में चल रही है, तो सापेक्ष चाल $= (75 - 55) = 20$ किमी/घण्टा

$\therefore 3$ घण्टे बाद दोनों कार के बीच की दूरी $= 3 \times 20 = 60$ किमी

44. *(c)* माना मूलधन $=$ ₹ x

मिश्रधन $=$ ₹ $2x$

तो ब्याज $=$ ₹ $(2x - x) =$ ₹ x

समय $= 8$ वर्ष 6 माह $= 8\frac{1}{2} = \frac{17}{2}$ वर्ष

हम जानते हैं, कि

$$\text{दर} = \frac{\text{ब्याज} \times 100}{\text{मूलधन} \times \text{समय}}$$

अभीष्ट ब्याज दर $= \frac{x \times 100}{x \times \frac{17}{2}}$

$= 11.76\%$ प्रति वर्ष

45. *(d)* 6 मी 50 सेमी $= 650$ सेमी

3 मी 50 सेमी $= 350$ सेमी

7 मी 50 सेमी $= 750$ सेमी

$650 = 13 \times 50$

$350 = 7 \times 50$

$750 = 3 \times 5 \times 50$

650, 350 और 750 का म.स. $= 50$

अतः 50 सेमी लम्बाई वाले तख्ते के उपयोग से कम-से-कम समय में 6 मी 50 सेमी, 3 मी 50 सेमी और 7 मी 50 सेमी की लम्बाई सटीक रूप से मापी जा सकती है।

46. *(c)* माना वर्ग की भुजा $= x$ इकाई,
तो वर्ग का परिमाप $= 4x$ इकाई

5% वृद्धि के बाद वर्ग की भुजा $= x \times \frac{105}{100} = \frac{21}{20}x$ इकाई

नए वर्ग का परिमाप $= 4 \times \frac{21x}{20} = \frac{21x}{5}$ इकाई

परिमाप में वृद्धि $= \frac{21x}{5} - 4x = \frac{x}{5}$ इकाई

अभीष्ट वृद्धि प्रतिशत $= \frac{x}{5} \times \frac{1}{4x} \times 100 = 5\%$

47. *(a)* $30 = 2 \times 3 \times 5$

$40 = 2^3 \times 5 \Rightarrow 60 = 2^2 \times 3 \times 5$

30 सेकण्ड, 40 सेकण्ड और 60 सेकण्ड का ल.स. $= 120$ सेकण्ड

[$\because$ 1 मिनट $= 60$ सेकण्ड]

$= 2$ मिनट

30 मिनटों में एकसाथ लाइट बदलने की संख्या $= \frac{30}{2} = 15$

48. *(a)* माना उत्पाद का क्रय मूल्य $=$ ₹ 100

$\therefore$ उत्पाद का अंकित मूल्य

$= 100 \times \frac{125}{100} =$ ₹ 125

20% छूट के बाद,

उत्पाद का विक्रय मूल्य $= \frac{125 \times 80}{100} =$ ₹ 100

$\because$ क्रय मूल्य = विक्रय मूल्य

अतः लाभ प्रतिशत $= 0$

49. *(a)* 8 और 28 के बीच विषम संख्याएँ क्रमशः 9, 11, 13, 15, 17, 19, 21, 23, 25 तथा 27 हैं।

कुल संख्या $= 10$

$$\text{औसत} = \frac{\text{कुल योग}}{\text{कुल संख्या}}$$

अभीष्ट औसत

$$= \frac{9 + 11 + 13 + 15 + 17 + 19 + 21 + 23 + 25 + 27}{10}$$

$= \frac{180}{10} = 18$

50. *(d)* जैसा कि हम जानते हैं,

$$\text{भिन्न का म.स.} = \frac{\text{अंश का म.स.}}{\text{हर का ल.स.}}$$

$\frac{4}{11}$ और $\frac{16}{33}$ का म.स.

$$= \frac{4 \text{ और } 16 \text{ का म.स.}}{11 \text{ और } 33 \text{ का ल.स.}} = \frac{4}{33}$$

51. *(c)* दिया है, तीसरे वर्ष का ब्याज $=$ ₹ 2996

और दूसरे वर्ष का ब्याज $=$ ₹1400

अर्थात् ब्याज $=$ ₹ $(2996 - 1400) =$ ₹ 1596

जब मूलधन $=$ ₹ 1400, तो ब्याज $=$ ₹ 1596

समय $= 1$ वर्ष

$$\therefore \text{दर} = \frac{\text{ब्याज} \times 100}{\text{मूलधन} \times \text{समय}}$$

$= \frac{1596}{1400} \times 100$

$= 114\%$

52. *(c)* दिया है, 240 ग्राम मिश्रधातु में ताँबे और लोहे का अनुपात 7 : 5 हैं।

अनुपातिक योग $=7+5=12$

तो, 240 ग्राम मिश्रधातु में ताँबे की मात्रा

$$=\frac{240}{12}\times 7=140 \text{ ग्राम}$$

240 ग्राम मिश्रधातु में लोहे की मात्रा

$$=\frac{240}{12}\times 5=100 \text{ ग्राम}$$

माना मिश्रधातु में मिलाई गई लोहे की मात्रा $=x$ ग्राम

प्रश्नानुसार, $\frac{140}{100+x}=\frac{7}{13}$

$\Rightarrow \quad 700+7x=1820 \Rightarrow 7x=1120$

$\Rightarrow \quad x=\frac{1120}{7}=160$

अतः मिलाई गई लोहे की मात्रा $=160$ ग्राम

53. *(d)* दिया है,

समबाहु त्रिभुज की भुजा $=0.2$ सेमी

हम जानते हैं, कि

समबाहु त्रिभुज का क्षेत्रफल $=\frac{\sqrt{3}}{4}$ (भुजा)^2

अतः त्रिभुज का क्षेत्रफल $=\frac{\sqrt{3}}{4}\times 0.2\times 0.2$

$$=\frac{\sqrt{3}}{4}\times\frac{2}{10}\times\frac{2}{10}=\frac{\sqrt{3}}{100} \text{ सेमी}^2$$

54. *(b)* दिया है, R को प्राप्त अंक $=160$

Q को प्राप्त अंक $=160$ का $\left(\frac{100}{(100-20)}\right)\%$

$$=160 \text{ का } \frac{100}{80}=160\times\frac{100}{80}=200$$

P को प्राप्त अंक $=200$ का $(100-20)\%$

$$=200 \text{ का } 80\% =200\times\frac{80}{100}=160$$

55. *(b)* दिया है, 18 छात्रों का औसत भार $=54$ किग्रा

माना नए छात्र का भार $=x$ किग्रा

प्रश्नानुसार, $18\times 54+x=(54+1)(18+1)$

$\Rightarrow \quad 972+x=55\times 19$

$\Rightarrow \quad x=1045-972=73$ किग्रा

56. *(d)* दिया है, $a:b=(4:5)$

$b:c=(3:8)$

b दोनों में उभयनिष्ठ है अतः b के मान को दोनों समीकरणों में समान बनाएँ।

$a:b=(4:5)\times 3;\ b:c=(3:8)\times 5$

$a:b:c=12:15:40$

57. *(d)* $413\div 7\,(20+8\times 5-59)$

VBODMAS के नियमानुसार,

$=413\div 7\,(20+40-59)$

$=413\div 7\,(60-59)=413\div 7=59$

58. *(d)* प्रश्नानुसार,

1 टॉफी का क्रय मूल्य $=₹\frac{1}{12}$

20% लाभ पर 1 टॉफी का विक्रय मूल्य

$$=\frac{1}{12}\times\frac{120}{100}=₹\frac{1}{10}$$

₹ 1 बेची गई टॉफियों की संख्या $=\frac{1}{\frac{1}{10}}=10$

59. *(b)* दिया है, वस्तु का विक्रय मूल्य $=₹\,2800$

और वस्तु का अंकित मूल्य $=₹\,4000$

छूट $=₹\,(4000-2800)=₹\,1200$

$\therefore$ छूट (%) $=\frac{1200}{4000}\times 100=30\%$

60. *(d)* दिया है,

एक टेबल का विक्रय मूल्य $=₹\,1972$

हानि प्रतिशत $=32\%$

हम जानते हैं, कि

$$\text{क्रय मूल्य} = \text{विक्रय मूल्य}\times\left(\frac{100}{100\pm \text{लाभ/हानि}}\right)$$

तो टेबल का क्रय मूल्य $=1972\times\frac{100}{68}=₹\,2900$

जब विक्रय मूल्य $=₹\,3000$,

तो लाभ $=₹\,100$

लाभ प्रतिशत $=\frac{100}{2900}\times 100=3.44\%$

61. *(d)* सर्वाधिक अधिकार प्राप्त शासक वाक्य के लिए एक शब्द 'अधिनायक' है। अधिनायक का अर्थ निरंकुश शासक भी होता है।

62. *(c)* विरह से उत्पन्न अग्नि वाक्यांश के लिए सार्थक शब्द 'विरहाग्नि' है। अन्य विकल्प असंगत हैं।

63. *(d)* 'उन्नीस-बीस होना वाक्य का अर्थ 'करीब-करीब एक समान होना' होता है।

वाक्य प्रयोग उन दोनों भाइयों में बस उन्नीस-बीस का ही अन्तर है।

64. *(b)* 'इन्द्रियों को जीतने वाला' वाक्यांश के लिए एक शब्द 'जितेन्द्रिय' होता है अर्थात् इन्द्रियों को वश में करने वाला। अन्य विकल्प असंगत हैं।

65. *(d)* 'बनिया' शब्द का तत्सम रूप 'वणिक' है। तत्सम शब्द वे शब्द हैं, जो बिना किसी परिवर्तन के संस्कृत भाषा से हिन्दी भाषा में आए हैं। अन्य विकल्प असंगत हैं।

66. *(a)* दिए गए वाक्य में 'घनिष्ट' शब्द में वर्तनी में अशुद्धि है। सही वाक्य है- दोनों भाइयों में घनिष्ठ सम्बन्ध हैं।

67. *(d)* वाक्य में रेखांकित शब्द 'स्वंय' की वर्तनी त्रुटिपूर्ण है। सही वर्तनी शब्द 'स्वयं' है। अन्य विकल्प असंगत हैं।

68. *(b)* कोष्ठक में दिया 'जहर' शब्द का पर्यायवाची 'कालकूट' है। जहर शब्द के अन्य पर्यायवाची विष, माहुर हलाहल, गरल आदि हैं।

69. *(d)* विष उगलना मुहावरे का अर्थ है– बुरे वचन कहना या बुराई करना।

वाक्य प्रयोग वह इतनी अपमानजनक बातें करता है, ऐसा लगता है मानो विष उगल रहा है।

70. *(a)* दिए गए वाक्य में रेखांकित शब्द 'दुर्गम का विलोम शब्द 'सुगम' है, जबकि अन्य विकल्प असंगत हैं।

71. *(c)* दिए गए वाक्य में 'जहाँगीर को उपहार भेंट' में त्रुटि है, क्योंकि उपहार तथा भेंट दोनों का अर्थ समान होता है। अतः सही वाक्य है- सर टॉमसरो ने जहाँगीर को उपहार दिया, जो उनके पास आज भी है।

72. *(c)* दिए गए वाक्य में रेखांकित शब्द 'ब्याह' का तत्सम् रूप 'विवाह' है। अन्य विकल्प असंगत हैं।

73. *(d)* कोष्ठक मे दिए गए शब्द का पर्यायवाची 'पामर' नहीं है। 'खौफ' के अन्य पर्यायवाची डर, भय, भीति त्रास आदि हैं।

74. *(c)* कोष्ठक में दिए गए शब्द 'उत्पत्ति' का विलोम शब्द 'विनाश' होता है। विनाश का अर्थ 'समाप्ति' तथा उत्पत्ति का अर्थ 'शुरुआत' या उद्भव होता है।

75. *(b)* दिए गए वाक्य में 'मित्र है वह' वाक्यांश त्रुटिपूर्ण है। अतः सही वाक्य है– 'यह मेरा मित्र है जो मेरे साथ रहता है।'

76. *(a)* रिक्त स्थान (1) एक के लिए उपयुक्त विकल्प 'संकट' है। अतः पूर्ण वाक्य है- जब कोई समस्या बढ़कर संकट में बदलने वाली हो।

77. *(d)* रिक्त स्थान (2) के लिए सही विकल्प 'समाज' है। अतः पूर्ण वाक्य है– सरकार और समाज को हर स्तर पर सक्रिय हो जाना चाहिए।

78. *(d)* रिक्त स्थान (3) के लिए सही विकल्प 'सक्रिय' है। अतः पूर्ण वाक्य है– सरकार और समाज को हर स्तर पर सक्रिय हो जाना चाहिए।

79. *(a)* रिक्त स्थान (4) के लिए सबसे सही विकल्प 'गम्भीर' है। अतः पूर्ण वाक्य है– प्रदूषण एक गम्भीर संकट के रूप में उपस्थित हो गया है।

80. *(b)* रिक्त स्थान (5) के लिए उपयुक्त विकल्प (b) 'उपस्थित' होगा। यहाँ प्रदूषण को गम्भीर सम्स्या के रूप में उपस्थित होने को दर्शाया गया है।

07 मार्च 2024
(शिफ्ट II)

सॉल्वड पेपर 2024

SSC कांस्टेबल (जीडी) सेट 48

भाग-I सामान्य बुद्धिमत्ता एवं तर्कशक्ति

1 निम्नलिखित प्रश्न में, दिए गए विकल्पों में से सम्बन्धित अक्षर-युग्म का चयन कीजिए।

JIR : FEN :: ?

(a) FIH :THI (b) UME : ESU
(c) VIK : T TL (d) BCL : XYH

2 निम्नलिखित प्रश्न में, कुछ कथन और उन कथनों के आधार पर कुछ निष्कर्ष दिए गए हैं। आपको दिए गए कथनों को सत्य मानना है, चाहें वे सामान्यतः ज्ञात तथ्यों से भिन्न प्रतीत होते हों। सभी निष्कर्षों को ध्यानपूर्वक पढ़िए और निर्धारित कीजिए कि दिए गए निष्कर्षों में से कौन-सा/कौन-से निष्कर्ष कथनों को तार्किक रूप से अनुसरण करता है/करते हैं।

कथन

कुछ पीले, हरे हैं।
सभी सफेद, हरे हैं।

निष्कर्ष

I. कुछ हरे, पीले हैं।
II. कुछ हरे, सफेद हैं।

(a) निष्कर्ष I और II दोनों अनुसरण करते हैं
(b) केवल निष्कर्ष I अनुसरण करता है
(c) कोई भी निष्कर्ष अनुसरण नहीं करता है
(d) केवल निष्कर्ष II अनुसरण करता है

3 निम्नलिखित प्रश्न में, दिए गए विकल्पों में से उस आकृति का चयन कीजिए, जिसे प्रश्नचिह्न (?) के स्थान पर रखा जा सकता है।

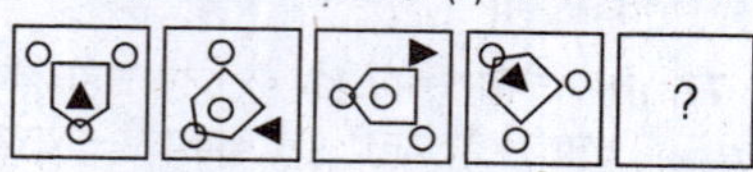

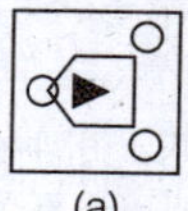
(a)

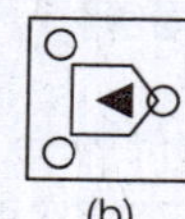
(b)

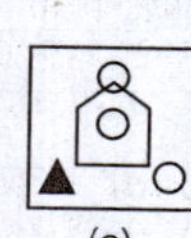
(c)

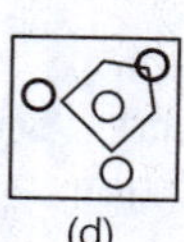
(d)

4 एक निश्चित कूटभाषा में, 'REFUGE' को 'CGSFCR' लिखा जाता है। उसी कूटभाषा में 'SAFARI' को कैसे लिखा जाएगा?

(a) GRZFYS (b) GRYGYS
(c) GRYYFS (d) GRYFYS

5 निम्नलिखित में से कौन-सी संख्या दी गई शृंखला में प्रश्नचिह्न (?) के स्थान पर आएगी?

8, 13, 21, 34, 55, ?

(a) 68 (b) 74
(c) 72 (d) 89

6 यदि 8 R 10 S 7 T 12 = 75 और 18 R 6 S 8 T 30 = 86 है, तो 24 R 15 S 9 T 35 = ?

(a) 334 (b) 300 (c) 318 (d) 330

7 निम्नलिखित में से कौन-सी संख्या दी गई शृंखला में प्रश्नचिह्न (?) के स्थान पर आएगी?

9, 18, 33, 42, 57, ?

(a) 65 (b) 72 (c) 71 (d) 66

8 सात लड़कियाँ P, Q, R, S, T, U और V एक वृत्ताकार मेज के चारों ओर केन्द्र से बाहर की ओर मुख करके बैठी हैं (परन्तु जरूरी नहीं कि वे इसी क्रम में बैठी हों)। Q और R दोनों का निकटतम पड़ोसी P है। S न तो R और न ही T का निकटतम पड़ोसी है। T और U दोनों का निकटतम पड़ोसी V है। V, S के दाईं ओर से दूसरे स्थान पर है। R के ठीक दाईं ओर कौन बैठा है?

(a) T (b) U (c) V (d) P

9 निम्नलिखित प्रश्न में, दिए गए विकल्पों में से उस आकृति का चयन कीजिए, जिसे प्रश्नचिह्न (?) के स्थान पर रखा जा सकता है।

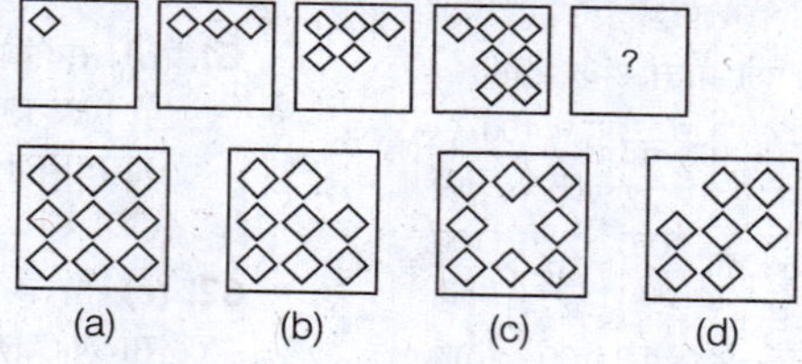

10 नीचे दर्शाए गए अनुसार एक कागज को मोड़कर काटा जाता है। खोले जाने पर यह कैसा दिखाई देगा?

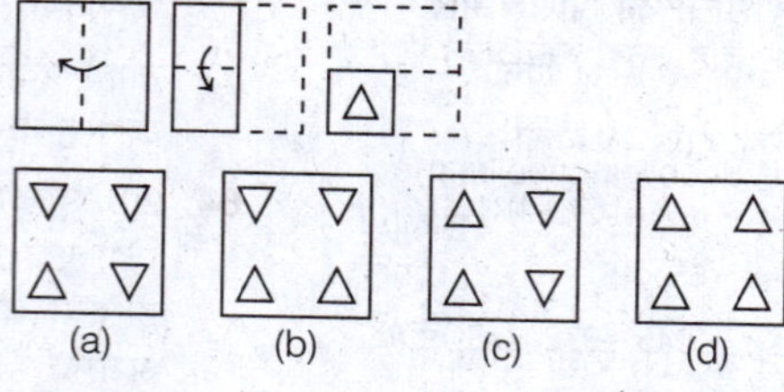

11 एक निश्चित कूटभाषा में 'PERSONT' को '2495870' लिखा जाता है, 'RAISED' को '963541' लिखा जाता है। उसी कूटभाषा में 'STAREN' को कैसे लिखा जाएगा?

(a) 506947 (b) 506347 (c) 609746 (d) 546976

12 किन दो चिह्नों और दो अंकों को आपस में बदलने से व्यंजक सही होगा?

$3 \div 1 + 5 \times 2 - 6 = 1$

(a) × और ÷, 5 और 2 (b) × और ÷, 6 और 5
(c) + और −, 3 और 6 (d) + और ×, 3 और 6

13 नीचे एक श्रृंखला दी गई है, जिसमें एक पद लुप्त है। दिए गए विकल्पों में से उस विकल्प का चयन कीजिए, जो श्रृंखला को पूरा करेगा।

NR, UQ, TX, AW, ?

(a) ZD (b) ZQ
(c) ZM (d) ZT

14 परिवार के छ: सदस्य मिया, नोआ, ओलिविया, एथन, ग्रेस और हेनरी एक वृत्ताकार मेज पर एक-दूसरे की ओर मुख करके बैठे हैं। ग्रेस, एथन के बाईं ओर से दूसरे स्थान पर बैठा है। नोआ, हेनरी के ठीक बाईं ओर बैठा है और मिया, नोआ के बाईं ओर से दूसरे स्थान पर बैठी है। ओलिविया और नोआ दोनों का निकटतम पड़ोसी कौन है?

(a) मिया (b) हेनरी
(c) एथन (d) ग्रेस

15 यदि 'A + B' का अर्थ है, A, B की पत्नी है, 'A × B' का अर्थ है, A, B का पिता है, 'A ÷ B' का अर्थ है, A, B की माँ है, 'A $ B' का अर्थ है, A, B का भाई है और 'A – B' का अर्थ है, A, B की बहन है।

यदि Z – T ÷ S × Y + H $ B, तो S का H से क्या सम्बन्ध है?

(a) पत्नी का भाई
(b) पत्नी के पिता
(c) पत्नी की माँ
(d) पत्नी की बहन

16 निम्नलिखित प्रश्न में, दी गई आकृतियों के अनुसार कागज के एक टुकड़े को मोड़कर उसमें छेद किया जाता है। विकल्पों में दी गई आकृतियों में से बताइए कि खोले जाने पर यह कैसा दिखाई देगा?

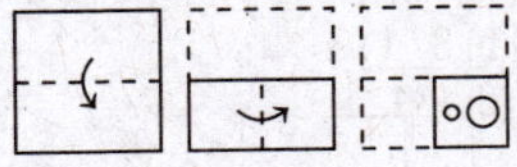

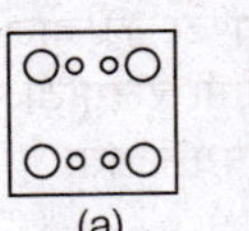 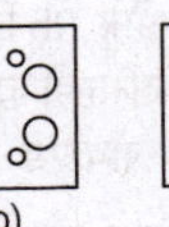 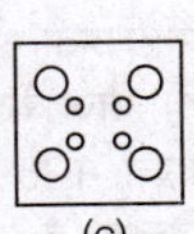 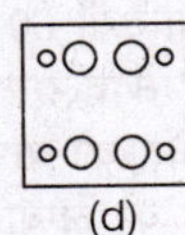

(a) (b) (c) (d)

17 निम्नलिखित अक्षर समूहों में से अक्षरों का कौन-सा समूह क्रमबद्ध रूप से बाईं से दाईं ओर रखे जाने पर नीचे दी गई श्रृंखला को पूरा करेगा?

llmmnnool_mmnnooll_mnnoollmm_no_llmmnnoo

(a) llmm (b) mnol
(c) onml (d) lmno

18 दी गई आकृति के उस सही दर्पण प्रतिबिम्ब का चयन कीजिए, जो दर्पण MN को उस आकृति के दाईं ओर रखने पर बनेगा।

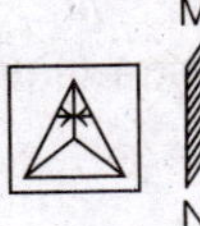

  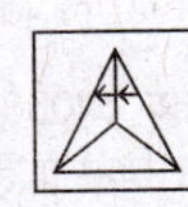 

(a) (b) (c) (d)

19 दिए गए शब्दों को उसी क्रम में व्यवस्थित कीजिए, जिस क्रम में वे अंग्रेजी शब्दकोश मे आते हैं।

1. Box 2. Boy 3. Bow
4. Bowl 5. Bower

(a) 5, 4, 2, 3, 1 (b) 3, 5, 4, 1, 2
(c) 3, 5, 4, 2, 1 (d) 5, 4, 2, 1, 3

20 निम्नलिखित प्रश्न में, दिए गए विकल्पों में से सम्बन्धित अक्षरों का चयन कीजिए।

ZIB : DMF :: COM : ?

(a) ZOV (b) STU (c) WXK (d) GSQ

भाग-II सामान्य ज्ञान

21 ········ का सम्बन्ध बैडमिण्टन से है।

(a) साक्षी मलिक (b) मिताली राज
(c) मैरी कॉम (d) साइना नेहवाल

22 भारतीय संविधान के अनुच्छेद-51 (A) के अनुसार, एक नागरिक के कितने मौलिक कर्त्तव्य हैं?

(a) 11 (b) 5 (c) 15 (d) 10

23 आप किस खेल में 'स्मैश' शॉट लगाएँगे?

(a) क्रिकेट (b) शतरंज
(c) गोल्फ़ (d) बैडमिण्टन

24 निम्नलिखित में से कौन-सा त्योहार सम्बलपुर (पश्चिमी ओडिशा) में मनाया जाता है, जिसमें नई फसल की पूजा की जाती है और लोग अपने परिवार के साथ फसल का पहला चावल खाते हैं?

(a) विशु (b) बोहाग बिहु
(c) बैसाखी (d) नुआखाई

25 साक्षरता दर किसी दिए गए आयु वर्ग की जनसंख्या के उस प्रतिशत से परिभाषित होती है, जो ········ सकती है।

(a) पढ़ और लिख (b) केवल पढ़
(c) बोल (d) केवल लिख

26 एन्थोनी अमलराज निम्नलिखित में से कौन-सा खेल खेलते हैं?

(a) गोल्फ़ (b) स्क्वैश
(c) टेबल टेनिस (d) बैडमिण्टन

27 महालवाड़ी बन्दोबस्त की व्यवस्था ········ द्वारा तैयार की गई थी।

(a) रिचर्ड वेलेस्ली (b) थॉमस मुनरो
(c) होल्ट मैकेंज़ी (d) अलेक्जेण्डर रीड

28 निम्नलिखित कथनों पर विचार कीजिए।

A. आवर्त सारणी के s-ब्लॉक में कैल्शियम उपस्थित होता है।
B. सभी ज्ञात तत्त्वों में से 78% से अधिक तत्त्व धातु होते हैं और ये आवर्त सारणी के बाईं ओर दिखाई देते हैं।
C. d-ब्लॉक के तत्त्वों को आन्तरिक-संक्रमण, इलेक्ट्रॉनों के रूप में भी जाना जाता है।

कूट

(a) A और B दोनों सत्य हैं
(b) A और C दोनों सत्य हैं
(c) A, B और C तीनों सत्य हैं
(d) B और C सत्य हैं

29 ……… वे संगठित संस्थान हैं, जो जमाकर्ताओं से जमा स्वीकार करते हैं और कर्जदारों को अग्रिम ऋण देते हैं।
(a) होटल (b) अस्पताल
(c) बैंक (d) विद्यालय

30 भारत के प्रधानमन्त्री ने नवम्बर, 2023 में पीएम पीवीटीजी मिशन लॉन्च किया है। इस सन्दर्भ में 18 राज्यों और केन्द्रशासित प्रदेशों में कितने पीवीटीजी (PVTs) हैं?
(a) 70 (b) 75
(c) 80 (d) 85

31 ……… वादक पण्डित शिवकुमार शर्मा ने हिन्दुस्तानी संगीत में वाद्ययन्त्र की भूमिका में क्रान्ति ला दी है।
(a) बाँसुरी (b) सरोद
(c) सन्तूर (d) सितार

32 भारत-यूएई व्यापक आर्थिक साझेदारी समझौते (CEPA) पर 18 फरवरी, 2022 को ……… और संयुक्त अरब अमीरात के अर्थव्यवस्था मन्त्री द्वारा हस्ताक्षर किए गए थे।
(a) वित्तमन्त्री
(b) वाणिज्य एवं उद्योग मन्त्री
(c) गृहमन्त्री
(d) विदेश मन्त्री

33 निम्नलिखित में से किस लोकनृत्य का सम्बन्ध उत्तर प्रदेश से है?
(a) कजरी (b) लावणी
(c) घूमर (d) कुचिपुड़ी

34 सर्वोच्च न्यायालय के पास उन मामलों में विशेष सलाहकार क्षेत्राधिकार हैं, जिन्हें संविधान के अनुच्छेद ……… के तहत भारत के राष्ट्रपति द्वारा विशेष रूप से सन्दर्भित किया जा सकता है।
(a) 143 (b) 142
(c) 141 (d) 144

35 हर्षवर्द्धन द्वारा कितने संस्कृत नाटक लिखे गए थे?
(a) चार (b) पाँच
(c) तीन (d) दो

36 निम्नलिखित में से किस लोकनृत्य का सम्बन्ध गोवा से है?
(a) कोलकली (b) देखनी
(c) लावा (d) लामा

37 जून, 2023 में चीन में एशियाई तलवारबाजी चैम्पियनशिप में कांस्य पदक जीतने वाला/वाली पहला/पहली भारतीय कौन बना/बनी?
(a) भजन कुमार (b) भवानी देवी
(c) अतानु दास (d) अवनीत कौर

38 राष्ट्रीय सुरक्षा, सड़कें, सरकारी प्रशासन किस प्रकार की वस्तुओं के उदाहरण हैं?
(a) निजी वस्तुएँ
(b) पूरक वस्तुएँ
(c) अनुपूरक वस्तुएँ
(d) सार्वजनिक वस्तुएँ

39 अक्टूबर, 2023 तक भारत की सबसे अमीर महिला सावित्री जिन्दल अब देश की ……… सबसे धनी महिला बन गई हैं।
(a) सातवीं (b) पाँचवीं
(c) चौथी (d) दसवीं

40 गरीबी रेखा के आकलन के लिए रंगराजन समिति ने किस वर्ष अपनी रिपोर्ट प्रस्तुत की?
(a) 2016 (b) 2014
(c) 2012 (d) 2010

भाग-III गणित

41 एक फुटबॉल टीम के दो खिलाड़ियों *W* और *X* का औसत भार 42 किग्रा है। *W*, *X* और उनके कोच *Y* का औसत भार 55 किग्रा है। कोच का भार कितना है?
(a) 85 किग्रा (b) 87 किग्रा
(c) 88 किग्रा (d) 81 किग्रा

42 एक वस्तु को ₹ 3300 में बेचने पर अर्जित लाभ उसी वस्तु को ₹ 2970 में बेचने पर होने वाली हानि का 10 गुना है। 30% का लाभ अर्जित करने के लिए वस्तु का विक्रय मूल्य क्या होगा?
(a) ₹ 3900 (b) ₹ 3500
(c) ₹ 4200 (d) ₹ 4000

43 एक साइकिल का मूल्य 10% की वार्षिक दर से घटता है। यदि 3 वर्ष के अन्त में इसका मूल्य ₹ 10935 है, तो इसका क्रय मूल्य ज्ञात कीजिए।
(a) ₹ 20000 (b) ₹ 5000
(c) ₹ 10000 (d) ₹ 15000

44 $5+3\times2-4$ का मान ज्ञात कीजिए।
(a) 2 (b) –1
(c) 7 (d) 5

45 यदि $p:q:r=2:3:5$ है, तो $(p/2):(q/6):(r/5)$ का मान कितना है?
(a) 4 : 2 : 5 (b) 3 : 1 : 3
(c) 2 : 1 : 2 (d) 1 : 1 : 1

46 दो रेलगाड़ियाँ 60 किमी/घण्टा और 95 किमी/घण्टा की चाल से एक ही दिशा में चल रही हैं। तेज रेलगाड़ी द्वारा धीमी रेलगाड़ी में बैठे एक व्यक्ति को पार करने में 36 सेकण्ड का समय लगता है। तेज रेलगाड़ी की लम्बाई कितनी है?
(a) 310 मी (b) 350 मी
(c) 420 मी (d) 270 मी

47 यदि एक मोबाइल 25% की हानि पर बेचा जाता है, तो मोबाइल के क्रय मूल्य और विक्रय मूल्य का क्रमशः अनुपात कितना है?
(a) 3 : 4 (b) 4 : 3
(c) 7 : 5 (d) 5 : 4

48 दो अंकों की वह सबसे बड़ी संख्या कौन-सी है, जिसमें 5 की वृद्धि करने पर वह 4 और 5 दोनों से विभाज्य होती है?
(a) 75 (b) 94 (c) 88 (d) 85

49 यदि $L_1=243$ और $L_2=729$ है, तो L_1, L_2 से कितने प्रतिशत कम है?
(a) 48.75% (b) 99.99%
(c) 66.66% (d) 33.33%

50 एक वस्तु का अंकित मूल्य ₹ 10500 और इसका विक्रय मूल्य ₹ 8820 है। छूट प्रतिशत कितना है?
(a) 12% (b) 22% (c) 25% (d) 16%

51 एक दीवार को पूरा करने में विजय को रमेश से 40% अधिक समय लगता है। यदि वे दोनों मिलकर दीवार को 25 दिनों में पूरा करते हैं, तो विजय अकेले इसे कितने समय में पूरा कर सकता है?
(a) 45 दिन (b) 40 दिन
(c) 60 दिन (d) $\frac{300}{7}$ दिन

52 एक व्यापारी अपनी वस्तु का मूल्य क्रय मूल्य से 10% अधिक अंकित करता है। यदि वह 5% छूट देता है, तो लाभ या हानि प्रतिशत कितना है?
(a) 4.5% लाभ (b) 10% हानि
(c) 5% लाभ (d) 4% हानि

53 36^{29} को 10 से भाग देने पर शेषफल कितना होगा?
(a) 4 (b) 2
(c) 6 (d) 0

54 यदि $5P = 4Q$ है, तो $(P+Q)/P$ का मान कितना है?
(a) 7/5 (b) 4/9
(c) 11/4 (d) 9/4

55 किसी धनराशि पर 10 वर्षो के लिए प्राप्त साधारण ब्याज उस धनराशि का 2/5 है। वार्षिक ब्याज दर कितनी है?
(a) 6% (b) 5%
(c) 9% (d) 4%

56 रमिता अकेले एक कार्य को 100 दिनो में कर सकती है, सुमन अकेले उसी कार्य को 120 दिनों में कर सकती है और नीतू अकेले उसी कार्य को 150 दिनों में कर सकती है। यदि वे तीनों उस कार्य को एकसाथ मिलकर करते हैं और उन्हें ₹ 6000 का भुगतान किया जाता है, तो उसमे सुमन का हिस्सा कितना है?
(a) ₹ 3000 (b) ₹ 2700
(c) ₹ 2000 (d) ₹ 2400

57 यदि एक अर्द्धगोले का व्यास 84 सेमी है, तो उस अर्द्धगोले का आयतन कितना है?
(a) 162462 सेमी^{3} (b) 149336 सेमी^{3}
(c) 141274 सेमी^{3} (d) 155232 सेमी^{3}

58 रूपेश ने एक परीक्षा में 20% अंक प्राप्त किए और 20 अंकों से अनुत्तीर्ण हो गया। यदि वह 70% अंक प्राप्त करता है, तो उसे उत्तीर्ण अंकों से 5 अंक अधिक प्राप्त होते है। परीक्षा में उत्तीर्ण होने के लिए कितने अंक होने चाहिए?
(a) 60 (b) 40
(c) 30 (d) 50

59 $444 \div 3 + 1400 \div 7 - 51$ का मान क्या है?
(a) 267 (b) 287
(c) 277 (d) 297

60 नीले और लाल रंग की कुल 36 टोपियाँ हैं। नीले रंग की टोपियों का औसत मूल्य ₹ 54 और लाल रंग की टोपियों का औसत मूल्य ₹ 36 है। यदि सभी टोपियों का औसत मूल्य ₹ 46 है, तो लाल रंग की टोपियों की संख्या कितनी है?
(a) 20 (b) 12
(c) 24 (d) 16

भाग-IV हिन्दी

61 निम्नलिखित प्रश्न में चार विकल्पों में से उस विकल्प का चयन करें जो रिक्त स्थान के लिए सही स्त्रीलिंग वाला विकल्प हो।
.... एक प्रकार की जंगली जानवर होती है।
(a) लोमड़ी (b) शेर
(c) भेड़ (d) भैंस

62 निम्नलिखित प्रश्न में दिए गए चार विकल्पों में से उस विकल्प का चयन करें, जो दिए गए मुहावरे के अर्थ को सर्वश्रेष्ठ रूप से व्यक्त करता है।
''दूध से कुल्लियाँ करना''
(a) बड़प्पन दिखाना
(b) धन की बर्बादी करना
(c) परिवार की पूर्णता चाहना
(d) सम्पन्नता में पलना

63 निम्नलिखित प्रश्न में चार विकल्पों में से उस विकल्प का चयन करें, जो रिक्त स्थान के लिए सही भाववाचक संज्ञा वाला विकल्प हो।
आज भी लोग जय और वीरू की .... का उदाहरण देते हैं।
(a) माता (b) अध्यापक
(c) सेवक (d) दोस्ती

64 निम्नलिखित प्रश्न में चार विकल्पों में उस विकल्प का चयन करें, जो वाक्यांशों के लिए एक शब्द का विकल्प हो।
दूसरे के हित में अपने आप को संकट में डालना
(a) द्विज (b) आत्मोत्सर्ग
(c) अपराह्न (d) दिनानुदिन

65 दिए गए वाक्य में रेखांकित शब्द के लिए सही वर्तनी ज्ञात कीजिए।
हमें सबसे <u>मैतृ</u> भाव से पेश आना चाहिए।
(a) मैत्री (b) मातृ
(c) मेतरि (d) मेत्र

66 दिए गए वाक्य में रेखांकित शब्द के लिए सही वर्तनी ज्ञात कीजिए।
यामा की <u>रचियता</u> को ज्ञानपीठ पुरस्कार मिला।
(a) रचयिता (b) रचियता
(c) रच्यता (d) रच्यिता

67 दिए गए वाक्य में रेखांकित शब्द का विलोम शब्द ज्ञात कीजिए।
हमें <u>भूतकाल</u> की न सोचकर आगे बढ़ना चाहिए।
(a) अभेद (b) एकान्त
(c) आकाल (d) भविष्यकाल

68 निम्नलिखित प्रश्न में चार विकल्पों में से उस विकल्प का चयन करें, जो कोष्ठक में दिए गए शब्द के पर्यायवाची शब्द का सही विकल्प है।
किसी भी लेख का (समाप्ति) .... सकारात्मक होना चाहिए।
(a) पिछला (b) उपसंहार
(c) शेषतः (d) वर्णन

69 दिए गए वाक्यांश के लिए सार्थक शब्द ज्ञात कीजिए।
''जो कभी बूढ़ा न हो''
(a) अमर (b) अजर
(c) सदाबहार (d) तरुण

70 निम्नलिखित प्रश्न में चार विकल्पों में से उस विकल्प का चयन करें, जो कोष्ठक में दिए गए शब्द के विलोम शब्द का सही विकल्प है।
देश को (गुलामी) ………… तो मिली, पर भारत माता के दो टुकड़े हो गए।
(a) अमंगल (b) योगदान
(c) महानता (d) आज़ादी

71 दिए गए वाक्य का वह भाग ज्ञात करें, जिसमें कोई त्रुटि है। यदि कोई त्रुटि नहीं है, तो कोई त्रुटि नहीं है चुनें।
मनुष्य को चाहिए कि वह ऐसे कर्म करे, जिससे दूसरों का भी भला हो और स्वय को भी सुख-शान्ति मिले।
(a) और स्वय को भी सुख-शान्ति मिले।
(b) कोई त्रुटि नहीं है
(c) मनुष्य को चाहिए कि
(d) वह ऐसे कार्य करे जिससे दूसरों का भी भला हो

72 निम्नलिखित प्रश्न में चार विकल्पों में से उस सही विकल्प का चयन करें, जो वाक्यांश के लिए एक शब्द का विकल्प हो।
''किसी एक में आस्था रखने वाला''
(a) अनन्य (b) अनुपम
(c) अनुभूत (d) अनिकेत

73 निम्नलिखित प्रश्न में चार विकल्पों में से उस विकल्प का चयन करें, जो कोष्ठक में दिए गए शब्द के तत्सम शब्द रूप का सही विकल्प है।
हमारे पास के बगीचे में आज बहुत से (कबूतर) ……. आए थे।
(a) इंगित (b) कपोत
(c) अंकुसी (d) हय

74 निम्नलिखित प्रश्न में चार विकल्पों में से उस विकल्प का चयन करें, जो दी गई लोकोक्ति का सही अर्थ वाला विकल्प है।
''तोते की तरह आँखें फेरना''
(a) अनुभवी नहीं होना
(b) भेदभाव नहीं करना
(c) पुराने सम्बन्धों को एकदम भुला देना
(d) कमजोर से लाभ उठाना

75 निम्नलिखित प्रश्न में चार विकल्पों में से उस विकल्प का चयन करें, जो कोष्ठक में दिए गए शब्द के तद्भव रूप का सही अर्थ है।
हम रास्ते से जा रहे थे कि (अकस्मात्) ………… ही एक शेर बीच में आ गया।
(a) आगे
(b) अचानक
(c) आँच
(d) अमावस

निर्देश (प्र. सं. 76-80) *नीचे दिए गए गद्यांश में कुछ शब्द छोड़ दिए गए हैं और प्रत्येक रिक्त स्थान के चार विकल्प दिए गए हैं। इन चारों में से कौन-सा विकल्प रिक्त स्थान की पूर्ति करेगा?*

कोरोना काल में आयुर्वेद को अत्याधुनिक वैज्ञानिक मापदण्डों पर ……(1)…… की शुरू हुई मुहिम का असर दिखने लगा है एक शोध के ……(2)…… आयुर्वेदिक दवाओं खान-पान और जीवन ……(3)…… में बदलाव से ……(4)…… 14 दिन के भीतर डायबिटीज को ……(5)…… किया जा सकता है।

76 रिक्त स्थान (1) के लिए सबसे उपयुक्त विकल्प का चयन कीजिए।
(a) परखने (b) परोसने
(c) कचहरी (d) कार्यवाही

77 रिक्त स्थान (2) के लिए सबसे उपयुक्त विकल्प का चयन कीजिए।
(a) सम्भव (b) भूमिका
(c) अनुसार (d) रंग

78 रिक्त स्थान (3) के लिए सबसे उपयुक्त विकल्प का चयन कीजिए।
(a) शैली (b) अनुसार
(c) रूप (d) जर्नल

79 रिक्त स्थान (4) के लिए सबसे उपयुक्त विकल्प का चयन कीजिए।
(a) मन्दिर (b) मौजूदगी
(c) मौज (d) महज

80 रिक्त स्थान (5) के लिए सबसे उपयुक्त विकल्प का चयन कीजिए।
(a) नियन्त्रण (b) नियन्त्रित
(c) नैना (d) सहायता

उत्तरमाला

1.	(d)	2.	(a)	3.	(c)	4.	(d)	5.	(d)	6.	(a)	7.	(d)	8.	(d)	9.	(a)	10.	(b)
11.	(a)	12.	(b)	13.	(a)	14.	(b)	15.	(b)	16.	(a)	17.	(d)	18.	(b)	19.	(b)	20.	(d)
21.	(d)	22.	(a)	23.	(d)	24.	(d)	25.	(a)	26.	(c)	27.	(c)	28.	(a)	29.	(c)	30.	(b)
31.	(c)	32.	(b)	33.	(a)	34.	(a)	35.	(c)	36.	(b)	37.	(b)	38.	(d)	39.	(a)	40.	(b)
41.	(d)	42.	(a)	43.	(d)	44.	(c)	45.	(c)	46.	(b)	47.	(b)	48.	(a)	49.	(c)	50.	(d)
51.	(c)	52.	(a)	53.	(c)	54.	(d)	55.	(d)	56.	(c)	57.	(d)	58.	(c)	59.	(d)	60.	(d)
61.	(a)	62.	(d)	63.	(d)	64.	(b)	65.	(a)	66.	(a)	67.	(d)	68.	(b)	69.	(b)	70.	(d)
71.	(a)	72.	(a)	73.	(b)	74.	(c)	75.	(b)	76.	(a)	77.	(c)	78.	(a)	79.	(d)	80.	(b)

संकेत एवं हल

1. (d) जिस प्रकार,

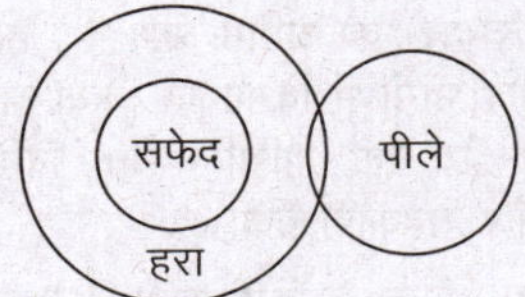

उसी प्रकार,

B C L : X Y H ⇒ B C L

−4 −4 −4

X Y H

2. (a) कथनानुसार,

सफेद पीले हरा

निष्कर्ष I. (✓) II. (✓)

अतः कथन I और II दोनों अनुसरण करते हैं।

3. (c) प्रत्येक अगली आकृति में वर्ग के अन्दर बनी पंचभुजी आकृति 45° दक्षिणावर्त दिशा में आगे बढ़ रही है तथा वृत्त और त्रिभुज क्रमशः आपस में सारांत्रित हो जाते हैं। (पंचभुज के अन्दर और बाहर दोनों में) अतः विकल्प आकृति (c) शृंखला के '?' के स्थान पर आएगी।

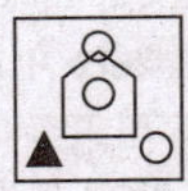

4. (d) जिस प्रकार,

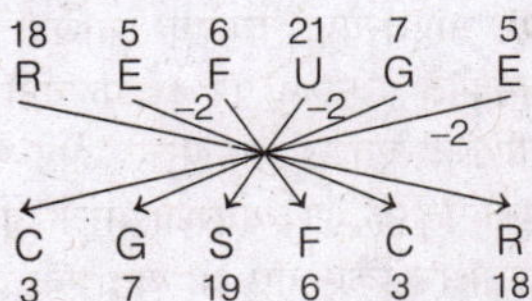

उसी प्रकार,

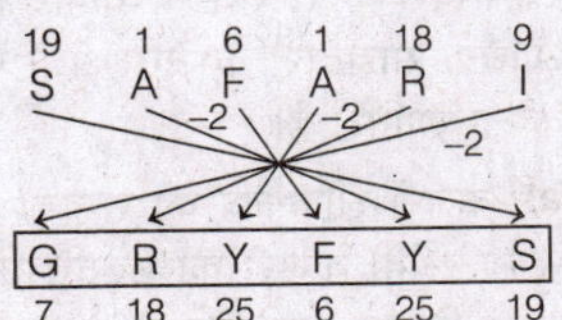

5. (d) प्रश्न में दी गई शृंखला निम्न प्रकार है,

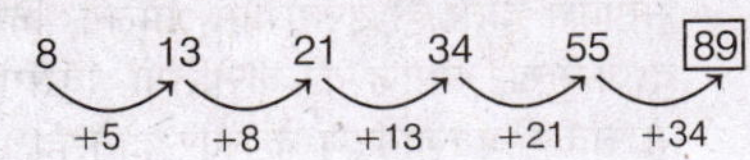

∵ यहाँ पिछले अंक को अंक के साथ जोड़ने पर अगला अंक प्राप्त हो रहा है।

$8+13=21, 21+13=34, 34+21=55$

अतः $55+34 \Rightarrow \boxed{89}$

6. (a) जिस प्रकार,

8 R 10 S 7 T 12 = 75

R = ×, S = + तथा T = − रखने पर,

$8\times10+7-12=75$

$\Rightarrow 80+7-12=75$

$\Rightarrow 87-12=75$

$\Rightarrow 75=75$

तथा

18 R 6 S 8 T 30 = 86

1R = ×, S = + तथा T = − रखने पर,

$18\times6+8-30=86$

$\Rightarrow 108+8-30=86$

$\Rightarrow 116-30=86$

$\Rightarrow 86=86$

उसी प्रकार,

? = 24 R 15 S 9 T 35

$=24\times15+9-35$

$=360+9-35$

$=369-35$

$=\boxed{334}$

7. (d) प्रश्न में दी गई शृंखला निम्न प्रकार है,

$9 \xrightarrow{+9} 18 \xrightarrow{+15} 33 \xrightarrow{+9} 42 \xrightarrow{+15} 57 \xrightarrow{+9} \boxed{66}$

8. (d) प्रश्नानुसार,

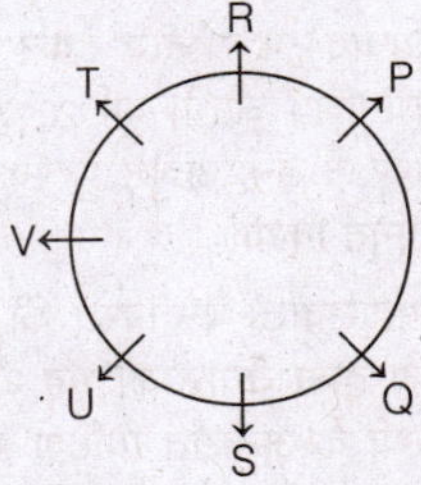

अतः R के ठीक दाईं ओर P बैठा है।

9. (a) प्रत्येक अगली आकृति में दो वर्ग ◇ जुड़ रहे हैं। अतः विकल्प आकृति (a) शृंखला की अगली आकृति है।

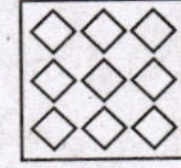

10. (b) प्रश्न में दिए गए कागज के टुकड़े को खोलने पर वह विकल्प आकृति (b) की तरह दिखाई देगा।

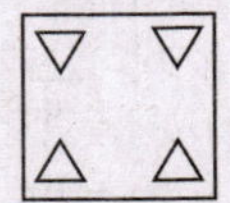

11. (a) जिस प्रकार,

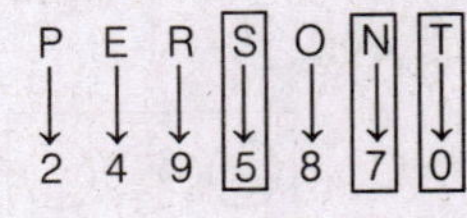

तथा

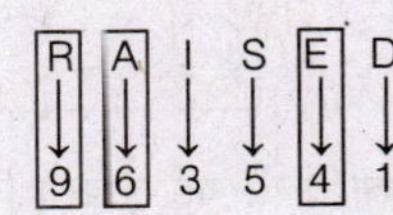

उसी प्रकार,

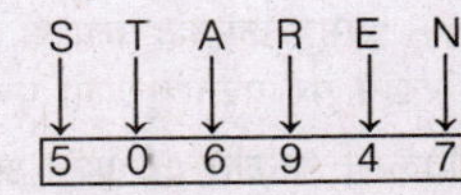

12. (b) व्यंजक $\Rightarrow 3\div1+5\times2-6=1$

विकल्प (b) से चिह्न और अंक को आपस में बदलने पर, (×⇔÷, 6⇔5)

$3\times1+6\div2-5=1$

$\Rightarrow 3\times1+3-5=1$

$\Rightarrow 3+3-5=1$

$\Rightarrow 6-5=1$

$\therefore 1=1$

13. (a) दी गई शृंखला का क्रम निम्न है

$N \xrightarrow{+7} U \xrightarrow{-1} T \xrightarrow{+7} A \xrightarrow{-1} \boxed{Z}$

$R \xrightarrow{-1} Q \xrightarrow{+7} X \xrightarrow{-1} W \xrightarrow{+7} \boxed{D}$

14. (b) प्रश्नानुसार,

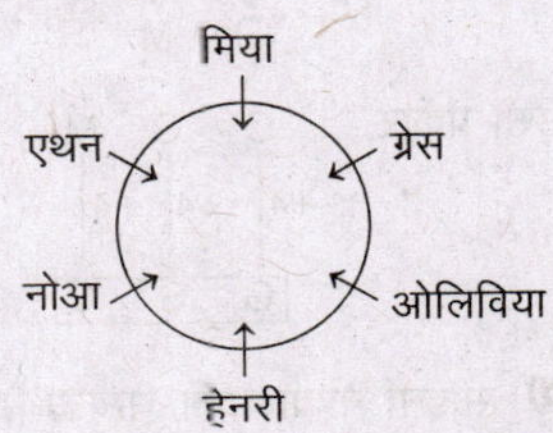

अतः हेनरी, नोआ और ओलिविया दोनों का निकटतम पड़ोसी है।

15. *(b)* प्रश्नानुसार, रक्त सम्बन्ध आरेख बनाने पर,

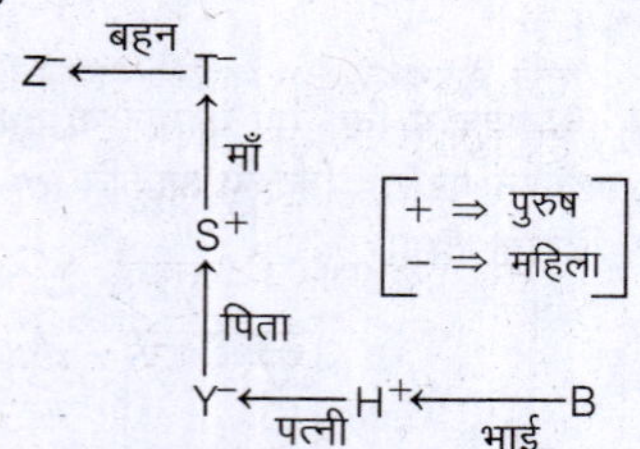

∴ अतः S, H की पत्नी का पिता है।

16. *(a)* प्रश्न में दिए गए कागज के टुकड़े को खोलने पर वह विकल्प आकृति (a) की तरह दिखाई देगा।

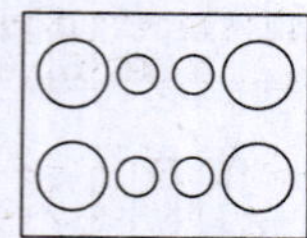

17. *(d)* प्रश्न में दी गई शृंखला निम्न प्रकार है
llmmnnooll/mmnnooll/mmnnooll/mmnnooll/mmnnoo
∴ 'lmno' समूह क्रमबद्ध रूप से बाईं से दाईं ओर रखने पर प्रश्न शृंखला पूरा करेगी।

18. *(b)* विकल्प आकृति (b) प्रश्न आकृति का दर्पण प्रतिबिम्ब है।

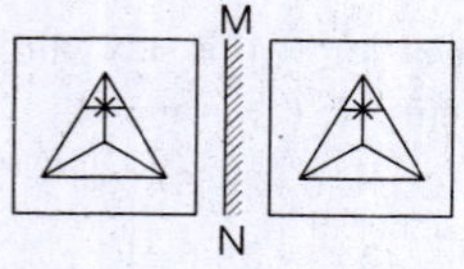

19. *(b)* अंग्रेजी शब्दकोश के अनुसार शब्दों का क्रम निम्न होगा

Bow → Bower → Bowl → Box → Boy
3 5 4 1 2

∴ अभीष्ट क्रम = 3, 5, 4, 1, 2

20. *(d)* जिस प्रकार,

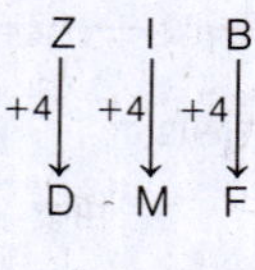

उसी प्रकार,

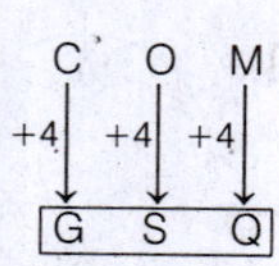

21. *(d)* साइना नेहवाल का सम्बन्ध बैडमिण्टन से है। साइना नेहवाल ओलम्पिक पदक (2012) जीतने वाली भारत की पहली बैडमिण्टन खिलाड़ी हैं। साइना का सम्बन्ध हरियाणा राज्य से है। इन्हें अर्जुन अवॉर्ड (2009), पद्मश्री (2010) और पद्म भूषण (2016) से सम्मानित किया जा चुका है।

22. *(a)* भारतीय संविधान के अनुच्छेद-51(A) के अनुसार, एक नागरिक के 11 मौलिक कर्त्तव्य हैं। मूल रूप से मौलिक कर्त्तव्यों की संख्या 10 थी। बाद में 86वें संविधान संशोधन अधिनियम, 2002 के माध्यम से एक और कर्त्तव्य जोड़ा गया है। भारतीय संविधान में मौलिक कर्त्तव्य रूस के संविधान से लिया गया है।

23. *(d)* बैडमिण्टन खेल में 'स्मैश' शाट लगाए जाते हैं। स्मैश एक आक्रामक शॉट है और इसे बैडमिण्टन में सबसे शक्तिशाली शॉट में से एक माना जाता है। बैडमिण्टन से सम्बन्धित अन्य शब्दावलियाँ सर्विस, ड्रॉप, लेट, गेम, लव, ड्यूस, डबल, फॉल्ट आदि हैं।

24. *(d)* नुआखाई त्योहार सम्भलपुर (पश्चिमी ओडिशा) में मनाया जाता है, जिसमें नई फसल की पूजा की जाती है और लोग अपने परिवार के साथ फसल का पहला चावल खाते हैं। कैलेण्डर के अनुसार, यह गणेश चतुर्थी उत्सव के अगले दिन, भाद्रपद (अगस्त-सितम्बर) महीने के चन्द्र पखवाड़े की पंचमी (पाँचवें दिन) तिथि को मनाया जाता है।

25. *(a)* साक्षरता दर किसी दिए गए आयु वर्ग की जनसंख्या के उस प्रतिशत से परिभाषित होती है, जो पढ़-लिख सकती है। वयस्क, साक्षरता दर 15 वर्ष और उससे अधिक आयु के लोगों से मेल खाती है। युवा साक्षरता दर 15 से 24 वर्ष की आयु के लिए और बुजुर्ग साक्षरता दर 65 वर्ष और उससे अधिक आयु के लोगों के लिए है।

26. *(c)* एन्थोनी अमलराज टेबल टेनिस खेल खेलते हैं। अमलराज तमिलनाडु राज्य से हैं। इन्होंने वर्ष 2012 (लखनऊ) और वर्ष 2016 (हैदराबाद) में राष्ट्रीय टेबल टेनिस चैम्पियनशिप जीती। वर्ष 2017 में भारत सरकार ने इन्हें अर्जुन पुरस्कार से सम्मानित किया।

27. *(c)* महालवाड़ी बन्दोबस्त की व्यवस्था होल्ट मैकेंजी द्वारा तैयार की गई थी। महालवाड़ी व्यवस्था के अन्तर्गत ब्रिटिश भारत की भूमि का लगभग 30% भाग सम्मिलित था। इस व्यवस्था में प्रारम्भ में लगान की दर कुल उपज की 80% निश्चित की गई थी। यह प्रणाली उत्तर-पश्चिम सीमान्त, आगरा, मध्य प्रान्त, गंगा घाटी तथा पंजाब आदि में शुरू की गई थी।

28. *(a)* A और B दोनों कथन सत्य हैं।

आवर्त सारणी के s- ब्लॉक में कैल्शियम (Ca) उपस्थित होता है, क्योंकि इसका रासायनिक (बैलेन्स) इलेक्ट्रॉन s-ब्लॉक में होता है और यह एक क्षारीय धातु है।

आधुनिक आवर्त सारणी में सभी ज्ञात तत्त्वों में से 78% से अधिक तत्त्व धातु हैं और ये आवर्त सारणी के बाईं ओर दिखाई देते हैं क्योंकि इनके बाहरी शंख में बहुत कम बैलेन्स इलेक्ट्रॉन होते हैं और तत्त्वों का धातुई चरित्र आवर्त सारणी के दाईं ओर जाने पर घटता है।

J-ब्लॉक के तत्त्वों को आन्तरिक-संक्रमण इलेक्ट्रॉनों के रूप में जाना जाता है ना कि d-ब्लॉक के तत्त्वों को।

29. *(c)* बैंक वे संगठित संस्थान हैं, जो जमाकर्ताओं से जमा स्वीकार करते हैं और कर्जदारों को अग्रिम ऋण देते हैं। बैंको को चार भागों में विभाजित किया जाता है। केन्द्रीय बैंक, वाणिज्यि बैंक, विशिष्ट बैंक और सहकारी बैंक।

30. *(b)* भारत के प्रधानमन्त्री ने नवम्बर, 2023 में पीएम पीवीटीजी मिशन लॉन्च किया है। इस सन्दर्भ में 18 राज्यों और केन्द्रशासित प्रदेशों में 75 पीवीटीजी (PVTGs) हैं। यह अभियान एक प्रयास है, जिसका उद्देश्य पीवीटीजी परिवार को उनके व्यक्तिगत अधिकार और उनकी साख को पूरी तरह से प्रदर्शित करने की पेशकश करना है।

31. *(c)* सन्तूरवादक पण्डित शिवकुमार शर्मा ने हिन्दुस्तानी संगीत में वाद्ययन्त्र की भूमिका में क्रान्ति ला दी है। पण्डित शिवकुमार शर्मा का जन्म जम्मू-कश्मीर में हुआ। इन्हें संगीत नाटक अकादमी पुरस्कार (1986), पद्म श्री (1991) और पद्म विभूषण (2001) से सम्मानित किया जा चुका है।

32. *(b)* भारत-यूएई व्यापक आर्थिक साझेदारी समझौते (CEPA) पर 18 फरवरी, 2022 को वाणिज्य एवं उद्योग मन्त्री और संयुक्त अरब अमीरात के अर्थव्यवस्था मन्त्री द्वारा हस्ताक्षर किए गए थे। यह एक प्रकार का मुक्त व्यापार समझौता है, जिसमें सेवाओं एवं निवेश के सम्बन्ध में व्यापार और आर्थिक साझेदारी के अन्य क्षेत्रों पर बातचीत करना शामिल है।

33. *(a)* कजरी लोकनृत्य का सम्बन्ध उत्तर प्रदेश राज्य से है। कजरी की उत्पत्ति मिर्जापुर (गंगा किनारे बसा जिला) से मानी जाती है। कजरी गीतों में जीवन के विविध पहलुओं का समावेश होता है। इसमें प्रेम, मिलन, विरह, दुःख-सुख, समाज की कुरीतियों, विसंगतियों से लेकर जनजागरण के स्वर होते हैं। लावणी महाराष्ट्र, घुमर राजस्थान, कुचिपुड़ी आन्ध्र प्रदेश सम्बन्धित हैं।

34. *(a)* सर्वोच्च न्यायालय के पास उन मामलों में विशेष सलाहकार क्षेत्राधिकार हैं, जिन्हें संविधान के अनुच्छेद-143 के तहत भारत के राष्ट्रपति द्वारा विशेष रूप से सन्दर्भित किया जा सकता है। संविधान के अनुच्छेद- 317(1) और अन्य कानूनों के तहत इस न्यायालय में सन्दर्भ या अपील का प्रावधान है। राष्ट्रपति और उपराष्ट्रपति चुनाव अधिनियम, 1952 के भाग-III के तहत चुनाव याचिकाएँ भी सीधे सर्वोच्च न्यायालय में दायर की जाती हैं।

35. *(c)* हर्षवर्द्धन द्वारा तीन नाटक संस्कृत में लिखे गए थे। हर्षवर्द्धन, वर्द्धन राजवंश के महान शासक थे, जो कला और विद्या के महान संरक्षक थे। इन्होंने संस्कृत में तीन नाटक -नागानन्द, प्रियदर्शिका तथा रत्नावली लिखे।

बाणभट्ट, हर्षवर्द्धन के दरबारी कवि थे, जिन्होंने हर्षचरित लिखी। चीनी यात्री ह्वेनसांग, हर्षवर्द्धन के शासनकाल में भारत आया था।

36. *(b)* देखनी लोकनृत्य का सम्बन्ध गोवा से है। देखनी नृत्य, गोवा के सबसे प्राचीन नृत्य रूपों में से एक है। देखनी नृत्य, पुर्तगाली शासन के दौरान हिन्दू धर्म से ईसाई धर्म में परिवर्तित हुए लोगों द्वारा मनाया जाता है। देखनी नृत्य लड़कियों के एक समूह द्वारा हाथों में मिट्टी के दीपक लेकर किया जाता है। कोलकली-केरल, लावा-लक्षद्वीप और लामा-सिक्किम से सम्बन्धित हैं।

37. *(b)* जून, 2023 में चीन में एशियाई तलवारबाजी चैम्पियनशिप में कांस्य पदक जीतने वाली पहली भारतीय भवानी देवी हैं। भवानी देवी, भारत की तरफ से ओलम्पिक में भाग लेने वाली पहली तलवारबाज बनी तथा इस मुकाबले को जीतने वाली भी पहली खिलाड़ी बनी। इनका सम्बन्ध तमिलनाडु से है।

38. *(d)* राष्ट्रीय सुरक्षा, सड़कें, सरकारी प्रशासन सार्वजनिक प्रकार की वस्तुओं के उदाहरण हैं। सार्वजनिक वस्तुओं और सेवाओं का अर्थ है, जो सरकार द्वारा आम जनता के लाभ के लिए प्रदान की जाती हैं। उपरोक्त सभी उदाहरणों को समुदाय के कल्याण के लिए सरकार द्वारा वित्त पोषित किया जाता है।

39. *(a)* अक्टूबर, 2023 तक भारत की सबसे अमीर महिला सावित्री जिन्दल अब देश की सातवीं सबसे धनी महिला बन गई हैं। फोर्ब्स अरबपतियों की सूची, 2024 में 200 भारतीयों को शामिल किया गया है।

40. *(b)* गरीबी रेखा के आकलन के लिए रंगराजन समिति ने वर्ष 2014 में अपनी रिपोर्ट प्रस्तुत की। सरकार ने तेन्दुलकर समिति के मानकों की समीक्षा के लिए रंगराजन समिति का गठन किया, जिसने तेन्दुलकर समिति के आकलन को इस आधार पर खारिज किया कि देश में हर दस में से तीन व्यक्ति गरीब हैं।

41. *(d)* दिया है, खिलाड़ी W और X का औसत भार $= 42$ किग्रा

तो W और X का कुल भार $= 42 \times 2$
$= 84$ किग्रा

तथा W, X और Y का औसत भार $= 55$ किग्रा

$\Rightarrow W, X$ और Y का कुल भार $= 55 \times 3$
$= 165$ किग्रा

अतः कोच (Y) का कुल भार
$= 165 - 84 = 81$ किग्रा

वैकल्पिक विधि

कोच (Y) का भार $= (55 \times 3) - (42 \times 2)$
$= 165 - 84 = 81$ किग्रा

42. *(a)* माना वस्तु का क्रय मूल्य $=$ ₹ x

प्रश्नानुसार, $3300 - x = (x - 2970) \times 10$

$\Rightarrow 3300 - x = 10x - 29700$

$\Rightarrow 11x = 33000$

$\Rightarrow x = \frac{33000}{11} = 3000$

$\therefore$ क्रय मूल्य $=$ ₹ 3000

अब 30% लाभ पर, विक्रय मूल्य

$= 3000 \times \frac{130}{100} =$ ₹ 3900

43. *(d)* दिया है, 3 वर्ष के अन्त में साइकिल का मूल्य $=$ ₹ 10935

तब, साइकिल का क्रय मूल्य

$= 10935 \times \frac{100}{(100-10)} \times \frac{100}{(100-10)} \times \frac{100}{(100-10)}$

$= 10935 \times \frac{100}{90} \times \frac{100}{90} \times \frac{100}{90} =$ ₹ 15000

44. *(c)* $5 + 3 \times 2 - 4$

VBODMAS के नियम अनुसार,

$5 + 6 - 4 = 11 - 4 = 7$

45. *(c)* दिया है, $p : q : r = 2 ; 3 : 5$

माना $p = 2k$, $q = 3k$, $r = 5k$

तो $\left(\frac{p}{2}\right) : \left(\frac{q}{6}\right) : \left(\frac{r}{5}\right) = \frac{2k}{2} : \frac{3k}{6} : \frac{5k}{5}$

$= k : \frac{k}{2} : k = 2 : 1 : 2$

46. *(b)* दिया है,

दोनों रेलगाड़ियों की चाल क्रमशः 60 किमी/घण्टा और 95 किमी/घण्टा है,

तो सापेक्ष चाल $= (95 - 60)$ किमी/घण्टा (एक ही दिशा में चल रही है)

$= 35$ किमी/घण्टा

$= 35 \times \frac{5}{18} = \frac{175}{18}$ मी/से

तेज रेलगाड़ी द्वारा धीमी रेलगाड़ी में बैठे हुए व्यक्ति को पार करने में लगा समय
$= 36$ सेकण्ड

$\therefore$ तेज रेलगाड़ी की लम्बाई

$= \frac{175}{18} \times 36 = 350$ मी

47. *(b)* माना मोबाइल का क्रय मूल्य $=$ ₹ 100

25% हानि पर मोबाइल का विक्रय मूल्य

$= 100 \times \frac{75}{100} =$ ₹ 75

$\therefore$ अभीष्ट अनुपात $= 100 : 75 = 4 : 3$

48. *(a)* 5 के विभाज्यता नियम अनुसार, संख्या का अन्तिम अंक '0' या 5 होना चाहिए।

4 और 5 का ल.स. $= 20$

अतः 2 अंक की सबसे बड़ी संख्या जो 5 और 4 दोनों से विभाज्य होगी वह '80' है।

$\therefore$ अभीष्ट संख्या $= 80 - 5 = 75$

49. *(c)* दिया है, $L_1 = 243$

और $L_2 = 729$

$L_2 - L_1 = 729 - 243 =$ ₹ 486

$\therefore$ अभीष्ट % $= \frac{486}{729} \times 100 = 66.66\%$

50. *(d)* दिया है,

वस्तु का अंकित मूल्य $=$ ₹ 10500

तथा वस्तु का विक्रय मूल्य $=$ ₹ 8820

हम जानते हैं,

छूट % $= \frac{\text{अंकित मूल्य} - \text{विक्रय मूल्य}}{\text{अंकित मूल्य}} \times 100$

$\therefore$ अभीष्ट छूट % $= \frac{10500 - 8820}{10500} \times 100$

$= \frac{1680 \times 100}{10500} = 16\%$

51. *(c)* माना रमेश द्वारा अकेले कार्य पूरा करने में लगा समय $= x$ दिन

तब विजय द्वारा अकेले कार्य पूरा करने में लगा समय $= x \times \frac{140}{100} = \frac{7x}{5}$ दिन

प्रश्नानुसार,

$\frac{1}{x} + \frac{1}{\frac{7x}{5}} = \frac{1}{25} \Rightarrow \frac{1}{x} + \frac{5}{7x} = \frac{1}{25}$

$\Rightarrow \frac{7+5}{7x} = \frac{1}{25} \Rightarrow \frac{12}{7x} = \frac{1}{25}$

$\Rightarrow x = \frac{12 \times 25}{7} = \frac{300}{7}$

$\therefore$ विजय द्वारा अकेले कार्य पूरा करने में लिया गया समय

$= \frac{7}{5} \times \frac{300}{7} = 60$ दिन

52. *(a)* माना वस्तु का क्रय मूल्य = ₹ 100
तब, अंकित मूल्य $= 100 \times \frac{110}{100} =$ ₹ 110
5% छूट के बाद वस्तु का विक्रय मूल्य
$= 110 \times \frac{95}{100} =$ ₹ 104.5
∴ लाभ = ₹ (104.5 − 100) = ₹ 4.5
अत: लाभ % $= \frac{4.5}{100} \times 100 = 4.5\%$

53. *(c)* 36^{29} में इकाई अंक = 6
6 को कितनी बार भी 6 से गुणा करेंगे तो इकाई अंक 6 ही होगा।
∵ इकाई अंक 6 वाली संख्या को 10 से भाग देने पर शेषफल 6 ही आएगा।

54. *(d)* दिया है, $5P = 4Q \Rightarrow \frac{P}{Q} = \frac{4}{5}$
माना $P = 4k, Q = 5k$
$\therefore \frac{P+Q}{P} = \frac{4k+5k}{4k} = \frac{9k}{4k} = \frac{9}{4}$

55. *(d)* माना धनराशि = ₹ x
10 वर्ष बाद, साधारण ब्याज = ₹ $\frac{2x}{5}$
माना ब्याज दर = r%
प्रश्नानुसार,
$\frac{x \times r \times 10}{100} = \frac{2x}{5} \Rightarrow r = \frac{2x \times 100}{5 \times 10 \times x} = 4\%$
∴ अभीष्ट ब्याज दर = 4%

56. *(c)* रमिता का एक दिन का कार्य $= \frac{1}{100}$
सुमन का एक दिन का कार्य $= \frac{1}{120}$
तथा नीतू का एक दिन का कार्य $= \frac{1}{150}$
∴ तीनों का एक दिन का कार्य
$= \frac{1}{100} + \frac{1}{120} + \frac{1}{150} = \frac{6+5+4}{600} = \frac{15}{600}$
तीनो के कार्य का भुगतान = ₹ 6000
सुमन के कार्य का भुगतान
$= \frac{6000}{\frac{15}{600}} \times \frac{1}{120} = \frac{6000}{15} \times 5 =$ ₹ 2000
अतः सुमन का हिस्सा = ₹ 2000

वैकल्पिक विधि

	समय		प्रति इकाई
रमिता ⟶	100		6
सुमन ⟶	120	600	5
नीतू ⟶	150		4

∴ सुमन के कार्य का भुगतान
$= \frac{6000}{15} \times 5 =$ ₹ 2000

57. *(d)* दिया है, अर्द्धगोले का व्यास = 84 सेमी
तो अर्द्धगोले की त्रिज्या = 42 सेमी
हम जानते हैं, अर्द्धगोले का आयतन $= \frac{2}{3}\pi r^3$
∴ अभीष्ट आयतन $= \frac{2}{3} \times \frac{22}{7} \times 42 \times 42 \times 42$
$= 155232$ सेमी^{3}

58. *(c)* माना परीक्षा में, अधिकतम अंक = x
प्रश्नानुसार, $x \times \frac{20}{100} + 20 = x \times \frac{70}{100} - 5$
$\Rightarrow \frac{x}{5} + 20 = \frac{7x}{10} - 5$
$\Rightarrow \frac{7x}{10} - \frac{x}{5} = 25$
$\Rightarrow \frac{5x}{10} = 25 \Rightarrow x = \frac{250}{5} = 50$
∴ परीक्षा में उत्तीर्ण होने के लिए आवश्यक अंक
$= 50 \times \frac{20}{100} + 20 = 10 + 20 = 30$

59. *(d)* $444 \div 3 + 1400 \div 7 - 51$
VBODMAS के नियम अनुसार,
$148 + 200 - 51 = 348 - 51 = 297$

60. *(d)* दिया है,
नीले और लाल रंग की टोपियों की संख्या = 36
माना लाल रंग की टोपियों की संख्या = x
तब, नीले रंग की टोपियों की संख्या = $36 - x$
प्रश्नानुसार,
$(36 - x) \times 54 + x \times 36 = 36 \times 46$
$\Rightarrow 1944 - 54x + 36x = 1656$
$\Rightarrow 1944 - 18x = 1656 \Rightarrow 18x = 288$
$\therefore x = 16$
अतः लाल रंग की टोपियों की संख्या = 16

61. *(a)* दिए गए वाक्य में रिक्त स्थान की पूर्ति के लिए सही स्त्रीलिंग वाला विकल्प 'लोमड़ी' है। अतः पूर्ण वाक्य है-'लोमड़ी एक प्रकार की जंगली जानवर होती है।

62. *(d)* ''दूध से कुल्लियाँ करना'' मुहावरे का अर्थ होता है- सम्पन्नता में पलना या धनी परिवार से होना। अन्य विकल्प असंगत हैं।

63. *(d)* दिए गए विकल्पों में रिक्त स्थान की पूर्ति के लिए सही भाववाचक संज्ञा 'दोस्ती' है। अन्य विकल्प असंगत हैं।

64. *(b)* दिए गए वाक्यांश ''दूसरे के हित में अपने आप को संकट में डालना'' के लिए एक शब्द 'आत्मोत्सर्ग' है। अन्य विकल्प असंगत हैं।

65. *(a)* दिए गए वाक्य में रेखांकित शब्द 'मैतृ' की सही वर्तनी 'मैत्री' है। अन्य विकल्प असंगत हैं।

66. *(a)* दिए गए वाक्य में रेखांकित शब्द के लिए सही वर्तनी 'रचयिता' है। अन्य विकल्प असंगत हैं।

67. *(d)* दिए गए वाक्य में रेखांकित शब्द 'भूतकाल' का विलोम 'भविष्यकाल' है। अन्य विकल्प असंगत हैं।

68. *(b)* दिए गए वाक्य में कोष्ठक में दिए शब्द 'समाप्ति' का पर्यायवाची शब्द 'उपसंहार' है। समाप्ति के अन्य पर्यायवाची अन्त, अवसान, समापन, इतिश्री आदि हैं। अन्य विकल्प असंगत हैं।

69. *(b)* दिए गए वाक्यांश ''जो कभी बूढ़ा न हो'' के लिए एक सार्थक शब्द 'अजर' है। अन्य विकल्प असंगत हैं।

70. *(d)* दिए गए कोष्ठक में 'गुलामी' शब्द का विलोम शब्द 'आजादी' है। गुलामी का अर्थ बन्धन है तथा आजादी का अर्थ मुक्ति से है।

71. *(a)* दिए गए वाक्य में विकल्प 'और स्वय को भी सुख-शान्ति मिले' त्रुटिपूर्ण है। 'स्वय' शब्द की सही वर्तनी 'स्वयं' है।

72. *(a)* दिए गए विकल्पों में से 'किसी एक में आस्था रखने वाला' वाक्यांश के लिए सही विकल्प 'अनन्य' है। अन्य विकल्प असंगत हैं।

73. *(b)* कोष्ठक में दिए गए शब्द 'कबूतर' के लिए तत्सम रूप 'कपोत' है, जबकि कबूतर एक तद्भव शब्द है। अन्य विकल्प असंगत हैं।

74. *(c)* ''तोते की तरह आँखे फेरना'' लोकोक्ति का सही अर्थ है– पुराने सम्बन्धों को एकदम भुला देना है।
वाक्य प्रयोग रोहन ने तो अफसर बनते ही तोते की तरह आँखें फेर लीं।

75. *(b)* कोष्ठक में दिए गए शब्द 'अकस्मात्' का तद्भव शब्द विकल्प 'अचानक' है। अन्य विकल्प असंगत हैं।

76. *(a)* रिक्त स्थान (1) के लिए सही विकल्प 'परखने' है। अतः पूर्ण वाक्य है– कोरोना काल में आयुर्वेद को अत्याधुनिक वैज्ञानिक मापदण्डों पर परखने की शुरू हुई ………।

77. *(c)* रिक्त स्थान (2) के लिए उपयुक्त विकल्प 'अनुसार' है। अतः पूर्ण वाक्य है– एक शोध के अनुसार आयुर्वेदिक दवाओं खान-पान ………। अन्य विकल्प असंगत हैं।

78. *(a)* रिक्त स्थान (3) के लिए सही उत्तर 'शैली' है। अतः पूर्ण वाक्य है– आयुर्वेद दवाओं खान-पान और जीवनशैली में बदलाव से………।

79. *(d)* रिक्त स्थान (4) के लिए 'महज' शब्द उपयुक्त है। अतः पूर्ण वाक्य है–जीवन शैली में बदलाव से महज 14 दिन के भीतर डायबिटीज को नियन्त्रित किया जा सकता है।

80. *(b)* रिक्त स्थान (5) के लिए सही उत्तर 'नियन्त्रित' है। अतः पूर्ण वाक्य है– जीवन शैली में बदलाव से महज 14 दिन के भीतर डायबिटीज को नियन्त्रित किया जा सकता है।

07 मार्च 2024
(शिफ्ट III)

सॉल्वड पेपर 2024

SSC कांस्टेबल (जीडी) सेट 49

भाग-I सामान्य बुद्धिमत्ता एवं तर्कशक्ति

1 निम्नलिखित प्रश्न में से दिए गए विकल्पों में से उस आकृति का चयन कीजिए, जिसे प्रश्नचिह्न (?) के स्थान पर रखा जा सकता है।

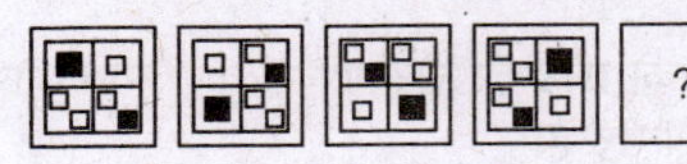

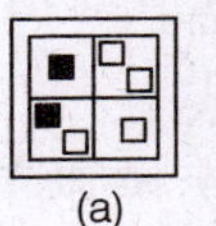
(a)

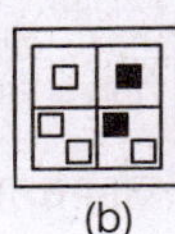
(b)

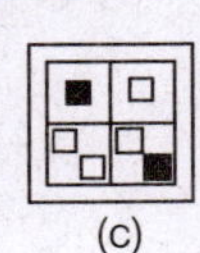
(c)

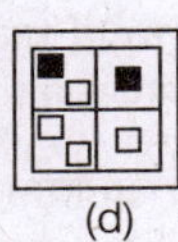
(d)

2 निम्नलिखित में से अक्षरों के कौन-से एक समूह को दी गई अक्षर शृंखला के रिक्त स्थानों में क्रमिक रूप से रखने पर शृंखला पूरी हो जाएगी?

_yxxy_xx_yyyxxxxy_yy

(a) xyxx (b) xyyy
(c) xyxy (d) xyyx

3 निम्नलिखित प्रश्न में, दिए गए विकल्पों में से सम्बन्धित अक्षरों का चयन कीजिए।

AMG : XJD :: NZT : ?

(a) QRT (b) PHJ
(c) KWQ (d) LOV

4 दिए गए शब्दों को अंग्रेजी वर्णमाला के क्रम में व्यवस्थित कीजिए।

1. MONKEY 2. MULE 3. MOUSE
4. MAGPIE 5. MOTH

(a) 4, 1, 3, 2, 5 (b) 4, 1, 5, 3, 2
(c) 4, 2, 1, 3, 5 (d) 4, 1, 5, 2, 3

5 निम्नलिखित में से कौन-सा अक्षर-समूह दी गई शृंखला में प्रश्नचिह्न (?) के स्थान पर आएगा?

TY, ?, VW, WV, XU, YT

(a) ZX (b) UX
(c) YV (d) VY

6 एक परिवार के आठ सदस्य M, N ,P , Q, R, T और U एक शादी की पार्टी में जा रहे हैं। वे सभी रात के खाने के लिए एक वृत्ताकार मेज के चारों ओर केन्द्र की ओर मुख करके बैठते हैं, परन्तु जरूरी नहीं कि वे इसी क्रम में बैठे हों। O, M के दाईं ओर से तीसरे स्थान पर बैठा है। Q, O के विपरीत बैठा है। U, T के विपरीत बैठा है। N, Q के बाईं ओर से तीसरे स्थान पर बैठा है। P, M के बाईं ओर से दूसरे स्थान पर बैठा है। R, T के ठीक दाईं ओर बैठा है। N के ठीक दाईं ओर कौन बैठा है?

(a) U (b) T (c) Q (d) M

7 नीचे एक पासे की दो स्थितियाँ दी गई हैं। '2' वाले फलक के विपरीत पर निम्नलिखित विकल्पों में से क्या आएगा?

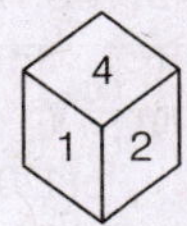

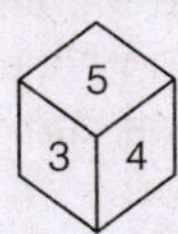

(a) 3
(b) 6
(c) 1
(d) 5

8 निम्नलिखित प्रश्न में, दिए गए विकल्पों में से शृंखला से लुप्त संख्या का चयन कीजिए।

50, 49, 53, 26, 42, ?

(a) –73 (b) –70
(c) –60 (d) –83

9 निम्नलिखित प्रश्न में कुछ कथन और उन कथनों के आधार पर कुछ निष्कर्ष दिए गए हैं। आपको दिए गए कथनों को सत्य मानना है, चाहे वे सामान्यतः ज्ञात तथ्यों से भिन्न प्रतीत होते हों। सभी निष्कर्षों को ध्यानपूर्वक पढ़िए और निर्धारित कीजिए कि दिए गए निष्कर्षों में से कौन-सा/से निष्कर्ष कथनों का तार्किक रूप से अनुसरण करता है/करते हैं?

कथन

सभी खिलाड़ी, लम्बे हैं।

सभी लम्बे, छोटे हैं।

निष्कर्ष

I. कुछ खिलाड़ी, छोटे हैं।

II. कोई छोटे, खिलाड़ी नहीं हैं।

(a) निष्कर्ष I और II दोनों कथनों का अनुसरण करते हैं
(b) केवल निष्कर्ष II कथनों का अनुसरण करता है
(c) कोई निष्कर्ष कथनों का अनुसरण नहीं करता है
(d) केवल निष्कर्ष I कथनों का अनुसरण करता है

10 यदि एक दर्पण को रेखा, AB पर रखा जाए तो विकल्प आकृतियों में से कौन-सी आकृति प्रश्न आकृति का सही प्रतिबिम्ब होगी?

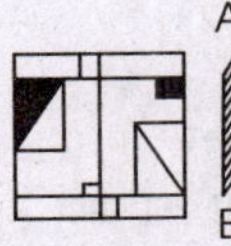

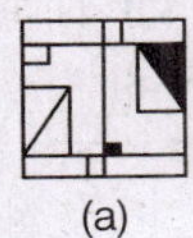
(a)

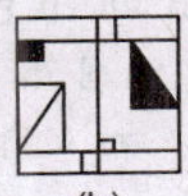
(b)

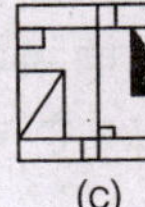
(c)

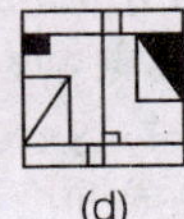
(d)

11 दिए गए विकल्पों में से उस आकृति का चयन कीजिए, जिसे दी गई आकृति शृंखला में प्रश्नचिह्न (?) के स्थान पर रखा जा सकता है।

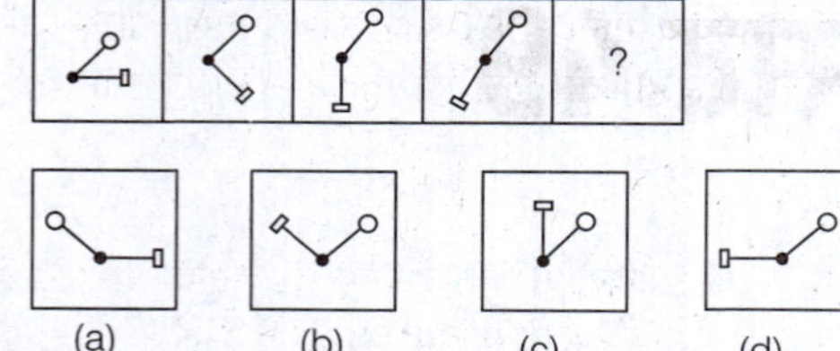

(a) (b) (c) (d)

12 एक निश्चित कूटभाषा में, 'ADDITION' को '76' लिखा जाता है। 'SUBTRACTION' को '142' लिखा जाता है। उसी कूटभाषा में 'DIVISION' को कैसे लिखा जाएगा?

(a) 94 (b) 120
(c) 101 (d) 84

13 नीचे एक पासे की दो स्थितियाँ दी गई हैं। 'Q' वाले फलक के विपरीत फलक पर क्या आएगा?

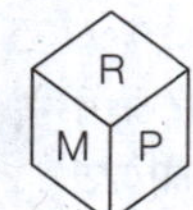

(a) M (b) P (c) R (d) X

14 निम्नलिखित विकल्पों में से उस विकल्प का चयन कीजिए, जो तीसरे शब्द से ठीक उसी प्रकार सम्बन्धित है, जिस प्रकार दूसरा शब्द पहले शब्द से सम्बन्धित है।

मॉस्को : रूस :: काहिरा : ?

(a) टर्की (b) ग्रीस
(c) इटली (d) मिस्र

15 पाँच व्यक्ति A, B, C, D और E एक वृत्ताकार मेज के चारों ओर केन्द्र की ओर मुख करके बैठे हैं। (परन्तु जरूरी नहीं कि वे इसी क्रम में बैठे हों,)। C, A का निकटतम पड़ोसी नहीं है। B, E के बाईं ओर से दूसरे स्थान पर बैठा है। A, E के दाईं ओर से दूसरे स्थान पर बैठा है। C के ठीक बाईं ओर कौन बैठा है?

(a) B (b) E (c) D (d) A

16 निम्नलिखित विकल्पों में से दी गई शृंखला से लुप्त संख्या का चयन कीजिए।

11, 33, 99, 297, ?, 2673

(a) 891 (b) 9021 (c) 811 (d) 9001

17 दिए गए विकल्पों में से किन दो चिह्नों को आपस में बदलने पर निम्नलिखित समीकरण सही होगा?

$18 \div 3 - 5 = 10 \times 2 + 21$

(a) × और + (b) − और +
(c) ÷ और × (d) = और +

18 यदि A + B का अर्थ है, A, B की पत्नी है, A × B का अर्थ है, A, B का पिता है, A ÷ B का अर्थ है, A, B की माँ है, A $ B का अर्थ है, A, B का भाई है और A − B का अर्थ है, A, B की बहन है।

यदि Z − T ÷ S × Y + H $ B है, तो Z का S से क्या सम्बन्ध है?

(a) बहन की माँ (b) माँ का भाई
(c) माँ की बहन (d) माँ

19 दिए गए विकल्पों में से किन दो चिह्नों को आपस मे बदलने पर निम्नलिखित समीकरण सही होगा?

$10 \div 5 + 4 \times 3 - 2 = 0$

(a) = और + (b) × और −
(c) − और = (d) + और −

20 एक निश्चित कूटभाषा में 'ABROAD' को '129614' लिखा जाता है और 'COUPLE' को '363735' लिखा जाता है। उसी कूटभाषा में 'DECADE' को कैसे लिखा जाएगा?

(a) 451345 (b) 453154
(c) 453415 (d) 453145

भाग-II सामान्य ज्ञान

21 .... ऋण-ग्रहण को छोड़कर सरकार के कुल व्यय और कुल प्राप्तियों के बीच का अन्तर है।

(a) राजकोषीय घाटा (b) राजस्व आधिक्य
(c) प्राथमिक घाटा (d) राजस्व घाटा

22 भारतीय संविधान के .... में लोकसभा के अध्यक्ष के पद का उल्लेख किया गया है।

(a) अनुच्छेद-91 (b) अनुच्छेद-90
(c) अनुच्छेद-92 (d) अनुच्छेद-93

23 पंचवर्षीय योजनाएँ............आयोग नामक निकाय द्वारा तैयार, कार्यान्वित और विनियमित की गईं।

(a) अनुभागीय (b) योजना
(c) वार्षिक (d) वरिष्ठ

24 भारत की 2011 की जनगणना के दौरान की स्थिति के अनुसार, निम्नलिखित में से कौन-सा पड़ोसी देश दुनिया के शीर्ष 10 सबसे अधिक आबादी वाले देशों में शामिल नहीं है?

(a) श्रीलंका (b) बांग्लादेश
(c) चीन (d) पाकिस्तान

25 आवर्त सारणी के प्रथम आवर्त में कितने तत्त्व मौजूद हैं?

(a) तीन (b) चार
(c) दो (d) पाँच

26 साधना एस.नायर भारतीय वायुसेना (IAF) की............शाखा से एयर मार्शल की सम्मानित रैंक प्राप्त करने वाली दूसरी महिला अधिकारी हैं।

(a) फ्लाइंग (b) मेडिकल
(c) लाजिस्टिक्स (d) एजुकेशन

27 भारत के राष्ट्रीय खेल, 2022 के 36वें संस्करण का आधिकारिक विषय............था।

(a) खेलों के माध्यम से स्वास्थ्य का जश्न मनाना
(b) खेलों के माध्यम से एकता का जश्न मनाना
(c) खेलों के माध्यम से आजादी का जश्न मनाना
(d) खेलों के माध्यम से धर्मनिरपेक्षता का जश्न मनाना

28 भारत में जनगणना कार्य दो चरणों में आयोजित किया जाता है। ये दो चरण कौन-से हैं?

(a) मकान सूचीकरण और मकानों की गणना जनसंख्या गणना
(b) प्रारम्भिक और अन्तिम गणना
(c) घरेलू सर्वेक्षण और कृषि जनगणना
(d) शहरी जनगणना और ग्रामीण जनगणना

29 भारतीय संविधान के अनुच्छेद-32 के अनुसार, संवैधानिक उपचारों का अधिकार............के प्रवर्तन के लिए है।
(a) निर्देशक सिद्धान्तों
(b) अधिनायकत्व
(c) मौलिक अधिकारों
(d) मौलिक कर्त्तव्यों

30 24 सितम्बर, 2023 को भारत के प्रधानमन्त्री ने वीडियो कॉन्फ्रेन्सिंग के माध्यम से............वन्दे भारत ट्रेनों को हरी झण्डी दिखाई।
(a) नौ (b) दस
(c) आठ (d) सात

31 ....राजस्थान के भील समुदाय का एक आदिवासी नृत्य है।
(a) घूमर (b) गरबा
(c) रासलीला (d) बिहु

32 कार्तिकेयन मुरली का सम्बन्ध किस खेल से है?
(a) बैडमिण्टन (b) कैरम
(c) टेनिस (d) शतरंज

33 भारत में सातवाहन वंश का संस्थापक कौन था?
(a) पुष्यमित्र शुंग
(b) सिमुक
(c) मिनाण्डर
(d) चन्द्रगुप्त द्वितीय

34 किस कथक नृत्य कलाकार को वर्ष 1986 में 'पद्म विभूषण' से सम्मानित किया गया था?
(a) रुक्मिणी देवी अरुण्डेल
(b) शोभना नारायण
(c) सितारा देवी
(d) पण्डित बिरजू महाराज

35 भारत में स्थायी बन्दोबस्त (Permanent Settlement) की नीति............में शुरू की गई थी।
(a) 1793 ई. (b) 1773 ई.
(c) 1763 ई. (d) 1783 ई.

36 प्रकाश पादुकोण किस खेल के प्रसिद्ध खिलाड़ी थे?
(a) बैडमिण्टन (b) लॉन टेनिस
(c) टेबल टेनिस (d) क्रिकेट

37 भारतीय खान ब्यूरो का मुख्यालय कहाँ स्थित है?
(a) नागपुर (b) राँची
(c) जबलपुर (d) कानपुर

38 आईएसएल (ISL) 2022/23 में से कौन-सी टीम उपविजेता रही?
(a) एटीके मोहन बागान (b) बेंगलुरु एफसी
(c) हैदराबाद एफसी (d) केरल ब्लास्टर्स

39 खर्ची पूजा, गरिया पूजा, केर पूजा, बिजू, तीर्थमुख महोत्सव अशोकाष्टमी, गंगा पूजा, लम्परा पूजा त्योहार............जनजातियों के प्रमुख त्योहार हैं।
(a) तमिलनाडु (b) तेलंगाना
(c) अरुणाचल प्रदेश (d) त्रिपुरा

40 शिवकुमार शर्मा का सम्बन्ध किस वाद्ययन्त्र से है?
(a) बीन (b) पियानो
(c) तबला (d) सन्तूर

भाग-III गणित

41 एक बल्ले का विक्रय मूल्य ₹988 और लाभ प्रतिशत 30% है। यदि लाभ प्रतिशत 25% हो, तो बल्ले का विक्रय मूल्य कितना होगा?
(a) ₹920 (b) ₹940
(c) ₹900 (d) ₹950

42 A एक दीवार को 8 दिनों में बना सकता है, जबकि B उसे 3 दिनों में तोड़ सकता है। A ने 4 दिनों तक काम किया और फिर B केवल 2 और दिनों के लिए A के साथ काम करने के लिए शामिल हो जाता है। A अकेले दीवार के शेष भाग को कितने दिनों में बनाएगा?
(a) 25/3 दिन (b) 27/4 दिन
(c) 22/3 दिन (d) 21/4 दिन

43 एक दुकानदार ₹ 1500 अंकित मूल्य वाली शर्ट पर 20% की छूट देता है। शर्ट का विक्रय मूल्य कितना है?
(a) ₹1100 (b) ₹1200
(c) ₹1000 (d) ₹1320

44 8 मानों का औसत 36 है। यदि पहले तीन मानों में से प्रत्येक में से 4 घटा दिया जाए, और अगले पाँच मानों में से प्रत्येक में 5 जोड़ दिया जाए, तो नया औसत कितना होगा?
(a) 36.650 (b) 35.550
(c) 38.750 (d) 37.625

45 दो संख्याओं में से छोटी संख्या का 63%, बड़ी संख्या के 45% के बराबर है। यदि दोनों संख्याओं का योग 1728 है, तो बड़ी संख्या का मान क्या है?
(a) 1108 (b) 1188
(c) 1008 (d) 1088

46 45% की छूट के बाद वस्तु ₹ 1100 में बेची जाती है। वस्तु का अंकित मूल्य कितना है?
(a) ₹2400 (b) ₹2200 (c) ₹2000 (d) ₹1800

47 यदि 3 वर्षों में चक्रवृद्धि ब्याज (वार्षिक रूप से संयोजित) पर ₹ 4500 से ₹ 5989.5 हो जाते हैं, तो वार्षिक ब्याज दर कितनी है?
(a) 12% (b) 20 % (c) 10 % (d) 15 %

48 यदि $a:b=5:6$ है और $b:c=2:3$ है, तो $a:b:c$ ज्ञात कीजिए।
(a) 5 : 6 : 9 (b) 5 : 6 : 7
(c) 5 : 6 : 3 (d) 2 : 6 : 5

49 तीन संख्याएँ 4 : 5 : 6 के अनुपात में है। यदि सबसे बड़ी और सबसे छोटी संख्या का योग 6000 है, तो सबसे बड़ी और सबसे छोटी संख्या का अन्तर कितना है?
(a) 600 (b) 2400
(c) 1200 (d) 1800

50 एक ट्रक 30 मिनट में 20 किमी की दूरी तय करता है। यदि इसकी चाल में 15 किमी/घण्टा की कमी कर दी जाए, तो समान दूरी को तय करने में इसे कितना समय लगेगा?
(a) 78 मिनट (b) 48 मिनट
(c) 38 मिनट (d) 54 मिनट

51 $400\times5\div8+32\times3$ का मान कितना है?
(a) 312 (b) 324
(c) 346 (d) 288

52 $[14+(27\div3\times2)+(4+7-2)]$ का मान कितना है?
(a) 27 (b) 41 (c) 28 (d) 39

53 अमन अकेले प्रतिदिन 4 घण्टे कार्य करके 7 दिनों में एक कार्य पूरा कर सकता है। गीता अकेले उसी कार्य को प्रतिदिन 7 घण्टे कार्य करके 2 दिनों में पूरा कर सकती है। उसी कार्य को 7 दिनों में पूरा करने के लिए उन्हें एकसाथ मिलकर प्रतिदिन कितने घण्टे कार्य करना होगा?
(a) 4/9 घण्टे (b) 3/7 घण्टे
(c) 5/8 घण्टे (d) 4/3 घण्टे

54 $8\frac{1}{4}+2\frac{1}{3}+4\frac{2}{3}-6\frac{1}{4}$ का मान कितना है?
(a) 8 (b) 9 (c) 7 (d) 6

55 यदि एक घड़ी का विक्रय मूल्य ₹ 6912 है और हानि 28% है, तो घड़ी का क्रय मूल्य कितना है?
(a) ₹9600 (b) ₹9500
(c) ₹8800 (d) ₹9000

56 एक आयताकार भूखण्ड की लम्बाई में 20% की वृद्धि की जाती है। इसकी चौड़ाई में कितने प्रतिशत की कमी की जानी चाहिए, ताकि कुल क्षेत्रफल अपरिवर्तित रहे?
(a) 15% (b) 16.66 %
(c) 20% (d) 26%

57 राम का 5 दिनों का औसत व्यय ₹180 है। यदि उसका पहले 4 दिनों का व्यय क्रमशः ₹120, ₹160, ₹40 और ₹190 है, तो उसका 5वें दिन का व्यय कितना है?
(a) ₹410 (b) ₹370
(c) ₹390 (d) ₹350

58 दो संख्याओं का लघुत्तम समापवर्त्य 990 है और उनका गुणनफल 9900 है। उनका महत्तम समापवर्तक कितना है?
(a) 8 (b) 10
(c) 12 (d) 9

59 2.8 सेमी आधार की त्रिज्या और 6 सेमी ऊँचाई वाले बेलन का कुल पृष्ठीय क्षेत्रफल कितना है?
(a) 136.82 सेमी^{2} (b) 128.54 सेमी^{2}
(c) 172.96 सेमी^{2} (d) 154.88 सेमी^{2}

60 ₹ 40000 का मूलधन 10 वर्षों के लिए साधारण ब्याज पर निवेश किया जाता है। यदि वार्षिक ब्याज दर 5% है, तो वह धनराशि 10 वर्ष बाद कितनी हो जाएगी?
(a) ₹75000 (b) ₹44000
(c) ₹60000 (d) ₹83000

भाग-IV हिन्दी

61 दिए गए वाक्य का वह भाग ज्ञात करें, जिसमें कोई त्रुटि है। यदि कोई त्रुटि नही है, तो 'कोई त्रुटि नहीं है' चुनें।
खेल की मैदान में केवल स्वास्थ्य नहीं बनता, बल्कि मनुष्य बनता है।
(a) कोई त्रुटि नहीं है
(b) खेल की मैदान में
(c) बल्कि मनुष्य बनता है।
(d) केवल स्वास्थ्य नहीं बनता

62 निम्नलिखित प्रश्न में चार विकल्पों में से उस विकल्प का चयन करें, जो रिक्त स्थान के लिए सही भाववाचक संज्ञा वाला विकल्प हो।
माँ ने आज जो दही जमाई है, उसमें बहुत ज्यादा ………… है।
(a) खट्टी (b) मीठी
(c) खटास (d) पतली

63 निम्नलिखित प्रश्न में चार विकल्पों में से उस विकल्प का चयन करें, जो रिक्त स्थान के लिए सही शब्द वाला विकल्प हो।
संचार शब्द संस्कृत के 'चर' धातु से बना है, जिसका…………आगे बढ़ना, फैलना आदि होता है।
(a) प्रचारक (b) माध्यम
(c) तात्पर्य (d) निर्धारक

64 निम्नलिखित प्रश्न में चार विकल्पों में से उस विकल्प का चयन करें, जो कोष्ठक में दिए गए शब्द के तत्सम रूप का सही विकल्प है।
कल ही पड़ोस के घर से एक (नेवता)………… आया है।
(a) नियम (b) उपहार
(c) निमन्त्रण (d) वस्तु

65 दिए गए वाक्य में उचित देशज-विदेशज शब्द का चयन कर रिक्त स्थान की पूर्ति कीजिए।
पाँच बजे श्याम………… जाएगा।
(a) गजट (b) ट्यूशन
(c) गार्ड (d) डायरी

66 दिए गए वाक्य में रेखांकित शब्द के लिए सही वर्तनी ज्ञात कीजिए।
उनका हर शब्द <u>बहुमुल्य</u> है।
(a) बहुमोल्य (b) बहूमूल्य
(c) बहूमुल्य (d) बहुमूल्य

67 निम्नलिखित प्रश्न में चार विकल्पों में से उस विकल्प का चयन करें, जो कोष्ठक में दिए गए शब्द के विलोम शब्द का सही विकल्प है।
लोगों को लगता है कि घमण्ड (क्षणिक)…………है।
(a) कुछ पल (b) अच्छा
(c) महान (d) शाश्वत

68 निम्नलिखित प्रश्न में चार विकल्पों में से उस विकल्प का चयन करें, जो कोष्ठक में दिए गए शब्द के पर्यायवाची शब्द का सही विकल्प है।
कभी-कभी मेरा भाई ऐसा (बेपरवाह)………… हो जाता है कि उसे किसी बात का पता नहीं चलता है।
(a) गाफिल (b) गिरीश (c) खेड़ा (d) गरई

69 निम्नलिखित प्रश्न में चार विकल्पों में से उस विकल्प का चयन करें, जो रिक्त स्थान के लिए सही शब्द वाला विकल्प हो।
जब व्यक्ति किसी दूसरे व्यक्ति से धर्म, जाति, कुल आदि के आधार पर व्यवहार करता है, तो उसकी दृष्टि…………हो जाती है।
(a) संकुचित (b) अच्छी
(c) विस्तृत (d) बड़ी

70 निम्नलिखित प्रश्न में चार विकल्पों में से उस सही विकल्प का चयन करें, जो वाक्यांश के लिए एक शब्द का उचित विकल्प हो।
''जिसके मस्तक पर चन्द्रमा हो''
(a) ईशान (b) चक्रपाणि
(c) निर्निमेष (d) चन्द्रमौली

71 निम्नलिखित प्रश्न में चार विकल्पों में से उस विकल्प का चयन करें, जो लोकोक्ति का सही अर्थ वाला विकल्प है
''बिल्ली के भाग्य से छींका टूटना''
(a) मूर्ख व्यक्ति गुणों के महत्त्व को नहीं समझ सकता
(b) अचानक कार्य सिद्ध हो जाना
(c) दुविधा की स्थिति
(d) जबरदस्ती गले पड़ना

72 निम्नलिखित प्रश्न में चार विकल्पों में से उस विकल्प का चयन करें, जो कोष्ठक में दिए गए शब्द के पर्यायवाची शब्द का सही विकल्प है।
आजकल (पत्र)…………बनाने के लिए बहुत ही ज्यादा मात्रा में वृक्ष काटे जा रहे हैं।
(a) राह (b) कागज
(c) मेल (d) कलम

73 दिए गए वाक्य में रेखांकित शब्द के लिए सही वर्तनी ज्ञात कीजिए।
<u>शितल</u> पेय ले आओ।
(a) शीलत (b) सीत्ल
(c) शिल्त (d) शीतल

74 निम्नलिखित प्रश्न में चार विकल्पों में से उस विकल्प का चयन करें, जो दिए गए मुहावरे का सही अर्थ विकल्प है।
''ईंट से ईंट बजाना''
(a) नष्ट भ्रष्ट कर देना
(b) विपरीत कार्य करना
(c) बहुत आवाज करना
(d) असम्भव कार्य करना

75 निम्नलिखित प्रश्न में चार विकल्पों में से उस विकल्प का चयन करें, जो कोष्ठक में दिए गए शब्द के विलोम शब्द का सही विकल्प है।
अचानक कहीं से एक पत्थर उसके (कपाल)………… से आ टकराया।
(a) सिर (b) शरीर
(c) पाद (d) गाड़ी

निर्देश (प्र. सं. 76-80) *नीचे दिए गए गद्यांश में कुछ शब्द छोड़ दिए गए हैं। प्रत्येक अनुच्छेद के सामने चार विकल्प दिए गए हैं। इस गद्यांश को ध्यानपूर्वक पढ़ें और चार विकल्पों में से सर्वोत्तम उत्तर वाला विकल्प चुनें।*

पूरी मानव प्रजाति के लिए संगीत भगवान द्वारा दिया गया ……(1)…… है। यह हमारे लिए एक आत्मीय कुँजी के समान है, जो हमें मानसिक तथा शारीरिक रूप से स्वस्थ बनाए रखने में हमारी सहायता करता है। संगीत वो लय है, जो बीते समय, पसन्दीदा स्थानों, व्यक्तियों या उत्सवों आदि की सभी अच्छी यादों और……(2)……विचारों को लाता है। संगीत बहुत ही मधुर और वैश्विक भाषा है, जो सब कुछ शान्ति से बताता है और हमारी सभी ……(3)…… को हमसे बिना पूछे खत्म करता है। संगीत योग की तरह है, जो हमें हमेशा खुश रखता है। इसके साथ ही यह हमारे शरीर में हार्मोन का ……(4)…… भी बनाए रखता है। संगीत का हमारे स्वास्थ्य पर काफी अच्छा असर होता है। यह हमारे शरीर को स्वस्थ तथा हमारे मन को शान्त बनाए रखता है। संगीत हमें ……(5)……रखता है और मस्तिष्क को राहत पहुँचाता हैं। मैंने भी अपने जीवन में इस बात को कई बार महसूस किया है कि संगीत हमें खुश रहने में काफी सहायता प्रदान करता है।

76 रिक्त स्थान (1) के लिए सही उत्तर है
(a) व्यवहार (b) उपहार
(c) अपकार (d) अत्याचार

77 रिक्त स्थान (2) के लिए सही उत्तर है
(a) अनचाहे (b) सकारात्मक
(c) अनायास (d) नकारात्मक

78 रिक्त स्थान (3) के लिए सही उत्तर है
(a) खुशियों (b) बातों
(c) समस्याओं (d) धन-सम्पत्तियों

79 रिक्त स्थान (4) के लिए सही उत्तर है
(a) सन्तुलन (b) व्याख्या
(c) परिवर्तन (d) क्रिया

80 रिक्त स्थान (5) के लिए सही उत्तर है
(a) खुश (b) उदास
(c) प्रयास (d) दुःखी

उत्तरमाला

1.	(c)	2.	(c)	3.	(c)	4.	(b)	5.	(b)	6.	(a)	7.	(a)	8.	(d)	9.	(d)	10.	(d)
11.	(d)	12.	(c)	13.	(a)	14.	(d)	15.	(a)	16.	(a)	17.	(d)	18.	(c)	19.	(b)	20.	(d)
21.	(a)	22.	(d)	23.	(b)	24.	(a)	25.	(c)	26.	(b)	27.	(b)	28.	(a)	29.	(c)	30.	(a)
31.	(a)	32.	(d)	33.	(b)	34.	(d)	35.	(a)	36.	(a)	37.	(a)	38.	(b)	39.	(c)	40.	(d)
41.	(d)	42.	(c)	43.	(b)	44.	(d)	45.	(c)	46.	(c)	47.	(c)	48.	(a)	49.	(c)	50.	(b)
51.	(c)	52.	(b)	53.	(d)	54.	(b)	55.	(a)	56.	(b)	57.	(c)	58.	(b)	59.	(d)	60.	(c)
61.	(b)	62.	(c)	63.	(c)	64.	(c)	65.	(b)	66.	(d)	67.	(d)	68.	(a)	69.	(a)	70.	(d)
71.	(b)	72.	(b)	73.	(d)	74.	(a)	75.	(c)	76.	(b)	77.	(b)	78.	(c)	79.	(a)	80.	(a)

संकेत एवं हल

1. *(c)* प्रत्येक अगली आकृति में वर्गाकार बॉक्स के अन्दर की आकृति 90° वामावर्त दिशा में बढ़ रही है। अतः विकल्प (c) आकृति शृंखला की अगली आकृति है।

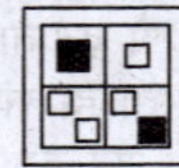

2. *(c)* प्रश्न में दी गई शृंखला निम्न प्रकार है,
xy/xxyy/xxxyyy/xxxxyyyy
प्रत्येक अगले समूह में एक x और एक y जुड़ रहा है।
∴ अभीष्ट अक्षर समूह = xyxy

3. *(c)* जिस प्रकार,

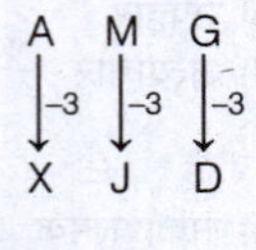

उसी प्रकार,

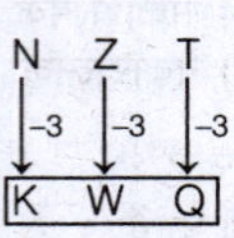

4. *(b)* अंग्रेजी शब्दकोश के अनुसार शब्दों का क्रम निम्न प्रकार है,
4. MAGPIE → 1. MONKEY → 5. MOTH → 3. MOUSE → 2. MULE
∴ अभीष्ट क्रम = 4, 1, 5, 3, 2

5. *(b)* प्रश्न में दी गई शृंखला निम्न प्रकार है,

$T \xrightarrow{+1} \boxed{U} \xrightarrow{+1} V \xrightarrow{+1} W \xrightarrow{+1} X \xrightarrow{+1} Y$

$Y \xrightarrow{-1} \boxed{X} \xrightarrow{-1} W \xrightarrow{-1} V \xrightarrow{-1} U \xrightarrow{-1} T$

6. *(a)* प्रश्नानुसार,

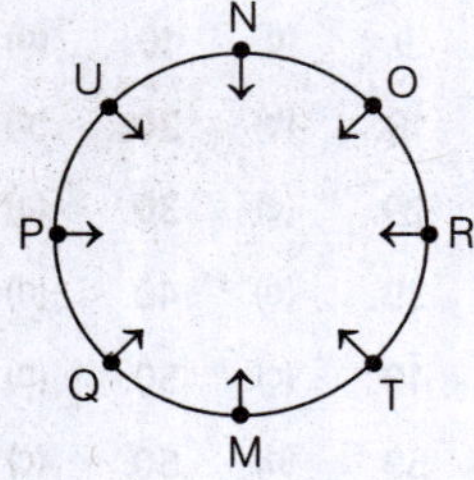

∴ अतः N के ठीक दाईं ओर U बैठा है।

7. *(a)* प्रश्न में दिए गए दोनों पासे में '4' उभयनिष्ठ है।
पासा I → 4 2 1
पासा II → 4 3 5
∴ अतः '2' वाले फलक के विपरीत '3' वाला फलक आएगा।

8. *(d)* दी गई शृंखला का सही क्रम निम्न है,

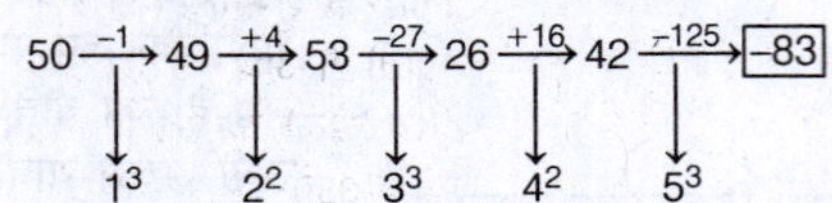

9. *(d)* कथनानुसार,

निष्कर्ष I. (✓) II. (✗)
अतः केवल निष्कर्ष I कथनों का अनुसरण करता है।

10. *(d)* विकल्प आकृति (d) प्रश्न आकृति का सही दर्पण प्रतिबिम्ब है।

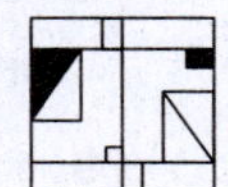
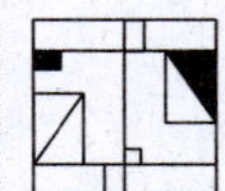

11. *(d)* प्रत्येक अगली आकृति में दोनों रेखाओं के बीच के कोण में 45° की वृद्धि होती है।
45° → 90° → 135° → 180° → 225°
अतः अगली आकृति विकल्प (d) के समान होगी।

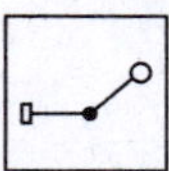

12. *(c)* जिस प्रकार,

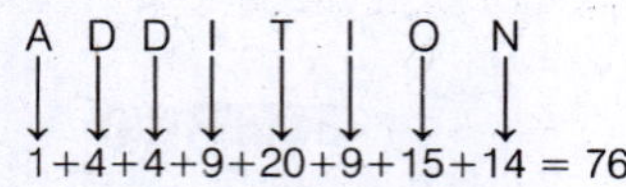

तथा

S U B T R A C T I O N
19+21+2+20+18+1+3+20+9+15+14=142

उसी प्रकार,

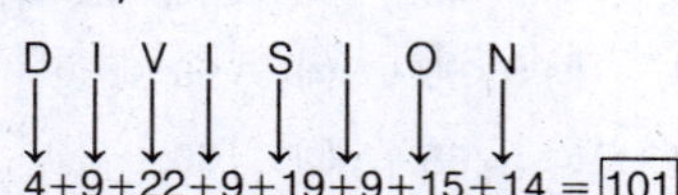

13. *(a)* प्रश्न में दिए गए दोनों पासों में 'P' उभयनिष्ठ है
पासा I → P Q X
पासा II → P M R
अतः Q वाले फलक के विपरीत फलक पर 'M' होगा।

14. *(d)* जिस प्रकार, 'मॉस्को', रूस की राजधानी है। उसी प्रकार, 'काहिरा', मिस्र की राजधानी है।

15. *(a)* प्रश्नानुसार,

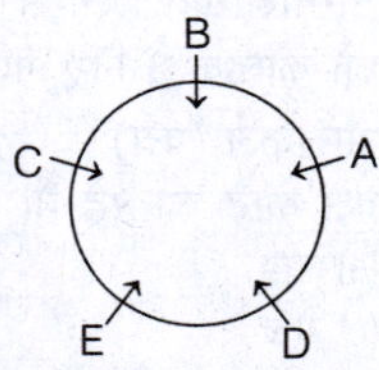

अतः B, C के ठीक बाईं ओर बैठा है।

16. *(a)* प्रश्न में दी गई शृंखला निम्न प्रकार है,

$11 \xrightarrow{\times 3} 33 \xrightarrow{\times 3} 99 \xrightarrow{\times 3} 297 \xrightarrow{\times 3} \boxed{891} \xrightarrow{\times 3} 2673$

17. *(d)* दिया है,
$18 \div 3 - 5 = 10 \times 2 + 21$
विकल्प (d) से चिह्न (= ⇔ +) परस्पर बदलने पर,
$18 \div 3 - 5 + 10 \times 2 = 21$
$\Rightarrow 6 - 5 + 10 \times 2 = 21$
$\Rightarrow 6 - 5 + 20 = 21$
$\Rightarrow 26 - 5 = 21$
$\Rightarrow 21 = 21$

18. *(c)* प्रश्नानुसार,

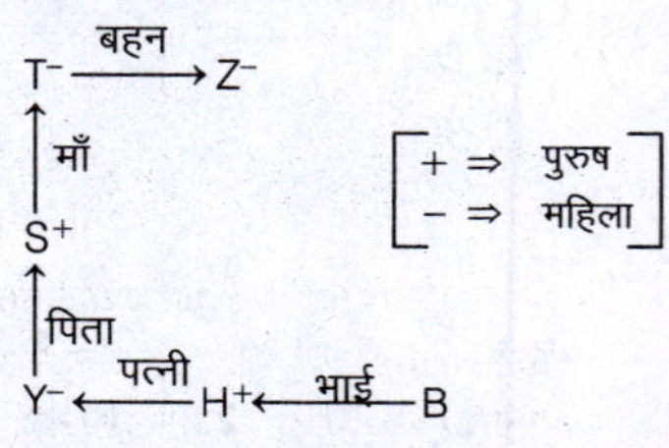

∴ Z, S की माँ की बहन है।

19. *(b)* दिया है,
$10 \div 5 + 4 \times 3 - 2 = 0$
विकल्प (b) से चिह्न (× ⇔ −) परस्पर बदलने पर,
$10 \div 5 + 4 - 3 \times 2 = 0$
$\Rightarrow 2 + 4 - 3 \times 2 = 0$
$\Rightarrow 2 + 4 - 6 = 0$
$\Rightarrow 6 - 6 = 0$

20. *(d)* जिस प्रकार,

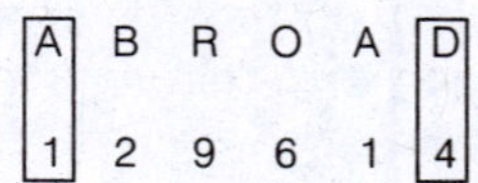

तथा

C	O	U	P	L	E
3	6	3	7	3	5

उसी प्रकार,

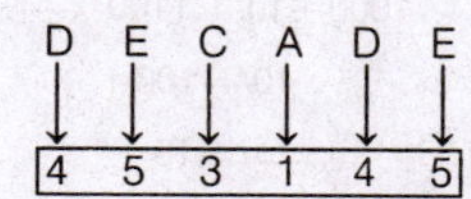

21. *(a)* राजकोषीय घाटा ऋण-ग्रहण को छोड़कर सरकार के कुल व्यय और कुल प्राप्तियों के बीच का अन्तर है। सामान्यतः राजकोषीय घाटा, राजस्व घाटे या पूँजीगत व्यय में बढ़ोतरी के कारण होता है। सरकार बॉण्ड जारी कर राजकोषीय घाटे की प्रतिपूर्ति करती है।

22. *(d)* भारतीय संविधान के अनुच्छेद-93 में लोकसभा अध्यक्ष के पद का उल्लेख किया गया है। लोकसभा अध्यक्ष लोकसभा का पीठासीन अधिकारी होता है। संविधान का अनुच्छेद-94 लोकसभा अध्यक्ष के पद त्याग, हटाए जाने, पद रिक्तता सम्बन्धी कार्यों का प्रावधान करता है, जबकि अनुच्छेद-95 लोकसभा अध्यक्ष के दायित्व की व्याख्या करता है।

23. *(b)* पंचवर्षीय योजनाएँ योजना आयोग द्वारा तैयार, कार्यान्वित तथा विनियमित की गईं। पंचवर्षीय योजना की शुरुआत 1 अप्रैल, 1951 से हुई। इसकी शुरुआत का मुख्य उद्देश्य भारत में आर्थिक नियोजन को सुनिश्चित करना था। 12वीं और अन्तिम पंचवर्षीय योजना जिसका कार्यकाल वर्ष 2012-2017 था 1 जनवरी, 2015 को एक प्रस्ताव द्वारा योजना आयोग को नीति आयोग में परिवर्तित कर दिया गया।

24. *(a)* जनगणना 2011 की स्थिति के अनुसार, श्रीलंका विश्व के शीर्ष 10 सबसे अधिक आबादी वाले देशों में शामिल नहीं है। विश्व के शीर्ष 10 देशों में भारत, चीन, संयुक्त राज्य अमेरिका, इण्डोनेशिया, पाकिस्तान, नाइजीरिया, ब्राजील, बांग्लादेश, रूस तथा मैक्सिको शामिल हैं।

25. *(c)* आवर्त सारणी के प्रथम आवर्त में दो तत्त्व मौजूद हैं। द्वितीय और तृतीय आवर्त में आठ तत्त्व हैं, इन्हें 'लघु आवर्त' कहते हैं। चतुर्थ और पंचम आवर्त में 18 तत्त्व हैं।

26. *(b)* साधना एस. नायर (दिसम्बर, 2023 में) भारतीय वायुसेना (IAF) की मेडिकल (चिकित्सा) शाखा से एयर मार्शल की सम्मानित रैंक प्राप्त करने वाली दूसरी महिला अधिकारी हैं। पद्मावती बन्दोपाध्याय (2002) भारतीय वायुसेना की पहली महिला एयर मार्शल हैं।

27. *(b)* 36वें राष्ट्रीय खेल, 2022 का आधिकारिक विषय 'खेलों के माध्यम से एकता का जश्न' मनाना था।
इसका आयोजन गुजरात में किया गया था। इसका आधिकारिक शुभांकर 'सावज' था, जिसका गुजराती में अर्थ 'उद्धारकर्ता' होता है। 37वें राष्ट्रीय खेलों का आयोजन गोवा में हुआ था, जबकि 38वें राष्ट्रीय खेलों का आयोजन 2024 में 'उत्तराखण्ड' में होगा।

28. *(a)* भारत में जनगणना का कार्य दो चरणों में होता है। पहला चरण मकान सूचीकरण एवं मकानों की गणना तथा दूसरा चरण जनसंख्या गणना का होता है। जनगणना का कार्य जनगणना अधिनियम, 1948 तथा जनगणना नियम, 1990 के अन्तर्गत प्रत्येक दस वर्ष के अन्तराल पर किया जाता है।

29. *(c)* संविधान का अनुच्छेद-32 'संवैधानिक उपचारों के अधिकार' के अन्तर्गत मौलिक अधिकारों के प्रवर्तन से सम्बन्धित है। अनुच्छेद-32 स्वयं एक मूलाधिकार न होकर मूलाधिकारों के रक्षोपाय से सम्बन्धित है। मूल अधिकारों के उल्लंघन के मामले में अनुच्छेद-32 के प्रावधानों के तहत सर्वोच्च न्यायालय तथा उच्च न्यायालय अनुच्छेद 226 (मूल अधिकार के साथ-साथ अन्य अधिकारों के उल्लंघन के मामले में भी) को रिट जारी करने का अधिकार है।

30. *(a)* 24 सितम्बर, 2023 को भारत के प्रधानमन्त्री ने 9 वन्दे भारत ट्रेनों को हरी झण्डी दिखाई। वन्दे भारत एक्सप्रेस एक सेमी हाई स्पीड ट्रेन है, जो स्वदेशी रूप से डिजाइन तथा निर्मित की गई है। इसका उद्देश्य भारतीय रेलवे की परिचालन व्यवहार्यता, यातायात औचित्य आदि के अधीन एक सतत् प्रक्रिया का विकास करना है। पहली वन्दे भारत एक्सप्रेस फरवरी, 2019 को दिल्ली से वाराणसी के बीच परिचालित हुई थी।

31. *(a)* घूमर नृत्य राजस्थान का लोकनृत्य है, जो भील समुदाय से सम्बन्धित है। यह स्त्री केन्द्रित नृत्य है। यह नृत्य तीज त्योहारों; जैसे-होली, दुर्गापूजा, नवरात्रि, गणगौर आदि पर किया जाता है। विशेष रूप से पहने गए लहँगे घेरे को 'कुम्भ' कहा जाता है, जिस कारण इसे घूमर नृत्य (विशेष घेरे के कारण) कहा जाता है।

32. *(d)* कार्तिकेयन मुरली का सम्बन्ध शतरंज खेल से है। मुरली तमिलनाडु के तन्जावुर में जन्मे एक भारतीय ग्रैण्ड मास्टर हैं, जिन्हें वर्ष 2015 में FIDE द्वारा ग्रैण्ड मास्टर की उपाधि दी गई थी। ये दो बार नेशनल चैम्पियन भी रह चुके हैं।

33. *(b)* भारत में सातवाहन वंश की स्थापना सिमुक ने की थी। इसने अपने साम्राज्य में बौद्ध तथा जैन मन्दिरों का निर्माण भी करवाया था। इस वंश का सबसे महान शासक गौतमी पुत्र शातकर्णी था। इसी वंश के एक शासक हाल ने प्राकृत भाषा में 'गाथा सप्तशती' नामक काव्य-संग्रह की रचना की थी।

34. *(d)* कथक नृत्य के कलाकार पण्डित बिरजू महाराज को वर्ष 1986 में 'पद्म विभूषण' से सम्मानित किया गया था। ये लखनऊ के 'कालका-बिन्दादीन' घराने के प्रमुख कलाकार थे। इनका वास्तविक नाम पण्डित ब्रजमोहन मिश्र था। वर्ष 2022 में इनकी मृत्यु हुई। कथक नृत्य का सम्बन्ध उत्तर प्रदेश से है।

35. *(a)* भारत में स्थायी बन्दोबस्त की शुरुआत 1793 ई. में गवर्नर-जनरल लॉर्ड कॉर्नवालिस द्वारा शुरू की गई थी। स्थायी बन्दोबस्त ब्रिटिश ईस्ट इण्डिया कम्पनी तथा बंगाल के जमींदारों के बीच भू-राजस्व तय करने का एक समझौता था। यह ब्रिटिश भारत में 19% भू-भाग (बंगाल, बिहार, ओडिशा, बनारस तथा उत्तरी कर्नाटक) पर लागू था। 'सूर्यास्त कानून' का सम्बन्ध भी इस व्यवस्था से था।

36. *(a)* प्रकाश पादुकोण का सम्बन्ध बैडमिण्टन से है। यह ऑल इंग्लैण्ड ओपन बैडमिण्टन चैम्पियनशिप जीतने वाले पहले भारतीय हैं। प्रकाश पादुकोण गैर-लाभकारी संस्था 'ओलम्पिक गोल्ड क्वेस्ट' के संस्थापक भी हैं। प्रसिद्ध बॉलीवुड अभिनेत्री दीपिका पादुकोण, प्रकाश पादुकोण की बेटी है।

37. *(a)* भारतीय खान ब्यूरो का मुख्यालय नागपुर में है। इसकी स्थापना वर्ष 1948 में की गई थी। यह खनन मन्त्रालय के अधीन एक बहु-अनुशासनात्मक संगठन है।

38. *(b)* इण्डियन सुपर लीग के नौवें संस्करण (2022-23) की उपविजेता बेंगलुरु एफसी टीम रही है। इस संस्करण में एटीके मोहन बागान टीम विजेता थी। इण्डियन सुपर लीग (हीरो इण्डियन सुपर लीग) एक भारतीय व्यावसायिक सुपर लीग है। इसे वर्ष 2013 में फुटबॉल के प्रोत्साहन के उद्देश्य से शुरू किया गया था। आई.एस.एल. (ISL) 2023-24 की विजेता मुम्बई सिटी एफसी रही।

39. *(d)* खर्ची पूजा, गरिया पूजा, केर पूजा, बिजू आदि त्रिपुरा की जनजातियों के प्रमुख त्योहार हैं। गरिया पूजा चैत्र माह के अन्तिम दिन आयोजित किया जाने वाला प्रमुख त्योहार है। गरिया नृत्य भी इसी त्योहार से सम्बन्धित है। त्रिपुरा में जनजातीय त्योहारों का विशेष महत्त्व है।

40. *(d)* शिवकुमार शर्मा का सम्बन्ध सन्तूर वाद्ययन्त्र से है। ये जम्मू-कश्मीर में जन्मे प्रसिद्ध सन्तूरवादक हैं। कश्मीर के सूफी

संगीत में साज तथा कला विशिष्टता में सन्तूर की एकल भूमिका को शिवकुमार शर्मा द्वारा विशिष्ट स्थान दिलवाया गया। इन्हें संगीत नाटक अकादमी पुरस्कार (1986) और पद्म विभूषण (2001) से सम्मानित किया गया है।

41. *(d)* दिया है,

बल्ले का विक्रय मूल्य = ₹ 988

तथा लाभ = 30%

अतः बल्ले का क्रय मूल्य

$= 988 \times \frac{100}{130} =$ ₹ 760

25% लाभ पर,

∴ बल्ले का विक्रय मूल्य = ₹ $\left(\frac{760}{100} \times 125\right)$

= ₹ 950

42. *(c)* प्रश्नानुसार,

A का 1 दिन का कार्य $= \frac{1}{8}$

तथा B का 1 दिन का कार्य $= -\frac{1}{3}$

अब, A का 4 दिन का कार्य $= 4 \times \frac{1}{8} = \frac{1}{2}$

$(A+B)$ का 2 दिन का कार्य $= 2 \times \left(\frac{1}{8} - \frac{1}{3}\right)$

$= 2 \times \left(\frac{3-8}{24}\right)$

$= \frac{2 \times (-5)}{24} = \frac{-10}{24}$

∴ शेष बचा कार्य $= 1 - \left[\frac{1}{2} - \frac{10}{24}\right]$

$= 1 - \left[\frac{12-10}{24}\right]$

$= 1 - \frac{2}{24} = \frac{22}{24}$

अब A द्वारा शेष कार्य करने में लगा समय

$= \frac{\frac{22}{24}}{\frac{1}{8}} = \frac{22}{3}$ दिन

वैकल्पिक विधि

A द्वारा दीवार को बनाने में लगा समय

= 8 दिन

तथा B द्वारा दीवार को तोड़ने में लगा समय

= 3 दिन

कुल कार्य 8 और 3 का ल.स. = 24

A का एक दिन का कार्य $= \frac{24}{8} = 3$

तथा B का एक दिन का कार्य $= \frac{24}{-3} = -8$

A द्वारा 4 दिन में किया गया कार्य $= 3 \times 4$

$= 12$

A और B द्वारा अगले 2 दिन में किया गया कार्य $= (3-8) \times 2 = -10$

∴ शेष बचा कार्य $= 24 - (12 - 10) = 22$

A द्वारा शेष कार्य करने में लगा समय

$= \frac{22}{3}$ दिन

43. *(b)* दिया है,

शर्ट का अंकित मूल्य = ₹ 1500

और छूट = 20%

तो शर्ट का विक्रय मूल्य

= ₹ $\left(1500 \times \frac{(100-20)}{100}\right)$

= ₹ (15×80) = ₹ 1200

44. *(d)* 8 मानों का योग $= 8 \times 36 = 288$

∴ नया औसत $= \frac{288 - (3 \times 4) + (5 \times 5)}{8}$

$= \frac{288 - 12 + 25}{8}$

$= \frac{301}{8} = 37.625$

45. *(c)* माना छोटी संख्या $= x$

और बड़ी संख्या $= y$

प्रश्नानुसार, $x \times \frac{63}{100} = y \times \frac{45}{100}$

$\Rightarrow \quad 21x = 15y$

$\Rightarrow \quad 7x = 5y$

$\Rightarrow \quad \frac{x}{y} = \frac{5}{7}$

माना $x = 5k$ और $y = 7k$

$5k + 7k = 1728$

$\Rightarrow \quad 12k = 1728$

$\therefore \quad k = 144$

अतः बड़ी संख्या $= 144 \times 7 = 1008$

46. *(c)* दिया है,

वस्तु का विक्रय मूल्य = ₹ 1100

तथा छूट = 45%

अतः वस्तु का अंकित मूल्य

= ₹ $\left(1100 \times \frac{100}{(100-45)}\right)$

= ₹ $\left(1100 \times \frac{100}{55}\right)$

= ₹ (20×100) = ₹ 2000

47. *(c)* दिया है,

मूलधन = ₹ 4500

मिश्रधन = ₹ 5989.5

तथा समय = 3 वर्ष

माना वार्षिक ब्याज दर $= r\%$

प्रश्नानुसार, $4500\left(1 + \frac{r}{100}\right)^3 = 5989.5$

$\Rightarrow \quad \left(\frac{100+r}{100}\right)^3 = \frac{59895}{45000}$

$\Rightarrow \quad \left(\frac{100+r}{100}\right)^3 = \frac{1331}{1000}$

$\Rightarrow \quad \left(\frac{100+r}{100}\right)^3 = \left(\frac{11}{10}\right)^3$

$\Rightarrow \quad \frac{100+r}{100} = \frac{11}{10}$

$\Rightarrow \quad 1000 + 10r = 1100$

$\Rightarrow \quad 10r = 100$

$\Rightarrow \quad r = 10$

∴ अभीष्ट ब्याज दर = 10%

वैकल्पिक विधि

यह ज्ञात है कि चक्रवृद्धि ब्याज 'गुणोत्तर अनुक्रम' (GP) में होता है, तो

ब्याज दर $(r\%) = \frac{5989.5}{4500}$

$= \frac{59895}{45000} = \frac{1331}{1000} = \left(\frac{11}{10}\right)^3$

$r\% = \frac{11-10}{10} \times 100\% = 10\%$

48. *(a)* दिया है, $a : b = 5 : 6$

तथा $b : c = (2 : 3) \times 3$

$\therefore \quad a : b : c = 5 : 6 : 9$

49. *(c)* माना तीनों संख्याएँ क्रमशः $4x, 5x$ और $6x$ हैं।

प्रश्नानुसार,

$4x + 6x = 6000$

$\Rightarrow \quad 10x = 6000 \Rightarrow x = 600$

∴ सबसे बड़ी संख्या और सबसे छोटी संख्या का अन्तर $= 6x - 4x = 2x$

$= 2 \times 600 = 1200$

50. *(b)* प्रश्नानुसार, दूरी = 20 किमी

तथा समय = 30 मिनट

∴ ट्रक की सामान्य चाल $= \frac{20}{\frac{1}{60} \times 30}$

= 40 किमी/घण्टा

अब, चाल में कमी के बाद नई चाल

= (40 − 15) किमी/घण्टा

= 25 किमी/घण्टा

∴ अभीष्ट समय $= \frac{20}{25} = \frac{4}{5}$ किमी/घण्टा

$= \frac{4}{5} \times 60 = 48$ मिनट

51. *(c)* $400 \times 5 \div 8 + 32 \times 3$

BODMAS के नियम अनुसार,

$400 \times \frac{5}{8} + 32 \times 3 = 250 + 96 = 346$

52. *(b)* $[14 + (27 \div 3 \times 2] + (4 + 7 - 2)]$

VBODMAS के नियम अनुसार,

$[14 + (9 \times 2) + (11 - 2)]$

$= [14 + 18 + 9] = 41$

53. *(d)* अमन द्वारा कार्य पूरा करने में लिया गया समय $= 4 \times 7 = 28$ घण्टे

तथा गीता द्वारा कार्य पूरा करने में लिया गया समय $= 7 \times 2 = 14$ घण्टे

अब, अमन और गीता का 1 घण्टे का कार्य

$$= \frac{1}{28} + \frac{1}{14} = \frac{1+2}{28} = \frac{3}{28}$$

$\therefore$ 7 दिन में काम खत्म करने के लिए प्रति दिन कार्य $= \frac{28}{3} \times \frac{1}{7} = \frac{4}{3}$ घण्टे

54. *(b)* $8\frac{1}{4} + 2\frac{1}{3} + 4\frac{2}{3} - 6\frac{1}{4}$

$$= \frac{33}{4} + \frac{7}{3} + \frac{14}{3} - \frac{25}{4}$$

$$= \frac{99 + 28 + 56 - 75}{12} = \frac{108}{12} = 9$$

55. *(a)* दिया है,

घड़ी का विक्रय मूल्य $=$ ₹ 6912

तथा हानि $= 28\%$

तो घड़ी का क्रय मूल्य

$$= \left(6912 \times \frac{100}{(100-28)}\right)$$

$$= \left(6912 \times \frac{100}{72}\right) = ₹\ 9600$$

56. *(b)* माना आयताकार भूखण्ड की लम्बाई $= l$

तथा चौड़ाई $= b$

$\Rightarrow$ क्षेत्रफल $= l \times b = lb$

20% लम्बाई में वृद्धि करने पर नई लम्बाई

$$= l + \left(\frac{l \times 20}{100}\right) = \left(l + \frac{l}{5}\right) = \frac{6l}{5}$$

$\Rightarrow$ नए क्षेत्रफल को अपरिवर्तित रखने के लिए चौड़ाई में की जाने वाली कमी के अनुसार नई चौड़ाई $= \frac{5}{6} b$

$$= \frac{\left(1 - \frac{5}{6}\right) b \times 100}{b} = 16.66\%$$

वैकल्पिक विधि

अभीष्ट प्रतिशत कमी $= \frac{20}{(100+20)} \times 100$

$$= \frac{20 \times 100}{120} = 16.66\%$$

अतः चौड़ाई में 16.66% की कमी हुई है।

57. *(c)* दिया है,

राम का 5 दिनों का औसत व्यय $=$ ₹ 180

तो 5 दिनों का कुल व्यय $= 180 \times 5 =$ ₹ 900

माना 5वें दिन का व्यय $=$ ₹ x

प्रश्नानुसार,

$120 + 160 + 40 + 190 + x = 900$

$\Rightarrow 510 + x = 900$

$\Rightarrow x = 900 - 510 =$ ₹ 390

58. *(b)* दिया है, ल.स. $= 990$

तथा दोनों संख्या का गुणनफल $= 9900$

हम जानते हैं,

ल.स. $\times$ म.स. $=$ दोनों संख्या का गुणनफल

$990 \times$ म.स. $= 9900$

$\therefore$ म.स. $= \frac{9900}{990} = 10$

59. *(d)* दिया है,

बेलन के आधार की त्रिज्या $= 2.8$ सेमी

तथा ऊँचाई $= 6$ सेमी

हम जानते हैं,

बेलन का कुल पृष्ठीय क्षेत्रफल $= 2\pi r (r + h)$

$\therefore$ बेलन का कुल पृष्ठीय क्षेत्रफल

$$= 2 \times \frac{22}{7} \times 2.8\,(2.8 + 6)$$

$$= 2 \times \frac{22}{7} \times 2.8 \times 8.8$$

$= 154.88$ सेमी^{2}

60. *(c)* दिया है,

मूलधन $=$ ₹ 40000

समय $= 10$ वर्ष

तथा ब्याज दर $= 5\%$

$\because$ ब्याज $= \frac{40000 \times 10 \times 5}{100} =$ ₹ 20000

$\therefore$ मिश्रधन $=$ ₹ $(20000 + 40000)$

$=$ ₹ 60000

61. *(b)* दिए गए वाक्य में 'खेल की मैदान में' वाक्यांश त्रुटिपूर्ण है। अतः सही वाक्य-'खेल के मैदान में' केवल स्वास्थ्य नहीं बनता, बल्कि मनुष्य बनता है।

62. *(c)* दिए गए वाक्य में रिक्त स्थान की पूर्ति के लिए सही भाववाचक संज्ञा वाला विकल्प 'खटास' है। अतः सही वाक्य है–माँ ने आज जो दही जमाई है, उसमें बहुत-ज्यादा खटास है।

63. *(c)* दिए गए वाक्य के रिक्त स्थान के लिए सही विकल्प 'तात्पर्य' है। अतः अन्य विकल्प असंगत हैं।

64. *(c)* दिए गए कोष्ठक में 'नेवता' के लिए सही तत्सम शब्द 'निमन्त्रण' है। 'नेवता' तद्भव शब्द है। अतः अन्य विकल्प असंगत हैं।

65. *(b)* दिए गए वाक्य में रिक्त स्थान की पूर्ति के लिए उचित विदेशज शब्द 'ट्यूशन' है। अतः अन्य विकल्प असंगत हैं।

66. *(d)* दिए गए वाक्य में रेखांकित शब्द 'बहुमुल्य' के लिए सही वर्तनी 'बहुमूल्य' है। अतः अन्य विकल्प असंगत हैं।

67. *(d)* दिए गए वाक्य में कोष्ठक शब्द 'क्षणिक' शब्द का विलोम शब्द 'शाश्वत' है। अतः अन्य विकल्प असंगत हैं।

68. *(a)* दिए गए कोष्ठक में 'बेपरवाह' के लिए उचित पर्यायवाची 'गाफिल' है। बेपरवाह के कुछ अन्य पर्यायवाची शब्द अनौपचारिक, शान्त रूप से असम्बद्ध आदि हैं।

69. *(a)* दिए गए वाक्य के रिक्त स्थान की पूर्ति के लिए 'संकुचित' उचित शब्द है, इसका अर्थ होता है-व्यवहार में खुलापन न होना।

70. *(d)* दिए गए वाक्यांश ''जिसके मस्तक पर चन्द्रमा हो'' के लिए एक उचित विकल्प 'चन्द्रमौली' है। अतः अन्य विकल्प असंगत हैं।

71. *(b)* ''बिल्ली के भाग्य से छींका टूटना'' लोकोक्ति का सही अर्थ है–अचानक कार्य सिद्ध हो जाना। अर्थात् जिसकी कल्पना न की गई हो।

72. *(b)* कोष्ठक में दिए गए शब्द 'पत्र' का पर्यायवाची 'कागज' है। पत्र के कुछ अन्य पर्यायवाची पत्रिका, पत्र, खत, चिट्ठी आदि हैं।

73. *(d)* वाक्य में दिए गए रेखांकित शब्द 'शितल' के लिए उचित वर्तनी 'शीतल' है। अतः अन्य विकल्प असंगत हैं।

74. *(a)* ''ईंट से ईंट बजाने'' मुहावरे का सही अर्थ है–नष्ट भ्रष्ट कर देना।

वाक्य प्रयोग संजय बहुत ही झगड़ालू स्वभाव का है, वह दूसरों की ईंट से ईंट बजाने को तत्पर रहता है।

75. *(c)* कोष्ठक में दिए गए 'शब्द कपाल' का विलोम शब्द 'पाद' है। अतः अन्य विकल्प असंगत हैं।

76. *(b)* रिक्त स्थान (1) के लिए उपयुक्त विकल्प 'उपहार' है। अतः पूर्ण वाक्य है–पूरी मानव प्रजाति के लिए संगीत भगवान द्वारा दिया गया उपहार है।

77. *(b)* रिक्त स्थान (2) के लिए उपयुक्त विकल्प 'सकारात्मक' है। अतः पूर्ण वाक्य है–सभी अच्छी यादों और सकारात्मक विचारों को लाता है।

78. *(c)* रिक्त स्थान (3) के लिए उपयुक्त विकल्प 'समस्याओं' है।

अतः पूर्ण वाक्य है–हमारी सभी समस्याओं को हमसे बिना पूछे खत्म करता है।

79. *(a)* रिक्त स्थान (4) के लिए उपयुक्त विकल्प 'सन्तुलन' है। अतः पूर्ण वाक्य है–इसके साथ ही हमारे शरीर में हार्मोन्स का सन्तुलन बनाए रखता है।

80. *(a)* रिक्त स्थान (5) के लिए उपयुक्त विकल्प 'खुश' है। अतः पूर्ण वाक्य है–संगीत हमें खुश रखता है और मस्तिष्क को राहत पहुँचाता है।

सॉल्वड पेपर 2024

SSC कांस्टेबल (जीडी) सेट 50

भाग-I सामान्य बुद्धिमत्ता एवं तर्कशक्ति

1 छः विद्यार्थी सारा, टॉम, लिली, जॉन, माइक और एम्मा, एक घेरा बनाकर, केन्द्र की ओर मुख करके बैठे हैं। जॉन, लिली के बाईं ओर से तीसरे स्थान पर तथा सारा और टॉम के बीच में बैठा है। टॉम, माइक का पड़ोसी नहीं है। सारा, माइक के ठीक बाईं ओर बैठी है। एम्मा के ठीक दाईं ओर कौन बैठा/बैठी है?

(a) माइक (b) टॉम (c) सारा (d) जॉन

2 निम्नलिखित प्रश्न में कुछ कथन और उन कथनों के आधार पर कुछ निष्कर्ष दिए गए हैं। आपको दिए गए कथनों को सत्य मानना है, चाहे वे सामान्यतः ज्ञात तथ्यों से भिन्न प्रतीत हों। सभी निष्कर्षों को ध्यानपूर्वक पढ़िए और निर्धारित कीजिए कि एक दिए गए निष्कर्षों में से कौन-सा/कौन-से निष्कर्ष कथनों का तार्किक रूप से अनुसरण करता है/करते हैं।

कथन

कुछ पेड़, फूल हैं।

कोई फूल, लाल नहीं है।

निष्कर्ष

I. सभी पेड़, लाल हैं।

II. सभी लाल, फूल हैं।

III. कुछ पेड़, लाल नहीं है।

(a) केवल निष्कर्ष II कथनों का अनुसरण करता है।

(b) निष्कर्ष II और III दोनों कथनों का अनुसरण करते हैं।

(c) केवल निष्कर्ष III कथनों का अनुसरण करता है।

(d) सभी निष्कर्ष कथनों का अनुसरण करते हैं।

3 दिए गए विकल्पों में से उस आकृति का चयन कीजिए, जिसे दी गई आकृति श्रृंखला में प्रश्न चिह्न (?) के स्थान पर रखा जा सकता है।

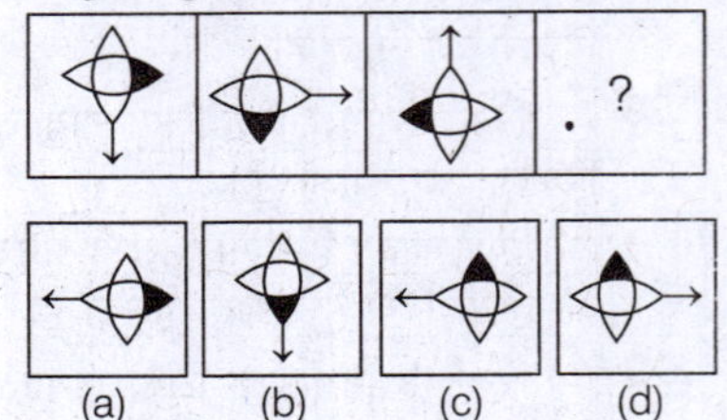

4 निम्नलिखित में से अक्षरों का कौन-सा समूह क्रमबद्ध रूप से बाईं से दाईं ओर रखे जाने पर नीचे दी गई श्रृंखला को पूरा करेगा?

lmnopl_noplmn_plmnopl_noplmn_p

(a) momo (b) moom (c) popm (d) mmon

5 एक निश्चित कूटभाषा में 'LOUD' को 'IKRZ' लिखा जाता है। उसी कूटभाषा में 'PALE' को कैसे लिखा जाएगा?

(a) MWIA (b) MWJA (c) MVIA (d) MWIB

6 नीचे एक पासे की दो स्थितियाँ दी गई हैं। '6' वाले फलक के विपरीत फलक पर क्या आएगा?

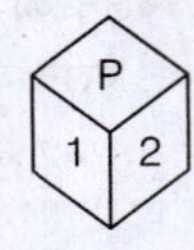

(a) $ (b) 1 (c) 2 (d) P

7 निम्नलिखित विकल्पों में से उस विकल्प का चयन कीजिए, जो पाँचवें शब्द से ठीक उसी प्रकार सम्बन्धित है, जिस प्रकार चौथा शब्द तीसरे शब्द से सम्बन्धित है, और दूसरा शब्द पहले शब्द से सम्बन्धित है।

बिहार : पटना :: झारखण्ड : राँची :: राजस्थान : ?

(a) जोधपुर (b) मणिपुर

(c) जयपुर (d) उदयपुर

8 निम्नलिखित में से कौन-सी संख्या दी गई श्रृंखला में प्रश्नचिह्न (?) के स्थान पर आएगी?

12, 24, 48, 96, 192, ?

(a) 384 (b) 222

(c) 318 (d) 280

9 निम्नलिखित में से कौन-सा अक्षर दी गई श्रृंखला में प्रश्नचिह्न (?) के स्थान पर आएगा?

G, J, M, P, ?

(a) S (b) T (c) M (d) R

10 निम्नलिखित प्रश्न में, दिए गए विकल्पों में से उस आकृति का चयन कीजिए, जिसे प्रश्नचिह्न (?) के स्थान पर रखा जा सकता है।

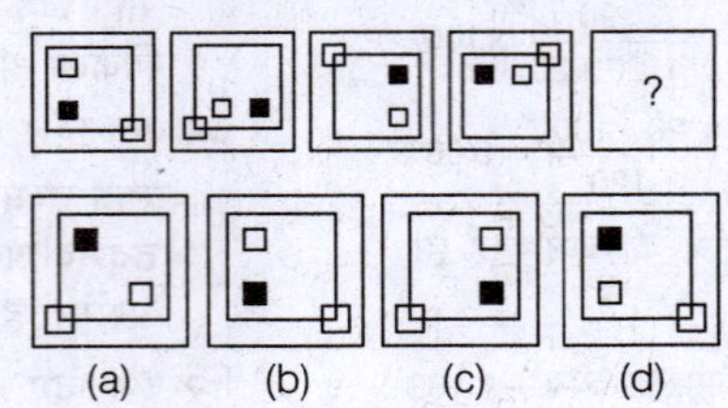

11 नीचे दर्शाए गए चित्र अनुसार, एक कागज को मोड़कर काटा जाता है। खोले जाने पर यह कैसा दिखाई देगा?

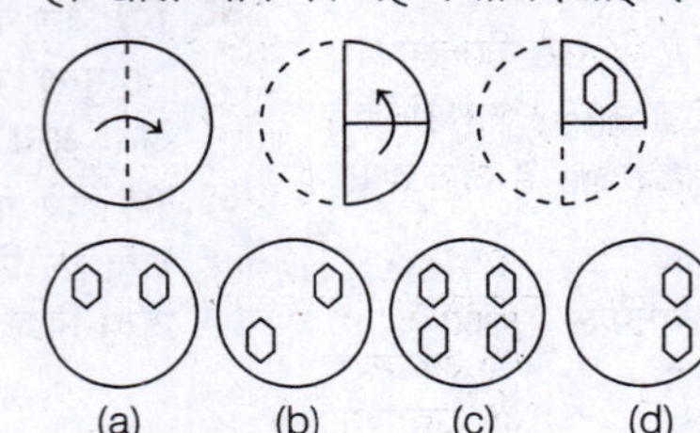

12 निम्नलिखित विकल्पों में से दी गई शृंखला से लुप्त संख्या का चयन कीजिए।

990, 962, 934, 906, 878, ?

(a) 850 (b) 840 (c) 854 (d) 860

13 नीचे एक ही पासे की चार अलग-अलग स्थितियाँ दी गई हैं। अक्षर 'c' के विपरीत कौन-सा अक्षर होगा?

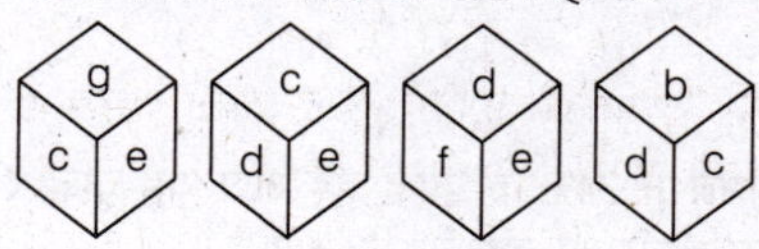

(a) e (b) g (c) d (d) f

14 'A × B' का अर्थ है 'A, B का पिता है'

'A + B' का अर्थ है 'A, B की माँ है'

'A ÷ B' का अर्थ है 'A, B का बेटा है'

'A − B' का अर्थ है 'A, B की बेटी है'

व्यंजक 'A ÷ B + C × D' में A का D से क्या सम्बन्ध है?

(a) पिता का भाई (b) पिता

(c) भाई (d) बेटा

15 दिए गए शब्दों को अंग्रेजी वर्णमाला के क्रम में व्यवस्थित कीजिए।

1. LOST 2. LIST
3. LIKE 4. LONG
5. LATE

(a) 5, 2, 1, 4, 3 (b) 5, 1, 2, 3, 4

(c) 5, 4, 1, 2, 3 (d) 5, 3, 2, 4, 1

16 यदि 10 @ 70 * 60 # 90 = 4300 और 105 @ 70 * 30 # 85 = 2290 है, तो 80 @ 40 * 50 # 60 = ?

(a) 2140 (b) 2100 (c) 2160 (d) 2190

17 दिए गए दो चिह्नों को आपस में बदलने के बाद समीकरण (I) और (II) का क्रमशः मान कितना होगा?

× और −

I. $7 \times 8 - 6 + 15 \div 3$

II. $8 - 9 \times 2 + 45 \div 5$

(a) −36 और 79 (b) −8 और 10

(c) 56 और 18 (d) 84 और 42

18 सात लड़के P, Q, R, S, T, U और V एक वृत्ताकार मेज के चारों ओर केन्द्र की ओर मुख करके बैठे हैं (परन्तु जरूरी नहीं कि वे इसी क्रम में बैठे हों)। V, R के दाईं ओर से दूसरे स्थान पर बैठा है। U,R के ठीक बाईं ओर बैठा है। P, T के दाईं ओर से तीसरे स्थान पर बैठा है। S और T, Q के निकटतम पड़ोसी हैं। Q के ठीक दाईं ओर कौन बैठा है?

(a) U (b) R (c) S (d) T

19 निम्नलिखित विकल्पों में से उस विकल्प का चयन कीजिए, जो पाँचवें शब्द से ठीक उसी प्रकार सम्बन्धित है, जिस प्रकार चौथा शब्द तीसरे शब्द से सम्बन्धित है और दूसरा शब्द पहले शब्द से सम्बन्धित है।

सृजन : विध्वंस्त : : बाँटना : जोड़ना : : महत्त्वपूर्ण : ?

(a) अत्यावश्यक (b) आवश्यक

(c) अप्रासंगिक (d) उद्देश्यपूर्ण

20 एक निश्चित कूटभाषा में 'WHISTLE' को 'VGHRSKD' लिखा जाता है और 'FLUTE' को 'EKTSD' लिखा जाता है। उसी कूटभाषा में 'TRUMPET' को कैसे लिखा जाएगा?

(a) SQTLODS (b) SQLODTS

(c) SQLTODS (d) SQTLDOS

भाग-II सामान्य ज्ञान

21 निम्नलिखित में से कौन वह पहले/पहली भारतीय गायक/गायिका है, जिन्होंने लन्दन के रॉयल अल्बर्ट हॉल (Royal Albert Hall) में प्रस्तुति दी है?

(a) ए.आर.रहमान (b) आशा भोंसले

(c) लता मंगेशकर (d) के.जे. येसुदास

22 सितम्बर, 2023 में विजयवाड़ा रेलवे स्टेशन को इण्डियन ग्रीन बिल्डिंग काउन्सिल (Indian Green Building Council-IGBC) द्वारा उच्चतम प्लेटिनम रेटिंग के साथ ………… प्रमाण-पत्र से सम्मानित किया गया।

(a) सबसे स्वच्छ रेलवे स्टेशन

(b) हरित रेलवे स्टेशन

(c) सबसे बड़ा रेलवे स्टेशन

(d) सौर रेलवे स्टेशन

23 भारतीय खिलाड़ी ज्वाला गुट्टा द्वारा निम्नलिखित में से कौन-सा खेल खेला जाता है?

(a) बैडमिण्टन (b) क्रिकेट

(c) टेबल टेनिस (d) हॉकी

24 अर्थव्यवस्था में भ्रष्टाचार, काला धन, आतंकवाद और नकली मुद्रा के प्रसार की समस्या से निपटान के लिए नोटबन्दी भारत सरकार द्वारा …………… में चलाई गई एक नई पहल थी।

(a) नवम्बर, 2016 (b) अक्टूबर, 2017

(c) नवम्बर, 2017 (d) अक्टूबर, 2016

25 जब कोई व्यक्ति, बिना कोई दूसरी नौकरी ढूँढे एक नौकरी छोड़ देता है (या तो स्वेच्छा से या अनिच्छा से), तो वह ……………… से गुजर रहा होता है।

(a) मौसमी बेरोजगारी (b) प्रच्छन्न बेरोजगारी

(c) घर्षणात्मक बेरोजगारी (d) चक्रीय बेरोजगारी

26 भारत में हरित क्रान्ति के बारे में निम्नलिखित कथनों को पढ़िए।

A. भारत में हरित क्रान्ति उस अवधि को सन्दर्भित करती है, जब भारतीय कृषि आधुनिक तरीकों और प्रौद्योगिकी, जैसे कि HYV बीजों, ट्रैक्टरों, सिंचाई सुविधाओं, कीटनाशकों और उर्वरकों के उपयोग के कारण एक औद्योगिक प्रणाली में परिवर्तित हो गई थी।

B. इसे अमेरिका और भारत सरकार तथा फोर्ड और रॉकफेलर फाउण्डेशन (Rockfeller Foundation) द्वारा वित्त पोषित किया गया था।

सही कथन/कथनों को पहचानिए।

(a) केवल B (b) केवल A

(c) A और B दोनों (d) न तो A और न ही B

27 …………… की साक्षरता दर में असम शामिल नहीं है, जहाँ जनगणना नहीं की जा सकी थी।

(a) वर्ष 1981 (b) वर्ष 1971

(c) वर्ष 1961 (d) वर्ष 1951

28 गोपिका वर्मा को .... में उनके योगदान के लिए संगीत नाटक अकादमी पुरस्कार, 2018 से सम्मानित किया गया।
(a) कुचिपुड़ी (b) कथक
(c) मोहिनीअट्टम (d) ओडिसी

29 मेजर ध्यानचन्द .... के खेल में एक चर्चित नाम है।
(a) टेनिस (b) हॉकी (c) फुटबॉल (d) क्रिकेट

30 आधुनिक आवर्त सारणी में 18 ऊर्ध्व स्तम्भ हैं, जिन्हें 'समूह' कहा जाता है और .... क्षैतिज पंक्तियाँ होती हैं, जिन्हें 'आवर्त' कहा जाता है।
(a) 7 (b) 6 (c) 12 (d) 8

31 लाहो नृत्यशैली का सम्बन्ध निम्नलिखित में से किस राज्य से है?
(a) मणिपुर (b) मेघालय
(c) अरुणाचल प्रदेश (d) महाराष्ट्र

32 भारतीय संविधान का निम्नलिखित में से कौन-सा अनुच्छेद भारत के चुनाव आयोग से सम्बन्धित है?
(a) अनुच्छेद-322 (b) अनुच्छेद-321
(c) अनुच्छेद-324 (d) अनुच्छेद-323

33 निम्नलिखित में से कौन-सा त्योहार 25 दिसम्बर को पूरे विश्व में मनाया जाता है?
(a) क्रिसमस (b) दीपावली
(c) होली (d) ईद

34 भारत में हरित क्रान्ति (Green Revolution) मुख्य रूप से .... के उत्पादन के सुधार पर केन्द्रित थी।
(a) गेहूँ और धान (b) गेहूँ और मक्का
(c) कपास और नक्का (d) धान और कपास

35 निम्नलिखित में से कौन-सा उत्सव गुजरात का एक उत्सव नहीं है?
(a) पैराग्लाइडिंग महोत्सव (b) सनबर्न महोत्सव
(c) उत्तरायण पतंग उत्सव (d) कच्छ उत्सव

36 निम्नलिखित में से किस राज्य की सरकार ने, राज्य के यात्रियों और वस्तुओं के लिए सकल, किफायती और सुरक्षित परिवहन नेटवर्क स्थापित करने के उद्देश्य से 'लोकेशन एक्सेसिबल मल्टी-मॉडल इनिशिएटिव (Location Accessible Multi-modal Initiative-LAccMI)' स्कीम को मंजूरी दी है?
(a) मध्य प्रदेश (b) महाराष्ट्र
(c) ओडिशा (d) पश्चिम बंगाल

37 जून, 2023 में सूरीनाम गणराज्य में 'ग्रैण्ड ऑर्डर ऑफ द चेन ऑफ द येलो स्टार (Grand Order of the Chain of the Yellow Star)' प्राप्त करने वाला पहला भारतीय कौन बना?
(a) राजनाथ सिंह (b) नरेन्द्र मोदी
(c) द्रौपदी मुर्मू (d) अमित शाह

38 प्रसिद्ध कृति 'अर्थशास्त्र' का श्रेय किस प्राचीन भारतीय विद्वान और रणनीतिकार को दिया जाता है?
(a) वाल्मिकी (b) चाणक्य
(c) पाणिनि (d) कालिदास

39 राष्ट्रीय खेल, 2023 में निम्नलिखित में से कौन-सी प्रतियोगिता खेली गई थी?
I. नौकायन
II. रोलबॉल
कूट
(a) केवल I (b) केवल II
(c) I और II दोनों (d) न तो I और न ही II

40 निम्नलिखित में से किसका सम्बन्ध संगीत वाद्ययन्त्र सारंगी से नहीं है?
(a) रमेश मिश्रा (b) शकूर खान
(c) उस्ताद बिन्द खान (d) निखिल बनर्जी

भाग-III गणित

41 1 किग्रा चीनी की कीमत में 34% की वृद्धि हुई और यह वृद्धि ₹ 51 की है। प्रति किलोग्राम चीनी की नई कीमत क्या है?
(a) ₹ 120 (b) ₹ 201
(c) ₹ 130 (d) ₹ 150

42 एक दुकानदार अपने सामान पर 20% अधिक मूल्य अंकित करने के बाद उसे 12% लाभ पर बेचता है। छूट प्रतिशत कितना है?
(a) 4.55% (b) 6.66%
(c) 5.5% (d) 7.2%

43 यदि किसी वस्तु का क्रय मूल्य उसके विक्रय मूल्य का 80% है, तो लाभ प्रतिशत कितना है?
(a) 35% (b) 30% (c) 20% (d) 25%

44 $2\times(4+6)-5$ की गणना कीजिए।
(a) 18 (b) 16 (c) 15 (d) 14

45 $4(12-10+42-17)\div3+4$ का मान कितना है?
(a) 40 (b) 50 (c) 30 (d) 60

46 $[(36-12)\div6]+[98-21\div3\times2]$ का मान ज्ञात कीजिए।
(a) 88 (b) 73
(c) 102 (d) 96

47 7 संख्याओं के एक समुच्चय का औसत 18 है। यदि एक संख्या हटा दी जाए, तो शेष संख्याओं का औसत 15 रह जाता है। हटाई गई संख्या का मान कितना है?
(a) 36 (b) 34 (c) 33 (d) 31

48 किसी धनराशि पर 30% वार्षिक की दर से 2 वर्ष के लिए चक्रवृद्धि ब्याज (वार्षिक रूप से संयोजित) और साधारण ब्याज के बीच का अन्तर ₹5400 है। वह धनराशि कितनी है?
(a) ₹68000 (b) ₹65000
(c) ₹60000 (d) ₹70000

49 किस वार्षिक ब्याज दर पर साधारण ब्याज पर एक धनराशि 5 वर्ष में तीन गुना हो जाएगी?
(a) 45% (b) 34% (c) 30% (d) 40%

50 यदि किसी वस्तु का अंकित मूल्य ₹2500 और विक्रय मूल्य ₹1800 है, तो वस्तु पर छूट कितनी है?
(a) 850 (b) 750
(c) 500 (d) 700

51 एक व्यक्ति को ₹85 में 50 जूते बेचने पर 15% ही हानि होती है। 35% का लाभ अर्जित करने के लिए 50 जूतों का विक्रय मूल्य कितना होना चाहिए।
(a) ₹110 (b) ₹115
(c) ₹135 (d) ₹120

52 दो लड़के 540 मी लम्बे पुल के विपरीत छोरों पर खड़े है। यदि वे एक ही समय पर क्रमशः 18 मी/मिनट और 12 मी/मिनट की चाल से एक-दूसरे की ओर चलना शुरू करते हैं, तो वे कितने समय में एक-दूसरे से मिलेंगे?

(a) 32 मिनट (b) 18 मिनट
(c) 26 मिनट (d) 14 मिनट

53 जब किसी संख्या में क्रमिक रूप से 15%, 80% और 44% की कमी की जाती है, तो वह 19992 हो जाती है। वह संख्या क्या है?

(a) 220000 (b) 211000
(c) 210100 (d) 210000

54 ₹7200 को P, Q और R के बीच इस प्रकार बाँटा जाता है, कि P के हिस्से का 6 गुना, Q के हिस्से के 2 गुना के बराबर है, जो कि R के हिस्से के 3 गुना के बराबर है। Q का हिस्सा कितना है?

(a) ₹4800 (b) ₹1200
(c) ₹2400 (d) ₹3600

55 नीरज, धीरज से 4 गुना अधिक कुशल है और वे साथ मिलकर एक कार्य को 44 दिनों में पूरा करते हैं। नीरज को अकेले उसी कार्य को पूरा करने में कितने दिन लगेंगे?

(a) 80 दिन (b) 55 दिन
(c) 70 दिन (d) 65 दिन

56 यदि $(5t+3u):(5t-3u)=5:3$ है, तो $t:u$ का मान कितना होगा?

(a) 8 : 7 (b) 4 : 5
(c) 6 : 7 (d) 12 : 5

57 यदि एक घन का कुल पृष्ठीय क्षेत्रफल 600 सेमी^{3} है, तो घन का आयतन कितना है?

(a) 1000 सेमी^{3} (b) 750 सेमी^{3}
(c) 900 सेमी^{3} (d) 1728 सेमी^{3}

58 [81 का $(44-11+2)\div(44\div22+5)$] का मान कितना है?

(a) 324 (b) 81 (c) 405 (d) 162

59 38 कलम का औसत मूल्य ₹ 25 है। यदि 8 नए कलम इसमें शामिल कर लिए जाए, तो औसत मूल्य में ₹4 की वृद्धि हो जाती है। 8 नए कलम का कुल मूल्य कितना है?

(a) ₹450 (b) ₹384
(c) ₹411 (d) ₹325

60 अमर, समर और उमेश मिलकर एक किताब को 15 दिनों में पूरा पढ़ सकते हैं। अमर और समर मिलकर उसी किताब को 30 दिनों में पूरा पढ़ सकते हैं। उमेश अकेले उसी किताब को कितने दिनों में पूरा पढ़ सकता है?

(a) 30 दिन (b) 40 दिन
(c) 35 दिन (d) 60 दिन

भाग-IV हिन्दी

61 दिए गए वाक्य में उचित देशज-विदेशज शब्द का चयन करके रिक्त स्थान की पूर्ति कीजिए।

पुलिस को कुछ .... मिले हैं।

(a) सुराग (b) आका
(c) लफंगा (d) सौगात

62 दिए गए वाक्यांश के लिए सार्थक शब्द ज्ञात कीजिए

'अण्डे से जन्म हुआ'

(a) अविनाशी (b) अजय
(c) अण्डज (d) स्तनपायी

63 दिए गए वाक्य का वह भाग ज्ञात करें, जिसमें कोई त्रुटि है।

जब बाजार में एक जैसी अनेक वस्तु होती है, तो उनकी माँग को बढ़ाने का उपाय विज्ञापन है।

(a) तो उनकी माँग को बढ़ाने (b) जब बाजार में एक जैसी
(c) का उपाय विज्ञापन है (d) अनेक वस्तु होती है

64 निम्नलिखित वाक्य में उस वाक्यांश को पहचानिए, जिसमें मात्राओं से सम्बन्धित अशुद्धियाँ हैं। यदि कोई गलती नहीं है, तो 'कोई त्रुटि नहीं है' का चुनाव कीजिए।

सहिष्णुता उन लोगों का अभिन्न गुण है/जो विभिन्न समूहों को होते हुए पर एक-दूसरे से/सम्मानपूर्वक और समझदारी से जुड़े हुए हैं।

(a) सहिष्णुता उन लोगों का अभिन्न गुण है
(b) कोई त्रुटि नहीं है
(c) सम्मानपूर्वक और समझदारी से जुड़े हुए हैं
(d) जो विभिन्न समूहों को होते हुए पर एक-दूसरे से

65 निम्नलिखित प्रश्न में चार विकल्पों में से उस विकल्प का चयन करें जो कोष्ठक में दिए गए शब्द के विलोम शब्द का सही विकल्प है।

हमारे घर की बहुत-सी वस्तुएँ (जंगम) .... अवस्था में रहती हैं।

(a) शोषण (b) लोभी
(c) अनजान (d) स्थावर

66 निम्नलिखित प्रश्न में चार विकल्पों में से उस विकल्प का चयन करें, जो कोष्ठक में दिए गए शब्द के पर्यायवाची शब्द का सही विकल्प है।

मेरे गाँव के खेत में चावल की (फसल) .... बहुत ज्यादा होती है।

(a) खंग (b) खिरमन
(c) खसीस (d) आखु

67 दिए गए विकल्पों में से तीन विकल्प त्रुटियुक्त हैं, जबकि एक सही है। उस सही विकल्प का चयन करें।

(a) मेरा और उसका घनिष्ठ सम्बन्ध है।
(b) मेरा और उसका घेर सम्बन्ध है।
(c) मेरा और उसका घना सम्बन्ध है।
(d) मेरा और उसका घोर सम्बन्ध है।

68 दिए गए वाक्य में उचित पर्यायवाची शब्द का चयन करके रिक्त स्थान की पूर्ति करें।

.... (सम्भवतः) वह कल नहीं आएगा।

(a) शायद (b) उपयुक्त
(c) गण (d) उत्तम

69 निम्नलिखित वाक्य में उस वाक्यांश को पहचानिए, जिसमें मात्राओं से सम्बन्धित अशुद्धियाँ हैं। यदि कोई त्रुटि नहीं है, तो 'कोई त्रुटि नहीं है' का चुनाव कीजिए।

हमारे सैनिक /इतने वीर हैं की/मृत्यु के सामने भी नहीं घबराते।

(a) कोई त्रुटि नहीं है
(b) इतने वीर हैं की
(c) मृत्यु के सामने भी नहीं घबराते
(d) हमारे सैनिक

70 दिए गए वाक्य में रेखांकित शब्दों के लिए सही शब्दों वाले विकल्प का चयन करें।

एक चाय का प्याला ले आओ।

(a) चाय का एक प्याला ले आओ।
(b) परिवर्तन की आवश्यकता नहीं है।
(c) एक चाय की प्याला ले आओ।
(d) एक चाय प्याला ले आओ।

71 निम्नलिखित प्रश्न में दिए गए विकल्पों में से उस विकल्प का चयन करें, जो दिए गए मुहावरे के अर्थ को सर्वश्रेष्ठ रूप से व्यक्त करता है।

'किसी सूरत में'

(a) सत्य पर दृढ़ होना (b) हर हाल में
(c) खास चेहरा (d) सत्यवादी होना

72 निम्नलिखित वाक्य में रेखांकित भाग के लिए एक सार्थक शब्द ज्ञात कीजिए।

हवन में जलाई जाने वाली लकड़ियाँ गीली हैं।

(a) दिगम्बर (b) समिधा (c) ज्वाला (d) बड़वाग्नि

73 निम्नलिखित प्रश्न में चार विकल्पों में से उस विकल्प का चयन करें, जो कोष्ठक में दिए गए शब्द के विलोम शब्द का सही विकल्प है।

किसी भी देश का (उत्थान) .... वहाँ की जनता के कार्य से होता है।

(a) पतन (b) उपमा (c) तरक्की (d) उपहास

74 निम्नलिखित प्रश्न में चार विकल्पों में से उस विकल्प का चयन करें, जो कोष्ठक में दिए गए शब्द के तत्सम रूप का सही विकल्प है।

मुझे घर में मक्खी-मच्छरों को देखकर बहुत ही (घिन) .... सी आती है।

(a) अब्ज (b) घृणा (c) मजा (d) गन्दगी

75 निम्नलिखित प्रश्न में दिए गए चार विकल्पों में से उस विकल्प का चयन करें, जो दिए गए मुहावरें के अर्थ को सर्वश्रेष्ठ रूप से व्यक्त करता है।

'तिनके का सहारा होना'

(a) बुरे व्यक्ति का मदद की बात कहना
(b) जहाँ कुछ न हो वहाँ थोड़ी-सी भी मदद मिल जाना
(c) किसी भिखारी की मदद करने की बात कहना
(d) किसी की उदार बातों का मजाक बनाना

निर्देश (प्र. सं. 76-80) *नीचे दिए गए गद्यांश में कुछ शब्द छोड़ दिए गए हैं। प्रत्येक अनुच्छेद के सामने चार विकल्प दिए गए हैं। इस गद्यांश को ध्यानपर्वूक पढ़ें और चार विकल्पों में से सर्वोत्तम उत्तर वाला विकल्प चुनें।*

बसन्त पंचमी का दिन बच्चों की शिक्षा-दीक्षा के आरम्भ के लिए बहुत ही ज्यादा .... माना जाता है। माना जाता है कि इस दिन शिक्षा प्रारम्भ होने से बच्चे ज्ञानवान बनते हैं और .... होती है। बच्चों के अन्नप्राशन के लिए भी यह दिन बहुत शुभ होता है। गृह प्रवेश और नए कार्य भी इस दिन से शुरू किए जाते हैं। पौराणिक कथा के अनुसार, जब सृष्टि की रचना की गई, तब उस समय वातावरण में नीरसता, उदासी थी। ऐसा लग रहा था मानो किसी की वाणी नहीं है, सभी .... हैं। भगवान विष्णु को यह देखकर अच्छा नहीं लगा, फिर उन्होंने अपने कमण्डल से जल छिड़का, जल कणों के छिड़कते ही पेड़ों से एक शक्ति उत्पन्न हुई, जो अपने दोनों हाथों से वीणा बजा रही थी। साथ ही इस देवी के हाथों में पुस्तक और मोती की माला थी। इस देवी ने ही समस्त .... को वाणी प्रदान की, जिसके बाद से ही इन्हें सरस्वती कहा गया। यह देवी विद्या और बुद्धि की अधिष्ठात्री हैं, इसलिए इन्हें .... भी कहा जाता है।

76 बसन्त पंचमी का दिन बच्चों की शिक्षा-दीक्षा के आरम्भ के लिए बहुत ही ज्यादा .... माना जाता है।

(a) शुभ (b) अशुभ
(c) आसान (d) अनजान

77 माना जाता है कि इस दिन शिक्षा प्रारम्भ होने से बच्चे ज्ञानवान बनते हैं और .... होती है।

(a) बुद्धि तीव्र (b) अज्ञानी
(c) शक्ति क्षीण (d) खान-पान

78 ऐसा लग रहा था मानो किसी की वाणी नहीं है, सभी .... हैं।

(a) मूक (b) अचूक
(c) बड़बोले (d) बहुत बोलते

79 इस देवी ने ही समस्त .... को वाणी प्रदान की।

(a) प्राणियों (b) जानवरों
(c) देवों (d) प्रकृति

80 यह देवी विद्या और बुद्धि की अधिष्ठात्री हैं, इसलिए इन्हें .... भी कहा जाता है।

(a) विद्यादायिनी (b) माता
(c) देवी (d) लक्ष्मी

उत्तरमाला

1.	(b)	2.	(c)	3.	(c)	4.	(a)	5.	(a)	6.	(c)	7.	(c)	8.	(a)	9.	(a)	10.	(b)
11.	(c)	12.	(a)	13.	(d)	14.	(a)	15.	(d)	16.	(a)	17.	(a)	18.	(d)	19.	(c)	20.	(a)
21.	(c)	22.	(b)	23.	(a)	24.	(a)	25.	(c)	26.	(c)	27.	(a)	28.	(c)	29.	(b)	30.	(a)
31.	(b)	32.	(c)	33.	(a)	34.	(a)	35.	(b)	36.	(c)	37.	(c)	38.	(b)	39.	(c)	40.	(d)
41.	(b)	42.	(b)	43.	(d)	44.	(c)	45.	(a)	46.	(a)	47.	(a)	48.	(c)	49.	(d)	50.	(d)
51.	(c)	52.	(b)	53.	(d)	54.	(d)	55.	(b)	56.	(d)	57.	(a)	58.	(c)	59.	(b)	60.	(a)
61.	(a)	62.	(c)	63.	(d)	64.	(d)	65.	(d)	66.	(b)	67.	(a)	68.	(a)	69.	(b)	70.	(a)
71.	(b)	72.	(b)	73.	(a)	74.	(b)	75.	(b)	76.	(a)	77.	(a)	78.	(a)	79.	(a)	80.	(a)

संकेत एवं हल

1. *(b)* प्रश्नानुसार,

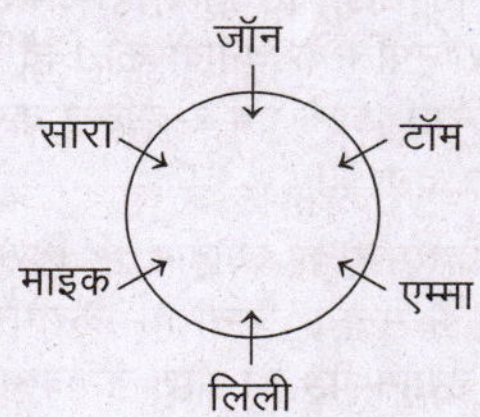

अतः एम्मा के ठीक दाईं ओर टॉम बैठा है।

2. *(c)* कथनानुसार,

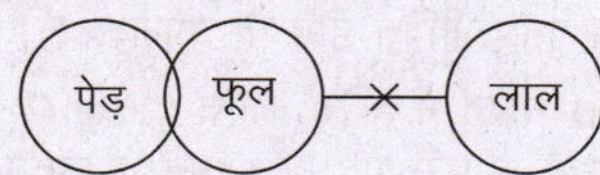

निष्कर्ष I. (✗) II. (✗) III. (✓)

अतः केवल निष्कर्ष III कथनों का अनुसरण करता है।

3. *(c)* दी गई आकृति शृंखला में, प्रत्येक अगली आकृति में छायांकित भाग 90° दक्षिणावर्त दिशा में बढ़ रही है तथा तीर (↓) 90° वामावर्त दिशा में बढ़ रही है।

अतः विकल्प आकृति (c) शृंखला में '?' के स्थान पर आएगी।

4. *(a)* प्रश्न में दी गई शृंखला निम्न प्रकार है,

lmnop/lmnop/lmnop/lmnop/lmnop/lmnop

अतः अभीष्ट अक्षर समूह = momo

5. *(a)* जिस प्रकार,

L O U D

−3 −4 −3 −4

I K R Z

उसी प्रकार,

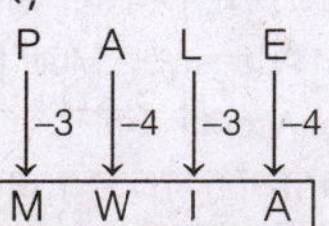

6. *(c)* ∵ दोनों पासे में 'P' उभयनिष्ठ है।

पासा I : P 2 1

पासा II : P 6 $

अतः 6 वाले फलक के विपरीत फलक पर 2 होगा।

7. *(c)* जिस प्रकार, बिहार की राजधानी पटना तथा झारखण्ड की राजधानी राँची है। उसी प्रकार, राजस्थान की राजधानी जयपुर है।

8. *(a)* प्रश्न में दी गई शृंखला निम्न प्रकार है,

12 24 48 96 192 384

×2 ×2 ×2 ×2 ×2

9. *(a)* प्रश्न में दी गई शृंखला निम्न प्रकार है,

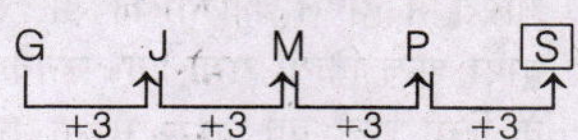

10. *(b)* प्रत्येक अगली आकृति के बड़े वर्ग के कोने पर बना वर्ग दक्षिणावर्त दिशा में तथा वर्ग के अन्दर बने दोनों छोटे वर्ग वामावर्त दिशा में आगे बढ़ रहे हैं।

अतः विकल्प आकृति (b) शृंखला के '?' के स्थान पर आएगी।

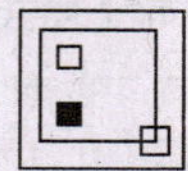

11. *(c)* प्रश्न में दी गई कागज की आकृति को खोलने पर वह विकल्प आकृति (c) की तरह दिखाई देगा।

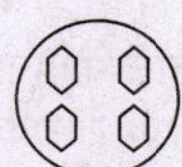

12. *(a)* प्रश्न में दी गई शृंखला निम्न प्रकार है,

990 962 934 906 878 850

−28 −28 −28 −28 −28

13. *(d)* पासा II और III में d और e उभयनिष्ठ हैं। अतः दोनों पासो पर बचे शेष फलक एक-दूसरे के विपरीत होंगे।

अतः c के विपरीत 'f' होगा।

14. *(a)* प्रश्नानुसार,

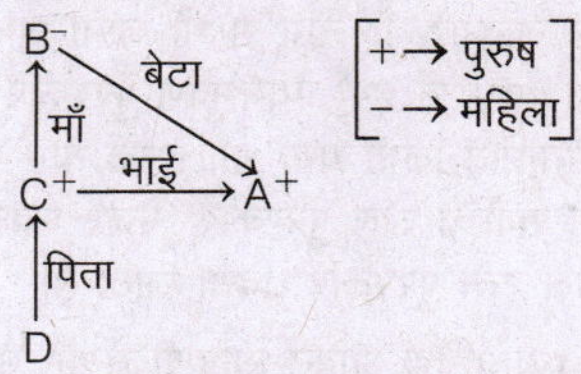

∴ A, D के पिता का भाई है।

15. *(d)* अंग्रेजी शब्दकोश के अनुसार शब्दों का क्रम निम्नवत् है,

LATE → LIKE → LIST → LONG → LOST

(5) (3) (2) (4) (1)

अतः अभीष्ट क्रम = 5, 3, 2, 4, 1

16. *(a)* @ = +, * = × तथा # = + रखने पर,

जिस प्रकार,

10 @ 70 * 60 # 90 = 4300

$\Rightarrow$ $10 + 70 \times 60 + 90 = 4300$

$\Rightarrow$ $10 + 4200 + 90 = 4300$

$\Rightarrow$ $4300 = 4300$

तथा, 105 @ 70 * 30 # 85 = 2290

$\Rightarrow$ $105 + 70 \times 30 + 85 = 2290$

$\Rightarrow$ $105 + 2100 + 85 = 2290$

$\Rightarrow$ $2290 = 2290$

उसी प्रकार,

? = 80 @ 40 * 50 # 60

$= 80 + 40 \times 50 + 60$

$= 80 + 2000 + 60 = 2140$

17. *(a)* समी I से,

$7 \times 8 - 6 + 15 \div 3$

परस्पर चिह्न बदलने पर,

$7 - 8 \times 6 + 15 \div 3,$

$= 7 - 8 \times 6 + 5$

$= 7 - 48 + 5$

$= 12 - 48 = -36$

समी II से $8 - 9 \times 2 + 45 \div 5$

चिह्न बदलने पर,

$8 \times 9 - 2 + 45 \div 5$

$= 8 \times 9 - 2 + 9 = 72 - 2 + 9$

$= 81 - 2 = 79$

18. *(d)* प्रश्नानुसार,

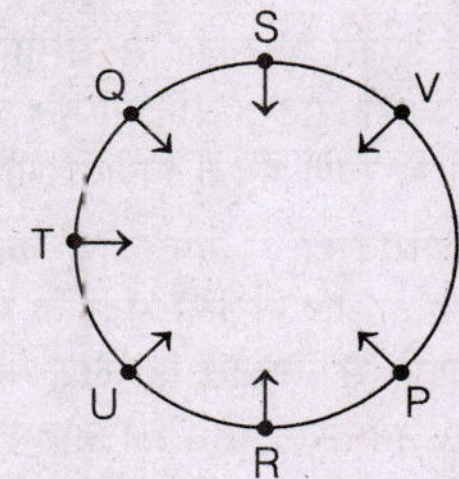

अतः Q के ठीक दाईं ओर 'T' बैठा है।

19. *(c)* जिस प्रकार, सृजन का विपरीतार्थक विध्वंस्त तथा बाँटना का विपरीतार्थक जोड़ना है।

उसी प्रकार, महत्त्वपूर्ण का विपरीतार्थक अप्रासंगिक है।

20. *(a)* जिस प्रकार,

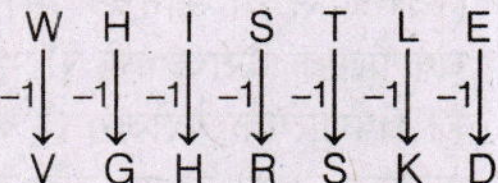

तथा

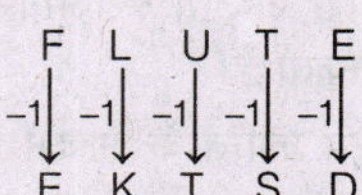

उसी प्रकार,

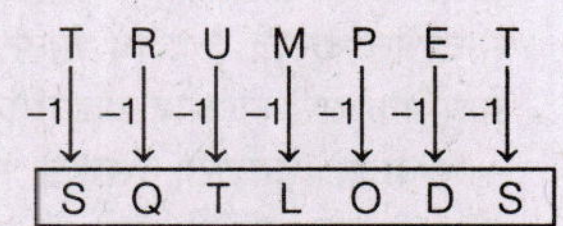

21. *(c)* लता मंगेशकर भारत की पहली गायिका थी, जिन्होंने लन्दन के रॉयल अल्बर्ट हॉल में (1974 में) प्रस्तुति दी। इसे 1871 ई. में स्थापित किया गया था। लता मंगेशकर को वर्ष 1989 में दादा साहेब फाल्के पुरस्कार तथा वर्ष 2001 में भारत के सर्वोच्च नागरिक सम्मान 'भारत रत्न' से सम्मानित किया गया। फ्रांस ने वर्ष 2007 में इन्हें अपने सर्वोच्च नागरिक पुरस्कार ऑफिसर ऑफ द नेशन ऑर्डर ऑफ द लीजन ऑफ ऑर्नर से सम्मानित किया।

22. *(b)* सितम्बर, 2023 में विजयवाड़ा रेलवे स्टेशन को इण्डियन ग्रीन बिल्डिंग काउन्सिल द्वारा उच्चतम प्लेटिनम रेटिंग के साथ हरित रेलवे स्टेशन प्रमाण-पत्र से सम्मानित किया गया। विजयवाड़ा जंक्शन आन्ध्र प्रदेश में स्थित है। ग्रीन रेलवे स्टेशन रेटिंग सिस्टम एक स्वैच्छिक पहल है, जिसका उद्देश्य हरित अवधारणाओं को अपनाने की सुविधा प्रदान करना है।

23. *(a)* भारतीय खिलाड़ी ज्वाला गुट्टा को बैडमिण्टन खेल के लिए जाना जाता है। ज्वाला गुटटा ने 13 बार नेशनल बैडमिण्टन चैम्पियनशिप का खिताब जीता है। वर्ष 2011 में इन्हें अर्जुन पुरस्कार से सम्मानित किया गया। ज्वाला गुट्टा राष्ट्रमण्डल खेलों (2014) में स्वर्ण पदक विजेता भी हैं।

24. *(a)* अर्थव्यवस्था में भ्रष्टाचार, काला धन, आतंकवाद और नकली मुद्रा के प्रसार की समस्याओं से निपटने के लिए भारत सरकार द्वारा 8 नवम्बर, 2016 को नोटबन्दी की गई थी। नवम्बर, 2016 को ₹ 500 और ₹ 1000 के नोटों को प्रचलन से बाहर कर दिया गया।

पुनः 19 मई, 2023 को आर बी आई द्वारा 'क्लीन नोट नीति' के तहत 2000 मूल्य वर्ग के नोट को प्रचलन से बाहर कर दिया गया।

25. *(c)* जब कोई व्यक्ति बिना कोई दूसरी नौकरी ढूँढे एक नौकरी छोड़ देता है (स्वेच्छा से या अनिच्छा से), तो वह घर्षणात्मक बेरोजगारी से गुजर रहा होता है। घर्षणात्मक बेरोजगारी व्यक्तियों के बढ़ते करियर लक्ष्यों से उभरती है। घर्षणात्मक बेरोजगारी राष्ट्रीय बेरोजगारी दर में एक योगदानकर्ता है।

26. *(c)* हरित क्रान्ति के सन्दर्भ में दिए गए दोनों कथन सही हैं।

भारत में हरित क्रान्ति उस अवधि को सन्दर्भित करती है, जब भारतीय कृषि आधुनिक तरीकों और प्रौद्योगिकी, जैसे कि HYV बीजों, ट्रैक्टरों, सिंचाई सुविधाओं, कीटनाशकों और उर्वरकों के उपयोग के कारण एक औद्योगिक प्रणाली में परिवर्तित हो गई थी। इसे अमेरिका और भारत सरकार तथा फोर्ड और रॉकफेलर फाउण्डेशन द्वारा वित्त पोषित किया गया था।

भारत में हरित क्रान्ति को डॉ. स्वामीनाथन द्वारा शुरू किया गया था। उनके इस कार्य के लिए उन्हें वर्ष 2024 में भारत रत्न से भी सम्मानित किया गया था।

27. *(a)* वर्ष 1981 की साक्षरता दर में असम शामिल नहीं है, जहाँ जनगणना नहीं की जा सकी थी। जनगणना 2011 के अनुसार, असम की साक्षरता दर 72.19% है। असम में पुरुषों की साक्षरता दर 77.85% और महिलाओं की साक्षरता दर 66.27% है।

28. *(c)* गोपिका वर्मा को भारत के शास्त्रीय नृत्य मोहिनीअट्टम में योगदान देने के लिए संगीत नाटक अकादमी पुरस्कार, 2018 से सम्मानित किया गया। मोहिनीअट्टम की उत्पत्ति केरल राज्य में हुई है। भगवान विष्णु के महिला अवतार 'मोहिनी' शब्द से इस नृत्य का नाम मोहिनीअट्टम पड़ा। इसे त्रावणकोर के शासक महाराजा स्वाति थिरुनल द्वारा संरक्षित किया गया था। मोहिनीअट्टम के प्रमुख प्रतिपादक कलामण्डलम् कल्याणिकुट्टी अमा, गोपिका वर्मा, पल्लवी कृष्णन आदि हैं।

29. *(b)* मेजर ध्यानचन्द हॉकी के खेल में चर्चित नाम है। मेजर ध्यानचन्द ने वर्ष 1928, 1932 तथा 1936 तीनों ओलम्पिक में गोल्ड मेडल प्राप्त किया था। 29 अगस्त को प्रत्येक वर्ष मेजर ध्यानचन्द के जन्मदिन पर राष्ट्रीय खेल दिवस के रूप में मनाया जाता है। इन्हें 'हॉकी का जादूगर' के नाम से भी जाना जाता है। वर्ष 1956 में इन्हें पद्मभूषण पुरस्कार से सम्मानित किया गया था। इनके नाम पर देश का सर्वोच्च खेल पुरस्कार 'मेजर ध्यानचन्द खेल रत्न पुरस्कार' दिया जाता है।

30. *(a)* आधुनिक आवर्त सारणी में 18 ऊर्ध्व स्तम्भ हैं, जिन्हें 'समूह' कहा जाता है और 7 क्षैतिज पंक्तियाँ होती हैं, जिन्हें 'आवर्त' कहा जाता है।

आधुनिक आवर्त सारणी की प्रस्तुती 'हेनरी मोस्ले' ने वर्ष 1913 में की थी। इसकी प्रस्तुती के बाद तत्त्वों को उनकी बढ़ती परमाणु संख्या के क्रम में आवर्त सारणी में रखा जाने लगा।

31. *(b)* लाहो नृत्यशैली का सम्बन्ध मेघालय राज्य से है। यह नृत्य मेघालय में जयंतिया जनजाति द्वारा किया जाता है। इस नृत्य में लड़के और लड़कियाँ आकर्षक पोशाक पहनकर एकसाथ नृत्य करते हैं।

32. *(c)* भारतीय संविधान का अनुच्छेद-324 भारत के चुनाव आयोग से सम्बन्धित है। भारतीय संविधान में अनुच्छेद-324 चुनाव आयोग को सभी संसदों, प्रत्येक राज्य के विधानमण्डलों के चुनाव, राष्ट्रपति और उप-राष्ट्रपति के चुनावों को निर्देशित करने, नियन्त्रित करने एवं संचालित करने की शक्ति देता है।

33. *(a)* क्रिसमस का त्योहार 25 दिसम्बर को पूरे विश्व में मनाया जाता है। क्रिसमस या बड़ा दिन ईसामसीह या यीशु के जन्म की खुशी में मनाया जाने वाला पर्व है। ईसाई धर्म के अन्य प्रमुख त्योहारों गुड फ्राइडे (ईसा मसीह के सूली पर चढ़ने) तथा ईस्टर (ईसा मसीह के पुनः जीवित होने के उपलक्ष्य में) भी हैं।

34. *(a)* भारत में हरित क्रान्ति (Green Revolution) मुख्य रूप से गेहूँ और धान के उत्पादन के सुधार पर केन्द्रित थी। एम.एस. स्वामीनाथन को भारत में हरित क्रान्ति का जनक कहा जाता है। हरित क्रान्ति का उद्देश्य कृषि की उत्पादन तकनीक को सुधारना तथा कृषि उत्पादन में वृद्धि करना था। भारत में तीसरी पंचवर्षीय योजना के दौरान हरित क्रान्ति की शुरुआत हुई थी।

35. *(b)* सनबर्न महोत्सव गुजरात का उत्सव नहीं है, बल्कि यह उत्सव गोवा में मनाया जाता है। सनबर्न महोत्सव व्यावसायिक इलेक्ट्रॉनिक नृत्य-संगीत उत्सव है। जबकि पैराग्लाइडिंग महोत्सव, कच्छ उत्सव तथा उत्तरायण पतंग उत्सव का सम्बन्ध गुजरात से है।

36. *(c)* ओडिशा राज्य की सरकार ने राज्य के यात्रियों और वस्तुओं के लिए एक सकल, किफायती और सुरक्षित परिवहन नेटवर्क स्थापित करने के उद्देश्य से 'लोकेशन एक्सेसिबल मल्टी-मॉडल इनिशिएटिव (Location Accessible Multi-Modal Initiatize-LAccMI) स्कीम को मंजूरी दी है। इस योजना की शुरुआत अक्टूबर, 2023 को मलकानगिरि से की गई। यह ग्राम पंचायतों को राज्य की राजधानी से जोड़ने वाली सार्वजनिक वाहन प्रणाली है।

37. *(c)* जून, 2023 में सूरीनाम गणराज्य में ग्रैण्ड ऑर्डर ऑफ द चेन ऑफ द येलो स्टार (Grand Order of the Chain of the Yellow Star)' प्राप्त करने वाली पहली भारतीय द्रौपदी मुर्मू बनीं। यह अलंकरण सूरीनाम का सबसे प्रतिष्ठित राज्य अलंकरण है, जो सूरीनाम के लोगों तथा राष्ट्र के विकास के लिए कार्य करने वाले नागरिक या विदेशी व्यक्तियों को दिया जाता है। सूरीनाम की स्वतन्त्रता के साथ ही इसे वर्ष 1975 में स्थापित किया गया।

38. *(b)* प्रसिद्ध कृति 'अर्थशास्त्र' का श्रेय प्राचीन भारतीय विद्वान और रणनीतिकार चाणक्य को दिया जाता है। चाणक्य का अन्य नाम विष्णुगुप्त तथा कौटिल्य भी हैं। इस ग्रन्थ में राज्यव्यवस्था, कृषि, न्याय एवं राजनीति आदि के विभिन्न पहलुओं पर विचार किया गया है। इसकी शैली उपदेशात्मक और सलाहात्मक है। यह पुस्तक चौथी सदी ई.पू. में संस्कृत में लिखी गई थी। यह 15 अधिकरणों तथा 160 प्रकरणों में विभक्त है।

39. *(c)* राष्ट्रीय खेल, 2023 में नौकायान (Rowing) तथा रोलबॉल (Roll ball) दोनों प्रतियोगिताएँ खेली गई थीं। इसमें कई नए खेल जोड़े गए थे; जैसे-हकवे, बीच फुटबॉल, रोलबॉल, गोल्फ, सेपक टकरा, कलाटोपयट्ट, पेनकैक सिल्ट तथा मिनी गोल्फ। नौकायान तथा तायक्वॉण्डो खेल पिछले संस्करण के दौरान अपने बहिष्कार के बाद वापसी कर रहे हैं। 37वाँ राष्ट्रीय खेल-2023 का आयोजन गोवा में किया गया था, जिसमें महाराष्ट्र ने सर्वाधिक पदक जीते।

40. *(d)* निखिल बनर्जी का सम्बन्ध संगीत वाद्ययन्त्र सारंगी से नहीं, बल्कि सितार से है। ये मैहर घराने के शास्त्रीय सितारवादक थे। पण्डित रविशंकर तथा उस्ताद विलायत खान के साथ वह सितार के प्रमुख प्रतिपादकों में से एक के रूप में उभरे। शेष सभी का, रमेश मिश्रा, शकूट खान तथा उस्ताद बिन्द खान का सम्बन्ध सारंगी वाद्ययन्त्र से है।

41. *(b)* माना चीनी की प्रारम्भिक कीमत (प्रति किग्रा) = ₹ x

प्रश्नानुसार,

$$x \times \frac{34}{100} = 51$$

$$x = \frac{51 \times 100}{34} = ₹\ 150$$

अतः चीनी की नई कीमत $= ₹\left(150 \times \frac{134}{100}\right)$

$= ₹\ 201$

42. *(b)* माना सामान का क्रय मूल्य = ₹ 100

तो सामान का अंकित मूल्य $= 100 \times \frac{120}{100}$

$= ₹\ 120$

माना छूट % = x

प्रश्नानुसार,

$$120 \times \frac{(100 - x)}{100} = 100 \times \frac{112}{100}$$

$\Rightarrow \quad 100 - x = \frac{100 \times 112}{120}$

$\Rightarrow \quad 100 - x = 93.34$

$\Rightarrow \quad x = 100 - 93.34 = 6.66$

अतः अभीष्ट छूट प्रतिशत = 6.66%

43. *(d)* माना वस्तु का विक्रय मूल्य = ₹ 100

प्रश्नानुसार,

वस्तु का क्रय मूल्य $= ₹\left(100 \times \frac{80}{100}\right)$

$= ₹\ 80$

लाभ = ₹ (100 − 80) = ₹ 20

अतः अभीष्ट लाभ % $= \frac{20}{80} \times 100 = 25\%$

44. *(c)* $2 \times (4 + 6) - 5$

BODMAS के नियम अनुसार,

$= 2 \times 10 - 5$

$= 20 - 5 = 15$

45. *(a)* $4(12 - 10 + 42 - 17) \div 3 + 4$

BODMAS नियम के अनुसार,

$4(12 - 10 + 42 - 17) \div 3 + 4$

$= 4(54 - 27) \div 3 + 4$

$= 4 \times 27 \div 3 + 4$

$= 4 \times 9 + 4$

$= 36 + 4 = 40$

46. *(a)* $[(36 - 12) \div 6] + [98 - 21 \div 3 \times 2]$

BODMAS के नियम अनुसार,

$[24 \div 6] + [98 - 7 \times 2]$

$= 4 + [98 - 14]$

$= 4 + 84 = 88$

47. *(a)* दिया है,

7 संख्याओं का औसत = 18

तो 7 संख्याओं का योग $= 18 \times 7 = 126$

1 संख्या हटाने के बाद, शेष संख्या

$= 7 - 1 = 6$

6 संख्याओं का औसत = 15

शेष 6 संख्याओं का योग $= 6 \times 15 = 90$

अतः हटाई गई संख्या $= 126 - 90 = 36$

48. *(c)* दिया है,

ब्याज दर = 30% वार्षिक

ब्याज अन्तर (CI − SI) = ₹ 5400

हम जानते हैं, $CI - SI = \frac{PR^2}{(100)^2}$ [2 वर्ष के लिए]

$\therefore \quad P \times \frac{(30)^2}{(100)^2} = 5400$

$$P = \frac{5400 \times 100 \times 100}{30 \times 30}$$

$= ₹\ 60000$

अतः धनराशि = ₹ 60000

49. *(d)* माना धनराशि = ₹ 100

5 वर्ष बाद मिश्रधन = ₹ (100 × 3) = ₹ 300

∴ 5 वर्ष का ब्याज = ₹(300 − 100) = ₹ 200

अतः ब्याज दर $= \left(\frac{200 \times 100}{100 \times 5}\right)\% = 40\%$

50. *(d)* दिया है,

वस्तु का अंकित मूल्य = ₹ 2500

और वस्तु का विक्रय मूल्य = ₹ 1800

छूट = अंकित मूल्य − विक्रय मूल्य

= ₹ (2500 − 1800) = ₹ 700

51. *(c)* दिया है,

50 जूते का विक्रय मूल्य = ₹ 85

और हानि = 15%

तो 50 जूते का क्रय मूल्य $= 85 \times \frac{100}{(100 - 15)}$

$= 85 \times \frac{100}{85} = ₹100$

35% लाभ पर 50 जूते का

विक्रय मूल्य $= 100 \times \frac{135}{100} = ₹\ 135$

52. *(b)* दिया है, दूरी = 540 मी

एक लड़के की चाल = 18 मी/मिनट

और दूसरे लड़के की चाल = 12 मी/मिनट

सापेक्ष चाल = (18 + 12) मी/मिनट

= 30 मी/मिनट

मिलने में लगा समय $= \frac{\text{दूरी}}{\text{सापेक्ष चाल}}$

अतः अभीष्ट समय $= \frac{540}{30} = 18$ मिनट

53. *(d)* माना संख्या = x

प्रश्नानुसार,

$$x \times \frac{(100 - 15)}{100} \times \frac{(100 - 80)}{100} \times \frac{(100 - 44)}{100} = 19992$$

$$x = \frac{19992 \times 100 \times 100 \times 100}{85 \times 20 \times 56} = 210000$$

54. *(d)* दिया है,

$6P = 2Q = 3R$

$\therefore \quad P : Q : R = \frac{1}{6} : \frac{1}{2} : \frac{1}{3} = 1 : 3 : 2$

आनुपातिक योग = 1 + 3 + 2 = 6

अतः Q का हिस्सा $= \frac{7200}{6} \times 3 = ₹\ 3600$

55. *(b)* माना नीरज द्वारा कार्य पूरा करने में लगा समय = x दिन

तो धीरज द्वारा कार्य पूरा करने में लगा समय = $4x$ दिन

प्रश्नानुसार,

$$\frac{1}{x} + \frac{1}{4x} = \frac{1}{44}$$

$\Rightarrow \quad \frac{4 + 1}{4x} = \frac{1}{44}$

$\Rightarrow \quad x = \frac{5 \times 44}{4} = 55$

अतः नीरज अकेले 55 दिन में कार्य पूरा करेगा।

56. *(d)* दिया है,

$$\frac{5t+3u}{5t-3u}=\frac{5}{3}$$

$\Rightarrow$ $15t+9u=25t-15u$

$\Rightarrow$ $10t=24u$

$\Rightarrow$ $\frac{t}{u}=\frac{24}{10}=\frac{12}{5}$

अतः $t:u=12:5$

वैकल्पिक विधि

$$\frac{5t+3u}{5t-3u}=\frac{5}{3}$$

योगान्तरानुपात के नियम से,

$$\frac{5t}{3u}=\frac{5+3}{5-3}\quad\left[\frac{a+b}{a-b}=\frac{a}{b}\right]$$

$$\frac{t}{u}=\frac{24}{10}$$

$$t:u=12:5$$

57. *(a)* दिया है,

घन का कुल पृष्ठीय क्षेत्रफल $=600$ सेमी^{2}

हम जानते हैं कि घन का कुल पृष्ठीय क्षेत्रफल $=6\times$ (भुजा)^2

प्रश्नानुसार,

$6\times$ (भुजा)$^2=600$

(भुजा)$^2=\frac{600}{6}=100$

भुजा $=\sqrt{100}=10$ सेमी

अतः घन का आयतन $=$ (भुजा)$^3=(10)^3$

$=1000$ सेमी^{3}

58. *(c)* [81 का $(44-11+2)\div(44\div22+5)$]

BODMAS के नियम अनुसार,

[81 का $35\div(2+5)$]

$=$ [81 का $35\div7$]

$=81\times\frac{35}{7}\Rightarrow 405$

59. *(b)* दिया है,

38 कलम का औसत मूल्य $=25$

38 कलम का कुल मूल्य $=$ ₹ (38×25)

$=$ ₹ 950

माना 8 नए कलम का मूल्य $=$ ₹ x

प्रश्नानुसार,

$$\frac{950+x}{38+8}=25+4$$

$\Rightarrow$ $950+x=29\times46$

$\Rightarrow$ $x=1334-950=$ ₹ 384

60. *(a)* दिया है,

अमर, समर और उमेश का 1 दिन का कार्य $=\frac{1}{15}$

अमर और समर का 1 दिन का कार्य $=\frac{1}{30}$

तो उमेश का 1 दिन का कार्य $=\frac{1}{15}-\frac{1}{30}$

$=\frac{2-1}{30}=\frac{1}{30}$

अतः उमेश द्वारा अकेले किताब पढ़ने में लगा समय $=30$ दिन

61. *(a)* दिए गए वाक्य में रिक्त स्थान की पूर्ति के लिए उचित देशज-विदेशज शब्द 'सुराग' है। अतः सही वाक्य है– पुलिस को कुछ सुराग मिले हैं।

62. *(c)* दिए गए वाक्यांश 'अण्डे में जन्म हुआ' के लिए सार्थक शब्द 'अण्डज' है अर्थात् अण्डे से जन्म लेने वाला।

63. *(d)* दिए गए वाक्य में 'अनेक वस्तु होती है' वाक्यांश त्रुटिपूर्ण है। सही वाक्य अनेक वस्तुएँ होती हैं'। अन्य विकल्प असंगत हैं।

64. *(d)* दिए गए वाक्य में विकल्प 'जो विभिन्न समूहों को होते हुए पर एक-दूसरे से, त्रुटिपूर्ण है। अतः सही वाक्य है– जो विभिन्न समूहों के होते हुए।

65. *(d)* दिए गए कोष्ठक 'जंगम' के लिए सही विलोम 'स्थावर' है। स्थावर का अर्थ स्थिर अथवा स्थायी होता है। अन्य विकल्प असंगत हैं।

66. *(b)* दिए गए शब्द 'फसल' का पर्यायवाची 'खिरमन' है। फसल के कुछ अन्य पर्यायवाची उपज, पैदावार, शस्य, कृषिफल आदि हैं।

67. *(a)* दिए गए विकल्पों में से विकल्प 'मेरा और उसका घनिष्ठ सम्बन्ध है' सही विकल्प है, जबकि अन्य सभी विकल्प असंगत हैं।

68. *(a)* दिए गए वाक्य में कोष्ठक में दिए शब्द 'सम्भवतः' का सही पर्यायवाची 'शायद' है। सम्भवतः के अन्य पर्यायवाची कदाचित, अन्यत्र हैं।

69. *(b)* दिए गए वाक्यांश में 'इतने वीर है की' त्रुटियुक्त है। इसका सही वाक्य 'इतने वीर हैं कि' है। अन्य विकल्प असंगत हैं।

70. *(a)* दिए गए वाक्य में रेखांकित शब्दों 'एक चाय का प्याला' के लिए सही विकल्प 'चाय का एक प्याला ले आओ' है, जबकि अन्य विकल्प असंगत हैं।

71. *(b)* 'किसी सूरत में' मुहावरे का अर्थ 'हर हाल में' है।

वाक्य प्रयोग मैं परीक्षा को किसी भी सूरत में उत्तीर्ण करूँगी।

72. *(b)* रेखांकित भाग 'हवन में जलाई जाने वाली लकड़ियाँ गीली हैं' के लिए एक सार्थक शब्द 'समिधा' है, जबकि अन्य तीनों विकल्प असंगत हैं।

73. *(a)* कोष्ठक में दिए गए शब्द 'उत्थान' का विलोम 'पतन' है। पतन का अर्थ टूट जाना या बिखर जाना है। इसके विपरीत उत्थान का अर्थ उठना या आगे बढ़ना है।

74. *(b)* कोष्ठक में दिए गए शब्द 'घिन' का सही तत्सम रूप 'घृणा' है। घिन शब्द तद्भव शब्द है। अन्य विकल्प असंगत हैं।

75. *(b)* 'तिनके का सहारा होना' मुहावरे का अर्थ है-'जहाँ कुछ न हो वहाँ थोड़ी-सी भी मदद मिल जाना'।

वाक्य प्रयोग डूबते को तिनके का सहारा काफी होता है।

76. *(a)* रिक्त स्थान के लिए उपयुक्त विकल्प 'शुभ' है। अतः पूर्ण वाक्य है-बसन्त पंचमी का दिन बच्चों की शिक्षा-दीक्षा के आरम्भ के लिए बहुत ही ज्यादा शुभ माना जाता है।

77. *(a)* दिए गए रिक्त स्थान के लिए उपयुक्त विकल्प 'बुद्धि तीव्र' है। अतः पूर्ण वाक्य है-माना जाता है कि इस दिन शिक्षा प्रारम्भ होने से बच्चे ज्ञानवान बनते हैं और बुद्धि तीव्र होती है।

78. *(a)* दिए गए रिक्त स्थान के लिए उपयुक्त विकल्प 'मूक' है। अतः पूर्ण वाक्य है– ऐसा लग रहा था मानो किसी की वाणी नहीं है, सभी मूक हैं।

79. *(a)* दिए गए रिक्त स्थान के लिए सही विकल्प 'प्राणियों' है। अतः पूर्ण वाक्य है-इस देवी ने ही समस्त प्राणियों को वाणी प्रदान की।

80. *(a)* दिए गए रिक्त स्थान के लिए सही विकल्प 'विद्यादायिनी' है। अतः पूर्ण वाक्य है–यह देवी विद्या और बुद्धि की अधिष्ठात्री हैं, इसलिए इन्हें विद्यादायिनी भी कहा जाता है।